《大正藏》疑難字考釋

The Explanation of Problematic Characters in
The Taishō Shinshū Daizōkyō

李國英 著

圖書在版編目(CIP)數據

《大正藏》疑難字考釋/李國英著. —北京:中華書局,2023.9
(國家社科基金後期資助項目)
ISBN 978-7-101-16014-7

Ⅰ.大… Ⅱ.李… Ⅲ.《大藏經》-漢字-研究 Ⅳ.H121

中國版本圖書館 CIP 數據核字(2022)第 237201 號

書　　名	《大正藏》疑難字考釋
著　　者	李國英
叢 書 名	國家社科基金後期資助項目
責任編輯	陳　喬
責任印製	陳麗娜
出版發行	中華書局
	(北京市豐臺區太平橋西里 38 號　100073)
	http://www.zhbc.com.cn
	E-mail:zhbc@zhbc.com.cn
印　　刷	天津善印科技有限公司
版　　次	2023 年 9 月第 1 版
	2023 年 9 月第 1 次印刷
規　　格	開本/787×1092 毫米　1/16
	印張 84　插頁 2　字數 1650 千字
國際書號	ISBN 978-7-101-16014-7
定　　價	480.00 元

國家社科基金後期資助項目出版説明

後期資助項目是國家社科基金設立的一類重要項目，旨在鼓勵廣大社科研究者潛心治學，支持基礎研究多出優秀成果。它是經過嚴格評審，從接近完成的科研成果中遴選立項的。爲擴大後期資助項目的影響，更好地推動學術發展，促進成果轉化，全國哲學社會科學工作辦公室按照“統一設計、統一標識、統一版式、形成系列”的總體要求，組織出版國家社科基金後期資助項目成果。

全國哲學社會科學工作辦公室

總　目

前　言

全面系統地整理歷代漢字，是漢字數字化的一項重要的基礎性的工作。歷代漢字的系統整理本質上就是把古今漢字的家底徹底搞清，包括字形的全面清理，異寫字和異構字的全面整理，實際使用的頻度和字域的調查等工作。只有這項工作做好了，做扎實了，我們才能給信息交换用漢字編碼提供一個漢字的清單，文字學界提不出這樣的清單，編碼界就没有一個全面而系統的編碼憑據，只能以未經全面整理的局部資源爲編碼依據，始終無法確切知道已編碼字占需要編碼字總體數量的比例，還有没有字需要編碼，編碼工作什麽時候可以結束。也不太清楚，編碼工作多大程度上滿足了漢字數字化工作的需求，哪些地方還不能滿足社會對漢字數字化的緊迫需求。顯然，上述想法只是一個理想化的推論，實際上，由於漢字的系統整理滯後於漢字編碼的現實需求，漢字編碼不可能等漢字全面而系統的整理之後産生一個需編碼漢字的清單再開始。但從整體而言，以往漢字整理工作的滯後，並不意味著漢字編碼不需要這樣一份清單，漢字數字化、漢字理論研究、漢字社會應用不需要這樣一份清單。相反，這樣一份清單是急迫需要的，整理出來的時間越早越好。有了這樣一份漢字字形的清單，我們就可以從總體上對清單中的全部漢字字形進行全面的認同别異的整理，整理出一組組由於書寫變異産生的異寫字，並爲每一組異寫字確定代表形體，建立每個異寫形和代表形的關聯關係；整理出一組組由於造字方法不同，或用同一種造字方法採用不同的構字成分産生的異構字，並爲每一組異構字確定代表形體，建立每個異構形和代表形的關聯關係；同時，還需要整理異字同詞的清單，在一組組記録同詞的異字中確定代表字，並建立每個字和代表字的關聯關係。在上述認同工作的基礎上，還需要系統地對同形字進行離析，建立同形字的清單，並將同形字代表的不同字依前面所述方法分别認同到相應的關係中。

上述整理工作，本質上是分層次的認同别異工作，認同的一個層次是異形同字，另一個層次是異字同詞。全面而系統的漢字認同别異工作，是從根本上提高漢字使用效率的基礎性的工作。從更廣闊的視野觀照漢語信息的數字化工作，還要整理詞與概念的關係，對表達同一概念的不同詞進行整理，建立起相應的關聯關係。這樣就可以建立起“形→字→詞→概念→概念系統”的關聯關係系統，這個經過認同别異分層遞進的關聯關係系統，是一種關係清楚、結構化了的信息資源。在這個結構化的關係鏈中，從最底層的每一個漢字形體，到中間的字、詞、概念，再到終極的概念系統，每一個要素都有一個清晰而明確的位置，並和其他要素構成清晰而明確的關係。在這個關係鏈條中“形→字→詞”是最基礎的，這項工作的基本流程是從現實文本出發，對異寫和異構形體進行認同，對同形字進行別異。在認同別異的過程中，有一個不能迴避的環節，就是疑難字的考證，主要包括音義未詳和關係未溝通兩種類型。音義未詳從來源分，有一般文本中的音義未詳，雖然有特定上下文語境，但是音或義，或音和義未詳；有字書中的音義未詳，字書中收録形體作字頭，未注明音或義，或未注明音和義，或直接注明音未詳、義未詳或音義未詳。關係未溝通指在各種類型的認同別異的工作中，當認同的未認同，當別異的未別異，或錯誤地認同別異，漢字的清單中，這些相關的屬性不清楚，就會直接影響上述關係鏈的建構。在這個意義上講，疑難字的考釋是漢字系統整理的基礎性的一環。

我國歷代文獻的文本，數量龐大，來源不同，形式多樣；文本中的文字也有古今的不同，字體的變異，從整體上對歷代文本中的漢字進行認同別異的工作是一個浩大的工程。歷代漢字的系統整理，從文獻形態的角度劃分，可以分爲出土文獻用字的整理和傳世文獻用字的整理；從文獻内容的角度劃分，可以分爲一般文獻用字的整理和小學類文獻收録字的整理。各種來源的文字，在統一的目標下分頭整理，最後加以統合，應該是整理工作可行的路徑。一般文獻的用字，屬於使用狀態的文字，是真實使用的文字，真實文本中使用的文字，處於真實使用的現實環境中，具有兩個重要的特點：一是具有實際使用的語境，一是具有使用的時代信息。豐富的實際使用的語境，便於我們整理文字時歸納和確定文字的具體用法；使用的時代信息，便於我們整理文字時確定文字使用的時代。

但是，歷代文獻中出現的漢字實際使用的語境不總是足够豐富，使我們能夠歸納出它的用法，加之，一個在語境中實際使用的未識字，它的讀音和意義是很難斷定的。這也就是歷代文獻中存在大量音義未詳字的根本原因。時代越早，語境資源越少，釋讀的難度越大，所以，卜辭中的大量甲骨文至今都不能釋讀。一般文獻中使用的字的時代信息是個複雜的問題，它涉及到文本産生時代的文本和文本抄寫或印刷時代的文本的複雜關係，一個特定文本中使用的字的時代需要綜合判斷。小學文獻當中收録的字，指歷代字書、韻書、訓詁專書中收録的作爲被解釋對象的字頭，這些字屬於儲存狀態的文字。就初始的來源而言，字書收録的字都是從一般文本中搜集而來的，就實際存在的小學專書而言，最早小學專書收字的直接來源是實際使用的文本，後出小學專書的收字來源則有兩個主要渠道，一是來源於實際使用的文本，一是從之前的小學專書中轉録。這些小學專書的目標，都是在搜集、整理、研究的基礎上，對收録的字進行解釋，解釋的内容包括讀音、意義、結構、理據、正俗、本借、源流等内容；不同類型的小學專書採用不同編排方式，反映字形、讀音、意義的聚合信息。這些重要信息反映了小學文獻編纂者對漢字搜集、整理、研究的結果，也是我們今天漢字系統整理的重要憑據。

但是，小學專書收録的字，常常丢失了語境信息，字書在傳承中又會出現字頭字形的變異，甚至是錯誤，這就需要我們在整理字書文字時，儘可能找出這些字使用的語境，還原字的真實的使用狀態，同時釐清字書的字形的變異，反映的是真實文本當中發生的文字變異，還是字書傳承過程當中出現的變異，辨明字書傳承過程中出現的錯誤字形。因此，一般文獻中的使用狀態的文字和小學專書中收録的儲存狀態的文字的屬性具有互補性，都是漢字系統整理的重要對象。而其中歷代小學專書收録的字，具有基礎性，是系統整理優先的切入點。以字書爲切入點整理漢字時，一方面要特别注意文本傳承過程中出現的文字現象，關注字書傳承關係和版本源流的梳理，另一方面要特别注意字書收録字頭字形及其説解與文獻實際使用狀況的互證，儘可能找出字書收字的來源。總之，整理漢字的兩種切入點，互有優劣，不可偏廢，而是雙向並進，各揚所長，互爲補充。

我從20世纪90年代初就投入了以全漢字整理爲終極目標的《漢語大字典》收字的整理工作，1999年第一届博士生的論文選題都是古代字書收字的整理與研究。此後的二十多年，我所指導的碩、博士生論文及博士後的選題一大部分都集中在古代字書專書，包括了《説文》《玉篇》《篆隸萬象名義》《類篇》《龍龕手鑑》《新修玉篇》《改併四聲篇海》《字彙》《康熙字典》《廣韻》《集韻》《爾雅》《廣雅》《玄應音義》《慧琳音義》《可洪音義》等多種字書（即包括狹義的字書、韻書、訓詁專書和音義書）收字的整理和研究。持續不斷地開展了以全漢字整理爲總目標的歷代字書文字的整理。

2002年，受教育部委託，我首次參加了國際標準化組織表意文字工作組（ISO/IEC JTC1/SC2/WG2/IRG）在越南河内召開的第二十次工作會議，參與並追蹤計算機字庫的國際編碼工作。二十年來參與計算機字庫國際編碼工作實踐，不斷强化了我對漢字系統整理重要性和緊迫性的認識，促使我堅定地在漢字系統整理這條艱辛的道路上走下去。2007年，北京師範大學與教育部共建“北京師範大學中國文字整理與規範研究中心”，中心的核心目標就是開展服務於國家文字規範和計算機字庫國際標準的漢字整理工作。2011年，我和周曉文教授共同主持承擔了“中華字庫”工程“版刻楷體字書文字整理”項目包的研發工作。“中華字庫”工程於2006年列入《國家“十一五”時期文化發展規劃綱要》重大建設項目，2009年列入國家《文化産業振興規劃》，經過反復論證，於2011年作爲國家新聞出版總署的重大科技攻關項目正式啟動。該工程以對文字學深入研究爲基礎，充分利用信息技術，探索建立人—機結合的文字搜集、整理、篩選、比對和認同技術平台，按照統一的規範和工程標準，以流傳至今的漢字和少數民族文字古今文獻爲對象，對古今漢字和各少數民族文字進行全面系統地整理，整理出古今漢字及各少數民族文字的總表，爲我國文字的信息化、規範化、社會應用和理論研究提供堅實的基礎。

“版刻楷體字書文字整理”項目的目標是，利用“中華字庫”工程總體組研發的數字化漢字整理平台，按工程的統一規範，對流傳至今的全部版刻楷體字書用字進行全面搜集整理，提取字書中出現的全部字形，研製用字總表和未編碼字總表，爲計算機字庫國際編碼提供基礎性資源。完成這項工作主要需要：（一）在全世界範圍内搜集流傳至今的漢字字書（包括《説文》《玉篇》一類的狹義字書，《廣韻》《集韻》一類的韻書，《爾雅》《方言》《釋名》一類的訓詁專書和《經典釋文》《玄應音義》《慧琳音義》一類的音義書）目録（包括同一書的不同版本）；（二）儘可能全面獲取各書及不同版本的紙本複製本和電子圖檔；（三）選定全文文本數字化的書目；（四）對選定的文本利用採集平台進行文本數字化；（五）提取未編碼字形，編製未編碼字形總表及屬性數據表，爲完成屬性數據，需要對字書中音義未詳的疑難字進行全面考證；（六）建立字書原始屬性數據庫，提取字書中説解字形、字音、字義、字際關係等信息，並建立結構化的屬性數據庫。其中包括的一個基礎性的環節，就是對歷代字書中存在的疑難字進行全面的搜集、整理和系統性的考證。近几年來，我與課題組的同仁及已經畢業的博士生組成了專門的小組，利用課題組自己建立的數字化資源，對歷代字書的疑難字進行了全面的清理與考證，已完成了大部分的考證工作。這項工作完成之後，課題組將向社會發佈考證的結果，包括已考出的字和待考字，這樣，就把近兩千年來在歷代字書中積累下來的疑難字的底賬算清，給全漢字的整理奠定一個堅實的基礎，距離我們進行全漢字整理的目標接近了一步。

正如前面討論所言，全漢字的整理、字書收字的整理和文本用字的整理，互爲表裏，相輔相成。多年來，我一直把主要精力放在了字書收字的整理工作上，同時也十分重視和關注文本用字整理工作，我曾指導博士生做過《〈詩經〉用字整理與研究》《〈尚書〉用字整理與研究》等一類的傳世文獻專書用字研究的論文。但大規模的文獻用字的全面整理非一人之力所能爲，非短期之内所能成，需從國家層面組織專家團隊進行持續的努力方能成其事，“中華字庫”工程就是一次此類工作大規模的實踐。我個人則因爲機緣的巧合，撰寫了本書。

《大正藏》，全稱《大正新修大藏經》，是大規模佛教典籍彙編——《大藏經》的一個版本。此版《大藏經》由日本高楠順次郎與渡邊海旭發起成立的大正新修大藏經刊行會主持編纂，日本大正十三年（1924）開始編纂工作，昭和九年（1934）完成。著名日本學者小野玄妙等人負責編輯校勘工作，校勘工作以再雕本《高麗大藏經》爲底本，以當時能够搜集到的大量刻本和寫本爲參校本，全面標記了版本異文，材料十分宏富，具有很高的學術參考價值，是目前在學術界頗受歡迎的漢文藏經集大成性的文獻。上個世紀 80 年代開始，隨著古籍數字化的發展，佛經文獻的數字化也逐步開展起來，其中，90 年代初，由日本各大學組成的佛典輸入團體 SAT 開始建設“大正新修大藏經原典資料庫”，經過多年的努力建成了《大正藏》電子資源庫，並在互聯網向全世界開放。2013 年國際標準化組織表意文字工作組（IRG）啟動 CJK 編碼字符集擴 F 的工作，SAT 派專家參加了會議，並將經過整理的“大正藏 SAT DB”中的部分未編碼字提交，申請編碼。本書的寫作就是在 SAT 提交的申請國際編碼字表的基礎上展開的，當初的目的很單純，想對待編碼字進行審核，爲編碼工作提供專業依據。著手審核工作之後，發現其中包括大量音義未詳的疑難字，轉而進入疑難字考釋的工作。始料未及的是，這項工作一做，就持續了近十年的時間。這期間，正是我主持的“版刻楷體字書文字整理”項目研發的階段，兩項工作交錯進行，讓我切身體會到了字書文字整理和文本文字整理相輔相成的關係。

近些年來，近代漢字疑難字的考釋成了一個研究的熱點，每年都有不少新的研究成果涌現。就其成果内容而言，總體上可以納入傳統語言文字學的考據的範圍。很多專家在考釋的過程中，不斷總結適合近代漢字疑難字考釋的方法，考釋方法逐漸走向細密化，使得考釋成果的可靠性也不斷提高。在這種條件下，進一步討論傳統語言文字學方法論的基礎，建構傳統語言文字學的方法體系，也應該是我們研究的一個重要的目標。

就其本質而言，任何方法都是實現目標的途徑和手段。清代學者戴震在《與是仲明論學書》一文中指出：“經之至者，道也。所以明道者，其詞也。所以成詞者，字也。由字以通其詞，由詞以通其道。”清楚地説明了傳統語言文字學的目標是經典的思想内容，而理解經典思想内容的途徑是從文字到語言，從語言到思想的發現程序，在這個程序中，文字是切入點，處在基礎的位置。清段玉裁《廣雅疏證序》一文進一步指出：“聖人之制字，有義而後有音，有音而後有形；學者之考字，因形以得其音，因音以得其義。治經莫重於得義，得義莫切於得音。”把詞分解成音、義兩面，字則仍處於基礎的地位。同時，把考字的程序和語言文字本體的規律結合起來，認爲，在語言文字的本體上，是先有需要表達的意義，然後才有負載意義的聲音，有了音義結合的語言，才有記録語言的文字形體。而考字，即傳統語言文字學的研究程序，是由上述語言文字本體規律制約的，它決定了其過程必然是“因形以得其音，因音以得其義”的研究程序。這啟發我們認識到，以解釋書面語言意義爲目標的傳統語言文字學研究的途徑和方法是由漢語語言文字的規律決定的，傳統語言文字學解讀文獻語言意義的方法，本質上是運用漢語漢字的規律來解決文獻語言中影響正確理解文獻語言意義的問題的手段。這個手段不是單一的一種方法，而是由衆多方法構成，内部成系統的一個方法集。

早在東漢時期，許慎就在《説文解字》一書中構建了漢字形義互求的方法，爲傳統語言文字學的研究方法奠定了基礎。許慎在《説文解字敘》中寫道："黄帝之史倉頡，見鳥獸蹏迒之迹，知分理之可相别異也，初造書契。……倉頡之初作書，蓋依類象形，故謂之文。其後形聲相益，即謂之字。文者，物象之本；字者，言孳乳而浸多也。著於竹帛謂之書。"又寫道："周禮八歲入小學，保氏教國子，先以六書。"前面論述了漢字造字的原理及文獻與文字的關係，後面則明確提出，小學教育的基礎是六書，而把六書作爲小學教育的基礎的根本理由，就在於"厥意可得而説"，也就是説，憑藉六書的理論，漢字的構形理據——漢字的形體和據以構形的意義之間的關係，可以得到解説。《説文解字》全書，以保持了原始構形意圖的小篆形體爲説解對象，每個字都先解説與形體相切合的本義，又根據本義分析該字字源結構，今人把它總結爲漢字形體、本義互求、互證的方法，即漢字的形義互求法。這一方法的具體含義是：根據保持了原始構形理據的漢字形體，推求漢字與形體相切合的意義，即字的本義；根據漢字的本義，分析漢字的字源結構，解釋漢字的構形理據，即漢字形體得形緣由。形義互求的方法，自許慎創立到今天，對傳統語言文字學一直發揮著廣泛而深刻的影響，成爲傳統語言文字學方法的基礎。其根本原因就在於，這種方法切合漢字構形的規律，本質上是運用漢字構形規律來探求、説解、論證漢字的形義關係。

從今天的研究結果和認識水平來看，漢字的功能是記録漢語，爲了創制記録漢語的漢字，造字時就把漢字所要記録的漢語作爲造字的依據。和其他所有語言一樣，漢語包括讀音和意義兩個要素，依據漢語造漢字時，理論上有三種選擇：根據讀音，根據意義，同時根據讀音和意義。從漢字史的事實看，漢字個體字符的創制，這三種類型都存在。把讀音作爲造字依據的包括：用標音造字法造的標音字，如"齒"，本爲象形字，所從之"止"，爲後加的標注讀音的成分，是根據該詞的讀音選擇"止"字作標音成分的；用聲符造字法造的雙音符字，如"⿰求九"爲仇匹的"仇"的後出字，構件"求"和"九"都是根據詞的讀音選取的；用切身造字法造的切身字，如"⿰丁夜"是切身字，是爲記録梵語"𑖝𑖿𑖧（tya）"這個音節造的譯音字，造字時，把"𑖝𑖿𑖧"的讀音作爲造字的依據，根據前面的輔音"t"選擇了"丁"字，根據後面的"ya"選擇了"夜"字，"丁""夜"組合成"⿰丁夜"字，等等。把意義作爲造字依據的包括：用象形造字法造的象形字，用指事造字法造的指事字，用會意造字法造的會意字，增加或改變形旁所造的分化字等。同時把音義作爲造字依據的形聲字。從類型上看，漢字的造字依據和造字方法具有多樣性的特徵，但不同造字依據和造字方法的數量分佈並不平衡，把意義作爲造字依據所造的象形字、指事字、會意字、分化字在成熟的漢字體系中佔的比例很高；把讀音作爲造字依據造的標音字、雙音符字、切身字數量很少，只是特例；同時根據音義造的形聲字，義符是根據意義選取的，聲符是根據讀音選取的，也包括了意義，且形聲字聲符的聲首都是象形字、指事字、會意字這些表意字。因此，傳統語言文字學把形義互求的方法作爲最基礎的方法，是符合漢字系統的整體特徵的。但是，在具體研究問題的過程中，還是要根據研究對象所屬的類型選擇不同的研究方法，比如，上述把語音作爲構形依據的標音字、雙音符字、切身字等，就不適合採用形義互求的方法分析和考證。

隨著傳統語言文字學發展，在形義二者互求的基礎上，又發展出形、音、義三者互求和古今形、音、義六者互求，使傳統語言文字學的研究方法越來越豐富，不斷系統化。段玉裁在《説文敘》"厥誼不昭，爰明以諭"的注中寫道："誼兼字義、字形、字音而言。昭，明也。諭，告也。許君之書主就形而爲之説解。其篆文則形也。其説解則先釋其義，若元下云始也、丕下云大也是也。次釋其形，若元下云从一从兀、丕下云从一从不是也。次説其音，若兀爲聲、不爲聲及凡讀若某皆是也。必先説義者，有義而後有形也。音後於形者，審形乃可知音，即形即音也。合三者以完一篆。説其義而轉注、叚借明矣。説其形而指事、象形、形聲、會意明矣。説其音而形聲、叚借愈明矣。一字必兼三者，三者必互相求。萬字皆兼三者，萬字必以三者彼此交遣互求。"明確提出了"一字必兼三者，三者必互相求"的觀點。三者互求方法的最大價值，是把傳統語言文字學的方法從造字領域擴展到用字的領域。形義二者互求，依據的是漢字造字規律，形要求是保持了原始構形意圖的形，義是與形體相切合的義，用形義互求的方法解決問題的範圍只能限制在符合造字規律的形義關係的分析與考證。漢字一旦創制出來，進入應用領域，完成記録漢語的功能，就不是只記録形義切合的本義，還會擴展出新的用法，這就要求傳統語言文字學有適用於使用中的漢字的研究方法，形、音、義三者互求就是解決使用中漢字的研究方法。段玉裁所言"合三者以完一篆，説其義而轉注、叚借明矣"，轉注、假借就是兩種用字的方法。段玉裁的弟子江沅對這個問題概括得更加清晰，他在《説文解字注·後敘》中説："許書之要在明文字之本義而已。……經史百家字多假借，許書以説解名，不得不專言本義者也。本義明而後餘義明，引申之義亦明，叚借之義亦明。形以經之，聲以緯之，凡引古以證者，於本義，於餘義，於引申，於叚借，於形於聲，各指所之，罔不就理。……蓋必形聲義三者正，而後可言可行也。亦必本義明，而後形聲義三者可正也。"這段話清楚地説明，許慎的《説文解字》主要是"明文字之本義"，而明文字本義的方法就是形、義互求。進入使用狀態"經史百家"的文字，除了記録本義之外，還要記録引申義和假借義，這就在客觀上要求有適合研究使用狀態文字的方法，這就是形、音、義三者互求的方法。而三者互求方法的基礎還是形義二者的互求，即所謂"本義明而後餘義明，引申之義亦明，叚借之義亦明"。段玉裁的《説文解字注》就是運用形、音、義三者互求的方法研究文獻用字的典範。

更難能可貴的是，段玉裁還明確提出了古今形、音、義六者互求的方法，使傳統語言文字學的方法更趨系統和嚴密。段玉裁在《廣雅疏證序》中説："小學有形，有音，有義，三者互相求，舉一可得其二。有古形，有今形；有古音，有今音；有古義，有今義，六者互相求，舉一可得其五。”在形、音、義三要素互求的基礎上，又加上了各要素古今變異互求互證的方法。古形和今形可以互求，古音和今音可以互求，古義和今義可以互求。古形和今形的形體差異，是漢字書寫變異的結果，而書寫變異是有規律的，古形和今形的互求，就是利用漢字書寫變異的規律證明古形和今形的形體變異關係；古音和今音的差異，是漢語語音變化的結果，而漢語語音的變化是有規律的，古音和今音的互求，就是利用漢語語音變化的規律證明古音和今音的語音變化關係；古義和今義的意義差異，是漢語語義演變的結果，而漢語語義的演變是有規律的，古義和今義的互求，就是利用漢語語義演變的規律證明古義和今義的語義演變關係。而形變的形體源頭，音變的讀音源頭，義變的語義源頭，都需要通過形、音、義三者互求，最終需要形、義二者互求來實現。三者互求是由二者互求派生的，六者互求是由三者互求派生的，二者互求是根源，是基礎，三者互求、六者互求是二者互求的衍生物。它們之間形成一種相互依存的方法體系，運用這一套方法，就使得古今實際使用的書面漢語的形、音、義之其然和所以然可以互求互證，具有了系統的可論證性。如果把這些方法分解成具體的方法，則可以包括：根據漢字據義構形的造字規律及漢字形義統一原理產生的漢字形義互求的方法，根據漢字用字假借規律及用字本借關係原理產生的求本字的方法，根據漢語詞義演變規律及詞義引申的本義引申義關係原理產生的求本義的方法，根據漢字書寫變異規律及本形與變形的關係原理產生的求本形的方法，根據漢語語音變化規律及本音與變音的關係原理產生的求本音的方法，根據漢語造詞規律及漢語詞際之間的發生學關係原理而產生的詞語推源法等等。推源和理流是一個問題的兩個方面，本質上語言文字各要素之間源流關係的互相證明，加之形、音、義之間的相互證明，就使得傳統語言文字學對文獻的解釋具有了立體的可論證的特徵。

不難看出，傳統語言文字學的方法，都是語言文字本體規律的運用，本質上是利用語言文字本體規律解決語言文字使用中語言文字形式、内容及形式與内容的理解，包括文獻中疑難字詞的考證。從這個意義上講，把傳統語言文字學判定爲經學的附庸，雖有一定道理，但並不十分準確。説這種説法有一定道理，從經學的視角看，傳統語言文字學確實只是解經的工具；從語言文字研究的本體看，傳統語言文字學也没有把語言文字本體規律的研究作爲主要的、核心的目標，而是爲了達到“解經”的目的去研究語言文字本體規律的。説這種説法不十分準確，從學科分立的立場看，經學和傳統語言文字學，雖有密切的關係，但都是各自獨立的學科，各有各的目標和旨趣，不存在誰是誰的附庸的問題，就如數學是很多學科的工具，我們不會把數學學科看作其他學科的附庸一樣。從本體研究和應用研究的關係看，傳統語言文字學以解經、解釋文獻語言作爲主要目標，爲了實現自身的研究目標，它也必然會涉及語言文字本體規律的研究，但本體的研究畢竟不是主要目標。隨著學術的發展，現代學科分化的趨勢，漢語的語言文字本體研究發展爲獨立的學科是符合學術發展的趨勢的，是歷史的必然。但是，語言文字本體研究獨立學科的建立，並不意味著以解釋文獻語言爲目標的傳統語言文字學消亡，或者是弱化，因爲兩者研究目標、旨趣不同，研究的方法不同，學術的、社會的功能也不同。

本書的主旨是對《大正藏》的疑難字進行考證，使用的方法總體上就是傳統語言文字學的方法。因應材料的特殊性，方法的選擇會有些偏重，對一些特殊的現象，也會採用一些特殊的方法。以下從運用形音互求的方法考證疑難譯音字、運用文本文字同化的規律考證疑難同化字、運用分化造字的規律考證疑難分化字、運用書寫規律考證書寫變異産生的疑難字等方面分别略作説明：

一、運用形音互求的方法考證疑難譯音字

在漢譯佛經中，新造了部分譯音專門用字，這些譯經專門用字都是根據源語言的讀音，結合目標語的讀音，利用原有的漢字創制出來的。玄奘曾經提出“五種不翻”的原則，作爲譯音字適用範圍的根本原則。他的“五種不翻”原則見於南宋法雲編《翻譯名義集》：“唐奘法師明五種不翻：一、祕密故不翻，陀羅尼是；二、多含故不翻，如薄伽梵，含六義故；三、此無故不翻，如閻浮樹；四、順古故不翻，如阿耨菩提，實可翻之，但摩騰已來存梵音故；五、生善故不翻，如般若尊重，智慧輕淺，令人生敬，是故不翻。”（T2131v54p1057c）此處的“不翻”指不用意譯的方式，需採用音譯的方式翻譯。由於“五種不翻”原則的廣泛影響，使得漢譯佛經中存在大量譯音詞，這些譯音詞的來源，主要是用漢語裏已有的字表達佛經源語言的詞的讀音。由於佛經源語言和目標語漢語之間的語音系統存在巨大差異，單純用已有漢字標記源語言讀音，常常會出現方枘圓鑿、不相切合的情形，這就促成了譯音字的改造。主要有三種方法：一是給譯音字加注標記，二是用加口旁的方式造譯音專字，三是用切身造字法造譯音專字。前一種不造新字，後兩種則需要造新字，這促使漢字出現了新的造字方式，産生了新的漢字類型。後兩類的造字依據都是據音構形，造出來的字功能上只起記音的作用，没有詞彙意義，這在主體上採用據義構形的表意體系的漢字系統中是個異類。對於這類特殊的口旁字和切身字，除了《龍龕》及之後的字書輾轉收録了一部分之外，一直缺乏系統的整理與研究，導致字書收録這類字時語焉不詳、錯誤百出。從當今系統整理歷代漢字的目標出發，需要對這批字進行全面的搜集和系統的整理，其中一個基礎性的工作，首先要對個體字符進行考辨，對字際關係進行整理。

本書對《大正藏》中特殊口旁字和切身字都進行了考證。根據被考字的特

點，主要採用形音互求的方法和内證法。所謂形音互求，是用漢字的形體和源語言及目標語的讀音互相求證，考證過程梵漢對勘；所謂内證法是指優先使用《大正藏》内部的對音材料，今人的相關研究成果作輔助材料。書中考證的“㖏”“啣”“唽”“哱”“哸”“咀”“咖”“啄”“咜”“咤”“噠”“哌”“唎”“㖀”“咮”“啹”“哪”“哏”“嘐”“嗙”“唓”“嗚”“哋”“嗲”“喀”“哏”“咀”“哌”“㗖”“嘧”“嘶”“咮”“哦”“㖷”“哩”“㗊”“嗡”“㖠”“嚓”“嗪”“㖻”“嘆”“嘮”“嚨”“嚇”“嘲”“啵”“嚏”“嘟”“啤”“㖔”“喙”“嘎”“喀”“喑”“嗐”“嚁”“嘸”“嚀”“嚬”“嚫”“嚕”“嘝”“嚅”“嚶”“嚏”“嘛”“嘲”“嚼”“嚻”“嚪”“嚩”“嚂”“嚳”“嚾”“嚵”“嚷”“嚲”“嚫”“囆”“囇”“囉”“囊”“囋”“囌”“囐”“囒”“囖”“囕”“囌”“囕”等字皆加口旁所造的譯音專字，皆採用形音互求的方法，利用《大正藏》自身對音材料加以考證。這類口旁字也存在異構、異寫、訛誤等現象，亦需採用形音互求的方法判定。如“嚫”與“哏”皆“𑖐𑖰(gi)”的譯音專字，兩字爲異構字；“吼”與“㖻”皆“𑖪𑖽(vaṃ)”的譯音專字，兩字爲異構字；“囕”與“嚂”“嚂”“唛”“哴”皆“𑖨𑖽(raṃ)”的譯音專字，五字爲異構字；“㗵”“㗵”“㗵”“㗵”“㗵”“㗵”“㘑”皆“𑖩𑖸(le)”或“𑖨𑖸(re)”的譯音專字，皆“㘑”之書寫變異；“嚬”“嚹”則爲“㘑”字之訛。它如“嚶”爲“嘡”字之訛，“嚁”“㗶”“㘓”皆“囉”字之訛，“㖫”爲“㗨”字之訛，“嗪”爲“嗙”字之訛，“嚬”爲“嚫”字之訛，皆經考察形音關係判定。

漢譯佛經口旁譯音字可以看作一類特殊形聲字，這類形聲字的形旁口與口的意義没有任何關係，只是一種區别性的構件。這些特殊口旁字最早用於記録漢譯佛經中的譯音詞，後來擴展到記録其他來源的音譯外來詞、個别意譯外來詞和一些來源不明的漢語方言詞。這類口旁字形義關係和用法都比較特殊，字書在收録時往往釋義不够明確。《漢語大字典》承歷代字書收録了部分漢譯佛經口旁譯音字，然多語焉不詳，注釋方式也混亂不一。近年來，隨著近代漢字研究的深入，不少學者關注到了漢譯佛經口旁譯音字的考證，取得了不少研究成果，成果較集中的包括：鄭賢章《龍龕手鏡研究》（湖南師範大學出版社，2004 年）、楊寶忠《疑難字考釋與研究》（中華書局，2005 年）、鄧福禄、韓小荆《字典考正》（湖北人民出版社，2007 年）、鄭賢章《〈新集藏經音義隨函録〉研究》（湖南師範大學出版社，2007 年）、韓小荆《〈可洪音義〉研究》（巴蜀書社，2009 年）、楊寶忠《疑難字續考》（中華書局，2011 年）、鄭賢章《漢文佛典疑難俗字彙釋與研究》（巴蜀書社，2016 年）、楊寶忠《疑難字三考》（中華書局，2018 年）等。這些著作多能結合漢譯佛經文獻考證，解決了不少佛經文獻及歷代字書中的疑難問題，不少成果都被《大字典》第二版修訂時吸收，大大提高了《大字典》的釋義水平。但《大字典》收録的漢譯佛經口旁譯音字的處理仍存在不少問題，以下在先行成果的基礎上，利用梵漢對音的材料，運用形音互求的方法，對《大字典》中收録的部分漢譯佛經口旁譯音字進行考辨。

1. 叹

《大字典》："叹，（一）yǐ《龍龕手鑑·口部》：'叹，音以。'（二）yòu 同'又'。《龍龕手鑑·口部》：'叹，《川韻》作又字。'"（二 p623）

按：《龍龕·口部》："叹，俗，音以。又《川韻》作又字。"《康熙字典·備考·口部》："叹，《龍龕》：'音以。又《川韻》作又字。'" 此即《大字典》所本。《大字典》據《康熙字典》收"叹"字，又根據《康熙字典》提供的線索以《龍龕》爲書證。楊寶忠《疑難字三考·口部》"叹"字條據《可洪音義》"叹"音"初加反"考定"叹"字"是'叉'字俗書"（p55-56），結論可從。今考，"叹"即"叹"字之訛，乃"𑖎𑖿𑖬（kṣa）"的譯音字。失譯《大乘悲分陀利經》："婆沙剃婆禰馱隸陀羅波帝舅礙帝牧備牧婆波羅備米帝隸　修摩婆帝　羼帝抧帝　加樓奈欝坻叉裒畢履帝憂蜫叹　三般禰　阿勒翅婆羅蠡佉秖（求臂反）佉爾阿牟隸牟羅輸禰。此是四無畏解境［脱］句。"（T0158v03p0236a）北涼曇無讖譯《悲華經》："爾時世尊復説章句：波沙緹　波沙禰　陀隸　陀羅波坻　掬坻守毘守婆波坻　禰坻　須摩跋坻羼提翅坻迦留那欝提叉移　比坻憂比叉　三鉢禰　阿羅翅婆羅地　佉岐佉岐竭移　阿茂隸　牧羅輸檀尼。如是章句。開示分別四無所畏解脱法門。"（T0157v03p0169c）《大乘悲分陀利經》與《悲華經》皆見"四無所畏解脱法門"，然譯文用字有很大差異，與《大乘悲分陀利經》"蜫叹"對應的譯文《悲華經》作"比叉"。林光明《新編大藏全咒》卷一《悲華經》"分別四種聖解脱法門"中"比叉"轉寫作"bekṣa"（v1p406）。"蜫"即"螕"字之誤，"螕""比"皆"be"的譯音字。"叹""叉"皆"kṣa"的譯音字。日本淨嚴撰《悉曇三密鈔》："𑖎𑖿𑖬，叉、乞叉、乞灑、葛又［叉］、乞察（胎軌）、趁灑（羂索經。上五種皆二合）、差、荼、羅、矩、荼（盧爾反。惠均）、刹（佛頂）。"（T2710v84p0747b）收録"叉"和"乞叉"等爲"𑖎𑖿𑖬（kṣa）"的譯音字。"叉"作"𑖎𑖿𑖬（kṣa）"的譯音字漢譯佛經習見。《大乘悲分陀利經》"蜫叹"，麗本《玄應音義》卷七作"螕以"（p96），宛委別藏本作"螕叹"（p215），《續修四庫全書》載海山仙館叢書本亦作"螕叹"（p80）。根據梵漢對勘及版本異文的材料綜合判斷，《玄應音義》麗本的"以"乃"叹"字之誤，蓋由"以"或寫作"叺"，"叹"與之形近，故訛作"以"。《龍龕》"叹，音以"乃承誤本《玄應音義》之訛，後出之字書又皆承《龍龕》之誤，陳陳相因，以訛傳訛，致《大字典》有讀"yǐ"之誤音。至如《龍龕》所引之《川篇》作"又"，"又"乃"叉"字之誤，《大字典》據之爲"叹"另設一讀"yòu"的音項，誤之甚矣。綜上，《大字典》當收

“叹”，讀“chā”，訓作“佛經譯音專字”，“叹”改釋爲“叹”的訛字。

2. ⿰口九

《大字典》：“⿰口九，同‘叴’。《玉篇·口部》：‘⿰口九’，同‘叴’。”（二 p619）

按：南朝宋曇摩蜜多譯《佛説象腋經》：“阿蘭（一）波㖏羅（二）毘尼那（三）修怛吔（四）修復多（五）阿㲋㖏（六）毘畔那醯（七）呿伽留他（八）摩移宿伽（九）阿㲋那折陀（十）那賴陀（十一）蜜羅修蜜囉（十二）素囉醯陀（十三）薩婆多羅（十四）瞜伽瞜伽（十五）喝吔猶呵（十六）摩仇摩伊呵（十七）。以是陀羅尼章句，守護攝取彼諸衆生，除種種病。（T0814v17p0786c-0787a）《玄應音義》（麗本）：“摩仇，渠牛反。經文從口作‘⿰口九’，非也。”《可洪音義》卷六《像腋經》：“摩⿰口九，巨牛反。正作‘叴’也，《經音義》以‘仇’替之。”（v59p760）“⿰口九”與“仇”爲同一梵文的譯音字，“⿰口九”乃“仇”改作口旁造的譯音專字，可洪以爲譯音字的“⿰口九”的正字作“叴”，佛經未見“叴”字，可洪之説不可從。譯音字的“⿰口九”與《玉篇》所收“叴”之異體的“⿰口九”當爲同形字。失譯《阿吒婆拘鬼神大將上佛陀羅尼神呪經》：“仇摩仇摩　仇摩仇摩……世尊此陀羅尼句，爲一切衆生作護作救。”（T1237v21p0178b-c）林光明《新編大藏全咒》卷五《阿吒婆拘鬼神大將上佛陀羅尼神呪經》“擁護更防諸惡咒”中“仇”皆轉寫作“ku”（v5p355）。“仇”可爲“𑖎𑖲（ku）”的譯音字。北魏吉迦夜、曇曜譯《雜寶藏經》：“佛言：‘爾時父王，拘迦離是也；彼時母者，提婆達多是；彼時子者，我身是也。’”（T0203v04p0456c-0457a）唐慧琳撰《一切經音義》：“仇迦，渠牛反。或作拘迦離，梵言訛轉耳。”（T2128v54p0797b）日本淨嚴撰《悉曇三密鈔》：“𑖎𑖲，句、屨、寠、拘、瞿、區、㸴、俱、矦、苟、鳩、久、具、究、垢、溝、休、緺、吼、弓（大佛頂呪）、求（法花陀羅尼）、矩、鉤（二共大隨求）、軍（金剛界軌）。”（T2710v84p0741c）“仇”與“拘”或爲同一梵文的譯音字，《悉曇三密鈔》收録“拘”爲“𑖎𑖲”的譯音字，亦可比勘。此條可參看楊寶忠《疑難字三考》“⿰口九”字條（p56-57）。

3. ⿰口凡

《大字典》：“⿰口凡，fàn《龍龕手鑑·口部》：‘⿰口凡，音梵。’”（二 p631）

按：《龍龕·口部》：“⿰口凡，音梵。”（p36）《改併四聲篇海·口部》：“⿰口凡，音梵。”（p42）《康熙字典·備考·口部》：“⿰口凡，《五音篇海》：‘音梵。’”（p7）《大字典》所引《龍龕》字形與原書不合而與《康熙字典》合，此蓋由《大字典》收字以《康熙字典》爲藍本，以《龍龕》爲始見書證，而字形仍據《康熙字典》所致。

《大字典》收“⿰口凡”字，訓釋轉録《龍龕》，未訓其義。今考“⿰口凡”即梵文

“𑖪𑖽（vaṃ）”的譯音專字。佚名《陀羅尼雜集》：“摩尼跋陀天王陀羅尼句：伊吼摩夜　收盧多咩　迦悉泜　三摩夜　婆伽吼　金羅婆悉鑰　兜呵羅泜悉摩　視多婆禰　阿那他比茶　達施羅咩　阿他佉　露摩孏跋度盧　摩呵夜叉　斯那波泜　移那婆伽吼　悉泜怒波　僧伽嚂多　憂波僧迦嚂多　婆伽婆大波導　失羅娑濘　槃地埵婆　伊迦泜　禰師大提迦多禰山拏　阿他佉樓　摩孏妖度　度呵夜叉斯那波泜婆伽吼多咩咩多大菩哳。”（T1336v21p0604b-c）林光明《新編大藏全咒》卷十六《陀羅尼雜集》“摩尼跋陀天王陀羅尼”咒語中“伊吼摩夜”轉寫作“evaṃ maya”，咒中“吼”皆轉寫作“vaṃ”（v16p256）。唐道世撰《法苑珠林》：“佛説除災患諸邪惱毒呪：咥[20]鍐摩夜輸盧多咩　迦悉底　三摩夜婆伽*鍐　舍羅婆悉劍　鼻呵囉坻悉摩　拔多婆禰　阿那他比茶　達拖囉咩　多多羅婆伽*鍐。”（T2122v53p0741b-c）注20：“鍐=吼《三》《宮》*。”四庫本皆作“吼”，“鍐”“鍐”“吼”爲同一梵文的譯音字。日本淨嚴撰《悉曇三密鈔》：“𑖪𑖽，鍐（日經）。”（T2710v84p0746c）《悉曇三密鈔》收“鍐”爲“𑖪𑖽”的譯音字，“鍐”“鍐”“鍐”皆“鋄”字之訛。“鋄”“吼”皆“𑖪𑖽”的譯音字。

《悉曇三密鈔》：“𑖠𑖿𑖪𑖽，達凡（略出）、特嘪（金）、特奉（佛頂）、特憎（胎）。”（T2710v84p0756b）“達凡”爲“𑖠𑖿𑖪𑖽（dhvaṃ）”的譯音字，“凡”可爲“𑖪𑖽”的譯音字，“吼”爲“凡”加口旁造的譯音專字，“吼”爲“吼”的書寫變異。

鄭賢章《漢文佛典疑難俗字彙釋與研究》“吼”字條（p87）對“吼”字已有考證，可參看。

4. 叹

《大字典》第一版：“叹，sì《龍龕手鑑·口部》：‘叹，詞孕反。’《字彙補·口部》：‘叹，詞子切，音似。義闕。’”（一 p597）

《大字典》第二版：“叹，疑同‘啾’。《龍龕手鑑·口部》：‘叹，詞孕反。’鄧福禄、韓小荆《字典考正》：‘叹’，蓋‘啾’字省寫。”（二 p645）

按：《大字典》第二版據鄧福禄、韓小荆《字典考正》修訂，但仍抱存疑的態度。今考《字典考正》的結論可從。唐實叉難陀譯《大方廣佛華嚴經》：“諸佛子，所言苦集聖諦者，彼豐溢世界中，或名可惡，或名名字，或名無盡，或名分數，或名不可愛，或名能攫噬，或名麁鄙物，或名愛著，或名器，或名動。”（T0279v10p0061c-0062a）唐慧琳撰《一切經音義》卷二十一慧苑撰《新譯大方廣佛花嚴經音義》第十二卷：“能攫噬，攫，拘縛反；噬，常制反。《蒼頡篇》曰：‘攫，搏也。’《説文》曰：‘攫，爪持也。’《廣雅》曰：‘噬，囓也。’言由造集損害真實，出離善根，故此猶如師子搏囓也。‘攫’字經本有從立犬邊作‘玃’者，甚謬也。花嚴闍梨共三藏覆勘此梵本，謂之[9]似多，此云師子。然依業用聲呼故翻爲攞噬，其於犬邊矍者，乃是猨玃之屬，與梵本不相當也。‘噬’字要宜從竹，經本有從二十者，音武係反，又有口邊著莁者，無［元］不是字也。[11]以，音詞孕反也。”（T2128v54p0438c）注9：“似＝吖《甲》”注11：“以＝似《甲》。”據題注，《甲》指頻伽精舍本，知“似多”麗本作“似”，頻伽精舍本作“吖”。《慧苑音義》讀“吖/似”之音爲“詞孕反”，此蓋即《龍龕》所本。西晉竺法護譯《正法華經》：“越有爲擧諸法，曉衆生音，師子娛樂。”（T0263v09p0133b）日本明覺撰《悉曇要訣》：“《法華》‘師子娛樂’（文），梵云𑖭𑖰𑖮，漢字云辛阿，或云僧伽。”（T2706v84p0529a）又：“例如𑖭𑖰𑖽𑖮，言下有師子義無畏義，故合言師子無畏。”（T2706v84p0541a）北涼曇無讖譯《悲華經》：“爾時[15]師子王子，以珍寶幢供養寶藏如來時，佛即讚師子王子言。”（T0157v03p0196b）注15：“師子 Siṃha。”唐禮言集《梵語雜名》：“師子，梟伽，𑖭𑖱𑖐。”（T2135v54p1236b）“師子”的梵文作“𑖭𑖰𑖮”“𑖭𑖰𑖽𑖮”“𑖭𑖱𑖐”等形式，漢譯作“似/吖多”“梟伽”“僧伽”“辛阿”等。日本淨嚴撰《悉曇三密鈔》：“𑖭𑖰，斯、死、梟（隨求）、徙（佛頂）、悉（字記）、西。”（T2710v84 p0747a）“似/吖”“梟”爲“𑖭𑖰（si）”的譯音字，“僧”“辛”爲“𑖭𑖰𑖽（siṃ）”的譯音字。

南宋法雲編《翻譯名義集》：“僧伽彼，或吚[3]（詞孕）多，此云師子。”（T2131v54p1088a）注3：“Siṃha。”日本信瑞纂《淨土三部經音義集》：“師子王，梵語勘文云：思孕（二合，引）賀（引），此云師子（出《千光眼經》《大佛頂經》）。《翻譯名義集》云：僧伽彼，或[39]吚多，此云師子。”（T2207v57p0402c）注39：“吚+（詞孕）細註《甲》，吚＝吖《乙》。”“吚”爲“似”加口旁造的譯音專字。

鄭賢章《漢文佛典疑難俗字彙考與研究》“吖”字條（p88）已經注意到梵文對音資料的運用，然未能注意到“師子”一詞對應梵文的多種形式，以“似”爲“siṃ”的譯音字，則誤矣。

5. 𠯋

《大字典》：“𠯋，tuō《龍龕手鑑》音陁。俗謂獸類將物銜走叫‘𠯋’。也作‘拖’。清范寅《越諺上·敊窩腡》：‘敊敊窩腡，老鼠盤窠。大貓瞪見，小貓來𠯋。’又《三寸姑娘》：‘三寸姑娘，芥菜地哩乘風凉。田雞蛤蟵來𠯋去，郎君哭得好凄涼。’”（二 p652）

按：《龍龕·口部》：“咜、𠯋，二俗，音陁。”（p32）此即《大字典》音注之所本，《龍龕》所收之“𠯋”“咜”皆佛經譯音字，與《越諺》之“𠯋”爲同形字。東晉帛尸梨蜜多羅譯《佛說灌頂七萬二千神王護比丘呪經》：“神名取披鞬陀叱闍叱者。”（T1331v21p0496a）麗本《玄應音義》卷四《大灌頂經》第一卷：“鞬陁，記言反。”（p50）宛委別藏本作“陀”（p117）。唐慧琳撰《一切經音義》："鞬咜，上健言反；咜，音陀，梵語也。"（T2128v54p0517a）朝鮮大藏都監刻本作"咃"（p41）。《龍龕》所收"咜""咃"二字當本《慧琳音義》。《慧琳音義》所收之"咜""咃"，《玄應音義》作"陀""陁"，據慧琳的訓釋可知，他把"咜/咃"看作"陀/陁"換口旁所造譯音專字，這是一種解釋。另一種可能是，"咜""咃"爲"陀""陁"之形訛，文獻中"阝"旁與"口"旁混誤之例習見。如"阿"或寫作"阿""阿"，"阻"或寫作"阻""阻"，"阝"旁與"口"旁相近。慧琳撰《一切經音義》："珊覩史多，上桑安反，梵語也。上方欲界中天名也。古名兜率陀，或云兜術，皆訛略也"（T2128v54p0342c）"陀"，朝鮮大藏都監刻本作"咜"，亦"陀"字之訛。唐輸婆迦羅譯《攝大毘盧遮那成佛神變加持經入蓮華胎藏海會悲生曼荼攞廣大念誦儀軌供養方便會》："殷勤唄唱三至七，次誦吉慶伽[15]他句。"（T0850v18p0068a）注 15："他＝咜[カ]《原》。"日本明覺撰《悉曇要訣》："三者，梵云伽他，此云諷誦，古譯經者乃云偈他，略去他字但名爲偈，語訛略也（文）。《金剛般若經》多有四句偈等文，皆作𑖐𑖞𑖯之形。唐院吉慶伽他，亦作此形，當知云偈，云伽陀，同作𑖐𑖞𑖯形也。"（T2706v84p0547a）日本淨嚴撰《悉曇三密鈔》："𑖞，他、託、詑（羂索）、闥（尊勝）。"（T2710v84p0744b）"他""陀"皆爲"𑖞（tha）"的譯音字，"𑖞𑖯（thā）"爲長音。"咜"亦"陀"之訛。

唐玄奘譯《大般若波羅蜜多經》卷五百四十九："是菩薩摩訶薩聞説如是[1]呵諫語時，能審觀察此惡魔事，欲退敗我大菩提心。"（T0220v07p0827b）注 1："呵＝阿《元》。"佛經"呵諫"習見，東晉佛陀耶舍、竺佛念譯《四分律》："彼自念言：我若往呵諫責數，必用我言止不破僧。"（T1428v22p0834c）南朝梁僧祐撰《出三藏記集》："叔蘭幼而聰辯，從二舅諮受經法，一聞而悟。善胡漢語及書，亦兼諸文史。然性頗輕躁，遊獵無度。常單騎逐鹿，值虎墮馬，折其右臂，久之乃差。後馳騁不已，母數呵諫，終不改。"（T2145v55p0098b）"呵諫"皆斥責勸阻之義。上揭《大般若波羅蜜多經》元本之"阿"乃"呵"字之誤。北宋施護譯《佛母出生三法藏般若波羅蜜多經》："阿難當知，若菩薩乘人與菩薩乘人共相鬪諍，互出惡言，輕易呵毀，已不相悔捨復懷瞋恨結縛於心者，我不説彼有出罪法。阿難，若菩薩乘人與菩薩乘人共相鬪諍，乃至[2]呵毀，已即相悔捨者，我當爲彼説出罪法。"（T0228v08p0658a）注 2："呵＝阿《宋》。""呵毀"義近誹謗，佛經習見，上揭《佛母出生三法藏般若波羅蜜多經》宋本之"阿"亦"呵"字之誤。上述"呵諫""呵毀"這類的例子，需根據上下文意，判斷文字的正誤。若混誤的字出現在咒文的譯音字中，則需要根據梵文與譯音字的對應關係判斷文字的正誤。

《悉曇三密鈔》："𑖮，訶、呵、賀、歌（羂索）、歌、佷、恨、紇、頡。"（T2710v84p0747a）又："𑖀，短阿字。"（T2710v84p0731c）"呵"爲"𑖮（ha）"

的譯音字，“阿”爲“𑖀（a）”的譯音字。“呵”“阿”形近易混，作譯音字時亦常混誤。

西晉法立、法炬譯《佛説諸德福田經》：“我往聽經，聞法歡喜。持一藥果，名[29]呵梨勒。奉上衆僧，緣此果報。”（T0683v16p0777c）注 29：“呵梨勒＝阿梨勒《明》。”南朝梁僧祐撰《釋迦譜》：“佛言：‘從此西行數萬踰闍那，到瞿陀尼，取此果來，名[9]阿梨勒，極爲香美，汝可食之。’”（T2040v50p0042c）注 9：“阿＝呵《宫》。”日本凝然述《五教章通路記》：“爾時世尊，身有風患。摩修羅山神，即取[2]阿梨勒菓奉佛。佛受食之，風患即除。”（T2339v72p0427a）注 2：“阿＝呵《甲》。”“呵梨勒”的“呵”異文或作“阿”。唐義淨譯《金光明最勝王經》：“[4]訶梨勒一種，具足有六味，能除一切病，無忌藥中王。”（T0665v16p0448b）注 4：“訶梨勒 Harītaki（Terminalia Chebula）。”據注文，“呵/訶梨勒”的梵文作“Harītaki”，拉丁學名作“Terminalia Chebula”，“呵/訶”與“Ha”的讀音相合，“阿”乃“呵”字之誤。南朝齊僧伽跋陀羅譯《善見律毘婆沙》：“菴摩阿梨勒，無上甘露藥。”（T1462v24p0688a）北涼沮渠京聲譯《治禪病祕要法》：“應當教是行者，服食酥蜜及阿梨勒。”（T0620v15p0333b）兩“阿”亦“呵”字之誤。

查《四庫全書》，“呵梨勒”訛作“阿梨勒”，宋唐慎微撰《證類本草》卷十四《木部下品總九十九種》：“令狐將軍傳此法，用阿梨勒三枚上好者，兩枚炮取皮，一枚生取皮，同末之。”宋陳師文等撰《太平惠民和劑局方指南總論》卷下《論瀉痢證候》：“下痢純白滑泄者，此是冷證，可與丁香、豆蔻散、阿梨勒丸、駐車丸。”宋陳自明撰《婦人大全良方》卷二十一《産後虚羸方論第五》：“人参散　治産後虚羸脾胃乏弱四肢無力全不思飲食心腹脹滿：黄耆　人参　草果仁　厚朴　附子（各一兩）　白术　當歸　白茯苓　木香　川芎　桂心　甘草（各半兩）　陳皮　良薑　阿梨勒皮（各三分）。”元危亦林撰《世醫得效方》卷十一《小方科》：“通治木香散治發瘖疹身熱作渴：木香　大腹皮　人参（去蘆）　桂心　赤茯苓（去皮）青皮（去穰）　前胡（去蘆）　阿梨勒（去蘆）　半夏（薑製）　丁香　甘草（炙。各三錢）。”明朱橚撰《普濟方》“阿梨勒”凡 13 見，“阿”皆“呵”之誤。又查籍合網今人整理之古籍，歐陽躍峰整理、清姚瑩著《康輶紀行》卷十五《西域物産》：“曰桂皮，曰阿梨勒（諸書未詳，疑即梨也）。”（中華書局，2014 年，p440）張小莊、陳期凡編著《明代筆記日記繪畫史料彙編·王肯堂〈鬱岡齋筆麈·界畫〉》：“棠梨叶、阿梨勒，助色。”（上海書畫出版社，2019 年，p242）董志翹、劉曉興等校注、梁寶唱等編纂《經律異相校注》卷一《天部上》：“若以一呵梨勒果施僧（31），終不生疾疫劫中。”（巴蜀書社，2018 年，p41）注 31：“呵梨勒果：果名。梵語 Haritaki 的音譯，又作‘阿梨勒果’‘訶梨勒果’等。”（同上，p43）周叔迦、蘇晉仁校注、唐釋道世著《法苑珠林校注》卷二十五《引證部第二》：“復昔毗婆尸如來出世時，有長者居明貞修，禀性良謙，請佛及僧九十日四事供養。有一比丘來求索藥，長者問曰：何所患苦？荅曰：頭痛。長者荅曰：此必膈上有水，仰攻其頭，是以頭痛。即施一阿梨勒果，因服病除。緣是福報，九十一劫未曾病患。”（中華書局，2003 年，p789）“阿”亦皆“呵”字之誤，整理者未能校出。譯音字中的混誤字用傳統的校勘方法不易識别。

“咜”又爲“咤”字之誤。唐不空譯《金剛頂蓮華部心念誦儀軌》：“真言曰：唵嚩日囉（二合，引）娜[6]迦吽。”（T0873v18p0305a）注 6：“迦 +（咜）《乙》《丙》。”《攝大毘盧遮那成佛神變加持經入蓮華胎藏海會悲生曼荼攞廣大念誦儀軌供養方便會》：“唵嚩日囉（二合）娜迦吒吽（如求至願三習百字明）。”（T0850v18p0068b）不空譯《金剛頂一切如來真實攝大乘現證大教王經》：“真言曰：唵（引）嚩日囉（二合）娜迦咤吽。”（T0874v18p0317a）《悉曇三密鈔》：“𑖙，侘、吒、奼、咤、詫、咃。”（T2710v84p0743b）“吒”“咤”皆“𑖙（ṭha）”的譯音字，“咜”即“咤”字之誤。不空譯《金剛頂經多羅菩薩念誦法》：“嚩日囉（二合）薩怛嚩（二合。六）地瑟[25]咤（二合。七）。”（T1102v20p0454b）注 25：“咤 = 咜《明》。”日本曇寂撰《大日經住心品疏私記》：“阿地瑟吒，[illegible]。”（T2219v60p0369a）“咤”又爲“𑖘（ṭa）”的譯音字，“咜”亦“咤”字之誤。

6. 呔

《大字典》：“呔，dài《龍龕手鑑·口部》：‘呔，俗，音代。’《字彙補·口部》：‘呔，徒在切。出釋典“隨”字函。’”（二 p653）

按：“呔”字《龍龕》最早收録，讀“音代”，後出字書多從之，《大字典》亦承之收録。鄭賢章《龍龕手鏡研究》：“‘呔’《龍龕》音‘代’，此‘呔’乃佛經咒語用字。”（p68）《大字典》第二版未採用。佚名《陀羅尼雜集》：“治百病諸毒陀羅尼：南無觀世音菩薩　坦提咃　阿羅尼　多羅尼　薩[8]呔豆吒　呔羅尼　薩代嗹吒槃宕彌　耶呔陀梨　南没遮彌　悉但兜　曼咃波陀　莎呵。”（T1336v21p0611a-b）注 8：“呔 = 哦《元》《明》，下同。”又：“懺悔擲華陀羅尼：南無佛哦竭哦多　摩訶目揵連寫　坦提咃伊利　坻利呧利帝利伊利呧利　婆[18]呔啹呧利　莎呵。”（T1336v21p0636c）注 18：“呔 = 哦《三》。”《可洪音義》卷二十三《陀羅尼雜集》第十卷：“呔啹，上音代，下音居。”（v60p295）林光明《新編大藏全咒》卷十六《陀羅尼雜集》“懺悔擲華陀羅尼”之“呔”作“哦”，轉寫作“va”（v16p443）。唐道世撰《法苑珠林》：“觀世音菩薩說隨願陀羅尼呪：南無觀世音菩薩　坦提咃呿羅婆多呿羅婆多　伽呵婆多　伽婆多　伽[15]筏多　莎訶。”（T2122v53p0743b）注 15：“筏 = 哦《宋》《明》《宮》，呔《元》。”四庫本作“哦”。唐不空譯《施諸餓鬼飲食及水法》：“[illegible]，曩謨薄伽筏帝鉢囉步多囉怛。”（T1315v21p0467c）日本淨嚴撰《悉曇三密鈔》：“謂藥師十二夜叉中𑖪伐𑖕𑖿𑖨折囉集經呪云和耆羅。”（T2710v84p0786b-c）“哦”“伐”“筏”皆“𑖪（va）”的譯音字，“哦”爲“伐”加口旁造的譯音專字，《大正藏》“哦”凡47見，乃習用之譯音字。“吠”乃“哦”字之誤。《龍龕》“吠”注音爲“音代”，乃據訛誤形體臆推之訛音，後代字書皆承其誤。《可洪音義》卷二十三《陀羅尼雜集》第十卷：“吠竭，上扶月反。”（v60p295）《大正藏》“吠”作“哦”，“吠”亦“哦”字之訛。“代”與“伐”形近，佛經中兩字混誤的例子甚多。

7. 咖

《大字典》：“咖，（一）jiā《龍龕手鑑·口部》：‘咖，俗，加、伽、迦三音。’”（二p659）

按：“咖”即“𑖎（ka）”的譯音字。失譯《佛說善法方便陀羅尼經》：“我今當更演說善法陀羅尼呪，欲得安樂及求度者，是諸行人應於晨朝受持讀誦，則得神呪擁護之力，必當永離一切苦惱。即說呪曰：尸棄（一）尸棄（二）支至（三）支至（四）婆嘍（五）婆嘍（六）嚧嘍（七）嚧嘍（八）時嗜（九）時嗜（十）咖囉（十一）咖囉（十二）。”（T1137v20p0581a）《可洪音義》卷八《善法方便陀羅尼咒經》：“咖囉，上其迦反。”（v59p851）林光明《新編大藏全咒》卷四《善法方便陀羅尼咒經》“擁護咒”中“咖”轉寫作“ka”（v4p376）。日本淨嚴撰《悉曇三密鈔》：“𑖎，迦、羯、訖、吃、見、劍（大隨求呪）。”（T2710v84p0741c）收録“迦”爲“𑖎（ka）”的譯音字。東晉瞿曇僧伽提婆譯《中阿含經》：“我聞如是：一時佛遊釋羇瘦，在[16]迦維羅衛。”（T0026v01p0603b）注16：“～Kapilavatthu. 迦＝加《三》。”南朝宋求那跋陀羅譯《雜阿含經》：“如是我聞：一時佛住舍衛國祇樹給孤獨園。爾時尊者摩訶迦旃延住阿槃提國拘羅羅咤精舍。尊者摩訶迦旃延晨朝著衣持鉢，入拘羅羅咤精舍，次第乞食，至[4]迦梨*迦優婆夷舍。”（T0099v02p0143a）注4：“～Kālī，迦＝伽《宋》*《聖》*。”“迦”“加”“伽”皆可爲“𑖎（ka）”的譯音字，“咖”即“加”加口旁造的譯音專字。唐地婆訶羅譯《佛頂最勝陀羅尼經》：“薩婆咖（去）底（平）鉢李舜提。”（T0969v19p0356b）“咖”爲“咖”的異體字。《龍龕》所言“咖”有“加”“伽”“迦”三音，當指三字皆與“咖”爲同一梵文的譯音字，三字皆可加口旁造譯音專字。《大字典》：“呭，jiā《龍龕手鑑》音迦。①佛經譯音用字。按：鄧福禄、韓小荆《字典考正》：佛經梵語有“斫呭”，“呭”爲佛經梵語譯音用字，無實義。”（二p699）“呭”亦“咖”之異體。

8. 咪

《大字典》：“咪，（二）mí《龍龕手鑑·口部》：‘咪，俗。音弥。’”（二

p698）

按：《大字典》據《龍龕》收録此字，《龍龕》字本作“⿰口弥”，《康熙字典·備考·口部》：“⿰口弥，《龍龕》音弥。”《康熙字典》據《龍龕》轉録“⿰口弥”字，形體改作“⿰口弥”。《康熙字典》據其他字書轉收字時，一般情況會作定形工作，凡是收字所據字書字形與定形規則不合者，即按規則改定字形。《大字典》收録字形以《康熙字典》作爲基本收字來源，然後再以《康熙字典》所收字爲線索，考察該字最早的書證和例證，大量罕用字的書證來源會推求到《龍龕》，按照《大字典》字形保真的原則，字頭字形當採用《龍龕》的字形。但是，《大字典》常常未能徹底貫徹這一原則，底本採用收字藍本的《康熙字典》的字形，而書證標《龍龕》，造成字頭字形與出處字形不合，此類問題在《大字典》中非常普遍。

“⿰口弥”即“𑖦𑖰（mi）”之譯音字。《可洪音義》卷二十三《陀羅尼雜集》第五卷：“陁⿰口弥，音弥。”佚名《陀羅尼雜集》：“除一切恐畏毒害伏惡魔陀羅尼：那磨薩　利婆喏也　伏陀⿰口彌帝利。”（T1336v21p0606a）林光明《新編大藏全咒》卷十六《陀羅尼雜集》“除一切恐畏毒害伏惡魔陀羅尼”中“⿰口彌”轉寫作“mi”（v16p269）。“⿰口弥”爲“⿰口彌”之異構字，亦“𑖦𑖰（mi）”之譯音字。日本淨嚴撰《悉曇三密鈔》：“𑖦𑖰，弭、密（二共金軌）、彌、履（法花）、泯（隨求）、咩（佛頂）。”（T2710v84p0745c）又：“𑖦𑖸，寐（金軌）、茗、名、銘（禪要）、迷、謎（集經）、彌、咩（佛頂）、米（羂索）。”（T2710v84p0745c）收録“彌”爲“𑖦𑖰（mi）”“𑖦𑖸（me）”的譯音字，“⿰口彌”即“彌”之譯音專字。《大字典》：“⿰口彌，mí《字彙補》名離切。佛教梵咒常用字。《字彙補·口部》：‘⿰口彌，呪語。’”（二p760）《大字典》收“⿰口彌”字，未溝通“⿰口弥”與“⿰口彌”的異體關係。

9. ⿰口紇

《大字典》：“⿰口紇，hé《改併四聲篇海·口部》引《俗字背篇》：‘⿰口紇，下没切。⿰口紇哩，出釋典。’”（二p715）

按：“⿰口紇”即“𑖮（ha）”“𑖮𑖱（hī）”的譯音字。日本淨嚴《悉曇三密鈔》：“𑖮，訶、呵、賀、歌（羂索）、歌、佷、恨、紇、頡。”（T2710v84p0747a）又：“𑖮𑖱，紇、纈。”（T2710v84p0747b）又：“𑖮𑖿𑖨𑖱𑖾，紇唎（金）、訖哩。”（T2710v84p0753b）收録“紇”爲“𑖮（ha）”“𑖮𑖱（hī）”的譯音字，又爲二合音“𑖮𑖿𑖨𑖱𑖾（hrīḥ）”上字的譯音字，“⿰口紇”當即“紇”加口旁造的譯音專字。

唐不空譯《金剛頂一切如來真實攝大乘現證大教王經》：“唵（引）嚩日囉（二合）鉢納磨（三合。一）鼻瑟左羚⿰口紇哩以（二）。”（T0874v18p0314c）林光明《新編大藏全咒》卷十四《金剛頂一切如來真實攝大乘現證大教王經》“無量壽灌頂真言”中“⿰口紇哩”轉寫作“hrīḥ”（v14p413）。唐三昧蘇嚩羅譯《千光眼觀自在菩薩祕密法經》：“真言曰：唵[11]紇哩（二合，入。種子）縛曰［日］羅

（二合）播儜（執金剛）薩嚩設咄嚕（一切怨加云云敵於加怨冬）娑破（二合）吒也（破壞）娑嚩（二合）賀。”（T1065v20p0122a）注 11：“紇 = 㱿《甲》。”《大正藏》“㱿”字凡 33 見，多用作二合音的譯音字。鄭賢章《漢文佛典疑難俗字彙考與研究》（p100）已有考證，可參看。

10. 哴

《大字典》：“哴，làng《字彙補・口部》：‘哴，力蕩切。出釋典。’”（二 p724）

11. 唛

《大字典》：“唛，léng《字彙補》力恒切。譯音用字。《字彙補・口部》引《翻譯名義集》：‘佛經“居唛伽”，此云李。’”（二 p724）

12. 嚂

《大字典》：“嚂，同‘啌’。”（二 p764）

按：“哴”“唛”“嚂”皆“𑖨𑖽（raṃ）”的譯音字。日本淨嚴撰《悉曇三密鈔》：“𑖨𑖽，藍、嚂（二共日經）、囕、蘭、磷、嚸、纜（大疏）、楞、唛、林、朗（金軌）、哴（壽命經）。”（T2710v84p0746b）《悉曇三密鈔》收録“嚂”“囕”“嚸”“唛”“哴”五個口旁字爲“𑖨𑖽（raṃ）”的譯音字。

元真智等譯《佛説大白傘蓋總持陀羅尼經》：“嘚哩英發（怛）哴（鳥）得哩英發（怛）。”（T0977v19p0405c）林光明《新編大藏全咒》卷九《佛説大白傘蓋總持陀羅尼經》“敬禮出有壞母一切如來頂髻中出白傘蓋佛母”中“哴”轉寫作“rau”（v9p213）。“哴”又可爲“𑖨𑖺（rau）”的譯音字。《悉曇三密鈔》：“𑖩𑖺，浪。”（T2710v84p0746b）收録“浪”爲“𑖩𑖺（lau）”的譯音字，“𑖨𑖺（rau）”即“𑖩𑖺（lau）”的轉舌音。

唐善無畏、一行譯《大毘盧遮那成佛神變加持經》：“虚空慧真言曰：南麽三曼多勃馱喃（一）[2]嚸。”（T0848v18p0017a）注 2：“嚸 = 唛《宫》。”林光明《新編大藏全咒》卷六《大毘盧遮那成佛神變加持經》“虚空慧真言”中“嚸”轉寫作“raṃ”（v6p120）。同上經：“無能勝真言曰：南麽三曼多勃馱喃（一）地（入）唛（二合）地（入）唛（二合。二）唛唛（三）駬唛（二合）駬唛（二合。四）莎訶（五）。”（T0848v18p0015a）林光明《新編大藏全咒》卷六《大毘盧遮那成佛神變加持經》“無能勝真言”中“唛”皆轉寫作“riṃ”（v6p74）。《悉曇三密鈔》：“𑖨𑖰，哩、哰、唎、利、履、梨、律、陵、犁、理、離、詈。”（T2710v84p0746a）收“陵”爲“𑖨𑖰”的譯音字。“唛”又爲“𑖨𑖰（ri）”“riṃ”的譯音字。

唐義淨撰《梵語千字文》："𑖡𑖐𑖨𑖽，曩誐嚩，城。"（T2133Bv54p1207c）日本心覺撰《多羅葉記》："城，曩誐嚩，𑖡𑖐𑖨𑖽。"（T2707v84p0597b）唐禮言集《梵語雜名》："城，曩誐囉，𑖡𑖐𑖨。"（T2135v54p1234a）佚名《供養儀式》："次頻誦真言，各説本真言及自所持明，應如是作已，稱名而奉獻，一切先遍置清淨法界心，所謂（前不動劍印）𑖨𑖽嚩字門，如前所獻開示稱名中。"（T0859v18p0180a）"嚩"皆"𑖨𑖽（raṃ）"之譯音專字。唐不空譯《金剛頂經一字頂輪王瑜伽一切時處念誦成佛儀軌》："所疑不淨者，皆觀[7]覽字焚。"（T0957v19p0326a）注7："覽＝嚩《甲》《乙》。""嚩""覽"可爲同一梵文的譯音字，"嚩"即"覽"加口旁造的譯音專字。《大正藏》"嚩"字凡487見。《大字典》"嚩"字訓"咥"，不知所本。

13．㤄

《大字典》："㤄，（一）jìng《字彙·口部》：'㤄，居慶切，音敬。見釋典。'（二）jiàng《字彙補·口部》：'㤄，其相切。義闕。'"（二p728）

按：一般而言，"㤄"即"𑖑（gha）"的譯音字。日本淨嚴撰《悉曇三密鈔》："𑖑，伽、誐、嘘、㤄。"（T2710v84p0742a）日本明覺撰《悉曇要訣》："𑖎𑖏𑖐凝恒兢𑖑㤄。"（T2706v84p0508b）"㤄"爲"𑖑（gha）"的譯音字。隋闍那崛多譯《佛本行集經》："唱迦字時，當受諸有業報所作，出如是聲。唱佉字時，教拔一切煩惱根本，出如是聲。唱伽字時，十二因緣甚深難越。唱㤄字時，諸無明蓋覆翳甚厚，當淨除滅，出如是聲。"（T0190v03p0704a）文中"迦"爲"𑖎（ka）"的譯音字，"佉"爲"𑖏（kha）"的譯音字，"伽"爲"𑖐（ga）"的譯音字，按照梵文字母順序，"㤄"即當爲"𑖑（gha）"的譯音字。漢譯佛經中"恒"亦可用作同一梵文的譯音字，《悉曇要訣》："武帝《涅槃疏》云：𑖑恒（琥迦）。"（T2706v84p0510b）隋闍那崛多譯《佛華嚴入如來德智不思議境界經》："如是施時，於[15]㤄伽河沙等劫施。"（T0303v10p0922c）注15："㤄＝恒《三》《宮》《聖》《聖乙》。""㤄伽河"即印度的恒河，在漢譯佛經中有"㤄伽""恒伽""殑伽""兢伽""弶伽""強伽""硗伽""殑伽""殑伽"等譯音形式，其中"硗""殑""殑"皆"殑"字之誤。唐慧琳撰《一切經音義》卷七十《阿毘達磨俱舍論》第十一卷："殑伽河，其昇反。諸經論中或作恒河，或言恒伽河，亦云恒迦河，或作強伽河，皆訛也。此河從無熱惱池東向象口而出，流入東海。舊譯云'天堂來'，以彼外書云本人磨醯首羅天頂耳中出，流在地上，以此天化身在雪山頂，故作是説。見從高處而來，故云天堂來也。"（T2128v54p0765a）説解"恒河"不同譯名甚詳。日本心覺撰《多羅葉記》："𑖐𑖽𑖐𑖯𑖡𑖨𑖽，恒河。"（T2707v84p0614c）"㤄"又與"恒"等，皆爲"𑖐𑖽（gaṃ）"的譯音字。"㤄"在《大正藏》凡91見。鄭賢章《龍龕手鏡研究》（p238）對

“峘”字亦有考證，可參看。

14. 唎

《大字典》：“唎，lí《龍龕手鑑・口部》：‘唎，力夷反。’”（二 p730）

15. 嚟

《大字典》：“嚟，lí《字彙補・口部》：‘嚟，龍其切，音棃。見《佛經真言》。’”（二 p730）

按：宋本《龍龕手鑑・口部》：“嚟、㗚、唎，二［三］俗，力夷反。”“嚟、㗚、唎”三字爲同一梵文的譯音字。日本淨嚴撰《悉曇三密鈔》：“ṛ，哩、嘌、唎、利、履、梨、律、陵、犁、理、離、詈。”（T2710v84p0746a）收録“梨”“犁”爲“ṛ（ri）”的譯音字，“唎”“㗚”爲“梨”“犁”加口旁造的譯音專字。“嚟”爲“嚟”的書寫變異，“嚟”亦“ṛ（ri）”的譯音字。“嚟”爲“㗚”的書寫變異。唐菩提流志譯《大寶積經》：“此中何者是彼法門陀羅尼句：……弭磨唎（三十二）彌磨囉怒散地（三十三）薩嚟（三十四）。”（T0310v11p0025a-b）林光明《新編大藏全咒》卷一《大寶積經》“無上清淨陀羅尼”中“嚟”的轉寫作“re”（v1p18）。“嚟”字《可洪音義》作“唎”（v59p590）。《大字典》：“嚟，lí《字彙補》隆基切。譯音用字。《字彙補・口部》：‘嚟，音梨。占城國呼國王爲芳嚟馬哈剌札。見《瀛涯勝覽》。’按：馮承鈞《瀛涯勝覽校注》‘芳’作‘昔’。”（二 p754）《大字典》“嚟”字未收佛經譯音字的用法，蓋由《大字典》收字以《康熙字典》爲藍本，《康熙字典》未收“嚟”字，《大字典》亦隨之失收，且未考察文獻，導致脱漏義項，亦無由溝通“嚟”與“唎”的關係。《大字典》收“嚟”而未收“㗚”字，亦由沿襲《康熙字典》收字所致。

16. 𠰘

《大字典》：“𠰘，bō《龍龕手鑑・口部》：‘𠰘，俗，音鉢。’《字彙補・口部》：‘𠰘，義未詳。’”（二 p746-747）

按：《大字典》收“𠰘”字，訓釋轉録《龍龕》，成了義未詳的疑難字。今考“𠰘”即梵文“pa（pa）”的譯音字。失譯《佛説善法方便陀羅尼經》：“是時如來應正遍知説是莊嚴大頂勝王陀羅尼已，告執金剛：汝當如是憶念受持，如來今當更爲汝説。即説呪曰：……利師㗕（父藍反）跛尼（四十二）波波膽婆尼（四十三）柯羅婆提（四十四）浮多婆提（四十五）薩誃（猪邪反）柯梯（四十六）蘇摩婆提（四十七）蘇摩𠰘[17]囇莎呵（四十八）。”（T1137v20p0580b-c）注 17：“囇+（嚕）《三》。”林光明《新編大藏全咒》卷四《善法方便陀羅尼經》“莊嚴大頂勝王咒”中“蘇摩𠰘囇”轉寫作“sumaprabhe”（v4p373），“𠰘囇”轉寫作

“pra”，爲二合音“𑖢𑖿𑖨”，其中“嶓”對應“p”。轉寫之“bhe”對應“噃”，可證《大正藏》之底本及《新編大藏全咒》皆脱“噃”字。日本淨嚴撰《悉曇三密鈔》：“𑖢，波、跛、簸（法花）、博（胎軌）、鉢（佛頂）、播。”（T2710v84p0745a）“鉢”爲“𑖢（pa）”的譯音字。“嶓”即“鉢”加口旁造的譯音專字，亦“𑖢（pa）”的譯音字。北宋施護譯《佛説一切如來真實攝大乘現證三昧大教王經》：“阿哩他鉢囉必帝，稱誦即能滿諸願。”（T0882v18p0357b）日本曇寂撰《金剛頂大教王經私記》：“宋譯云：阿哩他鉢羅必帝。《蓮心軌》云：遏囉他（二合）鉢囉（二合）必底（丁以切）。六卷云：唵阿羅他鉢羅比多。四卷：唵遏喇他鉢囇（二合）底。二卷《教王》：阿囉他鉢囉（二合）底。《句義》云：𑖀𑖨𑖿𑖞（義利也）𑖢𑖿𑖨𑖯𑖢𑖿𑖝𑖰（得也，云得義利也）。别本《句義抄》作𑖢𑖿𑖨𑖯𑖢𑖿𑖝𑖰。若依今經，梵字當作𑖢𑖿𑖨𑖯𑖢𑖿𑖝𑖰。”（T2225v61p0348c）“鉢囉”“鉢羅”“鉢囇”皆“𑖢𑖿𑖨（pra）”的音譯。

17. 嗚

《大字典》：“嗚，xiè《龍龕手鑑・口部》：‘嗚，俗，音寫。’《字彙補・口部》：‘嗚，思夜切，音瀉。出《孔雀經》。’”（二 p755）

按：“嗚”即“𑖭𑖿𑖧（sya）”的譯音字。唐不空譯《佛母大孔雀明王經》：“左娜（引）瀉（引）弭（十七）。”（T0982v19p0416a）日本觀靜撰《孔雀經音義》：“娜瀉弭，瀉音悉也反。”（T2244v61p0768b）《大正藏》之《佛母大孔雀明王經》與《孔雀經音義》字皆作“瀉”，《孔雀經音義》注音作“悉也反”。日本心覺撰《多羅葉記》：“必，𑖀𑖪𑖨𑖭𑖿𑖧，阿嚩羅悉也。”（T2707v84p0617a）“𑖭𑖿𑖧”對應作“悉也”。北涼曇無讖譯《大方等大集經》：“爾時世尊即説呪曰：嗚経吔（一）婆裔婆野波履婆隸（二）。”（T0397v13p0240a）林光明《新編大藏全咒》卷一《大乘大方等日藏經》“四諦順忍陀羅尼”中“嗚”轉寫作“syā”（v1p135）。日本淨嚴撰《悉曇三密鈔》：“𑖭𑖿𑖧，寫（隨求）、徙［徙］也（無垢淨光經）。”（T2710v84p0751b）收録“寫”爲“𑖭𑖿𑖧（sya）”的譯音字，“嗚”即“寫”加口旁造的譯音字。

18. 嗺

《大字典》：“嗺，jí《字彙補・口部》：‘嗺，次及切，音緝。義未詳。見《孔雀經》。’”（二 p755）

按：《大字典》據《字彙補》轉録，《字彙補》《康熙字典》《大字典》第一版字形皆作“**嗺**”，《大字典》第二版改作新字形。《大字典》第一版：“**嗺**，jí《字彙補・口部》：‘**嗺**，次及切。出釋藏《孔雀經》。’”（p698）第二版：“嗺，同‘嗺’。《字彙補・口部》：‘嗺，次及切。出釋藏《孔雀經》。’按：《干禄字書》云：‘緝、緝，上俗下正。’‘嗰’當爲‘嚙’的俗字。”（p752）唐不空譯《佛母大孔雀明王經》：“[119]緝馱迦龍王。”（T0982v19p0432b）注 119：“kiccaka。”日本觀靜撰《孔雀經音義》：“緝馱迦，或傍齒，或摩尼得柯。”（T2244v61p0792c）日本淨嚴撰《悉曇三密鈔》：“𑖎𑖰，枳、己、紀、機、頡、謹、緊（胎軌）、吉、訖、結（大日經疏）。”（T2710v84p0741c）“緝”爲“𑖎𑖰（ki）”的譯音字，“嚙”即“緝”加口旁造的譯音專字，“嗰”爲“嚙”的異寫字。

19. 𡃤

《大字典》：“𡃤，dī《龍龕手鑑》都奚反。城名。《龍龕手鑑·口部》：‘𡃤，城名也。’按：蔣冀騁《龍龕手鏡研究》以爲‘啰’、‘啰’、‘𡃤’只是譯音用字，今佛經《增壹阿含經》卷四十八有：‘蜜啰羅城’、‘蜜啰羅宮’。‘蜜啰羅’梵文爲‘mithilā’（城名）。”（二 p760）

按：《大字典》第一版：“𡃤，dī《龍龕手鑑》都奚反。城名。《龍龕手鑑·口部》：‘𡃤，城名也。’”（p705）第二版據鄭賢章（《大字典》誤作“蔣冀騁”）《龍龕手鏡研究》“啰、啰、𡃤、嚏、啰”條（p244-245）加了按語。鄭賢章的結論可從，“𡃤”乃譯音字，《大字典》仍據《龍龕》訓作城名，不妥。

東晉瞿曇僧伽提婆譯《增壹阿含經》：“聞如是：一時婆伽婆在摩竭國[20]蜜啰（土利反）羅城東大天園中止，與大比丘僧千二百五十人俱。”（T0125v02p0806c）注 20：“蜜啰羅～Mithila. 啰＝提《三》*。”佚名《陀羅尼雜集》：“思滅律啰阿那波暮沙但彌。”（T1336v21p0609a）林光明《新編大藏全咒》卷六《陀羅尼雜集》“讀誦經典陀羅尼”中“啰”轉寫作“ti”（v6p307）。失譯《佛説師子奮迅菩薩所問經》：“爾時世尊即説此陀羅尼：多嗟吔　屠邏濘　陀羅尼　牟濘　波邏娑散濘　悉題戰題攤　那牟支　涅呵攤盧伽波[39]啰　佛啰波提　啰攤　迦羅啣郁迦吒羅殊波竭泜　泜殊波啰　肥舍　邏佛提　旦摩婆嘶　阿叉蛇兮　波伽泜　阿滅律多兮　波休多題泜殊伐　啰呢啰蛇　三摩頞泜　泜殊伽邏伐啰　啰拏　佛提　因提利蛇佛提　莎訶。”（T1357v21p0876c-0877a）注 39：“啰＝提《三》。”三國吳支謙譯《佛説華積陀羅尼神呪經》：“乃説呪曰：但施（峙耶反）他（一）杜羅禰（二）拖羅禰（三）拖羅尼（四）拖羅尼（五）侔尼（六）波羅婆（負荷反）娑禰（七）悉諦（八）栴禘（九）那侔紙（十）嫗訶（引）囇（狸迤反。十一）魯伽婆底（十二）佛陀婆底（十三）底囇（狸迤反。十四）柯羅知（胝迤反。十五）羅竪波伽知（胝迤反。十六）知（胝迤反）杜婆底（十七）毘捨羅佛地（十八）達摩婆徙（十九）惡叉耶葛俾（二十）葛波毘伽知（胝迤。二十一）阿媚多葛波休多大多禰（二十二）闍波底（三［二］十三）哆嫗（微耶反）沙摩憙（吳音反）知（胝迤反。二十四）蜀伽羅婆底（二十五）陟沙拏佛朕（持引反）地耶佛地瑣訶（引。二十六）。”（T1356v21p0875a）兩經乃同咒異譯，與

《佛説師子奮迅菩薩所問經》“啹”對應的譯文《佛説華積陀羅尼神呪經》多作“底”。林光明《新編大藏全咒》卷三《佛説華積陀羅尼神呪經》“華積陀羅尼呪”中“底”皆轉寫作“ti”（v3p399）。日本淨嚴撰《悉曇三密鈔》：“[illegible]，底、怛（寶篋印經）、袠（法花）、戯（切身。慈氏）、登（胎軌）、丼（玄法寺軌）、窒（羂索）。”（T2710v84p0744a）東晉瞿曇僧伽提婆譯《中阿含經》：“尊者舍梨子答曰：‘賢者，我字[6]優波鞮舍，我母名舍梨，故諸梵行人稱我爲舍梨子。’”（T0026v01p0431b）注 6：“優波鞮舍＝憂波鞮舍《三》～Upatissa。”“鞮”亦“ti”的譯音字。佚名《翻梵語》：“優波提舍，亦云優婆提舍，譯曰論義，亦云大説。”（T2130v54p0983b）“𠾱”爲“鞮”加口旁造的譯音字，“啹”爲“提”加口旁造的譯音字，以此推之，“𠹑”則爲“堤”加口旁的譯音字，“𠾱”“啹”“𠹑”爲異體字。

從上述例子可以看出，學術界對口旁字的認識還十分有限，導致大型漢字字典中對口旁字的解釋出現了大量不應該出現的問題，是需要進一步加强考證和深入研究的。上揭這些特殊口旁譯音字的考證結果，均可提供《漢語大字典》修訂時參考。

此外，口旁字的範圍，即梵語哪類音節譯成漢語時需新造口旁字，是需要進一步討論的問題。黄仁瑄《唐五代佛典音義研究》：“彈舌，或稱‘彈舌呼、轉舌、轉舌呼’，亦稱‘顫聲、顫聲呼’。梵語有 r 輔音聲母。譯者一般在相關對音字後標識‘彈舌’以突出其顫音的特點。從字形上看，這類對音字往往有‘口’旁標識，一般謂之‘口邊字’。”（中華書局，2011 年，p150）儲泰松《佛典語言研究論集》：“增字，這主要是爲處理梵文 ṛ、r 而設的譯音規則。漢語没有顫舌音，所以要準確譯出帶 r 的音節，就必須用輔助手段，即夾註和增字。……加偏旁是指加口旁字，也就是説，加口旁的字對的是帶 r 的音節。”（安徽師範大學出版社，2014 年，p13）孫伯君《“華夷譯語”漢字注音法考源》：“在漢語拼音出現之前，用漢字爲民族語和外國語注音時，如何標注‘此方無’音節的讀音是古今翻譯家面臨的最大難題。尤其是東漢佛教傳入之後，爲了用漢字準確標注梵文中的複輔音和漢語中没有的顫舌輔音 r 等音節，人們想了很多辦法。特别是隋唐之際，玄奘、不空、慧琳等人更是創立了很多注音體例，歸納起來有兩種。第一種是創制一些特殊標音漢字，可分爲兩類。一是在當用漢字前加‘口’旁，如梵文中的顫舌輔音 r 或顫舌元音 ṛ 用來母字加‘口’旁來比況。……二是創制新的‘切身’字。”（《北方民族大學學報》，2020 年第 2 期，p122）各家的歸納基本相同，認爲漢譯佛經中的口旁字是用來音譯梵文中顫舌輔音 r 和顫舌元音 ṛ 的，這是因爲漢語中没有顫舌輔音 r 和顫舌元音 ṛ，於是就選擇漢語中與顫舌輔音相近的來母字加口旁的方式新造譯音專用字，以免讀者按來母字本音來讀這些譯音字。漢字佛經中彈舌、轉舌、卷舌等用語都是指今天所説的顫舌輔音。這種説法本自古代的翻譯家。唐義淨譯《佛説大孔雀呪王經》："此一部經須知大例。若是尋常字體傍加口者，即須彈舌道之，但爲此方無字，故借音耳。"（T0985v19p0459b）佚名《佛頂尊勝陀羅尼真言》："學念梵音法：夫誦陀羅尼。務存梵音，但取其聲，不取其義。比來多失本音，良由翻譯文字有異，遂使學者多疑不決。例不審看側注，輒自文外紐彈，謂言令然，豈知訛舛。今所翻者，稍殊往譯。應合彈紐，具注其側，幸請審看，萬不失一。不應彈紐而彈紐者，是陀羅尼之大病也。若無側注，不假紐聲，但依其文，自當周正。所有口邊字者，皆須彈舌而言之。側注平上去入者，依四聲而紐之。所注二合者，兩字相和，一時急呼，是爲二合也。"（T0974Ev19p0389b）隋那連提耶舍譯《大雲輪請雨經》："爾時世尊即説呪曰：怛緻吔（其呪字口傍作者，轉舌讀之）。"（T0991v19p0496a）唐提雲般若譯《智炬陀羅尼經》："蘇（上）囉（依羅字本音而轉舌呼之。呪内有口邊作魯、梨、履、盧、邏者，皆倣此）吒（都假反。句七）。"（T1397v21p0913c）類似的説法在古代翻譯家翻譯文本的隨文注釋中常見。但從漢譯佛經的實際文本看，口旁字並不如此單純。比如㘑（li）、㗇（gha）、吔（ṭha）、嘙（bha）、噠（dha）、嚩（va）、啝（va）、嶳（dya）、㖳（dya）等，可以舉出很多口旁字所譯非顫舌輔音的例子。日本明覺撰《悉曇要訣》："問：轉舌者何?《刊定紀》云：囉（卷舌呼。文）。智廣云：囉（曷力遐三合，卷舌呼羅。文）。全真云：囉（羅字上聲兼彈舌呼之。文）。又他處云：達（轉舌呼之）麼（文）轏（轉舌呼之）帝（文）。如意輪呪：轏（彈舌）底（文）。何云轉舌、彈舌卷耶?答：《切韻》去聲轉字知變反，流運也（文）；上聲陟宛反，運也。卷上聲，收也，屈也。彈，平聲徒于［干］反，彈弓也，又激動絃出聲也，又糺彈罪也（文）。私云：先以舌付上齶，舒舌摺上腭，放之出聲，故云轉舌歟?彈舌義同。賓月三藏之傳以等五字亦云彈舌，彼字亦以舌拄上腭，磨之後舒舌，其義一同也。達麼轏帝等亦舌付上腭スリノフ，故云轉舌、云彈舌歟?卷舌文可案之。又《攝真實經》有反舌之文：怛剌吒（三合。反舌）迦宅（下字反舌）吒（反舌呼）發吒（反舌大呼）那（反舌呼）等，此等字卷舌向本出聲，故云反舌歟?卷舌同事歟?"（T2706v84p0517a-b）明覺已經注意到前人所謂轉舌、彈舌之類注釋語言所對應的梵語不限於""音的範圍之内，並根據名稱的得名之意推斷了口旁字的共同特徵，但尚疑不能斷。孫伯君《"華夷譯語"漢字注音法考源》指出："這種注音法在西夏新譯佛經陀羅尼的梵漢對音中得以繼承和發展，主要表現在以下幾個方面：（1）當用漢字前加'口'旁，既用於表示梵文中的顫舌輔音 r 或顫舌元音 ṛ，又用於表示梵文的全濁聲母。"（p123）概括出了全濁聲母一類。但喻（ṅaṃ）、喃（ṇaṃ）、㖠（paṃ）、㖿（phaṃ）、𠹘（baṃ）、哈（haṃ）、嚀（ṇa）、咀（tha）這樣一些既非顫舌音，也非全濁聲母的口旁字也還不少，因此，漢譯佛經口旁字的範圍還有進一步研究的必要。除了單字的考釋之外，一些理論問題的研究也需加強。

佛經中另一類譯音專字是切身字。在漢譯佛經中有些字在字後標注了切身二字，研究者一般稱作切身字，這類字是運用類似反切注音方法用兩個字拼合成一個字。如北宋法賢譯《佛説阿羅漢具德經》：“復有聲聞坐臥等物悉皆具足，捺羅𪓿（切身）末羅子苾芻是。”（T0126v02p0831a）“𪓿”就是一個切身字，它是由“摩”和“余”兩個字拼合而成的，拼合的原則類似反切注音的原則。因爲這類字比較特殊，所以譯經者常常用“切身”二字作爲標識。有學者把這類字的造字方法稱作反切造字法，或切身造字法。這類字是比上論口旁字更特殊的文字類型，很少得到傳統小學的關注。明代趙宧光《説文長箋》“弞”下曰：“陽水［冰］謂矢引自爲二詥（合）聲，而徐鍇作《祛妄》黜其六書所不載，不知此瀼古今所具，謂闕其傳可爾。釋典譯法，真言中此方無字可當梵音者，即用二字聚作一體，謂之切身，如𪗁、𦨁、𩋴、䘒之類，正與弞同，徐氏自露其淺矣。”徐鍇《説文解字繫傳·祛妄》“弞”下曰：“今言矢引爲弞，在左右皆音，六書所未聞，六書之中欲附何處？若有全以音爲字，則是七書，不得言六書，此淺俗之甚。”徐鍇不承認漢字存在構件都表音的造字方式固然有誤，趙宧光把“弞”混同爲切身字亦誤。又，《説文長箋》“魼”下曰：“魼从去、魚，以去魚切字，即其符殹。譯人于梵具華闕諸字，隨取華文二體攲寫，令人自得其讀，名曰切身，亦其義爾，如𪓿𦨁犃（並不成字），此類在真言中獨多。”“舒”下曰：“讀舍予二詥，舒音自出，即梵書之二合譯法之切身是殹。”“孃”下曰：“女良爲孃，因用其聲，即用爲切，……後遂以女良爲字作娘（俗），義亦可表存可殹。”認爲“魼”“舒”“娘”爲切身字，可見對切身字的内涵和外延都缺乏準確的理解。清代顧炎武在《音論》的《南北朝反語》一小節中引趙宧光“釋典譯法，真言中此方無字可當梵音者，即用二字聚作一體，謂之切身”，後曰：“乃古人自反之字則已先有之矣。”又在“北齊濟南王立爲皇太子，初學反語，於跡字下注云自反，侍者未達其故，太子曰：跡字足旁亦豈非自反邪？以足亦反爲跡也”之下加注：“如矢引爲矧，女良爲娘，舍予爲舒，手延爲挻，目亡爲盲，目少爲眇，侃言爲諐，欠金爲欽之類，皆自反也。”把“跡”“矧”“娘”“舒”“挻”“盲”“眇”“諐”“欽”判定爲反切造字法所造之字，只因構字成分相切與整字的讀音偶然類似，就判定爲反切造字，顯然也是錯誤的。

《龍龕手鑑》最早大量收録切身字，馬乾、周艷紅《〈龍龕手鏡〉所收切身字對譯梵音考》一文搜集出“䘒”“𧞣”“𩋴”“𩌏”“𩋺”“𪗁”“𩏂”“𩏅”“𩋴”“𩌰”“𩋲”“𩍣”“𩋸”“𤙹”“𩋱”“䘒”等16個切身字。其中“䘒”“𧞣”“𩋴”三字相連，在“𩋴”字後有“皆咒中字”的説明，“𪗁”字注“響梵音”，“𩏅”字注“響梵字”，其他的字都只用“某某反”注音，未釋字的意義或用法，導致後來的字書轉收這類字時常語焉不詳。金韓道昭《四聲篇海·卑部》

收了“𨈶”“𨉖”二字，以“切身”釋之。明代《重校經史海篇直音·也部》收了“𨈐”“𨉖”“𨈫”“𨈙”“𨉪”“𨈘”六個直接用“切身”爲訓的切身字。隨著近代漢字疑難字考證和漢字的系統整理，一些學者開始關注到切身字的考證，如，張涌泉《漢語俗字叢考》（修訂本）“𨈜”字條：“𨈜，diè《龍龕》丁夜反。梵語音譯字。自身。《字彙補·夕部》：‘𨈜，此梵音切，身也。見《藏經》。’（《漢》287A）diè 音蝶去聲。身。見《字彙補》。（《字海》133C）按：《字彙補》的原文當讀作‘此梵音切身也’。‘切身’是梵漢對譯時的一種切音方法。顧炎武《音論》卷下《南北朝反語》條引趙宧光曰：‘釋典譯法，真言中此方無字可當梵音者，即用二字聚作一體，謂之切身。’（《音學五書》53）《字彙補·子部》：‘𨉖，卑孕切，音儐，此梵音切身字也。’（49）又宀部：‘𨈱，寧吉切，音昵，出釋典切身。’（51）又羊部：“𦍩，名養切，音□。此釋典切身。’（167）亦皆用‘切身’一詞。《漢》《字海》的編者不明‘切身’之義，讀破了句子，以致一誤而再誤了。”（p67）《大字典》第二版已據張涌泉的考證做了修訂。《叢考》還正確地指出了“𨉃”“𨉗”“𨈲”“𨊌”“𨈱”“𦍩”“羚”等字爲切身字，可惜未具體考察佛經文獻的具體用法。此後，楊寶忠《疑難字考釋與研究》考證了“𨈀”“𨈓”“𨈓”“𨈳”“𨉭”“𨈡”“𨊧”等字，亦只用字書材料進行考證。鄭賢章《龍龕手鏡研究》爲《龍龕》所收的“𦍽”“𦍩”“𨈘”“𨉃”“𨉥”“𨉂”“𨉗”“𨈶”“𨉖”“𨈱”“𨉪”“𨊩”“𨈯”“𨈐”“𨈙”“𨉖”“𨈙”找出了經文中的例證，並用不見《龍龕》收録、《大正藏》校注標注了羅馬字轉寫的“𨈾”“𨈩”“𨈭”“𨊣”討論了切身的含義，“如梵音‘nya’，無法用一個漢字對應，於是人們就用‘儞’‘也’兩字來對音，並在書寫上把兩字合成‘𨊣’，看似一個漢字。”（p75）鄭賢章在《漢文佛典疑難俗字彙釋與研究》中對“𨈳”“𨈓”兩字結合對音進行了考證。鄧福禄、韓小荆《字典考正》利用佛經文獻對“𨈤”“𨈳”“𨊊”三個字進行了考證。寧夏大學鄭祖龍的碩士學位論文《黑水城文獻中的切身字整理研究》列表整理出佛經文獻中的部分切身字：“𨈟”“𨈺”“𨉬”“𨈲”“𨉥”“𨈫”“𨉆”“𨉉”“𨉴”“𨈛”“𨈣”“𨈨”“𨈾”“𨊣”“𨈭”“𨈩”“𨉮”“𨉱”“𨈝”“𨈠”“𨈠”“𨈙”“𨉔”“𨊙”“𨈮”“𨉯”“𨉋”“𨈚”“𨈵”“𨈮”“𨉄”“𨈻”“𨉂”“𨉇”，給出了佛經中的出處。

本書用梵漢對音、形音互求的方法，對80多個切身字進行了考證。結合其他學者的考證，按梵語讀音排列如下：“𨈨（kya）”“𨈭（khya）”“𨉮（jya）”“𨈙（ṇya；ṇyā）”“𨈐（tya）”“𨈸、𨊦（tya）”“𨉃（tya）”“𨈩（tya）”“𨊣、𨊤（dya；dyā；nyā）”“𨉥（dya；nya）”“𨉪（dyā；ṇya）”“𨉆、𨉆（dye）”“𨈫（dhya）”“𨉂（dhya）”“𨉊（dhya）”“𨉱（dhya）”“𨉖

（nyan）”“𨎐、𩣡（pya）”“𩏂（pya）”“𦨗（pya）”“𣻇（pya）”“𤜡（bya）”“䙍（bya）”“襬（bya；mya）”“𦶟（bhya）”“𪊫（mya）”“䫌（vya）”“𨞺（vya）”“䫜、䫝（vyai；ve）”；“𡖅（ccha；cha）”“倁（jña）”“䜭、䜪（jña）”“喘（jña）”“𠞊、𠞉（ddhi）”“䛷（ddhi）”；“𦣛、𦣜（khaṃ）”“臉（khaṃ）”“䞦（ga）”“𠗋、喧（gi）”“眩、眩、𨊂（ja）”“䭲（ja）”“䭲、䁨、䁨、𨈈（je）”“𨃝、𨄀（ṇi）”“𢈢（ti）”“䋤（ti）”“洛、洛（tu）”“𩎖（di；ni）”“𩏺（di；ni）”“𩏺（di）”“𩏼（duḥ）”“𩏼（dhan）”“𩏲（ni）”“𩐀（nu）”“𩏿（pi）”“𩏡、𦍣、𩏡、𩏢、𩏡（maṃ）”“𩐉（maṃ）”“𩐊（maṃ）”“𪊾、𪋀（maṃ）”“𩏛、𩏜（mo）”“𨅋、𨅌（va）”“𧂲（va）”“𧆀（vaṃ）”“𧆁（vaṃ）”“𨅥（vi；viṃ）”“𩏹、𩏺、𩏻、𩏼（vu）”“𩗗、𩗘、𩙆（vai）”。從上面簡單的羅列不難看出，切身字既可以對譯複輔音，也可以對譯單輔音；在對譯複輔音的例子中，第二個輔音多爲半元音“y”。

今人研究漢譯佛經語言文字的著作，常給“切身”下定義，略舉幾家如下：鄭賢章《龍龕手鏡研究》：“從上面的例子來看，‘切身’不能等同於‘反切’。‘反切’是用兩個漢字來給一個漢字注音，其中反切上字與被切字聲母相同，而反切下字與被切字韻母聲調相同。‘切身’法是在譯音梵語時，某梵音由於没有相應的單個漢字相對，故用兩個漢字來對音，前一字對應輔音，後一個字對應元音，無法像反切一樣體現聲調。”（p75）儲泰松《佛典語言研究論集》：“到了宋代，譯音更加精密，從反切又衍生出‘切身’的注法，它是指一個梵文音節用兩個漢字（寫成一個字）來對，前半（上字）取聲，後半（下字）取韻和調，即譯音用字本身構成一個反切，所以叫切身，由不空首先應用。如：buddhya 没𩎿切身/没𩎿切身（施護），bhaumya 抱𪊫切身（天息災），漢語没有 dhya、mya 這樣的音節，所以只好用‘𩎿’、‘𪊫’來注明，從例子可以看出，這種注法常常出現在梵文‘輔音+y+元音’這種音節上。”（p11）孫伯君《“華夷譯語”漢字注音法考源》：“所謂‘切身’即古人所説的‘自反’，用兩個當用漢字合成一個新字，其讀音是自身的反切，左半表聲，右後半表韻。”（p122）黄仁瑄《唐五代佛典音義研究》：“二合，梵語有複輔音聲母。若果梵語聲母由兩個輔音組成，譯者一般在兩個對音字後標識‘二合’，前字取聲，後字聲韻俱取。……切身，這是跟‘二合’式對音原則相同的對音方式，不同之處在於‘切身’式中用來對音的兩個漢字已合而爲一，成了一個新的漢字符號。”（p148-149）

上述“切身”的界定存在一些可討論的問題：（一）區分切身對音、切身標注與切身造字。切身對音是翻譯中的一種譯音方法，唐禮言集《梵語雜名》：

“園，烏儞也（二合，引）曩，又阿羅麼（亦蒙［苑］也），[illegible]。”(T2135v54p1234b)“儞也”所對梵語爲“[illegible]（dya）”，是一個複輔音音節，漢語中没有複輔音，自然也没有單個漢字能準確地對應梵語中這樣的音節，所以用兩個漢字組合在一起對譯梵語的一個音節。爲了把這種譯法和通常一個漢字對譯一個梵語音節的譯法區别開，通常會標注“二合”，以示區别。這種情況即切身對音法。切身標注，指用切身二字對切身字做的標注。如“𩋡（切身）”，“切身”二字是對“𩋡”這類切身字的標注文字，作用與“二合”相同，都是音譯中的附加標注成分。但二者有所不同，“二合”是必要的標注成分，凡切身對音，一定要用“二合”標注，不標注就不能與單字對音相互區别。“切身”不是切身字必要的標注成分，切身字獨立成字，它後面的標注可有可無。有標注的，或用“切身”標注，或用反切標注，如“𩋡（亭夜反）”。（二）準確認識切身字的範圍。切身字對譯的梵語，既可以是單輔音音節，也可以是複輔音音節，以往學者對切身字範圍的描述往往不夠全面。（三）準確界定切身字造字方法的内涵。切身造字法，是用兩個字的字音拼合成一個字的字音的一種漢字造字方法，這種方法可以爲梵語的複輔音音節造譯音字，也可以爲梵語的單輔音音節造譯音字。凡爲梵語複輔音音節造切身譯音字者，先根據梵語音節的前一輔音選擇一個漢語當中讀音包含相同或相近輔音的字作爲構字的一個成分，再根據梵語音節中前一輔音後面的輔音加元音組合選擇一個同音或音近的漢字作爲構字的另一個成分，最後把選擇的兩個漢字組合在一起成爲一個新字。如“𩋡”字，就是根據梵語“dhya”的“dh”選擇“亭”字，根據“ya”選擇“夜”字，由“亭”和“夜”組合在一起構成的。凡爲梵語單輔音音節造字者，先根據梵語單輔音音節的輔音選擇一個包含相同或相近輔音的漢字，再根據元音選擇一個包含相同或相近讀音的漢字，兩個字組合在一起成爲一個新字。如“𤙖”字，就是根據梵語“maṃ”的“m”選擇“牟”字，根據“aṃ”選擇“含”字，由“牟”和“含”組合在一起構成的。（四）準確理解上述工作背後的語音分析工作。分析工作的全過程，不難發現，語音的音節結構分析是上述工作的基礎，其中包含了梵語音節結構的分析、漢語音節結構的分析及梵、漢音節對應關係的分析。我們以切身字造字過程爲例，造切身字的目的是用漢字對譯梵語，通常的條件是某些梵語的音節没有合適的現有漢字對譯，因而需要造新字。造字時，就把需要對譯的梵語音節作爲造字的依據，如需要給梵語“dhya”造譯音字，就以“dhya”作爲造字的依據，先把“dhya”這個音節進行内部結構的分析，分析成“dh（前輔音）+y（後輔音）+a（元音）”；然後根據語音分析的結果選擇合適的漢字，切身字是用兩個漢字拼出一個音節，這就需要把梵語音節分成兩個部分，即“dh（前輔音）+ya（後輔音+元音）”，根據前輔音選擇一個漢字，根據後輔音+元音選擇另一個漢字，選擇的條件是，前一個漢字包含前輔音“dh”，後一個漢字與後輔音+元音的組合“ya”同音或音近。這樣，選擇前一個漢字時，就需要對漢字音節的内部結構進行分析，需要把漢字的聲母和韻母離析開。如爲“dhya”造字，根據前輔音“dh”選擇漢字時，需要選出漢字中包含“dh”聲母的字，如“亭”字，王力中古音系統擬音作“dieŋ”，聲母與梵語前輔音相合。造“䩧”這個字時，雖然還没有當代的語音構擬技術，但是，把“亭”記録的音節離析出輔音“d”是選擇“亭”作爲“䩧”的構字成分的必要條件，因此，可以推斷，造字時一定是具有這樣的音節内部結構的分析技術的。再以爲單輔音音節“maṃ”造切身字爲例，首先需要把“maṃ”分爲輔音“m”和元音“aṃ”兩部分，然後在漢字中選擇包含聲母“m”和韻母“aṃ”的漢字，這同樣需要對漢字記録的漢語音節進行内部結構的分析，在結構分析的基礎上分别選出“牟”和“含”兩個字組合在一起，造出“䈰”字。

二、運用文本文字同化的規律考證疑難同化字

要準確考證疑難的同化字，最好先總結漢字同化字産生的規律，然後運用規律進行考證，才能把考證理性化，追求考證結果準確性的同時，提高考證的效率；同時，又用一個個具體的考證結果，驗證和完善漢字同化的規律和疑難同化字考證的方法。

同化的一般語文義指不相似或不相同的事物變得相似或相同。語言學中語音學最早使用同化作爲術語，指一個音受鄰近音的影響變得與鄰近音相同或相似。漢字學的研究中也使用同化這一用語，但大家對其内涵的理解很不一致，且與另一用語類化糾纏不清。本書所謂同化，指一個字受鄰近字形體的影響由本來不包含與鄰近字相同構件變得包含相同構件的現象。同化過程涉及三個形體：a 施加影響的字，b 受到影響的字的原形，c 受到影響改變後的字形，爲了稱説的方便，我們可以把 a 稱作鄰字，b 稱作原字，c 稱作同化字。如，唐義淨譯《成唯識寶生論》：“高大形軀非常威壯，設有形量可容相似。然彼身形含毒可畏，如篋戾車，見便悚懼，是能害者。設使此類軀貌矬䂧，由其稟性是猛利故，縱令敵者形狀偉大，情不比數事同草芥，陵篋彼徒力有容裕。”（T1591v31p0086c）根據文意，參考字形，“䂧”乃“矮”字之誤，因受“矬”字的影響，“矮”字寫作“䂧”。其中“矮”是原字，“矬”是對原字“矮”形體變異施加影響的鄰字，“䂧”是鄰字“矬”影響原字“矮”産生形體變異後的新字形——同化字。原字“矮”本不包含與鄰字“矬”相同的構件“坐”，受其影響構件“矢”變成構件“坐”寫作“䂧”，使得同化字“䂧”包含了與鄰字相同的構件“坐”。根據上例我們可以歸納出同化如下特點：（一）漢字同化會産生新字形，也就是前面所説的同化字。漢字産生新字形主要有三條途徑，一是造字，二是書寫變異，三是字形同化。

造字産生新字形遵循造字的規律，書寫變異産生新字形遵循書寫變異的規律，同化産生新字形遵循同化的規律。（二）同化字的産生，是在原字基礎上通過原字的形體變異完成的。（三）原字形體變異的直接原因是受到鄰字形體的影響。（四）其具體過程是原字在鄰字形體的影響下産生和鄰字相同的構件。原字變成同化字的影響因素是鄰字的形體，與原字的音義無關，與原字的職能分配無關，與原字形義關係無關。（五）同化字本質上是書寫訛誤現象。

同化有不同的類型。依據鄰字和同化字之間的前後位置關係和距離可以分成直接順同化、間接順同化、直接逆同化和間接逆同化四種類型。直接順同化指鄰字在同化字之前且直接相鄰的同化，間接順同化指鄰字在同化字之前非直接相鄰的同化，直接逆同化指鄰字在同化字之後且直接相鄰的同化，間接逆同化指鄰字在同化字之後非直接相鄰的同化。依據原字和鄰字的形體關係可以分爲增形和改形兩種類型。增形指原字在鄰字的影響下增加與鄰字相同的構件，改形指原字在鄰字的影響下把本來與鄰字形體不同的構件改成形體相同的構件。下面舉例説明之。

直接順同化。如日本白雲慧曉輯《佛照禪師語録》："畫龍：驀將滴水，作滿天霖，風雲匑匍，枯木生吟。"（T2546v80p0044b）"匍"乃受"匑"影響産生的同化字，字本當作"帀"，受"匑"字影響加"勹"旁，"帀"訛作"市"而誤成"匍"形。"匑"在"匍"前，且與"匍"直接相鄰，故爲直接順同化。直接逆同化。如日本月坡道印語《月坡禪師語録》："師乃云：研鐵成針，穿過諸佛之活鼻孔；磨甎成鏡，照破衲僧之没面目。或時打西打東，令山河大地忽失色；或時罵雨罵風，使草木瓦礫大放光。一離一即，椶毛起風，拂空凛烈；一與一奪，杖頭呑海，依舊皺皴。"（T2595v82p0525c）"皺"乃受"皴"影響産生的同化字，字本當作"粼"，受"皴"字影響而將"粦"旁改作"皴"包括的"夋"旁，"皴"在"皺"後，且直接相鄰，故爲直接逆同化。從上述兩例不難看出，同化字，可以是受鄰字影響，增加與鄰字相同的構件；也可以是把原來與鄰字不同的構件，改爲相同的構件。

由於同化字在鄰字的影響下改變了形體，因此經常給閲讀造成障礙，産生疑難字，需要考證。考證的目的是考出同化字的原字，考證的方法主要是借助鄰字。第一步是根據對象字與鄰字的形體關係假定對象字爲同化字；第二步是細讀文本，讀懂文意；第三步是根據文意和同化字跟鄰字的形體關係確定同化字及其原字。

如，隋吉藏撰《大品經遊意》："二乘唯滅輕罪，不及四重五逆，故《阿含經》云阿闍世王墮毡毢地獄也。菩薩頓滅，故名滅罪大。"（T1696v33p0063c）"毡"不見於字書收録，爲疑難字。考證時，首先根據"毡"字相鄰的字"毢"具有相同構件"毛"，且"毢"字習見、"毡"字罕見這一特徵，初步推斷"毡"爲同化字，而"毢"是對"毡"的形體産生影響的鄰字。然後根據"毡䴵”所處的語境推斷“毰䴵”爲一種地獄名，並根據這一線索，尋找相關資料，尋得唐道世撰《法苑珠林》：“出家之人造罪入地獄如拍䴵，著地即返。何以故？以造罪時生極慚恥，作已尋懺故。亦如滴水在於熱鏊，隨滴似濕，亦濕還乾。何以故？以火熏故。俗人造罪入地獄猶如箭射，無却返義。亦如以鐵椎入於深泥，亦無出義。何以故？尤害心故。”（T2122v53p0970a）與“毰䴵”對應的字作“拍䴵”，審文意，“拍”字與文意合。最後判定“拍”即原字，“拍”受鄰字“䴵”的影響而誤作“毰”，“毰”爲同化字。

又如，唐窺基撰《成唯識論述記》：“無言之言風驚，韜邃彩而月玄；非有之有波騰，湛𣾰章而海濬。”（T1830v43p0229a）“𣾰”不見於字書收録，爲疑難字。考證時，首先根據“𣾰”字相鄰的字“湛”具有相同構件“氵”，且“湛”字習見、“𣾰”字罕見這一特徵，初步推斷“𣾰”爲同化字，而“湛”是對“𣾰”的形體産生影響的鄰字。然後根據“湛𣾰”所處的語境推斷，“湛𣾰章”與“韜邃彩”相對爲文，兩者結構相同，“韜邃彩”爲動賓結構，“湛𣾰章”亦爲動賓結構。該動賓結構的賓語，“章”與“彩”義近，“𣾰”與“邃”亦或義近。由此推之，“𣾰”或爲“幽”字之訛，“邃”有深義，“幽”亦有深義，與文意合。日本善珠集《成唯識論述記序釋》：“‘竊以六位精微，資象翼而筌理；二篇玄妙，藉蒙列以探機。’今此序中分爲七段，第一，‘竊以六位’至‘湛幽章而海濬’者，明如來所證之理甚深難量。”（T2260v65p0318a）所引與“𣾰”對應之字正作“幽”。最後判定“幽”即原字，“幽”受鄰字“湛”的影響而誤作“𣾰”，“𣾰”爲同化字。

佛經咒語中，亦可出現同化字，其考證不能根據上下文文意，而是需要根據源語言和目標語的讀音關係作出判讀。

如，日本覺超撰《胎藏三密抄》：“義云：阿輸䎹（二合。不思議也）阿娜步（二合）多（奇特）曷魯波（語之分殺也，此亦奇特也）嚩迦三曼多（普至也。佛以一音演説法，普至一切衆生之前。其所至處，各各自謂佛同我音，爲我説法也）鉢囉（二合）跛多（二合）毘輸（上）陀（清淨也）薩縛（二合）囉（言音也。由所發言普離一切語麁惡等過也，微妙清淨，令人樂聞，故云清淨音言）。”（T2398v75p0577c）“阿輸䎹”中的“輸䎹”二字皆未見字書收録，爲疑難字。分析語境，“阿輸䎹”爲譯音字，漢譯爲“不思議”，“輸䎹”爲二合音。據此已知條件，不能像一般漢語文本那樣根據語境推求意義，而需考求“不思議”義的梵語讀音，根據梵語讀音與漢譯用字的讀音關係來考證“輸䎹”兩個字形的來源。唐一行記《大毘盧遮那成佛經疏》：“真言歸命如前：阿軫䎹（二合。不思議也）。”（T1796v39p0717c）日本心覺撰《多羅葉記》：“𑖀𑖓𑖰𑖡𑖿𑖝𑖿𑖧，不思議。”（T2707v84p0608b）日本杲寶撰《大日經疏演奥鈔》：“𑖀阿𑖓𑖰軫𑖡𑖿𑖝𑖿𑖧䎹（二合）。”（T2216v59p0457a）“不思議”的梵語是“𑖀𑖓𑖰𑖡𑖿𑖝𑖿𑖧（acintya）”，“軫”與“cin”讀音相合，可知“輛”爲“軫”轉寫之訛。“軛”與“tya”讀音相合，乃由“帝”和“也”構成的切身字，“軛”受“輛”字影響而將“也”旁改作“輛”包括的“爾”旁。綜上，“軛”即原字，“軛”受鄰字“輛”的影響而誤作“鞴”，“鞴”爲同化字。又，根據對音關係，《多羅葉記》“[illegible][illegible][illegible]”之“[illegible]”當作“[illegible]”，“[illegible]”當作“[illegible]”。

從性質上看，同化字屬文本書寫過程中出現的書寫訛誤。但是，也有個别的同化字跟鄰字的關係比較緊密，不是偶然出現，而是反復出現，變得有一定的通行度，有的被收入字書，如《字彙·寸部》：“尀，普火切，音頗。尀耐。”“尀”本爲由同化而產生的訛字，由於文獻通行而被《字彙》收録，它的原字是“叵”。有的同化字甚至成爲通行的寫法，如“輾轉”，“輾”爲同化字，其原字是“展”，因受“轉”的影響而加“車”旁作“輾”，“輾”成了文獻通行的字。

清人已對同化有了較爲明確的認識，如王念孫發明“凡字有上下相因而誤者”之例，王氏父子多用之；俞樾《古書疑義舉例》“字因上下相涉而加偏旁例”；今人徐仁甫《廣古書疑義舉例》“字因上下相涉而易偏旁例”等，雖未用同化這樣的用語，而考辨和總結的内容基本都是同化的範圍。舉一個王念孫《讀書雜誌》的例子，以見一斑。《讀書雜誌》“柍桭”條：“‘列宿乃施於上榮兮，日月纔經於柍桭。’服虔曰：‘柍，中央也。桭，屋梠也。’師古曰：‘柍音鞅。’（今本“鞅”訛作“央”。考《玉篇》《廣韻》《集韻》《類篇》，“柍”字俱無“央”音。宋祁引蕭該《音義》：“柍，於兩反。”李善《文選注》同。今據以訂正。）念孫案：‘柍’當作‘央’，今作‘柍’者，因‘桭’字而誤加‘木’旁耳。（凡字有上下相因而誤者，如“璿機”之爲“璿璣”，“鳳皇”之爲“鳳凰”，“窀夕”之爲“窀穸”，“展轉”之爲“輾轉”，“蓑笠”之爲“簑笠”，“畎畝”之爲“甽畝”，皆“柍桭”之類也。）‘桭’與‘宸’同，《説文》：‘宸，屋宇也。’（即服注所謂“屋梠”。鄭注《士喪禮》曰：“宇，梠也。”）即今人所謂‘屋檐’。央桭，謂半檐也。日月纔經於半檐，極言臺之高也。‘央桭’與‘上榮’相對爲文，則‘央’字不當作‘柍’。服虔訓爲‘中央’，則所見本亦必作‘央’也。蕭該《音義》曰：‘柍，於兩反。’則所見本已訛作‘柍’矣。《西京賦》曰：‘消雰埃於中宸，集重陽之清澂。’彼言‘中宸’，猶此言‘央桭’，則‘央’之不當作‘柍’益明矣。《魏都賦》：‘旅楹閑列，暉鑒柍桭。’張載曰：‘柍，中央也。’則其字亦必作‘央’，今本作‘柍’亦是傳寫之誤。《説文》：‘柍，柍梅也。’於京切。《玉篇》‘於兩切’，此即《爾雅》所謂‘時英梅’者也，與‘央桭’之義無涉。《集韻》：‘柍，屋中央也。’則爲誤本《漢書》所惑矣。”此條考證中，“柍”爲同化字，“桭”爲鄰字，“央”爲考出的原字。王念孫在此條考證中，還舉出了“‘璿機’之爲‘璿璣’，‘鳳皇’之爲‘鳳凰’，‘窀夕’之爲‘窀穸’，‘展轉’之爲‘輾轉’，‘蓑笠’之爲‘簑笠’，‘畎畝’之爲‘甽畝’”等同類的例子，證明他對此類現象已經有了較爲系統性的認識和一定程度的本質性的把握。

又，俞樾《古書疑義舉例》分"文隨義變而加偏旁例""字因上下相涉而加偏旁例"爲兩條，前一條相當於今人所説的分化，後一條相當於我們所説的同化，分别甚明。今人卻常常用類化之名而含分化、同化兩類不同性質的現象，這是值得我們注意的。

三、運用分化造字的規律考證疑難分化字

漢字字形的來源有三種途徑：造字、書寫變異、同化。漢字的造字十分複雜，從不同的視角可以分出不同的類型，從造具體單個字符的目的劃分，包括爲無字記録的詞造字，爲調整構形理據造字，爲分化記詞職能造字等類型。第一種類型造出的字，通常是一個與已有的字不構成造字關係的獨立的字；第二種類型一般造出異構字，第三種類型一般造出分化字。從單個字符創制的條件劃分，包括不依賴其他字形獨立創制出來的字形和在已有字形的基礎上創制新字形兩種類型，前一類可以叫作原生字，後一類可以叫作衍生字。

分化造字屬衍生造字的範疇，它一般是在一個多用字的基礎上，爲了分化或强調，通過增加或改變偏旁造出新字。一般將原有的多用字稱作母字，在母字的基礎上增改偏旁造出的字稱作分化字，在母字的基礎上造出分化字的過程稱作分化。漢字的個體字符的創制是一個逐漸累積的過程，漢字系統形成的早期，字的數量少，需要記録的詞的數量多，爲解決這一矛盾，一字多用，以滿足記詞的需要，成爲必然的選擇。爲了實現一字多用，漢字主要採用了兩種記詞方式，一是記録本詞，一是記録它詞。所謂記録本詞，即記録據以構形，與造字之初的形體相切合的意義及負載這一意義讀音的詞項，以及與據以構形的意義有意義關係的義項；所謂記録它詞，即記録與本詞的意義無關，與本詞的讀音存在音同關係的同音詞。我們可以把記録本詞的用法稱作字的本用，把記録它詞的用法稱作字的借用。本用的用法可以記録據以構形的意義，一般稱作本義；也可以記録和本義有意義關係的其他意義，一般稱作引申義。本義和引申義是共詞的，是一個詞的不同義項，因此，本用的用法本質上是一個字記録同一個詞的不同義項。借用的用法是利用給本詞造的字去記録和本詞同音的另外的詞，本質上是用一個字記録同音的不同的詞。一個字既可以記録一個詞的不同的義項，又可以記録具有同音關係的不同的詞，這就極大地擴展了漢字記詞的功能，極大地緩解了字少詞多的矛盾。

但是，一字多用是有限度的，一個字承擔了過多的用法，勢必會降低區别度，增加理解的負擔，舊的矛盾緩解了，又産生了新的矛盾。化解新矛盾有效的方法就是漢字的分化。分化是在多用的母字的基礎上，通過給母字增改偏旁的方式造

新字，讓新字承擔母字的部分用法來減少單個字符的用法，達到增加區别度，降低理解負擔的目的。是以增加字符爲代價，達到增加區别度的目標。不難看出，漢字分化有如下特徵：（一）造新字，一般稱爲分化字，因此，分化屬於造字範疇的現象。（二）分離職能，即把母字的部分詞項轉移給分化字，因而減少了母字記録的詞項。（三）造分化字的方法，一般採用在母字的基礎上增加或改變形旁的方法，增改形旁根據的是轉移給分化字詞項的意義。（四）分化字的結構一般爲形聲結構。（五）改變了字詞關係。

分化是以增加字符爲代價的，這就决定了分化是有限度的，不能無限分化。分化的極端是每一個詞、每一個義都給它造一個專門的字，這樣做可以達到字與字之間最大限度的區别；同時，每一個分化出來的專門用字，選擇形旁都與意義切合，字形成分對意義的提示也達到了最大限度。但代價是字符的數量也會達到最大，超過了使用漢字的人的記憶負荷，增加了學習和掌握漢字字形的成本。因此，理想的狀態是在保持有效區别的前提下適度分化，既要達到有效區别的目標，又要儘量減少漢字的數量，兩者之間達到一種平衡狀態，或者叫作優化的狀態。但是“有效區别”“適度分化”都只是一個理想化的理論概念，在造分化字時，並没有“有效區别”“適度分化”的明確標準可以依循。況且，漢字這種文字體系，造字是一種累積的過程，造字行爲是一種社會行爲，不同的造字主體對造字行爲的理解也不可能完全相同。這就使得造分化字表現出異常複雜的情況。從今天的視角看，有些分化是適度的，有些分化是過度的，但適度與過度之間也很難定出一條明晰的界限。但從結果來看，一些分化成功了，即分化字成了通行的字，母字和分化字之間的記詞職能的界限最終達到了清晰而穩定的狀態。一些分化失敗了，即分化字未能通行，有些分化字只存在於字書，找不到文獻用例；有些雖在一定的時間範圍内有或多或少的文獻用例，但最終没有通行開，分化之後，分化字的職能又回歸到母字上。分化字的或存或廢，並没有明確的規則，而是用字社會在文字使用的過程中自然篩汰的結果。而這種自然篩汰的内在機制則是上述所論漢字分化的原理，是文字符號求區别、求節省、求表達的内在機制共同起作用的結果。

部分在文獻中使用的分化字，由於通行度小，或只使用在某些特定範圍之内，後人理解就會有一定的障礙，不被字書收録，有的就會成爲疑難字；有的在分化字的基礎上再發生形體變異，也會産生疑難字。《大正藏》中有這類疑難字。疑難分化字的考證，首先要儘可能利用待考疑難字語境，最大程度地確定其用法；然後以形體關係探求母字，因爲分化字一般是在母字的基礎上增加或改變形旁産生的，因此，待考字聲旁獨立成字的字和同聲旁的字都有可能是母字，這就是我們考察的範圍；第三步，在上述範圍内尋求和待考字包含相同用法的字，因爲分化字承擔了母字的部分義項，理論上母字與分化字具有共同的義項是構成分化關係的必要條件。當然，由於材料的缺失，母字曾經有過的義項在現存的文獻中不一定都能找到用例，使得分化關係的證據鏈不充分，這種情况需要特殊處理。一旦分化字的母字確定了，分化關係確認了，待考字分化字也就確定了。分化字的身份確定了，根據母字和分化字的關係，分化字的音義也就確定了。下面以《大正藏》的例子説明之。

南朝梁僧祐《出三藏記集》："由明哲之避無道矣，剔髪毀容，法服爲珍。靖處廟堂，練情攘穢。懷道宣德，[16]闓導聾瞽。或有隱處山澤，枕石嗽流，專心滌垢，神與道俱。志寂齊乎無名，明化同乎群生。"（T2145v55p0046b）注16："闓＝𢡟《明》。""𢡟"字未見字書收録，是個新字。分析語境，佛經中"聾瞽"連用主要有兩義，一指生理上失聰、失明之人，二指愚昧之人，特别是愚昧不明佛理之人。兩義之間有明顯的引申關係。唐地婆訶羅譯《大乘密嚴經》："惑者妄分别，如瘖及聾瞽。"（T0681v16p0744a）唐不空譯《大乘密嚴經》："外道衆迷惑，如瘖及聾瞽。"（T0682v16p0772b）唐不空譯《大乘密嚴經》之《大唐新翻密嚴經序》："朕聞西方有聖人焉，演不言之言，垂無教之教，啓迪權實，發披聾瞽。"（T0682v16p0747b）前兩例用第一義，後一例用第二義。佛學要啟迪教育的對象顯然不是生理有缺陷的聾瞽喑啞之人，而是愚昧不明佛理之人。唐慧琳撰《一切經音義》卷三十一《新翻密嚴經序》："聾瞽，下姑午反。鄭注《周禮》云：無目謂之瞽，目不開蔓蔓如瞽［鼓］皮也。有眸子而無見謂之瞙，有目無眸子謂之瞍，或謂之盲也。《説文》從目鼓聲。"（T2128v54p0514a）慧琳只注"聾瞽"之"瞽"的本義，未及"聾瞽"的整體意義，更未解"聾瞽"一詞在《新翻密嚴經序》具體語境中的詞義，這種情况在佛經音義中習見。"闓/𢡟導聾瞽"中之"闓/𢡟導"爲啟發引導義，"闓/𢡟"爲啟發義。意義確定了，我們就可以推求"闓"與"𢡟"的關係。《説文·門部》："闓，開也。"《段注》："本義爲開門，引申爲凡啓導之稱。"漢王充《論衡·率性》："孔子引而教之，漸漬磨礪，闓導牖進。""闓"即用爲啟發義。啟發之義與心理相關，故翻刻佛經者或在"闓"字基礎上造"𢡟"字，就造字者的目的而言，是想通過造"𢡟"字把原由"闓"記録的啟發義分離出來。但"𢡟"字字書未見收録，文獻中也未見其他用例，可以看作分化没成功的分化字。

再舉一個例子。後秦佛陀耶舍、竺佛念譯《長阿含經》："七者鹿膊［膞］腸，上下𦟛直。"（T0001v01p0005b）"𦟛"字《大正藏》約300例。乃佛經習見字。南朝宋慧嚴譯《大般涅槃經》："若菩薩摩訶薩不殺不盜，於父母師長常生歡喜，以是業緣得成三相：一者手指纖長，二者足跟長，三者其身方直，如是三相，同一業緣。若菩薩摩訶薩修四攝法攝取衆生，以是業緣得網縵指如白鵝王。若菩薩摩訶薩父母師長若病苦時，自手洗拭，捉持按摩，以是業緣得手足軟。若菩薩摩訶薩持戒聞法惠施無厭，以是業緣得節踝𦟛滿，身毛上靡。若菩薩摩訶薩專心聽法演説正教，以是業緣得鹿王膞。若菩薩摩訶薩於諸衆生不生害心，飲食知足常樂，惠施瞻病給藥，以是業緣其身圓滿如尼拘陀樹，立手過膝，頂有肉髻無見頂相。”（T0375v12p0779c-0780a）唐慧琳撰《一切經音義》卷二十六《大般涅盤經》第二十九卷：“節踝膗滿，膗音寵龍反。《爾雅》：均也，齊等也。《經》云：因持戒惠施故得此相也。”（T2128v54p0478a）慧琳釋“膗”爲均義。《玉篇·肉部》：“膗，均也。”當本《音義》。《漢語大字典》：“膗，同‘傭’。均等；公平；齊整。”考《大正藏》文本，“膗”多用來描述佛相，指肢體的均衡匀稱，如“身體膗直”“身體膗細”“雙臂膗長”“臂肘膗圓”“足跟膗滿”，亦可描述樹、草和藕等的形態，如“見芭蕉樹，洪大膗直”“其草繁茂，甚大膗直”“其藕膗圓，如士夫脞”，這些用法，當是描述佛相身體均衡義的擴展。“膗”的用法明確後，我們可以進一步考察“膗”的音義來源。考上揭《慧琳音義》所引《爾雅》“均也，齊等也”，今本《爾雅》作“傭”，訓爲“均”，“齊等”乃郭璞注的内容。《説文·人部》：“傭，均、直也。”《詩·小雅·節南山》：“昊天不傭，降此鞠訩。”毛傳：“傭，均也。”“傭”有均衡義。佛經中亦常用作佛相身體匀稱之義，唐玄奘譯《大般若波羅蜜多經》第三百八十一卷：“世尊雙臂脩直膗圓，如象王鼻，平立摩膝，是爲第九。”（T0220v06p0967c）慧琳撰《一切經音義》卷四《大般若波羅蜜多經》第三百八十一卷：“傭圓，癡龍反。《考聲》：‘上下均也，大也。’《韻英》：‘庸，直也。’《經》文有從肉作膗，俗字也。《説文》：‘均直也。從人，庸聲也。’”（T2128v54p0329b）慧琳以“膗”爲“傭”的俗字。唐地婆訶羅譯《方廣大莊嚴經》：“其肩端好，其臂傭長。”（T0187v03p0543b）唐提雲般若譯《大方廣華嚴經不思議佛境界分》：“其菩提樹……樹身傭長。”（T0300v10p0905b）事實上，佛經中在身體匀稱的意義上，“膗”“傭”都可以使用，在這一點上，兩字的用法是相同的。那麽，是否可以像《漢語大字典》那樣，把“膗”處理成“傭”的異體字呢？答案是不能。“傭”本爲均、直義，詞義比較抽象，用作描寫身體匀稱，是詞義的具體化。文獻中“膗”除了表示身體匀稱的意義之外，無抽象的均等義，更無公平、齊整之義。可以推斷，“膗”字創制時，就是爲了把“傭”字表示身體匀稱的用法分離出來，選擇了和身體匀稱這一意義更加切合的“肉”旁代替了“傭”字的“人”旁，這是符合分化造字的規律的。這樣，我們就可以得出結論，“膗”爲分化字，“傭”爲“膗”的母字，“膗”是在“傭”的基礎上通過把“傭”所從的“人”旁改成“肉”旁創制出來的，選擇“肉”作形旁是根據所分離出來的“身體匀稱”這一意義決定的，人體或人體部位、器官用“肉”作形旁是通例。

四、運用書寫規律考證書寫變異産生的疑難字

任何一個漢字自依一定構形依據、採用特定的造字方法創制出來之後，都會

進入使用狀態承擔起記録漢語的功能，從而進入漢語文獻的文本。文本使用中的文字，由於多種原因，都會依一定規律發生形體的變異。當變異字形和已識字字形差異比較小時，一般比較容易認同。當變異字形和已識字字形差異比較大，或待釋字和已識字形體變異的鏈條中間出現缺環時，就有可能産生疑難字。要準確高效地考證異寫的疑難字，就要熟悉漢字書寫規律，自覺地運用書寫的規律來進行考證工作。

《現代漢語詞典》“寫”的釋義是“用筆在紙上或其他東西上做字”，這個釋義描述的是當代的寫，且是高度抽象化了的當代書寫。如果把“筆”換成實現漢字形體的工具，把“紙或其他東西”换成字的載體，就能貫通古今，有更强的概括性，而不只適應當代。重要的是，在現實世界裏，書寫一般都是伴隨著用字過程的。研究漢字的書寫，可以把用字過程剥離掉，單純研究書寫過程。在此基礎上，也需要把書寫和用字過程結合起來考察，尤其是研究文本文字時，這種結合尤爲重要。結合用字過程，漢字的書寫可以包括：撰寫、背寫、聽寫、抄寫、轉寫、譯寫等不同類型。一個人把自己思考的結果寫下來，可以稱之爲撰寫；一個人把自己記憶的語言片段寫出來，可以稱之爲背寫；一個人把自己聽到的别人的言語寫出來，可以稱之爲聽寫；一個人把自己或别人已經寫成的文本複寫成副本，可以稱之爲抄寫；一個人把自己或别人已經寫成的一種字體的字用另外一種字體寫出來，可以稱之爲轉寫；一個人把一種語言翻譯成另外一種語言，並把翻譯的結果寫出來，可以稱之爲譯寫。撰寫和背寫是一個人自己把内部語言轉換成文字的過程，聽寫是一個人把别人的口語轉换成文字的過程，抄寫是一種字體内部複寫過程，轉寫是兩種字體的轉换過程，譯寫是兩種語言文字的轉换過程。

不同條件下的書寫，不僅直接影響到書寫的過程和結果，也會影響到文本的形成和轉换。撰寫的完整過程包括思考、内部語言的運作和形之文字的不同階段，思考産生的内部語言的結果是形之文字的依據，形之文字的目的就是要把内部語言轉换成文字。理論上，依據内部語言轉换成的文字，應該準確地把作者的語言記録下來，但實際上，由於種種原因，撰寫條件下寫出來的文字並不能確保百分之百把作者想要表達的東西準確記録下來，其中一個重要因素，是撰寫者文字掌握的程度，撰寫者文字水平越高，文字記録語言的準確度越高，反之亦然，一個不識字的人，不可能實現準確的寫。小學生寫的作業，老師會發現很多書寫上的問題，隨著教育程度提高，文字能力也多隨之提高。但是，即使是專家，也不能確保文字的百分之百的準確，他們寫出的著作會出現這樣或那樣的文字錯誤。現在的出版體制中，作者的文稿，一般要經過編輯的反復校對，校對過程中編輯就會發現不少作者文字上的錯誤或問題。古代書籍的生産方式與現代有很大不同，在寫本時代，撰寫者寫出來就直接進入傳播過程；印本的印製過程，也不存在現在這樣的反復校對的程序，撰寫者的錯誤就會全部保留在文獻的文本中，這就是校勘學理校存在的一個重要理由。大量的文獻文本都是撰寫的結果，認識撰寫過程對文字和文本影響的規律，對文本和文字的考證都很重要，但現在的研究成果還很少，遠遠不能滿足相關研究的需要。

背寫是把記憶的語言或文獻寫下來，記憶的準確程度直接影響到寫的準確程度，而文本的記憶，需要在語言記憶的基礎上，把記録語言的文字也記憶下來，這個難度是很大的，很難確保背寫文本文字的百分之百準確。平常人，哪怕是背寫一篇短文，也會發生不少文字錯誤，更不要説長篇的文字，甚至是整部書了。背寫發生文字錯誤亦有自身的規律，但這方面專門的研究成果也很少。背寫也是文本産生方式之一，如漢字典籍經過秦火，流傳至今的文本是一些漢代經師根據記憶寫出來的，這樣的文本文字會因記憶的深淺而發生不同程度的文字問題。

聽寫包括了聽和寫兩個過程，聽得準確是寫得正確的前提。聽得是否準確受很多因素的影響，包括説者和聽者使用的方言是否相同，方言間差異的大小，聽者的聽辨能力，快速書寫能力等。聽寫和撰寫、背寫的不同還包括，撰寫和背寫除了像考試這樣的特定環境之外，一般没有時間上的限制，因此作者可以反復修改，在修改的過程中可以消除錯誤，直到作者自己滿意爲止。聽寫則有嚴苛的時間上的限制，隨聽隨記，説者以正常語速説出，一般聽者很難把説者的話準確無誤地記録下來，爲了加快記寫的速度，同音替代常常成爲重要的手段。古今中外都有大量文本是聽寫的産品，甚至一些經典文獻也是聽寫産生的，如《論語》和索緒爾的《普通語言學教程》都是學生聽課或聽老師講話記録的成果。

抄寫是一個文本複製的過程，通常情況下，抄本跟母本應該是同一字體。理論上，抄寫需要保真，即抄本跟母本完全一樣。實踐上，保真只是一個理想的目標，書三寫，魯魚帝虎，失真乃至出現錯誤具有必然性。寫本時代，抄寫是文本傳播的主要方式，過程極爲複雜。首先，抄寫者的身份參差不齊，有學者型抄寫者，也有工匠型抄寫者，還有普通抄寫者等不同身份的人。學者型抄寫者，常常是某一專業領域的專家，他們抄寫書籍，往往是爲了自己的專業研究或藏書的需求。這些人，完全能讀懂母本的内容，甚至有精深的研究，抄寫的精確度比較高，但也會存在根據自己對母本的理解而改動母本的傾向。工匠型抄寫者，即所謂抄工，他們以抄書爲職業，這些人通常寫一手好字，而文本内容的理解能力相對缺乏。他們的職業要求他們嚴格遵循保真的原則，一般不會改動母本文字，這自然容易保留母本的錯誤。加之，專業的抄工，會抄寫各領域的文本，水平再高的抄工，也不可能讀懂所有類型的文本，抄本中的錯誤在所難免。普通抄寫者，指既非專家又非專業抄工的民間的抄寫者。其次，母本的抄寫層次和質量不一。寫本時代，抄寫所依據的母本，常常不是文本初創時的原始文本，而是經過了不同輪次抄寫的抄本，歷史越悠久、影響越大、社會需求越高，抄寫的輪次越多，出現抄寫錯誤的幾率就越大。抄寫和下面要談到的轉寫，是文本傳播過程中産生錯誤的主要來源。

轉寫是不同字體的轉換，如果我們把被轉换的字體稱作源字體，把轉换後的字體稱作目標字體，則轉寫過程包括了源字體字的識讀和目標字體字的書寫兩個過程，源字體的準確識讀是正確轉寫的前提。通常的轉寫一般是用通行的字體轉寫非通行的字體，如漢代人用通行的隸書轉寫古文，今天學術界根據研究的需要，常常要把甲骨文、金文、戰國文字、小篆等古文字轉寫成現代通行的楷書，也常常需要把手寫體的草書、行書等轉寫成印刷體等。在特殊的情況下也會把通行的字體轉寫成非通行的字體，如篆刻和書法這樣的藝書領域。我們研究、考證的漢文文本，一般都會經過文本的産生和傳播的複雜過程，今天看到的文本常常是多種書寫條件施加影響的複合體。如《論語》，就其産生過程而言，它是一個聽寫的産品。孔子時當春秋，學生們最初的記録應該用的是春秋時通行的字體。據今人的研究，《論語》成書於戰國，是孔子的弟子及再傳弟子根據記録整理成書的，成書時依據的記録文本，有的是孔子學生當時的記録，有的則有可能是後來的抄本，也有可能包括不同字體轉寫的文本。在後來的傳播過程中，不同時代都會用當時通行的字體轉寫，如漢代發現的古文本，當代出土的海昏漢簡、肩水金關漢簡及傳世的《熹平石經》等隸書文本，魏《三體石經》是古文、小篆、隸書的對照文本，唐《開成石經》則是楷書文本，《論語》在不同時代的傳播過程中，不斷地當代化爲不同時代的通行字體，經歷了複雜的轉寫過程。凡古文字時期産生流傳至今的文本都經歷了由古文字到隸書再到楷書的多次轉寫過程。複雜的書寫狀況，必然會使文本出現差異，産生異文，給文獻的理解造成障礙。從漢到唐，先後出現的《熹平石經》《三體石經》《開成石經》等，都是爲了解決寫本時代經典文獻文本差異帶來的經典理解的問題，由官方給出的標準文本，這一方面反映了不同時代文本異文的複雜程度到了必須由官方出面解決的局面；另一方面也反映出考辨異文、校勘文本對於正確理解文本的重要性，使得必須由官方出面解決原本的專業問題。

譯寫比轉寫多了一個翻譯過程，需要先把源文本翻譯成目標文本，然後再用目標文本的文字書寫出來。對譯寫文本用字的研究和考證，常常需要藉助源文本和目標文本的對比來進行。今天我們研究古代文獻用字，考證古代文獻中的疑難字，顯然需要考慮古代文本用字的複雜狀況，研究文本産生與傳播過程中文字書寫的規律，準確識别文獻用字的種種問題，以達到正確理解文意的目標。

《大正藏》所録的文本都是東漢以後的文本，很多文本經歷了多種書寫過程，對其中的疑難字進行考證，需要綜合考慮各種書寫環境，根據不同書寫環境下的不同書寫規律來進行具體的考證。

唐窺基撰《妙法蓮華經玄贊》："僕又㑭也，附著於人。"（T1723v34p0745b）"㑭"未見字書收録，爲待考疑難字。根據文意，參考字形，即可初步推斷"㑭"或爲"附"字之變。唐慧琳撰《一切經音義》："僕隸，蒲卜反，下力計反。《廣疋》：'僮、僕、役，使也。'僕，附也，附從於人。"（T2128v54p0773a）據慧琳，"僕"訓附，乃聲訓。接下來需要考證的是"佾"字形體的來源。我們初步判定"佾"爲"附"的書寫變異，但在印刷體的條件下"亻"旁與"阝"旁形體區别明顯，"附"無由寫作"佾"。我們可以把思路擴展到轉寫。考"附"字草書孫過庭寫作"附"，王獻之寫作"附"，在草書的條件下"亻"旁或與"阝"旁混同。印本依據的底本的字或寫作與"附"相近的字形，把寫本的"附"轉寫成印本的印刷體時應該根據轉寫規律轉寫作"附"，如果刻手不識别"附"爲"附"，完全照著"附"的筆畫轉寫，就會轉寫成"佾"這樣的形體。行草書"阝"旁與"亻"旁形近，故手寫體轉寫成印刷體時，"阝"旁字與"亻"旁字或混誤。東晉竺曇無蘭譯《梵志頞波羅延問種尊經》："七婆羅門大驚言：'我曹所呪者皆死，今我呪之面色復更好。'更復呼阿泚：'自思念，子欲趣何等道?'阿泚即答言：'我道意勝，若曹何爲怒？若曹聞阿泚道天道不?'子曹言：'我不聞。賢者道人，相見當相問何爲相瞋。'[3]阿泚言：'我聞若曹説天下婆羅門爲梵天子孫，生從口出，人中獨尊，用是故來相問。若起是火祠天，祠天若法何師道得，無復從先祖聞。'七婆羅門言：'我先祖爲我曹效耳。'"（T0071v01p0878a）注 3："阿 = 何《元》。"南宋求那跋陀羅譯《雜阿含經》："時質多羅長者將彼[12]阿耆毘迦往詣諸上座所。"（T0099v02p0152b）注 12："阿 = 何《元》。"又："時有[5]阿耆毘外道，是質多羅長者先人親厚，來詣質多羅長者所。"（T0099v02p0152a）注 5："阿耆毘（Ājīva）~Acela。""何"皆"阿"字之訛，皆"阝"旁訛作"亻"旁之例。

唐惠詳撰《弘贊法華傳》："忽自起合掌，如有所敬，三稱阿彌陀佛，低身佾就，色貌歡愉，奄然而逝。擧體柔軟，頂暖經日。"（T2067v51p0018c）唐憬興撰《三彌勒經疏》："第三十一劫二佛出，一名尸棄（此云火），二名鞞怒婆佾（此云一切勝）。"（T1774v38p0318b）又："第三十二劫二佛出，一名尸棄，二名鞞怒婆附。"（T1774v38p0307b）隋吉藏撰《彌勒經遊意》："第三十二劫中有二佛，一名尸棄佛，秦言火，亦云頂髻。二鞞怒婆附佛，秦云一切勝也。"（T1771v38p0265a）新羅元曉撰《彌勒上生經宗要》："第三十劫中有二佛，一名尸棄，二名鞞怒婆附。"（T1773v38p0302a）"佾"亦皆"附"字之訛。

以上重點對《大正藏》疑難字考釋的一些方法做個初步的、粗略的總結。《大正藏》用字的全面狀況和考釋方法的更深入細緻的總結還有待更爲專門的工作。我想强調的只有一點，即漢字的任何一種考釋方法都是運用漢字的規律來解決漢字構形和使用中出現的疑難問題，要提高漢字考釋的信度和效度，根本的途徑是深入總結漢字構形和使用的規律，並把總結出的規律自覺地運用到考釋的過程中。清人的考據工作達到了前所未有的水平，這背後必然存在的一個前提是，清人對漢字、漢語的某些規律的認識達到了前所未有的高度，這方面系統的總結，目前還比較缺乏。

最後需要對本書的寫作和出版過程做些説明。本書工作的早期階段，在讀、在研的博士和博士後參加了部分條目的初考工作，他們是（按姓氏拼音序）：郭敬燕博士、侯佳利博士、黄倩紅博士、賈璐博士後、蔣修若博士、劉曉明博士後、魯一帆博士、馬乾博士、甯静博士、邱龍升博士、孫建偉博士、魏曉艷博士後、夏麗麗博士、楊明明博士後、張璇博士、周艷紅博士、朱翠萍博士後。在這裏對當年他們的辛勤工作表示感謝。

特别需要表達謝意的是甯静副教授。她現在北京中醫藥大學從事醫古文和中醫文獻語言的教學和科研工作，身上擔負著繁重的教學和科研任務。在本書進入出版階段時，從 2019 年 3 月開始，她負責了書稿的整理和校對工作，完成了全書字頭的排序和全部校對工作。她對全書的校對認真負責，精益求精，改正了不少原稿中的考證錯誤和文字錯誤，爲本書的順利出版貢獻了不少心血。甯静在本科階段就選修和旁聽了我的課程，碩博階段我都是她的指導老師。畢業參加工作後，至今一直堅持旁聽我每年給研究生開設的《説文段注》講讀的課程和研究生的討論課，對學術有一顆赤誠純淨的心，這在今天尤爲難能可貴，值得稱道。

在書稿一校的過程中，中華書局古聯公司朱翠萍主任給與了熱情的幫助，安排使用古籍整理工作平臺進行衆包校對；參與衆包校對的各位同仁通力合作提高了校對效率；北京中醫藥大學楊明明副教授、洛陽師範學院侯佳利老師、西北大學馬乾老師、陝西中醫藥大學周艷紅副教授、北京師範大學孟躍龍老師和甯静一起對衆包校對的結果做出了專業的審核。感謝他們的辛勤工作。此外還要感謝北京師範大學劉麗群副教授、上海古籍出版社毛承慈編輯在出版過程中提供的幫助。

本書的出版得到了國家社科基金後期資助項目的資助。在申報評審和結項鑒定的過程中，匿名專家提出了不少中肯的意見，作者根據專家的意見做了部分修改，並在前言中對考釋工作的背景及相關的理論方法做了介紹和總結，使本書的内容更加完備。借本書出版的機會，向全國哲學社會科學工作辦公室及各位專家表示誠摯的謝意。

本書的出版還要感謝中華書局長期的支持。本書涉及的文獻和罕用字很多，審校和排版的困難很大，責任編輯陳喬女士付出了大量的辛勤勞動，在這裏一併表示衷心的感謝。

凡　例

一、本書以日本《大正新修大藏經》中的疑難字爲考釋對象，包括正文中的疑難字，也包括腳注中的疑難字，腳注中的疑難字主要是校勘文字中其他版本的異文。

二、本書考釋了 2400 個疑難字，大多數是新考，也有一些是對已有考釋的訂正或補考。

三、本書考釋的字按照部首排序，立部、歸部參照《漢語大字典》。

四、本書考釋的字一字一條，有關聯的字在考釋中寫明參見條目。

五、本書正文字頭下先引《大正藏》的原文，標注方式是：引文前標注時代、作者名和書名，引文後在括號内標注字頭所處的册數、卷數、頁碼、欄數。字母 T 代表《大正藏》，後爲册數，v 代表卷數，p 代表頁碼，a、b、c 分别代表上、中、下三欄。其他版本的《大藏經》標注方式仿此，首字母 C 代表《中華大藏經》、F 代表《房山石經》、J 代表《嘉興藏》、K 代表《高麗大藏經》、L 代表《乾隆大藏經》、P 代表《永樂北藏》、X 代表《卍續藏》、ZW 代表《藏外佛教文獻》。

六、《大正藏》的底本主要是高麗海印寺本（簡稱麗，下仿此），校勘使用的别本主要有：南宋思溪藏（宋）、元大普寧寺藏（元）、明嘉興藏（明）、麗本别刷（麗乙）、正倉院聖語藏本（聖）、正倉院聖語藏本别寫（聖乙）、宫内省圖書寮本（宫）、大德寺本（德）、萬德寺本（萬）、石山寺本（石）、知恩院本（知）、醍醐寺本（醍）、仁和寺藏本（和）、東大寺本（東）、中村不折氏藏本（中）、久原文庫本（久）、森田清太郎氏藏本（森）、敦煌出土藏經（敦）、西福寺本（福）、東京帝室博物館本（博）、縮刷本（縮）、金剛藏本（金）、高野版本（高）等。本書引用《大正藏》校勘記中的宋、元、明、宫、聖等即是以上相應版本的簡稱。

七、本書引用文獻資料，一般隨文標注出處和頁碼。

八、本書引文中的［　］内爲引者按，指出根據異文等判定的正字或補充的脱文。

九、本書考釋的字涉及新舊字形構件時一般使用新字形，當關涉字形關係時仍使用舊字形。

檢　字　表

（字頭右邊的數碼指正文的頁碼）

日部

水部

米部

艸部

一　部

0001 歹

日本空海撰《御請來目録》："佛舍利八十粒（就中金色舍利一粒）、刻白檀佛菩薩金剛等像一龕、白緤大曼荼羅尊四百四十七尊、白緤金剛界三昧耶曼荼羅尊一百二十尊、五寶三昧耶金剛一口、金銅鉢子一具二口、歹床子一口、白螺貝一口。"（T2161v55p1064c）

按："歹"即"牙"字之訛。日本成尊撰《真言付法纂要抄》："佛舍利八十粒（就中金色舍利一粒）、刻白檀佛菩薩金剛天等像一龕、白緤金剛界三昧耶曼荼羅尊一百二十尊、五寶三昧耶金剛一口、金銀鉢子一具二口、牙床子一口、白螺貝一口、健陀穀子袈裟一領。"（T2433v77p0420c）與"歹"對應之字作"牙"。秦公《碑別字新編·四畫》"牙"字或寫作"外"（魏張玄墓誌）、"家"（齊比丘惠togethero造像）、"不"（隋密長盛造橋碑）等形（p8），皆與"歹"略近。《可洪音義》卷十六《四分律》第五十三卷："骨丂，五家反。正作牙。"（v60p41a）東晉佛陀耶舍、竺佛念譯《四分律》："聽用骨牙角銅鐵白鑞鉛錫舍羅草竹葦木。"（T1428v22p0961a）"牙"作"丂"。"歹"與"丂"形近，亦可證"歹"即"牙"之書寫變異。

0002 㸦

日本快道撰《阿毘達磨俱舍論法義》："（四左）互影同時。鮮本泰寶作'芽'爲勝。舊論作'㸦'，是'互'異字。按寫人誤'牙'作'㸦'。'㸦'，互字，今文終成'互'。《論》第十（六左）有部同時因果喻云：如影與芽，豈非俱有。《光記》作'形'，不可也。雖形影亦同時，如《論》一（十左）影依樹，而不順今文。"（T2251v64p0119b）

按：快道已辨明"㸦"即"互"之異寫，經文本當作"牙"，因形近誤作"㸦"，因錯誤轉寫作"互"。世親造、唐玄奘譯《阿毘達磨俱舍論》："而諸世間種等芽等極成因果相生事中，未見如斯同時因果，故今應説，云何俱起諸法聚中有因果義？豈不現見燈焰燈明，芽影同時，亦爲因果。此應詳辯，爲即燈焰與明爲因，爲由前生因緣和合焰明俱起，餘物障光明而有影現。如何説此影用芽爲因，理不應然。隨有無故，善因明者，説因果相言若此，有無彼隨有無者，此定爲因，彼定爲果，俱有法中一有一切有，一無一切無，理成因果，俱起因果，理且可然。如何可言互爲因果，即由前説，此亦無違。若爾，如前所説，造色互不相離，應互爲因。如是，造色與諸大種心隨相等與心等法皆不相離，應互爲因。”（T1558v29p0030c-0031a）此即《阿毘達磨俱舍論法義》所釋“互影同時”之所本。快道所見《俱舍論》有作“互”“芽”“㸦”三形之不同，快道認爲“芽”是，“芽”或作“牙”，“牙”又寫作“㸦”，“㸦”爲“互”，故又有徑作“互”者。

日本湛慧撰《阿毘達磨俱舍論指要鈔》：“‘互影同時，亦爲因果’（文），泰、光、寶作‘芽’。《泰疏》云：‘如日在東出，芽有從土初生，衆微共起。芽之東極微，餘物障光明；牙西極微，西面自有影現。牙東極微，障光不現影。西極微，西現影不障光。如何説此影用牙爲因耶？’（已上）准《泰疏》文，‘互’字寫誤，當作‘芽’字（《論》十六紙左亦有芽影喻，《光記》作芽）。《光記》雖大同《泰疏》，然除芽從土初生等文，是故難決依用何字。《論》及《記》、《疏》諸本不同，或作‘身’字、‘形’字，又《唯識述記》多引此文，字皆不同。然‘芽’字雖復不穩，非全正理。”（T2250v63p0870c-0871a）考疏解《俱舍論》有所謂“俱舍三大家”，即神泰、普光和法寶，三人皆玄奘門人。神泰作《泰疏》，法寶作《寶疏》，普光作《俱舍論記》（又稱《俱舍光記》）。各家所據本有“芽”“牙”“身”“形”等字，“芽”字爲正，“牙”爲通用字，“身”爲“牙”字之訛，“形”則以意改之。

唐慧琳撰《一切經音義》卷四《大般若波羅蜜多經》第三百九十二卷：“㸦起，胡固反。《字書》云：㸦也。《説文》從竹作‘笠’，可以收繩者也。隸書省去竹作‘㸦’。《經》文作‘㸦’，俗字誤也，與‘㸦’字相參，非也。”（T2128v54p0330b）唐玄奘譯《大般若波羅蜜多經》：“汝等何緣互起憤恚？”（T0220v06p1029b）唐慧苑撰《新譯大方廣佛花嚴經音義》：“㸦循復，循，祥倫反；復，符福反。郭璞曰：‘循謂巡行也。’鄭箋《詩》曰：‘復謂反覆，言經歷往來也。’”（T2128v54p0437a）唐實叉難陀譯《大方廣佛華嚴經》：“滅壞生成互循復，於虛空中無暫已。”（T0279v10p0036a）“㸦”皆“互”之書寫變異，可參。

唐不空譯《金剛頂一切如來真實攝大乘現證大教王經》：“進力檀慧[5]互，二拳而相合。”（T0874v18p0317c）本頁下注5：“互＝牙《甲》。”“互”與“牙”爲版本異文，“互”亦“牙”字之訛。“進力檀慧牙”爲描述手印的句子。在手印中，十個手指各有名稱，左手小指、無名指、中指、食指、大指稱作檀、戒、忍、進、禪；右手小指、無名指、中指、食指、大指稱作慧、方、願、力、智。兩手相對時，檀與慧、戒與方、忍與願、進與力、禪與智相應，故描述手印時常相對而稱。“牙”指手指彎曲的樣態。“進力檀慧牙”謂“進”與“力”、“檀”與“慧”呈彎曲的狀態。日本真寂撰《瑜祇總行私記》：“進力檀慧牙，[illegible]，汙（上）。”（T2229v61p0507c）日本圓仁撰《金剛界淨地記》：“進力檀慧牙，此一句是金剛藥叉契，謂二拳竪迫合，進力檀慧竪指屈之即是也。”（T2386v75p0029b）日本覺超撰《金剛三密抄》：“牙，《軌》云：‘進力檀慧牙。’《記》云：‘二手忿怒拳面相合，著口前作牙勢。’《教王》云：‘小指[22]可。’《略六》云：‘用二，展檀慧度進力等置口兩邊。如藥叉牙想。’《真實》云：‘結金剛拳，右［左］右小指相鉤著口，舒二頭指安左右頰，是二牙相。’《軌》云：‘唵嚩日囉（二合）藥乞叉𤙖。’”(T2400v75p0686b）本頁下注 22：“可＝牙《甲》。”日本靜然撰《行林抄》：“《金界軌》云：‘進力檀慧牙。嚩曰［日］羅藥乞叉吽。’《對授記》云：日院説：二手忿怒拳面相合致口，二風安口左右，想立一牙三誦。香房中院並同日說。記者私云：《略出》云：‘又用檀慧度進力等置口兩邊，如藥叉牙。’《教王》云：‘小指牙。’《真實》云：‘次觀金剛藥叉菩薩行者，作想我是金剛藥叉，所以諸佛大方便力神通變化，我口中有金剛利牙，一切見者懷大恐怖，善能摧滅一切魔怨。我身五色，諸佛菩薩衆生十方世界亦皆五色。結金剛拳，左右小指相鉤著口，舒二頭指安左右頰，是二牙相。’”(T2409v76p0383a）日本安然記《金剛界大法對受記》：“牙印第八十七（私云：軌印合三經而相傳，云云）。日院説，二手忿怒拳面相合致口，二風安口左右，想立一牙三誦。香房中院竝同日說。睿和上說：二金剛拳進力檀慧各如鉤形，以進力中節向外附口兩邊。運和上說：二手各以大指横掌中，以中名指握其上，頭指小指初分小曲如牙，以當口左右邊誦真言。記者私云：《略出》云：‘又用二展檀慧度進力等置口兩邊，如藥叉牙。’《教王》云：‘小指牙。’《真實》云：‘次觀金剛藥叉菩薩行者，作想我是金剛藥叉，又所以諸佛大方便力神通變化，我口中有金剛利牙，一切見者懷大恐怖，善能摧滅一切魔怨。我身五色，諸佛菩薩衆生十方世界亦皆五色。結金剛拳，左右小指相鉤著口，舒二頭指安左右頰，是二牙相。’”(T2391v75p0154b）上述文獻描述“牙”的樣態可參。

0003 丁也

日本淨嚴撰《悉曇三密鈔》：“𑖝𑖿𑖧，底耶（隨求）、丁夜（金軌）、怛耶（胎軌）、丁也（切身。不空）。”(T2710v84p0751a)

按：原書注明“丁也”爲“切身”，即用切身造字法創制的譯音字。唐菩提流志譯《不空羂索神變真言經》：“素磨黠（寧吉反）丁也（丁也反）野麽婆嚕拏（五十一句）。”(T1092v20p0230b）《不空羂索神變真言經》“丁也”字凡 8 見，皆自注“丁也反”。

鄭賢章《龍龕手鏡研究》對佛經中的切身字做了考查，他指出：“佛經音譯中，譯經者還創造了一種‘切身’法。清顧炎武撰《音學五書・音論》卷下《南北朝反語》條引趙宧光曰：‘釋典釋法，真言中此方無字可當梵音者，即用兩字聚作一體，謂之切身。’譯經者用‘切身’造出了許多新字……這些新字的特點是由兩個可單獨成字的構件合併在一起，兩構件皆只表音……‘切身’不能等同於‘反切’。‘反切’是用兩個漢字來給一個漢字注音，其中反切上字與被切字聲母同，而反切下字與被切字韻母聲調相同。‘切身’法是在譯音梵語時，某梵音由於没有相應的單個漢字相對，故用兩個漢字來對音，前一字對應輔音，後一個字對應元音，無法像反切一樣體現聲調。如梵音‘nya’，無法用一個漢字對應，於是人們就用‘儞’、‘也’兩字來對音，並在書寫上把兩字合成‘𠆙’，看似一個漢字。”（p74-75）鄭賢章正確地説明了“切身”是用兩個可以獨用的字作表音構件組合在一起創制文字形體的一種方式，但是，認爲切身法是“前一字對應輔音，後一個字對應元音”則不妥。

用漢語翻譯梵語佛經中的切身造字法，一般是爲翻譯梵語中的複輔音造字的。梵語中有大量的複輔音，連用的輔音最多可以有五個之多。文字上，梵文用合字來記録複輔音。梵文合字是把幾個單輔音字母接續在一起組成一個梵文字。以悉曇字母爲例，合字採用上下組合結構，通常的做法是在上部的字母保留原字母的上半部分，截掉下半部分；在下部的字母保留原字母的下半部分，截掉上半部分。比如梵文“[tya]”，是標記複輔音“tya”的梵文合字，梵字由單輔音字母“[ta]（ta）”和“[ya]（ya）”接續組合而成。漢語没有複輔音，用漢語翻譯梵語的複輔音通常採用兩种方式，一種是用漢字組合加注釋的方式，如用底耶（二合）、丁夜（二合）、但耶（二合）翻譯“[tya]（tya）”，表示用“底耶”等翻譯的梵語不是兩個音節，而是一個複輔音音節，文字上是一個二合梵字。另一種方式就是用切身法造新字，即用兩個獨立成字的漢字作構件組合在一起創制新字，具體方式是取前一字的聲母和後一字的整個音節拼合在一起。如“𠃞”由能獨立成字的“丁”和“也”組合而成，取“丁”的聲母“t”和“也”的整個音節“ya”組合在一起作二合字“[tya]（tya）”的譯音專字。佛經亦有用切身字給單輔音音節作譯音字的情況。

“[tya]（tya）”或用“窒”作譯音字，日本明覺撰《悉曇要訣》：“《隨求陀羅尼》云：窒（[tya]。丁夜反）𠜂（[梵字]）迦（[梵字]。文）。”（T2706v84p0510b）這是用已有單字作梵文合字對音字的例子。“[tya]（tya）”又用“𠆭”作譯音專字，唐菩提流志譯《不空羂索神變真言經》：“素麼黠（寧吉反）𠆭（丁夜。下同。二）。”“𠆭”亦切身字，“𠃞”與“𠆭”爲同一梵文的譯音字，可以把二字看作異體字。“𠆭”字見於《龍龕手鏡·夜部》，“𠆭，丁夜反。”（p366）“𠃞”字見於《龍龕手鏡·也部》，“𠃞，丁也反。”（p341）

0004 而

龍樹造、後秦筏提摩多譯《釋摩訶衍論》：“《釋摩訶衍論序》[5]天册鳳威姚興皇帝製。”（T1668v32p0591c）本頁下注5：“天册＝而回《石》《高》。”

按：“而回”與“天册”爲異文，“而”即“天”字，“回”即“册”字之訛。據史書記載，姚興乃十六國時期後秦皇帝，在位期間大力提倡佛學，曾組織大規模的翻譯佛經的活動。“天册鳳威”蓋褒美姚興皇帝的美號，但未見其它文獻記載。後武周武則天稱帝時曾號“天册金輪聖神皇帝”，與此命意同。日本賴寶撰《釋摩訶衍論勘注》：“文。而回鳳威。《聖法記》一云：‘回音瑰，充也。又好惠反。實册也，迴也，續也。'此中册字契當而已。此字在文殊師利答第一經十一卷（文）。御手印緣起云：𠑺竺國（文），字書天。𠑺（大周作之，天字古文也。文）。"（T2290v69p0603a）"𠑺""𠑺"亦"天"字，"冋"即"册"字之訛。

"而"即武則天所造"天"字之書寫變異。清邢澍《金石文字辨異·先韻》："唐《岱岳觀碑》：'大周𠑺𥠖二𠡦。'案，'天'作'𠑺'，此武后新字。"唐《七品亡宫墓誌銘並序》作"[illegible]"。《龍龕·雜部》（高麗本）："𠑺，古文天字。""𠑺"蓋"天"之古文楷定字，"而"又爲其書寫變異。

0005 㖼

西夏智廣集《密咒圓因往生集》："十二因緣呪：唵　英噤吟麻（二合，引）形㖼（切身）不囉（二合）末斡（引）形（引）㖼（舌齒）矴善（引）怛達（引）遏多　纈末噤怛（二合）矴善（引）捘　養禰喭噤　暎梡　斡（引）溺（引）　麻訶（引）實囉（二合）麻捺英　莎（引）訶（引）。"（T1956v46p1012c）

按："㖼"爲由"丁"與"各"組成的切身字。元釋智譯《聖妙吉祥真實名經》："十二因緣呪：英噤吟麻（二合，引）形㖼（切身）不囉（二合）末斡（引）形㖼（舌齒）矴善（引）怛達（引）遏多纈末噤怛（二合）矴善（引）捘養禰喭噤暎梡（合口）斡（引）溺（引）麻訶（引）實囉（二合）麻捺英。"（T1190v20p0832b）字亦作"㖼"。林光明《新編大藏全咒》第十一卷《聖妙吉祥真實名經》"十二因緣呪"中"㖼"的梵文轉寫作"tu"（v11p407）。明袾宏重訂《瑜伽集要施食儀軌》："十二因緣呪（持杵振鈴語）：唵耶答兒麻（二合）兮都不囉巴斡兮敦的山答塔葛答歇斡怛的山捘納尼嚕怛耶啝叭諦麻曷釋囉（二合）麻納耶　莎訶。"與"㖼"對應之字作"都"，與"㖼"對應之字作"敦"。日本淨嚴撰《悉曇三密鈔》："[illegible]，妬、都、覩、咄（佛頂）、敦。"（T2710v84p0744a）"都""敦"皆"[illegible]（tu）"的譯音字，亦可比勘。

0006 鬲

東晉瞿曇僧伽提婆譯《增壹阿含經》："種種之畏器，[14]隔子有十六。"（T0125v02p0675b）本頁下注14："隔=鬲《三》《聖》。"

按："鬲"與"隔"爲版本異文，"鬲"即"鬲"之異寫。"隔子"即相互隔離開的空間，這裏指的是地獄中相互隔離開的部分。唐道世撰《法苑珠林》："阿鼻地獄者，縱廣正等八千由旬。七重鐵城，七層鐵網。有十八隔子，周匝七重，皆是刀林，復有七重劍林。"（T2122v53p0324c）佛經中"隔子"或作"鬲子"，東晉竺佛念譯《出曜經》："如此之類，墮八大地獄，入十六鬲子。"（T021

2v04p0664a）佚名《佛説佛名經》："一一獄中復有八萬四千鬲子地獄以爲眷屬。"（T0441v14p0306c）皆其例。在這個意義上，"隔"爲本字，"鬲"爲借字。

"鬲"或作"⿱一鬲"者，《龍龕手鏡·瓦部》："⿰鬲瓦，正；⿰⿱一鬲瓦，今。郎的反。有脚鼎也。"（p316）"⿰鬲瓦"即"甂"之異寫，左旁寫作"⿱一鬲"，可資比勘。

0007 壷

南朝宋慧嚴譯《大般涅槃經》："摴蒱、圍碁、波羅塞戲、師子象鬪、彈碁、六博、拍毱、擲石、投[15]壷、牽道、八道行成，一切戲笑，悉不觀作。"（T0375v12p0674c）本頁下注15："壷＝壼《宋》《元》，壸《明》。"

按："壷""壼""壸"三字爲版本異文，皆"壺"之書寫變異。文中的"投壷"，當即"投壺"，爲古代的一種娛樂活動，見於《禮記·投壺》。《大般涅槃經》所述之諸種所謂"戲笑"，佛經多見，如南朝宋慧嚴譯《大般涅槃經》："摴蒱、圍碁、波羅塞戲、師子象鬪、彈碁、六博、拍毱、擲石、投壺、牽道、八道行成。"（T0374v12p0433a）唐明曠刪補《天台菩薩戒疏》："樗蒲四數。圍碁可知。波羅塞戲者，西國兵戲，二人各使二十玉象，此方亦有畫板爲道，以牙爲子，諍得要路即爲勝也。彈碁者，以指彈碁子，得遠爲勝。六博者，只雙六也。拍毬者，趯（他曆反。跳貌也）毬，打毬也，亦云拍毬，其義一也。擲石者，時云擲石者，時云擲扡（墮和反）。投壺者，投錢杖等於彼孔中，入者爲籌。牽道者，時云圍直，二人相對各十二子，直三則敗，故名牽道。八道行成者，八道交絡行當如城也。"（T1812v40p0595c）均作"投壺"。對於上述娛樂活動，日本凝然述《梵網戒本疏日珠鈔》有非常詳細的説明，文繁不引。

清邢澍《金石文字辨異·虞韻》："壼，《唐廣宗潘府君墓志銘》'挈壺'作此。""壺"亦作"壼"，可資比勘。

0008 ⿰甚升

毘舍佉造、唐義淨譯《根本説一切有部毘奈耶頌》："主人隨所有，[1]斟量爲解勞。並設非時漿，令彼心歡喜。"（T1459v24p0655a）本頁下注1："斟＝⿰甚升《聖乙》。"

按："⿰甚升"與"斟"爲版本異文，"⿰甚升"即"斟"字之訛。"斗"，小篆作"[篆書字形]"，隸書或作"[隸書字形]"；"升"，小篆作"[篆書字形]"，隸書或作"[隸書字形]"，形皆相近，文獻中常相混誤。三國吴支謙譯《佛開解梵志阿颰經》："二不偷盗，貪殆人財，欺[7]斗秤尺，如圭銖分，不得侵人，心存于義，口不教取。"（T0020v01p0261a）本頁下注7："斗＝升《三》。"南朝宋求那跋陀羅譯《雜阿含經》："諸年少婆羅門衆，前後導從，持金[7]斗繖蓋。”（T0099v02p0334a）本頁下注7：“斗＝升《聖》。”“升”皆“斗”字之訛，可比勘。

《漢語大字典》：“斟，同‘㪷’。《直音篇·升部》：‘斟’，同‘㪷’。”（二p30a）已溝通“斟”與“㪷”的關係，可補《大正藏》文例。

丨　部

0009 𬼂

元念常集《佛祖歷代通載》：“共工氏、大庭氏、柏皇氏、中央氏、陸栗氏、驪連氏、𬼂胥氏、尊盧氏、混沌氏、昊英氏、葛天氏、朱襄氏、陰康氏、無懷氏，凡一十五代，通一萬七千七百八十七年，經史不載。”（T2036v49p0491a）

按：“𬼂”即“赫”字之異寫。段注本《説文·赤部》：“赫，大赤皃。从二赤。”字本從二赤作“赫”，隸書或寫作“赫”（見《壐臺碑》）、“赫”（見《武榮碑》）、“赫”（見《孔龢碑》）等，字之下部所從，由八畫省寫作七畫、六畫和四畫。《類篇·赤部》“赫”字重文收“𬼂”，與“赫”形近，即其形變。“赫”字上部所從之二土之末筆粘合成一長横使左右兩“赤”粘合在一起，筆畫楷化即成“𬼂”形。“𬼂”即“𬼂”之進一步書寫變異。

“赫胥氏”爲古代傳説中的帝王名。《莊子·馬蹄》：“夫赫胥氏之時，民居不知所爲，行不知所之，含哺而熙，鼓腹而遊。”唐成玄英疏：“赫胥，上古帝王也。亦言有赫然之德，使民胥附，故曰赫胥。蓋炎帝也。”唐陸德明釋文：“赫，本或作𦳝［蒜］。”（《經典釋文》，中華書局，1983年，p374）“𬼂”“𬼂”與“𦳝”皆一字之變。佛經中亦有作“𦳝”的例子。唐慧琳撰《一切經音義》：“赫弈，上呀格反。《廣雅》：‘赫赫，明也。’《詩傳》云：‘顯盛皃。’《説文》：‘大赤也。從二赤。’……經文從草從赤作𦳝，不成字也。”（T2128v54p0551b）唐慧苑撰《新譯大方廣佛花嚴經音義》：“威光赫弈，赫，許格反。弈，移益反。《廣雅》曰：‘赫赫，盛也。弈弈，明也。’赫字文作𦳝。”（T2128v54p0451a）

ISO10646擴B收“𬼂”字，據出處標注，此字據《漢語大字典》收録。《漢語大字典·赤部》：“𬼂，同‘赫’。《方言》卷十二：‘𬼂，怒也。’《集韻·陌韻》：‘赫，《説文》：“火赤皃。”亦作𬼂。’《孝經·三才》：‘《詩》云：“赫赫師尹，民具爾瞻。”’陸德明釋文：‘赫，本又作𬼂，火白反。’”（一p3507a；二p3739b）此即擴B收字之所本，而字形小誤。《大字典》上部形似“卄”，所從之兩短竪與下部之撇、竪鈎兩筆不相貫通。然查清錢繹《方言箋疏》卷十二：“漢𦳝，怒也。𦳝，發也。”箋疏：“𦳝，各本並同。《莊子·馬蹄篇》：‘赫胥氏之時。’

釋文作𧹞,𧹞即赫之異文。”（上海古籍出版社，1984 年，p684－685）《方言》本作“𧹞”，不作“𧹝”。又查唐陸德明《經典釋文・孝經音義・三才》：“赫，本又作赤，火白反。”（中華書局，1983 年，p342）字作“赤”。黄焯《經典釋文匯校》：“赤，宋本同，蜀本作𧹞，粵雅本作𤆍，盧本同。考證云：𤆍亦俗赫字。”（中華書局，2006 年，p685）或本作“𧹞”“𤆍”，亦皆不作“𧹝”。

《漢語大字典》第二版《艸部》增收“𤆍”字：“𤆍，同‘赫’。《集韻・陌韻》：‘赫，亦作𤆍。’”（二 p3397b）用《集韻》作爲書證，未引《方言》和《孝經》釋文的例句，甚是，然不當再列“𧹝”字。據《漢語大字典》第七冊所附《〈漢語大字典〉主要引用書目》，《集韻》的版本是上海古籍出版社 1985 年影印的述古堂影宋鈔本，查該本《集韻・陌韻》郝格切：“赫、爀、𧹝、烾，《説文》：‘火赤皃。’或从火，亦作𧹝、烾。赫，一曰明也。”（p734）字作“𧹝”，此即《大字典》字形所本。今所見《集韻》最早版本南宋初明州刻本作“𧹝”，與《類篇》形體相近，可知此當以《類篇》形體爲是。

唐道宣撰《廣弘明集・江淹〈傷愛子賦〉》：“緬吾祖之[39]赫羲。帝高陽之玄胄。”（T2103v52p0342b）本頁下注 39：“赫＝共《宫》。”“共”即“赫”之異寫“𧹝”之進一步形訛。

0010 𪜍

三國吴支謙譯《佛説維摩詰經》：“又聞其言，如是仁人施者得近如來，而上達[19]𠽽不以想，施貧亦等無若干念。”（T0474v14p0525b）本頁下注 19：“𠽽＝𪜍《宋》。”

按：“𪜍”與“𠽽”爲版本異文，“𪜍”即“儭”字之訛。“達𠽽”爲梵語譯音詞，義爲向僧人施捨財物。文獻中有“噠𠽽”“達䞋”“達親”“達櫬”“大𠽽”“檀𠽽”等多種詞形，“噠𠽽”是最通行的書寫形式。其中“𠽽”和“䞋”是爲記録這個譯音字造的專門用字，此字可單用，並可作爲單音語素構成複合詞。在上述書寫形式中“親”“櫬”都是借用原有之字作爲譯音詞的書寫形式，文獻中或借用“儭”字。唐善無畏、一行譯《大毘盧遮那成佛神變加持經》：“行者護摩竟，應教令[19]儭施。”（T0848v18p0011b）本頁下注 19：“儭＝䞋《宋》《宫》，𠽽《元》《明》。”唐輸婆迦羅譯《攝大毘盧遮那成佛神變加持經入蓮華胎藏海會悲生曼荼攞廣大念誦儀軌供養方便會》：“行者護摩竟，應教令[32]𠽽施。”（T0850v18p0081c）本頁下注 32：“𠽽＝儭《甲》《乙》。”南朝梁慧皎撰《高僧傳》：“受法竟[33]䞋錢一萬蜜二器，辭别而去。”（T2059v50p0396c）本頁下注 33：“䞋＝儭《宫》。”皆其例。“儭”皆用作“䞋”“𠽽”。

丿　部

0011 乇

高麗一然撰《三國遺事》:“《海東安弘記》云：九韓者，一、日本，二、中華，三、吴越，四、[14]乇羅，五、鷹遊，六、靺鞨，七、丹國，八、女真，九、穢貊。”（T2039v49p0962c）本頁下注 14:“乇＝乇《甲》，甲本冠註曰：卷第三‘皇龍寺九層塔’條引《東都成立記》‘乇羅’作‘托羅’。”

按：“乇”與“乇”“托”爲版本異文，“乇”即“乇”之異寫。同上經：“讚曰：鬼拱神扶壓帝京，輝煌金碧動飛甍。登臨何啻九韓伏，始覺乾坤特地平。又海東名賢安弘撰《東都成立記》云：新羅第二十七代女王爲主，雖有道無威，九韓侵勞苦。龍宫南皇龍寺建九層塔，則隣國之災可鎮。第一層日本，第二層中華，第三層吴越，第四層托羅，第五層鷹遊，第六層靺鞨，第七層丹國，第八層女狄，第九層獩貊。”（T2039v49p0991a）正作“托羅”，可資比勘。

0012 兂

隋達摩笈多譯《起世因本經》:“天下[2]兂旱，無復雨澤。所有草木，一切乾枯，悉無復有。”（T0025v01p0410a）本頁下注 2:“兂＝亢《三》。”

按：“兂”與“亢”爲版本異文，“兂”即“亢”之書寫變異。“亢旱”文獻常見，即大旱之義，與文意合。隋闍那崛多譯《起世經》:“天下亢旱。”（T0024v01p0355a）字正作“亢”。《可洪音義》卷二十一《佛本行讚》第七卷：“兂陽，上苦浪反。”（v60p190c）“亢”亦作“兂”，可比勘。唐慧琳撰《一切經音義》卷十八《大乘大集地藏十輪經》第二卷：“大坈，苦庚反。《爾雅》:‘坈，墟也。’《蒼頡篇》:‘壑也。陷也。’從土，兂聲。”（T2128v54p0419a）唐慧琳撰《一切經音義》卷三十七《文殊師利菩薩六字經》:“濤秔米，次音革行反。《聲類》云：‘秔即不黏稻也。’《説文》從禾兂聲。《經》文從更作‘粳’，俗字，亦共用也。”（T2128v54p0554a）張涌泉《敦煌俗字研究》（第 2 版）亦有考證（p304–305），可參看。

0013 𡗝

日本圓珍撰《大毗盧遮那經指歸》："第一曰：由入佛三昧耶，故於胎藏中不令[22]𡗝折。言發毘盧遮那大菩提心，運運增進，無有退屈，如胎增長不*𡗝不傷。"（T2212v58p0021b）本頁下注22："𡗝=夭《甲》*。"

按："𡗝"與"夭"爲版本異文，"𡗝"即"夭"之異寫字。《偏類碑別字·大部》"夭"字下引《魏司馬景和妻墓誌銘》作"𡗝"（p42），與此形同。張涌泉《漢語俗字叢考》（修訂本）有"𡗝""𡗝"兩條（p105－106），可參看。日本永嚴撰《要尊法》："一切尼難，怖畏急難，非時中𡗝，惡人怨念，厭魅呪咀，未然解脱。"（T2478v78p0193b）"𡗝"亦"夭"之訛字。唐顔元孫《干禄字書·上聲》："𡗝、夭，上通下正。"敦煌寫本S. 2832《願文等範本》："昔者素王所歎，苗而者於不秀，只有項託早亡；秀而者於不實，只歎顔回之少𡗝。""夭"作"𡗝"。可以比勘。

"非時中夭"即不到時候即夭亡。唐玄奘譯《瑜伽師地論》："由此因緣，無量有情，未盡壽量，非時中夭，是名殺生增上果。"（T1579v30p0633c）唐遁倫集撰《瑜伽論記》："一此諸食令有情住易取入，愚智同知，故偏立食。二令羸損根大增益，謂蘇膏等益。三令疾病得愈，謂藥草等。四有長壽有情不食中夭，亦可服仙藥。有情長壽於長時中，須數進藥助前勢。藥是段食，若不更服非時中夭。"（T1828v42p0717b）皆其用例。

文獻中"夭"旁訛作"犮"旁之字多見。隋闍那崛多譯《佛本行集經》第十四卷："太子在於女寶之中，受諸歡樂，乃至其中諸婇女等。巧解五慾，常能[20]浂弱，令太子歡。不聽更出至於宮外。"（T0190v03p0715c－0716a）本頁下注20："浂=沃《三》《聖》。"唐玄應撰《一切經音義》（麗藏本）卷十九《佛本行集經》第十四卷："涹弱，又作'㳠'，同，於縛、烏梏二反。《詩》云：'其葉涹若。'《傳》曰：'涹若，猶涹涹然也。'云：'隰桑有涹。'《傳》曰：'涹，柔也。亦美也。'"（p256a）唐慧琳撰《一切經音義》卷五十六《佛本行集經》第十四卷："沃弱，又作'洖'，同，於縛、烏梏二反。《詩》云：'其葉沃若。'《傳》曰：'沃若，猶沃沃然也。'云：'隰桑有沃。'［《詩》原文作"隰桑有阿，其葉有沃"——引者按］《傳》曰：'沃，柔也。亦美也。'"（T2128v54p0680a）唐實叉難陀譯《大方廣佛華嚴經》："南方有城，名爲[1]沃田。"（T0279v10p0419a）本頁下注1："沃=浂《聖》。"唐菩提流志譯《不空羂索神變真言經》："放種種光，照[6]沃身心。"（T1092v20p0264b）本頁下注6："沃=浂《宋》。"唐不空譯《大聖文殊師利菩薩讚佛法身禮》："普灑甘露，[11]浂蕩黎元。"（T1195v20p0936c）本頁下注11："浂=沃《三》。"聖天造、唐玄奘譯《廣百論本》："我在爲燎邪宗火，[14]浂以如來正教酥。"（T1570v30p0186c）本頁下注14："浂=沃《明》。"南朝陳真諦譯《寶行王正論》："赤白爲生種，厠汁所[13]浂養。"（T1656v32p0496c）本頁下注 13：“泼 = 沃《三》《宮》。”唐道世撰《法苑珠林》：“獄上衝大海水[10]泼燋山下，貫大海底，形如車輪。”（T2122v53p0324c）本頁下注 10：“泼 = 沃《三》《宮》。”南朝梁寶唱等集《經律異相》：“一者不持熱湯[24]泼地。”（T2121v53p0235c）本頁下注 24：“泼 = 澆《三》《宮》。”唐慧琳撰《一切經音義》：“痳瀝，上力金反。《聲類》：‘小便數也。’《經》文作‘淋’，《説文》：‘水泼也。’《廣雅》：‘淋，漬也。’非此義。”（T2128v54p0472b）又：“沃以，烏穀反。《通俗文》：‘溉灌曰泼。’沃亦澆也，漬也。”（T2128v54p0634b）又：“澆灌，下官換反。顧野王云：‘灌，泼澍也。’”（T2128v54p0685c）日本中算撰《妙法蓮華經釋文》：“玄奘云鄔計，不空云泼計。”（T2189v56p0171a）唐慧苑撰《新譯華嚴經音義》：“泼田，上音屋。”（T2206Av57p0375b）日本定深撰《千手經二十八部衆釋》：“流泼甘露水，洗滌藏識中。”（T2243v61p0750a）日本觀靜撰《孔雀經音義》：“毒害，毒音徒泼反。若甚也，害也。”（T2244v61p0766b）又：“告，古到反，語也，[6]□報也。又[7]古反，請假休謁也。”（T2244v61p0772a）本頁下注 6：“□=言《乙》《丁》。”注 7：“古+（□）《乙》，（泼）《丁》。”又：“縱火焚燒，以甘遮汁泼之。”（T2244v61p0777b）日本湛慧撰《成唯識論述記集成編》：“嘱猶豪毳，岳盈投之以炎爍；霜氷澗積，泼之以煨景。”（T2266v67p0019a）日本義真撰《天台法華宗義集》：“萬乘崇敬，承甘露之清泼；四衆歸依，飡醍醐之淳味。”（T2366v74p0263a）“泼”皆“沃”字之訛。《四庫全書》“沃”訛作“泼”的例子也很多。如：晉葛洪撰《神仙傳·若士》：“其外猶有泼泼之汜。”《淮南子·道應訓》：“此其外猶有汰沃之汜。”高誘注：“汰沃，四海子，天之際水流聲也。汜，涯也。”“泼泼”乃“汰沃”之訛。“汰沃”一詞詞義透明度低，故較易訛誤。宋張君房撰《雲笈七籤·神仙傳·若士》：“其外猶有沃沃之汜。”晉陳壽撰《三國志·蜀志·郤正傳》“盧敖翱翔乎玄闕，若士竦身於雲清”，南朝宋裴松之注引《淮南子》：“此其外猶有沈沈之汜。”宋謝維新撰《古今合璧事類備要前集·道教門·神仙》：“其外猶有沈沈之泥。”宋祝穆撰《古今事文類聚前集·仙佛部·盧敖求仙》：“其外猶有沉沉之泥。”“汰沃”訛作“沃沃”，因又訛作“泼泼”；又訛作“沈沈”“沉沉”。“汜”又或訛作“泥”。

又，梁蕭統編《文選·木玄虚〈海賦〉》：“於是乎禹也，乃鏟臨崖之阜陸，決陂潢而相泼。”唐李善注：“泼，灌也。”《康熙字典·水部》：“泼，《玉篇》：府伐切，音發。寒也。一曰渫也，通流也。木華《海賦》：‘鏟臨崖之阜陸，決陂潢而相泼。’注：‘泼，灌也。’一曰：凡壅水處決之使相泼蕩也。又敷勿切，音弗，義同。”據文意，參考字形，“泼”亦“沃”字之訛。《説文·水部》：“渋，溉灌也。”段注：“渋，隸作沃。”“沃”之本義即灌溉之義。“決陂潢而相泼”，言疏通擁塞的積水，用這些積水灌溉。宋王應麟撰《玉海·地理·山川》：“《文選·木華〈海賦〉》：‘禹乃鏟臨崖之阜陸，決陂潢而相沃。’”所引正作“沃”。蔣立甫點校清胡紹煐撰《文選箋證·海賦》（黄山書社，2007 年）：“決陂潢而相泼。注善曰：‘《説文》曰：泼，灌也。’《考異》曰：‘泼當作沃，注同。“沃”與下句“鑿”協。’紹煐按：《唐風·揚之水》‘鑿’與‘沃’韻，古音同在宵部。此以沃、鑿爲韻。今《説文》：‘渋，灌溉也。’此引脱‘溉’字。段氏謂‘渋’即

‘沃’之隸體是也。許書無‘泼’字。《玉篇》：‘泼，寒也。’非此用。”（p359）已考訂“泼”爲“沃”字之訛。然今人整理的文獻或從舊誤。如：王元林點校《嶺海名勝記增輯點校》（三秦出版社，2016 年）引《海賦》：“於是乎禹也乃鏟臨崖之阜陸，決陂潢而相泼。”（p405）章文欽箋注、清吴歷撰《吴漁山集箋注·感詠聖會真理》（中華書局，2007 年）：“常生今有望，泼濯出塵封。”（p225）注：“泼濯：泼，水相激蕩。木華《海賦》：‘鏟臨崖之阜陸，決陂潢而相泼。’《注》：‘泼，灌也。一曰凡壅水處決之使相泼蕩也，’濯，洗去污垢。此謂經過修行，蕩滌心胸，除去塵滓。以上二句意謂‘常生’這一事物，久已被塵土封固，而今有了耶穌基督的救恩，便有可能用水蕩滌塵封，使之重現於世。”（p226）王文錦等點校唐杜佑撰《通典·水利田》（中華書局，1988 年）：“高宗曰：‘疏導渠流，使通溉灌，濟泼炎旱，應大利益。’”（p39）校勘記：“濟泼炎旱：‘泼’原作‘汲’，據北宋本、傅校本、遞修本改。按：明抄本、王吴本作‘沃’。”（p51）四庫本作“汲”。南炳文、吴彦玲輯校《輯校萬曆起居注》（天津古籍出版社，2010 年）：“過與天下共更，而有所 讙 泼以圖後效矣。”注：“ 讙，明抄本作‘濯’，是。通行本作‘讙’，誤。”（p1727）竇瑞敏整理《郭曽炘日記》（中華書局，2019 年）：“泼濯日星，蕩滌岳瀆。”（p119）曾棗莊、劉琳主編《全宋文》（上海辭書出版社、安徽教育出版社，2006 年）344 冊《謝郡守王監簿啓》：“某敢不並緣詩書，湔泼泉石。”（p260）同上 334 冊《論辨君子小人劄子》：“如新蒙湔泼者。”（p367）同上 9 冊《大宋國登州牟平縣歸化鄉鐵山里敕賜存留玉林院殁故院主大德塔幢記》：“折雪裏一朵梅，移來海嶠；分曹源幾滴露，下泼嵊峰。”（p291）黄仁生、陳聖爭校點唐李群玉等撰《唐代湘人詩文集》（岳麓書社，2013 年）所録《大唐故特進尚書右僕射上柱國温公墓志》：“方資啟泼。”（p514）清董誥等編《全唐文》（中華書局，1983 年）所録《大唐故特進尚書右僕射上柱國温公墓誌》：“方資啓泼。”（p10521）“泼”皆“沃”字之訛。清董誥等編《全唐文》“泼”字凡 12 見，亦皆“沃”字之訛。

西晋竺法護譯《正法華經》：“百千[6]妖魅，憧遑馳走。”（T0263v09p0077a）本頁下注 6：“妖＝妭《宋》，妶《宮》。”龍樹造、後秦鳩摩羅什譯《大智度論》：“諸夜叉語言浮僞，情趣[15]妖諂。”（T1509v25p0448a）本頁下注 15：“妖＝妭《聖》。”唐道世撰《法苑珠林》：“晋太元中有[17]妖星。”（T2122v53p0900b）本頁下注 17：“妖＝妭《宋》。”隋闍那崛多譯《佛本行集經》：“見太子坐，各以欲心，[2]妭態熾盛，圍遶太子，相共娛樂。”（T0190v03p0725a）本頁下注 2：“妭＝妖《三》。”南宋釋寶雲譯《佛本行經》：“極現其[9]妭媚，迷惑亂人情。”（T0193v04p0076b）本頁下注 9：“妭＝妖《三》。”又：“此則是由來，變現[12]妭怪者。”（T0193v04p0099b）本頁下注 12：“妭＝妖《三》。”北魏月婆首那譯《僧伽吒經》：“刀不能害，毒不能傷，[6]妭蠱不中。”（T0423v13p0960b）本頁下注 6：“妭＝妖《三》《宮》。”佚名《大佛頂廣聚陀羅尼經》：“諸邪伎術厭蠱妭惑蛇蝎蛛蜈蚣一切諸毒等，如上所説皆不爲害，是以難見。”（T0946v19p0161a）南朝梁諸大法師集撰《慈悲道場懺法》：“朕宮殿嚴警，非爾蛇類所生之處，必其妭孽欲祟［祟］朕耶？”（T1909v45p0922b）唐慧琳撰《一切經音義》：“憍逸，上居妭反。”（T21

28v54p0343c）又："㚦蠱，於驕反。《説文》：'𡚾，巧也。'"（T2128v54p0693b）唐圓照集《大唐貞元續開元釋教録》："同宣句味，共殄㚦氛。"（T2156v55p0751c）日本仁海撰《小野六帖》："辰星。春有女言諍口舌，夏有多㚦怪不安心。"（T2473v78p0098a）唐竇達集《金剛暎》卷上："吴人初見，謂爲㚦異。"（T2734v85p0055a）唐歐陽詢撰《藝文類聚・符命部・符命》（四庫本）引隋李德林《天命論》："其餘欻起㚦妄，何足數者。"又："吉凶由人，㚦不自作。"又《儲宮部・儲宮》引北周王褒《皇太子箴》："神聽不惑，天㚦斯忌。"明賀復徵編《文章辨體彙選・箴一》（四庫本）亦作"㚦"。《藝文類聚・人部九・嘲戲》引魏陳琳《應譏》："孝靈既喪，㚦官放禍。"明馮琦、馮瑗撰《經濟類編・文學類七・設論》（四庫本）作"𡚾"。"㚦"皆"妖"字之訛，亦"夭"旁訛作"犮"旁之例。今人古籍整理著作亦有"妖"訛作"㚦"當校改而未改者。如：鍾肇鵬、蕭文郁點校、清趙在翰輯《七緯》所輯《易通卦驗・卷上》（中華書局，2012年）："㚦蘖之將，審其繫象，通神明。"（p131）郭沂校注《孔子集語校注》（中華書局，2017年）所録《易緯通卦驗》："㚦蘖之將，審其繫象，通神明。"（p589）四庫本之《易緯通卦驗》亦作"㚦"。湖南圖書館編《寶鴨齋題跋》卷上《魏曹真碑》（岳麓書社，2011年）："乃近日拓本又將'㚦胡諸葛亮稱兵上邽，公拜大將軍屠賊'等字皆鑿去，惜哉！"（p384）今殘碑有"妖"字作"[illegible]"。清嚴可均編《全上古三代秦漢三國六朝文》所録陳琳撰《應譏》（中華書局，1958年）："孝靈既喪。㚦官放禍。楝臣殘酷。宮室焚火。"（p1943）明張溥編《漢魏六朝百三家集》"㚦官"作"妖宦"，《藝文類聚》《經濟類編》《御定淵鑑類函》皆作"㚦官"。清董誥等編《全唐文》（中華書局，1983年）所録《左武候將軍龐某碑序》："值馬邑㚦氛，侵擾疆埸。龍庭酋長，爲之聲援。"（p10509）同上《隨右驍衛將軍上官政碑銘并序》："于時晋陽構亂，㚦氣未靜。"（p10524）同上《隨車騎將軍莊元始碑銘并序》："分兵決戰，遂翦㚦徒。"（p10525）同上《崔致遠第二》："麟鬭龍吟，固息興㚦之慮；放牛歸馬，實迎偃武之期。"（p10800）同上《大唐故左監門大將軍襄城郡開國公樊府君碑銘并序》："昆夷舊壤。尚結㚦氛……於是長驅鋭騎，封豨滅㚦。"（p11073）同上《周邢郡坊里社衆刱修六曹軒宇四時祭敬記并序》："肯託名以爲㚦，未因河而作恠。"（p11266）同上《平□羅□軍兵造彌勒像設平□齋記》："廓清㚦氣。"（p11271）曾棗莊、劉琳主編《全宋文》（上海辭書出版社、安徽教育出版社，2006年）22冊《皇宋江州德安縣蔡府君墓誌銘并序》："竟㚦童而入夢。"（p426）同上121冊《濟州真武殿記》："虎符不飛，靈劍不試，伏㚦飛疰、嘯梁瞰室之禍，無得而憑陵矣。"（p214）"㚦"皆"妖"字之訛。

又，蕭旭著《群書校補・〈敦煌願文集〉校補》："恐役勵（疫癘）以侵人寰，拔（妖）分（氛）之害物。校記：原文所寫乃'拔'字之俗書，此當作'妖'。按：拔，疑讀爲魃。《詩・雲漢》：'旱魃爲虐，如惔如焚。'毛傳：'魃，旱神也。'馬瑞辰曰：'字通作"㚦"。'"（p1018）蕭旭謂"拔"爲"魃"之借字，不可從，文獻未見"魃氛"，而"妖氛"習見，文中指災禍，與文意合。唐義淨譯《根本説一切有部毘奈耶雜事》："其妃先不信佛，下令國中遣立[12]神廟，依俗祭祀，迄至于今。”（T1451v24p0240c）本頁下注 12：“神＝祠《三》《宮》，祅《聖》。”《可洪音義》：“袚廟，上或作‘䄏’‘妖’，於憍反。狐媚也，詐也。”（v60p8c）“妖”或作“祅”，“祅”或寫作“袚”，“拔”即“袚”之訛。

又，唐道世撰《法苑珠林》：“或有[10]妖魅邪師，以倚爲福。”（T2122v53p0754c）本頁下注 10：“妖＝魃《三》《宮》。”四庫本作“魃魅”，音釋：“魃魅，魃，蒲撥切。旱魅也。魅，明秘切。精怪也。”“魃”當作“妖”字，“妖”或體作“䰨”，“䰨”又訛作“魃”也。參 2274“䰨”字條。

0014 兂

日本觀靜撰《孔雀經音義》：“允一星，形如火珠，風神也。姓蘇那，食大麥飯藻豆蘇。古郎、苦浪二反。又作兂。”（T2244v61p0798c）

按：“兂”即“亢”字之異寫。唐不空譯《文殊師利菩薩及諸仙所説吉凶時日善惡宿曜經》：“亢圖。亢一星，形如火珠，風神也。姓蘇那，食大麥飲菉豆酥。”（T1299v21p0389b）字正作“亢”。“亢”爲星官名，二十八宿之一。東方蒼龍七宿的第二宿。《史記·律書》：“南至於亢。亢者，言萬物亢見也。”《孔雀經音義》之“兂”亦星宿之名，與文意合。

“允一星”的“允”字亦“亢”字之訛。《可洪音義》卷二十四《開元釋教録》第五卷：“允旱，上苦浪反。正作亢。”（v60p343c）“亢”作“允”，與“允”形近。《大正藏》亦有“允”訛作“亢”的例子，如南朝梁僧祐撰《弘明集》：“直言朴辭，未必可[4]採。不[5]亢當，[6]伏慚悚。謹白。”（T2102v52p0072a）本頁下注 4：“採＋懼《三》《宮》。”注 5：“亢＝允《三》《宮》。”注 6：“伏＋（追）《三》《宮》。”四庫本作：“直言朴辭，未必可採。懼不允當，伏追慙悚。謹白。”四庫本除“悚”訛作“悚”外，其它文字可從。“懼不允當”文意以“允”爲正，“亢”當爲“允”字之訛。

0015 隶

唐菩提流志譯《大寶積經》：“何謂有常？設使觀身了無身者，以時攝取心所了慧。勸一切智不違佛教，不失法言，不壞聖衆。勸化群黎，[10]執御人民。是謂有常。”（T0310v11p0661c）本頁下注 10：“執＝隶《宮》。”

按：“隶”與“執”爲版本異文，“隶”即“秉”之異寫。“秉”之此形見於碑文。清邢澍《金石文字辨異·梗韻》“秉，隶，北魏《刁遵墓誌》：‘隶袵肅命。’唐柳公綽《諸葛丞相祠堂碑》。”文中“執御人民”之“執御”與“勸化”對言，當與“調御”義近，謂調教駕馭。西晉竺法護譯《阿差末菩薩經》：“行無罣礙，執御衆生。建立大哀，刈棄亂法。”（T0403v13p0600b）又：“古昔所立功德之本，咸用勸助，悉具大道。現在善本執御衆生，棄邪行業，不斷三寶。”（T0403v13p0601b）“執御”之義皆近。《大寶積經》之“執”，或本作“秉”，爲同義詞互换。“秉御”一詞，佛經亦多見。唐道宣撰《四分律删繁補闕行事鈔》：“僧爲秉御之人，所統其唯羯磨，方能拔群迷之重累，出界分之深根。德實無涯，威難與大。”（T1804v40p0011a）北宋元照述《佛説阿彌陀經義疏》：“僧者，具云僧伽，此翻爲衆。四人已上，秉御一切，滅惡生善羯磨，總該凡聖，通收理事，故云衆也。”（T1761v37p0358a）皆其例。

0016 衺

唐道宣撰《集古今佛道論衡》：“道林法師初以他行後乃申表。武帝含弘召至御座，對面交論二十餘日，前後七十餘番，帝極覈徵竟不能屈。既理有所歸，乃付議曹量其可否。會帝昇遐，天元嗣位，至大象元年八月二十九日議[9]哀，九月内奏時深加面許，明年正月遂詔頒行。”（T2104v52p0378a）本頁下注9：“哀=衰《宋》《元》，表《明》，衺《宫》。”

按：“衺”與“衰”“表”爲版本異文，據文意并參考形體，“衰”“哀”“衺”當皆爲“表”字之訛。文中説“九月内奏時深加面許，明年正月遂詔頒行”，則前文必當爲“議表”無疑。

唐義淨譯《根本説一切有部毘奈耶》：“二城有盛[5]衰，月光於夜白。”（T1442v23p0866c）本頁下注5：“衰=表《聖乙》。”北宋惟淨譯《佛説海意菩薩所問淨印法門經》：“復有三法：一者，於[5]衰譏毁，苦其心不下；二者，於利稱譽，樂其心不高；三者，不染世之八法猶如山王，安固無動。”（T0400v13p0502c）本頁下注5：“衰=表《宫》。”日本賴瑜撰《祕鈔問答》：“又云：國土[1]表弊，雨澤不調。以此呪安四城門上，即得風雨順時。”（T2536v79p0532a）本頁下注1：“表=衰《乙》。”第一例“盛衰”文獻習見，第二例“衰”與“利”相對爲文，第三例“衰弊”文獻習見，“表”皆“衰”字之訛。“表”與“衰”形近易混，故“表”或訛作“衰”。

隋菩提燈譯《占察善惡業報經》：“一百四十二者，觀所難受[6]哀惱。”（T0839v17p0906b）本頁下注6：“哀=衰《宫》。”北宋惟淨譯《佛説海意菩薩所問淨印法門經》：“譬如世間有大長者，唯有一子，慈育憐愍，深加愛念。時彼童子，愚小無智，於穢井邊而爲戲舞，以幼稚故，忽墮井中。爾時，其母及彼親族，俱見其子墮穢井中。見已憂愁，競前觀井，深不可測。徒極悲苦，無能爲計入其井中，雖痛愛子，不能救拔。是時其父，知已奔至，見彼童子，墮穢井中，臨視哀惱，蒼惶旋轉。深愛此子，不生厭捨，即設方計，入其井中，善爲救拔，令子得出。”（T0400v13p0511b）失譯《金剛祕密善門陀羅尼呪經》：“爾時金剛密迹菩薩白佛言：‘世尊，我今愍念擁護一切衆生，令得安樂，除諸哀惱，不令諸惡得其便也。'"（T1138v20p0584a）《嘉興藏》"哀"作"衰"。佚名《陀羅尼雜集》："爾時金剛密迹菩薩白佛言：'世尊，我今愍念擁護一切衆生，令得安樂，除諸哀惱，不令諸惡得其便也。'"（T1336v21p0602a）《嘉興藏》"哀"作"衰"。日本凝然述《五教章通路記》："合譬云：如來亦復如是。即爲一切世間之父，於諸怖畏，[7]哀惱憂患，無明暗蔽，永盡無餘。"（T2339v72p0312c）本頁下注 7："哀＝衰《甲》。"日本覺超撰《胎藏三密抄》："諸生靈等多懷恐怖哀惱之時，獨此神於黑夜中威勢自在，亦能理其眷屬，不令非法損惱世間。"（T2398v75p0612b）"哀"皆"衰"字之訛，故"表"訛作"衰"，又訛作"哀"。

北宋贊寧等撰《宋高僧傳》："瞻仰者皆悉由[1]衷，聽受者得未曾有。"（T2061v50p0793b）本頁下注 1："衷＝衰《元》。""衰"即"衷"字之訛。"衰""衷"形近混訛，故"表"訛作"衰"，又訛作"衷"。"衺"即"衷"之訛。唐慧琳撰《一切經音義》："有讜，當浪反。《考聲》云：'讜，衺也，言中於理也。'或從黨作'讜'。顧野王云：'讜，直言當理也。'《古今正字》：'從言當聲。'"（T2128v54p0823a）又："即讜，當浪反。《考聲》云：'讜，衷，謂言中於理也。'亦能作讜也。"（T2128v54p0569c）"衺"亦"衷"字之訛。"衷"或寫作"𧘇"（見秦公《廣碑別字・十畫・衷字》引《宋朝散大夫尚書兵部郎中知福州軍府事柱國河南源護墓誌》p220），亦可比勘。

0017 乖

佚名《十方千五百佛名經》："無量壽佛、離垢乖、無着佛、龍天佛。"（T0442v14p0317c）

按：前後皆佛名，"離垢"亦當爲佛名。"離垢佛"之名，佛經多見，不備舉。根據上下文，這個位置應是"佛"字。字作"乖"，蓋刻寫偶誤。"乖"又"辨"字的書寫變異，此經多見，如："虛空住佛、常滅佛、寶乖佛。"（T0442v14p0312b）又："轉一切生死佛、無邊乖財佛、持炬佛。"（T0442v14 p0313a）又："無垢力佛、一切衆生不斷乖才佛、無流行佛。"（T0442v14p0314c）又："是世善妙佛、普乖佛、寶稱佛。"（T0442v14p0315a）又："無淨佛、緣一切乖佛、寶事佛。"（T0442v14p0316a）又："賢王佛、月乖佛、善目佛。"（T0442v14p0316a）"乖"皆即"辨"。後秦鳩摩羅什譯《佛説華手經》："轉一切生死佛、無邊辯才佛、無驚怖佛、緣一切辯[14]才佛。"（T0657v16p0163c）本頁下注 14："（才）－《宮》。"失譯《佛説不思議功德諸佛所護念經》："西北方一切衆生不斷辯才如來、西北方無垢力如來。"（T0445v14p0363a）他經所見諸佛之名與"乖"對應之字亦作"辯"。

0018 尰

唐玄奘、辯機撰《大唐西域記》："屈露多國，周三千餘里，山周四境，國大都城周十四五里。土地沃壤，穀稼時播，華果茂盛，卉木滋榮。既隣雪山，遂多珍藥，出金、銀、赤銅及火珠、雨石。氣序逾寒，霜雪微降。人貌麁弊，既瘿且尰。"（T2087v51p0889c-0890a）

按："尰"即"尰"字之訛。《玉篇·疒部》："瘇，時種切。足腫也。《詩》云：'既微且瘇。'籀文作尰。或作尰。"唐慧琳撰《一切經音義》："脚瘇，《字詁》：'今作尰。'同，時腫反。《通俗文》：'腫足曰瘇。'瘇，脚病也。《經》文作'踵'，非字體也。"（T2128v54p0676b）"尰"爲"瘇"之異構字，義爲足腫。字本作"尰"，俗書從"尢"之字或訛從"九"，故"尰"或作"尰""尰"。"瘿且尰"是脖子上長囊狀腫瘤，同時足部水腫之義。季羡林等《大唐西域記校注》"尰"字釋作"大脖子"（p373），不確。"瘿且尰"，"瘿"與"尰"應指兩種疾病。失譯《餓鬼報應經》："一鬼問言：'我受此形，脚腫項瘿，何罪所致?'"（T0746v17p0560c）"瘿"即"項瘿"，"尰"即"脚腫"。唐慧琳撰《一切經音義》卷八十二《西域記》第四卷："瘿尰，上嬰郢反，下時冗反。《文字集略》云：'瘿，頸腫，風水氣結爲病也。'種，亦頭腫也，或作種，從九重聲也。冗，音辱種反。"（T2128v54p0839c）獅谷白蓮社版"尰"及兩"種"字皆作"尰"。（p3224）疑詞頭"尰"及前一"種"字當作"尰"，後一"種"字當作"尰"。"尰"訓"頭腫"無據，然亦以"瘿"與"尰"爲兩義。唐道宣撰《釋迦方志》："屈露多羅國（北印度也），山周四境，都城周十四五里。寺二十餘，僧千餘人，多大乘學。天祠十五，異道雜居。出火珠、雨石，俗瘿且尰。"（T2088v51p0956c）字亦作"尰"。唐慧琳撰《一切經音義》卷七十七《釋迦方志》卷上："俗瘿，纓郢反。《説文》云：'頸瘤也。從疒，嬰聲。'且尰，屬隴反。《爾雅》云：'腫足爲尰。'《説文》作'瘇'，云：'脛氣足腫也。從疒，童聲。'《志》文從兀作'尰'，是籀文。兀，音尫。"（T2128v54p0809a）將"俗瘿"與"且尰"分作兩個詞條，"尰"當作"尰"，"尰"爲"尰"的異構字，引《爾雅》《説文》之釋義，較之《西域記》之釋義更優。

南朝陳真諦譯《佛阿毗曇經出家相品》："筋脈盤結尰血流癖多肉。"（T1482v24p0969b）唐慧琳撰《一切經音義》卷六十五《佛阿昆曇論》下卷："尰血，又作瘇，止隴反。《爾雅》：'腫足爲尰。'今巴蜀極多此疾，手臂有者亦呼爲尰也。"（T2128v54p0740c）"尰""尰"亦"尰"字之訛。

0019 𢍁

日本觀靜撰《孔雀經音義》："補澁㖹，補音甫浦反；澁[15]［標號當在原書下一行相同位置的'𢍁'字之前——引者按］音借須；奔音本音慱昆反，借音逋悶反，俗作'𢍁'，正作大𢍁。"（T2244v61p0768b）本頁下注15："𢍁＝𢍁《甲》《乙》《丁》。"

按：正文前一個"𢍁"，注文作"𢍁"，"𢍁"與"𢍁"爲異文。正文之"𢍁"當作"𢍁"，"𢍁"即"𢍁"字之訛。唐不空譯《佛母大孔雀明王經》："補澁㖹（二合）度（引）㖹（十五）。"（T0982v19p0416a）此即觀靜所本。正文之"大𢍁"蓋爲"奔"誤分作兩字，蓋涉上文"𢍁"字而訛。唐不空譯《一字頂輪王念誦儀軌》："補澁奔（補甘反。二合）度奔（上）。"（T0954Av19p0308b）日本靜然撰《行林抄》："補澁奔（補甘反。二合）度奔（上）。"（T2409v76p0053b）即作"奔"。"㖹"爲"奔"加口旁的譯音專字，"𢍁"爲"奔"的異構字。

0020 𦣛

唐智昇撰《開元釋教録》："奘自惟曰：學貴經遠，義重疎通。鑽仰一方，未成探[16]賾。遂從蜀至荆，詢求先德。"（T2154v55p0557c）本頁下注16："賾＝𦣛《三》。"

按："𦣛"與"賾"爲版本異文，皆"賾"之訛。"探賾"爲探求奧秘之義，本出《易·繫辭上》之"探賾索隱"，孔穎達疏："探謂窺探求取，賾謂幽深難見。卜筮則能闚探幽昧之理，故云探賾也。索謂求索，隱謂隱藏。""探賾索隱"，即探索幽深隱微的事理之義。文中之"未成探賾"即爲尚未探求出幽深隱微的事理之義。四庫本《開元釋教録》正作"賾"。

就形體而言，"賾"或作"𦣛"，"𦣞"或寫作"𦣝"，爲通例。"賾"之"責"旁與"賣"形近。從"責"旁之字或有訛作"賣"旁者。《可洪音義》卷十五《摩訶僧祇律》第四卷："囚繫 憒，下阻格反。悮。"（v59p1104b）韓小荆《〈可洪音義〉研究·生僻字輯釋》"憒"字條："本條出自《摩訶僧祇律》第四卷音義，今《大正藏》對應經文作'囚繫責'，原文如下：'王聞是已，攝録囚繫，責之以罪，彼畏死故，一切資財，用持贖命。'據此，被釋字'憒'當是'憒'字俗訛，《字彙·心部》：'憒，與責同。'"（p289）結論可從。"憒"爲"憒"字之訛，"憒"爲"責"之分化字，文中用爲處罰義。《大正藏》有"責"旁訛作"賣"旁的例子，如日本護命撰《大乘法相研神章》："五彼復或時被王賊迫，或時被[13]續主迫，或時畏不活迫，設暫時中出家入道。"（T2309v71p0037c）本頁下注13："續＝債

《乙》。”“續”爲“債”字之訛。亦有“賣”訛作“責”的例子，馬鳴造、後秦鳩摩羅什譯《大莊嚴論經》：“[7]賣之無所直，虛與惡不近。”（T0201v04p0274b）本頁下注 7：“賣=責《三》。”“責”爲“賣”字之訛。均可比勘。

乙　部

0021 弗

日本湛叡撰《華嚴演義鈔纂釋》：“日初合處是名東方，如是餘方隨日爲名。問曰：不然。東方無初故。日行四天下，繞須彌山。欝單越日中，弗干逮日出，弗干逮人以爲東方。弗干逮日中，閻浮提日出，閻浮提人以爲東方。閻浮提日中，牸耶尼日出，牸耶尼人以爲東方。牸耶尼日中，欝單越日出，欝單越人以爲東方。如是悉是東方、南方、西方、北方。復次日不合處是中無方，以無相故。復次不定故此爲東方，彼以爲西方。”（T2205v57p0341a）

按：“弗”即“弗”字之訛。北魏月婆首那譯《勝天王般若波羅蜜經》：“弗干逮洲，縱廣九千由旬，形如滿月，人面亦爾。”（T0231v08p0721b）佚名《普賢菩薩說證明經》：“北方鬱單越人受七百歲，東弗干逮人受四百歲，南閻浮提人三人，共受百歲，西俱耶尼人受二百歲。”（T2879v85p1368a）字皆作“弗”。唐慧琳撰《一切經音義》：“東勝身洲，古云弗于逮，或云弗婆提，或云毘提呵，皆梵語輕重不同也。正梵音云補囉嚩尾禰賀，義譯爲身勝。毘曇云：以彼洲人身形殊勝，體無諸疾，量長八肘，故以爲名也。”（T2128v54p0314c）“弗于逮”爲四大洲中東大洲之名，佛經習見。“干”爲“于”字之訛。唐慧琳撰《一切經音義》：“東毘提訶，梵言或言弗婆提，或言弗千逮，皆梵音訛轉也，此云前也。”（T2128v54p0622a）“千”亦“于”字之訛。

0022 纥

唐金剛智譯《金剛頂瑜伽青頸大悲王觀自在念誦儀軌》：“次說廣大圓滿無礙大悲心儞攞建他陀羅尼曰：……娑摩囉（二合）[2]纥哩（二合）娜閤（三十九）。”（T1112v20p0496a）本頁下注 2：“纥=紇《甲》。”

按：“纥”與“紇”爲版本異文，“纥”即“紇”字內部件同化構成的異寫字，即“紇”之左旁“糸”受右旁“乞”的同化影響寫作“纥”。“紇哩”爲譯音詞，佛經多見。梵文作“[illegible]”，讀作“hrīḥ”。唐慧琳撰《一切經音義》：“紇哩，二合，真言句也。上紇字無反音，取痕字入聲；下哩字轉舌。”（T2128v54p0369a）“紇哩”亦可作“[illegible]”之對音，讀“grī”，如唐義淨撰《梵語千字文》：“[illegible]，紇哩（二合）縛（引），項。”（T2133Bv54p1210b）

0023 䟴

唐全真集《唐梵文字》：“[illegible]祛[illegible]除[illegible]虐[illegible]毒[illegible]軫[illegible]忍[illegible]黔[illegible][5]䟴。”（T2134v54p1220b）本頁下注 5：“䟴＝靈《丙》。”

按：“䟴”與“靈”爲版本異文。唐義淨撰《梵語千字文》：“[illegible]祛除（却）虐毒，[illegible]軫（宿星）忍黔（黑）靈。”（T2133Av54p1193b）唐義淨撰《梵語千字文》：“祛除虐毒，軫忍黔靈。”（T2133Bv54p1198a）又：“[illegible]，捨跛阿室左（二合）哩也（二合），靈。”（T2133Bv54p1207b）字皆作“靈”。《龍龕手鏡·户部》：“䠠，古文。音靈。”（p303）“䟴”與“䠠”形似，構形不詳。清吴任臣《字彙補·戶部》：“䠠，古文靈字。”又同部：“𠪚，力京切，音靈。”“𠪚”“䠠”亦“䠠”字之訛。

0024 勇

東晋竺佛念譯《大雲無想經》：“此之世界，惡世惡時，即便熾盛，衆生多病，穀米勇貴，四兵競起，互相抄劫。皆由衆生不知足故。”（T0388v12p1110a）

按：“勇”即“勇”字之訛，經中用作“踊”。失譯《佛説古來世時經》：“憶念吾昔在波羅奈國，穀米[12]踊貴，人民飢饉，我負擔草賣以自活。”（T0044v01p829b）本頁下注 12：“踊＝勇《宋》，湧《元》《明》。”東晋瞿曇僧伽提婆譯《增壹阿含經》：“今舍衛城穀米[21]勇貴，乞求難果。”（T0125v02p0781c）本頁下注21：“勇＝湧《元》《明》。”唐道宣撰《四分律删繁補闕行事鈔》：“第五儉開八事。四分爲穀米勇貴，人民飢餓，乞食難得。雖得少食爲賊持去，佛憐愍故開界内共食。”（T1804v40p122b）經中與“勇”對應之字或作“踊”“踴”“湧”“勇”等。《説文·足部》：“踊，跳也。从足，甬聲。”“踊”之本義爲跳，跳就是身體向上騰起，引申爲水面上漲，物價上漲之義，指物價突然快速地上漲。“踴”爲“踊”的異構字。《説文·水部》：“涌，滕也。从水，甬聲。”“涌”之本義爲水面向上騰起，亦可引申出物價突然快速上漲之義。“涌”和“踊”在物價上漲的意義上可以理解爲同源通用字。“湧”爲“涌”的異構字。《説文·力部》：“勇，氣也。从力，甬聲。”“勇”蓋爲通假字。

東漢支婁迦讖譯《般舟三昧經》："若一劫，若復過一劫，我説是菩薩持是三昧者，説其功德不可盡竟，何況[5]力求得是三昧者。"（T0418v13p0913a）本頁下注5："力＝乃《知》。"東漢曇果、康孟詳譯《中本起經》："佛初生時，[15]力自育養。"（T0196v04p0158c）本頁下注15："力＝乃《三》。"前一例"乃"爲"力"字之訛，後一例"力"爲"乃"字之訛，"乃"與"力"常混誤，故"勇"或訛作"勇"。

0025 矜

唐金剛福壽譯《一髻文殊師利童子陀羅尼念誦儀軌》："十方世界一切如來，諸天龍八部，一切大衆咸共讚言，善哉！善哉！文殊師利童真菩薩摩訶薩。汝以大悲願力，於惡世中爲欲矜愍薄福有情故，善能演説此不可思議如意摩尼妙法寶藏，饒益有情作無盡福利。"（T1183v20p0782b）

按："矜"即"矜"字之訛，"矛"旁訛作"予"旁也。《可洪音義》卷二十七《高僧傳》第十二卷："撫矜，居陵反。"（v60p460a）南朝梁慧皎撰《高僧傳》："如來慈應六道，陛下撫矜一切。"（T2059v50p0415c）《可洪音義》卷四《大方廣佛華嚴經》第二十一卷："矜念，上居陵反。憐也。"（v59p661c）"矜"皆"矜"字之訛。

"矜"，大徐本《説文》作"矜"，《矛部》："矜，矛柄也。从矛，今聲。"段注改篆作"矜"，注曰："'矜'本謂矛柄，故字从矛。引申爲戈轂柄，故《過秦論》棘矜即轂柄。字从令聲。令聲古音在真部，故古叚矜爲憐。《毛詩·鴻鴈》傳曰：'矜，憐也。'言叚借也。《釋言》曰：'矜，苦也。'其義一也。"又曰："各本篆作'矜'，解云今聲，今依漢石經《論語》《溧水校官碑》《魏受禪表》皆作'矜'正之。《毛詩》與天臻民旬塡等字韻，讀如鄰。古音也。漢韋玄成《戒子孫詩》始韻心。晉張華《女史箴》、潘岳《哀永逝文》始入蒸韻。由是巨巾一反僅見《方言注》《過秦論》李注、《廣韻·十七真》，而他義則皆入蒸韻，今音之大變於古也。矛柄之字改而爲'穫'，云古作矜。他義字亦皆作'矜'，从今聲。又古今字形之大變也。徐鉉曰：居陵切。又巨巾切。此不達其原委之言也。"段説可從，秦代之《詛楚文》作"矜"，亦從令聲。文獻通行"矜"字。

日本寬信撰《傳受集》："十九、變作二童子給使（一名[7]矜迦羅，恭敬小心者，表隨順正道。二名制吒迦羅，難共語惡性者，表不順違道者）。"（T2482v78p0230a）本頁下注7："矜＝洽《甲》。"唐善無畏譯《佛頂尊勝心破地獄轉業障出三界祕密三身佛果三種悉地真言儀軌》："龍王變成二人使者，矜迦羅使者、制吒伽羅使者。"（T0906v18p0913b）"矜""洽"皆"矜"字之訛。

0026 𠖲

元覺岸編《釋氏稽古略》："新造十二字者：照爲曌，天爲西，地爲埊，日爲㘝，月爲囝，星爲〇，君爲𠖲，臣爲恵，載爲𡕀，年爲𠀑，初爲𡔈，正爲缶。"（T2037v49p0820a）

按：根據文意，"𠖲"即武則天所造之"君"字。四庫本《釋氏稽古略》作"𠘩"。《集韻·文韻》拘云切："君，……唐武后作𠖲。"唐《齊州長史楊君墓誌》作"[illegible]"。清邢澍《金石文字辨異·文韻》："𠕺，唐《夏日游石淙詩序》：'吾𠕺駕鶴□乘龍。'案，'𠕺'即'君'字，武后改易新字，以大吉爲君是也。"南宋趙與時《賓退録》："唐《君臣正論》載，武后改易新字，如以山水土爲地，千千萬萬爲年，永主久王爲證，長正主爲聖，一忠爲臣，一生爲人，一人大吉爲君。然嘗考之，但埊、𠀑、恵、𤯔四字合。證作𢘑，聖作𨜮，君作𠺞，皆與《正論》所言不同。""𠖲""𠘩""𠖲""𠺞"皆"[illegible]"字之訛。

0027 𧦧

東晉瞿曇僧伽提婆譯《增壹阿含經》："或爲蜎[35]飛蠢動，極細蠕蟲而見食噉。"（T0125v02p0605c）本頁下注35："飛＝𧦧《聖》。"

按："𧦧"與"飛"爲版本異文，"𧦧"即"䬠"字之訛，"䬠"又"飛"字之書寫變異。《可洪音義》卷四《漸備一切智德經》第二卷："蜎𧩃，上於玄反，下音非。"（v59p670c）"𧩃"亦"䬠"之異寫字。

0028 𥎊

唐圓照撰《貞元新定釋教目録》："今[28]老覆叙中譯時年月，三年三月創譯，七年春功畢，《續高僧傳》云：六年訖，傳録俱是宣修年月，自[32]矛楯也。"（T2157v55p0853b）本頁下注28："老覆＝考竅《聖》。"注32："矛楯＝子𥎊《聖》。"

按："老覆""考竅"皆誤，正當作"考覈"。唐智昇撰《開元釋教録》："今考覈序中譯時年月，三年三月創譯，七年春獻功畢，《續高僧傳》云：六年訖，傳録俱是宣修年月，自矛盾也。"（T2154v55p0554a）正作"考覈"。

《貞元新定釋教目録》的"矛楯"，《開元釋教録》作"矛盾"。"自矛盾"即"自相矛盾"，"楯"爲"盾"之增旁異體。"𥎊"則"𥎦"字之訛。"𥎦"字从矛，盾聲，即"盾"字異體，當由"盾"與"矛"連用，受"矛"字同化影響而加“矛”旁所成。“𥍯”又訛寫作“㺞”。“㺞”之左旁作“予”，與“矛”形近。右旁之所從，與“楯”字異寫字“𣗳”（見潘重規編《敦煌俗字譜》、李琳華編《佛教難字字典》）之右旁近似，可參證。

0029 矟

慧月造、唐玄奘譯《勝宗十句義論》：“作因者，謂[3]攅擲等生業所生依附一實，有質礙實所有勢用，是名作因。”（T2138v54p1263b）本頁下注 3：“攅＝攛《宋》，矟《元》《明》。”

按：“矟”與“攅”“攛”爲版本異文，“矟”即“𥎊”字之訛。唐窺基撰《成唯識論述記》：“行有二種，一念因，二作因。現比智行所生數習差別名念因，即智種子。𥎊擲等業所生勢用名作因。行是勢用，十句多説，作因名勢用，念因名行。”（T1830v43p0256b）字正作“𥎊”。《玉篇·矛部》：“𥎊，千喚切。鋋也。𥎋，同上。”（p316）“𥎊”又作“𥎊”，《集韻·桓韻》七丸切：“𥎊，遥捉矛也。”《集韻·换韻》取亂切：“鑹、𥎋、𥎊，小矟也。或从矛爨，亦作𥎊。”“𥎊”又有“鑹”“𥎋”等異體，義爲從遠處投擲的一種短小的矛。唐智周説《成唯識論演祕》：“疏：攅擲等者，由作因力而爲因故，攅矛擲石，石等方去，不爾不發。”（T1833v43p0827c）日本湛慧撰《成唯識論述記集成編》：“𥎊擲等業（文）。《演祕》云：疏：攅擲等者，由作因力而爲因故，攅矛擲石，石等方去，不爾不發。”（T2266v67p0134b）又用“攅”，又將“𥎊擲”解作“攅矛擲石”，“𥎊”“攅”當爲投擲義，“𥎊”之本義爲從遠處投擲的小矛，引申有投擲之義。《龍龕手鏡·手部》：“攛、撺、㩞，三俗。倉丸、七乱二反。正作鑹、𥎊二字。～，擲也。”（p206）“𥎊”訛作“矟”與“矜”訛作“㺃”同，皆“矛”旁訛作“予”旁之例。“攅”之本義爲聚，用爲投擲義爲假借。

《勝宗十句義論》宋本作“攛”，爲記録投擲義所造的後出本字。《集韻·桓韻》七丸切：“攛，擲也。”此字宋以後文獻習見。

十　部

0030 甲

唐阿質達霰譯《大威力烏樞瑟摩明王經》：“打[22]車[23]捧印：右手握大指成拳。

剪刀印：結次前印。”（T1227v21p0143b）本頁下注 22：“車＝甲《元》。”注 23：“捧＝棒《三》《甲》。”

按：“甲”與“車”爲版本異文，“甲”即“車”字之訛。“捧”爲“棒”字之訛，此經中“打車棒”多見。日本勝賢記、守覺輯《祕鈔》：“右上手執劍，下手執羂索。左上打車棒，下三股叉。器杖上並焰起，虎皮褌蛇爲瓔珞，夜叉及阿修羅衆訶利帝母愛子等以爲侍從。[8]打車棒，棒名也。”（T2489v78p0557b）本頁下注 8：“打車乃至云云十七字裏書。”“打車棒”爲一種棒名。

唐慧琳撰《一切經音義》：“稊稗，下棑賣反。杜注《左傳》：‘粃稗，草之似穀者也。’《説文》：‘禾之别名也。从禾，甲聲也。’”（T2128v54p0642b）又：“物裨，又作‘埤’‘朇’二形，同，毗移反。又音甲，補也，助也，增也，益也。”（T2128v54p0740a）又：“波旬，梵語正云波俾掾，唐云惡魔佛，以慈心訶責，因以爲名。古人譯爲波甲，秦言好略，遂去‘甲’字。旬字本從目音縣，誤書從日爲‘旬’。今驗梵本無巡音，蓋書寫誤耳，傳誤已久。”（T2128v54p0369a）“甲”又“卑”字之訛。

0031 𨌥

日本明覺撰《悉曇要訣》：“《蘇悉》云：𨌥，《金界》云：𨍉 軩 ……此等字内作爲上，外作爲下，依反音法反之，即成其音。”（T2706v84p0511a）

按：“𨌥”即“ （pya）”的切身字。唐義淨譯《根本説一切有部百一羯磨》：“佛言：汝諸苾芻，與鄔陀夷苾芻，六夜行摩那𨌥（卑也反）。若更有餘如是流類，應如是與先敷座席鳴揵稚以言告白。”（T1453v24p0480b）唐慧琳撰《一切經音義》卷六十三《根本説一切有部律攝》第四卷：“摩那𨌥，卑也反。梵語也。古云摩那埵，僧中責罰之名也。”（T2128v54p0726a）唐慧琳撰《一切經音義》卷六十三《根本説一切有部百一羯磨》第六卷：“摩那𨌥，下卑野反。梵語也，唐云好。”（T2128v54p0728a）唐慧琳撰《一切經音義》卷六十三《根本説一切有部大苾蒭戒經》：“摩那𨌥，下畢野反。梵語也，此云治罰也。”（T2128v54p0730a）“摩那𨌥”爲梵文“ （mānapya）”的音譯，大概的意思是對犯殘罪的比丘僧的一種責罰，使行懺悔洗罪，以使衆僧喜悦。“𨌥”即“ （pya）”的譯音專字，乃由“卑”與“也”構成的切身字。《大正藏》“𨌥”字凡 57 見，爲常用之切身字。

0032 𨍉

日本靜然撰《行林抄》：“請迎降臨天等冥道（某），若冠成業，才𨍉未深。”

（T2409v76p0418a）

按：“𢩦”即“幹”字之訛。“才𢩦未深”即“才幹未深”。日本觀靜撰《孔雀經音義》：“難乃安難者，不易稱也。乃𢩦反。”（T2244v61p0768c）“𢩦”亦“幹”字。俗書“干”或訛作“于”，因訛作“亏”，故“幹”或訛作“𢩦”。東晋瞿曇僧伽提婆譯《增壹阿含經》：“爾時世尊告諸比丘：當天子欲命終時，有五未曾有瑞應而現在前。云何爲五？一者華萎，二者衣裳垢坋，三者身體[36]汚臭，四者不樂本座，五者天女星散，是謂天子當命終時有此五瑞應。”（T0125v02p0693c）本頁下注36：“汚＝汗《三》《聖》。”又：“爾時三十三天有一天子，身形有五死瑞應。云何爲五？一者華冠自萎，二者衣裳垢坋，三者腋下流汗，四者不樂本位，五者玉女違叛。爾時彼天子愁憂苦惱，搥胸歎息。時釋提桓因聞此天子愁憂苦惱，搥胸歎息，便勅一天子：此何等音聲乃徹此間？彼天子報言，天子當知。今有一天子命將欲終，有五死瑞應：一者華冠自萎，二者衣裳垢坋，三者腋下流[21]汗，四者不樂本位，五者玉女違叛。”（T0125v02p0677b－c）本頁下注21：“汗＝汚《元》。”又：“爾時三十三天有一天子名曰須菩提，命將欲終，有五應瑞自然逼己。云何爲五：又此諸天華終不萎，此天子華冠自萎；是時諸天衣無垢坋，爾時天子衣生垢坋；且三十三天身體香潔，光明徹照，爾時彼天子身體臭處，不可親近；又且三十三天恒有玉女，前後圍繞，作倡伎樂，五欲自恣，爾時彼天子命將欲終，玉女離散；又且三十三天有自然之座，四尺入地，設天子起座，離地四尺，然此天子命將欲終，不樂本座，是謂五瑞應自然逼己。”（T0125v02p0814c）“汙”“汚”皆“汗”字之訛，皆“干”旁訛作“于”“亏”之例，可比勘。

日本了尊撰《悉曇輪略圖抄》：“如樹木之有枝條華𢩦，共爲樹體（文）。又作幹，任濟爲義。”（T2709v84p0702b）“𢩦”亦“幹”字之訛，“幹”又“榦”的異構字。《説文・木部》：“榦，築牆耑木也。从木，倝聲。”大徐注“臣鉉等曰：今別作幹，非是。”“榦”爲從木倝聲的形聲字，“幹”則爲由“倝”與“干”構成的雙聲符字。“幹”之本義爲古代用板築法築牆時植立於牆兩端逼住木板的木樁，引申指事物中直立起支撑作用的部分，如樹直立的主體爲樹幹，人身體的主體爲軀幹等。經中“𢩦”爲樹幹義。字作“𢩦”者，“幹”或寫作“𠦾”（見《可洪音義》v59p558c），“𢩦”即“𠦾”之進一步錯訛。

日本明覺撰《悉曇要訣》：“《攝大軌》十號讃云：[illegible]（文）。《普通念誦法》云：怛他誐姤（如來）羅𢩦（應供）。合此等文，得意[illegible]云應供歟？”（T2706v84p0560a）“[illegible]”轉寫爲拉丁字母爲“urhate”。唐金剛智述、善無畏譯《念誦結護法普通諸部》：“梵名十號：怛他誐姤羅[55]幹（如來應供）。”（T0904v18p0904c）本頁下注55：“幹＝輪《甲》。”日本心覺撰《多羅葉記》：“[illegible]，應供。”（T2707v84p0618a）日本寛信撰《傳受集》：“應供，[illegible]。”（T2482v78p0258a）唐慧琳撰《一切經音義》：“阿羅呵，此云應供，與阿羅漢義亦相似。”（T2128v54p0479c）“𢩦”亦“幹”字之訛，“幹”爲“ha”或“haṃ”的譯音字。“輪”亦“幹”之訛字。

0033 𩊠

宋陳田夫撰《南嶽總勝集》："又有蛟松，或變成大蟒，魅人不致害。拂壇松名矮樹萬年松，高不盈丈，根𩊠獰翠，怪狀如龍，乃吾皇比壽之松也。"（T2097v51p1057c）

按："𩊠"即"榦"字之訛，這裏指"樹榦"。唐義淨譯《根本説一切有部毘奈耶》："王之國人如花果樹，以時溉灌勿爲衰損，則條𩊠花果繁實可期。"（T1442v23p0877c）又北宋贊寧等撰《宋高僧傳》："夫西域者佛法之根𩊠也，東夏者傳來之枝葉也。世所知者知枝葉不知根𩊠，而不知枝葉殖土亦根生𩊠長矣，尼拘律陀樹是也。……將知以前二宗殖於智者慈恩之土中枝葉也，入土別生根𩊠明矣。"（T2061v50p0879c）"𩊠""榦"筆畫微異。經中亦用作"才榦"義。佚名《神僧傳》："僧曰：'相國當於卑冗官中訪一孤寒家貧有才𩊠者，拔爲曹州刺史，其深感相國恩，而可以指蹤也。'"（T2064v50p0992c）

0034 䡰

日本貞慶撰《明本抄》："清䡰注鈔云。"（T2281v69p0461b）

按："䡰"即"幹"字之訛。日本藏俊撰《注進法相宗章疏》："《同論疏》二卷，清[18]䡰師撰。"（T2181v55p1143b）本頁下注 18："䡰＝幹《甲》。"北宋道原纂《景德傳燈録》："安州大安山清幹禪師。"（T2076v51p0289c）"清幹"爲禪師名。"幹"或作"䡰"，"䡰"乃"䡰"之進一步書寫變異。參 0032"䡰"字條。

0035 轜

唐道宣緝《量處輕重儀》："第十多有車輿。律斷入重，準例下斷（其例有三）：初常所乘御（謂水陸船乘，牛羊步挽等車輿，并供給船車篙簟繩索等）；二送終凶器（謂轜輴，雜飾車輿，隨車所須儆人、盟器、棺槨、構檀、衣衾、雜服、塚墓、塼石、松柏、雜樹、碑礙銘誌等物也）；三祭祀器具（謂簠簋宗彝俎豆罍斝蹲卮椀杓盤合槃机等）。"（T1895v45p0845c）

按："轜"即"輀"字之訛，"輀"又"輀"之異體。《説文・車部》："輀，喪車也。从車，而聲。"清段玉裁改篆作"輀"。《玉篇・車部》："輀，喪車。輀，同上。”“轜”之“車”旁訛作“卓”旁即成“𩌾”字。

厂　部

0036 厈

唐神清撰、北宋慧寶注《北山録》：“曰：不然也。神農辯百草，非欲進人於毒藥；歧伯議鍼石，非謂敗人於五藏也（佛説經，非欲墜人也）。豈南華厈姬、孔，則家家無六典（莊周非於周公、孔子，六經豈不行哉）？班書評馬史，則家家無《史記》乎（班固《漢書》非馬遷《史記》）？”（T2113v52p0618b）

按：“厈”即“斥”之異寫。“斥”有指責義。“南華厈姬孔”，自注爲“莊周非於周公孔子”，用“非”字釋“厈”，與“斥”義合。

“斥”或作“厈”者，《説文》本作“㡿”，《説文·广部》：“㡿，卻屋也。从广，屰聲。”隸變作“庈”“厈”，清顧藹吉《隸辨·偏旁五百四十部》：“𢆉（干），《説文》作𢆉，从反入，从一。筆迹小異變作干，經典相承用此字。或作𠂉，與午字相類。亦作𢆉，屰、羊、辛等字从之。㡿从屰，變作庈，亦作厈，訛从干。从牛之字或訛从干，見牛字下。”又同前書《昔韻》：“庈，《曺全碑》：‘世宗廓土庈竟。’按：即斥字。《説文》本作㡿，从广，从屰。碑變从干。《郭仲奇碑》：‘庈秦擿楚。’《陳球碑陰》：‘庈丘王□。’㡿皆作‘庈’。厈，《魯峻碑陰》：‘魏郡厈丘。’按《五經文字》云：‘斥，經典相承隸省。’”“厈”即“厈”之書寫變異。《龍龕手鏡·厂部》：“厍、厈，二俗；斥，今通。音尺。~逐也。正作㡿也。”（p302-303）《可洪音義》：“厈以，上昌隻反。逐也，遠也。正作‘㡿’。”（v59p568b）“厈”與“斥”“厈”形同。

現在通用的“斥”當即“厈”的書寫變異，“厈”之第三筆“一”與第二筆“丿”的交接方式由相離變相交，第四筆“一”變“丶”，“厈”即變爲“斥”。主要形體變異的過程如下：

㡿→庈→厈→厈→斥

南朝梁寶亮等集《大般涅槃經集解》：“寶亮曰：寄[10]斥此中時衆勿取相憍慢，見有去來而聽法也。”（T1763v37p0517c）本頁下注10：“斥＝厈《聖》。”護法造、唐義淨譯《觀所緣論釋》：“然此總聚是三佛栗底，而此總聚非根識境，此已[2]庈破復非非境有别而令識相有殊可爲應理。”（T1625v31p0891a-b）本頁下注2：“庈＝厈《宋》《元》《宫》，片《明》。”“厈”亦同“斥”，“庈”爲“庈”之訛。日本湛慧撰《成唯識論述記集成編》：“一云尋伺在未至定非根本地故，諸德不悉，皆妄[6]襌[7]⿸广干，應尋此説了本爲真。”（T2266v67p0619a）本頁下注 6：“襌=彈《甲》。”注 7：“⿸广干=庍？”“襌⿸广干”當爲“彈斥”，乃批評之義，佛經習見。《漢語大詞典》未收，當補。“片”乃“厈”形之訛。北魏佛陀扇多譯《如來師子吼經》：“若至[1]斥法演説之時名爲辭辯。”（T0835v17p0889b）本頁下注 1：“斥=片《宋》，行《元》《明》。”唐普光述《俱舍論記》：“一叙異説，二述其長，三[6]斥其短。”（T1821v41p0051b）本頁下注 6：“斥=片《甲》《乙》。”東晉佛陀耶舍、竺佛念譯《四分律》：“若比丘尼恚恚不喜，於異分事中取[12]片。非波羅夷比丘尼以無根波羅夷法謗欲破彼人梵行。後於異時，若問若不問，知是異分事中取*片，彼比丘尼住恚恚法故，作如是説是比丘尼，犯初法應捨僧伽婆尸沙。”（T1428v22p0718b）本頁下注 12：“片=斥《明》《宮》*。”南宋法雲編《翻譯名義集》：“世尊成道三十八年赴王舍城，國王食訖，令羅云洗滌，失手摞鉢，以爲五[7]片。是日有多比丘皆白佛言：‘鉢破五*片。’佛言：‘表我滅後初五百年，諸惡比丘分毘尼藏爲五部也。’”（T2131v54p1113a）本頁下注 7：“片＝斥《甲》*。”前兩例“片”爲“斥”字之訛，後兩例“斥”爲“片”字之訛，皆可比勘。

0037 ⿸厂乞

日本杲寶撰《大日經疏演奧鈔》：“五藥，謂乾託迦哩藥、勿哩訶底藥、娑訶藥、娑訶提婆藥、税多擬里⿸厂乞哩迦藥（明本三之十右）。”（T2216v59p0264b）

按：“⿸厂乞”即“疙”字之訛。唐輸波迦羅譯《蘇悉地羯囉經》“備辦持誦支分品”第二十六：“五藥，謂乾杔迦哩藥、勿哩何底藥、娑訶藥、娑訶提婆藥、税多擬里訖哩迦藥。”（T0893av18p0622b）又“備物品”第二十六：“五藥，謂乾託迦哩藥、勿哩訶底藥、娑訶藥、娑訶提婆藥、税多擬里疙里迦藥。”（T0893av18p0651c）《蘇悉地羯羅經》“備物品”第二十八：“五藥，謂乾託迦哩藥、勿哩訶底藥、娑訶藥、娑訶提婆藥、税多擬里疙哩迦藥。”（T0893cv18p0689a）與“⿸厂乞”對應的字作“疙”或“訖”，據形體，“⿸厂乞”即“疙”字之訛，“疒”旁訛作“厂”旁也。日本淨嚴撰《悉曇三密鈔》：“𑖐，蘖、竭、鈙、乾、犍、健、虐（隨求）、伽、哦、誐、仰、嘘、疙（千手軌）。”（T2710v84p0742a）“疙”可爲“𑖐（ga）”的譯音字。

0038 厄

日本觀靜撰《孔雀經音義》：“厄難，厄音乙革反，災難也。‘厄’作‘[24]□’。‘難’乃安難者，不易稱也。”（T2244v61p0768c）本頁下注 24：“□=庀《乙》

《丁》，⿸厂巴？”

按：底本之缺字，乙本、丁本作“⿸广乙”，注者疑或當作“⿸厂巴”字。“⿸厂巴”即“⿸厂巴”字之訛。《廣韻·果韻》五果切：“⿸厂巴，木節也。亦作⿸厂司。”《類篇·卪部》：“⿸厂巴，五果切。《説文》：‘科⿸厂巴，木節也。賈侍中説以爲⿸厂巴，裹也。一曰⿸厂巴，蓋也。’”《説文·卪部》：“⿸尸卪，科厄，木節也。从卪，厂聲。賈侍中説以爲厄，裹也。一曰厄，蓋也。”《廣韻》之“⿸厂巴”，《類篇》之“⿸厂巴”皆“⿸尸卪”之隸定形，與“厄”異體，故注者疑缺字爲“⿸厂巴”。乙本、丁本作“⿸广乙”，“⿸广乙”爲“戹”字之訛。唐慧琳撰《一切經音義》：“離阸，鷪革反。《考聲》云：限礙也，隘也。從阜，戹字從戶從乙，今俗從厂從巳作厄，誤也，錯已久矣。經文多從木或從手作扼，《字書》：把頭也。非此義。”（T2128v54p0400b）又：“車軶，音厄。……戹正體厄字也。”（T2128v54p0709c）以“戹”爲“厄”之正體。疑觀靜當從《慧琳音義》，以“戹”爲“厄”之正體，奪字當作“戹”，故乙本、丁本作“⿸广乙”。《説文·户部》：“戹，隘也。从户，乙聲。”《玉篇·户部》：“戹，倚革切。困也，災也。亦作厄。”在困厄、災難的意義上，“厄”爲“戹”之借字，“⿸厂巴”才是“厄”的正體。注者所疑非是，但亦有他的道理。

北涼曇無讖譯《大般涅槃經》：“譬如摩樓迦子，若鳥食已隨糞墮地，或因風吹來在樹下即便生長，纏繞縛束尼拘陀樹，令不增長，遂至枯[21]死。愛摩樓迦子亦復如是。”（T0374v12p0440c）本頁下注21：“死＝⿸厂巴《宫》。”“⿸厂巴”又“死”之異文，即“死”字之訛。南朝宋慧嚴譯《大般涅槃經》：“譬如摩樓迦子，若鳥食已隨糞墮地，或因風吹來在樹下即便生長，纏繞束縛尼拘羅樹，令不增長，遂至枯死。愛摩樓迦子亦復如是。”（T0375v12p0682b）北宋智圓述《維摩經略疏垂裕記》：“六如摩樓迦子，鳥食墮糞即便生長，繞尼俱樹，遂至枯死。愛纏善法亦爾。”（T1779v38p0823c）字皆作“死”。唐道世撰《諸經要集》：“五者命根衰損，壽量將盡隣近死故，遇少[19]死緣不堪忍故。”（T2123v54p0192c）本頁下注19：“死＝厄《三》。”北宋知禮述《觀無量壽佛經疏妙宗鈔》：“觀彼衆生類，惡業煩惱纏生[3]厄備衆苦。”（T1751v37p0200c）本頁下注3：“厄＝死《甲》《乙》。”“厄”皆“死”字之訛，可資比勘。

0039 ⿸厂耶

元德煇重編《敕修百丈清規》：“淨手（唵主伽囉[7]耶娑訶）。”（T2025v48p1145c）本頁下注7：“耶＝⿸厂耶《宫》。”

按：“⿸厂耶”與“耶”爲版本異文，“⿸厂耶”蓋“耶”字之訛。宋宗壽集《入衆須知》：“洗手（唵主伽囉耶娑訶）。”（X1247v63p0560b）字亦作“耶”，可比勘。

匚　部

0040 匡

隋灌頂撰《大般涅槃經玄義》：“逮金陵土崩，師徒雨散，后會[3]匡嶺，復屬虔劉。”（T1765v38p0014b）本頁下注 3：“匡 = 匡《甲》。”

按：“匡”與“匡”爲版本異文，“匡”即“匡”之書寫變異。匡嶺，即江西廬山的別稱。《梁書·張纘傳》：“眄匡嶺以躊躇，想霞裳于雲仞；流姮娥之逸響，發王子之清韻。”《陳書·文學傳·徐伯陽》：“鄱陽王爲江州刺史，伯陽嘗奉使造焉。王率府僚與伯陽登匡嶺，置宴，酒酣，命筆賦劇韻二十，伯陽與祖孫登前成，王賜以奴婢雜物。”

0041 匤

唐圓照集《代宗朝贈司空大辨正廣智三藏和上表制集》：“隸名此寺，有闕續填，庶勠力匤持，葺理頹弊，永修香火。”（T2120v52p0830c）

按：據經文意義，“匤”當是“匡持”之“匡”字形訛。“匡”或寫作“匡”（見上條），蓋由部件“匚”與“王”的末筆重合而成。“匡”所從之“干”訛作“于”即成“匤”字。唐慧琳撰《一切經音義》：“軒牕，上憲言反。《考聲》云：‘軒，簷前也。’《楚辭》云：‘高堂邃宇檻層軒。’軒猶樓板也。《説文》：從車，[3]干聲也。”（T2128v54p0519b）本頁下注 3：“干 = 于《乙》。”“于”即“干”字之訛。《大正藏》“干”“于”混誤之例多見。《可洪音義》卷十六《根本毗奈耶雜事》第二十四卷：“竹竽，古寒反。又音于，悮。”（v60p13c）唐義淨譯《根本説一切有部毘奈耶雜事》：“王住宅内有大竹竿。”（T1451v24p0319a）唐慧琳撰《一切經音義》卷三十四《賢劫經》第十二卷：“[2]竽蔗，古寒反。下諸夜反。《通俗文》：荆州出竽蔗，則甘柘是也。”（T2128v54p0538c）本頁下注 2：“竽 = 竿《甲》。”《玄應音義》（宛委別藏本）作“竿蔗”（p116），“竽”皆“竿”字之訛，皆可比勘。

唐道宣述《釋門歸敬儀》：“山字在肩有竦凌雲之狀，匤肘廣脇志逾鵬翅之形。”（T1896v45p0859a）南宋妙源編《虚堂和尚語録》：“只如諸方匤徒領衆，又作麽生。”（T2000v47p0995a）元覺岸編《釋氏稽古略》：“惠王、襄王、頃王、匤王、定王、簡王。”（T2037v49p0747b）“臣”皆“匡”字之訛。

0042 匣

唐一行撰《七曜星辰别行法》：“虚宿直日，鬼名常夜[4]迪，令人通體疼痛，轉動不得，是此鬼所爲。”（T1309v21p0456b）本頁下注 4：“迪＝匣ヵ《原》。”

按：“匣”與“迪”爲版本異文，“匣”即“迪”之訛字。俗書“辶”常訛作“匚”，故“迪”俗訛作“匣”。

0043 �

日本賴寶撰《釋摩訶衍論勘注》：“昔人云：大象不遊於兔[2]�，大志不拘於小節是也。”（T2290v69p0629c）本頁下注 2：“�＝逕？”

按：注者疑“�”同“逕”，所疑是，“�”即“逕”字之訛。唐玄覺撰《永嘉證道歌》：“大象不遊於兔徑，大悟不拘於小節。”（T2014v48p0396c）日本宥快撰《大日經疏鈔》：“大象不遊兔逕，大志不均小節。”（T2218v60p0040a）遼志福撰《釋摩訶衍論通玄鈔》：“昔人云‘大象不遊於兔逕，大志不拘於小節’是也。”（X0775v46p0113c）“兔徑”或作“兔逕”，義爲兔子行走的小路，《説文·彳部》：“徑，步道也。”《集韻·徑韻》古定切：“徑、逕，《説文》：‘步道。’一曰直也。亦从辵。”“徑”之本義即爲小路，“逕”爲“徑”改變形旁的異構字。“逕”或寫作“逕”（見《可洪音義》v60p480a），因訛作“逕”（見《可洪音義》v60p240a）。“逕”所从之“辶”旁訛作“匚”旁即成“�”字。

0044 㔡

南朝齊僧伽跋陀羅譯《善見律毘婆沙》：“若造作讚死經，有人偷取讀，因此有死者，造作比丘得波羅夷罪。若遭[2]淦或遺落去失，有人拾得，依經取死，造經比丘得波羅夷罪。”（T1462v24p0752a）本頁下注 2：“淦＝㔡《三》《宫》。”

按：“㔡”與“淦”爲版本異文，“㔡”即“𠥧”字之訛。唐慧琳撰《一切經音義》卷六十五《善見律》：“遭淦，又作淦［澮］、涵二形，同，胡南反。《方言》：淦，沉也。字體作‘[10]𠥧’，船没也。”（T2128v54p0739c）本頁下注 10：“𠥧＝𠥧《甲》。”《廣韻·覃韻》胡南切：“𠥧，船没。”《集韻·覃韻》胡南切：“淦、𠥧、澮、淊、溙、湢，《方言》：‘沈也。’或作𠥧、澮、淊、溙、湢。”《類篇·水部》："浛，胡南切。《方言》：'沈也'。或作𠥋、澮、涵。浛，又姑南切。水入舟隙。又胡紺切。"又《匚部》："𠥋，胡南切。《方言》：'沈也。'"《方言》卷十："㴸、涵，沈也。""涵"有沉没義，"浛""𠥋"皆"涵"之後出字。"𠥋"蓋爲从匚汵聲的形聲字，"𠥋"即"𠥋"字之訛，"令"與"今"形近，兩字作偏旁常混誤也。

0045 匭

日本子元祖元語《佛光國師語録》："與儞老鼠咬鑊匭（亦作匣）者不同，須是從頭翻却，將此身心大死。"（T2549v80p0229c）

按：疑"匭"即"㔶"之異構字，"匣"義近。《廣韻·感韻》古禫切："㔶，《方言》云：'箱類。'又云：'覆頭也。'又音貢。"《中華字海》："匭，同'㔶'。字見民國修《吴縣志·風俗》。"（p46b）已溝通"匭"與"㔶"的關係。

卜部

0046 㪅

日本濟暹撰《般若心經祕鍵開門訣》："譬如《易》一㪅中具含萬象，龜十字士悉知三世云云。'㪅'字是'卦'字或作也。"（T2204v57p0033b）

按："㪅"即"卦"字之訛。

0047 卨

元念常集《佛祖歷代通載》："湯（姓子氏。其先高辛子契十四世孫。始祖卨爲堯司徒官）……太甲（……）治三十三年，立廟六（卨二昭，湯二穆）。"（T2036v49p0492c）

按："卨"即"禼"字之訛。《説文·内部》："禼，蟲也。从厹，象形。讀與偰同。"段注："殷玄王以爲名，見《漢書》。俗改用偰、契字。""禼"或作"卨""离"等形。《龍龕·卜部》又作"卨"，"卨"與"卨"形近。

0048 瘧

唐阿目佉譯《佛説不空罥索陀羅尼儀軌經》："患[1]虐者佩則得除差。"（T1098v20p0436a）本頁下注 1："虐 = 瘧[亻]《原》。"

按："瘧"與"虐"爲版本異文，"瘧"即"瘧"字之訛。《説文・疒部》："瘧，熱寒休作。从疒，从虐，虐亦聲。""虐"通"瘧"。

冂　部

0049 圉

唐遁倫集撰《瑜伽論記》："於欲界色境亦遣，故説舍[11]軍圉等。非身生色界，欲入虚空，而有此遣，當知此中下文者。"（T1828v42p0473c）本頁下注 11："軍圉 = 園《甲》。"

按："圉"與"園"爲版本異文，"圉"即"園"字之訛。彌勒説、唐玄奘譯《瑜伽師地論》："所有於彼種種聚中差别想轉，謂飲食瓶衣乘莊嚴，具城舍軍園山林等想。"（T1579v30p0468b）唐窺基撰《瑜伽師地論略纂》："此據身在欲界，依虚空處遣色想時，於欲界色境亦遣，故説舍園等。非身生色界，欲入虚空，而有此想。"（T1829v43p0122a）作"舍軍園"或"舍園"。《可洪音義》卷二十一《佛本行讚》："圂田，上爲元反。"（v60p190b）"圂"爲"園"之書寫變異，"圉"與"圂"形近。

八　部

0050 凿

唐智昇撰《開元釋教録》："《菩薩戒羯磨文》一卷，[13]出《瑜伽論・本地分中菩薩地》彌勒菩薩説。"（T2154v55p0606b）本頁下注 13："出 = 凿《明》。"

按："岀"與"出"爲版本異文，據文意，當以"出"字爲正，"岀"即"出"字之訛。

0051 𠆩

唐菩提流志譯《不空羂索神變真言經》："振吼大奮怒王真言曰：……弭目訖灑跛（二合）［"（二合）"當在"囉"字之後——引者按］囉劍𠆩（并也反。七十七句）。"（T1092v20p0348a-c）

按：此字見於《龍龕·也部》："𠆩，并也反。"（p341）與經文自注之讀音相合。據反切注音，"𠆩"爲切身字。林光明《新編大藏全咒》第三册《不空羂索神變真言經》"大奮怒王真言"中"跛囉劍𠆩"對應的梵文羅馬轉寫作"prakaṃbya"（v3p123），"𠆩"對應的是二合音"bya"。簡豐祺《觀世音菩薩咒語全集》録《房山石經》之《不空大奮怒王陀羅尼》作"鉢囉劍比野"，對應的梵文作"𑖢𑖿𑖨𑖎𑖽𑖢𑖿𑖧"，羅馬轉寫作"prakaṃpya"，漢譯作"不動"。據對應之梵文"𑖢𑖿𑖧"，當以"pya"爲是。綜上，"𠆩"爲切身字，爲二合音"𑖢𑖿𑖧（pya）"之對音字。此字《不空羂索神變真言經》凡8見，皆自注"并也反"。

0052 𠆪

隋灌頂撰《大般涅槃經疏》："法説中論兩因兩果，兩因者謂因因因，兩果者謂果果果。尋此文意，不得以因家之因爲因因，而得以果家之果爲果果，得以因家之果爲因因，得以果家之果爲果果。何故爾？𠆪因是境，重因是觀。𠆪果是菩提，重果是涅槃。境但是因，不從因至於因。"（T1767v38p0176c）

按：《卍續藏》隋灌頂撰、唐湛然再治、日本本純分會《涅槃經會疏》："法説中論兩因兩果，兩因者謂因因因，兩果者謂果果果。尋此文意，不得以因家之因爲因因，不得以果家之果爲果果，得以因家之果爲因因，得以果家之果爲果果。何故爾？單因是境，重因是觀。單果是菩提，重果是涅槃。"（X0659v36p0682a）與"𠆪"對應之字作"單"。經文中"𠆪"字與"重"對用，當以"單"爲正字，"𠆪"即"單"字之訛。

考諸字形，"單"或寫作"**單**"（見明焦竑《俗書刊誤·删韻》）、"**単**"（見明章黼《重訂直音篇·厶部》）、"**单**"（見《彙音寶鑑》），"𠆪"與"**单**"形近，"𠆪"即"單"字多重變異産生的形體。

"卑"或寫作"**卑**""**𤰞**"等形，與"單"的書寫變異形體相近，故"單"與"卑"或混誤。唐法藏述《華嚴經探玄記》："又《菩薩本行經》：佛在欝[12]卑羅國涉熱而行，有牧羊人即以淨心編草作蓋，覆佛隨行。"（T1733v35p0259c）本頁下注 12："卑=單《甲》。"日本文政堂本作"𦥷"。失譯《佛説菩薩本行經》："聞如是：一時佛在欝單羅延國，佛與千二百五十沙門俱行詣村落。如來色相三十有二，八十種好，光明晃焴，照曜天地，莫不大明，猶如盛月，星中特明。時天盛熱，無有蔭涼。有一放羊人，見佛光相，心自念言：如來世尊，三界之師，涉冒盛熱，無有蔭涼。即編草作蓋，用覆佛上，捉隨佛行。"（T0155v03p0111b）此即法藏所本，字本作"單"。唐道世撰《法苑珠林》："又《菩薩本行經》云：昔佛在世，與諸比丘及與阿難，從欝卑羅延國遊行村落。時天盛熱，無有陰涼。有放羊人，見佛涉熱，即起淨心，編草作蓋，用覆佛上，遊隨佛行。"（T2122v53p0568b-c）四庫本作"卑"。唐道世撰《諸經要集》："又《菩薩本行經》云：昔佛在世，與諸比丘及與阿難，從鬱卑羅延國遊行村落。時天盛熱，無有陰涼。有放羊人，見佛涉熱，即起淨心，編草作蓋，用覆佛上，遊隨佛行。"（T2123v54p0038c）諸經所引多作"卑"。此字用在譯音詞中，本作"卑"或"單"尚難論定，然可證"卑"與"單"或混。唐宗密述《禪源諸詮集都序》："然又非直資忘言之門，亦兼[7]垂禪教之益。"（T2015v48p0400a）本頁下注 7："垂禪=裨垂《甲》。""垂禪"與"裨垂"爲異文，據文意，當以"裨垂"爲是，"禪"乃"裨"字之訛，"裨垂教之益"與"資忘言之門"相對爲文，"裨"爲"裨助"之義。"襌"則"裨"字之訛。北宋贊寧等撰《宋高僧傳》："故行弔伐之師，如小偏[5]裨須請軍門之命，無二既披來論全釋舊疑。"（T2061v50p0812c）本頁下注 5："裨=襌《元》。""襌"亦"裨"之訛。此皆"卑"與"單"混誤之例。

0053 㑑

日本聖德太子撰《維摩經義疏》："如來之身金剛之體者，言法身不可[3]㑑壞。"（T2186v56p0041a）本頁下注 3："㑑=沮ヵ《甲》。"

按："㑑"與"沮"爲版本異文，"㑑"即"俎"字之訛"俎"通"沮"。東晉竺佛念譯《菩薩瓔珞經》："聞佛演説三世法本，皆歎佛德深義無量，諸佛法身不可沮壞，亦非羅漢辟支所及。"（T0656v16p0102c）唐玄應撰《一切經音義》（麗藏本）卷三《摩訶般若波羅蜜經》第二十卷："沮壞，才與反。《三蒼》：'沮，漸也，敗壞也。'《詩》云：'何日斯沮。'《傳》曰：'沮，壞也。'經文作'俎'，側呂反，非也，肉几也，亦貯醢器也。'俎'非此義也。"（p35a）在毀壞的意義上，"俎"爲"沮"之借字。東晉佛馱跋陀羅譯《大方廣佛華嚴經》："於喜修集不可[7]沮壞菩提心法門而得自在。"（T0278v09p0400b）本頁下注 7："沮=俎《聖》。""俎"亦通"沮"。字或作"㑑"者，"俎"所從之"仌"訛作"公"也。

0054 瓶

唐玄奘譯《稱讚大乘功德經》:“無量天子無數聲聞，聞此法音，覩斯瑞應，皆發阿耨多羅三藐三菩提心，百千俱瓶新學菩薩，同時證得無生法忍。”（T0840v17p0912a）

按:《嘉興藏》作“胝”。“瓶”即“胝”字之訛。唐慧琳撰《一切經音義》:“俱胝，梵語，西方數法名也，當此國百萬之數也。”（T2128v54p0576c）“俱胝”爲梵語數名。“胝”或作“瓶”者，蓋“胝”常與“胼”字連用，“胝”受“胼”之影響而改“月”旁爲“并”旁，此乃字形同化之例。

0055 䍲

日本光宗撰《溪嵐拾葉集》:“勢多迦童子臺藏界大日理表也。䍲迦羅童子金界大日主智也。”（T2410v76p0864a）

按:“䍲”即“矜”字之訛。日本澄豪撰《總持抄》:“四大童子者，矜迦羅童子、制多迦童子、吉祥童子、蓮華童子。”（T2412v77p0074a）與“䍲”對應之字作“矜”。唐慧琳撰《一切經音義》:“猫狸，上音[4]茅，又音苗，亦通。或从豸作貓。”（T2128v54p0803b）本頁下注4:“茅=苐《甲》。”又:“泡起，魄[5]茅反。《文字典説》:‘水上浮漚也。从水，包聲。’”（T2128v54p0813c）本頁下注5:“茅=苐《甲》。”唐地婆訶羅譯《大乘密嚴經》:“或見身羸瘦，弊服寢[3]茅中。”（T0681v16p0730a）本頁下注3:“茅=第《宋》《宫》。”唐輸婆迦羅譯《攝大毘盧遮那成佛神變加持經入蓮華胎藏海會悲生曼荼攞廣大念誦儀軌供養方便會》:“周匝布祥[21]茅，端末互相加。”（T0850v18p0081b）本頁下注21:“茅=弟《甲》。”日本阿寂記《妙印鈔》:“周匝布祥第，乃至遍灑以香水者，若室中造曼荼羅等。”（T2213v58p0318a）“苐”“第”“弟”皆“茅”字之訛，可資比勘。

唐窺基撰《阿彌陀經通贊疏》:“殑，音其䍲反，去聲也。”（T1758v37p0344b）佚名《摩尼教下部讚》:“大聖鑒察自哀䍲，救我更勿諸災惱。”（T2140v54p1271a）日本靜然撰《行林抄》:“上有寶繖覆䍲羯尾［尼］網而莊嚴。”（T2409v76p0284b）唐善無畏譯《蘇悉地羯羅供養法》:“上有寶繖覆矜羯尼網而以莊嚴。”（T0894v18p0711a）“䍲”“䍲”皆“矜”字之訛。

0056 䴴

日本靜然撰《行林抄》:“《決祕要義》云:次無動藥廁抳(唐云象健神)使者像,一身四手,左邊上手三服叉,下手把棒,右邊上手掌柘一輪,下手把羂索。其身青色,而大張口,狗牙上出,眼赤如血,而有三眼。頂戴髑髏,頭髮聳竪,如火艷色。頂纏大蛇,二膊各有倒垂一龍,龍頭相向。其像腰纏二大赤蛇,二脚椀上纏大赤蛇,所把棒上亦纏大蛇。虎皮縵跨,髑髏瓔珞。像二脚下各安一鬼。其像左右二邊各當作一青衣童子,髮髻兩角,手執香爐。其像右邊作二夜叉,一赤一黄,執刀執索。其像左邊作二夜叉,一白一黑,執䴴執刄,形狀並皆甚可怖畏。手足並作夜叉手足,其爪長利。”(T2409v76p0361a)

按:“䴴”即“稍”字之訛。唐阿地瞿多譯《陀羅尼集經》:“畫五藥叉像法:一身四手,左邊上手把三股叉,下手把棒,右邊上手掌拓一輪,下手把羂索。其身青色,而大張口,狗牙上出,眼赤如血,而有三眼。頂戴髑髏,頭髮聳竪,如火焰色。項纏大蛇,兩膊各有倒垂一龍,龍頭相向。其像腰纏二大赤蛇,兩脚腕上亦纏大赤蛇。兩膊各倒垂一龍,龍頭相向。腰纏大赤蛇,所把棒上亦纏大蛇。虎皮縵胯,髑髏瓔珞。像兩脚下各安一鬼。其像左右兩邊各當作一青衣童子,髮髻兩角,手執香鑪。其像右邊作二藥叉,一赤一黄,執刀執索。其像左邊作二藥叉,一白一黑,執稍執叉,形狀並皆甚可怖畏。手足並作藥叉手足,其爪長利。”(T0901v18p0868c-0869a)日本靜然撰《行林抄》:“裏書云:《金剛呪法》云:用淨絹四尺畫作金剛呪像,至到瞋怒。作六手,左手把弓,右手把箭。左手把刀,右手把鉾。左手把杵,右手空向前託之。其像赤黑色,髭亦然。口露兩牙,其身上火炎起。脚下著山,并置夜叉,并著呪師,於像下蹦跪把供養具。頭上左相置日,右相置月。其像右邊作二夜叉,一赤一黄,一執刀,一執索。左邊作二夜叉,一白一黑,一執稍,一執叉。”(T2409v76p0390c-0391a)左邊二夜叉所執之兵器,皆一執稍,一執叉,此爲“䴴”即“稍”訛字之確證。

考諸字形,“矛”隸書作“𢓊”(見清顧藹吉《隸辨》引《魯峻石壁殘畫象》),與“弟”形近。佛經“茅”或作“苐”(見《可洪音義》v59p657c),下所從亦近“弟”,故“矛”旁或訛作“弟”旁。唐地婆訶羅譯《大乘密嚴經》:“或見身羸瘦,弊服寢[3]茅中。”(T0681v16p0730a)本頁下注3:“茅=第《宋》《宫》。”唐法琳撰《辯正論》:“於鍾山起愛敬寺,青溪起智度寺,捨舊[5]茅居爲光宅寺。”(T2110v52p0504a)本頁下注5:“茅=第《三》。”前一例“茅”訛作“第”,後一例“第”訛作“茅”,此亦“矛”“弟”混誤之證。

又,“肙”與“肖”形近,即“肖”之訛。《可洪音義》卷二十四《出三藏記》第七卷:“易銷,下音消。正作‘銷’。又火玄反,悁。”(v60p313c)南朝梁僧祐撰《出三藏記集》:“桂葉龜腦,固風寒之易銷;荔葩鸞骨,更騰飛之可孱。”(T2145v55p0050b-c)《可洪音義》之“銷”即“銷”字之訛。或讀“火玄反”，即“鋗”字讀音，乃誤認“銷”爲“鋗”而導致誤讀。此即“肖”旁訛作“肙”旁之例。東晉佛陀跋陀羅譯《達摩多羅禪經》：“[7]涓流勢不遠，餘處無來故。”（T0618v15p0310b）本頁下注 7：“涓=消《明》。”《嘉興藏》作“消”。唐慧琳撰《一切經音義》卷第七十五《達磨多羅禪經》上卷：“涓流，古玄反。《字林》：‘水小流涓涓然也。’”（T2128v54p0796a）唐圓照撰《貞元新定釋教目録》：“法流深廣，豈[1]涓滯等潤。”（T2157v55p0873a）本頁下注 1：“涓 = 消《聖》。”日本聖守撰《三論宗濫觴》：“故今思彼海岳之遺思，企此[3]涓露之微報。”（T2307Bv70p0839a）本頁下注 3：“涓=消《甲》。”“消”皆爲“涓”字之訛，此又“肙”訛作“肖”之證。由上述諸例可證“肖”旁與“肙”旁之混誤關係。

0057 樊

北魏菩提流支譯《彌勒菩薩所問經論》：“答曰：此難極[3]繁，雖有種種衆多言説而義皆不然。”（T1525v26p0252a）本頁下注 3：“繁=樊《宮》。”

按：“樊”與“繁”爲版本異文，“樊”即“樊”字之訛。明張自烈《正字通·木部》：“樊，紛雜貌。”“樊”與“繁”音義皆近，可通用。唐道世撰《諸經要集》：“並入[9]繁籠處塵館，何如寂慮出危城。”（T2123v54p0031b）本頁下注 9：“繁=樊《元》《明》。”“繁”又通“樊”。

0058 豨

佚名《翻梵語》：“離提和，經曰歡豨。”（T2130v54p1026a）

按：“豨”即“豫”字之訛。西晉竺法護譯《慧上菩薩問大善權經》：“於時陶家者名[7]難提和（晉言歡豫）。”（T0345v12p0162a）本頁下注 7：“難提和=離提和《明》《宮》。”與“豨”對應之字作“豫”。南朝梁寶唱等集《經律異相》：“彼有大縣，其名維綾。時有陶家，名曰歡豫。”（T2121v53p0078b）《經律異相》亦作“歡豫”。“豫”或作“豨”者，“予”旁訛作“弟”，“象”旁訛作“家”也。“予”與“矛”形近，“矛”或訛作“弟”，故“予”亦或訛作“弟”。“家”與“象”形近，兩字或相混誤。龍樹造、後秦鳩摩羅什譯《十住毘婆沙論》：“[10]象相身大而白如真銀山，王［生］出神嶽。大象衆中能飛行虚空，伊羅婆那安闍那王摩那等諸大象王皆能摧却，是名白象寶具足。”（T1521v26p0121b）本頁下注 10：“象=家《宋》《元》《宮》。”日本空海撰《秘密漫荼羅十住心論》：“象相身大而白如真銀山，生出神嶽。大象衆中能飛行虚空，伊羅婆那安闍那王摩那等諸大象王皆能摧却，是名白象寶具足。”（T2425v77p0321c）字作“象”。“家”即“象”之訛。日本湛慧撰《阿毘達磨俱舍論指要鈔》：“置弶者，

《玄應音義》云：罝［罝］，《爾雅》：兔罟謂之罝。郭璞曰：罝，遮取兔也。《韻集》云：施羂於道曰弶。今畋獵[13]象施弶以取鳥獸者，其形似弓。”（T2250v63p0916b）本頁下注13：“象＝家《甲》《乙》。”日本快道撰《阿毘達磨俱舍論法義》：“罝弶者，應音子邪切，下渠亮切。《爾雅》：‘兎罟謂之罝。’郭璞曰：‘罝，遮取兎也。’《韻集》云：‘施羂於道曰弶。’今畋獵家施弶以取鳥獸者，其形似弓也。”（T2251v64p0228b）“家”又訛作“象”。“象”與“家”或混誤，故“稼”或訛作“稼”。

日本善珠述《唯識義燈增明記》：“字身四者，身何義？《婆沙》十四云：‘問：名身者是何義？’答：‘是二名聚集義。是故[23]一名名。’問：‘多名身身是何義？’答：是多名聚集義。如一[24]象二象不名多象身，要[26]象多象名多象身。馬等亦爾。”（T2261v65p0349b）本頁下注23：“一+（名不）《乙》。”注24：“象＝家《甲》，衆《乙》。”注26：“象＝衆《甲》。”五百大阿羅漢造、唐玄奘譯《阿毘達磨大毘婆沙論》：“問：‘名身者是何義？’答：‘是二名聚集義，是故一名不名名身。’問：‘多名身是何義？’答：‘是多名聚集義。如一象二象不名多象身，要衆多象名多象身。馬等亦爾。’”（T1545v27p0071a）“家”亦“象”字之訛。“要象多”之“象”爲“衆”字之訛。迦旃延子造、五百羅漢釋，北涼浮陀跋摩、道泰譯《阿毘曇毘婆沙論》：“‘何故名多名身？’答曰：‘衆多名合聚故。名多名身，如一鳥不名多鳥身，衆多鳥名多鳥身。馬等亦如是。’”（T1546v28p0057c）文中之“鳥”，於義可通。然據佛經文例，皆“象”“馬”對舉，未見“鳥”“馬”對舉之例，疑“鳥”亦爲“象”之訛，《大正藏》“象”訛作“鳥”或“烏”之例多見。

0059 𢍉

東晉佛陀耶舍、竺佛念譯《四分律》：“後時比丘須瓶，即取他瓶持去。彼語比丘言：‘大德莫持我瓶去。’比丘言：‘此是某甲瓶，某甲先語我言：若須器便取。是故我取。’彼言：‘此非某甲瓶。’比丘即放瓶而去，疑。佛問言：‘汝以何心？’即具說因緣。佛言：‘無犯，而不應不問主而取。’時有比丘，沽酒家爲檀越。檀越語比丘言：‘大德若須[6]甑者，取。’答言：‘可爾。’時檀越即還家。更有異人在沽酒處住，後比丘須甑來取去。彼語言：‘大德莫持我甑去。’比丘言：‘此是某甲甑。某甲先見語，須甑便取，是故取耳。’彼言：‘此非某甲甑。’比丘放甑而去，疑。佛問言：‘汝以何心？’具答因緣。佛言：‘不犯。而不應不問主而取他物。’”（T1428v22p0979a–b）本頁下注6：“甑＝𢍉《聖乙》。”

按：“𢍉”與“甑”爲版本異文，“𢍉”即“甑”字之訛。鄭賢章《漢文佛典疑難俗字彙釋與研究》已有考證（p199）。觀下文，此字當以“甑”字爲是，誤作“𢍉”者，蓋涉上“瓶”字而誤從“并”旁。

0060 𩯼

佚名《翻梵語》："僧跋，應云僧鉢𩯼哆，譯曰等至。(《七法》第六卷)。"(T2130v54p1003b)

按：唐義淨譯《根本説一切有部尼陀那》："唱三鉢羅佉多，未唱已來，不得受食。當知此言有大威力，輒違受食得惡作罪（三鉢羅佉多，譯爲正至，或爲時至，或是密語神呪，能除毒。故昔云僧跋者，訛也。佛教遣唱食前，今乃後稱，食遍非直［真］，失於本意，上座未免其愆，訛替多時，智者詳用）。"（T1452v24p0445b）唐義淨撰《南海寄歸内法傳》："其行鹽者，合掌長跪在上座前，口唱三鉢羅佉哆。譯爲善至，舊云僧跋者訛也。"（T2125v54p0209c）南宋法雲編《翻譯名義集》："[30]僧跋，即等供之唱法也。《寄歸傳》云：三鉢羅佉多，舊訛云僧跋。《梵摩難國王經》云：夫欲施食者，皆當平等，不問大小，於是佛令阿難臨飯唱僧跋。僧跋者，衆僧飯皆平等。"（T2131v54p1172c）本頁下注 30："Saṃprūgata.""僧鉢𩯼哆"又譯作"三鉢羅佉哆"，梵文作"Saṃprūgata"，"𩯼""佉"皆"ga"之譯音字，"𩯼"當爲由"其"與"葛"構成的切身字。日本淨嚴撰《悉曇三密鈔》："ख，佉、竭、朅（胎軌）、渴（隨求）。"（T2710v84p0741c）"佉"爲"ख（kha)"之譯音字，此"佉"作譯音字的常用用法。

人　部

0061 仆

世親造、唐玄奘譯《阿毘達磨俱舍論》："譬如壯士，雖蹶不[3]仆。"（T1558v29p0131a）本頁下注 3："仆，流布本作仆。"

按："仆"與"仆"爲版本異文。據上下文意，"仆"字是，"仆"即"仆"字之訛。"仆"或寫作"什"，《可洪音義》卷二十五《一切經音義》第二十二卷："頓什，下步北反。"（v60p393b）又卷二十六《大慈恩寺法師傳》第五卷："顛什，蒲北反。倒也。又赴、副二音。"（v60p435a）"什"皆"仆"之訛。《大正藏》"仆"亦或訛作"什"，唐道宣撰《續高僧傳》："釋法通，姓關，京兆鄠人。小出家，極尫弱，隨風偃[4]什似任羅綺。"（T2060v50p0663a）本頁下注 4："什=仆《宋》《元》《宮》。"北宋贊寧等撰《宋高僧傳》："無何大風卒起曳[2]什其樹。”（T2061v50p0809c）本頁下注 2：“什＝仆《宋》《元》。”衆賢造、唐玄奘譯《阿毘達磨順正理論》：“所捨身僵[2]仆，如木無思覺。”（T1562v29p0404b）本頁下注 2：“仆＝什《元》。”唐湛然述《止觀輔行傳弘决》：“《論語注》云：‘顛沛，僵[1]仆也。’”（T1912v46p0159c）本頁下注 1：“仆＝什《宫》。”“什”皆“仆”字之訛。“什”再加點即成“仠”字。

0062 仇

唐道世撰《法苑珠林》：“《大方等經》七佛説滅罪呪：離婆離婆帝　仇呵仇呵帝　陀羅離帝　尼呵羅帝　毘摩離帝　莎訶。”（T2122v53p0738c）

按：“仇”即“仇”字書寫變異。《龍龕手鏡・人部》：“仇，俗；仇，正。音求，讎也。又姓。”（p23）已溝通“仇”與“仇”關係。北涼法衆譯《大方等陀羅尼經》：“離婆離婆諦（一）仇呵仇呵帝（二）陀羅離帝（三）尼呵羅帝（四）毘摩離帝（五）莎呵（六）。”（T1339v21p0656b）此即《法苑珠林》所本，字正作“仇”。四庫本《法苑珠林・咒術篇第六十八之二・滅罪部》亦作“仇”。林光明《新編大藏全咒》第四冊《大方等陀羅尼經》“七佛滅罪真言”中“仇”對應的梵文羅馬轉寫作“gu”（v4p602）。日本淨嚴撰《悉曇三密鈔》：“𑖐𑖲，虞、麌（隨求）、愚（無量壽軌）、喁（胎）、禺、窶（唯識疏）、求、瞿、君、獄。”（T2710v84p0742a）“gu”爲“𑖐𑖲”之轉寫。《悉曇三密鈔》“𑖐𑖲”下未收“仇”字，但所收“求”字與“仇”音同。《法苑珠林》：“至于七日達於[10]仇池。”（T2122v53p0672c）本頁下注 10：“仇＝仇《明》。”“仇”亦“仇”字之訛。

法救撰、三國吴維祇難譯《法句經》：“歐杖良善，妄讒無罪，其殃十倍，災[25]迅無[26]赦。”（T0210v04p0565b）本頁下注 25：“迅＝迂《宋》《聖》，仇《元》《明》。”注 26：“赦＝救《宋》《聖》。”西晋法炬、法立譯《法句譬喻經》：“撾杖良善，妄讒無罪，其殃十倍，災[37]卒無赦。”（T0211v04p0591c）本頁下注 37：“卒＝仇《元》《明》《聖》，迅《聖》。”唐道世撰《諸經要集》：“撾杖良善，妄纔無罪，其殃十倍，災迅無[4]赦。”（T2123v54p0176a）本頁下注 4：“赦＝救《三》《宫》。”《法苑珠林》：“撾杖良善，妄讒無罪，其殃十倍，災迅無赦。”（T2122v53p0986a）唐玄應撰《一切經音義》（麗藏本）卷二十《法句經》上卷：“灾迅，雖閏反。《爾雅》：‘迅，疾也。’”（p272c）唐慧琳撰《一切經音義》：“災迅，雖閏反。《爾雅》：‘迅，疾之也。’”（T2128v54p0800b）字皆作“迅”，爲迅疾之義，“災迅無赦”即災難迅速到來而不能免除之義。字或作“迂”“仇”“仇”“卒”，“迂”“仇”“卒”皆“迅”字之訛，“仇”爲“仇”之訛。《可洪音義》卷九《菩薩萬行首楞嚴經》第八卷：“考訐，音信，告也，正作‘訊’也，《貞元經》作‘訊’字也。又居例反、居謁、居列三反。”（v59p868c）唐般剌蜜帝譯《大佛頂如來密因修證了義諸菩薩萬行首楞嚴經》：“二習相交故，有勘問權詐考訊推鞫察訪披究照明善惡童子手執文簿辭辯諸事。”（T0945v19p0144a）據文意，“訐”

乃“訊”字之訛，爲審問義，可洪訓作“告也”，誤。“訊”或誤作“訏”，“卂”旁誤作“干”旁，“于”與“干”形近易混，故“迅”或訛作“迂”。

又，“訊”或寫作“訙”（見《集韻》），“迅”或寫作“𨑨”（見《龍龕》）。《可洪音義》卷二十二《法句經》上卷：“灾辺，峻、信二音，正作迅。”（v60p244a）“辺”即“𨑨”字之訛。“伔”“仇”皆“𨑨”之進一步訛誤。

又，“迅”或寫作“𨑨”（見《可洪音義》，v59p716b），可證“卒”乃“迅”寫作“𨑨”又脱落“辶”旁所致。

0063 佀

日本覺超撰《東曼荼羅抄》：“其印金剛印佀瓶（音越。私云：‘佀’字或本只作‘曰’）中作瓶，瓶上插一股金剛，半在瓶中也。”（T2401v75p0729c）

按：“佀”即“汩”字之訛。唐一行記《大毘盧遮那成佛經疏》：“其印金剛印曰瓶（音越）中作瓶，瓶上揷一股金剛，半在瓶中也。”（T1796v39p0744c）日本杲寶撰《大日經疏演奥鈔》：“‘金剛印曰（音越）瓶中’等者，十四本作‘曰瓶（音越）中’（十二之二十六右），十本作‘泊瓶（音越）中’。《御鈔》云：‘曰（音越）瓶中ན’，《點本》云‘泊瓶（音越）中’，《院本》云‘白瓶（音越）’，諸説不同。《記》第五云：‘泊瓶（音越）中作瓶（二十一右）。’《演密鈔》云：疏‘越中作瓶’等者，謂於瓶中置獨股金剛，其半出瓶中，名爲越中（九之二十九）。私云：《密鈔》所覽本作‘越中作瓶’，與今本異，今疏異本多是‘泊’字。”（T2216v59p0537a–b）日本阿寂記《妙印鈔》：“汩，古没反，所謂汩瓶者，瓶中作瓶，其瓶上揷一胋金剛也（云云）。”（T2213v58p0530c）“佀”或作“曰”“汩”“泊”等形，讀音注作“越”或“古没反”。綜合上述資料，“佀”當爲“汩”字之訛。字本作“曰”，爲譯音字，又或作“汩”，“汩”從“曰”得聲，兩字音近，故可爲同一梵文的譯音字。“汩”爲“汩”字之訛，“曰”與“日”形近，兩字常混誤。“佀”亦“汩”字之訛，手寫體“氵”旁與“亻”旁形近，故兩旁之字亦常混誤。“泊”亦“汩”字之訛，“曰”旁訛作“白”旁也。

0064 侀

日本信瑞纂《淨土三部經音義集》：“刑罰，《廣韻》曰：‘刑，法也。’《禮》曰：‘刑者，侀也；侀者，成也。一成而不可變，故君子盡心焉。’”（T2207v57p0416c）

按：“侀”即“侀”字之訛。《禮記·王制》：“刑者，侀也；侀者，成也。

一成而不可變，故君子盡心焉。”字本作“例”。唐一行撰《北斗七星護摩法》：“唯願尊星，降臨此處，納受護摩，[7]刑死厄籍。”（T1310v21p0458b）本頁下注 7：“刑＝刊《原》イ。”北宋贊寧等撰《宋高僧傳》：“慧皎[7]刊修用實行潛光之目，道宜緝綴續高而不名之風。”（T2061v50p0709c）本頁下注 7：“刊＝刑《元》。”前一例“刊”爲“刑”字之訛，後一例“刑”爲“刊”字之訛。“刑”“刊”二字或混訛，故“例”或訛作“侀”。

0065 佢

西晉竺法護譯《佛説月光童子經》：“佛不蹈地，相輪印成。光明晃耀，七日熾盛。寶樹藥樹，諸衆果樹，睥睨[71]距踀，低仰如人跪禮之形。”（T0534v14p0816c）本頁下注 71：“距踀＝佢俄《宋》，𡾰峨《元》《明》，叵我《宫》。”

按：“距踀”爲連綿詞，其義蓋爲連綿起伏，可指起伏的動態，也可指起伏的狀態，詞形不定，文中指各種樹木起伏的狀態。較早的詞形是“駊騀”，《楚辭·遠游》“服偃蹇以低昂兮，驂連蜷以驕鶩”，東漢王逸注：“駟馬駊騀而鳴驤也。”此指群馬奔跑時忽上忽下起起伏伏的動態。《文選·揚子雲〈甘泉賦并序〉》：“崇丘陵之駊騀兮，深溝嶔巖而爲谷。”唐李善注：“蘇林曰：駊騀，音叵我。駊騀，高大貌也。”此指高峻的山陵高低起伏的狀態。“駊騀”二字當是爲形容馬的動態所造之字。《説文·馬部》：“騀，馬揺頭也。从馬，我聲。駊，駊騀也。从馬，皮聲。”段玉裁改作：“駊，駊騀，馬揺頭也。从馬，皮聲。騀，駊騀也。从馬，我聲。”許慎釋義不可從。“駊騀”是低昂起伏的狀態，是上下的波動，不是左右的搖動，文獻中也未見“駊騀”作馬揺頭義的用例。《漢語大詞典》“駊騀”下設“馬頭搖動貌”爲義項，證據爲唐杜甫《揚旗》詩：“初筵閱軍裝，羅列照廣庭；庭空六馬入，駊騀揚旗旌。”清仇兆鰲《杜詩詳註》引《説文》：“駊騀，馬搖頭也。”查仇注，引《説文》後尚有“《甘泉賦》‘崇此陵之駊騀兮’”，《甘泉賦》之“駊騀”形容山嶺的狀態，不可能是馬搖頭之義，因此不能簡單地以仇注引《説文》就論定仇氏認爲此處的“駊騀”就是《説文》所訓的“馬揺頭”之義。從文意看，詩句寫六匹馬奔入空曠的庭院時，馬身上插的旗子揚起的動態，此時之馬不可能出現搖頭的動態，“駊騀”不可能是搖頭的樣子，而是馬奔跑時身體上下起伏的樣子。“駊騀”兩字應該是根據此義所造之字，故形旁皆從馬。但是，由於此連綿詞形容的主體並不限於馬，因此，使用該詞的人常常根據主體的不同而改換形旁。又因爲“駊”所從之聲旁“皮”不能準確表音，故又常常把聲旁改作“叵”。又由於連綿詞的詞形不定，文獻中亦常用已有的字來記録，使得該詞詞形衆多。如，唐道世撰《法苑珠林》：“即時三千大千世界，六種震動；一切衆山，[16]駊騀涌没，如水上船。”（T2122v53p0999c）本頁下注 16：“駊騀＝頗峨《宋》，𡾰峨《元》《明》，頗俄《宫》。”或用“頗”字，或因主體爲山而在“頗”字的基礎上加“山”旁造“𡾰”字。北涼曇無讖譯《悲華經》：“爾時世尊釋迦牟尼説是解了一切陀羅尼法門時，三千大千世界六種震動，[62]叵我踊没。”（T0157v03p0170c）本頁下注 62：“叵我=叵俄《宋》,岠峨《元》,岠峨《明》。”唐慧琳撰《一切經音義》：“叵我，普我反。謂傾側搖動不安也。經文作‘跒跛’二形，或作‘岠峨’二形，並未見字所出也。”（T2128v54p0356c）又或用“叵”字，或在“叵”字基礎上加“山”旁造“岠”字。慧琳訓作“傾側搖動不安”，不確，此亦爲起伏之義。唐道世撰《諸經要集》：“南門中有一力士，手捉金杖一擬，四十萬衆人馬俱倒，手脚撩戾，腰髖嫛婆，狀似醉容。頭腦[12]叵[13]我，不復得起。”（T2123v54p0052b）本頁下注 12：“叵=頗《元》《明》。”注 13：“我=䳘《三》。”

字或作“佢”者，蓋本或作“叵俄”,“叵”因受後字“俄”的影響而導致偏旁同化。

鄧福禄、韓小荆《字典考正》“岂”字條（p107）、楊寶忠《疑難字續考》“跒”字條（p220）亦有考證，可互參。

0066 佊

日本凝然述《淨土法門源流章》：“長西乃讃州人，九歲上洛隨管家長者，服膺俗典，出家入緇。源空寂後，遊學非一，學研天台，傳三觀法，隨住心大德，學止觀等。謁佊芿法師，亦習止觀。”（T2687v84p0200b-c）

按：“佊”即“俊”字之訛。“俊芿法師”，日本高僧。南宋志磐撰《佛祖統紀》：“法師俊芿，日本國人。先傳瑜伽密教。唐元和間，國人空海入中國，受密教於不空弟子慧果。久之杭海來中國，登靈山，謁北峯，學天台一宗。執經受教，盡通其旨。開禧初，北虜犯邊，芿啓北峰，欲結壇誦呪，如不空解安西圍。時論委靡，竟不克行。北峯乃令遣徒歸國，取中華先所傳五部之法，而其徒淪於海。”（T2035v49p0236c）日本凝然述《五教章通路記》：“宗印下，有古雲元粹法師及日本不可棄法師俊芿焉。自昔已來，陳隋唐宋，次第相承。天台宗緒，如是而來。（T2339v72p0378b）“佊”與“俊”字形差别稍大。考“俊”或作“㑺”（見清顧藹吉《隸辨》所引《白石神君碑》“濟濟俊乂”）。“佊”與“㑺”略近。

0067 佚

唐法琳撰《辯正論》：“《莊子·内篇》云：老聃死，秦[4]佚弔焉，三號而出。弟子怪問：‘非夫子之徒歟?’秦*佚曰：‘向吾入見，少者哭之，如哭其父；老者哭之，如哭其子。古者謂之遁天之形。’”（T2110v52p0526a）本頁下注 4：“佚=佚《三》*。”

按：“佚”與“佚”爲版本異文，“佚”即“佚”字之訛。所引《莊子》文字見於《養生主》，與今本《莊子》相校，文字差别較大，蓋非嚴格引用。其中《辯正論》引《莊子》之“秦佚”或“秦伕”作“秦失”，《經典釋文》：“秦失，本又作佚，各依字讀，亦皆音逸。”（p127）知此人之名叫做秦失或秦佚已難斷定。但《大正藏》本《辯正論》底本之“伕”爲“佚”字之訛則確定無疑。南朝齊僧伽跋陀羅譯《善見律毘婆沙》：“若有人受七日藥未滿，有因緣事而食得罪，汝智慧人可思此理，此欲爲轉根人問故。受者，若爲[28]失，若爲不失。轉根或死罷道還俗施人賊所劫抄，如是捨心，是名失受。若一呵梨勒果受已轉根，即失此受。”（T1462v24p0725c）本頁下注 28：“失＝矢《宋》《宫》。”隋智顗説《摩訶止觀》：“損[5]失功夫復不可悠。”（T1911v46p0047b）本頁下注 5：“失＝矢《宫》。”“矢”皆“失”字之訛，故“佚”或訛作“伕”。

0068 ⿰亻叐

佚名《陀羅尼雜集》：“結縷除睡蒙護陀羅尼：多擲哆　波梨伽梨　芻修梨多迦梨　婆散濘波伽梨　陀羅吒[8]伏泜。”（T1336v21p0634b）本頁下注 8：“伏＝⿰亻叐《元》《明》。”

按：“⿰亻叐”與“伏”爲版本異文，“⿰亻叐”即“伏”書寫變異。清顧藹吉《隸辨·屋韻》：“⿰亻犮，《白石神君碑》：‘天無⿰亻犮陰。’按，《説文》伏從犬，碑變從犮。”碑文“⿰亻犮”蓋“伏”字之捺筆上加短撇而成，“犬”上加撇則與“犮（犮）”形近。“犮（犮）”異寫作“叐”（明張自烈《正字通·又部》：“叐，犮字之訛。”），故“伏”可寫作“⿰亻叐”。張涌泉《漢語俗字叢考》（修訂本）“叐”字條考證，“夭”或加一撇寫作“叐”（p105），可參看。參 0013“叐”字條。

又，林光明《新編大藏全咒》第十六冊《陀羅尼雜集》“結縷除睡蒙護陀羅尼”之“伏泜”梵文羅馬轉寫作“bati”（v16p432），“伏”即“ब（ba）”之對音字。

0069 佾

唐憬興撰《三彌勒經疏》：“第三十一劫二佛出，一名尸棄（此云火），二名鞞怒婆佾（此云一切勝）。”（T1774v38p0318b）

按：同上經：“第三十二劫二佛出，一名尸棄，二名鞞怒婆附。”（T1774v38p0307b）隋吉藏撰《彌勒經遊意》：“第三十二劫中有二佛，一名尸棄佛，秦言火，亦云頂髻。二鞞怒婆附佛，秦云一切勝也。”（T1771v38p0265a）新羅元曉撰《彌勒上生經宗要》：“第三十劫中有二佛，一名尸棄，二名鞞怒婆附。”（T1773v38p0302a）與“佾”對應之字皆作“附”，“佾”即“附”字之訛。行草書

“阝”旁與“亻”旁形近，故手寫體轉寫成印刷體時，“阝”旁字與“亻”旁字或混誤。東晉竺曇無蘭譯《梵志頞波羅延問種尊經》：“七婆羅門大驚言：‘我曹所呪者皆死，今我呪之面色復更好。’更復呼阿洫：‘自思念，子欲趣何等道？’阿洫即答言：‘我道意勝，若曹何爲怒？若曹聞阿洫道天道不？’子曹言：‘我不聞。賢者道人，相見當相問何爲相瞋。’[3]阿洫言：‘我聞若曹説天下婆羅門爲梵天子孫，生從口出，人中獨尊，用是故來相問。若起是火祠天，祠天若法何師道得，無復從先祖聞。’七婆羅門言：‘我先祖爲我曹效耳。’”（T0071v01p0878a）本頁下注 3：“阿=何《元》。”南朝宋求那跋陀羅譯《雜阿含經》：“時質多羅長者將彼[12]阿耆毘迦往詣諸上座所。”（T0099v02p0152b）本頁下注 12：“阿=何《元》。”又：“時有[5]阿耆毘外道，是質多羅長者先人親厚，來詣質多羅長者所。”（T0099v02p0152a）本頁下注 5：“阿耆毘（Ājīva）~Acela。”“何”皆“阿”字之訛，皆“阝”旁字訛作“亻”旁字之例。

鄭賢章《漢文佛典疑難俗字彙釋與研究》“俯”字條：“‘僕又俯也’之‘俯’，大型字典失收，乃‘附’字，而‘低身俯就’之‘俯’乃‘俯’字。”（p54）已考定“俯”與“附”的關係，結論基本可從。而“低身俯就”之“俯”亦“附”字之訛，“附”用作“俯”，非“俯”直接變異作“俯”。

0070 佩

元祥邁撰《辯僞録》：“又所載符呪，妄謂佩之令人商賈倍利，之［子］嗣蕃息，伉儷和如鴛鴦之有偶，將以媒淫辭而規財賄。至有教人非妄，佩符在臂，則男爲君相，女爲后妃；入水不溺，入火不焚，刀劍不能傷害之語，其僞妄駁雜如此。”（T2116v52p0776c）

按：“佩”即“佩”字之訛。同書亦有相近文字，曰：“張天師、祁真人、李真人、杜真人衆先生，每一同於長春宫内分揀去來。如今張平章等衆人每迴奏，這先生家藏經，除《道德經》是老君真實經旨，其餘皆後人造作演説，多有詆毀釋教，偷竊佛語。更有收入陰陽醫藥諸子等書，往往改易名號，傳注訛舛，失其本真。僞造符呪，妄言佩之今［令］人商賈倍利，夫妻和合有如鴛鴦，子嗣蕃息，男壽女貞。誑惑萬民，非止一端。意欲貪圖財利，誘説妻女。至有教人非妄，佩符在臂，男爲君相，女爲后妃；入水不溺，入火不焚，刀劍不能傷害等。及令張天師、祁真人、李真人、杜真人試之於火，皆求哀請命，自稱僞妄，不敢試驗。”（T2116v52p0764c）與“佩”相對應的字正作“佩”，爲佩帶之義。南宋志磐撰《佛祖統紀》（T2035v49p0434c）、元念常集《佛祖歷代通載》（T2036v49p0708a）字亦作“佩”。《大正藏》“佩”訛作“佩”凡 13 見，不備舉。

0071 仡

龍樹造、後秦筏提摩多譯《釋摩訶衍論》："論曰：馬鳴菩薩總舉八萬四千四十八種功德，奉[2]仰讚歎無上大覺。"（T1668v32p0595a）本頁下注2："仰＝仡《高》。"

按："仡"與"仰"爲版本異文，"仡"即"仰"之訛。秦公《碑别字新編・六畫》"仰"字條引《魏曇衾造像》作"仡"，"仡"與"仡"形近。"奉仰"成詞，爲仰慕之義。宋范仲淹《與李泰伯書》："蘇州掌學胡瑗祕校，見《明堂圖》，亦甚奉仰。"佛經亦多見，東漢曇果、康孟詳譯《中本起經》："姓迦葉氏，字鬱俾羅。年百二十。名聲高遠，世人奉仰，修治火祠，晝夜不懈。"（T0196v04p0149c）北宋贊寧等撰《宋高僧傳》："觀乎悟達爲疏，若左丘明之傳也。徹述三法鈔，猶杜服之集解歟。初居法乾内寺，師資角立，聲彩風行。凡百官寮，無不奉仰率由。"（T2061v50p0744c）皆其例。鄭賢章《漢文佛典疑難俗字彙釋與研究》亦有考證（p54），可參。

0072 休

日本安然撰《教時諍》："二應現不同者，六說不同。一、《費長房録》云：先賢諸德推佛生年，互有遐邇。一依《法顯傳》推，佛生年當殷世武乙二十六年甲午，至開皇十七年丁巳，便已一千六百八十一年。……六、依趙[13]休伯，梁大同元年於廬山遇弘度律師，得佛滅後，衆聖點記推，則當前周第二十九主貞定王，亮二年甲戌，至今丁巳已始一千六十一年。"（T2395Av75p0356a）本頁下注13："休伯＝伯休《甲》。"

按："休伯"與"伯休"爲版本異文，"休"即"休"之異寫，《偏類碑别字・人部》"休"字條："休（《魏司馬昞墓誌》）、休（《魏彭城武宣王妃李氏墓誌》）。"（p6）可資比勘。作"伯休"是。此段文字是討論佛滅度時間的幾種不同的說法，其中"衆聖點記"法與"趙伯休"之關係見於多種文獻記載。隋費長房撰《歷代三寶紀》作"趙伯休"（T2034v49p0095c），可參看。

0073 佺

東晉曇無蘭譯《佛說陀隣尼鉢經》："闍離　摩訶闍離　闍蘭尼　郁奇目佺

三波提　摩訶三波提。”（T1352v21p0865b）

按：“佱”即“企”之異體。《可洪音義》卷八《陀隣尼鉢經》：“目佱，丘弭反。正作企也。《持咒句》作優佉目佉。”（v59p814c）《龍龕手鏡・人部》：“佱、趸，二俗；企，正。丘弭、去智二反。望也，止也。”（p29）皆已溝通“佱”與“企”的關係。

段注本《説文・人部》：“企，舉踵也。从人、止。趸，古文企，从足。”“佱”即“企”之累增字。文中之“佱”用爲譯音字。此段真言亦見於佚名《陀羅尼雜集》，文曰：“闍離　摩訶闍離　闍蘭尼　郁倚　目企三波提　摩訶三波提。”（T1336v21p0630b）與“佱”對應的正是“企”字。唐道世撰《法苑珠林》：“觀世音菩薩説除種種癩病乃至傷破陀羅尼呪：南無勒囊利蛇蛇　南無阿梨蛇　婆路吉坻　舍伏羅蛇　菩提薩埵蛇　摩訶薩埵蛇多擲哆　修目[27]企　毘目企　休流　休流修目流　比修目流　輸那濘　毘輸那濘　摩思多婆兜摩首羅兜　摩當坻　婆波坻多婆首　沙兜　莎訶。”（T2122v53p0742c－0743a）本頁下注27：“企＝佱《三》《宮》。”“佱”與“企”爲版本異文，亦爲同一梵文的不同譯音字。日本淨嚴撰《悉曇三密鈔》：“[悉曇字]，棄、弃（棄古字）、企、欺（字記）。”（T2710v84p0741c）“企”爲“[悉曇字]（khi）”之對音字。

東晉帛尸梨蜜多羅譯《佛説灌頂七萬二千神王護比丘呪經》：“神名闍羅尼郁[7]佱目*佱。”（T1331v21p0496a）本頁下注7：“佱＝企《元》《明》*。”失譯《七佛八菩薩所説大陀羅尼神呪經》：“多擲哆修目佱　毘目佱……律多婆多婆但坭難提難提目佱　旃陀離旋陀羅目佱鉢陀哆半陀莽目[30]儉修陀迦絺修利蛇。”（T1332v21p0542a－b）本頁下注30：“儉＝佱《三》《甲》。”唐阿地瞿多譯《陀羅尼集經》：“摩婆雞那（去音）悉底（二合）羝跛範（布蔭反。一）跋折囉波（去音）尼（二）阿羅詌（三）跢姪他（四）[17]目佱卑呬（喜伊反，下同）尼（五）。”（T0901v18p0844c）本頁下注17：“目佱＝自企《宮》，自儞《甲》。”“佱”皆同“企”，“儉”“儞”皆“佱”字之訛，“自”爲“目”字之訛。

0074 俟

北魏慧覺譯《賢愚經》：“却後七日，當令其珠雨於一切珍寶衣食，隨人所須，自恣而取，皆各齋戒，儲[3]俟以待。”（T0202v04p0409a）本頁下注3：“俟＝偨《三》。”

按：“俟”與“偨”爲版本異文，“俟”即“偨”之異寫。秦公《廣碑別字・九畫》“偨”字條：“俟，《唐僕射王進威墓誌》。”（p125）可資比勘。“儲偨”蓋儲備之義。字或作“儲竢”，宋魏了翁《鶴山集・知文州主管華州雲臺觀安君墓誌銘》：“暫以買馬錢助邊用，養馬牽馬之糧給軍儲竢。”即其例。

東晉瞿曇僧伽提婆譯《增壹阿含經》：“爾時有童子名頭摩，[13]俟在彼衆。”（T0125v02p0716b）本頁下注13：“俟＝集《三》，候《聖》。”“俟”即“候”字之訛。唐慧琳撰《一切經音義》："䂎予［矛］，麁鸞反。䂎，擲也。下又作'𢦏''舒［鋉］'二形，同，莫侯反。《説文》：'矛長二丈也。'"（T2128v54p0628b）"侯"又"侯"字之訛。

0075 㑦

南朝陳真諦譯《佛説立世阿毘曇論》："剡浮提人衣服，有迦波婆芻摩衣、憍奢耶衣、毛衣、紵衣、麻衣、草衣、樹皮衣、獸皮衣、板衣、[5]㑦波樹子衣。西瞿耶尼人衣者，迦波婆衣、芻摩衣、憍奢耶衣、毛衣、紵衣、麻衣、草衣、樹皮衣、獸皮衣、板衣、*㑦波樹子衣。東弗婆提人，迦波婆衣、芻摩衣、憍奢耶衣、毛衣、紵衣、麻衣。欝單越人，*㑦波樹子衣，長二十肘，廣十肘，重一波羅（南稱一兩）。四天王天亦*㑦波衣，長四十肘，廣二十肘，重半波羅。忉利諸天亦著*㑦波衣，長八十肘，廣四十肘，重一波羅四分之一。夜摩天著*㑦波衣，長百六十肘，廣八十肘，重一波羅八分之一。兜率陀天著*㑦波衣，長三百二十肘，廣百六十肘，重一波羅十六分之一。"（T1644v32p0200a）本頁下注5："㑦＝劫《三》*。"

按："㑦"與"劫"爲版本異文，"㑦"即"劫"之異體。《説文·力部》："劫，人欲去，以力脅止曰劫。或曰以力止去曰劫。"段注據《韻會》補"从力、去"三字。四庫本《龍龕手鑑·人部》："㑦，俗。音刼。"《龍龕手鏡·人部》："㑦，俗。音刼。"（p38）明梅膺祚《字彙·人部》："㑦，與刼同。見釋典。""㑦"即"㑦"字異寫。佛經中"㑦波"或作"劫波"。後秦佛陀耶舍、竺佛念譯《長阿含經》："八萬四千億衣，初摩衣、迦尸衣、劫波衣爲第一。"（T0001v01p0023b）北宋施護譯《佛説頂生王因緣經》："又彼宮中有青黄赤白四種劫波衣樹，其樹所出四色妙衣，若彼天男及天女等思其衣者。"（T0165v03p0396b）唐慧琳撰《一切經音義》："刼貝，或云劫波育，或言劫婆娑，正言迦波羅，此譯云樹花名也。可以爲布，高昌名氎，是衣名。罽賓以南，大者成樹；以北，形小，狀如土葵，有㱿［殼］，剖以出花如柳絮，可紉以爲布，用之爲衣也。"（T2128v54p0699a-b）南宋法雲編《翻譯名義集》："劫波育，或言劫[8]具，即木綿也。正言迦波羅，此樹華名也。可以爲布，高昌名氎。罽賓國南，大者成樹；已北，形小，狀如土[11]蔡。有殼，剖以出華如柳絮，可[12]紐（女真）以爲布。"（T2131v54p1172a）本頁下注8："具＝貝《明》。"注11："蔡＝葵《明》。"注12："紐女真＝紉《明》。"綜上可知，"劫波"或作"劫波育"等，皆譯音詞，其義爲木棉。作爲譯音用字，"劫"或用異體"㑦"。

南朝梁僧伽婆羅譯《孔雀王呪經》："波羅朋㽵羅夜叉住[15]劫賓國，瞻波柯夜叉住闍多修羅國，般之介夜叉住*劫賓國。"（T0984v19p0451b）本頁下注15："劫＝㑦《三》*。"

鄧福禄、韓小荆《字典考正》"㑦"字條（p5-6）亦有詳細考證，可參看。

0076 俵

唐窺基撰《金剛般若論會釋》："又初是加行道，次是無間解脱道，[17]後是勝進道。"（T1816v40p0721a）本頁下注 17："後+（俵）《甲》。"

按：甲本"後"字後有"俵"字。從經文看，"初是""次是""後是"，語意完備。甲本"後"字之後又增"俵"字，疑底本作"俵"，改作"後"，又括注"俵"。"俵"即是"後"之訛。"後"或寫作"𢔀"，《可洪音義》卷三十《廣弘明集·僧行篇》第五之二："厥𢔀，戶狗反。正作後。"（v60p580c）"𢔀"亦見《偏類碑别字·彳部》"後"字條引《唐涇陽縣令梁秀墓誌》（p69）。"俵"與"𢔀"形近，當是一字之變。

0077 㐌

北宋天息災譯《大方廣菩薩藏文殊師利根本儀軌經》："十大阿世沙爲僧㐌（切身），如上是量。算數十僧㐌（同上）爲大僧㐌，十大僧㐌爲阿弭旦。"（T1191v20p0901a）

按：鄭賢章《龍龕手鏡研究》對"㐌"字做過考證，文曰："'僧㐌'《大正新修大藏經》校勘記所録梵音作'saṅkhya'，'㐌'對應的梵音是'khya'。根據切身法，'企'對應'kh'，而'也'對應'ya'。"（p75）結論可從。據自注，"㐌"爲從企從也的切身字。佛經中本用"企也"兩字作梵文"𑖏𑖿𑖧（khya）"的對音。唐禮言集《梵語雜名》："講，尾也企也曩，𑖪𑖿𑖧𑖏𑖿𑖧𑖡。"（T2135v54p1225b）"𑖪𑖿𑖧𑖏𑖿𑖧𑖡"音"vya khya na"，"企也"即"𑖏𑖿𑖧（khya）"的對音。唐義淨撰《梵語千字文》："𑖪𑖿𑖧𑖏𑖿𑖧𑖡𑖽，弭也（二合）企也（二合）南，講。"（T2133Bv54p1201a）日本靜然撰《行林抄》："𑖭𑖽𑖏𑖿𑖧，操企也（二合），安樂也。唐院本或云素契也。梵字同今。"（T2409v76p0410a）日本淨嚴撰《悉曇三密鈔》："𑖏𑖿𑖧，企也（金軌），迦夜（青龍軌）。"（T2710v84p0750c）"企也"都是"𑖏𑖿𑖧"的對音。"𑖏𑖿𑖧"爲二合音，由"𑖏（kha）"和"𑖧（ya）"構成。《悉曇三密鈔》："𑖏𑖰，棄、弃（棄古字）、企、欺（字記）。"（T2710v84p0741c）又："𑖧，也、夜、野、耶、蛇、藥。"（T2710v84p0746a）據此，"企"爲"𑖏𑖰（khi）"的對音字，"也"爲"𑖧（ya）"的對音字。因爲切身字上字取輔音，下字取整個音節，故切上字可取"𑖏𑖰（khi）"的對音字"企"，"企"的輔音爲"kh"也。

0078 俁

唐菩提流志譯《一字佛頂輪王經》："此如來眉毫印呪，乃是過去一切如來已同宣説，我今亦説。輪此印時，大自在天、俱摩羅天、俁哂野天等皆不嬈惱，何況諸小魑魅鬼神而作惱耶?"（T0951v19p0242a）

按：《説文·人部》："俁，大也。从人，吳聲。《詩》曰：'碩人俁俁。'"楷書正當作"俣"（見唐張參《五經文字·人部》），右下本從"夨"，有從"矢"、從"天"等多種異寫。文中用作譯音字。此段文字亦見於日本圓珍撰《菩提場經略義釋》，文曰："舊别兩本竝云，輪此印時，大自在天、俱摩羅天、俁哂野天等皆不嬈惱，何況諸小魑魅鬼神而作惱耶?（可詳）真言如文。"（T2230v61p0552c）字正作"俁"。唐慧琳撰《一切經音義》："俁哂野，上愚矩反，哂音馨以反。俁哂野，梵語諸天名也。"（T2128v54p0540c）"俁"用作梵文譯音字，當爲"（gu）"之對音字。日本淨嚴撰《悉曇三密鈔》："，虞、麌（隨求）、愚（無量壽軌）、喁（胎）、禺、窶（唯識疏）、求、瞿、君、獄。"（T2710v84p0742a）"（gu）"之對音字未録"俁"，但收録了"虞、麌"等字。

"俁哂野"的異譯很多，或作"玉哂野"，如北宋施護譯《佛説一切如來真實攝大乘現證三昧大教王經》："爾時金剛手菩薩摩訶薩，即説一切如來大總持三昧印四大明曰：唵（引）嚩日囉（二合）薩埵玉哂野（二合）三摩曳（引）吽（引。一句）此明即是普賢。"（T0882v18p0359c）林光明《新編大藏全咒》第九冊《佛説一切如來真實攝大乘現證三昧大教王經》"金剛總持門普賢大明"中"玉哂野"梵文羅馬轉寫作"guhya"（v9p281）。或作"虞哂野"，《佛説一切如來真實攝大乘現證三昧大教王經》："然後爲其弟子除去面帛，普令觀視曼拏羅已，説是祕密三昧印言。今此三昧印，常能作彼一切羯磨所欲敬愛者，一切皆得，如母如子，如妻如女，悉來隨順。次爲授是大明曰：唵（引）薩哩嚩（二合）誐（引）彌儞（一句）薩哩嚩（二合）薄翅（引。二）娑（引）馱野虞哂野（二合）嚩日哩（二合）尼吽（引）發吒（半音。三）。"（T0882v18p0394c）林光明《新編大藏全咒》第九冊《佛説一切如來真實攝大乘現證三昧大教王經》"秘密三昧印明"中"虞哂野"梵文羅馬轉寫作"guhya"（v10p19）。"俁/玉/虞哂野"即梵文"（guhya）"之對音。

唐菩提流志譯《五佛頂三昧陀羅尼經》："此如來眉間毫相印呪，是一切如來已所宣説，我今亦説。輪此印時，大自在天、俱摩羅大［天］、俟哂野天等皆不嬈惱，何況諸小魑魅鬼神而能惱耶?"（T0952v19p0277a）"俟"爲"俁"字之訛。

《漢語大字典》《漢語大詞典》"俁"字條皆未收佛經譯音字用法。

0079 仳

僧伽羅刹造、東漢安世高譯《道地經》：“復一風起名成風，令病者青血肪膏大小便生熟熱寒[24]澁，令幹從處却。”（T0607v15p0233b）本頁下注 24：“澁＝仳《三》《宫》。”

按：“仳”與“澁”爲版本異文，二字皆“澀”之異寫。“寒澀”爲寒氣凝聚之義。“澀”，《説文》作“歰”，訓不滑也，字从四止。字或作“歮”，後加水旁作“澁”。清顧藹吉《隸辨·緝韻》：“歮，《楊君石門頌》：‘塗路~難。’《隸釋》云：‘以歮爲澀。’按：《説文》作歰，不滑也。从四止，二正二倒。後人加水於旁。碑省上一止而復不倒，今俗因之，澀遂作澁。”已有論證。“歰”或寫作“⿱止⿱凵止”，《可洪音義》卷二十二《阿育王傳》第一卷：“麁⿱止⿱凵止，所序反。”（v60p238a）“澁”或寫作“⿰氵⿱止⿱凵比”，《可洪音義》卷三《大集月藏經》第八卷：“獷⿰氵⿱止⿱凵比，所立反。”（v59p634b）“⿱止⿱凵止”“⿰氵⿱止⿱凵比”所從之“凵”與手寫之“山”形近，故“仳”之上部作“山”，“⿰氵⿱止⿱凵比”之右下近“比”，故“仳”之下部作“比”，左旁作“亻”者，手寫“氵”旁與“亻”旁或近。“澁”或寫作“⿰亻歮”，《可洪音義》卷二十一《道地經》：“寒⿰亻歮，所立反。”（v60p209a）是其證。又，《大正藏》本《道地經》之底本作“澁”，可洪所據之本作“⿰亻歮”，宋、元、明及宫本作“仳”，亦可證“仳”即“⿰亻歮”字之變。其字變化之軌跡粗略可以歸納爲：

歰→歮→⿱止⿱凵止

↓

澀→澁→⿰氵⿱止⿱凵比

↓

⿰亻歮→仳

0080 侀

北宋子璿録《起信論疏筆削記》：“博解者，群藏廣部罔不措懷，藝術異解侀素諳練。神異者，或敷座以憑河，或當暑而無汗。”（T1848v44p0314c）

按：疑“侀”乃“例”字之訛。清續法會編《起信論疏記會閲》卷二：“博解者，羣藏廣部罔不措懷，藝術異解例素諳練。”（X0768v45p0571b）與“侀”對應之字作“例”，“例”有皆、徧之義，文意可通。

經文又有作“偏素諳練”者，如唐法藏撰《大乘起信論義記》：“沙門波羅末陀，此云真諦，亦云狗那羅陀，此曰親依，西印度優禪尼國人。景行澄明，器宇清肅。風神爽拔，悠然自遠。群藏廣部罔不措懷，藝術異解偏素諳練。歷遊諸國，隨機利見。”（T1846v44p0246a）唐道宣撰《續高僧傳》：“拘那羅陀，陳言親依，或云波羅末陀，譯云真諦，並梵文之名字也。本西天竺優禪尼國人焉。景行澄明，器宇清肅。風神爽拔，悠然自遠。群藏廣部罔不厝懷，藝術異能偏素諳練。雖遵融佛理，而以通道知名。遠涉艱關，無憚夷險。歷遊諸國，隨機利見。”（T2060v50p0429c）然“偏素”不辭，“偏”當爲“徧”之訛，“徧”爲普遍義，與“例”義近。“藝術異能徧素諳練”謂對於藝術異能普遍素來熟練掌握。《説文·彳部》：“徧，帀也。”因“彳”與“亻”形近，故“彳”旁字常訛作“亻”旁。文獻中“徧”常訛作“偏”。唐宗密述《原人論》：“凡所有相皆是虚妄，離一切相即名諸佛（如此等文[12]徧大乘藏）。”（T1886v45p0709c）本頁下注12：“徧=偏《甲》。”元念常集《佛祖歷代通載》：“聖人之德周，賢者之德[6]徧。”（T2036v49p0670b）本頁下注6：“徧=偏《甲》。”“偏”皆“徧”之訛。南宋法雲編《翻譯名義集》：“波羅末陀，此云真諦，亦云拘那羅陀，此曰親依，西印度優禪尼國人。景行澄明，器宇清肅。風神爽拔，悠然自遠。群藏廣部[5]岡不措懷，藝術異解遍素諳練。”（T2131v54p1071a）本頁下注5：“岡=罔《明》。”作“遍素諳練”，“遍”即“徧”之異體。

日本安澄撰《中論疏記》：“沙門婆羅末陀，此言真諦，亦曰枸那羅陀，此曰親依，西印度優禪尼國人。景行澄明，器宇肅。風神爽拔，悠然自遠。群藏廣部罔不厝壞，藝術異解偏索諳練。歷遊諸國，隨機利現。”（T2255v65p0050c）“索”乃“素”之訛。北魏慧覺譯《賢愚經》：“阿難爲龍王時，奉事於我，善知時宜。乃至今日，[12]素自知時。”（T0202v04p0409b）本頁下注12：“素=索《元》《明》。”西晉竺法護譯《佛説胞胎經》：“宿作不白不黑行，色現不白不黑，體像一貌。宿行素無光潤，色現[12]素無光潤，普身一等。”（T0317v11p0889b）本頁下注12：“素=索《宫》。”唐善無畏造《無畏三藏禪要》：“先誦十萬遍，除一切障，三業清淨，罪垢消滅。魔邪不嬈，如淨白[32]素易受染色，行人亦爾。”（T0917v18p0944b-c）本頁下注32：“素=索《丙》。”“索”皆“素”字之訛。文獻中“索”亦或訛作“素”。唐善無畏、一行譯《大毘盧遮那成佛神變加持經》：“金剛鉤[9]索支，大德持明王。”（T0848v18p0034b）本頁下注9：“索=素《三》《宫》《甲》《乙》《丙》《丁》。”唐善無畏、一行譯《金剛頂經毘盧遮那百八尊法身契印》：“金剛[22]索：唵跋日囉阿奚吽吽莎訶。”（T0877v18p0332b）本頁下注22：“索=素《乙》。”“素”皆“索”之訛。

《漢語大詞典》“索”字條義項17：“通‘素’。蔬菜，蔬食。參見‘百索①’。”“【百索】①各種菜蔬。索，通‘素’。《荀子·王制》：‘養山林藪澤草木魚鼈百索。’梁啟雄釋：‘王引之曰：“索當爲素。百素即百蔬。”梁啟超曰：“索、素古字通，不煩改字。”’”“素”“索”二字，草書形近易混，文獻混誤的例子頗多，當解爲混誤，不當以通假説之。

0081 㑒

日本長惠撰《魚山私鈔》:“救攝皈依令解脱,常當利益衆㑒識。”(T2713v84p0832b)

按:“㑒”即“含”字異寫。“含”字或寫作“含”(見秦公《碑别字新編·七畫》“含”字條所引《隋宫人御女唐氏墓誌》p33),“㑒”與“含”形近。“含識”爲佛教用語,義同衆生,佛經多見。《魚山私鈔》爲寫本,内容爲雜抄,抄録的上述文字見於唐善無畏、一行譯《大毘盧遮那成佛神變加持經》,文曰:“救攝歸依令解脱,常當利益諸含識。”(T0848v18p0046b)“㑒”正作“含”。日本阿寂記《妙印鈔》:“救攝如此煩惱,所知所纏害衆生,令歸自性,清淨本宫,令解脱四魔三障,故云救攝歸依令解脱。如此常於三世以不壞化身,利益諸衆生界,無時暫忘,故云常當利益諸含識也。”(T2213v58p0250a)對文意的解釋亦相切合。

0082 㑒

明袾宏輯《往生集》:“大明吴居士,新安世家也。諱繼勛,字用卿,别號十如居士。賦性沈毅,質如木,直如矢。好行種種善事,嗜之而不厭如甘露。晚歲耽心内典,持往生呪,稱念阿彌陀佛洪名,日有定課,歷寒暑純一無間。甞墮江中,足若有物憑藉,漂十里躍而登舟,衆以爲佛力所感。忽患背疽,危甚。人不堪其憂,居士陶然談笑自如,若無疾苦者。俄而正念示寂。厥子㑒章,子輿氏所謂善信人也。言無虚妄,其所述行狀如是。”(T2072v51p0150a)

按:“㑒”即“含”字之訛。“含”或作“含”(見秦公《廣碑别字·七畫》“含”字條所引《唐文林郎新喻縣丞胡儼墓誌銘》,p54),“㑒”與“含”形近。“含章”義爲具有美好品質,佛經多見。唐窺基撰《成唯識論述記》:“玄奘含章拔萃,燭椲景於靈臺;蓄德居宗,涌談漪於智沼。”(T1830v43p0229b)即其例。“厥子含章”,謂吴居士的兒子具有美好的品質。

0083 俟

南朝梁寶唱等集《經律異相》:“宰人承命,默行殺人以供王食。臣民嗷嗷,齊心同聲逐焉。王奔入山行。伺諸王出,[28]俟衆取之,猶鷹鸇之劚鷰雀,執九十九王。”（T2121v53p0054c）本頁下注 28：“㑀＝突《三》《宫》。”

按：“㑀”與“突”爲版本異文，“㑀”即“傘”之異寫，“傘”又爲“突”之分化字，與“揬”爲異體。李博《〈經律異相〉校讀札記》曾對“㑀”字做過考證，轉録如下：“㑀，中華大藏經校勘記引資福藏、磧砂藏、普寧藏、永樂南藏、徑山藏、清藏、高麗藏作‘突’。按：㑀字未見字書，疑爲傘之形訛。慧琳《一切經音義》卷七十八《經律異相》卷十音義引㑀作傘，云：‘傘衆，上鈍訥反。抵突也。’傘即突，爲突的增旁俗寫。《龍龕手鏡·人部》：‘傘，俗，陁骨反。’故諸本徑作突。又在連綿詞唐突中，突字或寫作傘。《廣韻·唐韻》：‘傏傘，不遜。’”（《文教資料》2009 年 6 月號下旬刊）其説可從。“㑀”即“傘”之異寫。《可洪音義》卷二十三《經律異相》第十卷：“傘衆，上徒骨反。”（v60p266b）“傘”即“傘”之異寫。“傘”或寫作“傘”“㑀”者，“突”或寫作“突”（《可洪音義》卷十八《阿毗達磨法藴足論》第九卷：“舡突，下徒骨反。”［v60p93a］）、“㝿”（《可洪音義》卷六《月燈三昧經》第三卷：“扭㝿，下徒骨反。”［v59p757b］）、“突”（《可洪音義》卷七《陀羅尼集經》第六卷：“突瑟，上徒骨反。”［v59p802a］）、“宊”（《可洪音義》卷二《無量壽經》下卷：“舡宊，下徒骨反。正作突。”［v59p607b］）等形。上述諸形演變過程如下：

突→突→㝿→突→宊

故“傘”可寫作“㑀”。據《一切經音義》，文中的“突”或“傘”爲“抵突”，即衝撞冒犯之義。雙音詞“唐突（搪揬）”亦此義。在這個意義上，字本作“突”，或加手旁作“揬”，或加人旁作“傘”，皆“突”之後出分化字。《玉篇·手部》：“揬，達骨切。衝揬也。”同部：“搪，達郎切。搪揬也。”四庫本之南朝梁僧祐撰《弘明集·晋郄超〈奉法要〉》：“抵揬强梁，不受忠諫，及毒心内盛，狥私欺紿，則或墮畜生，或生蛇虺。”音釋：“抵揬，抵，丁禮切。觸也。揬，徒骨切。搪揬也。”明張自烈《正字通·手部》：“揬，吐骨切，音突。搪揬，不遜，通作唐突。按：揬突雖通，搪揬可借突，竈突不可用揬。《正韻·二質》‘揬’注：‘又竈突。’合爲一，非。”元黄公紹原編、熊忠舉要《古今韻會舉要·陽韻》：“傏，傏傘，不遜也。或作盪。通作唐、糖。○毛氏韻增。”明梅膺祚《字彙·人部》：“傘，陀訥切，音突。傏傘，不遜也。”各家字書、韻書所論，皆可參看。鄭賢章《龍龕手鏡研究》對此“㑀”字亦有考證（p162），可參。

唐慧琳撰《一切經音義》：“鍮婆，又作‘鋀’，同，他㑀反。或云抖擻波，或云塔婆，訛也，正言窣覩波。窣，音蘇没反。”（T2128v54p0653b）“㑀”又“侯”字之訛。唐慧琳撰《一切經音義》：“鍮石，吐侯反。”（T2128v54p0399b）又：“鍮石末，上湯侯反。”（T2128v54p0571a）“鍮”之切下字皆作“侯”，可參。

0084 㒑

佚名《翻梵語》：“私呵末長者，應云私訶摩㒑，亦云私呵昧，譯曰師子意

也。"（T2130v54p1017a）

按："⿰亻帚"即"偙"字之訛。"私訶摩⿰亻帚"爲譯音詞，有多種詞形。同上經："私訶摩提佛，譯曰師子意也。"（T2130v54p0982c）又："私訶昧，應云私訶摩底，譯曰師子意也。"（T2130v54p1026b）日本心覺撰《多羅葉記》："私呵末長者，應云私訶摩帝，亦云私呵昧，譯云師子意。"（T2707v84p0632c）日本明覺撰《悉曇要訣》："又私呵昧長者子，《翻梵語》云：應云私呵昧底，譯曰師子意。（文）又云：應云私訶摩偙。（文）故知以底字終音加摩字云昧也。"（T2706v84p0543c）最後一個字作"提""底""帝""偙"等，爲同音異譯。"⿰亻帚"當即"偙"字之訛。《龍龕手鏡·人部》："偙，音帝。~俊也。"（p35）"偙"與"帝"音同，故可爲同一梵文的譯音用字。

0085 ⿰亻苻

日本玄昭撰《悉曇略記》："ष，以大唐沙字音勢呼之，但是去聲，唇齒不大開合呼之。灑，霜賈反。沙，沙[74]下，音近[75]沙可反。一音[76]俯下反。沙，舒加反，應依吴音。"（T2704v84p0472b）本頁下注 74："下+（反）《甲》《丙》《丁》。"注 75："沙=娑《甲》。"注 76："俯=府《丙》，⿰亻苻《丁》。"

按："⿰亻苻"與"俯""府"爲版本異文，皆"沙"字之切上字。日本安然撰《悉曇藏》："ष，沙字沙下反，一音府下反。"（T2702v84p0403a）日本淳祐集《悉曇集記》："ष，沙字（沙下反，音近沙可反。一音俯下反）；स，沙字（沙下反，音近娑可反）。"（T2705v84p0485b）日本了尊撰《悉曇輪略圖抄》："此中沙字，或時有府下反音，猶如真旦借音。言假借者，六文體中第六假借。"（T2709v84p0665b）皆可證"沙"作梵語譯音字時有"府下反"一音，切上字或作"俯"，"⿰亻苻"當即"俯"之訛。

0086 保

日本英憲撰《俱舍論頌疏抄》："邪命外道（文），神云：尼揵子，[1]保刑邪命外道。"（T2254v64p0553a）本頁下注 1："保刑=裸形？"

按：注者疑"保刑"同"裸形"，所疑近是。"保"當即"倮"之訛。唐慧琳撰《一切經音義》卷第四十三《僧伽吒經》："尼揵子，音乾，亦梵語裸形外道也。裸，音華瓦反。"（T2128v54p0595c）日本快道撰《阿毘達磨俱舍論法義》："邪命外道者，泰疏云：尼乾子，裸形邪命外道。舊論言尼乾子，不云邪。"（T2251v64p0139b）《卍續藏》唐定賓作《四分律疏飾宗義記》："尼揵子（梵云尼犍爛徒，此云離繫也。此外道裸形無衣，以手乞食，常行不住，執爲離繫。佛毀爲無漸外道）。”（X0733v42p0232c）以上所引皆作“裸形”。字或作“倮”，唐慧琳撰《一切經音義》卷五十四《佛説婆羅門子命終愛念不離經》：“倮形，華卦反。顧野王云：脱衣露袒［袒］也。《古今正字》或爲裸，或作躶。從人果聲。”（T2128v54p0666a）“倮”即“倮”刻寫之誤。唐道世撰《法苑珠林》：“《香城甘露》五百卷，右此一部五百卷，後隋勑慧日道場沙門釋智[14]果并有司共撰。”（T2122v53p1023a）本頁下注 14：“果＝杲《宋》《元》。”“杲”爲“果”字之訛。南朝梁慧皎撰《高僧傳》：“陳郡謝擧、吴國陸果、潯陽張孝秀，並策步山門，禀其戒法。”（T2059v50p0382b）隋智顗説、灌頂記《觀音義疏》：“晋世謝敷作《觀世音應驗傳》，齊陸[35]杲又續之。”（T1728v34p0923c）本頁下注 35：“杲＝果《甲》。”隋費長房撰《歷代三寶紀》：“《驗善知識傳》一卷（擬陸果《觀音應驗記》）。”（T2034v49p0101a）唐唐臨撰《冥報記》：“昔晋高士謝敷、宋尚書令傅高、太子中書舍人報演、齊司徒事中郎陸果，或一時令望，或當代名家，並録《觀世音應驗記》。”（T2082v51p0788a）唐道宣撰《大唐内典録》：“《驗善知識傳》（擬陸果《觀音應驗記》）。”（T2149v55p0272b）北宋智圓述《請觀音經疏闡義鈔》：“如東晋謝敷、南齊陸果作《觀音應驗傳》所明也。”（T1801v39p0995b-c）南朝梁僧祐撰《弘明集》：“《[19]太子中庶陸[20]果答》[21]果和南。伏覽勑旨答臣下審神滅論⋯⋯預奉餘論，頂戴踊躍，惠示不遺，深抱篤念。陸[*]果和南。”（T2102v52p0061b）本頁下注 19：“（太子⋯⋯答）七字＝（答，陸杲）三字《明》。”注 20：“果＝杲《元》。”注 21：“果＝杲《元》《明》[*]。”唐李延壽撰《南史・柳惲傳》（四庫本）：“唯與王暕陸果善。”《南史考證》：“‘果’應作‘杲’。”“果”皆“杲”字之訛。“杲”“果”形近混訛，故“倮”或訛作“保”。

0087 倂

北魏慧覺譯《賢愚經》：“復喚牧牛之衆，合有千人，[17]并力挽出，得一大魚。”（T0202v04p0422c）本頁下注 17：“并＝倂《元》《明》。”

按：“倂”與“并”爲版本異文，“倂”即“併”“倂”之訛。“并力”即合力之義，亦作“併力”。後秦佛陀耶舍、竺佛念譯《長阿含經》：“汝等當備諸兵仗，與我[7]併力共彼戰鬪。”（T0001v01p0143b）本頁下注 7：“併＝并《三》。”隋闍那崛多譯《起世經》：“亦復嚴仗，共持鑾等，[4]併力合鬪。”（T0024v01p0352c）本頁下注 4：“併＝并《三》。”“併”皆與“并”爲異文，二字通用。

0088 偬

南宋妙源編《虛堂和尚語録》：“今日乍領報恩，人事倥偬，若是未了公案，

不敢拈出。何故？恐屈辱先師。”（T2000v47p0986a）

按：“偬”即“倥偬”之“偬”字之訛。“怱”或訛作“忽”。西晋竺法護譯《生經》：“爾時，無數比丘，各各馳走，[10]怱怱不安。”（T0154v03p0084c）本頁下注10：“怱怱=忽忽《明》。”北涼法盛譯《佛説菩薩投身飴餓虎起塔因緣經》：“時王夫人懼失太子，[30]忽忽如狂。”（T0172v03p0425b）本頁下注30：“忽忽=怱怱《元》《明》。”“忽”皆“怱”字之訛。“怱”旁字亦常訛作“忽”旁，如《可洪音義》卷二十四《開元釋教録》第六卷：“緫章，上子孔反。”（v60p346a）“緫”即“總”字之訛。

0089 𠈁

東晋竺佛念譯《菩薩從兜術天降神母胎説廣普經》：“時我即説：‘邪見顛倒，非真非實，分别有無，爲説涅槃，無生老病死，無彼無此，中間自相法觀清淨四無所畏，爲福生天，爲罪地獄，慳貪餓鬼，[36]抵債畜生，善惡之報，如影隨形。’”（T0384v12p1048c）本頁下注36：“抵=𠈁《知》。”

按：“𠈁”與“抵”爲版本異文，“𠈁”即“低”字異寫，“低”又爲“抵”字之訛。“抵債”，本義爲抵償債款，此處義同抵罪，謂因犯罪而受到相應處罰。字本當作“抵”。“抵”，佛經中或有訛作“低”者，北涼曇無讖譯《大般涅槃經》：“譬如王家有大力士，其人眉間有金剛珠，與餘力士較力相撲，而彼力士以頭[6]抵觸其額上，珠尋没膚中，都不自知是珠所在。”（T0374v12p0408a）本頁下注6：“抵=低《宫》。”三國吴支謙譯《佛説孛經抄》：“孛曰：‘有十不諫：慳貪、好色、朦籠、急暴、[13]抵突、疲極、憍恣、喜鬬、專愚、小人，是爲十。’”（T0790v17p0732a）本頁下注13：“抵=低《聖》《聖乙》。”“低”皆“抵”字之訛。字或作“𠈁”者，“𠈁”即“低”之書寫變異。“低”或寫作“𠈁”，《可洪音義》卷十一《大莊嚴論經》第九卷：“𠈁仰，上都兮反，下五郎反。垂舉皃也。正作低昂。”（v59p962b）馬鳴造、後秦鳩摩羅什譯《大莊嚴論經》第九卷：“爾時大王語調象師言，如我今者命恐不全。復説偈言：汝好勤方便，禁制令使住。我今如在秤，低昂墮死處。”（T0201v04p0307a）字正作“低昂”。“𠈁”與“𠈁”形近，即一字之書寫變異。推溯其源，“氐”或可寫作“𠀠”，《可洪音義》卷十五《摩訶僧祇律》第三卷：“布𠀠，音低，正作𠀠。”（v59p1103c）東晋佛陀跋陀羅、法顯譯《摩訶僧祇律》：“蜜者，軍荼蜜、布底蜜、黄蜂蜜、黑蜂蜜，是名爲蜜。”（T1425v22p0244c）字作“布底”。佚名《翻梵語》：“軍荼蜜，譯者曰：軍荼者，草名也。布足蜜，譯曰小蜂。”（T2130v54p1053b）日本心覺撰《多羅葉記》：“布足密，此云小蜂。飲食部。已上《翻梵語》。”（T2707v84p0583b）“足”，疑“氐”字之訛。從“氐”之字或换旁從“亟”，如“坻”或寫作“𡎺”，《可洪音義》卷十一《大莊嚴論經》：“毗𡎺，丁兮、直尼二反。正作坻。”（v59p962a）“甁”或寫作“[illegible]”“[illegible]”“[illegible]”，《可洪音義》卷二十二《雜寶藏經》第八卷："𦍑羊，上丁兮反，即牸羊也。"（v60p230b）又卷二《大方廣三戒經》上卷："羝𦍑，下丁兮反。"（v59p605a）又卷十六《根本毗奈耶雜事》第六卷："羝羊，上都兮反。"（v60p8b）"觝"又寫作"觝"，《可洪音義》卷二十二《雜寶藏經》第八卷："觝言，上丁礼反。"（v60p230a）故"低"寫作"低""低"符合書寫變異的規律。

0090 俀

日本照遠撰《資行鈔》："鈔，'以泥團'云云，《簡正記》云：'以泥團者，謂將泥團掩著虫身，虫被泥俀不動，然後將出奇之。'"（T2248v62p0829b）

按："俀"即"綴"字之訛。"綴"有附著之義，"虫被泥俀"，即蟲被泥附著之義。此段文字引自《簡正記》，《簡正記》即後唐景霄撰《四分律行事鈔簡正記》。《四分律行事鈔簡正記》卷第十六："以泥團者，謂將泥團掩著虫身，虫被泥綴不動，然後將出弃之。"（X0737v43p0456c）字正作"綴"。《資行鈔》引作"俀"者，"俀"當即"綴"之訛。又，《資行鈔》"出奇"爲"出弃"之訛。

0091 衒

唐湛然述《止觀輔行傳弘決》："文中所以誡者，恐後學輩，自無微行，倚傍少解，徒占師氏之位，輒[4]衒判斷之能。"（T1912v46p0405a）本頁下注4："衒＝衒《宮》《甲》。"

按："衒"與"衒"爲版本異文，"衒"即"衒"之訛。《説文・行部》："衙，行且賣也。从行，从言。衒,衙或从玄。"引申有誇耀、炫示之義，此即用其義。

0092 偺

北宋守堅集《雲門匡真禪師廣録》："僧云：出頭即偺㡯。師云：三十年後不得錯舉。"（T1988v47p0572a）

按："偺"即"偺"之異寫字。《嘉興藏》唐慧然集、明郭凝之重訂《五家語録》："僧云：出頭即偺㡯。"（JB134v23p0559c）字作"偺"。偺㡯，爲古俗語。《廣韻・洽韻》竹洽切："偺,偺㡯，忽觸人也。"《質韻》陟栗切："㡯,偺㡯，愛觸忤人也。""竹"旁或寫作"艹"旁，故"偺"或寫作"偺"。

0093 侑

南朝梁寶亮等集《大般涅槃經集解》："智秀曰：意欲請制，是故因[4]循引前答旨，輒言所見，謂以肉施人非所宜也。"（T1763v37p0427c）本頁下注4："循＝侑《聖》，修《甲》。"

按："侑"與"循""修"爲版本異文，推敲文意，本文之"因循"蓋沿襲之義，當以"循"字爲正，聖本之"侑"爲"循"之訛，甲本之"修"亦"循"之訛。《可洪音義》卷二《勝天王般若經》第一卷："𠍏環，上似均反。"（v59p585c）"𠍏"即"循"字異寫，俗書"彳"旁與"亻"旁常混。"侑"即"𠍏"之進一步寫訛。清邢澍《金石文字辨異·真韻》"循"字條下引《唐北岳府君碑》作"侑"，與此形同，亦可參看。

"循"或訛作"修"者，"循"或寫作"㣙"，《可洪音義》卷十九《阿毗達摩大毗婆沙論》第一百八十卷："㣙環，似遵反。"（v60p126c）或寫作"㣙"，《可洪音義》卷十九《阿毗達摩大毗婆沙論》第七十三卷："㣙身，上序倫反。"（v60p144b）或寫作"㣙"，《可洪音義》卷六《六度集經》第七卷："儌㣙，下祥遵反。"（v59p767c）三國吴康僧會譯《六度集經》："忠臣衛士，儌循不懈。"（T0152v03p0041c）字作"儌循"。"㣙"與"脩"形近。

又，"脩"或寫作"㣙"，《可洪音義》卷六《大方等大雲請雨經》："㣙驕，上思由反，下居宜反。"（v59p745b）北周闍那耶舍譯《大方等大雲經請雨品第六十四》："復有大龍王等，其名曰難陀龍王、優波難陀龍王、娑伽羅龍王、阿耨達多龍王、摩那斯龍王、婆樓那龍王、德叉迦龍王、提頭賴吒龍王、婆修羈龍王。"（T0992v19p0500c）字作"修羈"。或寫作"㣙"，《可洪音義》卷三《大方廣十輪經》第一卷："㣙蹾，上息由反，下陟利反。"（v59p637c）或寫作"㣙"，《可洪音義》卷十一《瑜伽師地論》第十三卷："患㣙，上古患反。"（v59p937a）

總結上述形變過程如下：

循→㣙$_1$→㣙$_2$→㣙$_3$

脩→㣙$_1$→㣙$_2$→㣙$_3$

"循"的異寫3與"脩"的異寫1字形全同，故文獻中"循""脩"二字常混誤。西晋法炬、法立譯《法句譬喻經》："越祇國人奉法相牽，無取無捨，不敢犯過，上下[40]循常，是謂爲三。"（T0211v04p0605b）本頁下注40："循＝脩《聖》。"唐慧立本《大唐大慈恩寺三藏法師傳》："其塔基面各一百四十尺，倣西域制度，不[21]循此舊式也。"（T2053v50p0260c）本頁下注21："循＝脩《甲》。""脩"皆"循"之訛。

又因文獻中"脩"常用作"修"，故文獻中"循"又常訛作"修"，其致誤之由蓋爲“循”訛作“脩”後又以正字代借字而轉寫作“修”，或“循”被寫作類似“脩”的形體後，刻版者誤認作“脩”而轉寫作“修”，其過程爲：

循→脩→修

《大正藏》“循”訛作“修”之例亦多見，如唐不空譯《大乘密嚴經》：“如月有虧盈，顯現諸國土。[1]循環體是一，其性無增減。”（T0682v16p0765a）本頁下注1：“循=修《宋》。”“修”即“循”之訛。

清王念孫《讀書雜誌》對“脩”與“循”的關係多有考證，可參看。

0094 偫

失譯《那先比丘經》：“那先問王：‘王飢時乃使人耕地糞地種穀，飢寧用飯耶？當豫有儲。’王言：‘不也，當先有儲[2]貯。’那先言：‘人亦如是，當先作善，有急乃作善者，無益身也。’那先問王：‘譬如王有怨，當臨時出戰鬪，王能使人教馬教象教人作戰鬪具乎？’王言：‘不也，當宿有儲*貯，臨時便可戰鬪，臨時教馬教象教人無益也。’”（T1670Bv32p0714b）本頁下注2：“貯=偫《宮》*。”

按：“偫”與“貯”爲版本異文，“偫”即“偫”之訛。唐玄應撰《一切經音義》（麗藏本）卷十二《那先比丘經》下卷：“儲偫，直於反。下古文作‘庤’‘峙’‘畤’三形，同，除里反。《説文》：‘偫，待也。’‘儲，偫具也。’”（p167b）唐慧琳撰《一切經音義》卷七十五《那先比丘經》上卷：“儲徛，直於反。下古文作‘庤’‘跱’‘跱’［獅谷白蓮社本後一個‘跱’作‘畤’——引者按］三形，同，除理反。《説文》：‘徛，待也。’‘儲，徛具也。’”（T2128v54p0798a）慧琳作“徛”，“徛”亦“偫”之訛。《説文·人部》：“偫，待也。”清段玉裁注：“謂儲物以待用也。”《玉篇·人部》：“偫，與庤同，儲也。”“偫”與“儲”義同。“儲偫”爲同義並列複合詞，義爲儲備，與文意合。

唐慧琳撰《一切經音義》：“儲偫，上佇猪反。《考説［聲］》云：‘儲，積也。’《説文》：‘偫也，蓄也。从人，諸聲。’下持里反。《考聲》云：‘偫，待也。所望也，儲也。’《説文》：‘具也。从人，待聲。’經从足作跱，非也。”（T2128v54p0665b）字正作“偫”。

底本作“儲貯”者，“貯”與“偫”同義，“儲貯”亦同義並列複合詞。

0095 僷

隋吉藏撰《法華義疏》：“及諸僮[45]僕下第五明長者眷屬，舊云喻所化衆生也。學功微淺爲僮，德行未高如僕。今謂下明五百人是通論所化，三十子是別論所化。

則所化事盡，今不復喻之。但取譬神通以爲僮僕，如後老弊使人也。世富長者凡有三種：一內多珍寶，二外多田宅，三多諸僮僕。備此三種，乃稱大富。”（T1721v34p0521c）本頁下注45：“僕＝僷《聖乙》。”

按：“僷”與“僕”爲版本異文，“僷”即“僕”字之訛。經中“僮僕”數用，皆不誤。“僕”或訛作“僷”者，“僕”或寫作“㒒”，《可洪音義》卷十三《禪秘要法》中卷：“奴㒒，步卜反。”（v59p1054c）此“亻”旁加“丨”之例。又寫作“𠌥”，《可洪音義》卷五《悲華經》第七卷：“僮𠌥，步卜反。”（v59p719b）此“菐”旁寫作“業”旁之例。又寫作“𠍙”，《可洪音義》卷十四《佛説興起行經》上卷：“𠍙從，上步卜反。”（v59p1089a）或寫作“𠍙”，日本圓仁撰《入唐新求聖教目録》：“《[24]僕郡集》一卷。”（T2167v55p1084b）本頁下注24：“僕＝𠍙《甲》。”“僷”即“𠍙”之省。

字形變異過程可歸納爲：

僕→㒒→𠌥→𠍙→𠍙→僷

隋吉藏撰《法華義疏》：“又多[69]僕從而侍衛之者，第三明儐從也。”（T1721v34p0528b）本頁下注69：“僕＝𠏊《聖乙》。”《可洪音義》第十卷《十地經論》：“僮㒒，蒲木反。”（v59p924c）“僕”又作“𠏊”“㒒”，亦可比勘。

0096 僶

佚名《龍樹五明論》：“佛陀呪曰：娑婆羅　刹多耶　和頭僶　陀婆多耶　娑婆訶。”（T1420v21p0963b）

按：“僶”即“僶”字異寫。《可洪音義》卷八《五千五百佛名經》第十二卷：“僶末，上弥忍反。勉強作也。”（v59p843c）中華藏《紹興重雕大藏音》：“僶、僶（上正，並泯音，又弥兖反）。”（C1169v59p0511b）黽，俗書作“黾”。唐顔元孫《干禄字書》：“繩、繩：上通，下正。”黄征《敦煌俗字典》（p362）所收以下資料可以比勘：甘博003《佛説觀佛三昧海經》卷第五：“從此命終，墮黑繩地獄。”敦研193《大般涅槃經》卷第十一：“黑繩地獄。”繩，字形作“绳”。浙敦026《普賢菩薩説證明經》：“繩床錫杖，香爐瓶鉢。”“赤繩赤棒，撩除罪人。”S. 1086《兔園策府》：“是知探玉策，絕金繩。”S. 462《金光明經果報記》：“前人掣繩挽之，後人以棒打之。”“繩”字形作“绳”。

0097 僼

唐窺基撰《説無垢稱經疏》：“既成佛已，下至傍生，亦來供養。雲龍常[15]候，洗便降雨，遊行不落。坐，樹枝條並皆垂影，隨蔭其身。”（T1782v38p0997c）本頁下注 15：“候＝傁《甲》，候ィ《甲》，雙カ《甲》。”

按：“傁”與“候”“雙”爲版本異文，“傁”“雙”皆“候”字之訛。“候”即伺候之義，謂雲龍常伺候左右，洗浴的時候就降雨。“候”或寫作“侯”，《可洪音義》卷二十七《續高僧傳》第五卷：“侯旭，許玉反。”（v60p466c）唐道宣撰《續高僧傳》卷第五：“上帝隨喜，警梵從時。鏘金候旭，百和氳氳。衆妓繁會，觀者傾城，莫不稱歎。”（T2060v50p0464c）唐慧琳撰《一切經音義》：“候旭，凶獄反。《考聲》：‘旭，旦也，美也。’”（T2128v54p0887a）字皆作“候”。“候旭”亦見於中土文獻，《隋書・盧思道傳》：“彭蠡方春，洞庭初綠。理翮整翰，羣浮侶浴。振雪羽而臨風，掩霜毛而候旭。”“候旭”即迎候旭日之義。“候”又寫作“𠊱”，《可洪音義》卷三十《廣弘明集》第二十四卷：“𠊱曙，常預反。”（v60p581b）唐道宣撰《廣弘明集》：“若迺䲹日伺辰，響類鍾鼓；鳴蛈候曙，聲象琴瑟。”（T2103v52p0276c）字作“候”。“候曙”即迎接曙光之義。《説無垢稱經疏》甲本之“傁”與“𠊱”形近，蓋“𠊱”之訛。唐玄奘譯《瑜伽師地論》卷三十七：“既成佛已，下至傍生，亦來供養。如彼獼猴，獻清淨蜜。世尊哀受，歡喜舞躍。龍雲常候，洗便降雨。若出遊行，止而不落。菩薩如是。若坐樹下，一切枝條，並皆垂影。隨蔭其身，曾無虧捨。”（T1579v30p0496a）文字與《説無垢稱經疏》略同，字亦作“候”。字或作“雙”者，蓋轉寫之誤。

0098 ⿰倪也

北宋法賢譯《佛説衆許摩訶帝經》：“南贍部洲有六大惡人：一老迦葉，二摩娑迦梨虞婆子，三娑惹野尾囉致子，四阿嚩多繼捨迦摩羅，五迦⿰底也（[5]切身）野，六儞誐囉⿰倪也（[6]切身）帝子。”（T0191v03p0938b）本頁下注 5：“切身＝底也切《明》。”本頁下注 6：“切身＝倪也切《明》。”

按：據明本注，“⿰底也”爲從底從也的切身字，讀底也切。“⿰倪也”爲從倪從也的切身字，讀倪也切。佛經中常用倪也二字作爲梵語二合音的譯音用字，同上經：“彼有耆舊，迦葉、摩蹉梨娯舍離子、散惹曳尾囉致子、阿嚩多計舍劍末羅、迦俱那迦旦也（二合）野、曩禰誐囉陀倪也（二合）帝子。”（T0191v03p0969c）其中之六“耆舊”即前文的“六大惡人”，與“⿰倪也”對應的正爲“倪也”二字。

日本明覺撰《悉曇要訣》：“又漢字中倪字不空所譯皆爲𑖐𑖰音，然《胎藏新渡軌》云：𑖗，倪（倪也切。文）。又云：𑖕𑖿𑖗，倪也（二合）。此以倪字云爾也。”（T2706v84p0532a）據此，不空用“倪”作“𑖐𑖰（gi）”的譯音字。《胎藏新渡軌》用“倪”作“𑖗（ña）”的譯音字，用“倪也”爲其切音，用“倪也（二合）”作“𑖕𑖿𑖗（jña）”的譯音字。北宋施護譯《聖八千頌般若波羅蜜多一百八名真實圓義陀羅尼經》：“即説般若波羅蜜多真實圓義陀羅尼曰：怛⿰身也（切身）他（引。一句）唵（引）鉢囉（二合）倪（引）鉢嚩（二合）倪（引。二）摩賀（引）鉢囉

（二合）倪也（二合，引）婆（引）西（引。三）鉢囉（二合）倪也（二合，引）路（引）葛葛哩（四）。”（T0230v08p0685a-b）林光明《新編大藏全咒》第九冊《聖八千頌般若波羅蜜多一百八名真實圓義陀羅尼經》“般若波羅蜜多真實圓義陀羅尼”中“倪也（二合，引）”的梵文羅馬轉寫作“jñā”，亦與《悉曇要訣》相合，故“㑺”同“倪也（二合）”即“ञ（jña）”的對音字。字本當從倪從也作“㑹”，“㑺”即“㑹”字之訛。

0099 㑽

西晉竺法護譯《漸備一切智德經》：“若干種品諸衆生行，其界柔劣，中間明達，隨從諸根八萬四千，諸種四大，上中下心，性行善惡，解暢諸根之所歸趣，彼心性行，心意伴侣，志造[9]㑽黨，其心合會，或有别離。玄逈遠遊，若有自大，無有自大，其意調順，無有衆厭，亦不懈廢。皆承一心脱門三昧正受神通之宜，而無合會，縛著三界，願至實心，不習衆行，習入道門，無言教矣。不倚伴黨，無財業事，無異無侣，修治道門，審諦知正。”（T0285v10p0486b）本頁下注 9：“㑽＝伴《三》，幡《宫》。”

按：“㑽”與“伴”“幡”爲版本異文，“㑽”與“伴”音義皆近。《廣韻·緩韻》蒲旱切：“伴，侣也。依也。”《説文·人部》：“伴，大皃。”清段玉裁注：“《廣韵》云：‘侣也，依也。’今義也。《夫部》‘扶’下曰：‘讀若伴侣之伴。’知漢時非無伴侣之語，許於俗語不之取耳，至《聲類》乃云‘伴，侣’。”清朱駿聲《説文通訓定聲》：“伴，假借爲扶。”王鳳陽《古辭辨》“伴、侣、伙”條：“伴，《廣韻》‘依也’，《字彙》‘陪也’。相依相陪稱‘伴’，相依相陪的人也稱‘伴’。”（p368）又“伴、陪、侍”條：“伴，《廣韻》‘依也’。彼此相依、互相陪伴叫‘伴’。‘伴’來自‘半’，物體一分爲二稱‘半’，兩人相依相陪、合二而一也叫‘伴’；相伴的多是成雙成對的兩個人，一般相伴的雙方没有高下尊卑之分。”（p597）王説是，“伴”即“扶”之異體，與《説文》之“伴”爲同形字。佛經中之“伴”亦多用作伙伴之義，如西晉竺法護譯《漸備一切智德經》：“其兩舌者，亦歸三苦，復有二報：眷屬離散，生下賤子，共爲伴黨。”（T0285v10p0466c）又：“前世宿命，毁壞之事，不壞之業，微妙中間，下劣之行，塵勞伴黨，無有財業。”（T0285v10p0486b）“伴黨”皆伙伴之義。

字或作“㑽”者，《可洪音義》卷二十五《一切經音義》第四卷：“㑽奴，上宜作般，步安反，《川音》音般，云：俗爲㑽類字，正作𪌉，北安反。未詳何出也，應和尚未詳。”（v60p355c）唐慧琳撰《一切經音義》卷四十三《五千五百佛名經》第四卷：“㑽奴輴那，側飢反。”（T2128v54p0594c）隋闍那崛多譯《五千五百佛名神呪除障滅罪經》：“𠍜師[26]般奴（一百十五）。”（T0443v14p0336c）本頁下注 26：“般＝㑽《三》《宫》。”此“㑽”爲譯音字，與“般”同音。西晉竺法護譯《持心梵天所問經》：“又有四事，曉於衆生不起之慧，六度無極。何等四？則以布施如爲𣬉黨，并化他人，曉了四恩化於衆生，好喜深法順於經典，是爲四。"（T0585v15p0003c）"𣬉黨"爲朋黨、同伙之義。唐慧琳撰《一切經音義》卷三十《持心梵天所問經》第一卷："𣬉黨，補單反。《字林》云：𣬉，部也。謂𣬉累也。又作般，假借。"（T2128v54p0508a）慧琳謂"𣬉"或借"般"字，"㪵"蓋即"般"增旁字，爲同類、同伙之義，與"伴"音不同，義亦稍異。"㪵"與"伴"皆可與"黨"構成近義複合詞，故或爲異文。隋闍那崛多譯《佛本行集經》："是時太子却坐一面，其諸釋種一切童子，雙雙而出，各各相撲。如是次第，三十二[12]𣬉，諸童子等，相撲各休，却住一面。"（T0190v03p0711c）本頁下注 12："𣬉=般《三》《聖》。"亦"般"可通"𣬉"之例。

宮本作"幡"當爲"𣬉"之借字。西晉竺法護譯《佛説如來興顯經》："當來之際，至無歡豫，如來聖慧，無有[5]𣬉黨。"（T0291v10p0598a）本頁下注 5："𣬉=伴《三》，幡《聖》。""幡"亦與"伴"爲異文，"幡"亦"𣬉"之借字。

鄭賢章《龍龕手鏡研究》"㪵"字條："'㪵'應是'𣬉'的俗字。本來'𣬉'可假借'般'爲之，人們又在假借字'般'的基礎上再加上一個義符，這樣'㪵'倒成了'𣬉'的俗字，而不是假借字。"（p155）已考出"㪵"之來源及音義，可參。

0100 僫

唐輸波迦羅譯《蘇悉地羯囉經》："索俱摩㘑真言：唵惹曳俱摩㘑[18]僫訖羅畔馱顊莎嚩訶。"（T0893v18p0655b）本頁下注 18："僫=儵《元》《明》《甲》。"

按：正文"僫"，注文作"僫"。"僫""僫"與"儵"爲版本異文，兩字皆"儵"字之訛。同上經，"圓備成就品"第十三："索俱摩履真言：唵（同上呼。一句）惹曳俱摩㘑（二句）儵（式六反）訖（二合）囉吽馱顊（三句）莎嚩（去。二合）訶（四句）。"（T0893v18p0673b）字作"儵"，讀式六反，音與"儵"相合。秦公《碑別字新編·十九畫》"儵"字條引《魏寇治墓誌》作"僫"，可以比勘。

0101 㑻

唐善無畏譯《慈氏菩薩略修愈誐念誦法》："以印加持五支，即成慈氏菩薩真身。以印印本尊及愈㑻者五處，然後執數珠，合掌頂戴，兩手當心執珠念誦觀本尊心上圓明中布列本尊真言字，一一分明，皆放火光。逐日轉之如下圖，觀𑖡遏字變成法界塔在於圓明中，又轉變塔成慈氏本尊身，即此尊身，即是愈㑻者身。是故三密轉成三身，故以心置心，以心觀心，如實知自心，即是母地心。初發心時便成正覺，此心發時便成普現色身、三昧耶身。如是住心安布字輪，輪轉字輪，了了分明。從愈𠍳者口出一一真言字，安布本尊心月輪中。從本尊心圓明中流出真言字，入愈㑥者頂上，遍諸毛孔，流出甘露乳光三昧耶，即此三昧耶變成大圓明。修愈𠍳者在其中心，如是觀之爲限，先觀圓明中心𑖀遏字名種子，即是本尊身，然後誦真言。或觀己身，即是本尊坐於大圓明中，自心上復置圓明，如上安布真言。輪轉漸廣大，遍周法界爲一體性，從愈𠍳者心圓明中流出𑖀遏字，入本尊心圓明上。從本尊心圓明上流出𑖀遏字，入愈誐者心中。”（T1141v20p0594a）

按：此段文字“愈𠍳”數見，又作“愈㑥”，即“瑜伽”之異譯。佛經中或譯作“愈誐”，同上經：“或見像動眼精睛轉，便把於像中畫愈[18]誐者處，即身騰空而往十方世界三千大千世界。”（T1141v20p0599c）本頁下注18：“誐 = 㑥《甲》《丙》《丁》。”“㑥”與“誐”爲版本異文，爲梵文不同譯音用字。遼希麟集《續一切經音義》卷第七：“瑜伽，梵語也。或云瑜祁，或云庾誐，皆訛也。此云相應。案《大論》有四種相應，謂乘相應、境相應、行相應、果相應也。”（T2129v54p0964c）“瑜伽”或譯作“瑜祁”。“愈𠍳”與“瑜祁”音同，“𠍳”與“祁”爲同一梵文的不同譯音用字。日本淨嚴撰《悉曇三密鈔》：“𑖐，蘖、竭、鈐、乾、犍、健、虐（隨求）、伽、哦、誐、仰、疙（千手軌）。𑖐𑖰，儗（胎）、近、疑、擬、宜、耆、祇、蟻（大流）、岐、趌（羂索經）、𠍳（切身。慈氏軌）、祁、其。”（T2710v84p0742a）據此，“伽”“誐”等爲“𑖐（ga）”的譯音字，“𠍳”“祁”等爲“𑖐𑖰（gi）”的譯音字。丁福保《佛學大辭典》：“瑜伽，Yoga，一作瑜誐。男聲呼曰瑜伽，女聲呼曰瑜祇 Yogin，與物相應之義（瑜祇 Yogin 爲瑜伽 Yoga 之修行者，其體聲第一格爲 Yogi）。”譯作“愈𠍳”或“瑜祁”者，爲梵文體聲第一格之音譯。

唐善無畏、一行譯《大毗盧遮那成佛神變加持經》：“同前虛心合掌，以智慧三昧手，互相加持，而自旋轉，是謂世尊迅疾持印。其漫荼羅，亦如虛空，而用青點嚴之。彼真言曰：南麽三曼多勃馱喃（一）摩訶（引）瑜伽（輕）瑜擬（宜以反）寧（上。二）瑜詣說囉（三）欠若唎計（四）莎訶。”（T0848v18p0037b）林光明《新編大藏全咒》第六冊《大毗盧遮那成佛神變加持經》“世尊迅疾持印真言”附注中“瑜擬”對應的梵文羅馬轉寫作“yogi”（v6p211）。據此，“擬”轉寫作“gi”，原文自注音讀爲“宜以反”，與《悉曇三密鈔》相合。

日本明覺撰《悉曇要訣》：“善無畏《慈氏軌》云：㲉噌左囊佛○𪉖（𑖤𑖲）馱（𑖠𑖯）喃（𑖡𑖯𑖽）○㳙（𑖪𑖽也）𩪵（𑖮𑖽也）𧾻（𑖪𑖽也）囉𢧐（二合，𑖪𑖸也）𢧐（𑖪也）䑛囉（二合，𑖨𑖿𑖪）𠆽（𑖑𑖰也）𨋢（𑖧𑖽也）𨍭（𑖧也）䑛（𑖪也）䑛（𑖞𑖸也）䑛（𑖞𑖸也）𠍳（𑖐𑖰也）㲉魯左囊佛鉢囉（二合）𧬂（𑖝𑖸）敟。佛母菩薩（般若菩薩也）大鉢囉（般。二合）𧬂（若也），經（文）《蘇悉》云：䑛（𑖧𑖺），《金界》云：𩎟（𑖧𑖺）𨋢（𑖧𑖽），《大佛頂》云：𪊲（𑖧𑖽），《大日疏》云：𧺆（𑖧𑖺也）䑛（𑖧𑖺）。此等字内作爲上，外作爲下，依反音法反之即成其音。”（T2706v84p0511a）“𠍳”爲從宜從以的切身字，“㑥”爲“𠍳”的異體字。

0102 𠎝

佚名《寺沙門玄奘上表記》："并乞衛士五人，依舊防守，庶荷宸造，免其𠎝戾，無任懇至。"（T2119v52p0826b）

按："𠎝"即"愆"字籀文"僁（𠎝）"之形訛。《説文·心部》："愆，過也。从心，衍聲。寒，或从寒省。僁，籀文。""愆戾"爲並列複合詞，即罪過之義。如《三國志·蜀志·劉封傳》："遂表辭先主，率所領降魏。"南朝宋裴松之注引三國魏魚豢《魏略》："臣委質已來，愆戾山積。"《宋書·王僧達傳》："書不入於學伍，行無愆戾。"《寺沙門玄奘上表記》亦用此義。字作"𠎝"者，"愆"字籀文作"𠎝"，楷定作"僁"，又寫作"𠎝"，《集韻·僊韻》丘虔切："愆、寒、𠎝、遃、徰，《説文》：'過也。'或从寒省，籀作'𠎝'，亦作'遃''徰'。""𠎝"即"𠎝"之省。字或訛作"𠎝"，《可洪音義》卷三十《廣弘明集》第二十二卷："之𠎝，丘乹反。"（v60p576b）唐道宣撰《廣弘明集》第二十二卷："闍王無間之罪，翻然改圖；育王莫大之愆，忽能尊善。"（T2103v52p0256b）字作"愆"。

0103 僲

唐道宣撰《大唐内典録》："《五明論》（一聲論，二醫方論，三工巧論，四呪術論，五符印論。周二年出），右明帝世，波頭摩國三藏律師攘那跋陀羅，周言智賢，共闍那耶舍於長安舊城婆伽寺譯，耶舍崛多、闍那崛多等傳譯，沙門智[14]僲筆受。"（T2149v55p0271c）本頁下注14："僲＝仙《三》。"

按："僲"與"仙"爲版本異文，"僲"即"仙"之異體"僊"之書寫變異。隋費長房撰《歷代三寶紀》："《五明論》合一卷（一聲論，二醫方論，三工巧論，四呪術論，五符印論。周二年出），右一卷，明帝世，波頭摩國三藏律師攘那跋陀羅，周言智賢，共闍那耶舍於長安舊城婆伽寺譯，耶舍崛多、闍那崛多等傳語，沙門智僊筆受。"（T2034v49p0100b）此即道宣所本，字正作"僊"。《可洪音義》卷二十四《大唐内典録》第五卷："智僲，音仙。"（v60p334）與《大正藏》底本合。

"僊"或寫作"僲"者，"僊"又寫作"𠐓"，（見清顧藹吉《隸辨》："《山廟碑》：'壂曰存𠐓壂。'"）"𠐓"之右下似令，部件成字化即作"僲"。《可洪音義》卷二十四《聖賢集》第六卷："僲聖，上音仙，古文仙字。"（v60p311c）又卷二十七《續高僧傳》第十七卷："僲城，上音仙。"（v60p480b）"僲"亦皆"僊"字異寫。字又寫作"𠐓"，S. 388《正名要録》："𠐓、仙，右字形雖别，音義是同。古而典者居上，今而要者居下。"

0104 𠎳

唐輸波迦羅譯《蘇悉地羯囉經》："索俱摩㘁真言：唵惹曳俱摩㘁[18]𠎳訖羅畔駄𩔰莎嚩訶。"（T0893v18p0655b）本頁下注18："𠎳＝儵《元》《明》《甲》。"

按：正文"𠎳"，注文作"𠎳"，兩字與"儵"爲異文，皆"儵"之訛字。參0100"𠎳"字條。

0105 𠐨

唐圓照撰《貞元新定釋教目録》："今見譯訖，止是數夾之文。並在廣州制旨、王[6]𠐨兩寺。"（T2157v55p0845a）本頁下注6："𠐨＝園[1]《乙》。"

按："𠐨"與"園"爲版本異文，"𠐨"即"園"字之訛。唐智昇撰《開元釋教録》："今見譯訖，止是數甲之文。並在廣州制旨、王園兩寺。"（T2154v55p0546c）唐道宣撰《續高僧傳》："若依陳紙翻之，則列二萬餘卷。今見譯訖，止是數甲之文。並在廣州制旨、王園兩寺。是知法寶弘博，定在中天。"字皆作"園"。《廣東通志·仙釋志》："晋三藏法師曇摩，罽賔國僧也。安帝隆安間至廣，於城西虞翻苑創梵刹，曰王園寺。"此可證廣州確有王園寺。天一閣藏明嘉靖刻本《惠州府志》卷十五《雜志》："景泰禪師，梁時人。初羅浮未有僧，大同中泰師始駐錫，誅茅爲庵於小石樓下。師甚有功行，善爲偈頌，有道術，役使鬼物。常居山頂池上，池有蔬葉。師曰：'此泉當與人境通。'因書偈，於水投之，偈出廣州王氏池中，因捨其地爲寺，號曰王園寺。"清晰地解釋了"王園寺"的命名。

字或作"𠐨"者，大正藏"園"常訛作"國"。如西晋白法祖譯《佛般泥洹經》："佛至拘鄰聚，聚中有[1]園，名尸舍洹。"（T0005v01p0166a）本頁下注1："園＝國《三》。"東晋瞿曇僧伽提婆譯《中阿含經》："一時佛遊伽藍[8]園，與大比丘衆俱。"（T0026v01p0438b）本頁下注8："園＝國《三》。""國"皆"園"字之訛，此類例甚多。"𠐨"又加人旁，原因不明。

0106 㑭

失譯《別譯雜阿含經》："佛告迦葉：'汝能受我[13]㑭那納衣不？'迦葉答言：'我能受之。'爾時如來即受迦葉所著大衣，我於是時自從佛手受是*㑭那糞掃之衣。”（T0100v02p0418c）本頁下注 13：“傷＝商《三》* 。”

按：《可洪音義》卷十三《別譯雜阿含經》第十四卷：“傷那，上尸羊反。前卷中作‘商那’，糞掃納衣是也。”（v59p1016c）字亦作“傷”，與《大正藏》底本合。“傷”與“商”爲版本異文，“傷”疑爲“商”之分化字，作譯音字與“商”同。《別譯雜阿含經》：“爾時，世尊告迦葉言：‘汝今朽老，年既衰邁，著此商那糞掃納衣，垢膩厚重，汝今還可詣於僧中，食於僧食，檀越施衣，裁割壞色，而以著之。’”（T0100v02p0416b）南宋志磐撰《佛祖統紀》：“佛即授商那納衣（《阿含經》○商那，此云草衣。納衣者，頭陀五納衣也。今言商那者，即是以草爲衣耳）。”（T2035v49p0154c）字皆作“商”。

0107 ⿰亻⿱宀又

唐法成譯《諸星母陀羅尼經》：“爾時釋迦如來即便爲説諸星母陀羅尼，即説呪曰：……没他耶莎訶　勃多悉波低曳莎訶　⿰亻⿱宀又伽囉耶沙訶。”（T1302v21p0420c）

按：《諸星母陀羅尼經》據敦煌寫本轉録。此經存本有敦煌寫本 S. 2425、S. 368、S. 533、S. 1287、S. 2039、S. 2138 等。其字皆作“[illegible]”。“[illegible]”爲“俶”之異寫字，《大正藏》轉寫錯誤。

0108 倬

日本皇慶撰《隨要記》：“如來悲生眼真言曰（悲生眼印加兩眼）：曩莫三曼多没馱南諴諴曩囉羅落吃叉倬迦嚕拏摩野怛他蘖多作吃芻娑嚩賀。”（T2407v75p0814a）

按：唐法全撰《大毘盧遮那成佛神變加持經蓮華胎藏悲生曼荼羅廣大成就儀軌供養方便會》：“悲生眼真言曰：曩莫三曼多没馱（引）喃（一）諴諴曩囉羅落吃叉（二合）儜（二）迦嚕拏摩野（三）怛他（引）蘖多作吃芻（二合。四）娑嚩（二合）賀（引）。”（T0852v18p0111b）與“倬”對應之字作“儜”，“倬”當即“儜”之訛。參 0631“⿱宀卓”字條。林光明《新編大藏全咒》第六冊《大毘盧遮那成佛神變加持經》“一切佛眼印真言”中“儜”對應的梵文羅馬轉寫作“nā”（v6p144）。日本淨嚴撰《悉曇三密鈔》：“𑖜，拏、那、曩、呶（胎軌）、儜（日經）。”（T2710v84p0744a）“儜”爲“𑖜（ṇa）”之對音字。

0109 僌

東晋瞿曇僧伽提婆譯《增壹阿含經》："爾時世尊便説斯偈：心爲法本，心尊心使，心之念惡，即行即施。於彼受苦，輪轢于[28]轍。心爲法本，心尊心使。中心念善，即行即爲。受其善報，如影隨形。"（T0125v02p0827b）本頁下注 28："轍＝僌《聖》。"

按："僌"與"轍"爲版本異文，"僌"爲"徹"字之訛，通作"轍"。《詩·小雅·十月之交》："天命不徹，我不敢效我友自逸。"毛傳："徹，道也。"清陳奐傳疏："言天之命，不循道而行。"《爾雅·釋訓》："不徹，不道也。"晋郭璞注："徹亦道也。"清郝懿行義疏："徹者，通也，達也。通、達皆道路之名，故云徹亦道也。徹之言轍，有軌轍可循。"《老子》："善行，無徹迹。"唐陸德明釋文："徹，梁云應車邊。今作彳邊者，古字少也。"《説文·彳部》："徹，通也。"清段玉裁注："古有'徹'無'轍'。"'徹"本義爲通達，引申爲車轍義，"轍"即"徹"之分化字。《大正藏》車轍義或用"徹"字，南朝梁僧祐撰《出三藏記集》："尋衆藥之封域者，斷迹者也；高談其[13]徹迹者，失其所以指南也。"（T2145v55p0048b）本頁下注 13："徹＝轍《元》《明》。"法救撰、北宋天息災譯《法集要頌經》："虚空無[3]轍迹，沙門無外意。"（T0213v04p0793c）本頁下注 3："轍＝徹《宋》。""徹"皆通"轍"。"徹"或寫作"徹"（見清邢澍《金石文字辨異·屑韻》"徹"字條引《唐三墳記》）、"徹"（見秦公《廣碑别字·十五畫》"徹"字條引《唐梁守溓墓誌》）。"僌"即"徹"之進一步形訛。參 0582"徹"字條。

0110 儀

唐道宣撰《續高僧傳》："釋慧明，不知何人，[30]貌儀象胡，故世以胡明爲目。"（T2060v50p0700c）本頁下注 30："貌儀象＝儀貌象《宋》《元》《明》，貌儀像《宮》。"

按："儀"字張涌泉、鄭賢章做過考證。張涌泉《漢語俗字叢考》（修訂本）"儀"字條："此字通行本《龍龕》卷一人部已見：'儀，俗，昨來反。'（27）疑爲'裁'的增旁俗字。……慧琳《音義》卷九四《續高僧傳》第三十卷'貌裁'條音義謂'裁'字傳文作'儀'（3557），是其切證。"（p44）以"儀"爲"裁"之增旁俗字。鄭賢章《龍龕手鏡研究》"儀"字條："從形體上看，我們以爲'儀'可能是'儀'字之俗。"（p156–157）以"儀"爲"儀"之俗字，韓小荊《可洪音義研究》從之（p728）。唐慧琳撰《一切經音義》卷九十四《續高僧傳》第三十卷："貌裁，上正貌字，下才載反。按：貌裁即形儀像似之謂，今俗有胡裁語是也。《傳》文從人作‘儀’，未詳。”（T2128v54p0900b）慧琳所見本即作“儀”，釋作“裁”。《可洪音義》卷二十八《續高僧傳》第三十卷：“貎儀，上音皃，下自代反。製也，容儀製作似番人也。又音才。”（v60p498c）可洪從慧琳之説，訓“儀”爲製，以“貎儀”爲“容儀製作似番人”。慧琳、可洪之説皆曲解，不可從。中土及佛經文獻皆未見“貎裁”一詞，慧琳、可洪所解均迂曲不通。審文意，當以“儀貎”爲是。“儀貎”爲外貎義，文獻習見。“釋慧明，不知何人，儀貎象胡，故世以胡明爲目”，謂釋慧明這個人，不知道他是哪裏的人，因爲外貎長得像胡人，所以世人稱他作胡明。”“貎儀”爲“儀貎”之倒文，文獻未見此種用法。“貎儀”當爲“儀貎”之倒，“儀”乃“儀”字之訛。《續高僧傳》：“輕重互而[21]裁斷。”（T2060v50p0614b）本頁下注21：“裁＝義《宮》。”“義”爲“裁”字之訛。日本曇寂撰《大日經住心品疏私記》：“若界頌等名爲根栽，如是二種總名處所根[3]義建立。”（T2219v60p0393b）本頁下注3：“義＝栽《甲》。”“義”爲“栽”或“裁”字之訛。“義”與“裁”或發生混誤，故“儀”或訛作“儀”。

0111 僨

南朝梁僧祐撰《出三藏記集》：“夫意也者，衆苦之萠基，背正之元本。荒迷放蕩，浪逸無崖，若狂夫之無所麗。愛惡充心，耽昏無節，若夷狄之無君。微矣哉！即之無像，尋之無朕［眹］，則毫末不足以喻其細。迅矣哉！僨蹻惚怳，眴匝宇宙，則奔電不足以比其速。”（T2145v55p0044a）

按：“僨”即“僨”字之訛。“蹻僨”同“僨驕”，《莊子·在宥》：“僨驕而不可係者，其唯人心乎！”晉郭象注：“僨驕者，不可禁之勢也。”《卍續藏》明通潤述《楞嚴經合轍》：“於是俛仰天地，再撫四海，僨驕而不可係，非顛倒乎？和合氣成者，謂此顛倒悉由無明風動而成也。”（X0289v14p0383b）《嘉興藏》清淨挺著《漆園指通》：“崔瞿問於老聃（至）罪在攖人心。人心者，僨驕而不可係者也。”（JB296v34p0038a）語出《莊子》，用來形容人的意志不可拘係，“僨”乃僨發之義，與文意合。《可洪音義》卷第二十四《出三藏記》第六卷：“僨蹻，上方問反，僵也。正作‘僨’也。下居小反，驕也。驕，高也，言足高也。又其約、居約、巨憍四反，舉足高也。”（v60p312a）“僨”字誤作“僨”，釋義不確。

宋集成等編《宏智禪師廣録》：“惟悟本正脈，粗續而僅存；大陽本宗，幾僨而復起。”（T2001v48p0057b）唐神清撰、北宋慧寶注《北山録》：“庸僨其德，無所膚浸（僨，僵也，用殆其兇德，使浸潤之譖、膚受之愬不能行焉）。”（T2113v52p0632c）“僨”亦皆“僨”字之訛。

0112 傕

日本願曉等集《金光明最勝王經玄樞》："有人問龍樹云：……而《地持》等説言入者，[5]傕恐地前菩薩，令其生怖，速證初地，非謂實入阿毘地獄（此段引經如《金剛仙論》）。"（T2196v56p0661c）本頁下注5："傕＝權ｶ《甲》。"

按："傕"與"權"爲版本異文，"傕""權"皆"催"字之訛。世親造、金剛仙釋、北魏菩提流支譯《金剛仙論》："……《地持經》中道言入者，催怖地前菩薩，令其生懼，速證初地，非謂實入阿鼻地獄。"（T1512v25p0803b）此即願曉所本，與"傕恐"對應之字作"催怖"。唐圓測撰《仁王經疏》："……《地持經》中道言入者，摧怖地前，令其生懼，速證初地，非謂實入阿鼻地獄。"（T1708v33p0394b）《卍續藏》唐圓測撰《解深密經疏》："……而《地持》等説言入者，催恐地前菩薩，令其生怖，速證初地，非謂實入阿毗地獄。"（X0369v21p0281c）字又作"摧怖""催恐"等。細審文意，字本當作"摧怖"，"摧怖"蓋謂施加外力使恐怖之義。唐菩提流志譯《大寶積經》卷四十五："正勤大慧者，坐妙菩提樹，摧怖惡魔軍，由般若精進。"（T0310v11p0265b）"摧怖"即用其義。"摧"或作"催"者，乃同音通用；"怖"或作"恐"者，乃同義互换；"傕"則"催"之形訛。《可洪音義》卷二十一《出曜經》第十一卷："摧破，上自迴反，正作'摧'。"（v60p197a）又卷二十七《續高僧傳》第七卷："既摧，自迴反，正作'摧'。"（v60p468c）唐道宣撰《續高僧傳》："既[8]權衡櫓，自闕金湯。"（T2060v50p0478a）本頁下注8："權＝摧《宋》，椎《元》《明》。""摧"皆"摧"之書寫變異，"傕"之右旁所從與"摧"之右旁所從形近，可證"傕"即"催"之書寫變異。《可洪音義》卷二十七《續高僧傳》第十八卷："智璀，倉罪反，正作璀也。又古乱反，悮。"（v60p482b）《續高僧傳》："彼有沙門慧曉、智[6]瓘等，並陳朝道軸，江表僧望。曉學兼孔釋，妙善定門，*瓘禪慧兩深，帝王師表。"（T2060v50p0572a）本頁下注6："瓘＝璀《三》《宫》*。"《續高僧傳》第十三卷："志學之年，聽建初瓊法師成實，曾未具戒，便齊入室，慧聲廣被，道衆相推，而欣味靜心，未指章句。乃詣鐘山慧曉、智[4]瓘二禪師，請授調心觀法。"（T2060v50p0522a）本頁下注4："瓘＝璀《三》《宫》。"唐慧琳撰《一切經音義》卷九十三《續高僧傳》第十三卷："智璀，崔磊反，人名也。"（T2128v54p0892b）南宋志磐撰《佛祖統紀》："禪師智璀。早親南岳，修法華三昧，證入甚深。隱居鍾山，未嘗越閫。煬帝屢詔，勉爲一赴。帝請問法要，禮爲國師。"（T2035v49p0196a）"璀"爲"璀"之書寫變異，或訛作"瓘"，可比勘之。

甲本異文作"權"，"權"亦"摧"字之訛。日本賴寶撰《釋摩訶衍論勘注》："《地持經》中道言入者，權怖地前，令其生懼，速證初地，非謂實入阿毘地獄。"（T2290v69p0800a）唐窺基撰《説無垢稱經疏》："《經》七'以説除'至'樂小法'者，賛曰：四輪[1]摧於八難，普攝有情，如前已説。餘土無八難故，以大乘法攝樂小者，餘土無小，故爲殊勝。”（T1782v38p1098a）本頁下注 1：“摧=權《甲》。”唐窺基撰《金剛般若論會釋》：“彼《經》又云：如來五地[2]摧諸異論乃至耶妄。”（T1816v40p0768a）本頁下注 2：“摧=權《乙》。”唐地婆訶羅譯《證契大乘經》：“如來五地摧諸異論及其邪法。”（T0674v16p0661a）“權”皆“摧”字之訛。

0113 偃

毘舍佉造、唐義淨譯《根本説一切有部毘奈耶頌》：“乏水[4]堰田畦，恐損便決却。”（T1459v24p0621a）本頁下注 4：“堰=偃《聖乙》。”

按：“偃”與“堰”爲版本異文，“偃”即“偃”字之訛，“偃”在堤壩的意義上與“堰”通用。唐盧照鄰《行路難》詩：“誰家能駐西山日？誰家能偃東流水？”“偃”有阻遏義，可用於阻遏流水之義，又引申爲堤壩義，《周禮・天官・<u>㪍</u>人》“<u>㪍</u>人掌以時<u>㪍</u>爲梁”漢鄭玄注：“梁，水偃也。”“堰”爲“偃”之分化字。《大正藏》阻水、堤壩義或用“偃”字。唐義淨譯《根本説一切有部毘奈耶》：“若於此水處[6]偃之令斷，於其下畔隨蟲命斷。”（T1442v23p0789c）本頁下注 6：“偃=堰《三》《宮》。”彌勒説、唐玄奘譯《瑜伽師地論》：“當説誰防護，衆流誰所[2]偃。”（T1579v30p0386b）本頁下注 2：“偃=堰《元》《明》。”唐道世撰《法苑珠林》：“太子慈心水中有山以[20]堰斷水，褰衣而度。”（T2122v53p0880c）本頁下注 20：“堰=偃《宋》《元》。”

0114 倮

唐般若惹羯羅撰《聖歡喜天式法》：“欲遂論議決倮者，以日輪天加大自在，呼二十八宿等。”（T1275v21p0325a）

按：“倮”疑是“擇”之形訛。《大正藏》“論議決擇”多見，如：唐玄奘譯《大般若波羅蜜多經》：“若與彼類論議決擇，或當發起瞋忿等心，或復令生麁惡言説。”（T0220v06p0732a）又：“或於夢中見有無量百千俱胝那庾多數大菩薩衆，論議決擇種種法義，謂應如是成熟有情、嚴淨佛土，修菩薩行降伏魔軍，斷煩惱習趣證無上正等菩提。”（T0220v07p0560c）唐玄奘譯《佛臨涅槃記法住經》：“我涅槃後第五百年，吾聖教中法義堅固，我諸弟子愛樂正法，精勤修學論議決擇。”（T0390v12p1113b）唐慧琳撰《一切經音義》：“决擇，下音宅。《考聲》云：擇，揀也。古文作睪從拱，會意字也。”（T2128v54p0713b）“決擇”即選擇之義。“擇”草書作“[草書字形]”，疑“倮”即“[草書字形]”類形體轉寫成楷書之訛。

0115 俶

唐金俱吒撰《七曜攘災决》："水愛醋苦金愛熱便[9]俶醋。"（T1308v21p0427c）本頁下注9："俶＝澁ヵ《原》。"

按："俶"與"澁"爲版本異文，"俶"即"澁"字之訛，"澁"又"澀"之書寫變異。《可洪音義》卷二十一《道地經》："寒俶，所立反。"（v60p209a）參0079"促"字條。

0116 傶

唐不空注《青頸觀自在菩薩心陀羅尼經》："娑馱南輸（上）[11]咩（蒲[12]傶反。一切利益成就清淨）。"（T1111v20p0489b）本頁下注11："咩＝畔《甲》。"注12："傶＝憾《甲》。"

按："傶"與"憾"爲版本異文，"傶"即"憾"字之訛。"憾"作"咩"的反切下字，與讀音合。

0117 㑘

護法造、唐義淨譯《成唯識寶生論》第三卷："設使此類軀貌[6]矬矮，由其稟性是猛利故，縱令敵者形狀偉大，情不比數事同草芥，陵篾彼徒力有容裕。"（T1591v31p0086c）本頁下注6："矬矮＝矬穢《三》，侳㑘《宮》。"

按："㑘"與"穢""矮"爲版本異文。鄭賢章《漢文佛典疑難俗字彙釋與研究》"㑘"字條："'㑘''矮'即'矮'字……'矮'蓋受上字'矬'形體從'坐'的影響類化改旁而作'矮'。'㑘'即'矮'字……'穢'當爲'㑘'字之訛。"（p59）鄭賢章《龍龕手鏡研究》"㑘㑘"字條引《龍龕·人部》："㑘，《經音義》作'矮'，烏買反，矬㑘也。"引《中華字海·補遺》："㑘，同矮。"考證曰："'矮''痵''㑘（㑘）'在表'短'這一意義時爲一組異體字……'矮'在佛經中指人身軀不高，故換旁從'亻'作'㑘'，而身軀矮小是一種病態，故又換旁從'疒'作'痵'。"（p158–159）綜合上述材料，知《字海》最早溝通了"㑘"與"矮"的關係，鄭賢章進一步論定"㑘"爲"矮"的換旁異體字，"㑘"爲"㑘"的書寫變異，"穢"爲"㑘"的訛字。據此推論，則"㑘"當爲從人歲聲的形聲字。然"矮"字《廣韻》收"蟹韻"，讀"烏蟹切"，爲影母蟹韻字。"矮"之聲旁"委"《廣韻》收"紙韻"，讀"於詭切"，爲影母紙韻字，聲旁讀音與整字讀音相合。"㑌"之聲旁"歲"《廣韻》收"祭韻"，讀"相鋭切"，爲心母祭韻字，聲旁讀音與整字讀音不合。"穢"有醜陋義，"矬穢"義爲又矬又醜，與"矬陋""矬醜"義近。《可洪音義》卷十一《成唯識寶生論》第三卷："侳穢，上昨禾反。侳，短也，正作矬也。又子靴、子臥二反，安也，有也，非。"（v59p973a）作"侳穢"。"㑌"又"穢"字之變。唐慧琳撰《一切經音義》卷五十一《成唯識寶生論》第三卷："矬痔，上坐莎反，下櫻解反。《廣雅》云：'矬，短也。'作矮。又痔，亦矬也，亦作'矮'。《古今正字》：'痔亦短也。'矬從矢，坐聲。痔從疒，奇聲。《考聲》正矮。《論》文二字並從人從坐從歲作'侳''㑌'二字，並非也。"（T2128v54p0645b）慧琳所見本已作"㑌"。

《大正藏》"㑌"字，《龍龕》作"𠍴"，《字海》作"㒇"，鄭賢章兩書"㑌"轉録作"㑌"，"𠍴""㒇"轉録作"㒇"，形體皆失真。

0118 僷

日本圓仁撰《入唐新求聖教目録》："《[24]僕郡集》一卷。"（T2167v55p1084b）本頁下注24："僕=僷《甲》。"

按："僷"與"僕"爲版本異文，"僷"即"僕"字之訛。參0095"㒒"字條。

0119 傹

日本觀靜撰《孔雀經音義》："眼，梵云作吃芻。《灌頂經云》：神名傹（五禮反）提恝𧒄，字妙善生。此神主護人眼。五限反。"（T2244v61p0774a）

按：東晉帛尸梨蜜多羅《佛説灌頂七萬二千神王護比丘呪經》："神名倪提和㙞，字妙善生，此神主護某眼。"（T1331v21p0499c）此即觀靜所本，與"傹"對應之字作"倪"。唐慧琳撰《一切經音義》卷三十一《大灌頂經》第二卷："倪提，上霓傒反，下弟泥反。梵語。"（T2128v54p0517b）慧琳所見本亦作"倪"。"傹"即"倪"字之訛。"倪"或作"傹"者，"兒"或寫作"兊"（見《可洪音義》v60p325c）、"兊"（見《可洪音義》v60p321c）等形，兩形與"兜"之異寫同形，"兒"與"兜"或相混誤，南朝梁寶唱等集《經律異相》："申日頭面禮佛足言：我大無狀，用惡人之言。願從世尊求哀悔過。佛爲説經，得須陀洹道（出《申日[9]兜本經》）。"（T2121v53p0190b）本頁下注9："兜=兒《明》。"唐明佺等撰《大周刊定衆經目録》："《德護長者經》一部二卷（一名《尸利崛多長者經》，與《申日[19]兜本經》《月光童子經》同本異譯）。"（T2153v55p0463c）本頁下注 19："兜＝兒《三》。"南朝梁僧祐撰《出三藏記集》："《申日兜本經》一卷。"（T2145v55p0027a）隋費長房撰《歷代三寶紀》："《申兜本經》一卷（或申日）。"（T2034v49p0091c）隋法經等撰《衆經目録》："《申日兜本經》一卷。"（T2146v55p0119a）《可洪音義》卷二十四《衆經目録》第一卷："申日兜，下音兒，申日是父，兒是彼長者子也。《大集經》作申越，即尸利毱多長者也。"（v60p321c）"兜"皆"兒"字之訛。"兜"又寫作"皃"（見《可洪音義》v60p49a），故"倪"或訛作"僶"。《可洪音義》卷六《大灌頂經》第三卷："[illegible]提，上五礼反，《經義》作'倪提'，郭氏作定侯反。"（v60p750a）"[illegible]"亦"倪"字之訛。郭氏讀"[illegible]"作"定侯反"蓋由"倪"的異寫之右旁與"兜"的異寫同形而誤讀。

0120 儙

佚名《翻梵語》："尸婆子，應云抱波羅，譯曰[3]薀藻。(《鞞婆沙》第一卷)。"(T2130v54p1049a) 本頁下注 3："薀＝儙《甲》。"

按："儙"與"薀"爲版本異文，"儙"即"薀"字之訛。尸陀槃尼撰、前秦僧伽跋澄譯《鞞婆沙論》："如苦瓠子、婆檀鞮伽子、摩樓多子、尸婆梨子種著地中，若受地味水味火味風味，彼一切味轉苦無味不甜。何以故居士謂種子苦也？如是居士邪見人。"（T1547v28p0435c）日本心覺撰《多羅葉記》："尸婆梨草，可云施婆羅，此云蘊藻，是草部。"（T2707v84p0632a）《鞞婆沙論》作"尸婆梨子"，《翻梵語》脱"梨"字，《多羅葉記》未脱。據文意，"尸婆梨"爲草名，"尸婆梨子"爲此草的種子。《翻梵語》翻作"薀藻"（《多羅葉記》作"蘊藻"），"薀藻"見《左傳》，一般解釋爲聚集在一起的藻，非草名。又"藻"爲水生植物，文中説把尸婆梨的種子種在土中，由於受各方面的原因味道會變苦，與文意不合，到底爲何草，尚需考證。《翻梵語》："施婆羅，應云施（始來反）婆羅，譯曰薀藻。"（T2130v54p1019b）又："尸婆離，應云陀婆羅，譯曰薀藻。"（T2130v54p1018a）"施婆羅""尸婆離"亦皆譯作"薀藻"。據此"儙"當是"薀"之形訛無疑，所指之物則需再考。

0121 僳

日本空海撰《梵網經開題》："於是大覺聖君策慈騎以赴四魔夷，大智賢臣脂慈車以馳六道狄。斑嚴令於五乘，駈四生於一如。爾乃巨猾狂兒，面縛歸命大乘，首[3]僳叛類，改性稽顙三身，斷其三毒之源，同封一如之邦。"（T2246v62p0001a）本頁下注 3："僳＝傑《乙》。"

按：“傑”與“傑”爲版本異文，“傑”即“傑”字之訛。日本空海撰《法華經開題》：“於是大覺聖君策慈騎以赴四魔夷，大智賢臣脂悲車以馳六道狄。斑嚴令於五乘，駈四生於一如。爾乃巨猾狂兒，面縛歸命一乘，首[1]傑叛類，改性稽顙三身，共斷其三毒之源，同封此一如之邦乎。”（T2190v56p0173a）本頁下注 1：“傑＝傑《乙》。”“傑”亦與“傑”爲異文。“首傑”與“巨猾”義近，“傑”通“桀”，爲殘暴之義，指殘暴之人。“桀”右字内部件同化或寫作“桀”（見《可洪音義》v60p539a），故“傑”或寫作“傑”（見《可洪音義》v60p97c），“傑”即“傑”之進一步書寫變異。秦公《碑别字新編》“傑”字引《唐樊興碑》字形作“傑”，《隋張盈墓誌》字形作“傑”，亦可比勘。

0122 僬

唐法琳撰《辯正論》：“外論曰：夫華夷禮隔，尊卑著自典信；邊正道乖，勝負存乎史册。戎狄之主，不許僭號稱王；楚越之君，故自貶之爲子。豈可[19]僬鬻之小匠，匹我天王之大師。此華夷之異四也。”（T2110v52p0527c）本頁下注 19：“僬＝獯《三》。”

按：“僬”與“獯”爲版本異文，“僬”即“獯”字之訛。《孟子·梁惠王下》：“惟智者爲能以小事大，故太王事獯鬻，勾踐事吴。”趙岐注：“獯鬻，北狄彊者，今匈奴也。”《後漢書·南匈奴傳》：“昔獫狁獯粥之敵中國，其所由來尚矣。”李賢注：“周曰獫狁，堯曰熏粥，秦曰匈奴。”《廣韻·薰韻》：“獯，北方胡名，夏曰獯鬻，周曰獫狁，漢曰匈奴。”“獯鬻”文獻習見，爲北方少數民族名，字本作“獯”，“僬”或“犭”旁誤作“亻”旁，或因爲民族名而改從人，皆通。唐道宣撰《廣弘明集》：“外適化華夷異四。外論曰：夫華夷禮隔，尊卑著自典墳；邊正道乖，勝負存乎史册。戎狄之主，不許僭號稱王；楚越之君，故自貶之爲子。豈可獯鬻之小匠，匹我天王之大師。此華夷之異四也。”（T2103v21p0178c）亦作“獯”。

0123 䵷

龍樹造、後秦鳩摩羅什譯《大智度論》：“是時近臣、内[24]戚安施帳幔，却諸看人：‘王今如此，無可觀也！’”（T1509v25p0088b）本頁下注 24：“戚＝䵷《聖》。”

按：“䵷”與“戚”爲版本異文，“䵷”即“戚”之書寫變異。唐慧琳撰《一切經音義》卷七十七《釋迦譜》第一卷：“親戚，清亦反。孔注《尚書》云：‘戚，近也。’顧野王：‘近所以爲親也。’《説文》：从戊从尗聲也。《譜》作

‘傶’，非也。下文慘慼字同也。”（T2128v54p0806a）南朝梁僧祐撰《釋迦譜》：“今者一旦捨之而死，又爲父母親戚屬眷之所愛念。”（T2040v50p0022c）《可洪音義》卷四《大般涅槃經》：“親傶，蒼歷反。正作戚。”（v59p689a）“傶”皆“戚”之書寫變異。《可洪音義》第十一卷《瑜伽師地論》：“親傶，蒼歷反。正作戚。郭氏作私占反，非也。”（v59p689b）“傶”與“傶”形近。

0124 𠌥

佚名《翻梵語》村名第四十七：“卑地寫寺，應云毘地𠌥，譯者曰四惟。《善見律毘婆沙》第二卷。”（T2130v54p1040c）

按：同上經：“卑提寫村，應云毘提寫，譯曰四惟。《善見律毘婆沙》第二卷。”（T2130v54p1040c）南朝齊僧伽跋陀羅譯《善見律毘婆沙》：“昔阿育王封欝支國，初往至國，次第而去，即到南山。山下有村，名卑提寫。大富長者以女與阿育王爲婦，到國而生一男兒，名摩哂陀。摩哂陀年已十四後，阿育王便登王位，留婦置欝支國，在[23]卑提寫村住，是以經文注言摩哂陀經六月日而至母所。爾時摩哂陀，次第到母國已，母出頭面作禮。作禮已竟，爲設中食，即立大寺，名卑地寫。”（T1462v24p0686c）本頁下注 23：“Vedisanagara。”與“𠌥”對應之字作“寫”，二字爲“sa”音的譯音字。參考字形，“𠌥”當是“瀉”字之訛。日本淨嚴撰《悉曇三密鈔》：“𑖭𑖿𑖧，寫（隨求）、徒也（無垢淨光經）。”（T2710v84p0751b）唐善無畏譯《蘇悉地羯羅供養法》：“𑖡𑖕𑖭𑖿𑖧𑖦，囊者瀉莽。”（T0894v18p0711c）“寫”“瀉”又皆爲梵文“𑖭𑖿𑖧（sya）”的譯音字。手寫體中“氵”與“亻”形近易混，故“瀉”或訛作“𠌥”。

0125 𠎤

僧伽羅剎造、東漢安世高譯《道地經》：“世間人不聞者意計身[9]𠎤，但不至誠見故。”（T0607v15p0235a）本頁下注 9：“𠎤=樂《三》《宮》。”

按：正文“𠎤”，注文作“𢤱”，“𠎤”與“𢤱”“樂”爲版本異文，“𠎤”即“𢤱”字之訛，“𢤱”爲“樂”之分化字。《集韻·鐸韻》歷各切：“樂、𢤱，娛也。或从心。”金韓道昭《五音集韻·鐸韻》盧各切：“樂、𢤱，喜樂也。又五角、五教二切。”元黄公紹原編、熊忠舉要《古今韻會舉要·藥韻》歷各切：“樂，娛也。《廣韻》：‘喜樂也。’《通論》：‘小曰喜，大曰樂；獨曰喜，衆曰樂。喜者主於心，樂者無所不被。’《增韻》：‘無憂也。天理洞達，内心油然。《易》：樂天知命，故不憂。’朱氏曰：‘悦在心，樂主發散在外。’《集韻》或作‘𢤱’。又嘯、效、覺韻。”“𢤱”字最早見於《集韻》收録，在來母鐸韻，義爲快樂，乃

“樂”的分化字。南朝齊僧伽跋陀羅譯《善見律毘婆沙》：“有二樂，一者身樂，二者心樂。”（T1462v24p0750a）唐道世撰《法苑珠林》：“爾時世尊告諸比丘：有四人出現於世，云何爲四？或有人身樂心不樂，或有人心樂身不樂，或有人身心俱樂，或有人身心俱不樂。何等人身樂心不樂？是作福凡夫人，於四事供養，衣被飲食臥具醫藥無所乏短，但不免三惡道苦，是謂身樂心不樂。何等人心樂身不樂？所謂阿羅漢不作功德，於四事供養之中不能自辦，但免三惡道苦，是謂心樂身不樂。何等人身心俱不樂？所謂凡夫之人，不作功德，不得四事供養，復不免三惡道苦，是謂身心俱不樂。何等人身心俱樂？所謂作功德阿羅漢，四事供養無所乏短，復免三惡道苦，是謂身心俱樂。”（T2122v53p0814b）“身樂”之“樂”當爲快樂之義。字或作“僺”，當即“憥”字之訛。

僧伽羅剎造、東漢安世高譯《道地經》：“行者得味譬如笮甘蔗，常怖觀見積百餘。若不得僺樂窮老死。故在世間没，譬如無有力象墮陷不能自出。世間人亦爾。”（T0607v15p0230c）《可洪音義》第十一卷《道地經》：“僺樂，上五孝反。好也，愛慕也。正作‘樂’也。下勒告反，不捨境界修空之義也。《説文》：慫，樂也。上又郭氏作舒灼反，非也。下又岳、洛二音，非。”可洪讀“僺”爲“五孝反”，釋其義爲喜歡、愛好。孫玉文以此用法爲“樂”的滋生詞（《漢語變調構詞考辨》，商務印書館，2015 年，p367），“僺”亦當爲“憥”字之訛，此“憥”亦可看作“樂”的分化字。唐慧琳撰《一切經音義》卷七十五《道地經》：“僄樂，上匹妙反。《方言》云：‘僄，輕也。荆楚之間謂輕爲僄。’《經》文錯書‘僺’字，從人從樂。古文‘僄’字，從人從囟從火作‘㷰’。書寫不識，便書從票，錯之甚矣。《説文》：‘僄，輕也。从人，票聲。’今俗變火爲小也。”（T2128v54p0791b）文獻未見“僄樂”連用之例，慧琳所解不可從。

東漢安玄譯《法鏡經》：“自歸於法者云何？謂爲恭敬法。求法欲法，樂法之，樂法隆法，依法護法，慎如法住，隨法術，爲法典，爲法力，爲求法財，爲法靜治，爲造法事，我亦當天上世間分布是法。開士居家者，自歸於法爲如是也。”（T0322v12p0016a）唐玄應撰《一切經音義》（麗藏本）卷八《法鏡經》上卷：“樂法，五孝反。愛欲曰樂。《經》文從人作‘僺’，非也。”（p112b）唐慧琳撰《一切經音義》卷十六《法鏡經》上卷：“樂法，五教反。愛欲曰樂。《經》文作‘憥’，非也。”（T2128v54p0407c）《大正藏》本《法鏡經》“樂法”之“樂”，玄應所見本作“僺”，慧琳所見本作“憥”，“僺”亦“憥”字之訛。

0126 傾

北魏吉迦夜譯《佛説稱揚諸佛功德經》：“舍利弗，其有得聞斯佛名者，及諸如來功德名號，加廣宣傳稱揚説時，若有不信謗毀之者，四十億歲在加羅秀[15]領泥犁之中具受衆苦。”（T0434v14p0097c）本頁下注 15：“領＝頭《宋》《宫》，傾《元》《明》。”

按：“傾”與“頭”“領”爲版本異文。《可洪音義》卷八《稱揚諸佛功德經》中卷：“禿傾，音頭，地獄名也。”（v59p820c）可洪所見本亦作“傾”，用“頭”作直音。佚名《翻梵語》地獄名第四十一：“迦羅秀頭泥梨，應云迦羅脩多羅，譯曰黑繩。”（T2130v54p1033b）日本心覺撰《多羅葉記》：“迦羅秀頭泥梨，可云迦羅修多羅，此云黑繩。”（T2707v84p0591a）與“傾”對應之字作“頭”，“傾”與“頭”爲同一梵文的譯音字。“領”爲“頭”之刻誤。《可洪音義》之“禿”又“秀”字之訛。

0127 儀

唐法琳撰《辯正論》：“内箴曰：夫淳[33]曦麗天，矇叟莫鑒其色；震霆駭地，聾夫弗聆其響者，蓋機感之絶也。”（T2110v52p0529c）本頁下注33：“曦＝儀《宋》《元》。”

按：“儀”與“曦”爲版本異文，疑“儀”爲“犧”字之訛，“犧”通“曦”。唐道宣撰《廣弘明集》：“内箴曰：夫淳[40]羲麗天，矇瞍莫鑒其色；震霆駭地，聾夫弗聆其響者，蓋機感之絶也。”（T2103v52p0180c）本頁下注40：“羲＝犧《宋》《宮》，曦《元》《明》。”“曦”的異文或作“犧”。南朝梁僧祐撰《弘明集》：“精甲照[40]曦，霜戈拂域。”（T2102v52p0092c）本頁下注40：“曦＝曦《明》，儀《宮》。”“儀”爲“犧”字之訛，“曦”爲“曦”字之訛。南朝齊僧伽跋陀羅譯《善見律毘婆沙》：“金鉢[1]儀一具，阿耨達池水。”（T1462v24p0688a）本頁下注1：“儀＝犧《三》《宮》《聖》。”日本善珠撰《因明論疏明燈抄》：“蜜[6]犧氏。”（T2270v68p0321b）本頁下注6：“犧氏＝儀《甲》。”“儀”亦“犧”字之訛，可資比勘。唐慧琳撰《一切經音義》：“伏羲，許羈反。亦号庖羲，《論》作‘[2]攠’，亦同。”（T2128v54p0866c）本頁下注2：“攠＝犧《甲》。”“犧”又訛作“攠”，亦可比勘。

“羲”訛作“義”，文獻多見。唐澄觀述《大方廣佛華嚴經隨疏演義鈔》：“伏[5]羲得之，以襲氣母。”（T1736v36p0104a）本頁下注5：“羲＝義《甲》。”隋費長房撰《歷代三寶紀》：“帝好書，自造《[4]義皇篇》五十章。”（T2034v49 p0034a）本頁下注4：“義＝羲《三》。”南朝梁僧祐撰《弘明集》：“如[44]義文之外更有三才。”（T2102v52p0024c）本頁下注44：“義＝羲《三》。”四庫本作“羲”。唐道宣撰《廣弘明集》：“臣笑曰：《神仙傳》云：吴郡沈[13]義，白日登仙，四百年後還家。”（T2103v52p0148a）本頁下注13：“義＝羲《三》。”四庫本作“羲”。又：“百姓無事爲羲皇之民（彈曰：造化之世，人不輸租。[48]義皇之民，鼓腹而臥）。”（T2103v52p0160c）本頁下注48：“義＝羲《三》《宮》。”又：“今陛下道邁[2]義皇，德高堯舜。”（T2103v52p0099a）本頁下注2：“義＝羲《三》《宮》。”南宋妙源編《虛堂和尚語録》：“日與義皇上人，游戲大槐安國。”（T2000v47p1051c）宋集成等編《宏智禪師廣録》：“松直棘曲，鶴長鳧短。義皇世人，俱忘治亂。其安也潜鱗在淵，其逸也翔鳥脱絆。”（T2001v48p0021a）北宋陳舜俞撰《廬山記》：“題詩庚子歲，自爲義皇人。”（T2095v51p1044a）佚名《寺沙門玄奘上表記》：“義皇之德尚見稱於前古，姬后之風猶獨高於後代。”（T2119v52p0822a）四庫本宋楊齊賢集註、元蕭士贇補註《李太白集分類補註・戲贈鄭溧陽》：“清風北牕下，自謂義皇人。”“義”皆“羲”字之訛。

北宋贊寧等撰《宋高僧傳》：“宋天台山螺溪傳教院義寂傳。釋義寂，字常照，姓胡氏，溫州永嘉人也。”（T2061v50p0752b）四庫本作“羲”。南宋志磐撰《佛祖統紀》：“門人世業者，[3]羲寂、志因、覺彌。十五祖淨光尊者羲寂，字常照。”（T2035v49p0190c）本頁下注 3：“羲＝義《甲》。”元念常集《佛祖歷代通載》：“有傳天台教義寂者，屢懇于師曰：‘智者之教，年祀浸遠，慮多散落。今新羅國，其本甚備，自非和尚慈力，其孰能致之乎？’”（T2036v49p0657a）四庫本作“羲”。元覺岸編《釋氏稽古略》：“有傳天台智者之教沙門義寂者，即螺溪法師也。”（T2037v49p0855b）四庫本作“羲”。“螺溪法師”之名，文獻或作“羲寂”，或作“義寂”，“義”乃“羲”字之訛。螺溪法師有弟子澄彧，作《淨光大師塔銘》，其銘曰：“師諱羲寂，字常照，俗胡氏，永嘉人也。”宋釋契嵩所作《杭州石壁山保勝寺故紹大德塔表》（收《鐔津文集》），宋釋惠洪所作《天台韶國師》（收《禪林僧寶傳》），宋釋普濟所作《清涼益禪師法嗣》（見《五燈會元》）等字皆作“羲”。“義”與“羲”形近，文獻中“羲”常訛作“義”，加之人名用字，缺乏文意限定，在傳抄刻印中形近之字更易混誤，故“羲寂”常誤作“義寂”。

查籍合網所集古籍整理著作，不少著作中“羲寂”誤作“義寂”，未做校訂。如：陳文和主編《嘉定錢大昕全集（增訂本）》（鳳凰出版社，2016 年）所收《潛研堂金石文跋尾・四明祖庭世統題名記》，范祥雍點校《宋高僧傳》（中華書局，1987 年）之《大宋天台山螺溪傳教院義寂傳》，富世平校注《釋氏要覽校注》（中華書局，2014 年），楊之峰點校《閱藏知津》（中華書局，2015 年）引《佛祖統紀》，林仲湘、邱小毛校注《鐔津文集校注》（巴蜀書社，2014 年）所録《杭州武林天竺寺故大法師慈雲式公行業曲記》，曾棗莊、劉琳主編《全宋文》（上海辭書出版社、安徽教育出版社，2006 年）所録《建傳教院銘碑》、《建光大師行業碑》及《宋故明州延慶明智法師碑銘》皆作“義寂”。明復編《中國佛學人名大辭典》（中華書局，1998 年）收“義寂”，釋曰：“（宋）比丘，字常照，永嘉（浙江）胡氏子。幼出家於邑之開元寺。長入天台從清竦法師研尋止觀。師寂，乃興螺溪道場居之，以爲講説之所。衆爭歸趨，無間遠近。禪講辯難，不捨寒暑。又以唐末以來，戰亂相尋，智者遺書，蕩然無存，後學之士，莫由窺見密意奥旨。乃勸吴越錢王遣使高麗日本，覓求抄寫，以饗學人。台宗由是乃獲中興之機。以咸雍四年（九八七）十月寂。壽六十九。撰有《止觀義例》、《法華十鈔》等，世稱螺溪尊者。”

又，《可洪音義》卷二十六《集沙門不能拜俗等事》第四卷：“青曦，許宜反。從日義。”（v60p429a）唐彦琮纂録《集沙門不應拜俗等事》：“創跡昆城，包紫宙而開宇；疏基勵壤，貫青曦而闡耀。”（T2108v52p0462c）“曦”爲“曦”字之訛，亦“羲”旁訛作“義”之證。

0128 𠆾

北宋天息災譯《大方廣菩薩藏文殊師利根本儀軌經》：“汝當聽説真言王曰：曩莫三滿哆没馱（引）喃（引）阿鉢囉（二合）底賀哆舍（引）娑曩（引）喃（引）怛𠆾（切身）他唵（引）佉佉佉呬佉……”（T1191v20p0883c）

按：“𠆾”爲由“儞”“也”兩字構成的切身譯音字。日本淨嚴撰《悉曇三密鈔》：“ꡦ，姪（千手大悲心呪）、儞也（尊勝）、儞演（金軌）、晛（奴見切。略出經）。ꡦ，儞也（佛頂）、儞野（随求）、𩊠、𩍐（二共切身。羂索經）。”（T2710v84p0751a）又：“ꡦ，儞也（胎軌）、若（法華）。”（T2710v84p0751a）“儞也”爲“ꡦ（dya）”“ꡦ（dyā）”“ꡦ（nyā）”的譯音字，“𠆾”與“儞也”爲相同梵文的不同譯音形式。《大方廣菩薩藏文殊師利根本儀軌經》：“真言曰：曩莫薩哩嚩（二合）没馱冒地薩怛嚩（二合，引）曩（引）摩鉢囉（二合）底賀哆誐𧯽（切身）誐哆（引）喃（引）怛𠆾（切身）他（引）唵（引）入嚩（二合）羅底瑟吒（二合）吽（牛鳴，音呼）嚕嚕尾濕嚩（二合）三婆嚩三婆吠（引）娑嚩（二合，引）賀（引）。”（T1191v20p0875a）林光明《新編大藏全咒》卷十三《大方廣菩薩藏文殊師利根本儀軌經》“枳世儞真言”中“𠆾”的梵文羅馬轉寫作“dya”，即“ꡦ”的譯音字。

0129 𠋧

唐菩提流志譯《文殊師利寶藏陀羅尼經》“爾時如來即爲大衆而説呪曰：南麽 阿鉢哩弭多（一）壞囊微寧濕嚩囉（引）嗜捺囉野怛他（去聲）蘖多（去聲）野南謨（上聲）曼殊室哩曳矩忙囉部多（去聲）野怛𠋧（去聲）他（去聲）唵痾（去聲）末囉鉡却浙囉。”（T1185Bv20p0800b）

按：“𠋧”同“𠆾”，參上條。此字《大正藏》凡18見。

0130 㒹

唐菩提流志譯《不空罥索神變真言經》：“瘡皰痒瘨[3]𧞣蠱等病。”（T1092v20p0228a）本頁下注3：“𧞣＝㒹《宋》，厭《明》《乙》。”

按：正文“𧞣”，注文作“𧞣”，“㒹”與“𧞣”“𧞣”“厭”爲異文。唐阿目佉譯《佛説不空罥索陀羅尼儀軌經》：“瘡皰痒瘨厭蠱等病。”（T1098v20p0432c）文獻中“厭蠱”習見，謂以巫術致災禍於人。“厭”爲“壓”的古字，引申有鎮服或驅避可能出現的灾禍，或致災禍於人之義，“厭蠱”爲近義並列複合詞。《玉篇·示部》：“禰，於琰切。禰禳也。”“禰”蓋“厭”之後出分化字。西晉聖堅譯《佛説除恐災患經》：“或有議言：當用白馬、白駝、白牛、白羊、白雞、白狗種種百頭，而以祠祀鎮[7]厭解除，以禳却之。”（T0744v17p0552a）本頁下注7：“厭=禰《元》《明》。”《嘉興藏》作“禰”。《可洪音義》卷七《不空羂索神變真言經》第九卷：“禰蛊，上於琰反，下公五反。悮。”（v59p782c）又第一卷：“禰蠱，上於琰反，下公五反。”（v59p780a）又第十一卷：“禰蠱，上於琰反，下公五反。”（v59p783c）唐慧琳撰《一切經音義》卷三十六《蘇婆呼經》中卷：“禰縛，上益琰反。《考聲》：‘禰，禳也。’《廣雅》：‘壓，鎮也。’《集訓》：‘禰，著也。’案：‘禰’亦禱也，祈禱精魅鬼神與人爲祟，或造符書喚人名字，或作彼人形像埋藏於神祠，或竈下，或十字路上，名爲禰禱。”（T2128v54p0545b）《可洪音義》卷九《蘇婆呼童子經》中卷：“禰縛，上於琰反，禳灾。”（v59p874a）唐輸波迦羅譯《蘇婆呼童子請問經》中卷：“亦勿令人發毒相憎及損厭縛。”（T0895v18p0725c）又：“不應科罰龍鬼之類，亦勿令人發毒相憎及損厭縛，不應治療嬰兒之魅。”（T0895v18p0725c）“禰”“禰”異寫，皆“厭”之分化字。《大正藏》“禰”或訛作“禰”，三國吴康僧會譯《六度集經》：“唯當以蠱道結草[2]祝禰投之于水，令梵志體重天女靈歇耳。”（T0152v03p0045a）本頁下注2：“祝禰=咒厭《三》。”《漢語大字典》：“禰，yǎn《玉篇·衣部》：‘禰，於琰切。’”（二p3324b）據《玉篇》收“禰”字，而未詳其義，當釋爲“禰”之訛字。字或作“僫”者，“僫”即“禰”“禰”之訛。

0131 僋

日本勝賢記、守覺輯《祕鈔》：“唵鉢納麽（二合）羅誐涅（寧逸反）摩僋迦（引）麽羅誐母荅鈐（二合）盧迦曩他滿馱銘薩嚩秫馱悉地者。”（T2489v78p0523b）

按：“僋”爲譯音字，蓋“攬”字之訛。唐不空譯《十一面觀自在菩薩心密言念誦儀軌經》：“歌詠讃歎本尊讃曰：唵鉢納麽（二合）囉誐涅（寧逸反）麽攬迦（引）麽囉誐母荅鈐（二合）盧迦曩他滿馱銘薩嚩秫馱悉地者。”（T1069v20p0145b）唐不空譯《金剛頂瑜伽千手千眼觀自在菩薩修行儀軌經》：“跛娜麽（二合）囉（引）誐顊（寧逸反）麽（上）藍（五）迦（引）麽（上）囉（引）誐母荅鈐（六）路（引）迦曩（引）他曼馱銘（引。七）薩嚩蹟（詩律反）馱悉地野。”（T1056v20p0075c）與“僋”對應之字作“攬”或“藍”字。日本淨嚴撰《悉曇三密鈔》：“ḷ，藍（日經）、攬、隣、稜、楞、蘭（二共佛頂）、臘（隨求）。”（T2710v84p0746b）“攬”“藍”皆可作“ḷ（laṃ）”的譯音字。同上經："𑖨̇，藍、嚂（二共日經）、巑、蘭、䕲、𡃶、纜（大疏）、㰖、唥、林、朗（金軌）、哴（壽命經）。"（T2710v84p0746b）"藍""嚂"亦可作"𑖨̇（raṃ）"的譯音字。"儖"當即"攬"字之訛。

0132 儞

南朝梁寶唱等集《經律異相》："五十曰儞儒，獄鬼石砰人頭。此人生時慢心，使父母師長倚，令其兒生言不恭敬。"（T2121v53p0268a）

按：鄧福禄、韓小荆《字典考正》"偊"字條："《可洪音義》卷二三《經律異相》第五十卷音義：'偊儒：上市玉反，矬短也。''偊儒'即'儞儒'，'偊'即'儞'的草書楷化字。'儞'字傳統字書韻書未收録，'儞'當是"僪"的更換形旁字。《廣韻·屋韻》徒谷切：'僪倲，短醜貌。'"（p13）以"儞"爲"僪"之改換聲旁字（"聲"原文作"形"，據文意，"形"當作"聲"），結論可從。《廣韻·虞韻》章俱切："侏，侏儒，短人。""儞儒"與"侏儒"音義皆近，"儞儒"當即"侏儒"的語轉。北魏瞿曇般若流支譯《正法念處經》："若惡業盡，彼地獄處爾乃得脱。若於前世過去久遠，有善業熟，不生餓鬼畜生之道。若生人中同業之處，得[11]侏儒身，目盲耳聾，貧窮少死，常患飢渴，是彼惡業餘殘果報。"（T0721v17p0038c）本頁下注11："侏＝僪《三》，蜀《宮》。""侏儒"又作"僪儒"，可比勘之。"僪倲"與"侏儒""僪儒"亦音義皆近，亦語轉之詞。《廣韻·燭韻》市玉切："僪，僪倲，動皃。"北宋梅堯臣《宛陵集》卷二十四《薛九宅觀鵰狐圖》："蜀中處士李懷衮，手畫皂鵰擒赤狐。猛爪入頰觜迸血，短尾僪倲窟蹄鋪。"南宋陸游《劍南詩稿》卷二十七《癸丑重九登山亭追懷頃在興元常以是日獵中梁山下樂甚慨然賦詩予於是生六十有九年矣》："離披雉拂雕鞍墮，僪倲狐穿古冢藏。""僪倲"乃恐懼抖動之義，與此義不同。

0133 鐖

唐菩提流志譯《不空羂索神變真言經》："若有他賊侵亂國土，淨浴身服，以紫橿木銛[12]撥然火，白芥子安悉香牛酥蜜酪，加持護摩滿至七日。"（T1092v20p0342b）本頁下注12："撥＝鐖《宋》《元》，鏺《明》《乙》。"

按：《嘉興藏》作"鏺"。"鐖"與"撥""鏺"爲版本異文，"鏺""鐖"皆"撥"字之訛。唐慧琳撰《一切經音義》卷三十九《不空羂索經》第二十一卷："銛撥，上燮閻反。《漢書音義》：'銛，猶利也。'《説文》：'从金，舌聲。'下般末反。《毛詩傳》云：'撥，治也。'《説文》：'从手，發聲。'《經》作'鐖'，非也。"（T2128v54p0564b）慧琳所見本作"鐖"，字頭標目作"撥"，所定正字作“撥”。唐菩提流志譯《一字佛頂輪王經》：“若時數畢，當又呪持室利木，或檻攞木，或白栴檀木，或檻木，或楓香木，横十二指量兩頭齊斫截。作安隱法，作富饒法，皆上成就。若酸棗木、佉陀羅木、迦羅弭羅木等，横十二指，兩頭銛斫截。”（T0951v19p0234c）又：“以酸棗木、苦楝木，長一搩手頭銛斫截，於壇鑪中三角累然。又以臭花黑芥子糠鹽人擴薩底計捨，和自身嚕地羅，一呪一燒一千八遍。”（T0951v19p0262b）唐菩提流志譯《五佛頂三昧陀羅尼經》：“若時數畢，當又呪特室利木，或蜜攞木，或白栴檀木，或楓香木，横十二指頭齊劈截。作安隱法，作富饒法，皆上成就。若棘針木、佉陀羅木、迦羅弭羅木等，横十二指頭銛劈截。”（T0952v19p0270c）唐菩提流志譯《不空羂索神變真言經》：“又紫橿木、苦楝木，長一磔手斫截然火。”（T1092v20p0325b）根據上述經文，佛教徒在做護摩時，投入爐中燃火的木料有不同樣式，有的是“齊斫截”，即將木棍之類的東西齊頭截斷。有的是“銛斫截”，即砍削成尖頭的，“銛撥”與“銛斫”義近，即修治成尖頭之義。據文意，正字當作“撥”。字或作“鏺”者，乃由“撥”與“銛”連用，受其影響而改作“金”旁。“鏺”則“鏺”字之訛，“金”旁訛作“僉”旁也。

勹　部

0134 匇

唐道世撰《法苑珠林》：“聞江中[32]洶洶有人聲非常。”（T2122v53p0769c）本頁下注32：“洶洶＝匇匇《宋》《元》《宮》。”

按：“匇”與“洶”爲版本異文，“匇”即“匈”字之訛，在喧鬧聲的意義上“匈”與“洶”通。唐玄應撰《一切經音義》（麗藏本）卷十三《佛般泥洹經》下卷：“匈匈，許恭反。匈匈，沸撓之聲也。《漢書》‘匈匈數千人聲’是也。《經》文從水作‘洶’，非也。”（p177c）此兩字相通之例。

0135 匍

日本白雲慧曉輯《佛照禪師語録》：“畫龍：驀將滴水，作滿天霖，風雲匊匍，枯木生吟。”（T2546v80p0044b）

按：“匍”即“帀”字之訛。“匊匍”文獻通用“周匝”，“周匝”有周遍環繞義。《説文·帀部》(段注本):“帀,匊也。”“帀”,隸楷作“帀”,“帀”或訛作“市”“市”,“匝”爲“帀”俗字,蓋由“帀”或增“辶”作“迊”,“迊”書寫變異作“匝”。“匊帀”爲同義並列複合詞,“匊帀”之“帀”訛作“市”,又受前字“匊”同化影響而加“勹”旁即成“匍”字。三國吴康僧會譯《六度集經》:“又有毒蛇圍城十四[28]匝。”(T0152v03p0004b)本頁下注28:“匝=市《明》。”

法救撰、北宋天息災譯《法集要頌經》:“如囚被繫縛,拘牽詣都[8]市,動則向死路,壽命亦如是。”(T0213v04p0777b)本頁下注8:“市=帀《明》。”南朝梁僧祐撰《出三藏記集》:“此照者,是惜一肆之上而有鑠金之説,一[13]市之中而言有虎者。”(T2145v55p0042b)本頁下注13:“市=帀《明》。”唐道宣撰《集神州三寶感通録》:“[29]市地作屋,常以索貫爲資。”(T2106v52p0410c)本頁下注29:“市=匝《三》。”唐義淨譯《根本説一切有部毘奈耶》:“言麁惡者有二種,謂波羅[9]市迦因起,及僧伽伐尸沙因起。”(T1442v23p0773c)本頁下注9:“市=匝《聖》。”“市”“帀”“匝”皆“市”字之變異。

0136 𫇧

東晉瞿曇僧伽提婆譯《增壹阿含經》:“爾時,世尊告諸比丘:諸有華之屬,[41]瞻蔔之華、須摩那華,天上、人中,婆師華最爲第一。”(T0125v02p0635c)本頁下注41:“瞻=薝《三》,𫇧《聖》。”

按:“𫇧”“瞻”“薝”爲版本異文。《龍龕·勹部》:“𫇧,音占。”《中華字海》據《龍龕》收録“𫇧”字,然未詳其義(p127c)。張涌泉《漢語俗字叢考》(修訂本)“𫇧”字條:“此字應即‘占’的繁化俗字。……蓋‘占匐’連文,‘占’字因受‘匐’字影響,遂亦類化增旁作‘𫇧’。”(p63)最早據《玄應音義》溝通了“𫇧”與“占”的關係。鄭賢章《龍龕手鏡研究》“𫇧”字條:“無論是‘瞻蔔’‘薝蔔’還是‘𫇧蔔’‘占匐’皆音譯詞,乃梵文campaka之音譯……‘𫇧’在佛經中只是作爲音譯字,本無意義,與‘瞻’‘薝’‘占’‘旃’等一樣用來對譯梵語‘campaka’中的‘cam’。‘𫇧’產生的原因是‘占匐’之‘占’受下字‘匐’的影響類化增旁而成。”(p197)結論可從,尚有可補者略有四事:(一)日本淨嚴撰《悉曇三密鈔》:“च̣,占《日經》。”(T2710v84p0742c)“占”可爲“च̣(caṃ)”的譯音字。(二)東漢支婁迦讖譯《道行般若經》:“陸地有[38]占匐華。”(T0224v08p0471c)本頁下注38:“占匐=薝蔔《明》,占蔔《宫》。”三國吴支謙譯《大明度經》:“池間陸地有[13]薝蔔花、忍中花、琦華,如是數百種。”(T0225v08p0504b)本頁下注13:“薝蔔=占匐《聖》。”後秦佛陀耶舍、竺佛念譯《長阿含經》:“其池四面陸地生華:阿醯物多華、[8]瞻蔔華、波羅羅華、須曼陀華、婆師迦華、檀俱摩梨華。”(T0001v01p0023a)本頁下注8:“瞻蔔=占匐《三》。”唐法藏撰《梵網經菩薩戒本疏》:“占匐華雖萎猶勝諸餘花。"（T1813v40p0627b）此皆"占匐"連用的實際用例。（三）《大正藏》之《增壹阿含經》底本作"瞻蔔"，聖本"瞻"作"匐"，似聖本作"匐蔔"，然"匐蔔"不合字形同化之通例。唐玄應撰《一切經音義》（麗藏本）卷十一《增一阿含經》第十八卷："占匐，或作'瞻'，正言瞻博迦。《大論》云：'秦言黄花樹也。其樹高大，花氣遠聞。'《經》文作'匐'，非也。"（p149a）玄應作"占匐"，慧琳、可洪亦同，疑聖本作"匐匐"，《大正藏》漏"蔔＝匐"一組異文。（四）"占"受"匐"字影響而加"勹"旁乃字形同化之例，非類化例。

儿　部

0137 𠑷

日本照遠撰《資行鈔》："《墨子》云：墨子見染絲者而嘆云：染出蒼則蒼，染於黄則黄，所入者變，其色亦變，故染可不慎耶？非獨染絲然也，國亦有染。舜染於許由、伯陽，禹染於皋陶、伯益，湯染於伊、仲𠑷，武王染於太公、周公。"（T2248v62p0667c）

按：《墨子·所染》："舜染於許由、伯陽，禹染於皋陶、伯益，湯染於伊尹、仲虺，武王染於太公、周公。"此即照遠之所本，與"𠑷"對應之字作"虺"，"𠑷"即"虺"字之訛，"兀"旁訛作"元"，"虫"旁訛作"䍃"也。

0138 𠑾

唐窺基撰《大般若波羅蜜多經般若理趣分述讚》："七珍間錯所以衆色交映，四輝𠑾燿故能放大光明。"（T1695v33p0037c）

按："𠑾"即"晃"之俗字。《龍龕·光部》："𤇾、𤏳、煌、𤑔，四俗；𠑾、𠑾，二或作；晄、晃，二今，故廣反。光明暉晃晃也。"《龍龕》已經溝通"𠑾"與"晃"的關係。唐慧琳撰《一切經音義》："晃燿，上黄廣反。《廣雅》：'暉也。'《考聲》云：'日光也。'亦作'晄'。《説文》：'明也。从日，光聲。'下姚照反。《廣雅》：'燿，照也。'《韻英》曰：'光明也。'或作'曜'，亦通。《説文》从火作燿。有从光作'耀'，俗字，非正也。"（T2128v54p0329b）《可洪音義》卷六《六度集經》第二卷："焜烑，古黄反，盛也。正作'侊'。又黄廣反，明也，暉也。正作‘晄’也，俗。”（v59p763b）三國吴康僧會譯《六度集經》：“妻名曼坻，諸王之女，顏華[14]𤊷耀，一國無雙。”（T0152v03p0008b）本頁下注 14：“𤊷耀＝𤊷晃《三》。”“晃”或作“晄”“烑”等形，形旁或從“日”或從“火”，“𤊷”則改形旁從“光”，與“曜”又作“燿”“耀”同例。

0139 襶

唐義淨譯《根本説一切有部毘奈耶》：“或時腰邊細[4]襵，諸俗譏嫌，佛言：不應如多羅葉著衣，應當學。”（T1442v23p0901c）本頁下注 4：“襵＝襶《聖》《聖乙》。”

按：“襶”與“襵”爲版本異文。《可洪音義》卷十五《根本説一切有部毗奈耶律》第四十九卷：“細襶，陟涉反。正作襵。”（v59p1138b）與“襶”對應之字作“襶”。韓小荆《〈可洪音義〉研究·生僻字輯釋》“襶”字條：“‘襶’當是‘襶’字俗寫，而‘襶’字則當是‘襵’的換聲旁俗字。”（p307）其説可從。“襶”又“襶”字之訛。

匕部

0140 鵌

日本信瑞纂《淨土三部經音義集》：“馬腦，梵云摩婆羅伽鵌，或曰目婆邏伽羅婆，此譯云馬腦。”（T2207v57p0394c）

按：“鵌”即“隸”字異體“隸”字之訛，參 1502“鵌”字條。南宋宗曉述《金光明經照解》：“碼碯，《經音義》云‘梵語謨薩羅揭婆’。此翻杵藏，或翻胎藏。此取堅實爲名，即碼碯也。舊云‘摩婆羅伽隸’。此翻碼碯。蓋此寶色如馬之腦，因以爲名。”（X0361v20p0524a）宋戒度記《佛説阿彌陀經義疏聞持記》：“馬腦，梵云‘摩婆羅伽隸’。新經云‘阿濕摩揭拉婆’。此云藏杵，或翻胎藏，取此寶堅實爲名。”（X0420v22p0523b）南宋法雲編《翻譯名義集》：“[26]摩羅伽隸，此云碼碯。此寶色如馬之腦，因爲名。赤白色，琢成器，有文如纏絲焉。梵名謨薩羅揭婆，謨薩羅，此云杵；揭婆，此云藏。或言胎者，取馬腦堅實爲名也。”（T2131v54p1105c）本頁下注 26：“Musāragalba。”與“鵌”對應之字皆作“隸”。“摩羅伽隸”對應梵文作“Musāragalba”，“隸”與“l”音對應。日本淨嚴撰《悉曇三密鈔》：“[Siddham],𡃤、麗、歷、𡃤（佛頂）。”（T2710v84p0746b）又：“[Siddham]，隸（千手呪）。”（T2710v84p0751b）“𡃤”是“[Siddham]（le）”的譯音字，“隸”是“[Siddham]（lye）”的譯音字，亦相合。

0141 ⿰𠤎余

日本心覺撰《多羅葉記》：“罽賓⿰𠤎余跋陀，可云罽賓羅跋陀羅。罽賓羅者，蒼；跋陀羅者，賢。”（T2707v84p0612c）

按：“⿰𠤎余”即“隸”之異體“𨽿”字之訛。《説文·隶部》：“隸，附著也。从隶，奈聲。隸，篆文隸从古文之體。”清段玉裁注：“但先古後篆，必古從隶篆不從隶乃合，各本隸隸俱從隶，則何取爾？有以知篆文必非從隶矣。《九經字㨾》云：‘𨽿字故從又持米，從柰聲，又象人手。經典相承作隸已久，不可改正。’玄應書曰：字從米𣪊聲,𣪊从又從祟。音之絹切。考《楊君石門頌》《王純碑》作‘𨽿’，與《字㨾》合。《魯峻碑》作‘𨽿’，與玄應合。二人所謂，葢皆謂《説文》，而右旁皆作‘⿱士米’。玄應説似近是，葢即《説文》之篆文也，《説文》因小篆作‘𨽿’，故不得先舉篆而系以古文，以其形與古文略相似也。”蓋“隸”或作“𨽿”，“𨽿”又寫作“𨽿”（清桂馥《説文義證》：“‘出’變爲‘士’，與‘賁’作‘賣’同”），“𨽿”又寫作“⿰𠤎⿱人米”（見唐顔元孫《干禄字書》）、“⿰𠤎⿱人米”（見清邢澍《金石文字辨異·霽韻》“隸”字條引《唐鹽池靈慶公神祠碑》）、“⿰𠤎⿱人米”（見下條）等形，“⿰𠤎余”即“⿰𠤎⿱人米”“⿰𠤎⿱人米”等形之進一步寫訛。《可洪音義》卷十六《根本説一切有部毗奈耶苾蒭尼律》第一卷：“僕⿰𠤎余，上步木反，下力計反。”（v60p1c）“⿰𠤎余”亦“⿰𠤎⿱人米”類形體之訛，與“⿰𠤎余”亦形近。

“罽賓隸跋陀”，佛經常見。如龍樹造、後秦鳩摩羅什譯《大智度論》：“有時暫飛至罽賓隸跋陀仙人山上，住虚空中，降此仙人；仙人言：‘我樂住此中，願佛與我佛髮、佛爪，起塔供養’；塔于今現存（此山下有離越寺；離越，應云隸跋陀）。”（T1509v25p0126c）佚名《翻梵語》：“罽賓隸跋陀，應云罽賓羅跋陀羅，譯曰罽賓羅者，蒼；跋地羅者,賢。”（T2130v54p1042c）可資比勘。

0142 ⿰𠤎⿱人米

隋吉藏撰《法華義疏》：“座⿰𠤎⿱人米（此云晃耀）摩訶座⿰𠤎⿱人米（此云大明）郁枳（此云炎光）目枳（此云演暉）阿⿰𠤎⿱人米（此云順來）阿羅婆第（此云富章）涅⿰𠤎⿱人米第（此云悦喜）涅⿰𠤎⿱人米哆婆第（此云欣然）伊致抳（此云住止）韋致抳（此云立制）旨致抳（此云永住）涅⿰𠤎⿱人米墀抳（此云無合）涅梨抳婆底（此云無集）。”（T1721v34p0630b）

按："𨽍"即"隸"之異體"𨼿"字之訛。参上條。

几 部

0143 兀

失譯《無明羅刹集》："或時復有貪有衆生，狐狼野干狖狸鼷鼠穴處塚間；復有戒取，如被[12]兀樹枝葉摧落枯朽塚間。"（T0720v16p0856b）本頁下注 12："兀＝几《宋》，杌《元》《明》，瓦《宫》。"

按："兀"與"兀""杌""瓦"爲版本異文，"兀"即"兀"字之訛，"兀"與"杌"通用，"瓦"則"兀"字之訛。"兀樹"指光秃的樹，在這個意義上，字亦作"杌"。後秦鳩摩羅什譯《佛説華手經》："若見[37]兀樹似人相者尚不應瞋，況有識者。"（T0657v16p0190c）本頁下注 37："兀＝杌《三》《宫》。"唐慧琳撰《一切經音義》卷七十六《無明羅刹集》："杌樹，音[5]兀。"（T2128v54p0803b）本頁下注 5："兀＝瓦《甲》。""瓦"亦"兀"字之訛。唐慧琳撰《一切經音義》："咄男，丁兀反。《字林》：'咄，相謂也。'《字書》：'咄，叱也。'"（T2128v54p0699b）"兀"亦"兀"字之訛。

0144 凧

佚名《勸善經》："僧尼巡門難。寫此經流傳聖人真言，若被凧風吻却不免難。"（T2916v85p1462a）

按：本經題注曰："大英博物館藏燉煌本 S. 417。"此經文據敦煌寫卷轉録，原卷與"難"對應之字作"難"，與"被"對應之字作"被"，與"凧"對應之字作"卒"，與"吻"對應之字作"吹"。此經亦見於敦煌寫卷 S. 1349 及 S. 2882，上述四字分別作"勸""被""卒""吹"和"勸""被""卒""吹"，當轉録作"勸""被""卒""吹"，經文當作"僧尼巡門勸寫此經，流傳聖人真言，若被卒風吹却不免難"。"卒"通"猝"，"卒風"即突然而來的疾風，經文謂僧尼挨門挨户地勸人抄寫這部經文，傳播聖人的真言，如果抄寫的經文被疾風吹掉則不能免難。《大正藏》把"勸"録作"難"，"被"録作"被"，又不識"卒""吹"爲"卒"與"吹"，依形轉録作"凧"與"吻"，轉録又失真，致經文不可讀。

0145 ⿱分几

失譯《奇特最勝金輪佛頂念誦儀軌法要》："取新瓦鑵以汲淨水，不用殘水，寫淨⿱分几中，以糞和水，攪去其滓。"（T0949v19p0192c）

按："⿱分几"即"瓫"字之訛，"瓫"又"盆"之異構字。唐阿地瞿多譯《陀羅尼集經》："取新瓦罐以汲淨水，不用殘水，瀉淨盆中，以糞和水，攪去其滓。"（T0901v18p0787a）與"⿱分几"對應之字作"盆"。《廣韻·魂韻》蒲奔切："盆，瓦器。亦作瓫。""瓫"乃"盆"字改換形旁的異構字。清顧藹吉《隸辨·偏旁五百四十部》："〓，瓦。《説文》作'〓'，象形。隸變如上。俗作'〓'，非。""瓦"或寫作"〓""〓"。《可洪音義》卷十七《鼻奈耶律》第四卷："凡閾，上五馬反。"（v60p72b）東晋竺佛念譯《鼻奈耶》："我今當作瓦舍於中住，便和泥造大舍，瓦戶、瓦閾、瓦楣額、瓦窓牖、瓦龍牙杙、瓦衣架。"（T1464v24p0865b）"瓦"又訛作"凡"。"瓦"或寫作"〓""凡"，故"瓫"或寫作"⿱分〓"（見《可洪音義》v59p653b）、"⿱分凡"（見《可洪音義》v59p1024b），因又訛作"⿱分几"。《可洪音義》卷十三《起世經》第三卷："鐵⿱雍几，烏貢反。"（v59p1024b）"⿱雍几"即"甕"字之訛，亦"瓦"旁訛作"几"之例。

0146 ⿱去几

日本覺超撰《東曼荼羅抄》："⿱去几竭囉私（是身汗液義也。此仙不從胎生，從汗液而生，故得名也）。"（T2401v75p0741b）

按："⿱去几"即"⿱去瓦"字之訛，"⿱去瓦"又"盇"之異構字。日本安然撰《大日經供養持誦不同》："[12]⿱去瓦竭囉私（是身汗液義也。此仙不從胎生，從汗液而生，故得名也）。"（T2394v75p0350b）本頁下注12："⿱去瓦＝⿱去鳥《乙》。"唐一行述記《大日經義釋》："盇竭囉私（是身汗液義也。此仙不從胎生，從汗液而，生故得名也）。"（X0438v23p0466b）與"⿱去几"對應之字作"⿱去瓦"或"盇"。

0147 ⿱公几

北涼曇無讖譯《大般涅槃經》："亦見亦知者，所謂世間文字、言語、男女、車乘、瓶[11]⿱公几、舍宅、城邑、衣裳、飲食、山河、園林、衆生壽命，是名亦知亦見。"（T0374v12p0462c）本頁下注11："⿱公几＝瓮《元》，甕《明》。"

按："瓫"與"瓮""甕"爲版本異文，"瓫"即"瓮"字之訛，"瓦"旁或寫作"凡"。南朝宋慧嚴譯《大般涅槃經》："車乘、瓶瓮、舍宅、城邑、衣裳、飲食。"（T0375v12p0705a）與"瓫"對應之字作"瓮"。彌勒説、唐玄奘譯《瑜伽師地論》："問：'何緣故知色香味觸如是如是，别安立中，飲食、車乘、瓶瓮、衣服、莊嚴具等諸想事物皆是假有？'答：'由彼想物，或於是處色等想物聚中而轉，或於是處色等想物聚中不轉，若於是處色等想聚有食想轉，非於是處飲等想轉，若於是處車乘想轉，非於是處衣等想轉，如是所餘乃至廣説。諸假有想若轉不轉，當知亦爾。一切色香味觸想事，遍於一切飲食、車乘、瓶瓮、衣服、莊嚴具等諸想事中，無差别轉，是故當知，飲食、車乘、瓶瓮、衣服、莊嚴具等，皆是假有。"（T1579v30p0660b）亦皆"瓶""瓮"連用，可資比勘。參 0145"瓫"字條。

鄭賢章《漢字佛典疑難俗字彙釋與研究》"瓫"字條："'瓫'，大型字典失收，根據異文，即'瓮'字之訛。"（p65）以"瓫"爲"瓮"字之訛，證據不充分，今不從。或本作"瓮"，乃形近而訛，"甕"爲"瓮"之異構字，蓋據誤本之"瓮"異體替换。

0148 凬

隋智顗説、灌頂記《觀音義疏》："有師以風足爲八難。有人彈之，文云：稱名皆得解脱羅刹之難。不道[12]風爲難。"（T1728v34p0923a）本頁下注 12："風 = 凬《甲》。"

按："凬"與"風"爲版本異文，"凬"即"風"字之訛。後秦鳩摩羅什譯《妙法蓮華經》："若有持是觀世音菩薩名者，設入大火，火不能燒，由是菩薩威神力故。若爲大水所漂，稱其名號即得淺處。若有百千萬億衆生，爲求金銀琉璃車𤦲馬瑙珊瑚虎珀真珠等寶入於大海，假使黑風吹其船舫，飄墮羅刹鬼國，其中若有乃至一人，稱觀世音菩薩名者，是諸人等，皆得解脱羅刹之難，以是因緣名觀世音。"（T0262v09p0056c）此即稱觀世音菩薩之名能解風難之事。"風"，《説文》所録古文作"凬"，此形隸書作"凬"（見清顧藹吉《隸辨》引《楊震碑》）、"凬"（見《隸辨》引《綏民校尉熊君碑》）。《玉篇·風部》："風，凬、飌、凮，並古文。"《玉篇》楷定作"凬"，《隸釋》楷定作"凨"，秦公《碑别字新編》"風"字條引《漢琴亭侯爲支人李義買地券》作"凨"，"凬"蓋此類形體的進一步寫訛。鄭賢章《漢文佛典疑難俗字彙釋與研究》亦有考證（p63），可參看。

0149 兠

佚名《翻梵語》："波籠渠漿，應云婆兠籠渠，譯曰樹子。"（T2130v54p10

53a)

按："㕄"即"兜"之異寫。東晉佛陀跋陀羅、法顯譯《摩訶僧祇律》："漿者有十四種，何等十四？一名奄羅漿，二拘梨漿，三安石榴漿，四巓多漿，五蒲萄漿，六波樓沙漿，七樓樓籌漿，八芭蕉果漿，九罽伽提漿，十劫頗羅漿，十一波籠渠漿，十二石蜜漿，十三呵梨陀漿，十四佉披梨漿，是名十四種漿。"(T1425v22p0464b) 此即《翻梵語》所釋詞頭之所從出。日本心覺撰《多羅葉記》："波籠渠漿，可云[41]波兜籠渠，此云樹子。"(T2707v84p0579b) 本頁下注41："波＝婆《甲》。"與"㕄"對應之字作"兜"。《可洪音義》第八卷《六字咒王經》："提兠，都侯反。"即"提兜"。可以比勘。

0150 臱

佚名《翻梵語》："迦羅富城，應云迦羅賒富羅，譯曰迦羅賒者，臱；富羅者，城。(第三十五卷)"(T2130v54p1038b)

按："臱"即"臭"字之訛。南朝宋慧嚴譯《大般涅槃經》第三十五卷："大王，不聞羅邏仙人變[7]迦富羅城作壍（他本作國）土耶。"(T0375v12p0840b) 本頁下注7："迦富羅＝迦羅富《三》。"唐慧琳撰《一切經音義》卷二十六《大般涅槃經》第三十八卷："迦羅富城，此翻爲臭地。"(T2128v54p0480c) 與"臱"對應之字作"臭"。《翻梵語》："迦羅富，應云迦多富，譯曰臱也。"(T2130v54p1019b) 字又作"臱"，"臱"爲"臭"之書寫變異。"臭"或寫作"㚖"(見《可洪音義》v60p586a)、"臰"(見《可洪音義》v59p857c)，"臱"即此類形體的進一步錯訛。

0151 䖵

日本中算撰《妙法蓮華經釋文》："處……《玉篇》作'䖵'，充與反。居也，止也，定也。"(T2189v56p0147b)

按："䖵"即"處"字之訛。《玉篇·處部》(宋本)："處，充與切。居也，止也。"元刊本："𠁅，充與反，居也。充據切，處分。"《龍龕》或作"𠁅"。"䖵"即"𠁅"之進一步形訛。西晉竺法護譯《佛說決定總持經》："已脫於三[26]處，則不爲放逸。"(T0811v17p0770c) 本頁下注26："處＝劇《宋》《宮》。"《嘉興藏》作"處"。東漢支婁迦讖譯《道行般若經》："受經之人自歸，作禮恭敬，不避[11]處難。"(T0224v08p0448b) 本頁下注11："處＝劇《三》《宮》《聖》。"前一例"劇"爲"處"字之訛，後一例"處"爲"劇"字之訛，"劇"與"䖵"形近，亦可比勘。

0152 𠘿

元覺岸編《釋氏稽古略》："新造十二字者：照爲曌，天爲西，地爲埊，日爲㊀，月爲囝，星爲〇，君爲𠺞，臣爲恵，載爲𡕀，年爲𠡦，初爲𠘿，正爲缶。"（T2037v49p0820a）

按：根據文意，"𠘿"即武則天所造之"初"字。《集韻·魚韻》楚居切："初，……唐武后作𠡂字。"唐《唐故高君墓誌銘序》作"𠡂"。根據施安昌《關於武則天造字的誤識與結構》（《故宫博物院院刊》，1984年第4期）的研究，武則天所造"初"字，由"天（省寫）""明""人""土"四個構件組成。"𠘿"即"𠡂"字之訛。

0153 凴

唐阿地瞿多譯《陀羅尼集經》："第二座主名曰地天，蓮花座上作寳[1]凴形，滿𢧐七寳光焰圍繞。"（T0901v18p0897a）本頁下注1："凴＝甖《三》《甲》《乙》。"

按："凴"與"甖"爲版本異文，"凴"即"甖"字之訛，"瓦"旁訛作"凡"旁也。《大正藏》"瓦""凡"兩字混誤的例子多見。

宀　部

0154 㡛

南朝宋求那跋陀羅譯《過去現在因果經》："我於今日所現之事，唯令太子及優陀夷二人見耳，使餘官屬不受責也。作此念已，即便來下，化爲死人。四人舉[15]輿，以諸香華，布散屍上。室家大小，號哭送之。"（T0189v03p0630c）本頁下注15："輿＝㡛《聖》。"

按："㡛"與"輿"爲版本異文，"㡛"當爲"喪"之異寫。唐慧琳撰《一切經音義》："𡅚失，桑葬反。《考聲》云：'𡅚，失也。'《説文》：亾也。从哭，哭音苦穀反。亾聲也。《經》中作'喪'，或作'𡋯'，皆訛謬也。"（T2128v54p0324a）《可洪音義》卷一《大般若經》第四十五帙："𠅤失，上桒浪反。"（v59p559b）"𡋯""𠅤"皆"喪"字，皆與"𠆉"形近。

"舉喪"之"喪"當爲屍體之義，"舉喪"即擡著屍體。唐道世撰《法苑珠林》："又《淨飯王泥洹經》云：白淨王在舍夷國，病篤將終，思見世尊及難陀等。世尊在王舍城耆闍崛山中，去此懸遠五十由旬。世尊在靈鷲山，天耳遙聞父思憶聲，即共阿難等乘空而至。以手摩王額上，慰勞王已，爲王説《摩訶波羅本生經》。王聞，得阿那含果。王捉佛手，捧置心上。佛又説法，得阿羅漢果。無常對至，命盡氣絶。忽就後世，至闍維時。佛共難陀在喪頭前肅恭而立，阿難羅雲在喪足後。阿難陀長跪白佛言：'唯願聽我擔伯父棺。'羅雲復言：'唯願聽我擔祖王棺。'世尊慰言：'當來世人皆凶暴，不報父母育養之恩，爲是不孝衆生設化法。'故如來躬欲擔於父王之棺。即時三千大千世界六種震動，一切衆山駊騀涌没，如水上船。爾時一切諸天龍神，皆來赴喪，舉聲哭泣。四天王將鬼神億百千衆，皆共舉喪。"（T2122v53p0999c）"舉喪"之"喪"即屍體之義。

底本作"輿"，通作"舁"。《説文·舁部》："舁，共舉也。"即今擡義。唐地婆訶羅譯《方廣大莊嚴經》："時輸檀王問馭者言：'今日太子出遊園苑，歡樂以不?'馭者答言：'大王當知，太子出城，忽於路側有一死人，臥於床上，四人[4]舉輿，眷屬悲號。太子見已，慘然不樂。遂於中路，即便還宮。'"（T0187v03p0570c）本頁下注 4："舉輿＝舁舉《元》《明》。"東晉法顯譯《大般涅槃經》："佛言：'阿難，供養轉輪聖王之法，用新淨綿及以細氎合纏其身，如是乃至積滿千重，内金棺中。又作銀棺，盛於金棺。又作銅棺，盛於銀棺。又作鐵棺，盛於銅棺。然後灌以衆妙香油，又復棺内以諸香華而用塗散。作衆伎樂，歌唄讚頌，然後下蓋。造大寶輿，極令高廣，軒蓋欄楯，衆妙莊嚴，以棺置上。又於城中作闍維處，掃灑四面，極令清淨。以好栴檀及諸名香，聚爲大積。又於積上敷舒繒氎，施大寶帳，以覆其上。然後[1]舁舉，至闍維處。燒香散華，伎樂供養。繞彼香積，周迴七匝。然後以棺置香積上，而用香油，以澆灑之。……'"（T0007v01p0200a）本頁下注 1："舁＝輿《三》。""輿"與"舁"爲異文，皆擡義。

0155 𢈔

唐玄奘、辯機撰《大唐西域記》："我遺法中諸修行者，若比丘、比丘尼、鄔波索迦（唐言近事男，舊曰伊[40]𢈔塞，又曰優波塞，又曰優婆塞，皆訛也）、鄔波斯迦（唐言近事女，舊曰優婆斯，又曰優婆夷，皆訛也），皆先濟渡，令離流轉。"（T2087v51p0919c）本頁下注 40："𢈔塞＝蒲塞《三》《甲》《乙》，蒱寒《丙》。"

按：正文之"蒱"，注文作"𢈔"，異文作"蒲""蒱"，"𢈔""蒱""蒱"

皆“蒲”字之訛。南宋法雲編《翻譯名義集》：“《西域記》云：‘鄔波索迦，唐言近事男，舊曰伊蒲塞，又曰優婆塞，皆訛也。鄔波斯迦，唐言近事女，舊優婆斯，又曰優婆夷，皆訛也。言近事者，親近承事諸佛法故。《後漢書》名‘伊蒲塞’，注云：‘即優婆塞也，中華翻爲近住，言受戒行堪近僧住也。’”（T2131v54p1073a）《後漢書·楚王英傳》：“其還贖以助伊蒲塞桑門之盛饌。”唐李賢注：“伊蒲塞，即優婆塞也，中華翻爲近住，言受戒行堪近僧住也。桑門，即沙門。”字皆作“蒲”。季羡林等《大唐西域記校注》本作“捕”，校勘記云：“《石本》《中本》《宋本》《資福本》《磧砂本》《明南本》《徑山本》捕並作蒲。”注釋云：“鄔波索迦，梵文巴利文 upāsaka 音譯，俗語作 uvāsaa，舊譯伊蒲塞、優婆塞等。”（p706-709）“蒲”當即“vā”的譯音字。“捕”乃“蒲”字之訛，“氵”旁訛作“扌”旁也。唐顔元孫《干禄字書·平聲》：“捕、蒲，上俗下正。”南宋毛晃增註、毛居正重增《增修互註禮部韻略·模韻》薄胡切：“蒲，草名。……又樗蒲，博戲，又作‘捕’。”同小韻：“捕，摴捕。又與蒲葦字同。《荀子》：‘柔從若捕葦。’”《廣韻·模韻》薄胡切：“捕，摴捕，戲也。《博物志》曰：‘老子入胡作摴捕。’”“捕”本“蒲”字之訛，後兩字用法發生分化，“捕”專門用作“摴捕”義。“⿱亠捕”又“捕”字之訛，“艹”旁訛作“亠”旁也。

0156 ⿰亭也

唐勿提提犀魚譯《佛説十力經》：“請文殊矢涅地（地移反，平聲呼。唐言翻爲正智）爲鄔波⿰亭也耶（唐言親教師，安西云和上），鄔不羼提（唐言闕）爲羯磨阿遮利耶（唐言軌範師，若至四鎮，安西云阿闍梨，訛略耳），馱里魏（巍屈反，入聲呼）地（平聲，同上，唐言闕）爲教授阿遮利耶（同上），三師七證授以律儀。”（T0780v17p0716a）

按：“⿰亭也”爲用切音法造的譯音專字。遼希麟集《續一切經音義》卷三《新花嚴經》第四十卷：“鄔波⿰亭也耶，鄔，烏古反。⿰亭也，亭也反。正梵語也，舊云郁波弟耶。此云近誦，謂以弟子年小不離於師，常近隨逐，受經而誦也。或翻爲親教，龜茲、于闐等國訛云和闍，或云鶻社，今云和上。本非梵語，亦非唐言，蓋葱右諸國訛轉音耳也。”（T2129v54p0946a）日本明覺撰《悉曇要訣》：“又𑖄𑖢𑖠𑖿𑖧，新云，古云烏社，或云和尚。”（T2706v84p0532b）《佛説十力經》《續一切經音義》之“鄔波⿰亭也耶”爲“𑖄𑖢𑖠𑖿𑖧”之對音，“⿰亭也”爲“𑖠𑖿𑖧（dhya）”之對音字。《悉曇要訣》“鄔波拕耶”亦爲“𑖄𑖢𑖠𑖿𑖧”之對音，乃用兩字爲二合字對音之例，“拕耶”與“⿰亭也”所對之音同。日本淨嚴撰《悉曇三密鈔》：“𑖠𑖿𑖧，地野（隨求）、⿰亭夜（金軌）。”（T2710v84p0751a）字亦作“⿰亭夜”，“⿰亭也”“⿰亭夜”爲“𑖠𑖿𑖧（dhya）”之對音字，皆爲切身字。《大正藏》“⿰亭也”字凡 80 見。

0157 𠅵

北宋天息災譯《佛説大摩裏支菩薩經》："復誦百字真言，爲自擁護身口意業。真言曰：唵引嚩日囉（二合）薩怛嚩（二合）三摩野摩努播（引）羅野嚩日囉（二合）薩怛嚩（二合）怛吠（二合）努波底瑟姹（二合）涅里（二合）跓（引）彌（引）婆嚩酥覩（引）瑟喻（二合）彌（引）婆嚩阿努囉訖覩（二合）彌（引）婆嚩酥布瑟喻（二合，引）彌（引）婆嚩薩里嚩（二合）悉𠅵（切身）彌（引）鉢囉（二合）野蹉薩里嚩（二合）羯里摩（二合）酥左彌（引）唧多室里（二合，引）焰俱嚕吽賀賀賀賀斛（引）婆誐鑁薩里嚩（二合）怛他（引）誐多嚩日囉（二合）摩（引）彌（引）捫左嚩日里（二合）婆嚩摩賀（引）三摩野薩怛嚩（二合）惡。"（T1275v21p0279a）

按：林光明《新編大藏全咒》卷七《佛説大摩裏支菩薩經》"百字真言"中"𠅵"的梵文羅馬轉寫作"ddhi"（v7p511）。同上經："復誦真言：唵（引）摩（引）里支（引）阿怛囉（二合）散儞呬多（引）禰（引）婆嚩阿努囉訖姤（二合）彌（引）婆嚩酥覩（引）瑟喻（二合，引）彌（引）婆嚩酥補瑟喻（二合，引）彌（引）婆嚩薩里嚩（二合）悉[6]𠅵（切身）彌（引）鉢囉（二合）野蹉。"（T1257v21p0277c）本頁下注6："𠅵＝𠆂《三》。"林光明《新編大藏全咒》卷七《佛説大摩裏支菩薩經》"百字真言"中"𠅵"的梵文羅馬轉寫作"ddhi"（v7p494）。根據梵音，字當以"𠆂"爲正，"𠅵"乃"𠆂"字之訛。

0158 𠆂

北宋天息災譯《佛説大摩裏支菩薩經》："復誦真言：唵（引）摩（引）里支（引）阿怛囉（二合）散儞呬多（引）禰（引）婆嚩阿努囉訖姤（二合）彌（引）婆嚩酥覩（引）瑟喻（二合，引）彌（引）婆嚩酥補瑟喻（二合，引）彌（引）婆嚩薩里嚩（二合）悉[6]𠅵（切身）彌（引）鉢囉（二合）野蹉。"（T1257v21p0277c）本頁下注6："𠅵＝𠆂《三》。"

按："𠆂"即由"亭"與"必"構成的切身字。參上條。

0159 𠆃

北宋施護譯《佛説聖觀自在菩薩不空王祕密心陀羅尼經》："即説陀羅尼曰：

那謨（引）囉怛那（二合）怛囉（二合）夜（引）野（一）……悉䴙（[4]切身，下同）覩彌（引）薩哩嚩（二合）哥（引）哩也（二合，引）尼薩哩嚩（二合）婆曳數左彌（引。十）……印捺哩（二合）野末羅謨（引）䴙誐（一百一十七）。”（T1099v20p0444c–0445b）本頁下注4：“切身下同=就身切《元》，亭羊功《明》。”

按：據括注及腳注，“䴙”爲切身字。腳注“就身切”疑爲“切身”的另一種説法，“功”爲“切”字之訛。“䴙”當爲由“亭”和“羊”構成的切身字。

同上經：“摩賀（引）戍馱薩埵（引）野（二十四）没䴞（[5]切身，下同）没䴞（二十五）馱（引）嚩馱（引）嚩（二十六）。”（T1099v20p0444c）本頁下注5：“切身=就身切《元》，亭夜切《明》。”北宋施護譯《佛説聖佛母般若波羅蜜多經》：“我今宣説般若波羅蜜多大明曰：怛䴞（[6]切身）他（引。一句）唵（引）誐帝（引）誐帝（引。二）播（引）囉誐帝（引。三）播（引）囉僧誐帝（引。四）冐提莎（引）賀（引。五）。”（T0257v08p0852c）本頁下注6：“切身=就身切《元》，寧也切《明》。”《大正藏》“就身切”凡三見，皆與“切身”同義。

0160 䴚

北宋法賢譯《佛説瑜伽大教王經》：“説此焰鬘得迦大忿怒明王真言曰：……鉢囉（二合）吠（引）舍野（二十九）曼拏羅末䴛（切身。三十）。”（T0890v18p0569b）

按：“䴛”即“䴚”之異寫字，“䴚”爲切身字。據字形結構，“䴚”當即“ꡊ（dye）”之對音字。日本淨嚴撰《悉曇三密鈔》：“ꡊ，儞曳（隨求）、爾（法花）、泥（觀智軌）。”（T2710v84p0751a）“䴚”與“儞曳”同。又：“ꡊ，儞也（佛頂）、儞野（隨求）、䴞、䴞（二共切身。羂索經）。”（T2710v84p0751a）又：“ꡊ，曳、拽、裔（法花）。”（T2710v84p0746a）皆可參看。

0161 䴛

唐菩提流志譯《不空羂索神變真言經》：“即説奮怒王真言曰：……䴛（亭[5]匠反）那縒麽地（八十一）。”（T1092v20p0276a）本頁下注5：“匠=近《三》《元》。”

按：《嘉興藏》：“䴛（亭近切）。”“䴛”當即由“亭”與“近”構成的切身字。林光明《新編大藏全咒》第二册《不空羂索神變真言經》“奮怒王真言”中“䴛”對應的梵文羅馬轉寫作“dhan”（v2p351）。

《龍龕手鑑·亭部》：“䴜，亭匠反。”“䴜”字從亭從匠，讀“亭匠反”，似爲由“亭”和“匠”構成的切身字。今考“䴜”當爲“䴛”之書寫變異，“近”訛作“匠”。切音“亭匠反”之“匠”亦“近”字之訛，俗書“匚”旁與“辶”

旁常混誤也。據電子版《大正藏》，“匠”字出現凡1855次，日本明一集《金光明最勝王經註釋》：“蘇僧匠（入）里。”（T2197v56p0784c）這是“匠”作譯音字的唯一的例子，與“匠”對應的字，唐義淨譯《金光明最勝王經》（T0665v16p0439c）、唐慧沼撰《金光明最勝王經疏》（T1788v39p0309c）、宋知禮集《金光明最勝懺儀》（T1946v46p0962a）皆作“近”，當以“近”字爲正。可以推知，漢譯佛經不用“匠”爲譯音字。“近”作譯音字多見。東晉竺佛念譯《出曜經》：“猶彼火爐赫焰熾然者，猶若彼[13]匠火燒鐵丸，極自熾然，甚難可近。是以聖人觀衆生類婬怒癡火，而自燒炙不自覺知，是故説曰猶彼火爐赫焰熾然也。”（T0212v04p0757c）本頁下注13：“匠=近《三》。”“匠”爲“近”字之訛。失譯《那先比丘經》：“那先言：‘譬若師[16]匠圖作大城，先度量作基址，已乃起城。’”（T1670Av32p0697c）本頁下注16：“匠=近《聖》。”隋智顗説、灌頂記《仁王護國般若經疏》：“衆生及器二世間俱尊名世尊，引導[11]匠成名導師。”（T1705v33p0273a）本頁下注11：“匠=近《甲》。”唐湛然述《法華文句記》：“乃云況玄[11]匠真一之門，何爲不以歷劫爲數刻耶?”（T1719v34p0207b）本頁下注11：“匠=近《甲》。”“近”皆“匠”字之訛。“近”與“匠”常混誤，故“㔹”或訛作“㔹”。

0162 䜌

唐般若、牟尼室利譯《守護國界主陀羅尼經》：“若欲先知善惡吉凶定不定者，應當誦此陀羅尼，曰：南謨（一）囉怛曩（二合）怛囉（二合）耶也（二）南謨（三）始戰（二合）拏嚩折囉（二合，引）跛曩曳（四）摩賀（五）藥乞叉（二合）犀那鉢戴曳（平。六）翳蹵（七）勿[9]䜌（亭也反。八）鉢囉乞叉（二合）茗（九）娑茗（十）勿*䜌（亭也反。十一）三没哩*䜌（亭也反）覩（十二）。”（T0997v19p0569a）本頁下注9：“䜌=𠅏《明》*。”

按：“䜌”與“𠅏”爲版本異文，自注“亭也反”，兩字當爲同一梵文的譯音字，皆讀“亭也反”，“䜌”爲由“亭”和“野”構成的切身字，“𠅏”爲由“亭”和“也”構成的切身字。字又作“𠅐”，北宋法天譯《佛説一切如來烏瑟膩沙最勝總持經》：“娑演覩没[2]𠅏没𠅏悉[3]𠅏冐達野。”（T0978v19p0408a）本頁下注2：“𠅏=𠅐（切身）《宋》《明》。”注3：“𠅏=𠅐《宋》《明》。”“𠅐”爲由“亭”與“夜”構成的切身字。日本淨嚴撰《悉曇三密鈔》：“ꡈ，地野（隨求）、𠅐（金軌）。”（T2710v84p0751a）“䜌”“𠅏”“𠅐”皆爲“ꡈ（dhya）”所造的切身字，可按異構字處理。

冫部

0163 㳄

日本明一集《金光明最勝王經註釋》："過去現在十方諸佛悉皆已習真實之語，能隨順説當機實語，無虚誑語（讚佛語等爲請所由有三，此初讚讚實語實語㳄讚妄以讚何益。有三：初讚因，次讚果，後隨喜。此初也）。"（T2197v56p0782b）

按：本書題記曰"奈良東大寺藏古寫本"，據此《大正藏》本之《金光明最勝王經註釋》乃據奈良東大寺藏古寫本轉録。據東大寺藏古寫本（京都國立博物館 B 甲 92），《大正藏》本"此初讚讚實語實語㳄讚妄以讚何益"一段古寫本原作"此初~實~語~"，後又在"~實~語~"旁注作"讚讚實語實次讚語具□讚利益"（第二個"實"旁有删除符號，最後一個"讚"前一字奪）。比對兩者之文字，《大正藏》乃據旁注上的文字轉録，轉録時照録了帶有删除符號應該删除的第二個"實"字，將應在第二個"語"字前的"次讚"二字誤録在該字之後，又將"次"誤録作"㳄"，漏録了"語"後字跡不太清楚的"具"字，把最後一個"讚"前已奪的一個字臆補爲"妄以"，又把"利"字誤録爲"何"字，即成今本《大正藏》的樣子。今本《大正藏》轉録文字錯亂，文意不通。唐慧沼撰《金光明最勝王經疏》："下讚佛語等爲請所由。初讚實語，次讚語具，後讚利益。讚語有三：初讚因；次已於下讚果；後有實語者下讚隨喜。明世尊等有喜無量不嫉生得，故請加被。"（T1788v39p0306b）據慧沼疏文比對，古寫本之《金光明最勝王經註釋》"初讚讚實語次讚語具□讚利益"即"初讚實語，次讚語具，後讚利益"，最後一個"讚"前所奪之字當爲"後"字。

0164 㵱

日本了尊撰《悉曇輪略圖抄》："讀梵字以八轉聲皆可稱説。八轉者何？阿伊烏嚕翳㵱菴惡等字聲也。"（T2709v84p0685c）

按："㵱"即"瑦"字之訛。同經上文："八轉聲事：一、體，汎説聲，樹木，阿。光師云：謂法體（文）；二、業，所説聲，斫樹木，伊。光師云：所作事業（文）；三、具，能説聲，斫樹木之斧，烏。光師云：謂作者作具（文）。基師云：能作具聲（文）。《慈恩傳》云：詮作具及能作者（文）；四、爲，所爲聲，爲造屋斫之，魯。光師云：謂所爲也（文）。《傳》云：詮所爲事（文）。五、依，所從聲，國王命斫之，翳。光師云：所詮也（文）。基師云：所從聲（文）。《傳》云：詮所因事（文）；六、屬，所屬聲，屬官家斫之，瑦。光師云：謂所屬（文）。基師云：所屬也（文）。《傳》云：詮所屬事（文）。七、於，所依聲，依具地斫之，菴。光師云：謂所依也（文）。基師云：所依聲（文）。《傳》云：詮所依事（文）；八、呼，呼聲，呼爲斫樹，惡。光云：謂呼彼也（文）。《傳》云：詮呼召事（文）。”（T2709v84p0685a）與“溤”對應之字作“瑦”。

0165 湑

唐實叉難陀譯《大方廣佛華嚴經》：“愛河漂轉不暇觀，苦海淪[1]胥闕明導。”（T0279v10p0193a）本頁下注1：“胥＝湑《宋》《元》《宮》《福》。”

按：“湑”與“胥”爲版本異文，“湑”即“湑”字之訛。唐慧苑撰《新譯大方廣佛花嚴經音義》：“苦海淪湑，湑，相余反。《廣雅》曰：‘淪，沈也。’《毛詩傳》曰：‘湑，浴也。’”（T2128v54p0445c）唐尸羅達摩譯《佛説十地經》卷第四：“愛河漂轉不假觀，苦海淪湑闕明導。”（T0287v10p0552a）字皆作“湑”。唐玄奘、辯機撰《大唐西域記》第八卷：“王曰：‘法王晦迹，智舟淪湑，不有旌別，無勵後學。爲弘正法，願垂哀納。’”（T2087v51p0914c）唐慧琳撰《一切經音義》卷八十二《大唐西域記》第八卷：“淪湑，上音輪。《韻詮》云：‘淪，没也。’下息旅反。《廣雅》：滑没也，踈也。”（T2128v54p0841a）又卷八十八《釋法琳本傳》第五卷：“淪湑，上律脣反，下息余反。《韻略》云：‘湑，沈也。’《文字典説》：‘從水，胥聲。’《傳》作‘消’，俗字也。”（T2128v54p0871a）唐道宣撰《廣弘明集》第十五卷：“願言來期，免茲淪湑。”（T2103v52p0199c）唐慧琳撰《一切經音義》卷九十八《廣弘明集》第十五卷：“淪湑，息余反。《韻略》云：‘湑，沉也。’《文字典説》：‘從水、胥，胥亦聲。’《集》作‘涓’，俗字。”（T2128v54p0916b）“湑”有沉義，“淪湑”亦沉義。

0166 溲

明宗泐註《金剛般若波羅蜜經註解》：“‘世尊，善男子善女人發阿耨多羅三藐三菩提心，應云何住，云何降伏其心?’此發問之端也。‘阿耨多羅三藐三菩提’者，華言無上正等正覺也。問意以如來護念付囑現在未來菩薩令成佛果，是菩薩雖發道心誓度衆生求成佛道，未知其心云何安住大乘，云何降伏妄心，使至佛果不退失耶?佛言：‘善哉善哉！須菩提，如汝所説，如來善護念諸菩薩，善付囑諸菩薩。汝今諦聽，當爲汝説。善男子善女人發阿耨多羅三藐三菩提心，應如是住，如是降伏其心。’‘唯然世尊，願樂欲聞。’善現既讚歎請問妙稱佛心，故印可云：善哉善哉，當爲汝説也。而又誡約云：應如是住，如是降伏其心。善現即會佛意故，唯然應之願聞是法。然一經之大要，不過善現所問安住大乘降伏妄心。如來所答修行之法，亦不出乎理事二行破執斷疑而已。具見下文。佛告須菩提：'諸菩薩摩訶薩，應如是降伏其心。'善現[1]雙問安住、降伏，如來但答降伏其心者，蓋降伏妄心必安住大乘，舉降伏則攝安住矣。"（T1703v33p0228c－0229a）本頁下注1："雙＝凑《宮》。"

按："凑"與"雙"爲版本異文，"凑"即"雙"之俗字。審文意，善現問了"安住"和"降伏"兩個問題，佛只回答了"降伏"一個問題，故作者解釋説："善現雙問安住、降伏，如來但答降伏其心者，蓋降伏妄心必安住大乘，舉降伏則攝安住矣。""雙問"即同時問相關的兩個問題之義，此詞佛經多見，字正作"雙"，"凑"乃"雙"之書寫變異，"冫"蓋替代符號，此字中代替"隹"。劉復、李家瑞編《宋元以來俗字譜·隹部》引《古今雜劇》"雙"字作"叏"。大字修定本《辭海·隹部》（p3101）："叏，雙俗字。"可以比勘。

0167 潰

北魏曇鸞撰《略論安樂淨土義》："譬如日月，周四天下，破諸闇[14]冥，而盲者不見，非日不明也；雷震裂耳，而聾者不聞，非聲不勵也。"（T1957v47p0003a）本頁下注14："冥＝潰[イ]《原》。"

按："潰"與"冥"爲版本異文，"潰"即"溟"字之訛，"溟"與"冥"通。唐不空譯《八大菩薩曼荼羅經》："舒遍智慧燈，攘奪三界[3]冥。"（T1167v20p0676a）本頁下注3："冥＝溟《宋》《元》，瞑《明》。"唐慧琳撰《一切經音義》："溟渤，上覛萍反，下盆没反。案，《莊子》云：'北溟有魚曰鯤。'"（T2128v54p0827c）"溟"或訛作"潩"，"潰"又"潩"之進一步形訛。"冥"或訛作"寘"（見《可洪音義》v59p1002c）。失譯《薩婆多毘尼毘婆沙》："若與惡人同事，外道邪見及以世人咸生誹謗，當言佛法有何可[3]貴。"（T1440v23p0514a）本頁下注3："貴＝寘《聖》。""貴"或訛作"寘"，皆可比勘。

冖　部

0168 罩

唐道宣撰《廣弘明集》："記室參軍陸[37]罩奉和。"（T2103v52p0357c）本頁下注 37："罩 = 罩《三》《宫》。"

按："罩"與"罩"爲版本異文，"罩"即"罩"字之訛。同上經："庶子吴郡陸罩，年四十八，字洞元。"（T2103v52p0243c）字作"罩"。陸罩，南朝梁詩人，字洞元，吴郡吴人，陸杲之子。生卒年不詳，約梁武帝大通元年前後在世。

考諸字形，"罩"或作"罩"（見唐張參《五經文字》），"罩"即"罩"形之進一步寫訛。《可洪音義》卷二十七《續高僧傳》第四卷："夸罩，上苦花反，下知孝反。"（v60p465a）唐道宣撰《續高僧傳》第四卷："沙門慧休，道聲高邈，行解相富，夸罩古今。"（T2060v50p0447a）"罩"亦"罩"字之訛。

0169 寇

日本觀靜撰《孔雀經音義》："三十、那伽雞薩羅，此云龍花鬚，出於[28]穀。"（T2244v61p0767b）本頁下注 28："穀 = 寇《甲》，寇《丁》。"

按："寇"與"穀""寇"爲版本異文，"寇"即"寇"字書寫變異。唐義淨譯《金光明最勝王經》："當取香藥三十二味，所謂菖蒲（跋者）……龍花鬚（那伽雞薩羅）。"（T0665v16p0435a）日本願曉等集《金光明最勝王經玄樞》："龍花鬚出於[3]寇崙。"（T2196v56p0679a）本頁下注 3："寇崙 = 崑崙《原》。"唐阿地瞿多譯《陀羅尼集經》："又法欲得功德天每恒歡喜者，取那伽枳薩（此云龍華，出崑崙山）須、慰多、摩伽羅尼三種，等分擣爲末，以雪水和藥爲丸。"（T0901v18p0877a）"寇崙"與"崑崙"爲同一詞之不同書寫形式，字本當作"寇"，唐顔元孫《干禄字書》："**寇**、寇，上俗，下正。"清顧藹吉《隸辨・候韻》引《陳球後碑》"寇"作"寇"。秦公《碑別字新編》引《魏王僧墓誌》"寇"作"寇"。可以比勘，皆"寇"可寫作"寇"之證。《孔雀經音義》"出於寇"，"寇"後奪"崙"字。

字或作"穀"者，疑爲"寇"字之訛。日本賴瑜撰《祕鈔問答》："次荳[5]蔲（蔻）。"（T2536v79p0340a）本頁下注 5："蔲 = 蔻《甲》。""蔲"即"蔻"字之訛。参 1815"蔻"字條。

0170 寫

日本長惠撰《魚山私鈔》："乘白寫王，現來守護。"（T2713v84p0828c）

按："寫"即"象"字之書寫變異。佛經中"白象王"習見。《玉篇・象部》："象，似養切。獸中最大也。象胥，官名也。亦與像同。𤉢，古文。""寫"即"𤉢"之訛。唐法藏述《華嚴經探玄記》："一隨何等座者，如世王子受職之時在閻浮金白[2]象寶座。菩薩亦爾，受佛職時在於大寶蓮華王座。"（T1733v35p037

4a）本頁下注 2："象=寫《甲》。"南朝梁僧祐撰《釋迦譜》："王有四子：一名面光，二名[2]象食，三名路指，四名莊嚴。"（T2040v50p0004a）本頁下注 2："象=寫《宫》。"日本杲寶説、賢寶記《理趣釋祕要鈔》："王有四子：一名面光，二名寫食，三名路指，四名莊嚴。"（T2241v61p0704c）南朝梁寶唱等集《經律異相》："化作梵志度多味[26]象王。"（T2121v53p0019b）本頁下注 26："象=寫《宫》。"日本覺超撰《西曼荼羅抄》："次畫香[14]寫，復畫勇猛。"（T2402v75p0771b）本頁下注 14："寫=象《甲》。""寫"皆"象"字之訛。南朝齊僧伽跋陀羅譯《善見律毘婆沙》："大德摩哂陀已受天帝釋語已，即從[29]卑地[30]象山，與大衆俱飛騰虚空，到師子阿㝹羅陀國，往至東方眉沙迦山下。"（T1462v24p0686c-0687a）本頁下注 29："Vedisakapabbata。"注 30："象=寫《三》《宫》《聖》。""象"又"寫"字之訛，皆可比勘。

0171 褱

新羅元曉撰《涅槃宗要》："或有説者，出世因果以其爲宗，果即菩提涅槃，因即佛性聖行。如能陀章開菩提果，褱歎章中開涅槃果，如來性品顯佛性因，聖行品中説行德因，其餘諸品重顯因果，故知無上因果爲宗。"（T1769v38p0240a）

按："褱"即"哀"字之訛。隋慧遠述《大般涅槃經義記》："開有二種：一者拂應顯真名開，二者破小顯大名開。純陀章中拂應顯真，名爲開宗。哀歎章中破小顯大，説爲開宗。"（T1764v37p0630a）"哀歎章"即指《大般涅槃經·哀歎品第三》。秦公《碑别字新編》引《魏王夫人元華光墓誌》"哀"字作"褎"。可以比勘。

0172 鼂

日本静然撰《行林抄》："旐，除矯切，鼂蛇爲~。"（T2409v76p0243b）

按：《説文·㫃部》："旐，龜蛇四游，以象營室，游游而長。从㫃，兆聲。《周禮》曰：縣鄙建旐。"《周禮·春官·司常》："司常掌九旗之物，名各有屬以待國事，日月爲常，交龍爲旂，通帛爲旜，雜帛爲物，熊虎爲旗，鳥隼爲旟，龜蛇爲旐，全羽爲旞，析羽爲旌。""鼂"當爲"龜"字之訛。

0173 䫍

日本静然撰《行林抄》："又云：復次我今更説修愈䫍者速令成就大悉地故，

先觀一生甫處菩薩最勝大三昧耶像，號曰莽賀妹怛唎（二合）耶三莽耶，亦名慈生三莽地，亦名慈生三昧耶像。”（T2409v76p0314c）

按：“𧹞”即“𧹞”字之訛。同上經：“《慈氏菩薩修愈誐法・分別悉地法品第九》云：……又云：若求事法中，或求尊悉地者，即取金或銀、水精、頗梨，或白檀木等，作法界塔印。即安七粒舍利骨，作法念誦三落叉滿，其壇上放大光明，照愈𧹞者頂上，便得大悉地形。”（T2409v76p0313b）又：“又云：若木剋作千佛印，若河海湖上印沙爲佛塔，剋木像印沙，成塔三十萬箇。每佛塔前誦真言一百八返，供養香花，一一如法念誦。最末後塔上放光明，照觸愈𧹞者頂上，便得大悉地，證得八地已來菩薩之身。”（T2409v76p0313b）“𧹞”字凡三見。又：“《軌》云：執珠數，合掌頂戴，兩手當心念誦觀本尊心上圓明中布烈本尊真言字，一一分明，皆放大光。遂日轉之加下圖，觀遏字變成法界塔在於圓明中，又轉變塔成慈氏本尊身，即此尊身，即是愈𧹞者身。是故三密轉成三身，故以心置心，觀心如實知自心，即是母地心。初發心時便成覺，此心發時便成普現色身、三昧耶身。如是住心安布字輪，輪轉字輪，了了分明。從愈𧹞口出一一真言字，安布本尊心圓明中。從本尊心圓明中流出真言字，入愈𧹞者頂上，遍諸毛孔，流出甘露乳光三昧耶，即此三昧變成大圓明。修愈𧹞者在其中心，如是觀之爲限，先觀圓明中心 𑖀 字遏字名種子，即是本尊身，然後誦真言。或觀己身，即是本尊坐於大圓明中，自心上復置圓明，如上安布真言。轉輪廣大，遍周法界爲一體性，從愈𧹞者心圓明中流出 𑖀 遏字，入本尊心圓明上。從本尊心圓明上流出 𑖀 遏字，入愈誐者心中。如是漸漸澄慮，即同一體。一一字皆成諸戒定惠解脱三昧耶形像。又本尊心圓明上 𑖀 遏字變成本尊身，觀修愈誐者頂上，又修愈誐者心圓明上遏字變成修愈誐者身，觀本尊頂上。如是展轉周遍法界，成無盡法界普賢色身三昧耶身。以真言輪安布輪轉至於乏極，常作如是觀。若念誦欲畢，漸漸小復還本身（云云）。”（T2409v76p0310b）與“𧹞”對應之字又作“𧹞”。唐善無畏譯《慈氏菩薩略修瑜伽念誦法》：“復次我今更説修愈𡀔者速令成就大悉地故。”（T1141v20p0596a）“𧹞”同“𡀔”。參0101“𡀔”字條。

“𧹞”或作“𧹞”者，“宜”旁訛作“冥”旁也。西晋竺法護譯《佛説分別經》：“佛世難值，經法難聞，[18]宜各思惟。”（T0738v17p0542c）本頁下注18：“宜=冥《明》。”“冥”即“宜”字之訛。

0174 𡨋

唐道宣撰《續高僧傳》：“目連之任月直，常供掃地，是以福事之來，導引逾遠，下凡祖習，故是常科，而頃世惰𡨋每多欺負。覩塗塔爲庸夫，謂引材爲竪伍，出道無宜。”（T2060v50p0699b）

按：“𡨋”即“窳”字之訛。“惰窳”爲“懶惰懈怠”之義。日本獨菴玄光撰《獨庵獨語》：“今日有四種相似無事醜託美邪蒙正，皆藉口於臨濟：有無事於求佛求法看經看教，而有事於求勢求位求名求利而稱無事者，有惰窳不能勤行精進，苟休而無事者。”（T2597v82p0571a）字正作“窳”。

凵　部

0175 凾

西晉竺法護譯《正法華經》：“譬如長者，而有大宅，極甚朽故，腐敗傾危。有大殿舍，而欲損壞，梁柱榱棟，皆復摧折。多有軒闥，及諸窓牖，又有倉庫，以泥塗木。高峻垣牆，壁障崩隤，薄所覆苫，彌久彫落。時有諸人，五百之衆，皆共止頓，於彼舍宅。有無央數，草木積聚，所當用者，滿畜無量。一切門戶，時皆閉塞。有諸樓閣，及諸蓮華，億千衆香，而有芬氣。若干種鳥，眷屬圍繞。種種虺蛇，蝠螫[12]遁竄，在在處處，有諸惡蟲。有若干種，狖狸鼷鼠，其字各異，嗚呼啾喹，其地處處，而有匿藏。溷厠屎溺，污穢流溢，蟲明刺蕀，充滿其中。師子狐狼，各各嘷吠，悉共咀嚼，死人屍體。何人聞見，而不怖懼。無數狗犬，蹲伏窠窟，各各圍繞，皆共齷掣。假使此等，饑餓之時，普皆諍食，疲瘦羸劣。鬪相齮齧，音聲暢逸，其舍恐畏，變狀如是。”（T0263v09p0076b）本頁下注 12：“遁＝凾《宋》《宮》，逋《元》《明》。”

按：《嘉興藏》作“逋”，音釋：“逋竄，逋，博孤切，逃也；竄，七亂切，匿也。”“凾”與“遁”“逋”爲版本異文，“凾”即“遁”之訛字。唐玄應撰《一切經音義》（麗藏本）卷七《正法華經》第二卷：“亟竄，《經》文或作‘凾’，此應‘逋’字，補胡反。逋，逃也。《廣雅》：‘逋，竄也。’”（p92c）宛委别藏本：“亟竄，《經》文或作‘函’，此應‘逋’字，補胡反。逋，逃也。《廣雅》：‘逋，竄也。’”清莊炘曰：“‘亟’字訛耳，‘函’亦未詳。”（p208）唐慧琳撰《一切經音義》卷二十八《正法花經》第二卷：“亟竄，《經》文或作‘凾’，此應‘逋’字，補胡反。逋，逃也。《廣雅》：‘逋，竄也。’”（T2128v54p0494a）《可洪音義》卷五《正法華經》第二卷：“亟竄，上徒困反。逃也，隱也。正作遁、遯、遯三形也。《上方經》作‘乗’，《經音義》作‘盄’，并同音遁。下倉亂反，藏也。”（v59p705b）《可洪音義》第十五卷《一切經音義》：“亟竄，上徒困反。逃也，隱也。正作遁、遯、遯三形也。下倉乱反，藏也。《上方經》本作‘垂竄’，開元樓藏經本作‘凾竄’，並与‘亟竄’同，音遁竄也。又應和尚云‘此應逋，補胡反’，非本體也。郭氏作‘呼覔反’，亦非也。”（v60p359a）又：“凾，徒困反。正作‘遁’。與‘亟’‘垂’二字同也。又‘垂’‘垂’二同，初洽反，非也。見藏本作‘亟竄’。”（v60p359b）“凾”之異文有“亟”“亟”“凾”“凾”“函”“垂”“逋”“遁”等，玄應釋作“逋”，釋其義爲逃，慧琳從之。可洪釋作“遁”，釋其義爲逃，爲隱，據後“竄”訓作藏推之，可洪蓋將“遁”訓作隱。細審文意，文中描寫一個朽敗的大宅各種惡獸隱藏其中的情境。“種種虺蛇，蝠螫遁竄”，其中“蝠”異文作“蝮”，文中用作“蝮”，指蝮蛇；“螫”本義爲毒蟲或蛇咬刺，文中指蛇或毒蟲，這個文句爲各種毒蛇毒蟲隱伏藏匿其中，非逃離其中之義。《説文·辵部》：“遁，遷也。一曰逃也。”《繫傳》：“按，《尚書》殷高宗曰：‘既乃遁于荒野。’是遷于荒野也，當作此‘遁’。《今文尚書》皆‘遯’字。”段注：“此字古音同‘循’，遷延之意，凡逡遁字如此，今之逡巡也。”“遁”的本義是退避，退讓，退避於不爲外界所知所見的環境，就有了隱藏之義。《廣雅·釋詁四》：“遁，隱也。”《後漢書·郅惲傳》：“會赦得出，乃與同郡鄭敬南遁蒼梧。”《説文·穴部》：“竄，匿也。从鼠在穴中。”“竄”之本義即爲隱匿。經中之“遁竄”爲同義並列複合詞，義爲藏匿，與文意合。玄應、慧琳讀爲“逋竄”，訓其義爲逃竄，與文意不合，“逋”無隱匿義，所解文意，所讀之字，皆不可從。鄭賢章《龍龕手鏡研究》以“𠚕”爲“逋”字（p283），亦誤。

考諸字形，“遁”或寫作“𨗨”（見《龍龕》）、“𨗨”（見《可洪音義》v59p1050a），由形近而誤作“𠚕”。“𠚕”形又爲“臿”之異寫，故可洪有“初洽反，非也”之説，“初洽反”乃據錯訛之形給出的誤讀之音，可洪雖引此音，然已知其非是。字又作“𦥯”，亦“臿”之異寫，又作“𦥯”，乃“𦥯”之訛。又作“𠚕”“函”“垂”諸形，皆“𠚕”之進一步形訛。又作“𤋮”“𤋮”，兩形亦當爲“遁”字進一步形訛。

《漢語大字典》：“𤋮，xù《改併四聲篇海·亠部》引《搜真玉鏡》：‘𤋮，血役切。’”（二p322a）將“𤋮”處理爲義未詳之字。“𤋮”讀血役切，即《可洪音義》所引郭迻呼覓反，蓋爲“㮕”之書寫變異。《説文·木部》：“𣐺,苿臿也。从木，入象形,𥄕聲。”大徐“舉朱切”。《玉篇·木部》：“㮕，句娛切。苿臿也。”《廣韻·虞韻》況于切：“㮕，臿屬。又矩于切。”金韓道昭撰《五音類聚四聲篇·亠部》（明正德十一年刊本）：“𤋮，血役切。”《重校經史海篇直音·亠部》：“𤋮，音旭。”《康熙字典·備考·亠部》：“𤋮，《海篇》音旭。”“𤋮”皆同“㮕”字。《龍龕·火部》：“𤋮，古文。布胡反，逃也，竄也。今作逋。”此乃據玄應之誤釋而定之音義。《五音類聚四聲篇·火部》（明正德十一年刊本）：“𤋮，布胡切。逃也，竄也。”後代字書多承《龍龕》之誤，收布胡一切，釋其義爲逃、爲竄。

卩部

0176 𨙩

勝友造、唐義淨譯《根本薩婆多部律攝》：“諸有情村有生命居者，隨損得罪，窠未生卵，或時[8]⿰卵叚壞，除者無犯。”（T1458v24p0577b）本頁下注8：“⿰卵叚 = 㲉《三》《宮》。”

按：“⿰卵叚”與“㲉”爲版本異文，“⿰卵叚”即“毈”字之訛。唐慧琳撰《一切經音義》卷六十三《根本説一切有部律攝》第九卷：“毈壞，上團亂反。《呂氏春秋》云：‘鷄卵經時即毈也。’《考聲》云：‘毈，卵壞也。’《説文》云：‘毈，卵不孚也。從卵，段聲。’《律》文從夕作‘⿰歹段’，非也。”（T2128v54p0726c）《説文·卵部》：“毈，卵不孚也。从卵，段聲。”作“毈”與文意合。俗書“段”旁常訛作“叚”旁，故“毈”或訛作“⿰卵叚”。《玉篇·卵部》：“㲉，口木切，卵空。”“㲉”爲卵殼之義，亦指鳥卵，“㲉壞”文意亦通。

刀　部

0177 ⿰示刂

北宋道誠集《釋氏要覽》：“頭巾。《增輝記》云：僧無冠經，或用頭巾。當以全幅褐布，杜氏呼布帽。用布五尺三寸，背後長二尺五寸，面前長二尺八寸，摺定後兩幅邊縫其半，微⿰示刂兩角以圓上，面前酌量，從額際直破下，開出眼鼻口，不得絕開。又不得絕小，皆正縫緶之。”（T2127v54p0308b）

按：“⿰示刂”即“刓”字之訛。《説文·刀部》：“刓，剸也。从刀，元聲。”《廣韻·桓韻》五丸切：“刓，圓削。园，上同。”《楚辭·九章·懷沙》：“刓方以爲圜兮，常度未替。”漢王逸注：“言人刓削方木，欲以爲圜。”“刓”的本義即把物體削成圓形，與文意合。“⿰示刂”乃“刓”之“元”旁訛作“示”也。

0178 ⿱乑千

元覺岸編《釋氏稽古略》：“新造十二字者：照爲曌，天爲西，地爲埊，日爲㉑，月爲囝，星爲○，君爲凮，臣爲恵，載爲風，年爲⿱乑千，初爲𠡕，正爲缶。”（T2037v49p0820a）

按：根據文意，“⿱乑千”即武則天所造之“年”字。《集韻·先韻》寧顛切：“季，……唐武后作𠡦。”唐《鎮軍大將軍行左鷹揚衛大將軍兼賀蘭州都督上柱國凉國公契苾府君碑銘并序》作“■”。南宋趙與時《賓退録》：“唐《君臣正論》載，武后改易新字，如以山水土爲地，千千萬萬爲年，永主久王爲證，長正主爲聖，一忠爲臣，一生爲人，一人大吉爲君。”唐《唐故高君墓誌銘序》作“”，蓋“”之省寫。“卒”“卒”皆“”字之訛。

0179 刎

東晉瞿曇僧伽提婆譯《中阿含經》：“若有橫曲不調直者盡[8]刎治之。”（T0026v01p0653b）本頁下注8：“刎=落《宋》《聖》。”

按：鄭賢章《漢文佛典疑難俗字彙釋與研究》“刎”字條：“‘刎’，大型字典失收，乃‘剳’字之訛。”（p66）結論可從。三國吴康僧會譯《六度集經》：“爾爲明主衆聖之尊，天人之師，應儀[8]各佛所無有也。”（T0152v03p0043b）本頁下注8：“各=名《三》。”西晉竺法護譯《佛説阿惟越致遮經》：“爾時三菩薩[3]各從遠來。”（T0266v09p0219a）本頁下注3：“各=名《知》。”“名”皆“各”字之訛，故“剳”或訛作“刎”。唐慧琳撰《一切經音義》卷五十二《中阿含經》第三十五卷：“頟治，古文‘都’‘鉻’二形，同，力各反。《通俗文》：‘去節曰刎。’《經》文或作‘艾［芟］’，所巖反，刈草也。或作‘洛’，非體。”（T2128v54p0652b）唐慧琳撰《一切經音義》：“瓦礫荆棘株杌，……杌謂刎去枝柯者也。”（T2128v54p0454c）“刎”皆“剳”字之訛。

“剳”又“鉻”之異構字。唐玄應撰《一切經音義》（麗藏本）卷十一《中阿含經》第三十五卷：“剳治，古文‘斱’‘鉻’二形，同，力各反。《通俗文》：‘去節曰剳。’《經》文或作‘芟’，所巖反，刈草也。或作‘落’，非體也。”（p146c）《説文·金部》：“鉻，鬍也。”清段玉裁注：“俗作剳，作斱。”已溝通“剳”與“鉻”的關係。“鉻”蓋又“落”之分化字。

0180 判

佚名《翻梵語》：“都多耶弗多羅婆羅門，應云提都耶弗多羅，譯曰判子。（《罪業報應經》）”（T2130v54p1008b）

按：“判”即“判”字之訛。唐玄應撰《一切經音義》（麗藏本）卷四《菩薩處胎經》：“如篅，市緣反。《説文》：‘判竹圓以盛穀者也。’《蒼頡篇》：‘篅，圓倉也。’《經》文作‘箪’，音丹，竹器名也。‘箪’非此義。”（p61b）唐慧琳撰《一切經音義》：“如篅，市緣反。《説文》：‘判竹圓以盛穀者。’《蒼頡篇》：‘篅，圓倉也。’《經》文作‘箪’，音丹，竹器名也。‘箪’非此義也。”（T2128v54p0599b）《説文·竹部》：“篅，以判竹圜以盛穀也。”“判”亦“判”字之異寫，乃“判”之左旁“半”末筆後加點所成之形。

0181 㓹

佚名《翻梵語》："婆沙㓹諦粲，譯曰婆沙者，住處；㓹諦粲者，姓。（《子喪不離經》）"（T2130v54p0990b）

按："㓹"即"刹"字之訛。東漢安世高譯《佛説婆羅門子命終愛念不離經》："愛婆沙刹諦隷（夫人）。"（T0091v01p0915c）《佛説婆羅門子命終愛念不離經》與《子喪不離經》爲同一佛經的不同名稱，《翻梵語》之"婆沙㓹諦粲"原經作"婆沙刹諦隷"，與"㓹"對應之字作"刹"。《可洪音義》卷十四《佛大僧大經》："立㓹，初鎋反。柱也。塔中柱曰㓹也。正作'刹'也。又音塔。《經律異相》作塔。《上方經》亦作塔。"（v59p1096b）北涼沮渠京聲譯《佛説佛大僧大經》："殯葬其弟，四輩立塔。"（T0541v14p0828c）《大正藏》之《佛説佛大僧大經》作"塔"。鄭賢章《〈新集藏經音義隨函録〉研究》亦有考證（p110），可參看。

"婆沙㓹諦粲"，當作"婆沙刹諦隷"，"粲"即"𣪠（隷）"之訛。

0182 𠜂

佚名《大佛頂如來放光悉怛多般怛羅大神力都攝一切咒王陀羅尼經大威德最勝金輪三昧咒品》："大佛頂結界呪法：唵（一）阿密嘌多（二）毘盧羯儞揭羅婆浴𠜂尼阿羯羅沙尼唅唅泮泮莎訶。"（T0947v19p0182c）

按：疑"𠜂"爲"刹"字之訛。《龍龕手鑑·刀部》："𠜂，俗；刹，正，初鎋反。~柱也。"可以比勘。

0183 𠜎

南宋智昭集《人天眼目》："如鳥飛空而折翼（未擧以前底），如箭射的而斷絃（著力處不消一𠜎）。"（T2006v48p0305a）

按："𠜎"當即"劄（劄）"字之訛。《玉篇·刀部》："劄，竹洽切，以針刺也。"北宋守堅集《雲門匡真禪師廣録》："僧云：'且道某甲甚處過夏?'師云：'不消一𠜎。'"（T1988v47p0568c）南宋紹隆編《圓悟佛果禪師語録》："有眼不可見，有耳不可聞，有口不可辨，有心不可思。任是通身是眼，盡乾坤大地草木叢林纖洪長短一一交羅，作無量無邊神通妙用，到這裏不消一𠜎。"（T1997v47p0

766c)《大正藏》或作“箚”“剳”等形。“不消一剳”即不消一刺，極言用力之少也。《雲門匡真禪師廣録》：“舉黄檗一日舉手作捏勢云：‘天下老和尚總在者裏。我若放一線道，從汝七縱八横，若不放過不消一捏。’僧問：‘放一線道時如何？’檗云：‘七縱八横。’又問：‘不放過不消一捏時如何？’檗云：‘普。’”(T1988v47p0560a)《圓悟佛果禪師語録》：“若不放行，不消一搦搦殺。”(T1997v47p0763b) 南宋蘊聞輯《大慧普覺禪師語録》：“舉起拂子云：‘看看，觀音、彌勒、普賢、文殊，盡向徑山拂子頭上聚頭打葛藤。若也放開，從教口勞舌沸。若也把住，不消一擊。’以拂子擊禪床下座。”(T1998Av47p0817a)“不消一捏”“不消一搦”“不消一擊”，根據語境可以換用不同的動詞，但都表示所需力氣之少。

0184 剑

新羅元曉撰《涅槃宗要》：“南土諸師多依武都山隱士劉剑義云：如□□□□説，無出頓漸，花嚴等經，是其頓教。”(T1769v38p0255a)

按：鄭賢章《漢文佛典疑難俗字彙釋與研究》“剑”字條：“‘剑’，大型字典失收，乃‘虯(虬)’字之訛。”(p66) 以“剑”爲“虯”之訛，可從。《南齊書·劉虬傳》：“虬精信釋氏，衣粗布衣，禮佛長齋。注《法華經》，自講佛義。”“劉剑”即“劉虬”。“虯”或寫作“虭”，“丩”旁訛作“刂”旁也，“糾”或寫作“糿”，“赳”或寫作“赳”，皆可比勘。“虫”或寫作“虽”，“虽”與“龟”形近。蓋“虭”又有左旁寫作“虽”旁者，因訛作“剑”。

0185 剢

唐菩提流志譯《一字佛頂輪王經》：“如來幢印之三十八。又以右手大拇指横押中指、無名指、小指甲上，以頭指直伸磔竪，押臂直上，印呪曰：娜莫縒曼䶵(一) 勃馱南(二)[5]剢縿(知價反，輕呼。三)。”(T0951v19p0244b) 本頁下注5：“剢=割《三》《甲》。”

按：“剢”與“割”爲版本異文，“剢”即“割”字之訛。唐菩提流志譯《五佛頂三昧陀羅尼經》：“次如來幢印呪之三十。先以右手大母指横押中指、無名指、小指胛上，以頭指直申磔竪，申臂直上，印呪曰：娜莫三曼多勃馱南割縿(知價反。二合，縿字不出聲)。”(T0952v19p0278b) 與“剢”對應之字作“割”。北宋法護譯《佛説出生一切如來法眼遍照大力明王經》：“割䪒(中莖反) 割吒譬(引) 囉嚩(引) 野娑嚩(二合) 賀(引)。”(T1243v21p0208b)“剢縿”與“割吒”蓋爲同一梵文的不同譯音形式，“剢”亦對應“割”。《偏類碑别字·刀部》"割"字條引《齊諸維那卌人造太子象》作"㓷"，秦公《廣碑别字·十二畫》"割"字條引《齊比丘尼静恭静文等造像》作"㓷"，皆可證"㓷"即"割"字之訛。唐道世撰《法苑珠林》："今日貧困，説往富樂，但謂虚談，誰肯信之。由我貧窮，所向無路，譬如曠野，爲火所焚，人不喜樂，如枯樹無蔭無依投者，如苗被霜雹捐棄不收，如毒蛇[24]害人皆遠離。"（T2122v53p0713b）本頁下注 24："害＝室《三》《宮》。"四庫本作"室"，"室"爲"害"字之訛，亦可比勘。

《可洪音義》第九卷《一字頂輪王經》："㓷縿，上音剖，下竹下反。"（v59p864）疑"上音剖"之"剖"爲"割"字之訛。或可洪誤認"㓷"爲"剖"。"剖"與"割"或混訛。"剖"或寫作"剳"（見《可洪音義》）（v59p609b），"剳"與"割"形近。《可洪音義》卷九《蘇悉地羯囉經》下卷："剳拆，上普口反，下先擊反，正作'剖析'。"（v59p876b）唐輸波迦羅譯《蘇悉地羯囉經》："復取此四種物，作偷物者形，而坐其上，以左手片片割析而作護摩。"（T0893v18p0678c）經文作"割"，據經文及可洪所見之形體，釋作"割"於義可通，似不必改讀作"剖"。

0186 㓥

唐輸波迦羅譯《蘇悉地羯囉經》："應具三衣。又内衣一日三時，浣濯其衣，乾燥香熏灑淨。一一時中，隨聽作一。别置睡衣及以澡衣。於此二時，替换内衣，日别一洗，其衣乾燥，聽以熏灑，獻尊鉢器。三時洗[19]挑，既除萎華，續致新者。"（T0893v18p0648b）本頁下注 19："甲本頭註朱書曰：挑恐當作洮。洮，㓥切，盥也。"

按：注讀"挑"爲"洮"，是。西晋竺法護譯《佛説大迦葉本經》："佛世尊有誨悦辭布施持戒，愛欲之病，[16]挑塵勞心。"（T0496v14p0760b）本頁下注 16："挑＝洮《三》《宮》。"《嘉興藏》作"洮"，音釋："洮，徒刀切，滌也。""洮"即訛作"挑"。"㓥切"乃"洮"字之切音，"㓥"即"徒刀"二字之誤合。

0187 㓥

南朝梁寶唱等集《經律異相》："復次火燒大鐵臼，以杵擣之，經歷百年，彼以罪緣而命不盡。以臼擣殺蚤虱，及[16]㓥殺故也。"（T2121v53p0260b）本頁下注 16："㓥＝掐《三》《宮》。"

按："㓥"即"殛"字之訛。世賢造、東晋僧伽提婆譯《三法度論》："復次火燒鐵臼，以杵擣百年，彼以罪緣故命不盡。彼於此間以臼擣殺蚤虱，及[25]殛殺故。"（T1506v25p0027c）本頁下注 25："殛＝齧《三》《宮》。"與"㓥"對應之字作“殛”。《説文・歺部》：“殛，殊也。”“殛”之本義爲誅殺。“以臼擣殺蚤虱，及殛殺故”，謂（人在地獄受上述懲罰）因爲人生前用臼搗殺蚤虱以及誅殺有生的原因，作“殛”與文意合。《龍龕・歹部》：“殛，俗；殛，正，紀力反……又誅也。”“殛”之右旁與“函”形近。

唐義淨撰《大唐西域求法高僧傳》：“禪門定澈，[49]亟覩關涯。”（T2066v51p0001c）本頁下注49：“亟=函《元》。”唐玄奘、辯機撰《大唐西域記》：“跋祿迦國（舊謂姑[47]黑，又曰[48]亟[*]黑）。”（T2087v51p0870c）本頁下注47：“黑=墨《甲》《乙》[*]。”注48：“亟=函《宋》《元》。”季羨林等《大唐西域記校注》“亟墨”注：“原本黑作墨，今從《古本》《石本》《中本》及各本改。《敦甲本》亟墨作極墨，《古本》《石本》作丞墨，《宋本》《明南本》《酬本》《金陵本》及《方志》作函墨。按《新唐書・西域傳》亦作亟墨，亟與姑聲同字異，其實一也。丞、函並爲亟之形訛，極從亟聲，可通用。”（p65）此皆“亟”訛作“函”之證。

“𤘾”之異文又作“搯”“齧”，“搯”字於義無取，蓋“掐”字之訛，“掐”有用指甲截斷義，“齧”有咬義，皆可爲殺死蚤虱的具體動作，蓋據文意改。鄭賢章《〈新集藏經音義隨函録〉研究》以“𤘾”爲“掐”之訛（p95），不妥。

0188 㓷

唐道世撰《法苑珠林》：“雍州[26]鄠縣南繫頭山寺者，其山本舟人繫船其頂，故以名焉。”（T2122v53p0596b）本頁下注26：“鄠=㓷《宋》《元》，劃《宮》。”

按：正文之“鄠”，注文作“鄠”，“㓷”與“鄠”“鄠”“劃”爲版本異文，“㓷”“鄠”“劃”皆“鄠”字之訛。西漢初年置鄠縣，故治在今户縣北一公里；北魏、西魏屬雍州之京兆郡；北周，屬雍州之京兆尹；隋朝屬關中京兆郡；唐初屬關内道京兆府京兆郡；開元二十一年屬京畿道。

0189 㓥

唐一行記《大毘盧遮那成佛經疏》：“是故行是法者，㓥求明師，一一諮受微旨，曉了明白。”（T1796v39p0746c）

按：此經文亦見《卍續藏》唐一行述記《大日經義釋》：“是故行者，務求明師，一一諮稟微旨，曉了明白。”（X0438v23p0469c）與“㓥”對應之字作“務”，“務”爲必須、一定之義，於文意可通。日本源信撰《往生要集》：“癡人得力，應[8]務速出。”（T2682v84p0046c）本頁下注8：“務=㓥《乙》。”“務”之異文或作“㓥”，“㓥”與“㓥”唯從“刀”從“力”之異，“㓥”亦“務”字之訛。“務”本從“矛”，“矛”隸書作“矛”，與“弟”形近，故從“矛”之字或訛從“弟”。

日本淳祐撰《要尊道場觀》:“根本印。二手合掌,二頭指、二無名指屈入掌,各相背,並二大指微屈勿著頭指,真言曰:唵阿密㗚(二合)姤納婆(二合)嚩吽(引)發吒娑嚩(二合)賀([2]引)。”(T2468v78p0049a)本頁下注 2:“引+(又真言:唵賀耶紇哩㸦吽吽發吒)《原》。”日本寬助撰《別行》:“真言曰:[illegible],唵(引。一)賀耶紇里務吽吽發吒。”(T2476v78p0135b)“㸦”亦“務”字之訛,爲“(bha)”之譯音字。

0190 剎

日本信瑞纂《淨土三部經音義集》:“佛刹。《新華嚴音義》曰:佛刹,刹具正云紇差怛羅,此曰土田。差,音初界反。《經音義》曰:《花嚴經》[59]切刹,又作‘擦’,同,音察。梵言差多羅,此譯云土田。《經》中或言國,或云土者,同其義也。或作刹土者,存二音也,即刹帝利名守田主者,亦是也。案:刹,書無此字,即[61]刹字略。剎,音初一反。浮圖名刹者,訛也。應言剌瑟胝,剌音力割切,此譯云竿,人以柱代之,名爲刹柱,以安佛骨,義同土田,故名刹也,以彼西國塔竿頭安舍利故。”(T2207v57p0426c)本頁下注 59:“切 = 云劫《甲》《乙》。”注 61:“刹 = 剎《甲》《乙》。”

按:“剎”與“刹”爲版本異文,“剎”即“剎”書寫變異。“刹,書無此字,即刹字略”,乃討論“刹”字形源,謂“刹”字的形體來源於“剎”字簡省,字作“刹”者,涉上而誤也。唐玄應撰《一切經音義》(麗藏本)卷一《大方廣佛華嚴經》第一卷:“切𠜂,又作‘擦’,同,音察。梵言差多羅,此譯云土田。經中或言國,或云土者,同其義也。或作𠜂土者,存二音也,即𠜂帝利名字田主者,亦是也。案:𠜂,書無此字,即‘𠞊’字略也。𠞊,音初一反。浮圖名𠜂者,訛也。應言剌瑟胝,剌音力割反,此譯云竿,人以柱代之,名爲𠜂柱,以安佛骨,義同土田,故名𠜂也。以彼西國塔竿頭安舍利故也。”(p2a)麗藏本《玄應音義》“刹”作“𠜂”,與“剎”對應之字作“𠞊”。宛委别藏本之《玄應音義》與“剎”對應之字作“剎”,孫星衍注曰:“‘刹’即‘剎’字之壞,而徐鉉增作《說文》新附,惜未見此書耳。”(p4)清人皆從玄應之説,以“刹”即“剎”字之省。又,元刊本《玉篇》“剎”作“𠞊”,與“剎”形近。張涌泉《敦煌俗字研究》(第 2 版)亦有考證(p326),可參看。

0191 𠞊

聖勇等造、北宋紹德、慧詢譯《菩薩本生鬘論》:“時諸惡人奮力勇鋭,執持

利刃剺剖而去。”（T0160v03p0339b）

按：“𠝤”即“剺”異寫，“剺”又“𠠊”之異構字。《玉篇·刀部》：“𠠊，力支切，解也，分割也。”《玉篇·刀部》：“剺，力之切，直破也。”南宋毛晃增註、毛居正重增《增修互註禮部韻略·支韻》鄰知切：“𠠊，剝也，割也，直破也。《廣韻》：‘分破也。’亦作‘剺’‘棃’‘𠠊’，又薺霽二韻。今圈。剺，同上。”

0192 𠝣

北宋道原纂《景德傳燈録》：“剛柔可則，爛爛憐百鍊之金。𠝣黜不移，區區抱三獻之璞。”（T2076v51p0465c）

按：“𠝣”即“髕”之分化字。南宋宗法等編、日本天桂傳尊再編《宏智禪師廣録》：“珉表粹中誰賞鑒，忘前失後莫咨嗟。區區抱璞兮，楚庭𠝣士。”（T2001v48p0022c）經文所引即“卞和獻玉”的典故。《大正藏》之《萬松老人評唱天童覺和尚頌古從容庵録》、《卍續藏》之《金剛經宗通》、《嘉興藏》之《明州天童景德禪寺宏智覺禪師語録》等皆作：“區區投璞兮，楚庭臏士。”“臏”爲“髕”的異構字，“髕”見《説文》，訓“𦙶耑”，本義爲膝蓋骨，亦用作動詞指去掉膝蓋骨。“臏士”爲去掉膝蓋骨之人，“臏”爲去掉膝蓋之義，“𠝣”蓋爲此動詞義所造之字，故字改從“刀”。“𠝣黜不移，區區抱三獻之璞”亦用其典。“𠝣黜不移”蓋謂卞和受到去掉膝蓋的刑罰和貶斥仍志向不變。

0193 𠜏

唐全真集《唐梵文字》：“[梵字]，謀；[梵字]，[17]𡩐；[梵字]，敗；[梵字]，臨。”（T2134v54p1218b）本頁下注17：“𠜏=寡《甲》，旁《乙》，宣《丙》。”

按：正文“𡩐”注文作“𠜏”，異文又作“寡”“旁”“宣”，諸字蓋皆“寡”字之訛。唐義淨撰《梵語千字文》（東洋文庫藏本）：“[梵字]，[梵字]，[梵字]，[梵字]，[梵字]，[梵字]，[梵字]，[梵字]，好謀宣敗臨敵慮微。”（T2133Av54p1191c）《梵語千字文》（安永二年敬光刊本）：“好謀宣敗，臨敵慮微。”（T2133Bv54p1197c）又：“[梵字]，婆上攞重，好；[梵字]，阿嚩娑建（二合）娜，謀；[梵字]，尾駄味，宣；[梵字]，尾曩捨，敗；[梵字]，阿哆重，臨；[梵字]，駄怛娜嚩，敵；[梵字]，迦娜引止覩，慮；[梵字]，跛囉摩，微。”（T2133Bv54p1203a）皆作“宣”字。但根據《梵語千字文》給出語境，“好謀宣敗”之“宣”，文意不通，“宣”當爲“寡”字之訛，“好謀”與“寡敗”有因果關係，謂“好謀”則“寡敗”。“寡”或寫作“𡨴”（見《可洪音義》v59p586b），因或訛作“宣”，《可洪音義》卷二十八《甄正論》下卷：“宣欲，上古瓦反，正作‘寡’。”（v60p519a）唐玄嶷撰《甄正論》：“老子當澆醨之代，乃說無爲無事恬淡清虛雌柔寡欲逗機之義，何其爽歟！”（T2112v52p0563c）佚名《摩醯首羅大自在天王神通化生伎藝天女念誦法》：“又法若有所愛[11]宣婦，乃至諸天女婇及天帝釋妃后眷屬心所愛者，一依前法念誦召之。”（T1280v21p0341a）本頁下注11：“宣=寡《原》。”佚名《藥師經疏》：“分施者，如《智度論》第十二云：……檀爲涅槃之初緣，入善人中之要法，稱譽讚歎之淵府，入衆無難之功德，心不悔恨之窟宅，善法行道之根本，種種歡樂之林藪，富貴安隱之福田，得道涅槃之津梁，聖人大士智者之所行，餘人儉德[1]宣識之所効。”（T2767v85p0312c－0313a）本頁下注1：“宣=寡?”印度龍樹造、後秦鳩摩羅什譯《大智度論》：“聖人大士智者之所行，餘人儉德寡識之所効。”（T1509v25p0140b）“宣”皆“寡”字之訛，可比勘。

力　部

0194 㔟

唐菩提流志譯《不空羂索神變真言經》：“即說不空羂索心王母陀羅尼真言曰：……迦拏迦拏（二百句）枳抳枳抳（一句）矩[29]㔟矩*㔟（二句）。”（T1092v20p0230c）本頁下注29：“㔟=拏《宋》*，努《元》*。”

按：“㔟”與“努”“拏”爲版本異文，“㔟”即“努”字之訛。林光明《新編大藏全咒》卷二《不空羂索神變真言經》“不空羂索心王母陀羅尼真言”中“㔟”字梵文羅馬轉寫作“ṇu”（v2p195）。日本淨嚴撰《悉曇三密鈔》：“ṇu，奴、弩、努、耨、免（二共法花）、拏。”（T2710v84p0744c）“努”爲“ṇu（nu）”的譯音字。《可洪音義》卷二十六《大慈恩寺法師傳》第十卷：“㔟力，上奴古反，正作努。”（v60p440a）“㔟”亦“努”字之訛。

0195 鳥

北魏瞿曇般若流支譯《正法念處經》：“其普林中，有七種鳥：真金七寶，以爲鵝鳥；因陀青寶，以爲鸚鵡；翅多赤寶，以爲鴛鴦；毘琉璃寶，以爲[1]鳧鴨；青寶車磲，以爲孔雀；大青七寶，爲命命鳥；珊瑚銀寶，爲迦陵頻伽。”（T0721v17p0160a）本頁下注1：“鳧=鳥《宮》。”

按：“鳥”與“鳧”爲版本異文，“鳥”即“鳧”字之訛。唐道世撰《法苑珠林》："或云：愚癡多故亦受鶩身，此二鶩身爲同爲異？答謂習欲生者是水鳥鳬鴨之流，習癡生者是陸鳥鵄梟之類。"（T2122v53p0318c）"鳬鴨"指水鴨。西晋竺法護譯《佛説海龍王經》："鴛鴦[40]鳬鴈相隨而鳴。"（T0598v15p0140b）本頁下注40："鳬鴈=鳨應《知》。"東晋竺佛念譯《中陰經》："後園浴池皆七寶成，[14]鳬鴈鴛鴦，異類奇鳥，悲鳴相和。"（T0385v12p1060c）本頁下注14："鳬=鴋《元》，鳨《宮》。"東晋佛馱跋陀羅譯《大方廣佛華嚴經》："[1]鳬雁鴛鴦，孔雀哀鸞，異類衆鳥，遊戲其中，出和雅音。"（T0278v09p0698a）本頁下注1："鳬雁=鴋鴈《聖》。"唐慧琳撰《一切經音義》卷五十七《佛説分別善惡所起經》："鶵鳧，下輔無反。郭注《爾雅》云：'鳧似鴨而小，長尾，背上有文，今江東人亦呼爲鸍。'音詩。《考聲》云：亦野鴨之小者。從鳥，几［几］聲。几［几］音殊。《經》從'力'作'鳨'，非此鳥也。"（T2128v54p0685c）東漢安世高譯《佛説分別善惡所起經》："生爲鶵鳬鳥鴨，人魂魄無形所著爲名。今見有鶵鳬婬泆，不避母子，亦無節度，亦有犬馬之貞狗貞，於夫畜生之屬皆有信足，而鶵鳬婬泆獨無止足，皆從故世宿命婬泆犯他人婦女，受是鶵鳬身，當爲人所噉食。"（T0729v17p0518b）"鳨""鴋"亦皆"鳬"字之訛，"几"旁訛作"力"也。參下條。

《中華字海》已溝通"鳨"與"鳬"之關係（p196a），楊寶忠《疑難字考釋與研究》"鳨"字條（p70）、"鳨"字條（p9）亦有詳細考證，結論可從，唯未及佛經用例，故補考之。

《可洪音義》卷十四《正法念處經》第二十八卷："鳨鴨，上六弋反，下烏甲反。"（v59p1068）又卷二十六《今古佛道論衡》第三卷："續鳨，音扶，正作'鳧'也。又音力，似鳧而小。'鳧''鳨'二鳥，俱是野鴨而大小不同耳。"（v60p419a）又卷一《摩訶般若波羅蜜經》第三十九卷："鳨鴈，上音扶也。又音力，非也。"（v59p576c）又卷二《小品般若經》第十卷："鳨鴈，上音扶。又音力，悮。"（v59p583c）可洪或讀"鳨"爲"六弋反"，即把"鳨"看作與"鳧"不同的兩個字；或兩説並存；或以"鳨"爲"鳧"的訛字，把"音力"看作誤讀音，可以看出可洪對"鳨"與"鳧"的關係猶疑不定。

0196 勎

元覺岸編《釋氏稽古略》："金十一月丙辰，章宗崩。無嗣，群臣奉遺詔立衛王允濟。丙寅即帝位，世宗第七子也。在位四年，紇石烈勎中弑之。"（T2037v49p0898b）

按："勎"即"執"字之訛。同上經："金八月起紇石烈執中爲右副元帥。"（T2037v49p0899b）與"勎"對應之字作"執"。紇石烈執中，本名胡沙虎，女真人。他在1213年發動政變，殺金主衛紹王，改立金宣宗。

"執"或寫作"𭫂"（見清顧藹吉《隸辨·緝韻》"執"字條）。"几"旁或訛作"力"。

0197 劵

北魏楊衒之撰《洛陽伽藍記》:"其俗婦人袴衫束帶乘馬馳走，與丈夫無異。死者以火焚燒，收骨葬之，上起浮圖。居喪者剪髮[6]劈面爲哀戚，髮長四寸，即就平常。"（T2092v51p1019a）本頁下注6:"劈=劵《甲》。"

按:"劵"與"劈"爲版本異文,"劵"即"剺"字之訛,"剺"與"劈"義近。《説文·刀部》"剺，剝也，劃也。"東漢劉珍等撰《東觀漢記·耿秉傳》:"南單于舉國發喪，剺面流血。""剺面"即以刀劃面。西晋竺法護譯《正法華經》:"荆棘[33]蝥身。"（T0263v09p0081c）本頁下注33:"蝥=劵《宋》《元》《宮》，嫠《明》。""劵"亦"剺"字之訛。

"劈"亦有割、劃義,"劈面"亦以刀割面義。《魏書·清河王懌傳》:"夷人在京及歸，聞懌之喪，爲之劈面者數百人。"《文選·沈約〈齊故安陸昭王碑文〉》:"雖鄧訓致劈面之哀，羊公深罷市之慕。"李善注:"戎俗，父母死，耻悲泣，皆騎馬歌呼。致聞訓卒，莫不號啕。或以刀自割。""劈"與"剺"爲同義互換的異文。

0198 剪

龍樹造、後秦鳩摩羅什譯《大智度論》:"衆香城内男女大小，於其城中多聚人處[25]敷大法座。"（T1509v25p0734c）本頁下注25:"敷=剪《石》。"

按:"剪"與"敷"爲版本異文,"剪"即"敷"字之訛。後秦鳩摩羅什譯《摩訶般若波羅蜜經》:"衆香城中男女大小，於其城中多聚人處敷大法座。"（T0223v08p0417b）後秦鳩摩羅什譯《小品般若波羅蜜經》:"衆香城中男女大小，爲曇無竭菩薩，於其城内多聚人處敷大法座。"（T0227v08p0581b）與"剪"對應之字皆作"敷"。

0199 勢

日本源信撰《往生要集》:"譬若癡人墮於火坑，不能自出。知識救之以一方便，癡人得力，應[8]務速出，何暇縱横論餘術計。"（T2682v84p0046c）本頁下注8:"務=勢《乙》。"

按:"勢"與"務"爲版本異文,"勢"即"務"字之訛。參0189"勢"字條。

土　部

0200 𡊷

唐道宣撰《廣弘明集》："雖至理冥一存亡定於形初，玄識妙照骸器同於朽壤，然而闕情期於欣戚之境，未泯乎離會之心者，亦何能不以失得爲悲喜，臨長[5]岐而悽懷哉?"（T2103v52p0264a）本頁下注5："岐＝𡊷《元》。"

按："𡊷"與"岐"爲版本異文，"𡊷"即"岐"字之訛。《説文·邑部》："郊，周文王所封。在右扶風美陽中水鄉。从邑支聲。岐，郊或从山支聲，因岐山以名之也。"據前人的研究"岐"本義爲山名，因山兩歧而得名。"郊"爲地名，因該地有岐山而得名，"郊"爲"岐"的分化字。"岐"引申爲分歧義，文獻習見，字又寫作"歧"。《玉篇·止部》："歧，翹移切。歧路也。""歧"本爲"岐"之書寫變異，手寫"山"與"止"形近，故"岐"或寫作"歧"。後兩字用法發生分化，"岐"用作山名義，"歧"用作分歧義。"𡊷"則"岐"字之訛。元念常集《佛祖歷代通載》："蚩尤作兵器，[8]岐伯造醫。"（T2036v49p0713a）本頁下注8："岐＝𡊷《甲》。""𡊷"亦"岐"字之訛。

北魏瞿曇般若流支譯《正法念處經》："彼常影林，有五大池。池有蓮華，鵝鴨鴛鴦，多有種種，[5]跋求之音，迭共出聲，聲甚可愛。"（T0721v17p0238c）本頁下注5："跋＝𡊷《明》《宫》。""𡊷"又"跋"字之訛。日本心覺撰《多羅葉記》："跋求摩河，可云跋求摩底，亦云婆求摩。跋求者，好聲；摩底者，有。"（T2707v84p0578b）佚名《翻梵語》："跋求摩訶，應云跋求摩底，亦云婆求摩。譯曰跋求者，好聲；摩底者，有。"（T2130v54p1044c）字本作"跋"。《正法念處經》："滿中諸鳥，音聲可愛。[7]跋求之聲，山中甚饒。"（T0721v17p0227c）本頁下注7："跋＝䟦《明》。""跋"又訛作"䟦"，可資比勘。

0201 垐

南朝梁僧祐撰《出三藏記集》第六卷："赫怒已發，無所不至。至不可[7]至，神幽想獄。"（T2145v55p0046a）本頁下注7："垐＝至《三》。"

按："垐"與"至"爲版本異文，"垐"即"至"字書寫變異。《可洪音義》卷二十四《出三藏記》第六卷："可巠，音至，到也。又字體似'巫''巠'，非義。巫，女師婆也；巠，直波也。巫音無，巠音經。或作‘圣’，音窟，汝南人云放刀［致力］於地中曰圣。”（v60p312c）可洪所見本作“巠”，已釋作“至”。經文又見於明梅鼎祚《釋文紀》（四庫本）及清嚴可均《全晋文》卷一百五十八所收東晋釋道安撰《大十二門經序》（清光緒刻本），與“巠”對應之字皆作“至”。西晋竺法護譯《修行道地經》：“正使合會此上諸醫，及幻蠱道并[10]巫呪説，不能使差令不終亡。”（T0606v15p0185b）本頁下注 10：“巫＝至《宮》《聖》。”唐道世撰《法苑珠林》：“遥見海中有二人現浮游水上，漁人疑爲海神，延[21]巫祝，備牲牢以迎之。”（T2122v53p0383b）本頁下注 21：“巫＝至《宮》。“至”皆“巫”字之訛，皆可比勘。

0202 埊

佚名《埊圄大道心驅策法》：“爾時如來在靈鷲山薄伽樹下師子座坐，有百千萬億那由他衆，皆是灌頂轉不退轉。”（T1159Av20p0652c）

按：“埊”即“地”之古文“埊”字之訛。《玉篇·土部》：“埊，迪利切。古地字。”“埊”乃由“山”“水”“土”構成的會意字，爲“地”之異構字。參 0205“埊”字條。

“圄”同“藏”。“埊圄”即“地藏”。遼非濁集《三寶感應要略録》：“第三十五地藏菩薩救喬提長者家惡鬼難感應（出《地藏大道心驅策法》等文）。”（T2084v51p0855a）與“埊圄”對應之字正作“地藏”。

0203 坾

日本聞證撰《略述法相義》：“爾時三千大千世界以佛神力，地皆柔軟，無有坾塘、土石、沙礫，亦化土攝，是其暫變而已。”（T2315v71p0150a）

按：“坾”即“坵”字之訛。北涼曇無讖譯《大般涅槃經》：“爾時三千大千世界以佛神力故，地皆柔軟，無有丘墟、土沙、礫石、荆棘、毒草。”（T0374v12p0371b）南朝宋慧嚴譯《大般涅槃經》：“爾時三千大千世界以佛神力故，地皆柔軟，無有丘墟、土沙、礫石、荆棘、毒草。”（T0375v12p0611a）東晋法顯譯《佛説大般泥洹經》：“爾時佛威神故，此三千大千世界，地皆柔軟，無有丘墟、沙礫、荆棘、毒草。”（T0376v12p0857c）唐李通玄撰《新華嚴經論》：“爾時三千大千世界以佛神力故，地皆柔軟，無有丘墟、沙土、礫石、荆棘、毒草。”（T1739v36p0727c）唐窺基撰《説無垢稱經疏》：“《涅槃》亦云：爾時三千大千世界以佛神力，地皆柔軟，無有坵墟、土石、沙礫，亦化土攝，隨所宜生。”（T1782v38 p1029a）唐窺基撰《大乘法苑義林章》：“《涅槃》亦言：爾時三千大千世界以佛神力，地皆柔軟，無有坵墟、土石、沙礫，亦化土攝，隨所宜生而現土故。”（T1861v45p0370c）唐道世撰《法苑珠林》：“四化淨土，謂佛所變七寶五塵爲化土體，故《涅槃經》云：以佛神力，地皆柔軟，無有丘墟、土沙、礫石。”（T2122v53p0397c）唐道世撰《諸經要集》：“四化淨土，謂佛所變七寶五塵爲化土體。故《涅槃經》云：以佛神力，地皆柔軟，無有丘墟、土沙、礫石。”（T2123v54p0003c）與“垞塘”對應之字作“丘墟”或“坵墟”，“垞塘”當即“坵墟”之訛。“乍”或寫作“乍”（《可洪音義》多見），與“丘”形近，故“坵”或訛作“垞”。“唐”或寫作“唐”（見《可洪音義》v60p486c），“虛”或寫作“虗”（見《可洪音義》v60p394a），兩形相近，故“唐”與“虛”或混誤。東晋瞿曇僧伽提婆譯《增壹阿含經》：“設世尊笑必有因緣，事不[23]唐爾。”（T0125v02p0726c）本頁下注23：“唐=虛《三》。”南朝梁寶亮等集《大般涅槃經集解》：“善男子，如故堤[3]塘穿穴，有孔（至）即能具足，不失本戒。案：寶亮曰：戒如堤[*]塘，以定慧爲水，若無四依人出世令改惡從善者，則戒堤[*]塘破壞，定慧之水盡也。”（T1763v37p0442b）本頁下注3：“塘=墟《聖》[*]。”唐道宣撰《廣弘明集》：“歸[29]塘尾閭，渫何所到？沃焦之石，何氣所然？”（T2103v52p0107c）本頁下注29：“塘=墟《明》。”皆“唐”“虛”混誤之例。

0204 坼

世親造、金剛仙釋、北魏菩提流支譯《金剛仙論》：“彼[8]坼有二種義者，釋偈中第二句以苦行有善解經中波羅蜜義，一者波羅蜜清淨善根體者，初地真如證智清淨善根萬德之體，二者彼[*]坼功德不可量者，明即此證智體上有萬功德之用也。”（T1512v25p0838b）本頁下注8：“坼=岸？[*]”

按：注者疑“坼”爲“岸”字，所疑甚是，“坼”即“岸”之書寫變異。“彼岸”爲佛教用語，佛經習見。佛家以有生有死的境界爲“此岸”；超脱生死，即涅槃的境界爲“彼岸”。“岸”或寫作“岍”（見劉復、李家瑞編《宋元以來俗字譜・山部》引《東牕記》）。《可洪音義》卷三《寶女所問經》第二卷：“彼岍，音岸。”（v59p650a）“岍”又“岍”之書寫變異。“岍”又改從“土”旁作“坼”（此形《可洪音義》多見），“坼”即“坼”形之變。

“坼”與“圻”（見秦公《碑别字新編》引《齊江阿歡造象》）形近。林宏元主編《中國書法大字典・山部》載行草“岸”作“岸”（趙孟頫）、“岸”（文徵明）、“岸”（黄道周）等形，均可比勘。《金剛仙論》“坼”凡11見，皆“岸”字之書寫變異。

0205 ⿱永土

元覺岸編《釋氏稽古略》："夏正月爲一月，秦宗客改造天地等十二字以獻。丁亥行之，太后自名曌，改詔曰制。二月辛酉，太后策貢士於洛城殿，貢士殿試自此始。至久視元年冬十月，制復以正月爲十一月，一月爲正月。中宗神龍元年二月，復國號唐，郊廟社稷陵寢百官旗幟服色文字皆如永淳以前故事。復以神都爲東都，北都爲并州。新造十二字者：照爲曌，天爲西，地爲⿱永土，日爲⿴〇乙，月爲囝，星爲〇，君爲𠁈，臣爲惠，載爲風，年爲𠡦，初爲𠡂，正爲缶。令宰相撰時政記，月送吏舘，時政記自此而始。(《唐書》)"（T2037v49p0820a）

按：四庫本亦作"⿱永土"，"⿱永土"即"埊"字之訛。《新唐書·后妃傳上》："作曌、𠀑、埊、⿴〇乙、囝、〇、𠁈、𢘑、𡕀、𠡂、𠡦、𠙺十有二文，太后自名曌，改詔書爲制書。"與"⿱永土"對應之字作"埊"。《玉篇·土部》："埊，古地字。"《玉篇》亦作"埊"，乃從山從水從土的會意字。或省作"坔"，《集韻·至韻》徒二切："地、墬、墬、坔、埊，《説文》：'元气初分，輕清陽爲天，重濁陰爲地，萬物所列也。'籀作墬，墬或作坔，唐武后作埊。"字或作"⿱永土"，"⿱永土"即"坔"字之訛，"水"旁訛作"永"旁也。後秦鳩摩羅什譯《集一切福德三昧經》："菩薩應當猶如大池，專意正法[14]水無盡故。"（T0382v12p1001c）本頁下注14："水=永《元》《明》《宮》。"世親造、唐玄奘譯《攝大乘論釋》："次後即於如是修中增上戒等，菩薩三學，應令圓滿。最後於彼學果涅槃，煩惱[1]水斷及與無上正等菩提。"（T1597v31p0324a）本頁下注1："水=永《三》《宮》。""水"皆"永"字之訛，可資比勘。

0206 ⿰土式

南宋宗法等編、日本天桂傳尊再編《宏智禪師廣録》："出没之淵，窮通之[3]⿰土式。"（T2001v48p0043b）本頁下注3："⿰土式=域[イ]《原》。"

按："⿰土式"與"域"爲版本異文，"⿰土式"即"域"字之訛。李琳華編《佛教難字字典·土部》載"域"或作"⿰土式"（p56a），已溝通"⿰土式"與"域"關係。鄭賢章《漢文佛典疑難俗字彙釋與研究》"⿰土式"字條（p73–74）進一步給出了"⿰土式"爲"域"字之訛的用例。考"或"或寫作"𢦓""𢦔""戓"（見《佛教難字字典·戈部》）、"𢦏"（見《偏類碑別字·戈部》"或"字條引《隋常景墓誌》）、"𢦏"（見秦公《廣碑別字·八畫》"或"字條引《唐宮官司設墓誌》）等形，因進一步訛作"式"。唐金剛智譯《金剛頂瑜伽中略出念誦經》："論曰：我與汝灌頂訖，以金剛名號與汝作字，汝名金剛某甲。若是餘部，[7]式加寶珠蓮花等作字呼之。"（T0866v18p0252a）本頁下注7："式=或《丙》《丁》。"日本曇寂撰

《金剛頂大教王經私記》："論曰：我與汝灌頂訖，以金剛名號與汝作字，汝名金剛某甲。若是餘部，或加寶珠蓮花等作字呼之。"（T2225v61p0331a）日本皇慶撰《隨要記》："論曰：我與汝灌頂訖，以金剛名號與汝作字，汝名金剛某甲。若是餘部，或加寶珠蓮花等作字呼之。"（T2407v75p0822a）隋費長房撰《歷代三寶紀》："來哲博聞，[17]或希續繼，冀補遺漏，庶滿法流焉。"（T2034v49p0071b）本頁下注 17："或=式《三》《宫》。""式"皆"或"字之訛。唐澄觀述《大方廣佛華嚴經隨疏演義鈔》："王以爲奇特也，遂建伽藍，[4]或旌美跡，傳芳後葉，從此立名。"（T1736v36p0391a）本頁下注 4："或=式《甲》。"北宋元照撰《四分律行事鈔資持記》："大德僧聽若僧時到僧忍聽某甲比丘命過所有衣物現前，僧應分白如是（準[1]或合須牒本，云：僧今分是衣物）。"（T1805v40p0377a）本頁下注 1："或=式《宫》。""或"皆"式"字之訛。北宋智圓述《維摩經略疏垂裕記》："《西域記》云：彼土致敬之[1]或，其儀有九：一、發言慰問，二、俯首示敬，三、舉手高揖，四、合掌平拱，五、屈膝，六、長跪，七、手膝據地，八、五輪俱屈，九、五體投地。"（T1779v38p0804a）本頁下注 1："或 = 式?"注者疑"或"爲"式"字之訛，所疑甚是。唐玄奘、辯機撰《大唐西域記》："致敬之式，其儀九等：一、發言慰問，二、俯首示敬，三、舉手高揖，四、合掌平拱，五、屈膝，六、長[42]踞，七、手膝踞地，八、五輪俱屈，九、五體投地。"（T2087v51p0877c）本頁下注 42："踞=跪《三》。"《西域記》原文正作"式"。"或"與"式"常混誤，故"域"或訛作"埴"。

0207 垮

唐靖邁撰《古今譯經圖紀》："沙門竺法力，西域人，業行清高，智道崇[14]峙，善通方語，妙稱經微，以晋恭帝元熙元年歲次己未二月，譯《無量壽至真等正覺經》一部（一卷）。"（T2151v55p0357c）本頁下注 14："峙=垮《宋》。"

按："垮"與"峙"爲版本異文，"垮"蓋即"峙"異構字，"土"與"山"構形或通，如"峅"或作"坼"（見《可洪音義》v59p583b）。唐智昇撰《開元釋教録》第三卷（T2154v55p0509a）、唐圓照撰《貞元新定釋教目録》第五卷（T2157v55p0806a）與"垮"對應之字均作"峙"。《玉篇・山部》："峙，直里切。峻峙。""峙"有高聳義，與"崇"義近，"崇峙"爲同義並列複合詞。在高聳的意義上，"土"與"山"同意，故"峙"或作"垮"。

0208 埕

失譯《大乘悲分陀利經》："阿遮隸浮地陀陀馱波遮隸婆禰齔　栗那悉地金

(加嚴切）毘[25]坻尼稚三筆智波利迦肆利蘇彌旃地陀陀遮遮阿遮遮隸阿波隸毘至婆隸昵。”（T0158v03p0240c）本頁下注25：“坻=坭《宋》，坻。”

按：“坭”與“坻”爲版本異文，“坭”即“坻”字之訛。《可洪音義》卷二《明度經》第四卷：“因**坧**，丁兮反。”（v59p585b）三國吳支謙譯《大明度經》：“悉入十方人因坻定。”（T0225v08p0505c）“**坧**”爲“坻”之書寫變異，“坭”與“**坧**”形近，即其形之訛。《可洪音義》卷五《大悲分陀利經》第一卷：“坭南，上直尼反，下奴啖反。婆坭，音遲。”（v59p714b）《大乘悲分陀利經》：“羅禰檀哆毘滯（除又反）毘滯婆樓多咩（羊鳴音）抳伽羅呵婆坻南（奴炎反）達磨婆坻那僧伽羅呵勒叉達磨婆坻南。此是四念處解現句。”（T0158v03p0236a）可洪所見《大悲分陀利經》“坻”或作“坭”。唐慧琳撰《一切經音義》卷九《道行般若經》第二卷：“因坻，直尸反。或言因提，或云因陀囉，正翻名天主，以帝代之，故經中亦稱天主，或稱天帝者，並位之與名者也。”（T2128v54p0361c）

0209 堌

日本賴瑜撰《薄草子口決》：“毘揭多末羅堌焰（十八）蘇勃馱勃第（十九）虎嚕虎嚕莎（引聲）訶（引聲）。”（T2535v79p0208c）

按：“堌”即“珮”字之訛，“土”“王”形近，《大正藏》兩字混誤多見。唐彌陀山譯《無垢淨光大陀羅尼經》：“毘揭多末羅珮焰（十八）蘇勃馱教第（十九）虎嚕虎嚕莎（引）訶（引）（二十）。”（T1024v19p0718b）日本實運撰《玄祕抄》：“毘揭多末羅珮焰蘇勃馱勃第虎嚕虎嚕莎（引）訶（引）。”（T2486v78p0395a）與“堌”對應之字皆作“珮”。日本淨嚴撰《悉曇三密鈔》：“𑖥，婆、㗶（全真）、㳆、噂、㗒、佩（胎軌）、罰、薄（佛頂）。”（T2710v84p0745b）又：“𑖥𑖹，薜、佩（消災軌）、吠（同上）、鞞、陪、偝（佛頂）。”（T2710v84p0745c）“佩”爲“𑖥（bha）”“𑖥𑖹（bhai）”的譯音字。“珮”與“佩”音同，當爲同一梵文的譯音字。

0210 埛

唐智通譯《千眼千臂觀世音菩薩陀羅尼神咒經》：“根本大身呪（用後總攝身印）：……[38]毘那舍娜（引）迦囉耶（三十一）。”（T1057Bv20p0090b-c）本頁下注38：“毘那舍娜=毘那毘那舍埛舍埛《宋》《元》。”

按：“埛”與“娜”爲版本異文，“埛”即“娜”字之訛。日本心覺撰《多羅葉記》：“僕，[梵字]，[4]娜（引）娑。”（T2707v84p0591c）本頁下注4：“娜=埛

《甲》。”唐義淨撰《梵語千字文》（安永二年敬光刊本）：“𑖟𑖯𑖭，娜（引）娑，僕。”（T2133Bv54p1198c）“㛁”亦“娜”字之訛，“娜”爲“𑖟𑖯（dā）”之譯音字。日本淨嚴撰《悉曇三密鈔》：“𑖟，陀、柁、荼、娜、那、乃（隨求）、諾、納、訥。”（T2710v84p0744b）又：“𑖠，陀、馱、娜、但、彈、檀、達、特。”（T2710v84p0744c）又：“𑖡，那、娜、拏、曩、納（慈氏）、諾、南、囊。”（T2710v84p0744c）“娜”可爲“𑖟（da）”“𑖠（dha）”“𑖡（na）”的譯音字。

0211 𡋣

日本隱元隆琦撰《黄檗清規》：“迦文已逝，彌勒當來，度生補處坐蓮臺，説法會三開，德本深𡋣，果報永無涯，南無龍華會上（云云）。”（T2607v82p0780b）

按：“𡋣”即“栽”字之訛。唐慧琳撰《一切經音義》：“根栽，宰猜反。鄭注《禮記》云：‘栽，植也。’案，栽，種也，種植草木曰栽。從木，從𢦏省聲。𢦏音灾。”（T2128v54p0349b）“栽”有將草木之苗植入土中義，一般字詞典泛訓“種植”，不妥。“種”是把種子埋入土中，與“栽”不同。“德本深栽”即“深栽德本”，此乃用植樹喻育德，謂深深地培育德的根基。清通理述《法華經指掌疏》：“德本深厚，因深緣勝，故曰非新發意。根確蔕固，故曰久植德本。”（X0631v33p0537c）宋太宗趙炅撰《御製蓮華心輪迴文偈頌》：“早移德本，深樹智源，垂梵響於大千，啟微言於沙界。”（K1258v35p0759c）或曰“植德本”，或曰“移德本”，與“栽德本”同義。構件“木”“扌”“土”常混誤，故“栽”或訛作“𡋣”。

0212 𡋗

唐不空譯《金剛頂瑜伽護摩儀軌》：“東北方伊舍那[73]天真言曰……”（T0908v18p0919c）本頁下注73：“天+（舊云魔醯首羅天，亦云大自在天，乘黄豐手，左手持劫波𡋗盛面［血］，右手持三戟創，淺青肉色，三目忿怒，二牙上出，髑髏爲瓔珞，頭冠中有二仰月、二天女持花）六十字《甲》。”

按：“𡋗”即“桮”字之訛。同上經：“東北方伊舍那天，舊云摩醯首羅天，亦云大自在天，乘黄豐牛，左手持劫波[23]坏盛血，右手持三戟創，淺青肉色，三目忿怒，二牙上出，髑髏爲瓔珞，頭冠中有二仰月，二天女持花。”（T0909v18p0923c）本頁下注23：“坏＝杯《原》。”佚名《十二天供儀軌》：“東北方伊舍那天，舊云魔醯首羅天，亦云大自在天，乘黄豐牛，左手持劫波杯盛血，右手持三戟創，淺青肉色，三目忿怒，二牙上出，髑髏爲瓔珞，頭冠中有二仰月，二天女持花。”（T1298v21p0386a）日本靜然撰《行林抄》：“伊舍那，舊云摩醯首羅天，亦云大自在天。《熾盛光軌》云：‘欲界自在伊舍那。’注云：‘小自在。’《護摩軏》云：'乘黄豐牛，左手持劫波坏盛血，右手持三戟創，淺青肉色，三目忿怒，二車上出，髑髏爲瓔珞，頭冠中有二仰月，二天女持花。'"（T2409v76p0475b）日本淳祐撰《要尊道場觀》："槍變成大自在天身，乘黄豐牛，左手持劫波桮盛血，右手持三戟槍，淺青肉色，三目忿怒，二牙出上，髑髏爲瓔珞，冠中有二仰月。"（T2468v78p0053a）日本賴瑜撰《祕鈔問答》："伊舍那身淺青肉色，三目忿怒，二牙上出，以髑髏爲瓔珞，右手持三戟鉾，左手持劫波（器盛肉［血］也），頭冠中有二仰目，乘黄豐牛。"（T2536v79p0565b）與"坯"對應之字作"坏""杯""桮""器"等，"坯"爲"桮"字之訛，"杯""桮"皆"桮"之異構字，"坏"爲"杯"字之訛，文獻多用"杯"字，爲盛酒等液體的器皿。或用"器"字，乃以類名代之。

"桮"訛作"坯"者，乃"木"旁訛作"土"旁，"杯"訛作"坏"同例。《可洪音義》卷二十五《新華嚴經》上卷："似坏，布迴反，正作'杯''盃'二形也。"（v60p400c）"坏"亦"杯"字之訛。唐慧琳撰《一切經音義》："刧貝，或云劫波育，或言劫婆娑，正言迦波羅，此譯云樹花名也。可以爲布，高昌名氎，是衣名。罽賓以南大者成樹，以北形小狀如土葵，有 敳［㱿］，剖以出花如柳絮，可紉以爲布，用之爲衣也。"（T2128v54p0699a）"劫波杯"即"劫波育杯"，乃用木棉樹作木材製作的杯子。

《可洪音義》卷二《大寶積經》一百一十二卷："坯船，上普杯反。未燒瓦也。正作'杯'。"（v59p603a）唐慧琳撰《一切經音義》卷十五《大寶積經》第一百一十二卷："坏船，普盃反。瓦器未燒曰坏，從土，從盃省。"（T2128v54p0400a）唐菩提流志譯《大寶積經》："譬如有乘[4]杯船欲渡恒河。以何精進乘此船渡？"（T0310v11p0638b）本頁下注 4："杯船＝坏舡《宋》《宫》，坏船《元》《明》。""坯"又"坏"之異構字，"坏"或訛作"杯"。《説文·土部》："坏，丘再成者也。一曰瓦未燒。从土，不聲。""坏"又作"坯"，文獻習見。"坏"指已經製作成形尚未燒過的磚、瓦、陶等器皿。未經燒製的器皿"坏"，尚不堅固，極易滲水破碎，僅得器之形，未成器之用，還只能是半成品，不能實際應用。三國吴支謙譯《佛開解梵志阿颰經》："譬如陶家燒作瓦器盛水不漏，凡人如坯，得道如瓦，可燥可濕，潜漬不碎。"（T0020v01p0262c）文中把"坯"與"瓦"的喻義説得很清楚。佛經中經常用"坯"與"瓦"作喻。唐玄奘譯《大般若波羅蜜多經》："善現，譬如男子或諸女人，執持坏瓶詣河取水，若池、若井、若泉、若渠，當知此瓶不久爛壞。何以故？是瓶未熟，不堪盛水，終歸地［壞］故。"（T0220v06p0591c）又："善現，譬如男子或諸女人，持燒熟瓶詣河取水，若池、若井、若泉、若渠，當知此瓶終不爛壞。何以故？是瓶善熟，堪任盛水，極堅牢故。"（T0220v06p0592a）"坏瓶"就是已成瓶之形尚未經過燒製的水瓶。"坏船"當是從"坏瓶"推出來的説法。"瓶"有陶器，"瓶"在製作過程中客觀上是存在瓶之"坏"的，"坏"必須經過燒製才能成爲成品的瓶。而"船"是木器，不需燒製，則無所謂嚴格意義上的"坏"。這裏的"坏"可以理解成半成品，即已得船之形，但未經過泥縫、油漆等最後的工序，像瓶之"坏"一樣，容易滲水、破壞。佛經亦作"坏舟"。三國吴康僧會譯《六度集經》："若違仁從殘，即豺狼之類矣；去明就闇，瞽者之疇矣；替濟自没，即坏舟之等矣；釋潤崇枯，即火旱之喪矣；背空向室，即石人之心也矣。夫狼殘、瞽闇、坏没、火燒、石人之操，不可爲宰人之監，豈可爲天下王耶?”（T0152v03p0022c）“坏舟”與“坏船”義同。“坏”的異構字“坯”，與“杯”的訛字“坯”爲同形字。“坏”的異構字“坯”，鄭賢章《〈新集藏經音義隨函録〉研究》（p118）、《漢文佛典疑難俗字彙釋與研究》（p74）亦有考證，可參看。

0213 垾

南宋宗曉編《樂邦文類》卷三《大宋光州王司士傳》：“光州司士參軍王仲回，無爲郡人。因陳本郡圩垾水利，大司農考得其實，請于朝廷。”（T1969Av47p0195c）

按：“垾”即“垾”字之訛。《卍續藏》宋王古輯撰《新修往生傳·光州司士參軍王仲回》：“無爲郡人。因陳本郡圬垾水利，大司農考得其實，請朝廷推恩，乃有是命。”（X1546v78p0162a）《卍續藏》元王子成集《禮念彌陀道場懺法·參軍仲回問疑往生》：“《徃生傳》云：王仲回，光州司士參軍也，無爲郡人。因陳本郡圬垾水利，大司農得其實，請朝廷推恩，乃有是命。”（X1467v74p0095a）與“垾”對應之字皆作“垾”。《玉篇·土部》：“垾，胡肝切。小隄也。”南宋戴侗《六書故·地理》：“圩，今江淮間水高於田，築堤扞水而甸之曰圩田。”“圩”“垾”皆有小堤之義，作“垾”與文意合。

0214 埕

日本聖憲撰《大疏百條第三重》：“是以住心論中歸敬六大四曼三密之時，於四曼中，上擧埕鑄刻業及威儀畢，下結成如是自他四法身，法然輪圓我三密，埕鑄刻業形像曼荼羅也。……或又今所疑今時巧匠所作形像也，誰知法界宮有非巧匠所作埕鑄刻業尊體。”（T2538v79p0652b-c）

按：“埕”即“捏”字之訛。日本空海撰《秘密漫荼羅十住心論》：“捏鑄刻業及威儀，能所無礙六丈夫。如是自他四法身，法然輪圓我三密。”（T2425v77p0303a）日本空海撰《即身成佛義》：“捏鑄刻等像爲事業威儀曼荼羅體。……捏鑄刻等像名事業威儀曼荼羅。”（T2428v77p0396c）與“埕”對應之字作“捏”。“捏”有捏塑之義，即用手指把泥一類的軟的東西弄成一定的形狀。北宋法護譯《佛説大悲空智金剛大教王儀軌經》：“復以香泥捏造阿難陀龍王像。”（T0892v18p0589a）唐慧琳撰《一切經音義》：“捏素，上年結反。《考聲》云：‘按也，捻也。’《古今正字》：從手，㘾聲。㘾音同上。或從土作‘埕’。”（T2128v54p0

571a)“捏”即用此義。慧琳所見本或作“埋”，“埋”亦“捏”字之訛，與“埋”字形微異。“埋”又“涅”之異構字，與此同形。

0215 坍

龍樹造、後秦鳩摩羅什譯《大智度論》：“云何名一行三昧？住是三昧不見諸三昧此[7]岸彼*岸，是名一行三昧。”（T1509v25p0398b）本頁下注 7：“岸＝坍《聖》*。”

按：“坍”與“岸”爲版本異文，“坍”即“岸”之異寫“岍”之訛。“此岸”“彼岸”，佛經習見。南朝宋求那跋陀羅譯《雜阿含經》：“時有生聞婆羅門來詣佛所，稽首佛足，退坐一面，白佛言：‘瞿曇，所説此彼岸，云何此岸？云何彼岸？’佛告婆羅門：‘殺生者，謂此岸；不殺生者，謂彼岸。邪見者，謂此岸；正見者，謂彼岸。’”（T0099v02p0274c）“岍”或寫作“坼”（見秦公《碑别字新編》引《齊江阿歡造象》）、“圻”（見《可洪音義》v59p583b）等，皆與“坍”形近。參 0204“圻”字條。

0216 垷

後秦弗若多羅、羅什譯《十誦律》：“妨處者，是舍四邊一尋地内有塔地，若官地、居士地、外道地、比丘尼地，若有大石、流水、池水、大樹、深[31]垷，如是有妨處，僧不應示。”（T1435v23p0020c）本頁下注 31：“垷＝坑《三》《宮》。”

按：“垷”與“坑”爲版本異文，“垷”即“坑”的異寫字“坈”之訛。唐道宣撰《四分律刪繁補闕行事鈔》：“《十誦》：‘是舍四邊一尋地内有塔地，官地，居士、外道、比丘尼地，若大石、流水、大樹、深坑等，是妨處。’”（T1804v40p0062c）唐道宣撰《四分戒本疏》卷第二：“一肘者，《十誦》‘是捨四邊一尋地内有官地，居士、外道、比丘尼地，若大石、流水、大樹、深坑等，是妨處’。”（T2787v85p0575c）佚名《四部律並論要用抄》：“妨處者，屋四邊各一尋地内無地，居士地、外道地、大石、流水、池水、大樹、深坑，無上諸緣是名無妨。”（T2795v85p0713b）與“垷”對應之字均作“坑”。

0217 塀

唐良賁述《仁王護國般若波羅蜜多經疏》：“竊玄珠於貝葉，但益慚惶；捧白壁於[22]丹墀，寧勝報効。"（T1709v33p0429b）本頁下注 22："丹墀＝舟塀《甲》，舟墀《乙》。"

按："舟塀"與"丹墀""舟墀"爲版本異文，"舟塀"與"舟墀"皆"丹墀"之訛。"丹墀"一詞文獻習見，指宫殿的赤色臺階或赤色地面。《説文·土部》："墀，涂地也。从土，犀聲。《禮》：天子赤墀。""丹墀"即"赤墀"。"塀"蓋"墀"字之訛。"丹"訛作"舟"，文獻習見。

0218 ⿱抳土

佚名《建立曼荼羅護摩儀軌》："唵翳係曳（二合）呬摩賀步多[9]抳（去）嚩哩使（二合）持尾（二合）惹娑多摩仡哩（二合）呬怛嚩（二合）護底摩賀（引）嚂摩阿悉弭（二合）散儞呬覩娑嚩阿仡曩（二合）曳賀尾野迦尾野嚩賀曩（引）野娑嚩（二合）賀。"（T0912v18p0932a）本頁下注 9："抳＝⿱抳土《甲》。"

按："⿱抳土"與"抳"爲版本異文，"⿱抳土"即"埿"字之訛。唐不空譯《金剛恐怖集會方廣軌儀觀自在菩薩三世最勝心明王經》："曀係曳（二合）呬摩賀步多[18]泥嚩哩史（二合）儞尾（二合）惹娑跢麼仡哩（二合）呬（引）怛嚩（二合，引）戶底麼（引）賀囉麼塞泯（二合）塞呬姤婆嚩阿訖曩（二合）曳娑嚩（二合）賀。"（T1033v20p0014a）本頁下注 18："泥＝埿《宋》《元》。"與"抳"對應之字爲"泥"，異文作"埿"。"埿"爲"泥"之異構字，"抳"與"泥"爲同一梵文的不同譯音字。日本淨嚴撰《悉曇三密鈔》："𑖜𑖰，抳、尼、儞、膩（法花）。"（T2710v84p0744a）"抳"爲"𑖜𑖰（ṇi）"之譯音字，"泥""埿"亦可爲"𑖜𑖰（ṇi）"之譯音字，"⿱抳土"則"埿"字之訛。

0219 塀

日本中算撰《妙法蓮華經釋文》："塀，丑格反。慈恩云：裂也，分也。"（T2189v56p0156c）

按："塀"即"坼"之異體"⿰土㡿"之訛。唐窺基撰《妙法蓮華經玄贊》："坼，音恥格反。裂也。《玉篇》：'分也。'"（T1723v34p0757b）與"塀"對應之字作"坼"。《説文·土部》："⿰土㡿，裂也。《詩》曰：'不⿰土㡿不副。'从土，㡿聲。"《玉篇·土部》："坼，恥格切。裂也。⿰土㡿，《説文》坼。""⿰土㡿"爲小篆的隸定形，金邢準《新修玉篇·土部》作"⿰土⿸尸屰"，金韓孝彦、韓道昭《改併四聲篇海·土部》作"⿰土屰"，"塀"即"⿰土㡿"之形訛。唐慧琳撰《一切經音義》："⿰土㡿，《字林》：'恥格反。'《説文》：'裂也。'《廣雅》及《玉篇》：'分也。'"（T2128v54p0486b）又："⿰土㡿裂，恥格反。《廣雅》云：'坼，分也。'《考聲》云：'地裂也。'《説文》

從土，㡿聲也。㡿音尺。或從手作‘摌’。”（T2128v54p0571a）字皆作“墌”，又訛作“摌”，可比勘。

0220 埍

唐玄奘、辯機撰《大唐西域記》：“時雪山下王去其[10]帽，即其座，訖利多王驚懾無措，遂斬其首。”（T2087v51p0887a）本頁下注 10：“帽=埍《乙》。”

按：正文“帽”注文作“帽”，“埍”爲“帽”之異文，“帽”爲“帽”之異寫，“埍”即“帽”字之訛。

元南山書院刊本、圓沙書院刊本《玉篇·冃部》載“冃”或作“帽”。“帽”即“帽”之異寫，構件“目”訛作“月”。《玉篇·衣部》載“帽”之異體作“裐”，從“巾”從“衣”構意相通。又書寫“衤”與“礻”多相混，“礻”又多訛作“扌”“土”。故“裐”可異寫作“埍”。

0221 埌

唐不空譯《佛頂尊勝陀羅尼念誦儀軌法》：“即誦尊勝陀羅尼曰：……[42]阿鼻詵左鈴（十四。引）。”（T0972v19p0367a-b）本頁下注 42：“阿=埌《乙》。”

按：“埌”與“阿”爲版本異文。唐佛陀波利譯《佛頂尊勝陀羅尼經》：“阿鼻詵左覩鈴（十六）。”（T0967v19p0350b-c）唐武徹述《加句靈驗佛頂尊勝陀羅尼記》：“阿（上）鼻詵左都鈴。”（T0974Cv19p0387c）唐法崇述《佛頂尊勝陀羅尼經教跡義記》：“阿鼻詵左鈴，唐云引灌頂我也。”（T1803v39p1030a）日本靜然撰《行林抄》：“阿鼻詵左覩鈴（引。灌頂我）。”（T2409v76p0075b）又：“𑖀𑖥𑖰𑖬𑖰𑖽𑖓𑖝𑖲，阿鼻詵左覩鈴。”（T2409v76p0069a）與“埌”對應之字皆作“阿”，“阿”爲“𑖀（a）”的譯音字。“埌”當即“阿”字之誤。

0222 墙

唐菩提仙譯《大聖妙吉祥菩薩祕密八字陀羅尼修行曼荼羅次第儀軌法》：“復說金剛牆界印。準前地界印，檣開禪智竪，右旋如[30]牆院，隨誦而轉之，心想金剛牆。”（T1184v20p0787a）本頁下注 30：“牆=墙《丙》。”

按：“墙”與“牆”爲版本異文，“墙”即“牆”之異構字“墻”字之訛。《說文·嗇部》：“牆，垣蔽也。从嗇，爿聲。”“牆”本爲從嗇爿聲的形聲字，因形旁表意功能不明，故改從“土”旁，然以“土”旁代替聲旁“爿”，字音又不顯。“墻”又寫作“墙”（見《可洪音義》，v59p1033b，v60p46c、p55c、p399c、p582c）。“墙”與“墙”形近，蓋即其形之訛。《可洪音義》卷十七《根本説一切有部毗奈耶頌》第二卷：“牆柵，上自羊反，下楚責反。”（v60p61c）唐義淨譯《根本説一切有部毘奈耶》：“若聚落者，謂牆柵内；空閑處者，謂牆柵外。”（T1442v23p0637a）“牆”即“牆”字之訛，右旁所從與“墙”之右旁形近。朝鮮本《龍龕·土部》載“墻”之或體作“墙”，已溝通“墙”與“墻”的關係。日本圓珍撰《佛説觀普賢菩薩行法經記》：“如[9]牆顯［頭］草，非其莖葉能高能長，所依得處也。”（T2194v56p0248c）本頁下注9：“牆＝墡《甲》《乙》。”隋智顗説、灌頂録《金光明經文句》：“如牆頭草，非其莖葉能高能長，所依得處也。”（T1785v39p0059b）“墡”亦“墻”字之訛，蓋“墻”或寫作“墙”，右旁所從與“盖”形近，刻書者誤認作“盖”，因轉寫作“蓋”。

0223 埧

新羅崔致遠撰《唐大薦福寺故寺主翻經大德法藏和尚傳》：“碑正誤：……○（左二行）埧塔，埧，《元本》作‘墳’。”（T2054v50p0286c－0287a）

按：“埧”即“墳”字之訛。鄭賢章《漢文佛典疑難俗字彙釋與研究》已有考證（p76）。唐慧琳撰《一切經音義》：“偷婆，或云蘇偷婆，梵語訛也，正梵音窣覩波，此云方墳，或云墳塔，即如來遺身舍利塼塔也，古曰浮圖是也。”（T2128v54p0784b）“墳塔”即佛塔。《唐大薦福寺故寺主翻經大德法藏和尚傳》：“帝念若驚，聖情如失，詔曰：中使故僧法藏，德業自資，虚明契理，辨才韞識，了覺融心。廣開喻筏之門，備闡傳燈之教。隨緣示應，乘化斯盡，法真歸寂。雖證無生之空，朝序飾終，宜有褒賢之命，可贈鴻臚卿贈絹一千二百疋，葬事准僧例，餘皆官供。妃主、公主等禮儭，展轉施捨，勤祈所有。埧塔飾終，威儀導引，莫不備具。弟子等忍其死傳其教，合掌頂禮嗚咽而不自勝。”（T2054v50p0280c）“埧塔”亦“墳塔”。“墳”或作“墳”（見《偏類碑别字·土部》“墳”字引《隋通事舍人長孫仁墓誌》《唐範相墓誌》），又訛作“塡”，唐道宣撰《續高僧傳》：“八日將下，五色雲蓋覆于塔上。又感奇鳥，素身烏尾赤觜，口銜片雲，狀如華蓋，亦現塔上。斯瑞之感，五萬餘人一時同見。及[4]墳下訖，雲、鳥皆滅。”（T2060v50p0506a）本頁下注4：“墳＝塡《三》《宮》。”皆可比勘。

“埧”又爲“頃”字之訛。唐慧琳撰《一切經音義》卷七十六《迦葉結經》：“眴埧，玄絹反。王注《楚辭》：‘眴，視皃也。’顧野王：‘眴，令人動目密相戒語。’《説文》：‘亦曰搖也。从目，旬聲。’旬音同上。”（T2128v54p0801b）獅谷白蓮社本字形作“埧”。《可洪音義》：“眴湏，上戶閏反，下苦穎反。”（v59p957a）東漢安世高譯《迦葉結經》：“於是賢者不那從衆羅漢受是命已，譬如金翅鳥躍出龍宮，如人眴頃到橋桓鉢所。”（T2027v49p0005a）《大正藏》之《迦葉結經》字作“頃”。“頃”有時間義，“眴頃”義爲一眨眼的時間，形容時間短暫，行爲快捷。“⿰土頁”“湏”皆“頃”之訛，“匕”旁訛作“土”旁，又誤作“氵”旁也。

0224 ⿰土面

唐金俱吒撰《七曜攘災决》：“鷄緩日生者，合敦重好事，愛藝術，多智謀，質直毒惡，矜⿰土面貪乏，官禄晚成。”（T1308v21p0450b）

按：疑“⿰土面”即“恤”字之訛，“貪”爲“貧”字之訛，“矜恤貪乏”即憐憫撫恤窮困之義。聖勇等造、北宋紹德、慧詢譯《菩薩本生鬘論》：“復起悲心，矜恤貧窶。有苦衆生，皆蒙拯拔。”（T0160v03p0339c-0340a）元宗寶編《六祖大師法寶壇經》：“修衆善心不執著，敬上念下，矜恤孤貧。”（T2008v48p0353c）“矜恤貪乏”與“矜恤貧窶”“矜恤孤貧”義近。

北魏瞿曇般若流支譯《正法念處經》：“以心淨故，[12]血則清淨；以[*]血淨故，顏色清淨；一切諸根，皆亦清淨。”（T0721v17p0367b）本頁下注 12：“血 = 面《三》[*]。”“面”乃“血”字之訛。前秦僧伽跋澄譯《僧伽羅剎所集經》：“若行此忍辱之時，有此大忍辱之力。當於爾時不起瞋恚之意，觀此[1]血色亦不變易。”（T0194v04p0119a）本頁下注 1：“血 = 面《三》。”“血”又“面”字之訛。“血”訛作“面”旁，“忄”訛作“土”旁，故“恤”訛作“⿰土面”。

又，“貪乏”不詞，據文意，當作“貧乏”。“貪”與“貧”形近，兩字混誤，文獻習見。馬鳴集、北宋日稱譯《六趣輪迴經》：“若於佛法僧，及諸貪乏者，剽竊彼財物，墮大號叫獄。”（T0726v17p0455b）唐遁倫集撰《瑜伽論記》：“第四資具[5]貪乏，顧戀身命，[*]貪及報名隨煩惱。”（T1828v42p0491c）本頁下注 5：“貪 = 貧《甲》[*]。”日本明一集《金光明最勝王經註釋》：“每得物時，當日即須供養三寶香華飲食，兼施貪乏。皆令罄盡，不得停留。”（T2197v56p0773a）“貪乏”皆“貧乏”之訛。

0225 塖

佚名《翻梵語》：“遮波利支提，應云遮波羅折塖。譯曰遮波羅者，動也；折塖者，功德蘗。瞿曇無拘樓陀支提，應云瞿曇拘樓折塖。譯曰瞿曇者，好；拘樓者，作；折塖者，如上説。迦闍尸利波支提，應云加闍尸利沙折塖。譯者曰加闍者，國名也；尸利沙者，樹名也。”（T2130v54p0987a）

按：“塖”即“埵”之字之訛。日本心覺撰《多羅葉記》：“遮波利支提，應云遮波羅折埵。譯云遮波羅者，動也；折埵者，功德聚也。”（T2707v84p0627b）又：“瞿曇左物樓陀支提，應云瞿曇物樓折埵。譯云瞿曇者，姓；物樓者，作；折埵者，功德聚。”（T2707v84p0606b）與“埬”對應之字皆作“埵”。唐慧琳撰《一切經音義》：“制多，古譯或云制底，或云支提，皆梵語聲轉耳，其實一也。此譯爲廟，即寺宇、伽藍、塔廟等是也。”（T2128v54p0321a）又：“制多，梵語也，此云聚相，謂聚纍甎石高以爲相。舊曰支提，或云制底，或云脂帝，或曰浮圖，皆前後翻譯梵語訛轉也。”（T2128v54p0387a）日本明覺撰《悉曇要訣》：“《金剛經》中二處梵云‘𑖓𑖸𑖝𑖿𑖧’，玄奘云‘制多’，羅什前文云‘塔廟’，次文直云‘塔’。”（T2706v84p0554b）“制多”爲“𑖓𑖸𑖝𑖿𑖧”的音譯，原義集聚，佛火化後以土石、香柴積聚而成的紀念物，亦指佛塔。譯名衆多，“折埵”與“制多”同爲“𑖓𑖸𑖝𑖿𑖧（ce tya）”的譯音字，“多”“埵”同爲“𑖝𑖿𑖧（tya）”的譯音字。日本淨嚴撰《悉曇三密鈔》：“𑖝，多、韗（羂索、全真）、哆、椂（續刊定記）、怛（大日）、旦（閻曼德迦軌）、埵、答（隨求）、得、咄（二共隨求）、跢。”（T2710v84p0744a）“多”“埵”通常爲“𑖝（ta）”的譯音字，這裏爲二合音“𑖝𑖿𑖧（tya）”的譯音字。

“埵”或作“埬”者，“垂”旁訛作“乘”旁也。“垂”或寫作“𠂹”，與“乘”，形近，故“垂”或訛作“乘”，南宋釋寶雲譯《佛本行經》：“猶如寒時火，盛旱熱時雨。疲得[3]垂日蓋，莫不蒙其賴。”（T0193v04p0097a）本頁下注3：“垂=乘《宋》。”西晉竺法護譯《佛五百弟子自説本起經》：“生爲父所敬，即聞[1]垂言教。”（T0199v04p0192a）本頁下注1：“垂=乘《宋》。”唐般若譯《大方廣佛華嚴經》：“所向導前無所礙，願順我心[6]垂教勑。”（T0293v10p0678a）本頁下注6：“垂=乘《明》。”“乘”皆“垂”字之訛。

“埬”又爲“堘”之訛字。唐慧琳撰《一切經音義》卷第八十九《高僧傳》第四卷：“雩埬，上音詡于反。《漢書》云：‘雩婁，縣名。管廬江豫章郡。’《考聲》云：‘吴邑名也。’《傳》文從山作‘嵎’，字書及《郡國志》並無此‘嵎’字，多恐傳寫誤耳。下音繩，《考聲》：從土作埵，小山也。案，《郡國志》埵亭在剡山。”（T2128v54p0876b）南朝梁慧皎撰《高僧傳》：“後聞江東山水剡縣稱奇，乃徐步東甌，遠矚嵎嵊，居于石城山足，今之元華寺是也。”（T2059v50p0349c-0350a）與“埬”對應之字作“嵊”。《文選·江淹〈雜體詩·效謝惠連“贈别”詩〉》：“今行嵎嵊外，銜思至海濱。”李善注引孔曄《會稽記》：“始寧縣西南有嵎山，剡縣有嵊山。”“嵊”爲山名，在剡縣。《集韻·蒸韻》神陵切：“嵊，亭名，在吴。”《音義》兩“埵”字皆“嵊”字之訛。

0226 埇

龍樹造、後秦鳩摩羅什譯《大智度論》：“此五欲，佛説如火、如[3]坑、如瘡、如獄、如怨、如賊，能奪人善根。”（T1509v25p0711a）本頁下注3：“坑=埇《石》。”

按：“埇”與“坑”爲版本異文，“埇”即“坑”字之訛。高麗本《龍龕手鏡・土部》："埦、坈、𡊱，三俗；坑，正，客庚反。坎塹壑陷也。"（p245）"塬"與"埦"形近，蓋即其形之訛。

0227 𡋾

日本賴瑜撰《大日經疏指心鈔》："[10]陶師子埏埴等者，陶師子者，作土器者也；埏，和名禰耶須；埴，和名波爾。"（T2217v59p0676b）本頁下注10："陶＝𡋾《甲》。"

按："𡋾"與"陶"爲版本異文，"𡋾"即"𡍬"之書寫變異，"𡍬"爲"陶"的分化字。《説文・𨸏部》："陶，再成丘也。"本義爲兩重的山丘，文獻中常用作燒製陶器、陶器等義，"𡍬"爲"陶"在這些意義上的分化字。《可洪音義》卷五《普曜經》第六卷："𡋾家，上徒刀反，正作'陶'。"（v59p701b）又卷十四《佛本行集經》第十四卷："𡍬師，上徒刀反，正作'陶'。"（v59p1079a）皆"𡍬"之書寫變異。

東晉佛陀耶舍、竺佛念譯《四分律》："時有賊盗比丘衣鉢、坐具、針筒，比丘捉賊得，内著地[15]窖中。"（T1428v22p0981c）本頁下注15："窖＝𡋾《宮》。""𡋾"亦"𡍬"的異寫，這裏爲"窖"的借字。

《漢語大字典》："𡍬，yáo 同'窯'。清藍浦等《景德鎮陶録》：'窯，或作窰、𡍬等字。'按：《廣雅・釋宫》'匋，窯也'清王念孫疏證：'匋，通作陶……陶與窯聲相近……是陶即窯也。'"（二p489b）《大字典》此條處理不妥。《景德鎮陶録》"𡍬"爲"陶"的分化字，假借爲"窯"。《説文・穴部》："窯，燒瓦竈也。从穴，羔聲。"清段玉裁注："經之'陶'即'窯'之叚借也。"在"燒瓦竈"的意義上，"陶"爲"窯"的借字，"𡍬"爲"陶"在陶器意義上的分化字，用爲"燒瓦竈"之義，亦爲假借，《大字典》處理爲異體，不妥。又，《説文・缶部》："匋，瓦器也。"在這個意義上文獻通行"陶"字，亦假借字，故王念孫謂"匋，通作陶"，不能作爲"𡍬"同"窯"的證據。

0228 埽

唐窺基撰《妙法蓮華經玄贊》："五十世尊首髮堅固不斷，永無埽落。"（T1723v34p0738b）

按："埽"即"褫"字之訛。唐玄奘譯《大般若波羅蜜多經》："世尊首髮堅固不斷，永無[6]褫落，是第五十。"（T0220v06p0968c）本頁下注6："褫＝搋《宋》。"又："如來頭髮堅固不斷，永無[4]搋落，是第五十。"（T0220v07p0377b）本頁下注4："搋＝褫《元》《明》。"又："諸佛首髮堅固不斷，永無[2]搋落，是第五十。”（T0220v07p0727a）本頁下注 2：“⿰土虎=陀《三》。”又：“如來首髮堅固不斷，永無[1]⿰土虒落，是第五十。”（T0220v07p0961b）本頁下注 1：“⿰土虒=陁《三》。”唐澄觀述《大方廣佛華嚴經隨疏演義鈔》：“五十世尊首髮堅固不斷，永無[9]褫落。”（T1736v36p0387c）本頁下注 9：“褫=拆《甲》。”唐窺基撰《觀彌勒上生兜率天經贊》：“世尊首髮堅固不斷，永無⿰禾愛落，是第五十。”（T1772v38p0294a）唐澄觀撰《大方廣佛華嚴經疏鈔會本》：“五十世尊首髮堅固不斷，永無折落。”（L1557v131p0541b）與“⿰土帝”對應之字作“褫”“⿰土虒”“⿰土虎”“⿰禾愛”“拆”“折”“陀”“陁”等形。《説文·衤部》：“褫，奪衣也。”唐慧琳撰《一切經音義》卷五十五《禪祕要法經》：“褫落，上池爾反。《周易》云：‘終朝三褫也。’《考聲》云：‘褫猶敚落也。’《説文》：褫謂解衣也，從衣，虒聲。虒音斯，亦作‘傂’，《經》從犬作‘猇’，或作‘⿰衤虎’，並非也。”（T2128v54p0674a）“褫”之本義爲“奪衣”，引申爲脱落義，“褫落”爲同義並列複合詞，義亦爲脱落。唐玄應撰《一切經音義》（麗藏本）卷四《觀佛三昧海經》第八卷：“⿰扌⿸虍巾落，直尔、敕紙二反。⿰扌⿸虍巾，奪也。”（p56c）“⿰扌⿸虍巾”，宛委别藏本作“搋”（p132）。東晉佛陀跋陀羅譯《佛説觀佛三昧海經》：“如汝癡人，服食牛糞，石灰塗頭，令髮[17]褫落，裸形無恥，猶如驢馬，亦如貧龍，不能潤益。”（T0643v15p0686c）本頁下注 17：“褫=陀《三》，⿰扌虎《聖》。”“搋”即“褫”字之訛，“衤”旁訛作“扌”旁也。“⿰土虒”又“搋”字之訛，“扌”旁訛作“土”旁也。“搋”中之“虒”又訛作“虎”。“褫”或寫作“⿰衤希”（見唐張參《五經文字·衣部》）、“⿰扌希”（見《可洪音義》v60p164c）。唐慧琳撰《一切經音義》第四《大般若波羅蜜多經》第三百八十一卷：“褫落，上池里反。《考聲》云：‘褫亦落也。’敚，音土捋反。《説文》：‘褫，奪衣也。’《經》文作‘⿰土希’，不成字也。”（T2128v54p0330a）“褫”又寫作“⿰土希”，“⿰土帝”即“⿰土希”之一進步形訛。唐普光述《俱舍論記》：“舍[5]搋，此云諂。”（T1821v41p0186b）本頁下注 5：“搋=⿰扌希《甲》。”唐圓暉述《俱舍論頌疏論本》：“西牛貨洲，邊二中洲者，一、舍⿰扌希洲，此云諂；二、嗢怛羅漫恒里拏洲，此云上儀。”（T1823v41p0880a）唐義淨撰《根本説一切有部毘奈耶雜事》：“彼有苾芻名曰奢侘（此云諂曲），是尊者阿難陀弟子。”（T1451v24p0413a）“舍搋”“舍⿰扌希”“奢侘”爲同一梵文的譯音字。日本淨嚴撰《悉曇三密鈔》：“○，侘、吒、姹、咤、詫、咃。”（T2710v84p0743b）日本明覺撰《悉曇要訣》：“[illegible]綽○搋[illegible]達[illegible]薄[illegible]酌例之。”（T2706v84p0511a）“搋”“侘”皆“○（tha）”的譯音字。唐道宣撰《廣弘明集》：“觀其飲啄飛沈，使人憐悼。況可甘心撲[13]⿰扌希加復，恣忍吞嚼，至乃野牧成群，閑豢重圈，量肉揣毛，以俟支剥，如土委地。”（T2103v52p0293b）本頁下注 13：“⿰扌希=搋《元》《明》。”“⿰扌希”皆“搋”字之訛，可比勘。“⿰禾愛”亦“褫”字之訛，“衤”旁訛作“禾”旁，“虒”訛作“愛”也。

“褫”又作“拆”“折”者，“拆”“折”皆“坼”字之訛，《集韻·陌韻》恥格切：“坼，《説文》：裂也，引《詩》‘不坼不疈’。或从手。亦作‘斥’‘坼’‘拆’‘宅’。”“坼”本義爲分裂，引申亦有落義。

0229 ⿰土⿱亠乚

南宋法雲編《翻譯名義集》:“《西域記》云:‘唐言勝密,以火[8]坑、毒飲,請佛欲害。’”(T2131v54p1080b)本頁下注 8:“坑=⿰土⿱亠乚《甲》。”

按:“⿰土⿱亠乚”與“坑”爲版本異文,“⿰土⿱亠乚”即“坑”字之訛。唐玄奘、辯機撰《大唐西域記》:“舍利子證果北不遠,有大深坑,傍建窣堵波,是室利毱多(唐言勝密),以火坑、毒飯欲害佛處。”(T2087v51p0921a)唐慧立本《大唐大慈恩寺三藏法師傳》:“北不遠有大深坑,是室利毱多(唐言勝密)受外道邪言,以火坑、毒飯欲害佛處。”(T2053v50p0237c)與“⿰土⿱亠乚”對應之字皆作“坑”。“坑”或作“□”(見高麗本《龍龕手鑑·土部》)、“□”(見秦公《碑别字新編·七畫》“坑”字引《魏元延明墓誌》),“⿰土⿱亠乚”與之形近。

0230 ⿰阝⿱余土

唐不空譯《一字奇特佛頂經》:“又欲[1]除箭,取油加持二十一遍塗上,箭即出。”(T0953v19p0294a)本頁下注 1:“除=⿰阝⿱余土《聖》。”

按:“⿰阝⿱余土”與“除”爲版本異文。唐不空譯《文殊師利菩薩根本大教王經金翅鳥王品》:“又法若有被毒箭中者,加持水箭上,其箭即出。”(T1276v21p0327a)又:“又法若被毒箭中者,加持水遙濺,其箭即出。”(T1276v21p0326b)《一字奇特佛頂經》上揭句意與此近之,“除箭”當指使箭除掉之義。據文意,當本作“除”字。聖本作“⿰阝⿱余土”者,蓋由草書“除”與“涂”形近易混,刻書者將“除”字誤認爲“涂”,又根據當時的用字習慣誤改作“塗”,“塗”又誤寫作“⿰阝⿱余土”。“除”,王羲之寫作“□”,孫過庭寫作“□”;“塗”,趙構寫作“□”,王寵寫作“□”,“塗”上部所從與“除”的草書形近。唐慧琳撰《一切經音義》卷三十九《不空羂索經》第九卷:“濃塗,……下杜盧反。《毛詩傳》云:‘塗,附也。’《説文》從土[4]除聲也。”(T2128v54p0562c)本頁下注 4:“除=涂《甲》。”底本之“除”即“涂”字之訛,可比勘。

佛經中“除”與“塗”混誤之例多見。後秦佛陀耶舍、竺佛念譯《長阿含經》:“迦葉又言:‘諸有智者,以譬喻得解,我今當復爲汝引喻。乃昔久遠,有一國土,其土邊疆,人民荒壞。時有一人,好喜養猪。詣他空村,見有乾糞,尋自念言:“此處饒糞,我猪豚飢,今當取草,裹此乾糞,頭戴而歸。”即尋取草,裹糞而戴。於其中路,逢天大雨,糞汁流下,至于足跟。衆人見已,皆言狂人:“糞[7]除臭處,正使天晴,尚不應戴,況於雨中,戴之而行。”其人方怒,逆罵詈言:“汝等自癡,不知我家,猪豚飢餓。汝若知者,不言我癡。”婆羅門,汝今寧可捨此惡見，勿守迷惑，長夜受苦。如彼癡子，戴糞而行。衆人訶諫，逆更瞋罵，謂他不知。'”（T0001v01p0046a-b）本頁下注 7：“除＝塗《三》《聖》。”西晋竺法護譯《修行道地經》：“復有異經説人終時諸怪之變。設有洗沐，若復不浴。設燒好香木櫁栴檀根香花香，此諸雜香其香實好。病者聞之，如燒死人骨髮毛爪皮膚脂髓糞[45]除之臭也，又如梟鷲狐狸狗鼠蛇虺之臭也。”（T0606v15p0184c）本頁下注 45：“除＝塗《三》《宮》。”北涼曇無讖譯《大方等大集經》：“善男子，若有衆生，遇大重病，取師子皮，以呪呪之，持與病者。如其無皮，若肉若骨。若無肉骨，若取糞[5]塗及屎處土。若無糞土，以呪結索。或作符書，以與病者，病即除愈。”（T0397v13p0221c）本頁下注 5：“塗＝除《宮》。”《大正藏》“糞除”之“除”異文作“塗”者凡三見，“塗”皆當作“除”。

“糞除”一詞，中土文獻習見，爲打掃穢物之義。《左傳・昭公三年》：“自子之歸也，小人糞除先人之敝廬，曰：‘子其將來。’”乃文獻始見之例。《説文》：“糞，棄除也。”“糞除”爲同義並列複合詞，本義爲打掃穢物，引申爲穢物。佛經中“糞除”用作穢物義習見。失譯《佛説菩薩本行經》：“聞如是：一時佛在舍衛國祇樹給孤獨園，佛與千二百五十沙門俱，欲入城分衛。其佛欲入城之時，五百天人，先放香風，吹於道路。及諸里巷，悉令清淨。不淨瑕穢，糞除臭處，自然入地，悉令道路淨潔。五百天人，雨於香汁，道路街巷，悉令潤澤，而散天花。”（T0155v03p0120c-0121a）又：“應時四方，便即雲起，合於虛空。便作大風，吹地不淨。瑕穢糞除，悉令化去。”（T0155v03p0110b）東晋瞿曇僧伽提婆譯《增壹阿含經》：“所以然者，夫生甚苦，不足願樂。如彼糞除，少尚極臭，何況積多。”（T0125v02p0821b）西晋竺法護譯《佛説普曜經》：“齊戒讀經，捨世俗樂，如棄糞除。”（T0186v03p0533c）南宋釋寶雲譯《佛本行經》：“膿血及糞除，聚會於一處。”（T0193v04p0091a）東晋竺佛念譯《出曜經》：“猶如野狐，晝夜伺求大便，畜獸糞除，已自食訖，復自於此大便而去。”（T0212v04p0688a）又：“比丘當觀，猶如糞除，少許常臭，況復多耶。”（T0212v04p0700b）又：“猪犬所樂，糞除爲上。厠溷爲浴池，共相染汚。”（T0212v04p0727c）又：“猶若有人，没溺深厠，糞除所汚。”（T0212v04p0737b）又：“愚人所貪，翫而習之；智者所棄，若捐糞除。”（T0212v04p0738b）隋闍那崛多譯《大威德陀羅尼經》：“譬如糞除上有糞汁，如是所有糞除上所有糞汁，彼等一切，皆悉臭穢。”（T1341v21p0789c-0790a）又：“爲糞除塗瘡。”（T1341v21p0827c）龍樹造、後秦鳩摩羅什譯《大智度論》：“此食作之功重辛苦如是。入口食之，即成不淨。無所一直宿昔之間變爲屎尿。本是美味，人之所嗜，變成不淨，惡不欲見。行者自思，如此弊食，我若貪著，當墮地獄，噉燒鐵丸。從地獄出，當作畜生牛羊駱駝，償其宿債；或作猪狗，常噉糞除。如是觀食，則生厭想。因食厭故於五欲中皆厭。”（T1509v25p0231c）尸陀槃尼撰、前秦僧伽跋澄譯《鞞婆沙論》：“問曰：‘濕生云何？’答曰：‘謂衆生因竹篳孔、腐樹孔，因臭魚臭肉，或因穢食，或因圊厠汚泥，或因諸糞除，或因熱氣欝烝，或各各相近，或各各相逼，生等生起等起成轉成有。’‘此云何？’答曰：‘蛣蜣、蚊虻、飛蛾、蠅虫、蟻子，或龍，或金翅鳥，或人，如是比衆生因竹篳孔、腐樹孔，因臭魚臭肉，或因穢食，或因圊厠汚泥，或因諸糞除，或因熱氣爵烝，或各各相近，或各各相逼，生等生起等起成轉成有，是謂濕生。'”（T1547v28p0522a）上揭諸例，“糞除”皆穢物義。《漢語大詞典》“糞除”條（v9p238）未收此義，當補。後秦佛陀耶舍、竺佛念譯《長阿含經》：“又於後時，太子復命御者嚴駕出遊。於其中路，逢一病人。身羸腹大，面目黧黑。獨臥糞[12]除，無人瞻視。病甚苦毒，口不能言。”（T0001v01p0006b）本頁下注 12：“除＝穢《三》。”底本“糞除”之“除”，宋、元、明本作“穢”，疑刻書者不知“糞除”之義而臆改。東晋瞿曇僧伽提婆譯《增壹阿含經》：“爾時世尊，告諸比丘：'人根情性，各各相似。善者與善共并，惡者與惡共并。猶如乳與乳相應，酥與酥相應；糞[9]除屎溺，各自相應。此亦如是，衆生根源，所行法則，各自相應。善者與善相應，惡者與惡相應。'”（T0125v02p0795b－c）本頁下注 9：“除＝與《三》。”“與”字疑亦刻書者臆改。

龍樹造、後秦鳩摩羅什譯《大智度論》：“復次如人有瘡，則須藥塗；若無瘡者，藥無所施。人有身亦如是。常爲飢渴寒熱所逼，亦如瘡發。以衣被飲食温煖將適，如藥塗瘡。如愚癡人，爲貪藥故，不用[16]除瘡。若其無瘡，藥亦無用。諸佛以身爲瘡，捨放身瘡故，亦不受報藥。以是故，雖有大福，亦不受報。”（T1509v25p0132b－c）本頁下注 16：“除＝塗《三》《宮》。”唐輸波迦羅譯《蘇婆呼童子請問經》：“營造成已，用牛糞[26]塗其室中。”（T0895v18p0720c）本頁下注 26：“塗＝除《甲》。”據文意，上揭兩例，皆當以“塗”字爲正，或作“除”，乃“塗”字之訛。

0231 𡋯

唐法琳撰《辯正論》：“作耒耜以資民（《六藝論》云：宓羲氏爲網罟，以畋以漁，取犧牲以充庖廚，故曰庖犧氏。神農斵木爲耜，揉木爲[28]耒，始教天下種五穀，故號爲神農氏）。”（T2110v52p0490c）本頁下注 28：“耒＝耟《宋》，𡋯《元》，揉《明》。”

按：《周易·繫辭下》：“包犧氏没，神農氏作，斵木爲耜，揉木爲耒，耒耨之利，以教天下，蓋取諸益。”本作“揉木爲耒”。“耒”字或作“揉”者，乃涉上而誤，“𡋯”又“揉”字之訛。字又作“耟”者，乃涉上“耜”字之誤。唐慧琳撰《一切經音義》：“土墢，又作‘坺’，同，扶發反。《考工記》：‘耟廣五寸，二耟爲耦。'”（T2128v54p0679c）“耟”亦“耜”字之訛。

0232 堵

日本凝然述《五教章通路記》：“時慧光年十二，在天街井欄上反蹋蹀堵（音

陀，抛愽［塼］戲也），一連五百，衆人諠競，異而觀之。”（T2339v72p0365b）

按：“堵”即“堶”字之訛。唐道宣撰《續高僧傳》：“沙門慧光年立十二，在天門街井欄上反蹋蹀鏅，一連五百，衆人諠競，異而觀之。”（T2060v50p0551b）元普瑞集《華嚴懸談會玄記》：“時慧光年十二，在大街井欄上反蹋蹀堶（音陀，抛磚戲也），一連五百，衆人諠競，異而觀之。”（X0236v08p0226b）與“堵”對應之字作“堶”或“鏅”。《玉篇·土部》：“堶，徒禾切。飛塼也。”《廣韻·戈韻》徒和切：“堶，飛塼戲也。”《可洪音義》卷二十七《續高僧傳》第十六卷：“蹀鏅，上音牒，下徒禾反。小兒趯弄戲者也。正作‘跢堶’也。今並呼爲迭堶也。下又音隨，非呼。”（v60p478c）明焦竑《俗書刊誤·俗用雜字》：“稱錘曰鏅，從金；泥丸曰堶，從土（俱音駝）。”“鏅”爲稱錘義之詞的本字，佛經中所用當爲“堶”的借字。“堶”本爲兒童抛擲遊戲的泥丸、瓦片一類的東西。“蹀堶”乃用腳踢的“堶”，用腳踢堶也是古代兒童的一種遊戲，類似今天的踢毽子。“蹀堶”，可洪訓爲“小兒趯弄戲者”，所解可從。“反蹋蹀堶”指反身踢的一種技巧，十二歲的慧光能一連反身踢五百次“蹀堶”，故“衆人諠競，異而觀之”。

0233 𡊩

日本信瑞纂《淨土三部經音義集》：“壞裂，《廣韻》曰：壞，自破也。古文作‘𡊩’，同，胡怪反。下良辥反，破也。”（T2207v57p0388a）

按：“𡊩”即“壞”字古文“𡊱”之書寫變異。《廣韻·怪韻》胡怪切：“壞，自破也。𡊱，古文。”《説文》“壞”之古文作“𣬏”，楷定作“𡊱”。“罘”或寫作“罖”，故“𡊱”或寫作“𡊩”。

0234 𡊿

日本良遍撰《真心要決後抄本》：“是以彼宗《佛法大明録》第六云：《傳燈録》圭峯宗密禪師示尚書溫[21]𡊿曰：能悟此理，即是法身。”（T2313v71p0099c）本頁下注21：“𡊿＝慥《甲》。”

按：“𡊿”“慥”皆“造”之誤刻。“温造”，《舊唐書》《新唐書》皆有傳，曾任禮部尚書。温造向圭峯宗密禪師詢問學佛之事經文多見，如南宋宗曉編《樂邦遺稿·唐温尚書問圭峰禪師》：“《傳燈録紀》：温造尚書問圭峰密公曰：悟理息妄之人不結業，一期壽盡靈性何依耶？師答曰：一切衆生具有覺性靈明，與佛無殊。但以無始未曾了性，妄執我相，故生愛惡等情，隨情造業，遂長劫輪迴，然則身中覺性，未曾生死，若能明悟，此性即是法身。”（T1969Bv47p0242b）北宋道原纂《景德傳燈録》:“山南温造尚書問:悟理息妄之人不結業,一期壽終之後,靈性何依者。答:一切衆生無不具有覺性,靈明空寂,與佛無殊。但以無始劫來,未曾了悟,妄執身爲我相,故生愛惡等情。隨情造業,隨業報,生老病死,長劫輪迴。然身中覺性,未曾生死,如夢被驅役而身本安閑,如水作氷而濕性不易,若能悟此性,即是法身。本自無生,何有依託,靈靈不昧,了了常知,無所從來,亦無所去。”(T2076v51p0308a)

0235 ⿰土⿱𠂉⿱口田

唐法全撰《大毘盧遮那成佛神變加持經蓮華胎藏悲生曼荼羅廣大成就儀軌供養方便會》:“左囉娜(引)曩儞蘗底[29]⿰土⿱𠂉⿱口田(於去反)迦娜(引)娑娜娑迦(十八)。”(T0852v18p0114b)本頁下注29:“⿰土⿱𠂉⿱口田=鹽《乙》。”

按:“⿰土⿱𠂉⿱口田”與“鹽”爲版本異文,“⿰土⿱𠂉⿱口田”即“鹽”字之訛。《廣韻·鹽韻》余廉切“鹽”字的俗體作“塩”,“⿰土⿱𠂉⿱口田”與“塩”形近,即其形之進一步寫訛。《可洪音義》卷五《合部金光明經》第三卷:“莎⿰土⿱𠂉⿱口田,上素禾反,下余廉反。”(v59p723a)“⿰土⿱𠂉⿱口田”亦“塩”之訛。隋寶貴合《合部金光明經》:“莎[36]琰部吼陛(十)。”(T0664v16p0377c)本頁下注36:“琰=堛《宮》。”唐禮言集《梵語雜名》:“[57]鹽,羅嚩拏,𑖩𑖪𑖜。”(T2135v54p1231c)本頁下注57:“鹽=堛《甲》。”“堛”又“⿰土⿱𠂉⿱口田”字之訛,正字皆當作“鹽”。

“⿰土⿱𠂉⿱口田”又爲“堛”之異寫字。佚名《摩尼教下部讚》:“内外⿰土⿱𠂉⿱口田塞諸魔性,常時害我清淨體,一切惡獸無能比,一切毒蛇何能類。”(T2140v54p1271b)北魏吉迦夜、曇曜譯《雜寶藏經》:“爾時佛邊有諸王大臣[19]逼塞左右,不能得前。”(T0203v04p0473c)本頁下注19:“逼=畐《元》《明》。”唐玄應撰《一切經音義》(麗藏本)卷十二《雜寶藏經》第四卷:“畐塞,普逼反。《方言》:‘畐,滿也。’《經》文作‘逼’,誤也。”(p160b)“堛塞”又作“畐塞”“逼塞”。《説文·畐部》:“畐,滿也。”清徐灝《説文解字注箋》:“畐訓爲滿,故引申爲畐近、畐塞之偁。”《説文·土部》:“堛,凷也。”“堛”之本義爲土塊,用作堵塞義,當爲假借字。

0236 壌

唐道宣撰《廣弘明集》:“申毒即天毒也,浮圖所興。今聞之説曰:地殷土中,物[16]壤琛麗,民博仁智,俗高理學,立德厚生,何負諸夏。古稱愛人之國,世挺賢聖之人,豈虚搆哉!”(T2103v52p0098c)本頁下注16:“壤=壌《宋》《元》。”

按："壞"與"壤"爲版本異文，"壞"即"壤"字之訛。"物壤"義同物土，指土地所產的物品。"壤"或寫作"壊"（見秦公《碑别字新編》引《唐翟惠隱墓誌》）、"𡒄"（見《可洪音義》v59p871a、v60p174a）等形，右旁所從與"衰"形近，故"壤"訛作"壞"。唐道宣撰《集古今佛道論衡》："及往西平，旦未遼海[6]襄平，無不預從戎麾，對晤詞旨。"（T2104v52p0382a）本頁下注6："襄=衰《三》《宮》。""襄"有平定義，"襄平"爲同義並列複合詞。唐道世撰《法苑珠林》："又狂言曰：'殺陛下者臣兄[6]襄耳，非臣萇罪，願不賜枉。'"（T2122v53p0822a）本頁下注6："襄=衰《宋》。""衰"皆"襄"之訛。唐一行修述《梵天火羅九曜》："不逢横禍凶惡之事，遍救世人之[11]襄厄，得延年益算，無諸災難。"（T1311v21p0462a）本頁下注11："襄=衰 《原》。""襄"又"衰"之訛。"襄"與"衰"相混誤，故"壤"或訛作"壞"。

0237 墒

唐道世撰《法苑珠林》："氣力虛竭，坐起須人，口燥，脣焦，筋斷，鼻[32]揥，目不見色，耳不聞音，不淨流出，身臥其上，心懷苦惱，言輒悲哀。"（T2122v53p0791c）本頁下注32："墒=拆《三》《宮》。"

按：正文"揥"，注作"墒"，異文作"拆"，"墒""揥"皆"墒"字之訛，"拆"爲"坼"字之訛。同上經："口燥，脣焦，筋斷，鼻坼。"（T2122v53p0818c）唐道世撰《諸經要集》："口燥，脣燋，筋斷，鼻坼。"（T2123v54p0185c）失譯《佛説五王經》："氣力虛竭，坐起須人，口燥，脣燋，筋斷，鼻坼。目不見色，耳不聞聲。不淨流出，身臥其上。心懷苦惱，言輒悲哀。"（T0523v14p0796b）三國吴支謙譯《佛説八師經》："氣力虛竭，坐臥須人，口燥，脣燋，筋斷，鼻[1]坼，目不見色，耳不聞音，不淨流出，身臥其上，心懷苦惱，言輒悲哀。"（T0581v14p0965c-0966a）本頁下注1："坼=㡯《宋》《明》。"字皆作"坼"。"坼"，《説文》作"墒"，訓"裂也"。"鼻坼"即鼻裂之義。

0238 墻

東晉佛陀跋陀羅、法顯譯《摩訶僧祇律》："乃至分田，薄[24]墻多穢持作一分，肥好良者復作一分，園中不如少花果者持作一分，園林花果茂盛勝者以爲一分。"（T1425v22p0250c）本頁下注24："墻=藉《宋》《元》《宮》《聖》，瘠《明》。"

按：正文之"墻"，注文作"墻"，異文又作"藉"與"瘠"，"墻"爲"墻"字之訛。《玉篇·土部》："墻，情迪切。薄土也。""墻"爲土地貧瘠義的專字，乃"瘠"之分化字。"瘠"之本義爲人瘦弱，引申爲土地貧瘠，《荀子·富國》：“不知節用裕民則民貧，民貧則田瘠以穢，田瘠以穢則出實不半。”“瘠”即爲土地貧瘠義。“瘠”與“塉”爲母字與分化字關係，故“瘠”可爲“塉”之異文。

異文又作“藉”者，“藉”爲“塉”“瘠”的借字。東漢曇果、康孟詳譯《中本起經》下卷：“譬如農夫，宿有二業，一田業高燥肥沃，二田業下濕[23]瘠薄。”（T0196v04p0162b）本頁下注 23：“瘠＝塉《三》。”《可洪音義》卷十三《中本起經》下卷：“藉薄：上秦昔反，正作‘塉’也。”（v59p1032a）《大正藏》之“瘠”“塉”，可洪作“藉”，“藉”爲“藉”字之訛，這裹用作“瘠”“塉”的借字。

0239 𡎋

日本空海撰《秘密漫荼羅十住心論》：“舸遮吒多娑[3]𡎋慧，呷汚哩嚧翳等持。”（T2425v77p0303a）本頁下注 3：“𡎋＝埜《甲》。”

按：“𡎋”與“埜”爲版本異文，“𡎋”蓋即“埜”字之訛。續古逸叢書本《龍龕・土部》：“埜、𡋯，二古；墅，今，以者反。郊牧之外曰墅。又在頂反。郙墅也。”文淵閣四庫本《龍龕・土部》與“埜”對應之字作“𡎋”。《説文・里部》：“野，郊外也。从里，予聲。𡋯，古文野。从里省，从林。”“野”之古文本作“𡋯”，“埜”“𡎋”皆“𡋯”字之訛。

0240 墠

唐智昇撰《開元釋教録》：“《羅提坻王經》一卷（或作《國王羅提[5]墠經》）。”（T2154v55p0646b）本頁下注 5：“墠＝揮《三》。”

按：同上經：“《羅提坻王經》一卷（或作《國王羅提[4]墠經》）。”（T2154v55p0534a）本頁下注 4：“墠＝埤《三》。”南朝梁僧祐撰《出三藏記集録》：“《羅提坻王經》一卷（或作《國王羅提[3]埠經》）。”（T2145v55p0034a）本頁下注 3：“埠＝埤《三》。”隋費長房撰《歷代三寶紀》：“《羅提坻王經》一卷（亦云《羅提狎王經》）。”（T2034v49p0117b）隋法經等撰《衆經目録》：“《羅提坻王經》一卷（一名《羅提押王經》）。”（T2146v55p0131b）隋彦琮撰《衆經目録》：“《羅提坻王經》一卷（一名《羅提神王經》）。”（T2147v55p0178c）唐明佺等撰《大周刊定衆經目録》：“《羅提低王經》一卷（或作《國王羅提[14]墠王經》，僧祐録）。”（T2153v55p0439c）本頁下注 14：“墠＝禪《三》。”唐圓照撰《貞元新定釋教目録》：“《羅提坭王經》一卷（或作《國王羅提埤經》）……《羅提抵王經》一卷。”（T2157v55p0831a、p0982b）唐靜泰撰《衆經目録》：“《羅提坻王經》一卷（一名《羅提神王經》）。”（T2148v55p0216b）“墠”字異文作“揮”“埤”“墇”“禪”“神”“狎”“押”，對應的譯音字作“坻”“抵”“低”。《可洪音義》卷二十四《衆經目録》第三卷：“提提，下多旱反。正作‘亶’‘担’‘憚’三形。《出三藏記》作‘提坘［坻］’，注作‘提異’。《開皇三寶録》作‘提坘［坻］’，注作‘提押’。後五卷《衆經目録》作‘提坘［坻］’，注作‘提神’。《刊定録》作‘提㐌［坻］’，注作‘提憚’。《開元録》作‘提扺［抵］’，注作‘提垾’。如是諸録不同，難可詳定也。然‘異’字冝作亶，多旱反。‘押’‘神’‘憚’‘垾’‘提’等五字並冝作‘担’，多旱反。‘憚’字出萇筠和尚韻。‘押’‘神’‘垾’‘提’等四字並是‘担’字變也。”（v60p322a）又：“提㐌：諸録作‘提坘’，或作‘𢪛’‘紙’‘岻’，同，丁兮反。經名羅提㐌王是王名也。此處應録家改‘坘’字作‘㐌’也。提憚，多坦反。出萇筠韻。又徒炭反，非此呼。”（v60p340a）又：“提異，下冝作‘亶’‘亶’，二同，都坦反。諸録作‘押’‘神’‘憚’‘垾’‘垾’，並悮。”（v60p311a）綜合上述資料，本經之名有兩系，一爲“羅提坻王經”，“坻”之異文或作“抵”“坭”，“抵”“坭”皆“坻”字之訛。佛經“坻”作譯音字習見，俗書“土”或訛作“扌”旁，故“坻”又訛作“抵”。南宋婁機《漢隸字源》引《益州太守城垻碑》“氏”作“㠯”。清顧藹吉《隸辨·偏旁》：“氏，氏《説文》作‘氐’，從氏從一；筆迹小異亦作‘㐌’；變作‘㠯’‘㠯’，訛從民；亦作‘互’‘㠯’，與‘互’字相類；亦作‘𡈼’，與‘氏’變作‘𡈼’同，從‘𡈼’即從‘氏’也。”“氏”或寫作“㠯”“𡈼”等形，與“尼”字異寫形近，故“坻”或訛作“坭”。佚名《陀羅尼雜集》：“蝦蟇毒鬼名：波奢[19]尼（一）烏睺流兜修波舍尼（二）若波晝波舍尼（三）阿若梨知波舍尼（四）莎呵（五）。”（T1336v21p0621b）本頁下注19：“尼=氏《宋》《元》。”失譯《七佛八菩薩所説大陀羅尼神呪經》：“蝦蟆毒鬼名：波奢尼（一）烏睺流兜修波奢尼（二）若波晝波舍尼（三）阿若梨知波舍尼（四）莎呵（五）。”（T1332v21p0559c）“氏”爲“尼”字之訛。隋吉藏撰《勝鬘寶窟》：“如《涅槃》云：[8]低羅婆夷，實不食油，強名食油。”（T1744v37p0047a）本頁下注8：“低=伲[イ]《原》。”北涼曇無讖譯《大般涅槃經》：“如坻羅婆夷名爲食油，實不食油，強爲立名名爲食油，是名無因強立名字。”（T0374v12p0503c）“伲”爲“低”字之訛，皆可比勘。

一爲“羅提憚王經”，可洪以爲“憚”正作“亶”或“担”，異文又作“禪”“墠”“埤”“垾”“垾”“揮”“墇”“神”“狎”“押”等形。根據對音關係，“憚”“亶”“担”當爲同一梵文的不同譯音字，“禪”“墠”“埤”“垾”“垾”“揮”“墇”皆“憚”字之訛。

唐圓照撰《貞元新定釋教目録》：“《毘耶娑問經》二卷，元魏婆羅門瞿曇般若流支譯。出序記。第一譯。右一經與《寶積》第四十九《廣博仙人會》同本異譯（其序記云：魏興和四年歲次壬戌月建在申朔次乙丑，婆羅門客瞿曇流支沙門曇林於尚書令儀同高公第譯，建初辛巳甲午[4]單功）。”（T2157v55p0916c）本頁下注4：“單=畢《聖》。”“單”爲“畢”字之訛。“單”與“畢”或相混誤，故“憚”或訛作“墠”。

“卑”與“單”或相混誤，故“憚”或訛作“埤”。參0052“㑆”字條。

佚名《翻梵語》：“首羅先那國，譯曰勇[1]單。”（T2130v54p1037a）本頁下注1：“單=軍《甲》。”日本心覺撰《多羅葉記》：“首羅先那國，此云勇軍。”（T2707v84p0641a）唐不空譯《佛説大方廣曼殊室利經》：“於壇西南角去四五肘，應作護摩[18]軍吒。”（T1101v20p0452b）本頁下注18：“軍=單《宋》《元》。”“單”皆“軍”字之訛。唐窺基撰《西方要決釋疑通規》：“息多聞廣業，安神慧浦；興少學之軍修，運竭穢方。”（T1964v47p0110b）“軍”爲“單”字之訛。“單”與“軍”或相混誤，故“憚”或訛作“揮”。“揮”或訛作“撣”（見《可洪音義》v59p1032a）、“憚”或訛作“惲”（見《可洪音義》v60p497a），皆可比勘。構件“忄”“礻”“扌”“土”等書寫多相混，遂有上揭諸多訛形。

0241 墲

唐窺基撰《大般若波羅蜜多經般若理趣分述讃》：“世尊首髮堅固不斷，永無墲落，是第五十。”（T1695v33p0047b）

按：“墲”即“搋”字之訛，“搋”又“褫”字之訛。唐玄奘譯《大般若波羅蜜多經》：“世尊首髮堅固不斷，永無[6]褫落，是第五十。”（T0220v06p0968c）本頁下注6：“褫=㧰《宋》。”又：“如來頭髮堅固不斷，永無[4]㧰落，是第五十。”（T0220v07p0377b）本頁下注4：“㧰=褫《元》《明》。”又：“諸佛首髮堅固不斷，永無[2]墟落，是第五十。”（T0220v07p0727a）本頁下注2：“墟=陀《三》。”又：“如來首髮堅固不斷，永無[1]㧰落，是第五十。”（T0220v07p0961b）本頁下注1：“㧰=陁《三》。”“墲”或作“褫”“㧰”“墟”等形，“墲”“㧰”“墟”皆“褫”字之訛。參0228“埽”字條。

0242 墉

日本濟暹撰《大日經住心品疏私記》：“涅槃者，此翻圓寂也，圓滿三點四德而寂滅惑業苦果義也，是三世諸佛究竟果之大安樂城墉也，故遠離二種生死苦處，到此涅槃樂處，故佛云如去也。”（T2215v58p0714c）

按：“墉”即“廓”字之訛。字本作“城郭”或“城墎”。“城郭”文獻習見，本爲城牆義，“城”指内城，“郭”指外城，引申亦指城内之地，上經中泛指處所、境地之義，佛經中亦言“大安樂地”“大安樂處”“大安樂田地”“大安樂境界”等，與“極樂世界”義近。《説文·邑部》：“郭，齊之郭氏虚。善善不能進，惡惡不能退，是以亡國也。从邑，𩫏聲。”又《𩫏部》：“𩫏，度也，民所度居也。从回象城𩫏之重，兩亭相對也。或但从口。”據《説文》，“城郭”之“郭”

本字作“𩫏”，“郭”之本義爲地名，在“城郭”的用法上爲借用。唐慧琳撰《一切經音義》：“城郭，《世本》：‘鯀作城郭。’《公羊傳》：‘郭者何也？恢廓也。’有作‘墎’，從土者，非也。”（T2128v54p0489c）“墎”爲“郭”的分化字，《集韻》列爲“𩫏”的重文。《漢語大詞典》收“墎”字，訓“義未詳”，失考。

《玉篇·广部》：“廓，苦莫切。大也，空也。”“廓”訓大義，空義，文獻習見，又用爲城郭義。東晋瞿曇僧伽提婆譯《增壹阿含經》：“汝若當隨吾求城[15]廓村落國財妻子，吾不悋之。”（T0125v02p0726b）本頁下注15：“廓＝墎《聖》。”“廓”用同“郭”“墎”。

唐般若譯《大方廣佛華嚴經》：“應[10]廓徹心城，謂開引諸佛普智光明。”（T0293v10p0797c）本頁下注10：“廓＝廊《和》。”又：“開智光明，能[9]廓自心諸妄境故。”（T0293v10p0798b）本頁下注9：“廓＝廊《和》。”西晋竺法護譯《文殊支利普超三昧經》：“其有州域、郡國、縣邑、丘聚、城[29]墎，於斯正典而流布者，則觀其處如來遊居，無有虛空。”（T0627v15p0426c）本頁下注29：“墎＝廊《宋》，郭《元》《明》《宫》《聖》。”“廊”皆“廓”字之訛。唐道世撰《法苑珠林》：“初立寺時，佛院僧院各須位别，如似大寺别造佛塔，四周空[16]廓内所有華果，得此物者並屬塔用，空*廓以外即屬僧用。”（T2122v53p0751c）本頁下注16：“廓＝廊《三》《宫》*。”“廊”又“廊”字之訛。“廓”與“廊”形近易混，故“城廓”誤作“城廊”，“廊”受前字“城”的影響而加“土”旁，又進一步誤作“墎”字。

0243 塇

唐法寶撰《俱舍論疏》：“二種性異，如[20]鹽，性方，縱散成水，後還方故。”（T1822v41p0477c）本頁下注20：“鹽＝塇《乙》。”

按：“塇”與“鹽”爲版本異文，“塇”即“鹽”字異體“塩”字之訛。元周伯琦《六書正譌》：“鹽，余廉切。五味之鹹者也。從鹵，鹹地也，監聲。古者宿沙初煑海作鹽，又池井、戟地亦各産鹽。俗作‘塩’，非。”又明張自烈《正字通·鹵部》：“鹽，從鹵監聲。……俗省作‘塩’。《篇海》《舉要》别作‘[illegible]’‘[illegible]’，並非。”參0235“塩”字條。

0244 隸

唐禮言集《梵語雜名》：“叔，迦知比怛隸，[illegible]。”（T2135v54p1241a）

按：“隸”即“隸”之異寫字。參1502“[illegible]”字條。唐怛多蘖多集《唐梵兩語雙對集》:“叔，迦知比怛𠻳。”（T2136v54p1243c）日本心覺撰《多羅葉記》:“升［叔］，迦知比怛𠽾。”（T2707v84p0588a）與“隸”對應之字作“𠻳”“𠽾”。“𠽾”爲“𠻳”的異寫字，“隸”爲“隸”的異寫字。“怛隸/𠻳/𠽾”爲“𑖝𑖿𑖨𑖸（tre）”的譯音字，“隸/𠻳/𠽾”爲“𑖨𑖸（re）”的譯音字。日本淨嚴撰《悉曇三密鈔》:“𑖝𑖿𑖨𑖸，怛𠯆（胎）、怛𠻳、底𠻳、帝囇、帝𠻳（四俱佛頂）。”（T2710v84p0753b）收録“怛𠻳”爲“𑖝𑖿𑖨𑖸（tre）”的譯音字，可資比勘。《悉曇三密鈔》:“𑖩𑖸，𠻳、麗、歴、𡁱（佛頂）。”（T2710v84p0746b）“𠻳”又爲“𑖩𑖸（le）”的譯音字。

0245 墼

失譯《般泥洹經》:“樹間浴池，池邊集墼，步渚相承，中四寶臺，臺陛欄楯，屋壁牀机，一切四寶。”（T0006v01p0185b）

按:“墼”即“墼”之異寫。同上經:“拘夷豪姓共作甑瓳石墼，縱廣三尺，集用作塔。”（T0006v01p0190c）西晋白法祖譯《佛般泥洹經》:“其城七重，皆以焦墼累集作城。”（T0005v01p0169c）又:“以黄金、白銀、琉璃、水精墼爲壁。”（T0005v01p0170b）北魏吉迦夜、曇曜譯《付法藏因緣傳》:“譬如焦墼投之大池，水自滲入。”（T2058v50p0299c）字皆作“墼”。《説文·土部》:“墼，瓴適也。”清王筠《説文釋例》:“瓴適，今謂之塼。”“墼”即未經燒製的磚，也指磚。

0246 ⿱埶云

唐一行記《大毗盧遮那成佛經疏》:“第五十二云:何云心，謂常作降雨思念者，如西方夏三月中，霖雨特甚，以常滯淫昏[9]藝故，時俗憂樂思慮之心蔚翳滋多，故云作降雨時思念也。覺知已，則當行捨心，離於世間憂喜隨順法喜，是所對治。”（T1796v39p0599c）本頁下注9:“⿱埶云=⿱埶土[イ]《原》。”

按:正文作“藝”，注文作“⿱埶云”，異文作“⿱埶土”。“⿱埶土”即“墊”字之訛，“藝”又“⿱埶云”之進一步錯訛。《書·益稷》:“洪水滔天，浩浩懷山襄陵，下民昏墊。”唐孔穎達疏:“言天下之人，遭此大水，精神昏瞀迷惑，無有所知，又若沉溺，皆困此水災也。鄭云:‘昏，没也；墊，陷也。禹言洪水之時，人有没陷之害。’”此即“昏墊”一詞之所從出。《大毗盧遮那成佛經疏》日本高野山金剛三昧院良算刊本作“⿱埶土”，旁注“溺也”。“⿱埶土”亦“墊”字之訛。

《説文·土部》:“墊，下也。从土，執聲。”本爲從土執聲的形聲字。《龍龕·土部》:“墊、⿱埶土，都念反。下也。又徒叶反。地名也。二同。”字或訛作“⿱埶土”，“幸”旁訛作“坴”也。“⿱埶云”下從“云”，“土”旁訛作“云”也。

日本濟暹撰《大樂經顯義抄》："故《大疏》第二云：第五十二云：何雲心？謂常作降雨思念者，如西方夏三月中，霖雨特甚，以常滯淫昏熱故，時俗愛樂思慮之心蔚翳滋多，故云作降雨思念也。"（T2239v61p0623c）日本宥快撰《大日經疏鈔》："第五十二云：何雲心？謂常作降雨思念者，如西方夏三月中，霖雨特甚，以常滯淫昏[2]熟故，時俗憂樂思慮之心蔚翳滋多，故云作降雨時思念也。"（T2218v60p0254c）本頁下注2："熟＝熱《乙》。"字又訛作"熱"與"熟"，"熱"乃"墊"之進一步錯訛，"熟"又"熱"之進一步錯訛。

0247 褺

失譯《雜譬喻經》："思惟反覆，即得須陀洹道，便起開藏室，欲取[12]氎布施道人。道人便下座捨去，還於精舍。優婆夷出，不知道人處爲所在，門中望亦復不見，真謂爲得道神足飛去也。優婆夷便持[14]白氎衣詣精舍求道人。"（T0205v04p0508a）本頁下注12："氎＝白褺《三》。"注14："白氎＝白褺《三》。"

按："褺"與"褺""氎"爲版本異文，"褺"即"褺"字之書寫變異，經中爲"氎"的借字。《玉篇·毛部》："氎，徒叶切。毛布也。"《廣韻·怗韻》徒協切："氎，細毛布。"同小韻："褺，重衣。"《説文·衣部》："褺，重衣也。""褺"之本義爲重衣，因與"氎"同音，又借作"氎"。唐慧琳撰《一切經音義》卷三十七《陀羅尼集》第一卷："白氎，下恬葉反。案：白氎者，西國草花絮也，色白而細耎，撚以爲布也。《文字典説》從毛疊聲。《經》作'褺'，非也。"（T2128v54p0551c）慧琳所見本作"褺"，《音義》以"氎"爲正字。

0248 壑

日本宗峯妙超語、性智等編《大燈國師語録》："高扶堯舜（月白風清），下視龔黄（海宴河清），襲千載之雅風（填溝塞壑），鎖萬邦之春色（泰平無象）。"（T2566v81p0242c）

按："壑"即"壑"字之訛。"填溝塞壑"，經文多見。《大燈國師語録》："竇亦棒（崖崩石裂）乃云：釋迦已滅，彌勒未生（達磨來也），正當今日佛法，委在翠峯（有麽有麽）放開捏聚，總由者裏（將謂者漢）放開也，七縱八横（盡虎作狸），是處填溝塞壑（一手擡，一手搦）捏聚也，天下老和尚盡在拄杖頭（古路無人到），不消一箚（笑倒天下人）。"（T2566v81p0237b）又："上堂云：大無外，小無内（南地竹，北地木）。半合半開，成團成塊（也是），老胡既隔絶，衲子多違背（鐵丸無縫罅），從他千百萬古，長漫漫，填溝塞壑（半夜呑墨汁），没人會（道來看），以拄杖卓地一下（雪竇在甚處）云：歸堂（來也）。"

（T2566v81p0230b）字皆作“蟚”。

0249 壋

日本賴寶撰《釋摩訶衍論勘注》：“文：六者戶壋事等。私云：戶下横木與地際齊等作之歟？”（T2290v69p0830a）

按：“壋”即“榻”字之訛。龍樹造、後秦筏提摩多譯《釋摩訶衍論》：“謂若爲造修定舍宅，當具十事。云何爲十？一者門戶事，唯向東方，非餘方故。二者高下事，東方漸高，西方漸下故。三者方角事，於一方中，各一丈故。四者品重事，重十重故。五者作物事，唯用五種，非餘種故。云何爲五？一者金、二者銀、三者銅、四者鐵、五者松木，是名爲五。六者戶[1]塌事，等其地量，無差别故。七者戶重事，重十戶故。八者戶樞事，無音聲故。九者壁牆事，其高一丈，重十重故。十者出入事，彼諸戶中各誦呪故。其相云何，謂若爲出。”（T1668v32p0655c-0656a）本頁下注1：“塌＝壋《高》。”此即賴寶之所本，字又作“塌”，“塌”“壋”皆“榻”字之訛。《説文新附·木部》：“榻，牀也。”《釋名·釋牀帳》：“人所坐卧曰牀。牀，裝也，所以自裝載也。長狹而卑曰榻，言其榻然近地也。”清鄭珍《説文新附考》：“推此數義，知古人牀製，前設一木榻，形狹而長，如今坐櫈，但足卑去地近耳。”“榻”本坐具，其形制乃下安短足之狹長木板。賴寶疑“六者戶壋事”之“壋”義爲“戶下横木與地際齊等作之”，即以“壋”爲“榻”字。“戶下横木”與“榻”均爲狹長木板，故亦稱“戶下横木”爲“榻”。“榻”訛作“塌”，“塌”又訛作“壋”。鄭賢章《漢文佛典疑難俗字彙釋與研究》以“壋”爲“塌”字之訛（p81），不確。

0250 墶

東晉帛尸梨蜜多羅譯《佛説灌頂七萬二千神王護比丘呪經》：“神名鳩舍羅膑迦拘多[15]墶。”（T1331v21p0510a）本頁下注15：“墶＝蚃《三》。”

按：“墶”與“蚃”爲版本異文，“墶”即“欚”字之訛。《説文·木部》：“欚，江中大船名。从木，蠡聲。”“欚”又寫作“蟗”（見《可洪音義》v60p292c），左右結構變爲上下結構，“蚰”省作“虫”成“蟗”形。“虫”訛作“土”即成“墶”形。“蚃”爲“蠡”字之省，“欚”與“蠡”當爲同一梵文的不同譯音字。

“墶”在《佛説灌頂七萬二千神王護比丘呪經》中多見，如：“神名雞頭[12]貨墶蒲恥瘖浮。神名突迦多[13]橀那于陀伎。”（T1331v21p0510a）本頁下注12：“貨墶＝貿蚃《三》。”注13：“橀＝蚃《三》。”又：“神名枝活吒[21]貨墶，字淨自在，此神主護某頭。神名倪提恕[22]和㙤，字妙善生，此神主護某眼。神名波羅恕*和㙤，字暉日光，此神主護某鼻。”（T1331v21p0499c）本頁下注21：“貨㙤＝貿螽《三》。”本頁下注22：“和㙤＝恕螽《三》*。”唐玄應撰《一切經音義》（麗藏本）卷四《大灌頂經》第二卷：“貿蟸，力底反，梵語也。”（p50c）宛委别藏本：“質蠡，力底反。”清莊炘曰：“此即‘蠡’省文。”（p118）唐慧琳撰《一切經音義》卷三十一《大灌頂經》第二卷：“貿蠡，上矛候反，下犁底反，梵語也。”（T2128v54p0517b）與“㙤”對應之字作“蟸”“蠡”“蠡”，玄應、慧琳分别音“力底反”和“犁底反”，皆可證“㙤”即“蠡”字之訛。

日本觀靜撰《孔雀經音義》：“頭痛，《大佛頂》云：‘始嚕嘌底，頭痛也。’《灌頂經》云：‘神名伎活吒貿（黄候反）蠡（力底反），字淨自在，此神主護人頭。’頭，音徒候反，首也。……眼～，梵云作吃芻，《灌頂經》云：‘神名倪（五禮反）提恕蠡，字妙善生，此神主護人眼。’五限反，目也。……鼻～，梵云迦囉多羅，《灌頂經》云：‘神名波羅恕和蠡，字暉日光，此神主護人鼻。’毘四反，引氣者始也。”（T2244v61p0774a）與“㙤”對應之字皆作“蠡”，“蠡”亦“蠡”字之訛。上揭“神名突迦多[13]極那於陀伎”之“極”又“蠡”之訛。

又，上揭經文中“貿”之異文或作“貨”“質”，據慧琳之音，疑“貨”“質”皆“貿”字之訛。“貿”或寫作“貿”（見《可洪音義》v59p548c），“貨”或寫作“貨”（見《可洪音義》v60p87b），兩字異寫同形，故或相混誤。唐神愷記《大黑天神法》：“若加持者[12]貿得寶貝及諸藥等，隨意所爲皆得成就。”（T1287v21p0356a）本頁下注12：“貿＝貨《甲》。”“貨”爲“貿”字之訛。三國吴支謙譯《佛説釋摩男本四子經》：“或[7]貨賣財物不還。”（T0054v01p0848c）本頁下注7：“貨＝貿《三》。”又：“或恐貿賣亡其錢財。”（T0054v01p0848c）“貿”皆“貨”字之訛。可資比勘。

0251 堹

龍樹造、後秦鳩摩羅什譯《大智度論》：“菩薩摩訶薩行六波羅蜜時，見是大地株杌荆棘山陵溝[11]坑穢惡之處。”（T1509v25p0589b）本頁下注11：“坑＝堹《石》。”

按：“堹”與“坑”爲版本異文，“堹”即“坑”字之訛。佛經“溝坑”習見，唐玄奘譯《大般若波羅蜜多經》第三百三十卷：“復次善現，有菩薩摩訶薩具修六種波羅蜜多，見諸有情由惡業障所居大地高下不平堆阜溝坑穢草株杌毒刺荆棘不淨充滿。”（T0220v06p0693b）唐慧琳撰《一切經音義》卷第三《大般若波羅蜜多經》第三百三十卷：“溝坑，下苦耕反。《爾雅》：‘坑，墟也。’郭璞注云：‘塹池丘墟也。’《蒼頡篇》：‘壑也，陷也。’《説文》闕訓。《古今正字》從土亢聲也。”（T2128v54p0325b）與“堹”對應之字作“坑”，可資比勘。“坑”或寫作“塡”（見《可洪音義》v59p1104b），高麗本《龍龕手鏡·土部》：“塡、坑、𡊵，三俗；坑，正，客庚反。坎壍壑陷也。”（p245）“塊”即“塀”之訛。

0252 墮

後秦弗若多羅、羅什譯《十誦律》：“佛聽我塔前作高[4]垛安師子者善。”（T1435v23p0355a）本頁下注4：“垛＝墮《宮》。”

按：“墮”與“垛”爲版本異文，“墮”即“墮”加“土”旁所成，與“垛”爲異構關係。文獻中或借“墮”爲“垛”。《史記·司馬相如列傳》：“相如與俱之臨邛，盡賣其車騎，買一酒舍酤酒，而令文君當鑪。”裴駰集解引三國吴韋昭曰：“鑪，酒肆也。以土爲墮，邊高似鑪。”隋闍那崛多譯《佛説月上女經》：“於時衆内或有諸人以欲惱心而來會者，或有因看毘耶離，觀其城上所有莊嚴，却敵樓櫓雀[2]墮寮窓勾欄藻棁諸雕飾事。”（T0480v14p0618b）本頁下注2：“墮＝垛《三》《宮》。”南朝梁寶唱等集《經律異相》：“其四園中各有二石[4]垛，各各縱廣五十由旬。”（T2121v53p0002a）本頁下注4：“垛＝墮《三》《宮》。”“墮”皆“垛”之借字。

後秦弗若多羅、羅什譯《十誦律》：“佛言：是六群比丘房舍壞不能治者，應與他治。餘人得已少治便止若著一團泥，一把草塗少地，少塞壁孔，少治土[15]埵。”（T1435v23p0349b）本頁下注15：“埵＝垛《三》，墮《宮》。”“墮”亦“垛”之異構字。

0253 鞔

唐玄奘譯《大般若波羅蜜多經》：“諸佛手足一一指間，猶如鴈王，咸有[1]鞔網，金色交絡，文同綺畫，是爲第五。”（T0220v07p0726a）本頁下注1：“鞔＝縵《明》。”

按：“鞔”與“縵”爲版本異文，“鞔”即“鞔”字之訛。同上經：“如來手足一一指間，猶如鴈王，咸有鞔網，金色交絡，文同綺畫，是爲第四。”（T0220v07p0376b）又：“世尊手足一一指間，猶如鴈王，咸有鞔網，金色交絡，文同綺畫，是爲第四。”（T0220v06p0967b－c）又：“如來手足一一指間，猶如鴈王，咸有鞔網，金色交絡，文同綺畫，是爲第五。”（T0220v07p0960b）與“鞔”對應之字皆作“鞔”。唐慧琳撰《一切經音義》：“鞔網，上莫盤反，鄭注《周禮》云：‘草路鞔也。’《廣雅》：‘補也。’下武昉反。此言如來十指之間猶如羅網也。《易》曰：‘庖羲氏結繩爲網。’《説文》作‘网’，古字也。亦單作‘冈’，象形字也。”（T2128v54p0329b）“鞔網”即羅網義。唐慧琳撰《一切經音義》：“網縵，字體作‘鞔’，莫盤反。鞔，覆也。《經》文作‘幔’‘慢’二形，並非也。”

（T2128v54p0784c）唐慧琳撰《一切經音義》卷十二《大寶積經》第三十三卷："網鞔，上音罔，下莫安反。《廣雅》：'鞔，補也。'如來十指間有肉網猶如鵝足。"（T2128v54p0381a）"鞔網"或作"網鞔"，"鞔"當爲覆蓋義，"鞔網"謂覆蓋在外面的網狀紋理，"網鞔"謂網狀紋理覆蓋在外。《慧琳音義》或引《廣雅》"鞔，補也"之訓，此義與經義無關。《音義》引前人訓釋或與經義無關。"鞔"或作"縵"，《説文·糸部》："縵，繒無文也。"與覆蓋義無涉，在覆蓋的意義上，"縵"乃"鞔"之借字。

南宋釋寶雲譯《佛本行經》："以智慧之[1]勒，善御迴愚心。"（T0193v04p0055a）本頁下注1："勒＝勤《三》。"西晉竺法護譯《佛五百弟子自説本起經》："隨樓[13]勒國王，傷殺釋子時。"（T0199v04p0201c）本頁下注13："勒＝勤《宋》《明》。""勤"皆"勒"字之訛，故"鞔"或訛作"䩥"。

0254 𡏚

日本中算撰《妙法蓮華經釋文》："妙（彌召反。慈恩云：～，精也。又要～，好貌。古文爲玅。曇捷云：微也）。法（《説文》：𡏚，今法，方乏反。曇捷云：常也，令也。慈恩云：～，軌則也，又揩式也）。"（T2189v56p0144c）

按：據文意，"𡏚"即"灋"字之訛，下所從之"去"訛作"土"也。

0255 𡎜

日本澄禪撰《三論玄義檢幽集》："《列子》云：'昔吴太宰𡎜問孔丘曰："夫子聖人歟?"孔子對曰："博識强記，非聖人也。"又問三王（私曰：三王者，夏、殷、周也），又問五帝（私曰：五帝者，少昊、顓頊、帝嚳、帝堯、帝舜是也），又問三皇（私曰：三皇者，伏羲、神農、皇帝是也），皆曰："聖亦非丘所知。"太宰𡎜大駭曰："然則孰爲聖人乎?"孔子動容有間曰："西方之人有聖者焉，不治而不亂，不言而自信，不化而自行，蕩蕩乎民無能名焉。"'"（T2300v70p0404c）

按："𡎜"即"嚭"字之訛。相同經文又見於唐彦琮撰《唐護法沙門法琳别傳》（T2051v50p0200a－b）、唐道宣撰《廣弘明集》（T2103v52p0098b、p0161b）、唐法琳撰《破邪論》（T2109v52p0476c－0477a）、唐道世撰《法苑珠林》（T2122v53p0378c、p0700a）等，字均作"嚭"。《左傳·哀公元年》之"吴大宰嚭"即衆佛經之所本，字亦作"嚭"。《説文·喜部》："嚭，大也。从喜，否聲。《春秋傳》吴有太宰嚭。"《玉篇·喜部》："嚭，普鄙切。大也。吴有太宰嚭。""嚭"之本義爲大，用作人名。唐慧琳撰《一切經音義》："太宰𡎜，丕鄙反。《傳》作'嚭'，通用太宰名也。"（T2128v54p0869a）又："宰[1]嚭，丕美反。人名也。《春秋》吴有太宰，官名也。”（T2128v54p0902a）本頁下注 1：“𧨲 = 𧩏《甲》。”“𧩏”“𧨲”亦“嚭”字之訛。“喜”與“壴”形近，故“嚭”或作“𧨲”。“壴”旁或寫作“壹”旁，如“鼓”或作“皷”，故“𧨲”又寫作“𧩏”。

0256 螯

日本安澄撰《中論疏記》：“四計佛出二諦外，不同俗諦浮僞之有，不同真諦虚螯之空，故非空非有，如莊嚴解佛果二諦外。”（T2255v65p0211c）

按：同上經：“佛出二諦外，不同俗諦浮僞之有，不同真諦虚螯之空也。”（T2255v65p0211b）“螯”皆“壑”字之書寫變異。《説文・𣦼部》：“叡，溝也。从𣦼，从谷。讀若郝。壑，叡或从土。”“壑”爲“叡”之累增字，本義爲溝。《爾雅・釋詁上》：“壑，虚也。”晋郭璞注：“壑，谿壑也。”“虚壑”爲同義並列複合詞，義爲空谷。《文選・枚乘〈七發〉》：“向虚壑兮背槁槐。”唐吕温撰《吕衡州集・終南精舍月中聞磬聲詩》：“泠泠滿虚壑，杳杳出寒雲。”“虚壑”皆“空谷”義。元念常集《佛祖歷代通載》：“軾閭名鄉表德非擬，局厭諠輩長懷虚壑。”（T2036v49p0586c）也指内心如空谷一樣曠達。考諸字形，《干禄字書・入聲》：“螯、壑，……上俗下正。”唐慧琳撰《一切經音義》：“壑空，上訶各反。……《經》作‘螯’，俗字也。”（T2128v54p0510c）《可洪音義》卷五《正法華經》第五卷：“谿螯，火各反。”（v59p708a）“螯”“螯”皆“壑”之書寫變異，可資比勘。

東晋僧肇作《肇論》：“尋夫不有不無者，豈謂滌除萬物，杜塞視聽，寂寥虚豁，然後爲真諦者乎？”（T1858v45p0152b）唐慧琳撰《一切經音義》卷一百《肇論》上卷：“虚豁，呼适反。《漢書》云：‘高祖意豁如也。’顧野王云：‘豁達，大量也。’《文字典説》：‘通谷也。從谷，害聲。’”（T2128v54p0928b）元文才述《肇論新疏遊刃》卷上：“無色礙處名曰虚豁，目斷空也。”（X0872v54p0291a）“虚豁”與“虚壑”同義。

0257 韄

唐玄奘譯《阿毘達磨藏顯宗論》：“如身形量，女根極微，形如鼓[6]𪔣；男根極微，形如指𩍐；眼根極微，有時一切皆是同分。”（T1563v29p0792c）本頁下注 6：“𪔣=顙《元》《明》，韄《宮》。”

按：“韄”與“𪔣”“顙”爲版本異文，“韄”“𪔣”皆“顙”字之訛。唐慧琳撰《一切經音義》卷七十二《阿毘達磨顯宗論》第四卷：“指𪔣，桑朗反。《埤蒼》云：𪔣，鼓凡木也。《文字典説》文云：𪔣，鼓身也。從壴，桑聲也。壴音胡也。’”(T2128v54p0773c)“指鼜”乃“鼓鼜”之訛，涉下條“指鞜”而訛。《廣韻·蕩韻》蘇朗切：“顙，鼓匡木也。鼜，上同。”“鼜”爲“顙”字之訛，“壴”旁訛作“壺”旁。“鼜”爲“顙”字之訛，“壴”旁訛作“壹”旁，“桑”旁寫作“桒”旁也。唐玄應撰《一切經音義》(麗藏本)卷二十四《阿毗達磨俱舍論》第二卷作“鼜”(p320c)，宛委別藏本作“鼜”(p748)，《類篇》曹楝亭五種本作“顙”，皆“顙”字之訛。《漢語大字典》收“鼜”字(二 p539b)，未溝通與“顙”的關係。

《慧琳音義》卷七十二“《埤蒼》云：鼜，鼓凡木也”之“凡”乃“瓦”字之誤，字又作“柢”。《慧琳音義》卷四十二：“鼓顙，桑朗反。《埤蒼》云：顙，鼓瓦也。《字書》：鼓材也。《古今正字》云：鼓身也。從壴，桑聲。”(T2128v54p0586b)又卷七十：“鼓顙，桑朗反。《埤蒼》：鼓柢也。《字書》：鼓材也。”(T2128v54p0761a)《廣雅·釋器》：“鼓鼜謂之柢。”“鼜”同“顙”，“顙”與“柢”爲同物異名。《慧琳音義》卷七十：“鼓顙，桑朗反。《埤蒼》：鼓枫也。《字書》：鼓材也。今江南名鼓匡爲顙。枫，音五寡反。”(T2128v54p0763b)“枫”爲“柢”字之誤。

0258 鼙

佚名《佛説虛空藏菩薩神呪經》：“即說呪曰：跢姪他阿（上）儞羅（上）闍（上）鼙鉗蒲（上）沙（踈可）闍（上）鼙夜皤那（上）闍（上）鼙跛叉娑（上）迷跛㛅（𡿨下）羅（上）闍（上）沙（踈可）沙（上）他那（上）娑（上）羅（上）鼙奢（同上）娑（上）跢羅（上）迦（上）囉（奴皆反）虎磨虎磨摩訶迦噌嬭迦（同下）娑（上）婆訶。”(T0406v13p0661b)

按：“鼙”即“鼙”之異體。“鼓”之異體或作“皷”(見《廣韻》)，“皷”俗又作“皷”(見唐顔元孫《干禄字書》)，故“鼙”或作“鼙”。日本淨嚴撰《悉曇三密鈔》：“ꡞ，鞞、鼙、吠、衛。”(T2710v84p0746c)“鼙”爲“ꡞ(ve)”之譯音字。

工　部

0259 功

唐法全撰《大毘盧遮那成佛神變加持經蓮華胎藏悲生曼荼羅廣大成就儀軌供

養方便會》："屩却虐噱嘘灼綽弱[17]杓弱。"（T0852v18p0125b）本頁下注17："杓=⿰工勺《甲》。"

按："⿰工勺"與"杓"爲版本異文，"⿰工勺"即"杓"字之訛。日本覺超撰《胎藏三密抄》："屩却虐嘘嘘灼綽弱杓弱。"（T2398v75p0621c）與"⿰工勺"對應之字亦作"杓"。日本明覺撰《悉曇要訣》："屩却虐嘘嘘灼淖弱杓弱。"（T2706v84p0508b）日本淨嚴撰《悉曇三密鈔》："，社、鄯、闍、杓、醝、諾、膳（涅槃）、鐥、禪。"（T2710v84p0743a）"杓"爲"（jha）"的譯音字。"杓"或作"⿰工勺"者，"木"旁訛作"工"旁也。

0260 ⿰工各

元釋智譯《聖妙吉祥真實名經》："十二因緣呪：英嚓吟麻（二合，引）形路（切身）不囉（二合）末斡（引）形⿰工各（舌齒）矴善（引）怛達（引）遏多纈末嚓怛（二合）矴善（引）摻養禰哴嚓噗梡（合口）斡（引）溺（引）麻訶（引）實囉（二合）麻捺英。"（T1190v20p0832b）

按："⿰工各"即"路"字之訛。西夏智廣集《密呪圓因往生集》："十二因緣呪：唵　英嚓吟麻（二合，引）形路（切身）不囉（二合）末斡（引）形（引）路（舌齒）矴善（引）怛達（引）遏多纈末嚓怛（二合）矴善（引）摻　養禰哴嚓 噗 梡斡（引）溺（引）　麻訶（引）實囉（二合）麻捺英　莎（引）訶（引）。"（T1956v46p1012c）與"⿰工各"對應之字作"路"。林光明《新編大藏全咒》卷十一《聖妙吉祥真實名經》"十二因緣呪"中"路""⿰工各"二字梵文羅馬轉寫皆作"tu"（v11p407）。參0005"路"字條。

0261 ⿰⿱𠂉土工

唐玄奘譯《大般若波羅蜜多經》："誠嶮道之夷蹬，闇室之凝[5]釭，度疫之仙丸，出苦之神馭，鑒德者之明鏡，嚴心者之寶鬘，涉象季之大師，處塵俗之善友。"（T0220v07p1019a）本頁下注5："釭=⿰⿱𠂉土工《元》《明》。"

按："⿰⿱𠂉土工"與"釭"爲版本異文，"⿰⿱𠂉土工"即"缸"之異寫字，"缸"與"釭"通用。《説文·金部》："釭，車轂中鐵也。"清徐灝《説文解字注箋》："釭中空貫軸塗膏以利轉，因之膏燈謂之釭。""凝釭"即油燈。在這個意義上或用"缸"字，南朝梁元帝《草名詩》："金錢買含笑，銀缸影梳頭。""缸"即油燈之義。"缸"或作"⿰⿱𠂉土工"者，"缶"旁寫作"⿱𠂉土"，俗書習見。

寸　部

0262 ⿱万寸

日本賴寶撰《釋摩訶衍論勘注》：“若淨木用呪曰：‘曩漠三⿱万寸⿰⿱罒共尊⿰𧾷尌騇[illegible]’（云云），如是因緣等者。”（T2290v69p0831b）

按：唐金剛智譯《吽迦陀野儀軌》：“若淨木用呪曰：曩謨三⿱万寸蹲⿰𧾷尌⿰馬兼南（一）尾秫弟惹野（二）誐多野吽（三）素縛旁（引）。”（T1251v21p0249b）又：“彼明妃曰：曩漠三曼多冐馱南（一）唵（二）摩啤都娑縛訶。”（T1251v21p0235b）與“⿱万寸”對應之字作“曼”。“曩漠三曼多冐馱南”佛經咒語習見，對應之梵文作“𑖡𑖦𑖾𑖭𑖦𑖡𑖿𑖝𑖤𑖲𑖟𑖿𑖠𑖯𑖡𑖯𑖽”，“𑖡𑖦𑖾（namaḥ）”爲歸命義，“𑖭𑖦𑖡𑖿𑖝（samanda）”爲普遍義，“𑖤𑖲𑖟𑖿𑖠𑖯𑖡𑖯𑖽（buddhānāṃ）”爲諸佛義，“曼”“⿱万寸”皆“man”的譯音字，即“𑖦（ma）”後接“n”的譯音字。南宋婁機《漢隸字源·願韻》：“⿱冃寸，《華山亭碑》《殽阬君碑陰》《孔彪碑》《中部碑》皆作~，即‘曼’字，漢碑皆然。”“曼”或從“寸”。《龍龕手鑑·日部》：“曼，正，莫官反，路遠也。又音万。長也。”“曼”或音“万”，“⿱万寸”即從寸万聲的形聲字，爲“曼”之異體。

0263 ⿷匚吋

日本絶海中津語、小師俊承持編《絶海和尚語録》：“端午上堂，善財纔採一枝草，盡大地人諸病除，⿷匚吋耐文殊論殺活，使人六日捕蟾蜍。”（T2561v80p0734b）

按：“⿷匚吋”即“⿷匚可”字之訛，“⿷匚可”又“叵”之俗字。南宋文素等編《如淨禪師語録》：“理會甚事⿷匚吋耐，飯飽弄筋判斷，屎急尿床。其或未然，花柳春風入戲場。”（T2002Av48p0127b）日本鐵舟德濟撰《閻浮集》：“⿷匚吋耐大悲千手多，山僧一臂不如他。雖然托鉢渾無力，爭奈飢來喫飯何?”（T2557v80p0554b）“⿷匚吋”皆“⿷匚可”字之訛。《説文新附·可部》：“叵，不可也。从反可。”唐慧琳撰《一切經音義》：“叵知，或作頗，普我反。顧野王云：‘叵，不可也。語辭也。’《説文》闕訓。”（T2128v54p0382c）又：“叵差，坡麽反。麽音摩可反。《字書》云：‘叵，不可也。’《説文》從口匚聲。”（T2128v54p0670a）“叵”爲不可義，“叵耐”文獻習見，爲不可容忍之義。“叵耐”常連用，故“叵”又訛作“尀”，此亦字形同化之例。明梅膺祚《字彙·寸部》：“尀，普火切，音頗。尀耐。”“尀”本爲由同化而產生的訛字，由於文獻通行而被《字彙》收録。“尀”又訛作“㓕”者，“匹”與“叵”形近而訛也。南朝梁僧祐撰《弘明集》：“此三者聖達之流，[27]叵以生爲患。”（T2102v52p0051c）本頁下注 27：“叵＝匹《宮》。”“匹”即“叵”之訛。

0264 𡬶

日本湛慧撰《阿毘達磨俱舍論指要鈔》：“上章第三師斷然言無明文，加旃、溜洲、撲揚、[4]守千等會言約三乘説，以瑜伽、對法、唯識等文不説有意無表故。”（T2250v63p0905a）本頁下注 4：“守千＝𡬶子《乙》。”

按：“𡬶子”與“守千”爲版本異文，“𡬶”即“守”字之訛，“子”即“千”字之訛。日本凝然述《梵網戒本疏日珠鈔》：“慈恩、太賢、守千等諸師名之菩薩别受，義寂法師是名總受。”（T2247v62p0248a）“守千”乃經師之名。

0265 𢍏

唐窺基撰《阿彌陀經通贊疏》：“諸婆羅門鑄一金神，端正奇特。[1]哥持舁行聚落，高聲唱言：‘若有在室得見金神禮拜之者，後出嫁時必得好夫。’”（T1758v37p0334c）本頁下注 1：“哥持＝𢍏特《甲》。”

按：“𢍏特”與“哥持”爲版本異文，“𢍏”“哥”皆“挐”字之訛，“特”爲“持”字之訛。《廣雅·釋詁》：“挐，舉也。”清王念孫疏證：“挐者，《漢書·王莽傳》：‘挐茵輿行。’顏師古注云：“謂坐茵褥之上，而令四人對舉茵之四角，輿而行也。’”“挐”乃以手舉持之義，經中謂將金像放在肩輿之類工具上舉持，與後之“舁行”義近。《説文·舁部》：“舁，共舉也。”北宋元照撰《四分律行事鈔資持記》：“輿，合作舁，共擡物也。”（T1805v40p0400b）“舁”有共舉、擡之義。這個意義的“舁”，佛經多見，隋闍那崛多譯《佛本行集經》：“於太子前，化作一屍，臥在床上，衆人舁行。……臥於床上四人舁，諸親圍遶叫喚哭。”（T0190v03p0723a-b）“挐持”與“舁行”義近，兩者語義重複。唐窺基撰《觀彌勒上生兜率天經贊》：“諸婆門鑄一金女，端正奇特。輿行村落，高聲唱言：‘若有女人得見金神禮拜之者，後出嫁時必得好婿。身真金色，端正殊妙。’”（T1772v38p0283b）唐道世撰《法苑珠林》：“諸婆羅門鑄一金女，端正奇特。輿行村落，高聲唱言：‘若有女人得見金神禮拜之者，後出嫁時必得好婿。身真金色，端正殊妙。’”（T2122v53p0541c）南宋志磐撰《佛祖統紀》：“父母即召諸婆羅門，鑄一金女。舆行村落，高聲唱言：‘若有女人見金神者，後出嫁時必得好婿。”（T2035v49p0169c）日本觀靜撰《孔雀經音義》：“父母即召諸婆羅門，遍行娉求諸婆羅門，鑄一金女，端正奇特。擧行村落，高聲昌［唱］言：‘若有女人得見金神禮拜之者，後出稼［嫁］時必得好聟。身真金色，端正殊妙。’”（T2244v61p0803b）或作“舆行”，或作“擧行”，皆與“舁行”同義，且前皆無“拏持”二字。“拏”寫作“𢪍”者，明焦竑《俗書刊誤·董韻》：“鞏，俗作鞏，非。”“巩”旁缺點的寫法習見；“寸”旁與“手”旁可互換故也。

又，《觀彌勒上生兜率天經贊》《法苑珠林》《佛祖統紀》《孔雀經音義》“鑄一金女”，《阿彌陀經通賛疏》作“鑄一金神”。細審文意，當以“神”字爲正，“女”乃涉上下文而誤。

0266 尌

日本心覺撰《多羅葉記》：“竭吒富旦那，此云尌臭。”（T2707v84p0590c）

按：“尌”即“短”字異體。佚名《翻梵語》：“竭吒富且那，譯曰尌嗅。”（T2130v54p1029c）與“尌臭”對應之字作“尌嗅”，“嗅”乃“臭”字之訛。迦旃延子造、五百羅漢釋，北涼浮陀跋摩、道泰譯《阿毘曇毘婆沙論》：“諸夜叉羅刹竭吒富單那、鳩槃茶等，盡是餓鬼趣所攝。”（T1546v28p0050b）日本明覺撰《悉曇要訣》：“又迦怛富單那，《涅槃經》云‘迦羅富單那’，（文）𑖎𑖘𑖢𑖳𑖝𑖡也。”（T2706v84p0534a）“竭吒富旦那”爲“𑖎𑖘𑖢𑖳𑖝𑖡（kaṭapūtana）”，又譯作“竭吒富單那”等，《翻梵語》的“且”乃“旦”字之訛。《翻梵語》：“伽羅富單那，應云迦吒富單那，亦云迦富單那，譯曰極臭。”（T2130v54p1029c）又：“富樓多那，應云富多那，譯曰臭也。”（T2130v54p1029c）唐慧琳撰《一切經音義》：“布單那，梵語鬼名也。或名富單那，或云富陀那，皆訛略不正也。此言臭穢，雖身形臭穢，是餓鬼中福之最勝者。”（T2128v54p0381c）唐跋馱木阿譯《佛説施餓鬼甘露味大陀羅尼經》：“羯吒布單那鬼（云奇臭鬼其身如燒骨臭）。”（T1321v21p0484b）佚名《西方陀羅尼藏中金剛族阿蜜哩多軍吒利法》：“布單那鬼著者，令小兒臭穢無顔色常矖，啼哭不得安穩。”（T1212v21p0070a）北宋知禮述《金光明經文句記》：“富單那，此云臭，餓鬼中勝者，或云主熱病鬼也。”（T1786v39p0138a）南宋法雲編《翻譯名義集》：“[6]迦吒富單那，此云奇臭餓鬼。”（T2131v54p1086a）本頁下注6：“Kaṭapūtanā。”日本觀靜撰《孔雀經音義》：“布單那，又云補咀㮈，或云布（引）單曩，此云臭鬼也。《童子經》云：‘富多那，其形如猪。’……法花嘉祥疏云：熱病鬼。羯吒布單那，又云迦吒補咀那，或云揭吒那布單畏，此云奇臭鬼，又云矩臭鬼，《十一面經疏》‘單’字作‘旦’，此云大熱病鬼，一云大臭鬼。”（T2244v61p0765c-0766a）日本中算撰《妙法蓮華經釋文》：“富單那，吉藏云：此云熱病鬼，《掌記》云短臭鬼。”（T2189v56p0170c）《翻梵語》：“摩尼迦吒，譯曰摩訶者，大；迦吒者，短。”（T2130v54p1029a）綜合諸經所釋，“竭吒富旦那”乃餓鬼之名，就其内部形式而言，“竭吒”，或作“迦吒”等，義爲短；“富旦那”，又作“富單那”等，爲大臭，經中或言大臭、或言奇臭、或言極臭，其義皆同。或徑言臭，乃泛言之耳。“尌臭”即“短臭”，以“短”譯“竭吒”，以“臭”譯“富旦那”也。

《説文·矢部》：“短，有所長短，以矢爲正。从矢，豆聲。”“短”之形旁本從“矢”，“尌”改從“寸”，“寸”爲很小的度量長度的單位，與“短”義相合。唐慧琳撰《一切經音義》卷二十四《菩薩十住行道經》：“長短，端卵反。《蒼頡篇》云：‘短，促也。’《説文》云：‘有所短長，以矢爲正。從矢，豆聲。’《文字集略》：或從手作‘桓［拒］’，與經本同。或從寸作‘尌’，俗字也。”（T2128v54p0459b）《可洪音義》卷六《大灌頂經》第四卷：“長尌，都管切。正作‘短’‘拒’二形。”（v59p750b）皆已溝通“尌”與“短”之關係。鄭賢章《〈新集藏經音義隨函録〉研究》亦有考證（p378），可參看。

又，唐慧琳撰《一切經音義》：“迦羅富單那，此云極醜鬼也。”（T2128v54p0474c）疑“極醜鬼”之“醜”乃“臭”之音訛。

0267 㝵

唐金剛智譯《吽迦陀野儀軌》：“次取油器，當火上加持三遍。真言曰：唵𨑹㝵𨁂（引）。”（T1251v21p0249b）

按：《吽迦陀野儀軌》中“迦陀”多見，如：“唵迦陀（一）吽那迪（二合）尼（二）娑婆訶。”（T1251v21p0233b）《吽迦陀野儀軌》之咒語譯音字或加“寸”旁，“𨑹”“㝵”即“迦”“陀”加“寸”旁所造的譯音專字。

0268 𡬶

唐菩提仙譯《大聖妙吉祥菩薩祕密八字陀羅尼修行曼荼羅次第儀軌法》：“澡浴著淨衣，塗香嚴身體。歸命念真言，至誠恭敬禮。焚香懺諸罪，隨喜及勸請。迴向發弘誓，深起大慈悲。如此八方便，[17]勸行勿遺忘。然後淨三業，依法作持念。”（T1184v20p0786a–b）本頁下注 17：“勸＝𡬶《丙》。”

按：“𡬶”與“勸”爲版本異文，“𡬶”即“勸”字之訛。“勸行”文獻習見。“勸”或寫作“勧”（見《可洪音義》v59p1077c）。南朝宋智嚴譯《佛説法華三昧經》：“若供養[8]對跪拜者，勝菩薩行慈三千億萬劫。”（T0269v09p0290a）本頁下注 8：“對＝勤《明》。”“對”爲“勤”字之訛，乃“力”旁訛作“寸”旁之證。“𡬶”之左旁與“勧”之左旁近，右旁與“勤”之訛字“對”的右旁同，故“𡬶”亦“勸”字之訛。

0269 㝵

唐金剛智譯《吽迦陀野儀軌》："又一法即是護摩法也，一向字供養相應法也，即是二字合爲曼陀羅部母真言，即從是二字中出是大密法，即行者口唱㝵㗚（二合）一遍，即得如是本誓。"（T1251v21p0239b）

按：同上經："即念長牙相一切相應魔降伏相，即明曰：唵㝵梨曳多羅吽娑婆訶。"（T1251v21p0235c）又："佛部真言'㝵㗚'二字自中即'㝵'字即八大曼荼羅相，並供養法相也。"（T1251v21p0239a）"㝵"當爲"俱"加"寸"旁所造的譯音專字。日本淨嚴撰《悉曇三密鈔》："[illegible]，句、屨、窶、拘、瞿、區、㽟、俱、矦、苟、鳩、久、具、究、垢、溝、休、緱、吼、弓（大佛頂呪）、求（法花陀羅尼）、矩、鉤（二共大隨求）、軍（金剛界軌）。"（T2710v84p0741c）"俱"作譯音字多見。

0270 䢜

北魏楊衒之撰《洛陽伽藍記》："寺東有靈臺一所，基趾雖頹，猶高五丈餘，即是漢武帝所立者。靈臺東辟雍，是魏武所立者。至我正光中，造明堂於辟雍之西南，上圓下方，八窗四闥，汝南王復造[6]磚浮圖於靈臺之上。"（T2092v51p1011a）本頁下注6："磚=䢜《丙》。"

按："䢜"與"磚"爲版本異文，"䢜"即"甎"字之訛，"甎"又"磚"之異構字。《龍龕·瓦部》："𤭛，音專，瓦也。""𤭛"即"甎"之異寫字。"甎"又寫作"𤭢"（見元刊本《玉篇》），"䢜"即"𤭢"之訛。

廾　部

0271 羿

北涼曇無讖譯《大方等大集經》本頁下注6："+皇后藤原氏光明子奉爲尊考贈。正一位太政大臣府君尊妣贈，從一位橘氏太夫人敬寫一切經論及律。莊嚴既了，伏願憑斯，勝因奉資冥助，永庇菩提之樹，長遊般若之津。又願上奉聖朝恒延福壽，下及寮采共盡忠節。又光明子自發誓言：弘濟沈淪，勤除煩障，妙窮諸法，早𢍏菩提，乃至傳燈無窮，流布天下，聞名持卷，獲福消災，一切迷方會歸覺路。天平十二年五月一日記。天平勝寶七歲十月十七日正八位下守少内記。林連廣野正大安寺沙門琳躰讀。沙門敬明、沙門玄藏、沙門璟忍、沙門行脩證。（百九十四字）《久》。”（T0397v13p0381x6）

按：“𢍏”即“契”之異寫字。唐窺基撰《金剛般若經贊述》：“真如現無授記故，但説真理之中無有實法而可發心，非謂亦無真智能契菩提。名爲菩提，故於事菩提亦不無也。”（T1700v33p0145b）唐道氤集《御注金剛般若波羅蜜經宣演》：“開釋經題，注分爲四：一釋喻，即金剛真寶，能碎堅積；二釋智，即般若正智，能破煩惱；三辯德，即無住無取，證波羅而捨筏，即色即空，契菩提於中道；四釋經，即如是降伏，可以稱常。故言金剛般若波羅蜜經。”（T2733v85p0009a-b）“契”爲契合之義。唐顔元孫《干禄字書·去聲》：“契、𢍏，上通下正。”（p13b）清顧藹吉《隸辨·平聲·霽韻》“𢍏”字條引《張平子碑》作“𢍏”（p528）。“𢍏”即“𢍏”之訛。

0272 𢍏

唐不空譯《大威怒烏芻澁麽儀軌經》：“布爾覩徒麽也薄底也（二合）蘖蹉阿仡儞娑嚩（二合）婆嚩南補曩羅[53]跛夜（二合）那也娑嚩（二合，引）賀（引）。”（T1225v21p0140b）本頁下注53：“跛夜二合=跛二合《明》，𢍏誐麽引《甲》。”

按：根據注釋及正文知“𢍏誐麽”與“跛夜”爲版本異文。此段文字爲真言，異文中的字均爲譯音字。查此段真言亦見於佚名《建立曼荼羅護摩儀軌》，其文曰：“奉送真言曰：布爾都徒麽野薄底也（二合）蘖蹉阿仡甯（二合）娑縛婆縛南補曩羅𨈘誐麽（引）那野娑嚩（二合）賀。”（T0912v18p0934a）其中與“𢍏”對應的是“𨈘”字，“𢍏”即“𨈘”之異寫，“𨈘”爲切身字。參0031“𨈘”字條。

“卑”南宋婁機《漢隸字源·支韻》引《溧陽長潘乾校官碑》作“畁”，故“𨈘”或寫作“𢍏”。《龍龕手鑑·卑部》：“𢍏，卑也反。”《龍龕手鑑·也部》：“𢍏，卑也反。”亦“𨈘”之異寫。

0273 𢍐

龍樹造、後秦筏提摩多譯《釋摩訶衍論》：“云何名爲緣熏習鏡，及有二義其相云何？頌曰：於無量無邊，諸衆生緣中，出無量無邊，殊勝應化身。熏習衆生心，出生諸善根，增長兩輪花，莊嚴法身果，故名緣熏習，鏡[5]碧中頗梨。空隨順成義，如法應觀察。”（T1668v32p0622c）本頁下注5：“碧＝弻《石》《高》。”

按：“弻”與“碧”爲版本異文，“弻”即“碧”字之訛。鄭賢章《漢文佛典疑難俗字彙釋與研究》已有考證（p84）。日本賴寶撰《釋摩訶衍論勘注》：“文‘鏡碧中頗梨’等。疏三云：碧中頗梨，此云應珠。（文）疏三云：珠鏡瑩淨，隨所映物，種種色現。本覺淨鏡，隨所化根，勝劣有異，現應化身，大小不等（文）。”（T2290v69p0704a）字亦作“碧”。清邢澍《金石文字辨異・陌韻》：“㺙，《隋杜乾緒等造象銘》‘瑑鏤㺙崖’，案‘㺙’即碧。”（p897）“大”在上下結構中常作“廾”，如“契”，唐顏元孫《干禄字書・去聲》：“契、栔，上通下正。”（p13b）“弻”當即“㺙”之訛變。

0274 弸

唐惠詳撰《弘賛法華傳》：“清信士李山龍，弸翊人也。以武德年中任左監門校尉，忽暴亡。”（T2067v51p0036a）

按：“弸”即“憑”字之訛，此處通“馮”。唐道世撰《法苑珠林》：“唐左監門校尉馮翊李山龍，以武德中暴亡。”（T2122v53p0436a）唐道宣撰《大唐内典録》：“右監門挍尉馮翊李山龍，以武德中暴亡，心暖，七日乃蘇。”（T2149v55p0341a）與“弸翊”對應之字皆作“馮翊”，與《唐書・地理志》合。唐道宣撰《集神州三寶感通録》：“右監門校尉憑翌李山龍，以武德中暴亡，心暖，七日乃蘇。”（T2106v52p0429a）字又作“憑翌”。“憑”與“凴”爲異體，故字又訛作“弸”。

0275 䶳

北宋道原纂《景德傳燈録・南嶽懶瓚和尚歌》：“向外覓功夫，總是癡頑漢，糧不畜一粒，逢飯但知䶳（陟立切）。世間多事人，相趁渾不及。”（T2076v51p0461b）

按：“䶳”即“噐”“囋”字之訛。元念常集《佛祖歷代通載》：“内外覓功夫，總是癡頑漢，糧不蓄一粒，逢飯但知噐。”（T2036v49p0606b）四庫本同。與“䶳”對應之字作“噐”。《廣韻・緝韻》陟立切：“囋，口囋囋。”《集韻・緝韻》陟立切：“噐，噐噐，鳴也。”“囋”與“噐”乃一字之異寫，《廣韻》訓“口囋囋”，《集韻》訓“鳴也”，皆未見文獻用例。鄭賢章《漢文佛典疑難俗字彙釋與研究》已有考證（p109），亦據《廣韻》作鳴叫之義。佛經所見用例，乃與“喫”義近，疑該字本爲擬聲詞，可用爲模擬喫飯的聲音，此處乃形容喫的樣態。《説文·口部》："嗼，噍也。"東晉佛陀跋陀羅、法顯譯《摩訶僧祇律》："爾時有居士於精舍中設供飯僧。時六群比丘嚩嗼作聲食，爲世人所譏：'云何沙門釋子如猪鼠食聲？此壞敗人有何道法？'諸比丘以是因緣，往白世尊。佛言：'呼六群比丘來。'來已，佛問：'汝實爾不？'答言：'實爾。'佛言：'從今日後，不得嚩嗼作聲食。'佛告諸比丘：'皆悉令集，十利故與諸比丘制戒，乃至已聞者當重聞。不得嚩嗼食，應當學。'不得嚩嗼作聲，若放恣諸根嚩嗼食者，越學法。狂癡心亂無罪，是故説不得嚩嗼作聲食，應當學。"（T1425v22p0406a）"嚩"皆"嚩"字之訛。《説文·口部》："嚩，噍貌。""嚩""嗼"皆吃東西發出的聲音，蓋今口語吧唧之本源。"嚗"與"嗼"音義皆近。明張自烈《正字通·口部》："嚗，'㬥'字之訛。"乃主觀臆測，不可從。

四庫本清高士奇撰《江村銷夏録·宋黄文節公書梵志詩卷》："糧不畜一粒，逢飯但知嗎。"明汪砢玉撰《珊瑚網·法書題跋·黄涪翁正書法語真蹟》："糧不蓄一粒，逢飯但知罵。"明郁逢慶編《書畫題跋記·宋黄文節公正書法語真蹟》："糧不畜一粒，逢飯但知喫。"明張丑撰《真蹟日録·黄山谷真蹟》："糧不畜一粒，逢飯但知噉。"上揭諸文皆宋代書法家黄庭堅寫本《黄文節梵志詩》的轉録，今黄庭堅寫本尚存，字形作"[⿰口罒+十]"，乃"嚗"的異寫。高士奇爲原形轉録，汪砢玉作"罵"乃"嚗"轉寫之訛，郁逢慶作"喫"乃據文意臆改。張丑作"噉"，情況略爲複雜。上揭引文，節自明瓚禪師寫的詩歌，黄庭堅題作《懶殘和尚歌》，漢字之前的入韻字爲換、段、亂、斷、算、喚，張丑將"嚗"改作"噉"，蓋同時考慮到了上下文意和押韻兩個因素。但"嚗"上下句的入韻字分别是粒和及，嚗、粒、及皆緝韻字，顯然作者已經換韻，張丑亦誤改。由此可見校書之難。

大　部

0276 ⿱罒大

彌勒説、唐玄奘譯《瑜伽師地論》："又諂曲者見諍論人有力暴惡，心生怖懼，即以卑下身、語二業，隨順恭敬，現親友相。又諂曲者若見⿱罒大直可規其利，内與不可委信者等，而外現已極可委信謂行住中虚詐積集清善之相。"（T1579v30p0675c）

按："⿱罒大"即"耎"字之訛，上部所從之"而"訛作"⿱一吅"。《中華大藏經》編號620《瑜伽師地論》卷六十八與"⿱罒大"對應之字作"⿱丆大"（v28p66c），"⿱丆大"亦"耎"之書寫變異。《瑜伽師地論》："云何有矯？謂於增上戒，毁犯尸羅。或於軌範毁犯軌範，由見聞疑他所舉時，遂用餘事假託餘事。或設外言而相誘引，如經廣説，謂由諂誑增上力故。云何有詐？謂怖他故，或復於彼有所悕故。雖有犯重而不發露，亦不現行。非實意樂詐於有智同梵行所，現行親愛恭敬耎善身語二業。”（T1579v30p0644c）“耎”所用之義同。

0277 匏

唐湛然述《止觀輔行傳弘決》：“古制禮樂，以防淫亂，今習鄭衛，反增邪濁，故古樂器但吹匏、擊缶、叩磬、鳴鐘而已。”（T1912v46p0342a）

按：“匏”即“匏”字之訛。《釋名·釋樂器》：“笙，生也，象物貫地而生也。竹之貫匏，以匏爲之，故曰匏也。”《龍龕手鑑·雜部》：“匏，蒲交反。瓠也。又樂器，瓠音胡。”“匏”本義爲瓠，引申又指樂器名。經中用爲樂器名。字作“匏”者，“夸”旁訛作“夳”旁也。

0278 奣

東晉竺佛念譯《出曜經》：“無婬怒癡，諸結縛著[4]豁然除盡，淨如天金，亦無微翳。”（T0212v04p0750a）本頁下注 4：“豁 = 奣《三》。”

按：“奣”與“豁”爲版本異文，“奣”即“奣”字之訛。《廣韻·影韻》烏猛切：“奣，六合清朗。”《集韻·梗韻》烏猛切：“奣，明也。”“奣”爲清朗義，乃從天從明的會意字。“奣然”即清朗的樣子。元吳萊撰《淵穎集》卷七《甬東山水古蹟記》：“日初出，大如米筵，海盡赤，跳踊出天末，六合奣然鮮明。”“奣然”即用來修飾鮮明。字或作“奣”者，“明”旁訛作“朋”旁也。西晉支法度譯《佛説善生子經》：“觀夫用事者，[1]明好猶熾火。”（T0017v01p0255a）本頁下注 1：“明 = 朋《三》。”北涼曇無讖譯《大方等大集經》：“爾時世尊以摩偷羅國，付囑善擇天子十千眷屬，靜[6]明乾闥婆千眷屬。”（T0397v13p0365a）本頁下注 6：“明 = 朋《三》《宮》《聖》。”“朋”皆“明”字之訛，可資比勘。

“豁”有天氣明朗之義，“豁然”與“奣然”義近，故“豁”與“奣”爲異文。

北涼曇無讖譯《悲華經》：“五十號[22]天明佛。”（T0157v03p0197c）本頁下注 22：“天明 = 天泓《元》《明》，天奣《聖》。Devaśuddha.”“奣”亦“奣”字之訛。

0279 奩

日本照遠撰《資行鈔》：“作豆麨，須麨殼量麨器，盛監殼，○木欓、水卮、杓、椀等。記：合作‘匳’（云云）。鈔注云：應作‘奩’字，音廉。字不同，

如何？答：脱竹頭耳。”（T2248v62p0754c）

按：“奩”即“奩”之異寫，“奩”又“籢”之異體。《説文·竹部》：“籢，鏡籢也。从竹，斂聲。”段注：“《玉篇》引《列女傳》曰：‘置鏡籢中。’别作‘匳’，俗作‘奩’。”《龍龕手鑑·文部》：“籢，力鹽反。香籢，鏡籢。與蘞、匳二同。”又《匚部》：“奩，俗；匳，正。力潛反。香匳，鏡匳，盛物匣也。”皆可證“匳”爲“籢”之異體。“匳”本從匚僉聲，或寫作“[illegible]”（見秦公《碑别字新編》十五畫“匳”引《唐李玄靖碑》），“[illegible]”經部件成字化寫作“奩”，從大從區，成爲今之通行的形體。據《説文》，“奩（匳籢）”之本義爲“鏡籢”，即古代用來盛鏡子等梳妝用品的器具。亦用來泛指盒匣類盛物的器具。漢劉向《説苑·尊賢》：“臣笑臣隣之祠田也，以一奩飯、一壺酒、三鮒魚，祝曰：‘蟹堁者宜禾，洿邪者百車，傳之後世，洋洋有餘。’”“奩”指盛飯的器具。《資行鈔》中的“般（匳奩）”亦指盛食物的器具。東晋佛陀耶舍、竺佛念譯《四分律》：“欲爲衆僧作餅、作豆麨、作麨，與麨籢與量麨器，與鹽與盛鹽籢，與苦酒苦酒瓶，與木欓與卮與匕，與勺與摩膏與卮椀。”（T1428v22p0877b）内容與《資行鈔》近似，或爲《資行鈔》所本。據《四分律》，《資行鈔》“盛監般”之“監”當爲“鹽”字之誤。“籢”或訛作“𣪠”（見明張自烈《正字通·殳部》），《資行鈔》引文中之“般”即“𣪠”字之省。

張涌泉《敦煌俗字研究》（第2版）亦有考證（p364），可參看。

0280 ⿰大貫

日本信瑞纂《淨土三部經音義集》：“串數，《經音義》曰：‘串字古文作[29]慣、遺二形，同，古患反。’《爾雅》：‘串，習也。’舍人云：‘串心之習也。’”（T2207v57p0412c）本頁下注29：“慣＝⿰大貫《甲》《乙》。”

按：“⿰大貫”與“慣”爲版本異文，“⿰大貫”即“慣”字之訛，“忄”旁訛作“大”旁也。

0281 ⿰奢多

日本淨嚴撰《悉曇三密鈔》：“[illegible]，車、磋、瑳、⿰奢多（切身。《續刊定記》）、撦。”（T2710v84p0742c）

按：“⿰奢多”爲“[illegible]（cha）”的譯音字，自注“切身”，乃由“奢”與“多”組合而成的切身字。同上經：“[illegible]，車字（昌下反，音近倉可反。别體作[illegible]。《字記》）、……⿰奢多（昌我反。《續刊定記》）、撦（義淨）。”（T2710v84p0736a）日本安然撰《悉曇藏》：“[illegible]，⿰奢多（昌我）。”（T2702v84p0408a）“⿰奢多”又爲“[illegible]（ccha）”的譯音字。

尢　部

0282 㞊

後秦弗若多羅、羅什譯《十誦律》："年太小大老[26]㞂㞊，不能行不能坐不能臥不能立，如是一切污染僧人，盡不應與出家受具足。若與出家受具足，犯突吉羅罪。"（T1435v23p0155b）本頁下注 26："㞂㞊＝瘣瘣《宋》《宮》，㞂㞊《元》《明》。"

按：正文"㞂"，注文作"㞂"，"㞊"與"瘣"爲版本異文，"㞊"即"㞊"字異寫。《廣韻·賄韻》烏賄切："㞂，㞂㞊，行病。"吐猥切："㞊，㞂㞊，行病。"《玉篇·尢部》："㞂，㞂㞊，病痱。"《集韻·賄韻》："瘣，瘣瘣，風病。"諸字書、韻書釋義不一，語焉不詳。隋巢元方撰《諸病源候總論》卷一《風病諸候上》："風腲退候：風腲退者，四肢不收，身體疼痛，肌肉虛滿，骨節懈怠，腰脚緩弱，不自覺知是也。由皮肉虛弱，不勝四時之虛風，故令風邪侵於分肉之間，流於血脈之内使之然也。經久不瘥即變成水病。"唐王燾撰《外臺祕要方》卷十四《風猥退方三首》引此作"猥退"。"腲退""猥退"與"㞂㞊""瘣瘣"爲同一詞不同的書寫形式。《諸病源候論》描述該病之病症、病因甚詳，可參。前述諸書釋義只及其一端耳。《集韻》訓"風病"，《玉篇》訓"病痱"者，乃言其病由風邪侵入所得之病，爲其病之大類。《廣韻》訓"行病"，乃言其病之病症之一爲行走不便。

唐慧琳撰《一切經音義》卷五十八《十誦律》第二十一卷："㞂𡯭，烏對反，下他對反，謂廢風也。《律》文從疒作'瘣瘣'，非也。"（T2128v54p0695a）獅谷白蓮社本"㞊"亦訛作"𡯭"（p2347）。唐玄應撰《一切經音義》（麗藏本）卷十五《十誦律》第二十一卷："㞂[illegible]，烏對反，下他對反，謂癈風也。《律》文從疒作'瘣瘣'，非也。"（p201a）宛委别藏本作"[illegible]"（p477）。"𡯭""[illegible]"皆"㞊"字之訛，"[illegible]"爲"㞊"之異寫。

0283 𡯯

唐智廣撰《悉曇字記》："[illegible]，枳𡯯（與蓋反）。"（T2132v54p1188c）

按：日本淨嚴撰《悉曇三密鈔》："[illegible]，枳𡯯（與蓋反）。"（T2710v84p0750c）

日本淳祐集《悉曇集記》：“[illegible]，矩庾（二合）矩愈（二合）枳曳（二合）枳髖（與蓋反）。”（T2705v84p0486b）“枳髍”“枳𩪗”“枳髖”皆“[illegible]（kyai）”之譯音字。根據對音關係，“髍”“髖”皆“𩪗”字之訛。楊寶忠《疑難字考釋與研究》亦有考證（p120），可參看。

弋　部

0284 𢎗

唐般若譯《大乘本生心地觀經》：“諸婆羅門、刹帝利、薜舍、[1]𢎗達羅及諸國界長者居士，一切人民，是諸大衆。”（T0159v03p0293a）本頁下注 1：“𢎗＝戍《元》《明》。”

按：“𢎗”與“戍”爲版本異文，“𢎗”即“戍”字之訛。唐玄奘、辯機撰《大唐西域記》：“若夫族姓殊者，有四流焉：一曰婆羅門，淨行也，守道居貞，潔白其操。二曰刹帝利，王種也（舊曰刹利，略也），奕世君臨，仁恕爲志。三曰吠奢（舊曰毘舍，訛也），商賈也，貿遷有無，逐利遠近。四曰戍陀羅（舊曰首陀，訛也），農人也，肆力疇壠，勤身稼穡。凡茲四姓，清濁殊流，婚娶通親，飛伏異路，内外宗枝，姻媾不雜，婦人一嫁，終無再醮。自餘雜姓寔繁，種族各隨類聚，難以詳載。”（T2087v51p0877b）玄奘介紹印度四種姓甚詳，“戍達羅”或作“戍陀羅”，與“𢎗”對應之字作“戍”。“戍”或訛作“𢎗”者，“戈”旁訛作“弋”旁也。

“戍”又訛作“戌”，唐玄奘譯《大般若波羅蜜多經》第一百五卷：“是善男子善女人等，常生豪貴，或刹帝利，或婆羅門，或諸長者、居士等家，終不生彼戌達羅家。”（T0220v05p0583b）唐慧琳撰《一切經音義》卷二《大般若波羅蜜多經》第一百五卷：“戍達羅，梵語也。古云首陀羅，或云首陀，即是農夫耕墾之儔也。”（T2128v54p0321b）唐玄奘譯《大乘大集地藏十輪經》：“或作刹帝利身，或作婆羅門身，或作茷舍身，或作戌達羅身。”（T0411v13p0725c）“戌”皆“戍”字之訛。

唐窺基撰《瑜伽師地論略纂》：“諸刹帝利，稱此後也，即釋迦之高祖也，故刹帝利，名王族種。婆羅門，云淨行種，稱梵王後。吠舍，云坐收種，坐而收利。戎達羅，云耕田種也。”（T1829v43p0017a）日本杲寶撰《大日經疏演奧鈔》：“四、戎達羅，此云耕田，墾農治生，以供職貢。”（T2216v59p0096c）遼希麟集《續一切經音義》：“戊達羅，上式句反。亦梵語也。舊云首陁，訛略也。此之一姓，務於田業，耕墾播植，賦税王臣，多爲民庶，並是農夫，寡於學問，四姓之中最下也。”（T2129v54p0948a）佚名《示所犯者瑜伽法鏡經》：“一切苾芻及苾芻尼、鄔波索迦、鄔波斯迦、國王、王子、大臣、官長、婆羅門、長者、筏舍、式達羅等，於我教法律儀之中，無尊重心。於三寶所，無恭敬心。”（T2896v85p1417a）“戎”“戊”“式”亦皆“戍”字之訛。

0285 𢍸

唐道宣述《四分律比丘含注戒本》：“若草木枝葉紵麻芻摩，若牛屎糠糞𢍸中一切然者波逸提，若火置草木乃至𢍸中亦墮，若被燒半焦擲著火中及然炭者突吉羅，若不語前人知是看是亦吉羅。”（T1806v40p0450c）

按：東晋佛陀耶舍、竺佛念譯《四分律》：“若然草木枝葉紵麻芻麻，若牛屎糠糞掃𪍒一切然者波逸提，若以火置草木枝葉麻紵牛屎糠糞掃𪍒中然者一切波逸提，若被燒半燋擲著火中者突吉羅。”（T1428v22p0675b）與“𢍸”對應之字形作“𪍒”，“𢍸”“𪍒”皆“麲”字之訛。唐慧琳撰《一切經音義撰》卷五十九《四分律》第十六卷：“掃𪍒，音翼。麥䅘也。唯《晋陽春秋》有人姓姚名麲作此字，諸書所無也。”（T2128v54p0701c）慧琳所見本作“𪍒”。北涼曇無讖譯《大般涅槃經》：“復次善男子，譬如一火因所然故得種種名，所謂木火、草火、糠火、𪍒火、牛馬糞火。”（T0374v12p0442a）《玉篇・麥部》：“麲，與力切。麥麲。”《廣韻・職韻》與職切：“麲，麥麲。”“麲”爲“破碎的麥殼”之義，可以用來燃火。“麲”或作“𢍸”者，“麥”或寫作“麦”，“麦”又訛作“㚉”也。北宋施護譯《佛説一切如來金剛三業最上祕密大教王經》：“衆寶如[5]麥量，住心而觀想。”（T0885v18p0475a）本頁下注5：“麥＝㚉《三》。”勝友造、唐義淨譯《根本薩婆多部律攝》：“息利者，謂以錢等而規其利，或以金銀真珠貝玉及諸縷線，貯聚穀[2]麥，驅馳車馬。”（T1458v24p0561a）本頁下注2：“麥＝㚉《宋》《元》。”“㚉”皆“麥”字之訛，可資比勘。

口　部

0286 𠯆

隋吉藏撰《淨名玄論》：“大論不二，凡有三品：一衆人言於不二，未明不二，無言，所謂下也。二文殊雖明不二，無言而猶言於無言，所謂中也。三淨名

⿰口圡默鑒不二，無言而能無言於無言，所謂上也。”（T1780v38p0853b–c）

按：同上經：“所言法者，謂不思議解脱。統其大歸，凡有三種：一不思議境，二不思議智，三不思議教。由不思議境，發不思議智；以不思議智，⿰口圡不思議教。欲令受化之徒，藉教通理，因理發智，故此三門理無不攝。”（T1780v38p0853a–b）“⿰口圡”皆“吐”字之訛。東晋瞿曇僧伽提婆譯《增壹阿含經》：“舍利弗告曰：世尊弟子所學寂静念安，聲聞弟子不如是學。世尊吐教所應滅法，而諸比丘亦不滅之。於中懈怠起諸亂想，所應爲者而不肯行，所不應爲者便修行之。”（T0125v02p0588b）唐智儼述《佛説金剛般若波羅蜜經略疏》：“佛者，此既三乘教，故佛是化身佛。説者，陳章吐教，故名説也。”（T1704v33p0239c）隋吉藏撰《觀無量壽經義疏》：“説是吐教彰理名之爲説。”（T1752v37p0233c）“吐”有宣説義，“吐教”謂宣説聖教也。

清邢澍《金石文字辨異・遇韻》“吐”字下引《唐開業寺碑》作“⿰口圡”，可以比勘。俗字“土”或加點作“圡”，故或訛作“⿰口圡”。

0287 ⿰口友

元德煇重編《勑修百丈清規》：“去穢（唵⿰口友折囉曩伽吒娑訶）。”（T2025v48p1145c）

按：“⿰口友”即“⿰口犮”字之訛。唐金剛智譯《吽迦陀野儀軌》：“金剛隨身真言曰：唵（一）枳利枳利（二）⿰口犮折囉摩羅（去）那（三）雞利繫羅（去）那（四）莎哥。金剛隨心大力縛鬼法真言曰：唵（一）⿰口犮折囉但地（二）陀羅尼車夜多（三）濕閉底（四）呼盧（五）曼陀羅（二合）叐陀（六）娑哥（七）。”（T1251v21p0247c）佚名《佛説毘奈耶經》：“次想東方，結金剛峯印，准前誦呪念言，結東方界呪曰：[悉曇字]，唵（一）跋折囉（二合）施佉唎嚧麼吒（半音呼）。”（T0898v18p0774a）“跋”爲“𑖪（va）”之譯音字，“⿰口犮”與“跋”爲同一梵文的譯音字，“⿰口友”爲“⿰口犮”字之訛。北涼曇無讖譯《大方等大集經》：“栴達囉[15]跋箍。”（T0397v13p0299c）本頁下注15：“跋=⿰口友《聖》。”又：“栴達囉[10]⿰口犮咩。”（T0397v13p0299c）本頁下注10：“⿰口犮=跋《三》《宫》《聖》。”“⿰口友”亦“⿰口犮”字之訛，與“跋”爲同一梵文的譯音字。

唐道世撰《法苑珠林》：“如《智度論》云：須[19]跋陀羅年一百二十，夢見一切人天失眼裸形冥中。”（T2122v53p0371c）本頁下注19：“跋=⿰口友《宋》《元》《宫》。”四庫本作“跋”。東晋法顯譯《大般涅槃經》：“爾時鳩尸那城有一外道，年百二十，名須跋陀羅，聰明多智，誦《四毘陀經》，一切書論無不通達，爲一切人之所宗敬。”（T0007v01p0203b）唐慧琳撰《一切經音義》卷二十六《大般涅槃經》第三十四卷：“須跋陀羅，此云善好賢。”（T2128v54p0479c）南朝宋求那跋陀羅譯《雜阿含經》：“如是我聞：一時佛住舍衛國祇樹給孤獨園。爾時尊者[5]跋陀羅比丘及尊者阿難，俱住祇樹給孤獨園。”（T0099v02p0123b）本頁下注5：“跋陀羅~Bhaddaji。”“跋”爲譯音字，“㕹”爲“𠯈”字之訛，與“跋”爲同一梵文的不同譯音字。

唐不空譯《剛頂瑜伽他化自在天理趣會普賢修行念誦儀軌》：“真言曰：唵素囉跢嚩日嚂（二合）弱吽鋡穀（引）唵摩訶速佉嚩日嚂（二合）莎馱也薩嚩薩底[13]吠（二合）瓢（毘藥切）惹吽鋡穀。”（T1122v20p0525b）本頁下注 13：“吠=㕹《甲》。”日本覺超撰《金剛三密抄》：“次真言曰：唵（一）素羅多嚩日嚂（二合）弱吽鋡穀（引）唵摩訶速佉嚩日藍（二合）莎馱也薩嚩薩底吠（二合）瓢（毘藥反）惹吽鋡穀。”（T2400v75p0666c）日本淨嚴撰《悉曇三密鈔》：“𑖝𑖿𑖪𑖰，底尾（金）、底吠。”（T2710v84p0756a）又：“𑖪𑖰，尾、毘、鞞、味（八字文殊）、瑋、韋（二共法花）、維（維摩詰經）。”（T2710v84p0746b）“底吠”爲“𑖝𑖿𑖪𑖰（tvi）”之對音，佛經多見。“尾”“吠”皆“𑖪𑖰（vi）”之譯音字，“㕹”即“吠”字之訛。俗書“犬”旁或寫作“友”旁。

0288 吱

佚名《龍樹五明論》：“咃吱吒吒羅　咃吱盧樓離　摩訶盧樓離　阿羅摩羅哆羅沙呵。若人睡，以此呪呪水千返，用洗眼洗面，即念之。”（T1420v21p0968c）

按：“吱”即“吱”字之訛。《可洪音義》卷十二《增一阿含經》：“咃吱，上詑何反，下章移反。至藏巨寶名也。又《經音義》以‘他支’字替之，下又或‘吱’，音㑇也。”（v59p1005b）唐玄應撰《一切經音義》（麗藏本）卷十一《增一阿含經》第四十八卷：“他支，秦言財幢。《經》文作‘咃吱’，從口，取轉舌也。”（p151b）宛委别藏本作“吱”（p351）。“吱”當即“吱”字之訛。北涼曇無讖譯《大般涅槃經》：“我等爾時當爲是人除滅怖畏，說如是呪：[7]啅[8]抧　吒吒羅*啅*抧　盧呵隸　摩訶盧訶隸　阿羅　遮羅　多羅　莎呵。”（T0374v12p0370a）本頁下注 7：“啅=踔《元》《明》*。”注 8：“抧=枳《三》《宮》*，抧+（上丑兒反，下同）音註《元》。”失譯《佛說大金色孔雀王呪經》：“大涅槃經呪，第六天魔王波旬所說呪：[36]卓枳　吒吒羅*卓枳　盧呵隸　摩訶盧呵　利阿羅　遮羅多羅沙呵。”（T0987v19p0481c）本頁下注 36：“卓=乾《三》*。”《嘉興藏》“卓”作“乾”。東晉法顯譯《佛說大般泥洹經》：“我等皆當爲是人等作無畏之護，而說是呪：[14]侘翅吒吒羅　*侘翅魯樓麗　摩訶魯樓麗　阿邏　摩邏　多羅　悉波呵。”（T0376v12p0856b）本頁下注 14：“侘翅=咃翅《三》《宮》《聖》。”日本淨嚴撰《悉曇三密鈔》：“𑖞，侘、吒、姹、咤、詫、咃。”（T2710v84p0743b）“咃”“侘”皆“𑖞（ṭha）”之譯音字。與“吱”對應之字作“抧”“枳”“翅”等字，“翅”爲“翄”字之訛，“吱”與“抧”“枳”“翄”爲同一梵文的譯音字。

佚名《佛說咒目經》：“頞[21]吱敷般*吱敷。”（T1328v21p0491b）本頁下注 21：“吱=吱《三》*。”唐慧琳撰《一切經音義》卷四十三《五千五百佛名經》

第三卷："吱駐，竹住反。"（T2128v54p0594b）"吱"，《玄應音義》（麗藏本）作"𠲿"（p56c）。"吱"亦皆"𠲿"字之訛。

0289 呧

佚名《陀羅尼雜集》："懺悔擲華陀羅尼：南無佛哦竭哦多　摩訶目揵連寫坦提吔伊利　坻利呧利帝利伊利呧利　婆吪啹呧利　莎呵。此觀世音菩薩上持陀羅尼，常以月十四日洗浴身體夜三時禮拜懺悔後夜竟，誦一遍擲一華，合八百遍擲八百華。"（T1336v21p0636c）

按："呧"即"呧"字之訛。林光明《新編大藏全咒》卷十六《陀羅尼雜集》"懺悔擲華陀羅尼"中"呧"的梵文羅馬轉寫作"ti"（v16p443）。唐玄應撰《一切經音義》（麗藏本）卷二十《陀羅尼雜集經》第十卷："呡利。"（p266c）與"呧"對應之字作"呡"，但無注音與釋義。磧砂本："呡利，忙粉反。"（v460p49b）唐慧琳撰《一切經音義》卷四十三《陀羅尼雜集》第十卷："呡唎。"（T2128v54p0593c）亦無注音釋義。《可洪音義》卷二十三《陀羅尼雜集》第十卷："呡利，上音民。"（v60p295a）又卷二十五《一切經音義》第二十卷："呡利，上音民，或作'呧'，音底。應和尚未詳。"（v60p388c）可知，可洪所見玄應書"呡利"條下本無注，《慧琳音義》轉録此經此條亦無注，則磧砂本"忙粉反"當是後人所補。可洪讀其音同民，又曰"或作'呧'，音底"，亦疑不能定。失譯《七佛八菩薩所説大陀羅尼神呪經》："休休休牟休摩休咩[12]泯摩咩思 摩訶提[14]尼羅咩吼莎呵。"（T1332v21p0544a）本頁下注12："泯=呡《三》《甲》。"注14："尼=迦《三》《甲》。"《大正藏》"呡"字只此一例，亦當爲"呧"字之訛，"泯"蓋"呡"字之訛。失譯《阿吒婆拘鬼神大將上佛陀羅尼神呪經》："休牟 休牟 休牟休摩 休咩提 摩咩思摩阿提迦羅咩兜 莎訶。"（T1237v21p0179a）失譯《阿吒婆牞鬼神大將上佛陀羅尼經》："休牟休牟休牟休摩休咩提摩咩思摩阿提伽羅咩呪莎訶。"（T1238v21p0180b）《陀羅尼雜集》："休牟休牟休牟 休摩 休咩提 摩咩思摩 阿提迦羅咩 兜 莎呵。"（T1336v21p0629c）林光明《大藏全咒》第五卷《阿吒婆拘鬼神大將上佛陀羅尼神呪經》"提"的梵文轉寫作"ti"（v5p356）。日本淨嚴撰《悉曇三密鈔》："𑖚𑖰，提、雉（大疏）、膩（佛頂、法花）。"（T2710v84p0743c）"提"又爲"𑖚𑖰（ḍi）"的譯音字，皆與"呧"的讀音相合。

唐慧琳撰《一切經音義》卷五十二《中阿含經》第四十六卷："從⿰口睪，又作'⿰犭睪'，同，胡高反。《説文》：'⿰口睪，咆也。'《經》文作'呧'，都禮反，字與'詆'同。呧，呵也。呧，非此義也。"（T2128v54p0652c）唐玄應撰《一切經音義》："從噑，又作'⿰亻皐'，同，胡高反。《説文》：'噑，咆也。'《經》文作'⿰口丏'，都礼反，字與'⿰言丏'同。⿰口丏，呵也。'⿰口丏'非字義。"（p147a）宛委別藏本："從⿰口睪，又作'⿰口睪'，同，胡高反。《説文》：'⿰口睪，咆也。'《經》文作'⿰口丏'，都禮反，字與'⿰言丏'同。⿰口丏，呵也。'⿰口丏'非字義。"清孫星衍注："《説文》：

‘嗥，咆也。’從‘睪’者，俗誤字。此可証《左傳》‘澤門之晳’爲‘皋門’之訛。”（p340-341）東晋瞿曇僧伽提婆譯《中阿含經》卷四十四《鸚鵡經》：“我聞如是：一時佛遊舍衛國，在勝林給孤獨園。爾時世尊過夜，平旦著衣持鉢入舍衛乞食，於乞食時往詣鸚鵡摩納都提子家。是時鸚鵡摩納都提子少有所爲，出行不在。彼時鸚鵡摩納都提子家有白狗，在大床上金槃中食。於是白狗遥見佛來，見已便吠。世尊語白狗：‘汝不應爾。謂汝從[20]呧至吠。’白狗聞已，極大瞋恚，從床來下至木聚邊，憂慼愁臥。鸚鵡摩納都提子於後還家，見己白狗極大瞋恚，從床來下至木聚邊，憂慼愁臥。問家人曰：‘誰觸嬈我狗，令極大瞋恚，從床來下至木聚邊，憂慼愁臥？’家人答曰：‘我等都無觸嬈白狗，令大瞋恚，從床來下至木聚邊，憂慼愁臥。摩納當知，今日沙門瞿曇來此乞食，白狗見已，便逐吠之。沙門瞿曇語白狗曰：“汝不應爾。謂汝從*呧至吠。”因是摩納故令白狗極大瞋恚，從床來下至木聚邊，憂慼愁臥。’”（T0026v01p0703c-0704a）本頁下注20：“呧＝護《元》《明》*，喱《聖》*。”《嘉興藏》作“護”。今本《大正藏》底本作“呧”，然“從呧至吠”，語義不通，疑元本、明本作“護”，聖本作“喱”皆以意改之。玄應作“嶧”，“嶧”爲“嗥”之書寫變異，亦以意改。其所見本作“呧”，乃“呧”之俗體，《慧琳音義》“《經》文作‘呧’”之“呧”亦“呧”字之訛。此經又單譯作《鸚鵡經》（或稱《佛説鸚鵡經》）、《佛説兜調經》，譯文略有不同，截取部分轉録如下：

失譯《佛説兜調經》：“聞如是：一時佛在舍衛國。國中有一婆羅門名曰兜調，有子名曰谷。兜調爲人急弊，常憙駡詈，身死還自爲其家作狗子，名曰騾。其子谷者，愛是狗子，爲著金鏁，牀臥常以氍氀毾㲪，食以金盤美食。谷出至市，佛過谷門，白狗[6]嚇佛，佛即言：‘汝平常時擧手言咆，今反作狗*嚇，不知慚愧。’狗便慚走。”（T0078v01p0887b）本頁下注6：“嚇＝吠《三》*。”唐慧琳撰《一切經音義》卷五十四《佛説兜調經》：“吠佛，扶癈反。《説文》：吠，鳴也。從口，從犬。《經》作‘哄’字，非也。言咆，鮑交反。《廣雅》云：‘咆，鳴也。’《説文》嗥也。從口，包聲。”（T2128v54p0665c）南朝宋求那跋陀羅譯《佛説鸚鵡經》：“聞如是：一時婆伽婆在舍衛城祇樹給孤獨園。彼時世尊晨起著衣服與衣鉢俱詣舍衛城分衛。遊舍衛分衛時，到鸚鵡摩牢兜羅子家。彼時鸚鵡摩牢兜羅子出行不在，少有所爲。彼時鸚鵡摩牢兜羅子家有狗名具，坐好褥上，以金鉢食粳米肉。白狗遥見世尊從遠而來，見已便吠。彼世尊便作是言：‘止白狗，不須作是聲。汝本吟哦（梵志乞食音）。’於是白狗極大瞋恚，不歡喜。”（T0079v01p0888b）與“嗥”“呧”對應的異文作“咆”“吟哦”等，其義爲乞食音。綜合上述資料，“嗥”“咆”“吟哦”乃同經異譯，於文意皆通。唯“呧”字因不明文意而臆改，“呧”又“呧”字之訛。慧琳所見《兜調經》“嚇佛”作“哄佛”，“哄”爲“嚇”字之訛。《可洪音義》卷十三《兜調經》：“哄佛，上呼挌、呼嫁二反，正作嚇，亦作唬二形也，傳寫久悮也。又戶貢反，唱聲哄哄也，非義。又呼公反，笑聲也，乱也，亦非。”（v59p1041a）南朝梁僧祐撰《釋迦譜》：“或傍行跳擲，或空中宛轉，或馳步吼[4]嚇。有如是等諸惡類形，不可稱數。”（T2040v50p0033b）本頁下注4：“嚇＝哄《宮》。”“哄”亦“嚇”字之訛。

“㕸”又“舐”之異體。唐慧琳撰《一切經音義》卷十六《佛説胞胎經》：“舌舐，下食爾反，俗字也。《説文》云：舐者，以舌取物也。從舌，氏聲。正作‘弛’。《經》從口作‘㕸’非也。”（T2128v54p0406c）《可洪音義》卷二《胞胎經》：“舌㕸，音氏，正作‘舐’也。”（v59p611b）西晋竺法護譯《佛説胞胎經》：“髮本虫名曰舌舐，依於髮根食其髮。虫名在《修行道地》中一名舌舐，二名重舐。”（T0317v11p0889c）

唐慧琳撰《一切經音義》卷四十三《陀羅尼雜集》第九卷：“㕸噠，下刮反，勅轄反。”（T2128v54p0593b）佚名《陀羅尼雜集》：“佛説一切大吉祥滅一切惡陀羅尼：南無佛陀　南無達摩　南無僧伽　南無蛇尼浮彈　娑摩伽檀（昵聲反）浮夢（暮音）阿多婆勒叉　鳩梨槃陀　彌帝梨　娑[3]呱達　不梨咶（成薩反）蛇娑遮囉　嘟嚧吱（針施反）晝那提　檀暮。”（T1336v21p0632c-0633a）本頁下注3：“呱達＝㕸噠《三》。”林光明《新編大藏全咒》卷十六《陀羅尼雜集》：“佛説一切大吉祥滅一切惡陀羅尼”中“娑呱達”的梵文羅馬轉寫作“satita”（v16p426），蓋讀“呱”爲“㕸”。慧琳讀“下刮反”，蓋讀其字爲“咶”，證據不足，待進一步考證。

0290 㖾

日本心覺撰《多羅葉記》：“俱呵吒，可云俱㖾羅，此云浦也。信行云：補也。”（T2707v84p0604c）

按：“㖾”即“呵”之偏旁易位之異體字。佚名《翻梵語》：“俱呵吒，應云俱呵邏，譯曰浦也。”（T2130v54p0987c）作“呵”。《大正藏》“㖾”字多見。

0291 㗅

日本觀靜撰《孔雀經音義》：“雪山，梵云[7]㗅摩咀囉，在黑山北。”（T2244v61p0776a）本頁下注7：“㗅＝呬《乙》《丁》。”

按：“㗅”即“呬”字之訛。同上經：“雪山，梵云四麼咀羅山，在黑山北。”（T2244v61p0796c）與“呬”對應之字作“四”。南朝宋求那跋陀羅譯《雜阿含經》：“大[15]雪山中，寒氷嶮處，尚無猨猴，況復有人。”（T0099v02p0173b）本頁下注15：“雪山～Himavant。”日本淨嚴撰《悉曇三密鈔》：“𑖮𑖰，呬。”（T2710v84p0747a）“呬”爲“𑖮𑖰（hi）”的譯音字，與梵音相合。日本阿寂記《大日經供養次第法疏私記》：“等引者，梵云三摩㗅多，即以三平等法引攝一切功德攝在自身，故云等也。”（T2220v60p0734c）唐慧琳撰《一切經音義》卷十一《大寶積經》第五卷：“三摩呬多，馨以反。梵語定之異名也。唐云等引，謂平等能引諸功德定，故云等引也。”（T2128v54p0374a）“⿰口皿”亦“呬”字之訛。

0292 ⿰口反

龍樹造、後秦鳩摩羅什譯《大智度論》：“故菩薩若求佛，應當學般若波羅蜜。譬如狗爲主守[7]備，應當從主索食，而反於奴客求。”（T1509v25p0536b）本頁下注 7：“備＝⿰口反《聖》。”

按：“⿰口反”與“備”爲版本異文，“⿰口反”即“吠”字之訛。“守備”有守護之義，“狗爲主守備”謂狗乃替主人護家的家畜，“守吠”與“守備”義近，亦守護之義，因狗爲人護家，見人則吠，故以狗守護稱守吠。南朝梁僧祐撰《出三藏記集》：“支謙，字恭明，一名越，大月支人也。祖父法度，以漢靈帝世率國人數百歸化，拜率善中郎將。越年七歲，騎竹馬戲於隣家，爲狗所嚙脛骨傷碎，隣人欲殺狗取肝傅瘡。越曰：‘天生此物，爲人守吠。若不往君舍，狗終不見嚙，此則失在於我，不關於狗。’”（T2145v55p0097b）“守吠”之義同。

《可洪音義》卷二《大寶經》第六卷：“嶓⿰口犮，上蒲波反，下扶廢反。”（v59p590b）唐菩提流志譯《大寶積經》：“阿難多鉢囉（二合）嶓吠（四十三）。”（T0310v11p0032c）“⿰口犮”亦“吠”之訛，可比勘之。

0293 ⿰口斥

西晉竺法護譯《正法華經》：“告舍利弗，不信此經，彼男子者，無黠無明，所在慳貪，性常嚵⿰口斥，生盲無目，人所棄捐，人坐不信。”（T0263v09p0079a）

按：疑“⿰口斥”即“嗜”異體“呩”字之訛。彌勒説、唐玄奘譯《瑜伽師地論》：“若有衆生食飽滿已性多饞嗜，數復來求珍妙飲食，亦不施與。”（T1579v30p0506b）唐玄應撰《一切經音義》（麗藏本）卷二十二《瑜伽師地論》第三十九卷：“饞嗜，仕咸反。不廉也。下又作‘⿰月耆’‘⿰食耆’二形，同，視利反。《説文》：嗜，欲意也。貪无猒也。”（p298b）唐法藏撰《梵網經菩薩戒本疏》：“十六、若有衆生食飽滿已性多饞嗜，數復來求珍妙飲食，亦不施與。”（T1813v40p0631a）“饞嗜”爲貪饞無厭之義。《説文・口部》：“嗜，嗜欲，喜之也。”“嚵”爲“饞”之異構字。《集韻》時利切：“嗜、⿰食耆、⿰酉耆、⿰月耆、呩、耆，欲也。《説文》：‘嗜欲，喜之也。’或从食、从酉、从肉，亦作呩、耆。”日本信瑞纂《淨土三部經音義集》：“嗜味，《廣韻》曰：‘嗜，慾也。’古文作‘呩’，同，食利反。”（T2207v57p0413a）“呩”亦“嗜”之異構字。“⿰口斥”與“呩”形近，疑即其形之訛。日本明詮撰《因明大疏裏書》：“言如有者，指[11]示詞也。”（T2274v69p0198b）本頁下注 11：“示＝斥《甲》。”

西晉竺法護譯《生經》：“其婦以偈答曰：‘我如所念如所造，卿所讒[14]⿰口折多所貪。今遭凶危如得華，後方當更獲其實。'"（T0154v03p0103c）本頁下注 14："啪=折《明》。"唐玄應撰《一切經音義》卷十二《生經》第五卷："譺啪，側鎋、中鎋二反。啁啪，鳥悲也。"（p164c）唐慧琳撰《一切經音義》："纔啪，側鎋、中鎋二反。啁啪，鳥悲也。《離騷》'啁啪而悲鳴'是也。"（T2128v54p0675a）慧琳誤"譺"爲"纔"。疑"啪"亦"哳"之訛，玄應、慧琳所釋與文意不合，不可從。

0294 舎

唐淨覺集《楞伽師資記》："物不滯其自他，事莫權其邪正。隣虚[33]舍大千之法，刹那總三除之時。懼斯言之少信，借帝網以除疑。"（T2837v85p1286b-c）本頁下注 33："舍=舎《甲》。"

按："舎"與"舍"爲版本異文，"舎"爲"含"字之異寫，"舍"爲"含"字之訛。劉復、李家瑞編《宋元以來俗字譜·人部》引《嶺南逸事》"含"作"舎"，與此形近。明釋正勉、釋性涵輯《古今禪藻集·晋詩·慧命〈詳玄賦〉》（四庫本）："隣虚含大千之界，刹那總三際之時。懼斯言之少信，借帝網以除疑。"字正作"含"。文中"含"與"總"相對爲文，"含"謂包容，"總"謂統括，作"含"與文意合。底本作"舍"，與文意不合，當是與"含"形近而訛。

《大正藏》"含"或訛作"舍"，後秦佛陀耶舍、竺佛念譯《長阿含經》："長阿[24]含具足，歸命一切智，一切衆安樂。衆生處無爲，我亦在其例。《佛説長阿*含經》卷第二十二。"（T0001v01p0149c）本頁下注 24："含=舍《明》*。"北宋法天譯《毘婆尸佛經》："著衣持鉢，修諸梵行，遠離五欲，斷煩惱，證無生法，成阿那[2]含。"（T0003v01p0158c）本頁下注 2："含=舍《明》。"南宋求那跋陀羅譯《雜阿含經》："世尊不記汝得阿那[8]含耶。"（T0099v02p0323b）本頁下注 8："含=舍《明》。""舍"皆"含"之訛。

"舍"亦或訛作"含"，如北宋法賢譯《佛説人仙經》："由是見知我佛世尊，在崑左迦精[2]舍，獨處堂中，觀察摩伽陀國王及諸優婆塞。"（T0009v01p0214c）本頁下注 2："舍=含《明》。"西晋法炬、法立譯《大樓炭經》："何以故名爲燒炙？其有罪人墮大燒炙泥犁中者，泥犁旁各各取人，著鐵[36]舍中，自然出火燒炙毒痛，是故名爲燒炙。"（T0023v01p0285c）本頁下注 36："舍=含《知》。""含"皆"舍"之訛。

0295 哈

北涼曇無讖譯《大方等大集經》第三十一卷："爾時世尊即説此陀羅尼

句：……婆路遮却伽（十二）式哈却伽（十三）。”（T0397v13p0218a-b）

按：“哈”即“唫”字之訛。同上經第二十一卷：“牟陀羅目[23]哈（十二）。”（T0397v13p0147b）本頁下注23：“哈=唫《宋》《明》。”又：“阿伽呿時那休律[1]哈（八）。”（T0397v13p0150c-0151a）本頁下注1：“哈=唫《元》《明》。”“哈”異文皆作“唫”，可以比勘。《可洪音義》卷三《大方等大集經》第十二卷：“目哈，丘智反。”（v59p621a）第二十二卷：“呿哈呢，上丘迦反，中丘智反。”（v59p623c）第二十九卷：“囉哈，丘智反。正作‘企’‘唫’二形。《日藏經》作‘羅佱’。羌兮反。”（v59p627c）北宋處觀撰《紹興重雕大藏音》：“哈、唫，上正，並去智反。”（C1169v59p0535a）“哈”亦“唫”字之訛，“唫”乃“企”加“口”旁所造之譯音字。日本淨嚴撰《悉曇三密鈔》：“𑖏𑖰，棄、弃（棄古字）、企、欺（字記）。”（T2710v84p0741c）“企”爲“𑖏𑖰（khi）”之譯音字。

0296 䛙

北宋天息災譯《大方廣菩薩藏文殊師利根本儀軌經》：“過去七十六俱胝佛同所宣說，我今爲汝及末世衆生略而說之：[4]唵（引）嚩（引）䛙（切身）替（引）惹藥。[5]唵（引）嚩（引）䛙（切身）世（引）誐（引）娑嚩（二合，入）。[7]唵（引）嚩（引）䛙（切身）欠惹藥。[8]唵（引）嚩（引）䛙（切身）儞瑟致（二合，引）藥。[9]唵（引）嚩（引）䛙（切身）捺摩諾。[10]唵（引）嚩（引）䛙（切身）摩曩索。”（T1191v20p0863b-c）本頁下注4：“Oṃ vākyā rthe jaya。”注5：“Oṃ vākyaśeṣa sva。”注7：“Oṃ vākyeyanayaḥ。”注8：“Oṃ vākyaniṣṭheyaḥ。”注9：“Oṃ vākyeyanamaḥ。”注10：“Oṃ vākyedanamaḥ。”

按：經自注“䛙”爲切身字，注者注其音爲“kyā”或“kya”“kye”，日本淨嚴撰《悉曇三密鈔》：“𑖎𑖿𑖧，己也（二合。字記）、吉也（二合。胎軌）。”（T2710v84p0750c）“䛙”與“吉也”都是梵文“𑖎𑖿𑖧（kya）”的譯音形式，“䛙”即由“吉”和“也”構成的切身字。

0297 哶

日本中算撰《妙法蓮華經釋文》：“哶，綿婢反。本注云：羊鳴音。行瑫云：施夜反。”（T2189v56p0170b）

按：“哶”經文注“羊鳴音”，即“咩”字形訛。《說文·羊部》：“芈，羊鳴也。從羊，象聲氣上出，與牟同意。”後或加口旁作“咩（哶）”。《集韻·紙韻》：

“羋，《説文》：羊鳴也。亦姓。或作哶。”俗作“咩”。《龍龕·口部》：“咩，俗；哶，今，羊鳴也。”後秦鳩摩羅什譯《妙法蓮華經》：“即説呪曰：安爾（一）曼爾（二）摩禰（三）摩摩禰（四）旨隷（五）遮梨第（六）賒咩（[16]羊鳴音。七）。”（T0262v09p0058b）本頁下注 16：“羊鳴音七=羊鳴七《宋》《宮》，彌夜反七《元》，莫者切七《明》，七音羊鳴《敦乙》。”《大正藏》之《妙法蓮華經》作“咩”。

0298 ⿰口死

日本心覺撰《多羅葉記》：“咲，[illegible]，賀娑也，又賀⿰口死多，[illegible]。”（T2707v84p0587b）

按：“⿰口死”爲“[illegible]（si）”之譯音字，當即“死”加“口”所造之譯音專字。唐禮言集《梵語雜名》：“笑，賀娑也，又賀⿰口死多，[illegible]，[illegible]。”（T2135v54p1225b）字亦作“⿰口死”。

0299 ⿰口叐

北涼曇無讖譯《大方等大集經》：“哆絰夜他（一）阿毘婆嘍泥（二）婆嘍拏跋帝（三）勿囉竭囉[46]跋帝（四）婆嘍泥（五）婆嘍拏耶世（六）。”（T0397v13p0352c）本頁下注 46：“跋=⿰口叐《三》。”

按：“⿰口叐”與“跋”爲版本異文，“⿰口叐”即“⿰口犮”的異寫字，“⿰口犮”與“跋”爲同一梵文的不同譯音字。《可洪音義》卷八《持世間經》：“⿰口犮帝，上步末反。⿰口犮帝，同上。正作‘跋’，亦作‘⿰⻊犮’，《陁羅尼集》作‘婆底’。”（v59p812b）“⿰口犮”亦同“跋”。

0300 ⿰口尔

唐不空譯《佛説大孔雀明王畫像壇場儀軌》：“皆以阿波羅[32]爾多明王真言，加持香水散灑。”（T0983v19p0440b）本頁下注 32：“爾=⿰口尔《明》《乙》。”

按：“⿰口尔”與“爾”爲版本異文，“⿰口尔”即“嬭”之異體。唐不空譯《金輪王佛頂要略念誦法》：“真言曰：唵爾（慈以反，下同）曩[10]爾翼（去）迦（半音）。”（T0948v19p0189a）本頁下注 10：“爾=嬭《明》《甲》。”唐不空譯《佛母大孔雀明王經》：“迦嚕（引）弭（四十五）[29]爾嚩覩（四十六）。”（T0982v19 p0420a）本頁下注 29：“爾＝嚩《三》。”又：“阿難陀，汝當稱念諸大河王名字，其名曰殑伽河王、信度河王、嚩芻河王、臬多河王、設臘部河王、阿[5]爾囉伐底河王。”（T0982v19p0436a）本頁下注 5：“爾＝嚩《三》。”“爾”皆與“嚩”爲版本異文，“嚩”蓋即“爾”加“口”旁所造譯音字。“哊”又“嚩”之異體。

0301 啙

唐慧沼撰《金光明最勝王經疏》：“當取香藥三十二味，所謂昌蒲（坡者）、牛黃……叱啙（薩洛計）。”（T1788v39p0302b）

按：“啙”即“脂”字之訛。唐義淨譯《金光明最勝王經》：“當取香藥三十二味……叱[17]脂（薩洛計）。”本頁下注 17：“脂＝啙《三》《宮》。”（T0665v16p0434c－0435a）“啙”蓋“脂”受“叱”字影響改換“口”旁而成，此亦字形同化之例。

唐善無畏譯《大毘盧遮那經廣大儀軌》：“（一）怛他（引）蘖多（引）囉啙（二合。二）娑頗（二合）羅儜嚩婆（引）娑曩（三）誐誐猱娜哩耶（二合。四）娑嚩（二合）賀。”（T0851v18p0097b）唐法全撰《大毘盧遮那成佛神變加持經蓮華胎藏悲生曼荼羅廣大成就儀軌供養方便會》：“燈供養真言曰：歸命（一）怛他（引）蘖多囉啙（二合）娑叵（二合）羅儜嚩婆（引）娑曩誐誐猱那哩也（二合）娑嚩（二合）賀。”（T0852v18p0132b）又：“燈明真言曰：曩莫三滿多没馱喃（引。一）怛他（引）蘖多（引）囉脂（二合。二）娑叵（二合）囉儜嚩婆（引）娑曩（三）誐誐猱娜哩野（二合。四）娑嚩（二合）賀。”（T0852v18p0114a）唐法全集《大毘盧遮那成佛神變加持經蓮華胎藏菩提幢標幟普通真言藏廣大成就瑜伽》：“曩莫糝滿多没馱（引）喃（引）怛（體也）佗（引）蘖多（引。如來也）囉啙（二合。焰明也）娑叵（二合）囉儜（普遍）嚩婆（引）娑曩（諸暗）誐誐猱那哩也（二合。無限量等虚空）娑嚩（二合）賀。”（T0853v18p0150c）“啙”亦皆“脂”字之訛。日本淨嚴撰《悉曇三密鈔》：“ᑕ，支、斯、氏、眥、肢、施、尸、脂、旨、思、紙、只、紫、資、制（摩利支真言）、西（同上）、秖、咨、止、室、喞（隨求）、質（佛頂）、振、震（大疏）。”（T2710v84p0742b）“脂”爲“ᑕ（ci）”的譯音字。

0302 毑

唐阿目佉譯《佛説不空羂索陀羅尼儀軌經》：“次復説汎花真言曰：唵（一）鞡毑健馳［馱］（二）。”（T1098v20p0443a）

按：“毑”見於《龍龕·名部》：“毑，名也反。皆咒中字。”佛經多見，如唐菩提流志譯《不空羂索神變真言經》："含香真言：唵（一）旃暮伽（上。二）健馱縛底（三）素嚕素嚕（四）跛（二合）囉塞普嚕（五）𩋮（寧立反）𢘿（名也反。下同音）健悌（六）鉢頭（二合）麽鉢（二合）囉髀（七）莎縛訶（八）。"（T1092v20p0237c）又："眼藥真言：唵（一）旃暮衹（虬曳反）鉢頭（二合）麽嚧者泥（二）𩋮（同上）𢘿（同上）黠囇瑟徵（上。三）跛囇戍悌（引。四）素嚕素嚕（五）鉢頭（二合）摩乞（二合）使（六）步嚕步嚕（七）縒漫彈（八）𢘿（同上）婆路枳額（寧井反。九）莎縛訶（十）。"（T1092v20p0238b）林光明《新編大藏全咒》卷二《不空羂索神變真言經》"含香真言""眼藥真言"中"𩋮𢘿"的梵文羅馬轉寫作"dibya"，"𢘿"的梵文羅馬轉寫作"bya"（v2p216-217）。日本淨嚴撰《悉曇三密鈔》："ꡆ，弭野（隨求）、𢘿（切身。羂索）、尾也（青龍軌）、尾野（仁王軌）。"（T2710v84p0751b）《不空羂索神變真言經》："薩縛𢘿（名夜反）地瓢（入聲。九十二句）。"（T1092v20p0230c）又："薩縛𢘿（名[30]也反）地瓢（入聲。四十三）。"（T1092v20p0273b）本頁下注30："也＝夜《三》《乙》。"《新編大藏全咒》卷二《不空羂索神變真言經》"不空羂索心王母陀羅尼真言""最勝明王真言"中"𢘿"的梵文羅馬轉寫作"bya"（v2p194、339）。"𢘿"與"𢘿"皆梵文"ꡆ（bya）"的譯音字，兩字爲異構關係。

又，《不空羂索神變真言經》："獻香水真言：唵（一）旃暮伽（上）𩋮（寧立反）𢘿（名也反。二）健馱跛（二合）囉娑（去）隸絣（三）。"（T1092v20p0357b）《新編大藏全咒》卷三《不空羂索神變真言經》"獻香水真言"中"𩋮𢘿"的梵文羅馬轉寫作"nime"（v3p203），"𢘿"轉寫作"me"。

0303 唼

北涼曇無讖譯《悲華經》："時有無量蚊虻蠅等[17]唼食我血。"（T0157v03p0228c）本頁下注17："唼＝唼《元》《明》。"

按："唼"與"唼"爲版本異文。鄭賢章《漢文佛典疑難俗字彙釋與研究》："'唼'即'唼'字之訛。"（p92）結論可從。後秦鳩摩羅什譯《維摩詰所説經》："示有妻[5]妾采女而常遠離五欲淤泥。"（T0475v14p0549a）本頁下注5："妾＝妄《元》。""妄"爲"妾"字之訛。弗陀多羅多造、南朝陳真諦譯《律二十二明了論》："如先對人説大[6]妾語。"（T1461v24p0666b）本頁下注6："妾＝妄《三》《宮》。"北宋法天譯《妙法聖念處經》："苾芻應知：恒離惡友，不作諸非，常以慈心平等觀察，心意調柔，護戒清潔，隨順真實。離[4]妾怖畏，不迷輪迴，及諸靜慮，了達無常，空智自在。"（T0722v17p0420c）本頁下注4："妾＝妄《三》《宮》。""妾"又皆"妄"字之訛。"妾"與"妄"形近易混，故"唼"或訛作"唼"。

0304 㖞

日本觀靜撰《孔雀經音義》："矩囒樀計（囒，倉［魯］干反。囒[17]字，猪［撦］拏也）。"（T2244v61p0794c）本頁下注17："字＝㖞《甲》。"

按："㖞"與"字"爲版本異文，"㖞"爲"哰"字之訛，"字"爲"牢"字之訛。《玉篇・口部》："囒，囒哰，撦拏也。"據《玉篇》所釋，"囒"即"囒哰"。

0305 㖿

隋闍那崛多譯《佛本行集經》第三十七卷："彼婆羅門，聰明智慧，讀誦受持三韋陀論，博通諸物，一事十名，㖿鞞婆等，文句字論，往昔過去。"（T0190v03p0825a）

按："㖿"即"祁"加"口"旁構成的譯音字。唐慧琳撰《一切經音義》卷五十六《佛本行集經》第三十七卷："㖿鞞，陟流反。一事十名，㖿鞞婆論，文句字論也。"（T2128v54p0682a）《佛本行集經》第三十六卷："憶念往昔，還在此處波羅㮈城，有迦尸國，其王名曰㖿（居祁反）𠼝尸（隋言損瘦）王。彼㖿𠼝尸，於迦葉佛般涅槃後，收取舍利，起七寶塔。所謂金銀、頗梨、琉璃、馬瑙、珊瑚、虎魄等寶，内於塔裏。其外別更以石壘之寶塔，去地高一由旬，廣半由旬。爾時彼國㖿𠼝尸王所起塔名陀奢婆梨伽（隋言十相），其塔相輪，第一覆盆㖿梨王作，第二覆盆王大妃作，第三覆盆王長子作，第四覆盆是王女名摩梨尼（隋言小鬘）作，第五覆盆㖿梨尸王第二兒作，第六覆盆㖿𠼝尸王第三兒作，第七覆盆㖿梨尸王第四兒作。汝等比丘當知，爾時彼㖿梨尸王第三兒爲迦葉佛阿羅呵三藐三佛陀。舍利塔上其第六層造覆盆者，今耶輸陀比丘是也。"（T0190v03 p0823b）"㖿"亦皆譯音字。

又，《佛本行集經》第二十九卷："或復空中，作如是聲呵呵㕻㕻，咻咻嘶嘶（許岐反），㖿（居祁反）𠼝㖿𠼝，口如是嘯，兼復弄衣。"（T0190v03 p0787b）又："時彼魔衆一切諸鬼，或有作於哂哂聲者，或復有作㖿（居祁反）梨聲者，或作嘯聲，或言斫斫，或言斷斷，或言殺殺，或言割割，或言破破，或言節節，或言解解，如是惡聲，不可勝數。"（T0190v03p0788b）第三十卷："以歡喜心，口唱是言：唎唎㖿㖿梨梨。"（T0190v03p0792a-b）據文意，上述"㖿"字乃摹聲詞。

0306 咺

東晋竺佛念譯《大雲無想經》：“毘啱咺哦提　扇咺　波邏嚐那因提梨　遠離色香味咺……未咺　毘頭末咺　藪鉢咺　�咺。”（T0388v12p1109b-c）

按：疑“咺”即“呧”字之訛。佚名《陀羅尼雜集》：“毘陀蛇末坻　毘頭末坻　修波羅帝咥坻。”（T1336v21p0617b）譯音字“坻”或作“呧”，“呧”又訛作“咺”。俗書“氐”字形多變，可作“[illegible]”“[illegible]”“[illegible]”等，“低”字書作“[illegible]”，“坻”字書作“[illegible]”“[illegible]”“[illegible]”等（以上字形皆見於《可洪音義》），故“呧”或訛作“咺”。

0307 ⿰召分

南朝梁慧皎撰《高僧傳》：“可謂鍾鼓晨極，聲振天下。清風既[16]邵，莫不幸甚。”（T2059v50p0349a）本頁下注16：“邵 = ⿰召分《三》。”

按：“⿰召分”與“邵”爲版本異文，“⿰召分”“邵”即“劭”字之訛。清嚴可均《全晋文》（清光緒刻本）卷一百五十七收此文作：“可謂鍾鼓晨極，聲滿天下。清風既劭，莫不幸甚。”字作“劭”。“劭”有美意，與文意合。

0308 ⿰口斥

唐不空譯《金剛頂一切如來真實攝大乘現證大教王經》：“真言曰：吽（一）吒（引）枳（重聲）娑普（二合）吒（引）野（二）摩賀尾囉誐（三）嚩日嚂（二合）嚩日囉（二合）馱囉（四）薩帝曳（五。二合）囊⿰口斥（勑角切）。”（T0874v18p0312c-0313a）

按：“⿰口斥”爲譯音字，自注“勑角切”。唐不空譯《金剛頂蓮華部心念誦儀軌》：“真言曰：吽吒枳薩怖（二合）吒耶摩訶（引）尾囉（引）誐嚩日嚂（二合）嚩日囉（二合）馱囉薩帝曳（二合）曩坼（勑角反）。”（T0873v18p0301a）日本覺超撰《金剛三密抄》：“真言曰：吽（引）吒（引）枳薩怖（引）吒耶摩訶（引）尾囉（引）誐嚩日嚂（二合）嚩日囉（二合）馱羅薩帝曳（引，二合）曩坼（勑角反）。”（T2400v75p0666b）與“⿰口斥”對應之字作“坼”。日本淨嚴撰《悉曇三密鈔》：“𑖙𑖾，坼。”（T2710v84p0743c）“坼”爲“𑖙𑖾（ṭhaḥ）”之譯音字。“⿰口斥”蓋即“坼”加“口”旁所造譯音字之形訛。婆藪盤豆造、南朝陳真諦譯《阿毘達磨俱舍釋論》："復次昔時曾有穀處，開[1]圻以籌挑取，隨得穀粒。"（T1559v29p0224a）本頁下注 1："圻 = 坼《宮》。""圻" 爲 "坼" 字之訛，故 "坼" 加 "口" 旁之字或訛作 "哳"。

0309 哰

唐玄奘譯《大乘大集地藏十輪經》："弭哰第（五十九）彌哰綻（六十。徒界反）。"（T0411v13p0726c）

按："哰" 即 "李" 加 "口" 旁所造之譯音字。《可洪音義》卷三《大乘大集地藏十輪經》："弥哰，力耳反。"（v59p635c）北宋處觀撰《紹興重雕大藏音》："嚂、嘸、唻、啅、嘈、嘀、嗤、嚴、哰、哱、嗙、嚜、咩、唔、嘜、嗯，已上無出。恐臨、隣、妳、禄、普、商、武、儼、李、孕、務、體、伴、香、鞞、息十六字所是。口傍字者，多出呪辭。今且依諸家音韻録之。并《孔雀王經註》云：此經傍加口者，即須彈舌道之。但爲此方無字，故借音耳。自餘准可依字直説，不得漫爲聲勢，致灾本音。《阿弥陁呪》注云：諸口傍字，皆依本音轉言道之。無口者依字讀之。又經註云：呪内多從口，但轉舌呼之。已下雖則音定，更請臨文詳用。"（C1169v59p0534c-0535a）據文意，"哰" 乃 "李" 加 "口" 旁所造之譯音字。

0310 哛

日本心覺撰《多羅葉記》："社，[illegible]娑嚩（二合）[48]哛弭。"（T2707v84p0622c）本頁下注 48："哛 = 步《甲》。"

按："哛" 與 "步" 爲異文。日本淨嚴撰《悉曇三密鈔》："[illegible]，步、部、勃。"（T2710v84p0745c）"哛" "步" 皆梵文 "[illegible]（bhu）" 之譯音字，"哛" 即 "步" 加 "口" 旁所造之譯音字。唐輸婆迦羅譯《攝大毘盧遮那成佛神變加持經入蓮華胎藏海會悲生曼荼攞廣大念誦儀軌供養方便會》："火輪舒正直真言[12]曰。"（T0850v18p0080a）本頁下注 12："曰 +（眷屬哛多鬼歸命同上）細註《甲》。" "步多鬼"，佛經多見，亦作 "部多鬼"，"哛" 亦同 "步"。日本明一集《金光明最勝王經註釋》："頞步底頞㗌哛底。"（T2197v56p0755c）唐義淨譯《金光明最勝王經》："頞步底頞 窒步底。"（T0665v16p0421b）"哛" 亦皆 "步" 加 "口" 旁的譯音字。日本安然記《金剛界大法對受記》："真言曰：[illegible]唵[illegible]哛（引，入）[illegible]欠。"（T2391v75p0140a）"哛" 又 "[illegible]（bhuḥ）" 的譯音字。

唐慧琳撰《一切經音義》："嘗啜……叕，音哛劣反。"（T2128v54p0742b）"哛" 又 "陟" 字之訛。

0311 哩

南宋法雲編《翻譯名義集》："[10]彌勒，《西域記》云：'梅[11]哩麗耶，唐云慈氏，即姓也。舊曰彌勒，訛也。'"（T2131v54p1058b）本頁下注 10："Maitreya。"注 11："哩=哩《明》。"

按："哩"與"哩"爲版本異文，"哩""哩"皆"呾"字之訛。"呾麗"爲"tre"的譯音字。日本淨嚴撰《悉曇三密鈔》："：，呾、答。"（T2710v84p0744b）"呾"爲"（taḥ）"的譯音字。唐玄奘、辯機撰《大唐西域記》："佛經行側有窣堵波，是梅呾麗耶（唐言慈，即姓也。舊曰彌勒，訛略也）菩薩受成佛記處。"（T2087v51p0905c）字正作"呾"。季羨林等《大唐西域記校注》："梅呾麗耶，梵文爲 Maitreya（或 Maitriya，Maitrīya），巴利文作 Metteyya，即彌勒，或慈氏菩薩。"（p566）可參看。考諸字形，"旦"或寫作""（見《可洪音義》v59p808c），"怛"或寫作""（見《可洪音義》v59p629b），故"呾"或寫作"哩"。

唐道世撰《法苑珠林》："又大寺中有刻木梅[18]咀麗耶（舊云彌勒）菩薩像。"（T2122v53p0498b）本頁下注 18："咀=呾《三》。"日本信瑞纂《淨土三部經音義集》："《名義集》云：'彌勒，《西域記》曰："梅咀麗耶，唐云慈氏，即姓也。舊曰彌勒，訛也。"'"（T2207v57p0417a）"呾"又訛作"咀"。"旦"或訛作"且"（見《可洪音義》v60p150c），"怛"或作"怚"（見《可洪音義》v59p1049a），皆可比勘。

0312 㖉

日本安然撰《觀中院撰定事業灌頂具足支分》："[1]㖉穰儜囊忙。"（T2393v75p0269a）本頁下注 1："㖉=㗂《甲》《乙》。"

按："㖉"與"㗂"爲版本異文，"㖉"即"㗂"字之訛，"㗂"爲"（ṅā）"之譯音字。參 0351"㗂"字條。

0313 㖂

日本安然撰《悉曇藏》："音，囉迦也（三合）翳合成囉迦曳（三合）。音，囉迦也（三合）愛合成囉迦㖂（也愛反。三合）。"（T2702v84p0397b）

按："㖂"即"㖂"之異寫。"囉迦曳"爲"（rkye）"的對音，"曳"爲

“（ye）”的譯音字。“囉迦⿰口曳”爲“（rkyai）”的對音，“⿰口曳”爲“（yai）”的譯音字。唐不空譯《金剛頂瑜伽千手千眼觀自在菩薩修行儀軌經》：“銘鉢囉（二合）[38]拽磋（九）。”（T1056v20p0080b）本頁下注38：“拽＝⿰口曳《明》。”北宋施護譯《佛説大金剛香陀羅尼經》：“曩（引）鉢多曳（引）唵（引）曩謨（引）婆誐嚩帝[7]曳（二合，引）。”（T1401v21p0917b）本頁下注7：“曳＝⿰口曳《明》。”“⿰口曳”作譯音字，與“曳”“拽”爲異文。日本淨嚴撰《悉曇三密鈔》：“，曳、拽、裔（法花）。”（T2710v84p0746a）“曳”“拽”皆“（ye）”的譯音字。“⿰口曳”可以看作“曳”加“口”旁或“拽”改爲“口”旁的譯音字。《大正藏》“⿰口曳”凡21見，皆“⿰口曳”字之書寫變異。

0314 咀

日本明覺撰《悉曇要訣》：“屬却虐噓噓灼淖弱杓弱礫拆搦擇㯓咀詫諾澤諾博伯謨簿莫藥喀落嘆釋嗦索曜吃索（二合）等也。”（T2706v84p0508b）

按：《可洪音義》卷十七《根本薩婆多部律攝》第十二卷：“蜜咀，多達反。與‘呾’字［同］也，悞。”（v60p68c）“咀”讀“多達反”，可洪釋同“呾”。勝友造、唐義淨譯《根本薩婆多部律攝》第十二卷：“佛在王舍城竹林園中，時蜜呾羅步弭迦見實力子。”（T1458v24p0596c）唐善無畏、一行譯《大毘盧遮那成佛神變加持經》：“屬却虐噱 灼綽弱杓　磔拆搦擇　[27]呾託諾鐸 博泊漠簿 藥喀落嘆 鑠嗦索臛吃索（二合。皆帶第一轉音入聲呼之）。”（T0848v18p0030c）本頁下注27：“呾＝咀《三》《宮》《甲》《乙》《丙》《丁》。”日本安然撰《觀中院撰定事業灌頂具足支分》：“屬却噓噱。灼綽弱扚。磔炘搦擇。咀託諾鐸。博泊漠嚩。藥落洛嘆鑠嗦嗦臛吃索（二合。皆帶第一轉音入聲呼之）。”（T2393v75p0268c）“咀”又與“呾”爲異文，皆“（taḥ）”之譯音字。日本淨嚴撰《悉曇三密鈔》：“，呾、答。”（T2710v84p0744b）收“呾”爲“（taḥ）”之譯音字。“咀”與“呾”爲同一梵文的譯音字，可以看作特殊的異構字。上文《悉曇要訣》所列諸字，梵文字母皆應爲加涅槃點“：”形式始與文意合。“咀”“呾”均非梵文“（ta）”的譯音字。

唐善無畏、一行譯《大毘盧遮那成佛神變加持經》：“釋迦牟尼佛真言曰：南麼三曼多勃馱喃（一）薩婆吃麗（二合）奢[13]嚫素捺那（二）薩婆達摩嚩始多（引）鉢囉（引，二合）鉢多（二合。三）伽伽娜三摩（引）三摩（四）莎訶（五）。”（T0848v18p0052c）本頁下注13：“嚫＝咀《宮》。”又：“説自心及眷屬真言曰：南麼三曼多勃馱喃（一）薩婆吃麗（二合）奢[49]嚫（入）素捺那（二）薩婆達摩嚩始多（引）鉢囉（二合）鉢多（三）伽伽娜三摩（引）三麼（四）

莎訶（五）。”（T0848v18p0014c）本頁下注 49：“嵲＝儞《三》《宫》《甲》《乙》《丙》《丁》。”《嘉興藏》作“你”。“咀”又“嵲”字之訛。日本淨嚴撰《悉曇三密鈔》：“𑖟𑖰，儞、昵、涅、墀（千手呪）、黏（羂索）。”（T2710v84p0744b）又：“𑖡𑖰，顊、爾、尼、泥（入）、儞（入）、涅（入）、黏（切身。羂索）。”（T2710v84p0744c）“涅”“儞”皆可爲“𑖟𑖰（di）”與“𑖡𑖰（ni）”的譯音字，“嵲”乃“涅”加“口”旁構成的譯音專字。唐義淨譯《金光明最勝王經》：“怛姪他悉提（去）蘇悉提（去）謨折儞木察儞毘木底菴末麗 毘末麗 [16]涅末麗。”（T0665v16p0421b）本頁下注 16：“涅＝沮《宫》。”本頁下注 15 是這段咒語的梵文羅馬轉寫，“涅”轉寫作“ni”，與其讀音合，“沮”爲“涅”字之訛。唐法寶撰《俱舍論疏》：“若説諸微全無間隙，然不相雜，應成有分。不許處同，復無間隙。既許無間，何不相觸？故彼 [17]涅間言定顯隣近義，此中 [*]涅言或顯定義，定有間隙故云定間，如定有熱故言定熱，是定有隙，理得成義。”（T1822v41p0509b－c）本頁下注 17：“涅＝但《甲》《乙》。”“涅”或訛作“沮”“但”，故“嵲”或訛作“咀”。參 0311“啰”字條。

0315 呻

唐道世撰《諸經要集》：“又《大般若經》（第四十四卷）云：‘佛言：諸善男子善女人等，書寫般若波羅蜜多甚深經時，[8]嚬呻欠呿，無端戲笑，互相輕凌，身心躁擾，文句倒錯，迷惑義理，不得滋味，横事欻起，書寫不終，當知是爲菩薩魔事。’”（T2123v54p0015b）本頁下注 8：“嚬呻＝頻伸《三》《宫》。”

按：“呻”與“伸”爲版本異文，“呻”即“伸”字之訛。唐玄奘譯《大般若波羅蜜多經》：“佛言：‘……復次善現，住菩薩乘諸善男子善女人等，書寫般若波羅蜜多甚深經時，頻申欠呿，無端戲笑，互相輕凌，身心躁擾，文句倒錯，迷惑義理，不得滋味，横事欻起，書寫不終，當知是爲菩薩魔事。復次善現，住菩薩乘諸善男子善女人等，受持讀誦思惟修習説聽般若波羅蜜多甚深經時，頻申欠呿，無端戲笑，互相輕凌，身心躁擾，文句倒錯，迷惑義理，不得滋味，横事欻起，所作不成，當知是爲菩薩魔事。’”（T0220v07p0215c－0216a）與“嚬呻”“頻伸”對應之字作“頻申”。審文意，“頻申/伸”乃形容懈怠之貌，“頻”言拘緊，“申/伸”言舒展，謂身體由拘緊而舒展，義近今之伸懶腰。伸懶腰，打哈欠，正慵懶之態。

彌勒説、唐玄奘譯《瑜伽師地論》：“擧身舒布，故曰頻申。”（T1579v30p0803a）“頻申”本爲描寫身體伸展的動作之詞，用在不同語境中，表達的含義不同。唐道世撰《法苑珠林》：“入者無諸惡觸蚊虻等過，亦無眠睡懈怠 [16]頻申等過。”（T2122v53p0284c）本頁下注 16：“頻申＝嚬呻《元》《明》。”此指懈怠之貌。東晉佛陀跋陀羅、法顯譯《摩訶僧祇律》：“佛住舍衛城。爾時六群比丘禪坊中欠呿張口，舒臂頻申，骨節作聲，亂諸比丘，諸比丘以是因緣往白世尊。乃至佛言：從今已後，頻申欠呿，法應如是。云何如是？若坐禪坊内坐欠呿欲來時，不得放恣大欠呿頻申作聲，應當自制。若不可忍者，當手覆口徐徐欠，不得亂比坐。頻申時，當先舉一手，下已，次舉一手。欠呿頻申法應如是，若不如是，越威儀法。”（T1425v22p0513c）此指疲倦而不能自我控制之貌。後秦弗若多羅、羅什譯《十誦律》：“佛在舍衛國，爾時長老迦留陀夷，惡眠不一心眠，鼾眠齘齒，寱語頻申，拍手動足，作大音聲。諸比丘聞是聲不得眠，故食不消，食不消故身體患瘀，惱悶吐逆不樂。”（T1435v23p0078c）失譯《沙彌尼離戒文》：“夜臥有五事：當頭輸佛，當傴臥不得申脚，不得仰向頻申，不得袒裸自露，不得手近不淨處。”（T1475v24p0939a）此指睡眠時拍手動足的動作。東晉竺佛念譯《鼻奈耶》：“婆羅門婦復作是念：正爾在我前死，我不與食。迦留陀夷即在前死。婆羅門婦大驚怖……今當活者，從意所索，不逆其意。時迦留陀夷小頻申起。”（T1464v24p0892a-b）唐義淨譯《根本説一切有部毘奈耶》：“云何起屍殺？若苾芻故心欲殺女男半擇迦等，便於黑月十四日詣屍林所，覓新死屍乃至蟻子未傷損者，便以黄土揩拭香水洗屍，以新疊一雙遍覆身體，以酥塗足，誦呪呪之。于時死屍，頻申欲起。安在兩輪車上，以二銅鈴繫於頸下，以兩刃刀置於手中，其屍即起。”（T1442v23p0662a）此則指死而復甦後身體的動作。

北涼曇無讖譯《大般涅槃經》：“善男子，如師子王自知身力，牙爪鋒芒，四足踞地，安住巖穴，振尾出聲。若有能具如是諸相，當知是則能師子吼。真師子王晨朝出穴，頻申欠呿，四向顧望，發聲震吼，爲十一事。……爲令正見四部之衆於彼邪見四部徒衆不生怖畏故，從聖行梵行天行窟宅頻申而出。爲欲令彼諸衆生等破憍慢故，欠呿。”（T0374v12p0522b-c）唐實叉難陀譯《大方廣佛華嚴經》：“爾時世尊，知諸菩薩心之所念，大悲爲身，大悲爲門，大悲爲首。以大悲法，而爲方便，充遍虚空，入師子[1]頻申三昧。入此三昧已，一切世間，普皆嚴淨。”（T0279v10p0320a）本頁下注1：“頻＝顰《明》。”唐澄觀撰《大方廣佛華嚴經疏》：“言嚬申者，有人云，梵音訛略，具正應云‘毘實廩多’，此翻爲自在無畏，如師子王群獸之中自在無畏故。然舊經翻爲師子奮迅，且‘嚬’‘毘’二言，小有相濫，奮迅之語，殊不似於毘實廩多。《涅槃》二十五中，既云‘嚬申欠呿’，明知嚬申奮迅，俱是此言；下婆須蜜女，亦云‘見我嚬申’，但敵對而翻爲自在無畏。從義而譯以爲嚬申，曾何訛略？故依古德用此方言釋之，嚬申奮迅，俱是展舒四體通暢之狀。……以體用無礙爲嚬申，舒展自在故。”（T1735v35p0911b-c）佛經中“頻申”又用來描寫喻指佛的獅子或獅子王的動作，據澄觀，有人曾把“頻申”誤解爲音譯詞，認爲“頻申”是“毘實廩多”的訛略，這種解釋顯然是錯誤的。另一種解釋，“頻申”指舒展身體，表現的是獅子舒展自在、體用無礙的狀態，這種理解是切合文意，也符合詞義的。《禮記·少儀》：“君子欠伸。”漢鄭玄注：“以此皆解惓之狀。伸，頻伸也。”唐陸德明釋文：“頻，本又作嚬。”“頻伸”最早出現在漢代鄭玄的注中，原意即描寫伸懶腰的狀態，乃漢語的本源詞，而非譯音詞。

大目乾連造、唐玄奘譯《阿毗達磨法蘊足論》：“云何頻申欠呿？謂身低舉手足卷舒，名曰頻申；鼻面開蹙，脣口喎張，名爲欠呿。”（T1537v26p0497b）唐慧苑撰《新譯大方廣佛花嚴經音義》："師子頻申三昧，杜注《左傳》曰：頻，急；申，展也。四體之拘急，所以解於勞倦，故曰頻申也。表此三昧，能申展自在無碍法界，解脱障碍拘急勞倦，故喻名耳。此或全是梵言，如刊定記也。"（T2128v54p0450b）遼希麟撰《一切經音義》卷二《新大方廣佛花嚴經》："頻申，上瓶寅反。《毛詩傳》曰：頻，急也；申，舒也。謂以手足胸背左右上下，或急蹙，或舒展，自解其勞倦也。"（T2129v54p0939c）唐玄奘譯《大般若波羅蜜多經》第五十二卷："云何名爲師子[1]嚬呻三摩地？善現，謂若住此三摩地時，起勝神通，自在無畏，降伏一切暴惡魔軍，是故名爲師子*嚬呻三摩地。世尊，云何名爲師子欠呿三摩地？善現，謂若住此三摩地時，引妙辯才，處衆無畏，摧滅一切外道邪宗，是故名爲師子欠呿三摩地。"（T0220v05p0294a）本頁下注 1："嚬呻＝頻申《三》*。"諸家解"頻申"之義皆近之。

綜上所述，"頻申/伸"在不同的語境中，具體含義略有不同，然"申/伸"的語素義皆取伸展之義。"頻申/伸"或作"嚬呻"者，"嚬"爲"頻"字之訛，"呻"爲"伸"字之訛。

"頻申/伸"之"頻"作"嚬"，文獻多見。"嚬"字的來源比較複雜。《説文·頻部》："顰，水厓人所賓附，頻蹙不前而止。"小篆"顰"，隸定作"瀕"，文獻不用，文獻通行"頻"字，乃"瀕"之省，文獻中用作水邊、皺眉、急切、屢次、靠近等義。《詩·大雅·召旻》："池之竭矣，不云自頻。"毛傳："頻，厓也。"鄭箋："頻，當作濱。"孔穎達疏："頻，舊云：毛如字，鄭作濱，音賓，俱云厓也。案，張揖《字詁》云：'頻，今濱。'則頻是古濱字。"《易·巽》："九三，頻巽，吝。"王弼注："頻，頻蹙不樂而窮不得已之謂也。"孔穎達正義："頻者，頻蹙憂戚之容也。"《詩·大雅·桑柔》："於乎有哀，國步斯頻。"毛傳："頻，急也。"鄭箋："頻，猶比也，哀哉國家之政行此禍害比比然。"《説文·目部》："矉，恨張目也。从目，賓聲。《詩》曰：'國步斯頻。'"段注："毛詩作'頻'，頻字絕非假借。此作'矉'者，三家《詩》，許偁毛而不廢三家也。又按：《通俗文》：'蹙頞曰矉。'矉者，顰之假借。""頻"之水邊、皺眉、急切諸義皆見於上古文獻，許慎之訓"水厓人所賓附，頻蹙不前而止"，王筠《句讀》："頻有頻厓、頻蹙二義，許君牽連説之。"顯然許慎是想把"頻"本義的解釋和所從的頁旁結合起來，並把水邊與皺眉之義糅合在一起。許慎對本義的説解不甚明確，導致後人對"頻"本義的理解有所不同。清邵瑛《説文解字群經正字》即以"水厓"爲"頻"本義。清徐灝《説文解字注箋》"瀕"字箋曰："頻蹙者，瀕之本義。……引申爲頻數。……因爲頻數之義所專，又別作'顰'，以爲顰蹙字。"林義光《文源》："頻本義當爲頻蹙，象當涉見水頻蹙之形。"王鳳陽《古辭辨》："頻是顰的古字，最初是皺眉頭的意思。"（p988）此説可從。瀕、濱爲頻在水邊意義上的分化字，顰爲在皺眉意義上的分化字，頻則主要用於屢次等意義。《資治通鑑·唐僖宗光啟三年》："彦師鐸無如之何，嚬蹙而已。"宋胡三省注："攢眉爲嚬，皺頞爲蹙。""嚬"與"頻""顰"義同。胡氏所解甚得其義，"頻""嚬""顰"乃攢眉之義，指眉頭攢聚在一起，猶今之皺眉，爲描寫面部表情之詞。人在憂愁、無奈、倦怠等情形下都有可能皺起眉頭。然字作"嚬"，從口，與皺眉之義不相切合。《韓非子・内儲説上》:“吾聞明主之愛一嚬一笑，嚬有爲嚬，而笑有爲笑。”此乃“嚬”字最早的文獻用例。明張自烈《正字通・口部》:“嚬，蒲明切，音貧。眉蹙也。吾聞明主愛一嚬一笑……嚬，通作顰。”審文意，張自烈所釋可從，“嚬”亦與“顰”用法相同，乃皺眉義。“一嚬一笑”謂每一個皺眉每一個微笑，泛指每一個細微的表情，與“一語一默”表達的意思相近。字本當作“顰”，字或作“嚬”者，蓋由誤解“嚬”爲笑義，或改從口旁。《玉篇・口部》:“嚬，蒲民切。笑皃。”《廣韻・真韻》符真切:“嚬，笑也。”《集韻・真韻》毗賓切:“嚬，笑皃。”元黄公紹原編、熊忠舉要《古今韻會舉要・真韻》毗民切:“嚬，笑貌。韓昭侯曰:‘明君嚬有爲嚬，笑有爲笑。’○今增。”諸字書、韻書訓“嚬”爲笑貌，皆本《韓非子》。南朝梁僧祐撰《釋迦譜》:“諸妓女衆及憂陀夷，愁憂慘慼，顔貌顰蹙。”(T2040v50p0023a) 唐慧琳撰《一切經音義》卷七十七《釋迦譜》第二卷:“顰蹙，上苾賓反，下酒育反。顧野王云:‘顰蹙，憂悲不樂之皃。’《説文》云:‘涉水顰蹙也。從頻，卑聲。’《譜》作‘嚬’，笑也，俗字也。”(T2128v54p0806a) 慧琳所見《釋迦譜》“蹙”前一字作“嚬”，釋作“顰”，顯然把“顰”“嚬”區别爲意義不同的兩個字，“顰”乃“顰蹙”之正字，“嚬”義爲笑，乃俗字，可見唐人是把“顰”“嚬”看作意義不同的兩個字的。《正字通・口部》“嚬”字條:“信如舊註訓笑，則韓昭侯所云‘一嚬一笑’，猶言‘一笑一笑’，西施當是‘病心而笑’，背理甚。《正韻》‘頻’亦作‘顰’‘矉’，蹙額曰矉，‘嚬’註又云‘笑也’;《篇海》《韻瑞》誤與《正韻》同，並非。《同文舉要》‘嚬’訓笑，‘顰’訓蹙，分‘顰’‘嚬’爲二，尤非。”辨“嚬”訓笑義之非甚詳。《大正藏》“嚬”字凡 360 見，皆皺眉義，未見用作笑義者。佛經中“頻伸”之“頻”作“嚬”乃字之誤用。經中亦有用“顰”字者，亦誤。“頻伸”誤作“嚬伸”，因又誤作“嚬哘”，“哘”乃由“伸”受“嚬”字影響而誤加口旁，此亦字形同化之例。

《漢語大詞典》“頻”字條:“②用同‘嚬’。張口。參見‘頻伸’。”“頻伸”下釋曰:“亦作‘頻呻’。欠伸。打呵欠，伸懶腰。”(v12p312b、313a)“嚬”字條:“② 張口。參見‘嚬伸’。”“嚬伸”下釋曰:“欠伸。打呵欠，伸懶腰。”(v3p542a-b)“頻”“嚬”皆訓“張口”，誤。

又，唐玄奘譯《大般若波羅蜜多經》:“復次善現，若諸菩薩於深般若波羅蜜多相應經典書寫等時，或頻申缺呿，或更相嗤笑，或互相輕凌，或身心躁擾，或失念散亂，或文句顛倒，或迷惑義理，或不得滋味心生厭捨，或横事卒起，或互相乖諍，由斯等事所作不成，菩薩當知是爲魔事。”(T0220v07p0890c－0891a)《嘉興藏》作“頻申缺呿”。唐般若譯《大乘理趣六波羅蜜多經》:“復次昏眠蓋者，疲極瞢懜，顰申缺呿，昏昧不任，能覆輕安障觀慧品，修靜慮者應當除棄，是則名爲昏眠重蓋。”(T0261v08p0901a-b) 與“欠”對應之字作“缺”，“缺”字意不通，蓋或人不知“欠”字之義，乃以同義之“缺”替之，致文意不通。

0316 鸣

唐法全集《供養護世八天法》：“虚空藏菩薩普供養真言曰：曩莫薩嚩怛他蘖帝驃（一）尾濕嚩（二合）目契弊薩嚩他欠鸣娜蘖帝娑頗（引）儞軨誐誐娜鉤娑婆（二合）賀。”（T1295v21p0381a）

按：“鸣”即“嗚”字之訛。唐法全撰《大毘盧舍那成佛神變加持經蓮華胎藏悲生曼荼羅廣大成就儀軌供養方便會》：“虚空藏轉明妃真言曰：曩莫薩嚩怛他蘖帝嚩（一）尾濕嚩（二合）目契弊薩嚩他欠嗚娜蘖帝娑頗（二合）囉係軨誐誐娜劍（平，引）娑嚩（二合）賀。”（T0852v18p0132c）與“鸣”對應之字作“嗚”。

0317 咖

隋闍那崛多譯《大威德陀羅尼經》：“復名恒河牟咖也（隋云恒河口）。”（T1341v21p0815a）

按：“咖”即“伽”加“口”旁所造之譯音專字。北魏菩提金剛譯《大毘盧遮那佛説要略念誦經》：“誦此明妃曰：娜麽薩喋嚩（二合）怛他蘖帝鼻庾（二合。一）微濕嚩（二合）目契婢也（二合。二）薩喋嚩（二合）他欠（三合）榅捺蘖（二合）帝駆頗（二合）羅呬摩（四）咖咖娜劍（五）莎訶。”（T0849v18p0060a）唐善無畏、一行譯《大毘盧遮那成佛神變加持經》：“於是薄伽梵即於爾時説虚空等力虚空藏轉明妃曰：南麽薩婆怛他（引）蘖帝嚩（毘庚反。一）微濕嚩（二合）目契弊（毘也反。二）薩婆他（三）欠（四）嗢弩蘖帝薩叵（二合）囉係門（五）伽伽娜劍（六）莎訶（七）。”（T0848v18p0019a）與“咖”對應之字作“伽”，此“咖”即“伽”加“口”旁所造譯音字的確證。日本淨嚴撰《悉曇三密鈔》：“ग，蘖、竭、訖、乾、犍、健、虐（隨求）、伽、哦、誐、仰、噓、疙（千手軌）。”（T2710v84p0742a）“伽”爲梵文“ग（ga）”之譯音字，佛經習見。

0318 哸

東晉竺佛念譯《鼻奈耶》：“調達將從五人瞿婆離、騫陀羅婆婆、迦留陀帶、三文陀羅、哸頭（戶揥反）。”（T1464v24p0860a）

按：“哸”經自切“戶揥反”，即“系”加“口”旁所造的譯音字。同上經：

“爾時調達弟子騫陀陀婆、迦留羅提施、三門陀羅、系頭。”（T1464v24p0871c）唐玄應撰《一切經音義》（麗藏本）卷十六《鼻柰耶律》第二卷：“系頭，戶帝反。調達第五比丘名也。”（p217c）《玄應音義》作“系”。《可洪音義》第十七卷《鼻奈耶》：“喺頭，上戶𢷬反，經自切。”（v60p72a）“喺”爲“嗘”字之訛。

0319 唏

隋闍那崛多譯《如來方便善巧咒經》：“唏（馨翅反）罯唏唏罯（二十四）。”（T1334v21p0567b）

按：“唏”字經自注“馨翅反”，即“晞”之書寫變異。唐玄應撰《一切經音義》（麗藏本）卷五《如來方便善巧咒經》：“唏罯，呼几、呼奠二反。”（p73b）宛委别藏本作“晞”（p164）。唐慧琳撰《一切經音義》卷三十八《華聚陁羅尼經》：“唏帝，虛几反。”（T2128v54p0559b）唐玄應撰《一切經音義》卷八《華聚陁羅尼經》：“唏帝，虛几反。”（p117a）宛委别藏本作“晞”（p265）。失譯《佛説花聚陀羅尼呪經》：“泥句婆摩一晞帝。”（T1358v21p0876c）《大正藏》經原文作“晞”，“唏”亦“晞”之書寫變異。“希”或寫作“斋”，故“晞”或寫作“唏”。

0320 咗

日本淨嚴撰《悉曇三密鈔》：“，咗（日經）、頗（大疏）。”（T2710v84p0745b）

按：“咗”即梵文“（phaṃ）”之譯音字。日本安然撰《悉曇藏》：“二、加他麽多聲者，本韻暗字元無仰月，以此五字或爲仰月，各加當句令載圓點：劍占䶂擔咗等字類。”（T2702v84p0416c）“咗”又爲梵文“（paṃ）”之譯音字。日本阿寂記《妙印鈔》：“五明寶印種子，即泛、頗是聚沫不堅義。了一切法自相如是，同於大空，此寶印手菩薩種子也。”（T2213v58p0356a）《悉曇藏》：“泛。”（T2702v84p0418b）“泛”亦“（phaṃ）”“（paṃ）”之譯音字，“咗”即“泛”加“口”旁所造之譯音專字。唐善無畏、一行譯《大毗盧遮那成佛神變加持經》：“劍欠儼儉　占襜染膽　䶂㘖喃湛　擔探腩淡　唅咗𡅏㖃　閻𡃱藍𡅏　睒衫參頷吃衫（二合。其口邊字皆帶第一轉本音呼之）。”（T0848v18p0030b）唐法全撰《大毗盧遮那成佛神變加持經蓮華胎藏悲生曼荼羅廣大成就儀軌供養方便會》：“劍欠儼儉嶮占襜染膽髯䶂㘖喃湛喃擔探喃淡喃唅咗𡅏㖃鑁閻嚂藍鑁睒衫參頷（其口邊字皆帶第一轉本音呼之）。”（T08

52v18p0125a）唐法全集《大毘盧遮那成佛神變加持經蓮華胎藏菩提幢標幟普通真言藏廣大成就瑜伽》：“劍欠儼儉占襜染瞻黏嚧喃湛擔探喃淡咜⿰口乏孆梵［梵］閻嚂藍鑁睒衫參頷訖衫（二合。皆口邊字同第一轉本音呼）。”（T0853v18p0151b）日本安然撰《觀中院撰定事業灌頂具足支分》：“劍欠儼儉占擔染瞻黏諂喃湛擔探喃淡啶⿰口乏鑁喍閻嚂藍鑁睒衫參領吃衫（二合。其邊口字皆帶第一轉本音呼之）。”（T2393v75p0268c）唐惟謹述《大毘盧遮那經阿闍梨真實智品中阿闍梨住阿字觀門》：“，頗頗⿰口乏泊。”（T0863v18p0194b）“⿰口乏”亦皆“乏”加“口”旁組成的譯音專字。

0321 ⿰口陀

唐道世撰《法苑珠林》：“勃陀勃⿰口陀（二十）悉⿰口陀悉⿰口陀（二十一）劍波劍波（二十二）浙羅浙羅（二十三）。”（T2122v53p0739a）

按：“⿰口陀”即“陀”加“口”旁構成的譯音字。“勃陀勃⿰口陀（二十）”，前用“陀”，後用“⿰口陀”。唐玄奘譯《大般若波羅蜜多經》收此段咒語作：“勃⿰口陀勃⿰口陀（二十）悉⿰口陀悉⿰口陀（二十一）。”（T0220v07p0990c）可知“⿰口陀”音當同“陀”。唐窺基撰《大般若波羅蜜多經般若理趣分述讚》：“勃⿰口陀勃⿰口陀（二十）悉⿰口陀悉陀（二十一）。”（T1695v33p0062a）林光明《新編大藏全咒》卷一《大般若波羅蜜多經》“般若波羅蜜多甚深理趣最勝法門”中“勃⿰口陀”的梵文羅馬轉寫作“buddha”，“悉⿰口陀”的梵文羅馬轉寫作“siddha”（v1p5），“⿰口陀”皆“ddha”的譯音字。日本淨嚴撰《悉曇三密鈔》：“羅（入）陀，獲也，證也，得也。”（T2710v84p0805a）“陀”亦“（ddha）”的譯音字。

0322 啼

北涼曇無讖譯《大方等大集經》：“善男子，汝今復聽十方諸魔及眷屬呪，所謂：奢咩　奢摩跋坻　奢摩密[34]啼　阿浮隸摩羅欻坻　瞢崛隸　婆羅綈。”（T0397v13p0073c）本頁下注34：“啼=提《聖》。”

按：正文之“啼”，注文作“啼”。《嘉興藏》作“啼”，音釋：“啼，帝。”“啼”“啼”皆“啼”字之訛，“啼”與“提”爲同一梵文的不同譯音字。林光明《新編大藏全咒》卷一《大方等大集經》“十方諸魔及眷屬呪”中“啼”的梵文羅馬轉寫作“ti”（v1p87）。唐玄應撰《一切經音義》（麗藏本）卷四《大方等陁羅尼經》第一卷：“啼提。”（p62b）宛委别藏、海山仙館等本無此二字。唐慧琳撰《一切經音義》卷四十二《大方等陀羅尼經》第一卷：“啼提，相承音多達反。”（T2128v54p0587c）北涼法衆譯《大方等陀羅尼經》第一卷：“爾時世尊即説陀羅尼章句：南無崛崛經寫（一）啼提易勤（二）那伽耶彌（三）莎呵（四）。”（T1339v21p0642a）林光明《新編大藏全咒》卷四《大方等陀羅尼經》“摩訶袒持陀羅尼章句”中“啼”的梵文羅馬轉寫作“thi”（v4p598），與慧琳“多達反”之音不同。“多達反”與“呾”同音，當爲“（taḥ）”的譯音字，“thi”則爲“”的譯音字。

0323 𠷇

日本覺超撰《金剛三密抄》：“唵嚩日囉（二合）勿（微一反）。《三摩地軌》云：唵（一）摩折羅（一合，下同）勿（微一反）。《略六》云：唵跋折羅𠷇。私云：‘勿’字檢梵字作‘’字，《金剛薩埵軌》作‘’，《觀自在王》云：尾多。注云：‘多’字半音與‘尾’字合呼。有云：此真言隨部改句，若佛部可云：唵没馱勿。餘准知之。”（T2400v75p0661a）

按：日本明覺撰《悉曇要訣》：“又《金剛界普禮真言終字軌》云：勿，微一反。他處或云‘文一反’，或云‘苾’，梵作‘’，弘法大師本作‘’形，《觀自在王軌》云‘尾多（多字半音與尾字合呼之）’，即此意歟?《降三世一百八名讚》（不空譯）有‘’及‘’之文，漢字俱云：嚩日囉（二合）微一反（文）。當知以‘苾’音爲‘’音也。‘’字以舌内音呼之，亦有苾音。”（T2706v84p0527c）又：“雖直是涅槃點，隨便有三音。苾辦悦譯等也，況於相連音乎?”（T2706v84p0525a）又：“，苾薊（《小切韻》云：苾，蒲結反）。”（T2706v84p0527a）“苾”爲“（viḥ）”“（bhi）”的譯音字，“𠷇”即“苾”加“口”旁所造的譯音字。

0324 㖒

南朝宋功德直、玄暢譯《無量門破魔陀羅尼經》：“是諸行者應當受持誦念如是陀羅尼呪神妙章句：……陀羅尼陀羅尼（五十七）尼陀那劬[7]低莎波訶（五十八）。”（T1014v19p0688c-0689a）本頁下注7：“低=㖒《元》《明》。”

按：《嘉興藏》作“㖒”。“㖒”與“低”爲版本異文，“㖒”蓋即“柢”加“口”旁所造的譯音專字之訛，“柢”與“低”爲同一梵文的譯音字。林光明《新編大藏全咒》卷三《無量門破魔陀羅尼經》“無量門破魔陀羅尼”中“低”的梵文羅馬轉寫作“ṭi”（v3p484）。

0325 哏

唐不空譯《普遍光明清淨熾盛如意寶印心無能勝大明王大隨求陀羅尼經》：“……阿哏曩（二合）曳（引）薩嚩（二合）賀。”（T1153v20p0619b）

按：“哏”即“哏”字之訛。參 0360“哏”字條。

0326 ⿱口可

龍樹造、後秦筏提摩多譯《釋摩訶衍論》：“奄[5]⿱口可陀陀帝　摩訶伽耶帝　摩訶阿伽耶帝。”（T1668v32p0655c）本頁下注 5：“⿱口可 = 阿《高》。”

按：同上經：“若爲造作面像時中，即誦呪言：⿰口尸哪鄔婆帝[1]呵 *呵 *呵 *呵胛胛胛胛　嚤佉啄　鳩駄尸陀帝　摩呵阿摩呵咇鄔帝　娑婆訶阿阿訶呵。”（T1668v32p0661a）本頁下注 1：“呵 = ⿰口訶《高》*。”又：“若爲造作頭像時中，即誦呪言：哆哆哆哆[25]呵哆哆哆帝婆婆婆婆伊婆婆婆帝叉婆叉婆嚩囉帝閜閜閜閜閜閜閜閜嚤呵帝娑婆訶阿阿訶呵。”（T1668v32p0660c-0661a）本頁下注 25：“呵 = 阿《高》。”“⿱口可”與“阿”、“⿰口訶”與“呵”爲版本異文，“⿱口可”“⿰口訶”即“呵”加“口”旁所造之譯音專字，與“阿”爲同一梵文的譯音字。“呵”本有“口”旁而又加“口”者，蓋由“呵”爲漢文之常用字，故又加“口”旁以別之。

0327 ⿰口⿰缶阝

佚名《神僧傳》：“纔出門，見一虎⿰口⿰缶阝之而去。”（T2064v50p0998c）

按：“⿰口⿰缶阝”即“啣”字之訛。明焦竑《俗書刊誤·覃韻》：“銜，俗加口作‘啣’，非。”“啣”同“銜”，乃用口含之義。唐袁郊《甘澤謠·嬾殘》：“纔出門，見一虎嗛之而去。”用“嗛”字。“嗛”“啣”音義皆同。“卸”或寫作“⿰缶阝”，故“啣”又寫作“⿰口⿰缶阝”。

0328 ⿰口季

佚名《陀羅尼雜集》第四卷：“我今亦當説陀羅尼句，用饒益衆生，令獲善利色力名譽，即説呪曰：……阿比伽　羅奚　阿比婆地　阿拘篐　阿⿰口季泜。”

(T1336v21p0603b–c)

按："哷"即"哹"字之訛。唐慧琳撰《一切經音義》卷四十三《陀羅尼雜集》第四卷："阿哹，芳不反。《經》文作'哷'，非也。"(T2128v54p0592a)《可洪音義》卷二十三《陀羅尼雜集》第四卷："哷泜，上音朱，正作'咮'，下音底。上又朱季反，《經》本作'朱帝'，是也。又應和尚以'哹'字替，芳尤反，非也。又《江西經音》作居止反，亦非也。又《川音》作疋尤反，亦非也。上又朱律反，又郭氏音季。"(v60p286c)《陀羅尼雜集》第四卷："即説呪曰：多經他　何末吟　毘末吟……阿[3]哹泜　阿密泜　阿㳜泜　阿多羅。"(T1336v21p0604a–b)本頁下注3："哹＝哷《三》。"《可洪音義》卷二十三《陀羅尼雜集》第四卷："哷泜，上音朱，又拙季、拙律二反，下音底。《經》本作'拙帝'也，悮。"(v60p286c)唐慧琳撰《一切經音義》卷四十三《陀羅尼雜集》第四卷："阿浮，《經》文作'浡'。"(T2128v54p0592a)《可洪音義》卷二十三《陀羅尼雜集》第四卷："浡泜，同上。即是'哷'，悮也。《川音》云合'浮'，非也。"(v60p286c)經文作"阿浮泜""阿哹泜""阿浡泜""阿㳜泜""阿哷泜"等形，當爲同一梵文的不同譯音形式，慧琳以爲"哷"爲"哹"字之訛，可洪以爲"哷"爲"咮"字之訛。綜合上述材料，疑字本作"浮"，"浡""㳜"皆"浮"字之訛；"浮"又換"口"旁作"哹"，"哷"爲"哹"字之訛。日本心覺撰《多羅葉記》："，昆舍浮。"(T2707v84p0636a)"浮"爲"(bhu)"之譯音字。《陀羅尼雜集》："勝敵安退并治毒嚙及腫陀羅尼：多擲哆　伊梨　富持利　富倫提 呵　唻[8]哹(上力可反，下並同)摩勒[10]涥　婆唻*涥　至唻哹　比至唻[11]哹　思坻哹　比思坻哹　摩比提哹　烏思羅娑坻哹　莎呵。"(T1336v21p0618b)本頁下注8："哹＝呼《三》。"注10："涥＝浮《三》*。"注11："哹＝浮《三》，下同。"林光明《新編大藏全咒》卷十六《陀羅尼雜集》"勝敵安退并治毒嚙及腫陀羅尼"中第一個"哹"梵文羅馬轉寫作"ho"，第一個"涥"轉寫作"phu"，第二個"涥"轉寫作"pu"，後六個"哹"均轉寫作"phu"(v16p383)。綜合上述異文，疑第一個"哹"爲"呼"字之訛。日本淨嚴撰《悉曇三密鈔》："，呼(大疏)、護(隨求)、睺(法花)、斛。"(T2710v84p0747b)"呼"爲"(ho)"的譯音字。《可洪音義》卷二十三《經律異相》第四卷："哹小，上火乎反。喚也。正作'呼'也。又扶求、甫求、拂求三反，並非。"(v60p264a)"哹"亦"呼"字之訛。"涥"爲"浮"字之訛。

楊寶忠《疑難字考釋與研究》亦有考證(p148)，可參看。

0329 唎

佚名《何耶揭唎婆觀世音菩薩受法壇》："次頭印(二手外縛，立二食指頭相拄，各屈二大指節、小指頭尖也)：跢姪他(一)斫迦羅[16]唎㤧(二)斫迦羅(去音)乞叉唎㤧(三)斫迦羅跛曇摩叉唎㤧(四)……"(T1074v20p0172b)

本頁下注 16："啢＝倒《甲》《乙》《丙》。"

按："啢"與"倒"爲版本異文，"啢""倒"皆"唎"字之訛。唐阿地瞿多譯《陀羅尼集經》："馬頭頭法印呪第四。准前護身印，唯改二食指頭相拄，各屈出二大節、小尖頭。呪曰：跢姪他（一）斫迦啢怖（二）斫迦囉（去音）叉啢怖（三）斫迦囉跛曇摩叉啢怖（四）……"（T0901v18p0834a）《嘉興藏》作"啢"。字皆從"例"。唐不空譯《聖賀野紇哩縛大威怒王立成大神驗供養念誦儀軌法品》："復説大法頭印真言曰。準前護身印，唯改二食指頭相拄，各屈出二大節、小尖頭。真言曰：曩莫三曼多没馱南（一）跢姪他（二）斫迦[25]唎怖（三）斫迦羅（去）叉*唎怖（四）斫迦羅跛曇摩叉*唎怖（五）……"（T1072Av20p0165c）本頁下注 25："唎＝啢イ《原》*。"與"啢""倒"對應之字作"唎"。林光明撰《新編大藏全咒》卷四《佛説陀羅尼集經》"馬頭頭法印呪"中"啢"梵語羅馬字母轉寫作"ra"（v4p125）。日本淨嚴撰《悉曇三密鈔》："𑖨，囉、荷、羅（二合。梁武）、哩、唎、嘌、剌。"（T2710v84p0746a）"唎"爲"𑖨（ra）"之譯音字。《悉曇三密鈔》："𑖨𑖰，哩、嘌、唎、利、履、梨、律、陵、犁、理、離、詈。"（T2710v84p0746a）"唎"又爲"𑖨𑖰（ri）"之譯音字。

日本圓仁撰《入唐新求聖教目録》："《金剛頂經觀自在菩薩瑜伽修習三摩地法》一卷（清信士馬[3]列述）。"（T2167v55p1081a）本頁下注 3："列＝利イ《甲》。"日本安然集《諸阿闍梨真言密教部類總録》："《金剛頂經觀自在菩薩瑜伽修習三摩地法》一卷（馬列仁）。"（T2176v55p1122c）日本良祐撰《三昧流口傳集》："但《金剛薩埵儀軌觀自在王如來儀軌》六見之，所據甚多，《修習三摩地法》云（清信士馬烈述）。"（T2411v77p0029a）日本貞慶撰《法華開示抄》："《鏡水抄》云：言然此後文又觀等者。問：前列十五衆，色類既多，何故聽法威品[17]列四？答：非天非人皆不有，將本身聽法來事，須作人形，人形之中不越四衆攝盡也（云云）。"（T2195v56p0274c）本頁下注 17："列＝利《甲》。""利"皆"列"字之訛。三國吴康僧會譯《六度集經》："王即以異國爲[17]例，具其所好悉以賜之。"（T0152v03p0029b）本頁下注 17："例＝倒《宋》。"世親造、唐玄奘譯《阿毘達磨俱舍論》："如瓶破非瓶，如是蘊息應非蘊，彼於處界[4]例應成失。如是已説諸蘊廢立，當説次第。"（T1558v29p0005b）本頁下注 4："例＝倒《三》《宫》。"《嘉興藏》作"倒"。"倒"皆"例"字之訛。

《陀羅尼集經》："迦婆羅訶悉陀（二合，去）曳（四十一）部多閉啢（二合）多（四十二）茶枳尼毘㗚（二合）夜曳（四十三）。"（T0901v18p0847a）唐不空譯《成就妙法蓮華經王瑜伽觀智儀軌》："次當即誦無量壽命決定如來真言七遍，作是念言，願一切有情皆獲如來無量壽命。發是願已，即誦真言曰：曩謨（引）阿跛哩弭多（引）欲枳孃（二合）曩尾顊室者（二合）也囉逝捺囉（二合）也怛他（引）蘖多（引）也唵薩嚩僧（去）薩迦（二合，引）囉跛哩輸（輸律反）馱達磨帝摩訶（引）曩也跛哩嚩（引）[38]啢（引）娑嚩（二合）訶。"（T1000v19p0596b）本頁下注 38："啢引＝例《明》，𡃤引《甲》。""啢"亦皆"唎"字之訛。

0330 唎

日本靜然撰《行林抄》："唵瑟置唎（三合）迦（引）攞嚕跛吽欠娑嚩（二合，引）賀（引）。"（T2409v76p0378c）

按：唐義淨譯《藥師琉璃光七佛本願功德經》："即説呪曰：……阿鉢[8]唎底嚟帝　折覩殺　瑟檄勃陀俱胝　婆俠帝　納摩娑婆　呾他揭多喃　莎訶。"（T0451v14p0411b）本頁下注 8："唎＝喇《三》《宮》。"《嘉興藏》作"喇"。唐義淨譯《金光明最勝王經》："阿鉢唎底喝帝　阿鉢[12]喇底喝哆勃地。"（T0665v16p0436a）本頁下注 12："喇＝唎《三》《宮》《西》。"唐慧沼撰《金光明最勝王經疏》："阿鉢唎底喝帝　阿鉢唎底喝哆勃地。"（T1788v39p0304a）唐不空譯《金剛頂一切如來真實攝大乘現證大教王經》："令弟子飲誓水真言曰：嚩日囉薩埵薩嚩延諦儞耶（二合）紇[42]唎那曳娑摩嚩。"（T0865v18p0218a）本頁下注 42："唎＝喇《三》。"唐不空譯《聖賀野紇哩縛大威怒王立成大神驗供養念誦儀軌法品》："真言曰：曩莫三曼多没馱南（一）室唎（二合）羅[28]唎至（二）吽發吒（三）娑嚩（二合）賀。"（T1072Av20p0165c）本頁下注 28："唎＝唎《甲》《乙》。"佚名《何耶揭唎婆觀世音菩薩受法壇》："唵（一）室唎（二合）羅唎至（二）鳴鉡泮（三）莎（去）訶（四）。"（T1074v20p0172b）"唎"與"唎""喇"爲版本異文，"唎"爲"唎"字之訛，"喇"與"唎"爲同一梵文的不同譯音字。日本淨嚴撰《悉曇三密鈔》："𑖨，囉、荷羅（二合。梁武）、哩、唎、嘌、剌。"（T2710v84p0746a）又："𑖨𑖰，哩、嘌、唎、利、履、梨、律、陵、犁、理、離、詈。"（T2710v84p0746a）"唎"可爲"𑖨（ra）"或"𑖨𑖰（ri）"的譯音字。

唐菩提仙譯《大聖妙吉祥菩薩祕密八字陀羅尼修行曼荼羅次第儀軌法》："心中應書梵文𑖬𑖿𑖘𑖿𑖨𑖰瑟置唎（三合）字已。"（T1184v20p0785b）《行林抄》"瑟置唎（三合）"當即"𑖬𑖿𑖘𑖿𑖨𑖰（ṣṭri）"的譯音。唐不空譯《聖閻曼德迦威怒王立成大神驗念誦法》："次隨心真言曰：唵瑟置哩（二合）迦攞嚕跢吽欠薩嚩（二合，引）賀（引）。"（T1214v21p0074c）唐不空譯《成就夢想法》："復次説真言曰：唵瑟置哩（二合）迦攞嚕跛吽欠薩嚩（二合）呵。"（X1052v59p0051b）與"唎"對應之字或作"哩"，"哩"亦"𑖨𑖰（ri）"的譯音字。

0331 哌

日本淨嚴撰《悉曇三密鈔》："𑖢鉢囉（二合）𑖝𑖰底𑖪嚩，像也。𑖢鉢囉（二合）𑖎迦（引）𑖫奢𑖧也，開示也。𑖢鉢囉（二合）𑖥𑖴勃哩（二合）𑖝𑖰哌，已後也。"（T2710v84p0801c）

按：文中“哌”和“底”皆爲“𑖝𑖰（ti）”之譯音字，“哌”即“底”加“口”旁所造之譯音專字。唐一行記《大毘盧遮那成佛經疏》：“法輪法螺偈（梵本）阿捺也（二合。今日也）鉢囉（二合）勃哩（二合）哌（已後也）。”（T1796v39p0670b）《大正藏》“哌”有74個用例，爲佛經習見的譯音字。

0332 吣

元釋智譯《聖妙吉祥真實名經》：“啞阿（長呼）依倚（引）烏鄔（引）唊喨（引。一）阿嗃（引）吣啞悉低（二合）哆嚱哩（二合）低（二）。”（T1190v20p0827a）

按：《嘉興藏》作“啾”，音釋：“啾，寒剛切。”林光明《新編大藏全咒》卷十一《聖妙吉祥真實名經》“讚金剛菩提心”中“吣”之梵文羅馬轉寫作“aṃ”（v11p403）。日本淨嚴撰《悉曇三密鈔》：“𑖀𑖽，短暗字（去聲，近於鑒反。字記）。”（T2710v84p0732b）佛經“𑖀𑖽（aṃ）”多用“暗”字對譯，與收“m”尾之讀音相合。用“吣”譯“𑖀𑖽（aṃ）”唯此一見。根據《嘉興藏》所附音釋“寒剛切”的讀音，此字乃由“攽”加“口”旁所造之譯音字，然讀音與“𑖀𑖽（aṃ）”不甚相合。

0333 咊

唐菩提流志譯《不空羂索神變真言經》：“即説奮怒王真言曰：……薩縛磨邏儞訥瑟吒（上。八十七）跛（二合）囉[9]咊娜迦（八十八）。”（T1092v20p0275b-0276a）本頁下注9：“咊=跦《三》《乙》。”

按：正文之“咊”，注文作“咊”，《嘉興藏》作“跦”。“咊”“咊”與“跦”爲版本異文，“咊”即“沬”加“口”旁所造之譯音字，“咊”爲“咊”之訛，“咊”與“跦”爲同一梵文的譯音字。林光明《新編大藏全咒》卷二《不空羂索神變真言經》“奮怒王真言”中“咊”的梵文羅馬轉寫作“ma”（v2p351）。

唐一行記《大毘盧遮那成佛經疏》：“法輪法螺偈（梵本）：阿捺也（二合。今日也）鉢囉（二合）勃哩（二合）哌（已後也）路羯寫（世間也）斫羯蘭（二合。輪反［也］）[6]沬（無割反）唎多（二合）也（輪轉也）。”（T1796v39p0670b）本頁下注6：“沬=咊《甲》《乙》。”日本淨嚴撰《悉曇三密鈔》：“𑖪沬（無割反）𑖨𑖿𑖝喇哆（二合）𑖧也，輪轉也。”（T2710v84p0806a）“沬”又爲“𑖪（va）”的譯音字。《悉曇三密鈔》：“𑖦，麽、摩、磨、莽（日經）、忙（胎軌）、滿、曼、没、物、沬（隨求）。”（T2710v84p0745c）又：“𑖦𑖿，莫、末（佛頂）、沬（隨求）。”（T2710v84p0746a）又：“𑖪，嚩、婆、……末、沬、靺、拔、罰。”（T2710v84p0746b）“沫”可爲“𑖦（ma）”“𑖦𑖾（maḥ）”“𑖪（va）”的譯音字，與讀音相合。根據對應關係，“咮”爲“𠯗”字之訛，右旁所從當作“沫”。《集韻·末韻》莫葛切：“𨁃，行過也。”與“沫”在同一小韻，故“𨁃”“𠯗”可爲同一梵文的譯音字。

0334 呾

唐一行記《大毘盧遮那成佛經疏》：“磨迦（引）奢（虛空也）弭嚩（同也）呾（無也）。”（T1796v39p0628b）

按：“呾”即“𡅅”字之訛。日本杲寶撰《大日經疏演奧鈔》：“今偈十六句梵本。十四本第八云：復次此阿利沙伽陀，即是如來神力加持句。修諸供養時，以梵音讚歎彌善，今具存之。𑖐𑖐𑖡𑖦𑖩𑖡𑖰𑖾𑖭𑖿𑖪𑖥𑖯𑖪𑖎誐誐曩（引。虛空也）麼攞（無垢也）𡅅（無也）娑嚩（二合。自也）婆（引）嚩迦（引。性也。一句）。”（T2216v59p0388c）“無也”義對應的梵文是“𑖡𑖰𑖾（niḥ）”，譯音漢字是“𡅅”，與梵音相合。日本淨嚴撰《悉曇三密鈔》：“𑖡𑖰，顭、爾、尼、泥（入）、儞（入）、涅（入）、𪘂（切身。䋲索）。”（T2710v84p0744c）“涅”爲“𑖡𑖰（ni）”的譯音字。“𑖡𑖰𑖾（niḥ）”爲“𑖡𑖰（ni）”加涅槃點之音，故或在“涅”的基礎上加“口”旁造“𡅅”爲“𑖡𑖰𑖾（niḥ）”的譯音專字。

《可洪音義》卷九《諸佛心陀羅尼》：“沮沫，上女結反。誤。”（v59p884c）唐玄奘譯《諸佛心陀羅尼經》：“輸達泥 僧輸達泥 涅末麗 末羅詈波揭帝。”（T0918v19p0001b）“沮”即“涅”字之訛。南朝梁寶唱等集《經律異相》：“快見自念：此人欲我悖狂之亂，[29]沮致大難，請説身中惡露不淨，爾乃却耳。”（T2121v53p0088c）本頁下注29：“沮＝涅《宮》。”北涼沮渠京聲譯《佛説佛大僧大經》：“快見自念：斯子欲我悖狂之亂，沮致大難，請説身中惡露不淨，爾乃却耳。”（T0541v14p0827c）唐圓照撰《貞元新定釋教目録》：“居士[6]沮渠京聲，即北涼河西王蒙遜從弟安陽侯也。”（T2157v55p0828a）本頁下注6：“沮＝涅《聖》。”又：“北涼[35]沮渠氏傳譯道俗九人所出經傳（三十四部二百七十卷）。”（T2157v55p0901c）本頁下注35：“沮＝涅《聖》。”“涅”皆“沮”字之訛。“涅”與“沮”形近或混，故“𡅅”或訛作“呾”。

又，《可洪音義》“沮沫”之“沫”蓋“末”字之訛，乃由與“沮”連用而誤加“氵”旁，此亦字形同化之例。

0335 啨

唐菩提流志譯《大寶積經》：“承事供給，衣服飲食臥具湯藥，令無所乏。即説呪曰：‘怛姪他（一）阿末麗（二）毘末麗（三）替哆低（四）阿羯榸（五）是多設堵嚕（六）誓曳杜野筏低（七）部多筏低伽米麗（八）[1]唷低（九）蘇普低（十）普普細（十一）。’”（T0310v11p0568c－0569a）本頁下注1：“唷＝㗍《三》《宫》。”

按：《嘉興藏》作“㗍”。“唷”與“㗍”爲版本異文，“唷”即“㗍”字之訛。林光明《新編大藏全咒》卷一《大寶積經》“魔波旬説降伏散亂心陀羅尼”中“唷”梵文羅馬轉寫作“śan”（v1p77）。唐菩提流志譯《護命法門神呪經》：“若復有人能受持此護命法門，於晨朝時當起讀誦：但姪他補澁篦（比奚反。一）蘇補澁篦（二）杜摩跛㗚訶嚟（三）阿㗚耶鉢囉捨悉低（四）扇低（五）儞㗚目訖低（六）瞢伽（上）例（平。七）呬囉尼（尼也反）揭鞞（八）窣堵低（九）娑（思訖反）多鼻低（十）莎訶（十一）。”（T1139v20p0586a）林光明《新編大藏全咒》卷四《護命法門神呪經》“擁護咒”中“扇”梵文羅馬轉寫作“śan”（v4p399）。日本淨嚴撰《悉曇三密鈔》：“𑖫，舍、扇（隨求）。”（T2710v84p0746c）“扇”收録爲“𑖫（śā）”的譯音字。“扇”當爲“śan”的譯音字，因《悉曇三密鈔》按梵文字母收録譯音字，只能收録到“𑖫”字下。實際上只有“𑖫”的下一個音節首字母是“n”連讀成“śan”時才用“扇”字作譯音字。《悉曇三密鈔》：“𑖫扇𑖡𑖿𑖝𑖰底。”（T2710v84p0771a）又：“𑖫扇𑖡𑖿𑖝𑖯跢。”（T2710v84p0770c）又：“𑖫扇𑖡𑖿𑖝多。”（T2710v84p0783c）“扇”所對譯“𑖫（śa）”後接之二合音“𑖡𑖿𑖝（nta）”“𑖡𑖿𑖝𑖯（ntā）”“𑖡𑖿𑖝𑖰（nti）”的首音皆爲“n”。“㗍”即“扇”加“口”旁所造的譯音專字。參0381“㗍”字條。

“㗍”或作“唷”者，“扇”旁訛作“肩”旁也。北涼曇無讖譯《大方等大集經》：“[21]扇多跋帝。”（T0397v13p0299c）本頁下注21：“扇＝肩《宋》《宫》。”唐善無畏、一行譯《大毘盧遮那成佛神變加持經》：“惠施[3]扇都火。”（T0848v18p0043a）本頁下注3：“扇＝肩《宫》。”《可洪音義》卷八《佛説善法方便陁羅尼經》：“肩跋，上失戰反，《金剛秘密經》作‘睒婆’，正作‘扇’。”（v59p815b-c）“肩”皆“扇”字之訛，可比勘。

0336 㖤

東晉竺佛念譯《鼻奈耶》：“佛在釋[1]祇瘦迦維羅衛尼拘陀園。”（T1464v24p0878a）本頁下注1：“祇＝㖤《三》《宫》。”

按：“㖤”與“祇”爲版本異文，“㖤”即“祇”加“口”旁構成的譯音字。東晉瞿曇僧伽提婆譯《中阿含經》：“我聞如是，一時佛遊[7]釋羇瘦迦維羅衛，在尼拘類園。”（T0026v01p0434a）本頁下注7：“釋羇瘦～Sakkesu。”東晉竺佛念譯《出曜經》：“昔佛在釋翅搜迦維羅竭國尼拘類園中。”（T0212v04p0739b）東晉佛陀耶舍、竺佛念譯《四分律》：“爾時佛在釋翅瘦迦維羅衛尼拘律園。”（T1428v22p0618a）“釋祇瘦”又作“釋羇瘦”“釋翅搜”“釋翅瘦”等，“祇”與“羇”

“翅”爲同一梵文的譯音字。《鼻奈耶》：“佛世尊遊釋[14]羇瘦（釋種）迦維羅越尼拘陀園。”（T1464v24p0865b）本頁下注14：“羇＝㖼《三》《宮》。”“㖼”亦“祇”加“口”旁的譯音字。

0337 㖯

日本心覺撰《多羅葉記》：“室㖯吒那般叉耶時日提（《索滅解脱經》也，是經法也，已上二經法也）。”（T2707v84p0631a）

按：“㖯”即“唳”字之訛。佚名《翻梵語》：“室唳唵那般叉耶時日提（律曰《索滅解脱經》也）。”（T2130v54p0984a）後秦弗若多羅、羅什譯《十誦律》：“諸大經有波羅紫提伽（晉言《清淨經》）、波羅紫大尼（晉言《一淨經》）、般闍提利劍（晉言《三昧經》）、摩那闍藍（晉言《化經》）、波羅小闍藍（晉言《梵經》）、阿吒那劍（晉言《鬼神成經》）、摩訶紫摩耆劍（晉言《大會經》）、阿羅伽度波摩（晉言《蛇譬經》）、室唳[17]咆那都叉耶時月提（晉言《索滅解脱經》）、釋伽羅波羅念奈（晉言《釋問經》也）、摩呵尼陀那波梨耶夜（晉言《大因緣經》）、頻波紫羅波羅時伽摩南（晉言《洴沙迎經》）、般闍優波陀那肝提伽（晉言《五受陰却經》）、沙陀耶多尼（晉言《六情部經》）、尼陀那散猶乞多（晉言《同界部經》）、波羅延（晉言《過道經》）、阿陀波耆耶修妬路（晉言《衆德經》）、薩耆陀舍修妬路（晉言《諦見經》也）。”（T1435v23p0174b）本頁下注17：“咆＝咤《三》,唵《宮》。”與“㖯”對應之字皆作“唳”。“戾”或作“㦴”（見《可洪音義》v59p992b），故“唳”或訛作“㖯”。

0338 啞

後秦鳩摩羅什譯《大樹緊那羅王所問經》：“世尊，若有天龍夜叉乾闥婆阿修羅迦樓羅緊那羅摩睺羅伽等，有惡心者，若欲降伏當誦此呪：……毘持（十三）阿車（十四）多車（十五）摩羅使[19]啞呢伽睺（十六）。”（T0625v15p0388b）本頁下注19：“啞＝呧《三》《宮》，〔啞〕－《聖》。”

按：《嘉興藏》作“呧”，音釋：“呧，底。”“啞”與“呧”爲版本異文，“啞”即“呧”字之訛。俗書“氐”旁或訛作“亟”旁。《可洪音義》卷二十二《雜寶藏經》第八卷：“羝羊，上丁兮反。即牂羊也。”（v60p230b）“羝”即“羝”字之訛。

唐慧琳撰《一切經音義》卷四十一《六波羅蜜多經》第二卷：“呑噉，談濫反。俗字也，正作‘[6]啗’。前音義作‘啗’，亦俗字也。”（T2128v54p0577b）本頁下注6：“啗＝啞《甲》。”唐般若譯《大乘理趣六波羅蜜多經》：“所以者何？

我念三塗常受飢苦，心思吞噉，仰面向空，誰來入口充我一飽。”（T0261v08p0875b）“啞”又與“𠿗”爲版本異文，“啞”與“𠿗”皆“啗”字之訛，“噉”“啗”皆“啖”之異構字。

0339 咺

佚名《陀羅尼雜集》：“觀世音説能令諸根不具足者具足陀羅尼：南無勒囊利蛇蛇　南無阿利蛇　婆路吉坻……富羅　尼鹽　闍[4]垣希男多膠鉗　波利富男　羅毘散提。”（T1336v21p0613a）本頁下注4：“垣＝咺《三》。”

按：“咺”與“垣”爲版本異文，疑“垣”爲“恒”字之訛，“咺”即“㮇”字之訛。同上經：“觀世音菩薩所説諸根具足陀羅尼：南無陀利蛇　婆路蹄泜舍波羅蛇　菩提薩埵蛇　利擲哆　秀彌秀彌乞利乞利　富力濘三富力濘富羅尼藍　阿恒鉗　希男多夢鉗　婆利富囊羅 毘沙提遮陀。”（T1336v21p0609c）“闍垣”與“阿恒”當爲同一梵文的譯音形式。日本淨嚴撰《悉曇三密鈔》：“ᅟ，伽、誐、嘘、㮇。”（T2710v84p0742a）“㮇”乃“ᅟ（gha）”的譯音字。隋吉藏造《淨名玄論》：“問：‘若爾，何故[2]垣言二諦爲教，非是境理?’答：‘此約依二諦説法故，二諦名教。若據發生二智，則真俗名境。又真俗表不二理，則真俗名教。若對二智，則稱爲境，不可偏執。’”（T1780v38p0868c）本頁下注2：“垣＝恒ヵ《原》。”佚名《翻梵語》：“郁伽恒佉優婆塞，應云郁伽羅[7]垣伽，譯曰郁伽羅者，大功德；恒伽者，河名也。”（T2130v54p1012b）本頁下注7：“垣＝恒《甲》。”南朝梁僧祐撰《弘明集》：“凡動而善流，下民之性；化而裁之，上聖之功。謹爲[13]垣防，猶患踰溢，況乃罔不備設，以充侈志，方開所泰，何議去甚。”（T2102v52p0023b）本頁下注13：“垣＝恒《宮》。”前兩例“垣”爲“恒”字之訛，後一例“恒”爲“垣”字之訛，“垣”與“恒”互相混誤，故“㮇”或訛作“咺”。

0340 哪

唐不空譯《千手千眼觀世音菩薩大悲心陀羅尼》：“（二十八）若爲使令一切鬼神不相違拒者，當於髑髏寶杖手。真言：唵（引）度曩嚩曰［日］囉（二合）哪。”（T1064v20p0117c）

按：鄭賢章、鄧福禄與韓小荆都對此字做過考證，轉録如下：

鄭賢章《龍龕手鏡研究》“哪、𠲎”字條（p69）：

《龍龕·口部》（278）：“哪、𠲎，二俗，釋、郝二音。”《中華字海·口部》：“𠲎，同哪，見《龍龕》。”《中華字海·口部》：“哪，義未詳，見《龍龕》。”按：“哪”“𠲎”乃佛經真言用字，本無實際意義。“唵（引）度曩嚩曰囉（二合）嘟。”（《千手千眼觀世音菩薩大悲心陀羅尼》卷 1；T20，p0117c）“娜麽三曼多嚩日囉（二合）嗷戰拏摩訶盧灑拏（上一）馺普（二合）吒也（二）。”（《大毘盧遮那佛説要略念誦經》卷 1；T18，p0060a）

鄧福禄、韓小荆《字典考正》“嘟”字條（p84-85）：

hǎo 音毫上聲。義未詳。見《龍龕》（《字海》402b）。按：查《龍龕·口部》：“嘟、嗷，二俗，釋、郝二音。”（278）鄭賢章《龍龕手鏡研究》認爲二字皆爲真言用字，無實際意義（69）。竊以爲不然，二字在真言中出現時固然只表音，不表義，但這並不等於二字本無實義。《可洪音義》卷六《大薩遮尼幹子所説經》第一卷音義：“所嘟：呼各反。”（59/743c）所釋經文今《大正藏》本作“所螫”，原文如下：“如是諸衆生，常被如來加，聞説生歡喜，乃能諦信受。若爲惡知識，毒蛇之所螫，離於善知識，不聞甘露法，于諸勝法中，起於放逸心，墮大邪見坑，聞説不生信。”（元魏菩提留支譯《大薩遮尼幹子所説經》；T09，p0319b）又《可洪音義》卷二二《達摩多羅禪經》上卷音義：“蝮嗷：下尸隻、呼各二反。”（60/232a）根據可洪注音及今本經文用字，我們推斷“嘟”乃“螫”的俗字。“螫”有二音，《廣韻》施只切，又《集韻》黑各切。《可洪音義》卷一《大般若經》第十一帙音義：“螫敢：上呼各反，虵傷也。又音釋。”（59/552b）又同卷《摩訶般若波羅蜜經》第十五卷音義：“毒螫：呼各、尸亦二反，蛆螫也。”（59/575b）《龍龕》説“嘟”“嗷”二字有“釋”、“郝”二音，與“螫”字二音完全相同，所以我們認爲二字皆爲“螫”的俗字。“螫”指毒蟲咬齧，故俗書改從“口”旁；又因爲“螫”“郝”同音，故“嗷”字又换聲旁從“郝”。

鄭賢章指出“嘟”“嗷”皆譯音字，可從，但簡單地將二字混同則不妥。“嘟”“嗷”二字皆同形字，需做離析。“嘟$_1$”爲“郝”加“口”旁構成的譯音字。北宋法賢譯《佛説持明藏瑜伽大教尊那菩薩大明成就儀軌經》：“大明曰：唵（引）度曩嚩日囉（二合）郝（一）。”（T1169v20p0682a）唐輸波迦羅譯《蘇悉地羯囉經》：“金剛真言曰：唵　度曩嚩日囉（二合）賀。”（T0893v18p0607b）唐義淨撰《梵語千字文》：“𑖮𑖎𑖨，郝迦（引）囉，喚。”（T2133Bv54p1199c）又：“𑖮𑖎𑖿𑖬，郝乞灑（二合），躍。”（T2133Bv54p1202c）日本杲寶説、賢寶記《理趣釋秘要鈔》：“𑖮𑖾郝字具四義者：一、一切法本不生義，𑖮字有阿響，是其義也；二、因義，𑖮字也；三、人我義；四、法我義，此二義傍二點也。”（T2241v61p0730a）日本淨嚴撰《悉曇三密鈔》：“𑖮，訶、呵、賀、欱（羂索）、歌、佷、恨、紇、頡。”（T2710v84p0747a）又：“𑖮𑖾，矐（日經）、郝（金軌）、鶴（胎軌）、壑（金軌）。”（T2710v84p0747b）“郝”爲“𑖮（ha）”與“𑖮𑖾（haḥ）”的譯音字，“嘟”亦“𑖮（ha）”與“𑖮𑖾（haḥ）”的譯音字。

“嘟$_2$”爲“螫”的異構字。例證見上引鄧福禄、韓小荆所揭《可洪音義》卷六《大薩遮尼幹子所説經》第一卷音義：“所嘟：呼各反。”唐玄應撰《一切經音義》（麗藏本）卷三《摩訶般若波羅蜜經》第十五卷：“毒螫，式亦反。《字林》：‘虫行毒也。’關西行此音。又音呼各反，山東行此音。蛆，知列反，南北通語。”（p34c）唐慧琳撰《一切經音義》《摩訶般若波羅蜜經》第十五卷：“毒螫，式亦反。《字林》：‘虫行毒也。’關西行此音。又呼各反，山東行此音。

[9]蛆，知列反，南北通語也。音‘蛆’，誤也。”（T2128v54p0359c）本頁下注 9：“蛆＝蛆《甲》。”《集韻・鐸韻》黑各切：“蓋、蠚、螫、螫，《説文》：‘螫也。’或作蠚，亦作螫、螫。”“郝”與之同小韻。《説文・虫部》：“蓋，螫也。从虫，若省聲。”大徐音“呼各切”。清段玉裁注：“‘蠚’‘螫’蓋本一字，若聲赦聲同部也。或讀呼各切，山東行此音。或讀式亦切，關西行此音。見釋玄應書。今人乃以此篆切呼各，下篆切式亦，分而二之。”“蠚”“螫”蓋轉語同源詞，字又或作“⿰口郝”。

“⿰口赦”亦爲同形字，“⿰口赦$_1$”爲譯音字，“⿰口赦$_2$”爲“螫”的異構字，下面分別討論。

北魏菩提金剛譯《大毘盧遮那佛説要略念誦經》：“復次歸依法，爾時作是思惟，十方三世一切諸佛及深法藏成就勝願諸菩薩衆，我心皆悉歸依，三誦此明曰：唵（一）薩婆勃馱（二）慕地薩唾嚩（二合）難（三）捨羅⿰口赦蘖車（去）弭（四）跋曰羅（二合）達摩（五）紇哩（二合。六）。”（T0849v18p0055c-0056a）唐善無畏、一行譯《大毘盧遮那成佛神變加持經》：“歸依方便真言曰：唵（一）薩婆勃馱菩提薩怛鍐（引，二合。二）設囉⿰赤皮（平）蘖車弭（三）伐折囉（二合）達麼（四）頡唎（二合。五）。”（T0848v18p0046b）林光明《新編大藏全咒》卷六《大毘盧遮那成佛神變加持經》“歸依方便真言”中“⿰赤皮”的梵文羅馬轉寫作“ṇam”（v6p216）。《大毘盧遮那佛説要略念誦經》：“初擗除迎請者，所謂先擗除後迎請。其擗除者，用不動刀印，誦此明曰：娜麽三曼多嚩日囉（二合）⿰口赦戰拏摩訶盧灑拏（上。一）馺普（二合）吒也（二）吽怛囉（二合）吒（三）哻滿（四）。”（T0849v18p0058c）《大毘盧遮那成佛神變加持經》：“復次薄伽梵，爲息一切障故，住於火生三昧，説此大摧障聖者不動主真言曰：南麽三曼多伐折囉（二合）⿰赤皮（一）戰拏摩訶喞灑儜（上。二）薩破（二合）吒也（三）飦怛羅（二合）迦（四）悍（引）漫（引。五）。”（T0848v18p0015b）林光明《新編大藏全咒》卷六《大毘盧遮那成佛神變加持經》“大催障聖者不動主真言”中“⿰赤皮”的梵文羅馬轉寫作“nān”（v6p85）。日本淨嚴撰《悉曇三密鈔》：“𑖜𑖽，喃、⿰赤皮、赧（同上）、然。”（T2710v84p0744a）佚名《大日經持誦次第儀軌》：“不動尊種子心曰：𑖡𑖦𑖾𑖭𑖦𑖡𑖿𑖝𑖪𑖕𑖿𑖨𑖯𑖜𑖽𑖮𑖯𑖽，南麽三曼多伐折囉赧悍。”（T0860 v18p0184c）“⿰口赦$_1$”與“⿰赤皮”“赧”皆“𑖜𑖽（ṇaṃ）”的譯音字，前引林光明轉寫兩音皆誤。“⿰赤皮”“赧”二字作“𑖜𑖽（ṇaṃ）”的譯音字，漢字讀音與梵文讀音相合。字又作“⿰口赦”者，乃由“赧”字訛作“赦”，“⿰口赦”即“赦”加“口”旁所造之字。唐輸婆迦羅譯《攝大毘盧遮那成佛神變加持經入蓮華胎藏海會悲生曼荼擺廣大念誦儀軌供養方便會》：“曩莫三滿多嚩日囉（二合）[29]赧（一）嚩（入）嚩日囉（二合）播尼（二）戰拏摩賀路灑拏（三）吽娑嚩（二合）賀。”（T0850v18p0075b-c）本頁下注 29：“赧一＝赦《甲》，⿰赤皮《乙》。”又：“薩嚩枳迦囉[19]赧（六）。”（T0850v18p0076b）本頁下注 19：“赧＝赦《甲》。”“赦”皆“赧”字之訛，可比勘。佛經中未見“⿰口赦”作譯音字與“⿰口郝”字同者。

“⿰口赦$_2$”爲“螫”之異構字，鄧福禄、韓小荆考證詳明，證據充分，可從。

0341 哏

唐不空譯《甘露軍荼利菩薩供養念誦成就儀軌》："誦此密語曰：唵阿三磨哏儞（二合）吽發吒（半音）。"（T1211v21p0046a）

按："哏"即"垠"加"口"旁所造的譯音字。唐不空譯《聖賀野紇哩縛大威怒王立成大神驗供養念誦儀軌法品》："即誦真言曰：唵阿三磨銀儞（二合）吽發吒（半音）。"（T1072Av20p0161b）與"哏"對應之字作"銀"。《甘露軍荼利菩薩供養念誦成就儀軌》："密言曰：唵嚩日囉（二合）哏儞（二合）鉢囉（二合）捻（引）跛跢（二合，引）也娑嚩（二合，引）訶。"（T1211v21p0044a）唐不空譯《阿閦如來念誦供養法》："金剛甲冑真言曰：唵嚩日囉（二合，引）銀儞（二合）鉢囉（二合）捻跛跢（二合，引）也娑嚩（引，二合）訶。"（T0921v19p0016c）與"哏"對應之字亦作"銀"。日本覺成記、守覺輯《澤鈔》："𑖌𑖼 𑖀𑖐𑖿𑖡𑖰𑖘𑖎𑖰𑖮𑖳𑖽𑖕𑖾𑖭𑖿𑖪𑖯𑖮𑖯，唵阿銀儞（二合）吒枳吽弱娑嚩訶。"（T2488v78p0444a）"銀儞"爲"𑖐𑖿𑖡𑖰（gni）"的譯音字，"銀"乃"𑖐𑖰（gi）"後接首輔音"n"音時的譯音字。"垠"與"銀"同音，亦可爲"𑖐𑖰（gi）"的譯音字，"哏"亦爲"𑖐𑖰（gi）"的譯音字。佚名《藥師儀軌一具》："真言曰：唵嚩曰［日］羅（二合，引）嚚儞（二合）嚩羅捻跛跢（二合，引）也娑縛（二合）賀。"（T0924Cv19p0031b）"嚚"爲"銀"加"口"旁所造的譯音字。北宋處觀撰《紹興重雕大藏音》："嚚、哏，並銀音。"（C1169v59p0535a）"嚚""哏"皆爲"𑖐𑖰（gi）"的譯音字，可看作異構字。

0342 嘐

西夏智廣集《密咒圓因往生集》："心呪：唵馬合怛㘓曷也　麻禰囉嘐㖡　薩麻也薩呤斡　吽發怛。"（T1956v46p1013a）

按：同上經："文殊菩薩五字心呪：啊囉鉢撈捺。"（T1956v46p1011a）又："毘盧遮那佛大灌頂光呪：唵　麼遏　昧㖡撈捺　麻訶（引）母㖿㖿囉（二合）麻禰鉢㖿麻（二合）㘓辣　不囉（二合）斡呤怛（二合）也　吽。"（T1956v46p1012b）與"嘐㖡"對應之字皆作"撈捺"，"嘐"即"撈"加"口"旁所造之譯音專字。元釋智譯《聖妙吉祥真實名經》："𑖀𑖨𑖢𑖓𑖡，啊囉鉢撈捺。"（T1190v20p0834a）日本淨嚴撰《悉曇三密鈔》："𑖓，者、遮、左、戰（日經）、賛（立印）、旃、散、讚（隨求）、詘（造塔延命經）、作（胎軌）、斫、折、淅（胎）、撈（隨求）。"（T2710v84p0742b）又："𑖭，娑、薩、縒、三、參、散、撈、颯（隨求）。"（T2710v84p0747a）"撈"可爲"𑖓（ca）"和"𑖭（sa）"的譯音字。

0343 𠰳

隋闍那崛多譯《五千五百佛名神呪除障滅罪經》："即爲説此陀羅尼呪：僧[1]𠰳（余歌反）涕婆（去）斫芻（釵盧反，下同。一）馱馱（二）。"（T0443v14p0329a）本頁下注1："𠰳=邪《三》《宫》。"

按：《可洪音義》卷八《大佛名經》："僧啷，余歌反。"（v59p840a）"𠰳"與"邪"爲版本異文，"𠰳"即"啷"之書寫變異，"啷"又"耶"加"口"旁所造之譯音專字，"耶"本即由"邪"書寫變異而來，故兩字可爲同一梵文的不同譯音字。林光明《新編大藏全咒》卷四《五千五百佛名神呪除障滅罪經》"除障滅罪咒"中"𠰳"的梵文羅馬轉寫作"ya"（v4p493）。日本淨嚴撰《悉曇三密鈔》："𑖧，也、夜、野、耶、蛇、藥。"（T2710v84p0746a）"耶"爲"𑖧(ya)"之譯音字，"啷"亦"𑖧(ya)"之譯音字。"啷"或作"𠰳"者，"耶"或寫作"⿰耳巳"(《可洪音義》v59p814a)，可比勘之。

鄧福禄、韓小荆《字典考正》"啷"字條（p77）考定佛經之"啷"爲譯音字，甚是。《漢語大字典》："啷（一）xié《集韻》徐嗟切，平麻邪。聲。《集韻·麻韻》：'啷，聲也。'"（一p637a）《大字典》："啷（一）xié《集韻》徐嗟切，平麻邪。佛經譯音用字，無實義。《集韻·麻韻》：'啷，聲也。'鄧福禄、韓小荆《字典考正》：'（啷）爲譯音用字，無實義。'"（二p686b）《大字典》（第二版）據鄧福禄、韓小荆的考證爲"啷"字補充了佛經的用法，積極吸收新的考證成果是值得肯定的。但是，把佛經的用法和《集韻》的解釋糅合在一起，把佛經中"啷"的讀音定作"xié"則是錯誤的。根據經文自切、梵漢對音關係及"啷"與"耶"的關係，"啷"作譯音字時現代讀音當以"yé"爲是，與《集韻》"徐嗟切"的讀音無關。日本慧印校訂《撫州曹山元證禪師語録》："師聞鐘聲乃曰：'阿啷！阿啷！'僧問：'和尚作甚麼?'師曰：'打著我心。'僧無對。"（T1987Av47p0528b）明居頂撰《續傳燈録》："以手拽舌云：'阿啷！阿啷！'"（T2077v51p0548b）日本月坡道印語《月坡禪師語録》："百丈海禪師，因侍馬祖行次，忽見一群野鴨飛過，祖云：'是甚麼?'海云：'野鴨子。'祖云：'甚處去也?'海云：'飛過去。'祖遂把海鼻捏，海負痛失聲叫阿𠰳阿𠰳。祖云：'又道飛過去，元來只在這裏。'海直得浹背汗流。"（T2595v82p0531b）"𠰳"亦同爲"啷"字之訛。"阿啷"義近哎喲，爲嘆詞，文中表示痛苦。"啷"又用作嘆詞。

0344 啈

日本了尊撰《悉曇輪略圖抄》："冠一切我啈字門，野等羅等遍口聲。"（T27

09v84p0704b）

按："⿰口莽"即"莽"加"口"旁字之訛。日本玄昭撰《悉曇略記》："𑖦莽字門一切法吾我不可得故。"（T2704v84p0473c）日本淨嚴撰《悉曇三密鈔》："𑖦，麽、摩、磨、莽（日經）、忙（胎軌）、滿、曼、没、物、沫（隨求）。"（T2710v84p0745c）"莽"爲"𑖦（ma）"的譯音字，"莽"加"口"旁之字亦爲"𑖦（ma）"的譯音字。

0345 ⿰口茌

唐菩提流志譯《不空羂索神變真言經》："獻花真言：……旃暮伽（上）紇（二合）唎娜野（二十）跛（二合）囉暮[32]飲（奴錦反）矩嚕（二十一）。"（T1092v20p0276c）本頁下注32："飲＝⿰口茌《元》《明》《乙》。"

按：《嘉興藏》作"⿰口茌"。"⿰口茌"與"飲"爲版本異文，"⿰口茌"即"茌"加"口"旁所造的譯音字，與"飲"爲同一梵文的不同譯音字。東晉瞿曇僧伽提婆譯《增壹阿含經》："最後聖王名[7]茌（晋言不眴，音如錦反）。"（T0125v02p0809a）本頁下注7："茌～Nimi。""茌"可爲"Nim"的譯音字，經自切"如錦反"，可比勘。

0346 ⿰口専

日本道元撰《永平清規》："食時不彈舌而食，不⿰口専喉而食。"（T2584v82p0328b）

按："⿰口専"即"⿰口尃"之書寫變異。《説文・口部》："⿰口尃，噍皃。"隋闍那崛多譯《佛本行集經》第三十五卷："所謂舐㖒咋噉⿰口尃[2]唼，其所施食，悉皆充足，恣意飽食。"（T0190v03p0819b）本頁下注2："唼＝⿰口集《三》。"又第四十卷："爾時提婆大婆羅門即於彼夜，嚴備多種甘美飯食，如是齩噉唼㖒⿰口尃[3]唊。"（T0190v03p0839b）本頁下注3："唊＝⿰口集《三》《聖》。"唐玄應撰《一切經音義》（麗藏本）卷十九《佛本行集經》第三十五卷："⿰口尃⿰口集，又作'⿰齒尃'，同，補各反。下子立反。《説文》：'⿰口尃⿰口集，噍嚼聲皃也。'《經》文作'愽'。下或作'唊'，古俠反。忘［妄］語也。或作'唼'，子盍反。唼，嗽也。二形並非字義。"（p260a）宛委别藏本"⿰口尃"作"⿰口専"，"補"作"補"，"愽"作"博"，"唊"作"唊"（p607）。唐不空譯《菩提場所説一字頂輪王經》第三卷："不應鼓頰食，亦不[6]⿰口尃唼食。"（T0950v19p0206b）本頁下注6："⿰口尃＝博《三》《甲》《乙》。"唐慧琳撰《一切經音義》卷三十五《菩提場所説一字頂輪王經》第三卷："⿰口尃⿰口集，上音博，下津入反。《考聲》云：'⿰口尃⿰口集，羡飲食也。或⿰口尃口出聲作美想也。'《經》文作嗖唼字，非也。唼音所匣反。”（T2128v54p0542a）“嘒”“嘒”“嘒”“嘒”皆“嘒”字之書寫變異。

“嘒嘸”蓋擬聲詞，本指吃東西發出來比較大的聲音，也指大聲吃東西時的樣子。或作“嘒唼”“嘒唊”，“嘒唼”與“嘒嘸”義近，“嘒唊”爲語轉。

“嘒喉”之“喉”則爲“嘸”字之訛。西晉竺法護譯《賢劫經》：“拘那含牟尼如來至真所生土地，城名上被，梵志種，父名施尊，母字上妙，子曰澤明[21]集，侍者曰吉善，智慧弟子曰最上，神足曰不舍。”（T0425v14p0050c）本頁下注21：“集=侯《三》，兵《宮》。”“集”或與“侯”爲異文，可資比勘。

0347 耷

日本照遠撰《資行鈔》：“外道未置三壇，壇開二十四門，時南岳諸善信、東岳劉正念、西嶽桓文度、北岳集得心、中嶽呂惠通、及霍山天目白鹿五臺等十八山道道［士］六百九十八，共耷靈寶真文、太上王訣、無星符籙九百九卷置一檀，又以二十七家子書茆成子等置一壇。”（T2248v62p0533c-0534a）

按：後唐景霄纂《四分律行事鈔簡正記》：“共賫靈寶真文、太上王訣、元皇符籙九百九卷置一壇。”（X0737v43p0236b）元無寄撰《釋迦如來行蹟頌》：“都合六百九十人，各賫靈寶真文、大上玉訣、三元符等五百九卷，置於西壇。”（X1510v75p0038c）與“耷”對應之字作“賫”，“耷”即“賫”字之訛，字本作“齎”，唐慧琳撰《一切經音義》：“賫持，濟西反，俗字也。《考聲》：‘持財與人也。’《説文》作：‘齎，持遺也，從貝齊聲也。’《經》作‘賫’，因草誤。”（T2128v54p0351b）慧琳以爲“賫”爲“齎”之草書楷定字。

0348 鵏

元德煇重編《勅修百丈清規》：“稱揚聖[6]號，蕩滌深殃。”（T2025v48p1147b）本頁下注6：“號=鵏《宮》。”

按：“鵏”與“號”爲版本異文，據文意，當以“號”爲正，“鵏”即“號”字之訛。

0349 嗐

日本淨嚴撰《悉曇三密鈔》：“𑖮𑖿，虐、嗐。”（T2710v84p0742a）

按："嗐"即"嘘"字之訛。"嘘"即"（gaḥ）"的譯音字，乃"虐"加"口"旁所造的譯音專字。同上經："，伽字……嗐（義淨）。"（T2710v84p0735c）"嗐"又爲"（ga）"的譯音字，亦"嘘"字之訛。唐善無畏、一行譯《大毘盧遮那成佛神變加持經》："伊縊塢烏　哩㗚里狸　翳藹汙奧　仰壤嚀曩莽　唱穰儜囊忙　噞髯喃南鍐　嗐弱搦諸莫。"（T0848v18p0030c）唐法全集《大毘盧遮那成佛神變加持經蓮華胎藏菩提幢標幟普通真言藏廣大成就瑜伽》："寂靜涅槃真言曰：曩莫三滿多没馱喃（引）喤囉嚩（引）拏惡嗐弱搦諸莫娑嚩（二合，引）賀（引）。"（T0853v18p0151b）唐輸婆迦羅譯《攝大毘盧遮那成佛神變加持經入蓮華胎藏海會悲生曼荼攞廣大念誦儀軌供養方便會》："（一八三）仰孃拏曩莽（發行真言）啹穰儜曩忙（補闕真言）唅髯喃南鍐（涅槃真言）嘘弱搦諸莫。"（T0850v18p0083a）與"嗐"對應之字作"嘘"。

唐惟謹述《大毘盧遮那經阿闍梨真實智品中阿闍梨住阿字觀門》："，嗐弱搦諸莫。"（T0863v18p0194c）"嗐"又"（ṅaḥ）"的譯音字。

0350 喔

日本心覺撰《多羅葉記》："晨，，素[16]哩喻（二合）娜也。"（T2707v84p0595a）本頁下注16："哩＝喔《甲》。"

按："喔"與"哩"爲版本異文，"喔"即"哩"字之訛。"哩喻"對應之梵文作"（rye）"，與讀音不合，疑梵文當作"（ryo）"。唐義淨撰《梵語千字文》："，素哩喩（二合）娜也，晨。"（T2133Bv54p1205b）與""對應的梵文正作""，與"喻""喩"音合。

失譯《拔陂菩薩經》："拔陂，譬如有眼男子，淨夜無雲霧，於夜半時仰頭視上，便見無數星宿。……佛爾時解是義説偈言：有眼觀上視空，於淨月中夜起。見無數億千[16]里，雖曉明意在識。"（T0419v13p0923b-c）本頁下注16："里＝星《聖》。"《嘉興藏》作"里"。日本寬信撰《傳受集》："梵號，縛嚕拏，或云水曜，是辰里[4]［標號當在'里'字前——引者按］也云云。"（T2482v78p0254a）本頁下注4："里＝星ヵ《甲》。"遼希麟集《續一切經音義》："太微，星名也。《七曜天文經》云：太微官垣，十[6]星在翼北。"（T2129v54p0977c）本頁下注6："星＝里《甲》。"日本觀靜撰《孔雀經音義》："畢綟多，又云薜荔多，又云必噝哆，梁言餓鬼。畢音賓密反，不合梵語，借可呼比也。畢，意也，山邊道也，又[3]星名也。綟音魯帝反。"（T2244v61p0765a）本頁下注3："星＝里ィ《甲》。""里"皆"星"字之訛，故"哩"或訛作"喔"。

0351 㗂

日本安然撰《悉曇藏》："㗂穰儜曩忙。"（T2702v84p0428a）

按："㗂"即"㖿"字之訛。唐輸婆迦羅譯《攝大毘盧遮那成佛神變加持經入蓮華胎藏海會悲生曼荼攞廣大念誦儀軌供養方便會》："[24]㗂穰儜曩忙（補闕真言）。"（T0850v18p0083a）本頁下注 24："㖿＝喝仰《甲》。"日本安然撰《觀中院撰定事業灌頂具足支分》："[1]㖿穰儜曩忙。"（T2393v75p0269a）本頁下注 1："㖿＝㗂《甲》《乙》。"日本覺超撰《胎藏三密抄》："菩提行發慧真言：（歸命如上）左哩也（二合）㗂（引）穰（引）儜（引）曩（引）忙（引）娑嚩賀。"（T2398v75p0622b）"㖿""㗂"亦皆"㖿"字之訛。日本淨嚴撰《悉曇三密鈔》："，哦、我、俄、餓、呀、語（引）、昂、仰（日經）、覲。"（T2710v84p0742b）"昂"爲"（ṅa）"之譯音字，"㖿"爲"（ṅā）"之譯音字，"㖿"乃"昂"加"口"旁所造之譯音專字。

0352 咃

隋闍那崛多譯《東方最勝燈王陀羅尼經》："即説呪曰：阿叉企　娑企　那衹　那衹膩　那衹娑隸　婆那尼利　咃呵疑　咃呵羅跋致　禪弟疑　禪提羅跋致　娑波呵。"（T1353v21p0866c）

按："咃"爲"虵"加"口"旁所造之譯音專字。日本安然撰《悉曇藏》："，耶（北經作虵）。"（T2702v84p0411a）日本淨嚴撰《悉曇三密鈔》："，也、夜、野、耶、蛇、藥。"（T2710v84p0746a）"虵"爲"蛇"的異體字，兩字皆可爲"（ya）"之譯音字。後秦鳩摩羅什譯《大樹緊那羅王所問經》："……薩婆彌利車吱[21]咃多那（十八）。"（T0625v15p0388b）本頁下注 21："咃＝也呿《三》《宮》《聖》。""咃"與"也"爲異文，讀音亦合。

0353 嗢

唐法寶撰《俱舍論疏》："若言[15]唱陀南，此云集散。"（T1822v41p0468c）本頁下注 15："唱＝嗢《甲》《乙》。"

按："嗢"與"唱"爲版本異文，"嗢"即"嗢"字之訛，字又作"嗢"，故又訛作"唱"。唐慧琳撰《一切經音義》："嗢陀南，梵語也，以義翻之猶如足跡，古譯云偈也。”（T2128v54p0548b）遼希麟《續一切經音義》卷五《金剛頂真實大教王經》：“嗢陀南，上溫骨反，次徒何反。或云嗢柁南。柁，唐賀反。舊翻爲偈頌也。琳法師引《瑜伽大論》翻爲足跡，又云集總散，義譯也。”（T2129v54p0954c）“嗢陀南”乃“udana”的音譯，“嗢”爲“उ（u）”的譯音字，佛經習見。

經文或作“唱”者，亦“嗢”之訛。唐義淨譯《根本説一切有部毘奈耶雜事》：“爾時[2]嗢逝尼國人多疫死。”（T1451v24p0305a）本頁下注2：“嗢=唱《聖乙》。”唐慧琳撰《一切經音義》：“嗢逝尼國，上烏骨反。”（T2128v54p0706c）唐玄奘、辯機撰《大唐西域記》：“羯朱[1]嗢祇羅國。”（T2087v51p0926a）本頁下注1：“嗢=唱《甲》。”唐義淨譯《藥師琉璃光七佛本願功德經》：“即説呪曰：……[4]唱答謎塢謎矩謎。”（T0451v14p0417a）本頁下注4：“唱=嗢《三》《宫》。”“唱”皆“嗢”字之訛。唐輸婆迦羅譯《攝大毘盧遮那成佛神變加持經入蓮華胎藏海會悲生曼荼攞廣大念誦儀軌供養方便會》：“殷勤唄[14]唱三至七，次誦吉慶伽他句。”（T0850v18p0068a）本頁下注14：“唱=嗢《甲》。”又：“常作如是願，宣[15]唱佛恩德。”（T0850v18p0082b）本頁下注15：“唱=嗢《甲》。”“嗢”又皆“唱”字之訛，可比勘。

0354 哩

唐一行記《大毘盧遮那成佛經疏》：“次云鉢囉睒摩達磨[11]涅若多者，鉢囉是最勝義，睒摩是證此寂。……達磨是法，[13]哩若多是生。”（T1796v39p0663c）本頁下注11：“涅=嵲《甲》《乙》。”注13：“哩=涅《乙》。”

按：“哩”與“涅”爲版本異文。同上經：“今次釋此寂災真言：南麼三曼多勃陀喃阿摩訶扇底（丁以反）蘗多扇底羯囉鉢囉睒摩達磨[6]咀若多阿婆嚩薩嚩婆嚩達摩三曼多鉢囉鉢多莎訶。”（T1796v39p0663b）本頁下注6：“咀=阻《甲》，嵲《乙》。”又：“故於此品中説初如來頂相真言：南麼三漫多勃陀喃伽伽那阿難多薩發囉儜毘輸馱達摩[6]儞闍多娑訶。”（T1796v39p0677b）本頁下注6：“儞=咀《甲》，嵲《乙》。”“哩”與“涅”“嵲”“阻”“咀”“儞”皆爲同一梵文的譯音字。《説文·水部》：“涅，黑土在水中也。从水，从土，日聲。”字本作“涅”，“涅”爲“涅”的異寫字，字又寫作“湼”（見《廣韻·屑韻》）、“湼”（見明張自烈《正字通·水部》）。“哩”即“涅”之換旁字，“水”旁換作“口”旁，爲譯音專字。“嵲”爲“湼”加“口”旁所造之譯音專字。“阻”爲“涅”字之訛，“咀”爲“阻”加“口”旁之字。“儞”與“涅”爲同一梵文的不同譯音字。日本淨嚴撰《悉曇三密鈔》：“दि，儞、昵、涅、墀（千手呪）、黏（羂索）。”（T2710v84p0744b）“涅”爲“दि（di）”之譯音字，“哩”亦“दि（di）”之譯音字。

勝友造、唐義淨譯《根本薩婆多部律攝》：“次時蜜[12]哩羅步弭迦兄弟二人數行誹謗。”（T1458v24p0577b）本頁下注12：“哩=咀《三》《宫》。”“哩”又

“咀”字之訛。唐善無畏、一行譯《大毘盧遮那成佛神變加持經》：“入佛三昧耶明曰：南麽薩婆怛他（引）蘖帝嚩（一）微濕嚩（二合）目契嚩（二）唵阿三迷（三）[3]咀喔（二合）三迷（四）三麽曳（平。五）莎訶（六）。”（T0848v18p0047a）本頁下注 3：“咀＝喤《丙》《丁》。”又：“[24]咀囉（引，二合）吒（輕）咀囉（二合）吒（同上。八）。”（T0848v18p0047c）本頁下注 24：“咀＝暭《三》。”“喤”“暭”亦“咀”字之訛，可比勘。

0355 嗲

佚名《陀羅尼雜集》：“觀世音菩薩心陀羅尼句：……留路途修[17]修伽羅波羅菩。”（T1336v21p0607a-b）本頁下注 17：“修＝嗲《三》。”

按：唐玄應撰《一切經音義》（麗藏本）卷二十《陀羅尼雜集》第五卷：“修⿰口脩。”（p265a）宛委别藏本“⿰口脩”作“嗲”（p620）。《可洪音義》卷二十三《陀羅尼雜集》第五卷：“⿰彳脩⿰口脩，音修。”（v60p288a）又卷二十五《一切經音義》第二十卷：“⿰亻脩⿰口脩，二同，息由反。應和尚未詳。”（v60p388a）“嗲”與“修”爲版本異文，“嗲”即“修”加“口”旁所造的譯音字，“⿰口脩”爲“嗲”之異體。林光明《新編大藏全咒》卷十六《陀羅尼雜集》：“觀世音菩薩心陀羅尼”中“修修”的梵文羅馬轉寫作“susu”（v16p289）。日本淨嚴撰《悉曇三密鈔》：“𑖫𑖲，輸、戍、秫、修、首、舜。”（T2710v84p0746c）又：“𑖭𑖲，蘇、素、酥、祖、修、須、窣、塞（佛頂）、遜（羂索）。”（T2710v84p0747a）“修”可爲“𑖫𑖲（śu）”與“𑖭𑖲（su）”的譯音字。《陀羅尼雜集》之“嗲”爲“𑖭𑖲（su）”的譯音字。

0356 喉

北涼曇無讖譯《大方等大集經》：“爾時佛告梵王等言：我今以彼[15]睺羅婆國。”（T0397v13p0371c）本頁下注 15：“喉＝侯《三》《宮》《久》。”

按：正文之“睺”注文作“喉”，“喉”乃“睺”脱“目”中兩横所致。“睺羅婆國”《大方等大集經》亦作“侯羅婆國”（T0397v13p0371b），“睺”與“侯”爲同一梵文的不同譯音字。

0357 嗹

龍樹造、後秦鳩摩羅什譯《大智度論》：“婬行罪故，身生毛羽，隔諸細滑，嘴[8]嗻麁[9]靽，不別觸味。”（T1509 v25p0175a）本頁下注 8：“嗻 = 距《三》《宮》《石》。”注 9：“靽 = 鞕《三》《宮》。”

按：“嗻”與“距”爲版本異文，“嗻”即“啑”字書寫變異。“啑”或寫作“嚏”（見《可洪音義》v59p758c），“嗻”與“嚏”形近。“捷”或作“擮”（見清吴任臣《字彙補・手部》），亦可比勘。“啑”有鳥吃食之義，“嘴啑麁靽”即用嘴吃粗硬的東西之義。

日本圓仁撰《顯揚大戒論》：“婬行罪故，身生毛羽，隔諸細滑，嘴距麁靽，不別觸味。”（T2380v74p0745c）元一行慧覺撰《華嚴經海印道場懺儀》：“淫行罪故，身生毛羽，隔諸細滑，觜距麤鞕，不別觸味。”（X1470v74p0157c）與“啑”對應之字皆作“距”，“距”有雞、雉等的腿後面突出像脚趾的部分之義，“嘴距麁靽”謂嘴和距又粗又硬，與作“啑”文意不同。

又，西晉竺法護譯《等集衆德三昧經》：“是時維耶離大城中有大力士名維摩羅[26]嗻移（晋言離垢威）。”（T0381v12p0973c）本頁下注 26：“嗻 = 提《宋》《宮》，啑《元》《明》。”《嘉興藏》作“啑”。唐玄應撰《一切經音義》（麗藏本）卷七《等集衆德三昧經》：“嚏移，都計反。亦言維摩羅移，晋言離垢，大力士名也。”（p102a）“嚏”字宛委别藏本作“嚔”（p228）。“嗻”“嚏”“啑”皆“嚔”字之訛。佚名《翻梵語》：“維摩羅逓移，經曰離垢威也。”（T2130 v54p1025c）日本心覺撰《多羅葉記》：“維摩羅羅遆移，經云離垢威也。是雜人部。”（T2707v84p0629b）“逓”“遆”亦“嚔”字之訛。

0358 㗊

西晉竺法護譯《佛説普曜經》：“億百千樂諸天[23]㗊嗟。”（T0186 v03p0507b）本頁下注 23：“㗊 = 咨《三》。”

按：“㗊”爲“咨”的版本異文。韓小荆《〈可洪音義〉研究》“㗊”字條（p270）考“㗊”即“咨”之增旁俗字，結論可從。“咨”“嗟”本皆嘆詞，“咨嗟”爲同義並列複合詞，可表讚嘆和感嘆的語氣，也可以表示讚嘆或感嘆之義。上揭句中當爲感嘆之義，字本作“咨嗟”，“㗊”乃受後字“嗟”影響而加形旁“口”之誤字，此乃字形同化之例。

唐慧琳撰《一切經音義》：“嚬蹙，上毘寅反，下酒育反。《文字集略》云：‘嚬者，蹙眉也。’顧野王曰：‘嚬蹙者，憂愁思慮不樂之貌也。’《考聲》云：‘蹙㗊，忸怩也。’”（T2128v54p0314a）“㗊”亦“咨”之加“口”旁字，乃受前字“蹙”的影響而誤加“口”旁。《方言》卷十：“忸怩，慙歰也。楚郢江湘之間謂之忸怩，或謂之䀇咨。”《集韻・合韻》作荅切：“蹙，蹙咨，忸怩，慙也。”與“㗊”對應之字皆作“咨”。

0359 唌

龍樹造、後秦鳩摩羅什譯《大智度論》："如人被械得脱，而作戲論：是械，是腳，何者是解脱？是人可[13]怪，於腳、械外更求解脱。衆生亦如是，離五衆械更求解脱法。"（T1509v25p0288c）本頁下注13："怪=笑《三》《宫》，唌《石》。"

按："唌"與"笑""怪"爲版本異文，"唌"即"笑"之異體"咲"之書寫變異，文中"可怪""可笑"皆通。唐慧琳撰《一切經音義》："戲笑，戲字虚邊作弋，弋音餘力反。笑字從竹犬聲，有作'咲'者，俗也。"（T2128v54p0439a）"咲"字佛經習見。《可洪音義》卷二《小品般若經》："微唌，音笑。"（v59p583c）"唌"亦"咲"之書寫變異。

0360 㖙

唐阿質達霰譯《穢跡金剛説神通大滿陀羅尼法術靈要門》："即説大圓滿陀羅尼神呪穢迹真言曰：唵咈咶啒嗶摩訶鉢囉（二合）[25]㖙那嘚（三音）。"（T1228v21p0158b）本頁下注25："㖙=恨《三》《甲》。"

按："㖙"與"恨"爲版本異文，"㖙"即"恨"加"口"旁所造的譯音專字。唐不空譯《普遍光明清淨熾盛如意寶印心無能勝大明王大隨求陀羅尼經》："摩賀麼嚕跢野薩嚩（二合，引）賀（引。九十）阿㖙曩（二合）曳（引）薩嚩（二合，引）賀（引。九十一）。"（T1153v20p0630a）北宋天息災譯《佛説大摩里支菩薩經》："真言曰：唵（引）佉佉（引）佉（引）呬佉（引）呬誐里（二合）恨曩（二合）誐里（二合）恨曩（二合）誐里（二合）恨曩（二合，引）努薩里嚩（二合）部帝迦（引）末陵娑嚩（二合）賀。"（T1257v21p0266c）與"㖙"對應之字作"恨"。林光明《新編大藏全咒》卷七《佛説大摩哩支菩薩經》"獻食真言"中"恨曩"梵文羅馬轉寫作"hna"（v7p437）。日本淨嚴撰《悉曇三密鈔》："ह，訶、呵、賀、歌（羂索）、歌、佷、恨、紇、頡。"（T2710v84p0747a）"恨"爲"ह（ha）"的譯音字。

0361 咀

日本靜然撰《行林抄》："伽伽顊（引。十）憾（入。十一）鳴咀（主於反）摩羅顊（引）設咄嚧吽（引。十二）。"（T2409v76p0383c）

按：唐金剛智譯《金剛藥叉瞋怒王息災大威神驗念誦儀軌》：“伽伽顊（引。十）感（入。十一）嗚[32]祖（主於反）摩羅顊（引）設咄嚧吽（引。十三）。”（T1220v21p0098b）本頁下注 32：“祖＝⿰口祖《甲》。”北宋法天譯《無能勝大明陀羅尼經》：“[8]⿰口祖隸（引）祖隸（引）。”（T1234v21p0175b）本頁下注 8：“⿰口祖＝祖《明》。”“⿰口祖”與“祖”爲版本異文，“⿰口祖”即“祖”加“口”旁所造的譯音專字。日本淨嚴撰《悉曇三密鈔》：“𑖓𑖲，注、芻、珠、足、朱、徂、主、祖（隨求）。”（T2710 v84p0742c）又：“𑖓𑖺，祖、主（佛頂）。”（T2710v84p0742c）又：“𑖕𑖺，儒、擾（烏瑟軌）、粗（佛頂）、祖（隨求）。”（T2710v84p0743a）又：“𑖭𑖲，蘇、素、酥、祖、修、須、窣、塞（佛頂）、遜（羂索）。”（T2710v84p0747a）“祖”可爲“𑖓𑖲（cu）”“𑖓𑖺（co）”“𑖕𑖺（jo）”“𑖭𑖲（su）”的譯音字。“⿰口祖”亦爲上述諸梵文的譯音字。北宋法天譯《佛説大乘聖無量壽決定光明王如來陀羅尼經》：“室止（二合）怛帝⿰口祖（仁祖反）囉（引）惹（仁佐反）野怛他（引）。”（T0937v19p0085b）北宋施護譯《佛説守護大千國土經》：“嚩底⿰口祖（仁祖切，引）底左囉抳。”（T0999v19p0584c-0585a）“⿰口祖”經自切“仁祖反”，皆“𑖕𑖺（jo）”之譯音字。

鄭賢章《龍龕手鏡研究》：“⿰口祖，《龍龕·口部》：‘⿰口祖，俗，音祖。’《中華字海·口部》：‘⿰口祖，義未詳，見《龍龕》。’按：‘⿰口祖’乃佛經咒語譯音字，本無實際意義，本無正體，爲新造字。”（p69-70）已考證“⿰口祖”爲譯音字，但未進一步考明“⿰口祖”與“祖”之關係及對應梵文，故補考之。

0362 ⿰口祗

唐金剛智譯《佛説七俱胝佛母准提大明陀羅尼經》：“結外火院大界契第九。其契以左手密掩右手背，相重，直竪二大指，相去二寸許即成，妙言曰：唵阿三麼⿰口祗儞𤙖莎嚩訶（誦三遍以契右旋三度即是）。”（T1075v20p0176a）

按：“⿰口祗”爲“⿰口祇”字之訛，“⿰口祇”又“祇”加“口”旁所造之譯音專字。唐金剛智述、善無畏譯《念誦結護法普通諸部》：“結八方火院契。二羽平舒掌，慧加定羽上，禪智直竪開，名曰金剛火，唵阿三麼祇儞吽。念誦已，以印右遶三遍。”（T0904v18p0902a）佚名《大佛頂如來放光悉怛多般怛羅大神力都攝一切呪王陀羅尼經大威德最勝金輪三昧呪品》：“其契以左手蜜掩右手背，相重，直竪二大指，相去二寸許即成，妙言曰：唵阿三麼祇儞𤙖莎嚩訶。”（T0947 v19p0184a）與“⿰口祗”對應之字皆作“祇”。日本淨嚴撰《悉曇三密鈔》：“𑖐𑖿𑖡𑖰，起泥（胎）、祇儞（佛頂）、嶷儞（佛頂）。”（T2710v84p0758a）又：“𑖐𑖰，儗（胎）、近、疑、擬、宜、耆、祇。”（T2710v84p0742a）“祇儞”爲“𑖐𑖿𑖡𑖰（gni）”的譯音字，“祇”爲“𑖐𑖰（gi）”的譯音字，“⿰口祇”亦同之。“⿰口祇”訛作“⿰口祗”，“氏”旁訛作“氐”旁習見。參 0336“⿰口祇”字條。

0363 㖃

唐道世撰《法苑珠林》："爾時世尊一切種智即説呪曰：噠㖃咃　菩陀菩陀菩陀　㲉摩帝　菩提菩提　摩隸　式叉夜娑舍利。"（T2122v53p0741a）

按："㖃"即"姪"加"口"旁構成的譯音字。佚名《陀羅尼雜集》："爾時世尊一切種智即説呪曰：噠姪他　菩陀菩陀菩陀。"（T1336v21p0601a）與"㖃"對應之字作"姪"。日本明覺撰《悉曇要訣》："𑖝𑖟𑖿𑖧𑖞怛姪他云怛儞也（二合）他，異本漢字而呼梵音，爲無失耶？若令叶梵字而呼者，設異漢字亦無有失。非但此字，𑖪𑖕𑖿𑖨或譯嚩日羅（二合），或譯跋折羅，而人云嚩佐羅，或云嚩惹羅，一切例之。其𑖟𑖿𑖧姪𑖞他字，或云姪（儞也反）他，或云姪（地也反）他。"（T2706v84p0512c）日本淨嚴撰《悉曇三密鈔》："𑖟𑖿𑖧，姪（千手大悲心呪）、儞也（尊勝）、儞演（金軌）、晛（奴見切。略出經）。"（T2710v84p0751a）"姪"爲二合音"𑖟𑖿𑖧（dya）"的譯音字。"姪"含介音，故漢譯佛經或作二合音的譯音字。佛經"㖃"字多見。

0364 㖖

唐阿目佉譯《佛説不空羂索陀羅尼儀軌經》："即説不空羂索心王母陀羅尼密言曰：曩莫（敬禮）𡁠底哩（二合）耶（三）特嚩[6]㖖（尼故反。世）誐哆（過去）鉢囉（二合）底瑟恥（二合）帝（現前）弊耶（二合）。"（T1098v20p0434a）本頁下注6："㖖＝怒《甲》《乙》。"

按："㖖"與"怒"爲版本異文，經自注"尼故反"，"㖖"即"怒"加"口"旁所造譯音專字。日本淨嚴撰《悉曇三密鈔》："𑖟𑖺，怒、度、土。"（T2710v84p0743c）又："𑖜𑖲，怒。"（T2710v84p0744a）又："𑖡𑖺，奴、怒、弩。"（T2710v84p0745a）"怒"可爲"𑖟𑖺（do）""𑖜𑖲（ṇu）""𑖡𑖺（no）"的譯音字。

0365 噪

北宋法天譯《佛説無能勝大明王陀羅尼經》："即説呪曰：……麼賀（引）㜸囉（二合）噪（四十五）嚩囉禰（泥翳反）跛哆（二合。四十六）"（T1233v21p0172c-0173a）

按："噪"即"臬"加"口"所造之譯音字。日本淨嚴撰《悉曇三密鈔》：

“[illegible]，斯、死、枲（隨求）、徙（佛頂）、悉（字記）、西。[illegible]，徙（日經）、枲（佛頂）。”（T2710v84p0747a）“枲”爲“si”及其長音的譯音字，“⿰口枲”爲“枲”加口旁所造之譯音專字。

0366 ⿰口⿱日土

唐菩提流志譯《廣大寶樓閣善住祕密陀羅尼經》：“洗浴呪曰：唵蘇[10]⿰口⿱日土（寧結切。一）摩羅伐底（二）訶囉訶囉（三）跛半弭離弭離吽莎訶。”（T1006v19p0649c-0650a）本頁下注10：“⿰口⿱日土=呾《宋》。”

按：“⿰口⿱日土”與“呾”爲版本異文，“⿰口⿱日土”即“⿰口湼”字之訛，“⿰口湼”又“湼”加“口”旁構成的譯音專字。“呾”亦“⿰口湼”字之訛。同上經：“洗浴呪曰：唵蘇湼隸摩羅伐底訶囉訶囉跛晚弭哩吽莎訶。”（T1006v19p0642c）與“⿰口⿱日土”對應之字作“湼”。參0354“⿰口⿱日王”字條。

0367 ⿰口⿰扌里

日本杲寶撰《大日經疏演奧鈔》：“此釋伊縊塢烏　哩⿰口⿰扌里里狸　翳藹污奧也。”（T2216v59p0478c）

按：“⿰口⿰扌里”即“⿰口狸”字之訛。唐善無畏、一行譯《大毘盧遮那成佛神變加持經》：“伊縊塢烏　哩⿰口⿰扌里里狸。”（T0848v18p0030c）“⿰口⿰扌里”亦“⿰口狸”字之訛。參0376“⿰口狸”字條。

0368 ⿰口逝

唐菩提流志譯《五佛頂三昧陀羅尼經》：“即説一切如來勝頂王呪曰（歸命同上）：唵入嚩攞⿰口逝庾瑟昵沙入嚩攞入嚩攞畔馱畔馱哪麽哪麽訥嚕麽（摸朗反）。”（T0952v19p0266b）

按：日本淨嚴撰《悉曇三密鈔》：“[illegible]，逝（消災軌）、際（無量壽軌）、誓（佛頂）、餓（切身。慈氏）。”（T2710v84p0743a）“逝”爲“[illegible]（je）”的譯音字，“⿰口逝”即“逝”加“口”旁所造的譯音字。

0369 䎱

唐道宣撰《續高僧傳》:“夏后聖周,行瓦棺之事也。殷人以木槥櫝,藤緘之也。中古文昌,仁育成治,雖明窆葬,行者猶希,故掩骼埋胔,[20]䎱而瘞也。”(T2060v50p0685b)本頁下注20:“䎱=堋《三》《宫》。”

按:“䎱”與“堋”爲版本異文,“䎱”即“堋”字之訛。《説文·土部》:“堋,喪葬下土也。从土,朋聲。《春秋傳》曰:‘朝而堋。’《禮》謂之封,《周官》謂之窆。《虞書》曰:‘堋淫于家。’”與文意合。唐慧琳撰《一切經音義》:“堋而,上崩懵反。懵,墨鄧反。《傳》文從古作‘䎱’,非也。《左傳》云曰:‘中而堋。’杜預注云:‘堋,葬下地也。’從土,朋聲。朋正用字。字書又作‘奟［萠］’,音同上。”(T2128v54p0899c)已溝通“䎱”與“堋”之關係。《可洪音義》卷二十八《續高僧傳》第二十八卷:“䎱而瘞,上方鄧反。束棺下之也。正作‘奟’‘堋’二形。”(v60p496b)作“䎱”,字形小訛。《龍龕·古部》(高麗本):“䎱、䎱,《隨函》云:誤,合作奟。方蹬反。束棺下之。”(p339)金韓孝彦、韓道昭《四聲篇海·古部》:“䎱、䎱,二。《隨函》云:誤,合作奟。又方蹬切。束棺下之。”字形不誤。《中華字海》:“䎱,bèng,音蹦。同‘堋’,葬時下土。字見《龍龕》。”(p911c)亦已溝通“䎱”與“堋”之關係。

0370 㖼

隋闍那崛多譯《東方最勝燈王陀羅尼經》:“即説呪曰:㖼隸　摩訶㖼隸　㖼羅尼　阿溪摩溪(用吴音)　娑曼泜　摩訶娑曼泜　薩移莎攬寐　娑波呵。”(T1353v21p0866a)

按:“㖼”即“殊”加“口”旁構成的譯音字。佚名《佛説安宅陀羅尼呪經》:“即説呪曰:多跌他　波羅殊隸　殊隸　殊隸隸沙摩鞮摩訶娑摩鞮　娑慢帝　摩訶娑慢帝　娑隸娑羅隸　莎呵。”(T1029v19p0744b)日本淨嚴撰《悉曇三密鈔》:“ज,殊(日經)、樹、乳、孺(日經)、儒(金軌)、濡。”(T2710v84p0743a)“殊”爲“ज(ju)”的譯音字。“㖼”亦爲“ज(ju)”的譯音字。

0371 㗁

日本覺超撰《金剛三密抄》:“《略六》云:跛折囉慕瑟㗁㗁(私云:今

《軌》云：散地者在彼經三十七梵音中，又出《稱［攝］真實經》二名。俱出《瑜祇經》）。”（T2400v75p0686c）

按：“⿰口致”即“致”加“口”旁所造之譯音專字。唐金剛智譯《金剛頂瑜伽中略出念誦經》：“是名金剛拳三摩耶契，結此契時而誦此密語：唵　跋折囉　慕瑟致（上）鋑（亡凡反）。”（T0866v18p0226c）日本曇寂撰《金剛頂大教王經私記》：“是名金拳三昧耶契，結此契時而誦此密語：唵跋折羅慕瑟致（上聲）鋑（亡凡切）。”（T2225v61p0179c）《金剛頂瑜伽中略出念誦經》：“又用二拳合相捺，誦此密語：唵　跋折羅　慕瑟　置鋑。”（T0866v18p0243a）《金剛頂大教王經私記》：“又用二拳合相捺，誦此密語：唵跋折羅慕瑟置鋑。”（T2225v61p0361b）與“⿰口致”對應之字作“致”或“置”。日本淨嚴撰《悉曇三密鈔》：“𑖘𑖰，置（金峯）、智、徵、知、致、緻、恥。”（T2710v84p0743b）“致”“置”皆“𑖘𑖰（ṭi）”之譯音字，“⿰口致”亦“𑖘𑖰（ṭi）”之譯音字。

鄭賢章《龍龕手鏡研究》：“⿰口致，《龍龕·口部》：‘⿰口致，俗，音致。’《中華字海·口部》：‘⿰口致，義未詳，見《篇海》。’按：‘⿰口致’俗音‘致’，在佛經中乃譯音用字。”（p40）已指出“⿰口致”爲佛經譯音字，未進一步考證“⿰口致”所譯之音，故補考如上。

0372 ⿰口⿱亜土

日本圓仁撰《蘇悉地羯羅經略疏》：“嚥，又作⿰口垔、⿰口雲、⿰口⿱亜土，烏見反。”（T2227v61p0429b）

按：“⿰口⿱亜土”即“⿰口垔”之異構字。《玉篇·口部》：“咽，於肩切。咽喉也。⿰口垔，同上。”同部：“嚥，於見切。吞也。亦作咽。”“⿰口垔”爲“咽”之異體，義爲咽喉。“嚥”爲吞嚥義。“⿰口垔”與“嚥”非異體字，圓仁謂“嚥，又作⿰口垔、⿰口雲、⿰口⿱亜土，烏見反”，不妥。《説文·土部》：“垔，塞也。《尚書》曰：‘鯀垔洪水。’从土，西聲。⿱覀垔，古文垔。”《龍龕·土部》：“⿱亜土，古；垔，今。”（p247）“⿱亜土”爲“垔”之古文楷定之變，故“⿰口垔”或作“⿰口⿱亜土”。

0373 嗗

日本成賢撰《薄雙紙》：“真言曰（大呪）：曩謨（引）囉怛曩怛羅夜耶。曩謨（引）失戰荼縛曰［日］羅播拏曳。摩賀藥乞叉細曩。鉢多曳。曩謨（引）阿他嗗嚕藥室拏薩也。”（T2495v78p0649c）

按：“嗗”即“嗗”之異寫字，“嗗”乃“骨”加“口”旁所造之譯音專字。唐不空譯《北方毘沙門多聞寶藏天王神妙陀羅尼別行儀軌》：“北方天王心真言曰：，曩謨（引）囉怛曩怛羅夜（引）也曩謨（引）失戰（二合）荼嚩日囉（二合）播拏（引）曳（引）摩賀藥乞叉（二合）細曩鉢多曳曩謨（引）阿他骨嚕藥室拏薩也。”（T1250 v21p0232b–c）與“嗗”對應之字作“骨”，爲“（ko）”的譯音字。北宋法護譯《佛説出生一切如來法眼遍照大力明王經》：“麽攞嚩日囉（二合）[6]嗗嚕（二合，引）。”（T1243v21p0212c）本頁下注 6：“嗗=骨《明》。”又：“大力明王心真言：怛儞也（二合）他（引）唵（引）嚩日囉（二合）嗗嚕（二合）馱摩賀（引）麽攞賀曩那賀鉢左末他尾枳囉尾特嚩（二合）娑野惹徵攞耄（引）那羅塢奄澁麽（二合）嗗嚕（二合）馱吽（引）嘐吒遏阿（引，去）鴦（烏剛反）惡（入）輅（引）醯（引）娑嚩（二合）賀（引）。”（T1243 v21p0213b–c）北宋法賢譯《佛説最上根本大樂金剛不空三昧大教王經》：“嚩日囉[4]骨嚕（二合）馱摩賀（引）骨嚕（一［二］合）馱（二十九句）。”（T0244 v08p0800c）本頁下注 4：“骨=嗗《明》。”“嗗”“嗗”亦皆“骨”之加旁字。

東晋佛陀跋陀羅、法顯譯《摩訶僧祇律》：“時六群比丘全吞食嗗嗗作聲。”（T1425v22p0406a）《廣韻·黠韻》烏八切：“嗗，飲聲。”“嗗嗗作聲”之“嗗”爲“飲聲”義之“嗗”的異寫字，與譯音字之“嗗”爲同形字。

0374 嗠

唐阿目佉譯《佛説不空羂索陀羅尼儀軌經》：“次復説銀器真言曰：唵（一）三補唎拏（二）嚧比野（二合）鞞弭野（三）皤惹泥（四）阿姹伽鉢嗠迷（二合）莎嚩（二合）訶（引）。”（T1098v20p0442c）

按：“嗠”即“特”加“口”旁所造的譯音字。唐實叉難陀譯《觀世音菩薩祕密藏如意輪陀羅尼神呪經》：“摩訶播特迷（二合。十）……筏囉陀耶播特迷（二合）。”（T1082v20p0200a）唐寶思惟譯《觀世音菩薩如意摩尼陀羅尼經》：“摩訶鉢特迷（二合。十二）。”（T1083v20p0200b）與“嗠”對應之字皆作“特”，可以比勘。日本淨嚴撰《悉曇三密鈔》：“，豆、特、訥（佛頂）、弩（訶利帝母經）、耨（隨求）、突（集經）。”（T2710v84p0744b）又：“，陀、馱、娜、但、彈、檀、達、特。”（T2710v84p0744c）又：“，豆、度、特。”（T2710v84 p0744c）“特”可以作“（du）”“（dha）”和“（dhu）”的譯音字。“嗠”字在《佛説不空羂索陀羅尼儀軌經》中凡 40 見，皆爲與“特”用法相同的譯音字。

0375 嗼

日本源信撰《往生要集》：“有惡鳥身大如象，名曰閻婆，嗼利生炎。”（T26

82v84p0036b）

按：俗書“雋”或寫作“隽”，“嚆”即“嚆”之異寫字。《龍龕·口部》：“[illegible]、嚆、嚛、嚆、[illegible]、嚆，六俗。即委反。正作觜、策二字。鳥喙也。”行均已溝通“嚆”與“嚆”的關係。“嚆”字《大正藏》凡107見，皆“嚆”的異寫字。唐玄應撰《一切經音義》（麗藏本）卷一《大威德陁羅尼經》第十六卷：“鐵策，今作‘㭰’，又作‘觜’，同，子累反。《廣雅》：策，口也。《方言》：策，鳥喙也。《經》文作‘嚆’，非也。‘嚆’音似臾反。”（p13b）唐慧琳撰《一切經音義》卷二十六《大般涅盤經》第十六卷：“蚉策，子累反。又作‘㭰’‘觜’，同。《廣雅》云：‘口也。’《字書》云：‘鳥［鳥］喙也。’《經》文有作‘嚆’，泉臾反，與‘吮’同，非經義也。”（T2128v54p0474c）北涼曇無讖譯《大般涅槃經》：“善男子，假使蚊[3]嚆能盡海底，如來終不爲諸衆生作煩惱因緣。”（T0374v12p0459b）本頁下注3：“嚆＝觜《元》《明》《宮》。”玄應、慧琳讀“嚆”之音爲“似臾反”或“泉臾反”，慧琳以爲“嚆”與“吮”同，蓋以右旁所從之“隽”推之，《廣韻·獮韻》徂兖切：“雋，鳥肥也。又姓，漢有雋不疑。隽，俗。”“吮”與“雋”同小韻。玄應、慧琳所言雖與“嚆”所從右旁之讀音相合，但得不到文獻實際用例的支持，文獻中未見“嚆”用同“吮”之例。根據實際用例，並參考字形，“嚆”之右旁乃“雋”之異寫。鄭賢章《龍龕手鏡研究》“嚆”字條（p115）可參看。

0376 𠿒

日本淳祐集《悉曇集記》：“悉曇十二字中甌字之下，次有紇里（二合）、紇梨（二合）、里、梨四字。故知所指悉曇阿等十餘字也。而彼四字其音多種，或云哩（上）、哩（去）、呂（上）、嚧（引），或云擼、留、盧、留，或云𠿒（上）、𠿒（去）、里（上）、里（去）。今順此記，可呼紇里（二合）、紇梨（二合）、里、梨。其第三字自得里音。今者取之，而稱悉曇中里字。《大日經》等皆呼初二以𠿒、𠿒，何不取耶？此記之中呼初二爲紇里、紇梨。”（T2705v84p0480c）

按：日本安然記《胎藏界大法對受記》：“𑖂伊𑖃縊𑖄塢𑖅烏𑖋哩𑖌𠿒𑖍里𑖎狸。”（T2390v75p0093b）“𑖋（ṛ）𑖌（ṝ）𑖍（ḷ）𑖎（ḹ）”乃梵文中所謂四流音，“𑖌（ṝ）”爲“𑖋（ṛ）”之長音，“𑖎（ḹ）”爲“𑖍（ḷ）”之長音，“𠿒”爲“𑖌（ṝ）”的譯音字，“狸”爲“𑖎（ḹ）”的譯音字。唐智廣撰《悉曇字記》：“悉曇十二字中甌字之下，次有𑖋紇里、𑖌紇梨、𑖍里、𑖎梨四字”。（T2132v54p1187c）“𑖌（ṝ）”的譯音字又用“紇梨”二字。

0377 ⿰口便

日本圓仁撰《蘇悉地羯羅經略疏》：“所謂壯熱，鼻塞噴⿰口便，眼中淚出，支骨酸疼。”（T2227v61p0460c）

按：唐輸波迦羅譯《蘇婆呼童子請問經》：“所謂壯熱，鼻塞噴啑，眼中淚出，支骨酸疼。”（T0895v18p0724b）與“⿰口便”對應之字作“啑”，“⿰口便”“啑”皆“嚏”字之訛。《可洪音義》卷十七《根本説一切有部毗奈耶頌》：“苾蒭⿰口⿸疒疌，上蒲結反，中側俱反，下丁計反。噴鼻也。”（v60p63a）“⿰口⿸疒疌”爲“嚏”字之訛，與“⿰口便”形近，可比勘。

0378 ⿰口⿸疒疌

南朝宋求那跋陀羅譯《雜阿含經》：“佛便説：俱披犁調達部破戲亦[13]⿰口建。”（T0101v02p0494c）本頁下注13：“⿰口⿸疒疌=⿰口⿺廴疌《宋》，嚏《元》《明》。”

按：正文作“⿰口建”，注作“⿰口⿸疒疌”，“⿰口⿺廴疌”與“嚏”“⿰口建”又爲版本異文，“⿰口⿺廴疌”“⿰口⿸疒疌”“⿰口建”蓋皆“嚏”字之訛。參0403“⿰口⿺廴疌”字條。

0379 ⿰口部

日本心覺撰《多羅葉記》：“璣⿰口部尼，龍子名也。”（T2707v840629a）

按：失譯《佛説菩薩本行經》：“龍有二子，一名璣鄯尼。”（T0155v03p0116b）唐玄應撰《一切經音義》（麗藏本）卷五《菩薩本行經》：“璣鄯尼，居衣反，下音市戰反。龍子名也。”（p66a）與“⿰口部”對應之字皆作“鄯”，“⿰口部”蓋“鄯”誤作“部”又加“口”旁而成之字。唐道世撰《法苑珠林》：“至十七年二月，鄯[6]部王前部王等又説堅請兵西伐。”（T2122v53p0474a）本頁下注6：“部=鄯《三》《宮》。”“部”即“鄯”字之訛，可比勘。

失譯《奇特最勝金輪佛頂念誦儀軌法要》：“甲冑護身真言曰：唵[5]⿰口部入嚩攞（二合）𤙖。”（T0949v19p0191a）本頁下注5：“⿰口部=部《甲》。”“⿰口部”又“部”加“口”旁所造之譯音專字。日本淨嚴撰《悉曇三密鈔》：“𑖥𑖲，步、部、勃。”（T2710v84p0745c）“部”爲“𑖥𑖲（bhu）”之譯音字，“⿰口部”亦“𑖥𑖲（bhu）”之譯音字。

0380 啹

唐法全撰《大毘盧遮那成佛神變加持經蓮華胎藏悲生曼荼羅廣大成就儀軌供養方便會》："施身方便真言曰（獨股印）：唵（一）薩嚩怛他蘖多（二合。二）布惹鉢囉（二合）嚩（無渴反）嘌多（二合）曩夜怛麽（二合）南（三）[10]涅哩（二合）夜（引）哆夜弭（四）。"（T0852v18p0109a）本頁下注 10："涅＝啹《乙》。"

按："啹"與"涅"爲版本異文，"啹"即"涅"加"口"旁構成的譯音專字。參 0425"㖏"字條。

0381 㗠

唐善無畏譯《童子經念誦法》："次説飽滿食十五鬼神呪曰：南麽三曼多勃馱喃唵訶利訶利藥乞叉尾儞夜達㗠比旨比旨囉吒蘖囉藍蘖囉藍訶散難微訶（上）散難弱吽鑁斛。"（T1028v19p0743b）

按：鄧福禄、韓小荆《字典考正》"㗠"字條："'㗠'爲佛經咒語音譯用字。……'㗠'蓋以'扇'字爲基礎增加口旁而成。"（p89-90）結論可從。唐義淨撰《梵語千字文》："𑖫𑖯𑖽𑖝，扇（引）多，定。"（T2133Bv54p1199a）又："𑖫𑖯𑖽𑖝，扇多，息。"（T2133Bv54p1203c）又："𑖫𑖯𑖽𑖝𑖰，扇（引）底，靜。"（T2133Bv54p1205a）日本淨嚴撰《悉曇三密鈔》："𑖫𑖯𑖽，舍、扇（隨求）。"（T2710v84p0746c）"扇"爲"𑖫𑖯（śā）"後接"n"爲首輔音音節時的譯音字。"㗠"與"扇"作譯音字時的用法相同。

0382 嗔

唐道宣撰《集古今佛道論衡》："雖事言對，次序乖越，遞相擊論，遂至逼[17]瞑。"（T2104v52p0388b）本頁下注 17："瞑＝嗔《三》《宮》。"

按："嗔"與"瞑"爲版本異文，"嗔""瞑"皆"暝"字之訛。"逼暝"即傍晚之意，或作"逼冥"。南朝梁慧皎撰《高僧傳》卷三："（法顯）將至天竺，去王舍城三十餘里有一寺，逼冥過之。顯明旦欲詣耆闍崛山。寺僧諫曰：……衆莫能止，乃遣兩僧送之。顯既至山，日將曛夕，欲遂停宿。"（T2059v50p0337c）

0383 ⿰口强

西晋竺法護譯《大哀經》第二卷："戒清淨者，斯爲莊嚴，不恐不懅，未曾[6]慷慨，其意寂靜，無能毁稱。"（T0398 v13p0418a）本頁下注 6："慷慨＝⿰口强濫《宋》《宮》，強濫《元》《明》。"

按："⿰口强濫"與"強濫""慷慨"爲版本異文，"⿰口强"即"⿰口強"字之訛。唐慧琳撰《一切經音義》卷十九《大哀經》第二卷："⿰口彊嚂：上羌兩反，下苦改反。'唴'，啼哭聲也，'嘅'，嘆息之聲，正作'唴嘅'。《經》中作'⿰口強嘅'，書錯不成字也。"（T2128 v54p0426c）《可洪音義》卷三《大哀經》："⿰口彊嚂，上苦浪反，正作'慷''忼'二形。下苦愛反，正作'慨''愾''嘅'三形。'慷慨'，大息也，謂大喘息聲也。'忼嘅'，嘆息聲也，亦欬瘷聲也。正應言'謦欬'也，經意謂菩薩常寂靜乃至不聞謦欬之聲也。'謦'，苦頂反。'欬'，苦愛反。上又宜作'咣'，丘亮反。方俗呼'忼慨'爲'咣嘅'耳。上又郭氏作巨兩反，下香訖反。並非也。栢梯本作'⿰口畺嚂'。"（v59p647c）慧琳所見本作"⿰口強嘅"，釋作"⿰口彊嚂"，以"唴嘅"爲正字，義爲啼哭聲、嘆息聲，故"⿰口強"字讀"羌兩反"。據此則"⿰口強"爲改換聲旁的異構字。可洪字作"⿰口彊嚂"，與慧琳同，但以"慷慨"爲正，故"⿰口強"字讀"苦浪反"，又以"⿰口強"字宜作"咣"，讀"丘亮反"，"咣嘅"爲"忼慨"的方俗音變。"咣嘅""⿰口強嘅"當即"忼慨"的轉語，"⿰口强"爲"⿰口強"字之訛，"濫"爲"嚂"字之訛。

然審文意，經中"慷慨"當即文獻常用之情緒激昂之義，"未曾慷慨"與澹泊悦安義近，乃"戒清淨者"對心態、情緒的控制，緊接下來"其意寂靜"，義亦相近。慧琳改讀作"唴嘅"，訓"唴"爲啼哭聲也，訓"嘅"爲嘆息之聲；可洪訓"慷慨"爲大息，謂大喘息聲也；"忼嘅"爲嘆息聲，亦欬瘷聲也，經意謂菩薩常寂靜乃至不聞謦欬之聲，皆不合經意。

0384 ⿰口娘

唐不空譯《金剛頂勝初瑜伽經中略出大樂金剛薩埵念誦儀》："𑖦𑖮𑖭𑖲𑖏𑖦𑖮𑖨𑖐𑖦𑖮𑖪𑖕𑖿𑖨𑖦𑖮𑖠𑖡𑖦𑖮𑖕𑖿𑖗𑖡，摩訶（引）素（上）佉（一）摩訶囉（引）伽（二）摩訶（引）嚩日囉（二合。三）摩訶馱那（四）摩訶[8]⿰口娘那（五）。"（T1120Av20p0517b）本頁下注 8："⿰口娘那（五）＝抧娘娘（上，二合），那（五）《甲》。"

按："⿰口娘"與"抧娘"爲版本異文，兩者皆爲"𑖕𑖿𑖗（jña）"的譯音字。"𑖕𑖿𑖗（jña）"爲二合音，或用兩字對譯，日本了尊撰《悉曇輪略圖抄》："𑖕𑖿𑖗，枳孃。"

（T2709v84p0706a）“抧”爲“枳”字之訛，“娘”與“孃”同音，可爲同一梵文的譯音字。或用一字對譯，唐玄奘譯《大般若波羅蜜多經》：“般若佛姆親心呪：唵鉢囉娘鉢囉娘摩訶鉢囉娘嚩。”（T0220v07p1110b）即用“娘”對譯“（jña）”。日本淨嚴撰《悉曇三密鈔》：“，若、社、如、壤、孃。”（T2710v84p0743a）“孃”正“（ña）”之譯音字。

0385 ⿰吉若

日本觀靜撰《孔雀經音義》：“賢質迦，或云緊折[45]諾迦，或金者那柯。”（T2244v61p0792c）本頁下注45：“諾=⿰吉若《甲》。”

按：“⿰吉若”與“諾”爲版本異文，“⿰吉若”即“諾”字之訛。唐義淨譯《佛説大孔雀咒王經》：“緊折里龍王，緊折諾迦龍王，鏡面龍王。”（T0985v19p0471a）與“⿰吉若”對應之字作“諾”。東晋佛陀耶舍、竺佛念譯《四分律》：“見居士在露地敷衆多好坐具，見已，即問居士言：‘居士敷此衆多坐具，欲請諸比丘耶?’答言：‘欲請。’比丘尼即問[12]言：‘請何等比丘耶?’報言：‘我請舍利弗目連。’”（T1428v22p0653b）本頁下注12：“言=吉《明》。”北宋元照撰《四分律行事鈔資持記》：“出亦[2]言者，非驅逐也。”（T1805v40p0312a）本頁下注2：“言=吉《甲》。”前一例“吉”爲“言”字之訛，後一例“言”爲“吉”字之訛。“吉”與“言”相混訛，故“諾”或訛作“⿰吉若”。

0386 ⿰口捺

西夏智廣集《密呪圓因往生集》：“心呪：唵馬合怛㗚曷也　麻禰囉嘐⿰口捺　薩麻也薩吟斡　吽發怛。”（T1956v46p1013a）

按：“⿰口捺”即“捺”加“口”旁構成的譯音字。同上經：“文殊菩薩五字心呪：啊囉鉢摎捺。”（T1956v46p1011a）與“嘐⿰口捺”對應的字作“摎捺”。唐菩提流志譯《不空羂索神變真言經》：“跛（二合）囉皤（蒲餓反，下同音）弭[20]嚟（彈舌輕呼）儞羝（十四句）。”（T1092v20p0229b）本頁下注20：“嚟=捺《宋》，⿰口捺《元》《明》。”《嘉興藏》作“⿰口柰”，卷末校訛：“第一葉十行‘捺’字注‘彈舌’，非是，疑誤。”林光明《新編大藏全咒》卷二《不空羂索神變真言經》“不空羂索心王母陀羅尼真言”中“弭嚟”的梵文羅馬轉寫作“bina”（v2p176）。日本淨嚴撰《悉曇三密鈔》：“，嚟、麗、歷、㗚（佛頂）。”（T2710v84p0746b）又：“，怛㘓（胎）、怛嚟、底嚟、帝囇、帝嚟（四倶佛頂）。”（T2710v84p0753b）“嚟”爲“（le）”“（re）”的譯音字。北宋施護譯《佛説一切如來金剛三業最上祕密大教王經》：“婆乞叉（二合）婆乞叉（二合）弭捺摩

(引) 寫(二十四)。"(T0885v18p0490b)林光明《新編大藏全咒》卷十一《佛説一切如來金剛三業最上秘密大教王經》:"儞羅難拏大忿怒明王大明"中"弭捺"的梵文羅馬轉寫作"meda"(v11p163)。"捺"爲"𑖟(da)"的譯音字,"嗏"亦當爲"𑖟(da)"的譯音字。"捺""嗏"與"𡂊"爲異文,必有一誤,待考。

0387 㗼

日本信範撰《悉曇秘傳記》:"𑖒(哦,吾哥反。仰,虎鞕反)、𑖗(若,若我反。攘,沙羊反)、𑖜(拏,尼牙反。拏,陀爽反)、𑖡(那,奴可反。曩,奴郎反)、𑖦(摩,莫羅反。㗼)五字,哦若拏那摩,阿韻也;仰攘拏曩莽,アウ韻也。"(T2708v84p0652b)

按:"㗼"即"嗙"字之訛。日本淨嚴撰《悉曇三密鈔》:"𑖦,麽、摩、磨、莽(日經)、忙(胎軌)、滿、曼、没、物、沫(隨求)。"(T2710v84p0745c)"莽"爲"𑖦(ma)"之譯音字,"嗙"爲"莽"加"口"旁所造之譯音專字,"㗼"即"嗙"字之訛,"莽"旁訛作"𦳝"旁也。《龍龕·艸部》:"𦳝,俗;莽,今,莫朗反。莽草。又姓。"(p260)"莽"或訛作"𦳝",可比勘。

0388 㖸

日本杲寶撰《大日經疏演奥鈔》:"以㖸、唵字爲𑖌𑖽字對譯,此於悉曇學最爲疎謬也。"(T2216v59p0428a)

按:"㖸"即梵文"𑖌𑖽"的譯音字,同"唵"。唐地婆訶羅譯《方廣大莊嚴經》:"唱[4]唵字時,出一切物皆無我我所聲。"(T0187v03p0560a)本頁下注4:"唵=㖸《三》。"唐輸波迦羅譯《蘇婆呼童子請問經》:"若此法者呼我[13]㖸字,枯木尚入其中,令遣下語,何況人耶。"(T0895v18p0728b)本頁下注13:"㖸=唵《乙》。""㖸"亦皆同"唵"。

0389 嗟

日本中算撰《妙法蓮華經釋文》:"齧,五結反。慈恩云:嗟,齩也。大嗟爲~。又傷皮肉爲~也。"(T2189v56p0158a)

按:"嗟"即"嚙"字之訛。

0390 㗄

日本淨嚴撰《悉曇三密鈔》："𑖠𑖿𑖪𑖽，達凡（略出）、特㗄（金）、特奉（佛頂）、特憣（胎）。"（T2710v84p0756b）

按：鄭賢章《龍龕手鏡研究》"㗄"字條："《龍龕·口部》（275）：'㗄，音梵，又蒲感、蒲紅二反。'《中華字海·口部》：'㗄，同呏，字見《龍龕》。'《中華字海·口部》：'呏，義未詳，見《篇海》。'按：'㗄'音'梵'，乃佛經咒語用字，本無實際意義……至於《中華字海》言'㗄'同'呏'，我們以爲《龍龕·口部》'呏'音'梵'雖然與'㗄'同音，但不一定爲異體，我們還没有發現'㗄'同'呏'的證據。相反，我們發現'呏'在佛經中亦爲譯音用字。請參'呏'字條。"（p71）《研究》有"呞"字條，無"呏"字條，"呞"字條下曰："《龍龕·口部》（269）：'呞，俗，音凡。'《中華字海·口部》：'呞，同呏，字見《龍龕》。'《中華字海·口部》：'呏，義未詳。'按：從字形上看，'呞'是'呏'之俗，'呏'在佛經中乃譯音用字，本無實義。"（p67）考出"㗄""呏"用字，可從。然仍有可補、可議者。

《悉曇三密鈔》："𑖥，婆字（重音，薄我反。字記）、……嘙（蒲耽反。光宅）、㗄（義淨、慧遠）、㗄（猶是滿舸反。語之如上。慧均）、渀（蒲三反。重信行）。"（T2710v84p0737b）又："𑖥，婆、涾（全真）、渀、嘙、㗄、佩（胎軌）、罰、薄（佛頂）。"（T2710v84p0745b）又："𑖥𑖽，㗄、畔、伴、便（法花）、盤（佛頂）、婆餅（二合。慈氏）。"（T2710v84p0745c）"㗄"可爲"𑖥（bha）""𑖥𑖽（bhaṃ）"的譯音字。"特㗄"爲"𑖠𑖿𑖪𑖽（dhvaṃ）"的譯音字，"㗄"又爲"𑖪𑖽（vaṃ）"的譯音字。《悉曇三密鈔》："𑖪𑖽，鋄（日經）、挽、奉（二共佛頂）、憣（胎軌）、罔（佛頂）、滅（慈氏）。"（T2710v84p0746c）《悉曇三密鈔》"𑖪𑖽（vaṃ）"的譯音字未收"㗄"字。

又，佚名《陀羅尼雜集》："摩尼跋陀天王陀羅尼句：伊呏摩夜　收盧多咩　迦悉泜　三摩夜　婆伽呏　金羅婆悉鍮　兜呵羅泜悉摩　視多嘍禰　阿那他比茶　達施羅咩　阿他佉　露摩孏跋度盧　摩呵夜叉　斯那波泜　移那婆伽呏　悉泜　怒波　僧伽嚂多　憂波僧迦嚂多　婆伽婆大波導　失羅娑濘　槃地埵婆　伊迦泜　禰師大提迦多禰山拏　阿他佉樓　摩孏妖度　度呵夜叉斯那　波泜婆伽呏多咩　咩多大菩蜥。"（T1336v21p0604c）林光明《新編大藏全咒》卷十六《陀羅尼雜集》"摩尼跋陀天王陀羅尼"中三個"呏"字梵文羅馬轉寫皆作"vaṃ"（v16p256）。"呏"與"㗄"皆爲"𑖪𑖽（vaṃ）"的譯音字，可以看作異構字。鄭賢章認爲"呏"與"㗄"不一定是異體的推斷是缺乏根據的。

唐慧琳撰《一切經音義》卷三十二《象腋經》："摩仇，渠尤反。梵語。《經》從口作'呏'，非也。"（T2128v54p0522a）唐玄應撰《一切經音義》（麗藏本）卷八《象腋經》："摩仇，渠牛反。《經》文從口作'叴'，非也。"（p116a）"呏"

又“叺”字之訛。

0391 㗒

日本了尊撰《悉曇輪略圖抄》：“《大日經》云：哩㗒里狸。”（T2709v84p0674c）

按：“㗒”即“㘈”字之訛。參0376“㘈”字條。

《可洪音義》卷九《大毗盧遮那成佛神變加持經》第五卷：“哩㗒，上力底反，下力兮反。”（v59p872a）唐善無畏、一行譯《大毘盧遮那成佛神變加持經》：“哩㗒里狸。”（T0848v18p0030c）“㗒”“㗒”亦“㘈”字之訛。

0392 㘈

唐菩提流志譯《五佛頂三昧陀羅尼經》：“即説呪曰：那麼娑曼哆勃馱南 唵怛他蘖都瑟昵沙阿（去）那嚩（去）盧抧哆姹㘈（盧骨反）馱那唵（二）吽麽麽麽麽虎䛍（二合）儞。”（T0952v19p0265c）

按：“㘈”即“𣢾”加“口”旁所造之譯音字。同上經：“唵怛他伽都瑟抳沙娜嚩路抧哆姹𣢾（盧骨反）馱帝孺囉始虎䛍入嚩囉入嚩囉馱咠馱咠捺囉弭捺囉僻那頻那虎吽泮莎嚩訶。”（T0952v19p0275c）與“㘈”對應之字作“𣢾”。“𣢾”又“㪉”字之訛。參0849“𣢾”字條。

《龍龕·口部》：“㘈，俗，盧骨反。”（p277）早稻田大學藏本《龍龕手鑑·口部》：“嗽，俗，盧骨反。”（p75b）“㘈”“嗽”皆“㘈”字之訛。

0393 嗽

日本靜然撰《行林抄》：“問：‘因論生論有何故？以文殊呪用聖衆嗽口明耶？’”（T2409v76p0295b）

按：“嗽”即“嗽”字之訛，《行林抄》之“嗽”又“漱”之分化字。“漱口”爲佛教禮佛儀式之一，唐菩提流志譯《如意輪陀羅尼經》：“又用澡豆淨水洗手漱口，其漱口明如上無别。”（T1080v20p0191b）唐不空譯《大威怒烏芻澁摩成就儀軌》：“忿怒王瀉垢，淨火漱口明。”（T1225v21p0140b）後秦鳩摩羅什譯《不思議光菩薩所説經》：“世尊食已淨自澡[5]嗽。”（T0484v14p0671b）本頁下注5：“嗽＝漱《三》《宮》。”唐菩提流志譯《大寶積經》：“食已洗鉢漱口洗手。”（T03

10v11p0645b）唐慧琳撰《一切經音義》卷十五《大寶積經》第一百一十四卷：“漱口，霜救反，又音桑奏反，並通。《韻英》云：‘以水洗蕩口也。從水，欶聲。’欶音蘇侯反。”（T2128v54p0400c）字本皆作“漱”。字又作“嗽”，改從“口”旁，乃分化字。“嗽”乃“嗽”字之訛，“欠”旁訛作“攵”旁也。“嗽”或訛作“潄”，可比勘之。東晉佛陀跋陀羅、法顯譯《摩訶僧祇律》：“從今日後病人不應與出家。病者癬疥黃爛癩病癰痤痔病不禁，黃病瘧病，[36]謦嗽消盡。”（T1425v22p0420c）本頁下注 36：“謦嗽＝謦欬《宮》，磬㗇《聖》。”唐道宣撰《續高僧傳》：“自貞觀來，恒獨房宿竟夜端坐，[17]嘅嗽達曙。”（T2060v50p0655b）本頁下注 17：“嘅＝咳《三》《宮》。”“嗽”又“嗽”字之訛。

0394 𠿣

日本英憲撰《俱舍論頌疏抄》：“四、𠿣叫地獄……五、大𠿣叫地獄。”（T2254v64p0550c）

按：“𠿣”即“號”字之訛。“號叫地獄”“大號叫地獄”佛經多見。《可洪音義》卷四《大般泥洹經》第一卷：“[illegible]吼，上戶高反。”（v59p689a）“[illegible]”即“號”之書寫變異。“𠿣”與“[illegible]”形近，即此類形體之訛。

0395 嘆

唐菩提流志譯《五佛頂三昧陀羅尼經》：“頂鼻印呪曰：娜莫三曼多勃馱南唵縊（烏異反）[16]哩抳（上聲）虎㖿泮莎訶。”（T0952v19p0276c）本頁下注 16：“哩＝嘆《甲》。”

按：“嘆”與“哩”爲版本異文，“嘆”即“哩”字之訛。唐菩提流志譯《一字佛頂輪王經》：“如來鼻印頂鼻印呪曰：娜莫縒曼𪘨（一）勃馱南（二）唵（二合）㖿（三）縊（烏異反）哩抳虎（二合）㖿泮（四）窣嚩訶（五）。”（T0951v19p0241c）與“嘆”對應之字亦作“哩”。北宋施護譯《佛説金剛香菩薩大明成就儀軌經》：“[illegible]，唵（引）鉢囉（二合）賛拏吠（引）誐馱（引）哩抳（引）紇哩（引。二合）吽（引）郝。”（T1170v20p0699b）“哩”爲“𑖨𑖰（ri）”的譯音字。日本淨嚴撰《悉曇三密鈔》：“𑖨，囉、荷羅（二合。梁武）、哩、唎、嘌、剌。”（T2710v84p0746a）又：“𑖨𑖰，哩、嘌、唎、利、履、梨、律、陵、犁、理、離、詈。”（T2710v84p0746a）又：“𑖩𑖰，哩、㗚、利、力。”（T2710v84p0746b）“哩”可爲“𑖨（ra）”“𑖨𑖰（ri）”“𑖩𑖰（li）”等多個梵文的譯音字。“哩抳”的“哩”爲“𑖨𑖰（ri）”的譯音字，“嘆”同之。唐道宣撰《廣弘明集》：“大道天尊治大玄之都玉光之州金真之郡天保之縣元明之鄉定志之[16]里，災所不及。”（T2103v52p0186b）本頁下注 16：“里＝異《明》。”四庫本作“里”。後秦弗若多羅、羅什譯《十誦律》：“若比丘與非親里比丘尼作衣波逸提。非親里者，親里名母姊妹若女乃至七世因緣，[30]異是名非親里。”（T1435v23p0084c）本頁下注 30：“異＝里《聖乙》。”隋灌頂纂《國清百録》：“張衡又宣勅云：師還寺不更開先師龕，必當大[1]異。”（T1934v46p0815c）本頁下注 1：“異=里《甲》。”《嘉興藏》作“異”。前一例“異”爲“里”字之訛，後兩例“里”爲“異”字之訛。“里”“異”形近混訛，故“哩”或訛作“噀”。

0396 ⿰口⿱利手

日本覺超撰《金剛三密抄》：“唵　薩婆但他揭多鉢羅穰（而佉反。智慧也）婆羅蜜多阿鞞禰（泥一反）呵[15]⿰口梨窣覩努冥（讃歎）摩訶具沙努倪（我伊反）淡重。”（T2400v75p0694a）本頁下注 15：“⿰口梨=⿰口⿱利手《甲》。”

按：“⿰口⿱利手”與“⿰口梨”爲版本異文，“⿰口⿱利手”即“⿰口犁”字之訛，“⿰口犁”與“⿰口梨”爲同一梵文的譯音字，“⿰口犁”爲“犁”加“口”旁的譯音字，“⿰口梨”爲“梨”加“口”旁的譯音字。唐金剛智譯《金剛頂瑜伽中略出念誦經》：“唵　薩婆怛他揭多鉢羅穰（而佉反。智慧也）波羅蜜多阿鞞禰（泥一反）呵唎窣覩努冥（讃歎）摩訶具沙努倪（我伊反）淡。”（T0866v18p0246a）與“⿰口⿱利手”對應之字作“唎”。日本淨嚴撰《悉曇三密鈔》：“𑖇，哩、嘌、唎、利、履、梨、律、陵、犁、理、離、詈。”（T2710v84p0746a）“唎”“梨”“犁”皆“𑖇（li）”的譯音字。唐道宣撰《四分律刪繁補闕行事鈔》：“若須薪染草[7]手屎等，無人處得持之。”（T1804v40p0126b）本頁下注 7：“手=牛《宮》。”日本湛慧撰《成唯識論述記集成編》：“六義：一者非義，如非[16]手亦名無*手；二者無義，如*手已死亦説無*手；三者異義，如異*手故故名無*手。四者惡義，如有惡子亦名無子；五者少義，如食少味亦名無味；六者離義，如處離人亦名無人。”（T2266v67p0552a）本頁下注 16：“手=牛《甲》*。”隋灌頂撰《觀心論疏》：“長者雖復身[11]手有力而不用之。”（T1921v46p0598b）本頁下注 11：“手=牛《甲》。”前二例“手”爲“牛”之訛，後一例“牛”爲“手”之訛。“牛”與“手”形近混誤，故“⿰口犁”或誤作“⿰口⿱利手”。

0397 ⿰口夌

日本宗叡撰《新書寫請來法門等目録》：“《毘那夜迦經》一卷（無人名十二張策子説[39]愛敬降怨富貴仙道）。”（T2174v55p1109c）本頁下注 39：“愛敬=受《甲》，愛⿰口夌《乙》。”

按：“愛唆”與“愛敬”爲版本異文，“唆”即“咲”之異寫字，“咲”又“笑”之累增字。唐法全撰《大毘盧遮那成佛神變加持經蓮華胎藏悲生曼荼羅廣大成就儀軌供養方便會》：“顰眉[13]笑怒容，虎牙上下現。”（T0852v18p0119b）本頁下注13：“笑＝唆《乙》。”“唆”亦即“咲”。《龍龕·口部》：“⿰口⿱丷犮，俗；咲，正，息妙反。咲，欣喜也。”（p273）“咲”的俗體作“⿰口⿱丷犮”，可比勘。

0398 嗱

日本藏俊撰《因明大疏鈔》：“八囀聲者，一、儞利（上二字合聲）提勢（此云體聲，亦云汎説聲）。二、鄔婆提舍（悉義反）泥（此云業聲，亦云所説聲）。三、羯咥（都詰反）唎（上二字合聲）迦（上聲）囉（上囀舌）泥（奴皆反。此云能作具聲，亦云説聲）。四、三鉢羅（上二合聲）陀儞鷄（居梨反。此云所爲聲，亦云所與聲）。五、哀波陀（此云所從聲）。六、莎弭婆（上聲）者儞（平聲。此云所爲聲）。七、珊儞陀那（長聲）囉嗱（上二字合。此云所爲聲）。八、阿差恒羅（上二字合）泥（奴皆反。此呼聲也）。”（T2271v68p0462a）

按：“嗱”即“睇”字之訛。日本善珠撰《因明論疏明燈抄》：“七、珊儞陀那羅唴（上二字合。此云所爲聲）。”（T2270v68p0235c）唐窺基撰《成唯識論掌中樞要》：“七、珊儞陀那（長聲）囉梯（上二字合聲。此云所依聲）。”（T1831v43p0613c）與“嗱”對應之字又作“唴”“梯”。日本淨嚴撰《悉曇三密鈔》：“𑖠𑖸，睇（台軌）、弟（隨求）、贊（羂索經）。”（T2710v84p0744c）“嗱”“唴”“梯”與“睇”皆當可爲“𑖠𑖸（dhe）”的譯音字。佛經中“睇”作譯音字習見，“唴”作譯音字罕見，疑“唴”亦“睇”字之訛。“嗱”則“睇”之“目”旁訛作“口”旁，“弟”旁换作“第”旁而成者也。

0399 㰺

日本安然記《金剛界大法對受記》：“兩卷軌中第六薩怛鑁明已句次有七言文云：即誦蓮華百字明，或一或三或至七。真言曰（改“嚩日羅”用“跛娜麽㰺唎（二合）”）。”（T2391v75p0133c）

按：唐不空譯《金剛頂蓮華部心念誦儀軌》：“即誦蓮花百字明，或一或三或至七。此蓮花百字真言，同上金剛百字真言，唯改‘鉢娜麽’及後種子字爲‘噸唎（二合）’也。”（T0873v18p0309b）與“㰺”對應之字作“噸”，“㰺”即“噸”字之訛。日本淨嚴撰《悉曇三密鈔》：“𑖮𑖿𑖨𑖱𑖾，紇唎（金）、訖哩、噸唎（金）、奚哩（略出）。”（T2710v84p0753b）“噸唎”爲“𑖮𑖿𑖨𑖱𑖾（hriḥ）”的譯音字。

參 0463“嚬”字條。

0400 㗑

日本明覺撰《悉曇要訣》：“[16]㗑，去聲，嚧音入聲，余蜀反。”（T2706v84p0546c）本頁下注 16：“㗑＝慾《甲》。”

按：“㗑”與“慾”爲版本異文，“㗑”即“欲”加“口”旁所造譯音專字。日本淨嚴撰《悉曇三密鈔》：“𑖧𑖲，庾、瑜、諭、愈、欲（尊勝）。……𑖧𑖺，與、余、庾、裕、瑜、欲。”（T2710v84p0746a）“欲”爲“𑖧𑖲（yu）”“𑖧𑖺（yo）”的譯音字，“㗑”當同之。“慾”與“欲”音同，可與“欲”爲同一梵文的譯音字。

0401 嗩

日本信瑞纂《淨土三部經音義集》：“太子，《梵語勘文》曰：太子，梵云嗩誐囉惹（雙對）。”（T2207v57p0417c）

按：“嗩”即“庾”加“口”旁所造譯音專字。唐怛多蘖多集《唐梵兩語雙對集》：“太子，庾誐羅（引）惹。”（T2136v54p1242b）與“嗩”對應之字作“庾”。唐禮言集《梵語雜名》：“太子，庾誐羅（引）惹，𑖧𑖲𑖐𑖨𑖯𑖕。”（T2135v54p1232c）日本淨嚴撰《悉曇三密鈔》：“𑖧𑖲，庾、瑜、諭、愈、欲（尊勝）。”（T2710v84p0746a）“庾”爲“𑖧𑖲（yu）”之譯音字，“嗩”亦“𑖧𑖲（yu）”之譯音字。

0402 噟

日本義堂周信語、中圓等編《義堂和尚語録》：“無言平生自誓口三緘，大小毘邪費對譚，祇恐人來嫌詐啞，噟門童子語喃喃。”（T2556v80p0536b）

按：“噟”即“噟”字之訛，“噟”又“應”之分化字。《集韻·證韻》於證切：“譍、噟、嚥，《說文》：‘以言對也。’或作噟、嚥。”

0403 𠸍

南朝宋求那跋陀羅譯《雜阿含經》："佛便說：俱披犁調達部破戲亦[13]嗹。"（T0101v02p0494c）本頁下注13："嗹＝𠸍《宋》，嚏《元》《明》。"

按：正文作"嗹"，注作"嗹"，"𠸍"與"嚏""嗹"又爲版本異文，"𠸍""嗹""嗹"蓋皆"嚏"字之訛。《可洪音義》卷十一《大莊嚴論》第十三卷："中嗹，丁計反。噴嗹，鼻息也。正作嚏。"（v59p963c）馬鳴造、後秦鳩摩羅什譯《大莊嚴論經》："爾時世尊四衆圍遶在大衆中[4]嚏，時瞿曇彌比丘尼聞佛嚏聲，以其養佛愛子之故而作是言。"（T0201v04p0333a）本頁下注4："嚏＝嚏《元》《明》*。""嗹""嚏"皆"嚏"字之訛，可比勘。

又，《雜阿含經》："身常流血，諸蟲[9]唼食，痛徹骨髓。"（T0099v02p0136c）本頁下注9："唼＝𠸍《宋》，啑《元》《明》。""𠸍"與"啑"爲異文，"𠸍"即"啑"字之訛，"啑"又"唼"的異構字。

0404 嗹

唐窺基撰《瑜伽師地論略纂》："論噉甞中。何故餅等爲噉？乳等爲甞？可咀嚼名甞，不可咀嚼名噉。以餅等實食可嗹喲名噉，不可嗹喲名甞，或且汎爾言噉甞無異。"（T1829v43p0111b）

按："嗹"即"啑"之異寫字。唐遁倫集撰《瑜伽論記》："以餅等實食，不可啑喲。啑喲名嘗，或且泛爾言噉嘗無異也。"（T1828v42p0437a）與"嗹"對應之字作"啑"。彌勒說、唐玄奘譯《瑜伽師地論》："若食，若飲，若噉，若甞正知住者。云何爲食？云何爲飲？云何爲噉？云何爲甞？云何若食若飲若噉若甞正知而住？謂諸所有受用飲食總名爲食。此復二種，一噉，二甞。云何爲噉？謂噉餅麨或飯或糜或羹或臛，或有所餘造作轉變可噉可食，能持生命，如是等類皆名爲噉，亦名爲食。云何爲甞？謂甞乳酪生酥熟酥油蜜沙糖魚肉醯鮓，或新果實，或有種種咀嚼品類，如是一切總名爲甞，亦名爲食。云何爲飲？謂沙糖汁或石蜜汁，或飯漿飲或鑽酪飲，或酢爲飲或抨酪飲，乃至於水總名爲飲。若於如是若食若飲若噉若甞，所有自相能正了知，若於一切所食所飲所噉所甞能正了知，若於爾時應食應飲應噉應甞能正了知，若於如是應食應飲應噉應甞能正了知，是名正知。"（T1579v30p0414c）此即窺基所釋之本文，原文詳細分析了"食""飲""噉""甞"的詞義，窺基進一步辨析"噉"與"甞"的區別，根據文意，"以餅等實食可嗹喲名噉，不可嗹喲名甞"，當作"以餅等實食不可嗹喲名噉，可嗹喲名甞"。唐窺基撰《妙法蓮華經玄贊》："唼音《玉篇》所甲反，鳧雁口食曰唼。

今既入口應作咂，子答反。古作唼者，即鳥食啑喋字。啑音所甲反，喋音丈甲反。”（T1723v34p0769b）“啑”亦“唼”之書寫變異。

0405 嚦

唐菩提流志譯《五佛頂三昧陀羅尼經》：“定想心呪曰：那謨囉（上）怛那怛囉夜耶阿（上）者攞弭嚦莎訶。”（T0952v19p0270c）

按：唐菩提流志譯《一字佛頂輪王經》：“定想心呪曰：娜謨囉（上）怛（二合）娜怛（二合）囉耶野（一）様者攞弭㘑（二）窣嚩訶（三）。”（T0951v19p0234c）與“嚦”對應的字作“㘑”。林光明《新編大藏全咒》卷六《一字佛頂輪王經》“定想心呪”中“㘑”的梵文羅馬轉寫作“re”（v6p255）。日本淨嚴撰《悉曇三密鈔》：“𑖨𑖸，囇、㘑、禮（佛頂）。”（T2710v84p0746b）“𑖨𑖸（re）”的譯音字作“囇”，“嚦”即“囇”之省。

0406 嗴

唐元康撰《肇論疏》：“世嗴咸云下，第四非斥譏嫌也。傳云：諺，彥字言邊作彥，今口邊作彥，俗中字也。”（T1859v45p0163c）

按：東晉僧肇作《肇論》：“世諺咸云。”（T1858v45p0150b）此即元康所本，與“嗴”對應之字作“諺”，“諺”乃諺語之義，“喭”又“諺”之通假字，“嗴”即“喭”字之訛。唐道世撰《法苑珠林》：“即收縛乾明腹心尚書令楊遵[28]產等五人，皆爲事奏斬之。”（T2122v53p0962c）本頁下注28：“產=彥《三》。”唐慧立本《大唐大慈恩寺三藏法師傳》：“長安令裴方[26]彥。”（T2053v50p0259b）本頁下注26：“彥=產《三》《宮》《甲》。”“產”皆“彥”字之訛。隋智顗説《淨土十疑論》：“五者日月滿足，頭向[49]產門。”（T1961v47p0080c）本頁下注49：“產=彥《甲》。”“彥”又“產”字之訛。“彥”“產”二字形近混訛，故“喭”或訛作“嗴”。

0407 嗨

南朝梁寶唱等集《經律異相》：“女人懷妊，七八日便生。持著四徼道中，若有人從四面來者，與指[26]嗨出乳飲之。過七日已，自以福德，即自長大。”（T2121v53p0014c）本頁下注26：“嗨=嗽《三》，啑《宮》。”

按："嗨"與"嗽""㖩"爲版本異文，"嗨"即"欶"改換偏旁的異構字。《説文·欠部》："欶，吮也。从欠，束聲。"大徐音"所角切"。"欶""吮"皆用嘴吸之義，與文意合。"嗽"即"欶"加"口"之累增字，"㖩"爲"欶"改換形旁的異構字。《廣韻·覺韻》所角切："欶，口噏也。"《集韻·覺韻》色角切："欶、嗽、㖩、嗍，《説文》：'吮也。'或作嗽、㖩、嗍。"小韻代表字爲"朔"。"嗍"乃爲聲旁切合字音而改換聲旁所造的異構字。《集韻·屋韻》所六切："欶，吮也。"小韻代表字爲"縮"，"嗨"即據所六切一讀所造之字。《可洪音義》卷二十三《經律異相》第三卷："指嗨，所角反。正作'欶'也。又郭氏作'所六反'，非也。"（v60p264a）可洪作"嗨"，爲"嗨"字之書寫變異。可洪讀"所角反"，乃正字"欶"通行之音。郭氏"所六反"，與《集韻·屋韻》"欶"之異讀音合，此非通行之音，故可洪非之。"嗨"又"縮"之俗字。鄭賢章《龍龕手鏡研究》亦有考證（p258），可參看。

0408 㗵

北宋施護譯《佛説無能勝幡王如來莊嚴陀羅尼經》："沫底訖囉（二合）莫（六十四）嚫㗵捺嚟（六十五）矩吒矩吒（六十六）。"（T0943v19p099a）

按："㗵"即"務"加"口"旁構成的譯音字。北宋處觀撰《紹興重雕大藏音》卷下口部第二："嚂……嘚……嗯，已上無出，恐臨……務……息十六字所是，口傍字者多出呪辭。"（C1169v059p0534c）

0409 㡸

唐一行記《大毘盧遮那成佛經疏》："真言歸命如前，摩訶嚩梨（大力）伐底[12]䮈奢嚩梨（十力也）馱婆（二合）吠（得也）摩訶彌底暱也（大慈也）。"（T1796v39p0716b）本頁下注12："䮈=馳《甲》，㡸《乙》。"

按："㡸"與"䮈""馳"爲版本異文，"㡸"即"絁"加"口"旁所造之譯音字。佛經譯音中，"絁"或與"䮈""馳""馱""陀"等爲同一梵文的譯音字。唐不可思議撰《大毘盧遮那經供養次第法疏》："真言歸命如前，摩訶（引）沫羅嚩底（大力也）馱奢嚩路（十力也）嗢婆（二合）吠（得也）摩訶（引）昧怛暱也（三合。大慈也）。"（T1797v39p0801c-0802a）日本曇寂撰《大日經住心品疏私記》："真言歸命如前，摩訶嚩梨（大力也）伐底[2]㖍奢嚩梨（十力也）馱婆（二合）吠（得也）摩訶彌底暱也（大慈也）。"（T2219v60p0444b）本頁下注2："㖍=馱《甲》。"與"㡸""䮈""馳""㖍"對應之字作"馱""馱"。日本覺超撰《胎藏三密抄》："摩訶縛梨（大力）伐底捺奢縛梨（十力也）。"

（T2398v75p0585c）對應之字又作“捺”。日本淨嚴撰《悉曇三密鈔》：“𑖠，陀、馱、娜、但、彈、檀、達、特。”（T2710v84p0744c）“馱”爲“𑖠（dha）”之譯音字，“捺”爲“𑖟（da）”的譯音字，佛經習見。“𠵊”“駞”“馳”“𠹂”皆當爲“𑖠（dha）”之譯音字，“𠹂”即“𠵊”之訛字。唐圓照撰《貞元新定釋教目録》：“賜般若三藏紫單夾官[15]絁綾絹衣一副共六事，茶二十串，絹一百疋。僧圓照紫單夾官*絁綾絹衣一副亦共六事。餘九人各褐單夾官*絁綾絹衣一副各六事。”（T2157v55p0896a）本頁下注15：“絁＝絶《聖》*。”日本光定撰《傳述一心戒文》：“其時僧七十，布施賜施生[1]絶二匹調布等。”（T2379v74p0646b）本頁下注1：“絶＝絁ヵ《乙》。”“絶”皆“絁”字之訛。唐圓測撰《仁王經疏》：“初有兩句，明其四苦相續不[26]絶。”（T1708v33p0411c）本頁下注26：“絶＝絁《甲》。”隋吉藏撰《法華義疏》：“絁待妙法之華盛薰金陵。”（T1721v34p0633a）唐慧琳撰《一切經音義》：“替善，他計反。《爾疋》：替，廢也，止也。替，滅也，謂絁也。”（T2128v54p0766c）唐玄應撰《一切經音義》：“替善，他計反。《爾雅》：替，廢也，止也。替，滅也，謂滅絶也。”日本宗峯妙超語《大燈國師語録》：“浮瓜沈李，積雪爲山。見成公案，逈絁多端。”（T2566v81p0202b）“絁”皆“絶”字之訛。“絁”與“絶”或相混訛，故“𠵊”或訛作“𠹂”。

唐李師政撰《法門名義集》：“釋迦如來於中絁化令得出世，從化主爲名，亦名佛世界，猶如西方無量壽國，十方無量無邊盡虚空法界亦名如是。”（T2124v54p0204b）“絁”又“施”字之訛。

0410 嘊

唐寶思惟譯《佛説隨求即得大自在陀羅尼神呪經》：“爾時世尊即説呢曰：……毘補羅嘊鞞（四）毘末𨐋闍（上）唧嘊鞞（五）筏折囉（二合）時嚩（無我反。二合）羅嘊鞞（六）揭底（丁儞反）。”（T1154v20p0638a）

按：“嘊”即“揭”加“口”旁所造之字之小變。同上經：“……毘（戾惟切）補羅（入聲）揭𠺕（四）毘末隸闍耶揭（入聲）𠺕（五）伐（扶揭切）舌囉什嚩囉揭𠺕（六）揭底。”（T1154v20p0642b）與“嘊”對應之字作“揭”。日本淨嚴撰《悉曇三密鈔》：“𑖏𑖸，谿（集經）、憩、揭、稽、契（隨求）。”（T2710v84p0741c）日本杲寶撰《大日經疏演奧鈔》：“𑖪𑖰毘𑖫舍𑖓遮𑖐揭𑖝𑖰底。”（T2216v59p0475b）“揭”爲“𑖏𑖸（khe）”“𑖐（ga）”之譯音字，“嘊”亦當同之。

0411 𠲿

北宋法天譯《佛説無能勝大明王陀羅尼經》：“即説呪曰：……設囉𠲿禰尾娑

（引）擺佐（引）……婆嚩設咄嚕（二合）嚇娑嚩（二合，引）賀（引）（五十）……孽囉（二合）賀嚇野（五十八）。”（T1233v21p0172c-0173a）

按：“嚇”即“赦”加“口”旁所造之譯音專字，“赦”又“赧”之異構字。唐善無畏、一行譯《大毘盧遮那成佛神變加持經》：“南麽三曼多伐折囉[20]赦嚩。”（T0848v18p0030b）本頁下注 20：“赦＝嚇《三》《宮》。”唐法全撰《大毘盧遮那成佛神變加持經蓮華胎藏悲生曼荼羅廣大成就儀軌供養方便會》：“諸緊那羅真言曰：曩莫三滿多没馱喃（引。一）賀佉薩喃（二）尾賀薩喃（三）枳那羅[17]赦（四）娑嚩（二合）賀（引）。”（T0852v18p0124c）本頁下注 17：“赦＝嚇《乙》。”“嚇”皆與“赦”爲同一梵文的譯音字。日本淨嚴撰《悉曇三密鈔》：“，喃、赦、赧（同上）、然。”（T2710v84p0744a）佚名《大日經持誦次第儀軌》：“歸依方便真言曰：，唵薩婆勃陀步地薩怛嚩（二合）捨羅嚇蘖嗶（車夜）弭跛惹羅（二合）達麽嘻唎（二合，入）。”（T0860v18p0181b）“赦”“嚇”皆“（ṇaṃ）”之譯音字。《集韻·潸韻》乃版切：“赧、赦、憇，《説文》：‘面慙赤也。周失天下於赧王。’亦从皮，亦作憇。”“赦”本爲“赧”的異構字，佛經中用爲“”的譯音字，又加“口”造“嚇”字，爲譯音專字。《大日經持誦次第儀軌》：“金剛薩埵真言曰：曩麽三曼跢跋惹囉（二合）嚇唵跋惹囉怛麽（二合）句訶吽。”（T0860v18p0182b）又：“甲冑真言曰：曩麽三曼跢跋惹囉（二合）嚇唵跋惹囉（二合）迦嚩者吽。”（T0860v18p0182b）又：“不動使者真言曰（用慧刀印諸供物名爲去垢）：曩麽三曼哆跋惹羅（二合）嚇戰茶摩訶（去）嚧沙拏沙叵（二合）吒野吽怛囉吒（半）訶吽（二合）摩吽（二合）。”（T0860v18p0183c）唐金剛智述、善無畏譯《念誦結護法普通諸部》：“曩慕三曼多嚩日羅（二合）嚇吱羅（二合）戰拏（尼皆反）摩訶路沙拏娑破吒耶吽怛羅（二合）吒訶莽。”（T0904v18p0900c）佚名《大聖妙吉祥菩薩説除災教令法輪》：“曩莫三（去）曼多嚩日囉（二合）嚇（引。一）戰拏麽賀嚕灑拏吽（引）。”（T0966v19p0345b）又：“心真言：曩莫三（去）曼多嚩日囉（二合）嚇唵嚩日囉（二合）播抳嚩日囉（二合）薩怛嚩（二合）吽。”（T0966v19p0345b）“嚇”皆“赦”加“口”旁的譯音字。

0412 嗙

唐不空譯《十一面觀自在菩薩心密言念誦儀軌經》：“供養讚歎並如前法，奉獻閼伽，即結阿三嗙擬儞印，解方隅界。”（T1069v20p0145c）

按：“嗙”即“嗙”字之訛，“嗙”爲“莽”加“口”旁所造之譯音專字。參0387“嗙”字條。同上經：“以二頭指各安中指甲，密言曰：唵紇唎（二合）阿三莽擬儞（引）吽。”（T1069v20p0145c）與“噃”對應之字作“莽”，可比勘。

0413 噧

佚名《翻梵語》：“阿那婆達龍王，亦云阿羅婆喻多，譯曰阿那婆噧多者，無熱。(《第五卷》)”（T2130v54p1030b）

按：“噧”即“蹢”改作“口”旁字之書寫變異。此龍王之名佛經習見，與“噧”對應之字或作“達”“答”“荅”“踏”“蹋”等，皆爲同一梵文的不同譯音用字。後秦鳩摩羅什譯《妙法蓮華經》：“[33]阿那婆達多龍王。”（T0262v09p0002a）本頁下注33：“Anavatapta。”唐玄奘、辯機撰《大唐西域記》：“阿那婆答多池也（唐言無熱惱，舊曰阿耨達池，訛也），在香山之南、大雪山之北。”（T2087v51p0869b）季羡林等《大唐西域記校注》：“阿那婆答多池：梵文 Anavatapta 音譯；巴利文 Anotatta，譯作阿耨達池；意譯無熱惱。”（p41）“達”等字對譯的是“ta”。“蹋”的異體作“蹹”，“蹹”又寫作“蹢”，“噧”即“蹢”改成“口”旁所成之字。又《廣韻・緝韻》許及切收“噏”字，與此字讀音不合，“噧”非“噏”之書寫變異。

0414 嘦

日本圓仁撰《蘇悉地羯羅經略疏》：“嚥，又作咽、嘦、嗖，烏見反。”（T2227v61p0429b）

按：“嘦”即“咽”字之訛。唐輸波迦羅譯《蘇悉地羯囉經》：“先塗灑地，復敷諸葉。當淨洗手，漱口嚥水，次須下食。”（T0893v18p0643b）字本作“嚥”，爲吞嚥義。圓仁把“吞嚥”的“嚥”與“咽喉”的“咽”牽合在一起，“嘦”又“咽”字之訛。“雲”行書作“雲”（王羲之）、“雲”（蔡襄）、“雲”（徐渭），與“亜”相近，故“咽”或訛作“嘦”。參0372“嗖”字條。

0415 嘃

北魏菩提金剛譯《大毘盧遮那佛説要略念誦經》：“復誦施十力明八遍，方乃食之。明曰：娜麽薩嘌縛（二合）勃馱冒地薩埵難（一）唵（二）麽覽舵儞（寧一反）（三）帝嘃摩（引）里儞（四）莎訶。”（T0849v18p0063a）

按：“嘃”即“孺”之異寫字“㛀”之訛。唐善無畏、一行譯《大毘盧遮那成佛神變加持經》："復誦施十力明八遍，方乃食之。說此明曰：南麼薩婆勃馱菩提薩埵喃（一）唵麼蘭捺泥（去）帝孺忙栗寧（二）莎訶（三）。"（T0848v18p0054a）佚名《大日經持誦次第儀軌》："復誦施十力明八遍，方乃食之。說此明曰：𑖡𑖦𑖾 𑖭𑖨𑖿𑖪𑖤𑖲𑖟𑖿𑖠𑖤𑖺𑖠𑖰𑖭𑖝𑖿𑖪𑖯𑖡𑖯𑖽 𑖌𑖼 𑖤𑖩𑖽𑖟𑖟𑖸 𑖝𑖸𑖕𑖺𑖦𑖯𑖩𑖰𑖡𑖰 𑖭𑖿𑖪𑖯𑖮𑖯，南麼薩婆勃馱菩提薩埵南（一）唵麼蘭捺泥（去）帝孺忙栗寗（二）莎訶。"（T0860v18p0187a）與"嗕"對應之字皆作"孺"，爲"𑖕𑖸（je）"的譯音字。日本淨嚴撰《悉曇三密鈔》："𑖕𑖲，殊（日經）、樹、乳、孺（日經）、儒（金軌）、濡。"（T2710v84p0743a）"孺"又爲"𑖕𑖲（ju）"的譯音字。《大毘盧遮那成佛神變加持經》："真言曰：南麼三曼多勃馱喃（一）蘖囉（二合）醯濕韈（二合）嚗耶（二合）鉢囉（引，二合）鉢多（二合。二）[4]孺底（丁以反）麼耶（三）莎訶（四）。"（T0848v18p0030a）本頁下注 4："孺＝𡥵《宋》。"唐輸婆迦羅譯《攝大毘盧遮那成佛神變加持經入蓮華胎藏海會悲生曼荼攞廣大念誦儀軌供養方便會》："（一）蘖羅（二合）係濕韈（二合）哩也（二合。二）鉢囉（二合）波多（二合）[42]孺（儒注反）底麼野（三）娑嚩（二合）賀。"（T0850v18p0080c）本頁下注 42："孺儒注＝殦濡《甲》。"考諸字形，"孺"字《說文》訓"乳子"，爲從子需聲的形聲字。字又寫作"𡥵"（《五經文字》："孺，經典及《釋文》或作'𡥵'，字與'孺'同。"），此類異寫文獻習見，如"儒"或寫作"㑥"，"濡"或寫作"渪"，"襦"或寫作"褥"，"檽"或寫作"槈"，"糯"或寫作"糥"等，皆文獻習見之例。"𡥵"又寫作"𡦀"，參 0690"𡦀"字條。"孺"又訛作"殢"，"殢"或寫作"殦"，"殦"又訛作"殦""殦""殦"等形，參 0875"殢"字條、0870"殦"字條、0862"殦"字條、0873"殦"字條、0866"殦"字條。"嗕"蓋即此類形體的進一步書寫錯訛者。推之形變之源，蓋由草書轉寫作楷書所致。

0416 嘸

唐阿目佉譯《佛説不空羂索陀羅尼儀軌經》："即說不空羂索心王母陀羅尼密言曰：……嘸者嘸者嗒吃叉嗒吃叉摩摩（稱名）……摩訶答嘸（大黑）馱迦（引）囉（闍）。"（T1098v20p0435a-b）

按："嘸"即"悶"加"口"旁所造譯音專字。唐菩提流志譯《不空羂索神變真言經》："悶遮悶遮（四十八句）皤伽（上）畔（引）（四十九句）……摩訶鞞悶馱迦囉（七十二句）。"（T1092v20p0317a-b）與"嘸"對應之字作"悶"。日本淨嚴撰《悉曇三密鈔》："𑖦𑖲，母（隨求）、慕、畝（寶篋印）、門（胎軌）、穆（金軌）、木（梵網經）、牟（佛頂）、悶、目（同上）、謨、無、膜、謀（金軌）。"（T2710v 84p0745c）日本靜然撰《行林抄》："一名𑖓左𑖦𑖲悶𑖜拏。"（T2409v76p0420c）"悶"爲"𑖦𑖲（mu）"的譯音字，"嘸"亦"𑖦𑖲（mu）"的譯音字。

0417 嘙

日本靜然撰《行林抄》："真言曰：唵薩嚩怛他哦多嘙娜滿娜南迦嚕弭（不出聲，密誦，想禮諸佛）。"（T2409v76p0396a）

按："嘙"即"跛"加"口"旁所造之譯音專字。唐不空譯《甘露軍荼利菩薩供養念誦成就儀軌》："唵薩嚩怛他（引）蘖多[5]播（引）娜滿娜南迦路弭。"（T1211v21p0043a）本頁下注 5："播＝幡《甲》。"《行林抄》："即誦普禮真言曰：唵薩嚩怛他（去，引）蘖多幡（引）那滿娜曩（上，引）迦嚕弭。"（T2409v76p0035c）唐不空譯《金剛頂蓮華部心念誦儀軌》："真言曰：唵薩嚩怛他誐多波娜滿娜南（引）迦嚕弭。"（T0873v18p0302a）唐不空譯《金剛頂勝初瑜伽普賢菩薩念誦法》："唵薩嚩怛他誐多波（引）娜滿娜南迦嚕弭。"（T1123v20p0528b）唐不空譯《受菩提心戒儀》："禮佛真言曰：唵薩嚩怛他蘖多（引）跛娜滿那喃迦嚧彌。"（T0915v18p0940b）日本空海撰《祕密三昧耶佛戒儀》："普禮真言曰：唵薩嚩怛他蘗多（引）跛娜滿娜喃迦嚧彌。"（T2463v78 p0006c）與"嘙"對應之字作"播""幡""幡""波""跛"等，諸字皆爲同一梵文的不同譯音字。日本淨嚴撰《悉曇三密鈔》："ᑫ，波、跛、簸（法花）、博（胎軌）、鉢（佛頂）、播。"（T2710v84p0745a）"跛""波""播"皆"ᑫ（pa）"之譯音字，"嘙"亦"ᑫ（pa）"之譯音字。

唐寶思惟譯《觀世音菩薩如意摩尼輪陀羅尼念誦法》："護摩時被用心呪，所謂：唵嘙娜摩振多摩抳入嚩囉吽讃迦摩攞（是如意輪也）。"（T1084v20p0203b）唐一行撰《宿曜儀軌》："能吉祥真言曰：曩謨羅怛曩（二合）怛羅（二合）夜野（一）曩莫素摩薩羅嚩（二合）諾訖灑（二合）怛羅（二合）邏（引）惹（上）野者者都地波阿（去，引）路迦羅野怛儞也（意）他努[28]摩底跛努摩底薩賓（上）儞佉（上）細娑嚩賀。"（T1304v21p0423b）本頁下注 28："摩底跛＝麼嘙底《甲》。""嘙"亦"ᑫ（pa）"之譯音字。

0418 㗂

唐不空譯《一字頂輪王瑜伽觀行儀軌》："純相應念誦離心喉頂舌鼻[33]㗂及離念内外。"（T0955v19p0314b）本頁下注 33："㗂＝及與齶處《三》《甲》。"

按："㗂"與"齶"爲版本異文，"㗂"即"咢"之書寫變異，"咢"又"齶"的異構字。北宋天息災譯《佛説大乘莊嚴寶王經》："而於是時以熱鐵丸入在口中，令吞咽之，脣齒齗咢，及其咽喉，悉燒爛壞，心藏腸肚，煎煮沸然，遍身燋壞。"（T1050v20p0053c）"咢"即"齶"之異構字。清鐵珊《增廣字學舉隅·正訛》:“咢,㖾、咢,均非。”“咢”或作“㖾”,故“噩”或作“𠻱”。“𡁃”或作“𡁃”,亦可比勘。

0419 㗖

唐金剛智述、善無畏譯《念誦結護法普通諸部》:“塗香真言曰:唵跛折羅[35]㗖提伽。”(T0904v18p0903c)本頁下注 35:“㗖=健《甲》。”

按:“㗖”與“健”爲版本異文,“㗖”蓋即“犍”加“口”旁所造的譯音字。日本淨嚴撰《悉曇三密鈔》:“𑖐,蘖、竭、鈐、乾、犍、健、虐(隨求)、伽、哦、誐、仰、嘘、疙(千手軌)。”(T2710v84p0742a)“犍”“健”皆列爲“𑖐(ga)”的譯音字。《悉曇三密鈔》:“𑖐健𑖜𑖿𑖠達𑖨𑖿𑖪羅嚩(胎軌)。”(T2710v84p0771a)“犍”“健”用於“𑖐(ga)”後接“n”爲首音的梵音,如上例“𑖐(ga)”後接“𑖜𑖿𑖠(ndha)”故用“健”爲譯音字。

0420 𠹳

失譯《別譯雜阿含經》:“如是我聞。一時佛在舍衛國祇樹給孤獨園。時有比丘尼,名曰[3]鼻𠹳,在舍衛國王園精舍。於其晨朝,著衣持鉢,入城乞食。食訖洗鉢,收攝坐具,向得眼林。於時魔王,而作是念:沙門瞿曇,在舍衛國祇樹給孤獨園,有*鼻𠹳比丘尼,著衣持鉢,入城乞食,食訖洗鉢。”(T0100v02p0455a)本頁下注 3:“鼻𥽙=鼻𠿣《三》*。”

按:正文“𠹳”,注文作“𥽙”,異文作“𠿣”,“𠹳”“𥽙”皆“𠿣”之書寫變異。同上經:“如是我聞:一時佛在王舍城迦蘭陀竹林。爾時王園精舍有比丘尼,名曰毘𠿣(毘𠿣,秦言雄也)。”(T0100v02p0483b)日本淨嚴撰《悉曇三密鈔》:“𑖨𑖰,哩、㗚、唎、利、履、梨、律、陵、犁、理、離、詈。”(T2710v84p0746a)“梨”爲“𑖨𑖰(ri)”,“𠿣”又“梨”加“口”旁所造的譯音專字。《龍龕·口部》:“𠹳、㗚、𠿣,三俗,力夷反。”(p265)《龍龕》已收“𠹳”字,並溝通了與“𠿣”的關係。俗書在下的構件“木”或寫作“尒”,故“𠿣”或寫作“𠹳”。

0421 㖛

日本中算撰《妙法蓮華經釋文》:“緊叔迦樹花紅赤似肉,野犴蹲下望之,定當食肉。須臾彼花有墮地者，便走⿰口臰之，乃知非肉。復作是念，已墮地者雖非是肉，餘未墮者必應是肉者是也。”（T2189v56p0158a）

按：“⿰口臰”即“嗅”之異體。《龍龕·口部》：“嗅、⿱自⿰口死、⿰口畜，三俗，許救反。正作‘齅’字。”（p273）五百大阿羅漢造、唐玄奘譯《阿毘達磨大毘婆沙論》：“如堅叔迦樹花紅赤似肉，野干蹲下望之作如是念，我於今者定當食肉。須臾彼花有墮地者，便走嗅之，乃知非肉。復作是念，已墮地者雖非是肉，餘未墮者必應是肉。”（T1545v27p0040b）迦旃延子造、五百羅漢釋，北涼浮陀跋摩、道泰譯《阿毘曇毘婆沙論》：“猶如緊首迦樹花，其色似肉，花盛之時，野干見之便作是念，如我今者定當食肉。久住樹下，或時樹花有墮地者，即便嗅之，乃知非肉。復作是念，墮者雖非是肉，樹上餘者必應是肉。”（T1546v28p0029c）與“⿱自⿰口死”對應之字正作“嗅”。唐顏元孫《干禄字書·去聲》：“臰、臭，上俗下正。”“臭”或作“臰”，故“嗅”或作“⿰口臰”。唐慧琳撰《一切經音義》卷七十九《經律異相》第三十七卷：“齅跡，上休又反，《説文》云：‘以鼻就臭曰齅。’《經》文作‘⿰口臰’，俗字，非也。餘文准此。”（T2128v54p0819b）南朝梁寶唱等集《經律異相》第三十七卷：“即時馳逐，道多沙土，風雨流漫，仰驢嗅蹤而前。”（T2121v53p0198c）東晉竺佛念譯《出曜經》：“聞彼香者以鼻⿰口臰之。”（T0212v04p0709b）西晉竺法護譯《光讚經》：“其鼻鼻所[10]嗅者則亦爲空，不可毁傷，不可壞起。所以者何？本淨故也。”（T0222v08p0189b）本頁下注 10：“嗅＝⿰口臰《宋》《宮》。”遼希麟集《續一切經音義》卷七《甘露軍荼利菩薩供養念誦儀》：“臭穢，上尺救反。《切韻》：‘凡氣總名也。’《考聲》云：‘腥臭也。’《説文》：從犬、自。自即鼻也。會意字。古文作‘殠’，俗作‘臰’，《經》文從口作‘⿰口臰’，無此字。”（T2129v54p0964a）“⿰口臰”“⿰口臰”皆“嗅”字。

0422 㗭

日本興然撰《四卷》：“用除障佛頂真言：曩莫三曼多没馱（引）喃（引）訶啉（二合）尾枳羅拏半祖㗭瑟尼（二合）灑娑嚩（二合）賀（引）。”（T2500v78p0800b）

按：唐法全集《大毘盧遮那成佛神變加持經蓮華胎藏菩提幢標幟普通真言藏廣大成就瑜伽》、日本實運撰《祕藏金寶鈔》、日本實運撰《玄祕抄》、日本靜然撰《行林抄》與“㗭”對應之字皆作“鄔”，“㗭”即“鄔”加“口”旁所造譯音專字。日本淨嚴撰《悉曇三密鈔》：“等字諸梵文中多不呼阿音，謂瑟吒、瑟恥、瑟𪖙、瑟鴿、瑟抳等也，但云鄔瑟抳是呼阿第三轉也（或有呼上字點爲鄔也）。”（T2710v84p0774c）“鄔”爲“（o）”之譯音字，佛經習見。

0423 啣

明居頂撰《續傳燈録》："一日偶書曰：折腳鐺兒謾自煨，飯餘長是坐堆堆，一從近日生涯拙，百鳥啣花去不來。"（T2077v51p0621a）

按："啣"即"嗛"字之訛，"嗛"爲"嗛"字之訛，"嗛"又"銜"之分化字。《説文·金部》："銜，馬勒口中也。"清段玉裁注："'也'，當作'者'……引申爲凡口含之用。"《釋名·釋車》："銜，在口中之言也。""銜"的本義是馬嚼子，因其爲含在馬口中之物，故引申爲口含之義。南宋戴侗《六書故·地理一》："銜，俗作嗛。"三國吴康僧會譯《六度集經》："王逮皇后，捐食[3]銜泣，身命日衰。"（T0152v03p0011a）本頁下注3："銜＝嗛《三》。""嗛"又"銜"的分化字。"嗛"或寫作"嗛"，"啣"即"嗛"字之訛。《卍續藏》南宋正受編《嘉泰普燈録》："一日偶書曰：折腳鐺兒謾自煨，飯餘長是坐堆堆，一從近日生涯拙，百鳥銜華去不來。"（X1559v79p0334a）南宋普濟集《五燈會元》："一日偶書云：折腳鐺兒謾自煨，飯餘長是坐堆堆，一從近日生涯拙，百鳥御華去不來。"（X1565v80p0369b）明通容集《五燈嚴統》："一日偶書云：折脚鐺兒謾自煨，飯餘長是坐堆堆，一從近日生涯拙，百鳥銜華去不來。"（X1568v81p0184b）清超永編《五燈全書》："一日偶書曰：折脚鐺兒謾自煨，飯餘長是坐堆堆，一從近日生涯拙，百鳥銜花去不來。"（X1571v82p0053a）明如巹編《禪宗正脈》："一日偶書曰：折脚鐺兒謾自煨，飯餘長是坐堆堆，一從近日生涯拙，百鳥銜華去不來。"（X1593v85p0524a）與"啣"對應之字作"銜""銜""御"等形，皆同一詞的不同書寫形式。

0424 啤

佚名《陀羅尼雜集》："觀世音説滅一切罪過得一切所願陀羅尼：……婆伽羅颰夢浮　闍婆颰夢浮　啤囉　颰夢浮　婆祇羅。"（T1336v21p0616c）

按："啤"即"脾"加"口"旁所造譯音專字。林光明《新編大藏全咒》卷十六《陀羅尼雜集》"觀世音説滅一切罪過得一切所願陀羅尼"中"啤"的梵文羅馬轉寫作"bi"（v16p371）。日本心覺撰《多羅葉記》："却，□□，脾拏。盤，□□，脾攞。"（T2707v84p0583b）"脾"又"□（phe）"的譯音字。南朝梁寶唱等集《經律異相》："此閻浮提有一國王，名旃陀婆羅[3]脾（梁言月光）。"（T2121v53p0072a）本頁下注3："脾＝鞞《元》《明》。"北齊那連提耶舍譯《月燈三昧經》："時此衆中有菩薩，名[6]月光童子。"（T0639v15p0549a）本頁下注6："月光Candraprabha。"日本淨嚴撰《悉曇三密鈔》："□，吠、鞞、費、䠠（切身。慈氏)、米。”(T2710v84p0745b)“脾”又“bha”“ (be)”的譯音字。

0425 喉

日本杲寶撰《大日經疏演奥鈔》:“，誐誐曩(引)(虚空也)麽攞(無垢也)喉(無也)娑嚩(二合。自也)。”(T2216v59p0388c)

按:“喉”即“涅”加“口”旁所造譯音專字。據經文,“喉”對應梵文“喉”,“喉”爲“ (niḥ)”的譯音字。日本淨嚴撰《悉曇三密鈔》:“，爾、尼、泥(入)、儞(入)、涅(入)、黏(切身。羂索)。”(T2710v84p0744c)“涅”爲“ (ni)”的譯音字。唐善無畏、一行譯《大毘盧遮那成佛神變加持經》:“説無閡力真言曰:南麽三曼多勃馱喃(一)三麽多(引)奴揭多(二)嚩囉闍達摩喉闍多(三)摩訶(引)摩訶(四)莎訶(五)。”(T0848v18p0014a)又:“一切諸佛真言曰:南麽三曼多勃馱喃(一)薩婆他(二)微麽底(三)微枳囉儜(上。四)達摩馱睹喉(入)闍多(五)參參訶(六)莎訶(七)。”(T0848v18p0015c)佚名《大日經持誦次第儀軌》:“一切諸菩薩真言曰: 曩麽三曼多勃馱喃(一)薩婆他(二) 微沫底(三)微枳羅儜(上。四)達摩馱睹 喉闍多(五)參參訶(六)莎訶。”(T0860v18p0183b)唐一行記《大毘盧遮那成佛經疏》:“涅闍多(生也)”(T1796v39p0686a)“喉”皆“涅”加“口”旁所造之譯音字。《大正藏》“喉”字凡35見。參0354“嗹”字條。

0426 嚕

北宋施護譯《佛説守護大千國土經》:“唯願世尊聽我説之,即説呪曰:……訖囉(二合)迦囉(引)加沙曳骨嚕(二合)計計骨嚕(二合)佉銘骨嚕(二合)。”(T0999v19p0580a)

按:“嚕”即“禄”加“口”旁所造譯音專字。林光明《新編大藏全咒》卷七《佛説守護大千國土經》“西方廣目天王所説調伏咒”中“骨嚕”和“骨嚕”的梵文羅馬轉寫皆作“kru”(v7p39)。日本淨嚴撰《悉曇三密鈔》:“，魯、嚕、盧、樓(法花)、郵樓(二合。同上)、勒。”(T2710v84p0746a)“嚕”與“嚕”同,亦爲“ (ru)”的譯音字。

0427 喙

前涼支施崙譯《佛説須賴經》:“圖他所有、貢高、[22]躁擾，犯不與取。”（T0329v12p0057c）本頁下注22:“躁=喙《宋》《宮》。”

按:“喙”與“躁”爲版本異文，“喙”即“噪”之異寫字，“噪”用同“躁”。“躁擾”文獻習見，乃同義並列複合詞，爲心意煩亂不安之義，語素“躁”取煩躁之義，亦通行的用法。“噪”字中土及佛經文獻均用爲喧鬧義，未見用作煩躁之義，故這裏可以看作誤用。鄭賢章《龍龕手鏡研究》“喙”字條:“《龍龕·口部》:‘喙、嘇，相承素感反，口啗物。上又俗，先到反。’按:‘喙’俗音‘先到反’，《漢語大字典》《中華字海》无，此乃‘噪’字之訛。《龍龕·口部》（274）:‘噪，蘇到反，群鳥鳴聲也。’‘喙’音‘先到反’，與‘噪’音同。形體上，‘喙’亦‘噪’字之形訛，構件‘条’與‘喿’常混，如《龍龕·火部》（242）‘燥’俗作‘燊’，可相比勘。”（p250-251）鄭賢章已考定《龍龕》所收“先到反”的“喙”字乃“噪”字之訛，結論基本可從。經文“躁擾”之“躁”又作“喙”，“喙”即《龍龕》讀“先到反”的“喙”，只是“喙”非“噪”字之訛，乃“噪”之書寫變異。漢《校官碑》“操”寫作“𢴵”，唐顏元孫《干禄字書》“𢵀、操，上俗下正”，又“𨂐、躁，上俗下正”，又“𤒹，上俗下正”，皆“喿”旁寫作“条”旁之例。“条”旁又寫作“条”旁，如“璪”或寫作“𨁷”（見《龍龕》）等。以上諸例可證，“喿”旁寫作“条”旁乃漢隸之後習見的寫法，“条”又加點寫作“条”，皆習見之書寫變異，非訛字。又“參”或寫作“条”（見清顧藹吉《隸辨》引《北海相景君銘》），《隸辨》:“按從参之字諸碑或變作‘尒’，如珍爲‘珎’，軫爲‘軩’之類甚多，故‘參’亦作‘条’。”“慘”或寫作“𢡅”“𢡅”（見《隸辨》），“摻”或寫作“𢵀”（見《龍龕》），“驂”或寫作“騵”（《隸辨》《龍龕》）等。“參”及“參”旁字寫作“条”或“条”旁者亦習見。綜上，“喿”旁、“参”旁皆常寫作“条”或“条”字，故從“喿”旁、“参”旁之字文獻常相混誤。清顧炎武《詩本音·月出》“勞心慘兮”下:“《大戴禮》《家語》‘慘怛以補不足’，今作‘懆’;《風俗通》‘刑罰慘剋’，今作‘懆’，與毛晃所論《北山》之誤同。按:漢人文多以‘喿’字作‘參’。《墨子》‘一人奉水將灌之，一人摻火將益之’，‘操’字作‘摻’;‘静夜聞鼓聲而譟’，‘譟’字作‘諺’;《大戴禮》‘摻泥而就家人’，《晏子春秋》‘擁札摻筆’，‘操’字作‘摻’;《漢書·王莽傳》‘郭欽封剿胡子’，《西域傳》作‘剹胡子’;《禮記·玉藻》註‘幧頭’，《儀禮·士喪禮》註作‘幓頭’;《李翕析里橋郙閣頌》‘燥’字作‘燦’;《荆州從事苑鎮碑》‘藻’字作‘蔘’;而《檀弓》‘緣幕魯也’讀爲‘綃’，蓋亦‘繰’之異文矣。漢蔡邕《述行賦》‘心惻愴而懷慘’，與感、坎爲韻，今本誤作‘懆’;《唐珍州榮德縣丞梁師亮墓誌銘》‘賔御懆而野雲愁’，亦是慘字。”所輯“喿”“参”兩旁混誤的例子甚夥，亦可參證。

南宋毛晃增註、毛居正重增《增修互註禮部韻略·晧韻》采早切：“懆，懆懆，愁不安貌。《説文》云：‘愁不申也。’晃謹案：《詩·小雅·白華篇》：‘念子懆懆。’陸音‘七感反’，又引《説文》‘七倒反’，云：‘亦作慘慘’，《北山》詩：‘或慘慘劬勞。’陸音‘七感反’，字亦作‘懆’。蓋俗書‘懆’與‘慘’更互訛舛，陸氏不加辨正而互音之，非也。《白華》詩‘懆’字當作草、慥二音，不當作七感反，字作‘慘’者亦非；《北山》詩‘慘’字當作七感反，字不當作‘懆’；又《陳風·月出》詩‘勞心慘兮’，當作‘懆’誤作‘慘’。”清顧炎武《詩本音·月出》“勞心慘兮”下引陳第曰：“《説文》‘懆，愁不安也。从心，喿聲’，孫愐以‘七早反’音之。又‘慘，毒也。从心，參聲’，孫愐以‘七感反’音之，此其文形既異，音義不同，宜易辨也。迨後俗書既勝，音釋亦淆‘懆’之與‘慘’，彼此互錯，雖通人不能釐正矣。故《北山》之‘慘慘劬勞’‘慘慘畏咎’宜讀‘慘’；《白華》之‘念子懆懆’宜讀‘懆’；《月出》之‘勞心慘兮’，《抑》之‘我心慘慘’皆宜改而從‘懆’，因文求義，以義酌文，庶得之矣。”早在宋代，毛晃即已詳細辨析了“懆”“慘”二字在《詩經》中混誤的現象，然所辨之結果，仍有可議之處。現分别論述之。

《詩·小雅·白華》：“念子懆懆，視我邁邁。”鄭玄箋：“此言申后之忠於王也，念之譟譟然欲諫正之，王反不説於其所言。”陸德明音義：“懆，七感反。《説文》七倒反，云：‘愁不申也。’亦作慘慘。”孔穎達正義：“又言申后之忠於王，申后念子幽王之惡慘慘然，欲諫正之，是其可愍，何爲王反視我申后邁邁然不説其所言乎?”“懆懆”，或作“慘慘”，《説文》引作“懆懆”，“懆”訓“愁不安”，推許慎之意，“念子懆懆”，主語爲申后，“子”指幽王，“念”爲憂慮之義，“懆懆”形容念的情態，憂慮不安的樣子，整句詩的意思可以理解爲“申后爲幽王的行爲感到憂慮，表現出憂慮不安的樣子”。鄭玄解“念子懆懆”爲“念之譟譟然欲諫正之”，“譟譟然”顯係指“念”的情態，與許慎的理解是一致的，只是用字不同而已，文獻中有“譟”通“懆”之例。朱熹《詩集傳》：“懆懆，憂貌。”與許慎、鄭玄的理解並無二致。陸德明音義字作“懆”，而音“七感反”，音與形不合，當誤。又謂“亦作慘慘”，記録了“懆懆”的異文又作“慘慘”。孔穎達正義解“念子懆懆”之意爲“申后念子幽王之惡慘慘然，欲諫正之”，又申之曰“慘慘非悦順之辭”，字作“慘慘”，把“慘慘”理解爲形容王惡之詞，顯然是按“慘”之本音讀之。細審詩意，陸德明的理解不合文意，蓋據誤字解詩意。《禮部韻略》所辨可從。《漢語大詞典》：“懆懆，憂愁貌。《詩·小雅·白華》：‘念子懆懆，視我邁邁。’朱熹集傳：‘懆懆，憂貌。’”《漢語大詞典》亦以“懆”字讀之。

《詩·小雅·北山》：“或不知叫號，或慘慘劬勞。……或湛樂飲酒，或慘慘畏咎。”陸德明釋文：“慘，七感反。字又作‘懆’。”南宋范處義撰《詩補傳卷》：“彼則深居簡出叫號有所不知，此則慘慘憂戚劬勞無所辭避。……彼則湛樂燕飲，此則慘戚畏罪。”明何楷撰《詩經世本古義》：“‘慘慘’，當依《釋文》作‘懆懆’，以別于後之‘慘慘畏咎’。‘懆’，《説文》云‘愁不安也’，與下‘劬勞’連言，所謂‘勞人懆懆’也，其勞頻數曰‘劬勞’。”“慘慘”亦當爲“懆懆”之訛。《禮部韻略》認爲"《北山》詩'慘'字當作七感反，字不當作'懆'"，不妥。

《詩·陳風·月出》："月出照兮，佼人燎兮，舒夭紹兮，勞心慘兮。"唐陸德明音義："慘，七感反。憂也。""慘"字訓憂，亦當爲"懆"字之訛。陸德明音"七感反"，誤。《漢語大詞典》"慘"字條："慘，憂愁；悲慘。《詩·陳風·月出》："月出照兮，佼人燎兮，舒夭紹兮，勞心慘兮。"陸德明釋文："慘，七感反，憂也。"乃承陸德明之誤。

0428 㗋

唐道世撰《法苑珠林》："若欲噉肉者，當説此呪：多[9]㗋哋（此言如是）阿捺摩阿捺摩（此言無我無我）阿視婆多阿視婆多（此言無壽命無壽命）。"（T2122v53p0974b）本頁下注9："㗋＝経《三》，姪《宮》。"

按："㗋"與"経""姪"爲版本異文。鄭賢章《龍龕手鏡研究》"㗋𡁱"字條："《龍龕·口部》：'㗋、𡁱，俗，音姪。'《中華字海·口部》：'𡁱，同㗋，見《龍龕》。'《中華字海·口部》：'㗋，義未詳，見《龍龕》。'按：'㗋''𡁱'音'姪'，乃譯音用字。"（p71－72）以"㗋""𡁱"爲譯音用字，是。"㗋"即"経"加"口"旁所造之譯音專字，"𡁱"爲"㗋"字之訛，"経"與"姪"爲同一梵文的不同譯音用字。日本淨嚴撰《悉曇三密鈔》："𑖟𑖿𑖧，姪（千手大悲心呪）、儞也（尊勝）、儞演（金軌）、晛（奴見切。略出經）。"（T2710v84p0751a）"姪"爲"𑖟𑖿𑖧（dya）"的譯音字。唐道世撰《諸經要集卷十七·酒肉部》："若欲噉肉者，當説此呪：多[10]姪哋（此言如是）阿捺摩阿捺摩（此言無我無我）阿視婆多阿視婆多（此言無壽命無壽命）。"（T2123v54p0159c）本頁下注10："姪＝経《三》《宮》。"《法苑珠林》："多[17]㗋他。"（T2122v53p0741b）本頁下注17："㗋＝咥《三》《宮》。""𑖟𑖿𑖧（dya）"的譯音字又或用"経""㗋""咥"，"経"與"姪"爲同一梵文的不同譯音用字，"㗋"爲"経"加"口"旁所造的譯音字，"咥"爲"姪"加"口"旁所造的譯音字，"㗋"與"咥"爲異構字。

南朝梁僧伽婆羅譯《文殊師利問經》："文殊師利若欲噉肉者，諸説此呪：多[12]姪哋（此言如是）阿捺摩阿捺摩（此言無我無我）阿視婆多阿視婆多（此言無壽命無壽命）。"（T0468v14p0492c）本頁下注12："姪＝経《三》。"北魏佛陀扇多譯《佛説阿難陀目佉尼呵離陀鄰尼經》："[23]姪提離（甚勇）、摩訶*姪提離（大勇）。"（T1015v19p0692c）本頁下注23："姪＝経《三》*。"唐玄奘譯《十一面神呪心經》："怛[2]姪他闍（一）達囉　達囉（二）。"（T1071v20p0153a）本頁下注2："姪＝經《元》《明》。""經"皆"姪"字之訛。北涼曇無讖譯《大方等大集經》："步寐（莫履反）毘夜也（二十）坒（父一反）[15]経啝（余歌反）毘夜也（二十一）。"（T0397v13p0244a）本頁下注15："経＝經《宮》。"唐玄奘譯《持世陀羅尼經》："[8]絰栗砧　頞奴颯沫洛莎訶。"（T1162v20p0667a）本頁下注 8："絰=經《宋》。""經"皆"絰"字之訛。北宋子璿録《起信論疏筆削記》："五、有所憑準（依[1]絰依匠合三量等）。"（T1848v44p0305b）本頁下注 1："絰=經《甲》。"隋法經等撰《衆經目録》："《諸[1]絰雜事》一卷。"（T2146v55p0125a）本頁下注 1："絰=經《三》。""絰"又"經"字之訛。"經"與"絰"相混訛，故"⿰口絰"可訛作"⿰口經"。

隋寶貴合《合部金光明經》："此是陀羅尼：多⿰口絰他（一）删陀囉尼（二）。"（T0664v16p0386b）又："而説呪曰：哆[25]姪咃穌坻　羯利坻。"（T0664v16p0386c）本頁下注 25："姪=⿰口絰《三》《宮》，下同。"又："咩彌摩呵題毘哆[14]⿰口姪咃　醯利彌利。"（T0664v16p0387c）本頁下注 14："⿰口姪=⿰口絰《三》《宮》。"又："我今當欲説神呪：哆[19]姪咃　波梨富樓那遮利。"（T0664v16p0388b）本頁下注 19："姪=⿰口絰《三》《宮》。"北魏菩提流支譯《佛説護諸童子陀羅尼經》："即説護諸童子陀羅尼呪：[26]多⿰口絰他　阿伽羅……爾時世尊一切種智，即説呪曰：*多⿰口絰他　菩陀菩陀。"（T1028Av19p0742b）本頁下注 26："多⿰口絰=多緻《宋》*。"北涼法衆譯《大方等陀羅尼經》："南無啒啒[2]絰寫（一）⿰口帶提易勤（二）那伽耶彌（三）莎呵（四）。"（T1339v21p0642a）本頁下注 2："絰=⿰口絰《明》。"又："爾時華聚復説陀羅尼言：哆[12]姪咃（一）蒱耆禀婆（二）。"（T1339v21p0642b）本頁下注 12："姪=絰《宋》*，⿰口絰《元》《明》*。"又："應受如是陀羅尼章句：哆[4]姪咃（一）蒱耆禀婆（二）。"（T1339v21p0645b）本頁下注 4："姪=絰《宋》*，⿰口絰《元》《明》*。""⿰口絰"皆"絰"加"口"旁所造的譯音專字，"緻"亦同一梵文的不同譯音用字。日本明覺撰《悉曇要訣》："𑖝怛𑖟𑖿𑖧姪（地也反）𑖞他。"（T2706v84p0511b）"𑖝𑖟𑖿𑖧𑖞（tadyatha）"，佛經咒語習見，乃如是之義，漢譯用字多變。

0429 ⿰口略

唐寶思惟譯《佛説隨求即得大自在陀羅尼神呪經》："心中心呪：唵（一）跛（重）囉跛（重）囉（二）三跛囉（三）印地（音涅）㗚（二合）唧（四）毘輸（重）達儞（五）缾缾（六）噌嚧遮隷（七）莎呵（八）。（注'平上去入'者，依四聲借音讀；注'二合'者，半上二字連聲合讀；注'重'者，喉聲重讀；注'長'者，長聲讀；注'引阿'者，引上字入阿中，接下字讀引論等類可知。嗟揭囉⿰口薩唎嚧嚕⿰口略哩⿰口路⿰口隸⿰口臨⿰口梨⿰口藍等字，傍加口者，轉舌聲讀；囔唧咃等字傍加二點者，取半者不全聲讀耳。）"（T1154v20p0640b）

按："⿰口略"即"絡"加"口"旁所造之譯音專字。據文意，"嗟揭囉⿰口薩唎嚧嚕⿰口略哩⿰口路⿰口隸⿰口臨⿰口梨⿰口藍"諸字皆加"口"旁構成之字。唐杜行顗譯《佛頂尊勝陀羅尼經》："注'平上去入'者，從四聲法借音讀；注'半音'者，半聲讀；注'二合'者，半上字連聲讀；注'重'者，帶喉聲重讀；注'長'者，長聲讀；注'反'者，從反借音讀；羅利盧栗黎藍等字傍加口者，轉聲讀。"（T0968v19p03

54a）可比勘。

日本淨嚴撰《悉曇三密鈔》："，邏、攞、羅、砢、洛、臘。"（T2710v84p0746b）"洛"爲"（la）"的譯音字，"絡"與"洛"同音，亦可爲"（la）"的譯音字，如梵語 lakṣa 漢語通常譯作"洛叉"，又或譯作"絡叉"。《佛說隨求即得大自在陀羅尼神呪經》："洛叉嗠叉麽麽（某甲）寫（二十九）。"（T1154v20p0642b）"嗠"爲"絡"加"口"旁所造之譯音字，猶"喀"爲"洛"加口旁所造之譯音字也。

0430 㗛

唐怛多蘖多集《唐梵兩語雙對集》："十六，㗛捺舍……廿六，㗛尾舍。"（T2136v54p1242a）

按：唐禮言集《梵語雜名》："十六，數捺舍，[3]……廿六，稍尾舍，。"（T2135v54p1230a）本頁下注 3：" = 《甲》。"梵文數詞"六"爲"（殺瑟吒）"或"（殺吒哆）"，"十"爲"（捺捨）"，"二十"爲"（尾舍）"。禮言"廿六"梵文作""，譯作"稍尾舍"，"稍"即"（ṣa）"的譯音字。據此，疑"㗛"乃"綃"加"口"旁字之訛，乃"（ṣa）"的譯音字，"㗛"的右旁乃"綃"字之訛。

《可洪音義》卷二十四《出三藏記》第七卷："易銷，上羊義反。下音消，正作'銷'。又火玄，悁。"（v60p313c）南朝梁僧祐撰《出三藏記集》："桂葉龜腦，固風寒之易銷；茘葩鸞骨，更騰飛之可孱。"（T2145v55p0050c）"銷"爲"銷"字之訛，與"鋗"字異寫同形。日本杲寶撰《大日經疏演奧鈔》："'被絹縠衣'者，'絹'字寫誤，野澤、古本皆作'綃'也，經第七攝大儀軌等亦作'綃'也。《供養法疏》下云：'綃縠衣者。金羅文也。'（六右）又經第三（轉字輪曼荼羅行品）云：'鉢吒爲裙，上被絹縠。'（已上）第十三云：'不加綵飾，用極細絹爲下裙。更用極細羅縠輕紗用爲上服。'（四左）經第三'絹'字亦可作'綃'字歟？更可考證本也。"（T2216v59p0085a）杲寶懷疑"絹縠"之"絹"爲"綃"字之訛，所疑甚是。唐善無畏、一行譯《大毘盧遮那成佛神變加持經》第三卷："彼安祥在於内心而造大日世尊，坐白蓮華，首戴髮髻，鉢吒爲裙，上[9]被綃縠，身相金色，周身焰鬘。"（T0848v18p0023b）本頁下注 9："被綃 = 披絹《宋》，披綃《元》《明》，披縠《宫》，被絹《丙》《丁》。"唐慧琳撰《一切經音義》卷三十六《大日經》第三卷："絹縠，洪屋反。《韻英》云：'羅，縠也，絹之疎者也。'"（T2128v54p0546c）《大毘盧遮那成佛神變加持經》第七卷："身被[12]綃縠衣，自然髮髻冠。"（T0848v18p0048b）本頁下注 12："綃 = 絹《宋》《宫》。"唐慧琳撰《一切經音義》卷三十六《大日經》第七卷："綃縠，上音消。鄭注《禮記》云：'綃、繒古今名也。'《毛詩傳》：'綃，縑也。'又云：'綺屬也。'下紅木反。《釋名》云'紗縠也'。並形聲字也。"（T2128v54p0547a）"絹"

皆“綃”字之訛。“綃”“縠”皆輕紗之類，“綃”“縠”連用泛指輕紗之類，與“絹”不同。字或作“絹”者，“絹”乃“綃”字之訛，亦“肖”旁訛作“肙”旁之例。

日本賴瑜撰《大日經疏指心鈔》：“疏第四云：大日如來身如閻浮檀金紫磨金色，首戴髻髮，被絹縠衣，此是首陀會天成最正覺之幖幟也。”（T2217v59p0597b）又：“依之疏第四云：大日如來身紫磨金色，被絹縠衣，此是首陀會天最成正覺之幖幟也。”（T2217v59p0600a）日本安然撰《觀中院撰定事業灌頂具足支分》：“當畫大悲藏生大曼荼羅，彼安詳在於内心而造大日世尊，坐白蓮華，首戴髮髻，鉢吒爲裙，上被絹縠，身相金色，周身炎鬘。”（T2393v75p0261b）唐不空譯《大日經略攝念誦隨行法》：“[4]妙縠嚴身服，寶冠紺髮垂。”（T0857v18p0177a）本頁下注4：“妙縠=絹縠《甲》。”日本安然撰《大日經供養持誦不同》：“妙色超三界，[2]絹縠嚴身服。”（T2394v75p0308a）本頁下注2：“絹=綃《乙》。”日本覺超撰《三密抄料簡》：“觀作寶蓮花臺寶王宫殿，於中敷座上置蓮花臺，以阿字門轉作大日如來身，如閻浮檀紫磨金色，如菩薩像首戴髮髻，猶如冠形，通身放種種光，被絹縠衣，此是首陀會天成最正覺之標熾也。”（T2399v75p0653c）“絹”皆“綃”字之訛。

《宋本玉篇·糸部》：“纅，絹縠也。”（p494）“絹”亦“綃”字之訛。《康熙字典·糸部》：“纅，《玉篇》：‘絹縠也。’《類篇》：‘綃屬。’”《漢語大字典》：“纅，薄絲綢；薄絹。《玉篇·糸部》：‘纅，絹縠也。’”（二 p3693a）諸書引《玉篇》皆沿其誤。明濮陽涞撰《元學韻學大成·山關韻》（明萬曆二十六年書林鄭雲竹刻本）：“纅，絹縠也。”明湯顯祖訂正《精刻海若湯先生校訂音釋五侯鯖字海》（明刻本）：“纅，音擦。絹縠也。纅，同上。絹縠也。”明黄道周撰《新刻辨疑正韻同文玉海》（明鄭以祺刻本）：“纅，音擦。絹縠也。”清劉維坊撰《同音字辨》（清道光二十九年刻本）：“纅，絹縠，綃屬。”“絹”皆“綃”字之訛。

又，文淵閣四庫本北宋李昉等編《太平廣記·鬼·劉導》：“語訖，二女已至，容質甚異，皆如仙者，衣紅紫絹縠，馨香襲人。”明徐元太撰《喻林·文章門·評品》：“李充言潘安仁之文，如翔禽之羽毛，衣被之絹縠。（何氏語林賞譽）”明宋詡撰《竹嶼山房雜部·養生部·菜果制·生》：“木蓮子，去殼取瓤，每計一枚，水二酒盞，挼汁絹縠，濾其清者，自成爲腐，宜薑醋。”明朱謀㙔撰《駢雅·釋服食》：“鮮支、繁繐、絷繐、葉褕，絹縠也。”“絹”皆“綃”字之訛。《四部叢刊》影明本宋沈括撰《夢溪筆談·異事》：“予與同職扣澗觀之，虹兩頭皆垂澗中。使人過澗隔虹對立，相去數丈，中間如隔絹縠，自西望東則見蓋夕虹也。”“絹”亦“綃”字之訛，元刊本不誤。

0431 㗋

北魏菩提金剛譯《大毘盧遮那佛説要略念誦經》：“左轉擗之，左邊結之，是

名結護，誦此明曰：娜麽三曼多嚩曰［日］囉（二合）𠹭（一）戰拏摩訶路灑拏。”（T0849v18p0057b）

按：“𠹭”即“𠹭”字之訛。同上經：“娜麽三曼多嚩日囉（二合）𠹭戰拏摩訶盧灑拏（上。一）。”（T0849v18p0058c）唐善無畏、一行譯《大毘盧遮那成佛神變加持經》：“説此大摧障聖者不動主真言曰：南麽三曼多伐折囉（二合）赧（一）戰拏摩訶嚧灑儜。”（T0848v18p0015b）唐法全撰《大毘盧遮那成佛神變加持經蓮華胎藏悲生曼荼羅廣大成就儀軌供養方便會》：“曩莫三漫多嚩日羅（二合）赧（一）戰拏摩訶嚕灑拏。”（T0852v18p0113b）與“𠹭”對應之字作“𠹭”“赧”“赧”等形。參 0340“哪”字條。

0432 嗐

唐不空譯《文殊師利菩薩及諸仙所説吉凶時日善惡宿曜經》：“此宿生人，法合愛諍競，不能自押捺，[23]嗐瞋怒，父母生存不能孝養，死後方崇祭饗追念，亦足奴婢畜乘資産。”（T1299v21p0389b）本頁下注 23：“嗐＝嗜《明》。”

按：“嗐”與“嗜”爲版本異文，“嗐”即“嗜”之異構字。“嗜瞋怒”即喜嗔怒之義。“嗜瞋”又兩見於《文殊師利菩薩及諸仙所説吉凶時日善惡宿曜經》，同經：“此宿生人，法合决猛惡，性嗜嗔，愛劫奪，能夜行。”（T1299v21p0390b）“嗜瞋”“嗜嗔”與“嗜瞋怒”義近。

0433 嗲

唐一行記《大毘盧遮那成佛經疏》：“浴妻之時用嗲蘖盧火（生子之後者，生子七日後浴妻。又母解髮用此火神也，鉢伽補火也）。”（T1796v39p0779b）

按：“嗲”即“瞢”字之訛，“瞢”又“瞢”的異構字。唐善無畏、一行譯《大毘盧遮那成佛神變加持經》：“浴妻之所用，以瞢蘖盧火。若生子之後，用鉢伽蒲火。”（T0848v18p0043a）日本阿寂記《妙印鈔》：“三明瞢蘖盧火中，又分爲二，一明牒經，二明隨釋。”（T2213v58p0613a）又《卍續藏》唐一行述記《大日經義釋（毗盧遮那成佛神變加持經義釋）》：“浴妻之時用𑖦𑖽瞢𑖐蘖[悉曇字]匠盧火。生子之後者（生子七日後浴妻，又母解髮，用此火神也。名[悉曇字]鉢𑖐伽[悉曇字]補火）。”（X0438v23p0509a）與“嗲”對應之字皆作“瞢”，乃“𑖦𑖽（maṃ）”的譯音字。日本淨嚴撰《悉曇三密鈔》：“𑖦𑖽，鋡、瞞、曼、鏝、滿、縵、漫、懵、𩶬（切身。慈氏）、芒、魀（佛頂）、摩含（二合。略出經）。”（T2710v84p0746a）“懵”亦“𑖦𑖽（maṃ）”的譯音字。

《説文・苜部》：“瞢，目不明也。”《龍龕・目部》：“瞢，正作瞢字也。”

(p418) 南朝宋曇摩蜜多譯《佛説象腋經》:"阿蘭（一）波嗏羅（二）毘尼那（三）修怛吔（四）修復多（五）阿㲋嗏（六）毘畔那醯（七）呿伽留他（八）摩移宿伽（九）阿㲋那折陀（十）那賴陀（十一）蜜羅修蜜囉（十二）素囉醯陀（十三）薩婆多羅（十四）瞢伽瞢伽（十五）曷吔猶呵（十六）摩仇摩伊呵（十七）。"(T0814v17p0787a) 唐玄應撰《一切經音義》(麗藏本) 卷八《象腋經》:"瞢伽，莫崩反。《經》文作'䁅［瞜］'，非也。"(p116a)"瞜"爲"瞢"的異構字，可爲同一梵文的譯音字。《可洪音義》卷六《像腋經》:"𠯿伽，上莫公、莫亘二反。《經音義》作'瞜'，以'瞢'字替之。瞢，莫弘、莫亘二反。"(v59p760b) 綜上所引，知經文本作"瞜"，玄應釋作"瞢"，即以"瞜"爲"瞢"之俗訛。可洪則因其爲譯音字而臆改從口作"𠯿"。唐善無畏譯《蘇悉地羯羅供養法》:"真言曰：唵　阿三瞜（引）祇寧梨（引。咽聲三遍誦之。此是阿三瞜祇寧真言）。其手印相，以右手指背置左手指内，令無縫，二大指向上直竪，右轉一遍，即成火院（此是阿三瞜祇寧印）。"(T0894v18p0700b) 又："次以阿三忙祇寧真言及手印，普作火院。真言曰：，唵 阿 三 瞜（引）祇 寧 賀唎 𤙖 泮 吒。（誦三遍）其手印相，以右手指背置左手指内，令無縫罅，二大指向上直竪，右轉一遍，即成火院，是阿三忙祇寧印。"(T0894v18p0714b)"瞜"亦同"瞢"，爲"(maṃ)"的譯音字。

韓小荆《〈可洪音義〉研究》"𠯿"字條 (p275-276) 亦有考證，可參看。

0434 嗥

東晉竺佛念譯《菩薩從兜術天降神母胎説廣普經》:"聞佛今日當取滅度，悲啼[17]嗶泣不能自勝。"(T0384v12p1057c) 本頁下注 17："嗶＝號《三》，嗥《知》。"

按："嗥"與"嗶""號"爲版本異文，"嗥""嗶"皆"嘷"字之訛。《説文·口部》:"嘷，咆也。""嘷"本義爲動物大聲的吼叫，文獻中又有大聲哭叫之義，清朱駿聲以爲此義爲"號"之假借，實則兩字同源通用。《莊子·庚桑楚》:"兒子終日嘷而嗌不嗄，和之至也。"唐陸德明釋文："嘷，本又作號。""嘷"即哭叫之義，異文作"號"。經文中"嗶泣"即哭泣之義，本當作"嘷"。《龍龕·口部》:"𠷯，音毫。"(p270)"嘷"或作"𠷯"，"嗥""嗶"與"𠷯"形近，皆一字之變。"皋"或寫作"睾"，亦可比勘。

0435 𠯿

北宋施護譯《佛説無能勝幡王如來莊嚴陀羅尼經》:"是時佛復告帝釋天主

言，我今爲汝説是無能勝幡莊嚴陀羅尼曰：……唧理唧理（四十九）咀⿰口虜咀⿰口虜（五十）揭攞揭攞（五十一）枳理枳理（五十二）矩⿰口虜矩⿰口虜（五十三）母左（引）吒野賀娑（五十四）。”（T0943v19p0098c-0099a）

按：“⿰口虜”即“虜”加“口”旁所造之譯音字。唐行琳集《釋教最上乘秘密藏陀羅尼集》：“迦攞迦攞（六十三）枳理枳理（六十四）矩虜矩虜（六十五）。”（F1071v28p0170b）唐不空譯《大雲輪請雨經》：“迦攞迦攞（五十七）枳里枳里（五十八）矩魯矩魯（五十九）。”（T0989v19p0489c）唐菩提流志譯《不空羂索神變真言經》：“迦攞迦攞（十一）枳理枳理（十二）矩嚕矩嚕（十三）。”（T1092v20p0275c）日本淨嚴撰《悉曇三密鈔》：“𑖩𑖺，路、盧、虜（慈氏）、嚕（佛頂）。”（T2710v84p0746b）“虜”或爲“𑖩𑖺（lo）”之譯音字。

0436 ⿰号帀

北宋法護譯《佛説大悲空智金剛大教王儀軌經》：“即説真言曰：……唵醯（引）虎呼（引）奚（引）孩胡⿰号帀（引）憾（引）憾郝發吒（半音）薩嚩（二合）訶（引）。”（T0892v18p0599c）

按：“⿰号帀”即“號”字之訛。林光明《新編大藏全咒》卷十四《佛説大悲空智金剛大教王儀軌經》“摧伏諸煩惱者”中“⿰号帀”的梵文羅馬轉寫作“hau”（v14p123）。日本淨嚴撰《悉曇三密鈔》：“𑖮𑖼，號。”（T2710v84p0747b）“號”爲“𑖮𑖼（hau）”的譯音字。“⿰号帀”與“號”同爲“𑖮𑖼（hau）”的譯音字，兩者形體相近，“⿰号帀”當即“號”字書寫形訛者。“號”或寫作“⿰号乕”（見《可洪音義》v60p454a），“⿰号帀”與“⿰号乕”形體相近。

0437 ⿰口暗

西夏智廣集《密咒圓因往生集》：“摩利支天母呪：……馬合執巴囉馬斯⿰口暗嚓捺嗡馬斯　簑籮喝。”（T1956v46p1012c）

按：“⿰口暗”即“暗”加“口”旁所造譯音專字。《中華大藏經》所收《密咒圓因往生集》“⿰口暗嚓”對應的八思巴文作“ꡝꡋ”（v71p88a），“ꡝꡋ”之上字爲“ꡝ（a）”，下字爲“ꡋ（na）”，“⿰口暗”當即“ꡝ（a）”後接首音爲“n”的音節時的譯音字。日本淨嚴撰《悉曇三密鈔》：“𑖀𑖽，短暗字（去聲，近於鑒反）。”（T2710v84p0732b）“暗”可爲梵文“𑖀𑖽（aṃ）”的譯音字，可比勘。

0438 ⿰單丹

東晉帛尸梨蜜多羅譯《佛説灌頂七萬二千神王護比丘呪經》：“神名鳩蘭[12]子陀羅子……神名鳩蘭⿰單丹吒羅鳩梨提。”（T1331v21p0496b）本頁下注12：“子＝⿰單丹《三》。”

按：《嘉興藏》作“⿰單舟”（p16），音釋：“⿰單舟，陟留切。”（p27）同上經：“神王女鳩蘭⿰單舟吒羅子字結明誓（此神女主諸毒，蛇蚖蝮若嚙人者，存呼七遍毒即不行）。”（T1331v21p0500c）唐玄應撰《一切經音義》（麗藏本）卷四《大灌頂經》第一卷：“⿰單舟吒羅。”（p50c）宛委别藏本：“⿰單舟吒羅，上陟留反，又作之然反。”（p118）唐慧琳撰《一切經音義》卷三十一《大灌頂經》第一卷：“⿰單舟吒羅，上陟留反，又作之然反。”《可洪音義》卷六《大灌頂經》第二卷：“⿰單丹陁，上竹由反，正作‘輈’，《開元樓藏》作‘輈’。郭氏作之然反，應師未詳。⿰單舟吒，同上，應師未詳。”（v59p749c）又《大灌頂經》第三卷：“⿰單丹吒，上竹由反。從車從舟。傳寫久悮。”（v59p750b）《龍龕手鑑·舟部》：“⿰單舟、⿰舟單，隻然反，又單、旦二音。”（p130）與“⿰單丹”對應之字或作“⿰單丹”“輈”“⿰單舟”等形，唐人已不明其源。或讀“陟留反”“竹由反”，或讀“之然反”“隻然反”，讀前一音蓋據“⿰單舟”所從之“舟”推定，讀後一音蓋據“⿰單丹”推定，皆缺乏切實的根據。

唐善無畏譯《千手觀音造次第法儀軌》：“八、鳩蘭單吒半祇羅，左手金剛鐸，右手金剛拳，白紅色。”（T1068v20p0138b）日本定深撰《千手經二十八部衆釋》：“經曰：鳩蘭單吒半祇羅。釋曰：鬪戰神部也（《古千手經云》：鳩蘭單吒半羅。私云：訛也。又疏中釋不佳）。《灌頂百結神王護身呪經》云：神名鳩羅壇提字戰無敵（云云）。半祇羅者，《灌頂經》八大神將軍中初神。梵名[illegible]鳩蘭單吒。”（T2243v61p0751a）日本淨嚴撰《悉曇三密鈔》：“𑖝𑖽，擔（日經）、淡、丹（日經）、單（寶篋印）、亶（法花）、耽（大疏）、膽（隨求）。”（T2710v84p0744b）疑“⿰單丹吒”同“單吒”，“⿰單丹”“單”“丹”皆“𑖝𑖽（taṃ）”的譯音字，“⿰單丹”蓋由“單”與“丹”構成的雙聲符字。“丹”或寫作“丹”（《可洪音義》v59p648c），又訛作“舟”（《可洪音義》v59p719a）。隋吉藏撰《法華義疏》：“問：‘何故名爲[38]丹枕耶？’答：‘*丹是赤色中之盛，由深定故，多所發生，其功顯灼如*丹色也。又釋古人合神*丹爲枕，令得長靈之壽，譬入涅槃則常樂我淨也。’”（T1721v34p0528b）本頁下注38：“丹＝舟《聖乙》*。”唐善無畏譯《尊勝佛頂脩瑜伽法儀軌》：“其念誦藥物器杖者，光明、砂、雄黄、牛黄、大小還[5]丹、龍腦、香水、精珠、寶珠、真珠等，如是皆有分數。”（T0973v19p0380a）本頁下注5：“丹＝舟《乙》《丙》。”“舟”皆“丹”字之訛，故“⿰單丹”或訛作“⿰單舟”。前人或作“陟留反”“竹由反”者，乃根據訛形誤推之音，所謂音隨字變者。

《漢語大字典》：“⿰單舟，zhān《龍龕手鑑·舟部》：‘⿰單舟，隻然反。’”（二

p3270b）又：“艒，同‘䒁’。《龍龕手鑑·舟部》：‘䒁’，同‘艒’。”（二p3270b）“䒁”“艒”皆據《龍龕》處理爲義未詳之字，根據我們的考證，當定爲“䑻”之訛字。

0439 嚁

日本覺超撰《胎藏三密抄》：“《軌》云：真言曰：曩莫三滿多没馱（引）南（引。一）阿鉢囉（二合）底娑（上）謎（三）誐曩娑（上）謎（三）三滿多（引）弩（鼻音）蘖帝（引。四）鉢嚁（二合）訖哩（二合）底尾秫弟（引。五）達磨馱（引）覩（六）尾戍（引）馱顊（六）娑嚩（二合）賀（引）。”（T2398v75p0568c）

按：“嚁”即“囉”字之訛。唐法全撰《大毘盧遮那成佛神變加持經蓮華胎藏悲生曼荼羅廣大成就儀軌供養方便會》：“灑淨真言曰（三股杵印）：曩莫三（去）滿多没馱（引）喃（引。一）阿鉢羅（二合）底娑（上）謎（二）誐誐曩娑（上）謎（三）三滿多（引）弩（鼻音）蘖帝（引。四）鉢羅（二合）訖哩（二合）底尾秫弟（引。五）達摩馱（引）覩尾戍馱顊（六）娑嚩（二合）賀。”（T0852v18p0110a）又：“灑淨真言曰（三股持印）：南麽三曼多勃馱喃（一。凡真言中事聲字皆稍上聲呼之，以下准引此一）阿鉢囉（二合）底娑（上）謎（二）誐誐曩娑（上）謎（三）三滿多（引）弩（鼻音）蘖帝（引。四）鉢囉（二合）訖哩（二合）底尾躓弟（引。五）達磨馱覩（六）尾戍馱顊娑嚩（二合）賀（引）。”（T0852v18p0129a）又唐法全撰《大毘盧遮那成佛神變加持經蓮華胎藏菩提幢標幟普通真言藏廣大成就瑜伽》：“灑淨真言曰（定拳安腰側，慧手散舒，風空相捻，遍淨灑身五處。次香華飲食衣服并結界）：曩莫三（去）滿多没馱（引）南（引。一）阿鉢囉（二合）底娑（上）謎（二）誐誐曩娑（上）謎（三）三滿多（引）弩（鼻音）蘖帝（引。四）鉢囉（二合）訖哩（二合）底尾秫弟（引。五）達磨馱（引）覩尾戍（引）馱顊（六）娑嚩（二合）賀。”（T0853v18p0145c）日本安然撰《觀中院撰定事業灌頂具足支分》：“玄法寺儀軌云：曩莫三（去）滿多没馱（引）喃（引。一）阿鉢囉（二合）底娑（上）謎（二）誐誐曩娑（上）謎（三）三滿多（引）弩（鼻音）蘖帝（引。四）鉢囉（二合）訖哩（二合）底尾秫弟（引。五）達磨馱（引）都（六）尾戍馱顊娑（二合）賀。”（T2393v75p0240c）又日本興然撰《四卷》：“結界真言曰：南莫三滿多没馱南（一）阿鉢囉（二合）底娑（上）謎誐曩娑（上）謎（三）三滿多（引）弩蘖帝（引。四）鉢羅（二合）訖里（二合）底尾秫弟（引。五）達磨馱（引）覩（六）尾戍（引）馱顊娑嚩賀。”（T2500v78p0814b）與“鉢嚁”對應之字作“鉢囉”或“鉢羅”。“鉢囉”或“鉢羅”爲“प（pra）”的譯音字，佛經習見，“囉”爲“र（ra）”的譯音字。

北齊那連提耶舍譯《月燈三昧經》：“是時有王，名曰德音。彼王於佛如來應正遍知涅槃之後，爲供養聲德如來故，起八十四千萬億塔，一一塔前然百千萬那由他燈明，以一切伎樂香花寶鬘塗香末香，復以一切衣服寶蓋幢幡皆爲供養諸佛如來，[2]置於塔所。”（T0639v15p0598a）本頁下注 2：“置＝羅《三》《宮》《聖》。”“羅”即“置”字之訛。失譯《七佛八菩薩所説大陀羅尼神呪經》：“矬鬼名。胡兜羅（一）阿尼那胡兜羅（二）阿波浮胡兜羅（三）阿波[35]置胡兜羅（四）阿波波呼那胡兜羅（五）耶無多胡兜羅（六）莎呵（七）。”（T1332v21p0558b）本頁下注 35：“置＝羅《三》。”佚名《陀羅尼雜集》：“侳鬼名。胡兜羅（一）呵尼那胡兜羅（二）阿波浮胡兜羅（三）阿波置胡兜羅（四）阿波波呼那胡兜羅（五）耶無多胡兜羅（六）莎呵。”（T1336v21p0619c）“置”與“羅”亦爲異文，正字待考。“羅”與“置”或相混訛，故“囉”或訛作“⿰口置”。

0440 ⿰口罪

日本覺超撰《金剛三密抄》：“又云：胎藏中諸供物加以法界種子[9]⿰口罪字淨之，亦以使者印明加持，去垢清淨光澤，辟除結界而供養之。”（T2400v75p0700b）本頁下注 9：“⿰口罪＝囉《甲》。”

按：“⿰口罪”與“囉”爲版本異文，“⿰口罪”即“囉”字之訛。鄭賢章《〈新集藏經音義隨函録〉研究》已有考證（p141），然未涉及梵文材料及字形關係。日本覺超撰《東曼荼羅抄》：“囉字淨除者（先已作‘阿’字及‘囉’字淨除了，今如前法淨弟子也）即是如前方便，觀於囉字之火，而燒除彼障法、積業，令悉淨已，方復以甘露法水而灌灑之，得於死灰之中而生道芽故。”（T2401v75p0763c）與“⿰口罪”對應之字作“囉”。日本安然記《金剛界大法對受記》：“又胎藏中於諸供物加以法界種子[3]羅𑖨𑖽羅字淨之，亦以使者印明加持，去垢清淨光澤，辟除結界而供養之。此界瑜伽《蓮華部念誦法》云：若觸穢處，當觀頂上有法界生字放赤色光。所謂𑖨𑖽嚂字，於所食物皆加持此字即不成穢觸，於一切供養香華皆加此字放白色光即無穢觸，所供養物皆遍法界（云云）。”（T2391v75p0180a）本頁下注 3：“羅＝囉《乙》。”字又作“羅”。日本淨嚴撰《悉曇三密鈔》：“𑖨，囉、荷羅（二合。梁武）、哩、啢、嘌、剌。”（T2710v84p0746a）“羅”“囉”本皆“𑖨（ra）”之譯音用字。

“羅”行書作“羅”（王羲之）、“羅”（歐陽詢）、“羅”（趙孟頫）等形，因訛作“罪”形。《可洪音義》卷十二《長阿含經》第十二卷：“阿運，郎个反，正作‘邏’。”（v59p983b）“運”爲“邏”字之訛，可資比勘。南朝宋求那跋陀羅譯《雜阿含經》：“王乃至爲其作舍屋室，極爲端嚴。唯開一門，門亦極精嚴。於其中間作治罪之法[10]羅列，狀如地獄。”（T0099v02p0163c）本頁下注 10：“羅＝罪《聖》。”隋闍那崛多譯《佛本行集經》：“漸至向於波[6]羅㮈國。”（T0190v03p0771a）本頁下注 6：“羅＝罪《聖》。”東晋瞿曇僧伽提婆譯《增壹阿含經》：“但爲今日當究汝放逸，[16]罪行非父母爲，亦非國王大臣之所爲也。本自作罪，今自受報。”（T0125v02p0674c）本頁下注 16：“罪＝羅《元》。”西晋無羅叉譯《放光般若經》：“持是具足之德不墮[2]罪處，亦不生卑賤之家，亦不在羅漢辟支佛地住，亦不爲菩薩頂諍。”（T0221v08p0013a）本頁下注 2：“罪＝羅《宫》。”前兩例“罪”爲“羅”字之訛，後兩例“羅”爲“罪”字之訛。“罪”與“羅”或相混訛，故“囉”或訛作“啡”，“邏”或訛作“運”。

唐一行記《大毘盧遮那成佛經疏》：“次飲食真言：南麽三漫多勃陀喃阿囉羅迦[10]罪罪沫隣捺娜弭沫隣捺泥摩訶沫履莎訶。”（T1796v39p0676c）本頁下注 10：“罪罪＝啡啡《甲》《乙》。”唐善無畏、一行譯《大毘盧遮那成佛神變加持經》：“飲食真言曰：南麽三曼多勃馱喃（一）阿囉囉（二）迦羅羅（三）沫隣捺娜弭（四）沫隣捺泥（五）摩訶（引）沫㘑（六）莎訶（七）。”（T0848v18p0013a）佚名《胎藏梵字真言》：“飲食真言曰：[悉曇][5][悉曇]。”（T0854v18p0165a）本頁下注 5：“[悉曇]+（[悉曇]）[イ]《甲》。”《可洪音義》卷二十三《陀羅尼雜集》第五卷：“伐啡，郎何反，正作‘囉’，《上方經》作‘囉’。”（v60p288b）“啡”亦皆“囉”字之訛，“罪”亦“羅”之訛，“囉”“羅”皆“[悉曇]（ra）”之譯音字。

0441 㖆

日本了尊撰《悉曇輪略圖抄》：“諸有二合、三合、四合、五合之字，隨依下下之始音各呼上上之終音：……[悉曇]阿勒乞飯逼耶（四合），[悉曇]阿勒乞殺密㖆耶（五合）。”（T2709v84p0671b）

按：“㖆”即“稜”加“口”旁所造譯音專字，“稜”又“棱”字之訛，“棱”與“楞”爲異構字。經文又見於日本安然記《悉曇十二例》（T2703v84p0463b）。日本淨嚴撰《悉曇三密鈔》：“[悉曇]，藍、覽（二共日經）、囕、蘭、𥖩、𠺪、纜（大疏）、楞、㖆、林、朗（金軌）、㖡（壽命經）。”（T2710v84p0746b）又：“[悉曇]，藍（日經）、攬、隣、稜、楞、蘭（二共佛頂）、臘（隨求）。”（T2710v84p0746b）“㖆”爲“[悉曇]（raṃ）”的譯音字，“稜”爲“[悉曇]（laṃ）”的譯音字，“㖆”亦當同之。唐善無畏、一行譯《大毘盧遮那成佛神變加持經》：“説加持句真言曰：南麽三曼多勃馱喃（一）薩婆他（引）勝勝（二）怛㖆（二合）怛㖆（二合。三）顒顒（四）。”（T0848v18p0044c）林光明《新編大藏全咒》卷六《大毘盧遮那成佛神變加持經》“救世加持句真言”中“怛㖆”的梵文羅馬轉寫作“traṃ”（v6p213）。日本安然撰《悉曇藏》：“[悉曇]，怛陵。”（T2702v84p0418b）唐輸婆迦羅譯《攝大毘盧遮那成佛神變加持經入蓮華胎藏海會悲生曼荼攞廣大念誦儀軌供養方便會》：“加持句真言（金剛掌隨明遍觸身）：曩莫三滿多没馱南（一）薩嚩他（引。二）勝（思孕反）勝（三）怛㖆（二合）怛㖆（二合。四）顒顒（五）。”（T0850v18p0086b）唐法全撰《大毘盧遮那成佛神變加持經蓮華胎藏悲生曼荼羅廣大成就儀軌供養方便會》：“加持句真言曰：曩莫三滿多没馱喃（引。一）薩嚩他（二）勝勝（三）怛[16]陵（二合）怛[18]陵（二合。四）顒顒（五）。”（T0852v18p0126c）本頁下注 16：“陵＝唛《乙》。”注 18：“陵＝㖫《甲》《乙》。”《可洪音義》：“怛唛，音楞。二合。”（v59p873a）“唛”“㖫”“陵”“唛”亦皆“ɪ̇（raṃ）”的譯音字。

0442 嚾

失譯《那先比丘經》：“那先言：譬如人夜然燭火著壁，欲用自照飯食，燭稍却及壁上及竹木、林材，便燒一舍，火大熾延及燒一城中，舉城中人民共[4]㖃言：‘汝何爲燒一城中乃如是？’然火者言：‘我但然小燭火以自照飯食耳，是自大火，非我火也。’如是便共爭訟，相牽至王前。”（T1670Bv32p0710c）本頁下注 4：“㖃＝嚾《宋》《元》，嚾《宮》。”

按：“嚾”與“㖃”“嚾”爲版本異文，“嚾”即“嚾”字之訛。《玉篇·口部》：“嚾，荒旦切，與喚同。”“嚾”有喧囂義，與文意合。《説文·后部》：“㖃，厚怒聲。”“㖃”爲吼叫義，與“嚾”義近，故與“嚾”爲異文。《可洪音義》卷十三《大樓炭經》第二卷：“嗷嚾，呼乱反，大聲也。正作‘嚾’也。”（v59p1029c）“嚾”爲“嚾”之書寫變異，“嚾”與“嚾”形近。

0443 嚁

唐金剛智譯《金剛頂瑜伽青頸大悲王觀自在念誦儀軌》：“千手千眼廣大圓滿妙身大悲寶幢陀羅尼：……微[26]嚁離耶楞訖哩哆（三十六）捨哩囉野（三十七）。”（T1112v20p0497b）本頁下注 26：“嚁＝嚽ヵ《原》。”

按：“嚁”與“嚽”爲版本異文，“嚁”“嚽”皆“嚠”字之訛。日本淳祐撰《要尊道場觀》：“毘嚠離耶（十五）鉢羅頗羅闍耶（十六）。”（T2468v78p0041c）日本寬助撰《別行》：“ꡝꡘꡗꡙ，毘留離耶（十五）。”（T2476v78p0126b）“嚠”“留”皆“ɪ（ru）”的譯音字。唐彦琮纂録《集沙門不應拜俗等事》：“雖信毁交[3]質，殃咎推移，斯自人有窊隆，據道曾無興廢。”（T2108v52p0457a）本頁下注 3：“質＝貿《三》《宮》。”唐道宣撰《廣弘明集》：“中原周魏，政襲昏明。重老輕佛，信毁交[15]貿。”（T2103v52p0097b）本頁下注 15：“貿＝質《宋》《宮》。”“質”皆“貿”字之訛，亦可比勘。《可洪音義》卷八《佛名經》第三卷：“嚁謨，上力由反，下莫乎反。”（v59p840a）隋闍那崛多譯《五千五百佛名神呪除障滅罪經》：“遮嚠謨唎多（上）膩（十四）。”（T0443v14p0329a）“嚁”亦“嚠”字之訛。

0444 喩

日本寬助撰《别行》："真言曰：，曩莫薩嚩怛他（去，引）蘖帝（引）毘[2]喩（二合，引）囉曷（二合）。"（T2476v78p0150b）本頁下注 2："喩＝喻《甲》。"

按："喩"與"喻"爲版本異文，爲二合音梵文""後一音的譯音字。日本淨嚴撰《悉曇三密鈔》："，庾、瑜、諭、愈、欲（尊勝）。"（T2710v84p0746a）又："，嚩（胎軌）、毘庾（同上）。"（T2710v84p0751b）唐義淨撰《梵語千字文》（安永二年敬光刊本）："，素哩喩（二合）娜也，晨。"（T2133Bv54p1205b）"愈"可爲"（yu）"的譯音字，"喩"可以爲二合音"（ryo）"的下字"（yo）"的譯音字，《别行》的""疑爲""字之訛。唐不空譯《觀自在菩薩如意輪念誦儀軌》："娜莫薩嚩怛他（去，引）蘖帝（引）毘喻（二合，引）。"（T1085v20p0206a）字又作"喻"。

隋慧遠述《大乘義章》："譬如病人，至良醫所，醫爲説藥，至心善受，隨教合藥，服之病[2]愈。病人[3]喻於起行菩薩，至醫*喻於近善知識，受教[4]喻於專心聽法。"（T1851v44p0753a）本頁下注 2："愈＝喩《聖》。"注 3："喻＝喩《聖》*。"注 4："喻＝愈《聖》。"隋吉藏撰《法華義疏》："如衆生病故菩薩病，衆生病[47]喩菩薩病*喩也。"（T1721v34p0526b）本頁下注 47："喩＝愈《聖》*。"病愈義、曉喻義亦皆用"喩"，"喩"可以看作"喻"的異體，又通"愈"。

0445 噤

日本安然撰《觀中院撰定事業灌頂具足支分》："經云：汝天親護者，於諸佛導師。修行殊勝行，淨地波羅蜜。如破魔軍衆，釋師子救世。我亦降伏魔，我畫曼荼羅。本義釋云：……漫荼藍噤（漫荼羅也）履佉（引。畫也）藐（密也反）痕（我也）。譯云：我畫漫荼羅。"（T2393v75p0239c）

按："噤"即"嚇"之書寫變異。唐一行記《大毘盧遮那成佛經疏》："漫荼藍隸（漫荼羅也）履佉（引。畫）藐（密也反）痕（我也）。譯云：我畫漫荼羅。"（T1796v39p0619b）與"噤"對應之字作"隸"。日本淨嚴撰《悉曇三密鈔》："，嚇、麗、歷、嗹（佛頂）。"（T2710v84p0746b）"嚇"爲"（le）"的譯音專字，乃"隸"加"口"旁而成。北涼曇無讖譯《大方等大集經》："時須菩提説是偈已，復説此陀羅尼句：娑茂提（一）比茂瑅（二）茂利蛇闍醯（三）思[20]隸（四）。"（T0397v13p0135c）本頁下注 20："隸＝㯤《聖》。"唐不空譯

《五字陀羅尼頌》：“唵囉怛娜（二合）句舍阿仡哩耶（三合）麼[12]隸。”（T1174v20p0715b）本頁下注 12：“隸＝隷《明》《甲》。”《大毘盧遮那成佛經疏》：“多[20]嵥多唎尼（多𡃤是度義）。”（T1796v39p0681c）本頁下注 20：“嵥＝隸《乙》。”“隸”或寫作“𨽾”“隷”，故“𡃤”又寫作“嵥”。“嵥”與“嵥”形近，亦“𡃤”之書寫變異。

0446 嗼

唐法全撰《大毘盧遮那成佛神變加持經蓮華胎藏悲生曼荼羅廣大成就儀軌供養方便會》：“屩却虐噱嚯　灼綽弱杓弱　礫柝搦擇搦咱託諾譯諾 搏泊漠薄莫藥喀洛嗼礫嗦索嚯（入聲呼）。”（T0852v18p0142a）

按：同上經：“屩却虐噱嚯灼綽弱杓弱礫拆搦擇搦咱託諾鐸諾博泊漠薄莫藥喀落嗼鑠嗦索嚯（入聲呼）。”（T0852v18p0125b）與“嗼”對應之字爲“嗼”。日本明覺撰《悉曇要訣》：“屩却虐噱嚯灼淖弱杓弱礫拆搦擇𢹂咱詫諾澤諾博伯謨簿莫藥喀落嗼釋嗦索曤吃索（二合）等也。”（T2706v84p0508b）“嗼”“嗼”皆“ (va)”之譯音字。“嗼”蓋“漠”加“口”旁所造之譯音字。日本淨嚴撰《悉曇三密鈔》：“，漠（日經）。”（T2710v84p0745b）“漠”又爲“ (vaḥ)”的譯音字。“漠”爲入聲字，故可爲“ (vaḥ)”的譯音字。

0447 嚁

唐不空譯《大佛頂如來放光悉怛多鉢怛囉陀羅尼》：“曩謨婆誐嚩帝偝殺（上）爾耶（二合）虞嚕吠女（去，引）嚁耶（二合）。”（T0944Av19p0100a）

按：“嚁”即“璃”加“口”旁所造的譯音專字。日本明覺撰《悉曇要訣》：“又，不空云‘吠女璃耶’。”（T2706v84p0520c）與“嚁耶”對應之異文作“璃耶”，“嚁耶”與“璃耶”皆“ (rya)”的譯音字。日本靜然撰《行林抄》：“，娜謨婆哦嚩帝陪灑爾也遇嚕吠女哩也。”（T2409v76p0020c）“ (rya)”的譯音字又作“哩也”。

0448 嵩

日本光宗撰《溪嵐拾葉集》：“《大鉢囉（二合）嵩經》，乃至本尊法等，每

日三時，念誦、作法、觀行等事。”（T2410v76p0564b）

按：“𠼖”即“諾”的異構字。唐善無畏譯《慈氏菩薩略修愈誐念誦法》：“《大鉢囉（二合）諾經》，乃至本尊法等，每日三時，念誦、作法、觀行等事。”（T1141v20p0594b）日本明覺撰《悉曇要訣》：“唐善無畏《慈氏軌》云：𠿒噌左曩佛○𩞬（[悉曇字]）駄（[悉曇字]）腩（[悉曇字]）○𪏂（[悉曇字]也）𨁂（[悉曇字]也）𧾷（[悉曇字]也）囉𧦝（二合，[悉曇字]也）𧦝（[悉曇字]也）䩜囉（二合，[悉曇字]）𠫆（[悉曇字]也）𨋰（[悉曇字]也）𨋢（[悉曇字]也）𠥿（[悉曇字]也）𩛥（[悉曇字]也）䩜（[悉曇字]也）𠷇（[悉曇字]也）𠿒魯左曩佛鉢囉（二合）諾𑖕𑖿𑖗歟。佛母菩薩（般若菩薩也）大鉢囉（般。二合）諾（若也）經（文）。”（T2706v84p0511a）與“𠼖”對應的字作“諾”，爲“𑖕𑖿𑖗（jña）”的譯音字。據《悉曇要訣》卷第一，“𑖕𑖿𑖗”或譯作“枳孃（二合）”“吉攘”“腎若”“岐若”“吉惹拏（三合）”（T2706v84p0503c－0504b）等不同形式，“諾”“𠼖”當爲“𑖕𑖿𑖗（jña）”的切身字。

0449 㦯

日本拔隊得勝語《鹽山拔隊和尚語録》：“僧問：‘狗子還有佛性也無？’趙州云：‘無。’宛似取金剛王寶劍𢭏著人之命根相似，若逢於箇劍刃上啐地破、㦯地碎底者。”（T2558v80p0603c）

按：“㦯”即“嚗”字之訛。“嚗”有迸裂聲義，南宋藴聞輯《大慧普覺禪師語録》：“不須呈伎倆，直須啐地折、嚗地斷。”（T1998Av47p0868c）又：“於宗師一言之下啐地折、嚗地斷，便是徹頭處也。”（T1998Av47p0903c）又：“這箇便是外息諸緣内心無喘底樣子也，縱未得啐地折、嚗地破，亦不被語言所轉矣。”（T1998Av47p0941b）日本寂室玄光語《永源寂室和尚語録》：“惟除心源廓徹、當念消融，脚跟下一著卒地折、嚗地斷。”（T2564v81p0118b）“嚗”皆摹聲詞。“嚗”或寫作“㬥”（見明章黼《重訂直音篇・口部》），因訛作“㦯”。西晋法炬譯、法立譯《法句譬喻經》：“如象名護財，猛害難禁制。繫靽不與食，而猶[51]慕逸象。”（T0211v04p0600c）本頁下注51：“慕＝暴《三》。”唐道世撰《諸經要集》：“第七念休息者，謂心意想息，志性詳諦，亦無卒[5]暴，恒專一心，意樂閑居，常求方便，入三昧定，常念不貪，勝光上達，除諸亂想，自致涅槃，不離休息，便獲功德，是名念休息。”（T2123v54p0026a）本頁下注5：“暴＝慕《明》。”“慕”皆“暴”字之訛。北宋元照撰《四分律行事鈔資持記》：“晋宋高賢齊梁達士視富貴如糞土，[6]慕儉約爲高尚。”（T1805v40p0300c）本頁下注6：“慕＝暴《甲》。”“暴”又“慕”字之訛。日本審乘撰《華嚴五教章問答抄》：“一切種子如[2]慕流，述以八識種現因果相依之建立甚深正理，定何以業等熏習，定不了皆空義，甚深祕密可嘆歟？”（T2340v72p0679c）本頁下注2：“慕＝暴？”注者疑“慕”爲“暴”字之訛。注者所疑是，“慕流”於義不通。“暴流”佛經習見，或作“瀑流”。北齊那連提耶舍譯《月燈三昧經》：“猶如水聚沫，暴流之所漂。”

(T0639v15p0557c)“暴流”指湍急的水流，此其本義。唐菩提流志譯《大寶積經》第五卷：“我今當作如來之事，一切智事，令諸衆生捨離重擔，於大瀑流，當以法船運度群品，能令衆生得於一切安樂資具。”(T0310v11p0027c)唐慧琳撰《一切經音義》卷十一《大寶積經》第五卷：“瀑流，蒲冒反。《桂苑珠藂》云：‘猝雨水聚合流名爲瀑流也。’”(T2128v54p0374a)唐實叉難陀譯《大方廣佛華嚴經》第十五卷：“若能普發大誓心，度脱欲海諸群生，則能越度四瀑流，示導無憂解脱城。”(T0279v10p0075c)唐慧苑撰《新譯大方廣佛花嚴經音義》：“瀑流，瀑，蒲報反。《説文》曰：‘瀑，疾雨也。’謂天澍猝疾大雨，山川洪流忽介而至者也。”(T2128v54p0440b)“瀑”皆水流猝疾之義。

0450 嘪

龍樹造、後秦筏提摩多譯《釋摩訶衍論》：“即誦呪言：……伽諸鄔帝遮[14]嘪哆。”(T1668v32p0662c)本頁下注14：“嘪＝嘪《高》。”

按：《乾隆大藏經》所收《釋摩訶衍論》：“伽諸鄔帝遮嘪哆。”(L1397v37p1070c)與“嘪”對應之字亦作“嘪”。“嘪”與“嘪”爲版本異文，兩字爲同一梵文的不同譯音字。佚名《陀羅尼雜集》：“觀世音菩薩説消除熱病諸邪所不能忤大神呪：那摩羅多那　多羅耶夜　那摩阿利夜　婆嚧吉泜　奢婆羅夜　菩地薩埵夜　摩呵薩埵夜摩呵迦留　尼迦夜　伊嘪薩利婆羅他。”(T1336v21p0606c)林光明《新編大藏全咒》卷十六《陀羅尼雜集》：“觀世音菩薩説消除熱病諸邪所不能忤大神呪”中“嘪”的梵文羅馬轉寫作“maṃ”(v16p281)。日本淨嚴撰《悉曇三密鈔》：“म̐，鉿、瞞、曼、鏝、滿、縵、漫、懵、鏋（切身。慈氏）、芒、𪎭（佛頂）、摩含（二合。略出經）。”(T2710v84p0746a)“曼”爲“म̐(maṃ)”的譯音字，“嘪”可以看作“曼”加“口”旁所造的譯音專字，“嘪”爲“嘪”之異構字。

0451 嗷

唐道世撰《諸經要集》：“我曾[5]嗷啖四方衆僧花果飲食。或有説言，我往寺舍布施衆僧，或復禮拜，如是嗷啖。”(T2123v54p0130a)本頁下注5：“嗷＝喫《三》《宮》。”

按：“嗷”與“喫”爲版本異文，“嗷”即“噭”字之訛，“噭”又“喫”的異構字。《可洪音義》卷二十三《諸經要集》第十四卷：“𪢜啖，上苦擊反，下徒敢反，正作‘噭啖’。”(v60p304a)可洪所見本作“𪢜”，已溝通與“噭”

的關係。唐道世撰《法苑珠林》："我曾[22]喫噉四方衆僧華果飲食。或有説言，我往寺舍布施衆僧，或復禮拜，如是喫噉。"（T2122v53p0843b）本頁下注 22："喫=䃵《三》《宫》。""喫"的異文作"䃵"，"䃵"乃"噉"構件佈局不同的異寫字。北涼曇無讖譯《大方等大集經》："時尸棄佛衆僧弟子，在彼寺中坐臥受用[2]𡀳噉飲食。"（T0397v13p0290a）本頁下注 2："𡀳=噉《明》，䃵《宋》《宫》。""𡀳"即"噉"字之省，亦可比勘。鄭賢章《漢文佛典疑難俗字彙釋與研究》"噉"字條（p112）亦有考證，可參看。

0452 𠻗

唐阿目佉譯《佛説不空羂索陀羅尼儀軌經》："即説不空羂索心王母陀羅尼密言曰：……薩[20]嘸鉢娜囉嚩鼻野（一切衰）薩[21]嘸播薩囉藝鼻野（厄難）。"（T1098v20p0435b）本頁下注 20："嘸=無《甲》《乙》。"注 21："嘸=𠻗《甲》《乙》《丙》。"

按："𠻗"與"嘸""無"爲版本異文，三字爲同一梵文的譯音字，"嘸"又"無"加"口"旁所造之譯音字。唐菩提流志譯《不空羂索神變真言經》："薩𢊁（無苦反。下同）鉢捺（二合）囉廢瓢（入聲。八十九句）薩𢊁播薩詣瓢（入聲。九十句）薩縛蘗（二合）囉醯（去）瓢（入聲。九十一句）。"（T1092v20p0230c）又："薩𢊁（無苦反。下同音）鉢捺（輕音。二合）囉廢瓢（入聲。三十九）薩𢊁播薩藝瓢（入聲。四十）薩𢊁播夜細瓢（入聲。四十一）。"（T1092v20p0273b）與"𠻗""嘸"對應之字又作"𢊁"。日本淨嚴撰《悉曇三密鈔》："𑖪𑖺，冒、舞、毛（金軌）、𢊁（無古切。羂索經）。"（T2710v84p0746c）"舞""𢊁"皆"𑖪𑖺（vo）"的譯音字，"𠻗"爲"舞"加"口"旁所造的譯音字，"廡"爲"𢊁"的異構字，亦皆"𑖪𑖺（vo）"的譯音字。

0453 嚟

北涼曇無讖譯《大方等大集經》："呵呵紨呵紨呵紨伽伽紨渠竭[26]嚟　渠竭嚟　三牟達囉渠竭嚟　薩婆　闥邏　渠竭嚟　悉那婆渠竭嚟　薩婆浮闍伽渠竭㗚　呵呵渠竭㗚　悉多婆閦多　渠竭㗚　娑緊柘那　渠竭㗚。"（T0397v13p0356c）本頁下注 26："黎=㗚《聖》，下同。"

按：正文作"嚟"，注文作"黎"，"嚟""黎"與"㗚"爲版本異文，"嚟""黎"即"嚟"之書寫變異，"嚟"與"㗚"爲同一梵文的譯音字。林光明《新編大藏全咒》卷一《大方等大集月藏經》"付諸龍咒"中"嚟"與"㗚"的梵文羅馬轉寫皆作"ri"（v1p206）。日本淨嚴撰《悉曇三密鈔》："𑖨𑖰，哩、㗚、唎、利、履、梨、律、陵、犁、理、離、詈。"（T2710v84p0746a）又："𑖨𑖱，囉、嚟、禮（佛頂）。”（T2710v84p0746b）“梨”爲“（ri）”的譯音字，“嚟”爲“（re）”的譯音字。

0454 ⿰口⿱彐余

日本心覺撰《多羅葉記》：“送，，必⿰口⿱彐余（二合）灑也。”（T2707v84p0633a）

按：“⿰口⿱彐余”即“𡃶”之異寫。唐義淨撰《梵語千字文》：“，必隸（二合）灑也，送。”（T2133Bv54p1203b）“”的對音作“必隸”，“𡃶”爲“隸”加“口”旁所造的譯音字，“⿰口⿱彐余”“𡃶”“隸”皆“（re）”的譯音字。唐禮言集《梵語雜名》：“送，鉢禮沙也，。”（T2135v54p1228a）“（pre）”作“（pare）”。參0468“⿰口⿱彐余”字條。“⿰口⿱彐余”字《大正藏》凡12見。

0455 ⿰口⿱彐余

日本心覺撰《多羅葉記》：“煩惱，，吉⿰口⿱彐余捨。……取，，⿰口⿱彐余叻訖曩。春，，嶷哩沙。長春，，⿰口⿱彐余叻賀鉢底。……庶，，⿰口⿱彐余哩誐。”（T2707v84p0628b）

按：經中“吉⿰口⿱彐余”爲“（kle）”的譯音字，“⿰口⿱彐余叻”爲“（gra）”與“（gṛ）”的譯音字，“⿰口⿱彐余哩”爲“”的譯音字。“吉⿰口⿱彐余”的“⿰口⿱彐余”爲“𡃶”的書寫變異，“⿰口⿱彐余叻”與“⿰口⿱彐余哩”的“⿰口⿱彐余”爲“嶷”字之訛。日本淨嚴撰《悉曇三密鈔》：“，𡃶、麗、歷、嚛（佛頂）。”（T2710v84p0746b）《多羅葉記》：“姉［姊］妹，嚹嶷儞，。”（T2707v84p0572b）“𡃶”爲“（le）”的譯音字，“嶷”爲“（gi）”的譯音字，可資比勘。

考諸字形，“隸”或作“⿱彐余”（見《可洪音義》v60p1c），故“𡃶”或作“⿰口⿱彐余”。“隸”或與“疑”混誤，故“嶷”亦或作“⿰口⿱彐余”。參0906“⿱彐余”字條。

0456 噝

唐法全撰《大毘盧遮那成佛神變加持經蓮華胎藏悲生曼荼羅廣大成就儀軌供養方便會》：“劍欠儼儉嗛占襜染瞻髯黏[12]啗喃湛喃擔……（其口邊字皆帶第一轉本音呼之）……劍欠儼儉唅占擔染瞻髯黏諂喃湛喃擔嚓喃淡南啶啶嚩嗤鏤閻嚂嚂鏤睒衫參頷（皆口邊字，皆轉，第一轉本音呼之）。”（T0852v18p0125a-0141c）

125 頁下注 12：“噡＝諂《甲》，噛，咍[イ]《乙》。”

按：“噛”與“噡”“諂”“咍”爲版本異文，“噛”即“噡”字之訛，“噡”又“諂”加“口”旁所造之譯音專字，“咍”與“噡”爲同一梵文的不同譯音字。唐善無畏、一行譯《大毘盧遮那成佛神變加持經》第五卷：“南麽三曼多伐折囉赧鑁劍欠儼儉　占襜染瞻　䩞噡喃湛　擔探腩淡　�吒囌哾閻噞藍囌　睒衫參頟吃衫（二合。其口邊字皆帶第一轉本音呼之）”（T0848v18p0030b）《可洪音義》卷九《大毘盧遮那成佛神變加持經》第五卷：“䩞噡，上竹陷反，下丑陷反。”（v59p871c）與“噛”對應之字作“噡”。日本淨嚴撰《悉曇三密鈔》：“𑖙𑖽，諂《日經》。”（T2710v84p0743c）“諂”爲“𑖙𑖽（ṭhaṃ）”的譯音字，“噡”亦當爲“𑖙𑖽（ṭhaṃ）”的譯音字。“噛”爲“噡”字之訛，“諂”旁訛作“誦”旁也。唐慧琳撰《一切經音義》：“[3]搯珠，上口甲反。賈注《國語》云：‘*搯，扣也。’《考聲》云：‘手指爪*搯數珠也。’《說文》：從手、從爪、從臼，會意字也。”（T2128v54p0897a）本頁下注 3：“搯＝掐《甲》*。”“掐”訛作“搯”，“臽”旁訛作“舀”旁也。失譯《大乘悲分陀利經》：“拮略波羅[4]舀（以沼切）廢浮彌。”（T0158v03p0241a）本頁下注 4：“舀＝角《宋》。”“舀”訛作“角”。隋吉藏撰《法華論疏》：“如脫犀象之牙[2]甬，擿翡翠之毛羽也。”（T1818v40p0786a）本頁下注 2：“甬＝角[カ]《原》。”“角”訛作“甬”。“臽”訛作“舀”，“舀”訛作“角”，“角”訛作“甬”，故“噡”或訛作“噛”。

0457 嘍

元指空校《觀自在菩薩廣大圓滿無礙大悲心陀羅尼》：“摩訶迦嘍尼迦野（五）……薩嚩跛野叟禰嘍多賀那迦囉野（八）……醯摩訶迦嘍尼加（五）……摩賀迦嘍尼加（九）具嘍具嘍竭摩沙陀野（三十）……逗嘍逗嘍毘惹野縛地（五）……那囉野拏縛囉嘍縛陀哩……吼嘍吼嘍摩賀縛怛摩那跛莎囉沙囉沙囉悉哩悉哩叟嘍叟嘍富陀野富陀野……摩賀迦嘍抳迦（六）。”（T1113Av20p0497c-0498b）

按：“嘍”字多見，當即“屢”加“口”旁所造之譯音專字。唐不空譯《大慈大悲救苦觀世音自在王菩薩廣大圓滿無礙自在青頸大悲心陀羅尼》：“𑖦𑖮𑖯𑖎𑖯𑖨𑖲𑖜𑖰𑖎𑖯𑖧，摩訶迦嚧昵迦唧（六）。”（T1113Bv20p0499a）與“嘍”對應之字作“嚧”，對應梵文作“𑖨𑖲（ru）”。日本淨嚴撰《悉曇三密鈔》：“𑖨𑖲，魯、嚕、盧、樓（法花）、郪樓（二合。同上）、勒。”（T2710v84p0746a）“嘍”與“嚧”“盧”皆“𑖨𑖲（ru）”的譯音字，“嚧”爲“盧”加“口”旁所造的譯音字，“嘍”當即“屢”加“口”旁所造的譯音字。

0458 嚺

北宋法天譯《無能勝大明陀羅尼經》："作嗂嚺捺哩（二合）曳（引）拏謨（引）呬旦阿蘇哩（引）謨（引）呬旦作嗂（入）。"（T1234v21p0175b）

按："嚺"即"嚹"字之異寫。林光明《新編大藏全咒》卷十四《無能勝大明陀羅尼經》"救護真言"中"嚺捺哩"的梵文羅馬轉寫作"lindra"（v14 p490），"lin"疑爲"liṃ"之訛。唐善無畏、一行譯《大毘盧遮那成佛神變加持經》："火聚佛頂真言曰：南麼三曼多勃馱喃（一）怛[26]嚺（二合）。"（T0848 v18p0016b）本頁下注 26："嚺＝憐《宮》。"又："虛空慧真言曰：南麼三曼多勃馱喃（一）[2]嚹。"（T0848v18p0017a）本頁下注 2："嚺＝唛《宮》。"林光明《新編大藏全咒》卷六《大毘盧遮那成佛神變加持經》"火聚佛頂真言"中"怛嚺"的梵文羅馬轉寫作"traṃ"（v6p108），"虛空慧真言"中"嚺"的梵文羅馬轉寫作"raṃ"（v6p120），"嚺"皆"raṃ"的譯音字。日本淨嚴撰《悉曇三密鈔》："ᡈ，藍、囕（二共日經）、嚂、蘭、礴、嚺、纜（大疏）、楞、唛、林、朗（金軌）、哴（壽命經）。"（T2710v84p0746b）"嚺"亦"ᡈ（raṃ）"的譯音字，"嚺"與"嚺"可以看作異構字。"嚺"字《大正藏》凡 16 見。

0459 嗣

唐金剛智譯《金剛頂瑜伽中略出念誦經》："即說密語：唵跋折囉羯磨阿地瑟咤薩[18]嗣（亡可反）摩含（二合）婀。"（T0866v18p0238b）本頁下注 18："嗣＝嚩《三》《丙》《丁》。"

按："嗣"與"嚩"爲版本異文，"嗣"即"網"加"口"旁所造譯音專字，"嗣"與"嚩"爲同一梵文的不同譯音字。同上經："若欲共人語，即想舌上有嚂字，即誦此密語：嚂網（亡可反）囉　跋折囉婆沙。"（T0866v18p0224b）"網"作譯音字亦讀"亡可反"，與"嗣"同音。日本淨嚴撰《悉曇三密鈔》："ᡉ，嚩。"（T2710v84p0746b）"嚩"爲"ᡉ（va）"之譯音字。"嗣"與"嚩"爲同一梵文的譯音字，"嗣"亦爲"ᡉ（va）"之譯音字。"嗣"與"嚩"可以看作特殊類型的異構字。韓小荆《〈可洪音義〉研究》"㗕"字條（p272）有考證，可參看。

0460 㖑

唐怛多蘖多集《唐梵兩語雙對集》："唾，施㖑審忙。"（T2136v54p1241b）

按："㖑"即"𡃤"字之異寫。唐禮言集《梵語雜名》："唾，施𡃤（二合）史也審忙，。"（T2135v54p1223b）唐義淨撰《梵語千字文》："，室隸（二合）澁摩（二合），唾。"（T2133Bv54p1211b）與"㖑"對應之字作"𡃤""隸"，皆"（re）"的譯音字。參0244"𡃤"字條。"㖑"字《大正藏》凡7見。

0461 𡁷

北魏菩提金剛譯《大毗盧遮那佛説要略念誦經》："復次東門觀嚩（上）字無畏大護生，左右釋梵衆月天眷屬等。南門觀𡁷字起金剛無勝，焰魔眷屬等左右而行列。"（T0849v18p0058b）

按："𡁷"即"韱"加"口"所造之字的書寫變異。日本杲寶撰《大日經疏演奧鈔》："南方金剛無勝等者，釋焰摩方名金剛無勝結護者等也，字作'懺'字者，《義釋》云：字作乞讖（二合）字，爲種子也。"（T2216v59p0445a）又日本安然撰《大日經供養持誦不同》："炎摩方名金剛無勝結護者，黑色玄衣，毘俱胝形眉間浪文，上戴髮冠，自身威光照衆生界，手持檀荼能壞大爲障者，或作彼印，或置字句，所謂吃懺（二合）字。"（T2394v75p0347b）與"𡁷"對應之字作"懺""讖"等。"乞讖""吃懺"爲"（rkṣa）"的譯音字，"𡁷""懺""讖"皆"（ṣa）"的譯音字。

南朝梁僧祐撰《出三藏記集》："《菩薩戒優婆戒壇文》一卷。右十一部，凡一百四卷。晋安帝時，天竺沙門曇摩讖至西涼州，爲僞河西王大沮渠蒙遜譯出（或作曇無[20]讖）。"（T2145v55p0011b）本頁下注20："讖=䜟《宋》。"《玉篇·韭部》："韱，山韭也。或作'䜟'。"《廣韻·鹽韻》息廉切："韱，韱細。又山韭也。今通作'䜟'。凡从韱者倣此。""䜟"即"韱"書寫變異。《可洪音義》卷二十五《一切經音義》第七卷："作𩐁，音纖。山韭。"（v60p360a）"𩐁"又"䜟"之省。

0462 𡄷

日本明覺撰《悉曇要訣》："……慼魯左囊佛鉢囉（二合）𡄷歟？佛母菩

薩（般若菩薩也）大鉢囉（般。二合）譗（若也）經（文）……此等字内作爲上，外作爲下，依反音法反之即成其音。”（T2706v84p0511a）

按：“譗”即由“吉”和“掌”構成的切身字。參 0448“𠰱”字條。

0463 嗩

日本淨嚴撰《悉曇三密鈔》：“𑖮𑖿𑖨𑖱，紇唎（胎）、頡唎（胎）……𑖮𑖿𑖨𑖱𑖾，紇唎（金）、訖哩、嗩唎（金）、奚哩（略出）。”（T2710v84p0753b）

按：“嗩”即“頡”加“口”旁所造的譯音專字。《悉曇三密鈔》：“𑖮𑖱，紇、纈。”（T2710v84p0747b）“嗩”與“纈”蓋同，爲“𑖮𑖱（hī）”的譯音字。唐一行記《大毘盧遮那成佛經疏》：“[14]頡唎（二合。愧也）。”（T1796v39p0667a）本頁下注 14：“頡＝嗩《甲》《乙》。”“嗩”字《大正藏》凡 24 見。

0464 嚫

唐禮言集《梵語雜名》：“極，素率[26]嚫，𑖭𑖲𑖭𑖿𑖝𑖺。”（T2135v54p1228a）本頁下注 26：“嚫＝覩《甲》。”

按：“嚫”與“覩”爲版本異文，“嚫”即“覩”加“口”旁所造之譯音專字。日本心覺撰《多羅葉記》：“極，𑖭𑖲𑖭𑖿𑖝𑖺，素率覩。”（T2707v84p0596b）與“嚫”對應之字作“覩”。“率嚫/覩”爲“𑖭𑖿𑖝𑖺（sto）”的對音，“覩”“嚫”皆“𑖝𑖺（to）”的譯音字。唐菩提流志譯《五佛頂三昧陀羅尼經》：“印呪曰：唵惹喻瑟抳沙入嚩攞入嚩攞畔馱畔馱娜麽娜麽[31]嚫嚕鈝＊嚫嚕鈝（三合）＊嚫嚕鈝曤（乎各反）歌曩虎鈝（二合）。”（T0952v19p0275c）本頁下注 31：“嚫＝嘟《甲》＊。”日本淨嚴撰《悉曇三密鈔》：“𑖝𑖺，都、妬、登、等、撜（集經）、兜（法花）、德（佛頂）。”（T2710v84p0744b）“嚫”的異文或作“嘟”，“都”可爲“𑖝𑖺（to）”的譯音字，亦可相互比勘。唐菩提流志譯《廣大寶樓閣善住祕密陀羅尼經》：“即説呪曰：唵杜嚧杜嚧摩尼摩尼摩訶摩尼密嚌（丁庚反）多末尼莎訶。”（T1006v19p0648c）“嚌”與“嚫”“嘟”亦同一梵文的不同譯音字。

0465 嚑

世親造、金剛仙釋、北魏菩提流支譯《金剛仙論》：“餘經皆列名嘆德辨數在先，所以此經闕不列名不[24]嘆德者，亦以文略故也。”（T1512v25p0801c）本頁下注 24：“嘆=嚑《甲》。”

按：“嚑”與“嘆”爲版本異文，“嚑”即“嘆”字之訛。“嘆德”爲讚嘆德者之義，佛經習見。“嘆”或作“嚑”者，清顧藹吉《隸辨》引《曹全碑陰》“漢”寫作“⿰氵薰”，清邢澍《金石文字辨異》引《漢衡方碑》作“⿰氵薰”，右部與“薰”形體相近，可比勘。

0466 ⿰口樓

唐阿地瞿多譯《陀羅尼集經》：“第四座主名毘[11]⿰口樓吒（上音）迦，蓮花座上作啀㗚首羅頭（唐云二叉戟頭）光焰圍繞。”（T0901v18p0896b）本頁下注 11：“⿰口樓=嘍《三》《甲》。”

按：“⿰口樓”與“嘍”爲版本異文，“⿰口樓”即“樓”加“口”旁所造譯音專字，與“嘍”爲同一梵文的不同譯音字。同上經：“那（上音）謨（上音）阿㗚耶（一）婆路（輕呼）枳帝攝跛（二合）囉（去音）耶（二）菩提薩埵（去音）耶（三）摩訶薩埵（去音）耶（四）摩訶迦嚧尼迦（去音）耶（五）跢姪他（六）豆⿰口樓豆⿰口樓（七）訶訶訶訶（八）莎訶（九）。”（T0901v18p0817a）林光明《新編大藏全咒》卷四《佛説陀羅尼集經》“小心印咒”中“⿰口樓”的梵文羅馬轉寫作“ru”（v4p63）。日本淨嚴撰《悉曇三密鈔》：“𑖨𑖲，魯、嚕、盧、樓（法花）、鄹樓（二合。同上）、勒。”（T2710v84p0746a）“⿰口樓”“樓”皆“𑖨𑖲（ru）”的譯音字。

北涼曇無讖譯《大方等大集經》：“即説呪曰：菴摩差（叉戒反）喝囉摩差　菴摩摩囉差　莫叉鞞闍婆帝　莫叉蘇兜帝　阿婆羯箠　阿婆坻㗚　時那毘（上支反）那摩伽娑婆犀　頞囉棄摩那底㗚　浮闍跛囉　坻泥阿佉[16]⿰口樓差摩佉跛彌。”（T0397v13p0320c）本頁下注 16：“⿰口樓=嘍《聖》。”林光明《新編大藏全咒》卷一《大方等大集月藏經》“魔王波旬生淨信護佛法咒”中“⿰口樓”的梵文羅馬轉寫作“lu”（v1p183）。“⿰口樓”又可爲“𑖩𑖲（lu）”的譯音字。

0467 ⿰口輪

日本淨嚴撰《悉曇三密鈔》：“𑖝𑖿𑖨𑖳，咄⿰口輪（胎）、咄嚕（佛頂）。”（T2710v84p0753a）

按：“⿰口輪”即“輪”加“口”旁所造之譯音專字。文中“咄⿰口輪”爲“𑖝𑖿𑖨𑖳（trū）”的譯音字，“⿰口輪”即“𑖨𑖳（rū）”的譯音字。唐菩提流志譯《不空羂索神變真言經》：“唵（一）苾𪗪濕誐（二）瞋娜野設咄⿰口輪（三）絣（四）。”（T1092v20p0249a）此即淨嚴之所本。《悉曇三密鈔》：“𑖨𑖳，路、⿰口侖。”（T2710v84p0746a）

“[Siddham] （rū）”的譯音字又用“喻”，可比勘。佚名《釋迦牟尼佛成道在菩提樹降魔讚》：“爾（而以反）多（平音）麼（引）羅迦䘮（一）惹誐禰（引）迦虞嚕（二）。”（T0941v19p0097a）“嚕”亦爲譯音字。

0468 噝

日本圓仁撰《金剛界淨地記》：“大慈真言曰：唵麼訶昧怛噝（二合）娑頗（二合）羅。”（T2386v75p0037c）

按：“噝”即“𠹚”之異寫字。唐不空譯《金剛頂瑜伽他化自在天理趣會普賢修行念誦儀軌》：“大慈真言曰：唵麼訶昧怛𠹚（二合）娑頗（二合）囉。”（T1122v20p0524c）與“噝”對應之字作“𠹚”。日本淨嚴撰《悉曇三密鈔》：“[Siddham]，怛嚇（胎）、怛𠹚、底𠹚、帝囇、帝𠹚（四俱佛頂）。”（T2710v84p0753b）“怛𠹚”爲“[Siddham]（tre）”的譯音字，“𠹚”即“[Siddham]（re）”的譯音字。

0469 嚡

失譯《佛説善法方便陀羅尼經》：“即説呪曰：尸棄（一）尸棄（二）支至（三）支至（四）婆嚶（五）婆嚶（六）嚧嘍（七）嚧嘍（八）時嗜（九）時嗜（十）咖囉（十一）咖囉（十二）[4]嚡嘻（十三）[*]嚡嘻（十四）頗破……大梵王即説呪曰：[*]嚡利（一）彌利（二）旨利莎呵（三）嘋摩富唎莎呵（四）嘋摩嚕莎呵（五）波劫嚕（六）弗巴僧怛唎莎呵（七）。”（T1137v20p0581a-b）本頁下注4：“嚡＝黔《元》《明》[*]。”

按：“嚡”與“黔”爲版本異文，林光明《新編大藏全咒》卷四《佛説善法方便陀羅尼經》“擁護咒”中“嚡嘻”之梵文羅馬轉寫作“ehe”（v4p376），“嚡利”轉寫作“hili”（v4p377）。日本淨嚴撰《悉曇三密鈔》：“[Siddham]，……哩（烏鷄切）。哩（烏溪切）。”（T2710v84p0732a）《廣韻·齊韻》煙奚切：“欸，闕，人名。《莊子》有九方欸，善相馬。李軌讀。”“欸”與“哩”或同，兩字皆可爲“[Siddham]（e）”的譯音字，“黔”蓋“欸”字之變，“欠”旁換作“兮”旁，蓋據音改。“嚡”則“黔”加“口”旁字之訛，字本或作“嗾”。《可洪音義》卷八《佛説善法方便陀羅尼經》：“[嚡]嘻，上許魚反。《金剛秘密經》作‘希利’。”（v59p815b）韓小荆《〈可洪音義〉研究》“嚡”字條：“‘嚡’、‘嚡’當爲一字之變，在經中用作記音符號，無實義。”（p276）可洪作“嚡”，讀“許魚反”，與梵音不合，蓋以此字爲從“口”從“歔”字之書寫變異而推出之音，不可從。

清吴任臣《字彙補·酉部》：“黔，同“𧆛”。’”《漢語大字典》：“黔，同‘𧆛’。《字彙補·酉部》：‘黔，同“𧆛”。’”（二p3000a）《大字典》據《字彙補》將“黔”與“虧”溝通，蓋誤。《龍龕·雜部》：“黔，音兮。”金邢準《新修玉篇·龍龕雜部》（金刻本）：“黔，音兮。”《大明正德乙亥重刊改併五音類聚四聲篇·兮部》：“虧、黔，二烏兮、去爲二切，俗作‘虧’。”明湯顯祖訂正《精刻海若湯先生校訂音釋五侯鯖字海》（明刻本）：“黔，音魁。俗作‘虧’。”《龍龕》“黔”字音兮，蓋本佛經用字，《新修玉篇》承之，不誤。將“黔”誤認爲“虧”蓋始自明代，《字彙補》承明人之誤，《大字典》又承《字彙補》之誤。

0470 嘟

唐菩提流志譯《廣大寶樓閣善住祕密陀羅尼經》：“淨目瞻視一心誦呪，即説呪曰：唵杜嚧杜嚧摩尼摩尼摩訶摩尼密嘟（丁庾反）多末尼莎訶。”（T1006v19p0648c）

按：“嘟”即“賭”加“口”旁所造譯音專字。參 0464“嚫”字條。

0471 噏

日本阿寂記《妙印鈔》：“如磁石噏鐵，如真珠、玉、硨磲、瑪瑙夜能自行。”（T2213v58p0107c）

按：“噏”即“噏”字之訛。《廣韻·緝韻》許及切：“吸，内息。噏，上同。”“噏”爲“吸”改换聲旁的異構字。龍樹造、後秦鳩摩羅什譯《大智度論》：“如磁石[32]吸鐵，如真珠、玉、車渠、馬碯夜能自行。”（T1509v25p0324c）本頁下注 32：“吸＝噏《三》《宮》，翕《石》。”文獻通用“吸”字。“噏”或訛作“喻”（見《可洪音義》v60p554b），字形可比勘。

0472 嚇

唐一行記《大毘盧遮那成佛經疏》：“迦盧拏（是悲義也，所謂悲者）陀婆（二合）費（生也，謂從悲者而生，悲者即是觀音，此菩薩從彼尊眼中生也。猶見諸法實相，名爲普眼，所謂見於如如之體，從此眼三昧生也）多嚇多唎尼（‘多嚇’是度義。然此真言以初多字爲體，兩多字中初字也）。”（T1796v39p0681c）

按：“嚇”即“嚇”的書寫變異。“隸”或寫作“隸”，故“嚇”或寫作“嚇”。唐善無畏譯《大毘盧遮那經廣大儀軌》：“彼真言曰：（一）羯嚕抳嘔婆（上）吠（平。二）多隸多哩抳（三）娑嚩（二合）賀。”（T0851v18p0099b）唐法全撰《大毘盧遮那成佛神變加持經蓮華胎藏悲生曼荼羅廣大成就儀軌供養方便會》："曩莫三滿多没馱喃（一）耽羯嚕呶㗚婆（二合）吠（平。二）多隸多哩抳（三）娑嚩（二合）賀（引）。"（T0852v18p0115c）唐善無畏、一行譯《大毘盧遮那成佛神變加持經》："多羅尊真言曰：南麽三曼多勃馱喃（一）羯嚕呶㗚婆（二合，上）吠（平。二）哆囇哆㘑抳（三）莎訶（四）。"（T0848v18p0014b）"𠹗"對應之字或作"隸""囇"。林光明《新編大藏全咒》卷六《大毘盧遮那成佛神變加持經》"多羅尊真言"中"囇"之對音作"re"（v6p63）。日本杲寶撰《大日經疏演奧鈔》："𑖝多𑖨𑖸𠹗𑖝多𑖨𑖰利𑖜𑖰尼𑖎迦𑖨𑖲嚧𑖜拏𑖪㗚婆𑖝嚩。"（T2216v59p0459c）日本淨嚴撰《悉曇三密鈔》："𑖨𑖸，囇、㘑、禮（佛頂）。"（T2710v84p0746b）"𠹗""隸""囇"皆"𑖨𑖸（re）"之譯音字。

唐善無畏譯《蘇悉地羯羅供養法》："佛部獻水真言曰：𑖌𑖼𑖝𑖸[33][據注文標號應在𑖝𑖸前——引者按]𑖨𑖸𑖨𑖸𑖤𑖲𑖟𑖿𑖠𑖭𑖿𑖪𑖯𑖮𑖯，唵帝囉𠹗佛（哺特反）陀莎嚩訶（三誦三遍奉三掬水）。"（T0894v18p0708c）本頁下注33："𑖝𑖸＝𑖨𑖸《甲》《乙》。"又："金剛部獻水真言曰：𑖌𑖼𑖪𑖰𑖫𑖿𑖪𑖪𑖕𑖿𑖨𑖸𑖭𑖿𑖪𑖯𑖮𑖯，唵微濕嚩（二合）嚩日𠹗（二合）莎嚩訶（誦三遍奉掬水）。"（T0894v18p0708c）唐輸波迦羅譯《蘇悉地羯囉經》："佛部獻水真言曰：唵（同上。一）帝囉𠹗勃陀（上。二）莎嚩（去，二合）訶（三）。"（T0893v18p0667b）又："金剛部獻水真言曰：唵（同上。一）微濕（二合）嚩（二）嚩曰［日］𠹗（三）莎嚩（去，二合）訶（四）。"（T0893v18p0667b）"𠹗"亦"𑖨𑖸（re）"之譯音字。

0473 𡆇

唐不空譯《金剛頂瑜伽最勝祕密成佛隨求即得神變加持成就陀羅尼儀軌》："佛心真言曰：唵（引）尾麽（上）黎（遍法界如來智）惹野嚩𡆇（引）阿密栗（二合）帝吽吽吽吽發吒發吒（三界衆生皆有佛性成就）娑婆（二合）賀（成就）。"（T1155v20p0648b）

按："𡆇"即"𠹗"之異寫字。唐不空譯《普遍光明清淨熾盛如意寶印心無能勝大明王大隨求陀羅尼經》："唵尾磨黎惹也嚩𠹗（一）阿蜜哩（二合）帝（二）吽（引）吽（引）吽（引）吽（引）頗吒頗吒頗吒頗吒娑嚩（二合）賀。"（T1153v20p0622c）與"𡆇"對應之字作"𠹗"。"隸"或寫作"𮥿"，故"𠹗"或寫作"𡆇"。參0142"𮥿"字條。

0474 嚪

佚名《佛説佛名經》："或通人妻妾，奪他婦女，侵陵貞潔，污比丘尼，破他梵行，逼迫不道，濁心邪視，言語嘲啁。或復恥他門户，污賢善名。或於男子五種人所，起不淨行。如是等罪無量無邊。”（T0441v14p0276a）

按：“啁”即“調”字之訛。“嘲調”文獻習見，義爲嘲弄調笑。“調”有戲弄義，字或作“啁”者，“調”受“嘲”字影響而誤加“口”旁，此乃字形同化之例。北涼曇無讖譯《大般涅槃經》：“見女人時或生嘲調言語戲笑。”（T0374v12p0549a）唐慧琳撰《一切經音義》卷二十六《大般涅盤經》第三十一卷：“嘲調，上竹交反，或作‘啁’，同。《蒼頡篇》云：啁亦調也，謂相調戲也。《經》文有作‘譋’字，相承音藝，未詳何出。或作譺，五戒反。《字林》：欺調也，亦大調曰譺也。”（T2128v54p0478c）此詞唐人音義已有訓釋。

0475 㗖

唐法全撰《大毘盧遮那成佛神變加持經蓮華胎藏悲生曼荼羅廣大成就儀軌供養方便會》：“劍欠儼儉噞占襜染瞻髯黏[12]㗖喃湛喃擔……（其口邊字皆帶第一轉本音呼之）……劍欠儼儉唅占擔染瞻髯黏諂喃湛喃擔嚓喃淡南啶啶嚩咣鍐闇噞噞鍐晱衫參頷（皆口邊字，皆轉，第一轉本音呼之）。”（T0852v18p0125a-0141c）125頁下注12：“㗖=諂《甲》，㖐，啗[イ]《乙》。”

按：“㗖”即“諂”加“口”旁所造的譯音字。參0456“㖐”字條。“㗖”字《大正藏》凡7見。

0476 嚔

佚名《陀羅尼雜集》第五卷：“佛説滅除十惡神呪：……曇嚔祇呼　稍祇呼　嚔祇稍祇浮　泜呤呼　摩泜呤呼。”（T1336v21p0608b）

按：“嚔”即“噟”字之訛。《可洪音義》卷十三《陀羅尼雜集》第五卷：“曇噟，音應，去聲。”（v60p288b）字作“噟”。林光明《新編大藏全咒》卷十六《陀羅尼雜集》“佛説滅除十惡神呪”中“嚔”的梵文羅馬轉寫作“yo”（v16p303）。

0477 噶

唐輸婆迦羅譯《地藏菩薩儀軌》：“呪曰：唵噶只儞耶娑噂（二合）賀。”（T1158v20p0652b）

按：“噶”爲“羯”加“口”旁所造的譯音專字之異寫。日本淨嚴撰《悉曇三密鈔》："𑖎，迦、羯、訖、吃、見、劍（大隨求呪）。"（T2710v84p0741c）"羯"爲"𑖎（ka）"的譯音字。

0478 嗋

唐菩提流志譯《千手千眼觀世音菩薩姥陀羅尼身經》："呪曰：南無薩婆勃陀達摩僧祇比（二合）耶（一）南無阿利耶嘍盧枳低攝伐羅嗋（二）菩提薩多跛寫（三）南無跛折囉跛尼寫（四）菩提薩多跛寫（五）。"（T1058v20p0101c）

按："嗋"見於《龍龕》收録，鄭賢章《龍龕手鏡研究》（p73-74）判定其字爲"佛經咒語用字"，其説可從。《龍龕·口部》（宋本）："嗋，俗，音寫。""嗋"與"嗋"字形微異，"嗋"即"寫"加"口"旁所造之譯音專字。日本淨嚴撰《悉曇三密鈔》："𑖭𑖿𑖧，寫（隨求）、徙［徙］也（無垢淨光經）。"（T2710v84p0751b）"寫"爲二合音"𑖭𑖿𑖧（sya）"的譯音字，"嗋"亦"𑖭𑖿𑖧（sya）"的譯音字。唐智通譯《千眼千臂觀世音菩薩陀羅尼神呪經》："呪曰：南無薩婆佛陀達摩僧祇比耶　南無阿利耶婆盧吉低攝伐羅[33]嗋　菩提薩多跛寫南無跋折羅波尼寫菩提薩多波寫　跢姪他　徒比徒比迦耶　徒比婆羅闍婆羅尼馺皤訶。"（T1057Bv20p0094b）本頁下注 33："嗋＝寫《宋》《元》。"唐佛陀波利譯《佛頂尊勝陀羅尼經》："薩婆薩埵嗋迦（長聲）耶毘秫提（二十九）。"（T0967v19p0352b）唐地婆訶羅譯《最勝佛頂陀羅尼淨除業障呪經》："薩婆薩埵寫迦（長聲）耶毘輸提（二十九）。"（T0970v19p0359b）北涼曇無讖譯《大方等大集經》："爾時世尊即説呪曰：嗋絰吔（一）。"（T0397v13p0240a）"嗋"皆"寫"加"口"旁所造的譯音字。

《漢語大字典》："嗋 xiè《龍龕手鑑·口部》：'嗋，俗，音寫。'《字彙補·口部》：'嗋，思夜切，音瀉。出《孔雀經》。'"（二 p755a）《大字典》所引字形與《龍龕》不合，與《字彙補》相合。又《康熙字典·備考·口部》："嗋，《海篇》：'音寫。'《字彙補》：'出《孔雀經》。'"疑《大字典》據《康熙》收録字頭，引《龍龕》時把《龍龕》的字頭與《康熙》認同。《大方等大集經》："伊沙伊婆都度呿嗋（二十九）莎呵（三十）。"（T0397v13p0245b）《嘉興藏》音釋："嗋，思夜切。"《可洪音義》卷三《大方等大集日藏經》第三卷："吐嗋，上丘迦反，正作'呿'；下思夜反。《大集經》作'呿絁'，《第四》作'呿嗋'。"（v59p629c）佛經音義"嗋"皆讀"思夜反"，與《字彙補》合。

0479 囇

日本淨嚴撰《悉曇三密鈔》："𑖦莽，無也。𑖦莽（去）𑖓瑳（上）𑖨𑖰囇𑖝

延，慳也。”（T2710v84p0803c）

按：“㘓”即“履”加“口”旁的譯音字，爲“𑖨𑖰（ri）”的譯音字。同上經：“𑖨𑖰，哩、嚟、唎、利、履、梨、律、陵、犁、理、離、詈。”（T2710v84p0746a）“履”亦“𑖨𑖰（ri）”的譯音字。又：“𑖩𑖰，哩、㘓、利、力。”（T2710v84p0746b）又：“𑖎𑖿𑖩𑖰，枳履（胎）……𑖡𑖿𑖩𑖰，儞履（胎）、𑖦𑖿𑖩𑖰，弭履（胎）……𑖮𑖿𑖩𑖰，呬履（胎）。”（T2710v84p0754c）“㘓”“履”又爲“𑖩𑖰（li）”的譯音字。《大正藏》“㘓”字凡670見，爲常用譯音用字。

0480 𡃮

日本淨嚴撰《悉曇三密鈔》：“𑖩𑖸𑖮𡃮。”（T2710v84p0769c）

按：“𡃮”即“練”加“口”旁所造譯音專字，爲“𑖩𑖸（le）”之譯音字。同上經：“𑖩𑖸，𡀔、麗、歷、𡃮（佛頂）。”（T2710v84p0746b）又：“《大佛頂陀羅尼》中𑖭婆（引）𑖩𑖸𑖽練𑖡𑖿𑖨娜羅（文），此𑖡𑖿𑖨字亦是没上𑖡而呼下𑖨也。”（T2710v84p0782a）“練”可爲“𑖩𑖸𑖽（leṃ）”之譯音字，可比勘。

0481 𡄣

失譯《奇特最勝金輪佛頂念誦儀軌法要》：“先當淨三業，加法而念誦。一心莫散亂，注想於本尊。字句分明呼，不緩亦不急。勿生懈怠意，[12]聲咳及頻申。”（T0949v19p0192b）本頁下注12：“聲咳及頻申＝𡄣吹及顒呻《甲》。”

按：“𡄣吹”與“聲咳”爲版本異文，“𡄣”爲“謦”加“口”旁字之訛。“聲”爲“謦”字之訛，“吹”爲“咳”字之訛。《説文·言部》：“謦，欬也。从言，殸聲。殸，籒文磬字。”唐慧琳撰《一切經音義》卷八十三《大唐三藏玄奘法師本傳》第十卷：“謦欬，上，輕挺反，《傳》從口作‘𡄣’，俗字也。”（T2128v54p0849b）“𡄣”爲“謦”之後出字，從口，磬聲。字又作“𡄣”，乃“謦”累增形旁“口”而成。北涼曇無讖譯《大方等大集經》：“當爾之時寂然無聲，亦無[16]聲欬出入氣息。”（T0397v13p0040c）本頁下注16：“聲＝謦《宫》《聖》。”《嘉興藏》作“謦”。唐金剛智譯《藥師如來觀行儀軌法》：“念誦時，若有[12]聲咳昏沈廢忘真言，即起就水作灑淨法。”（T0923v19p0028a）本頁下注12：“聲＝謦《甲》。”“聲”皆“謦”字之訛，“言”旁訛作“耳”旁也。宋義青頌古、元從倫評唱《林泉老人評唱投子青和尚頌古空谷集》：“若向十二時中行住坐臥，呻吟聲咳，運水般柴，著衣喫飯處不被塵境所礙。”（X1303v67p0299c）“聲”亦“謦”字之訛。

“𡄣”爲“𡄣”之異寫，右下所從之“言”訛作“正”也。日本貞海撰

《三論玄義鈔》："此是近代胡僧所説。今以十一爲[6]正，此則與今玄釋異歟?"（T2301v70p0523a）本頁下注 6："正=言《甲》。""正"或訛作"言"，故"嚐"或訛作"噎"。

0482 噸

佚名《梁朝傅大士頌金剛經》："隨心真言：那謨婆伽筏帝鉢噸惹波羅蜜多曳怛姪他唵吽筏折羅韈麗娑婆訶。"（T2732v85p0008c）

按："噸"即"頼"加"口"旁所造的譯音字，"頼"爲"賴"之書寫變異，"噸"當即"嚩"之書寫變異。唐金剛智譯《金剛頂瑜伽中略出念誦經》："三摩耶護。復次結金剛縛已置於心上，想自心上有怛[27]喇字吒字爲心門戶，掣金剛嚩契時想如開智門，即三遍誦密語三度掣之。密語曰：唵　跋折囉伴陀（開義也）怛[31]喇（二合）吒（上半呼之）。"（T0866v18p0226c）本頁下注 27："喇=噸《三》《丙》，嚩《宮》。"注 31："喇=噸《宋》《明》《丙》，嚩《元》《宮》。""噸"與"嚩""喇"爲版本異文，諸字皆同一梵文的譯音字。日本淨嚴撰《悉曇三密鈔》："，怛噸（胎）、怛嚟、底嚟、帝囇、帝嚟（四俱佛頂）。，怛噸（尊勝）。"（T2710v84p0753b）"噸"即"（re）"或"（rai）"的譯音字，"嚩"亦當同之。日本安然記《胎藏界大法對受記》："毘盧遮那讃（從海大德及權僧正大和上傳）：薩嚩尾也（二合）比婆嚩訖羅（二合）訖里（二合）也素蘖哆地鉢帝爾（而以反）曩怛嚩（二合）馱覩迦摩訶攞佐尾嚕左曩曩謨娑都諦。"（T2390v75p0072a）此"嚩"即"（re）"之譯音字。

佚名《建立曼荼羅護摩儀軌》："右轉灑爐中，想[14]漱火天口。"（T0912v18p0932b）本頁下注 14："漱=噸《乙》。"唐不空撰《金剛頂經大瑜伽祕密心地法門義訣》："[3]噸口洗浴法，并浴部尊法。"（T1798v39p0808c）本頁下注 3："噸=嗽?""噸"又"嗽"字之訛，"嗽"又"漱"之分化字。參鄭賢章《漢文佛典疑難字彙釋與研究》"嚩"字條（p133）。

0483 黔

北魏曇曜譯《大吉義神呪經》："[27]黔婆羅龍王……*黔毘羅龍王。"（T1335v21p0569c）本頁下注 27："黔=黔《三》。"

按："黔"與"黔"爲版本異文，"黔"即"黔"加"口"旁所造譯音專字。

0484 𠹦

日本靜然撰《行林抄》："於佛塔上畫大日如來，通身寶光，皆從光中又化出諸佛世尊，如鉢羅（二合）𠹦佛母菩薩像。以諸佛爲光，上下莊嚴，一如前同。"（T2409v76p0315b）

按："𠹦"即"𠹧"字之訛。唐善無畏譯《慈氏菩薩略修愈誐念誦法》："於佛塔上畫大日如來，通身寶光，皆從光中又化出諸佛世尊，如鉢羅（二合）𠹧佛母菩薩像。以諸佛爲光，上下莊嚴，一如前。"（T1141v20p0596c）與"𠹦"對應之字作"𠹧"。"𠹧"乃由"吉"與"掌"組合而成的切身字。日本明覺撰《悉曇要訣》："又唐院普賢讚𑖕𑖿𑖗𑖡枳穰（二合，引）曩云吉惹曩。"（T2706v84p0504c）"𠹧"與"枳穰"同，皆爲"𑖕𑖿𑖗（jña）"的譯音字。

又，《行林抄》："左右皆畫十鉢羅（二合）𠹦波羅蜜多菩薩。"（T2409v76p0315a）《慈氏菩薩略修愈誐念誦法》："左右皆畫十鉢羅（二合）𠹧波羅蜜多菩薩。"（T1141v20p0596b）唐不空譯《仁王護國般若波羅蜜多經陀羅尼念誦儀軌》："摩訶（引。此云大）鉢囉（二合）枳穰（二合。此云極智）。"（T0994v19p0519a）日本淨嚴撰《悉曇三密鈔》："𑖢𑖿𑖨鉢囉𑖕𑖿𑖗枳惹，慧也。"（T2710v84p0801c）"𠹦"亦"𠹧"字之訛。

東晉瞿曇僧伽提婆譯《增壹阿含經》："我弟子中第一聲聞多飲食者，所謂[23]吉護比丘是也。"（T0125v02p0801c）本頁下注23："吉=告《聖》。"唐慧琳撰《一切經音義》："尸利毱多，此云吉護，亦云德護也。"（T2128v54p0475c）"告"爲"吉"字之訛。《增壹阿含經》："佛[10]吉比丘：'聽汝改過，勿復更犯。'"（T0125v02p0780b）本頁下注10："吉=告《三》《聖》。""吉"又"告"字之訛。"吉"與"告"形近易訛，故"𠹧"或訛作"𠹦"。

0485 嚰

佚名《摩尼教下部讚》："呢哩啊吽儞弗哆喝思噓（十一）……阿雲舥嚰詵喝思噓（十七）。"（T2140v54p1274b）

按："嚰"即"唔"之轉寫。"舥"爲"那"字之異寫。此經乃據敦煌寫本，原寫本與"嚰"對應之字作"唔"。國內外學術界對敦煌卷子《下部讚》做過不少探討，參林悟殊《摩尼教〈下部讚〉三首音譯詩偈辨説》（《文史》，2014年第3期）。《龍龕·口部》："唔，俗。音你。"（p271）

0486 ⿰口儗

北宋法天譯《七佛讚唄伽他》："迦諾迦牟尼佛讚：尾娑（去）哩拏（引）尾誐怛沫𡃤囊唧怛娑（去。一句）尾囉（引）⿰口儗（霓以反）拏（引）薩怛怛醯哆（去，引）弩（鼻音）迦（去，引）哩拏（重呼。二句）喝怛怛謨（引）尾誐多沫𡃤囊曳囊鐙（三句）蘇（上）囉（引，轉舌呼）唧鐙揭囊揭母黏囊麽（引）麽野（二合，引）憾（四句）。"（T1682v32p0769b）

按："⿰口儗"即"儗"加"口"旁所造譯音專字。唐慧琳集《建立曼荼羅及揀擇地法》："無能勝真言曰：那莫三（去）滿多母馱（引）南唵戶嚕戶嚕戰拏哩麽（鼻音，引）蹬儗（霓以反）娑嚩（二合）賀。"（T0911v18p0928c）"儗"作譯音字經自注"霓以反"多見，"⿰口儗"與"儗"顯爲同一梵文的不同譯音字。日本淨嚴撰《悉曇三密鈔》："𑖐𑖰，儗（胎）、近、疑、擬、宜、耆、祇、蟻（大流）、岐、趆（羂索經）、齨（切身。慈氏軌）、祁、其。"（T2710v84p0742a）又："𑖑𑖰，儗、祇、岐（隨求）。"（T2710v84p0742a）"儗"可爲"𑖐𑖰（gi）"與"𑖑𑖰（ghi）"的譯音字。

0487 ⿰口劍

東漢支婁迦讖譯《文殊師利問菩薩署經》："復有比丘，名摩呵波那陀惟⿰口劍，王者種。"（T0458v14p0437c）

按："⿰口劍"即"劍"加"口"旁所造之譯音專字。《嘉興藏》作"⿰口劍"，音釋："⿰口劍，居儼、魚檢二切。""⿰口劍"爲"⿰口劍"之異寫。日本心覺撰《多羅葉記》："摩呵陂那陀惟劍，此云大聲與。"（T2707v84p0609b）佚名《翻梵語》："摩呵陂那陀惟釰比丘，譯曰摩呵波那陀者，大聲；惟釰者，與也。"（T2130v54p1000b）與"⿰口劍"對應之字又作"劍"與"釰"，"釰"爲"劍"的異構字。日本淨嚴撰《悉曇三密鈔》："𑖎，迦、羯、訖、吃、見、劍（大隨求呪）。"（T2710v84p0741c）又："𑖎𑖽，見、鑑（字記）、劍（胎軌）、建（佛頂）、檢（慈氏軌）、兢（千手軌）。"（T2710v84p0741c）"劍"爲"𑖎（ka）"與"𑖎𑖽（kaṃ）"的譯音字。

《可洪音義》卷九《金剛頂瑜伽中略出念誦經》第一卷："⿰口劍字，上居欠反。"（v59p876c）唐金剛智譯《金剛頂瑜伽中略出念誦經》第一卷："又想琰字爲黑色境持地風輪界，復想劍字爲圍輪山以勝寶所飾，又於虛空想鑁字爲毘盧遮那佛。"（T0866v18p0227a）"⿰口劍"亦"劍"加"口"旁所造的譯音字。

《可洪音義》卷二十三《陀羅尼雜集》第五卷："悉噞，音劍。郭氏未詳。"

(v60p287b) 佚名《陀羅尼雜集》第四卷:"摩尼跋陀天王陀羅尼句:伊吼摩夜　收盧多咩　迦悉泜　三摩夜　婆伽吼　金羅婆悉鐱。"(T1336v21p0604c) 又:"佛説除災患諸惱毒神呪:咽吼摩夜　輸盧多咩　迦悉民　三摩夜　婆伽吼　舍羅婆悉鐱。"(T1336v21p0606b)"⿰口鐱"爲"鐱"加"口"旁所造的譯音字。"鐱"爲"劍"的異構字,"⿰口鐱"可看作"⿰口劍"的異構字。

0488 ⿰口葛

唐一行記《大毘盧遮那成佛經疏》:"⿰口葛鉢囉(二合)怛堅(世智不能了知也)……⿰口葛(無故也)。"(T1796v39p0628b)

按:"⿰口葛"即"嚹"字之訛。唐一行述記《大日經義釋》:"半遮囉喙單(離一切戲論妄想)鉢囉(二合)半制(無戲論也)嚹(無故也)。"(X0438v23p0319b)與"⿰口葛"對應之字作"嚹"。日本杲寶撰《大日經疏演奥鈔》:"[illegible](世智不能了知)……[illegible](無故也)。"(T2216v59p0122c)"⿰口葛"與"嚹"對應的梵文作"[illegible](ra)","⿰口葛""嚹"皆"[illegible](ra)"的譯音字。參2144"⿰石葛"字條。

《可洪音義》卷八《佛説善法方便陀羅尼經》:"⿰口鉢⿰口臈⿰口辟,上音鉢,中音臈,下音避。《護命法門經》作'奔囉鞞'。"(v59p815b) 失譯《佛説善法方便陀羅尼經》:"蘇摩⿰口鉢[17]嚹莎呵(四十八)。"(T1137v20p0580c) 本頁下注17:"嚹+(嚁)《三》。"唐義淨譯《金光明最勝王經》第六卷:"請召我時應誦此呪:……室唎夜提鼻 跋嚹婆也。"(T0665v16p0431b)《可洪音義》卷五《金光明最勝王經》第六卷:"趺嚹,盧盍反。"(v59p721b) 唐金剛智譯《金剛頂瑜伽中略出念誦經》:"唵　遏唎他　鉢[17]臘底。"(T0866v18p0244b) 本頁下注17:"臘=嚹《三》《宫》《甲》《乙》《丁》。"唐義淨譯《佛説大孔雀呪王經》:"戶嚧[6]臘薛　莫訶戶嚧嚹薛。"(T0985v19p0477b) 本頁下注6:"臘=嚹《三》。""嚹"與"臘"爲異文,"嚹"即"臘"加"口"旁所造的譯音字。

《漢語大字典》:"嚹,là《龍龕手鑑》盧盍反。同'嚺'。咬骨頭的聲音。《字彙·口部》:'嚹,齧骨聲也。見《釋藏》。'《正字通·口部》:'嚹,俗嚺字。'"(二p763b)《龍龕手鑑·口部》:"嚹,盧盍反。"只注其音,未釋其義。明久隱撰《北京五大部直音會韻》卷上《金光明經》卷六:"嚹,二音嚺獵,齧骨聲也。"(JB048v19p0227a)《北京五大部直音會韻》最早釋《金光明經》"嚹"之義爲"齧骨聲",《字彙》蓋承其誤,並明言此種用法見釋藏,《正字通》進一步以"嚹"爲"嚺"之俗字。考《大正藏》"嚹"皆譯音字,未見有用作"齧骨聲"的用法,"齧骨聲"當爲未詳考佛經實際用法而臆斷之義,張自烈又根據《字彙》的釋義溝通字際關係,皆不可靠。《康熙字典·口部》:"嚹,《篇海》盧盍切,音拉。《字彙》:'齧骨聲也。見釋藏。'"《康熙字典》亦承《字彙》之誤。

0489 [⿰口⿰隶頁]

日本安然記《金剛界大法對受記》：“私檢十六菩薩真言中云：每怛[⿰口⿰隶頁]（二合）夜（慈氏）阿目佉（引，去）。”（T2391v75p0142c）

按：“[⿰口⿰隶頁]”即“[⿰口隸]”字之訛。同上經：“慈氏菩薩真言：唵每怛[⿰口隸]（二合）夜野惡。”（T2391v75p0157a）與“[⿰口⿰隶頁]”對應之字作“[⿰口隸]”。唐義淨撰《梵語千字文》：“𑖦𑖹𑖝𑖿𑖨𑖱，每怛唎（二合，引），慈。”（T2133Bv54p1207a）“怛[⿰口隸]”爲“𑖝𑖿𑖨𑖱（trī）”的對音，“[⿰口隸]”爲“𑖨𑖱（rī）”的譯音字。唐慧琳撰《一切經音義》：“彌帝隸，梵語，古云彌勒，皆訛略不正也。正梵音云每怛哩，唐言慈氏，菩薩名。”（T2128v54p0394c）又用“隸”或“哩”等爲譯音字。

0490 [⿰口頴]

日本覺超撰《金剛三密抄》：“《軌》云：唵嚩日羅（二合）達磨[1][⿰口頡]唎（二合）。”（T2400v75p0686a）本頁下注1：“[⿰口頡]＝[⿰口頴]《甲》。”

按：“[⿰口頴]”與“[⿰口頡]”爲版本異文，“[⿰口頴]”即“[⿰口頡]”字之訛。唐法全撰《大毘盧遮那成佛神變加持經蓮華胎藏悲生曼荼羅廣大成就儀軌供養方便會》：“歸依方便真言曰：唵（引。一）薩嚩没馱冐地薩怛鑁（二合。二）設囉赧蘖車弭（三）嚩曰［日］囉（二合）達磨（四）頡利（二合。五）。”（T0852v18p0127c）“頡利”與“[⿰口頡]唎”爲同一梵文的不同漢譯形式。日本淨嚴撰《悉曇三密鈔》：“𑖮𑖿𑖨𑖱，紇唎（胎）、頡唎（胎）。”（T2710v84p0753b）日本安然撰《觀中院撰定事業灌頂具足支分》：“普通藏品諸尊真言體字亦名種子：一、普賢，𑖮訶（引）……十五、月黶，𑖮𑖿𑖨𑖱𑖾頡利（二合）。”（T2393v75p0267a）“頡利”爲“𑖮𑖿𑖨𑖱（hrī）”或“𑖮𑖿𑖨𑖱𑖾（hrīḥ）”的對音。

0491 [⿰口羲]

佚名《陀羅尼雜集》：“牟路無路[13]煙[14][⿰口義]奚婆伽吼……[24]哩[⿰口義]奚薩多夜婆地。”（T1336v21p0607b）本頁下注13：“煙[⿰口義]奚＝煙羲移《宋》，堙[⿰口羲]移《元》《明》。”注14：“[⿰口義]＝義《宋》。”注24：“哩[⿰口義]＝堙[⿰口羲]《元》《明》。”

按：“[⿰口羲]”“羲”“[⿰口義]”“義”爲版本異文，四字爲同一梵文的不同譯音字。唐玄應撰《一切經音義》（麗藏本）卷二十《陀羅尼雜集》第五卷：“堙醯。”

(p265a) 卍正藏經本："㖶醯。"(p312a) 宛委别藏本："堙醯，上音煙，又因也。"(p620)《可洪音義》卷二十三《陀羅尼雜集》第五卷："湮㘓：上烏兮反，下許宜反。上又音因，非此呼也。如《大悲心真言》云'伊醯'是也。又《川音》云：本音輕呼，謂作義字呼也謬甚矣。應和尚作'堙醯'，又《江西經音》作'摼㘓'，無切脚。郭氏音作'㘓嚱'，上魚寄反，非也；下許寄反，通呼也，俗。"(v60p288a) 又："㖶㘓，上烏兮反，下許宜反。"林光明《新編大藏全咒》卷十六《陀羅尼雜集》"觀世音菩薩心陀羅尼"中"煙㘓"的梵文羅馬轉寫作"ehye"(v16p288)，"㖶㘓""煙㘓"的梵文羅馬轉寫作"ehye"(v16p290)。日本安然撰《悉曇藏》："[梵字]㖶。"(T2702v84p0407b) 日本淨嚴撰《悉曇三密鈔》："所上出[梵字]遮[梵字]皽[梵字]寫[梵字]嚩[梵字]醯等對註是其證也。"(T2710v84p0751c)"㖶""堙""㖶""煙"等皆"[梵字](e)"的譯音字，"醯""嚱""㘓""義"等皆"[梵字](hye)"的譯音字。"醯"，《廣韻》呼雞切，曉紐齊韻；"羲"，《廣韻》許羈切，曉紐支韻，兩字讀音極近，故皆可爲同一梵文的譯音字。"嚱"乃"羲"加"口"所造的譯音專字，"㘓"爲"嚱"字之訛。參0127"儀"字條。

0492 𠿳

失譯《分别功德論》第一卷："王有小兒，常愛此兒，抱在膝上。海深三百三十六萬里，阿須輪立中正齊腹臍。兒見父謂海爲淺，欲得入水，父語：'不可，海深没汝。'故欲得入，父即放之，没於海底，惶怖𠿳嘅。父即申手還執出水，語曰：'語汝不可，而汝不信，今者何似？'"(T1507v25p0030c)

按："𠿳"即"唴"之異構字。《可洪音義》卷二十《分别功德論》第一卷："𠿳嘅，宜作'唴哴'，上丘亮反，下力向反，小兒啼也。又上苦朗反，下苦愛反，謂謦欬，水挾人駭怖之聲也。正作'慷欬'也。上又郭氏作巨兩反，非也。"(v60p176a)《方言》卷一："自關而西秦晋之閒凡大人少兒泣而不止謂之唴，哭極音絕亦謂之唴，平原謂啼極無聲謂之唴哴。""唴"，《漢語大字典》："哭泣不止。"(二p683b) 正與文義相合。《龍龕·口部》："𠿳、㗖，二俗。其兩反。"(p271) 參0383"啌"字條。

0493 𡃺

唐道世撰《法苑珠林》："於時動樹，敲壞蜂窠，衆蜂散飛，唼[5]螫其人。"(T2122v53p0626b) 本頁下注5："螫＝𡃺《宋》。"

按：四庫本作"螫"。"𡃺"與"螫"爲版本異文，"𡃺"即"螫"之俗字。南朝宋求那跋陀羅譯《賓頭盧突羅闍爲優陀延王説法經》："于時動樹，摚壞蜂窠，衆蜂散飛，喓螫其人。”（T1690v32p0787a）與“蠚”對應之字亦作“螫”。《説文·虫部》：“螫，蟲行毒也。从虫，赦聲。”經中即用本義。

0494 嚐

唐圓照撰《貞元新定釋教目録》：“《佛嚐欬徹十方經》一卷（抄第二卷）。”（T2157v55p0988b）

按：“嚐”即“謦”加“口”之字的異寫，“声”寫作“声”多見。隋費長房撰《歷代三寶紀》：“《佛謦欬徹十方經》一卷（出大集）。”（T2034v49p0078b）隋彦琮撰《衆經目録》：“《謦欬徹十方經》一卷。”（T2147v55p0162c）唐明佺等撰《大周刊定衆經目録》：“《佛謦欬徹十方經》一卷。”（T2153v55p0384a）唐智昇撰《開元釋教録》：“《佛謦欬徹十方經》一卷（抄第二卷）。”（T2154v55p0651c）唐靜泰撰《衆經目録》：“《嚐欬徹十方經》一卷。”（T2148v55p0197b）與“嚐”對應之字又作“謦”“嚐”等。“謦欬”乃咳嗽義，字本作“謦”，“嚐”爲“謦”的異構字，“嚐”爲“謦”累加形旁而書寫字形微異者。

《可洪音義》卷二十四《大唐内典録》第三卷：“聲咳澈，上苦挺反，中苦代反，下直列反，正作謦刻徹。”（v60p333b）“聲”爲“謦”字之訛。

0495 鞞

唐寶思惟譯《佛説隨求即得大自在陀羅尼神呪經》：“佛説隨求即得大自在陀羅尼神呪經：……毘（戾惟切）補羅（入聲）揭鞞（四）毘末隸闍耶揭（入聲）鞞（五）伐（扶揭切）舌囉什嚩囉揭鞞（六）。”（T1154v20p0642b）

按：“鞞”即“鞞”加“口”旁所造譯音專字。唐地婆訶羅譯《佛頂最勝陀羅尼經》：“跋折哫跋折囉揭鞞（三十六）。”（T0969v19p0356b）唐善無畏、一行譯《金剛頂經毘盧遮那百八尊法身契印》：“金剛覺：“𑖌𑖼𑖪𑖕𑖿𑖨𑖐𑖨𑖿𑖥𑖸𑖭𑖿𑖪𑖯𑖮𑖯，唵跋日囉揭鞞莎訶。”（T0877v18p0334c）“鞞”與“鞞”皆“𑖥𑖸（bhe）”的譯音字。日本淨嚴撰《悉曇三密鈔》：“𑖤𑖸，吠、鞞、費、胑（切身。慈氏）、米。”（T2710v84p0745b）又：“𑖥𑖰，鼻、牝（二俱隨求）、頻、擗（二共佛頂）、避（入）、毘、鞞。”（T2710v84p0745c）又：“𑖥𑖹，薜、佩（消災軌）、吠（同上）、鞞、陪、俻（佛頂）。”（T2710v84p0745c）又：“𑖪𑖰，尾、毘、鞞、味（八字文殊）、瑋、韋（二共法花）、維（維摩詰經）。”（T2710v84p0746b）又：“𑖪𑖸，鞞、鞞、吠、衞。”（T2710v84p0746c）“鞞”又爲“𑖤𑖸（be）”“𑖥𑖰（bhi）”“𑖥𑖹（bhai）”“𑖪𑖰（vi）”“𑖪𑖸（ve）”的譯音字。

0496 嚌

日本安然撰《悉曇藏》："寶月三藏云：……𑖊嚌（上）……難陀三藏云：……𑖊嚌（平。如正平之重。下准同此）……"（T2702v84p0415a-b）

按："嚌"即"翳"加"口"旁所造譯音專字。同上經："《大日經字輪品》云：……𑖊翳字……《金剛頂經字母品》云：……𑖊曀……《文殊問經字母品》云：……𑖊噎……《大莊嚴經示書品》云：……𑖊翳……全真《悉曇次第》云：……𑖊翳（異計反）……義淨《寄歸傳》云：……𑖊瞖……梁武帝《涅槃疏》云：……𑖊㖡（音烏溪反。音宜吴音也）……玄應《涅槃音義》云：……𑖊㖡（烏鷄反。長也）……㖡：此烏兮反。此不依字，正音於千反，即古咽字。今借音也。光宅法師即治此字以爲翳之字，其字應'翳'下言傳云：瞖或翳字也……《涅槃文字》云：……𑖊㖡（烏奚反。梵音以㖡字上聲稍長呼之）……智廣《悉曇字紀》云：……𑖊（短藹字，去聲，近櫻係反）……宗叡和上云：……𑖊瞖（上）。"（T2702v84p0407a－0412c）與"嚌"對應之字作"翳"等形，皆"𑖊（e）"的譯音字。

《龍龕·口部》："嚌，於計反。"（p275）《中華字海》："嚌，義未詳，見《篇海》。"（p427b）鄭賢章《龍龕手鏡研究》"嚌"字條："'嚌'音'於計反'，乃佛中咒語用字。"（p73）已判定"嚌"爲咒語用字，然未考定"嚌"與"翳"的關係，亦未考定對應梵文，故補考如上。

北周闍那耶舍譯《大方等大雲經請雨品第六十四》："阿時摩多[7]噎咥（顯利反）婆羅毘婆呵。"（T0992v19p0503a）本頁下注7："噎＝嚌《三》。""噎""嚌"皆"𑖊（e）"的譯音字，兩字可以看作異構字。

0497 㘁

日本安然記《金剛界大法對受記》："又如次稱𑖀𑖽[11]㘁、𑖪𑖽鑁、𑖨𑖽囕、𑖮𑖽唅、𑖏𑖽欠五字義曰：諸法本不生是𑖀𑖽闇字也，自性離言説𑖪𑖽鑁字也，清淨無垢染是𑖨𑖽囕字也，因業不可得𑖮𑖽唅字也，諸法等虛空不可得是𑖏𑖽欠字義也。"（T2391v75p0197a）本頁下注11："㘁＝闇《乙》。"

按："㘁"與"闇"爲版本異文，"㘁"即"闇"加"口"旁所造譯音專字。"㘁""闇"皆"𑖀𑖽（aṃ）"的譯音字。唐輸婆迦羅譯《地藏菩薩儀軌》："以神口説呪曰：唵闇摩他㘁摩爾俱苾俱苾三曼多娑婆。"（T1158v20p0652a）"㘁"亦爲"𑖀𑖽（aṃ）"的譯音字。

0498 嚩

北宋施護譯《佛説頂生王因緣經》：“復次三十三天有大象王，名愛囉嚩拏，守衛園苑，身相可觀。……若彼天衆思出游賞諸園苑時，其愛囉嚩拏象王即自知時應彼所欲。”（T0165v03p0402b）

按：“嚩”即“嚩”字之訛。日本淨嚴撰《悉曇三密鈔》：“𑖪，嚩。”（T2710v84p0746b）“嚩”爲“𑖪（va）”的譯音字。北宋法天譯《七佛讚唄伽他》：“俱留孫佛讚：野薩拽（二合，[23]反）弩（鼻音，重呼）囉始銘（二合，短呼）鉢囉（二合）底（丁以反）昧哩野（二合）戍（引）鼻（一句）囉嘮（去，引）訖哩（二合）哆（引）婆（去，引）底（丁以反）嚩（武鉢反）遜馱哩琰（二句）。”（T1682v32p0769b）本頁下注 23：“反=引《三》。”西天戒日王製、北宋法賢譯《八大靈塔梵讚》：“曳（引）左（引）儗（上同）馱（引）覩誐哩婆（二合，引）捺舍嚩囉嚩哩那（引。二十二）。”（T1684v32p0772c）“嚩”皆“嚩”字之訛。

《漢語大字典》：“嚩 mó《改併四聲篇海》引《奚韻》文何切。佛教咒語譯音用字。《改併四聲篇海・口部》引《奚韻》：‘嚩，咒語也。’《字彙・口部》：‘嚩，咒語。’”（二 p758a）“嚩”之今音折合作“mó”，不妥。北宋法天譯《佛説七佛經》：“尸棄如來，父名阿嚕拏王，母同名阿嚕拏，城名阿嚕嚩帝。毘舍浮如來，父名蘇鉢囉底都王，母名鉢囉婆嚩底，城名阿努鉢麼。”（T0002v01p0150c）“嚩”又可爲人名或地名的譯音字，不皆用作咒語譯音用字。《大字典》很多佛經譯音專字皆釋爲“佛教咒語譯音用字”，不如釋作“譯音字”妥靠。

0499 嚂

唐一行記《大毘盧遮那成佛經疏》：“地嚂（行慧心，常以是慧利益衆生）。”（T1796v39p0687b）

按：“嚂”即“嚂”之異寫。日本杲寶撰《大日經疏演奧鈔》：“又七卷本云：𑖠𑖰𑖨𑖽（空垢，行慧心，常以是慧利益衆生。已上）。今準此釋而讀爛脱。空者，𑖨𑖽字空點也；垢者，𑖨字也。上𑖠𑖰字釋無之。但石山本云：地（法界定已上），法界者，𑖠字也；定者，𑖰點也。此本尤宜。”（T2216v59p0370c）“地嚂”爲“𑖠𑖰𑖨𑖽”的譯音字，“嚂”爲“𑖨𑖽（raṃ）”的譯音字。日本阿寂記《妙印鈔》：“四明行惠種子，即𑖠𑖰𑖨𑖽地藍，空垢，行惠心常以是惠利益衆生（云云）。言空垢者，𑖠法空也，上有伊點是即法界定也，法界定即空也。垢𑖨字上有點，即無塵垢也。”（T2213v58p0356b）與“嚂”對應之字作“藍”，“嚂”當即“藍”加

“口”旁所造的譯音專字。日本淨嚴撰《悉曇三密鈔》：“𑖨𑖽，藍、覽（二共日經）、嚂、蘭、磷、嶙、纜（大疏）、楞、崚、林、朗（金軌）、哴（壽命經）。”（T2710v84p0746b）收“藍”“嚂”爲“𑖨𑖽（raṃ）”的譯音字。日本安然撰《觀中院撰定事業灌頂具足支分》：“經云‘中央示法界不可思議色’者，即是此[6]嚂字作純白色，所謂不思議法界之標幟也。”（T2393v75p0285b）本頁下注6：“嚂＝𑖨𑖽嚂《乙》。”“𑖨𑖽”的譯音字又作“嚂”。《龍龕·口部》：“喊、嚂，呼覽反，聲也。又俗魯貪反，亦貪嚂也。嚂，俗，同上。”（p270）以“嚂”爲“喊”與“嚂”的俗字。《漢語大字典》：“嚂（一）hǎn《龍龕手鑑》呼覽反。同‘喊’。《龍龕手鑑·口部》：‘嚂’，‘喊’的俗字。（二）lán《龍龕手鑑》魯貪反。同‘婪’。《龍龕手鑑·口部》：‘喊，貪嚂也。嚂，俗，同喊。’《正字通·口部》：‘嚂，貪嚂。本作婪。’”（二p758a）把“嚂”判定爲“喊”與“婪”的異體。考“嚂”未見於中土文獻，佛經習見，均爲譯音字，未見同“喊”同“婪”的用法。“嚂”當爲譯音字，與“喊”“婪”無涉。行均蓋由“嚂”爲“𑖨𑖽（raṃ）”的譯音字，誤以“嚂”爲後出俗字，《正字通》《康熙字典》《漢語大字典》皆承《龍龕》之誤。

唐輸婆迦羅譯《攝大毘盧遮那成佛神變加持經入蓮華胎藏海會悲生曼荼攞廣大念誦儀軌供養方便會》：“（七六）曩莫三滿多没馱喃（一）阿（急呼）薩怛嚩（二合）係多毘庾（二合）唱蘖多（二）怛[7]藍（二合）怛[8]藍[9]嚂嚂（三）娑嚩（二合）賀。”（T0850v18p0074a）本頁下注7：“藍＝嚂《乙》。”注8：“藍嚂＝嚂（二合）嚂《甲》。”注9：“嚂嚂＝藍藍《乙》。”日本實運撰《玄祕抄》：“曩莫三曼多没馱（引）南。阿（去，引。種子）薩怛嚩（二合）係多弊（毘庾反）嗢蘖多怛藍（二合）怛藍（二合）藍藍。娑婆（二合）賀。”（T2486v78p0381b）唐善無畏譯《大毘盧遮那經廣大儀軌》：“彼真言曰[5]嚂。”（T0851v18p0092c）本頁下注5：“（歸命）+嚂《原》。”唐法全撰《大毘盧遮那成佛神變加持經蓮華胎藏悲生曼荼羅廣大成就儀軌供養方便會》：“白傘蓋佛頂真言曰：曩莫三滿多没馱喃（引。一）[1]嚂（二）悉怛多鉢怛囉（二合）鄔瑟尼（二合）灑（三）娑嚩（二合）賀（引）。”（T0852v18p0120c－0121a）本頁下注1：“嚂＝藍《乙》。”“嚂”皆“嚂”字之訛。

0500 嚽

日本玄昭撰《悉曇略記》：“𑖊，噎（去）、翳（上）、翳（上）、嚽（平聲，如正平之重，下同）。”（T2704v84p0470d）

按：“翳”“嚽”皆“𑖊（e）”的譯音字，“嚽”即“翳”加“口”旁所造譯音專字。

0501 㗔

北魏曇曜譯《大吉義神咒經》："即説呪曰：闍隷　摩隷　闍羅摩隷　摩隷泥　伊隷　㗔隷　呵㗔　摩㗔　那㗔　那羅那㗔　那㗔隷　㗔婆隷　敷羅鞞隷　鞞鞞隷　鞞黎。"（T1335v21p0578b）

按：林光明《新編大藏全咒》卷五《大吉義神咒經》"結界咒"中"㗔隷""呵㗔""摩㗔""那㗔""㗔婆"分别轉寫作"kili""hagi""magi""nagi""gili"（v5p342）。日本淨嚴撰《悉曇三密鈔》："𑖎𑖸，計、繼、繫、薊、髻、雞、稽、罽、荆（字記）。"（T2710v84p0741c）日本明覺撰《悉曇要訣》："𑖎𑖰鷄𑖎𑖸計𑖎𑖸雞。"（T2706v84p0531a）"雞""鷄"或爲"𑖎𑖸（ke）""𑖎𑖰（ki）"的譯音字，"㗔"即"雞"加"口"旁所造譯音專字。

0502 噳

唐不空譯《金剛頂蓮華部心念誦儀軌》："真言曰：唵嚩日囉（二合）[15]嘑呬也惹波三摩曳吽。"（T0873v18p0309b）本頁下注15："嘑＝噳《三》。"

按："噳"與"嘑"爲版本異文，"嘑"爲"虞"加"口"旁的譯音專字，"噳"爲"嘑"改换聲旁的異構字。唐義淨撰《梵語千字文》："𑖐𑖲𑖮𑖿𑖧，虞呬也（二合），祕。"（T2133Bv54p1202b）日本心覺撰《多羅葉記》："祕，𑖐𑖲𑖮𑖿𑖧，虞呬也（二合）。"（T2707v84p0604a）日本淨嚴撰《悉曇三密鈔》："𑖐𑖲，虞、麌（隨求）、愚（無量壽軌）、喁（胎）、禺、窶（唯識疏）、求、瞿、君、獄、玉（佛頂）。"（T2710v84p0742a）"虞""麌"皆"𑖐𑖲（gu）"的譯音字，"嘑""噳"亦皆"𑖐𑖲（gu）"的譯音字。

0503 鶹

唐不空譯《金剛頂瑜伽千手千眼觀自在菩薩修行儀軌經》："誦根本陀羅尼曰：……囉（引）瑟吒（二合）囉瑟[80]鶹（二合，轉舌呼）娑囉（引）惹（自攞反）競矩嚕（二十九）。"（T1056v20p0079c）本頁下注80："鶹＝鶹《三》。"

按："鶹"與"鶹"爲版本異文，"鶹"爲"鴿"加"口"旁的譯音專字，"鶹"爲"鴿"字之訛。"瑟鴿"佛經習見，爲二合音"ṣṭa"的譯音字。"留"或作"畱"（見金韓孝彦、韓道昭《四聲篇海·田部》）、"畄"（見劉復、李家瑞編《宋元以來俗字譜·田部》引《嬌紅記》)、"畄"(見《宋元以來俗字譜·田部》引《古今雜劇》)等形，皆與"臽"形近，可比勘。

0504 ⿰口⿰女⿰剌頁

唐禮言集《梵語雜名》："⿰口⿰女⿰剌頁，阿（引）擺娑也，[illegible]。"（T2135v54p1229a）

按："⿰口⿰女⿰剌頁"即"嬾"字之訛。唐怛多蘖多集《唐梵兩語雙對集》："嬾，阿擺娑。"（T2136v54p1241c）與"⿰口⿰女⿰剌頁"對應之字作"嬾"。馬鳴造、北涼曇無讖譯《佛所行讚》："[8]嬾惰名爲闇，生死名爲癡。"（T0192v04p0023a）本頁下注8："嬾惰 Ālasya。""嬾"爲懶惰義，梵文作"[illegible]"，音譯作"阿（引）擺娑也"。《龍龕·女部》："⿰女⿰剌頁，落散反。惰也。"（p281）"嬾"或作"⿰女⿰剌頁"，"⿰口⿰女⿰剌頁"即"⿰女⿰剌頁"誤加"口"而成。

"⿰口⿰女⿰剌頁"又"⿰女⿰剌頁"加"口"旁而成的譯音字，"⿰女⿰剌頁"爲"嬾"的異寫字。唐不空譯《大雲輪請雨經》："娑（去，引）蘖⿰口⿰女⿰剌頁（彈舌呼）曩（引）誐囉（引）殘散祖（去，引）娜夜（引）弭鉢囉（二合）韈囉灑（二合）帝（引）訶贍部（引）儞尾（二合，引）閉娑嚩（二合）賀（二百六）。"（T0989v19p0491c）林光明《新編大藏全咒》卷八《大雲輪請雨經》"除滅五障陀羅尼"中"⿰口⿰女⿰剌頁"寫作"嬾"，梵文羅馬轉寫作"ra"（v8p447）。日本寬助撰《別行》："[illegible]，三（去）麽（鼻音反）底訖嬾（二合，引）帝（二十三）。"（T2476v78p0130c）"訖嬾"對應梵文作"[illegible]（kra）"，"嬾"爲"[illegible]（ra）"的譯音字。根據對音關係，"[illegible]"字當有長音符號。

又，唐菩提流志譯《護命法門神呪經》："怛姪他毘儞（平）婆囉尼（一）憚茶摩⿰口⿰女⿰剌頁茶（徒皆反。二）。"（T1139v20p0585c）《可洪音義》卷八《護命法門神呪經》："⿰口⿰女⿰剌頁茶：上郎坦反，下徒皆反。"（v59p815a）林光明《新編大藏全咒》卷四《護命法門神呪經》"擁護咒"中"⿰口⿰女⿰剌頁"寫作"嬾"，"嬾茶"梵文羅馬轉寫作"raṇṭe"（v8p447），"⿰口⿰女⿰剌頁"爲"raṇ"的譯音字。

0505 ⿰口嬾

唐不空譯《成就妙法蓮華經王瑜伽觀智儀軌》："則誦普賢菩薩陀羅尼真言曰：……薩嚩僧（去）伽（去。十七）三（去）麽（鼻音，引）底訖⿰口嬾（二合，引）帝（十八）。"（T1000v19p0601b）

按："⿰口嬾"即"嬾"加"口"旁所造譯音專字。又日本中算撰《妙法蓮華經釋文》："不空云：薩嚩僧（去）伽（去）三（去）麽（鼻）底訖嚹（引）帝。"

（T2189v56p0172a）字又作“嚬”，“嚬”即“嬾”字之訛。參上條。

0506 嚪

失譯《薩婆多毘尼毘婆沙》：“若比丘言小住，若日時早，若[18]啜粥，若一切可噉者囑，不犯。一切五衆及一切解法白衣邊盡得囑。”（T1440v23p0549c）本頁下注 18：“啜 = 嚪《聖》。”

按：“嚪”與“啜”爲版本異文，“嚪”即“歠”加“口”旁之累增字，“歠”又“啜”之異構字。《説文·口部》：“啜，嘗也。从口，叕聲。”《歓部》：“歠，歓也。从歓省，叕聲。吷，歠或从口从夬。”段注：“與《口部》‘啜’異義。”徐灝：“歠、啜音同義近，非異也。”文獻中“啜”“歠”皆爲喝義，用法無别，當爲異構字。

0507 嶺

日本元海記《厚造紙》：“南無釋迦牟尼佛、南無昧怛[2]嶺耶佛。”（T2483v78p0266a）本頁下注 2：“嶺 = 隸《甲》。”

按：“嶺”與“隸”爲版本異文，“嶺”即“嚟”字之訛，“嚟”又“隸”加“口”旁所造之譯音專字。北宋法天譯《七佛讚唄伽他》：“當來化主慈氏菩薩讚：昧怛嚟（二合）野曩（引）麼（引）覩史哆（引）攞野薩吐（二合。一句）。”（T1682v32p0769c）日本勝賢記、守覺輯《秘鈔》曰：“南無釋迦牟尼佛，南無昧怛隸野佛。”（T2489v78p0501b）“昧怛嚟（二合）野”“昧怛隸野”皆即彌勒佛之譯名。唐慧琳撰《一切經音義》：“彌帝隸，梵語，古云彌勒，皆訛略不正也。正梵音云每怛哩，唐言慈氏，菩薩名。”（T2128v54p0394c）又：“彌勒，具云昧怛囇曳，此翻爲慈氏也。”（T2128v54p0453b）又：“彌勒，梅怛利曳，此云慈氏，慈爲本姓，或以心行爲姓也。”（T2128v54p0482c）彌勒佛的梵文音作“Maitreya”，“怛隸/嚟”乃“tre”的譯音。日本淨嚴撰《悉曇三密鈔》：“[悉曇字]，怛嚬（胎）、怛嚟、底嚟、帝囇、帝嚟（四俱佛頂）。”（T2710v84p0753b）收“怛嚟”爲“[悉曇字]（tre）”的譯音字，“嚟”即“[悉曇字]（re）”的譯音字。

“嚟”或作“嶺”者，日本明覺撰《悉曇要訣》：“法華勇施呪阿[3]隸之*隸字，不空、玄奘等云[悉曇字]。”（T2706v84p0539a）本頁下注 3：“隸 = 隸《甲》*。”“隸”爲“隸”之書寫變異，“隸”與“齡”形近。“隸”或訛作“齡”，故“嚟”或訛作“嶺”。參 2391“齡”字條。

0508 嚸

佚名《伽馱金剛真言》："底瑟吒（二合）底[4]黨。"（T1241v21p0203a）本頁下注 4："黨 = 嚸《甲》。"

按："嚸"與"黨"爲版本異文，"嚸"即"黨"加"口"旁所造譯音專字。日本淨嚴撰《悉曇三密鈔》："，跢、黨（日經）、嚲（佛頂）。"（T2710v84p0744a）"黨"爲"tā"的譯音用字。

0509 嚲

日本靜然撰《行林抄》："大陀羅尼并心呪：……
塢跛撚帝（八）薩嚩（引）韈跢（引）韈薩嚩（引）娑嚲（二合，引。九）。"（T2409v76p0230c）

按："娑嚲"爲"（staḥ）"的譯音字，"嚲"即"（taḥ）"的譯音字。唐不空譯《葉衣觀自在菩薩經》："……薩嚩（引）韈跢（引）韈薩嚩（引）娑嚲（二合，引。二十九）。"（T1100v20p0447b）與"嚲"對應之字作"嚲"。"嚲"即"嚲"加"口"所造的譯音專字。日本安然撰《悉曇藏》："嚲（多可反）、他（他可反。佗字正體是他字也）、攘（那可反）、馱（陀賀反，重）、囊（乃朗反，帶鼻音），已上五字皆是喉音。"（T2702v84p0408a）"嚲"又"（ta）"的譯音字。

0510 㘅

隋闍那崛多譯《東方最勝燈王如來經》："即説陀羅尼章句：多（上）經他多（上）多（上）滯陀（上）陀（上）滯避陀滯斫枳裴陀滯裴檀池摩訶檀池檀茶淵婆泥　吒知（上）吒吒泥　摩訶吒吒泥俱吒泥　俱吒泥摩訶俱吒泥瞻（時占反）摩隸㘅摩隸摩㦬隸莎婆呵。"（T1354v21p0872a）

按："㘅"即"㦬"加"口"旁所造譯音專字。高麗守其編《高麗國新雕大藏校正别録》："俱吒泥摩訶俱吒泥瞻（時占反）摩𨽻㦬摩𨽻摩㦬𨽻莎婆呵。"（K1402v38p0536a）與"㘅"對應之字作"㦬"。

0511 噼

失譯《佛説善法方便陀羅尼經》："大梵王即説呪曰：嵴利（一）彌利（二）旨利莎呵（三）哄摩富唎莎呵（四）哄摩噼莎呵（五）波劫噼（六）弗巴僧怛唎莎呵（七）。"（T1137v20p0581b）

按："噼"即"譬"加"口"旁所造譯音專字。林光明《新編大藏全咒》卷四《善法方便陀羅尼經》"擁護咒"中兩"噼"字梵文羅馬轉寫皆作"pi"（v4p377）。咒文又見於乾隆大藏經所收《善法方便陀羅尼咒經》，字形同作"噼"（L0365v41p604a）。

0512 嘌

日本淨嚴撰《悉曇三密鈔》："上出遮　皷　寫　嘌　醯等對註是其證也。"（T2710v84p0751c）

按："嘌"爲"　（hyo）"的譯音字，當即"驃"加"口"旁而成。同上經："　，瓢、嘌。　，嘌（胎軌）、毘庚（同上）。"（T2710v84p0751b）"嘌"又爲"　（bhyu）"與"　（bhyo）"的譯音字。日本明覺撰《悉曇要訣》："　驃（毘庚反）。"（T2706v84p0511c）日本安然撰《悉曇藏》："　驃（毘庾反）。"（T2702v84p0417c）《悉曇要訣》："　字有喻音，故　字云驃（毘愈反）也。"（T2706v84p0520b）又："　驃（鼻胡反）。"（T2706v84p0512b）"庚"爲"庾"字之訛，"驃"亦爲"　（bhyu）"與"　（bhyo）"等的譯音字。唐善無畏譯《大毘盧遮那經廣大儀軌》："曩莫薩嚩怛他（引）蘖帝嘌（毘庾反。一）。"（T0851v18p0097c）又："彼大日真言曰：曩莫薩嚩怛他（引）蘖帝嘌（毘庾反。一）。"（T0851v18p0107b）唐善無畏、一行譯《金剛頂經毘盧遮那百八尊法身契印》："毘盧遮那悉地流出相應句陀羅尼：　南麽薩婆怛他（引）蘖帝嘌（毘庾反。一）微濕嚩（二合）目契弊（毘也反）薩婆他阿阿（引）暗噁（四）。"（T0877v18p0335c）"嘌"亦爲梵文"　（bhyu）"的譯音字。《大正藏》"嘌"字凡25見。

0513 嚑

日本隱元隆琦語《黄檗清規》："洗面，以水洗面，當願衆生，得淨法門，永

無垢染。唵嚂（二十一遍）莎訶。”（T2607v82p0771b）

按：“嚂”即“覽”加“口”旁所造之譯音字。又作“嚂”，清讀體編《毗尼日用切要・淨面》：“以水洗面，當願衆生，得淨法門，永無垢染。唵嚂莎訶（默持二十一徧）。”（T1115v60p0157c）日本淨嚴撰《悉曇三密鈔》：“，藍、嚂（二共日經）、嚂、藺、𥕉、𠸣、纜（大疏）、㰖、唛、林、朗（金軌）、哴（壽命經）。”（T2710v84p0746b）“嚂”“嚂”皆“（raṃ）”之譯音專字。

《漢語大字典》：“嚂，同‘啞’。”（二 p764a）與佛經“嚂”字不同。

0514 𡄔

唐菩提流志譯《如意輪陀羅尼經》：“十方界明第十四：唵（一）阿（去）𡄔力（二）。”（T1080v20p0191c）

按：“𡄔”即“露”加“口”旁所造譯音專字。同上經：“香水印第十九。二手十指掌中右押左相叉，雙合成拳，竪左頭指而遍示之。印明曰：唵（一）啊（去）露力（二）。”（T1080v20p0192a-b）林光明《新編大藏全咒》卷三《如意輪陀羅尼經》“十方界明”中“𡄔”（v3p333）和“香水印明”中“露”（v3p336）的梵文羅馬轉皆作“ro”。日本淨嚴撰《悉曇三密鈔》：“，盧、路、露（大疏）。”（T2710v84p0746b）“露”爲“（ro）”的譯音字，可相參看。《如意輪陀羅尼經》：“娜謨囉怛娜（二合）怛囉（二合）耶野（一）娜麽阿（上）唎耶（二）婆[10]露抧諦溼縛囉野（三）。”（T1080v20p0192a）本頁下注 10：“露抧=𡄔枳《三》《甲》。”“𡄔”亦“露”加“口”旁的譯音字。

0515 𡅅

日本心覺撰《多羅葉記》：“取，，凝叻訖𡅅。”（T2707v84p0587b）

按：“𡅅”即“曩”加“口”旁所造譯音專字。“訖𡅅”爲二合音“（hṇa）”的譯音，“𡅅”即“（ṇa）”的譯音字。日本淨嚴撰《悉曇三密鈔》：“，拏、那、曩、呶（胎軌）、儜（日經）。”（T2710v84p0744a）“曩”爲“（ṇa）”的譯音字，可比勘。唐禮言集《梵語雜名》：“取，㗫娜，又疑叻訖曩，，。”（T2135v54p1231a）“（ṇa）”的譯音字正作“曩”。又：“取，疑叨訖囔，。”（T2135v54p1227a）“囔”即“𡅅”之書寫變異，“囊”“囔”與“曩”“𡅅”可爲同一梵文的譯音字。《梵語雜名》：“德，麌囔，。”（T2135v54p1226c）“囔”亦“𡅅”之書寫變異。《悉曇三密鈔》：“，那、娜、拏、曩、納（慈氏）、諾、南、囊。”（T2710v84p0744c）“曩”“囊”又同爲“𑖡（na）”的譯音字。

0516 嚴

北宋法天譯《七佛讚唄伽他》：“尾鉢始也（二合）能（上）底哩（二合）婆（去）嚩（武鉢反）摩護伽播（引）囉嚴（三句）。”（T1682v32p0769b）

按：“嚴”即“儼”加“口”旁所造譯音專字。林光明《新編大藏全咒》卷十四《七佛讚唄伽他》“毘婆尸佛讚”中“嚴”梵文羅馬轉寫作“yaṃ”（v14p201）。日本淨嚴撰《悉曇三密鈔》：“𑖐𑖽，儉、儼、嚴、巘（金軌）。”（T2710v84p0742a）日本心覺撰《多羅葉記》：“深，𑖐𑖽𑖥𑖰𑖨，儼毘羅。”（T2707v84p0613a）《悉曇三密鈔》：“𑖐儼𑖥𑖰鼻𑖨𑖰𑖿嚟（寶樓閣經）。”（T2710v84p0771a）又：“𑖐儼𑖥婆𑖨𑖰哩。”（T2710v84p0771a）“儼”爲“𑖐𑖽（gaṃ）”或“𑖐（ga）”後接首輔音“m”時的譯音用字。

0517 嚩

日本淨嚴撰《悉曇三密鈔》：“𑖪𑖽，嚩、梵、鋡、盤、畔、望（烏瑟）、劍（千手軌）、茵（胎軌）。”（T2710v84p0745b）

按：“嚩”爲“𑖪𑖽（vaṃ）”的譯音字，乃“鑁”加“口”旁而成。唐善無畏、一行譯《大毘盧遮那成佛神變加持經》：“劍欠儼儉　占襜染膽　黏嗡喃湛　擔探腩淡　唵吒嚩吽　闇噓藍[23]嚩　睒衫參頷吃衫（二合。其口邊字皆帶第一轉本音呼之）。”（T0848v18p0030b）本頁下注 23：“嚩 = 鑁《宋》。”唐法全撰《大毘盧遮那成佛神變加持經蓮華胎藏悲生曼荼羅廣大成就儀軌供養方便會》：“劍欠儼儉唅占襜染膽髯黏嗡喃湛喃擔探喃淡喃唵吒嚩吽鑁闇噓藍鑁睒衫參頷（其口邊字皆帶第一轉本音呼之）。”（T0852v18p0125a）又：“劍欠儼儉唅占擔染膽髯黏諂喃湛喃擔嗏喃淡南啶啶嚩吽鑁闇噓噓鑁睒衫參頷（皆口邊字皆轉第一轉本音呼之）。”（T0852v18p0141c）唐法全集《大毘盧遮那成佛神變加持經蓮華胎藏菩提幢標幟普通真言藏廣大成就瑜伽》：“劍欠儼儉占襜染膽黏嗡喃湛擔探喃淡唵吒嚩焚闇噓藍鑁睒衫參頷訖衫（二合。皆口邊字同第一轉本音呼）。”（T0853v18p0151b）日本安然撰《悉曇藏》：“劍欠儼儉　占襜染膽　喃諂喃湛　擔探喃淡　唵吒嚩吽　闇噓藍鑁　睒衫參甜吃衫（二合。其口邊字皆帶第一轉本音呼之）。”（T2702v84p0428a）“嚩”皆“𑖪𑖽（vaṃ）”的譯音字。《可洪音義》卷九《大毘盧遮那成佛神變加持經》第五卷：“嚩吽，上亡犯反。”（v59p871c）又卷一《藏經音義隨函録前序》：“嚩吼，上亡梵反。”（v59p547c）“嚩”爲“鑁”

加“口”旁的譯音字，“⿰口鍐”亦可看作“⿰口鑁”的書寫變異。

北宋法賢譯《佛說最上根本大樂金剛不空三昧大教王經》：“仵必都娑誐[5]鑁悉馳（三句）。”（T0244v08p0797a）本頁下注5：“鑁=鍐《三》。”唐金剛智譯《金剛峯樓閣一切瑜伽瑜祇經》：“𑖕𑖾𑖮𑖳𑖽𑖪𑖽𑖮𑖺𑖾，惹吽鑁斛（六）。”（T0867v18p0264a）唐不空譯《金剛頂一切如來真實攝大乘現證大教王經》：“𑖪𑖽鑁字遍照尊。”（T0874v18p0315b）北宋施護譯《佛說遍照般若波羅蜜經》：“如是所說一切法行，攝入祕密[4]娑鍐字義門。”（T0242v08p0783b）本頁下注4：“娑鍐=娑鏓《明》Svāṃ。”日本淨嚴撰《悉曇三密鈔》：“𑖪𑖽，鑁（日經）、挽、奉（二共佛頂）、懵（胎軌）、罔（佛頂）、𨘻（慈氏）。”（T2710v84p0746c）《大正藏》“鑁”字凡1901見，“鍐”字凡136見，皆“𑖪𑖽（vaṃ）”的譯音字。“鑁”“鍐”“⿰口鑁”“⿰口鍐”皆“𑖪𑖽（vaṃ）”的譯音字，故“⿰口鑁”“⿰口鍐”乃“鑁”“鍐”加“口”旁字。

《漢語大字典》：“鑁，同‘鍐’。唐杜甫《有事於南郊賦》：‘朱輪竟野而杳冥，金鑁成陰以結絡。’按：一本作‘鍐’。”（二p4593b）又：“鍐 zōng《五音集韻》子紅切。馬頭飾。《五音集韻·東韻》：‘鍐，馬冠也。《輿服志》金鍐也。蔡邕《獨斷》曰：“金鍐，高廣各四寸，在鬉前。以鐵爲之，以金爲文。”’”（二p4560a）《漢語大詞典》：“鍐［zōng《字彙》祖冬切。］馬首飾物。……一說同‘鋄’。讀wǎn。”（v11p1357b）《大詞典》“一說”是。《龍龕·金部》：“鑁，亡敢反。呪中字。”明楊慎撰《丹鉛摘録》卷六：“鋄，音減。以鏤金飾馬首。又曰鐵質金文曰鋄也。《西京賦》：‘金鋄鏤鍚。’馬融《廣成頌》：‘金鋄玉瓖。’《詩》云：‘鉤膺鏤鍚。’《國語》曰：‘懷纓挾瓖。’皆指此。今名馬鞍曰鋄銀事件，當用此鋄字。或作‘鑁’，非（佛經況有“莎怛鑁”之語，他書罕用此）。婦飾曰瓖嵌生活，當用此瓖字，俗作廂，非。”《說文·夊部》：“𡕒，㛿蓋也。象皮包覆㛿，下有兩臂，而夊在下。讀若范。”段注：“司馬彪《輿服志》：‘乘輿金鋄。’劉昭引蔡邕《獨斷》曰：‘金鋄者，馬冠也，高廣各五寸，上如五華形，在馬髦前。’薛綜注《東京賦》同。按在馬髦前，則正在馬之㛿蓋。其字本作金𡕒，或加金旁耳。馬融《廣成頌》：‘揚金𡕒而拖玉瓖。’字正作‘𡕒’可證。《西京賦》：‘璿弁玉纓。’薛曰：‘弁，馬冠叉髦也。’徐廣說金鋄云：‘金爲馬叉髦。’然則弁也，叉髦也，𡕒也，一也。‘𡕒’或誤作‘㚇’，‘鋄’或誤作‘鍐’，《玉篇》又誤作金騣，皆音子公反，非也。”“鍐”“鑁”皆“鋄”字之訛。

金韓道昭《五音集韻·東韻》子紅切：“鍐，馬冠也。《輿服志》：金鍐也。蔡邕《獨斷》曰：‘金鍐高廣各四寸，在鬉前，以鐵爲之，以金爲文。’今新增。”明梅膺祚《字彙·金部》：“鍐，祖冬切，音宗。馬冠。《後·輿服志》：‘金鍐。’蔡邕《獨斷》：‘金鍐，高廣各四寸，在鬉前。’”明張自烈《正字通·金部》：“鍐，鋄字之訛。舊註改音宗，馬冠。《韻譜》通作㚇。楊慎曰鍐即鋄，不知鋄訛鍐。”“鍐”《五音集韻》最早收録，讀作“子紅切”，乃據訛形誤讀，此亦所謂音隨形轉之例，《字彙》從之，《正字通》已辨其誤。《廣韻·范韻》亡范切：“鋄，馬首飾。《東京賦》云：‘金鋄鏤鍚。’”《廣韻》尚不誤。

0518 𠿼

唐不空譯《大云輪請雨經》："地哩（二合）多（上）囉（引）瑟𠿼（二合，轉舌呼）曩（引）誐囉（引）殘散祖（去引）娜夜（引）弭鉢囉（二合）韈囉灑（二合）帝（引）訶贍部（引）儞尾（二合，引）閉娑嚩（二合）賀（二百十一）。"（T0989v19p0491c）

按："𠿼"即"鴿"加"口"旁所造譯音字之訛。"鴿"或寫作"䳺"，故"鴿"加"口"之字或寫作"𠿼"。參0503"𠿼"字條。

0519 嚬

佚名《西方陀羅尼藏中金剛族阿蜜哩多軍吒利法》："南方呪曰：翳咽那乞史那死廳儞施覩嚩魯跛塞麼羅地鉢跛耶多姪他爾娜嚬魯灑婆斐失末拏布怛羅翳底衫……"（T1212v21p0068c）

按："嚬"即"纈"加"口"旁所造譯音專字。唐金剛智述、善無畏譯《念誦結護法普通諸部》："唵跛折羅達摩[26]嚬哩。"（T0904v18p0906c）本頁下注26："嚬＝纈《甲》。""嚬"與"纈"爲版本異文。日本安然撰《悉曇藏》："𑖆纈哩。"（T2702v84p0414a）"纈哩"爲"𑖆（ṛ）"的譯音字。日本淨嚴撰《悉曇三密鈔》："𑖮𑖱，紇、纈。"（T2710v84p0747b）"纈"又爲"𑖮𑖱（hī）"的譯音字，"嚬"亦當同之。

0520 嚧

日本杲寶撰《大日經疏演奧鈔》："𑖮𑖸係𑖮𑖸係𑖎𑖲倶𑖦末𑖨羅𑖦𑖯摩𑖧𑖯耶𑖐揭𑖝多𑖭𑖿𑖪娑（上）嚩𑖥𑖯婆𑖪嚩𑖭𑖿𑖞𑖰悉嚧𑖝多。"（T2216v59p0460c）

按：唐一行記《大毘盧遮那成佛經疏》："係係倶末羅（釋如前）摩耶揭多（摩耶，幻也；揭多，知也，知一切法如幻也）娑（上）嚩（性也）婆嚩悉[21]體（他以反）多（住也。了知，諸法皆如幻故，即住諸法實性本性中矣也）。"（T1796v39p0718c）本頁下注21："體＝嚧《乙》。""嚧"的異文作"體"。日本淨嚴撰《悉曇三密鈔》："𑖞𑖰，體。"（T2710v84p0744b）"悉嚧/體"爲"𑖭𑖿𑖞𑖰（sthi）"的對音，"體"爲"𑖞𑖰（thi）"的譯音字，"嚧"即"體"加"口"旁所造譯音專字。《大正藏》"嚧"字凡11見，用法皆同。

0521 𠽶

北宋施護譯《佛説金剛香菩薩成就儀軌經》："攞攞攞攞娑擔（二合）婆野薩哩嚩（二合）設咄[6]𠽶（二合。五）曩（引）舍薩野（六）。"（T1170v20p0695b）本頁下注6："𠽶=籠《宋》《明》。"

按："𠽶"與"籠"爲版本異文，"𠽶"即"籠"加"口"旁所造譯音專字。北宋法天譯《佛説金剛手菩薩降伏一切部多大教王經》："真言曰：唵（引）羯荼阿（引）羯荼窣[2]𠽶（二合）紇哩（二合，引）。"（T1129v20p0550a）本頁下注2："𠽶=籠《明》。"林光明《新編大藏全咒》卷十一《佛説金剛手菩薩降伏一切部多大教王經》"忿怒真言"中"窣𠽶"梵文羅馬轉寫作"sruṃ"（v11p262）。北宋施護譯《佛説祕密相經》："安布大明祕密文字，所謂：勃𠽶（二合，引）。"（T0884v18p0465a）林光明《新編大藏全咒》卷十一《佛説祕密相經》"安布大明祕密文字"中"勃𠽶"梵文羅馬轉寫作"bhrūṃ"（v11p70）。"𠽶"皆"ruṃ"之譯音字。《大正藏》"𠽶"字凡25見。

0522 𡂨

隋闍那崛多譯《種種雜咒經》："隨一切如來意神呪：納莫薩縛（平聲）怛他揭多　曷唎達耶　阿奴揭多怛姪他甕屈[43]𡂨者（上聲）尼莎訶。"（T1337v21p0639c）本頁下注43："𡂨=嚨《三》。"

按："𡂨"與"嚨"爲版本異文，"𡂨"與"嚨"爲同一梵文的不同譯音字，"𡂨"當爲"聾"加"口"旁所造譯音專字。唐輸波迦羅譯《蘇悉地羯囉經》："蓮華部真言，索[19]短[20]𠽶儗抳真言：唵喀訖釤　矩嚕矩𠽶儗抳　莎縛訶。"（T0893v18p0655b）本頁下注19："短=矩《甲》。"注20："𠽶=嚨《明》《甲》。"林光明《新編大藏全咒》卷六《蘇悉地羯囉經》"蓮華部索短𠽶儗抳真言"中"矩𠽶"的梵文羅馬轉寫作"kuru"（v6p358）。"𡂨"當與"𠽶""嚨"爲同一梵文的不同譯音字。參上條。

日本心覺撰《多羅葉記》："聾摩奢，可云盧摩奢，此云多毛。"（T2707v84p0570b）日本淨嚴撰《悉曇三密鈔》："ᶅ，魯、嚕、盧、樓（法花）、郵樓（二合。同上）、勒。"（T2710v84p0746a）"聾"與"盧"爲同一梵文的譯音字，"聾"亦"ᶅ（ru）"的譯音字。

0523 㘓

唐菩提流志譯《金剛光焰止風雨陀羅尼經》:“一時同聲即説金剛雹鉎焰真言:……入𠺁㘓跋塞(桑邑切)弭矩嚕(七十)。”(T1027Bv19p0740b-c)

按:“㘓”即“爤”加“口”旁所造譯音專字之訛。林光明《新編大藏全咒》卷六《金剛光焰止風雨陀羅尼經》“金剛雹鉎焰真言”中“㘓”的梵文羅馬轉寫作“la”(v6p39)。

0524 𠿒

日本成賢撰《薄雙紙》:“玄奘譯云:但侄他闍(一)達羅達羅(二)地㘑地㘑(三)杜嚕杜嚕(四)壹𪏊伐𪏊(五)折𪏊折𪏊(六)鉢囉折𪏊鉢羅折𠿒(七)俱素謎(八)具蘇摩伐𠿒(九)壹履弭履(十)止履止履(十一)微(知里反。上)社(時賀反)羅摩波捺耶(夷何反。十二)戍陀薩埵(十三)莫訶迦嚧尼迦(十四)莎訶(十五)。”(T2495v78p0687c)

按:“𠿒”即“𪏊”加“口”旁所造譯音專字。唐玄奘譯《十一面神咒心經》:“但姪他闍(一)達囉達囉(二)地㘑地㘑(三)杜嚕杜嚕(四)壹𪏊(去聲呼。下同)伐𪏊(五)折隸折隸(六)鉢囉折隸鉢囉折隸(七)俱素謎(八)俱蘇摩伐[4]隸(九)壹履弭履(十)止履止徵(知里反。十一)社(時賀反)摩波隸耶(夷何反。十二)戍(輸律十)陀薩埵(十三)莫訶迦嚧尼(上聲呼)迦(十四)莎(去聲呼。下皆同)訶(十五)。”(T1071v20p0153a)本頁下注4:“隸=𪏊《元》《明》。”對比兩本,“壹𪏊伐𪏊”兩本同;《薄雙紙》的“折𪏊折𪏊”“鉢囉折𪏊鉢羅折𠿒”“具蘇摩伐𠿒”,《十一面神咒心經》分别作“折隸折隸”“鉢囉折隸鉢囉折隸”“俱蘇摩伐隸/𪏊”。林光明《新編大藏全咒》卷三《十一面神咒心經》“根本神咒”中“壹𪏊伐𪏊(五)折隸折隸(六)鉢囉折隸鉢囉折隸(七)俱素謎(八)俱蘇摩伐[4]隸(九)”的梵文羅馬轉寫作“i ṭṭe baṭṭe cale cale pracale pracale kusume kusumebhare”(v3p371)。根據對音關係,《薄雙紙》之“壹𪏊伐𪏊”之“𪏊”爲“ṭṭe”的譯音字。日本淨嚴撰《悉曇三密鈔》:“𑖘𑖹,𪏊(千手軌)。”(T2710v84p0743b)“𪏊”爲“𑖘𑖹(ṭai)”的譯音字。唐善無畏譯《蘇悉地羯羅供養法》:“蓮華部結髮真言曰:[illegible]那謨囉但囊但囉夜也那莽鉢那。[illegible]莽簸儜曳唵迦𪏊莎訶。”(T0894v18p0710c)“𪏊”爲“𑖘(ṭa)”的譯音字,皆近之。“折𪏊”之“𪏊”爲“隸”字之訛,“折𠿒”“伐𠿒”之“𠿒”皆“𪏊”字之訛。《悉曇三密鈔》："[illegible]，㖿、麗、歷、㘓（佛頂）。"（T2710v84p0746b）"㖿"爲"[illegible]（le）"的譯音字，"隷"與"𪚬"、"㖿"與"㘓"形不相近，對應梵文本亦不同，《薄雙紙》"折𪚬折𪚬"和"鉢囉折𪚬"中三"𪚬"皆"隷"字之訛，乃涉上"壹𪚬伐𪚬"之"𪚬"，因"㖿"又訛作"㘓"。

0525 囉

北宋法天譯《佛説苾芻五法經》："無怖無畏獲得涅槃，又復不離摩伽陀國、嚩[6]囉曼隷國、迦尸國、憍薩羅國、俱嚕半左羅國等，嚩嗟王、麼蹉王、戍[7]囉細那王、尸尾王、那舍囉拏嚩王，是諸王等見已。"（T1479v24p0955b）本頁下注6："囉=囉《三》《宮》。"注7："囉=羅《明》。"

按："囉"與"囉""羅"爲版本異文，"囉"蓋即"囉"字之訛，"囉"與"羅"爲同一梵文的不同譯音字。唐不空譯《受菩提心戒儀》："懺悔滅罪真言曰：唵薩嚩跛波捺賀（引）曩嚩[10]曰囉（二合）野（引）娑嚩（二合，引）賀（引）。"（T0915v18p0940c）本頁下注10："曰囉=囉《宋》《元》。"佚名《大日如來劍印》："懺悔滅罪真言：[illegible]，唵薩嚩跛（引）波捺賀（引）曩嚩日囉（二合）野娑嚩（二合，引）賀（引）。"（T0864Av18p0197c）"嚩曰囉"之"曰"爲"日"字之訛，宋本、元本"曰囉"作"囉"，"囉"爲"囉"字之訛，"日"字脱。《大日如來劍印》"嚩日囉"對應的梵文作"[illegible]"，"囉"爲"[illegible]（rā）"的譯音字，與讀音合。"囉"字《大正藏》凡9見。

0526 囕

日本杲寶撰《大日經疏演奧鈔》："囕囕二字等者，此示最後二字重也。吒纜吒纜外更出纜纜二字，所由未詳。若準上來釋吒纜吒纜者，斷煩惱種子。纜纜者，斷習氣歟？但第十三云怛纜怛囕囕囕。（如上所謂除者，謂除其何事，除四垢也。……）四纜配屬如是，而初二加怛，後二除之。……以住囕字故者，纜字恐是寫誤。花藏院本作'以住惡字故'（已上），此本尤宜。"（T2216v59p0350c－0351a）

按："囕"即"纜"加"口"旁所造譯音專字。唐一行記《大毘盧遮那成佛經疏》："阿（引。降伏義，攝伏義，此是真言體也。阿字本不生長聲，第二字是金剛三昧，又加不動之點，是降伏義也）薩埵係多（有情利益也）驃庾竭多（發起也，起生也）吒[4]纜吒[*]纜（二合。怛即多字，如如義也。纜有羅字，是無垢義；加一點，是麽字，即是大空入證也）纜纜（中羅字，無塵義。加一點即是大空證也）。此真言意云，體於如如，以此自在之力而除一切塵垢之障蓋，證於空也。空中之空即大空義，此相微細難遣，處處説破無明三昧，淨除自體之惑相，故重言之。*纜*纜二字，又更重言之也。又相釋者，以住（[8]𑖨𑖽字故，能爲一切衆生，作大饒益發生此性除去衆垢也）若有衆生入此真言門者，不久即同彼菩薩之德也。”（T1796v39p0681a－b）本頁下注 4：“纜＝囕《甲》*。”注 8：“𑖨𑖽＝囕《甲》，甲乙本纜字以下作本文。”唐善無畏、一行譯《大毘盧遮那成佛神變加持經》：“阿（去）薩埵係多（引）毘庾（二合）蘖多（二）怛囕（二合）怛囕（二合）囕囕（三）莎訶（四）。”（T0848v18p0014a）與“囕”對應之又作“纜”“囕”“囕”等字，皆“𑖨𑖽（raṃ）”之譯音字。日本淨嚴撰《悉曇三密鈔》：“𑖨𑖽，藍、囕（二共日經）、囕、蘭、磷、嶙、纜（大疏）、楞、唆、林、朗（金軌）、哴（壽命經）。”（T2710v84p0746b）“藍”“囕”“纜”“囕”皆“𑖨𑖽（raṃ）”之譯音字，可比勘。

囗 部

0527 囧

唐道世撰《法苑珠林》：“宋沙門釋道[21]璟。”（T2122v53p0408b）本頁下注 21：“璟＝囧《三》，冏《宮》。”

按：同上經：“宋沙門釋道[29]璟，扶風好畤人也，本姓馬氏。”（T2122v53p0408c）本頁下注 29：“璟＝囧《三》《宮》。”又：“宋沙門釋道冏……宋京師南澗寺，有釋道冏，姓馬，扶風人。”（T2122v53p0567b）“囧”與“冏”“璟”爲版本異文，“囧”即“囧”字之訛，“冏”爲“囧”之書寫變異，“璟”與“囧”音義皆近。《説文·囧部》：“囧，窻牖麗廔闓明也。讀若獷。賈侍中説：讀與明同。”《玉篇·囧部》：“囧，俱永切。大明也，彰也。”《廣韻·梗韻》俱永切：“囧，光也。”同小韻：“璟，玉光。”唐慧琳撰《一切經音義》：“簫璟，鬼永反。假借字也。本音影，亦近代先儒所出，共相傳用冏字，韻中無此璟字也。”（T2128v54p0635c）又：“蕭璟，下鬼永反。案唐録太府卿蕭璟，准《字書》《玉篇》璟字音影，並無囧音。囧，明也，音鬼永反。”（T2128v54p0824b）又：“蕭璟，鬼永反。俗字也，雖相傳用，字書中並無此字，正作‘囧’。”（T2128v54p0850c）《玉篇·玉部》：“璄，於景切。玉光彩。璟，同上。又俱永切。”“囧”有光義，“璟”義爲玉光，“璟”字後出，或以爲俗字，故常用“囧”字釋之，後之刻書或用“囧”代“璟”，故“囧”與“璟”或爲異文。“囧”又寫作“囧”“冏”等形，“囧”即“囧”之書寫變異，“口”旁寫作“厶”旁也。《龍龕·口部》：

“囧，俗；囧、囧、囘，三今，居永反。光也。”（p175）《可洪音義》：“道囘，俱永反。”（v60p336a）又：“囧然，上俱永反。”“囧”亦“囧”之書寫變異。

0528 国

日本中算撰《妙法蓮華經釋文》：“國，居惑反。《説文》云：‘邦也。’或作‘国’，同也。囻、国、圀、國。”（T2189v56p0148a）

按：《龍龕・囗部》“囻、圀、囻、囯、囯，五俗；國，或作，古或反。邦国也。正作國字。”（p175）“国”蓋即“囯”字之訛。東晉竺佛念譯《最勝問菩薩十住除垢斷結經》：“四者解相[1]玄寂，衆好不闕。”（T0309v10p1024a）本頁下注1：“玄=去《宋》《元》。”北宋重顯頌古、克勤評唱《佛果圜悟禪師碧巖録》：“同道唱和，妙[1]玄獨脚。”（T2003v48p0157a）本頁下注1：“玄=去《乙》。”“去”皆“玄”字之訛，可比勘。

0529 囧

唐僧詳撰《法華傳記》：“釋道[5]囧……宋京師南澗寺釋道*囧五。釋道*囧，姓馬，扶風人。初出家爲道懿弟子。懿病，嘗遣*囧等四人，至河南霍山採鐘乳。入穴數里，跨木渡水，三人溺死，炬火又亡，*囧判無濟理。*囧素誦《法華》，唯憑誠此業，又存念觀音。有頃，見一光如螢火，追之不及，遂得出穴。於是進修禪業，節行彌新。頻作數過普賢齋，並有瑞應，或見梵僧入坐，或見騎馬人至，並未及暄涼，倏忽不見。後與同學四人南遊上京，觀矚風化。夜乘氷度河，中道氷破，三人没死。*囧又歸誠觀音誦《法華》，廼覺脚下如有一物自餓，復見赤光在前，乘光至岸達都。止南澗寺，常以船舟爲業。嘗中夜誦經，已入禪，忽見四人御車至房，呼令上乘。*囧欻不自覺，已見身在郡後沈橋間。見一人在路，坐胡床，侍者數百人，見*囧驚起曰：‘坐禪人耳。’彼人因謂左右曰：‘向上令知處而已，何忽勞屈法師。’於是禮拜執别，令人送*囧。還寺扣門，良久方開。入寺見房併閉，衆咸莫測其然。宋元嘉二十年，臨川康王義慶携往廣陵，終於彼矣。”（T2068v51p0062a-c）本頁下注5：“囧=冏《甲》。”

按：“囧”與“冏”爲版本異文，兩字皆“囧”字書寫變異。参0527“囧”字條。唐慧琳撰《一切經音義》卷二十九《金光明最勝王經》第一卷：“金光明，……下明字，《説文》從囧，囧象窻，月光入窻明也。亦會意字。日月爲明者，後人意隨俗説也。囧，音鬼永反。”（T2128v54p0499b）“囧”亦“囧”之書寫變異。

0530 𠷎

唐道宣撰《續高僧傳》："釋洪林……高衆盛德皆敬而奉之，遊至林房，莫不撚履潛步，[42]𠷎然趣越也，其爲世重如此。"（T2060v50p0578c-0579a）本頁下注42："𠷎=來《宋》，歡《明》，嗇《宮》。"

按：正文"𠷎"，注作"啚"，異文作"嗇""歡""來"，"啚""𠷎"皆"嗇"之書寫變異，"來"爲"嗇"之訛。字又作"歡"者，據文意，"嗇然"爲戒懼之貌，正字當作"歡"，"嗇"爲"歡"之借字。隋闍那崛多譯《佛本行集經》第四十二卷："于時那提螺髻迦葉在尼連禪河水下流岸邊修道，見於彼等鹿皮之衣及祭火神器皿調度隨水沿流。見已[7]懎然，心生恐怖。"（T0190v03p0849c）本頁下注7："懎=嗇《宋》《聖》，歡《元》《明》。"唐慧琳撰《一切經音義》卷五十六《佛本行集經》第四十二卷："歡然，所力反。《通俗文》：'小怖曰歡。'《埤蒼》：'恐懼也。'《説文》：悲意也。字從嗇，從欠。《經》文從心作'懎'。又嗇，並非體也。"（T2128v56p0682b）西晉法炬、法立譯《法句譬喻經》："於是長者[35]懎然毛竪如畏怖狀。"（T0211v04p0602b）本頁下注35："懎=欸《三》。"唐慧琳撰《一切經音義》卷七十六《法句譬喻無常品經》第四卷："歡然，所側反。《考聲》：'恐怖也。'服虔《通俗文》：'小怖曰歡。'《埤蒼》曰：'亦恐懼也。'《公羊傳》曰'歡然而駭'，是也。《説文》：從欠，嗇聲也。《經》從心作'懎'，誤也。嗇音同上。"（T2128v54p0801a）三國吴支謙譯《佛説長者音悦經》："王時出臥，禿梟即鳴，王即驚覺，[10]歡然毛竪，如畏怖狀。"（T0531v14p0809b）本頁下注10："歡然=懎然《宮》。"《可洪音義》卷十三《佛説長者音悦經》："𠷎然，上所力反。怖皃也。"（v59p1053c）《龍龕·欠部》："𣢾，俗；歡，正，音色。小怖也。"（p355）"歡""懎""嗇"之義皆爲懼貌。

0531 圀

唐窺基撰《阿彌陀經通贊疏》："無量寶網，皆以金縷真珠、百千雜寶、奇妙珍異莊嚴狡飾，周匝四面垂以寶鈴，光色晃曜，盡極嚴麗。祥風微起，吹衆網羅，聲演法音，振聞一圀，耳聽心悦，更增快樂也。七重行樹者，七重寶樹行列圀中，長開異華，更無凋變，靈禽棲上，衆聖遊從也，故云七重行樹。"（T1758v37p0338c）

按："圀"即"國"之異構字"囶"形之訛。鄭賢章《漢文佛典疑難俗字彙釋與研究》已有考證（p114）。《卍續藏》元性澄《阿彌陀經句解》："七重羅網：《瑞相經》云：無量寶網，皆以金縷珍珠、百千雜寶、奇妙珍異莊嚴校飾，周匝四面垂以寶鈴，光色異曜，盡極嚴麗，羅覆樹林。七重行樹：七重寶樹行列國中，長開異華，更無凋瘦。"（X0421v22p0542a）與"圀"對應之字作"國"。《玉篇·口部》："囯，古文國字。圀，古文國字。"《龍龕·口部》"囻、圀、⿴囗氏、⿴囗玄、国，五俗；⿴囗或，或作，古或反。邦国也。正作國字。"（p175）《集韻·德韻》骨或切："國，……唐武后作圀。"清邢澍《金石文字辨異·職韻》："圀，唐《封祀壇碑》：'監脩圀史、上柱圀。'案，'圀'即'國'，乃武后新字。南唐《本業寺記》：'唯奉圀而事家。'"李琳華編《佛教難字字典·口部》收録"⿴囗方"，與"⿴囗丷方"形近，均爲"圀"之形訛。

0532 ⿴囗戓

日本中算撰《妙法蓮華經釋文》："國，居惑反。《説文》云：'邦也。'或作'国'，同也。囻、囯、⿴囗戓、國。"（T2189v56p0148a）

按："⿴囗戓"即"國"字之異寫字。參0528"囯"字條。

0533 ⿰國介

三國吴支謙譯《撰集百緣經》："羅刹得已，即於王前[16]⿰國爪裂太子，狼籍在地，飲血噉肉。食之既盡，故言不足。"（T0200v04p0219a）本頁下注16："⿰國爪＝⿰國介《聖》。"

按："⿰國介"與"⿰國爪"爲版本異文，"⿰國介"即"⿰國爪"字之訛，"爪"旁訛作"介"旁也。《可洪音義》卷九《文殊師利問佛經》上卷："介不，上爭巧反，正作'爪'。"（v59p858c）南朝梁僧伽婆羅譯《文殊師利問經》上卷："爪不得長，得如一䵃麥。何以故？爲搔癢故。"（T0468v14p0492c）《可洪音義》卷二十《三法度》下卷："鐵介，爭巧反，正作'爪'。"（v60p156b）世賢造、東晋瞿曇僧伽提婆譯《三法度論》："復因惡罪手自然生鐵爪，鋒利猶若刀刃，形如半月。各各生怨結意，彼曾逼迫我。今復逼迫，由此生恚，更相⿰國爪截也。"（T1506v25p0027c）《可洪音義》卷二十一《僧伽羅刹所集經》第三卷："介拯，上爭巧反，正作'爪''[illegible]'二形。"（v60p217b）前秦僧伽跋澄譯《僧伽羅刹所集經》："是時世尊有如是手，極自柔軟善生無比，亦不壞敗無缺漏。泄具足滿猶高山峻，手有千輪相指間連膜，爪極白淨如日放光，如優鉢華皆悉敷華葉軟細。"（T0194v04p0128b）"介"皆"爪"字之訛。《可洪音義》卷二十一《百喻經》第四卷："扴壞，上側交反，正作'抓'也。又音玠，悮。"（v60p219b）僧伽斯那撰、南朝齊求那毗地譯《百喻經》："昔有父子與伴共行，其子入林，爲熊所嚙，爪壞身體。"（T0209v04p0555c）"扴"爲"抓"字之訛。"爪"或訛作"介"，"抓"或訛作"扴"，故"⿰國爪"或訛作"⿰國介"。

"⿰國爪"字之來源，可參看鄧福禄、韓小荊《字典考正》所附《"⿰國爪"字源流考》（p490-501）。

0534 𡆨

失譯《大方便佛報恩經》第一卷："時釋提桓因將欲界諸天下閻浮提，怯怖須闍提太子，化作師子虎狼之屬，張目𡆨眥，咆地大吼，波踴騰躑，來欲搏嚙。"（T0156v03p0129c）

按：唐玄應撰《一切經音義》（麗藏本）卷四《大方便報恩經》第一卷："掝眥，呼麥反。掝，裂也。下靜計反，目頭曰眥。《淮南》云'瞋目裂眥'是也。《經》文從首作'馘'，古獲反。生獲斷耳曰馘，馘非此義。"（p57b）玄應所見本與"𡆨"對應之字作"馘"，釋作"掝"。《廣雅·釋詁二》："掝，裂也。"《玉篇·手部》："掝，呼麥切。掝裂也。""掝"蓋本爲手裂物之義，"張目掝眥"與"瞋目裂眥"義同，"掝眥"謂使眥裂開，形容張目之大，眼眶都要裂開了，文中用來表現"師子虎狼之屬"威怒的情態。經文原文作"馘"，當是"掝"之借字。《説文·耳部》："聝，軍戰斷耳也。从耳，或聲。馘，聝或从𩠐。"大徐音"古獲切"。"馘"爲"聝"的異構字。"馘"又作"𡆨"者，"𡆨"蓋"馘"之改易，蓋改易形旁爲聲旁，"馘"讀"古獲切"，與"國"音同。

南朝梁寶唱等集《經律異相》："六欲諸天皆悉怯怖下閻浮提，化作師子虎狼之屬，張目摑髭，咆地大吼，振跳騰躑，來欲搏齧。"（T2121v53p0164b）與"𡆨"對應之字作"摑"，"摑"爲"掝"之借字。《玉篇·手部》："擮、摑，二同，古獲切。掌耳。"

又，唐慧琳撰《一切經音義》卷九十九《廣弘明集》第二十九卷："屠馘，積獲反。《毛詩傳》云：'馘，獲也。'不服者煞而獻其耳曰馘。或從國作'𡆨'，又從耳作'聝'，古文又作'戢'。"（T2128v54p0922b）唐道宣撰《廣弘明集》第二十九："忠良被屠馘之害，功臣受無辜之誅。"（T2103v52p0335c）"𡆨"亦"馘"字之改易。西晉竺法護譯《慧上菩薩問大善權經》："如捕魚工引網布網，恣意所欲，截衆大流，收綱攝網，多所[11]獲得。"（T0345v12p0158a）本頁下注11："獲=𡆨《宮》。""𡆨"亦"馘"字之改易而借爲"獲"字。

山 部

0535 屽

日本信瑞纂《淨土三部經音義集》："涯底，《經音義》云：《正法華經》云

‘崖底’，丁禮反。底，猶下也。《經》文作‘嶇’，音直移反，山石也。又作‘岊’，子結反。《説文》：‘陬隔［隅］而高山之節也。’”（T2207v57p0390a-b）

按：“嶇”即“岻”字之訛。唐玄應撰《一切經音義》（麗藏本）卷七《正法華經》第五卷：“崖底，丁礼反。底，猶下也。《經》文作‘峌’，音直移反，山名也。又作‘岊’，子結反。《説文》：‘陬隅而高山之節也。’”（p95a）“峌”，宛委别藏本作“坻”（p212），《慧琳音義》作“岻”（T2128v54p0495a）。“峌”爲“岻”之書寫變異，“嶇”又“峌”之訛。西晋竺法護譯《正法華經》：“時佛壽命不可計數，億百千姟，無可爲喻，難得崖底。”（T0263v09p0098a）今《大正藏》作“崖底”，與玄應所改合。審文意，“崖底”在經中指邊際、範圍。同上經：“無數菩薩，皆不退轉。無崖底劫，如恒邊沙。”（T0263v09p0068b）又：“若聞一偈，代是勸助。所得功德，出彼無量。各各所施，一一分别。一頌之德，難計難限。倉卒得聞，講一頌者。莫能限量，動［勳］無崖底。其人得福，無數如是。”（T0263v09p0118c）“崖底”之義皆同。佛經“崖底”一詞習見。西晋竺法護譯《佛説大方等頂王經》：“佛告阿難：‘若有奉受如是像法純淑經卷持諷誦讀，若有比丘、比丘尼、清信士、清信女能從啓受持諷誦讀，其德無量，功不可限。莫能稱載得[11]崖底者，猶如虚空不可得際。如是阿難，若受是經，雖不能多。受四句頌諷誦宣布爲他人説，福不可計，德無*崖底，無邊無際，不可爲喻。”（T0477v14p0596b-c）本頁下注 11：“崖＝涯《元》《明》。”唐慧琳撰《一切經音義》卷二十八《大方等頂王經》：“崖底，上雅佳反。《考聲》云：‘崖，山澗邊險岸也。’《説苑》：‘高山有崖也。’《説文》云：‘崖，高邊也。從岸，圭聲。’岸，音五割反。下丁禮反。《淮南子》云：‘上窮至高之末，下測至深之底也。’《説文》：‘從广，氐聲。’广，音魚斂反。底，音丁奚反。”（T2128v54p0498c）慧琳所釋甚確。

玄應所見本“底”作“峌”者，疑“崖”或寫作“崕”，“底”受“崕”之影響而改從“山”作“岻”，因又寫作“峌”，又誤作“岻”，因形之誤，玄應又誤讀其音矣。《集韻·脂韻》陳尼切：“岻，山名，在青州。”“岻”字之義爲山名，與文意不合，故玄應改之。《可洪音義》卷二十五《一切經音義》第七卷：“崖底，上五街反。作峌，見《藏》作‘底’。又音遲，非。又作岊，見《藏》作‘底’。又音節，非。”（v60p359c）可洪所見本已作“底”。

0536 岺

唐道宣撰《廣弘明集》：“既嵯峨而蔭映，亦嶢[31]屼而仟綿。既遠控於江海，兼近接於村田。”（T2103v52p0338c）本頁下注 31：“屼＝岺《宋》《元》《宮》。”

按：“岺”與“屼”爲版本異文，“岺”是“屼”字之訛。六臣注《文選·左太冲〈吴都賦〉》：“爾其山澤則嵬嶷嶢岏，𡾊溟鬱㟫。”“嶢岏”與“嶢屼”同。“屼”或寫作“岏”，因訛作“岺”。文獻中“兀”訛作“瓦”習見。毘舍佉造、唐義淨譯《根本説一切有部毘奈耶頌》:“凡夫具德人,[11]瓦頭爲制底。”(T1459v24p0652c)本頁下注11:“瓦=兀《三》《宫》。”參0886“瓬”字條。

張涌泉《漢語俗字叢考》(修訂本)“㞧”字條:“此字疑爲‘屼’的訛俗字。”(p223)所疑甚是。明梅膺祚《字彙·瓦部》:“㞧,五寡切,音瓦。山貌。”《康熙字典·瓦部》:“㞧,《字彙》:‘五寡切,音瓦。山貌。’”“㞧”皆當爲“屼”字之訛。《漢語大字典》:“㞧,wǎ《改併四聲篇海》引《搜真玉鏡》音瓦。山貌。《篇海類編·器用類·瓦部》:‘㞧,山貌。’”(二p1523b)未能吸收新的研究成果,承古代字書之誤,當改正。

0537 㞦

唐道宣撰《廣弘明集》:“金華之首有紫巖山,山色紅紫,因以爲稱。靡迤坡陀,下屬深渚;巑[19]岏隱嶙,上虧日月。”(T2103v52p0276b)本頁下注19:“岏=屼《宋》,㞦《元》。”

按:“㞦”與“岏”“屼”爲版本異文,“巑岏”文獻習見,“㞦”“屼”皆“岏”字之訛。

0538 㟜

南宋志磐撰《佛祖統紀》:“七年,太子少師趙抃舊與法泉禪師爲方外友。……是年八月有大星隕於庭,公晨起與子[4]巇語如平時,忽趺坐而化(蘇子瞻作《神道碑》,及見《普燈録》)。”(T2035v49p0416b)本頁下注4:“巇=㟜《甲》。”

按:“巇”與“㟜”爲版本異文,“㟜”爲“岘”刻寫之誤,“巇”爲“岘”轉寫之訛。趙岘爲趙抃之子,史籍多見。《東坡全集·趙清獻公神道碑》:“將薨,晨起如平,時岘侍側,公與之訣,詞色不亂,安坐而終,不知者以爲無意於世也。”字本作“岘”。

0539 㞢

唐道世撰《法苑珠林》:“第四念戒[19]者,從五戒十戒,二百五十至五百戒,皆禁制身口,斂諸邪非,斂御六情,斷諸欲念,中表清淨,乃應戒性。”(T2122v53p0549c)本頁下注19:“者=㞢《宋》。”

按："旹"與"者"爲版本異文，據文意，作"者"字是，"旹"即"者"之訛字。《説文·日部》"時"之古文作"旹"，从之日。隸定作"旹"，與"者"形近，兩字或混訛。西晉法炬、法立譯《大樓炭經》："佛言：'天地共遭水災變[24]時，天下人施行皆爲衆善，好喜爲道德，死後精神魂魄皆上第十六天上爲天人。"（T0023v01p0304c）本頁下注24："時=者《宋》。""者"即"時"字之訛，可比勘。

0540 岜

佚名《翻梵語》："歨[3]宜奇，經曰續生。"（T2130v54p1024b）本頁下注3："宜=岜《甲》。"

按："岜"與"宜"爲版本異文，二字皆"直"字之訛。北魏慧覺譯《賢愚經》："明日晨旦，僧作食人，名奇虔直奇（此言續生）。"（T0202v04p0395b）此即《翻梵語》之所本，與"歨宜奇"對應之字作"奇虔直奇"。日本心覺撰《多羅葉記》："步直奇，經曰續生，是雜人名。"（T2707v84p0582b）字亦作"直"。《可洪音義》卷四《漸備一切智德經》第四卷："殖德，上時力反。種也。正作'殖'。"（v59p671c）西晉竺法護譯《漸備一切智德經》："殖德大聖慧，精進行慈愍。"（T0285v10p0484b）"殖"爲"殖"之書寫變異，"直"旁寫作"宜"，與"宜"的異寫同形，故"直"與"宜"或混誤。東晉瞿曇僧伽提婆譯《增壹阿含經》："諸學得跡人，[8]宜信奉其法。"（T0125v02p0575a）本頁下注8："宜=直《三》。""宜"即"直"字之訛。

"岜"當即"宜"字之訛。張涌泉《漢語俗字叢考》（修訂本）"峯"字條："'山'旁與'宀'旁形近，手寫時易於相混。"（p300）可相比勘。

0541 卥

龍樹造、後秦鳩摩羅什譯《大智度論》："珠功德力入函篋，函篋不能與人隨意功德。舍利得般若薰修故，有人供養，必還得般若而得成佛。是[8]函篋凡夫之人所貴，舍利凡夫聖人所貴，*函篋世間受樂人所貴，舍利出世間世間受樂人所貴。"（T1509v25p0479a）本頁下注8："函=卥《聖》*。"

按："卥"與"函"爲版本異文，根據文意，"卥"即"函"字之訛。"函篋"爲盛物品的盒子，乃同義並列複合詞。同上經："是寶珠有二種，有天上如意寶，有人間如意寶。諸天福德厚，故珠德具足；人福德薄，故珠德不具足。是珠所著房舍函篋之中，其處亦有威德，般若波羅蜜亦如是者。"（T1509v25p0478b）"函篋"爲盛珠寶的盒子。日本凝然述《梵網戒本疏日珠鈔》："一切雜寶爲箱囊盛經律卷者，用七寶雕鏤莊嚴作盛經函篋也。”（T2247v62p0257b）“函篋”爲盛佛經的盒子。

0542 𡵉

佚名《翻梵語》：“𡵉伽耆林，譯曰曲頸。（《戒相應經》）”（T2130v54p1047b）

按：“𡵉”即“崩”字之書寫變異。南朝宋求那跋陀羅譯《雜阿含經》：“如是我聞：一時佛住崩伽闍崩伽耆林中，爾時世尊爲諸比丘説戒相應法、讃歎制戒法。”（T0099v02p0213a）日本明覺撰《悉曇要訣》：“《戒相應經》：崩伽闍聚落崩伽耆林中（文）𑖢𑖽𑖐𑖓𑖢𑖽𑖐𑖓歟（二處耆文），若云耆兜者，不審也。”（T2706v84p0542a）“崩”爲“𑖢𑖽（paṃ）”的譯音字，與讀音相合。法救撰、三國吴維祇難譯《法句經》：“學無[40]朋類，不得善友。”（T0210v04p0559c）本頁下注40：“朋=多《宋》《聖》。”西晋法炬、法立譯《法句譬喻經》：“學無[43]朋類，不得善友。”（T0211v04p0577c）本頁下注43：“朋=多《聖》。”“多”皆“朋”字之訛，故“崩”或作“𡵉”。網絡版《異體字字典》“崩”字條季旭昇“研訂説明”曰：“‘𡵉’字見《龍龕手鏡·山部》曰：‘𡵉：北登反。’雖未明言爲‘崩’之異體，然其字音與‘崩’同，字形則顯然爲‘崩’之小訛，古字從‘月’與從‘夕’多可以通作。據此，‘𡵉’爲‘崩’之異體，可從。”已溝通“𡵉”與“崩”的關係，惜未給出用例，故補證如上。

0543 㟏

北魏楊衒之撰《洛陽伽藍記》：“永橋以南圜丘以北伊洛之間夾御道有四夷館，道東有四[24]館：一曰歸正，二曰歸德，三曰慕化，四曰慕義。”（T2092v51p1012a）本頁下注24：“館+（一名金陵，二名燕然，三名扶桑，四名崦㟏，道西有四舘）二十一字《甲》《乙》《丙》《丁》。”

按：“㟏”即“嵫”字之訛。四庫本《洛陽伽藍記》：“永橋以南圜丘以北伊洛之間夾御道有四夷館，道東有四館：一名金陵，二名燕然，三名扶桑，四名崦嵫；道西有四館：一曰歸正，二曰歸德，三曰慕化，四曰慕義。”與“㟏”對應之字作“嵫”。《玉篇零卷·山部》：“嵫，子辞反。《埤蒼》：‘崦嵫，山也。’”清顧祖禹《讀史方輿紀要》卷四十八：“後魏正光初，時方強盛，於洛水橋南禦道東作四館，道西立四里，有自江南來降者，處之金陵館，三年之後，賜宅歸正里；自北夷降者，處燕然館，賜宅歸德里；自東夷降者，處扶桑館，賜宅慕化里；自西夷降者，處崦嵫館，賜宅慕義里。”記“崦嵫館”得名之由，可參看。

0544 峉

佚名《翻梵語》："薄拘羅比丘，亦云婆鉤盧。譯者曰樹名，舊譯菩峉儀。"（T2130v54p0993c）

按："峉"即"容"字之訛。後秦鳩摩羅什譯《妙法蓮華經》："如是我聞：一時佛住王舍城耆闍崛山中，與大比丘衆萬二千人俱，皆是阿羅漢。諸漏已盡，無復煩惱，逮得己利，盡諸有結，心得自在。其名曰阿若憍陳如、摩訶迦葉、優樓頻螺迦葉、迦耶迦葉、那提迦葉、舍利弗、大目揵連、摩訶迦旃延、阿㝹樓馱、劫賓那、憍梵波提、離婆多、畢陵伽婆蹉、薄拘羅、摩訶拘絺羅難陀、孫陀羅難陀、富樓那彌多羅尼子、須菩提、阿難、羅睺羅，如是衆所知識大阿羅漢等。"（T0262v09p0001c）唐慧琳撰《一切經音義》卷二十七《妙法蓮花經》第一卷："薄拘羅，薄矩羅，唐云善容。"（T2128v54p0482b）隋智顗説《妙法蓮華經文句》："薄拘羅者，此翻善容，或偉形，或大肥盛，或楺囊，或楞鄧，或賣性，然而色貌端正，故言善容也。"（T1718v34p0016c－0017a）隋灌頂撰《大般涅槃經疏》："薄拘羅，此云善容。"（T1767v38p0046c）北宋智圓述《請觀音經疏闡義鈔》："薄拘羅，此翻善容，以色貌端正故也。"（T1801v39p0986a）與"菩峉"對應之字皆作"善容"，"菩"爲"善"字之訛，"峉"乃"容"字之訛。

0545 峊

南朝梁寶唱等集《經律異相》："七日出時，大地須彌山漸漸崩壞，百由旬永無遺餘，金銀銅鐵之類皆悉流鑠，消就枯竭，山皆洞然，諸寶爆裂，崩[48]峊砰磕，煙炎振動至于梵天，一切惡道及阿修倫皆悉蕩盡。"（T2121v53p0004c－0005a）本頁下注48："峊砰＝陀碎《三》，山碎《宮》。"

按："峊"與"陀"爲版本異文，據文意，"陀"爲"阤"字之訛，"峊"又"陀"字之訛。《説文・𨸏部》："阤，小崩也。从𨸏，也聲。"大徐音"丈尔切"。《國語・周語下》："夫山，土之聚也……是故聚不阤崩，而物有所歸。"三國吴韋昭注："大曰崩，小曰阤。"《漢書・楚元王傳》："山陵崩阤二。"唐顔師古注："阤，下頹也。音丈爾反。"《淮南子・繆稱訓》："城峭者必崩，岸崝者必陀。"漢高誘注："崝，峭也；陀，落也。"劉文典集解："陀即阤字。（《説文》）阤下云：'小崩也。'小崩亦落意。""崩阤"爲近義並列複合詞，本爲塌毁之義，經中爲毁壞義。中土文獻中亦有"阤"訛作"陀"之例。字又作"峊"者，乃由"陀"與"崩"連用，受其影響而誤加"山"旁，此亦字形同化之例。

0546 嵆

唐道世撰《法苑珠林》："又班固《漢書·文帝傳》及潘岳《關中記》，嵆康、皇甫謐《高士傳》及《訪父老》等，皆無河上公結草爲菴現神變事處。"（T2122v53p0704a）

按："嵆"即"嵇"字之訛。四庫本作"嵇"。唐彦琮撰《唐護法沙門法琳別傳》："又班固《漢書·文帝傳》及潘岳《關中記》，嵇康、皇甫謐《高士傳》及《訪父老》等書，皆無河上公結草爲菴現神變處。"（T2051v50p0206b）字亦作"嵇"。南朝陳真諦譯《金剛般若波羅蜜經》："須菩提，若善男子、善女人以三千大千世界地大微塵燒成灰末，合爲墨[4]丸，如微塵聚。須菩提，汝意云何？"（T0237v08p0766a）本頁下注4："丸＝尢《元》。""尢"即"丸"字之訛，"尢"與"丸"或相混訛，故"嵇"或訛作"嵆"。又清邢澍《金石文字辨異·齊韻》引《吴公墓志》"嵇"作"嵆"，可參看。

0547 𡸰

日本觀靜撰《孔雀經音義》："婆盧羯泚，泚或車，泚，千禮反，又[4]雌氏反。"（T2244v61p0780a）本頁下注4："雌＝𡸰《甲》。"

按："𡸰"與"雌"爲版本異文，疑"𡸰"即"雌"字之訛。唐不空譯《佛母大孔雀明王經》："水天藥叉神，[62]婆盧羯泚國。"（T0982v19p0423b）本頁下注62："bharukaccha。"又："阿僧伽藥叉，[37]婆盧羯車住。"（T0982v19p0424a）本頁下注37："bharukacchaka。"此即觀靜之所本。《廣韻·紙韻》雌氏切："泚，水清。又千禮切。"觀靜"泚"字之注音與《廣韻》合。"此"與"山"，"隹"與"垂"，草書或形近，故"雌"或訛作"𡸰"。唐義淨譯《根本説一切有部毘奈耶雜事》："復於行路見鵜鴮鳥當道生卵，象脚踏碎，鳥見悲叫。增養見已，便作是語：'[9]此不應作，致有憂悲。'"（T1451v24p0317c）本頁下注9："此＝山《聖乙》。"唐道宣撰《續高僧傳》："薛國公及夫人鄭氏，夙奉清訓，年別至[16]此。諮承戒誥，決通疑議。以大業十一年五月四日平旦卒於山寺，春秋八十有四。"（T2060v50p0517b）本頁下注16："此＝山《三》《宫》。""山"皆"此"字之訛，可資比勘。

0548 嵇

南朝梁僧祐撰《弘明集》："夫精神四達，並流無極，上際於天，下盤於地，聖之窮機，賢之研微，逮于宰賜莊[5]嵇吴札子房之倫，精用所之皆不莊不行，坐徹宇宙而形之臭腐，甘嗜所資，皆與下愚同矣。”（T2102v52p0010a-b）本頁下注5：“嵇=嵆《宮》。”

按：“嵆”與“嵇”爲版本異文，“嵆”即“嵇”字之訛。《玉篇零卷·山部》：“嵆，胡雞反。《埤蒼》：‘山也。亦姓也。’”“嵆”亦“嵇”字之訛。文中“宰賜”指宰予和端木賜，二人都是孔子弟子，以辭令見長，故並稱。“莊嵇”指莊子和嵇康，嵇康崇尚道家，故與莊子並稱。

0549 𡻞

南朝梁僧祐撰《出三藏記集》：“初祖道化之聲被於關隴，崤𡻞之右奉之若神。”（T2145v55p0107b）

按：“𡻞”即“崡”之書寫變異，“崡”又“函”之分化字。南朝梁慧皎撰《高僧傳》：“初祖道化之聲被於關隴，崤[21]函之右奉之若神。”（T2059v50p0327b）本頁下注21：“函=崡《三》《宮》。”漢張衡《西京賦》：“左有崤函重險，桃林之塞。”“崤函”指崤山和函谷。《集韻·咸韻》胡讒切：“崡，山名，在肴陵。”後“函”加“山”旁分化出“崡”，爲“函谷”義的專用字。清邢澍《金石文字辨異·覃韻》引《唐鄭公德政碑》“函”作“凾”。金韓孝彥、韓道昭《四聲篇海·凵部》：“函，音咸，函谷関也。凾，同上。”明梅膺祚《字彙·凵部》：“凾，俗函字。”“函”或寫作“凾”，故“崡”或寫作“𡻞”。楊寶忠《疑難字考釋與研究》亦有考證（p181），可參看。

0550 崾

唐波羅頗蜜多羅譯《寶星陀羅尼經》：“説此寶星陀羅尼呪曰：……阿羅閣呬離（二十五）禪都木崾（二十六）婆呵囉（二十七）。”（T0402v13p0544b）

按：“崾”即“嵠”字之訛。林光明《新編大藏全咒》卷一《寶星陀羅尼經》“月光明香勝如來説寶星陀羅尼咒”中“嵠”的梵文羅馬轉寫作“he”（v1p268），與讀音相合。西晋法炬、法立譯《大樓炭經》：“時是閻浮利地，地平正無山陵崾谷，無有荆棘。”（T0023v01p0308c）“崾”亦“嵠”字之訛，“嵠”爲“谿”的異構字。《寶星陀羅尼經》：“説如是呪：“多地也他蒿伽邏蒿伽邏（一）崩伽邏（二）鉢囉朋迦邏（三）婆耶弭呵弭哆藍婆斯（四）阿睃阿佉門跋利度迷（五）。”（T0402v13p0564c）“睃”又“崾”字之訛。

0551 𡽱

唐窺基撰《成唯識論掌中樞要》:“平郊弭弭聳層峯而接漢,堆埠峨峨夷穹𡽱以坦蕩。”(T1831v43p0608b)

按:“𡽱”即“𡽱”字之訛,“𡽱”又“窿”字之訛,“窿”則“隆”之俗體。北宋延壽集《宗鏡録》:“平郊弭弭聳層峯而接漢,堆阜峨峨夷穹窿以坦蕩。”(T2016v48p0691b)與“𡽱”對應之字作“窿”。《集韻·東韻》良中切:“窿,穹窿,天勢。通作隆。”漢揚雄《太玄·玄告》:“天穹隆而周乎下。”晉范望注:“穹隆,天之形也。”《爾雅·釋天》“穹蒼”晉郭璞注:“天形穹隆,其色蒼蒼,因名。”“穹窿”本作“穹隆”,本用來形容中間隆起,四周下垂的樣子。常用以形容天的形狀,又用來形容高大貌。北魏酈道元《水經注·廬江水》:“廬山,彭澤之山也。雖非‘五嶽’之數,穹隆嵯峨,實峻極之名山也。”“隆”或作“窿”者,蓋受“穹”字影響而加“穴”旁,乃字形同化所致,“窿”在文獻中有一定的通行度。“窿”或訛作“𡨐”,清吴任臣《字彙補·宀部》:“𡨐,力公切。天形。”“𡽱”當爲“𡨐”字之訛。楊寶忠《疑難字考釋與研究》指出草書“山”“宀”旁形體相近,故二旁相亂,如“岧”字即“宥”之俗寫(p179)。

《集韻·東韻》良中切:“𡽱,𡽱豐,山形。”山形義的“𡽱”與“穹𡽱”不同。《漢語大詞典》:“穹𡽱,高大貌。元劉壎《隱居通議·駢儷三》:‘踞龜首之穹𡽱,暎虎城之突兀。’”(v8p427b)“𡽱”亦“窿”字之訛,而非山形義的“𡽱”字。

0552 嵵

元覺岸編《釋氏稽古略》:“宋華亭佘山馬嵵禪師,名法寧,生山東密州莒縣李氏,幼歲投沂州天寧妙空明公得度,住沂州馬嵵山淨居寺。”(T2037v49p0892b)

按:“嵵”即“嵵”字之訛。四庫本《釋氏稽古略》與“嵵”對應之字作“嵵”。又《松江府志·方外傳》(嘉慶二十二年明倫堂刻本)卷六十三:“法寧密州李氏子住沂州馬嵵山淨居寺,人稱曰馬嵵禪師。紹興初,航海抵青龍鎮。”字亦作“嵵”。“馬嵵”爲山名。南宋普濟集《五燈會元·雪竇明禪師法嗣》:“密州嵵山寧禪師上堂,有時孤峰頂上嘯月眠雲,有時大洋海中翻波走浪,有時十字街頭七穿八穴。”“馬嵵山”又稱作“嵵山”。元于欽撰《齊乘》卷一:“浮來山。莒州西三十里,春秋公及莒人盟于浮來即此也,俗訛作浮丘山。山半有莒子陵,又東南馬鬐山。”明李賢等撰《明一統志》卷二十四《青州府》:“馬鬐山,在莒州南六十里，以形似名。”此“馬鬐山”即《釋氏稽古略》的“沂州馬⿰山耆山”，今名“馬亓山”，在山東日照市轄内。“馬⿰山耆山”本作“馬鬐山”，因形似馬鬐而得名。“⿰山耆”改“鬐”之“髟”旁爲“山”旁，乃爲山名所造專用之字。

又，唐法琳撰《破邪論》：“是歲始作五級佛圖[5]⿰山耆闍崛山及須彌山殿。”（T2109v52p0481a）本頁下注5：“⿰山耆=耆《三》《宫》。”“耆闍崛山”佛經習見。唐慧琳撰《一切經音義》：“耆闍崛山，上音祇，梵云姞利馱羅矩吒山，此云鷲峯，亦云鷲臺。此山峯上多栖鷲鳥，又類高臺故也。餘音皆訛，餘釋皆非，恐煩不述，但擧正言，下皆準此解也。”（T2128v54p0482a）南朝宋求那跋陀羅譯《雜阿含經》：“如是我聞：一時佛住[3]王舍城耆闍崛山中。”（T0099v02p0334a）本頁下注3：“王舍城耆闍崛山～Rājagaha Gijjhakūṭa pabbata。”“耆闍崛”即“Gijjhakūṭa”的譯音字。“⿰山耆”與“耆”同爲“𑖐𑖰（gi）”的譯音字，疑因“耆闍崛”爲山名，故“耆”加山旁而成“⿰山耆”字。

0553 ⿰山雀

唐金剛智譯《吽迦陀野儀軌》：“若如是弘誓捨不名護法天等，少無此持法者惡念，若放逸比丘沙彌，童子見吾一面十手想悉皆⿰山雀碎打如惡形鬼形。”（T1251v21p0245a）

按：“⿰山雀”即“磪”字之變，經中通作“摧”。同上經：“若惡人於佛弟子起耶心，即聞其由。又作阿毘遮盧法，又時時諷誦，即悉皆摧碎降伏，無餘命根。”（T1251v21p0245c）又：“若一切惡人諸不祥災難外道惡比丘等，皆悉欲降伏。如是作其一一形體，以此印明加持。又作骨角金剛橛長六寸五寸，又作法所作盤方九寸若七寸五寸，面悉圖師子王。又四角有惡形鬼惡，中有十字大刀下，隨心作惡形高三寸，鑒護摩壇前。其形體，横臥置，先用二橛其左右脇打加持，又用二橛其二足立打，用一橛其心上於打加持，各百八遍，竟，即其惡形悉摧碎如微塵。”（T1251v21p0243b）皆作“摧碎”。日本信瑞纂《淨土三部經音義集》：“摧碎，《廣韻》曰：摧，折也，昨迴反。碎，細也，蘇内反。”（T2207v57p0404a）“摧碎”與“摧破”義近，乃摧毁破壞之義。文獻或用“磪”字，清顧藹吉《隸變·灰韻》“磪”字條：“《費鳳别碑》：‘肝磪意悲。’《隸釋》云：‘以磪爲摧。’”《集韻·灰韻》昨回切：“崔、嶉、磪，《説文》：‘山高也。’或作嶉，籀又作磪。”“磪”本爲“崔”的異構字，文獻中又通“摧”。“⿰山雀”當爲“磪”改换形旁異構字的書寫變異，經中通“摧”。字作“⿰山雀”者，乃由“崔”與“雀”形近混誤所致。南朝梁僧祐撰《弘明集》：“昔伯成躬耕以墾殖，沮溺耦作以修農，陶朱商賈以營生，於陵灌蔬以自供，[7]崔文賣藥以繼乏，君平卜筮以補空，張衡術數以馳名。”（T2102v52p0036a）本頁下注7：“崔＝雀《明》。”四庫本作“雀”。“雀”乃“崔”字之誤，“崔文”指崔文子，事見《列仙傳》。唐窺基撰《妙法蓮華經玄賛》：“椽梠者，梠音力擧反。桷端木今謂[9]雀梠。”（T1723v34p0757b）本頁下注

9："雀=崔《聖》。"唐道宣撰《廣弘明集》："張翠帷於鴻船，泛羽旒於[8]雀艇。"(T2103v52p0341a）本頁下注 8："雀=崔《宮》。""崔"皆"雀"字之訛。

0554 嵍

唐般若譯《大乘理趣六波羅蜜多經》："爾時執金剛菩薩，亦爲擁護受持經者，説真言曰：……訖栗（二合）多（八）比（入聲，頻嵍反）俱胝目佉耶（九）。"（T0261v08p0873b）

按："嵍"即"蜜"字之訛。林光明《新編大藏全咒》卷九《大乘理趣六波羅蜜多經》"擁護真言"中"比俱"的梵文羅馬轉寫作"biku"（v9p173）。"比"本爲上聲字，在本咒語中後接"ku"，在連讀中讀入聲，故在"比"字後自注"入聲，頻蜜反"。"蜜"字《廣韻》讀"美畢切"，在質韻，與"比"之入聲讀音相合。

0555 嶭

清工布查布譯解《佛説造像量度經解》："凡作善事，持誦此偈，則獲無量功德。於是用五寶（金、銀、珍珠、珊瑚、青金石）、五甘露（蜂蜜、石蜜、乳、酪、酥油）、五藥（菖蒲、仙人掌、一種草根苦參、烏賊、藤梨嶭）、五穀（稻、大麥、小麥、緑豆、白芝蔴）、五香（白檀、沈香、肉荳蒄、龍腦香、鬱金香即香紅華也）細末合一處，復晒乾之，以少分塗於天地二輪間，多分再加諸般香麵，以窒一切空枵，爲其不散不朽，不生虫蛀。"（T1419v21p0952b）

按："嶭"即"薢"字之訛。《玉篇·艸部》："薢，姑但切。草莖也。"唐慧琳撰《一切經音義》卷八《大般若波羅蜜多經》第五百八十八卷："莖榦：下干罕反。《説文》：'樹枝也。從木，倝。'岡岸反。《考聲》：'木楨也。'又通去聲呼，非文意，不取。經中有從干作'幹'，或從草作'薢'，皆非。"（T2128v54p0355b）"薢"指草木類的莖，爲"幹"的分化字。唐玄奘譯《大般若波羅蜜多經》："如贍部洲所有諸樹，枝條莖[1]薢，華葉果實，雖有種種形類不同，而其蔭影都無差别。"（T0220v07p0783a）本頁下注 1："薢=幹《三》。"佛經中"薢"與"幹"或互爲異文。明李時珍《本草綱目·果之五》："獼猴桃（宋開寶），【釋名】獼猴梨（開寶）、藤梨（同上）、陽桃（日用）、木子，時珍曰：其形如梨，其色如桃，而獼猴喜食，故有諸名，閩人呼爲陽桃。……枝葉主治殺蟲，煮汁飼狗療瘑疥（開寶）。""藤梨薢"指獼猴桃的藤莖，其枝葉有殺蟲作用，與經中所用相合。"薢"作"嶭"者，"艹"旁訛作"山"旁也。

0556 巌

日本空海撰《御遺告》:“此時吾父佐伯氏，讃岐國多度郡人，昔征敵毛被班土矣。母阿刀氏人也，爰外[6]巌舅阿刀大足大夫等曰：從爲佛弟子，不如出大學。令習文書立身。”（T2431v77p0408b）本頁下注6：“巌＝戚イ《原》。”

按：“巌”與“戚”爲版本異文，“巌”即“戚”字之訛。外戚舅即舅舅，作“戚”與文意合。“戚”或寫作“㦰”（見《偏類碑别字·戈部》“戚”字條引《隋光州司戶參軍張虔墓誌》），“巌”與“㦰”形近。

0557 㠠

日本靜然撰《行林抄》:“釋迦如來真實圓滿功德讃：曩謨鄔波加頡里（二合）也（引）㠠摩訶馱耶（二合）多馱（引）演難那（二）母尼鑠捨（引）迦吒也（二合。四）湶僧（思孕反）訶（五）鉢囉鉢底（十八反。六）嚩折羅（二合）達麼（七）摩護（引。八）忙哩野（二合。九）惹耶（二合。十）鉢刹勿普嘌（二合）怛寫（十一）係多（去）也（十二）嚩瑳窣覩帝（四）。”（T2409v76p0001c）

按：“㠠”即“㘒”字之訛。同上經：“釋迦讃：曩謨鄔婆迦（引）㘒（一）摩訶馱耶（二）多演難（三）母尼鑠（引）吃也（二合。四）僧（思孕反）訶（五）鉢羅鉢底（丁以反。六）嚩曰［日］囉（二合）馱囉（七）摩護（引。八）忙哩野（二合。九）惹那（十）鉢利勿嘌（二合）怛寫（十一）係多（去）也嚩瑳率都帝。”（T2409v76p0123b）與“㠠”對應之字作“㘒”。日本淳祐撰《要尊道場觀》:“讃：曩謨鄔婆迦（引）履（一）摩訶馱耶。”（T2468v78p0061a）與“㠠”對應之字作“履”。日本淨嚴撰《悉曇三密鈔》:“𑖋，哩、嘌、唎、利、履、梨、律、陵、犁、理、離、詈。”（T2710v84p0746a）又：“𑖍，哩、㘒、利、力。”（T2710v84p0746b）又：“《大日疏》五云：𑖦磨[illegible]嚩伽（二合），道也；𑖦摩[illegible]訶（引），大也；𑖦麽[illegible]伽（引）[illegible]奢，虛空也；𑖦麽[illegible]嵐，垢也。同九云：𑖦莽，無也；𑖦莽（去）[illegible]瑳（上）𑖋㘒[illegible]延，慳也。”（T2710v84p0803c）“㘒”可爲“𑖍（li）”或“𑖋（ri）”的譯音字。字或作“㠠”者，乃由“口”旁訛作“山”旁所致。

0558 嶭

唐道宣撰《廣弘明集》:“其山則岃嵈嵂，硱磳踞詭，阪墀巖[4]嶭，夏含霜雪。”（T2103v52p0341a）本頁下注 4：“嶭＝𡾊《三》《宮》。”

按：正文“嶭”，注文轉録作“嶭”，異文作“𡾊”，“嶭”“𡾊”皆“嶭”字之訛。“巀嶭”文獻習見，義爲高峻貌。高麗一然撰《三國遺事》：“乾封元年丙寅六月，以龐同善、高臨、[4]薛仁貴、李謹行等爲後援。”（T2039v49p0972a）本頁下注 4：“薛＝薛《甲》。”“薛”皆“薛”字之訛。“嶭”又作“𡾊”，“𡾊”即“𡾊”之書寫變異。

0559 㠠

佚名《佛説佛名經》：“爾時寶達一念之頃，往詣東方鐵圍山間，其山崦㠠幽冥高峻，其山四方了無草木，日月威光都不能照。”（T0441v14p0190b）

按：審文意，“崦㠠”蓋爲黑暗之義。《廣韻·感韻》烏感切：“晻，晻藹，暗也，冥也。黯，黯黮。黤，青黑色也。”又《琰韻》衣檢切：“晻，晻晻，日無光。”《玉篇·日部》：“曇，徒含切。曇曇，黑雲貌。”“晻”“曇”兩音皆有黑義，因形容山間之黑暗而字從山旁作“崦㠠”。唐實叉難陀譯《地藏菩薩本願經》：“仁者，我今承佛威神及大士之力，略説地獄名號及罪報惡報之事。仁者，閻浮提東方有山號曰鐵圍，其山黑邃無日月光。”（T0412v13p0782a）諸佛經多言鐵圍山，因鐵山層層環圍而黑暗無光。

鄧福禄、韓小荆《字典考正》“嶘”字條認爲“嶘”爲“㠠”字之省，“‘崦㠠’當是疊韻連綿詞，似同‘黤黮’，謂深黑不明，與‘幽冥’義近。《玄應音義》卷五六《佛本行集經》第八卷：‘黤黮：又作黯同，烏感反；下他感反，謂不明也。《纂文》云，黯黮，深黑也。’”（p115）亦可參看。鄭賢章《漢文佛典疑難俗字彙釋與研究》“㠠”字條：“‘崦㠠’即‘崦壜’，‘㠠’即‘壜’字。‘壜’蓋是受‘崦’的影響類化換從‘山’而作‘㠠’的。”（p124）“㠠”與“壜”無涉，結論不可從。

巾部

0560 忤

唐圓測撰《仁王經疏》：“六、龍神，多貪嗔。七、脩羅神，能縛[24]忤人天等，又有二健兒，惡健兒，善健兒。八、沙神，食肉薄福德，身如沙土。”（T1708v33 p0408c）本頁下注 24："杵＝㡧《甲》。"

按："㡧"與"杵"爲版本異文，"㡧""杵"皆"忤"字之訛。隋吉藏撰《仁王般若經疏》："六、天龍神，多貪嗔；七、羅羅神，好犯人天，有善惡二健兒；八、沙神，食肉薄福，身如沙土。"（T1707v33p0344c）"縛杵"當與"犯"義近。唐慧琳撰《一切經音義》："犯忤，又作'迕''啎'二形，同，五故又［反］。《聲類》：'迕，逆不遇也。'"（T2128v54p0804b）"忤"有觸犯之義，與文意合。字作"㡧""杵"者，"忄"旁訛作"巾"旁，又訛作"木"旁也。鄭賢章《〈新集藏經音義隨函録〉研究》亦有考證（p145），可參看。

0561 帓

東晉竺曇無蘭譯《佛説自愛經》："王及群臣翼從左右，佛至就座，夫人太子皆稽首于地，攘衣跣[1]韈，行澡水已，手自斟酌。"（T0742v17p0549a）本頁下注 1："韈＝襪《宋》《元》，帓《宮》。"

按："帓"與"韈""襪"爲版本異文，"帓"即"帓"字之訛，"帓"又"袜""襪""韈"的異構字。《集韻·月韻》勿發切："韤、韈、襪、䙦、靺、絑、䩭、袜、帓，《説文》：'足衣也。'或从革、从衣、从皮，亦作靺、絑、䩭、袜、帓。""跣帓"即脱掉襪子。"帓"或作"帓"者，"末"旁訛作"未"旁也。

唐慧琳撰《一切經音義》卷九十四《續高僧傳》第二十五卷："袜頟，上蠻八反。《考聲》云：'袜，束也。'《字鏡》又從巾作'帓'，義與'袜'同。《韻詮》亦從巾作'帓'。《傳》文作'袹'，音麥。非乖，今不取。"（T2128v54p0898c）"帓"亦"帓"字之訛。《玉篇·巾部》："帓，亡撥、莫瞎二切。帓巾也。"巾義的"帓"與襪子義的"帓"爲同形字。

0562 帖

西晉法炬、法立譯《法句譬喻經》："世尊高座，[49]淡然不動。"（T0211v04p0598c）本頁下注 49："淡＝帖《三》，怗《聖》。"

按："帖"與"怗""淡"爲版本異文，"帖"即"帖"或"怗"字之訛。"帖""怗"皆有靜義，"帖然"或"怗然"謂安靜的樣子。隋智顗説《四念處》："能伏界內淨等四顛倒，[2]帖然不動。"（T1918v46p0571b）本頁下注 2："帖＝怗《甲》。"後秦佛陀耶舍、竺佛念譯《長阿含經》："其燈焰上，怗然不動。"（T0001v01p0085c）隋闍那崛多譯《佛本行集經》："地失牢固不勝持，風失吹動怗然靜。"（T0190v03p0788c）"帖""怗"皆靜義。字或作"帖"者，"占"旁訛作

“古”旁也。南朝梁僧祐撰《弘明集》：“推此，疑其必悔，未便有反善[21]怙辭。臣弘亦謂爲然。”（T2102v52p0079b）本頁下注21：“怙=帖《三》《宮》。”西晋竺法護譯《度世品經》：“菩薩依[9]怙有十事，以是依怙。”（T0292v10p0624c）本頁下注9：“怙=怗《聖》，下同。”前一例“帖”爲“怙”字之訛，後一例“怗”爲“怙”字之訛，“古”旁與“占”旁相混誤，故“帖”或“怙”可誤作“帖”。

0563 幜

清工布查布譯解《佛説造像量度經解》：“按幜木，乃塔幢所必須，於像則非必用之物。然像之甚大者，用之更妙。……頂之一指入於寶髻内，項際下，即安手主心木，形圓；臍際下八指處，安足主心木，形方；足之主心木以下，梵幜餘四指，爲密藏處，則内分之百二十五指自不差矣。”（T1419v21p0952b-c）

按：同上經：“至於梵絣與幜木（胎偶之主心木也）之制，則更無有少異矣。”（T1419v21p0942a）自注“幜木”爲“胎偶之主心木”，“幜”即“椁”字之訛。北宋施護譯《佛頂放無垢光明入普門觀察一切如來心陀羅尼經》：“又於中心安置相輪，於相輪椁上繫赤色絹以爲幖幟。”（T1025v19p0725a）又：“彼一塔中安心明，竪立輪椁著幖幟。”（T1025v19p0725c）“相輪”爲塔刹貫串在刹柱上的輪盤形構件。“椁”即指“刹柱”，乃“樘”之異構字。唐不空譯《菩提場莊嚴陀羅尼經》：“造作一大窣堵波，寫此陀羅尼并經，置於相輪[9]樘中。”（T1008v19p0672c）本頁下注9：“樘=樽《三》《乙》。”唐慧琳撰《一切經音義》卷三十七《菩提莊嚴陀羅尼經》：“樘中，上宅耕反。《字鏡》及《考聲》云：‘樘柱，浮圖相輪中心柱也。’亦形聲字也。或作‘棠’也。”（T2128v54p0553c）“椁”與“樘”義同。《説文·木部》：“樘，衺柱也。”段注刪“衺”字。唐不空譯《菩提場所説一字頂輪王經》：“觀在於樓閣中，閣上有相輪[17]棠。”（T0950v19p0202c）本頁下注17：“棠=根《三》。”唐慧琳撰《一切經音義》卷三十五《菩提場所説一字頂輪王經》第二卷：“輪樘，下宅衡反。《説文》：‘樘，刹柱也。從木，堂聲。’足而是之。”（T2128v54p0542a）慧琳引《説文》“樘”或訓“刹柱”。“幜”訓“胎偶之主心木”，蓋指塑像中間起支撑作用的柱子，亦柱之義。字作“幜”者，“椁”之“木”旁訛作“巾”旁也。

《廣雅·釋木》：“椁，梨也。”此乃山梨木之名，與“幜”之訛字“椁”同形。

0564 䘷

日本明覺撰《悉曇要訣》：“《大日疏》云：䞁（[悉曇字]也），䘷（[悉曇字]），此等字

内作爲上，外作爲下。”（T2706v84p0511a）

按：“䶑”爲“[illegible]（tya）”的譯音字，乃由“帝”和“也”組合而成的切身字。同上經：“[illegible]，䶑（底夜反）。”（T2706v84p0511c）日本杲寶撰《大日經疏演奥鈔》：“[illegible]怛[illegible]他[illegible]揭[illegible]多[illegible]誓[illegible]訶嚩（二合。舌也）[illegible]薩[illegible]䶑（丁也切。諦也）[illegible]達[illegible]摩（法也）[illegible]鉢囉[illegible]底[illegible]瑟恥[illegible]多（性也）。”（T2216v59p0456a-b）《大正藏》“䶑”字多見，皆“[illegible]（tya）”的譯音字。

0565 幌

東晉僧肇著《寶藏論》：“是故理則無窮，物則無極。動兮亂兮，内發三毒。視兮聽兮，外受五欲。其心[4]慌慌，其身忙忙。觸物動作，如火煌煌。故聖人立正教，置真謨，使無知之侶，上下相依；修無爲，息有餘，漸至乎如如。”（T1857v45p0143c）本頁下注 4：“慌慌＝幌幌《甲》。”

按：“幌”與“慌”爲版本異文，“幌”即“慌”字之訛。“慌”或作“幌”者，“忄”旁訛作“巾”旁，“荒”旁訛作“荒”旁也。元李文仲《字鑑・唐韻》：“荒，俗作荒。”可資比勘。

0566 幘

北宋贊寧等撰《宋高僧傳》：“忽有戴平幘男子，望法座致禮勤重，倏爾無蹤。”（T2061v50p0842a）

按：四庫本《宋高僧傳》與“幘”對應之字作“幘”，“幘”即“幘”字之訛。《説文・巾部》：“幘，髮有巾曰幘。”義爲包頭髮的巾。“平幘”乃“幘”之一種。西晉白法祖譯《佛般泥洹經》：“明者可[20]責，愚者原赦。”（T0005v01p0171c）本頁下注 20：“責＝貴《三》。”東晉佛陀耶舍、竺佛念譯《四分律》：“今此波斯匿王宮中五百女人，皆是刹利種姓，而我於中尊[27]貴自在。”（T1428v22p0690c）本頁下注 27：“貴＝責《宮》。”前一例“貴”爲“責”之訛，後一例“責”爲“貴”之訛。“貴”與“責”形近混誤，故“幘”訛作“幘”。

0567 幨

唐義淨譯《根本説一切有部尼陀那》：“第六子攝頌曰：羯恥那衣[3]幨，絣線正縫時。染汁雜物等，用時不應奪。緣處同前。是時大衆有羯耻那衣*㡠，有一苾芻，用此衣*㡠張僧伽胝等，作衣纔半，六衆來見即便強奪。”（T1452v24p0431c）本頁下注3：“㡠=掟《三》《宫》《聖》*。”

按：“㡠”與“掟”爲版本異文，“㡠”即“㡠”字之訛，“㡠”又“幀”的異構字，“掟”乃“幀”字之訛。《廣韻·映韻》猪孟切：“㡠，開張畫繒也。出《文字指歸》。”《集韻·映韻》豬孟切：“㡠、幀、撐，張畫繪也。或作幀，亦从手。”“㡠”與“幀”爲異構字，義爲畫畫時用框子綳緊的畫布。明張自烈《正字通·巾部》：“幀，㡠、㡠並同。絹畫在竹格也。”“竹格”即用竹子做的框子，絹指用來畫畫的絹帛，釋義得其一端，其框格不限于竹，畫布亦不限於絹。用框子把畫布綳緊使畫布平整，容易作畫。同時，框子的大小決定了畫面的大小，因此，“㡠”即指畫幅。“羯耻那衣㡠”，遼希麟集《續一切經音義》卷九《根本説一切有部毘奈耶羯耻那衣事》：“羯耻那，或云迦絺那，舊云加提，皆梵聲訛轉也。此云功德衣，即自恣竟所受衣也。”（T2129v54p0975b）“羯耻那衣”乃比丘所穿之衣，“㡠”當指製作衣服的工具，即製作衣服時綳緊布料的框架，如今刺繡時所用的綳子。因製作“羯耻那衣”有刺繡的工序，所以要用到“㡠”。“羯耻那衣㡠”即製作羯耻那衣刺繡縫製的框架，“㡠”此處用引申義。“宀”“穴”形體相似，俗書常混用，故“㡠”或訛作“㡠”。“究”或作“宄”（見清邢澍《金石文字辨異·宥韻》引《唐紀信碑陰》），可資比勘。

0568 㡧

北宋法賢譯《佛説最上根本大樂金剛不空三昧大教王經》：“復説虚空藏菩薩成就一切儀軌㡧像法，當於㡧内依法畫大日輪，於輪中畫虚空藏菩薩，身如琉璃色，而坐衆色蓮華，於其華上菩薩左右，畫四親近菩薩：謂灌頂菩薩、寶藏菩薩、寶幢菩薩、大供養菩薩。如是畫已，即成最上曼拏羅。”（T0244v08p0818a）

按：“㡧”即“㡠”字之訛，“㡠”又“幀”的異構字。遼希麟集《續一切經音義》：“爲㡠，下猪孟反。《文字指歸》云：‘開張畫繒也。從巾，竀聲也。’竀音中莖反。《經》從木作楨，音貞，幹也，非此用也。”（T2129v54p0957a）“㡠”爲畫幅之義，與文意合。“㡠”或作“㡧”者，“穴”旁訛作“冂”旁也。《佛説最上根本大樂金剛不空三昧大教王經》：“復説成就[3]㡧像法。於其*㡧内畫大毘盧遮那佛，光明照曜，二手結諸佛智拳印。餘佛菩薩皆依前曼拏羅儀畫。然後於此*㡧前，隨意作成就法，悉得最上成就。又説*㡧像法。於其*㡧内唯畫大毘盧遮那佛，於此*㡧前隨意持誦。”（T0244v08p0789c－0790a）本頁下注3：“㡧=㡠《明》*。”“㡧”亦“㡠”字之訛。參上條。

0569 𧝡

日本覺超撰《胎藏三密抄》："義云：阿𨏶𧝡（二合。不思議也）阿娜步（二合）多（奇特）曷魯波（語之分殺也，此亦奇特也）嚩迦三曼多（普至也。佛以一音演説法，普至一切衆生之前。其所至處，各各自謂佛同我音，爲我説法也）鉢囉（二合）跛多（二合）毘輸（上）陀（清淨也）薩縛（二合）囉（言音也。由所發言普離一切語麁惡等過也，微妙清淨，令人樂聞，故云清淨音言）。"（T2398v75p0577c－0578a）

按："𧝡"即"衪"字之訛。唐一行記《大毘盧遮那成佛經疏》："真言歸命如前：阿軫衪（二合。不思議也）那步（二合）多（奇特也）曷魯婆（語之分段也，亦此奇特也）嚩迦三曼哆（普至也。佛以一音説法，普至一切衆生之前，其所至處，各各自謂佛同我音，爲我説法也）毘輸（上）陀（清淨也）薩縛囉（言音也。由所發言離語業麁惡等過，微妙清淨，令人樂聞，故云清淨言音也）。"（T1796v39p0717c）

與"𨏶𧝡"對應之字作"軫衪"，"𨏶"爲"軫"字之訛（參1961"𨏶"字條），"𧝡"爲"衪"字之訛。"衪"受"𨏶"的影響而改"也"旁爲"爾"旁，此亦字形同化之例。日本杲寶撰《大日經疏演奧鈔》："[illegible]阿[illegible]軨[illegible]衪（二合）[illegible]那步[illegible]多。"（T2216v59p0457a）"軫"又作"軨"。"[illegible]"羅馬字母轉寫作"acintya"，"軫"爲"cin"的譯音字，乃"[illegible]（ci）"與"[illegible]（ntya）"的首輔音"n"連讀之音，"衪"爲"tya"的譯音字。

彳　部

0570 䉦

清阿旺紮什譯《修藥師儀軌布壇法》："今逢大檀越宗室祐容齋少宰，見刻此經，指示添繪壇儀各方位佛相，與三十五佛之相，及救度佛母二十一相，並以寫梵天文字數䉦，尤爲莊重。"（T0928v19p0062c）

按："䉦"即"行"字之訛。文中"行"爲行列義。秦公《碑別字新編》"行"字條引《隋劉淵墓誌》作"𧗠"，與"䉦"形近。

0571 ⿰彳去

唐輸婆迦羅譯《地藏菩薩儀軌》：“爾時釋迦牟尼佛在[4]⿰彳去羅提耶山，與無量諸地藏菩薩十俱胝比丘比丘尼及天龍八部諸鬼神俱無量百千大衆圍繞而爲説法。”（T1158v20p0652a）本頁下注 4：“⿰彳去＝佉《甲》。”

按：“⿰彳去”與“佉”爲版本異文，“⿰彳去”即“佉”字之訛。“彳”旁與“亻”旁形近易混，故“佉”或訛作“⿰彳去”。佚名《佛説地藏菩薩陀羅尼經》：“如是我聞，一時佛在佉羅提耶山牟尼仙所住之處。”（T1159v20p0655b）字作“佉”不誤。

0572 ⿰彳加

唐慧琳撰《一切經音義》卷十六《法鏡經》下卷：“煆［猳］玃，古霞反。《字書》：‘猳亦玃也。’正作‘猧’，亦作‘⿰彳加’。下俱縛反。郭注《爾雅》：‘玃似獼猴而大，蒼黑色，能攫持人，好顧眄。’《説文》云：‘大母猴也。’《經》作‘⿰犭加犽’，非也。”（T2128v54p0407c）

按：“⿰彳加”即“⿰犭加”字之訛。東漢安玄譯《法鏡經》：“所謂禽獸衆鳥，獼猴⿰犭加玃，惡人賊盜，皆遊於山澤，亦不謂彼爲息心也。”（T0322v12p0020a-b）今本《大正藏》與“⿰彳加”字對應之字作“⿰犭加”。“犭”旁訛作“彳”旁習見。

“⿰彳加”又“伽”字之訛。參鄭賢章《漢文佛典疑難俗字彙釋與研究》“⿰彳加”字條（p125）。

0573 ⿰彳欠

唐阿地瞿多譯《陀羅尼集經》：“呪師若[18]欲治病去時，先以右手無名指、大指，捻取淨灰呪七遍已。”（T0901v18p0861c）本頁下注 18：“欲＝⿰彳欠《甲》。”

按：“⿰彳欠”與“欲”爲版本異文，“⿰彳欠”即“欲”字之訛。同上經：“若欲治病去，先於房内作此印法。”（T0901v18p0854c）字亦作“欲”。“欲”草書或作“[illegible]”（見唐懷仁《集王羲之聖教序》），“⿰彳欠”蓋即草書轉寫印刷體之誤。

0574 促

唐道世撰《法苑珠林》："慧後還荆，遇見鎮西長史劉景蕤，忽泣慟而[13]投之。數日，蕤果爲刺史所害。"（T2122v53p0519a）本頁下注13："投＝捉《三》，促《宫》。"

按："促"與"捉""投"爲版本異文，"促""投"皆"捉"字之訛。"捉"爲握持之義，與文意合。西晋竺法護譯《生經》："勑邊侍人[16]捉持器來。"（T0154v03p0075c）本頁下注16："捉＝促《三》。"西晋竺法護譯《修行道地經》："急急呼醫，[19]捉來上車。"（T0606v15p0184a）本頁下注19："捉＝促《三》《宫》。""促"皆"捉"字之訛。"促"蓋即"促"之進一步訛誤。

北宋施護譯《佛説金剛香菩薩大明成就儀軌經》："以二手頭指直竪安當心，餘手執[4]捉器仗。"（T1170v20p0698c）本頁下注4："捉＝投《宋》《明》。"唐窺基撰《妙法蓮華經玄賛》："經'窮子驚愕'至'何爲見捉'，賛曰：……無端強授我之大乘名，何爲見[4]捉？"（T1723v34p0774b）本頁下注4："捉＝投《甲》。""投"皆"捉"字之訛。唐菩提流志譯《大寶積經》："或食毒不死，或[1]捉火不燒。"（T0310v11p0091a）本頁下注1："捉＝投《三》《宫》。"日本圓仁撰《顯揚大戒論》："世間有人，投火不燒，食毒不死。"（T2380v74p0716b）北涼曇無讖譯《優婆塞戒經》："世間有人，捉火不燒，食毒不死。"（T1488v24p1068c）北魏吉迦夜、曇曜譯《雜寶藏經》："雪山一面，有大竹林，多諸鳥獸，依彼林住。有一鸚鵡，名歡喜首。彼時林中，風吹兩竹，共相揩磨，其間火出。燒彼竹林，鳥獸恐怖，無歸依處。爾時鸚鵡，深生悲心，憐彼鳥獸，[8]捉翅到水，以灑火上。"（T0203v04p0455a）本頁下注8："捉＝投《三》。""捉"皆"投"字之訛。"捉"與"投"常相混誤，上揭《法苑珠林》"捉"之底本誤作"投"。

又，《可洪音義》卷三十《廣弘明集》第二十三卷："𢫨袂，上阻角反。正作'捉'也。"（v60p579a）唐道宣撰《廣弘明集》："長風負雪，投袂氷霜。"（T2103v52p0267c）《可洪音義》"𢫨袂"之"𢫨"，今《大正藏》作"投"，"投袂"文獻多見，乃甩袖之義。可洪注曰："阻角反。正作'捉'。"乃誤認"𢫨"爲"捉"，亦可見"捉"與"投"混誤之嚴重。

唐法藏集《華嚴經傳記》："釋靈辨，姓李氏，瀧西狄道人也。祖龍驤，高齊代任相州司馬。父楞伽，隨任洛州録事參軍，遂[4]從居洛。"（T2073v51p0163a）本頁下注4："從＝促《甲》，徏ヵ《甲》。""促"又"從"字之訛。"徏"亦"從"字之訛。

0575 徣

元覺岸編《釋氏稽古略》："十二月，宋王從厚即皇帝位，閔帝也。甲午年正月改元應順。時鳳翔節度使兼侍中潞王從珂與朝廷徣阻。三月潞王建大將旗鼓整衆而東。閔帝聞潞王至陜，憂駭不知所爲，以五十騎出玄武門至衛州。"（T2037v49p0851b）

按：四庫本與"徣"對應之字作"猜"，"徣"即"猜"字之訛。"犭""彳"二旁形近易混。經文"犭"旁訛作"彳"旁常見，如"獷"作"彍"（參0584"彍"字條）。"猜阻"有因猜忌而生隔閡之意。《北齊書·李元忠傳》："時朝廷離貳，義旗多見猜阻。"《舊唐書·突厥傳下》："百姓又分爲黄姓、黑姓兩種，互相猜阻。"均用此意。經文亦用此意。大意云：潞王與朝廷猜忌而生隔閡，故三月舉兵造反，閔帝聞之不知所措。"猜阻"經文常見。彌勒造、唐玄奘譯《菩薩戒本》："若他性好如上諸事，方便攝受敬順，將護隨彼而轉；若他有情猜阻菩薩，内懷嫌恨惡謀憎背，外現歡顔表内清淨。"（T1501v24p1112c）日本宥快撰《大日經疏鈔》："雖善友欲爲饒益及陷誤之者，一概猜阻而懷疑懼。乃至持戒修善時，亦於生死，懷驚怖心。"（T2218v60p0250c）

0576 街

日本圓珍撰《諸家教相同異略集》："嘉祥受法天台，即爲師資，身街妙化已護神。"（T2368v74p0313b）

按："街"即"銜"之異寫"衘"字之訛。唐湛然述《法華文句記》："故知嘉祥身霑妙化，義已灌神。"（T1719v34p0213a）日本鳳潭撰《華嚴五教章匡真鈔》："嘉祥既沾妙化，義已灌神。"（T2344v73p0360c）"街"與"霑""沾"義同，皆蒙受、擁有之義。北魏楊衒之撰《洛陽伽藍記》："於後園窓戶之上，列錢青瑣。玉鳳[43]衘鈴，金龍吐佩。"（T2092v51p1016b）本頁下注 43："衘＝銜《甲》。""衘"爲"銜"之書寫變異，"街"爲"衘"進一步書寫錯訛。

0577 絛

唐法藏述《華嚴經探玄記》："二枝殊特，謂樹枝絛是方便隨機差別義故，云寶枝等。三葉殊特，謂枝[4]絛頭葉是蔭機成益義故。"（T1733v35p0129b）本頁下注 4："絛＝樤《甲》。"

按："𢔶"與"𢔶"爲版本異文，"𢔶"即"條"字之書寫變異，"𢔶"爲"條"之累增字。"彳"與"亻"二旁形近易混，文獻中"條"寫作"𢔶"多見。《偏類碑別字》"條"字條引《梁蕭憺碑》作"𢔶"，潘重規編《敦煌俗字譜》"條"字條收"𢔶"，《可洪音義》"𢔶"亦多見。

"𢔶"又"徐"字之訛。唐菩提仙譯《大聖妙吉祥菩薩祕密八字陀羅尼修行曼荼羅次第儀軌法》："向裏三度撥，[41]徐來降道場。"（T1184v20p0787c）本頁下注41："徐＝𢔶《丙》。"失譯《佛説目連問戒律中五百輕重事》："問：'三衣盡得[5]條成不？'答：'大衣得，中衣、小衣不得。'"（T1483v24p0990a）本頁下注5："條＝徐《宋》《元》《宮》。"又："問：'三衣盡得徐成不？'答：'大衣得，中衣、小衣不得。'"（T1483v24p0978b）明永海述《佛説目連問戒律中五百輕重事經釋》："問：三衣盡得條成否？答：大衣得，中衣、小衣不得。釋：謂比丘所持三衣，爲是大衣二十五條，爲復三衣盡得二十五條成否？佛答言大衣得者，此衣條及長多而短少者有所表故，以彰意地微細習惑多故。亦顯受戒持衣時，聖增凡減，爲出三界二十五有之初因故。若中衣條及長多而短少者，表口業四失，次於意業顯受戒持衣時，聖增凡減，爲出七趣之初因故。此小衣條及長多而短少者，表身業三失，次於口業四失，顯受戒持衣時聖增凡減，爲出五道之初因故。如是中衣、小衣條及短長，以別大衣等級之用，故云不得。"（X0751v44p0931a）後秦弗若多羅、羅什譯《十誦律》："若比丘初日得衣用作僧伽梨最下九條成，分別若干長若干短，總説九條。作衣竟日，即應受持作是言：我是最下僧伽梨九條作持，餘殘物及先僧伽梨應與人若作淨若受持。若比丘初日得衣用作欝多羅僧七條成，分別若干長若干短，總説七條。作衣竟日，即應受持作是言：我是欝多羅僧七條作持，餘殘物及先欝多羅僧應與人若作淨若受持。若比丘初日得衣用作安陀衞五條成，分別若干長若干短，總説五條。作衣竟日，即應受持作是言：我是安陀衞五條作持，餘殘物及先安陀衞應與人若作淨若受持。"（T1435v23p0030c-0031a）釋"條成"之義甚詳。僧人所穿之所謂"三衣"，包括五條衣、七條衣和九條衣，分别由五條、七條、九條衣料製成，故名。"徐"又"條"字之訛。"徐"與"條"形近混訛，"徐"訛作"條"，因又訛作"𢔶"。

"𢔶"又"倏"字之訛。唐澄觀述《大華嚴經略策》："若纖雲拂空，其來無所，須臾彌滿，六合黯然。長風忽來，[2]倏爾雲盡，千里無點，萬像歷然。"（T1737v36p0705a）本頁下注2："倏＝𢔶《甲》。"唐道世撰《諸經要集》："夫理之所窮，唯善與惡，顧此二途，[7]倏然易辯。"（T2123v54p0079a）本頁下注7："倏＝條《三》《宮》。""倏"訛作"條"，因又誤作"𢔶"。

0578 徝

日本宗叡撰《新書寫請求法門等目録》："《説梵字因[35]猶》一卷。"（T2174

v55p1110c）本頁下注 35：“猶=徜《乙》，道ヵ《乙》。”

按：“徜”與“猶”“道”爲版本異文，“徜”即“猶”之訛，“道”乃“徜”之進一步錯訛。“因猶”同“因由”，乃原委之義，“猶”爲“由”之借字。後秦佛陀耶舍、竺佛念譯《長阿含經》：“復自相謂言：當共分地別立幖幟。即尋分地，别立幖幟。婆悉吒。[8]猶此因緣，始有田地名生。”（T0001v01p0038b）本頁下注 8：“猶=由《三》。”“猶”即“由”之借字。

“猶”或訛作“徜”者，“犭”旁訛作“彳”旁，“酋”旁訛作“首”旁也。《偏類碑別字》“猶”字條引《唐麓山寺碑》作“猶”（p140）。唐玄奘、辯機撰《大唐西域記》：“自數十年無大君長，[21]酋豪力競，不相賓伏，依川據險，畫野分都。”（T2087v51p0871b）本頁下注 21：“酋=首《甲》。”又：“聞之土俗曰：此沙磧中鼠大如蝟，其毛則金銀異色，爲其群之[6]酋長，每出穴遊止則群鼠爲從。”（T2087v51p0944a）本頁下注 6：“酋=首《三》《宮》《甲》《丙》。”“首”皆“酋”字之訛，可比勘。

字又作“道”者，蓋刻書者不知“徜”爲“猶”字之訛，乃據“辵”旁與“彳”旁構形互通關係而臆改。

0579 㣥

北涼曇無讖譯《大般涅槃經》：“得悦意三昧能斷炎摩天有，得青色三昧能斷兜[8]率天有，得黄色三昧能斷化樂天有。”（T0374v12p0488b）本頁下注 8：“率=㣥《宮》。”

按：“㣥”與“率”爲版本異文，“㣥”即“術”字之訛。“兜率天”，佛經習見，乃欲界的第四天。“兜率”，梵文作“Tuṣita”，又譯作睹史多天、兜駛多天等，意譯爲妙足天、知足天、喜足天、喜樂天等。東晋瞿曇僧伽提婆譯《增壹阿含經》：“復次菩薩從[33]兜術天降神來下在母胎中。”（T0125v02p0753c）本頁下注 33：“兜術~Tusitā。”唐慧琳撰《一切經音義》：“兜術，上都頭反。梵語虜質不切也。正梵音云覩史多，唐云知足，前已具釋也。”（T2128v54p0397c）《大正藏》“兜術”凡 360 見。“率”“術”皆“ṣi”的譯音字。

0580 𢔁

日本玄昭撰《悉曇略記》：“ई（長伊，初去後平），[29]𢔁（伊異反，去）。”（T2704v84p0471a）本頁下注 29：“𢔁=縊《丙》《丁》。”

按：“𢔁”與“縊”爲版本異文，“𢔁”即“縊”字之訛，“縊”爲“ई（ī）”的譯音用字。唐慧琳撰《一切經音義》：“縊，伊異反，伊字去聲兼引。”

（T2128v54p0470a）"縊"亦"[illegible]（ī）"的譯音字。"糸"旁訛作"彳"旁習見。

0581 㣂

隋吉藏撰《法華義疏》："用大乘之化入於五道爲駕，與之如遊也。又多[69]僕從而侍衛之者，第三明儐從也。"（T1721v34p0528b）本頁下注69："僕＝㣂《聖乙》。"

按："㣂"與"僕"爲版本異文，"㣂"即"僕"字之訛。"僕從"文獻習見。《可洪音義》卷二十七《高僧傳》第六卷："[illegible]射，上蒲木反。"（v60p450c）《可洪音義》卷十四《佛説興起行經》上卷："[illegible]從，上步卜反。"（v59p1089a）"[illegible]""[illegible]"之右旁所從與"菐"形近，故"僕"或訛作"㣂"。日本圓仁撰《入唐新求聖教目録》："《[24]僕郡集》一卷。"（T2167v55p1084b）本頁下注24："僕＝𠊾《甲》。""𠊾"亦"僕"字之訛。參0095"𠊾"字條。

0582 徹

東晋竺佛念譯《出曜經》："信不染他者，染者爲沈重結使，婬怒癡具足入骨[20]徹髓，如此染者常當遠離。所以然者，以其患重不可習故，是故説曰信不染他也。"（T0212v04p0677c）本頁下注20："徹＝徹《明》。"

按："徹"與"徹"爲版本異文，"徹"即"徹"字之訛。"入骨徹髓"，"徹"與"入"義近，乃深入之義。秦公《廣碑別字》"徹"字條引《唐臨清驛長孫氏造像碑》作"徹"（p520），《碑別字新編》"徹"字條引《魏李挺墓誌》作"徹"（p318），可比勘。

0583 𢖅

日本心覺撰《多羅葉記》："天，娑嚩（二合，無[13]撥反）誐，[illegible]。"（T2707v84p0622b）本頁下注13："𢖅＝撥《甲》。"

按：注中"𢖅"與"撥"誤倒。"𢖅"與"撥"爲版本異文，"𢖅"即"撥"字之訛。唐義淨撰《梵語千字文》："[illegible]，娑嚩（二合）羅誐（二合），天。"（T2133Bv54p1198b）此即心覺之所本。"娑嚩（二合）羅誐（二合）"爲"[illegible]（sva rga）"之譯音字，"無撥反"爲"嚩"的反切。同上經："[illegible]，嚩（無撥反）乞灑，胸。"（T2133Bv54p1203c）又："[illegible]，嚩（無撥反）娑怛羅

（三合）衣。”（T2133Bv54p1204b）“嚩”之反切皆作“無撥反”。“撥”或作“徶”者，蓋“扌”旁訛作“彳”。

0584 獷

北宋法護譯《佛説如來不思議祕密大乘經》：“令彼等衆得見佛已，於長夜中利益安樂，息除[4]獷戾恚惡之心。”（T0312v11p0737a）本頁下注 4：“獷＝獷《明》。”

按：“獷”與“獷”爲版本異文，“獷”即“獷”字之訛。唐慧琳撰《一切經音義》：“獷戾，上虢猛反。案：獷者，急躁也。《説文》從犬廣聲。躁，音竈。下梨帝反。《廣雅》云：‘戾，恨也。’《謚法》：‘不悔前過曰戾，不思念愛曰戾。’《説文》：‘曲也。從犬出竇下身曲戾也。’經從心作‘悷’，俗字也。”（T2128v54p0506a）“獷戾”文獻習見，乃兇暴乖張之義。“獷”作“獷”者，“犭”旁訛作“彳”旁也。

彡　部

0585 彫

唐道世撰《法苑珠林》：“不得是[3]願終不作佛。”（T2122v53p0553a）本頁下注 3：“願＝彫《宋》。”

按：“彫”與“願”爲版本異文，“彫”即“願”字之訛。“願”的草書作“[illegible]”（見唐懷仁《集王羲之聖教序》），右旁所從之“頁”與“彡”形近，“彫”即“願”草書轉寫之誤。

南朝齊僧伽跋陀羅譯《善見律毘婆沙》：“[15]頭多者，漢言多色欲人也。”（T1462v24p0763c）本頁下注 15：“頭＝彫《三》《宫》，Dhutta。”佚名《翻梵語》：“頭多，《律》曰多色欲人。”（T2130v54p1023b）“彫”又“頭”字之訛。

0586 彰

唐窺基撰《大般若波羅蜜多經般若理趣分述讚》：“羅蓋扶疏，飛圓華而孕綺；

霞旛飄颺，曳曲[1]鬏以疑虹。”（T1695v33p0038a）本頁下注 1：“鬏＝影[イ]《原》。”

按：“鬏”與“影”爲版本異文，“鬏”即“影”字之訛。唐道宣撰《廣弘明集》：“華蓋飛圓影，幡紅曳曲陰。”（T2103v52p0361a）表達相類。

0587 虨

日本安澄撰《中論疏記》：“司馬虨云：‘接猶持也。’述義云：‘接猶續也。’”（T2255v65p0077b）

按：“虨”爲“彪”之訛。“司馬彪云”經文常見。唐元康撰《肇論疏》：“司馬彪云：‘性者人之本。’”（T1859v45p0185a）北宋延壽集《宗鏡録》：“故司馬彪云：‘心爲神靈之臺。’”（T2016v48p0460b）字均作“彪”不誤。唐義淨譯《金光明最勝王經》：“虎豹豺師子，唯噉熱血肉。更無餘飲食，可濟此[10]虛羸。”（T0665v16p0451b）本頁下注 10：“虛＝虎《明》《宮》《西》。”日本湛慧撰《成唯識論述記集成編》：“昔爲薩埵王子時（第三僧祇），捨所愛身投餓[29]虛。”（T2266v67p0821b）本頁下注 29：“虛＝虎《甲》。”南朝宋佛陀什、竺道生譯《彌沙塞部和醯五分律》：“形如梵天像，執杖而躡[16]虛。”（T1421v22p0109c）本頁下注 16：“虛＝虎《宮》。”前兩例“虛”爲“虎”之訛，後一例“虎”爲“虛”之訛。“虎”或訛作“虛”，故“彪”或訛作“虨”。

0588 彦旨

龍樹造、自在比丘釋、隋達磨笈多譯《菩提資糧論》：“當於僧中以諸樂具常憙給侍，莫唯憙[1]詣問訊而已。常憙聞法無有厭足，莫唯憙樂暫聞其語。”（T1660v32p0540a）本頁下注 1：“詣＝彦旨《宮》。”

按：“彦旨”與“詣”爲版本異文，“彦旨”即“詣”字之訛。“彦旨”之右旁爲“旨”字異寫，《玉篇零卷》“詣”作“𧦧”“𧦧”等形，可比勘。“彦”爲“言”之訛，草書“彦”與“言”形近。故“詣”或訛作“彦旨”。

0589 彭

日本善珠述《法苑義鏡》：“成實論師等者，末經部師呵梨跋摩，此云師子鎧，其人出處及與智德如開善義序説，暢、琳、彭、散等云‘究摩羅陀弟子’，大高師云‘是曇無德弟子’。”（T2317v71p0203b）

按：日本澄禪撰《三論玄義檢幽集》："《四論玄》第十云：《成論》至佛滅度八百九十年，出世造論，名師子鎧。初則師子鎧事薩婆多部達摩沙門，究摩羅陀弟子故。暢公序云'究摩羅陀弟子'，琳公序云'鳩摩羅馱弟子'，影公序云'鳩摩羅和弟子'，同云'學薩婆多部論主'，（文）安澄《中論疏記》第四（末）云'訶梨是薩婆多'，鳩摩羅陀此云'童壽之弟子也'。"（T2300v70p0417a）與"𢒉"對應之字作"影"，"影"指"影公"，"影公"爲曇影的尊稱，乃鳩摩羅什的弟子。"𢒉"當即"影"字之訛。

夕 部

0590 𡖋

日本中算撰《妙法蓮華經釋文》："繚，盧鳥反。慈恩云：~，繞也，纏也，謂相纏繞也。曇捷云：~，縛也。義不叶矣。騫師云：宜爲'了'字，謂子無兩臂，不任統於事務，家業畢了，無所付委也。今案：武玄之云：了象人無兩臂也。薩峋云：了，□也。案：行脛相交也，了字亦得矣。𡖋，力弔反。《玉篇》云：行脛相交也。"（T2189v56p0172b）

按："𡖋"即"尥"字形訛。《説文解字·尣部》："尥，行脛相交也。从尣，勺聲。牛行腳相交爲尥。"大徐音"力弔切"。《玉篇·九部》："尥，平交、力弔二切。牛行後脛相交。"字正作"尥"，"尥"之"尢"旁訛作"元"，"勺"旁訛作"夕"即成"𡖋"。《可洪音義》"尳"或寫作"𡰿"（v59p933c），爲"尢"旁訛作"元"之例。西晋竺法護譯《慧上菩薩問大善權經》："又族姓子，善權闓士，假使生在貧匱之門，設行乞匃求一[19]夕饍，無鄙劣心轉奉賢衆。"（T0345v12p0156c）本頁下注19："夕=勺《三》《宮》。"《嘉興藏》作"勺"。唐金剛智譯《金剛頂瑜伽中略出念誦經》："師以止羽執金剛杵，以檀度鉤弟子觀羽智度，別以小杓，如前沃火，人各各二十一杓，一一心念諸佛菩薩及火天。於五部中心密語，隨喜誦之，一[17]杓一遍，以用供養。若須除災者，誦此密語。"（T0866v18p0253a）本頁下注17："杓=夕《宮》，句《甲》，勺《乙》。""夕"皆"勺"字之訛。唐一行記《大毘盧遮那成佛經疏》："最初最後皆應滿[5]抄蘇護摩。"（T1796v39p0664a）本頁下注5："抄=杪《乙》。"又："其所成物，先以淨葉承覆，每一取蘇等，皆以抄[10]加［注號當在"抄"字前——引者按］於葉上，方迺焚之。"（T1796v39p0664b）本頁下注10："抄=杓《甲》，杪《乙》。"又："凡護摩時，皆先以大[4]杓盛滿淨蘇焚之。"（T1796v39p0663a）本頁下注4："杓=杪《甲》《乙》。"南宋文素等編《如淨禪師語録序》："謝典座上堂，坐斷老盧頂顙，拈起無柄木杪，忽然舀出銅汁鐵丸，忽然舀出醍醐酥酪。”（T2002Av48p0125a）日本阿寂記《妙印鈔》：“言以火天本所持真言，盛大小杪而投於爐中，故云滿施者即是乃至亦如悉地中略指也。”（T2213v58p0621a）《龍龕・木部》：“杪，誤；杓，正，市若反，木～也。”（p318）“抄”“杪”皆“杓”字之訛。上揭諸例皆“勺”訛作“夕”之例。

0591 刅

唐法藏述《華嚴經探玄記》：“《阿含經》云：劫初成時，光音天來海中洗浴，水觸其身，失精在水，遂成肉卵，經八千歲乃生一女。身若須彌，有九百九十九頭，頭有千眼，有九百九十九口，口有四牙，牙上出火，猶如霹靂，二十四手，九百九十九脚。在海浮戲水，精入身，生一肉[2]卵，經八千歲生毘摩質多。身有九頭，頭有千眼，口中出水，有九百九十九手，有其八脚。”（T1733v35p0135a）本頁下注 2：“卵＝刅《甲》。”

按：“刅”與“卵”爲版本異文，“刅”即“卵”字之訛。唐唐玄度《新加九經字樣・雜辨部》：“卝、夘，戀上。上《説文》，下隸變。”“卵”之左旁或寫作“夕”。日本玄叡集《大乘三論大義鈔》：“謬像三支，妄陳僞執，免猶累[16]䢍，何稱真立。”（T2296v70p0162c）本頁下注 16：“䢍＝卵《乙》。”“䢍”亦“卵”字之訛。“䢍”之右旁所從與“刅”之右旁形近，皆可比勘。參 0934“䢍”字條。鄭賢章《漢文佛典疑難俗字彙釋與研究》“刅”字條（p132）亦有考證，可互參。

0592 𢾾

唐道世撰《法苑珠林》：“梁武昌太守張絢常乘船行，有一部曲役，力小不如意，絢便躬捶之，一下即殍𢾾，無復活狀。絢遂推置江中。須臾頃見此人從水而出，對絢斂手曰：‘罪不當死，官枉見殺，今來相報。’即跳入絢口。絢因得病，少日而死。”（T2122v53p0871a）

按：“𢾾”即“𣦸”字之訛，“𣦸”又“㱎”之異體。《玉篇・歹部》：“𣨶，蒲狄切。𣨶㱎，欲死皃。”（p179）《龍龕・歹部》：“殍𣦸，二或作。上扶歷反，下先擊反。殍𣦸，新死之皃也。今作‘𣨶㱎’二字。”（p516）“殍𣦸”爲將要死掉之義，與文意相合。

“𣦸”爲從歹析聲的形聲字，“歹”旁訛作“夕”，“析”旁寫作“扸”即成“𢾾”字。唐顔元孫《干禄字書・入聲》：“枏、析，上俗下正。”明張自烈《正字通・手部》：“扸，同析。《太玄經・玄攡》曰：‘常變錯故百事扸。’註：‘錯雜也。’‘常’謂天地日月星辰，‘變’謂四時變改也。常變而不變，四時錯行，故曰百事分拆，‘拆’音席。”（p397）“柝”“拆”皆“析”書寫變異。唐義淨譯《根本説一切有部毘奈耶雜事》：“佛言：‘汝今應知。轉輪聖王命終之後，以五百[11]斤上妙疊絮以用纏身，上下各有五百妙衣以爲裝飾。’”（T1451v24p0394c）本頁下注 11：“斤=片《元》《明》。”又：“尊者告曰：‘然我先已奉佛教勅，所有葬法如轉輪王。’問曰：‘其法如何?’答曰：‘以白疊絮先用裹體，次以千張白疊周遍纏身。’”（T1451v24p0400b）迦旃延子造、五百羅漢釋，北涼浮陀跋摩、道泰譯《阿毘曇毘婆沙論》：“復有説者，繫材義是相應義，如一[1]斤麻不能繫材，若多合爲索則能繫材。”（T1546v28p0066a）本頁下注 1：“斤=片《三》《宮》。”唐慧立本《大唐大慈恩寺三藏法師傳》：“臣奉王命，與工匠往盡力鐫鑿，凡經一句，不得一[16]斤。”（T2053v50p0240b）本頁下注 16：“斤=片《宮》。”東晋法顯譯《佛説大般泥洹經》：“九部印中我未曾聞有《方等經》一句一字[2]片言之音。”（T0376v12p0881a）本頁下注 2：“片=斤《聖》。”“斤”皆“片”字之訛，亦可比勘。

0593 𡖿

佚名《陀羅尼雜集》卷十：“除瞋陀羅尼（出《日藏》）：多擲哆　蒱伏呵　佛佛羅　伊羅羅　婆伊羅婆呵呵縷呵嘍　伽伽那　叉奄摩咩唻咩唻斫迦羅跋多帝隷　婆伽羅帝隷　縷多唏咩唏隷婆呵唏　婆呵唏　那羅闍吒蛇　婆那咩𡖿　廁帝咩頭婆梨咩踙　試唸咩𡖿唏闍羅　咩𡖿呿伽羅咩　𡖿娑菩闍咩𡖿　薩娑迦羅摩咩𡖿　摩那跋多咩𡖿　跋帝奄婆羅咩𡖿　莎呵。此陀羅尼能除一切世人瞋恚。”（T1336v21p0636a）

按：《陀羅尼雜集》“咩𡖿”的“𡖿”字，《玄應音義》有異文，《可洪音義》有歧解。唐玄應撰《一切經音義》（麗藏本）卷二十《陀羅尼雜集》第十卷：“唻，弥氏反。又作‘誺’‘踙’。”（p266b）宛委别藏本：“咩唻，彌氏反。又作‘誺’‘多’。下音浪台反。”（p624）“多”當爲“𡖿”字之訛，讀浪台反，與“唻”音合。《可洪音義》卷二十三《陀羅尼雜集》第十卷：“咩唻，上弥尒反。下力可反，經文自切。又郎改反。……咩誺，力可反，經文自切。又洛皆、洛改二反，與唻字同。《江西音》作竹皆反，非也。《川音》云‘《音義》多律切’，謬之甚也。‘多律踟’是真言句。應和尚具録‘多律蹓’一句，以定踟字處所故也。公將爲切腳，豈不謬乎迷哉！咩踙，力可反。此咒中十二个唻字，兩个作唻，兩个作踙，八个作誺，仍經中兩處有切，自作力可反，説文云餘並同是也。又《江西音》作竹皆反，非也。”（v60p294c）楊寶忠《疑難字三考》“誺”字條做過考證：“據《陀羅尼雜集》自注反切及《可洪音義》，用作梵漢對音記音字的‘唻、誺’記音功能相同，音力可反，不音來。”（p127）

今考《大正藏》本《陀羅尼雜集》“除瞋陀羅尼”之“𡖿”字未見自注反切。《陀羅尼雜集》：“勝敵安退并治毒嚙及腫陀羅尼：多擲哆　伊梨　富持利　富倫提　呵　唻[8]呼（[9]上力可反，下並同）摩勒[10]浡　婆唻[*]＊浡　至唻呼　比至唻[11]呼　思坻呼　比思坻呼　摩比提呼　烏思羅娑坻呼　莎呵。”（T1336v21p0618b）本頁下注8：“呼=呼《三》。”注9：“〔上力…同〕七字一《三》。”注10：“浡=浮《三》*。”注11：“呼=浮《三》，下同。”《陀羅尼雜集》“唻”自注反切“力可反”唯此一見。林光明《新編大藏全咒》卷十六《陀羅尼雜集》之“勝敵安退并治毒嚙及腫陀羅尼”諸“唻”字對音皆作“ra”（v16p383），與“唻”字音合。失譯《佛説善法方便陀羅尼經》：“即説呪曰：跋逝唻（一）跋逝[10]唻（二）跋逝唻陀利（三）跋逝唻婆帝（四）跋逝唻陛帝（五）跋逝唻達提（六）。”（T1137v20p0580b）本頁下注10：“唻=來《明》。”林光明《新編大藏全咒》卷四《善法方便陀羅尼咒經》“莊嚴大頂勝王咒”中“逝唻”的對音作“jre”或“jra”（v4p371），“唻”爲“re”和“ra”的譯音字。洛皆、洛改二反的對音蓋作“re”。“《川音》云‘《音義》多律切’，謬之甚也。‘多律踋’是真言句。應和尚具録‘多律蹢’一句，以定踋字處所故也。公將爲切腳，豈不謬乎迷哉”，據此，可洪所見《川音》謂“唻”字音“多律切”，可洪認爲此乃《川音》誤讀《音義》所致。玄應撰《一切經音義》卷二十《陀羅尼雜集》第十卷：“唻，弥氏反。又作‘誺’‘踈’。多律踋，直知反。經文從智作蹢，非也。”（p226b）《陀羅尼雜集》：“此陀羅尼神呪經，觀世音菩薩所説能清旦一遍誦之，即却一切惡：南無勒那多來蛇蛇　南無阿梨蛇　婆路鞞泜　舍婆羅蛇　菩提薩埵蛇　摩訶薩埵蛇　多擲哆　丘梨　丘梨　多律[13]蹢　豆律*蹢　婆度斯　摩彌婆羅呵律陀　莎呵。”（T1336v21p0636a-b）本頁下注13：“蹢=踋《三》*。”可洪所言是，《玄應音義》“唻”字無多律切之音。“（咩）唻”條下接“多律踋”條，乃照録經文原文，與“唻”字讀音無關。然“多律切”的切音與“踈”相合，《川音》原文不可考，只能存疑。《改併五音類聚四聲篇》引《搜真玉鏡》：“踈，音束，又多律切。”“踈”當即“踈”字之訛，“束”旁爲“來”旁之訛，佚名《往生西方淨土瑞應傳》：“鸞便須火遂焚仙經，忽於半夜見一梵僧入房，語鸞曰：‘我是龍樹菩薩。’便説偈：‘已落葉不可更附枝，未[9]來粟不可倉中求，白駒過隙不可暫駐，已去者叵反，未來未可追。’”（T2070v51p0104b）本頁下注9：“來=束《甲》《乙》。”馬鳴造、北涼曇無讖譯《佛所行讚》：“如牛在轅軛，形[31]來而心依。”（T0192v04p0012c）本頁下注31：“來=束《三》。”東晋瞿曇僧伽提婆譯《增壹阿含經》：“此尼健子至世尊所捔論議，還以己論而自縛[8]來受如來化。”（T0125v02p0717b）本頁下注8：“來=束《三》。”第一例“束”爲“來”字之訛，後兩例“來”皆“束”字之訛，“來”與“束”或相混誤。“音束”“多律切”之音皆據聲旁臆推。可洪又引《江西音》讀“唻”作竹皆反，竹皆反乃“齹”字讀音，與本經“唻”字讀音不合。“唻”字佛經或讀“力可反”，或讀“洛皆”“洛改”反，讀音皆與字形相合，“唻”的異文或作“㚇”，與讀音不合，疑譯經者誤用。

《可洪音義》卷三《大方等大集經》第二十二卷：“誺勒，上多來反，此亦切身字也，字從彐從來，與齹字同呼。《寶星經》作底履。又應和尚以膝字替之，私七反，非也。郭氏音來，亦非也。”（v59p624a）北涼曇無讖譯《大方等大集經》：“犁勒那朋舍（百五十七）。”（T0397v13p0145c）唐波羅頗蜜多羅譯《寶星陀羅尼經》：“底履囉多那傍世（一百二十七）。”（T0402v13p0568b）又：“我等當説此金剛法等因緣法心，建立摧碎陀羅尼印句差別門記大持法門。汝等大衆今當諦聽，一切諸佛大集此刹，説如是呪：……底離囉多那傍世（百三十六）。”（T0402v13p0564c-0565a）林光明《新編大藏全咒》卷一《寶星陀羅尼經》“十方諸佛諸世尊説金剛法等因緣法心建立摧碎陀羅尼印句入差別記法門”中“底離囉多那傍世”轉寫作“triradnabaṃśe”（v1p285）。據此，“底履/離”是二合音“tri”的音譯。唐善無畏、一行譯《大毘盧遮那成佛神變加持經》：“七母等真言曰：南麼三曼多勃馱喃（一）忙怛㘑（二合）弊（毘也反。二）莎訶（三）。”（T0848v18p0015a）林光明《新編大藏全咒》卷六《大毘盧遮那成佛神變加持經》“七母等真言”中“怛㘑”轉寫作“tri”，又在附注中引日本《真言事典》轉寫作“tṛ”（v6p80）。唐善無畏譯《大毘盧遮那經廣大儀軌》：“七母真言曰：（一）忙底哩毘藥（二合。二）娑嚩（二合）賀。”（T0851v18p0104b）日本靜然撰《行林抄》：“《大日經》云：七母等真言曰：曩○南（一）忙[3]怛履（二合）弊（毘也反。二）莎訶。”（T2409v76p0420c）本頁下注3：“傍註曰：《台軌》‘怛履’作‘底哩’。”日本杲寶説、賢寶記《理趣釋祕要鈔》：“《大日經廣大儀軌》等説七母真言云：忙怛㘑（二合）弊（毘也反）莎嚩（二合）訶（云云）。”（T2241v61p0736b）日本實運撰《祕藏金寶鈔》：“七母真言：，唵摩怛哩毘藥。”（T2485v78p0366a）日本淨嚴撰《悉曇三密鈔》：“，怛哩（胎）、底哩（寶篋）。，底唎（佛頂）、底哩（同上）、怛哩（觀智軌）。”（T2710v84p0753a）又：“，哩、㗚、唎、利、履、梨、律、陵、犂、理、離、詈。”（T2710v84p0746a）“履”“離”“犂”皆可爲“（ri）”的譯音字。上揭諸經中的“底履”“怛履”“怛㘑”“底離”“底哩”“怛哩”等皆與“⿰多來”爲同一梵文的譯音字，梵音作“（tri）”或“（tṛ）”。正如可洪所言，“⿰多來”爲由“多”和“來”組成的切身字。“⿰多來”或寫作“誺”，又訛作“諫”。

玄應撰《一切經音義》卷一《大方等大集經》第二十卷：“膝伽，私七反。經文作‘誺’，非也。”（p8a）《可洪音義》卷三《大方等大集經》第二十卷：“摩誺，多來反，與⿰齒來字同也。《寶星經》作‘摩底’。應和尚以‘膝’字替之，音悉，非也。”（v59p622c）《大方等大集經》：“婆闍摩詖伽囉摩吃波（八十四）。”（T0397v13p0137b）《寶星陀羅尼經》：“摩底履伽囉摩婆婆（七十五）。”（T0402v13p0546b）與《玄應音義》“膝”、《可洪音義》“誺”對應的字，大正藏本《大方等大集經》作“詖”，《寶星經》作“底履”。疑梵文本亦作“tri”，大正藏本“詖”爲“⿰多來”字之訛，《寶星經》作“底履”與梵音合。玄應誤認爲“膝”，蓋由草書“膝”或寫作“[illegible]”而誤認，“膝”與梵音不合，不可從。可洪已知其誤。《龍龕手鏡·來部》：“誺，相承來、悉二音。又《江西隨函》音竹皆反。”（p188）讀“悉”一音，當承玄應之誤，“誺”無“悉”音。楊寶忠《疑難字三考》亦有此説（p126），可參看。

《可洪音義》解釋“誺勒”的“誺”時讀其爲多來反，確定該字爲切身字，又認爲該字“與⿰齒來字同呼”。把“誺”分析爲從多從來的切身字與梵文讀音相合，但“誺”與“⿰齒來”對應的梵文讀音不同。“⿰齒來”字在佛經中作譯音字習見。隋闍那崛多、笈多譯《添品妙法蓮華經》：“爾時毘沙門天王護世者白佛言：‘世尊，我亦爲愍念衆生，擁護此法師故，説是陀羅尼。’即説呪曰：怛姪他（一）頞𪒠（都皆。二）捺（奴割）𪒠（三）訥（奴骨）捺𪒠（四）案那厨（拏句。五）那稚（徒寄。六）捃（俱運）奈（奴箇）稚。”（T0264v09p0187a）唐善無畏譯《蘇悉地羯羅供養法》：“[梵字][31][梵字]*[梵字]唵迦𪒠微迦𪒠迦吒微迦吒迦[梵字]*[梵字]楨迦𪒠婆伽嚩底微若（而也反）曳莎[梵字]訶。”（T0894v18p0711c）本頁下注31：“[梵字]＝[梵字]《甲》《乙》*。”《悉曇三密鈔》：“[梵字]，𪒠（千手軌）。”（T2710v84p0743b）又：“[梵字]等字諸梵文中多不呼阿音，謂[梵字]瑟吒、[梵字]瑟恥、[梵字]瑟𪒠、[梵字]瑟䳼、[梵字]瑟抳等也。”（T2710v84p0774c）又：“《大日疏》八云：[梵字]薩哆（二合）[梵字]𪒠（岸也）。”（T2710v84p0798a）“𪒠”又訛作“𪒲”，日本明覺撰《悉曇要訣》：“或[梵字]囇，或云[梵字]麗[梵字]瑟𪒲（二合。竹皆反），或[梵字]𪒲（知皆反）。”（T2706v84p0531a）“𪒠”皆“[梵字]（ṭai）”的譯音字，與切身字“𪒡”的梵文讀音“[梵字]（tri）”或“[梵字]（tṛ）”不同。参2390“𪒲”、2392“𪒳”字條。

0594 𣂡

日本圓仁撰《蘇悉地羯羅經略疏》：“‘[2]𣂡’字，芳萬、[3]屬願二反。量也，抒也。”（T2227v61p0442a）本頁下注2：“𣂡，《經》作㩩。”注3：“屬＝居《甲》《乙》。”

按：《玉篇·斗部》：“𣂤，九萬切。抒也，量也。”《廣韻·願韻》芳万切：“𣂤，量也。又居願切。”“𣂡”與“𣂤”音義皆合，“𣂡”即“𣂤”字之訛。唐輸波迦羅譯《蘇悉地羯囉經》：“手執杓，緩𣂤其酥，置其物上。”（T0893v18p0628b）此即圓仁《蘇悉地羯羅經略疏》之所本，字正作“𣂤”，義亦切合。上引注2“《經》作㩩”之“《經》”即指“《蘇悉地羯囉經》”，“《經》作㩩”之“㩩”，亦“𣂤”之誤。唐慧琳撰《一切經音義》：“𣂤酥杓，音卷。以杓舀蘇也。”（T2128v54p0543a）字亦作“𣂤”。

佚名《陀羅尼雜集》：“三斛熱湯一升白粉和之，呪浴，一桮飲之，呪三遍，日用一斛五[20]斗。”（T1336v21p0620c）本頁下注20：“斗＝舛《三》。”失譯《天尊説阿育王譬喻經》：“昔有道人，在山中學道。人遣沙彌出舍衞，日日責一[47]斗米，兼課一偈。市中有一坐肆賢者，見沙彌並語而行。問沙彌言：‘周行走索，何以並語而行？’沙彌答言：‘我師在山中學道，日責我米一*斗，兼課一偈，是以並行誦一偈耳。’”（T2044v50p0171c）本頁下注47：“斗＝舛《三》《宫》《甲》*。”“舛”皆“斗”字之訛。故“𣂤”或訛作“𣂡”。

唐慧琳撰《一切經音義》：“𤻮躄，上劣員反。《聲類》云：‘𤻮，病也。’顧野王云：‘𤻮謂身體枸［拘］曲也。’《考聲》云：‘手足病也。’《文字典説》：‘從疒，䜌聲。’《字書》從手作‘攣’。或從舛作‘𣂡’，音義並同。《傳》文從足作‘躄’，俗，非字也。”（T2128v54p0890b）“𣂡”又“攣”字之訛。

夂 部

0595 𡕟

日本天倫楓隱撰《諸回向清規》："禪宗不是迂曲譚，衲子安墮虛妄見。苟應我之所説，𡕟協神之所期。"（T2578v81p0656b）

按："𡕟"即"必"字之訛。此字日文假名注音"ヒ"，當音同"必"。"苟"字在先，"必"字在後，文意暢通。西晋法炬譯《佛説優填王經》："苟爲婬色投身羅網，必墮惡道終而不改。"（T0332v12p0071c）北宋子璇撰《金剛經纂要刊定記》卷一："苟能出鑛，必能成器斷物。"（T1702v33p0170b）皆"必"與"苟"搭配之用例。日本夢窻疎石語《夢窓國師語録》："禪宗不是迂曲談，衲子安墮虛妄見。苟應我之所祈，必協神之所期。"（T2555v80p0506c）字正作"必"。

0596 𡖂

日本月坡道印語《月坡禪師語録》："師乃云：研鐵成針，穿過諸佛之活鼻孔；磨甎成鏡，照破衲僧之没面目。或時打西打東，令山河大地忽失色；或時罵雨罵風，使草木瓦礫大放光。一離一即，㲚毛起風，拂空凛烈；一與一奪，杖頭香海，依舊𡖂皺。"（T2595v82p0525c）

按："𡖂"即"𪐴"字之訛。日本空谷明應語《常光國師語録》："因甚壁邊拄杖子，全無氣息，一向黑𪐴皺地而去。"（T2562v81p0002a）日本愚中周及語《大通禪師語録》："手中上座黑𪐴皺，到處青山作主人。"（T2563v81p0088a）"𪐴"皆"𪐴"之書寫變異。"𪐴"與"皺"連用，受"皺"字影響而誤作"𡖂"，此亦字形同化之例。"𡖂"又"皺"字之訛，參鄭賢章《漢文佛典疑難俗字彙釋與研究》（p153）。

0597 趍

唐阿地瞿多譯《陀羅尼集經》第十二卷："乾葡萄一斤半（已上果子不得蟲

惡破損，皆須上好者取），薄餅、[3]麮麮、[4]飽頭各五百枚。”（T0901v18p0894a）本頁下注3：“麮麮=餢飾《三》《宮》《甲》。”注4：“飽=捻《甲》。”

按：“麮麮”與“餢飾”爲版本異文，“麮”即“麰”字之訛，“麮”即“麮”字之訛。唐慧琳撰《一切經音義》卷三十七《陀羅尼集經》第十二卷：“麰麮［麮］，上音浮，下偷口反。俗字也。諸字書本無此字，顏之推《證俗音》從食作‘餢飳［飳］’，《字鏡》與《考聲》、祝氏《切韻》等並從麥作‘麰麮’，音與上同。顧公云：今內國餢飳［飳］以油酥煑之。案，此油餅本是胡食，中國效之，微有改變，所以近代方有此名，諸儒隨意制字，元無正體，未知孰是。胡食者卽餢饠、燒餅、胡餅、搭納等是。”（T2128v54p0552c）“麰麮”，慧琳訓其義爲油餅，與經意合。《玉篇·麥部》：“麰，蒲口、蒲没二切。麰麮，餅也。麮，他口切。麰麮。䴸，同上。”《廣韻·厚韻》蒲口切：“麰，麰麮，餅。”同韻天口切：“麮，麰麮。飳，上同。”《玉篇》《廣韻》皆作“麰麮”。《龍龕手鑑·麥部》：“麮，俗；麰，正，蒲口反。~麮，餅也。䴸，俗。麮，正，他口反。麮~也。”“麰麮”或寫作“麮麮”，“麥”寫作“麦”也。“麦”與“夌”形近，故“麦”旁字或訛作“夌”旁，“麮麮”即“麮麮”之訛。勝友造、唐義淨譯《根本薩婆多部律攝》：“或以金銀真珠貝玉，及諸縷線，貯聚穀[2]麥，驅馳車馬。”（T1458v24p0561a）本頁下注2：“麥=夌《宋》《元》。”北宋施護譯《佛説一切如來金剛三業最上祕密大教王經》：“衆寶如[5]麥量，住心而觀想。”（T0885v18p0475a）本頁下注5：“麥=夌《三》。”南宋法雲編《翻譯名義集》：“太子初食麻、[24]夌，遽爾退席。”（T2131v54p1062c）本頁下注24：“夌=麥《明》。”又：“分一指節爲七宿[12]夌。”（T2131v54p1107b）本頁下注12：“夌=麥《明》。”日本信瑞纂《淨土三部經音義集》：“愚人嚚闇無知，菽夌不辨謂之愚人。”（T2207v57p0428b）“夌”皆“麥”字之訛，可比勘。

《陀羅尼集經》又曰：“次具六食盤，薄餅、餢飾、飪頭等餅種種具備，二十枚總細切碎，以和乳粥雜菓子等，總相和盛於一盤中，擬燒供養。”（T0901v18p0889c）“餢飾”爲“麰麮”之異體。

0598 麮

唐阿地瞿多譯《陀羅尼集經》第十二卷：“乾葡萄一斤半（已上果子不得蟲惡破損，皆須上好者取），薄餅、[3]麮麮、飽頭各五百枚。”（T0901v18p0894a）本頁下注3：“麮麮=餢飾《三》《宮》《甲》。”

按：“麮麮”與“餢飾”爲版本異文，“麮”即“麰”字之訛。參上條。

0599 𩎻

日本白雲慧曉輯《佛照禪師語録》："尋常向諸人道，任從天下樂欣欣，我獨不肯，洛浦和上不肯處，曉上座也不肯。曉上座不肯處，無關師兄和尚真影也不肯，三世諸佛也不肯，六代祖師也不肯。且道與麼不肯底一句必竟作麼生。喝(一喝）雖然如是，禪床角頭拄杖子靠皴𩎻𩎻地，却道我獨猶不肯在。曉上座殷勤請拄杖子云，儞道獨猶不肯。不肯底一句今日爲無關和上舉來以作真法供養，看（驀拈拄杖卓一下云）阿剌剌復舉。"（T2546v80p0036a)

按："𩎻"即"鱗"字之訛。日本宗峯妙超語、性智等編《大燈國師語録》："雲門示衆云，拄杖子化爲龍，吞却乾坤了也，山河大地何處得來？意在那裏？師云：'莫教皴皴鱗鱗。'進云：'已吞却乾坤了也，拄杖子爲甚落在和尚手裏。'師云：'物歸有主。'"（T2566v81p0201c）又："拈云：'芭蕉與奪不無，只是擒縱未在。山僧尋常向皴皴鱗鱗地要出人，猶不救得一在，豈況吐出山形邊事。太遠之遠矣。'"（T2566v81p0217b）"𩎻"，从夋，粦聲，蓋受"皴"之影響而改從"夋"旁，此亦字形同化之例。日本月坡道印語《月坡禪師語録》："杖頭香海，依舊𢻊皴。"（T2595v82p0525c）"𢻊"即"粼"字之訛，亦字形同化之例。參0596"𢻊"字條。

0600 𩎼

失譯《阿彌陀鼓音聲王陀羅尼經》："時阿彌陀佛與諸大衆坐寶蓮花，其土叢林花果鮮敷，間錯嚴飾，復有樹王，香風[8]馥扇，出和雅音，純説無上不思議法。"（T0370v12p0353a）本頁下注8："馥＝𩎼《福》。"

按："𩎼"與"馥"爲版本異文，"𩎼"即"馥"異寫字"䭸"之訛。《可洪音義》卷九《阿弥陁鼓音聲王陀羅尼經》："䭸扇，上音伏，香氣也。正作'馥'，或作'䭸'也。下尸戰反，風動也。上宜作'䪻'，音婆，番番，勇舞皃也。《廣百論》云：'如花樹名也好音樂，聞作樂聲，舉身搖動，枝條裊娜，如儛躍人。'此經云'復有樹王，香風䭸扇，出和雅音'是也。"（v59p884c）佚名《陀羅尼雜集》第四卷："復有樹王，香風[2]馥扇，出和雅音。"（T1336v21p0599a）本頁下注2："馥＝翻《明》。"《可洪音義》卷二十三《陀羅尼雜集》第四卷："䭸扇，上扶福反，正作'馥'也。芬馥，香氣盛皃也。又宜作'䪻'，音婆，䪻䪻，勇舞皃也。經云'復有樹王，香風～扇，出和雅音'是也。下尸戰反。上又郭氏音翻，非也。《川音》音敗，亦非也。"（v60p285b）"䭸"或釋作"馥"，或釋作“䪤”，或釋作“翻”。細審文意，當以釋作“馥”爲是。“復有樹王，香風馥扇，出和雅音”，謂又有樹王，香風濃郁扇動，發出和雅的聲音。或釋作“䪤”，謂䪤乃描寫樹之舞動貌。此解不通，其一，“馥扇”是描寫香風的，不是描寫樹王的；其二，“番”字疊用，有勇武貌義，《書・秦誓》：“番番良士，旅力既愆，我尚有之。”孔傳：“勇武番番之良士，雖衆力已過老，我今庶幾欲有此人而用之。”此“番番”之所從出，未見單用之例。把單用的“䪤”解釋爲勇武貌，於古無徵，不可信從。釋作“翻”，與文意不合，與字形不切，亦不可從。鄭賢章《龍龕手鏡研究》以“䨰”爲“翻”（p212），亦誤。

《龍龕手鏡・香部》：“馥、馥，房六反。香氣芬～也。又芳福、符逼二反。”（p180）“馥”或寫作“馥”。《可洪音義》卷十二《長阿含經》第十八卷：“芬馥，下音伏，正作馥。”（v59p985b）“馥”或訛作“馥”，“复”旁訛作“夏”也。

广　部

0601 庀

唐不空譯《底哩三昧耶不動尊聖者念誦祕密法》：“真言曰：曩謨囉怛曩（二合）怛囉（二合）夜耶曩莽室戰（二合）荼嚩日囉（二合）簸拏曳摩賀藥乞叉（二合）細曩鉢多曳唵嗦婆儞嗦婆吽庀哩（二合）亹拏（二合）庀哩亹拏（二合）吽庀哩（二合）亹拏（二合）播耶吽阿娜耶護（引）薄伽梵尾儞夜嚩日囉（二合）囉闍吽泮。”（T1201v21p0016a）

按：“庀”即“疙”字之訛。張涌泉《漢語俗字叢考》（修訂本）已有考證（p256）。日本淨嚴撰《悉曇三密鈔》：“𑖐，蘖、竭、鋡、乾、犍、健、虔（隨求）、伽、哦、誐、仰、噓、疙（千手軌）。”（T2710v84p0742a）日本心覺撰《多羅葉記》：“取，擺伊（上）疙哩（二合）佷拏（二合），[illegible]。”（T2707v84p0599a）日本覺超撰《東曼荼羅抄》：“作此時𑖮何𑖧耶𑖐𑖿𑖨𑖰疙哩𑖪嚩在中。”（T2401v75p0726c）“疙”可作“𑖐（ga）”之譯音字，經中之“庀”亦當爲“𑖐（ga）”之譯音字。“疙”或作“庀”者，“疒”旁訛作“广”旁也。參0037“圪”字條。

0602 庠

佚名《翻梵語》：“多羅，《論》曰庠也。”（T2130v54p0986c）

按：龍樹造、後秦鳩摩羅什譯《大智度論》："若聞[6]吒字，即知一切法此彼岸不可得，[8]吒羅，秦言岸。"（T1509v25p0409a）本頁下注6："吒＝多《宋》《宮》《聖》《石》。"注8："吒＝多《三》《宮》《聖》《石》。"此即《翻梵語》之所本，與"庠"對應之字作"岸"。南宋法雲編《翻譯名義集》："[17]多羅，秦言岸。大品咤字門得，故《論》曰：'若聞多字，即知一切法此彼岸不可得。'"（T2131v54p1136b）本頁下注17："多羅Tara。"日本安然撰《悉曇藏》："若聞多字，即知一切法此彼岸不可得。多羅，秦言岸。"（T2702v84p0447c）日本淨嚴撰《悉曇三密鈔》："吒羅"，秦言岸。"（T2710v84p0797c）與"庠"對應之字皆作"岸"，"庠"即"岸"字之訛。"岸"或作"岍""⿰土开"（見《偏類碑别字·山部》"岸"字條引《唐宴石淙詩》，p58），因又訛作"坼"。東晉竺佛念譯《中陰經》："況有起滅者，諸天世人民，能斷至彼[12]岸，縛著染三界，經歷生死海。"（T0385v12p1063c）本頁下注12："岸＝坼《宮》。"北齊那連提耶舍譯《月燈三昧經》："比丘十億具神通，達到辯才自在[7]岸。"（T0639v15p0587b）本頁下注7："岸＝坼《聖》。"又："到彼一切勇健[2]岸，持此離垢寂定故。"（T0639v15p0595a）本頁下注2："岸＝坼《聖》。"又："已到禪定智彼[8]岸，堪能利益於衆生。"（T0639v15p0605b）本頁下注8："岸＝坼《聖》。"又："成就最勝相應智，能到四種辯才[5]岸。"（T0639v15p0608a）本頁下注5："岸＝坼《聖》。""坼"皆"岸"字之訛。南朝梁僧祐撰《弘明集》："豈其淺[35]岸，所可探抽。"（T2102v52p0024c）本頁下注35："岸＝斥《三》《宮》。""岸"又"斥"字之訛。《龍龕·广部》："庍，俗；庠，古；㡿，正，音尺。逐也，遠也。"（p301）"庠"爲"斥"字之訛，故"岸"或訛作"庠"。

唐窺基撰《妙法蓮華經玄賛》："因此見故共諸外道互相非[1]斥。"（T1723v34p0760a）本頁下注1："斥＝庠《聖》。"唐慧沼撰《法華玄賛義决》："而今裁[25]斥，三失本也。"（T1724v34p0862a）本頁下注25："斥＝庍《甲》《乙》。""庠"與"庍"同，皆"斥"字之訛。

0603 ⿸广每

唐道宣撰《廣弘明集》："顧言之，子實[8]痗我心，所以不遠千里，尺書道意。"（T2103v52p0233a）本頁下注8："痗＝⿸广每《明》。"

按：四庫本作"痗"。"⿸广每"與"痗"爲版本異文，"⿸广每"即"痗"字之訛。唐慧琳撰《一切經音義》卷九十八《廣弘明集》第十九卷："實痗，音每。《爾疋》云：'痗，病也。'《古今正字》：'從疒，每亦聲也。'"（T2128v54p0917c）《慧琳音義》作"痗"，訓作"病"，與文意合。"痗"或作"⿸广每"者，"疒"旁訛作"广"旁也。

0604 唅

日本榮然撰《師口》：“次梵天。右手作拳安腰，左手五指相著竪之少屈，其高少計過肩，即想成蓮花。真言曰：唵没羅唅摩寧。”（T2501v78p0842b）

按：“唅”即“含”字之訛。唐不空譯《聖賀野紇哩縛大威怒王立成大神驗供養念誦儀軌法品》：“次結梵天印。右手作拳安腰，左手五指著竪之少屈，其高少許過肩，即成蓮華想。真言曰唵没羅含麽寧娑嚩（二合）賀。”（T1072Av20p0165b）與“唅”對應之字作“含”。日本淨嚴撰《悉曇三密鈔》：“𑖮𑖽，唅（日經）、頷、憾、悍、盰［盰］（佛頂）、亹（虛覲切。羂索經）。”（T2710v84p0747b）“含”作譯音字，當與“唅”同，亦可爲“𑖮𑖽（haṃ）”的譯音字。唐不空譯《金剛頂瑜伽護摩儀軌》：“上方梵天真言曰：𑖡𑖦𑖾𑖭𑖦𑖡𑖿𑖝𑖤𑖲𑖟𑖿𑖠𑖯𑖡𑖽𑖤𑖿𑖨𑖮𑖿𑖦𑖜𑖸𑖭𑖿𑖪𑖯𑖮𑖯，南莫三漫多没馱南没囉（二合）唅（敢心反）摩（二合）寧（尼奚反）娑嚩（二合）訶。”（T0909v18p0924a）“唅摩”爲“𑖮𑖿𑖦（hma）”之對音。字或作“唅”，蓋由“含”與“摩”連用，受其影響而誤加“广”旁，此乃字形同化之例。

《師口》：“上方梵天印。右手作拳安腰，左手五指相著竪之少屈，其高少計過肩，即想成蓮花。真言曰：唵没羅瘖摩寧娑嚩賀。”（T2501v78v0872a）“瘖”又“唅”字之訛。參1524“瘖”字條。

0605 庯

龍樹造、後秦鳩摩羅什譯《大智度論》：“獨坐林樹間，六根常寂默。有若失重寶，無援愁苦[1]毒。容顏世無比，而常閉目坐。我等心有疑，何求而在此？”（T1509v25p0181a）本頁下注1：“毒＝庯《三》《宮》。”

按：“庯”與“毒”爲版本異文，“庯”即“痡”字之訛，“苦痡”與“苦毒”義近。“痡”訛作“庯”者，“疒”旁訛作“广”旁也。《偏類碑别字·疒部》“痡”字條引《魏鉅平縣侯元欽神銘》作“庯”（p150），已經溝通“庯”與“痡”的關係。

0606 廸

北宋法賢譯《佛説衆許摩訶帝經》：“天子告言：南贍部洲有六大惡人，一老迦葉、二摩娑迦梨虞婆子、三娑惹野尾囉致子、四阿嚩多繼捨迦摩羅、五迦⿸广⿰氐也（[5]切身）野、六儞誐囉傀（切身）帝子。南贍部洲復有六裸形外道，一俱吒多努婆羅門、二酥嚕拏多拏婆羅門、三摩儗婆羅門、四梵受婆羅門、五布娑迦囉婆羅門、六路呬⿸广⿰氐也（*切身）婆羅門。”（T0191v03p0938b）本頁下注 5：“切身=底也反《明》*。”

按：據文中自注及頁下注標注的“切身”和“底也反”，“⿸广⿰氐也”爲切身字，讀“底也反”。日本淨嚴撰《悉曇三密鈔》：“𑖭薩𑖝𑖿𑖧底也，此翻爲諦。”（T2710v84p0802a）“⿸广⿰氐也”“底也”皆“𑖝𑖿𑖧（tya）”的對音，“⿸广⿰氐也”爲用切身方法造字的譯音專字。鄭賢章《漢文佛典疑難俗字彙釋與研究》亦有考證（p134），可參看。

又，“⿰丁也”“⿰丁夜”亦用切身法爲“𑖝𑖿𑖧（tya）”造的譯音專字。參 0003“⿰丁也”字條。

0607 虘

日本永超集《東域傳燈目録》：“《内典博要》三十卷（梁代[2]唐孝[3]教撰）。”（T2183v55p1165a）本頁下注 2：“唐=虗《甲》，虘ᐟ《甲》。”注 3：“教=敬《甲》。”

按：同上經：“《内典博要》三十卷（梁湘東主記室[29]虞孝敬撰）。”（T2183v55p1163c）本頁下注 29：“虞=虚《甲》，虘ᐟ《甲》。”“虘”與“唐”“虗”“虚”爲版本異文，四字皆“虞”字之訛。隋費長房撰《歷代三寶紀》：“湘東王文學虞孝敬，一部（三十卷《内典博要》）。”（T2034v49p0095a）又：“《内典博要》三十卷。右一部三十卷，湘東王記室虞孝敬撰。該羅經論，所有要事，備皆收録，頗同《皇覽》《類苑》之流。敬法［後］出家，召命入關，亦更有著述云。然此《博要》亦是内學群部之要逕也。”（T2034v49p0100a）《内典博要》見於多種書目，作者均爲南朝梁虞孝敬。

0608 ⿸广專

元德煇重編《勅修百丈清規》：“專使特爲新命煎點，專使先與新命議定齋嚫，輕重合宜，兩序勤舊鄉人法眷辦事貼嚫，齋料等費專使親送納[1]庫司置辦，至日專使詣方丈插香拜請。”（T2025v48p1124a）本頁下注 1：“庫=⿸广專《宫》。”

按：“⿸广專”與“庫”爲版本異文，“⿸广專”即“庫”字之訛。“庫司”佛經習見。南朝梁僧祐撰《出三藏記集》：“以枝葉之慶，蕃守淛河。下[13]車風擧，升席治立。”（T2145v55p0086b）本頁下注 13：“車=專《元》《明》。”“專”爲“車”字之訛，可比勘。

0609 ⿸底以

日本淨嚴撰《悉曇三密鈔》：“𑖝𑖰，底、怛（寶篋印經）、袠（法花）、⿸底以（切身。慈氏）、登（胎軌）、井（玄法寺軌）、窒（羂索）。”（T2710v84p0744a）

按：“⿸底以”爲“𑖝𑖰（ti）”的譯音字，自注“切身”，即由“底”與“以”組合而成的切身字。唐善無畏譯《慈氏菩薩略修愈誐念誦法》：“警覺真言曰：[悉曇字]，鄔𤙖（二合）藹耽羅（二。一）⿸底以瑟吒（二合。二）。”（T1141v20p0591c）此即淨嚴所本，“𑖝𑖰（ti）”的譯音字正作“⿸底以”。

0610 ⿸广般

日本觀靜撰《孔雀經音義》：“睡覺，睡，是僞反，寐也；竹垂反，[1]履眠也。覺，古孝反，睡覺也。”（T2244v61p0794a）本頁下注1：“履＝⿸广般《乙》《丁》。”

按：“⿸广般”與“履”爲版本異文，“⿸广般”即“瘢”字之訛。宋郭忠恕《佩觿·平聲去聲相對》卷中：“腄、睡，上竹垂翻，瘢胝；又于求翻，東萊縣。下士僞翻，眠也。”《説文·疒部》：“瘢，痍也。从病，般聲。”義爲疤痕或皮膚上的斑點。“⿸广般眠”乃“瘢胝”之訛，“履”又“⿸广般”字之訛。“瘢胝”本爲“腄”字之義，觀靜誤植於“睡”字之下。

0611 ⿸广虚

日本永超集《東域傳燈目録》：“《内典博要》三十卷（梁湘東主記室[29]虞孝敬撰）。”（T2183v55p1163c）本頁下注29：“虞＝⿸广虚《甲》，⿸广豆[イ]《甲》。”

按：“⿸广虚”與“虞”“⿸广豆”爲版本異文，“⿸广虚”“⿸广豆”皆“虞”字之訛。參0607“⿸广豆”字條。

0612 ⿸广衣

元德輝重編《勅修百丈清規》：“請擧揚慰衆渴仰，擧話有無不拘（松源爲掩室引座，笑[3]庵爲松源引座，皆不擧話。石橋爲簡常引座，息庵爲復庵引座，皆擧話）。”（T2025v48p1124c）本頁下注 3：“庵＝㢈《宫》。”

按：“㢈”與“庵”爲版本異文，“㢈”即“庵”字之訛。“笑庵”爲南宋靈隱寺和尚名，亦作“笑掩”。日本鳳潭撰《華嚴五教章匡真鈔》：“笑庵必合二義，方爲一乘，故特斥之。”（T2344v73p0327b）《卍續藏》宋惟勉編次《叢林校定清規總要》：“松源爲掩室引座，不問話。笑掩爲松源引座，亦不問話。石橋爲機老引座問話，息菴爲復菴引座，亦問話。師門多有不同。”（X1249v63p0596a）均可參證。

0613 㢒

佚名《翻梵語》：“奢多頭㢒奢多頭樓，譯曰百川流也。”（T2130v54p1045a）

按：日本心覺撰《多羅葉記》：“奢多頭，可云奢多頭樓。此云石川流。”（T2707v84p0627a）根據《翻梵語》的體例並參考字形，“㢒”乃“應云”二字誤合，原文當作“奢多頭，應云奢多頭樓”，“應云奢多頭樓”六字當爲雙行小字。刻書者將“應云”二字誤合爲一字，下部形體又訛作“土”乃成“㢒”形。

0614 㢘

佚名《維摩經義記》：“明𨍏㢘新學進於始行，咸皆默然者，欲使淨名發言自取，故默然也。仁此大衆無乃可恥者，此𨍏㢘新學。仁此大衆之中無能致彼佛飯，乃是可恥之事。”（T2769v85p0345a）

按：“㢘”即“厲”字之訛，“𨍏”爲“擊”字之訛，“擊厲”通作“激勵”，經中爲勉勵、激勵義。五百大阿羅漢造、唐玄奘譯《阿毘達磨大毘婆沙論》：“復次佛爲勉勵新學苾芻，令生希慕翹勤修故。”（T1545v27p0900b）新羅太賢集《梵網經古迹記》：“菩薩理應讚勵新學，而蔑不攝制之爲罪。”（T1815v40p0712b）佚名《維摩經疏》卷第六：“初明來意者，夫説法既周，道無不利，欲使勸勵新學，奬訓未來，校量顯勝，所以明此品來。”（T2772v85p0417c）“激勵”與“勉勵”“讚勵”“勸勵”義皆相近。“擊”用作“激”，“厲”用作“勵”，文獻習見。佚名《無量壽經義記》卷下：“與佛相值聽受經法者，殖因來久，今值遇佛誡令聽法擊厲時情也。”（T2759v85p0246b）“擊厲”即“激勵”義。“厲”或作“㢘”者，“厂”旁訛作“广”旁也。“擊”或作“𨍏”者，南宋婁機《漢隸字源》“擊”字條引《益州太守城壩碑》“擊”作“𨌺”，與“𨍏”形近，“𨍏”當是在“𨌺”形的基礎上進一步訛變而來。

南宋釋寶雲譯《佛本行經》：“時維耶離城，吸人精魄鬼入城興疫病，逼迫相嬈害。爾時維耶離，疫盛如熾然。國諸王大臣，集會博論義。[9]厲氣之大火，燒然國萬民。”（T0193v04p0090b）本頁下注9：“厲＝癘《三》。”“厲”又“癘”字之訛，經中爲疫病之義。

鄭賢章《漢文佛典疑難俗字彙釋與研究》亦有考證（p136），可參看。

0615 㢌

北涼曇無讖譯《大方等大集經》：“我大懊悔，我大慚愧，如大癡人，如迷如醉，如著鬼[6]癲，我念過去經一阿僧祇劫。”（T0379v13p0272c）本頁下注6：“癲＝㢌《宋》。”

按：“㢌”與“癲”爲版本異文，“㢌”即“癲”字之訛。《卍續藏》唐一行慧覺依經録、明正止治定《華嚴經海印道場懺儀（大方廣佛華嚴經海印道場十重行願常徧禮懺儀）》：“我大慚愧，如大癡人，如迷如醉，如著鬼顛。”（X1470v74p0263a）字又作“顛”，皆爲狂義。婆藪跋摩造、南朝陳真諦譯《四諦論》：“復次父母妻子所愛眷屬別離因故，如併失財，懊悔失心。如著鬼狂，漫語啼哭，悶絶戰掉。”（T1647v32p0385a）又作“如著鬼狂”，義同。

0616 𢈴

北魏佛陀扇多譯《佛説阿難陀目佉尼呵離陀隣尼經》：“佛言：菩薩其欲逮得阿難陀目佉尼呵離陀隣尼，當先曉覺四十八名，何等四十八？……須彌須彌耽披颰提住遮羝羅𢈴彌（堅強力）𢈴摩颰提（得強力）。”（T1015v19p0692c）

按：唐玄應撰《一切經音義》（麗藏本）卷八《阿難目佉陀羅尼經》：“癉弥，都餓反。”（p116b）“𢈴”，玄應所見本作“癉”，“𢈴”即“癉”字之訛。西晉竺法護譯《光讃經》第七卷：“一切諸法逮得擁護，是[2]癉之門。”（T0222v08p0196a）本頁下注2：“癉＝𢈴《聖》。”唐玄應撰《一切經音義》卷三《光讃般若經》第七卷：“癉之，丁佐反。”（p42a）唐慧琳撰《一切經音義》卷九《光讃般若經》第七卷：“[14]𢈴之，丁佐反。”（T2128v54p0361b）本頁下注14：“𢈴之＝（癉之）本文《甲》。”“𢈴”亦皆“癉”字之訛。張涌泉《漢語俗字叢考》（修訂本）亦有考證（p265），可參看。

0617 㢋

日本心覺撰《多羅葉記》：“機梨舍瞿曇[37]孫，機梨者，㢋；瞿[38]曇者，姓。”

(T2707v84p0628c) 本頁下注 37:"孫=彌《甲》。"注 38:"曇+(彌)《甲》。"

按:"㾇"即"瘦"字之訛。東晋瞿曇僧伽提婆譯《增壹阿含經》:"所謂機梨舍瞿曇彌比丘尼是天眼第一。"(T0125v02p0558c)佚名《翻梵語》:"機梨舍瞿曇彌,亦云吉離舍瞿曇彌,譯曰機梨舍者,瘦;瞿曇彌者,姓。"(T2130v54p1001b)此即心覺之所本,與"㾇"對應之字作"瘦"。"瘦"或作"㾇"者,"疒"旁訛作"广"旁,"叟"旁訛作"復"旁也。《可洪音義》卷十四《罵意經》:"病𤸤,音瘦。"(v59p1092b)《多羅葉記》:"毘細乾持國,可云毘[34]瘦細乾持。毘*瘦細,此云一切入;乾持,此云聲。"(T2707v84p0635b)本頁下注 34:"瘦=瘦《甲》*。"《翻梵語》:"毘細乾持國,應云毘瘦細乾持,譯曰毘瘦細者一切入也;乾持者,聲。"(T2130v54p1036b)"𤸤""瘦"皆"瘦"字之訛,可資比勘。

0618 𢊍

日本空谷明應語《常光國師語録》:"若鷲嶺偶現夜𢊍覩史之宮輦,路不聞警蹕之聲,梵𢊍時震法雷之響。"(T2562v81p0042b)

按:"𢊍"蓋通"鐸"。"梵𢊍"同"梵鐸",指佛寺中的鐸,佛經多見。《嘉興藏》清幻敏説、性鉅等編《竺峰敏禪師語録》卷三《佛事・掛鐘》:"豎拄杖云:……苦輪烽燧悉殞忘,梵鐸鏑聲總超卓。"(JB483v40p0235a)又《永樂北藏》明太宗朱棣制《諸佛世尊如來菩薩尊者名稱歌曲》:"又則見半空中勢巍巍、形崒崒,現寶塔綴、簷鈴垂、梵鐸固、金繩維。"(P1612v180p0842b)均可證。

0619 㢊

失譯《毘尼母經》:"受大戒時白僧,白僧已差教授師,將出家者屏[11]猥處。"(T1463v24p0810c)本頁下注 11:"猥=㢊《宫》。"

按:"㢊"與"猥"爲版本異文,"㢊"即"㢈"字之訛,"㢈"乃"隈"之異構字,"猥"通"隈"。《説文・阜部》:"隈,水曲隩。"本義爲山水彎曲隱蔽之處,亦泛指隱蔽之處。北涼曇無讖譯《大般涅槃經》:"昔十五日僧布薩時,曾於受具清淨衆中有一童子,不善修習身口意業,在[6]屏隈處盗聽説戒。"(T0374v12p0380c)本頁下注 6:"屏隈=陰屏《宋》,屏㢈《宫》。"唐慧琳撰《一切經音義》卷二十五《大般涅槃經》第三卷:"在屏㢈處,屏,卑井反。㢈,烏對反。謂隱蔽處也。"(T2128v54p0467a)"屏隈/㢈"即隱蔽義。《龍龕手鑑・广部》:"㢈、㡾,二或作,烏對反。隱處也。與㕎同。"(p300)《康熙字典・广部》:"㢈,《海篇》音畏。隱處也。"《龍龕》收録"㢈"字,但未溝通與"隈"之關係,後字書多從之。《漢語大字典》："㢈，wèi《龍龕手鑑》烏對反。隱處。《龍龕手鑑·广部》：'㢈，隱處也。'"（二 p958a）《大字典》收録"㢈"字，未提供用例，當補。

"㢈"或作"㢈"者，《可洪音義》卷三《大方等大集經》第十九卷："怖㲾，於貴反。"（v59p622b）"畏"或作"㲾"。《可洪音義》卷二十三《經律異相》第十五卷："褁縛，古火反。"（v60p268a）"畏"與"裹"的異寫形近，故或相混誤。西晉竺法護譯《佛説濟諸方等學經》："佛告文殊師利，諸聲聞衆有所懷[12]裹分别説者，諸菩薩等聰明辯才有所頒宣，皆承如來威神聖旨。"（T0274v09p0378b）本頁下注 12："裹＝畏《三》《宫》。"東漢支婁迦讖譯《佛説伅真陀羅所問如來三昧經》："眼者，如水中泡，但怙以肉而[29]裹空，本空而淨。"（T0624v15p0361c）本頁下注 29："裹＝畏《三》，裹《宫》。""畏"皆"裹"字之訛，可比勘。又，《可洪音義》卷十《大智度論》第七十六卷："塗褁，音果。"（v59p920b）"裹"或寫作"褁"。因"畏"與"裹"或相混誤，"裹"又可寫作"褁"，故"㢈"或訛作"㢈"。

0620 廛

日本白隱慧鶴語《槐安國語》："可惜許，勞而無功，波斯載玉入市廛，一段靈光照阡陌，有按劍人無知價，夕陽垂頭入茅店。"（T2574v81p0516c）

按："廛"即"鄽"字之訛，"鄽"又"廛"之異構字。《説文·广部》："廛，一畝半，一家之居。"《玉篇·广部》："廛，市邸也。"又《邑部》："鄽，直連切。市鄽，俗作鄽。""市鄽"文獻習見。"里"與"黑"形近，文獻常相混誤，故"鄽"或訛作"廛"。宋集成等編《宏智禪師廣録》："滿頭白髮離巖谷，半夜穿雲入市廛。"（T2001v48p0004c）明居頂撰《續傳燈録》："幻人木馬，情識皆空，方能垂手入廛，轉身異類。"（T2077v51p0632c）日本杲寶撰《大日經疏演奧鈔》："今市廛呼騏驎竭者是也。"（T2216v59p0255a）"廛"皆"鄽"字之訛。

0621 廝

唐道世撰《法苑珠林》："其時體内發疽，日出二升，不過一月，受苦便死。自外同伴並皆著[27]癩。"（T2122v53p0760c）本頁下注 27："癩＝廝《明》。"

按：四庫本《法苑珠林》作"癩"，"廝"與"癩"爲版本異文，"廝"即"癩"字之訛。唐法琳撰《辯正論》："其後隊人吏皆身著癩病，經時而死。"（T2110v52p0540a）"著癩"即"身著癩病"之義。

0622 ⿱鄽土

日本喜海撰《貞元華嚴經音義》：“⿱鄽土店（除連反。丁念反）。”（T2206Bv57p0380c）

按：“⿱鄽土”即“鄽”字之訛。唐般若譯《大方廣佛華嚴經》第十四卷：“於日没時，入彼城中，鄽店閭里，四達交衢，處處尋求，遍行外道。”（T0293v10p0724c）此即《貞元華嚴經音義》之所本，與“⿱鄽土”對應之字作“鄽”。参 0620“廊”字條。

0623 ⿸厂⿰月⿱犬里

日本杲寶撰《大日經疏演奥鈔》：“次復於執金剛下置忿怒持明降伏三世一切大作障者，號月⿸厂⿰月⿱犬里尊。”（T2216v59p0527a）

按：“⿸厂⿰月⿱犬里”即“黶”字之訛。唐一行記《大毘盧遮那成佛經疏》：“次復於執金剛下置忿怒持明降伏三世一切大作障者，號月黶尊。”（T1796v39p0633a）又：“此金剛在佛額豪相而生，故以爲名豪相；明淨猶如滿月，故號月黶也。”（T1796v39p0720b）與“⿸厂⿰月⿱犬里”對應之字皆作“黶”。字或作“⿸厂⿰月⿱犬里”者，“黶”所從之“黑”旁訛作“里”旁，並由下部移位至右下也。

宀　部

0624 穿

失譯《佛説安宅神呪經》：“佛告言：不得前却某甲之家，或作東廂西廂，南[5]穿北堂，勑日遊月，殺土府將軍、青龍、白虎、朱雀、玄武。”（T1394v21p0912a）本頁下注 5：“穿＝房《三》。”

按：“穿”與“房”爲版本異文，“穿”即“房”之異構字。同上經：“某等安居立宅已來，建立南房北堂、東西之廂、碓磨倉庫、井竈門牆、園林池沼、六畜之欄，或復移房、動土、穿鑿非時，或犯觸伏龍、騰蛇、青龍、白虎、朱雀、玄武。”（T1394v21p0911c）字亦作“㝉”。《釋名·釋宫室》：“大屋曰廡，廡，幠也，幠，覆也。并、冀人謂之㢑。㢑，正也，屋之正大者也。”經中“南㢑”與“北堂”相對爲文，“㢑”即正大之屋義。“宀”與“广”同意，故“㢑”或作“㝉”。

0625 㝃

唐金剛智譯《金剛頂瑜伽中略出念誦經》：“密語曰：唵　薩婆怛他揭多　杜婆（燒香也）[30]布穰暝伽　三慕達羅窣發羅拏三末曳（平）𤙖。”（T0866v18p0246b）本頁下注30：“布=㝃《宋》。”

按：“㝃”與“布”爲版本異文，“㝃”即“布”字之訛。“布穰暝伽”一語《金剛頂瑜伽中略出念誦經》中多見。林光明《新編大藏全咒》卷六《金剛頂瑜伽中略出念誦經》“燒香契密語”中“布”之梵文羅馬轉寫作“pū”（v6p471）。日本淨嚴撰《悉曇三密鈔》：“[illegible]，布、補、本、奮、怖、普、分（大疏）、芬。[illegible]，怖、布。”（T2710v84p0745a）“布”可爲“[illegible]（pu）”“[illegible]（pū）”的譯音字。

“布”之小篆作“[illegible]”（見《説文》），隸楷或寫作“[illegible]”（見秦公《碑别字新編》“布”字條引《漢校官碑》p14）、“[illegible]”（同上，《魏元繼墓誌》）、“[illegible]”（同上，《齊宋買等造象記》）、“[illegible]”（見明章黼《重訂直音篇·巾部》）等形，“㝃”即此類形體的進一步寫訛。

0626 宊

唐遁倫集撰《瑜伽論記》：“除中印度，餘四印度亦名邊國，此外此居除變癡等餘名達須，宊㾦㾓名爲蔑戾車亦可。有三寶處即名中國，若無三寶皆名邊國。”（T1828v42p0431b）

按：同上經：“景公復云：蔑戾車者，名樂垢穢。突厥等達須是下賤類，即説此葱嶺已東諸國是也。基法師云：達須者，細碎下惡，鄙猥賤類。蔑戾車者，樂垢穢也。”（T1828v42p0426b）與“宊㾦”對應之字作“突厥”，“宊㾦”即“突厥”之訛。北宋處觀撰《紹興重雕大藏音》：“宊，突，正，徒骨反。”（C1169v59p0539a）秦公《碑别字新編》載“突”或作“[illegible]”（《魏敬史君碑》）、“[illegible]”（《魏元融墓誌》）等形（p101），皆可比勘。唐寶思惟譯《佛説隨求即得大自在陀羅尼神呪經》：“𡅏婆宊瑟吒（知剛反。二合）儞婆囉尼（四十八）。”（T1154v20p0638b）“宊”亦“突”字之訛。參1544“㝔”字條。

0627 宛

龍樹造、後秦鳩摩羅什譯《大智度論》："何等是善男子善女人後世功德？是善男子善女人，終不離十善道、四禪、四無量心、四無色定、六波羅蜜、四念處，乃至十八不共法，是人終不墮三惡道，受身[1]完具，終不生貧窮下賤、工師、除廁人、擔死人家。"（T1509v25p0469a）本頁下注 1："完＝宛《聖》。"

按："宛"與"完"爲版本異文，"宛"即"宛"字之書寫變異，"宛"又"完"字之訛。"宛"或寫作"宛"（見秦公《碑別字新編》"宛"字條引《魏元壽安妃盧墓誌》p57）、"宛"（見黄征《敦煌俗字典》"宛"字條引 S. 388《正名要録》p416）、"宛"（見秦公《廣碑別字・八畫》"宛"字條引《唐宣義部行右衛騎會參軍攝監察禦史崔夐墓誌》p92）等形，皆"宛"爲"宛"字異寫之證。隋寶貴合《合部金光明經》："非止收涓添海，亦是聚芥培山，諸此合經，文義宛具。"（T0664v16p0359b）"宛具"蓋細密完備之義。唐道宣撰《續高僧傳》："是夜於浮圖上放大光明，流照堂内通朗無翳。如是前後頻放神光，或似香爐乘空而上，或飛紫焰如花如葉乍散乍聚，或如佛象光趺宛具。"（T2060v50p0506b）"宛具"爲仿佛具備之義。此兩義與《大智度論》文意均不合。南朝宋求那跋陀羅譯《雜阿含經》："（三二五）如是我聞：一時佛住舍衛國祇樹給孤獨園。爾時世尊告諸比丘，有六識身。云何爲六？謂眼識身、耳識身、鼻識身、舌識身、身識身、意識身，是名六識身。佛説此經已，諸比丘聞佛所説，歡喜奉行。（三二六）如是我聞：一時佛住舍衛國祇樹給孤獨園。爾時世尊告諸比丘，有六觸身。云何爲六觸身？謂眼觸身、耳觸身、鼻觸身、舌觸身、身觸身、意觸身，是名六觸身。佛説此經已，諸比丘聞佛所説，歡喜奉行。（三二七）如是我聞：一時佛住舍衛國祇樹給孤獨園。爾時世尊告諸比丘，有六受身。云何爲六？眼觸生受，耳、鼻、舌、身、意觸生受，是名六受身。佛説此經已，諸比丘聞佛所説，歡喜奉行。（三二八）如是我聞：一時佛住舍衛國祇樹給孤獨園。爾時世尊告諸比丘，有六想身。云何爲六？謂眼觸生想，耳、鼻、舌、身、意觸生想，是名六想身。佛説此經已，諸比丘聞佛所説，歡喜奉行。（三二九）如是我聞：一時佛住舍衛國祇樹給孤獨園。爾時世尊告諸比丘，有六思身。云何爲六？謂眼觸生思，耳、鼻、舌、身、意觸生思，是名六思身。佛説此經已，諸比丘聞佛所説，歡喜奉行。（三三〇）如是我聞：一時佛住舍衛國祇樹給孤獨園。爾時世尊告諸比丘，有六愛身。云何爲六愛身？謂眼觸生愛，耳、鼻、舌、身、意觸生愛，是名六愛身。佛説此經已，諸比丘聞佛所説，歡喜奉行。"（T0099v02p0092b）唐玄奘譯《藥師琉璃光如來本願功德經》："聞我名已，一切皆得端正黠慧，諸根完具，無諸疾苦。"（T0450v14p0405a）唐慧琳撰《一切經音義》卷三十二《藥師瑠璃光如來本願功德經》："完具，上活官反。《左傳》云：'完守備也。'《説文》云：'全也。從宀，元聲。'宀音綿也。"（T2128v54p0519b）"完具"即完備之義。"受身完具"乃受身完備之義，“受身完具”不能説成“受身宛具”，字或作“宛”者，乃“完”字之訛。南朝梁寶唱撰《比丘尼傳》：“彭城寺金像二軀，帳座[5]完具。”（T2063v50p0938a）本頁下注5：“完＝宛《三》。”北齊魏收撰《魏書・成淹傳》：“乃賜淹龍廐上馬一疋，并鞍勒宛具，朝服一襲。”唐李延壽撰《北史・成淹傳》：“賜淹龍廐上馬一疋，并鞍勒宛具，朝服一襲。”《北史考證》：“‘宛’，《魏書》作‘完’。”“宛”亦“完”字之訛。

0628 穽

隋智顗説、灌頂記《觀音義疏》：“達竟夜誦猶冀一感，向曉羌來取之，忽見一虎從草透出咆哮，諸羌散走，虎因齧柵作一[40]穴而去，達將小兒走叛得免。”（T1728v34p0928c）本頁下注40：“穴＝穽《甲》。”

按：鄭賢章《漢文佛典疑難俗字彙釋與研究》“穽”字條：“‘穽’，大型字典失收，疑爲‘穿’字。”（p138）所疑甚是，“穽”即“穿”字之訛。“穿”有孔洞之義，文獻習見。《玉篇・穴部》：“穿，穴也。”明梅膺祚《字彙・穴部》：“穿，孔也。”古代字書已收其義。“穿”或寫作“穼”（見秦公《碑别字新編》“穿”字條引《魏潁川太守元襲墓誌》p101）、“穿”（見《可洪音義》v60p234b）等形，“穽”即此類形體之訛。

又，北宋遵式述、慧觀重編《天竺别集》：“諸賊走散，虎因嚙柵，作吼而去。”（X0951v57p0034b）“吼”與文義不合，當爲“孔”字之訛。

0629 宙

彌勒造、唐玄奘譯《菩薩戒本》：“於説法師故思輕毁，不深恭敬，[3]嗤笑調弄。”（T1501v24p1114b）本頁下注3：“嗤＝宙《元》。”

按：“宙”與“嗤”爲版本異文，“宙”即“蚩”字之訛，“蚩”通作“嗤”。“嗤笑”文獻習見。三國吴支謙譯《撰集百緣經》：“今者乞食，爲人蚩笑。”（T0200v04p0237c）唐菩提流志譯《大寶積經》：“四、顔貌醜惡，其面側戾，見者[1]蚩笑。”（T0310v11p0640a）本頁下注1：“蚩＝嗤《明》。”“蚩”皆“嗤”的借字。

“蚩”或寫作“𧈧”（見黄征《敦煌俗字典》引S. 388《正名要録》），從虫㞢聲，構件重組作從山從虽。“山”旁或寫作“宀”旁，如“岂”或寫作“岂”“岂”“宫”，“岂”或寫作“宫”，故“蚩”或訛作“宙”。

0630 甯

日本中算撰《妙法蓮華經釋文》："壓油，上烏甲反。慈恩云：~，壞也，鎮也，降也。又作‘甯’。"（T2189v56p0171b）

按："甯"即"窨"字之訛。後秦鳩摩羅什譯《妙法蓮華經》第七卷："如殺父母罪，亦如壓油殃。"（T0262v09p0059b）唐慧琳撰《一切經音義》卷二十七《妙法蓮花經》："壂油，上《説文》於甲反。壂，壞也，鎮也。《周成難字》作‘窨’，窨㨶，音子曷反。有作‘柙’，古文‘偭［匣］’字。《説文》：‘押［柙］，擥［檻］也。’《論語》：‘虎兕出於柙。’字從木。有作‘押’，音甲。《爾雅》：‘柙，轉也。’亦押束也。字從手二形，並非經義也。"（T2128v54p0492b）唐玄應撰《一切經音義》卷十一《正法念經》第十五卷："壓㨶，烏甲反，下子曷反。《周成難字》作‘窨’，窨㨶也。《經》文作‘押攢’二形，音甲鑽也，非今用也。"又卷二十四《阿毗達磨俱舍論》第二十卷："纏壓，《周成難字》作‘窨’，窨㨶也，同，於甲反。《蒼頡篇》云：‘壓，鎮也，笮也。’㨶音祖曷反。"又卷二十《四阿含暮抄》下卷："㨶殺：子曷反。《周成難字》云：‘㨶，窨㨶也。’窨音烏狹反。""壓油"義同榨油，乃壓出物體裏的油義，"壓"即鎮壓之義。玄應、慧琳引《周成難字》"窨"釋"壓"字。《説文·穴部》："入脈刺穴謂之窨。"

唐道宣撰《廣弘明集》第十七卷："諸沙門相與推試之，果有十三玉粟，其真舍利鐵窨而無損。"（T2103v52p0216c）四庫本亦作"窨"，音釋："窨，音押，鎮壓也。"唐慧琳撰《一切經音義》卷九十八《廣弘明集》第十七卷："鐵壓，黯甲反。杜注《左傳》云：‘壓，損也。’《説文》：‘壞也。從土，厭聲。’《集》從穴作‘窨’，《説文》：‘刾脉穴也。’非鎮壓之義也。"（T2128v54p0917b）"窨"在鎮壓的意義上爲"壓"的借字。唐智昇撰《開元釋教録》："佛牙安置鍾山上定林寺（佛牙可長三寸，圍亦如之，色帶黄白，其牙端窨凸，若今印文，而温潤光潔頗類珠玉）。"（T2154v55p0536a）唐跋馱木阿譯《佛説施餓鬼甘露味大陀羅尼經》："身體窊窨，毛髮毶毸。"（T1321v21p0484c）"窨"又用作"凹"。

《漢語大字典》"窨"字條（二 p2916a）未收通"壓"、通"凹"兩種用法。又，《大字典》義項②："窄小而突起貌。《齊民要術·養牛馬驢騾》：‘當陽鹽中間，脊骨欲得窨。’石聲漢校釋：‘窨，意思是窄小而突起。’"石校釋義乃推斷之詞，不可從。"窨"當通"凹"。又，《字彙補·穴部》："窨，又子曷切，音鬢。俗作㨶。見《周成難字》。"《字彙補》據《周成難字》把"窨"釋作"㨶"的異體，乃誤讀《周成難字》而誤立義項。《康熙字典·穴部》："窨，又，《字彙補》：子曷切，音鬢。俗作㨶。"《大字典》"窨"第二個音項"zā"："同‘㨶’。《字彙補·穴部》：‘窨，俗作㨶。’"《康熙》《大字典》皆沿《字彙補》之誤。

0631 𡧴

佚名《翻梵語》："散陀𡧴長者，譯曰漏也。(《賢愚經》第五卷)"(T2130v54p1016c)

按："𡧴"即"寧"字之訛。北魏慧覺譯《賢愚經》第五卷："是時國内。有一長者，名[19]散陀寧，其家巨富，財穀無量，恒設供具，給諸道士。"(T0202v04p0386c)本頁下注19："散陀寧=散檀寧《元》《明》。"此即《翻梵語》所本，與"𡧴"對應之字作"寧"。日本心覺撰《多羅葉記》："散陀寧長者，此云滿。"(T2707v84p0626a)又："散陀寧長者，譯云漏也。《賢愚經》五。"(T2707v84p0627b)唐道世撰《法苑珠林·貧兒部第四》(T2122v53p0715c)、唐道世撰《諸經要集·貧兒緣第四》(T2123v54p0056b)亦皆作"寧"。黄征《敦煌俗字典》(p293)載"寧"之異體作"寗""𡨴""寍"等形，"𡧴"蓋此類形體之訛。

0632 𥦗

北魏瞿曇般若流支譯《正法念處經》第六十五卷："若我食冷，或以飲冷，或食或味，蟲則瞋恚。口多出水，或極或重，或𥦗或睡，或心陰䔲瞢，或身疼強，或復多唾，或咽喉病。若蟲不瞋，則無此病。"(T0721v17p0385c)

按："𥦗"即"窳"字之訛，"窳"又"窳"字之省。唐道世撰《法苑珠林》"或𥦗或睡"作"或窳或睡"(T2122v53p0795c)，與"𥦗"對應之字作"窳"。唐慧琳撰《一切經音義》卷五十六《正法念經》第六十五卷："或窳，臾乳反。惰懶之謂也。《爾雅》：'窳，勞也。'窳字從穴從二爪［瓜］。"(T2128v54p0678a)慧琳所見本作"窳"，"窳"有懶惰義，與文意合。"窳"或省作"窳"，文獻習見。文獻中"瓜"與"爪"常混誤，故"窳"又寫作"𥦗"。清顧藹吉《隸辨·偏旁五百四十部》："爪，瓜，《説文》作'𤓰'，象形。隸變如上。亦作'𤓰'。從瓜之字'孤'或作'㧓'，'弧'或作'弧'，'狐'或作'狐'，訛從爪。"隸書"瓜"已訛作"爪"。

0633 𡩂

佚名《翻梵語》："須浮摩樹林，應云須浮𡩂，譯曰須者，姓也；浮[17]𡩂者，地也。"(T2130v54p1046c)本頁下注17："𡩂=㝛《甲》。"

按：龍樹造、後秦鳩摩羅什譯《大智度論》："答曰：諸天著心雖大，菩薩方便力亦大。如説三十三天上有須浮摩樹林，天中聖天厭捨五欲，在中止住化度諸天，兜率天上恒有一生補處諸菩薩，常得聞法，密迹金剛力士亦在四天王天上，如是等教化諸天。"（T1509v25p0340b）此即"須浮摩樹林"之所出。日本心覺撰《多羅葉記》："須浮摩樹林，可云須浮寐，此云須者，好也；浮寐者，地也。是林部。"（T2707v84p0641c）與"寐"對應之字作"寐"，與"姓"對應之字作"好"，"寐"即"寐"之書寫變異，"姓"即"好"字之訛。日本淨嚴撰《悉曇三密鈔》："𑖪𑖰，毘、尾、寐、費。"（T2710v84p0745b）又："𑖦𑖸，寐（金軌）、茗、名、銘（禪要）、迷、謎（集經）、彌、咩（佛頂）、米（羂索）。"（T2710v84p0745c）"寐"可爲"𑖪𑖰（vi）"與"𑖦𑖸（me）"的譯音字。唐顏元孫《干禄字書》："寐、寐、寐，上俗，中通，下正。"已溝通"寐"與"寐"的關係。張涌泉《敦煌俗字研究》（第2版）亦有考證（p435），可參看。

0634 寡

唐全真集《唐梵文字》："[梵字]謀[梵字][17]寡[梵字]敗[梵字]臨。"（T2134v54p1218b）本頁下注17："劏＝寡《甲》，旁《乙》，宣《丙》。"

按：正文"寡"，注文作"劏"，異文作"寡""旁""宣"。據文義，字當作"宣"，"謀宣敗臨"謂計謀一旦公開説出了失敗就降臨了。唐義淨撰《梵語千字文》（東京東洋文庫藏本）："[梵字]，宣。"（T2133Av54p1191c）《梵語千字文》（安永二年敬光刊本）："[梵字]，尾馱味，宣。"（T2133Bv54p1202c）字皆作"宣"。"宣"或寫作"宣"（見《可洪音義》v59p833b）、"宣"（見《可洪音義》v59p894a）等形；"寡"或寫作"寡"（見《可洪音義》v59p586b）、"寡"（見《可洪音義》v59p1080b）等形，兩字異寫形近或形同，故文獻中兩字或混誤。佚名《藥師經疏》："聖人大士智者之所行，餘人儉德[1]宣識之所効。"（T2767v85p0313a）本頁下注1："宣＝寡?"注者所疑甚是，"宣"乃"寡"字之訛。"宣識"不辭，"寡識"爲見識淺陋之義，文獻習見。龍樹造、後秦鳩摩羅什譯《大智度論》："聖人大士智者之所行，餘人儉德寡識之所効。"（T1509v25p0140b）字正作"寡"。《可洪音義》："宣欲，上古瓦反，正作'寡'。"（v60p519a）"宣"亦"寡"字之訛。"寡"與"寡"字形近，"宣"訛作"寡"，因又誤作"寡"，甲本即訛作"寡"，"劏"爲注文轉録之誤，乃"寡"形的進一步寫訛。乙本之"旁"當亦"宣"字之訛。唯丙本作"宣"不誤。

日本心覺撰《多羅葉記》："嫈，[梵字]，尾馱味。"（T2707v84p0633a）"宣"又訛作"嫈"，致誤之由不詳。又，梵文後一"𑖪𑖰"乃"[梵字]"之誤。

0635 ⿰宜以

日本淨嚴撰《悉曇三密鈔》：“𑖐𑖰，儗（胎）、近、疑、擬、宜、耆、祇、蟻（大流）、岐、趌（羂索經）、⿰宜以（切身。慈氏軌）、祁、其。”（T2710v84p0742a）

按：自注切身，“⿰宜以”即“𑖐𑖰（gi）”的譯音字。《大正藏》“⿰宜以”凡 27 見。參 0101“㖡”字條。

0636 ⿱宀⿰亻具

隋吉藏撰《仁王般若經疏》：“又云：始證初地名見道，亦名法眼淨。性地者，即十解已上，信地即十信已下，皆得大空者，初地已上二空增長，心⿱宀⿰亻具大寂，名大空也。大行者，初地已上八萬四千諸度行也。”（T1707v33p0328b）

按：“⿱宀⿰亻具”即“冥”字之訛。佚名《華嚴經章》：“是故有心曉達其趣，創發弘誓，心冥大寂，安固不動，謂之爲住故。”（T2753v85p0205c）“冥”爲契合之義，與文意合。“冥”或作“**寘**”（見《偏類碑别字·冖部》“冥”字條引《魏三級浮圖頌》p17）、“**⿱穴具**”（見《可洪音義》v59p728c）等形，“⿱宀⿰亻具”與“**⿱穴具**”形近。唐道世撰《法苑珠林》：“度云暫出，至[10]冥不反。……京師時有外國道人，名僧佉吒，寄都下長干寺住。有客僧僧㾼者，與吒同房，*冥於窓隙中。”（T2122v53p0747a-b）本頁下注 10：“冥=宿《三》《宮》*。”“冥”與“宿”爲版本異文，細審文意，前一個“冥”字是天黑的意思，“至冥不反”言到天黑都没有回來，宋、元、明、宫本“宿”皆“冥”字之訛。後一個“冥”字爲“宿”字之訛，“宿”是過夜的意思，“宿於窓隙中”言在窓隙中過夜。四庫本《法苑珠林》前一個“冥”訛作“宿”，後一字作“宿”，不誤。又，此段文字亦見於南朝梁慧皎撰《高僧傳》，《大正藏》本前一字作“冥”（T2059v50p0390c），後一字作“宿”，宋、元、明、宫本作“冥”，乃“宿”字之訛。“冥”與“宿”相混誤，蓋由“冥”或寫作“**⿱穴具**”“⿱宀⿰亻具”等形，與“宿”形近。

0637 ⿱宀坙

佚名《大聖妙吉祥菩薩説除災教令法輪》：“若作曼荼地壇，應須依教掘地，除去惡物碎瓦破器、髑髏毛髮、糠糟灰炭、蜣蜋諸蟲、毒螫之類，及以剥骨朽木礫石砂[3]⿱宀坙等物。”（T0966v19p0343a）本頁下注 3：“⿱宀坙=⿸广坙《乙》，摛[カ]《原》。”

按："窒"與"塷""擄"爲版本異文，"窒"即"塷"字之訛，"塷"又"鹵"字異體。唐慧琳撰《一切經音義》第二十五卷《涅盤經》第二卷："砂鹵，來古反。《説文》云：'西方鹵地也。'确薄之地。又作'沙'，同。"（T2128v54p0466a）《説文・鹵部》："鹵，西方鹹地也。""砂鹵"指含沙含鹹多的土地，經中指土地中沙和鹹這些成分。明張自烈《正字通・鹵部》："滷、塷、塷，並俗鹵字。""塷"即"鹵"的增旁異構字。《可洪音義》卷六《大乘同性經》上卷："沙㙂，郎古反。"（v59p738a）又卷四《大般涅槃經》第二十九卷："沙㙂，郎古反。鹼~，醎土也。正作'滷''鹵'。"（v59p685c）"㙂""㙂"皆"塷"之書寫變異。"窒"即"㙂"字之訛。"塷"或作"塷"，"擄"又"塷"字之訛。

0638 寃

唐窺基撰《瑜伽師地論略纂》："初劫時有生惡趣，如金翅鳥入海食龍。食龍既訖上飛空寃，因取龍故脚下有泥，其實無意本在取龍。"（T1829v43p0140c）

按：鄭賢章《漢文佛典疑難俗字彙釋與研究》"寃"字條："'寃'，大型字典失收，乃"裹"字之訛。……'裹'何以作'寃'，待考。"（p139）以"寃"爲"裹"字之訛，甚是。"裹"或寫作"裹"（見《可洪音義》v59p757c）、"裹"（見《可洪音義》v59p650c）、"裹"（見《可洪音義》v60p60b）等形，下所從與"鬼"形近。《龍龕・宀部》："宼，古文，音毫。"（p156）"宼"即"毫"字之訛，乃"亠"訛作"宀"之例，皆可參看。

0639 寛

龍樹造、後秦鳩摩羅什譯《大智度論》："王言持稱來，以肉對鴿。鴿身轉重，王肉轉輕。王令人割二股，亦輕不足。次割兩蹲、兩[22]臗、兩乳、項脊，擧身肉盡，鴿身猶重，王肉故輕。"（T1509v25p0088b）本頁下注 22："臗 = 寬《宋》，寛《聖》《石》。"

按："寛"與"臗""寬"爲版本異文，"寛"即"寬"字之訛，"寬"又"臗"之借字。《廣韻・魂韻》苦申切："臗，體也，臀也。髖，上同。"經中"蹲"指小腿肉，"臗"指大腿肉，與文意合。"寬"借作"臗"，《大正藏》多見。"寬"或寫作"寬"（見《偏類碑别字・宀部》"寬"字條引《魏吐谷渾璣墓誌》p53），"寛"與"寬"形近。

0640 寚

北宋元照撰《四分律行事鈔資持記》："三、伎術卑者，鍛（丁貫反）作、木作、瓦陶（音寚）作、革作等。"（T1805v40p0306c）

按："寚"即"窰"字之訛。經中"窰"爲"陶"的直音字。《廣韻·蕭韻》餘昭切："陶，皐陶，舜臣。又徒刀切。"同小韻："窯，燒瓦窯也。窰，上同。"《廣韻·豪韻》徒刀切："陶，陶甄。《尸子》曰：'夏桀臣昆吾作陶。'《周書》：'神農作瓦器。'又陶正，官名。《齊職儀》曰：'左右甄，官署，掌塼瓦之任也。'又喜也，正也，化也。亦姓，陶唐之後，今出丹陽。"據《廣韻》，"陶"在人名"皐陶"的用法上讀"餘昭切"，與"窰"同音，在燒製陶器的意義上與"窰"不同音。"瓦陶作"中的"陶"乃"陶甄"之"陶"，當讀"徒刀切"，"窰"無此音，故此直音不確。東晉佛陀耶舍、竺佛念譯《四分律》："卑伎者，鍛作、木作、瓦[15]陶作、皮韋作、剃髮作、簸箕作。"本頁下注15："陶=窯《聖》。""窯"爲"燒瓦窯"之義，"瓦陶作"又可稱作"瓦窯作"，義亦可通。據此，上以"窰"爲"陶"的直音字，非單純注音的直音，可以理解爲改字的直音。文獻中"宀"旁與"穴"常相混，故"窰"或誤作"寚"。

0641 㝯

北魏瞿曇般若流支譯《正法念處經》："若行若在家，若水中若陸，若在山峯住，死王皆能殺。若睡若[6]㝯寤，若食若不食，能歷亂世間，死王皆能殺。"（T0721v17p0235c）本頁下注6："㝯寤=覺悟《元》《明》《宮》。"

按："㝯"與"覺"爲版本異文，"㝯"即"𥧾"字之訛，"𥧾"又"覺"之異構字。《説文·見部》："覺，寤也。从見，學省聲。一曰發也。"大徐音"古岳切"。《説文·㝱部》："寤，寐覺而有信曰寤。从㝱省，吾聲。一曰晝見而夜㝱也。""覺寤"爲同義並列複合詞。"若睡若覺寤"，"覺寤"與"睡"相對，即睡醒之義。"覺寤"常連用，受其影響，故又造"𥧾"字，"𥧾"乃从㝱省、告聲的形聲字。唐菩提流志譯《大寶積經》："或經二宿，乃至六夜，隨所住處，亦常談説如是等事。無正念慧，失壞威儀，昏癡睡眠，涎唾流溢。隨所想像睡夢中見，或見己身往詣他所，疾行緩行種種諸事。既[1]㝯寤已，互相向説。"（T0310v11p0012a）本頁下注1："㝯寤=𥧾 㝯《宋》《宮》，㝯 㝯《元》。""㝯"即"𥧾"字之訛，部件"爿"訛作"忄"多見。唐慧琳撰《一切經音義》卷十一《大寶積經》第二卷："覺寤，上音挍，下音悟。《考聲》云：'睡覺也。'《集訓》云：'眠寤也。'《説文》：'覺，寤也。'《經》文從穴、從中（音心）、從告作'㝯'，謬也。撿一切字書及教字韻中並無此字，多是筆授或傳寫人隨情妄作，非也。寤者，悟也。《蒼頡篇》云：'寐覺而有言曰寤。'《考聲》云：'寐中有所見覺而信也。'《説文》從㝱省，吾聲。"（T2128v54p0373a）慧琳所見本作"寤"。文中"中"爲"忄"之誤。遼希麟集《續一切經音義》卷三《新譯十地經》第六卷："寤寤，上音教，正作'覺'。《蒼頡篇》云：'寐起也。'下吾故反。《説文》：'覺而有信也。'寤亦晤也。《經》文二字從穴作'寤寤'，非也。《説文》從㝱晤省。"（T2129v54p0947b）《續一切經音義》卷二《新花嚴經》第十九卷："覺寤，上音教，《蒼頡篇》：'寤，覺也。'《經》文作'寤'，俗字。下吾故反，《考聲》云：'寤中有所見覺而有信謂之寤。從㝱省，吾聲也。'"（T2129v54p0943c）"寤"字《大正藏》多見。

0642 窠

失譯《毘尼母經》："問言：'尊者須蒜食不？'尼答言：'素自不能食，得蒜下食甚善。'檀越即施之。日許與衆僧五[36]顆蒜。"（T1463v24p0826c）本頁下注36："顆＝窠《宋》《元》《宮》，果《聖》。"

按："窠"與"顆""果"爲版本異文，"窠"即"窠"字之訛，"窠"爲"窠"之俗字，文中用作"顆"的借字。《説文·穴部》："窠，空也。穴中曰窠，樹上曰巢。从穴，果聲。"又《巢部》："巢，鳥在木上曰巢，在穴曰窠。从木，象形。"《龍龕·穴部》："窼，俗；窠，今；窠，正，苦禾反。窟也，巢~也。或作窼，同。""窠"乃從穴從巢構成的會意字，爲"窠"的異構字。鄭賢章《漢文佛典疑難俗字彙釋與研究》"窠"字條："'窠'，大型字典失收，乃'窠'字。"（p140）已溝通"窠"與"窠"的關係，可參看。

0643 窥

唐金俱吒撰《七曜攘災決》："辰星北方水之精，一名窥星，徑一百里，其色黑，所在之位主大憂，一年一周天，去日極遠。"（T1308v21p0441b）

按："窥"即"毚"字之訛。《廣雅·釋天》："辰星謂之鉤星、免星，或謂之鉤星。"王念孫疏證改作"辰星謂之毚星、或謂之免星，或謂之鉤星"。《史記·天官書》："其繞環太白，若與鬬，大戰，客勝，免過太白。"唐司馬貞索隱："案：《廣雅》云'辰星謂之免星'，則辰星之别名免，或作'毚'也。"又："察日辰之會，以治辰星之位。"索隱："即正四時以治辰星之位也。皇甫謐曰：'辰星，一名毚星，或曰鉤星。'"唐一行述《梵天火羅九曜》："行年至此，宿名北辰，一名毚星，一名滴星。"（T1311v21p0460a）疑"毚"爲"免"字之訛，"窥"又

“䆨”之進一步錯訛。

0644 䆨

唐善無畏譯《慈氏菩薩略修愈誐念誦法》：“每佛每塔前誦真言一百八遍，供養香花，一一如法念誦。最末後塔上放光明，照觸愈䆨者頂上，便得大悉地，證得八地已來菩薩之身。”（T1141v20p0599b）

按：同上經：“從大三昧耶頂上放大光明，照觸愈誐者頂中，入體内外明徹，狀如七歲童真之形。”（T1141v20p0599b）與“䆨”對應之字作“誐”。日本淨嚴撰《悉曇三密鈔》：“ग，蘖、竭、訖、乾、犍、健、虐（隨求）、伽、哦、誐、仰、嘘、疙（千手軌）。”（T2710v84p0742a）“誐”爲“ग（ga）”的譯音字。“䆨”與“誐”爲同一梵文的譯音字，亦當爲“ग（ga）”的譯音字，爲切身字。

0645 𥦗

龍樹造、後秦鳩摩羅什譯《大智度論》：“如彌勒佛時，珍寶如瓦礫，以懈怠[18]懶惰人惜身，強作願求樂，是故寶在大海不能得。若大心不惜身命勤求者乃得。大海水喻十方六道國土，諸珍寶即是諸佛。如珍寶爲一切衆生故生，而懈怠[19]懶惰者所不能得。”（T1509v25p0747c）本頁下注 18：“懶＝𥦗《石》。”注 19：“懶＝𥦗《聖》《石》。”

按：“𥦗”與“懶”爲版本異文，“𥦗”即“窳”字之訛，“窳惰”與“懶惰”同義，故或互爲異文。三國吴支謙譯《撰集百緣經》：“唯有一子，名曰難陀，甚爲[9]窳惰，常喜睡眠，不肯行坐。”（T0200v04p0204a）本頁下注 9：“窳惰＝懶墮《宋》，懶隋《元》《明》。”唐慧琳撰《一切經音義》：“窳惰，臾乳反。《尒疋》：‘窳，勞也。’郭璞曰：‘勞苦者多惰窳也。’言嬾人不能自起如瓜瓠在地不能自立，故字從瓜。又嬾人恒在室中，故字從穴。”（T2128v54p0749c）“窳惰”乃同義並列複合詞。“窳”或作“𥨍”，文獻習見。“瓜”與“衣”兩字異寫形近，故“瓜”或訛作“衣”。南朝陳真諦譯《佛説立世阿毘曇論》：“因冷風觸，其身圻破，譬如熟[10]瓜，如竹葦林被大火燒，爆聲吒吒。”（T1644v32p0173c）本頁下注 10：“瓜＝衣《三》。”“衣”即“瓜”字之訛。“瓜”或訛作“衣”，故“𥨍”或訛作“𥦗”。

0646 寤

唐般若譯《大方廣佛華嚴經》："我時於彼夜夢中，見佛種種諸神變。……我時[6]寢寤心欣敬，即覩清淨妙光明。"（T0293v10p0746c）本頁下注 6："寢＝惺《明》，明註曰'惺'，南藏作'寤'。"

按："寤"與"寢""惺"爲版本異文，"寤""惺"皆"醒"之分化字。"寢寤"與"寤寤"同義，皆睡醒之義。《説文新附·酉部》："醒，醉解也。"本義爲酒醉狀態消除，引申爲睡醒、覺醒等義。北宋法天譯《佛説未曾有正法經》："是時大王聞空中聲已，離有相心，斷疑惑想，如從睡覺而得醒寤。"（T0628v15p0444b）"醒寤"即睡醒之義。"寤"乃"醒"睡醒義的分化字，爲从㝱省、星聲的形聲字。《説文·㝱部》："寤，寐覺而有信曰寤。从㝱省，吾聲。"可比勘。"惺"從心旁，當以覺悟義爲本義，經中用爲睡醒義，乃同源通用字。失譯《得道梯橙錫杖經》："沙門之法，解空得道，執此[36]惺㝀世間一切衆生，諸比丘等至心奉行。"（T0785v17p0725c）本頁下注 36："惺㝀＝醒悟《元》《明》，寤㝀《宋》。""寤"爲"寤"字之訛。明張自烈《正字通·宀部》："寤，俗字，通作'惺'，亦作'醒'。'㝀'，訛字，舊注同'惺'。""寤""㝀"亦皆"寤"字之訛。

0647 䛴

隋吉藏撰《仁王般若經疏》："摧色至於極微，窮心盡於生滅，色盡心窮，䛴然無所住。無住之住，不知何以目之，強名爲空，即是護佛果也。"（T1707v33p0326a）

按："䛴"即"豁"字之訛。隋智顗説、灌頂記《仁王護國般若經疏》："推色至於極微，窮心盡於生滅，色盡心窮，豁然無住。無住之住，不可名之，強是爲空，即護三藏佛果也。"（T1705v33p0267a）宋善月述《佛説仁王護國般若波羅蜜經疏神寶記》："色盡心窮，豁然無住，可謂至矣。而猶止是生滅，爲護三藏佛果而已。"（T1706v33p0299c）與"䛴"對應之字皆作"豁"。南朝梁僧祐撰《弘明集》："人之神理有類於此，僞有累神成精麁之識，識附於神，故雖死不滅。漸之以空，必將習漸至盡而窮本神矣，泥洹之謂也。是以至言雲富從而[12]㲉以空焉。"（T2102v52p0011b）本頁下注 12："㲉＝豁《三》《宮》。"四庫本作"豁"。審字形，"㲉"蓋"壑"字書寫變異，文獻中"壑"與"豁"常混用。"䛴"蓋受"㲉"與"豁"交互影響，左旁從"害"，右旁受"㲉"類形體影響，"圣"又轉寫作"巠"而成。

0648 ⿱宀⿰牛臬

日本獨菴玄光撰《獨庵獨語》:“庶幾啓迷關於智鑰，迴狂瀾於既倒。如甘露滅之林間録，杲大慧之宗門武庫，以及中峯之東語西話，雲棲之竹窓隨筆，鼓山之⿱宀⿰牛臬言等，皆以慈悲之故，乃有此落草之談也。”(T2597v82p0559a)

按:“⿱宀⿰牛臬”即“寱”字之訛。清性朗等録《鼓山爲霖禪師還山録》:“庶幾啟迷關於智鑰，迴狂瀾於既倒。如甘露滅之林間録，杲大慧之宗門武庫，以及中峯之東語西話，雲棲之竹牕隨筆，鼓山之寱言等，皆以慈悲之故，乃有逆耳之言也。”(X1440v72p0666a)與“⿱宀⿰牛臬”對應之字作“寱”。《説文·㝱部》:“寱，瞑言也。从㝱省，臬聲。”“寱”之本義爲夢話，與文意合。《龍龕·宀部》:“⿱宀⿰牛臬，今，研祭反，睡中有語也。”(p157)字作“⿱宀⿰牛臬”。“爿”旁訛作“牛”旁，如“寤”或作“⿱宀⿰牛吾”(見《龍龕·宀部》p157)，“寐”或作“⿱穴⿰牛未”(見《龍龕·穴部》p509)，“牀”或作“⿰牛木”(見清邢澍《金石文字辨異》)，皆可比勘。

0649 ⿰寧也

日本淨嚴撰《悉曇三密鈔》:“𑖟𑖿𑖧𑖯，儞也（佛頂）、儞野（隨求）、⿰亭夜、⿰寧也（二共切身。羂索經）。”(T2710v84p0751a)

按:“⿰寧也”，自注切身，乃“𑖟𑖿𑖧𑖯（dyā）”的譯音字。此字佛經多見，《大正藏》凡213見。

0650 ⿰骨空

唐湛然述《止觀輔行傳弘決》:“又從足起，易成故也。如發八觸足發多進等。磬者亦作⿰骨空，深山谷也，此不淨屍如空山谷，故曰也。”(T1912v46p0420a)

按：隋智顗説《摩訶止觀》:“所言内有色外觀色者，不破不壞内色，内觀白骨皮肉而外觀死屍等。若修相具如禪門，今略示發相。行者忽見自身足指皮皺如泡，漸漸至膞、至腰，通身到頂。斯須洪直舉身脹急，五指葩花，兩脚如柱，腰腹如甕，頭如盆，處處臚脹如風滿韋囊。此相發時，或從脚至頂，或從頂至脚。滿一繩床，皮急肉裂，將欲綻潰。既潰膿流，浸漬濕釋，又從頂至足，皮肉自脱，唯白骨在，支節相柱，磬然不動，皮肉墮落，聚在一處。”(T1911v46p0122c)此即湛然所本，“磬者亦作⿰骨空，深山谷也”之“磬”即“支節相柱，磬然不動”之

“𡧛”，細審文意，“𡧛然”乃形容堅實之貌，與“鏗然”義同。唐道宣撰《續高僧傳》：“至二月四日，右脇累足，右手支頭，左手髀上，鏗然不動。”（T2060v50p0458a）“鏗然”亦形容堅實之貌。“𡧛”蓋由“殸”與“空”構成的雙聲符字。清吴任臣《字彙補·殳部》：“𡧛，丘妄切，音腔。出《篇韻》。”明陳士元《古俗字略·江韻補》：“𡧛，同腔。”皆無文獻證據。《漢語大字典》：“𡧛，同‘腔’。”（二 p2324b）從《古俗字略》，以“𡧛”爲“腔”之異體，亦缺乏充足的證據。湛然把“𡧛”理解爲“深山谷”之義，指“不淨屍如空山谷”，於文意不合。又謂“𡧛者亦作䜶”，“䜶”蓋“谾”字之訛。《集韻·江韻》枯江切：“谾，山谷深貌。”

0651 ⿰寍乚

北宋天息災譯《佛説大摩裏支菩薩經》：“復次若有女人夫所耽著，欲令嫌棄法，用⿰寍乚（切身）摩花汁。如無此花汁，用毒藥自指頭上血同合和，於死屍衣上書真言及其夫名如前作，輪用悉祖木汁搵，過以棗木火。”（T1257v21p0280c）

按：同上經：“若以芥子油⿰寍乚（切身）摩木作護摩一千，能生寃家病。”（T1257v21p0263a）又：“或觀想寃家乘駝，亦一刹那中令得心亂。若欲令寃家憎愛鬪諍，用燒屍灰河兩岸土及寃家足下土，同和爲𡎺作寃家形，倒安其面。以水牛及馬毛爲索，縛寃家身。用毒藥芥子并油塗彼身上，用水牛血，馬血及⿰寍乚（切身）摩木於屍衣上書寃家名，書四箇唆字，中間書一吽字，周迴書轄字圍之，内於寃家心中安置。口誦真言，及想寃家乘水牛及馬互相持殺，彼寃家即互相憎嫉。”（T1257v21p0264c）又：“復次令彼互相憎嫉法，用水牛血、馬血、⿰寍乚（切身）摩木、猫兒血、鼠血合和，於死屍衣上書前真言輪。”（T1257v21p0279c）又：“復次發遣寃家法，用赤色毒藥、⿰寍乚（切身）摩木汁合和爲墨，以烏翅爲筆，於死屍衣上或波羅舍木葉等書發遣真言，作如意輪。”（T1257v21p0279c）字皆作“⿰寍乚”。北宋施護譯《佛説金剛香菩薩大明成就儀軌經》：“又法用顊摩木作寃家像，段段截之。别用 顊摩木爲柴，與像身同作護摩。誦大明一誦一燒彼寃家，其身破壞。”（T1170v20p0694c）北宋法賢譯《金剛薩埵説頻那夜迦天成就儀軌經》：“復次成就法，用顊摩木作頻那夜迦天像，長三指，二臂三目，頂戴冠，髮髻清潤，坐於蓮華。”（T1272v21p0306c）與“⿰寍乚”對應之字或作“顊”。日本淨嚴撰《悉曇三密鈔》：“，顊、爾、尼、泥（入）、儞（入）、涅（入）、黏（切身。羂索）。”（T2710v84p0744c）佚名《大聖妙吉祥菩薩説除災教令法輪》：“請召二十八宿真言曰：曩莫三曼多没馱（引）喃（一）唵（引）阿（上）瑟吒（二合）尾孕（二合）設底（丁以反）喃諸乞察（二合）怛𡃤（二合）毘藥（二合）儞（寧逸反）曩捺顊（去）曳摘計吽（引）柞娑嚩（二合，引）賀（引）。”（T0966v19p0346b）“顊”“黏”“儞”等皆“（ni）”的譯音字，“⿰寍乚”亦“（ni）”的譯音字。

0652 ⿰寧立

唐阿目佉譯《佛説不空羂索陀羅尼儀軌經》:“次説塗壇真言曰:唵(一)⿰寧立麽囉(二)迦耶(引)輸馱禰(三)⿰寧立弭野(二合)健馱跛囉布囉抳布囉野布囉野㑴。此呪加持香泥香水,摩壇供養。”(T1098v20p0443a)

按:“⿰寧立”是佛經常用切身字,對應反切爲“寧立反”。如唐菩提流志譯《不空羂索神變真言經》第二卷:“含香真言:唵(一)旖暮伽(上二)健馱縛底(三)素嚕素嚕(四)跛(二合)囉塞普嚕(五)⿰寧立(寧立反)⿰名也(名也反,下同音)健悌(六)鉢頭(二合)麽鉢(二合)囉髀(七)莎縛訶(八)。”(T1092v20p0237c)《可洪音義》卷七《不空羂索神變真言經》第二卷:“⿰寧立⿰名也,上寧立反,下名也反。”(v59p781a)林光明《新編大藏全咒》卷三《不空羂索神變真言經》“含香真言”中“⿰寧立”梵文羅馬轉寫作“di”(v2p216)。《不空羂索神變真言經》:“洗浴真言:唵旖暮衹(蚪曳反。一)旖麽嚇弭麽嚇⿰黍吉(寧吉反)麽嚇(二)⿰黍吉(寧立反)⿰名也(名也反)鉢唎蹪第(三)。”(T1092v20p0308b)《嘉興藏》注“寧立反”的“⿰黍吉”作“⿰寧立”。林光明《新編大藏全咒》卷三《不空羂索神變真言經》“洗浴真言”中前後兩字皆作“⿰黍吉”,注音皆作“寧吉反”,前一“⿰黍吉”轉寫作“ni”,後一“⿰黍吉”轉寫作“nya”(v3p6)。日本淨嚴撰《悉曇三密鈔》:“𑖟𑖰,儞、眤、涅、墀(千手呪)、⿰黍吉(羂索)。”(T2710v84p0744b)又:“𑖡𑖰,爾、尼、泥(入)、儞(入)、涅(入)、⿰黍吉(切身。羂索)。”(T2710v84p0744c)“⿰黍吉”可作“𑖟𑖰(di)”和“𑖡𑖰(ni)”的譯音字,“⿰寧立”亦當爲“𑖟𑖰(di)”和“𑖡𑖰(ni)”的譯音字。《大正藏》“⿰寧立”字凡43見。

0653 ⿰寧孕

北宋施護譯《佛説無能勝幡王如來莊嚴陀羅尼經》:“我今爲汝説是無能勝幡莊嚴陀羅尼,曰:……麽他(去)尾特吻(二合)薩野(四十六)波囉賽⿰寧孕(寧孕反。四十七)左攞左攞(四十八)。”(T0943v19p0098c-0099a)

按:自注寧孕反,“⿰寧孕”即由“寧”和“孕”構成的切身字。林光明《新編大藏全咒》卷七《佛説無能勝幡王如來莊嚴陀羅尼經》“無能勝幡莊嚴陀羅尼”中“⿰寧孕”的梵文羅馬轉寫作“nyan”(v7p141)。

0654 ⿱寧与

西夏智廣集《密呪圓因往生集》：“金剛薩埵百字呪：唵　末啢囉（二合）薩咄　薩麻也　麻⿱寧与（切身）鉢（引）辣也　末啢囉（二合）薩咄 嘚永（二合）那　鉢帝實達（二合）　嚨唥（二合）囊銘末斡 須多商銘末斡　須波商銘末斡　啊⿱寧与（切身）囉屹（二合）多銘末斡　薩唥末（二合）西濎（切身）銘 不囉（二合）也嘐　薩唥末（二合）葛唥麻（二合）　須摻銘即怛　實哩（二合）嚵　孤嚕吽 訶訶訶訶 和末遏梡　薩唥末（二合）怛達（引）遏怛　末啢囉（一［二］合）麻銘悶（引）摻　末啢哩（二合）末斡　麻訶（引）薩麻也　薩咄　啞。”（T1956v46p1012c）

按：唐不空譯《瑜伽集要焰口施食儀》：“金剛薩埵百字呪：[illegible]。唵（一）斡資囉（二合）薩埵蘇薩麻耶麻納巴辣耶（二）斡資囉（二合）薩埵諦奴鉢諦瑟箚（二合。三）得哩（二合）鋤彌發呃（四）蘇度束彌發呃（五）阿奴囉屹都（二合）彌發呃（六）蘇布束彌發呃（七）薩哩呃（二合）些提彌不囉（二合）耶擦（八）薩哩斡葛哩麻（二合）蘇摻彌（九）穆達釋哩（二合）楊郭嚕（十）吽（十一）訶訶訶訶斛（十二）發葛灣薩哩呃（二合）答塔葛達斡資囉（二合）麻彌捫摻（十三）斡資哩（二合）發呃（十四）麻訶薩摩耶薩埵阿（引。十五）。”（T1320v21p0483a）“⿱寧与”對應的梵文作“[illegible]（nu）”，漢譯又作“奴”。日本淨嚴撰《悉曇三密鈔》：“[illegible]，奴、弩、努、耨、免（二共法花）、拏。”（T2710v84p0744c）“⿱寧与”蓋由“寧”與“与”構成的切身字，“与”又寫作“与”。

0655 ⿰谷各

西夏智廣集《密呪圓因往生集》：“藥師瑠璃光佛呪：捺麼末遏斡矴　喻⿰谷各（切身）唥拽（二合）不囉（二合）末囉（引）嘐（引）也。怛達（引）遏怛（引）也　啊囉　訶（二合）矴　薩滅三莫（引）也怛涅達（引）唵　喻折嘚喻折嘚　麻訶（引）喻折嘚喻折嘚囉（引）嘐薩啰遏矴莎（引）訶（引）。”（T1956v46p1011b）

按：同上經：“觀自在菩薩甘露呪：捺麼囉捺　嘚囉（二合）也（引）也　捺麻啊（引）唥拽（二合）斡浪雞矴説囉（引）也磨殢薩咄（引）也麻訶引薩

咄（引）也麻訶（引）葛（引）嚕禰葛（引）也怛涅達（引）唵𡫰（切身）儞𡫰（切身）爾　葛（引）𡫰（切身）爾莎（引）訶（引）。”（T1956v46p1011b）“𡫰”皆自注切身，乃由“寧”與“各”構成的切身字。元釋智譯《聖妙吉祥真實名經》：“啞阿（長呼）依倚（引）烏鄔（引）唳唳（引。一）阿嗃（引）吪啞悉低（二合）哆啖哩（二合）低（二）默捺没隆（二合）低（三）囉（上聲）𡁠没哆（四）母怛默（五）怛囉（二合）咄不囉（二合）低默（六）唵（七）末唎囉（二合）帝疙折（二合）捺𡫰（身切）渴情捺不囉（二合）默默捺㖿吟（二合）怛英默捺葛（二合）也斡（引）宜説囉啊囉鉢拶捺拽矴捺麻。”（T1190v20p0827a）林光明《新編大藏全咒》卷十一《聖妙吉祥真實名經》“讚金剛菩提心”中“𡫰”的梵文羅馬轉寫作“duḥ”（v11p404）。

0656 𡫳

北宋施護譯《佛説帝釋巖祕密成就儀軌》：“根本大明曰：那謨囉怛那（二合）合怛囉（二合）夜（引）野（一句）那謨吠（引）彌儞（二）怛他（引）誐多（引）野（三）阿囉喝（二合）帝三藐訖三（二合）没馱（引）野（四）怛𡫳（[6]切身）他（五）。”（T0940v19p0096c）本頁下注6：“切身＝寧夜切《明》。”

按：“𡫳”，自注切身，又讀寧夜切，即由“寧”與“夜”構成的切身字。林光明《新編大藏全咒》卷十五《佛説帝釋巖祕密成就儀軌》“慈氏菩薩根本大明”中“𡫳”的梵文羅馬轉寫作“dya”（v15p169）。日本淨嚴撰《悉曇三密鈔》：“[悉曇字]，姪（千手大悲心呪）、儞也（尊勝）、儞演（金軌）、睍（奴見切。略出經）。”（T2710v84p0751a）“𡫳”亦“[悉曇字]（dya）”之譯音字。

0657 𡫴

西夏智廣集《密呪圓因往生集》：“佛頂無垢淨光呪：唵㖿吟（二合）也𡫴（切身）薩吟末（二合）。”（T1956v46p1010b）

按：同上經：“金剛大輪明王呪：捺麻厮㖿吟也（四合）𡫴（切身）葛（引）喃（引）薩吟末（二合）怛達（引）遏怛（引）喃（引）唵覓囉啨覓囉啨麻訶（引）拶屹囉（二合）末唎吟（二合）末唎囉（二合）薩怛薩怛　薩囉帝薩囉帝　㖿囉（二合）英（一合）麻禰矴　西嚓啊屹吟（二合）㖿嚂（二合，引）嚽　西㖿囉（二合）英　覓嚓麻禰　三末（舌齒）嘐禰　㖿囉寧𡫴（切身）嚽　莎（引）訶（引）。”（T1956v46p1007c）“𡫴”自注切身，即由“寧”和“委”構成的切身字。

尸 部

0658 戻

南朝梁明徽集《五分比丘尼戒本》："除病應當學不大小便生草菜上，除病應當學人著[1]履不應爲説法，除病應當學人著革屣不應爲説法，除病應當學人現胸不應爲説法。"（T1423v22p0213b）本頁下注1："履＝屐《三》《宮》，戻《聖》。"

按："戻"與"屐""履"爲版本異文，"屐"與"履"皆爲鞋子，兩字義近。《龍龕·尸部》："屐、屐，二俗；屐，正，奇逆反。屩也，屧～也。"（p164）明梅膺祚《字彙·尸部》："屐，奇逆切，音及。屩也。""屐"或省作"屐"，又訛作"戻"，"戻"與"屐""屐"形近。隋吉藏造《淨名玄論》："三爲[3]技見，舊義執有無，是理由來既久，則二見其根深，難可傾拔。攝嶺大師對緣斥病，欲拔二見之根，令捨有無兩執。"（T1780v38p0894a）本頁下注3："技＝拔ヵ《原》。""技"爲"拔"字之訛，可資比勘。

0659 屄

失譯《大方便佛報恩經》："爾時世尊與阿難入王舍城，乞食已，還出城，於城門外有大深坑。時王舍城人擔持大小便利棄是坑中，天雨惡水亦入其中。爾時此[3]洸水中有一虫，其形似人，衆多手足，遙見如來，擎頭出水，視於如來，流淚滿目。如來見已，愍而哀傷，慘然不悦，即還耆闍崛山。爾時阿難敷尼師檀，如來坐上結加趺坐。爾時阿難觀察衆心問如來言：'世尊，向所見*洸[5]屄中虫者，先世造何業行？生此水中爲幾時耶？復於何時當得解脱？'佛告阿難及諸大衆。"（T0156v03p0141b）本頁下注3："洸＝汪《三》*。"注5："屄＝水《三》。"

按："屄"與"水"爲版本異文，"水"乃涉上文"洸水"而誤，"屄"即"屎"字之訛，"屎"爲"屎"的異構字，文獻習見。隋闍那崛多譯《大威德陀羅尼經》："爾時婆難陀釋種之子告彼長者言：'長者，汝增長世主有[9]屎尿不？'"（T1341v21p0796c）本頁下注9："屎＝屎《明》。""屄"亦"屎"字之訛。南朝齊僧伽跋陀羅譯《善見律毘婆沙》："受者，若爲[28]失若爲不失。轉根或死，罷道還俗，施人賊所劫抄，如是捨心，是名失受。若一呵梨勒果受已轉根，即失此受。"（T1462v24p0725c）本頁下注28："失＝矢《宋》《宮》。"隋智顗説《摩訶止觀》：“調眠者，眠是眼食，不可苦節，增於心數，損[5]失功夫，復不可恣。”（T1911v46p0047b）本頁下注 5：“失 = 矢《宮》。”“矢”皆“失”字之訛。“失”與“矢”形近易混，故“⿸尸失”或訛作“⿸尸矢”。

0660 ⿸尼也

唐菩提流志譯《不空羂索神變真言經》：“即説清淨蓮華明王央俱捨真言曰：……薩嚩鞞詑誐跢矩攞（六十四句）娑去麽⿸尼也（尼也反）縒麽耶（六十五句）地瑟恥諦（六十六句）。”（T1092v20p0380a-b）

按：“⿸尼也”經自注“尼也反”，即由“尼”與“也”構成的切身字。日本明覺撰《悉曇要訣》：“《大佛頂》[illegible]惹（尼也反），《胎藏》若（尼也反）。”（T2706v84p0511b）日本淨嚴撰《悉曇三密鈔》：“[illegible]，尼也（胎軌）。[illegible]，惹（佛頂）。”（T2710v84p0751a）“⿸尼也”即“[illegible]（ṇya）”和“[illegible]（ṇyā）”的譯音字。

0661 ⿸尾也

北宋施護譯《佛説一切如來安像三昧儀軌經》：“次誦佛入定真言：唵禰瓓（切身）儞（引）曩三摩（引）地[34]⿸尾也（切身）曩必哩（二合）拏儞娑嚩（二合）賀。”（T1418v21p0934c）本頁下注 34：“⿸尾也 = ⿸尼也《明》。”

按：“⿸尾也”字自注切身，即由“尾”與“也”構成的切身字。日本淨嚴撰《悉曇三密鈔》：“[illegible]，弭野（隨求）、襪（切身。羂索）、尾也（青龍軌）、尾野（仁王軌）。”（T2710v84p0751b）唐禮言集《梵語雜名》：“講，尾也企也曩，[illegible] [illegible]。”（T2135v54p1225b）“尾也”爲“[illegible]（vya）”的譯音字。“⿸尾也”與“尾也”同爲“[illegible]（vya）”的譯音字。“⿸尼也”蓋“⿸尾也”字之訛，“尾”旁訛作“尼”旁也。

0662 ⿸尸⿰彳皮

西晋竺法護譯《生經》：“則王先身爲侍者時，供給仙時，坐翹一脚，憾結而終。寶⿸尸⿰彳皮墮水，一隻著脚，便自取去。梵志取⿸尸⿰彳皮，稽首謝過。還到本國，續以上之，王即歡喜，群臣意解，復其寵位。”（T0154v03p0078a）

按：“⿸尸⿰彳皮”即“屐”字之訛。參 0658“⿸尸失”字條。

0663 ⿸尸冋

唐菩提流志譯《五佛頂三昧陀羅尼經》:“亦勿與他一床坐臥，傳著衣服鞵⿸尸冋韈等。其所食器純用赤白銅椀食，若已食訖，則水淨洗。”(T0952v19p0273b)

按:“⿸尸冋”即“屩”字之訛。唐菩提流志譯《一字佛頂輪王經》:“亦勿與他一床坐臥，傳著衣服鞵屩韈等。其所食器純用赤白銅器椀食，若已食訖，則水淨洗。”(T0951v19p0237c)與“⿸尸冋”對應之字作“屩”。唐慧琳撰《一切經音義》卷三十五《一字頂輪王經》第二卷:“鞵屩，下綺妖反。或作‘蹻’‘鞽’。又音薑虐反，訓釋並同。《蒼頡篇》:‘屩，屐也。’徐廣注《史記》云:‘草扉也。’……《説文》:‘履也。從履省，喬聲也。’”(T2128v54p0540c)慧琳所見本亦作“屩”，義爲鞋，與文意合。唐善無畏、一行譯《大毘盧遮那成佛神變加持經》:“[26]屩却虐噱。”(T0848v18p0030c)本頁下注26:“屩=屩《三》《宮》《甲》《乙》《丙》《丁》。”《龍龕·尸部》:“屩，正，居約反。履也。鞋别名也。”“屩”又作“屩”，“⿸尸冋”蓋即“屩”之訛。參0678“屩”字條。

0664 ⿸尸垂

前秦僧伽跋澄譯《僧伽羅刹所集經》:“當於爾時摩竭國王有象，名檀那波羅，形貌極端政，頭生三[5]⿰扌厜。”(T0194v04p0136a)本頁下注5:“⿰扌厜=⿸疒垂《宋》《元》，⿸尸垂《明》。”

按:“⿸尸垂”與“⿰扌厜”“⿸疒垂”爲版本異文，“⿸尸垂”“⿰扌厜”“⿸疒垂”皆“厜”字之訛。唐慧琳撰《一切經音義》卷七十四《僧伽羅刹集》下卷:“三厜，醉唯反，《爾雅》音才規反，郭注云:‘山峯頭巉嵒也。’《韻詮》云:‘厜者，山巔之狀也。’從厂，厂音漢，《經》從‘⿰扌厂’，非。”(T2128v54p0790c)慧琳所見本“厜”作“⿸疒垂”，改讀作“厜”，所改甚是。《可洪音義》卷二十一《僧伽羅刹所集經》第四卷:“三⿸疒垂，宜作‘厜’‘嫢’，二同，姊危反。厜㕒，山巔皃也，尖也。嫢，盈姿之皃也。江西音作‘之芮反’，非也。郭氏音作‘直類反’，亦非也。今宜取‘厜’。”(v60p217c)可洪所見本作“⿸疒垂”，讀作“厜”，與慧琳合。《説文·厂部》:“厜，厜㕒，山顛也。从厂，垂聲。”《爾雅·釋山》:“崒者，厜㕒。”晋郭璞注:“厜㕒，謂山峰頭巉巖。”“厜㕒”本指山峰高峻之貌，經中單用“厜”，蓋指象頭之形貌，“三厜”言象頭上有三處隆起的地方像三座山峰一樣，形容其高峻端莊之貌。“⿸尸垂”乃“厜”字之訛，“厂”旁訛作“尸”旁也。“⿸疒垂”亦“厜”字之訛，“厂”旁訛作“疒”旁也。鄭賢章《〈新集藏經音義隨函録〉研究》亦有考證(p165)，可參看。

0665 屖

隋闍那崛多譯《佛本行集經》："或刖手足肘膝而行，或唯骨身無有皮肉，或作猪形，或驢騾形、象形、馬形，駱駞、牛羊、羖羝、屖[8]兕、水牛、狐兎、犛牛、狟獟、摩竭、鯨鷁、師子、虎狼、熊羆、禽狛、獼猴、豺豹、野干、狸狗，諸如是等，種種形容。"（T0190v03p0777a）本頁下注 8："兕＝光《聖》。"

按："屖"即"犀"的異寫字，"兕""光"皆"兕"字之訛。"犀兕"之犀牛和兕，兩者皆與牛類似，故常連用。《左傳・宣公二年》："牛則有皮，犀兕尚多，棄甲則那？""犀兕"亦指犀牛和兕。

0666 屚

隋費長房撰《歷代三寶紀》："《太子[14]護經》一卷，《和休經》一卷（上二經同本別譯異名）。"（T2034v49p0113b）本頁下注 14："（刷）＋護《三》《宮》，（屚）＋護《聖》。"

按："屚"與"刷"爲版本異文，"屚"即"刷"字之訛。隋法經等撰《衆經目録》："《和休經》一卷，《太子刷護經》，右二經同本重出。"（T2146v55p0121c）《大正藏》收西晋竺法護《佛説太子刷護經》一卷（T0343v12p0153c）。與"屚"對應之字皆作"刷"，"屚"當即"刷"字之訛。

0667 屇

佚名《翻梵語》："佉薜師子王，應云屇波，譯曰躑也。"（T2130v54p1032a）

按："屇"即"厠"字之訛。日本心覺撰《多羅葉記》："佉薜師子王，可云厠波，此云躑也。"（T2707v84p0638c）與"屇"對應之字作"厠"。

0668 屡

龍樹造、後秦鳩摩羅什譯《大智度論》："如慈母養育嬰兒，雖復[9]屎尿污身，以深愛故而不生瞋。"（T1509v25p0624c）本頁下注 9："屎＝屡《石》。"

按："⿸尸衣"與"屎"爲版本異文，"⿸尸衣"即"⿸尾矢（屎）"字之訛。唐慧琳撰《一切經音義》："⿸尾矢 ⿸尾水，上音始。《字指》云：'糞，⿸尾矢也。'《經》從米，俗字也。《説文》：從尾矢聲也。下泥弔反，《考聲》云：'腹中水也。'《説文》從尾從水。《經》從尸，訛略也。竝形聲字。"（T2128v54p0318a）又："⿸尾矢 ⿸尾水，上音始。《字書》云：'糞，屎也。'《古今正字》作'⿸尸矢'，相傳作'屎'，俗字也。……《通俗文》云：'出脇曰⿸尾矢，出脬曰⿸尾水。'"（T2128v54p0334b）據慧琳説"屎"字古有作"⿸尾矢"者，然今《説文·尾部》有"⿸尾水"無"⿸尾矢"。從"尾"之字，"尾"所從之"倒毛"隸書與"水"形近，故"尾"訛爲"尿"，而"矢"又與"衣"形近，故"⿸尾矢"訛爲"⿸尸衣"。

0669 ⿸尸名

日本靜然撰《行林抄》："復次更説入三莽地，省略一尊慈氏之像，取一幅絹畫圓明，於中圓明中心畫本尊慈氏如來結跏趺坐如入三莽地形，有兩臂又從手掌持一寶蓮花臺，於蓮花臺畫⿸尸名嚕左曩佛塔，於佛塔上畫大日如來通身寶光，皆從光中又化出諸佛世尊。"（T2409v76p0315b）

按："⿸尸名"即"⿸尸亥"字之訛。唐善無畏譯《慈氏菩薩略修愈誐念誦法》："復次更説入三莽地，省略一尊慈氏之像，取一幅絹畫圓明，於圓明中心畫本尊慈氏如來結跏趺坐如入三莽地形，有兩臂又從手掌持一寶蓮花臺，於蓮花臺畫⿸尸亥嚕左曩佛塔，於佛塔上畫大日如來通身寶光，皆從光中又化出諸佛世尊。"（T1141v20p0596c）與"⿸尸名"對應之字作"⿸尸亥"，"⿸尸名"即"⿸尸亥"字之訛。日本高辨撰《不空羂索毗盧遮那佛大灌頂光明真言句義釋》："𑖀𑖦𑖺𑖑阿謨伽𑖪𑖹𑖨𑖺𑖓𑖡吠嚧左曩𑖦𑖮𑖯摩賀𑖦𑖲𑖟𑖿𑖨𑖯母捺羅者，不空毘盧遮那大印也，是即毘盧遮那如來之不空大印也。"（T2245v61p0809b）日本淨嚴撰《悉曇三密鈔》："𑖪𑖹，吠、味、⿸尸亥（切身。慈氏）、廢、癈。"（T2710v84p0746c）"⿸尸亥"爲"𑖪𑖹（vai）"的譯音字。

《漢語大字典》第一版："⿸尸亥，mì《字彙補·尸部》："⿸尸亥，微曳切，音近蔑，出《内典》。"（一 p978b）第二版："⿸尸亥，mì《字彙補》微曳切，音近蔑。佛經譯音用字，無實義。《慈氏菩薩略修瑜伽念誦法》：'稽首⿸尸亥嚕左曩佛，一生補處妹怛唎（二合）耶。'鄧福禄、韓小荆《字典考正》'⿸尸亥嚕左曩'爲菩薩名，則'⿸尸亥'爲音譯字。"（二 p1049b）《漢語大字典》注其音爲"mì"，不妥。

0670 ⿸尸是

唐懷素集《尼羯磨》："不得更犯此罪，餘亦不應犯，若相似，若從此生。若重於此者，不得非僧羯磨及作羯磨者，不得受清淨比丘尼敷坐具、洗足水、拭革屣、揩摩身，及禮拜迎送問訊。”（T1810v40p0549a）

按：“屣”即“屣”字之訛。《玉篇·履部》：“屣，所倚、所解二切。履也，亦作躧、鞑。”“屣”爲鞋義，“革屣”即皮鞋。“屣”本從“徙”，“徙”與“從”“徒”形近，三字常相混誤，故“屣”或訛作“屣”。西晋竺法護譯《修行道地經》：“其足履決，木[16]跂屣破。”（T0606v15p0184a）本頁下注16：“跂屣＝屣壞《聖》。”後秦弗若多羅、羅什譯《十誦律》：“持革[5]屣至水邊，浣拂拭物。”（T1435v23p0420b）本頁下注5：“屣＝履《宋》《宮》。”“屣”皆“屣”字之訛。南朝齊曇景譯《佛説未曾有因緣經》：“憶念過去無數劫時，毘摩大國，[17]徙陀山中，有一野干。”（T0754v17p0576c）本頁下注17：“徙＝徒《明》。”唐玄奘、辯機撰《大唐西域記》：“喧寒驟[21]徙，展轉方達。”（T2087v51p0867c）本頁下注21：“徙＝徒《甲》。”“徒”皆“徙”字之訛。“徙”或訛作“徒”，故“屣”或訛作“屣”。

0671 屖

日本安澄撰《中論疏記》：“所言犀角者，《玉篇》作‘[7]犀’字，先啼反。《説文》：‘犀，遲也。’獸名之犀，爲‘[8]屖’字，思雞反。形似牛、猪頭、士腹、卑脚，脚有三蹄，黑色三角，一角在頂，一在鼻，在鼻者即食角也，小而隂，好食棘也。有人云：此狩四足。此中有二：一者通天犀，二者陸行[*]屖。”（T2255v65p0199c）本頁下注7：“犀＝犀？下同。”注8：“屖＝犀？[*]”

按：“屖”即“犀”字之訛。《玉篇·牛部》：“犀，先兮切。獸似牛也。堅也。棲遲，或作犀。”又《尸部》：“犀，先啼切。犀遲也。今作栖，亦作犀。”原文“《玉篇》作‘犀’字，先啼反”此段文字錯亂，據上下文義及“犀”的字形，“犀”當是“犀”的俗體，而“先啼反”則是“犀”的讀音。刻書者或疑“犀”爲“犀”字，蓋由此音所致誤導，“犀”與文意不合。“屖”亦當爲“犀”字之訛。

0672 䑔

日本淨嚴撰《悉曇三密鈔》：“𑖪𑖸，吠、鞞、費、䑔（切身。慈氏）、米。”（T2710v84p0745b）

按：“䑔”即“䑔”的異寫字，經文自注切身，乃“𑖪𑖸（ve）”的譯音字。唐善無畏譯《慈氏菩薩略修愈誐念誦法》：“[illegible]，妹怛𠹌（二合）縿婆（上）䑔（九）。”（T1141v20p0593c）《慈氏》“䑔”正“𑖪𑖸（ve）”的譯音字，與《悉曇三密鈔》相合。

《漢語大字典》："䞃，mèi《字彙》彌蔽切。尾巴長。《字彙・尸部》：'䞃，尾長也。'"（二 p1049）此字胡吉宣《玉篇校釋》已指出訓"尾長也"應刪，楊寶忠《疑難字考釋與研究》已考定《大字典》第一版之誤（p313），第二版仍之不改，不妥。又，鄭賢章《漢文佛典疑難俗字彙釋與研究》（p142）據《施八方天儀則》"尾曳（二合）"爲"vyai"的譯音字推定"䞃"爲"vyai"的切身譯音字。"䞃"又可爲二合音"ञ（vyai）"的譯音字（T1294v21p0379c）。

0673 屐

日本榮然撰《師口》："陀羅尼曰：娜麼三曼多勃陀南阿鉢羅低訶多沙（上）娑娜南怛姪他唵羅羅娑（桑色反）麽羅阿鉢羅底訶多沙（上）娑那俱麽羅路跛陀哩屐（尼奚反）吽吽薩泮吒莎縛訶。"（T2501v78p0846c）

按："屐"經自注"尼奚反"，"屐"當即"屦"字之訛，"奚"旁訛作"爰"旁也。"屦"讀"尼奚反"，即由"尼"和"奚"構成的切身字。參 0675 "屦"字條。南朝梁僧祐撰《出三藏記集》："而年代人名，莫有銓貫，歲月逾邁，本源將没，後生疑惑，[9]奚所取明？"（T2145v55p0001b）本頁下注 9："奚=爰《三》"。"爰"即"奚"字之訛，可比勘。日本靜然撰《行林抄》："陀羅尼曰：娜摩三漫多勃陀南鉢羅低訶多沙（上）娑娜南怛姪他唵羅羅娑（桑色反）摩囉阿鉢囉底訶多沙（上）娑那俱麽羅路路跛陀哩屐（尼奚反）吽〻薩泮吒莎縛訶。"（T2409v76p0276b）"屐"亦"屦"字之訛。

0674 郿

北宋天息災譯《勝軍化世百瑜伽他經》："過去仙人[8]郿（切身）娑等，典籍章句無不說。"（T1692v32p0788b）本頁下注 8："郿=尾《宮》。"

按："郿"與"尾"爲版本異文，自注"切身"，此字即由"尾"和"耶"構成的切身字。日本淨嚴撰《悉曇三密鈔》："ञ，弭野（隨求）、𧙯（切身。羂索）、尾也（青龍軌）、尾野（仁王軌）。"（T2710v84p0751b）"郿"蓋即"ञ（vya）"之譯音字。

0675 屦

日本賴瑜撰《薄草子口決》："陀羅尼曰：娜麽三曼多勃陀南阿鉢羅（二合）

低訶多沙（上）娑娜南怛姪他唵羅娑（桑邑反）摩羅阿鉢羅（二合）底訶多沙（上）娑耶麽路陀哩𡰱（尼奚反）吽吽薩祭吒莎嚩訶。”（T2535v79p0229c）

按：唐金剛智譯《金剛頂經曼殊室利菩薩五字心陀羅尼品》：“五髻陀羅尼印……陀羅尼曰：娜麽三曼多勃陀南　阿鉢囉低訶多沙（上）娑娜南　怛姪他唵囉囉娑（桑邑反）麽囉阿鉢囉底訶多沙（上）娑那　俱麽囉喀跛陀哩𡰱（尼奚反）吽吽薩泮吒莎縛訶。”（T1173v20p0711c）此即賴瑜之所本，“𡰱”亦自切“尼奚反”。林光明《新編大藏全咒》卷六《金剛頂經曼殊室利菩薩五字心陀羅尼品》“五髻陀羅尼”中“𡰱”之梵文羅馬轉寫作“ṇi”（v6p519）。“𡰱”當即由“尼”與“奚”組成的切身字。

日本覺超撰《三密抄料簡》：“真言曰：（加命）阿鉢羅低訶多沙（上）娑娜南怛姪他唵羅⺀娑（桑巴反）麽囉阿鉢羅底訶多沙（上）娑那俱摩囉路跛陀哩蹊（尼奚反）吽薩泮咤娑嚩賀。”（T2399v75p0644a）“蹊”爲“𡰱”字之訛。失譯《佛説鬼子母經》：“欲從鬼子母求願者，名浮陀摩[4]尼鉢，姊名炙匿，天上天下鬼屬。是摩尼鉢主四海内，船車治生有財産，皆屬摩尼鉢。摩尼鉢與佛結要、受戒，主護人財物，炙匿主人若有産生當救之。”（T1262v21p0291b）本頁下注4：“尼＝足《元》。”“足”爲“尼”字之訛，可資比勘。

0676 曆

元覺岸編《釋氏稽古略》：“乙亥，紹興二十五年，太師秦檜老病，乞與男熺致仕，遂薨。中廣小曆。”（T2037v49p0892b）

按：“曆”即“歷”字之訛。四庫本《釋氏稽古略》與“中廣小曆”對應之字作“中興小歷”。《中興小歷》是南宋高宗一朝的編年史，著者熊克。

0677 膞

唐菩提流志譯《大使呪法經》：“男衣窄，女衣慢，脚踏蓮花，脚、手、臂、膊、[50]膞皆有瓔珠。”（T1268v21p0301c）本頁下注50：“膞＝髆[カ]《原》，［膞］－《甲》。”

按：“膞”與“髆”爲版本異文，即“髆”字之訛，“髆”又“膊”之異構字。“手、臂、膊”之“膊”蓋指大臂，後不當再有“髆”字。疑“髆”本爲旁注，後竄入正文，字形又誤作“膞”，故甲本删之。

0678 ⿸尸喬

唐善無畏、一行譯《大毘盧遮那成佛神變加持經》："[26]⿸尸喬却虐噱　灼綽弱杓　礫㟆搦擇　咀託諾鐸　博泊漠簙 藥嗒落嗼　鑠嗦索臛吃索（二合。皆帶第一轉音入聲呼之）。"（T0848v18p0030c）本頁下注26："⿸尸喬＝屩《三》《宮》《甲》《乙》《丙》《丁》。"

按："⿸尸喬"與"屩"爲版本異文，"⿸尸喬"即"屩"字之訛。日本安然撰《悉曇藏》："屩却虐噱　灼綽弱杓　礫㟆搦擇　咀託諾鐸　博泊漠嚩　藥嗒落嗼　鑠嗦索矐吃索（二合。皆帶第一轉音入聲呼之）。"（T2702v84p0428a）日本安然撰《觀中院撰定事業灌頂具足支分》："屩却嘘噱　灼綽弱杓　礫炘搦擇　咀託諾鐸　博泊漠嚩　藥落洛嗼　鑠嗦嗦矐吃索（二合。皆帶第一轉音入聲呼之）。"（T2393v75p0268c）日本淨嚴撰《悉曇三密鈔》："，脚、屩、蹻。"（T2710v84p0741c）與"⿸尸喬"對應之字皆作"屩"。"屩"爲"（kaḥ）"的譯音字。《龍龕·尸部》："⿸尸乔、屫，二俗；屩，正，居約反。履也。鞋别名也。"又明章黼《重訂直音篇·履部》："屩，訖約切，草履，又音角。⿸尸喬、屩、⿸尸⿰彳乔、屫，並同上。""⿸尸喬"見於古代字書收録。

0679 ⿰居捨

唐善無畏譯《慈氏菩薩略修愈誐念誦法》："虚空輪真言曰：，納莽三滿多䫂馱（引）腩（一）[22]⿰居撿（二。一遍）。"（T1141v20p0590b）本頁下注22："⿰居撿＝⿰居捨《甲》，瞼《丙》。"

按："⿰居捨"與"⿰居撿""瞼"爲版本異文，"⿰居撿""瞼"皆"（khaṃ）"之譯音字。日本明覺撰《悉曇要訣》："善無畏《慈氏軌》云：㞒噌左曩佛〇䫂（）馱（）腩（）〇㵴（也）⿰居撿（也）䝉（也）囉䟧（二合，也）䟧（也）㲁囉（二合，）䖑（也）䡘（也）䩞（也）䫃（也）餓（也）䶵（也）䶵（也）㞒魯左曩佛鉢囉（二合）䜅（）歟。"（T2706v84p0511a）與"⿰居捨"對應之字皆作"⿰居撿"，爲"（khaṃ）"的譯音字，乃由"居"與"撿"構成的切身字。"⿰居捨"爲"⿰居撿"字之訛，"撿"訛作"捨"也。東漢曇果、康孟詳譯《中本起經》："世人得罪，其行有三：口言傷人，身行暴害，心專妬嫉，能[11]撿此三，雖未便得泥洹，天上人中，豪貴自由。"（T0196v04p0153a）本頁下注11："撿＝捨《元》《明》。""撿"即

“捨”字之訛，可資比勘。

字亦作“𡲰”，“𡲰”乃由“居”與“僉”構成的切身字。日本淨嚴撰《悉曇三密鈔》：“□，欠（大日經）、𡲰（切身。慈氏軌）。”（T2710v84p0742a）《悉曇三密鈔》“□”的譯音字作“𡲰”，自注切身。

0680 𡲰

日本淨嚴撰《悉曇三密鈔》：“□，欠（大日經）、𡲰（切身。慈氏軌）。”（T2710v84p0742a）

按：“𡲰”，經自注“切身”，即由“居”與“僉”組合而成的切身譯音字。參上條。

0681 𡳞

日本明覺撰《悉曇要訣》：“善無畏《慈氏軌》云：㕧噌左曩佛○𪗋（□）馱（□）腩（□）○㵴（□也）𡳞（□也）𧃙（□也）囉䛫（二合，□也）䛫（□也）𩥄囉（二合，□）𠜱（□也）𩋖（□也）鉆（□也）𡳐（□也）䬴（□也）馳（□也）䶨（□也）㕧魯左曩佛鉢囉（二合）譁（□）㪍。”（T2706v84p0511a）

按：“𡳞”爲“□”的譯音字，乃由“居”與“撿”組合而成的切身譯音字。參0679“𡲰”字條。

弓　部

0682 弬

唐波羅頗蜜多羅譯《寶星陀羅尼經》：“阿羅哆（一百二十）鴦瞿隸（一百二十一）奢弬泥（一百二十二）勃囉磨婆喻哂呵阿哂哆婆哂囉（一百二十三）。”（T0402v13p0568b）

按：“弬”即“彌”字之訛。同上經：“鴦瞿隸（百二十九）奢彌泥（百三十）毘勃囉磨婆喻哂（百三十一）。”（T0402v13p0565a）與“弥”對應之字爲“彌”。林光明《新編大藏全咒》卷一《寶星陀羅尼經》“十方諸佛世尊説金剛法等因緣法心建立摧碎陀羅尼印句入差別記法門”之“彌”的梵文羅馬轉寫作“mi”（p285）。日本淨嚴撰《悉曇三密鈔》：“𑖦𑖰，弭、密（二共金軌）、彌、履（法花）、泯（隨求）、咩（佛頂）。”（T2710v84p0745c）“彌”爲“𑖦𑖰（mi）”的譯音用字。唐慧琳撰《一切經音義》：“吔弥，上他箇反，引聲。”（T2128v54p0558c）南朝宋功德直、玄暢譯《無量門破魔陀羅尼經》：“致苓蘇寐（四十七）吔彌（四十八）吔摩婆帝（四十九）。”（T1014v19p0689a）唐慧琳撰《一切經音義》卷四十三《僧伽吒經》第二卷：“弥帝隸，梵語。”（T2128v54p0596a）北魏月婆首那譯《僧伽吒經》：“爾時彌帝隸菩提薩埵（彌帝隸者，魏云慈也）從座而起，頂禮佛足。”（T0423v13p0966c）唐慧琳撰《一切經音義》卷四十四《佛地經》：“眇然，弥縹反。《廣雅》：‘眇，莫也。’眇，遠也，遠視眇然，寂莫不知邊際也。”（T2128v54p0601b）唐玄應撰《一切經音義》（麗藏本）卷二十一《佛地經》“弥”作“弥”（p286a）。“弥”皆“彌”字之訛，“彌”異體作“弥”，因又訛作“弥”。鄭賢章《漢文佛典疑難俗字彙釋與研究》“弥”字條（p143）亦有考證，可參考。

0683 弢

唐道宣撰《廣弘明集》：“佽飛案節，不勞斬蛟之劍；虎賁[12]弢羽，豈假鳴鳥之射。”（T2103v52p0241b）本頁下注 12：“弢＝㢭《宋》，致《宮》。”

按：“弢”與“㢭”“致”爲版本異文，“弢”“㢭”“致”皆“弢”字之訛。四庫本《廣弘明集》對應之字作“弢”。“弢”本指弓袋，又泛指袋子，文中用作動詞，指用袋子收藏起來，“羽”本指鳥毛，又指箭杆上的羽毛，又指代箭，“弢羽”言把箭收藏起來。“弢”又作“弢”者，“叏”旁訛作“叏”旁也。

0684 [弓旃]

佚名《龍樹五明論》：“白真[弓旃]香一斤，沈水香一斤，熏六香一斤，青木香一斤，鷄舌香一斤，霍香一斤。”（T1420v21p0968b）

按：“[弓旃]”即“旃”字之訛。唐慧琳撰《一切經音義》：“栴檀，梵語，香木名也。唐無正譯，即白檀香是也。微赤色者爲上。”（T2128v54p0499c）日本明覺撰《悉曇要訣》：“𑖓𑖡𑖿云栴檀，從木例之。”（T2706v84p0557a）又：“旃檀之名梵云𑖓𑖡𑖿𑖟𑖡。”（T2706v84p0545c）“旃檀”即“𑖓𑖡𑖿𑖟𑖡（candana）”的譯音。本譯作“旃/栴檀那”，或省作“旃/栴檀”。日本淨嚴撰《悉曇三密鈔》：“𑖓，者、遮、左、戰（日經）、賛（立印）、旃、散、讚（隨求）、訕（造塔延命經）、作

（胎軌）、斫、折、淅（胎）、掺（隨求）。”（T2710v84p0742b）“栴”“旃”爲“𑖓（ca）”後接鼻音時的譯音字。蓋本用“旃”字，“栴”乃在“旃”字基礎上所造的後出分化字。“旃檀”爲木名，故字改從“木”旁。然“旃”本從㫃丹聲的形聲字，改從“木”旁作“栴”，則右旁不成字，破壞了字的結構，蓋改字者已不明“旃”的結構了。字或作“弜”者，“旃”之“方”旁訛作“弓”，“丹”旁訛作“冉”也。唐法全集《大毘盧遮那成佛神變加持經蓮華胎藏菩提幢標幟普通真言藏廣大成就瑜伽》：“唵（引。一）曩莫薩嚩怛他蘖多（二）迦野[8]弜嚩吃質（二合）多（三）嚩日羅（二合）滿娜南迦嚕弜（四）。”（T0853v18p0144a）本頁下注 8：“弜 = 㫟《甲》。”唐菩提仙譯《大聖妙吉祥菩薩祕密八字陀羅尼修行曼荼羅次第儀軌法》：“𑖀𑖝𑖿𑖪，迦嚕[30]弜（六）。”（T1184v20p0786b）本頁下注 30：“弜 = 㫟《甲》。”唐般若斫羯囉譯《摩訶吠室囉末那野提婆喝囉闍陀羅尼儀軌》：“阿鉢唎[36]弜哆。”（T1246v21p0220c）本頁下注 36：“弜 = 㫟《甲》《乙》。”唐不空譯《一字奇特佛頂經》：“唵斫羯囉（二合）韈嘌底（二合）鉢囉（二合）賒[47]弜。”（T0953v19p0291b）本頁下注 47：“弜 = 㫟《聖》。”“方”旁皆“弓”旁之訛。遼希麟集《續一切經音義》：“琰魔，上以[1]冉反，梵語也。”（T2129v54p0959a）本頁下注 1：“冉 = 丹《甲》。”“冉”乃“冉”字異寫，“丹”即“冉”字之訛。“方”或訛作“弓”，“丹”或訛作“冉”，故“旃”訛作“弜”。

0685 弸

勝友造、唐義淨譯《根本薩婆多部律攝》：“若堪吹蠡角，弓施弦弸，箭有鏃頭，若像身中有佛舍利。”（T1458v24p0594a）

按：“弸”即“彁”之異寫。唐慧琳撰《一切經音義》卷六十三《根本説一切有部律攝》第十二卷：“弸箭，上祖感反。《韻英》云：‘弓弦彁也。從弓，朁聲也。’”（T2128v54p0727b）又卷六十一《根本説一切有部毘奈耶律》第四十卷：“弦彁，慚感反。弓弦弸也。”（T2128v54p0713b）“彁”爲弓弦義。“朁”旁寫作“替”旁文獻習見。

0686 䢡

日本心覺撰《多羅葉記》：“䢡歷，没羅（二合）麼。”（T2707v84p0582a）

按：“䢡”即“旋”字之訛。唐禮言集《梵語雜名》：“旋歷，没羅（二合）麼。”（T2135v54p1240b）與“䢡”對應之字作“旋”。《偏類碑別字》“旋”字條引《唐澍城劉府君韓夫人墓誌》作“旞”，《可洪音義》：“周䢡，序全反。正作‘旋’。”（v59p733a）“旞”“䢡”右部與“䢡”右從之“遂”形體相近。

“方”旁訛作“弓”者，參0684“弜”字條。

0687 彊

日本靜然撰《行林抄》：“槃荼羅婆私膩矧墀（彊資反。名意鬼），疏墀（乃軫反。名不億鬼），膩疏墀（名最億鬼）。”（T2049v76p0182a）

按：“彊”即“殖”字之訛。唐道世撰《法苑珠林》：“矧墀（直資反），跈墀（乃軫反），膩跈墀。”（T2122v53p0737b）東晋難提譯《請觀世音菩薩消伏毒害陀羅尼呪經》：“般荼囉婆私膩矧墀（[60]殯資反。名億鬼），跈墀（乃軫反。名不億鬼），膩跈墀（名最憶鬼）。”（T1043v20p0035b）本頁下注60：“殯＝殞《宋》，殖《元》，〔殯資反〕－《明》。”據切音關係，“墀”之切上字作“直”或“殖”皆與讀音相合，“彊”“殯”“殞”皆“殖”字之訛。

“歺”或訛作“歿”（參1228“歿”字條），“歹”旁訛作“弓”旁；“直”或寫作“亶”“亶”等形，與“亶”形近，故“殖”訛作“彊”。

西晋聶承遠譯《佛説超日明三昧經》下卷：“若於父母沙門道人殖光明德。”（T0638v15p0543c）《可洪音義》卷八《超日月三昧經》下卷：“殞光，上市力反。正作‘殖’。”（v59p831c）西晋竺法護譯《佛説力士移山經》：“如樹花殖，暐曄繁茂。”（T0135v02p0858a）《可洪音義》卷十三《移山經》：“華殞，市力反。正作‘殖’。”（v59p1041b）“殞”皆“殖”字之訛。“殞”與“殞”形近，亦“殖”字之訛。“殯”蓋此形的進一步訛誤。

子 部

0688 𡦹

佚名《佛頂尊勝陀羅尼真言》：“長受持用身印，明曰：曩麽三漫多[18]勃馱喃唵卓（丁古反）嚕（二合）鉼泮吒（半）娑嚩（二合）訶。”（T0974Ev19p0395b-c）本頁下注18：“勃馱喃＝𡦹南《甲》。”

按：“𡦹”與“勃馱”爲版本異文，“𡦹”即“勃馱”二字的拼合字。“勃馱喃”爲“𑖤𑖲𑖟𑖿𑖠𑖯𑖡𑖯𑖽（buddhānāṃ）”的譯音字，義爲諸佛。“勃馱”爲“𑖤𑖲𑖟𑖿𑖠（buddhā）”的譯音字，又譯作“佛陀”“浮屠”“浮圖”“菩提”等，“佛陀”簡稱作“佛”。“馱”或寫作“駄”，“勃馱”或寫作“勃駄”。由於佛爲佛教中的重要概念，故或將“勃馱”二字取前字的左旁與後字的右旁組合成“𪟤”字。但此字唯此一見，未通行。

0689 ⿱尚子

唐道世撰《法苑珠林》：“第一大般若呪云：……三摩涅囉薩那羯𡄔 怛姪他[24]⿱孛糸姪 *⿱孛糸姪 悉姪悉姪。”（T2122v53p0739b）本頁下注 24：“⿱孛糸 = ⿱尚子《三》《宮》*。”

按：“⿱尚子”與“⿱孛糸”爲版本異文，“⿱孛糸”“⿱尚子”皆“孛”字之訛。唐阿地瞿多譯《陀羅尼集經》：“大般若波羅蜜多陀羅尼第十四呪曰：……三摩莎婆羯哩（二合。二十三）勃[12]地勃地。冒馱耶冒馱耶（二十四）悉地悉地（地野反，上同。二十五）劍婆劍婆（二十六）迦羅迦羅（二十七）者羅者羅（二十八）頞婆頞婆（二十九）阿揭車阿揭車（三十）婆伽婆（去）帝（三十一）摩毘𪇷（去）婆（三十二）莎訶（三十三）。”（T0901v18p0807a）本頁下注 12：“地 +（地冶反，下同）夾注《宋》《元》《宮》，（地冶切，下同）夾注《明》《甲》。”與“⿱孛糸姪”對應之字爲“勃地”，根據腳注，宋、元、明、宮、甲本“地”字切音作“地冶”，“地”在此咒語譯音中當讀同“姪”。林光明《新編大藏全咒》卷四《陀羅尼集經》“大般若波羅蜜多陀羅尼”中“勃地”的梵文羅馬轉寫作“bodhi”（v4p45）。唐善無畏譯《尊勝佛頂脩瑜伽法儀軌》：“𑖤𑖲𑖟𑖿𑖠𑖿𑖧𑖨，勃姪（地耶反）勃姪（四十九）。”（T0973v19p0373a）“勃姪/地”當爲梵文“𑖤𑖲𑖟𑖿𑖠𑖿𑖧”（buddhya）的譯音，林光明的轉寫疑有誤。“勃”爲“𑖤𑖲”的譯音字。日本淨嚴撰《悉曇三密鈔》：“𑖤𑖲，母、蒲、捕佛、勃、没、𩑶（切身。慈氏）。”（T2710v84p0745b）又：“𑖤𑖺，菩、冒、勃。”（T2710v84p0745b）又：“𑖥𑖲，步、部、勃。”（T2710v84p0745c）“勃”可爲“𑖤𑖲（bu）”“𑖤𑖺（bo）”“𑖥𑖲（bhu）”的譯音字。“孛”亦當可爲上述諸梵文的譯音字。

“孛”或作“学”（見唐顏元孫《干祿字書》），“勃”或作“⿰学力”（見《可洪音義》v59p555b）、“⿰⿱尚子力”（見《可洪音義》v59p808b），“⿱尚子”與“⿰⿱尚子力”之左旁相同，乃“⿱尚子”訛作“孛”之確證。南朝梁慧皎撰《高僧傳》第九卷：“政弊道消則彗孛見於上。”（T2059v50p0383c）唐慧琳撰《一切經音義》卷九十《高僧傳》第九卷：“彗孛，下盆没反。何注《公羊傳》：‘孛星，如白絮孛孛然，祅氣貌也。’《説文》從𣎵，𣎵音費；從子。《傳》文作‘⿱尚子’，亦通也。”（T2128v54p0879b）“⿱尚子”亦“孛”字之訛。

四庫本《法苑珠林》與“⿱孛糸”“⿱尚子”對應之字作“掌”，“掌”亦“孛”字之訛。“孛”訛作“⿱尚子”，因又訛作“掌”也。參 1913“⿱孛糸”字條。

0690 㝃

唐道世撰《法苑珠林》:“昔有鳥名曰拘耆（梁言赤嘴鳥），游在叢林樹，産㝃諸子在於樹上。”（T2122v53p0868a）

按:“㝃”即“孺”字之書寫變異，經借作“乳”字，“産乳”爲同義並列複合詞，即生産之義。南朝梁寶唱等集《經律異相》:“昔有烏名曰拘耆（梁言赤嘴鳥也），遊在叢樹，産[12]乳諸子在於樹上。”（T2121v53p0255a）本頁下注12:“乳=孺《宫》。”正文作“乳”，異文作“孺”，“乳”爲本字，“孺”爲借字。“孺”或寫作“孻”（見澤存堂本《玉篇·子部》），“㝃”與“孻”形近。

《經律異相》:“端坐山中，鳥[4]㝃頂上，子未能飛，終不捨去。”（T2121v53p0046a）本頁下注4:“㝃=孺《宋》《元》《宫》。”又:“菩薩在山，慈心端坐，思惟不動。鳥孺頂上。覺鳥在頂，懼卵墜落，身不移搖，捨身而行，彼處不動，及鳥生翅，但未能飛，終不捨去。”（T2121v53p0048b）“㝃”亦“孺”字的書寫變異。

0691 孽

宋集成等編《宏智禪師廣録》:“佛祖之所呵，魔外之得便，其疵癘萌孽，治不可緩也。”（T2001v48p0101a）

按:“孽”即“孽”字之訛。《卍續藏》清道霈述《聖箭堂述古》字作“孽”（X1455v73p0445b）。“萌孽”爲禍端之義，與文意合。北宋曾鞏《尚書都官員外郎王公墓志銘》:“居郡，求姦事最急。苟有萌孽，一切擿發，窮治之。”即用其義。高麗一然撰《三國遺事》:“乾封元年丙寅六月，以龐同善、高臨、[4]薛仁貴、李謹行等爲後援。”（T2039v49p0972a）本頁下注4:“薛=薛《甲》。”正文、注文、異文皆作“薛”，據文意，正字當作“薛”，底本作“薛”，甲本當作“薛”，《大正藏》傳刻誤作“薛”。

唐不空譯《觀自在菩薩如意輪念誦儀軌》:“真言曰:娜莫薩嚩怛他（去，引）蘖帝（引）毘喻（二合，引。一）尾濕嚩（二合）目契（引）毘藥（二合。一）薩嚩他（引）欠搵娜孽（二合）底娑頗（三合）囉呬（引）輪誐誐曩劍娑嚩（二合，引）訶。次應誦讚歎偈。”（T1085v20p0206a）唐惠果造《八契印》:“真言曰:曩莫三滿多没馱（引）南薩縛他（引）欠搵娜蘖底娑頗（二合）羅呬輪誐誐曩（引）劍娑嚩（二合）訶（引）。”（T0900v18p0783b）唐不空譯《佛説雨寶陀羅尼經》:“受敬淨信三寶諸天悉皆歡喜，即雨財寶穀麥。爲彼讀誦法師故，即説陀羅尼曰:曩謨（引）婆（去聲）誐嚩帝（一）嚩日囉（二合）馱囉（二）

娑（引）誐囉揑（奴逸切）具灑（引）耶（三）怛他（引）孽多（引）野（四）。”（T1163v20p0668a）唐慧琳撰《一切經音義》：“多陀竭，梵語魯質不妙也，正梵云怛他蘖多，唐云如來也。”（T2128v54p0408c）日本明覺撰《悉曇要訣》：“又如來云怛他阿伽多，梵作𑖝𑖞𑖐𑖝。”（T2706v84p0532c）又：“又𑖝𑖞𑖐𑖝𑖽𑖎𑖳𑖫，此云如來鉤，或云怛他蘖多俱舍。”（T2706v84p0526a）日本淨嚴撰《悉曇三密鈔》：“𑖐，蘖、竭、鈙、乾、犍、健、虔（隨求）、伽、哦、誐、仰、嘘、疙（千手軌）。”（T2710v84p0742a）與“孽”對應之字作“蘖”。“孽”亦爲“孽”字之訛，“孽”與“蘖”爲同一梵文的譯音字。

0692 穜

西晋竺法護譯《修行道地經》第一卷：“兩種在胸：一名額坑，二名廣普。一種在心，名爲班駁。一種在乳，名曰[35]湩現。一種在臍，名爲圍繞。”（T0606v15p0188b）本頁下注35：“湩＝穜《三》《聖》，蜉《宫》。”

按：“穜”與“湩”爲版本異文，“穜”即“湩”之異構字。唐玄應撰《一切經音義》（麗藏本）卷十二《修行道地經》第一卷：“湩現，竹用、都洞二反。《通俗文》：‘乳汁曰湩。’今江南人亦呼乳爲湩。《經》文作‘𨤗’，奴罪反，非也。”（p163a）玄應所見本作“𨤗”，“𨤗”當爲“𨤲”，《龍龕·孚部》：“𤕢、𨤲、穜、𤖜，四俗，他冬、他動、竹用三反。”《説文·水部》：“湩，乳汁也。从水，重聲。”《集韻·用韻》竹用切：“湩、𪏭、𤕢，乳汁也。或从乳，亦省。”“湩”之本義爲乳汁，乃從水、重聲的形聲字，“𪏭”爲“湩”之從乳、重聲的異構字，“𤕢”爲“𪏭”之省形字，“穜”爲“𤕢”改換聲旁的異構字，“𤖜”爲“𪏭”之異寫字，“𨤲”爲“𤕢”之異寫字，“𨤗”乃“𨤲”字之訛，“孚”旁訛作“委”旁也。

玄應收“𨤗”之“奴罪反”一音，乃誤讀之音。《集韻·灰韻》奴回切：“𨤗，艸木子垂皃。”疑或誤讀“𨤗”爲“𨤗”字。《龍龕·雜部》：“𨤗，俗，奴回、反［奴］最二反。”蓋據玄應所録之誤讀音。《康熙字典·備考·里部》：“𨤗，《龍龕》音會。”《漢語大字典》：“𨤗，néi《龍龕手鑑·雜部》：‘𨤗，俗。奴回、奴𥙿二反。’《字彙補·里部》：‘𨤗，何對切，音會。見《篇韻》。’”（二p1163a）皆承《龍龕》之誤，録其誤讀之音而未詳其義。

西晋竺法護譯《賢劫經》：“由如往昔有一菩薩，行忍辱時，名羼提和。迦夷國王斷其手足及與耳鼻，血化乳[18]湩，心不起瞋，無有瘡病。”（T0425v14p0030a）本頁下注18：“湩＝穜《宋》《元》《宫》《聖》。”“穜”亦“湩”之異構字。

鄭賢章《漢文佛典疑難俗字彙釋與研究》“𤕢（穜）”字條（p146）亦有考證，可參。

女 部

0693 孬

清工布查布譯解《佛説造像量度經解》:“造像慎忌三病俱湊之過。……身體肢根中有歪斜，則子弟多出僂攣躄缺之殘疾。鼻塌出謬愎，一切相中眼目最爲要。股根瘦者，孬胎多廢半途。圓處不圓，滿處不滿者，果穀屢不收。其餘小處不合尺寸，則失物破財。像有拆斷，則嗣族衰敗。裂文，應起盗賊。”（T1419v21p0950a）

按：“孬”即“孕”之異構字。《説文・子部》:“孕，裹子也。”“孕”之本義爲懷孕，引申有胎兒義。“孕胎”爲同義並列複合詞，即身孕、胎兒之義。唐慧琳撰《一切經音義》:“孔雀，即藥反。《春秋元命包》曰：‘火離爲孔雀。’又云：‘罽賓國多孔雀，不必疋合，正以音影相接，或聞雷聲，便感有孕胎也。’”（T2128v54p0331a）“孕胎”即身孕義。

0694 妐

唐澄觀述《大方廣佛華嚴經隨疏演義鈔卷》第二十五:“若具梵云：嚕迦馱都（世界也）三慕達羅（海也）濕第奢（演説也）匿縛怛囊（觀察。亦云照曜）三牟陀（十方也）儉摩（合集也）娜妐（名也）鉢里勿多（品也）。”（T1736v36p0192a）

按：“妐”即“妘”之異寫。經文又見於唐實叉難陀譯、澄觀述《大方廣佛華嚴經疏鈔會本》:“若具梵云：嚕迦馱都（世界）三慕達羅（海）濕第奢（演説）匿縛怛囊（觀察。亦云照曜）三牟陀（十方）儉摩（合集）娜妘（名）鉢裹勿多（品）……”（L1557v130p0361c－0352a）字正作“妘”。“云”異寫與“亡”形體相近，如《可洪音義》載“雲”異寫作“雹”（v60p474a）、“芸”異寫作“芒”（v60p289a），正可比勘。東晋佛陀跋陀羅譯《達摩多羅禪經》:“靜復所由，則幽詣造微；淵博難究，然理不[14]云昧。”（T0618v15p0300c）本頁下注 14:“云=亡《宋》《宮》。”衆賢造、唐玄奘譯《阿毘達磨順正理論》:“又[2]云聲聞所有衣物世尊聽許苾芻衆分，若佛世尊聲聞僧攝，世尊衣物亦應許分。”（T1562v29p0558c）本頁下注 2:“云=亡《三》《宮》。”“亡”皆“云”字之訛，亦可參看。

0695 妟

日本安然集《諸阿闍梨真言密教部類總録》："《釋摩訶衍論》十卷（龍樹。或明初來之日道俗判爲僞論，次德溢師引用叡山本師破爲僞論。仁和上問，南大寺新羅僧珍聰云：新羅中朝山月忠妟造。後海和上奏入真言三藏流行天下，次福貴山道詮和上箴誨破古僞論，立爲真論）。"（T2176v55p1116b）

按："妟"即"妄"字之訛。日本道範記《釋摩訶衍論應教鈔》（T2288v69p0584b）、日本賴寶撰《釋摩訶衍論勘注》（T2290v69p0612a）、日本杲寶記補《寶册鈔》（T2453v77p0821c）與"妟"對應之字皆作"妄"。"妄"或寫作"[illegible]"（見潘重規編《敦煌俗字譜・女部》），"忘"或寫作"[illegible]"（《可洪音義》v59p919b），"亡"旁皆寫作"[illegible]"。"[illegible]"與"巳"形近，故"妄"或訛作"妟"，"亡"旁訛作"巳"旁也。世親造、金剛仙釋、北魏菩提流支譯《金剛仙論》："受持真妙法者，釋經中第五段。若受持此經，不能尋詮會理，得理[3]亡詮，不名受持真妙法要。受持此經，能[*]亡詮會旨，解無爲法身，方名受持真妙法。故明受持經者，即是荷擔如來真妙法身也。"（T1512v25p0846a）本頁下注3："亡=巳《甲》[*]。"隋灌頂撰《觀心論疏》："若不明者發時，行者不識，則壞三觀之心，破毀浮囊，[9]亡失正念故。"（T1921v46p0608a）本頁下注9："亡=巳《甲》。""巳"皆"亡"字之訛，可資比勘。

0696 婁

日本圓仁撰《入唐新求聖教目録》："《利涉法師與[19]婁斑論》一卷。"（T2167v55p1084b）本頁下注19："婁=壽《甲》。"

按："婁"與"壽"爲版本異文，"婁"即"韋"字之訛。日本永超集《東域傳燈目録》："《利涉法師與韋挺論》一卷。"（T2183v55p1164b）"韋挺"，《舊唐書》有傳。唐道宣撰《續高僧傳》："御史韋挺，備覽表辭，文理卓明，詞彩英贍。百有餘日，韋挺經停。"（T2060v50p0604c）元覺岸編《釋氏稽古略》："《氏族志》，貞觀十二年正月，吏部尚書高士廉、黄門侍郎韋挺、禮部侍郎令（盧丁反）狐德棻、中書侍郎岑文本撰《氏族志》成。"（T2037v49p0815a）"韋挺"皆同一人。"婁斑"乃"韋挺"之訛，"婁"即"韋"字之訛。隋慧遠述《大乘義章》："見屍膖脹如[11]韋囊中風，異於本形。"（T1851v44p0735c）本頁下注11："韋=婁《聖》。"日本最澄撰《傳教大師將來越州録》："《[3]韋之晋傳》一卷。"（T2160v55p1059a）本頁下注3："韋=婁《甲》。"日本賴瑜撰《大日經疏指心鈔》："[5]韋紐是梵王之父母。"（T2217v59p0657b）本頁下注5："韋=妻《甲》。"

唐道世撰《法苑珠林》："唐時印人[11]妻犯誓外私冥報怪。"（T2122v53p0850a）本頁下注 11："妻=韋《三》《宫》。""婁""妻"皆"韋"字之訛。《法苑珠林》："薩婆[29]婁多書（一切種音）。"（T2122 v53p0351b）本頁下注 29："婁=韋《三》《宫》。""韋"又"婁"字之訛。"韋"與"婁""妻"相混誤，皆可與"韋"訛作"妟"相比勘。

"壽"亦"韋"字之訛。唐冥詳撰《大唐故三藏玄奘法師行狀》："阿毘曇兼通史傳，及善老莊，爲蜀人所慕。總管酇公、行臺尚書[25]韋雲起等特所欽重。"（T2052v50p0214b）本頁下注 25："韋=壽《甲》。"唐圓照撰《貞元新定釋教目録》："撿挍右僕射平章事[12]韋使。"（T2157v55p0773c）本頁下注 12："韋=壽《聖》。""壽"皆"韋"字之訛，可資比勘。

0697 娧

唐菩提流志譯《不空羂索神變真言經》第十三卷："口氣香潔，如優鉢花香，膚色充娧。獲得一切隱行大仙三昧耶。"（T1092v20p0294b）

按："娧"即"娧"之異寫字。唐慧琳撰《一切經音義》卷三十九《不空羂索經》第十三卷："充娧，音悦。前第一卷中已具釋。"（T2128v54p0563b）又《不空羂索經》第二卷："娧澤：上他外反。《毛詩傳》云：'娧娧，舒遲之皃也。'又音悦。《考聲》：'美皃也。'《説文》云：'好也。從女，兑聲。'"（T2128 v54p0561a）"娧"亦"娧"字異寫。又，日本寬助撰《别行》："一者身無衆病，若有病速令除差，二者身膚細軟妹娧好。"（T2476v78p0146b）"娧"皆漂亮義。

0698 娍

隋吉藏撰《法華義疏》："故會稽曹娍投衣裳於江水，吴郡女子曬屏風於堂床，以疇孝行。"（T1721v34p0593c）

按："娍"即"娥"字之訛，偏旁"我"訛作類似"戒"的形體。此用孝女曹娥投江典故。唐湛然述《法華玄義釋籤》："其曹娥者，《史記・孝女傳》云：會稽上虞人。父盱能絃歌，爲巫祝，五月五日於江迎伍君濤溺水而死，不得屍。娥時年十四，巡江號哭，晝夜不絕，遂投江死，抱父屍而出。"（T1717v33p0946c）《史記》未見曹娥事，事載於《後漢書・列女傳》。唐元康撰《肇論疏》："漢時會稽人曾肝，能撫節安歌，度浙江溺死。肝女曹娥，年十二，求肝屍不得，自投浙江而死，經宿抱父屍而出。度尚爲作碑，置於會稽上虞山。"（T1859 v45p0164c）

“盱”訛作“肝”。

東晋瞿曇僧伽提婆譯《中阿含經》：“物主，不善念從何而生？我說彼所從生，當知從想生。云何爲想？[1]我說想多種無量種若干種行，或欲想，或恚想，或害想。”（T0026v01p0721a）本頁下注1：“我＝戒《元》《明》。”隋闍那崛多譯《起世經》：“生已唱言摩陀多（隋言持[2]我）。”（T0024v01p0363a）本頁下注2：“我＝戒《三》。”前一例“我”訛作“戒”，後一例“戒”訛作“我”。“我”與“戒”或相混誤，故“娥”或訛作“⿰女戒”。

0699 ⿱玨女

日本光宗撰《溪嵐拾葉集》：“木槵子、環子，亦云木欒（魯官反），梵云阿梨⿱玨女子，見《陀羅尼集經》（云云）。”（T2410v76p0661a）

按：“⿱玨女”即“瑟”字之訛。唐伽梵達摩譯《千手千眼觀世音菩薩治病合藥經》：“阿梨瑟迦紫者，木槵子是也。”（T1059v20p0104c）日本心覺撰《多羅葉記》：“阿梨吒，古譯云阿梨吒，亦云阿梨瑟吒，謂無患樹，因樹得名。”（T2707v84p0619a）與“⿱玨女”對應的字皆作“瑟”。日本了尊撰《悉曇輪略圖抄》：“[illegible]，瑟吒。”（T2709v84p0706a）“瑟吒”爲“[illegible]（ṣṭa）”的譯音字，佛經習見。日本淨嚴撰《悉曇三密鈔》：“[illegible]，沙、灑、屣、刹、澁、察、瑟、鏟、殺。”（T2710v84p0746c）“瑟”爲“[illegible]（ṣa）”的譯音字。

日本皇慶撰《隨要記》：“誦此偈已，說密語曰：唵跋折囉禰鉢提（尊主）微（已桂反。體性也）怛鑁（於汝）阿鞞詵者弭（我今。灌頂）底⿱玨女吒（住）跋折囉三摩曳薩怛鑁（汝爲三摩耶也）。”（T2407v75p0822a）同經咒語作：“真言曰：唵跋折羅禰鉢提（尊上）徽（亡珪反。體性也）怛鑁於汝阿鞞詵者弭（我今。灌頂）底瑟吒（住）跋折羅三摩曳薩怛鑁（汝爲三摩耶也）。”（T2407v75p0816a）日本曇寂撰《金剛頂大教王經私記》：“誦密語曰：唵跋折羅禰鉢提（尊主也）微（無桂切。體性也）怛鑁（於汝）阿鞞詵者弭（我今。灌頂也）底瑟咤（住也）跋折囉三摩曳薩怛鑁（汝爲三摩耶也）。”（T2225v61p0330c）日本心覺撰《多羅葉記》：“住，底瑟吒（二合），又云悉地多。[illegible]，[illegible]。”（T2707v84p0585a）“⿱玨女”亦“瑟”字之訛。

“必”或寫作“[illegible]”（見《可洪音義》v59p620a）、“[illegible]”（見《可洪音義》v59p623a）、“[illegible]”（見《可洪音義》v60p158a）等形，皆與“女”形近，故“必”或訛作“女”。《可洪音義》卷十《大智度論》第二十一卷：“終女，音必。”（v59p912a）龍樹造、後秦鳩摩羅什譯《大智度論》：“審諦觀此身，終必歸死處。”（T1509v25p0199a）“女”即“必”字之訛。唐不空譯《文殊師利菩薩及諸仙所說吉凶時日善惡宿曜經》：“若用裁衣，[24]必多饒事務。”（T1299v21p0388c）本頁下注24：“必＝女《明》。”唐窺基撰《成唯識論述記》：“起者[3]必有勞慮，凡夫愚而莫知，聖者惠而生厭，此熟彼宗眼等諸識起*必勞慮。”（T1830v43p0369b）本頁下注 3："必=女《甲》*。""女"皆"必"字之訛，皆可比勘。

0700 娜

元竺僊梵仙語《竺僊和尚語録》："《秋景風竹》：……婆娑應節拍，裊娜合屈伸。脩枝似長袖，翩翻一何頻。"（T2554v80p0433b）

按：據文意，"娜"即"娜"字之訛。"裊娜"文獻多見，多用來形容柔美貌，文中形容風吹翠竹的柔美之態。"那"與"耶"形近，兩字或相混誤。西晋法炬譯《前世三轉經》："答曰：'卿未出門頃，我當餓死，[44]那能須卿持飯來耶?'"（T0178v03p0448b）本頁下注 44："那=耶《三》。""耶"即"那"字之訛，可資比勘。

唐慧沼撰《金光明最勝王經疏》："勃陀薩帝娜　達摩薩帝娜　僧伽薩帝娜　因達囉薩帝娜　跛嘍拏薩帝娜　裔盧鷄薩底婆地娜　羝釤（引）薩帝娜　薩底伐者泥娜。"（T1788v39p0304a）日本曇寂撰《大日經住心品疏私記》："諸趣者，謂六趣也。下疏云：此中種種趣者，梵云娜衍，亦名爲行，亦名爲道。"（T2219v60p0375c）"娜"亦皆"娜"字之訛。《可洪音義》卷三《大方等大集日藏經》第二卷："阿耶娜娜，下二同，奴可反。正作娜娜。"（v59p629b）可洪已溝通"娜"與"娜"的關係。

0701 嫢

南朝梁僧祐撰《弘明集》："匹夫無溝壑之怨，[37]嫢婦無停緯之歎。"（T2102v52p0074c）本頁下注 37："嫢=鼇《宫》。"

按："嫢"與"鼇"爲版本異文，"嫢"即"嫠"之異寫字。文淵閣《四庫全書》本、《四部叢刊》初編本《弘明集》字作"嫠"，"嫠"爲"嫠"之異寫，"嫢"又"嫠"之省。"鼇"爲"嫠"之借字。

0702 嫪

佚名《陀羅尼雜集》："多擲哆　蒱伏呵　佛佛羅　伊羅羅　[1]嫪伊羅婆呵呵縷呵嘍。"（T1336v21p0636a）本頁下注 1："嫪=婆《三》。"

按："嫪"與"婆"爲版本異文，"嫪"即"嘍"之省。"嘍"又寫作"嫪"，遂省作"嫪"。"嘍"乃"婆"加"口"旁所造之譯音專字。

0703 姚

後秦鳩摩羅什譯《小品般若波羅蜜經》："《小品經序》[11]釋僧叡。"（T0227v08p0536c）本頁下注 11："（常安）+釋《元》，（姚秦長安）+釋《明》。"

按："姚"即"姚"字之書寫變異。僧叡爲後秦僧人，後秦帝姓姚，故又稱作姚秦。"姚"或寫作"姚"（見元趙孟頫《仇鍔墓志銘》）、"姚"（見秦公《碑別字新編·九畫》"姚"字條引《唐順陵碑題字》）等形，可資比勘。

0704 妐

唐金剛智譯《吽迦陀野儀軌》："而母妐怒真言等念誦，當行者已灌頂阿闍梨所受法印。"（T1251v21p0240b）

按："妐"即"忿"字之訛。"忿怒真言"佛經多見，日本圓仁撰《蘇悉地羯羅經略疏》："每部各有明王明妃真言手印觀念，亦各有部母忿怒真言手印觀念。"（T2227v61p0448b）"忿"受後字"怒"字影響而誤加"女"旁，此乃字形同化的特例。

0705 媀

西晋竺法護譯《等集衆德三昧經》："其意仁和，棄捐媮[15]媀，無所貪慕，不惜身命，曉練便宜。"（T0381v12p0985c）本頁下注 15："媮媀＝諛諂《三》《宮》，媮＝言《聖》。"

按："媮媀"與"諛諂"爲版本異文，"媮"爲"諛"之借字；"媀"爲"諂"字之訛，乃受前字"媮"字的影響而改"言"旁爲"女"旁，此乃字形同化之例。"諛諂"爲同義並列複合詞，爲奉承諂媚之義。唐慧琳撰《一切經音義》卷十一《大寶積經》第二卷："諛諂，上羊珠反。《蒼頡篇》云：'諂，從也。'《莊子》云：'不擇是非而言謂之諛。'《説文》：'諛，諂也。從言，臾（羊朱反）聲也。'下丑染反。《易》曰：'君子上交不諂，下交不嬻（音讀）。'何休注《公羊傳》云：'諂猶佞也。'《莊子》：'睎［希］意道言謂之諂。'《説文》：'諂，諛也。從言，臽（咸減反）聲也。'"（T2128v54p0372b）唐慧琳撰《一切經音義》卷十四《大寶積經》第一百一十四卷："諛諂，《經》文多作'諭'，非也。音喻去聲，於文不順也。"（T2128v54p0400c）唐慧琳撰《一切經音義》卷三十四《八吉祥神呪經》："諛讇，上庸朱反。《説文》：諛，亦諂也。從言，臾聲。《經》作此'諭'，是曉諭字也，與經義乖也。下丑冉反。何注《公羊傳》：'讇，佞也。'從言閻聲。或經作'諂'，俗字也。"（T2128v54p0535b）《集韻·遇韻》俞戍切："諭、喻，《説文》：'告也。'一曰曉也。亦姓。或作喻。"同小韻："諛，諂也。《莊子》：'孝子不諛其親。'""諭"本義爲告，"諛"之本義爲諂，二字同音，故佛經常用"諭"爲"諛"表諂媚之義。東晋竺曇無蘭譯《佛説寂志果經》："沙門梵志，受信施食，而行[27]諛諂。"（T0022v01p0273c）本頁下注 27："諛＝諭《宋》。"東晋瞿曇僧伽提婆譯《中阿含經》："爾時世尊便作是念，此鬼長夜無有[20]諛諂，亦無欺誑。"（T0026v01p0634c）本頁下注 20："諛＝諭《聖》。""諭"皆"諛"之借字。佛經用"諭"借爲"諛"之例很多，《漢語大詞典》《漢語大字典》皆未收"諭"借爲"諛"的用法，當補。

《廣韻·虞韻》羊朱切："諛，諂諛。""媮，靡也。又音偷。""媮"與"諛"同小韻，故佛經又或借"媮"爲"諛"。西晋竺法護譯《佛説文殊悔過經》："處人壽命興五趣念，乞求合集懷[17]諛諂想，積累無限非法之行。"（T0459v14p0442c）本頁下注 17："諛諂＝諂諛《三》《宫》。"唐慧琳撰《一切經音義》卷四十五《文殊悔過經》："懷媮諂想，透侯反。《蒼頡》云：'媮，盜。'鄭箋《毛詩》云：'取也。'賈注《國語》云：'苟且也。'許叔重注《淮南子》云：'媮，薄也。'或從心作'愉'，訓用同。或從人作'偷'，亦通。《説文》：'巧黠也。從女從俞省聲也。'"（T2128 v54p0609b）《文殊悔過經》之"諛諂"，慧琳作"媮諂"，"媮"即"諛"之借字，"諂"爲"諂"字之訛。慧琳所釋"媮"字之義不可從。

《大詞典》："媮佞，逢迎諂媚。唐陸龜蒙《卜肆銘》：'蜀嚴之託蓍龜也，以忠孝仁義；後來之託蓍龜也，以媮佞險詖。'《新唐書·奸臣傳上·陳希烈》：'天寶元年，有神降丹鳳門，以爲老子告錫靈符，希烈因是上言……其媮佞類如此。'"（v4p389a）"媮"亦當讀作"諛"。

西晋竺法護譯《文殊支利普超三昧經》："無婬怒癡無慳嫉者，亦無[19]諛諂，無有瞋恚憍慢之結，無所興起，亦無熱惱。"（T0627v15p0419b）本頁下注 19："諛諂=媮媮《聖》。""媮"亦"諂"字之訛。東漢支婁迦讖譯《佛説遺日摩尼寶經》："一者形容被服像如沙門，二者外如沙門内懷[17]媮孄，三者求索嘩名自貢高，四者行不犯真沙門也。何等爲形容被服如沙門者？髡頭剔鬚，著袈裟持鉢，心不正不持戒，但欲作惡喜學外道，是爲被服如沙門。何因外如沙門内懷*媮孄者？安徐而行，安徐而出，安徐而入，外道麁惡於山間草屋爲廬，内無信著我著我所，中有因苦直信者反自嫉妬。何因爲求索嘩名者？*媮孄持戒令他人稱譽，[21]媮孄學經令他人稱譽，[22]媮孄僻處令人稱譽，不自剋責求度脱。但有*媮孄何等爲行不犯真沙門。"（T0350v12p0192c）本頁下注 17："媮孄＝諛諂《三》《宫》《聖》。"注 21："媮孄＝諛諂《三》《宫》，諂諛《聖》。"注 22："媮孄＝諂諛《三》《宫》《聖》。""讇"爲"諂"之異構字，"孄"即"讇"字之訛，亦字形同化之例。

鄭賢章《漢文佛典疑難俗字彙釋與研究》"媮"字條（p149）亦有考證，可參看。

0706 媲

日本照遠撰《資行鈔》(事鈔下四之本):“記：華屋媲（匹諸反，酛也）偶（云云），對作屋故云偶，今對屋等是也。”（T2248v62p0830c）

按：“媲”即“媲”字之訛。唐道宣撰《廣弘明集》：“白衣則華屋媲偶。”（T2103v52p0310c）北宋元照撰《四分律行事鈔資持記》：“白衣則華屋媲（匹詣。配也）偶。”（T1805v40p0417a）與“媲”對應之字作“媲”“媲”，即“媲”字的異寫。《説文·女部》：“媲，妃也。”《廣韻·霽韻》匹詣切：“媲，配也。”“媲”與“偶”義近，“媲偶”爲同義並列複合詞。媲或寫作“媲”（見《可洪音義》v60p430b）、“媲”（見《可洪音義》v59p633c）等形，構件“囟”或寫作“白”“曰”等。“媲”與“媲”“媲”形近。《可洪音義》卷七《佛説大孔雀咒王經》上卷：“唎媲，下疋詣反。正作媲。”（v59p794c）“媲”亦“媲”字之訛。

0707 娽

日本安澄撰《中論疏記》：“如佛果中修生功德，斷結無爲本無，而今除障[3]娽淨，曰方便淨。”（T2255v65p0175b）本頁下注3：“娽=始《甲》。”

按：“娽”與“始”爲版本異文，即“始”字之訛。同上經：“如佛果中修生功德，斷結無爲本無，而今除障始淨，曰方便淨。”（T2255v65p0231a）隋慧遠述《大乘義章》：“真實性中，開合不定，總唯一真，亦得分二：一有垢，如在染恒淨；二無垢，如除染始淨。論説如是，復有二種：一如實空，離性離相；二如實不空，具過無量恒沙淨法。並如上辨，亦得分三：一無垢，如本來常淨，無垢可處；二有垢，如在染不污；三離垢，如除障始淨。亦得分四：如攝論説，一者垢，如在染常淨；二無垢，如除染始淨；三是淨相，修生真德；四是淨教。”（T1851v44p0528c）字均作“始”。

0708 姧

唐般若譯《大乘理趣六波羅蜜多經》：“復自思惟，我今此心極爲[1]姧詐，畏墮地獄生安忍心。”（T0261v08p0893a）本頁下注1：“姧=姦《明》。”

按：正文“姧”，注文作“姧”，“姧”又與“姦”爲異文。“姧”爲“姦”之異構字，“姧”爲“姧”字之訛。

0709 嫎

唐法全撰《大毘盧遮那成佛神變加持經蓮華胎藏悲生曼荼羅廣大成就儀軌供養方便會》："迦佉誐伽仰左磋惹鄽壤吒吒拏荼[5]拏多他娜馱曩跛頗摩婆莽野羅攞嚩捨灑娑賀（皆上聲短呼）。"（T0852v18p0125a）本頁下注 5："拏＝嫎《乙》。"

按："嫎"與"拏"爲版本異文，兩字爲同一梵文的不同譯音字。疑"嫎"爲"嗱"字之訛，"嗱"爲"拏"加"口"旁所造譯音專字。同上經："迦佉誐伽仰左磋惹鄽壤吒吒拏荼[7]拏多他娜馱曩波頗麽婆莽野囉攞嚩捨灑娑賀（次引聲長呼，右此一轉去聲呼之）。"（T0852v18p0125a）本頁下注 7："拏＝嗱《乙》。""嗱"字佛經多見，唐善無畏、一行譯《大毘盧遮那成佛神變加持經》："伊縊塢烏　哩哩里狸　翳藹汙奧仰壤[32]嗱曩莽　唱穰儜囊忙　噞髯喃南鑁嗐弱搦諾莫。"（T0848v18p0030c）本頁下注 32："嗱＝拏《宮》。"林光明《新編大藏全咒》卷六"大毘盧遮那成佛神變加持經"之"遍一切處法門字輪真言"中"嗱"的梵文羅馬轉寫作"ṇa"（v6p205）。日本安然撰《悉曇藏》："伊縊塢烏哩哩里狸翳藹汚奧仰壤嗱曩莽。"（T2702v84p0407a）"嗱"亦"（ṇa）"的譯音字。用"口"旁字作譯音專字佛經習見，用"口"旁表示譯音的外來詞是漢字造字的一個重要規律，未見加"女"旁之例，故"嫎"可以看作"嗱"的訛字。致誤之由或因"拏"字左上從"女"，受其影響而將"口"旁誤作"女"旁。

0710 婫

北涼曇無讖譯《大方等大集經》："復説呪曰：多地也他　陀[3]⿰女⿱白比　陀羅*⿰女⿱白比　陀羅陀*⿰女⿱白比　憂跛陀羅　陀羅*⿰女⿱白比　蘇婆訶。"（T0397v50p0333b）本頁下注 3："⿰女⿱白比＝婫《宋》《宮》。"

按："婫"與"⿰女⿱白比"爲版本異文，"⿰女⿱白比"爲"媲"字異寫，"婫"爲"⿰女⿱白比""媲"之訛。"媲"或寫作"⿰女⿱田比"（見《可洪音義》v60p430b）、"⿰女⿱白比"（《可洪音義》v59p794c）、"⿰女⿱曰比"（見《可洪音義》v59p633c）等形，構件"囟"或寫作"白""田""曰"等。"⿰女⿱曰比"與"婫"形近。又，"螕"或寫作"蜫"（見《可洪音義》v59p714b），亦可比勘。日本淨嚴撰《悉曇三密鈔》："，⿰女⿱白比。"（T2710v84p0745b）"⿰女⿱白比"爲"（phe）"的譯音字。

0711 媄

日本中算撰《妙法蓮華經釋文》："普賢菩薩陀羅尼：阿檀地（本注：'途賣反。一。'玄奘云：'怛姪他遏彈（去聲）媄（徒皆反，輕）。'不空云：'怛儞也他婀（上）難（上）孏。'）。"（T2189v56p0172a）

按："媄"即"嵳"字之訛。後秦鳩摩羅什譯《妙法蓮華經》："[16]阿檀地（[17]途賣反。一）。"（T0262 v09p0061b）本頁下注16："Adaṇḍe……"注17："途賣＝途買《宋》《宮》，宅解《元》，〔途賣反。一〕－《明》。"此即中算所釋《妙法蓮華經》之原文，"途賣反"乃"地"字的切音，"地"又"ḍe"的譯音字。唐玄應撰《一切經音義》（麗藏本）卷六《妙法蓮華經》："三藏法師玄奘譯：……怛垤他遏彈（去聲）媄（徒皆反，輕）。"（p91a）宛委别藏本"媄"作"媄"（p201）。此即中算"玄奘云：'怛姪他遏彈（去聲）媄（徒皆反，輕）'"所本。此乃玄應轉録的唐玄奘譯《妙法蓮華經》，"遏彈（去聲）媄（徒皆反，輕）"爲"Adaṇḍe"之漢譯，"媄"爲"ḍe"的譯音字，當即"嵳"字之訛。《集韻·麻韻》咨邪切："嵳，女字。"隋闍那崛多、笈多譯《添品妙法蓮華經》："多（上）姪他阿壇荼（徒皆反）。"（T0264v09p0195a）此本與"媄"對應之字作"荼"，可資比勘。

又，《妙法蓮華經釋文》："毘沙門天陀羅尼：阿犁（行瑫云：'作梨字，犁亦通，不取。下二竝同。一。'玄奘云：'遏媄，除皆反。'不空加云：'咀儞也他，去引，遏智曳。'）那犁（二。玄奘云：'捺媄。'不空云：'捺智曳。'）㝹（湯故反）那犁（三。玄奘云：'努捺媄。'不空云：'弩鼻捺智曳。'）"（T2189 v56p0171a）後秦鳩摩羅什譯《妙法蓮華經》："即説呪曰：[8]阿梨（一）那梨（二）㝹那梨（三）。"（T0262v09p0059a）本頁下注8："Aṭṭe〔taṭṭe〕naṭṭe vanaṭṭe……"唐玄應撰《一切經音義》卷六《妙法蓮華經》："三藏法師玄奘譯：……遏媄（除皆反）捺媄努捺媄。"（p90c）"媄"爲"ṭṭe"的譯音字，亦當爲"嵳"字之訛。後秦鳩摩羅什譯《妙法蓮華經》："汝等當知，我今衰老，死時已至。是好良藥，今留在此，汝可取服，勿憂不[5]差。"（T0262v09p0043a）本頁下注5："差＝美《宋》《敦》，瘥《宮》。""差"或訛作"美"字，可資比勘。

0712 䋈

唐金剛智譯《吽迦陀野儀軌》："唵婆伽羅主䋈彌陀迦陀伽曳娑婆訶。"（T1251v21p0251c）

按：日本實運撰《諸尊要抄》："勸請本尊（結本尊印，以大指來去），真言曰：唵簸迦羅主拏禰縛哆野弱[21]薩婆訶。"（T2484 v78p0327b）本頁下注 21："薩婆訶=娑縛賀《甲》。"日本覺成記、守覺輯《澤鈔》："次迎請（内縛三胋，以大指來去），唵簛迦羅主拏禰嚩多野翳醯枳莎呵。"（T2488 v78p0461b）"婆伽羅主絮"與"簸迦羅主拏"當爲相同梵文的不同漢譯形式，"絮"當同"拏"。

0713 㜸

隋慧遠撰《維摩義記》："初言四攝衆伎女者，四攝攝人，如伎[7]㜸衆，故名伎女。"（T1776v38p0489b）本頁下注 7："㜸=娶[カ]《原》。"

按："㜸"與"娶"爲版本異文，二字皆"聚"字之訛。東晉僧肇撰《注維摩詰經》："四攝爲妓女。什曰：四攝聚衆，猶衆妓之引物也。肇曰：四攝悦衆，以當妓女也。生曰：悦以取人，四攝理也。"（T1775 v38p0393c）與"㜸"對應之字作"聚"。隋智顗撰《維摩經文疏》："四攝爲妓女者，妓女本娛情悦慮引衆，有四攝，能順物情，攝引受學者來，故爲妓女也。"（X0338v18p0670a）隋智顗撰《維摩經略疏》："四攝爲妓女，妓女本娛情悦慮引諸觀者。四攝能順物情，引受學者，故爲妓女。"（T1778 v38p0688c）隋吉藏撰《維摩經義疏》："四攝爲妓女，悦物來衆，莫過四攝。"（T1781 v38p0973a）釋妓女之義皆相近。唐玄奘、辯機撰《大唐西域記》："自餘雜姓寔繁，種族各隨類[25]聚，難以詳載。"（T2087 v51p0877b）本頁下注 25："聚=娶《乙》。"隋闍那崛多譯《起世經》："此中有優陀那偈：花法色壽命，衣服及賣買。嫁[7]聚三摩提，并四種飲食。二行晡沙他，上下名三界。雲色諸天等，俱盧舍鳴電。"（T0024v01p0349c）本頁下注 7："聚=娶《三》。"北涼曇無讖譯《大方等大集經》："此六宿日宜結親友嫁[1]聚之事。"（T0397v13p0279a）本頁下注 1："聚=娶《三》《宮》。"唐慧琳撰《一切經音義》："鰥寡，上古頑反。《禮記》云：'老而無妻謂之鰥。'《國語》：'嫁聚不時曰鰥。'"（T2128v54p0837c）日本湛慧撰《成唯識論述記集成編》："《瑜伽》第五云：'三洲攝受妻妾，施設嫁聚。'"（T2266 v67p0441a）上述諸例，第一例"娶"爲"聚"之訛，後四例"聚"皆"娶"字之訛。"聚"與"娶"常相混誤。

鄭賢章《漢文佛典疑難俗字彙釋與研究》"㜸"字條："《維摩義記》卷三：'初言四攝衆伎女者，四攝攝人，如伎[7]㜸衆，故名伎女。'（T38，p0489b）按：'㜸'，大型字典失收，正德三年刊宗教大學藏本《維摩義記》作'娶'，'㜸'即'娶'字之繁。"（p152）釋"㜸"爲"娶"字之繁，與文意不合，不可從。

0714 婨

唐菩提流志譯《不空羂索神變真言經》："或嗢俱吒坐，以右脚踏左脚上坐，臀不至地，顏貌瞋怒，以[8]婨懠心，雙目斜怒，瞻視武略，觀奮怒王，面目瞋吼，狗牙上出，形畏青大。"（T1092v20p0274b）本頁下注 8："婨＝婨《宋》。"

按："婨"與"婨"爲版本異文，"婨""婨"皆"媕"字之訛。參下條。

0715 婨

唐菩提流志譯《不空羂索神變真言經》第九卷："或嗢俱吒坐，以右脚踏左脚上坐，臀不至地，顏貌瞋怒，以[8]婨懠心，雙目斜怒，瞻視武略，觀奮怒王，面目瞋吼，狗牙上出，形畏青大。"（T1092v20p0274b）本頁下注 8："婨＝婨《宋》。"

按："婨"與"婨"爲版本異文，"婨""婨"皆"媕"字之訛。唐慧琳撰《一切經音義》卷三十九《不空羂索經》第九卷："以媕，昂感反。《説文》云：'媕，含怒也。一曰難知也。從女，酓聲。'《經》作'婨'，誤也。酓，音一僭反。懠心，上齊細反。《毛詩傳》云：'懠，怒也。'《廣雅》：'愁也。'《文字典説》：'從心，齊聲。'"（T2128v54p0562c）慧琳所見本作"婨"，釋作"媕"，"以媕""懠心"分作兩條。《可洪音義》卷七《不空羂索神變真言經》第九卷："婨懠，上戶感反，下在計反。"（v59p782c）字作"婨"，以"婨懠"作一條。《説文·女部》："媕，含怒也，一曰難知也。"《爾雅·釋言》："懠，怒也。""媕懠心"，謂憤怒之心。《不空羂索神變真言經》第二十五卷："每誦《陀羅尼真言》，句末奮怒謑稱㳷㤆字，若扇底迦三昧耶，識心寂靜，依諸如來金剛法性，類相瑜伽如所聖者，面目凝視，結加趺坐。若布瑟置迦三昧耶，識心適悦，依諸如來金剛法門，類相瑜伽如所聖者，面目熙怡，加趺而坐。若旖毘柘嚕迦三昧耶，識心婨懠，依諸如來最勝自在奮怒金剛降伏法門，類相瑜伽如所聖者，面目覹視，跪踞而坐。"（T1092v20p0366b-c）字作"婨"，"識心婨懠"與"識心寂靜""識心適悦"結構相同，"婨懠"可以理解爲同義並列複合詞，義爲憤怒。唐慧琳撰《一切經音義》卷三十九《不空羂索經》第二十五卷："媕懠，譯經者於經卷末自音爲頷劑，率尒肚撰造字，兼陳村叟之談，未審媕懠是何詞句。"（T2128v54p0565a）"婨懠"，慧琳作"媕懠"，以爲譯經者生造之詞。

《龍龕·女部》（宋刊本）："婨，悮。媕，正。五感反。含怒貌。䈄，媕，二或作。婨，今，胡感反。害惡性也。又五感反。"已溝通"婨"與"媕"的關係。

0716 婓

明袁宏道撰《西方合論》："阿難婬舍，何須提婓。六祖初隨獵人，尚未受戒，何苦但食肉邊菜也。"（T1976v47p0410c）

按："婓"即"獎"字之訛。"提獎"經文多見，如唐般剌蜜諦譯《大佛頂如來密因修證了義諸菩薩萬行首楞嚴經》："于時，世尊頂放百寶無畏光明，光中出生千葉寶蓮，有佛化身結跏趺坐，宣説神呪，勅文殊師利將呪往護，惡呪銷滅，提[13]奘阿難及摩登伽歸來佛所。"（T0945v19p0106c）本頁下注13："奘＝獘《三》。"又北宋子璿集《首楞嚴義疏注經》："勅文殊師利將呪往護，惡呪銷滅，提獎阿難及摩登伽歸來佛所，提携獎勸也。"（T1799v39p0830c）宋惟慤科可度箋《楞嚴經箋》："提獎阿難及摩登伽歸來佛所。《箋》云：提拔獎勸，慶喜并本姓女同歸，時來佛説法所。"（X0271v11p0892c）"提獎"即提拔獎勵的意思。"獎"或作"婓"者，"大"旁訛作"女"旁也。日本圓珍撰《佛説觀普賢菩薩行法經記》："[10]大僧有二百五十戒，尼則三百四十八戒。"（T2194v56p0252c）本頁下注10："大＝女《甲》《乙》。""女"爲"大"字之訛，可資比勘。

0717 婺

北宋道原纂《景德傳燈録》："一曰，江陵城東天皇寺道悟者，婺州東陽人也，姓張氏，嗣石頭。"（T2076v51p0310b）

按："婺"爲"婺"字之訛。"婺州"，隋開皇十三年由吴州更名，治所在今浙江省金華市，"東陽"正屬其轄地之内。同上經："荆州天皇道悟禪師，婺州東陽人也，姓張氏。"（T2076v51p0309c）南宋智昭集《人天眼目》："一曰，江陵城東天皇寺道悟，婺州東陽人，姓張氏，嗣石頭。"（T2006v48p0328b）皆其確證。新羅慧超記《遊方記抄·往五天竺國傳》："時有仁幹禪師從[43]務州來。"（T2089v51p0992c）本頁下注43："務＝婺《丙》。""婺"爲"婺"字之訛，"務"亦"婺"字之訛。唐唐臨撰《冥報記》："九年春，裕將歸江南。行至徐州，忽奉詔書，授裕五品，爲務州治中（臨兄爲吏部侍郎，聞之，召裕問云爾）。"（T2082v51p0794a）唐道世撰《法苑珠林》："九年春，裕將歸江南。行至徐州，忽奉詔書，授裕五品，爲婺州治中。臨兄爲吏部侍郎，聞之，召裕問云爾。（右二驗出《冥報記》）"（T2122v53p0713a）"務"亦"婺"字之訛。

0718 ⿰女經

唐道世撰《法苑珠林》：“願見彌勒佛呪（西國三藏口授得之）：南無彌帝隸耶夜　菩提薩埵夜　哆[12]⿰女經他彌帝隸彌帝隸　彌哆囉摩那栖　彌哆囉　三皤鞞　彌哆嚕皤鞞　莎婆訶……《觀世音隨心呪》：南無曷囉呾那　怛囉夜　南無阿利耶　嘍盧吉帝　濕嘍囉耶　菩提薩埵耶　摩訶菩提　薩埵耶　摩訶迦嚧膩迦耶　怛[*]⿰女經他多利多利　咄多利　咄咄多利咄利　薩婆訶。”（T2122v53p0736c）本頁下注 12：“⿰女經＝姪《三》《宮》[*]。”

按：“⿰女經”與“姪”爲版本異文，“⿰女經”蓋即受“姪”與“經”交互影響所產生之字。唐玄奘譯《呪五首》：“觀自在菩薩隨心呪：南慕曷喇怛那怛邏夜（余賀反）耶（余何反）納莫阿唎耶（余何反）縛（夫何反）盧枳低濕筏囉耶（余何反）步地薩埵耶（余何反）莫訶薩埵耶（余何反）莫訶迦（去）嚧匿迦（去）耶（余何反）怛姪他 瓮多囇咄多囇咄多囇　莎賀。”（T1034v20p0017b）清弘贊輯《兜率龜鏡集》：“願見彌勒佛呪（西國三藏口授得云）：南無彌勒隸耶夜　菩提薩埵夜　哆姪他 彌帝隸　彌帝隸　彌哆囉　摩那栖　彌哆囉三皤鞞　彌哆嚕皤鞞　莎婆訶。”（X1643v88p0072a）北涼曇無讖譯《大方等大集經》：“哆[1]姪他。”（T0397v13p0244a）本頁下注 1：“姪＝經《三》《宮》。”“姪”與“經”爲同一梵文的譯音字。

日本淨嚴撰《悉曇三密鈔》：“𑖟𑖿𑖧，姪（千手大悲心呪）、儞也（尊勝）、儞演（金軌）、晛（奴見切。略出經）。”（T2710v84p0751a）日本明覺撰《悉曇要訣》：“問：𑖝𑖟𑖿𑖧𑖞，古云怛姪他，新云怛儞也（二合）他（文），此儞也（二合）字，人多用吴音，仍姪字ニヤ音呼之，叶梵文不耶？答：此𑖟𑖿𑖧字合喉聲第三，𑖟陀字遍口第一，𑖧野字也。件𑖟字有清濁二音，𑖟𑖿𑖧字用清音呼之，與𑖞相連有鐵音。姪字徒結反也，故用之，所以杜行顗所譯《尊勝陀羅尼經》云：怛姪（徒列反）他（文）。若不連聲，直成地耶（二合）音，所以《如來方便善巧呪經》及《無量壽佛説往生淨土呪大集月藏經》倶云哆地夜他（文），《寶星陀羅尼經》云多地也他（文）。或二音兼用，菩提流支《寶積經》云怛姪（地也反）他是也。或𑖟𑖿𑖧字用濁音即儞也（二合。文）是也。件儞字有漢、吴二音，今用漢音也。或清濁二音倶用之，般若三藏《六波羅蜜經》云：怛地（儞也反）他是也。若儞字用吴音，地姪等音不成本體𑖟字。弘法、慈覺倶以日本陀字音勢呼之，𑖟𑖿𑖧字ニヤ音從何處而生耶？”（T2706v84p0514c）“姪”爲“𑖟𑖿𑖧（dya）”之譯音字，“經”“⿰女經”亦“𑖟𑖿𑖧（dya）”之譯音字。字又作“⿰口經”“⿰口姪”，乃加“口”旁之譯音專字。南宋法雲編《翻譯名義集》：“咀［呾］儞也他，或呾姪他，此翻所謂。”（T2131v54p1132a）“呾姪他”乃所謂之義，佛經習見。

0719 嬌

唐菩提流志譯《不空羂索神變真言經》:“汝性愚癡、毒惡、頑嚚、[2]婨害、滋弊，常則吸瞰欲界一切修善，善男子善女人等，或童男童女福德精氣，長無休息。”(T1092v20p0373a）本頁下注2:“婨=嬌《宋》。”

按:“嬌”與“婨”爲版本異文，兩字皆“嫡”字之訛。《説文·女部》:“嫡，含怒也。”“嫡”有“怒”義，“嫡害”義同“怒害”，南宋釋寶雲譯《佛本行經》:“其餘塵勞王，強力含怒害。”(T0193v04p0056a）西晋竺法護譯《正法華經》:“瞋恚懷毒，怒害滋甚。”(T0263v09p0079b)“怒害”皆與“嗔怒”義近，可資比勘。

《不空羂索神變真言經》:“世尊是輩有情邪心佷戾，我實不得爲得成就，爲現於身作大救護。世尊此輩性甚[2]嬌害，惡慧滋盛，無明堅緻。”(T1092v20p0344a）本頁下注2:“嬌=婨《宋》，婨《元》《明》。”“嫡”又訛作“嬌”，“嬌”與“嬌”形近。參0715“婨”字條。

0720 ⿰女⿱雨乎

唐道宣撰《廣弘明集》第二十七卷:“三界内苦門頌：心怨動紛紜，情怡輒遷互。歡愛一離遠，傷憂坐衰暮。連幌結清陰，高臺起風露。腐毒緣芳旨，夭伐寔修[7]⿰女⿱雨乎。欲網必虧生，繁罝或全兔。”(T2103v52p0313a）本頁下注7:“⿰女⿱雨乎欲=嫭欲《三》，嫮慾《宫》。”

按:“⿰女⿱雨乎”與“嫭”“嫮”爲版本異文，“⿰女⿱雨乎”即“嫭”之書寫變異，“虍”旁寫作“雨”旁習見。唐慧琳撰《一切經音義》卷九十九《廣弘明集》第二十七卷:“脩嫭，胡固反。《廣雅》：婟，好皃也。或作‘婟’也。從雩作‘嫮’，俗字也。”(T2128v54p0922a）慧琳作“脩嫭”，乃同義並列複合詞，義爲體態美好。《玉篇·女部》:“嫭，胡故切。好皃。《楚辭》曰：‘嫭目宜笑。’或作嫮。”“嫭”之本義蓋爲人的體態美好，“嫮”爲“嫭”之異構字。《龍龕手鏡·女部》:“⿰女卒、嫮、⿰女⿱雨乎、⿰女⿸虍亐，四俗；嫭，正，胡故反。美好也。”(p283）已溝通“⿰女⿱雨乎”與“嫭”的關係。

0721 嫲

唐義淨撰《根本説一切有部毘奈耶破僧事》:“時獨角仙，即共相隨乘船泛

水，於舡樹上取其椰子諸菓實，中盛㜸媚藥酒，奉獨角仙。”（T1450v24p0161c）

按：“㜸”即“厭”字之訛。“厭媚”又作“厭魅”，文獻習見，義爲祈禱鬼神以迷惑或傷害別人。如唐玄奘譯《藥師琉璃光如來本願功德經》：“書怨人名作其形像以惡呪術而呪咀之，厭媚蠱道呪起屍鬼，令斷彼命及壞其身。”（T0450v14p0406b）《説文・厂部》：“厭，笮也。”“厭”之本義爲一物壓到另一物上，後用“壓”字，引申有鎮壓、抑制之義，由此引申出鎮服或驅避可能出現的災禍，或致災禍於人之義。“媚”“魅”皆有迷惑義。“厭媚”或“厭魅”皆爲同義並列複合詞。“厭”或作“㜸”者，“厭”與“媚”連用，受其影響而加“女”旁，此亦字形同化之例。

0722 㜔

南朝梁僧祐撰《弘明集》：“夫滅情去欲，則道心明真。群斯班姓，妄造黄書，呪癩無端，以伏輕誚（咒曰：天道畢，三五成，日月明。出窈窈，入冥冥。氣入真，氣通神，氣布道，氣行姦，邪鬼賊，皆消亡。視我者盲，聽我者聾。感有謀圖我者，反糸其殃，我吉而彼凶。至甲子詔爲醮録，男女[30]娉合，尊卑不别。吴陸修靜，復勤行此）。乃開命門抱真人嬰兒。迴戲龍虎，作如此之勢，用消災散禍，其可然乎？其可然乎？漢時儀君，行此爲道，魁魅亂俗，被斥燉煌。後至孫恩，俠蕩滋甚。士女溷漫，不異禽獸。夫色塵易染，愛結難消。況交氣丹田，延命仙穴。肆兵過玉門之禁，變態窮龍虎之勢。生無忠貞之節，死有青庭之苦。”（T2102v52p0048b）本頁下注30：“娉=媟《三》，㜔《宮》。”

按：“㜔”與“娉”“媟”爲版本異文。審文意，當以“媟合”爲正。文中“漢時儀君”，指西漢女子徐儀君，據《漢武帝故事》，乃善傳東方朔房中術之人。“孫恩”爲東晋人，乃五斗米道道士，文中言其“士女溷漫，不異禽獸”。故文中“媟合”乃指房中之事，“媟”取淫穢之義。若作“娉”字，則與文意不合矣。《可洪音義》卷二十九《弘明集》第八卷：“嫂合，上宜作‘娉’，疋政反，配也，娶妻也。又音掃，非也。”（v60p534a）可洪所見之本作“嫂”，釋作“娉”，此乃後人不解文意而誤改者。“娉”訛作“嫂”，或有讀作“掃”音者，乃所謂音隨形轉之誤讀音。唐義淨譯《根本説一切有部毘奈耶》：“王告師子胤曰：‘此是王女，[7]娉汝爲妻。既生子息，相隨至此。因何非理，輒爲擯斥？設令有過，亦可相容。”（T1442v23p0890c）本頁下注7：“娉=嫂《明》。”南朝梁寶唱等集《經律異相》：“爲兒[21]娉婦，詣王舍城。”（T2121 v53p0189c）本頁下注21：“娉=嫂《三》《宮》。”“嫂”皆“娉”字之訛，可資比勘。“嫂”與“數”讀音或近，因又或作“㜔”。

0723 𡡫

唐菩提流志譯《不空羂索神變真言經》:“世尊是輩有情邪心佷戾，我實不得爲得成就，爲現於身作大救護。世尊此輩性甚[2]嬌害，惡慧滋盛，無明堅緻。我亦常被輕賤誹謗，云：擬出我肢體身血。”（T1092v20p0344a）本頁下注2:“嬌=𡡫《宋》，𡡫《元》《明》。”

按：“𡡫”與“𡡫”“嬌”爲版本異文，“𡡫”即“𡡫”字之訛。參0719“嬌”字條。

0724 㜷

元念常集《佛祖歷代通載》:“乙丑，煬帝廣（小字阿㜷，高祖次子。簒立於仁壽宮，初登有政治民，後幸洛陽營建東京）。”（T2063v49p0562a）

按：“㜷”即“㜷”字之訛。《隋書·煬帝紀》:“煬皇帝，諱廣，一名英，小字阿㜷，高祖第二子也。”字作“㜷”。

0725 㜸

元祥邁撰《辯僞録》:“追惟禍亂之源，姦宄之本，率皆假符籙以神其教，託僞經以警其俗。橫肆巧誣，倡爲詭狀；詆毀聖教，寇攘内典，固已悖老氏不爭不盜之禁矣。及陷刑辟，皆㜸子自内作，愎將誰咎哉!”（T2116v52p0777a）

按：“㜸”即“㜸”字之訛，“㜸”又“孽”之異構字。元念常集《佛祖歷代通載》:“及陷刑辟，皆是孽自内作，愎將誰咎哉!”（T2036v49p0709b）與“㜸”對應之字作“孽”，“孽”後無“子”字，四庫本《通載》“愎”作“復”。“孽自内作”言禍患是自己招致的，“復”用在反問句中加強語氣。《辯僞録》“㜸”訛作“㜸”，衍“子”字，“復”訛作“愎”，義遂不可通。北涼沮渠京聲譯《佛説佛大僧大經》:“人有緩急，輒往自歸山樹之神，靡所不至，財寶消索，產業不修，疾病相仍，災禍首尾，奴婢死亡，六畜不孳，俱爲妖[2]孽。”（T0541v14p0827a）本頁下注2:“孽=㜸《三》《宮》。”東漢竺大力、康孟詳譯《修行本起經》:“菩薩自知，已棄惡本，無婬怒癡，生死五陰，諸種悉斷，無餘[26]災㜸，所作已成，智慧已了，明星出時，廓然大悟，得無上正真道，爲最正覺。”（T0184v03p0471c-0472a）本頁下注26:“災㜸=災櫱《宋》，栽櫱《元》，栽櫱《明》。”“㜸”皆“㜸”字之訛。

《龍龕·艸部》:“蘖，俗；孽，正，魚列反，妖孽也。”“孽”爲“孽”書寫變異，已間接溝通了“蘖”與“孽”的關係。

“蘖”又作譯音字，遼希麟撰《續一切經音義》:“迦嚕羅，中離古反。或云迦婁羅，亦云揭路茶，正云蘖嚕[2]拏，此云妙翅，亦云金翅，亦名龍冤。案《起世經》云：金翅鳥與龍各具四生。卵生金翅鳥只食卵生龍，以力小故；乃至化生金翅鳥，具食四生龍，以威力大故，餘二生准知。”（T2129v54p0935a）本頁下注 2:“拏 = 拏《甲》。”唐慧琳撰《一切經音義》:“揭路茶，梵語廣質，不妙也。正梵音云蘗嚕拏，古云迦婁羅，即金翅鳥也，或名紗翅鳥。案《起世因本經》云：金翅鳥與龍各具四生，所謂卵胎濕化。然卵生者力小，只食卵生龍。化生者威力最大，能食四生。欲食龍之時，以兩翅扇海水開，銜得諸龍，吞在嗉中，龍尚未死。亦名此鳥爲大嗉鳥也。飛至居吒奢摩梨樹上，然後吐出，啄而食之。被啄之時，出大怖畏之聲，極受苦楚，此鳥亦名龍窓。其背兩翼悉皆金色，故以爲名。”（T2128v54p0317a）唐禮言集《梵語雜名》:“迦婁羅、蘖嚕拏，𑖐𑖨𑖲[20]𑖚。”（T2135v54p1236b）本頁下注 20:“𑖚 = 𑖨《甲》。”日本淨嚴撰《悉曇三密鈔》:“𑖐，蘖、竭、訖、乾、犍、健、虐（隨求）、伽、哦、誐、仰、嘘、疙（千手軌）。”（T2710v84p0742a）“蘖”“蘖”皆“𑖐（ga）”的譯音字，“蘖”亦“孽”字之訛。“蘖”即“蘖”字之訛。

“蘖”字又爲“嬖”之異構字。三國吴支謙譯《大明度經》:“復次善業，將以何行名爲不退轉。不退轉者，不與無道主、佞[11]蘖臣、賊盗偷寇軍謀殘生。非法士女，蠱道婬泆，錢穀屠酒祀，繒綵香熏，倡優調戲，入海投難，求榮採利，如斯之徒終始不友。”（T0225v08p0495b-c）本頁下注 11:“蘖 = 嬖《明》。”又失譯《佛説孝子經》:“有道之君，忠平之臣，黎庶萬姓，無不敬愛，祐而安之。數有顛倒之政，佞[46]嬖之輔，兇兒妖婦，千邪萬怪，無如已何。……佛告諸沙門：覩世無孝，唯斯爲孝耳。能令親去惡爲善，奉持五戒，執三自歸，朝奉而暮終者，恩重於親乳哺之養，無量之惠。若不能以三尊之至化其親者，雖爲孝養，猶爲不孝。無以蘖妻，遠賢不親，女情多欲，好色無倦，違孝殺親，國政荒亂，萬民流亡。”（T0687v16p0780c）本頁下注 46:“嬖 = 蘖《三》《宫》。”“蘖”皆同“嬖”。唐玄應撰《一切經音義》（麗藏本）卷二十《六度集經》:“嬖妾，補第反。賤而得愛曰嬖。《經》文從草作‘蘖’，非也。”（p267c）唐慧琳撰《一切經音義》卷三十三《六度集經》第三卷：“行嬖，補詣反。《廣雅》：嬖，親也，謂親幸也；嬖，愛也。《謚法》曰：‘賤而得愛曰嬖。’《釋名》：‘嬖，卑也。卑賤妾媚，以色事人得幸者曰嬖也。’”（T2128v54p0527a）第四卷：“嬖妾，前第三卷釋訖，《經》文從艸作‘蘖’，非也。”（T2128v54 p0527a）皆已溝通“蘖”與“嬖”的關係。

0726 孽

佚名《布薩文等》:“撫俗安邊，一昨春初，扶陽作孽，摽棹人畜。由是大擧

軍師，併除兇醜。”（T2853v85p1302c）

按：“孽”即“孽”字之訛，“孽”又“孽”之異構字。《説文·子部》：“孼，庶子也。从子，辥聲。”文獻通行“孽”形，唐張參《五經文字·子部》：“孼、孽，牛列反。上《説文》，下經典相承，隸變作‘孽’。此爲庶孽之‘孽’，經典亦通用爲妖孽字。”“孽”字之本義爲庶子，文獻中或用作“妖孽”義。此義之來源，或以爲“蠥”之假借，《説文·虫部》：“蠥，衣服、歌謠、艸木之怪謂之祥，禽獸、蟲蝗之怪謂之蠥。从虫，辥聲。”清徐灝《説文解字注箋》：“蠥者，妖蠥本字，孽，其假借也。”或以爲“孽”之引申義，王鳳陽《古辭辨》：“後來‘孽’染上災異、罪過的意思，恐怕也與歧視庶子有關。”（p356）王説近之。先秦文獻“妖孽”義皆用“孽”，不用“蠥”，“蠥”字後出，蓋爲“妖孽”義之分化字。“孽”字，《廣韻》等處理爲“蠥”字異體，《廣韻·薛韻》魚列切：“蠥，祥蠥，《説文》曰：‘衣服、謌謡、草木之怪謂之祥，禽獸、蟲蝗之怪謂之蠥。’孽，俗。”《集韻·薛韻》魚列切：“蠥、蠥、孽、糵，《説文》：‘衣服、謌謡、艸木之怪謂之祥，禽獸、蟲蝗之怪謂之蠥。’或作蠥、孽、糵。”北宋丁度等《附釋文互註禮部韻略·薛韻》魚列切：“蠥，祆蠥，亦作孽。按《説文》：‘衣服、謌謡之怪謂之祆，禽獸、蟲蝗之怪謂之蠥。’”明張自烈《正字通》以“孽”爲“孼”之異體，《正字通·女部》：“孽，俗孼字。凡孼子婢妾皆謂之孼。古男子、女子通稱子，非孼子必从子，婢妾必从女也。舊注：孽音孼。婢妾也，分‘孼’‘孽’爲二，非。妖蠥之‘蠥’與‘孼’‘孽’通，《史·龜策傳》訛爲‘妖孽’，《正韻》妖孽改从丆作‘糵’，亦非。”根據文獻用例，當以“孽”爲“孽”之異體爲是。《漢書·賈誼傳》：“天子之后以緣其領，庶人孽妾緣其履，此臣所謂舛也。”唐顔師古注：“孽，庶賤也。”《史記·吕不韋列傳》：“子楚，秦諸庶孽孫。”唐司馬貞《史記索隱》：“孽孫，《韓信傳》亦曰：‘韓信，襄王孽孫。’張晏曰：‘孺子曰孽。’何休注《公羊》：‘孽，賤子也。以非嫡正，故曰孽。’”“孽”皆可用爲“庶孽”之義，妾所生的子女皆爲“孽”，故其字或從“女”。“孽”在文獻中又用爲“妖孽”義，與“孽”有“妖孽”義同，爲其字引申之義，既非“蠥”之假借，亦非“蠥”之異體。

“孽”或寫作“孽”，構件“𠂤”寫作“阝”也，《龍龕·草部》：“孽，俗；孽，正。魚列反。妖孽也。”西晋法炬譯、法立譯《法句譬喻經》：“心逸國不理，臣[3]孽民則怨。”（T0211v04p0607a）本頁下注3：“孽＝孽《三》《聖》。”

“孽”又“孽”之進一步形訛，構件“辛”訛作“產”也。唐菩提流志譯《大寶積經》：“多囉[10]孽多部名。”（T0310v11p0182c）本頁下注10：“孽＝孽《宫》。”《嘉興藏》作“孽”。北魏吉迦夜、曇曜譯《雜寶藏經》：“此女少小，仙人養育，受性端直，不解婦女妖[28]孽之事。”（T0203v04p0452c）本頁下注28：“孽＝孽《宋》，嬖《元》《明》。”《嘉興藏》作“嬖”。唐玄奘譯《藥師琉璃光如來本願功德經》：“又信世間邪魔外道妖[4]孽之師，妄説禍福，便生恐動，心不自正，卜問覓禍。”（T0450 v14p0408a）本頁下注4：“妖孽＝妖孽《宫》。”《嘉興藏》作“孽”，音釋：“妖孽，妖，於喬切；孽，魚列切。衣服、歌謠之怪謂之妖，禽獸、蟲蝗之怪謂之孽。”北宋法天譯《佛説大護明大陀羅尼經》：“捫佐（上）

哆（一）摺佐（上）哆（二）摺佐（上）哆（三）摺佐（上）哆（四）麼（上，引）底瑟姹（二合）覩（五）伊（上）底尾喻（二合）跛舍（引）弭也（二合）哆（六）涅（泥逸切）蘡瑳哆（上。七）涅（准上）蘡瑳哆（上。八）。”（T1048v20p0044c）林光明《新編大藏全咒》卷七《佛説大護明大陀羅尼經》“大護明大陀羅尼”中“蘡”的梵文轉寫作“rga”（v7p126）。“蘡”皆“蘗”字之訛。

唐禮言集《梵語雜名》：“客，阿[46]薩覩，𑖀[47]𑖭𑖝𑖲。”（T2135v54p1232b）本頁下注46：“薩＝蘡《甲》。”注47：“𑖭＝𑖐《甲》。”日本心覺撰《多羅葉記》：“客，𑖀𑖭𑖝𑖲，阿薩都。”（T2707v84p0617a）“薩”爲“𑖭（sa）”的譯音字。據日本淨嚴撰《悉曇三密鈔》（T2710v84p0742a），“𑖐”的譯音字或作“蘖”，“蘡”亦“蘗”字之訛，“蘗”與“蘖”同音，亦可爲“𑖐（ga）”的譯音字。

《梵語雜名》：“物，縛[13]薩覩（二合），亦方也，𑖪[15]𑖭𑖿𑖝𑖲。”（T2135v54p1231a）本頁下注13：“薩＝蘖《甲》。”注15：“𑖭𑖿𑖝𑖲＝𑖝𑖲《甲》。”唐怛多蘖多集《唐梵兩語雙對集》：“物，縛薩都。”（T2136v54p1242a）“蘖”又“薩”字之訛。

0727 𡣹

元念常集《佛祖歷代通載》：“當世祖聖德神功文武皇帝在潛邸，𡣹屈至尊，請問道要。雖其言往復紬繹，而獨以慈愛不殺爲本。”（T2036v49p0727b）

按：“𡣹”即“數”字之訛。“𡣹屈至尊”，四庫本《佛祖歷代通載》作“數屈至尊”。元趙孟頫《松雪齋集》卷九《碑銘·臨濟正宗之碑奉勑撰》：“當世祖聖德神功文武皇帝在潛邸，數屈至尊，請問道要。雖其言往復紬繹，而獨以慈悲不殺爲本。”字亦作“數”。

0728 嬺

日本凝然述《律宗綱要》：“故有一百二十煩惱，諸隨煩惱有二十：忿、恨、覆、惱、誑、諂、慳、嬺、憍、害、不信、懈怠、放逸、惛沈、掉舉、無慚、無愧、失念、散亂、惡慧。”（T2348v74p0013c）

按：“嬺”即“嫉”字之訛。“嫉”爲佛教“隨煩惱”之一。“隨煩惱”，佛教術語，指由根本煩惱而起之煩惱，與“煩惱”相對稱。無著造、唐玄奘譯《顯揚聖教論》：“煩惱有六：一貪、二瞋、三慢、四無明、五見、六疑。隨煩惱有二十：一忿、二恨、三覆、四惱、五嫉、六慳、七誑、八諂、九憍、十害、十一無慚、十二無愧、十三惛沈、十四掉舉、十五不信、十六懈怠、十七放逸、十八失念、十九心亂、二十不正。”（T1602v31p0481a）世親造、唐玄奘譯《唯識三十論頌》："煩惱謂貪瞋，癡慢疑惡見。隨煩惱謂忿，恨覆惱嫉慳，誑諂與害憍，無慚及無愧，掉舉與惛沈。"（T1586v31p0060b）與"嬺"對應之字皆作"嫉"。日本善珠述《法苑義鏡》："九結謂愛結、恚結、慢結、無明結、見結、取結、疑結、[2]嬺結、慳結。解云：就此九結而有三義。一自性，二功用，三位差別。言自性者，愛結謂三界貪，恚結謂欲隨惑恚，慢結謂七慢，無明結謂三界無知，見結謂薩迦邪見、邊見，取結謂見戒二取，疑結謂於四諦三寶猶預，嬺結謂隨惑，慳結亦隨惑也。"（T2317v71p0220a）本頁下注 2："嬺＝嫉《甲》。"東漢安世高譯《長阿含十報法經》："第四九法當拔九結。何等爲九：愛欲爲一結，瞋恚爲二結，憍慢爲三結，癡爲四結，邪見爲五結，疑爲六結，貪爲七結，嫉爲八結，慳爲九結。"（T0013v01p0239a）南朝宋求那跋陀羅譯《雜阿含經》："結者九結。謂愛結、恚結、慢結、無明結、見結、他取結、疑結、嫉結、慳結。"（T0099v02p0127a）龍樹造、後秦鳩摩羅什譯《大智度論》："結盡者，結有九結，愛結、恚結、慢結、癡結、疑結、見結、取結、慳結、嫉結。"（T1509v25p0082a）世友造，南朝宋求那跋陀羅、菩提耶舍譯《衆事分阿毘曇論》："有九結，謂愛結、恚結、慢結、無明結、見結、他取結、疑結、嫉結、慳結。"（T1541v26p0627c）世友造、唐玄奘譯《阿毘達磨品類足論》："有九結，謂愛結、恚結、慢結、無明結、見結、取結、疑結、嫉結、慳結。"（T1542v26p0713b）唐慧琳撰《一切經音義》："嫉結，上秦栗反。王逸注《楚辭》云：'害賢曰嫉，害色曰妬。'《古今正字》：'從女疾聲。'"（T2128v54p0747b）皆作"嫉結"。"嬺"亦"嫉"字之訛。

北魏慧覺譯《賢愚經》："復自思念：云何此人不知時宜？他以好意，問訊進止，鄭重三問，無一言答，何可[18]疾耶？"（T0202v04p0369c）本頁下注 18："疾＝癡《元》《明》。"唐窺基撰《説無垢稱經疏》："經'時無垢稱'至'來問我[6]癡'。"（T1782v38p1041a）本頁下注 6："癡＝疾《甲》。"唐玄奘譯《説無垢稱經》："時無垢稱作是思惟：我嬰斯疾，寢頓于床，世尊大悲，寧不垂愍，而不遣人來問我疾？"（T0476v14p0561b）"癡"皆"疾"字之訛。唐道宣撰《廣弘明集》："緣[14]癡有愛，自嗟難拔。"（T2103v52p0252a）本頁下注 14："癡＝疾《三》《宮》。"四庫本作"癡"。"疾"乃"癡"字之訛。東晉竺佛念譯《出曜經》："聞卿慳[14]嫉，不好惠施。"（T0212v04p0741c）本頁下注 14："嫉＝癡《三》。""癡"又"嫉"字之訛，皆可比勘。

0729 孃

唐不空譯《觀自在菩薩大悲智印周遍法界利益衆生薫真如法》："我蒙毘盧遮那聖旨，而説觀自在摩訶（大）枳[15]孃曩（智）母怛羅（印）法。"（T1042v20p0033a）本頁下注 15："孃＝孃《甲》。"

按："孃"與"孃"爲版本異文，"孃"即"孃"字之訛，蓋由受下字"曩"的影響而將"襄"旁寫作"曩"旁，此亦字形同化之例。唐慧琳撰《一切經音義》："惹那，而者反，梵語訛也，正梵音云枳孃曩也。"（T2128 v54p0459c）日本杲寶撰《大日經疏演奧鈔》："𑖕𑖿𑖗𑖡，枳孃（二合）曩（智也）。"（T2216 v59p0388c）日本淨嚴撰《悉曇三密鈔》："𑖗，若、社、如、壤、孃。"（T2710 v84p0743a）"枳孃"爲"𑖕𑖿𑖗（jña）"的譯音字，"孃"爲"𑖗（ña）"的譯音字。

王　部

0730 玦

東晉祇多蜜譯《佛説寶如來三昧經》："須菩提白佛言：'何等爲壞法者？願天中天解之。'佛言：'須菩提，若有諸羅漢辟支佛，若有沙門諸天及人起煩荷想，於慧求名壞滅本末增減尊法。《[17]玦琰經》言：但好飯食爲是道，遂不知空何所是空。但欲莊嚴刹土，非尊法者。聞佛可得求佛，亦不知法言有二法，是爲壞敗我法。'"（T0637v15p0526c）本頁下注 17："玦琰經＝祇夜經《三》《宮》。"

按：唐玄應撰《一切經音義》（麗藏本）卷七《寶如來三昧經》下卷："枝椸，以石反。言相似也。《經》文從玉作'玦琰'，非也。"（p104a）唐慧琳撰《一切經音義》卷三十一《寶如來三昧經》下卷："枝椸，以石反。言相似也。《經》文從王作'玦琰'，非也。"（T2128v54p0517a）《可洪音義》卷六《寶如來三昧經》下卷："玦琰，上音枝，下音亦。"（v59p748b）唐玄應撰《一切經音義》卷三《道行般若經》第二卷："枝掖，以石反。相似也。掖猶葉也。此應外國語訛耳，《長安品》作'枝掖般若'是也。"（p43a）玄應所見本作"玦琰"，釋作"枝椸"，據此，"玦"即"枝"字之訛，"木"旁訛作"王"旁也。後秦佛陀耶舍、竺佛念譯《長阿含經》："比丘當知，我於此法自身作證，布現於彼，謂《貫經》《[20]祇夜經》《受記經》《偈經》《法句經》《相應經》《本緣經》《天本經》《廣經》《未曾有經》　《證喻經》《大教經》。"（T0001v01p0016c）本頁下注 20："祇＝揭《聖》。"《嘉興藏》作"祇"。又："於十二部經自身作證，當廣流布。一曰《貫經》，二曰《祇夜經》，三曰《受記經》，四曰《偈經》，五曰《法句經》，六曰《相應經》，七曰《本緣經》，八曰《天本經》，九曰《廣經》，十曰《未曾有經》，十一曰《譬喻經》，十二曰《大教經》。"（T0001v01p0074b）唐慧琳撰《一切經音義》卷二十六《大般涅盤經》第十五卷："二《祇夜經》，此云重頌偈。"（T2128 v54p0474a）隋吉藏撰《仁王般若經疏》："重誦如者，此間語，梵本名祇夜，以偈重誦前長行中義。"（T1707v33p0341c）佚名《翻梵語》："祇夜，亦云偈，譯曰重説。"（T2130v54p0983b）日本願曉等集《金光明最勝王經玄樞》："外國稱祇夜，或名偈夜，今略夜字，直稱爲偈，此翻爲句也，頌也。"（T2196v56p0529b）東晉瞿曇僧伽提婆譯《增壹阿含經》："所謂《契經》《[6]祇夜》《受決》《偈》《本末》《因緣》《已説》《生經》《頌》《方等》《未曾有法》《譬喻》。"（T0125 v02p0635a）本頁下注6："～Geyya。"諸經多作"祇夜"，乃譯音字。佚名《五侯鯖字海·玉部》（明刻本）："玟，音祇。"（v3p22）金韓孝彥、韓道昭《四聲篇海·玉部》（明萬曆己丑本）："玟，音祇。"（v3p218）皆當本佛經。

《可洪音義》卷二十一《僧伽羅刹所集經》第二卷："辟玟，音枝。"（v60 p217a）"玟"亦"枝"字之訛。

0731 珇

清工布查布譯解《佛説造像量度經解》："總口之長分有四指也，齒數具正四十（常人但有三十二、三十六齒），堅固齊密，潔淨瑩白，似乎琿珇。然平素不露牙齒也。下唇長指半寬分，其邊與齒根相去亦如是指半，而其一指即厚之分。"（T1419v21p0942c）

按："珇"即"璖"字之省。"琿璖"或作"硨磲"，唐慧琳撰《一切經音義》卷十四《大寶積經》第六十三卷："硨磲，上音車下音渠，石寶也。鮮白色，次於白玉。形聲字也。"（T2128v54p0392a）"硨磲"實爲貝殼作的飾物，其色澤"鮮白"。因此原文中以"硨磲"比喻佛像牙齒的"潔淨瑩白"。東晉瞿曇僧伽提婆譯《增壹阿含經》："所謂七寶者，金、銀、水精、琉璃、琥珀、[17]瑪瑙、琿璖，是謂七寶。"（T0125v02p0731c）本頁下注17："瑪瑙琿璖=馬瑙車渠《聖》。""璖"或寫作"渠"，"渠"省"木"即成"珇"。日本寬信撰《傳受集》："金、銀、瑠璃、車[22]渠、馬瑙。"（T2482v78p0229c）本頁下注22："渠=珇《甲》。""珇"亦"璖"省。

0732 珬

南宋法雲編《翻譯名義集》："又言金翅鳥卵殼，鬼神得之，出賣與人，或名紺瑠璃。《釋名》云：'紺，含也。青而含赤色也。'古字但作'流離'。左太沖《吴都賦》云：'致流離與珂[15]珬。'（皆寶名）後人方加其玉。"（T2131v54 p1105c）本頁下注15："珬=珬《明》。"

按："珬"與"珬"爲版本異文，"珬""珬"皆"珬"字之訛。《文選·左思〈吴都賦〉》："果布輻湊而常然，致遠流離與珂珬。"劉逵注："珬，老鵰化西海爲珬，已裁割若馬勒者謂之珂，珬者珂之本璞也。"李周翰注："流離、珂珬皆寶名。"《玉篇·玉部》（澤存堂本）："珬，思律切，珂珬也。劉達曰：'老雕入海所化，出日南。'"字皆作"珬"。清邢澍《金石文字辨異·質韻》"戌"字引《北齊張景暉造像記》作"戊"。"戌"或訛作"戊"，故"珬"或訛作"玳"。

0733 珄

唐窺基撰《説無垢稱經疏》：“珄公云：以離五謗，名爲如是：第一句，如是此經，離執有增益謗。第二句，如是此經，離執無損減謗。第三句，如是此經，離執亦有亦無相違謗。第四句，如是此經，離執非有非無愚癡謗。第五句，如是此經，離執非非有非非無戲論謗。”（T1782v38p1003b）

按：“珄”即“珤”字之訛，“珤”又“寶”之省。唐窺基撰《妙法蓮華經玄贊》：“寶公云：以離五謗名爲如是：第一句，如是此經，離執有增益謗。第二句，如是此經，離執無損減謗。第三句，如是此經，離執亦有亦無相違謗。第四句，如是此經，離執非有非無愚癡謗。第五句，如是此經，離執非非有非非無戲論謗。”（T1723v34p0663a）佚名《理趣釋重釋記》：“寶公亦云：以離五謗，名爲如是。梁武帝云：如是所斯之義，是佛所説，故言如是。”（T2240v61p0641a）與“珄”對應之字皆作“寶”。元覺岸編《釋氏稽古略》：“寶公大士，諱寶誌，世稱寶公……至梁武帝天監十三年十二月六日入滅，壽九十三歲。”（T2037v49p0792b）“寶公”即《釋氏稽古略》的“寶公大士”。“寶”或省作“珤”，因訛作“珄”。

唐窺基撰《觀彌勒上生兜率天經贊》：“瑤公云：以離五謗名爲如是：第一句，如是此經，離執有增益謗。第二句，如是此經，離執無損減謗。第三句，如是此經，離執亦有亦無相違謗。第四句，如是此經，離執非有非無愚癡謗。第五句，如是此經，離執非非有非非無戲論謗。”（T1772v38p0279c）“瑤”當爲“珤”字之訛。

0734 珁

西晉竺法護譯《正法華經》：“財物珍寶，金銀雜色。柔軟珊[51]珁，形如紫金。所止頓處，悉嗅知之。諸貫瓔珞，明月珠寶。世間載有，人所不及。”（T0263v09p0120c）本頁下注51：“珁＝瑚《三》《宮》。”

按：“珁”與“瑚”爲版本異文，“珁”即“玹”轉寫之誤。《龍龕·玉部》：“玹，俗；瑚，正。音胡。珊瑚也。”（p432）“玹”爲“瑚”之俗字。“玹”所從之“玄”爲“互”之異寫字，明章黼《重訂直音篇》：“亙，音護。交互。亙，同上。”故“玹”當爲從王互聲之字的異寫字。又，“氏”的篆文作“[illegible]”，隸書或作“[illegible]”“[illegible]”等形，與“互”形近。唐顏元孫《干禄字書·平聲》：“互、氏，上通下正。諸從氏者皆準此。”“互”“氏”及從“互”“氏”之字常相混誤，故刻書者見“玹”轉寫作“珁”。

0735 玾

唐法全撰《大毘盧遮那成佛神變加持經蓮華胎藏悲生曼荼羅廣大成就儀軌供養方便會》："嚩斯仙真言曰：曩莫三滿多没馱喃（引）嚩斯瑟[5]吒（二合）㗚𩑶（二合。二）娑嚩（二合）賀（引）。"（T0852v18p0122a）本頁下注5："吒＝玾《乙》，玾摩訶[1]《乙》。"

按："玾"與"吒""玾"爲版本異文，"玾"即"玾"字之訛，"宅"旁訛作"它"旁也。唐慧琳撰《一切經音義》："侘傺，上摒加反，下勅例反。王注《楚辭》云：'侘傺，失志貌也。'《古今正字》亦失志悵立爲侘。並從人，[26]宅、祭皆聲。"（T2128v54p0843c）本頁下注26："宅＝它《甲》。""它"即"宅"之訛，可比勘。參0738"玾"字條。

0736 珀

日本濟暹撰《大日經住心品疏私記》："故真興僧都《大般若音義》第一云：行珀云：梵云健達嚩，唐云尋香。十寶山間有音樂神，尋香氣處作樂，故名尋香樂神。"（T2215v58p0816c）

按："珀"即"瑫"字之訛。北宋贊寧等撰《宋高僧傳》："釋行瑫，姓陳氏，湖州長城人也。……房無閉戸口無雜言，亦覽群書，旁探經論。慨其《郭迻音義》疎略，《慧琳音義》不傳，遂述《大藏經音疏》五百許卷，今行于江浙左右僧坊。然其短者不宜稱疏，若言疏可以疏通一藏經，瑫便過慈恩百本幾倍矣。其耿介持律，古之高邁也矣。"（T2061v50p0871a）"行珀"即《宋高僧傳》之"行瑫"，"珀"乃"瑫"之訛省。

0737 斑

西晉竺法護譯《賢劫經》："[13]頒宣道法，慈愍群生。"（T0425v14p0001a）本頁下注13："頒＝斑《三》《宫》《聖》。下同。"

按："斑"與"頒"爲版本異文，"斑"即"斑"字之訛，經中爲"頒"之通用字。西晉竺法護譯《佛説如幻三昧經》："諸天世人及阿須倫，聞此迷荒，如來諮嗟，[7]頌宣斯光明德，其功德勳不可思議。"（T0342v12p0135a）本頁下注7："頒＝斑《聖》《聖乙》。"正文"頌"乃"頒"字之訛，"斑"亦通"頒"。李琳華編《佛教難字字典·文部》收有“玟”（p131b），“斑”與其形近。明焦竑《俗書刊誤·真韻》：“文，俗作攵，非。”“文”常作“攵”。

0738 珁

唐不空譯《一字奇特佛頂經》：“請佛以本真言，餘皆以此真言：娜謨囉怛那（二合）怛羅（二合）夜耶娜謨室戰（二合）拏嚩日囉（二合）波拏（上）曳摩訶藥乞叉（二合）細那波多曳娜莫室戰（二合）拏嚩日囉（二合）句嚕馱耶唵虎嚕虎嚕底瑟[63]姹（二合）。”（T0953v19p0302c）本頁下注63：“姹=珁《聖》。”

按：“珁”與“姹”爲版本異文。唐法全撰《大毘盧遮那成佛神變加持經蓮華胎藏悲生曼荼羅廣大成就儀軌供養方便會》：“嚩斯仙真言曰：曩莫三滿多没馱喃（引）嚩斯瑟[5]吒（二合）啸釤（二合。二）娑嚩（二合）賀（引）。”（T0852v18p0122a）本頁下注5：“吒=珁《乙》，玼摩訶[イ]《乙》。”“珁”又與“吒”爲版本異文。唐義淨撰《梵語千字文》：“𑖂𑖙，底瑟吒（二合），住。”（T2133Bv54p1215c）“吒”“姹”“珁”“玼”皆“𑖘（ṭa）”之譯音字，字又或作“咤”，疑“珁”爲“咤”或“姹”字之訛，蓋受“瑟”字的影響而改作“王”旁。

0739 玟

日本觀靜撰《孔雀經音義》：“蘖，音五割反，戴［截］去也。又音玟麥反，木堪深［染］黄。又山梨也。又作孽字。二音不合梵音，以牙聲呼之。”（T2244v61p0764a）

按：“玟”即“斑”字之訛。唐不空譯《佛母大孔雀明王經》：“天龍藥叉彦達嚩阿蘇羅摩嚕多蘖嚕拏緊那囉摩護囉誐人非人等。”（T0982v19p0439b）又：“所謂諸天及龍阿蘇羅摩嚕多[20]蘖嚕拏彦達嚩緊那羅摩護囉誐藥叉。”（T0982v19p0415b）本頁下注20：“garuḍa。”據“五割反”的切音和對應之梵音，字正當作“蘖”。《類篇·艸部》：“蘖，魚列切，木餘也。又姓。又博厄切，黄木。”“蘖”又有“博厄切”一讀，當爲“蘗”字之訛。唐慧琳撰《一切經音義》：“擘裂，上斑麥反。《考聲》：‘手裂也。’《説文》作‘擗’。”（T2128v54p0812b）“擘”讀“斑麥反”。“蘗”與“擘”同音，亦可切“斑麥反”。字或作“玟”者，“玟”即“斑”字之訛，“文”旁訛作“歹”也。《可洪音義》卷十六《四分律》第四十卷：“玟豆，上布還反。正作斑。”（v60p35c）東晉佛陀耶舍、竺佛念譯《四分律》：“大得大麥、小麥、斑豆、粳米。”（T1428v22p0848b）唐慧琳撰《一切經音義》卷五十九《四分律》第三十九卷：“斑豆，江南有此豆也，角長熟乃斑也。"（T2128v54p0703b）《可洪音義》卷二十三《諸經要集》第十三卷："班駁，音剝。"（v60p302c）"斑"又寫作"班"，可比勘。

0740 琜

日本常曉撰《常曉和尚請來目録》："《維摩經五教義》一卷（文襲禪師造）。右《維摩經》，窮微盡化，妙絶之稱也。造疏之人，數般論旨，左右詞疎，[36]琜塞于是。"（T2163v55p1069c）本頁下注36："琜塞=理蹇《甲》《丙》。"

按："琜"與"理"爲版本異文，"琜"即"理"字之訛。佚名《維摩疏釋前小序抄》："所謂願自我口暢之彼心爲宣，流演圓通無繫于一人名傳通也。通而所出諸經猶詞疎理[19]蹇者，疎謂疎遠，蹇難如譯法業云，人見天見人理，雖諸失於文，此詞疎也。如譯此經云，不來相爲辱來，不見相爲相見。言雖文而失於理，此理建也，皆詞句疎野道理蹇澁。或文或質，未契聖心，故曰也。"（T2775v85p0435b）本頁下注19："蹇=塞《甲》。"唐道掖集《淨名經集解關中疏》："昔漢明中，法教始流於葱左，肇建塔像，翻譯尚阻。爰及魏晋，創硲宣傳，而所出諸經猶詞疎理蹇。蓋習學者未融於大觀，傳譯者闕通於方言。"（T2777v85p0440a）"理蹇"謂道理蹇澁，"琜塞"當爲"理蹇"之訛。唐法藏撰、北宋承遷注《大方廣佛華嚴經金師子章》："夫龍象之蹴踏於乾坤，開奧藏兮説妙法；蟣蟻之趹蹈於土塊，傳深法兮轉法輪。杜順智儼祖師既滂大法於碧落，香象清涼賢德早話明琜於黄泉（矣）。"（T1881v45p0667a）疑"琜"亦"理"字之訛。

0741 琏

龍樹造、後秦筏提摩多譯《釋摩訶衍論》："云何名爲境界之風？其風形狀當如何耶？謂青黄等種種顯色，能起眼識；[6]寶珂等珠出現種種勝妙音聲，能起耳識；檀乳等香熏布種種芬芬香氣，能起鼻識；木羅石蜜等諸安觸著和合種種諸善美樂具，能起身識；甘淡等味，隨其所應出種種味，能起舌識。"（T1668v32p0626c）本頁下注6："寶=琏《石》，珪《高》。"

按："琏"與"寶"爲版本異文，"琏"即"琔"字之訛，"琔"爲"寶"之省形字。南朝梁寶唱等集《經律異相》："周匝列置八萬四千雜寶珂樹。"（T2121v53p0075b）唐慧琳撰《一切經音義》卷七十八《經律異相》第十四卷："寶珂，下可何反。《廣雅》：'珂，美石次玉也。'《埤蒼》云：'瑪瑙也。'顧野王云：'出於海中潔白如雪，所以嬰馬膺也。'《古今正字》：'從玉，可聲。'膺，音憶矜反。'"（T2128 v54p0815b）"寶珂"佛經多見，謂珍貴的美石。《龍龕·玉部》："瑶、𤥨、琏，三俗；琔，正。音寶。今作寶。"（p436）"寶"或省作

“琺”，“琺”又寫作“琏”，“琏”即“琏”之進一步形訛。異文“珪”亦當爲“琺”字之訛。參 0733“琏”字條。

0742 琝

日本觀靜撰《孔雀經音義》：“花，音呼窊反，草木花也。……又作花字，戶花反，美也，盛也。俗人言道德花、堂樣花、[2]琝花。”（T2244 v61p0768a）本頁下注 2：“琝＝碧《丁》。”

按：“琝”與“碧”爲版本異文，“琝”即“瑤”字之訛。秦公《碑別字新編·十四畫》“瑤”字引《隋梁邕墓誌》作“琝”，字形與“琝”相近，可比勘。隋吉藏撰《勝鬘寶窟》：“江南[4]瑤法師云……”（T1744 v37p0005a）本頁下注 4：“瑤＝淫[イ]《原》。”“淫”爲“瑤”字之訛。西晉竺法護譯《光讚經》：“何謂世間不善之法？殺生、盜竊、邪[13]媱、妄言、兩舌、惡口、綺語、貪嫉、邪見十惡之事，是謂世間不善之法。”（T0222 v08p0179c）本頁下注 13：“媱＝淫《聖》。”“媱”爲“婬”字之訛。“䍃”旁與“㸒”旁常相混誤，故“瑤”或訛作“琝”。

0743 珆

唐窺基撰《妙法蓮華經玄贊》：“百穀、甘蔗、萄葡三事，以喻中大二草三乘有種性故。蔗，音之夜反。萄，音徒刀反，或作‘桃’‘[27]珆’。張騫西域使還得安石榴、葡桃、胡桃。《廣志》云：‘葡桃有白黑黃。’”（T1723 v34p0785b）本頁下注 27：“珆＝陶《甲》《乙》。”

按：“珆”與“陶”爲版本異文，“珆”即“坮”字之訛。佛經中“葡萄”之“萄”或作“陶”。日本賴瑜撰《大日經疏指心鈔》：“[10]陶師子埏埴等者，陶師子者，作土器者也。”（T2217 v59p0676b）本頁下注 10：“陶＝坮《甲》。”《可洪音義》卷五《普曜經》第六卷：“坮家，上徒刀反。正作陶。”（v59p701b）“坮”“坮”爲“坮”之異寫，“坮”又“陶”之異構字。故“葡萄”之“萄”可作“陶”，亦可作“坮”，“珆”則“坮”之訛，“土”旁訛作“王”旁也。

0744 珊

北魏曇曜譯《大吉義神呪經》：“今當助佛說此呪經，擁護一切、摧伏一切諸惡鬼神，唯願世尊憶念於我。即說呪曰：羅池　羅羅池　摩摩遲毘　離毘　黎尼　毘

囉毘　毘尼那地　[3]⿲王冊寸⿲王冊寸　蘭地。”（T1335v21p0576a）本頁下注 3：“⿲王冊寸⿲王冊寸＝珊那《三》。”

按：林光明《新編大藏全咒》卷五《大吉義神呪經》“擁護衆生伏諸惡鬼咒”中“⿲王冊寸⿲王冊寸”的梵文羅馬轉寫作“śana”（v5p325）。前一“⿲王冊寸”字即“珊”之異體，後一“⿲王冊寸”字當爲“那”字涉上而訛之誤字。“珊”本爲從玉删省聲之字，“删”或寫作“⿰冊寸”，故“珊”可作“⿲王冊寸”。唐慧琳撰《一切經音義》：“繖蓋，上⿲王冊寸嬾反。”（T2128v54p0530b）“⿲王冊寸”亦“珊”之異體，可比勘。

0745 ⿱珏巩

隋闍那崛多譯《佛本行集經》：“爾時太子忽然而寤，覩其宮内，蠟燭及燈，或如拳鑫，或如臂大，顯爀朗耀，極甚光明。見諸宮人如是睡卧，或執銅鈸、笙、瑟、笳、簫、琴、[32]筑、琵琶、竽、笛、螺貝，口出白沫，鼻涕涎流，見如是等種種相貌。見已太子作是思惟，婦人形容，止如是耳。”（T0190v03p0728c）本頁下注 32：“筑琵琶＝⿱珏巩枇杷《聖》。”

按：“⿱珏巩”與“筑”爲版本異文，“⿱珏巩”即“筑”字之訛。《説文·竹部》：“筑，以竹曲五弦之樂也。从竹，从巩，巩持之也，竹亦聲。”“筑”爲擊打類弦樂器，本爲會意字，受上下文琴瑟琵琶等字的影響改從“珏”。與“箜”或作“⿱珏空”相似，參 0751“⿱珏空”字條。不同的是，“箜”本爲從竹空聲的形聲字，“⿱珏空”爲“箜”改變形旁的異構字，該字可以分析爲從珏空聲的形聲字。而“筑”本爲會意字，改“竹”旁爲“珏”旁，乃單純的形體同化。鄭賢章《漢文佛典疑難俗字彙釋與研究》“⿱珏巩”字條（p158）亦有考證，然“筑”訛作“築”，當是繁簡轉換之誤。

0746 ⿰王虚

日本明覺撰《悉曇要訣》：“《武帝涅槃疏》云：𑖑，恒（⿰王虚迦）。𑖥，啝（蒲可反）。當知此等字不依本音，但借音也。四者以切音呼之。”（T2706v84p0510b）

按：日本安然撰《悉曇藏》：“𑖎，迦，音居寫反，此寫宜用吴音。𑖏，呿，音墟迦反，此迦字音猶同居寫也。𑖐，伽，音墟迦反，迦字亦同用上音。𑖑，㮈，此音猶墟迦反，小重聲語。𑖒，音魚迦反，此字音迦同上也。此五字舌本聲。”（T2702v84p0410c）與“⿰王虚”對應之字作“墟”，“⿰王虚”即“墟”字之訛。唐慧琳撰《一切經音義》：“佉，墟迦反，佉字取上聲，墟音丘於反。”（T2128v54p0470b）“墟”爲“呿”“佉”的切上字，與讀音合。“呿”“佉”皆“𑖏

（kha）”的譯音字，“呿”“佉”“墟”皆溪母字。“𑖑”梵音讀（gha），與“𑖏（kha）”惟清、濁之别，故描述其讀音時言“此音猶墟迦反，小重聲語”，謂“𑖑（gha）”和“𑖏（kha）”的讀音相似，只是在“𑖏（kha）”的基礎上稍重讀即可。“墟”或作“⿰王虐”者，“土”旁訛作“王”旁，“虛”旁訛作“虐”旁也。《悉曇藏》：“𑖐，佉（[2]虛我）。”（T2702v84p0408a）本頁下注 2：“虛＝虐[イ]《原》。”“虐”即“虛”字之訛。西晋白法祖譯《佛般泥洹經》：“若曹志趣，皆有八惡。何謂爲八？祠祀鬼神，卜問[2]虛殺，是爲一。”（T0005v01p0172a）本頁下注 2：“虛＝虐《元》《明》。”南朝梁僧祐撰《弘明集》：“鷹虎非搏噬不生，人可飯蔬而存，則[26]虛己甚矣。天道至公所希者命，寧當許其虐命而抑其冥應哉？”（T2102v52p0013b）本頁下注 26：“虛＝虐《三》《宫》。”四庫本作“虐”。又：“今逆悖之人，無賴之子。上罔君親，下[44]虛儔類。”（T2102v52p0057c）本頁下注 44：“虛＝虐《三》《宫》。”四庫本作“虐”。“虛”又“虐”字之訛。“虛”與“虐”形本相近，故文獻中或常混誤。

日本淨嚴撰《悉曇三密鈔》：“𑖑，伽、誐、嘘、㭙。”（T2710v84p0742a）“嘘”爲“噱”之異構字，二字皆“𑖑（gha）”之譯音字。

0747 ⿰王曷

唐一行記《大毘盧遮那成佛經疏》：“三曼多（等也）奴[4]⿰王曷多（進義也，去也，往也）微囉闍（微是離也，囉闍是塵垢也，謂除一切障也）達摩儞闍多（上句法也，下三字生也。何等法生？謂從諸法體性而生也）摩訶摩訶（上聲。摩是第五字遍一切處，謂大空也。空中之大名爲大空，故重言之更無可得。爲等比者故名爲大，重空之中更無比也）。此意言等者，即是諸法畢竟平等也。進者是逝義，謂佛善逝而成正覺。然此平等法界無行無到，云何有來去耶？次即釋言。以能離垢除一切障，即是勝進之義。無行而進最爲善逝也。以如是進行能成法生，即是從平等法性而生佛家也。”（T1796 v39p0680c）本頁下注 4：“⿰王曷＝竭《甲》《乙》。”

按：“⿰王曷”與“竭”爲版本異文，“⿰王曷”即“竭”之訛字。日本杲寶撰《大日經疏演奥鈔》：“‘三曼多’（等也）者，一切諸佛開悟斷惑，皆平等法界爲所依而成就之，故初表云‘三曼多’也。‘奴竭多’者，乘平等法界理進成正覺是開悟也。‘去也往也’者，此更注進義也。去約此，往約彼，謂去此往彼也。進通去往，故表進義，更注‘去也往也’也。”（T2216v59p0349a）與“⿰王曷”對應之字亦作“竭”。《大毘盧遮那成佛經疏》：“次一切法平等開悟印：作三補吒合掌，以二水二空指聚而相捻即是也。真言歸命如前：薩嚩達摩三曼多（一切法平等也）鉢囉補多（至也，得也，至得一切平等也）怛他揭多（如來也，正義謂如去也）奴揭多（隨也，如也，謂隨諸如來也，同彼得如是開悟也）。”（T1796v39p0718a）日本曇寂撰《大日經住心品疏私記》：“虛空藏真言釋奴揭多𑖡𑖲𑖐𑖝，得也。前云知義起義，此中云至得義，亦相會也。（文）相會者，理智相會義，即是證智。”（T2219v60p0517c）亦作“奴揭多”。“竭”“揭”皆“𑖐（ga）”之譯音字。日本淨嚴撰《悉曇三密鈔》：“𑖐，蘖、竭、鉈、乾、犍、健、虐（隨求）、伽、哦、誐、仰、嘘、疙（千手軌）。”（T2710v84p0742a）“竭”亦“𑖐（ga）”之譯音字。

0748 瑿

唐智昇撰《開元釋教録》：“《[14]瑿羅鉢龍王業報因緣經》一卷（出第二十卷新編上）。”（T2154v55p0659c）本頁下注14：“瑿＝瞖《三》。”

按：“瑿”與“瞖”爲版本異文，“瑿”即“瑿”之異寫字。同上經：“《淨瑿羅鉢龍王業報因緣經》一卷。”（T2154v55p0699a）又：“《瞖羅鉢龍王業報因緣經》一卷（出第二十一卷）。”（T2154v55p0663b）唐慧琳撰《一切經音義》：“瑿羅鉢，上翳奚反。梵語也。”（T2128v54p0730a）“瑿羅鉢”爲梵文譯音詞，乃龍王之名。“瑿”“瞖”爲同一梵文的不同譯音用字，“瑿”爲“瑿”之異寫。明梅膺祚《字彙·玉部》：“瑿，於宜切，音衣，黑玉。”“瑿”字已見字書收録。

唐地婆訶羅譯《方廣大莊嚴經》：“唱[1]翳字時，出所希求諸過患事聲。”（T0187v03p0560a）本頁下注1：“翳＝瑿《元》《明》。”唐般若譯《大乘理趣六波羅蜜多經》：“説真言曰：怛地（儞也反）他（一）[21]瑿黎（二）。”（T0261v08p0873b）本頁下注21：“瑿＝醫《明》。”唐寶思惟譯《不空羂索陀羅尼自在王呪經》：“以純白綖交絡肩臆，以[5]瑿泥耶鹿王皮而覆肩上。”（T1097v20p0422b）本頁下注5：“瑿＝毉《三》。”“瑿”皆“瑿”之異寫字，“瑿”與“翳”“醫”“毉”爲同一梵文的譯音字。

0749 琥

日本曇寂撰《金剛頂大教王經私記》：“又《涅槃舊解》云：伽（音琥迦反）伽婆（音蒲舸反），翻云庫藏。”（T2225v61p0174c）

按：日本安然撰《悉曇藏》：“伽（音璩迦反，迦字亦同用上音）伽婆（音蒲舸反），翻云庫藏。”（T2702v84p0445c）與“琥”對應之字作“璩”，“琥”即“璩”字之訛。“璩”，明張自烈《正字通·玉部》：“璩，俗璩字。”“璩”或寫作“璩”。元周伯琦《六書正訛》：“豦，俗作處。”《廣韻·御韻》昌據切：“處，處，俗。”劉復、李家瑞編《宋元以來俗字譜·虍部》引《太平樂府》“處”作“處”。“豦”與“處”異寫或同形，故“璩”或訛作“琥”字。唐般若譯《大方廣佛華嚴經》：“我發起莊嚴一切功德寶山，猶如須彌[5]處金輪上，永不傾動心。”（T0293v10p0756a）本頁下注5：“處＝據《和》。”《嘉興藏》作“處”。

“據”爲“處”字之訛，可比勘。

唐慧琳撰《一切經音義》卷十七《毘耶娑問經》下卷：“耳渠，耳璫之類也。經文有作‘璩’，玉名也。”（T2128v54p0412c）北魏瞿曇般若流支譯《毘耶娑問經》：“胸有瓔珞，咽半瓔珞，臂釧、指環及耳渠等。”（T0354v12p0230b）《集韻·魚韻》求於切：“璩、琚、渠，環屬，戎夷貫耳。或作琚、渠，通作鐻。”“耳渠”之“渠”或作“璩”，“璩”亦“璩”字之訛。

又，南朝梁寶唱等集《經律異相》：“過去世時，有比丘名跋璩，止住林中。時釋軍多鳥，亦棲此林。晨暮亂鳴，惱於跋璩。跋璩詣世尊所，頂禮佛足，於一面立。”（T2121v53p0102b）“璩”亦“璩”字之訛。楊寶忠《疑難字考釋與研究》亦有考證（p355），可參看。

0750 瓈

日本鐵舟德濟撰《閻浮集》：“《石室和尚送條知客韻》：玻瓈何日驗人去，只有隨身杖一條。集阜獨游春寂寂，田齋曾座夜寥寥。電飛雷厲禪居句，月白風清石室謠。六翮凌雲留不得，越山迢遞海天遙。”（T2557v80p0560c）

按：“瓈”即“瓈”“璃”之換聲符異構字。唐玄應撰《一切經音義》卷二《大般涅槃經》第一卷：“頗梨，力私反。又作‘黎’，力奚反。西國寶名也。梵言塞頗胝迦，亦言頗胝。此云水玉，或曰白珠。《大論》云：此寶出山石窟中，過千年冰化爲頗梨珠，此或有也。案西域暑熱無冰，仍多饒此寶，非冰所化也，但石之類耳。胝音竹尸反。”清莊炘案：“今世作‘玻瓈’，俗字。”“頗梨”“玻瓈”“玻瓈”皆“玻璃”的異形詞。“玻璃”在古代被看作與玉相媲美的寶石。“瓈”字《大正藏》凡 106 見，用法皆同。《龍龕·玉部》：“琍、瓈，二俗。音梨。”（p434）《龍龕》收“瓈”，未釋其義，據佛經用例，“瓈”即“瓈”“璃”的異體字。

0751 𤧘

日本中算撰《妙法蓮華經釋文》：“箜，苦紅反。順憬云：又作‘𤧘’。或作‘𤧘’也。”（T2189v56p0154a）

按：“𤧘”即“箜”之換形符異構字。“箜篌”爲樂器名，“箜”爲從竹空聲的形聲字。“箜篌”與琴、瑟、琵琶同屬彈撥樂器，故字或改從“玨”，“玨”乃小篆“珡”之省，“𤧘”可分析爲從玨空聲的形聲字。

0752 瑣

龍樹造、後秦鳩摩羅什譯《大智度論》："經云：何爲八十隨形好？一者無見頂；二者鼻直高好孔不現；三者眉如初生月紺琉璃色；四者耳輪埵成；五者身堅實如那羅延；六者骨際如[26]鉤鎖；七者身一時迴如象王；八者行時足去地四寸而印文現；九者爪如赤銅色薄而潤澤；十者膝骨堅著圓好。"（T1509v25p0684b）本頁下注 26："鉤鎖＝拘瑣《聖》，拘瑣《石》。"

按："瑣"與"鎖"爲版本異文，"瑣"即"瑣"字之訛。"鉤鎖"一詞佛經習見，明宗泐、如玘注《楞伽阿跋多羅寶經註解》："諸俗數，即生死俗假因緣，謂凡夫從本以來，惟逐妄緣流轉生死，如鉤鎖連環之不可斷。"（T1789v39p0409c）"鉤鎖"即勾連在一起的連環，"鉤"爲勾連義，"鎖"爲連鎖義。佛經中又常用"鉤鎖"描寫佛相，北魏菩提留支譯《大薩遮尼乾子所説經》："沙門瞿曇八十種好，依彼諸好，廣宣瞿曇諸功德相，如秋滿月現衆星中。何等八十：一者沙門瞿曇頭相端嚴上下相稱；……四十七者沙門瞿曇骨節相連如似鉤鎖。"（T0272v09p0344a–c）唐地婆訶羅譯《大乘百福相經》："文殊師利，如是佛身所有隨好，略説其數有八十種：……六者骨節相連如鉤鎖。"（T0661v16p0329b）指骨節之間相互勾連之狀。骨節勾結在一起，則使骨體堅固，故佛經中又常以"鉤鎖"形容佛之強壯。唐菩提流志譯《大寶積經》："其身堅強，猶如鉤鎖，得金剛志，致道聖性。"（T0310v11p0042b）《嘉興藏》作"鎖"。又："如來之身成鉤鎖體，猶如金剛鏗然堅強不可破壞。"（T0310v11p0055b）唐慧琳撰《一切經音義》卷十一《大寶積經》第八卷："鉤鎖，苟侯反。《考聲》：'求也。取也。'《説文》：'曲也。'《廣雅》：'引也。'下桑果反。《考聲》：'連環也。'《經》作'鏁'，俗字也。"（T2128 v54p0374b）慧琳引前人"求也""取也""曲也""引也"諸訓，皆與"鉤鎖"一詞中"鉤"不合。又，《漢語大詞典》："鉤鎖，亦作'鈎鎖'。1. 彎曲的鎖鏈。唐段成式《酉陽雜俎續集·支諾皋下》：'〔朱道士〕見岩下有枯骨，背石平坐，按手膝上，狀如鈎鎖，附苔絡蔓，色如白雪。'"所釋亦不確。

文獻中"鉤鎖"或作"鉤瑣""拘鎖""拘瑣"，"拘"爲"鉤"之借字，"瑣"爲"鎖"之古字。清徐灝《説文解字注箋·玉部》："蓋以玉爲小連環……繫人琅當，以鐵爲連環，其形相似，故亦謂之瑣。其後因易金旁作鎖。"在"鎖鏈"義上，"鎖"爲"瑣"之後出分化字。

"瑣"，秦公《碑別字新編》引《魏汝陽王曌墓誌》作"瑣"。"瑣"將"貝"之"目"訛作"田"，下面的兩點訛作三點。"瑣"則在"瑣"的基礎上將三點又訛作四點"灬"。

0753 瑮

北宋法賢譯《佛説衆許摩訶帝經》："用玻瑮器煮乳糜粥。"（T0191v03p0949c）

按："瑮"即"瓈""璃"之異構字。"瑮"字《大正藏》凡19見，用法皆同。參0750"瓈"字條。

0754 璪

唐道宣撰《廣弘明集》："沙門道[13]璪圖此雙樹之像置於許州，葉盡變爲青色。"（T2103v52p0214b）本頁下注13："璪=璨《三》。"

按：正文"璪"，注文作"璨"，"璪""璨"與"璨"爲版本異文，"璪"即"璨"字之訛。唐道宣撰《續高僧傳》："釋道璨，恒州人。慧學如神。鑽求攝論華嚴十地，深疑伏旨解其由緒。志尚幽靜不務奢華，重義輕財自小之大。後入關輦便住勝光，訪道求賢栖遑靡託。仁壽起塔，勑召送舍利于許州辯行寺。初至塔寺，堂中佛像素無靈異，忽放大光通燭院宇。舍利上踊金瓶之表，又放光明遶瓶旋轉。既屬炎熱，將入塔時感雲承日，覆訖方滅。又於塔側造池供養，因獲古井，水深且清，輕軟甜美。舉州齊調一從此井而無竭濁，莫不嗟嘆。璨後不測其終。"（T2060v50p0669c）"道璪"當即《續高僧傳》中的"釋道璨"。雖然記録的事情不同，但"釋道璨"的主要事跡的發生地也是"許州"。《龍龕·玉部》："璪、璨，二俗；璨，正。倉旦反。美玉也。"（p437）《龍龕》已溝通"璪"與"璨"的關係。

0755 瑢

元念常集《佛祖歷代通載》："辛丑，吴越王佐（字右，立瑢之子。立七年，壽二十）。"（T2036v49p0653b）

按："瑢"即"瓘"之異寫字。同上經："癸巳，吴越錢傳瑢（字文寶，錢鏐長子。從父征伐而有大功，爲群臣請立九年）。"（T2036v49p0653a）元覺岸編《釋氏稽古略》："三月，吴越武肅王錢鏐薨，年八十一歲。中子傳瓘立，更名元瓘。"（T2037v49p0851b）南宋志磐撰《佛祖統紀》："梁開平初，加封尚父淮海節度使，傳子文穆王元瓘，瓘子忠獻王仁佐。"（T2035v49p0206b）與"瑢"對應之字皆作“瓘”。北宋薛居正等撰《舊五代史·世襲列傳·錢鏐傳》有“元瓘”之附傳，字亦作“瓘”。“瑢”乃“瓘”之書寫變異。秦公《碑别字新編·二十二畫》“瓘”字條引《魏穆子巖墓誌》作“瑢”，已溝通“瑢”與“瓘”的關係。

0756 瓈

唐道世撰《法苑珠林》：“爲空居夜叉造玻瓈宫殿城郭亦爾。”（T2122v53p0276a）

按：“瓈”即“瓈”之異寫字，“瓈”爲“璃”之换聲符異構字。“瓈”字《大正藏》凡9見，用法皆同。

0757 瑜

龍樹造、後秦鳩摩羅什譯《大智度論》：“云何三十二相？一者足下安平立平如[1]奩底，二者足下千輻輞輪輪相具足，三者手足指長勝於餘人，四者手足柔軟勝餘身分，五者足跟廣具足滿好，六者手足指合縵網勝於餘人，七者足趺高平好，與跟相稱。”（T1509v25p0681a）本頁下注1：“奩=瑜《聖》。”

按：南朝宋求那跋陀羅譯《過去現在因果經》：“太子具三十二相：一者足下安平[4]平如奩底。”（T0189v03p0627a）本頁下注4：“平=立《三》。”後秦鳩摩羅什譯《摩訶般若波羅蜜經》：“云何三十二相？一者足下安平立平如奩底。”（T0223v08p0395b）唐玄奘譯《大般若波羅蜜多經》：“世尊足下有平滿相，妙善安住，猶如奩底，地雖高下，隨足所蹈，皆悉坦然，無不等觸，是爲第一。”（T0220v06p0967b）字皆作“奩”，“奩”爲平底器，經中常用來比喻佛祖三十二相之一足底之平。北宋元照撰《四分律行事鈔資持記》：“若作下明作食具，《律》本並作‘斂’，準字書合作‘匳’，或作‘籢’，平底器也。‘斂’字本是上呼，竊疑《律》本脱竹頭耳。”（T1805v40p0387b）佛經中“奩”或作“匳”“籢”“斂”等形。《説文·竹部》：“籢，鏡籢也。从竹，斂聲。”《龍龕·匸部》：“奩，俗。匳，正。力潛反。香匳、鏡匳，盛物匣也。”（p192）“籢”爲《説文》所收之本字，“匳”爲“籢”之異構字，“奩”蓋爲“匳”之書寫變異，“斂”則“籢”之訛省。日本空海撰《祕密漫荼羅十住心論》：“其身芬馨，常有香氣，如開種種上好香[9]斂。”（T2425v77p0322a）本頁下注9：“斂=奩[イ]《原》。”“斂”即當爲“籢”字之訛。據文意，“瑜”顯係形訛字，致誤之由不明。

0758 瓈

唐道世撰《法苑珠林》："今據三千大千世界之中，諸佛世尊皆垂化現，現生現滅，導聖導凡，約一四天下。即以一日月所照臨處，以蘇迷廬山爲中（唐云妙高山，舊名須彌山，又曰迷留，亦云彌婁山，此皆訛略耳），高三百三十六萬里，四寶所成，東面黄金，南面琉璃，西面白銀，北面玻瓈，在大海中，亦深三百三十六萬里。"（T2122v53p0278c）

按："玻瓈"同"玻瓈"，"瓈"即"瓈"字異寫，"瓈"又"璃"之異構字。《龍龕·雜部》（朝鮮本）："黎，今。良奚切，衆也。又姓名，又力之切。梨，俗。""黎"或寫作"梨"，故"瓈"可寫作"瓈"。"瓈"字《大正藏》凡16見，用法皆同。

0759 瓈

唐道世撰《法苑珠林》："得玻瓈城、八如意珠及八玉女，八萬歲中受諸快樂，八錢供母。"（T2122v53p0658b）

按："瓈"即"瓈"之書寫變異。《玉篇·玉部》："瓈，力堤切。玻瓈。""玻瓈"同"玻璃"，"瓈"即"璃"之異構字。秦公《碑別字新編》"璃"字條引《唐般若波羅密多心經》作"瓈"，可比勘。"瓈"字《大正藏》凡9見，用法皆同。

0760 瓍

日本惠鎮撰《圓密宗二教名目》："（東寺）小栗栖常曉律師。承和五年隨菅原善直入唐。表云：五年六月進發，八月到維［淮］南城，六年歸朝。栖靈寺文瓍弟子元昭受三論，貞觀六年任律師，七年十一月三十日入滅。"（T2373v74p0438c）

按：日本常曉撰《常曉和尚請來目録》："入唐學法沙門常曉言：常曉以去承和三年五月，銜命留學，遠期萬里之外。其年漂迴，四年亦不果渡海。五年六月進發，同年八月到淮南城廣綾舘安置。孟冬使等入朝，常曉不得隨使入京，徒留舘裹，空經多日。至于歲盡，勅命未有爰，則周遊郡内，訪擇師依。幸遇栖靈寺灌頂阿闍梨法號文璨和尚，并華林寺三教講論大德元照座主。其文璨和尚則不空三藏弟子，兼惠應阿闍梨付法人也。妙鈎經律，深通密藏，法之棟梁，國之所歸。同年臘月，請節度使處分，配住栖靈寺，文璨和尚以爲師主。始學法儀，兼往花林寺。元照座主邊問本宗義，并得文書也。”（T2163v55p1068c）據兩經所敍之後事，“文瓈”即“文璨”，“瓈”爲“璨”字之訛，“璨”又“瑑”字之訛。《龍龕·玉部》：“璨、璨，二俗；瑑，正。倉且反。美玉也。”《龍龕》已溝通“璨”與“瑑”的關係。唐圓照撰《貞元新定釋教目録》：“又增置十大德沙門僧休、法[25]粲、法經、慧藏、洪遵、慧遠、法纂、僧暉、明穆、曇遷等，監掌翻事銓定宗旨。”（T2157v55p0848b）本頁下注25：“粲＝祭《聖》。”可比勘。

0761 瓋

佚名《法界圖記叢髓録》：“鏡有三種：謂如來藏鏡、錠光瓋璃鏡、海印鏡也。”（T1887v45p0728b）

按：“瓋”即“玻”之異構字。唐菩提流志譯《大寶積經》：“或散金花、銀花、昆琉璃花、[12]頗梨花、赤真珠花、馬瑙花、車渠花。”（T0310 v11p0358c）本頁下注12：“頗梨＝玻璃《明》。”唐菩提流志譯《如意輪陀羅尼經》：“幢頭置摩尼珠，其珠以紅[40]頗梨，或用水精，皆淨無瑕翳。”（T1080 v20p0194c）本頁下注40：“頗梨＝玻瓈《宋》《元》，玻瓈《明》，頗璃《甲》。”“玻璃”或作“頗梨”“玻瓈”“玻瓈”“頗璃”等，“瓋”即在“頗”的基礎上增加形符而成的分化字。唐李通玄撰《新華嚴經論》：“瓋瓈爲地者，明以此寶似水精然紅白赤碧不同，但以明淨類，以法身報得。”（T1739v36p0965a）“瓋”亦“頗”的分化字。

0762 瓓

唐菩提流志譯《文殊師利寶藏陀羅尼經》：“又法以取珠珍或瓝 瓓諸雜寶等，呪一千八遍，安幢上，或置軍將身，或安馬象之上，隨入戰陣於前而行。彼賊遙見，自然降伏。”（T1185Bv20p0805a）

按：唐菩提流志譯《佛説文殊師利法寶藏陀羅尼經》：“又法取珠珍或靺羯或金銀或諸雜寶，以加持一百八遍，刻作童子形，安置幢上，或安身上，或於馬上，將入軍陣，三軍前行，彼賊遙見，自然降伏。如是等法，無量無邊，不可稱數。”（T1185v20p0796b）唐慧琳撰《一切經音義》卷三十《文殊師利現寶藏經》下卷：“靺羯頗梨，上晚發反，下建列反。蕃語寶名也。”（T2128 v54p0510a）與“瓝瓓”對應之字作“靺羯”，爲寶名。元念常集《佛祖歷代通載》：“升天見天帝，帝授以十三寶。謂真如曰：中國有災，宜以第二寶鎮之。甲子楚州刺史崔侁奉表獻于朝。其一曰玄黄天符（形如笏，長八寸闊二寸黄玉也。有文云辟兵後）。……七曰紅靺鞨（大如巨栗）。”（T2036v49p0599c）《舊唐書・肅宗紀》：“楚州刺史崔侁獻定國寶玉十三枚。……七曰紅靺鞨，大如巨栗，赤如櫻桃。”“靺鞨”同“靺羯”，明張自烈《正字通・革部》：“鞨，靺鞨。《唐寶記》有紅靺鞨，靺鞨國産寶石，大如巨栗，中國謂之靺鞨。”因寶石產在靺鞨國，以國名爲這種寶石命名。“瓂”即“鞨”加形符“玉”而成的分化字之異寫，因爲玉名，故加“玉”旁。

木　部

0763 杈

日本心覺撰《多羅葉記》：“毘跋杈夾劫，可云毘跋吒，《律》云劫成。”（T2707v84p0637b）

按：同上經：“三跛［跋］吒劫，亦云三跋扠夷，《律》云劫滅。”（T2707v84p0627b）佚名《翻梵語》：“三跋吒劫，亦云三跋收夷，《律》曰劫滅。（《善見律毘婆沙》第五卷）毘跋收夷劫，應云毘跋吒，《律》曰劫或［成］。”（T2130v54p1054b）南朝齊僧伽跋陀羅譯《善見律毘婆沙》：“問曰：‘何謂爲一生？’答曰：‘一過入胎乃至死，是名一生。如是次第乃至無數生，[5]三拔劫者，漢言劫滅。’問曰：‘何謂爲無數三拔劫？’答曰：‘次第而滅，是爲三拔劫。毘拔夷劫者，漢言劫成。’問曰：‘何謂爲[7]毘拔咤夷劫？’答曰：‘次第而生，是名毘拔咤夷劫。取三拔劫者，含入[8]三拔扠夷劫，是扠夷根；若取毘拔劫者，即入毘拔扠夷，是劫心下而識。’”（T1462v24p0703a）本頁下注5：“Saṃvaṭṭakappa.”注7：“Vivaṭṭaṭṭhāyī.”注8：“Saṃvaṭṭaṭṭhāyī.”上揭文獻“杈夾”對應“收夷”“咤夷”“扠夷”等，其中“杈”“收”“咤”“扠”皆梵文“ṭṭa”的譯音字。日本淨嚴撰《悉曇三密鈔》：“當體重字[梵字]三字。”（T2710v84p0780a）“ṭṭa”之悉曇字母形式作“[梵字]”。《多羅葉記》：“肆，[23][梵字]，左怛嚩（二合）曷吒（上）。”（T2707v84p0622b）本頁下注23：“[梵字]＝[梵字]《甲》。”“[梵字]（ṭṭa）”常用的譯音字爲“吒”，“咤”爲“吒”異體，“扠”與“咤”“吒”爲同一梵文“[梵字]（ṭṭa）”的不同譯音用字。唐道世撰《法苑珠林》：“第一四天王者，依《長阿含經》云東方天王名多羅咤，此云治國主（《智度論》云提頭賴[2]吒）。”（T2122v53p0283a）本頁下注2：“吒＝叉《明》。”後秦佛陀耶舍、竺佛念譯《長阿含經》：“時四天王各當位坐，[7]提頭賴吒在東方坐。”（T0001v01p0035a）本頁下注7：“提頭賴吒＝提帝賴吒《聖》～Dhataraṭṭha.”“叉”與“吒”爲版本異文，皆

“ṭṭha”之譯音字。《悉曇三密鈔》：“，侘、吒、姹、咤、詫、咃。”（T2710v84p0743b）“吒”又爲“（ṭha）”的譯音字。“ṭṭha”的悉曇字母形式作“”，“（ṭṭha）”的譯音字可作“叉”與“吒”，“（ṭa）”與“（ṭha）”只是輔音不送氣與送氣的區別，故“（ṭṭa）”常用“吒”爲譯音字，亦當可用“扠”爲譯音字。“收”或“杈”皆爲“扠”之訛字。“扠”或作“扠”（見《可洪音義》，v59p543b），“收”或作“収”，兩字的異寫形體極近，故兩字常混誤。北魏瞿曇般若流支譯《正法念處經》：“所謂師子虎狼，狗蛇黄狖，兕豹熊羆，角鵄烏雕，失[5]收摩羅及野猪等，如是衆生，瞋心偏多，是名第四心性界也。”（T0721v17p0201c）本頁下注5：“收=扠《宋》《宫》，叉《明》。”南朝宋求那跋陀羅譯《雜阿含經》：“譬如士夫遊空宅中，得六種衆生，一者得狗，即執其狗繫著一處。次得其鳥，次得毒蛇，次得野干，次得[2]失收摩羅。”（T0099v02p0313a）本頁下注2：“失收摩羅～Suṃsumāra.”唐慧琳撰《一切經音義》：“室獸摩羅，梵語，魚名也。舊經律中或作失收摩羅，梵音訛轉耳。譯云煞子魚也。《善見律》云：鰐魚名也。形如象，長二丈餘有四，足似鼉，齒極利，所有畜獸麞鹿入水，齧腰即斷，廣州土地有之。”（T2128v54p0578b）“扠”即“收”字之訛。“收”訛作“扠”，因又訛作“叉”。

唐般若斫羯囉譯《摩訶吠室囉末那野提婆喝囉闍陀羅尼儀軌》：“若欲知童男童女鬼病所惱者，以泥作夜[21]叉形，於鏡前著呪一百八遍，問其惑人，病人即自説神鬼名字。”（T1246v21p0223b）本頁下注21：“叉=乂《丙》。”唐法藏述《華嚴經探玄記》：“五百夜[2]叉扶一輪寶下應輪王，以得輪寶故曰輪王。”（T1733v35p0257b）本頁下注2：“叉=乂《甲》。”“乂”皆“叉”字之訛，故“扠”或訛作“杈”。龍樹造、後秦筏提摩多譯《釋摩訶衍論》：“總百洛[8]叉數，十二部經攝。”（T1668v32p0593b）本頁下注8：“叉=刃《石》《高》。”“叉”又訛作“刃”。

唐慧琳撰《一切經音義》：“爲軔，又作‘杈’，同，如振反。《説文》：‘礙車也。’《楚辭》：‘朝朝發軔。’王逸曰：‘軔，支輪木也。’”（T2128v54p0785a）“杈”又“軔”的異構字。

日本中算撰《妙法蓮華經釋文》：“杈，勅久反。孫愐云：‘所以拘罪人也。’慈恩云：‘在手曰～。’《廣雅》云：‘～謂之梏。’胡沃反。手械也。械，胡介反。郭知玄云：‘穿木加足也。’慈恩云：‘在脚曰～。’《廣雅》云：‘～謂之桎。’之日反。脚械也。”（T2189v56p0169c）唐慧苑撰《新譯華嚴經音義》：“杈械，上音丑，胡戒反。”（T2206Av57p0371a）“杈”皆“杻”字之訛。《廣韻·有韻》敕久切：“杻，杻械。杽，古文。”“杻”爲“杽”的異構字，義爲手械，與文意合。唐慧琳撰《一切經音義》：“啄噉，上音豕。《廣雅》：‘啄，齧也。’《説文》：‘鳥喰也。從口，豕聲。’豕，[8]丑緣反。《經》從象作‘喙’，吁穢反，非也。下唐濫反。”（T2128v54p0577c）本頁下注8：“丑=乂《甲》。”日本觀靜撰《孔雀經音義》：“治，直之反。又[24]丑吏。”（T2244v61p0795b）本頁下注24：“丑=乂《甲》。”“乂”皆“丑”字之訛。“丑”或訛作“乂”，故“杻”或訛作“杈”。

0764 ⿰木尢

高麗一然撰《三國遺事》："《百濟本記》云：'第十五（僧傳云十四，誤）[2]⿰木尢流王即位甲申（東晋孝武帝大元九年），胡僧摩羅難陀至自晋，迎置宫中禮敬。'"（T2039v49p0986a）本頁下注2："⿰木尢＝枕《甲》。"

按："⿰木尢"與"枕"爲版本異文，"⿰木尢"即"枕"字之訛。"枕流王"爲第十五任百濟國王，明佚名《朝鮮史略》："百濟近仇首王㒧（在位十年），子枕流王立（晋大元九年），胡僧摩羅難陁自晋至，王迎置宫内禮敬焉。"與《三國遺事》的記載相合。另，"枕"字行書，唐寅作"[字形]"，王寵作"[字形]"，與《大正藏》字形相合。

0765 ⿱巨木

日本中算撰《妙法蓮華經釋文》："梁，吕張反。慈恩云：'⿱巨木（音己）㽌（力救反）謂之~也。'三蒼云：'柱所戴也。'"（T2189v56p0155b）

按："⿱巨木"即"宲"字之訛。《爾雅·釋宫》："宲廇謂之梁。"晋郭璞注："屋大梁也。"唐窺基撰《妙法蓮華經玄賛》："又《爾雅》云：宲㽌謂之梁。屋大梁也。"（T1723v34p0746b）與"⿱巨木"對應之字作"宲"。"㽌"爲"廇"字之訛。"亡"，黄征《敦煌俗字典》收録"[字形]""[字形]""[字形]""[字形]"等形，均與"巨"相近。"⿱巨木"的直音用字當爲"亡"，《大正藏》作"己"，形近而誤。唐義淨譯《根本説一切有部毘奈耶破僧事》："溟渤寬[4]亡際，遣惡定無緣。"（T1450v24p0149b）本頁下注4："亡＝巨《明》。""巨"即"亡"字之訛，可比勘。

0766 枅

唐禮言集《梵語雜名》："枅，没嚕，[3][悉曇]。……胡枅，[6]摩哩者，[悉曇]。"（T2135v54p1238a）本頁下注3："[悉曇]＝[悉曇]《甲》。"注6："摩＝麼《甲》。"

按："枅"即"椒"字之訛。唐義淨撰《梵語千字文》（安永二年敬光刊本）："[悉曇]，摩利遮，胡椒。"（T2133Bv54p1204a）唐怛多蘖多集《唐梵兩語雙對集》："胡椒，麼哩者。"（T2136v54p1243a）又唐段成式《酉陽雜俎·木篇》："胡椒，出摩伽陁國，呼爲昧履支。""摩哩者""麼哩者""摩利遮""昧履支"，語音皆相近。"椒"可作"檝"，明梅膺祚《字彙·木部》："檝，同椒。""檝"

爲其草書楷化字形，而“枅”又與“椕”形近。日本心覺撰《多羅葉記》：“栟，没嚕，[illegible]。”（T2707v84p0582a）“栟”亦“椒”字之訛。佚名《文殊師利耶曼德迦呪法》：“又法取苦練葉、白芥子油、毒藥、人血、人肉、鹽、胡枅。”（T1218v21p0094c）“枅”亦“椒”字。

0767 栓

東晉佛陀跋陀羅、法顯譯《摩訶僧祇律》：“若地打[4]杙，越毘尼罪。傷如蚊脚，波夜提。拔*杙時，越毘尼罪。”（T1425v22p0385a）本頁下注4：“杙＝栓《三》《宫》*。”

按：“栓”與“杙”爲版本異文，“栓”即“栓”字之訛，“栓”爲“橛”之異構字。同上經：“尖脚者如[24]橛。”（T1425v22p0344c）本頁下注24：“橛＝栓《三》《宫》。”“栓”又與“橛”爲版本異文。唐善無畏、一行譯《金剛頂經毘盧遮那百八尊法身契印》：“金剛栓：唵跋日囉枳羅唬吽泮莎訶。”（T0877v18p0333b）唐慧琳撰《一切經音義》卷四十二《大佛頂經》第八卷：“鐵橜，權月反。《説文》：‘杙也。從木，厥聲。’《經》作‘栓’，俗撰字也。”（T2128v54p0587a）唐般剌蜜帝譯《大佛頂如來密因修證了義諸菩薩萬行首楞嚴經》：“四者嗔習交衝，發於相忤，忤結不息，心熱發火，鑄氣爲金，如是故有刀山鐵[8]橛，劍樹劍輪，斧鉞鎗鋸。”（T0945v19p0143c）本頁下注8：“橛＝桂《宋》。”“栓”爲“橛”之俗字，《大正藏》多見，字或訛作“桂”。《龍龕·木部》：“栓，古文，其月反。木入土也。今作橛。”明梅膺祚《字彙·木部》：“栓，古文橛字，木入土也。”明張自烈《正字通·木部》：“栓，舊注：‘古文橛字，木入土也。’按：从入从土，淺陋，非古文。椿亦以木入土，何獨橛古作栓，益信其訛。”《龍龕》以“栓”爲古文，《正字通》亦辨其誤，當爲後出俗字，從木入土會意，乃“橛”之異構字。“栓”與“栓”形近，由“入”訛作“人”，“土”訛作“工”所致。《漢語大字典》收“栓”字（二 p1270b），釋爲“同‘橛’”，舉《龍龕》爲書證，當引佛經之例證。曾良《敦煌文獻字義通釋》“栓”字條（p78－80）亦有考證，可參看。

0768 梁

隋闍那崛多譯《佛本行集經》：“見自宫殿城壁、戶牖、樓櫓、窓門、却[7]敵、雀採、天井，皆悉崩頹落壞。”（T0190v03p0775b）本頁下注7：“敵雀採＝敵雀梁《聖》。”

按：“梁”與“採”爲版本異文，“梁”“採”皆“埰”字之訛。隋闍那崛多譯《佛説月上女經》：“觀其城上所有莊嚴，却敵、樓櫓、雀[2]墮、寮窓、勾欄、藻棁諸雕飾事。”（T0480v14p0618b）本頁下注 2：“墮 = 垜《三》《宮》。”唐玄應撰《一切經音義》（麗藏本）卷四十四《月上女經》上卷：“雀垜，徒果反。謂城上女牆也。《經》文作‘墮落’之‘墮’，非體也。”（p68a）《可洪音義》卷九《月上女經》上卷：“雀堕，徒果反，城上女牆也。”（v59p858b）“雀垜（墮）”義爲城上女墻，與文意合。文獻多作“雉堞”，“雀垜”與“雉堞”同義，但口語色彩較濃。《龍龕·木部》：“𣏹、𣐂，二俗；垛，正，徒果反，射垛也。”“垛”或作“𣏹”“𣐂”二形，“𣏹”與之形近，即其形之訛。

唐慧琳撰《一切經音義》卷五十《攝大乘論釋》第二卷：“脊𣏹，上精背反。顧野王：‘脊，背膂也。’《毛詩傳》曰：‘脊，理也。’《文字典説》：‘從肉，上象脅肋之形也。’”（T2128v54p0639c）“𣏹”亦“梁”字之訛。

0769 桀

日本賴寶撰《釋摩訶衍論勘注》：“《馬鳴傳》（羅什譯）云：龍樹菩薩南方之照，若朗月之燭幽夜，韋羅法師西方之[2]琹，〇鳩摩羅羅陀法師北方之美，馬鳴菩薩兼三方於東。”（T2290v69p0608b）本頁下注 2：“琹 = 桀《甲》。”

按：“桀”與“琹”爲版本異文，二字皆“桀”字之訛。“桀”又作“傑”，指才能出衆的人。日本快憲撰《中觀論二十七品别釋》：“案《馬鳴傳》云：龍樹菩薩南方之照，韋羅法師西方之栗，鳩摩羅羅陀法師北方之善，馬鳴菩薩兼三方於東方。”（T2255v65p0248a）與“桀”“琹”對應之字又作“栗”。“傑”或訛作“慄”，“慄”字右旁“栗”亦“桀”字之訛，可資比勘。參 0121“慄”字條。

0770 枪

東晋瞿曇僧伽提婆譯《中阿含經》：“猶去村不遠有大[4]芭蕉，若人持斧破芭蕉樹，破作片。”（T0026v01p0780a）本頁下注 4：“芭蕉枪 = 椒《聖》。”

按：注文當作“芭蕉 = 枪椒”。“枪”與“芭”爲版本異文，“枪”即“杷”字之訛。佚名《金剛經疏》：“正觀有五：一色蘊如聚末，二受蘊如浮泡，三相蘊如陽焰，四行蘊如巴椒，五識蘊如幻化。”（T2737v85p0127c）唐般若譯《大乘理趣六波羅蜜多經》：“復觀行蘊猶如芭蕉，中無有堅，剥之不已，竟無所得。菩薩摩訶薩以正智慧，見第一義知行性空，以是因緣名正知見。”（T0261v08p0913a）“芭蕉”或作“巴椒”，“枪”當爲“杷”字之訛。《可洪音義》：“一艳，北馬反，正作把。”（v60p174c）“把”或作“艳”，可比勘。

0771 梒

佚名《翻梵語》："菴羅婆利，亦云菴（烏甘反）婆羅婆利，亦云梒（羽烏甘）婆利。譯者曰菴婆羅者，樹名；婆利者，護。"（T2130v54p1017c）

按：《翻梵語》此條自標出處爲《大智論》，龍樹造、後秦鳩摩羅什譯《大智度論》："聞毘耶離國婬女人，名菴羅婆利。"（T1509v25p0110b）又："濕生者，如[9]揜羅婆利（[10]揜，烏甘反）婬女頂生轉輪聖王，如是等名濕生。"（T1509v25p0118a）本頁下注9："揜=掩《宮》。"注10："揜+（音）《宋》《元》《宮》，（揜烏甘反）-《明》。"此即《翻梵語》所本，"梒"即"揜"字之訛，"羽烏甘"之"烏甘"乃"揜"字切音，"羽"或爲衍文。南宋法雲編《翻譯名義集》："《大論》云：胎生者如常人生，濕生者如揜（音菴）羅婆利婬女頂生轉輪聖王。"（T2131v54p1165b）所引作"揜"。日本心覺撰《多羅葉記》："菴羅婆利，亦云菴（烏甘反）婆羅波利，又云掩（烏甘反）波利。譯云菴婆羅者，樹名；波利者，護也。"（T2707v84p0621c）字作"掩"，"掩"與"揜"爲同一梵文的譯音字。《龍龕·手部》："揜、㨄，俗；掩，正，于广反；掩覆閉藏也。又烏敢反。"揜"或寫作"㨄"，"梒"即"揜"之訛省。日本明覺撰《悉曇要訣》："《大論》濕生女人名梒（烏甘反）羅婆利女。"（T2706v84p0543c）"梒"亦"揜"字之訛。

南宋法雲編《翻譯名義集》："[22]庵羅，正云庵没羅，或庵羅婆利。肇注：此云柰也。《柰女經》云：維耶梨國，梵志園中，植此柰樹，樹生此女。梵志收養，至年十五，顔色端正，宣聞遠國。七王爭聘，梵志大懼。乃置女高樓，謂七王曰：'此非我女，乃樹所生。設與一王，六王必怒。今在樓上，請王平議。應得者取之，非我制也。'其夜瓶沙王從伏竇中入，登樓共宿。謂女曰：'若生男，當還我。'即脱手金環之印，付女爲信。便出語群臣言：'我已得女。'瓶沙軍皆稱萬歲，六王罷去。後女生故活，至年八歲，持環印見瓶沙王，王以爲太子。至二年會闍王生，因讓曰：'王今嫡子生矣，應襲尊嗣。'遂退其位。"（T2131v54p1103a）本頁下注22："Āmrapalī。"字又作"庵"，"庵""揜"皆"ām"的譯音字。

0772 椣

唐王梵志撰《王梵志詩集》："即遍伺命使，反縛棒□□，□渡奈河水，倒椣至廳前，枷棒遍身起，死經一七日。"（T2863v85p1323c）

按："椣"即"拽"字之訛。"拽"字在書寫中末筆多增點，如黄征《敦煌俗字典》收録"拽""拽"等形體（p489），《大正藏》"扌"旁又訛作"木"旁。"倒拽"即倒著拉扯，與文意相合。北宋施護譯《佛説寶帶陀羅尼經》："爾時月天子亦隨喜宣説寶帶大明曰：薩[5]栧替（引）唐（一）。”（T1377v21p0900a）本頁下注5：“栧=拽《元》《明》。”又：“爾時諸天衆亦隨喜宣説寶帶大明曰：薩拽替（引）唐（一）。”（T1377v21p0900b）“栧”亦“拽”字之訛。日本淨嚴撰《悉曇三密鈔》：“𑖧𑖸，曳、拽、裔（法花）。”（T2710v84p0746a）“拽”爲“𑖧𑖸（ye）”之譯音字。

0773 ⿰木⿱艹内

唐一行記《大毘盧遮那成佛經疏》：“隨上中下事作成就法：上事山峰，中事牛[5]樠欄，下事林間或河灘，乃至四衢天室等，皆謂通上中下成也。”（T1796v39p0697a）本頁下注5：“樠=⿰木⿱艹内[イ]《原》。”

按：“⿰木⿱艹内”與“樠”爲版本異文。日本杲寶撰《大日經疏演奥鈔》：“上中下事者，如次息災、增益、降伏三種法成就之相也。牛樠欄者，二本義釋共作牛欄。”（T2216v59p0404a）杲寶所見亦有作“牛樠欄”者。《大毘盧遮那成佛經疏》：“若出世義説，即是隨其成就之時，能滿一切所願。所謂山峰、牛欄者，觀義，作成就時如於山，即與中道山相應，一一事皆與理相應也，謂不動名山，即是大菩提心。在此菩提心最究極之地，故名山峰，如人登山，下觀萬物，莫不明了。此法性山亦爾，下觀法界，圓照無礙也。牛欄者，牛是五淨所生，能却穢除障，成就清淨之事。以牛淨所養，故細草豐茂，自然滋長。此菩提心牛欄亦爾，能防妄想分别之過淨諸心地，以大悲水灑之平等地，所生功德任運成長也。”（T1796v39p0690a）此文解“牛欄”之義甚詳，作“牛欄”文意已足，不當有“樠”字。疑“樠”爲衍文，所衍之由不得其詳。“⿰木⿱艹内”或爲“樠”字之訛。構件“㒳”“内”形近易混。如“兩”字《可洪音義》作“⿱艹㒳”（v60p64c）。

唐道宣撰《集古今佛道論衡》卷丁：“草木之中何不惟生松柏梓桂蕙蓀蘭菊，而復生樠櫪樗棘葶艾蒺茨乎？”（T2104v52p0388a）唐慧琳撰《一切經音義》卷八十四《集古今佛道論衡》第四卷：“樠櫟，上莫官反。《左傳》云：‘楚武公卒於樠木之下。’《説文》：‘樠，松心也。’《漢書》：‘烏孫國多松樠也。’”（T2128v54p0853c）“樠”之本義爲松心木，於文意不合。

0774 梯

日本圓珍撰《福州温州台州求得經律論疏記外書等目録》：“《刀梯歌》一卷。”（T2170v55p1095b）

按：“梯”即“梯”的異體字。日本圓珍撰《日本比丘圓珍入唐求法目録》：“《刀梯歌》一卷。”（T2172v55p1101b）字作“梯”。《可洪音義》卷十六《四分律》第五十七卷："若梯，他兮反。正作梯。"（v60p42c）"梯"亦同"梯"。日本聖德太子撰《勝鬘經義疏》："且夫昔日[5]梯橙三寶及五乘之别。"（T2185v56p0008a）本頁下注5："梯＝梯《甲》《乙》。"遼希麟集《續一切經音義》卷一《大乘理趣六波羅蜜多經》第六卷："梯隥，上體奚反。賈注《國語》云：'梯，階也。'《説文》解同，從木，第聲也。下登鄧反。《博雅》云：'隥，履也。'依而上之也。《説文》云：'從阜，登聲也。'"（T2129v54p0937c）唐般若譯《大乘理趣六波羅蜜多經》："復次如有梯隥，極爲高大，衆生登陟，直至梵天。安忍之梯，高大亦爾，菩薩登陟，至天中天。"（T0261v08p0891b）唐慧琳撰《一切經音義》卷四十八《瑜伽師地論》第九十五卷："桄梯，古文'撗''臙'二形，同，古黄反。《聲類》作'輄'，車下横木也。今車、牀、梯、轝下横木皆曰桄也。"（T2128v54p0632c）彌勒説、唐玄奘譯《瑜伽師地論》第九十五卷："又即如是四聖諦智，如四桄梯，能令隥上解脱寂滅。"（T1579v30p0845c）唐玄應撰《一切經音義》（麗藏本）卷二十二《瑜伽師地論》第九十五卷："桄梯，古文'臙''横'二形，同，古黄反。《聲類》作'輄'，車下撗木也。今車、牀、梯、轝下撗木皆曰桄也。"（p303c）"梯"同"梯"，亦"梯"之異體。"梯"爲"梯"改換聲旁的異構字，"梯"蓋"梯"之異寫字。

又，唐輪波迦羅譯《蘇悉地羯囉經》："佛部持珠真言：唵　那謨皤　伽縛底　悉朕　悉朕　娑馱野悉馱　剌[22]柹　莎縛訶。"（T0893v18p0647c）本頁下注22："柹＝捓《元》《明》，梯《甲》。"又："佛部淨珠真言：唵　遏部　狚弭惹曳　悉睇悉馱剌[11]柹　莎縛訶。"（T0893v18p0647b）本頁下注11："柹＝拂《甲》。"唐不空譯《一字頂輪王念誦儀軌》："次結持珠印……真言曰：曩謨婆誐嚩底蘇悉第　娑馱耶悉馱囉梯娑嚩（二合，引）訶（引）。"（T0954Av19p0310b）林光明《新編大藏全咒》卷十一《一字頂輪王念誦儀軌》之"持珠印真言"中"梯"字的梵文羅馬轉寫作"the"（v11p43）。《一字頂輪王念誦儀軌》："次持珠合掌捧珠，誦淨珠真言七遍。真言曰：唵阿娜步（二合）低尾惹曳（而奚反）悉地悉馱囉梯娑嚩（二合，引）訶。"（T0954Av19p0310b）林光明《新編大藏全咒》卷十一《一字頂輪王念誦儀軌》之"淨珠真言"中"梯"字的梵文羅馬轉寫作"the"（v11p43）。"梯"爲"the"之譯音字，"梯"亦"梯"之異構字，"拂""柹""捓"皆"梯"字之訛。

0775 㮏

北涼曇無讖譯《大方等大集經》："我今説此大力日眼蓮華陀羅尼，即説呪曰：……旃陀羅提（十九）呵呵（虎我反）質㮏（竹几反。二十）。"（T0397v13p0241b）

按：《嘉興藏》作"栁"。"㮏""栁"皆"掷"字之訛。同上經，卷第三十七云："爾時日行藏菩薩即於佛前，説所持來日眼蓮華陀羅尼：……栴陀羅提（十九）呵呵（虎我反）質𢱢（竹机［机］反。二十）。”（T0397v13p0251a）《嘉興藏》作“㮿”。《可洪音義》：“質𢱢，下竹机反。”（v59p630b）字皆作“𢱢”。《龍龕手鑑·手部》：“𢱢，俗。竹几、之日、陟栗三反。”《龍龕》收録，未釋其義。唐彌陀山譯《無垢淨光大陀羅尼經》：“善男子，今爲汝説相輪橖中陀羅尼法，即説呪曰：唵（引。一）薩婆怛他揭多毘補羅曳（移熱反，下同）瑟𢿱（竹几反，下同。二）。”（T1024v19p0719a）日本興然撰《四卷》：“相輪橖中陀羅尼呪（出于《無垢淨光陀羅尼經》）：[illegible]，唵（引。一）薩婆坦他揭多毘補羅曳（移勢反，下同）瑟𢿱（竹几反，下同。二）。”（T2500v78p0798b）日本淨嚴撰《悉曇三密鈔》：“[illegible]，置（金峯）、智、徵、知、致、緻、恥。”（T2710v84p0743b）“𢿱”“致”皆“[illegible]（ṭi）”的譯音字。“𢱢”亦爲“[illegible]（ṭi）”的譯音字。

0776 㮚

元覺岸編《釋氏稽古略》：“丁未靖康二年正月辛卯朔庚子，金粘罕遣人邀帝到營，帝以孫傅謝克家輔太子監國，傅仍爲留守，梅執禮副之。帝出城，僕射何㮚以下皆從帝至青城，與粘罕相見。”（T2037v49p0888a）

按：“㮚”即“㮚”字之訛，今通作“栗”。《宋史·何㮚傳》：“欽宗立，復以中丞召。閲月，爲翰林學士，進尚書右丞、中書侍郎。”張涌泉《敦煌俗字研究》（第2版）亦有考證（p475），可互參。

0777 㯄

佚名《翻梵語》：“麗㯄，應云麗㯄毘，譯曰細滑。”（T2130v54p1020c）

按：“㯄”即“掣”字之訛，“掣”又“掣”部件佈局不同的異寫字。東晋瞿曇僧伽提婆譯《中阿含經》第二十一卷：“諸鞞舍離[12]麗掣，聞世尊遊鞞舍離獼猴江邊高樓臺觀，便作是念：我等寧可作大如意足作王威德高聲唱傳，出鞞舍離往詣佛所供養禮事。”（T0026v01p0560c）本頁下注12：“麗掣～Licchavl。”此即《翻梵語》所釋“麗㯄”一詞之所從出，與“㯄”對應之字作“掣”，“麗掣”爲“Licchavl”的譯音詞。唐慧琳撰《一切經音義》卷五十二《中阿含經》第四卷：“麗掣，又作‘掣’，同，昌制反。正言‘麗掣毗’，此譯云細滑也。”（T2128v54p0651a）《中阿含經》第四卷：“爾時衆多鞞舍離麗掣集在聽堂，數稱歎佛，數稱歎法及比丘衆。”（T0026v01p0440c）慧琳作“掣”，所釋與《翻梵語》同，溝通了“掣”“掣”的關係。《龍龕·手部》：“掣，昌制反。曳也，制也。又昌折反。掣、𢷾，二俗，昌制反。”“掣”爲“掣”的俗字。楷書中“木”“扌”形近易混，故“㨢”又訛作“㮝”。

0778 㓝

日本中算撰《妙法蓮華經釋文》：“金刹，玄應云：‘西域死者收骨燒之埋於地下，其墳冢［冢］之上立表累甎石等，似卒覩波，但形卑小，今既佛塔故云長表，言刹者訛略也，具云㓝多羅，西域無别幡竿，即於塔覆鉢，柱頭懸幡也。’”（T2189v56p0163b）

按：“㓝”即“掣”字之訛。唐玄應撰《一切經音義》卷六《妙法蓮華經》：“金刹，梵言掣多羅。”又南宋法雲編《翻譯名義集》：“刹摩，正音掣多羅。”（T2131v54p1167a）日本淨嚴撰《悉曇三密鈔》：“ꡆ，掣、砌（金軌）。”（T2710v84p0742c）“掣”可爲“ꡆ（che）”的譯音字。“掣”作“㓝”者，“手”旁訛作“木”旁也。

0779 桀

佚名《金剛經疏》：“如我昔爲哥利王（者，事證也）割截身體。我於爾時（者，世流布語），無我相人相（者，離報著言，照見五蘊皆空，一一無我），無衆生相，無受者相（者，不見嗔怒害我者。相故。言無衆生無受者相）。此引事證成，哥利羅王者，是烏桀利城人也。”（T2737v85p0122c）

按：“桀”即“傑”字之異寫，此處爲譯音用字。又譯爲“揭”，“烏桀利城”又作“瞢揭釐城”，唐慧琳撰《一切經音義》卷第十《金剛般若波羅蜜經》：“歌利王，亦梵語也，或言迦利王，《論》中作迦藍浮王，皆訛也，正云羯利王，此譯爲鬪諍王。《西域記》云在烏仗那國，瞢揭釐城東四五里，是其處也，古譯爲惡世無道王，即波羅柰國王也。瞢音墨崩反，揭音羯，釐音離。”（T2128v54p0368a）《廣韻·薛韻》“揭”“傑”均有“渠列切”一音。考諸字形，清邢澍《金石文字辨異·屑韻》：“桀，《唐衮公頌》：‘儒林秀桀。’案，‘桀’即‘傑’。”又《可洪音義》卷七《不空羂索心咒王經》下卷：“桀囉，上其列反。”（v59p788c）“桀”皆同“傑”。《可洪音義》卷二十七《續高僧傳》第二十三卷：“二傑，音竭。”（v60p487b）唐道宣撰《續高僧傳》第二十三卷：“沙門曇延、道安者，世號玄門二傑。”（T2060v50p0626b）“傑”亦“傑”之異寫，“桀”與“傑”唯構件佈局不同，“桀”乃“傑”進一步書寫變異。《可洪音義》卷六《大薩遮尼乹子所説經》第六卷：“雄桀，其列反。”（v59p744c）“桀”乃“桀”之書寫變異，故“傑”或寫作“傑”“桀”。

0780 𣡸

東晉佛陀跋陀羅譯《佛説觀佛三昧海經》:“不順師教，興惡逆心，不知恩養，盜師害師，污師淨食，坐師床座，捉師鉢盂，藏[18]𣡸不淨，作五種惡。”(T0643v15p0670b) 本頁下注 18:“𣡸=去《三》。”

按:“𣡸”與“去”爲版本異文，“𣡸”即“弆”字之訛。“藏弆”爲同義並列複合詞，有收藏、隱藏之義，上揭經中用此義。唐道宣撰《續高僧傳》:“鷹將像還至京，詔令模之。合造十軀，皆足下置字，新舊莫辯，任鷹探取。像又降夢示其本末，恰至鷹取還得本像。乃還徐州，每有神瑞。元魏孝文請入北臺，高齊後主遣使者常彪之迎還鄴下。齊滅周廢，爲僧藏[12]弆。大隋開教還重興世，今在相州鄴縣大慈寺也。”(T2060v50p0692b) 本頁下注 12:“弆=擧《三》《宫》。”唐道世撰《法苑珠林》:“又營事比丘，數得僧物，慳惜藏[18]弆，或非時與僧，或復難與，或因苦與，或少與，或不與，或有與者，或不與者。”(T2122v53p0844c) 本頁下注 18:“弆=擧《三》。”四庫本作“藏舉”。“藏弆”皆藏義。“擧”蓋“弆”之借字。唐慧琳撰《一切經音義》卷十一《大寶積經》第二卷:“藏擧，上昨郎反，下薑圄反。有經本或作‘弆’，墟圄反，亦音擧也。”(T2128v54p0372a) 唐菩提流志譯《大寶積經》第二卷:“迦葉，譬如長者財寶無量，子於家中乃至見一盛水之器，起父財想。彼於異時，其父喪亡，資財散失，忽見其器，尋自念言，是我父物，將置身邊，或時藏擧。”(T0310v11p0007a)《嘉興藏》作“舉”。《大正藏》“藏擧”凡 144 見，《慧琳音義》作“藏擧”，似唐時“藏擧”已習見。然考諸《四庫全書》，除四庫本之《法苑珠林》出現 7 例“藏舉”用例外，其他中土文獻不見用例，可見“藏擧”只見於佛經。

《大正藏》“藏棄”亦多見，南朝齊僧伽跋陀羅譯《善見律毘婆沙》:“若乞食從外道家，得食極精食者莫受。若已受者，勿與他人及自食，可藏棄之。”(T1462v24p0752c)《嘉興藏》作“棄”。東漢安世高譯《大比丘三千威儀》:“復有五事:一者以拭手燥，即當藏[18]棄膝上巾。”(T1470v24p0921b) 本頁下注 18:“棄=去《三》《宫》。”《嘉興藏》作“去”。《法苑珠林》:“若塔僧物賊來急時，不得藏[5]棄佛物，莊嚴佛像僧座具，應敷安置種種飲食，令賊見相，若起慈心。”(T2122v53p0580b) 本頁下注 5:“棄=擧《三》《宫》。”四庫本作“舉”。又:“昔有王子兄弟二人被驅出國，到曠路中，糧食都盡。弟即殺婦，分肉與其兄嫂，嫂便食之。兄得此肉，藏[7]棄不敢食之，自割脚肉，夫婦共食。弟婦肉盡，欲得殺嫂。兄言莫殺，以先藏肉，還與弟食。既過曠路，到神仙住處，採取華果，以自供食。弟後病亡，唯兄獨在。”(T2122v53p0776c) 本頁下注 7:“棄=擧《三》《宫》。”四庫本作“舉”。“棄”皆“弆”字之訛。“棄”之古文作“弃”，與“弆”形近，或誤認“弆”爲“弃”，又轉寫作“棄”，故“弆”訛作“棄”。“𣡸”與“棄”形近，“𣡸”即“棄”進一步錯訛。“棄”或作“𠅏”(見秦公《碑别字新編》

引《魏陸紹墓誌》)、“𢍰”(《碑别字新編》引《齊高叡修寺碑》)等形，中部“丗”訛作“世”，可比勘。

又，《法苑珠林》：“此女日日偷取珍寶與奴將出在外藏[10]算，計得二人重擔。”(T2122v53p0685a）本頁下注10：“算＝舉《三》《宫》。”四庫本作“舉”。“算”亦“弃”字之訛。蓋刻書者不明“藏弃”之義，以爲“藏”語義已足，以“弃”屬下，臆改爲“算”，以“算計”爲一詞也。

0781 㮢

北宋守堅集《雲門匡真禪師廣録》：“師語三参隨僧云：‘是儞京中無可喫。’乃拈一[3]㮢果子與一僧。……師云：‘我不能唾得儞’。無對。代前語云：‘也知果子少，兩人共一[*]㮢。’”（T1988v47p0571a–b）本頁下注3：“㮢＝楪《明》。”

按：“㮢”與“楪”爲版本異文，“㮢”即“楪”字書寫變異。審文意“楪”即“碟”字異構字，即今之碟子。南宋袁文《甕牖閒評》卷第六：“古者椀楪以木爲之，故椀楪字皆從木。”“碟”字後出。《玉篇·木部》：“楪，餘涉切。牑也。又楪榆，縣名。枼，與涉切。薄也。亦同上。”《廣韻·葉部》與涉切：“楪，楪榆，縣名。”同小韻：“枼，薄也。”此“楪”與“椀楪”之“楪”爲同形字。《龍龕手鏡·木部》：“𣘸，與涉反。楪榆，縣名。又牗也。薄也。今作㮢字。”（p386）蔣斧本《唐寫本唐韻·葉韻》：“㮢，～榆縣，在雲中。”敦煌伯2011《王仁昫刊謬補缺切韻·葉韻》：“㮢，～榆縣，在雲中。”此“楪”亦寫作“㮢”。“堞”作“埬”、“喋”作“㖥”、“諜”作“諫”均是其例，可比勘。

失譯《雜譬喻經》：“時有一人，爲織氎（音㮢）公，年向六十。”（T0205v04p0506b）唐阿地瞿多譯《陀羅尼集經》：“壇西門外，放著座前，次第行列，一一香華，盤㮢供具，蘇蜜乳酪，并胡麻人，及諸餘食，柴炭松明，如是等物，近火爐側，皆敷置竟。”（T0901v18p0890b）“㮢”亦皆“楪”的異寫字，前一例用作直音字，後一例用亦同“碟”。

0782 㯙

佚名《翻梵語》：“尸梨㯙，應云尸梨槃，譯曰吉得。”（T2130v54p1026c）

按：日本心覺撰《多羅葉記》：“尸梨婆，應云尸梨槃，此云吉得。”（T2707v84p0631b）與“㯙”對應之字作“婆”。“㯙”即“婆”字之訛，乃由“婆”受前字“梨”的影響而改“女”旁爲“木”旁，此即字形同化之例。

0783 檏

唐法藏述《華嚴經探玄記》:“況金器硨[6]檏磨瑩等。”(T1733v35p0342a)本頁下注6:“硨檏=車渠《甲》。”

按:“檏”與“渠”爲版本異文,“檏”即“磲”省。唐玄應撰《一切經音義》(麗藏本)卷二十一《稱讚淨土經》:“牟娑洛揭婆,或言目娑囉伽羅婆,此云馬腦,經論中或云車渠。”(p285c)唐慧琳撰《一切經音義》:“硨磲,上音車,下音渠。梵語寶名也。文[又]玉也。”(T2128v54p0502b)字本作“車渠”,“車渠”是一種貝類,因貝殼表面溝槽狀如車轍故名,其質堅硬如石,故加“石”旁作“硨磲”。《集韻·魚韻》求於切:“磲、碟,《博雅》:‘硨磲。石之次玉。’或省。”“磲”或省作“碟”,“檏”又“碟”改變構件佈局的異寫字。北魏月婆首那譯《勝天王般若波羅蜜經》:“彼國悉以七寶莊嚴,所謂金、銀、琉璃、頗梨、[3]馬瑙、車檏、真珠。”(T0231v08p0708a)本頁下注3:“馬瑙車檏=硨檏碼瑙《聖》。”“檏”亦同“磲”。

0784 桊

唐慧沼撰《金光明最勝王經疏》:“朅樹羅者,此亦無翻。舊云佉受羅樹,子如漢苽,内有小子,子大如[10]蒜,食之甘美。”(T1788v39p0200a)本頁下注10:“蒜=桊《聖》。”

按:“桊”與“蒜”爲版本異文,“桊”“蒜”皆“棗”字之訛。唐義淨譯《金光明最勝王經》:“[8]朅樹羅枝中,能出菴羅葉。”(T0665v16p0406b)本頁下注8:“朅樹羅 Kharjūra.”日本明一集《金光明最勝王經註釋》:“朅樹羅者,此亦無翻,如漢苽,内有子小,大如棗,示災,食之甘美。”(T2197v56p0726b)日本願曉等集《金光明最勝王經玄樞》:“竭樹羅者,此地無,舊翻杜衣。淨三藏云:有子大如漢苽,内有小子,大如棗,食之甘味。”(T2196v56p0549c)“竭樹羅”與“朅樹羅”同,與“桊”對應之字皆作“棗”。唐義淨譯《根本説一切有部毘奈耶藥事》:“言更藥者,謂八種漿。云何爲八?一、招者漿,西方樹名,亦名顛咀梨。角同皂莢,其味如梅。角寬一兩指,長三四寸。時人鎭食。二、毛者漿,即芭蕉子。以少胡椒粖,安在果上,手極接之,皆變成水。三、孤洛迦漿,狀如酸棗,其味一種,唯有此棗,無甜者。四、阿説他果。五、烏曇跋羅,其果大如李。六、鉢魯灑,其果狀如蘡薁子,味亦相似。七、篾栗墜漿,即是葡萄菓。八、渴樹羅漿,形如小棗,甜而且澁。樹多獨立,形若椶櫚。此等諸漿,皆須淨洗手,淨濾漉,然後堪飲。”(T1448v24p0001b)“渴樹羅”亦“竭樹羅”“朅樹羅”之同一梵文的譯音形式，亦言子如小棗。“棗”或寫作“棗”，“桼”即“棗”之進一步書寫變異。

字或作“蒜”者，“棗”或訛作“棘”，唐義淨撰《南海寄歸内法傳》：“又凡是出家衣服，皆可染作乾陀。或爲地黄黄屑，或復荆蘖黄等。此皆宜以赤土、赤石研汁和之，量色淺深，要而省事。或復單用[1]棘心，或赤土、赤石，或棠梨，土紫。”（T2125v54p0216a）本頁下注1：“棘＝棗《三》《甲》。”《嘉興藏》作“棗”。唐普光述《俱舍論記》：“婆拕梨，是西方小[4]棗名，父母憐子，以此標名。”（T1821v41p0443a）本頁下注4：“棗＝棘《甲》《乙》。”唐道世撰《法苑珠林》：“授之三丸白物如[2]棗，令禮噉之，時便大飽。”（T2122v53p0774a）本頁下注2：“棗＝棘《宋》《元》《宮》。”四庫本作“棗”。又：“復行一里，便得一魁桃棗，青翠赤白，似新摘求，可有升餘，得食免飢。自非觀音神力，豈能仲冬得新桃棗。……賢者平安到家，并將殘桃[15]棗呈示道俗，知實不虚。”（T2122v53p0787b）本頁下注15：“棗＝棘《宋》《宮》。”四庫本作“棗”。“棘”皆“棗”之訛。“棘”又作“蕀”，“蒜”蓋即“蕀”形之訛。

0785 楫

唐不空譯《無量壽如來觀行供養儀軌》：“護身真言曰：唵（引）嚩日囉（二合，引）儗儞（二合。一）鉢囉（二合）捻（[49]万叶反，引）跛跢（二合）野娑嚩（二合）賀（引。二）。”（T0930v19p0068c）本頁下注49：“万叶反引＝敘揖反《宋》《元》，敘揖切《明》，奴楫反引《甲》《乙》，奴楫切《丙》。”

按：“楫”與“楫”“揖”爲版本異文，“楫”即“揖”字之訛。唐金剛智譯《藥師如來觀行儀軌法》：“真言曰：唵（一）嚩日羅（二合，引）儗儞鉢羅（二合）捻（奴揖反，引。二）跛跢（二合）野（三）娑嚩（二合）賀（引。四）。”（T0923v19p0024b）“捻”的反切下字作“揖”。唐菩提流志譯《五佛頂三昧陀羅尼經》：“爾時世尊爲安樂一切有情故，即復説高頂王呪曰：那麽娑漫哆勃馱南唵入嚩羅入嚩羅捻（奴揖反）弊（并也反）特伽（魚迦反）姡瑟膩沙度那度那虎虎吽。”（T0952v19p0266a）“揖”又寫作“揖”，“楫”當即“揖”字之訛，“扌”旁訛作“木”旁，“胃”下之“月”訛作“目”也。

0786 榏

日本明覺撰《悉曇要訣》：“《大論》濕生女，人名，榏（烏甘反）羅婆利女，他處云菴羅衛女，此亦婆字和音，加利字伊云衛歟？”（T2706v84p0543c）

按：龍樹造、後秦鳩摩羅什譯《大智度論》：“濕生者，如[9]揜羅婆利（[10]揜，烏甘反）婬女頂生轉輪聖王，如是等名濕生。"（T1509v25p0118a）本頁下注 9："揜=掩《宮》。"注 10："揜+（音）《宋》《元》《宮》，（揜烏甘反）－《明》。"此即明覺所本，與"㭢"對應之字作"揜"，"㭢"即"揜"字之訛，"扌"旁訛作"木"旁也。參0771"㭿"字條。北涼曇無讖譯《大方等大集經》："[12]揜鉢囉尼系多毘夜也（三十八）。"（T0397v13p0252a）本頁下注 12："㭢+夾註（烏合反）《三》《宮》，但反=切《明》。""㭢"亦"揜"之訛。

0787 㭱

佚名《翻梵語》："阿㭱羅沽，《論》曰不調。"（T2130v54p1004b）

按："㭱"即"搔"字之訛。訶梨跋摩造、後秦鳩摩羅什譯《成實論》："有瞋於同止中常憙罵詈，名阿搔羅沽，義言不調。"（T1646v32p0311c）此即《翻梵語》之所本，與"㭱"對應之字作"搔"。高麗本《龍龕手鏡・手部》："搔，俗；搔，正。"（p207）"搔"之俗字作"搔"，"㭱"即"搔"之訛，"扌"旁訛作"木"旁也。

日本心覺撰《多羅葉記》："阿𣛻羅沽，此云不調。"（T2707v84p0619b）"搔"又訛作"𣛻"。唐義淨譯《根本説一切有部毘奈耶雜事》："可令弟子詳審觀察，恐有[9]蚤虱及以污穢。"（T1451v24p0267c）本頁下注 9："蚤=蜜《元》。""蚤"亦或訛作"蜜"。

0788 椋

日本安然撰《悉曇藏》："𑖝，椋（多我）。"（T2702v84p0408a）

按：日本淨嚴撰《悉曇三密鈔》："𑖝，多字，……㰴（多我反。續刊定記）。"（T2710v84p0737a）又："𑖝，多，……㰴（續刊定記）。"（T2710v84p0744a）"𑖝（ta）"的譯音字皆作"㰴"，"椋"當即"㰴"字之訛。"㰴"或寫作"𢹺"（見《可洪音義》v59p814c），因又訛作"椋"。

0789 構

後秦弗若多羅、羅什譯《十誦律》："若佛在無聚落空處宿時，汝[12]穀五百乳牛，作粳米蘇乳糜，和以黑白石蜜上佛。"（T1435v23p0192c）本頁下注 12："穀=構《宮》，下同。"

按："構"與"轂"爲版本異文，"構"即"構"字異寫，"構"通作"轂"。僧伽斯那撰、南朝齊求那毗地譯《百喻經·搆驢乳喻》："（七七）[3]搆驢乳喻。爾時諸人得一父驢，欲*搆其乳，諍共捉之，其中有捉頭者，有捉耳者，有捉尾者，有捉脚者，復有捉器者，各欲先得於前飲之。"（T0209v04p0555a）本頁下注3："構＝拵《三》*。"字或作"構""搆"。北宋法護譯《佛説如來不思議祕密大乘經》："是時有一聚落中女，其名善生，[3]構以百牛成乳糜粥，淨心捧持，詣菩薩所而以上之。"（T0312v11p0726a）本頁下注3："構＝轂《明》。""構"亦"轂"之借字。

0790 栗

日本快憲撰《中觀論二十七品別釋》："案《馬鳴傳》云：龍樹菩薩南方之照，韋羅法師西方之栗，鳩摩羅羅陀法師北方之善，馬鳴菩薩兼三方於東方。"（T2255v65p0248a）

按：日本賴寶撰《釋摩訶衍論勘注》："《馬鳴傳》（羅什譯）云：龍樹菩薩南方之照，若朗月之燭幽夜，韋羅法師西方之[2]栞，鳩摩羅羅陀法師北方之美，馬鳴菩薩兼三方於東。"（T2290v69p0608b）本頁下注2："栞＝柴《甲》。""栗""栞""柴"皆"桀"字之訛。參0769"柴"字條。

0791 桀

唐慧沼撰《勸發菩提心集》："又有一人作大國王，名曰[3]桀盧伽，爲大臻王之所討殄。"（T1862v45p0389b）本頁下注3："桀＝桀[カ]《原》。"

按："桀"與"桀"爲版本異文，疑"桀"即"桀"字之訛。秦公《碑別字新編·十畫》"桀"字條引《魏孝文帝弔比干文》作"桀"（p125），可比勘。

0792 檠

日本空海撰《御遺告》："注[6]檠著岸，或人言告，天皇某日時崩者，少僧懷悲給素服。"（T2431v77p0409a）本頁下注6："檠＝縶《原》。"

按："檠"與"縶"爲版本異文，"檠"即"縶"字之訛。"注縶"爲同義並列複合詞，乃拴縛之義。"縶"字，早稻田大學藏本《龍龕手鑑·糸部》作"縶"形，左上部的"叀"寫作"車"形，正與"檠"同。

0793 樰

唐道宣緝《量處輕重儀本》："初現樹五果，謂㲉果（即胡桃、樰、栗等）、膚果（即梨、柰、林禽、木瓜等）、核果（即桃、杏、棗、柿等）、角果（山澤諸豆）、稽果（松柏子等）。"（T1895v45p0841a）

按："樰"即"榴"字之訛。南宋法雲編《翻譯名義集》卷第三《五果篇》第三十二："三、㲉果，如椰子、胡桃、石榴等。"（T2131v54p1102c）佚名《宗四分比丘隨門要略行儀》："三、㲉果，即椰子、胡桃、栗子、石榴等。"（T2791v85p0658a）與"樰"對應之字皆作"榴"。"留"或作"畱"，又作"𤰞"（《偏類碑別字·田部》"留"字條引《唐蘇瓌碑》），"樰"右旁所從，與"𤰞"形近。

0794 櫓

唐金剛智譯《金剛頂瑜伽中略出念誦經》："即曁結薩埵金剛契，誦此密語：唵　訖哩覩嚩（已作勝上也）薩婆薩埵（一切衆生也）遏他（利益）悉提（成就）捺多（授與也）曳（入）他努（隨願）伽[45]櫓達凡（三合。歸還）勃陀蜜灑𡆸（佛國土）布那囉虐（魚伽反，上）麽娜耶微（無桂反。復垂降赴也）唵跛折囉　薩埵牟。論曰：已作勝上利益成就，授與一切衆生竟。願一切諸佛菩薩，歸還本國。若重請召，惟願降赴。"（T0866v18p0253c）本頁下注45："櫓＝稽《元》。"

按：日本曇寂撰《金剛頂大教王經私記》亦作"櫓"。《嘉興藏》作"稽"。"櫓"與"稽"爲版本異文，"櫓""稽"皆"掿"字之訛。"掿"用作梵文譯音字，唐慧琳撰《一切經音義》卷三十九《不空羂索經》第二十五卷："末掿畢𪍿，掿音蚩也反，梵語也。"（T2128v54p0565a）唐菩提流志譯《不空羂索神變真言經》第二十五卷："末掿畢𪍿并雄黃，雌黃數等都齊量。"（T1092v20p0368a）又第三十卷："取衣著衣真言：唵（同上呼。一）旖暮伽（上）嚩悉窒𠼝（二）[9]掿（蚩也反）娜野（三）㸦（四）。"（T1092v20p0397a）本頁下注9："掿＝櫓《三》《乙》。""櫓"亦"掿"字之訛。

日本安然撰《觀中院撰定事業灌頂具足支分》："即堅結薩埵金剛契，誦此密語：唵 訖哩覩嚩（已作勝上也）薩婆薩埵（一切衆生也）遏他（利益）悉提（成就）捺多（授與也）曳他 努伽（隨願）伽捨達凡（二合。歸還）勃陀密灑𡆸（佛國）布那羅虎（卓伽反，上）麽娜耶微（無掛反。復垂降起也）唵 跋折囉薩埵牟（引）。"（T2393v75p0294c）與"櫓"對應之字作"捨"，"掿"與"捨"爲同一梵文的不同譯音用字。

0795 榱

唐神清撰、北宋慧寶注《北山録》："非構厦則榱梠期之（榱，椽也。梠，椾端連綿木），將無廢也（雖非梁棟之才，亦可小用也）。"（T2113v52p0606b）

按：正文"榱"，經自注作"榱"，"榱""榱"即"榱"字之訛。續古逸叢書本《龍龕手鑑·木部》："榱，屋椽也。"《中華字海》："榱，同'榱'。"（p774c）皆已溝通"榱"與"榱"之關係。"衰"或寫作"褰"（見《可洪音義》，v59p976c），"讓"或寫作"諕"（見《可洪音義》，v60p534c），"衰"與"襄"之異寫或同形，故以"衰""襄"作構件的字或互相混誤。唐法藏述《華嚴經探玄記》："一於少壯時無常未至望於後死，無所依怙使其得免故名無所依止，此中名無來無去者，無有依怙來能令無常去故云也。二於年[5]衰將死無常至時無能救者，以無常死臨多共憂故名憂，謂憂念相續曰多，與心俱起曰共。"（T1733v35p0325b）本頁下注5："衰＝襄《甲》。"唐一行記《大毘盧遮那成佛經疏》："害是損傷義，亦是[9]衰秏義也。"（T1796v39p0776c）本頁下注9："衰＝襄《乙》。"唐道宣撰《集古今佛道論衡》："立姓趙氏，其先伯益孫造父有功於周穆王，封於趙城，遂因氏焉。趙[27]衰、趙盾即其遠祖。隨宦東西，故爲北地之新平人也。"（T2104v52p0389b）本頁下注27："衰＝襄《三》《宫》。""襄"皆"衰"字之訛，可資比勘。

唐慧琳撰《一切經音義》："榱棟，所龜反。《爾雅》：'椾謂之榱。'郭璞曰：'即椽也。'亦名椾，亦名㯩。"（T2128v54p0692b）"榱"亦同"榱"。

0796 椾

唐善無畏譯《阿吒薄俱元帥大將上佛陀羅尼經修行儀軌》："次結觀世音等諸大菩薩印，兩腕相付，二大指並著，二小指亦然，餘指散，小曲，竪如[14]析蓮華，頭指上下來去。"（T1239v21p0199b）本頁下注14："析＝椾《甲》《乙》。"

按："椾"與"析"爲版本異文，"椾"即"摘"字之訛。失譯《阿吒婆枸鬼神大將上佛陀羅尼經》："兩腕相著，二大指並著，二小指亦然，餘指散，小曲，竪如擿蓮花，頭指上下來去。"（T1238v21p0182a）"擿"同"摘"。底本"析"當爲"折"字之訛。"折"與"摘"義近。

唐慧琳撰《一切經音義》："倀像，葜更反，張展畫佛像菩薩也。此經從木從貞作'楨'，非也，古今用。耎草，椾究反。弱也。《經》從車作'輭'，非也。"（T2128v54p0543a）"倀""耎"兩字的切上字顛倒，當作"倀像，椾更反"，"耎草，葜究反"。又："一檠，椾更反。《韻詮》或從人作'倀'，《考聲》云：'展張形像也。'《律》文作'楨'，非也。從木，敞聲。"（T2128v54p0714b）又："倀像，上擿更反。借用，本無此字，張展畫像也。或有從木也，作'楨'，或作'椗'，皆俗字也，非正也。"（T2128v54p0539c）"樀"皆"摘"字之訛。

0797 㮴

唐玄奘、辯機撰《大唐西域記》第二卷："所謂庵没羅果、庵弭羅果、末杜迦果、跋達羅果、劫比他果、阿末羅果、鎮杜迦果、烏曇跋羅果、茂遮果、那利䈥羅果、般㮴娑果，凡厥此類，難以備載，見珍人世者，略舉言焉。"（T2087v51p0878a）

按："㮴"即"橠"字書寫變異。"般㮴娑果"或作"半娜娑果""牟娜娑果""半袲娑""般橠娑果""半橠娑"等。唐慧琳撰《一切經音義》卷八十二《西域記》第二卷："般橠娑果，那可反。梵語果名也，不求字義。"（T2128v54p0838b）又《西域記》第十卷："般橠娑果："上音半，次那可反。西國果名也，其果大如冬瓜，熟則黄赤，其味甘美。'橠'字從木從衣從多。"（T2128v54p0841b）字皆作"橠"。"橠"或作"𫞩"（見《可洪音義》v59p592c）、"𫞩"（見《可洪音義》v60p413b）等形，均與"㮴"形近，可比勘。唐慧琳撰《一切經音義》："榱橠，《字詁》古文'哀''榱'二形，今作'阿'，同，烏可反。下古文'橠''栘'二形，今作'郍'，同，乃可反。《字書》：'哀栘，柔弱皃也。亦草木盛也。'"（T2128v54p0681b）"㮴"亦"橠"字之訛。

0798 檘

唐善無畏、一行譯《大毘盧遮那成佛神變加持經》："又如前印，以二空輪風輪屈上節相合，是如來念處印。彼真言曰：南麼三曼多勃馱喃（一）怛他（引）蘖多娑麽㗚（三合）底（二）薩埵係哆[34]弊（毘[35]庾反）嗢蘖多（三）伽伽那糝忙（引）糝麽（四）莎訶（四）。"（T0848v18p0026b）本頁下注34："弊＝檘《元》。"注35："庾＝夜《元》《明》。"

按："檘"與"弊"爲版本異文，"檘"即"弊"字之訛。唐輸婆迦羅譯《攝大毘盧遮那成佛神變加持經入蓮華胎藏海會悲生曼荼攞廣大念誦儀軌供養方便會》："阿弊（毘庾反）達囉儜（二）。"（T0850v18p0074a）唐善無畏譯《大毘盧遮那經廣大儀軌》："（一）阿入薩怛嚩（二合）係多（二）弊（毘庾反）嗢蘖（二合）多（三）怛𠸪（二合）怛𠸪（二合）𠸪𠸪（四）娑嚩（二合）賀。"（T0851v18p0101c）"弊"皆注"毘庾反"。日本杲寶撰《大日經疏演奥鈔》："𑖤，毘庾。"（T2216v59p0453a）日本淨嚴撰《悉曇三密鈔》："𑖤，瓢、嘌。"（T2710 v84p0751b）“弊”注“毘庾反”蓋即“𑖥𑖿𑖧𑖲（bhyu）”的譯音字。《悉曇三密鈔》：“𑖥𑖿𑖧𑖯，弊夜（佛頂）、毘也（金軌）、便（佛頂）、弊（日經）、毘夜（阿閦軌）。”（T2710v84p0751b）“弊”又注“毘夜反”，蓋即“𑖥𑖿𑖧𑖯（bhyā）”的譯音字。日本明覺撰《悉曇要訣》：“問：‘諸梵語中所注反音與本字音别者何耶？又本音反音中正可用何音耶？’答：‘漢字中難有相叶梵音字故多用反借音也。……《胎藏》云：弊，𑖥𑖿𑖧𑖲，毘庚［庾］反。《金界》云：荼，知也反。《隨求經》云：薢，毘夜反。’”（T2706v84p0511b）“弊”作“𑖥𑖿𑖧𑖲（bhyu）”“𑖥𑖿𑖧𑖯（bhyā）”的譯音字，音皆不合，故後或以反切注音。

0799 㮄

唐遍智、不空集《勝軍不動明王四十八使者祕密成就儀軌》：“次燈明印：曩莫三滿多没馱喃怛他蘖多羅脂娑叵（二合）羅儜縛婆娑曩誐誐㮄娜里野娑縛（二合）賀（引）。”（T1205v21p0035b）

按：“㮄”即“猱”字之訛。唐不空譯《佛頂尊勝陀羅尼念誦儀軌法》：“供養一切如來及諸聖[76]衆。”（T0972v19p0366b）本頁下注76：“衆+［真言曰：曩莫娑滿彈勃馱（引）喃（引。一）彈他（引）蘖多（引）唎旨（二）薩叵（二合）囉儜嚩播娑娜哩也（二合。四）誐誐㮄（奴奧反）娜哩耶娑嚩（二合）賀（五）］五十三字《乙》。”“㮄”切“奴奧反”。唐輸婆迦羅譯《攝大毘盧遮那成佛神變加持經入蓮華胎藏海會悲生曼荼攞廣大念誦儀軌供養方便會》：“真言曰：（二二）曩莫三滿多没馱南（一）怛他（引）蘖多（引）嘌旨（二）娑頗（二合）囉拏嚩婆娑娜（三）誐誐猱（奴奧反）娜哩也（二合。四）娑嚩（二合）賀。”（T0850v18p0068a）與“㮄”對應之字作“猱”。日本淨嚴撰《悉曇三密鈔》：“𑖡𑖻，猱（日經）、惱。”（T2710v84p0745a）“猱”爲“𑖡𑖻（nau）”的譯音字。“猱”或作“㮄”者，“犭”旁訛作“木”旁，“矛”訛作“弟”也。唐法全撰《大毘盧遮那成佛神變加持經蓮華胎藏悲生曼荼羅廣大成就儀軌供養方便會》：“燈明真言曰：曩莫三滿多没馱喃（引。一）怛他（引）蘖多（引）囉脂（二合。二）娑叵（二合）囉儜嚩婆（引）娑曩（三）誐誐[11]猱娜哩野（二合）娑嚩（二合。四）賀。”（T0852v18p0114a）本頁下注11：“猱＝㮄《乙》。”“㮄”即“猱”字之訛。“弟”旁與“矛”旁混誤，文獻多見。參0856“獇”字條。

0800 㮰

東晉佛陀跋陀羅、法顯譯《摩訶僧祇律》：“若比丘病癬瘙，須屑末塗浴差者得用無罪，聽用迦羅屑、摩沙屑、摩瘦羅屑、沙[1]坻屑塗土，是名末屑法。”（T14

25v22p0483a）本頁下注 1：“坻＝槱《聖》。”

按：“槱”與“坻”爲版本異文，“槱”即“坻”字之訛。“坻”或寫作“𡒄”（見《可洪音義》v59p962a）、“𡒄”（見《可洪音義》v59p591b）等形，“槱”與“𡒄”形近，“槱”當即“坻”字之訛。馬鳴造、後秦鳩摩羅什譯《大莊嚴論經》：“婆塞婆私吒，提釋阿[14]坻耶。”（T0201v04p0257c）本頁下注 14：“坻＝極《三》。”“極”爲“坻”字之訛，亦可比勘。

0801 蘖

日本實運撰《祕藏金寶鈔》：“《部主一字金輪》：𑖡𑖦𑖺𑖠𑖨𑖿𑖦𑖠𑖯𑖝𑖲𑖁𑖎𑖯𑖫𑖐𑖨𑖿𑖥𑖤𑖺𑖠𑖰𑖭𑖝𑖿𑖪𑖦𑖮𑖯𑖭𑖝𑖿𑖪（曩謨 達麽馱都 阿迦賒蘖婆 冒地薩怛縛 摩訶薩怛縛），𑖡𑖦𑖺𑖪𑖕𑖿𑖨𑖁𑖎𑖯𑖫𑖐𑖨𑖿𑖥𑖤𑖺𑖠𑖰𑖭𑖝𑖿𑖪𑖦𑖮𑖯𑖭𑖝𑖿𑖪（曩謨 縛曰［日］羅 阿迦賒蘖婆 冒地薩怛縛 摩訶薩怛縛），𑖡𑖦𑖺𑖨𑖝𑖿𑖡𑖁𑖎𑖯𑖫𑖐𑖨𑖿𑖥𑖤𑖺𑖠𑖰𑖭𑖝𑖿𑖪𑖦𑖮𑖯𑖭𑖝𑖿𑖪（曩謨 囉怛曩 阿迦賒蘖婆 冒地薩怛縛 摩訶薩怛縛），𑖡𑖦𑖺𑖢𑖟𑖿𑖦𑖁𑖎𑖯𑖫𑖐𑖨𑖿𑖥𑖤𑖺𑖠𑖰𑖭𑖝𑖿𑖪𑖦𑖮𑖯𑖭𑖝𑖿𑖪（曩謨 跛納麽 阿迦賒蘖婆 冒地薩怛縛 摩訶薩怛縛），𑖡𑖦𑖺𑖎𑖨𑖿𑖦𑖁𑖎𑖯𑖫𑖐𑖨𑖿𑖥𑖤𑖺𑖠𑖰𑖭𑖝𑖿𑖪𑖦𑖮𑖯𑖭𑖝𑖿𑖪（曩謨 羯摩提縛 阿迦賒蘖婆 冒地薩怛縛 摩訶薩怛縛），已上五大虛空藏梵號。”（T2485v78p0349a）

按：“蘖”即“蘗”之書寫變異，“𠂤”旁寫作“阝”旁也。明章黼《重訂直音篇・木部》：“蘗，音孽。斫木餘。……蘖，同上。”已溝通了“蘗”與“蘖”的關係，“蘖”與“蘗”形近，亦“蘗”之異寫。“𠂤”旁或寫作“阝”旁、“卩”旁。此段文字亦見於日本實運撰《玄祕抄》，與“蘖”對應之字正作“蘗”。“蘗”在文中用作譯音字，爲“𑖐（ga）”之對音。日本淨嚴撰《悉曇三密鈔》：“𑖐，蘗、竭、鈐、乾、犍、健、虐（《隨求》）、伽、哦、誐、仰、嘘、疙（《千手軌》）。”（T2710v84p0742a）“蘗”正“𑖐（ga）”之譯音字，可資比勘。

0802 樊

唐惠英纂《大方廣佛華嚴經感應傳》：“有居士樊玄智，華嚴藏公之同學。”（T2074v51p0174b）

按：“樊”即“樊”字之訛。唐法藏集《華嚴經傳記》：“樊玄智，涇州人也。童小異俗，願言修道，年十六捨家於京師城南投神僧杜順禪師，習諸勝行。順即令讀誦《華嚴》爲業，勸依此經修普賢行。”（T2073v51p0166c）字本作“樊”。清邢澍《金石文字辨異・元韻》“樊”字條引《漢武梁祠畫象》作“樊”，可比勘。

0803 𣚯

唐惠辯注《佛爲心王菩薩説投陀經卷上》："稱佛説投陀者，西國之語，此土往翻名爲椒𣚯，煩惱不生，寂然無相，故曰投陀。"（T2886v85p1402a）

按："𣚯"即"揀"字之訛。此經據大英博物館藏敦煌寫本 S. 2474 轉録，"椒𣚯"敦煌寫本作"𣏌𪲔"，"𣏌"乃"抖"字之訛，"𪲔"爲"揀"字之訛，《大正藏》誤録作"椒𣚯"。此段文字解經名"投陀"之義。唐道宣撰《廣弘明集》："老君大慈愍其愚昧，爲説權教，隨機戒約，皆令[9]投陀乞食，以制兇頑之心。"（T2103v52p0185b）本頁下注 9："投=頭《明》。""投陀"一般翻作"頭陀"，唐道世撰《法苑珠林》："西云頭陀，此云抖[5]揀，能行此法，即能抖[6]揀煩惱，去離貪著，如衣抖[*]揀能去塵垢，是故從喻爲名，故名頭陀。"（T2122v53p0903a）本頁下注 5："揀=擻《三》。"注 6："揀=擻《元》《明》。""頭陀"的漢語意思是"抖擻"，謂就像把衣服上的塵垢抖擻掉一樣把各種煩惱抖擻掉。

東晉瞿曇僧伽提婆譯《中阿含經》："猶如力士手執毾㲪[2]抖擻去塵，我亦如是。"（T0026v01p0629a）本頁下注 2："抖=枓《聖》。"東晉佛陀耶舍、竺佛念譯《四分律》："聞客比丘來聲、經行聲、謦欬聲、誦經聲、言論聲、[5]抖擻衣聲。"（T1428v22p0842b）本頁下注 5："抖擻=抍楝《聖》。"唐義淨譯《根本説一切有部毘奈耶雜事》："有襯褥布時時[6]抖擻。"（T1451v24p0381b）本頁下注 6："抖擻=枓揀《聖》。"後秦弗若多羅、羅什譯《十誦律》："[16]抖擻床席、被褥、枕、覆地物，覓蟲已，還敷如本。"（T1435v23p0300b）本頁下注 16："抖擻=枡楝《聖》。"隋慧遠述《大乘義章》："頭陀，胡語，此方正翻名爲[6]抖擻。此離著行，從喻名之。如衣[*]抖擻能去塵垢，修習此行能捨貪著，故曰[*]抖擻。"（T1851v44p0764b）本頁下注 6："抖擻=科揀《甲》[*]。""抖擻"或與"枓擻""抍楝""枓揀""枡楝""科揀"等爲異文，"抍""枓""枡""科"皆"抖"之訛；"楝""揀"皆"揀"字之訛。"抖"敦煌寫本作"𣏌"，《大正藏》誤録爲"椒"，"揀"作"𪲔"，《大正藏》誤録爲"𣚯"。

0804 𣛭

唐菩提仙譯《大聖妙吉祥菩薩祕密八字陀羅尼修行曼荼羅次第儀軌法》："準前地界印，[29]樀開禪智竪，右旋如牆院，隨誦而轉之，心想金剛牆。"（T1184v20p0787b）本頁下注 29："樀=𣛭[イ]《丙》。"

按："𣛭"與"樀"爲版本異文，"𣛭"即"擛"字之訛。《卍續藏》唐菩提仙譯《大聖妙吉祥菩薩最勝威德祕密八字陀羅尼修行念誦儀軌次第法》："準前地界印，擽開禪智竪，右旋如墻院，隨誦而轉之，心想金剛墻。”（X0181v02p0836b）與“櫟”對應之字作“擽”，“擽”亦“擽”字之訛。參 0813“櫟”字條。

日本仁海撰《小野六帖》：“金剛童子大心印二：……二小指[5]樀竪，二中指頭相［相］拄，二指並竪。”（T2473v78p0090b）本頁下注 5：“樀 = 摘《乙》。”佚名《大佛頂如來放光悉怛多般怛羅大神力都攝一切呪王陀羅尼經大威德最勝金輪三昧呪品》：“大佛頂大心呪印：常作以二中指苾於無名指後，二大指各捻頭指相拘，二中指於二無名指後，頭指相柱，二無名指摘竪，二小指縛中指摘竪，即是不可思議。大佛頂破諸法印（一名金剛威怒契與小佛頂破諸法印，亦大頭金剛破諸契同）：以右手作右中指屈，捻大指下文，大指縛中指直竪，頭指、無名指、小指三指摘竪也。”（T0947v19p0182b）唐阿地瞿多譯《陀羅尼集經》：“又佛心印呪第四：右手大指捻小指甲上，餘三指擿竪開之，左手反叉腰側上。”（T0901v18p0796b）“樀”“摘”“擿”皆“擽”之借字。

0805 槑

日本曇寂撰《大日經住心品疏私記》：“小劫終竟者，古來有二解：一、[4]槑師云：終竟者二十住劫竟，大三災將至之時分也。”（T2219v60p0597b）本頁下注 4：“槑 = 果《甲》《乙》。”

按：“槑”與“果”爲版本異文，“槑”即“杲”之疊體異構字，“果”爲“杲”字之訛。《大日經住心品疏私記》中“杲師”多見，又：“無明等者，杲師云：無明是根本無明，煩惱中有百六十心約，麁細不同，分別三妄，故總爲所起未惑。”（T2219v60p0364b）又：“此下古德存二義：大原長宴僧都義，經文皆悉集會勾爲有亂脱；一義云無亂脱，杲師判取後義。今云：杲師判實爲當理。”（T2219v60p0417a）“杲師”指杲寶，爲日本著名僧人。

北宋智圓述《請觀音經疏闡義鈔》：“事解如文者，若約事證，如東晋謝敷、南齊陸果作《觀音應驗傳》所明也。”（T1801v39p0995c）唐唐臨撰《冥報記》：“昔晋高士謝敷、宋尚書令傅高、太子中書舍人報演、齊司徒事中郎陸果，或一時令望，或當代名家，並録《觀世音應驗記》。”（T2082v51p0788a）隋費長房撰《歷代三寶紀》：“《驗善知識傳》一卷（擬陸果《觀音應驗記》）。”（T2034v49p0101a）南朝梁僧祐撰《弘明集》：“太子中庶陸[20]果答：[21]果和南，伏覽勑旨答臣下審神滅論。”（T2102v52p0061b）本頁下注 20：“果 = 杲《元》。”注 21：“果 = 杲《元》《明》。”“果”皆“杲”字之訛，可比勘。

0806 椚

後秦弗若多羅、羅什譯《十誦律》卷三十四："若分薄粥時，上座得汁，下座得滓，是事白佛。佛言：'從今聽畜[3]大盔大瓫，以粥集著是器中和合，以大鉢大鍵鎡分與。'"（T1435v23p0249a）本頁下注3："大盔大瓫=大瓫大盆《三》，大椚大盆《宫》。"

按："椚"與"盔"爲版本異文，"椚"即"㭕"字之訛。唐慧琳撰《一切經音義》卷五十八《十誦律》第三十四卷："大魁，苦廻反。《説文》：'羹斗也。'《律》文作'㭕''鐦'二形，非也。"（T2128v54p0695b）慧琳所見本作"㭕""鐦"兩形，釋作"魁"。據文意，"盔""瓫""盆"皆盛粥的器皿。《玉篇·皿部》："盔，鉢也。""盔"與鉢近似，乃像瓦盆而略深的器皿。"㭕""鐦"或即"盔"之異構字。"魁"義爲羹斗，與"盔"義不同。慧琳所釋與經義不合，不可從。鄭賢章《龍龕手鏡研究》"鐦"字條（p144-145）有相關考證，可參。

0807 榃

日本心覺撰《多羅葉記》："倪[63]擂鋒，龍名也。"（T2707v84p0612c）本頁下注63："檑=榃《甲》。"

按：正文作"擂"，注文作"檑"，"榃"與"擂""檑"爲版本異文，"榃"與"檑""擂"皆"槛"字之訛。參0816"檑"字條。

0808 檑

失譯《無明羅刹集》："復有羅刹捉愛羂[16]檑，或有羅刹持睡眠杵喜樂五欲。"（T0720v16p0856b）本頁下注16："檑=㰅《三》《宫》。"

按："檑"與"㰅"爲版本異文，"檑"即"㰅"字之訛。清吴任臣《字彙補·木部》："㰅，《集韻》與弶同。"

0809 檜

元普度編《廬山蓮宗寶鑑》："陳睦州織屨供親，朗法師荷[1]檜遊學。"（T19

73v47p0307a）本頁下注 1：“檐＝擔《甲》。”

按：“檐”與“擔”爲版本異文，“檐”即“擔”字之訛。“荷檐”即“荷擔”。《卍續藏》明宗本集《歸元直指集》：“朗法師荷擔遊學。”（X1156v61p0426c）又《藏外佛教文獻》南宋思覺集《如來廣孝十種報恩道場儀》卷五（ZW0068v08p0213a）、卷六（ZW0068v08p0295a）均作“朗法師荷擔遊學”。

0810 㰎

南朝宋佛陀什、竺道生譯《彌沙塞部和醯五分律》：“諸比丘作[28]韉大深，諸居士譏呵。言：‘此比丘所著富羅如我等韡。’以是白佛。佛言：‘不應深作[30]韉聽至踝上。’有諸比丘作*韉如韡，諸居士譏呵如上，以是白佛。”（T1421v22p0146c）本頁下注 28：“韉＝㰎《聖》。”注 30：“韉＝靴《宮》*，㰎《聖》。”

按：“㰎”與“韉”“靴”爲版本異文，“㰎”即“攡”字之訛，“韉”乃“攡”之分化字。唐玄應撰《一切經音義》（麗藏本）卷十五《五分律》第二十一卷：“作靿，一豹反。靴靿也。《律》文作‘韉’，俗語也，書無此字。”（p212a－b）玄應所見《五分律》即作“韉”，以諸書無此字改作“靿”。今考“韉”當爲“攡”之分化字。“攡”有圍裹義，靴靿乃將小腿圍裹起來的東西，常以革爲材料，故字從“革”造“韉”字。聖本作“㰎”，正“攡”字之訛，“扌”旁訛作“木”旁也。

又，據文意及《玄應音義》，宮本之“靴”乃“靿”字之誤。“靿”與“韉”同義，故宮本或作“靿”。若作“靴”則文意不通矣。

0811 榼

北宋道原纂《景德傳燈録》：“若是一般掠虛漢，食人涎唾，記得一堆一擔[15]骨董，到處逞驢脣馬嘴，誇我解問十轉五轉話。”（T2076v51p0357b）本頁下注 15：“骨董＝榼榁《明》。”

按：“榼榁”與“骨董”爲版本異文，“榼”即“搕”字之訛。北宋守堅集《雲門匡真禪師廣録》：“若是一般掠虛漢，食人膿唾，記得一堆一擔搕㨫，到處馳騁，驢脣馬觜，誇我解問十轉五轉話。”（T1988v47p0547a）與“榼榁”“骨董”對應之字作“搕㨫”，“搕㨫”即“垃圾”。又：“時不待人，一日眼光落地，前頭將何抵擬。莫一似落湯螃蟹手脚忙亂，無爾掠虛説大話處，莫將等閑空過時光。”（T1988v47p0547b）“掠虛”有竊取虛名之義，竊取虛名常常説一些浮泛不切實際的大話，這樣的人佛經中或稱作“掠虛漢”。“記得一堆一擔搕㨫，到處馳騁，驢脣馬觜”，“搕㨫”即“垃圾”，本指扔掉的破爛等没用的東西，這裹指没有價值的事情，謂腦子裏記住的全都是一堆一擔的像垃圾一樣沒用的東西，還到處不著邊際發揮，添油加醋，驢唇不對馬嘴地亂説。或作“骨董”者，“骨董”有瑣碎過時無用的知識或文辭等，在上文中與“搕㩉”表達的意思相近，故可以互爲異文。“搕㩉”或作“榼榼”者，“榼”即“搕”字之訛，乃由“搕”與“㩉”連用，受其形體影響，“扌”旁訛作“木”旁，“皿”旁訛作“韭”旁也，此乃字形同化之例。

0812 㯕

後秦弗若多羅、羅什譯《十誦律》：“佛言：最後比丘應收諸物事，却瓮却瓨滅火，閉戶下[38]㯕乃去。”（T1435v23p0270c）本頁下注 38：“㯕 = 扂《三》《宮》。”

按：同上經：“門關戶[17]橝牛頭象牙杙。”（T1435v23p0171c）本頁下注 17：“橝=扂《三》《宮》，㯕《聖》。”“㯕”與“橝”“扂”爲版本異文”，“㯕”即“橝”字異寫，“橝”又“扂”之異構字。唐慧琳撰《一切經音義》卷五十九《四分律》第三十三卷：“扂戶，《通俗文》作‘串［扉］’，門串［扉］也。《蒼頡篇》作‘橝’，音簟，持也。”（T2128v54p0703a）清朱駿聲《説文通訓定聲·臨部》：“橝，《通俗文》作扉，訓門楗也。”“橝”乃“扂”的異構字，《説文·木部》“橝，屋梠前也”與此當爲同形字。《龍龕手鏡·木部》（高麗本）：“㯕，或作；橝，正。”（p379）“㯕”與“㯕”形近，兩者皆“橝”的書寫變異。

0813 㮾

日本覺超撰《胎藏三密抄》：“又《經》次説普光云：‘復以風輪而散舒之，空輪並入於其中。’義云：二空指並而屈入掌中，二風指直竪（各不相着，皆直竪之），二火指頭相合稍闊，其節如劍鋒形，餘指同前（此印與《經》不同。二手火、風、空等大同，地水二輪，《經》文有異。《經》二水㮾竪，頭相離，二地合竪）。”（T2398v75p0576b）

按：“㮾”即“揲”字之訛。日本杲寶撰《大日經疏演奧鈔》：“《經》云：‘復以風輪而散舒之，空輪並入於其中，名普光印。’已上《義釋》十云：次如來普光之印，即是也。此印與經不同，二手火、風、空等大同，地水二輪，《經》文有異。《經》二水楪竪，頭相離，二地合竪是也。”（T2216 v59p0455a）與“㮾”對應之字作“楪”，“楪”亦“揲”字之訛。“揲”有開張義，佛經中或用作表示手印中手指張開之義，此即經中所用之義。參 0826“櫟”字條。“㮾”即“楪”

之進一步形訛。北魏菩提金剛譯《大毘盧遮那佛説要略念誦經》:“其印相者，以二手如常合掌，擽竪二大指即是。”（T0849v18p0056b）又:“印者，先以二手如常合掌，屈二頭指及二小指，令背相著入於掌中，竪二大指押頭指側，竪二中指合頭相著，名指擽間相去半寸。”（T0849v18p0059c）“擽”爲“揲”字之訛，可資比勘。日本安然記《金剛界大法對受記》:“次蓮華印（合掌，十指櫟散，小曲初分，二大指二小指頭相柱，想是八葉蓮華王，頂上捧之）。”（T2391v75p0139a）又:“唯改左右中指以下，各三櫟竪而掌向外。”（T2391v75p0152c）“櫟”亦皆“揲”字之訛。

0814 樺

唐玄奘譯《大般若波羅蜜多經》:“見菩提樹，其相亦别謂，或見是[3]樺鉢羅樹。”（T0220v07p0945c）本頁下注3:“樺=樺《三》。”

按:“樺”與“樺”爲版本異文，“樺”即“樺”字之訛。“樺鉢羅樹”爲梵語譯音詞，經文中或作“畢鉢羅樹”“賓鉢羅樹”“毘鉢羅樹”“必鉢羅樹”“卑鉢羅樹”“庳鉢羅樹”等多種形式。唐慧琳撰《一切經音義》卷第八《大般若波羅蜜多經》第五百七十卷:“庳鉢羅樹，上卑寐反。梵語樹名也，或名畢鉢羅，菩提樹之類也，一説即菩提樹。”（T2128v54p0351b）唐玄奘、辯機撰《大唐西域記》:“城外東南八九里有卑鉢羅樹，高百餘尺。”（T2087v51p0879c）季羨林等《大唐西域記校注》注釋:“卑鉢羅樹:卑鉢羅，梵文 pippala 音譯。即菩提樹。”（p238）“卑”“庳”“毘”“必”“畢”“樺”等皆“pip”的譯音字，“pip”的譯音字用“必”“畢”“樺”等入聲字更佳。“樺”當是“樺”與“庳”交錯影響而成之字。

0815 樨

西晋竺法護譯《順權方便經》:“或不復久旦至食時造立日中，或撾揵[10]樨時，或施坐飯食，或以住立現取鉢洒，或在佛土遊行分衛。”（T0565v14p0927c）本頁下注10:“樨=稚《宋》《宫》，椎《元》《明》。”

按:《嘉興藏》作“揵椎”。“樨”與“稚”“椎”爲版本異文，“樨”即“稺”字之訛，“稺”爲“稺”“稚”之異構字，“稚”又“椎”字之訛。

“揵椎”一詞的後一字分“椎”“稚”兩個系列，南朝宋求那跋陀羅譯《大方廣寶篋經》:“佛告我言，速打[3]揵槌集比丘僧。”（T0462v14p0473a）本頁下注3:“揵槌=揵椎《三》《宫》。”南朝宋僧伽跋摩譯《薩婆多部毘尼摩得勒伽》:“云何食時？若食五正食時，打[11]犍搥時，當齊整衣服，威儀嚴敕，入衆時不得作語聲。"（T1441v23p0602b）本頁下注11："犍搥＝揵椎《三》《聖》，搥＝椎《知》。""槌"爲"椎"之異體，"搥"爲"槌"字之訛，此爲一系。東晉瞿曇僧伽提婆譯《增壹阿含經》："爾時世尊告阿難曰：'速打揵[1]稚集諸比丘在普會講堂。'"（T0125v02p0801a）本頁下注1："稚＝椎《三》，搥《聖》。"五百大阿羅漢造、唐玄奘譯《阿毘達磨大毘婆沙論》："食時將至，著衣持鉢詣食堂中。是日打揵[3]穉少晚，彼苾芻以精勤故，便作是念：我何爲空過？此時不修於善，遂不觀後際，則立誓願入於滅定。乃至打揵*穉當出時，彼僧伽藍有難事起，諸苾芻等散往他處。經於三月難事方解，苾芻還集僧伽藍中，纔打揵*穉。"（T1545v27p0779c）本頁下注3："穉＝椎《三》《宮》。"東晉竺佛念譯《鼻奈耶》："佛世尊遊舍衛國祇樹給孤獨園，時十五日撾揵[24]穉，比丘僧集説戒。"（T1464v24p0879b）本頁下注24："穉＝搥《三》《宮》，推《聖》。"東漢安世高譯《佛説自誓三昧經》："唯勅阿難鳴[2]揵遲，布草褥。"（T0622v15p0346a）本頁下注2："揵遲＝揵搥《宋》《宮》，揵椎《元》，犍椎《明》。"唐慧琳撰《一切經音義》卷三十二《大威燈光仙人問疑經》："撾揵揮，上卓瓜反。《考聲》：'擊也。'揵音乾。下遲利反。梵語也。謂今擊靜搥也。"（T2128v54p0525b）"穉""穉""穉"爲"稚"之異構字，"揮"爲"穉"之訛，"遲"爲"穉"之訛，此爲第二系。"椎"與"稚"讀音不同，作爲譯音字，兩者必有一訛，然至少自唐代起兩者正誤關係已經不是很明確。唐玄應撰《一切經音義》（麗藏本）卷一《大方等大集經》第十二卷："揵椎，直追反。經中或作'揵遲'。案梵本臂吒揵稚，臂吒，此云打；揵稚，所打之木，或檀或桐，此無正翻，以彼無鐘磬故也。但'椎''稚'相濫，所以爲誤已久。"（p7b）宛委别藏本"揵"作"犍"。北涼曇無讖譯《大方等大集經》："我今入定，若揵[18]椎鳴乃當起出，而是定中無揵*椎音，以願力故鳴揵*椎時則便出定。"（T0397v13p0067c）本頁下注18："椎＝槌《宮》《聖》*。"《嘉興藏》作"揵槌"。唐人玄應已經慨嘆"椎""稚"相濫已久。唐玄應撰《一切經音義》（麗藏本）卷十六《薩婆多毘尼婆沙》第五卷："揵稙，直致反。舊經多作'犍遲'，梵言臂吒犍稚，臂吒，此云打；犍稚，所打之木，或檀或桐，此無正翻，彼無鐘磬故也。今經律多作'犍稚'，誤也。"（p220c）宛委别藏本詞頭作"犍植"。《慧琳音義》"'犍稚'，誤也"作"'揵椎'，誤也"（T2128v54p0741b）。以"稙/植"爲正，以"稚"字爲誤。唐慧琳撰《一切經音義》卷四十六《大智度論》第二卷："揵椎，打木也。梵言'健椎'，此無正翻。案舊譯經本多作'健遲'，此亦梵言訛轉耳。"（T2128v54p0610b）唐慧琳撰《一切經音義》卷五十九《四分律》第三十五卷："揵椎，梵言臂吒揵稚，臂吒，此云打；揵稚，所打之木，或檀或桐，此無正翻，彼無鐘磬故也。舊經多作'揵遲'，此亦梵言訛轉也。宜作'稚'，稚音直致反，但'椎''雅［稚］'字形相濫故誤也。"（T2128v54p0703b）慧琳以"椎"爲正，以"稚"爲誤。唐玄奘、辯機撰《大唐西域記》："於是登蘇迷盧山，擊大[28]揵[29]稚。"（T2087v51p0922c）本頁下注28："揵稚＝犍槌《三》《乙》。"注29："稚＝推《甲》。"季羨林等《大唐西域記校注》作"揵椎"校勘記曰："原本椎作稚。《石本》《宋本》《資福本》《磧砂本》《明南本》《徑山本》揵稚並作犍椎。按椎與椎同，稚乃椎字之形訛，今改，下同。揵、犍通用。《中本》稚作推，亦椎之訛。”（p740）北宋元照撰《四分律行事鈔資持記》：“《尼鈔》云：‘今時諸寺僧尼立制，不許沙彌白衣打鐘，此迷教甚矣。梵號中若諸律論，並作“犍椎”，或作“犍稚”，如字而呼，乃是梵言訛轉，唯獨聲論正其音耳。今須音“椎”爲“地”。’又《羯磨疏》中直云‘揵地’，未見‘稚’字呼爲‘地’也。後世無知，因茲一誤，至於《鈔》文前後以及一宗祖教，凡‘犍椎’字並改爲‘稚’，直呼爲‘地’。請尋古本寫鈔及大藏經律考之，方知其謬。但以‘稚’‘椎’相濫，容致妄改。今須依律論並作‘犍椎’。至呼召時，自從聲論，或作‘椎’亦爾。世有不識梵語，云是打鐘之椎及砧椎等，此又不足議也。若準《尼鈔》云、《西傳》云：時至應臂吒犍椎，臂吒，此云打；犍椎，此云所打之木，或用檀桐木等，彼無鐘磬，故多打木集人。此則與今全乖，不可和會。且依《鈔》《疏》鐘磬翻之，謂金石二物也。應法師《經音義》大同《尼鈔》。然祇桓圖中多明鐘磬，而云‘彼無’者，或恐少耳。《音義》又云：舊經云‘揵遲’，亦梵言訛轉，宜作‘稚’，直致反，明知‘稚’字不呼爲‘地’，此迷久矣，故爲辨之。”（T1805v40p0186b）元照曾專門做過討論。然没有梵語原形的比對，難以得出結論。但是兩個系列的區分是很明確的，其中可以看出訛字通行的一些規律，值得重視。

西晉竺法護譯《佛説文殊師利現寶藏經》：“佛吾即從講堂而出撾[9]揵榳，欲逐出文殊師利。時佛告文殊師利：‘仁寧見摩訶迦葉撾揵榳不乎？’……年老手執揵榳而撾之，欲逐出文殊師利。佛告迦葉：‘汝何緣撾揵榳乎？’迦葉白佛言：‘唯世尊，文殊師利盡夏三月而静不現，潛去止宿藏匿之室，故撾揵榳欲逐出之。’”（T0461v14p0460a）本頁下注9：“揵榳＝揵椎《三》《宫》，下同。”《嘉興藏》作“揵椎”。“榳”亦“穉”字之訛。

鄭賢章《漢文佛典疑難俗字彙釋與研究》“榳”字條（p175）已有一些考證，可參看。

0816 㰈

日本心覺撰《多羅葉記》：“倪[63]擺鋒，龍名也。”（T2707v84p0612c）本頁下注63：“㰈＝檧《甲》。”

按：正文“擺”，注文作“㰈”，兩字與“檧”爲版本異文，“㰈”“擺”“檧”皆“櫾”字之訛。失譯《佛説彌勒來時經》：“城有四寶：一者金，有龍守之。龍名倪蠢鏠，主護金，龍所居山地名犍陀。”（T0457v14p0434c）“蠢”，《嘉興藏》作“擡”。唐玄應撰《一切經音義》（麗藏本）《彌勒來時經》：“倪䗍鏠，魚礼反，下力底反，鏠，疋逢反。龍名也。”（p114c）唐慧琳撰《一切經音義》卷三十二《彌勒來時經》：“倪櫾鏠，上魚禮反，次力底反，下匹逢反。梵語龍名也。”（T2128v58p0043a）與“㰈”對應的形體作“蠢”“擡”“䗍”“櫾”等形，諸形皆“欚”字之書寫變異。《龍龕·木部》：“欐，今，欚，正。音礼。大船名。”“欐”爲“欚”之俗字，“橀”蓋“欐”形之訛。

0817 橿

唐菩提流志譯《如意輪陀羅尼經》：“青蓮花葉、牛黄、欝金香、黄橿（餘本譯云乾薑）。”（T1080v20p0195a）

按：“橿”即“橿”字之訛，“橿”又“薑”之分化字。“黄橿”又譯作“乾薑”，乃晾乾的生薑塊莖，用作中藥。正字當作“薑”，“橿”爲借字。參0823“橿”字條。

0818 蘗

日本長惠撰《魚山私鈔》：“縛曰羅羅怛曩蘇縛曰羅羅他縛曰羅迦賖摩訶摩梶阿迦賖蘗婆縛曰羅荼縛曰羅蘗婆曩謨率都帝。”（T2713v84p0839c）

按：“蘗”即“蘖”字之訛。參0726“蘖”字條。又日本勝賢記、守覺輯《祕鈔》：“次寶菩薩讚：縛曰羅羅怛那蘇縛曰羅羅他縛曰羅迦賖摩訶摩抳阿迦賖蘖婆縛曰羅荼縛曰羅蘖婆曩謨率都帝。”（T2489v78p0536a）日本成賢撰《薄雙紙》：“理供，事供，讚（四智。寶菩薩讚）：縛日囉囉怛那。蘇嚩日囉囉他。嚩日羅迦賖。摩賀摩抳。阿迦賖蘖婆。嚩日羅荼。嚩日羅蘖婆。曩謨娑都帝。”（T2495v78p0653b）字皆作“蘖”。日本淨嚴撰《悉曇三密鈔》：“𑖐，蘖、竭、鍅、乾、犍、健、虐（隨求）、伽、哦、誐、仰、嘘、疙（千手軌）。”（T2710v84p0742a）唐義淨撰《梵語千字文》：“𑖐𑖨𑖿𑖥，蘖婆，胎。”（T2133B v54p1209a）“蘖”乃“𑖐（ga）”之譯音字。唐法全撰《大毘盧遮那成佛神變加持經蓮華胎藏悲生曼荼羅廣大成就儀軌供養方便會》：“九執真言曰：曩莫三滿多没馱喃（引）[13]蘗囉（二合）醯濕嚩（二合）哩也（二合。二）鉢羅（二合）鉢多（二合）孺底囉摩野（三）娑嚩（二合）賀（引）。”（T0852v18p0124b）本頁下注13：“蘗=蘖《甲》《乙》。”“蘗”亦“蘖”字之訛。

又，《魚山私鈔》《祕鈔》上引兩段文字中之“曰”皆“日”之訛。《大正藏》中“日”訛作“曰”之例，比比皆是。

0819 檇

明如惺撰《大明高僧傳》：“戊子歲儉，群盜蜂起，相戒無敢入師之室。檇李

五臺居士陸光祖虚芙蓉之席見招，辭不赴。”（T2062v50p0914b）

按：“檇”即“檇”字之訛。“檇李”爲地名，在今浙江省。“擕”或作“攜”，可比勘。

0820 㯳

北宋道原纂《景德傳燈録》：“僧問：‘古人横説竪説，猶未知向上一關[4]棙子，如何是向上一關*棙子？’”（T2076v51p0382c）本頁下注 4：“棙＝㯳《明》*。”

按：“㯳”與“棙”爲版本異文，“㯳”即“㰀”之異寫，“㰀”爲“棙”的異構字。“關棙子”指能轉動的機械裝置，引申有關鍵之義，又作“關捩子”，與“關棙”“關捩”同義。“關棙/捩”爲同義並列複合詞，“關”的本義爲門閂，門閂是控制門開關的裝置，故“關”引申有控制裝置義，《後漢書·張衡傳》：“（候風地動儀）中有都柱，傍行八道，施關發機。”在這個意義上可指通過轉動來控制的裝置，唐杜牧《張好好》詩：“繁絃迸關紐，塞管裂圓蘆。衆音不能逐，裊裊穿雲衢。”“關紐”即指弦樂器上通過轉動來控制弦鬆緊的裝置。“棙/捩”本作“戾”，“戾”有轉動義，在這個意義上分化出“捩”，由轉動義又引申出通過轉動進行控制的裝置義，在這個意義上又分化出“棙”，在文獻中“捩”“棙”兩字常通用，故“關棙”又作“關捩”，“關棙子”又作“關捩子”。北宋守堅集《雲門匡真禪師廣録》：“問：‘承古有言，牛頭横説竪説不知有向上關棙子，如何是向上關棙子？’師云：‘東山西嶺青。’”（T1988v47p0550c）宋集成等編《宏智禪師廣録》：“得妙者簡，所以默不與言；得用者閑，所以應不觸物。道游神禦，理固如斯。忽向其間著一絲一糁，則樞機礙而不通，關棙窒而不轉。空空處含一切有，有有處合一段空，更有甚麽事元元之本，沖而無像，動而有應，當須徹底覷破。”（T2001v48p0076c）南宋紹隆編《圓悟佛果禪師語録》：“撥轉上頭關捩子，分身百億化無邊。”（T1997v47p0746a）日本高峯顯日語《佛國禪師語録》：“指山門云：廣大樓閣，峭峻門庭，撥轉關捩，拔楔抽釘（喝一喝），任他平地鼓雷霆。”（T2551v80p0273a）

《廣韻》“戾”“隸”皆讀“郎計切”，故“棙”或作“㰀”，“㯳”即“㰀”字之書寫變異。《説文·木部》“㰀，木也”與此不同，兩者可以理解爲同形字。

又，北宋道原纂《景德傳燈録》：“嘉州東汀和尚。僧問：‘如何是却去底人？’師曰：‘石女紡麻纑。’曰：‘如何是却來底人？’師曰：‘扇車關[1]㩙良計［“良計”當爲“㩙”之反切，此處誤作正文——引者按］斷。’”（T2076v51p0395b）本頁下注 1：“㩙＝捩《明》。”四庫本之《五燈會元》作“棙”，“㩙”乃“㩙”字之訛。參 1124“㩙”字條。

《漢語大字典》：“㰀，收絲筐的柄。《廣雅·釋器》：‘榬謂之篗，其㞘謂之㰀。’王念孫疏證：‘《方言》：“篗，榬也。兖豫河濟之間謂之榬。”郭注云：“所以絡絲也。”《説文》：“篗，收絲者也。”‘柅，柄也。’《景德傳燈録》卷二十三：‘曰：“如何是却來底人?”師曰：“扇車關棙良計斷。”’”(二 p1411b)《大字典》把《景》中“關棙”之“棙”釋作“收絲筐的柄”之義，誤，“關棙”同“關捩/棙”，亦指控制裝置。《大字典》把《景德傳燈録》中“良計”引作正文，亦誤。

0821 樵

唐道世撰《法苑珠林》：“聖人知不斷此三事故，求道無從可得，如水火，[15]擁之亟之則其用彌全，決之散之則其勢彌薄。故《論》云：質微則勢重，重則勢微，是以思之測之。”(T2122v53p0693c) 本頁下注 15：“擁=樵《宫》。”

按：“樵”與“擁”爲版本異文，“樵”即“擁”字之訛。唐道世撰《諸經要集》：“聖人知不斷此三事故，求道無從可得，如水火，擁之聚之則其用彌全，決之散之則其勢彌薄。故《論》云，質微則勢重，質重則勢微，是以思之測之。”(T2123v54p0153a) 明達觀真可語、憨山德清校《紫柏尊者全集》卷第三云：“心如水火，擁之聚之則其用彌全，決之散之則其勢彌薄。故《論》云，質微則勢重，質重則勢微。”(X1452v73p0170b)“擁”乃環圍聚之之義，正字當作“擁”，“樵”蓋“擁”字之訛。

0822 㰀

佚名《陀羅尼雜集》：“觀世音菩薩説陀羅尼呪：南無觀世音菩薩，南無一切諸菩薩，今我欲説大陀羅尼神呪，使我呪句如意成吉：阿摩知　波羅摩知　三波羅夜知吉履尼　旨履尼　阿盧哂尼　陀羅尼馱鉢尼　阿離鉢尼　離波尼　那頗那波那㰀那那㰀陀彈禰。”(T1336v21p0626c)

按：“㰀”即“欐”字之省。同上經：“大自在天及其眷屬即説呪曰：呵梨迦摩梨比梨比致　遮梨羯致　阿比舍具梨　乾陀梨　朱梨　栴陀梨　摩登祇阿比舍尼　比舍波羅比舍　阿泯讖泥　波婆伽㰀（羅[21]泜反）。”(T1336v21p0625c) 本頁下注 21：“泜=治《三》。”唐慧琳撰《一切經音義》卷四十三《陀羅尼雜集》第七卷：“伽㰀，力奚反。”(T2128v54p0593b) 唐慧琳撰《一切經音義》：“貿欐，上矛候反，下犁底反。梵語也。”(T2128v54p0517b)《廣韻·薺韻》盧啓切：“欐，江中大船名。”“㰀”與“欐”讀音同，皆用爲譯音字。

0823 檯

唐阿地瞿多譯《陀羅尼集經》："取佉陀囉木（紫[21]薑木是）四枚，二長五指，二長六指，釘壇四角，散種種時非時華於壇上。"（T0901v18p0826b）本頁下注21："薑=橿《宋》《元》《宮》《甲》，檯《明》。"

按："檯"與"橿""薑"爲版本異文，"檯"蓋"薑"加"木"旁而成，與"橿"爲異構關係。唐慧琳撰《一切經音義》："紫橿木，上正紫字，中居央反。木名也，出英山。"（T2128v54p0562a）又："紫橿木，襁央反。《山海經》云：英山多紫橿。《説文》：'枋也。從木，畺聲。'"（T2128v54p0566c）《山海經·西山經》："又西七十里曰英山，其上多杻橿。"《山海經》作"杻橿"，不作"紫橿"，慧琳蓋謂佛經之"紫橿"即《山海經》之"杻橿"。《爾雅·釋木》："杻，檍。"郭璞注："似棣細葉，葉新生可飼牛，材中車輞，關西呼杻子，一名土橿。"此樹又稱"土橿"。唐孔穎達《爾雅正義》："《詩·唐風》云：'隰有杻。'陸璣疏云：'葉似杏而尖，白色，皮正赤，爲木多曲少直，枝葉茂好。二月中葉疎，華如練而細，蘂正白。蓋樹今宮園種之，正名曰萬歲。既取名於億萬，其葉又好，故種之共汲山下。人或謂之牛筋，或謂之檍，材可爲弓弩幹也。"蓋此樹皮色赤，故又稱作"紫橿"。此樹木質堅硬，可作車輞、弓弩幹等，佛事中常用此木削成木橛，或用來燃火。"紫橿木"，佛經中或作"紫薑木"，"薑"爲"橿"之同音借字，"檯"則"薑"之加旁字，因爲木名，故加"木"旁。參1883"薫"字條。

0824 韝

南朝齊僧伽跋陀羅譯《善見律毘婆沙》："譬如鍛師有[18]皮囊筒，因人鼓動，風得出入。"（T1462v24p0749b）本頁下注18："皮=韝《三》《宮》。"

按："韝"與"皮"爲版本異文，"韝"即"鞴"字之訛。求之經義，此處之"皮囊"即鼓風器具，又稱作"韛囊"，亦或作"鞴囊"。《集韻·怪韻》步拜切："韛、韝、鞴，吹火韋囊也。或作鞴、鞴。""鞴"又"韛"之異構字。後秦鳩摩羅什譯《坐禪三昧經》："復次臍邊風發相似相續，息出至口鼻邊，出已便滅，譬如[4]韝囊中風開時即滅。"（T0614v15p0275a）本頁下注4："韝=韛《元》《宮》，韛《明》。"後秦曇摩耶舍、曇摩崛多譯《舍利弗阿毘曇論》："何謂學一切身出息覺知，學一切身入息覺知？如比丘以息滿一切身出息，若一切身內空已入息。如巧[7]韝師*韝師弟子，令*韝囊滿已，按使氣出，若*韝囊空已，還開其口，使氣得滿。"（T1548v28p0706a）本頁下注7："韝=韛《明》*。""韝"皆

“槀”字之訛。

0825 櫼

南宋志磐撰《佛祖統紀》：“宋給事中馮櫼。”（T2035v49p0290b）

按：同上經：“宋給事中馮檝。”（T2035v49p0272b）又：“給事中知瀘州馮檝。”（T2035v49p0453c）元覺岸編《釋氏稽古略》：“宋給事中知瀘州馮楫。”（T2037v49p0892a）與“櫼”對應之字作“檝”或“楫”，“櫼”即“檝”字之訛，“戢”訛作“戰”旁也。

0826 㯖

佚名《大聖妙吉祥菩薩説除災教令法輪》：“復次救護慧，定手金剛拳。端坐安腰側，慧舒五輪直。當以掩其心，[18]磔竪於空輪。”（T0966v19p0345b）本頁下注 18：“磔=㯖《甲》，搮《乙》。

按：“㯖”與“磔”“搮”爲版本異文，“㯖”“搮”皆“搩”字之訛。參 1131“搮”字條。“搩”又“磔”之分化字。“磔”之本義爲分裂牲畜肢體，也指用車分裂人體，引申有分張義。唐慧琳撰《一切經音義》：“一磔手，張革反。《廣雅》：‘磔猶開也。’又張也。一磔手者，張其手取大指中指所極爲量也。《古今正字》：‘從石，桀聲。’《經》本作‘搩’，音傑，非義也。”（T2128v54p0462a）由分張義又引申爲“磔手”義，即把手指分張開取大指和中指中間的最大量，是一種度量長度的方式，也是度量長度的單位。由此義再引申爲手指分張的手相，唐阿地瞿多譯《陀羅尼集經》：“其佛左邊，大勢至菩薩結加趺坐。左手覆掌於左髀上，右手屈臂節拄右髀上，竪臂向上，以大指捻無名指甲上，頭指、中指、小指[14]搩竪掌側當前。”（T0901v18p0800c）本頁下注 14：“搩=磔《三》《宫》《甲》。”又：“以左手作總印，大指捻小指甲上，餘三指直向上搩竪。”（T0901v18p0811a）“搩/磔竪”即分張竪起之義。“搩”當是爲分張手指丈量義造的分化字，也用來表示分張手指的手相義。

0827 簗

日本湛慧撰《成唯識論述記集成編》：“奴者，奴婢，古罪人。《周禮》：‘其奴，男子入于皐隸，女子入于舂［舂］簗。’今僕隸通謂之奴，非制也。”（T2266 v67p0108c）

按：“籇”即“稾”之異體。所引《周禮》見於《秋官・司厲》，今文作：“其奴，男子入于罪隸，女子入于舂稾。”鄭玄注引鄭司農曰：“謂坐爲盜賊而爲奴者輸于罪隸、舂人、稾人之官也。”字作“稾”。《説文・木部》：“稾，木枯也。”段注：“凡潤其枯稾曰稾，如慰其勞苦曰勞，以膏潤物曰膏。《尚書》‘稾飫’，《周禮》‘稾人’，《小行人》‘若國師役則令稾禬之’，義皆如是。鄭司農以漢字通之，於《稾人》曰：‘稾讀爲犒師之犒。主穴食者，故謂之犒。’於《小行人》曰：‘稾當爲犒，謂犒師也。’葢漢時盛行犒字，故大鄭以今字易古字，此漢人釋經之法也。《左傳》《國語》皆有犒字。《左傳》服注曰：‘以師枯稾，故饋之飲食。’韋注《國語》曰：‘犒，勞也。’計《左》《國》皆本作稾，今本作犒者，亦漢人所改。如《牛人》‘軍事共其犒牛’，此必後鄭從大鄭所易也。《小行人》經文從大鄭易爲犒，而注之曰：‘故書犒作稾。’今本則訛舛難讀矣。何注《公羊》曰：‘牛酒曰犒。’高注《淮南》曰：‘酒肉曰餉，牛羊曰犒。’漢《脃彰長碑》又作勞醻。許不録犒、醻字者，許以稾爲正字，不取俗字也。”據段注，則“稾人”當以“稾”爲本字，“犒”爲後出分化字。字或作“籇”者，“籇”蓋爲“稾”改變聲旁的異構字，可以分析爲從木篙聲的形聲字。

0828 橮

南朝梁僧祐撰《弘明集》：“至於百家恢怪所述良多，[19]搜神靈鬼顯驗非一，且般若之書本明斯義，既魔徒所排輒無兼引，自非格言孰能取正。”（T2102v52p0067b）本頁下注 19：“搜＝橮《宮》。”

按：“橮”與“搜”爲版本異文，“橮”即“搜”字之訛。“搜”字在《可洪音義》中有作“𢯱”（v59p1008a）、“𢯱”（v60p178b）、“𢯱”（v60p458a）等形體，又《龍龕手鏡・手部》：“搜，俗；𢯱，或作；捜，正。”（p207）“𢯱”“𢯱”“𢯱”構成“搜”形體演變的鏈條，“橮”與“𢯱”形近。又“叟”或訛作“夋”，唐道宣撰《釋迦氏譜》：“又李[24]夋西奔崑崙，抑亦朝宗有據。黄帝夢遊華胥，於事從中又顯。”（T2041v50p0087c）本頁下注 24：“夋＝叟《三》《宮》。”唐道宣撰《續高僧傳》：“故使説法天禽被于念處，盤特庸[21]夋具列賢愚，辯俊異之前生，顯頑嚚之後報，冷然釋相可不誡歟？”（T2060v50p0549b）本頁下注 21：“夋＝叟《三》《宮》。”“夋”皆“叟”字之訛，亦可比勘。

0829 欌

南朝陳真諦譯《佛説立世阿毘曇論》：“其中有樹名敦治枳羅。其樹生子形如釜鍑，又似[12]檥者，若人欲食，取此樹子以持盛水。別復有石名曰樹提，取此樹子以置石上，石自生火。是人將取奢利米寫置器中，無勞量准即自然稱器，飯成熟時石自還冷。仍用前*檥，次第盛貯，若餘人來欲須食者，隨意取食。”（T1644v32p0200c）本頁下注12：“檥＝桸《三》*。”

按：“檥”與“桸”爲版本異文，鄭賢章《漢文佛典疑難俗字彙釋與研究》“檥”字條：“‘檥杓’即‘桸杓’，其中‘檥’即‘桸’字。”（p175）溝通了“檥”與“桸”的關係，可從。補充如下：（一）“檥”即“檥”之異寫字。《集韻·支韻》虛宜切：“樴、蠘、樝、蟻、檥，蠡也。或作蠘、樝、蟻、檥。”（二）“檥”又“樴”之異構字。《方言》卷五：“𨰉，陳楚宋魏之閒或謂之簞，或謂之樴，或謂之瓢。”郭璞注：“今江東通呼勺爲樴，音羲。”“樴”音羲，故又造“檥”字。（三）“檥”又訛作“檥”，唐道宣撰《廣弘明集》：“又嘗請聖僧，浴器盛香湯及以雜物。因而禮拜，内外寂默，即聞器[22]檥杓作聲。”（T2103v52p0271b）本頁下注22：“檥＝檥《宋》《宮》，桸《元》《明》。”（四）《玉篇·木部》：“桸，虛衣切。木名，汁可食。”《龍龕·木部》：“桸，音希。木汁可食也。又許宜反。杓桸也。”唐慧琳撰《一切經音義》卷六十五：“一㩗：虛奇反。《方言》：陳楚宋魏之間謂蠡爲㩗。郭璞曰：㩗、蠡、瓠，勺也。今江東呼勺爲戲樴。《律》文作‘桸’，假借也。稀正音虛衣反。桸，木名也，汁可食也。桸非此義。”（T2128v54p0739a）“桸”本爲木名，用同“樴”，慧琳以爲假借。

0830 㯿

日本賴寶撰《釋摩訶衍論勘注》：“《筆削記》云：頭陀，此云科㯿，謂科㯿三界煩惱業報故。”（T2290v69p0824a）

按：“㯿”即“擻”字異體之訛。北宋子璿録《起信論疏筆削記》卷第十八云：“頭陀，此云抖擻，謂抖擻三界煩惱業報故。”（T1848v44p0396a）此即賴寶之所本，與“科㯿”對應之字作“抖擻”。唐道世撰《法苑珠林》：“西云頭陀，此云抖[5]捒，能行此法，即能抖[6]捒煩惱，去離貪著，如衣抖*捒能去塵垢，是故從喻爲名，故名頭陀。”（T2122v53p0903a）本頁下注5：“捒＝擻《三》。”注6：“捒＝擻《元》《明》。”説解“抖擻”之義甚明，正字當作“抖擻”。“科㯿”同“抖擻”，“科”爲“抖”字之訛，“㯿”同“擻”。失譯《別譯雜阿含經》：“大曠野中有一大池，有諸大象入彼池中，以鼻拔取池中藕根，淨[1]抖擻已，用水洗之，然後乃食。”（T0100v02p0381a）本頁下注1：“抖擻＝抖藪《聖》。”“抖擻”或作“抖藪”，蓋“藪”或加“扌”旁，“扌”旁訛作“木”旁即成“㯿”字。

0831 橌

唐金剛智譯《吽迦陀野儀軌》："若欲修法，先當作金剛橌，即形如獨鈷杵，本如鉾，末杵形，即以大界加持金剛橌真言等加持，其作橛金剛木等真言。"（T1251v21p0240c）

按："橌"即"橛"的換聲旁異構字。"金剛橌"即"金剛橛"。"金剛橛"佛經習見，即金剛所做之橛。

0832 㯗

日本春屋妙葩語《知覺普明國師語録》："大悲千手眼，那箇是正眼，重重手眼總無差，榼㯗堆頭破草鞋，任手拈來光燦爛，入門須看子胡牌。"（T2560v80p0690b）

按："榼㯗"同"搕㨎"，"㯗"即"榁"字之訛。《大正藏》"搕㨎"多見。明妙叶集《寶王三昧念佛直指》："若謂此説是曹溪門下搕㨎堆頭觸著得底，且未曾夢見在。"（T1974v47p0364c）北宋守堅集《雲門匡真禪師廣録》："若是一般掠虚漢，食人膿唾，記得一堆一擔搕㨎，到處馳騁驢唇馬觜，誇我解問十轉五轉話。"（T1988v47p0547a）南宋蘊聞輯《大慧普覺禪師語録》："休向糞掃堆上更添搕㨎。"（T1998Av47p0816b）南宋道謙編《大慧普覺禪師宗門武庫》："舜老夫一日舉，鹽官和尚喚侍者：'將犀牛扇子來。'侍者云：'扇子已破。'官云：'扇子既破，還我犀牛兒來。'侍者無對。舜云：'三伏當時正須扇子，爲侍者不了事。雖然如是，鹽官太絮，何不大家割捨？侍者當時若見鹽官道："扇子既破，還我犀牛兒來。"便向道："已颺在搕㨎堆上了也。"'"（T1998Bv47p0945c）宋崇岳編《密菴和尚語録》："上堂，拈拄杖卓一下云：'迷時只迷遮箇。'復卓一下云：'悟時只悟遮箇，迷悟兩忘。糞掃堆頭，重添搕㨎。莫有向東湧西汲，全機獨脱處。道得一句麽，若道不得，華藏自道去也。'擲拄杖，下座。"（T1999v47p0965c）北宋道原纂《景德傳燈録》："問既是大容爲什麽趁出僧。師曰：大海不容塵，小谿多搕（烏合切）㨎（私盍切）。"（T2076v51p0386b）日本月坡道印語《月坡禪師語録》："令遍剎界如雷奔，撿點將來，榼榁堆頭破沙盆子而已。"（T2595v82p0528b）日本一絲文守語《定慧明光佛頂國師語録》："或有自擔取一堆壒㙮出來，纔擬掃却，更糞掃堆頭重加壒㙮者。或有雖似從灑灑落落處出來，被他一拶撒土撒沙放屙放屎去。"（T2565v81p0139c）北宋重顯頌古、克勤評唱《佛果圜悟禪師碧巖録》："僧問雲門：'如何是清淨法身（壒圾堆頭見丈六金身，斑斑駁駁是什麽）？'"（T2003v48p0177b）日本悟溪宗頓語《虎穴録》："一旦忽爾壒圾堆頭拾得些子乾柴片，懷藏已二十載。”（T2570v81p0314c）元竺僊梵仙語《竺僊和尚語録》：“重陽謝志首座爲淨頭上堂，盡十方虚空，是箇厠坑孔。三世諸佛，諸代祖師，頭出頭没，盡十方大地，是箇拉搕堆。”（T2554v80p0357a）《佛果圜悟禪師碧巖録》：“取老和尚舌頭，一截併付烈焰，煙而飏之拉榼堆。”（T2003v48p0225a）元一山一寧語《山國師語録》：“冬至上堂，晷連推移，日南長至，三家村裹爛牛屎，動地放光；十字街頭垃圾堆，演大法義。何以見得？不見道，是法住法位。”（T2553v80p0312b）南宋蘭溪道隆語、圓顯等編《大覺禪師語録》：“垃圾上重添垃圾，究理達理，相應中轉不相應，眼不見而爲淨，心不疑而自安。”（T2547v80p0075c）“榼榼”“墶𡒄”“墶圾”“壒圾”“拉搕”“拉榼”“垃圾”等皆當爲同一詞的不同形式，其義同今之“垃圾”。

0833 櫰

日本鐵舟德濟撰《閻浮集》：“欲下禪床便喫交，方知平地若山高，等閑櫰折虚空臂，死活都來只一毫。”（T2557v80p0554b）

按：“櫰”即“攧”字之訛。“攧”有跌義，“攧折”即跌斷義。“攧”爲“顛”之分化字。《論語・季氏》：“危而不持，顛而不扶。”清劉寶楠正義：“顛者，失隊也。”日本南浦紹明語《圓通大應國師語録》：“竿頭進步尋常路，最苦溪邊喫櫰時。”（T2548v80p0122c）“櫰”亦“攧”字之訛。

0834 櫽

北魏瞿曇般若流支譯《正法念處經》：“閻魔羅人，以鐵炎[3]穳，[*]穳置河中，彼若欲出，足則爛熟，筋熟、髀熟、腨熟、髖熟，髖骨亦熟，髖皮亦熟，髖肉亦熟，背肉墮落。”（T0721p17p0038a）本頁下注3：“穳＝櫽《宋》《宮》[*]。”

按：“櫽”與“穳”爲版本異文，“櫽”即“欑”字之訛，“欑”又“𥏼”字之訛，“𥏼”乃“穳”之異構字。《集韻・換韻》觑亂切：“鑹、𥏼、穳，小矟也。或从矛、爨，亦作穳。”“穳”之異體作“𥏼”，乃改變聲旁的異構字。唐慧琳撰《一切經音義》卷第七十六：“矛穳，……下倉亂反。《廣雅》：‘穳謂之鋋也。’《考聲》云：‘短矛也。’《古今正字》：‘從矛贊聲。’《經》從木作‘欑’，誤也。”（T2128v54p0804a）“欑”即“𥏼”之訛，“櫽”乃“欑”之錯訛，“櫽”之右下從三火，可以看作字内部件同化。

支　部

0835 翅

隋闍那崛多譯《四童子三昧經》："蚍蜉蛺蝶蠅，俱[3]翅羅孔雀。"（T0379v12p0934b）本頁下注 3："翅 = 翅《三》《宮》。"

按："翅"與"翅"爲版本異文。鄭賢章《漢文佛典疑難俗字彙釋與研究》"翅"字條："（翅）即'翅'字。"（p177）其説可從。"俱翅羅"爲佛經中常見的鳥名，或作"拘翅羅""拘枳羅""俱耆羅""瞿翅羅""鴝鵙羅"等。唐慧琳撰《一切經音義》："鴝鵙羅鳥，梵語印度國鳥名也。或云俱翅羅，或云俱耆羅，皆梵語輕重也。《涅盤經》云：'此鳥聲好，從聲立名，本性愛榮，不栖止於枯樹。'"（T2128v54p0371a）又："瞿翅羅鳥，經中或作拘枳羅鳥，或作俱翅羅鳥，同一種。此譯云鵶鳥也，又云好聲鳥也。此鳥形醜聲好，從聲爲名也，共命鳥也。"（T2128v54p0749b）可參看。"翅"本爲從羽支聲的形聲字，"翅"將形符"羽"改作"只"，成爲雙聲符字。

0836 皰

後秦鳩摩羅什譯《禪祕要法經》："汝今應當諦觀脚大指節，令心不移，使指節上，漸漸[29]疱起。復令膖脹，復當以意。令此膖脹，漸大如豆，彼當以意，使膖脹爛壞，皮肉兩披，黄膿流出。"（T0613v15p0258c）本頁下注 29："疱 = 皰《三》《宮》。"

按："皰"與"疱"爲版本異文。鄭賢章《漢文佛典疑難俗字彙釋與研究》"皰"字條："'皰'即'皰'字之訛。"（p176）其説可從。《説文・皮部》："皰，面生气也，从皮，包聲。"本指面部皮膚上長的像水泡的小疙瘩或小瘡，也指人體其它部位上長的像水泡的小疙瘩或小瘡。隋巢元方《巢氏諸病源候總論・時氣病諸候・時氣皰瘡候》："夫表虚裹實，熱毒内盛，則多發皰瘡。重者周布遍身，其狀如火瘡。若根赤頭白者則毒輕，若色紫黑則毒重。其瘡形如登豆，亦名登豆瘡。"唐玄奘、辯機撰《大唐西域記》："王聞心懼，舉身生皰，肌膚攫裂，居未久之，便喪没矣。"（T2087v51p0916b）皆其例。"皰"即"皰"之"皮"旁訛作"支"旁。《禪祕要法經》的"疱"或"皰"即腳上長的小瘡。唐窺基撰

《説無垢稱經疏》："世尊身[24]皮清淨無垢。"（T1782v38p1064c）本頁下注 24："皮=支《甲》。""支"爲"皮"字之訛。唐澄觀撰《大方廣佛華嚴經疏》："問：'若有治等爲有支不?'答：'準雜集等論，諸無色奢摩他一味相故無有[3]皮分建立。若依瓔珞本業，四無色定各有五支，謂想護止觀一心。經論相違，云何會通。論依相似不同四禪覺觀等異，又慧用劣名無支分。"（T1735v35p0785b）本頁下注 3："皮=支《甲》。""皮"爲"支"字之訛。皆可比勘。

北涼曇無讖譯《大般涅槃經》："時王頂上生一肉[13]皰，其皰柔軟如兜羅綿。細軟劫貝漸漸增長，不以爲患。足滿十月，[*]皰即開剖，生一童子。"（T0374v12p0438a）本頁下注 13："皰=炮《三》[*]。"又："是色不久必當生[1]皰，見已復喜。是皰不久必當生嘴，見已復喜。是嘴不久必當開剖，開剖之時香氣周遍五十由延，光明遠照八十由延。"（T0374v12p0537a）本頁下注 1："皰=䶌《三》《宫》。"同一經文，"皰"的異文一作"炮"，一作"䶌"，亦"䶌"爲"炮"之訛的確證。

0837 𢾈

東晋佛陀跋陀羅、法顯譯《摩訶僧祇律》："不得覆頭覆右肩著革屣作禮，不得禮膝禮脚禮脛。當接足禮，若前人脚上有瘡，當護勿[14]棖觸。受禮人不得如瘂羊不語，當相問訊。"（T1425v22p0510b）本頁下注 14："棖=𢾈《元》《明》，唐《宫》。"

按："𢾈"與"棖"爲版本異文，"𢾈"即"敞""敞"字之訛。"敞""敞"爲"棖"的異構字。文獻又用"撐""撑""揨""橖""振""棖"等字。唐慧琳撰《一切經音義》卷四十九《大莊嚴經論》第十一卷："揨觸，丈庚反。《説文》：'揨，柱也。'又作'振'，振，觸。又嫽敞，敞觸，亦作敞。"（T2128v54p0637a）馬鳴造、後秦鳩摩羅什譯《大莊嚴論經》："是身極鄙陋，癰瘡之所聚。若少棖觸時，生於大苦惱。"（T0201v04p0324c）《玄應音義》與"揨"對應之字作"橖"，與"振"對應之字作"棖"，《大正藏》本《大莊嚴論經》作"棖"。審文意，"棖觸""棖觸"皆碰撞之義。明章黼《重訂直音篇·手部》："撐，音撐。撐，拄也，撞也。棖，同上。撑，俗。""棖"訓撞，與文意合。

東晋竺佛念譯《最勝問菩薩十住除垢斷結經》："或現雷電霹靂音聲，或現樹木共相[2]棖觸。"（T0309v10p0987a）本頁下注 2："棖=𢾈《宋》《宫》，棖《元》《明》。"又："寶寶相[5]棖，出若干聲，聲甚柔軟，聽無厭足。"（T0309v10p1012b）本頁下注 5："棖=𢾈《宋》《宫》，棖《元》《明》。"北魏瞿曇般若流支譯《正法念處經》："今於此處，應有香風來吹樹葉，互相[9]棖觸，出妙音聲，勝於歌音。作是念時，以善業故，種種香風吹動樹葉，互相[*]棖觸，出妙音聲，天女歌音，十六分中不及其一。"（T0721v17p0331c）本頁下注 9："棖=𢾈《宋》《宫》[*]，棖《元》《明》[*]。"《摩訶僧祇律》："樹上者，淨人樹上食果，比丘言：'與我果。'

淨人即搖樹落果，墮比丘器中者，得名爲受。但非威儀如是。若以脚若以手若以口下果時，果觸枝葉，比丘當更生心言受受，得名受。若繩繫懸下，若脚若手放繩下時，若觸枝葉者，亦當言受受，是名爲受。若淨人食麨豆時比丘欲得，即從索作是言：'與我麨豆。'淨人不欲與比丘，搿淨人手，瀉著衣裓中，言受受，得名爲受。但非威儀。獼猴樹上噉果，比丘欲得果，語獼猴言：'與我果。'獼猴動樹下果，比丘以器承取，墮器中者，得名爲受。但非威儀如是。若手若脚口中下果時，若[6]揬枝葉，當更生心言受受，得名爲受。是名樹上。"（T1425v22p0358a）本頁下注6："揬=棠《宋》《宮》，㲉《元》《明》。""㲉"亦皆同"㲉"字之訛。經中或言"揬觸"，或單言"揬"，單言"觸"，皆碰觸之義。《漢語大字典》《漢語大詞典》所收"搒""撐"諸字，未收"碰觸"之義。《大詞典》收録"棖觸"一詞，釋其義爲"觸犯，觸動"，甚是。但未收"振/揬/搒/撐觸"等諸詞形，當補。北宋李昭玘《樂靜集·從張聖塗乞石》："鯨鱗老廉利，相角怒搒觸。"南宋洪邁《萬首唐人絕句·聽曹剛彈琵琶》："禁曲新飜下玉都，四絃振觸五音殊。"南宋周密《浩然齋雅談》："涪翁云：'百葉緗梅觸撥人。'又云：'推牀破面振觸人。'樂天《榴花詩》：'撐撥詩人興。'陸天隨《蠹化》曰：'或振觸之，輒奮角而怒。'《朝野僉載》楊廷玉《回波詞》：'阿姑婆見作天子，旁人不得振觸。'"南宋方岳撰《秋崖集·簡劄·回趙簽判》："某頑不可鐫，所至輒撐觸人。"又《簡·答戴書記》："則以撐觸權貴人，移地閩嶠，奔迫上道。"南宋熊禾《勿軒集·啟劄·謝鄉舉論學》："動輒撐觸，雖欲有志當世，亦徒抱此炯炯耳。"元許有壬撰《至正集·説·丁慎之字説》："視齊民如草芥，愿突撐觸。"元黄玠撰《弁山小隱吟録·七言歌行雜體·酒歌》："酒可喜，亦可嗔，醒語多忌醉語真，常恐醉語撐觸人。""撐觸"等皆觸犯、觸動義。

唐道世撰《法苑珠林》："又《譬喻經》云：風[16]敼水，水*敼地，地*敼火。強者爲男，弱者爲女。風水相*敼爲男，地水相*敼爲女。"（T2122v53p0812c）本頁下注16："敼=棠《宋》《元》《宮》*，撜《明》*。""敼"與"棠""撜"爲版本異文，"敼"即"敼"之訛字，從"攴"之字多訛作"支"。四庫本《法苑珠林》作"撜"。此段文字亦見於唐道世撰《諸經要集》："又《譬喻經》云：風[26]㲉水，水㲉地，地㲉火。強者爲男，弱者爲女。風水相㲉爲男，地水相㲉爲女。"（T2123v54p0121c）本頁下注26："㲉=定《宋》《宮》下同，振《元》《明》下同。""㲉"即"㲉"之訛。《廣韻·耕韻》宅耕切："揨，撞也，觸也。敼、㲉，並上同。"《集韻·耕韻》除耕切："朾、揨、敦、摚、㲉，《説文》'橦也'。或作揨、敦、摚、㲉。"唐慧琳撰《一切經音義》："相棠，借音，文［丈］庚反。字宜作撜、敼、棖、㲉四形，同，文［丈］衡反。謂相觸也。"（T2128v54p0407a）又："相敼，又作撜、敯、振三形，同，文［丈］庚反。謂相觸也。撜，拄［柱］也。"（T2128v54p0599b）又："相橖，又作敼、棖、敞三形，同，丈庚反。謂相觸也，亦撜柱也。"（T2128v54p0793a）明章黼《重訂直音篇·支部》："敼，音棖，觸也，撞也。敹、敹、㲉、敼，並同上。"則"敼"當爲"揨"之異體。此處正用其撞觸之義。"敼""敼""揨"與"㲉""㲉""揬"亦同。

0838 𢿸

日本中算撰《妙法蓮華經釋文》："𢿸生，上古壞反。武玄之云：人毀曰~也。有云，加刀，損滅也，字作壞，誤也。今案：若依此説壞、~異。自破曰壞，人毀曰~。《法師功德品》'不壞耳根'與《普門品》'段段壞'，應從土。此文與《勸發品》'能破~'，應從支。若依籀文~、壞同也。"（T2189v56p0169b）

按：此處解釋的"𢿸生"見後秦鳩摩羅什譯《妙法蓮華經》："火不能燒，水不能漂，汝之功德千佛共説不能令盡。汝今已能破諸魔賊，壞生死軍，諸餘怨敵皆悉摧滅。"（T0262v09p0054c）字本作"壞"。中算取"自破曰壞，人毀曰𣀔"的説法，認爲"字作壞，誤也"，當作"𢿸"，"𢿸"即"𣀔"字之訛。段注本《説文解字·土部》："壞，敗也。从土，褱聲。𣀔，籀文壞，从支。""𣀔"爲"壞"之籀文。本同字異體，中算别爲二字，與將"敗"字區别爲自敗、敗它同例。《廣韻·夬韻》薄邁切："敗，自破曰敗。《説文》：'毀也。'又北邁切。"同韻補邁切："敗，破他曰敗。又音唄。"北宋賈昌朝《群經音辨·辨彼此異音》："毀他曰敗。音拜。《詩》：'勿翦勿敗。'自毀曰敗。薄邁切。"皆區分"敗"之兩音兩義。"壞"亦有類似的情形，《群經音辨·辨彼此異音》："毀之曰壞。音怪。《書·序》：'魯共王壞孔子舊宅。'自毀曰壞。戶怪切。《春秋傳》：'魯大室壞。'"兩音兩義皆用"壞"字。中算則把《説文》之異體區别爲二字。

0839 𦒸

佚名《索法號義辈諷誦文》："夫人伏願浩海常流資景福而逾遠，壽山聳峻等群岳而轉高。武莊嚴金璋永𦒸，紫綬長榮。"（T2857v85p1306c）

按："𦒸"即"耀"字之訛。"永耀"與"長榮"相對爲文，"耀"即光耀之義。唐窺基撰《説無垢稱經疏》："佛身[18]支顯，相類高臺，積香爲之，利濟群物，故名香臺。"（T1782v38p1093c）本頁下注18："支=光《甲》。""支"即"光"字之訛，可資比勘。

0840 𣀳

北涼曇無讖譯《大方等大集經》："彼等諸事迭相振觸，出五音聲，所有鼓、[16]貝、箜篌、箏、笛具足作樂。"（T0397v13p0305c）本頁下注16："貝+（齊鼓𣀳鼓)《聖》。"

按：據注釋，聖本“貝”字後尚有“齊鼓籨鼓”四字，“籨”即“籢”“籢”之書寫變異。同上經：“枝葉、花果、琴瑟、箜篌、簫笛、齊鼓、籢鼓、雷鼓所出音聲。”（T0397v13p0360a）字作“籢”。唐慧琳撰《一切經音義》卷十七《大集日藏分經》第十卷：“齊鼓，今清樂中有此皷，皷面安齊，故云齊皷也。籢鼓，力占反，謂以瓦爲鞺，革爲兩面，用杖擊之者也。《經》文作‘籨’。”（T2128v54p0415b）《慧琳音義》作“籢”。《龍龕手鏡・殳部》：“籢，或作；籢，正，力塩反。~鼓，今之杖鼓也。”又《文部》：“斂，力塩反。香~、鏡~，㔀斂、匳二同。”（宋本《龍龕》“㔀斂、匳二同”之“斂”作“𣀈”，疑本當作“籢”。）分“籢”“籢”爲二字。《新修玉篇・殳部》：“籢、籢，力鹽切。籢鼓，今之杖鼓。”《四聲篇海・殳部》：“籢、籢，二力塩切。~鼓也，今之杖鼓也。”《重刊詳校篇海・殳部》：“籢、籢，二力塩切，音連。~鼓也，今之杖鼓。”《字彙・殳部》：“籢，力鹽切，音連。與‘籢’同，今之杖鼓。”後代字書多從之。《龍龕手鏡・支部》：“𢿦，力塩反。~鼓，謂以杖~擊也。与籢同。”《龍龕》認爲“籢”與“𢿦”同。

犬　部

0841 夭

北魏瞿曇般若流支譯《正法念處經》：“在活、黑、繩、合、叫喚、[19]大叫喚、阿鼻等地獄，種種極苦逼。”（T0721v17p0018c）本頁下注19：“大=夭《宮》。”

按：“夭”與“大”爲版本異文，“夭”即“大”字之訛。後秦佛陀耶舍、竺佛念譯《長阿含經》：“復次大叫喚地獄。其諸獄卒取彼罪人擲大鐵瓮中，熱湯涌沸而煮罪人，號咷叫喚大叫喚，苦切辛酸萬毒並至，餘罪未畢故使不死，故名大叫喚地獄。”（T0001v01p0124a）日本快道撰《阿毘達磨俱舍論法義》：“‘兩山之間，極大黑闇，無有光明。日月有如是大威神力，不能照彼，令見光明。於兩山間有八大地獄，謂活、黑、合、叫喚、大叫喚、熱惱、大熱惱、阿毘’至‘起世二（十六右）樓炭二（初右）長含十九（初右）’並全同，經教異勿強和會。”（T2251v64p0177a）“大叫喚”爲地獄的名，字正當作“大”。東晉竺佛念譯《最勝問菩薩十住除垢斷結經》：“了諸法本思惟微妙，當別五陰成敗之相，觀知四[7]大地水火風，覩見六衰所起根本。”（T0309v10p0971a）本頁下注7：“大=夭《宮》。”西晉竺法護譯《佛説分別經》：“佛言：吾般泥洹後千歲，魔道當興，時世[16]大惡，國無常主，民無常居，遠方之人，當入中國，掠殺殘暴，無有法則。”

（T0738v17p0541c）本頁下注 16："大＝夭《宮》。" 唐菩提流志譯《大寶積經》："由誑惑故於佛正教造障法業，臨命終時，惡境現前，惛癡迷亂，乃至[1]夭死，都皆集現。"（T0310v11p0266c）本頁下注 1："夭＝大《三》《宮》《聖》。" 前兩例"夭"爲"大"之訛，後一例"大"爲"夭"之訛。秦公《碑別字新編》"夭"字條引《魏元譚妻司馬氏墓誌》作"夭"，故"大"或訛作"夭"。

0842 犺

北魏瞿曇般若流支譯《正法念處經》："教人護戒，堅固不缺。悉令清淨，不殺不盜。云何不殺？若見有地，多有衆生，爲持戒故，不自穿掘，不教人掘。若蠍若蟻，蝦蟆黄[1]犺，種種衆生，知此衆生所居之處，不自穿壞。"（T0721v17p0157a）本頁下注 1："犺＝鼬《三》。"

按：《可洪音義》卷十四《正法念處經》第二十七卷："黄狖，由秀反。"（v59p1068c）可洪作"狖"。"犺"與"鼬""狖"爲版本異文，"犺"即"狖"字之訛，"狖"又"鼬"之異構字。《説文·鼠部》："鼬，如鼠，赤黄而大，食鼠者。从鼠，由聲。"《集韻·宥韻》余救切："狖，《説文》：'鼠屬，善旋。'一曰禺屬。" 明張自烈《正字通·鼠部》："鼵，俗鼬字。""鼵"之右旁"穴"與"冗"形近。

0843 狨

唐宗密述《大方廣圓覺修多羅了義經略疏》："生靈之所以往來者，六道也。鬼神沈幽愁之苦，鳥獸懷獝狨之悲。脩多方瞋，諸天正樂，可以整心慮趣菩提，唯人道爲能耳。人而不爲，吾末如之何也已矣。"（T1795v39p0524a）

按："狨"即"狘"字之訛。《説文新附·犬部》："狘，獸走皃。"《禮記·禮運》："鳳以爲畜，故鳥不獝；麟以爲畜，故獸不狘。" 鄭玄注："獝、狘，飛、走之貌。""獝狘"即鳥獸奔走之貌。遼希麟集《續一切經音義》："鈇鉞，下袁厥反。……《説文》：'從金，[2]戉聲也。''戉'字從，音厥，從戈。《經》作'戊'，非也，音茂。"（T2129v54p0937a）本頁下注 2："戉＝戊《甲》*。""戊"即"戉"字之訛。"戉"或訛作"戊"，故"狘"或訛作"狨"。日本義堂周信語、中圓等編《義堂和尚語録》："鬼神鳥獸忘飢渴獝狨之憂，其功博矣大哉。"（T2556v80p0527a）"狨"亦"狘"字之訛。鄭賢章《漢文佛典疑難俗字彙釋與研究》"狨"字條："《改併五音類聚四聲篇海·犬部》引《搜真玉鏡》：'狨，音戌。'《字諨合璧·犬部》：'狨，犬也。'《漢語大字典·犬部》（1441）引之，無'狨'的用例。按：《三國遺事》卷三：'詔寬翞狨千丘惠，澤洽豚魚四海仁。莫嚉聖君輕下世，上方兜率正芳春。’（T49，p0988b）‘⿰犭羽⿰犭戍’，岳麓書社出版的《三國遺事》（譯注本）作‘⿰犭羽狘’。《禮記·禮運》：‘麟以爲畜，故獸不狘。’鄭玄注：‘狘，飛走之皃。’孔穎達疏：‘狘，驚走也。’《三國遺事》權錫煥、陳蒲清注：‘狘是獸驚跑的樣子。’‘⿰犭羽⿰犭戍’與‘豚魚’對舉，‘豚魚’爲名詞，‘⿰犭羽⿰犭戍’也應爲名詞，如從權錫煥、陳蒲清作‘⿰犭羽狘’，訓鳥驚飛、獸驚跑的樣子，於文法不合。我們懷疑‘⿰犭羽狘’乃‘⿰犭羽⿰犭戍’之訛，‘⿰犭戍’訓‘犬’，名詞，於文法合，似乎更爲可信。”（p179）又“⿰犭羽”字條：“根據文意，‘⿰犭羽⿰犭戍’與‘豚魚’對舉，‘⿰犭羽⿰犭戍’亦獸名。”（p180）兩條考證，結論皆不可從。今考“⿰犭羽狘”與“⿰犭羽⿰犭戍”皆“獝狘”之變。“獝狘”本出上揭《禮記·禮運》，兩字本單用，“獝”指鳥飛之貌，“狘”指獸走之貌。後兩字連用成詞，有兩義，一義泛指鳥獸之飛、走，一義指飛、走之鳥獸。南宋衛湜撰《禮記集說》卷五十八：“鳥獸之卵胎皆可俯而見，則以順之所感，而無獝狘之患故也。莊子言：至德之世，烏鵲之巢可攀援而窺，蓋謂是矣。修禮於外，所以達義於内；體信於人，所以達順於天。”北宋李昉等編《文苑英華·徐元弼〈靈囿賦〉》：“洽其至仁，使芻牧畢入，而獝狘皆馴。”前一例，“獝狘”即鳥飛獸走之義，後一例“獝狘”乃泛指鳥獸。《孔子家語·禮運》：“鳳以爲畜而鳥不⿰羽戉，麟以爲畜而獸不狘。”南宋魏仲舉編《五百家注昌黎文集·送文暢師北遊》：“當今聖政初，恩澤寬⿰羽戉狘。”“⿰羽戉狘”同“獝狘”。“獝”或作“⿰羽戉”者，“獝”或作“⿰羽矞”，蓋因“獝”爲鳥飛之貌，故改從羽。“獝”和“狘”連用受其影響字又從“戉”作“⿰羽戉”。高麗一然撰《三國遺事》“⿰犭羽⿰犭戍”乃“⿰羽戉狘”之訛，“詔寬⿰犭羽⿰犭戍”乃用韓愈“恩澤寬⿰羽戉狘”之意，“⿰犭羽”爲“⿰羽戉”字之訛，“⿰犭戍”爲“狘”字之訛。明朱孔陽輯《字韻合璧》訓“⿰犭戍”爲犬，乃據“⿰犭戍”從犬而臆斷，不可從。《漢語大字典》本之，乃沿《字韻合璧》之誤。鄭賢章進一步以“狘”爲“⿰犭戍”之訛，正誤顛倒矣。明曹學佺編《石倉歷代詩選·謝士元〈歸省不允情見乎辭〉》（四庫本）：“仁恩豈惟育狘⿰犭戌，亦見茁彼春田葭。”南宋陳思撰《書小史·傳六》（四庫本）：“郊坰羽獵，狘⿰犭戌奔騰。”南宋陳思撰《書苑菁華》（四庫本）：“郊烟羽獵，⿰羽戉⿰犭戌奔騰。”“狘”乃“⿰羽戉”字之訛，“⿰犭戌”又“狘”字之訛。

0844 㹸

唐菩提流志譯《一字佛頂輪王經》：“畫孫那利大明呪王：面目慈軟，左手執金剛杵，右手把蓮華目觀如來。是等菩薩身金色相，各以花冠瓔珞鐶釧，種種衣服莊采嚴飾，坐寶蓮華半跏趺坐。又金剛密跡主菩薩後，畫軍吒利金剛童子，畫金剛將童子，畫善臂金剛童子，畫姹[1]䣛馱縿迦金剛童子。是四童子，身艶赤色，各執金剛杵，顏貌熙怡，俱以花鬘寶瓔珞環釧，天妙衣服莊采嚴身，坐蓮華座半跏趺坐。”（T0951v19p0231a）本頁下注 1：“䣛 = 㹸《宋》，㹷《元》《明》

《甲》。”

按：“帗”“軷”“帓”皆“韨”字之訛。參0849“軷”字條。

0845 吠

東晉竺曇無蘭譯《五苦章句經》：“世間有樹，名優曇[49]鉢，但有實無有華，如來出世，乃有華耳，已得人身，六情完具，口辯才聰，壽命延長，遭值明人，發菩薩心，直信不還。”（T0741v17p0544）本頁下注49：“鉢＝吠《知》。”

按：“吠”與“鉢”爲版本異文，“吠”即“盋”字之訛。《説文新附·皿部》：“盋，盋器，盂屬。從皿，犮聲。或從金從本。”明張自烈《正字通·金部》：“鉢，《説文》本作‘盋’，今作‘鉢’，俗作‘缽’。”“盋”與“鉢”爲異構字。三國魏康僧鎧譯《佛説無量壽經》：“口氣香潔如優[26]鉢羅華。”（T0360v12p0269c）本頁下注26：“鉢，流布本作盋。”“優鉢羅”或作“優盋羅”。後秦佛陀耶舍、竺佛念譯《長阿含經》：“拘那含佛坐[10]烏暫婆羅門樹下，成最正覺。”（T0001v01p0002b）本頁下注10：“烏暫婆羅門＝優曇婆羅《三》～Udumbara。”“鉢”“盋”即“ba”的譯音字。字或作“吠”者，“吠”即“盋”字之訛，上下結構的“盋”寫作左右結構，“皿”旁訛作“罒”，“犮”旁訛作“犬”也。

0846 奇

日本信瑞纂《淨土三部經音義集》：“奇麗，《廣韻》云：奇，異也。古文作‘奇’，同，居宜反。”（T2207v57p0395a）

按：“奇”即“奇”字之訛，“可”訛作“司”。《廣韻》渠基切：“竒，異也。《説文》作‘奇’。又居宜切。”唐慧琳撰《一切經音義》：“奇特，上音其。《説文》：奇，異也。不偶曰奇。古文從大，從可、立，俗字也。”（T2128v54p0539a）《淨土三部經音義集》所引之《廣韻》“古文作‘奇’”當即指《廣韻》之“《説文》作‘奇’”，“奇”誤寫作“奇”，“可”旁誤作“司”旁也。所引《廣韻》字頭當作“竒”，誤作“奇”。

0847 狓

唐遁倫集撰《瑜伽論記》：“[3]拔法師有三釋：一云，前二身中雖有福分善等，以從多分皆名學無學業。故除前二，謂未發心前諸異生位一切業名俱非也。”（T18

28v42p0362c）本頁下注 3：“拔＝𤞘[1]《原》。”

按：“𤞘”與“拔”爲版本異文，“𤞘”即“拔”字之訛。同上經：“有三種發起纒隨眠無明者。拔法師云：纏是現起無明，隨眠是種子無明，發起即是發業不共無明，通前三種。”（T1828v42p0373c）字亦作“拔”。《可洪音義》卷二十三《陀羅尼雜集》第七卷：“犮羅，上音跋，正作拔。”（v60p290c）“犮”爲“拔”字之訛，“扌”旁訛作“犭”旁。《可洪音義》“拔”或寫作“抜”（v60p156c），右旁與“麦”形近，故“拔”或訛作“𤞘”。

0848 猴

唐怛多蘖多集《唐梵兩語雙對集》：“狼，嚕賀。豺，哩乞沙。狗，指怛囉。兔，始始迦。鼠，母流迦。麝，迦薩吐羅。犀，佉仰（上）。獐，迦里拏。猴，摩迦囉。䶂，指吒攞。”（T2136v54p1243a）

按：唐禮言集《梵語雜名》：“猴，麼迦羅，𑖦𑖎𑖨。”（T2135v54p1236c）與“猴”對應之字爲“猴”，“猴”即“猴”字之訛。隋闍那崛多譯《四童子三昧經》：“彼等菩薩，亦生彼已，即於剎那羅婆[4]牟侯多時，各各想己自身是佛。”（T0379v12p0936a）本頁下注 4：“牟侯＝牟侯《明》，浮侯《宮》。”“侯”乃“侯”字之訛，可比勘。

0849 𤞘

唐菩提流志譯《五佛頂三昧陀羅尼經》：“次如來頭印呪之三十三。准前幢印，改以印手捻頭頂上，印呪曰：娜莫三曼多勃陀南唵慕𤞘馱顭莎訶。是一印呪名如來頭印三摩地門。”（T0952v19p0278c）

按：此字《大正藏》多見。唐菩提流志譯《一字佛頂輪王經》：“是時釋迦牟尼如來仰觀頂上白傘蓋頂輪王，振佛神力欻變白傘蓋頂輪呪王色身，則説呪曰：娜莫縒曼䫨（一）勃馱南（二）唵（二合）𤙖（三）䫨詑誐㛷瑟膩（女利反）灑（踈價反，下同。四）㮃（烏可反，下同）曩（輕音）噂盧（引）枳䫨姥[27]𤞘（盧没反，下同）馱（五）唵（二合）𤙖（六）麼麼（七）虎（二合）𤙖溺（儞即反。八）。”（T0951v19p0227c）本頁下注 27：“𤞘＝軷《三》《甲》。”又：“又金剛密跡主菩薩後，畫軍吒利金剛童子，畫金剛將童子，畫善臂金剛童子，畫姥[1]𤞘馱㲠迦金剛童子。是四童子，身艴赤色，各執金剛杵，顏貌熙怡，俱以花鬘寶瓔珞環釧，天妙衣服莊采嚴身，坐蓮華座半跏趺坐。”（T0951v19p0231a）本頁下注 1：“𤞘＝軷《宋》，𢧜《元》《明》《甲》。”又：“頭指相拄印呪曰：娜謨皤（蒱餓反，下同）伽噂底（丁禮反。一）㩮跛（二合）囉底歌㛷（二）瑟膩灑野

（蘖可反，下同。三）唵（二合）𤙖（四）鞞詑誐（魚迦反，下同）姤（五）瑟膩灑（六）攘娜嚩路枳鞞（七）姥[18]勃馱（八）。"（T0951v19p0240b）本頁下注18："勃＝䶕（來没反）《元》，䶕（來没切）《明》《甲》。"又："准前高頂輪王印，唯改二頭指磔開直竪伸頭，各去中指頭一寸二分許，印呪曰：娜莫縒曼鞞（一）勃馱南（二）唵（二合）𤙖（三）鞞詑誐姤瑀瑟膩灑（四）攘娜嚩路（輕呼）枳鞞（五）姥[43]犻（同上）馱諦劭（儒照反，下同）囉始（六）。"（T0951v19p0240c）本頁下注43："犻＝䶕《明》《甲》。""䶕"與"犻""犻""犻""勃"爲版本異文，經中自注"來没反"。《五佛頂三昧陀羅尼經》："即説呪曰：那麽娑曼哆勃馱南唵怛他蘖都瑟昵沙阿（去）那嚩（去）盧抧哆姥𠺕（盧骨反）馱那唵（二）吽麽麽麽麽虎𤙖（二合）儞。"（T0952v19p0265c）"𠺕"同"䶕"，經中自注"盧骨反"。唐菩提流志譯《金剛光焰止風雨陀羅尼經》："那麽室者咄犾（盧骨反）諵（尼感反。五句）。"（T1027Av19p0732a）同上經："止猝風雷雹暴雨真言曰：吒吒囉吒囉（一）抧理抧理（二）皤囉皤囉皤囉（三）弭理弭理（四）者者者者（五）底瑟詑僧犻（盧骨切）度斯（六）莎嚩訶（七）。"（T1027Bv19p0735c）又："禁禦毒龍真言：度度度度（一）摩訶度度邏曳（二）莎嚩訶（三）嚕嚕犻度斯曝半娜誐（四）縒嚩跢縒迷伽（五）娑嚩哩灑（六）縒蜜窋娑蘖喇惹（七）娑阿捨膞（八）縒塞（蘇得切）養（九）嚩攞皤歌娜（十）娑那誐建養（十一）莎嚩訶（十二）。"（T1027B v19p0735c）林光明《新編大藏全咒》卷六《金剛光焰止風雨陀羅尼經》"止猝風雷雹暴雨真言"中"犻"的梵文羅馬轉寫作"ro"（v6p13），"禁禦毒龍真言"中"犻"的梵文羅馬轉寫作"hu"（v6p14）。"䶕"即"犻"之訛字。《龍龕手鑑·犬部》："犻、䶕，二俗；犻，正，勒没反。~，篇［箭］射也。"（p320）《廣韻·没韻》勒没切："犻，箭射。"《集韻·没韻》勒没切："犻、犻，箭䠶之矢謂之犻，或作犻。""犻""䶕""犻""犻""犻""犻"皆一字之變，《龍龕》"箭射"之訓當本《廣韻》。據"箭射"之訓，本字當作"犻"，乃從支市聲的形聲字，其他字形都可以看作"犻"形之訛，其路徑大致可歸納爲：

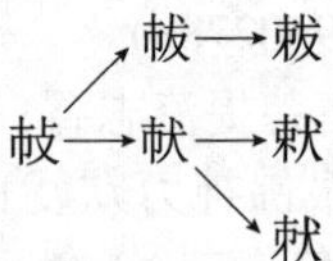

這只是粗略的示意圖，因爲上述字形只是"犻"字書寫變異的部分字形，全面的描寫還有賴於相關字形的全面搜集與整理。

0850 狍

唐窺基撰《妙法蓮華經玄贊》："經：'復見諸菩薩'至'行菩薩道'。贊曰：

此菩薩也，因緣者是所以義，謂爲求出生死速證佛果成就衆生，爲此因緣修菩薩道；或爲嚴淨佛土成就衆生修菩提分行菩薩道；或爲修四攝六度行菩薩道，如是等種種。所以信解者信而且解，住地前位未得聖果相貌者三業相儀行菩薩道。貌，儀也。應爲‘貌’字，‘狍’‘猊’皆非。”（T1723v34p0681c）

按：經中明言“狍”“猊”皆“貌”字之訛。《説文・皃部》：“皃，頌儀也。从人，白象人面形。貌，皃或从頁。貌，籀文皃从豹省。”此字本義爲容貌，“皃”爲象形字，“貌”爲加聲旁之累增字。唐顏元孫《干禄字書》：“皀、皃、貌，上俗、中通、下正。”“皀”爲“皃”之書寫變異。“貌”之左旁“豸”作“犭”，右旁“皃”用俗體“皀”即成“狍”字。“貌”所從之“豸”本爲聲旁“豹”之省，書寫過程中變作“犭”蓋由“豸”與“犭”作形旁時常可互換，此亦書寫變異不從構形原理而變之例。《龍龕・犬部》：“猊、狍、䝞、狠，四俗。音皃，義同也。”（p319）已溝通“狍”與“皃”之關係。參1510“皀”字條。

“猊”乃“貌”左旁“豸”變作“犭”，右旁“皃”訛作“兒”而成。

0851 㹳

唐道宣撰《廣弘明集》：“懺禮裁畢，而正殿十方大像忽放光明，起自毫間，遍於萬字左右，靈相炳發，金儀炫耀。俄而左邊十方菩薩像續復放光，起右[9]㹳下，達于肩上。聖御躬自虔禮，大衆咸所觀瞻。故知現此面門證明義旨。”（T2103v52p0237a）本頁下注9：“㹳=腋《三》。”

按：“㹳”與“腋”爲版本異文，“㹳”即“腋”字異體“掖”字之訛。《説文・手部》：“掖，以手持人臂投地也。从手，夜聲。一曰臂下也。”清王筠《説文句讀》：“此謂‘掖’爲‘亦’之絫增字也。《左傳正義》云：‘掖，本持臂之名，遂謂臂下脅上爲掖。是因名轉而相生也。’……俗作腋。”“腋下”義本以“掖”字記録，後作“腋”。“掖”或作“㹳”者，“扌”旁訛作“犭”旁也。

0852 豯

唐菩提流志譯《文殊師利寶藏陀羅尼經》：“次説觀世音菩薩陀羅尼曰：南謨（上聲）痾（去聲）哩夜嚩路枳諦濕嚩囉（引）野菩地薩怛嚩（引）野怛儞他（去聲）伽（輕呼，下同）伽囊豯伽伽囊（上聲）糝謨（上聲）椙虁諦伽伽囊（上聲）微訖嚩多微訖嚩多噎爾袂爾波若袂爾莎訶。”（T1185Bv20p0799a）

按：“豯”即“豸”字之訛，“豸”又“豸”之增旁字。《可洪音義》卷九《文殊師利寶藏陁羅尼經》：“囊豯，直買、直尒二反，下方本作囊滯。”（v59p882c）可洪作“豯”。《玉篇・犬部》：“豸，直買切。又音稚。俗豸字。”

(p337)《豸部》:“豸，直爾切。無足屬。又獸之長豸豸然也。”(p342) 可洪釋“𤞞”與《玉篇》注“豸”與“豸”的反切同,“𤞞”即“豸”字之訛。

0853 猔

北涼曇無讖譯《大方等大集經》:“唯戒及施不放逸，今世後世爲[1]伴侶。”(T0397v13p0109a) 本頁下注1:“伴=猔《宫》。”

按:“猔”與“伴”爲版本異文,“猔”即“獠”字之訛，文中乃“僚”之借字。“僚侶”與“伴侶”義近,“僚”與“伴”爲義近互換。《可洪音義》卷六《文殊師利普超三昧經》中卷:“羣獠，力條反。正作‘僚’。”(v59p755b) 西晋竺法護譯《文殊支利普超三昧經》:“若在獨處聽省國事處群僚上。”(T0627v15p0415a)“獠”即“僚”之借字。

0854 猛

失譯《阿吒婆拘鬼神大將上佛陀羅尼經》:“爾時佛告一切大衆：今我有心印，名曰‘過去未來現在諸佛心神印’‘然除衆生疾病若厄移山住流滅火竭海印’。在林間草木花葉滋茂，崩山迷荒惡鬼，若持印入疾病處，一切衆病悉皆消滅無餘。佛不妄言，我今爲汝説神印。如是佛告四衆等，若持此印人，入火不燒，入水不溺，入山不畏虎狼師子。若比丘破戒猛者，以牛黄塗印印竹膜上，呑之滿十萬枚，而獲一地二地，一切衆罪悉滅。”(T1238v21p0184b)

按:“猛”即“猛”字之訛。北涼沮渠京聲譯《治禪病祕要法》:“犯突吉羅乃至波羅夷，猶如醉象，不避好惡，不識諸方，蹈壞一切諸善好物，四衆亦爾，蹈破淨戒青蓮花池。破戒猛盛，猶如狂狗，見人見木，乃至鳥獸，隨逐齧之。”(T0620v15p0336c)“破戒猛盛”與“破戒猛者”義近似。“猛”字從“孟”,“孟”或寫作“益”(見《可洪音義》v60p511a)、“益”(見《可洪音義》v60p457a) 等形，故“猛”或訛作“猛”。南朝梁僧祐撰《出三藏記集》:“河南洛陽[1]孟福、張蓮筆受。”(T2145v55p0096a) 本頁下注1:“孟=益《宋》。”唐道宣撰《續高僧傳》:“釋智顗，字德安，姓陳氏，潁川人也。有晋遷都，寓居荆州之華容焉，即梁散騎[3]孟陽公起祖之第二子也。”(T2060v50p0564a) 本頁下注3:“孟=益《元》《明》《宫》。”唐圓照撰《貞元新定釋教目録》:“以此二經，是淨土之洪因，轉鄣之祕術，故沈吟嗟味，流通宋國。平昌[25]孟顗，承風欽敬，資給豐厚。”(T2157v55p0820c) 本頁下注25:“孟=盖《聖》。”第一例“益”爲“孟”字之訛，第二例“孟”爲“益”字之訛，第三例“盖”爲“孟”字之訛，皆可比勘。

0855 黻

北涼沮渠京聲譯《佛説諫王經》："如人夢見殿舍好園樹木花果池水流泉，遊戲其中快樂無極；寤則霍然莫知所在。覩世所有皆如人夢。王寧見樹有華果，華果不能常著樹，青青之葉會有萎落；天冠巾幘黼[1]黻名服不能常好；流水不能常滿；放火曠野火盛焰赫不久則滅；暴風疾雨雷電霹靂，斯臾之間霍然不見；日欲出時星無精光；日之盛明照於天下不久則冥。世間無常亦復如是。"（T0514v14p0786a）本頁下注1："黻＝黻《聖》。"

按："黻"與"黻"爲版本異文，"黻"即"黻"字之訛。《説文·黹部》："黻，黑與青相次文。"《偏類碑别字·黹部》"黻"字條引《唐兖州瑕丘縣丞馬君夫人董氏墓誌》作"𪓌"。"犮"與"犬"常因形近而混誤，如，"突"作"㚢"，"伏"作"伐"，"默"作"黩"，皆"犬"旁訛作"犮"旁之例證。唐慧琳撰《一切經音義》："冠衮，姑本反。《爾疋》：'衮，黻也。'郭璞曰：'衮，衣有黻文也。玄，衣而書以龍者也。'《經》文作'𧚑'，非也。黻音甫勿反。"（T2128v54p0785a）"黻"亦"黻"字之訛。

0856 㹸

唐法全集《供養護世八天法》："燈明真言曰，右羽爲拳竪，火輪空押風捻火中節：曩莫三滿多没馱喃怛他（引）蘖多（引）囉晧（二合）娑叵（二合）囉儜嚩婆（引）娑曩誐誐㹸那哩也（二合）娑嚩（二合）賀。"（T1295v21p0381a）

按："㹸"即"猱"字之訛。唐不空譯《成就妙法蓮華經王瑜伽觀智儀軌》："次結供養燈明印。右手爲拳，直竪中指，即成真言曰：曩莫三滿多没馱南怛他蘖多旨薩頗（二合）囉儜嚩婆（去）娑曩誐誐猱娜哩也（二合）娑嚩（二合）（引）訶（引）。"（T1000v19p0600b）與"㹸"對應之字作"猱"。日本淨嚴撰《悉曇三密鈔》："𑖡𑖺，猱（日經）、惱。"（T2710v84p0745a）"猱"爲"𑖡𑖺（nau）"之譯音字。"猱"之右上本從"矛"，俗書"矛"與"弟"形近，故"猱"或訛作"㹸"。唐地婆訶羅譯《大乘密嚴經》："或見身羸瘦，弊服寢[3]茅中。"（T0681v16p0730a）本頁下注3："茅＝第《宋》《宮》。"唐不空譯《十一面觀自在菩薩心密言念誦儀軌經》："次用請毘紐天密言，加持[80]茅爲環，安爐右。"（T1069v20p0147c）本頁下注80："茅＝第《甲》。""第"皆"茅"字之訛，可資比勘。

0857 ⿰犭越

日本無隱道費撰《心學典論》："夫平原高阜，⿰犭我者⿰犭越者，雌雄牝牡，褎狎不別。"（T2602v82p0675c）

按："⿰犭越"即"狘"之改換聲符的異構字。"⿰犭我者⿰犭越者"，乃飛禽走獸之代稱。《説文新附·犬部》："狘，獸走皃。"《禮記·禮運》："何謂四靈？麟、鳳、龜、龍謂之四靈，龍以爲畜，故魚鮪不淰；鳳以爲畜，故鳥不獝；麟以爲畜，故獸不狘；龜以爲畜，故人情不失。"鄭玄注："獝、狘，飛、走之貌也。""狘"爲走獸驚走之貌，"狘者"字面意義爲驚走之獸，文中泛指走獸。疑"⿰犭我"爲"⿰犭飛"字之訛。參0843"⿰犭我"字條。

0858 ⿰犭鳥

唐窺基撰《瑜伽師地論略纂》："雜心説十二：屠羊、養豚、養鷄、捕魚、捕鳥、獵師、作賊、魁膾、守獄、呪龍、伺⿰犭鳥、屠犬。"（T1829v43p0052a）

按："⿰犭鳥"即"獵"字之訛。唐窺基撰《妙法蓮華經玄贊》："雜心有十二，謂屠羊、養鷄、養猪、捕魚、捕鳥、獵師、作賊、魁膾、守獄、呪龍、屠犬、伺獵。"（T1723v34p0821a）法救造、南朝宋僧伽跋摩譯《雜阿毘曇心論》："問：'何等住不律儀？'答：'十二種住不律儀，所謂屠羊、養雞、養猪、捕鳥、捕魚、獵師、作賊、魁膾、守獄、呪龍、屠犬、司獵。……司獵者，王家獵主。"（T1552v28p0890b）唐智儼集《華嚴經内章門等雜孔目章》："十二惡律儀，謂屠羊、養鷄、養猪、捕鳥、捕魚、獵師、作賊、魁鱠、守獄、呪龍、屠犬、飼獦。"（T1870v45p0573a）與"⿰犭鳥"對應之字爲"獵"或"獦"。"獦"乃"獵"之書寫變異。"臘"或寫作"⿰月曷"（見《可洪音義》v60p104a）、"⿰月曷"（見《可洪音義》v59p636c）、"⿰月𦐇"（見《可洪音義》v59p686a）、"臈"（見《可洪音義》v59p1012a）；"鑞"或寫作"⿰金曷"（見《可洪音義》v60p40b）、"⿰金曷"（見《可洪音義》v60p41b）、"⿰金𦐇"（見《可洪音義》v60p41b）、"⿰金葛"（見《可洪音義》v59p688a），上述"臘""鑞"兩字書寫變異過程如下：

臘：⿰月曷→⿰月曷→⿰月𦐇→臈

鑞：⿰金曷→⿰金曷→⿰金𦐇→⿰金葛

此蓋由草書轉寫爲楷書所致，最終導致"巤"與"葛"旁的互換關係的形成。《廣韻·盍韻》盧盍切："臘，臘蜡。臈，俗。""蠟，蜜蠟。⿰虫葛，俗。"《集韻·葉韻》力涉切："擸、⿰扌葛，《説文》：'理持也。'或作⿰扌葛。""躐、⿰足葛，踐也。或作躐。”“鬣、鬛、䶂，《説文》：‘髮鬣鬣也。’或作鬛、䶂。”又《盍韻》盧盍切：“鑞、鑺，錫也。或作鑺。”“皺、皺，皺皺，皮皃。或作皺。”“齜、齜，噍聲。或作齜。”“纈、縭，纈颯，紛雜皃。或作縭。”“攋、擖，折也。或作擖。”“臘”“蠟”“攋”“躐”“鬣”“鑞”“皺”“齜”“纈”，或作“臈”“蝎”“擖”“蹋”“鬛”“鑺”“皺”“齜”“縭”，皆其例。參 2144“鬣”字條。

“獵”或寫作“猲”（見《可洪音義》v59p605b），因又訛作“獦”。唐慧琳撰《一切經音義》卷九十《高僧傳》第十三卷：“畋獵，下廉輒反。鄭箋《毛詩》云：‘宵畋爲獵。’賈注《國語》云：‘獵，取也。’《説文》：‘放獵駈逐禽獸使不害苗所獵得者以享薦宗廟。從犬，巤聲也。’《傳》文從山從鳥作‘獦’，不成字，非也。”（T2128v54p0881）《可洪音義》卷十《大智度論》第十三卷：“獦人，上力涉反。”（v59p909b）　“獦”皆“獵”字之訛。“獵”或寫作“獦”（《可洪音義》v59p719c），因又訛作“獦”，其變異過程如下：

獵→猲→獦→獦

張涌泉《敦煌俗字研究》（第 2 版）亦有考證（p497-498），可參看。

0859 獯

唐輸波迦羅譯《蘇婆呼童子請問經》：“既不順意，臥而不睡，欲作邪行，竟夜不眠。設若得睡，夢見大虫、師子、虎、狼、猪、狗所趁；駝驢、猫兒及鬼野干，鷲鳥、鷺鴛及獯胡。”（T0895v18p0738c）

按：唐慧琳撰《一切經音義》：“獯狐，上許云反，下音胡。怪鳥也。”（T2128v54p0854a）遼希麟集《續一切經音義》：“獯狐，准《律》文，合作‘鶗鶘’二字，上音勳，下音胡。《集訓》云：‘鶗鶘，鵂鶹，怪鳥也，形如土梟，晝伏夜出，好食虵鼠也。’今作獯，即獯鬻，匈奴別名也。作狐，即鬼所乘獸也。《律》次下文云或作野狐頭是。”（T2129v54p0972a）唐慧琳撰《一切經音義》：“訓狐，關西呼爲訓侯，山東謂之訓狐，即鴸鵁也，亦名鉤格，晝伏夜行，鳴有恠。《經文》作‘薰胡’，非體也。”（T2128v54p0412b）字作“獯狐”“鶗鶘”“訓狐”“薰胡”等，“獯”當即在“薰”的基礎上，又受“獯”的影響加“犭”旁而成。“獯”本爲“獯鬻”之“獯”，作鳥名時爲假借，“獯”可以理解爲“獯”之異構字，但在“獯鬻”的用法上未見用例。

歹　部

0860 ⿰歹支

北宋法天譯《妙法聖念處經》："若復有人，破僧和合，殺阿羅漢，出佛身血，此罪最重，獲報無間，受苦相續，殘害怖畏，治罰恒時，思惟方便，無暫止息，鐵毒火炬，苦⿰歹支無窮，非法纏縛，破壞恐怖，恒常無斷。"（T0722v17p0423c）

按："⿰歹支"即"⿰歹攴"字之訛，"⿰歹攴"又"攷"字之訛，"苦攷無窮"謂苦苦拷打無有窮盡之義。《龍龕手鑑·歹部》："⿰歹攴，音考。⿰歹攴打。""⿰歹攴"即"攷"字之訛。南宋婁機《漢隸字源·勁韻》"政"下引《周憬功勳銘》作"⿰正支"，林宏元主編《中國書法大字典·支部》"敲"下引宋米芾《蜀素帖》作"⿰高支"（p684），"攴"旁皆訛作"支"旁，故"⿰歹攴"或訛作"⿰歹支"。鄭賢章《漢文佛典疑難俗字彙釋與研究》"⿰歹攴"字條（p183）已有考證，然未及此例，故補之。

0861 ⿰歹申

北魏曇鸞註解《無量壽經優波提舍願生偈注》："佛本何故興此願，見有國土，或探巢破[9]卵爲饛（盛食滿貌。亡公反）饒（飽也，多也。人消反）之膳，或懸沙指㑗爲相慰之方，嗚呼，諸子實可痛心。"（T1819v40p0830b）本頁下注9："卵＝⿰歹申《原》。"

按："⿰歹申"與"卵"爲版本異文，"⿰歹申"即"卵"字之訛。"探巢破卵"文獻多見，"卵"或作"⿰歹申"者，乃書寫之訛。唐法藏述《華嚴經探玄記》："《阿含經》云：劫初成時，光音天來海中洗浴，水觸其身，失精在水，遂成肉卵，經八千歲乃生一女。身若須彌，有九百九十九頭，頭有千眼，有九百九十九口，口有四牙，牙上出火，猶如霹靂，二十四手，九百九十九脚。在海浮戲水，精入身，生一肉[2]卵，經八千歲生毘摩質多。身有九頭，頭有千眼，口中出水，有九百九十九手，有其八脚。"（T1733v35p0135a）本頁下注2："卵＝⿰歹卩《甲》。"日本湛慧撰《阿毘達磨俱舍論指要鈔》："此女辯才智慧，後嫁舍衛國梨耆彌大臣第七兒爲婦。波斯匿王聞其智辯，即拜爲王妹。後生三十二[50]卵，*卵名［各］出一兒，顔貌端嚴，勇健無雙，一人之力能敵千夫。"（T2250v63p0881c）本頁下注50：

“卵=神《甲》*。”“⿰歹卯”“神”皆“卵”之訛。“⿰歹申”與“⿰歹卯”“神”形近，可比勘。參0591“⿰歹卯”字條。鄭賢章《漢文佛典疑難俗字彙釋與研究》“⿰歹申”字條（p184）已有考證，可互參。

0862 ⿰歹雩

唐輪婆迦羅譯《攝大毘盧遮那成佛神變加持經入蓮華胎藏海會悲生曼荼攞廣大念誦儀軌供養方便會》：“（一）蘖羅（二合）係濕鞢（二合）哩也（二合。二）鉢囉（二合）波多（二合）[42]孺（儒注反）底麽野（三）娑嚩（二合）賀。”（T0850v18p0080c）本頁下注42：“孺儒注=⿰歹雩濡《甲》。”

按：“⿰歹雩”與“孺”爲版本異文，“⿰歹雩”即“孺”之異寫字“⿰子雩”之訛。參0864“⿰歹雩”字條。

0863 ⿰歹系

唐不空譯《蕤呬耶經》：“金剛鉤尊，金剛拳尊，[4]遜婆明王，軍荼利忿怒尊。”（T0897v18p0766a）本頁下注4：“遜字蘗本作⿰歹系。”

按：“⿰歹系”與“遜”爲版本異文，“⿰歹系”即“孫”字之訛。同上經：“當用[17]遜婆明王真言手印。”（T0897v18p0769b）本頁下注17：“遜字蘗本作孫。”與“⿰歹系”對應之字作“孫”。“遜婆”與“孫婆”爲同一梵文的不同譯音形式。手寫體“子”與“歹”形或近，黄征《敦煌俗字典》“愻”字下引S. 800《論語》作“[illegible]”（p470），林宏元主編《中國書法大字典・子部》“孫”下引唐顏真卿《建中告身貼》作“[illegible]”（p380），均與“⿰歹系”較近。

0864 ⿰歹雩

日本淳祐集《悉曇集記》：“𑖕𑖿𑖗，攘⿰歹雩。[illegible]，枳攘。𑖕𑖿𑖗，若拏。”（T2705v84p0494b）

按：“⿰歹雩”即“孺”之異寫字“⿰子雩”之訛。“攘⿰歹雩”爲“𑖕𑖿𑖗（jña）”的譯音字。日本淨嚴撰《悉曇三密鈔》：“𑖗𑖲，儒、孺。”（T2710v84p0743b）“孺”可作“𑖗𑖲（ñu）”的譯音字。唐輪婆迦羅譯《攝大毘盧遮那成佛神變加持經入蓮華胎藏海會悲生曼荼攞廣大念誦儀軌供養方便會》：“（一）蘖羅（二合）係濕鞢（二合）哩也（二合。二）鉢囉（二合）波多（二合）[42]孺（儒注反）底麽野（三）

娑嚩（二合）賀。”（T0850v18p0080c）本頁下注 42：“孺儒注＝⿰歹马濡《甲》。”“⿰歹马”與“⿰歹马”形近。

日本覺超撰《胎藏三密抄》：“曩莫三滿多没馱喃（引）蘖羅（二合）醯嚩（二合）哩也（二合）鉢囉（二合）鉢多（二合。二）⿰歹马底摩野（二）娑嚩（二合）賀（引。《攝軌》“⿰歹马”字注儒住反）。”（T2398v75p0619a）“⿰歹马”亦“孺”字之訛。

0865 ⿱歹乑

日本觀靜撰《孔雀經音義》：“甲即成一[55]□□□。”（T2244v61p0802b）本頁下注 55：“□□□＝⿱歹乑白骨《乙》《丁》。”

按：此段文字亦見於《太平御覽·資産部》，與“⿱歹乑”對應之字作“聚”，“⿱歹乑”即“聚”之訛。文中用作量詞，與“具”義同。

0866 ⿰歹男

唐一行記《大毘盧遮那成佛經疏》：“三昧耶偈（梵本）：阿儞也（二合）鉢囉（二合）勃哩（二合）㖿（從今以後）諦嚩瑳（作佛子也）阿秕貳尾哆（不惜命也）迦羅儜多（半聲。故也）阿鉢㘑（不應也）㖿夜（二合）⿰歹男係（捨也）薩達摸（正法也）菩提質哆（菩提心也）沫怛鉢囉（捨離也。一偈）。”（T1796v39p0670c）

按：“⿰歹男”即“孺”之異寫字“⿰子焉”之訛。《卍續藏》唐一行述記《大日經義釋》卷六《三昧耶偈》與“⿰歹男係”對應之字作“縛係”（X0438v23p0369a），“縛”下校勘記云：“‘縛’一作‘孺’。”日本仁海撰《小野六帖》“㖿夜（二合）⿰歹男係”對應梵文作“[illegible]”（T2473v78p0081c）。日本淨嚴撰《悉曇三密鈔》：“[illegible]，殊（日經）、樹、乳、孺（日經）、儒（金軌）、濡。”（T2710v84p0743a）根據對音關係，正字當作“孺”，爲“[illegible]（ju）”的譯音字。

0867 ⿰歹真

唐圓照撰《貞元新定釋教目録》：“《⿰歹真衆德本經》一卷，西晋三藏竺法護譯。”（T2157v55p0967b）

按：“⿰歹真”即“殖”字之訛。諸佛經目録皆著録作《殖衆德本經》。唐慧琳撰《一切經音義》："殖衆，上時力反。《蒼頡篇》：'種也。'《廣雅》：'積也。立也。'"（T2128v54p0482c）正字作"殖"。字或作"殝"者，"直"旁訛作"真"旁也，《可洪音義》卷二十三"值群"作"傎"（v60p299c），又卷二十六"閒植"作"槙"（v60p407c），均是其例，可比勘。

0868 殞

隋灌頂撰《觀心論疏》："特是行人涉事修六根懺，爲悟入[6]弄引故名有相。"（T1921v46p0603a）本頁下注6："弄引=哢殞《甲》。"

按："殞"與"引"爲版本異文，"殞"即"胤"字之訛，"胤"通"引"。唐湛然述《法華玄義釋籤》："次序品意者，凡爲序者作正弄引。覩引知正，應不徒施，以正宗中譚實相因果故也。"（T1717v33p0890b）隋智顗説《妙法蓮華經文句》："序者訓庠序，謂階位賓主問答悉庠序也，經家從義謂次由述也。如是等五事冠於經首，次序也；放光六瑞起發之端，由序也；問答釋疑正説[8]弄引，叙述也，具此三義，故稱爲序。"（T1718v34p0001b）本頁下注8："弄引 = 壽胤《甲》。""弄引"佛經習見，蓋指序論部分簡要概述的部分。南朝梁劉勰撰《文心雕龍·雜文》："詳夫漢來雜文，名號多品，或典誥誓問，或覽略篇章，或曲操弄引，或吟諷謡詠，總括其名，並歸雜文之區，甄别其義，各入討論之域，類聚有貫，故不曲述。""弄引"本爲文體名。

佛經中"引"或作"胤"，北宋延壽集《宗鏡録》："以自然訓物，作入理[5]咔胤，此其德也。"（T2016v48p0685c）本頁下注5："咔胤 = 咔引《元》，弄引《明》。"北宋道原纂《景德傳燈録》："不異之旨即理，無差之理即宗，旨一而二名，言觀明其弄胤耳。"（T2076v51p0242b）《文選·馬融〈長笛賦〉》："乃相與集乎其庭，詳觀夫曲胤之繁會叢雜，何其富也。"李善注："胤，亦曲也。字或爲引。"此種用法亦見於中土文獻。

西晉竺法護譯《正法華經》第三卷："吾以耄矣，以情相告，便時納娶，嬉遊飲食，以康祚胤。"（T0263v09p0080c）"胤"，《嘉興藏》作"胤"，音釋："胤，羊晉切，子孫相承續也。"金韓孝彦、韓道昭《四聲篇海·彳部》（明刊本）："𧗿，羊刃切，繼也。""胤"或作"胤""𧗿"，"殞"即"胤""𧗿"之形訛。

《漢語大字典》："胤，同'胤'。《篇海類編·人物類·人部》：'胤，子孫相承續也。本作胤。'"（二p222b）"胤"，有書證，無例證，可補佛經例證。

鄭賢章《漢文佛典疑難俗字彙釋與研究》"殞"字條："'殞'，大型字典失收，疑即'引'字。'引''殞'同韻，在《廣韻》中屬'軫韻'。'殞'爲'引'的新造俗字，從匕，殞聲……亦有可能是'胤'字之訛。"（p51）前説誤，後所疑是。

0869 殗

唐元康撰《肇論疏》:“客有歌於郢中者，其始曰《下里》《巴人》，國中屬而和者數千人；其爲《陽阿》《[1]薤露》，國中屬而和者數百人；其爲《陽春》《白雪》，國中屬而和者數十人。”(T1859v45p0183a) 本頁下注 1:“薤 = 殗《聖》。”

按：“殗”與“薤”爲版本異文，“殗”即“薤”之書寫變異。此段文字出自宋玉《對楚王問》，字本作“薤”，“薤露”爲古樂曲名。考諸字形，秦公《碑別字新編・十七畫》“薤”字條引《魏公孫略墓誌》作“𩐁”(p392)，秦公《廣碑別字・十七畫》“薤”字條引《唐仇道及夫人袁氏墓誌》作“𩐁”，又引《唐太原王乾福墓誌》作“𩐁”(p647)。南宋戴侗《六書故・植物二》:“𩐁，下介切。葷菜也，似韭而葉大。別作薤。”“殗”字是由“𩐁”類形體將“歹”左移而成。

0870 殦

唐法全撰《大毘盧遮那成佛神變加持經蓮華胎藏悲生曼茶羅廣大成就儀軌供養方便會》:“一切執曜真言曰：歸命（一）薩囉（二合）醯濕鞢（二合）㗚耶（二合）鉢囉（引，二合）鉢多（二合。二）殦底（丁以反）囉磨耶（三）娑嚩（二合）賀（引）。”(T0852v18p0141b)

按：“殦”即“孺”之異寫字“㝋”之訛。唐善無畏、一行譯《大毘盧遮那成佛神變加持經》:“如前以定慧手相合並虛空輪而建立之，是一切執曜印。真言曰：南麼三曼多勃馱喃（一）蘗囉（二合）醯濕鞢（二合）㗚耶（二合）鉢囉（引，二合）鉢多（二合。二）[4]孺底（丁以反）麽耶（三）莎訶（四）。”(T0848v18p0030a) 本頁下注 4:“孺 = 㝋《宋》。”與“殦”對應之字作“孺”，異文作“㝋”，“㝋”爲“孺”之異寫，“殦”爲“㝋”類形體之進一步寫訛。參 0690“㝋”字條。

0871 殫

明袾宏輯《禪關策進》:“道安大師，獨坐靜室十有二年，殫精搆思，乃得神悟。評曰：此老竭精思，乃得神悟，不是一味靜坐便了。”(T2024v48p1105a)

按：“殫”即“覃”字之訛。唐道宣撰《廣弘明集》:“有沙門常山衛道安，性聰敏，日誦萬餘言，研求幽旨。慨無師匠，獨坐靜室十有二年，覃思搆精，神悟妙賾。”（T2103v52p0101c）又杜斗城《正史佛教資料類編》之《魏書・釋老志》有云：“後有沙門常山衛道安性聰敏，日誦經萬餘言，研求幽旨。慨無師匠，獨坐靜室十二年，覃思構精，神悟妙賾。”（p4）“殫精搆思”皆作“覃思搆精”。“覃思”文獻習見，即深思之義，“覃精”謂深入鑽研，兩者意亦相近。字或加“歹”作“殫”者，蓋受“殫”字影響所致。“殫精竭慮”“殫精極慮”“殫思極慮”文獻皆習見，其中“殫”皆竭盡之義，“覃”乃深入之義，兩者義本不同。

考《大正藏》“覃思”凡53見，最常見的搭配是“研精覃思”，“覃”與“精”義近，皆精深之義。“殫”凡193見，但未見“殫思”的用例。明宗泐、如玘注《楞伽阿跋多羅寶經註解》：“於是竭誠殫慮，註釋《心經》《金剛》二典。”（T1789v39p0343b）“殫慮”唯此一見，與“竭”相對，亦竭盡之義。

0872 殦

唐慧琳撰《一切經音義》卷十一《大寶積經》第四卷：“枯槁，苦浩反。《説文》云：‘木枯也。乾也。’或作‘殦’‘薧’，並同也。”（T2128v54p0374a）

按：“殦”即“殦”“槁”之異構字。《廣雅・釋詁》：“殦，乾也。”《龍龕・木部》：“槁，音考。木枯乾也。或作‘薧’‘殦’，二仝。”明張自烈《正字通・歹部》：“殦，與‘槁’通。”唐玄應撰《一切經音義》（麗藏本）卷五《諸德福田經》：“枯槀，古文‘殦’，同，苦道反。《字林》：‘木枯也。’”（p76c）唐慧琳撰《一切經音義》：“枯槀，古文‘殦’，同，苦道反。《字林》：‘木枯也。’”（T2128v54p0536b）西晋法立、法炬譯《佛説諸德福田經》：“慈澤潤枯槁，德勳濟苦患。”（T0683v16p0777c）《玄應音義》作“殦”，《慧琳音義》作“殦”，《大正藏》經之原文作“槁”，乃三字異體之確證。

又，北魏菩提金剛譯《大毘盧遮那佛説要略念誦經》：“爾時此處起於猛焰，誦此明曰：娜麼三曼多勃馱難（一）摩訶嚩羅禨底（二）捺捨嚩羅（三）帝殦捺婆（二合）味（四）摩訶昧底哩也（二合。五）拔庾（二合）捺蘗（二合）帝莎訶。”（T0849v18p0059b）疑“殦”亦同“殦”。

0873 殧

西晋竺法護譯《賢劫經》：“寶英氏，決狐疑，師子顧，至安隱，號柔[46]殧，善脅佛。”（T0425v14p0046c）本頁下注46：“殧＝軟《三》《宫》。”

按：《嘉興藏》作“輭”。“殧”與“軟”“輭”爲版本異文，“殧”即“孺”之異寫字“㜽”之訛。佛經“柔濡”習見，與“柔軟”同義。佛經“孺”字多用作童幼之義，或用作專名、譯音字等，未見用作柔軟義者，疑爲用字或刻寫之偶誤作“孺”。“孺”或寫作“殐”，因又訛作“殐”（見《可洪音義》v59p873b），“殐”即“殐”類形體進一步訛誤。

0874 殲

日本静然撰《行林抄》：“若從一法界門，即摧障不盡。今從一切法界門，是故殲滅無遺。”（T2409v76p0202c）

按：“殲”即“殄”字之訛。《卍續藏》唐一行述記《大日經義釋》：“若從一法界門，則摧障不盡。今從一切法界門，是故殄滅無遺。”（X0438v23p0382c）與“殲”對應之字即“殄”字。殄滅，文獻習見。“殄”隸書或作“殄”“殄”（見清顧藹吉《隸辨》），《龍龕·歹部》：“殄，俗；殄，正。”文獻中“殄”爲“殄”通行的俗體。“殄”之右旁與“爾”通用字（“尒”）同形，故“殄”或作“殲”，“殲”乃“殄”之錯誤轉寫形。佚名《金剛頂普賢瑜伽大教王經大樂不空金剛薩埵一切時方成就儀》：“[2]殲除一切障，獲諸樂悦意。”（T1121v20p0521b）本頁下注 2：“殲=殄《原》。”使“殲”得爲“殄”字之訛，“㐱”訛作“爾”旁，“歹”旁又訛作“弓”旁也。《可洪音義》卷五《合部金光明經》第三卷：“弥斗，上田典反。正作‘殄’。《最勝王經》作‘甸都’。”（v59p723a）隋寶貴合《合部金光明經》：“[43]悉遲遐（香家切）斗（十三）。”（T0664v16p0377c）本頁下注 43：“悉遲遐=彌《宋》《宮》《聖》。”宋、宮、聖本作“彌”，可洪所見本作“弥”，讀作“殄”。

又“殲”又“彌”字之訛。唐慧琳撰《一切經音義》：“寐演羅城，《經》本已音，此即梵語城名訛也，或云殲絺羅之國也。”（T2128v54p0662a）南朝宋求那跋陀羅譯《雜阿含經》：“如是我聞：一時佛住王舍城。時有尊者，名曰淨天，在鞞提訶國。人間遊行，至殲絺羅城菴羅園中。”（T0099v02p0027c）“殲絺羅”當作“彌絺羅”，“彌”訛作“殲”，“弓”旁訛作“歹”旁也。後秦曇摩耶舍、曇摩崛多譯《舍利弗阿毘曇論》：“純教[28]彌於閬風，玄門扇於東嶺。”（T1548v28p0525a）本頁下注 28：“彌=殄《聖》。”“殄”爲“彌”字之訛，“弓”旁訛作“歹”旁，“爾”旁又錯誤轉寫作“㐱”旁也。

0875 殐

日本安澄撰《中論疏記》：“言又云‘江河競注而不流’等者……所言注流者，《玉篇》上之殐反，瀉也，猶寫也。私案，注猶流也，又音徵殐反。”（T2255v65p0112c）

按：“殐”即“孺”字之訛。東晉僧肇作《肇論》：“既無往返之微朕，有何物而可動乎？然則旋嵐偃嶽而常静，江河兢注而不流，野馬飄鼓而不動，日月歷天而不周，復何怪哉?”（T1858v45p0151b）此即安澄所釋文句之所從出，“所言注流者”即指“江河兢注而不流”句中“注”“流”二字。文中重點引《玉篇》説解“注”字之音義。《玉篇·水部》：“注，之裕、徵孺二切。灌也，寫也。”與安澄所引小異，其中“濱”當爲“灌”字之訛，“孺”即“孺”字之訛。《可洪音義》“孺底”之“孺”作“㺅”（v59p871b），亦“子”旁寫作“丂”旁之例，可比勘。

又，唐一行述《梵天火羅九曜》：“九執明曰：歸命唵蘖羅（二）醯涅嚩（二合）哩也（二合）鉢囉鉢多（二合）孺底囉摩野（三）娑婆（二合）賀。”（T1311v21p0461c）唐法全撰《大毘盧遮那成佛神變加持經蓮華胎藏悲生曼荼羅廣大成就儀軌供養方便會》：“九執真言曰：曩莫三滿多没馱喃（引）蘖囉（二合）醯濕嚩（二合）哩也（二合。二）鉢羅（二合）鉢多（二合）孺底囉摩野（三）娑嚩（二合）賀（引）。”（T0852v18p0124b）“孺”亦“孺”字之訛。

0876 辨

日本賴瑜撰《祕鈔問答》：“何故云‘三辨寶珠’，其珠三類乎？答：於‘辨’字有三字：一、辯説之‘辨’字，中有言也；二、辨了之‘辨’字，中從丂也；三、辮髮之‘辨’，中安糸也。”（T2536v79p0516b）

按：“辨”即“辨”之書寫變異。“辨了”即辨明之義。《説文·刀部》：“辨，判也。”中本從“刀”。清顧藹吉《隸辨·襇韻》：“辨，《北海相景君銘》：‘~秩東衍。’”“辨”即“辨”之書寫變異，“辨”與“辨”形近。

唐菩提仙譯《大聖妙吉祥菩薩祕密八字陀羅尼修行曼荼羅次第儀軌法》：“悉皆自開解，亦成[5]辟除障。”（T1184v20p0788a）本頁下注5：“辟=辨《甲》《乙》《丙》。”唐全真集《唐梵文字》：“夫欲辨識兩國言音者，須是師資相乘，或是西國人，亦須曉解悉曇童梵漢之語者，或是博學君子，欲得作學漢梵之語者。”（T2134v54p1216b）“辨”亦皆“辨”字之訛。

戈部

0877 戠

日本静然撰《行林抄》：“阿毘左嚕迦印，進力捻忍願，上節戠三角。師傳

云：'如前印，二風付二火初節下，二風𢦷屈是也。'"（T2409v76p0398a）

按："𢦷"即"戚"字之訛。唐金剛智譯《金剛峰樓閣一切瑜伽瑜祇經》："進力捻忍願，上節蹙三角，阿毘左嚕迦。"（T0867v18p0257b）日本長宴記《四十帖決》："進力捻忍願上節蹙三角者，布瑟置迦印。二風付二火初節下，二風蹙屈（阿鼻右云云）。"（T2408v75p0898b）日本賴瑜撰《祕鈔問答》："次進力捻忍願，上節戚三角，誦𡿨（降伏）。"（T2536v79p0506b）與"𢦷"對應之字作"蹙"或"戚"。"蹙/戚三角""蹙/戚屈"爲描述手印的用語，"蹙/戚"爲屈聚、收攏之義，"蹙/戚三角"言手指彎成三角形狀，"蹙/戚屈"爲近義並列，言即彎曲義。在"屈聚"的意義上，"蹙"爲本字，"戚"爲借字。以形體分析，"𢦷"蓋"戚"字之訛。

0878 𢧢

唐圓照撰《貞元新定釋教目録》："《𢧢辭梵志經》一卷（出上卷）。"（T2157v55p0996c）

按：三國吴支謙譯《佛説義足經》："《[16]勇辭梵志經》第八：佛在舍衛國，當留三月竟，一時於祇樹給孤獨園中。是時墮沙國諸長者子共賃一梵志，名[17]勇辭。使之難佛取勝，謝金錢五百。梵志亦一時三月諷五百餘難，難中有變，自謂無勝己者。"（T0198v04p0179c）本頁下注16："勇辭梵志經 Cf. Sn. Aṭṭhaka-vagga, 8. Pasūra sutta & Comt."注17："勇辭~Pasūra."據注文，《勇辭梵志經》是《義足經》的第八品，爲"Pasūra sutta"的漢譯，"sutta"義爲經，"Pasūra"譯作"勇辭"。"勇辭"與"Pasūra"音不合，當是意譯。經中"勇辭"爲一個梵志的名字。梵志是外道出家人的通稱。外道與内道是站在佛教立場的説法，内道指佛教，外道指佛教之外的其他宗教，類似漢語中的異端。佛經中經常有佛家和外道論辯的記載。"勇辭"是一個被認爲可以"難佛取勝"的外道，"勇辭"蓋由勇於辯難之辭而得名，故當以"勇"字爲正。唐玄應撰《一切經音義》（麗藏本）卷十二《義足經》上卷："名𢧢，古文'恿''𢧢'二形，今作'勇'，同，踰腫反。勇謂果決也。知死不避曰勇也。"（p166a）《慧琳音義》詞頭"𢧢"作"㦷"（T2128v54p0675b）。唐慧琳撰《一切經音義》卷七十七《大周刊定衆經目録》第八卷："㦷辭梵志，容腫反。古文'勇'字。外道名也。"（T2128v54p0811a）唐明佺等撰《大周刊定衆經目録》："《𢧢辭梵志經》一卷。"（T2153v55p0416c）唐智昇撰《開元釋教録》："《[2]勇辭梵志經》一卷（出上卷）。"（T2154 v55p0659a）本頁下注2："勇=𢧢《三》。"玄應、慧琳皆以"勇"字爲正，以"㦷"爲古文"勇"。《説文》"勇"字或體作"㦷"，《玉篇》作"㦷"，《龍龕》作"𢧢"，"𢧢"乃"㦷"字之訛。

南朝梁僧祐撰《出三藏記集》："《𤄊辭梵志經》一卷（出《義足》）。"（T2145v55p0034b）《可洪音義》卷二十四《出三藏記》第四卷："𤄊辞，必、佛二音，必，審也；佛，理也。又，應和尚云'古文勇字，余隴反'，非也。"

(v60p311a) 又卷十三《佛説義足經》上卷："𢧐辞，上卑吉反，又音佛。經義是必，必，審也，誠也，實也；又音佛，佛，理也。應和尚以勇字替之，余腫反，非也。又《玉篇》音'㪟'，王［玉］勿反，非也。經意不是'勇'字，今定作'必'字。"(v59p1060b) 隋法經等撰《衆經目録》："《[2]𢧐辭梵志經》一卷。"(T2146v55p0137a) 本頁下注 2："𢧐 = 𦐿《明》。"可洪不從玄應、慧琳以來的傳統讀法，從僧祐之本，以"𦐿"爲正字，讀其音爲必、佛二音，並據必、佛二字解其義爲審、爲理，皆臆斷之辭，不可從。文獻中未見"𦐿"寫作"𢧐"者，亦未見"𦐿"用作審、理之義者也。

楊寶忠、孫小超《大型字書疑難字新考》(《河北大學學報》，2022 年第 6 期)"𢧐"字條對相關問題亦有考證，可參看。

0879 㦝

日本覺超撰《金剛三密抄》："《軌》云：彼彼真言曰：嚩日囉室哩（二合，引）吽　嚩日囉（二合）[5]㦝（魚照反，引）唎（引）呾啗（二合）嚩日囉（二合）哆（引）囉嚬梨（二合）佉鞞日哩（二合）尼斛（引，入）。"(T2400v75p0689a) 本頁下注 5："㦝 = 戞《甲》。"

按："㦝"與"戞"爲版本異文。自注音"魚照反"。唐不空譯《金剛頂蓮華部心念誦儀軌》："彼彼真言曰：嚩日囉（二合）室哩（二合，引）吽　嚩日囉（二合）戞（百列反）唎怛㰖（二合）　嚩日囉（二合）多（引）囉（引）嚬哩（二合）佉鞞日哩（二合）尼斛（引，入）。"(T0873v18p0306a) 字作"戞"，自注音"百列反"。"㦝"即"戞"字之訛。日本淨嚴撰《悉曇三密鈔》："𑖐𑖌，橋、澆（壽命經）、戞（魚照反。金軌）。"(T2710v84p0742a)"戞"爲梵文"𑖐𑖌(gau)"之對音字，切音亦作"魚照反"。唐金剛智譯《金剛頂瑜伽中略出念誦經》："唵 薩婆怛他揭多　阿耨多羅 戞（更鎋反）囇（力揩反）沙（煩惱也）寧耶（所知也）嚩囉拏（障）婆薩那（習氣也）弭奈耶那（能調伏也）摩訶鉢㗚（二合）穰（大慧也）波羅蜜多布穰暝伽　三慕達囉　窣發囉拏　三末曳舑。"(T0866v18p0247c) 字亦作"戞"，自注音"更鎋反"。

"戞"字切音不同，日本明覺撰《悉曇要訣》有解釋，其文曰："問：'諸梵語中所注反音與本字音别者，何耶？又本音反音中正可用何音耶？'答：'漢字中難有相叶梵音字，故多用反借音也。仍不似本字音，尤道理也，故如反音呼可爲道理。日照三藏《尊勝陀羅尼經注》曰："注平上去入者，從四聲法借音讀。注反者，從反借音讀（云云）。"但其中委論可有正用本字音，傍用反音之字，所以注反音可有多意。一者連聲不連聲别。……二者注他本音……《壽命經》：𑖐澆（半矯反）里𑖩。《金剛界》：𑖐𑖩戞（魚照反）唎。（文）《唐韻·入聲》：戞，古黠反。《略出經》云：𑖏戞（更鎋反）囇（力揩反）。《阿彌陀讚》《隨求陀羅尼》：爾𑖕（慈以反），字皆異歟。"(T2706v84p0511b) 可資參考。

0880 戳

元覺岸編《釋氏稽古略》："册立阿骨打爲東懷國至聖至明皇帝，其册文略曰：眷惟蕭愼之區，實介扶餘之俗。土濱上國，材布中嶔。雅有山川之名，承其父祖之胤。碧雲袤野固須挺於渠材，皓雪飛霜疇不惟於絶駕。章封屢報，誠意交孚。載念遙芬，宜膺多戳。……又東懷國乃小邦，懷其德之義，仍無册爲兄之文，如'遙芬''多戳'，皆非美意。"（T2037v49p0884b-c）

按："戳"即"戩"字之訛。四庫本之《釋氏稽古略》"戳"皆作"戩"。《爾雅·釋詁下》："戩，福也。""戩"有福義，"多戩"即多福之義，與文意合。唐慧琳撰《一切經音義》："近有元庭堅《韻英》，及張戳《考聲》。"（T2128v54p0311c）遼希麟集《續一切經音義》："復有《字統》、《字鏡》、陸氏《釋文》、張戳《考聲》、《韻譜》、《韻英》、《韻集》、《韻略》，述作既衆，增損互存。"（T2129v54p0934a）"戳""戳"亦皆"戩"字。

0881 㦸

日本信瑞纂《淨土三部經音義集》："古諸侯稱國，大夫曰家。麻果云：《説文》邦也。又小曰邦，大曰國。古文作㦸。"（T2207v57p0393b）

按："㦸"即"國"異體"𢧐"字之訛。《集韻·德韻》骨或切："國、𢧐、圀，《説文》：'邦也。'古作'𢧐'，唐武后作'圀'。"《集韻》以"𢧐"爲"國"之古文，無據。"𢧐"當爲從王或聲的形聲字，乃"國"改變形旁的異構字。

0882 戚

佚名《金剛童子持念經》："次結寶山印。以獨股杵印，戚上節令平如上頂形，以二惠並竪押掌中諸度上即成。"（T1224v21p0134b）

按："戚"即"蹙"字之訛。此經文描述佛教手印之動作。參 1962"蹙"字條。

0883 戱

日本長惠撰《魚山私鈔》："一切三界主如來，得一切如來智印如來，一切无

戲論如來。”（T2713v84p0834c）

按：“戯”即“戲”之異寫字。唐不空譯《大樂金剛不空真實三麼耶經》：“時薄伽梵一切無戯論如來，復説轉字輪般若理趣。”（T0243v08p0785a）唐不空譯《大樂金剛不空真實三昧耶經般若波羅蜜多理趣釋》：“時婆伽梵一切無戲論如來者，是文殊師利菩薩之異名，復説轉字輪般若理趣。轉字輪者，是五字輪三摩地也。”（T1003v19p0613b）與“戯”對應之字皆作“戲”。“戲論”爲佛教術語，丁福保編《佛學大辭典》：“非理之言論。無義之言論。又不問理非理，總斥一切之言論。與俗所謂滑稽，冗談等同。”《彙音寶鑑》作“戯”。秦公《廣碑別字·十七畫》“戲”字條引《唐徵士平昌孟俊墓誌》作“𢧜”。“戯”與“戲”“𢧜”形近，皆“戲”的書寫變異。

比　部

0884 㲋

日本曇寂撰《金剛頂大教王經私記》：“纔發心者，因菩薩異名也。《琳音》云：‘纔，藏來反。《考聲》：纔，蹔也。顧野王云：纔猶僅也。鄭注《禮記》音爲裁字。《漢書》及《東觀漢記》諸史書、賈逵注《國語》並爲財字。《説文》音纔，今不取。从糸从㲋从兔。《經》从二兎者，非也。’”（T2225v61p0265c）

按：“㲋”即“㲋”字之訛。《説文·糸部》：“纔，从糸，毚聲。”《㲋部》：“毚，狡兔也，兔之駿者。从㲋、兔。”文中“从㲋”即《説文》之“从㲋”，“㲋”即“㲋”之訛。經文所引《琳音》内容出自唐慧琳撰《一切經音義》卷第六《大般若波羅蜜多經》第四百八十卷，高麗本《慧琳音義》“纔出”條下云：“……從糸，糸，音覔；從㲋，㲋，音丑略反，㲋即狡兔；從兔，兔音他固反。《經》從二兔者，非也。”（p499b）字亦作“㲋”。

0885 毜

佚名《四部律並論要用抄》：“出家沙門當離三十八風：一利（若得利養，心便喜悦，貪利不恥，吹壞道心）、二衰（若失利養，心便憂惱，懷恨不捨，衰成道心）、三毀（若彼折辱，心便退没，呵嘖不受，道心敗喪）、四譽（若得讃歎，心高譽，窺覓名聞，道心動亂也）、五稱（若他戴仰，心便自大，輕人重已，道心頓墜）、六譏（若失恭敬，心不厭嫌人，道心改變）、七苦、八樂（若順情生適，心便翫著，迷惑失性，道心[65]羾浮散），此之八法，能敗人善根，故名之爲風。”（T2795v85p0718c）本頁下注65：“（羾）－《乙》。”

按：“羾”爲衍文，蓋即“浮”字之訛。佚名《毘尼心》：“出家人應離三十八風：一利（若得利養，心便生憙，貪利不恥，吹破道心）、二衰（若失利養，心便憂惱，怨對恨情，衰滅道心）、三毀（若被折辱，心便退没，呵毁不受，道心敗衰）、四譽（若得讃嘆，心生高譽，窺求名聞，道心動亂也）、五稱（若他戴仰，心便我大，輕人重己，道心傾墜）、六譏（若失恭敬，心便不掩，恕己嫌人，道心改變）、七苦（若違情生惱，心便不忍，結恨纏翳，消滅善心）、八樂（若順情生過，心便翫著，迷惑失性，道心[19]淨散）。”（T2792v85p0671b）本頁下注19：“淨＝流《甲》。”與“浮”對應之字作“淨”與“流”，“淨”爲“浮”字之訛。又：“沙彌十戒：……七、不歌舞唱伎及往觀聽（習近嬉戲，放縱身口，外恣蕩逸，道心浮散）。”（T2792v85p0662c）正作“道心浮散”。後秦鳩摩羅什譯《思惟略要法》：“不淨觀法。貪欲瞋恚愚癡是衆生之大病，愛身著欲則生瞋恚，顛倒所惑即是愚癡，愚癡所覆故内身外身愛著[8]浮相，習之來久，染心難遣。欲除貪欲當觀不淨，瞋恚由外，既爾可制。”（T0617v15p0298b）本頁下注8：“浮＝淨《三》《宫》。”佛陀蜜多撰、南朝宋曇摩蜜多譯《五門禪經要用法》：“不淨觀法。貪瞋癡是衆病之本，愛身著欲則生瞋恚，顛倒所惑即是愚癡，所覆故也，於内外身愛著淨想，習之來久，深著難遣。欲離貪欲當觀不淨，瞋由外起，雖爾猶可制之。”（T0619v15p0332c）隋智顗説、灌頂記《仁王護國般若經疏》：“或習觀佛三昧不[19]浮觀等，雖有智慧，不得禪定水，故名乾慧地。”（T1705v33p0261a）本頁下注19：“浮＝淨《甲》《乙》。”唐圓照撰《貞元新定釋教目録》：“《菩薩[44]浮行經》與《寶髻菩薩經》俱云竺法護譯，此是一經兩名，存其二本，二誤。”（T2157v55p0902c）本頁下注44：“浮＝淨《聖》。”唐智昇撰《開元釋教録》：“《菩薩淨行經》與《寶髻菩薩經》俱云竺法護譯，此是一經兩名，存其二本，二誤。”（T2154v55p0578b）日本曇寂撰《大日經住心品疏私記》：“故彼文中云：此羅字門等[8]浮此心故，生實智慧光故，即見古佛所行之道。”（T2219v60p0440c）本頁下注8：“浮＝淨《甲》。”“浮”皆“淨”字之訛，可資比勘。

瓦　部

0886 瓬

北宋贊寧等撰《宋高僧傳》：“衆輕覆車，群噪驚蟄，須彌𩢍瓬，困其劫盡之風，有頂低摧，倚其宿舂之杵。”（T2061v50p0820a）

按：“瓬”即“𡿧”字之訛。《玉篇·危部》：“𡿧，午忽切。𩢍𡿧也。”《廣韻・屑韻》五結切："𨇕，𨇕𨇤，不安。《書》作'杌隉'。""𩫇𨇤"有不安之義。"須彌𩫇𨇤"謂須彌山動蕩不安。唐道世撰《法苑珠林》："冏又歸誠觀音，乃覺脚下如有一物𨇕[20]𨇤，復見赤光在前，乘光至岸，達都止南澗寺。"（T2122v53p0567c）本頁下注 20："𨇤＝𧿶《宋》《明》，焰《元》。"日本無著道忠撰《小叢林清規》："固吾人常禮也，然猶𨇕𨇤終守村野之態，我欲諭斯人矣。"（T2579v81p0688b）宋集成等編《宏智禪師廣録》："偃蹇之松兮，獨扶疏於雪試；𩫇𨇤之石兮，幾破碎於雷瞋。"（T2001v48p0102b）"𩫇𨇤"亦皆不安義。《宋高僧傳》："時盛集内殿，百官侍聽，諸高位龍象抗禦黄冠，翻覆未安，𩫇𩬊難定。"（T2061v50p0813b）"𩬊"亦"𨇤"字之訛。

考諸字形，"𨇤"或作"𩬊"，"兀"的異寫與"瓦"形近，故"𨇤"或作"𩬊"。唐慧琳撰《一切經音義》："杌樹，音[5]兀。"（T2128v54p0803b）本頁下注5："兀＝瓦《甲》。""瓦"即"兀"字之訛。唐菩提流志譯《大寶積經》："中間道路屏除草穢甎瓦礫石株[3]柾毒刺，極令遍淨，如明鏡面。"（T0310v11p0204c）本頁下注 3："柾＝机《元》《明》。"唐慧琳撰《一切經音義》卷十二《大寶積經》第三十六卷："株柾，上張瑜反。《説文》：'木根也。'下五骨反。《字書》云：殺樹之餘名爲株柾，作瓦。"（T2128v54p0381c）"柾""机"皆"杌"之訛。失譯《佛滅度後棺斂葬送經》："潤逮草木，無虚[29]柾絶也。"（T0392v12p1114c）本頁下注 29："柾＝機《明》。""柾"又"機"之訛，蓋"機"又或用"机"，因一誤作"杌"，再誤作"柾"也。

0887 㼱

尸陀盤尼撰、前秦僧伽跋澄譯《鞞婆沙論》："如一切日光壞諸闇冥，初日中日西日，但初光出已，棄[11]夜闇冥，餘光當何所棄，彼餘光亦能棄，但無冥可棄。"（T1547v28p0483c）本頁下注 11："夜＝㼱《宮》。"

按："㼱"與"夜"爲版本異文，"㼱"即"夜"字之訛。"夜"隸書或作"𡖍"，已具備了離析爲左右結構的條件。《龍龕手鏡・瓦部》："㼱，古文夜字。"（p316）明郭一經《字學三正・古文異體》："㼱、𡖟、𡖗，夜。"皆已溝通"㼱"與"夜"的關係，以"㼱"爲"夜"之古文。考其形源，當即由隸書形體離析而來。鄭賢章《漢文佛典疑難俗字彙釋與研究》"㼱"字條（p189）亦有考證，可參。後秦佛陀耶舍、竺佛念譯《長阿含經》："不受[3]夜食，不受朽食。"（T0001v01p0103b）本頁下注 3："夜＝𤬪《元》《明》。""𤬪"亦"夜"字之訛。

0888 㼶

佚名《神僧傳》："梁開平五年，忽欲造圭峯山行，儵然深往，坐嵒石間，如常

寢處，顧見磨衲、數珠、銅瓹、椶笠，藏石壁間，觸之即壞。”（T2064v50p1013a）

按：北宋道原纂《景德傳燈録》：“師一日閑步，嚴岫間倏覩摩衲、數珠、銅瓶、椶笠，觸之即壞。”（T2076v51p0366c）北宋惠洪撰《禪林僧寶傳》：“梁開平五年，忽欲還圭峯山行，翛然深往，坐岩石間，如常寢處，顧見磨衲、數珠、銅缾、椶笠，藏石壁間，觸之即壞。”（X1560v79p0512a）與“瓹”對應之字作“瓶”“缾”。鄭賢章《漢文佛典疑難俗字彙釋與研究》“瓹”字條：“‘瓹’乃‘缾（瓶）’字之訛……從形體上看，‘瓹’蓋‘瓶’‘缾’交互影響而成。”（p189-190）可備一説。

南朝宋慧嚴譯《大般涅槃經》：“既入聚中，闚視諸舍，都不見人。執諸[2]瓨器，悉空無物。”（T0375v12p0743a）本頁下注2：“瓨＝缻《元》《明》。”《嘉興藏》作“䍂”，音釋：“䍂，俯九切。瓦器也。”唐道世撰《法苑珠林》：“如《賢愚經》云：昔佛在世時，尊者迦旃延在阿槃提國。時彼國中有一長者，大富饒財。家有一婢，小有愆過，長者鞭打。晝夜走使，衣不蓋形，食不充口。年老辛苦，思死不得。適持[8]缻，詣河取水，舉聲大哭。”（T2122v53p0716a）本頁下注8：“缻＝瓨《宋》《宮》，坻《元》《明》。”四庫本作“坻”。北魏慧覺譯《賢愚經》：“如是我聞：一時佛在阿梨提國。時彼國中有一長者，多財饒寶，慳貪暴惡，無有慈心。時有一婢，晨夜走使，不得寧處。小有違失，便受鞭捶。衣不蔽形，食不充體。年老困悴，思死不得。時適持瓶，詣河取水，思惟是苦，舉聲大哭。”（T0202v04p0384a）《龍龕手鏡·缶部》：“缶、缶，二通。缶，正。方九反。瓦器盆也。《詩》疏云：‘~者，所以盛酒漿。秦人鼓之以節歌也。’”（p337）“缶”“缶”是“缶”的異寫。根據偏旁類推，“瓨”當是“缻”的異寫。《篆隸萬象名義·缶部》“缻”同“缶”。《玉篇·缶部》：“缻，同缶。”《類篇·缶部》：“缶，瓦器所以盛酒漿。秦人鼓之以節謌。象形。凡缶之類皆從缶。或作缻。”“缻”乃“缶”的增加形符的異構字。“缻”亦瓦器，與“瓶”一樣，都可以作盛水工具，故文中可以互換。

0889 㼧

清工布查布譯解《造像量度經序》：“對生指處寬五指，掌基寬六指，諸指末節上半被爪甲蓋之，甲形如㼧瓦，色如紅銅而明亮，其梢邊離肉分一麥，而色亮白如琉璃無垢也。”（T1419v21p0944a）

按：“㼧”即“瓪”之異體。《玉篇·瓦部》：“瓪，徒公反。牡瓦。”南宋戴侗《六書故·工事四》：“瓪，小牡瓦如筒者也。”即圓筒形的覆瓦。“㼧”當是“瓪”的變換偏旁位置的異體字。“甲形如瓪瓦”，謂指甲的形狀像瓪瓦樣的半圓筒形。

0890 瓫

日本照遠撰《資行鈔》："若新作僧伽藍，淨厨裏有種種物，有淨油，或麨坻、石𡋥藍坻、草屑坻、石蜜坻、瓫坻。"（T2248v62p0731a）

按："瓫"即"塗"字之訛。東晉佛陀跋陀羅、法顯譯《摩訶僧祇律》："若新作僧伽藍，淨厨裏有種種物，有淨油，有七日油，或麨瓶、石灰瓶、鹽瓶、草屑瓶、石蜜瓶、[16]塗瓶。"（T1425v22p0358b）本頁下注 16："塗 = 塗《三》《宮》。"與"瓫"對應之字或作"塗"，"瓫"即"塗"字之訛，乃受"瓶"字影響而改"土"旁爲"瓦"旁，此亦字形同化之例。

0891 甈

失譯《無明羅刹集》："三有[9]坻瓮坊膩嘶破斷諸善根，種種破器散壞在地。"（T0720v16p0856b）本頁下注 9："坻瓮坊膩嘶 = 坻甈垢膩甈《三》，瓦罌垢膩斧《宮》。"

按："甈"與"瓮""罌"爲版本異文，"甈"即"甕"字之訛，乃"甕"衍筆訛字。《玉篇·瓦部》："瓮，於貢切。大罌也。甕，同上。""甕"乃"瓮"的異構字。同上經："弊壞故衣散壞在地，[21]坻甕破瓦無可行處。"（T0720v16p0852c）本頁下注 21："坻 = 瓦《宮》。"與"甈"對應之字作"甕"。

0892 甑

宋集成等編《宏智禪師廣録》："《心上人乞食求頌》：去去之人乞食心，春風浩蕩洗叢林。松蹊香膩糝黄粉，竹塢清癯包玉簪。炊甑分珠齋鉢滿，淨瓶汲月夜塘深。歸來磨濯光明在，向道塵泥不涴金。"（T2001v48p0087c）

按：鄭賢章《漢文佛典疑難俗字彙釋與研究》"甑"字條："'甑'，大型字典失收，乃'甑'字之訛。"（p190）結論可從。"炊甑"爲蒸食的器具，文獻多見。《説文·瓦部》："甑，甗也。从瓦，曾聲。""甑"本爲從瓦曾聲的形聲字，所從之"曾"旁或寫作"曽"（見《字鑒·登韻》）、"曽"（見《偏類碑别字·曰部》"曾"字條引《唐趙君夫人郭氏墓誌》）。《可洪音義》卷四《漸備一切智德經》第五卷："爲曽，下自登反。經也。悮。"（v59p671c）西晉竺法護譯《漸備一切智德經》："月解脱又問：'若有聞聲，得值此誼，爲曾積累何所功德？'答曰：‘其功德福，宿本往時。曾以奉行，順一切智，聖慧以斯，不能順照，照不能遠，不行大慈愍於一切。”（T0285v10p0494c）《可洪音義》之“鲁”，《大正藏》對應之字作“曾”，據文意“鲁”亦“曾”字之訛，而與“魯”形近。“曽”“鲁”與“魯”形近，故“甑”或訛作“甗”。

“曾”之異寫或與“魯”形近，故“曾”與“魯”或混誤。隋智顗説、灌頂記《觀音義疏》：“今住補處力用無盡，以本誓力熏諸衆生未[20]曾捨離。”（T1728v34p0924b）本頁下注20：“曾=魯《甲》。”“魯”爲“曾”字之訛。無著造、唐玄奘譯《攝大乘論本》：“云何波[2]魯師？若善安住所知彼岸。”（T1594v31p0147b）本頁下注2：“魯=曾《宮》。”唐玄奘、辯機撰《大唐西域記》：“抗策平道，包《九部》而吞夢；鼓枻玄津，俯《四韋》而小[18]魯。”（T2087v51p0868a）本頁下注18：“魯=曾《宮》。”新羅慧超記《遊方記抄·往五天竺國傳》：“時王裴冷冷，鎮守使[19]魯陽。”（T2089v51p0980c）本頁下注19：“魯=曾《甲》。”“曾”又皆“魯”字之訛，可比勘。

0893 甖

唐道宣緝《量處輕重儀》：“三、盛食之具，謂瓮甖瓮坻盤盂鉢盌槃合七勺等。”（T1895v45p0841a）

按：“甖”即“罌”“甖”之異構字。《説文·缶部》：“罌，缶也。从缶，賏聲。”大徐音“烏莖切”。《玉篇·瓦部》：“甖，烏莖切。坻也。”《集韻·耕韻》於莖切：“罌、甖，《説文》：‘缶也。’或從瓦。”“罌”與“甖”爲形旁不同的異構字，義爲瓶一類的容器。《可洪音義》卷十三《佛般泥洹經》下卷：“金甖，烏耕反。瓴也。”（v59p1018c）西晉白法祖譯《佛般泥洹經》：“以好香汁熟淨洗之，著金甖中，以甖著金床上。”（T0005v01p0173a）《可洪音義》之“甖”，《大正藏》對應經文作“甖”，“甖”爲“甖”改變聲旁的異構字。容器“罌/甖”通常用來盛液體，故亦用來盛酒，《漢書·趙廣漢傳》：“（趙廣漢）發長安吏自將，與俱至光子博陸侯禹第，直突入其門，廋索私屠酤，椎破盧罌。”唐顏師古注：“罌，所以盛酒也。”唐道世撰《法苑珠林》：“放乃齋酒一甖，脯一片，手自傾甖，行酒百官，百官皆醉飽。”（T2122v53p0531a）故佛經或謂之爲盛食之具。“罌/甖”亦常用來盛骨灰，佛經亦有盛骨灰、舍利等用法，失譯《般泥洹經》：“國諸豪姓，共撿佛骨，盛滿黄金甖，置于輿床，舁入城中，著大殿上。”（T0006v01p0190a）東晉法顯譯《大般涅槃經》：“諸力士衆，即以金甖收取舍利，置寶輿上。”（T0007v01p0207a）皆其用例。

止　部

0894 歨

唐道世撰《法苑珠林》："於時世尊即説呪曰：……羅斯（三十八）羅娑[4]岥（三十九）。"（T2122v53p0736b）本頁下注4："岥=歨《三》《宫》。"

按："歨"與"岥"爲版本異文，四庫本作"歧"，"歨""岥"皆"岐"字之訛。失譯《阿彌陀鼓音聲王陀羅尼經》："羅斯（三十九）羅娑岐（四十）。"（T0370v12p0352c）佚名《陀羅尼雜集》："羅斯（三十九）羅娑岐（四十）。"（T1336v21p0598c）字皆作"岐"。"山"旁訛作"止"旁，"支"訛作"攴"皆習見，故"岐"或訛作"歨"。字又作"岥"者，"支"旁訛作"皮"旁也。唐惠詳撰《弘贊法華傳》："釋玄際，一名靜務，俗姓劉。浬南人也。曾祖鵲，隋岥州刺史。"（T2067v51p0046c）唐道宣撰《續高僧傳》："又見一僧，搖手申臂，至于[25]岥麓，挽覬上山。"（T2060v50p0564c）本頁下注25："岥=岐《三》。"唐道宣撰《廣弘明集》："爾乃陟飛階於峻[14]岐，登步櫩於絶頂。"（T2103v52p0339a）本頁下注14："岐=岥《元》《明》。""岥"皆"岐"字之訛。又："瞻澤哀素柳，解帶長陵[21]岐。"（T2103v52p0350b）本頁下注21："岐=岥《三》《宫》。""岐"又"岥"字之訛，"岥"乃"坡"之異構字。此皆"支"旁與"皮"旁混誤之例。唐澄觀撰《大方廣佛華嚴經疏》："諸無色奢摩他一味相故無有[3]皮分建立。"（T1735v35p0785b）本頁下注3："皮=支《甲》。"唐窺基撰《説無垢稱經疏》："世尊身[24]皮清淨無垢，常無貌臭穢，是第六十。"（T1782v38p1064c）本頁下注24："皮=支《甲》。"前一例"皮"爲"支"之訛，後一例"支"爲"皮"之訛，可證"支"與"皮"單用亦或混誤。

唐慧琳撰《一切經音義》："[2]歧嶷，巨宜反，下語棘反。《詩傳》云：'*歨，知意也。嶷，識別也。言能匍匐則*歨然意有所知也，其貌嶷有所別識也。亦言六七歲也。'《經》文作'奇'，非體之也。"（T2128v54p0364a）本頁下注2："歨=歧《甲》*。"又："枝岐，音支，下音祇。郭璞云：'岐，道旁出者也。'《古今正字》義同，從山支聲。《經》作'歨'，誤也。"（T2128v54p0587c）"歨"亦皆"歧"字之訛，"歧"又"岐"之訛。

0895 歨

佚名《翻梵語》:“歨[3]宜奇,《經》曰續生。”(T2130v54p1024b)本頁下注3:“宜=豈《甲》。”

按:《翻梵語》此條本《賢愚經》,北魏慧覺譯《賢愚經》:“明日晨旦,僧作食人,名奇虔直奇(此言續生),其人已得阿那含道,恒日供給一切衆僧。”(T0202v04p0395b)與“歨”對應之字作“虔”。日本心覺撰《多羅葉記》:“步直奇,經曰續生,是雜人名。”(T2707v84p0582b)對應之字作“步”。疑“歨”“步”皆“虔”字之訛。《可洪音義》卷二十二《賢愚經》第一卷:“𡗜闍,上巨焉反。”(v60p201a)“𡗜”爲“虔”異寫,“歨”“步”與“𡗜”形近。

0896 岨

佚名《佛説佛名經》:“又復弟子等,從無始已來至于今日,或攻城破邑,燒村壞柵,偷賣良民,誘他奴婢。或復柱[枉]壓無罪之人,使其形岨血刃,身被徒鎖,家業破散,骨肉生離,分張異城,生死隔絶。如是等罪無量無邊,今日慚愧發露懺悔。”(T0441v14p0272c)

按:同上經:“或復狂[枉]押無罪之人,使其形殂血刃,身被徒鎖,家業破散,骨肉生離,分張異域,生死隔絕。如是等罪無量無邊。”(T0441v14p0311a)“岨”凡2見,“岨”即“徂”改變形旁的異構字。《爾雅·釋詁上》:“徂,往也。”“形徂血刃”即身往血刃、身赴血刃之義,正字當作“徂”。唐知玄撰《慈悲水懺法》:“使其形殂血刃。”(T1910v45p0974a)失譯《現在賢劫千佛名經》:“使其形沮血刃。”(T0447v14p0380b)《大正藏》或作“殂”“沮”,兩字皆通“徂”。

0897 馺

唐道世撰《法苑珠林》:“佛説呪曰:……素嚕素嚕薩婆勃陀頞地瑟恥(上寄反)那[23]馺(蘇閤反)婆訶達磨陀(長聲)石揭唎鞞馺婆訶阿羅婆(重聲)婆(去聲)馺婆(輕聲)婆(重聲)婆(去聲)薩婆達摩婆(去聲)蒱達儞 馺婆訶。”(T2122v53p0735b)本頁下注23:“馺=馺《宋》《宮》。”

按:“馺”與“馺”爲版本異文,“馺”即“馺”字之訛。《説文·馬部》:“馺,馬行相及也。”《廣韻》音蘇合反。唐慧琳撰《一切經音義》:“婆馺婆,馺音蘇合反。梵語也。”（T2128v54p0569c）“駇”爲譯音字。唐道宣撰《續高僧傳》：“嘗有清河張弘暢者，家畜牛[20]馬，性本弊惡，人皆患之。”（T2060v50p0653c）本頁下注20：“馬=焉《元》。”唐慧立本《大唐大慈恩寺三藏法師傳》：“心以爲當，遂换[33]馬。”（T2053v50p0223b）本頁下注33：“馬=焉《甲》。”“馬”或訛作“焉”。“駇”之左旁與“焉”形近，亦“馬”之訛。

0898 㚖

日本珍海記《八識義章研習抄》：“《章》‘八中前六’（至）‘云何名識’，訓云：此欲釋[18]㚖先爲問也。前六事識依根了塵，有所了境，可爲能了，有了用故，名識可爾。後二異此，無所了别，不應名識。”（T2305v70p0651c）本頁下注18：“㚖=疑《甲》。”

按：“㚖”與“疑”爲版本異文，“㚖”即“疑”字之訛。隋慧遠述《大乘義章》：“八中前六，有所了别可名爲識。後之二種，云何名識？釋有兩義：一義釋云：後二雖非了别之因，而是了體，故名爲識；第二義者，八識並有了别之義，故通名識。云何了别？了别有三：一事相了别，謂前六識；二妄相了别，謂第七識；三者真實自體了别，謂第八識。了别既通，是故八種俱名爲識。”（T1851v44p0525a）此即珍海之所本。“八識”爲佛教法相宗術語，包括眼識、耳識、鼻識、舌識、身識、意識、阿陀那識、阿梨耶識。慧遠在討論“八識”時，擔心讀者對前六識理解起來比較容易，後二識理解起來可能會遇到困難，故自設疑問，自問自答。經中“云何名識”乃設問，“釋有兩義”即從兩個角度對自設之疑問做了回答。《八識義章研習抄》“此欲釋㚖先爲問也”就是解釋“云何名識”一句的寫作意圖，是作者“想要解釋讀者心中的疑問，所以先自己設問”，“㚖”乃疑問之義，“㚖”字即“疑”字之訛。世親造、金剛仙釋、北魏菩提流支譯《金剛仙論》：“此一段經，以一偈論釋。‘分别有爲體’者，明諸小菩薩二乘之人，起心意識，虚妄分别，謂有爲三相所成者，即是第一法身，如來更無别無爲法身。道無爲法身者，雖詣虚空，以爲法身，而不可見，明知無有無爲法身也。此一句將欲釋疑，先舉惑者之計，故言‘分别有爲體’也。第二句云‘防彼成就得。’”（T1512v25p0811b）此段文字所釋對象爲天親造、北魏菩提流支譯《金剛般若波羅蜜經論》中的兩句偈文，文曰：“偈言：分别有爲體，防彼成就得。”（T1511v25p0782c）“此一句將欲釋疑，先舉惑者之計”與“此欲釋疑先爲問”的語境相同，亦可證“㚖”爲“疑”字。“疑”或寫作“㝵”（見明章黼《重訂直音篇·雜字部》，p659）、“𥄳”（見《可洪音義》，v59p968b），“㚖”與“𥄳”之左旁形近，蓋即此類形體的省訛。

《八識義章研習抄》：“言虚妄法者，依離分門，無明已還，皆名妄法。依共相門，根本無明，[16]㚖而不論。本識攝故，餘八妄等分别之心及所分别執識生起所攝之者以爲妄法。”（T2305v70p0651c）本頁下注16：“㚖=廢《甲》。”“㚖”

高野山正智院藏本作“廢”。《大乘義章》：“二、體用分二。廢緣論性，性常一味，是其體也；隨緣辨性，性有淨穢，是其用也。”（T1851v44p0472c）又：“言理性者，癈緣談實，實之處無緣。以無緣故，真體一味。”（T1851v44p0473b）又：“非因非果，名爲佛性。癈緣談實，就體指也。”（T1851v44p0473c）“根本無明，廢而不論”之“廢”與“廢緣論性”“癈緣談實”之“廢/癈”義同，乃擱置之義。“廢而不論”，亦曰“存而不論”“置而不論”，義皆相近。《大乘義章》：“五見是慧，與通地中慧數同故，廢而不論。”（T1851v44p0492c）又：“餘不如是，癈而不論。”（T1851v44p0600b）日本珍海撰《三論玄疏文義要》：“是初地方便，亦屬初地。或廢而不論，或兼通。”（T2299v70p0313c）亦可比勘。上揭諸例，皆可證《八識義章研習抄》“㚑而不論”之“㚑”正字當爲“廢”。西晉竺法護譯《持心梵天所問經》：“何謂菩薩未常違[5]疑諸佛言教。”（T0585v15p0003a）本頁下注5：“疑＝廢《三》《宮》*。”又：“又有四事，未曾違*疑諸佛言教。何等四？不釋本慧，言行相應，捐棄重貪，若建立者處於本性，是爲四。”（T0585v15p0003c）又：“又問：‘誰於如來有反復乎？’答曰：‘其不違*疑佛教命者。’”（T0585v15p0005a）“疑”當作“廢”。《金剛仙論》：“‘此義云何雖言所説法’乃至‘能爲菩提因’，釋上半偈，論主且順疑者意，明經教雖是無記而有因義也。‘又言無記者此義不然者’至‘勝無量珍寶故’，此解下半偈，即舉偈結也，此違疑者意，正解經教非是無記法也。”（T1512v25p0860c）“違疑者意”與“順疑者意”相對爲言，字當作“疑”。東晉瞿曇僧伽提婆譯《中阿含經》：“舍梨子，是一切事不可得[15]疑一向從法。”（T0026v01p0456c）本頁下注15：“疑＝廢《三》。”《嘉興藏》作“廢”。日本良算抄《唯識論同學鈔》：“至彼染淨相翻之義，何[4]疑其體事耶？”（T2263v66p0349b）本頁下注4：“疑＝廢《甲》。”西晉無羅叉譯《放光般若經》：“意常念言：雖人不取我當布施，不[8]廢須臾。持是功德，與衆生共發阿耨多羅三耶三菩。”（T0221v08p0107b）本頁下注8：“廢＝疑《宋》《宮》。”東晉法顯譯《大般涅槃經》：“頂戴加守護，修習勿[2]廢忘。”（T0007v01p0193a）本頁下注2：“廢＝疑《宋》。”《嘉興藏》作“廢”。龍樹造、後秦鳩摩羅什譯《大智度論》：“當勤書成，莫有中[12]廢。”（T1509v25p0529b）本頁下注12：“廢＝疑《宮》，癈《聖乙》。”唐義淨譯《根本説一切有部毘奈耶雜事》：“我等不惱餘人自受欲樂，無[16]廢修道，斯有何過？”（T1451v24p0207b）本頁下注16：“廢＝疑《宮》。”上揭佛經“廢”都與“疑”爲異文，根據文意，正字皆當作“廢”，亦可證“㚑”爲“疑”字之訛。然“疑”與“廢”音義皆不相近，“疑”既不是“廢”的同義詞，也不是“廢”的借字，考慮的方向只能是書寫變異，但兩字的形體亦不相近，疑“疑”或爲“發”字之形訛，“發”通“廢”。文獻中“發”通“廢”的例子多見，但“發”訛作“疑”的證據和軌跡尚待考證。

0899 㲳

佚名《聖無動尊安鎮家國等法》：“持旗人誦焰摩王降怨真言，明曰：

𑖧𑖢𑖿𑖨𑖝𑖰𑖠𑖣𑖝𑖰𑖧𑖸𑖮𑖳𑖽𑖣𑖘𑖿𑖭𑖿𑖪𑖯𑖮𑖯，唵闍摩[12]野波𩭤（三合）多地頗多曳吽發吒娑嚩（二合）賀。”（T1203v21p0030a）本頁下注12：“野波𩭤三合=夜比𩭤《甲》。”

按：正文“𩭤”，注文作“𩭤”，又與“𩭤”爲異文。“波𩭤”與“比𩭤”皆“𑖢𑖿𑖨”的譯音字，正文與注文的“三合”皆當作“二合”，“𩭤”“𩭤”“𩭤”皆“隸”之書寫變異。日本淨嚴撰《悉曇三密鈔》：“𑖢𑖿𑖨𑖸，畢囇、必隷（二共佛頂）、畢隷（隨求）、薜荔（玄應）、俾禮（孔雀經）。”（T2710 v84p0753b）根據對音關係，疑梵文“𑖢𑖿𑖨（pra）”乃“𑖢𑖿𑖨𑖸（pre）”之誤。

0900 崎

勝友造、唐義淨譯《根本薩婆多部律攝》：“此若無者可披僧脚[33]崎，若無剃髮人苾芻解者，應於屏處剃之。”（T1458 v24p0594c）本頁下注33：“崎=踦《三》，崎《宮》。”

按：“崎”與“崎”“踦”爲版本異文。鄭賢章《漢文佛典疑難俗字彙釋與研究》“崎”字條：“‘崎’乃‘崎’字之訛。”（p190-191）其説可從。“僧脚崎”乃譯音詞，該詞異形頗多，有“僧脚崎”“僧脚攲”“僧脚欹”“僧却崎”“僧卻崎”“僧祇支”“僧竭支”“僧迦支”“僧迦鵄”等多種詞形，爲僧人法服之一，漢譯或作“覆腋衣”等。唐玄應撰《一切經音義》（麗藏本）卷第十四：“祇枝，《字苑》：‘巨兒、之移反，法服也。’或作‘竭支’，或言‘僧迦支’，又作‘僧迦鵄’，梵言訛轉也。正言‘僧脚崎’，此云覆腋衣也。”（p195c）唐玄奘、辯機撰《大唐西域記》：“二長者將還本國，請禮敬之儀式，如來以僧伽胝（舊曰僧祇梨，訛也）方疊布下，次欝多羅僧，次僧却崎（舊曰僧祇支，訛也），又覆鉢竪錫杖，如是次第爲窣堵波。”（T2087v51p0873a）季羡林等《大唐西域記校注》注釋：“僧却崎，梵文 saṃkakṣikā，巴利文 saṃkacchika。又作僧竭支、僧脚欹迦等，義爲覆膊衣或掩腋衣，係長方形衣片。”（p124）東漢安世高譯《大比丘三千威儀》：“露著泥洹僧，有十事：一者上無僧[30]迦支不得著袈裟。”（T1470 v24p0916b）本頁下注30：“迦=祇《三》《宮》。”唐玄應撰《一切經音義》卷十六《大比丘三千威儀》卷上：“僧迦，正言僧脚差，僧，此云掩覆；脚差，此云腋，名掩腋衣。《律》文作‘僧迦支’，或作‘祇支’，或作‘竭支’，皆訛也。”（p222b-c）日本淨嚴撰《悉曇三密鈔》：“𑖎𑖿𑖬𑖱，差（初几反。法花）。”（T2710 v84p0747b）綜合上揭材料，“崎”“差”諸字皆梵文“𑖎𑖿𑖬𑖰（kṣi）”或“𑖎𑖿𑖬𑖱（kṣī）”的譯音字。

又，唐圓測撰《仁王經疏》：“言十三資具者：一、僧伽梨，二、嗢呾囉僧伽，三、安呾婆娑，四、尼殺憚娜，五、泥代珊娜（裙也），六、副泥代珊娜（副裙），七、僧劫攲迦（帔巾），八、副僧脚攲迦（副帔巾），九、勃里沙奢知迦（雨衣），十、迦耶褒折娜（拭身巾），十一、日佉褒折娜（拭面巾），十二、雞舍鉢喇底揭喇呵（剃髮時披不承髮），十三、揵豆鉢底車憚娜（遮瘡衣）。”

(T1708v33p0408b)“敨”當即“敁”字之訛。參 1572“敨”字條。

0901 ⿰止我

日本淨嚴撰《悉曇三密鈔》:“𑖪，嚩、婆、啝、啝、嫛、⿰武葛（切身。慈氏）、⿰止我（切身。同軌）、末、沫、靺、拔、罰。”(T2710v84p0746b)

按：文中所列之字，皆梵文“𑖪（va)”之譯音用字，譯音用字或用原有之字，如“婆”等；或新造加口旁字，如“嚩”等；或用切身法造新字，如“⿰武葛”與“⿰止我”兩字，均標明“切身”。據讀音，“⿰武葛”從武從葛構成，左旁所從之武即切上字，右旁之葛即切下字，兩字拼切，正讀“va”音。而“⿰止我”亦爲切身字，亦當左右偏旁拼切。然“⿰止我”之左旁不成字，據其讀音、結構、左旁之形體，蓋左旁之形當爲“武”之訛，其字本當從武從我作“⿰武我”。唐善無畏譯《慈氏菩薩略修愈誐念誦法》:“警覺真言曰：[illegible]，鄔𤚥（二合）[24]⿰武葛耽羅（二合。一）䖘瑟吒（二合。二）。”(T1141v20p0591c) 本頁下注 24:“⿰武葛＝⿰武我《乙》《丙》。”“⿰武我”與“⿰武葛”爲版本異文，正皆爲“𑖪（va)”之對音字，此“⿰止我”爲“⿰武我”之訛字的確證。參 0903“⿰武我”字條。

用切身造字法所造之字一般爲標記梵文合字，也就是梵語中的複輔音，“⿰武葛”“⿰止我”二字標記的梵文“𑖪（va)”爲單輔音，蓋由漢語中無讀輔音“v”之字。

0902 ⿰⿱止口圣

佚名《寺沙門玄奘上表記》:“二主神筆，猥賜裒揚；兩朝聖藻，函垂榮飾。顧脩愚劣，實懷兢懼；輸報之誠，不忘昏曉。但以恩深巨⿰⿱止口圣，豈滴水之能酬；施厚崧丘嶽，匪纖塵之可謝。”(T2119v52p0822c)

按：“⿰⿱止口圣”即“壑”字書寫變異。鄭賢章《漢文佛典疑難俗字彙釋與研究》(p191) 對此條有考證，但字形轉録錯誤。唐慧立本《大唐大慈恩寺三藏法師傳》:“顧循愚劣，實懷兢懼；輸報之誠，不忘昏曉。但以恩深巨壑，豈滴水之能酬；施厚崧丘，匪纖塵之可謝。”(T2053v50p0269a) 與“⿰⿱止口圣”對應之字作“壑”。秦公《廣碑别字・十七畫》“壑”字條引《隋屯田侍郎柳君夫人蕭氏墓誌》《僞周康智墓誌》作“⿰⿱止口圣”(p377)，可比勘。南朝梁僧祐撰《弘明集》:“是以至言雲富從而[12]⿰⿱止口圣以空焉。”(T2102v52p0011b) 本頁下注 12:“⿰⿱止口圣＝豁《三》《宮》。”四庫本作“豁”。唐慧琳撰《一切經音義》卷四十二《大佛頂經》第八卷：“毒壑，呼各反。亦作‘⿱此圣’，《經》作‘⿱此圣’，俗字。”(T2128v54p0587a) 唐般剌蜜帝譯《大佛頂如來密因修證了義諸菩薩萬行首楞嚴經》:“菩薩見諸虚妄，遍執如入毒壑。”(T0945v19p0144a)“⿱此圣”“⿰⿱止口圣”皆“壑”字之書寫變異。

《寺沙門玄奘上表記》“施厚崧丘嶽”，《大唐大慈恩寺三藏法師傳》作“施厚崧丘”，《寺沙門玄奘上表記》之“嶽”乃衍文，蓋旁注誤入正文。“崧丘”，亦作“嵩邱”，指嵩山，文獻多見。嵩山亦稱“嵩岳（嶽）”，文獻亦多見。蓋刻《寺沙門玄奘上表記》者不明“崧丘”之義，在“丘”旁注“嶽”字而誤入正文，誤作“施厚崧丘嶽”，致文意不通矣。

0903 ⿰武我

日本寬助撰《别行》：“慈氏菩薩根本真言曰：納𨌈（引）喇怛曩（二合）怛羅（二合）夜（引）耶納莫婀哩（二合）也⿰武我盧（引）吉底濕⿰武我（二合）羅（上，引）耶（二）母（引）地薩怛⿰武我（二合）耶（三）莽賀薩怛⿰武我（二合，引）耶莽賀迦（上）嚕𩕳迦（上，引）耶（五）怛涅他（六）鄔餅（二合）妹怛唎（二合）妹怛唎（二合。七）妹怛羅莽囊洗（八）妹怛羅（二合）糝婆（上）䑗（九）妹怛嚕（二合）納婆（二合，上）䑗（十）莽賀糝莽也薩⿰武我（二合）賀（上）。”（T2476v78p0132b）

按：唐善無畏譯《慈氏菩薩略修愈誐念誦法》：“次説三昧耶真言曰：，鄔餅（二合）⿰武我馱囉（二合）耽履三莽也。”（T1141v20p0591b）“⿰武我”爲“𑖪（va）”的譯音字，乃由“武”和“我”構成的切身字，“武”取聲母對“v”音，“我”取韻母對“a”音。日本淨嚴撰《悉曇三密鈔》：“𑖪，嚩、婆、啝、啝、嫚、⿱艹⿰武縛（切身。慈氏）、⿰式我（切身。同軌）、末、沫、靺、拔、罰。”（T2710v84p0746b）“⿰式我”乃“⿰武我”字之訛。“⿰武我”與“⿱艹⿰武縛”同爲“𑖪（va）”的譯音字，且均爲切身字，可以看作特殊類型的異構字。

“⿰武我”在《慈氏菩薩略修愈誐念誦法》中多見，如：“，鄔餅（二合）⿰武我耽囉（二合）健（引）吒惡（一。鈴也）。”（T1141v20p0592a）又：“堅固真言曰：，鄔餅（二合）⿰武我耽囉（二合）塞普（二合）吒䫙（一。鎖也）。”（T1141v20p0592a）又：“次應灌沐本尊及己身灌頂，真言曰：，鄔餅（二合）⿰武我耽囉（二合）鉆迦姹（一）。”（T1141v20p0592a）又：“⿰武我耽囉（二合）者，或金銀熟銅賓鐵白檀木紫檀木等。五金鑄，或五股四股三股二股獨股等。”（T1141v20p0598c）“⿰武我”皆“𑖪（va）”之對音字。

0904 ⿰武帛

唐窺基撰《妙法蓮華經玄贊》：“暴音薄報反，古作⿰武帛字。”（T1723v34p0820a）

按："𧈫"即"虣"字之訛。《集韻·號韻》："虣，強侵也。"《彙音寶鑑》："暴，猛也，驟也，狠也。虣，同上。"東漢曇果、康孟詳譯《中本起經》："是時國王，名曰優填，強[28]暴侵剋，開納佞言。"（T0196v04p0157b）本頁下注28："暴=虣《三》。""暴"爲"虣"通用字。"𧈫"字右旁所從即"虎"字之訛。

0905 㽟

唐神清撰、北宋慧寶注《北山録》："昔魏㽟與田侯謀約，田侯背之。魏㽟怒將伐之，惠子聞之而見戴人。"（T2113v52p0574c）

按："㽟"即"瑩"字之訛，"玉"旁訛作"正"旁也。

0906 隸

唐禮言集《梵語雜名》："書疏，[23]隸迦，[illegible]。"（T2707v54p1233b）本頁下注23："隸=嶷《甲》。"

按：正文"隸"，注文作"隸"，又與"嶷"爲異文。日本心覺撰《多羅葉記》："書疏，[illegible]，隸佉。已上三出禮言《雜名》。"（T2707v84p0595a）唐義淨撰《梵語千字文》（安永二年敬光刊本）："[illegible]，隸佉（入），書。"（T2133Bv54p1199a）唐怛多蘖多集《唐梵兩語雙對集》："書疏，隸佉。"（T2136v54p1242b）日本淨嚴撰《悉曇三密鈔》："[illegible]，嚟、麗、歷、嚦（佛頂）。"（T2710v84p0746b）又："[illegible]，怛嚇（胎）、怛嚟、底嚟、帝囇、帝嚟（四俱佛頂）。"（T2710v84p0753b）"嚟""隸"可爲"[illegible]（le）""[illegible]（re）"之譯音字。"隸""隸"皆"隸"之書寫變異，"嶷"爲"嚟"字之訛。參0244"隸"字條。

"嚟"訛作"嶷"者，由"隸"或訛作"疑"也。唐道世撰《法苑珠林》："宋慧和沙門者，京師衆造寺僧也。宋義嘉之難，和猶爲白衣，[28]疑劉胡部下。"（T2122v53p0484b）本頁下注28："疑=隸《元》《明》。"四庫本作"隸"。南朝梁慧皎撰《高僧傳》："僞司[12]隸校尉姚爽請令出之。"（T2059v50p0334b）本頁下注12："隸=疑《宋》《宮》。"唐道宣撰《廣弘明集》："生常之業莫廢，庸[11]隸之役無恥。"（T2103v52p0182b）本頁下注11："隸=疑《宋》《宮》。"唐波羅頗蜜多羅譯《寶星陀羅尼經》："哆[12]疑馱計迦婆婆婆（二十三）。"（T0402v13p0574a）本頁下注12："疑=隸《三》《宮》。"《嘉興藏》作"𨽻"。隋闍那崛多譯《佛説諸法本無經》："名爲輸嚧帝[3]疑夜者。"（T0651v15p0766c）本頁下注3："疑=𨽻《宋》《宮》，隸《元》《明》。"唐不空譯《阿閦如來念誦供養法》："飲食供養真言曰：唵（一）磨攞磨攞（二［合］）冥伽磨（引）[45]疑儞（三）鉢囉（二合）底吃哩（二合）疊拏（二合。四）嚩日哩（二合）抳娑嚩（二合，引）訶

（引）。”（T0921v19p0019a）本頁下注 45：“疑＝隸《宋》《明》《甲》《乙》。”“疑”皆“隸”字之訛。

又，唐玄奘譯《大乘大集地藏十輪經》：“心大陀羅尼明呪章句：怛絰他（唐言謂）牟尼冐[7]𠼝（一）牟那揭臘莅（二）。”（T0411v13p0747b）本頁下注 7：“𠼝＝隸《三》，𠹭《宮》。”唐金剛智譯《金剛頂瑜伽中略出念誦經》：“二十二薩埵跛折[3]𠼝，二十三阿囉怛那跛折𠼝，二十四達磨跛折𠼝，二十五羯磨跛折[4]𠼝。”（T0866v18p0241a）本頁下注 3：“𠼝＝隸《宋》《宮》。”注 4：“𠼝＝𠹭《宮》。”唐不空譯《金剛頂蓮華部心念誦儀軌》：“左耳真言曰：唵薩嚩怛他（引）誐多鉢囉（二合）惹（二合）波羅蜜多（引）避引涅哩（二合）賀[7]𠼝（二合）薩覩（二合）拏（引）彌摩訶具沙（引）努霓淡。”（T0873v18p0307a）本頁下注 7：“𠼝＝𠹭《元》《三》。”唐輸波迦羅譯《蘇悉地羯囉經》：“或有真言初有㖕字，後有𤚥吒字，或有[28]𠹭普字，此是訶聲，有如上字者真言，速得成就阿毘遮嚕迦法。或有真言初無唵字，後無莎訶字，又無㖕字，無𤚥吒字，及無*𠹭普等字者，當知此等真言，速能成就補瑟徵迦法。”（T0893v18p0635b）本頁下注 28：“𠹭＝𠼝《甲》*。”唐不空譯《阿閦如來念誦供養法》：“花鬘供養真言曰：唵（一）麽（引）擺（引）馱[38]𠹭（二）嚩日囉（二合）馱囉娑嚩（二合，引）訶（引）。”（T0921v19p0018c）本頁下注 38：“𠹭＝𠼝《宋》《明》《乙》。”“𠹭”皆“𠼝”字之訛。

日本淨嚴撰《悉曇三密鈔》：“ग，起泥（胎）、祇儞（佛頂）、𠹭儞（佛頂）。”（T2710 v84p0758a）又：“गा，儗（胎）、近、疑、擬、宜、耆、祇、蟻（大流）、岐、趍（羂索經）、𠯂（切身。慈氏軌）、祁、其。”（T2710v84p0742a）“𠹭”又爲“疑”加“口”旁所造之譯音專字，乃“गा（gi）”的譯音字，此字與“𠼝”的訛字爲同形字。

0907 𨽿

日本中算撰《妙法蓮華經釋文》：“檀陀鳩賒𨽿（四。玄奘加上云：彈荼伐栗怛尼，彈荼拘舍𨽿。不空加上云：難上拏引韈多頞。難拏矩捨黎）。檀陀修陀𨽿（五。玄奘云：彈荼蘇達唎。不空云：難拏素馱里）。修陀𨽿（六。玄奘云：蘇馱，長聲。不空本闕矣）。”（T2189v56p0172a）

按：“𨽿”即“隸”之書寫變異。參 1768“𨽿”字條。秦公《碑別字新編·十七畫》“隸”字條引《魏孝昌石窟寺碑》作“𨽿”，右旁所從與“𨽿”近。清邢澍《金石文字辨異·霽韻》“隸”字條引《唐鹽池靈慶公神祠碑》作“𨽿”，左旁所從與“𨽿”近。

0908 㱦

唐禮言集《梵語雜名》："鹿，[60]㱦嘌，。"（T2135v54p1235c）本頁下注60："㱦嘌=嚀嘌誐。"

按：正文之"㱦"注文作"㱦"，"㱦"即"㱦"字之訛。唐義淨撰《梵語千字文》（安永二年敬光刊本）："，摩哩（二合）誐，鹿。"（T2133Bv54p1206b）唐全真集《唐梵文字》："鹿苑。"（T2134v54p1220a）日本心覺撰《多羅葉記》："鹿，，麽哩（二合）誐。"（T2707v84p0607c）"鹿"之梵文作"（mṛga）"，不作"（gṛga）"，禮言蓋據訛誤梵文擬定漢譯文字。日本淨嚴撰《悉曇三密鈔》："，儗（胎近）、疑、擬、宜。"（T2710v84p0742a）"儗""疑""擬"皆可爲"（gi）"的譯音字。"㱦"與"疑"音同，亦可爲"（gi）"的譯音字。

0909 䕯

日本淨嚴撰《悉曇三密鈔》："，嚩、婆、㖿、㖿、嚩、䕯（切身。慈氏）、䖒（切身。同軌）、末、沫、韈、拔、罰。"（T2710v84p0746b）

按："䕯"即"（va）"之譯音字，乃由"武"和"葛"構成的切身字，"武"取聲母對"v"音，"葛"取韻母對"a"音。唐善無畏譯《慈氏菩薩略修愈誐念誦法》："警覺真言曰：，鄔𤘽（二合）[24]䕯耽羅（二合。一）戚瑟吒（二合。二）。"（T1141v20p0591c）本頁下注24："䕯=䖒《乙》《丙》。"此即淨嚴之所本。

0910 䕿

日本明覺撰《悉曇要訣》："善無畏《慈氏軌》云：……𦡙（也）䕿（也）。"（T2706v84p0511a）

按：唐善無畏譯《慈氏菩薩略修愈誐念誦法》："觀水輪真言曰：，納莽三滿多勃馱（引）腩（一）䕿（二。一遍）。"（T1141v20p0590c）又："堅固真言曰：，鄔𤘽（二合）䖒耽囉（二合）塞普（二合）吒[7]䕿。"（T1141v20p0592a）本頁下注7："䕿=䖒《甲》《丁》。"此即明覺所本。"䕿"皆"（vaṃ）"之譯音字。根據對音關係，"䕿"爲切身字，"武"取聲母對"v"音，"感"取韻母對"aṃ"音。

0911 蹟

唐圓照撰《貞元新定釋教目録》："所翻譯洞盡舊《花嚴經·九會入法界品》義，詞微旨遠，取會理要，蹟開祕密之門，備窮解脱之藏，微增行業虚劣，難究道源。"（T2157v55p0896a）

按："蹟"即"賾"字之書寫變異。《小爾雅·廣詁一》："賾，深也。""賾"有幽深玄妙義，引申爲動詞有探求幽深玄妙義。經中"賾開祕密之門"之"賾開"與"洞盡"相對，"洞"爲洞察義，"賾"爲探求義。唐慧琳撰《一切經音義》："慧賾，下峥責反。僧名也。《録》從阜作'隫'，俗字也。王弼注《周易》云：'賾，深也。'"（T2128v54p0827a）"賾"或寫作"隫"。"蹟"與"隫"形近，即"隫"之進一步書寫變異。唐道世撰《法苑珠林》："探蹟玄旨，洞曉無差。"（T2122 v53p0467c）唐靖邁撰《古今譯經圖紀》："探蹟鉤深，敷文析埋［理］。"（T2151v55p0348b）唐智昇撰《開元釋教録》："鑽仰一方，未成探蹟。"（T2154v55p0557c）"蹟"亦皆"賾"之書寫變異。

清羅振鋆《碑別字·十八畫》"賾"下引《隋明雲騰墓誌》作"䞍"（p417），秦公《廣碑別字·十八畫》"賾"下引《唐左親衛長上校尉樂玉墓誌》作"蹟"（p696），均是其例。

0912 𪘇

日本觀靜撰《孔雀經音義》："可畏，或云毘紕𪘇舍那。"（T2244v61p0779c）

按：南朝梁僧伽婆羅譯《孔雀王呪經》："毘紕（敷比反）舍那夜叉（梁言可畏），住擔羅跋魔熟銅色國。"（T0984v19p0450b）此即觀靜之所本。"𪘇"即"敷比"二字之誤合。"敷比"本爲"紕"字之反切注音，《大正藏》將反切上下字誤合爲一字，"比"又訛作"此"，誤入正文中。

支部

0913 𢻸

唐禮言集《梵語雜名》："六十，𢻸瑟恥（二合），ष्टि。"（T2135v54

p1230a）

按：“𢻫”即“煞”字之訛。日本心覺撰《多羅葉記》：“六十，𑖬𑖬𑖿𑖘𑖰，殺瑟恥。”（T2707 v84p0623b）“六十”的梵文作“𑖬𑖬𑖿𑖘𑖰（ṣaṣṭi）”，漢譯作“殺瑟恥”，“殺”或作“煞”，皆“𑖬（ṣa）”之譯音字。

0914 𢻰

唐禮言集《梵語雜名》：“藥，毘𢻰社，𑖥𑖹𑖬𑖕𑖿𑖧。”（T2135v54p1237c）

按：“𢻰”即“煞”字之訛。日本心覺撰《多羅葉記》：“藥，毘殺社，𑖥𑖹𑖬𑖕𑖿𑖧。”（T2707v84p0573a）日本淨嚴撰《悉曇三密鈔》：“𑖬𑖹，曬、殺（上佛頂）。”（T2710v84p0747a）“殺”爲“𑖬𑖹（ṣai）”之譯音字，“煞”與“殺”同，也可爲“𑖬𑖹（ṣai）”之譯音字。“𢻰”則“煞”之訛省。

0915 𢽾

唐窺基撰《妙法蓮華經玄贊》：“阤者，隤也，毀落也。阤音池爾反。《説文》：奪［奪］衣作褫。《切韻》：山崩曰陊。《玉篇》：折薪隨其木理作阤。或有爲‘褫’，不知所從。今應爲‘阤’。《廣雅》：𢽾也。《方言》：壞也。《説文》：山崩曰阤。或爲陊。”（T1723v34p0757b）

按：《廣雅·釋言》：“褫，敓也。”“𢽾”當是“敓”字之訛。

0916 𢾏

北魏曇曜譯《大吉義神呪經》：“達囉毘　頭那囉那　舍囄　羅私利　[24]𢾏囉囉私利　呵利私唎　婆陀牟唎　大囉那羅帝婆那。”（T1335 v21p0575c）本頁下注24：“𢾏＝敎《三》。”

按：“𢾏”與“敎”爲版本異文，“𢾏”即“敎”字之訛，“敎”爲“勃”之異體。高麗本《龍龕手鏡·力部》載“勃”或作“𠡟”“𠞈”，《攵部》載“敎”或作“𢿣”，左旁所從皆與“𢾏”的左旁形近，可比勘。唐義淨譯《藥師琉璃光七佛本願功德經》：“[7]勃提蘇勃睇。”（T0451v14p0417a）本頁下注7：“勃＝敎《宋》《元》《宮》。”唐金剛智譯《金剛頂瑜伽中略出念誦經》：“此名金剛輪菩薩三摩耶契密語，曰：唵[20]嘞馱蒲地。”（T0866v18p0244b）本頁下注20：“嘞＝敎《三》《丙》，勃《宮》《甲》《乙》《丁》。”日本淨嚴撰《悉曇三密鈔》：

“[illegible]，母、蒲、蒱、佛、勃、没、䪭（切身。慈氏）。”（T2710v84p0745b）又：“[illegible]，菩、冒、勃。”（T2710v84p0745b）又：“[illegible]，步、部、勃。”（T2710v84p0745c）“敎”“勃”“哱”可爲同一梵文的譯音字。

0917 ⿰麦攵

唐道世撰《法苑珠林》：“晋南公子⿰麦攵，始平人也。戍新平城，爲乞伏虜兒長樂公所破，合城數千人皆被誅害。子⿰麦攵雖分必死，而猶至心念觀世音。既而次至于敖，群刃交下，或高或低，持刀之人忽疲懈，四支不隨。爾時長樂公親自臨刑，驚問之。子敖聊爾答云，能作馬鞍。乃令原釋，子敖亦不知所以作此言，時後遂得遁逸。”（T2122v53p0410a）

按：“⿰麦攵”爲“敖”書寫變異。“子敖”爲人名，文中有兩處用“⿰麦攵”，他處皆用“敖”。清弘贊輯《觀音慈林集》：“南宫子敖，始平人也。戍新平城，爲佛佛虜兒長樂公所破，合城數千人皆被誅害。子敖雖分必死，而猶至心念觀世音。既而次至子敖，羣刃交下，或高或僻，持刃之人忽疲懈，四支不隨。爾時長樂公親自臨刑，驚問之。子敖聊爾答云，能作馬鞍。乃令原釋，子敖亦不知所以作此言，遂得遁逸。”（X1644v88p0087c）皆作“子敖”。

0918 ⿰䀠攵

龍樹造、後秦鳩摩羅什譯《大智度論》：“若六日若七日，烏鵄雕鷲，豺狼狐狗，如是等種種禽獸，[14]⿰䀠爪裂食之。”（T1509v25p0403b）本頁下注 14：“⿰䀠爪＝⿰䀠攵《聖》，⿰䀠斤《石》。”

按：“⿰䀠攵”與“⿰䀠爪”“⿰䀠斤”爲版本異文，“⿰䀠攵”即“⿰䀠爪”字之訛，“⿰䀠爪”又“攫”之異體。後秦鳩摩羅什譯《摩訶般若波羅蜜經》：“若六日若七日，烏鵄雕鷲，犲狼狐狗，如是等種種禽獸，攫裂食之。”（T0223v08p0254a）“⿰䀠爪”作“攫”，可以比勘。唐慧琳撰《一切經音義》：“⿰䀠爪裂，字宜作‘攫’，同，九縛、居碧二反。《説文》：攫，爪持也。攫，扟也。《蒼頡篇》：‘攫，搏也。’《淮南子》曰：‘鳥窮則搏，獸窮則攫。’”是之也。”（T2128v54p0359b）《龍龕手鑑·爪部》：“⿰䀠爪、⿰䀠爪，二俗，居碧、居縛二反。正合作‘攫’字。”皆以“⿰䀠爪”爲“攫”之異體。“攫”爲鳥獸用爪抓之義，“攫裂”即用爪撕裂。“⿰䀠爪裂食之”即用爪子撕裂而食之。佛經中“⿰䀠爪裂”多見，義皆相近。“⿰䀠爪”或訛作“⿰䀠斤”，乃“爪”旁訛作“斤”旁。“⿰䀠攵”亦“⿰䀠爪”之訛。唐圓照撰《貞元新定釋教目録》：“《無上依經》二卷（梁紹泰三年丁丑九月八日於平[22]國縣南康内史劉文陀請令譯，見經後）。”（T2157v55p0836b）本頁下注 22：“國＝周《聖》。”唐智昇撰《開元釋教録》："《無上依經》二卷（梁紹泰三年丁丑九月八日於平固縣南康内史劉文陀請令譯出，見經後記）。"（T2154v55p0538b）"國""周"皆"固"字之訛。唐道世撰《法苑珠林》："後周時有張元字孝始，河北萬城人也……三日之後，祖目果差。（事出[13]國史）"（T2122v53p0761b）本頁下注13："國=周《三》《宫》。"唐慧立本《大唐大慈恩寺三藏法師傳》："沙門玄奘言：玄奘聞白鳩彰瑞，表殷帝之興；赤雀呈符，示[8]周王之慶。"（T2053v50p0271a）本頁下注8："周=國《三》《宫》。""國"皆"周"字之訛。"國"與"周"相混誤，故"𠠍"或訛作"敮"。

0919 𠢐

西晋竺法護譯《正法華經》："志性褊促，荊棘[33]蝥身。"（T0263v09p0081c）本頁下注33："蝥=𠢏《宋》《元》《宫》，𠢐《明》。"

按："𠢐"與"𠢏""蝥"爲版本異文，"𠢐""𠢏"皆"㔙"字之訛。參0923"㔙"字條。"蝥"乃"蟊"字之訛，經中通"㔙"。唐慧琳撰《一切經音義》卷二十八《正法花經》第三卷："㔙身，又作'𠢏'，同，力咨反。《三蒼》：'㔙，劃也。'《經》文作'蟊身'，非字體也。"（T2128v54p0494c）"蟊"亦通"㔙"。

0920 㪚

隋慧遠述《大乘義章》："不淨觀中略有二種：一厭他身觀他不淨，二厭自身觀自不淨。觀他身中有其九相：一者死相，二者脹相，三青瘀相，四膿爛相，五者壞相，六者血塗相，七虫[7]敢相，八骨鎖相，九離壞相。"（T1851v44p0697c）本頁下注7："敢=噉《甲》，㪚[イ]《甲》。"

按："㪚"與"敢""噉"爲版本異文，"㪚"即"敢"字之訛。佛經中"九相"有多種説法，如，西晋無羅叉譯《放光般若經》："當復知九相：新死相、筋纏束薪相、青瘀相、膿相、血相、食不消相、骨節分離相、久骨相、燒焦可惡相。"（T0221v08p0002c）後秦鳩摩羅什譯《摩訶般若波羅蜜經》："九相：脹相、壞相、血塗相、膿爛相、青相、噉相、散相、骨相、燒相。"（T0223v08p0219a）東晋佛陀跋陀羅譯《佛説觀佛三昧海經》："九相觀者：一者新死相，或見死人，身體正直無所復知，想我此身亦當復爾，與此無異，故曰新死相；二者青淤相，或見死人，一日至于七日，身體青膖瘀黑相，我所愛身亦當復爾，與此無異，故曰青瘀相；三者膿血相，或見死人，身已爛壞，血流塗漫，極爲可惡，不可瞻視，我所愛身亦當復爾，故曰膿血相；四者絳汁相，或見死人，身體縱横黄水流出，狀似絳汁，我所愛身亦當復爾，故曰絳汁相；五者食不消相，或見死人，爲烏鳥所食，蟲狼所噉，爲蠅所蛆，其肉欲盡或半身在，我所愛身亦當復爾，故曰食不消相；六者筋纏束薪相，或見死人，皮肉已盡，止有筋骨相連，譬似束薪，由是得成而不解散，我所愛身亦當復爾，故曰筋纒束薪相；七者骨節分離相，或見死人，筋已爛壞，骨節縱横不在一處，我所愛身亦當復爾，故曰骨節分離相；八者燒燋可惡相，或見死人，爲家火所燒，野火所焚，燋縮在地，極爲可惡，不可瞻視，我所愛身亦當復爾，故曰燒燋可惡相；九者故骨相，或見久昔乾骨，若五十歲至百歲二百歲三百歲時，骨還變白，日曝徹中，火從骨上焰焰而起，火燒之後，風吹入地，還歸于土。是名略説九相。”（T0643v15p0652c）龍樹造、後秦鳩摩羅什譯《大智度論》設有《九相義》一章，專門討論“九相”，文繁不引，九相的名稱包括“脹相、壞相、血塗相、膿爛相、青相、噉相、散相、骨相、燒相”。（T1509v25p0217a）綜合相關文獻所述，《大乘義章》之“虫敢相”當以“噉”字爲是，佛經中或稱“虫噉相”，或稱“噉相”，或稱“食不消相”，指人死之後，屍體被鳥獸昆蟲噉食之相。“敢”爲“噉”之借字，佛經中“噉”或借“敢”字，後秦鳩摩羅什譯《小品般若波羅蜜經》：“我今若爲惡獸所[1]噉，我當施與。”（T0227v08p0568a）本頁下注1：“噉=敢《元》。”西晋竺法護譯《佛五百弟子自説本起經》：“不應食粳米，常令[14]噉生麥。”（T0199v04p0201c）本頁下注14：“噉=敢《宋》。”北魏菩提留支譯《大薩遮尼乾子所説經》：“或有虫螟雀鼠鸚鵡[2]噉傷五穀。”（T0272v09p0337a）本頁下注2：“噉=敢《宫》。”皆其例。“散”又“敢”字之訛。

0921 僌

日本願曉等集《金光明最勝王經玄樞》：“願曉—聖寶—延僌—觀理—法緣—澄心—濟慶—有慶—慶信—覺樹—寬信。勸修寺法務，于時寶暦三年（癸酉）十一月朔旦寫功了。”（T2196v56p0715c）

按：“僌”即“僘”字之訛。日本珍海撰《三論玄疏文義要》：“道慈律師、善議大德、勤操僧正、願曉律師、尊師聖寶僧正、延僘僧都、觀理權大僧都、澄心僧都、在慶律師、有慶大僧都、顯真、永觀律師、覺樹僧都、智藏僧正流，可尋之别記之。”（T2299v70p0378c）與“僌”對應之字作“僘”。據日本虎關師煉著《元亨釋書》卷四記載，聖寶學三論於元興寺願曉，貞觀之末，闘醍醐寺，延僘曾學三密於此，聖寶歎其爲“法器”。

0922 敧

唐義淨撰《梵語千字文》：“腸肚一邊，屎尿充塞。臏髈敧偏。”（T2133v54p1198a）

按：“敧”即“攲”字書寫變異，“攲”又“敧”字之訛。《釋名·釋綵帛》：

"綺，攲也。其文攲邪，不順經緯之縱横也。"唐慧琳撰《一切經音義》："攲身，又作崎，同，丘知反。謂攲傾不正也。"（T2128v54p0732a）"攲"在經文中與"偏"連用，正爲傾斜不正義。

0923 㪟

彌勒説、唐玄奘譯《瑜伽師地論》："種種哀歎，[6]㪟攫其身。坌灰拔髮，斷食自毀。"（T1579v30p0636c）本頁下注6："㪟=黎《聖》。"

按："㪟"與"黎"爲版本異文，"㪟"即"㪟"字之訛，"刀"旁訛作"万"旁也。唐玄應撰《一切經音義》（麗藏本）卷二十二《瑜伽師地論》第六十卷："㓞攫，又作'㪟'，同，力咨反。下居縛反。㓞，劃也。直破曰㓞，爪傷曰攫。劃音胡麥反。"（p301a）宛委别藏本字頭作"㪟"，又作"㪟"（p704）。唐慧琳撰《一切經音義》卷四十八《瑜伽師地論》第六十卷："㪟攫，又竹［作］'㪟'，同，力咨反。下居縛反。㪟，劃也。直破曰㪟，爪傷曰攫。劃音胡麥反。"（T2128v54p0631b）皆可比勘。

0924 敹

唐道綽撰《安樂集》："今先就第一大門，内文義雖衆，略作九門[8]料簡，然後造文。"（T1958v47p0004a）本頁下注8："原本冠註曰：料簡，《琳音》所註作'敹柬'。"

按："敹"即"敹"字之訛。唐慧琳撰《一切經音義》卷一百《安樂集》："敹柬，上了彫反。《考聲》：'敹，理也。'《通俗文》作'撩'，今時用多作'撩'。《説文》：'敹，擇也。從手，尞聲。''敹'雖正體，字爲涉古，難用。《集》中從米從斤作'料'，非也。下姦眼反。《考聲》：'柬，擇也。'《説文》：'分别柬之也。從柬，從八，八者，分别也。'俗用或從手從柬作揀［揀］，誤也。《集》中作'蕑'，非義也。下文準此應知。"（T2128v54p0929c）此即《安樂集》注文所本。《説文·攴部》："敹，擇也。从攴，尞聲。""敹"左上所從之"卢"訛作"止"即成"敹"字。

0925 敹

唐道宣緝《量處輕重儀》："若依《僧祇》云：覆瘡衣、雨浴衣、漉水囊、二

種腰帶、臥具入分。《五分》又云：劫具衣、單敷衣、襯身衣，若被，即臥具之異名也。”（T1895v45p0846b）

按：“敷”即“敷”字之訛。金韓孝彥、韓道昭《四聲篇海・支部》收“敷”爲“敷”之異體，“支”或作“攵”，構件“甫”常與構件“叀”相混，故“敷”或訛作“敷”。唐道宣緝《量處輕重儀》：“單敷衣謂敷在床上。”（T1895v45p0845b）南朝宋佛陀什、竺道生譯《彌沙塞部和醯五分律》：“若婆那衣、蘇摩衣、劫貝衣、拘攝毛長五指。若僧伽梨優多羅僧安陀會、若下衣、若舍勒、若單敷、若襯身衣、若被、若坐具、若針綖囊、漉水囊、鉢囊、革屣囊、若大小鉢、戶鉤，如是等物是可分者。”（T1421v22p0139a）字皆作“敷”。

0926 魰

三國吴支謙譯《佛説義足經》：“佛復言：‘比丘，汝曹意何趣[5]漁獵者及屠牛者？以是故作以是業，以是自生活，寧得乘神象聖馬寶車恣意富樂不?’”（T0198v04p0189a）本頁下注 5：“漁＝魰《三》。”

按：“魰”與“漁”爲版本異文，“魰”即“漁”之異構字“敒”的書寫變異。《玉篇・魚部》：“䲆，語居切。捕魚。敒，同上。漁，亦同上。又作瀺。”

0927 鼓

佚名《祈願文》：“惠建八極安祥樂音競走鼓來迎梵。”（T2847v85p1298c）

按：疑“鼓”爲“鼓”之異寫。《説文・支部》：“鼓，擊鼓也。”《龍龕手鑑・文部》：“鼓，俗，音古。擊也。”“鼓”正爲“鼓”之俗體。

0928 散

南宋宗法等編、日本天桂傳尊再編《宏智禪師廣録》：“當日晚小參示衆云：護明降迹，破家散宅，達磨傳心，攙行奪市，我衲僧家本分事。”（T2001v48p0001c）

按：“散”即“散”字異寫，俗書“月”旁常寫作“日”旁。清鐵珊《增廣字學舉隅・正訛》已收“散”字。《集韻・換韻》先旰切：“散、散，《説文》：‘雜肉也。’一曰分也。隸作散。”“破家散宅”，佛經常見。隋闍那崛多譯《佛本行集經》：“於時多人，道説毀呰，各各唱言：沙門瞿曇，當令我等無有子息，令我等輩破家散宅，絕我後胤。”（T0190v03p0882b）“破家散宅”後來成爲禪宗語録常用之語。南宋賾藏主編《古尊宿語録》：“南泉云：我十八上便會作活計。趙州云：我十八上便會破家散宅。你道破家散宅好，解作活計好？初機底人且紹前語，久參底人直須破家散宅，更有一言萬里崖州。”（X1315v68p0160c）唐慧琳撰《一切經音義》：“林藪，桑苟反。散木爲林，澤中無水曰藪也。”（T2128v54p0490a）又：“樸散，普角反。王弼注《老經》云：‘樸，真也。’或從卜作‘朴’。《集》作‘散’，俗字也。”（T2128v54p0913c）“散”皆“散”字之訛。

0929 䰳

唐道世撰《法苑珠林》：“爾時小魚盡爲[4]䰳師所捕，舉著岸上，如是小魚大有死者（爲不受語爲網所害）。”（T2122v53p0631b）本頁下注4：“䰳＝魚《三》《宫》。”

按：“䰳”與“魚”爲異文，“䰳”即“䲡”之異寫字。“䲡”又“漁”之異體。《玉篇·魚部》：“䲡，語居切。捕魚。魰，同上。漁，亦同上。又作瀺。”“漁”“䲡”皆捕魚之義，此義文獻中或用“魚”字，爲通用字。東晋竺曇無蘭譯《佛説大魚事經》：“爾時小魚盡爲魚師所捕，舉著岸上。”（T0216v04p0801a）亦用“魚”字。《大正藏》“䰳”字凡10見，皆“䲡”之異寫字。

日部

0930 旹

唐窺基撰《妙法蓮華經玄賛》：“伺，音相吏反。《玉篇》：‘旹鼇反。奄也，候也。’闚覘伺視也。”（T1723v34p0853a）

按：“旹”字上部不甚清晰，當從“口”。此字爲“伺”的反切上字，根據讀音及字形，即“胥”字之異寫“旨”之訛。“胥”字或寫作“旨”，唐顔元孫《干禄字書·平聲》：“旨、胥，上通下正。”“旹”即“旨”字所從之“月”旁訛作“日”所致。《玉篇·人部》：“伺，胥咨、司志二切。候也，察也。《廣雅》《埤蒼》並作覗。”“伺”之切上字正作“胥”。

0931 旽

唐窺基撰《瑜伽師地論略纂》："論云：'謂從血鑵'者，此首[3]爲旽爲血鑵也，以能成熟血故。"（T1829v43p0119a）本頁下注 3："爲＝身イ《原》。"

按："旽"蓋爲"肚"之訛字。唐遁倫集撰《瑜伽論記》："'謂從血護'等者，景云：'肚爲血鑊，以盛多熱血故。'泰云：'若自死者血脈運內流盡，若他殺者間外流盡，上六血流已盡，此之謂也。'基云：'此首身肚爲血鑊也，以能盛熟血故。'"（T1828v42p0463c）"基"即指"窺基"，所引經文正爲《瑜伽師地論略纂》，從其經文文義及異文來看，"首爲旽"當爲"首身肚"之訛。"護"爲"鑊"字之訛。彌勒說、唐玄奘譯《瑜伽師地論》："又有二鎖：一形骸鎖，二支節鎖。形骸鎖者，謂從血[6]鑊脊骨乃至髑髏所住。支節鎖者，謂臂髆等骨連鎖及髀髆等骨連鎖。此中形骸鎖說名爲鎖，若支節鎖說名骨鎖。"（T1579v30p0452b）本頁下注 6："鑊＝鎖《三》。"此即諸家所本，字本作"謂從血鑊"。唐玄奘譯《本事經》："緣此貪故，受長夜苦，受猛利苦，受匱乏苦，增血鑊身，增空曠路，無量往返生那落迦傍生鬼界及阿素洛人天趣中，受諸劇苦，皆由眼根不調伏故。"（T0765v17p0686c）唐慧琳撰《一切經音義》卷五十六《本事經》第五卷："血鑊，黃郭反。《說文》：'鑴也。'《集訓》云：'有足曰鼎，無足曰鑊。'《說文》：'鑴也。從金，蒦聲。'蒦音同。"（T2128v54p0683c）唐普光述《俱舍論記》："羯吒私者，此名貪愛，亦名血[3]鑊。"（T1821v41p0162b）本頁下注 3："鑊＝鑵《甲》。"皆"血鑊"用例。

考諸字形，失譯《佛說師子月佛本生經》："王名寶光，國[4]土清淨如忉利天。生彼國土諸衆生等，皆行十善具戒無缺。"（T0176v03p0445a）本頁下注 4："土＝云《三》《聖》。"唐法全集《大毘盧遮那成佛神變加持經蓮華胎藏菩提幢標幟普通真言藏廣大成就瑜伽》："金剛薩埵真言曰（以第三三昧耶故，令自身[9]土皆如金剛，與無量持金剛衆而自圍繞）。"（T0853v18p0145b）本頁下注 9："土＝云《甲》。"日本阿寂記《妙印鈔》："釋云：'今［令］此身土皆如金剛'者，身者，尊特也；土者，法界宮也；如此身土者，自性法身境界故，常住不變如金剛，是即六大法界自性清淨萬德也，故云'今［令］此身土皆如金剛，與無量持金剛衆而自開遶'也。"（T2213v58p0336a）隋吉藏撰《大品遊意》："摩訶波若波羅經者，此[2]云名之爲大。"（T1696v33p0063b）本頁下注 2："云＝土カ《原》。""云"皆"土"字之訛。"土"或訛作"云"，故"肚"或訛作"旽"。

0932 冐

北宋法天譯《無能勝大明陀羅尼經》："難左儞哩嚩怛野（二合）阿耨哆囉三

摩野（二合）三[14]冐（引）地囉諦誐哆（引）諦（引）曩薩諦野（二合）”（T1234v21p0175c）本頁下注14：“冐=冒《宋》，胃《明》。”

按：“冐”與“冒”“胃”爲版本異文，“冐”即“冒”之訛，“胃”即“冒”之俗。从“目”與从“日”易訛。北宋法賢譯《揵稚梵讃》：“三摩野三冐（引）地。”（T1683v32p0771a）與“冐”對應之字作“冒”。日本空海撰《即身成佛義》：“梵音没馱冐地𑖤𑖲𑖟𑖿𑖠𑖤𑖺𑖠𑖰一字之轉。[5]没馱名覺，[6]冐地曰智，故諸經中所謂[8]三藐三冐地者，古翻云遍知，新譯等覺。”（T2428v77p0382a）本頁下注5：“没馱=𑖤𑖲𑖟𑖿𑖠《甲》。”注6：“冐地=𑖤𑖺𑖠𑖰《甲》。”注8：“三藐三冐地=𑖭𑖽𑖧𑖎𑖿𑖭𑖽𑖤𑖺𑖠𑖰《甲》。”日本淨嚴撰《悉曇三密鈔》：“𑖪𑖺，冐、舞、毛（金軌）。”（T2710v84p0746c）“冐”爲“𑖪𑖺（vo）”之譯音字。

唐慧琳撰《一切經音義》卷八十九《高僧傳》第五卷：“韡帽，下毛報反。《字書》云：‘冐謂冠也。’《古今正字》從巾冐聲。”（T2128v54p0877a）又卷九十四《續高僧傳》第十七卷：“爆聲，上包貌反。《廣雅》云：‘爆，熱也。’《考聲》云：‘燒柴竹聲也。’《説文》：‘灼也。從火、暴。’音抱冐反。”（T2128v54p0895c）“冐”亦皆“冒”字之訛。

0933 𣅡

日本善珠撰《唯識分量決》：“廣如《𣅡量》第十卷，三説後勝。”（T2321v71p0449c）

按：佚名《成唯識論本文抄》：“《分量決》云：……廣如《貶量》第十卷説，三説後勝（云云）。”（T2262v65p0530c）。《唯識分量決》：“廣如《貶量》第十説。”（T2321v71p0451a）與“𣅡”對應之字皆作“貶”，“𣅡”即“貶”字之訛。“貶量”佛經習見，指對人和事物進行貶責性的評價。世親造、唐玄奘譯《阿毘達磨俱舍論》：“少有貶量爲我失，判法正理在牟尼。”（T1558v29p0152b）唐窺基撰《妙法蓮華經玄賛》：“釋名者，如來者，法、報、化身之通名；壽者，所受之命；量謂齊限，此品明三種佛身命體齊限，任法性隨願緣，應群機受自體。今明此三佛命之齊限，故名如來壽量品。壽音植酉反，量音呂張反，謂貶量校量佛壽量，褒貶計校籌度三佛之壽命。”（T1723v34p0828c）“貶量”之“貶”爲褒貶義，“量”爲較量義。上揭諸經“貶量”爲書名。

鄭賢章《漢文佛典疑難俗字彙釋與研究》“𣅡”字條考證“𣅡”又爲“時”字之訛（p195），與“貶”字之訛者爲同形字。隋吉藏撰《維摩經義疏》：“此第三論義既周，拂天女迹，身子論義，言屈理窮，有愧[11]𣅡聽，故居士拂迹，明受屈大人，不足爲恥也。”（T1781v38p0970c）本頁下注11：“𣅡=時イ《甲》。”“𣅡”亦“時”字之訛。

0934 㫥

日本玄叡集《大乘三論大義鈔》："問：'此比量有何愆?'答：'謬像三支，妄陳僞執，免猶累[16]㫥，何稱真立。三支多過，粗爾論之，宗聖教相違，相符過失，違自教失。因不定之過，法差别失，同喻所立不成過失。'"（T2296v70p0162c）本頁下注16："㫥＝卵《乙》。"

按："㫥"與"卵"爲版本異文，"㫥"即"卵"字之訛。佛經常見"危如累卵""累卵之危"等語。此處"免猶累卵"，"免"爲"危"之訛。唐文軌述《因明入正理論疏》："謬像三支，妄陳僞執，危猶累卵，故名似立。"（X0848v53p0681a）正作"危猶累卵"。日本安澄撰《中論疏記》："問：'諸趣一一何食增?'答：'餓鬼趣意食增，以彼意行多故。[3]明生亦意思食增，以彼處卵當念母，故得不爛壞。"（T2255v65p0239b）本頁下注3："明＝卵《甲》。""明"與"卵"爲版本異文，據文意，"明"亦"卵"之訛，"㫥"與"明"形亦近。

0935 㬊

南朝梁寶唱等集《經律異相》："師子王生住深山大谷，方頰巨骨，身肉肥滿，頭大眼長，眉高而廣，口鼻[23]淵方，齒齊而利，吐赤白舌，雙耳高上，脩脊細腰，其腹不現，六牙長尾，髦髮光潤，自知氣力，牙爪鋒芒，四足據地，安住巖穴，振尾出聲，若有能具如是相者，當知真師子王。"（T2121v53p0244c）本頁下注23："淵＝㬊《三》《宫》。"

按："㬊"與"淵"爲版本異文，疑"㬊"爲"㬊"字之訛。"口鼻淵方"，龍樹造、後秦鳩摩羅什譯《大智度論》作"口鼻方大，厚實堅滿"（T1509v25p0244a），"淵"蓋言其大，然此種用法文獻少見。疑刻書者不解"淵"而改作"㬊"。塞建陀羅造、唐玄奘譯《入阿毘達磨論》："形色有八種，謂長短方圓，高下正不正。……方謂㬊方，圓謂團圓，形平等名正，形不平等名不正。"（T1554v28p0980c）"㬊方"爲正方之義，雖於義可通，但與經義不合，蓋爲臆改。

0936 昝

明袾宏輯《往生集》："昝定國學諭。宋昝定國，號省齋，爲州學諭。常念佛讀淨土諸經，每月三八，集僧俗諷經念佛。嘉定四年，夢青衣童告曰：佛令召君，三日當生彼國。至日沐浴更衣，念佛坐化。……計公。宋計公，四明桃源鐵工也。年七十，兩目喪明。里中⿱外日學諭，以擘窠圖印施，勸人念佛。計公初受一圖，念滿三十六萬聲。念至四圖，兩目瞭然。如是三載，念滿十七圖。一日念佛，忽氣絶，半日復蘇，曰：佛令分六圖與⿱外日學諭，是勸導之首。分一圖與李二公，是俵圖之人。囑其子往謝之，言訖沐浴西向而化。”（T2072v51p0140b、0142c）

按：“⿱外日”爲“昝”之異寫。《説文·曰部》：“朁，曾也。”徐鉉注：“今俗有⿱外日字，蓋朁之訛。”秦公《碑别字新編》“昝”字引《魏伏夫人昝雙仁墓誌》作“⿱外日”。《龍龕手鑑·日部》《玉篇·日部》《廣韻·感韻》《集韻·感韻》皆从“日”从“外”，云姓也。明梅膺祚《字彙·日部》、明張自烈《正字通·日部》皆作“昝”，姓也。明楊慎《升庵集》卷五十：“昝姓，《晋書》有昝堅，今襄陽多此姓。按，《説文》無此字也。蕭何封於酇，其地在襄陽之光化縣，其後因以爲姓，而酇訛爲昝（酇本作贊，贊訛爲昝）。”“⿱外日”爲姓氏專字，形體來源有不同説法，疑不能定。

0937 ⿰日芒

北魏瞿曇般若流支譯《正法念處經》：“若不調順，諸根瘦損，或復頭痛，或一眼一耳，半面疼痛，或目視[6]䀮䀮，或復鼻塞不知香臭，面色萎黄。”（T0721v17p0389b）本頁下注6：“䀮䀮＝⿰目荒⿰目荒《元》《明》，⿰日芒⿰日芒《宫》。”

按：“⿰日芒⿰日芒”與“䀮䀮”“⿰目荒⿰目荒”爲版本異文，“⿰日芒”即“⿰目巟”之異體“䀮”之訛，“⿰目荒”爲“⿰目巟”字之訛。《廣韻·唐韻》：“⿰目巟，目不明也。”“⿰目巟”或訛作“⿰目荒”。明章黼《重訂直音篇·目部》：“⿰目巟，音荒，目不明。⿰目荒、䀮，同上。”則“䀮”爲“⿰目巟”之異體。《大正藏》“䀮”字，宫本作“⿰日芒”，从“日”當爲从“目”之訛，經文正用爲目不明之義。失譯《佛説五王經》：“漸至年老，頭白齒落，目視[29]⿰目巟⿰目巟，耳聽不聰。”（T0523v14p0796b）本頁下注29：“⿰目巟⿰目巟＝茫茫《三》。”唐道世撰《法苑珠林》：“年老頭白齒落，目視[28]昏⿰目荒，耳聽不聰。”（T2122v53p0791c）本頁下注28：“昏＝睧《三》《宫》。”“⿰目巟⿰目巟”“⿰目荒⿰目荒”“茫茫”亦皆視物不明之義。

0938 ⿱日邦

隋吉藏撰《仁王般若經疏》：“一處三十日，行十二月得一周。從鷄狗猪鼠四處行無水，從兔蛇羊猴四處行則多水，從牛虎龍馬四處行平水，平水則不多不少。風星者即⿱日邦星，在虎處則高，一處三十日，行猴處行則下。若高多風無雨，若下

多雨少風。”（T1707v33p0355a）

按：“⿱日邦”即“昴”字之訛，下所從之“卯”訛作形近之“邦”。日本珍海撰《三論名教抄》：“風星即昴星。”（T2306v70p0832a）日本杲寶撰《大日經疏演奥鈔》：“嘉祥《仁王經疏》下云：一處三十日，行十二月得一周。從雞狗猪鼠四處行無水，從兔蛇羊猴四處行則多水，從牛虎龍馬四處行平［水］，平水則不多不少。風星者即昴星，是在虎處則高，一處三十日，行猴處行則下。若高多風無雨，若下多雨少風。”（T2216v59p0058c）與“⿱日邦”對應之字皆作“昴”。

0939 ⿰日⿱𠂉日

唐法全集《供養護世八天法》：“燈明真言曰：右羽爲拳竪火輪空押風捻火中節：曩莫三滿多没馱喃怛他（引）蘗多（引）囉⿰日⿱𠂉日（二合）娑叵（二合）囉儜嚩婆（引）娑曩誐誐猱那哩也（二合）娑嚩（二合）賀。”（T1295v21p0381a）

按：“⿰日⿱𠂉日”即“脂”字之訛。唐法全撰《大毘盧遮那成佛神變加持經蓮華胎藏悲生曼荼羅廣大成就儀軌供養方便會》：“曩莫三滿多没馱喃（引。一）怛他（引）蘗多（引）囉脂（二合。二）娑叵（二合）囉儜嚩婆（引）娑曩（三）誐誐猱娜哩野（二合。四）娑嚩（二合）賀。”（T0852v18p0114a）與“⿰日⿱𠂉日”對應之字作“脂”。日本淨嚴撰《悉曇三密鈔》：“𑖓𑖰，支、斯、氏、訾、肢、施、尸、脂、旨、思、紙、只、紫、資、制（摩利支真言）、西（同上）、砥、咨、止、室、唧（隨求）、質（佛頂）、振、震（大疏）。”（T2710v84p0742b）“脂”爲“𑖓𑖰（ci）”的譯音字。《偏類碑别字·肉部》、秦公《碑别字新編·肉部》“脂”字均録有《唐游石室新記》作“⿰日⿱𠂉日”。李琳華編《佛教難字字典·肉部》“脂”字下收“⿰月⿱𠂉日”“⿰日⿱𠂉日”。“⿰日⿱𠂉日”从“日”，當爲“月”之訛。

0940 ⿰日旨

日本明覺撰《悉曇要訣》：“如[illegible]，僧愼爾耶大將，古云散⿰日旨，豈非直呼上字而加伊點耶？”（T2706v84p0504b）

按：“⿰日旨”即“脂”字之訛，“月”旁訛作“日”旁耳。鄭賢章《漢文佛典疑難俗字彙釋與研究》已有考證（p197）。日本心覺撰《多羅葉記》：“僧愼爾耶，此云正了知。古云散脂，訛略也。陳真諦云：散脂者，此云塵補蘇跋。”（T2707v84p0596b）與“⿰日旨”對應之字作“脂”。隋吉藏撰《法華義疏》：“有人言，是鬼神，如金光明散⿰日旨大將，散⿰日旨大將屬毘沙門，出《大集經》。”（T1721v34p0628c）日本杲寶撰《大日經疏演奥鈔》：“有人言，是鬼神，如金光明散脂大將，散脂大將屬毘沙門，出《大集經》。”（T2216v59p0160c）

唐道世撰《法苑珠林》："迷梨隸 嗘隸 [10]晵隸嗘（虛爾反）隸。"（T2122 v53p0738a）本頁下注 10："晵＝脂《元》。"唐慧琳撰《一切經音義》："瘖痍，與晵反。《通俗文》：'體瘡曰痍，頭瘡曰瘍也。'瘍音陽也。"（T2128 v54p0654c）佚名《翻梵語》："阿晵羅婆提，亦云阿晵羅阿夷羅和帝，譯曰遲流。"（T2130 v54p1044b）"晵"皆"脂"字之訛。

0941 𣅈

唐道宣撰《廣弘明集》："陳江總《入攝山栖霞寺》一首并序：……行行備履歷，步步轔巖紆。高僧迹共遠，勝地心相符。樵隱各有得，丹青獨不渝（寺猶有朗詮二師，居士明僧紹，治中蕭[35]𣊬素圖像）。遺風佇芳桂，比德喻生芻。寄言長往客，悽然傷鄙夫。"（T2103v52p0356b）本頁下注 35："𣊬素＝𣅈塑《三》《宮》。"

按："𣅈塑"與"𣊬素"爲版本異文，"𣊬"即"曬"之訛，"曬"或作"晒"，"𣅈"即"晒"字之訛。四庫本之《漢魏六朝百三家集·江總〈攝山棲霞寺碑〉》："……倏見齊居士平原明僧紹，空解淵深，至理高妙，遺榮軒冕，遁跡巖穴。宋泰始中嘗遊此山，乃有終焉之志。……先有名德僧朗法師者，……南蘭陵蕭曬，幽棲抗志，獨法絶羣，遁世兹山，多歷年所。臨終遺言，𦵏法師墓側。"字作"曬"。參 0983"𣊬"字條。

0942 馳

南宋智昭集《人天眼目》："擡搦繇來作者知，箇中一字兩頭垂。同生同死何時曉，雙放雙收擧世疑。照膽蟾光沈碧漢，拍天滄海浸須彌。聞韶忘味有餘樂，方識詩人句外[40]奇。"（T2006v48p0309c）本頁下注 40："奇＝馳ィ《原》，馳《甲》。"

按："馳"與"馳""奇"爲版本異文，"馳"即"馳"字之訛。《論語·述而》："子在齊聞《韶》，三月不知肉味，曰：'不圖爲樂之至於斯也！'""聞韶忘味"即用其典，本用來形容沉浸於優美音樂中的精神狀態，文中用來形容沉浸於美妙詩句中的精神狀態，後句接此句，言沉浸在美妙詩句中時才體會到詩人在詩句之外所要表達的奇思妙想。字或作"馳"者，"馳"蓋馳思、馳神之義，謂詩句之外馳神韻思，於意亦通。"馳"蓋"馳"刻寫偶誤。

0943 ⿰日坒

唐菩提流志譯《不空羂索神變真言經》："燃火真言：唵三（去）曼彈（一）入縛攞（二）摩攞蘗[4]⿰月坒（三）摩訶鉢頭（二合）麽入縛⿰口隸（四）𤙖（五）。"（T1092v20p0330a）本頁下注 4："⿰月坒＝⿰日坒《元》《明》《乙》。"

按："⿰月坒"與"⿰日坒"爲版本異文，"⿰日坒"即"⿰月坒"之訛。日本淨嚴撰《悉曇三密鈔》："𑖥𑖸，陛、閉（寶篋印）、⿰月坒（佛頂）。"（T2710v84p0745c）"⿰月坒"爲"𑖥𑖸（bhe）"的譯音字。

0944 ⿰日男

北涼曇無讖譯《大方等大集經》第二十二卷："勿力呵（一）勿力呵（二）勿力呵（三）勿力呵（四）阿婆勿力呵（五）薩㲚勿力呵（六）修婆奢勿力呵（七）那婆勿力呵（八）修頗婆（九）阿能伽（十）柢比叉（十一）闍蛇私羅（十二）那婆噢⿰日男（十三）呿伽鉢羅（十四）那囉那譋（十五）。"（T0397v13p0162b）

按："⿰日男"即"⿰口男"字之訛。林光明《新編大藏全咒》卷一《大方等大集經》"四天王及功德天護此經"中"⿰日男"的梵文羅馬轉寫作"nan"（v1p119）。《龍龕手鑑·口部》："⿰口男，俗。喃，正。女咸反。詀喃，語聲也。"金韓孝彦、韓道昭《改併四聲篇海·口部》："⿰口男，女咸切。與喃同。"明張自烈《正字通·口部》："⿰口男，俗喃字。""男""南"古同音，故"⿰口男"爲"喃"之異體字。"口"訛作"日"則作"⿰日男"。

唐慧琳撰《一切經音義》卷十七《大方等大集經》第二十一卷："陀⿰口男，或作'諵''喃'二形，同，女咸反。"（T2128v54p0414a）唐慧琳撰《一切經音義》卷三十八《大雲請雨經》："伽⿰口男，女咸反。"（T2128v54p0556c）北周闍那耶舍譯《大雲經請雨品第六十四》："伊蘭跋[30]男那伽羅闍（一）薩珠馱耶寐（二）鉢跋利呵闍浮提卑莎呵（三）。"（T0993v19p0512c）本頁下注 30："男＝⿰口男《三》。""⿰口男"皆用爲譯音字。

0945 ⿰日利

唐阿地瞿多譯《陀羅尼集經》："薩婆[20]揭奚（上音）瑟婆（二合）阿跋囉

（上，二合）提何（上音）途婆摩（去音）耶抪（七十四）。”（T0901v18p0836b）本頁下注 20：“揭+（㘑）《元》《明》《甲》《乙》。”

按：《元》《明》《甲》《乙》諸本“揭”後有“㘑”字，“㘑”蓋爲“唎”之訛字。明張自烈《正字通・口部》“唎”字下云：“梵書呪語多唎字，義闕。”此處正用於呪語。《陀羅尼集經》：“薩婆揭㗚（二合）醯（去音）瑟皤（二合。七十五）阿跋囉提訶徙跛麽（七十六）。”（T0901v18p0835b）“㗚”與“唎”爲同一梵文的不同譯音字。

0946 䏐

佚名《翻梵語》：“修修羅䏐，應云脩伽羅，譯曰猪也。”（T2130v54p1053a）

按：“䏐”即“脂”字之訛。日本心覺撰《多羅葉記》：“修修羅脂，可云修伽羅，此云猪。”（T2707v84p0640c）文與《翻梵語》同，與“䏐”對應之字正爲“脂”。東晉佛陀跋陀羅、法顯譯《摩訶僧祇律》：“脂者，魚脂、熊脂、羆脂、修修羅脂、猪脂。此諸脂無骨無肉無血無臭香無食氣，頓受聽七日病比丘食，是名脂。”（T1425v22p0244c）“修修羅脂”乃一種脂的名稱。《多羅葉記》：“𑖭𑖲𑖎𑖩，猪。”（T2707v84p0596c）“𑖭𑖲𑖎𑖩”讀“sukala”，故對音當以“脩伽羅”爲是，而“修修羅脂”或“脩伽羅脂”義爲豬脂。《摩訶僧祇律》“修修羅脂”與“猪脂”並列，或有誤。“修修羅脂”與“猪脂”爲同物異稱，“修修羅脂”爲梵漢合璧詞，“猪脂”爲意譯詞，顯然不能兩者同時與“魚脂、熊脂、羆脂”等不同脂名並稱之。佛經中有所謂“五脂”之説，經中多見，如，東晉佛陀耶舍、竺佛念譯《四分律》：“爾時尊者舍利弗風病動，醫教服五種脂：熊脂、魚脂、驢脂、猪脂、摩竭魚脂。聽服此五種脂，時受時煮時漉如服油法時，非時受非時煮非時漉若服者如法治。”（T1428v22p0627b）又：“爾時舍利弗患風，醫教服五種脂：[22]羆脂、魚脂、驢脂、猪脂、失守摩羅脂。白佛，佛言聽服。時受時漉時煮如油法服，非時受非時漉非時煮不應服，若服如法治。”（T1428v22p0869c）本頁下注 22：“羆=熊《三》，騾《宮》。”佚名《毘尼心》：“五種脂：一熊脂，二魚脂，三驢脂，四猪脂，五[41]竭摩魚脂。”（T2792v85p0670b）本頁下注 41：“竭摩=摩竭《甲》。”所列五中脂之名不盡相同，然皆不以“修修羅脂”或“脩伽羅脂”與“猪脂”並列，疑“猪脂”爲旁注誤入正文，又删另一脂名以合五脂之數。

0947 晼

西晉竺法護譯《文殊支利普超三昧經》：“又問濡首：‘塵勞之欲爲是道乎？

云何與合？’濡首答曰：‘王意云何？其曰明者與冥合耶？’答曰：‘不也。’‘日明這［適］出，衆冥[41]晄滅。王寧别知冥所去處乎？在於何方？積聚何所？’答曰：‘不及。’”（T0627v15p0415c）本頁下注41：“晄＝睆《三》，茫《宫》。”

按：“晄”與“睆”“茫”爲版本異文，“晄”“睆”皆“䀮”之訛字，“茫”與“䀮”通用。《廣韻·唐韻》莫郎切：“䀮，目不明也。”東漢支婁迦讖譯《佛説阿闍世王經》：“文殊師利言：‘汝知日明與冥合不？’阿闍世言：‘不合。所以者何？日出衆冥晦滅。’文殊師利言：‘王寧知冥何所去處乎？’答言：‘不見可處而在何所處？’文殊師利言：‘所謂道智來時，譬若日出不可知衆冥所在，如是時亦不知未脱所在。’”（T0626v15p0396b）“䀮滅”與“晦滅”義近。“䀮”或訛作“睆”。明章黼《重訂直音篇·目部》：“睆，音荒，目不明。”失譯《佛説五王經》：“漸至年老，頭白齒落，目視[29]睆睆，耳聽不聰。”（T0523v14p0796b）本頁下注29：“睆睆＝茫茫《三》。”《可洪音義》卷十四《五王經》：“睆睆，莫郎反。目不明也。正作‘盳’‘䀮’二形。又呼光反，旱熱也，非。”（v59p1101b）“睆”即“䀮”字之訛。“睆”所從之“目”訛作“日”則作“晄”。《可洪音義》卷六《文殊師利普超三昧經》中卷：“晄滅，莫郎反。遽也，遠也，怖也。正作‘萠’‘茫’二形，出《經音義》。”（v59p755b）唐玄應撰《一切經音義》（麗藏本）卷七《普超三昧經》中卷：“[illegible]滅，莫荒反。[illegible][illegible]，遠皃也。《經》文有作‘[illegible]’，呼晃反。”（p101b）玄應所見本作“[illegible]”，“[illegible]”亦當爲“䀮”之訛。《玉篇·日部》：“晄，呼晃切。旱熱也。”玄應“呼晃反”之切音當本此，可洪“又呼光反，旱熱也，非”亦本此。

0948 睆

唐道世撰《法苑珠林》：“廬江[4]腕、摐［樅］陽二縣境上有大青小青，黑居山野之中。時聞有哭聲，多者至數十人，男女大小如始喪者。隣人驚駭，至彼奔赴，常不見人。然於哭地必有死喪，率聲若多則爲大家，聲若小者則爲小家。”（T2122v53p0332a）本頁下注4：“腕＝睆《三》，脘《宫》。”

按：四庫本作“[illegible]”。“睆”與“脘”“腕”“[illegible]”爲版本異文，諸字皆“皖”字之訛。《漢書·地理志》：“廬江郡……縣十二……樅陽……晥。”（中華書局，1962年，p1568–1569）《康熙字典·目部》：“《路史·國名記》：‘舒之懷寧有睆故城。’睆與皖通。”《後漢書·光武帝紀下》：“妖巫李廣等羣起據皖城。”李賢注：“皖，縣名，屬廬江郡，故城在今舒州，有皖水。”清顧祖禹《讀史方輿紀要·江南八·安慶府》：“《禹貢》揚州之域，春秋時爲皖國，戰國屬楚，秦屬九江郡，二漢屬廬江郡。”作地名當以“皖”爲正，或通作“睆”。東晉干寶《搜神記》卷十二：“廬江[illegible]、樅陽二縣境上有大青小青，黑居山野之中。時聞哭聲，多者至數十人，男女大小如始喪者。鄰人驚駭，至彼奔赴，常不見人。然於哭地必有死喪，率聲若多則爲大家，聲若小則爲小家。”“朊”亦“皖”字之訛。南朝梁寶唱撰《比丘尼傳》：“以元嘉八年大造形像，處處安置。彭城寺金像二軀，帳座[5]完具。”（T2063v50p0938a）本頁下注5：“完=宛《三》。”龍樹造、後秦鳩摩羅什譯《大智度論》：“是人終不墮三惡道，受身[1]完具。”（T1509v25p0469a）本頁下注1：“完=宛《聖》。”日本觀靜撰《孔雀經音義》：“一風吹熱沙著身，身[2]完爛壞。”（T2244v61p0775a）本頁下注2：“完=究《甲》，宗《乙》。”“完”與“宛”“究”或混誤，故“皖”或訛作“腕”“晥”。

0949 晵

衆賢造、唐玄奘譯《阿毘達磨順正理論》：“隨月虧盈，水有增減，然大海水不住月中，故所立因，有不定失。若爾眼識何不能取眼依肉團眼、藥眼、籌眼[3]瞼瞖等？設許眼識住眼根中，極相逼故，可不能取。既許眼識如非住境亦不住根，豈不如色亦應能取眼肉團等，此亦不然。”（T1562v29p0369c）本頁下注3：“瞼瞖=驗晵《宮》。”

按：“驗晵”與“瞼瞖”爲版本異文，“晵”即“瞖”字之訛。《玉篇·目部》：“瞖，眼疾也。”南宋婁機《漢隸字源·之韻》“醫”字引《司農劉夫人碑》作“毉”，清顧藹吉《隸辨·之韻》引《衡方碑》作“毉”。《可洪音義》卷十八《阿毘達磨發智論》第二十卷：“瞖泥，上一計反，下奴計反，此云苦聖諦。”（v60p92b）迦多衍尼子造、唐玄奘譯《阿毘達磨發智論》：“[3]醫泥及謎泥，蹋鋪達鞢鋪。……*醫泥者，顯苦聖諦。”（T1544v26p1031a）本頁下注3：“醫=瞖《三》《宮》*.”《可洪音義》“瞖泥”當作“瞖泥”，“瞖”即“瞖”字之訛。《可洪音義》卷十九《俱舍論》第二十七卷：“无瞖，一計反。”（v60p136b）世親造、唐玄奘譯《阿毘達磨俱舍論》：“修得眼耳過現當生恒是同分，以至現在必與識俱能見聞故，處所必具無翳無缺。”（T1558v29p0144c）“瞖”亦“瞖”字之訛。構件“医”旁或訛作“臣”“目”等形。此“晵”所從“巳”與“目”形近，可比勘之。

0950 趧

唐菩提流志譯《不空羂索神變真言經》：“薩縛弭[1]趍娜跛（二合）囉舍麽儞（十四）旃歌囉僧（去）歌囉（十五）鉢（二合）頭麽比主（癡矩反。十六）播弭瑟䰞（十七）。”（T1092v20p0279a）本頁下注1：“趍=趧《宋》。”

按：“趧”與“趍”爲版本異文，“趧”即“趍”字之訛。同上經：“覩嚕覩嚕（十三）薩縛弭趍娜（十四）弭那舍儞（十五）。”（T1092v20p0279b）又：

“薩縛弭䞩那弭那舍娜迦囉（七十三句）。”（T1092v20p0280b）字皆作“䞩”。日本淨嚴撰《悉曇三密鈔》：“，儗（胎）、近、疑、擬、宜、耆、衹、蟻（大流）、岐、䞩（羂索經）、𧯺（切身。慈氏軌）、祁、其。”（T2710v84p0742a）“䞩”爲“（gi）”的譯音字。“䞩”訛作“䟸”者，“走”旁訛作“是”旁也。參0955“䟸”字條。

0951 晍

唐禮言集《梵語雜名》：“髓，末熱晍，。”（T2135v54p1223b）

按：“晍”即“喏”之訛字。《集韻·禡韻》爾者切：“喏，應聲。”在此用爲譯音字。同上經：“聽許，阿拏日喏哆，。”（T2135v54p1225b）又：“喫，地娜又蒲喏娜，。”（T2135v54p1225c）日本淨嚴撰《悉曇三密鈔》：“梵云喏哆也，是生義。”（T2710v84p0797a）“喏”皆“（ja）”之譯音字。《悉曇三密鈔》：“，社、若、惹、闍、結、搓。”（T2710v84p0742c）“（ja）”的譯音字又作“若”“惹”。唐義淨撰《梵語千字文》（安永二年敬光刊本）：“，滿惹（重引），髓。”（T2133Bv54p1197a）“（jja）”的譯音字又作“惹”。據此，“喏”“惹”皆可爲“（ja）”與“（jja）”的譯音字。

0952 㬋

佚名《維摩疏釋前小序抄》：“什曰：大士之道利彼亡軀，若使大教流傳能洗晤朦俗，雖復身當㬋鑵，苦而芒恨。”（T2775v85p0436a）

按：“㬋”即“鼎”之訛。“鼎”或作“鼑”（見《龍龕·斤部》），“㬋”與“鼑”形近，即其形之進一步寫訛。唐道掖撰《淨名經關中釋抄》：“什曰：大士之道利彼亡軀，若使大教流傳能洗晤蒙俗，雖復身當鼎鑊，苦而無恨。”（T2778v85p0510a）字作“鼎鑊”。“鼎”和“鑊”本來指古代的兩種烹飪器具，用鼎鑊烹人是古代的一種酷刑。“身當鼎鑊”言身體遭受像鼎鑊烹人那樣極端的痛苦。

0953 㬋

唐景淨譯《景教三威蒙度讚》：“願捨群生積重罪，善護真性得無繇。聖子端任父右座，其座復超無㬋高。大師願彼乞衆請，降栰使免火江漂。”（T2143 v54p1288b）

按："鼎"即"鼎"之訛。《龍龕·斤部》："鼑、鼒、斲，三俗；鼎，正。音頂，三足兩耳，亦鎗屬。""鼎"與"斲"形近，乃一字之變。

0954 晭

唐道宣撰《廣弘明集》："萬苦競來，百憂爭往。妻子翻爲桎梏，親愛更如羅網。私里恒弊巑岏，王事徒勞鞅掌。榮華有同水沫，富貴實如山響。然自沈淪倒惑，恒懷磣毒。不孝不慈，無道無德。胸衿懺戾，心[59]府蠶賊。自大嬌奢，志能苛剋。不行仁義，誰論典則。"（T2103v52p0341c）本頁下注 59："府蠶 = 晭讒《三》《宮》。"

按："晭讒"與"府蠶"爲版本異文，"晭"即"腑"字之訛。从"月"之字多有訛作"日"者。此處"心腑"正與"胸衿"對應。底本作"府"，爲"腑"之古字。

0955 蹍

日本心覺撰《多羅葉記》："遮迦[5]蹍，此云輪。"（T2707v84p0625c）本頁下注 5："蹍 = 越イ《甲》。"

按："蹍"與"越"爲版本異文，"蹍"即"越"字之訛，"走"旁訛作"是"旁，"戉"旁訛作"氐"旁也。唐慧琳撰《一切經音義》："遮迦越羅，正言斫迦羅伐辣底遏邏闍，此譯云轉輪王也。"（T2128v54p0357a）佚名《翻梵語》："遮迦越，應云遮迦羅跋帝，譯曰輪轉。"（T2130v54p1010a）考諸字形，"越"或作"赿"（見《可洪音義》v60p249b），"戉"旁或訛作"氐"旁。又，西晋竺法護譯《等目菩薩所問三昧經》："譬如衆生，死所歸向，而心由[4]走，菩薩亦如是。"（T0288v10p0582a）本頁下注 4："走 = 是《明》。""走"爲"是"字之訛。唐道世撰《法苑珠林》："鍼毛鬼者，此鬼身毛堅剛，鋸利不可附近。內鑽自體外射多身，如鹿中毒箭，怖狂[44]走，時逢不淨，少濟飢渴。"（T2122v53p0312c）本頁下注 44："走 = 是《宮》。"四庫本作"走"。"是"又"走"字之訛。世親造、金剛仙釋、北魏菩提流支譯《金剛仙論》："下句云：如是因當識，如是因者，初地檀波羅蜜即[7]走了因行也。因義既成，勸人識知也。"（T1512v25p0839b）本頁下注 7："走 = 是?"諸本皆作"走"，注者疑"走"爲"是"字之訛，據文意，"是"字是，"走"乃"是"字之訛。"戉"或訛作"氐"，"走"或訛作"是"，故"越"或訛作"蹍"。

0956 䁜

唐窺基撰《妙法蓮華經玄賛》："九、鼬。余救反。……應作鼬字，與貁同，去聲呼，乃是黄[16]䁜之儔，性能傷殺，其形小也。"（T1723v34p0758a）本頁下注16："䁜＝䁜《聖》。"

按："䁜"即"胥"字之訛。參0964"䁝"字條。

0957 䁝

唐窺基撰《妙法蓮華經玄賛》："九、鼬。余救反。……應作鼬字，與貁同，去聲呼，乃是黄[16]䁝之儔，性能傷殺，其形小也。"（T1723v34p0758b）本頁下注16："䁝＝䁜《聖》。"

按："䁝"即"胥"字之訛。唐慧琳撰《一切經音義》："蜾螺，上戈火反，下盧果反。《毛詩傳》云：'蒲蘆也。'郭云：'即細䁝蜂也。俗呼爲蠮螉也。'"（T2128v54p0904a）"䁝"亦"胥"字之訛。《大正藏》"䁝"字凡14見，皆"胥"字之訛。參0964"䁝"字條。

0958 晈

東晉僧肇撰《注維摩詰經》："生曰：理常[7]皎然若此，而衆生乖之彌劫，菩薩既以悟之，能不示諸？此假爲觀意設念，非實念也。"（T1775v38p0384b）本頁下注7："皎＝晈《甲》。"

按："晈"與"皎"爲版本異文。鄭賢章《漢文佛典疑難俗字彙釋與研究》"晈"字條："'晈'，大型字典失收，即'皎'字。"（p197）根據異文判定"晈"即"皎"字，但未考辨兩者之形體關係。"晈"與"皎"形體差異較大，無直接關係。疑"晈"乃"曒"字之訛，"曒"與"皎"音義皆近。唐玄應撰《一切經音義》（麗藏本）卷四《大方便報恩經》第二卷："曒然，古文'曒''皦'二形，今作'皎'，同，公鳥反。《埤蒼》：'曒，明也，淨也。'"（p58a）唐慧琳撰《一切經音義》卷四十三《大方便報恩經》第二卷："曒然，古文'曒''皎'二形，今作'皎'，同，公鳥反。《埤蒼》云：'曒，明也，淨也。'"（T2128v54p0597a）又卷五十七《佛説分別善惡所起經》："曒若，上澆澆反。《埤蒼》云：'曒，明也。'《考聲》云：'光明貌也。'《古今正字》云：月光也。從日，敫聲。亦作'皎'也。"（T2128v54p0686b）東漢安世高譯《佛説分別善惡所起經》："後常值聖人，[1]曒若星中月。"（T0729 v17p0523a）本頁下注 1："曒 = 皦《宋》《元》《宮》。""皦"同"曒""皎"，有明亮、明白義，與文意合。"曒"作"敫"者，蓋由"曒"中間所從之部件訛省"方"所致。

0959 䀽

日本善珠撰《因明論疏明燈抄》："改前麟德爲乾封元年，大赦天下，賜䀽七日。三月駕至東都，其月還京。"（T2270v68p0321b）

按："䀽"即"酺"字之訛。《説文·酉部》："酺，王德布大歆酒也。"《史記·秦始皇本紀》："天下大酺。"唐張守節正義："天下歡樂大飲酒也。"《漢書·文帝紀》："朕初即位，其赦天下，賜民爵一級，女子百户牛酒，酺五日。"唐顔師古注："文穎曰：'漢律，三人以上無故羣飲酒，罰金四兩，今詔橫賜得令會聚飲食五日也。'酺之爲言布也。王德布於天下而合聚飲食爲酺。""酺"指在國家喜慶的日子特賜臣民聚會飲酒，因此飲爲國君特賜，故亦稱"賜酺"，後晋劉昫撰《舊唐書·太宗本紀下》："甲寅，大赦，賜酺五日。""賜䀽七日"即"賜酺七日"，"䀽"即"酺"字之訛。

0960 鼎

日本光定撰《傳述一心戒文》："維弘仁十年龍集己亥夏四月，於比叡山，鑄息苦鐘於禪院。傳火血刀於塵劫，鼎文不朽，鐘銘無損，盍記聖記，哲銘宗銘。時哉，鐘上有八院，將鏤忍草，夫像法獨善，如來不許，末世勸化，釋尊稱歎，一身難辨。"（T2379v74p0647a）

按："鼎"即"鼎"字之訛。"鼎"作"鼎"（見清吴任臣《字彙補·斤部》）、"鼎"（見《龍龕·斤部》）、"鼎"（見金韓孝彦、韓道昭《四聲篇海·斤部》）等形，"鼎"與"鼎"形近，蓋即其形之訛。"鼎文"與"鐘銘"相對爲文，"鼎"即用其宗廟禮器之義。日本觀靜撰《孔雀經音義》："我師高明，春秋鼎盛，親承示誨，誠無所誤。"（T2244 v61p0771c）"鼎"亦"鼎"字之訛，"鼎盛"指壯年，文獻習見。

0961 揭

唐義淨譯《根本説一切有部苾芻尼毘奈耶》："於彼四方釘揭地羅木，以五色

線而圍繫之。”（T1443v23p0920b）

按：“朅”即“朅”字異寫。唐慧琳撰《一切經音義》卷六十《根本説一切有部苾芻尼毘奈耶》：“朅地羅木，蹇孽反。梵語。西方堅硬木名也。古譯曰‘佉陀羅’，堪爲橛釘也。”（T2128v54p0707b）日本淨嚴撰《悉曇三密鈔》：“𑖏，佉、竭、朅（胎軌）、渴（隨求）。”（T2710v84p0741c）“朅”“竭”“佉”皆梵文“𑖏（kha）”之譯音字。

0962 曚

日本願曉等集《金光明最勝王經玄樞》：“北凉沮渠蒙遜之世，有三藏法師名曇無讖，晋云法豐，送經龜兹至河西涼州，燉煌武威姑臧，[5]曚遜欽重恭敬供養法師。”（T2196v56p0491b）本頁下注 5：“曚＝蒙《甲》。”

按：“曚”與“蒙”爲版本異文，“曚”蓋爲“蒙”字之訛。疑“蒙”訛作“矇”或“曚”，因訛作“曚”。“蒙遜”，人名，匈奴人，十六國時曾爲北涼君主，鎮守姑藏。《晋書·沮渠蒙遜載記》：“沮渠蒙遜，臨松盧水胡人也。其先世爲匈奴左沮渠，遂以官爲氏焉。蒙遜博涉群史，頗曉天文，雄傑有英略，滑稽善權變。”

考諸字形，唐禮言集《梵語雜名》：“園，烏儞也（二合，引）曩，又阿羅麼，亦[25]蒙也，𑖄𑖟𑖿𑖧𑖯𑖡，𑖁𑖨𑖯𑖦。”（T2135v54p1234b）本頁下注 25：“蒙＝菀《甲》。”日本心覺撰《多羅葉記》：“園，𑖁𑖨𑖯𑖦，𑖄𑖟𑖿𑖧𑖯𑖡，阿羅麼，又烏儞也（二合）曩，又苑也。”（T2707v84p0617a）“苑”與“園”義近，當以“苑”字爲正，“菀”通“苑”，“蒙”則“菀”字之訛。“菀”或訛作“蒙”，故“矇”或“曚”亦或訛作“曚”。

0963 暞

唐菩提流志譯《不空羂索神變真言經》：“沈水香、白栴檀香、蘇合香、安悉香、熏陸香、娑邏枳香、畢[8]嘌迦香、囉娑香、白膠香、龍腦香，塗散丸燒而供養之。”（T1092v20p0341c）本頁下注 8：“嘌＝暞《宋》。”

按：“暞”與“嘌”爲版本異文，“暞”即“嘌”字之訛。“畢嘌迦香”，梵語香名，又作“必栗迦”“畢力迦香”“畢哩迦香”等，“嘌”“栗”“力”“哩”均爲譯音用字，“嘌”爲“栗”加“口”旁所造的譯音字。“口”“日”形近易混，故“嘌”或訛作“暞”。

0964 晋

唐窺基撰《妙法蓮華經玄賛》："九、鼬。余救反。……應作鼬字，與狖同，去聲呼，乃是黄[16]晋之儔，性能傷殺，其形小也。"（T1723v34p0758a）本頁下注16："晋＝晋《聖》。"

按：正文作"晋"，注文作"晋"，異文作"罯"，三形皆"晋"字之訛，"晋"又"腰"之異體。"黄腰"又作"黄要"，獸名，《文選·司馬相如〈上林賦〉》："獑胡豰蛫。"晋郭璞注："豰，似鼬而大，要以後黄，一名黄腰，食獮猴。"黄征《敦煌俗字典》"腰"字條收録"晋""晋"二形（p484）。構件"月""日"形近而混，故《妙法蓮華經玄賛》正文作"晋"。而注文又將中間的"女"訛作"文"，而有"晋"形。又訛作"上"，而有"罯"形。

0965 暕

唐菩提流志譯《大寶積經》："復有大德沙門承禮、雲觀、神[1]暕、道本等次文者，庇影多林，息肩香窟，勤修精進，纂而次之。"（T0310v11p0002a）本頁下注1："暕＝暕《宋》。"

按："暕""暕"與"暕"爲版本異文，三者皆"暕"字之訛。"神暕"爲沙門之名，唐智昇撰《開元釋教録》："沙門承禮、神暕、雲觀等次文。"（T2154v55p0570c）唐圓照撰《貞元新定釋教目録》："沙門承禮、神暕、雲觀等次文。"（T2157v55p0873b）皆作"神暕"。

0966 㬝

唐阿地瞿多譯《陀羅尼集經》："次左上一菩薩通身黄色，頭戴華冠，耳有白環，其像頂後有圓赤光，以華白褺絞其右臂，向後而出左腋間上，絞絡其膊。右手屈臂在右髀上，以大母指頭指相捻，中指無名指屈在掌中，小指直竪。左手屈臂，横在左脚髀㬝間，覆手把一物，物作緑色，其物向上，頭少漸尖，向下漸麁方而且圓（如唐靴箄），中心一道青色，竪頭向其身上。著朝霞裙，偏加而坐赤蓮華上。次下一菩薩通身黄色，頭戴華冠作青圓光，其像兩耳各有寶璫，赤裹脣白穿在耳中，以華白褺袜絞肚上。右手屈臂以大母指頭指相捻，餘三指散，以手覆在右乳房上，左手屈臂，正當押在左髀膝間，仰承把前菩薩手中所把似靴箄者。

著朝霞裙，偏跏而坐青蓮華上。”（T0901v18p0842a）

按：“膝”即“膝”字之訛。“日”“月”形近而混。此處描寫菩薩的姿態，後文“髀膝間”重複出現，與此處文意相似。

0967 瞜

優波底沙造、南朝梁僧伽婆羅譯《解脱道論》：“[3]傴女摩王足，夫人坐，大臣及直閣列在王前。聾人守門，依城門住。時守園人取菴羅果打門，王聞聲覺，王勅[5]僂女：‘汝當開門。’*僂女即奉命，以相貌語聾人言。聾人解意，即開城門。”（T1648v32p0449b）本頁下注 3：“傴＝瘟《宋》《元》《宮》，痙《明》*。”注 5：“僂＝瞜《宋》《元》《宮》*，痙《明》*。”

按：“瞜”與“僂”爲版本異文，“瞜”即“膢”字之訛，“月”旁訛作“日”旁，文獻習見。“膢”又“僂”替換形符的異構字。《説文・人部》：“僂，尫也。从人，婁聲。周公韈僂，或言背僂。”義爲駝背。因與人體有關，故形符又可替換爲“月（肉）”，《可洪音義》：“膢背，上力主反，正作‘僂’。”（v59p1053c）“月”“目”形近易混，故字又作“瞜”，《可洪音義》：“瞜者，力主反，傴瞜，不伸也，正作‘僂’也。”（v59p1000a）“目”又可訛作“日”，故字又可作“瞜”。

異文又作“痙”，“痙”蓋即“傴”字異體“瘟”之訛，“傴女”之“傴”的異文作“瘟”與“痙”，可比勘。“傴”與“僂”同義，“瘟”爲“傴”改變形旁的異構字，猶“僂”之異構或作“瘻”也。

0968 㗚

唐道世撰《法苑珠林》：“佛説呪曰：……誓曳（去聲）誓曳誓夜（羊可反）婆（長聲）醯（許棄反）儞（奴棄反）誓揄怛[17]㗚迦（去聲）邏迦邏（去聲）。”（T2122v53p0735b）本頁下注 17：“㗚＝𠯈《宋》《宮》，唎《元》《明》。”

按：四庫本作“唎”。“㗚”與“𠯈”“唎”爲版本異文，“㗚”即“𠯈”字之訛。唐義淨撰《梵語千字文》：“𑖦𑖹𑖝𑖿𑖨𑖱，每怛唎（二合，引），慈。”（T2133Bv54p1207a）日本安然記《悉曇十二例》：“《大樂經》𑖝𑖿𑖨𑖸怛唎（二合，引入）字。”（T2703v84p0464c）“怛唎”爲“𑖝𑖿𑖨𑖱（trī）”“𑖝𑖿𑖨𑖸（tre）”的譯音字。日本淨嚴撰《悉曇三密鈔》：“𑖨𑖰，哩、𠯈、唎、利、履、梨、律、陵、犁、理、離、詈。”（T2710v84p0746a）“唎”“梨”皆“𑖨𑖰（ri）”的譯音字。“𠯈”爲“梨”加口旁的譯音專字。

0969 曊

日本觀靜撰《孔雀經音義》："迦畢試，或迦未曊，中印度也。"（T2244v61p0783b）

按：同上經："迦畢試，或迦末睇，中印度也。"（T2244v61p0782c）與"曊"對應之字作"睇"，"曊"即"睇"字之訛。唐義淨譯《佛説大孔雀呪王經》："度怛里藥叉，住在迦末睇。"（T0985v19p0466b）《孔雀經》亦作"睇"。日本淨嚴撰《悉曇三密鈔》："ᗡ，睇（台軌）、弟（隨求）、譬（羂索經）。"（T2710v84p0744c）"睇"爲"ᗡ（dhe）"的譯音字。唐道世撰《法苑珠林》："[19]睇金鋪以忘夜，臨玉砌而疑曉。"（T2122v53p0563c）本頁下注19："睇=睇《宋》《元》《宫》。"唐慧琳撰《一切經音義》："右睇，提帝反。鄭注《禮記》云：'睇，傾視也。'《夏小正》：'[7]睇者，眄也。'《古今正字》：'從目弟聲。'"（T2128v54p0920c）本頁下注7："睇=睇《甲》。""睇"亦"睇"字之訛，可比勘。

0970 轡

日本照遠撰《資行鈔》："貓狗馬鞦韁絆箞㯎鞍轡羈束杙流注。"（T2248v62p0412a）

按："轡"即"轡"字之訛。《可洪音義》："馬轡，音秘。"（v60p16c）構件"口"訛作"日"。

0971 朁

唐道世撰《法苑珠林》："後有數人至吉所語言良久。吉思惟此客言者非於[26]潛人，窮山幽絶何因而來，疑是鬼神。"（T2122v53p0417c）本頁下注26："潛=朁《宫》。"

按：四庫本作"潛"。"朁"與"潛"爲版本異文，"朁"即"潛"字異寫之省。《廣韻·唐韻》胡郎切："杭，州名，古於潛、餘邡皆别名，今餘杭、於潛縣並在杭州。""於潛"爲古杭州的别稱。"潛"或作"潜"（見秦公《碑别字新編》所引《魏元徽墓誌》p326），"朁"即"潜"類字形之省。

0972 暩

迦旃延子造、五百羅漢釋，北涼浮陀跋摩、道泰譯《阿毘曇毘婆沙論》第三十九卷："云何風界？答曰：輕動，總而言之，是輕動而輕動相，無量差別，内法中輕動異，外法中輕動異。内法中輕動者，如上向風、下向風、住脇風、住腹風、住背風，如針刺風，如截刀風，[13]暩風，出入息風，諸支節風等。"（T1546v28p0290c）本頁下注13："暩＝臏《三》《宮》。"

按："暩"與"臏"爲版本異文，"暩"即"臏"字之訛。經中所説乃佛學中之"四界"或"六界"中"風界"之"内風界"的内容。"四界"包括地水火風，乃造作一切物質的四種基本元素。每一界又有内外之别，内界指造作自身物質的元素，外界指造作自身之外的一切物質的元素。佛經中對各界所列舉的具體内容大同小異。以内風爲例。東晋瞿曇僧伽提婆譯《中阿含經》："諸賢，云何風界？諸賢，謂風界有二，有内風界，有外風界。諸賢，云何内風界？謂内身中在内所攝風。風性動，内之所受，此爲云何？謂上風、下風、腹風、行風、掣縮風、刀風、[1]躋風、非道風、節節行風、息出風、息入風。如是比，此身中餘在内所攝風，風性動，内之所受。諸賢，是謂内風界。"（T0026v01p0466b）本頁下注1："躋＝蹩《宋》，躄《元》《明》。"同上經："今我此身有内風界而受於生，此爲云何？謂上風、下風、脇風、掣縮風、蹴風、非道風、節節風、息出風、息入風。如斯之比，此身中餘在内，内所攝風，風性動内，於生所受，是謂比丘内風界也。"（T0026v01p0691a）唐菩提流志譯《大寶積經》："大王，風界亦二種，一内二外。大王，何者是身内風界？……所謂住身四支者是風，住胃者是風，行五體者是風，行諸子支者亦皆是風，遍行大小支者亦是風，出入息者亦是風。略而言之，遍身行悉皆是風。大王，此名身内風界。"（T0310v11p0416b）大目乾連造、唐玄奘譯《阿毗達磨法藴足論》："云何風界？謂風界有二種，一内二外。云何内風界？謂此身内所有各别動性動類，有執有受。此復云何？謂此身中，或上行風，或下行風，或傍行風，脇風背風，胸風肚風，心風臍風，嗢鉢羅風，蓽鉢羅風，刀風劍風，針風結風，纓風掣風，努風強風，隨支節風，入出息風。復有所餘，身内各别，動性動類，有執有受，是名内風界。"（T1537v26p0503b）唐遁倫集撰《瑜伽論記》："内風界中脇臥風等者，景云：有人患風，唯得脇仰臥，名脊臥風。或有患風，身病如小刀大刀等割，亦如鍼刺。或有患風時，面生黑點，一一皆如畢鉢羅狀。基云：脇臥風等者，此風住脇間而得臥等。有風如下小之刀能傷於人。畢鉢羅風者，一如景解。復解畢鉢羅即人食畢鉢羅也，此風辛楚，由如畢鉢。"（T1828v42p0447b）北宋日稱譯《父子合集經》："大王，云何身内風界，輕動等相？謂此内風，或時上行，或時下行，或住腹間，或脇或背，或發癮胗，或聚成塊，或如刀裂，或如針刺，出入息等，遍滿身支。"（T0320v11p0965b）法稱造，北宋法護、日稱譯《大乘集菩薩學論》："云何身内風界？輕動等性，彼復云何？

謂此内風，或時上行，或時下行，或住腹間，或脇或背，或發隱疹，或聚成塊，或如刀裂，或如針刺，出入息等，遍滿身肢。”（T1636v32p0123c）上揭内風界之名，或以所住部位稱，如腹風、脅風等；或以運行方向稱，如上行風、下形風等；或以體感稱，如針刺風、截刀風等；或以所致疾病稱，如膹風。《可洪音義》卷十八《阿毗曇毗婆沙》第四十三卷：“𪾢風，上音肥，風𪾢，病也，正作‘疿’‘痱’二形也，此應筆受者俗從月賁作‘膹’也。”（v60p104b）可洪所見本亦作“𪾢”，以“膹”爲“疿”“痱”之俗字。“痱”當與上揭“隱疹”義近，如今所謂疹子。

又，唐菩提流志譯《不空羂索神變真言經》：“爾時觀世音菩薩摩訶薩，便入溥遍心印三摩地，説普遍心印真言曰：那莫塞（桑紇反）窒（都結反）𠾱拽（移結反。四合。一）特（能邑反）𪾢（肥以反）迦南（二）。”（T1092v20p0291c）又：“爾時多羅菩薩即説不空王根本蓮華頂摩尼心陀羅尼真言曰：那莫塞（桑紇反）窒（都結反。二合）𠾱拽特（二合）膹（肥以反）迦南（一）。”（T1092v20p0331b）“𪾢”亦“膹”字之訛。

0973 䟫

新羅義湘撰《華嚴一乘法界圖》：“此語欲入法性家要門，開陀羅尼藏，好[16]葳䟫故。（T1887v45p0715b）本頁下注16：“葴䟫=藏匙ᄏ《甲》。”

按：“葳/葴䟫”與“藏匙”爲版本異文。佚名《法界圖記叢髓録》：“此語欲入法性家要門，開陀羅尼藏，好鑰匙故。”（T1887v45p0775a）與“葳䟫”對應之字作“鑰匙”。鄭賢章《漢文佛典疑難俗字彙釋與研究》“䟫”字條：“‘䟫’，大型字典失收，乃‘匙’字。”（p198）根據異文關係判定“䟫”同“匙”，但未考兩字間之形體關係。《説文·匕部》：“匙，匕也。从匕，是聲。”清吴任臣《字彙補·竹部》：“笓，與匙同。”“笓”乃“匙”的異構字，爲從竹氏聲的形聲字。後秦弗若多羅、羅什譯《十誦律》：“諸有年少比丘出家不久者，調達以大鉢、小鉢、大小鍵鎡、衣鉤、禪鎮、繩帶、[14]匙匕、鉢支、扇蓋、革屣，隨比丘所須物，皆用誑誘。”（T1435 v23p0259c）本頁下注14：“匙=鍉《宫》《聖》。”唐慧琳撰《一切經音義》卷五十八《十誦律》第十三卷：“匙匕，卑以反。一名柶。《通俗文》：‘匕或謂言匙。’《方》作‘提’，同，是移反。柶音四。又作‘鍉’，昌紙反，非也。”（T2128v54p0694b）東晋佛陀跋陀羅、法顯譯《摩訶僧祇律》：“若衣，若鉢，若小鉢，若鍵鎡[2]鍉，若腰帶等及諸一切，要使得一物，若不得者，越毘尼罪。”（T1425 v22p0451a）本頁下注2：“鍉=匙《三》《宫》。”唐慧琳撰《一切經音義》卷五十八《僧祇律》第二十七卷：“瓷匙，《方言》從木作‘提’，同，是支反。謂抅飯者也。《律》文作‘鍉’，昌紙反。鍉，鬵也，鍉非義，鬵音自林反。”（T2128v54p0692c）北魏吉迦夜、曇曜譯《雜寶藏經》：“我等今當勸其夫酒，令無覺知，解取鑰匙，開門往看。即飲使醉，解取鑰匙，相將共往，開門看之。見此王女端正無雙，便還閉門，詣於本處。爾時其夫，猶故未寤，還以鑰匙，繫著腰下。”（T0203v04p0458a）唐玄應撰《一切經音義》（麗藏本）卷十二《雜寶藏經》第二卷：“鑰匙，今作‘闟’，同，余酌反。下《方言》作‘提’，又作‘鍉’，同，是支反。闢鑰也。《經》文作‘蘥’，非體也。又作‘鉽’，《聲類》字與‘銘’同，音昌紙反，鬵也。又作‘柢’，並非也。”（p160a-b）宛委别藏本“鑰”作“鑰”，“闟”作“闟”，“蘥”作“籥”（p376）。唐慧琳撰《一切經音義》卷七十五《雜寶藏經》第二卷：“鑰匙，今作‘闟’，同，余灼反。下市而反。《方言》作‘鍉’，同。闢鑰也。《經》文作‘蘥’，非體也。又作‘鉽’，《聲類》字與‘銘’同，音紙而反，鬵也。‘鉽’非字體。又作‘祇’，非也。”（T2128v54p0797b）佛經中又用“鉽”“柢”“祇”等字，“鉽”“柢”皆“匙”之異體，“祇”則“柢”字之訛。失譯《虚空藏菩薩問七佛陀羅尼呪經》：“若他方有賊欲來侵境者，用酥酪蜜胡麻等分和之，在佛像前用銅[21]鉽[22]卷一*鉽，呪之一遍，擲著火中，至一千八遍。是諸怨賊，無問遠近，自然退散。若復有人欲求長命者，當用酪蜜炒粳米爲華三種等分和之，在於佛前以銅*鉽*卷之一*鉽，呪之一遍，擲著火中，至一千八遍，然後乃止。”（T1333v21p0562b）本頁下注 21：“鉽＝柢《宋》*，匙《元》《明》*，振《甲》*。”注 22：“卷＝捲《宋》*，𢿲《元》《明》*。”唐慧琳撰《一切經音義》卷十九《虚空藏菩薩問七佛陀羅尼呪經》：“匙䜌，上是之反。《方言》：‘匕謂之匙。’《説文》從匕，是聲也。《經》從木作‘柢’。《考聲》謂磨上横木也，非經義。下厥願反。《廣雅》云：‘䜌，抒也。’《蒼頡篇》：‘抒取也。’《説文》從斗䜌聲。《經》從手作‘捲’，音權，非經義。”（T2128v54p0424c）“鉽”之異文作“柢”“匙”“振”，慧琳所見本作“柢”，“鉽”“柢”皆“匙”之異體，“柢”“振”皆“柢”字之訛，經中乃勺子之義。做勺子的材料，或用金，或用木，或用竹，故“匙”異體，或從金作“鉽”，或從木作“柢”，或從竹作“笩”。“𢿲”爲“䜌”之異體，經中爲舀取之義。“匙/鉽/柢/笩”本義爲勺子，引申爲鑰匙之義。“鉽”“柢”“笩”皆“氏”聲之字。疑又造由“是”和“氏”組合在一起的雙聲符字，該字之“氏”旁訛作“我”旁即成“䫋”形。《可洪音義》卷二十三《陀羅尼雜集》第十卷：“阿鉽，是支反，正作祇。經本作‘阿誓’。多鉽，同上。經本作‘多誓’。”（v60p295b）佚名《陀羅尼雜集》第十卷：“頗隸守眠　阿鉽荄銘多隸。”（T1336v21p0636c）《可洪音義》之“鉽”，《大正藏》對應經文作“鉽”，“鉽”或訛作“鉽”。日本湛慧撰《成唯識論述記集成編》：“上古有人嗜緣豆子，采以爲食，遂得成仙。目連是彼仙種，故言采菽氏也。或言仙人食豆，此是彼種，[13]我謂族類。”（T2266v67p0077b）本頁下注 13：“我＝氏《甲》。”日本澄禪撰《三論玄義檢幽集》：“上古有仙人嗜豆子，採以爲食，遂得成仙。目連是彼仙種，故言採菽氏也。或言仙人食豆，此是彼種，氏謂族類。”（T2300v70p0465c）“我”亦“氏”字之訛，皆可比勘。

又，正文之“蔵”注文作“盞”，“蔵”“盞”當爲“蘥”字之訛。從上揭文獻中可以看到，前一字或作“鑰”“闟”“籥”“蘥”等字。《説文》作“龠”。《説文·龠部》：“龠，樂之竹管，三孔以和衆聲也。”“龠”本義爲管狀樂器，又爲鑰匙之義。《睡虎地秦墓竹簡·爲吏之道》:“城郭官府，門戶關龠。”“龠”即鑰匙義。古代鎖的搏鍵器或爲管形，故或名管，或名龠。文獻多用“籥”字，該字《説文》訓作“書僮竹笘”，徐灝以爲“龠籥古今字”，“籥”之本義亦爲管狀樂器，其説可從。“籥”或訛作“蘥”，“藏”“蓋”又“蘥”之進一步寫訛之形。

0974 𣌭

南宋志磐撰《佛祖統紀》:“適五百賈客從山面過，車牛皆躓不行（[4]蹢音至，𣌭同，礙不行也，跋前蹢後）。”（T2035v49p0152c）本頁下注4:“蹢=躓《甲》。”

按:“蹢”與“躓”爲版本異文，“蹢”爲“躓”字之訛，“𣌭”即“疐”字之訛。《説文·叀部》:“疐，礙不行也。”《玉篇》:“疐，竹利切。跲也，仆也，礙不行也。或作‘躓’，一本作‘疐’”。清王筠《説文釋例·異部重文》:“《叀部》‘疐’與《足部》‘躓’同，‘躓’下引《詩》‘載躓其尾’，今本作‘疐’。”“疐”爲“躓”字異體，“疐”又訛作“𣌭”。

0975 曊

新羅璟興撰《無量壽經連義述文贊》:“蒙又作矇（皆莫公反），蒙覆不明也。冥（鳴央反），暗昧無知也。曚，有眸子而無見也。又曚曊（下牛對反），生聾。”（T1748v37p0164c）

按:“曚”爲“矇”字之訛，“曊”爲“聵”字之訛。唐慧琳撰《一切經音義》卷二十八《正法花經》第二卷:“盲聵，牛快反。生聾曰聵，人無識曰聵。《經》文作‘[5]曊’，胡對反，肥也。‘*曊’非今用。”（T2128v54p0494b）本頁下注5:“曊=膭《甲》*。”唐玄應撰《一切經音義》（麗藏本）卷七《正法花經》第二卷:“盲聵，牛快反。生聾曰聵，又無識曰聵。《經》文作‘膭’，胡對反，肥也。‘膭’非今用。”（p93b）“曊”“膭”皆“聵”字之訛。《説文·耳部》:“聵，聾也。”字又訛作“瞶”，《可洪音義》:“矇瞶，上莫紅反，下五怪反，正作‘聵’也，又音貴，悞。”（v59p769b）構件“目”“日”常混誤，故字又作“曊”。

唐慧琳撰《一切經音義》卷六十七《阿毘曇毘婆沙論》第三十九卷:“殨風，又作‘潰’，同，胡對反。《説文》:‘殨，漏也。’謂決潰癰瘡也。《論》文作‘膭’，肥曊也。膭非字體。又作‘曊’，浮鬼反。《三蒼》:‘膗多滓也。’膭非此義。”（T2128v54p0750c）《玄應音義》“曊”皆作“膭”。迦旃延子造、五百羅漢釋，北涼浮陀跋摩、道泰譯《阿毘曇毘婆沙論》第三十九卷:“内法中輕動者，如上向風、下向風、住脇風、住腹風、住背風，如針刺風，如截刀風、[13]曊風、出入息風、諸支節風等。”（T1546v28p0290c）本頁下注 13：“曊 = 膹《三》《宫》。”與“膹”對應之字作“曊”“膹”，“膹”乃“腈”字之訛，“腈”又“痱”之借字。參 0972“曊”字條。玄應、慧琳改作“殨”，誤。

0976 瞧

唐道世撰《法苑珠林》：“若火大損則四體羸瘠，腑藏如氷，[16]瞧隔凝寒，口若含霜。”（T2122v53p0984b）本頁下注 16：“瞧隔 = 焦隔《三》《宫》。”

按：四庫本作“焦”。“瞧隔”與“焦隔”爲版本異文，“瞧”即“膲”字之訛，“膲”又“焦”之分化字。《素問・靈蘭秘典論》：“三焦者，決瀆之官，水道出焉。”唐王冰注：“引導陰陽，開通閉塞，故官司决瀆，水道出焉。”《史記・扁鵲傳》：“中經維絡，别下於三焦、膀胱。”唐張守節正義：“《八十一難》云：‘三焦者，水穀之道路，氣之所終始也。上焦在心下，下鬲在胃上口也。中焦在胃中脘，不上不下也。下焦在臍下，當膀胱上口也。’”“三焦”爲中醫人體六腑之一，故“焦”又加“月”旁造“膲”字。唐慧琳撰《一切經音義》：“三膲，子遥反。《白虎通》：‘六府有三膲，腎之府也。腎主寫，三膲亦以湊液吐故也。上膲若霧，中膲若漏，下膲若瀆。《經》文作‘焦’，燒餘也，焦非字義。”（T2128v54p0591b）《廣韻・宵韻》即消切：“膲，人之三膲。”《集韻・宵韻》兹消切：“膲，三膲無形之府，通作焦。”“日”“月”形近易混，故“膲”又作“瞧”。

0977 瞄

隋吉藏撰《法華義疏》：“將欲自陳領解仰瞻如來請爲印定，是故避席表其敬誠也。又上即是意業歡喜，今謂身業致敬也。[40]瞻仰尊顔者以仰*瞻尊顔思候可言之時也。”（T1721v34p0512c）本頁下注 40：“瞻 = 瞄《聖乙》。”

按：“瞄”與“瞻”爲版本異文，“瞻仰”文獻習見，“瞄”當即“瞻”字之訛。

0978 瞭

隋智顗説、唐湛然略《維摩經略疏》：“然以日光不可比螢略有五義，一是虫光非寶光，二瞭爍不停，三破闇少，四夜自照，五無所利益。”（T1778v38p0624c）

按："睒"即"晱"字書寫變異。"閃爍"之"閃"文獻或用"覢""睒""晱"等字。《龍龕·日部》："晱，失冉反。"《可洪音義》："晱摩，上失染反，即經中晱子菩薩也，《陁羅尼集》作閃子也，正作睒。"（v60p408a）從"炎"的字又可改作從"焱"，如"淡"又作"淼"（《可洪音義》v60p287c），故"晱"或寫作"睒"。

0979 踏

隋闍那崛多譯《五千五百佛名神呪除障滅罪經》："南無除幢如來、南無蹵[5]踏聖如來、南無等示現如來。"（T0443v14p0349b）本頁下注5："踏=蹋《三》。"

按：正文"踏"，注文作"踏"，"踏"與"蹋"爲異文。"踏"即"踏"之刻誤，"踏"又"踏"字之訛，乃"蹋"之異構字。參2023"踏"字條。

0980 瞅

唐彌陀山譯《無垢淨光大陀羅尼經》："時佛即以美妙悦意迦陵頻伽和雅之音而説呪曰：……阿喻毘輸達儞（八）僧瞅（呵葛反）羅僧瞅羅（九）薩婆怛他揭多毘唎耶跛麗娜（十）。"（T1024v19p0718b）

按：《嘉興藏》作"欱"。"瞅"即"欱"字之訛。日本實運撰《玄祕抄》："阿喻毘輸達儞 僧欱羅僧欱羅 薩婆怛他揭多 毘唎耶 跛麗娜。"（T2486v78p0395a）字亦作"欱"。《龍龕·口部》："欱，呼葛反。""欱"本爲"喝"之異構字，佛經中用爲譯音字。

0981 饋

北宋道誠集《釋氏要覽》："鉢器大小數。《十誦律》云：鉢、半鉢、大鍵鎔（鍵音處［虔］，鎔音咨。《經音疏》云：鉢中之小鉢，助鉢用故）、小鍵鎔（《僧祇》同）。《四分律》云：鍵鎔入小鉢，小鉢入次鉢，次鉢入大鉢（此律言，小鉢即《十誦》大鍵鎔也，次鉢即半鉢也，淮［准］諸律，四事可見也。今呼爲鐼子，鐼音訓。《切饋》云：鐵類也。非器故）。"（T2127v54p0279a）

按："饋"蓋即"韻"字之訛。經文中討論"小鉢"又稱作"鐼子"，然後討論"鐼"字的音義來源，"鐼"即"鐼"字之書寫變異。《説文·金部》："鐼，鐵屬。讀若熏。"小徐本作"讀若訓"。《廣韻·文韻》符分切："鐼，飾也。《説文》曰：‘鐵類。讀若熏。’又音訓。”明張自烈《正字通・金部》：“鐼……梵書《百丈清軌》謂小盞爲鐼。”綜上，“鐼”訓“鐵屬”，《廣韻》引作“鐵類”，音或讀若訓，與道誠所釋相合。所引《切韻》訓釋亦與《廣韻》合。“韻”或訛作“韻”（見《可洪音義》v60p413a），“䪜”與“韻”形近，可比勘之。

考諸字形，隋闍那崛多、笈多譯《添品妙法蓮華經》：“以見我故，即得三昧及陀羅尼，名爲旋陀羅尼百千萬億旋陀羅尼法[17]音方便陀羅尼。”（T0264v09p0194c）本頁下注17：“音=昔《元》。”唐道宣撰《廣弘明集》：“道柯輝耀於前驅，靈鼓振[18]音於後隊。”（T2103v52p0345a）本頁下注18：“音=昔《元》。”唐道宣撰《集神州三寶感通録》：“亦以爲觀世[38]音者假形化俗。”（T2106v52p0434c）本頁下注38：“音=昔《元》。”“昔”皆“音”字之訛。南朝宋求那跋陀羅譯《佛説摩訶迦葉度貧母經》：“大千國土，佛爲特尊，次有迦葉，能閉罪門。[8]昔在閻浮糞窟之前，爲其貧母開説真言。”（T0497v14p0762c）本頁下注8：“昔=音《元》。”“音”又“昔”字之訛。又，日本常曉撰《常曉和尚請來目録》：“常曉本業三論之枝，兼真言之條，而才能不聞，言無取。逢時之人簉留學[36]員限以三十年，尋以一乘，任重人弱，夙夜懃愿。”（T2163v55p1071b）本頁下注36：“員=真《乙》，貞《丙》。”“真”爲“員”字之訛。佚名《翻梵語》：“毘樓[2]真王，譯曰多樂。”（T2130v54p1009a）本頁下注2：“真=員ᐟ《甲》。”北涼曇無讖譯《大般涅槃經》：“王不聞耶？昔者有王，名曰羅摩，害其父已得紹王位。跋提大王、毘樓真王、那睺沙王、迦帝迦王、毘舍佉王、月光明王、日光明王、愛王、持多人王，如是等王皆害其父得紹王位，然無一王入地獄者。”（T0374v12p0475c）“員”又“真”字之訛。“音”與“昔”互混，“員”與“真”互混，故“韻”或訛作“䪜”。

0982 暛

隋闍那崛多譯《五千五百佛名神呪除障滅罪經》：“那盧波舍底（一百三）泥唎涅[22]暛（利衫反。一百四）阿伽多阿伽帝喻（一百五）。”（T0443v14p0336c）本頁下注22：“暛=濫《宋》《宮》，嚂《元》《明》。”

按：“暛”與“嚂”爲版本異文，“暛”即“嚂”字之訛。“嚂”蓋“囕”字之省，“囕”又“藍”加“口”旁所造之譯音專字。日本淨嚴撰《悉曇三密鈔》：“𑖨𑖽，藍、嚂（二共日經）、囕、蘭、嶙、嶙、纜（大疏）、㘓、㘓、林、朗（金軌）、哴（壽命經）。”（T2710v84p0746b）“囕”即“𑖨𑖽（raṃ）”之譯音字。

0983 矖

唐道宣撰《廣弘明集》："陳江總《入攝山栖霞寺》一首并序：……行行備履歷，步步轔崴紆。高僧迹共遠，勝地心相符。樵隱各有得，丹青獨不渝（寺猶有朗詮二師，居士明僧紹，治中蕭[35]矖素圖像）。遺風佇芳桂，比德喻生芻。寄言長往客，悽然傷鄙夫。"（T2103v52p0356b）本頁下注 35："矖素＝眤塑《三》《宮》。"

按："矖"與"眤"爲版本異文，"矖"即"矖"字之訛。四庫本之明張溥輯《漢魏六朝百三家集·江總〈攝山棲霞寺碑〉》："……倏見齊居士平原明僧紹，空解淵深，至理高妙，遺榮軒冕，遁跡巖穴。宋泰始中嘗遊此山，乃有終焉之志。……先有名德僧朗法師者，……南蘭陵蕭矖，幽棲抗志，獨法絶羣，遁世兹山，多歷年所。臨終遺言，瘞法師墓側。"與"矖"對應之字作"矖"。《集韻·支韻》："睠、矖、眯，眇目也。或作矖、眯。""矖"又作"眎"（見明章黼《重訂直音篇·目部》p69），"眤"蓋即"眎"形之訛。南朝宋佛陀什、竺道生譯《彌沙塞部和醯五分律》："有諸比丘在道路行，或牽財物，或熏鉢，時誤殺諸虫，皆生慚愧，[4]亦有悔過出罪者，以是白佛。"（T1421v22p0058b）本頁下注 4："亦＝爾《明》。""爾"爲"亦"字之訛，"爾"與"亦"形音皆不近，蓋"亦"本訛作"尓"，刻書者不識"尓"爲"亦"字之訛而誤認爲"爾"字之異體，因錯誤轉寫作"爾"。東晉佛陀跋陀羅、法顯譯《摩訶僧祇律》："是中憶罪不憶夜者，應當問：汝何時犯未有歲時耶？若前人默然者，應隨年與別住。若言不[4]爾，更問一歲耶，二歲耶，五歲耶？可隨默然處與別住，是名憶罪不憶夜。"（T1425v22p0434b）本頁下注 4："爾＝亦《聖》。"尸陀槃尼撰、前秦僧伽跋澄譯《鞞婆沙論》："或曰謂愛盛一切諸結，或曰謂愛不大增惡難除，恚大增惡易除，無明亦大增惡難除，以故[6]爾。"（T1547v28p0436a）本頁下注 6："爾＝亦《聖》。""亦"皆"爾"字之訛，乃"爾"或作"尓"，因訛作"亦"。又，《鞞婆沙論》："二十二根者：眼根、耳、鼻、舌、身、意根、男根、女根、命根、樂根、苦根、喜根、憂根、護根、信根、精進、念、定、慧根、未知根、已知根、無知根。問曰：何以故彼作經者依二十二根而作論？答曰：彼作經者意欲[5]亦，如所欲如是作經與法不相違，以是故依二十二根而作論。"（T1547v28p0439a）本頁下注 5："亦＝爾《三》《宮》。"又："十二入者：眼入、色入、耳入、聲入、鼻入、香入、舌入、味入、身入、細滑入、意入、法入。問曰：何以故彼作經者依十二入而作論？答曰：彼作經者意欲爾，如所欲如是作經與法不相違，以是故依十二入而作論。"（T1547v28p0454a）又："八智者：法智、未知、智知、他心智、等智、苦智、習智、盡智、道智。問曰：何以故彼作經者依八智而作論？答曰：彼作經者意欲爾，如所欲如是作經，與法不相違，以是故依八智而作論。"（T1547v28p0509b）"亦"亦"爾"字之訛。"尓"與"亦"或混誤，故"眎"或訛作"眤"。

水　部

0984 汽

唐一行記《大毘盧遮那成佛經疏》："[29]汔（頗是聚沫不堅義，了一切法自相如是，同於大空）。"（T1796v39p0687a）本頁下注 29："汽＝頗《乙》。"

按："汽"與"汔""頗"爲版本異文，"汽""汔"皆"泛"字之訛，"泛""頗"乃同一梵文的譯音用字。日本杲寶撰《日經疏演奧鈔》："頗者，《經》作泛，普含切，即𑖣𑖽字加空點也。當段注釋，言如是同於大空者，示此義也。《義釋》七云：右實印手真言，𑖣𑖽頗是諸法如來聚沫義，如世間泡沫。唯是水性，自爲因緣都無自體，諸功德實亦復如是。唯是心水波動，自爲因緣，畢竟不出呵字門，以能照知實性自在之用故，名實印手也。（同上）"（T2216v59p0370c）日本阿寂記《妙印鈔》："五明實印種子，即𑖣𑖽泛、頗是聚沫不堅義，了一切法自相如是，同於大空，此實印手菩薩種子也。"（T2213v58p0356a）與"汽"對應之字作"泛"。日本淨嚴撰《悉曇三密鈔》："𑖣𑖽，㕸（日經）、頗（大疏）。"（T2710v84p0745b）"㕸"爲"泛"加"口"旁之譯音專字，"泛""㕸""頗"皆"𑖣𑖽（phaṃ）"之譯音字。"𑖣𑖽"爲種子字，諸經所釋皆該種子字的含義。

"泛"或作"汽""汔"者，"乏"或訛作"乞"。龍樹造、後秦鳩摩羅什譯《大智度論》："菩薩從初發意來，於一切衆生中，常行檀波羅蜜，應病與藥隨病所須，拯濟孤窮，隨其所[14]乞，皆給與之。"（T1509v25p0459a）本頁下注 14："乞＝乏《石》。"

隋吉藏撰《維摩經義疏》："沙門者，出家之總名也，此言懃行，謂懃行衆善，趣涅槃也。又沙門名[6]乞那，名爲道人，皆貧於正道，唯我斷貧得道，故名[8]乏那。"（T1781v38p0932c）本頁下注 6："乞＝乏《原》《甲》。"注 8："乏那＝乞道《原》，乏道《甲》。"唐慧琳撰《一切經音義》："沙門那，梵語也，此義譯云乏道，沙門名乏那，名道僧，稱云貧道者，即謙退自卑之辭也，亦更有多義也。"（T2128v54p0480a）南宋法雲編《翻譯名義集》："沙門，或云桑門，或名沙迦懣（門字上聲）曩，皆訛。正言室摩那拏，或舍羅磨拏，此言功勞，言修道有多勞也。什師云：'佛法及外道，凡出家者，皆名沙門。'肇云：'出家之都名也。秦言義訓勤行，勤行取涅槃。'《阿含經》云：'捨離恩愛，出家修道，攝御諸根，不染外欲，慈心一切，無所傷害。遇樂不忻，逢苦不戚，能忍如地，故號沙門。'《後漢書・郊祀志》云：'沙門，漢言息心，削髮去家，絶情洗欲，而歸於無爲也。'《瑞應》云：'息心達本源，故號爲沙門。'或云：具名沙門那，此云乏道，以爲良福田故，能斷衆生饉乏，以修八正道故，能斷一切邪道，故《迦葉品》云：‘沙門那者，即八正道。沙門果者，從道畢竟，永斷一切貪嗔癡等。’云云。世言沙門名乏，那者名道，如是道者，斷一切乏，斷一切邪道，以是義故。”（T2131v54p1074a）“乞”皆“乏”字之訛，可資比勘。

0985 枩

日本宥範撰《大日經疏妙印鈔口傳》：“既真言最勝真實妙行説窮之已，故如來枩引古佛而爲證。”（T2214v58p0673b）

按：“枩”即“忝”字之訛。日本阿寂記《大日經供養次第法疏私記》：“諸佛甚深祕密奥藏，故如來忝引古佛以爲證。”（T2220v60p0773a）文中“忝”用作謙辭。考諸字形，部件“⺗”或誤作“氺”，故“忝”或誤作“枩”。參1272“㶿”字條。

0986 沔

日本無隱道費撰《心學典論》：“今之宗師假道以求名之與利，既而獲其所求也，則湛沔自若而不捨，且又以其所假者反矣，是故其急務同焉。”（T2602v82p0667a）

按：“沔”即“沔”字書寫變異，經中通“湎”。“湛”“湎”皆有迷戀、沉醉義，經中兩字連用，爲同義並列複合詞。唐慧琳撰《一切經音義》卷六十八《阿毘達磨大毘婆沙論》第四十七卷：“耽沔，上荅含反。前第二卷具釋訖。下綿褊反。孔注《尚書》云：湎躭酒過差失廣［度］也。《説文》云：‘躭於酒也。從水，丏聲。’”（T2128v54p0754a）“沔”亦“沔”之書寫變異，用作“湎”。明章黼《重訂直音篇·水部》：“沔，音免。水名。沔、汅，并同上。”《直音篇》已溝通“沔”與“沔”的關係。佛經中“沔”亦習見。

0987 泜

東晉佛陀耶舍、竺佛念譯《四分律》：“爾時佛在羅閱祇迦蘭陀竹園中有池水，爾時摩竭國[17]泜沙王，聽諸比丘常在池中洗浴。時六群比丘，於後夜明相未出時入池洗浴。爾時[20]洴沙王於後夜明相未出，與婇女俱詣池欲洗浴。”（T1428v22p0674b）本頁下注17：“泜＝瓶《三》《宮》，洴《聖》。”注20：“洴＝瓶

《三》《宫》。”

按：《嘉興藏》兩處皆作“瓶”。“泒”即“瓶”字之訛，因“瓶”與“沙”字連用，受其影響，誤將“并”旁寫作“氵”旁也。鄭賢章《漢文佛典疑難俗字彙釋與研究》已有考證（p189）。“洴”與“瓶”爲同一梵文的不同譯音用字。唐慧琳撰《一切經音義》：“瓶沙王，此言訛也，正言頻婆娑羅，此云形牢，是摩伽陀國王也。”（T2128v54p0699a）又：“洴沙，蒲經反，應訛也，正言頻婆娑羅王也，或云頻毘，此譯云形牢。一云：頻毘，此云顏色；婆羅，此云端正，或云色像殊妙也。”（T2128v54p0357c）佛經中“瓶沙”“洴沙”兩種譯法都很常見。

0988 汪

北宋智圓述《維摩經略疏垂裕記》：“下瞰平波浸防風之故邑，地有封禺二山，昔吴王夫差問仲尼防風何守？曰汪芒氏之君守封禺山者。”（T1779v38p0711a）

按：“汪”即“汪”字之訛，“王”旁訛作“壬”旁也。《國語·魯語下》：“客曰：‘防風氏何守也？’仲尼曰：‘汪芒氏之君也，守封嵎之山者也，爲漆姓，在虞夏商爲汪芒氏，於周爲長翟，今爲大夫。’”字正作“汪”。

0989 沜

元念常集《佛祖歷代通載》：“有華子岡、欹湖、竹里館、柳浪、茱萸[7]沜、辛夷塢，與裴廸游，其間賦詩相酧爲樂。”（T2036v49p0599c）本頁下注7：“沜，音旦。”

按：“沜”即“沜”字異寫。此段文字見於《新唐書·文藝中·王維》，與“沜”對應之字作“沜”。《唐書釋音》：“沜，普半切。水涯。”南宋楊萬里《誠齋集·詩·朝天續集·薌林五十詠·芙蓉沜》：“岸植木菡萏，池栽水拒霜。那知一家種，同艷不同香。”詩題“芙蓉沜”下注：“音泮，水厓也。《王維傳》輞川有芙蓉沜。”南宋朱熹《晦菴集》：“籬菊斑斑半吐黄，沜中又報紫萸香。”注：“輞川有茱萸沜，字與泮同。”清趙殿成《王右丞集箋注·近體詩七十三首·茱萸沜》：“結實紅且绿，復如花更開。山中倘留客，置此茱萸沜。”箋注：“茱萸沜，《廣韻》：沜，水涯。音與泮同，《玉篇》直以爲古文泮字。蓋其水上有茱萸，因名。”諸家注釋皆訓“茱萸沜”“芙蓉沜”之“沜”義爲水涯，又或曰“音泮”，或曰“字與泮同”。“字與泮同”之“泮”亦當謂水涯義之“泮”，《詩經·衛風·氓》：“淇則有岸，隰則有泮。”鄭玄箋：“泮讀爲畔。畔，涯也。”此“泮”即水涯之義。《廣韻·換韻》普半切：“沜，水涯。”《廣韻》釋義與各家注釋同。

《玉篇·水部》:“泮,普旦切。散也,破也,亦泮宫。沜,古文。”《集韻·换韻》普半切:“泮、頖,《説文》:‘諸侯鄉射之宫,西南爲水,東北爲牆。’或作頖,通作沜。”同小韻:“沜,水流也。一曰厓也。”《玉篇》釋“沜”爲“泮”之古文,不知所據。《集韻》則雜取《玉篇》《廣韻》的訓釋。

《漢語大詞典》:“沜,1. 水邊,崖岸。南唐劉崇遠《金華子雜編》卷上:‘端午習競渡于錢塘湖,每先數日即于湖沜排列舟舸。’宋吴汝式《游石仙分韻得觀字》:‘何不葬山原,不然棄江沜。’2.‘泮’的古字。半月形的水池。《新唐書·文藝傳中·王維》:‘别墅在輞川,地奇勝,有……茱萸沜,辛夷塢。’清查慎行《擬玉泉山大閲二十韻》:‘地闢丹稜沜,天開裂帛湖。’”(v5p974b)《漢語大字典》一、二版“沜”字設立“水流”“水邊”“同‘泮’”三個義項。第三個義項引《玉篇》作書證,引《新唐書》和明劉侗、于奕正《帝京景物略》作例證。《辭源》(修訂本)及第三版,釋義均作“水厓。同‘泮’”;修訂本以《新唐書》爲唯一證據,第三版補充了一個書證,即《大詞典》義項1之南唐劉崇遠《金華子雜編》。這顯然是將《大詞典》的兩個義項做了合併。諸家處理不同,需略做辨正。諸家釋義雖不盡相同,但均以《新唐書》作始見書證,細審文意,“華子岡、欹湖、竹里館、柳浪、茱萸沜、辛夷塢”皆地名,“茱萸沜”之“沜”解作“池”或“厓”皆可作地名,似皆可通。但仔細推敲,若“沜”解作“池”則其名之理據不通,“池”非茱萸種植之地。若“沜”解作“厓”,“茱萸沜”得名於種植茱萸的水邊之地,理據清晰可解,諸注家釋其義爲“水厓”當不誤。《大字典》《大詞典》蓋皆受《玉篇》的影響而誤解詞義。“沜”釋作“水池”的還有“丹稜沜”之“沜”,《大詞典》書證爲清查慎行《擬玉泉山大閲二十韻》:“地闢丹稜沜,天開裂帛湖。”《大字典》書證爲明劉侗、于奕正《帝京景物略·西城外》:“(海淀)淀南五里,丹陵沜。沜南,陂者六,達白石橋,與高粱水併。”根據文意,“丹陵/稜沜”爲水池之名確定無疑,但其中的“沜”是否爲水池之義則不是那麽容易判斷。如果“丹陵/稜沜”之“沜”爲水池義,需要有證據證明在“丹陵/稜沜”這類的詞産生之前,“沜”即有水池之義。前文已經證明,《新唐書》的“沜”爲水厓義,其他文獻尚未見“沜”爲水池義的證據。清卞永譽撰《書畫彙考·衡山書拙政園記并詩卷》:“至是水折而南,夾岓植桃,曰桃花沜。沜之南爲湘筠塢。”《御製詩四集·栟櫚晚艤》:“石橋木彴近遥路,東沜西潳宛轉津。柳岸艤舟夕陽晚,知他所待是何人。”清張英撰《文端集·芙蓉谿記》:“南北二谿至此合流。谿之南有石壁,横數十丈,插谿中,是爲垂雲沜。”“沜”皆水涯之義。

“沜”或作“泝”者,秦公《碑别字新編·四畫》“片”字下引《魏皇甫驎墓誌》作“斤”(p8),又黄征《敦煌俗字典·片部》“片”下引斯2832《願文等範本·滿月事》作“斤”(p305),“泝”即由“沜”所從的“片”寫成“斤”而來。

又,注“泝,音旦”,“音旦”二字乃“普旦”之訛,乃“泝”之反切注音。

0990 浍

龍樹造、後秦鳩摩羅什譯《大智度論》："菩薩摩訶薩觀内身，從足至頂，周匝薄皮，種種不淨，充滿身中。作是念，身中有髮毛爪齒，薄皮厚皮，筋肉骨髓，脾腎心肝肺，小腸大腸，胃胞屎尿，垢汗目淚，涕唾膿血，黄白[9]痰陰，肪𦙶腦膜。"（T1509v25p0403a）本頁下注 9："痰陰＝痰癊《三》《宫》，淡浍《聖》，澹澮《石》。"

按："浍"與"陰""癊""澮"爲版本異文，"浍"即"滄"字之訛。"滄"之右旁所從的"侌"或作"会"，秦公《碑別字新編・十一畫》"陰"字條引《魏元範妻鄭令妃墓誌》作"陰"（p186），可比勘。參 1029"澮"字條。

0991 洍

唐義淨譯《根本説一切有部毘奈耶尼陀那目得迦攝頌》："金紫光禄大夫守尚書左僕射同中書門下三品上柱國館國公[18]臣韋臣源等及修文館學士二十六人同監。"（T1456v24p0520b）本頁下注 18："臣＝洍《聖》。"

按：疑正文注號當在"韋臣源"之"臣"字前，誤植於前一"臣"字前。"洍"與"臣"爲版本異文，"臣"爲"巨"字之訛，"巨"誤作"臣"，又受後字"源"之影響而誤加"氵"旁而成"洍"字。唐義淨譯《根本説一切有部尼陀那》："金紫光禄大夫守尚書左僕射同中書門下三品上柱國史舒國公臣韋[14]臣源監譯。"（T1452v24p0418c）本頁下注 14："臣＝巨《宋》。"唐圓照撰《貞元新定釋教目録》："左僕射舒國公韋[14]巨源。"（T2157v55p0869c）本頁下注 14："巨＝臣《聖》。""臣"皆"巨"字之訛。韋巨源爲唐代宰相，《新唐書》有傳。唐義淨譯《根本説一切有部略毘奈耶雜事攝頌》："金紫光禄大夫守尚書左僕射同中書門下三品上柱國史舒國公臣韋洰源等及修文館學士三十三人同監。"（T1457v24p0524a）"洰"亦"巨"字之訛。

0992 㴕

北宋契嵩撰《鐔津文集》："河海方波濤㴕湧，其舟欲没，人之欲溺。及投佛之經，則波清水平，民得無害。"（T2115v52p0688c）

按："㴕"即"洶"之異構字"汹"字之訛。《説文・水部》："洶，涌也。"

《集韻·鍾韻》許容切："洶、汹，水勢。或作汹。"字本作"洶"，異體作"汹"。佚名《篇海類編·凶部》："𠫤，音凶，俗字。""凶"或寫作"𠫤"，故"汹"或作"𣲙"。元覺岸編《釋氏稽古略》："三月有二佛石像浮海入吴松江扈瀆，士民共瞻其浮遊。巫師士庶爭往迎之，風濤𣲙湧。"（T2037v49p0776c）"𣲙"亦"汹"字之訛。

0993 ⿰氵宅

日本明覺撰《悉曇要訣》："問：瑟字人多用朱音，阿瑟吒（二合）、底瑟⿰氵宅（二合）、烏瑟尼沙等也，此音與梵音合不耶？瑟音所櫛反，與颯［颯］字同音也。櫛字阻瑟反也。颯［颯］字萬人用七音，瑟字亦可爾。信行《涅槃音義》云'爽栗反'（文），《金剛界》金剛拳真言云：瑟多（引）儞（文），《隨求》：（文），不空：儞庾（二合）史帝（文），實思惟云：柱（引云）瑟低（文），字第三轉師音也。與下舌内字相連有七音，即以此云瑟也。其字，二合字加伊點也。字與伊合有師音，字與伊合有尼音，可云師尼（二合），師尼相連有七尼（二合）音也。字，二合字也，可云沙侘（二合）。字以第三轉音呼之云師與侘，相連有七音，以此云瑟侘也。"（T2706v84p0526b）

按："⿰氵宅"即"侘"字之訛，"亻"旁訛作"氵"旁也。文中明言""爲""組合成的二合字，可譯作"沙侘（二合）"，"侘"爲"（ṭha）"之譯音字。日本淨嚴撰《悉曇三密鈔》："，侘、吒、姹、咤、詫、咃。"（T2710v84p0743b）"（ṭha）"的譯音字亦收"侘"，皆可證其正字當作"侘"。

0994 ⿰氵冗

西晉竺法護譯《佛説如來興顯經》："假使大海，若無有此如意珠者，水當流溢，四大域界，[1]盪合漭[2]瀁，至圍神山、大圍神山，悉當没溺。"（T0291v10p0606a）本頁下注1："盪合漭瀁=蕩合漭沅《宋》，蕩沓漭沅《元》《明》。"注2："瀁=⿰氵冗《聖》。"

按："⿰氵冗"與"瀁""沅"爲版本異文，"⿰氵冗"即"沆"字之書寫變異，"沅"爲"沆"字之訛，"漭"爲"⿰氵莾"字之訛，"⿰氵莾沆"與"⿰氵莾瀁"義近。唐玄應撰《一切經音義》（麗藏本）卷七《如來興顯經》第三卷："漭沆，莫朗反，下胡朗反。《通俗文》：'水廣大謂之漭沆。'"（p103c）玄應所見本作"漭沆"。"⿰氵莾沆"文獻習見，義爲水廣大貌。《文選·張衡〈西京賦〉》："顧臨太液，滄池⿰氵莾沆。"薛綜注："⿰氵莾沆猶洸潒，亦寬大也。"《後漢書·明帝紀》："汴流東侵，日月益甚，水門故處，皆在河中，潫瀁廣溢，莫測圻岸。”《文選·宋玉〈高唐賦〉》：“涉潫潫，馳苹苹。”李善注：“潫潫，水廣遠貌。”“潫瀁”“潫潫”亦皆水廣大貌。唐慧立本《大唐大慈恩寺三藏法師傳》：“處贍部洲中地勢高隆，瞻之潫[18]潫，目所不能極。”（T2053v50p0250b）本頁下注18：“潫＝沆《三》《宮》，沉《甲》。”“沉”亦“沆”字之訛。

考諸字形，“亢”或寫作“兂”（《可洪音義》v60p190c）、“兂”（《可洪音義》v60p152b）、“冗”（《可洪音義》v59p636c）、“冗”（《可洪音義》v59p855b）等形，“[illegible]”之右旁所從與“冗”形近，故“[illegible]”乃“沆”之書寫變異。

0995 泐

日本高峯顯日語《佛國禪師語録》：“古來高上士只要頭角全，所以跳出泐潭死水裏。”（T2551v80p0259a）

按：“泐”即“泐”字之訛。“泐潭”，潭名，在今江西省高安縣洞山。日本慧印校《筠州洞山悟本禪師語録》：“師在泐潭見初首座有語，曰：‘也大奇，也大奇，佛界道界不思議。’”（T1986Av47p0508c）又：“勅諡悟本大師，塔曰慧[2]覺。”（T1986Av47p0515a）本頁下注2：“覺+（師昔在泐潭尋繹大藏，纂出《大乘經要》一卷，并激勵道俗偈頌誡等流布諸方）三十字夾註《甲》。”元念常集《佛祖歷代通載》：“先是師嘗經由豫章[6]泐潭之石門，愛其山水奇勝，洞壑平坦，顧謂其從曰：‘吾朽質之日，歸骨于此。’至是，門弟子奉靈骨舍利，建道場于石門。相國權德輿爲之碑，宣宗賜謚大寂禪師。得法弟子凡百三十有九人，一爲一方宗主，轉化無窮，禪宗至此大盛于世。”（T2036v49p0609a）本頁下注6：“泐音勒。”又：“皇祐二年正月，詔大覺懷璉禪師住東都淨因。本漳州陳氏子，嗣泐潭澄公。”（T2036v49p0665b）北宋贊寧等撰《宋高僧傳》：“然誓遊方吴越之間，台明山谷，靡不登陟。迨乎迴錫江西泐潭山門，勵心僧務，不憚勤苦。”（T2061v50p0767c）北宋契嵩撰《鐔津文集》：“《福院千佛閣記》《泐潭雙閣銘》。”（T2115v52p0647c）明圓信、郭凝之編《瑞州洞山良价禪師語録》：“泐潭準云：‘若爲人時水也暖，不爲人時火也寒。’”（T1986Bv47p0523c）“泐”亦皆“泐”字之訛。

0996 沊

唐輸婆迦羅譯《攝大毘盧遮那成佛神變加持經入蓮華胎藏海會悲生曼荼攞廣大念誦儀軌供養方便會》：“東方初門中，釋迦坐白蓮，四八紫金色，被服袈裟衣。爲令教流布，住彼而説法，三昧衆圍繞，次於牟尼右。顯示遍知眼，[31]熙怡相微笑，遍體圓淨光，喜見無比身。”（T0850v18p0076b）本頁下注 31：“熙 = 浘《甲》。”

按：“浘”與“熙”爲版本異文，“浘”即“熙”字書寫變異。“熙”字或作“煕”，明郭一經《字學三正·體製上·俗書簡畫者》：“煕，俗作煕。”“浘”蓋由“煕”類形體進一步書寫變異而來。

0997 洍

唐惠詳撰《弘贊法華傳》：“又入洍州白沙山，如前入觀。”（T2067v51p0022c）

按：“洍”即“熙”字之訛。北宋戒珠叙《淨土往生傳》：“未幾，又入熙州白沙山，如前入觀。”（T2071v51p0115b）南宋士衡編《天台九祖傳》：“又入熙州白沙山，如前入觀。”（T2069v51p0100b）與“洍”對應之字皆作“熙”。

0998 淴

北宋子璿集《首楞嚴義疏注經》：“照真體時，體之與用俱非見相。若以上見爲用，下見爲體，用照體時，理智[2]淴然，無體可得，用相亦亡，故云見非是見。”（T1799v39p0854a）本頁下注 2：“淴 = 浻《甲》，湣《宮》。”

按：“淴”與“浻”“湣”爲版本異文，“淴”即“浻”字之訛。“浻”通“泯”。

0999 淣

日本元海記《厚造紙》：“次加持[6]淣印（或以不動及吉里吉里明𤙖覽字，若淨地明加持之）。”（T2483v78p0288a）本頁下注 6：“淣 = 泥《甲》。”

按：“淣”與“泥”爲版本異文，文中爲“泥土”義，乃所加持之物。經過加持的物品會產生不可思議的佛力。唐不空譯《金剛頂瑜伽護摩儀軌》：“加持泥及瞿摩夷塗香等印。”（T0908v18p0917b）唐不空譯《一字奇特佛頂經》：“又法瘺疰等加持[6]泥七遍，塗之即愈。”（T0953v19p0300a）本頁下注 6：“泥 = 埿《聖》《甲》。”遼慈賢譯《妙吉祥平等觀門大教王經略出護摩儀》：“誦四明加持已，用採爐内，應用一切香末而和於泥。加持泥真言曰：唵（引。一）嚩蘇麼底（二）室哩（二合）曳（三）室哩（二合）嚩蘇弟（四）娑嚩（二合）賀（引。五）。”

（T1194v20p0934c）字又作“埿”，“埿”乃“泥”的異構字，“泒”蓋“泥”字之訛。

1000 洬

唐不空譯《普遍光明清淨熾盛如意寶印心無能勝大明王大隨求陀羅尼經》：“薩嚩怛他（引）誐多紇唱（二合）乃野足（洬浴反）瑟蘇（二合）薩嚩（二合）賀。”（T1153v20p0620b）

按：“洬”爲“足”的反切上字，疑“洬”爲“即”字之訛。“足”的反切上字可用“即”，《廣韻·燭韻》“足”爲“即玉切”。“即”與“取”形近而訛，隋慧遠述《大般涅槃經義記》：“故經説言：佛知衆生[3]取涅槃相，不復更滅。”（T1764v37p0827c）本頁下注 3：“取＝卽[ヵ]《原》。”又：“故經説言：一切衆生，畢竟寂滅，卽涅槃相，不復更滅。”（T1764v37p0792b）“取”爲“卽”之訛。後秦佛陀耶舍、竺佛念譯《長阿含經》：“如來今者未取涅槃。須我諸比丘集……如來今者未[31]取涅槃，須我諸弟子集，乃至天人見神變化乃取滅度。”（T0001v01p0015c）本頁下注 31：“取＝卽《三》。”“卽”又“取”之訛。“即”訛作“取”，因與“浴”字連用受其影響而加“氵”旁作“洬”，此亦字形同化之例。

1001 淍

明袁宏道撰《西方合論》：“彊梧大淍獻中秋望，菩薩戒弟子，閩中周之夔稽首書。”（T1976v47p0385b）

按：“淍”即“淵”字之訛。《卍續藏》明明教標注《西方合論標註》卷第一云：“彊梧大淵獻中秋望，菩薩戒弟子，閩中周之夔稽首書。”（X1165v61p0783b）與“淍”對應之字作“淵”。《爾雅·釋天》：“（太歲）在亥曰大淵獻。”“大淵獻”爲亥年的别稱。秦公《碑别字新編·十二畫》“淵”字條引《魏三老諱字忌日記》作“洞”（p172），“洞”與“淍”形近。

1002 漩

唐窺基撰《妙法蓮華經玄贊》：“旋陀羅尼在七地，旋音似泉反，還也。若如水迴作[3]淀，辭選反，又似泉反。”（T1723v34p0834a）本頁下注 3：“淀＝漩《聖》。”

按："涟"與"漩"爲版本異文，"涟"即"漩"字之訛。《可洪音義》："周𣻊，序全反。正作'旋'。"（v59p733a）"𣻊"爲"旋"字之訛，可比勘。鄭賢章《漢文佛典疑難俗字彙釋與研究》"涟"字條（p201）亦有考證，可參。

1003 湑

北宋子璿集《首楞嚴義疏注經》："照真體時，體之與用俱非見相。若以上見爲用，下見爲體，用照體時，理智[2]湑然，無體可得，用相亦亡，故云見非是見。"（T1799v39p0854a）本頁下注2："湑＝渞《甲》，湑《宮》。"

按："湑"與"渞""湑"爲版本異文，"湑""渞"皆"湑"字之訛，經中通"泯"。

1004 㴇

北宋天息災譯《大方廣菩薩藏文殊師利根本儀軌經》："輸婆爲大地多　大地多爲弭多　弭多爲唧多　唧多爲尾刹波　尾刹波爲阿鼻路㴇（切身）　阿鼻路㴇爲曩鼻囉㴇　曩鼻囉㴇爲孕（切身）摩。"（T1191v20p0901b）

按：經中注明"㴇"爲切身字，當是由"波"和"也"拼合而成的切身字。唐義淨撰《梵語千字文》附《梵唐消息》："𑖨𑖿𑖧，盧波也，銀。"（T2133Bv54p1213b）"波也"可爲二合音"𑖧（pya）"的譯音字。

1005 盪

佚名《大目乾連冥間救母變文》："錫杖敲門三五下，胸前不覺淚盪。"（T2858v85p1308a）

按：《大正藏》此本據大英博物館藏燉煌本S. 2614，S. 2614作"𤁋"，《大正藏》轉寫不確。《敦煌變文集·大目乾連冥間救母變文》："錫杖敲門三五下，胸前不覺淚盪盪。"字作"盪"。《可洪音義》卷第十二："𤁋溢，上以嬰反，滿也。正作盈。"（v59p990a）"𤁋"爲"盪"之異寫字。"盪"又"盈"字之訛，"盈"有滿義，因與"淚""溢"連用而加"水"旁，此亦字形同化之例。

1006 湡

日本聖德太子撰《勝鬘經義疏》："二云：尊上多生瞋而慢少何？卽尊者[5]憑其高貴好凌群下，故下多生瞋，而其德自可敬，故慢生少。卑上慢多生而瞋少何？卽爲己在下理自可凌，故生慢卽多，縱横隨我，故生瞋少。"（T2185v56p0003a）本頁下注5："憑＝湡《甲》《乙》。"

按："湡"與"憑"爲版本異文，"湡"即"凴"之書寫變異，"凴"又"憑"之異體"凴"字之省。清邢澍《金石文字辨異·蒸韻》"憑"字條引《隋賀若誼碑》作"凴"。唐顏元孫《干禄字書·平聲》："凴、憑，上通下正。"已溝通"凴"與"憑"的關係。三國吴支謙譯《撰集百緣經》："龍神從我求索八關齋文，[58]仰卿得之，當用持與。"（T0200v04p0233c）本頁下注58："仰＝凴《聖》。""凴"亦同"憑"，仰賴與憑借義近。《卍續藏》日本聖德太子疏、唐明空私鈔《勝鬘經疏義私鈔》："尊者馮其高貴好凌群下。"（X0353v19p0934c）字作"馮"，"馮"與"憑"通用。明梅膺祚《字彙·馬部》："凴與馮同，據也。"明張自烈《正字通·馬部》："凴，俗馮字，舊註同馮，誤。"以"凴"爲"馮"的俗字，不妥。《漢語大字典》："凴，同'馮（憑）'。《龍龕手鑑·冫部》：'凴，託也。'《字彙·冫部》：'凴，與馮同。據也。'《李陵變文》：'吾聞鳥之在空，由凴六翮。'"（二p329a）亦誤。

1007 渆

南朝梁僧祐撰《弘明集》："大暉灼兮昇曜，列宿奄兮消蔽。夫輪捔兮殊材，歸敷繩兮一制。苟專迷兮不悟，增上驚兮遠逝。卞和慟兮[1]渆側，豈偏尤兮楚厲。良舀蔑兮波若焉，相責兮智慧。"（T2102v52p0043a）本頁下注1："渆＝荆《三》《宮》。"

按："渆"與"荆"爲版本異文，"渆"即"荆"字之訛。《大正藏》元念常集《佛祖歷代通載》卷八、《卍續藏》宋祖琇撰《隆興編年通論》卷六等皆作"卞和慟兮荆側"，據史實"荆"指荆山，當以"荆"字爲正，"渆"蓋刻書者誤加"氵"旁。

1008 粳

唐慧沼撰《十一面神呪心經義疏》："揵闥婆，此云[1]粳疾，亦云輕繞也。"

(T1802v39p1008a) 本頁下注 1:“𢱢=捷《甲》。”

按:“𢱢”與“捷”爲版本異文,“𢱢”即“捷”字之訛。日本觀靜撰《孔雀經音義》:“彥達嚩,又云健達婆,又乾達婆,此云尋香,以香爲食,此云音樂神。《童子經》云:鶱陀,其形如魔羅天。《十一面經疏》云揵疾,又云輕繞。《法花嘉疏》云:揵闥婆,此云香陰,以其清虛食香,又身唯恒出香,故名香陰。”(T2244v61p0764c) 觀靜引《十一面經疏》與“𢱢/捷”對應之字作“揵”,“揵”爲“捷”的訛字。文獻“捷疾”習見,然揵闥婆無捷疾之義,作“捷疾”與文意不合。唐李通玄撰《新華嚴經論》:“夜叉者,此云苦活,或曰祠察,或云捷疾。乾闥婆者,此曰食香,或曰尋香,神設樂求食。”(T1739v36p0904a)“捷疾”乃“夜叉”之取義,與“乾闥婆”無涉。慧沼云“揵闥婆,此云𢱢疾”有兩種可能的解釋,一、將“夜叉”的解釋誤植於“揵闥婆”下,“捷”誤作“𢱢”。秦公《碑別字新編・十一畫》“捷”字條引《唐康留買墓誌》作“𢵇”(p161),李琳華編《佛教難字字典・手部》“捷”字條收“𢴤”(p121),均與“𢱢”形相近。二、“𢱢”也有可能是“求有”二字的誤合。迦旃延子造、五百羅漢釋,北涼浮陀跋摩、道泰譯《阿毘曇毘婆沙論》:“中有名中有,亦名揵闥婆,亦名求有,亦名摩㝹摩。……何故名揵闥婆?答曰:以香自活,故名揵闥婆。何故名求有?答曰:生時以六入求有,故名求有。何故名摩㝹摩?答曰:從意生,故名摩㝹摩。”(T1546v28p0268a)“揵闥婆”一名“求有”,“求有”二字誤合爲“𢱢”。

1009 渆

南朝梁寶亮等集《大般涅槃經集解》:“第四問性,明性有因果,行有違從,識性則從,即師子吼問也。不識性即逆,即迦葉問也。次兩偈說涅槃,因果渆曠,問所不能盡,所以不問也。”(T1763v37p0411c)

按:“渆”即“淵”字之訛。“淵曠”佛經習見,有深廣之義。東晉法顯譯《大般涅槃經》:“大海雖淵曠,會亦還枯竭。”(T0007v01p0193c) 南朝梁僧祐撰《弘明集》:“夫江海淵曠,非井蛙所達。”(T2102v52p0064c) 此指水域之深廣。又南朝宋功德直譯《菩薩念佛三昧經》:“譬如大海深廣難渡。諸佛戒品淵曠亦然。”(T0414v13p0809c) 東晉僧肇作《肇論》:“法藏淵曠,日有異聞。”(T1858v45p0155c) 唐元康撰《肇論疏》:“‘法藏淵曠’下,淵深曠大,謂經論日多,故云異聞也。”(T1859v45p0185c) 迦旃延子造、五百羅漢釋,北涼浮陀跋摩、道泰譯《阿毘曇毘婆沙論》:“理致淵曠,文蹄豔博。”(T1546v28p0001a) 北宋贊寧等撰《宋高僧傳》:“賁識鑒淵曠,風表峻越。”(T2061v50p0735a) 南朝梁寶亮等集《大般涅槃經集解》:“然其德淵曠,難可備舉。”(T1763v37p0378c) 由江海之類水域之淵深廣大喻指抽象的道理、見識、品行的淵深廣大。經中“因果淵曠”之“淵曠”亦用其比喻義,謂因果關係的道理像淵深廣大的海洋,深無底,遠無邊,難以窮盡。

《龍龕·水部》："渁、灦、澗、洪、灟、潣、淛，七俗；渊，正，烏玄反。深也。又泉水不流者曰渊。又姓。""淵"的異體收"淛"等形，《可洪音義》收"淵"之大量異寫字，多與"渊"形相近，"渊"爲"淵"之形訛無疑。

《漢語大詞典》收"淵曠"，釋義作"深遠曠達"，所舉例句是南朝梁沈約《佛記序》："雖法身常住之奧遠，二諦三假之淵曠，悟道求宗於斯可足。"《魏書·徐遵明傳》："而託心淵曠，置情恬雅，處静無悶，居約不憂。"《資治通鑑·宋順帝昇明二年》："吏部郎王儉，僧綽之子也，神彩淵曠，好學博聞。"(v5p1491a) 例一言"二諦三假"道理之深廣，例二言心境之深廣，例三言面部神氣表現出來的心之深廣，"淵曠"皆深廣之義，與曠達無涉，《大詞典》釋義不妥。

1010 𣶒

南朝梁寶唱等集《經律異相》："常遇三寶遭值善師，示悟涅槃畢投𣶒澓中，未至水頃目連接置岸上，令捉衣角上衝虚空，猶如猛鷹銜一小鳥，屈申臂頃至大海島。"(T2121v53p0189a)

按："𣶒"即"洄"之異構字。"洄澓"爲湍急迴旋的流水，該詞詞形不定。唐慧琳撰《一切經音義》卷十二《大寶積經》第三十五卷："洄澓，上音回。《文字音義》云：'大水迴流也。'下音伏。《考聲》云：'水旋流也。'或作洑也。"(T2128v54p0381a) 唐慧琳撰《一切經音義》："迴復，又作洄澓二形，同，胡瓌、扶福二反。《蒼頡篇》：'洄，水轉也；澓，深也。'"(T2128v54p0431a) 唐道世撰《法苑珠林》："罪人入河，隨波上下，迴[8]澓沈没，鐵刺刺身。"(T2122v53p0323b) 本頁下注8："澓=覆《三》《宫》。""洄澓""迴復""洄洑""迴澓""迴覆"等皆爲同一詞的不同書寫形式，以前兩個詞形最爲常見，故"𣶒"可看作"洄"改變聲旁的異構字。

1011 澺

唐窺基撰《成唯識論述記》："無言之言風驚，韜邃彩而月玄。非有之有波騰，湛澺章而海濬。"(T1830v43p0229a)

按："澺"即"幽"字之訛。《卍續藏》唐靈泰撰《成唯識論疏抄》："'波騰'者，即是詮真、俗二諦言語是也。'湛幽章而海濬'者，濬者深也，海喻真如之理，如見水波騰大，即知大海水深也。"(X0819v50p0127c) 日本善珠集《成唯識論述記序釋》："'竊以六位精微，資象翼而筌理；二篇玄妙，藉蒙列以探機。'今此序中分爲七段，第一，'竊以六位'至'湛幽章而海濬'者，明如來所證之理甚深難量。"（T2260v65p0318a）又："'無言之言風驚，韜邃彩而月玄。非有之有波騰，湛幽章而海濬。'此出佛所説言教也。驚，覺也，和風驚動卉木即令生牙出花。佛教亦爾，驚覺有情，令生道牙，開七覺之花也。韜，吐勞切，藏也；邃，私醉切，深遠也；彩，光彩也，如高天玄月，帶光彩而應於萬水之中，皆影現也。佛教亦爾，適應萬機，現於衆生心鏡也。言'非有之有'等者，此出教玄標理深。言'海濬'者,濬，思閏切，深也，所説之理湛然甚深也。湛，直斬切，滿也，安也，水不流也；幽，微也。有本作'涵'，下陷切，没也。'幽'字可也。章，美也，明也，又采也。"（T2260v65p0319b）與"滋"對應之字作"幽"。"幽章"與"邃彩"相對爲文，"邃"爲深遠，"幽"爲精妙，作"幽"與文意合。字或作"滋"者，"滋"乃"幽"字之訛，因與"湛"連用而加"氵"旁，此乃字形同化之例。

字或作"涵"，與文意不合，"涵"爲"滋"字之訛。唐慧立本《大唐大慈恩寺三藏法師傳》："四運流速，六龍馳鶩。巨夜銷[28]氛，幽關啓曙。"（T2053v50p0267b）本頁下注28："氛幽＝氣函《三》《宫》，氛＝氣《甲》。"唐圓照集《代宗朝贈司空大辨正廣智三藏和上表制集》："前載函關未啓。"（T2120v52p0828a）"函"皆"幽"字之訛，可比勘。

1012 渰

隋費長房撰《歷代三寶紀》："北門一道，上不施屋，似烏頭門，其四門外皆樹青槐，亘以淥水，京邑行人多庇其下。路斷車蓋，非由[23]淹雲之潤；清風送涼，豈藉合歡之發。"（T2034v49p0082c）本頁下注23："淹＝掩《宫》，渰《聖》。"按："渰"與"淹""掩"爲版本異文，"渰"即"渰"字之訛。唐道宣撰《續高僧傳》："京師行旅多庇其下。路斷飛塵，不由渰雲之潤。"（T2060v50p0428b）唐慧琳撰《一切經音義》卷九十一《續高僧傳》第一卷："渰雲，上音奄。《毛詩傳》云：'渰，陰雲貌。'《古今正字》：'雲擢爲渰。'"（T2128v54p0883a）《詩·小雅·大田》："有渰萋萋，興雲祁祁。"毛傳："渰，雲興貌。"孔穎達疏："《傳》'渰，雲興貌'，定本《集注》作'陰雲貌'。"馬瑞辰《毛詩傳箋通釋》："當從定本《集注》作'陰雲貌'爲正。《顔氏家訓·書證篇》引毛傳正作'陰雲'，顔師古《漢書注》'渰，陰雲也'，義本毛傳。""渰"即密布之雲，"淹""掩"皆"渰"之通用字。

唐智昇撰《開元釋教録》："京師行旅多庇其下。路斷飛塵，不由[16]洊雲之潤。"（T2154v55p0541c）本頁下注16："洊＝渰《三》。"四庫本作"渰"。北魏楊衒之撰《洛陽伽藍記》："京邑行人多庇其下。路斷飛塵，不由奔雲之潤。"（T2092v51p1000a）四庫本亦作"奔"，周祖謨校本作"渰"，楊勇校本作"弇"。字又作"洊""奔"者，"洊"即"渰"字之訛，"奔"乃"弇"字之訛。日本善珠述《唯識義燈增明記》："人濕生者，如捺（烏甘反）婆羅利婬女頂上轉聖王，如是等名濕生。"（T2261v65p0383b）"捺"即"揜"字之訛，可比勘。

1013 㴌

唐玄奘、辯機撰《大唐西域記》："周千餘里，東西長，南北狹，四面負山，衆流交湊，色帶青黑，味兼鹹苦，洪濤浩汗，驚波汩[3]㴌，龍魚雜處，靈怪間起，所以往來行旅禱以祈福。"（T2087v51p0871a）本頁下注 3："㴌＝湱《三》，隱《甲》。"

按：《嘉興藏》作"湱"。"㴌"與"湱""隱"爲版本異文，"㴌"即"㴌"字書寫變異。"㴌"與"隱""㴌"皆"湱"字之訛。"汩"爲"汩"字之訛。《漢書·司馬相如傳》："馳波跳沫，汩湱漂疾。"晋晋灼曰："湱，音華給反。"晋郭璞曰："湱，音許立反。"唐顔師古曰："言水波急馳而白沫跳起汩急然也。汩，音于筆反。湱，晋、郭二音皆通。"《集韻·緝韻》迄及切："潝、湱，《説文》：'水疾聲。'或作湱。"《説文·水部》："潝，水疾聲。"段注："《上林賦》：'汩湱漂疾。''湱'，郭注：'音許立反。'然則即'潝'字也。""湱"爲"潝"的異構字。《大唐西域記》："南渡信度河，河廣三四里，南流，澄清皎鏡，汩［汩］[31]㴌漂流，毒龍惡獸窟穴其中。"（T2087v51p0884b）本頁下注 31："㴌＝湱《三》《乙》*。"又："池沼十數，映帶左右，雕石爲岸，殊形異類，激水清流，汩［汩］*㴌漂注。"（T2087v51p0885c）又："窣堵利瑟那國，周千四五百里，東臨葉河。葉河出葱嶺北原，西北而流，浩汗渾濁，汩［汩］湱漂急。"（T2087v51p0871b）上述諸例《嘉興藏》皆作"湱"，四庫本亦皆作"湱"。音釋："汩湱，上于密反，下于立反。同前，水流急貌。""㴌"皆"湱"字之訛。北魏菩提留支譯《大薩遮尼乾子所説經》："以我如是大惡人前、可畏人前、[10]急性人前、無慈悲人前、卒作事人前，如是惡行人前説如實語。"（T0272v09p0341c）本頁下注 10："急＝忽《聖》。"唐不空譯《甘露軍荼利菩薩供養念誦成就儀軌》："誦之時不應出聲，不緩不[52]急。"（T1211v21p0048b）本頁下注 52："急＝忽《甲》。"唐不空譯《大乘密嚴經》："夢中見美色，石女[9]急誕生。"（T0682v16p0751c）本頁下注 9："急＝忽《三》。"前兩例"忽"爲"急"字之訛，後一例"急"爲"忽"字之訛。"急""忽"兩字或相混誤，故"湱"或訛作"㴌"。"㴌"又"㴌"字之訛。

唐慧琳撰《一切經音義》卷八十二《大唐西域記》第一卷："汩［汩］㴌，上古筆反。《漢書音義》云：'汩［汩］，流急貌。'《方言》：'疾也。'《古今正字》：'從水，曰聲。'下温骨反。《考聲》云：'㴌，決水貌。'"（T2128v54p0837a）"㴌"字讀"温骨反"，以"㴌"之本音讀之，非是。季羨林等《大唐西域記校注》卷第一："洪濤浩汗，驚波汩㴌。"（p69）校勘："原文㴌作㴌，今從《敦甲本》《金陵本》及《慧琳音義》改。《慧琳音義》'汩㴌'云：'上古筆反。《漢書音義》：“汩，流急皃。”……下温骨反。《考聲》云：“溛，泱水貌。”’《石本》《宋本》《明南本》《明北本》《徑南本》溛作湙。按《史記・司馬相如傳》‘汩湙漂疾’。《索隱》云：‘汩湙，急轉貌也。’則作‘汩湙’亦可。《中本》溛作隱，隱乃濦之誤，《文選・上林賦》‘汩湙’作‘汩濦’，正此字。”（p69）以爲“溛”“湙”“濦”皆可，非是。六臣注《文選・江賦》：“潏（胡決）湟（皇）溛（烏骨）泱（烏朗）潚（叔）浻（失冉）瀾（舒感切，五臣音審）瀹（始灼反。善曰：皆水流漂疾之貌）。”“溛泱”與“汩湙”義近，但“汩湙”不能作“汩溛”，“溛泱”不能作“湙泱”，“溛”與“湙”本不同字，不可謂“汩溛”與“汩湙”兩可。在這個用法上，“湙”爲正字，“溛”爲訛字。

“汩濦”之“濦”亦“湙”字之訛。“濦”，《説文・水部》訓“水名”。三國吴支謙譯《佛説孛經抄》：“婬泆嗜酒，[54]急弊長者。”（T0790v17p0732c）本頁下注54：“急=隱《元》《明》。”西晋竺法護譯《生經》第一卷：“他日異夜，甥尋竊來，因水放株，令順流下，唱叫犇[20]急。”（T0154v03p0078c）本頁下注20：“急=隱《三》。”唐慧琳撰《一切經音義》卷五十五《生經》第一卷：“犇急，又作‘奔’‘驞’二形，同，補門反。奔亦走也。”（T2128v54p0674c）南朝梁寶唱等集《經律異相》：“他日異夜，甥尋竊來，因水放株，令從流下，唱叫犇隱。”（T2121v53p0230b）唐道世撰《法苑珠林》：“他日異夜，甥尋竊來，因水放株，令順流下，唱噭犇隱。”（T2122v53p0515b）四庫本亦作“隱”。“隱”皆“急”字之訛，可資比勘。

失譯《別譯雜阿含經》：“即時熾然烟炎俱出，[14]溛溛振爆，聲大叫裂。”（T0100v02p0401c）本頁下注14：“溛溛=湒湒《三》。”又：“時婆羅門受佛教已，即持置彼無蟲水中，烟炎俱起，[11]溛溛作聲。”（T0100v02p0409b）本頁下注11：“溛溛=湒湒《三》。”唐慧琳撰《一切經音義》卷五十二《別譯阿含經》第四卷：“湒湒，又作‘湇’，同，子入、史及二反。《字林》：‘沸䓪也。’亦雨聲也。”（T2128v54p0656c）“溛”亦“湙”字之訛。

唐慧琳撰《一切經音義》卷二十五《大般涅槃經》第六卷：“麤澁，所急反。有作‘溛’，非也。”（T2128v54p0468c）北涼曇無讖譯《大般涅槃經》第六卷：“若有不信是經典者，現身當爲無量病苦之所惱害，多爲衆人所見罵辱，命終之後，人所輕賤，顔貌醜陋，資生艱難，常不供足。雖復少得麁澁弊惡，生生常處貧窮下賤誹謗正法邪見之家。”（T0374v12p0399a）唐慧琳撰《一切經音義》卷七十二《雜阿毘曇心論》第一卷：“澀滑，又作‘濇’，同，所立反。謂不滑也。字從四止，四止即不通字意也。《論》文作‘溛’‘澁’二形，非體也。”（T2128v54p0776c）法救造、南朝宋僧伽跋摩譯《雜阿毘曇心論》：“七種造色，謂澁、滑、輕、重、冷、[15]暖、飢、渴。”（T1552v28p0872c）本頁下注15：“［暖］-《宮》《聖》。”“溛”又皆“澀”字之訛。《龍龕・止部》：“歰，俗；歰，正，所立反。不滑也。从四止，與濇同。”《可洪音義》卷四《大般涅槃經》第十八卷：“忽難，上所戢反。”（v59p684a）《可洪音義》卷十五《十誦律》第三十四卷：“麁忽，所立反。”（v59p1122c）同上：“麁忽，所立反。悞。”（v59p1122c）其演變過程如下：歰→歰→忽→忽→忽。“歰”或訛作“忽”，故“澀”訛作

“𢜞”。

1014 𣸧

元念常集《佛祖歷代通載》：“昨蕭譔之請制，即以相示。委卿增損，必有以戒遏浮𣸧、無傷弘獎者，以當著爾。”（T2036v49p0536b）

按：“𣸧”即“淫”字之訛。南朝梁僧祐撰《弘明集》：“近蕭謩請制，未令經通，即已相示。委卿增損，必有以式遏浮淫、無傷弘獎者，乃當著令耳。”（T2102v52p0069b）南朝梁慧皎撰《高僧傳》：“近蕭摹之請制，未全經通，即以相示。委卿增損，必有以遏戒浮淫、無傷弘獎者，迺當著令耳。”（T2059v50p0367c）與“𣸧”對應之字皆作“淫”。“浮淫”文獻習見，有虚浮義，與文意合。南宋王日休校輯《佛説大阿彌陀經》：“第七願：我作佛時，我刹中人盡無𣸧泆瞋怒愚癡之心。不得是願，終不作佛。”（T0364v12p0328c）“𣸧”亦“淫”字之訛。“淫泆”文獻習見。

1015 𣹣

唐金剛智譯《吽迦陀野儀軌》：“次觀證入曼𣹣羅世界。”（T1251v21p0236a）

按：“𣹣”即“荼”字異寫。同上經：“東方中院即妙藏曼[4]陀羅界來入壇。”（T1251v21p0236c）本頁下注4：“陀＝𣹣《原》。”唐慧琳撰《一切經音義》：“曼荼羅，荼音宅加反。梵語，無正翻。《義譯》云：聖衆集會處，即此經一十七會曼荼羅各各差別並是修行供養念誦者道場也。”（T2128v54p0369b）“曼𣹣羅”與“曼荼羅”爲同一梵文的不同譯音形式，“𣹣”與“荼”當音同，“𣹣”當即“荼”之書寫變異。《玉篇・艸部》：“荼，達胡切。虎杖，似紅草。”本爲草名。《廣韻・模韻》同都切：“𣹣，虎杖。”與“荼”在同一小韻。“𣹣”爲“荼”之異寫，與“荼”同音，故可爲同一梵文的不同譯音字。

1016 漸

唐金俱吒撰《七曜攘災決》：“大白，西方金之精，一名長庚，徑一百里，其色白而光明，一年一周天，晨皆之見，二百四十四日。初夕見西方，稍行急。日行一度小半，[1]漸遲。二百二十六日行二百四十九度，乃留八日，則逆行十日退一度，亦留八日乃順行。”（T1308v21p0440b）本頁下注1：“漸＝漸《原》。”

按："漸"與"漸"爲版本異文，"漸"即"漸"字之訛，"斤"旁訛作"亍"旁也。經中前言"稍行急"，後言"漸遲"，"漸遲"即逐漸遲緩之義。遼希麟集《續一切經音義》："金星，太白金之精，其色白，其性勇，將軍之象，一年一周天，見二百四十四日。初夕見西方，其行稍急。日行一度少半，漸遲。二百四十九度乃留八日，逆行十日，夕伏十二日，遂晨見東方。大抵八年五終，五度夕見，五度晨見。"（T2129v54p0953c）字亦作"漸"，可比勘。

1017 渂

南朝梁寶亮等集《大般涅槃經集解》："今引燃木，滅已有灰，謂惑盡智存也。智秀曰：木滅有灰，雖非[5]復木，而不無也；煩惱滅已，雖不在五趣，而有常身也。"（T1763v37p0431c）本頁下注5："復=渂《聖》。"

按："渂"與"復"爲版本異文，"渂"即"復"字之訛。"非復"爲不再是之義，文獻習見。清邢澍《金石文字辨異·屋韻》"復"字條引《唐李輔光墓志》作"湲"，"湲"即"復"字之訛，"彳"旁訛作"氵"旁也。秦公《碑别字新編·十二畫》"復"字條引《隋羊本墓誌》作"湲"（p201），《可洪音義》卷十八《阿毗曇毗婆沙》第二十四卷："渂從，上音伏。正作復。""渂"又"湲"之進一步形訛，"复"旁訛作"夏"旁也。鄭賢章《漢文佛典疑難俗字彙釋與研究》"渂"字條（p202）亦有考證，可互參。

1018 泶

唐湛然述《止觀輔行傳弘決》："泶泶者，汁流貌，字無正體。滂沱者，亦流貌。"（T1912v46p0419b）

按：疑"泶"即"泚"之異構字。隋智顗説《摩訶止觀》："又見膿爛流潰，泶泶滂沱，如蠟得火，是名膿爛相。"（T1911v46p0122a）此即湛然所釋"泶泶"一詞之所從出。湛然"泶泶"之義爲"汁流貌"，乃由語境推出，言其"字無正體"，顯然並未考其源。今考"泶泶"同"泚泚"。《孟子·滕文公上》："其顙有泚，睨而不視。"漢趙岐注："泚，汗出泚泚然也。"明張自烈《正字通·水部》："泚，汗出貌。"此據趙岐注作訓，乃文意訓釋。當訓作"汁出貌"，乃汁液流出之貌。鄭賢章《漢文佛典疑難俗字彙釋與研究》"泶"字條（p203）亦有考證，可參。

1019 與

西晉法炬譯《佛説沙曷比丘功德經》："王施設供養，手自斟酌。飯畢，行[34]與水祝願，佛爲王及人民説龍本末。"（T0501v14p0770c）本頁下注34："與＝盥《宋》。"

按："與"與"盥"爲版本異文，"與"即"盥"字之訛。龍樹造、後秦鳩摩羅什譯《大智度論》："時釋提婆那民[19]盥水，佛以手摩其身。"（T1509v25p0119c）本頁下注19："盥＝與《石》。"北魏月婆首那譯《勝天王般若波羅蜜經》："有清泉水，[12]盥洗便易。"（T0231v08p0698c）本頁下注12："盥＝與《宮》。"兩"與"字皆"與"字之訛。"與"亦見秦公《碑别字新編》"盥"字下所引《唐張藥墓誌》，字作"與"（p358）。

1020 淘

北宋惟淨譯《佛説身毛喜豎經》："又舍利子，世有一類婆羅門者，但食其麥，計爲清淨，作如是言，若但食麥，如是修行，而得清淨。彼取麥已，或碎其末，或[1]淘其水，或以多種治事而食，爲其資養。……若但食麻，如是修行，而得清淨。彼取麻已，或碎其末，或*淘其水，或以多種治事而食，爲其資養。"（T0757v17p0598a-c）本頁下注1："淘＝淘《元》《明》*。"

按："淘"與"淘"爲版本異文，"淘"即"淘"之異構字。經中之"淘"爲淘洗義，與文意合。"陶""匋"二字《廣韻》均有"徒刀切"一讀，故"淘"可換旁作"淘"形。

1021 漸

唐不空譯《十一面觀自在菩薩心密言念誦儀軌經》："火以水漸灑，令聖衆漱口，爲令聖衆歡喜故，用本部心加持閼伽而獻之。"（T1069v20p0148b）

按："漸"即"瀄"之異寫。唐慧琳撰《一切經音義》卷三十五《一字頂輪王經》第二卷："濺灑，上煎薛反。《考聲》云：'濺，溅也。'或作'瀄'，亦通。下沙賈反。案，灑者，以物霑水散灑也，借音用。本音所買反，今不用此音。"（T2128v54p0540b）《龍龕·水部》："濺，俗；瀸，正，音節。水灑也。""濺"字音節，故或從節聲作"瀄"，"瀄"又寫作"漸"。《廣韻·質韻》阻瑟切："澌，澌汨，水聲。"此與"澌灑"之"澌"爲同形字。

1022 澣

隋吉藏撰《無量壽經義疏》："冀有異本之人補闕而助學徒。肯［旹］延寶丙辰二月上澣。野釋知足欽書。"（T1746v37p0125b）

按："澣"即"澣"字之訛。"上澣"爲古代表時間之詞。唐宋官員行旬休，即在官九日，休息一日。休息日多行浣洗。因以"上澣"指農曆每月上旬的休息日或泛指上旬。隋吉藏撰《金光明經疏》："正德改元歲次辛卯初冬上澣。"（T1787v39p0174b）日本普濟善救語《普濟和尚語録》："時應永八年辛巳歲八月上澣。開闢比丘普濟序。"（T2594v82p0518c）唐遁倫集撰《瑜伽論記》："享保癸丑季夏中澣。沙門性威敬誌。"（T1828v42p0868b）日本光宗撰《溪嵐拾葉集》："貞和四歲初冬中澣。於阿字息障院書此。"（T2410v76p0504b）唐圓暉述《俱舍論頌疏論本》："永正元年甲子孟秋下澣一日遂一覽功畢。"（T1823v41p0982a）元念常集《佛祖歷代通載》："旹宣德五年歲在庚戌六月下澣。永寧住山釋大海書。"（T2036v49p0685a）上揭諸例，"上澣"指上旬，"中澣"指中旬，"下澣"指下旬。"澣"或作"澣"者，"澣"乃"澣"之偶誤。

1023 㬥

日本中算撰《妙法蓮華經釋文》："㬥，薄報反。曹憲云：'疾速也。'慈恩云：'~謂縱橫也。'"（T2189v56p0166a）

按："㬥"即"暴"字之訛。唐窺基撰《妙法蓮華經玄贊》卷第九云："暴，音薄報反，古作虣字。"（T1723v34p0820a）"虣"即"虣"字。"暴"上部的"日"旁手書或作"田"形，秦公《碑别字新編·十五畫》"暴"字條引《魏元液墓誌》作"㬥"，又引《唐城父縣尉盧復墓誌》作"㬥"（p323），均是其例。

1024 澑

唐道世撰《法苑珠林》："又至舍後上廁有二十五事：……十、斂衣不得使垂[3]圊中。"（T2122v53p0982a）本頁下注3："圊＝澑《宮》。"

按："澑"與"圊"爲版本異文，"澑"即"圊"的增旁異構字。《釋名·釋宮室》："廁，或曰圊，言至濊之處宜常修治使潔清也。"《廣雅·釋宮》："圊，廁也。”“圊”指茅廁，乃“清”之派生詞，字亦本作“清”。《荀子·王制》：“脩採清，易道路。”東漢應劭《風俗通·怪神·世間多有精物妖怪百端》：“女孫年三四歲亡之，求不能得，二三日乃於清中糞下啼。”文獻中兩字常通用，此乃同源通用之例。東晉瞿曇僧伽提婆譯《增壹阿含經》：“造立園果及作橋舡，近道作[16]圊厕，持用惠施，長夜獲其福戒法成就，死必生天上。”（T0125v02p0783b）本頁下注16：“圊=清《聖》。”東晉竺佛念譯《出曜經》：“或有衆生施功立德在諸塔寺施設園菓、浴池、橋梁、[18]清厕，功業未就，爲人所害。”（T0212v04p0613c）本頁下注18：“清=圊《三》。”“㵾”蓋受“清”的影響而加“水”旁。

“圊”之本義爲廁所，亦特指廁池。南宋宗曉編《樂邦遺稿》：“有睹茲文，而復不能起信立修者，類乎狂熱投圊，唯露一髮，欲垂拯救，未如之何也？”（T1969Bv47p0233c）“投圊”即跳入廁池。“斂衣不得使垂圊中”之“圊”亦指廁池。“廁”與“圊廁”亦皆可指廁池。

1025 𣸣

唐圓照集《代宗朝贈司空大辨正廣智三藏和上表制集》：“主事何[3]滳，員外郎［郎］岑參。”（T2120v52p0831a）本頁下注3：“滳=𣸣《丙》，溺亻《丙》。”

按：“𣸣”與“滳”“溺”爲版本異文，“𣸣”即“滳”字之訛，俗書“犭”或訛作“彳”旁。秦公《廣碑别字·十四畫》“滳”下引《唐韓子墓誌》作“𣸣”形（p473），與“𣸣”形近。另，手書“犭”旁與“彳”旁較近，“犯”字《玉篇》或作“𢓊”形，可比勘。

1026 溱

唐遍智、不空集《勝軍不動明王四十八使者祕密成就儀軌》：“多俱胝世界焚火滅，唯成一大火聚，如七日光照，大馬口等衆流[14]但溱，吞納無餘，盡成猛焰。”（T1205v21p0033b）本頁下注14：“但溱=俱湊《原》。”

按：“但溱”與“俱湊”爲版本異文，“但溱”即“俱湊”之訛，“溱”爲“湊”字之訛。唐不空譯《聖賀野紇哩縛大威怒王立成大神驗供養念誦儀軌法品》：“各俱胝焚燒世界火滅，唯成一大火聚，如七日光照，大馬口等衆流俱湊，吞納無餘，盡成猛焰。”（T1072Av20p0155c）與“但溱”對應之字正作“俱湊”。《玉篇·水部》：“湊，聚也。”“俱湊”即全部聚集。失譯《别譯雜阿含經》：“時有一婆羅門，名爵[4]湊羅突邏闍，失産乳牛。”（T0100v02p0406a）本頁下注4：“湊=溙《三》。”《可洪音義》卷十三《别譯雜阿含經》：“爵溙，倉奏反。婆羅門名也。正作湊也。又音臻，非。”（v59p1015b）“溙”“溙”爲“湊”字之訛。

“㵃”即“溙”之進一步形訛，右旁“秦”之首筆横訛作兩點。

1027 㷊

龍樹造、後秦鳩摩羅什譯《大智度論》：“如治癰師，知癰已熟，破出膿，與藥而去；若癰未熟，是則久住塗[37]慰。”（T1509v25p0077b）本頁下注 37：“慰＝熨《三》《宮》，㷊《聖》。”

按：“㷊”與“熨”“慰”爲版本異文，“㷊”“慰”皆“熨”字之訛。唐義淨撰《南海寄歸内法傳》：“如其風急塗以膏油，可用布團火炙而熨折傷之處，斯亦爲善。”（T2125v54p0224a）“塗熨”當是先在患處塗藥，再加以熱敷，“熨”爲熱敷義，與文意合。“㷊”即“熨”下“火”訛作“水”，“慰”乃“熨”下“火”訛作“心”也。《可洪音義》卷第十八云：“慰之，上於貴反。火斗也。正作熨字也。”（v60p79a）“慰”亦“熨”字之訛。

1028 㵾

唐菩提流志譯《使呪法經》：“用酥蜜和麨作團，蘿蔔根并盞[57]酢酒漿，如是日成獻食，必須自食方得氣力。”（T1267v21p0297b）本頁下注 57：“酢酒漿＝㵾水《甲》。”

按：“㵾”與“漿”爲版本異文，“㵾”即“漿”的異寫字，由“漿”的“水”旁移至左邊而成。“餈”又作“饝”，可比勘。張涌泉《漢語俗字叢考》（修訂本）亦有考證（p282），可參看。

1029 㵝

北涼曇無讖譯《悲華經》：“衆生無有身心疲極，皆得五通；無有飢渴諸苦惱事，隨所喜樂。種種食飲即有寶器自然在手，有種種食，猶如欲界所有諸天。無有涕唾便利之患痰[11]癊污淚，亦無寒熱，常有柔軟香風觸身。”（T0157v03p0194c）本頁下注 11：“癊＝㵝《宋》。”

按：“㵝”與“癊”爲版本異文，“㵝”即“澮”之異寫。“痰澮”與“痰癊”爲同一個詞的不同書寫形式，其詞形本作“痰飲”，中醫病症名。指體内過量水液不得輸化、停留或滲注於某一部位而發生的疾病。該詞詞形不穩定，有很多不同詞形，後一語素或作“陰”“癊”“澮”等。“陰”爲“飲”字借字，“癊”

“澿”可以看作“陰”的加旁字，乃爲該詞所造的專字。“痰飲”爲病名，故“陰”加“疒”旁作“癊”；“痰飲”爲體液，故“陰”加“水”旁作“澿”，“澿”或作“滺”。鄭賢章《漢文佛典疑難俗字彙釋與研究》“澿”字條（p204）可參看。

1030 澈

衆賢造、唐玄奘譯《阿毘達磨順正理論》：“定應説其安布差別，眼根極微，居眼星上，對向自境，傍布而住，如香荾花，清[1]徹膜覆，令無分散。”（T1562v29p0374a）本頁下注1：“徹＝澈《宋》《元》《宮》。”

按：“澈”與“徹”爲版本異文，“澈”即“澈”字之訛，“澈”又“徹”之分化字，兩字在清澈的意義上常通用。東晋瞿曇僧伽提婆譯《增壹阿含經》：“然四園之内有四浴池：極冷浴池、香味浴池、輕便浴池、清[23]徹浴池。”（T0125v02p0668c）本頁下注23：“徹＝澈《三》《聖》。”“徹”亦通“澈”。

1031 㴛

日本天倫楓隱撰《諸回向清規》：“三行各以一牌書之，或用一牌列三號。帝之字或作帝，德之字或作㴛也。”（T2578v81p0668c）

按：經文已釋“㴛”乃“德”之或作，“㴛”即“德”字之訛，“彳”旁訛作“氵”也。“彳”訛作“氵”，參1035“澵”字條。

1032 濮

唐慧立本《大唐大慈恩寺三藏法師傳》：“秋七月再有勑，法師徙居西明寺。寺以元年秋八月戊子十九日造。先有勑曰：以延康坊[30]濮王故宅，爲皇太子分造觀寺各一。”（T2053v50p0275b）本頁下注30：“濮＝漢《宮》《甲》。”

按：“濮”與“漢”爲版本異文，“濮”“漢”皆“濮”字之訛。西明寺曾爲唐太宗之子李泰故宅，李泰在太宗朝進封濮王。唐冥詳撰《大唐故三藏玄奘法師行狀》：“又顯慶三年中，勑爲皇太子於漢王故宅造西明寺。”（T2052v50p0218c）“漢”亦“濮”字之訛。

唐道宣撰《四分律刪繁補闕行事鈔》：“二、膩勢相連（如衣鉢巾濮不淨洗相染）。”（T1804v40p0122a）“濮”又“襆”字之訛。“巾襆”文獻習見。

1033 𣸋

唐菩提流志譯《佛心經品亦通大隨求陀羅尼》："佛力廣大，威德玄曠，志行深[6]𣸋，住大忍力，然始得成。今者云何欲令衆生修學此法，云何得如法，云何證驗，云何能了見，衆生心事當見之。"（T0920v19p0009c）本頁下注6："𣸋＝邃《原》。"

按："𣸋"與"邃"爲版本異文，"𣸋"即"邃"字之訛。"深邃"爲常見詞彙，"邃"或作"𣸋"者，由"邃"與"深"連用，受其影響而改從"氵"旁，此亦字形同化之例。

1034 㶖

佚名《序聽迷詩所經》："休事屬神，即有衆當聞此語。休事㶖神，休作悪，遂信好業。……及不潔淨貪利之人，今世並不放却，嗜酒受肉，及事㶖神，文人留在著遂誣或趨覩，遂欲殺却，爲此大有衆生。"（T2578v54p1287c-1288a）

按："㶖"即"灟"的異體字，經中通作"屬"。

1035 衛

北宋元照撰《四分律行事鈔資持記》："初訶責法律明，佛在舍[1]衛，因智慧盧醯那二比丘鬪諍爲緣，故立此法。"（T1805v40p0210a）本頁下注1："衛＝衛《甲》。"

按："衛"與"衛"爲版本異文，"衛"即"衛"字之訛，"彳"旁訛作"氵"旁也。"衛"又"衛"之異寫，"舍衛"佛經習見。

1036 澛

龍樹造、後秦鳩摩羅什譯《大智度論》："菩薩摩訶薩觀内身，從足至頂，周匝薄皮，種種不淨，充滿身中。作是念，身中有髮毛爪齒，薄皮厚皮，筋肉骨髓，脾腎心肝肺，小腸大腸，胃胞屎尿，垢汗目淚，涕唾膿血，黄白[9]痰陰，肪刪腦膜。"（T1509v25p0403a）本頁下注9："痰陰＝痰癊《三》《宮》，淡洤《聖》，澹澰《石》。”

按：“澹澰”與“痰陰”“痰瘖”“淡淦”爲版本異文，“澹”即“澹”字之訛。《可洪音義》卷五《悲華經》第九卷：“澹澰，上徒甘反，下於禁反。心上水也。正作‘痰瘖’。”（v59p720a）北涼曇無讖譯《悲華經》：“爾時大衆聞是言已，皆悉集聚。既集聚已，皆共誦持毘陀呪術，以是力故，能却一切諸惡鬼神，擁護衆生。復修醫方，能治[10]痰瘖風寒冷熱。”（T0157v03p0227b）本頁下注10：“痰瘖=澹瘖《宋》，淡陰《聖》。”“痰瘖”或作“澹瘖”。唐實叉難陀譯《觀世音菩薩祕密藏神呪除破一切惡業陀羅尼經》：“若熱病一日二日三日四日，若晝若夜，若風、黄、痰瘖等病，誦此呪者悉得除愈。”（T1082v20p0198a）唐慧琳撰《一切經音義》卷四十《觀世音菩薩祕密藏神呪除破一切惡業陀羅尼經》：“痰瘖，上音談。《文字集略》云：‘胷中液也。’下於禁反。”（T2128v54p0567c）唐義淨譯《金光明最勝王經》：“衆生有四病，風、黄、熱、痰瘖。”唐慧琳撰《一切經音義》卷二十九《金光明最勝王經》第八卷：“痰瘖，上音談，下陰禁反。案，痰瘖字無定體，胷鬲中氣病也。津液因氣疑結不散，如筋膠引挽不斷，名爲痰瘖，四病根本之中此一能生百病，皆上焦之疾也。”（T2128v54p0502c）“痰瘖”爲疾病名，詞形不定。東漢張仲景《金匱要略・痰飲欬嗽病脈證治》：“問曰：‘夫飲有四，何謂也？’師曰：‘有痰飲，有懸飲，有溢飲，有支飲。’問曰：‘四飲何以爲異？’師曰：‘其人素盛今瘦，水走腸間，瀝瀝有聲，謂之痰飲。……’”字本作“痰飲”。參1531“瘖”字條。

“澹”“澹”乃“澹”字之書寫變異。“詹”或作“詹”（見秦公《廣碑別字》“詹”字條引《唐鄭君夫人孫少雅墓誌》p439），與“澹”“澹”之右旁形近。東晉瞿曇僧伽提婆譯《中阿含經》：“若有比丘分別身界，今我此身有內水界而受於生。此爲云何？謂腦膜眼淚汗涕唾膿血肪髓涎[39]淡小便如斯之比。此身中餘在內，內所攝水，水性潤內，於生所受，是謂比丘內水界也。”（T0026v01p0691a）本頁下注39：“淡=澹《宋》，痰《元》《明》。”東晉瞿曇僧伽提婆譯《增壹阿含經》：“爾時世尊告諸比丘：有三大患，云何爲三？所謂風爲大患，[9]痰爲大患，冷爲大患，是謂比丘有此三大患。然復此三大患有三良藥，云何爲三？若風患者酥爲良藥，及酥所作飯食；若[*]痰患者蜜爲良藥，及蜜所作飯食；若冷患者油爲良藥，及油所作飯食，是謂比丘此三大患有此三藥。”（T0125v02p0604b）本頁下注9：“痰=澹《宋》[*]《聖》[*]。”馬鳴造、後秦鳩摩羅什譯《大莊嚴論經》：“我爲狂癡惑，爲[14]澹陰亂目。”（T0201v04p0278c）本頁下注14：“澹陰=痰瘖《三》。”北宋元照撰《四分律行事鈔資持記》：“熱病、澹瘖病、癖病、內病、外病、內外病。”（T1805v40p0223a）“澹”皆通“痰”。《漢語大詞典》《漢語大字典》“澹”字條皆未收通“痰”的用法。

1037 滏

北宋陳舜俞撰《廬山記》：“《簡寂觀》（同前）：萬壑雲霞影，千年松檜聲。

如何教下士，容易信長生。月共虚無白，香和沉[5]灉清。閑尋古廊畫，記得列仙名。”（T2095v51p1047b）本頁下注5：“灉＝滏《甲》。”

按：“滏”與“灉”爲版本異文，“滏”“灉”皆“瀣”字之訛，“沉”爲“沆”字之訛。明釋正勉、釋性滔同輯《古今禪藻集》和《御定全唐詩》録齊已《宿簡寂觀》與“沉灉/滏”對應之字皆作“沆瀣”，“沆瀣”乃清露之義，與文意合。

1038 潪

唐遁倫集撰《瑜伽論記》：“三、江河治者，渡江河者，船栰爲依，喻愛水滉潪，般若爲船。”（T1828v42p0735b）

按：鄭賢章《漢文佛典疑難俗字彙釋與研究》“潪”字條：“‘潪’，大型字典失收，乃‘瀁’字。”（p205）其説可從。唐慧琳撰《一切經音義》：“滉瀁，上黄廣反，羊掌反。按：滉瀁，水貌也。‘瀁’或作‘漾’，音同也。”（T2128v54p0900b）又：“潢瀁，胡廣反，下羊掌反。《楚辭》潢瀁猶浩蕩也。《經》文作‘滉漾’，亦通也。”（T2128v54p0406a）“滉潪”爲水浩大貌，與經義合。唐慧立本《大唐大慈恩寺三藏法師傳》：“願王收意，勿以汎[9]養爲懷。”（T2053v50p0225a）本頁下注9：“養＝眷《三》《甲》。”三國吴支謙譯《大明度經》：“佛言：發意索佛者爲壞邪界，心不離佛法，除饉衆如是，其助喜者爲近佛，用是功德世世所生爲人所敬[15]養。”（T0225v08p0501b）本頁下注15：“養＝脊《聖》。”“眷”“脊”皆“養”字之訛。“潪”之右旁與“眷”“脊”形近，故“潪”當爲“瀁”字之訛。參1186“眷”字條。

1039 漠

唐道宣撰《廣弘明集》卷第三十：“中有冲漠士，耽道玩妙均，高尚凝玄寂，萬物忽自賓。”（T2103v52p0359c）

按：“漠”即“漠”之異構字。“沖/冲漠”文獻習見，虚寂恬静義，與文意合。佛經亦有用例，如南宋師會述《般若心經略疏連珠記》：“冲漠者，冲曰深玄，漠言廣遠。”（T1714v33p0555c）“沖/冲漠”又作“沖/冲寞”，北宋韓維《同陳太丞游龍興寺經藏院》詩：“論詩愛平淡，語道造沖寞。”北宋契嵩撰《鐔津文集》：“故今年樂來息肩于此，日必策杖獨往。至其幽處也，思慮沖然，天下之志通。至其曠處也，思慮超然，天下之事見。至其極深且静處也（或無‘極深且’三字），沖寞滂寂，神與道合。乘浩氣，沐清風，陶然嗒然，若在乎萬物之初。是故誌之，以示其將來有慕我而爲游者也。”（T2115v52p0711a）故“漠”或改聲旁

“莫”爲“寞”而造“漠”字。鄭賢章《漢文佛典疑難俗字彙釋與研究》“漠”字條（p205）亦有考證，可互參。

1040 滀

唐義淨譯《根本説一切有部尼陀那》：“翻經學士正議大夫前[7]蒲州刺史修文館學士上柱國高平縣開國子臣徐彦伯。”（T1452v24p0419b）本頁下注 7：“蒲 = 滀《久》。”

按：“滀”與“蒲”爲版本異文，“滀”即“蒲”字之訛。後晋劉昫撰《舊唐書・徐彦伯傳》：“徐彦伯，兖州瑕丘人也。少以文學擅名，河北道安撫大使薛元超表薦之，對策擢第，累轉蒲州司兵參軍……俄轉蒲州刺史。”根據本傳，當以“蒲”字爲正。

1041 瀫

北宋道原纂《景德傳燈録》：“處州報恩師智禪師，衡州瀫寧可先禪師。”（T2076v51p0419b）

按：“瀫”即“瀫”字之訛。同上經：“衢州[1]瀫寧可先禪師。”（T2076v51p0428a）本頁下注 1：“瀫 = 瀫《明》。”《卍續藏》宋普濟集《五燈會元目録》：“瀫寧可先禪師。”（X1564v80p0011c）字皆作“瀫”。“瀫”爲水名，在今浙江省金華，又名衢江。《嘉慶一統志・金華府・衢江》：“衢江，自衢州附龍遊縣流入，經湯溪縣，又北入蘭溪縣界，又至蘭陰山下，與婺港合，統名曰蘭溪，又名瀫水，以水紋類羅瀫，故名。”

1042 漙

唐法全撰《大毘盧遮那成佛神變加持經蓮華胎藏悲生曼荼羅廣大成就儀軌供養方便會》：“屬却虐噱嘘灼綽弱杓弱礫拆搦擇搦咱託諾鐸諾博泊漠[18]薄莫藥᷊落嗼鑠嗦索嚯謔（入聲呼）伊縊塢烏哩梩哩嚧翳藹汚奧。”（T0852v18p0125b）本頁下注 18：“薄 = 漙《乙》。”

按：“漙”與“薄”爲版本異文，“漙”即“薄”字之訛。日本淨嚴撰《悉曇三密鈔》：“𑖥𑖾，嚩、博、薄。”（T2710v84p0745c）“薄”爲“𑖥𑖾（bhaḥ）”之譯音字。“漙”乃“薄”誤加“氵”旁而成。

1043 滆

僧伽羅剎造、東漢安世高譯《道地經》："譬如人死時有死相，爲口不知味，耳中不聞聲，一切卷縮脈，投血肉[4]滆，頰車張上，頭掉，影無有明，臀肉竪，眼黑色黑，大小便不通，節根解，口中上臛青，雙噦計，如是病痛相不可治。"(T0607v15p0233a）本頁下注 4："滆＝腸《三》《宮》。"

按："滆"與"腸"爲版本異文，"滆"即"澋"字之訛，"腸"爲"賜"字之訛。唐慧琳撰《一切經音義》卷二十四《諸菩薩求佛本業經》："盡澌，斯漬反。《方言》澌亦盡也。《經》本作'賜'，謂物空盡也。"（T2128v54p0459a）"賜"有空盡之義，"澋"爲"賜"的加旁字，與"澌"義同。"血肉澋"即血肉枯竭之義。西晉竺法護譯《修行道地經》："今我所學如所聞知，人臨死時所現變怪：口不知味，耳不聞音，筋脈縮急，喘息不定，體痛呻吟，血氣微細，身轉羸瘦，其筋現麁，或身卒肥，血脈隆起，頰車垂下，其頭戰掉，視之可憎，舉動舒緩。其眼童子甚黑於常，眼目不視，便利不通，諸節欲解，諸根不定，眼口中盡青，氣結連喘。諸所怪變，各現如此。於是頌曰：其病惱無數，血脈精氣竭。如水嚙樹根，當愍如拔栽。"（T0606v15p0184c）"血肉澋"與"血氣微細，身轉羸瘦"義近。西晉竺法護譯《佛說力士移山經》："三指篾屑，吹令銷[8]滆，應時三千大千世界六返震動。"（T0135v02p0858a）本頁下注 8："滆＝賜《宋》，澌《元》《明》。""滆"亦"澋"之訛。參 1047"澋"字條。

1044 潾

龍樹造、後秦鳩摩羅什譯《大智度論》："師子座處坐説，如是我聞：一時佛在昆舍離，爾時須[28]提那迦蘭陀長者子初作婬欲，以是因緣故結初大罪。"（T1509v25p0069c）本頁下注 28："提＝鄰《三》《宮》，潾《聖》《石》。"

按："潾"與"提""鄰"爲版本異文，"潾"蓋即"隣"字之訛，"隣"又"鄰"之異寫。日本重譽撰《十住心論抄》："《智論》第二云：憂波利受僧教師子座處坐説：如是我聞：一時佛在昆舍離，爾時須隣那迦蘭陀長者子初作婬欲，以是因緣故結初大罪。"（T2442v77p0651c）引《大智度論》作"隣"。《可洪音義》卷二《阿弥陀經》上卷："拘郱，力真反。正作鄰也。"（v60p607b）"潾"之右旁與"郱"之左旁近，皆"粦"之訛。日本安然撰《教時諍》："如是我聞：一時佛在昆舍離，時須憐那迦蘭陀長者子初作欲婬，故結初大罪。"（T2395Av75p0360b）佚名《翻梵語》："須隣那迦蘭陀，譯曰須者，好；隣那者，與；迦蘭者，村名也。"（T2130v54p0993b）日本心覺撰《多羅葉記》："須隣那迦蘭陀，須者，好；隣那者，與；迦蘭者，村名。”（T2707v84p0639c）與“潾”對應之字作“隣”或“憐”。

1045 㶖

唐達摩流支譯《佛説寶雨經》：“長壽寺主沙門智㶖綴文。”（T0660v16p0292b）

按：“㶖”即“瀲”之異體。唐慧琳撰《一切經音義》：“在㶖，下廉染反。《考聲》：‘㶖㶖，淡水貌也，清也，水淺，次也，泛也。’《文字典説》文：從水，斂聲也。”（T2128v54p0617c）《龍龕手鏡·水部》：“㶖、瀲，二俗。瀲，正。”（p234）《可洪音義》卷第二十七“定㶖”（v60p443c）。“㶖”皆同“瀲”。唐明佺等撰《大周刊定衆經目録》：“翻經大德長壽寺主智瀲。”（T2153v55p0475c）字正作“瀲”。

1046 濟

日本聖德太子撰《勝鬘經義疏》：“‘以義饒益’者，義猶理也，以理[5]齊十苦也。”（T2185v56p0004a）本頁下注5：“齊=濟《甲》，濟《乙》。”

按：“濟”與“濟”“齊”爲版本異文，“濟”“齊”皆“濟”字之訛。南朝宋求那跋陀羅譯《勝鬘師子吼一乘大方便方廣經》：“世尊，我從今日乃至菩提，若見孤獨幽繫疾病種種厄難困苦衆生，終不暫捨，必欲安隱。以義饒益，令脱衆苦，然後乃捨。”（T0353v12p0217c）此即“以義饒益”之所從出。聖德太子釋“以義饒益”之“義”爲理義，指用理濟十苦，即“令脱衆苦”之義。字正當作“濟”。《方言》卷十三：“濟，滅也。”“濟”有滅義，與文意合。字或作“濟”者，“齊”旁訛作“齋”旁也。

1047 㵿

西晉竺法護譯《文殊支利普超三昧經》：“阿闍世王白濡首曰：‘今饍如故而不消[25]賜。’濡首答曰：‘如今仁者狐疑未盡，疑不盡，故猶斯食饍用不消索。’”（T0627v15p0420c）本頁下注25：“賜=澌《三》《宮》，㵿《聖》。”

按：“㵿”與“賜”“澌”爲版本異文，“㵿”當即“澋”字之訛，“澋”爲“賜”的分化字，“賜”又“斯”之語轉。西晉竺法護譯《佛説力士移山經》：

“三指篾屑，吹令銷[8]㴗，應時三千大千世界六返震動。”（T0135v02p0858a）本頁下注 8：“㴗 = 賜《宋》，澌《元》《明》。”馬鳴造、後秦鳩摩羅什譯《莊嚴論經》：“窮劫猶難盡，假使舌消澌。”（T0201v04p0310b）“消賜”與“銷賜”“銷㴗”“銷澌”“消澌”義同，即消索、消散之義。西晉聶道真譯《諸菩薩求佛本業經》：“菩薩見大水時，心念言：十方天下人，皆使悉重持諸功德法，無有盡[12]𣩵。”（T0282v10p0452c）本頁下注 12：“𣩵 = 賜《三》《宮》。”《嘉興藏》作“賜”。唐慧琳撰《一切經音義》卷二十四《諸菩薩求佛本業經》：“盡澌，斯漬反。《方言》澌亦盡也。《經》本作‘賜’，謂物空盡也。《説文》：‘[1]水也。從水，斯聲也。’”（T2128v54p0459a）本頁下注 1：“水 +（索）《甲》。”慧琳所見本亦作“賜”，改字作“澌”，釋其義爲盡，甚是。“賜”“斯”“澌”“𣩵”“索”皆有盡義。《説文・水部》：“澌，水索也。”清段玉裁注：“《方言》曰：‘澌，索也。’郭注云：‘盡也。’按，許説其本義，楊説其引伸之義也。索訓盡者，索乃㮦之假借字，入室搜㮦有盡意也。《方言》曰：‘鋌，賜也。’賜者，澌之假借，亦作儩。”段玉裁以“賜”爲“澌”之假借。《方言》卷三：“鋌、賜、撲、澌皆盡也。”《方言》“賜”“澌”並列，蓋爲方言轉語詞。“賜”有盡義，在這個意義上又加“水”旁造“㴗”者，蓋受“澌”字之影響。

1048 㵗

唐道宣撰《續高僧傳》第十四卷：“俛首應詔不悦于躬，頳爲説宿因，釋威憂憤，達頂生之非固，曉吴㵗之失圖，威乃接足烏咽，由斯而別。”（T2060v50p0535b）

按：“㵗”即“濞”字之訛。唐慧琳撰《一切經音義》卷九十三《續高僧傳》第十四卷：“吴濞，下披萸反。吴王劉濞名也。”（T2128v54p0893c）正作“濞”。

1049 㶛

佚名《序聽迷詩所經》：“衆生自被誑惑，乃將金造象銀神像及銅像并㶛神像及木神像，更作衆衆諸畜産。造人似人，造馬似馬，造牛似牛，造驢似驢，唯不能行動，亦不語話，亦不喫食。”（T2142v54p1286c）

按：“㶛”即“埿”字之訛，“埿”通作“泥”。北涼曇無讖譯《優婆塞戒經》：“銅像、木像、石像、泥像，金、銀、琉璃、頗梨等像，常當洗治任力香塗，隨力造作種種瓔珞。”（T1488v24p1052a）“金”“銀”“銅”“泥”“木”等均可爲製造神像的材料，製造金神像、銀神像、銅神像、泥神像、木神像等。經中“㶛神像”即“泥神像”。“泥”或作“埿”，馬鳴造、後秦鳩摩羅什譯《大莊嚴論經》：“喻如以埿、木造作佛像，世間人天皆共禮敬，爾時不敬於埿、木，欲敬禮佛故。”（T0201v04p0309b）唐不空譯《菩提場莊嚴陀羅尼經》：“金剛手，若有人造佛形像，或[10]埿或畫，或木或鈿，或以香埿，或以鍮石，或以熟銅，或以三金（金、銀、銅也），或鐵或銀或金或造窣堵波，或紙或素，書寫此陀羅尼并經及功能，安於舍利塔中及佛像中，應當供養禮拜。”（T1008v19p0672c）本頁下注 10：“埿＝泥《乙》。”《可洪音義》卷二十一《百喻經》第三卷：“橈渥，上呼高反，下奴兮反。”（v60p219a）“渥”即“埿”之書寫變異，“灊”當即“灊”形之進一步錯訛。

1050 灑

日本長惠撰《魚山私鈔》：“灑那慕振底也愚拏迦羅怛［怛］。”（T2713v84p0838c）

按：“灑”即“灑”字書寫變異。“灑”右邊所從之“麗”或書作“麗”，清顧藹吉《隸辨·霽韻》“麗”字條引《張納功德敘》作“麗”，又秦公《碑别字新編·十九畫》“麗”字條引《漢張遷碑》作“麗”（p441），均是其例。

手　部

1051 扠

唐良賁述《仁王護國般若波羅蜜多經疏》：“其月二日，恩勅曰：師久植智牙，高懸心鏡，開法王之祕藏，演金口之玄言。三際流傳，四生蒙賴，而道符真聖，理契天人。宿雨[16]扠陰，祥雲流彩，感通之力，朝野同歡。有媿宣揚，用增誠敬也。”（T1709v33p0488c）本頁下注 16：“扠＝收《甲》。”

按：“扠”即“收”字之訛。“宿雨收陰”即久雨初晴之義，“收”爲收回之義，把陰天收回，即天晴之義。日本空谷明應語《常光國師語録》：“百千大海何認一漚，這裏以何報罔極。滿城風景重陽後，黃菊離披宿雨收。”（T2562v81p0023b）南宋妙源編《虛堂和尚語録》：“春雲乍歛，宿雨初收。火焰裏轉得身來，鉢袋子付囑有在。”（T2000v47p1060a）“收”之義皆同。

《説文·攴部》：“收，捕也。从攴，丩聲。”《集韻·尤韻》口周切：“收、扌丩，《説文》'捕也。'一曰夏冠名。古作扌丩。"（p263）唐張參《五經文字·攴部》："牧收，上牧養；下收斂，字從丩，丩音古由反，作収，訛。"（p68）"收"本爲從攴丩聲的形聲字，"扌丩"爲"收"改換形旁的異構字，爲從手丩聲的形聲字。"収"爲"收"的書寫變異，"攴"旁寫作"又"旁也。"扠"蓋"扌丩"與"収"交互影響所產生的形體。唐慧琳撰《一切經音義》："解捲，上皆買反，下逵圓反。《毛詩傳》曰：'撥力也。'《國語》曰：'子有捲勇也。'又口［曰］：捲，[3]收也，舒也。"（T2128v54p0647c）本頁下注3："收＝扠《甲》。""扠"亦"收"字之訛。

唐慧琳撰《一切經音義》："拳搋，又作'捲'，同，渠圓反。下又作'扠'，同，勑佳反。"（T2128v54p0651a）"扠"又"扠"字之訛，"叉"旁誤作"又"旁也。

1052 把

日本觀靜撰《孔雀經音義》："罵，麻駕反，惡言。麻把反，詈也。"（T2244v61p0776b）

按："把"即"把"字之訛。觀靜把"罵"區分有二音二義，"麻駕反"爲"惡言"義；"麻把反"爲"詈"義。《廣韻·禡韻》莫駕切："罵，惡言。"（p421）又《馬韻》莫下切："罵，罵詈。"（p307）"莫下切"音"馬"，上聲，則"麻把反"與"莫下切"音同。唐慧琳撰《一切經音義》："碼碯，上麻把反，下那老反。《考聲》云：'碼碯似玉有黑文，亦云斑玉也。'《字書》：'碼碯，石之次玉也。'"（T2128v54p0814b）"麻把反"同"麻把反"，"把"即"把"字之訛。《偏類碑別字·手部》"把"字條引《唐張君政墓誌銘》作"把"。《可洪音義》"把"字多做"把"，亦可比勘。

1053 抌

南朝梁慧皎撰《高僧傳》："安曰：'若鑾駕必動，可先幸洛陽，[9]抌威蓄鋭，傳檄江南。如其不服，伐之未晚。'"（T2059v50p0353b）本頁下注9："抌＝枕《三》《宮》。"

按："抌"與"枕"爲版本異文，"抌"即"枕"字之訛。《卍續藏》元熙仲集《歷朝釋氏資鑑》："安曰：'若鑾駕必動，可先幸洛陽。枕威蓄鋭，傳檄江南。將總六師於後，彼必稽首人臣，不必親涉也。'不聽。（《通鑑》）"（X1517v76p0149c）與"抌"對應之字作"枕"。北宋司馬光撰《資治通鑑·隋紀七·煬皇帝下》："百萬之衆，一朝可集，枕威養鋭，以逸待勞。"注："枕，職任翻。"

“枕威養鋭”與“枕威蓄鋭”義同。《可洪音義》卷二十九《弘明集》第十四卷：“扤中，上之審反。正作‘枕’也。”（v60p543b）“扤”亦“枕”字之訛。

四庫本之《太平廣記·異僧·釋道安》：“安曰：‘若鑾駕必動，可先幸洛陽，抗威蓄鋭，傳檄江南。如其不伏，伐之未晚。’”字作“抗”，“抗”亦“枕”字之訛。隋闍那崛多譯《佛本行集經》：“世間最勝無比方，倚[2]枕稱意無嫌者。”（T0190v03p0899a）本頁下注2：“枕＝抗《元》。”東晉瞿曇僧伽提婆譯《中阿含經》：“阿難，大正殿中設八萬四千御座，亦四寶作，金銀琉璃及水精。金樓設銀御座，敷以氍氀毾㲪，覆以錦綺羅縠，有襯體被，兩頭安枕，加陵伽波惒邏波遮悉多羅那。如是銀樓設金御座，琉璃樓設水精御座，水精樓設琉璃御座，敷以氍氀毾㲪，覆以錦綺羅縠，有襯體被，兩頭安[6]枕，加陵伽波惒邏波遮悉多羅那。”（T0026v01p0516b）本頁下注6：“枕＝杭《醒》。”“抗”“杭”皆“枕”字之訛，可比勘之。

南朝梁慧皎撰《高僧傳》：“初堅承石氏之亂，至是民戶殷富，四方略定。東極滄海，西併龜茲，南苞襄陽，北盡沙漠，唯建業一隅，未能[4]扤伏。”（T2059v50p0353a）本頁下注4：“扤＝抗《三》《宮》。”南朝梁僧祐撰《出三藏記集》：“初堅承石氏之亂，至是民戶殷富，四方略定，唯有東南一隅，未能抗服。”（T2145v55p0108c）北魏崔鴻撰《十六國春秋·釋道安》：“初堅承石氏之亂，至是户民殷富，四方略定，惟建業一隅，未能克復。”北宋李昉等撰《太平廣記·釋道安》：“初堅承石氏之亂，至是户民殷富，四方略定，唯建業一隅，未能尅伏。”“扤”“抗”皆“克”字之訛。“克復”爲攻克收復之義，文獻多見。“克服”“克伏”與“克復”義近。

1054 抪

唐菩提流志譯《如意輪陀羅尼經》：“供養一切諸佛菩薩諸天龍神一切歡喜，凡欲洗浴，以小心明加抪字。明水七遍右手摩水則用沐浴，不明不用。”（T1080v20p0190c）

按：唐慧琳撰《一切經音義》卷四十《如意輪陀羅尼經》：“抪字，上潘鉢反，梵語真言字也，或作‘傦’也。”（T2128v54p0567c）《龍龕·人部》：“傦，俗。音發。”（p38）慧琳所見本亦作“抪”，行均所收之“傦”蓋本《慧琳音義》，“抪”即“抪”字之訛，“抪”與“傦”爲同一梵文的不同譯音用字。《説文·手部》：“抪，擭也。从手，市聲。”大徐音“普活切”。《廣韻·末韻》普活切：“抪，推抪。”“撥”與“抪”同小韻。唐輸波迦羅譯《蘇悉地羯囉經》：“抪吒（二合）抪吒（二合）抪吒。”（T0893v18p0634b）佚名《火峅供養儀軌》：“印諸供具明曰：[悉曇字]，唵阿峅密嘌（二合）多峅抪吒（半音）。”（T0913v18p0935a）日本淨嚴撰《悉曇三密鈔》：“[悉曇字]，頗、叵、破、怖、普、發、抪（普活切。蘇悉地經）、泮（佛頂）。”（T2710v84p0745a）又：“又諸[悉曇字]皆唯云抪（已上抪普活切）問。何故不注[悉曇字]字[悉曇字]字耶。”（T2710v84p0779b）與“抪”

對應之字作“抪”，“抪”爲“ᨵ（pha）”的譯音字。

唐慧琳撰《一切經音義》卷四十三《陀羅尼雜集》第八卷：“抪之，疋沫反，謂以澆抪也。《經》文作‘沛’，非也。”（T2128v54p0593b）佚名《陀羅尼雜集》：“七遍誦之，燒白膠香，以華散酒上向沛之。”（T1336v21p0625c）唐阿地瞿多譯《陀羅尼集經》：“時富蘭那迦葉手把白拂，以水散之，[22]抪於枯樹，使樹還生。”（T0901v18p0785c）本頁下注 22：“抪＝潑《明》，泮《甲》《乙》，抪＋（普末反）夾註《宮》。”又：“持呪水器入道場中，從東北角[2]抪其香水。”（T0901v18p0787a）本頁下注 2：“抪＝捕《宋》《元》《宮》，潑《明》《甲》。”《龍龕·水部》：“溌，普活反。水～也。沛，古文。普末反。今作‘癹’，～水也。”明梅膺祚《字彙·水部》：“潑，澆潑，注曰澆，散曰潑，總曰棄水。”“抪”“抪”“捕”“沛”“沛”“沛”“泮”“溌”“潑”“癹”皆同一詞的不同書寫形式，其義爲將液體向外傾灑，使散開之義，疑字本作“抪”。《説文·手部》：“抪，撻也。从手市聲。”大徐音“普活切”。清桂馥《説文義證》：“撻也者，疑‘推’之訛，徐鍇《韻譜》：‘拚，推也。’《玉篇》‘抪’引‘推也。’《廣韻》：‘抪，推抪。’《玉篇·手部》：‘抪，普活切。’《説文》曰：‘推也。’”“抪”之本義蓋布散而推出之義，引申爲潑灑液體之義，潑灑液體即使液體布散而出之義。“以水散之，抪於枯樹”，即將水布散於枯樹之上，“以華散酒上向沛之”即將酒向上布散之。“抪”乃“抪”字之訛，“市”旁訛作“朩”旁也。“姊”爲“姊”字之訛，可資比勘。

“抪”或作“捕”者，“捕”即“抪”字之訛。唐不空譯《觀自在大悲成就瑜伽蓮華部念誦法門》：“即開其印，徐徐下之，即成呪曰：唵枳里枳里鼻勞達囉鉢囉訖㗚底摩訶骨嚧陀肥闍夜儞訖嚩多吽[12]沛畔陀畔陀莎嚩（二合，引）訶。”（T1030v20p0002b）本頁下注 12：“沛＝浦《甲》。”“浦”爲“沛”字之訛，可比勘之。

“抪”或作“沛”者，“沛”爲“沛”之書寫變異，“沛”爲“抪”之借字。“沛”爲“沛”之訛。“泮”亦借字。

“抪”又作“溌”“潑”者，“溌”“潑”皆“抪”之分化字，乃專爲潑灑義所造之字。“癹”則爲借字。

1055 拎

西晋竺法護譯《光讚經》：“菩薩摩訶薩欲得超[19]挎出三昧等幢護英三昧，欲致是三昧，正受及餘三昧門，當學般若波羅蜜也。”（T0222v08p0165c）本頁下注 19：“挎＝捽《宋》，捧《元》，拎《宮》，鉢《聖》。”

按：“拎”與“挎”“捽”爲版本異文，“拎”爲“挎”字之訛。參 1058“捽”字條。

1056 拴

佚名《佛頂尊勝陀羅尼真言》："具説呪泥及水法：須一童子，十歲已上十五已下，壇場驅使。如拴得雜井，更是精妙。其壇四角各安一瓶，瓶口揷柏枝。壇前置一器水，或銅或瓷。取五股香，沈檖蘇合白檀龍腦。取香水汁名曰閼伽水。"(T0974Ev19p0390a)

按："拴"即"拴"字之訛，"拴"又"掘"的異構字，乃從手從入從土的會意字。《龍龕·手部》："扲、拴，二俗，其月反。正作拴。"（p217）明章黼《重訂直音篇·手部》："掘，其月切，穿也。又渠勿切。扲、拴同上。"（p117）《中華字海》："拴，同'掘'。見《直音篇》。"（p328b）釋"拴"爲"掘"的異構字，可從。"拴"訛作"拴"者，"入"旁訛作"人"旁也。

1057 挏

元德煇重編《勅修百丈清規》："誦持萬德洪名，回向合堂真宰，仰憑大衆念云云切以。化工密運，歲曆雲周，咸忻四序之安，將啓三陽之慶，恭裒大衆肅詣靈[5]祠。"（T2025v48p1152c）本頁下注5："祠＝挏《宮》。"

按："挏"與"祠"爲版本異文，"挏"即"祠"字之訛。"靈祠"文獻習見，即神祠之義。"祠"或作"挏"者，"礻"旁訛作"扌"旁也。明張自烈《正字通·示部》："裍，捆之訛字。"（p763）"捆"或訛作"裍"，亦可比勘。

1058 搽

西晉竺法護譯《光讚經》："菩薩摩訶薩欲得超[19]挎出三昧等幢護英三昧，欲致是三昧，正受及餘三昧門，當學般若波羅蜜也。"（T0222v08p0165c）本頁下注19："挎＝搽《宋》，捧《元》，拎《宮》，鉢《聖》。"

按："搽"與"挎""拎""捧""鉢"爲版本異文，"搽"即"挎"之書寫變異，"挎"蓋通"跨"，"超跨"當爲超越、超度之義。同上經："欲得超度有爲無爲諸法行者，去來今法至於無本，諸法所興不起本際，欲逮此者，一切聲聞辟支佛諸菩薩法，欲行諸佛世尊而供養者，欲得具足諸佛眷屬無量群從，欲得獲致菩薩枝黨，欲得淨畢衆祐之德，欲致布施心無所受，不起犯戒想無瞋恚心無懈怠心，不欲發起於亂心者，又不欲起愚癡心者，當學般若波羅蜜。"（T0222v08 p0150c）“超挎”當與“超度”義近。

《中華字海》：“夲，夸（夸）的訛字。字見《直音篇》。”“夲，同‘夸’，見《篇海》。”（p316b）“夸”或寫作“夲”“夲”，故“挎”或寫作“拵”。“拵”當爲“挎”之異寫字。“誇”或寫作“誶”（見《可洪音義》v59p991a）、“跨”或寫作“踤”（見《可洪音義》v59p902a），皆可比勘。

1059 拴

佚名《大佛頂如來放光悉怛多般怛羅大神力都攝一切呪王陀羅尼經大威德最勝金輪三昧呪品》：“其契相以左右二中指、二無名指相叉入掌，右押左，左頭指屈如鉤，右頭指直竪，二大指合面相著，即成妙真言曰：唵准儞泥枳邏耶莎訶。誦一遍，以契大指觸地一迴，如草拴勢，三度作印。”（T0947v19p0184a）

按：“拴”即“栓”之訛字，“栓”又“橛”之異構字。唐金剛智譯《佛説七俱胝佛母准提大明陀羅尼經》：“妙言曰：唵准儞泥枳邏耶莎嚩訶（誦一遍，以契大母指觸地一迴，如卓[46]栓勢，三度作即休）。”（T1075v20p0175c）本頁下注46：“栓＝橛《三》《乙》。”《卍續藏》清弘贊會釋《七俱胝佛母所説準提陀羅尼經會釋》卷上：“真言曰：唵準你你枳（引）邏野娑嚩（二合，引）賀（引）。智譯：唵準你泥枳邏耶莎嚩訶。誦一遍，以印大母指觸地一回，如卓橛勢，三度作即休。”（X0446v23p0755b）與“草拴”對應之字作“卓栓”或“卓橛”。“拴”“栓”皆“栓”字之訛。《龍龕·木部》：“栓，古文。其月反。木入土也。今作‘橛’。”（p386）明梅膺祚《字彙·木部》：“栓，古文‘橛’字，木入土也。”（p30）“栓”爲“橛”之異構字，從木入土會意，橛爲插入土中之木也。“拴”爲“栓”之訛字，“木”訛作“扌”，“入”訛作“大”也。參0767“栓”字條。

佚名《大佛頂如來放光悉怛多般怛羅大神力都攝一切呪王陀羅尼經大威德最勝金輪三昧呪品》：“結界拴契（出《俱胝經》是）。”（T0947v19p0184a）唐金剛智譯《佛説七俱胝佛母准提大明陀羅尼經》：“結地界橛契第六。”（T1075v20p0175c）“拴”亦“栓”字之訛。

1060 挮

東晉瞿曇僧伽提婆譯《中阿含經》：“所謂‘夜吒婆摩婆摩提婆毗奢蜜哆邏夜陀揵尼應疑羅娑婆私吒迦葉婆羅婆婆和’，謂此施設五種梵志。有梵志猶如梵，有梵志似如天，有梵志不越界，有梵志越界，有梵志[22]旃荼羅第五頭那，此五種梵志汝爲似誰？”（T0026v01p0680c）本頁下注22：“旃荼羅＝旃荼羅《三》*，挮荼羅《聖》* ~Caṇḍāla."

按："旃"與"旃"爲版本異文，"旃"即"旃"字之書寫變異。俗書"方"旁寫作"扌"旁習見，如"於"寫作"扵"之類。唐慧琳撰《一切經音義》："旃荼羅，梵言，直家反，此云執暴惡人，亦言惡煞，謂屠煞者種類之捴名也。其人若行則搖鈴自標，或拄破頭之竹。若不然者，則與罪。舊言旃陁羅，訛也。"（T2128v54p0622c）日本淨嚴撰《悉曇三密鈔》："च，者、遮、左、戰（日經）、賛（立印）、旃、散、讃（隨求）、訕（造塔延命經）、作（胎軌）、斫、折、淅（胎）、拶（隨求）。"（T2710v84p0742b）"旃荼羅"爲梵文譯音詞，"旃"爲"च（ca）"後接鼻音時的譯音字。

1061 挌

唐不空譯《一字奇特佛頂經》："其指獻佛已以手按之，乃至放光燈焰增盛，則如意結護。盡一夜念誦，乃至晨朝用其指[17]招，則敬愛。"（T0953v19p0293a）本頁下注17："招=挌《聖》。"

按："挌"與"招"爲版本異文，"挌"即"招"字之訛。後秦佛陀耶舍、竺佛念譯《長阿含經》："如餘沙門婆羅門食他信施，行遮道法邪命自活，[16]召喚鬼神或復驅遣。"（T0001v01p0084b）本頁下注16："召=名《明》。""召"或訛作"名"，故"招"或訛作"挌"。清顧藹吉《隸辨·宵韻》"招"字條引《度尚碑》作"挌"，乃其訛形之始見者。清邢澍《金石文字辨異·嘯韻》"詔"字條引《漢孔龢碑》作"詺"，亦"召"旁訛作"名"旁之例。

《龍龕·手部》："挌，音名。"（p209）佛經未見讀音爲"名"的"挌"字，亦本爲"招"字之訛，行均誤讀爲"名"音。

1062 搚

日本湛慧撰《成唯識論述記集成編》："（七十三左）'或掩揜之名'（文），'掩'與'揜'同，《禮·聘義》：'瑕不揜瑜，[瑜]不揜瑕，忠也。''揜'與'擠''柆[拉]'同《説文》'摺'。擠，臘、搚二音，摺疊。"（T2266v67p0592a）

按："搚"即"拹"之異寫字。參1092"擠"字條。潘重規編《敦煌俗字譜·十部·協字》引《秘3·017·左4》作"協"，爲"協"之異體。"協"之右部正與"搚"之右部同。唐慧琳撰《一切經音義》："頰，兼搚反。"（T2128v54p0455a）又："篋，牽搚反。鄭注《禮記》曰：'宬衣物函曰篋。'"（T2128v54p0456a）"搚"亦皆"拹"之異寫字。

1063 挫

唐道宣撰《四分戒本疏》卷第三："若比丘，若房若重閣上脱脚繩床木床，若坐若卧波逸提。此滿足戒本文有四句：一犯人、二重屋、三脱脚床、四坐卧結犯。初句可知。二若房者，謂僧私兩種房。重閣者，謂立頭不至上。三言脱脚床者，律云：'脱脚者，謂脚入挫。'四言若坐若卧，律云：'隨脇著床隨轉側。'言波逸提者，是違犯。故律云：'比丘如上坐卧者，隨轉側一一犯提。'除脱脚床外坐獨坐床，或一板床洛床一切吉羅。"（T2787v85p0602c）

按："挫"即"梐"字之訛。唐道宣述《四分律比丘含注戒本》："若重閣上，謂立頭不至上。脱脚繩床若木床。脱脚者，脚入梐。若坐若卧者，隨脇著床隨轉側也。"（T1806v40p0445a）與"挫"對應之字作"梐"。唐義淨譯《根本説一切有部苾芻尼毘奈耶》："若復苾芻尼作大小床足，應高佛八指。若過作者應截去。波逸底迦。如是制已。時鄔陀夷身形長大，坐彼床時頦拄著膝。佛言：此更隨開，除入梐木。若過者應截去。波逸底迦。餘義如上。作大小床者，謂自作使人造。此大床及小座時應高佛八指者，佛謂大師，此之八指長中人一肘。除入梐木者，除床脚入梐木，此非是量。若過作者，謂量若過應截去。"（T1443v23p0996b）唐慧琳撰《一切經音義》卷六十一《根本説一切有部苾蒭尼律》第四十九卷："梐木，毗禮反。顧野王云：梐，牀挺木也。從木，從陛省聲也。"（T2128v54p0714b）又第十六卷："梐木，上音陛。牀梐也，牀脚上前後長木也。"（T2128v54p0717a）字皆作"梐"。《説文·木部》："梐，梐枑也。"是用木條交叉似柵欄狀，置於官署前阻攔車馬用的。中土文獻皆用此義，佛經文獻出現了新的用法。上揭經文中的"梐木"，慧琳引顧野王訓"牀挺木"，"挺"爲"梃"字之訛，與"桯"字義同。《説文·木部》："梃，桯也。"徐鍇繫傳："桯，即横木也。"即牀前後的横木。慧琳訓作"牀脚上前後長木也"，是也。唐道宣撰《續高僧傳》："又進給床五十張，猶爲迫迮，桄[1]桯摧折，日有十數。"（T2060v50p0463a）本頁下注1："桯=樬《宫》。"唐慧琳撰《一切經音義》卷九十一《續高僧傳》第四卷："桄桯，上音光。牀下中間横桄也。《考聲》作'横'，横相於横字。下體丁反。《韻詮》云：'碓一也。'即牀兩邊長汀也。亦名牀梐。《傳》文從悳作'樬'，非也，亦恐是書誤。著文者應從木作'檍'，亦不成字。《考聲》作'[9]䏿'也。"（T2128v54p0886c）本頁下注9："䏿=桯《甲》。""梐""桄""桯""梃""樬""汀"皆横木之義。隋闍那崛多譯《佛本行集經》："時跋陀羅既著睡眠，而其一手懸垂床[9]梐。"（T0190v03p0865b）本頁下注9："梐=陛《三》。"東晋佛陀耶舍、竺佛念譯《四分律》："若比丘欲有所取，有所擧，聽床梐上立。"（T1428v22p0954c）後秦弗若多羅、羅什譯《十誦律》："時草敷中生蟲，噉是草，噉床脚、床梐、床檔、床繩。"（T1435v23p0077c）"梐"皆指牀頭横木。

"梐"又有門框兩邊豎木義。唐義淨譯《根本説一切有部毘奈耶》："若復苾芻作大住處，於門[5]梐邊應安橫扂及諸窓牖。”（T1442v23p0791c）本頁下注5：“梐=樞《三》。”唐慧琳撰《一切經音義》卷六十《根本説一切有部毘奈耶律》第三十卷：“門梐，毗米反。門匡是俗曰門拄。”（T2128v54p0711c）唐義淨譯《根本説一切有部苾芻尼毘奈耶》：“若復苾芻尼作大住處，於門梐邊應安橫扂及諸窓牖并安水竇。”（T1443v23p0977c）唐慧琳撰《一切經音義》卷六十一《根本説一切有部苾蒭尼律》第十三卷：“門梐，鼙米反，鼙音瓶迷反。門兩邊豎木也。”（T2128v54p0716c）佛經中此義有多例。

“梐”又用作階梯義。東漢支婁迦讖譯《阿閦佛國經》：“阿閦如來於其樹下得薩芸若慧，佛語舍利弗：‘如世間巧人鼓百種音樂，其聲不如阿閦佛剎中梯陛樹木之音聲。’風適起吹梯陸［陛］樹木相叩作悲聲。”（T0313v11p0755c）唐慧琳撰《一切經音義》卷十六《阿閦佛國經》上卷：“梯梐，體堤反。《埤蒼》：‘梯，隥也。’《説文》：‘木階也。從木，弟聲。’下毘禮反。鄭注《周禮》：‘梐桙，行馬也。’《説文》作‘梐’也。”（T2128v54p0406a）北涼曇無讖譯《大般涅槃經》：“底布金沙有四梯[5]梐金銀琉璃雜色頗梨，多有衆鳥遊集其上。”（T0374v12p0489b）本頁下注5：“梐=陛《三》。”唐道世撰《法苑珠林》：“爾時世尊，即以神足現母摩耶身中，坐臥經行。敷大高座，縱廣八千由旬。金銀梯[1]梐，天繒天蓋，懸處虛空。作唱娛樂，不可稱計。”（T2122v53p0343a）本頁下注1：“梐=陛《明》。”“梐”皆與“梯”連用，乃階梯之義。“梐”本義爲“梐枑”，其形乃由平行之木構成，床兩頭之橫木、門框兩側之豎木、階梯，皆由平行之木構成，此乃所謂同狀之引申。“梐”與“陛”同源，故兩字常通用。

《龍龕·手部》：“拰，俗。傍礼反。正作‘梐’。”（p213）已溝通“拰”與“梐”的關係，“拰”即“梐”字之訛，“木”旁訛作“扌”旁也。

1064 掝

西晉竺法護譯《佛説海龍王經》：“諸龍答曰：‘唯須菩提，勿宣斯言。無以己身限礙之智，以限如來無極之慧。如來功德聖道自在，無不變現，無遠無近無彼無此。普遊十方其若虛空。發意之頃，能令海中諸龍神宮、三千大千世界、[16]州城郡國、縣邑丘聚、人中曠野、天上世間，各各化現佛全舍利。’”（T0598v15p0152b）本頁下注16：“州城=羽掝《知》。”

按：“羽掝”與“州城”爲版本異文，“羽”即“州”字之訛，“掝”即“域”字之訛。西晉竺法護譯《佛昇忉利天爲母説法經》：“佛告目連：斯三千大千世界，西南方去此七大四域，有四方界名曰選擇。一一方域有八萬四千國。一一國有八萬四千王。一一王有八萬四千城。其州域、大邦、郡國、縣邑、村落，人民之衆億百千垓，具足備滿。斯一切王棄去非法。”（T0815v17p0797a）西晉竺法護譯《文殊支利普超三昧經》：“其有州域郡國縣邑丘聚城墎，於斯正典而流布者，則觀其處。如來遊居無有虛空。”（T0627v15p0426c）字皆作“州域”。“州域”有州所轄的地域之義，經中“州域”“郡國”“縣邑”“丘聚”當指不同的行政區劃，作“州域”，文意可通。“域”又作“城”，“州城”指州署所在的城邑，與文意不合。然佛經中此類語境中用“州城”之例很多，疑譯經者“州域”“州城”混用不别。

“域”作“掝”者，“或”或寫作“𢦏”。秦公《碑别字新編·八畫》“或”字條引《隋張伻墓誌》作“𢦏”（p62）。潘重規編《敦煌俗字譜·土部》“域”字條引《秘16·001·左9》作“𡒢”，皆“或”寫作“𢦏”之例。而“土”旁與“扌”旁亦形近易混，故“域”或訛作“掝”。

1065 捶

唐不空譯《聖賀野紇哩縛大威怒王立成大神驗供養念誦儀軌法品》：“次結發遣印，如前金剛縛，忍願直竪相跓如蓮葉，即以一素囉昆布瑟波捶於印端捻之。誦發遣真言，投打像上七遍，諸聖衆及本尊即歸去。”（T1072Av20p0167b）

按：“捶”即“插”字之訛。唐不空譯《金剛頂瑜伽千手千眼觀自在菩薩修行儀軌經》：“次結奉送聖衆印，如前金剛縛，忍願直竪相拄如蓮葉即成，以一時華置於印端捻之。”（T1056v20p0080c）日本靜然撰《行林抄》：“次奉送軌云：結奉送聖衆印，如前金剛縛，忍願直竪相跓如蓮葉，即成以一時花，置於印端捻之。”（T2409v76p0193b）相似的語境中與“捶”對應之字皆“置”，“置”爲安放義。唐阿地瞿多譯《陀羅尼集經》：“其法手把素囉昆布瑟波（二合。此云柏花），呪一遍已，一打像上，如是七遍馬頭菩薩即歸去也。”（T0901v18p0837a）“素囉昆布瑟波”義爲“柏花”，柏花置於印端，或插於印端，義皆可通。日本寬信撰《傳受集》：“發遣。金剛縛立合忍願揷華投空。”（T2482v78p0229a）此忍願手印插華之例，可資比勘。

唐輸波迦羅譯《蘇悉地羯囉經》：“復次先承事了，若欲真言主增加威德故，應灌之。取以金瓶，或銀銅等，或新瓦瓶，盛滿香水，置於五寶華葉果香，五種穀子，種種塗香，或堅諸香末。以新綵帛繫其瓶項，捶諸𥠖樹枝，或乳樹枝。”（T0893v18p0649c）又：“復次先承事了，若欲真言主增加威德故，應灌頂之。取以金瓶，或銀銅等，或新瓦瓶，盛滿香水，置於五寶花果香葉，復置五穀，種種塗香，或堅香末。以新綵帛繫其瓶項，揷諸哆羅樹枝，或乳樹枝。”（T0893v18p0620a）又：“復次先承事了，若欲真言生增加威德故，應灌之。取以金瓶，或銀銅等，或新瓦瓶，盛滿香水，置於五寶花葉菓香，五種穀子，種種塗香，或堅香末。以新綵帛繫其瓶頸，揷諸𥠖樹枝，或乳樹枝。”（T0893v18p0687a）與“捶”對應之字皆作“揷”，“捶”皆“插”字之訛。

北魏瞿曇般若流支譯《毘耶娑問經》：“譬如伎兒巧以泥團造作種種人畜等形，又縛葉等[9]揷華在外。”（T0354v12p0232b）本頁下注9：“揷＝捶《宋》《宮》。”唐阿地瞿多譯《陀羅尼集經》：“四門外合[19]揷十六隻未經用箭，掛五綵線於箭上。”（T0901v18p0826b）本頁下注 19：“揷=捶《宋》《宫》。”“捶”皆“插”字之訛。日本新井白石《同文通考》：“抷，插也。插俗。”已考出“抷”爲“插”之俗字。“插”或寫作“挿”（見《可洪音義》v59p597a），“捶”“揷”皆“挿”形之進一步書寫變異。

1066 捋

日本安然抄《胎藏金剛菩提心義略問答抄》：“在諸衆生名爲真如，菩薩[30]將證名爲真際，如來究竟名爲法性。”（T2397v75p0549c）本頁下注 30：“將=捋《甲》。”

按：“捋”與“將”爲版本異文，“捋”即“將”字之訛。“爿”旁寫作“扌”旁習見。東晋佛陀跋陀羅譯《佛説觀佛三昧海經》：“各以右手[4]將左指頭。”（T0643v15p0653a）本頁下注 4：“將=捋《三》。”“將”又“捋”字之訛，可比勘。

1067 捬

日本湛慧撰《阿毘達磨俱舍論指要鈔》：“又《慧琳音義》第三・六丁右云：‘扇搋半擇迦。搋，音勑力切，《經》作捬，不成字。’”（T2250v63p0851a）

按：“捬”爲“搋”字之書寫變異。唐慧琳撰《一切經音義》卷三《大般若波羅蜜多經》第三百二十五卷：“扇搋半擇迦，‘搋’，音勑加反。《經》作‘捬’，不成字。”（T2128v54p0324c）今《大正藏》之《慧琳音義》字亦作“捬”。唐玄奘譯《大般若波羅蜜多經》：“復次善現，若不退轉位菩薩摩訶薩，不生地獄傍生鬼界阿素洛中，亦不生於卑賤種族謂旃荼羅補羯娑等，亦終不受扇搋、半擇、無形、二形及女人身，亦復不受盲聾、瘖瘂、攣躄、癲癇、矬陋等身。”（T0220v06p0664a）《大正藏》之《大般若波羅蜜多經》經文作“搋”，“搋”亦“搋”字之訛。

“捬”又爲“褫”字之訛。《可洪音義》卷二十《立世阿毗曇論》第八卷：“捬皮，丑尔、直尔二反。正作‘褫’‘褅’二形。”（v60p164c）南朝陳真諦譯《佛説立世阿毘曇論》：“復有罪人[19]褫皮布地，劍割其肉，聚置皮上。”（T1644v32p0214c）本頁下注 19：“褫=㧖《宋》。”唐慧琳撰《一切經音義》：“褫皮，勑爾、直紙二反。《廣雅》：‘褫，奪也。’《説文》：‘奪衣也。’今謂奪其皮也。”（T2128v54p0781b）“褫”爲奪衣，即把人穿的衣服脱下，經中言“褫皮”，謂將人皮像剝脱衣服一樣剝脱下來，當以“褫”字爲正，“捬”爲“褫”字之訛。

1068 拵

日本親鸞撰《顯淨土真實教行證文類》:“爾時大王聞是語已，心懷怖懼，擧身戰慄，五體拵動，如芭蕉樹，仰而答曰:‘天爲是誰?’”(T2646v83p0611b)

按:“拵”即“掉”字之訛。北涼曇無讖譯《大般涅槃經》:“爾時大王聞是語已，心懷怖懼，擧身戰慄，五體掉動，如芭蕉樹，仰而答曰:‘汝爲是誰?’”(T0374v12p0480b)南朝宋慧嚴譯《大般涅槃經》:“爾時大王聞是語已，心懷怖懼，擧身戰慄，五體掉動，如芭蕉樹，仰而答曰:‘汝爲是誰?’”(T0375v12p0723b)與“拵”對應之字皆作“掉”。《説文·手部》:“掉，搖也。从手，卓聲。《春秋傳》曰:‘尾大不掉。’”“掉動”即“搖動”義。《可洪音義》:“掉悔，上大了反。”(v59p843a)又:“悼悔，上徒了反，下呼罪反。正作‘掉悔’。”(v60p171b)“掉”或作“掉”“悼”等形,“拵”即其形的進一步錯訛。

唐慧琳撰《一切經音義》卷九十六《弘明集》第六卷:“騅騂，恤營反。《毛詩傳》云:‘赤黄色曰騂。’《古今正字》:‘從馬，從辛聲。’亦作‘拵’‘觲’也。”(T2128v54p0905a)《廣韻·清韻》息營切:“騂，馬赤色也。骍，上同。”“拵”又“骍”字之訛,“牛”旁訛作“扌”旁也。

唐遍智、不空集《勝軍不動明王四十八使者祕密成就儀軌》:“今歲夏六月。幸得此軌小池坊寶庫，是信恕僧正傳持之本也。享和改元辛酉冬，共二三之同志校點之，命工壽拵。”(T1205v21p0037b)“拵”又“梓”字之訛,“木”旁訛作“扌”旁也。“壽梓”乃刊刻之義，與文意合。

1069 琫

元念常集《佛祖歷代通載》:“忽一日趙普見空有火一團，一羔羊轉運其上。[4]拜曰:‘普之罪也。’須臾光滅，遂得疾。”(T2036v49p0659c)本頁下注4:“拜=琫《甲》，下同。”

按:“琫”與“拜”爲版本異文,“琫”即“拝”之書寫變異,“拝”“拜”爲“拜”之小篆之不同的隸定形。《説文·手部》:“𢷎，首至地也。從手、𠦪。𠦪音忽。𢪅，楊雄説:拜从兩手下。𣬉，古文拜。”“𢷎”爲“拜”之本字，從手從𠦪，南唐徐鍇《説文繫傳》:“从𠦪者，言進趨之疾。”“拜”爲小篆“𢪅”之隸定形，從“兩手下”，從“跪拜”姿勢而會意。清王筠《説文句讀》:“今拜字即仿此作，然一下一不下矣，似當作𢪅。……𢪅之重文𢪅，亦從二手也。葢拜、琫二字皆出揚雄，正以其相似故區别之耳。”按王筠之説,“拜”爲小篆“𢪅”之隸定形；如“下”在二“手”之下則作“𢪅”，隸定作“拝”。秦公《碑别字新編·

九畫》“拜”字條引《魏太公吕望表》作“𢫵”。“𢫵”與“拜”形體小異，“丁”作“下”。“𢷎”與“𢫵”“𢫵”形近。

1070 𢮦

後秦鳩摩羅什譯《摩訶般若波羅蜜經》：“須菩提，譬如人有智方便[14]裝治海邊大船，然後推著水中。”（T0223v08p0330b）本頁下注14：“裝＝𢮦《中》。”

按：“𢮦”與“裝”爲版本異文，“𢮦”即“裝”字之訛。唐慧琳撰《一切經音義》：“裝治，上音莊。《考聲》：‘飾也。’下音持，《字書》云：‘治，理也。’”（T2128v54p0324a）“裝治”爲整理行裝之義，字作“裝”，與文意合。清邢澍《金石文字辨異・陽韻》“裝”字條引《東魏敬史君碑》作“𢮦”。“𢮦”與“𢮦”形近。

1071 揞

日本觀靜撰《孔雀經音義》：“拽戍鉢底，拽，余制反，揞類也。”（T2244v61p0808a）

按：“揞”即“楫”字之訛。唐不空譯《大孔雀明王經》：“帝祖（引）佐囉（二合）鉢底（十）拽戍（引）鉢底（十一）。”（T0982v19p0438a）此即觀靜之所本，“拽”爲譯音字。“拽，余制反，揞類也”是對“拽”字漢語音義的解釋。《王仁昫刊謬補缺切韻》（校刻本）：“曳，餘制反。挽。十八［十七］。……洩，水名。在九江。栧，楫類。瘱，病。”（p408）“栧”讀“餘制反”，義“楫類”，與觀靜釋“拽”之音義皆合，蓋觀靜將“栧”之音義誤植於“拽”下也。“揞”與“楫”對應，“揞”即“楫”之形訛。《偏類碑别字・木部》“楫”字條引《唐處士張義墓誌》作“揖”，“揞”與“揖”形近，即其形之進一步錯訛，“木”旁訛作“扌”旁，“月”訛作“日”也。

唐輸波迦羅譯《蘇悉地羯囉經》：“火天又護摩真言曰：唵阿趍那曳　欲寫合寫縛歌囊野揞比揞比儞跛野　莎縛訶。”（T0893v18p0661c）又：“護摩真言：唵阿那曳　欲寫　合縛歌囊野揖（奴立反）比揖比儞跛野　莎縛訶。”（T0893v18p0645b-c）與“揞”對應之字作“揖”，“揞”又“揖”字之訛。唐道宣撰《廣弘明集》：“遂携手遊梁，比翼栖鄧。餐風虚岫，[17]揞道玄津。”（T2103v52p0265b）本頁下注17：“揞＝挹《三》《宫》。”四庫本作“挹”。“揞”與“挹”爲版本異文，“揞”亦“揖”字之訛，“揖”與“挹”通。

1072 挧

日本圓珍撰《佛説觀普賢菩薩行法經記》:“輞，無枉反。字書:‘輞，轆也。’或爲‘挧’字。轆，鉅居反。《考工記》‘車轆三，柯者三’，鄭玄曰:‘轆，二丈七尺謂輞也。’‘其侄九尺’，鄭玄曰:‘謂車輮，所謂牙者也。’”(T2194v56p0237c)

按:“挧”即“棢”字之訛，“棢”爲“輞”之異構字。南朝宋曇無蜜多譯《佛説觀普賢菩薩行法經》:“離地七尺，地有印文。於印文中千輻轂輞皆悉具足，一一輞間生一大蓮華。”(T0277v09p0390a) 此即圓珍所釋“輞”字之所出。《玉篇·車部》:“輞，亡往切。車輞。亦作‘挧’。轆，巨於切。輞也。”又《木部》:“棢，無兩切。車棢。與輞同。”《玉篇》“棢”已訛作“挧”，“棢”爲“輞”的異構字。“轆”爲“轆”字之訛。

唐慧琳撰《一切經音義》卷三十七《大摩尼廣博樓閣善住祕密經》中卷:“齊輞，下武昉反。《字統》云:罔，車轆也。或從木作‘挧’。《古今正字》:‘從車，罔聲。’轆音渠也。”(T2128v54p0550c)“挧”亦“棢”字之訛。

1073 㧁

唐地婆訶羅譯《方廣大莊嚴經》:“爾時執杖報國師言:‘自我家法積代相承，若有伎能過於人者，以女妻之。太子生長深宮，未曾習學文武、書算、圖象、兵機、權捷、[5]㧁力、世間衆藝，何爲我女適無藝人？應會諸釋，簡選伎能，誰最優長，當得是女。’”(T0187v03p0562b) 本頁下注 5:“㧁=旅《宋》，膂《元》《明》。”

按:“㧁”與“旅”“膂”爲版本異文，“㧁”即“旅”字之訛，“旅”爲“旅”之異寫，經中“旅”通“膂”。“文武、書算、圖象、兵機、權捷、㧁力、世間衆藝”是各種技藝，“旅力”同“膂力”。南朝宋求那跋陀羅譯《過去現在因果經》:“太子雖復聰明智慧，善解書論。至於力[8]膂，詎勝我等?”(T0189v03p0628b) 本頁下注 8:“膂=旅《宋》。”唐慧琳撰《一切經音義》卷五十五《過去現在因果經》第二卷:“旅力，力擧反。《方言》:‘宋魯謂力曰旅。旅，田力也。’郭璞曰:‘謂耕墾也。’《詩》云‘旅力方強’是也。”(T2128v54p0673b) 唐法琳撰《辯正論》第四卷:“姿氣魁嶷，膂力絶倫。”(T2110v52p0515a) 唐慧琳撰《一切經音義》卷八十五《辯正論》第四卷:“膂力，上音旅。賈逵注《國語》云:‘膂，脊也。’《古今正字》:‘從肉，旅聲。’《論》從手作‘㧁’，俗字。”(T2128v54p0859b)“旅”皆與“膂”通用，“旅”或寫作“㧁”。“旅”又寫作“𢩶”(見唐顔元孫《干禄字書·上聲》p10)、“𢩶”(見《可洪音義》

v59p1051c）等形，“捦”與“㩒”形近。

1074 挌

婆藪盤豆造、南朝陳真諦譯《阿毘達磨俱舍釋論》：“何以故？由除此人於外仙人[5]格量須陀洹故。若不爾，應以剡浮密林中行*格量須陀洹，説衆生依因依緣生。”（T1559v29p0213b）本頁下注 5：“格＝挌《宮》*。”

按：“挌”與“格”爲版本異文，“挌”即“格”字之訛。“格量”一詞佛經習見。失譯《般泥洹經》：“又當以知，若欲在官及居位者，不可有貪心，不可侈心，不可憍心，不可虐心，不可快心。去此五者，後無[4]咎悔，死得上天，除惡道罪。”（T0006v01p0178a）本頁下注 4：“咎＝各《元》。”東漢支婁迦讖譯《佛説無量清淨平等覺經》：“其有名籍，在神明所。殃[34]咎引牽，當值相得。當往趣向，受過謫罰，身心摧碎，神形苦極，不得離却，但得前行，入於火鑊。”（T0361v12p0296c）本頁下注 34：“咎＝各《聖》。”龍樹造、後秦鳩摩羅什譯《大智度論》：“王亦無罪，我宿世殃咎罪報應爾。”（T1509v25p0120a）佚名《藥師經疏》：“王亦無罪，我宿世殃各罪報應爾。”（T2766v85p0310a）“各”皆“咎”字之訛。“咎”與“各”形近易訛，故“格”或訛作“挌”。

1075 挽

唐一行記《大毘盧遮那成佛經疏》：“明鏡偈（梵本）：鉢囉（二合）哌嚩（微挽反。像也）麼莽耶（形也）達摩（法也）阿車（引。澄也）輸（上）馱（清淨也）阿囊尾羅（不濁也）。”（T1796v39p0670a）

按：“挽”即“挽”字之訛。《卍續藏》唐一行述記《大日經義釋》：“明鏡偈（梵本）：鉢囉哌嚩（微挽反。像也）麼莽耶（形也）達摩（法也）阿車（引）（澄也）輸（上）馱（清淨也）阿囊尾羅（不濁也）。”（X0438v06p0368b）與“挽”對應之字作“挽”。日本淨嚴撰《悉曇三密鈔》：“व，嚩、婆……”（T2710v84p0746b）又：“वं，鍐（日經）、挽、奉（二共佛頂）、幪（胎軌）、罔（佛頂）、𡪢（慈氏）。”（T2710v84p0746c）“嚩”爲“व（va）”之譯音字，“挽”爲“वं（vaṃ）”之譯音字。上揭咒語中“嚩”後接“麼”，根據梵文的連讀規則，“嚩”要與“麼”的首輔音連讀，故本音讀作“va”的“嚩”要與“麼”的首音“m”連讀作“vam”，與非連讀的“嚩”讀“va”不同，故經文中自注“嚩”之讀音爲“微挽反”。根據梵漢對音關係，“嚩”的切下字作“挽”與梵音合。秦公《碑別字新編·十畫》“挽”字條引《隋龍藏寺碑》作“挽”。“挽”蓋爲“挽”類形體之進一步錯訛。

1076 捼

唐道世撰《法苑珠林》："并見化佛住空天華下散。士女等衆以裙襟承得，薄滑可愛。又以蓮華乾地而[20]梱者，經七日乃萎。"（T2122v53p0480c）本頁下注20："捼=挿《三》《宮》。"

按：正文之"梱"注文作"捼"，又與"挿"爲異文，"捼""梱"皆"插"字之訛，"挿"爲"插"之書寫變異。"以蓮華乾地而梱者，經七日乃萎"謂"在乾地上插的蓮花，過七天才枯萎"，字作"插"與文意合。四庫本作"挿"。唐道宣撰《續高僧傳》："並見化佛住空天華下散，男女等以裙襟承得，薄滑可愛。又以[4]蓮花乾地而挿者，七日[5]乃萎。"（T2060v50p0594a）本頁下注4："'蓮花乾地而挿'六字='乾地挿蓮花不萎'七字。"注5："(乃萎)-《三》《宮》。"字亦作"挿"。

"臿"或寫作"臿"（見《可洪音義》v59p1041a），與"函"形近。西晋竺法護譯《佛説方等般泥洹經》下卷："一切諸佛法聲，如須摩提國阿彌陀佛光明，如阿[11]稨佛世尊，及與香王國所有爲上妙。"（T0378v12p0925c）本頁下注11："稨=挿《三》《宮》。"《可洪音義》卷四《方等般泥洹經》下卷："阿稨，初立、初洽二反，正作'禾臿'也。"（v59p691c）韓小荆《〈可洪音義〉研究·異體字表》"稨"字注："《玄應音義》卷七《方等般泥洹經》下卷音義：'阿插，叉甲反，佛名也。經文從禾作稨，應誤也。'以此比勘，'禾臿'當即'插'字。'插'俗作'稨'，進而又訛變作'禾臿'字。"（p374）"稨""稨""禾臿"皆"插"字之訛，"捼""梱"亦"插"字之訛。參1501"稨"字條。

1077 捺

唐道世撰《法苑珠林》："依《新婆沙論》，名爲傍生，故問：'云何傍生趣?'答：'其形傍，故行亦傍，故形亦傍，是故名傍生。'有説：'彼諸有情由造作增上愚癡身語意惡行，往彼生闇鈍，故名傍生。'謂此遍於五趣皆有。如捺落迦中，有無足者，如孃矩吒蟲等；有二足者，如鐵嘴鳥等；有四足者，如黑駿狗等；有多足者，如百足等。"（T2122v53p0317b）

按："捺"即"捺"之異構字。《玉篇·手部》："捺，乃曷切。搦也。"揚州使院本《集韻·曷韻》乃曷切："捺，《字林》：'捺，搦捎也。'"述古堂本、明州本等作"捺"。《廣韻·泰韻》奴帶切："柰，果木名。《廣志》曰：'柰有青赤白三種。'俗作榇。奈，如也，遇也，那也，木。亦作柰。又乃个切。""捺"與"捺"爲改變聲旁的異構字。唐不空譯《大集大虛空藏菩薩所問經》

第四卷：“復有菩薩名摧惡趣白大虛空藏菩薩言：‘善男子願以大悲息三惡趣受諸劇苦一切有情。’所言未訖，即於空中出大光明，照捺落迦傍生鬼趣，彼諸有情皆息衆苦，得受安樂。”（T0404v13p0628b）唐慧琳撰《一切經音義》卷第十九《大集大虛空藏經》第四卷：“捺落迦，梵語，上奴割反，地獄也。”（T2128v54p0424a）“捺/捺落迦”爲梵語譯音詞，義爲地獄，梵文轉寫作 naraka。《大正藏》“捺”字凡 50 見。

1078 撿

唐道宣撰《續高僧傳》：“初平素日，一狗將養，所住恒隨。及隣大漸，長號哀厲，通宵向本出家寺，往返二百餘里，遶寺號呼以告。彼衆素不知也，凶問後至，方委狗徵。及曙還返安業，[7]撿坎之後，長眠流淚，不食而殂。”（T2060v50p0529a）本頁下注 7：“撿 = 掩《三》《宮》。”

按：“撿”與“掩”爲版本異文，“撿”即“揜”之異寫字，“掩”與“揜”通用。“揜坎之後”指釋神照圓寂被掩埋後，一直被豢養的狗不吃不喝流淚致死，“揜坎”指埋入墓穴。《漢書評注・楚元王傳第六》：“穿不及泉，斂以時服，封墳掩坎，其高可隱。”“掩坎”與“封墳”相對爲文，亦指埋葬。《説文・手部》：“揜，自關以東謂取曰揜。一曰覆也。”《説文・手部》：“掩，斂也。”清朱駿聲《説文通訓定聲》：“掩，叚借爲揜。”清王筠《説文句讀》：“蓋二字（掩、揜）同音故通用。”《可洪音義》“撿”字多見。

1079 搗

南朝梁僧祐撰《出三藏記》：“安與弟子慧遠等五百餘人度河夜行，值雷雨，乘電光而進。前得人家，見門裏有一雙馬[10]搗，搗間懸一馬篼，可容一斛。安便呼林伯升，主人驚出，果姓林名伯升。謂是神人，厚相賞接。既而弟子問：‘何以知其姓字?’安曰：‘兩木爲林，篼容伯升也。’”（T2145v55p0108b）本頁下注 10：“搗搗 = 柳柳《元》《明》。”

按：正文“搗”，注文作“搗”，與“柳”爲版本異文，“搗”“搗”即“桞”字之訛，“桞”又“柳”之異構字。南朝梁慧皎撰《高僧傳》：“安與弟子慧遠等四百餘人渡河夜行，值雷雨，乘電光而進。前行得人家，見門裏有二馬[7]桞，[8]桞間懸一馬篼，可容一斛。安便呼林[9]百升，主人驚出，果姓林名百升。謂是神人，厚相接待。既而弟子問：‘何以知其姓字?’安曰：‘兩木爲林，篼容百升也。’”（T2059v50p0352a）本頁下注 7：“桞 = 柳《元》《明》。”注 8：“桞 = 之《三》《宮》。”注 9：“百 = 伯《三》《宮》。”《嘉興藏》“桞桞”作“柳之［‘之’

當爲重複符號之訛——引者按]"。與"捛""揚"對應之字作"楬"或"枊"。《説文·木部》:"枊,馬柱。从木,卬聲。一曰堅也。""枊"義爲拴馬樁,與文意合。"楬"爲"枊"改變聲旁的異構字。"楬"或作"捛""揚"者,"木"旁訛作"扌"旁,"昂"旁訛作"昜"旁也。《可洪音義》卷三十《廣弘明集》第十九卷:"衣昪,五郎反,正作昂。"(v60p572b)"昂"或寫作"昪","卬""卯"混誤多見,皆可比勘。

唐道宣撰《廣弘明集》:"或苦妄度厄(塗炭齋者,事起張魯。驢輾泥中黄土塗面,摘頭懸[23]櫛,埏埴使熟)。"(T2103v52p0140c)本頁下注23:"櫛 = 楬《宋》《宫》,柳《元》《明》。"四庫本作"柳"。唐道宣撰《集古今佛道論衡》:"或妄度苦厄者,立塗炭齋,事起張魯。驢輾泥中黄土塗面,摘頭懸櫛,埏埴使熟。"(T2104v52p0373b)明王世貞《弇州四部稿·説部·宛委餘編十八》:"又有所謂塗炭齋者,驢輾泥中黄鹵泥面,擿頭懸仰,埏埴使熟。""懸楬"言懸掛於柱。字或作"柳""仰"者,"柳""仰"皆"枊"字之訛。字又作"櫛"者,疑爲"楬"字之訛。唐道宣撰《續高僧傳》:"隋西京淨住道場釋法純傳五(慧[19]昂)。"(T2060v50p0571b)本頁下注19:"昂=卽《宫》。""卽"即"昂(昻)"字之訛。《新修玉篇·白部》:"皀,古文即字。""昂"與"皀"形近,故"楬"或訛作"柳",因又轉寫作"櫛"。

鄭賢章《〈新集藏經音義隨函録〉研究》亦有考證(p188),可參看。

1080 掓

唐道宣撰《中天竺舍衛國祇洹寺圖經》:"又次東一所名掓殿之院。其院向西開門,院内所有花樹如前。次北有一大院名居士之院,門向南巷開,中有一堂。"(T1899v45p0885a)

按:"掓"即"複"字之訛。同上經:"第二大複殿高廣殊狀信加前,殿簷相屬嵬峩重沓,朱粉金碧窮實彈工天下第一。"(T1899v45p0889b)又:"複殿化壁釋迦如來自書八相變像,圖此書是。佛臨滅時當殿大像自然發音,請釋迦曰:後代衆生若爲圖像。佛因此問便爲畫之。複殿東臺五重皆七寶作,娑竭羅龍王所造,上施寶珠夜望如日,故此大殿晝夜常明。複殿東樓臺上層有星宿劫中第二佛全身七寶塔,一千三百級六十四楞白玉爲臺。"(T1899v45p0889c)"複殿"一詞多見。唐法琳撰《辯正論》第三卷:"窈窕曲房,參差複殿,風飈出其戶牖,雲霞起於簷楹。"(T2110v52p0507b)唐慧琳撰《一切經音義》卷八十五《辯正論》第三卷:"複殿,上伏屋反。重屋也。"(T2128v54p0857c)"掓殿"蓋即爲"複殿",即重疊的大殿。"複"或作"掓"者,"衤"旁訛作"扌"旁也。

1081 㨖

日本中算撰《妙法蓮華經釋文》："蔗毘叉膩。（二十二。玄奘云：阿路迦婆［去聲］娑婆羅弗［補没反］帝鉢剌著［知也反］吠剎㨖。）"（T2189v56p0170b）

按："㨖"即"擳"之異體字。唐玄應撰《一切經音義》（麗藏本）卷六《妙法蓮花經》："三藏法師玄奘譯：……阿路迦婆（去聲）婆波羅弗（補没反）帝（二十二）鉢剌著（知也反）吠剎㨖（二十三）。"（p90c）此即中算所本。"㨖"，海山仙館本作"擳"。《集韻・皆韻》足皆切："擳，《博雅》：'揩、擳，摩也。'"明梅膺祚《字彙・手部》："擳，亦作㨖。""㨖""擳"皆"擳"之異體字。"犀"或作"屖""犀"，故"擳"或作"㨖""擳"。

1082 㨨

勝友造、唐義淨譯《根本薩婆多部律攝》："若不淨財捨與信心俗人，此謂作法，非是未［永］施。若不還者，應就強索，不可唐[8]捐。"（T1458v24p0561a）本頁下注8："捐＝㨨《聖乙》。"

按："㨨"與"捐"爲版本異文，"㨨"即"捐"字之訛。"唐捐"佛經習見。東晉瞿曇僧伽提婆譯《增壹阿含經》："身行慈、口行慈、意行慈，使彼檀越所施之物，終不唐捐。"（T0125v02p0564b）唐慧琳撰《一切經音義》："唐捐，上徒卽［郎］反。《字書》云：'唐，虛。'《玉篇》云：'唐，徒也。'《考聲》云：'言而不當也。'《説文》云：'唐，大言也。從口，庚（古行反）聲也。'下悦淵反。"（T2128v54p0345a）"唐捐"有白白放棄之義，與文意合。後秦佛陀耶舍、竺佛念譯《長阿含經》："有比丘初夜後夜，[7]捐除睡眠，精勤不懈，專念道品。"（T0001v01p0044a）本頁下注7："捐＝損《聖》。"三國吴康僧會譯《六度集經》："使者曰：'王逮皇后[2]捐食銜泣，身命日衰，思覩太子。'"（T0152v03p0011a）本頁下注2："捐＝損《元》《明》。"《嘉興藏》作"損"。南朝梁寶唱等集《經律異相》："使者曰：'王逮皇后損食銜泣，身命日衰，思覩太子。'"（T2121v53p0166c）"損"皆"捐"字之訛，可資比勘。

1083 擱

唐伽梵達摩譯《千手千眼觀世音菩薩治病合藥經》："若有人等食諸畜生災

毒，煩心悶欲死者，取淨土一升，以水三升，煮取一升汁，呪三七遍，令服即差。若有人等卒得諸腫瘫者，取蕪菁葉擣和清酒，呪三七遍，[1]擱腫上即差。若有人等惡腫入腹欲死者，取瞿摩夷燒和酒，呪三七遍，塗腫上，又口令服即差。”（T1059v20p0105a）本頁下注1：“擱＝拊《甲》。”

按：“擱”與“拊”爲版本異文，審上下文文意，“擱”“拊”皆與“塗”義近，疑“拊”即“附”之加旁字，“擱”又“拊”字之訛。《詩・小雅・角弓》：“如塗塗附。”毛傳：“附，著也。”“附”有附著義。明周王朱橚撰《普濟方・脚氣門》：“治脚氣連腿腫滿久不瘥變爲腫方。右用黑附子一兩，去皮臍，生用，擣爲散，生薑汁調如膏，塗附腫上，藥乾再調塗之，腫消爲度。”又：“治石癰發腫至堅而有根者方（出《千金方》）。用桑根白皮擣末，酒傅之。一方陰乾擣末，烊膠和酒附，腫根即拔。”唐蕭穎士《蕭茂挺文集・蓮蘂散賦（并序）》：“予同生繼夭，憯戚所萃。己未歲夏六月旅寄韋城，憂傷感疾，腫生於左脇之下，彌旬不愈，楚痛備至。友生于逖張南容在大梁聞之，以言於方牧李公。公，予之舊知也，俯垂驚嗟，遠致是散，題曰‘蓮蘂’。合之以蘇，用附腫上，又覆以油帛以羃之，其瘳如洗，一夕復故。感恩歎異，於以賦焉。”“附”皆“敷藥”義，“拊”乃“附”加“手”旁所造之字，可以看作分化字，只是未通行。“擱”則“拊”刻寫之誤。

1084 揀

隋彦琮撰《衆經目録》：“佛法東行，年代已遠。梵經西至，流布漸多。舊來正典，並由翻出。近遭亂世，頗失原起。前寫後譯，質文不同。一經數本，增減亦異。致使凡人，得容妄造。或私[4]揀要事，更立別名。或輒搆餘辭，仍取真號。或論作經稱，疏爲論目。大小交雜，是非共混。流濫不歸，因循未定。將恐陵遲聖説，動壞信心。義闕紹隆，理乖付囑。”（T2147v55p0150a）本頁下注4：“揀＝採《宋》《元》。”

按：“揀”與“採”爲版本異文，“揀”即“採”字之訛，“私採要事”即私自採擇重要的事項之義。南宋志磐撰《佛祖統紀》：“維智者以斯道盛行當世，古今名賢贊德之文，如柳顧言國清碑、皇甫毘玉泉碑（二文見《國清百録》）、亡名玉泉實録（碑是再刻之文，曾獲墨本）、唐梁肅荊溪大師碑、宋張商英關王祠堂記、胡昉法智法師碑、晁説之明智法師碑，皆摭取要事，參入紀傳，不復別録全文。”（T2035v49p0438a）“採”與“摭取”義近。

1085 掁

日本淨嚴撰《悉曇三密鈔》：“ㄊ，陀字（大下反，輕音。餘國有音陀可反。

字記）……㨯（那可反。全真。今考‘㨯’恐‘㜀’字，㜀奴可反）。”（T2710v84p0737a）

按：“㨯”即“㰻”之訛字，“㰻”爲“ₓ（da）”的譯音字。唐菩提流志譯《大寶積經》：“諸菩薩摩訶薩應入一切諸行善巧印門，以㩞（那可反）字印印一切法以麽字助，施設名言與種種法而作相應，了知㩞麽而相助故。”（T0310v11p0140b）《嘉興藏》作“㩞”，音釋：“㰻，那可切，亦字母中字也。”唐慧琳撰《一切經音義》卷十二《大寶積經》第二十一卷：“㩞，《經》中已音竟，那可反。”（T2128v54p0378c）《可洪音義》卷八《護命法門神呪經》：“㰻虎，上烏可反，下呼古反。”（v59p814c）《大正藏》對應經文爲：“婆（上）虎梨婆（上）虎梨（六）㩞（乃可反）虎（七）。”（T1139v20p0584c）“㩞”“㩞”“㰻”亦皆“㰻”字之訛。參 1089“㩞”字條。“㨯”與“㰻”等字形相近，乃此類形體的進一步形訛。

1086 㩡

日本凝然述《梵網戒本疏日珠鈔》：“前四重者，身三語一共門根本，其共枝㩡，無量無邊。此共持門根本枝㩡，佛爲聲聞説之制之，以彼堪能應護持故。”（T2247v62p0230c）

按：“㩡”爲“樤”之訛字，“樤”爲“條”的分化字。《集韻》：“條、樤，《説文》：‘小枝也。’一曰木名。或作樤。”文中“枝樤”與“根本”相對爲文，“枝樤”同“枝條”。“枝條”本指樹木的枝子，亦喻指分支。唐法藏述《華嚴經探玄記》：“二枝殊特，謂樹枝[4]條是方便隨機差別義故，云寶枝等。三葉殊特，謂枝*條頭葉是蔭機成益義故，云寶葉等。重（平聲）雲是斷霧義，又重（上聲）雲是靉靆義。”（T1733v35p0129b）本頁下注 4：“條＝樤《甲》*。”日本圓仁撰《蘇悉地羯羅經略疏》：“初明以三種花供養，次上色香花下。二明一種花供獻，次或用花[1]樤下。……《經》‘或用花*樤下’至‘説爲上勝’，釋曰：三明一樹花供獻也。若一樹花者，花*樤。或用墮花以獻天后，以樹上中花應獻餘尊也。”（T2227v61p0422a-b）本頁下注 1：“樤＝條《甲》，栘《乙》*。”唐輸波迦羅譯《蘇悉地羯囉經》：“或用取花條，或用花朵，以獻妃天等，用説爲上勝。”（T0893v18p0608c）“樤”皆枝條義。“樤”又作“㩡”者，“木”旁訛作“扌”旁也。

1087 㩤

唐道宣撰《四分律刪繁補闕行事鈔》：“稽果種者（香茅、蘇荏之類），未有子揉揂，有子火淨。角果種者，淨法如稽果法（大小豆等準此，蒿中含子之草應得火淨，但令相著即得淨法爾故）。”（T1804v40p0077a）

按：東晋佛陀跋陀羅、法顯譯《摩訶僧衹律》：“稽裹種者，香菜、蘇荏，如是等若未有子手揉修淨，若有子火淨，是名稽裹種。角裹種者，大小豆、摩沙豆，如是等若未成子手揉修淨，若子成火淨，是名角裹種。”（T1425v22p0339b）與“揂”對應之字作“修”。日本照遠撰《資行鈔》：“云檜果種者（香菽、蘇荏之類），未有子揉修，有子火淨。”（T2248v62p0741b）照遠所引亦作“修”。《四分律刪繁補闕行事鈔》：“《僧衹》中揉掺淨，蘿勒蓼等莖種者摘却牙目淨，十七種穀脱皮淨，裹核種瓜淨，膚果種火淨，穀果種亦火淨，稽果種未有子揉掺，若有子火淨。”（T1804v40p0122c）北宋元照撰《四分律行事鈔資持記》：“揉掺，兩手相錯。”（T1805v40p0310b）字又作“掺”“修”，“揉修/掺/揂”與“揉搓”義同。

1088 ⿰扌座

日本賴瑜撰《祕鈔問答》：“𑖐𑖾實類毘那夜迦種子，𑖮𑖿𑖨𑖱𑖾權化觀音法體也。而再往尋之，其實類身又遮那之化現也。其故男天毘盧遮那善惡和合權實性然常體也，故爲是實類實身。女天毘盧遮那大悲純金一德也，故是爲權化權身。再尋之日，[16]⿰扌座大悲化現之相（四曼也），權末悟性（六丈也）。實本云時，實即𑖐𑖾二身共用𑖐𑖾也。實上立權𑖮𑖿𑖨𑖱𑖾，實𑖐𑖾性上分性作相𑖮𑖿𑖨𑖱𑖾，教相通途之談歟？”（T2536v79p0559b）本頁下注16：“⿰扌座＝抽《甲》。”

按：“⿰扌座”與“抽”爲版本異文，“⿰扌座”即“搯”字之訛。日本賴瑜撰《薄草子口決》：“𑖐𑖾實類毘那夜迦種子，𑖮𑖿𑖨𑖱𑖾女天權化觀音法體也。而再往尋之，其實類身又遮那之化現也。其故男天毘盧遮那善惡和合權實性然當體也，故是爲實類身。女天毘盧遮那大悲純金一德也，故是爲權化權身。再尋之曰，挫大悲化現之相（四曼也），權末悟性（六大也）。實本之時，實即𑖐𑖾二身共用𑖐𑖾也。實上立權𑖮𑖿𑖨𑖱𑖾，實𑖐𑖾性上分性𑖐𑖾相𑖮𑖿𑖨𑖱𑖾，教相通途之談歟？”（T2535v79p0289c）與“⿰扌座”對應之字爲“挫”。“挫”亦“搯”字之訛。《説文·手部》：“搯，引也。从手，留聲。抽，籀文从由。”“搯”爲“抽”的異構字。南朝梁僧祐撰《釋迦譜》：“《長阿含經》云：佛於毘耶離與阿難獨[13]坐。於後夏安居中，佛身疾生，擧軀皆痛。”（T2040v50p0068b）本頁下注13：“坐＝留《三》《宮》。”後秦佛陀耶舍、竺佛念譯《長阿含經》：“爾時世尊即從座起，詣於講堂，就座而坐，告諸比丘：‘此土飢饉，乞求難得。汝等宜各分部，隨所知識，詣毘舍離及越祇國，於彼安居，可以無乏。吾獨與阿難於此安居。所以然者，恐有短乏。’是時諸比丘受教即行，佛與阿難獨留。於後夏安居中，佛身疾生，擧體皆痛。”（T0001v01p0015a）西晋安法欽譯《阿育王傳》：“王如是請已，四方來者三十萬僧，十萬僧者是阿羅漢，二十萬僧者是須陀洹、斯陀含、阿那含。及清淨凡夫悉皆就座，唯留上座所坐之處，無敢坐者。王問上座：‘以何義故[6]坐此空處?’答言：‘更有上座當坐此處。’”（T2042v50p0105b）本頁下注 6：“坐 = 留《三》《宮》。”“坐”皆“留”字之訛。“留”訛作“坐”，故“搯”或訛作“挫”，“擟”又“挫”之訛。

1089 𢷎

唐菩提流志譯《護命法門神呪經》：“怛姪他安荼嚟（一）般（比寒反，下同）荼嚟（二）失吠低（三）般荼囉婆私儞平（四）緊𢷎𭈾（五）迦囉荼（荼皆反）（六）雞庾𭈾（七）。”（T1139v20p0587b）

按：“𢷎”即“橠”字之訛。林光明《新編大藏全咒》卷四《護命法門神呪經》“擁護咒”中“𢷎”的梵文羅馬轉寫作“na”（v4p414）。唐菩提流志譯《大寶積經》：“諸菩薩摩訶薩應入一切諸行善巧印門，以𢷎（那可反）字印印一切法以麼字助，施設名言與種種法而作相應，了知𢷎麼而相助故。”（T0310v11p0140b）唐慧琳撰《一切經音義》卷十二《大寶積經》第二十一卷：“𢷎，經中已音竟，那可反。”（T2128v54p0378c）又卷四十九《廣百論釋》第七卷：“裹𢷎，奴鳥反，下乃可反。裹𢷎，柔弱也，亦曰茂盛也。”（T2128v54p0634a）聖天造、護法釋、唐玄奘譯《大乘廣百論釋論》：“枝條[7]裊娜，如喜抃人。”（T1571v30p0229b）本頁下注 7：“裊 = 褭《宮》。”“𢷎”“𢸋”皆“橠”字之訛。《龍龕·手部》：“𢶍𢸋𢷍，上一烏可反，下二奴可反。~~，木盛茂皃。”（p211）《龍龕·木部》：“𣚍橠，上烏可反，下奴可反。~~，木四枝垂盛皃也。”（p380）《龍龕·手部》收録的“𢶍𢸋”與《木部》收録的“𣚍橠”反切相同，訓釋相近，“𢶍𢸋”即“𣚍橠”之訛，“木”旁訛作“扌”旁也。唐慧琳撰《一切經音義》卷五十六《佛本行集經》第二十八卷：“𣚍橠，《字詁》古文‘𧙃’‘𣚍’二形，今作‘阿’，同，烏可反。下古文‘𣞐’‘栘’二形，今作‘那’，同，乃可反。《字書》𧙃栘，柔弱皃也。亦草木盛也。”（T2128v54p0681b）慧琳本玄應。隋闍那崛多譯《佛本行集經》第二十八卷：“使身猶如弱樹枝，婀娜隨風而搖動。”（T0190v03p0783a）今本《大正藏》作“婀娜”，玄應、慧琳釋作“𣚍橠”。

1090 挼

唐道宣撰《廣弘明集》：“虢州表言：‘州雖不奉舍利，亦請衆僧行道。有一異鳥來集梁上，意似聽經，不驚不動，一夜一日乃下，止於讀經之床。人人讚歎摩挼，又擎之以行道。法師於佛前爲之受戒，良久乃去。’”（T2103v52p0216b）

按：四庫本亦作“挼”，明梅鼎祚《釋文紀》引作“挲”，“挼”爲“挲”

之異構字。《廣韻·歌韻》素何切："抄，摩抄。挲，上同。"《後漢書·方術傳下·薊子訓》："後人復於長安東霸城見之，與一老公共摩挲銅人。""摩挲"本作"摩莎"或"摩娑"，《禮記·郊特牲》"汁獻涚于醆酒"漢鄭玄注："摩莎泲之，出其香汁。"《釋名·釋姿容》："摩娑，猶末殺也，手上下之言也。""挲"爲"莎"或"娑"之後出本字，"㨃"爲"娑"之加形旁字，可以看作"挲"之異構字。明章黼《重訂直音篇·手部》："抄，音娑，摩抄，手挼抄。挲、挱、㨃，同上。"（p118）已溝通"㨃"與"抄""挲"之關係。

1091 㨯

明宗泐、如玘註《楞伽阿跋多羅寶經註解》："今經四卷凡四品，總名爲《佛語心》，而無別品之目。魏本十卷分十八品；唐本七卷分十品。後東都沙門寶臣註唐本，則取魏之餘八品，如次間入，亦成十八品。[1]夫《楞伽》一經，乃諸佛所説心法，佛説此法令一切菩薩入自心境，則知云《佛語心品》者，據一經大意而言之。"（T1789v39p0425a）本頁下注1："夫=謹㨯《甲》。"

按："㨯"即"案"之分化字。文中"謹㨯"之"㨯"義爲按語，在按語的意義上，"按"爲本字，"案"爲借字，兩個字文獻都通行，"㨯"則爲"案"借用用法所造的後出字。

失譯《大方廣十輪經》："善男子，譬如灌頂刹利大王爲諸衆生念先種姓，幼小嬉戲所生之處，及諸澡浴偃臥飲乳，剪治手足一切爪甲，[9]案摩支節，乃至戲弄灰土供奉事者，習學無量種種伎術。"（T0410v13p0691b）本頁下注9："案=㨯《三》。"西晉竺法護譯《佛説文殊悔過經》："以是之故，所以右掌而[3]案著地，以當左手*案著於地，又跪左膝，口説此言。"（T0459v14p0442a）本頁下注3："案=㨯《明》《宮》。"前一例"案"爲按摩義，後一例"案"爲按壓義，亦皆爲"按"的借字，"㨯"則爲"案"加"扌"旁所造的分化字，與"按"爲異體字。

1092 㩍

日本湛慧撰《成唯識論述記集成編》："（七十三左）'或掩擒之名'（文），'掩'與'揜'同，《禮·聘義》：'瑕不揜瑜，[瑜]不揜瑕，忠也。''擒'與'㩍''柆[拉]'同，《説文》'摺'。㩍，臘、搚二音，摺疊。"（T2266v67p0592a）

按："㩍"即"擸"之異寫字。唐窺基撰《成唯識論述記》："《論》'云何爲諂'至'諂相用故'。述曰：險者不實之名；曲者不直之義；爲網帽他者，顯揚云爲欺彼故諂。或欺於彼而陵網於彼，或掩[7]捨之名，謂雖事不合，曲順時之所宜，籠網矯詐，設其方便，入其所陵，故作網羅之字。此等爲取他意，望他看好，或順己所求，或爲此方便，欲藏己失，諂爲覆罪之因，故不堪任師友教也。”（T1830v43p0458c）本頁下注 7：“捨＝揜?”此湛慧之所本。今本《大正藏》作“捨”，刻者疑“捨”爲“揜”字之訛。湛慧作“擒”，並解“擒”字之義。然“掩擒”不辭，湛慧給出“擒”之摧折義、折疊義皆不能與“掩”相聯屬。護法造、唐玄奘譯《成唯識論》：“云何爲諂？爲網他故，矯設異儀，險曲爲性，能障不諂教誨爲業。謂諂曲者，爲網帽他，曲順時宜，矯設方便，爲取他意，或藏己失，不任師友正教誨故。此亦貪癡，一分爲體，離二無别，諂相用故。”（T1585v31p0033c）此又窺基之所本，疑“或掩捨之名”本作“或掩之名”，“掩”爲遮覆文飾之義，掩蓋壞處，顯示好處，就是諂媚。“掩”後之“捨”當爲“揜”，此乃旁注之字，《說文·手部》：“掩，斂也，小上曰掩。”又：“揜，一曰覆也。”“遮覆”之義的本字作“揜”，故“掩”字後或注“揜”字。湛慧釋作“擒”，蓋強爲之解，文意不通。

唐顏元孫《干禄字書·入聲》：“脅脅、劫刧，並上通下正。”“脅”爲“脅”之俗字，爲當時之通行字。“擠”之右部與“脅”同，爲“擠”之異寫字。

唐慧琳撰《一切經音義》：“拗拉，上厄絞反。《文字集略》云：‘拗，以手摧物折也。從手，幼聲。’下藍答反。何休注《公羊傳》云：‘拉，折也。’《古今正字》：‘摧也。從手，立聲。’亦作‘擸’，又作‘搚’。”（T2128v54p0726c）“擸”亦“擠”之書寫變異。

1093 揸

元念常集《佛祖歷代通載》：“李公問曰：‘地獄畢竟是有是無?’答曰：‘諸佛向無中説有，眼見空花；太尉向有中覓無，手揸水月。堪笑眼前見牢獄不避，心外見天堂欲生。殊不知忻怖在心，善惡成境。太尉但了自心，自然無惑。’曰：‘心如何了?’答曰：‘善惡都莫思量。’又問：‘不思量後心歸何所?’顥曰：‘且請太尉歸宅。’”（T2036v49p0667a）

按：“揸”即“摣”字之訛。明居頂撰《續傳燈録》：“公問曰：‘天堂地獄畢竟是有是無？請師明說。’觀曰：‘諸佛向無中説有，眼見空花；太尉就有裏尋無，手摣水月。堪笑眼前見牢獄不避，心外聞天堂欲生。殊不知忻怖在心，善惡成境。太尉但了自心，自然無惑。’”（T2077v51p0522a）與“揸”對應之字作“摣”。《方言》卷十：“抯、摣，取也。南楚之間凡取物溝泥中謂之抯，或謂之摣。”《釋名·釋姿容》：“摣，叉也，五指俱往叉取也。”“手摣水月”即用手叉取水中的月亮。字或作“揸”者，“虍”旁訛作“老”旁也。

1094 挭

唐義淨譯《根本説一切有部百一羯磨》："時諸苾芻嚼齒木了，不知刮舌，仍有口臭。佛言：'應須刮舌。'由是我聽作刮舌篦子，可用鍮石銅鐵。必其無者，破齒木爲兩片，可更互相揩去其利刃，屈而刮舌。凡棄齒木及刮舌篦，咸須水洗，謦咳作聲，或復彈指，以爲驚覺。於屏穢處，方可棄之。必其少水於塵土内，揩挭而棄。若異此者，招越法罪。"（T1453v24p0492a）

按："挭"爲"摤"字之訛，"摤"又"磢"之分化字。文中"揩挭而棄"指"刮舌篦"用完之後，應該在泥土裹磨洗之後再扔掉。《廣韻·養韻》初兩切："磢，瓦石磨洗。"義正與此合。《集韻·養韻》楚兩切："磢、摤，磨滌也。或作磢。"兩字皆有磨洗義。《彙音寶鑑·手部》："摤，磨滌。""摤"亦寫作"挭"。

1095 摅

唐玄奘、辯機撰《大唐西域記》："憍奢耶者，野蠶絲也。叢摩衣，麻之類也。[27]頷（[28]摅嚴反）鉢羅衣，織細羊毛也。褐剌縭衣，織野獸毛也，獸毛細耎可得緝績，故以見珍而充服用。"（T2087v51p0876b）本頁下注 27："頷=顩《三》。"注 28："摅=墟《三》。"

按："摅"與"墟"爲版本異文，"摅"即"墟"字之訛。季羡林等撰《大唐西域記校注》"頷"改作"顩"，校勘記曰："原本顩作頷，《宋本》《資福本》《磧砂本》《明南本》《徑山本》《金陵本》及《翻譯集》並作顩。《音釋》'顩鉢'條云：'上丘嚴反。或作欽婆羅。今作頷，誤也。'此已訂頷字之訛。《慧琳音義》顩作頋，云：'音欽。（頋鉢羅）梵語也。'按此字字形紛歧，譯文主音，今以聲訂之。頷無丘嚴反或欽音，顯誤。顩在《廣韻》上聲《寑韻》直稔切、《琰韻》魚檢切下，聲亦不類。但《集韻》上聲《琰韻》丘檢切下有顩字，云：'或作頋'，聲相近，又各本皆如此，今從之。頋即《慧琳音義》之頋。又按《廣韻》下平聲《侵韻》欽紐下有鎮字，疑頷乃鎮之訛。《釋帖》引顩作欠，疑欽之壞字。"（p177）"摅"録作"墟"，未出校。又注（五）："顩鉢羅衣，顩鉢羅是梵文 kambala 音譯，又譯作欽婆羅，見《摩訶僧祇律》卷九、《薩婆多毗尼毗婆沙》卷五，義爲羊毛。顩鉢羅衣指細羊毛織的衣服。"（p179）南宋法雲編《翻譯名義集》："[19]顩鉢羅，《西域記》云：織細羊毛。"（T2131v54p1172b）本頁下注 19："kaṁbala."佚名《翻梵語》："�彌樓欽婆羅衣，持律者云絳色衣；聲論者云正外國音應言霍邏甘婆羅。霍邏翻爲白[4]衣半，甘婆羅翻爲毛衣，謂白羊毛衣。"（T2130v54p1005b）本頁下注 4："衣半=羊？"日本淨嚴撰《悉曇三密鈔》："ᨀ，見、鑑（字記）、劒（胎軌）、建（佛頂）、檢（慈氏軌）、兢（千手軌）。”（T2710v84p0741c）《悉曇三密鈔》所收“𑖎𑖽（kaṃ）”的譯音字皆見母字，《翻梵語》謂“欽婆羅”正外國音應該譯作“甘婆羅”，“甘”亦見母字，此所謂正譯。“欽”爲溪母字，“顩”《集韻》讀“丘檢切”，亦有溪母一讀。見、溪有不送氣、送氣之别。《悉曇三密鈔》：“𑖏𑖽，欠（大日經）、臉（切身。慈氏軌）。”（T2710v84p0742a）“𑖏𑖽（khaṃ）”爲“𑖎𑖽（kaṃ）”的送氣音，《悉曇三密鈔》收録“𑖏𑖽（khaṃ）”的譯音字“欠”爲溪母字，“臉”的切上字“居”爲見母字。不難看出，佛經傾向用見母字音譯“𑖎𑖽（kaṃ）”，溪母字音譯“𑖏𑖽（khaṃ）”，但也有混用的現象。故或用溪母的“顩”“欽”“欠”作“𑖎𑖽（kaṃ）”的譯音字，季羨林等把字校訂作“顩”可從，認爲“欠”爲“欽”的壞字則是不正確的。“顩”的切音“摢嚴反”，“摢”爲“墟”字之訛，“墟”亦溪母字。字又作“頷”者，“頷”本爲匣母字，但《集韻·侵韻》袪音切：“顉、頷，曲頤也。或作頷。”小韻代表字爲“欽”，則“頷”的借字亦有溪母的讀音，似不必把“頷”看作誤字。清朱駿聲《説文通訓定聲·臨部》：“頷，叚借……又爲顉。”《左傳·襄公二十六年》：“逆於門者，頷之而已。”唐陸德明釋文：“頷，本又作顉。”東晋竺佛念譯《出曜經》：“梵志聞已，[1]頷頭歎吒而去。”（T0212v04p0718a）本頁下注1：“頷＝顉《三》。”中土及漢譯佛經文獻都有不少“頷”作“顉”的實際用例。綜上，無論是“顩”還是“頷”都可以作梵文“𑖎𑖽（kaṃ）”的譯音字，它們的漢語切音都可以用“墟”作切上字。“虚”或寫作“虗”，“墟”之右旁寫作“虗”，左旁之“土”訛作“扌”，即成“摢”字。

1096 摝

唐道世撰《法苑珠林》：“高祖昔在荆陜，宿著懇誠，屢遣上迎，終無以致。中大通四年三月，遣白馬寺僧[18]琟、主書何思遠齎香華供養，具申丹欵。”（T2122v53p0385b）本頁下注18：“琟主＝摝王《三》《宫》。”

按：“摝”與“琟”爲版本異文，“摝”即“琟”字之訛，“王”旁訛作“扌”旁也。唐道宣撰《集神州三寶感通録》：“高祖昔在荆州，宿著懇誠，屢遣上迎，終無以致。中大通四年三月，遣白馬寺僧[31]琟、主書何思遠齎香花供養，具申丹款。”（T2106v52p0416a）本頁下注31：“琟＝珽《宋》《元》。”“琟”又訛作“珽”。《説文·玉部》：“琟，石之似玉者。”義爲美石，僧人常作人名用字。

又，四庫本之《法苑珠林》“琟”作“摝”，當校正。

1097 撤

唐窺基撰《妙法蓮華經玄贊》：“《經》‘諸佛滅後’至‘供養塔廟’。……

‘抹香’者，若手撒摩作抹，細壤土作抹，塗飾作濩。今既別有塗香，故應作[25]妹。《玉篇》：‘秣者，亡達、亡結二反，粥糜也。’碎香如糜，故作秣。碎香如細壞土，應作*妹。”（T1723v34p0788c）本頁下注25：“妹＝抹《甲》《乙》*。”

按：“撒”即“撥”字之訛。後秦鳩摩羅什譯《妙法蓮華經》第三卷：“諸佛滅後，各起塔廟高千由旬，縱廣正等五百由旬。皆以金銀、琉璃、車渠、馬瑙、真珠、玫瑰七寶合成，衆華、瓔珞、塗香、[11]末香、燒香、繒蓋、幢幡供養塔廟。”（T0262v09p0021b）本頁下注11：“末香＝抹香《宮》《博》。”此即窺基所釋《妙法蓮華經》之本文，窺基所釋的內容爲“抹香”之“抹”的本字。唐慧琳撰《一切經音義》卷二十七《妙法蓮花經》第三卷：“秣，莫割反，若手撥摩作抹，塗飾作濩。今既別有塗香，應爲抹字。《玉篇》：‘秣，亡達、亡結二反。粥糜也。’碎香如絮也，故作秣。若如細土，應作妹。”（T2128v54p0489b）日本中算撰《妙法蓮華經釋文》：“秣香，上莫割、亡結二反。慈恩云：‘粥糜也。’若手撥摩作抹，壤土作妹，塗飾作濩。今既別有塗香，故應作秣。碎香如糜，故作~。碎香如細壤土，應作妹。《金剛般若會釋》云：‘~~者，碎擣沈檀以散塔也。’今案，秣或本作末，不知所從也。”（T2189v56p0163a）諸家所説，觀點不盡相同，大致來看，“撥摩”義當作“抹”，“粥糜”義當作“秣”，細土義當作“妹”，與“手撒摩”對應之字皆作“手撥摩”。唐慧琳撰《一切經音義》：“摩抄，蘇河反。《聲類》：‘摩抄，捫摸也。’《釋名》：‘摩抄，抹撚也。’撚，音桑葛反。”（T2128v54p0796b）“撒”當即“撥”之異體字“撚”字之訛。

1098 㨨

唐菩提流志譯《不空羂索呪心經》：“㨨般攞底歌頞（一百七十八）。”（T1095v20p0408b）

按：“㨨”即“𣟂”字之訛。唐菩提流志譯《一字佛頂輪王經》：“但自專至修行供養扇底迦法、布瑟置迦法、[1]㨨毘柘嚕迦法。”（T0951v19p0237a）本頁下注1：“㨨＝𣟂《甲》。”《龍龕·手部》：“㨨㨾㨾，上一烏可反，下二奴可反。~~，木盛茂皃。”（p211）《龍龕·木部》：“𣟂㮏，上烏可反，下奴可反。~~，木四枝垂盛皃也。”（p380）皆可證“㨨”即“𣟂”字之訛。日本淨嚴撰《悉曇三密鈔》：“𑖀，短阿字（上聲短呼，音近惡引）……𣟂（阿可反。全真）。”（T2710v84p0731c）“𣟂”爲“𑖀（a）”的譯音字。

1099 搕

南朝梁寶唱等集《經律異相》：“六十四地獄舉因示苦相三：一曰脚蹋，先蹋殺人，今爲獄鬼所噉，經二百歲。二曰刀山，先殺衆生，今受罪二百歲。……三十曰權收，鬼獄收之，以瞋心滅屑殺蟣虱。三十一曰[40]搕山，以*搕殺蟣虱，後生短壽。”（T2121v53p0267c）本頁下注40：“搕=磕《三》《宫》。”

按：“搕”與“磕”爲版本異文，“搕”即“搕”字異體，“搕”與“磕”通用。《卍續藏》元一行慧覺《華嚴經海印道場懺儀》：“《經律異相》云：‘六十四地獄者：一曰脚踏，先踏殺人，今爲獄鬼所蹋，經二百歲罪報懺悔。二曰刀山，先殺眾生，今受罪二百歲，罪報懺悔。……三十曰拳叉，獄鬼叉之，以嗔心攙搦殺蟣蝨，罪報懺悔。三十一曰磕山，以磕殺蟣蝨，後生短壽，罪報懺悔。’”（X1470v74p0197c）與“搕”對應之字作“磕”。南朝陳真諦譯《佛説立世阿毘曇論》：“瞿曇知此説，八種大地獄。世尊悉證見，成一切法眼。更生及黑繩，山磕二叫喚。小大兩燒熱，及大阿毘止。如是八地獄，佛説難可度。”（T1644v32p0207a）唐慧琳撰《一切經音義》卷七十三《立世阿毗曇論》第八卷：“山磕，苦盍反。《説文》‘石聲也’。亦‘大聲’。今江南凡言打物碎爲磕破。”（T2128v54p0781a）亦作“山磕”。“更生”“黑繩”“山磕”“大叫喚”“小叫喚”“大燒熱”“小燒熱”“大阿毘”即爲八地獄。六十四地獄之“磕山”與八地獄之“山磕”皆地獄名，命名之意皆取兩山撞擊，“磕”有撞擊義，與文意合。唐道世撰《法苑珠林》：“又《三法度論經》云：地獄有三，一熱二寒三邊。熱地獄者，依薩婆多部有八大地獄：一等活，亦名更活，或獄卒唱生，或冷風吹活，兩緣雖異，令活一等，名等活地獄。二名黑繩地獄，先以繩絣，後以斧斫。三名衆合地獄，亦名衆[2]磕，兩山下合，以*磕罪人。”（T2122v53p0326a）本頁下注2：“磕=搕《宋》《宫》，榼《元》*。”《法苑珠林》已釋“衆磕”得名之義，“磕”異文作“搕”，皆可比勘。考諸字形，“蓋”或寫作“盖”，故從“盍”之字或從“盖”。

1100 揩

唐義淨譯《根本説一切有部略毘奈耶雜事攝頌》：“別門子攝頌十行：上座翻次説，或可共至終。濾作非時漿，處不爲限齊。牆柵尼剃具，不著打光衣。得少亦平分，洗淨儀應識。緣破須縫[19]揩，明月聞便頌。依止知差别，三人共坐聽。養病除性罪，將圓不昇樹。”（T1457v24p0521c）本頁下注19：“揩=替《三》《宫》。”

按：“揩”即“撍”之異寫字，“撍”用同“簪”，文中爲連綴縫補之義。後秦弗若多羅、羅什譯《十誦律》：“求者，從他乞是衣。作者，若浣染割截[2]揩縫。持者，若是衣受用。”（T1435v23p0059a）本頁下注2：“揩=簮《三》《宫》。”“揩”與“簮”爲異文，“揩”亦“撍”之異寫字，“簮”乃“簪”之異寫字。參1122“撍”字條。

唐慧琳撰《一切經音義》卷七十三《舍利弗阿毘曇論》第十三卷：“蟆子，音莫。山南多饒此物，如蚊而小，揩聚�[日]，噹人作痕如毛也。”

（T2128v54p0782b）唐玄應撰《一切經音義》（麗藏本）卷十七《舍利弗阿毘曇論》第十三卷："蟆子，音莫。山南多饒此物，如蚊而小，攢聚映日，齧人作痕如手［毛］也。"（p230b）"揩"又"攢"字之訛。

1101 攱

隋慧遠述《大乘義章》："五心攱義。五心攱義者，如成實説，攱謂攱櫱。疑謗之罪，心中發生，如世毒種所生攱櫱，故曰心攱。攱別有五：一者疑佛，二者疑法，三者疑戒，四疑教化法，五譏刺善人。"（T1851v44p0573a）

按："攱"即"檅"字之訛，"檅"又"栽"之訛，"栽"又"栽"之分化字。《説文·木部》："栽，築牆長版也。从木，𢦏聲。"清段玉裁注："植之謂之栽，栽之言立也。"本義指築牆用的豎立插入土中的木板，引申指移植植物的幼苗，扦插植物的枝莖等種植方式是把幼苗或枝莖豎立插入土中，因亦稱作栽，供移植的幼苗亦稱作栽。唐慧琳撰《一切經音義》卷五十五《太子本起瑞應經》下卷："栽櫱，古文作櫱、枿、不三形，同，五割反。《爾雅》云：'櫱，餘也，載也。'言木餘載生櫱栽也。"（T2128v54p0673b）"栽"即幼苗之義，也用來喻指禍患的根源，"心攱"之"攱"即爲禍患的根源之義，字本作"栽"。《可洪音義》卷十三《佛説㮈女耆域因緣經》："小栽，子才反。"（v59p1052b）東漢安世高譯《佛説㮈女祇域因緣經》："王請梵志飯食，食畢，以一㮈寶與之。梵志見㮈香美非凡，乃問王曰：'此㮈樹下寧有小栽可得乞不？'王曰：'大多小栽，吾恐妨其大樹，輒除去之。卿若欲得，今當相與。'即以一㮈栽與梵志。梵志得，歸種之，朝夕溉灌，日日長大，枝條茂好。三年生實，光彩大小如王家㮈。"（T0553v14p0897a）《大正藏》作"栽"，可洪作"栽"，乃樹苗之義，"栽"即"栽"加"木"旁所造的分化字。"栽"或訛作"檅"，構件"木"訛作"衣"也。《可洪音義》卷八《十住断結經》第三卷："根檅，子才反。正作栽。"（v59p826a）東晉竺佛念譯《最勝問菩薩十住除垢斷結經》："設心如是有此想者，則爲敗毁聖道根栽，墮于顛倒滋生陰蓋，依猗邪見恩愛之檅，則自亡失，永離人道。"（T0309v10p0987c）"檅"即"栽"字之訛。西晉竺法護譯《修行道地經》："如水囓樹根，當愍如拔[57]栽。"（T0606v15p0184c）本頁下注57："栽＝栽《三》《宫》《聖》。"唐不空譯《文殊師利菩薩及諸仙所説吉凶時日善惡宿曜經》："安重。畢翼斗壁，此四是安重宿，宜造莊宅宫殿寺觀義堂，種蒔[20]栽接修立園林，貯納倉庫收積穀麥。"（T1299v21p0396c）本頁下注20："栽＝栽《明》。"唐法寶撰《俱舍論疏》："若色處等十五界一向有漏者，何故經等不直説色處心栽覆事，簡去無漏差別而説有漏有取諸色心栽覆事？故知別有無漏色等，非是心栽。栽謂[13]栽櫱，即是與有漏心爲生之本覆障事也。"（T1822v41p0632c）本頁下注13："栽櫱＝栽櫱《乙》，栽櫱?""栽"皆"栽"字之訛。唐道世撰《諸經要集》："若風大損，則身形羸瘠，氣[22]栽如線，動轉疲乏。"（T2123v54p0175b）本頁下注22："栽＝栽《宋》《宫》。"

“栽”又“裁”字之訛。“栽”與“裁”相混誤，故“檅”或訛作“檅”。“𢵧”又“檅”字之訛，“木”旁訛作“扌”旁也。唐道世撰《法苑珠林》：“又《淨度三昧經》云：‘罪福相累，重數分明，後當受罪福之報，一一不失。一念受一身，善念受天上人中身，惡念受三惡道身，百念受百身，千念受千身。一日一夜種生死根，後當受八億五千萬雜類之身。百年之中種後世[7]栽，甚爲難數，魂神逐種受形遍三千大千剎土，體骨皮毛遍大千剎土地間無空處。”（T2122v53p0455a）本頁下注7：“栽＝𢵧《宋》《元》《宮》。”“𢵧”亦“檅”字之訛。鄭賢章《〈新集藏經音義隨函録〉研究》亦有考證（p190），可參看。

1102 摤

唐道世撰《法苑珠林》：“爾時如來即説神呪：納慕薄伽筏帝（一）鉢剌壤波羅預多曳（二）薄底（丁履反）筏[3]摤（七男反）羅曳（三）……薄底筏摤囉（十七）。”（T2122v53p0739a）本頁下注3：“摤＝㩍《三》《宮》*。”

按：“摤”與“㩍”爲版本異文，“摤”即“㩍”字之訛，“㩍”爲“攃”之書寫變異。唐玄奘譯《大般若波羅蜜多經》：“爾時如來即説神呪：納慕薄伽筏帝（一）鉢剌壤波囉弭多曳（二）薄底（丁履反）筏㩍（七葛反）羅曳（三）。”（T0220v07p0990c）唐窺基撰《大般若波羅蜜多經般若理趣分述讚》：“《經》曰：爾時如來即説神呪：納慕薄伽筏帝（一）鉢剌壤波囉弭多曳（二）薄底（丁履反，下同）筏㩍（七葛反）羅曳（三）。”（T1695v33p0061c）與“摤”對應之字皆作“㩍”，《大正藏》多作此形，乃“攃”之書寫變異。四庫本之《法苑珠林》作“摤”，自注“七鬼切”，形音皆誤。《龍龕·手部》：“攃，蒼葛反。足動草聲亦揩攃也。”（p217）爲從艸蔡聲的形聲字，經中用爲譯音字。唐一行記《大毘盧遮那成佛經疏》：“身作無憂花色（如此間深紫蜀[15]葵花色也），所著衣亦赤，然少淺於身色。”（T1796v39p0712c）本頁下注15：“葵＝蔡《乙》。”唐道宣撰《廣弘明集》：“《清淨六根門頌》：傾都麗佳，繞梁之曲。肥馬輕裘，蕙肴芳醁。晦黑滋生，昏嚚競欲。貌蕩魂浮，身甘意觸。靈[6]蔡攝根，情葵衛足。蟲草或虞，人何不勗。”（T2103v52p0308b）本頁下注6：“蔡＝葵《三》《宮》。”南宋法雲編《翻譯名義集》：“劫波育，或言劫具，即木綿也，正言迦波羅，此樹華名也。可以爲布，高昌名氎。罽賓國南大者成樹，已北形小，狀如土[11]蔡。”（T2131v54p1172a）本頁下注11：“蔡＝葵《明》。”“蔡”皆“葵”字之訛，故“攃”或訛作“摤”。

《類篇·艸部》：“蘬摤，丘追切。艸名，《爾雅》：‘紅，蘢古，其大者蘬。’或作摤。又竝區韋切。《説文》：‘薺實也。’又居韋切。葵也。又苦軌切。艸名。又詡鬼切。闕，人名，仲䖒湯左相䖒，或作蘬。”金韓道昭《五音集韻·脂韻》：“巋，籠古大者曰巋。摤，同上。”《集韻》丘追切：“巋，《爾雅》：‘山小而衆巋。’蘬、摤，草名。《爾雅》：‘紅，蘢古，其大者蘬。’或作摤。”“摤”皆“摤”之書寫變異，與“攃”之訛字“摤”爲同形字。

文中“𢹿”音“七男反”，《廣韻·曷韻》七曷切：“𢹿，足動草聲。”“男”蓋“曷”字之訛。

1103 摽

日本寬助撰《别行》：“《集經》第四云：‘用白栴檀作十一面觀世音菩薩像，長佛一肘，若人肘量，二肘一摽。若不得者，一尺三作之亦得。’”（T2476v78p0144c）

按：唐阿地瞿多譯《陀羅尼集經》第四卷：“用白栴檀作十一面觀世音像，其木要須精好堅實，不得枯篋。其像身量長佛一肘（若人肘量，二肘一磔）。若不得者，一尺三寸作之亦得。”（T0901v18p0824b）此即寬助所本，與“摽”對應之字作“磔”。日本靜然撰《行林抄》：“白佛言：若有善男子善女人，有能依行觀世音教作呪法者，用白旃檀作十一面觀世音像，其木要須精好堅實，不得枯篋。其像身長佛一肘（若人肘量，二肘一搩）。若不得者，一尺三寸作之亦得。”（T2409v76p0210a）與“摽”對應之字作“搩”。“摽”即“搩”字之訛，“搩”爲“磔”之分化字。《集韻·陌韻》陟格切：“搩、拏，陟格切，手度物也。或作拏。”（p733）日本宗性撰《俱舍論本義抄》：“《婆沙論》述心復隨息從内出外，半麻一麻，半麥一麥，半指節一指節，半指一指，半摽手一摽手，半[3]肘，半尋一尋，乃至廣説隨根勢力，息去近遠，心皆隨逐。”（T2249v63p0538c）本頁下注3：“肘+（一肘）《乙》。”五百大阿羅漢造、唐玄奘譯《阿毘達磨大毘婆沙論》：“隨者，繫心隨息從外入内，謂從口鼻流至咽喉，復從咽喉流至心胸，復從心胸流至臍輪，如是展轉，乃至足指，心皆隨逐，心復隨息從内出外，半麻一麻，半麥一麥，半指節一指節，半指一指，半搩手一搩手，半肘一肘，半尋一尋，乃至廣説，隨根勢力，息去近遠，心皆隨逐。”（T1545v27p0135a）“摽”亦“搩”字之訛。

1104 擩

唐輸波迦羅譯《蘇悉地羯囉經》：“一切護法總有九種：謂辟除諸難、結地界、結虚空界、結漫荼羅界、結方界所、結金剛牆、結金剛鉤欄、護物、護身，以除諸難。作成就時，如斯等法皆須憶念。或若不辨前護方人，應當置其當方器仗。此亦不辨，於諸方所置那羅遮器仗；或張弓擩箭置諸方所；或與助成就人。”（T0893v18p0677c）

按：“擩”即“擩”之異寫字。同上經：“此亦不辦，於諸方所置那邏遮器仗；或張弓擩箭置諸方所；或與助成就人。”（T0893v18p0630b）與“擩”對應之字爲“擩”。後秦弗若多羅、羅什譯《十誦律》第三十七卷：“即起著杖捉弓[9]擩箭。”（T1435v23p0266b）本頁下注9：“擩＝注《三》《宮》《聖》。”唐慧琳撰《一切經音義》卷五十八《十誦律》第三十七卷：“擩箭，而注反。亦言捻箭也。今言擩莝、擩物，皆作此字也。”（T2128v54p0695c）失譯《佛説五王經》：“各磨刀錯箭挾弓持杖，恐畏相見。會遇迮道相逢，各自張弓[50]澍箭，兩刀相向，不知勝負是誰。”（T0523v14p0796c）本頁下注50：“澍＝注《三》，註《宮》。”唐玄應撰《一切經音義》（麗藏本）卷十三《五王經》：“擩箭，而注反。謂張弓擩箭也。《經》文作‘澍’，非體也。”（p173a）唐道世撰《諸經要集》：“各磨刀錯箭挾弓持杖，恐畏相見。會遇狹道相逢，張弓澍箭，兩刃相向，不知勝負是誰。”（T2123v54p0186a）西晋竺法護譯《佛説普曜經》：“爾時菩薩執弓[9]注箭，即時放撥，中百里鼓而穿壞之。箭没地中，踊泉自出。”（T0186v03p0502a）本頁下注9：“注＝住《宋》，註《元》《明》。”“擩”與“注”“住”“註”“澍”爲異文，皆爲“將箭順著拉弓的方向搭在弓上”之義。《説文・手部》：“擩，染也。从手，需聲。《周禮》：‘六曰擩祭。’”大徐音“而主切”。《儀禮・公食大夫禮》：“賓升席，坐，取韭菹以辯擩于醢，上豆之閒祭。”鄭玄注：“擩，猶染也。”《儀禮・特牲饋食禮》：“尸左執觶，右取菹抨于醢，祭于豆間。”鄭玄注：“抨醢者，染於醢。”陸德明釋文：“抨，如悦反。”鄭玄注與許慎近，然“擩”與“染”義近而不同。細審文意，“取韭菹以辯擩于醢”謂取過來韭菹全部放入肉醬中。《儀禮・士虞禮》：“尸取奠，左執之，取菹擩于醢，祭于豆閒。”“取菹擩于醢”謂取過來腌制過的菜放入肉醬中。《儀禮・有司徹》：“左執爵，右取韭菹抨于三豆，祭于豆閒。”“抨于三豆”謂放入三豆之中。《周禮・春官・大祝》：“六曰擩祭。”鄭玄引鄭衆注：“擩祭，以肝肺菹擩鹽醢中以祭也。”鄭衆謂“擩”爲“以肝肺菹擩鹽醢中”，加一方位詞“中”，更突出了把某物放置另一物之中的含義。《説文・水部》：“染，以繒染爲色。从水，杂聲。”本義爲用染料爲布帛著色，其過程乃將布帛放入溶有染料的液體中浸泡，抽象的意義也是將某物放置另一物之中，許慎、鄭玄以染訓擩，非謂兩者具體詞義完全相同，只是抽象意義相近而已，故鄭玄謂“擩，猶染也”，知兩者義相隔也。

《廣韻・遇韻》而遇切：“擩，擩莝，手進物也。”《龍龕・手部》：“擩，通；擩，正。人注反。擩莝，手進物也。又奴豆反。檽擩，不解也。”（p214）已溝通“擩”與“擩”的關係。張涌泉《敦煌俗字研究》（第2版）亦有考證（p566）。

1105 㩿

日本賴瑜撰《祕鈔問答》：“次寶剛印（師説用寶菩薩印）。《新經》下云：次結寶金剛菩薩印，准前印，唯㩿開二頭指安印當心。”（T2536v79p0576a）

按：“㩿”即“搩”之異寫字。《龍龕・手部》：“挓、㩿，俗，知格反。裂也，張也，正作磔。”《漢語大字典》：“㩿，同‘磔’。《龍龕手鑑・手部》：‘㩿，俗，正作磔。'"（二 p2072a）已溝通"㨿"與"磔"的關係，然並未明確釋義，兩字的關係類型亦不明確。"㨿"乃"搩"字之書寫變異，"搩"有開張義，佛經中或用作表示手印中手指張開之義，與文意合。唐不空譯《大寶廣博樓閣善住祕密陀羅尼經》："次結寶金剛菩薩印：准前印唯搩開二頭指，安印當心。結跏趺坐，起慈心眼寂靜而視。端嚴柔軟誦真言，隨其意思所求滿足。金剛手常歡喜。"（T1005Av19p0633b）與"㨿"對應之字正作"搩"，"搩開"指張開手指。字本作"磔"，"搩"爲"磔"之後出分化字。《説文·桀部》："磔，辜也。从桀，石聲。"清段玉裁注："按凡言磔者，開也，張也。刳其胷腹而張之，令其乾枯不收。字或作矺，見《史記》。""磔"之本義爲開張人或動物之軀體，引申有開張之義，又引申爲張開手指丈量及張開手指間的距離之義。後分化出"搩"字，承擔後兩義。"磔"本爲從桀石聲的形聲字，"搩"改形旁爲手旁，可以分析作從手磔省聲的形聲字。佛經中主要有兩種用法，一是手印中手指張開的動作，一是張開手指丈量的距離。"磔""搩"兩字都用，音義家常以"磔"爲正，以"搩"爲俗、爲非，可見分化的過程尚未完成。隋闍那崛多譯《大威燈光仙人問疑經》："爾時威燈光大仙人即問佛言：瞿曇沙門先與我説衆生體者，從何處生？幾麁幾細？衆生内體性者，爲一搩耶？一尺耶？一指耶？乃至若大麥小麥、大豆小豆等分耶？乃至芥子許衆生内體性耶？"（T0834v17p0884c）唐慧琳撰《一切經音義》卷第三十二《大威燈光仙人問疑經》："磔耶，上張革反。《廣雅》云：'磔，張也，開也。'案，磔者，今之唐言一㮶也，謂將手大拇指與第二指張開一㮶是也。《文字典説》從石桀聲。《經》從手作'榤'，誤也。桀，音搩也。"（T2128v54p0525a）唐道宣集《四分律刪補隨機羯磨》："受尼師壇法（佛言：爲身、爲衣、爲臥具故制畜之，長周四尺，廣三尺，更增半[19]搩手者……）。"（T1808v40p0502a）本頁下注 19："搩=磔《三》《宮》。"唐慧琳撰《一切經音義》卷六十四《四分律刪補隨機羯磨》中卷："磔手，陟挌反。《廣雅》：'磔，張也。'《博雅》'開也'。《律》文從手作'搩'，非也。"（T2128v54p0735a）唐玄奘譯《十一面神呪心經》："刻作觀自在菩薩像，長一搩手半。"（T1071v20p0154a）《可洪音義》卷七《十一面神呪心經》："一搩，吒格反。正作'磔'也。又音竭，非用。"（v59p804c）慧琳、可洪皆以"磔"爲正，以"搩"爲非，可見當時的分化過程尚未完成。

又，《玉篇·手部》："搩，渠列切。猛暴也。"《廣韻·薛韻》渠列切："搩，强暴。""搩"與"桀"同小韻。《韓非子·亡徵》："官吏弱而人民桀，如此則國躁。"此"搩"乃"桀"加"手"所造分化字，其結構類型爲從手桀的形聲字，與"磔"的分化字的"搩"爲同形字。慧琳"《經》從手作'榤'，誤也。桀，音搩也"，可洪"又音竭，非用"，均把從手桀聲的"搩"與"磔"的分化字的"搩"混同了。

考諸字形，《龍龕·木部》："㮶、桬，二俗。桀，正。渠列反。夏王名也。又菜名。"（p385）"桀"或寫作"桬"，故"搩"或寫作"㨿"。

楊寶忠《疑難字考釋與研究》亦有考證（p131），可參看。

1106 攡

佚名《究竟大悲經》卷第二："遍敬菩薩摩訶薩如白佛言：'世尊炭火已彰，自餘未備，願大慈怜重説圓具。'佛告遍敬菩薩摩訶薩曰：'萬相俱融名爲甘堝，泯歸大寂名爲爐治。真際隨感以爲攡扇，鼓擊銷融去煻金現。若人能得如法奉修，蕩除堅鑛，慧命法身，光輝顯曜，虚通無礙，周圓自在。'"（T2880v85p1371a）

按："攡"即"韛"之異構字。文中以"冶煉金屬"比喻人"修煉佛法"，提到了"甘堝""爐治"均爲"冶煉金屬"相關之詞。"韛扇"爲冶煉時鼓風、車水的器具。《玉篇·韋部》："韛，皮拜切。韋槖也，可以吹火令熾。亦作韝。"唐慧琳撰《一切經音義》第十九卷《大集賢護菩薩經》第三卷："鑪韝，又作'韛''排'二形，同，白薤反。謂鍛鑪家用吹火令熾者。"（T2128v54p0426a）"韛""韝""排"爲同詞的不同詞形，"韛""韝"爲異構字，兩者皆"排"的後出字。"攡"蓋"韛""排"交互影響所産生的字，可以看作"韛"和"韝"的異構字。《究竟大悲經》卷第二："取金具者，爐冶、蒙炭、甘煱、斷杖、攡及人功、糧食、資儲。"（T2880v85p1370b）"攡"亦同"韛"。參 2309"韛"字條。

1107 撿

日本英憲撰《俱舍論頌疏抄》："麟云：三藏俗姓陳氏，潁川人也。自幼出家，依長[1]撿法師爲學徒。後以南北異見紛紜，良自歎息。以貞觀三年，始發長安，將遊西域。至十九年，自西而還。所飜經論凡六百五十七部，此論即永徽三年再譯也。"（T2254v64p0482a）本頁下注 1："撿＝撿ｦ《乙》。"

按："撿"與"撿"爲異文，"撿""撿"皆"捷"字之訛。唐道宣撰《續高僧傳》："釋玄奘，本名禕，姓陳氏，漢太丘仲弓後也。……兄素出家，即長捷法師也，容貌堂堂，儀局瓌秀，講釋經義，聯班群伍，住東都淨土寺。以奘少罹窮酷，携以將之，日授精理，旁兼巧論。"（T2060v50p0446c）"長撿法師"即"長捷法師"，是玄奘剛出家時所從之師，"撿"當即"捷"字之訛。

考諸字形，秦公《廣碑別字·十一畫》"捷"字條引《唐承奉郎雲騎尉行并州録事朱照墓誌》作"㨗"，《偏類碑別字·手部》"捷"字引《唐平棘縣公紇干承基墓誌》作"㨗"。"撿"蓋即"㨗""㨗"之類形體的進一步錯訛。

1108 摎

隋費長房撰《歷代三寶紀》:“(乙卯)始皇帝政元(莊襄子治三十七年,呂不韋爲相。佛入涅槃來至此三百六十五年)(丙辰)二(丁巳)三(戊午)四(己未)五(庚申)六(辛酉)七(壬戌)八(封[6]嫪毒爲長信侯)(癸亥)九(辛冠誅 *嫪毒,徙其家於蜀)。”(T2034v49p0028a)本頁下注 6:“嫪 = 摎《宮》*。”

按:“摎”與“嫪”爲版本異文,“摎”即“摎”之異寫字,文中與“嫪”字通用。文中“嫪毒”即“嫪毐”,爲秦時宦官,字本作“摎毐”。《説文·毋部》:“毐,人無行也。从士,从毋。賈侍中説,秦始皇母與嫪毐淫,坐誅,故世罵淫曰嫪毐。讀若娭。”清段玉裁注:“但據師古《五行志》注云:‘摎毐,許慎作嫪毐。’與今《史記》《漢書》本不同。‘摎’當依本字讀居虯反。然則許自作‘嫪’,《史》《漢》自作‘摎’。今本《史》《漢》改同許作‘嫪’,非古也。其人本姓邯鄲摎氏之摎。摎,力周、居由二切。許云罵之之詈,則無怪乎取其姓同音之字改爲‘嫪’。嫪之本音亦力周切也。嫪者,婟也。今俗謂婦人所私之人爲‘婟嫪’,乃古語也。”(p632)“嫪毐”之“嫪”本作“摎”,“摎”爲“摎”書寫變異。《龍龕·手部》:“摎,今;摎,正。音交。束也,橈也。又音流。亦絞縛也。又姓。”(p210)已溝通“摎”與“摎”之關係。構件“㐱”處於字的下部時或寫作“尒”,如“參”或寫作“叅”,故“摎”或寫作“摎”。

1109 攃

唐道世撰《法苑珠林》:“爾時如來即説神呪:納慕薄伽筏帝(一)鉢剌壤波羅預多曳(二)薄底(丁履反)筏[3]攃(七男反)羅曳(三)……薄底筏攃囉(十七)。”(T2122v53p0739a)本頁下注 3:“攃 = 攃《三》《宮》*。”

按:“攃”即“攃”字之訛。唐玄奘譯《大般若波羅蜜多經》:“爾時如來即説神呪:納慕薄伽筏帝(一)鉢剌壤波囉弭多曳(二)薄底(丁履反)筏攃(七葛反)羅曳(三)……薄底筏攃囉(十七)。”(T0220v07p0990c)字亦作“攃”。音“七葛反”,原文“七男反”爲“七曷反”之訛。“祭”,《玉篇·示部》(元刊本)作“祭”(p40),故“攃”或寫作“攃”。參 1102“攃”字條。

1110 摜

龍樹造、後秦筏提摩多譯《釋摩訶衍論》:"次説通釋熏習門。於此門中即有二門。云何爲二?一者比量譬喻善巧門,二者法喻合説安立門。比量譬喻善巧門者,譬如衣服從本已來,亦無芬香,亦無鄙香,一向無氣。而士夫衆入於班多伽耶娑叉提鄔林時,會末耶提以熏習,故而有穢香。入於梵[8]檀只多那林時,陀摩鍵多以熏習,故而有香氣故。如本如世間衣服,實無於香,若人以香而熏習,故則有香氣故。"(T1668v32p0634c)本頁下注8:"檀=摜《石》。"

按:"摜"與"檀"爲版本異文,"摜"即"檀"字之訛。日本賴寶撰《釋摩訶衍論勘注》:"梵檀枳多那,此云仙居。陀摩鍵多,此云仙香。諸仙梵志棲隱林藪,常有上妙芬馥可意好香。(文)又云:世間衣服本無香氣,如有人至仙居林,衣染好香。"(T2290v69p0747a)據《釋摩訶衍論勘注》,"梵檀只多那林"爲一地名,爲佛經中的"仙居"。"梵檀只多那"爲梵語譯音詞。《龍龕·木部》:"檀,俗。檀,正。徒干反。栴檀也。"(p373)"檀"右下部訛作"且"。清邢澍《金石文字辨異·平聲·寒韻》"檀"字條引《唐永徽元年造像記》作"樌",右上部又訛作"覀"。"摜"則是在"樌"的基礎上,右部訛作"賈",左部"木"訛作"扌"。

1111 搠

日本善珠撰《因明論疏明燈抄》:"文'問陳那所'至'如章具辨'者,此會'古今所立違'也。'解義既相矛楯'者,矛,莫候反。《説文》:'長二丈,建於兵車。'或爲'鉾'字。楯,食准反。御敵也,likewise排也。或爲'搠'字。矛即能破諸物,楯不爲諸物破。"(T2270v68p0413c)

按:"搠"即"楯"字之訛。"楯"本義爲"欄杆",《説文·木部》:"楯,闌楯也。"與"盾"在"盾牌"義上爲通假的關係。"楯"或寫作"楯"(見清顧藹吉《隸辨》引《堯廟碑》)、"楯"(見《可洪音義》v59p587c)等形,"搠"即"楯"之進一步形訛,"木"旁訛作"扌"旁,"亻"旁訛作"歹"旁也。

1112 摿

日本静然撰《行林抄》:"第二根本真言印。以二手腕相著當在胸前,其十指並散，二小指及二大指並竪，猶如蓮花形，惟有迎請，母指來去，以二手虛心合掌猶如未開蓮花，撥攂尊者開二大指，此小心印密通蓮花部一切處用（云云）。”（T2409v76p0219b）

按：“攂”即“遣”字之訛。唐解脱師子譯《都表如意摩尼轉輪聖王次第念誦祕密最要略法》：“第三小心真言印。以二手虛心合掌猶如未開蓮花，若付囑時依前想念，發遣尊者開二大指，此小心密印通蓮花部一切處用。我今於大蓮花部三昧耶中略出此祕密甚深念誦次第，其修行者不得錯傳如護眼目。”（T1089v20p0219a）與“撥攂尊者”對應之字爲“發遣尊者”。“發遣”亦作“撥遣”，唐金剛智述、善無畏譯《念誦結護法普通諸部》：“以禪智二度向外撥之，即成撥遣。”（T0904v18p0902b）日本圓仁撰《蘇悉地妙心大》：“若撥遣時，頭指外向撥之也。”（T2387v75p0043b）“撥遣”皆爲佛教手印中之手形描述用語。“攂”乃“遣”字之訛，“遣”受前字“撥”的影響而加“扌”旁，此乃字形同化之例。

1113 㨽

唐輸波迦羅譯《蘇婆呼童子請問經》：“行者依真言法念誦之時，乃至成就已還中間，不應入城，村落生緣伽藍㨽底，外道神祀及彼居處，園林池河，如此等處並不應往。”（T0895v18p0742c）

按：同上經：“念誦之人乃至未成就中間，不應入城，村落邑里及生緣伽藍制底處，外道神祀所居之處，若園林池河，如此等處並不應往。”（T0895v18p0730b）唐義淨譯《金光明最勝王經》：“説法之處即是[4]制底，當以香花繒綵幡蓋而爲供養。”（T0665v16p0422b）本頁下注4：“制底。Caitya。”唐慧琳撰《一切經音義》：“制多，古譯或云制底，或云支提，皆梵語聲轉耳，其實一也，此譯爲廟，即寺宇伽藍塔廟等是也。”（T2128v54p0321a）又：“制多，梵語也，此云聚相，謂聚纍甎石高以爲相。舊曰支提，或云制底，或云脂帝，或曰浮圖，皆前後翻譯梵語訛轉也。此即摽記如來化跡之處，皆置大塔，或名窣覩波也。”（T2128v54p0387a）北宋道誠集《釋氏要覽》：“支提，梵云脂帝、浮都，或云制底、制多，皆譯名靈廟。《雜心論》云：‘無舍利名支提，又名滅惡生善處。’”（T2127v54p0262c）南宋法雲編《翻譯名義集》：“支提，或名難提、脂帝、制底、制多，此翻可供養處，或翻滅惡生善處。《雜心論》云：‘有舍利名塔，無舍利名支提。’”（T2131v54p1168a）“㨽底”當同“制底”，爲“Caitya”的譯音形式。“㨽”之字形來源待考。

1114 擵

日本子元祖元語《佛光國師語録》："只恐上人錯領略。若不得一番透頂透底八面玲瓏，終是傍人家舍，不濟得事。須當晝三夜三，擵死擵生，更做三年五年，自有崖崩石裂之時。那時不著問人，自能通變，自能掀天撲地。"（T2549v80p0199a）

按："擵"即"拚"之異構字。"拚"有捨棄、不顧惜之義。"拚死拚生"即不顧死活之義。南宋雪岩祖欽撰、昭如等編《雪岩祖欽禪師語録》："法海上人：法海汪洋，靈源湛寂。此大地眾生，三世佛祖，同一受用。只因迷悟二字，有差有別，遂有生死涅槃，輪回解脱之間。要得會而歸之，只消單單地，猛著精采，提一個無字，晝三夜三，拚死拚生，與之廝捱。忽然一踏踏翻，徹法源底，則見三世如來。"（X1397v70p0633b）字作"拚死拚生"。"拚"爲捨棄義，字即爲從手從弃的會意字，"棄"與"弃"爲異體字，故"拚"或作"擵"。《佛光國師語録》："景明便將明上座公案貼在額上，擵死擵生參去。"（T2549v80p0198a）"擵"亦同"拚"。

1115 搯

日本心覺撰《多羅葉記》："倪[63]搯鋒，龍名也。"（T2707v84p0612c）本頁下注63："樞＝楹《甲》。"

按：正文作"搯"，注文作"樞"，兩字與"楹"爲版本異文，"樞""搯""楹"皆"橀"字之訛。參0816"樞"字條。

1116 犂

北宋施護譯《佛頂放無垢光明入普門觀察一切如來心陀羅尼經》："復於閻浮提內七族中生，常多苦惱，所謂白癩種族、補羯娑種族、怛嘛囉怛哩迦種族、犂（切身）嚩種族、魁膾種族、生盲種族，受斯惡報滿六十年，然後復生貧窮下賤之族。身肢不具，智慧乏少，不從教誨，遠佛法僧。一切世人見者憎惡，恒常飢渴，復多疾病。"（T1025v19p0722c）

按："犂"自注切身，蓋即由"拏"與"奄"構成的切身字。

1117 㨶

北宋道誠集《釋氏要覽》："《僧祇》云：'若在道行，得長疊中疊安衣囊中，至本處當敷而坐。律應量作，長佛二㨶手，廣一㨶手半（佛一㨶手長二尺四寸，此合長四尺八寸，廣三尺六寸）。"（T2127v54p0270b）

按："㨶"即"搩"字之訛。鄭賢章《漢文佛典疑難俗字彙釋與研究》已有考證（p221）。南朝宋佛陀什譯《彌沙塞五分戒本》："若比丘作尼師壇，長佛二搩手，廣一搩手半，更益一搩手。"（T1422 v22p0204b）日本仁空撰《新學行要鈔》："座具，《四分》：'長佛二搩手，廣一搩手半。後長廣各加半搩。'佛一搩者，周二尺也。"（T2382v74p0780a）與"㨶"對應之字皆作"搩"。"搩"爲以手丈量的長度單位，與文意合。李琳華編《佛教難字字典・木部》"桀"下收有"粲"（p147b）。"㨶"之右上部與"粲"上部相同，右下部訛"木"作"米"。參1105"搩"字條。

1118 搁

南朝齊僧伽跋陀羅譯《善見律毘婆沙》："擲石者，盡力擲也。至石所落處，不取石勢轉處。若聚落無籬者，住屋[37]簷水所落處擲石也。又法師解：老嫗在戶裏，擲糞箕及舂杵所及處，立在此擲石所及處。又法師解：若屋無籬，於屋兩頭作欄，當欄中央，擲石所及處以還，是名屋界。"（T1462v24p0729c）本頁下注37："簷＝欄《明》《宮》，搁《聖》。"

按："搁"與"簷""欄"爲版本異文，"搁"即"櫚"字之訛。經中描述確立屋子界線的方法。"若聚落無籬者，住屋簷水所落處擲石也"，指如果聚居的地方沒有籬笆，則在所住的屋子屋簷滴下的水處扔石頭。《玉篇・竹部》："簷，余廉切。屋簷。與檐同。"又《木部》："櫚，同檐。""簷""檐""櫚"爲異構字。"搁"爲"櫚"之訛字，"木"訛作"扌"，"臽"訛作"臼"也。字或作"欄"者，"欄"亦"櫚"字之訛。唐道宣撰《廣弘明集》："周流步[34]櫚，窈窕房櫳。"（T2103v52p0199c）本頁下注34："櫚＝欄《三》。"又："謹修飾[17]欄宇，齋潔身心。翹仰慈光，佇待昭降。"（T2103v52p0209a）本頁下注17："欄＝櫚《三》《宮》。""欄"皆"櫚"字之訛。

1119 𪮃

北宋天息災譯《大方廣菩薩藏文殊師利根本儀軌經》："爾時世尊釋迦牟尼佛言：我此大輪一字明，是一切寶幢如來内心最上祕密。能於彼佛像前以猛利心，不生疑慮誦彼真言，如數滿足決定成就。彼持課行人，若是身邊先有世間一切罪業不清淨事，佛未加護，當須重重懺謝，誠心持誦，後必能得成就。若於像前心不間斷，恒時持誦或作護摩，一切前事皆悉能知，當來獲得菩薩位，及五通天轉輪聖王等，亦得爲地下主，亦得爲虛空長壽[1]抱𪮃（切身）天。及得夜叉夜叉女，及阿修羅衆降伏，及能調伏諸鬼神等。"（T1191v20p0875c）本頁下注 1："抱𪮃天 Bhanmya-deva。"

按："𪮃"爲切身字，即"𑖦𑖿𑖧（mya）"的譯音字。北宋法天譯《佛説寶藏神大明曼拏羅儀軌經》："次輪誦諸部真言發遣賢聖：……惹曩野娑嚩（二合）賀特嚩（二合）惹摩賀（引）爍摩也（二合）囉娑摩（二合）。"（T1283v21p0349a）"摩也（二合）"與"𪮃"爲同一梵文的不同譯音形式，"𪮃"即"摩""也"構成的切身字。

1120 𢵧

日本實峯良秀語《實峰禪師語録》："因罹回禄，録稿皆灰。今茲存者，門人纔所撮𢵧，實百千之一而已。"（T2593v82p0497c）

按："𢵧"即"攈"字之訛，"攈"又"捃"之異構字。《説文·手部》："攈，拾也。从手，麇聲。"《方言》卷二："攈，取也。"晉郭璞注："攈，古捃字。"唐慧琳撰《一切經音義》："攈多，君運反。《韻詮》云：'攈，拾也。'《説文》亦拾也。從手，麇聲。《論》作'捃'，亦通。"（T2128v54p0756c）"撮攈"義同"撮拾""撮取"，"𢵧"即"攈"字之訛。唐慧琳撰《一切經音義》："捃拾，又作'𢵧'，同，居運反。《方言》：'捃，取也。'《國語》：'收捃而烝。'賈逵曰：'捃，拾穗也。'穗音遂也。"（T2128v54p0688b）"𢵧"亦"攈"字之訛。

日本空谷明應語《常光國師語録》："進云：'與麽則頭頭顯露，法法圓融？'答曰：'萬古碧潭空界月，再三撈𢵧始應知。'"（T2562v81p0004b）南宋紹隆編《圓悟佛果禪師語録》："萬古碧潭空界月，再三撈摝始應知。"（T1997v47p0755c）"𢵧"又"摝"字之訛。"摝"與"撈"同義，"撈摝"爲同義並列複合詞。在這個意義上，"摝"蓋"漉"的分化字。

1121 搉

南朝梁僧祐撰《釋迦譜》："《菩薩處胎經》云：佛在雙樹，欲捨身壽入涅槃。二月八日夜半，躬自擗僧伽梨、欝多羅僧、安陀羅跋薩，各三條敷金棺裏。襯身臥上脚脚相累，以鉢錫杖手付阿難。八大國王皆持五百張白氎，栴檀、木[14]蜜盡内金棺裏。大梵天王將諸梵衆在右面立，釋提桓因將忉利諸天在左面立，彌勒菩薩十方菩薩當前立。"（T2040v50p0073b）本頁下注14："蜜＝搉《三》《宮》。"

按："搉"與"蜜"爲版本異文，"搉"即"樒"字之訛，"樒"與"榓"爲異構字。南宋釋寶雲譯《佛本行經》："太子手臂，猶如雜花，纏著金柱，女粧塗香，水洗皆墮，栴檀、木樒，水成香池，如是戲笑，難可計數，六萬婇女，圍繞其側，太子於中。"（T0193v04p0063b）東晉竺佛念譯《菩薩從兜術天降神母胎説廣普經》："八大國王皆持五百張白氎，栴檀、木榓盡内金棺裏，以五百張氎纏裹金棺，復五百乘車載香蘇油以灌白氎。爾時大梵天王將諸梵衆在右面立，釋提桓因將忉利諸天在左面立，彌勒菩薩摩訶薩及十方諸神通菩薩當前立。"（T0384v12p1015b）西晉竺法護譯《正法華經》："栴檀香、木[11]榓香。"（T0263v09p0120a）本頁下注11："榓＝樒《三》，蜜《宮》。""木蜜"或作"木樒""木樒""木榓"等。《玉篇·木部》："樒，亡質切。香木也。取香皆當豫斫之，久乃香出。榓，同上。"唐慧琳撰《一切經音義》："木樒，《字苑》：'民一反。香木也。'《切韻》：'樹名，作榓。'《玉篇》：'樒者，香木也。'有作'簋'，非也。其樹似槐而香極大，伐之五年始用。若取其香，皆預斫之，久乃香出。"（T2128v54p0485b）"木樒"爲香木名，"樒""樒""榓"爲異構字，"搉"即"樒"字之訛，"木"旁訛作"扌"旁也。

1122 㨨

失譯《薩婆多毘尼毘婆沙》："若比丘尼與非親里比丘作衣突吉羅，三衆亦突吉羅，是中犯者。若比丘爲非親里比丘尼作衣，隨一一事中波逸提。若割截[25]篸突吉羅，若刺針針波逸提，若直縫針針突吉羅。若繩綴時突吉羅，若*篸緣突吉羅。若與親里尼作不犯。此中作衣盡是應量衣，若作白衣，若作非法色衣，盡波逸提。若作五種糞掃衣，三種波逸提，如前。二種突吉羅，亦如前説。"（T1440v23p0546c）本頁下注25："篸＝簪《三》*，㨨《聖》*。"

按：鄭賢章《漢文佛典疑難俗字彙釋與研究》"㨨"字條："'㨨'，大型字典失收，乃'簪'字。'簪'或作'撍'。"（p221）溝通了"㨨"與"簪"的關係，實則“撍”乃“撍”字之訛，“撍”爲“簪”之分化字。《説文・先部》：“先，首笄也。从人，匕象簪形。簪，俗先，从竹从朁。”《廣雅》：“笄，鑯也。”清王念孫《疏證》：“先、簪，竝與鑯同。《釋名》云：‘簪，兟也，以兟連冠於髮也。’《士喪禮注》亦云：‘簪，連也。’《説文》：‘笄，簪也。’《釋名》云：‘笄，係也，所以拘係冠使不墜也。’”本義指古人用來綰定髮髻或冠的長針，引申有插、戴、連綴等義。“撍”字不見於《説文》，文獻及字書、韻書有快速、插、連綴等義，快速義爲“寁”之借字（清王引之《經義述聞》説），插與連綴兩義與“簪”之引申義同，“撍”字形旁從手，與兩動詞義合，“撍”爲“簪”的動詞義所造之字，甚合造字之理。審文意，“突吉羅”指違背戒律的行爲，“波逸提”指墮入地獄的懲罰。據原文，此段是指給“非親里比丘”做衣服就是違背戒律的行爲。縫製衣服的各種動作行爲都是違背戒律甚至是要墮入地獄的行爲。“割截篸”當指縫製衣服“割布、截布、縫製”的動作；“篸緣”應是“縫綴邊緣”之義，“篸”皆連綴義，與“撍”之義合。“撍”寫作“撍”（見《龍龕・手部》），“撍”即“撍”字之形訛，“日”旁訛作“旨”旁也。

《説文・竹部》：“篸，参差也。”據《説文》，“篸”之本義爲参差，文獻中用作簪子、插、連綴等義，可以看作“簪”的借字。亦可看作“簪”改換聲旁的異構字，與参差義的“篸”同形。

1123 撌

日本圓仁撰《顯揚大戒論》：“若人行路爲賊所劫，既至村落，村主問言：‘汝失何物？我當撌之。’”（T2380v74p0716c）

按：“撌”即“償”之異構字。北涼曇無讖譯《優婆塞戒經》：“若人行路爲賊所剥，既至村落，村主問言：汝失何物？我當償之。若説過所失取他物者，是得偷罪。”（T1488v24p1068c）與“撌”對應處爲“償”。《説文・人部》：“償，還也。”“償”本義爲歸還，引申有補償義，與文意合，“撌”乃“償”改換形旁的異構字。唐道世撰《法苑珠林》：“晋海西公時有一人，母終，家貧無以葬，因移柩深山，於其側作屣，晝夜不休。將暮，有一婦人抱兒來寄宿。轉夜，孝子作未竟。婦人每求眠而於火邊睡，乃是一貍抱一烏雞。孝因打殺，擲後坑中。明日有男子來問：‘細小昨行以寄宿，今爲何在？’孝云：‘止有一貍，即已殺之。’男子曰：‘君枉殺吾婦，何得言貍？貍今何在？’因共至坑，視貍，已成婦人。男子因縛孝付官，應[25]償死。”（T2122v53p0526c）本頁下注 25：“償＝撌《宫》。”“撌”亦“償”之異構字。

1124 𢴲

北宋道原纂《景德傳燈録》:“嘉州東汀和尚。僧問:‘如何是却去底人?’師曰:‘石女紡麻纑。’曰:‘如何是却來底人?’師曰:‘扇車關[1]𢴲良計[“良計”當爲“𢴲”之反切,此處誤作正文——引者按]斷。’”(T2076v51p0395b)本頁下注1:“𢴲=捩《明》。”

按:“𢴲”與“捩”爲版本異文,“𢴲”即“㩮”之異寫字。“關捩”文獻習見,義爲能轉動的機械裝置。《玉篇·手部》:“捩,力計、力結二切,拗捩也。”“捩”爲扭轉義,與文意合。《玉篇·手部》:“㩮,力帝切。㩮,裂也。”《集韻·霽韻》郎計切:“㩮,裂也。”“㩮”義爲裂,與文意不合,“㩮”蓋“捩”改變聲旁的異構字,“㩮”又寫作“𢴲”。“隸”或寫作“𨽻”,故“㩮”或作“𢴲”。《大正藏》之《景德傳燈録》“𢴲”凡4見。

1125 𢷌

勝友造、唐義淨譯《根本薩婆多部律攝》:“左腋抱瓶,右手開門。至洗淨處,蹲在一邊。土近右手,瓶安左髀,左臂牢𢷌。”(T1458v24p0607a)

按:“𢷌”爲“擪”之異寫。唐義淨撰《南海寄歸内法傳》第一卷:“下邊右角壓在腰絛左邊。”(T2125v54p0209a)唐慧琳撰《一切經音義》卷八十一《南海寄歸内法傳》第一卷:“𢷌在,上懕葉反。《説文》云:‘以指按也。從手,猒聲。’”(T2128v54p0833a)《説文·手部》:“擪,一指按也。从手,猒聲。”“𢷌”亦“擪”字之訛。

1126 撢

大目乾連造、唐玄奘譯《阿毗達磨法蘊足論》:“云何矯妄?謂多貪者,爲供養故,爲資具故,爲恭敬故,爲名譽故,拔髮[1]燂髭,臥灰露體,徐行低視,高聲現威,顯自伎能,苦行等事,總名矯妄。”(T1537v26p0496a)本頁下注1:“燂=撢《三》。”

按:審文意,“燂”亦拔義。隋闍那崛多譯《佛本行集經》:“或復拔髮,或拔髭鬚。”(T0190v03p0766b)舍利子説、唐玄奘譯《阿毘達磨集異門足論》:“或唯拔髮,或唯拔鬚,或鬚髮俱拔。”(T1536v26p0406b)“拔髮燂髭”即“鬚髮俱拔”之義。“熚”之異文作“摯”，“摯”即“攀”字之訛。《御定全唐詩・杜荀鶴〈重陽日有作〉》：“偷攀（一作撏）白髮真堪笑，牢鎖黄金實（一作更）可哀。”“攀”即拔之義，與文意相合。文獻中部件“坴”或寫作“幸”，如“勢”或作“𫝆”（見清顧藹吉《隸辨・祭韻》“勢”字下引《高彪碑》，作者按曰：“勢從執，碑變從執。”）、“藝”或作“蓺”（見《彙音寶鑑》）、“蓺”或作“蓺”（見《龍龕手鑑・草部》）、“焱”或作“焱”（見《龍龕手鑑・火部》）等皆其例，故“攀”亦可作“摯”。字又作“熚”者，蓋“摯”之借字。

1127 攥

日本基辨撰《因明大疏融貫鈔》：“‘攥二先之妙’等者，‘攥’謂子括反，手把也，拾取也。”（T2272v69p0069c）

按：“攥”即“攥”字之訛。唐窺基撰《妙法蓮華經玄賛》：“手把作[29]攥，子括反。今非彼義。”（T1723 v34p0758c）本頁下注 29：“攥＝攥《甲》。”“攥”與“攥”爲異文，“攥”亦“攥”字之訛。《龍龕・手部》（高麗本）：“攥、攥，七括反。攥搰也。又子括反。手把也。”（p215）《龍龕》已溝通兩字之關係。“攥”或作“攥”者，由“艹”旁與“⺮”旁常訛混也。唐菩提流志譯《一字佛頂輪王經》：“各等分相和呪七遍已，先請火天坐火爐中，以右手攥，一呪一燒。”（T0951v19p0251c）“攥”亦同“攥”。

1128 擗

唐道宣撰《集古今佛道論衡》：“余以近歲通訪古蹤，行至鄠西地名樓觀，古樹摧[27]擗，院宇曾重。中有宗聖觀。觀南有尹先生別廟。周訪道士，云此是老君之本地也。”（T2104v52p0378b）本頁下注 27：“擗＝枿《三》《宫》。”

按：“擗”與“枿”爲版本異文，“擗”即“櫱”字之訛。《説文・木部》：“巘，伐木餘也。从木，獻聲。《商書》曰：‘若顛木之有㽕巘。’櫱，巘或从木辥聲。𣎵，古文巘从木無頭。栓，亦古文巘。”《玉篇・木部》：“櫱，魚割切。餘也。巘、不、栓、枿，並同上。”“櫱、巘、不、栓、枿”皆異構字，“櫱”爲“櫱”書寫變異。“櫱”變爲左右結構，“木”旁訛作“扌”即成“擗”字。“摧櫱”義爲高聳。《文選・司馬相如〈上林賦〉》：“巖阤甗錡，摧崣崛崎。”郭璞注引張揖：“摧崣，高貌也。”《文選・揚雄〈甘泉賦〉》：“於是大厦雲譎波詭，摧嗺而成觀。”李善注引孟康：“摧嗺，林木崇積貌也。”“摧”皆高義。《説文・山部》：“崔，大高也。”高義之“摧”與“崔”通。唐顧況《露青竹杖歌》：“紅塵撲轡汗溼韉，師子麒麟聊比肩，曲江昆明洗刷牽，四蹄踏浪頭枿天。”北宋惟蓋竺編

《明覺禪師語録》："使八極頂目者不自爭衡，見斯人兮駕御昂枿。"（T1996v47p0710b）"枿"有昂起，聳起義。《玉篇·山部》："巀，才結切。山高陵也，又才葛切。嶭，五結切。巀嶭也。""枿"有高義，與"嶭"通。綜上，"摧蘖"爲同義並列複合詞。鄭賢章《〈新集藏經音義隨函録〉研究》亦有考證（p243），可參看。

1129 嚳

北魏曇曜譯《大吉義神呪經》："那那邏婆羅婆羅 囉囉囉囉囉囉囉囉 羽盧 羽盧 羽盧 羽盧捎 羽盧那婁泥 羽盧羅細 羽盧 羽盧 羽盧 羽盧細 羽敷隸 于摩隸 拘地拘地 頗佉嚳伽羅憊 伽羅 阿伽憊 阿囉憊 摩羅伽憊 摩那伽伽隸 摩那 伽嚳摩摩伽嚳施囃彌隸。説是呪已，一切羅刹皆大驚怖，發大音聲，咸作是言：我等於今爲此神呪禁制所持，都不得動，不得自在，無有住處。我羅刹王今者遣諸羅刹之衆皆使速去，諸方鬼神皆悉不得侵惱世人。"（T1335v21p0577a）

按："嚳"即"喫"之異構字。《廣韻·錫韻》苦擊切："喫，喫食。醊，上同。""喫"的異構字作"噭"，爲從口𣪊聲的形聲字。東漢支婁迦讖譯《佛説無量清淨平等覺經》："飲食無極，[2]喫酒嗜美，出入無有期度。"（T0361v12p0297a）本頁下注2："喫=嚳《聖》。""嚳"亦"喫"之異構字，爲從口擊聲的形聲字。"嚳"乃"嚳"之書寫變異。《可洪音義》："嚳酒，苦擊反。正作'噭''喫'二形。"（v59p606c）"嚳"又"嚳"之訛。

1130 攔

唐慧立本《大唐大慈恩寺三藏法師傳》："結歡心於兆庶，享延齡於萬春。少海澄輝，掩丕釗而取俊；寵蕃振美，[34]轥間平以載馳。所願佛光王，千佛摩頂，百福凝軀，德音日茂。"（T2053v50p0272b）本頁下注34："轥=攔《宋》《宮》《甲》，撛《元》，蹸《明》。"

按："攔"與"撛""蹸"爲版本異文。"攔"爲"撛"之異構字。佚名《寺沙門玄奘上表記》："轥間平以載馳。"（T2119v52p0825a）字亦作"轥"。"轥"與"轥"爲異構字，皆有碾壓、踐踏、經過之義。字亦作"躪""躝"，此改換形旁者。又作"轔""蹸"，此改變聲旁者。元本作"撛"，此乃假借之字。明章黼《重訂直音篇·手部》："撛，音吝，扶也，挾也。攔，同上。""攔"爲"撛"的異構字，經中用爲假借字。

1131 㨿

唐菩提仙譯《大聖妙吉祥菩薩祕密八字陀羅尼修行曼荼羅次第儀軌法》："復次尊右方，救護慧童子。左手金剛拳，端坐安腰側。右舒五輪直，當以掩其心，[1]磔竪於空輪。念彼真言曰……"（T1184v20p0790a）本頁下注1："磔＝㨿《甲》《乙》《丙》。"

按："㨿"與"磔"爲版本異文，"㨿"即"搩"字之訛。日本靜然撰《行林抄》："定手金剛拳，端坐安腰側。惠手舒五輪直，當以掩其心，搩竪於空輪。"（T2409v76p0086b）與"㨿"對應之字作"搩"。"搩竪"佛經多見，義爲張開並竪起，"搩"爲張開義。"搩"或寫作"擛"，右旁經成字化變異成"築"即成"㨿"字。参1105"擛"字條。

1132 攦

東晉佛陀耶舍、竺佛念譯《四分律》："復次取鉢，當以澡豆若灰牛屎洗盛絡囊中，若手巾裹，若鉢囊中持去，應取和尚[17]攦身衣疊舉，復取洗足物臥氈被舉之。"（T1428v22p0801c）本頁下注17："攦＝儭《宋》《元》《宮》，襯《明》。"

按："攦"與"襯""儭"爲版本異文，"攦"即"襯"字之訛，"衤"旁訛作"扌"旁也。《玉篇·衣部》："襯，近身衣。"《四分律》中即用此義。唐玄應撰《一切經音義》（海山仙館本）卷一《大方廣佛華嚴經》第十四卷："六親，《漢書》：'以奉六親'，應邵曰：'六親者，父、母、兄、弟、妻、子也。'《蒼頡篇》：'親，愛也。'《釋名》云：'親，攦也，言相隱攦也。'"清錢坫注："今《釋名》'攦'並作'襯'。""攦"亦"襯"字之訛。《大正藏》"攦"字多見，皆"襯"字之訛。

1133 擣

日本中算撰《妙法蓮華經釋文》："關，古還反。《説文》云：'以横木持門曰~也。'《聲類》云：'扃也。'或作闗。俗或作閞，皮變反，門擣櫨也。非此義矣。"（T2189v56p0165a）

按："擣"即"欂"字之訛。唐慧琳撰《一切經音義》卷三《大般若波羅蜜多經》第三百四十二卷："機關，下古頑反。《大戴禮》云：'君子情邇而暢於遠，察一而關乎多。'《説文》云：'以木横持門戶曰關。從門，𢍏聲也。'𢍏音同上。《經》作'閞'，非也。閞音弁，非經義也。"（T2128v54p0327b）唐玄奘譯《大般若波羅蜜多經》："世尊，譬如工匠或彼弟子有所爲故造諸機關，或女或男若象馬等。此諸機關雖有所作，而於彼事都無分別，所以者何？諸機關事無分別故，甚深般若波羅蜜多亦復如是。"（T0220v06p0756c）慧琳所見本作"閞"，慧琳釋作"關"，《大正藏》作"關"。唐顔元孫《干禄字書·平聲》："閞、關，上俗下正。"顔元孫以"閞"爲"關"的俗字。"關"或寫作"關"（見清顧藹吉《隸辨》）、"閞"（見清鐵珊《增廣字學舉隅·正訛》）、"閞"（見《隸辨》），"閞"蓋即"閞"形之書寫變異。《説文·門部》："閞，門欂櫨也。从門，弁聲。"大徐音"皮變切"。清段玉裁《汲古閣説文訂》："初印本作'欂'，與葉、趙本同，今剜改作'欂'爲是。"訓"門欂櫨"之"閞"與"關"之書寫變異之"閞"爲同形字。中算無同形字概念，故有"俗或作閞，皮變反，門摶櫨也。非此義矣"之辨，"摶"即"欂"字之訛。

1134 摝

南朝宋求那跋摩譯《龍樹菩薩爲禪陀迦王説法要偈》："若復有人一日中，以三百[11]鉾摝其體。比阿毘獄一念苦，百千萬分不及一。受此大苦經一劫，罪業緣盡後方免。如是苦惱從誰生？皆由三業不善起。"（T1672v32p0747b）本頁下注11："鉾摝=矛矟《三》《宮》。"

按："摝"與"矟"爲版本異文，"矟"之異體或作"𥎦"，"摝"即"𥎦"字之訛。彌勒説、唐玄奘譯《瑜伽師地論》："互相違背，共興諍論。口出矛矟，更相矟已刺已。"（T1579v30p0714c）"矟"或用爲動詞，爲以矛矟刺義。唐慧琳撰《一切經音義》卷七十六《龍樹菩薩爲禪陀迦王説法要偈》："矛矟，上莫侯反。《説文》：'矛長丈二，建於兵車也。'《經》從金作'鉾'，古字也。下倉亂反。《廣雅》：'矟謂之鋋也。'《考聲》云：'短矛也。'《古今正字》：'從矛，贊聲。'《經》從木作'欑'。"（T2128v54p0804a）"欑"亦"𥎦"字之訛。佛經中用三百矛刺人身體的説法多見，東晉瞿曇僧伽提婆譯《中阿含經》："爾時有一比丘即從坐起，偏袒著衣，叉手向佛，白曰：'世尊，地獄苦云何？'世尊答曰：'比丘，地獄不可盡説所謂地獄苦。比丘，但地獄苦唯有苦。'比丘復問曰：'世尊，可得以喻現其義也。'世尊答曰：'亦可以喻現其義也。比丘，猶如王人收賊送詣刹利頂生王所白曰："天王，此賊人有罪，願天王治。"刹利頂生王告曰："汝等將去治此人罪，朝以百矛刺。"王人受教，便將去治，朝以百矛刺，彼人故活。刹利頂生王問曰："彼人云何？"王人答曰："天王，彼人故活。"刹利頂生王復告曰："汝等去，日中復以百矛刺。"王人受教，日中復以百矛刺，彼人故活。刹利頂生王復問曰："彼人云何?"王人答曰："天王，彼人故活。"刹利頂生王復告曰："汝等去，日西復以百矛刺。"王人受教，日西復以百矛刺，彼人故活。然彼人身一切穿決破碎壞盡，無一處完，至如錢孔。刹利頂生王復問曰："彼人云何?"王人答曰："天王，彼人故活。然彼身一切穿決破碎壞盡，無一處完，至如錢孔。"比丘，於意云何？若彼人一日被三百矛刺，彼人因是身心受惱極憂苦耶?'比丘答曰：'世尊，被一矛刺尚受極苦，況復一日受三百矛刺。彼人身心豈不受惱極憂苦也?'"(T0026v01p0759c-0760a) 此"日受三百矛"説法之源出，動詞用"刺"。動詞或用"鑽"，日本源信撰《往生要集》："若復有人一日中以三百矛鑽其體，比阿鼻地獄一念苦，百千萬分不及一。"(T2682v84p0040b) 或"鑽刺"連用，《瑜伽師地論》："是故苾芻當觀識食，如三百鉾之所鑽刺。"(T1579v30p0840a) 此"鑽"義與"刺"同。《龍龕手鏡·金部》："鑽，子官反。~刺也。又子筭反。錐~也。"(p9) 亦"鑽"刺義之證。佛經中刺義之"鑽"與"穳"蓋同源通用字。南朝宋求那跋陀羅譯《雜阿含經》："爾時世尊告諸比丘，若成就十法者，如鐵鉾[8]鑽水，身壞命終。"(T0099v02p0275a) 本頁下注 8："鑽=穳《三》*。"或借"攢"字，西晋竺法護譯《修行道地經》："假使行者毁戒傷教，不至寂觀，唐捐功夫，譬如有人[20]鑽木求火，數數休息，而不專一，終不致之。"(T0606v15p0182c) 本頁下注 20："鑽=攢《宮》。"《龍龕手鏡·手部》："攥、捘、攛，正作鑽、穳二字。~，擲也。"(p206) 金韓孝彦、韓道昭《四聲篇海·手部》："攥，正作'鑽''穳'二字。攢，擲也。"清吴任臣《字彙補·手部》："攛，倉丸切，音攛、攢，擲也。"《集韻·桓韻》："攛，擲也。""攥""捘""攛""攥"皆當爲"攛"之異體。"攥"爲"攥"形之訛。"爨"爲"爨"字之書寫變異，清邢澍《金石文字辨異·翰韻·爨字》引《北魏温泉頌》作此形。"爨"與"攛"音同，"攛"的擲義正與文意合。參 0029"穳"字條。

後秦曇摩耶舍、曇摩崛多譯《舍利弗阿毘曇論》："十法成就墮地獄速若[2]穳矛，十法成就生天速如*穳矛。二十法成就墮地獄速如*穳矛，二十法成就生天速如*穳矛。三十法成就墮地獄速如*穳矛，三十法成就生天速如*穳矛。四十法成就墮地獄速如*穳矛，四十法成就生天速如*穳矛。"(T1548v28p0580a) 本頁下注 2："穳矛=攥牟《聖》*。"唐慧琳撰《一切經音義》卷七十三《舍利弗阿毘曇論》第七卷："穳矛，麁鸞反。穳，擲也。下又作'矛戈''鉾'二形，同，莫侯反。《論文》作'竄牟'二形。"(T2128 v54p0782b) 唐玄應撰《一切經音義》(宛委别藏本) 卷十二《興起行經》上卷："矛穳，莫侯反，下麁亂反。穳，排穳也。《經》文作'牟鋑'二形，非體也。又作'擦''櫬'二形，並非。"(p388)"攥"亦同"穳"。

牛 部

1135 牞

遼慈賢譯《妙吉祥平等祕密最上觀門大教王經》:“東方焰曼怛迦大明王真言曰：曩（上聲）莫三滿多（一）迦野嚩迦唧（二合）哆（二）嚩日囉（二合）南（三）……薩囉嚩（二合）滿怛嘲（二合）牞那牞那（二十六)。”(T1192v20p0907c)

按:“牞”即“牝”字之訛。北宋法賢譯《佛説幻化網大瑜伽教十忿怒明王大明觀想儀軌經》:“復次世尊大毘盧遮那如來，爲一切如來之首，入大智大毘盧遮那如來金剛三摩地。從定出已，以三金剛門，説此焰鬘得迦大忿怒明王大明曰：曩莫悉底哩（三合，中一字丁逸切）嚩日囉（二合，引）赦（引)（一）……薩哩嚩（二合）滿怛囉（二合，引）頻那頻那（二十六)。”(T0891v18p0583c)與“牞”對應之字作“頻”。日本淨嚴撰《悉曇三密鈔》:“𑖥𑖰，鼻、牝（二俱隨求)、頻、擗（二共佛頂)、避（入)、毘、鞞。”(T2710v84p0745c)又:“𑖓𑖰親𑖜娜，𑖥𑖰牝𑖜娜。”(T2710v84p0771a)“牝”“頻”皆可爲“𑖥𑖰(bhi)”之譯音字。“牞那”同“牝娜”,“牞”即“牝”字之訛。清唐訓方《里語徵實》:“天翻地覆：原夫人之未生，純是性命，混沌三月，玄牞立焉。”“玄牞”即“玄牝”,“牞”亦“牝”字之訛。

1136 牪

佚名《佛説佛名經》:“衆等莫自恃盛年財寶勢力，嬾惰懈怠放逸自恣。死苦一至，無問老少貧富貴賤，皆悉磨滅，奄忽而至，不令人知。夫命無常，喻如朝露，出息雖存，入息難保，云何以此而不懺悔？且五天使者既來，無常殺鬼卒至，盛年牪色無得免者，當爾之時華堂邃宇何關人事？高車大馬豈得自隨？妻子眷屬非復我親，七珍寶飾乃爲他玩。以此而言，世間果報皆如幻化，上天雖樂會歸敗壞，壽盡魂魄墮落三途。”(T0441v14p0228c)

按:“牪”即“壯”字之訛。同上經:“且互天使者既來，無常殺鬼卒至，盛年壯色無得免者。”(T0441v14p0306a)與“牪”對應之字作“壯”。佛經“盛年壯色”多見，北涼曇無讖譯《大般涅槃經》:“盛年壯色亦復如是。”(T0374 v12p0436b）北宋智吉祥譯《佛説巨力長者所問大乘經》："一切衆生，盛年壯色，身相充滿，貪著世間。"（T0543v14p0834b）皆其用例。《偏類碑别字》"壯"字條引《隋張貴男墓誌銘》作"牡"，"爿"旁訛作"牛"旁。"牪"當在"牡"的基礎上，"士"又訛作"壬"。俗書"牜"旁與"爿"旁或混，"特"寫作"𤖹"（《偏類碑别字》"特"字條引《唐翊府中郎將李懷墓志》），可比勘。

1137 牞

三國吴支謙譯《撰集百緣經》："時有獵師，張施羅網，五百群鴈，[8]墮其網中。"（T0200v04p0234a）本頁下注 8："墮＝牞《聖》。"

按："牞"與"墮"爲版本異文，"牞"即"拘"字之訛。北魏慧覺譯《賢愚經》："時有獵師，張施羅網，五百群鴈，墮彼網中。"（T0202v04p0437c）字亦作"墮"。"墮"爲"落"義，作"墮"是。聖本臆改作"拘"，蓋取"拘禁"之義。"拘"訛作"牞"，"扌"旁訛作"牛"旁也。北齊那連提耶舍譯《大悲經》："如是我聞：一時佛在[7]拘尸那城，力士生地娑羅雙樹間。"（T0380v12p0945b）本頁下注 7："拘＝牞《元》。"《嘉興藏》作"拘"。新羅慧超記《遊方記抄・往五天竺國傳》："一月至[5]拘尸那國，佛入涅槃處，其城荒廢，無人住也。"（T2089v51p0975a）本頁下注 5："拘尸那國 Kuśinagara。""牞"亦"拘"字之訛。鄭賢章《〈新集藏經音義隨函録〉研究》亦有考證（p226），可參看。

1138 乾

唐不空譯《金剛頂瑜伽他化自在天理趣會普賢修行念誦儀軌》："真言曰：唵薩嚩怛他（引）孽哆（引）布惹鉢囉（二合）靺多娜（引）夜怛麽南儞哩夜多夜弭薩嚩怛他孽多嚩日囉（二合）達磨鉢囉（二合）靺多也[14]鈐紇哩。"（T1122v20p0524b）本頁下注 14："鈐＝乾《甲》。"

按："乾"與"鈐"爲版本異文，"乾"即"鈐"字之訛。"鈐"字佛經多見。日本淨嚴撰《悉曇三密鈔》："𑖦𑖽，鈐、瞞、曼、鏝、滿、縵、漫、懵、䥈（切身。慈氏）、芒、䰴（佛頂）、摩含（二合。略出經）。"（T2710v84p0745c）上述諸字皆"𑖦𑖽（maṃ）"之譯音字。唐慧琳撰《一切經音義》："鈐，謨含反。"（T2128v54p0367c）據其讀音，"鈐"爲切身字。"乾"蓋因真言中"鈐"與"紇"連用，受"紇"字的影響右旁"含"同化作"乞"。

1139 ⿰牜夆

南朝宋求那跋陀羅譯《雜阿含經》:“時彼天子而説偈言:‘刹利兩足尊,[8]⿰牜夆牛四足勝。童英爲上妻,貴生爲上子。’……時有一天子,本爲田家子。今得生天上,以本習故,即便説偈,答彼天子:‘五穀從地生,是則爲最勝。種子於空中,落地爲最勝。[*]⿰牜夆牛資養人,是則依中勝。愛子有所説,是則言中勝。’彼發問天子語答者言:‘我不問汝,何故多言輕躁妄説?’”(T0099v02p0263c)本頁下注 8:“⿰牜夆=犎《三》[*],峯《聖》[*]。”

按:“⿰牜夆”與“犎”“峯”爲版本異文,“⿰牜夆”即“⿰牜夆”之訛字,“⿰牜夆”又“犎”之改換聲符的異構字。《爾雅·釋畜》:“犦牛。”晋郭璞注:“即犎牛也。領上肉犦肤起,高二尺許,狀如槖駝,肉鞍一邊,健行者日三百餘里。今交州、合浦、徐聞縣出此牛。”明張自烈《正字通·牛部》:“⿰牜夆,舊注音峰。牛也。按:‘犎’作‘⿰牜夆’,音聲近而訛。”“夆”“封”都在《廣韻·鍾韻》“符容切”小韻下,音同。“⿰牜夆”與“犎”當是改換聲符的異構字。尸陀槃尼撰、前秦僧伽跋澄譯《鞞婆沙論》:“如馬春時行欲,[1]犎牛夏時行欲,狗秋時行欲,豹冬時行欲。”(T1547v28p0518b)本頁下注 1:“犎=⿰牜夆《三》《宫》。”“⿰牜夆”亦同“⿰牜夆”。鄭賢章《漢文佛典疑難俗字彙釋與研究》“⿰牜夆”字條(p208)亦有考證,可互參。

1140 ⿰牜牢

南朝梁寶唱等集《經律異相》:“王會臣下,令觀試象。大衆既集,王初升象,出城遊戲。象氣猛壯,見有群象在蓮華池,奔逐[16]牸象,遂至深林。”(T2121v53p0144c)本頁下注 16:“牸=⿰牜牢《宋》。”

按:“⿰牜牢”與“牸”爲版本異文,“⿰牜牢”即“牸”字之訛。《玉篇·牛部》:“牸,疾利切。母牛也。”《廣雅·釋獸》:“牸,雌也。”經中“牸”爲“雌性牲畜”之義,“牸象”即“母象”。字或作“⿰牜牢”者,當是“牸”字内部件同化,右下部件“子”受部件“牛”的影響而誤作“牛”。

1141 ⿰牜占

日本淨嚴撰《悉曇三密鈔》:“[illegible],謨、慕、暮、無、膜、謀、畝(羂索)、蒙(千手大悲心經)、懵(隨求)、目(佛頂)、⿰牜占(切身。慈氏)。”(T2710 v84p0745c）

按："⿰牟古"爲梵文"（mo）"的譯音字，乃由"牟"作切上字、"古"爲切下字構成的切音字。唐善無畏譯《慈氏菩薩略修愈誐念誦法》："其手印相，智定二手相拍，便成堅固印。次應灌沐本尊及己身。灌頂真言曰：，鄔鉼（二合）⿺走我耽囉（二合）[11]⿰牟古迦姹（一）。"（T1141v20p0592a）本頁下注11："牯=諾《原》。"《大正藏》"⿰牟古"字凡14見，皆"（mo）"的譯音字。"牯"蓋爲"⿰牟古"字之訛。

1142 犒

北宋贊寧等撰《宋高僧傳》："天寶初臨安足法師，死經三宿，將入地獄。冥中見瑀引至王所，謂王曰：'此人能講《涅槃經》，王宜宥之。'王曰：'唯聞巖崙師能講，不聞此師名何也。'如是再三，王不能屈，因赦之。曾是鄉人施[5]⿰牛𠷎牛者，天然不孕，因而出乳，其通感如是。以十一年秋，禪坐而終。十二年春，將啓靈龕欲焚之，容色不變如生。雖少林孕髭蘄春育髮，何獨嘉也?"（T2061v50p0876c）本頁下注5："⿰牛𠷎牛=犒牛《宋》《元》，⿰牛𠷎牛+（音桃）夾註《宋》《元》。"

按："犒"與"⿰牛𠷎"爲版本異文，"犒"即"⿰牛𠷎"之訛字，文獻通行"⿰牛壽"字。《説文·牛部》："⿰牛𠷎，牛羊無子也。从牛，𠷎聲。讀若糗糧之糗。"《集韻·豪韻》徒刀切："⿰牛𠷎、⿰牛壽，《説文》：'牛羊無子也。'隸作⿰牛壽。""⿰牛𠷎"爲小篆的隸定形。文中謂⿰牛𠷎牛天然不孕，作"⿰牛𠷎"與文意合。

1143 ⿰牟吉

唐善無畏譯《慈氏菩薩略修愈誐念誦法》："本尊依前運想七寶階道從道場所出，於都史陀天宮善法堂珊瑚殿上，以車輅奉送慈氏菩薩并諸眷屬無量天衆圍繞而去。奉送本尊真言曰：，鄔鉼（二合）⿺走我耽囉（二合）[18]⿰牟吉（引）訖灑（二合）[*]⿰牟吉（引。一）。"（T1141v20p0594b）本頁下注18："⿰牟吉=⿰牟含《丙》。"

按："⿰牟吉"與"⿰牟含"爲版本異文，"⿰牟吉""⿰牟含"皆與所對應梵文"（mo）""（muḥ）"讀音不合。日本淨嚴撰《悉曇三密鈔》："，謨、慕、暮、無、膜、謀、畝（羂索）、蒙（千手大悲心經）、懵（隨求）、目（佛頂）、⿰牟古（切身。慈氏）。"（T2710v84p0745c）"（mo）"的譯音字或作"⿰牟古"，乃由"牟"與"古"構成的切身字，與梵文讀音切合，"⿰牟吉""⿰牟含"二字皆"⿰牟古"字之訛。"古"旁訛作"吉"，又訛作"含"也。日本靜然撰《行林抄》："《軌》云：本尊像前運想七寶階道從道場所出，於覩史陀天宮善法堂珊瑚殿上，以車輅奉送慈氏菩薩諸眷屬無量天衆圍繞而去。奉送本尊真言曰：鄔鉼（二合）跋眪羅

（二合）軲（引。一）訖灑（二合）軲（引）。”（T2409v76p0310b）《行林抄》引《慈氏軌》二字皆作“軲”，不誤。唐不空譯《甘露軍荼利菩薩供養念誦成就儀軌》：“次於北方觀惡字，是金剛揭抳（[27]古譯名金剛童子法身種子）。”（T1211v21p0045b）本頁下注 27：“古=吉《甲》。”“吉”即“古”字之訛，可比勘。

1144 軨

唐不空譯《普賢金剛薩埵略瑜伽念誦儀軌》：“次不解前印，改二頭指頭相跓如鐶，是索印密語曰：唵嚩日囉（二合）播（引）勢（一）吽（二）。次以前印二頭指二大指互相交頭相捻，屈其臂，是鎖印密語曰：唵嚩日囉（二合）餉迦麗（一）軨（二）。”（T1124v20p0533b）

按：“軨”即“鋡”字之訛。唐不空譯《大樂金剛薩埵修行成就儀軌》：“又准此鉤印，二頭指相拄如索，真言曰：嚩日囉（二合）播勢（一）餅（二）。又即此索印，改二頭指交結之，開手背成鎖，真言曰：嚩日囉（二合）餉迦麗（一）鋡。”（T1119v20p0511a）唐不空譯《金剛頂勝初瑜伽經中略出大樂金剛薩埵念誦儀》：“前印進力交，反以頭相拄，其中如環索，稱誦後真言：，嚩日囉（二合）播勢（一）餅（二）。改進力相鉤，開拳背交辟，遂名鎖契成，密言如是稱：，嚩日囉（二合）餉迦麗（一）鋡（牟感反。二）。”（T1120Av20p0516c）與“軨”對應之字皆作“鋡”，爲“（vaṃ）”之譯音字，“軨”即“鋡”字之訛。唐善無畏譯《慈氏菩薩略修愈誐念誦法》：“堅固真言曰：，鄔餅（二合）戠耽囉（二合）塞普（二合）吒[7]鋱（一。鎖也）。”（T1141v20p0592a）本頁下注 7：“鋱=鋡《甲》《丁》。”又：“水輪真言曰：，納莽三滿多륑馱（引）腩（一）鋺（二。一遍）。”（T1141v20p0590b）日本淨嚴撰《悉曇三密鈔》：“，鑁（日經）、挽、奉（二共佛頂）、懵（胎軌）、罔（佛頂）、鋺（慈氏）。”（T2710v84p0746c）“（vaṃ）”的切身字當以“鋱”“鋺”爲正，“鋡”“鋱”本爲“（maṃ）”之譯音字，作“（vaṃ）”之譯音字是特殊的用法。

北宋法賢譯《説最上根本大樂金剛不空三昧大教王經》：“鉢捺[4]鋡（二合）摩賀（引）嚩日囉（二合）達囉薩怛鑁（三合。八）。”（T0244v08p0808c）本頁下注 4：“鋡=軨《宮》。”“軨”亦“鋡”字之訛。《大正藏》“含”與“合”混誤多見。

1145 犛

東晉佛陀跋陀羅、法顯譯《摩訶僧祇律》：“若未成作物，乃至齊塞針筒毛亦犯。若已成物，若作氈若枕若褥等不犯。若檐駱駝毛犛毛，得偷蘭遮罪。若擔犛

牛尾，越比尼罪，若施柄無罪。若擔師子毛猪毛，越比尼心悔，若成器無罪。”(T1425v22p0310a)

按：“犛”即“犛”字之訛，“未”旁訛作“牛”旁也。後秦弗若多羅、羅什譯《十誦律》：“時有人施僧犛牛尾拂，諸比丘不受，不知何所用。是事白佛，佛言：‘聽受用。拂佛塔及諸阿羅漢塔。’”（T1435v23p0274a）唐慧琳撰《一切經音義》卷三十五《菩提場所説一字頂輪王經》第二卷：“白犛拂，音茅。即犛牛尾爲拂。《經》文作‘猫’，即猫兒字，獸也，非犛牛字。”字皆作“犛”。鄭賢章《漢文佛典疑難俗字彙釋與研究》亦有考證（p210），可參看。

1146 ⿰牛專

日本湛慧撰《成唯識論述記集成編》：“（初紙右）牧牛女邊受乳糜食（文）。依《佛本行經》，善生村生二牧牛女，速疾聚集一千㹀牛而㲉取乳，轉更將飲五百㹀牛。更別日聲［㲉］此五百牛，轉持乳將飲於二百五十㹀牛。後日㲉此二百五十[4]⿰牛專牛之乳，還更飲百二十五牛。後日㲉百二十五牛之乳飲六十牛。後日穀此六十牛乳，飲三十牛。後日㲉此三十牛乳，飲十五牛。後日㲉此十五牛乳，著於一分淨好粳米，爲於菩薩煮上乳糜。”（T2266v67p0400b）本頁下注4：“⿰牛專＝㹀《甲》。”

按：“⿰牛專”與“㹀”爲版本異文，“⿰牛專”即“㹀”字之訛，蓋由受前“轉”字影響，“㹀”之“字”旁誤作“專”旁，此乃字形同化之例。隋闍那崛多譯《佛本行集經》：“是時善生村主二女，聞於彼天，如是告已，歡喜踊躍，遍滿其體，不能自勝。速疾集聚一千㹀牛而㲉乳，取轉更將飲五百㹀牛。更別日㲉此五百牛，轉持乳將飲於二百五十㹀牛。後日㲉此二百五十㹀牛之乳，還更飲百二十五牛。後日㲉此一百二十五㹀牛乳，飲六十牛。後日㲉此六十牛乳，飲三十牛。後日㲉此三十牛乳，飲十五牛。後日㲉此十五牛乳，著於一分淨好粳米，爲於菩薩煮上乳糜。”（T0190v03p0771c）此即湛慧所本，與“⿰牛專”對應之字正作“㹀”。

1147 ⿰牛咸

唐善無畏譯《慈氏菩薩略修愈誐念誦法》：“運心普通供養真言曰：鄔蚒（二合）薩囉戫（二合）他欠鶻捺蘗（二合）底薩叵（二合）囉醯[23]犌（三）誐誐曩撿薩戫（二合，引）賀。”（T1141v20p0593b）本頁下注23：“犌三＝⿰牛咸二合《甲》《乙》，⿰牛咸二《丙》，⿰牛咸三《丁》。”

按：“⿰牜咸”與“⿰牜含”爲版本異文，二字皆“𑖦𑖽（maṃ）”之譯音字。日本淨嚴撰《悉曇三密鈔》：“𑖦𑖽，⿰牜含、瞞、曼、鏝、滿、縵、漫、慒、⿰牟感（切身。慈氏）、芒、魔（佛頂）、摩含（二合。略出經）。”（T2710v84p0745c）“𑖦𑖽（maṃ）”的譯音字又作“⿰牟感”，乃由“牟”與“感”構成的切身字，“⿰牜咸”蓋即“⿰牟感”字之省。

1148 ⿰牜羅

宋惟白述《文殊指南圖讚》：“讚曰：聞得吾師衆藝全，而今相見試敷宣。阿多波者言言諦，縒⿰牜羅迦陀字字詮。四十二門流布後，三千世界古今傳。大明一智如何也，雲散長空月正圓。”（T1891v45p0804a）

按：“⿰牜羅”爲“攞”字之訛。“阿”“多”“波”“者”“縒”“攞”“迦”“陀”皆爲“四十二字門”中的根本字。“阿多波者言言諦，縒攞迦陀字字詮”，讚美吾師精通“四十二字門”每一個根本字的真諦。字或作“⿰牜羅”者，“攞”之“扌”旁訛作“牛”旁也。

毛　部

1149 ⿺毛白

隋吉藏撰《大品經遊意》：“二乘唯滅輕罪，不及四重五逆，故《阿含經》云阿闍世王墮⿺毛白毱地獄也。菩薩頓滅，故名滅罪大。”（T1696v33p0063c）

按：“⿺毛白”即“拍”字之訛。唐窺基撰《妙法蓮華經玄贊》：“猶墮拍毱地獄。”（T1723v34p0676c）《卍續藏》清靈乘輯《地藏本願經科注》：“闍王入拍毱地獄。”（X0384v21p0753a）唐智周撰《法華經玄贊攝釋》：“猶墮拍毱地獄。”（X0636v34p0042c）與“⿺毛白”對應之字皆作“拍”。北魏吉迦夜、曇曜譯《雜寶藏經》：“佛在王舍城，告諸比丘言：有二邪行，如似拍毱，速墮地獄。云何爲二？一者不供養父母，二者於父母所作諸不善。有二正行，如似拍毱，速生天上。云何爲二？一者供養父母，二者於父母所作衆善行。”（T0203v04p0449a）南朝齊曇景譯《摩訶摩耶經》：“輪轉五道，疾於猛風，猶如拍毱。”（T0383v12p1005c）唐道世撰《法苑珠林》：“出家之人造罪入地獄如拍毱，著地即返。何以故？以造罪時生極慚恥，作已尋懺故。亦如滴水在於熱鏊，隨滴似濕，亦濕還乾。何以故？

以火熏故。俗人造罪入地獄猶如箭射，無却返義。亦如以鐵椎入於深泥，亦無出義。何以故？尤害心故。"（T2122v53p0970a）"拍毱"皆形容快疾。"拍"或作"毢"者，由"毢"與"毱"連用，受其影響，改"扌"旁爲"毛"旁，此乃字形同化之例。

1150 毹

唐道宣緝《量處輕重儀》："下更爲述氍毹（此土本無，其物皆從西北塞外而來。若叢毛編織而出毛頭，兼有文像人獸等狀者，名曰氍毹。字書總云罽屬。若以經緯班毛如此綿者，名曰毹㲪，用爲地敷壁障也）。"（T1895v45p0845a）

按："毹"即"毾"之異構字"毴"字之訛。同上經："右準如《五分律》斷，錦綺是不可分物，若純色者應分，由相類同於法衣故也。無問大小多少，俱在輕中。其例朝霞斑布毾㲪之類，並入重也。"（T1895v45p0852a）與"毹"對應之字作"毾"。唐慧琳撰《一切經音義》："毾㲪，上音塔，下音登。西國織毛爲布有文彩毛席也。"（T2128v54p0821c）《龍龕·毛部》："毲、毾、毴，三俗；毾，正，他盍反。毾㲪，毛席也。""毾㲪"爲西域產之毛毯，"毾"的異體或作"毴"，"毹"蓋"毴"之訛。

1151 麸

日本親鸞撰《顯淨土真實教行證文類》："失菩提路，誑惑無識，恐令失心，所過之處，其家麸散，成愛見魔，失如來種（已上）。"（T2646v83p0639c）

按："麸"即"耗"字之訛。北宋子璿集《首楞嚴義疏注經》："所過之處，其家耗散。"（T1799v39p0913c）與"麸"對應之字作"耗"。"耗"訛作"麸"，蓋由"耒"形近"麦"，因訛作"麦"。參0285"麸"字條。

1152 毷

東晉竺佛念譯《鼻奈耶》："至新堂舍，鏟治掃灑，敷諸坐具氍毹、毾㲪、白氎，休[19]持毷氎布地。"（T1464v24p0865c）本頁下注19："持毷＝將毷《三》《宮》。"

按：正文作"毷"，注文作"毷"，二字即"毦"字之訛。《可洪音義》卷十七《鼻奈耶律》第四卷："毷疊，上而容反。"（v60p72c）可洪作"毷"，音

“而容反”，與“毦”音合。毘舍佉造、唐義淨譯《根本説一切有部毘奈耶頌》：“若是僧祇帔，不染帶[7]茸持。”（T1459v24p0628a）本頁下注7：“茸=茸《三》《宫》，毹《聖》《聖乙》。”“毹”與“茸”“茸”爲版本異文，“茸”爲“毦”之異寫，“毹”亦“毦”字之訛。“毦”又“茸”之分化字。《説文·艸部》：“茸，艸茸茸貌。”本義爲草初生纖細柔軟的樣子，引申可指多種柔細的東西。如佛經中習見之“兜羅綿”又稱“兜羅茸”。隋灌頂撰《大般涅槃經疏》：“最後雜喻中云：兜羅茸者，楊華。”（T1767v38p0194a）“茸”與“綿”同義，由棉花之纖維纖細柔軟而得名。北涼曇無讖譯《大般涅槃經》：“猶如疾風吹兜羅[11]茸。”（T0374v12p0553a）本頁下注11：“茸=毦《宋》《元》，鞯《明》《宫》。”南朝宋慧嚴譯《大般涅槃經》：“猶如疾風吹兜羅[3]茸。”（T0375v12p0799a）本頁下注3：“茸=茸《三》。”《嘉興藏》作“茸”。在這個意義上字又作“茸”。動物柔細的毛也稱作“茸”，用這種柔細的毛做成的織品、衣服亦可稱作“茸”，在這個意義上也作“茸”。南朝宋慧嚴譯《大般涅槃經》：“不畜象馬車乘牛羊駝驢雞犬獮猴，孔雀鸚鵡共命及拘枳羅，豺狼虎豹猫狸猪豕及餘惡獸，童男童女大男大女奴婢僮僕，金銀琉璃頗梨真珠車磲馬瑙珊瑚璧玉珂貝諸寶，赤銅自鑞鍮石盂器，氍毹毾㲪拘執[7]茸衣。”（T0375v12p0674b）本頁下注7：“茸=茸《三》。”《嘉興藏》作“茸”。唐慧琳撰《一切經音義》卷二十六《大般涅盤經》第十一卷：“鞯衣，《三蒼》：‘而容反。’《説文》：‘毳毳飾也。’亦作‘茸’，而容反。或作‘毦’，人至反。《廣雅》：‘罽也。’織毛曰罽。鞯字三體通取任用，於義無失。《經》有作‘茸’，而容反，《説文》云：‘茸，草也。’非《經》義也。”（T2128v54p0472c）字作“茸”“茸”“鞯”“毦”皆通，慧琳不明“茸”與“茸”的分化關係，以“茸”爲非，不妥。鄭賢章《〈新集藏經音義隨函録〉研究》亦有考證（p247），可參看。

1153 毱

後秦佛陀耶舍、竺佛念譯《長阿含經》：“皆以黄金白銀衆寶所成，氍[11]氀毾毲綩綖細軟以布其上，八萬四千億衣。”（T0001v01p0023b）本頁下注11：“氀=氍《三》，毱《聖》。”

按：“毱”與“氍”“氀”爲版本異文，“毱”即“氍”字之訛，“氀”同“氍”，“氍氀”同“氍氍”。唐慧琳撰《一切經音義》：“氍氍，上具愚反，下色千［于］反。前已重重具訓釋訖。《經》從‘叟’作‘氍’，非也。”（T2128v54p0805a）《集韻·虞韻》雙雛切：“毹、氍、㲣、氀，織毛蓐。氍毹者曰毾㲪。或作氍、㲣、氀。”《可洪音義》：“李叟，桑走反。”（v60p509b）《可洪音義》：“渕叟，上於玄反，下蘇走反。正作‘淵叟’也。”（v60p316c）“叟”“叟”皆“叟”之書寫變異。“毱”之右旁所從與“叟”“叟”形近，可證“毱”即

“毴”字之訛。參 0828“㯿”字條、1158“𣯴”字條。

1154 毼

三國吴康僧會譯《六度集經》:“夫欲歸者,騎吾背,援吾[30]鬣尾,捉頭頸,自由所執,更相攀援,必活覩親也。”(T0152v03p0033c)本頁下注 30:“鬣=毼《宋》。”

按:“毼”與“鬣”爲版本異文,“毼”即“毼”字異寫,“毼”爲“𣰽”字之訛,“𣰽”又“鬣”之異構字。東晋竺佛念譯《菩薩從兜術天降神母胎説廣普經》:“二者馬寶,身紺青色、髦[3]鬣朱色。”(T0384v12p1038a)本頁下注 3:“鬣=獦《知》。”“獦”爲“獵”字之訛,可比勘。經中亦通“鬣”。隋闍那崛多譯《佛本行集經》:“或有身毛,悉如針刺。或有身毛,猶如猪[1]鬣。”(T0190v03p0787a)本頁下注 1:“鬣=獵《聖》。”“獵”爲“鬣”之借字,文獻習見。參 2144“𩯷”字條。

1155 毴

佚名《翻梵語》:“尸利崛多,亦云尸毴多,譯曰尸利者,吉;堀多者,藏,亦云護也。”(T2130v54p0993b)

按:“毴”即“毱”字之訛,“毱”又作“毱”,“毱”爲“鞠”之異構字。唐慧琳撰《一切經音義》:“尸利毱多,此云吉護,亦云德護也。”(T2128v54p0475c)“毱”與“崛”爲同一梵文的譯音字。《龍龕·毛部》:“毩、毱、毬、毷、毱,五俗;𣰆,古;毱,正。渠竹反。皮毛之丸也。”“毴”蓋“𣰆”調整左右部件之訛。

1156 毷

西晋竺法護譯《慧上菩薩問大善權經》:“或有少福不得好坐,氍氀[1]毾㲪重莚被蓐。”(T0345v12p0163a)本頁下注 1:“毾=毷《明》。”

按:“毷”與“毾”爲版本異文,“毷”即“毾”字之訛。“毾㲪”文獻習見。“毾”或作“毷”者,左旁“㬱”因字内部件同化,上部之“曰”受下部“羽”的影響而訛作“羽”也。

1157 ⿰翟毛

唐全真集《唐梵文字》："[illegible]，[11]⿰翟毛毹。"（T2134v54p1220b）本頁下注 11："⿰翟毛毹一語。"

按："⿰翟毛"即"氍"字之訛。唐義淨撰《梵語千字文》（東京東洋文庫藏本）："[illegible]，[illegible]，[illegible]，[illegible]，舒張氍毹綾。"（T2133Av54p1193b）《梵語千字文》（安永二年敬光刊本）："[illegible]，韈拏劍摩攞，氍毹。"（T2133B v54p1208a）與"⿰翟毛"對應之字皆作"氍"。"氍"或作"⿰翟毛"者，"氍"所從"瞿"上之"䀠"訛作"羽"也。西晉竺法護譯《持心梵天所問經》："爾時天帝釋太子名曰[10]翟或，七寶瓔珞奉進如來。"（T0585v15p0032a）本頁下注 10："翟或＝瞿或《宋》《元》《宮》，瞿夷《明》。"《嘉興藏》作"瞿夷"。南宋釋寶雲譯《佛本行經》："如天帝釋，生子瞿[14]或。"（T0193v04p0059b）本頁下注 14："或＝夷《明》。"前涼支施崙譯《佛説須賴經》："於是釋提桓因子瞿或在會中坐，於是瞿或天子化作六萬座，天之所化，已請諸菩薩便各詣坐。"（T0329v12p0061c）《嘉興藏》作"瞿或"。唐慧琳撰《一切經音義》："瞿夷，上具愚反。梵語，不求字義，羅侯羅母名也。或云耶輸陀羅，今云瞿夷，古譯訛略。"（T2128v54p0397c）隋闍那崛多譯《大威德陀羅尼經》："阿難，於中爲彼四大天王輩説四聖諦，如此處言苦苦集苦滅苦滅道，即於彼處言：伊泥　迷泥　荅波　多[8]翟波，爲彼四天王等説此四聖諦。"（T1341v21p0766b）本頁下注 8："翟＝瞿《元》《明》。"林光明《新編大藏全咒》卷五《大威德陀羅尼經》"四聖諦（爲四大天王説）"中"多翟波"之梵文羅馬轉寫作"dagupa"（v5p12）。日本淨嚴撰《悉曇三密鈔》："[illegible]，句、屨、窶、拘、瞿、區、牬、俱、矦、苟、鳩、久、具、究、垢、溝、休、縆、吼、弓（大佛頂呪）、求（法花陀羅尼）、矩、鉤（二共大隨求）、軍（金剛界）。"（T2710v84p0741c）"翟"皆"瞿"字之訛。"氍"或寫作"⿺毛瞿"（《可洪音義》v59p777a），"臞"或寫作"矅"（《可洪音義》v60p370c），"瞿"旁亦或訛作"翟"旁，故"氍"或訛作"⿰翟毛"。

1158 ⿺毛敫

東晉瞿曇僧伽提婆譯《中阿含經》："施諸窮乏、沙門、梵志、貧窮、孤獨、遠來乞者以飲食、衣被、車乘、華鬘、散華、塗香、屋舍、床褥、氍⿺毛敫、綩綖、給使、明燈。"（T0026v01p0522a）

按："⿺毛敫"即"⿺毛叟"的換旁異構字。後秦佛陀耶舍、竺佛念譯《長阿含經》："八萬四千牀，皆以黄金白銀衆寶所成，氍[11]⿺毛敫毾氈綩綖細軟以布其上。"（T0001 v01p0023b）本頁下注 11：“𣰽＝㲣《三》，𣱁《聖》。”《嘉興藏》作“氍㲣”，音釋：“氍㲣，氍，強魚切，毛席也；㲣，力朱切，毛布也。”唐慧琳撰《一切經音義》：“氍㲣，上具俱反，下色于反。《埤蒼》云：‘氍㲣，毾㲪也。’《聲類》云：‘亦毛席也。’《廣雅》云：‘氍㲣，罽也。’《説文》並從毛，形聲字也。”（T2128v54p0665c）“氍㲣”爲毛席，與文意合，“𣰽”即“㲣”改换聲旁的異構字。《中阿含經》：“有信族姓男族姓女，於房舍中施與床座氍𣰽毾𣯶氈褥臥具。”（T0026v01p0428a）“𣰽”亦“㲣”的異構字。

1159 㲘

唐智昇撰《開元釋教録》：“江州刺史儀同黄法㲘，渴仰大乘護持正法。”（T2154v55p0547a）

按：“㲘”即“㲘”字書寫變異。唐慧琳撰《一切經音義》卷八十《開元釋教録》第七卷：“黄法㲘，下具俱反。人名。”（T2128v54p0827a）慧琳作“㲘”。四庫本之《南史》作“㲘”。四庫本之《陳史》作“㲘”。清吴任臣《字彙補·毛部》：“㲘，人名。《南史》：‘黄法㲘，字仲昭。日能步行二百里，爲梁交刺史，終陳義陽郡公。’任臣案：字書無㲘字，惟《篇海》有‘㲘’字，巨俱切，與‘㲘’同，疑即此字也。”吴任臣所疑甚是，“㲘”“㲘”皆“㲘”字之訛，“㲘”爲“㲘”之書寫變異。《集韻·虞韻》權俱切：“氍、㲘、㲘，織毛蓐曰㲘毹。或从朐、从渠。”“㲘”又“氍”的異構字。唐圓照撰《貞元新定釋教目録》：“江州刺史儀同[21]共法氍，渴仰大乘護持正法。”（T2157v55p0845b）本頁下注 21：“共＝黄《聖》。”此即用“㲘”之異構字“氍”者。唐玄奘、辯機撰《大唐西域記》：“工織大錦、細褐、㲘毹之類。”（T2087v51p0938a）“㲘”亦“㲘”字之訛。

1160 㲚

北魏月婆首那譯《勝天王般若波羅蜜經》：“江洲刺史儀同黄法㲚。”（T0231v08p0726a）

按：“㲚”即“㲘”字之訛。參上條。

1161 𣰙

唐道世撰《法苑珠林》：“泉中時時見人骸骨涌出，垂𣰙布水，須臾即爛，或

名爲鑊湯。”（T2122v53p0332a）

按：四庫本亦作“氎”。“氎”即“㲲”字之訛。《玉篇·毛部》：“㲲，毛布也。”《可洪音義》卷十九《阿毗達摩大毗婆沙論》第三十卷：“四曡，音牒。重也。正作‘疊’。”（v60p111a）“曡”即“疊”字之訛，故“㲲”或訛作“氎”。

1162 㲘

佚名《陀羅尼雜集》：“大自在天及其眷屬即説呪曰：……賓伽羅耶悉波呵 伽[6]㲘羅闍帝悉波呵。”（T1336v21p0625c-0626a）本頁下注6：“㲘=鞞《三》*。”

按：同上經：“大神仙赤眼呪牙齒蝺經。東北有山名曰香熏，彼中大人名曰赤眼，甚可畏怖。仙人患齒蝺，即自結此呪曰：呵陀柁比知呵陀既萬泥呵陀既萬泥賓伽梨呵陀*㲘提呵陀勒提呵咜因頭那摩舍 薩婆檀陀炎那 悉波呵。”（T1336v21p0626b）“㲘”與“鞞”爲版本異文，“㲘”即“鞞”字之訛。唐慧琳撰《一切經音義》卷四十三《陀羅尼雜集》第八卷：“㲘羅，宜作‘鞞’，音悲備反。”（T2128v54p0593b）慧琳所見本亦作“㲘”，釋作“鞞”。林光明《新編大藏全咒》卷十六《大自在天及其眷屬所説呪》中“㲘”的梵文羅馬轉寫作“pi”（v16p395），“赤眼大仙呪齲齒呪”中“㲘”的梵文羅馬轉寫作“bi”（v16p398），兩音皆與“鞞”字之音相合。“鞞”或作“㲘”者，“鞞”或寫作“鼊”（《可洪音義》v60p184a），“㲘”與之形體略近。

1163 氈

失譯《分別功德論》：“王曰：卿若能出家者，我便當以卿母爲姊，分半國相給。面王歡喜，即還家以狀白母，母即聽之。當出家時，被一張白[2]㲲。”（T1507v25p0051a）本頁下注2：“㲲=氈《明》。”

按：“氈”與“㲲”爲版本異文，“氈”即“㲲”字之訛。唐慧琳撰《一切經音義》：“白㲲，徒頰反。西國草名也，其草花絮堪以爲布。”（T2128v54p0331c）“白㲲”本爲草名，其草花絮所織之布亦稱白㲲，又單稱㲲。字正當作“㲲”，“氈”爲刻寫偶誤之字。

气　部

1164 𥁕

日本藏俊撰《注進法相宗章疏》："《同經宣演》三卷，道[12]氤集。"（T2182v55p1141a）本頁下注12："氤集＝𥁕《甲》。"

按："𥁕"與"氤集"爲版本異文，"𥁕"即"氤"字之訛。日本永超集《東域傳燈目録》："《同經宣演》三卷，云《御註金剛般若經宣演》，初有《隨賀讃論》，青龍寺沙門道氤撰。"（T2183v55p1147c）北宋贊寧等撰《宋高僧傳》："唐長安青龍寺道氤傳。釋道氤，俗姓長孫，長安高陵人也。"（T2061v50p0734b）"道氤"爲唐代僧人名。"氤"作"𥁕"者，蓋"氤"與"𥁕"常連用，"氤"受"𥁕"的影響而誤加"皿"旁，此乃特殊的字形同化之例。

1165 𣱵

唐道宣撰《續高僧傳》："上帝隨喜，警梵從時，鏘金候旭，百和𣱵𥁕，衆妓繁會，觀者傾城，莫不稱歎。"（T2060v50p0464c）

按："𣱵"即"氣"字之訛。"百和𣱵𥁕"，"百和"指百和香，謂由各種香料和成的香；"氣𥁕"謂香氣氛𥁕。唐慧琳撰《一切經音義》："氛𥁕，上扶聞反，下迃雲反。《文字集略》：'氛𥁕，氣盛貌也。'《字統》：'氤𥁕，陰陽和氣也。'上形下聲字也。"（T2128v54p0353a）"𥁕"本不單用，常用在連綿詞"氤𥁕""氛𥁕"中的後一個音節，"氤𥁕""氛𥁕"本皆形容雲氣之盛之詞，佛經中常用來形容香氣之盛。唐玄奘譯《大般若波羅蜜多經》："所出妙香氤𥁕氛馥，能令聞者貪瞋癡等心疾皆除。"（T0220v07p0539c）唐般若譯《大方廣佛華嚴經》："香氣普騰，氤𥁕成霧。"（T0293v10p0694a）隋闍那崛多譯《起世經》："一一花量，大如車輪。香氣氛𥁕，微妙最勝。"（T0024v01p0314c）隋達摩笈多譯《起世因本經》："香氣氛𥁕，普熏一切。"（T0025v01p0394a）"氤𥁕"和"氛𥁕"都用來形容香氣彌漫的樣子。後或單音化作"𥁕"，佚名《金剛經疏》："以諸花香而散其處者，花則光色鮮榮，見者悦預；香則美氣𥁕馥，聞者安樂。"（T2737v85p0124a）唐僧詳撰《法華傳記》："雨種種華香，華溢堵室，香聞遍谷，氣𥁕滿天。"（T2068v51p0072b）"𣱵𥁕"義與"氣𥁕滿天"的"氣𥁕"同，"𣱵"乃由"氣"與

“氲”連用，受後字“氲”的影響加“皿”旁而成，此亦字形同化之例。鄭賢章《漢文佛典疑難俗字彙釋與研究》亦有考證（p225），可參看。

片　部

1166 牀

隋闍那崛多譯《佛本行集經》：“爾時，長者於波羅㮈四城門外衢道陌頭多人處所，立無遮會。有來索者，求食與食，須飲與飲，欲鬘與鬘，索香與香。或須塗香，即與塗香；須[1]床敷者，即與床敷；須資生者，悉具與之。時其家内所有財物，皆收内庫，一切酒坊，一切屠舍，並皆除斷。”（T0190v03p0816a）本頁下注1：“床＝牀《三》*。”

按：“牀”與“床”爲版本異文，“牀”即“牀”字之訛，“爿”旁訛作“片”旁也。“床敷”文獻習見。鄭賢章《漢文佛典疑難俗字彙釋與研究》亦有考證（p162），可參看。

1167 舲

隋灌頂纂《國清百録》：“在靈曜寺，主書羅闡宣口勅，送真金像一軀（光趺五十）、釋論一部、闞寶縷舲案一面、山羊鬐麈尾一柄（并匣）、虎面香鑪一面（并合）、東田口二。”（T1934v46p0799c）

按：《嘉興藏》亦作“舲”。“舲”即“牄”字之訛，“牄”又“櫺”之異構字。《集韻·青韻》郎丁切：“櫺、𤖹、牄，牀笫。或从零、从令。”明梅膺祚《字彙·爿部》：“櫺，同牄。”“𤖹，同牄。”“牄，力丁切，音零。牀笫。”“舲”即“牄”之訛字，“爿”訛作“片”。

1168 牗

日本春屋妙葩語《知覺普明國師語録》：“拔却斗門千尺[1]閘，百川放使向西朝。當初禹力歸何處，只見漁人弄海潮。”（T2560v80p0690a）本頁下注1：“原本冠注曰：'"閘"與"牐"同。《字彙》云："牀甲切，暫入聲。閉城門具。一曰以版有所蔽。"'"

按：原注"'閘'與'牐'同"，"牐"即"牐"字之訛，"牐"又"閘"之異構字。《説文·門部》："閘，開閉門也。从門，甲聲。"明梅膺祚《字彙·門部》："閘，同牐。"明張自烈《正字通·門部》："閘，舊註同'牐'。按，今漕艘徃來，甃石左右如門。設版瀦水，時啓閉以通舟。水門容一舟銜尾貫行門曰閘門，河曰閘。河設閘，官司之。《説文》'開閉門也。'未詳。舊註汎云同'牐'，非。篆作'閘'。"

1169 鼑

日本湛叡撰《華嚴演義鈔纂釋》："鈔：夫大象無形。（文）《老子》經下（上士聞道章第四十一）云：……大器晚成（大器之人若九鼑瑚璉不可卒成也）。"（T2205v57p0074c）

按："鼑"即"鼎"字之訛。《老子》："大器晚成。"漢河上公章句："大器之人若九鼎瑚璉不可卒成也。"此即湛叡之所本，與"鼑"對應之字作"鼎"。《原本玉篇殘卷》中"鼎"作"鼑"。"鼑"與"鼑"形近，"鼑"即在"鼑"的基礎上之進一步訛寫。

爪部

1170 爯

東晉道安撰《人本欲生經註》："心之流放，眴息生滅之間，爯撫宇宙之表矣。"（T1693v33p0009a）

按："爯"即"再"字之訛。《莊子·在宥》："人心排下而進上，上下囚殺，淖約柔乎剛强，廉劌雕琢。其熱焦火，其寒凝冰。其疾俛仰之間而再撫四海之外，其居也淵而静，其動也懸而天。僨驕而不可係者，其唯人心乎？"此即"再撫"之所出。佛經或引《莊子》之文，如元知訥撰《真心直説》："莊生云：'心者其熱燋火，其寒凝氷。其疾俛仰之間再撫四海之外，其居也淵而靜，其動也懸而天者，其惟人心乎？'"（T2019Av48p1001a）或化用其詞，如南朝梁僧祐撰《弘明集》："形器必終，礙於一垣之裏；神識無窮，再撫六合之外。"（T2102v52p0049c）皆可比勘。

《可洪音義》卷十九《俱舍論》第二十五卷："𢍓説，上子在反。"（v60 p136a）"再"或寫作"𢍓"，"爯"與"𢍓"形近，故"再"或訛作"爯"。南宋婁機《漢隸字源·代韻》："再，爯（百七五）。""百七五"爲《仲秋下旬碑》的代號。清顧藹吉《隸辨·蒸韻》："爯，《仲秋下旬碑》：'嘉~卓然。'按，《玉篇》：'爯與稱同。'《古文尚書》凡'稱'皆作'爯'。《字原》誤釋作'再'。《綏民校尉熊君碑》：'君長子爯孝。''稱'亦作'爯'。"根據碑文文意，"爯"爲"爯"字，顧藹吉釋讀是。婁機釋作"再"，不確，但從中可以看出"爯""再"易混。網絡版《異體字字典》"再"字條下有"𢍓"字，引《漢隸字源·去聲·代韻·再字》引《仲秋下旬碑》爲證，亦不妥。

1171 豸

西晉竺法護譯《佛説胞胎經》："佛告阿難，譬如生草菜，因之生虫，虫不從草菜出，亦不離草菜。依生草菜，以爲因緣和合生虫，緣是之中虫[16]蟸自然。"（T0317v11p0886b）本頁下注16："蟸=豸《宋》《元》，豸《明》，象《宮》。"

按："豸"與"豸""蟸""象"爲版本異文。據文意，"虫蟸"爲草菜中所生之蟲，當爲昆蟲類小蟲，字本當作"虫豸"，"豸"即"豸"字書寫變異。唐慧琳撰《一切經音義》："豺狼，上床皆反。《説文》：'狼屬也。從[1]豸（長利反），才聲也。'《經》文從犬作'犲'，非也，無此字。"（T2128v54p0377b）本頁下注1："豸=豸《甲》。""豸"亦"豸"字之訛，"豸"與"豸"形近。

字又作"象"者，"象"亦"豸"字之訛。唐不空譯《佛母大孔雀明王經》："一切鼠毒、蜘蛛毒、[17]象毒。"（T0982v19p0435a）本頁下注17："象=豸《明》。"日本觀靜撰《孔雀經音義》："象毒，梵云誐惹尾娑。"（T2244v61p0795a）"豸"乃"象"字之訛，可資比勘。

字又作"蟸"者，"蟸"亦"豸"字之訛，當是"豸"訛作"彖"又受前字"虫"影響而加"虫"旁，此乃字形同化之例。唐道宣撰《續高僧傳》："凡有施用，躬自詳觀。馳赴百工，曉夜無厭。皆將送蟲[26]豸，得存性命。故延興一寺，獨免刑殘。"（T2060v50p0610c）本頁下注26："豸=彖《宮》。""彖"乃"豸"字之訛。西晉竺法護譯《正法華經》："若干種蟲[5]蚤，不習食噉肉。"（T0263v09p0108a）本頁下注5："蚤=豸《元》《明》，蟸《宮》。""蟸"亦"豸"字之訛，可比勘。

1172 𤔁

元覺岸編《釋氏稽古略》："監國威自皐門入宮，即位於崇元殿。制曰：朕周

室之裔，𧇾叔之後，國號宜曰周。”（T2037v49p0856b）

按：“𧇾”即“虢”之異寫字。清邢澍《金石文字辨異·陌韻》“虢”字條引《唐追樹王公神道碑》作“𧇾”，黄征《敦煌俗字典》“虢”下引S.610《啓顏録》作“𧇾”（p143），均與“𧇾”形近，可比勘。

1173 𤔢

日本快道撰《阿毘達摩俱舍論法義》：“《應音》二十四（十右）云：梵云𤔢（音蒲眠反）膳那，此云顯了，但以文能顯義，故以代之。舊云味身，或云字身，一也。”（T2251v64p0112b）

按：“𤔢”即“𤔢”字之訛，“瓜”旁訛作“爪”旁也。唐玄應撰《一切經音義》（麗藏本）卷二十三《對法論》第二卷：“文身，梵言𤔢膳那，此言顯了，但以文能顯義，故以代之。舊言味身，或云字身，一也。𤔢，音蒲眠反。”（p309a）“𤔢”爲“𤔢”俗體。唐慧琳撰《一切經音義》卷四十七《對法論》第二卷：“文身，梵言𤔢膽那，此言顯了，但以文能顯義，故以代之。舊言味身，或云字身，一也。𤔢，蒲眠反。”（T2128v54p0621c）日本湛慧撰《阿毘達磨俱舍論指要鈔》：“《玄應音義》二十四（十紙右）云：梵言翩膳那，此言顯了，但以文能顯義，故以代之。舊言味身，或云字身，一也。𤔢，音蒲眠切。”（T2250v63p0869a）字皆訛作“𤔢”。

1174 𤓰

日本長惠撰《魚山私鈔》：“曩莫薩縛怛他蘖帝𤓰尾。”（T2713v84p0833b）

按：“𤓰”即“瓢”字之訛，“瓜”旁訛作“爪”旁也。唐菩提流志譯《金剛光焰止風雨陀羅尼經》：“根本滅諸災害真言：那莫薩嚩（无可切）怛他蘗帝[8]飄（毘遥切。一）。”（T1027Bv19p0736b）本頁下注8：“飄＝瓢[イ]《甲》。”字即作“瓢”。日本淨嚴撰《悉曇三密鈔》：“𑖥𑖲，瓢、嘌。”（T2710v84p0751b）“瓢”可爲“𑖥𑖲（bhyu）”之譯音字。

1175 𤓰

日本大休宗林語《見桃録》：“龍川（秀濟尼）：四海五湖同一如，拏雲𤓰霧上清虚。禹門激起桃花浪，回首諸方點額魚。”（T2572v81p0434a）

按：“⿰爪蒦”即“擭”之異構字。北宋守堅集《雲門匡真禪師廣録》：“尉云：‘忽遇拏雲擭浪來，又作麽生？’僧云：‘他亦不顧。’”（T1988v47p0561b）北宋才良編《法演禪師語録》：“海會演師昔行脚至白雲峰頂，逢一善知識，據師子座，現比丘身。爲無所爲，説無所説。有時拏雲擭浪，游戲自如；有時截鐵斬釘，紀干不可。”（T1995v47p0669a）與“⿰爪蒦”對應之字皆作“擭”。唐慧琳撰《一切經音義》：“擭持，於虢反。《廣雅》：‘擭，持也。’謂握取之也。”（T2128v54p0673a）“擭”爲握取之義，與文意合。字或作“⿰爪蒦”者，在握取的意義上，“爪”與“手”同意。《法演禪師語録》：“進云：‘忽遇拏雲⿰爪隻霧來時，又作麽生？’師云：‘老僧打退鼓。’”（T1995v47p0662c）明居頂撰《續傳燈録》：“僧云：‘猶是湛水之波，忽遇拏雲⿰爪隻霧，又且如何？’師曰：‘道泰不傳天子令。’”（T2077v51p0552b）字又作“⿰爪隻”，“⿰爪隻”乃“⿰爪蒦”之省。清吴任臣《字彙補·爪部》：“⿰爪隻，與攫同。”（p122）認爲“⿰爪隻”與“攫”同，不妥。“攫”與“擭”義近，但非同字。明樂韶鳳等撰《洪武正韻·陌韻》霍虢切：“擭，握也，手取也。亦作攫。又禡、藥二韻。攫，《莊子》：‘左手攫之。’又藥韻。”前人字書或混同之。明張自烈《正字通》“擭”字條亦辨之，可參。

《法演禪師語録》：“山水君居好城隍，我亦論靜聞鐘角響。閑對白雲屯大衆，法眼雖不拏雲攫霧，爭柰遍地清風。”（T1995v47p0650a）《大正藏》“拏雲攫霧”亦多見。

月 部

1176 肥

唐菩提流志譯《大寶積經》：“即説呪曰：怛姪他（一）阿末麗（二）……吃利多費低（二十二）肥盧遮都費低漫怛囉悖馳那馳咯迦（二十三）。”（T0310v11p0569a）

按：“肥”即“肥”字之書寫變異。林光明《新編大藏全咒》卷一《大寶積經》“魔波句［旬］説降伏散亂心陀羅尼”中“肥”的梵語譯音羅馬轉寫作“bi”（v1p78），與“肥”之讀音合。南宋婁機《漢隸字源·微韻》“肥”或作“肥”“肥”等形。《篆隸萬象名義·肉部》：“肥，扶連反。多肉。”《可洪音義》卷八《尊勝菩薩所問一切諸法入无量門陁羅尼經》：“肥呺：戸西反。正作‘兮’也。”（v59p813a）字形皆合。

1177 䏋

東晉佛陀跋陀羅、法顯譯《摩訶僧祇律》："是獼猴子小時毛色潤澤，跳踉超擲，人所戲弄。漸至長大，衣毛憔悴，人所惡見。竪耳張口，恐怖小兒。爾時羅大鸚鵡子，便説此偈，謂波羅言：竪耳[32]皺䏋面，嚾哰怖童子。坐自生罪累，不久失利養。"（T1425v22p0258c）本頁下注32："皺䏋＝蹙皺《三》《宮》，皺朒《聖》。"

按：《嘉興藏》作"蹙皺"，音釋："蹙皺，蹙，子六切，縮也；皺，側救切，眉攢也。""皺朒"與"皺䏋""蹙皺"爲版本異文。唐玄應撰《一切經音義》（麗藏本）卷十五《僧祇律》第四卷："皺抐，壯幼反，下女六反。《通俗文》：'縮小曰㾊。'物不申曰縮朒，《律》文作'皺䏋'，未見所出。"（p205a）宛委别藏本"皺"作"皺"，"皺䏋"作"皺䏋"（p485）。唐慧琳撰《一切經音義》卷第五十八《僧祇律》第四卷："皺朒，壯幼反，下女六反。《通俗文》：'縮小曰㾊。'物不伸曰縮朒，《律》文作'皺䏋'，未見所出。"（T2128v54p0691a）《龍龕手鑑·皮部》："䏋，女六反。"《康熙字典·備考·皮部》："䏋，《篇海類編》：女六切，音忸。"玄應所見本作"皺䏋"，曰"未見所出"，亦未識其爲何字，蓋據文意改作"皺抐"。"皺"有收縮義，"抐"蓋"朒"字之訛。《説文·月部》："朒，朔而月見東方謂之縮朒。从月，内聲。"清段玉裁《説文解字注》改篆作"朒"，結構分析作"从月，肉聲"，清人多從之。《玉篇·月部》："朒，女六切。縮朒不寬伸之皃。《説文》曰：'月見東方謂之縮朒。'""朒"有皺縮義，"皺朒"亦皺縮之義。"竪耳皺朒面"乃形容獼猴表情之語，謂獼猴"竪起耳朵，皺縮面部"，是恐嚇人的樣子。用"皺朒"疏通文意，文意可通。但這並未解決"皺䏋"二字的釋讀問題。《可洪音義》卷十五《摩訶僧祇律》第四卷："皺䏋，上阻瘦反，下所六反。衣不伸皃也，蹙也，皮緩也。正作'縐［縐］縮'，亦作'皺䠞'也。第七卷作'皺縮'也。上又或作'緎'，子六反。《經音義》作'皺䏋'，應和尚以'皺抐'替之，'抐'，女六反，韻無此呼。"（v59p1104c）《可洪音義》卷二十五《一切經音義》第十五卷："縮朒，上所六反，下女六反。下切韻無此字。皺䏋，上阻瘦反，下所六反。又或作'緎'，子六反。"（v60p376b）《可洪音義》"䏋"當"䏋"字之訛，"䏋"爲"䏋"之異寫。可洪不同意玄應把"皺䏋"釋作"皺抐"的觀點，認爲"皺䏋"的正字作"縐縮"或"緎縮"，釋其義爲"衣不伸皃也，蹙也，皮緩也"。可洪最早把"䏋"與"縮"關聯起來，甚是。然對"皺"字的來源及整詞詞義的考證不確切。

《可洪音義》卷二十三《經律異相》第二十九卷："皺䏋，所六反。《僧祇律》作'䏋'也。《經音義》作'抐'字，呼抐女六反。又《川音》以'䏋'字替之，'𦢊'音緇。後二音並非也。"（v60p273c）南朝梁寶唱等集《經律異相》："大臣試王，將一獼猴與著衣服作革囊盛之，串其肩上，將到王前。巧匠已至，願王指授。王知相試，便說偈言：觀此衆生類，睒睒面皺䐢。踖厥性輕躁，成事彼能壞。"（T2121v53p0155a）唐慧琳撰《一切經音義》卷七十九《經律異相》第二十九卷："皺瘤，上鄒瘦反。《考聲》：'皮聚也。'《文字典説》：'皮寬皺聚也。'下留宙反。《考聲》：'瘤者，瘰起病也。'《說文》：'小腫也。從疒。'"（T2128v54p0818a）《摩訶僧祇律》卷第六："大臣念言，恒欲試王，今正是時。將一獼猴與著衣服，作巧作具，革囊盛之，串其肩上，將到王前，白言：'大王，被勑立殿，巧匠已至，願王指授殿舍方法。'王即心念，彼將試我。便說偈言：觀此衆生類，睒睒面皺[33]䏝。�趯性輕躁，成事彼能壞。"（T1425v22p0279c）本頁下注33："䏝=縮《三》《宮》，赦《聖》。"《嘉興藏》作"皺縮"。隋闍那崛多譯《佛本行集經》第二十四卷："菩薩如是食彼食已，身體羸瘦，喘息甚弱，如八九十衰朽老公，全無氣力，手脚不隨，如是如是。菩薩支節連骸亦然，菩薩如斯減少食飲，精勤苦行，身體皮膚，皆悉皺[14]䏝，譬如苦瓠，未好成熟，割斷其蔕，置於日中，被炙萎黄，其色以熟，肌枯皮皺，片片自離，如枯頭骨，如是如是。"（T0190v03p0767c）本頁下注14："䏝=赦《聖》。"又第三十九卷："時娑毘耶波梨婆闍問富蘭那迦葉等義，如上所說。云何比丘？乃至云何名爲求道？時娑毘耶如是諮問迦葉語已，而迦葉等領受言義，心意錯亂，不能報答。以不逮及彼之義意，增復嚬皺，眉頷䏝縮。現爲三分，心生怨恨，瞋恚憤怒，無事唱呴。時娑毘耶波梨婆闍作如是念，此之長老，我所諮問，不解答對微塵等義，又領我意，倒錯參差，不能得解。文句蹇澁，更重慚恧，而生瞋恨。"（T0190v03p0833b）唐道世撰《法苑珠林》："是時作瓶天子於街巷前正當太子，變身化作老弊人。太子見已，即問馭者：'此是何人？身體皺[12]䏝，肉少皮寬，眼赤涕流，極大醜陋，獨爾鄙惡，不似餘人。'"（T2122v530359b）本頁下注12："䏝=皵《明》。"四庫本作"皵"。《佛本行集經》："是時作瓶天子於街巷前正當太子，變身化作一老弊人，傴僂低頭，口齒疎缺，鬢鬌如霜，形容黑皺，膚色黧黮，曲脊傍行，唯骨與皮，無有肌肉，咽下寬緩，如牛垂胡。身體萎摧，唯仰杖力。上氣苦嗽，喘息聲麁，喉内吼鳴，猶如挽鋸。四支戰挑，行步不安。或倒或扶，取杖爲正。如是相貌，在太子前，順路而行。太子見彼老人身體如是戰慄，不祥衰相，如上所說。於太子先，困苦匍匐。太子見已，即問馭者：'此是何人？身體皺赧，肉少皮寬，眼赤涕流，極大醜陋，獨爾鄙惡，不似餘人。'"（T0190v03p0720b）北魏瞿曇般若流支譯《正法念處經》："或以天眼見一切身分冷風，令身臭汗，堅澁惡色，身體皺減，羸瘦毛竪。"（T0721v17p0390b）唐慧琳撰《一切經音義》卷二十四《方廣大莊嚴經》第七卷："皺赧，上側瘦反。《韻略》：'面皺也。'《文字典説》：'皮寬聚也。從皮，芻聲。'《經》作'皺'，俗字。下尼簡反。《方言》：'赧，愧也。'《說文》：'赧，慙也。從赤，𠬝聲。'"（T2128v54p0462b）唐地婆訶羅譯《方廣大莊嚴經》："比丘當知，我昔唯食一麥之時，身體羸瘦如阿斯樹，肉盡肋現如壞屋椽，脊骨連露如筇竹節，眼目欠陷如井底星，頭頂銷枯如暴乾瓠，所坐之地如馬蹄跡，皮膚皺[14]趣如割胸形。"（T0187v03p0581b）本頁下注14："趣=赧《三》。"

《嘉興藏》作“皺赧”，音釋：“皺，側救切，皵也。赧，乃板切，面慚而亦［赤］也。”唐慧琳撰《一切經音義》卷五十三《起世因本經》第四卷：“赧皺，上儜簡反。《説文》云：‘赧，面慙赤也。從赤，𠬝聲。’《經》本從皮作‘𤿲’，俗字也。𠬝音㚇。下莊壽反。《韻略》云：‘面皮聚也。’《説文》字從皮芻聲。《經》作‘皱’，俗。”（T2128v54p0660b）隋達摩笈多譯《起世因本經》：“復更告言：丈夫，汝豈不見往昔世間有人身時，或作婦女，或作丈夫，衰老相現。摩訶羅時。齒缺髮白，皮膚[1]緩皺，黶子遍滿，狀如烏麻。傴僂背曲，跛跂而行，步不依身，恒常偏側。頸皮寬緩，如牛咽垂。脣口乾枯，喉舌燥澁。身體屈折，氣力綿微。喘息作聲，猶如挽鋸。向前欲倒，倚杖而行。既離盛年，肉血消盡。羸瘦趣向未來世路，舉動尪弱失壯時形。乃至身心恒常戰慄，其諸支節一切悉皆疲懈已不?”（T0025v01p0386a）本頁下注 1：“緩＝皴《宋》，赧《元》《明》。”上揭諸例，“𤿲”皆“蹙”字之變，“蹙”有皺縮義，因用來描寫面部表情等，故字或改從“皮”，本當有從皮戚聲之字，猶“蹙”或分化出“顣”。“𤿲”即從皮戚聲之字之訛，亦猶“顣”或寫作“𩔇”（見《龍龕・頁部》）也。“𤿲”又爲“赧”字之異構字，義爲因羞愧而臉紅，乃從赤從皮的會意字。作爲“赧”的異構字的“𤿲”文獻習見，故佛經中從皮戚聲之字訛字的“𤿲”或錯誤轉寫作“赧”，誤解其義爲皮膚赤紅之義。上揭《慧琳音義》亦誤，是唐人已不識皺縮義之“𤿲”矣。

今考“皶皾”即“蹙縮”之俗字。北宋李昉等編《文苑英華・鳥獸八・浩虚舟〈射雉解顔賦〉》：“陋容蹙縮以興憤，慢臉嫕娟而改色。”南宋范成大《除夜感懷》詩：“蹙縮高顴頰，蕭騷短鬢髭。”北宋施護譯《佛説守護大千國土經》：“如是等諸羅刹晝夜行，於一切處現可畏形，作諸執魅，持彼童男童女種種疾病，使其男女現種種相，若曼祖計及鹿王魅者令惡吐逆，塞健（二合）那魅者小兒搖頭，阿鉢娑麼（二合）囉魅者口吐涎沫，母瑟致（二合）迦魅者手指拳縮，麼底哩（二合）迦魅者長喘而笑，惹弭迦魅者不飲其乳，迦弭顊魅者睡即驚怖、悟即啼哭，黎嚩底魅者常咬其舌，布單那魅者噎氣咳嗽，麼底哩（二合）難那魅者作種種色，爍俱顊魅者嗅諸臭穢，建姹播捉魅者咽喉閉塞，目佉滿捉魅者口頻蹙縮，阿監麼魅者小兒餲噦，如是等諸大羅刹復現種種可畏之狀，令諸童男童女恒常驚怖。”（T0999v19p0591b）“蹙縮”皆用來描寫面部表情，最後一例則用“蹙縮”描寫“可畏之狀”，與上揭《律》文用法相同。《説文新附・足部》：“蹙，迫也。从足，戚聲。”“蹙”之本義爲迫近，引申有縮小、收縮義。“蹙縮”爲同義並列複合詞。“蹙縮”之“蹙”或借“踧”字，文獻習見。“皶皾”即“蹙縮”之分化字，因表臉部皺縮的動作或樣子而改作“皮”旁，與“蹙頞”之“蹙”改作“顣”同例。

《漢語大字典》：“皾，niǔ《篇海類編・身體類・皮部》：‘皾，女六切。’《字彙補・皮部》：‘皾，女六切，音忸。義未詳。’”（二 p2950a）“皾”讀“女六切”，而未詳其義。行均蓋本《玄應音義》，然玄應本不識“皶皾”二字，據文意改讀作“皺朒（朒）”二字，玄應讀“朒（朒）”字爲“女六切”，未讀“皾”爲“女六切”。行均始將“朒（朒）”字之讀音誤植到“皾”字上，後代字書多承其誤。張涌泉《漢語俗字叢考》（修訂本）“皻”字條：“《龍龕》卷一皮部：‘皻，女六反。’（124）乃此字之早見者。此字疑爲‘朒’的俗字。……‘衄’爲‘朒’的後起換旁字。‘衄’字《僧祇律》原書作‘皻’，玄應校改作‘衄’，‘皻’正是‘衄（朒）’的俗字，是其切證。”（p547）以“皻”爲“朒”的俗字，亦受了行均的誤導。“皻”爲“縮”之俗字，與“朒”無關。

宋、元、明及宮本之“蹙皺”，聖本之“皺朖”，亦皆據文意改。“朖”蓋即“朒”之俗字。字本當作“肚”，“丑”訛作“刄”。《廣雅・釋言》：“衄，縮也。”“衄”亦有縮義。《廣韻・屋韻》如六切：“衄，鼻出血。俗作衂。”“衄”或寫作“衂”，可比勘之。

三國吳支謙譯《佛説孛經抄》：“王曰：‘如我憍恣，不能遠色，孛得無爲不復與我語乎？’孛曰：‘人不與語有十事：驚慢、魯鈍、憂怖、喜預、羞慚、吃[21]吶、仇恨、凍餓、事務、禪思，是爲十事。’”（T0790v17p0732a）本頁下注21：“吶=朖《元》《明》。”“朖”又通“吶”。

1178 朖

隋智顗説《妙法蓮華經文句》：“上下牙、上下唇齶、兩頰、兩鬢、兩目、兩眉、兩鼻孔、額、兩朖、兩耳、頭圓。”（T1718v34p0116c）

按：鄭賢章《漢文佛典疑難俗字彙釋與研究》“朖”字條（p227）：“‘朖’疑爲‘頬’字。”唯所引《大正藏》之《妙法蓮華經文句》字作“朖”，不作“朖”。文中所引南朝宋求那跋摩譯《菩薩善戒經》（T1582v30p1009c）作“朖”，唐慧琳撰《一切經音義》（T2128v54p0606b）作“朖”，亦皆不作“朖”。

1179 胡

日本賴寶述《真言名目》：“名此胎藏，此有數義：一含藏義，母胎内含藏體性覆胡之，理體又爾也，能具足一切功德不失之，故云胎藏也。二隱覆義，在人胎内如覆藏其體，理體煩惱中隱不顯現，故云胎藏也。”（T2449v77p0734a）

按：“胡”即“育”書寫變異，上下結構改作左右結構。唐慧苑撰《新譯大方廣佛花嚴經音義》：“覆育，賈注《國語》曰：‘育，生也。’言如天覆如地生也。”（T2128v54p0443c）

1180 服

唐慧琳撰《一切經音義》卷三十七《文殊師利菩薩六字經》："合睪，下剜涣反。《經》從月作'腕'，俗字也。《説文》正體從手從服。'服'音苑，從目，從叉，音爪。"（T2128v54p0554a）

按："服"即"叟"字之訛。《説文·手部》："擥，手擥也。楊雄曰：腕，握也。从手，叟聲。"《説文》作"叟"。

1181 肤

日本心覺撰《多羅葉記》："究仲婆，此云惡火。㹨尸那池，此云茅江。上二江部。㹨絺羅池，此云勝。私云：[5]膝歟？是池部。"（T2707v84p0606a）本頁下注5："膝＝肤[イ]《甲》。"

按："肤"與"膝"之版本異文，"肤"即"膝"字之訛。同上經："摩訶俱絺羅，亦云㹨絺羅。摩訶者大，俱絺羅者[15]膝。"（T2707v84p0609a）本頁下注15："膝＝勝私云膝歟可見大論十二《甲》。"又："㹨絺羅，譯云勝。私云：膝歟?"（T2707v84p0605b）日本圓珍撰《菩提場經略義釋》："俱郗羅者，《法華》云摩訶拘絺羅，此翻大膝，即是舍利子之舅。"（T2230v61p0524b）南宋法雲編《翻譯名義集》："摩訶拘絺（丑夷）羅，《大論》云：秦言大膝，摩陀羅次生一子，膝骨麁大，故名拘絺羅。舍利弗舅。"（T2131v54p1064b）唐慧琳撰《一切經音義》卷二十六《大般涅盤經》第十七卷："摩訶拘絺羅，此云大膝也。"（T2128v54p0474c）唐慧琳撰《一切經音義》卷四十八《瑜伽師地論》第六十二卷："瑟祉，勑里反。舊言俱絺羅，譯云膝也，言膝骨大也。"（T2128v54p0631c）唐慧琳撰《一切經音義》卷五十《業成就論》："俱瑟祉羅經，梵語。勑里反。舊言俱絺羅，譯云膝也，言膝骨大也。此即舍利弗舅長瓜［爪］梵志是也。"（T2128v54p0642c）與"肤"對應之字皆作"膝"。《可洪音義》卷十五《根本説一切有部毗奈耶律》第三十七卷："胯膝，上苦化反，下星七反。"（v59p1136a）"膝"或寫作"膝"。"肤"即"膝"之訛。

《多羅葉記》中"勝"亦"膝"之訛。佚名《翻梵語》："摩訶俱絺羅，亦云拘絺羅，譯曰摩訶者，大；俱絺羅者，勝。"（T2130v54p0993b）字或作"勝"，"勝"亦"膝"字之訛。唐不空譯《一字奇特佛頂經》："又法，用前法燒牛[24]膝苗莖護摩，所求財利皆得。"（T0953v19p0293b）本頁下注24："膝＝勝《聖》。"又："他前成就處，深掘齊[5]膝，去瓦礫炭石等。"（T0953v19p0296a）本頁下注5："膝＝勝《聖》。"東晉佛陀跋陀羅、法顯譯《摩訶僧祇律》："在前行者，不信其語，爲羊所觸，即時絶倒。傷破兩[7]膝，悶絶躃地。衣服傘蓋，裂壞蕩盡。"（T1425v22p0242b）本頁下注7："膝＝勝《聖》。"東晋佛陀耶舍、竺佛念譯《四分律》："掘地至[20]膝，以杵擣令堅。"（T1428v22p0783c）本頁下注20："膝＝勝《聖》。"唐遁倫集撰《瑜伽論記》："覆慧勝慧者，猶如覆鉢不受物。鈍慧亦爾，不受法故。言覆慧，猶膝上著草子等時，坐時著起時即落散。鈍慧亦爾，坐時聽法，起即忘失，故言[8]膝慧。"（T1828v42p0739b）本頁下注8："膝＝勝《甲》。"唐玄奘、辯機撰《大唐西域記》："阿羅漢曰：願於池内惠以容[12]膝。"（T2087v51p0886a）本頁下注12："膝＝勝《甲》。"隋吉藏撰《彌勒經遊意》："以昔三業善根，今生爲天，自然化現。在女兒天[7]勝上生天，形之大小，如人間兩年兒。又傳云：男生坐父天[*]勝上，女生坐母[*]勝上。與既有女天男天，何容男天[*]勝上坐，若爾則無分别男女二天也。"（T1771v38p0270c）本頁下注7："勝＝膝ヵ《原》[*]。""勝"皆"膝"字之訛。

1182 胇

唐玄奘譯《十一面神呪心經》："若被刀箭牟矟等傷，蛇蠍蜈蚣毒蜂等螫，皆以此呪呪之七遍，即得除愈。若障重者，呪黄土埿至一七遍，用塗病處，所苦得除愈。若患緩風偏風[21]胇風耳聾鼻塞憨風等病，皆應至心念誦此呪。"（T1071v20p0153c）本頁下注21："胇＝癱《元》《明》，發《甲》。"

按："胇"與"發""癱"爲版本異文，"胇"即"肺"字之訛。本作"癈風"，又作"廢風""發風""肺風""癱風"等。唐慧琳撰《一切經音義》卷七十一《阿毘達磨順正理論》第四十八卷："珊若婆病，桑干反。此云癈風，病一發不起者。"（T2128v54p0771c）南宋法雲編《翻譯名義集》："珊若娑，此云癈風，病一發不起。"（T2131v54p1166a）衆賢造、唐玄奘譯《阿毘達磨順正理論》："於諸事業皆不欲爲，惛重無動搖，如珊若娑病，是故名曰不共無明。"（T1562v29p0611a）字亦作"廢風""肺風"，唐阿地瞿多譯《陀羅尼集經》："若被刀箭矛矟等傷，蛇蠍蜈蚣毒蜂等螫，皆以此呪呪之七遍，即得除差。若障重者，呪黄土泥呪一七遍，用塗患處，即得除愈。若患風病緩風偏風，若患[5]廢風憨風等病，耳聾鼻塞，皆印病處，至心誦呪一百八遍，病即除愈。"（T0901v18p0818c）本頁下注5："廢＝肺《宋》。""胇"則"肺"字之訛。

1183 肹

唐彦琮纂録《集沙門不應拜俗等事》："其有素履貞遯，清規振俗。神化肹響，戒行精勤。"（T2108v52p0465c）

按：“胯”即“肸”字之訛。《説文·十部》（段注本）：“肸蠁，布也。从十肙聲。”《玉篇·十部》：“肸，許乞切。蠁布也。今爲肹。”《廣韻·質韻》羲乙切：“肸蠁，俗作肹。”“肸”又作“肹”，“胯”即“肹”字之訛。北宋贊寧等撰《宋高僧傳》：“至今越人多以芒鞵油旛上獻，感應胯蠁，各赴人家，不可周述。”（T2061v50p0827a）“胯”亦“肹”字之訛。鄭賢章《漢文佛典疑難俗字彙釋與研究》有“胯”字條（p229），可參看。

1184 ⿱匈冃

北宋重顯頌古、克勤評唱《佛果圜悟禪師碧巖録》：“當時若有箇漢出來，道得一句，互爲賓主，免得雪竇這老漢後面自點胸。野老從教不展眉（三千里外有箇人，美食不中飽人喫），且圖家國立雄基（太平一曲大家知，要行即行要住即住，盡乾坤大地是箇解脱門，爾作麼生立），謀臣猛將今何在（有麼有麼，土曠人稀，相逢者少，且莫點⿱匈冃）？萬里清風只自知（旁若無人，教誰掃地，也是雲居羅漢）。”（T2003v48p0193c）

按：“點⿱匈冃”同前文的“點胸”，“⿱匈冃”即“胷”字之訛。“點胸”一詞佛經多見。北宋惠泉集《黄龍慧南禪師語録》：“世間有五種不易：一、化者不易，二、施者不易，三、變生爲熟者不易，四、端坐喫者不易，更有一種不易是什麼人？良久云：‘聻。’便下座時真點胸作首座。藏主問云：‘適來和尚道，第五種不易是什麼人？’首座云：‘腦後見腮，莫與往來。’”（T1993v47p0638a）南宋蘊聞輯《大慧普覺禪師語録》：“浴佛上堂。今朝正是四月八，淨飯王宮生悉達。吐水九龍天外來，棒足七蓮從地發。點胸點肋獨稱尊，大口開張自矜伐。”（T1998Av47p0814c）《大正藏》“點胸”凡 45 見。

唐道世撰《法苑珠林》：“讚毁兩途，開[7]匃莫二。”（T2122v53p0495a）本頁下注 7：“匃 = ⿱匈冃《元》《明》。”四庫本作“胷”。“⿱匈冃”亦“胷”字。

1185 脷

南宋釋寶雲譯《佛本行經》：“猶如深淵底，群魚於中遊。於上雖不現，察外動可知。今見諸楷式，在體而[11]隱胗。”（T0193v04p0072b）本頁下注 11：“隱胗 = 臆脷《三》。”

按：“脷”與“胗”爲版本異文，“脷”即“⿰月刂”字之訛。唐慧琳撰《一切經音義》卷七十四《佛本行讚傳》第二卷：“癮疹，上殷謹反，下真忍反。《考聲》曰：‘癮疹，皮上風起也。’《説文》從疒從㐱。《傳》文從肉作‘臆⿰月刂’，非也。”（T2128v54p0786a）慧琳所見本作“臆⿰月刂”，釋作“癮疹”。“⿰月刂”蓋“胗”

之借字。《説文・肉部》："胴，瘢也。"指身體的傷瘢，與經義不同。後秦鳩摩羅什譯《坐禪三昧經》："若[23]隱[24]胗脈起者，知是有煖必可得活。"（T0614v15p0279c）本頁下注23："隱＝瘾《元》《明》。"注24："胗脈＝胴《元》《宫》。"《嘉興藏》作"瘾胗"。"胴"亦通"胗"。

1186 眷

三國吴支謙譯《大明度經》："佛言：發意索佛者爲壞邪界，心不離佛法，除饉衆如是，其助喜者爲近佛，用是功德世世所生爲人所敬[15]養，未嘗有惡聲，不恐入三惡道，當生天上，在十方常尊。"（T0225v08p0501b）本頁下注15："養＝眷《聖》。"

按：《嘉興藏》作"養"。"眷"與"養"爲版本異文，"眷"即"養"字之訛。"敬養"義爲"奉養，贍養"，如《禮記・祭義》："君子生則敬養，死則敬享。"字作"養"，與文意合。"養"或寫作"養"（見唐顔元孫《干禄字書・上聲》），因訛作"眷"。秦公《碑别字新編》引《魏賈道貴造象》作"眷"，《魏姚伯多造象》作"眷"，《魏臨潼造象》作"養"（p341），均與"眷"形近。

1187 脭

日本珍海撰《三論玄疏文義要》："《新婆娑》九十八云：評云：大千界中，有俱[8]脭大梵、百俱獨梵。"（T2299v70p0364c）本頁下注8："脭＝胝《甲》。"

按："脭"與"胝"爲版本異文，"脭"即"胝"字之訛。五百大阿羅漢造、唐玄奘譯《阿毘達磨大毘婆沙論》："大千界中有千千大梵、俱胝獨梵、百俱胝梵衆。復有説者，小千界中有一大梵、千獨梵、十千梵衆，中千界中有千大梵、十千獨梵、俱胝梵衆，大千界中有十千大梵、俱胝獨梵、百俱胝梵衆。有依雜説，大千界中有俱胝大梵、百俱胝獨梵、百千俱胝梵衆。評曰：應作是説，大千界中有俱胝大梵、百俱胝獨梵、十俱胝那庾多梵衆。"（T1545v27p0509a）唐慧琳撰《一切經音義》："俱胝，音知。天竺國數法名也。案《花嚴經・阿僧祇品》云：'十萬爲一洛叉。此國以數一億一百洛叉爲一俱胝。俱胝三等數法之中，此即中數之名也。'"（T2128v54p0314b）與"脭"對應之字正爲"胝"。"俱胝"爲佛經習見之數量名，又作"拘胝""俱致""拘梨"等，意譯爲億。

1188 腦

失譯《佛説内身觀章句經》："鼻涕膏亦血，寒熱肪小便。[4]腦之與[*]腦膜，皆以沈没彼。如泥塗老牛，如其成不知。身之内與外，夫城骨與牆。"（T0610v15p0240a）本頁下注4："腦＝腦《三》《宮》[*]。"

按："腦"與"腦"爲版本異文，"腦"即"腦"之異體。《龍龕·肉部》（高麗本）："腦，舊藏作腦。胸、腦、腦、腦、腦、腦、腦，七俗；腦，古；腦，今；腦，正。奴好反。胸頭中髓也。"《中華字海》："腦，同'腦'。字見《龍龕》。"（p906c）均已溝通"腦"與"腦"的關係。《可洪音義》卷十二《中阿含經》："謂腦腦根：中二同，奴老反。頭中髓也。悮。"（v59p988b）《可洪音義》卷二十二《禪要經》："腦之：上奴老反。"（v60p233a）"腦"亦"腦"之書寫變異。

1189 脘

唐道世撰《法苑珠林》："廬江[4]腕、摐陽二縣境上有大青小青，黑居山野之中。"（T2122v53p0332a）本頁下注4："腕＝晥《三》，脘《宮》。"

按："脘"與"腕""晥"爲版本異文，"脘""晥""腕"皆"皖"字之訛。參0948"晥"字條。

1190 腂

失譯《佛説六字神呪王經》："若有爲某甲作惡呪詛，若作已若當作，若天，若龍，若夜叉，若羅刹，若餓鬼，若鳩腂茶，若富多那，若毘舍闍，若阿波摩羅，若憂波摩羅。"（T1045v20p0039c）

按：隋闍那崛多譯《大方等大集經賢護分》："若被夜叉，若羅刹，若餓鬼，若鳩槃茶。"（T0416v13p0886b）失譯《佛説六字呪王經》："若夜叉，若羅刹，若餓鬼，若鳩槃茶。"（T1044v20p0038b）佚名《陀羅尼雜集》："若天，若龍，若夜叉羅刹，若餓鬼，若鳩槃茶。"（T1336v21p0625a）與"腂"對應之字皆作"槃"，"腂"爲"槃"之書寫變異。唐慧琳撰《一切經音義》："鳩槃茶，上九憂反，下宅家反也。南方天王下鬼名，面似冬瓜。"（T2128v54p0379c）日本心覺撰《多羅葉記》："鳩槃茶，亦云㺃辨，此云冬苽。"（T2707v84p0605c）北齊那連提耶舍譯《月燈三昧經》："天人修羅鬼，迦樓[20]鳩槃等。"（T0639v15p0561b）本頁下注 20："鳩槃 Kuṃbhāṇḍa."日本明覺撰《大佛頂如來放光悉怛他鉢怛囉陀羅尼勘註》："[illegible]，云鳩槃茶也。"（T2235v61p0609b）"鳩槃茶"爲"[illegible]（Kumbhāṇḍa）"對音，爲鬼名，字面意思爲冬瓜，因該鬼面似冬瓜而得名。"槃"爲"bhāṇ"的對音。《可洪音義》卷二《毗耶娑問經》下卷："䏗生，上蒲安反，正作'槃'。"（v60p617c）北魏瞿曇般若流支譯《毘耶娑問經》："若須食者，有種種寶間錯[5]槃生，隨其所須皆悉具足。"（T0354v12p0231a）本頁下注 5："槃＝盤《元》。""䏗"與"脲"形近，亦"槃"之書寫變異。

1191 胯

唐曇曠撰《金剛般若經旨贊》："有其三義：一者細牢，二者能斷，三者相似。……言相似者，謂卽如彼盡金剛像。若金剛杵，兩頭則闊，在中卽狹，有堅勝用。若金剛神，膊胯卽闊，在腰乃狹，有動作義。"（T2735v85p0068c）

按："胯"即"胯"字之訛。唐道氤集《御注金剛般若波羅蜜經宣演》："演曰：依此經教，文字般若，初後廣明，中間即狹，不同餘經，名不共義，是故此經獨名金剛，亦即餘分不同。所以一如畫金剛神，膊跨則闊，在腰則狹。有動作故，喻令進趣。亦如畫金剛杵，兩頭闊，中腰狹。"（T2733v85p0018b）與"胯"對應之字作"跨"。"跨"通"胯"，"胯"本指人體兩股間的部位，經中指髖骨部位，腰在肩膀和髖骨中間，最細，故經中以"金剛杵"比喻。

1192 脩

唐湛然述《法華文句記》："殽，葅也。膳，美食也。不知何事嘉祥及涉法師皆以殽爲肉，縱有一分字義通肉，何須置餘專用於肉，使後代少識者疑之？應云：非穀而食曰餚，若作脩者，噉也。"（T1719v34p0202a）

按："脩"爲"肴"之增旁異體字。鄭賢章《漢文佛典疑難俗字彙釋與研究》已有考證（p235）。湛然此段文字辨析"殽""餚"與"脩"的區別，謂"殽""餚"爲名詞，指菜肴，而非肉義，"脩"爲動詞，義爲噉。此段文字乃就《妙法蓮華經》中出現的"肴膳"一詞的不同理解而發。後秦鳩摩羅什譯《妙法蓮華經》第一卷："或見菩薩，餚饍飲食，百種湯藥，施佛及僧。"（T0262v09p0003b）唐玄應撰《一切經音義》（麗藏本）卷六《妙法蓮華經》第一卷："肴膳，胡交反，下上扇反。《國語》云：'飲而無肴。'賈逵曰：'肴，葅也。'凡非穀而食之曰肴。《説文》：'膳，具食也。'《周禮》：'膳用六牲。'又云：'膳夫。'鄭玄曰：'膳之言善也。今時美物亦曰珍膳。'《廣雅》：'肴、膳，肉也。'

字體皆從肉，⺈［爻］、善是聲。《經》文有從食作‘餚饍’二字，撿無所出，傳寫誤也。”（p79c）唐慧琳撰《一切經音義》卷二十七《妙法蓮花經》：“肴膳，上胡交反。《國語》云：‘飲而肴。’賈逵曰：‘肴，俎也。’《玉篇》：‘豆實也。’凡非穀而食之曰肴，食也，啖也，菜肉之類。《説文》：‘膳，具食也。’《周禮》‘膳夫’，鄭玄曰：‘膳言善也。今時美物亦云珍膳。’《廣雅》：‘肴、膳，肉也。’皆從肉，善聲也。又有作‘餚饍’二字，撿無所從，近代出俗字也。”（T2128v54p0484a）今本《大正藏》之《妙法蓮華經》作“餚饍”，玄應定正字爲“肴膳”，慧琳從之。隋吉藏撰《法華義疏》：“言餚膳者，肉食爲餚，細劈肉也。”（T1721v34p0476a）此即湛然述所謂嘉祥法師“以殽爲肉”之説。唐窺基撰《妙法蓮華經玄贊》：“肴者，非穀而食之曰肴。肴，葅也，應作肴字，食也，啖也，菜之類是。亦云荳實。膳，具食也。今時美物亦曰珍膳，俗解肴膳，肉也，今則不然。菩薩設以供養佛，故應爲膳字。有作‘餚膳’，非也。”（T1723v34p0687a）窺基則以爲“肴”爲所食之菜。

《説文·肉部》：“肴，啖也。从肉，爻聲。”今本《説文》“肴”訓啖，啖爲動詞，義爲吃。在這個意義上，“膴”爲“肴”之累增字。然清人對《説文》的訓釋有不同的理解。段玉裁《説文解字注》：“折俎謂之肴，見《左傳》《國語》；豆實謂之肴，見《毛傳》；凡非穀而食曰肴，見鄭箋，皆可啖者也。按：許當云‘啖肉也’，謂熟饋可啖之肉。今本有奪字。”認爲文本有誤，“肴”之本義當爲名詞，非動詞。嚴可均《説文校議》：“‘啖’字必誤。《初學記》卷二十六引作‘襍肉也’。按：《殳部》：‘殽，相襍錯也。’可互證。”王筠《説文句讀》把“肴”的訓釋改作“雜肉也”，注云：“依《初學記》《御覽》引改。《國語》賈逵注曰：‘肴，菹也。’凡非穀而食之曰肴，通作殽。《特牲饋食禮》注：‘凡骨有肉曰殽。’今本作‘啖也’者，蓋本作‘脥’，《廣雅》：‘肴、脥，肉也。’《玉篇》：‘脥，肴也。’《廣韻》：‘脥，或作啖。’蓋讀者以‘脥’字新奇，取以改許書，校者又以《説文》無‘脥’而改爲‘啖’也，是以《玉篇》《廣韻》皆有‘啖也’一義，而皆不以爲正義，知《御覽》《初學記》所引不誣也。”

就《妙法蓮華經》中出現的“肴膳”一詞的詞義而言，這裏當泛指飯菜，字或作“餚饍”，義亦同。至於佛家所食之“肴膳”爲肉、爲菜，乃佛律之所定，非語詞意義的問題了。

1193 胸

唐般若譯《大乘理趣六波羅蜜多經》：“有二火焰，從足而入，徹頂而出；復有二焰，從頂而入，通足而出；復有二焰，自背而入，從胸而出；復有二焰，從胸而入，自背而出；復有二焰，從左脇入，穿右脇出；復有二焰，從右脇入，穿左脇出。”（T0261v08p0876a）

按：審文意，“胸”即“胸”字之訛。《可洪音義》卷十三《正法念處經》

第二十卷：“脩羅⿰月匋，音凶。”（v59p1067a）北魏瞿曇般若流支譯《正法念處經》：“時護世天見是事已，接取圍山，以打阿修羅胸。”（T0721v17p0119a）“⿰月匋”亦“胸”字之訛，“⿰月匋”與“⿰月匋”形近。

1194 ⿰月妾

隋慧遠述《大乘義章》：“安衆生心，如視一子，得齒齊、密眼、紺⿰月妾、眼上下瞬三相。”（T1851v44p0874a）

按：“⿰月妾”爲“⿰目妾”字之訛，“目”旁訛作“月”旁也。《説文・目部》：“䀹，目旁毛也。”《集韻・葉韻》即涉切：“䀹、睫、⿰目㨗、⿺走毛、⿰毛妾、⿰目妾、⿺毛翟。《説文》：‘目旁毛也。’或作睫、⿰目㨗、⿺走毛、⿰毛妾、⿰目妾、⿺毛翟。”“⿰目妾”即“䀹”改換聲旁的異體字。“紺⿰目妾”即紺色眉毛。龍樹造、後秦鳩摩羅什譯《大智度論》：“是時三女各各化作五百美女，一一化女作無量變態，從林中出。譬如黑雲電光暫現，或揚眉頓[15]睫，嬖嫇細視，作衆伎樂種種姿媚，來近菩薩，欲以態身觸逼菩薩。”（T1509v25p0165c）本頁下注15：“睫嬖嫇=⿰月妾嬖瞑《宮》，⿰月妾櫻暗《石》。”“⿰月妾”與“睫”爲版本異文，“⿰月妾”亦“⿰目妾”字之訛。

1195 ⿰月般

龍樹造、後秦鳩摩羅什譯《大智度論》：“令我是身平復如故，是時薩陀波崙身，即平復無有[8]瘡瘢，如本不異。”（T1509v25p0739a）本頁下注8：“瘡瘢=瘡盤《宋》《宮》，創⿰月般《聖》《石》。”

按：“⿰月般”與“盤”“瘢”爲版本異文，“⿰月般”即“槃”字之書寫變異。“槃”“盤”皆通“瘢”。“槃”或寫作“⿰舟条”（見《可洪音義》v60p152a）、“⿰角条”（見《可洪音義》v60p247c）等形，可比勘。唐菩提流志譯《大寶積經》：“深心菩薩於求他利，不貪身命，以淨心布施因緣，臂還平復，無有瘡[2]瘢。諸賈客等即得正道，至天明旦見仙人兩臂無有瘡*瘢。”（T0310v11p0451b）本頁下注2：“瘢=槃《聖》*。”“槃”亦通“瘢”，可參證。

1196 ⿰月䍃

唐禮言集《梵語雜名》：“⿰月䍃，折日迦，[illegible]。”（T2135v54p1224a）

按：日本心覺撰《多羅葉記》：“脛，[illegible]，折日伽。……已上出禮言

《梵語雜名》。"（T2707v84p0623a）此條心覺轉録自禮言《梵語雜名》，與"脭"對應之字作"脛"，"脭"即"脛"字之訛。隋闍那崛多譯《佛本行集經》："時富樓那，如是念已，當菩薩夜出家之時，夜半默然，不諮父母，共其朋友，足三十人，從家而出。[10]逕往至於波梨婆遮迦法之中，請乞出家。"（T0190v03p0824b）本頁下注10："逕=遙《三》。"後秦鳩摩羅什譯《佛説華手經》："時觀佛定善根莊嚴菩薩，手執衆華，[1]遙散此界。以其本願因緣力故，於諸國土無所罣礙，逕來到此娑婆世界，至王舍城詣竹園中。"（T0657v16p0156a）本頁下注1："逕=遙《三》。""遙"皆"逕"字之訛。唐慧沼撰《法華玄贊義決》："涉茲五失，[45]逕三不易。譯梵爲秦，詎可不愼乎?"（T1724v34p0862b）本頁下注45："逕=遙《甲》。""逕"爲"經"字之訛，《歷代三寶記》《續高僧傳》《出三藏記集》《大唐内典録》皆作"經"，"逕"又訛作"遙"。"巠"旁或訛作"䍃"旁，故"脛"或訛作"脭"。

1197 腮

西晋無羅叉譯《放光般若經》："復問：'何等爲俗檀波羅蜜?何等爲道檀波羅蜜?'答言：'菩薩住於布施，若有沙門、婆羅門，若有貧窮、疾病、形殘，隨其所索城國、珍寶、衣被、飲食、妻子、眷屬、頭目、肌肉、髓[5]腦、骨血，一切所有皆給與之。'"（T0221v08p0037b）本頁下注5："腦=腮《宫》。"

按："腮"與"腦"爲版本異文，"腮"即"腦"字之訛。《龍龕·肉部》"腦"的俗字有"腮"字，《可洪音義》"腦"的俗字有"腮""腮"等形，皆與"腮"形近。

1198 膖

唐遁倫集撰《瑜伽論記》："有爲斷美色貪，修青瘀想、膖脹想。"（T1828v42p0862b）

按：東晋瞿曇僧伽提婆譯《增壹阿含經》："云何爲十?所謂白骨想、青瘀想、[4]膖脹想、食不消想、血想、噉想、有常無常想、貪食想、死想、一切世間不可樂想，是謂比丘修此十想者。"（T0125v02p0780a）本頁下注4："膖=膖《三》。""膖"又與"膖"爲版本異文，兩字異體，字本作"胮""胮"。"胮/胮脹"爲同義並列複合詞，單用、合用皆爲腫大之義。"膖""膖"即"胮""胮"改變聲旁的異構字。

1199 𦟛

前秦僧伽跋澄譯《尊婆須蜜菩薩所集論》：“鹿蹲腸者，其義云何？漸漸𦟛髀，故曰鹿蹲腸。”（T1549v28p0763c）

按：“𦟛”即“𦢊”字之訛。參1211“𦢊”字條。

1200 𦝪

南宋宗曉編《樂邦文類》：“夫人事西方，精恪端潔，不捨晝夜，給侍奔走之人，無有異念。惟一庶𦝪，懈慢不勤，夫人訓告之曰：‘我盡室皆勤，唯爾怠墮，不從人告，幻惑在會，恐失道心，不可在吾左右也。’其妾悚悟悲悔，精進思惟，淨念相繼。”（T1969v47p0189c）

按：“𦝪”即“媵”字之訛。“庶𦝪”，後文又稱爲“妾”。“媵”有妾義，如南朝梁沈約《奏彈王源》：“且買妾納媵，因聘爲資。”與“妾”對言。且構件“文”與“女”形亦相近。

1201 𦞣

隋闍那崛多譯《佛本行集經》：“爾時，佛告諸比丘言：‘汝等善聽，我念往昔無量世時，有二兄弟鸚鵡之鳥，一名摩羅祁梨（隋言鬘山），二名[10]𦞣陀祁梨（隋言彼與山）。時二鸚鵡，在於樹上，忽然有鷹，迅疾而來，撮一小者，將飛空行。’”（T0190v03p0797c）本頁下注10：“𦞣=臊《三》。”

按：“𦞣”與“臊”爲版本異文，“𦞣”即“臊”之書寫變異。唐慧琳撰《一切經音義》卷第五十六《佛本行集經》第三十一卷：“臊陁，蘇勞反。梵言鸚鵡，鳥名也。”（T2128v54p0681c）玄應、慧琳《音義》皆作“臊”。

唐慧琳撰《一切經音義》卷十七《大集日藏分經》第五卷：“腥膠，又作‘胜’，同，先丁反。下又作‘鱢’，同，乘［桑］勞反。《通俗文》：‘魚臭曰腥，猳臭曰臊。’猳音加。‘腥’‘膝’二字並從肉，《經》從月作者，書寫人誤錯也。”（T2128v54p0414c）《龍龕·肉部》（高麗本）：“膝（俗），臊（正），蘇刀反。臭也。犬豕膏臭也。”“臊”或寫作“膠”“膝”等形，“𦞣”又即“膝”之省。

1202 脊

唐道世撰《法苑珠林》："此寒暑不時，天地亟否也。故名立土踊，天地之痤[16]脊也；山崩地陷，天地之癰疽也；衝風暴雨，天地之奔氣也；雨澤不降，川瀆涸竭，天地之焦枯也。"（T2122v53p0769b）本頁下注16："脊=贅《三》《宫》。"

按：四庫本亦作"贅"。"脊"與"贅"爲版本異文，"脊"即"贅"字之訛，"貝"旁訛作"月"也。《莊子·大宗師》："彼以生爲附贅縣疣。""贅"有"瘤"義，與"痤"義近，"痤贅"爲同義並列複合詞，經中比喻小禍害。

1203 膅

唐玄奘譯《大般若波羅蜜多經》："所謂此身唯有種種髮毛爪齒、皮革血肉、筋脈骨髓、心肝肺腎、脾膽胞胃、大腸小腸、屎尿涕唾、涎淚垢汚、淡膿肪刪、腦膜[3]膅聹，如是不淨充滿身中。"（T0220v07p0078b）本頁下注3："膅=矘《元》《明》。"

按："膅"與"矘"爲版本異文，"膅""矘"皆"矘"字之訛。《集韻·之韻》充之切："矘，目汁凝。"明梅膺祚《字彙·目部》："矘，同眵。""矘"爲"目汁凝"即眼屎，與文意相合。《大般若波羅蜜多經》："屎尿洟唾、涎淚垢汗、痰膿肪刪、腦膜眵聹，如是不淨充滿身中。"（T0220v70p0485b）字又作"眵"，爲"矘"的異構字。鄭賢章《漢文佛典疑難俗字彙釋與研究》"膅"字條（p238）有考證，可參。字形録作"膅"，不確。

1204 脿

僧伽羅刹造、東漢安世高譯《道地經》："七日不減；二七日精生，薄如酪上酥肥；三七日精凝，如久酪在器中；……二十九七日肉稍堅滿；三十七日皮膜成臘；三十一七日皮膜稍堅；三十二七日[18]脽腥肌生；三十三七日耳鼻腹脾脂節約診現；三十四七日身中皮外生九十九萬孔。"（T0607v15p0234b）本頁下注18："脽腥=脿腥《三》，喉腥《宫》。"

按："脿"與"喉""脽"爲版本異文，"脿"爲"脽"字之訛，"喉"又"脿"轉寫之誤。《可洪音義》卷二十一《道地經》："脿腥肌，上實佳反，中奴結反，下居夷反。脿，坐處肉也。腥，腫也。肌，膚體也。正作'脽腥'也。

《川音》作‘腥肒’，並非也，悞。”（v60p209c）與“䐑”“喉”“脽”對應之字，可洪作“䐑”，釋義作“坐處肉”；與“腥”“腥”對應之字作“腥”，釋義作“腫”。考之文意及可洪所釋之音義，此段文字描述胚胎發育的過程，第三十二個七天描述臀部肌肉的形成，《大正藏》作“脽”當是正字。《説文·肉部》：“脽，屍也。”大徐音“示隹切”。《玉篇·肉部》：“脽，是惟切。尻也。”《廣韻·脂韻》視隹切：“脽，《説文》：‘屍也。’亦汾脽，巨靈所坐也。”小韻代表字爲“誰”。《龍龕·肉部》：“脽，音誰。坐處也。亦汾脽，巨虚所坐也。又他罪反。胎脅也。”可洪所釋音義與前代字書韻書“脽”字音義合。考諸字形，“侯”隸書或寫作“侯”（清顧藹吉《隸辨》引《華山廟碑》），楷書或寫作“侯”（《可洪音義》v60p532b），因或訛作“隹”（《偏類碑别字·人部》引《魏張始孫造象記》），因之，楷書“侯”旁字與“隹”旁字常混誤。《可洪音義》卷六《大灌頂經》第二卷：“唯棱，上戸鈎反。正作喉也。下郎登、郎水二反。”（v59p749c）東晋帛尸梨蜜多羅譯《佛説灌頂七萬二千神王護比丘呪經》：“神名波迦羅喉[26]捘無因輸無。”（T1331v21p0495c）本頁下注 26：“捘＝稜《三》。”唐慧琳撰《一切經音義》卷三十一《大灌頂經》第一卷：“喉棱，下勒登反，梵語。”（T2128v54p0517a）“唯”即“喉”字之訛。唐菩提流志譯《大寶積經》：“復次大仙，彼之天帝，然其色身，非諸骨肉，純花所成，[5]喉聲清美，身香殊特。”（T0310v11p0683c）本頁下注 5：“喉＝唯《宫》。”“喉”，《嘉興藏》作“喉”。宫本之“唯”爲“喉”字之訛。北魏瞿曇般若流支譯《毘耶娑問經》：“雙相應説識，一輪非是車。二輪不能行，有人復有牛。車輻輞和合，是二輪相應。復以繩繫縛，如是爲行車。如是身之車，彼以界和合。復有根和合，識見彼身車。脈節等和合，[17]喉脈根繫縛。髮骨齒頭等，甲皮之所覆。脇及腸處胃，并心肚與肺。彼一切和合，具足故名身。”（T0354v12p0227c）本頁下注 17：“喉＝惟《三》《宫》。”“喉”，《嘉興藏》作“惟”。《大正藏》之“喉”當爲“唯”字之訛，“唯”與“惟”通。此即“隹”旁訛作“侯”旁之例，故“脽”或訛作“䐑”，“䐑”又寫作“䐑”，又錯誤轉寫作“喉”。

又，《道地經》：“二十一七日爲骨髓應分生，九骨著頭，兩骨著頰，三十二骨著口，七骨著咽，兩骨著肩，兩骨著臂，四十骨著腕，十二骨著膝，十六骨著脇，十八骨著脊，二骨著喉，二骨著臗，四骨著脛，十四骨著足，百八微骨生肌中，如是三百節從微著身，譬如瓠。”（T0607v15p0234b）《可洪音義》卷二十一《道地經》：“著䐑，音誰。坐處也。正作‘脽’。江西音何鈎反，非也。”（v60p209b）“著喉”之“喉”亦刻書者誤改，字本當作“脽”，或寫作“䐑”，刻書者不知“䐑”乃“脽”字之訛，誤認爲“䐑”字，轉寫作“喉”。

又，“腥”“腥”皆“腥”字之訛。《廣韻·屑韻》奴結切：“腥，腫也。”此“腫”乃凸起之義，“脽腥”即臀部凸起的部位。

1205 膝

婆藪盤豆造、南朝陳真諦譯《阿毘達磨俱舍釋論》："偈曰：二十四指量一肘，四肘一弓，五百弓俱盧舍，此名阿練若。釋曰：十二指爲一[3]膝手，二十四指爲一肘，四肘名一尋，亦名一弓，五百弓爲一俱盧舍，亦名村，亦名阿練若。"（T1559v29p0220a）本頁下注3："膝=磔《三》《宮》。"

按："膝"與"磔"爲版本異文，"膝"即"磔"字之訛，蓋受上下文"肘"字影響同化。鄭賢章《〈新集藏經音義隨函録〉研究》已有考證（p306）。《説文・桀部》："磔，辜也。从桀，石聲。"清段玉裁注："按凡言磔者，開也，張也。刳其胷腹而張之，令其乾枯不收。字或作矺，見《史記》。""磔"之本義爲開張人或動物之軀體，引申有開張之義，又引申爲張開手指丈量及張開手指間的距離之義，字亦作"搩"。唐金剛智譯《金剛頂瑜伽中略出念誦經》："作四肘壇，高一磔手。中鑿君荼，徑圓一肘，深十二指。"（T0866v18p0252c）《嘉興藏》同，音釋："磔，陟革切。張申也。"唐輸波迦羅譯《蘇悉地羯囉經》："座高四指，闊二磔手，長十六指。"（T0893v18p0646c）唐慧琳撰《一切經音義》卷二十四《方廣大莊嚴經》第四卷："一磔手，張革反。《廣雅》：'磔猶開也。又張也。'一磔手者，張其手取大指中指所極爲量也。《古今正字》從石桀聲。《經》本作搩，音傑，非義也。"（T2128v54p0462a）唐地婆訶羅譯《方廣大莊嚴經》："七麥成一指節，十二指節成一搩手，兩搩手成一肘，四肘成一弓。"（T0187v03p0563b）唐慧琳撰《一切經音義》卷三十二《藥師瑠璃光如來本願功德經》："磔手，上張革反。《廣雅》云：磔，張也，開也。《説文》：從桀，石聲。桀音乾列反。《經》從手作搩，錯用字也。"（T2128v54p0519c）唐玄奘譯《藥師琉璃光如來本願功德經》："造五色綵幡，長四十九搩手。"（T0450v14p0407c）《嘉興藏》字亦作"搩"，音釋："搩，陟革切。張也。"上述諸例，皆作"磔/搩手"，爲丈量長度的單位，"磔/搩"字仍爲張申之義，字本作"磔"，"搩"當爲"磔"之後出分化字，因丈量用手，故換手旁也。慧琳以"搩"爲非，可見當時的分化過程尚未完成。

此義佛經中亦有大量單用"磔/搩"字，如：唐阿地瞿多譯《陀羅尼集經》："既結界竟，即令掘去十肘地内一切惡土骨髮炭糠瓦礫等物。若上好地，掘深一磔；若中，一肘；下地，二肘；若下下地，掘深三肘。"（T0901v18p0814a）又："其繩叉中下點，掘地深一磔許，埋著五寶并及五穀。"（T0901v18p0814a）失譯《毘尼母經》："極長者一[6]磔，短者四指。"（T1463v24p0838b）本頁下注6："磔=搩《三》《宮》。"又："長者一磔手，短者四指。"唐慧琳撰《一切經音義》卷三十二《大威燈光仙人問疑經》："磔耶，上張革反。《廣雅》云：'磔，張也，開也。'案，磔者，今之唐言一搩也，謂將手大拇指與第二指張開一搩是也。《文字典説》從石，桀聲。《經》從手作'桀'，誤也。桀音搩也。"（T2128v54 p0525a）隋闍那崛多譯《大威燈光仙人問疑經》："衆生内體性者，爲一搩耶？一尺耶？一指耶？"（T0834v17p0884c）《嘉興藏》作"搩"，音釋："陟革切。正作磔。張申曰搩謂一磔手也。"唐慧琳撰《一切經音義》卷七十《阿毘達磨俱舍論》第二十二卷："一磔，古文厇，同，吒格反。《通俗文》：'張申曰磔。'《廣疋》：'張也，開也。'"（T2128v54p0767b）世親造、唐玄奘譯《阿毘達磨俱舍論》："若念息出離身爲至一磔一尋，隨所至方念恒隨逐。"（T1558v29p0118b）上述諸例，皆"磔/搩"單用，乃"磔/搩手"省略之後，"磔/搩"單用具有丈量單位之義。《集韻·陌韻》陟格切："搩、𢪛，手度物。或作𢪛。"宋人已將此義收録進韻書，字形作"搩"，蓋宋代"搩"已成爲此義之通行形體。

《漢語大字典》（第二版）"磔"字條："②張；開。《廣雅·釋詁一》：'磔，張也。'又《釋詁三》：'磔，開也。'《晋書·桓温傳》：'温眼如紫石稜，鬚作蝟毛磔。'《資治通鑑·漢獻帝建安元年》：'但能張磔網羅，而目理甚疏。'胡三省注：'磔，開也。'明劉基《郁離子·象虎》：'馬雷呴而前，攫而噬之，顱磔而死。'"（二 p2621a）《漢語大詞典》"磔"字條："⑥張開。《晋書·桓温傳》：'温眼如紫石稜，鬚作蝟毛磔。'唐韓愈孟郊《鬥雞聯句》：'磔毛各嚓瘁，怒瘿爭碨磊。'清和邦額《夜譚隨録·蘇仲芬》：'僮支扉作榻，當户高眠。夜半時睡初覺，聞庭中有女人笑語聲，不禁毛髮如磔蝟。'"（v7p1091a）"磔"設"張開"義，未收張開手指丈量和量詞義，當補。所引文例亦有可推敲之處。如引《晋書·桓温傳》"鬚作蝟毛磔"乃形容桓温鬍鬚的樣子像刺猬的毛刺分張直立，奇偉不凡。《大字典》"乍"字條："④聳，豎。元白樸《梧桐雨》第三折：'諕的我戰欽欽遍體寒毛乍。'元高文秀《澠池會》第三折楔子：'惱得我髪乍衝冠。'梁斌《紅旗譜》五十六：'直气得胡髭眉花一乍一乍的。'"（二 p41a）《大詞典》"乍"字條："⑧豎，立。元高文秀《澠池會》第三折：'惱的我髪乍衝冠。'明康海《中山狼》第一折：'俺戰兢兢遍體寒毛乍。'蔣子龍《鐵鍬傳》：'滿下巴里森森的胡茬子，根根都乍了起来。'"（v1p645b）"乍""磔"用法相同，皆指毛髮分張直立的樣子，或用來形容害怕、生氣的樣子。《大字典》《大詞典》兩字的訓釋缺乏照應，當修改。

1206 𦞡

佚名《大佛頂廣聚陀羅尼經》："若鬼神作癲癇病方。早麻子、莨蔼［蕩］子、曼陀羅子、蔓𦞡子……右以上十味藥等分，蜜和爲丸。"（T0946v19p0167c）

按："𦞡"即"菁"字之訛。同上經："又法，取悉香莨菪子、麻子、曼陀羅、蔓菁油，刦羅尾羅木爲火。一呪一擲，如是滿八千遍，即得八十四百千種顛癇魔鬼虎病等諸鬼皆悉啼哭而走。若無前木，用枡木代之亦得。"（T0946v19p0178c）此方與前方略近。前方的"莨蔼子"同本方的"莨菪子"，"莨菪"又作"莨礍"，《史記·扁鵲倉公列傳》："飲以莨礍藥一撮。"唐張守節正義："浪宕二音。”又作“莨蓎”，北宋李昉等撰《太平御覽·疾病部二·狂》：“《抱朴子》曰：食莨蓎令人狂荒，不可謂人本有荒狂。”唐慧光編《大乘開心顯性頓悟真宗論》：“今稱妄想，即如人食莨蕩子於空中覓針，如此虛空實無有針。”（T2835v85p1278c）“莨蕩子”之“蕩”即“蕩”字之訛。“麻子”對應“早麻子”，“曼陀羅”對應“曼陀羅子”，“蔓菁”對應“蔓脊子”，“脊”顯係“菁”字之訛。唐慧琳撰《一切經音義》卷三十九《不空羂索經》第二十七卷：“蔓菁，上滿盤反，下井盈反。《方言》云：‘東楚謂之菘，關之東西謂之蕪菁。’今俗亦謂之蕪菁。《呂氏春秋》：‘菜之美者有具區之菁。’《説文》從草青聲。”（T2128v54p0565b）“蔓菁”一詞文獻習見。

1207 膎

佚名《決罪福經》：“諸躬惡鬼，因衰病之，遂便卜解，諸禱神秡［祓］。牛羊雞豚，酒脯膎腏，魑魍鬼神，因得飯食。”（T2868v85p1329a）

按：“膎”即“祭”字之訛。“腏”，《説文》作“餟”，訓“祭酹”，清段玉裁注：“《史記·孝武帝紀》‘其下四方地，爲餟食’，《封禪書》作‘醊食’，《漢·郊祀志》作‘腏’。”“醊”“腏”皆“餟”改變形旁的異構字。元刊本《玉篇·示部》：“䄌，竹芮切。祭名。亦作醊。”“䄌”亦“餟”改變形旁的異構字。“餟”義爲祭名，亦有祭祀之義，故亦或與“祭”連用，爲同義並列複合詞。東晋瞿曇僧伽提婆譯《中阿含經》：“祠祀諸天，祭餟先祖。”（T0026v01p0456c）唐慧琳撰《一切經音義》卷五十二《中阿含經》第六卷：“祭餟，古文‘䄌’，《聲類》作‘醊’，同，猪芮反。《説文》：餟，酻［酹］。音力外反。”（T2128v54p0651a）西晋法炬、法立譯《法句譬喻經》：“所驅畜生祭餟之具，皆願求脱。”（T0211v04p0582a）南朝梁寶唱等集《經律異相》：“祭餟之具，皆願求脱。”（T2121v53p0140c）西晋竺法護譯《舍頭諫太子二十八宿經》：“人馬祠祀，諸造祭醊。”（T1301v21p0414b）“祭餟”“祭醊”皆祭祀義。“祭餟”“祭醊”亦可作“祭腏”，經中“祭腏”當指祭品。“祭”受後字“腏”之字形同化影響即成“膎”字。“祭”或寫作“祭”，唐顏元孫《干禄字書·去聲》：“祭、祭，上俗下正。”“祭”爲“祭”字俗字，故“膎”可寫作“膎”。《龍龕·肉部》：“膎，二例反。”明李登《重刊詳校篇海·肉部》：“膎，音祭。”當本《龍龕》，字寫作“膎”。《中華字海》：“膎，‘嚓’的訛字。字見《龍龕》。”（p917c）以“膎”爲“嚓”字之訛，不確。疑《龍龕》“二例反”之“二”爲“子”字之訛，“膎”亦“祭”字之訛。前人所編字書釋“膎”字皆不確。

1208 腮

日本悟溪宗頓語《虎穴録》："山僧誤憶著先師，其奈被惑亂一上，咬牙展炊巾，悔欠連腮掌。"（T2570v81p0333b）

按："腮"即"腮"字之訛。日本雪江宗深語、遠孫禪悦輯《雪江和尚語録》："山僧誤憶著先師，其奈被惑亂一上，咬牙展炊巾，悔缺連腮掌。"（T2568v81p0277c）日本子元祖元語《佛光國師語録》："溫維那下火：劈胸拳劈脊棒，養雞意在五更啼，望汝酬我連腮掌。汝今死却現行，有失老僧所望。負汝負吾，如何算帳。温維那，雪滿長安，大海氷火裏，蝍嘹吞大象。"（T2549 v80p0176c）《集韻·之韻》新茲切："思、恖、㑭、㒁，《説文》：'容也。'一曰念也。一曰于思多鬢貌。古作恖、㑭、㒁。""思"或作"恖"，故"腮"或作"腮"。

1209 𦝫

佚名《寺沙門玄奘上表記》："駐頹齡於欲盡，反茕魄於將消。重覩昌時，復遵明導。豈止膏肓永絶，𦝫理恒調而已。顧循庸菲，屢荷殊澤。"（T2119v52p0823b）

按："𦝫"即"腠"字之訛。"腠理"指皮下肌肉之間的空隙和皮膚、肌肉的紋理。《韓非子·喻老》："君有疾在腠理，不治將恐深。"《可洪音義》："膚膝，下音凑，正作膚腠也。"（v60p584c）右上部構件"耒"寫作"关"。右下部構件"夭"又與"示"形近易混，如《可洪音義》："欝漆，倉奏反，正作凑也。"（v59p1015b）故"腠"亦可訛作"𦝫"。鄭賢章《漢文佛典疑難俗字彙釋與研究》已有考證，然字形誤作"腠"（p237），故補考如上。

1210 𦢊

無性造、唐玄奘譯《攝大乘論釋》："譬如衆多生盲士夫未曾見象，復有以象説而示之。彼諸生盲，有觸象鼻，有觸其牙，有觸其耳，有觸其足，有觸其尾，有觸脊[5]𦢊。諸有問言：象爲何相？或有説言象如犁柄，或説如杵，或説如箕，或説如臼，或説如帚，或有説言象如石山。若不解了此二緣起，無明生盲，亦復如是。"（T1598v31p0388c）本頁下注5："𦢊＝梁《明》。"

按："膫"與"梁"爲版本異文。《可洪音義》卷十一《攝大乘論釋》："脊膫，下音良。"（v59p965a）字作"膫"。無著造、唐玄奘譯《攝大乘論本》："有觸脊[2]膫。"（T1594v31p0135a）本頁下注2："膫＝梁《三》《宮》。"《可洪音義》卷十一《攝大乘論本》："脊膫，下力羊反。正作'樑'。"（v59p965a）"膫"亦與"梁"爲版本異文。"膫"即"梁"字之訛。"脊梁"爲古今通用詞，本義蓋指脊柱，其骨爲全身骨骼的主幹所在，如屋之有梁，故稱。詞素"梁"即用其房梁之本義。經文中之"膫"由"梁"加"肉"旁而成，蓋受前字"脊"字從"肉"的影響，此亦字形同化之例。"梁"字獨用没有脊梁的意思，所以不能理解爲功能的分化。鄭賢章《龍龕手鏡研究》亦有考證（p41），可參看。

1211 牗

唐慧苑撰《新譯華嚴經音義》："牗長，丑容反。"（T2206Av57p0376b）

按："牗"即"牗"字之訛，"牗"又"傭"之分化字。唐實叉難陀譯《大方廣佛華嚴經》："其王太子名威德主，端正殊特，人所樂見。足下平滿，輪相備具，足趺隆起，手足指間皆有網縵，足跟齊正，手足柔軟，伊尼耶鹿王腨，七處圓滿，陰藏隱密，其身上分如師子王，兩肩平滿，雙臂牗長，身相端直。"（T0279v10p0408a）與"牗"對應之字作"牗"。"牗"字佛經習見。後秦佛陀耶舍、竺佛念譯《長阿含經》："是時父王，慇懃再三重問相師：'汝等更觀太子三十二相，斯名何等？'時諸相師即披太子衣，説三十二相：一者足安平，足下平滿，蹈地安隱。……七者鹿膊［膞］腸，上下牗直。"（T0001v01p0005b）北宋天息災譯《分別善惡報應經》："若復有人拂拭佛塔，獲十功德。何等爲十？一色相圓滿，二身體牗直，三音聲微妙，四遠離三毒，五路無叢刺，六種族最上，七崇貴自在，八命終生天，九體離垢染，十速證圓寂。如是功德，拂拭佛塔，獲如斯報。"（T0081v01p0899c）南朝宋求那跋陀羅譯《雜阿含經》："如是波斯匿王，漸至後時，身體牗細，容貌端正。"（T0099v02p0306c）南朝宋求那跋陀羅譯《央掘魔羅經》："我是央掘魔，今當稅一指。住住大沙門，過膝牗長臂。"（T0120v02p0513a）失譯《大方便佛報恩經》："復次共生不可思議：一者足下平，二者足下千輻輪，三者指纖長，四者足跟牗滿，五者指網縵，六者手足柔軟，七者牗蹲腸如伊尼延鹿王，八者踝骨不現，九者平立手摩於膝，十者陰藏相如象馬王，十一者身圓滿足如尼拘陀樹，十二者身毛上靡，十三者一一毛右旋，十四者身真金色，十五者常光各一尋，十六者皮膚細軟塵垢不著，十七者七處滿，十八者上身如師子，十九者臂肘牗圓，二十者缺骨平滿，二十一者得身牗相。"（T0156v03p0164c）北宋施護譯《佛説頂生王因緣經》："彼成熟已，自然開裂，生一童子，最上色相，端正可觀。身如金色，頭有旋文，猶如妙蓋。雙臂牗長，額廣平正，眉復延袤，鼻高脩直。身分上下，皆悉具足，有三十二大丈夫相莊嚴其身。"（T0165v03p0393a）南朝宋求那跋陀羅譯《雜阿含經》："譬如士夫持斧入山，求堅實材。

見芭蕉樹，洪大膴直，即斷其根葉，剽剥其皮，乃至窮盡，都無堅實。”（T0099 v02p0036b）《佛説頂生王因緣經》：“其藕膴圓，如士夫胜。”（T0165 v03p0403c）隋闍那崛多譯《佛本行集經》：“生諸青草，其草繁茂，甚大膴直，可愛可樂。”（T0190v03p0879c）“膴”多用爲形容佛相，指佛體各部位長得均衡，圓、直、長、均衡，乃佛圓滿之相的表現，故佛經中“膴”與“圓、直、長”等連用。佛經中亦用“膴”指動植物長相美好，如上揭樹、藕、草之類。在這個意義上，佛經中亦用“傭”字，“傭”本有均義，但詞義比較寬泛，用作描寫佛、人或動植物形體的均衡，乃詞義的具體化。加之文獻中“傭”又有傭傭、平庸之義，故或在“傭”的基礎上，採用改換形旁的方式，改“亻”旁爲“月”旁造“膴”字，承擔形體均衡之義。

北涼曇無讖譯《大般涅槃經》：“若菩薩摩訶薩持戒聞法，惠施無厭，以是業緣，得節踝[3]䠻滿，身毛上靡。”（T0374 v12p0535a）本頁下注 3：“䠻＝膴《三》《宫》。”唐玄應撰《一切經音義》（麗藏本）卷二《大涅槃經》第二十九卷：“傭滿，敕龍反。《爾雅》：‘傭，均也。’齊等也。《經》文作‘膴’，俗字也。”（p30a）又卷二十一《大菩薩藏經》第一卷：“傭圓，敕龍反。《爾雅》：‘傭，均也。’謂齊等也。或作‘膴’，俗字也。敕音勑。”（p276c）唐慧琳撰《一切經音義》卷十四《大寶積經》第六十一卷：“傭纖，丑龍反。《考聲》：‘上下均也。’《韻英》：‘直也。’《説文》：‘均直也。從人，庸聲。’《經》從月作‘膴’，俗字也。”（T2128 v54p0391a）又卷十四《大寶積經》第八十一卷：“臂膴，丑龍反。均直也。”（T2128v54p0394a）又卷二十四《方廣大莊嚴經》第六卷：“髀傭，寵龍反。《考聲》：‘傭，上下均也。’郭注《爾雅》：‘傭，所謂齊等也。’《説文》：‘均直也。從人，庸聲。’《經》從肉作‘膴’，非也。’”（T2128v54p0462b）又卷二十九《金光明經》第四卷：“髆傭，下寵龍反。郭注《爾雅》云：‘傭，齊等也。’《説文》云：‘均直。從人，庸聲。’庸音容。《經》作‘膴’，誤也。”（T2128 v54p0504b）又卷七十九《經律異相》第二十四卷：“纖傭，下寵龍反。《毛詩傳》云：‘傭，均停也。’或從肉作‘膴’。《古今正字》：‘均直。從人，庸聲。’”（T2128v54p0817b）玄應、慧琳皆以“膴”爲“傭”之俗字。《玉篇·肉部》：“膴，丑容切。均也。”《廣韻·鍾韻》丑凶切：“傭，均也，直也。又音容。膴，上同。”《集韻·鍾韻》癡凶切：“傭、膴，均直也。或从月。”《龍龕·肉部》：“膴，丑凶反。直也，均也。”明張自烈《正字通·肉部》：“膴，舊注丑容切，音充。均也。按：‘昊天不傭。’朱傳：‘均也。敕龍反。’音義同傭，改从肉作‘膴’，非。”古代字書或未溝通“膴”與“傭”的關係，或以“膴”爲“傭”之重文，皆釋其義爲均，與“傭”義全同，不妥。《漢語大字典》：“膴，同‘傭’。均等；公平；齊整。《玉篇·肉部》：‘膴，均也。’《廣韻·鍾韻》：‘膴’，同‘傭’。《龍龕手鑑·肉部》：‘膴，直也；均也。’”（二 p2261a）文獻中“膴”指形體均衡之義，無抽象的均等義，更無公平、齊整之義，《大字典》的釋義乃據前代字書訓均臆推，無文獻根據。

1212 𦢊

後秦曇摩耶舍、曇摩崛多譯《舍利弗阿毘曇論》："云何内水界？若此身内受水，涎癊、膽汗、肪髓腦、脂[19]𦢊、涕唾、膿血、小便，及餘此身内受水潤等，是名内水界。"（T1548v28p0578c）本頁下注19："𦢊=䏙《三》《宫》。"

按："𦢊"與"䏙"爲版本異文，"𦢊"即"膸"字之訛，"膸"又"䏙"之異構字。《可洪音義》卷二十《舍利弗阿毗曇論》："脂膸，蘇安反，與'䏙'同也。"（v60p169a）《集韻·寒韻》相干切："䏙、膸，脂肪也。或作膸。""膸"與"䏙"爲改變聲旁的異構字，"散"中之"月"訛作"日"即成"𦢊"形。

1213 𦝠

日本阿寂記《妙印鈔》："次句陽炎者，如春月等者，如日藏經者，正月、二日［月］名𦝠腝時，是即地冷氣與日暖氣相戰，有如水假見，是名爲陽炎。"（T2213v58p0137a）

按：同上經："何者名爲有六時也？正月、二月名𦝠腝時，三月、四月爲種作時，五月、六月求降雨時，七月、八月物欲熟時，九月、十月寒深之時，十一月、十二月大雪之時，是十二月分爲六時。"（T2213v58p0087b）"𦝠腝"即"暄暖"之訛。參1216"腝"字條。龍樹造、後秦鳩摩羅什譯《十住毘婆沙論》："又衆生見佛聞謗不憂，[1]雪明不喜故，發無上道心，作是願言。我等亦當得如是清淨心，是故無咎。"（T1521v26p0077a）本頁下注1："雪=宣《明》。""雪"即"宣"字之訛，可比勘。

1214 𦡆

世親造、金剛仙釋、北魏菩提流支譯《金剛仙論》："今言菩薩在[12]像正流通般若勝法，爲當自爲悕於名利，爲當爲利於物，故偈下句言攝受衆生利益故。"（T1512v25p0800a）本頁下注12："像=𦡆《甲》。"

按："𦡆"與"像"爲版本異文，疑"𦡆"即"像"字之訛。隋吉藏撰《法華玄論》："《十二門論》云：末世衆生薄福鈍根，即名像爲末也。問：云何爲像正？答：此具多義，一者佛在世爲正，佛滅後爲像。二者未有異部爲正，有異部爲像，則百十六年後方爲像法耳。三者得道多爲正，得道少爲像，故釋迦前五百年得道多，不得道少，後五百年得道少，不得者多。四者破正法未破正法分像正。”（T1720v34p0450a）日本珍海撰《三論名教抄》：“《法花玄》十云：問：云何爲像正？答：此具多義，一在世爲正，滅後爲像。二未有異部爲正，有異部爲像，百十六年後屬像法。三者得道多爲正，前五百也。四者未破正法爲正，六百年未破。五者千一百年諸惡法起名像，千年内爲正。六者二千年皆處正法。七者諸菩薩見法不滅（略抄），又千年名正，得千年後不正教法（云云）。”（T2306v70p0820c）“像正”一詞佛經多見，當以“像”爲正，“豫”乃“像”字之訛。

1215 朦

僧伽羅刹造、東漢安世高譯《道地經》：“惡行者令臭風起，使身意不安，不可人，骨節不端正，或[25]朦脵或僂或躯或魋，人見可是。”（T0607v15p0234c）本頁下注 25：“朦脵＝矇睙《三》《宮》。”

按：“朦”與“矇”爲版本異文，“矇”爲“矈”之書寫變異，“朦”又“矇”字之訛。唐慧琳撰《一切經音義》：“矈戾，上眠苾反。《呂氏春秋》云：‘爲矈爲盲。’《説文》：‘目眵也。’形聲字。下蓮結反。《説文》從戶從犬，會意字也。《經》文從目作‘睙’，非。”（T2128v54p0792b）《可洪音義》卷二十一《道地經》：“朦脵，宜作‘撆捩’，上撆結反。撆捩，不方正皃也。下力結反。捩頛，多節目皃也。捩，又音頡，頭邪皃也。下又郭氏音淚，亦非也。樓藏及《川音》並‘矈睙’，上音篾，下音捩。矈，瞎也。經意是骨節不端正也，取撆捩爲正也。”（v60p209c）“矈戾/睙”蓋與“撆捩”義同。

1216 腰

日本阿寂記《妙印鈔》：“何者名爲有六時也？正月、二月名暅腰時，三月、四月爲種作時，五月、六月求降雨時，七月、八月物欲熟時，九月、十月寒深之時，十一月、十二月大雪之時，是十二月分爲六時。”（T2213v58p0087b）

按：“暅腰”即“暄暖”之訛。北涼曇無讖譯《大方等大集經》：“何者名爲有六時也？正月、二月名暄暖時，三月、四月名種作時，五月、六月求降雨時，七月、八月物欲熟時，九月、十月寒凍之時，十有一月合十二月大雪之時，是十二月分爲六時。”（T0397v13p0282a）此即《妙印鈔》之所本，與“暅腰”對應之字作“暄暖”。“暄暖”爲同義並列複合詞，義爲溫暖，與文意合。婆藪盤豆造、南朝陳真諦譯《阿毘達磨俱舍釋論》：“是[7]暖等四善根，各有軟中上三品，即成三性。”（T1559v29p0272c）本頁下注 7：“暖＝煖《元》。”南朝宋求那跋陀羅譯《雜阿含經》：“譬如比丘伏鷄生若十乃至十二，隨時消息，冷[4]暖愛護。彼伏鷄，不作是念。”

(T0099v02p0212b) 本頁下注 4:"暖=腰《明》。""暖"訛作"暖""腰",乃"日"旁訛作"目""月"之例。唐慧沼撰《法華玄賛義決》:"依九種事能和合故,建立九結:一依在家品,可[56]愛有情,非有情數,一切境界貪愛纏事。"(T1724v34p0864c) 本頁下注 56:"愛=爰《甲》。""爰"乃"愛"字之訛。

1217 滕

佚名《翻梵語》:"底夜滕,譯曰偷也。《尼律》第四卷。"(T2130v54p0987c)

按:"滕"即"膠"的異寫字。日本心覺撰《多羅葉記》:"底夜膠,可云體夜,此云人前。《尼律》第五。"(T2707v84p0615b) 後秦弗若多羅、羅什譯《十誦律》:"五種樹膠:興渠膠、薩闍賴膠、底夜膠、底夜和提膠、底夜和那膠。"(T1435v23p0333c) 又:"五種樹膠藥:興渠、薩闍羅薩、諦[3]掖、諦[*]掖提、諦[*]掖婆那。"(T1435v23p0157a) 本頁下注 3:"掖=夜《宮》。"南朝宋僧璩撰《十誦羯磨比丘要用》:"五種樹膠藥(興渠、薩闍羅、諦夜、諦夜婆提、諦夜波那)。"(T1439v23p0499c)"底夜"或譯作"諦掖""諦夜",爲一種樹膠名,故後接類名"膠"。"膠"或寫作"滕"(見《龍龕·肉部》:"滕、膠,二同。"),"滕"即"滕"之書寫變異。

1218 腪

日本宥快撰《大日經疏鈔》:"補注第四云:須臾(《僧祇律》云:"二十念爲一腪,二十腪爲一彈指,爲一羅預,爲一須臾。"日極［"日極"當爲正文,原文誤作注文——引者按］)。長有十八須臾,夜極短有十二須臾(文)。"(T2218v60p0252c)

按:"腪"即"瞬"字之訛。東晋佛陀跋陀羅、法顯譯《摩訶僧祇律》:"須臾者,二十念名一瞬頃,二十瞬名一彈指,二十彈指名一羅豫,二十羅豫名一須臾。"(T1425v22p0360a) 此即宥快之所本,與"腪"對應之字作"瞬"。日本安然記《金剛界大法對受記》:"拳印第百五十九(即[19]舞印)。"(T2391v75p0170c) 本頁下注 19:"舞=舜《甲》《乙》。""舜"爲"舞"字之訛。日本凝然述《梵網戒本疏日珠鈔》:"《優婆塞戒經》云:初發心異,方便心異,作時心異,説時心異,衆緣和合,故得作名。以作因緣,生於無作。如僢獨樂,雖念念滅,因於身力,微塵力故,而能獨轉,作以無作,亦復如是。從此作法,得無作已,心雖在善,不善無記,所作法業,無有漏失,故名無作。"(T2247v62p0052b) 北涼曇無讖譯《優婆塞戒經》:"雖念念滅,亦名妄語,不破世諦。猶如射箭,雖念念滅,因於身業，微塵力故，到不到處，作以無作，亦復如是。如舞獨樂，雖念念滅，因於身業，微塵力故，而能動轉，作以無作，亦復如是。”（T1488v24p1069b）“僢”爲“儛”字之訛。可比勘之。

1219 𦡤

南宋釋寶雲譯《佛本行經》：“猶如深淵底，群魚於中遊。於上雖不現，察外動可知。今見諸楷式，在體而[11]隱胗。”（T0193v04p0072b）本頁下注11：“隱胗＝𦡤𦚢《三》。”

按：“𦡤”與“隱”爲版本異文，“𦡤”即“隱”字之訛。唐慧琳撰《一切經音義》卷七十四《佛本行讚傳》第二卷：“癮疹，上殷謹反，下真忍反。《考聲》曰：‘癮疹，皮上風起也。’《說文》從疒從㐱。《傳》文從肉作‘𦡤𦚢’，非也。”（T2128v54p0786a）慧琳所見本作“𦡤𦚢”，釋作“癮疹”。後秦鳩摩羅什譯《坐禪三昧經》：“若[23]隱[24]胗脈起者，知是有煖必可得活。”（T0614v15p0279c）本頁下注23：“隱＝癮《元》《明》。”注24：“胗脈＝𦚢《元》《宮》。”《嘉興藏》作“癮胗”。“癮”又作“隱”。“𦡤”即“隱”字受後文“胗”或“𦚢”的影響而改“阝（阜）”旁爲“月”旁，此亦字形同化之例。參1185“𦚢”字條。

1220 臈

隋闍那崛多譯《佛本行集經》：“又復處處別然蘇油香燈[3]蠟燭，恒教覆火，勿使滅無。”（T0190v03p0726a）本頁下注3：“蠟＝臈《聖》。”

按：“臈”與“蠟”爲版本異文，“臈”即“臘”字之訛。“蠟燭”義之正字當作“蠟”。《大正藏》“蠟”或作“臘”，北涼曇無讖譯《大般涅槃經》：“如[20]蠟印印泥，印與泥合，印滅文成，而是*蠟印不變在泥，文非泥出不餘處來，以印因緣而生是文。”（T0374v12p0535c）本頁下注20：“蠟＝臘《宋》*。”馬鳴造、後秦鳩摩羅什譯《大莊嚴論經》：“善別衣帛法，綵色及臘印。”（T0201v04p0317b）“臘”皆與“蠟”通。“臘”或寫作“臈”（見秦公《碑別字新編·十九畫》“臘”字條引《魏鍾蓋世造象記》），“臈”與“臈”形近，即該形之訛。

1221 𦣁

龍樹造、後秦鳩摩羅什譯《大智度論》：“是時三女各各化作五百美女，一一化女作無量變態從林中出，譬如黑雲電光暫現，或揚眉頓[15]睫，嫈嫇細視，作衆伎樂種種姿媚，來近菩薩，欲以態身觸逼菩薩。”（T1509v25p0165c）本頁下注15：“睫嫈嫇=睫嫈瞑《宫》，睫䁝暗《石》。”

按：“䁝”與“嫈”爲版本異文，“暗”與“嫇”“瞑”爲版本異文，“䁝”即“瞾”字之訛，“暗”即“䁅”字之訛。韓小荆考定“瞾䁅”與“嫈嫇”爲同一個聯綿詞的不同變體，爲嬌羞之意（見韓小荆《〈可洪音義〉研究》，p182）。結論可從。需要補充的有三點：（1）《大智度論》校勘記引石本字形作“䁝”，韓書録作“䁝”，轉録失真。（2）黄征《敦煌俗字典》“嚶”作“嚶”（p503），“瓔”作“瓔”（p504），構件“嬰”上部均作“䀠”，下部與“安”形近，皆與“䁝”右旁略近，可比勘。（3）審經中“揚眉頓睫，嫈嫇細視，作衆伎樂種種姿媚”之文義，“嫈嫇”爲眼睛之媚態，故或造從目之“瞾䁅”，以合於文意。《龍龕·目部》：“瞾䁅，眼作媚也。”所釋可從。《漢語大字典》“瞾”字條（二p2700b）引《龍龕》作書證，而無例證，當補佛經例證。此外，《説文》收“嫈”“嫇”二字，歷代注釋語焉不詳，未得正解，當引佛經資料證之。《大字典》“嫈”“嫇”兩條（二p1149a、b）在義項設置、字義説解、例證選擇上問題多多，亦當用佛經材料訂之。

欠　部

1222 㱄

慈氏造、北宋施護譯《諸教決定名義論》：“羅罔桑㱄（呼郎切）。”（T1658v32p0507c）

按：“㱄”即“㰠”字之訛。《大正藏》“㰠”字多見，亦多以“呼郎切”注之。《廣韻·唐韻》（澤存堂本）“㰠”亦讀“呼郎切”，字形作“㰠”。“亢”與“元”形近，楷書常混誤。唐慧琳撰《一切經音義》：“忼慨，上康浪反。……《説文》云：‘忼慨也。從心，[3]亢聲。’”（T2128v54p0637c）本頁下注3：“亢=元《甲》。”又：“趀坑，……下客庚反。《尒雅》云：‘坑，墟也。’《蒼頡篇》云：‘壍也，陷也。’《文字典説》：‘壍也。從土，[2]亢聲。”（T2128v54p0725b）本頁下注2：“亢=元《甲》。”南朝梁寶唱等集《經律異相》：“何不以七女適彼七王？子婿爲蕃屏，王[20]元康矣，臣民休矣，親獲養矣。”（T2121v53p0175b）本頁下注20：“元=亢《宋》《元》《宫》。”三國吴康僧會譯《六度集經》：“何不以七女嫡彼七王？子婿蕃屏，王元康矣，臣民休矣，親獲養矣。”（T0152v03p0047a）前兩例“元”爲“亢”之訛，後一例“亢”爲“元”之訛，兩字獨用即或混誤。

1223 欶

東晉帛尸梨蜜多羅譯《佛説灌頂七萬二千神王護比丘呪經》："神名旃遮欶摩休，字音和柔，此神主護某脇。"（T1331v21p0500a）

按：《嘉興藏》作"欶"。同上經："神名旃遮賴摩[17]休迦設樓。"（T1331v21p0510b）本頁下注17："休＝體《明》。"日本觀靜撰《孔雀經音義》："《灌頂經》云：'神名栴遮賴摩休，字音和柔，此神主護人脇。'"（T2244v61p0774b）與"欶""欶"對應之字皆作"賴"。"欶"爲"欶"字之訛，"束"旁與"朿"旁混誤多見。"欶"又"賴"字之訛，草書"頁"旁與"欠"旁形近。

唐慧琳撰《一切經音義》："吸欶，上虚邑反……下雙角反。《蒼頡篇》云：'欶，歃也。'《説文》：'吮也。'吮音旋兖反。從欠，束聲。《經》作'嗍'，非也。"（T2128v54p0589b）又："舐欶，……下又作'嗽'，同，所角反［反］。《通俗文》：'含吸曰欶。'《三蒼》：'欶，吮也。'"（T2128v54p0678b）"欶"皆"欶"字之訛。

1224 欬

佚名《佛説毘奈耶經》："誦呪文句，字音、體相皆令分明。若正誦呪時，有謦[20]欬者須忍，到頭到半，或多或少，若其謦欬，皆須從頭覆誦。"（T0898v18p0773c）本頁下注20："欬，檕本作欬，下同。"

按："欬"與"欬"爲版本異文，校注者未判定兩字關係，"謦欬"爲常用詞，"欬"即"欬"字之訛。唐慧琳撰《一切經音義》："謦欬，上輕郢反，下康愛反。《字指》：'謦欬，通咽喉氣也。欬嗽聲。'"（T2128v54p0390c）"謦欬"義爲咳嗽聲，與文意合。《龍龕手鏡·欠部》"欬"字作"欬"（p355），與"欬"形體頗近。南朝梁僧祐撰《弘明集》："至若張葛之徒，又皆雜以神變化俗，怪誕惑世，符呪章[12]効咸託老君所傳，而隨稍增廣，遂復遠引佛教，證成其僞，立言舛雜，師學無依。"（T2102v52p0038b）本頁下注12："効＝劾《三》《宮》。""効"乃"劾"字之訛，亦"亥"旁訛作"交"旁之證。

1225 欬

唐不空譯《大寶廣博樓閣善住秘密陀羅尼》："一切生死苦不能[8]欬逼。"

（T1005Av19p0629b）本頁下注 8：“麦=凌。”

按：“麦”與“凌”爲版本異文，“麦”即“欶”字之訛異。“凌逼”爲侵凌逼迫之義，文獻習見。“凌”之本義爲冰凌，文獻中常用作侵犯義，一般認爲此種用法爲“夌”之借字（見清朱駿聲《説文通訓定聲》、清徐灝《説文解字注箋》等），但“夌”字文獻少見，“凌”字常見。在這個意義上後又造“欶”字，《廣韻·蒸韻》力膺切：“欶，欺欶。俗。”《類篇·欠部》：“欶，閭承切。欺也。”“欶”即在“凌”字基礎上改換形旁所造的分化字，但文獻不常用。

考諸字形，俗書“夌”旁或訛作“麦”旁，故“欶”或寫作“麦”。如“倰”或寫作“倰”（見《可洪音義》v59p636c），“淩”或寫作“淩”（見《可洪音義》v59p1037c）等，皆“夌”旁寫作“麦”旁之例。

1226 欸

安慧糅、唐玄奘譯《大乘阿毘達磨雜集論》：“譬如有人[32]欻爾見繩，遂執爲蛇，不了繩相而起蛇執忿者。”（T1606v31p0698c）本頁下注 32：“欻=欸《聖》。”

按：“欸”與“欻”爲版本異文，“欸”即“欻”字之訛。唐慧琳撰《一切經音義》：“欻爾，暉律反。《蒼頡篇》：‘欻，猝起也。’猝音村訥反。薛綜曰：‘欻，忽也。’《説文》：‘云有所吹起也。從欠，炎聲。’”（T2128v54p0314c）“欻爾”即忽然之義，“欻爾見繩”即忽然看到繩子。《可洪音義》卷十一《瑜伽師地論》第七十六卷：“**欻**聞，上許勿反。正作欻。”（v59p942c）“**欻**”爲“欻”字之訛。“欸”與“**欻**”形體略近，當是此類形體的進一步錯訛。

1227 欶

東晉佛陀跋陀羅、法顯譯《摩訶僧祇律》：“若在食上欲唾者，不得大[5]喀著地，使比坐比丘惡心，應唾兩足中間以脚磨之。”（T1425v22p0506a）本頁下注 5：“喀=郝《宋》《元》，欶《明》《宮》。”

按：“欶”與“喀”“郝”爲版本異文。《嘉興藏》作“**欶**”，音釋：“**欶**，他計切。唾聲也。”根據《音釋》所釋音、義，並參考字形，“欶”即“歋”字之訛。《説文·欠部》：“歋，且唾聲。一曰小笑。从欠，殸聲。”《玉篇·欠部》：“歋，呼狄切。《説文》曰：‘且唾聲。一曰小笑也。’”字本作“歋”，讀“呼狄切”，訓“且唾聲”。《廣韻·霽韻》他計切：“歋，唾聲。”字又作“歋”，讀“他計切”，訓“唾聲”。“欶”與“歋”音義皆同，形亦相近，“欶”即“歋”之形訛。

底本之“喀”與“歔”同義。《廣韻·陌韻》苦格切：“喀，吐聲。”南宋毛晃增注、毛居正重增《增修互註禮部韻略·陌韻》乞格切：“喀，欬聲。《列子》：‘喀喀然。’”所釋之義皆同。

宋本、元本作“郝”，“郝”亦唾聲。《可洪音義》卷十五《摩訶僧祇律》第三十四卷：“大𨛫，宜作‘咯’，苦各反。引唾聲也。《國語》曰‘弢咯血’是也。郭氏作‘哪’，呼各反。《川音》作‘郝’，音高。呼各反，音不稱。”(v59p1114a)《龍龕·口部》：“哪、㗐，二俗。釋、郝二音。”“郝”與“哪”“㗐”音義皆同，皆唾聲義。

又，《國語·晋語九》：“吾伏弢𠲜血，鼓音不衰。”《可洪音義》之“弢”爲“弢”字之訛。

殳 部

1228 弢

南宋志磐撰《佛祖統紀》：“賜大普慶寺金千兩，銀五千兩，鈔萬錠，西錦綵弢紗羅布帛萬端，田八萬畝，邸舍四百間。”(T2035v49p0435c)

按：“弢”即“段”字之訛。清徐乾學撰《資治通鑑後編·武宗仁惠宣孝皇帝紀》(四庫本)：“賜大普慶寺金千兩，鈔萬錠，西錦綵段紗羅布帛萬端，田八萬畝，邸舍四百間。”與“弢”對應之字作“段”，“段”用作“緞”。清于敏中、英廉撰《日下舊聞考·城市》(四庫本)：“賜大普慶寺金千兩，銀五千兩，鈔萬錠，西錦綵緞紗羅布帛萬端，田八萬晦，邸舍四百間。”明宋濂等修《元史·仁宗紀》(四庫本)：“賜大普慶寺金千兩，銀五千兩，鈔萬錠，西錦綵叚鈔羅布帛萬端，田八萬畆，邸舍四百間。”“緞”爲“緞”字之訛，“叚”爲“段”字之訛，皆可比勘。鄭賢章《漢文佛典疑難俗字彙釋與研究》“弢”字條(p143)考證，“弢”又爲“殁”字之訛，與此爲同形字。

1229 殿

日本杲寶撰《大日經疏演奧鈔》：“《顯密圓通成佛心要》(道𣪘集)下云：‘依法成已而置壇中，如法誦呪。若得火出時，或手執，或塗身，或乘之，與助伴知識飛騰虚空，或有人見成就者，或成就者見彼人等。’”(T2216v59p0406b)

按："殸"即"殿"字之訛。元祥邁撰《辯僞録》："觀其名額，釋迦舍利之塔，考其石刻，大遼壽昌二年三月十五日，顯密圓通法師道殸之所造也。"（T2116v52p0780a）與"殸"對應之字作"殿"。日本杲寶記補《寶册鈔》："《顯密圓通成佛心要引・下》（五臺山金河寺沙門道殿集）云：'問曰：佛具一切智，豈不知得陀羅尼也？答：有三義……'"（T2453v77p0824c）《大正藏》之《顯密圓通成佛心要集》題"五臺山金河寺沙門道殸集"。該經後附其門人比丘性嘉述《顯密圓通成佛心要并供佛利生儀後序》："今我親教和尚，諱道殸，字法幢，俗姓杜氏，雲中人也。"（T1955v46p1006b）字亦作"殸"。

1230 䃟

日本圓仁撰《蘇悉地羯羅經略疏》："《經》'應獻花者'下至'迦囉末花等'。……[13]䃟殰字，莫骨、於骨二反。"（T2227v61p0421c）本頁下注13："䃟殰＝䃟《甲》，殁𣨶《乙》。"

按：據注文，正文"䃟"當作"䃟"，"䃟"即"殁"字之訛。參2245"殁"字條。

1231 𣪇

唐怛多蘗多集《唐梵兩語雙對集》："白楊，阿𣪇拏縛。"（T2136v54p1243a）

按："𣪇"即"煞"之書寫變異。唐禮言集《梵語雜名》："白楊，阿（引）𢾕拏縛（二合），आष्णव。"（v54p1237b）字又作"𢾕"。根據對音關係，"阿（引）𢾕拏縛（二合）"當作"阿（引）𢾕拏（二合）縛"。"阿𣪇拏縛"與"阿（引）𢾕拏（二合）縛"皆梵文"आष्णव（āṣṇava）"的音譯，"𣪇""𢾕"顯爲一字之變，皆"煞"字書寫變異。"煞"又"殺"之俗體。日本淨嚴撰《悉曇三密鈔》："ष，沙、灑、屣、刹、澁、察、瑟、鏟、殺。"（T2710v84p0746c）"殺"爲"ष（ṣa）"的譯音字，音亦相合。

1232 段

世親造、金剛仙釋、北魏菩提流支譯《金剛仙論》："如世人燃燈，要以清油淨炷及以燈爐，三法相假，後方得燃。識法亦爾，要[9]段根塵和合，因貪愛等或識法得起。"（T1512v25p0873a）本頁下注9："段＝假《甲》。"

按：注文之“叚”正文作“段”，甲本作“假”。據文意及異文，正文之“段”本作“叚”，“叚”通“假”，訛作“段”。經中“假/叚”爲憑藉之義。日本曇寂撰《大日經住心品疏私記》：“若識神遍一切處，亦體是常，應不假三緣和合，而識獨能見聞覺知。而今要由根塵和合，方有識生，則知是假根塵而識有所用。若根塵不和合，則汝識神爲無所用，何云遍常耶？”（T2219v60p0584b）亦論識與根塵之關係，文意相似，可比勘。

1233 殸

日本圓仁撰《蘇悉地羯羅經略疏》：“《經》‘應獻花者’下至‘迦囉末花等’。……[13]殸頞字，莫骨、於骨二反。”（T2227v61p0421c）本頁下注13：“殸頞＝殸《甲》，㱿頞《乙》。”

按：“殸”即“㱿”字之訛。参2245“㱿”字條。

1234 敏

西晉竺法護譯《佛説阿惟越致遮經》：“吾於佛土慈[26]愍蚑行喘息之類，不惜身命，一切所有施而不恪，精進不懈。”（T0266v09p0216c）本頁下注26：“愍＝敏《知》。”

按：《嘉興藏》作“愍”。“敏”與“愍”爲版本異文，“敏”即“敏”字之訛，“攵”旁或作“殳”。清顧藹吉《隸辨·軫韻》“敏”字條引《逢盛碑》作“敏”（p390），又秦公《廣碑別字·十一畫》“敏”字條引《唐通直郎前行延州都督府士會參軍事長孫旳墓誌》作“敏”（p265），可比勘。“慈愍”文獻習見，即仁慈憐憫，“愍”即憐憫義，“敏”爲“愍”之借字。東晉瞿曇僧伽提婆譯《增壹阿含經》：“今迦葉比丘皆[5]愍念一切衆生。”（T0125v02p0795b）本頁下注5：“愍＝敏《宋》，慜《元》《明》。”“敏”“慜”皆通“愍”。

1235 縠

唐慧琳譯《新集浴像儀軌》：“百索長線、新淨軟帛[4]墼等物羅列於上。”（T1322v21p0488c）本頁下注4：“墼＝縠《原》。”

按：“縠”與“墼”爲版本異文，“縠”即“縠”字之訛。《説文·糸部》：“縠，細縛也。”乃一種絲織品，與文亦合。“縠”與“縠”字形頗近，乃字形微訛之形。"墼" 爲刻寫偶誤之形。

1236 𣫷

日本喜海撰《貞元華嚴經音義》："𣫷，苦角反。"（T2206Bv57p0381a）

按：根據字形及讀音，"𣫷" 即 "觳" 字之訛。《玉篇·卵部》："觳，口木切。卵空也。"《廣韻·覺韻》苦角切："觳，鳥卵。" "𣫷" 與 "觳" 音同。《集韻·覺韻》克角切："𣫷、㲉、觳，夘孚也。一曰物之孚甲。或从出、从皮。" "觳" 或寫作 "𣫷"。"𣫷" 即 "𣫷" 進一步寫訛。唐慧琳撰《一切經音義》："卵觳，下苦角反。《集訓》云：'鳥卵皮曰觳。'《考聲》云：'卵空也。從卵，㱿（苦角反）省聲也。'"（T2128v54p0344a）唐實叉難陀譯《大方廣佛華嚴經》："善男子，譬如迦陵頻伽鳥，在卵觳中，有大勢力，一切諸鳥所不能及。菩薩摩訶薩亦復如是，於生死觳，發菩提心所有大悲功德勢力，聲聞緣覺無能及者。"（T0279v10p0433a）唐般若譯《大方廣佛華嚴經》："善男子，譬如雪山迦陵頻伽鳥，在卵觳中，有大勢力，一切諸鳥所不能及。菩薩摩訶薩亦復如是，於生死觳，發菩提心所有大悲功德勢力，聲聞獨覺無能及者。"（T0293v10p0828c）此蓋《貞元華嚴經音義》"𣫷，苦角反" 之所本，字正作 "觳"。衆賢造、唐玄奘譯《阿毘達磨順正理論》："有業生果待[4]卵等緣，方有差別。有業生果，不待外緣，自有差別。"（T1562v29p0467b）本頁下注 4："卵 = 外《三》，卯《聖》。" "外" "卯" 皆與 "夘" 形近。參 1239 "觳" 字條。

1237 𣫾

龍樹造、後秦鳩摩羅什譯《大智度論》："慳貪嫉妒輕躁短促故，受獼猴[14]猳玃熊羆之形；邪貪憎嫉業因緣故，受猫狸土虎諸獸之身。"（T1509v25p0175a）本頁下注 14："猳玃 = 𣫾玃《石》。"

按："𣫾" 與 "猳" 爲版本異文，"𣫾" 即 "猳" 字異體之訛。東漢安玄譯《法鏡經》："所謂禽獸衆鳥，獼猴猳玃。"（T0322v12p0020b）《嘉興藏》作 "猳玃"，音釋："猳玃，上加下脚，大猿也。" 唐玄應撰《一切經音義》（麗藏本）卷八《法鏡經》下卷："猳玃，古遐反，下居縛反。《説文》：'大母猴也。' 似彌猴而大，色蒼黑，善玃持人，好顧眄。經文作 '猳犸'，非字體也。"（p112b）唐慧琳撰《一切經音義》卷十六《法鏡經》下卷："煆［猳］玃，古霞反。《字書》：'猳亦玃也。' 正作 '猳'，亦作 '伽［猳］'。下俱縛反。郭注《爾雅》：'玃似獼猴而大，蒼黑色，能玃持人，好顧眄。'《説文》云：'大母猴也。'《經》作 '猳犸'，非也。"（T2128v54p0407c）"猲"或作"狐""猳"等形，疑"𤠷"乃"狐""猳"兩字交互影響所成之字。"假"或作"㑵"（見《可洪音義》v59p1104c），可資比勘。

1238 𣪘

唐窺基撰《阿彌陀經通贊疏》："誓多云戰勝，此即太子之名。太子生時，隣國怨至，戰而得勝，遂以爲名。給孤獨者，是蘇達多長者，此云善施，善施仁而且𣪘。"（T1758v37p0333a）

按："𣪘"即"叡"字之訛。唐窺基撰《觀彌勒菩薩上兜率天經讚》云："誓多云勝，此即太子名。太子生時，隣國怨至，戰而得勝，遂以爲名。給孤獨者，是蘇達多長者，此云善施，善施仁而且叡。"（T1772v38p0281b）與"𣪘"對應之字正作"叡"。《廣韻·祭韻》："叡，聖也。""叡"有聖明、聰慧之義。"仁而且叡"即又仁厚又聰慧之義。唐澄觀撰《大方廣佛華嚴經疏》："逝多者，梵音，華言戰勝，即太子之名。給孤獨者，梵云須達多，正言賑濟無依，義云給孤獨也，即長者之稱，長者仁而聰敏。"（T1735v35p0909b）與"叡"對應之字作"聰敏"，義同。"叡"或訛作"𣪊"（見清吴任臣《字彙補》），"𣪘"即"𣪊"進一步形訛。

1239 㲉

北涼曇無讖譯《大方等大集經》："衆生如是，何有智者不生憐愍，歌羅羅時住六七日，六七日轉名頞浮陀，是時形色猶如小棗；住七七日轉名伽那，是時形色如胡桃[15]殼；住八七日轉名閉尸，形色猶如頻婆羅果。"（T0297v13p0169b）本頁下注15："殼=㲉《三》《宮》。"

按："㲉"與"殼"爲版本異文，"㲉"即"㲉"異寫，"㲉"又"殼"之同源分化字。《説文·殳部》："㱿，一曰素也。"段注："素謂物之質如土坯也，今人用腔字，《説文》多作空，空與㱿義同。俗作殼，或作㲉，吴會間音哭，卵外堅也。""㱿"爲凡物之堅硬外殼，"㲉"專指卵之堅硬外殼，文獻中兩字或通用。上經中"胡桃殼"指核桃的外殼，正字當用"殼"。或用"㲉"字乃同源通用。《卍續藏》唐圓測撰《解深密經疏》："住七七日轉名伽那，是時形色如胡桃㲉。"（X0369v21p0245a）與"㲉"對應之字正作"㲉"。"㱿"或作"殼"，故"㲉"又作"㲉"。

1240 槃

北宋道原纂《景德傳燈録》:“明月堂前垂玉露，水精殿裏[5]撒真珠。”（T2076v51p0385b）本頁下注5:“撒=槃《明》。”

按:“槃”與“撒”爲版本異文,“槃”即“𥽏”字之訛,“𥽏”與“撒”通。同上經:“我未曾向紫羅帳裏[10]撒真珠。”（T2076v51p0295b）本頁下注10:“撒=𥽏《明》。”“撒”的異文即作“𥽏”。《説文·米部》:“𥽏，糣𥽏，散之也。”清段玉裁注:“𥽏本謂散米，引伸之凡放散皆曰𥽏。”“𥽏”有拋散之義，與文意合。

1241 轚

衆賢造、唐玄奘譯《阿毘達磨藏顯宗論》:“東方欻有金輪寶現，其輪千輻具足[11]轂輞。”（T1563v29p0857c）本頁下注11:“轂=轚《聖》《德》。”

按:“轚”與“轂”爲版本異文,“轚”即“轂”字之訛。《説文·車部》:“轂，輻所湊也。从車，㱿聲。”唐慧琳撰《一切經音義》:“轂輞軸，上公酷反。《玉篇》云:‘輻之所湊［湊］曰轂。’”（T2128v54p0354c）“轂”或寫作“轚”,“轚”即“轚”之訛。

文　部

1242 㦽

日本淨嚴撰《悉曇三密鈔》:“𑖪𑖽，鍐（日經）、挽、奉（二共佛頂）、憎（胎軌）、罔（佛頂）、㦽（慈氏）。”（T2710v84p0746c）

按:“㦽”爲“𑖪𑖽（vaṃ）”的譯音字，爲由“文”與“感”拼切而成的切身字。唐善無畏譯《慈氏菩薩略修愈誐念誦法》:“水輪真言曰：𑖡𑖦𑖾𑖭𑖦𑖡𑖿𑖝𑖤𑖲𑖟𑖿𑖠𑖯𑖡𑖯𑖽𑖪𑖽，納莽三滿多翳馱（引）腩（一）㦽（二。一遍）。”（T1141v20p0590b）《慈氏菩薩略修愈誐念誦法》“㦽”爲“𑖪𑖽（vaṃ）”的譯音字，與淨嚴所見合。

方　部

1243 旍

隋吉藏造《淨名玄論》："問：經云：一切世諦，若於如來，即是第一義諦，亦是失？答：一往對凡之有爲失，歎聖之空爲得。若望教諦者，於諦非但不得表不二理，亦不得能表之教，但是謂情所見耳，然如來了色實未曾空有也。若識兩種二諦，則五難自旍。"（T1780v38p0894c）

按："旍"即"祛"字之訛。隋吉藏撰《大乘玄論》："問：經云：一切世諦，若於如來，即是第一義諦，亦是失耶？答：一往於諦，非但不得表不二理，亦不得能表之教，但是謂情所見耳。若識兩種二諦，即五難自祛。"（T1853v45p0023b）與"旍"對應之字作"祛"。"祛"又"袪"字之訛，義爲去除。唐法琳撰《辯正論》："一本云：夏至之日，正中時，竪木無影。漢國影臺，立夏之日。一本云：至期[19]去表，猶餘陰在。"（T2110v52p0525b）本頁下注19："去=立《三》。"唐道宣撰《廣弘明集》："法師云：中天竺地，夏至之日，日正中時，竪木無影。漢國影臺，至期立表，猶餘陰在。"（T2103v52p0176b）日本藏俊撰《因明大疏抄》："問：'別立三宗總以三因成立時，此有何過？'答：'淨眼師云：若言三因共成三法者，一一皆有一分重成已立之過。何者？亦有一實因，弟子亦信非德非業。若亦能成非德非業，弟子既信，何須重成？有德之因，弟子亦信非實非業。若亦能成非實非業，弟子既信，何須重成？故以三因諍成三法，一一皆有一分重成已[7]去之過也。'"（T2271v68p0652c）本頁下注7："去=立《原》。""去"皆"立"字之訛，可資比勘。

1244 旎

唐菩提流志譯《廣大寶樓閣善住祕密陀羅尼經》："第十四呼餉棄尼天女呪曰：唵阿伽摩耶（一）婆囉聞遮吒（上聲。二）訶斯旎（三）吽。"（T1006v19p0652a）

按："旎"蓋"抳"字之訛。林光明《新編大藏全咒》卷六《廣大寶樓閣善住祕密陀羅尼經》"呼餉棄尼天女呪"中"旎"之梵文羅馬轉寫作"ni"（v6p590）。日本淨嚴撰《悉曇三密鈔》："ṇi，抳、尼、儞、膩（法花）。"（T2710v84p0744a）"抳"爲"ṇi（ṇi）"之譯音字。讀音近合。"扌"旁訛作"方"

旁，參 1252 “旃” 字條。

1245 旃

唐法全集《大毘盧遮那成佛神變加持經蓮華胎藏菩提幢標幟普通真言藏廣大成就瑜伽》：“真言曰（持地印手印有四名，其右智手云毘鉢舍那，左定手名三昧，亦云捨摩他）：唵（引。一）曩莫薩嚩怛他蘖多（二）迦野[8]弭嚩吃質（二合）多（三）嚩日羅（二合）滿娜南迦嚕弭（四）。”（T0853v18p0144a）本頁下注 8：“弭＝旃《甲》。”

按：“旃”與“弭”爲版本異文，“旃”即“弭”字之訛。《大正藏》“旃”字凡 36 見，皆“弭”字之訛。日本淨嚴撰《悉曇三密鈔》：“𑖪𑖱，弭、味。”（T2710v84p0745b）又：“𑖦𑖰，弭、密（二共金軌）、彌、履（法花）、泯（隨求）、咩（佛頂）。”（T2710v84p0745c）“弭”可爲“𑖪𑖱”（vī）和“𑖦𑖰（mi）”的譯音字。楊寶忠《疑難字考釋與研究》（p500）、鄭賢章《龍龕手鏡研究》（p191）亦有考證，唯未考定對應梵文。

1246 旃

日本長惠撰《魚山私鈔》：“佛讚：摩訶迦嚕抳建曩貪捨娑多藍薩縛吠南本女那地褰那馱藍鉢羅拏摩旃怛他蘖擔。”（T2713v84p0837a）

按：此段讚文亦見於日本淳祐撰《要尊道場觀》：“讚曰：佛讚：摩賀（引）迦嚕抳建曩貪（一）捨娑跢藍薩縛吠儞南（二合。二）奔女那地蝿（二合）褰拏馱藍（三）鉢羅拏摩弭怛他誐耽（四）。”（T2468v78p0061a）與“旃”對應之字作“弭”，“旃”即“弭”字之訛。“弓”旁訛作“方”旁，參上條及 1257 “旖”字條。又，遼希麟集《續一切經音義》：“廛里，下良[2]耳反。”（T2129v54p0941a）本頁下注 2：“耳＝甘《甲》。”“甘”爲“耳”字之訛。佚名《翻梵語》：“波那娑果，應云波那娑。譯者曰：形如冬苽，其味其[11]耳。”（T2130v54p1050c）本頁下注 11：“耳＝甘《甲》。”日本心覺撰《多羅葉記》：“婆那婆果，可云。形如冬苽，其味甚甘。”（T2707v84p0579b）“耳”爲“甘”字之訛。“耳”與“甘”或混誤，故“弭”或訛作“旃”。

唐不空譯《一字奇特佛頂經》：“甲冑真言（歸命准前）：唵斫羯囉（二合）韈嘌底（二合）鉢囉（二合）賖[47]弭多囉捺囉（二合，引）囉捺囉（二合，引）娑去薩摩（二合）車盧瑟尼（二合）沙囉乞沙（二合）囉乞沙（二合）輪吽發娑縛（二合）訶。”（T0953v19p0291b）本頁下注 47：“弭＝旃《聖》。”日本靜然撰《行林抄》：“穆訖耽穆訖底幡他鉢羅跛耽試乞曬野素旃野婆沙體耽乞曬怛嚩尾始瑟鵤褰拏㓹曩謎僧健左婆鉢羅嚩跢。”（T2409v76p0332c）唐善無畏譯《大毘盧遮那經廣大儀軌》：“目訖耽（二合）目訖底（二合）播他（引）鉢囉（二合）跛耽（二合。一）試乞灑（二合）夜素弭也（二合）嚩娑體（二合）耽（二）乞灑（二合）怛嚫（二合）尾始瑟鴿（二合）虞拏鏤（三）曩謎僧（去）建左婆（去，引）嚩哆（都各反）。”（T0851v18p0097c-0098a）佚名《藥師儀軌一具》：“穆訖躭（二合）穆訖底（二合）播（引）他（引）鉢羅（二合）跛躭（二合，引）誐乞灑（二合）野索（引）弭野（二）嚩（引）沙體（二合）躭乞灑（二合）怛覽（二合）尾始瑟儞䨴（上）拏㓹（無本反。一）曩謎（引）僧（去）健左婆（引）嚩（上）跢（都各反。四僧）。”（T0924Cv19p0032c）“⿰方甘”亦“弭”字之訛。

1247 ⿰方行

隋闍那崛多譯《佛本行集經》：“今汝比丘，可不見我所率領來四種兵衆，象馬車步，諸雜軍等。幡旗麾纛，羽蓋[6]旌⿰方行。多諸夜叉，悉食人肉。”（T0190v03p0785b）本頁下注6：“旌=旍《聖》”。

按：“⿰方行”即“旂”字之訛。“旂”之右旁與“行”字筆劃皆爲兩撇、兩横、兩豎，如寫得不夠緊湊則與“行”近似。“旌旂”同“旌旗”。

1248 ⿰方⿱𠂉巴

日本長惠撰《魚山私鈔》：“懈怠者精進，破戒者持戒，不信者令信，慳吝者布⿰方⿱𠂉巴。”（T2713v84p0827c）

按：“⿰方⿱𠂉巴”即“施”字之訛。李琳華編《佛教難字字典·方部》“施”字條收“弝”“⿰方⿱𠂉巴”。“⿰方⿱𠂉巴”下所从“巴”字當爲“也”之訛。佛教中“布施”爲梵文 Dana（檀那）的意譯詞，特指向僧道施舍財物或齋食，從文義來看“⿰方⿱𠂉巴”正當爲“施”。唐實叉難陀譯《大方廣佛華嚴經》：“爲慳吝者讚歎布施，爲破戒者稱揚淨戒，有瞋恚者教住大慈，懷惱害者令行忍辱，若懈怠者令起精進。”（T0279v10p0391a）文意與《魚山私鈔》略同，字正作“施”。唐慧琳撰《一切經音義》：“鐵蟒，下莫牓反。郭注《爾雅》：蟒者，虵之最大者曰蟒蛇，[9]巴蛇能吞象，計長數百尺。”（T2128v54p0821b）本頁下注9：“巴=也《甲》。”“也”爲“巴”字之訛，可比勘。

1249 斾

佚名《翻梵語》：“迦比羅斾兜，應云迦比羅跋兜。譯曰迦比羅者，蒼色；跋

兜者，住處也。”（T2130v54p1037a）

按：“旆”爲“旆”字之訛。東晋法顯譯《大般涅槃經》：“一者如來爲菩薩時，在迦比羅旆兜國藍毘尼園所生之處。”（T0007v01p0199c）唐慧琳撰《一切經音義》：“旆兜，蒲帶反。國名也。正言迦毘羅跋兜。譯云迦毘羅者，蒼色也；跋兜者，住處也。”（T2128v54p0673b）字正作“旆”。日本心覺撰《多羅葉記》：“迦比羅兜，可云迦比羅跋兜。迦比羅者，此云蒼色；跋兜，此云住所。”（T2707v84p0591a）字或作“跋”，與《翻梵語》之説合。“旆”與“跋”爲同一梵文之不同譯音字。《偏類碑别字・方部》“旆”字條引《陳劉猛進墓誌》作“旆”。李琳華編《佛教難字字典・方部》亦收“旆”形。“旆”與“旆”形近，皆“旆”字之訛。

佚名《佛説佛名經》：“一一獄中復有八萬四千鬲子地獄以爲眷屬，此中罪苦炮煮［煮］楚痛、剥皮旆肉、削骨打髓、抽腸杖胇無量諸苦，不可聞不可説。”（T0441v14p0306c）唐知玄撰《慈悲水懺法》：“如是八寒八熱一切諸地獄中，復有八萬四千鬲子地獄以爲眷屬，此中罪苦炮煮楚痛、剥皮刷肉、削骨打髓、抽腸拔肺無量諸苦，不可聞不可説。”（T1910v45p0977b）北魏瞿曇般若流支譯《正法念處經》：“所謂苦者，如前所説活等地獄所受苦惱。彼一切苦，此中具受。復有勝者，所謂彼處閻魔羅人，取彼婦女，以利鐵刷刷其皮肉。肉盡骨在，而復更生。生則軟嫩，而復更刷。刷已復生，生已復刷。”（T0721v17p0071a）“旆”蓋“刷”字之訛。

1250 旌

南朝梁僧祐撰《弘明集》：“故《傳》曰：錫鸞和鈴昭其聲也，三辰[11]旂旗昭其明也，五色比象昭其文也。”（T2102v52p0008a）本頁下注 11：“旂＝旌《宋》。”

按：《弘明集》上述文字見於《左傳》，《左傳》字亦作“旂”，“旌”與“旂”爲版本異文，“旌”蓋“旌”字之訛。“旂旗”見於《左傳》，而後代文獻少見。蓋刻書者不解“旂”之義，改作文獻常用的“旌旗”。《可洪音義》卷十四《佛滅度後棺斂葬送經》：“旌表，上子盈反。”（v59p1101a）又卷二《大寶積經》第六十一卷：“旌鼓，上子盈反。”（v59p597c）“旌”與“旌”“旌”形近，蓋其形之訛。

1251 㫰

日本英憲撰《俱舍論頌疏抄》：“罝㫰，惠云：‘上子邪反，下集兩反。’《爾雅》：‘罝謂之罝。’郭璞曰：‘罝，遮也，取兔也。’《韻集》云：‘施罥於道曰㫰，似弓形也。’（文）嘉祥釋云：‘網兔物爲蹄。’（文）”（T2254v64p0615b）

按：“㫰”爲“弶”字之訛。《玉篇・弓部》：“弶，施罝於道也。”“罝”當爲“罝”之誤。唐玄應撰《一切經音義》卷十八：“弶，今畋獵家施弶以取鳥獸者，其形似弓也。”《説文・网部》：“罝，兔網也。从网，且聲。”本義爲捕兔網，引申爲捕捉鳥獸的網。“罝”爲“罝”“䍜”的異構字，義亦爲捕捉鳥獸的網。“施罝於道”與“施罝於道”同義。“弶”或作“㫃”者，從“弓”之字或訛從“方”，如李琳華編《佛教難字字典・弓部》“弛”字下收“施”形，“彈”字下收“旃”形，可比勘。

1252 旇

日本聖德太子撰《法華義疏》：“雖曰我聞，聞必有處，故云佛在王拾城耆闍[4]旇時，我聞此經也。王舍城事，餘疏廣釋，而今不記。耆闍崛，是外國語，此飜靈鷲山。言彼山頂，似靈鷲鳥啄也。”（T2187v56p0065b）本頁下注4：“旇＝崛《甲》《乙》《丙》《丁》《戊》。”

按：“旇”與“崛”爲版本異文，“旇”即“掘”之訛。“耆闍崛”爲“靈鷲山”音譯形式，佛經多見。唐慧琳撰《一切經音義》：“鷲峰，音就。或名靈鷲，或名鷲頭，或名鷲臺，皆隨俗言耳。古曰耆闍崛，乃梵語略也。正云紇哩（二合）馱羅（二合，轉舌）矩吒山。既栖鷲鳥，又類高臺，因名鷲臺。鷲鳥栖於峰上，故曰鷲峰。”（T2128v54p0380b）日本心覺撰《多羅葉記》：“耆闍崛山，舊譯云，應曰耆闍崛多。耆闍言鷲，崛多言頭，謂鷲頭。”（T2707v84p0628c）可參看。“崛”或作“掘”。東晋瞿曇僧伽提婆譯《增壹阿含經》：“次復有山名耆闍[17]崛山。”（T0125v02p0736b）本頁下注17：“崛＝掘《聖》。”東晋佛陀跋陀羅譯《佛説觀佛三昧海經》：“爾時世尊坐龍王窟不移坐處，亦受王請入那乾訶城、耆闍[3]崛山、舍衛國迦毘羅城。”（T0643v15p0681a）本頁下注3：“崛＝掘《聖》。”皆其例。“旇”與“掘”形近，當即其訛字。唐一行記《大毘盧遮那成佛經疏》：“若拙將暗於事勢，又失幢旗，則人各異心，敗不[3]掟踵矣。”（T1796v39p0673a）本頁下注3：“掟＝旋《甲》《乙》。”“掟”即“旋”之訛，可比勘。

1253 旑

日本圓珍撰《入真言門住如實見講演法華略儀》：“言德行者，即是標能生之八葉。正方四葉名之爲德，隅角四葉名之爲行。復次[29]竛竮貧人，創領寶藏，寶藏非一，故名無量。非但其藏無量無邊，領藏内衆物，亦不可稱計，故名爲義。”（T2192v56p0190b）本頁下注29：“竛竮＝伶旑《甲》，伶俜《乙》。”

按：“旑”與“竮”“俜”爲版本異文，“旑”爲“竮”字之訛。唐慧琳撰《一切經音義》：“竛竮，上泠丁反，下匹并反。《字書》：‘竛竮，行不正也。’”

（T2128v54p0922b）“跉𨁂”爲佛經常見詞，或作“跉跰”“伶傡”“伶倂”“跉跰”等。此處甲本作“㫰”，左從“方”蓋爲“立”之訛。唐道宣撰《廣弘明集》：“忽伶𨁂而獨往，久逃逝而亡歸。”（T2103v52p0340b）亦“伶𨁂”連用之例。

1254 㫎

安慧糅、唐玄奘譯《大乘阿毘達磨雜集論》：“邪見者，[6]謗因，*謗果，或謗作用，或壞實事，或邪分別，諸忍欲覺觀見爲體，斷善根爲業，及不善根堅固所依爲業，不善生起爲業，善不生起爲業。謗因者，謂無施與、無愛樂、無祠祀、無妙行、無惡行等。謗果者，謂無妙行及惡行業所招異熟等。謗作用者，謂無此世間無彼世間，無母無父無化生有情等。誹謗異世往來作用故，誹謗任持種子作用故，誹謗相續作用故。壞實事者，謂無世間阿羅漢等。邪分別者，謂餘一切分別倒見。斷善根者，謂由增上邪見非一切種。”（T1606v31p0698a）本頁下注 6：“謗＝㫎《聖》*。”

按：“㫎”與“謗”爲版本異文，據文意，“㫎”當即“謗”字之訛。世友造、唐玄奘譯《阿毘達磨界身足論》：“邪見云何？謂謗因謗果，或謗作用，或壞實事，由此起忍樂慧觀見，是名邪見。”（T1540v26p0615b）佛經“謗因”“謗果”皆習見。

1255 㪊

西晉竺法護譯《持人菩薩經》：“不貪利養、飲食衣服、床[5]蓐臥具、病瘦醫藥，惟心精修，入如是像，曉了思惟，常修精進，盡其形壽，淨修梵行，在其佛所，壽終之後，還生本土。”（T0481v14p0639a）本頁下注 5：“蓐＝㪊《三》，敷《宮》，臥《聖》。”

按：“㪊”與“蓐”“敷”“臥”爲版本異文，“㪊”即“敷”字之訛。《説文・攴部》：“尃，㪃也。从攴，尃聲。”段注：“俗作敷。古寸與方多通用。”明張自烈《正字通・攴部》：“尃，敷本字。”“敷”之構件“甫”訛作“車”，“攵”訛作“殳”，又改左右結構爲上下結構即成“㪊”字。《龍龕・攵部》收“𢾭”爲“敷”之俗字，“甫”即訛作“車”。“床敷”猶今言床鋪，佛經中“床敷”多見，失譯《別譯雜阿含經》：“云何名施？施沙門婆羅門，師長父母，貧窮之者，乞與衣食床敷臥具，病瘦醫藥，種種所須，盡能惠與，名之爲施。”（T0100v02p0405a）或作“蓐”者，“蓐”本指能做褥子的草，也指牀上鋪的草墊子，佛經中的“床（牀）蓐”與“床（牀）敷”同義，亦指床鋪。南朝宋慧嚴譯《大般涅槃經》："不應如小兒，病者臥床蓐。"（T0375v12p0671a）"床（牀）臥"與"床（牀）敷""床（牀）蓐"亦同義。

1256 旛

唐圓照撰《貞元新定釋教目録》："《竊爲沙門經》《[32]褐師捨家學道經》（上二經并出《出曜經》）。"（T2157v55p0828c）本頁下注32："褐＝旛《聖》。"

按："旛"與"褐"爲版本異文，"旛""褐"皆"獵"的訛字"獦"字之訛。《貞元新定釋教目録》著録的所謂《褐師捨家學道經》亦見多家目書著録，如，佚名《佛説佛名經》："《南無獵師捨家學道經》。"（T0441v14p0310b）南朝梁僧祐撰《出三藏記集》："《獵師捨家學道經》一卷，抄《出曜》。"（T2145v55p0024a）隋法經等撰《衆經目録》："《獵師捨家學道經》一卷，出第三卷。"（T2146v55p0143a）唐明佺等撰《大周刊定衆經目録》："《獵師捨家學道經》一卷，出第三卷。"（T2153v55p0426c）唐智昇撰《開元釋教録》："《竊爲沙門經》《獵師捨家學道經》，上二經並出《出曜經》。"（T2154v55p0531c）又："《獵師捨家學道經》一卷，出第三卷。"（T2154v55p0660b）"褐"皆作"獵"。本書此書兩次著録，《貞元新定釋教目録》："《獵師捨家學道經》一卷，出第三卷。"（T2157v55p0998a）亦作"獵"。南朝梁寶唱等集《經律異相》有《獵師捨家學道事》一章，文曰："昔佛在摩竭國甘梨園中城北石室窟中，有衆多獵師，入山遊獵，廣施羅網，殺鹿無數，復還上山。時有一鹿，墮彼弶中，大聲喚呼。獵師聞已，各各馳奔。自還墮弶，傷害人民，不可稱數。雖復不死，被瘡極重，痛不可言。各相扶持，劣乃到舍，求諸膏藥，以拊其瘡。室家五親，各迎屍喪，歸還耶旬之。其中被瘡衆生，自知瘡差，厭患遊獵。宿緣應度，種諸善本，便自捨家學道作沙門。爾時世尊，與無央數百千衆生，前後圍遶，而爲説法。爾時世尊，爲彼衆生，欲拔其根，修立功德，示現教戒，永離生死，常處福堂，於大衆中，而説此偈：猶如自造箭，還自傷其身。内箭亦如是，愛箭傷衆生。時彼獵者雖爲沙門，不自覺知。如來今日，證明我等，定爲獵師。内自慚愧，自省本過。在閑静處，思惟止觀，係意不亂。所以族姓子，剃除鬚髮，著三法衣，出家學道，修無上梵行。自身作證而自娛樂，生死已盡，梵行已立。所作已辦，更不復受生死。如實知之。爾時諸比丘，皆得阿羅漢。六通清徹，無所罣礙。是故説此偈：能覺知是者，愛苦共生有。無欲無有想，比丘專念度。（出《獵師捨家學道經》）"（T2121v53p0094a）此書可以確證書名當以《獵師捨家學道經》爲是。《貞元新定釋教目録》或作"旛"與"褐"者，"旛"爲"獵"的訛字"獦"字之訛。清邢澍《金石文字辨異·葉部》："猎，《隋皇甫誕碑》：'馬猎初封。'猎，俗獵字。"唐顔元孫《干禄字書·入聲》："獦、獵，上通下正。""獦"之"犬"旁因形近而誤作"方"旁即成"旛"字。《可洪音義》卷十七《鼻奈耶律》第五卷："獦師，上力葉反。……臈師，上力葉反，悮。猲師，同上。又許謁、呼葛二反，並非也。”（v60p73b）“獦”“𦢊”“猲”三字《大正藏》之《鼻奈耶》皆作“獵”（T1464 v24p0873a）。“褐”當即“獦”字之訛。佚名《善惡因果經》：“好帶弓箭騎乘死墮六夷中，好猲殺生者死墮豺狼中，好著創華者死作載勝虫。”（T2881v85p1381a）“猲”亦“獵”的訛字“獦”字之訛省。

1257 旚

佚名《翻梵語》：“旚耆耶，亦云彌祇迦，譯曰雨雲。”（T2130v54p0998b）

按：“旚”即“彌”字之訛。南朝齊僧伽跋陀羅譯《善見律毘婆沙》：“時大德那伽，或大德那耆多，或大德[16]彌耆耶，或大德優伽婆，或大德沙伽多，或大德須那訶多。”（T1462 v24p0706b）本頁下注 16：“Meghiya。”此乃《翻梵語》收詞之所本，與“旚”對應之字作“彌”，“彌耆耶”的梵文作“Meghiya”，“彌”對應“me”，與“彌”之讀音亦合。日本淨嚴撰《悉曇三密鈔》：“𑖦，寐（金軌）、茗、名、銘（禪要）、迷、謎（集經）、彌、咩（佛頂）、米（羂索）。”（T2710v84p0745c）收録“彌”爲“𑖦（me）”之譯音字。《翻梵語》：“旚奚，應云彌軻，譯曰浮雲。”（T2130v54p0995a）佚名《龍樹五明論》：“歙郁伽迦（俱伽反）　哳漏羅婆呵　伊旗伊旚。”（T1420v21p0961c）“旚”亦皆“彌”字之訛。

日本聖守撰《三論宗濫觴》：“西天四日也，照世之光久傳；東漢八宿也，關河之流[4]彌盛。”（T2307B v70p0838c）本頁下注 4：“彌＝於《甲》。”日本護命撰《大乘法相研神章》：“從淨居頂[31]須彌大石山無礙直下一萬八千三百八十三年而方下來至此人間。”（T2309 v71p0006c）本頁下注 31：“須彌＝放《甲》《乙》。”唐僧詳撰《法華傳記》：“自釋化東傳，流味[7]彌遠。”（T2068 v51p0066a）本頁下注 7：“彌＝放《甲》。”“彌”又與“於”“放”爲異文，“於”“放”蓋皆“彌”之異體“弥”字之訛。李琳華編《佛教難字字典・弓部》“弛”字下收“施”形，“彈”字下收“㫚”形，亦皆“弓”旁訛作“方”旁之例。

火　部

1258 焑

唐良賁述《仁王護國般若波羅蜜多經疏》：“如《法華》云：‘我諸子等，[5]先因遊戲，來入此宅。’”（T1709v33p0469b）本頁下注 5：“先＝焑《甲》。”

按：“焑”與“先”爲版本異文。後秦鳩摩羅什譯《妙法蓮華經》：“汝諸子等，先因遊戲，來入此宅。”（T0262v09p0014b）此即良賁之所本，與“炛”對應之字亦作“先”。“先”訛作“光”“炛”。三國吴康僧會譯《六度集經》：“調達雖[12]先知佛偈，猶盲執燭炤，彼不自明，何益於己？”（T0152 v03p0032b）本頁下注 12：“先=光《宋》。”《嘉興藏》作“先”。北涼曇無讖譯《悲華經》：“是以[11]先令無量無邊諸菩薩等發大誓願。”（T0157 v03p0214c）本頁下注 11：“先=光《宋》。”東晉瞿曇僧伽提婆譯《增壹阿含經》：“常念不貪勝[2]光上達。”（T0125 v02p0556a）本頁下注 2：“光=先《三》《聖》。”前兩例“光”爲“先”之訛，後一例“先”爲“光”之訛。《大正藏》“先”與“光”混誤的例子不勝枚舉。秦公《廣碑别字・六畫》“光”字條引《唐王明墓誌》作“炛”，“炛”乃小篆“𤆍”轉寫之變。清顧藹吉《隸辨・唐韻》：“炛，《雄桀碑》：‘德行~□。’”唐張參《五經文字・火部》：“炗、光，上《説文》，下經典相承隸變。”《玉篇・火部》：“炗，古黄切。炗，榮也。今作光。”“光”之小篆轉寫作“炗”，書寫小變作“炛”，“炛”加點即成“炛”形。唐慧琳撰《一切經音義》：“胃脬，普交反。《蒼頡解詁》：‘脬，盛尿者也。’《説文》：‘脬，旁炛也。’《經》文作‘胞’，補交反。胞，裹也，胞非此用也。”（T2128 v54p0359b）又：“修緝，侵立反。鄭箋《詩》云：‘緝，續也。’《尒雅》云：‘炛也。’”（T2128v54p0570b）“炛”皆“光”字。

1259 夌

東晉竺佛念譯《鼻奈耶》：“[29]泥洹僧中律戒不同（……頭麥飯……）。”（T1464v24p0899c）本頁下注 29：“麥字，《宋》《元》二本俱作‘夌’。”

按：“夌”與“麥”爲版本異文，“夌”即“麥”字之訛。《可洪音義》卷二十二《那先比丘經》上卷：“檴麦，上户郭反。刈禾也。正作‘穫’也。下音脉。正作‘麥’。”（v60p230c）“麥”或作“麦”，“夌”與“麦”形近。

1260 奕

日本賴瑜撰《薄草子口決》：“有碧馬頭，頭髮如螺焰，身色赫奕如日輪，遍身火焰炯燃逾災火，焚燒内外人天業障。”（T2535v79p0220a）

按：“奕”即“奕”字之訛。唐不空譯《聖賀野紇哩縛大威怒王立成大神驗供養念誦儀軌法品》：“中面頂上有碧馬頭，髮如螺焰，身色赫奕如日輪，遍身火焰炯燃逾劫災火，焚燒内外人天業障。”（T1072A v20p0160b）與“奕”對應之字作“奕”。“赫奕”爲光盛之義，語素“赫”之本義爲紅色鮮明貌，引申有盛大之義，常指光之盛大；語素“奕”之本義爲大，常用來形容盛大之貌，亦常指光之盛大，故兩者結合爲同義並列複合詞。“火”與“大”形近，故“奕”或訛作“炗”。唐法全撰《大毘盧遮那成佛神變加持經蓮華胎藏悲生曼荼羅廣大成就儀軌供養方便會》：“赫炗成焰鬘，吼怒牙出現。”（T0852 v18p0133b）唐不空譯《仁王般若念誦法》：“又用三部所結印契，及誦真言五處加持，謂額、左肩、右肩、心、喉五處，於頂上散，即成被金剛堅固甲冑。由此加持遍行者身，威光赫炗，一切諸魔作障惱者，眼不敢覩，疾走而去。”（T0995 v19p0520c）《大正藏》“炗”凡 11 見，皆與“赫”字連用，皆用來形容光之盛大，故“炗”理解爲有意改作“火”旁以求形義切合更爲合理。

1261 𤇫

失譯《佛説菩薩本行經》：“時有一婦人𤇫穀作麨，有牂牴來抴𤇫麥，不可奈何，捉擲火杖用打牂牴。”（T0155v03p0115a）

按：唐慧琳撰《一切經音義》卷四十四《菩薩本行經》上卷：“炄穀，又作‘炒’‘焣’‘煑’三形，同，初狡反。《方言》：‘焣，火乾也。’”（T2128v54p0598b）慧琳所見本作“炄”。“𤇫”“炄”及“煋”皆“煼”之異寫，“煼”又“炒”之異構字。唐道世撰《法苑珠林》：“有一婦人炒穀作麨，失火廣燒人畜。”（T2122v53p0714b）與“𤇫”對應之字作“炒”。“𤇫”亦見《龍龕·火部》收録。唐慧琳撰《一切經音義》：“煎炒，古文‘鬻’‘𤇫’‘焣’‘㷅’四形，作‘𩰲’，崔寔《四民月令》作‘炒’，《古今正字》作‘𤏓’字，同，初絞反。《方言》：‘熬、焣、煎、備，火乾也。’《説文》：‘熬也。’”（T2128v54p0781b）亦已溝通“𤇫”與“炒”的關係。參 1265“煼”字條。

1262 𤇆

唐道宣撰《續高僧傳》：“於時鄴下昌言，裕師將過世矣，道俗雲合，同稟歸戒，訪傳音之無從。裕亦信福命之云盡，乃示誨善惡勵諸門人，從覺不[19]愈，至第七日援筆制詩二首。”（T2060v50p0496c）本頁下注 19：“愈=𤇆《三》《宮》。”

按：“𤇆”與“愈”爲版本異文，“𤇆”即“悆”字之訛。同上經：“初因動散，微覺不[2]悆。”（T2060v50p0583b）本頁下注 2：“悆=愈《三》《宮》。”高麗一然撰《三國遺事》：“以彼建福五十八年，少覺不悆。經于七日，遺誡清切，端坐終于所住皇隆寺中。春秋九十有九，即唐貞觀四年也。”（T2039 v49p1002a）南朝梁慧皎撰《高僧傳》：“後至沙勒國，國王不悆，請三千僧會耶舍預其一焉。”（T2059v50p0334a）唐慧琳撰《一切經音義》：“病悆，余恕反。《韻英》云：‘和悦也。’《考聲》云：‘悆，安也。’《韻集》云：‘天子疾曰不悆。’《尚書》云：

‘有疾不悆。’孔曰：‘不悦豫也。’《説文》云：‘悆，豫也。從心，余聲也。’《經》文或有‘病愈’，以主反，亦通。《集訓》云：‘愈，疾差也，益也。’孔安國注《論語》云：‘愈，勝也。’《玉篇》云：‘病差爲愈。’《説文》‘愈’字從舟，從刂。古外反。會意字也。”（T2128v54p0343c）“悆”有舒適、舒服之義，常用來指身體狀況，“不悆”相當於現代口語中說的“不舒服”，即病了，但古代的“不悆”是病情嚴重的委婉説法，上揭佛經中的例子皆用此義。字又作“不愈”或“不豫”，其義皆同。

1263 烁

唐禮言集《梵語雜名》：“月，烁（引）弭。”（T2135v54p1234b）

按：日本心覺撰《多羅葉記》：“月，[梵字]，燥（引）弭。”（T2707v84p0623c）日本淨嚴撰《悉曇三密鈔》：“[梵字]，操、桑（法花）、燥（佛頂）。”（T2710v84p0747a）“烁”爲“燥”字之訛，“燥”爲“[梵字]（sau）”之譯音字。佚名《建立曼荼羅護摩儀軌》：“第三名摩嚕，形色極黑[4]燥。”（T0912v18p0931a）本頁下注4：“燥＝熔《甲》《乙》。”“烁”與“熔”形近。參1275“熔”字條。

1264 炒

失譯《虚空藏菩薩問七佛陀羅尼呪經》：“若復有人欲求長命者，當用酪蜜[23]炒粳米爲華，三種等分和之。”（T1333v21p0562b）本頁下注23：“炒＝炒《甲》。”

按：“炒”與“炒”爲版本異文，“炒”即“炒”字之訛。北涼曇無讖譯《大方等大集經》：“井宿六日用事，其爲惡業分判果決，其日得病，炒粳穀華祭於日天，八日得愈。”（T0397v13p0277a）又：“斗宿五日用事作柔軟業，其日得病，炒粳穀華以蜜和之，用祭諸神，七日除愈。”（T0397v13p0279a）唐慧琳撰《一切經音義》：“炒粳，古文作‘鬻’‘煼’‘焣’‘䰗’四形，今作‘䵅’。崔寔《四民月令》作‘炒’，古文奇字作‘𤎩’，同，初狡反。《方言》：‘熬、焣、煎、㷄，火乾也。’”（T2128v54p0415a）“炒”爲火乾之義，與文意合。字或作“炒”者，誤“少”旁爲“沙”旁也。

1265 熇

唐菩提流志譯《一字佛頂輪王經》：“又有一字頂輪王法王大法樂成就者，於舍利處或高山頂，燒香供養面東趺坐。結印誦呪滿三洛叉，乃[4]炒稻穀花和酥酪蜜，像前趺坐。”（T0951v19p0259a）本頁下注 4：“炒＝煏《宋》，熓《元》《明》《甲》。”

按：“煏”與“熓”“炒”爲版本異文，“煏”即“熓”字之訛，“熓”又“炒”之異構字。《龍龕·火部》：“𤈶、炒、燋、粆、𤆡、𤇘，六俗；𤋾、𪸕、𪸕、熓、煰，五古；炒、熖、𤌸，三今，皆初巧反。熬炒也，火乾物也。熬音五高反。十四。𤊧，俗。”“熓”或寫作“煰”“熖”等形，“煏”即“熖”之訛。

1266 烘

隋闍那崛多譯《佛本行集經》：“小鐵圍山，并大鐵圍，其間從來恒常黑暗，未曾見光。此之日月，如是大德，如是光明，如是威力，遂不能令彼處光明照曜顯[3]赫。今者自然皆大開朗，悉覩光明。”（T0190v03p0795c）本頁下注 3：“赫＝烘《聖》。”

按：“烘”與“赫”爲版本異文，“烘”即“爀”字之書寫變異，“爀”爲“赫”之分化字。“顯赫”文獻習見，爲同義並列複合詞，在這個意義上“赫”亦可作“爀”，“爀”爲從火赫聲的形聲字。“赫”或寫作“𣅜”（見秦公《碑別字新編·十四畫》“赫”字下引《魏高貞碑》p305），故“爀”或寫作“烘”。唐道宣撰《廣弘明集》：“緬吾祖之[39]赫羲，帝高陽之玄胄。惜衰宗之淪没，恐余人之弗構。”（T2103v52p0342b）本頁下注 39：“赫＝共《宮》。”南朝梁僧祐撰《弘明集》：“標理明例，渙若冰消。指事造言，[3]共如日照。”（T2102v52p0061a）本頁下注 3：“共＝赫《三》《宮》。”南朝梁僧祐撰《出三藏記集》：“昔在衆祐，三達遐鑒。八音四辯，[14]共奕敷化。”（T2145v55p0069b）本頁下注 14：“共＝赫《三》。”“共”皆“赫”字之訛，亦可比勘。鄭賢章《漢文佛典疑難俗字彙釋與研究》“烘”字條（p248）有考證，可互參。

1267 㴸

北齊萬天懿譯《尊勝菩薩所問一切諸法入無量門陀羅尼經》：“修竭[4]㴸修竭多目呿波利簸梨。”（T1343v21p0845a）本頁下注 4：“㴸＝泜《三》。”

按：同上經：“阿竭[25]㴸阿竭多目呿波利簸梨。”（T1343v21p0844c）本頁下注 25：“㴸＝泜《宋》《明》，泯《元》。”又：“修竭[4]㴸修竭多目呿波利簸梨。”（T1343v21p0845a）本頁下注 4：“㴸＝泜《三》。”“㴸”與“泜”“泯”爲版本異文，“㴸”“泯”皆“泜”字之訛。“坻”或寫作“𡌛”（見《可洪音義》

v60p290b)。東晉佛陀跋陀羅、法顯譯《摩訶僧祇律》:“若比丘病癬瘡，須屑末塗浴差者得用無罪，聽用迦羅屑、摩沙屑、摩瘦羅屑、沙[1]坻屑塗土，是名末屑法。”(T1425v22p0483a) 本頁下注1:“坻=㯳《聖》。”“㯳”爲“坻”字之訛，可比勘。參0800“㯳”字條。

1268 㶿

日本杲寶撰《大日經疏演奧鈔》:“閼伽翻名。《翻譯名義集》第三云:‘阿伽，此云水。《釋名》曰:水，準也。準，平物也。’(十九右)《攝真實經下》云:‘閼伽，唐云圓滿。’(二十左)《帖決》云:‘師曰:閼伽者，圓滿義也。圓滿者，行者獻閼伽時祈求願，故所求圓滿義也。’(一之二十九左)《檜尾護摩法略抄(備物法)》云:‘言閼伽者，此云欝㶿，煮香作水，令香氣欝㶿，故名欝㶿水也。’(十三左) 真興《金剛界私記》云:‘梵云閼伽，此云欝㶿，令其香水澹澹之義。’(已上) 私云:《牟梨曼陀羅經》云:‘遏迦樹木云欝㶿。’(下之八左) 準此文者，欝㶿翻名非無所據。《十八契印生起》云:‘閼伽者，翻爲無濁，是清淨義。’(三十二左) 光云:翻名之中曰水者，此約體也。曰圓滿，曰欝㶿者，竝此約相也。曰無濁者，此約德也(但閼伽義未盡，更問)。”(T2216v59p0266b)

按:“㶿”即“焲”字異體。日本湛慧撰《阿毘達磨俱舍論指要鈔》:“然《名義集》三(十九紙右)云:‘阿伽，此云水。(已上集文) 亦言閼伽。’《攝真實經》下(二十紙右):‘閼何[伽]，唐云圓滿。’真興云:‘梵云閼伽，此云欝焲，令其香水澹澹之義。’《牟梨曼陀羅經》下(八紙右)云:‘遏迦樹木云欝焲。’或云:閼伽者，翻爲無濁，是清淨義。今謂，或翻無濁，與今言無礙相近矣。又《慧琳音義》十(十五紙右《仁王護國陀羅尼經》三藏不空譯)云:‘閼伽者，梵語也，即是香水器也，或用金銀器也，或用螺盃盛香水也。’(已上《音義》) 今謂，梵語多含，不必一律。或阿伽，翻水，或無濁等。如言阿伽水，此即梵漢兼稱。持業釋也。又《琳音義》爲盛水器，則阿伽之水，依主釋也。”(T2250v63p0837a) 與“㶿”對應之字皆作“焲”。日本真興述《梵嚩日羅馱覩私記》:“梵云閼伽，此云欝勃，令其香水澹澹之義。”(T2232v61p0599c) 日本賴瑜記《金界發惠抄》:“閼伽香水者，興《記》云:‘梵云閼伽，此云欝勃，令其香水澹澹之義也。’(文)《雜記》云:‘深而底不見云欝，閑而[6]彼不起云勃。’(文)”(T2533v79p0126b) 本頁下注6:“彼=波《乙》。”失譯《牟梨曼陀羅呪經》:“若善男子當知，用曷迦樹木(云欝勃)。”(T1007v19p0665b) 字又作“欝勃”。經中“欝勃/焲”爲盛大義，字作“勃”或“焲”皆通。

1269 熥

唐李通玄撰《新華嚴經綸》："又以增上欲愛故，能生火界。即如蓮華寶女地獄以愛心取故，欲愛增上便成熱銅柱等苦。以熱燒熥悶絶，便死而復生，如是一日千生萬死，苦無窮極，皆由愛戀。"（T1739v36p0907a）

按："熥"即"熥"字異寫。《卍續藏》唐李通玄撰《華嚴經合論》："以熱燒熥悶絕，便死而復更生。"（X0223v04p0427b）與"熥"對應之字作"熥"。唐慧琳撰《一切經音義》卷六十《根本説一切有部毘奈耶律》第四卷："熟爆，下補各反，音與博同。《廣雅》：'爆，熱也。'《考聲》云：'火乾也。'《韻英》云：'迫近火也。'或作'曝'，或從皮作'皺'，並音博，皆炙爆令乾也。《律》文從專作'熥'，非也，内外墳典並無此字，譯者隨意作之。"（T2128v54p0707c）唐義淨譯《根本説一切有部毘奈耶》："取無足蟲與藥令吐，瓦中熟[10]爆以供飲酒。"（T1442v23p0646b）本頁下注10："爆＝熥《宮》《聖》。"《慧琳音義》之"熥"，《律》文之宮本、聖本作"熥"，乃"熥"爲"熥"之異寫之佐證。《集韻·鐸韻》伯各切："爆、熥，火乾也。一曰熱也。或作熥。""熥"又"爆"改變聲旁的異構字。南朝梁寶唱等集《經律異相》："一日之半三過，皮肉落地，熱沙[8]熥身。"（T2121v53p0225b）本頁下注8："熥＝博《宋》《宮》，搏《元》《明》。""熥"亦"熥"字之訛，"熱沙熥身"言熱沙燒身，"熥"即燒義。"博""搏"即"熥"字之訛。

1270 熣

隋闍那崛多譯《佛本行集經》："如是仙人不可[1]棖，應迴兵衆向本處。往昔王觸諸仙故，呪焚國土悉成灰。"（T0190v03p0781a）本頁下注1："棖＝近《三》，熣《聖》。"

按："熣"與"棖""近"爲版本異文，"棖"當作"棖"，"熣"即"撐"字之訛。《玉篇·手部》："棖，觸也。"唐慧琳撰《一切經音義》："撐觸，丈庚反。《説文》：'撐，柱也。'又作'棖'。棖，觸。"（T2128v54p0637a）"棖""撐"皆有碰觸、衝撞之義，與文意合。作"近"者，蓋以義改之。"堂"字古文作"坣"，"熣"之右旁所從蓋即"坣"形之訛。

1271 烔

馬鳴造、後秦鳩摩羅什譯《大莊嚴論經》："善哉佛法，有大智力，甚深難[6]測。外道之智，極爲淺薄。譬如爆火，若觸人身，人無不畏。佛法爆火，亦復如是，觸婆羅門，能令其怖。"（T0201v04p0266c）本頁下注6："測＝烔《宋》《元》。"

按："烔"與"測"爲版本異文。審文意，當以"測"字爲正，"烔"即"測"字之訛，"氵"旁訛作"火"旁也。

1272 㷉

南朝宋求那跋陀羅譯《雜阿含經》："又復譬如焚尸火[5]桼，捐棄塚間，不爲樵伐之所採拾。我說此譬，愚癡凡夫比丘而起貪欲，極生染著，瞋恚兇暴，懈怠下劣，失念不定，諸根散亂，亦復如是。"（T0099v02p0072a）本頁下注5："桼＝㷉《宋》。"

按："㷉"與"桼"爲版本異文，"桼"爲"㮇"字之書寫變異，"㷉"即"桼"字之訛。《集韻・忝韻》他點切："㮇、栝，木杖也。一曰炊竈木。或作栝。"《玉篇・木部》："桼，他念切。木杖也。栝，《說文》桼字。"《集韻》作"㮇"，《玉篇》作"桼"，"火㮇/桼"即燒火棍，字正當作"㮇"，爲從木忝聲的形聲字。"桼"爲"㮇"字之書寫變異，部件"⺗"寫作部件"氺"也。"㷉"即"桼"字之訛，由"桼"與"火"連用，受其影響，變"木"旁爲"火"旁，此乃字形同化之例。鄭賢章《漢文佛典疑難俗字彙釋與研究》"㷉"字條（p250）亦有考證，然字形轉録右上訛從"天"。

1273 㷗

北涼曇無讖譯《大般涅槃經》："菩薩摩訶薩修大涅槃微妙經典，先取明相，所謂日月星宿[5]烶燎燈燭珠火之明，藥草等光，以修習故得異眼根，異於聲聞緣覺所得。"（T0374v12p0505b）本頁下注5："烶＝㷗《宋》，庭《元》《明》《宮》。"

按："㷗"與"庭""烶"爲版本異文，"㷗"即"庭"字之訛。唐慧琳撰《一切經音義》卷七十四《佛本行讚傳》第三卷："庭燎，上定丁反。《說文》從广從廷。《傳》文從火作‘熥’，非也。广音魚撿反，廷音庭。下力召反。鄭注《禮記》：‘以麻爲燭，樹於門外曰大燭；於門内曰庭燎，所以照衆爲明也。’《説文》作‘尞’也。”（T2128v54p0786b）“庭燎”，指古代庭院中照明的火炬，“庭”爲庭院義，“熥”乃“庭”字之訛，因與“燎”字連用受其影響而加“火”旁，此爲字形同化之例。

字或作“烶”者，“烶”乃“錠”之分化字。《説文·金部》：“錠，鐙也。”“鐙，錠也。”“錠”“鐙”兩字互訓，本義皆爲烹飪食物的工具。兩字引申皆有膏燈之義。《急就篇》：“鍛鑄鉛錫鐙錠鐎。”顔師古注：“鐙，所以盛膏夜然燎者也，其形若杅而中施釭。有柎者曰鐙，無柎者曰錠。柎謂下施足也。”唐慧琳撰《一切經音義》：“四錠，音定，又音殿。《聲類》云：‘有足曰錠，無足曰鐙也。’”（T2128v54p0412a）《廣韻·徑韻》丁定切：“錠，豆有足曰錠，無足曰鐙。”蓋由膏燈之形與烹器之形相似而得名。佛經中用作膏燈義的“錠”和“鐙”皆多見。“烶”爲“錠”之分化字，猶“燈”爲“鐙”之分化字。

“庭燎”又作“烶燎”者，北涼曇無讖譯《大方等大集經》：“一切依止如大醫王，能作光明猶如庭燎，破闇如日，清涼如月。”（T0397v13p0041a）唐慧琳撰《一切經音義》卷十七《大方等大集經》第六卷：“庭燎，刀［力］吊反。鄭玄注《周禮》云：燎，樹於門外日［曰］火燭，於門内曰庭燎，皆所照象爲明也。《經》文作‘錠鐐’二形，又作‘烶’，並非也。”（T2128v54p0412c）“庭燎”本指庭中照明的火炬，佛經中或泛指大的照明用具，“庭”的語義逐漸虚化，失去了實在的意義，故“庭燎”或作“錠燎”。“錠燎”爲同義並列複合詞，與詞義泛化之後的“庭燎”同義。佛經“錠燎”多見，三國吴支謙譯《菩薩本緣經》：“於諸衆生常生憐愍，能於闇世作大[3]錠燎。”（T0153v03p0056c）本頁下注3：“錠=庭《元》《明》。”西晋竺法護譯《大哀經》：“大聖梵音聲，所演善哉快。爲世巨[10]錠燎，威神德無極。”（T0398v13p0413b）本頁下注10：“錠=庭《元》《明》。”又：“其劫之數，無底億姟。世之[7]錠燎，悉識往古。”（T0398v13p0431b）本頁下注7：“錠=庭《元》《明》。”西晋竺法護譯《漸備一切智德經》：“修行七住法，無著如錠燎。”（T0285v10p0481b）西晋竺法護譯《度世品經》：“執法錠燎，有所宣化。皆從方便，解諸經典。曉法自然，逮法光明。”（T0292v10p0620b）西晋竺法護譯《佛説文殊悔過經》：“而智聖慧，解脱大明。而炳然熾，無極錠燎。”（T0459v14p0445a）“錠燎”或有“庭燎”爲異文，或無“庭燎”作異文。西晋竺法護譯《正法華經》：“常當然燈火，香油爲錠[31]鐐。”（T0263v09p0117b）本頁下注31：“鐐=燎《三》《宮》。”西晋竺法護譯《漸備一切智德經》：“天師大錠[13]鐐，宣布此慧住。”（T0285v10p0478b）本頁下注13：“鐐=燎《三》《宮》《聖》。”後秦佛陀耶舍、竺佛念譯《長阿含經》：“觀如來智慧，猶闇覩[9]錠鐐。”（T0001v01p0014a）本頁下注9：“錠鐐=庭燎《三》。”《嘉興藏》作“庭燎”。西晋竺法護譯《大哀經》：“垂諸貫珠，竪衆幢幡，而然[20]錠鐐。”（T0398v13p0409c）本頁下注20：“錠鐐=庭燎《元》《明》。”《嘉興藏》作“庭燎”。西晋竺法護譯《寶女所問經》：“則以巨[12]錠鐐，炤濟諸群黎。”（T0399v13p0459c）本頁下注12：“錠鐐=庭燎《元》《明》。”西晋竺法護譯《阿差末菩薩經》：“諸明月珠焰光寶珠，大火[12]錠燎悉亦消滅。”（T0403v13p0583b）本頁下注12：“錠燎＝錠鐐《宋》《宫》，庭燎《元》《明》。”《嘉興藏》作“庭燎”。“錠燎”又作“錠鐐”，“鐐”爲“燎”字之訛，乃受“錠”字影響而訛，爲字形同化之例。“錠鐐”亦或與“庭燎”爲異文。

馬鳴造、後秦鳩摩羅什譯《大莊嚴論經》：“然法庭燎燭，照於一切者。能與衆燈明，又與從明者。”（T0201v04p0334c）唐玄應撰《一切經音義》（麗藏本）卷十《大莊嚴經論》第十三卷：“庭燎，力燒反。《周禮》：‘供墳燭庭燎。’鄭玄曰：‘墳，大也。樹於門外曰大燭，門内曰庭燎，天子百，公五十，侯伯子三十也。’《論》文作‘烶’‘錠’二形，下作‘鐐’，並非也。”（p133c）《慧琳音義》同。玄應所見本作“烶/錠鐐”，釋作“庭燎”，並以“錠”“烶”爲非，慧琳從之。考佛經，“錠”字用作“燈”義多見。南宋釋寶雲譯《佛本行經》：“一切智大錠，普曜三千世，照現大光明，一切衆生眼。”（T0193v04p0097b）東晉竺佛念譯《出曜經》：“深蔽幽冥，而不求錠。……‘深蔽幽冥’者，猶人夜行，不覩顔色，生盲無目，不見玄黄。如此幽冥，蓋不足言。所謂大幽冥者，無明纏絡，遍人形體，無空缺處，是謂大冥，覆蔽衆生。不別善惡，趣要之本。不別白黑，縛解之要，道俗之法。亦復不知善趣惡趣出要滅盡，故曰‘深蔽幽冥’。‘而不求錠’者，云何爲錠？所謂智慧之[4]錠，以智慧錠爲照何等？答曰：知結所興，以道滅之，分别善趣惡趣出要之本，能别白黑縛解之要，道俗之法，善能分别善趣惡趣出要滅盡，普曜諸法，無不明照，而更捨之，乃趣冥道故，曰‘而不求錠’。”（T0212v04p0612a）本頁下注4：“錠＝燈《三》。”又或作“錠燈”“燈錠”“錠燭”等，其義皆同。失譯《般泥洹經》：“有持水漿，及錠燈者，行詣佛所。”（T0006v01p0177c）西晉竺法護譯《持心梵天所問經》：“將護[15]燈錠，爲顯光明。”（T0585v15p0029b）本頁下注15：“燈＝鐙《三》《宫》。”唐宗密述《佛説盂蘭盆經疏》：“具飯百味五果汲灌盆器香油錠燭床敷臥具。”（T1792v39p0510c）“錠燈”“燈錠”“錠燭”皆同義並列複合詞，“庭燎”乃偏正複合詞，兩者内部結構不同，不能牽合爲一。

《可洪音義》卷三《大方等大集經》第八卷：“烶燎，上特丁反。……燈燭也，正作庭燎也。……又上音定，非。”（v59p620a）又卷八《佛説不思議功德諸佛所護念經》下卷：“烶光，上庭、定二音。庭燎，大燭也，佛名。”（v59p824b）又卷二十一《菩薩本緣經》上卷：“烶燎，上特丁反，正作庭也。下力燒反。上又音定。”（v60p220a）三國吴支謙譯《菩薩本緣經》：“能於闇世作大[3]錠燎。”（T0153v03p0056c）本頁下注3：“錠＝庭《元》《明》。”《嘉興藏》作“庭燎”。可洪讀“烶”皆作“庭”，誤。

“烶”乃“錠”之分化字。失譯《佛説不思議功德諸佛所護念經》：“東方[1]烶光世界無邊慧成如來，東方然燈世界無邊功德智明如來。”（T0445v14p0358a）本頁下注1：“烶＝錠《元》《明》。”後秦鳩摩羅什譯《佛説華手經》：“東方去此過萬二千阿僧祇界，有世界名[6]烶（丹作定）光，是中有佛號無邊慧成，今現在爲德王明菩薩摩訶薩，授無上道記，餘如上説。東方去此過萬一千阿僧祇界，有世界名然燈，是中有佛號無邊功德智明，今現在爲功德王明菩薩摩訶薩，授無上道記。”（T0657v16p0146b）本頁下注 6：“焥＝錠《元》《明》。”又：“即[2]焥光佛是。”（T0657v16p0175a）本頁下注 2：“焥＝錠《三》《宮》。”“焥”皆與“錠”爲版本異文。唐慧琳撰《一切經音義》：“提和竭，或言提和竭羅，此云錠光，亦曰然燈佛是也。”（T2128v54p0357b）南宋法雲編《翻譯名義集》：“提洹竭，或云提和竭羅，此云燃燈。《大論》云：太子生時，一切身邊，光如燈故，故云燃燈。以至成佛，亦名燃燈。‘鐙’字《説文》從金。徐鉉云：‘錠中置燭，故謂之燈。’《聲類》云：‘有足曰錠，無足曰燈。’故《瑞應經》翻爲‘錠光’。《摭華》云：‘錠音定。燈屬也。’古來翻譯，迴文不同。或云燃燈，或云錠光，語異義同，故須從金。”（T2131v54p1058a）日本曇寂撰《大日經住心品疏私記》：“提和竭羅दीपंकर，此云錠光，亦曰燃燈佛是也。”（T2219v60p0485b）“錠光”乃“दीपंकर（Dīpaṃkara）”的意譯，“焥”爲“錠”之分化字。

《龍龕·火部》：“烶、㸧、焥，三俗。音庭。”又：“焥，俗。音定。”《漢語大字典》：“焥（一）tíng《龍龕手鑑·火部》：‘烶、㸧、焥，三俗。音庭。’（二）dìng《龍龕手鑑》音定。①義未詳。《龍龕手鑑·火部》：‘焥，音定。’”（二 p2370a）《龍龕·火部》“焥”兩見，讀“庭”者，乃訛音，讀“定”者，乃“錠”之分化字。《大字典》轉録《龍龕》，未加詳考，不妥。

西晋竺法護譯《佛説盂蘭盆經》：“佛告目蓮：‘十方衆僧於七月十五日僧自恣時，當爲七世父母及現在父母厄難中者，具飯百味五果汲灌盆器香油[17]錠爉床敷臥具，盡世甘美以著盆中，供養十方大德衆僧。’”（T0685v16p0779b）本頁下注 17：“錠爉＝挺燭《宋》，鋌燭《元》《明》《宮》。”《可洪音義》卷七《佛説盂蘭盆經》：“鋌燭，上庭音。~，燎也，燭也。又音挺。”（v59p778c）失譯《佛説報恩奉盆經》：“佛告目連：七月十五日當爲七世父母在厄難中者，具麨飯五果汲灌瓫器香油[5]庭燭床榻臥具，盡世甘美，以供養衆僧。”（T0686v16p0780a）本頁下注 5：“庭＝鋌《三》《宮》。”南朝梁寶唱等集《經律異相》：“目連始得道，欲度父母，報乳哺恩。見其亡母，生餓鬼中，不見飲食，皮骨相連。目連悲哀，即鉢盛飯，往餉其母。母得鉢飯，食未入口，化成火炭。目連馳還，具陳此事。佛言：‘汝母罪根深結，非汝一人力所奈何，當須衆僧威神之力，乃得解脱。可以七月十五日爲七世父母厄難中者，具飯五菓汲罐盆器香油[34]鋌燭床褥臥具，盡世甘美，供養衆僧。’”（T2121v53p0073c）本頁下注 34：“鋌＝燈《三》《宮》。”唐慧琳撰《一切經音義》卷七十八《經律異相》第十四卷：“鋌燭，下庭鼎反，上聲字。《方言》：‘鋌，賜。’《字書》云：‘進也。’案：鋌燭，蠟燭之屬也。《古今正字》：‘從金，廷聲。’”（T2128v54p0815a）“鋌”同“錠”。

張涌泉《漢語俗字叢考》（修訂本）（p444、447）、鄭賢章《漢文佛典疑難俗字彙釋與研究》（p249）亦有考證，可互參。

1274 ⿰炎且

日本覺超撰《三密抄料簡》："我雖未得一切同於如來，然以毘盧遮那三密所加持故，亦能現作佛身，普集一切漫荼羅大會。是故汝今亦當現作證明，使諸魔軍不能[9]⿰火且壞也。（取意）"（T2399v75p0634b）本頁下注 9："炟=⿰炎且《甲》。"

按：正文"⿰火且"，注文作"炟"，"⿰炎且"與"⿰火且"爲版本異文，"⿰炎且""⿰火且""炟"皆"爼"字之訛。唐一行記《大毘盧遮那成佛經疏》："使諸魔軍衆不能爼壞也。"（T1796v39p0619c）唐慧琳撰《一切經音義》卷二十五《大般涅槃經》第三卷："爼壞，爼，側呂反。《玉篇》云：'肉几也。'非《經》意也，應爲'沮'字，疾與反，毀。"（T2128v54p0467b）與"⿰炎且""⿰火且"對應之字作"爼"。"爼"爲"俎"之異寫，"⿰炎且""⿰火且"爲"俎"之形訛，"炟"又"⿰火且"之進一步錯訛。經中"爼""壞"連用，"爼"爲"沮"之借字，文獻中"沮"有毀壞、敗壞義。東晉葛洪《抱朴子・譏惑》："喪亂日久，風頽教沮。"漢劉向《説苑・正諫》："木梗謂土耦人曰：'子先土也，持子以爲耦人，遇天大雨，水潦並至，子必沮壞。'"唐慧琳撰《一切經音義》："沮壞，上牆呂反。《廣雅》：'沮，塗也。'《毛詩傳》云：'沮亦壞也。'又云：'沮，止也。'從水，且（七胥反）聲也。"（T2128v54p0346a）"沮壞"爲同義並列複合詞。《大正藏》"沮壞""爼壞""俎壞"皆多見。

1275 ⿰火⿱厶氺

佚名《建立曼荼羅護摩儀軌》："第三名摩嚕，形色極黑[4]燥（如塗灰等降伏火）。"（T0912v18p0931a）本頁下注 4："燥=⿰火⿱厶氺《甲》《乙》。"

按："⿰火⿱厶氺"與"燥"爲版本異文，"⿰火⿱厶氺"即"燥"字之訛。唐善無畏、一行譯《大毘盧遮那成佛神變加持經》："第三摩嚕多，黑色風燥形。"（T0848v18p0043b）字亦作"燥"。"黑燥"即色黑而乾枯的樣子。清吴任臣《字彙補拾遺》："⿰火⿱厽木，俗燥字。""燥"或寫作"⿰火⿱厽木"，"⿰火⿱厶氺"即"⿰火⿱厽木"形之訛。失譯《牟梨曼陀羅呪經》："又汝當知云何相者不得於驗。若炭及焰黑如蠅，狀如雜碎炭末，而作黑焰或無潤澤，其焰枯[12]燥，或出冷鐵色焰之相，或復出煙或復出迸。如是等相當知無驗。"（T1007v19p0666b）本頁下注 12："燥=⿰火参《甲》。""燥"或訛作"⿰火参"，可比勘之。

1276 煹

日本空谷明應語《常光國師語録》："菴主與國師舊相識，告曰：'此新戒天性穎利，若入爐煹，必成法器，伏望誠之。'"（T2562v81p0018b）

按："煹"即"鞴"字之訛。《大正藏》"爐鞴"多見，南宋紹隆編《圓悟佛果禪師語録》："攝將香水無邊刹，併入鉗鎚爐鞴中。"（T1997v47p0732b）宋崇岳編《密菴和尚語録》："皆是見前輩大尊宿，經大爐鞴中鍛錬過來，故乃縮手。"（T1999v47p0975a）唐慧琳撰《一切經音義》："鞴囊，上排拜反。《説文》：'吹火具也。'或從韋作'韛'，亦作'橐'，並音與上同。亦名橐，《字書》云：'無底袋也。'轉注字也。橐音託。下諾郎反。"（T2128v54p0406c）"鞴"爲火爐鼓風的皮囊，其功用類似後之風箱。其爲皮革製作，故形旁或從"革"，或從"韋"。"爐鞴"義同"鞴"，亦皆指熔爐，上引諸例"爐鞴"皆熔爐義。"爐鞴"之"鞴"或作"煹"者，"煹"乃"鞴"字之訛，蓋因與"爐"字連用，受其影響改從"火"旁，此爲字形同化之例。亦可解釋爲，"爐鞴"轉指熔爐義後，根據詞義改從"火"旁。

1277 燩

唐不空譯《毘盧遮那五字真言修習儀軌》："則想此金剛火焰焚燒自身，乃至灰[10]謝隨四種法色。想灰成曼拏羅，即於曼荼羅中想一蓮花。於蓮花中想囒字，轉成金剛形。"（T0861v18p0188b）本頁下注10："謝＝燩《甲》。"

按："燩"與"謝"爲版本異文，"燩"即"謝"之分化字。唐菩提流志譯《不空羂索神變真言經》："觀置地下金剛風際上有縛（無可反）字，文畫分明。變爲金剛，出大光焰，其光熾徹，焚燒自身，燼爲白灰。觀用斯灰，塗變金色曼拏羅，光明皎徹。"（T1092v20p0234c）唐阿目佉譯《佛説不空羂索陀羅尼儀軌經》："觀於地下金剛輪際上置一囒字，文畫分明。變爲金剛，出大光明，其光熾盛，焚燒自身，[19]燼爲白灰。諦想此灰變成金色，持此金灰塗曼拏羅，其曼拏羅光明皎徹。"（T1098v20p0437c）本頁下注19："燼＝盡[カ]《原》。"亦載金剛火焰焚燒自身化爲灰燼事，與"謝"字對應之字皆作"燼"，"謝"當與"燼"同義。隋慧遠述《大乘義章》："妄法體虚，終歸灰謝，所以盡滅。"（T1851v44p0652b）"謝"爲"灺"之借字。經文中"謝"之義爲火燭之餘，燭餘之義的"燼""灺"從火，故"謝"又作"燩"。

1278 ⿰炙束

南朝梁曼陀羅仙、僧伽婆羅譯《大乘寶雲經》:“夫婬欲者，唯是妄想顛倒而已，於三苦中謬生樂想。是故如來處處經中種種因緣，具説婬欲多諸過失，殊可患厭。所謂婬欲，如炙肉法，肉⿰炙束俱燋；如舐刀刃，貪味傷舌；如毒蛇頭，具四種毒；如猪在厠，臭穢不淨。”（T0659v16p0248b）

按：“⿰炙束”即“⿰⿱月火束”字之訛。《廣韻·燭韻》七玉切：“⿰⿱月火束，弗⿰⿱月火束，炙具。”“⿰⿱月火束”爲炙具，與文義合，“⿰⿱月火束”所從之“月”訛作“夕”也。《漢語大字典》根據《廣韻》收録“⿰⿱月火束”字（二 p2389b），未舉文獻證據，可據此補之。

1279 ⿰火烝

失譯《别譯雜阿含經》:“彼見結障，彼見所行及所觀處，彼見塵埃垢穢不淨，見結與苦俱能爲害，能與憂惱，能令行人受欝[1]⿰火烝熱，生諸憂患。”（T0100v02p0445b）本頁下注 1：“⿰火烝=蒸《三》。”

按：“⿰火烝”與“蒸”爲版本異文，“⿰火烝”即“烝”之異構字，文獻通用“蒸”，“蒸”爲借字。“鬱蒸”，文獻習見，《素問·五運行大論》：“其令鬱蒸。”唐王冰注：“鬱，盛也；蒸，熱也。言盛熱氣如蒸。”佛經亦多見，唐慧琳撰《一切經音義》卷十八《大乘大集地藏十輪經》第九卷：“鬱蒸，下織綾反。《考聲》云：‘蒸，進也，薰也，塵也。’《説文》：‘火氣上行也。從草，烝聲。’或作‘蒸’，亦同。”（T2128v54p0422a）又卷二十六《大般涅盤經》第三十卷：“鬱蒸，上惲［惲］律反，下章仍反。熱病也。月是清涼，故能除之也。”（T2128v54p0478b）北涼曇無讖譯《大般涅槃經》第三十卷：“善男子，如十五日月盛滿時有十一事。何等十一？一、能破闇，二、令衆生見道非道，三、令衆生見道邪正，四、除欝蒸得清涼樂，五、能破壞熒火高心，六、息一切賊盜之想，七、除衆生畏惡獸心，八、能開敷優鉢羅花，九、合蓮花，十、引發行人進路之心，十一、令諸衆生樂受五欲多獲快樂。”（T0374v12p0545b）又第二十卷：“其光清涼往照王身，身瘡即愈，欝蒸除滅，王覺瘡愈，身體清涼。”（T0374v12p0481a）字皆作“蒸”。《説文·火部》：“烝，火氣上行也。从火，丞聲。”清桂馥《説文義證》：“烝，或通作蒸。”《説文·艸部》：“蒸，析麻中榦也。从艸，烝聲。”清朱駿聲《説文通訓定聲》：“蒸，叚借爲烝。”據《説文》，在“熱氣上升”的意義上，本字當作“烝”，“蒸”爲借字。《可洪音義》卷十三“欝⿰火丞”下云：“溼熱氣也。正作蒸。”（v59p1017a）“⿰火丞”爲“⿰火烝”字之訛。鄭賢章《漢文佛典疑難俗字彙釋與研究》“⿰火烝”字條（p251）亦有考證，可互參。

1280 熾

唐道掖集《淨名經集解關中疏》："今始得就，哀彼長迷，故垂之竹帛。然群生德薄，魔事熾熾，吾道多難，非汝不弘，嗣正之弟，所以重累。又城高衝生道尊，魔盛自非神力無以制持，故勸以神力也。"（T2777v85p0500b）

按："熾"即"盛"字之訛。鄭賢章《漢文佛典疑難俗字彙釋與研究》"熾"字條："'熾'即'盛'字。'盛'蓋受'熾'的影響類化增旁而作'熾'。"（p252）已溝通"熾"與"盛"的關係。

"熾盛"文獻習見，本指火勢猛烈旺盛。《韓非子・備内》："水煎沸竭盡其上，而火得熾盛焚其下，水失其所以勝者矣。"即用其本義。唐慧琳撰《一切經音義》："熾盛，上昌志反。《毛詩傳》曰：'熾亦盛也。'《説文》從火戠省聲也。下成正反。《考聲》云：'強也，隆也。'《説文》云：從皿成聲也。"（T2128v54p0315c）遼希麟集《續一切經音義》："熾盛，上尺志反。《考聲》：'熾亦盛也。'《説文》：'猛火也。'《字書》：'明光也。從火，戠省聲。'下承政反。《切韻》：'長也。'《方言》云："廣大也。'《説文》：'多也。從皿，成聲。'"（T2129v54p0962c）"熾盛"爲同義並列複合詞，故語素順序可倒。佛經中"熾"尚有几例，如元沙囉巴譯《佛頂大白傘蓋陀羅尼經》："有百千俱胝那眼不二熾熾之相金剛廣大母，於三界内得大自在。"（T0976v19p0402a）日本阿寂記《妙印鈔》："具有六義者，一者自在義，二者熾熾義，三者端嚴義，四者名稱義，五者吉祥義，六者尊貴義也。"（T2213v58p0059b）前秦僧伽跋澄譯《尊婆須蜜菩薩所集論》："彼有熾[22]盛衆生，我不墮惡趣，或作是説，彼無有此方便能自覺了。"（T1549v28p0763c）本頁下注22："盛＝熾《宋》《元》。""熾"或單用，《妙印鈔》："蔚蒸者，蒸，粟貌也，熱惱之熾也。"（T2213v58p0096b）

1281 熌

佚名《究竟大悲經》卷二："得金之來，要須取金之具。取金具者，爐冶蒙炭甘熌斵杖搆及人功糧食資儲，雖得是具，不得金師，闕於方便，亦不得金，復作是念。"（T2880v85p1370b）

按："熌"即"堝"之異構字。同上經："佛告遍敬菩薩摩訶薩曰：萬相俱融名爲甘堝，泯歸大寂名爲爐治，真際隨感以爲搆扇，鼓擊銷融去煻金現。"（T2880v85p1371a）字作"堝"。《玉篇・土部》："堝，古和切。甘堝，所以烹煉金銀。""堝"乃爲"甘堝"義所造專字，當爲"鬲"、"鍋"的分化字。"鬲"見於《説文》，本義爲烹飪用具，"鍋"爲"鬲"的異構字。"甘堝"爲熔化金屬及其他物質的器皿，蓋由其形狀與烹飪之鍋相似，故亦稱爲鍋，並爲其造專字“堝”。文獻中或用“鍋”字，隋灌頂撰《大般涅槃經疏》：“甘鍋者，融金之器，土釜也。字當作融，並音戈。而言甘者，謂口斂也。”（T1767v38p0192a）“煱”即“堝”之異構字，熔化金屬需用火加熱，故字或改從“火”。清吴任臣《字彙補·火部》：“煱，古誇切，音瓜。見釋典。”《字彙補》收録“煱”字，注其音爲“古誇切”，未釋其義，疑該字亦“堝”之異構字。

1282 熻

唐道世撰《法苑珠林》：“漢王如意，漢高帝第四子也。呂后生長子也，立爲皇太子。而如意母戚夫人得寵於帝，帝數欲譖太子而立如意，群臣争之。故遂封如意於趙。呂后以是嫉之。及高帝崩，呂后徵如意到長安而[10]拉殺之。又肢斷戚夫人手足，號爲人彘。”（T2122v53p0628b）本頁下注 10：“拉＝熻《宋》《宮》。”

按：四庫本作“拉”，“熻”與“拉”爲版本異文，“熻”即“搚”字之訛。考求經義，經文之“拉”作摧折、折斷講，《説文·手部》：“拉，摧也。”《玉篇·手部》：“拉，折也。”“搚”有“摧折”之義，與“拉”爲同義詞。《漢書·五行志》：“先是，高后鴆殺如意，支斷其母戚夫人手足，搉其眼，以爲人彘。”《漢書》爲“高后鴆殺如意”，《法苑珠林》言“拉殺”，不知所本。

1283 㸒

新羅太賢集《梵網經古迹記》：“若欲噉肉，三説此呪：多咥他（此云如是）阿㸒摩阿㸒摩（此云無我無我）阿視婆多阿視婆多（此云無壽命無壽命）那舍那舍（此云失失）陀呵陀呵（此云燒燒）婆弗婆弗（此云破破）僧柯慓多弭（此云有爲）莎呵（此云除殺生）。”（T1815v40p0709b）

按：南朝梁僧伽婆羅譯《文殊師利問經》：“文殊師利若欲噉肉者，當説此呪：多姪咃（此言如是）阿捺摩阿捺摩（此言無我無我）阿視婆多阿視婆多（此言無壽命無壽命）那舍那舍（此言失失）陀呵陀呵（此言燒燒）婆弗婆弗（此言破破）僧柯慓多弭（此言有爲）莎呵（此言除殺去）。”（T0468 v14p0493a）《嘉興藏》作“捺”。《法苑珠林》《諸經要集》亦作“捺”，諸經與“㸒”對應之字皆作“捺”，“㸒”即“捺”字之訛。

1284 熂

日本湛叡撰《華嚴演義鈔纂釋》："抄：月殿淩熂（文）。有云：月殿是佛殿歟？高聳淩雲，宛如月雲，故云爾歟？（云云）。有云：莊嚴映徹如月殿，故云爾歟？波涵者，池也。景者，日月星宿等也。意云：天象之影没入池水中，故云倒景也。"（T2205v57p0363b）

按：唐澄觀述《大方廣佛華嚴經隨疏演義鈔》："月殿[16]陵煙，波涵倒景。珠旛散迴，影入飛雲。"（T1736v36p0113b）本頁下注16："陵＝淩《甲》《乙》。"此即《纂釋》所本，與"熂"對應之字作"煙"，"熂"即"煙"字之訛。參0414"噎"字條。湛叡所據本"煙"訛作"熂"，而不知"熂"爲"煙"字之訛，故釋"熂"爲雲彩之義，以訛傳訛，不能是正。雲彩之"雲"作"熂"，字從"火"，不合字理。

1285 燦

新羅太賢撰《菩薩戒本宗要》："因述《瑜伽纂要》三卷，造《唯識決擇》一卷，《菩薩戒本宗要》一卷，并《本母頌》一百行，用傳來葉。並詞姸理邃，文約義豐，彪炳之惠日增明，采燦之覺山踰麗。"（T1906v45p0915b）

按："燦"即"燦"字之訛。"采燦"與"彪炳"義近。南朝梁僧祐撰《弘明集》："命天衣之[39]采粲，嘯靈厨之芬芳。"（T2102v52p0090c）本頁下注39："采＝彩《三》《宮》。""采/彩粲"與"采燦"爲同詞異形關係。"燦"或作"燦"者，"粲"旁訛作"祭"旁也。唐圓照撰《貞元新定釋教目録》："又增置十大德沙門僧休、法[25]粲、法經、慧藏、洪遵、慧遠、法纂、僧暉、明穆、曇遷等，監掌翻事銓定宗旨。"（T2157v55p0848b）本頁下注25："粲＝祭《聖》。"日本願曉等集《金光明最勝王經玄樞》："又增宣十大德沙門僧休、法祭、法經、慧藏、供尊、理忍遠、法慕、僧暉、明穆、曇遷等，監掌始末鈴定指歸。"（T2196v56p0492b）"祭"皆"粲"字之訛。《可洪音義》卷二十四《出三藏記》第十卷："炳爍，上兵永反，下倉贊反。"（v60p315c）"爍"亦"燦"字之訛，"燦"與"爍"形近，皆可比勘。

1286 熐

唐窺基撰《妙法蓮華經玄贊》："賈者固也，言固物以待民來求其利也。賈亦通語耳，故《左傳》‘荀罃之在楚，鄭賈人褚中以出之’，《史記》‘陽翟賈人往來販賤賣貴’是也。”（T1723v34p0773a）

按：“罃”即“罃”字之訛。“荀罃”，今本《左傳》作“荀罃”。

1287 㬵

西晉竺法護譯《修行道地經》：“十九七日生髀及蹲腸骸手掌足趺臂節筋連，二十七日生陰臍乳[19]頤項形相，二十一七日體骨各分隨其所應。”（T0606v15p0187a）本頁下注19：“頤=頚《宋》《宮》，㬵頸《明》。”

按：“㬵頸”與“頤”“頚”爲版本異文。唐道世撰《法苑珠林》：“至十九七日則生髀及腨腸骨手掌足趺臂節筋連，至二十七日生陰臍乳頤頸形相，至二十一七日體骨各分隨其所應。”（T2122v53p0811b）與“㬵”對應之字亦作“頤”，“㬵”即“頤”字之訛。宋本、宮本作“頚”者，“頚”爲“頸”字之異寫，蓋本作“頤項”，刻書者以爲“頤項”不相連屬，改“頤項”爲“頸項”。明本作“㬵頸”者，蓋所見底本亦作“頤項”，“㬵”爲“頤”字之訛，“頸”爲刻書者所加。《法苑珠林》作“頤頸”，“頸”“項”在這裏都指脖子，故可換用。《諸經要集》亦作“頤頸”。

1288 㶡

龍樹造、後秦鳩摩羅什譯《大智度論》：“善男子善女人，説法時終無疲極，自覺身輕心樂，隨法[5]偃息，臥覺安隱，無諸惡夢。”（T1509v25p0474a）本頁下注5：“偃=復《聖》，㶡《石》。”

按：“㶡”與“偃”“復”爲版本異文，“㶡”“復”皆“偃”字之訛。“偃息”文獻習見。秦公《碑別字新編·十一畫》“偃”下引《隋主簿張濬墓誌》作“㶡”，又引《隋肖翹墓誌》作“㶡”（p145），均與“㶡”形近，顯爲一字之變。

1289 燰

南朝梁慧皎撰《高僧傳》：“天竺有佛影，是佛昔化毒龍所留之影，在北天竺月氏國那竭呵城南古仙人石室中。經道取流沙，西一萬五千八百五十里。每欣感交懷，志欲瞻覩。會有西域道士叙其光相，遠乃背山臨流，營築龕室，妙算畫工，淡彩圖寫，色疑積空，望似烟霧，暉相炳[21]爕，若隱而顯。”（T2059v50p0358b）本頁下注21：“爕=曖《三》《宫》。”

按：《嘉興藏》作“曖”。“爕”與“曖”爲版本異文，“爕”即“焕”字之訛。《説文·火部》：“炳，明也。”《説文新附·火部》：“焕，火光也。”《玉篇·火部》：“焕，明也。”“炳焕”爲同義並列複合詞，文獻習見。《可洪音義》卷十七《鼻奈耶律》第一卷：“𤏬乎，上火乱反。”（v60p71b）“𤏬”爲“焕”字異寫，“爕”與“𤏬”形近，即其形訛。

“曖”亦“焕”字之訛，“焕”或作“喚”，因訛作“曖”。《漢故司隸校尉忠惠父魯君碑》：“永傳啻齡，喚矣昀昀。”“喚”即明義，“日”旁與“火”旁在明亮的意義上同義。南朝梁僧祐撰《出三藏記集》：“暉相炳[35]曖，若隱而顯。”（T2145v55p0109c）本頁下注35：“曖=燰《三》。”南朝梁僧祐撰《釋迦譜》：“夫聞名致敬則勝業肇於須臾，憑心相化則妙果成於曠劫。故五十三聖聲[23]曖微塵之前，三千至真光鑠恒沙之後。雖合掌之因似賒，而樹王之報漸及。禮拜稱讃，豈虚棄哉。”（T2040v50p0010a）本頁下注23：“曖=焕《宋》《元》《宫》，喚《明》。”唐道世撰《法苑珠林》：“聞名致敬則勝業肇於須臾，憑心相化則妙果成於曠劫。故五十三佛聲益微塵之前，三千至真光鑠河沙之後。二十五佛功利救苦之厄，娑婆七寶不逮一禮之福。雖合掌之因似賒，而樹王之報漸及。故知禮拜稱讃，豈虚棄功。”（T2122v53p0430b）“曖”亦“焕”字之訛。

後秦弗若多羅、羅什譯《十誦律》：“爾時婆羅門婦見已，[2]喚問牽挽不動。”（T1435v23p0122a）本頁下注2：“喚=愛《宋》。”“愛”爲“喚”字之訛，亦可比勘。

1290 㷵

西晋竺法護譯《佛説普曜經》：“菩薩告曰：雖主五道不知所歸，源所從來，五戒爲人，十善生天。慳墮餓鬼，[43]㷵突畜生，十惡地獄。”（T0186v03p0507c）本頁下注43：“㷵=觝《三》。”

按：“㷵”與“觝”爲版本異文，“㷵”即“觝”字之訛，“觝”又“牴”之異構字。“觝突”文獻習見，唐慧琳撰《一切經音義》：“觝突，丁禮反。或從牛作‘抵［牴］’。”（T2128 v54p0427b）爲觝觸衝撞之義。《説文·牛部》：“牴，觸也。从牛，氐聲。”段注：“亦作抵、觝。”“觝”爲“牴”改變形旁的異構字。“氐”旁或寫作“亟”旁，如“坻”或作“𡎺”（見《可洪音義》v59p962a），“觝”或作“𧢍”（見《可洪音義》v59p1053a），“軧”或作“𨌊”（見《可洪音義》v59p625b）；“亟”下一横寫作“灬”即成“烝”形，如“觝”或作“𧤍”；上部訛作“豖”即成“豯”形，如“低”或作“傒”（見《龍龕》）。《龍龕·角部》：“觗、觽、觟、觝，四俗；觝、觗，二通；觝，正。丁禮反。角單也。”已溝通“觽”與“觝”的關係，“㷵”即“觽”之書寫變異，左右結構改作上下結構也。

1291 燷

佚名《禮懺文》："中夜無常偈。衆等各各觀身處，骨肉巾皮相浮堅，地水火風假成身，四大分散元無主，一函臭［"臭"敦煌 S. 2354 作"臰"——引者按］肉變成疽，散分［"散分"敦煌 S. 2354 作"分散"——引者按］爛燷從灰土。"（T2856v85p1306a）

按：據《大正藏》注釋，此篇經文來自敦煌 S. 2354，篇題新加。"燷"字敦煌 S. 2354 作"燷"，《大正藏》轉録不確。"燷"爲"壞"之訛，"壞"或寫作"壊"。"爛燷"本當作"爛壞"，"壞"受"爛"字的影響而誤改作"火"旁，此乃字形同化之例。"爛壞"一詞文獻習見，爲腐爛敗壞之義。唐慧琳撰《一切經音義》卷五《大般若波羅蜜多經》第四百四十四卷："爛壞，郎旦反，《方言》云：'火熟曰爛。'下胡恠反，壞敗也。"（T2128v54p0337c）慧琳解"爛壞"一詞，引《方言》"火熟曰爛"之訓，此訓與詞義不合。玄應及慧琳之《音義》，此類引用前人成訓而與佛經文意不合者數量很多，當注意分辨。

1292 㸈

三國吴康僧會譯《六度集經》："譬如人炊數斛米飯，欲知熟未，直取一米捻[14]㸈視之，一米熟者明餘者皆熟。"（T0152v03p0040c）本頁下注 14："㸈＝爕《三》。"

按：《嘉興藏》作"爕"。"㸈"與"爕"爲版本異文，"㸈"即"爕"字之訛，"爕"又"燮"字之訛；"爕"則"燮"字之訛。唐玄應撰《一切經音義》（麗藏本）卷二十《六度集經》第七卷："捻爕，奴協反，下思協反。捏也。爕從火從又。爕，和也，又熟也。"（p268c）玄應所見作"爕"。《説文·又部》："燮，和也。从言，从又、炎。籒文燮从羊。"《説文·炎部》："燮，大熟也。从又持炎、辛。辛者，物熟味也。"《説文》收"燮""燮"兩字，義别，《廣韻》《集韻》皆從《説文》。《玉篇·又部》："燮，大熟也。"未收"燮"字。南宋戴侗《六書故》疑"燮""燮""燮"爲一字之變。明張自烈《正字通》則徑以"燮"爲"燮"之異體。文獻未見"燮"字用例，"燮"字通行，常用爲"和"義，偶或用作"熟"義。細審經義，"㸈視"乃熟視之義，"熟視"謂仔細觀察。據上揭字書釋義，"燮""燮"皆或訓爲"熟"，然此"熟"乃生熟之熟，非仔細之義。"燮""燮"兩字在其他文獻中皆未見此種用法。疑康僧會據字書"燮"訓熟而據熟有仔細義而用之，後之刻書又改作"燮"，"燮"訛作"㸈"，"燮"又訛作"爕"。

1293 爈

日本靜然撰《行林抄》:“《別行軌》云:‘若有人能受持我真言法者,當先作四肘壇。於淨室中,堀去惡土,深一尺。還處取淨黄土,壇築令平正。勒成階道,高一搩手。上層方廣三尺,高一搩手。開四門。用水瓶盛香水,爈箭四隻,刀四口,鏡四面。……’私云:此壇場様可能尋習。爈箭其形如何?師傳云:オノヤ其形如斧,故云也,世云タチノホリ。又爈者,爈字隱畫歟?即蘆矢也。又異本云:以字也(已上谷說)。持明房說云:有尻箭云口,無尻箭云爈(云云)。私云:或云,《諸經要集》有爈箭文,而舊書爈字傍注著云:可爈字,供蘆字,蘆箭(云云)。又或本無爈字,有安字(云云)。”(T2409v76p0428b)

按:唐不空譯《北方毘沙門多聞寶藏天王神妙陀羅尼別行儀軌》:“若有人能受持我真言法者,當先作四肘壇。於淨室中,掘去惡土,深一尺。遠處取淨黄土,填築令平正。勒成階道,高一磔手。上層方廣三尺,高一磔手。開四門。用水瓶盛香水,[21]箭四隻,刀四口,鏡四面。”(T1250v21p0230b)本頁下注21:“箭=(炉)+箭《甲》《乙》。”此即《行林抄》上引文字之所本,甲本、乙本作“炉箭”,“炉”爲“爐”之異構字,“爈”又“爐”之異構字。字又作“蘆”,日本淳祐撰《要尊道場觀》:“弓一張、箭十二隻、大刀一腰,又桑弓七(三尺許)、蘆箭四十九。”(T2468v78p0047a)日本寬信撰《傳受集》:“桑弓七張,長二尺許;蘆箭各七隻,結付之。佛前置三張,左右各置二張。或說向爐置之(云云)。”(T2482v78p0227a)日本實運撰《諸尊要抄》:“大刀一腰(佛左立之)、桑弓七張、蘆箭四十九隻(弓一張,各具矢七隻,置迴爐邊。或此弓箭不載支度)、葦七束(箭并乳木等料,百八并二十一乳木,皆以葦造箭形,以紙爲羽)。”(T2484v78p0297a)日本良祐撰《三昧流口傳集》:“桃楊、桑弓、葦矢等。”(T2411v77p0039a)“蘆箭”“葦箭”“葦矢”乃從材料角度命名,謂用蘆葦爲材料做的箭。“炉/爐/爈箭”從功用的角度命名,謂放置於祭壇中央之火爐邊用作神器的箭。北宋施護譯《佛說大堅固婆羅門緣起經》:“然作四方火壇,其壇中心復作火爐。”(T0008v01p0211a)此“火爐”即其物也。“爈”乃受“蘆”與“爐”交互影響而產生之字。

户　部

1294 戹

日本觀靜撰《孔雀經音義》:“厄難,厄音乙革反,災難也。‘厄’作‘[24]

□’。”（T2244v61p0768c）本頁下注 24：“□＝庢《乙》《丁》，戹？”

按：“戹作”後一字原文脱，乙本、丁本作“庢”，刻者疑當作“戹”。“庢”當“戹”字之訛。《玉篇・户部》：“戹，倚革切。困也，災也。亦作厄。”《玉篇・卩部》：“厄，牛果、牛戈二切。科厄，木節也。厄，果也，無肉骨也。”在“戹難”的意義上，“戹”爲本字，“厄”爲借字。《可洪音義》卷三《無盡意菩薩》第五卷：“是扼，烏革反。車搹也。正作‘軛’‘扼’二形也。又女尒反，㞐。”（v59p646c）北涼曇無讖譯《大方等大集經》第二十九卷：“是[4]扼離[*]扼智，是取生離生智。”（T0397v13p0204a）本頁下注 4：“扼＝栀《宋》《元》《宫》[*]。”《説文・手部》：“搹，把也。从手，鬲聲。扼，搹或从戹。”大徐音“於革切”。清段玉裁注：“扼，今隸變作‘扼’，猶‘軶’隸變作‘軛’也。”據文意“扼”即“扼”字之訛。可洪“又女尒反”，乃“抳”字讀音，“扼”或爲“抳”字之書寫變異，但與文意不合，故可洪以此音爲誤讀音。“扼”或作“扼”，故“戹”或寫作“庢”。參 0038“厄”字條。

1295 扂

後秦弗若多羅、羅什譯《十誦律》：“戶扇不作關鑰故，賊入偷衣鉢，是事白佛。佛言：‘聽繩繫。’諸比丘不知云何繫。佛言：‘聽下[13]扂。’諸比丘不知云何作。佛言：‘應作孔用繩穿牽閉。’閉已不能開。佛言：‘應作開戶鉤。’長老優波離問佛：‘用何等作？’佛言：‘應用鐵若銅若木作。’作已不知云何開。佛言：‘戶扇中作孔内鉤却[14]橝。’諸比丘閉戶時無所捉。佛言：‘戶扇上應作孔施紐。’”（T1435v23p0243b）本頁下注 13：“扂＝橝《聖》。”注 14：“橝＝扂《三》《宫》。”

按：“扂”與“橝”“扂”爲版本異文，“扂”即“扂”字之訛，“占”旁訛作“古”旁也。勝友造、唐義淨譯《根本薩婆多部律攝》：“凡造住處，或自作教他作，應安門樞戶扇並橫扂窓竇等事。齊橫扂處者，此出一日休息限齊。謂用濕泥爲壁，或時和草。若過限齊者，便得本罪。”（T1458v24p0581c）唐慧琳撰《一切經音義》卷六十《根本説一切有部毘奈耶大律》第三十卷：“横扂，恬玷反。《韻英》云：‘所以止扉也，小關也。’”（T2128v54p0711c）《集韻・忝韻》徒點切：“扂、䦳，户牡。或作䦳。”“扂”爲門閂義，爲從户占聲的形聲字。

唐義淨譯《根本説一切有部毘奈耶雜事》：“烏鳥鳩鴿便入室中。佛言：‘應作隔子窓櫺，風雨來時水滞傍入。可安門扇，風吹開者當須置扂。若難開閉，作羊甲杖而開閉之。’室無門扇。佛言：‘著扇并横扂鐶鈕。’”（T1451v24p0219b）“扂”亦“扂”字之訛。南宋志磐撰《佛祖統紀》：“今時勢家多以恩例冒[3]占寺院，子弟幹僕並緣爲姦取寺山造冢，是陷父母於不義之地。”（T2035v49p0369a）本頁下注 3：“占＝古《甲》。”“古”爲“占”之訛。唐澄觀撰《大方廣佛華嚴經疏》：“此十無量皆遍十喻。言百千者，[1]占人云：以十無量入中十喻成百。”（T1735v35p0873a）本頁下注 1：“占＝古《甲》。”“占”又“古”之訛。故“扂”可訛作“扂”。

1296 戾

失譯《那先比丘經》卷上：“敢有違戾不如王言者，王即強誅罰之，是爲王者語。愚者語，語長不能自知，語短不能自知，憹[21]悷自用得勝而已，是爲愚者語。王言：願用智者言，不用王者愚者言。”（T1670Av32p0696b）本頁下注21：“悷＝戾《聖》。”

按：“戾”與“悷”爲版本異文，“戾”即“戾”之字訛，“戾”與“悷”通。馬鳴造、後秦鳩摩羅什譯《大莊嚴論經》：“内心發誓願，唯垂聽我説。爲欲所逼迫，失意作諸惡。使我離愛欲，及以結使怨。諸根不調順，猶如憹戾馬。願莫造惡行，常獲寂滅迹。”（T0201v04p0327b）“憹戾”爲兇狠難制服之義。“戾”本有兇悍義，“悷”蓋“戾”之分化字。

1297 雇

日本凝然述《梵網戒本疏日珠鈔》：“琴者，渠金反。《本世》：神農作琴。琴言禁也，謂君子守以自禁。有五絃，至周文王武王加之二絃爲七絃也。瑟者，音蝨。《本世》：雇犧作。長八釋二寸，二十五絃。黄帝侍素女皷之，態不能止，便破爲七尺二寸二十五絃。”（T2247v62p0217b）

按：“雇”即“庖”字之訛。《廣韻·櫛韻》所櫛切：“瑟，樂器。《世本》：‘庖犧作瑟。’”“神農作琴”“庖犧作瑟”出《世本》，《本世》皆《世本》之誤倒。唐澄觀述《大方廣佛華嚴經隨疏演義鈔》：“《繫辭》云：‘古者庖犧氏之王天下也，仰則觀象於天，俯則觀法於地，觀鳥獸之文與地之宜。’”（T1736v36p0124c）南宋宗曉編《四明尊者教行録》：“粤若庖犧氏之王天下也，始作罔罟，以佃以漁，取之有時，用之有節，蓋所以順殺伐而育人民也。”（T1937v46p0864b）皆作“庖犧”。“庖”或作“雇”者，“广”旁訛作“户”旁也。

1298 戻

日本凝然述《梵網戒本疏日珠鈔》：“憬興《觀經疏》上云：‘旃施羅者，此云惡執，即今屠兒，非四大姓之所作也。别有下族達絮蔑戻車等，極惡之人，殺逆販肉以自活命。”（T2247v62p0192b）

按：“戻”即“戾”之異寫字。唐玄奘譯《大般若波羅蜜多經》：“是善男子善女人等，決定不復墮於地獄傍生鬼界邊鄙達絮蔑戾車中，不墮聲聞及獨覺地，必趣無上正等菩提。”（T0220v05p0698c）五百大阿羅漢造、唐玄奘譯《阿毘達磨大毘婆沙論》：“觀處所者，謂觀世間於何方處佛應出世。即知於贍部洲中印度佛應出世，非邊地達絮蔑戾車中。”（T1545v27p0893b）皆作“蔑戾車”，與“戾”對應之字皆作“戾”。唐慧琳撰《一切經音義》：“蔑戾車，上眠鼈反，次蓮結反，下齒遮反。此邊方梵語，訛略不正也。正梵音應云‘畢嘌（二合）嗟’，此譯爲貪樂垢穢之物，邊方下賤不信正法之人也。”（T2128v54p0336c）“蔑戾車”爲梵文譯音詞。秦公《碑別字新編・八畫》“戾”字條引《魏太監劉華仁墓誌》作“戾”，秦公《廣碑別字・八畫》“戾”字條引《唐錦州刺史趙潔墓誌》作“戾”。“戾”與“戾”“戾”形近。網絡版《異體字字典》“戾”字許錟輝“研訂説明”：“按：俗字犬形多作友，如突俗作㝕、吠俗作㕭是其例。”“犬”旁訛作“友”，又訛作“叐”旁。

1299 扃

日本照遠撰《資行鈔》：“扃窓，扃，書掌反。戶耳。”（T2248v62p0842c）

按：“扃”即“向”之分化字。《説文・宀部》：“向，北出牖也。从宀，从口。《詩》曰：‘塞向墐户。’”後秦弗若多羅、羅什譯《十誦律》：“戶法者，戶名出入處。若打戶時不應大打，若開戶時不得大排，若閉戶時當徐徐，入出戶時亦應安徐一心，莫令衣摩戶兩邊。是名戶法。[2]向法者，應施欂去時當閉，爲守護僧房亦守護自身故，是名*向法。”（T1435v23p0419b）本頁下注 2：“向＝扃《明》*。”北齊萬天懿譯《尊勝菩薩所問一切諸法入無量門陀羅尼經》：“如因有地墻壁梁柱椽梠門[4]戶嚮牖，名之爲舍。”（T1343v21p0848a）本頁下注 4：“戶嚮＝扃戶《三》。”唐玄應撰《一切經音義》（麗藏本）卷十七《阿毘曇毘婆沙論》第二十一卷：“窓向，下許亮反。《三蒼》：‘向，北出牖也。’向亦窓也。《論》文作‘扃’。古螢反。扃，鈕也，外閉者也。扃非今義。”（p228a）迦旃延子造、五百羅漢釋，北涼浮陀跋摩、道泰譯《阿毘曇毘婆沙論》：“猶如有人於門窓向觀見倉中種種雜穀，謂胡麻粳米大小諸豆大麥小麥等。”（T1546v28p0155b）“扃”皆窗戶義，乃“向”之分化字。《尊勝菩薩所問一切諸法入無量門陀羅尼經》（明本）“扃戶”當作“戶扃”。

《可洪音義》卷十八《善現律毗婆沙》第八卷：“戶扃，許亮反，牖也。正作‘向’。又古螢反，悞也。”（v60p77c）南朝齊僧伽跋陀羅譯《善見律毘婆沙》：“檀尼迦比丘和泥作屋，窓牖戶扇悉是泥作，唯戶扇是木。取柴薪牛屎及草，以赤土汁塗外，燒之熟已，色赤如火，打之鳴喚，狀如鈴聲，風吹窓牖，猶如樂音。”（T1462v24p0727b）今《大正藏》本《善見律毘婆沙》未見“戶扃”，“戶扇”兩見。細審文意，“窓牖戶扇悉是泥作”，謂窗戶和門扇都是用泥做的，字作“扇”，與文意合。“唯戶扇是木”，與前文“窓牖戶扇悉是泥作”文意矛盾，疑“戶扇”

當作“戶扄”，涉上而誤。“戶扄”指門閂，言窗戶和門扇都是用泥做的，只有門閂是木頭做的。可洪所見本作“⿸户向”，“⿸户向”乃“扄”字之訛。可洪誤認“⿸户向”爲“向”，反以讀作“扄”爲誤，亦未詳審文意。

《玉篇·戶部》：“扄，書掌切。戶耳也。”音、義皆無據。明楊慎撰《轉注古音略》：“扄，書掌切。户耳也。與扃字不同，扃从冋，扄从向。”《康熙字典·戶部》：“扄，《玉篇》書掌切，音賞。戶耳也。从戶，向聲，與从戶冋聲者有別。”《漢語大字典》：“扄（一）shǎng《玉篇》書掌切。户耳。《玉篇·戶部》：‘扄，戶耳也。’”（二 p2424a）皆承《玉篇》之誤。

心　部

1300 怇

北宋道原纂《景德傳燈録》：“金陵龍光院澄怇（公在切）禪師廣州人也，姓陳氏。幼出家於本州觀音院，年滿納戒於韶州南華寺。尋遊方抵于泉州參法因大師印悟心地，後住舒州山谷寺。有僧新到，師問：‘什麼處來？’曰：‘江南來。’師曰：‘汝還禮渡江船子麼？’曰：‘和尚爲什麼教禮渡江船子？’師曰：‘是汝善知識。’又住齊安龍光前後三處，聚徒説法。終于龍光。”（T2076v51p0402c）

按：“怇”即“忋”字之訛。原文中“怇”爲“公在切”，應是從《玉篇》。《玉篇·心部》（元刊本）：“怇，公在切。恃也，仰也。”字形正與“怇”同。“怇”在此爲人名用字。

1301 恾

日本慧什撰《勝語集》：“南麽（一）薩嚩勃馱冒地薩埵喃（一）唵摩蘭捺泥帝孺恾栗寧莎訶。”（T2479v78p0211c）

按：“恾”即“忙”字之訛。唐善無畏、一行譯《大毘盧遮那成佛神變加持經》：“復誦施十力明八遍，方乃食之。説此明曰：南麽薩婆勃馱菩提薩埵喃（一）唵麽蘭捺泥（去）帝孺忙栗寧（二）莎訶（三）。”（T0848v18p0054a）與“恾”對應之字作“忙”。日本淨嚴撰《悉曇三密鈔》：“ꡏ，麽、摩、磨、莽（日經）、忙（胎軌）、滿、曼、没、物、沫（隨求）。”（T2710v84p0745c）“忙”

爲“ꢪ（ma）”的譯音字。

1302 㤃

日本珍海撰《三論玄疏文義要》：“七年還住廬山，蕭然自得矣。學侶雲從，聲華日遠，乃至遠近傾請講涅槃，白黑雲湊，瞻敬無極。至闡提有佛性之文，莫不㤃核。及講經畢，生告衆曰：‘貧道忍死待此經，今果所願矣。’”（T2299v70p0291a）

按：“㤃核”乃“㤃惋”之訛，“㤃惋”又“扼腕”之俗字。《戰國策·燕策三》：“樊於期偏袒扼腕而進曰：‘此臣之日夜切齒腐心，乃今得聞教！’”元吴師道補注：“勇者奮厲必以左手扼右腕也。”“扼腕”本有兩層含義，一是描述用一隻手握住另一隻手的手腕的動作，一是隱含著這一動作所表達的振奮情緒。後來“扼腕”常用來只表達情緒義，上揭“莫不㤃核”，“㤃核”同“扼腕”，即表達振奮情緒之義。因表達情緒義，故形旁改作“忄”旁，本當作“㤃惋”，“核”乃“惋”字之訛。參2299“𩗶”字條。

日本宗法師撰《一乘佛性慧日抄》：“七年還住廬山，蕭然自得矣。學侶雲從，聲華日遠，乃至遠近傾請講新涅槃，白黑雲湊，瞻敬無極。至闡提有佛性之文，莫不怩惋。”（T2297v70p0174a）字作“怩惋”，“怩”又“㤃”字之訛。佚名《陀羅尼雜集》：“南無佛梵告解脱[9]尼難。”（T1336 v21p0624b）本頁下注9：“尼=厄《宋》《元》。”唐李無諂譯《不空羂索陀羅尼經》：“第二十二呪曰：唵（一）阿謨伽（二）阿訶囉（三）布沙波（二合）陀皤（平）毘摩（去）那（四）遮唎[29]尼（五）虎吽（二合。六）泮吒（半。七）。”（T1096 v20p0416b）本頁下注29：“尼=厄《明》。”前一例“尼”爲“厄”字之訛，後一例“厄”爲“尼”字之訛。“尼”與“厄”或相混誤，故“㤃”或訛作“怩”。唐澄觀述《大方廣佛華嚴經隨疏演義鈔》：“每至闡提有佛性之文，諸德莫不扼腕。”（T1736 v36p0059c）字作“扼腕”，即用通行的文字。

韓小荆《〈可洪音義〉研究》“㤃”字條（p285）、鄭賢章《漢文佛典疑難俗字彙釋與研究》“㤃”字條（p255）對“㤃”字皆有考辨，可參看。

1303 㤆

唐菩提流志譯《不空羂索神變真言經》：“入誐（同上）拏娜麽舑[12]拂莎縛訶字門解一切三昧耶。”（T1092v20p0300c）本頁下注12：“拂=㤆《宋》《元》。”

按：“㤆”與“拂”爲版本異文，“㤆”即“拂”字之訛。日本淨嚴撰《悉曇三密鈔》：“ꢦ，頗、叵、破、怖、普、發、拂（普活切。蘇悉地經）、泮

（佛頂）。”（T2710v84p0745a）“抪” 爲 “[illegible]（pha）”的譯音字。参 1054 “抪”字條。

唐慧琳撰《一切經音義》卷八十二《大唐西域記》第一卷：“怫桿國，番發反，下音旱。亦名跋賀那國。”（T2128v54p0836c）唐玄奘、辯機撰《大唐西域記》第一卷：“[44]怖（敷發反）捍國。”（T2087v51p0868c）本頁下注 44：“怖＝㤇《甲》。”“怫” 又 “怖” 字之訛。

1304 怶

日本覺成記、守覺輯《澤鈔》：“真言：怛儞也（二合）他唵（引）阿曩麗阿曩麗尾舍那尾舍那滿馱滿馱滿馱儞滿馱儞吠（引）囉嚩曰［日］羅（二合）播抳泮吒吽（引）怶林（二合）泮吒娑婆（二合）訶。”（T2488v78p0426b）

按：“怶” 即 “拔” 字之訛。日本寬信撰《傳受集》：“大佛頂小呪：怛儞也（二合）他（引）唵（引）阿曩囇（引）阿曩囇（引）尾捨娜（引）尾捨娜（引）滿馱滿馱滿馱儞滿馱儞吠（引）囉嚩日羅（二合）播（引）抳泮吒吽（引）柭林（二合，引）吒娑嚩（二合，引）訶。”（T2482v78p0224c）日本實運撰《諸尊要抄》：“[illegible]，怛儞也（二合）他唵阿曩囇（引）阿曩（引）囇尾舍娜尾舍娜滿馱滿馱滿（引）馱儞滿馱儞吠（引）羅縛曰［日］羅（二合）播（引）抳泮吒吽（引）柭啉（二合，引）泮吒娑縛（二合，引）訶。”（T2484v78p0302b）日本元海記《厚造紙》：“真言小呪：怛儞也（二合）他唵阿曩麗阿曩麗尾舍娜尾舍娜滿馱滿馱滿馱儞滿馱儞吠羅嚩曰［日］羅播抳泮吒吽拔林泮多娑婆賀（已上大師御傳也，可祕也）。”（T2483v78p0277b）與 “怶” 對應之字作 “柭”“拔” 等字，“柭/拔林/啉” 乃 “[illegible]（bhrūṃ）”的譯音字，綜合對音關係及字形，“怶” 當爲 “拔” 字之訛。“扌” 旁訛作 “忄” 旁，“犮” 訛作 “皮” 皆習見。

1305 怵

唐道世撰《法苑珠林》：“謂曰：‘汝命也盡，不復久生，可暫還家頌唄三偈并取和尚名字。三日當復命，過即生天矣。’應既蘇即復[25]休然。既而三日持齋頌唄，遣人疏取曇鎧名。”（T2122v53p0756c）本頁下注 25：“休＝怵《明》。”

按：四庫本與 “怵”“休” 對應之字作 “怵”，“怵”“休” 皆 “怵” 字之訛。“怵然” 爲恐懼的樣子，與文意合。“怵” 訛作 “怵” 者，右旁爲 “朮” 之訛。馬鳴造、北涼曇無讖譯《佛所行讚》：“女人性怯弱，怵惕懷冰炭。”（T0192v04p0001c）“怵” 乃 “怵” 字之訛，“朮” 旁訛作 “求” 旁，可比勘。又訛作

“怵”者，“忄”旁訛作“亻”旁，“术”訛作“木”旁也。西晋法炬、法立譯《法句譬喻經》：“伴少而貨多，商人[11]怵惕懼。”（T0211v04p0603a）本頁下注 11：“怵=休《聖》。”“休”亦“怵”字之訛。南宋宗曉編《四明尊者教行録》：“怵惕隱惻，人端斯至。”（T1937v46p0865b）“怵”亦“怵”字之訛，可參看。

1306 怨

佚名《佛爲心王菩薩説投陀經》：“不覺不知沈淪苦海（恒在生死故曰沈淪苦海。常以苦海，生苦、老苦、死苦、求不得苦、愛别離苦、怨憎會苦、憂悲之苦）。”（T2886v85p1402c）

按：“怨”即“怨”字之訛。《偏類碑别字》“怨”字引《隋董美人墓誌銘》作“怨”，“怨”即“怨”進一步寫訛。“怨”字《大正藏》《可洪音義》皆多見。張涌泉《敦煌俗字研究》（第 2 版）亦有考證（p618）。遼希麟集《續一切經音義》：“鴛鴦，上於袁反，下於薑反。《毛詩》曰：‘鴛鴦干［于］飛。’《傳》曰：‘鴛鴦，疋鳥也。言其止爲疋偶，飛則雙飛。’［‘言其止爲疋偶，飛則雙飛’乃鄭箋，希麟誤爲毛傳。四庫本作‘言其止則相耦，飛則爲雙’——引者按］《説文》從[18]夗、央，皆形聲字也。”（T2129v54p0940c）本頁下注 18：“夗=死《甲》。”“死”爲“夗”字之訛，可比勘。參 1476“盌”字條。

1307 邪

日本光宗撰《溪嵐拾葉集》：“以不堪之器恭敬受習金剛界念誦儀軌，於懈怠身邪欲練行供養修行之勤。”（T2410v76p0687c）

按：“邪”即“邪”之加旁字。“邪欲”，佛經習見，指邪惡的欲望。欲望屬心理現象，故“邪”字或加“心”旁。

1308 忡

南宋志磐撰《佛祖統紀》：“律師元照，餘杭唐氏。初依祥符鑒律師，十八通誦妙經，試中得度，專學毘尼。後與擇映從神悟謙師。悟曰：‘近世律學中微，汝當明法華以弘四方。’……鎧菴曰：律師以英才偉器，受[2]忡悟弘四分之記，斯可矣。”（T2035v49p0297b-c）本頁下注 2：“忡=神《甲》。”

按：“忡”與“神”爲版本異文，“忡”即“神”字之訛。鄭賢章《漢文佛典疑難俗字彙釋與研究》已有考證（p258），然此處“神悟”乃元照師名。

1309 患

南宋宗曉編《四明尊者教行録》：“余謝事經歲，自衢抵溫。有法明院患講師，其行解俱高者，頓嘗遊衢，乃余未第時與之接者也。”（T1937v46p0917c）

按：“患”即“忠”字之訛。南宋志磐撰《佛祖統紀》：“余謝事多暇，自衢抵溫。法明院忠法師者，頃嘗遊衢，余未第時曾與之接。”（T2035v49p0442a）與“患”對應之字作“忠”。

1310 恩

南朝宋求那跋陀羅譯《雜阿含經》：“爾時，世尊復說偈言：如是堅固士，一切無所求，拔[7]恩愛根本，瞿低般涅槃。”（T0099v02p0286b）本頁下注 7：“恩＝恩《明》。”

按：“恩”與“恩”爲版本異文，“恩”即“恩”字之訛。“恩愛”習見。劉復、李家瑞編《宋元以來俗字譜》“恩”字條引《取經詩話》作“恩”，《偏類碑別字》“恩”字條引《魏鞠彥雲墓誌銘》作“恩”，均可參。

1311 怟

日本良遍撰《真心要決》：“《傳燈録》：圭峯宗密禪師示尚書溫[21]墭曰：‘能悟此理即是法身。’”（T2313v71p0099c）本頁下注 21：“墭＝怟《甲》。”

按：“怟”與“墭”爲版本異文，“墭”“怟”皆“造”字之訛。北宋道原纂《景德傳燈録》：“又山南溫造尚書問：‘悟理息妄之人不結業，一期壽終之後靈性何依者？’答：‘一切衆生無不具有覺性。’”（T2076v51p0307c）此即良遍所本，字本作“造”。

1312 怬

南朝梁寶唱等集《經律異相》：“太子悲感，傷其愚惑。其母憐愛之，用傷絕曰：‘我子薄命，乃值此殃。’涕泣[32]㦪㤦，事不得已，俛仰放捨。”（T2121v53p0175c）本頁下注32：“㦪㤦=噋咿《三》《宫》。”

按：“㦪㤦”與“噋咿”爲版本異文，“㦪㤦”“噋咿”皆“郁伊”的後出字，字本作“鬱伊”。“鬱伊”或“郁伊”本爲傷心時發出來的聲音，亦用來形容傷心、不舒暢的狀態，故字或加“口”作“噋咿”，或加“忄”或換“忄”旁作“㦪㤦”。唐道世撰《法苑珠林》（四庫本）：“噋咿哽咽，斯須息絶。”音釋：“噋咿，噋，於六切；咿，音伊。噋咿，悲泣聲。”三國吴支謙譯《佛説未生寃經》：“噋咿哽咽，斯須息絶。”（T0507v14p0775b）字皆作“噋咿”。參1324“㦪”字條。

1313 㤾

南朝梁僧祐撰《弘明集》：“非聖人者無法，非[6]孝者無親，二者俱違，難以行於聖世矣。”（T2102v52p0066a）本頁下注6：“孝+（㤾）《宋》《元》《宫》，（悌）《明》。”

按：“㤾”與“悌”爲異文，“㤾”即“悌”字之訛。四庫本作“非孝悌者無親”，四庫本之《釋文紀》亦同。《孝經》：“非聖人者無法，非孝者無親。”唐明皇注：“聖人制作禮樂而敢非之，是無法也。善事父母爲孝而敢非之，是無親也。”此乃《弘明集》所本。《孝經》本無“悌”字，有“悌”字之本，或爲後人所加。“悌”又作“㤾”者，“㤾”爲“悌”字之訛，乃由“悌”與“孝”字連用，受其影響誤將“弟”旁改作“孝”旁，此亦字形同化之例。

1314 㥉

佚名《翻梵語》：“摩娑羅伽隷，譯曰馬㥉。（《佛問阿須輪大有威經》）”（T2130v54p1054b）

按：“㥉”即“瑙”字之訛。南宋法雲編《翻譯名義集》：“[26]摩羅伽隷，此云[27]碼碯。此寶色如馬之腦，因爲名。”（T2131v54p1105c）本頁下注26：“Musāragalba.”注27：“碼=瑪《明》。”北宋智圓述《佛説阿彌陀經疏》：“瑪腦，梵云摩婆羅伽隷，此云瑪腦。此寶色如馬之腦，因以爲名。新本云阿濕摩揭粒，此云藏杵，或翻胎藏，取此寶堅實爲名。字體作馬腦，後人加石或玉。”（T1760v37p0354c）日本良忠述《觀經疏傳通記》：“碼瑙，梵云摩婆羅伽隷，寶色如馬之腦，因以爲名。”（T2209v57p0619a）“摩娑羅伽隷”爲瑪瑙的譯音詞，譯名本作“馬腦”，字或作“碼碯”“瑪瑙”等形。“瑙”或作“㥉”者，《可洪音義》卷三《虚空藏菩薩經》：“馬㥉，音惱。”（v59p639c）又卷五《大悲分陁利經》第七卷："馬瑙，音惱。"（v59p716b）龍樹造、後秦鳩摩羅什譯《大智度論》："金剛三昧者，譬如金剛，無物不陷，此三昧亦如是，於諸法無不通達，令諸三昧各得其用，如[17]車渠瑪瑙琉璃唯金剛能穿。"（T1509v25p0399b）本頁下注17："車渠瑪瑙=硨磲碼碯《三》《宮》，車渠馬瑙《聖》。""瑙""瑙"皆"瑙"字之書寫變異，"瑙"即"瑙"之訛。《翻梵語》："阿牟荼馬瑙，應云何牟羅。"（T2130v54p1054a）南朝宋智嚴譯《佛説廣博嚴淨不退轉輪經》："其華開敷有百千葉，金剛爲根，光網爲莖，阿牟荼馬瑙爲鬚，閻浮那提寶爲臺。"（T0268v09p0254c）"瑙"亦"瑙"字之訛。

日本心覺撰《多羅葉記》："阿牟荼馬玏，可云阿牟樓，是寶部。"（T2707v84p0621c）"玏"亦爲"瑙"字之訛。

《可洪音義》卷二十九《廣弘明集》第四卷："璁勒，上奴老反。正作'碯'。"（v60p548c）唐道宣撰《廣弘明集》："繡衣侯服薰風合氣，[32]玉勒金鞍爭光炫日。"（T2103v52p0113c）本頁下注32："玉=璁《三》，總《宮》。"四庫本作"璁"。"玉勒"文獻習見，指玉飾的馬銜。《説文·玉部》："璁，石之似玉者。""璁"爲似玉的美石，亦可爲裝飾品，"璁勒"可指美石裝飾的馬銜，於意亦通。《玉篇·玉部》："璁，倉公切。石似玉。""璁"爲"璁"之異體。宋集成等編《宏智禪師廣録》："環十二峰翠色瓏璁。"（T2001v48p0098b）日本規庵祖圓語、慧真等編《南院國師語録》："峭壁攙空千萬仞，非烟半鎖碧璁瓏。直饒天下大禪佛，喫四藤條立下風。"（T2552v80p0304b）"璁"皆同"璁"。可洪所見本作"璁"，當爲"璁"字之訛。可洪注其音爲"奴老反"，訓"正作'碯'"，乃誤認"璁"爲"瑙"字。"瑪瑙"亦可爲裝飾品，但該詞爲連綿詞，文獻未見"瑙"字單用之例，故此處的"璁"不宜讀作"瑙"。《可洪音義》卷十《十地經論》第七卷："馬璁，音惱。"（v59p925b）西晋竺法護譯《光讚經》："明月、珠寶、水精、琉璃、璧玉、金銀、珊瑚、琥珀、[15]硨磲、碼碯，以給衆生。"（T0222v08p0161b）本頁下注15："硨磲碼碯=車磲馬碯《宋》，車磲馬腦《元》，車渠馬璁《聖》。"北魏菩提流支譯《深密解脱經》："所謂象馬車步諸兵，摩尼、真珠、琉璃、珂具、珊瑚、虎珀、車渠、馬[18]瑙、錢財、穀帛、庫藏諸物……實有此諸象馬車步，摩尼、真珠、瑠璃、珂具、珊瑚、虎珀、車渠、馬*瑙、錢財、穀帛、庫藏等物。"（T0675v16p0666b）本頁下注18："瑙=璁《聖》*。""璁""璁"皆"瑙"字之訛。"瑙"的異寫"璁"與"璁"的異構"璁"形近易混，故可洪誤認"璁"的訛字"璁"爲"瑙"。

1315 想

北宋施護譯《佛説一切如來金剛三業最上祕密大教王經》："住空[6]想大輪，金剛光嚴飾。"（T0855v18p0484b）本頁下注6："想=想《宮》。"

按：“想”與“想”爲版本異文，“想”即“想”字之訛。同上經：“空中想大輪，五鈷而四面。”（T0885v18p0484b）字亦作“想”。

1316 ⿰忄⿱日土

唐法全集《大毘盧遮那成佛神變加持經蓮華胎藏菩提幢標幟普通真言藏廣大成就瑜伽》：“施身真言曰（獨股印）：唵（引。一）薩嚩怛他蘗多（二）布惹鉢囉（二合）嚩（無渇反）嘌多（二合）曩夜怛麽（二合）南（三）[14]涅哩（二合）夜（引）哆夜弭（四）薩嚩怛他（引）蘗多室者（二合）地底瑟姹（二合）擔（五）薩嚩怛他（引）蘗多惹難謎阿味設覩（引。六）。”（T0853v18p0144b）本頁下注 14：“涅=⿰忄⿱日土《甲》。”

按：“⿰忄⿱日土”與“涅”爲版本異文，“⿰忄⿱日土”即“涅”字之訛。唐善無畏、一行譯《大毘盧遮那成佛神變加持經》：“施身方便真言曰：唵（一）薩婆怛他引蘗多（二）布闍鉢囉（二合）跛（無竭反）嘌多（二合）曩夜怛忙（去。二合）難（三）[21]⿰口⿱日工嚦夜（二合）哆夜弭（四）薩婆怛他（引）蘗多室柘（二合）地底瑟咤（勑限反。二合）多（引。五）薩婆怛他（引）蘗多若難謎阿（引）味設覩（六）。”（T0848v18p0046b）本頁下注 21：“⿰口⿱日工=涅《三》《丙》《丁》，怛《宮》。”唐輸婆迦羅譯《攝大毘盧遮那成佛神變加持經入蓮華胎藏海會悲生曼荼攞廣大念誦儀軌供養方便會》：“施身方便真言曰（身同獨股杵相）：（四）唵（一）薩嚩怛他（引）蘗多（二）布惹鉢囉（二合）嚩哩多曩夜怛麽（二合）南（三）涅（儞逸反）哩野（二合）哆夜弭（四）薩嚩怛他（引）蘗多室者（二合）地底瑟姹（二合）耽（都含反。五）薩嚩怛他（引）蘗多惹難謎（六）阿味設都（引。七）。”（T0850v18p0065c）與“⿰忄⿱日土”對應之字或作“涅”“⿰口⿱日工”“⿰口⿱日土”，“⿰口⿱日土”爲“涅”加“口”旁的譯音專字，“⿰口⿱日工”爲“⿰口⿱日土”的異寫字。日本明覺撰《悉曇要訣》：“𑖡𑖰𑖨𑖿𑖧，《金界》云：‘涅哩夜。’（文）涅，《小切韻》云：‘奴結反。’”（T2706v84p0527a）日本淨嚴撰《悉曇三密鈔》：“𑖡𑖰，顊、爾、尼、泥（入）、儞（入）、涅（入）、聑（切身。羂索）。”（T2710v84p0744c）“涅”爲“𑖡𑖰（ni）”的譯音字。

鄭賢章《漢文佛典疑難俗字彙釋與研究》“⿰忄⿱日土”字條：“‘⿰忄⿱日土’即‘怛’字之訛。”（p260）與此爲同形字。唐法成集《大乘稻芉經隨聽疏》：“言論議者，謂諸經典修環研竅摩⿰忄⿱日土理迦，即一切了義經皆名摩[22]⿰忄⿱日土理迦，亦名阿毘達磨。”（T2782v85p0545b）本頁下注 22：“⿰忄⿱日土=呾《乙》。”唐慧琳撰《一切經音義》：“摩怛理迦，梵語也。唐云本母，亦云論也。”（T2128v54p0420a）唐玄奘授、不空譯《唐梵翻對字音般若波羅蜜多心經》：“曩（無）悉底怛嚩（二合。有）那（恐）⿰忄⿱日土哩（二合）素都（二合。怖。四十七）。”（T0256v08p0852a）“⿰忄⿱日土”皆“怛”字之訛。日本淨嚴撰《悉曇三密鈔》：“𑖝，多、嚲（羂索全真）、哆、槮（續刊定記）、怛（大日）、旦（闍曼德迦軌）、埵、答（隨求）、得、咄（二共隨求)、跢。”(T2710v84p0744a) 又:“𑖝𑖰,怛哩(胎)、底哩(寶篋)。”(T2710v84p0753a)“怛”乃“𑖝(ta)”之譯音字。

1317 悜

南宋宗法等編、日本天桂傳尊再編《宏智禪師廣録》:“僧云:‘醜陋任君嫌,不帶煙霞色。’師云:‘密密其間看轉側,那時一步要悜悜。’僧云:‘只如古者道,露柱懷胎功,意旨如何?’師云:‘依俙還墮功,隱約未分照。’”(T2001v48p0064c)

按:“悜”即“惺”字之訛。“惺惺”一詞經文常見。同上經:“上堂云:‘水中鹽味,色裹膠青,體之有據,取之無形,用時密密,寂處惺惺,是諸佛之本覺。’”(T2001v48p0004b)高麗知納撰《戒初心學人文》:“於十二時中四威儀内,須要惺惺如貓捕鼠,如雞抱卵,無令斷續。”(T2019v48p1005a)明袾宏輯《禪關策進》:“十二時中,須要惺惺如貓捕鼠,如雞抱卵,無令斷續。”(T2024v48p1099b)明語風圓信、郭凝之編《金陵清涼院文益禪師語録》:“此是三界昏亂。習熟境界,不惺惺便昏亂。蓋緣汝輩雜亂所致,古人謂之夾幻。”(T1991v47p0591a)“惺惺”皆清醒之義,與文意合。

北宋施護譯《佛説大堅固婆羅門緣起經》:“褰[2]悜那城。”(T0008v01p0210c)本頁下注2:“悜=怛《三》。”失譯《大乘悲分陀利經》:“曇阿浮　曇伊呵浮曇悜多羅浮曇昵酣(牟甘反)伽摩目隸阿羅頗　陀羅頗　曇茶隸　曼嗏禰悜多羅嵐多樓曼(牟啖反)伽伽羅膩。”(T0158v03p0236c)“悜”又“怛”字之訛。

1318 ⿰忄号

新羅璟興撰《無量壽經連義述文贊》:“罪者歸之無人伴送,故云煢。忪忪者,忽也。煢,古文傑、⿰忄号,同,臣營反。獨也,單也。”(T1748v37p0168a)

按:“⿰忄号”即“惸”字之訛。三國魏康僧鎧譯《佛説無量壽經》:“⿱𤇾儿⿱𤇾儿忪忪,當入其中。古今有是,痛哉可傷。”(T0360v12p0277b)東漢支婁迦讖譯《佛説無量清淨平等覺經》:“⿱𤇾丸⿱𤇾丸忪忪,當入其中。古今有是,痛哉可傷。”(T0361v12p0297b)隋慧遠撰《無量壽經義疏》:“罪者歸之無人伴匹,故云煢忪當入其中。”(T1745v37p0114c)“⿱𤇾儿”“⿱𤇾丸”皆“煢”字之訛。唐慧琳撰《一切經音義》:“孤煢,古文‘惸’‘僗’二形,同,蕖營反。無父曰孤,無子曰獨,無兄弟曰煢。煢,單也,煢煢無所依也。字從卂從熒省聲,卂音雖閏反。”(T2128v54p0431b)又:“煢悸,古文‘惸’‘傑’二形,同,巨營反。孔註《尚書》云:‘煢,單也。’《詩傳》云:‘煢煢然無所依也。’又云:‘憂思貌也。’《古今正字》：‘從卂，熒省聲。’”（T2128v54p0602c）“煢”之古文作“㥚”“㑋/傑”，“㥌”當即“㥚”字之訛，“㑋”“傑”皆“㷀”字之訛。《方言》卷六：“絓、挈、㷀、介，特也。楚曰㷀，晋曰絓，秦曰挈，物無耦曰特，獸無耦曰介。”晋郭璞注：“㷀，古煢字。”“㷀”，《廣雅》作“傑”。

《漢語大字典》：“傑，qióng《篆隸萬象名義》渠營反。特。《篆隸萬象名義·人部》：‘傑，特也。’”（二 p272a）《玉篇·人部》：“侊，渠營切。特也。古煢字。”《玉篇》此條當本《方言》，“侊”乃“㷀”之書寫變異。《篆隸萬象名義》本《玉篇》，“傑”爲“㷀”字之訛。金韓孝彥、韓道昭《改併四聲篇海·人部》：“傑，待也。”《康熙字典·補遺·人部》：“傑，《海篇》：‘音瓊。待也。’”“待”爲“特”字之訛，《康熙》以訛傳訛。

1319 㤘

日本信瑞纂《淨土三部經音義集》：“尫劣，《玉篇》曰：尫，僂也，短小也。烏光反。僂，音力主反。尫也。僂傴，疾也。《廣韻》曰：‘傴，尫也。荀卿子曰“周公傴背”。’是也。劣，弱也，鄙也，少也。亦作‘[4]㤘’，同，力輟反。”（T2207v57p0410a）本頁下注 4：“㤘＝㤡？”

按：校者疑“㤘”爲“㤡”字之訛，所疑甚是。《玉篇·心部》：“㤡，力拙切。少也。與劣同。”《廣韻·薛韻》力輟切：“劣，弱也，鄙也，少也。㤡，上同。”“㤡”乃“劣”之異構字，經中訛作“㤘”，“寽”旁訛作“孚”旁也。唐慧琳撰《一切經音義》卷六《大般若經》第五百零六卷：“薄劣，下力惙反。《廣雅》：‘劣，少也。’《説文》云：‘劣，弱也。’或從‘忄（音心）’作‘㤘’，古字也。”（T2128v54p0343a）唐玄奘譯《大般若波羅蜜多經》第五百四十一卷：“爾時佛告天帝釋言：於當來世，有諸苾芻不能善修身，戒心慧，智慧狹劣，猶如牛羊。”（T0220v07p0784c）唐慧琳撰《一切經音義》卷七《大般若經》第五百四十一卷：“陿劣，下力輟反。《廣雅》：‘劣，少力也。’《説文》：‘劣，弱也。’會意字也。或從‘忄’作‘㤘’，古字，時不用也。”（T2128v54p0347b）“㤘”皆“㤡”字之訛。唐菩提流志譯《大寶積經》第三十八卷：“又舍利子，若諸業受於過去世狹劣方便，於未來世廣大方便。”（T0310v11p0217b）唐慧琳撰《一切經音義》卷十三《大寶積經》第三十八卷：“陿劣，……下戀掇反。《考聲》云：弱也，少也。會意字。或作‘寽’‘埒’，古字也。”（T2128v54p0383b）慧琳以“寽”“埒”爲“劣”之古字。

唐輸波迦羅譯《蘇悉地羯囉經》：“種種鉢羅抳[24]㤘嘌瑟吒迦食。”（T0893v18p0642c）本頁下注 24：“㤘＝悖《甲》。”又：“種種鉢囉尼（上）悖嘌瑟吒迦食。”（T0893v18p0611a）“㤘”又“悖”字之訛。《可洪音義》卷二《憂填王經》：“勃亂，上蒲没反。”（v59p613a）又卷十一《瑜伽師地論》第二十六卷：

“悖惡，上蒲没反，正作悖。”（v59p937b）又卷六《大灌頂經》第七卷：“浮涥，二同，蒲没反。上悮。”（v59p751b）“㪉”“悖”“浮”分别爲“勃”“悖”“浡”字之訛，皆“孛”旁訛作“孚”旁之例。

1320 㤐

日本光宗撰《溪嵐拾葉集》：“吾初歸冥途時，猶如夢㤐乎，適到閻羅宫，見别座在地藏菩薩。”（T2410v76p0604b）

按：疑“㤐”即“惛”字之訛。日本靜然撰《行林抄》：“吾初歸冥途之時，猶如異形惛解，逼到閻羅王宫，見中别床座，其上在地藏菩薩。”（T2409v76p0131a）與“㤐”對應之字作“惛”。

1321 悷

唐道世撰《法苑珠林》：“但衆生心性，譬若獼猴戲跳攀緣歡娱奔逸，不能冥目束體端心勤意。剛強難化，慲[2]戾不調。習近五塵，流轉三界。黏外道之黐，貫天魔之杖。於是永淪苦海，長墜嶮獄，皆由放散情慮，擾亂心神。”（T2122v53p0902a）本頁下注2：“戾＝悷《元》。”

按：“悷”與“戾”爲版本異文，“悷”即“悷”之異寫，“悷”又“戾”之分化字。後秦鳩摩羅什譯《維摩詰所説經》：“譬如象馬，慲悷不調，加諸楚毒，乃至徹骨，然後調伏。”（T0475v14p0553a）唐玄應撰《一切經音義》（麗藏本）卷八《維摩詰所説經》下卷：“慲戾，諸經有作‘籠’，同，禄公反。下《三蒼》作‘㑦’，同，力計反。很戾也，謂很戾剛強也。”（p108c）“慲戾”“慲㑦”“慲悷”爲同一個詞的不同書寫形式，後一字本作“戾”，取乖張之義，“㑦”“悷”皆“戾”之分化字。

1322 㥮

日本觀靜撰《孔雀經音義》：“仙人受教而退，於是研精潭思，[14]㥮㵂群言，作爲字書。”（T2244v61p0806a）本頁下注14：“㥮＝捃《乙》《丁》。”

按：“㥮”與“捃”爲版本異文，“㥮”即“捃”之訛，“㵂”爲“摭”字之訛。“捃摭”文獻習見，有採集之義，“捃摭群言”謂採集各家之言。

1323 㚾

唐金剛智譯《吽迦陀野儀軌》："圓法世界，即毘沙門王及二天[3]㜥怒相應八牙天等也。相應世界，即大日如來釋迦四千不動尊觀音彌勒菩薩等也。"（T1251v21p0235a）本頁下注3："㜥＝㚾，忿𠃌《原》。"

按："㚾"與"㜥""忿"爲版本異文，"㚾""㜥"皆"忿"字之訛。"忿怒"文獻習見，"忿"或作"㚾"者，乃由與"怒"字連用受其影響而誤加"女"旁而成，此亦字形同化之例。"㜥"蓋又"㚾"字之訛。

1324 㦀

南朝梁寶唱等集《經律異相》："太子悲感，傷其愚惑。其母憐愛之，用傷絶曰：'我子薄命，乃值此殃。'涕泣[32]㦀㑤，事不得已，俛仰放捨。"（T2121v53p0175c）本頁下注32："㦀㑤＝㖨咿《三》《宮》。"

按："㦀㑤"與"㖨咿"爲版本異文，"㦀㑤""㖨咿"皆"郁伊"的後出字，字本作"鬱伊"。《後漢書·崔駰傳》："是以王綱縱弛於上，智士鬱伊於下。"唐李賢注："鬱伊，不申之貌。《楚詞》曰：'獨伊蔚而誰語也。'"龍樹造、後秦鳩摩羅什譯《大智度論》："諸人啼哭，諸天憂愁，諸天女等郁伊哽咽，涕淚交流。"（T1509v25p0067a）唐歐陽詢撰《藝文類聚·晋孫楚〈笑賦〉》："或嚬蹙俛首，狀似悲愁，怫鬱唯轉，呻吟郁伊。"南朝梁僧祐撰《出三藏記集》："天女人女無量百千，[13]㖨咿交涕，不能自勝。"（T2145v55p0001b）本頁下注13："㖨咿＝郁伊《宋》，噢咿《元》《明》。""鬱伊"或"郁伊"本爲傷心時發出來的聲音，亦用來形容傷心、不舒暢的狀態，故字或加"口"作"㖨咿"，或加"忄"或換"忄"旁作"㦀㑤"。

1325 㦁

唐武徹述《加句靈驗佛頂尊勝陀羅尼記》："摩賀（引）母㦁嚩（二合，轉舌，引。二十六）嚩曰［日］囉（二合）迦（引）野（二十七）。"（T0974Cv19p0387b）

按："㦁"即"捺"字之訛。同上經："摩賀（引）母捺嚩（二合，轉舌，引）薩嚩（二）賀（引）。"（T0974Cv19p0388a）日本靜然撰《行林抄》："𑖦𑖟

[Siddham]，摩賀（引）母捺哩（二合）嚩日羅（二合）迦（引）野。”（T2409v76p0069b）與“㮈”對應之字皆作“捺”，“捺𡄊/哩”乃“[Siddham]（dre）”的譯音字。“捺”或作“㮈”者，“扌”旁訛作“忄”旁也。

1326 ⿰怚也

北宋天息災譯《大方廣菩薩藏文殊師利根本儀軌經》：“曼儞囉娑爲[31]阿進⿰怚也（[32]切身），阿進⿰怚也（切身）爲大阿進⿰怚也（同上），大阿進⿰怚也（同上）爲具囉。”（T1191v20p0901a）本頁下注31：“Acintya。”注32：“切身＝怛他切，下同《明》。”

按：根據對音關係，“⿰怚也”乃由“怛”和“也”組成的切身字。唐禮言集《梵語雜名》：“常，儞怛也，[Siddham]。無常，阿儞怛也，[Siddham]。”（T2135v54p1229b）“怛也”爲“[Siddham]（tya）”的譯音字。“⿰怛也”或作“⿰怚也”者，“怛”訛作“怚”也。“怛”訛作“怚”，《大正藏》多見。

1327 ⿱⿰目囟心

東晉竺曇無蘭譯《五苦章句經》：“叉手持頭腦，三界皆禮[50]佛。”（T0741v17p0548b）本頁下注50：“佛+（世間不足樂，常與憂⿱⿰目囟心居，恩愛適合會，當復別離苦，家室轉相坐，不知死所趣，慧智見苦諦，是故當學道，……行淨致度也，天人莫不禮）五言十六句八十字《知》。”

按：“⿱⿰目囟心”即“腦”字之訛，“腦”又“惱”字之誤。文獻“憂惱”習見，爲憂愁煩惱之義。《大正藏》“腦”“惱”二字或混誤，東晋瞿曇僧伽提婆譯《增壹阿含經》：“於是比丘堪忍飢寒勤苦風雨蚊虻惡言罵辱，身生痛[29]腦，極爲煩疼。命垂欲斷，便能忍之。若不爾者，便起苦惱。”（T0125v02p0740c）本頁下注29：“腦＝惱《三》《聖》。”“腦”即“惱”字之誤。“腦”或寫作“⿰月悤”（見《龍龕》）、“⿰目悤”（見《可洪音義》v59p641b）等形，“⿱⿰目囟心”當即“⿰目悤”之進一步錯訛。參1314“⿱⿰目囟心”字條。

1328 愈

日本賴寶撰《釋摩訶衍論勘注》：“文。班多伽耶等。《聖法記》云：班多伽耶娑叉提鄔，反云鬼集林。愈末那提，反云怖香。梵檀只多那林，反云聖君山林。陀摩鍵多，反仙香。《記五》云：梵云班多伽耶沙叉提鄔，此云鬼集。愈末那提（愈字音惠），此云怖香。薄福鬼神所集林藪，多諸鄙怖畏之香。梵檀枳多那，此云仙居。陀摩鍵多，此云仙香。諸仙梵志，棲隱林藪，常有上妙芬馥，可意好香（文）。又云：世間衣服本無香氣，如有人至仙居林，衣染好香。如有一人至鬼集林，疏惹惡香。或但一人至二林中，則帶美惡異類氣分（文）。"（T2290v69p0747a）

按：據經文"愈字音惠"，此當是"惠"字形訛。龍樹造、後秦筏提摩多譯《釋摩訶衍論》："次説通釋熏習門。於此門中即有二門。云何爲二？一者比量譬喻善巧門，二者法喻合説安立門。比量譬喻善巧門者，譬如衣服，從本已來亦無芬香，亦無鄙香，一向無氣。而士夫衆入於班多伽耶娑叉提鄔林時，會末耶提以熏習故而有穢香。入於梵檀只多那林時，陀摩鍵多以熏習故而有香氣故。如本如世間衣服實無於香，若人以香而熏習故則有香氣故。法喻合説安立門者，勝義道理亦復如是。"（T1668v32p0635a）此即《釋摩訶衍論勘注》所釋"班多伽耶娑叉提鄔"和"愈末那提"所本。《釋摩訶衍論》與"愈"對應之字作"會"。《卍續藏》唐聖法鈔《釋摩訶衍論記》："班多伽耶娑叉提鄔，反云鬼集林。會末耶提，反云怖香。梵檀尸多那林，反云聖居山林。陀摩鍵多，反云仙香。"（X0770v45p0782a）字亦作"會"。蓋"惠"與"會"音近，譯音或用"惠"字，或用"會"字。《大正藏》"惠"與"會"互爲異文，如唐窺基撰《金剛般若經贊述》："著衣者事衣有三，僧伽梨、欝多羅僧、安陀[13]惠，此中初衣著入王城聚落，次衣處衆説法，次衣可知。"（T1700v33p0127a）本頁下注13："惠=會《原》。""安陀惠"爲所謂"三衣"之一，佛經中多譯作"安陀會"，明如巹續集《緇門警訓》："佛制法衣但三，一曰安陀會，二曰欝多羅僧，三曰僧伽梨。此三法衣定是出家之服，非在家者所披。"（T2023v48p1068b）又譯作"安陀衛""安陀羅婆沙必"，佚名《翻梵語》："安陀衛，應云安陀羅婆沙必，譯曰裏衣。"（T2130v54p1051b）"惠""會""衛"皆同一梵文的不同譯音用字。

1329 惀

佚名《大佛頂如來放光悉怛多般怛羅大神力都攝一切呪王陀羅尼經大威德最勝金輪三昧呪品》："大佛頂灌頂印，平身並腳，以右手向脾上垂，以左手頭指、無名指、小指、大指總屈，中指直立當額眉間，指甲惀之，若人作法。"（T0947v19p0182c）

按："惀"即"捻"字之訛。《集韻·屑韻》乃結切："捻、敜，按也。或从攴。""捻"有按義。"中指直立當額眉間，指甲捻之"，"捻"即按義，指用中指的指甲按兩眉之間。"捻"或作"惀"者，"扌"旁訛作"忄"旁，"念"旁訛作"命"旁也。"扌"旁訛作"忄"旁多見。三國吴支謙譯《撰集百緣經》："時彼城中有一長者，名曰含香。財寶無量，不可稱計。禀性賢柔，敬信三寶。每自思惟：我今此身，及諸財寶，虚僞非真，如水中月，如熱時炎，不可久保。作是[48]念已，往詣佛所。”（T0200v04p0214c）本頁下注 48：“念＝命《元》。”“命”即“念”字之訛。

1330 悴

西晉竺法護譯《正法華經》：“菩薩大士不[18]嫪家居宗室親屬。”（T0263v09p0107c）本頁下注 18：“嫪＝悴《宋》《宮》。”

按：“悴”與“嫪”爲版本異文，“悴”即“恈”字之訛，“恈”又“嫪”之異構字。參張涌泉《漢語俗字叢考》（修訂本）“恈”字條（p289）。唐玄應撰《一切經音義》（麗藏本）卷七《正法花經》第五卷：“不嫪，力報反。《通俗文》：‘意吝曰嫪。’《説文》：‘嫪，婟也。’謂戀不能去也。”（p95a）“嫪”爲愛惜義，與文意合。西晉竺法護譯《佛説過去世佛分衛經》：“不可戀[11]嫪恩愛之故違我本心。”（T0180v03p0452a）本頁下注 11：“嫪＝恈《三》，嫪+（簄到反）夾註《聖》《聖乙》。”西晉竺法護譯《漸備一切智德經》：“衆生悉爲貪樂所縛，無數苦痛愁慼之惱，多所志慕，憎愛所結，合會别離，而相戀[15]嫪，無明所蔽，受在三界。”（T0285v10p0467a）本頁下注 15：“嫪＝恈《三》《宮》。”“恈”皆同“嫪”。“恈”或作“悴”者，唐法藏撰《華嚴經文義綱目》：“是故創於蓮花藏界演無盡之玄綱，[13]窂籠上達之流控引靈津之表。”（T1734v35p0492c）本頁下注 13：“窂＝牢《甲》。”“窂”即“牢”字之訛，故“恈”訛作“悴”。

1331 恛

唐道宣撰《廣弘明集》：“僧等翹注，莫敢披陳，情用[15]恛惶，輒此投訴。”（T2103v52p0290c）本頁下注 15：“恛＝迴《三》《宮》。”

按：四庫本“恛惶”作“迴惶”。“迴惶”或作“回惶”“徊徨”等，文獻多見，義爲惶惑而恐懼。《大正藏》“迴”作“恛”，乃因“迴”與“惶”連用而誤加“忄”旁，此亦字形同化之例。《敦煌變文集·大目乾連冥間救母變文》：“長者聞語意以悲，心裏迴惶出語遲。”又《歡喜國王緣》：“説了夫人及大王，兩情相顧又迴惶。”唐彦琮纂録《集沙門不應拜俗等事》：“僧等翹注，莫敢披陳，情用迴惶，輒此投訴。”（T2108v52p0473b）“迴惶”的用法皆同。

1332 㤰

北宋道原纂《景德傳燈録》:“雪峯異日又問:‘一槌便成時如何?’師曰;‘不是性[3]㤰(蘇到切)漢。’雪峯曰:‘不假一槌時如何?’師曰:‘漆桶。’”(T2076v51p0319b)本頁下注3:“㤰=懆《明》。”

按:“㤰”即“懆”字之訛。性懆,即性格急躁之意,一般多指莽漢所爲。經文常用於此。日本一絲文守語《定慧明光佛頂國師語録》:“一翳在眼空花亂墜,其僧於言下大悟。看他性懆漢一撥便轉放捨身命,如何是佛?”(T2565v81p0151a)“性懆”,經文亦作“性燥”。日本夢窻疎石語《夢窓國師語録》:“進云:‘者裏若有性燥漢直下山去,和尚還肯他也無?’師云:‘腦後見腮,莫與往來。’”(T2555v80p0453a)

1333 㥔

唐道世撰《法苑珠林》:“於是仰首見天有孔,不覺㥔爾上昇,以頭穿中,兩手博兩邊,四向顧視,見七寶宮殿及諸天人。”(T2122v53p0331a)

按:四庫本與“㥔”對應之字作“倏”。“㥔”即“倏”字之訛。《可洪音義》卷二十九《弘明集》第十三卷:“睒𤍽,上失染反,下失六反。”(v60p543a)南朝梁僧祐撰《弘明集》:“無運睒倏,往矣斯復。”(T2102v52p0090c)“𤍽”乃“倏”誤增“灬”旁,“㥔”又“𤍽”字之訛。唐義淨述《略明般若末後一頌讚述》:“喻電。以電喻現,㥔忽便亡。”(T1817v40p0783c)“㥔”亦“倏”字之訛。《廣韻·屋韻》式竹切:“㥔,疾也。”“㥔”亦“倏”字之訛。《説文·犬部》:“倏,走也。”清錢坫《説文斠詮·犬部》“倏”字注:“《蜀都賦》:‘鷹犬倏睞。’今俗謂走疾謂倏。”《廣韻·屋韻》式竹切:“倏,倏忽,犬走疾也。”余迺永《新校互註宋本廣韻》(定稿本):“焂,切三、王二、唐韻誤从‘火’。王一、全王从犬、攸聲,合説文。”(p456)“倏”即“倏”字之訛。

《漢語大字典》:“㥔,同‘儵’。《集韻·屋韻》:‘儵,《説文》:“疾也,長也。”或作㥔。’”(二p2499a)“㥔”當爲“倏”字之訛,《集韻》誤以“㥔”爲“儵”之或體,《大字典》承《集韻》之誤。

1334 㦄

唐菩提流志譯《不空羂索神變真言經》:“華鬘真言:唵跛(二合)囉縛囉

（一）補謚𢚉惹野（二）莎縛訶（三）。”（T1092v20p0329b）

按：“𢚉”即“㥪”字之書寫變異。林光明《新編大藏全咒》卷三《不空羂索神變真言經》“華鬘真言”中“𢚉”作“㥪”，梵文羅馬轉寫作“pe”（v3p77）。唐慧琳撰《一切經音義》卷四十《十一面觀自在菩薩心密言儀軌建立道場經》下卷：“俱𢚉，補迷反。”（T2128v54p0569a）“𢚉”亦“㥪”字之書寫變異。

1335 㪻

唐窺基撰《妙法蓮華經玄贊》：“示己身者，現爲釋迦身自出世，勝鬘世勝鬘遙請佛現空等。示他身者，現爲毘[7]鉢尸佛出現，世間開塔現多寶佛等。”（T1723v34p0830a）本頁下注 7：“鉢＝㪻《聖》。”

按：“㪻”與“鉢”爲版本異文，“㪻”即“鉢”字之訛。鄭賢章《漢文佛典疑難俗字彙釋與研究》已有考證（p58）。北魏慧覺譯《賢愚經》：“時世有佛，號[33]毘鉢尸。”（T0202v04p0385a）本頁下注 33：“毘鉢尸＝毘婆尸《三》。”東晉佛陀跋陀羅譯《佛説觀佛三昧海經》：“毘婆尸佛，吉祥中尊，亦放光明。”（T0643v15p0677c）後秦佛陀耶舍、竺佛念譯《長阿含經》：“過九十一劫，有毘婆尸佛。”（T0001v01p0001c）唐慧琳撰《一切經音義》：“毘鉢尸，或云毘婆尸，梵語，前刧中佛名也，唐云勝觀也，或云微鉢尸。”（T2128v54p0421b）“毘鉢尸”與“毘婆尸”爲同一梵文詞的譯音形式。“鉢”或作“㪻”者，“金”旁訛作“念”旁也。南朝宋功德直譯《菩薩念佛三昧經》：“[1]念色非如來，四陰亦如是。”（T0414v13p0818a）本頁下注 1：“念＝金《宮》。”隋闍那崛多譯《五千五百佛名神呪除障滅罪經》：“南無[1]念幢王功德如來。”（T0443 v14p0321a）本頁下注 1：“念＝金《三》《宮》。”北魏菩提流支譯《佛説佛名經》：“南無金幢王佛。”（T0440v14p0142a）唐實叉難陀譯《大方廣佛華嚴經》：“從此後次第，復有十佛出。第一願海光，第二金剛身，第三須彌德，第四念幢王，第五功德慧，第六智慧燈，第七光明幢，第八廣大智，第九法界智，第十法海智。”（T0279v10p0383c）唐般若譯《大方廣佛華嚴經》：“此後次第有十佛，相續出興於世間。初佛願海吉祥燈，二佛吉祥金剛山，第三堅固須彌德，第四佛名念幢王，第五如來法智尊，第六佛名般若燈，第七佛號德光幢，第八佛名廣大智，第九智行法界門，第十法海智吉祥。”（T0293v10p0754c）“金”皆“念”字之訛，可比勘。

1336 㥪

東晉竺佛念譯《菩薩從兜術天降神母胎説廣普經》：“其後數月，母復懷娠，具滿十月，生一男兒，端正姝妙，世之希有。晝生夜死，父母號哭，[16]椎胸向天，山神樹神，何不憐我。”（T0384v12p1043c）本頁下注 16：“推胸＝稱惚《知》。”

按：據文意，“惚”即“怨”之累增字。“稱怨”佛經常見。南朝宋求那跋陀羅譯《雜阿含經》：“愚癡無聞凡夫，於此身生諸受，苦痛逼迫，或惱或死，憂悲稱怨，啼哭號呼，心亂發狂，長淪没溺，無止息處。”（T0099v02p0119c）“稱怨”和“椎胸”義皆可通。又“推胸”爲“椎胸”之訛，其中“椎”訛作“推”，“木”“扌”二旁形近訛混。南宋釋寶雲譯《佛本行經》：“[10]椎胸向天嘷，嘆佛德無量。”（T0193v04p0111b）本頁下注 10：“椎＝推《三》。”唐義淨譯《佛爲勝光天子説王法經》：“父母妻子及以國人，咸共悲號，推胸懊惱。”（T0593v15p0126c）“推”皆“椎”字之訛。

1337 ⿰氵⿱舌心

佚名《陀羅尼雜集》：“若其四衆爲佛道故，應淨洗浴，著新淨衣，敷種種淨坐於阿練若處，離鬧，無貪瞋恚煩惱[17]歇，又離憍慢嫉妬之心。”（T1336v21p0599b）本頁下注 17：“歇＝⿰氵⿱舌心《宋》，〔歇〕－《元》《明》。”

按：同上經：“若其四衆爲求佛道故，應淨心洗浴，著新淨衣，敷種種淨座於阿練若處，離憒閙人，無貪瞋恚煩惱汚心，又離憍慢嫉妬之心。”（T1336v21p0617c）與“⿰氵⿱舌心”“歇”對應之字作“汚心”，“⿰氵⿱舌心”即“汚心”二字誤合之訛。

1338 ⿰忄盈

唐三昧蘇嚩羅譯《千光眼觀自在菩薩祕密法經》：“真言曰：（十九）唵嚩日羅（二合）達磨（一）顊羅鉢納麽（青蓮）嗢蘖跢（生）勃馱尾灑[7]⿰忄盈（佛[8]同）娑嚩賀（引）。”（T1065v20p0123a）本頁下注 7：“⿰忄盈＝鹽[カ]《原》。”注 8：“同＝國《甲》。”

按：“⿰忄盈”即“鹽”字之訛。唐法全撰《大毘盧遮那成佛神變加持經蓮華胎藏悲生曼荼羅廣大成就儀軌供養方便會》：“真言曰：唵（一）訖哩妬嚩（二合。二）薩嚩薩怛嚩（二合）囉他（二合。三）悉地捺哆（引。四）野他（引）努誐（引。五）蘖車特梵（二合。六）没馱尾灑鹽（七）布曩囉誐摩曩野覩（八）唵鉢娜麽（二合）薩怛嚩（二合）穆（九）。”（T0852v18p0127a）“勃馱尾灑⿰忄盈”與“没馱尾灑鹽”同，皆佛國之義。唐義淨撰《梵語千字文》：“𑖪𑖰𑖬𑖧，尾灑也，國。”（T2133Bv54p1206c）日本心覺撰《多羅葉記》：“國，𑖪𑖰𑖬𑖧，尾灑也。”（T2707v84p0633b）日本淨嚴撰《悉曇三密鈔》：“𑖧𑖽，閻、琰、炎、焰、演、延、鹽、衍。”（T2710v84p0746a）“尾灑鹽”與“尾灑也”皆“國”義，“也”爲“𑖧（ya）”的譯音字，“鹽”爲“𑖧𑖽（yaṃ）”的譯音字。“鹽”或作

“塩”，“慍”即“塩”字之訛。唐法寶撰《俱舍論疏》：“如[20]鹽性方。”（T1822v41p0477c）本頁下注20：“鹽＝塭《乙》。”唐禮言集《梵語雜名》：“[55]鹽，路拏，[illegible]。[57]鹽，羅嚩拏，[illegible]。”（T2135v54p1231c）本頁下注55：“鹽＝愊《甲》。”注57：“鹽＝塭《甲》。”“塭”“塭”“愊”皆“塩”之訛，乃“土”旁訛作“忄”旁之例。參1346“愊”字條。

1339 㣻

日本照遠撰《資行鈔》：“撏（㣻林反，取也）。”（T2248v62p0638c）

按：“㣻”即“徐”字之訛。“㣻”從“心”，爲贅增的偏旁。《玉篇·手部》：“撏，徐林切，取也。”《廣韻》《集韻》“撏”之切上字亦皆作“徐”。

1340 㥈

唐金剛智譯《吽迦陀野儀軌》：“圓法世界，即毘沙門王及二天[3]㤖怒相應八牙天等也。相應世界，即大日如來釋迦四千不動尊觀音彌勒菩薩等也。”（T1251v21p0235a）本頁下注3：“㥈＝㤖，忿[イ]《原》。”

按：“㥈”即“忿”字之訛。參1323“㤖”字條。

1341 㥒

日本湛慧撰《阿毘達磨俱舍論指要鈔》：“又《婆沙》百十四（十二紙左）云：‘昔健馱羅國迦[7]賦色迦王，有一黄門等。’”（T2250v63p0918c）本頁下注7：“賦＝㥒《甲》。”

按：“㥒”與“賦”爲版本異文，“賦”爲“膩”字之訛，“㥒”爲“𢟪”字之訛，“膩”“𢟪”爲同一梵文的不同譯音用字。五百大阿羅漢造、唐玄奘譯《阿毘達磨大毘婆沙論》：“昔健馱羅國迦膩色迦王，有一黄門恒監内事。”（T1545v27p0593a）此即湛慧所引之原文，與“賦”對應之字作“膩”。唐玄奘、辯機撰《大唐西域記》：“聞諸先志曰：昔健馱邏國迦膩色迦王威被隣國，化洽遠方。”（T2087v51p0873c）季羡林等《大唐西域記校注》：“迦膩色迦王：梵名Kaniṣka，健馱邏國王。”（p140）“膩”爲“ni”之譯音字，與梵音合。《集韻·至韻》女利切：“𢟪，快性也。”小韻代表字爲“膩”。“𢟪”與“膩”讀音同，故亦可爲“ni”之譯音字。

1342 𢡏

北宋天息災譯《大方廣菩薩藏文殊師利根本儀軌經》："妙吉祥，我今顯説無數之數，乃至唯佛如來智所知量，我今具説。數始之一，自一至十，乃至二十、三十，次四十、五十，次六十、七十、八十、九十，直至滿百。妙吉祥，百數滿已，十十説之，十百爲千，十千爲摩庾多，……具囉爲捺囉𢡏（[37]切身），捺囉𢡏爲儞𢡏（切身）鉢多。"（T1191v20p0901a）本頁下注 37："切身 = 惹也切《明》。"

按：據文意，"捺囉𢡏"爲梵語數詞的音譯，"𢡏"爲由"惹"與"也"組成的切身字。日本淨嚴撰《悉曇三密鈔》："𑖕𑖿𑖧，爾耶（佛頂）、捨（消災軌）、惹野（北斗）。"（T2710v84p0751a）"𢡏"即"𑖕𑖿𑖧（jya）"的譯音專字。

1343 慲

日本長宴記《四十帖決》："一是滅惡趣菩薩護摩也，説即用特慲左難之呪，諸尊皆入滅惡趣菩薩三摩地。如金剛界降三世尊，同入降三世三摩地。"（T2408v75p0923b）

按："慲"蓋即"憎"字之訛。日本杲寶撰《大日經疏演奥鈔》："第十釋真言特憎娑難句曰：如上總句是破碎義也，如人手執物擊物令破。（二十四左）真言句義其已如此，印契表幟亦當爾也。真言等者，釋彼真言曰等也。𑖀阿𑖥𑖿𑖧𑖲驃（波廋切）𑖟𑖿𑖠駄𑖨羅𑖜𑖰拏𑖭薩𑖝𑖿𑖪埵𑖠𑖯駄𑖝𑖲都。光云：青玄二軌歸命句次加'特憎娑難'四字。"（T2216v59p0463a）與"慲"對應之字作"憎"。日本淨嚴撰《悉曇三密鈔》："𑖦𑖽，鋡、瞞、曼、鏝、滿、縵、漫、憎、𩡖（切身。慈氏）、芒、𪏰（佛頂）、摩含（二合。略出經）。"（T2710v84p0745c）"憎"爲"𑖦𑖽（maṃ）"之譯音字。唐善無畏譯《童子經念誦法》："次説勸請十五鬼神呪曰：南摩三曼多勃馱喃（一）耽令令闍微枳履儞弭履訶娑難羅娑難特憣娑難繣莎呵。"（T1028Bv19p0743b）"憣"亦"憎"字之訛。參 1362"憣"字條。

1344 憎

後秦鳩摩羅什譯《大樹緊那羅王所問經》："菩薩無厭成就四法莊嚴於禪。何等四？無諸閙亂，無有放逸，無有[8]慳慢，不捨調伏心，是爲四。"（T0625v15 p0369b）本頁下注 8：“慳慢=瞪慒《宋》《宮》《聖》，瞢瞢《元》《明》。”

按：“瞪慒”與“瞢瞢”“慳慢”爲版本異文，“慒”即“懵”字之訛。唐慧琳撰《一切經音義》卷三十《大樹緊那羅王所問經》第一卷：“憕懵，上鄧經反，下墨崩反，《考聲》云：‘精神不爽也。’《字書》：‘惛昧也。’《經》中或作‘瞪瞢’，亦通。有作‘慳慢’，非。”（T2128v54p0505c）慧琳釋作“憕懵”，“懜”爲“懵”之異寫。

1345 㥶

元念常集《佛祖歷代通載》：“近聞尚藥呂奉御，以常人之資，竊衆師之説，造因明圖，釋宗因義，不能精悟，好起異端，苟覓聲譽，妄爲穿鑿，排衆德之正説，任我慢之[5]㥶心。”（T2036v49p0577b）本頁下注 5：“㥶，補典。”

按：據文意，“㥶”乃“惼”字之書寫變異，“惼”又“偏”字之訛，“偏心”與“正説”相對，謂不正之心。唐慧立本《大唐大慈恩寺三藏法師傳》：“排衆德之正説，任我慢之[22]偏心。”本頁下注 22：“偏=褊《三》《宮》《甲》。”天親造、北魏菩提流支譯《十地經論》：“論曰：何故觀察十方？示無我慢無偏心故。”字皆作“偏心”。《廣韻・銑韻》方典切：“惼，愜惼，性狹。”《莊子・山木》：“方舟而濟於河，有虚船來觸舟，雖有惼心之人，不怒。”唐成玄英疏：“褊，狹急也。”“惼心”爲心地狹隘急躁之義，與經意不合。《集韻・銑韻》補典切：“惼，狹意。”“惼”讀“補典切”，注文之“㥶補典”中“補典”爲反切注音，乃“惼”字之音，與文意不合。注者不明文意，亦不知“惼”爲“偏”字之訛，此蓋受後字“心”的影響而訛。

1346 愊

唐禮言集《梵語雜名》：“[55]鹽，路拏，。[57]鹽，羅嚩拏，。”（T2135v54p1231c）本頁下注 55：“鹽=愊《甲》。”注 57：“鹽=塭《甲》。”

按：“愊”“塭”與“鹽”爲版本異文，兩字皆“鹽”字之訛。“鹽”或作“壏”，可以分析爲從土鹽省聲，“壏”又省作“塩”，“塩”又訛作“埴”（見《可洪音義》v59p723a）、“塭”（亦見於《可洪音義》v59p1070b）。唐法寶撰《俱舍論疏》：“如[20]鹽性方，縱散成水後還方故。”（T1822v41p0477c）本頁下注 20：“鹽=塭《乙》。”“愊”即“埴”“塭”“塭”之進一步形訛。參 0243“塭”字條。

1347 憁

失譯《舍衛國王夢見十事經》："我夢如是覺即怖憁，恐亡我國，恐亡我子，恐亡我國中人民。"（T0146v02p0871b）

按："憁"即"懅"字之訛。《廣雅·釋訓》："瀏沭，怖懅也。""怖懅"爲同義並列複合詞，文獻常見，恐懼、害怕之義。西晋聖堅譯《佛說睒子經》："時王怖懅大自悔責，本射衆鹿誤相中傷，射殺道人其罪甚重，坐貪少肉而受此殃，願以珍寶以救子命。時王便前欲拔出箭，箭深不出，百鳥禽獸四面雲集，皆大號呼動一山中，王益怖懅，支節皆動。"（T0175v03p0439a）"懅"或作"憁"者，"懅"或寫作"㦜"（見《龍龕》）、"據"或作"擨"（見《可洪音義》v60p332c），"豦"旁皆寫作"𧇾"，與"處"字的異寫同形（清顧藹吉《隸辨》"處"字條引《韓勑碑陰》作"𧆲"，《龍龕手鏡》作"𧇾"），故"懅"或寫作"憁"。東晋佛陀跋陀羅、法顯譯《摩訶僧祇律》："佛告營事比丘，過去世時有比丘，名跋[2]懅，止住林中。時有釋軍多鳥，亦栖集此林。晨暮亂鳴，惱彼比丘。爾時跋[*]懅比丘詣世尊所，頂禮佛足，於一面立。"（T1425v22p0277a）本頁下注2："懅=憁《宋》《元》[*]，據《明》《聖》[*]，處《宮》[*]。""憁"亦"懅"字之訛。鄭賢章《漢文佛典疑難俗字彙釋與研究》："'憁'乃'懅'的換聲旁俗字。"（p269）不可從。

1348 㤄

唐不空譯《觀自在菩薩心真言一印念誦法》："真言曰：唵秫（詩聿反）[11]弟耨戌（引）馱曩（引）野娑嚩（二合，引）賀（引）。"（T1041v20p0032a）本頁下注11："弟=㤄《甲》。"

按："㤄"與"弟"爲版本異文，"㤄"即"悌"的異構字，"弟""悌""㤄"皆"（ddhe）"的譯音字。唐禮言集《梵語雜名》："快，素悌，。"（T2135v54p1226b）又："緩，尾娑悌（引），。"（T2135v54p1227b）"悌"又爲"（dhe）"的譯音字，可比勘。

1349 㦯

唐金剛智譯《吽迦陀野儀軌》："即真言曰：曩謨三滿多菩馱南（一）唵

（二）欠⿰氵感藍鏤阿娑婆訶（引）。”（T1251v21p0237b）

按：“⿰氵感”即“感”字之訛。鄭賢章《漢文佛典疑難俗字彙釋與研究》已有考證（p270）。唐元康撰《肇論疏》：“‘[3]感寄之誠日月銘至’者，感遠法師之思，寄在佛法之中，至誠明顯，如日月也。”（T1859v45p0182b）本頁下注3：“感＝⿰氵感《聖》。”“⿰氵感”與“感”爲版本異文。東晋僧肇作《肇論》：“弟子既以遂宿心，而覩玆上軌，感寄之誠，日月銘至。”（T1858v45 p0155a）《肇論》本作“感”，“⿰氵感”即“感”字之訛。清顧藹吉《隸辨・感韻》：“⿰氵感，《唐扶頌》：‘～赤龍生堯。’按：《説文》‘感’從咸，碑變加‘氵’。”隸書“感”或寫作“⿰氵感”，可比勘。

1350 ⿰忄啇

日本靜然撰《行林抄》：“熾盛光法云：請召十二宮天神真言曰：娜莫〇喃（一）仡羅糸（引）涅嚩（二合）哩野（三）鉢羅（二合）鉢外（二合）孺窒（丁逸反）哩麽野（四）⿰忄啇計（引）吽祚娑嚩（二合）賀（引）。”（T2409v76 p0462c）

按：同上經：“用一切執曜印真言，亦名九執印真言（云云）：唵仡羅（二合）係（引）濕嚩（二合）哩（引）野（二）鉢羅（二合）鉢多（二合）孺窒（丁逸反）哩麽（二合，引）野（四）摘計吽（引）拃娑嚩（二合）賀（引。有上歸）。”（T2409v76p0087b）佚名《大聖妙吉祥菩薩説除災教令法輪》：“請召十二宮天神真言曰：[illegible]，娜莫三曼多没馱喃（一）唵仡囉（二合）系（引）濕嚩（二合）哩（引）野（二）鉢囉（二合）鉢多孺[11]室（丁逸反）哩麽（二合，引）野（四）擿計吽（引）[13]柞娑嚩（二合，引）賀（引。五）。”（T0966v19p0346b）本頁下注11：“室＝窒《乙》。”注13：“柞＝祚《乙》。”與“⿰忄啇”對應之字作“摘”與“擿”。日本淨嚴撰《悉曇三密鈔》：“[illegible]，擿（金峯）。”（T2710v84p0743b）“擿”“摘”皆“[illegible]（ṭa）”之譯音字。“⿰忄啇”即“摘”之訛。“扌”旁訛作“忄”旁，“啇”旁訛作“商”旁皆習見。

1351 ⿱推心

失譯《大愛道比丘尼經》：“佛言：女人八十四態者，迷惑於人使不得道。何等爲八十四態？女人憙摩眉目自莊，是爲一態。……女人憙[21]惟怒蹲踞無禮自謂是法，是六十二態。女人憙醜言惡語不避親屬，是六十三態。”（T1478v24p0954a-c）本頁下注21：“惟＝恚《三》，⿱推心《宮》。”

按："㥠"與"惟""恚"爲版本異文。"恚怒"文獻習見，"惟"爲"恚"字異體"恈"字之訛，明趙宧光《説文長箋·心部》："恚，恈同。"明張自烈《正字通·心部》："恚，或作恈。""㥠"蓋"恚"字之訛。

1352 㤉

西晉竺法護譯《佛説大淨法門經》："勇猛精進，無所[12]㤉難，譬如怯人求於救者，如此之類不爲勇猛。"（T0817v17p0819c）本頁下注 12："㤉＝忌《三》《宮》。"

按："㤉"與"忌"爲版本異文，"㤉"爲"惡"之分化字。《吕氏春秋·振亂》："凡人之所以惡爲無道不義者，爲其罰也。"東漢高誘注："惡猶畏。"《韓非子·八説》："使人不衣不食，而不饑不寒，又不惡死，則無事上之意。""惡"有畏懼義，"惡難"即畏懼困難之義。"忌"有顧忌義，"惡難"與"忌難"義近。"惡"之本義爲罪過，引申有憎恨、畏懼等動詞義，讀音亦由入聲改讀去聲，此乃語義變化推動讀音的變化，進而造成詞的孳乳。憎恨、畏懼都屬心理範疇，故在字形上也在"惡"的基礎上增加"忄"旁造"㤉"字，詞的孳乳又推動了字的分化。但是，"㤉"並未通行，蓋由入、去兩讀的"惡"一讀爲形容詞，一讀爲動詞，處互補分佈，一般不會出現在相同語境，對書面上區分的要求不迫切。

西晉竺法護譯《佛説當來變經》："得美不甘，得麁不[49]惡。"（T0395v12p1118b）本頁下注 49："惡＝㤉《宋》《宮》。"《可洪音義》卷十六《四分律》第五十四卷："㤉之，上烏故反，嫌也。"（v60p41c）東晉佛陀耶舍、竺佛念譯《四分律》："諸比丘見惡之。"（T1428v22p0960c）此形在《可洪音義》中多見，當時應該有一定的使用度。

1353 㤅

日本信瑞纂《淨土三部經音義集》："憎愛，《廣韻》曰：憎，疾也。作滕反。受，憐也。古文作'㤅'，《説文》作'㤅'，同，烏代反。"（T2207v57p0403a）

按：《廣韻·代韻》烏代切："愛，憐也。《説文》作'㤅，行皃'。"《説文·心部》："㤅，惠也。从心，旡聲。㤅，古文。"大徐音"烏代切"。段注："許君惠㤅字作此，'㤅'爲行皃。"信瑞文中"受"爲"愛"字之訛，"《説文》作'㤅'"之"㤅"爲"㤅"字之訛，"㤅"爲"㤅"字之訛。

1354 慹

失譯《薩婆多毘尼毘婆沙》："其真言圓備，尚藴成都。智首乃託[1]卭僰行人，井絡良信，經涉三周，所願方果。"（T1440v23p0559a）本頁下注1："卭僰＝印慹蒲比反《宋》《元》，上註中蒲比反之三字宋本元本作夾註。"

按："印慹"與"卭僰"爲版本異文，"慹"爲"僰"字之訛，"印"爲"卭"字之訛。唐道宣撰《續高僧傳》："帝以通道明機務須揚選，乃勅往巴蜀搜擧藝能，屬隋運告終寓居[17]卭僰。"（T2060v50p0534c）本頁下注17："卭＝印《宫》。"唐慧琳撰《一切經音義》卷九十三《續高僧傳》第十四卷："邛僰，上共恭反。《漢書》蜀郡有卭縣。《説文》：'從邑，工聲。'下朋北反。《聲類》云：'僰者，羗之别種。'《説文》：'棘［僰］，捷［犍］爲蠻夷。從人，棘聲也。'"（T2128v54v0893c）"僰"亦"僰"字之訛。

1355 㥾

元智徹述《禪宗決疑集》："余初居學地，歷事多艱，微細推窮，無深趣向。壯年㥾強作事，不讓庸人，勇猛功夫究竟難爲。"（T2021v48p1009c）

按："㥾"即"勥"之異構字"懅"字之訛，"勥強"即倔強之義。《説文·力部》："勥，勥也。从力，強聲。"《玉篇·力部》："勥，渠月切。《説文》曰：'強力也。'"《廣韻·月韻》居月切："勥，强力。"金韓道昭《五音集韻·月韻》居月切："勥，强力。"清段玉裁《説文解字注》據《玉篇》《廣韻》改"勥"的釋義爲"彊力也"，注曰："'彊力'，各本作'勥力'，非，今依《玉篇》《廣韻》正。俗語勥彊，彊讀去聲。"段説不可從。《廣雅·釋詁一》："勥，强也。"清王念孫疏證："此條'強'字有二義：一爲剛強之強，《説文》作'彊'，云'弓有力也'。一爲勉強之強，《説文》作'勥'，云'迫也'。《集韻》《類篇》引《廣雅》並作'勥'，'強''勥''彊'古多通用。……'勥'者，《説文》：'勥，勥也。'《漢書·陸賈傳》：'屈強於此。'唐顔師古注云：'屈強，謂不柔服也。''屈'與'勥'古同聲。"《集韻·月韻》居月切："勥，勥也。"同小韻："勥、懅，《説文》：'勥也。'或从心。亦書作'勥'。"《集韻》引《説文》作"勥"。清王筠《説文句讀》："《玉篇》《廣韻》並引作'強力也'，乃'勥'字罕見，誤分爲二也。""勥"有"勥"義當無可疑。《玉篇·心部》："懅，巨月切。强也，直也，或作勥。""懅"爲"勥"改换形旁的異構字。"㥾"乃"懅"字之訛。

1356 㥦

東晉竺佛念譯《出曜經》："多結怨讎，禍患流溢，實無過[1]咎，怨者何望。"（T0212v04p0695a）本頁下注 1："咎＝㥦《宋》，隙《元》《明》。"

按："㥦"與"隙""咎"爲版本異文，"㥦"即"隙"之分化字。"過隙"與"過咎"義近。同上經："'賢者觀其惡，乃至賢不熟'者，賢人守戒，衆德具足，多聞辯慧，言無缺漏，出言柔和，常行真誠，行四等心，慈愍一切，見小過隙，便懷恐懼，況當造無擇之罪，是故說曰：賢者觀其惡乃至賢不熟也。"（T0212v04p0745b）無著造、唐玄奘譯《顯揚聖教論》："若有依五論莊嚴相興言論者，當知復有二十七種稱讚功德。何等名爲二十七種？一衆所敬重，二言必信受，三於大衆中轉加無畏，四於他所宗深知過隙。"（T1602v31p0534b）唐玄應撰《一切經音義》（麗藏本）卷二十三《顯揚聖教論》第十一卷："過㥦，丘逆反。《說文》：'壁際孔也。'字從白，上下小也。"（p307b）宛委別藏本作"隙"（p719）。"過隙"皆過錯義，"過"有過失義，"隙"有漏洞、缺欠義，兩字義近，爲近義並列複合詞。"過隙"與"過咎"義近。《漢語大詞典》"過隙"一詞只收"喻時間短暫，光陰易逝"一義，未收過錯義，當補。

"隙"或作"㥦"者，蓋由過錯與心理相關而改從"忄"旁。後秦佛陀耶舍、竺佛念譯《長阿含經》："無有缺漏，無諸瑕[14]隙，亦無點汚。"本頁下注 14："隙＝郄《聖》。"《出曜經》："或以智陵人，彼人不信伏受，或說種類所出卑賤，用作嫌[13]㤆。"本頁下注 13："㤆＝隙《三》。"（T0212v04p0663b）又："護口惡行者何以故說？自知內過，知他人過，故名曰惡行。若已瞋恚，發口罵詈，虛生過[11]㤆，使數千萬衆皆生惡念而不自覺，亦復不知，後受惡報，咸共懷瞋恚，彼罵者後入地獄餓鬼畜生受苦無量。"（T0212v04p0660c）本頁下注 11："㤆＝咎《三》。""郄"爲"郤"的書寫變異，在過隙、嫌隙的意義上，"郤"爲"隙"的借字，"郤"寫作"郄"，"郄"又改從"忄"旁而變作"㤆"。此與"隙"變作"㥦"同例。

1357 愴

日本英憲撰《俱舍論頌疏抄》："愛憐名慈，惻愴曰悲，慶悅名喜，亡懷稱捨。"（T2254v64p0772b）

按：隋慧遠述《大乘義章》："謂慈悲喜捨：愛憐名慈，惻愴曰悲，慶悅名喜，亡懷名捨。"與"愴"對應之字作"愴"，"愴"同"愴"。《說文·心部》："愴，傷也。""愴"即"愴"之異構字。"惻愴"爲悲傷義，乃同義並列複合詞。

“愴”可以理解爲“愴”替換聲符的異構字，也可以理解爲受“惻”的影響產生的字形同化之字。

1358 懱

唐玄奘譯《不空羂索神呪心經》：“然沈麝等不作是念，彼[5]陵蔑我不與其香，而性自然恒作香事，此神呪心亦復如是。”（T1094v20p0403a）本頁下注5：“陵蔑=凌懱《明》，凌蔑《甲》。”

按：“懱”與“蔑”爲版本異文，“懱”即“懱”之異寫，“懱”又“蔑”之加旁分化字。《説文·苜部》：“蔑，勞目無精也。”《説文·心部》：“懱，輕易也。从心，蔑聲。《商書》曰：‘以相陵懱。’”清段玉裁注：“懱者，輕易人蔑視之也。”清徐灝《説文解字注箋》：“蔑、懱古今字。”唐慧琳撰《一切經音義》：“淩懱，力昇反，下又作‘僁’，同，莫結反。《蒼頡篇》：‘淩，侵犯也。’《説文》：‘懱，相輕傷也。’”（T2128v54p0763c）“蔑”有輕視、看不起之意，與心相關，故或加“忄”旁。

1359 懞

元念常集《佛祖歷代通載》：“其理之所存，教之所急，或易置之，或引伸之；其義之迂，其辭之鄙，或薙除之，或潤色之。大凡浮疎之患，十愈其九；廣略之宜，三存其一，於是袪鄙滯，導[3]蒙童。貽諸他人則吾豈敢？”（T2036v49p0608a）本頁下注3：“蒙童=懞懂《甲》。”

按：“懞”與“蒙”爲版本異文，“懞”即“懞”的異寫字。隋智顗述《修習止觀坐禪法要》作“道蒙童”（T1915v46p0475a）。“蒙童”本指知識未開的兒童，經中指知識未開之人，蓋爲引申之義。疑刻經者不解“蒙童”之義，臆改作“懞懂”。“懞懂”有迷糊、糊塗之義，與文意不合。教育引導的對象應該是知識未開之人，而非迷迷糊糊、糊裏糊塗的人。

唐慧琳撰《一切經音義》卷十七《善住意天子經》下卷：“㦝鈍，上蒙孔反。《考聲》云：‘㦝，猶不慧也。從心，冡聲。’冡字從勹、豕，《經》作‘蒙’，或作‘懞’，並俗字也。”（T2128v54p0411a）唐慧苑撰《新譯大方廣佛花嚴經音義》：“習童蒙法，《易》稱蒙卦者，謂來求我，非我求蒙。蒙者，懞也。韓康注云：‘蒙昧幼小之蒙。’又《玉篇》曰：‘童幼迷昏也。’《廣雅》曰：‘童，癡也。’鄭玄注《周禮》：‘蒙，冒也。’《毛詩傳》曰：‘蒙，覆也。’言童幼之心愚昧，所爲惛謬，如以物覆蔽也。”（T2128v54p0448b）“懞”皆“懞”之異寫。

1360 㦟

唐窺基撰《妙法蓮華經玄賛》:"《經》'莊挍嚴飾'至'處處垂下'。賛曰:……初有九嚴,此中有六:一、總嚴,二、欄楯,三、珮鐸,四、交絡,五、[9]鬘蓋,真珠羅網是也。施音式枝反。六、華纓,以金華飾纓,故名金華諸瓔,更非別物。"(T1723v34p0762c)本頁下注9:"鬘=㦟《甲》,𢤱《甲》。"

按:"㦟"與"鬘""𢤱"爲版本異文,"㦟"即"𢤱"字之訛。後秦鳩摩羅什譯《妙法蓮華經》:"莊校嚴飾,周匝欄楯。四面懸鈴,金繩交絡。真珠羅網,張施其上。金華諸瓔,處處垂下。"(T0262v09p0014c)此即窺基所釋之經文,"總嚴"對應"莊校嚴飾","欄楯"對應"周匝欄楯","珮鐸"對應"四面懸鈴","交絡"對應"金繩交絡","鬘蓋"對應"真珠羅網","華纓"對應"金華諸瓔"。細審文意,經中描寫各種勝美的裝飾,"鬘蓋"義爲用纓絡裝飾的覆蓋物,即"真珠羅網",用珍珠裝飾的寶網。字當以"鬘"字爲正。唐玄應撰《一切經音義》(麗藏本)卷一《大方廣佛華嚴經》第一卷:"華[鬘的異體字],梵言俱蘇摩,此譯云華;摩羅,此譯云[鬘的異體字],音蠻。案,西國結[鬘的異體字]師多用蘇摩那華行列結之,以爲條貫,無問男女貴賤,皆此莊嚴,或首或身,以爲飾好。則諸經中有'華[鬘的異體字]''市天[鬘的異體字]''寶[鬘的異體字]'等同其事也。字體從髟音所銜反,臱聲。臱音彌然反。《經》文作'[另一異體字]',非體也。"(p1c)宛委別藏本錢坫注曰:"據《說文》當用'鬗'字,亦可通於'鬠'字也。'鬘'非古字,故辨之也。"(p3-4)唐慧琳撰《一切經音義》卷一《大般若波羅蜜多經》第四十九卷:"華鬘,下慢班反,假借字也。本音彌然反,今不取。案,花鬘者,西國人嚴身之具也。梵語云麽羅,麽音莫可反,此譯爲花鬘。五天俗法取草木時,花暈澹成彩,以線貫穿,結爲花鬘,不問貴賤,莊嚴身首以爲飾好,號曰麽羅。《說文》:從髟臱聲也。髟音必姚反,臱音綿。"(T2128v54p0317b)《說文·髟部》:"鬗,髮長也。从髟,㒼聲。讀若蔓。"又:"𩮴,髮皃。从髟,臱聲。讀若宀。"大徐音"莫賢切"。清段玉裁注:"玄應曰:凡鬘皆應作𩮴。"《集韻·桓韻》謨官切:"鬘,髮美皃。"多以"鬘"出自《說文》之"𩮴",義爲髮好貌。此義未見所出。《漢語大字典》:"鬘,美頭髮;頭髮美貌。《集韻·桓韻》:'鬘,髮美皃。'《華嚴經》:'妒羅雲,雲如羅也;妙鬘雲,雲如美人髮也;樓閣雲,雲如樓臺殿閣也。'明夏完淳《與李舒章求寬侯氏書》:'三生雅誼,家慈之鬘雲既脱。'清王士禎《無題戲傚温李體》:'愁妝雲作鬘,巧笑玉爲瑳。'"(二p4825b)據《集韻》設立"美頭髮;頭髮美貌"爲義項,然所引三個例句都值得推敲。

《大字典》所引《華嚴經》爲《大方廣佛華嚴經》的簡稱,據《主要引用書目表》,《大字典》所引《華嚴經》爲民國二年頻伽經舍校勘本之東晉佛陀跋陀羅譯《大方廣佛華嚴經》。經查《大字典》之《大方廣佛華嚴經》,經中無《大字典》所引之文字。唐實叉難陀譯《大方廣佛華嚴經》第二十二卷:"一切寶蓮華雲，一切堅固香雲，一切無邊色華雲，一切種種色妙衣雲，一切無邊清淨栴檀香雲，一切妙莊嚴寶蓋雲，一切燒香雲，一切妙鬘雲，一切清淨莊嚴具雲，皆遍法界，出過諸天，供養之具，供養於佛。”（T0279v10p0118b）唐般若譯《大方廣佛華嚴經》第二十四卷：“出生種種妙鬘雲光明色身。”（T0293v10p0773a）“妙鬘雲”在《華嚴經》中只此兩見。清張英等編《御定淵鑑類函・天部五・雲一》：“《華嚴經》云：‘妒羅雲，雲如羅也；妙鬘雲，雲如美人髮也；樓閣雲，雲如樓臺殿閣也。”此蓋《大字典》所本。明楊慎撰《升菴集》卷七十四《雲名》：“妬羅雲（雲如羅。《華嚴經》）、妙鬘雲（雲如美人髮。《華嚴經》）、樓閣雲（同上。虞邵菴《畫蘭詩》：“手攬華鬘結，化爲樓閣雲。”）。”此又《淵鑑類函》之所本。楊慎上揭雲名取自《華嚴經》，而對諸雲名得名之由的解釋乃出自楊慎本人，非《華嚴經》的内容。楊慎解釋“妙鬘雲”爲如美人髮之雲，蓋受《集韻》的影響，以“鬘”爲美人髮，與“鬘”之原義不合。“妙鬘”佛經習見，隋闍那崛多譯《起世經》：“轉更往詣瓔珞樹下。既到彼已，瓔珞樹枝亦皆垂屈，爲彼諸人流出種種上妙瓔珞，手所擥及。彼人於樹牽取種種瓔珞之具，繫著身已，更轉往詣諸鬘樹下。既到樹已，鬘樹自然爲彼諸人垂枝下曲，流出種種上妙寶鬘，令彼人等手所擥及。便於樹枝取諸妙鬘，繫頭上已，轉更往詣諸器物樹。”（T0024v01p0316a）“妙鬘”即上妙之寶鬘，“妙鬘雲”即像上妙之寶鬘一樣的雲。

第二例，明夏完淳《與李舒章求寬侯氏書》“三生雅誼，家慈之鬘雲既脱”之“鬘雲”指頭髮，但“鬘雲”之“鬘”亦非《大字典》所釋“美頭髮；頭髮美貌”之義。佛經中“鬘雲”與“妙鬘雲”義同，義爲漂亮的雲。“鬘雲”指頭髮當是轉義，字面義爲像漂亮的雲一樣的頭髮。作爲構詞語素的“鬘”仍爲花鬘義，非美髮義。明楊慎撰《升菴集》二十四《七言古詩・紅葉引用李長吉體》：“紅葉羅韈艷長江，苔錢翠膩弓鞋幫。邯鄲步弱西陵遠，蠑蛾欲飛玄的雙。妙鬘雲盤巫螺淺，垂柳梳梳花剪剪。魚尾霞烘殄色天，紫磨金輪月夕圓，衍波遥遞綃宫牋，素女多情愁胖絃。”“妙鬘雲”與“鬘雲”義同，亦指漂亮的頭髮。《漢語大詞典》：“鬘雲，美髮。明夏完淳《與李舒章求寬侯氏書》：‘家慈之鬘雲既脱，四寡共居。’”（v12p753a）“鬘雲”訓美髮，甚是。

《大詞典》“鬘”下釋云：“秀美的頭髮。清屈大均《廣東新語・地語・澳門》：‘〔番人〕所積著西洋貨物，多以婦人貿易；美者寶鬘華褊，五色相錯，然眼亦微碧。’參見‘鬘雲’。”（v12p752b）“寶鬘”亦指頭飾，非秀美頭髮義。“褊”字《大字典》未收，《中華字海・補遺》：“褊，音義待考。”（p1773b）清周天益撰《六書存》：“褊，《廣東新志》：‘賀蘭國舶至閩，其人無事皆細羢大笠，著細紅綢長褊，金紐，連綿至地。’按：‘褊’讀如《詩》‘毳衣如璊’之‘璊’，據其形色，蓋即今之猩猩紅罽衣也。”《説文・毛部》：“𣯌，以毳爲綱，色如虋，故謂之𣯌。虋，禾之赤苗也。从毛，㒼聲。《詩》曰：‘毳衣如𣯌。’”“褊”或即“𣯌”之異體。若此，則“華褊”義爲華麗服裝，於文意可通。

第三例，清王士禛《無題戲傚温李體》“愁妝雲作鬘，巧笑玉爲瑳”之“雲作鬘”描述的“愁妝”，“妝”爲裝飾品，“雲作鬘”乃把雲作爲裝飾品之義，“鬘”亦非美髮義。

又,《大詞典》《大字典》《辭源》(第三版)"鬘"字皆未設立"用作裝飾品的花環"這一義項,當補。上述字詞典均以"纓絡"釋之,此乃引申之義。

"鬘蓋"之"鬘"或作"幰"者,蓋由"鬘"或誤作"幔""慢","幰"乃"幔"字之訛。唐不空譯《金剛頂一切如來真實攝大乘現證大教王經》:"二拳而相合,應以金剛[3]慢。"(T0865v18p0222a)本頁下注3:"慢=鬘《三》。"又:"施有情無畏,堅作金剛[5]鬘。"(T0865v18p0222a)本頁下注5:"鬘=慢《乙》《丙》《丁》。"佚名《金剛頂普賢瑜伽大教王經大樂不空金剛薩埵一切時方成就儀》:"金剛幔居左,意體蓮華黃。"(T1121v20p0522a)唐不空譯《大樂金剛不空真實三麽耶經》:"左手作金剛慢印,右手搊擲本初大金剛,作勇進勢。"(T0243v08p0784b)《嘉興藏》作"慢"。唐般若譯《諸佛境界攝真實經》:"復次觀東南角金剛鬘菩薩,行者作想,我是金剛鬘,我今持此一切花鬘,供養十方諸佛菩薩。作是想已,結金剛拳並著額上,復分兩拳引至腦後,兩拳更互相輪兩遍,每輪一遍作相結想。自作此想,繫縛花鬘,是名金剛鬘印。"(T0868v18p0279a)"金剛鬘"爲金剛做的像花環的裝飾,字以"鬘"爲正,"金剛幔""金剛慢"之"幔""慢"皆"鬘"字之訛。同理,"鬘蓋"亦或訛作"幔"。刻經者不懂"鬘蓋"之義,受"幔"字影響,臆改作"幰蓋"。佛經中"幰蓋"多見,唐地婆訶羅譯《方廣大莊嚴經》:"八萬寶車,幢幡幰蓋,莊嚴微妙,翊從而行。"(T0187v03p0556a)唐慧琳撰《一切經音義》卷七《大般若波羅蜜多經》第五百四十一卷:"幰蓋,上鄉偃反。《釋名》云:'車幰網也,所以禦熱也。'《聲類》云:'車上幰蓋也。'《玉篇》云:'布張車上爲幰。'《説文》闕也。"(T2128v54p0347a)"幰蓋"義同"幰",本指車帷,亦指一般的帷幔,與"鬘蓋"不同。"㦘"則"幰"字之訛。"幰"或寫作"𢙣"(見《可洪音義》v59p1137b)、"㦘"(見《可洪音義》v59p553a)等形,"㦘"即"㦘"字之訛。

唐慧琳撰《一切經音義》卷二《大般若波羅蜜多經》第一百二十七卷:"[5]㦘蓋,軒偃反。《古今正字》云:車*㦘所以禦熱也,張幔網於車上爲*㦘。或作'忏'。《蒼頡篇》作'軒'。從巾,憲聲。"(T2128v54p0321c)本頁下注5:"㦘=幰《甲》*。"唐玄奘譯《大般若波羅蜜多經》:"敷設寶座而安置之,燒香散華,張施幰蓋,寶幢幡鐸間飾其中。"(T0220v05p0694b)唐慧琳撰《一切經音義》卷九十九《廣弘明集》第二十九卷:"並㦘,軒偃反。顧野王云:'今謂布張車上爲㦘也。'《釋名》:'車㦘所以禦熱也。'《説文》:'從巾,㦘聲。'《集》作'慢',寫誤也。"(T2128v54p0922c)唐道宣撰《廣弘明集》第二十九卷:"因茲連鑣結駟,並[4]幰方舟。萬騎齊列,千楫爭浮。皆東南之俊異,並禹穴之琳球。"(T2103v52p0338a)本頁下注4:"幰=幔《元》《明》。"《可洪音義》卷二《大寶積經》第一百二十卷:"㦘網,上許偃反。車慊[幰]也,正作𢙣。"(v59p604c)又卷十五《根本説一切有部毗奈耶律》第三卷:"㦘帳[帳],上許偃反,下張亮反。"(v59p1129c)唐義淨譯《根本説一切有部毘奈耶》:"若於象上莊飾[9]幰帳,於此帳上安諸寶物衆瓔珞具。"(T1442v23p0639c)本頁下注9:"幰=幔《聖》。"諸"㦘"字皆"幰"字之訛,"幔"亦"幰"字之訛。

1361 㦔

唐窺基撰《妙法蓮華經玄贊》："即是三途八難一切苦難，只如法琳歸命免七日之刑，濟[3]㦔歸依脱三刀之害。"（T1723v34p0847b）本頁下注3："㦔=懽《甲》。"

按："㦔"即"懽"字之訛，"懽"又"歡"之異構字。日本珍海撰《三論玄疏文義要》："只如法琳歸命免七日之刑，馬懽歸依脱三刀之害。"（T2299v70p0284a）佚名《成唯識論本文抄》："《玄賛》第十云（觀音品）：'有苦稱名即脱○即是三途八難一切苦難，且如法琳歸命勉七日之刑，濟歡歸依脱三刀之害。'"（T2262v65p0761b）與"㦔"對應之字作"懽"或"歡"。"懽"或寫作"𢥞"（《可洪音義》v59p1090a）、"𢣚"（《可洪音義》v59p675c）、"𢥠"（《可洪音義》v59p584c）等形，"㦔"與"𢥠"形近，即其形之訛。

1362 㦜

唐善無畏譯《童子經念誦法》："次説勸請十五鬼神呪曰：南摩三曼多勃馱喃（一）耽令令闍微枳履儞弭履訶娑難羅娑難特㦜娑難繢莎呵。"（T1028v19p0743b）

按："㦜"即"懵"字之訛。日本覺超撰《胎藏三密抄》："真言曰：'曩莫三滿多没馱（引）喃（一）特懵（二合）娑難阿毘庾（二合）達攞捉薩怛嚩（二合）馱敦（二）娑嚩（二合）賀（引）。'義云：右除一切惡趣真言。釋句義中'持［特］懵娑難'是'碎'義，謂以悲力三昧壞滅一切衆生惡趣之障也。"（T2398v75p0598b）日本杲寶撰《大日經疏演奥鈔》："第十釋真言特懵娑難句曰：如上總句是破碎義也，如人手執物擊物令破。"（T2216v59p0463a）與"㦜"相對應之字皆作"懵"。"暮"與"瞢"形近，"㦜"當即"懵"字之訛。

1363 㦝

東漢安世高譯《佛説分別善惡所起經》："傳遠踈通戒於太察，篤信守一戒於壅蔽。勇猛剛毅戒於暴亂，仁愛温良戒於不斷。廣心浩大戒於狐疑，沈清安舒戒於後時。刻削溢急戒於[12]剽疾，多人長辭戒於無實。"（T0729v17p0519c）本頁下注12："剽=慓《明》，㦝《宫》。"

按："㦝"與"剽""慓"爲版本異文，"㦝"即"慓"之異構字，"剽"與

“慓”通。《説文·刀部》：“剽，砭刺也。從刀，㶿聲。一曰剽，劫人也。”又《心部》：“慓，疾也。从心，票聲。”明張自烈《正字通·心部》（清畏堂本）：“慓，批招切。音飄。《説文》：‘疾也。’《博雅》：‘急也。’又飄上聲，又去聲。並義同。本作‘㥽’。通作‘剽’。《漢·五行志》省作‘票’。從‘慓’爲正。”在“剽疾”的意義上本字當作“慓”。“㦒”則“慓”之異構字。《龍龕》中“尌”與“票”常作爲聲符互换，如《口部》（高麗本）：“嘝、嗧，二俗，疋遥反。正作漂。”（p267）《疒部》：“㾷、瘭，二俗；瘻，古；瘭，正。布遥反。瘭疽，病名也。亦疋遥反。”（p469）可比勘。

1364 惼

唐阿地瞿多譯《陀羅尼集經》：“又有無量天龍八部諸大鬼神藥叉羅刹諸眷屬等，聞是金剛神通自在法呪功能，各大驚怕，莫知走處。佛語：‘止止，汝等莫[14]惼，此金剛法藏大有利益。汝等諦聽我爲汝等説諸利益方便之事。’”（T0901v18p0877b）本頁下注 14：“惼＝怕《三》《宫》《甲》《乙》。”

按：“惼”即“㦟”字之書寫變異。參 1378“㦟”字條。同上經：“是一法印，可用降伏一切天魔及諸外道。一切大力鬼神見者，皆生[9]㤻惼，一時散滅。亦可療治一切鬼神病者大驗。”（T0901v18p0844b）本頁下注 9：“㤻惼＝忙怕《宋》《明》《甲》，㤻怕《元》。”“惼”亦“㦟”字之書寫變異。

1365 憓

南朝齊僧伽跋陀羅譯《善見律毘婆沙》本頁下注 7：“憓囊、覆地、脚巾、經行，機囊、掃箒，糞箕、染瓫……如是諸物，得作倒巨刻鏤諸變。”（T1462v24p0798x7）

按：“憓”即“㥯”字之訛，“㥯”又“隱”之分化字。同上經，“憓囊”又作“隱囊”（T1462v24p0728b）。顔之推《顔氏家訓·勉學》：“梁朝全盛之時，貴遊子弟……跟高齒屐，坐棊子方褥，憑斑絲隱囊，列器玩於左右。”漢史游撰《急就篇》“鞇靯鞋韉鞍鑣鐊”唐顔師古注：“靯，韋囊，在車中人所憑伏也，今謂之隱囊。”“隱囊”即供人倚憑的軟囊，猶今之靠枕、靠褥之類。“隱”爲憑依之義。《資治通鑒·陳長城公至德二年》：“上倚隱囊，置張貴妃於膝上。”胡三省注：“隱囊者，爲囊實以細輭，置諸坐側，坐倦則側身曲肱以隱之。”正是此意。隋灌頂纂《國清百録》：“犀裝爪刀一口，鐵剃刀一口，黄絲布隱囊一枚，紫檀巾箱一具。”（T1934v46p0803c）字均作“隠”不訛，是爲明證。

1366 㦨

日本指月慧印撰《荒田隨筆》:"若言其非，則證也匪所及。若以其道，則戒善皆真證，又何㦨焉哉?"(T2603v82p0689b)

按:"㦨"即"慼"之累增字。東晉竺曇無蘭譯《佛説忠心經》:"梵志答曰:'吾等自爲民除害，王無慼焉。'即繞山坐，各一其心，以道定力，山起欲移。"(T0743v17p0550b)"㦨焉"與"慼焉"同。《説文·心部》:"慽，憂也。從心，戚聲。""慼"乃"慽"之偏旁異位字，"㦨"也可以看作"慽"與"慼"交互影響產生的異體字。

1367 㦽

元祥邁撰《辯僞録》:"故孔子曰:'不憤不啓，不悱不發。'此明待問而説也。況乎聖人設教，權變多方，豈使他人起怒，自受焚溺，全無䩄㦽，強與他言，豈知虛往實歸之道哉?"(T2116v52p0757a)

按:"䩄㦽"亦見於南朝梁慧皎撰《高僧傳》:"然事高辭野，久懷多愧。來告吹噓，更增䩄㦽。"(T2059v50p0423a)唐道宣撰《廣弘明集》同(T2103v52p0275b)，四庫本《廣弘明集》字亦作"㦽"。字本作"䩄墨"，《文選·左思〈魏都賦〉》:"先生之言未卒，吴蜀二客矆然相顧，䁾焉失所，有靦瞢容，神藥形茹，弛氣離坐，䩄墨而謝。""䩄墨"前人解釋不盡相同。《文選》李善注:"杜預《左氏傳注》曰:'墨，色下也。'"《左傳·哀公十三年》:"肉食者無墨。今吴王有墨，國勝乎?"杜預注:"墨，氣色下。"此即李善注所本，這裏的"墨"指人的氣色晦暗，爲引申義。李善引此文，蓋謂"䩄墨"之義爲羞愧且臉色晦暗。李周翰注:"䩄墨，面色變墨而慙也。"與李善注略同。或釋"䩄墨(㦽)"爲羞愧不語。唐慧琳撰《一切經音義》對《高僧傳》之"䩄㦽"有説解:"䩄㦽，上天典反。《方言》:'䩄，慙也，秦晉之間謂内心慙恥曰䩄。'《説文》亦慚也。從心，典聲。下音墨。應劭注《漢書》云:'嘿嘿不息得意。'顧野王云:'不言也。'《説文》從犬作默，云:'大慙逐人。從犬，黑聲。'《傳》文從心作㦽，非也，無此字。"(T2128v54p0882b)慧琳以"嘿""默"説"㦽"，並謂"㦽，非也，無此字"，認爲"嘿""默"爲正字，其義當爲"無言"。或釋"䩄墨"爲羞愧之義。《廣雅·釋詁一》:"䩄，慙也。"王念孫疏證:"䩄者，《方言》:'䩄，慙也，荆楊青徐之間曰䩄，若梁益秦晉之間言心内慙矣。'左思《魏都賦》:'䩄墨而謝。'䩄、墨皆慙也，墨與悔聲相近。"或作"䩄嘿"，見於唐慧琳撰《一切經音義》釋《廣弘明集》，文曰:"䩄嘿，上天顯反，《方言》:'䩄，慙也。荆楊青徐之間謂慙曰惧。'下忙北反，顧野王云：'嘿，謂不言也。'《説文》或爲'默'字也。《集》從心作'懚'，非也。"（T2128v54p0920a）北宋丁度等《附釋文互注禮部韻畧·銑韻》他典切："惧，慙惧。釋云：青徐謂慙曰惧。《三都賦》：'惧墨以謝。'""惧懚"之"懚"即"惧墨"之"墨"字之訛，受"惧"字同化影響而加"心"旁。

1368 懞

元子成撰、明西域比丘師子述註《折疑論》："予心意懵懞（懵，毛孔反，悶亂而性暗也；懞，莫公反，心迷而不明也）。"（T2118v52p0800a）

按："懞"即"懜"字之訛。《玉篇·心部》："懵，牟孔切。心亂心迷也。"同部："懜，莫公切。慙也。不明也。又武亘切。""懞"之音義與《玉篇》"懜"字合。

1369 㦜

唐阿地瞿多譯《陀羅尼集經》："我等今以法成，幸蒙十方一切諸佛同時印可利益一切。汝等今者莫驚莫[16]㦜，莫起惡念。在此會中若天，若人，若有沙門，若婆羅門，若諸人王，若天帝釋並及八部鬼神部衆人非人等，若善男子善女人及諸外道仙人衆等，悉皆諦聽。"（T0901v18p0841b）本頁下注16："㦜 = 怕《三》《宫》《甲》。"

按："㦜"即"㦜"字之書寫變異。參1378"㦜"字條。

1370 㸌

東晉瞿曇僧伽提婆譯《增壹阿含經》第三十一卷："是時鴦掘魔聞此偈已，便作是念：我今審爲惡耶？又師語我言，此是大祠獲大果報，能取千人殺以指作鬘者，果其所願，如此之人命終之後生善處天上，設取所生母及沙門瞿曇殺者，當生梵天上。是時佛作威[13]神，神識[14]㸌寤。諸梵志書籍亦有此言。如來出世甚爲難遇，時時億劫乃出。彼出世時，不度者令度，不解脱者令得解脱。"（T0125v02p0720a-b）本頁下注13："神 +（令被）《三》。"注14："㸌 = 燿《三》，焕《聖》。"

按："㸌"與"燿"爲版本異文，"㸌"即"霍"之分化字。唐玄應撰《一切經音義》（麗藏本）卷十一《增一阿含經》第三十一卷：“豁悟，古文‘奯’‘眓’二形，同，呼活反。《廣雅》：‘豁，空也。’《經》文從心作‘懽’，未見所出。”（p150a）唐慧琳撰《一切經音義》卷五十二《增一阿含經》第三十一卷：“豁悟，古文‘奯’‘眓’二形，同，呼活反。《廣雅》：‘豁，空也。’《經》文從心作‘懽’，未見所出。”（T2128v54p0654b）《龍龕·心部》：“懽㦜，舊藏作‘豁寤’。上呼括反，下音悟。在《增一阿含經》。”（p64）玄應所見本作“懽”，釋作“豁”，慧琳從之，行均以爲舊藏之文。實則作“懽”作“豁”，義皆可通。“豁”有開悟義，“豁悟”爲同義並列複合詞，爲開悟、覺悟之義。細審經義，宋、元、明本“威神”後有“令被”二字，“被”疑爲“彼”字之訛，“是時佛作威神，令彼神識豁寤”言此時佛發神威，使鴦掘魔精神智慧開悟。或作“懽”字者，“懽”有急速之義，“懽悟”謂頓時開悟，更能體現佛之威力，故實不必改讀。蓋玄應以“懽”乃“未見所出”之字，未詳考該字之來源，故以文獻習見、經義可通的“豁”改讀之。

考“懽”之源頭當出自“霍”字。《説文·雔部》：“靃，飛聲也。雨而雙飛者，其聲靃然。”《玉篇·隹部》：“霍，乎郭切。鳥飛急疾皃也。揮霍也。”“霍”蓋爲擬聲詞，乃模擬鳥疾飛時發出的霍霍的聲音所造之詞，本爲形容鳥飛急疾。清徐灝《説文解字注箋》：“霍之引申爲急疾。”漢司馬相如《大人賦》：“煥然霧除，霍然雲消。”“霍”用作“急疾”義是個狀態詞，可以形容不同的事物，後根據形容的對象不同造出了一些不同的分化字。《廣韻·鐸韻》虚郭切：“靃，雲消皃。”“靃”顯即專門爲“霍然雲消”之“霍”所造之字。唐皮日休撰《文藪·河橋賦》：“曙色霍開，濟者相排。”“曙色霍開”言霞光迅速展開，意思是天一下子就亮了。“霍”的這種用法或用“曤”字，東晉竺佛念譯《出曜經》：“慧離諸淵者，非圖一類，淵有若干，或言風塵，或言深水。塵者汚人身體，老少不別，令人目視不明，衣裳垢坋，上弊日月，使無精光，妨人遠視，真僞不別。時龍王慈愍，愍世愚惑，欲使離此諸難，便降涼風細雨，掩塵滅霧，曤然大明。是故説慧離諸淵，如風却雲也。”（T0212v04p0682a）“曤然大明”謂天空一下子明朗起來，因爲“霍然”形容的是天空的明朗，故加“日”旁作“曤”，此乃據文意造分化字之例。或加“火”旁作“爞”字。東晉竺佛念譯《菩薩瓔珞經》：“善解智慧性，令求慧光明，億載塵闇冥，爞然見大明。”（T0656v16p0123c）因形容“大明”，故用從“火”旁之“爞”。西晉竺法護譯《佛説如幻三昧經》：“吾當以利智慧劍而危害之，常以此義將養護之，令不見縛。當使[15]爞然不知諸受之所歸趣，無所斷除。是故天子當解此義，除吾我想，則害衆生一切望想，不墮殺生，心不懷害。”（T0342v12p0149b）本頁下注 15：“爞＝霍《聖》《聖乙》。”唐慧琳撰《一切經音義》卷十七《如幻三昧經》下卷：“霍然，荒郭反。《考聲》云：‘猝急也。’顧野王：‘倏忽急疾之皃也。’《説文》作‘靃’，或作‘靃’，《經》作‘爞’，非也。”（T2128v54p0410b）在迅急的意義上“爞”與“霍”通用，慧琳以“霍”字爲是，“爞”字爲非。佚名《陀羅尼雜集》：“我聞此句已，心眼[1]曤然開。”（T1336v21p0597a）本頁下注 1：“曤＝霍《三》。”唐玄應撰《一切經音義》（麗藏本）卷二十《陀羅尼雜集經》：“霍然，呼郭反。案，霍然，儵忽、急疾之皃也。《經》文作‘曤’，非也。”（p264b）宛委别藏本：“《經》文作‘曤’”作“《經》文從目作‘矐’”（p618）。失譯《七佛八菩薩所説大陀羅尼神呪經》：“我聞此句已，心眼曤然開。”（T1332v21p0555c）又因形容迅速張開而用從“目”的“矐”字。“㩇悟”之“㩇”形容心之頓悟，故用“心”旁之“㩇”，“㩇”可以看作“霍”或“爠”之分化字。《增壹阿含經》：“王所有狐疑，爠然自悟。”（T0125v02p0762b）西晋法炬、法立譯《法句譬喻經》：“於是長者聞佛説法，心意疑結[28]爠然雲除。”（T0211v04p0579b）本頁下注 28：“爠＝霍《聖》。”“爠”“霍”亦皆可形容心之迅速明白、迅速開釋等。西晋竺法護譯《賢劫經》：“惔怕[11]爠然斷色，痛想行識，了無所有，是曰一心。”（T0425v14p0038a）本頁下注 11：“爠＝㩇《三》《宫》。”西晋竺法護譯《佛説月光童子經》：“申日情悟，坦然心開，疑解結除，[38]爠然無想，寂然入定。”（T0534v14p0817b）本頁下注 38：“爠＝㩇《三》，霍《宫》。”唐玄應撰《一切經音義》卷八《月光童子經》：“霍然，呼郭反。霍謂急疾之皃也。《經》文作‘㩇’，誤也。”（p111c）《可洪音義》卷七《佛説月光童子經》：“㩇然，上呼郭反。”（v59p773a）“㩇”亦皆用來形容心意，玄應以“㩇”爲誤字，改讀作“霍”。玄應所見本作“㩇”，“㩇”乃據文意而加“心”旁之字，可以是在“霍”字的基礎上加“心”旁，也可以是在“爠”字的基礎上改作“心”旁。

西晋竺法護譯《等目菩薩所問三昧經》：“譬如族姓子，日欲出時，日光先照於七寶山。其七寶山，繞須彌山者。明復次徹七山之間，日炎轉爠，山之金精，其明展轉，相晃昱昱。”（T0288v10p0578a）《嘉興藏》作“爠”，音釋：“爠，虚郭切，正作‘霩’，開朗也。”唐玄應撰《一切經音義》卷五《等目菩薩所問經》上卷：“轉霍，呼郭反。按：霍，儵忽、急疾之皃也，霍然、忽霍皆是也。《經》文從火作‘爠’，胡沃反。《説文》：‘爠，灼也。’‘爠’非此用也。”（p67a）“日炎轉爠”之“爠”爲明亮義，《玉篇·日部》：“曤，呼郭切。明也。”此“爠”同《玉篇》之“曤”。《嘉興藏》之音釋訓“開朗”，近之。玄應訓作“霍，儵忽、急疾之皃”，與文意不合。又引《説文》“爠，灼也”，今本《説文》作“熣，灼也”。西晋竺法護譯《正法華經》：“於是慈氏以頌而問溥首曰：文殊師利，今何以故？導利衆庶，放演光明。甚大威曜，出于面門。神變遍照，十方爠然。天雨衆華，紛紛如降。”（T0263v09p0064a）《嘉興藏》作“爠”，音釋：“爠，虚郭切，正作‘霩’，開朗也。”唐玄應撰《一切經音義》卷七《正法華經》第一卷：“霍然，呼郭反。案：霍然，儵忽、急疾之皃也。《經》文作‘爠’，非體也。”（p92a）“爠然”乃明亮的様子之義，玄應改讀作“霍然”，訓作“霍然，儵忽、急疾之皃”，亦不合文意。

1371 㦂

龍樹造、後秦鳩摩羅什譯《大智度論》：“若聖人但説空者不能得道，以無所因無所[13]厭故。”（T1509v25p0294b）本頁下注 13：“厭＝瘱《石》。”

按：“瘱”與“厭”爲版本異文，“瘱”即“懕”字之訛，“懕”又“厭”之分化字。《可洪音義》卷九《文殊師利問佛經》上卷：“不瘱，於焰反。正作‘懕’。”（v59p859c）南朝梁僧伽婆羅譯《文殊師利問經》：“斷欲染聲者，欲者，染樂不厭欲莊嚴著姿態，思惟欲思惟觸待習近。染者，繫縛。樂者，樂彼六塵。不厭者，專心著緣無有異想。”（T0468v14p0499c）《可洪音義》卷九《文殊師利問佛經》下卷：“瘱離，上一焰反。”（v59p860a）《文殊師利問經》：“何時厭離國城，愛樂林藪。”（T0468v14p0506b）《可洪音義》卷十《大智度論》第五十七卷：“生瘱，於焰反。”（v59p918b）龍樹造、後秦鳩摩羅什譯《大智度論》：“中根者説四，則不能生厭心，説如病如癰等八事，則生厭心。鈍根人聞是八事猶不生厭，更爲説痛惱等七事然後乃厭。”（T1509v25p0444a）《可洪音義》的“瘱”，《大正藏》對應的經文皆作“厭”，“瘱”亦皆“懕”字之訛，“懕”亦皆“厭”之分化。“厭”有滿足、厭惡等義，皆爲表達心理之詞，故或加“心”旁。“厭”或作“𢉽”，“懕”或作“𢤱”，因又訛作“瘱”。

1372 𢣹

唐道世撰《法苑珠林》：“敬尋白淨所承出自[4]懿師摩王，聖輪相纂，億葉重暉。”（T2122v53p0337b）本頁下注 4：“懿＝𢣹《宋》《宮》，慤《元》《明》。”

按：四庫本作“慤”。“𢣹”與“懿”“慤”“慤”爲版本異文，“𢣹”即“懿”之訛字。東晉佛陀耶舍、竺佛念譯《四分律》：“從懿師摩王後，有王名大善生。大善生王有子，名懿師摩。懿師摩王有子，名憂羅陀。”（T1428v22p0779b）元念常集《佛祖歷代通載》：“甘蔗王種一千一百數，其最後子甘蔗種王，名曰增長，即懿師摩王。”（T2036v49p0489a）與“𢣹”對應之字皆作“懿”。《可洪音義》卷二十四《開元釋教録》第十九卷：“天𢡢，乙冀反。”（v60p349a）《龍龕·心部》（高麗本）：“𢣹，新藏作‘懿’，乙莫反。美也，大也。又姓。”（p67）《可洪音義》卷二《濡首菩薩經》上卷：“淵𢣔，上於玄反，下於冀反，正作‘淵懿’也。”（v59p587b）“𢡢”“𣪊”“𢣹”皆“懿”之書寫變異。“𢣹”與“𢣔”形近，蓋即此類形體的進一步錯訛。

字或作“慤”“慤”者，“慤”“慤”皆“懿”字之訛。三國吴支謙譯《佛説孛經抄》：“明人之性，仁柔謹[65]懿，温雅智博，衆善所仰，無有疑也。”（T0790v17p0733b）本頁下注 65：“懿＝慤《聖乙》《三》《宮》《聖》《聖乙》。”《嘉興藏》作“慤”。“懿”乃“慤”字之訛，可比勘。

1373 憹

北宋道原纂《景德傳燈録》："爾諸人聞恁麽道，不敢望爾出來性[11]憹，把老漢打一摑。且緩緩子細看，是有是無，是箇什麽道理，直饒向遮裏明得。"（T2076v51p0357b）本頁下注11："憹＝燥《明》。"

按："憹"與"燥"爲版本異文，"憹"即"燥"字之訛。佛經"性燥"多見，日本白隱慧鶴語《槐安國語》："武帝又是性燥。"（T2574v81p0575c）南宋蘊聞輯《大慧普覺禪師語録》："古人入門便棒便喝，唯恐學者承當不性燥。況切切怛怛，説事説理，説玄説妙，草裏輥耶。近年已來，此道衰微。"（T1998Av47p0893b）南宋紹隆編《圓悟佛果禪師語録》："然今學者尚看他底不破，只管落語言執解會，認光影做窠窟，好不性燥也。"（T1997v47p0787a）"燥"皆焦躁之義。《景德傳燈録》上述文字亦見北宋守堅集《雲門匡真禪師廣録》，其文曰："爾諸人聞與麽道，不敢望汝出來性燥，把老僧打一摑。且緩緩子細看，是有是無，是箇什麽道理，直饒爾向這裏明得。"（T1988v47p0547a）字亦作"燥"。《説文·火部》："燥，乾也。""燥"之本義爲因火烤而乾，火烤必熱，過熱則人易煩躁，故"燥"又有煩躁、急躁義，"性燥"之"燥"即急躁義，文獻通用"躁"或"懆"字。《景德傳燈録》作"憹"者，乃由"燥"與"性"連用，受"性"字同化影響而誤加心旁。

鄭賢章《漢文佛典疑難俗字彙釋與研究》有"懆"字條（p275–276），轉録如下：

《汾陽無德禪師語録》卷一："師云：'會麽恁麽會得，不是性懆衲僧，作麽生會好？'"（T47，p0597b）

按："懆"，大型字典未收，疑爲"慥"字之俗。《廣韻·号韻》："慥，情性疏皃。蘇到切。"《集韻·号韻》先到切："慥，性疏也。"《明覺禪師語録》卷一："雪峯問投子：'一槌便成時如何？'投子云：'不是性慥漢。'"（T47，p0672b）《禪林類聚》卷一九："千載觀光，添人性慥。"（X67，p117b）《明覺禪師語録》卷一："投子著得箇什麽語。若能道得，便乃性慥平生，光揚宗眼。"（T47，p0672b）《祖庭事苑》卷一："性懆，懆當作慥，蘇到切，性踈貌。"根據文意，'性懆'疑即'性慥'，'懆'即'慥'字。"

鄭賢章以"懆"爲"慥"之俗字。今考"懆""慥"皆"憹"字之訛。

佛經"性燥漢"一詞多見，南宋普濟集《五燈會元》："問：'一槌便就時如何？'師曰：'不是性燥漢。'曰：'不假一槌時如何？'師曰：'不快漆桶。'"（X1565v80p0122c）明居頂撰《續傳燈録·翠微學禪師法嗣》："又曰：一鎚便成不是性燥漢，一躍千里不是汗血駒。鋒鋩不露，無孔鐵鎚。八面玲瓏，多虚少實。直須肘後懸夜明符，頂門具金剛眼。徹頭徹尾，生殺交馳。任他魔佛現前，便好利刀截却。且道據箇什麽便如此要知麽，玉檽輕提海嶽昏。"（T2077v51p0654c）

又："福州乾元宗穎禪師。上堂卓拄杖曰：'性燥漢秖在一槌。'靠拄杖曰：'靈利人不勞再舉，而今莫有靈利底麽？'"（T2077v51p0703c）日本夢窻疎石語《夢窓國師語録》："進云：'者裏若有性燥漢直下山去，和尚還肯他也無？'師云：'腦後見腮，莫與往來。'"（T2555v80p0453a）《景德傳燈録》："雪峯異日又問：'一槌便成時如何？'師曰：不是性[3]僫（蘇到切）漢。'雪峯曰：'不假一槌時如何？'師曰'漆桶。'"（T2076v51p0319b）本頁下注3："僫＝懆《明》。"日本宗峯妙超語、性智等編《大燈國師語録》："舉。雪峯問投子：'一槌便成時如何？'（問則問得）投子云：'不是性㥲漢。'（答即答得）峯云：'不假一槌時如何？'（自救不了）投子云：'者漆桶（裂破）。'竇云：然則一期折挫雪峯（早是遲回），且投子是作家爐鞴（閉門造車）。我當時若作雪峯，待投子道不是性㥲漢，只向伊道：鉗槌在我手裏（失却一雙眼），諸上座合與投子著得箇什麽語（太無厭生），若能道得，便乃性㥲，平生光揚宗眼（暗裏見人）。若也顢頇，頂上一槌莫言不道（賴有箇一著在）。"（T2566v81p0241a）字又作"懆""㥲""僫"等形。"懆"蓋"燥"之分化字，因急躁與心理相關，故改從"心"旁。《説文·心部》："懆，愁不安也。"急躁義之"懆"與此爲同形字。"㥲"蓋爲"𤎪"字之訛，"火"旁訛作"亻"旁也。"僫"爲"㥲"之形訛。"𤎪"可能是"懆"的累增字，也可能是"𤎪"或"㥲"與"懆"交互影響產生的形體。

《廣韻·号韻》蘇到切："㥲，情性疎皃。"《集韻·号韻》先到切："㥲，性疏也。"《廣韻》之訓，不知所本，然與佛經用法不合，未見文獻有用此義者，疑《廣韻》之訓有誤。《漢語大字典》："㥲，性情疏放。《廣韻·号韻》：'㥲，情性疎皃。'《集韻·号韻》：'㥲，性疏也。'《明覺禪師語録》卷一：'雪峰投子：一槌便成時如何？投子云：不是性㥲，漢。'"（二 p2533b）"性㥲漢"本作"性燥漢"，指性情急躁的人，"㥲"爲急躁義，《大字典》釋作"性情疏放"，不妥。把"性㥲漢"點斷，顯然不明經文文意。鄭賢章引《廣韻》《集韻》釋"𤎪"字之義，亦與經意不合。

1374 㦨

南朝梁僧祐撰《出三藏記集》："由明哲之避無道矣，剔髪毀容，法服爲珍。靖處廟堂，練情攘穢。懷道宣德，[16]闓導聾瞽。或有隱處山澤，枕石漱流，專心滌垢，神與道俱。志寂齊乎無名，明化同乎群生。"（T2145v55p0046b）本頁下注16："闓＝㦨《明》。"

按："㦨"與"闓"爲版本異文，"㦨"即"闓"之分化字。《説文·門部》："闓，開也。"清段玉裁注："本義爲開門，引申爲凡启導之偁。""闓導"義爲啓發引導，其中"闓"用其引申義啓導。"㦨"當爲在"闓"字基礎上加"心"旁而成，爲從心闓聲的形聲字。蓋啓導之義與心理相關，故加心旁。此字未通行，爲分化未成功的分化字。

1375 𢡜

唐玄奘、辯機撰《大唐西域記》："乘其戰勝之威，西討健馱邏國，潛兵伏甲，遂殺其王。國族大臣，誅鋤殄滅。毀窣堵波，廢僧伽藍，凡一千六百所。兵殺之外，餘有九億人，皆欲誅戮，無遺[11]𢡜類。"（T2087v51p0889a）本頁下注11："𢡜＝噍《三》，准《甲》，種《乙》。"

按："𢡜"與"噍""准""種"爲版本異文，"𢡜"即"𩞁"字之訛。季羡林等《大唐西域記校注》作"𩞁"，校勘記："《石本》𩞁作種；《崇本》、《宋本》、《資福本》、《明南本》、《明北本》、《徑山本》及《音釋》並作噍。按卷一'屈支國大龍池'條'噍類'《宋本》作'𩞁類'與'𩞁'當爲一字。説詳彼校。"（p362）又卷一《屈支國》："王乃引構突厥，殺此城人，少長俱戮，略無噍類。"校勘記："《敦甲本》脱無噍二字。《宋本》、《酬本》噍作𩞁。《音釋》作噍。本書卷四'奢羯羅故城'條則作𩞁。𩞁、𩞁二字皆不見字書，並從焦聲，不能定其孰是。疑爲噍之異體字。《珠林》十一引噍類作'遺類'。"（p58）季羡林等之校雖"不能定其孰是"，但依據的版本作"𩞁"字卻爲我們提供了解決問題的線索。

據文意，當以"噍"字爲是。"噍"之本義爲咀嚼，引申有吃義，"噍類"字面指能吃飯的同類，意思是活的人。《漢書·高帝紀》："嘗攻襄城，襄城無噍類。"唐顔師古注："如淳曰：噍，音祚笑反。無複有活而噍食者也。青州俗呼無孑遺爲無噍類。""無噍類"即没有活的人。

文獻中表達此義尚有"無類""無遺類""無遺噍""無遺種"等多種説法，如《漢書·周勃傳》："少帝即長用事，吾屬無類矣。"唐顔師古注："云被誅滅，無遺種。"《史記·高祖本紀》："項羽嘗攻襄城，襄城無遺類，皆坑之。"南朝宋裴駰集解："徐廣曰：遺，一作噍，噍，食也。音在妙反。駰按：如淳曰：類無複有活而噍食者也。青州俗言無孑遺爲無噍類。"後晋劉昫《舊唐書·梁崇義傳》："鄧希烈先發千餘人守臨漢，崇義屠之，無遺噍。"南宋倪思編《班馬異同·高祖帝本紀第八一上下·史紀八漢書一》："項羽嘗攻襄城，襄城無遺（噍）類，皆坑之。"《舊唐書·太宗諸子傳》："因大行誅戮，皇家子弟無遺種矣。"

《大正藏》本《大唐西域記》之"無遺𢡜類"，宋本等本作"噍"，甲本作"准"，乙本作"種"。甲本之"准"蓋爲"噍"字之訛。乙本之"種"則據"無遺種"而誤改。文獻中"無遺種"多見，而没有作"無遺種類"者。

底本之"𢡜"蓋即"𩞁"字之訛，而"𩞁"又"𩞁"字異寫。《玉篇·宋部》："𩞁，子由、似由二切。收束也。堅縛也。"《廣韻·尤韻》即由切："𩞁，聚也。又束杲也。""𩞁"字本義爲收束之義，與文意不合。"𩞁"與"噍"音近，當即"噍"之借字。

1376 䨴

日本静然撰《行林抄》："納莽三滿多䨴駄（引）喃薩嚩（二合）他（上）欠（上）鶻捺（二合）蘗底（二合）薩破（二合）囉醯𨍏誐誐曩檢薩嚩（二合，引）賀。"（T2409v76p0308c）

按："䨴"即"𩕿"字之訛。唐善無畏譯《慈氏菩薩略修愈誐念誦法》："淨法界心真言曰：𑖡𑖦𑖾𑖭𑖦𑖡𑖿𑖝𑖤𑖲𑖟𑖿𑖠𑖯𑖡𑖯𑖽𑖨𑖽，納莽三滿多𩕿駄腩（一）覽（二。一遍）。"（T1141v20p0590a）又："金剛輪真言曰：𑖡𑖦𑖾𑖭𑖦𑖡𑖿𑖝𑖤𑖲𑖟𑖿𑖠𑖯𑖡𑖯𑖽𑖮𑖽，納莽三滿多𩕿駄腩（一）遏（二。一遍）。"（T1141v20p0590b）真言中的"𩕿"皆"𑖪𑖲（vu）"之對音。日本淨嚴《悉曇三密鈔》："𑖤𑖲，冒、勃、没、𩕿（切身。慈氏）。"（T2710v84p0746c）《悉曇三密鈔》之"慈氏"即《慈氏菩薩略修愈誐念誦法》之略稱，"𩕿"正爲"𑖪𑖲"之對音。《悉曇三密鈔》以"𩕿"爲切身字，可從。"𩕿"字慕骨相切，正與"𑖪𑖲"音合。參下條。《大正藏》"𩕿"或訛作"𦨈"，如《行林抄》："納莽糝滿多𦨈駄（引）喃。"（T2409v76p0310a）

1377 𩕿

日本淨嚴撰《悉曇三密鈔》："𑖤𑖲，母、蒲、蒱佛、勃、没、𩕿（切身。慈氏）。"（T2710v84p0745b）

按：同上經："𑖤𑖲，冒、勃、没、𩕿（切身。慈氏）。"（T2710v84p0746c）"𩕿"是"𑖤𑖲（bu）"和"𑖤𑖲（vu）"之譯音字，爲由"慕"爲切上字，"骨"爲切下字構成的切身字。"𩕿"字《大正藏》凡18見。

1378 懪

佚名《佛説佛名經》："寳達頃前更入一耕田地獄。雲何名曰耕田地獄？其地獄縱廣二十由旬，鐵壁周匝猛火絕焰，上火下徹，下火上徹，其炎俱熾，煙火洞然。爾時獄中地生鐵刀，其刃仰向，刃上火然來燒罪人，罪人忙懪。"（T0441v14p0282a）

按："懪"字亦見於唐阿地瞿多譯《陀羅尼集經》："汝等今者莫驚莫[16]懪，莫起惡念。"（T0901v18p0841b）本頁下注16："懪＝怕《三》《宮》《甲》。"又："汝等莫[14]懪。"（T0901v18p0877b）本頁下注14："懪＝怕《三》《宮》《甲》

《乙》。”上述兩“懾”字皆與“怕”爲版本異文，“懾”即“怕”字異體“㦛”之異寫。《集韻·禡韻》普駕切：“怕、㦛、㤶，懼也。或從霸，從巴。”“怕”之異體“㦛”爲從心霸聲的異體字。“霸”或寫作“覇”，故“㦛”或寫作“懾”。唐慧琳撰《一切經音義》卷三十七《陀羅尼集》第二卷：“莫怕，下拍覇反。《韻略》云：怕，怖也。《古今正字》云：怕，懼也。從心，白聲。經作懾，非也。”（T2128v54p0552a）又：“莫怕，拍罵反。《考聲》云：懼也。《韻英》云：怖也。從心，白聲。有從巾作帊，俗用也。《經》文從覇作‘懾’，或從賈作‘價’，譯經者率尒而作，甚無據，皆非也。怕字本音普白反，今不取此音。”（T2128v54p0552b）其中的“價”亦“㦛”字之訛。

“怕、㦛”爲恐懼之義。“忙懾”，佛經中或作“忙怕”，唐法崇述《佛頂尊勝陀羅尼經教跡義記》：“或作牛馬虎狼師子之頭，或作麞鹿猪羊獸象之身，來食罪人。罪人忙怕，走入山間，於其山間有大鐵輪來轉罪人。”（T1803v39p1026c）“忙怕”爲惶恐之義，與《佛説佛名經》文意切合。

又，“忙怕”爲同義並列複合詞，《廣韻·唐韻》莫郎切：“恾，怖也。忙，上同。”可證“忙”有怕義。“忙”與“怖”亦可組合成並列複合詞，與“忙怕”義同。唐懷感撰《釋淨土群疑論》：“雖至誠念佛，但能滅彼五十億劫生死之罪。下品中生地獄，猛火一時俱至，罪人忙怖。念佛至誠，由心徹到，滅除八十億劫重罪。”（T1960v47p0068b）佚名《佛性海藏智慧解脱破心相經》：“子聞父語已，心生大忙怖。進力不敢停，共父相隨去。”（T2885v85p1398b）

1379 慞

日本高辨撰《四座講式》：“僧會語同件曰：‘法之興廢在此，今度無感誓以死爲期。’至三七日暮猶無見所，流淚悲感莫不震[10]懼。”（T2731v84p0905b）本頁下注 10：“懼＝慞《甲》。”

按：“慞”與“懼”爲版本異文，“震懼”文獻習見，“慞”即“懼”字之訛。

1380 戇

唐輪波迦羅譯《蘇悉地羯囉經》：“蓮華部母真言（歸命同觀音真言頭）：唵（同上呼。一句）迦（居邏反，下音同）制（知西反）弭迦（同上）制（同上。二句）迦戇（知降反）迦制（同上。三句）迦緣弭迦緣（四句）迦戇迦制（同上。五句）皤伽（上）嚩底弭惹曳（六句）莎（去，二合）嚩訶（七句）。”（T0893v18p0683c）

按："䭃"即"䭠"字之訛。同上經："蓮華部母真言：唵·迦制·弭迦制·迦䭠·迦制·迦縿·弭迦縿·迦䭠迦制·皤伽縛底弭惹曳·莎縛訶。"（T0893v18p0646b）又："觀音母真言曰：娜謨怛囉（二合）娜怛（二合）囉耶野（一）唵（同上。二）迦制（知西反，下同）弭迦制（三）迦縿迦䭠（知降反）迦制（四）皤伽（上）嚩底弭惹曳（五）莎（去二合）嚩訶（六）。"（T0893v18p0668b）與"䭃"對應之字皆作"䭠"。"䭠"或作"䫎"，右上所從之"貢"與"真"形近似，因訛作"䭃"。失譯《天尊説阿育王譬喻經》："龍王化作年少婆羅門，於王前長跪問訊起居，[16]貢獻海中所有珍寶奇好寶。"（T2044v50p0170b）本頁下注16："貢＝真《甲》。"南朝梁僧祐撰《出三藏記集》："《以金[1]貢太山贖罪經》一卷。"（T2145v55p0030a）本頁下注1："貢＝真《明》。""真"皆"貢"字之訛，可資比勘。

1381 懵

隋闍那崛多譯《佛本行集經》："若人壽命滿百年，盲聾惛憒無聞見，其有見佛及聞法，一日活足勝彼長。若人壽命滿百年，[12]懵懵濁亂無覺察，有能諦觀生死趣，一日活足勝彼長。"（T0190v03p0856c）本頁下注12："懵＝瞢《元》《明》。"

按："懵"與"瞢"爲版本異文。韓小荆《可洪音義研究》"懵"字條："被釋字'懵'當是'瞢'字受'懵'字影響發生偏旁類化而成的增旁俗字。'瞢懵'即'瞢䒐'，是個疊韻連綿詞，又作'瞢瞢''瞪瞢''瞪懵''瞢懜''憕［憕字後爲一空格，奪一字，疑爲"懵"字——引者按］'等形體，義指人因睡眠不足而頭腦昏昧，引申指人頭腦闇鈍惛悶，目光遲滯不明。"（p290）結論基本可從。

迦多衍尼子造、唐玄奘譯《阿毘達磨發智論》："云何惛沈？答：諸身重性，心重性；身不調柔，心不調柔；身瞢瞢，心瞢瞢；身憒悶，心憒悶；心惛重性，是謂惛沈。"（T1544v26p0925b）唐慧琳撰《一切經音義》卷六十六《阿毘達磨發智論》第二卷："瞢瞢，上騰隥反，下墨堋反，並去聲字。《考聲》云：'䒐瞢，臥初起皃也。'䒐音稜蹬反。杜注《左傳》云：'瞢瞢，悶也。'《文字典説》云：'瞢瞢，目不明也。'二字並從夢省，登目皆聲也。"（T2128v54p0742b13）唐慧琳撰《一切經音義》卷第七十二《阿毘達磨顯宗論》第六卷："瞢瞢，上騰隥，下墨堋反。《考聲》云：'䒐瞢，臥初起皃也。悶也。'䒐音稜。杜注《左傳》云：'瞢，悶也。'《文字典説》云：'瞢，目不明也。從苗，從旬，旬，胡絹反。'"（T2128v54p0774a）衆賢造、唐玄奘譯《阿毘達磨藏顯宗論》："惛謂惛沈瞢瞢不樂等所生心重性。説名惛沈，由斯覆蔽，心便惛昧無所堪任，瞢憒性故，由是説爲輕安所治。心爲大種，能生因故，由此爲先起身重性。假説惛沈，實非惛沈，彼是身識所緣境故。然此惛沈無明覆故，本論不説爲大煩惱地法。"（T1563 v29p0800b）後秦曇摩耶舍、曇摩崛多譯《舍利弗阿毘曇論》：“未眠時身不軟心不軟，身重心重，身[25]瞪瞢心*瞪瞢，身憒心憒，身睡心睡睡所纏，是謂睡不眠相應。”（T1548v28p0779c）本頁下注25：“瞪瞢＝懵懵《三》《宮》*。”又：“云何懈怠？窳墮[22]懵懵於善法廢退，是名懈怠。”（T1548v28p0617c）本頁下注22：“懵懵＝憕懵《宮》，瞤瞪《聖》《聖乙》*。”《集韻・隥韻》郎鄧切：“蕶蕶，卧初起皃。”《類篇・苜韻》：“蕶，徒登切。蕶瞢，目暗。又丁鄧切。蕶蕶，臥初起。又唐亙切。”“蕶瞢”本蓋指人剛睡醒時眼睛還未看清東西，頭腦迷糊，迷迷瞪瞪的狀態，因在佛經中常用來形容身心昏沉的狀態。《可洪音義》：“懵懵，上都亘反，下莫亘反，正作蕶瞢也。”（v59p1085b）字亦作“懵”。

1382 㦄

唐法寶撰《俱舍論疏》：“故婆沙云：‘復次見所斷惑，令諸有情墮諸惡趣受諸劇苦，譬如生食久在身中，能作種種極苦惱事，是故此惑説名爲生，見道能滅故名離生。復次有身見等剛強難伏，如狩[9]㦄悷故説名生，見道能滅故名離生。’”（T1822v41p0740c）本頁下注9：“㦄悷＝籠戾《甲》《乙》。”

按：正文作“㦄”，注文作“㦄”，與“籠”爲版本異文，疑受“籠”之影響而誤。“㦄悷”《大正藏》常見。失譯《别譯雜阿含經》：“汝無有七子，㦄悷難教授。”（T0100v02p0406b）北宋施護譯《佛説給孤長者女得度因緣經》：“佛所行處彼彼諸門，有低小者自然高大，有迮狹處自然寬廣。城中所有一切象馬等類，其性㦄悷不調伏者自然調伏。又復城中一切人民，各各歡喜瞻仰世尊。”（T0130v02p0852a）皆作“㦄悷”。《龍龕・心部》：“㦄，力董反。㦄悷，不調也。”（p57）唐慧琳撰《一切經音義》卷十四《大寶積經》第七十八卷：“㦄悷，上禄董反，諸字書中並無從人作者，應是譯經者以意作之，相傳音也。唯《綦韻》中從心作‘㦄’。下音麗，《義説》云：‘㦄戾者，掘強咈戾難調伏也。’並從心，《經》從人，非也。”（T2128v54p0393b）“㦄悷”爲“難調伏”義，與經義合。唐慧琳撰《一切經音義》卷六十八《阿毘達磨大毘婆沙論》第三卷：“籠戾，上聾董反。案，籠戾，剛強難調伏也。撿字書並無本字，《論》作‘籠’，假借用也。諸經論中亦有作‘㦄悷’，並從心。”（T2128v54p0751b）五百大阿羅漢造、唐玄奘譯《阿毘達磨大毘婆沙論》：“復次有身見等剛強難伏，如獸㦄悷故説名生。”（T1545v27p0013a）慧琳所見本作“籠”，今本《大正藏》作“㦄”。

爿　部

1383 𤕫

東晋瞿曇僧伽提婆譯《增壹阿含經》:“我今智慧成就，諸有賢聖智慧成就者我最爲上首。我今觀此義已，雖在閑居，倍增歡喜。我當在閑居之中時，設使樹木摧折，鳥獸馳走。爾時我作是念，此是大畏之[12]林。爾時復作是念，設使畏怖來者，當求方便不復使來。若我經行有畏怖來者，爾時我亦不坐臥，要除畏怖然後乃坐。”(T0125v02p0666b) 本頁下注 12:“林＝𤕫《三》《聖》。”

按:“𤕫”與“林”爲版本異文，“𤕫”即“林”字之訛。東晋法顯譯《大般涅槃經》:“世尊今者四大不和，寢臥[3]林中，極苦身痛，汝今不須見如來也。”(T0007v01p0203c) 本頁下注 3:“林＝牀《三》。”西晋法炬譯《佛説數經》:“若在樹下空靜處，山間窟中，露坐草蓐，[9]林間塚間。”(T0070v01p0875b) 本頁下注 9:“林＝牀《三》。”“牀”皆“林”字之訛。唐菩提流志譯《大寶積經》:“時二大士，既聞天告，即便往詣勝現王如來涅槃[3]林所。”(T0310v11p0278b) 本頁下注 3:“林＝床《聖》。”南朝宋求那跋陀羅譯《雜阿含經》:“習近邊[7]林座，斷除諸煩惱。”(T0099v02p0322c) 本頁下注 7:“林＝床《三》。”前一例“林”訛作“牀”，因錯誤轉寫作“床”。後一例本當作“牀”或“床”，“林”亦“牀”字之訛。失譯《佛説不思議功德諸佛所護念經》:“西南方去是無極寶林世界上精進如來，西南方樂成世界寶[9]林如來。”(T0445v14p0362b) 本頁下注 9:“林＝杖《三》《宮》。”“林”又訛作“杖”。“林”或訛作“牀”，又或訛作“杖”，因又訛作“𤕫”。鄭賢章《漢文疑難俗字彙釋與研究》“𤕫”字條（p276）亦有考證，可互參。

1384 𤕬

南朝梁僧祐撰《出三藏記集》:“藉𤕬容於中流，蔭瓊柯以詠言。”(T2145v55p0110a)

按:“𤕬”即“扶”之異寫字。南朝梁慧皎撰《高僧傳》:“藉芙蓉於中流，蔭瓊柯以詠言。”(T2059v50p0359a) 與“𤕬容”對應之字爲“芙蓉”。唐慧琳撰《一切經音義》卷二十八《維摩詰經》下卷:“芙蓉，又作‘扶’，同，附俱反。《説文》:‘扶渠，花未發爲菡萏，花已發者爲芙蓉也。’”(T2128v54p0497c) 唐顔元孫《干禄字書・平聲》:“𤕬、扶，上俗，下正。”已溝通“𤕬”與“扶”之關係。俗書“扌”旁或寫作“丬”，如“披”作“⿰丬皮”，可比勘。東晉佛陀跋陀羅、法顯譯《摩訶僧祇律》：“摩偷羅國有遥[27]⿰丬夫那水。”（T1425v22p0508c）本頁下注 27：“⿰丬夫=扶《三》《宫》。”“⿰丬夫”亦“扶”。

1385 ⿰爿寺

唐道宣撰《律相感通傳》：“又問：‘蜀地簡州三學山寺空燈常明者何？’答曰：‘山有菩薩，寺迦葉佛正法時初立。有歡喜王菩薩造之，寺名法燈。自彼至今，常明空表。有小菩薩三百餘人，斷粒遐齡常住此山。此燈又是山神[3]季[4]特續後供養（特，舊蜀主）故，至正月處處然燈，以供養佛寺。’”（T1898v45p0878b）本頁下注 3：“季=李ｲ《原》。”注 4：“特=⿰爿寺ㄙ《原》。”

按：“季”與“李”、“⿰爿寺”與“特”爲版本異文，“季”爲“李”之訛，“⿰爿寺”即“特”字之訛。元念常集《佛祖歷代通載》：“李特據益號曰後蜀，六主四六桓溫戮辱。”（T2036v49p0518c）“李特”爲十六國時成漢武帝李雄之父，在蜀建立政權。《偏類碑别字》“特”字條引《唐翊府中郎李懷墓誌》作“⿰爿寺”（p139）。“牜”與“爿”形體相近，書寫時容易混同，故“特”或訛作“⿰爿寺”。秦公《碑别字新編·九畫》“牲”字條引《唐馬君起墓誌》作“⿰爿生”（p97），可資比勘。

1386 ⿰爿壽

唐怛多蘖多集《唐梵兩語雙對集》：“牛，階例娜。⿰爿壽，誐尾。水牛，麽㗂沙。”（T2136v54p1242c）

按：疑“⿰爿壽”即“牸”字之訛。據字形，“⿰爿壽”乃“⿰牛壽”字之訛。《説文·牛部》：“⿰牛壽，牛羊無子也。从牛，𠷎聲。讀若糗糧之糗。”然“⿰牛壽”字與文意不合。唐禮言集《梵語雜名》：“牛，陛例（二合）娜，[illegible]。特牛，誐麽，[illegible]。犉牛，誐尾，[illegible]。水牛，麽𠿒沙，[illegible]。”（T2135v54p1235c）日本心覺撰《多羅葉記》：“特牛，[illegible]，誐麽。⿰牛宗牛，[illegible]，誐牛。”（T2707v84p0587c）與“⿰爿壽”對應之字又作“犉”“⿰牛宗”。《玉篇·牛部》：“犉，牛黑脣。”《集韻·虞韻》：“犉，牛玄脣謂之犉。”“犉”與文意亦不合。“⿰牛宗”不見於字書收録，疑爲訛字。“犉”“⿰牛宗”皆爲“牸”字之訛。唐圓測撰《仁王經疏》：“波羅達王，將四種兵，入山遊獵。逢犉師子，婬心猛盛，逼王行欲，王怖從之。師子得胎，日自滿足。生一男兒，遍身似人，唯足斑駮，似於師子。銜來歸王，王取爲兒，立名斑足。”（T1708v33p0410c）隋智顗説、灌頂記《仁王護國般若經疏》：“昔波羅摩達王，得四種兵，入山遊獵。逢牸師子，與王從欲。師子得胎，日月滿足。生一男兒，徧身似人，班足似母。師子含子，來歸王所。王取爲子，立名班足。”

（T1705v33p0280c）北魏慧覺譯《賢愚經》："過去久遠阿僧祇劫，此閻浮提，有一大國，名波羅㮈。於時國王，名波羅摩達。爾時國王，將四種兵，入山林中，遊行獵戲。王到澤上，馳逐禽獸，單隻一乘，獨到深林。王時疲極，下馬小休。爾時林中，有[8]騂師子，懷欲心盛，行求其偶，困不能得。值於林間，見王獨坐，婬意轉隆，思欲從王，近到其邊，舉尾背住。王知其意，而自思惟，此是猛獸，力能殺我，若不從意，儻見危害。王以怖故，即從師子。成欲事已，師子還去。諸兵群從，已復來到。王與人衆，即還宮城。爾時師子，從是懷胎。日月滿足，便生一子。形盡似人，唯足斑駮。師子憶識，知是王有，便銜擔來，著於王前。王亦思惟，自憶前事，知是己兒，即收取養。以足斑駁，字爲迦摩沙波陀，晋言駁足。"（T0202v04p0425b）本頁下注 8："騂＝牸《三》。"與"㹀"對應之字作"牸"或"騂"，"㹀"即"牸"字之訛。《玉篇・牛部》："牸，母牛。"《廣雅・釋獸》："牸，雌也。""牸"本義爲母牛，引申爲雌性獸類之稱。"牸師子"即指母獅子。《梵語雜名》"牛""特牛""㹀牛"爲一組，"㹀"亦當作"牸"，"㹀"爲"牸"之形近訛字。"犞"亦當爲"牸"字之訛。

示　部

1387 𥘅

隋費長房撰《歷代三寶紀》："武泰元正月改三月孝明崩，胡太后立臨洮王子三歲爲帝。建義元四月改爾朱榮殺幼主，誅太后，沈屍於河，立長樂王。永安元九月改誅葛榮，爾朱自號爲天[41]柱王，秉國政總百寮。"（T2034v49p0045a）本頁下注 41："柱＝𥘅《三》《宮》。"

按："𥘅"與"柱"爲版本異文，"𥘅"即"柱"字之訛。據北齊魏收撰《魏書・尒朱榮》，尒朱榮打敗葛榮後，皇帝下詔稱其爲"抗高天之摧柱，振厚地之絶維"。後又下詔書曰："非常之功必有非常之賞，可天柱大將軍。此官雖訪古無聞，今員未有，太祖已前增置此號，式遵典故，用錫殊禮。"封"天柱大將軍"之號。據此，"天柱王"之號有據，"柱"字不誤，"𥘅"當爲"柱"字之訛。

1388 祛

日本濟暹撰《辨顯密二教論懸鏡抄》："緩入普［晋］未到，公夢見二童子，相謂曰：‘良醫至，奈何?’一童子曰：‘居膏肓上，湯藥針灸不可及。’緩至，言如夢。公曰：‘良醫也。’厚禮遣之而去。野王案云：‘膏肓，裹心之上也。’[27]祛預云：‘心下也。’（云云）”（T2434v77p0428c）本頁下注27：“祛=社《甲》，杜?”

按：“祛”與“社”爲版本異文，注者疑當作“杜”，所疑是。《左傳·成公十年》：“未至，公夢疾爲二豎子，曰：‘彼良醫也。懼傷我，焉逃之?’其一曰：‘居肓之上、膏之下，若我何?’”晋杜預注：“肓，鬲也。心下爲膏。”“杜”或訛作“社”，因又訛作“祛”。

1389 祍

南朝梁僧祐撰《釋迦譜》：“太子聞夫人被刑，結氣發病而死。王年耆惛[25]祍疾，臥床褥無復威力。”（T2040v50p0081c）本頁下注25：“祍疾=耄病《三》《宫》。”

按：“祍”與“耄”爲版本異文，“祍”即“秏”字之訛，“秏”通“耄”。唐慧琳撰《一切經音義》：“衰耄，下古文‘薹’‘耄’二形，今作‘秏’，同，莫報反。八十曰耄，耄，惛忘也，亦亂也。”（T2128v54p0431c）又：“衰耄，下古文‘薹’‘耄’二形，今作‘秏’，同，莫報反。《禮記》：八十曰耄。耄謂惛忘者也，闇亂也。”（T2128v54p0769b）“秏”皆“耄”之借字。鄭賢章《龍龕手鏡研究》亦有考證（p189），可參看。

1390 枳

隋闍那崛多譯《大威德陀羅尼經》：“復有諸風，名阿迦奢毘奢毘迦多；復有諸風，名阿住[11]枳囉；復有諸風，名避多博叉。”（T1341v21p0818c）本頁下注11：“枳=枳《三》。”

按：“枳”與“枳”爲版本異文，“枳”即“枳”字之訛，“木”旁訛作“示”旁也。唐慧琳撰《一切經音義》：“鴝鵙羅，上音俱，下經以反。俱枳羅者，梵語西方鳥名也。此鳥能爲美聲，令人樂聞，俗號好聲鳥也。”（T2128v54p0403c）佚名《翻梵語》：“拘真羅，應云拘枳羅，譯曰好聲。”（T2130v54p1032a）“枳”亦“枳”字之訛。

1391 𥚃

唐道宣撰《續高僧傳》：“時有僣帝曰：‘逆賊建福，言涉國家，並可收之。’

因即募覓，常被固送，行次莎[2]栅，逃賊留曰：‘往必被戮，可於此止。’”（T2060v50p0705a）本頁下注2：“栅＝栅《明》，柵《宮》。”

按：“栅”與“栅”“栅”爲版本異文，據文意，“栅”“栅”皆“柵”字之訛。

1392 衧

後秦鳩摩羅什譯《十誦比丘波羅提木叉戒本》：“若比丘自以兜羅綿[20]貯褥，若使人貯，波夜提。”（T1436v23p0476b）本頁下注20：“貯＝衧《宮》。”

按：“衧”與“貯”爲版本異文，“衧”即“衧”字之訛，“衧”又“褚”之異構字。《説文·衣部》：“褚，卒也。从衣，者聲。一曰製衣。”清段玉裁注改“一曰製衣”爲“一曰裝也”，注曰：“‘裝’，各本作‘製’，誤。今依《玉篇》《廣韵》正。《左傳》：‘鄭賈人將寘荀罃褚中以出。’此謂衣裝也。凡裝綿曰著。”《玉篇·衣部》：“褚，丑吕切，又張吕切。市官也，卒也，裝衣也。”《廣韻·語韻》丁吕切：“褚，裝衣。”據《玉篇》《廣韻》，段注“一曰裝也”當爲“一曰裝衣”之訛。“褚”有裝衣之義。唐慧琳撰《一切經音義》卷六十五《毘尼律》第四卷：“衧之，又作褚，同，知目［吕］反。《通俗文》：‘裝衣曰衧。’”（T2128v54p0740c）失譯《毘尼母經》第四卷：“有諸比丘在雪山中夏安居，手脚頭耳皆凍壞。安居已訖，各執衣持鉢來詣佛所，頭面禮足退立一面。佛知而故問：‘汝等何故身體皆壞？’比丘白佛：‘雪山中寒凍故，是以皆壞。’佛問言：‘應著何等不令身壞？’諸比丘白佛：‘若脚著皮革鞾，上著複衣，應當不壞。’佛即聽著富羅，復聽著羅目伽上，聽著騎執，復聽著複衣，若用羊毛駱駝毛，乃至綿紵之聽著。”（T1463v24p0822a）與“衧”對應之字作“紵”，“衧”爲以綿裝衣之義，“紵”爲“衧”之借字。字又作“貯”，“貯”與“衧”通用。字或作“衧”，“衧”乃“衧”字之訛，“衤”旁訛作“示”旁也。東晉佛陀跋陀羅、法顯譯《摩訶僧祇律》：“云何罪是坐非立坐？過量床兜羅綿[18]貯褥皮坐具，及婬女邊坐，沽酒家摴蒲邊獄囚邊坐，僧和上阿闍梨語莫坐而坐者，得罪。”（T1425v22p0431b）本頁下注18：“（衧）＋貯《聖》。”唐慧琳撰《一切經音義》卷五十九《四分律》第十九卷：“褚繩，古文‘衧’，同，竹與反。謂以綿裝衣也。”（T2128v54p0702a）東晉佛陀耶舍、竺佛念譯《四分律》：“爾時佛在舍衛國祇樹給孤獨園，時六群比丘作兜羅綿[6]緒繩床木床大小褥，諸居士見皆共嫌之。”（T1428v22p0693b）本頁下注6：“緒＝貯《三》《宮》。”《可洪音義》卷十七《四分比丘戒本》：“衧繩，上知与反。”（v60p49a）東晉佛陀耶舍譯《四分律比丘戒本》：“若比丘作兜羅綿[20]貯繩床木床大小蓐成者，波逸提。”（T1429v22p1020b）本頁下注20：“貯＝衧《聖》。”“衧”皆“衧”字之訛。《可洪音義》卷十五《摩訶僧祇律》第二十五卷：“衧褥，上竹与反。”（v59p1110a）“衧”又“衧”之進一步訛誤，“宁”旁訛作“守”旁也。

1393 袓

唐慧立本《大唐大慈恩寺三藏法師傳》:"此地經論,蓋法門枝葉,未是根源。諸師雖各起異端,而情疑莫遣,終須括囊大本,取定於衹[50]袓耳。"(T2053v50p0278c)本頁下注50:"袓=洹《三》《宫》《甲》。"

按:"袓"與"洹"爲版本異文,"袓"即"桓"字之訛,"洹"與"桓"爲同一梵文的譯音字。佚名《成唯識論本文抄》:"《慈恩傳》第十云:'法師往以今古大德闡揚經論,雖復俱依聖教,而引據不同。……此地經論,蓋法門枝葉,未是根源。諸師雖各起異論,而情疑莫遣,終須括囊大本,取定於衹洹耳。'"(T2262v65p0786c)字亦作"洹"。唐慧琳撰《一切經音義》卷十四《大寶積經》第一百八卷:"衹洹,胡官反。梵語,彼方精舍名。"(T2128v54p0398a)又卷十《仁王護國陀羅尼經》:"衹樹,梵語也。或云衹陀,或云衹洹,或云衹園,皆一名也。正梵音云誓多,此譯爲勝,波斯匿王所治城也,太子亦名勝。給孤長者就勝太子抑買園地,爲佛建立精舍,太子自留其樹供養佛僧,故略云衹樹也。"(T2128v54p0368a)東晉瞿曇僧伽提婆譯《增壹阿含經》:"是[7]衹[8]洹界,仙人衆娱戲。"(T0125v02p0820a)本頁下注7:"衹洹界~Jetavanam。"注8:"洹=桓《宋》《元》。"佚名《翻梵語》:"衹洹林,應云[19]哆槃那,亦云衹多槃那。譯曰氏多者,勝;槃那者,林。"(T2130v54p1046c)本頁下注19:"(氏)+哆《甲》。"日本明覺撰《悉曇要訣》:"問:衹陀林者,梵云𑖕𑖸𑖝𑖪[此處脱一'𑖡'——引者按]。𑖕𑖸𑖝者,太子名也,新云制多,譯云戰勝;𑖪𑖡者,此云林。舊譯云衹陀林或衹洹。此'衹'字,《切韻》平聲巨支反,仍萬人以耆音呼之,然與梵文乖,豈非古譯大失耶?"(T2706v84p0542b)"衹洹"爲梵文"Jetavanam"或"𑖕𑖸𑖝𑖪𑖡(Jetavana)"的譯音形式。"洹"爲"𑖪(va)"後接鼻音"n"時的譯音字,字或用"桓","洹"與"桓"爲同一梵文的不同譯音字。《悉曇要訣》:"問:𑖪字古有和音,若與下字相連以空點音呼之,可云𑖪𑖽,桓(胡官反)。"(T2706v84p0523b)"桓"亦爲"𑖪𑖽(vaṃ)"的譯音字。南朝梁寶唱等集《經律異相》:"貧女歡喜受到衹[1]袓。"(T2121v53p0205a)本頁下注1:"袓=洹《三》《宫》。""袓"亦"桓"字之訛。

又,唐道宣撰《廣弘明集》:"翻愁夜鍾盡,同志不盤[47]桓。"(T2103v52p0356c)本頁下注47:"桓=恒《元》《明》,袓《宫》。""袓""恒"皆"桓"字之訛。

鄭賢章《漢文佛典疑難俗字彙釋與研究》"袓"字條(p278)以"袓"爲"洹"字之訛乃"示"旁訛作"氵"旁,或"洹"受"衹"字影響而改作"示"旁,皆不可從。

1394 禠

日本英憲撰《俱舍論頌疏抄》："苾芻律儀（文）惠云：梵云苾芻，此云乞士，舊云比丘，訛也。是西國草名，具五義四德。五義者：一、此草未生諸草競生，況佛未出世外道皆興；二、此草生已諸草皆滅，況佛出世外道投佛出家；三、此草生已掩諸嗅氣，況佛所至之處止諸惡事；四、此草不被禠嵐猛風傾動，況佛八風不動，八風，頌曰：利衰毀譽稱譏苦樂；五、此草不被塵垢染汚，況佛破戒垢不能染汚。"（T2254v64p0602b）

按："禠"即"旋"字之訛。同上經："苾芻事。惠云：苾芻，此云乞子，舊云比丘。西國草，具五義四德。五義者：一、此草未生草競生，況佛未出世外道皆興；二、此草生已諸草皆滅，況佛出世外道投佛出家；三、此草生已掩諸嗅氣，況佛出世所至之處止諸惡事；四、此草不致旋嵐猛風傾動；五此草不致麁垢染汚，況佛破戒垢不能染汚。"（T2254v64p0553a）與"禠"對應之字作"旋"。唐慧琳撰《一切經音義》卷四十一《六波羅蜜多經》第五卷："旋嵐，下臘南反。梵語也，刼灾之時大猛風也。"（T2128v54p0580b）唐慧琳撰《一切經音義》卷七十三《舍利弗阿毘曇論》第六卷："旋嵐，力含反。或作毘嵐婆，或言鞞藍婆，或作吠藍，或言隨藍，皆是梵之楚夏耳。此云迅猛風。"（T2128v54p0782b）"旋嵐"爲梵文譯音詞，義爲大猛風。"旋"訛作"禠"者，"旋"或作"𬓃"（見《可洪音義》v59p581b），構件"方"訛作"礻"；或作"𣄚"（見《可洪音義》v60p733a），右旁寫法與"延"略近，故"旋"或訛作"禠"。唐金剛智譯《金剛頂經曼殊室利菩薩五字心陀羅尼品》："准前地印，豁開禪智。右旋八方誦陀羅尼三遍，遠近隨意，想金剛火城飛焰電[29]旋。"（T1173v20p0710c）本頁下注29："旋＝珽《宋》。"《嘉興藏》作"旋"。《可洪音義》卷九《金剛頂經曼殊室利菩薩五字心陀羅尼品》："電珽，似全反。正作'旋'。"（v59p886c）"珽"亦"旋"字之訛。

唐慧暉述《俱舍論釋頌疏義鈔》："此草不被挺風猛風傾動，況佛八風不動。"（X0839v53p0174a）字作"挺"，"挺"亦"旋"字之訛。

1395 㨵

佚名《陀羅尼雜集》："摩耶劍婆耶[1]㨵治阿讓婆夜知。"（T1336v21p0626a）本頁下注1："㨵＝䨓《三》。"

按："㨵"與"䨓"爲版本異文，"㨵"即"䨓"字之訛。林光明《新編大藏全咒》卷十六《陀羅尼雜集》"大自在天及其眷屬即説呪"中"㨵"的梵文羅馬轉寫作“te”（v16p393）。日本淨嚴撰《悉曇三密鈔》：“𑖝𑖸，帝、諦、摘、羝（羂索）。”（T2710v84p0744b）唐慧琳撰《一切經音義》：“不嚏，羝悌反。《考聲》云：‘氣奔鼻而嚏也。’《蒼頡篇》云：‘嚏即噴也。’《説文》云：‘嚏謂悟氣解也。從口，疐聲。’音帝。”（T2128v54p0827c）“疐”與“嚏”同音“帝”，“帝”爲“𑖝𑖸（te）”的譯音字，“疐”亦可爲“𑖝𑖸（te）”的譯音字。

1396 ⿰礻㐬

東晉佛陀耶舍、竺佛念譯《四分律》：“時毘舍離諸梨車子等多行邪婬，彼作純黑羺羊毛作[9]氈，被體夜行，使人不見。時六群比丘見已便效，選取純黑羺羊毛作氈臥具。”（T1428v22p0614a）本頁下注 9：“氈＝⿰礻㐬《聖》。”

按：“⿰礻㐬”與“氈”爲版本異文，“⿰礻㐬”即“旃”字之訛，經文中通“氈”。《説文解字·毛部》：“氈，撚毛也。从毛亶聲。”徐鉉注“諸延切”。段注：“撚毛者，蹂毛成氈也。”《玉篇·毛部》：“氈，之延切。毛爲席。”“氈”本義爲用羊毛等壓製成的氈子，經文即用此義。文獻中這個意義或借用“旃”字，《漢書·王吉傳》：“夫廣夏之下，細旃之上，明師居前，勸誦在後。”唐顏師古注：“‘旃’與‘氈’同。”佛經中“旃”通“氈”之例多見。北魏瞿曇般若流支譯《正法念處經》：“云何多作？既偷盜已，多作床敷臥具[10]氈被。”（T0721v17p0004c）本頁下注 10：“氈＝旃《宮》。”南朝宋佛陀什、竺道生譯《彌沙塞部和醯五分律》：“有諸比丘得長短毛及無毛雜色氀毼不敢受，以是白佛。佛言：聽受。雜色者，聽浣壞色乃著；若不能令純色壞者，聽在僧坊内著。有諸比丘，得已成[2]氈及未成者不敢受作。以是白佛，佛言：聽受作。”（T1421v22p0135a）本頁下注 2：“氈＝旃《聖》。”“旃”皆通“氈”。東晉佛陀跋陀羅、法顯譯《摩訶僧祇律》：“有罪得無罪者，作小房大房[22]氈一切，乃至三諫，是名緣有罪得無罪，緣有罪至有罪者。”（T1425v22p0430c）本頁下注 22：“氈＝⿰礻⿱𠂉丹《宋》《元》，栴《明》，秔《宮》。”“⿰礻⿱𠂉丹”“栴”“秔”與“氈”爲版本異文，三字皆“旃”字之訛。“⿰礻⿱𠂉丹”又寫作“⿰礻⿱𠂉先”（見《可洪音義》v59p857a），“⿰礻㐬”與“⿰礻⿱𠂉先”形近。

1397 ⿰礻甬

日本阿寂記《大日經供養次第法疏私記》：“四從四抑下明釋抑揚中，抑謂毀也，揚謂嘆也。言此人或爲利顯明檀越之慳心，故檀越懷慚愧而施與之，故云有人貪利乃至施與也。或爲利讃嘆檀越之[2]⿰礻甬得，故檀越懷慶悦而施與之，故云又至餘家乃至是名抑揚也。”（T2220v60p0741b）本頁下注 2：“⿰礻甬＝福?”

按：做注者疑“⿰礻甬”爲“福”字之訛，所疑蓋是。唐道宣撰《四分律删繁補闕行事鈔》："但以危脆之身不能堅護正法，浮假之命不肯遠通僧食。違諸佛之教，損檀越之福，傷一時衆情，塞十方僧路，傳謬後生，所敗遠矣。"（T1804v40p0022a）"福得"，疑本作"福德"，"福"爲"福"之訛，"得"爲"德"之借字。失譯《别譯雜阿含經》："己身實無[10]得，虚讃以自憍。"（T0100v02p0469c）本頁下注10："得=德《三》。""得"即爲"德"之借字。

1398 祽

龍樹造、後秦鳩摩羅什譯《大智度論》："惡業多故造無間罪，或殺父母，或傷害賢聖，或要時榮貴，讒賊忠貞，殘害親[7]戚。"（T1509v25p0232a）本頁下注7："戚=祽《石》。"

按："祽"與"戚"爲版本異文，"祽"即"族"字之書寫變異。"親族"與"親戚"義近。同上經："勅下國中，簡擇諸釋貴[16]戚子弟，應書之身皆令出家。"（T1509v25p0164c）本頁下注16："戚=族《三》《宫》。""戚"與"族"亦或互换。《可洪音義》卷十一《十住婆沙論》第七卷："親祽，自木反。"（v59p956b）"祽"即"族"之書寫變異。"祽"與"祽"形近，"祽"亦"族"之書寫變異。

唐菩提流志譯《一字佛頂輪王經》："若此世界一切菩薩摩訶薩等，及諸苾芻、苾芻尼、鄔波索迦、鄔波斯迦，諸族姓男[5]娭姓女等，具能依法讀誦受持如是一字佛頂輪王大明呪者，所有一切諸天世人種種神鬼，悉無能害作諸破壞，是人當得一切安壽。"（T0951v19p0226b）本頁下注5："娭=族《三》《甲》。""娭"亦"族"字之訛。

楊寶忠《疑難字考釋與研究》亦有考證（p530），可參看。

1399 祷

唐法全集《大毘盧遮那成佛神變加持經蓮華胎藏菩提幢標幟普通真言藏廣大成就瑜伽》："一切佛心真言曰（普印）：曩莫三曼多没馱喃（引）暗薩嚩没馱冐地薩怛嚩（二合。菩薩）紇哩（二合）[1]捺野儞也（二合。心也）吠奢儞（入也）曩莫（歸命）薩嚩尾泥（與願）娑嚩（二合）賀。"（T0853v18p0153a）本頁下注1："捺=祷《甲》。"

按："祷"與"捺"爲版本異文，"祷"即"捺"字之訛，"扌"旁訛作"示"也。日本勝賢記、守覺輯《祕鈔》："真言（一切佛心真言）：[illegible]。"（T2489v78p0500c）與"祷"對應的梵文爲"[illegible]（da）"。日本淨嚴撰《悉曇三密鈔》："[illegible]，捺囉

(胎）娜羅（金)。”（T2710v84p0753b）“捺”可爲二合音“ (dra)”上字的譯音字，讀音相合。《可洪音義》卷七《不空羂索神變真言經》第十一卷：“倪禁，下奴達反。又音奈，悮。”（v59p783b）“禁”亦“捺”字之訛。

1400 䄻

遼慈賢譯《妙吉祥平等祕密最上觀門大教王經》：“怛怛囉（二合）儞（入聲）弭野（二合）攞佉銘（二合。一）滿䄻（左租切）室哩（二合）曳（引）軨（引。二)。”（T1192v20p0921a）

按：同上經：“唵（引。一）滿祖室哩（二合）拏闥吽（引。二)。”（T1192v20p0923a）與“䄻”對應之字作“祖”。林光明《新編大藏全咒》卷十二《妙吉祥平等祕密最上觀門大教王經》“妙吉祥成就身明”中“䄻”的切音作“左租切”，梵文羅馬轉寫作“ju”（v12p367)。“䄻”即“祖”字之訛，“且”旁訛作“具”旁也。“且”與“具”形體相近，《大正藏》中兩字或混誤。失譯《般泥洹經》：“[3]具佛所説，言一出口，寧自違乎？”（T0006v01p0181a）本頁下注 3：“具=且《元》《明》。”《嘉興藏》作“且”。“具”即“且”字之訛。又：“且夫一切去來現佛，皆從法得。經法[6]且存，但當自勉勤學力行，持清淨心，趣得度脱。”（T0006v01p0181a）本頁下注 6：“且 = 具《元》《明》。”《嘉興藏》作“具”。“且”爲“具”字之訛。東漢曇果、康孟詳譯《中本起經》：“時摩竭提國王吏民，以歲會禮，往詣迦葉。相樂七日，迦葉心念，佛德聖明，衆人見者，必[35]阻棄我，令其七日不現快乎。”（T0196v04p0151b）本頁下注 35：“阻 = 俱《三》。”“阻”爲“俱”字之訛，皆可比勘。

1401 禍

唐法琳撰《辯正論》：“常教人爲浮圖，人有災[27]禍及無子者，勸行浮圖齋戒。”（T2110v52p0534c）

按：“禍”與“禍”爲版本異文，“禍”即“禍”字之書寫變異。唐道宣撰《廣弘明集》（T2103v52p0185a)、唐彦琮纂録《集沙門不應拜俗等事》（T2108v520470a）與“禍”對應之字皆作“禍”。“災禍”文獻習見。秦公《碑别字新編·十四畫》“禍”字條下引《隋謝岳墓誌》字形作“禍”。《龍龕手鏡·礻部》：“禍、禍，二俗；禍、禍，二正。胡果反。灾禍也。”（p111）“禍”與“禍”同，記録“災禍”。“禍”字形與“禍”相近，當都是“禍”的異寫。《廣弘明集》：“俗之謗者大抵有五：其一，以世界外事及神化無方，爲迂誕也。其二，以吉凶[16]禍福或未報應，爲欺誑也。”（T2103v52p0107c）本頁下注 16：“禍 = 福《三》，禍《宫》。”又：“竊見景行不虧，夭身世而嬰[17]祸；狂勃無禮，竟天年而享福。”（T2103v52p0116b）本頁下注 17：“祸 = 禍《三》《宫》。”“祸”亦皆“禍”字之訛。

1402 褈

唐惠詳撰《弘賛法華傳》：“其弟璡，行盡色難，志窮惡道，奉爲考安豐公，妣成安公主，敬造《法花》《金剛》《般若》各一部，乃妙思神褈，幽情獨悟。每菡萏將發，澡雪身衣，自搴池内白蓮花葉，潔淨曝乾，擣以爲紙。”（T2067v51p0044c）

按：“神褈”疑正當作“神理”，“神理”經文多見，如南朝梁僧祐撰《弘明集》：“心爲慮本慮，不可寄之他分，若在於口眼耳鼻，斯論然也；若在於他，心則不然矣。耳鼻雖共此體，不可以相雜。以其所司不同器，器用各異也。他心雖在彼形而可得相涉，以其神理均妙，識慮齊功也，故《書》稱：啓爾心，沃朕心；《詩》云：他人有心，予忖度之。”（T2102v52p0056c）唐道宣撰《大唐内典録》：“道林法師，神理所通，玄拔獨悟，數百年來紹明大法令真理不絶者，一人而已，餘如傳述，有集十卷盛行於世。”（T2149v55p0245a）“神理所通，玄拔獨悟”又見於南朝梁慧皎撰《高僧傳》、隋費長房撰《歷代三寶紀》、唐神清、慧寶注《北山録》等經。唐道世撰《法苑珠林》：“夫神理無聲，因言辭以寫意；言辭無迹，緣文字以圖音。故字爲言蹄，言爲理筌，音義合符，不可偏失。是以文字應用彌綸宇宙，雖迹繁翰墨而理契乎神，但以經論浩博，具録難周；記傳紛綸，事有廣略。所以導達群方，開示後學。設教緣迹，焕然備悉。訓俗事源，鬱爾咸在。搜檢條章，討撮樞要。緝綴紙筆，具列前篇。其餘雜務，汲引濟俗。現可行者，疏之於後。冀令昏昧漸除，法燈遐照也。”（T2122v53p1013a）日本常曉撰《常曉和尚請來目録》：“《維摩經五教義》一卷（文襲禪師造）。右《維摩經》，窮微盡化，妙絶之稱也。造疏之人，數般論旨，左右詞疎[36]瑮塞。”（T2163v55p1069c）本頁下注 36：“瑮塞 = 理蹇《甲》《丙》。”“瑮塞”爲“理蹇”之訛，“理”或訛作“瑮”。參 0740“瑮”字條。唐慧琳撰《一切經音義》：“彌窒，古文懫，同，丁結、豬[1]栗二反，秦言善知識，依字，窒，塞也。一本作彌多羅尼子，亦是梵言訛轉耳也。”（T2128v54p0616a）本頁下注 1：“栗 = 果《甲》。”“果”爲“栗”字之訛。故“里”具備了訛作“栗”的可能性。“理”之“里”旁訛作“栗”，左旁受前文“神”的同化作用而改從“示”旁，則成“褈”字。

1403 禵

北宋子璿集《首楞嚴義疏注經》本頁下注 5：“宫内省本奥書曰：師直熟思，

今生愆尤，不可勝計，矧是曠劫罪障，何以消除？因茲謹開此真詮之板，以拔積業之根所冀，上報四恩，下資三有，同出妄想昏域，共入楞嚴覺場。曆應二禩季春中澣武藏守高師直敬誌。”（T1799v39p0967x5）

按：“禩”即“禩”字之訛。《説文·示部》：“祀，祭無已也。从示，巳聲。禩，祀或从異。”《玉篇·示部》：“祀，徐里切。《周書》八政，三曰祀。《爾雅》云：祭也，又年也。禩，同上。”“禩”爲“祀”之異體，有年義，與文意合，“二禩季春”即二年季春之義，“禩”爲“禩”之形訛。北宋知禮撰《四明十義書》：“景德三禩臘月既望。”（T1936v46p0832a）南宋宗曉編《樂邦文類》：“乾道二禩四月望序。”（T1969Av47p0175b）“禩”皆爲年義。

1404 禈

唐菩提流志譯《五佛頂三昧陀羅尼經》：“次如來金剛光焰印呪之四十一。准前三摩地，改當心上印，呪曰：（歸命同上）虎䶵入嚩攞跋日囉緊崆闍（引）崆闍（引。[6]禈，二合）。”（T0952v19p0279a）本頁下注 6：“禈=祖《甲》。”

按：“禈”與“祖”爲版本異文，“禈”即“祖”字之訛。咒文亦見於唐菩提流志譯《一字佛頂輪王經》，其文曰：“如來金剛光焰印之四十六。准前三摩地印，改當心上印，呪曰：娜莫縒曼彈（一）勃馱南（二）虎（二合）䶵（三）入嚩攞（四）跋日囉（五）繁豗（儞一反）啜（六）豗（同上。二合）琳主（七）。”（T0951v19p0245a）對比二者，“禈”當與“主”對應，當爲咒語中字，《大正藏》刻入咒語之小注文字，蓋誤。林光明《新編大藏全咒》卷六《一字佛頂輪王經》“如來金剛光焰印咒”中“主”梵文羅馬轉寫作“ṭu”（v6p288）。日本淨嚴撰《悉曇三密鈔》：“ཅ，注、芻、珠、足、朱、徂、主、祖（隨求）。”（T2710v84p0742c）“主”“祖”二字皆可爲“ཅ（cu）”的譯音字。唐金剛智譯《佛説七俱胝佛母准提大明陀羅尼經》：“妙言曰：唵折隸[12]主隸准提噎醯薄伽嚩底莎嚩訶。”（T1075v20p0176a）本頁下注 12：“主=祖《甲》《丙》。”唐不空譯《七俱胝佛母所説准提陀羅尼經》：“唵者禮主禮准泥翳醯曳（二合）呬婆誐嚩底（丁以反）娑嚩（二合，引）賀。”（T1076v20p0181c）林光明《新編大藏全咒》卷三《七俱胝佛母所説准提陀羅尼經》“請本尊印真言”中“主”梵文羅馬轉寫作“cu”（v3p435）。“者禮主禮”梵文音與“折隸主隸”同，佛經中亦有“主”“祖”同作“cu”譯音字之例。

南宋婁機《漢隸字源·姥韻》“祖”字條引《平輿令薛君碑》字形作“禈”，與“禈”形近。“祖”訛作“禈”，形體亦合。

1405 𥜻

唐菩提流志譯《不空羂索神變真言經》第二十五卷:“依諸如來最勝自在奮怒金剛降伏法門,類相伽如所聖者,面目𥜻視,跪踞而坐,若護身三昧耶,識心任持一切如來金剛智法。”(T1092v20p0366c)

按:《嘉興藏》作“𥜻”。《可洪音義》卷七《不空羂索神變真言經》第二十五卷:“𥜻視,上所拜反。”(v59p787c)字作“𥜻”,音“所拜反”,未釋其義。唐慧琳撰《一切經音義》卷三十九《不空羂索經》第十三卷:“𥜻柱,上色戒反,諸字書並無此字,譯經人隨意作之。下誅縷反。”(T2128v54p0563b)《不空羂索神變真言經》:“復以杖𥜻柱米哆羅心上,誦悉地王真言。令米哆羅吐紇唎娜耶,便取執持,即得騰空,自在無礙,獲得一切大力鬼神三昧耶,如摩醯首羅得大自在,壽命萬歲。復一稱䛐字,一以杖[9]𥜻[10]拄米哆羅心上七下,又以杖𥜻打喉上七下。米哆羅自吐舌出,持刀割取,便變成劍,當佩身者,獲得一切劍仙三昧耶,壽命萬歲,一十八千劍仙爲伴。又以杖𥜻打米哆羅頭上七下,發遣米哆羅身中真言明神,還宮而去,米哆羅變成閻浮檀金,此金一兩赤銅百兩,和融銷鑄成上真金。”(T1092v20p0295c)本頁下注9:“𥜻=殺ヵ《乙》。”注10:“拄=柱《明》《乙》。”《嘉興藏》作“𥜻柱”。《大正藏》與《一切經音義》“𥜻”對應之字作“𥜻”,注文作“𥜻”,乙本作“殺”,《嘉興藏》作“𥜻”。據文意“𥜻”“𥜻”皆“摋”字之訛。《玉篇·手部》:“摋,蘇割切。側手擊曰摋。”《集韻·曷韻》桑葛切:“摋,側手擊也。《春秋傳》:‘摋仇牧。’”又《薛韻》私列切:“摋,側擊也。《春秋傳》:‘摋仇牧。’”又《黠韻》山戛切:“摋,擊也。”“摋”有擊義。“柱”當作“拄”,“拄”有戳、捅之義。“摋拄”即戳捅、擊打之義,“以杖𥜻拄”即用杖戳打之義。後文“以杖𥜻打”,義近。“𥜻視”之“𥜻”亦當作“摋”字之訛。唐慧琳撰《一切經音義》:“摋打,所誡反。俗字也。”(T2128v54p0721a)又:“摋拍,上生界反。《考聲》云:‘有威勢也。’《韻詮》云:‘急也。’顧野王云:猛用力打物也。從手殺聲也。”(T2128v54p0710b)“摋”有“有威勢”之義,“摋視”或即威嚴之視之義。

1406 禶

佚名《佛説佛名經》:“敬禮十方諸大菩薩摩訶薩:南無了相菩薩、南無定相菩薩、南無定禶菩薩、南無發喜菩薩……”(T0441v14p0278c)

按:佚名《大通方廣懺悔滅罪莊嚴成佛經》:“南無十方無量諸大菩薩:……南無了相菩薩、南無定相菩薩、南無定積菩薩、南無發喜菩薩……”(T2871v85 p1344b)《佛説佛名經》卷七:“願以懺悔鼻根功德,願令此鼻常聞香積入法位香。”(T0441v14p0216a)又卷二十二:“願以懺悔鼻根功德,願令此鼻常聞香禛入法位香。”(T0441v14p0276b)“禛”皆與“積”對應,“禛”即“積”字之訛。“禾”與“示”形近,作偏旁時常常混誤。如“私”,《隋寇遵考墓誌》作“䄰”(秦公《碑别字新編》p43);“秋”,《魏兗州刺史元弼墓誌》作“秋”(同上 p100);“秩”,《魏王悦墓誌》作“袟”(同上 p133),故“積”亦可寫作“禛”。

1407 禁

唐不空譯《氷揭羅天童子經》:“若人被拘[3]縶時,當誦此明即得解脱。”(T1263v21p0292a)本頁下注 3:“縶=禁《乙》。”

按:“禁”與“縶”爲版本異文,“禁”即“縶”字之訛。“拘縶”義爲“押系,束縛”,如北宋司馬光《謝始平公以近詩一卷賜示》詩:“絳帳生徒東閣客,微官拘縶如樊籠。”位於字下部的“糸”又可訛作“示”,爲了書寫便捷,改逆筆爲順筆,“糸”可作“不”,如“累”,《北周寇熾墓誌》作“累”(秦公《碑别字新編》p179);“素”,《北魏兗州刺史元弼墓誌》作“素”(同上 p135);進而又與“示”混同,如“紫”,《隋張伻墓誌》作“祡”(同上 p178);故“縶”亦可作“禁”。

1408 穀

龍樹造、後秦鳩摩羅什譯《大智度論》:“復次阿名不,羅呵名生,是名不生。佛心種子後世田中不生,無明[38]糠脱故。”(T1509v25p0071b)本頁下注 38:“糠=穀皮《聖》《石》。”

按:“穀皮”與“糠”爲版本異文,“穀”即“穀”字之訛。《類篇·米部》:“糠,穀皮也。”“穀”又作“䅽”“穀”“穀”“穀”等形。“䅽”與“穀”是構件位置不同的異寫字,清吴任臣《字彙補·禾部》:“䅽,古鹿切,音谷。出《禪法要解經》。”“䅽”又訛作“穀”,唐顔元孫《干禄字書·入聲》:“穀,俗;穀,正。”秦公《碑别字新編》“穀”字條引《魏高貞碑》作“穀”,《晋好大王碑》作“穀”(p330)。清吴任臣《字彙補·禾部》:“穀,《金匱要略》‘穀飪之邪’。今讀與馨同。”《字彙補》注釋有誤。《金匱要略》卷一《臟腑經絡先後病脈證第一》:“清邪居上,濁邪居下,大邪中表,小邪中裏,穀飪之邪從口入者,宿食也。”“穀”今人注釋中或以爲同“馨”,或以爲同“穀”,但都認爲“穀飪”義爲“飲食”。以爲同“馨”者多依《康熙字典》,《康熙字典》此字注解又因襲《字彙補》,不足爲據。《金匱要略》“穀”當爲“穀”字之訛。“穀”爲莊稼糧食的總稱，“飪”本義爲“煮熟”，這裏指代熟食，“穀飪”連用代指“飲食”。“馨”字在他處無作“檠”之例證。

構件“禾”“木”形近易混，“檠”又作“檠”。《字彙補·木部》：“檠，與馨同。見《齊民要術》，又見楊慎《山海經補註》。”《字彙補》此字注釋亦誤。《齊民要術》《山海經》之“檠”亦爲“穀”字之訛，參許國經《“檠”“檠”考正》(《武漢師範學院學報》，1983 年第 5 期)。

構件“禾”“米”意義相關，形體相近，作義符時常互換，故字又作“槃”。唐不空譯《聖賀野紇哩縛大威怒王立成大神驗供養念誦儀軌法品》：“燃四十五燈，喚八箇龍王。其壇西門近如南畔安一火爐，以胡麻、[12]稻穀華等蘇蜜相和竟。”(T1072Av20p0169a) 本頁下注 12：“稻穀＝叉稻槃《甲》，稻槃《乙》。”唐法藏撰《梵網經菩薩戒本疏》：“謂衆僧寺家常住[8]槃麥果子等體通十方，不可分用故云常住。”(T1813v40p0614c) 本頁下注 8：“槃＝穀《甲》。”“槃”又訛作“檠”，北魏吉迦夜、曇曜譯《雜寶藏經》：“兄語弟言：‘卿不耕田下於種子，財[20]槃豐有，何由可獲？’”(T0203v04p0491c) 本頁下注 20：“檠＝富《三》。”此處“財穀”“財富”文意皆通，注文“檠”訛作“檠”。

構件“禾”“示”亦常混誤，故“檠”又作“禜”。秦公《碑别字新編》“穀”字條《魏于纂墓誌》作“榖”，《魏趙俊然等造像》作“穀”(p330)，構件“禾”均作“示”。《可洪音義》卷十一《攝大乘論釋》第二卷：“稻榖，上大老反，下古木反。”(v59p968a)“榖”亦“穀”字之訛。

1409 禚

唐惟謹述《大毘盧遮那經阿闍梨真實智品中阿闍梨住阿字觀門》：“阿字遍一切字，若一切字無阿字，即字不成，要有阿字，若字無頭，即不成字，故以阿字爲頭。從一阿字音，凡一切諸聲中，皆有阿字之音。不得此阿字音者，從字音表，而得有聲，生以有聲。生以有聲故遍於支分，能表一切世間出世間之法。若但見其字音，則能詮表於理，又要音韻語言，牙齒敲禚，得有所表，謂青黄赤白，東西南北，方圓大小，上下尊卑，一切事類，方可領解。故經云：‘祕密主此是遍一切處法門。’”(T0863v18p0193c)

按：“敲”同“敲”，“禚”即“搕”字之訛，文中通“磕”。“敲”“磕”同義連用，都有“敲打，撞擊”的意義。“牙齒敲磕”亦常連用，表示“牙齒互相撞擊，發出聲音”的意思。如唐慧然集《鎮州臨濟慧照禪師語録》：“但有聲名文句，皆悉是衣變，從臍輪氣，海中鼓激，牙齒敲磕，成其句義，明知是幻化，大德，外發聲語業，内表心所法，以思有念，皆悉是衣。”(T1985v47p0499c) 北宋守堅集《雲門匡真禪師廣録》：“問：‘如何是雲門山？’師云：‘庚峯定穴。’問：‘牙齒敲磕，皆落名言，如何得不落古人蹤？’師云：‘通機自辨。’”(T1988v47p0548a)

《中華字海》："敲，同敲，見《龍龕》。"（p1159a）張涌泉《漢語俗字叢考》（修訂本）"敲"字條以爲《字海》收字錯誤，字當作"敲"，疑"敲""敲"均是"敲"字之訛（p545）。張說可從。《龍龕》各本均無"敲"字，朝鮮增字本始見收録。朝鮮增字本《龍龕·高部》："敲，客角切。"當是"敲"字訛作"敲"，進而又訛作"敲""敲"。金韓孝彦、韓道昭《四聲篇海·大部》："奡，口交切。擊也，今作敲。"溝通了"敲"與"奡"的關係。又《玉篇·大部》："奡，口交切。擊也，今作敲。"溝通了"奡"與"敲"的關係，則"敲"爲"敲"書寫變異，"敲"又訛作"敲""敲"。

"禚"爲"搕"字之訛。"盖"爲"蓋"的異寫字，如"蓋"《北魏元斑妻穆玉容墓誌》作"盖"（秦公《碑别字新編》p302）。又唐唐玄度《九經字樣·艸部》："蓋今或相承作盖。""盍"作偏旁時亦常書寫作"盖"，《龍龕·疒部》："瘖，俗；瘟，正。"（p478）《龍龕·木部》："樣，俗；榼，正。"（p387）"搕"字又作"搚"。南朝梁寶唱等集《經律異相》："六十四地獄舉因示苦相三：……三十一曰[40]搚山，以搚殺蟣虱，後生短壽。"（T2121v53p0267c）本頁下注40："搚=磕《三》《宮》。"又元一行慧覺撰《華嚴經海印道場懺儀》引《經律異相》："六十四地獄者：……三十一曰磕山，以磕殺蟣蝨，後生短壽，罪報懺悔。"（X1470v74p0197c）參1099"搚"字條。偏旁"扌""礻"亦常混誤，故字又作"禚"。

1410 禴

日本杲寶撰《大日經疏演奥鈔》："遮文茶者，《密鈔》五云：疏遮文茶等者，此是夜叉趣攝，能以呪術禴禱害於世人，世人亦有行此法者。《法華經》云'若吉遮若人吉遮'，即其是也。"

按："禴"即"禳"之異構字，"禳"又爲"厭"的增旁分化字。遼覺苑撰《大日經義釋演密鈔》："【疏】遮文茶等者，此是夜叉趣攝，能以呪術禳禱，害於世人，世人亦有行此法者。《法華經》云'若吉遮若人吉遮'，即其是也。"（X0439v23p0574c）與"禴"對應之字作"禳"。《玉篇·示部》："禳，於琰切。禳禳也。"《集韻·琰韻》於琰切："禳，禳也，通作厭。"唐慧琳撰《一切經音義》卷六十四《四分尼羯磨卷上》："禳禱，上於琰反。《考聲》云：'禳，禳也。'"（T2128v54p0735c）又卷二《大般若經》："厭禱，上伊琰反。……正作禳，今從省。"（T2128v54p0321a）又遼希麟撰《續一切經音義》："厭禱，上於艷、於琰二反。《字書》作'禳'，謂禳穰［禳］也。《考聲》云：'厭，魅也，又著也。'《説文》作'猒'，從犬、甘、肉也。"（T2129v45p0962c）"厭禱"義爲"以巫術祈禱鬼神"，如唐張鷟《朝野僉載》卷三二："下里庸人，多信厭禱，小兒婦女，甚重符書。""禴"爲"禳"改換聲旁的異構字。

1411 襹

唐道世撰《法苑珠林》:“衣服襹褳，言語侏離，飲食蹲踞，好山惡都。王順其意，有詔賜以名山廣澤，號曰蠻夷。”

按:“襹”即“襹”字之訛。四部叢刊本《法苑珠林》作“襹”，四庫本作“褊”。“襹”又因“褊”字受後面“褳”字同化影響而增“辶”旁。東晋干寶《搜神記》卷十四:“織績木皮，染以草實。好五色衣服，裁制皆有尾形。……天不復雨，衣服褊褳，言語侏儷，飲食蹲踞。”又卷五:“衣裳爛斑，言語侏儷。”《後漢書・南蠻西南夷列傳・南蠻》:“衣裳斑蘭，語言侏離。”“褊褳”當爲聯綿詞，義爲斑斕。《後漢書・南蠻西南夷列傳》稱西南諸夷:“百蠻蠢居，仞彼方徼，鏤體卉衣，憑深阻峭。”後人多以“卉衣血食，言語侏儺”來描述西南少數民族的風俗習慣，明田汝成《炎徼紀聞・蠻夷》記録苗族女性服飾爲:“婦人短裙長袴，後垂刺繡一方，若綬胸亦如之，以銀若銅錫爲錢，編次繞身爲飾，富羨者以金環綴耳，纍纍若貫珠也。”清沈欽韓《後漢書疏證・南蠻西南夷傳》疏證“衣裳班蘭，言語侏離”曰:“《隋志》:諸蠻服章多以斑布爲餙。劉禹錫詩云:‘蠻女鉤舟音，蠻衣斕斑布。’《黔書・生苗》:‘紅苗衣被俱用斑絲，狗耳龍家衣斑衣。’”這種習俗與中原人的服飾迥異，因大量方志稱其爲“服食詭穢”(《職方典》)。《光緒德慶州志・舊聞志第二》:“(猺人)其俗椎結跣足，斑斕布褐，言語侏儷。”《光緒湖南通志・建置志四》:“衣製斑爛，言語侏儷。”字又作“斑斒”，如:《光緒四會縣志・猺蜑》:“言語侏儺，椎結跣足，短衣斑斒。”《古今圖書集成》本《職方典》又作“衣服褊襹，言語侏儷”。“襹”乃刻手之偶誤，將“襹”所從之“衤”旁漏刻一點。

1412 褥

唐道宣緝《量處輕重儀》:“若錦綺文成之衣，並如後斷，其下領袍褥，長袖、褊袒、衹支加覆苦、覆膊、增襻胸，如此雜類衣裳形名難具，亦並輕分。”(T1895v45p0846c)

按:“褥”即“褥”字之訛，“褥”又爲“襦”之俗體。《玉篇・人部》:“褥，同襦，俗。”《龍龕・衤部》:“褥，俗通;襦，正，人朱反。短衣也。”(p102)《續古逸叢書》影宋本字形作“褥”，均爲“襦”的俗體。《説文・衣部》:“襦，短衣也。”義爲“短衣，短襖”，與文意相合。“衤”“礻(示)”形近易混，故“褥”訛作“褥”。《可洪音義》:“裠褥，上音羣，下音儒。”(v60 p463a)字亦從“衤”。

1413 ⿰示亶

佚名《龍樹五明論》："佛眼呪法：訥謨薩婆菩曇　菩提薩埵毘耶　哆啾他　唵　胡蘆肆陀　蘆遮旖　薩婆利他　薩⿰示亶泥　莎婆呵。"（T1420v21p0962a）

按："⿰示亶"即"檀"字之訛。佛眼咒爲密教咒語之一，即佛眼真言。"薩⿰示亶泥"又譯作"娑馱儞"，如唐菩提流志譯《五佛頂三昧陀羅尼經》："即説呪曰：那摩薩嚩哆（丁可反）誐（魚迦反）諦瓢（毘遙反）囉呵（呼我反）弊（毘藥反）三藐三勃睇弊（同上）唵嚕嚕塞普嚕（入）嚩攞底瑟他悉馱盧者禰薩嚩（引）剌拕娑馱儞莎訶。説此一切佛眼呪已，其觀世音菩薩金剛密迹首菩薩。"（T0952v19p0265a-b）又譯作"娑馱額"，如失譯《奇特最勝金輪佛頂念誦儀軌法要》："佛眼大明母真言曰：曩莫薩嚩怛他（去，引）蘖帝毘庾（引。一）囉褐（二合。二）毘藥（二合）三藐三没弟毘藥（二合。三）唵（四）嚕嚕窣普嚕（二合，入）嚩攞底（丁以反）瑟姹（二合。六）悉馱路（引）左額薩嚩（二合）囉他（二合，去聲呼）娑（去）馱額（八）娑嚩（二合，引）賀。"（T0949v19p0192a）與"⿰示亶"對應之字皆作"馱"。日本淨嚴撰《悉曇三密鈔》："𑖠，陀、馱、娜、但、彈、檀、達、特。"（T2710v84p0744c）"馱""檀"皆爲"𑖠（dha）"的譯音字。

"⿰示亶"字左從"示"，"示"與"木"形近常混訛；右旁爲"亶"常見俗體，故"⿰示亶"爲"檀"字之訛。《可洪音義》"檀"亦寫作"⿰示亶"（v59p904c）。

1414 ⿰示糜

佚名《火吽軌別録》："[14]抹，叵達、叵結二反。糜也。糜，正皮也。饘也，⿰示祭爲糜碎。⿰示糜，止彼反，碎也，穈也，精也，今或糜也。"（T0914v18p0939b）本頁下注 14："抹=⿰米朱《甲》。"

按："抹""⿰米朱"均爲"粖"字之訛。反切用字"叵"爲"亡"字之訛。《玉篇·米部》："粖，亡達、亡結二切。糜也。"疑原文"糜，正皮也"當爲"糜，亡皮反"，《集韻·支韻》："糜，忙皮切。""⿰示祭爲糜碎"，文意不通。疑當作"⿰示祭也。⿰示糜爲糜碎"，脱"也⿰示糜"二字。原文當作"糜，亡皮反。饘也，⿰示祭也"，"⿰示祭"爲"穄"之訛。唐慧琳撰《一切經音義》："穄米，子曳反。《蒼頡篇》：大黍也。又云：似黍而不粘，關西謂之䴵是也。"（T2128v54p0651a）"糜"有"粥"和"穄"兩義，訓作"饘也，穄也"，文通字順。"⿰示糜"爲"糠"之訛。唐慧琳撰《一切經音義》卷第十六《無量清淨平等覺經》："糜盡，《説文》：'糜，碎也。'正體從米作'糠'，形聲字也。"（T2128v54p0405a）"糠"亦

“穈”之訛。清吴任臣《字彙補·米部》：“穈，忙皮切，音糜。碎也。”“穈”爲碎義，與“糜”不同。“䙴，止彼反”，“止”當爲“亡”字之訛。

1415 䘿

唐義淨譯《金光明最勝王經》：“南謨佛陀（引）也……栴茶[30]攝（之涉反）鉢攞 尸揭囉（上）尸揭囉　嗢底瑟咤呬　薄伽梵僧慎爾耶　莎訶。”（T0665v16p0441c）本頁下注30：“䘿=攝《元》，欇《明》。”

按：正文作“攝”，注文作“䘿”，元本異文作“攝”，顯然有誤。疑注文“䘿”“攝”誤倒，正文作“攝”，元本作“䘿”，“䘿”與“攝”“欇”爲版本異文。本頁下注16給出了此段咒語的梵文羅馬轉寫：“Namo Buddhāya ……caṇḍeśvara śikhara śikhara uttiṣṭahi bhagavan saṃciñjāya svāhā。”“攝鉢攞”爲“śvara”的譯音字，“攝鉢”對譯二合音“śva”，“攝”對譯“ś”。日本淨嚴撰《悉曇三密鈔》：“𑖫，奢、捨、……攝（金軌）、柘（太元帥軌）、室、濕、鎖、詵、輸。”（T2710v84p0746c）“攝”爲“𑖫（śa）”的譯音字。“𑖫（śa）”在二合音的上音中只取輔音，讀音相合。“䘿”“欇”蓋皆“攝”字之訛。

1416 䙴

唐不空譯《佛母大孔雀明王經》：“阿難陀汝當稱念諸大河王名字，其名曰：殑伽河王、信度河王、……[39]呬嚩孃[40]伐底河王。”（T0982p19v0436a）本頁下注39：“hiraṇyavatī.”注40：“伐=䙴《三》。”

按：“䙴”與“伐”爲版本異文，“䙴”即“襪”之書寫變異，“襪”爲微母月韻字，“伐”爲奉母月韻字，兩者讀音相近，皆“va”的譯音字。唐玄奘、辯機撰《大唐西域記》：“城西北三四里，渡阿恃多伐底河（唐言無勝，此世共稱耳。舊云阿利羅跋提河，訛也。典［舊］言謂之尸賴拏伐底河，譯曰有金河）。”（T2087v51p0903b）季羨林等《大唐西域記校注》：“阿恃多伐底河：阿恃多伐底是梵文 Ajitavatī 音譯……此河又名希連河（梵文 Hiraṇyavatī，巴利文 Hiraññavatī），别譯爲希連禪，醯連，熙連禪，熙連若婆底，尸賴拏伐底，或義譯爲有金河、金河。”（p541）“呬嚩孃伐底”亦“Hiraṇyavatī”之音譯，《校注》未提及。

甘　部

1417 䓍

日本觀靜撰《孔雀經音義》:“劍冒餌蘇，餌，仍吏反。又作粥䓍，又而志反。”（T2244v61p0785c）

按：據文意，“粥䓍”爲“鬻”字之訛。《説文·䰜部》:“鬻，粉餅也。从䰜，耳聲。餌，鬻或從食耳聲。”大徐注“仍吏切”。“鬻”爲“餌”之異構字。刻書者將“鬻”誤拆成兩個字，上部訛作“粥”，下部“鬲”訛作“䓍”。“鬲”或寫作“鬲”（見《龍龕·鬲部》），“䓍”即“鬲”進一步寫訛。

1418 磐

唐圓照撰《貞元新定釋教目録》:“《方等般涅槃經》二卷（亦名《大般泥洹經》或三卷），西晉三藏竺法護譯，第一譯；《四童子三昧經》三卷（或直名《四童子經》），隋天竺三藏闍那崛多等譯，第二譯；……《大悲經》五卷，高齊天竺三藏那連提耶舍共法智譯，單本。上三經十卷同帙（《方等般泥洹》等三經涅磐支流）。”（T2157v55p0921b）

按：同上經:“《大悲經》五卷（天保九年于天平寺出，《大周録》云涅盤支流）。”（T2157v55p0842a）與“磐”對應之字作“盤”，“磐”即“盤”字之訛，“皿”旁訛作“甘”旁也。

石　部

1419 砡

高麗一然撰《三國遺事》:“紅紫紛紛幾亂朱，堪嗟魚目誑愚夫。不因居士輕彈指，多小巾箱襲[7]碔砆。”（T2039v49p1010c）本頁下注 7：“碔 = 砋《甲》。”

按：“砋”與“碔”爲版本異文，“砋”即“碔”字之訛。《廣韻・麌韻》文甫切：“珷，珷玞，石次玉。碔，上同。”經文即用其本義。

1420 砨

前秦曇摩難提譯《阿育王息壞目因緣經》：“爾時天地，六變震動，山河石壁，[18]巔峨踊没。”（T2045v50p0179c）本頁下注 18：“巔峨 = 頗硪《宋》《宮》，砨硪《元》《明》。”

按：“砨”與“巔”“頗”爲版本異文，“砨”即“巔”字之異構字。《廣韻・果韻》普火切：“巔，巔峩，山皃。”《龍龕手鏡・山部》：“岶、岠、嚩，三或作；巔，今。普火反。巔我，山皃也。”（p74）明張自烈《正字通・山部》：“巔，岠、岶、巔並俗字。舊註：岠，音披，訓坂岶。巔，音頗，訓山貌。分爲三。”“岶”“岠”與“巔”當是更換聲符的異構字。“巔峩”，諸字書、韻書皆訓山貌，“巔”或作“嚩”“岶”“岠”等形。“巔峩”爲連綿詞，其義爲起伏不平，常用來形容山勢之起伏不平，故字或從山。“山河石壁，巔峨踊没”，形容山川大地起伏的動態，在這個意義上，從山與從石，其意可通。失譯《佛説菩薩本行經》：“諸天宮殿岠峨踊没，時諸天人馳動惶懅。”（T0155v03p0108b）唐道宣撰《四分律删繁補闕行事鈔》：“山林岥峨踊没，比丘不須變服，依常爲要。”（T1804v40p0138c）三處佛經，分别作“巔峨”“岠峨”“岥峨”。隋智顗説《妙法蓮華經文句》：“外道師徒五百，用呪移山。經一月日，簸峨已動。”（T1718v34p0013c）唐湛然述《法華文句記》：“簸峨者，傾側貌也。有作‘跁跒’，有作‘跁跒’［原文兩處‘跁跒’相同——引者按］，並不見所出。準《文選・江海賦》云：‘陽侯砐硪以岸起。’砐字（五合切）今作簸者，扇動意耳。”（T1719v34p0175a）北魏慧覺譯《賢愚經》第三卷：“作是誓已，六種震動，諸山大海，跁跒踊没。”（T0202v04p0373a）唐玄應撰《一切經音義》（麗藏本）卷十二《賢愚經》第四卷：“叵我，普我反。謂摇動不安也。《經》文作‘跁跒’，或作‘岠峨’，皆非也。”（p157c）唐慧琳撰《一切經音義》卷七十四《賢愚經》第四卷：“叵我，普我反。謂搖動不安也。《經》文作‘跁哦’，或作‘岠峨’，皆非也。”（T2128v54p0789b）該詞本連綿詞，故詞形不定。

1421 砉

唐神清撰、北宋慧寶注《北山録》：“莊氏以爲庖丁解牛，目無全牛（庖丁爲文惠君解牛，手之所觸，肩之所倚，足之所履，膝之所踦，砉然嚮然，奏刀騞然，莫不中音。合於桑林之舞，乃中經首之會。以神遇而不以目視。以一刀十九年解數千牛，刀刃若新發於硎者。彼節有間而刀刃無厚，以無厚入有間，恢恢乎其於遊刃必有餘也。此乃莊生寓言況道也，取其利用不滯之意）。”（T2113v52p0584c）

按：“砉”即“砉”字之訛。《莊子》作“砉”。唐元康撰《肇論疏》：“足之所履，膝之所踦，砉（呼歷反）然嚮然。”（T1859v45p0176c）“砉”爲“砉”之書寫變異。

1422 砟

南朝齊僧伽跋陀羅譯《善見律毘婆沙》：“若在船上布薩，應下[6]碇，若下橛，不得繫著岸。”（T1462v24p0793b）本頁下注6：“碇=砟《三》，矴《宫》。”

按：“砟”與“矴”“碇”爲版本異文，“砟”即“碇”字之訛，“碇”又爲“矴”“碇”之異構字。唐大覺撰《四分律鈔批》：“若在船上布薩應下矴。下矴者，此明船上作法，要須住船。”（X0736v42p0678b）與“砟”對應之字又作“矴”。《玉篇・石部》：“矴，丁定切。矴石。”《集韻・徑韻》丁定切：“矴、碇、碇，丁定切。錘舟石也。或从定、从奠。”《類篇・石部》：“矴、碇、碇，丁定切。錘舟石也。或从定、从奠。”明張自烈《正字通・石部》：“碇，矴本字。硾舟石。《正訛》‘从石，奠聲。’篆作‘碇’。别作‘碇’‘矴’，非。”諸字書、韻書所釋皆謂“矴”乃停泊船時鎮船用的石墩。唐慧琳撰《一切經音義》卷六十五《善見律》第十七卷：“下矴，都定反。謂柱下石也。《經》文作‘碇’，近字也。”（T2128v54p0740b）此條慧琳轉自玄應，釋義誤。唐慧琳撰《一切經音義》：“柱礎，音楚。即今之柱下石矴也。亦名柱礩，一名柱磶。磶，音昔。南人呼爲礎。形聲。”（T2128v54p0858a）“矴”或與“礎”同義，爲柱下石，但此義不合《善見律》之經義。

《可洪音義》卷二十四《開皇三寶録》第十二卷：“渕砊，丁定反。柱下石也。正作‘矴’。”（v60p329c）隋費長房撰《歷代三寶紀》：“《勝天王經》云：轉輪聖王出世則七寶常見。藍田之山舊稱産玉，近代曠絶，書史弗聞，開皇已來，出玉非一。又太府寺是國寶淵，碇二十餘自變爲玉。仁壽山所國之神靈，其山磵石復變爲玉。地不愛寶，此則同於輪王相也。”（T2034v49p0108c）“碇”，可洪以爲正作“矴”，其義爲柱下石，與文意合。其形作“砊”，“砟”蓋“砊”之訛。

鄭賢章《漢文佛典疑難俗字彙釋與研究》“砟”字條（p281）亦有考證，可互參。

1423 砽

日本阿寂記《妙印鈔》："以寶珠之喻統論三劫始終之時，至始從取石砽置家内，洗磨而瑩，發之既得光顯，喻三劫中諸心相。"（T2213v58p0167a）

按："砽"即"丱"加"石"旁而成，爲"磺""礦"之異構字。《説文·石部》："磺，銅鐵樸石也。从石，黄聲，讀若穬。卝，古文磺。《周禮》有'卝人'。"清段玉裁注："按各本此下出'卝'篆。解云：'古文礦。《周禮》有卝人。'按《周禮》鄭注云：'卝之言礦也。'賈疏云：'經所云卝是總角之卝字，此官取金玉，於卝字無所用，故轉從石邊廣之字。'語甚明析。'卝之言礦'，'卝'非'磺'字也。凡云之言者，皆就其雙聲、疊韻以得其轉注、假借之用。'卝'本《説文》'丱'字，古音如關，亦如鯤。引伸爲'總角卝兮'之'卝'，又假借爲金玉樸之'磺'，皆於其雙聲求之。讀《周禮》者徑謂'卝'即'磺'字，則非矣。又或云與角卝之字有别，亦誤。至於《説文》'丱'字本作'卝'，不作'丱'。《五經文字》曰：'卝，古患反。見《詩·風》。《説文》以爲古"丱"字。'《九經字樣》曰：'卝、丱，上《説文》，下隸變。'是《説文》'丱'字作'卝'，唐時不誤，確然可證。《五經文字》又云：'卝，《字林》不見。'可證'卝'變爲'丱'，始於《字林》。今時《説文》作'丱'不作'卝'，則五季以後，據《字林》改《説文》者所爲也。《説文》即無'卝'，乃有淺人於石部妄增之。'卝'果是古文'磺'，則鄭何必云'之言'，賈何必云'此官取金玉，於卝字無所用'哉？今於《丱部》正之，於《石部》删之。學者循是以求之，許書之真面可見矣。"《龍龕手鏡·石部》："磺，俗；砽，古；礦，正。古猛反。金銀璞也。"（p443）《集韻·梗韻》古猛切："磺、礦、鑛、釥、砃、卝，《説文》：'銅鐵樸石也。'或作礦、鑛、釥、砃、卝。"皆已溝通"砽""砃"之關係。唐顔元孫《干禄字書·上聲》："礦鉚，上通下正。""砽"又作"鉚"。明張自烈《正字通·丨部》："丱，同卝。""丱"當是"卝"的異寫。

1424 硋

北魏月婆首那譯《勝天王般若波羅蜜經》："民之所欲，天必從焉。屬我大陳，膺期硋運，重光累業，再清四海。"（T0231v08p0726a）

按："硋"即"啓"字之訛。唐道宣撰《廣弘明集》："惟我大唐，膺期啓運，握機御曆，誕命建家。"（T2103v52p0168c）"膺期"謂承受機運，"啓運"謂開啓世運，乃近義詞連用，謂承受天命，開啓帝運。"啓"或作"啓"（見《龍龕》），又寫作"晵"（見《可洪音義》v59p608c）。"硋"即"晵"字之進一步寫訛，“戈”旁訛作“弋”旁，又改變了部件間佈局。

1425 䃁

日本明覺撰《悉曇要訣》：“《文殊問經》云：‘䃁字時斷愛拔聲。（文）𑖩 [illegible]枝也。’《莊嚴經》云：‘出一切生死枝條。’”（T2706v84p0563c）

按：“䃁”即“砢”字之異構字。唐不空譯《文殊問經字母品第十四》：“稱砢字時是斷愛支聲。”（T0469v14p0509c）此即明覺所本，與“䃁”對應之字作“砢”。唐玄奘譯《大般若波羅蜜多經》：“入砢字門悟一切法出世間故，愛支條緣永被害故。”（T0220v07p0081c）唐全真集《唐梵文字》：“[illegible]，砢。”（T2134v54p1222a）日本淨嚴撰《悉曇三密鈔》：“𑖩，邏、攞、羅、砢、洛、臘。”（T2710v84p0746b）“砢”爲“[illegible]（lla）”和“𑖩（la）”的譯音字。“䃁”爲“砢”改換聲旁的異構字。

1426 磣

佚名《大隨求即得大陀羅尼明王懺悔法》：“龍王歡喜以能降雨，一切世間所有[10]磣毒害心皆和悦。”（T1156v20p0650a）本頁下注10：“磣＝碜《原》，磣《甲》。”

按：“磣”與“磣”“碜”爲版本異文，“磣”“碜”皆“磣”之書寫變異，經文中通作“慘”。佛經中“磣毒”習見。唐般若譯《大乘理趣六波羅蜜多經》：“復次觀於欲性，如地獄火燒炙有情，如水瀑流漂没一切無有慈悲，猶如羅刹損害有情，亦如獄卒損人手足，猶如利刀，復如魁膾，斷衆生命，又如磣毒，犯必命終。”（T0261v08p0900c）唐慧琳撰《一切經音義》卷四十一《大乘理趣六波羅蜜多經》第八卷：“墋毒，上楚錦反。案經意喻貪欲損害有情善業，如大毒藥，執者食者，必當喪命，故言墋毒。墋猶甚也，極毒惡也，不可救也。《説文》從土參聲。參字從彡。或從石作‘磣’，借用也，並從參。《經》文下從小作‘㣊’，俗字謬也。”（T2128v54p0581b）唐玄奘譯《大乘大集地藏十輪經》第七卷：“内行［心］磣毒，無有悲愍。（T0411v13p0756c）《嘉興藏》作“磣”，音釋：“磣，初朕切。”唐慧琳撰《一切經音義》卷第十八《大乘大集地藏十輪經》第七卷：“慘毒，楚錦反。借音字也。《爾推［雅］》：‘慘、悟，憯也。’《考聲》：‘慘，甚也。’《説文》：‘慘，亦毒也。從心，參聲。’《經》文從石作‘慘［磣］’，是砂慘［磣］字，非此義也。”（T2128v54p0421b）唐玄奘譯《天請問經》：“如是我聞：一時薄伽梵，在室羅筏國，住誓多林給孤獨園。時有一天，顏容殊妙。過於夜分，來詣佛所，頂禮佛足，却住一面。是天威光，甚大赫奕，周遍照曜誓多園林。爾時彼天，以妙伽他，而請佛曰：云何利刀劍？云何磣毒藥？云何熾盛火？云何極重暗？爾時世尊，亦以伽他，告彼天曰：麄言利刀劍，貪欲磣毒藥，瞋恚熾盛火，無明極重暗。”（T0592v15p0124b）唐慧琳撰《一切經音義》卷五十七卷《天請問經》：“慘毒，上初錦反。《方言》：‘慘，殺也。’《説文》：‘慘，亦毒也。從心，參聲。’《經》文作‘磣’，亦通用也。”（T2128v54p0689b）《音義》皆釋“磣”爲“慘”之借字，甚是。《玉篇·石部》：“磣，初甚切。食有沙。”《廣韻·寑韻》初朕切：“磣，食有沙磣。”“磣”記録“食物里摻沙子”，與文意不合。

唐慧琳撰《一切經音義》卷七十六《婆藪盤豆法師傳》：“慘毒，惻錦反。《考聲》云：‘甚也，毒也。’《説文》音千感反，訓義同，從心，參聲。《經》從玉作‘瑑’，非也。”（T2128v54p0804c）“瑑”當爲“墋”字之訛。唐慧琳撰《一切經音義》：“磣毒，又作‘慘’，同，初錦反。又墋，惡也。《通俗文》：‘沙土入食中曰墋也。’”（T2128v54p0628c）可比勘。

1427 ⿰石⿱⻗干

龍樹造、後秦鳩摩羅什譯《大智度論》：“如菩薩本身作六牙白象，獵師以毒箭射胸。爾時菩薩象以鼻擁抱獵者，不令餘象得害。語雌象言：‘汝爲菩薩婦，何緣生惡心？獵師是煩惱罪，非人過也。我得阿耨多羅三藐三菩提，當滅除其煩惱罪，譬如鬼著人，呪師來，但治鬼而不瞋人，是故莫求其罪。’徐問獵者：‘汝何以射我？’答言：‘我須汝牙。’象即就石[3]罅拔牙與之，血肉俱出，不以爲痛。”（T1509v25p0715a）本頁下注3：“罅=⿰石⿱⻗干《宮》《石》。”

按：“⿰石⿱⻗干”與“罅”爲版本異文，“⿰石⿱⻗干”即“罅”字之訛。唐慧琳撰《一切經音義》卷四十六《大智度論》第九十五卷：“石罅，古文‘⿱⿰丰丰土’‘[25]⿰土虖’二形，或作‘⿰石虖’，同，呼嫁反。《説文》：‘罅，裂也。’㢫也。謂石壁小開。”（T2128v54p0615c）本頁下注25：“⿰土虖=⿰石虖《甲》。”“石罅”即石縫之義。“罅”本義爲縫隙，爲從缶虖聲的形聲字。《龍龕手鏡·石部》：“⿰石⿱穴干、⿰石⿱雨亏、⿰石⿱⻗亏，三俗；⿰石虖、⿰石赫，二或作；呼嫁反。今作罅。”（p444）字或作“⿰石虖”，爲從石虖聲的形聲字，與“罅”爲改變形旁的異構字。“⿰石虖”或寫作“⿰石⿱⻗亏”，構件“虍”寫作“雨”，構件“乎”訛作“于”也。“⿰石⿱⻗干”即“⿰石⿱⻗亏”之進一步寫訛。《可洪音義》卷十五《十誦律》第十一卷：“孔⿰石⿱⻗乎，呼嫁反。正作‘罅’。孔⿰石⿱⻗亏，同上。縫也。”（v60p1118a-b）“⿰石⿱⻗亏”亦“⿰石虖”之書寫變異，可比勘。

1428 ⿰石栗

龍樹造、後秦鳩摩羅什譯《大智度論》：“七重城上皆有七寶樓櫓，寶樹行列以黃金白銀[6]車渠馬瑙珊瑚琉璃頗梨紅色真珠以爲枝葉。”（T1509v25p0734a）本頁下注 6：“車渠=車磲《宋》《元》《宮》，硨磲《明》。”

按：“磲”與“磲”“𤦲”爲版本異文，“磲”即“𤦲”的加旁字，與“磲”異構。“硨磲”爲珍寶名，字本作“車渠”，或加“石”旁作“硨磲”，或加“玉”旁作“琿璖”。“璖”爲從玉渠聲的形聲字。或省作“𤦲”，“𤦲”可以分析爲從玉渠省聲的省聲字。然“𤦲”形聲結構不明顯，故又加“石”旁成“磲”，形成雙重形旁之字，蓋由造字者不明“𤦲”字結構所致。西晉竺法護譯《漸備一切智德經》：“又如佛子妙寶[11]車𤦲，共合相近，轉相照曜。”（T0285v10p0474b）本頁下注 11：“車𤦲=硨磲《三》《宮》。”東晉竺佛念譯《菩薩瓔珞經》：“水精琉璃[1]車𤦲馬瑙真珠虎珀金銀七寶莊嚴已國，使我國土同一水乳，亦令我刹有一浴池如四天下。”（T0656v16p0091a）本頁下注 1：“車𤦲馬瑙=車𤦲瑪瑙《宋》《宮》，硨磲瑪瑙《元》，硨磲瑪瑙《明》。”“磲”皆“𤦲”之增旁字。

1429 ⿰石栗

日本賴瑜撰《薄草子口決》：“其菩薩身除天冠，外身長一肘。人肘一⿰石栗，是通身白色，此中文如次第，兩臂依屈，右臂屈肘側在胸上，其左手印五指申展，掌中畫作七寶經函。”（T2535v79p0205a）

按：“⿰石栗”即“磔”字之訛。日本杲寶撰《大日經疏演奧鈔》：“菩薩身除天冠外，身長一肘。人肘一肘如來一磔手是。”（T2216v59p0045c）唐阿地瞿多譯《陀羅尼集經》：“其菩薩身，除天冠外，身長一肘（人一肘如佛一磔手）。”（T0901v18p0805b）字皆作“磔”。唐慧琳撰《一切經音義》：“一磔手，張革反。《廣雅》云：‘磔，張也。開也。’《古今正字》云：‘從石，桀聲。’《經》本從足作‘蹀’，非也。”（T2128v54p0430a）又：“一磔手，張革反。《廣雅》：磔，猶開也。又張也。一磔手者，張其手取大指中指所極爲量也。《古今正字》：‘從石，桀聲。’《經》本作‘搩’，音傑，非義也。”（T2128v54p0462a）“磔”在這里指手指張開的量度單位。“⿰石栗”當是“磔”的異寫。

日本安然記《金剛界大法對受記》：“那（伏三昧，五輪[17]⿰扌栗如輪勢右拳）。”（T2391v75p0160c）本頁下注 17：“⿰扌栗=⿰石栗《乙》。”日本覺超撰《金剛三密抄》：“那（伏三昧，五輪磔如輪勢右拳）。”（T2400v75p0713b）“⿰石栗”亦“磔”字之訛。《龍龕手鏡·手部》：“挓、𢹿，俗，知格反。裂也。張也。正作磔。”（p217）“𢹿”正當作“搩”，“⿰扌栗”亦“搩”之訛。

1430 礫

日本覺超撰《胎藏三密抄》："𡱽却虐嘘嗟灼綽弱杓弱礫拆搦擇搦咱託諾鐸諾博泊漠灌莫藥嗃落嘆鑠嗦索嚯（入聲呼）伊縊塢烏哩㗭哩嚧翳藹汚奧。"（T2398v75p0621c-0622a）

按："礫"即"礫"字之訛。唐法全撰《大毘盧遮那成佛神變加持經蓮華胎藏悲生曼荼羅廣大成就儀軌供養方便會》："𡱽却虐[16]嚎嗟灼綽弱杓弱礫拆搦擇搦咱託諾鐸諾博泊漠薄莫藥嗃落嘆鑠嗦索嚯（入聲呼）伊縊塢烏哩𠸍哩嚧翳藹汚奧。"（T0852v18p0125b）本頁下注16："嚎=嘘《乙》。""礫"即作"礫"。日本覺鍐撰《野胎口决鈔》："合掌，二空亦並，而極礫之，與餘指相離（文）。"（T2531v79p0085b）唐一行記《大毘盧遮那成佛經疏》："次二手合掌，二空指亦並，與極礫之，令與餘指相離。"（T1796v39p0722a）"礫"亦"礫"字之訛。参1432"礫"字條。

1431 礳

唐道世撰《諸經要集》："妄語誑人巧，地獄受罪拙。焰鋸解其形，熱鐵耕其舌。灌之以洋銅，[3]礳之以剛鐵。悲痛碎骨髓，呻吟常嗚咽。"（T2123v54p0136a）本頁下注3："礳=壓《三》《宮》。"

按："礳"與"壓"爲版本異文，"礳"即"壓"改變形旁的異構字，"石"旁與"土"旁同義。唐道世撰《法苑珠林》："灌之以洋銅，磨之以剛鐵。"（T2122v53p0853c）與"壓"對應之字作"磨"。此蓋用詩句描寫堆壓地獄。後秦佛陀耶舍、竺佛念譯《長阿含經》："彼有八大地獄，其一地獄有十六小地獄。第一大地獄名想，第二名黑繩，第三名堆[14]壓，第四名叫喚，第五名大叫喚，第六名燒炙，第七名大燒炙，第八名無間。……佛告比丘。堆*壓大地獄有十六小地獄，周匝圍遶各各縱廣五百由旬。何故名爲堆*壓地獄？其地獄中有大石山，兩兩相對，罪人入中，山自然合，堆*壓其身，骨肉糜碎，山還故處。猶如以木擲木，彈却還離。治彼罪人，亦復如是。苦毒萬端，不可稱計。餘罪未畢，故使不死，是故名曰堆*壓地獄。復次堆*壓地獄有大鐵象，擧身火然，哮呼而來，蹴蹹罪人，宛轉其上。身體糜碎，膿血流出，苦毒辛酸，號咷悲叫。餘罪未畢，故使不死，故名堆*壓。復次堆*壓地獄，其中獄卒捉諸罪人，置於磨石中，以磨磨之。骨肉糜碎，膿血流出。苦毒辛酸，不可稱計。其罪未畢，故使不死，故名堆*壓。復次堆*壓獄卒捉彼罪人臥大石上，以大石*壓。骨肉糜碎，膿血流出，苦痛辛酸，萬毒竝至。餘罪未畢，故使不死，故名堆*壓。復次堆*壓獄卒取彼罪人臥鐵臼中，以鐵杵擣，從足至頭，皮肉糜碎，膿血流出，苦痛辛酸，萬毒竝至。餘罪未畢，故使不死，故名堆*壓。其彼罪人，久受苦已，乃出堆*壓地獄。”（T0001v01p0121c－0123c）0121 頁下注 14：“壓＝砷《三》*。”堆壓地獄中既有石壓，又有鐵象蹴蹋、鐵杵擣，故言“壓之以剛鐵”。“磨之以剛鐵”亦通。“磨”則爲“壓”字之異構字，“砷”字從“石”，可比勘。鄭賢章《漢文佛典疑難俗字彙釋與研究》“磨”字條（p284）亦有考證，可互參。

1432 ⿰石栗

日本惠鎮撰《圓密宗二教名目》：“⿰石栗迦國菴羅林有一長命婆羅門，年七百餘歲，觀其面貌可稱三十許。”（T2373v74p0436a）

按：“⿰石栗”即“磔”字之訛。日本重譽撰《祕宗教相鈔》：“南天竺磔迦國菴羅林中有一長命婆羅門，年七百餘歲，觀其面貌可稱三十許。”（T2441v77p0647a）與“⿰石栗”對應之字作“磔”。唐玄奘、辯機撰《大唐西域記》：“磔迦國，周萬餘里，東據毘播奢河，西臨信度河，國大都城周二十餘里。宜粳稻多宿麥，出金銀鍮石銅鐵。”（T2087v51p0888b）季羡林等《大唐西域記校注》：“磔迦國：磔迦，梵文 Takka 的音譯。此指整個旁遮普平原，即東起毘播奢河（Vipāśā），西至印度河，北起喜馬拉雅山麓，南至木爾坦（Multan）以下五河合流處爲止的廣大地區。在玄奘時磔迦既是國名，也是城名。”（p353）日本淨嚴撰《悉曇三密鈔》：“，磔。”（T2710v84p0743b）“磔”或爲“（ṭaḥ）”的譯音字，在“Takka”中作“tak”的譯音字，與讀音相合。“磔”或寫作“⿰石⿱覀⿱夕木”（見《可洪音義》v60p413c），“⿰石栗”即“⿰石⿱覀⿱夕木”形之進一步寫訛。“磔”之右上從“舛”，“舛”或寫作“⿰歹歹”（見《可洪音義》v60p572c），亦可比勘。

1433 ⿰石藥

元德煇重編《勅修百丈清規》：“庫司特爲新舊兩序湯⿰石藥。”（T2025v48p1112a）

按：同上經：“庫司特爲新舊兩序湯藥石。草飯罷，令客頭行者備盤袱爐燭。上首知事詣新舊首座舊都寺處，炷香詞云：‘今晚方丈湯罷，就庫司特爲獻湯，伏望降重。’客頭隨後請云：‘湯罷就坐藥石。’及請新舊大小職事。”（T2025v48p1135b）元省悟編述《律苑事規》：“禪規堂司亦有新舊依者，特爲湯茶之禮，又有庫司特爲新舊兩班湯藥石之禮，並在草飦罷各司行之律院少曾講此。”（X1113v69p0122b）皆作“藥石”。文中“兩序”指僧衆，“湯”指湯茶，“藥石”指晚餐。“⿰石藥”當是“藥”“石”二字之誤合。

目　部

1434 盱

龍樹造、後秦鳩摩羅什譯《大智度論》："坐臥行立，迴[6]眄巧媚，薄智愚人。"（T1509v25p0166a）本頁下注 6："眄 = 盱《石》。"

按：正文"眄"，注文作"眄"，"盱"與"眄""眄"爲版本異文，"盱""眄"皆"眄"字之訛。"眄"或寫作"眄"（見《集韻》）、"[illegible]"（見《可洪音義》v59p999b）等形。"盱"與"眄""[illegible]"形近，即其形之訛。

1435 䀆

唐神清撰、北宋慧寶注《北山録》："穆帝世（晋穆皇帝，名䀆，字彭祖，康帝子。立年二歲，褚太后臨朝）。"（T2113v52p0585a）

按：元念常集《佛祖歷代通載》："穆帝聃，改永和（字彭祖，康之長子。二歲即位，母褚后臨朝。壽十九崩于顯陽殿，葬永平陵），在位十七年。"（T2036v49p0521c）《晋書・穆帝紀》："穆皇帝諱聃，字彭子，康帝子也。"穆帝本名"聃"，"䀆"當即"聃"字之訛。

1436 𥄂

唐道宣撰《廣弘明集》："亦有百獸，[22]𥄂𥄂[23]𥉌𥉌，雲車九層，芝駕四鹿。"（T2103v52p0341a）本頁下注 22："𥄂𥄂 = 䀥䀥《宋》《宮》，旼旼《元》《明》。"注 23："𥉌𥉌 = 㣎㣎《宋》《元》《宮》。"

按：字本當作"旼旼穆穆"，《漢書・司馬相如傳下》："旼旼穆穆，君子之態。"唐顔師古注引孟康曰："旼旼，和也。穆穆，敬也。""𥄂""䀥"皆"旼"字之訛，"日"旁訛作"目"旁，"文"旁訛作"攵""交"旁也。《龍龕手鏡・文部》："旼，音旻。和也。"（p119）"旼"亦"旼"之訛。鄭賢章《〈新集藏經音義隨函録〉研究》亦有考證（p152），可參看。

唐白居易原本、宋孔傳續撰《白孔六帖》卷九十八《騶虞五》（四庫本）："皎皎穆穆，君子之態。"清張英等編《御定淵鑑類函·獸部一·騶虞二》（四庫本）："皎皎穆穆，君子之態。"明楊慎撰《古音餘·四寘》："昭昭穆穆，君子之態。"明陳第撰《屈宋古音義》卷一（四庫本）："昭昭穆穆，君子之態。""皎""昭"皆"皎"字之誤。

1437 ⿰目弖

唐窺基撰《妙法蓮華經玄賛》："角睞者，睞，音洛代反。《玉篇》：'童子不正也。'視也，内[4]⿰目弖也。"（T1723v34p0854a）本頁下注4："⿰目弖＝胝《甲》。"

按："⿰目弖"與"胝"爲版本異文，"⿰目弖"爲"眡"之異寫，"胝"爲"眡"字之訛。《説文·見部》："視，瞻也。从見、示。眎，古文視。眡，亦古文視。""眡"爲"視"的異構字。"氐"或寫作"弖"（見清顧藹吉《隸辨》所引《城埧碑》），"氐"旁字或作"弖"形，"坻"或作"⿰土弖"（見《可洪音義》v59p607b），"抵"或作"⿰扌弖"（見《可洪音義》v59p773b），"牴"或作"⿰牛弖"（見《可洪音義》v59p773b），"氐"旁皆寫作"弖"，故"眡"可寫作"⿰目弖"。

1438 ⿰目妄

南朝宋慧嚴譯《大般涅槃經》："善男子，如世間物有因緣故不可得見。云何因緣？謂遠不可見如空中鳥跡，近不可見如人眼[3]睫，壞故不見如根敗者，亂想故不見如心不專一，細故不見如小微塵，障故不見如雲表星，多故不見如稻聚中麻，相似故不見如豆在豆聚。"（T0375v12p0777a）本頁下注3："睫＝⿰目妄《聖》。"

按："⿰目妄"與"睫"爲版本異文。鄭賢章《漢文佛典疑難俗字彙釋與研究》"⿰目妄"字條："'⿰目妄'乃'睫'字……從形體上看，'⿰目妄'乃'⿰目妾'字之訛。"（p286）結論可從。《説文·目部》："䀹，目旁毛也。从目，夾聲。"《玉篇·目部》："⿰目妾，災葉切。目⿰目妾。"《集韻·葉韻》即涉切："䀹、睫、⿰目⿺走疌、⿺走毛、⿰毛妾、⿰目妾、⿰翟毛，《説文》：'目旁毛也。'或作睫、⿰目⿺走疌、⿺走毛、⿰毛妾、⿰目妾、⿰翟毛。"明張自烈《正字通·目部》："⿰目妾，同睫。本作䀹。""䀹""睫""⿰目妾"爲聲旁不同之異構字，義爲眼睫毛，與文意合。"⿰目妾"所從之"妾"與"妄"形近，故"⿰目妾"或訛作"⿰目妄"。後秦鳩摩羅什譯《維摩詰所説經》："示有妻[5]妾采女而常遠離五欲淤泥。"（T0475v14p0549a）本頁下注5："妾＝妄《元》。"彌勒説、唐玄奘譯《瑜伽師地論》："自妻[10]妾所，而爲罪失。"（T1579v30p0315c）本頁下注10："妾＝妄《元》。""妄"皆"妾"字之訛。北宋法天譯《妙法聖念處經》："苾芻應知，恒離惡友，不作諸非。常以慈心，平等觀察。心意調柔，護戒清潔。隨順真實，離[4]妾怖畏，不迷輪迴。”（T0722v17p0420c）本頁下注4：“妾=妄《三》《宮》。”弗陀多羅多造、南朝陳真諦譯《律二十二明了論》：“如先對人説大[6]妾語，彼人不解，此人已對治三方便。後時彼人若追解其語，此人即得波羅夷罪。”（T1461v24p0666c）本頁下注6：“妾=妄《三》《宮》。”“妾”皆“妄”字之訛。“妾”與“妄”或相混誤，故“睫”或訛作“睆”。

1439 眲

唐澄觀述《大方廣佛華嚴經隨疏演義鈔》：“若依起信，即是根本不覺，亦是自性清淨心因無[5]明風動有其染心也。”（T1736v36p0465a）本頁下注5：“明=眲《甲》。”

按：“眲”與“明”爲版本異文，“眲”即“明”字之訛。同上經：“《起信論》云：自性清淨心因無明風動有其染心。”（T1736v36p0322a）馬鳴造、唐實叉難陀譯《大乘起信論》：“自性清淨心因無明風動起識波浪。”（T1667v32p0585b）與“眲”對應之字皆作“明”，“明”或作“眀”，“眀”所從之“月”離析爲“羽”即成“眲”字。日本安然記《金剛界大法對受記》：“無量光真言（地天印。中想[5]月輪，或云想火珠）。”（T2391v75p0158b）本頁下注5：“月=羽《乙》。”日本覺超撰《金剛三密抄》：“無量光真言（地天印。中想月輪，或云想火珠）。”（T2400v75p0711a）“羽”即“月”字之訛，可資比勘。

1440 睶

唐圓照集《代宗朝贈司空大辦正廣智三藏和上表制集》：“自春往夏，陛下深[7]睽，存問再三。”（T2120v52p0846b）本頁下注7：“睽=睶《丙》。”

按：“睶”與“睽”是版本異文，二字皆“睠”字之訛。唐圓照集《大唐貞元續開元釋教録》：“自春徂夏，陛下深睠，存問再三。”（T2156v55p0754c）唐圓照撰《貞元新定釋教目録》：“自春徂夏，陛下深睠，存問再三。”（T2157v55p0889b）與“睶”“睽”對應之字皆作“睠”。《玉篇·目部》：“睠，同眷。”《廣韻·線韻》居倦切：“眷，眷屬。《説文》：‘顧也。’睠，上同。”《龍龕手鏡·目部》：“睠，音眷。廻顧也。”（p421）“睠”爲“眷”之分化字，經中爲垂愛之義。李琳華編《佛教難字字典》“睠”字作“睠”（p214），與“睽”“睶”形近。“睽”“睶”即“睠”字之訛。日本賴瑜撰《祕鈔問答》：“辨才即妙音，惠風持於空，運動如[16]卷樂，彼天費拏印者。”（T2536v79p0497b）本頁下注16：“卷=奏《甲》。”“卷”爲“奏”字之訛，可資比勘。

1441 ⿰目曳

唐不空譯《無量壽如來觀行供養儀軌》:“唵阿蜜㗚（二合）多帝[38]⿰目曳賀囉吽。”（T0930v19p0072b）本頁下注 38:“⿰目曳 = 際《三》《甲》《乙》《丙》。”

按:“⿰目曳”與“際”爲版本異文。日本天倫楓隱撰《諸回向清規》:“唵阿蜜㗚多帝際賀羅吽。”（T2578v81p0666a）“⿰目曳”與“際”爲同一梵文的譯音字。日本淨嚴撰《悉曇三密鈔》:“𑖕𑖸，逝（消災軌）、際（無量壽軌）、誓（佛頂）、⿰自曳（切身。慈氏）。”（T2710 v84p0743a）“𑖕𑖸（je）”之譯音字作“⿰自曳”,“⿰自曳”爲由“自”與“曳”組合而成的切身字,“⿰目曳”即“⿰自曳”字之訛,“自”旁訛作“目”旁也。

1442 ⿰目告

日本觀靜撰《孔雀經音義》:“憂惱，憂，音於求反，慮也，愁也。惱，音奴[25]⿰月吉反，所恨痛也。憂，梵云塢泥誐；惱，梵迦羅捨。”（T2244v61p0768c）本頁下注 25:“⿰月吉 =⿰目告《乙》，皓《丁》。”

按:“⿰目告”與“皓”“⿰月吉”爲版本異文,“⿰目告”“⿰月吉”皆“晧”字之訛。“奴⿰月吉反”是對“惱”的切音。“惱”在《廣韻》中是晧韻“奴晧切”，字正當作“晧”。俗書“日”旁或訛作“目”旁，故“晧”訛作“⿰目告”。“告”“吉”混誤習見，故“晧”又訛作“⿰月吉”。

1443 ⿰目甬

佚名《善惡因果經》:“有行善而致過，有作惡而福利，有肥白眼⿰目甬睞，有青黑而婉媚，有雖短小而足意氣，有雖長大爲他僕使。”（T2881v85p1380b）

按:“⿰目甬”即“⿰目角”字之訛。同上經:“今身眼目⿰目角睞者，從邪看他婦女中來。”（T2881v85p1382b）與“⿰目甬”對應之字作“⿰目角”。《可洪音義》卷六《大方廣寶篋經》下卷:“⿰目甬睞，上古岳反，下来代反。”（v59p737a）字作“⿰目甬”，可比勘。字本作“角睞”。唐地婆訶羅譯《方廣大莊嚴經》:“爾時菩薩見於宮内所有美女形相變壞，或有衣服墜落，醜露形體；或有頭髮蓬亂，花冠毀裂；或有容貌枯槁，瓔珮散壞；或有脣口喎斜；或有眼目角睞。”（T0187v03p0573c）又:“是時夜叉大將統率自部夜叉羅刹毘舍遮鬼鳩槃茶等，變化其形作種種像：……或眼目角睞，或口面喎斜。”（T0187v03p0593c-0594a）北宋施護譯《佛説佛母出生三法藏般若波羅蜜多經》：“如是學者不失一目，不盲兩目，亦不角睞，不聾不啞，不傴僂不攣躄，不醜陋不麄惡，不形殘不異相，亦無疥癩癧疽乾痟等病。”（T0228v08p0658c）《文選·鮑照〈舞鶴賦〉》：“奔機逗節，角睞分形。”唐李善注：“角猶競也。《廣雅》曰：‘睞，視也。’”劉良注：“睞，斜視也。言奔會止節，以眼角斜視，各分退一邊也。”日本中算撰《妙法蓮華經釋文》：“角，古岳反。麻杲云：斜也。睞，洛代反。慈恩云：《説文》曰：‘童子不正也。’《廣雅》：‘傍視也。’《蒼頡篇》：‘内視曰睞也。’行瑫云：‘角睞，目内斜視也。’”（T2189v56p0172b）“角睞”即斜視之義，“角”有斜義。南朝宋求那跋陀羅譯《大方廣寶篋經》：“衣服弊壞，威儀麄惡，執持破鉢，鼻眼角睞，捲手脚跛，其形醜惡，在下行坐。”（T0462v14p0473a）“鼻眼角睞”蓋鼻眼歪斜之義，“鼻”乃連類而及。“䀝睞”同“角睞”，“䀝”乃“角”字受“睞”影響加“目”旁而成，此亦字形同化之例。

三國吴支謙譯《菩薩本緣經》：“棄捨淨法，瞋恚增長。口如赤銅，銜脣切齒，[11]揮攉角張，譬如惡龍放雹殺穀，如金剛杵摧破大山，如阿修羅王遮捉日月，猶如暴雨漂没村落，猛盛大火焚燒乾草。”（T0153v03p0063b）本頁下注11：“揮攉=暉曤《三》。”《嘉興藏》作“暉曤”，音釋：“曤，呼郭切。明也。”唐慧琳撰《一切經音義》卷七十五《菩薩本緣經》第三卷：“角張，古嶽反。違戾不順也。《經》文從目作‘䀝’，非也。”（T2128v54p0794c）《可洪音義》卷二十一《菩薩本緣經》上卷：“暉曤，上音揮，下音霍。驚視也。下正作‘瞤’‘矐’二形。䀝張，上音角。目不正也。又或作‘䀇’，同，古屋反。大目也。”（v60p220c）據文意，“揮攉角張”皆形容憤恚時眼睛的情態。失譯《無明羅刹集》：“今彼樹下有大羅刹，面有三眼，顧眄[12]揮霍，狀貌兇醜。手摩目視，能爲災厲死亡。”（T0720v16p0851b）本頁下注12：“揮=暉《三》《宮》。”“揮霍”亦用來描寫眼睛的情態。唐慧琳撰《一切經音義》：“翕響，呼及反。《蜀都》：‘翕響揮霍。’注云：‘謂奄忽之間。’”（T2128v54p0612a）遼希麟集《續一切經音義》：“揮斫，上許歸反。《切韻》：‘揮霍也。’《考聲》：‘奮灑也。’《韻英》：‘振也，動也。’”（T2129v54p0959c）南宋士衡編《天台九祖傳》：“放身倚壁，背未至間，霍（忽郭切。揮霍也）爾開悟。”（T2069v51p0099a）“揮霍”成詞及“揮”“霍”單用，皆有迅疾之義。“揮霍”乃同義並列複合詞，基本詞義爲“迅疾”，形容眼部情態時，蓋謂眼睛動作異常迅疾，表達出一種恣肆、放縱、霸氣的情態。《菩薩本緣經》“揮攉角張”之“揮攉”表達眼睛憤恚之貌。《嘉興藏》作“暉曤”，音釋：“曤，呼郭切。明也。”“曤”訓作“明”，與文意不合。蓋後人不明“揮霍”之義而臆改。可洪改“揮攉”爲“暉曤”，訓其義爲“驚視”，亦不妥。

1444 睰

唐道世撰《法苑珠林》：“年老頭白齒落，目視[28]昏睰，耳聽不聰，盛去衰至，皮緩面皺，百節疼痛，行步苦極。”（T2122v53p0791c）本頁下注 28：“昏=睆。”

按：四庫本作“䀮䀮”，“䀮”即“䁜”之異寫，“䀮”“睆”皆“䁜”之訛。《玉篇·目部》：“䀮，呼光切。目不明。又狼䀮，南夷國名，人能夜市金。”佚名《西方子明堂灸經》卷一：“䁜䁜遠視不明。”“䁜”爲“䀮”改換聲旁的異構字，皆目不明之義。“䁜䁜”有遠視不明之義，與文意合。

1445 瞀

北宋張商英述《護法論》：“儻不能積善明德，識心見道，瞀瞀然以嗜慾爲務，成就種種惡業習氣。”（T2114v52p0645c）

按：唐慧琳撰《一切經音義》：“迷瞀，矛候反。鄭注《禮記》云：‘瞀瞀，目不明也。’《說文》：‘低目謹也。從目敄聲。’敄，音武也。”（T2128v54p0906a）“瞀瞀”有“昏昧不明”之義，“瞀”即“瞀”字之訛，“矛”訛作“牙”也。唐慧琳撰《一切經音義》：“懋績，上[1]矛后反。”（T2128v54p0854a）本頁下注 1：“矛=牙《甲》。”“牙”即“矛”字之訛，可比勘。

1446 䀢

佚名《翻梵語》：“摩呵䀢，經曰大長。”（T2130v54p1026a）

按：“䀢”即“酟”字之訛。西晉竺法護譯《佛五百弟子自說本起經》：“摩呵酟品第十四（大長十二偈）。”（T0199v04p0194c）此即《翻梵語》之所本，與“䀢”對應之字作“酟”。唐慧琳撰《一切經音義》卷五十七《五百弟子自說本起經》：“訶酟，側於反。梵言摩訶酟，此譯云大長也。”（T2128v54p0687b）玄應所見本亦作“酟”，切音作“側於反”，與“酟”字切合。《可洪音義》卷十四《佛五百弟子自說本起經》：“呵酟，側於反。出應和尚音義。又《南岳經》音作他見反，［未］詳何出。今宜作‘䩞［䩞］’，旨熱反。”（v59p1094c）可洪轉引玄應之說後，又謂“酟”在《南岳經》音“他見反”。《龍龕·酉部》：“䤠、酟、酟，三俗。他典反。也作靦，面慙也。”（p310）“他見反”與“他典反”音同，《南岳經》之音“他見反”者，即“靦”字之訛，“面”旁訛作“酉”旁，“見”旁訛作“且”旁也。可洪又謂“今宜作‘䩞’”，不知所本。

日本心覺撰《多羅葉記》：“摩呵醍，經曰大長。”（T2707v84p0610b）“醍”當爲“酟”字之訛。北魏瞿曇般若流支譯《正法念處經》：“若羅睺阿修羅王，知世間人，修行正法，供養沙門，知恩報恩，語鉢摩梯等惡龍王言：‘[9]且住一月。’”（T0721v17p0114c）本頁下注 9：“且=是《宮》。”“是”即“且”字之訛，可比勘。

1447 晵

日本普寂撰《華嚴五教章衍祕鈔》："八地已上乃至佛果大解脱之境界，來濫擬於凡愚之事，使人任運起層慢陷煩惱無過之見阬焉，匡真爲其主魁可晵。"（T2345v73p0707a）

按："晵"即"督"字之訛。同上經："惑人之辨莫大焉，可督。"（T2345v73p0656c）又："蠱毒今宗者可督。"（T2345v73p0669c）又："臆斷自任昧却祖意可督。"（T2345v73p0688b）又："以二箇但字，而遂其非可督。"（T2345v73p0696a）字皆作"督"，"督"蓋核查之義。

1448 腆

日本光宗撰《溪嵐拾葉集》："一、迦毘羅外道，此翻黄頭，計因中有果。二、傴樓僧呿，此翻體腆，計因中無果。三、勒娑婆，此翻苦行，計因中亦有果亦無果。"（T2410v76p0737b）

按：隋智顗説《摩訶止觀》："三學佛法成外道，一外外道，本源有三：一、迦毘羅外道，此翻黄頭，計因中有果。二、漚樓僧佉，此翻休睺，計因中無果。三、勒沙婆，此翻苦行，計因中亦有果亦無果。"（T1911v46p0132b）北宋延壽集《宗鏡録》："大約邪見有三：一佛法外外道者，本原有三：一、迦毘羅外道，此翻黄頭，計因中有果。二、漚樓僧佉，此翻休睺，計因中無果。三、勒沙婆，此翻苦行，計因中亦有果亦無果。"（T2016v48p0685a）與"體腆"對應之字皆作"休睺"。日本宥快撰《大日經疏鈔》："外外道者，本源有三：一、迦毘羅，此翻爲黄頭，計因中有果。二、漚樓僧伽，此云鵂鶹，計因中無果。三、勒沙婆，此云苦行，計因中亦有果亦無果等。"（T2218v60p0179b）唐慧琳撰《一切經音義》卷二十六《大般涅盤經》第二十五卷："優樓佉，此云鵂鶹仙人也。鵂，音休；鶹，音留。"（T2128v54p0477b）日本聞證撰《三論玄義誘蒙》："優樓僧佉，此云休留仙，在佛前八百年出世。"（T2302v70p0567a）譯文又作"鵂鶹""鵂鶹仙人""休留仙"，爲佛出世前之外道。唐澄觀述《大方廣佛華嚴經隨疏演義鈔》："外道出世名嗢露迦，此云鵂鶹。晝避聲色，匿跡山藪；夜絶視聽，方行乞食。時人以爲似鵂鶹鳥，故名鵂鶹仙人，即《百論》中優樓佉也。"（T1736v36p0101c）隋吉藏撰《百論疏》："優樓迦，此云鵂鶹仙，亦云鵂角仙，亦云臭胡仙。此人釋迦未興八百年前已出世，而白日造論，夜半遊行。欲供養之，當於夜半營辨［辦］飲食，仍與眷屬來受供養。所説之經名《衞世師》，有十萬偈，明於六諦，因中無果，神覺異義，以斯爲宗。"（T1827v42p0244b）釋其得名之由頗詳，可證其名當以"鵂鶹"爲正，"休睺"蓋"鵂鶹"之音訛，"體䀗"爲"休睺"之形訛。《龍龕·人部》："体，許尤反。祥也，吉也，美、善、慶、息也。"（p28）"休"或寫作"体"，與"体"形近，"休"與"体"或混誤。唐慧琳撰《一切經音義》："所䫉，下[5]休宥反。"（T2128v54p0748b）本頁下注5："休=体《甲》。"唐法藏集《華嚴經傳記》："以垂拱三年十二月二十七日，體甚康[1]体，告門人曰：'吾當逝矣。'右脇而臥，無疾而終於神都魏國東寺。"（T2073v51p0155a）本頁下注1："体=休《甲》。""体"皆"休"字之訛。明焦竑《俗書刊誤·薺韻》："體，俗作体，非。体音蒲本切。韻一作躰。""体"又爲"體"之異構字。"休"與"體"或混誤。唐窺基撰《説無垢稱經疏》："或權或實，示寢疾而演大方；乍隱乍顯，假對揚以光[12]體命。"（T1782v38p0993a）本頁下注12："體=休《甲》。"北宋契嵩編《傳法正宗記》："大鑒之七世，曰京兆華嚴寺[2]體靜禪師。"（T2078v51p0756a）本頁下注2："體=休《宮》。"東晉帛尸梨蜜多羅譯《佛説灌頂七萬二千神王護比丘呪經》："神名旃遮賴摩[17]休迦設樓。"（T1331v21p0510b）本頁下注17："休=體《明》。"《嘉興藏》作"体"。又："神名旃遮敕摩休，字音和柔，此神主護某脇。"（T1331v21p0500a）《嘉興藏》作"休"。唐窺基《説無垢稱經疏》："《經》'修阿羅漢慈'至'無[2]休息故'。"（T1782v38p1082a）本頁下注2："休=體《甲》。""體"皆"休"字之訛。蓋由"休"寫作"体"，刻工把"体"誤認作"体"，因錯誤轉寫作"體"。世親造、金剛仙釋、北魏菩提流支譯《金剛仙論》："其餘羅漢，不能善達五塵[9]體空，故所得三昧中多有錯謬。"（T1512v25p0824b）本頁下注9："體=休《甲》。"日本善珠述《唯識義燈增明記》："此但轉名而不轉[41]體。"（T2261v65p0383c）本頁下注41："體=休《甲》。""休"皆"體"字之訛。蓋"體"或用異體"体"，刻書者誤認爲"休"字，因刻作"休"。故"體䀗"之"體"乃"休"字之訛。

"體䀗"之"䀗"爲"睺"字之訛。"侯"或寫作"𠈋"（見《可洪音義》v60p532b），與"庚"形近，故"睺"訛作"䀗"。

日本空海撰《金剛頂經開題》："初綱緒者，蝸角民盲羅睺，蚊[2]睫族聳大鵬。"（T2221v61p0001a）本頁下注2："睫=晈《甲》，眏《戊》，䀗《戊》。"日本曇寂撰《金剛頂大教王經私記》："宗家開題云：'蝸角民盲羅睺，蚊眏族聳大鵬……'解云：此初明小知不及大知……蝸角蚊眏同喻小機，羅睺大鵬俱比教王。蝸角者，《莊子·雜篇》曰：'戴晋人曰：有所謂蝸者，君知之乎？'曰：'然。有國於蝸之左角者，曰觸氏。有國於蝸之右角者，曰蠻氏。時相與爭地而戰，伏尸數萬。逐北，旬有五日而後反。'云云……蚊眏，《文選》第三《鷦鷯賦》云：'陰陽陶烝，萬品一區。巨細舛錯，種繁類殊。鷦螟巢於蚊眏。'"（T2225v61p0117a-0117b）"䀗"即"睫"字之訛，"晈"爲"眏"字之訛。《可洪音義》卷十三《過去現在因果經》第一卷："眼𥈒，子葉反。目毛也。"（v59p1051c）"𥈒"亦"睫"字之訛，可比勘。

1449 㢠

日本善珠述《唯識義燈增明記》："此五化迹雖殊，契源[12]齊一，如破金器，彼此俱金。"（T2261v65p0331a）本頁下注 12："齊=㢠《甲》。"

按："㢠"與"齊"爲版本異文，"㢠"即"齊"字之訛。唐懷素撰《四分律開宗記》："此五化迹雖殊，契源齊一，如破金杖，彼此俱金。"（X0735v42p0345c）字亦作"齊"。"齊一"即一致、相同之義，與"殊"相對，正合文意。

1450 瞯

唐圓照撰《貞元新定釋教目録》："伏惟陛下，再造天地，明齊日月。垂衣之[11]暇，重譯真經，聖心佛心，同歸一理。"（T2157v55p0886b）本頁下注 11："暇=瞯《聖》。"

按："瞯"與"暇"爲版本異文，"瞯"即"暇"字之訛。唐圓照集《大唐貞元續開元釋教録》："伏惟陛下，再造天地，明齊日月。垂衣之暇，重譯真經，聖心佛心，同歸一理。"（T2156v55p0752b）字作"暇"。"暇"訛作"瞯"者，蓋由字内構件同化所致。

1451 睞

唐智昇撰《續古今譯經圖紀》："沙門慧覺、宗一、普敬、履方等筆受。沙門勝莊、法藏、塵外、無著等證義。沙門承禮、神睞、雲觀、道本等次文。"（T2152v55p0371c）

按："睞"即"睞"字之訛。"神睞"爲沙門之名。北宋贊寧等撰《宋高僧傳》："沙門承禮、雲觀、神睞、道本次文。"（T2061v50p0720b）唐智昇撰《開元釋教録》："沙門承禮、神睞、雲觀等次文。"（T2154v55p0570c）唐圓照撰《貞元新定釋教目録》："沙門承禮、神睞、雲觀等次文。"（T2157v55p0873b）皆作"神睞"。

1452 睸

北魏慧覺譯《賢愚經》："王時眩睸，自惟必死，極懷恐怖。"（T0202v04

p0372b）

按：唐慧琳撰《一切經音義》卷七十四《賢愚經》第四卷："眩眀，胡遍反，莫報反。《國語》：'有眩[4]眀之疾。'賈逵曰：'眩眀，顛眀也。'"（T2128v54p0789b）本頁下注4："眀=眠《甲》。""眀"爲"瞀"字異寫，"眀""眠"皆"瞀"字之訛。

唐慧琳撰《一切經音義》卷六十七《阿毘曇毘婆沙論》第二十卷："瞪瞢，宜作懜瞢，徒登反，下亾登反。《韻集》云：'失臥極也。亦亂悶也。'《論》文作'瞪悄'，非。"（T2128v54p0749c）迦旃延子造、五百羅漢釋，北涼浮陀跋摩、道泰譯《阿毘曇毘婆沙論》："身心瞪瞢等餘句亦如是。"（T1546v28p0144a）後秦曇摩耶舍、曇摩崛多譯《舍利弗阿毘曇論》："云何懈怠？窳墮[22]懜懵於善法廢退，是名懈怠。"（T1548v28p0617c）本頁下注22："懜懵=憕懵《宮》，瞢瞪《聖》《聖乙》。""瞢"又爲"瞢"字之訛，"悄"爲"懵"字之訛。

1453 瞖

北宋延壽集《宗鏡録》："故先德云：一瞖在目，千華亂空；一妄在心，恒沙生滅。瞖除華盡，妄滅證真；病差藥除，氷融水在。"（T2016v48p0419c）

按：文中"一瞖在目"與"瞖除華盡"對應，"瞖"即"瞖"字之訛。明袾宏校正《淨土資糧全集》："《宗鏡録》曰：一瞖在目，千華亂空；一妄在心，恒沙生滅。瞖除華盡，妄滅證真。"（X1162v61p0616a）與"瞖"對應之字正作"瞖"。《玉篇·目部》："瞖，眼疾也。""瞖"指的是一種眼睛爲白膜所蒙蔽，以致無法看清東西的眼疾。"瞖"當是"瞖"的異寫。

唐玄奘譯《大般若波羅蜜多經》："菩薩摩訶薩爲破長夜無明縠卵所覆有情重黑暗故，爲療有情無知瞖目令清朗故，爲與一切愚冥有情作照明故，發趣無上正等菩提。"（T0220v06p0606c）《嘉興藏》作"瞖"，音釋："瞖目，瞖，一計切。目疾也。"東晉佛陀耶舍、竺佛念譯《四分律》："爾時比丘眼有白[27]瞖生，須人血。白佛，佛言聽用。爾時比丘患眼白*瞖，須人骨，佛言聽用。爾時比丘患眼白[29]瞖，須細軟髮，聽燒末著眼中。"（T1428v22p0867b）本頁下注27："瞖=翳《宮》《聖》*。"注29："瞖=翳《宋》《元》《宮》《聖》，醫《明》。"龍樹造、後秦鳩摩羅什譯《大智度論》："若男子女人眼痛膚[22]曀盲瞖，以珠示之，即時除愈。"（T1509v25p0477a）本頁下注22："曀=瞖《元》《明》，翳《石》。""瞖"皆"瞖"字之訛，"瞖"爲"翳"之分化字，"翳"爲"翳"字之訛，"曀"爲"瞖""翳"之通用字。

1454 [目*候]

日本淨嚴撰《悉曇三密鈔》："𑖮𑖺，呼（大疏）、護（隨求）、[目*候]（法花）、斛。"（T2710v84p0747b）

按："[目*候]"即"睺"字之訛。"睺"作梵文譯音字佛經習見。《篆隸萬象名義·目部》："睺，胡鉤反。半盲。"《玉篇·目部》："睺，胡溝、胡遘二切。半盲爲睺。"《廣韻·候韻》胡遘切："睺，半盲。"字書、韻書收録皆作"睺"，義爲半盲。佛經用作譯音字，可作"𑖮𑖺（ho）"之譯音字。"候"與"侯"形、音皆近，故"睺"或訛作"[目*候]"。《大正藏》"[目*候]"字凡34見。

1455 [目*曹]

唐湛然述《法華玄義釋籤》："若得文大旨，則不[目*曹]元由；若隨文生解，則前後雜亂。"（T1717v33p0901a）

按：唐湛然釋《妙法蓮華經玄義釋籤》卷第二十一："若得文大旨，則不瞢元由；若隨文生解，則前後雜亂。"（L1490 v116p0432b）與"[目*曹]"對應之字作"瞢"，"[目*曹]"即"瞢"字之訛。"瞢"有糊塗義，"不瞢元由"謂對原由不糊塗，作"瞢"與文意合。"瞢"或作"[目*曹]"（見《可洪音義》v60p158c），"[目*曹]"與"[目*曹]"形近。"瞢"或寫作"曹"（見《可洪音義》v60p414c）、"曹"（見《可洪音義》v59p640c）等形，皆可比勘。

1456 [目*遂]

佚名《四部律並論要用抄》："《毘尼毘婆沙論》云：若比丘以少物贈[目*遂]白衣，縱使四事供養，滿閻浮提聖衆，不如靜坐清淨持戒。"（T2795v85p0704b）

按：失譯《薩婆多毘尼毘婆沙》："若以少物贈遺白衣，縱使起七寶塔種種莊嚴，不如靜坐清淨持戒，即是供養如來真實法身；若以少物贈遺白衣，正使得立精舍猶如祇桓，不如靜坐清淨持戒，即是清淨供養三寶；若以少物贈遺白衣，縱令四事供滿閻浮提一切聖衆，不如靜坐清淨持戒，即清淨供養一切聖衆。"（T1440v23p0524c）此即《四部律並論要用抄》所本，與"[目*遂]"對應之字作"遺"。唐道宣撰《四分律刪繁補闕行事鈔》："今出家人，反持信物贈遺白衣，俗人反於出家人所生希望心，又若以少物贈遺白衣。因此起七寶塔，造立精舍。"

（T1804v40p0060a）亦作“贈遺”。唐菩提流志譯《大寶積經》：“復次迦葉，在家菩薩應成三法。何等爲三？應離世間嬉戲放逸互相贈遺及以選擇良日吉辰，應常清潔離多納受，復當精進修學多聞。”（T0310v11p0016c）唐慧琳撰《一切經音義》卷十一《大寶積經》第三卷：“贈遺，賊鄧反。《集訓》云：‘逆也，以物送於死也。’《韻英》：‘以物相遺也。’下惟季反。《韻英》云：‘遺，與也，以物與人也。’遺亦贈也。”（T2128v54p0373b）“贈遺”爲同義並列複合詞，義爲贈送。慧琳引《集訓》“以物送於死”，“贈”確有此義，然與文意不合。《音義》廣引前人訓釋，但並非皆與被訓在經文中使用的意義相合。

“遺”之異文作“䁒”，“䁒”即“賥”字之訛，“貝”旁訛作“目”旁也。“賥”爲“襚”字異體。《説文·衣部》：“襚，衣死人也。从衣，遂聲。”段注：“《士喪禮》：‘君使人襚。’注：‘襚之言遺也。’公羊傳曰：‘車馬曰賵，貨財曰賻，衣被曰襚。’注：‘襚猶遺也。遺是助死之禮，知生者賵賻，知死者贈襚。’”“襚”爲“遺”的同源派生詞，本義爲古代喪禮中向死者贈送衣衾等，“贈襚”爲同義並列複合詞，與“襚”同義。《荀子·大略》：“賻賵所以佐生也，贈襚所以送死也。”“襚”引申可指贈送活人的禮物。《西京雜記》卷一：“趙飛燕爲皇后，其女弟在昭陽殿遺飛燕書曰：‘今日嘉辰，貴姊懋膺洪册，謹上襚三十五條，以陳踊躍之心。’”“贈襚”則只用於贈死人。《龍龕·貝部》：“賥，俗。羊睡、徐醉二反。”（p352）“賥”即“襚”改換形旁的異構字。“若以少物贈遺白衣”，“贈遺”爲一般贈送義，“白衣”指俗家，對佛教徒而言，“以少物贈遺白衣”謂出家人把少量的物品贈送給俗家百姓，與喪禮無涉。《四部律并論要用抄》引《毘尼毘婆沙論》將“遺”改作“賥”，因誤作“䁒”，不妥。《漢文佛典疑難俗字彙釋與研究》“䁒”字條（p291）亦有考證，可互參。

1457 矇

東晉佛馱跋陀羅譯《大方廣佛華嚴經》：“菩薩成就如是等無量智慧，一切聲聞緣覺無能知者，何況一切童[6]蒙衆生，是爲菩薩摩訶薩第五不共法。”（T0278v09p0651a）本頁下注6：“蒙＝矇《聖》，朦《宮》。”

按：“矇”與“蒙”爲版本異文，“矇”即“矇”之書寫變異。俗書“蒙”或寫作“蒙”，故“矇”或寫作“矇”。“童蒙”之字通行“蒙”，《易·蒙》：“匪我求童蒙，童蒙求我。”朱熹注：“童蒙，幼稚而蒙昧。”“蒙”爲蒙昧義。《大正藏》“童蒙”之“蒙”有“蒙”“矇”“朦”等多種詞形，《大方廣佛華嚴經》：“習[6]童蒙法障。”（T0278v09p0607a）本頁下注6：“蒙＝矇《聖》。”日本凝然述《梵網戒本疏日珠鈔》：“習童矇法障。”（T2247v62p0151b）唐不空説《金剛頂瑜伽略述三十七尊心要》：“頃因餘暇，披讀梵經，忻然熙顔，法樂虚適，開大慈之戶，誘諸童朦，大啓良緣。”（T0871v18p0297a）“矇”“朦”與“蒙”通用。

1458 矔

北宋契嵩撰《鐔津文集》："竇因擇言上人，當此時能竦所聞，而矜所慕其賢於濫厠之流者，故可稱也。雖久游禪林，服業祖道，而於弘教大士知開導耳目起晞矔之志也。"（T2115v52p0749c）

按："晞矔"，文獻通行"希冀"，唐慧琳撰《一切經意義》："希冀：上香依反。《韻詮》：'希，慕也。'《考聲》：'罕也。'《法言》云：'希，冀也。'《經》作'悕'，俗字也。古文作'希'。下冀音寄。《韻詮》云：'冀，望也。'《經》作'兾'。俗字也。《説文》：'北方州也。從北異聲也。'"（T2128v54p0353c）《説文·北部》："冀，北方州也。从北異聲。"段注："叚借爲望也。"又《目部》："晞，望也。"段注："古多假希爲晞。"在希望的意義上，"晞"蓋爲"希"的後出分化字，故"希冀"亦可作"晞冀"，"冀"又受"晞"的影響而加"目"旁誤作"矔"，此亦字形同化之例。鄭賢章《漢文佛典疑難俗字彙釋與研究》亦有考證（p294），可參看。

1459 矋

北宋施護譯《佛説一切如來真實攝大乘現證三昧大教王經》："唵引嚩日囉（二合）摩尼馱（引）矋尼三摩曳（引）吽（引。一句）。"（T0882v18p0421b）

按："矋"即"囉"字之訛。

田　部

1460 畋

唐全真集《唐梵文字》："[illegible]，畋；[illegible]，畆。"（T2134v54p1219b）

按："畋"即"畎"字之訛。唐義淨撰《梵語千字文》："[illegible]，畎畆。"（T2133Av54p1192b）日本心覺撰《多羅葉記》："畎，[illegible]，阿（引）係吒。"（T2707v84p0616b）與"畋"對應之字皆作"畎"。"畎"爲"[illegible] (āheṭa)”的漢語義譯。“𤱧”爲“畎”之形近訛字。北宋贊寧等撰《宋高僧傳》：“會武皇帝[1]畋遊，塚在圍場中。”（T2061v50p0747a）本頁下注 1：“畋＝畎《宋》《元》。”“畋”或訛作“畎”，亦可比勘。

1461 ⿱田分

唐全真集《唐梵文字》：“[illegible]，塵；[illegible]，⿱田分。”（T2134v54p1220a）

按：“⿱田分”即“界”字之訛。唐義淨撰《梵語千字文》：“俯悲塵界，猶式遮聽。”（T2133B v54p1198a）“塵界”一詞佛經習見。清邢澍《金石文字辨異》“界”字條引《北齊比邱道朏造像記》作“⿱田分”，已溝通“⿱田分”與“界”的關係。唐地婆訶羅譯《佛頂最勝陀羅尼經》：“比宋景之退法星，猶蔕[7]介於三舍。”（T0969v19p0355a）本頁下注 7：“介＝分《宋》，芥《明》。”“分”即“介”字之訛，可比勘。

1462 ⿰田古

唐道世撰《法苑珠林》：“周太祖文帝，于長安造追遠、陟[18]岵、大乘等六寺，度僧千人，又造五寺供養實禪師衆。”（T2122v53p1026a）本頁下注 18：“岵＝⿰田古《宋》《元》。”

按：“⿰田古”與“岵”爲版本異文，“⿰田古”即“岵”字之訛。唐道宣撰《釋迦方志》：“周太祖文帝，于長安立追遠、陟[30]岵、大乘等六寺，度一千人，又造五寺供養實禪師徒眾。”（T2088v51p0974c）本頁下注 30：“岵＝屺《明》。”字亦作“岵”。《詩·魏風·陟岵》：“陟彼岵兮，瞻望父兮。”此即寺名之所本，字當以“岵”爲正。唐慧琳撰《一切經音義》：“陟岵，下音古。後周時寺名也。”（T2128v54p0891c）字又作“阽”。

1463 畱

日本中算撰《妙法蓮華經釋文》：“畱，力求反。孫愐云：‘～，住也。’”（T2189v56p0165a）

按：“畱”即“留”字之訛。《偏類碑別字·田部》“留”字條引《唐高應墓誌銘》作“畱”（p149），已溝通“畱”與“留”之關係。

1464 ⿰申冐

唐道世撰《法苑珠林》：“諸牛馬豬羊驢騾驝駝雞狗魚鳥[14]⿰申壽 ⿰申冐蛤蜈爲人所殺，嵘［螺］蜆之類不得壽終。”（T2122v53p0815b）本頁下注 14：“⿰申壽 ⿰申冐＝車鼇《三》《宮》。”

按：“⿰申壽 ⿰申冐”即“⿰目壽⿰目冒”之訛，“⿰申冐”即“⿰目冒”字之訛。俗書“冒”或寫作“冐”，故“⿰目冒”或寫作“⿰申冐”。參 1466“⿰申壽”字條。

1465 ⿰申臽

唐輸婆迦羅譯《攝大毘盧遮那成佛神變加持經入蓮華胎藏海會悲生曼荼攞廣大念誦儀軌供養方便會》：“（一八〇）暗（上）糝（上）鑁劍（上）欠（上）儼（上）紺（上）占（上）幨（上）染（上）撕鴿（上）[6]⿰申臽喃（上）喃（上）湛（上）探（上）。”（T0850v18p0083a）本頁下注 6：“⿰車臽喃＝諂《甲》，諂喃《乙》。”

按：正文“⿰申臽”，注文作“⿰車臽”，又與“諂”爲版本異文，疑“⿰申臽”爲“⿰車臽”字之訛，“⿰車臽”與“諂”爲同一梵文的不同譯音用字。日本安然撰《觀中院撰定事業灌頂具足支分》：“𑖙𑖽諂[illegible]喃[illegible]湛[illegible]擔[illegible]探。”（T2393v75p0268c）日本淨嚴撰《悉曇三密鈔》：“𑖙𑖽，諂（日經）。”（T2710v84p0743c）“諂”爲“𑖙𑖽（ṭhaṃ）”的譯音字。唐慧琳撰《一切經音義》：“陽䣆，下鷄戾反。《禮記》云：武玉［王］克商下[6]車封黄帝之後於䣆。”（T2128v54p0900a）本頁下注 6：“車＝申《甲》。”《禮記·樂記》：“武王克殷，反商，未及下車而封黄帝之後於薊。”“申”即“車”字之訛，故“⿰車臽”或訛作“⿰申臽”。

1466 ⿰申壽

唐道世撰《法苑珠林》：“諸牛馬豬羊驢騾驝駝雞狗魚鳥[14]⿰申壽 ⿰申冐蛤蜈爲人所殺，嵘［螺］蜆之類不得壽終。”（T2122v53p0815b）本頁下注 14：“⿰申壽 ⿰申冐＝車鼇《三》《宮》。”

按：“⿰申壽 ⿰申冐”即“⿰目壽⿰目冒”之訛。唐慧琳撰《一切經音義》：“璹瑁，今作‘⿰虫壽蜎［蝐］’二形，古文作‘⿰目壽⿰目冒’二形，同音代妹。《異物志》云：‘如龜，生南海中，大者如⿱艹遂蒢，背上有鱗。將欲煑之，其皮則柔，隨意所作也。’”（T2128 v54p0651b）“疇帽”爲“瑇瑁”“蝳蝐”的異構字。“疇”或作“輖”者，“甲”旁訛作“申”旁也。唐阿地瞿多譯《陀羅尼集經》：“右手中指已下三指總屈入左手掌内把左手大指，還以右大指壓右三指[19]甲上，二頭指直竪擽開之。”（T0901v18p0801c）本頁下注19：“甲=申《宋》《元》。”“申”字即“甲”字之訛。《大正藏》“甲”“申”二字混誤之例多見。

1467 軸

日本圓仁撰《蘇悉地羯羅經略疏》：“所謂闍嚩（二合。放光）攞闍嚩（引。二合）攞也（合。放光）悉地（成）馱也（合。成）儞（去）軸（威耀）儞（去）跛耶（合。威）耀儞（去）跛跢（去。二合）南（諸威耀音）帝闍（潤澤）帝闍也（合。潤澤）。”（T2227v61p0436b）

按：上述真言本唐輸波迦羅譯《蘇悉地羯囉經》，此段真言在《蘇悉地羯囉經》多次出現，如：“爲護摩者，初旦誦其真言，次誦求請之句，復中間誦其真言，復誦求請之句，復亦誦其真言，還安求請句。如是真言之中，三處上中下分，安置求請之句，最後安其‘絣泮吒莎（去）訶（去）’字。所謂闍嚩（二合。放光）攞闍嚩（引。二合）攞也（令［合］。放光）悉地（成）娑（去）馱也（令［合］。成）爾（去）軸（威輝）爾（去）跛耶跛跢跛跢（去。二合）南（諸威輝者）帝闍（潤澤）帝闍也（令［合］。潤澤）拔馱也（令［合］。增長）忙尾覽摩（莫延遲）阿（去）尾賒（遍入）囉乞沙（二合。護持）散爾（輕）甜（令［合］。瑞現前）俱（上）嚕（日耳）絣泮吒莎（去）訶（去），以如是等求請之句，光顯其物。前後中間，種種重説，亦無所妨。”（T0893v18p0625a－b）《略疏》的文字與《經》原文對應，其中《經》中與《略疏》“軸”對應的是“軸”字。此段真言在《經》中多次出現，與“軸”對應之字皆作“軸”（見T0893v18p0654c、p0692a）。兩字皆真言中之譯音的切身字，讀音亦同，互爲異體。參0272“軸”字條。

1468 疃

日本基辨撰《大乘法苑義林章師子吼鈔》：“以南印度邊國俗語説四聖諦，謂翳泥、迷泥、蹋部、達疃剖。”（T2323v71p0492c）

按：五百大阿羅漢造、唐玄奘譯《阿毘達磨大毘婆沙論》：“以南印度邊國俗語説四聖諦，謂壂泥、迷泥、蹋部、達[3]幉部。”（T1545v27p0410a）本頁下注3：“幉=鞞《宮》。”唐慧琳撰《一切經音義》卷六十八《阿毘達磨大毘婆沙論》第七十九卷：“達幉剖，湛狎反。梵語四天王名也。”（T2128v54p0755c）與“疃”

對應之字作“䑏”“䩊”。“疈”“䩊”即“䑏”之訛，“䑏”又“鞢”字之訛。參 1471“䑏”字條。

1469 䎅

世親造、金剛仙釋、北魏菩提流支譯《金剛仙論》：“依彼善吉者，正[23]䎅須菩提名。”（T1512v25p0824c）本頁下注 23：“䎅 = 報。”

按：“䎅”即“翻”字之訛。唐慧琳撰《一切經音義》：“須菩提，此云善現，亦曰善實，舊云善吉者，非也。”（T2128v54p0450c）“善吉”乃“須菩提”的譯名。“翻”或作“䎅”，“䎅”即“䎇”字之訛。參下條。

1470 䎇

南朝宋佛陀什譯、竺道生譯《彌沙塞部和醯五分律》：“有酥油蜜瓶應覆蓋，無有淨人，以是白佛，佛言：‘應用新物覆，勿令手近。’瓶[16]傾倒，卒無淨人可正，以是白佛，佛言：‘應自正，但勿使器離地。’”（T1421v22p0152c）本頁下注 16：“傾倒卒 = 傾翻本《三》，瓶飜本《宮》，瓶䎇卒《聖》。”

按：“傾倒”與“傾翻”義近，文意皆通。“䎇”與“翻”“飜”爲版本異文，“䎇”即“翻”“飜”之俗字，改形旁“羽”“飛”爲“反”，“反”與“翻”音義皆或近。《可洪音義》卷十六《彌沙塞部和醯五分律》第二十二卷：“傾䎇，芳煩反。覆也。正作‘翻’‘飜’二形。”（v60p25c）《可洪音義》作“傾䎇”。又卷六《六度集經》第五卷：“水䎇，音幡。覆也。”（v59p766c）三國吴康僧會譯《六度集經》：“魔奮勢拔鑰，排門兵入，猶塘決水翻。”（T0152v03p0031a）“䎇”亦同。

1471 䑏

五百大阿羅漢造、唐玄奘譯《阿毘達磨大毘婆沙論》第七十九卷：“毘奈耶説：世尊有時爲四天王先以聖語説四聖諦，四天王中二能領解，二不領解。世尊憐愍饒益彼故，以南印度邊國俗語説四聖諦，謂瑿泥、迷泥、蹋部、達[3]䑏部，二天王中一能領解，一不領解。世尊憐愍饒益彼故，復以一種篾戾車語説四聖諦，謂摩奢覩奢僧攝摩薩縛怛羅毘剌遲，時四天王皆得領解。……若至那人來在會坐，謂佛爲説至那音義。如是磔迦、葉筏那、達刺［剌］陀、末*䑏婆、佉沙、覩貨羅、博喝羅等人來在會坐，各各謂佛獨爲我説自國音義，聞已隨類各得領解。”（T1545v27p0410a）本頁下注3：“⿰田業＝⿰革甲《宮》*。”

按：“⿰田業”與“⿰革甲”爲版本異文，“⿰田業”“⿰革甲”皆“鞢”字之變。唐慧琳撰《一切經音義》卷六十八《阿毘達磨大毘婆沙論》第七十九卷：“達⿰田業剖，湛狎反。梵語四天王名也。”（T2128v54p0755c）《可洪音義》卷十九《阿毗達磨大毗婆沙論》第七十九卷：“達⿰目業，直甲反。正作‘⿰革業’也。此云道聖諦。《論》本作‘⿰革業鋪’，古《婆沙》作‘陁蹹披’是也。”（v60p115b）慧琳所見本作“⿰田業”，可洪所見本作“⿰目業”，兩形相近。然慧琳未改字，釋“達⿰田業剖”爲“四天王名”。可洪將“⿰目業”改讀作“⿰革業”，釋“達⿰革業”爲“道聖諦”，皆是。迦多衍尼子造、唐玄奘譯《阿毘達磨發智論》：“醫泥及謎泥，蹋鋪達鞢鋪。勿希應喜寂，遍離至苦邊。如是一頌，重顯經中。佛爲護世二王作蔑戾車語説四聖諦等，彼便領會。醫泥者，顯苦聖諦。謎泥者，顯集聖諦。蹋鋪者，顯滅聖諦。達鞢鋪者，顯道聖諦。”（T1544v26p1031b）《可洪音義》卷十八《阿毘達磨發智論》第二十卷：“⿰革業鋪，上直甲反，下音步。梵言達⿰革業鋪，此言道聖諦。古《婆沙》作‘陁蹹彼’，今《婆沙》作‘達⿰田業部’是也。”（v60p92b）《大正藏》之《阿毘達磨發智論》與“⿰田業”對應之字作“鞢”，可洪所見本作“⿰革業”，“鞢”乃“鞢”字之訛，皆可比勘。

“鞢”或作“⿰田業”者，蓋涉“⿰革甲”字而誤。三國魏何晏《景福殿賦》，四庫本之李善注本《文選·何晏〈景福殿賦〉》：“紅葩⿰革甲（胡甲）鞢（直甲）。”《集韻·狎韻》直甲切：“鞢，⿰革甲鞢，華葉重多皃。”字或訛作“鞢”，四庫本之六臣注本《文選·何晏〈景福殿賦〉》：“紅葩⿰革甲（胡甲）鞢（直甲）。”李周翰注：“⿰革甲鞢，花相次比貌。”《廣韻·狎韻》丈甲切：“鞢，⿰革甲鞢。”“鞢”當爲從華桊聲的形聲字，“華”旁訛作“革”則成“鞢”字。“⿰革甲鞢”爲連綿詞，兩字讀音亦近，故單用作譯音字時或有誤用，故“鞢”或訛作“⿰田業”，又誤作“⿰革甲”。

唐澄觀述《大方廣佛華嚴經隨疏演義鈔》：“世尊有時爲四天王以南印度邊國俗語説四聖諦，謂醫泥、迷泥、瑜部、達⿰田業剌。蔑戾車語説四聖諦，謂摩奢都奢僧攝摩薩縛怛囉毘剌達。”（T1736v36p0272b）日本善珠述《唯識義燈增明記》：“世尊有時爲四天王先以聖語説四聖諦，四天王中二能領解，二不領解。世尊憐愍饒益彼故，以南印度邊國俗語説四聖諦，謂翳泥、迷泥、蹋部、達⿰田業部，二天王中一能領解，一不領解。世尊憐愍饒益彼故，復以一種蔑戾車語説四聖諦，謂摩奢摩薩縛怛羅毘剌遲，時四天王皆得領解。”（T2261v65p0338b）“⿰田業”亦“鞢”之訛。

後秦弗若多羅、羅什譯《十誦律》：“佛以聖語説四諦法苦、集、盡、道，二天王解得道，二天王不解，佛更爲二天王以馱婆羅語説法：㕌甯（苦諦）彌甯（習諦）多吔陀譬（盡諦）陀羅辟支（道諦）。”（T1435v23p0193a）尸陀槃尼撰、前秦僧伽跋澄譯《鞞婆沙論》：“説者謂佛爲四天王故聖語説四諦，二知二不知。謂不知者爲曇羅國語説：禋倭（苦也）彌倭（習也）陀破（盡也）陀羅破（道也）。此説苦邊，一知一不知。”（T1547v28p0482c）北魏慧覺譯《賢愚經》：“授四諦法，教令誦習。而説偈言：豆佉　三牟提耶　尼樓陀　末加（晋言苦、習、滅、道）。”（T0202v04p0436c）佚名《翻梵語》：“吔甯，亦云禋倿［佞］，亦云豆佉。《律》曰：咿甯者，苦諦。《鞞婆沙》曰：禋倿［佞］者，苦也。　彌甯，亦云彌倿［佞］，亦云三牟提耶。《律》曰：彌甯者，習諦。《鞞婆沙》曰：彌樓者，習也。多咜陀辟，亦云陀破，亦云尼樓陀。《律》曰：多陀譬者，盡諦。《鞞婆沙》曰：陀破者，盡。阿羅辟支，亦云陀羅破，亦云末伽。《律》曰：陀羅辟支者，道諦。《鞞婆沙》曰：陀羅破者，道也。”（T2130v54p1003b－c）迦旃延子造、五百羅漢釋，北涼浮陀跋摩、道泰譯《阿毘曇毘婆沙論》：“佛以聖語爲四天王説四諦，二解二不解。佛欲饒益憐愍故，復作陀毘羅語説四諦，謂伊彌、彌禰、蹄［踏］被、陀踏被。二不解者，一解一不解。”（T1546v28p0306c）又：“一音者，謂梵音。現種種義者，若會中有真丹人者，謂佛以真丹語爲我説法。如有釋迦人、夜摩那人、陀羅陀人、摩羅娑［婆］人、佉沙人、兜佉羅人，如是等人，在會中者，彼各各作是念，佛以我等語，獨爲我説法。”（T1546v28p0307a）“達𥌶部”又譯作“陀羅辟支”“陀羅破”“陀踏被”；“末𥌶婆”又譯作“摩羅婆”，亦可參看。

1472 皤

唐不空譯《底哩三昧耶不動尊聖者念誦秘密法》：“怛謨努遞皤邏嚩底（丁以切）尾囉者麗莎嚩（二合）訶。”（T1201v21p0017b）

按：同上經：“怛母（二合）努悌皤嚩邏嚩底（二合）末囉（二合）者隸娑嚩（二合，引）訶（引）。”（T1200v21p0008a）“皤”當即“皤”字之訛。日本淨嚴撰《悉曇三密鈔》：“又云：𑖪皤𑖨囉[illegible]提。”（T2710v84p0806a）“皤”可爲“𑖪（va）”的譯音字。

1473 曝

日本圓珍撰《佛説觀普賢菩薩行法經記》：“暴雨，上薄報反。猝也，急也，[5]晞也。今依急，或云疾。”（T2194v56p0253a）本頁下注5：“晞＝曝《甲》《乙》。”

按：“曝”與“晞”爲版本異文，“曝”即“曝”字之訛，“日”旁訛作“田”旁也。“曝”與“晞”同義。《説文·日部》：“㬥，晞也。从日，从出，从廾，从米。”《玉篇·日部》：“㬥，步卜切。曬也，晞也。又蒲報切。暴，同上。𣋡，古文。曝，俗。”唐義淨譯《根本説一切有部毘奈耶雜事》：“凡知事者若諸苾芻出乞食時，應可灑掃寺中[5]田地，取新牛糞，次第淨塗。”（T1451v24p0251c）

本頁下注 5：“田＝日《聖乙》。”唐慧立本《大唐大慈恩寺三藏法師傳》：“又如西州石瑞松縣琨符，紀聖主千年之期，顯儲君副承之業，鳳毛才子之句，上果佛[19]田之文。”（T2053v50p0279b）本頁下注 19：“田＝日《明》。”唐僧詳撰《法華傳記》：“隨住藍[9]田之津梁寺。”（T2068v51p0065a）本頁下注 9：“田＝日《甲》。”“日”皆“田”字之訛，可比勘。

1474 䆉

日本快道撰《阿毘達磨俱舍論法義》：“如《花嚴音義》一（九左）：其色亦黃，兼帶緊䆉（作焰）氣。”（T2251v64p0152b）

按：唐慧苑撰《新譯大方廣佛花嚴經音義》：“閻浮檀金，具正云染部捺陀，此是西域河名。其河近閻浮捺陀樹，其金出彼河中。此則河因樹以立稱，金由河以得名。或曰閻浮菓汁點物成金，因流入河，染石成此閻浮檀金。其色赤黃，兼帶紫燄氣。”（T2128v54p0436c）與“其色亦黃，兼帶緊䆉氣”對應之字作“其色赤黃，兼帶紫燄氣”，“亦”“緊”“䆉”爲“赤”“紫”“燄”之訛。

皿　部

1475 𥁊

失譯《奇特最勝金輪佛頂念誦儀軌法要》：“曩莫三滿多没馱南（引）薩嚩（二合）他（引）欠[10]盟娜孽帝薩頗（二合）囉呬䩕誐誐曩劍娑嚩（二合，引）賀。”（T0949v19p0191c）本頁下注 10：“盟＝𥁊《甲》。”

按：“𥁊”與“盟”爲版本異文，“𥁊”即“昷”字之訛，“盟”爲“昷”之錯誤轉寫。唐不空譯《一字頂輪王念誦儀軌》：“曩謨三滿多没馱（引）南（引）唵薩嚩他欠嗢娜蘖（二合）帝薩頗囉呬（引）䩕誐誐曩劍（平聲呼）娑嚩（二合，引）訶（引）。”（T0954v19p0308a）又：“娜謨三漫多勃馱南（引。一）唵薩嚩他欠（二）鄔娜哦（二合）帝薩頗（二合）囉呬（引）䩕（三）哦哦那檢娑嚩（二合）訶（引。四）”（T0954v19p0311b）與“𥁊”“盟”對應的字作“嗢”或“鄔”。日本了尊撰《悉曇輪略圖抄》：“非必𑖨囉有𑖄鄔。”（T2709v84p0664c）日本明覺撰《悉曇要訣》：“如鄔𑖄波𑖢索𑖭迦𑖎云近事男，鄔波斯迦云近事女。”（T2706v84p0548a）日本淨嚴撰《悉曇三密鈔》：“𑖄嗢𑖦莽𑖡娜

(大佛頂)。”(T2710v84p0770a) 唐普光述《俱舍論記》:“若言[2]鄔陀南,此云集散。”(T1821v41p0011a) 本頁下注 2:“鄔 = 嗢《甲》。”“鄔”“嗢”皆“ᘔ(u)”之譯音字。日本定深撰《十八契印義釋生起》:“或通用木槛葉,是香色而似西國昷鉢羅花(此云青蓮花)。”(T2475v78p0123a) 唐慧琳撰《一切經音義》:“嗢鉢羅花,上温骨反。唐云青蓮花,其花青色,葉細陿長,香氣遠聞,人間難有,唯無熱惱大龍池中有。或名優鉢羅,聲傳(轉)皆一也。”(T2128v54p0324b)“昷”與“嗢”爲同一梵文的譯音字,亦當爲“ᘔ(u)”的譯音字。“㿿”與“昷”形近,即其形之訛。字或作“盟”,“盟”與“昷”“嗢”“鄔”音不同,佛經亦未見“盟”作譯音字之例。《説文》“盟”的正篆作“𥂝”,“𥂝”與“昷”形略近,蓋刻書者誤認“昷”爲“𥂝”,而以通行的異體“盟”代之,此乃錯誤轉寫之例。

1476 㿿

日本心覺撰《多羅葉記》:“㿿,迦(去,引)柱囉。”(T2707v84p0588a)

按:“㿿”即“盌”字異寫。唐怛多蘖多集《唐梵兩語雙對集》:“盌,迦(去,引)柱囉。”(T2136v54p1243b) 唐禮言集《梵語雜名》:“盌,迦(去,引)柱囉,कटोर。”(T2135v54p1239a) 與“㿿”對應之字皆作“盌”。俗書“夗”或訛作“死”,遼希麟集《續一切經音義》:“鴛鴦,上於袁反,下於薑反。……《説文》從[18]夗、央,皆形聲字也。”(T2129v54p0940c) 本頁下注 18:“夗 = 死《甲》。”“死”即“夗”之訛。《可洪音義》卷二“鴛”作“𪀦”(v59p605a),卷五“苑”作“莚”(v59p698c),卷一“怨”作“怷”(v59p555b),均是其例,可比勘。

1477 盁

唐阿地瞿多譯《陀羅尼集經》:“佛頂刀印咒第二十二。左右八指叉入掌内,右押左,直竪二中指頭相拄,合腕,呪曰:唵(一)渴伽囉末拏(二)鉢囉末陀那娑(次也反。三)[29]擣馱(去音)耶(四)莎訶(五)。”(T0901v18p0791c) 本頁下注 29:“擣 = 盁《宋》《元》,鹽《明》。”

按:“盁”與“鹽”“擣”爲版本異文,“盁”即“鹽”字之訛。“鹽”或作“塩”(見清邢澍《金石文字辨異·鹽韻》“鹽”字條引《唐新造廚庫記》),“盁”即“塩”字之訛。林光明《新編大藏全咒》卷四《佛説陀羅尼集經》“佛頂刀印呪”字作“擣”,梵文羅馬轉寫作“yan”(v4p13)。日本淨嚴撰《悉曇三密鈔》:“य,閻、琰、炎、焰、演、延、鹽、衍。”(T2710v84p0746a) 作“鹽”與梵音合。“擣”字待考。

1478 盇

佚名《火吽軌别録》："[illegible]唵阿起娜（二合）曳盇（乎合反）寫合寫縛。"（T0914v18p0939b）

按："盇"爲"𑖮（ha）"的譯音字，音"乎合反"，乃"歃"之書寫變異。《玉篇·欠部》："歃，火盍切。歃啜。"《廣韻·盍韻》呼盍切："歃，大啜也。"又《合韻》呼合切："歃，歃瘷。""盇"與"歃"音同，即"歃"結體不同的異寫字。

1479 蘫

唐道宣撰《廣弘明集》："武慶宗將領留防彼鎮時便有旨，使扞壽春，王事靡[6]蘫，辭不獲免。"（T2103v52p0337a）本頁下注 6："蘫＝監《元》《明》。"

按："蘫"與"監"爲版本異文，"蘫""監"皆"鹽"字之訛。"王事靡鹽"，語出《詩經》，後成爲文獻習語。

1480 蠲

唐玄奘譯《大般若波羅蜜多經》第四百八十八卷："云：'何名爲無垢光三摩地？'謂若住此三摩地時，能普蠲除一切定垢，亦能照了一切等持，是故名爲無垢光三摩地。"（T0220v07p0482b）

按：《嘉興藏》作"蠲"，音釋："蠲除，蠲，圭淵切，潔也，亦除也。"同上經，第十二卷（T0220v05p0294a）、第四百一十四卷（T0220v07p0075b）與"蠲"對應之字亦皆作"蠲"。"蠲除"乃文獻常用詞，"蠲"即"蠲"字之訛。失譯《大乘悲分陀利經》："時虚空印菩薩以偈讚曰：仁如是行施，大哀愍衆生。[12]渴時仁爲濟，具三十二相。"（T0158v03p0271c）本頁下注 12："渴＝濁《元》《明》。"《嘉興藏》作"濁"。又："虚空印菩薩即時五體投地，禮寶藏如來足。佛言：汝當饒益世，除滅結穢濁。持刹微塵德，逮覺如前勝。"（T0158v03p0254a）"渴"爲"濁"字之訛。唐菩提流志譯《大寶積經》："虚妄分别起[4]渴心，想見男女受苦惱。"（T0310v11p0386b）本頁下注 4："渴＝濁《聖》。"《嘉興藏》作"渴"。北魏瞿曇般若流支譯《正法念處經》："衆生常貪欲，[2]渴愛無厭足。"（T0721v17p0151a）本頁下注 2："渴＝濁《宫》。""濁"皆"渴"字之訛。"蜀"旁字與

“曷”旁字或混誤，故“䵣”或訛作“鶡”。

1481 䵣

東晉瞿曇僧伽提婆譯《增壹阿含經》：“彌勒已成佛道，轉轉聞徹三十三天，[18]焰天、兜率天、化自在天、他化自在天，聲展轉乃至梵天。”（T0125v02p0788b）本頁下注 18：“焰＝䵣《聖》。”

按：“䵣”與“焰”爲版本異文，“䵣”即“豔”偏旁佈局不同的異寫字。同上經：“復觀四天王三十三天，[9]豔天、兜術天、化自在天、他化自在天，乃至觀梵天而不見之。”（T0125v02p0705b）本頁下注 9：“豔＝炎《宋》。”字又作“豔”“炎”。“䵣”“豔”“焰”“炎”爲同一梵文的譯音字。日本淨嚴撰《悉曇三密鈔》：“यं，閻、琰、炎、焰、演、延、鹽、衍。”（T2710v84p0746a）“豔”當爲“यं（yaṃ）”的譯音字。

矢　部

1482 袠

唐窺基撰《妙法蓮華經玄贊》：“釋名者，先釋總名。先德翻爲十二部經，部含二義，一部袠、二部類，此是部類十二義類有差別故，古人疑云十二部袠經。”（T1723v34p0722a）

按：唐窺基撰《大乘法苑義林章》：“第三釋總別名者，先釋總名，後釋別名。釋總名者，先德翻爲十二部經，但以部言義含二種，一謂部袠、二謂部類，世人謂有十二部袠。”（T1861v45p0278a）與“袠”對應之字作“袠”。日本杲寶撰《大日經疏演奥鈔》：“疏十二分教者，先德翻爲十二部經，以此部言義含二種，一謂部帙、二謂部類，世人疑有十二部帙也。”（T2216v59p0038a）字又作“帙”。《説文·巾部》：“帙，書衣也。从巾，失聲。袠，帙或从衣。”佚名《篇海類編·衣服類·巾部》：“帙，書卷編次。”經中即用此義。“帙”與“袠”爲形符不同的異構字。“袠”爲“袠”字之訛。

1483 ⿰矢且

日本觀靜撰《孔雀經音義》:“入嚩（二合）攞顭，或云箭囉，或云座（[27]⿰矢且才反）羅尼韈灑，或云婆里娑。”（T2244v61p0774c）本頁下注 27:“⿰矢且 = 俎《丁》。”

按:“⿰矢且”與“俎”爲版本異文,“⿰矢且”即“俎”字之訛。

1484 ⿰矢臣

唐般若力譯《迦樓羅及諸天密言經》:“油麻密言:曩莫多多嚩（二合）伽嚕拏（引）野（引）糸糸⿰矢臣素弭儞（二）母。”（T1278v21p0338c）

按:“⿰矢臣”即“矩”字之訛。秦公《碑别字新編・十畫》“矩”字條引《隋宮人陳氏墓誌》作“⿰矢臣”（p132),《偏類碑别字・矢部》“矩”字下引《魏司馬景和妻墓誌》作“⿰矢臣”（p156），可比勘。《可洪音義》卷二十六《大唐西域記》第十一卷:“漕⿰矢臣，上自到反，下居禹反。”（v60p414c）唐玄奘、辯機撰《大唐西域記》:“其峯每歲增高數百尺，與漕矩吒國稿（士句反。下同）那呬羅山髣髴相望，便即崩墜。”（T2087 v51p0874b）季羡林等《大唐西域記校注》:“漕矩吒國:梵語 Jāguḍa 之對音，其義殆指鬱金香。”（p148）“矩”爲“gu”的譯音字。佚名《大佛頂如來放光悉怛多般怛羅大神力都攝一切呪王陀羅尼經大威德最勝金輪三昧呪品》:“呪曰:唵覩麗⿰矢臣嚕⿰矢臣嚕娑婆訶。”（T0947v19p0183c）日本淨嚴撰《悉曇三密鈔》:“[Siddham]，矩嚕（不空）。”（T2710v84p0753a）“矩”又爲“[Siddham]（ko)”的譯音字。《大佛頂如來放光悉怛多般怛羅大神力都攝一切呪王陀羅尼經大威德最勝金輪三昧呪品》:“四天王真言曰:那謨剌怛囉㗌哩夜耶（一）那謨折覩嚕摩訶闍耶（二）鞞毘處吒⿰矢臣（三）。”（T0947v19p0183c）“⿰矢臣”亦皆“矩”之異寫。

後秦佛陀耶舍、竺佛念譯《長阿含經》:“去伊沙陀羅山不遠有山名樹[22]巨陀羅，高萬二千由旬，縱廣萬二千由旬。”（T0001v01p0115c）本頁下注 22:“巨 = 臣《三》。”《嘉興藏》作“臣”。

1485 ⿰矢何

日本淳祐撰《要尊道場觀》:“納粘（引）噸怛曩（二合）怛羅（二合）夜（引）耶納莫⿰矢何哩（二合）也。”（T2468v78p0062c）

按：日本寬助撰《別行》：“納⿰牟含（引）喇怛囊（二合）怛羅（二合）夜（引）耶納莫婀哩（二合）也。”（T2476v78p0132b）與“⿰犭阿”對應之字作“婀”，疑“⿰犭阿”即“婀”字之訛。

1486 ⿰矢黄

唐不空譯《一字奇特佛頂經》：“又法驗知伏藏。取牛黄酥、蛇脂、牛脂、[43]雄黄、遏迦皮作燭，於近伏藏處一肘量地，然其燭加持二十一遍，旋其燭其焰隨大小其藏亦如是，若有障難亦以此真言遮制。”（T0953v19p0295b）本頁下注43：“雄黄=焳⿰矢黄《聖》。”

按：“焳⿰矢黄”與“雄黄”爲版本異文，“焳”爲“雄”字之訛，“⿰矢黄”爲“黄”字之訛。

1487 ⿰矢舍

唐不空譯《十一面觀自在菩薩心密言念誦儀軌經》：“歌詠讚歎本尊讚曰：唵鉢納麽（二合）囉誐涅（寧逸反）麽攬迦（引）麽囉誐母答[56]⿰牟含（二合）盧迦囊他滿馱銘薩嚩蹎馱悉地者。”（T1069v20p0145b）本頁下注56：“⿰牟含=⿰矢舍《明》。”

按：“⿰矢舍”與“⿰牟含”爲版本異文，“⿰矢舍”即“⿰牟含”字之訛。日本淨嚴撰《悉曇三密鈔》：“𑖦𑖽，⿰牟含、瞞、曼、鏝、滿、縵、漫、慒、⿰牟曼（切身。慈氏）、芒、魔（佛頂）、摩含（二合。略出經）。”（T2710v84p0746a）“⿰牟含”爲“𑖦𑖽（maṃ）”的譯音字，乃由“牟”和“含”兩字組成的切身字，佛經習見。“⿰牟含”所從之“含”與“舍”形近，因訛從“舍”；左旁“牟”下所從之“牛”訛作“矢”，即成“⿰矢舍”字。《大正藏》“含”“舍”兩字混誤之例習見，可比勘。

禾　部

1488 秖

唐不空譯《成就妙法蓮華經王瑜伽觀智儀軌》：“即結塗香印……真言曰：曩

莫三滿多没馱南尾[101]戍馱獻度納婆（二合）嚩（引）野娑嚩（二合）訶（引）。”（T1000v19p0599b）本頁下注 101：“戍+（詩律反）細註《明》，戍=⿰禾尤（詩律反）《甲》。”

按：“⿰禾尤”與“戍”爲版本異文，“⿰禾尤”即“秫”字之訛。林光明《新編大藏全咒》卷十五《成就妙法蓮華經王瑜伽觀智儀軌》“塗香印真言”字作“戍”，梵文羅馬轉寫作“śu”（v15p109）。唐善無畏造《無畏三藏禪要》：“𑖌𑖼 𑖭𑖲𑖠 𑖭𑖲𑖠，唵[30]戍馱*戍馱。”（T0917v18p0944b）本頁下注 30：“戍馱=秫他[イ]《原》*。”“秫”與“戍”爲版本異文，皆爲“𑖭𑖲（śu）”之譯音字。日本淨嚴撰《悉曇三密鈔》：“𑖭𑖲，輸、戍、秫、修、首、舜。”（T2710v84p0746c）收録“秫”“戍”爲“𑖭𑖲（śu）”的譯音字。“⿰禾尤”亦爲“𑖭𑖲（śu）”的譯音字，當爲“秫”字之訛。

“秫”又訛作“⿰禾术”（《不空羂索神變真言經》）、“秼”（《佛説大摩里支菩薩經》）、“⿰禾末”（《根本説一切有部毘奈耶尼陀那目得迦攝頌》）、“⿰禾木”（《根本説一切有部毘奈耶頌》）等形。

“⿰禾尤”又爲《慧琳音義》引《説文》析“稽”的構件，如唐慧琳撰《一切經音義》：“稽留，上經霓反。《考聲》云：‘稽，滯也。’《説文》：‘留止也。從旨，⿰禾尤聲。’⿰禾尤，音雞。古文作乩，或作卟。”（T2128v54p0323b）又：“稽首，上溪禮反。鄭注《周禮》云：‘稽首，首至地也。’《説文》：‘從旨，從⿰禾尤，省聲也。’⿰禾尤，音兮。從禾［禾］，禾［禾］音鷄，從禾者非也。古文作䭫，從旨，從古首字也。”（T2128v54p0600c）又：“嵇康：上音奚。東晋大夫坊叔夜名也。《古今正字》從山⿰禾尤聲。⿰禾尤音鷄。”（T2128v54p0857a）傳世本《説文》均析“稽”爲“从禾、从尤，旨聲。”

1489 ⿰禾升

佚名《摩尼教下部讃》：“《歎諸護法明使文》第三疊：……柔濡羔子每勤收，光明淨種自防被。法田荆棘勤⿰禾升伐，令諸苗實得滋成。既充使者馳驛者，必須了彼大聖旨。”（T2140v54p1275a）

按：“⿰禾升”即“科”之書寫變異。清邢澍《金石文字辨異·歌韻》“科”字下收録“⿰禾廾”“⿰禾开”二形。“科”在文中爲“修剪，砍伐”義，“科”的這個義項在近代漢語中多有用例，如五代齊己《和孫支使惠示院中庭竹之什》：“剪黄憎舊本，科緑惜新生。”“科”即與“剪”對言。“科伐”爲同義連用，亦有用例，如清黄六鴻《福惠全書》：“堤裹坦坡之下多栽臥柳，以護堤根，稍大則伐之。但留小者，近堤頂及而俱不宜栽柳，恐樹長根深，風雨搖撼，損動堤身，每年科伐柳枝，令經管監視。”

“⿰禾升”又見於唐輸波迦羅譯《蘇婆呼童子請問經》：“故行人不應相破明主及真言，乃至繼縛及以禁斷；妙漫荼羅不應授與加減；真言亦復不應迴換彼法；亦復不應阿吠設那；不應打縛，爲害彼故；不應護摩，及損支節，摧滅鬼族；亦復不應令他癡鈍及以悶眠；不應秎罰龍魅之類；不應令人發起相憎及損厭縛；不應治療嬰兒之魅；不應捕網諸衆生類，令所損害。"（T0895v18p0739c）又："是故行者不應相破明呪及真言，乃至繫縛及以禁斷；妙曼荼羅不應授與加減；真言亦復如是；不應迴換彼法；不迴換彼法；不應阿吠設那；不應打縛，爲害彼故；不應呼摩，及損肢節，摧滅惡族；不應令他癡鈍迷悶；不應科罰龍鬼之類；亦勿令人發毒相憎及損厭縛；不應治療嬰兒之魅；不應捕網諸衆生類，令所損害。"（T0895v18p0725c）與"秎"對應之字正作"科"。唐慧琳撰《一切經音義》："揵搥：上音乾，下直追反。梵語也，即僧堂中打靜砧磓也，以木打木集衆，議事或科罰有過，或和合舉事以白衆僧，亦如此打鍾、擊磬［罄］、吹螺等類是也，古譯或云犍揵，稚記訛也。"（T2128 v54p0646c）"科罰"即按照律法懲罰的意思，《釋名·釋典藝》："科，課也。課其不如法者，罪責之也。"

"秎"又見於毘舍佉造、唐義淨譯《根本説一切有部毘奈耶頌》："已於别脱經，半月曾多聽。言我今方了，戒[6]科咸在斯。此法在經中，自覺世尊説。先當令悔厭，方遣説其愆。"（T1459v24p0643c）本頁下注6："科＝秎《聖》。""秎"與"科"爲版本異文，"秎"亦"科"之書寫變異，這裏是條目的意思。

1490 秋

日本心覺撰《多羅葉記》："秋，[illegible]，矩羅都。"（T2707v84p0604b）

按："秋"即"衫"字之訛。唐禮言集《梵語雜名》："衫，矩羅覩，[illegible]。"（T2135v54p1239c）字作"衫"。構件"衤""禾"形近易混，構件"欠""彡"亦經常相混。如"吹"字，明王鐸《擬山園圖》作"[illegible]"（林宏元主編《中國書法大字典》p242）；"坎"字，金張天錫《草書韻會》作"[illegible]"（同上，p294）；"欣"字，隋智永《真草千字文》作"[illegible]"（同上，p797）；"歡"字，東晋王羲之《淳化閣帖》作"[illegible]"（同上，p802），故"衫"字可訛作"秋"。

1491 㐫

東晋竺佛念譯《菩薩從兜術天降神母胎説廣普經》："吾昔一時入山求道，見諸仙學五千人俱集在一處。……或有事月叉手合掌隨月轉身，或臥棘刺，或服沙石，或持[20]土梟、牛、馬、鹿戒，或在山頂投身深壑。"（T0384 v12p1044c）本頁下注20："土＝禿《三》《宮》，作㐫《知》。"

按："㐫"與"禿""土"爲版本異文，"㐫"即"禿"字之訛。《爾雅·釋鳥》："狂茅鴟、怪鴟、梟鴟。"晋郭璞注："梟鴟，土梟。"清郝懿行疏："《爾雅翼》云：'土梟，穴土以居，故曰土梟。'""土梟"爲梟之異稱，佛經中或作"兔梟”“禿梟”等。後秦佛陀耶舍、竺佛念譯《長阿含經》：“或有衆生持兔梟戒者，心向兔梟，具其法者，墮兔梟中。”（T0001v01p0128a）東晋竺佛念譯《出曜經》：“或持[1]禿梟戒，隨時跪拜効*禿梟鳴。”（T0212v04p0738a）本頁下注1：“禿＝鵚《三》*。”東晋瞿曇僧伽提婆、竺佛念譯《阿毘曇八犍度論》：“諸持戒者，諸衆生如是見如是語，彼淨脱出，若持牛戒、守狗戒、鹿戒、象戒、禿梟戒、裸形戒，故曰諸持戒也。”（T1543v26p0914b）皆其例。唐慧琳撰《一切經音義》卷第十七《大集月藏分經》：“土梟，古彫反。惡鳴鳥也。《説文》：‘不孝鳥。’《經》文作‘兔梟’，或作‘禿梟’，非也。”《可洪音義》卷十五《摩訶僧祇律》第六卷：“秃梟，音澆。”（v59p1105b）又卷六《諸法本無經》上卷：“此秃，他木反。”（v59p748a）“禿”或作“秃”“秃”等形。“秃”與“秃”形近，“秃”當即“禿”字之訛。

1492 秔

日本覺超撰《胎藏三密抄》：“是名世尊迅疾加持印。《軌》云：真言曰：曩莫三滿多没馱喃（引。一）摩訶（引）瑜（引）誐瑜（引）擬（魚以反）寧（二）瑜詣説嚩（二合）啝（三）欠惹利計（四）娑嚩（二合）賀（引）（私云：説嚩哩，《攝軌》或作秔哩，或作秔哩，《廣軌》作濕嚩履）。”（T2398v75p0628c）

按：此段咒文佛經多見，如：唐善無畏、一行譯《大毘盧遮那成佛神變加持經》：“彼真言曰：南麼三曼多勃馱喃（一）摩訶（引）瑜伽（輕）瑜擬（宜以反）寧（上。二）瑜詣[14]説啝（三）欠若唎計（四）莎訶。”（T0848v18p0037b）本頁下注14：“説＝詵《丙》《丁》。”《嘉興藏》作“説”。林光明《新編大藏全咒》卷六《大毘盧遮那成佛神變加持經》“世尊迅即持印真言”字作“瑜詣説啝”，梵文羅馬轉寫作“yogeśvāre”（v6p211）。唐善無畏譯《大毘盧遮那經廣大儀軌》：“彼真言曰：歸命（一）摩賀瑜誐瑜（引）擬（宜以反）顆（二）瑜詣濕嚩（二合）啝（三）欠若唎計（四）娑嚩（二合）賀。”（T0851v18p0107b）唐法全撰《大毘盧遮那成佛神變加持經蓮華胎藏悲生曼荼羅廣大成就儀軌供養方便會》：“迅疾彌勒菩薩真言曰：曩莫三滿多没馱喃（引。一）摩訶（引）瑜（引）誐瑜（引）擬（宜以反）寧（二）瑜詣[4]濕嚩（二合）啝（三）欠惹唎計（四）娑嚩（二合）賀（引）。”（T0852v18p0126a）本頁下注4：“濕＝説《乙》。”唐法全集《大毘盧遮那成佛神變加持經蓮華胎藏菩提幢標幟普通真言藏廣大成就瑜伽》：“迅疾彌勒菩薩真言曰：曩莫三曼多没馱喃（引。一）摩訶（引）瑜（引）誐瑜（引）擬（宜以反）寧（二）瑜詣[13]詵嚩唎（三）欠惹利計（四）娑嚩（二合）賀。”（T0853v18p0152b）本頁下注13：“詵＝説《甲》。”日本實運撰《諸尊要抄》：“歸命（引。一）摩訶瑜（引）誐瑜擬（宜以反）寧瑜詣洗縛利欠惹利計。娑婆呵。”（T2484v78p0292a）與“秔”對應之字作“説”“詵”“洗”

“濕”等。對應的梵文林光明轉寫作“śvā”。日本榮然撰《師口》：“真言曰：，曩莫三曼多没駄南（引）麽訶（引）瑜（引）誐（引）瑜擬（宜以反）寧瑜詣詵嚩啢欠惹利計娑嚩（二合）賀（引）。”（T2501v78p0852c）“詵嚩”爲“（śva）”之譯音字。“（śva）”爲二合音，佛經中或用單字，或用兩字對譯，前一字對譯的是上字“（śa）”的讀音。日本淨嚴撰《悉曇三密鈔》：“，奢、捨、賒、爍、舍、釋（日經）、鑠、設、舍（三俱佛頂）、攝（金軌）、柘（太元帥軌）、室、濕、鎖、詵、輸。”（T2710v84p0746c）收録“詵”“濕”爲其譯音字。佛經或用“説”與“洗”，“説”爲異譯用字，“洗”蓋爲“詵”字之訛。又，唐善無畏譯《蘇悉地羯羅供養法》：“除萎花者，供養尊花已，先誦此明，除其萎花，曰：唵[28]稅帝摩訶（去）稅帝佉（去）娜寧（去）莎（去）訶（去）。”（T0894v18p0693b）本頁下注28：“稅＝濕尾《甲》《乙》。”“（śva）”又用“稅”字對譯，“稅”爲異譯用字，“稅”則“稅”字之訛。“兌”常寫作“兊”，如唐張參《五經文字·儿部》：“兌，《説文》；兊，經典相承隸省，凡字從兊者放此。”“稅”所從之“兊”省作“允”，即爲“稅”。

1493 𥝩

唐不空注《青頸觀自在菩薩心陀羅尼經》：“阿（去）哩也嚩路枳帝濕嚩（二合）囉（引）爾曩訖哩（二合）史拏（聖觀自在菩薩角格，披鹿皮衣）惹吒[29]𥝩矩吒（去，引）嚩覽摩鉢羅（二合）覽摩（頭冠瓔珞垂諸華鬘）。”（T1111v20p0489b）本頁下注29：“𥝩＝穆《甲》，秼[カ]《原》。”

按：“𥝩”與“穆”“秼”爲版本異文，“𥝩”即“穆”字之訛。唐禮言集《梵語雜名》：“冠，目矩吒，。”（T2135v54p1240a）日本淨嚴撰《悉曇三密鈔》：“，母（隨求）、慕、畝（寶篋印）、門（胎軌）、穆（金軌）、木（梵網經）、牟（佛頂）、悶、目（同上）、謨、無、膜、謀（金軌）。”（T2710v84p0745c）“穆”“目”皆“（mu）”之譯音字。《可洪音義》載“穆”或作“[illegible]”（v60p335a）、“[illegible]”（v60p438c）等形，“𥝩”與之形近，當爲此類形體的進一步寫訛。

字又作“秼”，“秼”當爲“秣”字之訛。唐玄奘、辯機撰《大唐西域記》：“颯[46]秣建國。”（T2087v51p0868c）本頁下注46：“秣＝秼。”《嘉興藏》作“秼”。季羡林《大唐西域記校注》：“颯秣，《古本》《中本》作秼。按《音釋》‘音末’。則作秼者非。下秣字，《古本》亦作秼，字書無秼字，並形訛。”（p31）《大唐西域記》：“行五百餘里，至颯秣建國（唐言康國）。”（T2087v51p0871b）《嘉興藏》作“秼”。季羡林《大唐西域記校注》：“秣，《古本》作秼，誤。《目録》作秫，《方志》作末。按《新唐書·西域傳》云：‘康者，一曰薩末鞬，亦曰颯秣建。’《慧琳音義》秣‘音末’。則字作秣，下同。”（p87）唐道宣撰《廣弘明集》：“脂車[10]秣駟，薄暮來遊。”（T2103v52p0339a）本頁下注 10：“秣=秼《明》。”唐道世撰《法苑珠林》：“又隔四國東行至[26]秣菟羅國。”（T2122v53p0498c）本頁下注 26：“秣=秼《宋》《元》《宮》。”唐慧琳撰《一切經音義》：“沫搏，上音秼。顧野王云：‘沫謂水上浮沫也。’《説文》從水未聲。”（T2128v54p0426b）“秼”皆“秣”字之訛。

“秼”又“秫”字之訛。佚名《佛頂尊勝陀羅尼》：“[illegible]，戍（引）馱野戍（引）馱野誐誐曩尾秼第（如虚空清淨）。”（T0974Bv19p0384c）“秼”爲“[illegible]（śu）”的譯音字。日本淨嚴撰《悉曇三密鈔》：“[illegible]，輸、戍、秫、修、首、舜。”（T2710v84p0746c）“[illegible]（śu）”的譯音字作“秫”。《佛頂尊勝陀羅尼》“秼”字凡九見，皆對譯“[illegible]（śu）”，皆爲“秫”字之訛。

《漢語大字典》：“秼，‘祩’的訛字。《廣韻·虞韻》：‘秼，詛也。’周祖謨校勘記：‘元泰定本作祩，與《玉篇》《集韻》合，當據正。’”（二 p2787a）“秼”又爲“秣”“秫”之訛，當補。

1494 ⿰禾玄

唐慧琳撰《一切經音義》卷五十九《四分律》第六十卷：“遍扣，⿰禾玄後反。《論語》云：‘以杖扣其脛。’孔安國曰：‘扣，擊也。’《律》文作‘叩’。《説文》：‘京兆藍田有叩鄉，地名也。’此假借耳。”（T2128v54p0705c）

按：《玄應音義》與“⿰禾玄”對應之字作“袪”，“袪”作“扣”的切上字與讀音合，“⿰禾玄”即“袪”字之訛。唐慧琳撰《一切經音義》卷六十《根本説一切有部毘奈耶大律》第十九卷：“性祛，去居反。⿰禾玄猶去也。”（T2128v54p0710a）“⿰禾玄”“祛”亦皆“袪”字之訛。元念常集《佛祖歷代通載》：“一日上座教僧[4]去師背上拍一下，待回首乃竪指示之。僧如教拍師背，師便竪一指。”（T2036v49p0702b）本頁下注 4：“去=玄《甲》。”又：“子向[8]去朔漠有大因緣。”（T2036v49p0702c）本頁下注 8：“去=玄《甲》。”“玄”皆“去”字之訛，可比勘。

1495 ⿰禾垂

東晉竺佛念譯《菩薩從兜術天降神母胎説廣普經》：“吾昔苦行不可稱計，於樹王下六年學道。日食一麻一米，青鵠飛雀頂上生乳（丹本卵），蛇[28]虺纏身。牧牛獵師瓦石撩擲，或時斫刺破壞形體，或時以杖柱腹乃至於臍，遭此百千萬痛，不以爲苦。”（T0384v12p1044c）本頁下注 28：“虺=⿰禾垂《知》。”

按：“⿰禾垂”與“虺”爲版本異文，“⿰禾垂”即“虺”字之訛。“蛇虺”泛指蛇類，唐高適《東征賦》：“寄腹心於梟獍，任手足於蛇虺。”“虺”所從之“兀”

訛作“元”，字遂作“⿰衤虫”（見《可洪音義》v59p749b），“元”又異寫與“禾”形體相近，字遂訛作“⿰禾垂”。“冠”或作“⿱冖⿰禾寸”（《可洪音義》v60p576a）、“⿱冖⿰禾寸”（秦公《碑别字新編·九畫》“冠”字條引《魏張整墓誌》，p79）等形，“冠”或作“⿱冖⿰禾寸”，亦“元”旁訛作“禾”旁之例，可比勘。鄭賢章《龍龕手鏡研究》亦有考證（p198-199），可參。

1496 ⿰禾⿳彐冖又

唐圓照撰《貞元新定釋教目録》：“武德九年春，下詔京置三寺，唯立千僧，餘並放還桑梓。嚴勅既下，莫敢致詞。五衆哀號於槀衢，四民顧嘆於城市。于時道俗蒙然，投骸無措，頼由震方出帝，氛⿰禾⿳彐冖又廓清。素襲啓聞，薄究宗領，登即大赦，還返神居。”（T2157v55p0854b）

按：“⿰禾⿳彐冖又”即“祲”字之訛。唐道宣撰《續高僧傳》：“武德九年春，下詔京置三寺，惟立千僧，……頼由震方出帝，氛祲廓清。”（T2060v50p0637c）唐智昇撰《開元釋教録》：“武德九年春，下詔京置三寺，惟立千僧，……頼由震方出帝，氛祲廓清。”（T2154v55p0554c）與“⿰禾⿳彐冖又”對應之字皆作“祲”。唐慧琳撰《一切經音義》卷九十四《續高僧傳》第二十四卷：“氛祲：上音紛，下子鴆反。鄭注《周禮》云：‘祲，陰陽氣相浸漸以成灾。’杜注《左傳》云：‘祲，祓氣也。’《説文》云：‘祲氣感祥也。從示，侵省聲也。’”（T2128v54p0898b）構件“禾”“礻（示）”在楷書階段的混誤常見，故“祲”或訛作“⿰禾⿳彐冖又”。

1497 ⿰禾青

隋費長房撰《歷代三寶紀》：“《[25]精異傳》十卷，右一部十卷，相州秀才儒林郎侯君素奉勅撰。”（T2034 v49p0106c）本頁下注 25：“精 = ⿰禾青《宋》《元》，積《明》。”

按：“⿰禾青”與“精”“積”爲版本異文，“⿰禾青”“積”均“精”字之訛。《精異傳》又作《精異記》《旌異傳》《旌異記》，隋侯白撰，是搜神、志怪一類的著作。唐慧琳撰《一切經音義》卷七十五《道地經》：“魆魌，上音蜀，下音其。又音渠寄反。《精異記》曰：‘魆魌者，矬矮小鬼虐厲鬼之類也。’”（T2128 v54p0792b）慧琳所見書名爲“精異記”。唐道世撰《法苑珠林》：“《旌異傳》二十卷，右一部二十卷，隋朝相州秀才儒林郎侯君素奉文皇帝勅撰。”（T2122 v53p1023a）唐道世撰《續高僧傳》：“時有秀才儒林郎侯白奉勅撰《旌異傳》一部二十卷，多敘感應，即事亟涉弘演釋門者。白字君素，本相鄴人也，識敏機對，損崇臺省。”（T2060v50p0436a）南宋正覺頌古、元行秀評唱《萬松老人評唱天童覺和尚頌古從容庵録》："隋朝有侯白字君素，滑稽辯給之士也，大將軍楊素見知，撰《旌異記》，人神報應甚詳。"（T2004 v48p0253c）唐以後載其書名多作"旌異傳"，或"旌異記"。唐段成式撰《酉陽雜俎・寘跡》："又侯白《旌異記》曰（一作言）：盗發白茅冢，棺内大吼如雷野，雉悉雊，穿内火起，飛焰赫然，盗被燒死，得非伏火乎？"段成式所見本即名"旌異記"。據上述文獻，唐代即有作"精"與"旌"兩本。

"精"爲"精"之訛，"積"則爲"精"之進一步形訛。後秦鳩摩羅什譯《禪祕要法經》："復當更觀左脚大指，膖脹膿潰，[8]青膿、黄膿、赤膿、黑膿、紅膿、緑膿、白膿，爛潰交横，與屎尿雜。"（T0613v15p0246c）本頁下注 8："青＝責《聖》。"唐普光述《俱舍論記》："觀外[4]青、黄、赤、白四色，令貪不起。"（T1821v41p0437a）本頁下注 4："青＝責《甲》《乙》。""責"皆"青"字之訛。衆賢造、唐玄奘譯《阿毘達磨藏顯宗論》："不應如是[3]責，有太過失故。"（T1563 v29p0805c）本頁下注 3："責＝青《聖》。"衆賢造、唐玄奘譯《阿毘達磨順正理論》："不應如是責，有大過失故。"（T1562v29p0400b）唐慧琳撰《一切經音義》："談誚，蕉曜反。孔注《尚書》云：'誚，相[5]責讓也。'"（T2128 v54p0873c）本頁下注 5："責＝青《甲》。""青"又"責"字之訛。"青"與"責"相混訛，故"精"訛作"積"。

1498 𥟍

佚名《陀羅尼雜集》："佛説滅除十惡神呪：……摩訶利師　大舍迦摩　迦利比大　阿闍比大　波羅無拴多　薩利夜�　曇嚧祇呼　[20]𥟍祇呼　嚧祇*𥟍祇浮　泜呤呼　摩泜呤呼泜羅摩　泜呤呼　莎呵。"（T1336v21p0608c）本頁下注 20："𥟍＝蒲《三》*。"

按："𥟍"與"蒲"爲版本異文，"𥟍"即"補"字之訛。《可洪音義》卷二十三《陀羅尼雜集》第五卷："𥚻祇呼，上音蒲，下音浮，正作'呼'。𥚻祇浮，同上。《川音》作'𥚻'。《説文》云：今作補。"（v60p288b）可洪所見本作"𥚻"。唐慧琳撰《一切經音義》卷四十三《陀羅尼雜集》："補祇，卜古反。《經》文作'補'。"（T2128v54p0592b）慧琳所見本作"補"，釋作"補"。"甫"篆文作"甫"，從用從父，可隸定爲"𤰈"。如《可洪音義》："𤰈過，上音府。始也，男子之美稱也。正作'甫'也。"（v60p18b）高麗本《龍龕・衤部》："𥚻、𥚻，二，《新藏》作'𥚻'，音補。"（p111）構件"衤""礻""禾"書寫形體多相混，故"補"可作"𥚻""𥟍"等形體。"𥟍""蒲"二字同音，譯音用字不同。鄧福禄、韓小荆《字典考正》"𥚻"字條（p254-255）亦有考證，可參。

日本淨嚴撰《悉曇三密鈔》："𑖢，布、補、本、奮、怖、普、分（大疏）、芬。"（T2710v84p0745a）又："𑖤，母、蒲、蒱、佛、勃、没、霸（切身，慈氏）。"（T2710v84p0745b）"補"爲"𑖢（pu）"之譯音字，"蒲"爲"𑖤（vu）"

之譯音字。

1499 稨

日本心覺撰《多羅葉記》："難陀[36]毱提，可云難陀掘多，此云歡喜護。"（T2707v84p0597c）本頁下注 36："毱＝稨《甲》。"

按："稨"與"毱"爲版本異文，"稨"即"毱"字之訛。"難陀毱提"爲比丘名，"毱提"又作"掘多""崛多""堀多""毱多"等，漢譯爲"護"或"大護"。佚名《翻梵語・比丘名》："毱提，譯曰護也。阿巴毱提，譯曰阿婆者，無；掘多，如上説。難陀毱提，應云難陀掘多，譯曰歡喜護也。"（T2130 v54p0999b）又："憂波毱比丘，應云優波掘多，亦云優婆毱提，譯曰大護。"（T2130 v54p0993c）"毱"字又作"毦"，《龍龕・毛部》："毦，俗；毱，正。"（p136）"毦"又訛作"毞"，《翻梵語》："尸利崛多，亦云尸毞多，譯曰尸利者，吉；堀多者，藏，亦云護也。"（T2130 v54p0993b）南宋法雲編《翻譯名義集》："[20]優波毱多，或名優波掘多，此云大護，或云笈（其劫）多。佛滅百年出，得無學果。《西域記》云：烏波毱多，唐言近護，秣（音末）兔羅國城東五六里，巖間有石室，高二十餘尺，廣三十餘尺，四寸細籌，填積其內。尊者近護説法化導，夫妻俱證羅漢果者，乃下一籌，異室別族雖證不記。"（T2131v54p1065b）本頁下注 20："Upagupta。"又："[7]室利毱多。《西域記》云：唐言勝密，以火坑毒飲，請佛欲害。"（T2131v54p1080b）本頁下注 7："Śrīgupta。"又"曇摩毱多"對譯"Dharmagupta"（T2131v54p1113x14），"毱"對譯"gup"。"gupta"又譯作"笈多""瞿多""掘多""毱提"等。

1500 稖

唐達摩流支譯《佛説寶雨經》："《佛説寶雨經》卷第一（顯[4]稖不退轉菩薩記）。"（T0660v16p0283b）本頁下注 4："稖＝授《三》。"

按："稖"與"授"爲版本異文，"稖"即武則天所造"授"異體"䅗"字之訛。唐慧琳撰《一切經音義》："顯授，下酬右反，《經》中作'稖'，非也，則天朝時僞造字也。"（T2128v54p0506a）參 1503"䅗"字條。

1501 𥟽

西晋竺法護譯《佛説方等般泥洹經》:“一切諸佛法聲，如須摩提國阿彌陀佛光明，如阿[11]𥟽佛世尊，及與香王國所有爲上妙。”（T0378v12p0925c）本頁下注11:“𥟽=揷《三》《宮》。”

按:“𥟽”與“揷”爲版本異文，“𥟽”爲“插”字之訛，“揷”爲“插”字異寫。獅谷白蓮社本唐慧琳撰《一切經音義》卷二十六《方等般泥洹經》:“阿𥟽，初甲反。佛名也，《經》文從禾作‘𥟽’，應誤也。”《玄應音義》對應處詞目字即作“插”。“插”又寫作“揷”，《龍龕·手部》:“插、挿、揷，三俗；揷，正；揷，今。初洽反，刺入也。”（p216）“揷”字“手”旁訛作“禾”旁，即爲“𥟽”字。字又訛作“𥟽”，唐慧琳撰《一切經音義》卷二十六《方等般泥洹經》下卷:“阿𥟽，初唄反。佛名也，《經》文從禾作‘𥟽’，應誤也。”（T2128v54p0481c）字又訛作“𥟽”“𥟽”“𥟽”“𥟽”等。《可洪音義》卷二十五《一切經音義》第七卷:“作𥟽，初戢反。佛名也，正作‘𥟽’也。依字𥟽重緑衣也，或作‘𥟽’，初洽反。”（v60p361a）又卷十七《根本説一切有部毗奈耶雜事攝頌》:“鐵𥟽，初洽反。正作‘鍤’。”（v60p63c）韓小荆《〈可洪音義〉研究·〈可洪音義〉異體字表》“𥟽”字注:“今《大正藏》對應經文作‘鐵鍤’，校勘記稱:‘鍤’字宋、元、明、宮本作‘插’。‘鍤’即“鍤”字異寫，‘插’‘鍤’通用，‘𥟽’疑‘插’字異寫。”（p374）其説可從，“𥟽”亦“插”字之訛。

1502 𥟿

佚名《藥師儀軌一具》:“薩嚩母馱婆羅（二合）捨跢（二合，引）野三勃哩（二合）跢（引）野𥟿𥟿𥟿覽（二）。”（T0924Cv19p0032c）

按:“𥟿”即“隸”之異體。唐善無畏譯《大毘盧遮那經廣大儀軌》:“薩嚩母馱鉢囉（二合）捨娑跢（二合，引）野（一）三（去）勃哩（二合）跢野虞隸虞嚂（二）。”（T0851v18p0098a）日本靜然撰《行林抄》:“蓮花部。薩嚩母馱鉢羅（去）捨娑跢（二合，引）野（一）三（去）勃哩（二合）跢野虞隸虞藍（二）。”（T2409v76p0173c）據異譯對勘，“跢野𡨥𥟿𡨥覽”，或作“跢野虞隸虞嚂”，或作“跢野虞隸虞藍”，“𥟿”或作“隸”“隷”，“𡨥”或作“虞”，“覽”或作“嚂”“藍”。根據字形並參考對音關係，“𥟿”爲“隸”之異體“隸”字之訛；“𡨥”爲“寠”字之訛，與“虞”爲同一梵文的不同譯音用字；“覽”與“嚂”“藍”爲同一梵文的不同譯音用字。《説文·隶部》:“隸，附著也。”唐唐玄度《九經字樣》:“隸，《周禮》:‘女子入于舂稾，男子入于罪隸。’隸字故從又持米，從柰聲，又象人手。經典相承作‘隸’已久，不可改正。”清顧藹吉《隸辨》收録“隸”有“隸”（見《楊君石門頌》）、“隸”（見《魯峻碑額》）等形，字又有作“隸”“隸”者。“隸”爲“隸”之異構，“隸”或寫作“隸”，“隸”“隸”又皆“隸”字之訛。

唐慧琳撰《一切經音義》：“僕隸，上蓬木反，下黎計反。《字書》云：‘僕，役也。’《説文》：‘附著也。從隶，祟聲。’篆文作‘隸’。隶音第。《經》文作‘隸’，俗字也。”（T2128v54p0570c）“隸”亦同“隸”。

1503 穃

佚名《波斯教殘經》：“緣此微妙衆相衣冠，莊嚴我等，皆得具足。緣此本性光明模樣，印穃我等，不令散失。緣此甘膳百味飲食，飽足我等，離諸飢渴。”（T2141Bv54p1286a）

按：“穃”即武則天所造“授”字之訛。《波斯教殘經》，現稱《摩尼教殘經一》。《摩尼教殘經一》原本出敦煌莫高窟，今藏北京圖書館，該卷子最早由羅振玉以《波斯教殘經》爲名，於1911年《國學叢刊》第二冊上刊佈，日本以《波斯教殘經》的名稱收入大正新修《大藏經》第五十四部。該字《陳垣學術論文集》所收《摩尼教殘經兩部》作“𥙿”（p391），林悟殊《摩尼教及其東漸》所收《〈摩尼教殘經〉釋文》作“𥙿”（p281），均從“示”；今國家圖書館藏《敦煌寫經》宇字五六號《摩尼教經》字作“穃”，當從“禾”，高麗本《龍龕·禾部》：“穃、穃，二音受。”又：“穃、穃、穃、穃、穃、穃、穃，七古文授字，付也，又姓。”《集韻·宥韻》：“授，承呪切，付也，又姓。亦作穃，唐武后改作穃。”所收字形皆未能反映字的原始形體。根據施安昌《關於武則天造字的誤識與結構》一文（《故宫博物院院刊》，1984年第4期）的研究，武則天所造“授”字，由“禾”“久”“天（省寫）”“王”四個構件組成，取“天賜嘉禾，久爲君王”之意。施安昌文中所引唐《契苾明碑》字作“穃”，字形不誤。字左旁爲“禾”，右上爲“久”，中爲“几”（武則天所造“天”字“𠀑”之省），下爲“王”。“穃”即“穃”字之訛。

唐達摩流支譯《佛説寶雨經》經名後標有“[3]顯[4]穃不退轉菩薩記”字樣（T0660v16p0283b），本頁下注3：“（一名）+顯《元》《明》，（顯…記）夾注-《宫》。”注4：“穃=授《三》。”《嘉興藏》作“一名顯授不退轉菩薩記”。“穃”異文作“授”。《可洪音義》卷五《寶雨經》：“顯穃，市右反。与也。《切韻》作‘穃’。”（v59p726c）又卷八《僧伽吒經》第四卷：“穃藥，上市右反。”（v59p853c）北魏月婆首那譯《僧伽吒經》：“衆生則有生，應如是授藥。”（T0423v13p0973c）《可洪音義》卷二十四《大周刊定録》第七卷：“神穃，神右反。正作‘穃’。”（v60p339a）唐明佺等撰《大周刊定衆經目録》第七卷：“楊州道俗咸稱神授。”（T2153v55p0415b）《可洪音義》卷二十四《大周刊定録》第十卷：“教穃，音授。”

(v60p339c)《大周刊定衆經目録》第十卷："《教授比丘尼二歲壇文》一卷。"(T2153v55p0432b)"稐""穐""穭""穃"亦皆"稢"字之訛。

1504 稼

唐義淨譯《根本説一切有部毘奈耶雜事》："即於繩上繫小鐵鉤，鉤系起時務令平穩，勿使傾側，並[16]豫先作了，不得臨時求覓。"(T1451v24p0293c) 本頁下注16："豫＝稼《聖》。"

按："稼"與"豫"爲版本異文，"稼"即"豫"字之訛。"豫先"即"早先，事前"之義。唐慧琳撰《一切經音義》："緊那羅，緊，此云疑也；那羅，此云人也，謂此神貌似人。然其頂有一角，今見者生疑，云：人耶？非耶？或曰：那羅，此云丈夫也，緊云猶[1]稼也，以其形貌如人，而口似牛，使見者生疑，故名也。舊云歌樂神者，從技翻也。"(T2128v54p0435a) 本頁下注1："稼＝豫《甲》。"獅谷白蓮社本《慧琳音義》即作"豫"。古人認爲"猶豫"是一種動物，北宋陸佃《增修埤雅廣要·品物門》："猶豫，獸名，如鹿，善登木，多疑慮。""稼"亦"豫"字之訛。參鄭賢章《漢文佛典疑難俗字彙釋與研究》"稼"字條(p306)。

唐慧琳撰《一切經音義》："禄位，盧屋反。福也。案：古者人无耕稼，多食野鹿，在朝之人闕於田獵，官賜以物，當爲鹿處，後人因之，謂爲食鹿，變鹿爲禄者，取其神福之義也。"(T2128v54p0627b)"稼"又"稼"字之訛。"家"與"象"形近，兩字或相混誤。參0058"穄"字條。

1505 穨

唐慧琳撰《一切經音義》卷六十九《阿毘達磨大毘婆沙論》第一百五十一卷："風飈，檦遥反。郭注《尒雅》云：飈，暴風自下而上也。《尸子》曰：'暴風，[4]穨飆也。'《文字典説》：從風猋聲。"(T2128v54p0758c) 本頁下注4："穨＝積《甲》。"

按：獅谷白蓮社本《慧琳音義》亦作"穨"。"穨"與"積"爲版本異文，二字均爲"穨(頽)"字之訛。唐慧琳撰《一切經音義》卷六十三《根本説一切有部毗奈耶攝頌》："驚飈，下標遙反。郭注《爾雅》云：'暴風，上下謂之飈也。'《尸子》云：'暴風，頽飈也。'《説文》云：'扶搖風也。從風，猋聲。'猋音同上。"又卷九十八《廣弘明集》："飈尒，幖遙反。郭注《爾雅》云：'暴風，從下上者也。'《尸子》云：'暴風，頽飈也。'《説文》：'飈，颯飄風也。從風，猋亦聲。'《爾雅》亦此'猋'字也。"字皆作"頽"。《説文·禿部》："穨，禿皃。从禿，貴聲。"段注："此从貴聲，今俗字作'頽'，失其聲矣。""穨"本義爲"頭髮脱落的樣子”，是“从禿貴聲”的形聲字。後又作“頹”，可看作“从禿从頁”的會意字。“穨（頹）”又用來記録“暴風”義，《十三經註疏》本《爾雅・釋天》：“焚輪謂之穨。”晋郭璞注：“暴風從上下。”《校勘記》：“單疏本、注疏本：穨作頹。”“穨（頹）”又作“𩑶”“頽”“頺”等，秦公《碑别字新編・十九畫》“穨”字引《魏王基碑》作“𩑶”（p430）。《龍龕・雜部》：“穨，徒回反。暴風也。”（p545）又《頁部》：“頺，誤；頽，俗；頹，正。杜回反。暴風也，又無髮也。”（p482）“𥢶”蓋即“𩑶”之進一步形訛，“貴”旁訛作“責”旁也。東晋佛陀耶舍、竺佛念譯《四分律》：“此波斯匿王宫中五百女人，皆是刹利種姓，而我於中尊[27]貴自在。”（T1428v22p0690c）本頁下注 27：“貴＝責《宫》。”唐義淨譯《根本説一切有部毘奈耶》：“時摩揭陀國影勝大王，憍薩羅國勝光大王，憍閃毘國明勝大王，及廣嚴城栗姑毘等，并餘[5]貴族，咸齎信物，各遣使人，來就妙音求紺容女。”（T1442v23p0885a）本頁下注 5：“貴＝責《明》。”“貴”皆訛作“責”。後秦弗若多羅、羅什譯《十誦律》：“大迦葉言：‘惡女，我不[12]責汝，我責阿難。’”（T1435v23p0292c）本頁下注 12：“責＝貴《宫》。”唐玄奘、辯機撰《大唐西域記》：“王乃[28]責彼輔臣，詰諸僚佐，或黜或放，或遷或死。”（T2087v51p0885b）本頁下注 28：“責＝貴《甲》。”“責”又訛作“貴”。“責”與“貴”常混誤，故“𩑶”或訛作“𥢶”。“積”則“𥢶”之進一步形訛。

1506 䅻

隋闍那崛多譯《五千五百佛名神呪除障滅罪經》第四卷：“阿伽底闍訶姤（一百三十九）那毘䅻耶帝多寫（一百四十）阿伊底惡叉嚧（一百四十一）。”（T0443v14p0337a）

按：“䅻”即“䅻”之異寫字，“䅻”又爲“穉”“稚”的異構字，在文中用爲譯音字。林光明《新編大藏全咒》卷四《五千五百佛名神呪除障滅罪經》“除障滅罪呪（諸佛名）”字作“䅻”，梵文羅馬轉寫作“kṣe”（v4p582）。

白　部

1507 亘

日本濟暹撰《辨顯密二教論懸鏡抄》：“聲成文謂之音，文者文綵，聲者謂乃

名爲音，亘如□等，但名爲聲不名音（云云）。”（T2434v77p0456a）

按：日本安然撰《悉曇藏》：“聲成文謂之音。文者文文綵，聲有所詺乃名爲音，直如叫等，但名爲聲不名爲音（云云）。”（T2702v84p0411a）“亘如□”即“直如叫”，“亘”即“直”字之訛，“□”所奪之字當爲“叫”字。

1508 皇

唐善無畏譯《慈氏菩薩略修愈誐念誦法》：“譬如拙人手執諸佛菩薩印，印於泥沙及[17]皇等，皆成諸佛菩薩像，隨印成諸形像。”（T1141v20p0595a）本頁下注17：“皇＝皇《甲》《丙》。”

按：“皇”與“皇”爲版本異文，兩字文義皆不通。字本作“白土”，抄經者誤將其視爲一字，抄作“皇”，又訛作“皇”。日本光宗撰《溪嵐拾葉集》：“譬如拙人手執諸佛菩薩印，印於泥沙及白土等乃至水等，皆成佛菩薩像，隨印成諸形像。”（T2410v76p0564c）與“皇”“皇”對應之字正作“白土”，與文意甚合。日本重譽撰《祕宗教相鈔》：“譬如拙人手執諸佛菩薩印，印於埿沙及皂等，皆成諸佛菩薩像，隨印成諸形像。”（T2441v77p0632a）“皂”亦“白土”二字之誤合而稍變。日本靜然撰《行林抄》：“譬如拙人手執諸佛菩薩印，印於泥乃至水等，皆成諸佛菩薩像，隨印成佛形像。”（T2409v76p0314a）或有脱“白土”二字者。

1509 皅

唐阿地瞿多譯《陀羅尼集經》：“擔（去音）薩婆把㲘（二合）皤[41]吒婆目谿（去音）那（一百二十）。”（T0901v18p0835c）本頁下注41：“吒＝皅《三》。”

按：《嘉興藏》作“皅”。“皅”與“吒”爲版本異文，“皅”即“吒”字之訛。蓋由“吒”與“皤”連用，涉上而誤，受上字“皤”的影響將“口”旁改作“白”旁，此亦字形同化之例。

1510 皀

唐窺基撰《説無垢稱經疏》：“初陳至軌，後正陳詞，此初文也，無垢德望雖高，形隨凡俗，聲聞道居下位，[20]貌像如來，故隨類以化群生。”（T1782v38p1041b）本頁下注20：“貌＝皀《甲》，貌[カ]《甲》，體[イ]《甲》。”

按：“皀”與“貌”“貌”“體”爲版本異文，“皀”即“貌”之俗字“皃”

之訛。唐顔元孫《干禄字書・去聲》："皀、皃、貌，上俗，中通，下正。"隋吉藏撰《勝鬘寶窟》："此天有六種勝：一、色勝，色中有二：一、資[19]貌等色，彼云槃泥。"（T1744v37p0052c）本頁下注19："貌＝妄《原》，皂《乙》。"日本珍海撰《三論名教抄》："此天有六種勝：一、色勝，色中有二：一資皂等色，彼云絛泥。"（T2306v70p0799a）《偏類碑别字・豸部》"貌"字下引《梁蕭憺碑》字形作"皀"。"皀""皂""皀"皆與"貌"同。

1511 ⿰白左

日本淨嚴撰《悉曇三密鈔》："𑖕，社、若、惹、闍、結、搓、⿰白左（切身。慈氏）、座（法華）、日（"嚩日囉"之"日"是）、入（"入嚩囉"之"入"是）、什（"什皤囉"之"什"是）、折（"跛折羅"之"折"是。大日疏）。"（T2710v84p0742c）

按："⿰白左"即"⿰目左"字之訛。參1708"⿰目左"字條。"⿰白左"字《大正藏》凡21見，皆"⿰目左"字之訛。

1512 ⿰百升

唐智昇撰《開元釋教録》："至七月，平陽王爲侍中[22]⿰百升斯椿所挾西奔長安。"（T2154v55p0541c）本頁下注22："⿰百升＝斛《三》。"

按："⿰百升"與"斛"爲版本異文，"⿰百升"即"斛"之俗字，從百從升會意。張涌泉《漢語俗字研究》已有詳細考證（p359-363）。此處用於姓氏，唐道宣撰《續高僧傳》："至七月，平陽王爲侍中斛斯椿所挾西奔長安。"（T2060v50p0428c）北魏楊衒之撰《洛陽伽藍記》："至七月中，平陽王爲侍中，斛斯椿所使奔於長安。"（T2092v51p1001b）唐圓照撰《貞元新定釋教目録》："至七月，平陽王爲侍中斛斯椿所脅西奔長安。"（T2157v55p0840a）與"⿰百升"對應之字皆作"斛"。唐慧琳撰《一切經音義》："⿰百升斯椿，上紅谷反。俗字也，亦作'斛'。虜姓也。"（T2128v54p0883b）已溝通"⿰百升"與"斛"之關係。金韓道昭《五音集韻・屋韻》："斛，十斗。又虜復姓二氏。後魏有尚書斛斯，延齊有丞相咸陽王斛律金。"

龍樹造、後秦鳩摩羅什譯《大智度論》："諸餘淺近法於菩薩邊説猶難，何況深法。如人能食一[1]斛飯從有一斗者索，欲以除飢，是不能除。"（T1509v25p0358a）本頁下注1："斛＝⿰百升《石》。"唐道宣撰《續高僧傳》："河出大鳥，卵如[7]⿰百升許。"（T2060v50p0454a）本頁下注7："⿰百升＝斗《三》《宮》。"唐道世撰《法苑珠林》："或見柴樓之上如日出形，并雨諸華，大者如雨[4]⿰百升⿱竹免許，小者如鍾乳片。"（T2122v53p0994a）本頁下注4："⿰百升⿱竹免＝⿰百斗兜《三》，斛兜《宮》。"又：

“又阿迦膩吒寺僧慧勝者，抱病在床，不見焚身，心懷悵恨。夢崖將一沙彌來，帊裹三[7]⿰石升許香并檀屑，分四聚以繞於勝，下火焚香。”（T2122v53p0994b）本頁下注 7：“⿰石升=⿰石斗《明》，斛《宮》。”“⿰石升”“⿰石升”“⿰石斗”亦皆“斛”字。

1513 ⿰白升

唐道宣撰《中天竺舍衛國祇洹寺圖經》：“昔時有百億世界渾天圖，及漏剋法尺寸升⿰白升升合秤兩鳌撮籌量。”（T1899v45p0893b）

按：“⿰白升”即“⿰石升”字之訛，“⿰石升”又“斛”之俗字。參上條。又，“⿰白升”前之“升”字疑爲“斗”字之訛。

1514 泉

北宋陳舜俞撰《廬山記》：“余内弟正義之阿闍梨也，緬懷遠現二公之遺烈，導余躋重閣，示余以張僧繇畫廬舍那佛像[2]泉梁武帝蹙線繡鉢袋。”（T2095v51p1050c）本頁下注 2：“泉=⿱白乑《甲》。”

按：“泉”與“⿱白乑”爲版本異文，“泉”“⿱白乑”皆“臮”字之訛。《玉篇·乑部》：“臮，巨冀切。與也。古文曁字。”“臮”爲連詞，與文意合。字或作“⿱白乑”者，“自”旁訛作“白”旁也。“泉”又“⿱白乑”之訛，“乑”旁訛作“水”旁也。

1515 ⿱白羊

日本心覺撰《多羅葉記》：“[50]白羊，謎沙聚，𑖦𑖸𑖬，迷哩。”（T2707v84p0629c）本頁下注 50：“白羊謎沙=⿱白羊謎沙《甲》。”

按：唐禮言集《梵語雜名》：“白羊，謎沙，𑖦𑖸𑖬。”（T2135v54p1235c）“⿱白羊”即“白羊”二字之誤合。

1516 ⿰白見

日本靜然撰《行林抄》：“次觀本尊慈氏菩薩，住發生普遍大悲心三昧耶，真言曰：納莽糝滿多䫫馱（引）喃遏⿰白見單䏧耶薩囉䟦（二合）薩怛䟦（二合，

引）捨也弩蘖跢薩珴（二合，引）賀。”（T2409v76p0309c）

按：“𦣮”即“䶊”字之訛，“自”旁訛作“白”旁也。參 1709“䶊”字條。

1517 𥅋

南朝陳真諦譯《佛説立世阿毘曇論》：“昔在人中或執持矛矟及叉戟等刺害衆生，穀米麻麥合虫舂[8]𥅋，由此等業於中受生，復有種種不善業報於彼中生，復有增上業感彼中生，彼中生已受用種種不善業報。”（T1644v32p0290c）本頁下注 8：“𥅋＝蕩《宮》。”

按：“𥅋”與“蕩”爲版本異文，“𥅋”即“𥂫”字之訛，“蕩”爲同音借字。唐慧琳撰《一切經音義》卷七十三《立世阿毘曇論》第八卷：“舂𥂫，尺容反，下徒朗反。《世本》：‘雍文作舂杵，黄帝臣也。’《廣雅》：‘𥂫，舂也。’《韻集》云：‘帥，𥂫米也。’今中國言帥，江南言𥂫。《論》文作‘蕩’，非體也。”（T2128v54p0781b）慧琳所見本作“蕩”，釋作“𥂫”，義爲舂米，與文意合。《大正藏》之“𥅋”爲“𥂫”字之訛，“臼”旁訛作“白”旁，“昜”旁訛作“易”旁也。南宋志磐撰《佛祖統紀》：“平王（宜[5]臼，幽王子，東遷洛陽）。”（T2035v49p0327c）本頁下注 5：“臼＝白《甲》。”“白”即“臼”字之訛。

瓜　部

1518 瓟

日本圓珍撰《入真言門住如實見講演法華略儀》：“梵云邲輸瓟陀，此翻普賢，勸發者戀法辭也。”（T2192v56p0200c）

按：隋智顗説《妙法蓮華經文句》：“梵音邲輸颰陀，此云普賢。”（T1718v34p0148a）日本賴瑜撰《大日經疏指心鈔》：“此經名普賢，皆漢語，梵邲輸颰陀，此云普賢（文）。《義疏》：外國名三曼多跋陀羅，三曼，此云普也；跋陀羅云賢。”（T2217v59p0614c）日本圓珍撰《佛説觀普賢菩薩行法經記》：“普賢者，梵號邲輸跋陀，或云三曼跋陀。”（T2194v56p0226b）與“瓟”對應之字作“颰”“跋”二形，“瓟”即“颰”字之訛，“颰”與“跋”爲同一梵文的不同譯音用字。

1519 瓟

南朝宋求那跋陀羅譯《賓頭盧突羅闍爲優陀延王説法經》："鳥獸以嘴爪，[3]抓瓟共鬭諍。"（T1690v32p0786a）本頁下注 3："抓=爪《宮》。"

按：《嘉興藏》作"爪瓟"。隋闍那崛多譯《起世經》："各以鐵爪，自[11]瓟其身。"（T0024v01p0320c）本頁下注 11："瓟=瓟《宋》《元》。""瓟"與"瓟"爲版本異文，"瓟"即"瓟"字之訛，"爪"旁訛作"瓜"旁，俗書習見。

疒　部

1520 疲

日本光宗撰《溪嵐拾葉集》："故人云：釋迦老子乾屎橛，普賢文殊是擔糞謨，十二分教是拭瘡疲紙，等覺妙覺結驢橛，達磨是守石窟老狐也（云云）。"（T2410v76p0543b）

按：日本圓爾辨圓語、嗣孫師煉纂《聖一國師語録》："十二分教，是鬼神簿拭瘡疣紙，四果三賢。"（T2544v80p0018a）日本一絲文守語《定慧明光佛頂國師語録》："十二分教，是鬼神簿拭瘡疣紙。"（T2565v81p0139b）與"疲"對應之字皆作"疣"，"疲"即"疣"字之訛。佛經"瘡疣"習見，皆泛指瘡，與文意合。失譯《般泥洹經》："賢愚在行，壽[9]夭在命。"（T0006v01p0181a）本頁下注 9："夭=尤《三》。""尤"爲"夭"字之訛，"夭"或訛作"夭"（見《偏類碑别字·大部》"夭"字條引《魏司馬景和妻墓誌銘》p42），可比勘。參 0013"夭"字條。

1521 痟

三國吴康僧會譯《六度集經》："處座終日，身都[33]痟痛，食不爲甘，日有瘦疵。宮女訛曰：'大王光華有損何爲？'答曰：'吾夢爲補蹠翁，勞躬求食，甚爲難云，故爲[36]痟耳。'"（T0152v03p0051a）本頁下注 33："痟=痟《三》。"注 36：

“痟=㾓《元》《明》。”

按：正文“痟”，注作“㾓”，異文作“痟”，正文之“痟”異文又作“㾓”。《嘉興藏》兩字皆作“痟”，音釋：“痟，烏懸切。”“痟”即“㾓”字異寫。《玉篇·疒部》：“㾓，烏玄切。骨節疼。”《龍龕手鏡·疒部》：“痟，于玄反。骨節疼痛也。”（p469）“㾓”訓骨節疼，與文意合。“痟”與“㾓”音義皆同。字形上，“口”經常寫作“厶”。明張自烈《正字通·水部》：“涓，俗涓字。”可比勘。

異文作“痟”者，《説文·疒部》：“痟，酸痟，頭痛。从疒，肖聲。《周禮》曰：‘春時有痟首疾。’”“痟”爲頭疼義，與文意不合，“痟”亦“㾓”字之訛。東晉佛陀跋陀羅譯《達摩多羅禪經》：“[7]涓流勢不遠，餘處無來故。”（T0618v15p0310b）本頁下注7：“涓=消《明》。”唐圓照撰《貞元新定釋教目録》：“始知佛日高明，匪螢燈竝照；法流深廣，豈[1]涓滴等潤。”（T2157v55p0873a）本頁下注1：“涓=消《聖》。”日本聖守撰《三論宗濫觴》：“故今思彼海岳之遺思，企此[3]涓露之微報。”（T2307Bv70p0839a）本頁下注3：“涓=消《甲》。”“消”皆“涓”字之訛。“肙”旁與“肖”旁字或相混誤，故“㾓”可訛作“痟”。

南朝梁寶唱等集《經律異相》：“百節[8]痛疼，行步苦極。”（T2121v53p0148a）本頁下注8：“痛=痟《元》《明》。”“痟”亦“㾓”字之書寫變異。

1522 㾎

後秦弗若多羅、羅什譯《十誦律》：“戾脚、脚指[17]殘、截陰一丸㿗不能男，截臂、截脾、截手、截脚、截指，五指不屈、截唇、截耳、截鼻。”（T1435v23p0155b）本頁下注17：“殘=㾎《三》《宮》。”

按：“㾎”與“殘”爲版本異文，“㾎”即“瘃”字之訛。唐慧琳撰《一切經音義》卷五十八《十誦律》第二十一卷：“指瘃，又作‘㾣’，謂手足中寒作瘡者也。”（T2128v54p0695a）《慧琳音義》作“瘃”，與文意合。

1523 痼

日本濟暹撰《辨顯密二教論懸鏡抄》：“遂成八萬四千煩惱，名爲痼疾，其能治行亦有八萬四千，名爲法蘊。”（T2434v77p0459c）

按：世親造、唐玄奘譯《阿毘達磨俱舍論》：“云何相違？勝義不善，謂生死法由生死中，諸法皆以苦爲自性，極不安隱，猶如痼疾。”（T1558v29p0071b）《嘉興藏》作“痼”，音釋：“痼，古護切。久病也。”唐玄應撰《一切經音義》（麗藏本）卷二十四《阿毘達磨俱舍論》第十三卷：“痼疾，又作‘𤸋’，同，古護反。久病也。《説文》:‘痼，病也。’”(p326c) 唐慧琳撰《一切經音義》“痁”訛作“店”。(T2128v54p0766a) 衆賢造、唐玄奘譯《阿毘達磨順正理論》:“云何相違？勝義不善，謂生死法由生死中，諸法皆以苦爲自性，極不安隱，猶如痼疾。”(T1562v29p0546b) 皆以“痼”字爲正。“㾇”即“痼”字之訛。南朝梁慧皎撰《高僧傳》第十卷:“至如慧則之感香甕能致痼疾消瘳，史宗之過漁梁迺令潛鱗得命。”(T2059v50p0395a)《嘉興藏》作“痼”。《可洪音義》卷二十七《高僧傳》第十卷:“㾇疾，上音固。前《傳》文作‘痼’。”(v60p457a)“㾇”亦“痼”字之訛。

西晉竺法護譯《度世品經》:“何謂菩薩爲魔所[2]固?”(T0292v10p0644a) 本頁下注2:“固=困《宮》。”又:“菩薩有十事，魔所必[4]固，何謂爲十？心懷怯弱，魔得其便。其心多念，憒憒忽忽。性不安和，多求無厭。爲魔所亂，專持一法。自以爲是，爲魔所[6]困。”(T0292v10p0649a) 本頁下注4:“固=困《明》《宮》。”注6:“困=固《宋》。”西晉竺法護譯《等集衆德三昧經》:“天子，誠如所云，假使有人聞是三昧，而不信樂不能聞受，爲魔所[11]固，其有菩薩不得逮聞是三昧者，亦不受持諷誦説者，吾不名之爲聞多智。”(T0381v12p0988c) 本頁下注11:“固=困《三》。”唐道世撰《法苑珠林》:“寄言懷操者，當須思[17]固窮。”(T2122v53p0845c) 本頁下注17:“固=困《宮》。”四庫本作“固窮”。唐道世撰《諸經要集》:“寄言懷操者，當須[11]思困窮。”(T2123v54p0132b) 本頁下注11:“思困=自固《三》《宮》。”“困”皆“固”字之訛。佛經或言“爲魔所嬈”“爲魔所擾”，或言“爲魔所嬈固”“爲魔所擾固”，或言“爲魔所固”，其義皆近。唐玄應撰《一切經音義》卷八《維摩詰所説經》上卷:“嬈固，乃了反。《字林》:‘嬈，擾也。’《纂文》:‘嫽嬈，戲弄也。嬈，煩也，亦惱也。《文殊現寶藏經》等作‘嬲固’，字或作‘嬲’，音同嬈。固，堅也。今宜作‘厭蠱’之‘蠱’，《字林》音故，又音古。……《摩登伽經》作‘擾蠱’，言此魔作擾亂厭蠱也。諸經有作‘顧’，非體也。”(p107c) 玄應以爲“嬈固”本當作“擾蠱”。“爲魔所固”之“固”亦當爲“嬈固”之義，“固”或作“困”者，皆訛字。“當須思固窮”之“固窮”乃固守其窮之義，作“困窮”者，“困”亦“固”字之訛。

唐法寶撰《俱舍論疏》:“《論》‘勝義不善’至‘猶如[8]痼病’。答也：翻涅槃立生死，即生死名勝義不善。以生死中有漏之法皆是行苦、自性不安，性不安故猶如*痼疾，有此疾者常不安穩。”(T1822v41p0637b) 本頁下注8:“痼=痐《甲》《乙》。”“痐”亦“痼”字之訛。東晉瞿曇僧伽提婆譯《中阿含經》:“云何有人出已而住，住已而觀，觀已而渡？謂人既出得信善法，持戒布施，多聞智慧，修習善法。彼於後時，信[12]固不失，持戒布施，多聞智慧，堅固不失，住善法中。”(T0026v01p0424c) 本頁下注12:“固=因《元》。”“因”即“固”字之訛，可資比勘。《大正藏》中“固”“因”混誤之例甚夥。

草書中“固”“困”“因”三字形體或近，故三字常相混誤。

佚名《龍樹五明論》:“第十三諸有病痛，小曰痼，大曰顛。藥如前説，以此符佩香，當禮拜觀世音菩薩。第十四諸有病痛閉病以逕日月不差者，以絹七寸朱書。小曰痼，大曰顛。藥如前説，以此符佩香，當禮觀世音菩薩。”(T1420 v21p0958a）據文意，“痡”又“癇”字之訛。

1524 ⿸疒含

日本榮然撰《師口》：“上方梵天印。右手作拳安腰，左手五指相著竪之少屈，其高少計過肩，即想成蓮花。真言曰：唵没羅⿸疒含摩寧娑嚩賀。”（T2501v78p0872a）

按：“⿸疒含”爲譯音字，疑爲“含”字之訛。佚名《十天儀軌》：“上方梵天印。右手作拳安腰右，左手五指相著竪之小屈，其高少許過肩，即成蓮花相。真言曰：唵没羅含摩寧娑嚩訶。”（T1296v21p383b）唐般若力譯《迦樓羅及諸天密言經》：“以尾惹野上，畫没羅（二合）含摩（二合），唐云梵天。”（T1278v21p0334b）與“⿸疒含”對應之字皆作“含”。“没羅含摩”爲“梵天”的譯音字，“含摩”爲“𑖮𑖿𑖦（hma）”的譯音字。《師口》：“次梵天。右手作拳安腰，左手五指相著竪之少屈，其高少計過肩，即想成蓮花。真言曰：唵没羅⿸广含摩寧。”（T2501v78p0842b）“含”或作“⿸广含”者，疑受“摩”字的影響而誤加“广”旁，此乃字形同化之例。參 0604“⿸广含”字條。

字或作“⿸疒含”，“⿸疒含”爲“⿸广含”之進一步訛誤。日本實運撰《諸尊要抄》：“梵天。左五指相著竪少屈，其高少過肩，想成蓮花。唵没羅⿸疒含摩曳 娑縛賀。”（T2484v78p0328b）“⿸疒含”亦“⿸广含”之訛。

“⿸疒含”又訛作“瘡”，日本覺成記、守覺輯《澤鈔》：“梵天（左水空相捻舉，右手安腰）：唵没羅瘡摩寧曳。”（T2488v78p0464b）日本賴瑜撰《祕鈔問答》：“梵天（左水［手］空相捻拳，右手安腰）：唵没羅瘡摩寧莎呵。”（T2536v79p0568c）“瘡”皆“⿸疒含”字之訛。

1525 ⿸疒皃

佚名《翻梵語》：“毘舍鞠多，應云毘⿸疒皃細掘多，譯曰一切入護。”（T2130v54p1024c）

按：日本心覺撰《多羅葉記》：“毘舍槈多，應云毘履細掘多，此云一切入護。”（T2707v84p0635a）北涼曇無讖譯《悲華經》：“善男子，爾時第三摩納字[10]毘舍[11]掬多。”（T0157v03p0200b）本頁下注 10：“Viśvagupta。”注 11：“掬＝毱《三》。”疑“⿸疒皃”即“履”字之訛。

1526 瘛

西晋竺法護譯《佛説文殊師利淨律經》："寂順律音天子，復問文殊：'何謂聲聞律？何謂菩薩律？'答曰：'受教畏三界難厭患[7]瘛者，聲聞之律；護於無量生死周旋，勸安一切人民蚑行喘息蠕動之類，開導三界決其疑網衆想之著，是菩薩律。'"（T0460v14p0450b）本頁下注7："瘛＝痙《宮》。"

按："瘛"與"痙"爲版本異文，"瘛"即"惱"之異構字"瘤"字之訛。《説文·女部》："嫍，有所恨也。从女，𡿺聲。今汝南人有所恨曰嫍。"小徐訓作"有所恨痛"，段注從之。文獻多用"惱"字。《龍龕·女部》："妐、𡜊、媸、媱，四俗；嫍、媤，二或作；𡝰，正；媰，今；音腦，相媰亂也。"（p281）又《心部》："惚，俗；㥃，通；惱，今；惱，正。奴老反。煩惱也。有所恨也。"（p56）又《疒部》："瘟、瘥、瘤、𤺺、瘤、瘛、瘛，七俗。音惱。"（p474）上引《龍龕》所收從"女"、從"忄"、從"疒"諸字皆一字之變。《集韻·晧韻》乃老切："瘤、瘤、瘥，病也。或作瘤、瘥。""瘤"當爲"嫍/惱"的異構字。《集韻》泛訓"病也"，不確。《漢語大字典》據《集韻》訓"瘤"爲"病"（二 p2876a），未溝通"瘤"與"嫍/惱"的異構關係，亦當改正。鄭賢章《龍龕手鏡研究》亦有考證（p347），可參看。

1527 瘛

西晋無羅叉譯《放光般若經》："若行若寂常念世間從癡有[8]瘛，觀内痛意行法，觀外痛意行法，觀内外痛意行法，若行若寂常念世間癡*瘛。"（T0221v08p0024c-0025a）本頁下注8："瘛＝惱《三》《宮》*。"

按："瘛"與"惱"爲版本異文，"瘛"即"惱"之異構字"瘤"字之訛。參上條。

1528 瘫

東晋瞿曇僧伽提婆譯《中阿含經》第七卷："經溢赤膽、壯熱、枯槁、痔[16]瘫、下利，若有如是比餘種種病。從更樂觸生不離心立在身中，是名爲病。"（T0026v01p0467c）本頁下注16："瘫＝瘺《元》《明》。"

按：唐玄應撰《一切經音義》（麗藏本）卷十一《中阿含經》第七卷："痔

䘌，直理反，下女力反。後病也，謂濕䘌也，中［虫］食後病也。經文作‘匿’，非體也。”（p144c）唐慧琳撰《一切經音義》卷五十二《中阿含經》第七卷：“痔䘌，直理反，下女力反。後病也，謂濕䘌也，虫食後病也。經文作‘䘌’，非體也。”（T2128v54p0651a）玄應所見本作“匿”，釋作“䘌”，今本《大正藏》作“𤺗”，異文作“瘺”。“痔䘌”在醫籍中亦有用例，唐孫思邈《備急千金要方·卷五十八·大腸腑方·九蟲第七》（四庫本）：“桃皮湯治蟯蟲蛔蟲及痔䘌蟲食下部生瘡方。”唐王燾《外臺秘要方·卷二十六·雜療蟲方三首》（四庫本）引《千金要方》：“《千金》療蟯蟲蛔蟲及痔䘌蟲食下部生瘡桃湯方。”明李時珍《本草綱目·卷三·百病主治藥上·痔漏》（金陵本）：“熏灸：……酒（痔䘌，掘土坑燒赤，沃之，撒茱萸入内，坐之）。”又《卷四·百病主治藥下·諸瘡下》：“䘌瘡：……茱萸（下部痔䘌，掘坑燒赤，以酒沃之，内萸于中，坐熏，不過三次）。”“䘌”有蟲食病義，《廣韻·職韻》女力切：“匿，蟲食病。䘌，上同。”“痔䘌”指肛門處的蟲食病，即痔瘡。“𤺗”爲“䘌”字之訛，受“痔”字影響改“虫”旁爲“疒”旁，此亦字形同化之例。“匿”爲“䘌”之借字。“痔瘺”亦爲疾病名，文獻通用“痔漏”“痔瘻”等形式，指痔瘡、肛瘻，與“痔䘌”義近。

1529 𤸷

龍樹造、後秦鳩摩羅什譯《大智度論》：“譬如人出獄，有但[2]穿牆而出自脱身者，有破獄壞鎖既自脱身兼濟衆人者。”（T1509v25p0320a）本頁下注2：“穿牆=穿𤸷”。

按：“𤸷”與“牆”是版本異文，“𤸷”即“牆”之異構字“廧”字之訛。《説文·嗇部》：“牆，垣蔽也。从嗇，爿聲。”《玉篇·嗇部》：“牆，疾將切。牆垣也。廧，同上。”“廧”爲“牆”之異構字，蓋由“牆”所從之形旁“嗇”表意不明確，故改從“广”旁，替换掉了原字的聲旁“爿”，可以把“廧”理解成從广牆省聲。異體又作“墻”。南宋洪邁《漢隸分韻·陽韻》：“𤸷，《韓勑後碑》。”清顧藹吉《隸辨·陽韻》：“𤸷，《堯廟碑》：‘繕飭壂~。’按，即‘廧’字。《隸釋》云：‘此碑凡广之類多從疒。’”“廧”隸書或寫作“𤸷”，“𤸷”與“𤸷”形近。唐顔元孫《干禄字書·平聲》：“牆、墻、牆，並上俗、中通、下正。”“牆”或作“墻”，“嗇”作“𠻘”，“𤸷”所從同之。皆可證“𤸷”即“廧”書寫之變。鄭賢章《〈新集藏經音義隨函録〉研究》亦有考證（p329），可參看。

1530 瘔

隋灌頂撰《大般涅盤經疏》：“如是三譬，一一有合。初譬中，熱譬愛，冷譬

癡，勞譬慢，下譬瞋，瘧譬疑，眾邪通譬五利（云云）。”（T1767v38p0167b）

按：“瘧”即“瘧”字之訛。隋灌頂撰、唐湛然再治、日本本純分會《涅盤經會疏》：“初譬中，熱譬愛，冷譬癡，勞譬慢，下譬瞋，瘧譬疑，衆邪通譬五利。”（X0659v36p0652c）唐行滿集《涅盤經疏私記》：“瘧譬疑者，此病寒熱以不定故，名之爲疑也。”（X0660v37p0111b）與“瘧”對應之字皆作“瘧”。《説文·疒部》：“瘧，熱寒休作。从疒，从虐，虐亦聲。”上文經中之“瘧”即用本義。

字或作“瘧”者，“虐”或寫作“䨯”（見《可洪音義》v59p723c），“虍”旁寫作與“雨”形近的形體，故或訛作“雨”旁。北涼曇無讖譯《大般涅槃經》：“善男子，譬如有人身遇衆病，若熱若冷，虛勞下[7]瘧，衆邪鬼毒。到良醫所，良醫即爲隨病説藥，是人至心善受醫教，隨教合藥，如法服之，服已病愈，身得安樂。”（T0374v12p0510b）本頁下注7：“瘧＝瘧《明》。”北魏瞿曇般若流支譯《正法念處經》：“若生人中同業之處，項上三堆，極高隆出，常患[3]癰病，是彼惡業餘殘果報。”（T0721v17p0044a）本頁下注3：“癰＝瘧《元》，痤《明》《宮》，明注曰：痤，南藏作瘧。”“瘧”“瘧”皆“瘧”字之訛。

1531 癊

唐阿目佉譯《佛説不空羂索陀羅尼儀軌經》：“胸藏痰[18]飲吐逆病，便得銷鑠而除差。”（T1098v20p0440c）本頁下注18：“飲＝癊[イ]《原》。”

按：“癊”與“飲”爲版本異文，“癊”即“癊”之書寫變異。“痰癊”與“痰飲”爲同一詞的不同詞形。遼希麟集《續一切經音義》卷六《觀自在菩薩説普賢陀羅尼經》：“痰癊，上淡甘反。《考聲》云：‘鬲中水病也。’《説文》：‘從疒，炎聲。’下邑禁反。《字林》作‘痊’，心中淡水病也。《韻詮》云：‘[9]癊亦痰也。二字互訓。從疒，陰聲也。’《經》文從草作‘蔭’，非也。”（T2129v54p0960c）本頁下注9：“癊＝蔭《甲》。”東漢張仲景《金匱要略·痰飲欬嗽病脈證治》：“問曰：‘夫飲有四，何謂也？’師曰：‘有痰飲，有懸飲，有溢飲，有支飲。’問曰：‘四飲何以爲異？’師曰：‘其人素盛今瘦，水走腸間，瀝瀝有聲，謂之痰飲。’”“痰”和“飲”是體内過量的液體。“飲”的本義爲喝，因不能正常運化而存於體内的水亦稱“飲”，此即“飲”之引申義。“㵭”爲“飲”之加旁俗字，亦可理解爲分化字，因“飲”爲身體中之液體，故或加“水”旁。《可洪音義》卷七《佛説孔雀王咒經》下卷：“淡㵭，上徒甘反，下於禁反。”（v59p797c）該詞又有“淡飲”“淡陰”“痰癊”等詞形。《可洪音義》卷五《悲華經》第九卷：“澹㶑，上徒甘反，下於禁反。心上水也。正作‘痰癊’。”（v59p720a）北涼曇無讖譯《悲華經》：“復修醫方，能治[10]痰癊風寒冷熱。”（T0157v03p0227b）本頁下注10：“痰癊＝澹癊《宋》，淡陰《聖》。”龍樹造、後秦鳩摩羅什譯《大智度論》：“菩薩摩訶薩觀内身，從足至頂，周匝薄皮，種種不淨，充滿身中。作是念，身中有髮毛爪齒，薄皮厚皮，筋肉骨髓，脾腎心肝肺，小腸大腸，胃胞屎尿，垢汗目淚，涕唾膿血，黄白[9]痰陰，肪𦛨腦膜。”（T1509v25p0403a）本頁下注 9：“痰陰＝痰𤺊《三》《宫》，淡淦《聖》，澹澮《石》。”與“陰”對應之字或作“澮”“𤺊”，“𤺊”即“陰”之加旁字，“澮”也可以理解成“陰”之加旁字，“痰飲”爲中醫疾病名，故亦可加“疒”旁。“𤺊”又“𤺊”之書寫變異。

1532 瘄

後秦弗若多羅、羅什譯《十誦律》：“佛在舍衛國，爾時比丘，有癩病疥[17]瘄病。”（T1435v23p0270b）本頁下注 17：“［瘙］－《聖》。”

按：正文作“瘄”，注文作“瘙”，“瘄”即“瘙（瘙）”字之訛。“瘙”與“疥”同義，“疥瘙”爲同義並列複合詞，文獻習見。《大正藏》“瘄”字凡 13 見，皆“瘙”字之訛。

1533 瘯

日本圓珍撰《佛說觀普賢菩薩行法經記》：“‘如飲毒者無瘡疣死’，瘡，瘡瘯。《禮記》六：‘頭瘡則沐。’楚良反。疣，結病也。《釋名》曰：‘疣，丘也。出皮上聚高如地之有丘。’羽求反。與尤同。並出《唐韻》。凡世間死多依瘡疣，而飲毒者無瘡卒死，謗大乘者以謗爲業，地裂墮地獄如勝意達多等。”（T2194v56p0243b）

按：南朝宋曇無蜜多譯《佛說觀普賢菩薩行法經》：“讃歎邪見，如火益薪，猶如猛火傷害衆生，如飲毒者無瘡疣死，如此罪報惡邪不善。”（T0277v09p0392b）此即圓珍所本，文中解釋“瘡疣”二字之義。北宋守千集《上生經瑞應鈔》卷上：“云瘡疣者，瘡，瘡痍也；疣，内結也。”（X0394v21p0928b）與“瘯”對應之字作“痍”，“瘯”蓋即“痍”字之訛。唐慧琳撰《一切經音義》卷十《仁王護國般若波羅蜜多經》下卷：“瘡疣，惻莊反。《韻英》：‘瘡，痍也。’或作‘創’，古文作‘刅’。”（T2128v54p0366b）又卷十二《大寶積經》第三十二卷：“瘡疣，上惻莊反。俗字也。《考聲》云：‘瘡，痍也。’《說文》作‘創’‘刅’，傷也。古文作‘戧’。或作‘刅’，古字也。”（T2128v54p0379c）慧琳所引《韻英》《考聲》皆以“痍”訓“瘡”，可比勘。

1534 瘷

佚名《翻梵語》：“烏蘇慢，《經》曰瘷神。（《修行本起經》第二卷）”（T21

30v54p1029b）

按："㾓"即"厭"字之訛。東漢竺大力、康孟詳譯《修行本起經》："太子當去，恐作稽留，召烏蘇慢（漢名厭神），適來入宮，國內厭寐。"（T0184v03p0467c）此即《翻梵語》所本，字本作"厭"。唐慧琳撰《一切經音義》："厭人，于冉反。鬼名也。梵言烏蘇慢，此譯言厭。《字苑》云：'厭，眠內不祥。'《蒼頡篇》云：'手伏合人心曰厭。'"（T2128v54p0412c）字正作"厭"。"厭"或寫作"㢒"（見《可洪音義》v59p564a），因訛作"㾓"。南朝梁僧祐撰《釋迦譜》："太子當去，恐作稽留，召烏蘇慢，漢名魘神，適來宮圍，內人魘寐。"（T2040v50p0007a）字又作"魘"，"魘"爲"厭"之分化字。

鄭賢章《漢文佛典疑難俗字彙釋與研究》"㾓"字條："'㾓'乃'壓'字之訛。"（p315）結論不妥。"㾓"乃"厭"字之訛，"壓"爲"厭"的分化字。

1535 㾓

東漢支婁迦讖譯《道行般若經》："安不量末學，庶幾斯心，載詠載玩，未墜於地。檢其所出，事本終始，猶令折傷玷缺，[14]㾓然無際；假無放光，何由解斯經乎？"（T0224v08p0425b）本頁下注14："㾓＝戢《元》《明》。"

按："㾓"與"戢"爲版本異文，"㾓""戢"皆"厭"字之訛。"厭然無際"謂密合没有縫隙，"厭然"即密合的樣子。"厭"或寫作"㢒"（見《可洪音義》v59p564a），因訛作"㾓"；"猒"又寫作"戢"（見《可洪音義》v59p1091a），故"厭"可訛作"㾓"，又或訛作"戢"。南朝梁僧祐撰《出三藏記集》："安不量未［末］學，庶幾斯心，載詠載玩，未墜于地。撿其所出，事本終始，猶令析［折］傷玷缺，[22]厭然無際；假無放光，何由解斯經乎？"（T2145v55p0047b）本頁下注22："厭＝戢《三》。"字正作"厭"，而宋、元、明本皆訛作"戢"。

1536 㿌

隋吉藏撰《法華義疏》："就文爲三：一者明毒虫，二辨惡鬼，三總結過患。初文又二：前別明毒虫，二總結過患。就初文又開三雙：第一明上有怪鳥，下有毒虫，則上下一雙；二明所迷之不淨，能迷蜣蜋，能所一雙；三明貪獸食噉，慳狗諍[9]奪，慳貪一雙。"（T1721v34p0534b）本頁下注9："奪＝㿌《聖》。"

按："㿌"與"奪"爲版本異文，"㿌"即"奪"字之訛。"奪"字《説文》作"奪"，又訛作"奪"。唐一行記《大毘盧遮那佛眼修行儀軌》："一切爲障者無能映[40]奪也。"（T0981v19p0412c）本頁下注40："奪＝奪《原》《甲》。""映奪"佛經習見，"奪"即"奪"字之訛，《大正藏》亦多見。"㿌"當即"奪"之形訛。

1537 𤺥

唐不空譯《金剛手光明灌頂經最勝立印聖無動尊大威怒王念誦儀軌法品》："遍身者[2]瘢痕，諸根皆全具。"（T1199v21p0006a）本頁下注2："瘢＝盤《聖》《乙》，𤺥《丙》。"

按："𤺥"與"瘢""盤"爲版本異文，"瘢痕"一詞文獻習見，"𤺥"當即"瘢"字之訛，蓋"瘢"字所從之"舟"訛作"目"，"殳"訛作"炎"也。

字又作"盤"者，"盤"即"瘢"之借字。南宋蘊聞輯《大慧普覺禪師語録》："炙瘡[4]瘢上不可更著艾炷去也。"（T1998Av47p0824c）本頁下注4："瘢＝盤《宫》《甲》。"唐道世撰《法苑珠林》："伺夜眠之後，密以土袋，壓父母口，加身坐上，望氣不出，意令遣死，無有瘡[3]瘢，將爲卒亡，不猜己身。"（T2122v53p0663a）本頁下注3："瘢＝盤《宋》《宫》。""盤"亦皆爲"瘢"之借字。唐般若譯《大方廣佛華嚴經》："如有藥樹名珊陀那，有取其皮以塗瘡者，瘡即除愈，平復如故，亦無[15]𤸱痕。"（T0293v10p0826c）本頁下注15："𤸱＝瘢《明》。"唐阿質達霰譯《大威力烏樞瑟摩明王經》："若取一屍無[13]𤸱痕者，洗浴之，置大河側。"（T1227v21p0144b）本頁下注13："𤸱＝瘢《明》《甲》，下同。""𤸱"乃"盤"之加旁字。唐菩提流志譯《大寶積經》："以淨心布施因緣，臂還平復，無有瘡[2]瘢。"（T0310v11p0451b）本頁下注2："瘢＝槃《聖》。"唐道世撰《法苑珠林》："作是語已，身即平復，無有瘡[1]瘢。"（T2122v53p0564a）本頁下注1："瘢＝槃《宋》《元》。"後秦鳩摩羅什譯《小品般若波羅蜜經》："薩陀波崙身即平復，無有瘡[40]𤻲。"（T0227v08p0582c）本頁下注40："𤻲＝瘢《元》《明》。"唐地婆訶羅譯《方廣大莊嚴經》："或有衆生得種種病，風黄痰氣，盲聾啞痺，牙齒齲痛，瘰癧白癩，痟渴癲眩，瘻瘺瘡[7]𤻲，種種諸病，見菩薩母舒手摩頂，自然銷除。"（T0187v03p0550c）本頁下注7："瘢＝𤻲《宋》，瘢《元》《明》。""槃"爲"瘢"的借字，"𤻲"爲"槃"的加旁字，亦可比勘。

1538 𤻔

南朝梁僧祐撰《出三藏記集》："拯四重之𤻔疽，拔無間之疣贅。"（T2145v55p0059b）

按：龍樹造、後秦鳩摩羅什譯《十住毘婆沙論》："瘡癩乾枯嘔血淋瀝上氣熱病瘭疽癰漏吐逆脹滿，如是等種種惡病爲惡羅刹。"（T1521v26p0020a）唐玄應撰《一切經音義》（麗藏本）卷十《十住毘婆沙論》第一卷："瘭疽，俾遙反，下且餘反。《廣雅》：'瘭，癰成也。'《説文》：'疽，久癰也。'《論》文作'𤻔'，非體也。"（p135b）《大正藏》之"瘭"，玄應所見本作"㾪"，釋作"瘭"。《龍龕手鏡·疒部》："㾪、瘭，二俗；瘻，古；瘭，正。布遙反。~疽，病名也。"（p469）行均已溝通"㾪"與"瘭"之關係，"㾪"即"瘭"之俗字。

1539 𤸱

唐菩提流志譯《一字佛頂輪王經》："薩嚩訥瑟柱（同上。六十四）鉢捺（二合）囉𤸱（亡苦反。六十五）。"（T0951v19p0260c）

按：《可洪音義》卷九《一字佛頂輪王經》第五卷："囉𤸱，亡苦反。"（v59 p865b）可洪所見本亦作"𤸱"。"𤸱"音"亡苦反"，即"廡"異構字"𢋐"之訛。《説文·广部》："廡，堂下周屋。从广，無聲。𢋐，籀文从舞。""𢋐"爲"廡"改換聲旁的異構字。"𤸱"即"𢋐"字之訛，"广"旁訛作"疒"旁也。唐菩提流志譯《不空羂索神變真言經》："薩𢋐（無苦反。下同）鉢捺（二合）囉𢋐瓢（入聲。八十九句）。"（T1092v20p0230c）"𢋐"作譯音字，切音作"無苦反"，可資比勘。

1540 瘺

唐玄奘譯《十一面神呪心經》："消滅病即除愈若患丁腫癰腫[17]瘻瘡疱瘡疽瘍癬等種種惡病。"（T1071v20p0153c）本頁下注17："瘻=瘺《元》《明》。"

按："瘺"與"瘻"爲版本異文，"瘺"即"瘻"的異構字。《説文·疒部》："瘻，頸腫也。从疒，婁聲。"《龍龕手鏡·疒部》："瘻，正；瘺，或作；𤺋，今。音漏。瘡也。"（p475）"瘺"爲"瘻"改變聲旁的異構字，"瘺"亦"瘻"的異構字。西晉竺法護譯《正法華經》："顔貌常黑，人所不喜，殃暴疽[19]瘺，常有臭氣。"（T0263v09p0079b）本頁下注19："𤷒=瘺《三》《宮》。"《嘉興藏》作"疽瘺"，音釋："疽瘺，瘺，盧候切。漏瘡也。""瘺"亦"瘺""瘻"之異構字。張涌泉《漢語俗字叢考》（修訂本）亦有考證（p524），可參看。

1541 瘟

西晉竺法護譯《佛説如來興顯經》："假使諸天，遊行放逸，應時虛空，暢法雷震，一切愛欲，皆歸無常，苦[22]惱誑惑，須臾間耳。"（T0291v10p0601c）本頁下注22："惱=瘟《聖》。"

按："瘟"與"惱"爲版本異文，"瘟"即"惱"之異構字"瘤"字之訛。唐慧琳撰《一切經音義》："苦惱，奴倒反。《説文》：'痛恨也。'《經》文作'惚'，非也，非經意，下愚之情，妄書不成字。"（T2128v54p0395b）《龍龕手鏡·心部》："惚，俗；㛴，通；惱，今；惱，正。奴老反。煩~也。有所恨也。"（p56）又《疒部》："瘟、瘫、瘤、𤸫、瘤、瘩、瘛，七俗。音惱。"（p474）清吴任臣《字彙補》："瘤，與惱同。瘤，音義與惱同。"《龍龕》中的七字皆"惱"之俗字。"瘟"當是"瘫"形之訛。

立　部

1542 竒

西晋竺法護譯《佛説普門品經》："畜生群萌之類，蠕動、喘息、竒行之屬，一切變化皆號畜生。"（T0315v11p0773c）

按："竒"即"蚑"字之訛。"蠕動""喘息""蚑行"常並列使用，東晋竺佛念譯《菩薩從兜術天降神母胎説廣普經》："彌勒，汝作佛時，汝當宣布此經，十方天下衆生，蠕動、喘息、蚑行、人物之類，皆蒙此經悉得解脱。"（T0384v12p1057b）《説文·虫部》："蚑，行也。"段注改爲："蚑，徐行也。凡生之類，行皆曰蚑。"注曰："凡蟲行曰蚑。""蚑""蚑行"本義均爲"蟲類徐行"，引申指"蟲類"。

穴　部

1543 窀

唐法琳撰《辯正論》："注曰：觀夫上皇之世，不行殯葬之禮，始於曁周窀穸之事，故有藤緘椁櫝瓦掩虞棺，皆起於中古也。"（T2110v52p0532c）

按："窀"即"窀"字之訛。唐道宣撰《廣弘明集》："觀夫上皇之世，不行殯葬之禮，始於塈周窀穸之事。"（T2103v52p0183b）與"窀"對應之字作

“窀”。“窀穸”爲“埋葬”之義。《左傳·襄公十三年》：“若以大夫之靈，獲保首領以殁於地，惟是春秋窀穸之事，所以從先君於禰廟者，請爲‘靈’若‘厲’，大夫擇焉。”晋杜預注：“窀，厚也；穸，夜也。厚夜猶長夜。春秋謂祭祀，長夜謂葬埋。”“屯”字常異寫作“乇”，《龍龕·穴部》：“窀穸，上陟倫反，下祥亦反。~~，下棺。又窀，厚也；穸，夜也。”（p508）“窀”下所從與“乇”形近，故“窀”又訛作“宅”。

1544 窔

日本興然撰《四卷》：“破壇作法，觀地下風輪，吹破此壇，觀了，誦法身偈破也，以獨古頭頗窔破爐土（云云），諸法從緣生，如來説是因，此法緣生滅。”（T2500v78p0827a）

按：“窔”即“突”的異寫字。“突”字常多加一筆寫作“突”（見秦公《碑別字新編》所引《隋范安貴墓誌》p101），“犮”與“犮”“友”等相近，故字又作“窔”“窔”。又遼希麟撰《一切經音義》：“蘿菔，上音羅，下蒲北反。《爾雅》曰：‘葖，蘆菔。’郭注云：‘紫花大根，俗呼雹窔。’窔音他忽反。《本草》：蘿菔性冷，利五藏，除五藏中惡氣，服之令人白淨肌細，從草服聲。《經》文作‘萄’，乃葡萄字。”（T2129v54p0955c）今本《爾雅》作“葖”，爲本字，“窔（突）”爲借字。

1545 窊

北宋楚圓集《汾陽無德禪師語録》：“《讚深沙神》：‘大悲濟物福河沙，現質人間化白蛇。牙爪纖鋒爲利劍，精神獰惡作深沙。鼻高言言丘帶嶽，耳大輪輞山疊窊。黤顙兩睛懸金鏡，礫索雙眉銛鐵叉。’”（T1992v47p0623a）

按：“窊”即“窊”字之訛。《説文·穴部》：“窊，污衺下也。”本義爲“低凹、低陷”，文中即用其義。語音上又與“蛇”“沙”“叉”押韻，同在麻韻。北宋施護譯《佛説法集名數經》：“臍深圓妙清淨殊異好，臍厚妙好無窊凸好。”（T0764v17p0661c）唐寂友造、北宋施護譯《佛吉祥德讚》：“腹形方正無欠缺，不窊不凸廣復圓。”（T1681v32p0764c）唐湛然述《法華文句記》：“洿字（烏花切），若依今義應作‘窊’字，凹也；亦應作‘洼’，深也。”（T1719v34p0290b）唐澄觀述《大方廣佛華嚴經隨疏演義鈔》：“二十四世尊臍厚，不窊不凸，周匝妙好。”（T1736v36p0387b）唐慧琳撰《一切經音義》：“窊隆，烏瓜反。《説文》：窊，邪下也，從穴瓜聲。下力中反。”（T2128v54p0872a）又：“逶佗，又作‘逶迤’，同，於危反。下徒何反。《廣雅》：‘逶佗，窊邪也。’《詩傳》云：‘平易皃也。'《韓詩》：'逶佗，德之美皃也。' 窊音烏爪反。"（T2128v54p0360b）"窊"皆"窊"字之訛。

東晉佛陀跋陀羅、法顯譯《摩訶僧祇律》："盜取王家一枚小錢，買[14]瓜食之，爲王所殺。"（T1425v22p0244b）本頁下注14："瓜＝爪《聖》。""瓜"訛作"爪"。南朝宋求那跋陀羅譯《雜阿含經》："如是我聞，一時佛住舍衛國祇樹給孤獨園。時有異比丘，在拘薩羅人間，住一林中。去林不遠，有種[5]瓜田。時有盜者，夜偷其瓜。"（T0099v02p0372a）本頁下注5："瓜＝苽《聖》。""苽"爲"苽"之訛，"苽"爲"瓜"之增旁俗字。隋闍那崛多譯《起世經》："諸比丘，此活大地獄，所有衆生，生者有者出者住者，手指自然皆有鐵[9]瓜，長而纖利，悉若鋒鋩。"（T0024v01p0320c）本頁下注9："瓜＝爪《三》。"《雜阿含經》："譬如比丘伏鷄生卵，若十乃至十二，隨時消息，冷暖愛護。彼伏鷄，不作是念。我今日若明日後日，當以口啄。若以[5]瓜刮，令其兒安隱得生。然其伏鷄，善伏其子，愛護隨時，其子自然安隱得生。"（T0099v02p0212b）本頁下注5："瓜＝爪《三》，爾《聖》。""爪"又訛作"瓜"。"爪""瓜"兩字多混訛，故"窊"或訛作"窊"。

1546 窇

隋吉藏造《淨名玄論》："真實性者，即是涅槃，故爲名三性三無性，得失必言進捨，上來若得若失皆不可得，逈悟窆窇絶句之門爲得，去此大逕庭，不近人情，今明從初以來一切得失，即皆是道，即是正觀。"（T1780v38p0897b）

按："窆窇"即"窈冥"之訛。在吉藏所撰佛經中"冥"字常作"寘""寘"等（参1549"寘"字條），進而又訛作"窇"。"窆"爲"窈"字之訛。

1547 窨

日本照遠撰《資行鈔》："問：'今云麟角猶多，以其麟體爲喻歟？以麟角爲喻哉？'答：'《記注》云：止有一角（云云）。麟獸是希，唯有一角，其角彌希也，故以角爲喻也。《簡正記》云：此麟形如馬，有一角。京房之云：是肉角非骨也，尾似牛，脚似人，手鄉蹄，頭有五色，腹下黄，高一丈二尺，壽二千歲。三千年一現此獸，有德行，不折草木，不蹈虫蟻，不入羅網，不入窨穽之中。'"（T2248v62p0525a）

按："窨"即"窨"字之訛。後唐景霄纂《四分律行事鈔簡正記》："……不入羅網，不入窨開之中。"（X0737v43p0230c）《説文·穴部》："窨，地室也。"本義爲"地窖"。"穽"同"阱"，指陷阱。這裏"窨""穽"連用，亦爲陷阱之義。《爾雅·釋獸》："麐，麕身、牛尾、一角。"邢昺疏引陸璣："麟，麕身、牛尾、馬足、黄色、圓蹄、一角，角端有肉，音中鍾吕，行中規矩，遊必擇地，詳而後處，不履生蟲，不踐生草，不羣居，不侣行，不入陷阱，不罹羅網。”

日本心覺撰《多羅葉記》：“[27]音，[illegible]，娑縛（二合）囉。”（T2707v84p0595b）本頁下注27：“音=青[イ]《甲》。”日本觀靜撰《孔雀經音義》：“鼓音，梵云銘利娑縛羅。小鼓音，梵云塢波銘利娑縛羅。”（T2244v61p0792c）“音”訛作“青”。日本湛慧撰《成唯識論述記集成編》：“馬王藏相男根依處，目紺[11]音色。”（T2266v67p0826b）本頁下注11：“音=青《甲》。”又：“如一眼識自證分能生緣[9]青等多境見分。”（T2266v67p0479c）本頁下注9：“青=音《甲》。”日本守覺撰《左記》：“釋迦如來昇忉利天爲母説法，坐右上，捧[1]音蓮花。”（T2492v78p0609a）本頁下注1：“音=青？”“青”皆訛作“音”。“音”“青”兩字有混訛關係，故“窨”或訛作“箐”。

1548 ⿱宀⿰木殳

唐慧琳撰《一切經音義》：“防邏，力賀反，戍屬。《韻略》云：邏，謂循行非違也，遊兵以禦[4]⿱宀⿰木殳者也。”（T2128v54p0767a）本頁下注4：“⿱宀⿰木殳=⿱宀⿰元殳《甲》。”

按：“⿱宀⿰木殳”與“⿱宀⿰元殳”爲版本異文，“⿱宀⿰木殳”“⿱宀⿰元殳”皆“寇”字之訛。獅谷白蓮社本《慧琳音義》即作“寇”。“寇”字構件“攴”又作“攵”，“元”又與“礻”相混，《龍龕·宀部》：“⿱宀⿰礻殳、⿱宀⿰礻攵，二俗；寇，正；宼，今。”（p157）“宼”與“⿱宀⿰元殳”形近；“礻”“木”易混，“⿱宀⿰木殳”爲“⿱宀⿰礻殳”字的進一步形變。

1549 ⿱宀具

佚名《寺沙門玄奘上表記》：“殊私忽降，愓然惟咎，惠澤光被，欣若登高。竊以至教希夷，理出窅⿱宀具之外，玄章沖邈，道闡言象之間。顯晦從時，行藏在運，非屬淳和之化。”（T2119v52p0820c）

按：“⿱宀具”即“冥”字之訛。《説文·目部》：“窅，深目也。”引申有“深遠貌”之義。《説文·冥部》：“冥，幽也。”引申亦有“幽深、深遠”之義。“窅冥”同義連用，可指“遙遠處”，如唐李白《春日行》：“帝不去，留鎬京；安能爲軒轅，獨往入窅冥。”即用此義。

“冥”又作“⿱冖具”，東漢竺大力、康孟詳譯《修行本起經》：“夫老者，年耆根熟，形變色衰，氣微力竭，食不消化，骨節欲離，坐起須人，目[25]⿱冖具耳聾，便旋即忘，言輒悲哀，餘命無幾，故謂之老。”（T0184v03p0466b）本頁下注25：“⿱宀具=冥《宋》《元》，瞑《明》。”注文字形作“⿱宀具”，與正文字形微異。“目冥”即“眼睛昏花，視力不好”。“冥”“瞑”都可以用來記録此義。

“冥”字又訛作“窴”“窴”，隋吉藏撰《仁王般若經疏》：“此一對二説一莫作一解，於諦常自二者結前有無本自二，又解於解常自一者二諦體一，於諦常自二者結其義異，通達此無二者下半歎益明，内外並窴，有無雙寂，無依無得，平等清淨，故云通達此無二真入第一義。”（T1707v33p0340b）又：“第三大王下明諸佛菩薩五眼亦名世諦，文云若菩薩如上所見衆生幻化，如空中花，衆生本來無所有，以虚妄而有譬如空花，諸佛五眼如幻諦而見如境，而知如理，而知照緣觀並窴，故云爲若此也。”（T1707v33p0339a）又隋吉藏撰《十二門論疏》：“《影公中論·序》云：内外並[4]窴，緣觀俱寂，豈容名數於其間哉？問何故，云：非名數耶？答：二諦是數。真俗境智等爲名。今以不可説二不二故云非數。絶真俗等一切名故云非名。叡師此論序云：虛實兩窴，得失無際。四師語異意猶一也。”（T1825v42p0182a）本頁下注 4：“窴＝冥[イ]《原》《甲》。”“並冥”“兩冥”與“雙寂”“俱寂”對言，當是“幽深、高遠”之義。又日本貞海撰《三論玄義鈔》：“親友者，實窟曰：書云：‘同門曰朋，同志曰友（云云）。’期神者，一心訓義。窴累者，斷煩惱義，出生死義也（云云）。”（T2301v70p0502c）隋吉藏撰《三論玄義》原文即作“冥”。

“冥”，《説文》小篆作“冥”从日、从六、冖聲。構件“日”“六”常粘合寫作“𡨦”（《隋馬穉墓誌》），構件“冖”“宀”“穴”等形近易混，故字又作“冥”“寘”。字又寫作“寘”（《齊姜纂墓誌銘》）、“寘”（《魏太中大夫元玕墓誌銘》）、“窴”（《魏元子永墓誌》）等（均見秦公《碑别字新編》p112），故《大正藏》訛作“窴”“窴”。

1550 𥦗

日本靜然撰《行林抄》：“次百字明：唵菩馱嚕左尼薩埵嚩三昧耶（乃至）怛他蘖多菩馱嚕左尼麽𥦗悶遮菩馱嚕左尼婆嚩摩訶三摩耶薩怛嚩。”（T2409v76p0111b）

按：“𥦗”即“寐”字之訛。“百字明”又稱“百字真言”“金剛百字明”或“金剛薩埵百字明”，是密教金剛界所持誦的一百字之咒。唐金剛智譯《金剛頂經瑜伽修習毘盧遮那三摩地法》：“先誦金剛百字明，爲令加持不傾動。真言曰：唵（一）麽折囉薩怛縛（二合）三麽耶麽拏播攞耶（二）麽折囉薩怛嚩底尾（三）努播底瑟姹（四）涅里（二合）住（荼護反）弭婆嚩（五）素都使喻（二合。下同）弭婆嚩（六）阿努囉訖都（二合）弭婆嚩（七）素補使喻弭婆嚩（八）薩婆悉地彌鉢囉（二合）也瑳（九）薩婆羯麽素遮弭（十）止多室利（二合）藥句嚧（十一）吽（十二）呵呵呵呵斛（引。十三）薄伽梵薩婆怛他蘖多麽折囉麽寐悶遮（十四）麽折唎婆嚩（十五）摩訶三麽耶薩怛嚩（二合。十六）惡（引）。”（T0876v18p0330c－0331a）與“𥦗”對應之字作“寐”。“寐”又訛作“寐”。日本長宴記《四十帖決》：“百字讚若佛眼：唵菩馱嚕左尼薩埵縛三昧耶摩拏波羅耶菩馱嚕左尼 薩埵縛（乃至）薄伽梵薩埵縛 怛他蘖他菩馱嚕左尼麼寐悶遮菩馱哩左尼娑縛摩訶三摩耶薩埵縛。”（T2408v75p0848b-c）“寐”字相應位置又作“弭”“銘”“彌”“迷”等字。唐不空譯《瑜伽集要焰口施食儀》：“金剛薩埵百字呪：唵（一）斡資囉（二合）薩埵蘇薩麻耶麻納巴辣耶（二）斡資囉（二合）薩埵諦奴鉢諦瑟諦（二合。三）得哩（二合）鋤彌發吒（四）蘇度束彌發吒（五）阿奴囉屹都（二合）彌發吒（六）蘇布束彌發吒（七）薩哩吒（二合）些提彌不囉（二合）耶擦（八）薩哩斡葛哩麻（二合）蘇拶彌（九）穆達釋哩（二合）楊郭嚕（十）吽（十一）訶訶訶訶斛（十二）發葛灣薩哩吒（二合）答塔葛達斡資囉（二合）麻彌捫拶（十三）斡資哩（二合）發吒（十四）麻訶薩摩耶薩埵阿（引。十五）。”（T1320v21p0483a）對應字作“彌”，對應的梵文作“（me）”，“寐”亦當爲“（me）”的譯音字。日本淨嚴撰《悉曇三密鈔》：“，寐（金軌）、茗、名、銘（禪要）、迷、謎（集經）、彌、咩（佛頂）、米（羂索）。”（T2710v84p0745c）《悉曇三密鈔》收“寐”“彌”等字作“（me）”的譯音字，讀音正相切合。

“寐”又訛作“寐”“寐”。北涼曇無讖譯《大方等大集經》：“大授記陀羅尼呪：……蜜多羅三[5]寐若耶尼瞿盧陀三寐若耶 摸極叉三寐若耶 示利苦伽婆優婆矣羅闍 毘那舍耶 三摩舍羅耶帝羅阿那……爾時世尊，說是呪已，告大衆言：此陀羅尼亦名賢面，一切諸佛之所加護，能生禪定三摩提，能盡一切諸惡，乃至能了阿耨多羅三藐三菩提。”（T0397v13p0295b-c）本頁下注5：“寐=寐《元》《明》。”此處亦爲譯音用字。隋慧遠撰《維摩義記》：“其阿那律天眼第一，得眼因緣如經中說。彼阿那律於一時中佛邊聽法，坐下眼睡，如來呵責，咄咄故爲[5]寐，蜯螺蚌蝎類。其阿那律被呵慚愧，多日不眠遂便失眼，造詣耆婆求欲治之，耆婆問其患眼内緣，那律具答。耆婆對曰：‘睡是眼食，久時不眠眼便餓死，永更叵治。’那律聞之遂修天眼。”（T1776v38p0455c）本頁下注5：“寐=寐[カ]《原》。”此處用“寐”之本義“睡着”。

《龍龕·穴部》：“寐、寐、寐，三俗；莫庇反，正作寐，寢也。”（p509）構件“宀”“穴”形近易混，故“寐”字亦寫作“寐”。構件“爿”亦作“忄”“牛”“丬”等，如《魏冀州刺史元子直墓誌》作“寐”，《魏唐耀墓誌》作“寐”，《齊高獻國妃敬氏墓誌》作“寐”（均見秦公《碑别字新編》p197）。“爿”變異後的形體又與構件“氵”“王”形近，故又訛作“寐”“寐”。

1551 窗

龍樹造、後秦筏提摩多譯《釋摩訶衍論》：“今造此論，重釋摩訶衍，爲欲顯示自師其體深玄，其窮微妙。未得正證，未出邪行。漠漠冥冥，實絶窺[30]窴（莫昉反）域，超思惟境故。”（T1668v32p0592b）本頁下注 30：“窴 = 窅《石》，窻《高》。”

按：“窅”與“窴”“窻”爲版本異文，三字均爲“窺”字之訛。日本賴寶撰《釋摩訶衍論勘注》：“漠漠之言廣大之義，冥冥之句深遠之詞，顯上不二能所法體，瞻之莫覩其形，思之不知其相焉。窺窴者，瞻覩也（文）。”（T2290v69p0620c）又：“窺窴者，目視也。”（T2290v69p0620c）又：“窺窴者，《疏鈔》所覽同今本，記所釋新渡本：窺䆳（云云），《玉》云：窺（丘垂切，小見，亦作闚）。䆳（㲽庚切，正見也）（文）。或本窺窴，窻字未勘之。”（T2290v69p0621c）《説文・穴部》：“窺，小視也”，“䆳，正視也”。“窺䆳域”指所能看到的範圍。又南宋師會述《般若心經略疏連珠記》：“疏主又曰：廓無涯而超視聽，深無極而抗思議。論曰：超思惟之境，絕窺䆳之域，是豈筌罤所能獲哉。”（T1713v33p0555c）

1552 䆨

隋吉藏撰《仁王般若經疏》：“此一對二説一莫作一解，於諦常自二者結前有無本自二，又解於解常自一者二諦體一，於諦常自二者結其義異，通達此無二者下半歎益明，内外並䆨，有無雙寂，無依無得，平等清淨，故云通達此無二真入第一義。”（T1707v33p0340b）

按：“䆨”即“冥”字之訛。參 1549“寘”字條。同上經：“第三大王下明諸佛菩薩五眼亦名世諦，文云若菩薩如上所見衆生幻化，如空中花，衆生本來無所有，以虚妄而有譬如空花，諸佛五眼如幻諦而見如境，而知如理，而知照緣觀並䆨，故云爲若此也。”（T1707v33p0339a）隋吉藏撰《十二門論疏》：“内外並[4]䆨，緣觀俱寂，豈容名數於其間哉?”（T1825v42p0182a）本頁下注 4：“䆨 = 冥イ《原》《甲》。”“䆨”“䆨”亦皆“冥”字之訛。

1553 寑

唐良賁述《仁王護國般若波羅蜜多經疏》：“方便演説皆善巧故，善能調伏諸衆生故，如經説云，法王軌度，法王觀察，法王宴[11]寢，法王讚歎，皆悉勤學調伏行矣。”（T1709v33p0496b-c）本頁下注 11：“寢 = 寑《甲》。”

按：“寑”與“寢”爲版本異文，“寑”即“寖”字之訛，“寖”爲“寢”之異構字，“寢”又省作“寝”，文獻通行“寢”字。《説文・宀部》：“寖，臥也。从宀，侵聲。𡨦，籀文寖，省。”《説文・㝱部》：“寢，病臥也。从㝱省，𡨦省聲。”段注“㝲”字注：“今人皆作寢，寢乃㾝部寢字之省，與㝲異義。”段注“寢”字注：“㝲者，臥也。寢者，病臥也。此二字之別。今字槩作寢矣。”段從《説文》，區分“㝲”“寢”爲二字，前一字本義爲“臥”，後一字本義爲“病臥”。清徐灝《説文解字注箋》“寢”字箋曰：“此即《宀部》‘㝲’之異文。”文獻未見“寢”專指病臥的用法，且病臥與臥皆臥息，本不必分，兩字讀音亦同，處理成異體關係可從。《龍龕·宀部》：“寑、㝲，二或作；寢，正。七稔反，卧也，幽也。”（p156）即將兩字處理成或體。構件“宀”與“穴”混誤，故字又作“寑”。文中“宴”“寢”連用，指休息起居，“寢”取“休息”義，與文意合。唐澄觀撰《大方廣佛華嚴經疏》：“九宴寢者，晝無故不内宴，夜無故不外寢，宴於側室，寢於正處。”（T1735v35p0639a）所用“宴寢”義與此同。

法救撰、三國吴維祇難譯《法句經》：“獨行遠逝，[6]覆藏無形。”（T0210v04p0563a）本頁下注6：“覆=寢《三》，寑《聖》。”“寑”與“寢”“覆”爲版本異文。審文意，“覆藏無形”乃隱匿無形之義，“寢藏”即隱匿義，文獻習見，“覆藏”文獻亦多見，乃遮掩隱藏義，於文意不合，故字當以“寢”字爲是。“寑”乃“寢”字之訛。“覆”亦“寢”字之訛。唐善無畏譯《三種悉地破地獄轉業障出三界祕密陀羅尼法》：“腎敷心腹（胃也，腎也），[14]寢寫水精也。”（T0905v18p0910a）本頁下注14：“寢=覆イ《原》，窮寢イ《原》。”日本覺鑁撰《五輪九字明祕密釋》：“腎敷心腹，窮寑寫米精也。”（T2514v79p0014c）“寢寫”，“寢”義爲藏，“寫”通“瀉”，義爲排泄，謂腎乃主貯藏和排泄水精的器官。“覆”乃“寢”字之訛。

1554 窴

日本貞海撰《三論玄義鈔》：“親友者，寶窟曰：書云：‘同門曰朋，同志曰友（云云）’。期神者，一心訓義。窴累者，斷煩惱義，出生死義也（云云）。”（T2301v70p0502c）

按：“窴”即“冥”字之訛，隋吉藏撰《三論玄義》原文即作“冥”。參1549“窴”字條。《大正藏》“窴”字凡21見。《可洪音義》亦有用例。

1555 窺

隋吉藏撰《法華義疏》：“如此愛見衆生受諸苦時，亦有厭苦四向希心求出離義，如窺看窓牖，窓牖謂無苦處，而不正求出，但[45]窺之而已。”（T1721v34p0536c）本頁下注45：“窺=窺《聖乙》。”

按：“窺”與“窺”爲版本異文，“窺”即“窺”字之訛。後秦鳩摩羅什譯

《妙法蓮華經》："夜叉餓鬼，諸惡鳥獸，飢急四向，[12]窺看窓牖。"（T0262v09p0014a）本頁下注12："窺＝𥦗《博》。""𥦗"亦"窺"字之訛。"窺"所從之"夫"旁，或寫作"失""禾""示"等，"窺"或寫作"𥨍"（見秦公《碑別字新編》所引《魏司空穆泰墓誌》p360）、"𥨍"（同上，《隋龍藏寺碑》）等形。"規"旁或訛作"視"旁，唐法藏撰《梵網經菩薩戒本疏》："三約所爲有四：一由妄語得聖名利及見爲功德常行不息，二得世名利廣多無量，三率爾誑他於己無益，四[1]視避免苦誑他等。"（T1813v40p0624a）本頁下注1："視＝規《甲》。""視"爲"規"字之訛，可比勘。

1556 𥨊

北宋道誠集《釋氏要覽》："《大薩遮經》偈云：噉食太過人，身重多懈怠，現在未來世，於身失大利，睡眠自受苦，亦惱於他人，迷悶難𥨊寤，應時籌量食。"（T2127v54p0275a）

按："𥨊"即"覺"的異構字。參0641"寤"字條。隋智顗説《摩訶止觀》："睡眠自受苦，迷悶難醒寤。"（T1911v46p0047b）唐湛然述《止觀輔行傳弘決》："睡眠自受苦，亦惱於他人。迷悶難醒寤，應時籌量食。"（T1912v46p0274b）"覺寤"與"醒寤"義近。北魏菩提留支譯《大薩遮尼乾子所説經》："睡眠自受苦，亦惱於他人。迷悶難[3]寤寤，應時籌量食。"（T0272v09p0341b）本頁下注3："寤寤＝覺寤《元》《明》，寐寤《聖》。"元本、明本作"覺寤"，"寤寤"之前一"寤"字當即"𥨊"字之訛。聖本作"寐寤"者，"寐寤"乃"寐寤"之訛，蓋由刻書者不識"𥨊"字而誤改，"寐寤"義爲睡眠和覺醒，與文意不合。唐道世撰《法苑珠林》："《薩遮尼乾子經》偈云：'……睡眠自受苦，亦惱於他人。迷悶難[16]寤寐，應時籌量食。'"（T2122v53p0612c）本頁下注16："寤寐＝寤寤《三》《宮》。"四庫本《法苑珠林》作"寤寤"。唐道世集《諸經要集》："《薩遮尼乾子經》偈云：'……睡眠自受苦，亦惱於他人。迷悶難[15]寤寐，應時籌量食。'"（T2123v54p0045c）本頁下注15："寤寐＝寐寤《宋》《宮》，覺寤《元》《明》。""寤寐"或"寐寤"亦皆臆改。鄭賢章《龍龕手鏡研究》亦有考證（p362），可參看。

1557 𥨍

北涼曇無讖譯《大般涅槃經》："大婆羅門，汝今不應問我是義，何以故？我不食來已經多日，處處求索了不能得，飢渴苦惱，心亂[9]譋語，非我本心之所知也。"（T0374v12p0450b）本頁下注9："譋＝𥨍《宋》《明》，𥨍《元》。"

按："𥩆"與"寱""讀"爲版本異文，"𥩆""寱"爲"寱"字之訛。"寱"與"讀"義近。《類篇·言部》："讀，寐言。"即"説夢話"之義。《説文·㝱部》："寱，瞑言也。"段注："瞑言者，寐中有言也。寱，亦作囈，俗作讛。"亦爲"囈語，説夢話"之義。則"寱""讀"爲同義詞替換。"寱"構件"宀"與"穴"相混，"臬"訛作"身"即爲"𥩆"。

1558 𥨍

日本賴寶撰《釋摩訶衍論勘注》："窺𥨍者，《疏鈔》所覽同今本，記所釋新渡本：窺竀（云云），《玉》云：窺（丘垂切，小見，亦作闚）。竀（丑庚切，正見也）（文）。或本窺𥨍，𥨍字未勘之。"（T2290v69p0621c）

按："𥨍"即"竀"字之訛。參1551"𥨊"字條。

1559 𥨸

日本賴寶撰《釋摩訶衍論勘注》："窺𥨍者，《疏鈔》所覽同今本，記所釋新渡本：窺竀（云云），《玉》云：窺（丘垂切，小見，亦作闚）。竀（丑庚切，正見也）（文）。或本窺𥨍，𥨸字未勘之。"（T2290v69p0621c）

按："𥨸"即"竀"字之訛。參1551"𥨊"字條。

1560 寱

迦旃延子造、五百羅漢釋，北涼浮陀跋摩、道泰譯《阿毘曇毘婆沙論》："時北天竺有五百應真，以爲靈燭久潛，神炬落耀，含生昏喪，重[6]夢方始。"（T1546v28p0001a）本頁下注6："夢＝寱《宮》。"

按："寱"與"夢"爲版本異文，"寱"即"㝱"字之訛，"㝱"後作"夢"。"㝱""夢"本義有别，後"㝱"的職能完全被"夢"所取代。《説文·夕部》："夢，不明也。"又《㝱部》："㝱，寐而有覺也。"段注："㝱，今字叚夢爲之，夢行而㝱廢矣。"構件"宀""穴"常混用，故"㝱"字又作"寱"。遼希麟撰《一切經音義》："囈言，上魚祭反，又作寱。《説文》云：睡語驚也，從口藝聲。作寱從寱省，臬聲也。"（T2129v54p0972b）《説文·㝱部》字作"寱"，從"㝱"省。"寱"亦"㝱"字之訛。東漢安世高譯《大比丘三千威儀》："一者謂臥[31]臏申，二者常習，三者臥頻申。"（T1470v24p0925c）本頁下注31："臏申＝寱

《宋》《宫》，寢《元》《明》。”《嘉興藏》作“一者謂臥寢”。字當作“寢”，“寱”“臏”皆“寢”字之訛。“申”蓋涉後“三者臥頻申”之“申”而衍。

1561 竊

東晉瞿曇僧伽提婆譯《增壹阿含經》：“尋其所生處，諸天之所説。此是歎譽言，還自著[9]羇難。梵天生人民，地主造世間。或言餘者造，此語誰者審。”（T0125v02p0784b）本頁下注9：“羇＝竊《聖》。”

按：“竊”與“羇”爲版本異文，“竊”即“羇”字之訛。《玉篇・网部》：“羇，寄也。”爲“羇旅”之義。“羇難”蓋羈旅患難之義。

“羇”字從“网”，“网”小篆作“冂”，故“网”做構件時，又常寫作“罓”“罒”等形，與“穴”“宂”形近。如秦公《碑別字新編》“罹”字條《唐張氏亡女墓誌》作“𦋐”（p361），“羅”字條《隋阮景暉造象》作“𦋐”（p431），故“网”旁字或作“穴”旁。《説文・网部》：“罕，网也。从网，干聲。”清顧藹吉《隸辨・旱韻》：“䆿，《孫叔敖碑》：‘吴札子~之倫。’按：《説文》作‘罕’，從网從干。《五經文字》云：罕，碑變從穴。”漢隸中“网”旁字即或寫作“穴”旁。

疋部

1562 跛

唐智昇撰《開元釋教録》：“《續解脱地波羅蜜經》一卷，宋求那跛陀羅譯。”（T2154v55p0501c）

按：“跛”即“跋”字之書寫變異，“跋”又“跋”字之訛。唐圓照撰《貞元新定釋教目録》：“《明相續解脱地波羅蜜經》一卷，宋求那跋陀羅譯。”（T2157v55p0798c）與“跛”對應之字作“跋”。求那跋陀羅爲南朝宋時期著名佛學家，翻譯了大量佛經。《可洪音義》卷九《文殊師利問佛經》下卷：“鍮跋，下音跋。”（v59p860a）南朝梁僧伽婆羅譯《文殊師利問經》：“塔花呪曰：那莫[9]踰跋耶莎訶。”（T0468v14p0508b）本頁下注9：“踰＝鍮《三》《宫》。”《嘉興藏》作“鍮跋”。唐慧沼撰《勸發菩提心集》：“塔華呪曰：那莫鍮跋耶莎訶。”（T1862v45p0392b）唐道世撰《諸經要集》：“塔華呪曰：那莫輸跋邪莎呵。”（T2123v54p0035a）“跋”皆“跋”字之訛，可資比勘。

1563 ⿰𤴔俞

失譯《大乘悲分陀利經》:“唯世尊，若我如是意滿，如我五體禮佛足時，令恒河沙數世界[20]踰天妙香充滿其中。於中地獄畜生餓鬼人天，彼衆生得聞是香，身心苦患乃至訖。我頭面著地，於爾所時得休息。善男子，爾時壞金剛慧明照菩薩五體禮寶藏如來足，應時恒河沙數世界踰天妙香充遍其中。於中一切衆生，身心苦患盡皆休息。”（T0158v03p0253c）本頁下注 20:“踰 = ⿰𤴔俞《明》，喻《聖》。”

按:《嘉興藏》作“踰”。“⿰𤴔俞”與“踰”“喻”爲版本異文，“⿰𤴔俞”即“踰”之異構字。《説文·足部》:“踰，越也。從足，俞聲。”經中即用本義，“踰天妙香”即超越上天之妙香。同上經:“我佛土無諸臭穢，勝天妙香充滿其國，令天曼陀羅華周遍佛土。”（T0158v03p0257c）“踰天妙香”與“勝天妙香”義同。《説文·疋部》:“疋，足也。”“疋”義與“足”同，作偏旁時經常混同，“疏”或作“䟽”，故“⿰𤴔俞”即“踰”改換形旁的異構字。鄭賢章《漢文佛典疑難俗字彙釋與研究》“⿰𤴔俞”字條（p320）亦有考證，然佛經斷句錯誤，故補考之。

1564 ⿱斬疋

唐慧琳撰《一切經音義》卷一百《肇論》上卷:“摲其，杉減反。鄭注《禮記》云:‘摲之言芟也。’《倉頡篇》:‘稍也。’《説文》:‘[6]⿱斬疋也。從丰［手］，斬聲。’或作漸。”（T2128v54p0928b）本頁下注 6:“⿱斬疋 = ⿱斬𤴓《甲》。”

按:“⿱斬疋”與“⿱斬𤴓”爲版本異文，“⿱斬疋”“⿱斬𤴓”皆“蹔”字之訛。《説文繫傳》:“摲，蹔也。”大徐“蹔”作“暫”，段注改作“斬取”，慧琳所引同小徐。

東晋僧肇作《肇論》:“屢有擊其節者，而恨不得與斯人同時也。”（T1858v45p0155b）唐元康撰《肇論疏》:“‘屢有擊其節者’，謂多有擊難要節之人也。”（T1859v45p0184a）《肇論》及《肇論疏》字本皆作“擊”。《説文·手部》:“擊，支也。从手，毄聲。”大徐音“古歷切”。“擊”爲擊打義，與文意合。唐張參《五經文字·手部》:“擊，作‘摲’，訛。”“擊”或訛作“摲”。《説文·手部》:“摲，暫也。从手，斬聲。”大徐音“昨甘切”。《繫傳》:“摲，蹔也。从手，斬聲。”小徐音“昨三反”。慧琳所見《肇論》本“擊”訛作“摲”，不知“摲”爲“擊”字之訛，乃以本字讀之，誤。

《集韻·敢韻》在敢切:“摲，擊也。”金韓道昭《五音集韻·感韻》徂感切:“摲，摲擊也。”“摲”字《集韻》讀“在敢切”，訓擊，乃“擊”字之訛，因形訛而據“斬”旁臆推其音而收入“敢韻”，讀在敢切，此乃音隨形訛之例，其誤與慧琳同。《五音集韻》等後代字書韻書多承其誤。《漢語大字典》:“摲，擊。《集韻·敔韻》：‘摰，擊也。’《敦煌變文集·句道興〈搜神記〉》：‘遂即將兵於墓大戰，以摰鼓動劒，大叫揮之，以助伯桃之戰。’”（二 p2055a）據《集韻》爲“摰”設立義項擊，亦承《集韻》之誤。所舉《敦煌變文集》之“摰”亦“擊”字之訛。

皮　部

1565 皰

日本空海撰《祕密漫荼羅十住心論》：“寒捺落迦亦有八種：一、頞[7]部陀；二、尼[8]賴部陀；三、頞哳吒。”（T2425v77p0306c）本頁下注 7：“甲本傍註曰皰。”注 8：“甲本傍註曰皰烈。”

按：唐普光述《俱舍論記》：“頞部陀，此云皰，嚴寒逼身其身[4]皰也。尼[5]剌部陀，此云皰裂，嚴寒逼身身皰裂也。”（T1821v41p0187a）本頁下注 4：“（生）+皰《甲》。”注 5：“剌=賴《甲》。”唐圓暉述《俱舍論頌疏論本》：“復有餘八寒捺落迦：一、頞部陀（此云皰，寒風逼身，故生皰也）；二、尼剌［剌］部陀（此云皰裂）。”（T1823v41p0881a）與“皰”對應之字皆作“皰”，“皰”即“皰”字之訛，“烈”即“裂”字之訛。唐菩提流志譯《大使呪法經》：“夫婦二身和合相[57]抱立。”（T1268v21p0299c）本頁下注 57：“抱=拖《甲》。”“拖”即“抱”之訛，可比勘。

1566 瓬

唐義淨譯《根本説一切有部毘奈耶破僧事》：“凡諸聲者能破三摩地，我今應變菩提樹葉令爲頗[13]瓬迦，復令風吹相鼓作聲，彼若聞聲心不能定，作是念已，即爲此事。”（T1450v24p0123c）本頁下注 13：“瓬=胝《明》。”

按：“瓬”與“胝”爲版本異文，“瓬”即“胝”字之訛，經中用作譯音字。唐慧琳撰《一切經音義》：“頗胝迦，梵語，寶名也。正梵音云颯破置迦，古譯云是水精，此説非也。雖類水精，乃有紫、白、紅、碧四色差別，瑩淨通明，寶中最上，紅、碧最珍，紫、白其次，如好光明砂，淨無瑕點。云是千年氷化作者，謬説也。”（T2128v54p0330b）又：“頗胝［胝］迦，梵語寶名也，此無正翻，水精之類也。光明瑩徹，淨無瑕穢，有微青白色，或紅紫之別異也，亦神靈寶也。”（T2128v54p0351c）彌勒説、唐玄奘譯《瑜伽師地論》：“熾然者，謂佛菩薩依定自在，從其身上發猛焰火，於其身下注清冷水，從其身下發猛焰火，於其身上注清冷水，入火界定舉身洞然，遍諸身分出種種焰，青黄赤白紅紫碧緑[2]頗胝迦色，是名熾然。”（T1579v30p0491c－0492a）本頁下注 2：“頗胝迦 sphāṭika。”日本心覺撰《多羅葉記》：“𑖭𑖿𑖣𑖘𑖰𑖎，水精。”（T2707v84p0596c）日本淨嚴撰《悉曇三密鈔》：“𑖘𑖱，智（金峯）、胝（佛頂）。”（T2710v84p0743b）“頗胝迦”爲梵文“𑖭𑖿𑖣𑖘𑖰𑖎（sphaṭika）”的譯音詞，義爲類似水晶的寶石，“胝”爲“𑖘𑖰（ṭi）”或“𑖘𑖱（ṭī）”的譯音字。“皪”受上字“頗”影響而訛，此亦字形同化之例。鄭賢章《漢文佛典疑難俗字彙釋與研究》“皪”字條（p321）已有考證，可互參。

1567 皰

唐圓暉述《俱舍論頌疏論本》：“曼馱多，此云我養，是布殺陀王頂[9]皰而生，顔貌端正。王抱入宫，諸宫皆言我能養也，故以標名。”（T1823v41p0866b）本頁下注 9：“皰＝皰《甲》。”

按：“皰”與“皰”爲版本異文。鄭賢章《漢文佛典疑難俗字彙釋與研究》“皰”字條：“‘皰’乃‘皰’字。”（p321）結論可從。唐普光述《俱舍論記》：“曼馱多，是王名，唐云我養，從布殺陀王頂皰而生，顔貌端正。王抱入宫，告誰能養，諸宫各言我養也，故以標名。舊云頂生王，此義翻也。然非正目。”（T1821v41p0155c）與“皰”對應之字亦作“皰”。隋闍那崛多譯《起世經》：“其齋戒王在位之時，諸人共稱爲多羅承伽（隋言木脛）諸比丘。彼齋戒王頂上自然出一肉皰，其皰開張，生一童子，端正殊特，具三十二大人之相。生已，唱言摩陀多（隋言持我），其頂生王，具足神通，有大威力，統四大洲，自在治化。諸比丘，此等六王，壽命無量。諸比丘，其頂生王。右髀出皰，生一童子，端正殊特，身亦具足三十二相，名右髀生，有大威力，統四大洲。其右髀王左髀出皰，生一童子，身亦具足三十二相。名左髀生，有威德力，王三大洲。其左髀王，右膝肉皰，生一童子，威相如前，王二大洲。其右膝王，左髀肉皰，生一童子，威相如前，領一大洲。”（T0024v01p0363a）此經記“皰”生子事甚詳。據文意，“皰”指身體上鼓起來的疙瘩。

“皰”或作“皰”者，“包”或寫作“㔾”，與“危”形近，故“包”旁字或訛作“危”旁。北涼曇無讖譯《大方廣三戒經》：“著骨想、壞想、青想、虫想、血塗想、[4]脆想、解脱想。”（T0311v11p0697b）本頁下注 4：“脆＝胞《三》。”《嘉興藏》作“胞”。唐慧琳撰《一切經音義》卷十六《大方廣三戒經》卷下：“胞想，詮歳反，《廣雅》：‘胉，弱也。’《説文》云：‘肉耎易斷也。從肉，從絶省。’《經》從危作‘脆’，非也。”（T2128v54p0404b）慧琳所見本作“脆”，改作“胉”，字頭誤刻作“胞”。“胞”爲“脆”字之訛。西晋法炬譯《佛説優填王經》:“目者是[3]脆決之純汁。”(T0332v12p0071a) 本頁下注3:“脆=胞《三》《宮》。”《嘉興藏》作“胞”。“脆”爲“胞”字之訛。東晉法顯譯《佛説大般泥洹經》:“俄者,[11]脆也,一切諸行速起速滅,故説爲俄。”(T0376v12p0888b) 本頁下注11:“脆=泡《三》《宮》。”《嘉興藏》作“泡”。“泡”亦“脆”字之訛。“包”旁與“危”旁字相混訛,故“皰”或訛作“䑲”。

唐慧琳撰《一切經音義》:“敧倒,或作‘攲’‘𢺶’‘崎’二[三]形,同,去知反。《説文》:䑲隔,傾側不安也。字從危,支聲也。”(T2128v54p0676c) 又:“攲仄,又作‘𢻰’‘𢺶’‘崎’三形,同,丘知反。不正也。《説文》:攲隔,傾側不安也。不能久立也。”(T2128v54p0780c)“䑲”又“攲”字之訛。《龍龕·皮部》:“皺,俗,去奇反;正作攲,不正也。”(p122)“䑲”與“皺”偏旁易位,二字皆“攲”之訛,“支”旁訛作“皮”旁也。

1568 䯝

北涼曇無讖譯《大方等大集經》:“婆闍摩䯝伽囉摩吃波(八十四)。”(T0397v13p0137b)

按:“䯝”即“𣧩”字之訛。唐玄應撰《一切經音義》(麗藏本)卷一《大方等大集經》第二十卷:“膝伽,私七反。經文作‘𧧑’,非也。”(p8a)《可洪音義》卷三《大方等大集經》第二十卷:“摩𧧑,多來反,與𪘏字同也。《寶星經》作‘摩底’。應和尚以‘膝’字替之,音悉,非也。”(v59p622c) 唐波羅頗蜜多羅譯《寶星陀羅尼經》:“摩底履伽囉摩婆婆(七十五)。”(T0402v13p0546b) 與《大方等大集經》“䯝”對應的字,《玄應音義》所見作“𧧑”,《可洪音義》作“𧧑”,《寶星經》作“底履”。“𧧑”“𧧑”亦“𣧩”字之訛,“𣧩”“底履”爲梵文“tri”的譯音字。參0593“𣧩”字條。

《大方等大集經》:“郁䯝陀鞞婆車陀(五十九)囊那吃多(六十)阿㲋䯝陀(六十一)。”(T0397v13p0137a)《可洪音義》:“溫紴,布何反。《寶星經》作‘鬱波’,《上方經》作‘郁䯝’。䯝音波。吃栗多,上九乞,中力一反。《上方經》作‘吃彐’,音多。吶紴陁,上奴骨反,中布何反,下音陁。《寶星經》作‘訥哆波陁’,《上方經》作‘㲋䯝陁’。”(v59p622c)《寶星陀羅尼經》:“欝波陀毘耶侈陀(五十四)若那訖履哆(五十五)阿訥哆波陀(五十六)。”(T0402v13p0546b)“䯝”,《寶星經》作“波”,《可洪音義》改字作“紴”。日本淨嚴撰《悉曇三密鈔》:“प,波、跛、簸(法花)、博(胎軌)、鉢(佛頂)、播。”(T2710v84p0745a)“波”可作“प(pa)”的譯音字。東漢支婁迦讖譯《文殊師利問菩薩署經》:“復有比丘,名摩呵[7]波那陀惟𠯈,王者種。”(T0458v14p0437c) 本頁下注7:“波=陂《三》《宮》。”唐智昇撰《開元釋教録》:“《優[20]波夷墮舍迦經》一卷(出《中阿含》第五十五異譯,或無迦字)。”(T2154v55p0532c) 本頁下注20:“波=陂《三》。”又:“《優[4]波夷墮舍迦經》一卷(僧祐録中失譯經,今附宋録）。”（T2154v55p0613a）本頁下注 4：“波＝陂《宋》《元》，婆《明》。”“優波/陂/婆夷”，梵文作 Upāsikā，義爲在家信佛的女子，意譯爲近善女、善宿女、清信女等。“波/陂/婆”皆爲“pā”的譯音字。“𤿅”當即“陂”的書寫變異。玄應《一切經音義》卷一《大方等大集經》第二十卷：“薩陁，徒加反。《經》文作‘𨺚’，非也。”（p8）“𨺚”，《慧琳音義》作“䟴”。“𨺚”“䟴”即“陁”“陁”的書寫變異，皆“阝”寫作“彐”之證。

“𤿅”又爲“皺”的書寫變異。唐慧琳撰《一切經音義》卷六十六《阿毘達磨法蘊足論卷》第六卷：“面皺，下莊瘦反，正從芻作‘皺’，《論》文作‘𤿅’，俗字也，因草書略也。《考聲》云：‘皺，皮聚也。’《文字典説》云：‘皮寛聚也。’從皮，芻聲。”（T2128v54p0743c）大目乾連造、唐玄奘譯《阿毗達磨法蘊足論》：“云何老苦？老謂老時，髮落髮白，皮緩面皺，身曲背僂，喘息逾急，扶杖而行，支體斑黑，衰退暗鈍，根熟變壞，諸行故敗，朽壞羸損，總名爲老。”（T1537v26p0480a-b）今《大正藏》本作“皺”，慧琳所見本作“𤿅”，釋讀爲“皺”，以“𤿅”爲俗字，與文意合。慧琳撰《一切經音義》卷八十六《辯正論》第八卷：“面皺，下側瘦反。《考聲》云：‘皺，皮聚也。’《文字典説》云：‘皮寛聚也。’從皮，芻聲。芻，音初俱反。《論》從彐作‘𤿅’，俗字也。”（T2128v54p0863b）唐法琳撰《辯正論》：“老子鼻有雙柱，兩耳參漏，頭尖口高，厚脣疏齒。脚蹈二五之畫，手把十字之文。戴法天之冠，曳像地之履。髮白面皺，顔老色衰。”（T2110v52p0547c）今《大正藏》本作“皺”，慧琳所見本亦作“𤿅”。可見慧琳所見本多手寫俗字，凡此類情況，慧琳多把字頭釋讀爲正字，於注中保留俗字形體。

1569 皷

唐道世撰《法苑珠林》：“薄皮纏裹，筋脈露現，頭髮蓬亂，手足鋭細，其色艾白，擧體皷裂，又無衣裳，至糞穢中，拾掇麁弊，連綴相著，纔遮人形，赤露四體。”（T2122v53p0713b）

按：“皷”即“皴”之異寫字。“皴裂”文獻習見，後秦鳩摩羅什譯《燈指因緣經》：“手足鋭細，其色艾白，擧體皴裂。”（T0703v16p0809c）唐道世撰《諸經要集》：“手足鋭細，其色艾白，擧體皴裂。”（T2123v54p0054a）字皆作“皴”。《説文新附》：“皴，皮細起也。从皮，夋聲。”唐慧琳撰《一切經音義》卷六十二《根本説一切有部毗奈耶雜事律》：“皴裂，上七旬反。《埤蒼》云：‘皴，皵也。’《文字典説》：‘從皮，夋聲。’”（T2128v54p0718a）“皴裂”爲同義並列複合詞，義爲皮膚坼裂，與文意合。潘重規編《敦煌俗字譜·皮部》“皴”字條收“皷”，同。“皷”即“皴”更換偏旁位置的異寫字。《大正藏》“皷”字凡 9 見。

1570 皵

北宋楚圓集《汾陽無德禪師語録》："磔索雙眉鍤鐵叉，有螺筋有蚌結，皴皴皵皵身爆烈，脚蹈洪波海浪翻，手撥天門開日月。"（T1992v47p0623a）

按："皵"爲"皵"字之訛。《玉篇·皮部》："皵，思亦切，又七亦切。皴皵也，木皮甲錯也。"《廣韻·藥韻》七雀切："皵，皮皴。《爾雅》云：'棤皵，謂木皮甲錯。'"《集韻·昔韻》思積切："皵，皴也。""皵"爲皮膚皸裂義，與"皴"同義，"皴皵"爲同義並列複合詞，疊爲"皴皴皵皵"，形容皮膚非常粗糙的樣子。《汾陽無德禪師語録》："僧問：'如何是祖師西來意？'師云：'多年松樹饒皴皵，心間自有一條明。'"（T1992v47p0598a）唐慧琳撰《一切經音義》卷六十二《根本説一切有部毘奈耶雜事律》第三十卷："皴裂，七旬反。《埤蒼》云：皴，皵也。又云凍裂也。《古今正字》'皴''皵'二字並從皮，形聲字也。皵，音七藥反。"（T2128v54p0724b）"皵"皆"皵"字之訛。《可洪音義》卷廿五卷《一切經音義》第二十卷："皴皵，和積、七雀二反。"（v60p390c）"皵"亦"皵"字之訛。鄭賢章《漢文佛典疑難俗字彙釋與研究》"皵"字條（p321）亦有考證，可參看。

1571 皺

東晉佛陀跋陀羅、法顯譯《摩訶僧祇律》："是獼猴子小時毛色潤澤，跳踉超擲，人所戲弄。漸至長大，衣毛憔悴，人所惡見。竪耳張口，恐怖小兒。爾時羅大鸚鵡子，便説此偈，謂波羅言：竪耳[32]皺皺面，嗺喋怖童子。坐自生罪累，不久失利養。"（T1425v22p0258c）本頁下注 32："皺皺＝蹙皺《三》《宮》，皺肞《聖》。"

按："皺"與"蹙"爲版本異文，"皺皺"即"蹙縮"之分化字。"蹙縮"乃同義並列複合詞，爲皺縮之義，"竪耳蹙縮面"謂豎起耳朵，皺縮面部。北宋施護譯《佛説守護大千國土經》："目佉滿抳魅者口頻蹙縮。"（T0999v19p0591b）"蹙縮"指口部的皺縮。北宋知禮述《金光明經玄義拾遺記》："德既不備，位又不通，如蹙縮於鳩巢，若槃迴於兔窟，豈不辱禹門之鱗鬣，丹穴之羽儀，俱無壯勢耶？"（T1784v39p0018c）"蹙縮"爲聚攏之義，乃皺縮義之引申。隋闍那崛多譯《大威德陀羅尼經》："復名毘求致也，隋云[5]蹴眉。"（T1341v21p0815a）本頁下注 5："蹴＝蹙《三》。""蹴眉"爲皺眉，"蹴"通"蹙"。"竪耳皺皺面"，字作"皺皺"者，因對象是"面"，皺縮是呈現在面皮上的，故改二字的形旁爲"皮"。參 1177"肞"字條。

1572 ⿰音皮

唐圓測撰《仁王經疏》："言十三資具者：一、僧伽梨，二、嗢呾囉僧伽，三、安呾婆娑，四、尼殺憚娜，五、泥代珊娜（裙也），六、副泥代珊娜（副裙），七、僧劫⿰音皮迦（帔巾），八、副僧脚⿰音皮迦（副帔巾），九、勃里沙奢知迦（雨衣），十、迦耶褒折娜（拭身巾），十一、日佉褒折娜（拭面巾），十二、鶏舍鉢喇底揭喇呵（剃髮時披不承髮），十三、揵豆鉢底車憚娜（遮瘡衣）。"（T1708v33p0408b）

按："⿰音皮"即"敧"字之訛。唐義淨譯《根本説一切有部尼陀那》："苾芻不知何者是十三資具衣。佛言：一、僧伽胝，二、嗢呾羅僧伽，三、安呾婆娑，四、尼師但那，五、裙，六副裙，七、僧脚[14]敧，八、副僧脚*敧，九、拭面巾，十、拭身巾，十一、覆瘡衣，十二、剃髮衣，十三藥直衣。"（T1452v24p0447c）本頁下注14："敧=欹《三》《宮》*。"唐慧琳撰《一切經音義》："僧脚攲，綺羈反。或作'攱'。梵語也，唐云掩腋衣，即古譯錯用爲覆體者，是恐汗污三衣，先掩其腋。"（T2128v54p0715c）又："絡掖衣，上郎各反，次音亦，正合從肉作腋，又音征石反。絡腋衣者，《一切有部律》中名'僧脚崎'，唐云掩腋衣，本製此衣恐污汗三衣，先以此衣掩右腋，交絡於左肩上，然後披著三衣。《四分律》中錯用爲覆髆者，誤行之久矣，不可改也。"（T2128v54p0581c）與"⿰音皮"對應之字作"攲""敧""欹""崎"。"攲""敧""欹""崎"爲同一梵文的不同譯音字，"⿰音皮"乃"攲"字之訛，"奇"旁訛作"音"旁，"支"旁訛作"皮"旁也。

1573 ⿰可皮

日本心覺撰《多羅葉記》："⿰可皮，[悉曇字]，底哩縒。"（T2707v84p0585a）

按：唐義淨撰《梵語千字文》："[悉曇字]，底哩縒，⿰可支。"（T2133Bv54p1211a）"⿰可皮"與"⿰可支"同，兩形皆"攲"字之訛。《説文·支部》："攲，持去也。"段注："宗廟宥座之器曰攲器。按此'攲'當作'攱'，《危部》曰：'攱，攱隔也。'《竹部》'箸'訓飯攲，此'攲'亦當作'攱'。箸必邪用之，故曰飯攱。《廣韵》：'攱，不正也。'《玉篇》曰：'攲，今作不正之攱。'"段氏以爲不正義之"攲"爲"攱"之借字。《玉篇·支部》："攲，九爾、居宜二切。持去也。今作不正之'攱'，丘奇切。"《龍龕·皮部》："⿸皮奇、⿰可皮、⿰奇皮、⿰器皮，四俗。去奇反。正作攲。不正也。""⿰可皮"已見《龍龕》收録，"皮"旁當是"支"旁之訛。

日本明一集《金光明最勝王經註釋》："驗其無死相，方名可救人。諸根倒取境，尊醫人起慢。親友生瞋恚，是死相應知。左眼白色變，舌黑鼻梁皺。耳輪與舊殊，下脣垂向下。"（T2197v56p0796a）唐義淨譯《金光明最勝王經》："左眼白色變，舌黑鼻梁[3]皷。"（T0665v16p0448b）本頁下注 3："皷＝欹《元》《明》，皺《西》。""皺"亦"皷"之訛。

1574 皾

佚名《翻梵語》："牟東伽那地伽，應云美履騰伽那地伽，譯曰美履騰伽者，皾；那地伽者，聲。"（T2130v54p0988b）

按："皾"即"鼓"字之訛。日本心覺撰《多羅葉記》："牟陀羅，應云美履騰伽那地伽。譯美履騰伽者，鼓；那地伽者，聲，此云鼓。《花嚴經》第十二。應云文陀羅。"（T2707v84p0582b）東晉佛馱跋陀羅譯《大方廣佛華嚴經》："百萬億天牟陀羅，出大音聲。"（T0278v09p0480a）唐慧苑撰《新譯大方廣佛花嚴經音義》："天牟陀羅，牟陀羅者，三面皷也。"（T2128v54p0443a）與"皾"對應之字作"鼓""皷"。"皷"爲"鼓"之異構字，"皾"爲"皷"之訛，"壴"旁訛作"賣"旁也。

1575 皾

隋智顗説《摩訶止觀》："若修相具如禪門，今略示發相。行者忽見自身足指皮皾如泡，漸漸至腨至腰通身到頂，斯須洪直舉身脹急，五指葩花兩脚如柱，腰腹如甕頭如盆，處處臚脹如風滿韋囊，此相發時或從脚至頂或從頂至脚。"（T1911v46p0122b）

按："皾"即"皾"字之訛。"皾"字"艹"形下加一横筆，"糹"寫作"幺"，並由字内構件同化，"虫"旁變作"幺"即成"皾"。

1576 皾

唐阿質達霰譯《大威力烏樞瑟摩明王經》："若粳米和烏油麻[26]柤進脂俱吒火中一千八饒奴婢。"（T1227v21p0146c）本頁下注 26："柤＝皾[イ]《甲》。"

按："皾"與"柤"爲版本異文，"皾"爲"皾"之訛，"皾"通"柤"。《廣韻·麻韻》側加切："樝，似梨而酸。或作柤。柤，上同。又煎藥滓。""烏油麻柤”與“烏油麻滓”同義。唐智通譯《觀自在菩薩隨心呪經》:“又法若人相瞋，取烏麻滓與粳米糠相和燒呪之，一呪一燒滿一千八遍，即皆歡喜。”（T1103v20p0467c）唐不空譯《末利支提婆華鬘經》:“又法一生之中日日唯食粳米乳粥，數數誦呪得大聰明，四姓之中得婆羅門大愛念。若火燒酥酪乳者，刹帝利愛念。若火燒大麥乳酪者，毘舍愛念。若火燒烏麻滓者，首陀愛念。”（T1254v21p0257c）又:“若人相瞋，取烏麻油滓與粳米糠相和，火燒一千八遍并呪者，即得前人瞋即歡喜。若取烏麻火燒一千八遍者，前人愛念歡喜。”（T1254v21p0258b）作“烏麻滓”“烏麻油滓”。《大威力烏樞瑟摩明王經》:“若烏麻柤進火中一千八迦那貴敬。”（T1227v21p0147a）“柤”亦“滓”義。在這個意義上，今用“渣”字。《集韻·麻韻》莊加切:“柞，滓也。通作渣。”“柤”“渣”“柞”在渣滓的意義上是同一個詞的不同用字。《廣韻·麻韻》側加切:“皻，皰鼻。”“皻”與“柤”同一小韻，“皻”用爲渣滓之義，可以看作同音借用。

唐慧琳撰《一切經音義》:“樝掣，上《字林》反［“反”字衍——引者按］側加反。《釋名》云:‘樝，叉也，謂五指俱往叉取。’《玉篇》:‘五指攝也，擊也，抱也。’《切韻》:‘樝，似梨而醋。’應作‘皻’，以指按也。有作‘柤’‘皻’二形，同。有作‘齼’‘䶥’，《説文》‘齒不正’，非此中義。或作‘撦’，音車者反。裂壞也。”（T2128v54p0487a）“皻”亦“皻”字之訛。

1577 皾

唐慧琳撰《一切經音義》卷八十七《崇正録》第二卷:“重皾，堅顯反。《考聲》云:‘皮虚起如苘［繭］也。’《古今正字》作‘趼’‘枅’‘硏’，今《録》本作‘躝’，謬。”（T2128v54p0865a）

按:“皾”即“皽”字之訛。參下條。

1578 皽

隋智顗説《妙法蓮華經玄義》:“修者行人，持戒清淨，發大誓願，欲成大事，端身正心，諦觀足大指，想如大豆黑脹皽起。此想成時，更進如貍豆大，更如一指大，更如鷄卵大。”（T1716v33p0719b）

按:《嘉興藏》亦作“皽”。“皽”即“皽”字之訛。《玉篇·皮部》:“皽，吉典切。皮起也。”《廣韻·銑韻》古典切:“皽，皮起。”同小韻:“繭，蠶繭。絸，古文。蠒，俗。”“繭”俗作“蠒”，故“皽”或作“皽”。“皽”即“皽”字之省。明章黼《重訂直音篇·皮部》:“皽，音絸。皮起也。皽，同上。”“皽”與“皽”字形微異。

1579 皾

唐湛然述《止觀輔行傳弘決》："今此文云指皾如泡乃至頂者，先想壞皮肉從下向上，一指二指乃至頭頂，乃至逆緣從上向下至骨想成，次明外觀色中初欲定。"（T1912v46p0420b）

按："皾"即"皻"字之訛。參上條。

癶　部

1580 ⿱癶乂

唐慧琳撰《一切經音義》卷五十六《佛本行集經》第五十八卷："斫⿱癶乂，疋葛反。芟癹也。芟，音所嚴反。"（T2128v54p0683b）

按：海山仙館本玄應《一切經音義》作"斫癹"。隋闍那崛多譯《佛本行集經》第五十八卷："操刀斫斲。"（T0190v03p0920a）《大正藏》之《佛本行集經》作"斫斲"，"斫""斲"皆有砍削之義，當爲同義並列複合詞。玄應所見本蓋作"⿱癶乂"，據其所注音義，當釋作"癹"字。然"癹"字義爲用腳除草，與前文"操刀"不相匹配。佛經中"癹"雖多見，但均用作譯音字，故將"⿱癶乂"釋作"癹"非是。疑"⿱癶乂"或即"斲"字之訛。"斲"或作"⿰亞斤"（見《龍龕·斤部》p137），"⿰亞斤"所從之"斤"改從"乂"，並將左右結構改爲上下結構即成"⿱癶乂"字。玄應不識"⿱癶乂"字，故臆爲之説，讀爲"癹"字。

矛　部

1581 ⿰矛木

日本心覺撰《多羅葉記》："[5]矜，𑖎𑖨𑖲𑖜，迦嚕拏。"（T2707v84p0587a）本

頁下注 5："矝＝⿰矛本《甲》。"

按："⿰矛本"與"矝"爲版本異文，"⿰矛本"即"矝"字之訛，"矝"又"矜"字異寫。唐義淨撰《梵語千字文》："𑖎𑖨𑖲𑖜，迦嚕拏，矝。"（T2133Bv54p1199b）字亦作"矜"。又："𑖎𑖨𑖲𑖜，迦嚕拏，悲。"（T2133Bv54p1209c）該詞又譯作"悲"，"矜"與"悲"同義。東晋瞿曇僧伽提婆譯《增壹阿含經》："佛告長者：'勿作是説！所以然者，汝[9]今恒供養斯諸外士，施諸畜生，其福難量，況復人乎？'"（T0125v02p0775b）本頁下注 9："今＝本《三》。"三國吴支謙譯《菩薩本緣經》："我[2]今與汝所以俱生如是惡家，悉由先世集惡業故。我今常於汝所生慈愍心，汝應深思如來所説。"（T0153v03p0069a）本頁下注 2："今＝本《三》。"唐玄奘譯《大般若波羅蜜多經》："書寫解説，廣[6]令流布。"（T0220v07p0147c）本頁下注 6："令＝本《宋》。"前兩例"本"皆"今"字之訛，後一例"本"爲"令"字之訛，可比勘。

1582 ⿰矛合

提婆羅造、北涼道泰譯《大丈夫論》："若見前人得多財寶，隨心恣意而自⿰矛合高，菩薩見之倍生歡喜。"（T1577v30p0258b）

按："⿰矛合"即"矝/矜"字之訛。"矝/矜高"，文獻習見，不煩舉例。南宋釋寶雲譯《佛本行經》："我等求世尊，欲觀天人樂。使往至佛所，佛即許受請。[10]今捨家覺知，天人思擾動。"（T0193v04p0090b）本頁下注 10："今＝合《元》《明》。"唐慧琳撰《一切經音義》："鮭鱠，上夏皆反。……《古[4]今正字》：'從魚，圭聲。'"（T2128v54p0642b）本頁下注 4："今＝合《甲》。""合"皆"今"字之訛，可資比勘。"令"訛作"合"，文獻多見。

耒部

1583 ⿰耒末

唐義淨譯《金光明最勝王經》："懸諸繒綵并幡蓋，塗香[29]末香遍嚴飾。供養佛及辯才天，求見天身皆遂願。"（T0665v16p0436c）本頁下注 29："末＝秣《宋》《元》《宮》，抹《明》，末＝⿰耒末《西》。"

按："⿰耒末"與"末""秣""抹"爲版本異文，"⿰耒末"即"秣"字之訛。"末香”指擣成細末的沉香、檀香等，字亦作“秣香”“粖香”等，日本明一集《金光明最勝王經註釋》：“懸諸繒綵并幡蓋，塗香秣香遍嚴飾。”（T2197v56p0780c）字亦作“秣”。字或作“粖”者，“秣”之“禾”旁訛作“耒”旁也。

1584 稄

日本湛慧撰《阿毘達磨俱舍論指要鈔》：“又《楞伽經》：‘眼形如蒲萄朶。’杜順《止觀》云：‘如香稄花，亦蒲桃埵。’”（T2250v63p0848b）

按：隋杜順説《華嚴五教止觀》：“所言相者，眼如香葰華，亦云如蒲桃埵是也。”（T1867v45p0509c）此即湛慧所本，與“稄”對應之字作“葰”，“稄”當即“綏”字之訛，“綏”又“葰”之借字。《説文·艸部》：“葰，薑屬。可以香口。从艸，俊聲。”《集韻·脂韻》宣隹切：“葰、荾、荽、芆，《説文》：‘薑屬，可以香口。’或作荾、荽、芆。”該字《説文》作“葰”，《集韻》收“荾”“荽”“芆”作異體。《集韻》小韻代表字作“綏”，故字又作“葰”。世親造、唐玄奘譯《阿毘達磨俱舍論》：“云何眼等諸根極微安布差別？眼根極微，在眼星上，傍布而住，如香荾花，清澈映覆，令無分散。”（T1558v29p0012a）衆賢造、唐玄奘譯《阿毘達磨順正理論》：“言別因者，由眼極微，如香荾花，傍布而住。”（T1562v29p0368b）又：“眼根極微，居眼星上，對向自境，傍布而住，如香荾花，清徹膜覆，令無分散。”（T1562v29p0374a）皆以“香荾花”喻眼根。

耳　部

1585 耿

佚名《翻梵語》：“差羅波尼，應云叉羅波膩，亦云鉢[11]耿，譯曰灰水。《四分律》第一卷。鉢耿嵐，亦云鉢耿婆婆衣，譯者曰國名也。”（T2130v54p1051c）本頁下注 11：“耿＝耽〈イ〉《原》，軌《甲》。”

按：“耿”與“耽”“軌”爲版本異文，即“耽”字之訛。東晉佛陀耶舍、竺佛念譯《四分律》：“空處者，若風吹毳，若劫貝拘遮羅，若差羅波尼，若芻摩，若麻，若綿，若鉢耽嵐婆，若頭頭羅，若雁，若鶴，若孔雀、鸚鵡、鸜鵒。”（T1428v22p0574a）此即《翻梵語》所釋“差羅波尼”“鉢耿嵐”之所從出。與“耿”對應之字作“耽”。唐慧琳撰《一切經音義》卷五十九《四分律》第二卷：

"嵐婆，力含反。或作鉢耽娑婆，此是國，從國名衣也。衣或言頭求羅衣，亦云頭鳩羅衣，此云紐布也。"（T2128v54p0699b）日本心覺撰《多羅葉記》："鉢耽嵐，亦云鉢耽婆婆衣。此云國名。"（T2707v84p0579b）字皆作"耽"，"鉢耽嵐婆"本爲國名，《四分律》中爲衣名，蓋以產地命名。

1586 聳

元念常集《佛祖歷代通載》："今鴻源遠洗，群流仰鏡。九仙賭寶，百神聳職。"（T2036v49p0539c）

按："聳"即"聳"字之訛。唐彥琮纂録《集沙門不應拜俗等事》："今鴻源遙洗，群流仰鏡。萬仙賷寶，百神聳職。"（T2108v52p0452a）與"聳"對應之字作"聳"。南朝梁慧皎撰《高僧傳》："今鴻源遙洗，群流仰鏡。九仙賭寶，百神[5]從職。"（T2059v50p0378a）本頁下注5："從＝聳《三》《宮》。""從"即"聳"之訛。護法造、唐玄奘譯《成唯識論》："神化潛通，九仙賷寶。玄猷旁闡，百靈聳職。"（T1585v31p0059c）文意亦近。考文意，"聳"通"竦"，有敬義。"聳職"即敬於職守之義。

1587 聢

北宋延壽集《宗鏡録》："五欲難滿，如火獲薪，亦如大海呑受衆流，如曼陀山草木滋多；不能觀察生死虛妄，[2]聢惑致患如魚呑鉤；常先引導諸業隨從，猶如貝母引導諸子。"（T2016v48p0604c）本頁下注2："聢＝耽《元》《明》。"

按："聢"與"耽"爲版本異文，"聢"即"耽"字之訛。南朝宋慧嚴譯《大般涅槃經》："五欲難滿，如火獲薪，亦如大海呑受諸流，如曼陀山草木滋多；不能觀察生死虛妄，耽惑致患如魚呑鉤；常先引導諸業隨從，猶如貝母引導諸子。"（T0375v12p0799a）北涼曇無讖譯《大般涅槃經》："五欲難滿，如火獲薪，亦如大海呑受諸流，如曼陀山草木滋多；不能觀察生死虛妄，耽惑致患如魚呑鉤；常先引導諸業隨從，猶如貝母引導諸子。"（T0374v12p0553a）與"聢"對應之字皆作"耽"。"耽惑"佛經習見，"耽"爲沉湎之義。字或作"聢"者，乃"冘"旁誤作"完"旁也。

1588 聺

三國魏康僧鎧譯《佛説無量壽經》："上有賢明長者、尊貴豪富，下有貧窮廝賤、尫劣愚夫，中有不善之人，常懷邪惡。但念婬泆，煩滿胸中。愛欲交亂，坐起不安。貪意守惜，但欲唐得。眄[13]睞細色，邪態外逸。自妻厭憎，私妄出入。”（T0360v12p0276b）本頁下注 13：“睞＝脥《宋》，聺《元》。”

按：“聺”與“睞”“脥”爲版本異文，“聺”“脥”皆“睞”字之訛，“目”旁訛作“耳”旁、“月”旁也。“眄睞”爲顧盼義，文獻習見。馬鳴造、北涼曇無讖譯《佛所行讚》：“美目相眄睞，輕衣現素身。”（T0192v04p0007b）東漢支婁迦讖譯《佛説無量清淨平等覺經》：“眄睞細色，惡態婬泆。”（T0361v12p0296b）“眄睞”皆顧盼之義。唐慧琳撰《一切經音義》：“盼覼，普幻反，下力再反。《廣雅》：‘盼，視也。’《字書》：‘美目也，有白黑分也。’《説文》：‘覼，内目睡子視也。’《論文》作‘聙’，邪視也。下作‘聺’，力代反。《説文》：‘目瞳子不正也。’今俗云纇眼是也。纇，音盧對反。‘聺’，非今用。”（T2128v54p0647b）“聺”亦“睞”字之訛。文中“聙”爲“盯（眄）”字之訛，亦“目”旁訛作“耳”旁。

又，《説文·見部》：“覼，内視也。”《經音義》引衍“目睡子”三字。丁福保《説文詁林》引宋本《説文》“覼”字條注云：“《慧琳音義》五十一卷十五頁‘覼’注引《説文》：‘内目瞳子視也。’存疑備考。”疑慧琳把“睞”的訓釋摻入“覼”字中。“覼”字《玉篇》《廣韻》《集韻》《五音集韻》皆訓“内視”，與今本《説文》合。《龍龕手鑑·見部》：“覼，正。洛代反。内目童子視也。”與《慧琳音義》合，當據《音義》。

1589 聣

唐金剛智譯《金剛頂瑜伽中略出念誦經》：“即以明目而降伏之（明目者，踴動數眴眼聣是也），以此眼視者皆得降伏。”（T0866v18p0225c）

按：“聣”即“睫”之訛，“耳”旁訛作“目”旁也。參 1194“腱”字條。《嘉興藏》“眴眼聣”三字作“眴眼睫”，音釋：“睫，即葉切。目旁毛也。”“目”旁皆與“耳”旁形近。

1590 聨

日本善珠述《唯識義燈增明記》：“又如《婆沙》七十三云：一音者，梵音等者。案：《毘婆沙》七十三卷都無此文，七十九卷方有此文，故彼文云：若支那人來在會座，謂佛爲説支那音義。如是磔迦、葉筏那、達剌陀、末[10]聨婆、佉沙、覩貨羅、博喝羅等人來在會座，各各謂佛獨爲我説自國音義，聞已隨類各得領解。”（T2261v65p0338a）本頁下注 10：“聨＝㵒《甲》，臘?”

按："䏁"與"𦟣"爲版本異文，注疑當作"臘"。五百大阿羅漢造、唐玄奘譯《阿毘達磨大毘婆沙論》第七十九卷："毘奈耶説：世尊有時爲四天王先以聖語説四聖諦，四天王中二能領解，二不領解。世尊憐愍饒益彼故，以南印度邊國俗語説四聖諦，謂醫泥、迷泥、蹋部、達[3]𦟣部，二天王中一能領解，一不領解。世尊憐愍饒益彼故，復以一種篾戾車語説四聖諦，謂摩奢覩奢僧攝摩薩縛怛羅毘剌遲，時四天王皆得領解。……若至那人來在會坐，謂佛爲説至那音義。如是磔迦、葉筏那、達剌陀、末*𦟣婆、佉沙、覩貨羅、博喝羅等人來在會坐，各各謂佛獨爲我説自國音義，聞已隨類各得領解。"（T1545v27p0410a）本頁下注3："𦟣=䩗《宮》*。"此即善珠所本，與"䏁""𦟣"對應之字作"𦟣"，"䏁"即"𦟣""𦟣"之訛，"𦟣"又"鞢"字之訛。參1471"𦟣"字條。

1591 𦗫

唐般若譯《大乘理趣六波羅蜜多經》："爾時，提頭賴吒天王亦爲擁護國界及受持經者，説真言曰：怛地（儞也反）他（一）[21]毉黎（二）……怒[24]𦗫黎（五）閉黎[25]（平聲，六）閉嬭（平聲，七）莎訶。"（T0261v08p0873b）本頁下注21："毉=醫《明》。"注24："〔平聲〕-《和》。"注25："𦗫=醫《明》。"

按：原書注24與注25顛倒。"毉""𦗫"與"醫"爲版本異文，"𦗫"即"醫"字之訛。林光明《新編大藏全咒》卷九《大乘理趣六波羅蜜多經》"擁護真言（提頭賴吒天王説）"中"毉""𦗫"皆録作"醫"，梵文羅馬轉寫作"i"和"e"（v9p171）。佛經中"毉""毉""醫"皆可作譯音用字，毉"蓋"毉"或"毉"字之訛。"𦗫"當爲"醫"字之訛，"酉"旁訛作"耳"旁也。

1592 𦗬

元念常集《佛祖歷代通載》："是年十月，潭州雲巖晟禪師卒。鐘陵建昌人，姓王氏。少出家於石門，初參百丈，未悟玄旨，侍左右二十年。丈化，乃謁藥山，服勤已久。山問：'師作什麽？'曰：'擔屎。'山曰：'那箇𦗬？'曰：'在。'山曰：'汝來去爲誰？'曰：'替他東西。'山曰：'何不教並行？'曰：'和上莫謗他。'"（T2036v49p0636a）

按："𦗬"即"聻"之變異。元覺岸編《釋氏稽古略》："江西撫州路曹山禪師，名本寂，生泉州莆田黄氏。少業儒，年十九歲往福州靈石出家，二十五登戒謁洞山。山問：'闍梨名甚麽？'師曰：'本寂。'山曰：'那箇聻？'師曰：'不名本寂。'山深器之，自此入室。"（T2037v49p0841c）與"𦗬"對應之字作“聻”。明張自烈《正字通·耳部》：“按：聻音賤，俗謂之辟邪符，以聻爲鬼名。……又梵書聻爲語助，音你。如《禪録》云‘何故聻’，云‘未見桃花時聻’，皆語餘聲。舊註又女紙切，音你，指物貌。亦非。”《康熙字典·耳部》（同文書局本）：“聻，《廣韻》乃里切，音伱，指物貌。又《正字通》梵書聻爲語助，音伱。如《禪録》‘何故聻’，云‘未見桃花時聻’，皆語餘聲。”“聻”有表示“語餘聲”的用法。《佛祖歷代通載》：“携見傅戒顔公。顔欲觀其根氣，授以《草菴歌》。至‘壞與不壞主元在’，師問曰：‘主在何處？’顔曰：‘何主也？’師曰：‘離壞不壞者。’曰：‘此客也。’師曰：‘主[3]聻？’顔吟吟而已。”（T2036v49p0702b）本頁下注3：“聻音擬。”北宋道原纂《景德傳燈録》：“衡嶽南臺守安禪師初住江州悟空院，有僧問：‘人人盡有長安路，如何得到？’師曰：‘即今在什麽處？’問：‘如何是西來意？’師曰：‘是什麽意？’問：‘如何是本來身？’師曰：‘是什麽身？’問：‘寂寂無依時如何？’師曰：‘寂寂底[3]聻。’師因有頌曰：南臺靜坐一鑪香，亘日凝然萬事忘。不是息心除忘想，都緣無事可思量。”（T2076v51p0401b）本頁下注3：“聻＝儞《明》。”又：“一日南泉謂師曰：‘老僧偶述牧牛歌，請長老和。’師云：‘某甲自有師在。’師辭南泉，門送提起師笠子云：‘長老身材勿量大，笠子太小生。’師云：‘雖然如此大千世界，總在裏許。’南泉云：‘王老師[5]聻？’師便戴笠子而去。”（T2076v51p0266a）本頁下注5：“聻＝嚰《明》。”又：“定州善崔禪師，州將王公於衙署張座請師説法，師升坐良久，謂衆曰：‘出來也打，不出來也打。’時譚空和尚出曰：‘崔禪[18]聻？’師曰：‘久立太尉珍重。’便下坐。”（T2076v51p0295b）本頁下注18：“聻＝嚰《明》。”“聻”讀音作“擬”，又與“儞”“嚰”爲版本異文，“儞”爲同音通用字，“嚰”蓋爲語氣詞造的專字，與“呢”同。“嚌”當是由于“聻”作爲語氣助詞而改從“口”。鄭賢章《漢文佛典疑難俗字彙釋與研究》“嚌”字條（p328）亦有考證，可互參。

1593 聻

唐道世撰《法苑珠林》：“欺者有四過，讒佞傷賢良。受身癡聾[15]聻，謇吃口臭腥。顛狂不能信，死墮拔舌耕。吾修四淨口，自致八音聲。”（T2122v53p0818b）本頁下注15：“聻＝盲《三》《宫》。”

按：“聻”與“盲”爲版本異文，“聻”即“瞽”字之訛，“瞽”與“盲”同義。四庫本《法苑珠林》作“盲”。唐道世撰《諸經要集》：“受身癡聾盲，謇吃口臭腥。”（T2123v54p0127b）字亦作“盲”。“鼓”或寫作“鼓”，“聻”之上部所從即“鼓”之訛，下部所從之“耳”即“目”之訛。

臣　部

1594 𦣝

唐輪婆迦羅譯《攝大毗盧遮那成佛神變加持經入蓮華胎藏海會悲生曼荼攞廣大念誦儀軌供養方便會》:“曩莫三滿多嚩日囉赧（一）係阿鼻穆佉摩賀鉢囉（二合）戰拏（二）佉娜野[22]緊示囉野枲（三）三摩野麽弩娑麽囉（引。四）娑嚩（二合）賀。”（T0850v18p0079a-b）本頁下注22:“緊示=𦣝旨《甲》。”

按:“𦣝”與“緊”爲版本異文,“𦣝”即“緊”字之訛。唐善無畏、一行譯《大毗盧遮那成佛神變加持經》:“以定慧手爲拳，作相擊勢持之，是阿毘目佉印。彼真言曰:南麽三曼多伐折囉（二合）赧（一）係阿毘目佉摩訶鉢囉（二合）戰拏（二）佉（引）娜也緊旨囉（引）也徙（三）三麽耶麽弩薩麽囉（二合）囉（四）莎訶（五）。”（T0848v18p0028c）與“𦣝旨”對應字作“緊旨”，可比勘。

1595 𦣞

日本照遠撰《資行鈔》:“抄:以水澆地，剉草布𦣞使成泥（云云）。有傳云:先以水澆地，後以草布上成泥，直非蹈地也。”（T2248v62p0598c）

按:南朝宋佛陀什、竺道生譯《彌沙塞部和醯五分律》:“有阿練若處比丘須土作泥。佛言:若無淨人聽取崩岸土。若無崩岸上［土］，聽水澆地，挫草布上蹋使成泥取用。”（T1421v22p0180b）唐道宣撰《四分律刪繁補闕行事鈔》:“比丘以水澆地，剉草布蹋使成泥取用。”（T1804v40p0076c）與“𦣞”字對應之字皆作“蹋”。據文意，此處爲踐踏義，當以“蹋”爲正，“𦣞”即“蹋”字之訛，“足”旁訛作“臣”旁也。唐道宣撰《四分戒本疏》:“《五分》云:蘭若無淨人，聽比丘以水澆地，搏草布上踐使成泥取用。”（T2787v85p0600a）字作“踐”,“踐”與“蹋”同義，可爲旁證。

襾　部

1596 覀

唐道宣撰《續高僧傳》："躬移寺外别處[25]零房，感一善神常隨影護。"（T2060v50p0551b）本頁下注25："零＝覀《三》《宫》。"

按："覀"與"零"爲版本異文，"覀"即"零"字之訛。《偏類碑别字·雨部》"零"字條引《唐路君夫人陳氏墓誌》作"覀"（p254）。同上經："衆聚繁多，遂分爲四部，即東西二林杯盤大黄等處是也，皆零房别室，星散林巖。"（T2060v50p0569a）"零"即零散之義。日本聖守撰《三論宗濫觴》："道慈、知藏兩德，受洪業於海[6]雨。智光、願曉名賢，傳餘流於東漸。"（T2307Bv70p0838c）本頁下注6："雨＝西《甲》。"日本珍海記《大乘正觀略私記》："我朝道慈、智藏兩德，受洪業於海西，傳遺風於東域。願曉、智光名賢，多稟其幽致，盛流彼芳訓。"（T2298v70p0196a）唐三昧蘇嚩羅譯《千光眼觀自在菩薩祕密法經》："有傘蓋夜迦，於焰魔天[2]西。"（T1065v20p0126a）本頁下注2："西＝雨《甲》。""雨"皆"西"字之訛，可比勘。

1597 覃

唐道宣撰《續高僧傳》："岳審其殷至，慧悟霞明，樂説不窮，任其索隱，[15]單思研採，啐周究竟。"（T2060v50p0447b）本頁下注15："單＝覃《宫》。"

按："覃"與"單"爲版本異文，"覃""單"皆"覃"字之訛。"覃思"乃深思之義，文獻習見。唐義淨譯《佛説大孔雀呪王經》："[12]覃婆*覃婆（上）度*覃婆麼*覃婆瞿羅也薜羅也閉（入）輸閉輸。"（T0985v19p0460b）本頁下注12："覃＝覃《宋》《元》*。""覃"又與"覃"爲版本異文，"覃"亦"覃"字之訛。

遼非濁集《三寶感應要略録》："無畏開元七年從西國將曼陀羅圖來至此國，於玄宗皇帝朝爲國師，翻譯大教大曼陀羅，設大旦場，諸尊放光，天雨細花而供養。其得感者，不可[3]單記矣。"（T2084v51p0833c）本頁下注3："單＝覃ヵ《甲》。"唐玄奘、辯機撰《大唐西域記》："奉詔翻譯梵本，凡六百五十七部。具覽遐方異俗，絶壤殊風，土著之宜，人備之序，正朔所暨。聲教所[37]單，著《大唐西域記》。勒成一十二卷，編録典奥，綜覈明審，立言不朽，其在兹焉。"

（T2087v51p0868b）本頁下注 37："單=覃《甲》。"前一例"覃"爲"單"字之訛，"單"通"殫"，乃盡義。後一例"單"爲"覃"字之訛，"覃"爲延及之義。"單"與"覃"形近，或相混誤。

鄭賢章《漢文佛典疑難俗字彙釋與研究》"覃"字條（p330）亦有考證，可互參。

1598 䙫

唐金剛智譯《吽迦陀野儀軌》："次可誦大禁結請向壇堅縛不祥偈曰：唵縛日羅（二合。一）揭羅陀那多䙫耶夜（二）南無毘娑麼尼（三）。"（T1251v21p0233c）

按：疑"䙫"爲"羅"字之訛。唐不空譯《如意寶珠轉輪祕密現身成佛金輪呪王經》："爾時佛世尊説根本陀羅尼曰：娜謨曷羅怛那多羅夜耶（一）南無阿利耶（二）。"（T0961v19p0333b）與"䙫"對應之字作"羅"。

1599 䙬

日本心覺撰《多羅葉記》："舍羅步，可云舍羅破，舍羅者，箭；破者，[2]䙬祥。"（T2707v84p0626a）本頁下注 2："䙬=䙬[イ]《甲》。"

按："䙬"與"䙬"爲版本異文，二字皆"爨"字之訛。佚名《翻梵語》："舍羅步，應云舍羅破，譯曰：舍者，箭；破，爨。"（T2130v54p1014c）參 1706"䙬"字條。

1600 覊

北宋道誠集《釋氏要覽》："告曰：滅燈，衆若默方可滅（此慮衆僧收拾不辨），不得用口吹，當將筯攲爐折去之（攲音覊，言取物也。《記》作鞱，非也）。"（T2127v54p0299b）

按："覊"即"羈"字之訛，"羈"又"羈"異體"覊"之書寫變異。"覊"爲"攲"的直音字。《集韻·支韻》居宜切："攲、𣔋，以箸取物。或作𣔋。""攲"與"覊"在同一小韻，以"覊"爲"攲"的直音字，讀音正合。"鞱"乃"羇"字之訛，"羇"又"羈"之異體。

唐義淨譯《根本説一切有部毘奈耶雜事》："所設精[8]奇，獲福無量。"（T1451

v24p0306b）本頁下注 8："奇 = 音《元》。""音" 爲 "奇" 字之訛。唐窺基撰《説無垢稱經疏》："有十六：一[19]奇樂，二園林，三花菓，四池蓮，五車馬，六馳路，七嚴具，八衣鬘，九珍財，十床褥，十一飲食，十二沐浴，十三塗香，十四殄財，十五除然，十六建幢。"（T1782v38p1089c）本頁下注 19："奇 = 音《甲》。"西晉竺法護譯《阿差末菩薩經》："所以者何？思察法典，其心悦豫，不以爲勞，捨諸[17]音樂。"（T0403v13p0599c）本頁下注 17："音 = 奇《元》《明》。"北魏菩提流支譯《謗佛經》："師子遊步雲雷[5]音聲菩薩摩訶薩。"（T0831v17p0876a）本頁下注 5："音 = 奇《元》。"北宋施護譯《佛説祕密相經》："如和合音聲教中法儀堅固而作。又彼和合[2]音聲教中説云，次當阿闍梨執金剛杵。"（T0884v18p0466b）本頁下注 2："音 = 奇《元》《明》。""奇" 皆爲 "音" 字之訛。"奇" 或寫作 "竒"，形與 "音" 近，故兩字或混訛。"竒" 與 "音" 形近或混，故 "齾" 或訛作 "䶩"，"輢" 或訛作 "韽"。參 2240 "韽" 字條。

而　部

1601 𦓕

唐道世撰《法苑珠林》："若夫廢宗廟之粢盛，加子孫之魚肉，毀蒸嘗之[9]𦓕冕，充僕妾之衣服，苟求惠下之恩，不崇安上之福，恨養親之費饍，思廢養之潤屋，如此可謂忠孝之道乎？"（T2122v53p0701b）本頁下注 9："𦓕 = 黻《元》《明》《宮》。"

按："𦓕" 與 "黻" 爲版本異文，"𦓕" 即 "黻" 字之訛。唐道宣撰《廣弘明集》："若夫廢宗廟之粢盛，供子孫之魚肉，毀蒸嘗之黻冕，充僕妾之衣服，苟求惠下之恩，不崇安上之福，恨養親之費膳，思廢養以潤屋，如此者可謂忠乎？可謂孝乎？"（T2103v52p0188b）字亦作 "黻"。《集韻・勿韻》分物切："黻、黻，《説文》：'黑與青相次文。'或作 '黻'，古通作茀。""黻" 即 "黻" 字之訛。明章黼《重訂直音篇・耑部》："𦓔，音黻，同。黻、𦓖，同上。𦓕，俗。"《中華字海》："𦓕，同 '黻'。見《直音篇》。"（p454b）"𦓕" 爲 "黻" 之異寫，《直音篇》已收録，並溝通了與 "黻" 的關係。

1602 𦓔

唐窺基撰《阿彌陀經通贊疏》："阿𦓔樓馱者，梵云阿泥律陀，此云無滅，佛

之堂弟。云阿㝹駄者，訛也，應作‘䨲’字。”（T1758v37p0336c）

按：唐窺基撰《妙法蓮華經玄贊》：“梵云阿泥律陀，此云無滅，佛之黨弟。云阿㝹樓駄，訛也。應作‘䨲’字，不知㝹字所出。”（T1723v34p0670c）“䨲”即“䨲”字之訛。日本中算撰《妙法蓮華經釋文》：“阿（行瑫云：安葛反）㝹（《慈恩》云：女溝反。應作‘䨲’字，兎子也。捷云：兎子。《經》文會字，少下作兎也）樓駄（唐佐反。《慈恩》云：正云阿泥律陁，唐云無滅，天台云無貧，亦云如意也）。”（T2189v56p0145b）中算所引，與“䨲”對應之字正作“䨲”。《玉篇·兔部》：“䨲，乃侯切。娩也。”“娩，方萬切。兔子。”《廣韻·侯韻》奴鉤切：“䨲，兔子。”《集韻·侯韻》奴侯切：“䨲、㝹，江東呼兔子爲䨲。或作㝹。”“䨲”“㝹”爲異構字。唐慧琳撰《一切經音義》：“阿泥律陁，梵語言阿那律，或云阿㝹樓駄，唐言无滅，又云如意。往昔曾施辟支佛一食，人天受樂，于今不滅，所求如意，故以名也。”（T2128v54p0522c）南宋法雲撰《法華經義記》：“阿㝹樓駄者，亦是外國音。此間翻者，阿之言無，㝹樓駄言貧，謂無貧比丘。”（T1715v33p0579a）唐澄觀述《大方廣佛華嚴經隨疏演義鈔》：“阿㝹樓駄等者，亦云阿泥㝹豆，或云阿那律，亦云阿泥嚕多，並梵音楚夏，皆云無滅，亦云無貧，言一食之施者。”（T1736v36p0658b）“阿㝹樓駄”，佛經習見，爲譯音詞，“㝹”爲譯音字，故亦可用異構之“䨲”字，“䨲”則爲“䨲”的書寫變異。

至　部

1603 㺩

唐道世撰《法苑珠林》：“[19]㺩飽乃吐，還視盆中魚游活如故。”（T2122v53p0519b）本頁下注 19：“㺩=致《三》《宮》。”

按：四庫本作“致”，“㺩”與“致”爲版本異文，“㺩”即“致”字之訛，“攵”旁訛作“反”旁也。《偏類碑別字·至部》“致”字條引《魏安豊王妃馮氏墓誌》“㺩”(p188)，已溝通“㺩”與“致”的關係。

1604 璽

日本了尊撰《悉曇輪略圖抄》（T2709v84p0666b）：

	紀藏		第一	第二	第三	第八	第九	第十五
一	阿		迦	己也	迦也	阿勒迦上	羅迦也	盎迦上
二	阿引		迦引	紀耶	迦也引	阿勒迦平	羅迦也引	盎迦平
三	伊		機	紀以	迦伊	伊上力紀	羅迦伊	應紀
四	伊引		機引	紀夷	迦伊引	伊力機	羅迦伊引	應紀
五	甌鄔		矩	矩庾	迦庾	歐鹿苟上	羅迦庾	蓊句
六	甌□		醯	枳曳	迦庾	鑋力薢	羅迦喻	蘡荊
七	藹醫		醯	枳曳	迦曳	鑋力薢	羅迦瑜	蘡荊
八	藹愛		吤	枳偃與善反	迦曳	鑋力介	羅迦曳	蘡介
九	奧行於古反		咅	句喻	迦欲	阿勒句	羅迦慾	擁句
十	奧		矯	句曜庚告反	迦曜	阿勒憍	羅迦曜	擁句
十一	暗		劍	矩焰	迦焰	阿勒劍	羅迦焰	盎鑑
十二	痾□入		脚	迦上夜	迦藥	阿勒迦	羅迦藥	盎迦去

按：此表係悉曇十八章的局部表格，“鑋”出現在“第八”這一行，即悉曇十八章的第八章。唐智廣撰《悉曇字記》：“第八章，將半體囉加初初章字之上，名阿勒迦、阿勒迦。生字三百九十有六（勒字力德反，下同）。”（T2132v54p1186c）又：“第八章，阿勒迦（上）、阿勒迦（平）、伊（上）力紀、伊力機、歐鹿苟（上）、歐鹿鉤（平）、[17]醫力薊、* 醫力介、阿勒勾、阿勒憍（脚號反）、阿勒劍、阿勒迦（去）。右第八章字同初章，但用半體囉加諸字上，後點麽多也。”（T2132v54p1188c）本頁下注 17：“醫 = 毉《甲》。”與“鑋”對應之字作“醫”，異文作“毉”。根據異文關係，“鑋”即“毉”字之訛。

“毉”訛作“鑋”者，“巫”或寫作“巠”（《可洪音義》v60p165c）、“巠”（《可洪音義》v59p1059a）。“至”或寫作“巠”，《可洪音義》卷二十四《出三藏記》第六卷：“可巠，音至。到也。又字體似‘巫’‘巠’，非義。巫，女師婆也；巠，直波也。巫，音無；巠，音經。或作‘圣’，音窟。汝南人云放刀於地中曰圣。”（v60p312c）南朝梁僧祐撰《出三藏記集》：“寺僧諫曰：‘路甚艱嶮，且多黑師子，亟經噉人，何由可至？’”（T2145v55p0111c）“巫”“至”兩字變體同形，文獻中常相混誤。西晉竺法護譯《修行道地經》：“正使合會此上諸醫，及幻蠱道并[10]巫呪説，不能使差，令不終亡。”（T0606v15p0185b）本頁下注10：“巫=至《宮》《聖》。”唐道世撰《法苑珠林》：“遙見海中有二人現浮游水上，漁人疑爲海神，延[21]巫祝，備牲牢以迎之。”（T2122v53p0383b）本頁下注21：“巫=至《宮》。”“至”皆“巫”字之訛。“巫”旁字亦或訛從“至”，《可洪音義》卷二十二《雜寶藏經》第二卷：“誣謗，上文夫反。”（v60p227c）“誣”即“誣”字之訛。

1605 璺

失譯《牟梨曼陀羅呪經》：“又汝當知若於火中，如山崩後碎石下聲，如破銅器[14]璺瘂之聲，有是相者當知其身即應合死。”（T1007v19p0666b）本頁下注14：“璺=璺《甲》。”

按：“璺”與“璺”爲版本異文，“璺”即“璺”字之訛，“玉”旁訛作“至”旁也。南朝梁慧皎撰《高僧傳》：“又有師子國四尺二寸[16]玉像，並皆在焉。”（T2059v50p0410b）本頁下注16：“玉=至《宮》。”“至”即“玉”字之訛，可參。唐慧琳撰《一切經音義》卷三十七《牟梨曼陀羅呪經》：“璺瘂，音問。《方言》云：‘器物破而未相離曰璺。’《廣雅》：‘璺，裂也。’《古今正字》從玉臼從冂。”（T2128v54p0551a）“璺”正作“璺”。“破銅器璺瘂之聲”之“璺”爲裂紋義，“瘂”爲聲音低沉而不圓潤義。一般而言，完整的銅器聲音清脆，出現了裂縫之後聲音就會低沉，如人聲音之嘶啞。今口語形容人聲音嘶啞常説聲音像破鑼，與此類同。

虍部

1606 虤

隋灌頂纂《國清百録》：“止獲事功德者，應當護口，勿向人言。若陳説者，得障道罪，青盲虤瞎，白癩頑癡。”（T1934v46p0798c）

按：《嘉興藏》亦作“虤”。疑“虤”爲“彪”字之訛，“彪”又“跛”之異構字。毘舍佉造、唐義淨譯《根本説一切有部毘奈耶頌》：“若作如斯語，同前得惡作。跛瞎癵躄行，侏儒及聾瘂。”（T1459v24p0632a）隋闍那崛多譯《佛本行集經》：“波旬，汝今猶跛瞎驢東西浪行，落邪嶮道如迷商人。”（T0190v03p0789b）東晋竺佛念譯《出曜經》：“設有一婦盲跛憔悴，不能捨離，是故佛説蠅困於蜘蛛網，鳥困於羅，象困剛鏁繫，惡馬困於策。”（T0212v04p0679a）“跛瞎”與“盲跛”同義，謂又跛又瞎。“⿺尢皮”或作“⿺元虎”者，“尢”旁訛作“元”旁，“皮”旁訛作“虎”旁也。“尢”旁訛作“元”旁習見。唐懷素集《僧羯磨》：“又分鐵作器、木作器、陶作器、[8]皮作器、竹作器。”（T1809v40p0520b）本頁下注8：“皮＝處《宋》《元》。”“處”乃“皮”字之訛，“處”與“虎”形近，可比勘。

1607 ⿸虍件

唐阿地瞿多譯《陀羅尼集經》：“金剛藏跛折囉法印呪第十三：先以右手大指捻小指、無名指、中指等甲上，左手亦然，相環竪二頭指，呪曰：唵（一）⿸虍件⿸虍件（二）闍（三）。”（T0901v18p0844c）

按：張涌泉《漢語俗字叢考》（修訂本）據朝鮮本《龍龕》推測“⿸虍件”爲“虎”的俗字（p400）。鄧福禄、韓小荆《字典考正》云：“《叢考》依據後出的朝鮮本《龍龕》推測⿸虍件爲虎的俗字，恐不確。佛經有⿸虍件字。唐阿地瞿多譯《陀羅尼集經》卷七：呪曰：唵（一）⿸虍件⿸虍件（二）闍（三）（T18，p0844c）。《可洪音義》卷七《陀羅尼集經》第七卷音義：⿸虍件⿸虍件：牛鳴音，與吽音（同）（59/802b）。又同書同經第六卷音義：唬件：上音毫，二合，牛鳴音，同吽字呼（59/802a）。又同書同經第七卷音義：虎鳴件：上音虎，俗；下二二合，牛鳴音。又同書同經第八卷音義：虎件：上火古反，下喉音反，二合呼，牛鳴音。又：虎件：同上，牛鸣音，諸經作吽（59/802c）。據此，⿸虍件當是虎或唬受件的影響類化而成的俗字，一般用作佛經咒語音譯字，無實義，它與虎字不是簡單的俗字異體關係，不能完全等同。”（p210）此説近是。“⿸虍件”乃爲梵文“𑖮𑖳𑖽（hūṃ）”所造之譯音專字。林光明《新編大藏全咒》卷四《佛説陀羅尼集經》“金剛藏跛折囉法印呪”中“⿸虍件”的梵文對音作“hūṃ”（v4p172）。“hūṃ”爲梵文“𑖮𑖳𑖽”之羅馬字母轉寫形式，是“⿸虍件”爲“𑖮𑖳𑖽（hūṃ）”之譯音字的確證。

日本明覺在《悉曇要訣》討論“𑖮𑖳𑖽”的漢譯甚詳，文曰：“問：‘𑖮𑖳𑖽吽字梵漢其音如何?’答：‘《玉篇》云：吽字呼垢反，獸鳴聲也。亦爲呴字。（文）今不依之。相傳吽字，ウム音呼之。𑖘𑖿𑖨𑖳𑖽吒嚕吽（三合）、𑖥𑖿𑖨𑖳𑖽勃嚕吽（三合）𑖄𑖽嗚吽（二合。文）故知實ウム音呼之也。’問：‘𑖮字戶音也，或可有俱音，故加空點可云コム或可云クム，何直云ウム耶? 若爾，或直呼空點似云ム，或𑖄點空點相合似云ウム，中𑖮字音不成。’答：‘誠𑖮𑖳𑖽字可云コム也，所以《金剛智略出經》云：𑖮𑖳𑖽戶含（二合），善無畏《蘇悉地經》云：𑖮𑖳𑖽虎吽（二合。文），寶思惟《如意輪軌》同之。《陀羅尼集經》虎𤙭之文甚多。或作唬𤙭（二合）之形，或作虎𤙭之形。虎字呼古反也，《大佛頂經》云呼吽（二合）之文甚多，當知𑖮𑖳𑖽字本音虎吽（二合）也。'"（T2706v84p0528c-0529a）總結了"𑖮𑖳𑖽"可以用單字"吽"譯之，亦可用"戶含""虎吽""虎𤙭""唬𤙭""呼吽"等二合形式譯之。唐輸波迦羅譯《蘇悉地羯囉經》："吉利枳羅真言：唵 枳里枳里 跋日羅 跋日里 部訥畔陀畔馱虎吽泮。"（T0893v18p0645c）林光明《新編大藏全咒》卷六《蘇悉地羯囉經》"吉利枳羅真言"中"虎吽"的梵文對音作"hūṃ"（v6p338）。此即"虎吽"二字作"𑖮𑖳𑖽（hūṃ）"的譯音字之例。"𧆞"即由"虎吽"或"虎𤙭"二字組合省形而成。

1608 虦

南朝梁寶唱等集《經律異相》："王名優填，強虦侵剋，開納佞言，耽荒女樂。"（T2121v53p0160b）

按："虦"即"虣"字之訛。東漢曇果、康孟詳譯《中本起經》："是時國王，名曰優填，強[28]暴侵剋，開納佞言，躭荒女樂，疑網自沈。"（T0196v04p0157b）本頁下注28："暴=虣《三》。"與"虦"對應之字作"虣"。《説文新附·虎部》："虣，虐也，急也。从虎，从武。"清王玉樹《説文拈字》："虣通作暴，《周禮》多作虣，唯《秋官》'禁暴氏'尚作暴。""虣"或作"虦"者，"武"旁訛作"疋"也。"䖘"或訛作"虦"，可比勘，参0901"虦"字條。

1609 䖘

日本明覺撰《悉曇要訣》："又虎亦名烏擇，或作烏塗，或作烏䖘。"（T2706v84p0557a）

按："䖘"即"䖘"字之訛。《説文新附·虎部》："䖘，楚人謂虎爲烏䖘。从虎，兔聲。"《廣韻·模韻》同都切："䖘，烏䖘，楚謂虎也。《左傳》作'於菟'。"《龍龕手鑑·虎部》："𪀦䖘，上音烏，下音徒。楚人呼虎曰𪀦䖘也。"明梅膺祚《字彙·虎部》："𪀦，汪胡切，音烏。楚人呼虎爲烏兔，後人遂於虎傍加烏、加兔。"是楚地呼虎爲"於菟"，又作"烏兔""烏䖘""𪀦䖘"等。"䖘"字右旁與"兔"形近，即"䖘"字之訛也。

1610 䝞

唐圓照集《代宗朝贈司空大辨正廣智三藏和上表制集》："僧慧琳年三十（䝞州閿鄉縣方祥鄉閿鄉里，俗姓何，名光王。兄朏爲戶，請住興善寺）。"（T2120v52p0831a）

按："䝞"即"號"字之訛。《説文・虎部》："號，虎所攫畫明文也。从虎，寽聲。""號"所從之"寽"或寫作"寽"，上所從本爲"爪"的變體，或寫作與"肉"的變體形近。字又寫作"寽"（見《字辨・體辨四》），"爪"的變體訛作"肉"的變體。"號"訛作"䝞"同例。"捋"或訛作"捋"，亦同。東晉佛陀跋陀羅、法顯譯《摩訶僧祇律》："若多人待者，當以手[21]捋水，以巾拭之，然後著革屣。不得以濕脚蹈僧淨好作地，當令燥已乃入。"（T1425v22p0508b）本頁下注21："捋=將《明》。"南朝宋僧伽跋摩譯《薩婆多部毘尼摩得勒伽》："若男根起逆水行，偷羅遮。若出節精，偷羅遮。握搦[10]捋弄精不出，偷羅遮。"（T1441v23p0571c）本頁下注10："捋=將《聖》。"唐湛然述《法華玄義釋籤》："譬中云徒知轂[5]捋不解鑽搖者。"（T1717v33p0941b）本頁下注5："捋=將《甲》。"東晉佛陀跋陀羅譯《佛説觀佛三昧海經》："各以右手[4]將左指頭，爪端生乳，灑滅猛火。猛火滅已，即得清涼，自然飽滿，身心踊悦，發菩提心。"（T0643v15p0653a）本頁下注4："將=捋《三》。""將"皆"捋"字之訛，可比勘。

《可洪音義》卷二十四《出三藏記》第十五卷："将可，上郎活反。"（v60p321a）南朝梁僧祐撰《出三藏記集》："初安生，便左臂上有一皮，廣寸許，著臂如釧，[12]將可得上下，唯不得出手而已，時人謂之印手菩薩。"（T2145v55p0109a）本頁下注12："將=捋《三》。"南朝梁慧皎撰《高僧傳》："初安生而便左臂有一皮，廣寸許，著臂，捋可得上下之，唯不得出手。又肘外有方肉，上有通文。時人謂之爲印手菩薩。"（T2059v50p0354a）唐道世撰《法苑珠林》："初安生而便左臂有一皮，廣寸許，著臂，[11]將可得上下之，唯不得出手，時人謂之爲印手菩薩。"（T2122v53p0407b）本頁下注11："將=捋《三》《宮》。"四庫本作"捋"。"捋"或寫作"将"，因訛作"將"。婆藪盤豆造、南朝陳真諦譯《阿毘達磨俱舍釋論》第九卷："於中有一人嬾惰爲性，長取舍利，儲宿爲食。餘人學之，亦各儲宿。是時於中，即生我所，因此我所，後取舍利。將已即盡，不復更生。"（T1559v29p0223b）《可洪音義》卷十九《阿毘達磨俱舍釋論》第九卷："将已[已]，上盧活反。"（v60p131a）《可洪音義》卷二十七《續高僧傳》第七卷："将之，上郎活反。"（v60p469b）唐道宣撰《續高僧傳》："終後手屈三指，捋之，雖伸還屈，乃至林中，一月猶爾。"（T2060v50p0481a）"将"皆"捋"之書寫變異，《大正藏》之《阿毘達磨俱舍釋論》"捋"訛作"將"。

1611 虧

元念常集《佛祖歷代通載》:“吴黄武初,陸績有言曰:‘從今更六十年,天下車同軌,書同文。’及泰康改元而吴平,天下一統,果如績言。自是才二十載,至永寧之初,正道虧頹,群雄嶽峙。”(T2036v49p0518a)

按:“虧”即“虧”字之訛。《説文·亏部》:“虧,氣損也。从亏,雐聲。”段注:“虧,引伸凡損皆曰虧。”“亏”字《説文》從丂從一,筆迹小異變作“亏”,故“虧”從“亏”又寫作“虧”。明張自烈《正字通·虍部》:“虧,俗作‘虧’。”明章黼《重訂直音篇·亏部》:“虧,虧、虧,同上。虧,俗。”是“虧”“虧”皆爲“虧”之俗字。隋費長房撰《歷代三寶紀》:“又吴黄武初,陸績有言曰:‘從今已後更六十年,天下車同軌,書同文。’至是果如績言。蜀平吴滅,將六十年,二十載後,至于惠帝永寧之初,政道虧頹,群雄嶽峙。”(T2034v49p0061b)又唐道宣撰《大唐内典録》:“又吴黄武初陸績有言曰:‘從今已後更六十年,天下車同軌,書同文。’至是果如績言。蜀平吴滅,將六十年,二十載後,至于惠帝永寧之初,政道虧頹。群雄岳峙。”(T2149v55p0232b)字并作“虧”。

1612 虧

唐道世撰《諸經要集》:“如地大增,則形體黲黑,肌肉青淤,癥瘕結聚,如鐵如石;若地大[9]虧,則四支尪弱,多失半體,偏枯殘戾,毁明失聽。若水大增,則膚肉虚滿,體無華色,擧身痿黄,神顔慘怛,長脚洪腫,膀光脹急;若水大損,則瘦削骨立,筋現脈沈,脣舌乾燥,耳鼻燋閉。”(T2123v54p0175a)本頁下注9:“虧=虧《宮》。”

按:“虧”與“虧”爲版本異文,“虧”即“虧(虧)”字之訛。《説文·亏部》:“虧,氣損也。从亏,雐聲。”段注:“虧,引伸凡損皆曰虧。”“虧”,《偏類碑别字·虍部》引《齊武陽令張君妻蘇夫人等墓誌》作“虧”,《唐張夫人墓誌》作“虧”(p205),兩形皆與“虧”字小異,當皆“虧”字之訛。且審其辭例,下句“增”與“損”對文,則上句亦當“增”與“虧”對文,“虧”“損”義近,是“虧”即“虧”字。又唐道世撰《法苑珠林》:“如地大增,則形體黲黑,肌肉青瘀,癥瘕結聚,如鐵如石。若地大虧,則四支損弱,或失半體,或偏枯殘戾,或毁明失聰。若水大增,則膚肉虚滿,體無華色,擧身萎黄,神顔常喪,手脚潢腫,膀胱脹急;若水大損,則瘦削骨立,筋現脈沈,脣舌乾燥耳。”(T2122v53p0984b)字正作“虧”。《大正藏》“虧”字多見。

1613 𧇢

唐般若、牟尼室利譯《守護國界主陀羅尼經》："當作極大威德忿怒王金剛手甘露軍荼利金剛[7]啞啞而笑要勝祕密心法。亦取諸毒刺，火焚念誦而作護摩，如上災難皆悉消滅。若欲効驗，先誦真言滿十萬遍即得悉地。"（T0997v19p0569a）本頁下注7："啞啞＝𧇢𧇢《甲》。"

按：遼希麟集《續一切經音義》卷四《守護國界陀羅尼經》第二卷："啞啞而笑，上烏陌反。顧野王云：啞啞，笑聲。下私妙反。"（T2129v54p0950c）亦作"啞啞"。"𧇢𧇢"與"啞啞"爲版本異文，疑"𧇢"爲"虩"字之訛，然"虩"與"啞"形音相去甚遠。《易·震》初九："震來虩虩，後笑言啞啞，吉。"唐孔穎達疏："虩虩，恐懼之貌也。啞啞，笑語之聲也。"疑甲本之"𧇢"據《易經》改。

虫　部

1614 蚂

唐普光述《俱舍論記》："室獸摩羅，傍生類也，形如壁蚂，小者二丈，大者乃至百尺。"（T1821v41p0034c）

按："蚂"即"蝹"之異構字。《集韻·東韻》居雄切："蝹，守蝹，蟲名。通作宫。""蝹"爲"宫"之後出分化字，本作"守宫"。"守宫"即今之壁虎，又名"壁宫"。南宋羅願撰《爾雅翼·釋魚》："蝘蜓，一名守宫，又名壁宫。"唐法寶撰《俱舍論疏》："室獸摩羅，是傍生類，形如壁宫，小者長二丈，大者乃至長一百。"（T1822v41p0495b）"壁蚂"同"壁蝹（宫）"，"蚂"爲"蝹"改變聲旁之異構字。《俱舍論記》所釋之"室獸摩羅"本世親造、唐玄奘譯《阿毘達磨俱舍論》，其文曰："有眼於水有礙非陸，如魚等眼；有眼於陸有礙非水，從多分説，如人等眼；有眼俱礙，如畢舍遮、室獸摩羅及捕魚人蝦蟇等眼。"（T1558v29p0007a）唐慧琳撰《一切經音義》卷七十《阿毘達磨俱舍論》第二卷："室獸摩羅，形如象也。舊經律中或作'失收摩羅'，或作'失守摩羅'，梵音轉耳。譯云殺子魚也。《善見律》鰐魚也。長二丈餘，有四足，似鼉，齒至利，有禽鹿入水齧嚙即斷也，廣州出土地有之。"（T2128v54p0763a）又卷四十一《大乘理趣六波羅蜜多經》第三卷："室獸摩羅，梵語魚名也。舊經律中或作'失收摩羅'，梵音訛轉耳。譯云煞子魚也，《善見律》云鰐魚名也。形如象，長二丈餘，有四足，似鼉，齒極利，所有畜獸麞鹿入水齧腰即斷，廣州土地有之。"（T2128v54p0578b）皆以"室獸摩羅"爲"鰐魚"。"鰐魚"與"壁虎"形體相近，故《俱舍論記》云室獸摩羅形如壁蜴。

唐智周説《成唯識論演祕》："室獸摩羅，傍生類也，形如壁蛒，小者二丈，大者百尺。"（T1833v43p0834b）"蛒"當即"蜦"字之訛。日本英憲撰《俱舍論頌疏抄》："室獸摩羅（文），惠云：'傍生類，形如壁宫，大者長一百尺，小者長二丈也'（云云）。壁宫者，守宫也。麟云：'形如壁蚓。《善見律》云鰐魚也'（云云）。"（T2254v64p0494b）"蚓"即"蜴"字之訛。

1615 ⿺元虫

唐窺基撰《妙法蓮華經玄贊》："瞋喻有十一：一、蚖，音愚袁反，又五丸反。依《遺教經》黑短蛇也。《漢書》'玄蚖'，韋昭解曰：'玄，黑；蚖，蜥蜴也。'崔豹：'蛇醫也，大者長三尺。其色玄紺，善魅人。蠑蚖、蜥蜴、蝘蜓、守宫，四種别名。'《玉篇》：'蛇醫也。在舍爲守宫。在澤爲蝘蜓［蜓］。'准此，《遺教》應言'黑蚖'，錯爲蛇字。今解蚖有二：一、蜥蜴，二、黑短蛇，故《遺教經》言睡蛇既出，乃可安眠。故彼不錯，但名黑蚖非蠑蚖也。有爲黿，愚袁反，謂是水虫惡性之物，理亦不然。彼爲黿字非此蚖故。二、蛇，自餘凡蛇也。三、蝮，蝮蛇也。《爾雅》：蝮蚖，博三寸，首大如擘。江淮以南謂[3]⿺元虫爲蝮，有牙最毒。鼻上有針，一名反鼻蛇。色如綬文，文間有鬣，大者七八尺，螫手則斷手，嶺南多有。"（T1723v34p0758a）本頁下注3："⿺元虫＝蚖《聖》。"

按："⿺元虫"與"蚖"爲版本異文，二字皆"虺"字之訛。《爾雅·釋魚》："蝮虺，博三寸，首大如擘。"唐陸德明音義："此蛇色如綬，鼻上有針，大者百餘斤。又一名反鼻，鼻一孔虫，即虺字也，虚鬼反。"北宋邢昺疏："此自一種毒蛇名蝮虺，身廣三寸，其頭大如人拇指。……案舍人曰：蝮，一名虺，江淮以南曰蝮，江淮以北曰虺。孫炎曰：江淮以南謂虺爲蝮，廣三寸，頭如拇指，有牙最毒。郭曰：此自一種蛇，人自名爲蝮虺。今蛇細頸大頭，色如艾綬文，文間有毛似豬鬣，鼻上有針，大者長七八寸。一名反鼻，如虺類，足以明此自一種蛇。如郭意，此蛇人自名蝮虺，非南北之異蛇。"此即《妙法蓮華經玄贊》之所本，據文意，字當以"虺"爲是，正文之"⿺元虫"即"虺"字之訛，"兀""元"形近易訛，"髡"或作"髨"，可資比勘。唐慧琳撰《一切經音義》："蝮，妨陸反，《尒雅》：'蝮虺，博三寸，首大如擘。'孫炎：'江淮以南謂虺爲蝮，有牙最毒。'音義曰：'蝮蛇，鼻上有針，一名反鼻蛇。'《三蒼》：'蝮蛇，色如綾綬，文間有鬣，大者七八尺。'"（T2128v54p0486c）所引亦作"虺"。

聖本作"蚖"，亦"虺"字之訛。《大正藏》"虺"與"蚖"常混誤。失譯

《佛説菩薩本行經》："畜生中苦虎狼師子蛇蟒蝮[5]蚖，更相殘害，互相噉食。"（T0155v03p0122a）本頁下注5："蚖=虮《宋》，虺《元》《明》。"東漢安世高譯《佛説罵意經》："有八輩人不可信：一者貪人，二者嫉人，三者瞋恚人，四者輕薄人，五者吏人，六者異心人，七者怨家人，八者女人。縣官、水火、蛇[9]蚖、利刀，是不可近，近便殺人。"（T0732v17p0531b）本頁下注9："蚖=虺《宮》。""蚖"皆"虺"字之訛。韓小荆《佛經中的"蚖"和"虺"》（《中國語文》，2019年第5期）對二字關係有詳細的考證，可參看。

東漢安世高譯《佛説一切流攝守因經》："避弊象，避弊馬，避弊牛，避弊狗，避弊[22]虺，避深坑，避蒺蔾，避溪，避危，避陂池，避山，避不安，避河，避深澗，避惡知識，避惡伴，避惡求，避惡受，避惡處，避惡臥具、所臥具。"（T0031v01p0813c）本頁下注22："虺=虺《宋》。"唐慧琳撰《一切經音義》："虺毒，古文'虫''螝'二形，同，呼鬼反。毒蟲也。《韓非子》曰：'虫有虺者，一身兩口，爭食相齕，遂相煞也。'"（T2128v54p0737c）又："蛇虺，古文'虫''螝'二形，同，呼鬼反。毒蟲也。《韓非子》曰：'蟲有虺者，一身兩口，爭食相齧，逐相殺。'"（T2128v54p0778c）"虺"亦皆"虺"字之訛。

1616 虺

日本中算撰《妙法蓮華經釋文》："蚖……玄應云：'諸經多作'虺'字，呼鬼反。'今案，虺，蝮也。下既有蝮，不容重出之。"（T2189v56p0157a）

按："虺"即"虺"字之訛。唐慧琳撰《一切經音義》："虺蛇，古文'虫''螝'二形，今作'虺'，同，呼鬼反。毒蟲也。"（T2128v54p0494a）《爾雅·釋魚》："蝮、虺，博三寸，首大如擘。"邢昺疏："舍人曰：蝮，一名虺。江淮以南曰蝮，江淮以北曰虺。""虺"與"蝮"義同。"兀"俗書與"瓦"形近，故"虺"或訛作"虺"。唐道世撰《法苑珠林》："是園無有[18]蠹虺蜈蚣蝨虻毒螫。"（T2122v53p0766c）本頁下注18："蠹虺=虺蚰《三》《宮》。""虺"亦"虺"字之訛。

1617 虼

三國吳康僧會譯《六度集經》："太子哀呼，血流于口，曰：吾君雖有臨終盡仁之誡，吾必違之，當誅毒[42]鴆。"（T0152v03p0005c）本頁下注42："鴆=虼《宋》。"

按："虼"與"鴆"爲版本異文，"虼"即"鴆"之異構字。唐慧琳撰《一切經音義》卷三十三《六度集經》第一卷："毒鴆，下除禁反。大如雕，紫緑色，長頸，赤喙，食虵。其羽以畫酒，飲之即死也。"（T2128v54p0526c）玄應、慧琳所據本作“鴆”。《説文·鳥部》：“鴆，毒鳥也。从鳥。冘聲。一名運日。”“毒鴆”即“鴆”，“⿰虫冘”乃“鴆”字更换形旁之異構字。

1618 ⿱邛虫

日本皇慶撰《隨要記》：“又於此方施諸類鬼神密語曰：蜜止蜜止昆舍遮南 薩婆訶 ⿱邛虫（愚勇反）⿱邛虫部馱南 薩婆訶。”（T2407v75p0818b）

按：“⿱邛虫”即“蛩”之異構字“⿱卬虫”字之訛。此段真言佛經多見，如唐金剛智譯《金剛頂瑜伽中略出念誦經》：“又於此方施諸類鬼神密語曰：密止密止昆舍遮南 薩婆訶 蛩蛩（愚勇反）部馱南 薩婆訶。”（T0866v18p0248c）與“⿱邛虫”對應之字作“蛩”。唐金剛智述、善無畏譯《念誦結護法普通諸部》：“又於此方諸鬼神真言：唵比止比止昆舍遮南[6]⿱邛虫⿱邛虫部多南娑婆訶。”（T0904v18p0905a）本頁下注6：“⿱邛虫⿱邛虫=蛩蛩[イ]《原》。”“⿱邛虫”與“蛩”爲版本異文，當以“蛩”字爲正。“蛩”異體作“⿱卬虫”，《集韻·鍾韻》渠容切：“蛩、⿱邛虫，《説文》：‘蛩蛩，獸也。一曰秦謂蟬蜕曰蛩。’或从邛。通作邛。”“⿱卬虫”或誤作“⿱邛虫”，《類篇·虫部》：“蛩、⿱邛虫，渠容切。《説文》：‘蛩蛩，獸也。一曰秦謂蟬蜕曰蛩。’或从卬。又古勇切。蟲名。”金韓道昭《五音集韻·鍾韻》渠容切：“蛩，蛩蛩，巨虛獸也。《説文》云：‘一曰秦謂蟬蜕曰蛩。’或从卬。⿱邛虫，同上。”字皆誤作“⿱邛虫”。（清方成珪《集韻考正》：“案，‘⿱邛虫’當作‘⿱卬虫’，注兩‘邛’字並當作‘卬’。”以“⿱卬虫”爲正，不確。）“⿱卬虫”又誤作“⿱圣虫”（見《偏類碑別字·虫部》“蛩”字下引《唐皇甫深墓誌》p205）。“⿱邛虫”與“⿱圣虫”形近，“⿱邛虫”“⿱圣虫”皆“蛩”“⿱卬虫”之訛。

1619 ⿰虫戊

日本中算撰《妙法蓮華經釋文》：“阿提目多伽，慈恩云：此方無之，故不翻也。湛然云：有人云：此云龍⿰虫戊（王伐反）花，其形如大麻，赤花青葉，子堪爲油，亦堪爲香也。”（T2189v56p0167c）

按：“⿰虫戊”即“舐”之訛。《妙法蓮華經釋文》引湛然説“龍⿰虫戊花”，唐湛然述《法華文句記》：“經‘阿提目多伽’，有人云：此云龍舐華，其草形如大麻，赤華青葉，子堪爲油，亦堪爲香。”（T1719v34p0343c）作“龍舐華”。蓋“虫”字俗書作“虫”，“舌”與“虫”形體相近，因訛爲“虫”；“氏”與“戊”形體相近，因訛爲“戊”，故“舐”訛爲“⿰虫戊”。

南宋法雲編《翻譯名義集》：“阿提目多伽，舊云善思夷華，此云苣藤子。苣（勤似）藤（音勝），胡麻也。又云：此方無，故不翻。或翻龍舐華。其草形如大麻，赤華青葉，子堪爲油，亦堪爲香。”（T2131v54p1104a）“舐”即“舐”字之訛。明張自烈《正字通》："舐，《六書故》訛作'舐'。"已溝通"舐"與"舐"之關係。

中算"蚫"注"王伐反"者，乃由誤認"蚫"爲"蛓"字而誤注其音。

1620 蛷

南宋蘭溪道隆語、圓顯等編《大覺禪師語録》："含沙射人，蛷蛷咬影。"（T2547v80p0059c）

按："蛷蛷"即"蛷螋"之語轉，"蛷"即"螋"之轉語字。《龍龕手鑑·虫部》："螋，音搜。蛷螋也。"《廣雅·釋蟲》："蛷螋，蛷蛷也。"清王念孫疏證："蛷，一作'蠢'。《説文》：'蠢，多足蟲也。'《衆經音義》卷九引《通俗文》云：'務求謂之蚑蛷，關西呼蚉螋爲蚑蛷。'務求，與'蛷蛷'同。《周官·赤犮氏》：'凡隙屋，除其貍蟲。'鄭注云：'貍蟲，䗪肌求之屬。'釋文：'求，本或作"蛷"。'疑即蚑蛷也。'蚑'與'肌'，聲之轉耳。《博物志》云：'蠼螋蟲溺人影，隨所箸處生瘡。'《本草拾遺》云：'蠼螋蟲能溺人影，令發瘡如熱沸而大，繞腰，蟲如小蜈蚣，色青黑，長足。'蠼螋、蛷螋，亦聲之轉耳，今揚州人謂之蓑衣蟲，順天人謂之錢龍，長可盈寸，行於壁上，往來甚捷。"王氏考之甚詳。據文意，《大覺禪師語録》所説"蛷蛷"與"蛷螋"同物，"蛷蛷"爲"蛷螋"之轉語，"蛷"即爲"螋（螋）"之轉語所造之字。又南朝梁僧伽婆羅譯《孔雀王呪經》："徙一切毒龍蟲等之及人所作齒嗤、電雨、蛇鼠、癰疽、蛷螋、蚰蚣、蝦蟇、蠅虻、蜂蠆……願渡諸毒皆入地中。"（T0984v19p0456b）唐慧琳撰《一切經音義》："蛷螋，渠鳩、求俱二反，下所俱反。"（T2128v54p0554b）亦作"蛷螋"。"蛷蛷咬影"指蛷螋溺人影，即在人影上尿尿。

1621 蜒

日本中算撰《妙法蓮華經釋文》："蚰（以周反）蜒（以然反。《爾雅》云："螾蜓，入耳。"郭璞云："卽～～也。"釋氏云："多足，似蜈蚣而小，好入人竅。"麻杲云："一名蚵［女六反］蚭［女之反］。"慈恩云："江南謂大者卽蜈蚣也。"）"（T2189v56p0157b）

按："蜒"即"蜓"字之書寫變異。"延"字俗書作"迮"（見清邢澍《金石文字辨異·先韻》引《後晉聖字山崆峒巖記》）。隸、楷"廴"旁與"辶"旁形近易混，故"迮"字又寫作"迮"（見清邢澍《金石文字辨異·先韻》引唐顏元孫《干禄字書》）。故"蜓"可寫作"蜒"。又唐慧琳撰《一切經音義》："蚰蜓，上音由，下音延。《集訓》云：'蚰蜓，毒虫也，一名入耳，形似蜈蚣而小，青黑色。'《尒雅》一名螾蜒也。並形聲字也。螾音引也。"（T2128v54 p0578b）《一切經音義》"音延"與《妙法蓮華經釋文》"以然反"同音，諸家所説同爲一物，是"蜒"爲"蜒"字之異寫無疑。

1622 蛟

唐玄奘、辯機撰《大唐西域記》："劫比羅伐窣堵國，周四千餘里，空城十數，荒蕪已甚。王城頹圮［圮］，周量不詳。其内宮城周十四五里，壘甎而成，基跡[37]峻固，空荒久遠，人里稀曠。"（T2087v51p0900c）本頁下注 37："峻 = 蛟《宋》。"

按："蛟"與"峻"爲版本異文，據文意并參考字形，"蛟"當爲"峻"字之訛。蓋"山"與"虫"形體相近，"峻"遂訛爲"蛟"。季羨林等校註《大唐西域記校註》："《宋本》、《酬本》峻作蛟，誤。"（p507）已溝通"蛟"與"峻"之關係。南宋志磐撰《佛祖統紀》："所著《法性論》《不拜王者論》等，及《詩序銘讚》凡十卷，號《廬山集》（白雲端禪師，自廬[3]山録本，來越上，遇照律師，與之，囑其開板，照師爲序）。"（T2035v49p0343a）本頁下注 3："山 = 虫《甲》。""虫"即"山"字之訛，可比勘。

1623 蜹

龍樹造、後秦鳩摩羅什譯《大智度論》："十六者皮薄細滑，不受塵垢，不停蚊[5]蜹。"（T1509v25p0681a）本頁下注 5："蜹 = 虻《石》。"

按：正文之"蜹"，注文作"蜹"，"蜹"又與"虻"爲版本異文，"蜹"即"蜹"字之訛。《説文·虫部》："蜹，秦晋謂之蜹，楚謂之蚊。从虫，芮聲。""芮"與"芮"形近易混，故"蜹"訛爲"蜹"。南朝宋求那跋陀羅譯《過去現在因果經》："十六者皮薄細滑，不受塵垢，不停蚊蚋。"（T0189v03p0627b）字作"蚋"。後秦鳩摩羅什譯《摩訶般若波羅蜜經》（T0223v08p0395c）亦同。"蚋"爲"蜹"之異體，文獻習用。

石本作"虻"者，"虻"即"蝱"字異體。《説文·蟲部》："蝱齧人飛蟲。"段注："人當作牛。《楚語》：'譬如牛馬，處暑之既至，虻䗐之既多，而不能掉其尾。'韋云：'大曰虻，小曰䗐。'《説苑》曰：'蠹蝝仆柱梁，蚊蝱走牛羊。'《史記》：'搏牛之蝱，不可以破蟣蝨。'《淮南書》曰：'蝨虻不食駒犢。'今人尚謂齧牛者爲牛蝱。"段説是，"蝱"爲比蚊略大的一種吸血昆蟲。因"蝱"與"蚊"爲同類，故文獻中蚊蝱（虻）常連用，指吸血昆蟲，佛經亦習見。唐慧琳撰《一切經音義》："蚊蝱，上勿汾反。經中作蚉，俗用，非也。《説文》作蟁，齧人飛蟲子也。下莫耕反。《聲類》云：蚊蚋之屬，似蠅而大。《説文》云山澤草花中化生也。亦生鹿身中，形大者曰蝱，形小者而斑文曰蟨。蟨音塹也。”（T2128v54p0323c）在泛指吸血昆蟲的意義上，“蚊蜹（蚋）”與“蚊宝（蝱）”義同，故此異文爲同義關係。

1624 蜎

東漢康孟詳譯《佛説興起行經》：“佛語舍利弗：‘汝觀如來，衆惡皆盡，諸善普備，能度天龍、鬼神、帝王、臣民，[22]蠉飛蠕動，皆使得度，無爲安樂。雖有是功德，猶不免於宿緣，況復愚冥未得道者。’”（T0197v04p0165c）本頁下注22：“蠉=蜎《三》。”

按：“蜎”與“蠉”爲版本異文，“蜎”即“蠉”之借字“蜎”之訛。古代文獻中“蠉飛蠕動”多見，《淮南子·本經訓》：“覆露照導，普氾無私，蠉飛蠕動，莫不仰德而生。”又《原道訓》：“跂行喙息，蠉飛蝡動，待而後生，莫之知德。”東漢袁康《越絕書·吴人内傳》：“天生萬物，以養天下，蠉飛蠕動，各得其性。”文獻或借“蜎”字，西漢焦贛《焦氏易林·臨之第十九》：“蜎飛蠕動，各有配偶；小大相保，咸得其所。”佛經亦多作“蜎飛蠕動”，僅唐道世撰《法苑珠林》“蜎飛蠕動”就出現9次。唐慧琳撰《一切經音義》：“蜎飛，一全反。《字林》：‘蟲貌也。’或作‘蠉’，古文‘翾’，同，呼全反。飛貌也。”（T2128v54p0653b）《集韻·僊韻》隳緣切：“蠉、蜎，蟲行皃。一曰井中小赤蟲。或从肙。”《説文·虫部》：“蠉，蟲行也。”又《肉部》：“肙，小蟲也。”“肙”爲“蜎”之古字。《虫部》：“蜎，肙也。”段玉裁注：“‘肙’‘蜎’葢古今字。《釋蟲》：‘蜎，蠉。’蠉本訓蟲行，叚作‘肙’字耳。……今水缸中多生此物，俗謂之水蛆，其變爲𧕚。”在孑孓的意義上，“蠉”又爲“蜎”之借字。“蜎”與“蜎”字右旁形體相近，因訛爲“蜎”。又西晋聖堅譯《佛説除恐災患經》：“如今見佛，奔趣歸向，皆爲頭面著地，長跪叉手。白佛言：佛天中天，至尊至重，天上天下，憐愍一切衆生，[11]蠉飛蠕動，有形之類，佛爲一切衆生之父母。”（T0744v17p0554b）本頁下注11：“蠉=蜎《三》《宫》”，“蜎”爲“蠉”之異文，亦可比勘。

“蜎”字又爲“蝳蝐”之“蝐”字之訛，《玉篇》：“蝳蝐，亡代切，又莫沃切。”與此“蜎”字之訛無涉。

1625 蝥

三國吴康僧會譯《六度集經》：“（六一）昔者，菩薩身爲龜王，晝夜精進，思善方便，令衆生神得還本無。又有龜王，共處深山，俱覩[39]蝘蜓登樹自投，如斯無寧。……十日之後，象王徒衆就樹燕息，蝘蜒自投，墮象耳中。”（T0152v03p0033c）本頁下注39：“蝘蜒=蠰蝅《宋》。”

按：“蝅”與“蜒”爲版本異文，“蜒”爲“蜓”字之訛，“蝅”爲“蛥”字之書寫變異，“蛥”又“蜓”之異構字。《説文·虫部》：“蝘，在壁曰蝘蜓，在艸曰蜥易。从虫，匽聲。”大徐音“於殄切”。又：“蜓，蝘蜓也。从虫，廷聲。一曰螾蜓。”大徐音“徒典切”。《廣韻·銑韻》於殄切：“蝘，蝘蜓。”又徒典切：“蜓，蝘蜓，一名守宫。……又音廷。”小韻代表字作“殄”。字作“蜓”，讀同“殄”，爲銑韻字，而所從之聲旁作“廷”，爲青韻字，聲旁與字的讀音未能密合，故或改用“殄”作聲旁而造新字。《集韻·銑韻》徒典切：“蜓、蛥，蟲名。《説文》：‘蝘蜓也。’一曰蜓蚞，蟬類。或从殄。”“蛥”爲“蜓”改換聲旁的異構字。金韓孝彦、韓道昭《改併四聲篇海·虫部》：“蛥，大典切。與蜓同。”“蛥”爲“蛥”之異寫字。“㐱”或寫作“尔”，故“蛥”又寫作“蝅”。《龍龕·虫部》：“**蛎**、**蚧**，二俗；蜓，徒典反。守宫異名也。又音廷，蜻蜓也。”（p223）“蝅”又寫作“**蛎**”“**蚧**”，可比勘。

唐湛然述《法華文句記》：“守宫者，蝘蜓是。有云：在舍爲守宫，在澤爲蝘蜓。”（T1719v34p0271a）唐窺基撰《妙法蓮華經玄賛》：“蠑蚖、蜥蜴、蝘蜓、守宫，四種别名。《玉篇》：蛇醫也。在舍爲守宫，在澤爲蝘蜓。”（T1723v34p0758a）唐慧琳撰《一切經音義》：“蜥［蜥］蜴［蜴］，上星亦反，下盈隻反。《爾雅》云：‘蠑螈、蜥［蜥］蜴、蝘蜓，守宫也。’郭璞注云：‘異語别四名也。’《説文》云：‘蝘蜓，在草日蜥［蜥］蜴也。從虫。’蠑音榮，螈音原，蝘音偃，蜓音田典反。”（T2128v54p0760c）“蜒”皆“蜓”字之訛。

1626 螕

日本珍海抄《大乘玄問答》：“智者入三種法門，觀一切佛語，皆是實法，不相違背。何等是三？一者螕勒門，二者阿毘曇門，三者空門。”（T2303v70p0584a）

按：“螕”即“蜫”字之異體。龍樹造、後秦鳩摩羅什譯《大智度論》：“摩訶迦旃延佛在時，解佛語作蜫勒（蜫勒，秦言篋藏），乃至今行於南天竺。”（T1509v25p0070a）又：“智者入三種法門，觀一切佛語，皆是實法，不相違背。何等是三門：一者蜫勒門，二者阿毘曇門，三者空門。問曰：云何名蜫勒？云何名阿毘曇？云何名空門？答曰：蜫勒有三百二十萬言，佛在世時大迦栴延之所造。佛滅度後，人壽轉減，憶識力少，不能廣誦，諸得道人撰爲三十八萬四千言。若人入蜫勒門，論議則無窮。”（T1509v25p0192b）佛經中“蜫勒”習見，字又作“昆勒”，隋吉藏撰《三論玄義》：“又釋論云：有四種門：一者阿毘曇門，二者空門，三者昆勒門（此云篋藏），四者非空非有門。”（T1852v45p0004c）“蜫勒”佛經亦多見。永樂南藏本《大藏經》卷五十七玄應《一切經音義》卷九《大智度論》第二卷："蜫勒，古魂反。譯云篋藏也。"（v57p220c）唐慧琳撰《一切經音義》卷四十六《大智度論》第二卷："蜫勒，古塊［魂］反，此譯云篋藏也。"（T2128v54p0610b）玄應、慧琳皆作"蜫"。"蜫"爲"蚰"之異體，與"昆"音同。"蜫""蜫""昆"爲同一梵文的譯音用字。

《可洪音義》卷十《大智度論》第二卷："蜫勒，上音毗，正作'蠯'也。梵言毗勒，秦言篋藏也。第二十八卷内外道名作'蜫盧坻'，《維摩經》作'毗羅胝子'是也。又古魂反，蟲名也，非呼，傳寫久悮也。"（v59p906b）可洪以爲"蜫"乃"毗"之誤，甚是。薩爾吉《〈大智度論〉中的蜫勒與毗曇》（載《法音》，2003 年第 7 期）一文引呂澂説認爲"蜫勒"本作"毗勒"，"毗勒"爲巴利文 Peḷa，梵文 Peṭa 之譯音字。日本安澄撰《中論疏記》："釋論云：有四種門：一毘曇門，二空門，三毘勒門，四非空有門。"（T2255v65p0061b）日本珍海撰《三論玄疏文義要》："《大論》言隨相門者，釋毘勒論隨相門也。"（T2299v70p0366b）日本珍海抄《大乘玄問答》："《三論玄》云：又釋論云：有四種門：一者阿毘曇門；二者空門；三者毘勒門，此云篋藏也；四非有門。"（T2303v70p0583c）諸經作"毘勒"者多見。日本澄禪撰《三論玄義檢幽集》："何等是三門？一者毘勒門，二者阿毘曇門，三者空門。乃至蜫勒有三百二十萬言，佛在世時，大迦旃延之所造。佛滅度後，人壽轉減，憶識力少，不能廣誦，諸得道人撰爲三十八萬四千言，若人入蜫勒門論義則無窮。又第二卷曰：摩訶迦旃延。佛在時，解佛語作蜫勒。蜫勒，秦言篋藏也。乃至今行於南天竺。又曰：如是等分別一切法，亦名阿毘曇。爲阿毘曇三種。一者阿毘曇八犍度身及義，略説三十二萬言。二者六分毘曇，略説三十二萬言。三者蜫勒，略説三十二萬言。蜫勒法諸事，以類相從，非阿毘曇也。又曰：若不得般若波羅蜜法入阿毘曇門則墮有中，若入空門則墮無中，若入蜫勒門則墮有無中。"（T2300v70p0425c－0426a）澄禪以爲"蜫"與"毘"爲同音字，甚是。兩字爲同一梵文的譯音字。"毘"字又作"毗"，《説文》作"䚯"，又作"毘"，"毗"爲"䚯"字之變，"毘"則"毘"字之變。《説文·虫部》："螕，齧牛蟲也。从虫，毘聲。""螕"與"毘（毘）"同音，故可爲同一梵文的譯音字。"毘"或作"毘"，故"螕"又作"蜫"。"毘""毘"與"昆"形近，故"毘""毘"或訛作"昆"，"螕""蜫"或訛作"蜫"。《三論玄疏文義要》："三者，《鞞勒略説》三十二萬言。鞞勒廣比諸事，以類相從，非阿毘曇也（已上裹書）。"（T2299v70p0228a）《三論玄義檢幽集》："四論玄十曰：大迦旃延造《毘勒論》，亦云《鞞勒論》，釋論注翻爲篋藏也。若入此法門，論義則無窮。明諸法竝是假施設，故《俱舍論》引如假施設經中説，即是彼經論也。'毘'字《論》作'蜫'，即同音也。均師章言：亦云鞞勒者，鞞音卑也，又步迷反。今推此恐'毘''蜫'相濫，又蜫勒相近故，遂致此謬歟。"（T2300v70p0426a）又作"鞞勒"。日本淨嚴撰《三密鈔》："𑖤𑖰，鼻、牝（二俱隨求）、頻、擗（二共佛頂）、避（入）、毘、鞞。"（T2710v84p0745c）又："𑖪𑖰，尾、毘、鞞、味（八字文殊）、瑋、韋（二共法花）、維（維摩詰經）。"（T2710v84p0746b）"毘""鞞"可爲同一梵文的譯音字，"蜫"亦當同之。若作"蜫""昆"則音不合矣。

南宋法雲編《翻譯名義集》："[32]毘勒，此云篋藏。"（T2131v54p1113c）本頁下注32：“昆=毘《明》。”日本珍海撰《三論玄疏文義要》：“小乘四門（[10]昆勒門）。”（T2299v70p0218c）本頁下注10：“昆=毘《甲》。”日本心覺撰《多羅葉記》：“毘樓流王，可云毘流多，此云增長。”（T2707v84p0634a）又：“毘流離，亦云[30]昆樓勒，此云長也。”（T2707v84p0634a）本頁下注30：“昆=毘《甲》。”唐復禮撰《十門辯惑論》：“[30]昆陵爲大帝所居。”（T2111v52p0558c）本頁下注30：“昆=毘《三》《宫》。”《嘉興藏》作“毘陵”。“昆”皆“毘”字之訛。唐圓照撰《貞元新定釋教目録》：“昔前漢帝穿[16]昆明池底得黑灰。”（T2157v55p0775b）本頁下注16：“昆=毘《聖》。”唐慧琳撰《一切經音義》：“温習，烏[5]昆反。《論語》：‘温故而知新。’何晏曰：‘温，尋也。’”（T2128v54p0619b）本頁下注5：“昆=毘《甲》。”“毘”又“昆”字之訛。“昆”與“毘”形近混訛，故“蜫”訛作“蜫”。佚名《翻梵語》：“蜫盧提迦經，應云蜫盧斯迦，譯曰衆所宗重。”（T2130v54p0983b）又：“蜫盧提迦，應云蜫盧欺迦，譯曰衆所宗敬。”（T2130v54p0993c）日本心覺撰《多羅葉記》：“《蜫盧提迦經》，此云衆所宗敬。”（T2707v84p0614a）龍樹造、後秦鳩摩羅什譯《大智度論》：“如《蜫盧提迦經》中説，舍利弗語蜫盧提迦，我法中聽法無厭。”（T1509v25p0082c-0083a）“蜫”皆“蜫”字之訛。《玄應音義》已讀作“蜫”，知“蜫”“蜫”發生混誤的時代較早，慧琳承玄應之誤，對後代影響亦大。

“皀/昆”旁字訛作“昆”旁字，文獻習見。隋灌頂撰《大般涅槃經玄義》：“若謂開示悟入，如以金[1]鎞抉其眼膜，二指三指，了了分明。”（T1765v38p0007a）本頁下注1：“鎞抉=錕決《甲》。”北宋智圓述《涅槃玄義發源機要》：“金[1]錍喻涅槃教，眼膜喻無明。”（T1766v38p0025c-0026a）本頁下注1：“錍=錕《甲》。”“錕”爲“鎞”字之訛。

日本照遠撰《資行鈔》：“刮汗箟刮。”（T2248v62p0706b）日本圓爾辨圓語、嗣孫師煉纂《聖一國師語録》：“手裏竹箟，能縱能擒。”（T2544v80p0022a）明朱橚撰《普濟方·嬰孩一切癎門·治孩子驚癎不知人迷悶嚼舌仰面者方》：“柳木箟攪不住手。”又《嬰孩諸瘡腫毒門·生肌膏》：“以柳箟子不住手攪，令匀。”宋佚名《小兒衛生總微論方》：“濕以竹箟子刮下丸如芥子大。”宋謝維新撰《古今合璧事類備要别集·花門》：“洛人於壽安山中斵小栽子賣城中謂之箟子。”宋陳景沂撰《全芳備祖前集·花部》：“洛人于壽安山中斷小栽子賣城中謂之箟子。”宋祝穆撰《古今事文類聚後集·歐陽永叔〈洛陽風土記〉》：“洛人於壽安山中斵小籠子賣城中謂箟子。”宋歐陽修撰《洛陽牡丹記·風土記第三》：“洛人於壽安山中斵小栽子賣城中謂之山篦子。”“箟”皆“篦”之訛。宋陳均撰《九朝編年備要·欽宗皇帝》：“有張中行獻戰車制度，兩竿雙輪，前施箟籬，運轉輕捷。”宋李幼武纂集《宋名臣言行録别集·李綱》：“張中行者，獻戰車制度，兩竿雙輪，前施篦籬，運轉輕捷。”宋李綱撰《梁谿集·靖康傳信録下》：“有張行中者，獻戰車制度，兩竿雙輪，前施皮籬槍刃，運轉輕捷。”《靖康要録》卷九：“有張行中者，有獻戰車，云可當鐵騎，於是造千餘兩。其制兩竿雙輪，前施皮籬四木，運轉輕捷。”唐杜佑纂《通典·兵五·守拒法附》：“笓（音毗）籬戰格，於女牆上跳出椽，出牆三尺，著横檢，椽安鍣，以荆柳編爲之，長一丈，闊五尺，縣安掾端，用遮矢石。”“篦”亦“篦”之訛，“篦”又通“笓”。《漢語大詞典》：“【篦籬】謂竹籬。《續資治通鑑·宋徽宗宣和四年》：“其後金兵再至，圍城日久，拆屋爲薪，鑿石爲礮，竹爲篦籬。”（v8p1233a）此“篦籬”亦指古代城墻上的防禦設施，一般由竹或荊條、柳條等編成，用以遮蔽矢石之類。泛訓“竹籬”，不確。又《大詞典》：“【篦簬】一種可製箭、箸的竹。宋姚寬《西溪叢語》卷下：‘王逸解《楚辭》云：“投六箸，行六棊，故爲六博，以篦簬作箸，象牙爲棋，麗而且好也。”’《説文》云，六箸十二棋也。”（v8p1233a）此“篦”乃“篦”字之訛。《龍龕·竹部》：“篦，俗，邊兮反。正作箆，梳篦也。”（p391）《龍龕》已溝通“篦”與“篦”的關係。

東晉佛陀跋陀羅、法顯譯《摩訶僧祇律》：“[41]蓖麻油。”（T1425v22p0244c）本頁下注41：“蓖=蜱《宋》《元》《宮》，豍《聖》。”唐慧琳撰《一切經音義》卷十九《大集須彌藏經》下卷：“蓖麻油，上閉迷反。《考聲》：蓖麻，藥名也。子斑螯形似狗蜱，故以爲名。或作‘蓖’。《經》從豆作‘豍’。《説文》：‘豍，留豆也。’非經義也。”（T2128v54p0423b）“蓖”爲“蓖”字之訛。唐義淨譯《金光明最勝王經》：“泥沓（徒洽，下同）[12]蜫達沓*蜫。”（T0665v16p0450a）本頁下注12：“蜫=螕《元》《明》*。”唐慧沼撰《金光明最勝王經疏》：“泥沓（徒洽切，下同）螕達沓螕。”（T1788v39p0330a）日本明一集《金光明最勝王經註釋》：“泥沓（徒洽切，下同）蜫達沓蜫。”（T2197v56p0798b）五百大阿羅漢造、唐玄奘譯《阿毘達磨大毘婆沙論》第一百二十五卷：“如昔於此迦濕彌羅國有王都名[5]蜫邏吒。”（T1545v27p0654c）本頁下注5：“蜫=螕《三》《宮》。”唐慧琳撰《一切經音義》卷六十九《阿毘達磨大毘婆沙論》第一百二十五卷：“螕邏吒，上批計反，中羅賀反，下荼暇反。梵語。”（T2128v54p0757c）《可洪音義》卷十九《阿毘達磨大毘婆沙論》第一百二十五卷：“蜫邏吒，上疋詣反，中羅个反，下陟家反。城名也。”（v60p120a）唐玄奘、辯機撰《大唐西域記》：“戰地東行三十餘里至[7]螕摩城，有彫檀立佛像，高二丈餘，甚多靈應。”（T2087v51p0945b）本頁下注7：“螕=蜫《甲》。”唐慧琳撰《一切經音義》卷八十二《大唐西域記》第十二卷：“螕摩，匹謎反。胡語也。”（T2128v54p0842a）唐道世撰《法苑珠林》：“東二百餘里，有[27]螕摩城。”（T2122v53p0496c）本頁下注27：“螕=蜫《三》《宮》。”四庫本作“蜫”。《可洪音義》卷二十二《釋迦方志》上卷：“蜫摩，上疋計反。城名。崐摩，同上。正作‘螕’。”（v60p260a）又卷二十六《大慈恩寺法師傳》第五卷：“蜫摩，上疋詣反。正作‘螕’也。”（v60p435b）唐慧立本《大唐大慈恩寺三藏法師傳》：“東至螕摩城。”（T2053v50p0252a）《可洪音義》卷二十六《大慈恩寺法師傳》第九卷：“蜫煙，上疋詣反。配也。正作‘螕’也。”（v60p440a）唐慧立本《大唐大慈恩寺三藏法師傳》：“思願螕烟霞於少室，偶泉石於嵩阿。”（T2053v50p0274b）《可洪音義》卷二十九《廣弘明集》第十四卷：“蜫不，上疋詣反。”（v60p562b）唐道宣撰《廣弘明集》：“毀大慈之善衆，螕不祥之惡鳥。”（T2103v52p0190a）《可洪音義》卷三十《廣弘明集》第二十七卷：“蜫偶，上疋詣反。”（v60p587c）唐道宣撰《廣弘明集》：“白衣則華屋螕偶而已冢間離著。”（T2103v52p0310c）《可洪音義》卷三十《南海寄歸傳》第三卷：“蜫僵仆，上疋詣反，中居良反，下芳付反。”（v60p603a）唐義淨撰《南海寄歸内法傳》：“縱使盧威旦至，進丸散而無因；鶣鵲昏來，遺湯膏而寧濟。火燒針刺，與木石而不殊；振足搖頭，[16]混僵仆而何别。”（T2125v54p0223c）本頁下注 16：“混=媲《三》。”清周天益纂《六書存》：“娓，音昆。《法苑珠林》……有娓摩城……按《字彙》泛訓女字，未詳。若《唐華陽觀王先生碑》‘娓’字作‘媲’字，用‘媲’，本作‘娓’，此則字畫之小誤也。”清周春撰《佛爾雅》：“摩竭陀國之正中娓摩城。瞿薩旦那國即于闐國，東二百餘里有娓摩城。出《法苑珠林》。”日本安然抄《胎藏金剛菩提心義略問答抄》：“《大日經》云：唵鉡發礫迦頡利[10]媲等字是佛頂名號也。”（T2397v75p0514b）本頁下注 10：“媲=娓《甲》。”唐善無畏、一行譯《大毘盧遮那成佛神變加持經》：“若唵字鉡字，及與潑礫迦，或頡唎媲等，是佛頂名號。”（T0848v18p0009c）“娓”皆“媲（媲）”字之訛。《龍龕・女部》：“媘、娓，二俗；媲，正，疋計反。醜也。”（p283）“醜”當爲“配”之訛。《可洪音義》卷三《大集月藏經》第五卷：“羅娓，疋計反。正作‘媲’。”（v59p633c）《大正藏》經原文作“媲”。行均、可洪已溝通“娓”與“媲（媲）”之關係。清姚之駰撰《元明事類鈔・身體門・目》（四庫本）：“咨目童。《宋濂集》：走也病目，視不及尋，簡禮越過［度］，速謍招刺，乃抽隱思，引物娓義，作《咨目童》文。”清陳啟源撰《毛詩稽古編・皇矣》（四庫本）：“《爾雅・釋詁》：‘妃，娓。’”“娓”皆“媲”字之訛，當訂正。張涌泉《漢語俗字叢考》（修訂本）（p339）、曾良《敦煌佛經字詞與校勘研究》（p259）“娓”字條亦有考證，可參看。

唐玄奘譯《大般若波羅蜜多經》：“復次善男子，譬如箜篌依止種種因緣和合而有聲生，是聲因緣所謂槽頸繩棍絃等人功作意。如是一一不能生聲，要和合時其聲方起。是聲生位無所從來，於息滅時無所至去。”（T0220v06p1069b）唐慧琳撰《一切經音義》：“繩柲，下駢結反。《考聲》拗，音厄絞反。杜注《左傳》云：‘手柲物也。’《經》作‘捲’，亦通。鄭注《尚書大傳》云：‘棍，推也。’推音他雷。《廣雅》：‘幝［捲］，戾也，轉也。’或從巾作‘捲［幝］’，亦通。《説文》從手祕［必］聲也。”（T2128v54p0332b）《可洪音義》卷一《大般若經》第四十帙：“繩棍，古夲反。轉絃軸子也。然宜作‘榩’，毗結反，扨轉也。亦是緾絃関子也。如‘媲’字作‘娓’是也。又户夲反，非義也。宜取‘榩’字。”（v59p557a）《大般若經》“槽頸繩棍絃”之“棍”，慧琳所見本作“捲”，可洪所見本作“棍”，慧琳改讀作“柲”，可洪改讀作“榩”，釋其義爲“轉絃軸子”。考之文意，“槽頸繩棍絃”皆箜篌之組成部件之名，可洪所釋可從。“轉絃軸子”即通常所説的“軫”，指弦樂器上繫弦綫，可轉動以調節弦的鬆緊的部件。《廣雅・釋詁》：“捲，轉也。”“捲”有轉義，引申爲可轉動的部件，與“軫”有上揭兩種用法同例。字又作“棍”。後秦鳩摩羅什譯《摩訶般若波羅蜜經》：“善男子，譬如箜篌聲出時無來處滅時無去處，衆緣和合故生。有槽，有頸，有皮，有弦，有柱，有棍，有人以手鼓之，衆緣和合而有是聲。是聲亦不從槽出，不從頸出，不從皮出，不從弦出，不從棍出，亦不從人手出，衆緣和合爾乃有聲。”（T0223v08p0422a）唐玄應撰《一切經音義》（麗藏本）卷三《摩訶般若波羅蜜經》第四十卷："有棍，孤本反。謂轉絃者也。今亦名關爲棍子。"（p36c）唐慧琳撰《一切經音義》卷九《摩訶般若波羅蜜經》第四十卷："有棍，孤本反。謂轉絃者也。又今亦名[7]開爲棍子者也。"（T2128v54p0360c）本頁下注 7："開＝關《甲》。"後秦鳩摩羅什譯《小品般若波羅蜜經》："善男子，譬如箜篌音聲無所從來去無所至，屬衆因緣，有絃，有槽，有棍，有人以手鼓之，衆緣合則有聲。是聲不從絃出、槽出、棍出、手出，衆緣合則有聲而無所從來，衆緣散則滅而無所至。"（T0227v08p0584c）北宋施護譯《佛説佛母出生三法藏般若波羅蜜多經》："善男子，又如箜篌有絃，有槽，有棍，若人以手鼓擊出聲，是聲無所從來，不從絃出，不從槽出，不從棍出，不從手出。但以因緣和合有聲，因緣散滅即無有聲，是聲滅已亦無所至。"（T0228v08p0674b）隋闍那崛多譯《大法炬陀羅尼經》："時有一女以檀箜篌奉授菩薩，菩薩彈已，作是思惟。如此聲者，從何所來？爲從絃生，爲從柱出，爲棍有耶？"（T1340v21p0682c－0683a）唐玄應撰《一切經音義》卷一《法炬陀羅尼經》第五卷："爲棍，古本反。棍，轉也，謂箜篌上轉繩也。"（p14b）《龍龕·木部》："棍，胡本反。木名也。《音義》云：'古本反。閑線～子也。'"（p379）"棍"當爲"捲"字之訛，玄應所見本已訛。《漢語大字典》："棍，（三）gǔn《一切經音義》古本反。能夠轉動，用以纏繞綫、弦的旋紐。"（二 p1319b）乃承玄應之誤。

1627 蜫

失譯《大乘悲分陀利經》："畢履帝憂[17]蜫叹。"（T0158v03p0240a）本頁下注 17："蚳＝蜫《宋》。"

按：正文之"蜫"注文作"蚳"，與"蜫"爲版本異文，"蜫""蚳""蜫"皆"蜫"字之訛。《嘉興藏》作"蜫"，音釋："蜫叹，蜫，房脂反。叹，音以。"同上經："加樓奈欝坻叉裹　畢履帝憂蜫叹。"（T0158v03p0236a）"蜫"，《嘉興藏》亦作"蜫"，音釋："蜫叹，蜫，房脂反。叹，音以。"唐慧立本《大唐大慈恩寺三藏法師傳》："朱柱彫楹鏤檻玉礎文椛。"（T2053v50p0237b）《可洪音義》卷二十六《大慈恩寺法師傳》第三卷："礎文棍，上音楚，下音毗，正作'椛'也。"（v60p433c）"棍"即"椛"字之訛，可比勘。

1628 蝕

日本靜然撰《行林抄》："若求息災除難，殄滅七種災難，所謂日月蠂蝕，五星違失常度，兵賊競起，水旱不時，風雨失度，惡臣背逆，損害國民，或［武］狼惡獸食噉衆生，五穀不登。"（T2409v76p0288a）

按："蝕"即"蝕"之異寫字。《中華字海》："蝕，同蝕。見《敦煌俗字譜》。"（p1206a）唐菩提仙譯《聖妙吉祥菩薩祕密八字陀羅尼修行曼荼羅次第儀軌法》："若求息災除難，殄滅七種災難，所謂日月[23]薄蝕，五星違失常度，兵賊競起，水旱不時，風雨失度，惡臣背逆，損害國民，[25]武狼惡獸食啗衆生，五穀不豐。"（T1184v20p0785b）本頁下注23："薄蝕＝蠙蝕《甲》《乙》《丙》。"注25："原本冠註曰：武當作虎，唐高祖之祖父名虎，故改爲武耳。""蝕"與"蝕"爲版本異文。"蝕"字形旁與聲旁位置互换而成"蝕"。

"薄蝕"一語出《吕氏春秋》。《吕氏春秋·明理篇》："其月有薄蝕。"高誘注："薄，迫也。日月激會相掩，名爲薄蝕。"《史記·天官書論》："逆行所守，及他星逆行，日月薄蝕，皆以爲占。"字又作"薄食"，《漢書·天文志》："彗孛飛流，日月薄食。"顏師古注："孟康曰：'日月無光曰薄。……或曰不交而食曰薄。'韋昭曰：'氣往迫之爲薄，虧毁曰食也。'"佛經中又作"薄喰""薄蝕"，如唐一行撰《宿曜儀軌》："若求息災，當欲殄滅七種災難，所謂日月薄[14]喰，五星違失常度，兵賊競起，水旱不時，風雨失度，惡臣背逆，損害國民，[15]武狼惡獸食噉衆生，五穀不登。"（T1304v21p0422b）本頁下注14："喰＝蝕《甲》。"注15："武＝虎ʼ《原》，〔武〕－《甲》。"又作"蚲蝕"，如日本元海記《厚造紙》："若求息災除難，殄滅七種災難，所謂日月蚲蝕，五星違失常度，兵賊競起，水旱不時，風雨失度，惡臣背逆，損害國民，武狼惡獸食噉衆生，五穀不登。"（T2483v78p0262c）又作"蠙蝕"，日本賴瑜撰《薄草子口决》："若求息災除難殄滅七種災難，所謂日月蠙蝕，五星違失常度，兵賊競起，水旱不時，風雨失度，惡臣背逆，損害國民，武狼惡獸食噉衆生，五穀不成。"（T2535v79p0233a）又作"博蝕""博食"，如東晋法顯譯《佛説大般泥洹經》："推步盈虚，日月[16]博蝕。"（T0376v12p0880c）本頁下注16："博蝕＝薄蝕《明》，博食《聖》。"

"蠙"字則受"蝕"字影響同化而加"虫"旁。

1629 䖿

失譯《别譯雜阿含經》："蚊虻及[7]蚤蝨，種種諸惱觸。"（T0100v02p0382b）本頁下注7："蚤蝨＝蝨蚤《三》，䖿䖾《聖》。"

按："䖿䖾"與"蚤蝨""蝨蚤"爲版本異文，"䖿""䖾"皆"蝨"字之訛，聖本有誤。《可洪音義》卷十二《别譯阿含經》第二卷："䖿䖾，上子老反，下所櫛反。正作'蝨蝨'二形也。"（v59p1014b）《説文·䖵部》："蝨，齧人蟲。从䖵，卂聲。""蝨"或寫作"蝨"（見《龍龕·虫部》p224），又寫作"蝨"（見《可洪音義》v59p851c），又寫作"䖾"（見明章黼《重訂直音篇·蟲部》），"䖾"與"䖾""䖾"形近，即其字之書寫變異。《可洪音義》的"䖿"與聖本之"䖿"同，唯所從之"虫"小異。可洪以爲"䖿"之正字作"蝨"，形體不合。《説文·䖵部》："蝨，齧人跳蟲。从䖵，叉聲。蚤，蝨或从虫。"其形無由變作“颾”“颸”一類的形體。《龍龕·䖵部》“䖅”或作“𧒂”（p224），此形蓋“蝨”形之變。《可洪音義》卷九《七佛所説神咒經》第四卷：“壁𧒂，所櫛反。正作‘䖅’。”（v59p879c）又卷十四《罵意經》：“蚤𧒂，上音早，下音瑟。”（v59p1092b）“𧒂”“𧒂”亦皆“䖅”之書寫變異。又卷十六《弥沙塞部和醢五分律》第十九卷：“木𧒂，所櫛反。食木虱，似蟣而白也，南方呼爲白蟻也。正作‘䖅’‘蝨’二形。《玉篇》音風，非也。”（v60p24b）韓小荆《〈可洪音義〉研究》之《異體字表》“䖅”字條下注：“《别譯阿含經》第二卷音義：‘颾𧒂，上子老反，下所櫛反。正作‘蚤䖅’二形也。’今《大正藏》對應經文作‘蚤䖅’，校記稱宋、元、明本作‘䖅蚤’。就字形而言，竊以爲‘颾’是‘䖅’的俗字。不過，從可洪注音來看，‘颾’也可能是‘蚤’受‘颯’‘𧒂’等形的影響形成的。今姑且置於‘䖅’字下。”（p673）結論可從。

“蝨”字之上部所從與“風”相近，故訛作“風”，並將上下結構改爲左右結構即成“𧒂”形。

北涼曇無讖譯《大方等大集經》：“七者，於彼國土亦無蚊虻、惡蠅、[6]虱蚤、鼷鼠、野狐、訓狐、兎梟及以鷹鷂，并餘傷害食苗稼蟲。”（T0397v13p0317c）本頁下注6：“風蚤鼷=蚤風螽《三》《宮》，蚤蝨螽《聖》。”又：“佛陀地[16]虱他泥（二十三）。”（T0397v13p0352b）本頁下注16：“虱=蝨《聖》。”日本明覺撰《悉曇要訣》：“問：瑟字人多用朱音，𑖀𑖬阿瑟吒（二合）、𑖝𑖬底瑟侘（二合）、𑖄烏𑖬瑟尼𑖧沙等也，此音與梵音合不耶？瑟音所櫛反，與颯字同音也。櫛字阻瑟反也，颯字萬人用七音，瑟字亦可爾。”（T2706v84p0526b）上揭諸例，“蝨”“颯”皆“䖅”字之訛。“䖅”或寫作“虱”，文獻習見。蓋由“虱”所從之“虫”旁不顯，又累增“虫”旁，即成“蝨”字；又因“虱”與“風”形近易誤，“蝨”又訛作“颯”。

南朝宋佛陀什、竺道生譯《彌沙塞部和醯五分律》：“佛言：‘若火燒，若水漂，王難，賊難，非人難，師子、虎狼、諸毒虫難，乃至蟻子、水[8]虱難，皆聽破，安居無罪。’”（T1421v22p0130b）本頁下注8：“虱=風《宮》。”世賢造、東晋瞿曇僧伽提婆譯《三法度論》：“彼於此間以臼擣殺蚤[24]虱。”（T1506v25p0027c）本頁下注24：“虱=風《宮》。”日本心覺撰《多羅葉記》：“[39]虱，庾舍。”（T2707v84p0629b）本頁下注39：“虱=風《甲》。”唐神泰撰《理門論述記》：“依梵本云‘達利[7]風咜案多’，此正解爲見邊立因。”（T1839v44p0089b）本頁下注7：“風=虱《甲》。”唐慧琳撰《一切經音義》：“牙嚙蟣䖅，上研結反，蟣音几，䖅音瑟，《傳》文俗字相傳作‘[4]風’，不成字也。”（T2128v54p0927b）本頁下注4：“風=虱《甲》。”“風”皆“虱”字之訛。東晋瞿曇僧伽提婆譯《中阿含經》：“若聖弟子隨如來住不移動者，彼於爾時則能堪忍飢渴、寒熱、蚊虻、蠅蚤、[13]風日所逼，惡聲、捶杖亦能忍之。”（T0026v01p0758c）本頁下注13：“風=虱《元》。”“虱”又“風”字之訛。此例除“風”與“虱”形近外，涉上“蚤”字亦爲致誤之由。“風”與“虱”形近易混，故“虱”或訛作“颾”“颯”。

1630 蝁

日本安然撰《教時諍論》："婆羅門將偈來出四種論：一牛王論，二[9]蝁蟇跳論，三師子論，四鳥眼論。天台大師，用彼四論，通此四教：牛王論通頓教，蝁蟇跳論通漸教，師子論通不定教，鳥眼論通祕密教。"（T2395Bv75p0370a）本頁下注 9："蝁＝蝦イ《原》。"

按："蝁"與"蝦"爲版本異文，"蝁"即"蝦"字之訛。《説文・虫部》："蝦，蝦蟆也。从虫，叚聲。""蟆，蝦蟆也。从虫，莫聲。""蝦蟆"又作"蝁蟇"（見清吴任臣《字彙補・虫部》引《字義總略》）。"蝁"即"蝁"字形近之訛。隋智顗撰《維摩經玄疏》："婆羅門將偈來此出四種論，所謂牛王論、蝦蟇跳論、師子論、鳥眼論。今借便用此四種論，通前四種教：牛王論通頓教，蝦蟇跳論通漸教，師子論通不定教，鳥眼論通祕密教。"（T1777v38p0562b）此即《教時諍論》之所本，與"蝁"對應之字正作"蝦"。

1631 蜅

北宋遵式撰《熾盛光道場念誦儀》："又如蜅蠦，祝蟲爲子，聲聲不絶，呪成方罷。今亦如是。"（T1951v46p0979c）

按："蜅"即"蒲"之分化字。《詩經・小雅・小宛》："螟蛉有子，蜾蠃負之。"漢毛亨傳："螟蛉，桑蟲也。蜾蠃，蒲盧也。負，持也。"漢鄭玄箋："蒲盧取桑蟲之子，負持而去，煦嫗養之，以成其子。"《熾盛光道場念誦儀》之"蜅蠦"即毛傳、鄭箋之"蒲盧"。北宋智圓述《請觀音經疏闡義鈔》："譬若蒲盧呪螟蛉也。"（T1801v39p0983c）北宋子璿集《首楞嚴義疏注經》："蒲盧，蜾蠃也。取青虫爲子。非己所生。"（T1799v39p0924c）字皆作"蒲盧"。蓋因"蒲盧"爲虫名，故兩字或加或改作"虫"旁，"蜅"爲"蒲"之分化字，"蠦"爲"盧"之分化字。"蠦"又爲"蠦蜰"之"蠦"，與此爲同形字。

漢揚雄撰《法言》卷一："螟蠕之子，殪而逢蜾蠃，祝之曰：'類我，類我。'久則肖之矣。速哉，七十子之肖仲尼也。"此即"蒲盧祝蟲"之所從出。

1632 蟆

唐慧琳撰《一切經音義》卷九十七《廣弘明集》第四卷："翳螗，下音當，

《集》中作‘當’，非也。案，翳蟷者，地穴中蜘[5]蛛蝻蟷蟲也。居止地穴，常閉其戶，故號翳蟷，背明而居黑暗。”（T2128v54p0911b）本頁下注 5：“蛛＝蛛《甲》。”

按：“蝻”即“顛”之分化字。《爾雅・釋蟲》：“王蛈蝪。”晉郭璞注：“即螲蟷，似鼅鼄，在穴中，有蓋，今河北人呼蛈蝪。”此即慧琳注釋所本。此蟲乃土蜘蛛，或名“螲蟷”，或名“蛈蝪”，乃一音之轉。唐段成式《酉陽雜俎・廣動植之二・鱗介篇》：“顛當。成式書齋前，每雨後多顛當，窠（俗人所呼）深如蚓穴，網絲其中，土蓋與地平，大如榆莢。常仰捍其蓋，伺蠅蠖過，輒翻蓋捕之。纔入復閉，與地一色，並無絲隙可尋也。其形似蜘蛛（如牆角亂緺中者），《爾雅》謂之王蛈蝪，《鬼谷子》謂之蛈母。秦中兒童戲曰：‘顛當顛當牢守門，蠮螉寇汝無處奔。’”明李時珍《本草綱目》：“螲蟷（《拾遺》），釋名：蛈蝪（《爾雅》）、顛當蟲（《拾遺》）、蛈母（《綱目》）、土蜘蛛（藏器曰：螲蟷，音窒當。《爾雅》作“蛈蝪”，音迭湯，今轉爲顛當蟲，河北人呼爲蛈蟷，音姪唐。《鬼谷子》謂之蛈母）。”“蛈蝪”又稱作“顛當蟲”，“顛當”亦“蛈蝪”之語轉。“蝻蟷蟲”即“顛當蟲”之書寫變異形式，“蝻”爲“顛”改換形旁之字，因“顛當蟲”爲蟲名，故改“顛”之“頁”旁爲“虫”旁，“當”加“虫”旁爲“蟷”字也。《爾雅・釋蟲》：“不過，蟷蠰。”晉郭璞注：“蟷蠰，螗蜋別名。”“蟷蠰”爲螳螂異稱，“蝻蟷蟲”之“蟷”與“蟷蠰”爲同形字。

唐道宣撰《廣弘明集》第四卷：“覺翳螳之附後，見野狼之對前。危亡之期既切，渴乏之情遂緩。”（T2103v52p0117b）此即慧琳所釋“翳蟷”一詞的所從出，今所見《廣弘明集》作“翳螳”，不作慧琳所見之“翳當”，亦非慧琳所釋讀的“翳蟷”。細審文意，當以“翳螳”爲正。《莊子・山林》：“莊周遊乎雕陵之樊，覩一異鵲自南方來者，翼廣七尺，目大運寸，感周之顙而集於栗林。莊周曰：‘此何鳥哉？翼殷不逝，目大不覩。’蹇裳躩步，執彈而留之。覩一蟬，方得美蔭而忘其身；螳螂執翳而搏之，見得而忘其形；異鵲從而利之，見利而忘其真。”此即“螳螂捕蟬，黃雀在後”的出典，“翳螳”即用《莊子》的典故，表達身處危險境地而不自知之義。若將“翳蟷”解作“土蜘蛛”，比喻“背明而居黑暗”，既與文意不合，又於古無據，不可信從。

1633 蝂

失譯《阿吒婆拘鬼神大將上佛陀羅尼經》：“若被蜘[34]蝂咬者，喚降怨鳥王，啄之即差。”（T1238v21p0186b）本頁下注 34：“蝂＝性[イ]《原》。”

按：“蝂”與“性”爲版本異文，據文意并參考字形，“蝂”爲“蛛”之異構字“蝻”字之省，“性”爲“蛛”字之訛。“蜘蛛”，本作“鼅鼄”，《説文・黽部》：“鼅，鼅鼄，鼄也。从黽，𣋡省聲。蜘，或从虫。”又：“鼄，鼅鼄也。从黽，朱聲。蛛，鼄或从虫。”“鼅”下段玉裁注於“鼄”前增補“鼄”字，云：“《蝕部》曰：‘鼅鼄，作网鼄蝥也。’此曰：‘鼅鼄，鼄蝥也。’以見一物三名。”《廣韻·虞韻》：“鼅鼄，網蟲，亦作蜘蛛。”唐善無畏譯《阿吒薄俱元帥大將上佛陀羅尼經修行儀軌》：“若被蜘蛛咬者，喚降怨王，啄之即差。”（T1239v21p0198a）字正作“蜘蛛”。“蛛”又作“蝷”，南朝梁僧祐撰《弘明集》：“民之咀命充身，暴同蛛蟱爲網矣。”（T2102v52p0013b）唐慧琳撰《一切經音義》卷九十五《弘明集》第二卷：“蛛蝥，上音誅，下謨侯反。《方言》云：‘自關而西秦晋之間謂蝥爲蜘蝷。’《說文》從虫敄聲。《集》本作‘蟱’，非也。敄音武也。”（T2128v54p0903a）《方言》卷十一：“鼅鼄，鼄蝥也，自關而西秦晋之間謂之鼄蝥。”慧琳所據之《方言》與今所見傳本不同，當以傳本爲是，慧琳所據之本蓋後人臆改，不可從。然其中之“蝷”即“蛛”之改換聲旁的異構字。《玉篇·足部》：“踟，直知切。踟蹰，行不進也。蹰，直朱切。踟蹰。”《集韻·虞韻》重株切：“蹰、蹰、跦、跢，踟蹰，行不進也。一曰志往而行止。或省，亦作跦跢。”“蹰”“蹰”與“跦”爲改換聲旁的異構字，“蛛”或作“蝷”與此同例。“蝷”字佛經多見，唐菩提流志譯《如意輪陀羅尼經》：“蚖蛇蝮蝎，守宮蜘[22]蛛，師子虎狼，一切惡獸，亦不相害。”（T1080v20p0189c）本頁下注22：“蛛＝蝷《宋》。”唐義淨譯《佛説觀自在菩薩如意心陀羅尼呪經》：“諸惡夢想，蚖蛇蝮蠍，守宮百足，及以蜘[6]蛛，諸惡毒獸，虎狼師子，悉不能害。”（T1081v20p0197a）本頁下注6：“蛛＝蝷《宋》。”唐慧琳撰《一切經音義》卷四十《觀世音菩薩祕密藏神呪除破一切惡業陀羅尼經》：“鼅鼄，上音知，下音誅。《考聲》：‘鼅鼄，罔蟲名也。’《說文》：‘鼅鼄，蝥也。從黽，智省聲。’鼄從黽朱聲。亦作‘蜘’。《經》作‘知蝷’，非也。智音智。”（T2128v54p0567c）“蝷”皆“蛛”之異體。“蝷”即“蝷”字之省，與“蹰”或作“蹰”同例。

1634 蝃

佚名《陀羅尼雜集》第七卷：“見一切諸佛從心所願陀羅尼：……阿留囊囑呧娑羅波波 睒浮羅囊敦囊 蛛[15]蛭呿哦阿流那遮 波坻嗡浮 阿那叉耶那荼。”（T1336v21p0617b）本頁下注15：“蛭＝蝃《元》《明》。”

按：“蝃”與“蛭”爲版本異文，“蛭”爲譯音字，“蝃”即“蛭”字更換聲旁的異構字。《可洪音義》卷二十三《陁羅尼雜集》第七卷：“蛛蝃，上陟朱反，下陟利反。《經音義》作‘蛛蜊’，應和尚未詳。又《川音》云：檢集本作‘蛛蛭’，丁悉、丁結二反。未委是何本集也。”（v60p290b）可洪所見本作“蝃”。

1635 蜺

唐道世撰《法苑珠林》：“天有四時五行，日月相推，寒暑迭代。其轉運也，和而爲雨，怒而爲風，散而爲露，亂而爲霧，凝而爲霜雪，立爲[10]虹蜺，此天地之常數也。”（T2122v53p0769b）本頁下注 10：“虹蜺＝蚳蜆《三》《宫》。”

按：四庫本之《法苑珠林》作“蚳蜆”，《舊唐書·孫思邈傳》作“虹蜺”。“蜆”與“蜺”爲版本異文，“蜆”即“蜺”字之訛，蓋“兒”與“晃”形近而訛。

“蚳”亦當爲“虹”字之訛。北魏瞿曇般若流支譯《正法念處經》：“華鬘瓔珞，如天虹色。”（T0721v17p0108a）《可洪音義》卷十三《正法念處經》第十八卷：“天𧈬，音紅，正作‘虹’。又音遲。”（v59p1066b）“天虹”，可洪所見本作“天𧈬”，“𧈬”釋作“虹”，甚是。又音遲，則爲誤讀之音，蓋由“𧈬”與“蚳”之異寫形近而誤讀作“蚳”，《廣韻》“蚳”與“遲”在同一小韻，皆讀“直尼反”。“蚳”蓋“𧈬”類形體轉寫之訛。

1636 螫

日本觀靜撰《孔雀經音義》：“蜂毒，梵云[13]未羅螫尾娑，軟容反，亦作螽字也。”（T2244v61p0795a）本頁下注 13：“未羅螫＝未羅耆𧒂《乙》。”

按：“螫”與“𧒂”爲版本異文，“螫”“𧒂”皆“𧒂”字之訛。唐不空譯《佛母大孔雀明王經》：“一切鼠毒、蜘蛛毒、象毒、蝦蟆毒、蠅毒及諸蜂毒。”（T0982v19p0435a）唐玄奘、辯機撰《大唐西域記》：“國西南三百餘里至跋邏末羅耆釐山（唐言黑蜂），岌然特起，峯巖峭險，既無崖谷，宛如全石。”（T2087v51p0929c）唐道宣撰《釋迦方志》：“又西南三百餘里有跋邏末羅耆釐山（云黑蜂也），岌然特上，峯陗斗絶，既無崖谷，宛如全石。”（T2088v51p0966b）是“末羅耆釐”爲梵文“蜂”之譯音。季羨林等著《大唐西域記校注》注釋：“跋邏末羅耆釐山：梵文 Bhrūmara-giri，意即黑蜂山。”（p832）“耆釐”即“giri”之譯音。“未羅螫”之“未”爲“末”字之訛，“羅”後脱“耆”字，“螫”即“釐”字之訛。乙本與“螫”對應之字作“𧒂”，“𧒂”亦“釐”字之訛，左上所從之“未”亦訛作“束”。“螫”下所從之“虫”爲“里”形之訛。

1637 蠡

日本觀靜撰《孔雀經音義》：“頭痛，《大佛頂》云：‘始嚕嘌底，頭痛也。’《灌頂經》云：‘神名伎活吒貿（黄候反）蠡（力底反），字淨自在，此神主護人頭。’頭，音徒候反，首也。……眼（痛），梵云作吃芻，《灌頂經》云：‘神名俔（五禮反）提䬻蠡，字妙善生，此神主護人眼。’五限反，目也。……鼻（痛），梵云迦囉多羅，《灌頂經》云：‘神名波羅䬻和蠡，字暉日光，此神主護人

鼻。’毘四反，引氣者始也。”（T2244v61p0774a）

按：“蟼”即“蠡”字之訛。唐慧琳撰《一切經音義》卷三十一《大灌頂經》第二卷：“貿蠡，上矛候反，下犁底反，梵語也。”（T2128v54p0517b）《可洪音義》卷六《大灌頂經》第三卷：“貿蝅，下力底反。”（v59p750a）“蠡”又寫作“蝅”，“蟼”即“蝅”字之訛。參 0250“㦝”字條。

1638 蠥

唐怛多蘗多集《唐梵兩語雙對集》：“螻蛄（始搦尼曲沙），蜣蜋（訖里瑟里娑囉麽囉），蟣（里乞史），虱（庾舍），蚤（比數迦），蠥虱（滿戍拏）。”（T2136v54p1243a）

按：“蠥”即“壁”字之訛。唐禮言集《梵語雜名》：“螻蛄，㮈尼曲反沙。蜣蜋，訖里（二合）瑟拏（二合）娑婆羅麽蘇折迦。蟻子，比辟里迦。幾，里乞史（二合）。虱，庾舍。蚤，比數迦。壁虱，滿戍拏。”（T2135v54p1237b）作“壁虱”。北涼曇無讖譯《優婆塞戒經》：“有患鼠蛇壁蝨毒虫能爲除遣。”（T1488v24p1061a）唐慧琳撰《一切經音義》卷四十五《優婆塞戒經》第七卷：“壁蝨，誂櫛反。顧野王云：‘蝨，齧人蟲也。’案壁蝨者，如草蜱，隱於壁隙牀縫之間，夜啖食人。”（T2128v54p0607a）“壁”作“蠥”者，蓋受“螻蛄”“蜣蜋”“蟣”“蚤”等從“虫”字的影響而將“壁”誤改作“虫”旁。

1639 蝩

佚名《善惡因果經》：“先月［身］憙放下氣者，今作蝩蠑虫。先身用衆僧碓磑者，今作叩頭虫。先身節量人食者，今作啄木虫。”（T2881v85p1381b）

按：《大正藏》此經篇題注釋：“《原》日本續藏經，《甲》中村不折氏藏燉煌本，甲本首缺。”《卍續藏》之《善惡因果經》亦作“蝩蠑”。敦煌中村 74 號《善惡因果經》首缺，無這段文本。敦煌 S. 5602、P. 2055-3、BD00858 作“[illegible]”，P. 2922 作“[illegible]”，可轉寫作“蝱”，《大正藏》之“蝩”蓋轉寫有誤。張小艷《漢文〈善惡因果經〉研究》（《敦煌吐魯番研究》第十六卷，2016：70）：“從字形看，此蟲當名‘氣盤’，前字作‘蝱’乃其增旁字，作‘蝩’則是增旁字的訛寫。”以“蝱”爲“氣”之增旁字，可從。“蝩”則當爲“氭”之增旁字。

北宋唐慎微撰《證類本草》（四部叢刊本）卷三十：“行夜，療腹痛，寒熱，利血。一名負盤。（陶隱居云：今小兒呼氣蹯［‘蹯’蓋爲注文‘音屁’二字誤合之訛，‘氣’蓋‘竄’字之訛——引者按］盤，或曰竄蟹［音煩］蟲者也。臣禹錫等謹按，陳藏器云：竄盤蟲，一名負盤蟲，一名夜行、蜚蠊，又名負盤。雖則相似，終非一物。戎人食之，味及［極］辛辣。氣盤蟲有短翅，飛不遠，好夜中行，觸之氣出也。)”又卷二十一：“負蠜，葵注蘇云：戎人重薰渠，猶巴人重負蠜。按飛廉一名負盤，蜀人食之，辛辣也。已出《本經》。《左傳》云：蜚不爲灾。杜注云：蜚，負蠜也。如蝗蟲，又夜行。一名負盤，即䙂盤蟲也。名字及蟲相似，終非一物也。(蠜音煩，蟲螽也。)”明李時珍撰《本草綱目》：“行夜（《別録》）：校正（併入《拾遺》負盤）。釋名：負盤（《別録》）、屭盤蟲（弘景）、氣蠜。弘景曰：行夜，今小兒呼屭盤蟲，或曰氣蠜。即此也。藏器曰：氣盤，有短翅，飛不遠，好夜中行，人觸之即氣出，雖與蜚蠊同名相似，終非一物。戎人食之，味極辛辣，蘇恭所謂巴人重負蠜是也。時珍曰：負盤有三，行夜、蜚蠊、𧍏螽，皆同名而異類。夷人俱食之，故致混稱也。行夜與蜚蠊形狀相類，但以有廉薑氣味者爲蜚蠊，觸之氣出者爲氣盤作分别爾。”《本草綱目》“行夜”條是對《證類本草》“行夜”“負蠜”條的引用和改寫，與《證類本草》“䙂”對應之字作“屭”。據《證類本草》《本草綱目》，“䙂（屭）盤”與“氣盤”同物異名，爲負盤之一種，由“觸之氣出”而得名。“䙂”爲“屁”之異構字，“屭”亦當爲“屁”之異構字，二字皆爲會意字。醫籍亦作“屁盤蟲”，宋楊倓《楊氏家藏方》卷第十四《傷折方肆拾壹道》(宋抄本)：“屁盤虫（伍拾枚，去頭羽）。”字又作“蝵蠜”者，蓋“屭盤”又作“屭槃”，因爲虫名，故兩字又加“虫”旁。

明張自烈《正字通・虫部》：“蚖，舊註音戲，汎云蟲名。按《爾雅》蜚蠦蜰，郭璞云即負盤。臭蟲俗訛呼氣盤蟲，《本草綱目》氣作屭，屭即氣字之訛。舊本改作蚖，非。十画。訛作蝵，亦非。”以“屭”爲“氣”字之訛，亦誤。

1640 𧓑

日本湛慧撰《成唯識論述記集成編》：“(齊）又與齏通。……《周禮》五齊：昌本、脾[6]拆、蜃、遯拍、深蒲。註：齊當爲齏。”（T2266v67p0131a）本頁下注6：“拆蜃=祈𧓑《甲》。”

按：“𧓑”與“蜃”爲版本異文，“𧓑”即“蜃”之訛，而“蜃”又“蜃”字更換形旁的異構字。蓋“辰”與“取”形體相近，因訛“蜃”爲“𧓑”。《周禮・天官・醢人》：“以五齊、七醢、七菹、三臡實之。”漢鄭玄注：“齊，當爲‘齏’。五齏：昌本、脾析、蜃、豚拍、深蒲也。”《成唯識論述記集成編》引“蜃”作“蜃”。《説文・虫部》：“蜃，雉入海，化爲蜃。从虫，辰聲。”從“虫”之字或從“䖵”，如《説文》“蝘”字或體作“䗼”，故“蜃”字或寫作“蜃”。段玉裁注：“《玉篇》作‘蜃’，入《䖵部》。”

1641 ⿱覀虫

日本曇寂撰《大日經住心品疏私記》:“往昔過去字憍尸迦，此云⿱覀虫兒，又名阿摩揭陀，此云無毒害，即摩揭陀國，過去帝釋修因之處，用爲國名。”（T2219v60p0379a）

按:“⿱覀虫”即“繭”字俗體“蠒”字之訛。《玉篇·虫部》:“繭，古典切。蠶繭也。蠒，同上，俗。”唐慧琳撰《一切經音義》卷十四《大寶積經》第一百九卷:“作繭，堅顯反。《説文》:‘蠶衣也，從糸，從虫，從薾省。’薾音知［奴］里滿［反］。《經》從爾作‘蠒’，非也，不成字。糸字亦不成也。”（T2128v54p0399a）“蠒”又寫作“[illegible]”（見《龍龕手鑑·虫部》），“⿱覀虫”則爲“[illegible]”類形體之訛。唐慧琳撰《一切經音義》:“憍尸迦，上薑妖反，下薑佉反，梵語即天主帝釋之别號也。”（T2128v54p0320a）唐良賁述《仁王護國般若波羅蜜多經疏》:“往昔過去字憍尸迦，此云繭兒，又名阿摩揭陀，此云無毒害，即摩揭陀國，過去帝釋修因之處，用爲國名。”（T1709v33p0446c）唐窺基撰《説無垢稱經疏》:“姓釋迦，號帝釋，名憍尸迦。憍尸迦者，此云繭兒，前身之名，佛常呼之。”（T1782v38p1062b）“憍尸迦”皆譯作“繭兒”，可比勘。

唐道世撰《法苑珠林》:“昏昏暗室，如蠶處[4]繭。”（T2122v53p0652a）本頁下注4:“繭=璽《元》。”“璽”亦“蠒”字之訛。

1642 ⿰虫薄

日本賴瑜撰《薄草子口決》:“若求息災除難殄滅七種災難，所謂日月⿰虫薄蝕，五星違失常度，兵賊競起，水旱不時風雨失度，惡臣背逆損害國民，武狼惡獸食噉衆生，五穀不成。”（T2535v79p0233a）

按:“⿰虫薄”即“薄”字之訛，蓋“薄”受“蝕”的影響加“虫”，此亦字形同化之例。參1628“蝕”字條。

日本元海記《厚造紙》:“若求息災除難殄滅七種災難，所謂日月[38]⿰虫尃蝕，五星違失常度，兵賊競起，水旱不時風雨失度，惡臣背逆損害國民，武狼惡獸食噉衆生，五穀不登。”（T2483v78p0262c）本頁下注38:“⿰虫尃=薄《甲》。”“⿰虫尃”又“⿰虫薄”字之省。

1643 䗲

失譯《别譯雜阿含經》："毒蛇極猛暴，狀貌甚可畏。蚊虻及[7]蚤蝨，種種諸惱觸。不動我一毛，況能令我畏。"（T0100v02p0382b）本頁下注7："蚤蝨=蝨蚤《三》，颰䗲《聖》。"

按："䗲"與"蝨"爲版本異文，"䗲"即"蝨"字之訛。"蝨"字俗作"蝨"（見《龍龕手鏡·䖵部》p224），又作"蝨"（見《偏類碑别字·虫部》引《魏恆州刺史韓震墓誌》p205），"䗲"與"蝨""蝨"形體小異，當亦"蝨"字。又文中"蚤蝨"與"蚊虻"相類，其爲"蝨"字無疑。

"颰䗲"之"颰"，依文意當作"蚤"，然"颰"與"蚤"形不切合。考諸字形，"颰"亦"蝨"字之訛。参1629"颰"字條。

1644 蠉

遼非濁集《三寳感應要略録》："蛇乃擧釆［"釆"同"擧"，疑衍——引者按］頭，看高引身而去。高躬率人徒，捷取銅器，唯床頭唾壺，可容四舛［升］，蝘蠉長尺有餘，踊躍出入，遂置不取。"（T2084v51p0831c）

按："蠉"即"蜓"之異體"蟓"字之訛。唐道世撰《法苑珠林》："蛇乃擧頭，看亮引身而去。亮躬率人徒，輦取銅器，唯床頭唾壺，可容四升，有蝘[11]蜓長二尺有餘，跳躍出入。遂置不取。"（T2122v53p0399c）本頁下注11："蜓=蟓《三》《宫》。""蟓"與"蜓"爲版本異文。又南朝梁慧皎撰《高僧傳》："蛇忽然而隱，俄見一人秉竹笏而出，云：'聞法師道業非凡，營福事重，今特相隨喜。'於是令人輦取。廟銅既多，十不取一，而舫已滿。唯神床頭有一唾壺，中有一蝘蜓長二尺許，乍出乍入。議者咸云：'神最愛此物。'亮遂不取。"（T2059v50p0411a）所述之事略同，字皆作"蜓"。"蟓"爲"蜓"改變聲旁的異構字。"蠉"即"蟓"之訛，"歹"旁訛作"弓"旁，"㐱"旁錯誤轉寫作"爾"旁也。参1625"蜑"字條、1961"輛"字條。

1645 蠃

東晋竺曇無蘭譯《佛説寂志果經》："譬如達士丈夫，吹大鳴[15]蠃，立大臺上，盡力吹之，其聲四聞。"（T0022v01p0275b）本頁下注15："蠃=螺《三》。"

按："蠃"與"螺"爲版本異文，"蠃"即"蠃（螺）"字異體"蠃"之訛。《玉篇・虫部》："蠃，蜯屬。"《類篇・虫部》："蠃，盧戈切。蚌屬，大者如斗，出日南張海中。或作螺。""蠃"又作"蠃"，明梅膺祚《字彙・虫部》："蠃，同蠃。""蠃"則即"蠃"字之訛。

1646 蠵

唐圓照撰《貞元新定釋教目録》："沙門乘如等言，乘如聞：日月行於六合，求照者昆虫。甘露垂於九霄，希潤者草木。允所謂覆載不問，亭育無私。則蛟［蚊］蚋可逸於長風，蛙蠵可游於滄海者也。"（T2157v55p0885b）

按："蠵"即"蠅"字之訛。唐圓照集《大唐貞元續開元釋教録》："沙門乘如等言，乘如聞：日月行於六合，求照者昆蟲。雨露垂於九霄，希潤者草木。所謂覆載不問，亭育無私。則蚊蚋可逸於長風，蛙蠅可游於滄海者也。"（T2156v55p0751b）與"蠵"對應之字作"蠅"。《説文・黽部》："黽，鼃黽也。从它象形，黽頭與它頭同。""鼃"爲"蛙"之異構字，"蛙蠅"同"鼃黽"，字本當作"黽"，蓋由與"蛙"連用而加"虫"旁成"蠅"字，此亦字形同化之例。又，"蛙蠅"之"蠅"與"蒼蠅"之"蠅"爲同形字。"蠵"即"蛙蠅"之"蠅"字之訛。

网部

1647 罯

後秦弗若多羅、羅什譯《十誦律》："佛言：應還歸獵師。有諸獵師作鹿弶，比丘以快心壞，得偷蘭遮，以憐愍心壞，得突吉羅。有捕鳥師張[6]罯，比丘以快心壞，得偷蘭遮，憐愍心壞，突吉羅。諸捕鳥師張羅，比丘快心壞，得偷蘭遮，憐愍心壞，得突吉羅。有捕鳥師張細網，比丘以快心壞，得偷蘭遮，憐愍心壞，得突吉羅。捕鳥師有籠鳥車，比丘快心壞，偷蘭遮，憐愍心壞，突吉羅。"（T1435v23p0431b）本頁下注 6："罯 = 揞《三》《宮》。"

按："罯"與"罯"爲版本異文，"罯"爲"罯"之異寫，"网"旁或寫作"罓"。《集韻・合韻》託合切："罯，罔也。一曰，署罯，覆也。"明章黼《重訂直音篇・网部》收異體作"罯"，正與此形同。經文正用爲網義。或本作"揞"，爲借字。

1648 罜

南朝梁慧皎撰《高僧傳》第六卷："姚興問嵩：'叡公何如?'嵩答：'實鄴衞之松栢。'興勑見之，公卿皆集，欲觀其才器。叡風韻[8]罜流，含吐彬蔚。興大賞悦，即勑給俸衈吏力人輿。"（T2059v50p0364a）本頁下注 8："罜流＝窪隆《三》《宮》。"

按："罜流"與"窪隆"爲版本異文，《嘉興藏》作"窪隆"。唐慧琳撰《一切經音義》卷八十九《高僧傳》第六卷："窪流，泓花反。《廣雅》：窪，下也。前第四卷已具釋。"（T2128v54p0878a）慧琳所見《高僧傳》亦作"窪流"。"罜"爲"窪"字之訛。《玉篇·穴部》："窪，烏瓜切。深皃。"唐慧琳撰《一切經音義》卷八十九《高僧傳》第四卷："有窪隆，上烏花反。《廣雅》云：窪，猶下也。《淮南子》云：牛蹄之窪，不生鱣鮪。亦小水貌也。《説文》從穴洼聲。洼音同上。下六沖反。郭注《爾雅》云：隆，中央高也。鄭注《禮記》云：隆，盛也。《説文》云從𨸏從夅。"（T2128v54p0876c）《高僧傳》第四卷："孫綽以邃比阮咸。或曰：'咸有累騎之譏，邃有清冷之譽，何得爲匹?'孫綽曰：'雖迹有窪隆，高風一也。'"（T2059v50p0350b）"隆"爲高貌，乃常訓，"窪隆"連用有高下不平之義，用來形容人的風韻奇特，與衆不同。宋集成等編《宏智禪師廣録》："巖壑之骨窪而隆，煙霞之氣温而融。"（T2001v48p0111a）亦用此義。

"窪"誤作"窐"，因又誤作"罜"。隋費長房撰《歷代三寶紀》："興勑見之，欲觀其才器。叡風韻[23]窐[24]隆，含吐彬蔚。興大賞悦，即勑給俸吏力人輿。"（T2034v49p0081c）本頁下注 23："窐＝窪《三》《宮》。"注 24："隆＝流《宮》。"唐道世撰《法苑珠林》："興勑見之，欲觀其才器。叡風韻[13]窐流，含吐彬蔚。興大賞悦，即勑給俸衈吏力人輿。"（T2122v53p0684c）本頁下注 13："窐＝窪《宮》。"四庫本《法苑珠林》作"窐流"。"窐""窐""窪"亦皆"窪"字之訛。

《玉篇·穴部》："窳，俞矩切。邪也，器空中也。《説文》曰：'汚窬也。'窐，同上。"《廣韻·麌韻》以主切："窳，器中空，亦病也。窐，上同。"《集韻·噳韻》勇主切："窳、窐，《説文》：'汚窬也。'朔方有窳渾縣。或作窐。"《類篇·穴部》："窐，勇主切。汚愈也。"金韓道昭《五音集韻·麌韻》以主切："窳、窐，器空中，亦病也。"《康熙字典·穴部》："窐，《廣韻》以主切，《集韻》勇主切，竝庾上聲。《篇海》：'器中空，亦病也。義同窳。'"諸字書、韻書皆以"窐"爲"窳"之異體。明張自烈《正字通·穴部》（弘文書院刊本）："窐，窪字之訛。窪，本作窊。舊註同窳，誤。"張自烈所辨甚是，"窐"乃"窪"字之訛，非"窳"字異體。《漢語大字典》："窐，同窳。《玉篇·穴部》：'窐，同窳。'"（二 p2925b）《中華字海》："窐，同窳。見《玉篇》。"（p1134c）《大字典》《字海》皆未吸收《正字通》的正確意見，仍承《玉篇》之誤。

鄭賢章《漢文佛典疑難俗字彙釋與研究》亦有考證（p339），可參看。

1649 罤

日本夢窻疎石語《夢窗國師語録》："標致爽邁蘊籍汪洋，學教而不墮兎罤。"（T2555v80p0475c）

按：據經文，"兎罤"當與"兔罤"同，"罤"即"罤"字之異體。《莊子·外物》："筌者所以在魚，得魚而忘筌；蹄者所以在兔，得兔而忘蹄；言者所以在意，得意而忘言。"陸德明釋文："蹄，兔罥也。又云：兔弶也。係其腳，故曰蹄也。"成玄英疏："蹄，兔罝也。"後世常以"蹄筌"指達到某种目的的手段或反映事物的迹象。《宋書·謝靈運傳》："磻弋靡用，蹄筌誰施。"南朝陳姚最《〈續畫品〉序》："自非淵識博見，熟究精麤，擯落蹄筌，方窮至理。"字本作"蹄"，由於指"兔罝"，故或改從网從弟造"罤"字。《玉篇·网部》："罤，兔罔也。"《集韻·齊韻》田黎切："罤，兔網。通作蹄。"四庫本《廣弘明集》所收謝靈運《慧遠法師誄》："仰慕洙泗，俯憚罤筌。"佛經中"罤筌"一詞亦多見。"罤"乃"蹄"字更換形旁的分化字。明宗泐、如玘注《楞伽阿跋多羅寶經註解》："若能了言説而無言説，則所説之法亦不可得，如得魚兔而忘筌罤，此如來示人之深意也。"（T1789v39p0403c）"罤"亦同"罤"。

南宋法雲編《翻譯名義集》："故云：往古諸佛過中不食，蓋是遣累之筌䈕，適道之捷徑，而惑者謂止於不食，此乃迷於向方，不知厥路者也。"（T2131v54p1173c）字又作"䈕"。参 1694"䈕"字條。

1650 罤

唐法琳撰《辯正論》："姬伯適越而文身，武靈順世而胡服，雖復筌[6]蹄異術，而魚兔之功齊矣。"（T2110v52p0534a）本頁下注 6："蹄 = 罤《明》。"

按："罤"與"蹄"爲版本異文，"罤"即"罤"字之訛。参上條。

1651 罤

日本觀靜撰《孔雀經音義》："羅剎界中有香，名海藏。其香但爲輔輪王用。若燒一丸，而以薰之，王及[35]四軍，皆騰虛空。"（T2244v61p0767c）本頁下注 35："四軍 = 罤《甲》。"

按："䍣"與"四軍"爲版本異文，"䍣"蓋刻書者把兩個字誤刻成一個字而成的形體。南朝宋求那跋陀羅譯《雜阿含經》："大王，若復有行身善行，行口善行，行意善行者，當知斯等則爲自護。彼雖不以象馬車步四軍自防，而實自護。"（T0099v02p0336b）又："如是我聞，一時佛住舍衛國祇樹給孤獨園。時波斯匿王、摩竭提國阿闍世王韋提希子，共相違背。摩竭提王阿闍世韋提希子，起四種軍，象軍、馬軍、車軍、步軍，來至拘薩羅國。波斯匿王聞阿闍世王韋提希子四種軍至，亦集四種軍，象軍、馬軍、車軍、步軍，出共鬪戰。阿闍世王四軍得勝，波斯匿王四軍不如。"（T0099 v02p0338c）"四軍"佛經習見，是象軍、馬軍、車軍、步軍的統稱。

1652 罶

北涼曇無讖譯《菩薩地持經》："殺羊祀天，亦不施與。惱衆生者，來求水陸多衆生處，悉不施與。爲欲學作[30]罩羅機網，世間種種惱衆生具，亦不施與。若罵若殺若縛若罰，亦不自作亦不教他，若怨家怨家子，悉不施與。略説一切逼迫衆生戲樂之具，悉不施與。"（T1581v30p0906c）本頁下注30："罩＝罶《三》《宮》《聖》《知》。"

按："罶"與"罩"爲版本異文，"罶"即"罝"字之訛，"罝"與"罩"爲近義替换。《説文・网部》："罝，兔网也。从网，且聲。""罩，捕魚器也。从网，卓聲。"兩字本義相近。《國語・魯語上》："獸虞於是乎禁罝羅。"韋昭注："罝，兔罟；羅，鳥罟也。"東晉葛洪《抱朴子・博喻》："靈鶬振翅玄圃之峯，以違罩羅之患。""罝羅""罩羅"泛指捕捉鳥獸的網，文獻皆多見。彌勒説、唐玄奘譯《瑜伽師地論》："若有來求罩羅罝弶，爲害衆生及爲習學，皆不施與。"（T1579 v30p0506a）"罩"，《嘉興藏》作"罩"，音釋："罩，陟教切。捕魚器也。"唐慧琳撰《一切經音義》卷四十八《瑜伽師地論》第三十九卷："罩羅，古文'䍜''箌'二形，同，竹挍反。捕魚籠也。"（T2128 v54p0630a）唐遁倫集撰《瑜伽論記》："言若有來求罩羅罝弶者，罩羅取魚之物，罝是網鹿之具，弶者取兔雞等用也。"（T1828v42p0531a）唐窺基撰《大般若波羅蜜多經般若理趣分述讃》："不應施有五：非理財不應施，不淨故。酒及毒不應施，亂生故。罝羅機網不應施，惱生故。刀杖弓箭不應施，害生故。音樂女色不應施，壞淨心故。"（T1695v33 p0052c）唐窺基撰《説無垢稱經疏》："非理求財不以施人，物不淨故。罝羅機網不以施人，損衆生故。刀杖毒藥不以施人，害衆生故。音樂女色不以施人，壞淨心故。"（T1782v38p1011a）唐道世撰《法苑珠林》："所不應施復有五事：一、非理求財不以施人，物不淨故。二、酒及毒藥不以施人，亂衆生故。三、罝羅機網不以施人，惱衆生故。四、刀杖箭不以施人，害衆生故。五、音樂女色不以施人，壞淨心故。"（T2122 v53p0885b）唐道世撰《諸經要集》："所不應施復有五事：一、非理求財不以施人，物不淨故。二、酒及毒藥不以施人，亂衆生故。三、罝羅機網不以施人，惱衆生故。四、刀杖箭不以施人，害衆生故。五、音樂女色不以施人，壞淨心故。”（T2123v54p0091a）唐慧琳撰《一切經音義》：“罝羅，姊邪反。兔網曰罝，罝，遮也。鳥網曰羅，羅，截也。”（T2128v54p0647b）“罩羅”“罝羅”泛指捕捉鳥獸的網，佛經亦多見。北魏菩提流支譯《入楞伽經》：“由著肉味設諸方便殺害衆生，造作種種[6]罝羅機網。”（T0671v16p0563b）本頁下注6：“罝=罩《元》《明》”。天親造、後秦鳩摩羅什譯《發菩提心經論》：“所不應施復有五事：非理求財不以施人，物不淨故。酒及毒藥不以施人，亂衆生故。[8]罝羅機網不以施人，惱衆生故。刀杖弓箭不以施人，害衆生故。音樂女色不以施人，壞淨心故。”（T1659v32p0511b）本頁下注8：“罝=罩《宮》”。“罝”皆與“罩”爲異文，亦可證“罾”爲“罝”字之訛。

《説文·网部》：“罾，魚網也。从网，曾聲。”“罾”與“罾”形近，文意亦相合。但細審文例，參考異文，此處的“罾”不是“罾”字之訛，而是“罝”字之訛。

1653 罤

失譯《七佛八菩薩所説大陀羅尼神呪經》：“取方[25]赤罽二七遍呪赤處搭之。”（T1332v21p0560c）本頁下注25：“赤罽=寸罤《宋》，寸罽《元》《明》。”

按：“罤”與“罽”“罽”爲版本異文，“罤”即“罽”之異體。參下條。

1654 罽

失譯《七佛八菩薩所説大陀羅尼神呪經》：“取方[25]赤罽二七遍呪赤處搭之。”（T1332v21p0560c）本頁下注25：“赤罽=寸罤《宋》，寸罽《元》《明》。”

按：“罽”與“罽”“罤”爲版本異文，“罽”即“罽”之異體。《説文·网部》：“罽，魚网也。从网，𠛱聲。”本爲從网𠛱聲的形聲字，本義爲魚網。《説文·糸部》：“繝，西胡毳布。从糸，罽聲。”清段玉裁注：“亦叚罽爲之。”《廣韻·祭韻》居例切：“繝，氈類，織毛爲之。《説文》曰：‘西胡毳布也。’罽，上同。《説文》曰：‘魚网也。’罽，亦同。”《爾雅·釋言》：“氂，罽也。”晉郭璞注：“毛氂所以爲罽。”宋邢昺疏：“疏‘毛氂所以爲罽’，舍人曰：氂所謂毛罽也，胡人續羊毛而作衣，然則罽者，織毛爲之，若今之毛氍毹，以衣馬之帶鞅也。”“罽”用作毛織品之義，見於《爾雅》，“繝”爲“罽”之加形旁之分化字，然“繝”字文獻用得並不廣泛，在毛織品的意義上主要的文獻用字還是“罽”字。但是，由於“罽”與毛織品的意義的形義關係不切合，故“罽”又出現了一些追求形義統一的異體。如，“罽”或省作“罽”，“㲣”蓋即由“罽”改換構件而成，將“刀”改作“毛”，以體現毛織品之意。“罽”則將“罽”下所從的“剡”改成“羊”和“毛”，亦爲追求改造部分構件與意義相切合。《可洪音義》卷九《七佛所説神咒經》第四卷：“赤罽，居例反。正作‘罽’‘𦇧’‘𣰽’三形。”（v59p879c）字亦作“罽”。《可洪音義》卷二十三《陁羅尼雜集》第七卷：“赤𣯧，居例反。𣰽、毲、𣯧之類，並是毛布異名也。正作‘罽’‘𦇧’‘𣰽’三形。”（v60p292a）“𣯧”從二“毛”，亦當據意而改。

1655 㲣

東晉竺佛念譯《出曜經》：“昔日有人善能織[7]罽，兼有一息意常惰嬾，數勸語公：‘作應舒遲何必速疾？此功適訖後更無作。’父告其子：‘此功雖訖更有餘務。’”（T0212v04p0614c）本頁下注7：“罽＝㲣《宋》《元》，𦇧《明》。”

按：“㲣”與“罽”“𦇧”爲版本異文，“㲣”即“罽”之異體，由改造“罽”而與毛織品之義相切合而成。參上兩條。

1656 䍐

唐道世撰《法苑珠林》：“言瘦鬼者，謂此鬼咽，惡業力故，生於大瘦，如大癰腫，熱晞酸疼，更相剫䍐，臭膿涌出。爭共取食，少得充飢。”（T2122v53p0312c）

按：“䍐”即“䍐”之異寫字。《玉篇·网部》：“䍐，子禮切。手出其汁。亦作擠。”《廣韻·薺韻》子禮切：“䍐，手搦酒。又作擠。”本義指把含在酒糟中的酒汁擠壓出來的動作。清翟灝《通俗編·雜字》：“䍐，今俗以手逼物出汁曰䍐，如云䍐乳之類。”引申有擠壓汁液義。清蒲松齡《日用俗字·疾病章》：“䍐出膿來癤子好，熱疙瘩須揅幾番。”衆賢造、唐玄奘譯《阿毘達磨順正理論》：“言瘦鬼者，謂此鬼咽，惡業力故，生於大瘦，如大癰腫，熱晞酸疼，更相剫䍐，臭膿涌出。爭共取食，少得充飢。”（T1562v29p0517c）唐慧琳撰《一切經音義》卷七十一《阿毘達磨順正理論》第三十一卷：“剫䍐，音皮。下又作‘泲’，同，子禮反。《廣疋》：‘剫，剥也。’‘䍐，漉也。’謂搦出其汁也。”（T2128v54p0770c）“䍐”與“䍐”音義皆同，“罒”“㓁”皆“网”的書寫變異。《中華字海》：“䍐，同‘䍐’。”（p1230a）已溝通兩者的關係。

1657 羇

南朝齊曇景譯《摩訶摩耶經》："彼愚癡凡夫爲結所縛，猶如惡馬被於[4]羇靽，不得動搖。"（T0383v12p1008a）本頁下注4："羇靽＝羈絆《三》《宮》。"

按："羇"與"羈"爲版本異文，"羇"即"羈"之異體。《説文·网部》："䍦，馬絡頭也。從网，從馽。馽，馬絆也。羈，䍦或從革。"段玉裁注："既絆其足，又網其頭。今字作羈，俗作羇。""羈"爲"羈"字之省，"羇"爲"羈"局部改造字，改形旁"革"爲聲旁"奇"。又，明陳士元《古俗字略·支韻》："羈，馬絡頭。䍦、馽、羈、䩭，並同上。羇，寄也。"《中華字海》："羇，同'羈'。字見唐《田君夫人桑氏墓志》。"（p1230c）已溝通關係。

1658 羈

日本觀靜撰《孔雀經音義》："濫母嚕，《西域記》第三云：'藍勃盧山……釋種戲遊，遠適異國，迷不知路，假寐樹陰。池龍少女遊覽水濱，忽見釋種，恐不得當也，變爲人形，即而摩拊。釋種驚寤，因即謝曰："羈旅羸人，何見親拊？"'"（T2244v61p0791a）

按：據文意，"羈"即"羈"字之訛。唐玄奘、辯機撰《大唐西域記》："釋種虚遊，遠適異國，迷不知路，假寐樹陰。池龍少女遊覽水濱，忽見釋種，恐不得當也，變爲人形，即而摩拊。釋種驚寤，因即謝曰：'羈旅羸人，何見親拊？'"（T2087v51p0883c）與"羈"對應之字正作"羈"，由"馬"與"鳥"形近而訛也。東晉瞿曇僧伽提婆譯《中阿含經》："象齋及[21]馬齋，馬齋不障門。"（T0026v01p0678c）本頁下注21："馬＝鳥《三》《聖》，牛《萬》。"《嘉興藏》作"烏"。唐不空譯《大乘密嚴經》："風儭及[6]馬跡，此見悉爲難。"（T0682v16p0749b）本頁下注6："馬＝鳥《三》。"北魏瞿曇般若流支譯《正法念處經》："若以虫蟻蛇蟒鹿[7]馬而著火中，火既歡喜我得大福。"（T0721v17p0059b）本頁下注7："馬＝鳥《宮》。"唐玄嶷撰《甄正論》："儒道釋典，三教是一，咸躋於善理，無有三。慈悲仁恕，殊途而同歸，利物濟時，百慮而齊致。雖碧雞黄[11]馬之辯，未可分焉。雖堅合異之詞，豈能别矣。"（T2112v52p0570a）本頁下注11："馬＝鳥《明》。"唐道世撰《法苑珠林》："於是進修禪業，節行彌新。頻作數度普賢齋，並有瑞應。或見胡僧入坐，或見騎[15]馬人至，並未叙暄涼，倏忽不見。"（T2122v53p0567c）本頁下注15："馬＝鳥《元》。""馬"訛作"鳥"，又訛作"烏"。

"鳥"又或訛作"馬"，日本觀靜撰《孔雀經音義》："復有一窟名曰法床，高廣亦爾，昔菩薩處中，有一大［犬］修聲聞慈，中有火神，有羅刹女，曰眼見。各有五百眷屬，圍遶是二女人，常供養是三[10]馬獸。”（T2244v61p0801a）本頁下注10：“馬=鳥《丁》。”北涼曇無讖譯《大方等大集經》：“善男子，閻浮提外，西方海中，有頗梨山，高二十由旬。其山有窟名曰上色，縱廣高下亦復如是，亦是菩薩昔所住處，有一獼猴修聲聞慈。復有一窟名曰誓願，縱廣高下亦復如是，亦是菩薩昔所住處，中有一雞修聲聞慈。復有一窟名曰法床，縱廣高下亦復如是，亦是菩薩昔所住處，中有一犬修聲聞慈。中有火神，有羅刹女，名曰眼見。各有五百眷屬，圍繞是二女人，常供養是三鳥獸。”（T0397v13p0167c）作“三鳥獸”。“三鳥獸”統指上文的獼猴、雞和犬，“鳥”字是，作“馬”則文意不通。唐慧立本《大唐大慈恩寺三藏法師傳》：“於是旋轡專念觀音西北而進。是時四顧茫然，人[17]鳥俱絶。”（T2053v50p0224b）本頁下注17：“鳥=馬《三》《宮》。”唐道宣撰《廣弘明集》：“離亭華已散，別戍[9]鳥新嬌。”（T2103v52p0358a）本頁下注9：“鳥=馬《三》《宮》。”“鳥”亦皆“馬”字之訛，可資比勘。

肉　部

1659 𦝫

北宋契嵩撰《鐔津文集》：“嘗聞海中之國，其人如雲，乘風騎日，出入於天地之外，而往來無迹。彼則𦝫龍肉而資所贍，是屠龍者彼人之事也。然屠龍之事，在古則用於其國，今也（評漫之時）或亡。”（T2115v52p0685b）

按：四庫本與“𦝫”對應之字作“𦞦”，“𦞦”又“炙”字之異體。《説文·炙部》：“炙，炮肉也。从肉在火上。”段注改作“炙肉也”，注曰：“謂以物貫之而舉於火上以炙之。”南宋毛晃增註、毛居正重增《增修互註禮部韻略·禡韻》之夜切：“炙，炙肉。……亦作𦞦。𦞦，韓愈《元和聖德詩》：‘萬牛臠𦞦。’重增。”明梅膺祚《字彙·肉部》：“𦞦，同炙。”明張自烈《正字通·肉部》：“𦞦，舊注同炙。按：炙，上从肉，下从火。⺼下加肉，誤，宜刪。”“𦞦”即“炙”之俗字。明李登《重刊詳校篇海·肉部》：“𦝫，炙同。本係訛字。見韓文朱子考，姑存之。若作𦞦，上下皆肉，則謬矣。”“𦝫”即“𦞦”字之訛。

1660 𦟍

新羅慧超記《遊方記抄·往五天竺國傳》：“《冬日在吐火羅逢雪述懷》五言：

‘冷雪牽氷合，寒風擘地烈。巨海凍墁壇，江河凌崖囓。龍門絶瀑布，井口盤蛇結。伴火上[15]𦛗歌，焉能度播蜜。’”（T2089v51p0978c）本頁下注15：“𦛗＝垓?”

按：注者疑“𦛗”當作“垓”。《說文·肉部》：“𦙪，足大指毛也。从肉，亥聲。”“𦛗”即“𦙪”之隸定形，通行形體作“胲”。此詩出自《往五天竺國傳》，《大正藏》轉録自《敦煌遺書》第一卷。“胲”有“軍中的約令”義，《漢書·藝文志》有《五音奇胲用兵》二十三卷，顔師古注引許慎曰：“胲，軍中約也。”汪泛舟《敦煌俗別字補正》：“此句意謂：‘當時高麗僧慧超西天取經途中，雖於吐火邏遇雪，可仍如軍人遵循軍中約令一樣，并伴火高歌，以鼓舞自己；不然，他又怎能渡過播蜜川呢！’”（《敦煌研究》，2001年第4期）此説可信。從“月”之字，一部分來源於“肉”旁，書寫中常從“月”從“肉”兩種寫法并存，如“腴”，《唐處士張叡墓誌》作“𦛬”（秦公《碑别字新編》，p259）；“腹”，《魏公孫畧墓誌》作“𦜉”（同上）；明章黼《重訂直音篇·肉部》：“𦛜，同股”；同部：“肦，同𦙶”；清吴任臣《字彙補·肉部》：“𦛙，同肕”。注者疑“𦛗”同“垓”，不可從。

舌 部

1661 𩀋

南朝梁僧祐撰《弘明集》：“未譏翦華廢犯，亦猶蟲讙鳥[29]𩀋，非所宜効，請試論之。”（T2102v52p0041c）本頁下注29：“𩀋＝聒《三》《宫》。”

按：“𩀋”與“聒”爲版本異文。唐慧琳撰《一切經音義》卷九十六《弘明集》第六卷：“鳥聒，官活反。杜注《左傳》云：‘聒，讙也。’《蒼頡篇》：‘擾耳也。’《説文》：‘讙語也。從耳，舌聲。’《集》本作‘𩀋’。”（T2128v54p0905b）慧琳所見本亦作“𩀋”。“𩀋”即“聒”之異構字。《説文·耳部》：“聒，驩語也。从耳，𠯑聲。”大徐音“古活切”。有喧鬧義，漢王逸《九思·疾世》：“鴳雀列兮譁讙，鴝鵒鳴兮聒余。”“𩀋”與“聒”字之義相合。《弘明集》：“論云，蹲夷之儀，婁羅之辯，猶蟲讙鳥聒，何足述效。”（T2102v52p0045b）同書亦用“聒”字。四庫本之《弘明集》：“末譏翦華廢祀，亦猶蟲諠鳥聒，非所宜效，請試論之。”字亦作“聒”。又，據四庫本，《大正藏》本之“未”當作“末”，“犯”當作“祀”。

“聒”本爲從耳舌聲的形聲字，蓋由聲旁“舌”提示讀音的作用不明顯，故或把“耳”旁換成“曷”旁，用“曷”來提示讀音。“𩀋”爲雙聲符字。

《龍龕·舌部》（朝鮮本）：“𩀋，胡葛切。”（p534）《龍龕》僅列讀音，未釋其義。

1662 ⿰舌复

東晉佛陀耶舍、竺佛念譯《四分律》："此花色好，香氣[9]芬馥。迦葉須者，便可取之。"（T1428v22p0794b）本頁下注9："芬馥＝⿰舌复芬《宫》。"

按："⿰舌复"與"馥"爲版本異文，"⿰舌复"即"馥"字之訛。鄭賢章《漢文佛典疑難俗字彙釋與研究》已有考證（p340）。龍樹造、後秦鳩摩羅什譯《大智度論》："色聲[5]香味觸法是菩薩不?"（T1509 v25p0359a）本頁下注5："香＝舌《石》。"唐法寶撰《俱舍論疏》："將鼻舌對[16]香味亦成四句。"（T1822v41p0503b）本頁下注16："香＝舌《甲》《乙》。""舌"皆"香"字之訛。"香"或訛作"舌"，故"馥"或訛作"⿰舌复"。

1663 ⿰舌合

日本明詮撰《因明大疏導》："甲本奥書校對曰：授輪（古作採⿰舌合）、代圍（古作代開）、來世色（色古作而已）。"（T2273v69p0166c）

按：明詮的《因明大疏導》是研究窺基的《因明入正理論疏》的著作。唐窺基撰《因明入正理論疏》："多日採翰，疲眼竭力，雖懼移點之舛錯，猶懌模寫之果然。既而傳法燈於後代，開惠眼於來世（而已）。"（T1840v44p0142b）此即所校之原本，與"採⿰舌合"對應的文字是"採翰"，"⿰舌合"即"翰"字之訛。"翰"有文辭義，"採翰"的字面意思即採擷文辭，文中乃寫作之義。"授輪"爲"採翰"之訛，"授"爲"採"字之訛，"輪"爲"翰"字之訛。"代圍"爲"代開"之訛，"而已"爲"色"字之訛。

1664 ⿰舌尃

日本明覺撰《悉曇要訣》："又《第十地陀羅尼》，不空云：呬 囉 ⿰舌尃孃（引文）。義淨：呬囒若（文）。真諦云：喜懶若（文）。當知此若、孃字皆可，吴音。"（T2706v84p0513c）

按："⿰舌尃"即"轉舌"二字之誤合。文中標明"囉"爲轉舌音。佚名《大聖妙吉祥菩薩説除災教令法輪》：" 嚩（轉舌）。"（T0966 v19p0345a）佛經或用"轉舌"二字標識。

竹 部

1665 ⿱⺮巿

佚名《菩提心論見聞》：“《莊嚴論》云：‘餘人善根涅槃時盡，菩薩善根不爾’，此等文豈皆權意意哉？答：權實二教各別也，此事委如圓宗⿱⺮巿，今論立定性不定性名事，且雖符權教，其本意同，皆成佛道一也，故勝義下五種三昧道悉成佛道三摩地下明祕密佛乘理（云云）。”（T2294v70p0072a）

按：“⿱⺮巿”疑爲“算”字之訛。同上經：“此中委如圓宗算。”（T2294v70p0078c）該經同類語境多見，與“⿱⺮巿”對應之字皆作“算”。

1666 ⿱⺮扐

南宋志磐撰《佛祖統紀》：“大歷初，中岳道士吳[6]⿱⺮扐造論毀佛。觀察使陳少遊請決之，師約吳[*]⿱⺮扐，面論邪正，旗鼓纔臨，[*]⿱⺮扐已敗北。遂著《翻邪論》三卷，以攻餘黨。”（T2035v49p0202c）本頁下注6：“⿱⺮扐＝筠《甲》[*]。”

按：“⿱⺮扐”與“筠”爲版本異文，“⿱⺮扐”即“筠”字之訛。同上經：“玄宗，道士吳筠造論毀釋氏。浙西觀察使陳少遊請神邕法師，面決邪正，筠竟敗北。”（T2035v49p0472a）與“⿱⺮扐”對應之字作“筠”。吳筠，唐代著名道士，主張以道教消除佛教。元辛文房《唐才子傳》：“筠，字貞節，華陰人。通經義，美文辭。舉進士不中，隱居南陽倚帝山爲道士。……筠性高鯁，其待詔翰林時，恃承恩顧。高力士素奉佛，嘗短筠於上前。筠故多著賦文，深詆釋氏，頗爲通人所譏云。”《佛祖統紀》：“勑樞密劉[8]筠撰碑立於寺門。”（T2035v49p0455c）本頁下注8：“筠＝⿱⺮扐《甲》。”南宋宗曉編《四明尊者教行録》：“三年乙丑，真宗天禧初，有詔天下立放生池。師欲廣聖化，每遇佛生朝，募衆行放生業。於是立放生碑，樞密劉筠撰文，太守殿撰曾會立石。”（T1937v46p0858b）“⿱⺮扐”亦“筠”字之訛。

1667 笐

南朝齊僧伽跋陀羅譯《善見律毘婆沙》：“大德迦葉與阿㝹樓馱一切比丘衆，

至王舍城，爾時見十八大寺一時頹毀，如來滅後，諸比丘衣[20]笐諸物縱横棄散而去，是故狼藉。”（T1462v24p0674b）本頁下注 20：“笐＝桁《宫》《聖》。”

按：“笐”與“桁”爲版本異文，“笐”即“笐”字之訛，“笐”與“桁”同義。《説文·竹部》：“笐，竹列也。”段注：“引伸之，取竹爲衣架亦曰笐，《廣韵》四十二宕曰‘笐，衣架’是也。《内則》所謂‘樿椸’，《釋器》所謂‘竿謂之箷’也。其字亦作‘桁’，《古樂府》云：‘還視桁下無縣衣是也。’”“笐”“桁”均爲“衣架”之義。唐慧琳撰《一切經音義》：“忼慨，上康浪反。……《説文》：云：‘忼，慨也。從心，[3]亢聲。’。”（T2128v54p0637c）本頁下注 3：“亢＝元《甲》。”又：“趀坑，下客庚反。《尒雅》云：‘坑，墟也。’《蒼頡篇》云：‘壑也，陷也。’《文字典説》：‘壍也。從土，[2]亢聲。’亢音岡。”（T2128v54p0725b）本頁下注 2：“亢＝元《甲》。”“亢”皆訛作“元”，可比勘。

唐慧琳撰《一切經音義》卷五十六《正法念經》第五十八卷：“笐笷，胡當反，下力折反。《説文》作次也，言竹有笐次謂之笐笷也。”（T2128v54p0677c）北魏瞿曇般若流支譯《正法念處經》：“笐笷林樹，毘琉璃樹，青因陀樹，皆悉端嚴。”（T0721v17p0346a）與“笐”對應之字作“笐”，“笐”亦“笐”字之訛。《説文·竹部》：“笐，竹列也。”佛經即用其本義。

1668 箹

馬鳴造、後秦鳩摩羅什譯《大莊嚴論經》：“我昔曾聞，阿越提國，其王名曰因提拔摩，有弟名須利拔摩。爲諍國故，二人共鬥，須利拔摩擲羂羂因提拔摩頭。羂已急挽，因提拔摩極大恐怖，作是願言：‘今若得脱，當於佛法中作般遮[12]于瑟會。’作是願時，羂索即絶。於佛法僧深生信敬，即勑大臣名浮者延蜜多，營般遮*于瑟，于時大臣即奉王教設般遮*于瑟。”（T0201v04p0302c）本頁下注 12：“于瑟＝竽箹《三》*。”

按：“箹”與“瑟”爲版本異文，“箹”即“瑟”字之訛。《可洪音義》卷十一《大莊嚴論經》第七卷：“竽箹，上爲俱反，下所櫛反。《大威德陀羅尼經》云：般遮之會，此云五年大會也。《大莊嚴經》作‘般遮于瑟會’是也。”（v59p962a）又卷十四《佛本行集經》第十六卷：“笙箹，上音生。下音所櫛反，正作‘瑟’。”（v59p1079c）隋闍那崛多譯《佛本行集經》：“或執銅鈸笙瑟筋簫琴筑琵琶竽笛螺貝。”（T0190v03p0728c）《大正藏》與“箹”對應之字作“瑟”。韓小荆《〈可洪音義〉研究·〈可洪音義〉異體字表》“瑟”字條注：“‘瑟’是受上文‘竽’‘笙’二字影響而换旁作‘箹’的。”（p662）其説可從，此乃字形同化所致。

“般遮于瑟”經文多見，如三國吴支謙譯《撰集百緣經》：“‘我當勸化城中民衆，爲佛及僧作[40]般遮于瑟。’作是語已，上白國王，乘大白象，行於市肆，處處道頭勸化諸人作般遮于瑟。”（T0200v04p0241b-c）本頁下注 40：“Puṣkala。”梵文轉寫作“Puṣkala”。又譯作“般闍于瑟”，唐慧琳撰《一切經音義》：“般闍于瑟，或作般遮于瑟，皆訛略也。應言般遮跋利沙，又言般遮婆栗史迦。般遮，此云五；婆栗史迦，此云年；謂五年一大會也。佛去世一百年後，阿瑜迦王設此會也，自茲以後執見不同，五師競分，遂成五部，或十八部也。”（T2128v54p0749c）南宋法雲編《翻譯名義集》：“[4]般遮于瑟：或般遮跋利沙。此云五年一大會。”（T2131v54p1138a）本頁下注4：“Pañcābhijña（?）”其又對譯“Pañcābhijña”。

1669 筳

唐義淨譯《根本説一切有部毘奈耶》：“云何内外合殺？若苾芻尼有殺心，手執大刀，殺彼女男半擇迦等，由此方便而命終者，此苾芻尼得波羅市迦。不即命終後方死者，亦得波羅市迦。若當時不死，後亦不死者，得窣吐羅底也。如大刀既爾，諸餘兩刃、半刃、稍杖之類，乃至草[4]莛打斫於彼，作殺害心，欲令其死，由此方便而命終者，得波羅市迦。或得窣吐羅底也。廣如上説，是名内外合殺。”（T1442v23p0661b）本頁下注4：“莛=莚《宋》《宮》，筳《聖》。”

按：“筳”與“莛”“莚”爲版本異文，“筳”“莚”皆“莛”字之訛。《説文·艸部》：“莛，莖也。从艸，廷聲。”“莛”爲草莖，與文意合。同上經：“云何外物？苾芻心瞋恚心，將細草莛，或以箭簳及餘器具，乃至棗核，或擲芥子，遥打擲他，隨一著時，皆得墮罪。”（T1442v23p0833a）或言“細草莛”。《可洪音義》載“廷”的書寫變異形體作“廷”“迋”（v59p873c）、“迋”（v60p458b）等形，高麗本《龍龕·辵部》載“莛”或作“逹”（p488），唐慧琳撰《一切經音義》卷二十四《方廣大莊嚴經》第七卷：“草莛，狄丁反。《説文》：‘莛，草莖也。從草，廷聲。’”（T2128v54p0462b）諸形皆可參證。“莛”所從之“壬”寫作“手”，“廴”寫作“辶”，“艹”訛作“竹”也。參2084“逹”字條。

字又作“莚”者，“莛”之“廷”旁訛作“延”也。唐道世撰《法苑珠林》：“[20]廷尉范延壽斷之曰：此非人類，當以禽獸，從母不從父也。”（T2122v53p0628c）本頁下注20：“廷=延《明》。”唐明佺等撰《大周刊定衆經目録》：“《無量義經》一卷，二十一紙。右南齊建元中曇摩伽陀耶舍於廣州朝[3]廷寺譯，出長房録。”（T2153v55p0401a）本頁下注3：“廷=延《元》《明》。”“延”皆“廷”之訛。《法苑珠林》：“女適濟南劉子彦徵士[12]延世之孫（右二驗出《續搜神記》）。”（T2122v53p0851b）本頁下注12：“廷=延《宋》《元》，近《宮》。”四庫本作“延”。東晉陶潛《搜神後記》卷四：“女適濟南劉子彦徵士延世之孫云。”“廷”又“延”之訛。“廷”與“延”相混訛，故“莛”又訛作“莚”。“莚”又爲“莚蔓”之“莚”，與此同形。

1670 箔

南朝梁慧皎撰《高僧傳》："遷以還寺，安既大願果成，謂言：'夕死可矣。'符堅遣使送外國金[19]箔倚像，高七尺；又金坐像、結珠彌勒像、金縷繡像、織成像各一張。"（T2059v50p0352b）本頁下注19："箔＝箔《三》《宫》。"

按："箔"與"箔"爲版本異文，"箔"即"箔"字之訛，"泊"旁訛作"伯"旁也。東晋瞿曇僧伽提婆譯《增壹阿含經》："澹[15]淡夜安，大畏山中。"（T0125v02p0670c）本頁下注15："淡＝伯《元》《明》。"元本、明本的"伯"當即"泊"字之訛。唐慧琳撰《一切經音義》卷第五十二《增一阿含經》第二十三卷："澹淡，徒濫反，下徒敢反。《廣雅》澹、淡皆安也。"（T2128v54p0654a）根據《音義》，"澹淡"爲同義並列複合詞，與"淡泊"義近。"澹淡"常用的意義是水波動蕩貌，與"淡泊"義近的用法罕見，故元本、明本改作"淡泊"，"泊"又訛作"伯"。南朝梁僧祐撰《出三藏記集》："《須真天子經》，太始二年十一月八日於長安青門内白馬寺中天竺菩薩曇摩羅察口授出之。時傳言者，安文惠、帛元信。手受者，聶承遠、張玄[14]泊、孫休達，十二月三十日未時訖。"（T2145v55p0048b）本頁下注14："泊＝伯《三》。""伯"訛作"泊"。"伯"與"泊"混誤，故"泊"旁的"箔"或訛作"箔"。唐慧琳撰《一切經音義》："如荻，又作'藡'，同，徒歷反。即蒹荻也，堪爲箔者也。"（T2128v54p0782a）又："藋荻，下又作藡，同，徒歷反。即蒹荻也，堪爲箔者也。"（T2128v54p0782c）"箔"亦皆"箔"字之訛。鄭賢章《漢文佛典疑難俗字彙釋與研究》"箔"字條（p340）亦有考證，可互參。

1671 箅

唐道宣緝《量處輕重儀》："初如《十誦》一切石物不應分，除水瓶、水瓮、蓋水物、刮汗箅、灌鼻筒、尉斗、香爐、鉢鉤、禪鎮、金瓶二斗已下應分，餘石物不應分。……一切瓦物不應分，除釜瓶二斗已下應分，水瓮、蓋水物、鉢、小鉢、半鉢、鍵鎔、刀箅、刮汗箅、灌鼻筒、熨斗、香爐、禪鎮，除爾所物，餘一切瓦物不應分。……一切貝物不應分，除刀箅、刮汗箅、灌鼻筒、熨斗、香爐、禪鎮、熏鉢鉤、戾眼藥函、七［匕］鉢支應分，餘不應分。……一切角物不應分，除半斗已下應分，除桿衣鉤、壁上鉤、刮汗箅、灌鼻筒、禪鎮、藥函、匕鉢支，如是一切可分，餘不應分。"（T1895v45p0843c-0844b）

按：上引文字本後秦弗若多羅、羅什譯《十誦律》第二十八卷："一切鐵物不應分，除釜瓶受二斟已下應分，除鉢、小鉢、半鉢、鍵鎡、小鍵鎡、剃頭刀、鉗、鑷、截爪刀、針刀子、戶鉤曲、戶鉤、剃刀匣、刮汚[15]篦、灌鼻筒、熨斗、香鑪、熏鉢鉤、衣鉤、壁上鉤、匕鉢榰、禪鎮，除上爾所物，餘一切鐵物不應分。一切銅物不應分，除釜瓶受二㪷已下應分，除水盆、瓫蓋、刀匣、刮汚[20]篦、灌鼻筒、熨斗、香鑪、熏鉢鉤、衣鉤、壁上鉤、禪鎮、匕鉢榰，除上爾所物，一切銅物不應分。一切石物不應分，除釜瓶受二㪷已下應分，水瓶、水盆、蓋水物、刮汚[*]篦、灌鼻筒、熨斗、香鑪、熏鉢鉤、禪鎮，除上爾所物，一切石物不應分。……一切瓦物不應分，除盆受二㪷已下應分，水瓶、水盆、蓋水物、鉢、小鉢、半鉢、鍵鎡、小鍵鎡、刀匣、刮汚[*]篦、灌鼻筒、熨斗、香鑪、禪鎮，除上爾所物，餘一切瓦器不應分。一切貝物不應分，除刀匣、刮汚[*]篦、灌鼻筒、熨斗、禪鎮、香鑪、熏鉢鉤、衣鉤、盛藥函、匕鉢榰，是一切貝物應分，餘一切不應分。……一切角物不應分，除受半升已下應分。除刀匣、衣鉤、壁上鉤、刮汚[*]篦、灌鼻筒、禪鎮、盛藥函、匕鉢榰，如是一切角物可分，餘不應分。……一切木物不應分，除杅受二升已下。水瓶、水盆、甕蓋、刀匣、刮汚[*]篦、衣鉤、鉢鉤、壁上鉤、鉢榰、禪鎮，如是一切木物可分，餘一切不應分。"（T1435v23p0203a-b）本頁下注 15："篦＝裨《聖》。"注 20："篦＝椑《聖》[*]。"唐慧琳撰《一切經音義》卷五十八《十誦律》第二十八卷："汙篦，布奚反。刮汙篦也。《律》文作'捭'，此借音耳。"（T2128v54p0695b）與《量處輕重儀》"刮汗箅"對應之字《十誦律》作"刮汚篦"，"篦"的異文作"椑""裨"；慧琳與"汗""汚"對應的字作"汙"，所見《十誦律》"篦"作"捭"。據文意，此物乃比丘日用品，其功能是把身上的東西刮掉，刮的對象存在異文。根據生活經驗，如果是汗，一般是擦，不必刮；如果是汚泥，則可以採用刮的方式。推斷當以"汚"字爲是，取汚垢之義。"汗"乃"汙"字之譌。東晉佛陀耶舍、竺佛念譯《四分律》："不犯者，若鐵、若銅、若鉛錫、若白鑞、若竹、若木、若葦、若舍羅草，用作針筒，不犯。若作錫杖頭鏢鑣，若作傘蓋子及斗頭鏢，若作曲鉤，若作刮汚刀，若作如意，若作玦珽，若作匙，若作杓，若作鉤衣鍋，若作眼藥篦，若作刮舌刀，若作摘齒物，若作挑耳篦，若禪鎮，若作熏鼻筒，如是一切，無犯。"（T1428v22p0694a）又："若盛水器、與浴室瓶及床、與刮[13]汚刀、與香熏、與丸香、與房衣，若故不住，沙門一切所須者應與。"（T1428v22p0869b）本頁下注 13："汚刀＝汚物《三》，汁物《宮》，涅物《聖》。"此物之名又譯作"刮汚刀"。文中又見"刮舌刀"，佛經多見。如《四分律》："時諸比丘舌上多垢，佛言聽作刮舌刀。彼用寶作，佛言不應爾，聽用骨、牙、角、銅、鐵、白鑞、鉛、錫、舍羅草、竹、葦、木。"（T1428v22p0961a）"刮舌刀"爲洗漱用具，功用是刮去舌垢，其材料可用骨角乃至草竹葦木等，一般製成長條形的薄片，或其他形狀。因其功用爲刮除，故命名爲刀。"刮舌刀"亦稱"刮舌篦"。唐義淨譯《根本説一切有部毘奈耶雜事》："瀉藥齒有毒，刮舌篦應洗。"（T1451v24p0376a）唐義淨譯《根本説一切有部百一羯磨》："時諸苾芻嚼齒木了，不知刮舌，仍有口臭。佛言：應須刮舌。由是我聽作刮舌[2]篦，可用鍮石銅鐵。必其無者，破齒木爲兩片，可更互相揩，去其利刃，屈而刮舌。凡棄齒木及刮舌[*]篦，咸須水洗，謦咳作聲，或復彈指，以爲驚覺，於屏穢處，方可棄之。"（T1453v24p0492a）本頁下注 2："篦＝箄《宋》，

《宫》* 。”校簡略的刮舌篦，用齒木析成的木片即可。刮污刀/篦與刮舌刀/篦形當似之，亦當爲片狀物，只是應比刮舌者略大而已。稱作刀，又稱作“篦”者，其詞源當爲“匕”。“匕”之本義爲取飯器，相當於現在舀飯的匙子。由形之相似，又有箭鏃、匕首之義。刮污篦、刮舌篦之“篦”的音義來源於“匕”，本指與古代“匕”形似，用來刮削穿刺的器具，爲後出之派生詞，很長時間没有固定的用字。就形義關係而言，“篦”的本義爲梳篦，爲齒比梳更密的梳理頭髮的器具，它的詞源來自“比”。用來記錄刮污篦、刮舌篦中刮除器具的意義乃爲借字。佛經中此義又用“箄”字，失譯《四部律并論要用抄》：“一凡物不分應分，除釜受二斗已下應分，水瓮、蓋水物、鉢、小鉢、鍵鎔、刀匣、刮滭［汗］箄、灌鼻筒、熨升［斗］、香爐、禪鎮，除上爾所物，餘一切不應分。”（T2795v85p0707c-0708a）勝友造、唐義淨譯《根本薩婆多部律攝》：“次用刮舌箄，屈而淨刮，勿令極利，致使損傷。應用竹、木、鍮石、銅鐵，除諸寶物，餘皆聽作。若無箄者，應擘齒木爲兩片已，更互相揩，准前應用。若卒無齒木，應用豆屑，或乾牛糞，淨洗口脣，然後方食。”（T1458v24p0588b）前一例“箄”爲刮汗器，後一例爲刮舌器。“箄”見於《説文》，本義爲籠篗類器具，上揭用法，亦爲借字。“箅”當即“箄”字書寫變異。佛經中又用“鎞”“錍”等形，參 2197“鉫”字條、2204“鎞”字條。

又，佛經中“污”常誤作“汗”，如《四分律》：“時諸比丘患身汗臭，佛言聽作刮汗刀。彼用寶作，佛言不應用寶，聽用骨、牙、角、銅、鐵、鉛、錫、舍羅草、竹、木作。時六群比丘作刮汗刀，頭似剃刀形，刮汗并欲去身毛。佛言不應爾，亦不應畜如是刀。”（T1428v22p0946a）《四部律并論要用抄》：“一切角物不應分，除受半斗已下應分，除刀匣、衣鉤、辟上鉤、刮滭箄、灌鼻筒、禪鎮、盛藥函、上［匕］鉢支，如是一切角物可分，餘一切不應分。”（T2795v85p0708a）此亦字作“箄”之例。“滭”爲“汗”字之誤，乃受“箄”字的影響部件同化產生的誤字。唐道宣撰《四分律刪繁補闕行事鈔》：“《十誦》：刮汗篦、灌鼻筩、熨斗、香爐、熏鉢鉤、壁上鉤、禪鎮、匙鉢支，及鉢、小鉢、半鉢、鍵鎔、小鍵鎔、鉗、鑷、截爪刀子、截衣刀、戶牌曲、戶鉤等入輕。”（T1804v40p0115a）《量處輕重儀》：“六、助身衆具（律開針線刀子并線尺度用補衣也，開作針氈及筒安塞及鑷子、剪爪刀、刮汗篦、摘齒物、桃［挑］耳箄、灌鼻筒、禪帶、錐子之屬。《十誦》澡鑵、釜瓶、香鑪、熨斗、禪鎮、匕匠之屬也）。”（T1895v45p0853b）日本照遠撰《資行鈔》：“刮汗篦［篦］刮（摩也，削也）。”（T2248v62p0706b）“汗”皆“污”字之譌。《可洪音義》卷十五《十誦律》第二十八卷：“刮汗捭：上古頒反。中胡案反。下卑兮反，正作‘鎞’‘篦’二形也。布買反，非。”（v59p1122a）“汗”讀“胡案反”，徑以“汗”字本音讀之，反映出此形之誤早已不能分辨。

1672 筧

東晋佛陀跋陀羅、法顯譯《摩訶僧祇律》："時藥者，一切根，一切穀，一切肉。根者，治毒草根、藕根、[23]筧樓根、芋根、蘿蔔根、葱根，是名根。"（T1425v22p0244b）本頁下注 23："筧＝篼《宋》《元》《宫》，莵《明》。"

按："筧"與"篼""莵"爲版本異文，《嘉興藏》作"兜"，音釋"當侯反"。"筧"即"篼"字之訛。參 1690"篼"字條。唐道世撰《法苑珠林》："南無佛，南無法，南無比丘僧，南無舍利弗、[9]兜樓、摩訶目連比丘。"（T2122v53p0742a）本頁下注 9："兜＝筧《宋》《元》《宫》。""筧"又與"兜"爲版本異文，"筧"亦爲"篼"字之訛。

《可洪音義》卷二十五《一切經音義》第二十三卷："兒師，上都侯反，下所類、所律二反。正作兜師也。"（v60p395c）"兜"訛作"兒"。《可洪音義》卷二十四《開皇三寶録》第六卷："申日兜，如支反。正作'皃''兒'二形也。申日是父，兒是此長者子。"（v60p325c）又："申日兜，下音兒。申日是父，兒是彼長者子也。"（v60p325c）"兒"又訛作"兜""兜"。隋費長房撰《歷代三寶紀》："《申兜本經》一卷。"（T2034v49p0091c）南朝梁僧祐撰《出三藏記集》："《申日兜本經》一卷。"（T2145v55p0027a）隋法經等撰《衆經目録》："《申日兜本經》一卷。"（T2146v55p0119a）"兜"皆"兒"字之訛，可資比勘。

1673 箛

南朝齊僧伽跋陀羅譯《善見律毘婆沙》："'云何應知方便？'答曰：'有六方便：一者自，二者教，三者擲，四者安，五者呪，六者神力。'問曰：'云何爲自？'答曰：'自殺。''云何教？''教餘人殺，如是汝殺。擲者，弓箭爲初隨種種方便令斷命。安者，[4]箛蔟䆗及毒藥等，安置一處，觸之即死。'"（T1462v24p0751a）本頁下注 4："箛蔟＝安箛蔟《三》，安箛䔟《宫》。"

按：《嘉興藏》作"箛簇"。"箛"即"箛"字之訛。唐慧琳撰《一切經音義》卷六十五《善見律》第十一卷："箛簇，古胡反。以尖竹頭布地也。下楚角反。《東京賦》云：'毒瑁不簇。'薛綜曰：'不叉䂍取之也。'《廣雅［倉］》：胡餅家用簇。簇，刺。䂍，音叉白反，矛屬也。"（T2128v54p0739c）"箛"亦"箛"字之訛。"箛"讀"古胡反"，釋其義爲"以尖竹頭布地"。"簇"讀"楚角反"，釋其義爲"刺"。據文意，"箛"當爲"箛"字之訛。《玉篇·竹部》："箛，公都切。竹名。"《文選·南都賦》："其竹則籦籠箽篾篠簳箛箠。""箛"義爲竹名。"簇"通"鏃"，爲箭頭義。"箛簇"乃用竹子削成的類似箭頭的鋭器。

“塪”爲“埳”之異寫，義爲坑穴。“箛蔟塪”乃插上了竹制鋭器的坑穴，即慧琳所謂“以尖竹頭布地”之義。疑此義乃“箛蔟塪”之文意，非“箛”之詞義。

1674 箊

唐寶達集《金剛暎》卷上：“（呂）光於是即據西涼，亦請師留。（《晋書》云：“光還至涼州，聞箊堅已死，爲姚長所害，於是竊號河石也。”）”（T2734v85p0055c）

按：“箊”即“苻”之訛字“符”的改换聲旁字。苻堅爲十六國時前秦國君名。《晋書·鳩摩羅什傳》：“光還至涼州，聞苻堅已爲姚萇所害，於是竊號河右。”此即寶達所本，原文作“苻”。《大正藏》“苻”“符”兩字常混誤，故“苻堅”或訛作“符堅”。唐智昇撰《開元釋教録》：“‘此凶亡之地，不宜淹留，推數揆運，應速言歸，中路必有福地可居。’光從之，至涼州聞符堅已死，遂割據涼土，制命一隅焉。”（T2154v55p0514c）唐圓照撰《貞元新定釋教目録》：“‘此凶亡之地，不宜淹留，推數揆運，應速言歸，中路必有福地可居。’光從之，至涼州聞符堅已死，遂割據涼土，制命一隅焉。”（T2157v55p0811b）“苻”皆誤作“符”。又改“符”之聲旁“付”爲“府”，因成“箊”字。鄭賢章《漢文佛典疑難俗字彙釋與研究》“箊”字條（p341）亦有考證，可互參。

1675 箣

唐道宣緝《量處輕重儀》：“四、竹作器，謂刀鋸之屬。二是金竹破篾青、笨、箣筏，及藿葦、茅荻、雜草等。”（T1895v45p0846a）

按：“箣”即“箄”字之訛，構件“卑”訛作“申”。唐玄應撰《一切經音義》（麗藏本）卷十五《十誦律》第五十三卷：“簰筏，又作‘箄’，同，蒲佳反。《方言》：‘箄謂之筏，南方名簰，北人名筏。’”（p203c）構件“卑”書寫變異與“早”“甲”“申”等形體相近，如《可洪音義》載“簰”之異體作“𥳌”（v59p765b）、“箪”（v60p401a）、“𥰔”（v60p24b）等，故“箄”或訛作“箣”。

1676 篣

唐法琳撰《辯正論》：“此時也有憑收孟承夫妻，先死。閣上人曰：‘賢者識承不？’長和曰：‘識。’閣上人曰：‘孟承生時不精進，今恒爲我掃地。承妻精進晏然，與官家事。’舉手指西南一房曰：‘孟妻今在中。’妻即開窓，向見長和，問：‘石賢者何時來？’遍問其家中兒女大小名字平安不。還時過此，當因一封書。斯須見承閣西頭來，一手捉掃帚糞箕，一手捉[29]把，亦問家消息。”（T2110 v52p0538b）本頁下注 29：“把+（䈂）《三》。”

按：宋、元、明本“把”後有“䈂”字，“䈂”即“箉”字之訛。唐道世撰《法苑珠林》：“和相識有馬牧孟承夫妻，先死已積年歲。閣上人曰：‘君識孟承不？’長和曰：‘識。’閣上人曰：‘孟承生時不能精進，今常爲我司掃除之役。孟承妻精進，居處甚樂。’舉手指西南一房曰：‘孟妻在此也。’孟妻開窓，見和厚相慰問，遍訪其家中大小安否消息。曰：‘石君還時，可更見過，當因書也。’俄見孟丞執箒提箕自閣西來，亦問家消息。”（T2122 v53p0331c）“箉”當與“箒”“箕”義類相同。《廣韻·蟹韻》求蟹切：“箉，竹具，用之魚笱竹器也。”清范寅《越諺·器用》：“𧚔箜箉，盛所績之麻者。”“窩籃箉，臥嬰篾牀，《戒菴漫筆》所載‘搖籃’差同。”“生活箉，婦女盛鍼線、鞋面竹器。”“篩穲箉，打稻篩穀出穲之竹具。”“箉”當爲南方地區一種盛物用的竹製器物。清沈乘麐《韻學驪珠》：“箉，淺藍也。亦作‘篒’。”《集韻·大韻》徒蓋切：“海隅謂籃淺而長者曰篒。”其器物材質也應該是以竹子爲主。經中當爲籃之類。

1677 𥳑

隋費長房撰《歷代三寶紀》：“右三部，合四十三卷，相州前定國寺沙門釋法上撰。上戒山崇峻，慧海幽深，德可[38]𥳑人，威能肅物，故魏齊世歷爲統都。”（T2034v49p0104c）本頁下注 38：“𥳑＝軌《三》《宮》。”

按：“𥳑”與“軌”爲版本異文，“𥳑”即“範”之書寫變異，“軌”與“範”同義。西晉竺法護譯《持心梵天所問經》：“若有菩薩行一切法，而於諸[15]𥳑悉無所行，是爲菩薩欽崇道行，超諸行性，斯謂梵天爲菩薩者遵尚道行。”（T0585v15p0024a）本頁下注 15：“𥳑＝範《三》《宮》《聖》。”《嘉興藏》作“範”。唐道宣撰《關中創立戒壇圖經并序》：“齊梁作𥳑，緇素垂節。”（T1892 v45p0818b）《可洪音義》卷二十八《甄正論》上卷：“貽𥳑，上羊之反，下音犯。”（v60p516b）唐玄嶷撰《甄正論》：“至如釋迦貽範，法王演化，超九流而獨步，歷萬劫而高視。”（T2112 v52p0559c）《可洪音義》卷一《大般若經》第三十一帙：“軌𥳑，音犯。”（v59p553c）“𥳑”“𥳑”皆“範”字之異寫。唐輸波迦羅譯《蘇悉地羯囉經》：“所祈之願，速見前相。祈請[1]範則，若依法作，速得成就，見其相貌不有疑也。”（T0893 v18p0687c）本頁下注 1：“範＝軌《甲》。”《蘇悉地羯囉經》：“如上廣説祈請範則，若依法作，速得成就，見其相貌，不有疑也。”（T0893v18p0620c）唐窺基撰《妙法蓮華經玄贊》：“釋名者，可軌可持名之爲法，可習可範目之爲師。此教可軌，此理可持，雙名爲法。此法可習，名爲法師。故《涅槃》云：諸佛所師，所謂法也。《遺教經》言：波羅提木叉是汝大師。

此品之中，讚經可重。法即是師，故名法師。此法爲法師，能學法者，可爲[11]摸[12]範，訓匠群物。有法之師，名爲法師。”（T1723v34p0807b）本頁下注 11：“摸=軌《甲》。”注 12：“範=軌《乙》。”日本貞慶撰《法華開示抄》引作“可爲模範”（T2195v56p0373c）皆“軌”“範”同義换用之例。

唐道宣撰《續高僧傳》：“但上戒山峻峙慧海澄深，德可軌人，威能肅物，故魏齊二代歷爲統師。”（T2060v50p0485a）唐道宣撰《大唐内典録》：“《佛性論二卷》，《衆經録》，右三部，合四十三卷。相州前定國寺沙門釋法上撰。上戒山崇峻，慧海幽深，德可軌人，威能肅物，故魏齊世歷爲統都。”（T2149v55p0277a）《古今圖書集成·神異典》“法上”條下：“上戒山峻峙，慧海澄深，德可軌人，威能肅物，故魏齊二代歷爲統師。”字亦皆作“軌”。

1678 䈷

北宋契嵩著《傳法正宗論》：“故龍樹曰：不可説者是實義，可説者皆是名字。斯亦二祖師尊其心證之親密，以別其循迹而情解者也，欲人[3]軌此而爲之正矣。”（T2080v51p0781c）本頁下注 3：“軌=䈷《宮》。”

按：“䈷”與“軌”爲版本異文，“䈷”爲“範”字之訛。參上條。

1679 箇

元覺岸編《釋氏稽古略》：“千歲寶掌和尚，西竺中印度人也。……順流東下，由千頃至天竺，往鄮峰，登太白，穿雁宕，盤礴於翠峰七十二庵，箇赤城，憩雲門法華諸暨漁浦赤符大巖。”（T2037v49p0817a）

按：四庫本與“箇”對應之字作“回”，疑“箇”即“回”字之訛。唐道宣撰《續高僧傳》：“及隋滅陳降，擧朝露首，[16]面縛京室，方知其致。”（T2060v50p0693b）本頁下注 16：“面=回《宋》。”日本真興集《蓮華胎藏界儀軌解釋》：“疏云：[2]面向本尊（云云），今謂隨宜處。若佛堂僧房，若山中樹下，皆隨便也。”（T2231v61p0568a）本頁下注 2：“面=回《乙》。”“回”皆“面”字之訛，可比勘。

1680 管

日本善珠集《成唯識論述記序釋》：“《廣雅》曰：竽，象笙，三十六簧（舌），管在中央也。”（T2260v65p0323c）

按："管"即"管"字之訛。《廣雅·釋器》："竽，象笙，三十六管，宫管在中央。"與"管"對應之字作"管"。失譯《牟梨曼陀羅呪經》："或求名[12]宦，或求富饒，建此壇者，一切願滿。"（T1007v19p0668b）本頁下注12："宦＝官《甲》。"唐義淨譯《根本説一切有部毘奈耶雜事》："問曰：'汝於神處何所許耶?'答曰：'仁先在家，未有仕[7]宦。'"（T1451v24p0311c）本頁下注7："宦＝宿《明》，官《宮》。"隋智顗説、灌頂記《觀音義疏》："賢愚云：田殖百倍，商估千倍，仕[25]宦萬倍，入海吉還得無量倍，故入海也。"（T1728v34p0925c）本頁下注25："宦＝官《甲》。""官"皆"宦"字之訛。唐湛然述《止觀義例》："亦如[23]官路土，私人掘爲像，智者知路土，凡愚謂像生。後時*官欲行，還將像填路，像本不生滅，路亦無新故。"（T1913v46p0451c）本頁下注23："官＝宦*。"《嘉興藏》作"官"。北宋淨源節要、明袾宏補註《佛遺教經論疏節要》："譯者，《周禮·秋官·司寇》云：北方掌語之[2]官曰譯。"（T1820v40p0845b）本頁下注2："官＝宦《甲》。""宦"皆"官"字之訛。"官""宦"混訛，故"管"或訛作"管"。

1681 㯋

龍樹造、後秦鳩摩羅什譯《大智度論》："如是語經者有二種：一者，結句言我先許説者，今已説竟；二者，三藏、摩訶衍外更有經，名《一[13]目多迦》。"（T1509v25p0307b）本頁下注13："目＝築《宮》《聖》，㯋《石》。"

按："㯋"與"築""目"爲版本異文，"㯋"即"築"字之訛。北周慧影抄撰《大智度論疏》與"㯋"對應之字正作"築"（X0791v46p0838c－0839a）。"築"或寫作"𥳇"（見《可洪音義》v59p864c），中間所從與"加"形近。東晋竺佛念譯《鼻奈耶》第五卷："若欲入城有諸瑞應，象鳴鼻面擧，馬亦皆鳴，牛吼，鳧雁鴛鴦孔雀鸚䳇白鵠千秋鶴盡皆和鳴，箜篌箏鼓琵琶[7]筑笛不鼓自鳴。"（T1464v24p0871a）本頁下注7："筑＝笳《宋》《元》，築《聖》。"唐慧琳撰《一切經音義》卷六十五《鼻柰耶律》第五卷："筑笛，知六反。筑形如箏，刻其頸而握之頸築之故謂之筑。字從巩者，握持之也。巩音拱，共手爲拱字也。"（T2128v54p0738a）"筑"訛作"笳"，可比勘。

1682 箛

唐慧琳撰《一切經音義》卷八十九《高僧傳》第六卷："築神廟，上中六反。《説文》：'築，擣也。從木，筑聲。'筑，音竹也。《傳》文作'箛'，非也。"（T2128v54p0878a）

按："箛"即"築"字之訛。南朝梁慧皎撰《高僧傳》："晋義熙中新陽縣虎災，縣有大社，樹下築神廟，左右居民以百數，遭虎死者夕有一兩。”（T2059v50p0362c）字正作“築”。

元念常集《佛祖歷代通載》：“其先漢太尉楊震之後八世孫[2]䈡，仕燕北平太守，元壽仕魏武川司馬，惠嘏太原太守，烈平原太守，定遠真，隋國公忠生帝堅。”（T2036v49p0558b）本頁下注2：“䈡＝銃《甲》。”“䈡”與“銃”爲版本異文。《隋書・高祖本紀》：“漢太尉震八代孫鉉，仕燕爲北平太守。鉉生元壽，後魏代爲武川鎮司馬，子孫因家焉。元壽生惠嘏（太原太守），嘏生烈（平原太守），烈生禎（甯遠將軍），禎生忠，忠即皇考也。”“銃”當爲“鉉”字之誤。“䈡”蓋偶誤之字。

1683 䈅

北宋元照撰《四分律行事鈔資持記》：“名義制度廣如彼經。破竹作聲俗謂散杖是也，空中杖如竹䈅等。律因外道投刃於中。”（T1805v40p0387b）

按：“䈅”即“葦”字之訛。“竹䈅”在佛經中常見，“葦”或作“䈅”，北涼曇無讖譯《悲華經》：“譬如苷蔗、竹[11]葦、稻麻、叢林遍滿其國。”（T0157v03p0216c）本頁下注11：“葦＝䈅《宋》《宮》。”東晉佛陀耶舍、竺佛念譯《四分律》：“覆羅種者，甘蔗、竹[15]葦、藕根及餘覆羅生種者是。”（T1428v22p0641c）本頁下注15：“葦＝䈅《宋》《元》《宮》《聖》。”隋費長房撰《歷代三寶紀》：“名僧智士欝若稻麻，寶剎金輪森如竹[2]葦。”（T2034v49p0089a）本頁下注2：“葦＝䈅《宋》《宮》。”北齊那連提耶舍譯《大悲經》：“譬如甘蔗若竹若[4]䈅若佉陀利林若迦賒林。”（T0380v12p0969b）本頁下注4：“䈅＝葦《三》《宮》。”《四分律》：“聽爲竹[8]䈅草木故求乞金銀，終不應自受取金銀，是故離奢。”（T1428v22p0969a）本頁下注8：“䈅＝葦《明》。”用例很多，皆與“竹”字連用，當爲受“竹”字的同化影響而產生的訛字。佛經中亦有其字單用而從“竹”者，如唐義淨譯《根本説一切有部毘奈耶》：“憂箭射心容色顦悴，如斷生[7]葦莖葉枯萎。”（T1442v23p0879c）本頁下注7：“葦＝䈅《三》《宮》。”唐義淨譯《根本説一切有部毘奈耶雜事》：“由此共成身，脆危如[4]葦舍。”（T1451v24p0260b）本頁下注4：“葦＝䈅《聖》。”此蓋“竹䈅”連用多見，使得“䈅”的使用頻度較高，導致獨用時亦或寫作“䈅”。解釋爲“艸”旁訛作“竹”旁，亦可。

1684 篟

失譯《沙彌尼離戒文》：“有十戒：一、盡形壽不得殺生，不得教人殺生；二、盡形壽不得盜，不得教人盜；三、盡形壽不得婬，不得教人婬；四、盡形壽不得嫁，不得教人嫁；五、盡形壽不得妄語，不得教人妄語；六、盡形壽不得歌舞，不得教人歌舞，不得彈箏吹[13]笛；七、盡形壽不得著香華脂粉，不得教人著脂粉；八、盡形壽不得於高好刻鏤床上臥，不得教人作好床臥；九、盡形壽不得飲酒，不得教人飲酒；十、盡形壽過日中不得復食，不得教人食。”（T1475v24p0938b）本頁下注13：“吹笛＝篠《三》《宮》《聖》。”

按：“篠”與“吹笛”爲版本異文，“篠”爲“笛”之異構字。唐慧琳撰《一切經音義》卷六十四《沙彌尼離戒》：“箏笛，古文‘蓫［篴］’，同，從［徒］的反。《説文》：‘七孔龠［筩］也。羌笛三孔。’《戒》文作‘篠’，非也。”（T2128v54p0732c）慧琳所見本亦作“篠”，釋作“笛”。以“箏笛”爲詞目，蓋所見本無“吹”字。《可洪音義》卷十七《沙弥離戒文》：“撣箏篠，下徒的反。《經音義》以‘篴’‘笛’二字替之也。今詳經意，宜作‘篠’‘篠’，二同，蘇了反。竹也。竹者，經意轉取筑字爲義也。筑，知六反。《説文》云：‘筑，似箏，十三絃也。’笛是口吹之樂器，箏筑是手搊彈之樂名也。是故宜取‘篠’字。”（v60p51c）又卷二十五《一切經音義》第十六卷：“作篠，徒的反。正作‘笛’‘篴’二形。又蘇了反，竹名也。”（v60p380a）可洪所見本“彈”作“撣”，亦無“吹”字。謂“篠”當作“篠”，取“筑”字之義。主要理由是，“笛”與“彈”語義不搭配，故輾轉釋之。後秦弗若多羅、羅什譯《十誦律》：“不得彈琴鼓簧。”（T1435v23p0290b）“不得彈箏吹笛”與“不得彈琴鼓簧”語義相近，結構相同，有“吹”字是。佛經中未見“箏”“筑”連用之例，亦未見“彈”“筑”搭配之例，可洪之説不可從。《説文·竹部》：“笛，七孔筩也。从竹，由聲。羌笛三孔。”徐鉉注：“徐鍇曰：當从胄省乃得聲。徒歷切。”《廣韻·錫韻》徒歷切：“笛，樂器。《風俗通》武帝時丘仲所作。篴，上同。出《周禮》。”“笛”皆讀“徒歷切”。《廣韻·錫韻》他歷切：“蓧，苗蓧草。”同小韻：“䀀，失意視皃。”“蓧”“䀀”皆讀“他歷切”，兩字從“俢”得聲，而字音與“笛”近，故“篠”即“笛”改換聲旁之異體字。

1685 篃

隋吉藏撰《二諦義》：“《大論》云：譬如人夢中度河，作諸篃筏，運手動足而去此，覺都無所有。”（T1854v45p0111b）

按：龍樹造、後秦鳩摩羅什譯《大智度論》：“如七住菩薩，觀諸法空，無所有不生不滅。如是觀已於一切世界中心不著，欲放捨六波羅蜜入涅槃，譬如人夢中作筏渡大河水，手足疲勞，生患厭想。在中流中夢覺已自念言：何許有河而可渡者？是時勤心都放。菩薩亦如是，立七住中，得無生法忍，心行皆止，欲入涅槃。”（T1509v25p0132a）此即吉藏所本，與“篃筏”對應之字作“筏”，“篃筏”當與“筏”同義。“篃”從竹俻聲，乃“篺”的異構字的書寫變異。“俻”爲“備”之異寫。清邢澍《金石文字辨異·寘韻》“備”字條引《唐李輔光墓志》

作“傄”。唐顔元孫《干禄字書·去聲》：“傄、傄、備，上俗，中通，下正。”《廣韻·佳韻》薄佳切：“簰，大桴曰簰。”《集韻·佳韻》蒲街切：“箄、簰、箄，大桴曰箄。或从水，亦省。”佛經中多見“箄筏”，指渡水的大筏。南朝宋佛陀什、竺道生譯《彌沙塞部和醯五分律》：“船者，皮船、瓶船、木船、[12]箄筏，盡名爲船。”（T1421v22p0006c）本頁下注12：“箄筏＝簰栰《三》，椑栰《宮》。”南朝梁寶唱等集《經律異相》：“諸外道等競縛[27]箄筏，適欲先渡取第一座，而水激急，迴覆漂還。竟夜疲苦，[29]箄筏破散，没溺寒凍，上於岸邊，向日而蹲。”（T2121v53p0073c）本頁下注27：“箄＝簰《宮》。”注29：“箄＝樶《宮》。”唐慧琳撰《一切經音義》卷七十八《經律異相》第十四卷：“簿撥，上敗鞋反，下煩韈反。《考聲》云：‘簰亦撥也。’案，簰撥者，縛竹木浮之水上也。又云大桴也。《古今正字》：簰，從水，箄聲。箄音必耳反。撥，海中大船也。從木，發聲。《經》文作‘簰茷’，俗字也。”（T2128v54p0815a）《大正藏》與“簰”對應之字或作“箄”“簰”“簿”“箄”“椑”等形，“筏”或作“栰”“柭”等形。慧琳改“筏”爲“橃”，“橃”又訛作“撥”。唐慧琳撰《一切經音義》卷十二《大寶積經》第十五卷：“縛筏，煩韈反。俗字也，正體從木作‘橃’。《桂苑珠叢》云：‘縛竹木浮於水謂之橃。’”（T2128v54p0377b）慧琳把“筏”看作“橃”的俗字，蓋據“橃”見《説文》，而“筏”字後出也。

1686 篴

日本光宗撰《溪嵐拾葉集》：“管篴譬事，《觀心論疏》在之。”（T2410v76p0738a）

按：“篴”即“鍵”之異構字。《周禮·地官·司門》：“掌授管鍵，以啓閉國門。”鄭玄注引鄭司農曰：“管謂籥也，鍵謂牡。”賈公彦疏：“謂用管籥以啓門，用鍵牡以閉門，故雙言以啓閉。”或從“木”作“楗”，《集韻·㳄韻》：“楗，拒門木。”“篴”，從竹，健聲。當亦爲“鍵”之異體，鍵或以竹木爲之，故可從木從竹。

1687 𥳇

清阿旺紮什譯《修藥師儀軌布壇法》：“以烏𥳇拉花等，而爲嚴飾。……其左微妙音菩薩淺藍色，手執烏𥳇拉花，上嚴杵及焰寶珠。”（T0928v19p0065a-c）

按：“𥳇”當爲“答巴”二字合文，蓋爲合音字。清工布查布譯《藥師七佛供養儀軌如意王經》作“烏答巴拉花”（T0927v19p0053c）。

1688 篯

唐輸波迦羅譯《蘇悉地羯囉經》:“復次今説三部塗香藥法：隨諸真言供養者，能成就衆福。其香藥名曰香附子、句叱囊叱、青木香、嚩落迦、烏施囉、舍哩嚩、[6]篯香、沈香、欝金香、白檀香、紫檀香。”（T0893v18p0640a）本頁下注6:“篯=煎《元》《明》《甲》。”

按:“篯”與“煎”爲版本異文,“篯”即“㮍”字之訛,“煎”爲“㮍”之借字。《廣韻·先韻》則前切:“㮍，香木。”《集韻·先韻》將先切:“㮍、𥮉，香木名。或作𥮉。”佛經亦用“㮍”字，佚名《神僧傳》:“舟人顧其垂没，有投棄㮍（音箋）香木者。”（T2064v50p1000c）南宋法雲編《翻譯名義集》:“阿伽嚧，或云惡揭嚕，此云沈香。《華嚴》云：阿那婆達多池邊，出沈水香，名蓮華藏。其香一圓，如麻子大。若以燒之，香氣普熏閻浮提界。《異物誌》云：出日南國。欲取，當先斫樹壞，著地積久外朽爛，其心堅者，置水則沈，曰沈香。其次在心白之間不甚精堅者，置之水中，不沈不浮，與水平者，名曰㮍香。”（T2131v54p1105a）“篯香”即“㮍香”,“篯”即“㮍”字之訛，左右結構之“㮍”變爲上下結構，且右下之“戔”訛作“彐”耳。

字或用“箋”，南宋范成大《桂海虞衡志·志香》:“〔箋香〕出海南，香如蝟皮，栗蓬及漁簑狀，蓋修治時，雕鏤費工，去木留香，棘刺森然，香之精鍾於刺端，芳氣與他處箋香夐別。”又或借“煎”字，唐智昇撰《集諸經禮懺儀》:“合香之法：沈香一兩，[1]煎香一兩。”（T1982v47p0464a）本頁下注1:“煎=箋《三》。”“煎”即“㮍”之借字。

1689 簴

唐道宣撰《廣弘明集》:“建章鳳闕神光連兮，未央鐘[7]虡生花鮮兮。”（T2103v52p0107a）本頁下注7:“虡=簴《宋》《明》，簴《元》。”

按:“簴”與“簴”“虡”爲版本異文,“簴”即“簴”之訛字,“簴”又“虡”之加旁字,“虡”又“虡”字之訛。《説文·虍部》:“虡，鐘鼓之柎也。飾爲猛獸。从虍，異象其下足。鐻，虡或从金豦聲。虡，篆文虡省。”《玉篇·竹部》:“簴，其舉切。簨簴。”“虡”字罕用又與“虚”形近，故“虡”旁常訛作“虚”旁。

1690 篼

東晋佛陀跋陀羅、法顯譯《摩訶僧祇律》："時藥者，一切根，一切穀，一切肉。根者，治毒草根、藕根、[23]筧樓根、芋根、蘿蔔根、葱根，是名根。"（T1425v22p0244b）本頁下注 23："筧＝篼《宋》《元》《宮》，蔸《明》。"

按："篼"與"筧""蔸"爲版本異文，《嘉興藏》作"兜"，音釋"當侯反"。《可洪音義》卷十五《摩訶僧祇律》第二卷："筧樓，上都侯反。藥名也。正作'𧄼'。第四卷作'倪樓'。"（v59p1103c）"蔸""篼""筧"皆"篼"字之書寫變異。

1691 築

唐玄奘、辯機撰《大唐西域記》："捨身北有石窣堵波，高二百餘尺，無憂王之所建也，雕刻奇製，時燭神光。小窣堵波及諸石龕，動以百數，周此[45]瑩域。其有疾病，旋繞多愈。"（T2087v51p0885c）本頁下注 45："瑩域＝築城《甲》。"

按："築城"與"瑩域"爲版本異文，"築"即"築"字之訛。季羨林等《大唐西域記校註》作"塋域"，校曰："《古本》《石本》塋域作瑩城，《中本》作築城。按《慧琳音義》亦作塋域，與此同。諸異作非。"（p318）唐慧琳撰《一切經音義》："塋域，上音營，下違逼反。《廣雅》：'葬地也。'《説文》：墓地曰域也。並從土，從營省聲。"（T2128v54p0839b）"塋域"爲墓地之義，與文意合。"瑩城"爲"塋域"之訛。"瑩"與"塋"形近，文獻中兩字或混用。上文之"瑩"即"塋"之訛。《可洪音義》卷二十六《大唐西域記》第八卷："圖塋，於定反。飾也。正作'塋（瑩）''鎣'二形。又音營，墓也，悮。"（v60p412a）《大唐西域記》："相好具足，慈顏若真，唯右乳上[10]圖瑩未周。"（T2087v51p0916a）本頁下注 10："圖＝塗《三》。""塋"爲"瑩"之訛。根據文意，"築""築"蓋亦皆"塋"字之訛。

1692 簴

北宋惟蓋竺編《明覺禪師語録》："令僧惠敏造鍾即成，挪重樓以簴之，欲爲銘記。"（T1996v47p0711b）

按："簴"即"虡"之異體"簴"字之訛。《説文・虍部》："虡，鐘鼓之柎也。飾爲猛獸。从虍，異象其下足。鐻，虡或从金豦聲。虡，篆文虡省。"《廣韻·語韻》："虡，俗做簴。""簴"即"虡"之加旁俗字。"簴"即"簴"字之訛，其虍下之旁訛作"共"也。"虡"指懸掛鐘、磬等架子兩旁所立的柱子。此處名詞用爲動詞，爲之作虡之意。

1693 簸

唐道世撰《法苑珠林》："信度大河有四眷屬：一名毘簸奢，二名藹羅筏底，三名設咀［呾］荼盧，四名毘咀［呾］娑多。"（T2122v53p0763a）

按：四庫本亦作"簸"。五百大阿羅漢造、唐玄奘譯《阿毘達磨大毘婆沙論》："信度大河有四眷屬：一名毘簸奢，二名藹羅筏底，三名設呾荼盧，四名毘呾娑多。"（T1545v27p0022a）《可洪音義》卷十九《阿毘達磨大毘婆沙論》第五卷："簸奢，音跛。正作'簸'。"（v60p109a）字亦作"簸"，可洪以爲正字當作"簸"。唐慧琳撰《一切經音義》："毘簸奢，上婢彌反，次波麽反，梵語西國河名也。麽音摩火反。"（T2128v54p0751b）《卍續藏》清弘贊集《四分律名義標釋》："信度大河有四眷屬：一名毗簸奢（亦云毗婆奢），二名藹羅筏底（亦云伊羅跋提），三名設呾荼盧（亦云奢多頭），四名毗呾娑多（亦云毗德多）。"（X0744v44p0594a）"簸"即"簸"之異體。《説文·箕部》："簸，揚米去糠也。从箕，皮聲。"大徐音"布火切"。爲"从箕，皮聲"之形聲字。"簸"蓋即"簸"改易偏旁之異構字，其字可以分析爲"从竹，跛聲"，即改形旁"箕"爲"竹"旁，改聲旁"皮"爲"跛"旁。考《廣韻》"跛"音"布火切"，"皮"音"符羈切"，"皮"作聲旁讀音不顯，改作"跛"旁則與整字的讀音完全切合了。形旁改作"竹"也增加了字的類化程度。綜上，"簸"是爲調整形音義關係所造的"簸"的異體字。

1694 簈

南宋法雲編《翻譯名義集》："故云：往古諸佛過中不食，蓋是遣累之筌簈，適道之捷徑，而惑者謂止於不食，此乃迷於向方，不知厥路者也。"（T2131v54p1173c）

按："簈"即"罤"字之訛。元念常集《佛祖歷代通載》："故云：往古諸佛過中不飡，此蓋是遣累之筌罤，適道之捷徑，而惑者咸謂止於不食，此乃迷於向方，不知厥路者也。"（T2036v49p0546a）北宋道誠集《釋氏要覽》："故云：往古諸佛過中不食，蓋是遣累之筌罤，適道之捷徑，而惑者謂止於不食，此乃迷於向方，不知厥路者也。"（T2127v54p0277a）與"簈"對應之字皆作"罤"。《玉篇・网部》："罤，兔罔也。""筌罤"本作"筌蹄"，出《莊子》。《莊子・外物》："荃者所以在魚，得魚而忘荃；蹄者所以在兔，得兔而忘蹄。""荃"，一本作"筌"，捕魚竹器；蹄，捕兔网。後以"筌蹄"比喻達到目的的手段或工具。"罤"乃"蹄"的後出字。增"竹"旁，蓋受"筌"之影響，此亦字形同化之例。

1695 䉛

南宋法雲編《翻譯名義集》："八筏，郭璞云：水中䉛筏。"（T2131v54p1143b）

按："䉛"爲"𥳍"字之訛。"𥳍筏"爲佛經中的常用詞語，指渡水用的大筏，亦作"簰栰"（南朝宋佛陀什、竺道生譯《彌沙塞部和醯五分律》宋元明本）、"箄筏"（《彌沙塞部和醯五分律》）、"椑栰"（《彌沙塞部和醯五分律》宮本）、"𥳍栰"（東晋瞿曇僧伽提婆譯《中阿含經》聖本），皆爲一詞之異形。《集韻・佳韻》蒲街切："𥳍、簰、箄，大桴曰𥳍。或从水，亦省。"省則作"箄"，與《説文》表竹器之"箄"同形。《後漢書・岑彭傳》："九年，公孫述遣其將任滿、田戎、程汎，將數萬人乘枋箄下江關，擊破馮駿及田鴻、李玄等。"李賢注："枋箄，以木竹爲之，浮於水上。"以木竹爲之，故其字从竹从木，"䉛"字从"禾"，當爲"木"之訛。三國吴康僧會譯《六度集經》："昔者菩薩，處世貧困，爲商人賃，入海採利，船住不行。商人巨細靡不恐懼，請禱神祇。上下䀹拯，貧人唯三自歸，守戒不犯，悔過自責，日夜各三，慈心誓願。十方衆生，莫有恐怖，如吾今日也。吾後得佛，當度斯類矣。乃至七日，船不移邁。海神訛與貨主夢曰：'汝棄貧人，吾與汝去。'貨主得夢，愴然悼之，私密言議。貧人微察，具照所以，曰：'無以吾一人之體喪衆命也。'貨主作䉛，給其粻量［糧］，下著䉛上，推䉛遠之。大魚覆船，盡呑商人。貧人隨風，得岸還其本土，九族欣懌。"（T0152v03p0019a）"䉛"，《嘉興藏》作"簰"，音釋："簰，音排。""䉛"亦爲"𥳍"字之訛。

1696 篺

失譯《七佛八菩薩所説大陀羅尼神呪經》："治諸蠱魅，消衆毒藥，當令流布遍閻浮提。末法衆生，[21]薄福所致，莫不爲此衆邪所惱。"（T1332v21p0545b）本頁下注21："薄＝篺《宋》。"

按："篺"與"薄"爲版本異文，"篺"即"薄"字之訛。"末法衆生薄福所致"之"薄"乃不厚之意。《可洪音義》卷二十七《續高僧傳》第十九卷："𦲸示，蒲各反。不厚也。正作'薄'也。又音愽，非也，悮。"（v60p484a）唐道宣撰《續高僧傳》："神通權設，抑挫強侮。沙門現一，我當現二。今薄示微術，並辭屈退。”（T2060v50p0625b）三國吳支謙譯《佛説慧印三昧經》：“[4]金薄布地，具足於八。”（T0632v15p0464a）本頁下注4：“金薄=金篿《宮》。”《嘉興藏》作“金溥”。“篿”亦“薄”字之訛。《可洪音義》卷八《住斷結經》第三卷：“結薄，布愽反。正作‘薄’。”（v59p826a）東晋竺佛念譯《最勝問菩薩十住除垢斷結經》：“何謂九住菩薩觀衆生類？知三結薄得斯陀含，無欲怒癡，永與苦别。於是菩薩觀彼衆生，久遠以來所積功德。”（T0309v10p0986c）“薄”訛作“薄”，因又訛作“篿”也。

“篿”又“簙”字之訛。唐慧琳撰《一切經音義》：“簙弈嬉戲，愽字正宜從竹。《説文》曰：簙謂局戲，云簙十二棊也。”（T2128v54p0450a）《説文·竹部》：“簙，局戲也。六箸十二棋也。……古者烏胄作簙。”“篿”即“簙”字之訛，“簙”所从之“十”訛作“忄”也。明梅膺祚《字彙·心部》有“愽”爲“博”之異體，可比勘。

1697 篺

東晋瞿曇僧伽提婆譯《中阿含經》：“我今寧可以此岸邊收聚草木，縛作[11]椑栰，乘之而度。”（T0026v01p0764b）本頁下注11：“椑=簰《三》，篺《聖》。”

按：“篺”與“簰”“椑”爲版本異文，“篺”爲“箄”字之訛。《集韻·佳韻》蒲街切：“箄、簰、箄，大桴曰箄。或从水，亦省。”“篺”所从衣部蓋爲木旁之訛。此處“篺筏”連用，“篺”指一種渡水用的大筏。参1695“篺”字條。

1698 篇

日本忍仙撰《律宗行事目心鈔》：“問：覆露二處隔障分齊何程耶？師云：一義與女宿戒中間隔障分齊出，一律云齊脇，一律云二尺，似相違，坐齊脇得意無相違。準此中間高二尺，計有隔者可别衆也。一義云：隔障者雖高，兩方相見可足數，如篇子也。”（T2359v74p0120c）

按：“篇”即“篇”字之訛，“鬲”下所從多一横筆。《廣韻·麥韻》古核切：“篇，篇子，竹障。”“篇”爲“隔”之分化字。

1699 簪

唐道宣撰《廣弘明集》：“至若束帶垂纓無妨修德，留鬚長鬢足可閑居。且道本虚通，觸無不是，何棄於冠[27]簮，專在於錫鉢?”（T2103v52p0114c）本頁下注27：“簮=簪《三》《宮》。”

按：“簮”與“簪”爲版本異文，“簮”即“簪”字之訛。唐慧琳撰《一切經音義》：“簪紱，側林反。《蒼頡篇》云：‘簪，笄也，男子以固冠，婦人爲首飾。’《説文》從竹，替［朁］聲。”（T2128v54p0872b）“冠簪”即男子用來固定冠的簪子。“簪”或寫作“簮”，唐顔元孫《干禄字書·平聲》：“簮、簪，上俗下正。”“簮”即“簮”之訛。《偏類碑别字·竹部》“簪”字條引《唐薛君夫人柳氏墓誌銘》亦作“簮”。唐不空譯《佛説大孔雀明王畫像壇場儀軌》：“轉讀經者，可三人五人乃至七人，更[49]替相續，晝夜不令經聲間斷。”（T0983Av19p0440b）本頁下注49：“替=賛《聖》。”“賛”爲“替”字之訛。北宋贊寧等撰《宋高僧傳》：“行臺左僕射[2]替國公竇軌。”（T2061v50p0717a）本頁下注2：“替=賛《宋》《元》。”“替”爲“賛”字之訛。“賛”與“替”混訛，可資比勘。

“簮”又爲“篢”之異寫字，“贊”或作“賛”爲隸楷之通例。《説文·竹部》：“籫，竹器也。从竹，贊聲，讀若纂。”本爲從竹贊聲的形聲字。《玉篇·竹部》：“簮，竹器，箸筩。”《廣韻·緩韻》：“簮，竹器。”聲旁均從“賛”。“篢”爲盛筷子的竹筒，“冠篢”不辭，當以“簪”爲正。

1700 篬

五百大阿羅漢造、唐玄奘譯《阿毘達磨大毘婆沙論》：“尊者妙音作如是説：菩薩先以欲界聞思所生二慧伏諸煩惱，愛此慧故發起欲尋。須臾覺悟此是煩惱，增惡此故發起恚尋。漸復歇薄發起害尋，於後覺知深生慚愧。大德説曰：菩薩昔居菩提樹下，初夜魔女來相媚亂。爾時菩薩暫起欲尋，中夜魔軍總來逼惱菩薩，於彼暫起恚尋。漸復歇[9]薄復起害尋，須臾覺察即入慈定，令魔兵衆摧敗墮落。”（T1545v27p0227c）本頁下注9：“薄=篬《宮》。”

按：“篬”與“薄”爲版本異文，“篬”蓋“簿”字之訛。“歇薄”，淡薄之義。南朝宋鮑照《代陳思王〈京洛篇〉》：“古來共歇薄，君意豈獨濃?”唐崔顥《邯鄲宮人怨》詩：“非我今日獨如此，古今歇薄皆共然。”婆藪盤豆造、南朝陳真諦譯《阿毘達磨俱舍釋論》：“餘香若爲風所吹，則漸歇薄，乃至都盡。”（T1559v29p0217b）彌勒説、唐玄奘譯《瑜伽師地論》：“要當方便，令尋思行，漸漸歇薄。”（T1579v30p0343c）“歇薄”義皆同。

1701 簮

日本宥範撰《大日經疏妙印鈔口傳》：“私謂已上祕密深奥之祕肝，載簮墨雖

其恐有纔存法命忌越法，已上菩提心爲因句也。”（T2214v58p0641c）

按：“⿱⺮翰”當爲“翰”字之訛。秦公《碑别字新編·十九畫》“澣”字條引《齊高僧護墓誌》作“澣”，所從“翰”之右旁作“夸”，蓋爲“幹”之訛。“夸”爲“夸”之異寫。明焦竑《俗書刊誤·遮韻》：“夸，俗作夸，非。”“夸”與“⿱⺮翰”下所從右旁同。由此可知“⿱⺮翰”竹下所從亦當爲“幹”之訛。此處經文用爲“⿱⺮翰墨”，知“⿱⺮翰”當即“翰”字。《説文·羽部》：“翰，天雞赤羽也。从羽幹聲。”“翰”本爲鳥名，亦引申指羽毛，古用羽毛爲筆，故以“翰”代稱。晋潘嶽《秋興賦》：“於是染翰操紙，慨然而賦。”唐李善注：“翰，筆毫也。”筆管以竹爲之，故有此從竹之字。

臼 部

1702 舁

唐義淨撰《南海寄歸内法傳》：“然依佛教，苾芻亡者，觀知決死，當日[22]舁向燒處，尋即以火焚之。當燒之時，親友咸萃，在一邊坐。或結草爲座，或聚土作臺，或置甎石以充坐物，令一能者誦無常經。”（T2125v54p0216c）本頁下注22：“舁=輿《三》《甲》。”

按：“舁”與“輿”爲版本異文，“舁”即“舁”字之訛，“廾”旁訛作“丌”旁也。《説文·舁部》：“舁，共舉也。从臼，从廾。”“共舉”即擡義。“舁向燒處”即擡向燒處，“舁”正當作“舁”。本或作“輿”者，“輿”與“舁”通用。《説文·車部》：“輿，車輿也。从車，舁聲。”清朱駿聲《定聲》：“輿，叚借作舁。”《大正藏》“輿”通“舁”之例多見，如東晋法顯譯《大般涅槃經》：“然後[1]舁舉，至闍維處。”（T0007v01p0200a）本頁下注1：“舁=輿《三》。”隋闍那崛多譯《起世經》：“欝單越人命行終盡捨壽之時，無有一人憂戀悲哭。唯共[1]輿置四衢道中，捨之而去。”（T0024v01p0317a）本頁下注1：“輿=舁《三》。”皆“輿”通“舁”之例。

南朝宋求那跋陀羅譯《雜阿含經》：“爾時跋迦梨語侍病者：‘汝等持繩床，共[1]擧我身著精舍外，我欲執刀自殺，不樂久生。’”（T0099v02p0347a）本頁下注1：“擧=舁《三》。”“舁”亦“舁”字之訛。字或作“擧”者，“擧”亦有擡義，與“舁”同義。

1703 皃

佚名《翻梵語》："皃羅花，譯曰皃羅者，綿。"（T2130v54p1050a）

按："皃"即"兜"字之訛。參 1710 "㒟"字條。"兜羅"爲譯音詞，爲梵語"tūla"之對音。佛經中常見"兜羅綿"一詞，如北宋法賢譯《大正句王經》："前至別國，見兜羅綿得利倍多，可以迴麻作兜羅綿。"（T0045v01p0834c）南朝宋求那跋陀羅譯《過去現在因果經》："三十一者，眉間白毫相軟，白如兜羅綿。"（T0189v03p0627b）佛經文獻中對此詞有不少解釋，如唐慧琳撰《一切經音義》："覩羅緜，梵語也，西國細綿也，古譯云兜羅綿。"（T2128v54p0329b）又："兜羅綿，上都侯反。梵語細耎綿也，即柳花絮、草花絮等是也。"（T2128v54p0371b）又："兜羅綿，此云木綿也，甚細耎，狀似楊柳樹花。若用此綿觸人眼睛，淚不出，故知耎。"（T2128v54p0473b）南宋法雲編《翻譯名義集》："兜羅綿，兜羅，此云細香。《苑音義》翻氷，或云兜沙，此云霜，斯皆從色爲名。或名妬羅綿，妬羅，樹名。綿從樹生，因而立稱。如柳絮也，亦翻楊華。或稱兜羅毦而使者，毛毳也。熏聞云，謂佛手柔軟加以合縵，似此綿也。"（T2131v54p1172a）綜上可知，"兜羅"爲梵語譯音詞，原義爲一種樹的名稱，此樹之花稱作"兜羅花（華）"，此花如柳絮、棉絮一樣潔白、柔軟，故又稱作"兜羅綿"。

1704 𦦨

唐道世撰《法苑珠林》："雖知歡笑，將𦦨𦦨而不殊；徒識語言，與猩猩而不異。"（T2122v53p0907c）

按："𦦨"即"狒"字異體字書寫之變。《説文·内部》："𩳁，周成王時州靡國獻𩳁，人身反踵，自笑，笑即上脣掩其目，食人。北方人謂之土螻。《爾雅》云：'𩳁𩳁，如人，被髮。'一名梟陽。從厹，象形。"小徐："讀若費。"《爾雅》作"狒"。《爾雅·釋獸》："狒狒，如人，被髮，迅走，食人。"郭璞注："梟羊也。《山海經》曰：'其狀如人，面長唇黑，身有毛，反踵，見人則笑。交廣及南康郡山中亦有此物，大者長丈許。俗呼之曰山都。'"又見《逸周書》。《逸周書·王會解》："州靡狒狒，其形人身，技踵，自笑，笑則上唇翕其目，食人，北方謂之吐嘍。"皆可證"狒"與"𩳁"異體。文獻通行"狒"字。"𩳁"字罕用，且形體繁難，故訛體頗多。小徐或作"[illegible]"（下所從之内訛作禺）。或省作"𦦨"，"𦦨"又訛作"𦦨"，見《集韻》。《集韻·未韻》方未切收"𩳁、狒、𩲡、𦦨、𤟵、𦦨"等六形。"𦦨"與"𦦨"形近，當即其形訛。

《龍龕手鑑·學部》："鷽，扶味、扶喟二反。獸名。""鷽"亦上述諸形之變。《漢語大字典》："鷽，獸名。《龍龕手鑑》：'扶味、扶喟二反，獸名。'"（二p3247b）泛訓獸名，且未能溝通異體關係，不妥。

1705 䲖

唐道世撰《諸經要集》："計自在天能成世界，愚戇昏瞢，庸昧頑疏，看指求月，守株求兎，薰蕕未辯，寧分菽麥。雖知歡笑，將䲖䲖而不殊；徒識語言，與狌狌而不異。良由不識空理常處無明。"（T2123v54p0101b）

按：唐道世撰《法苑珠林》："雖知歡笑，將䲖䲖而不殊；徒識語言，與猩猩而不異。"（T2122v53p0907c）"䲖""䲖"均爲"狒"的異體字"鬻"字之訛。"鬻"又作"䴏""鷽""嶌""屭""鸐""鸒""爨"等形（參見李國英《楷體部分未識字考（二）》"爨"字條，《古漢語研究》，2009年第3期）。"䲖""䲖"與"鷽""䴏"字形相近。又《可洪音義》："鸞鸞，扶味反，獸名，似人而披髮黑色，毛長丈許，正作'屭''鸐'二形也。"（v60p301c）亦可參。

《漢語大字典》："䲖，獸名。《改併四聲篇海·學部》引《川篇》：'䲖，獸名。'"（二p3247b）泛訓獸名，且未能溝通異體關係，不妥。缺少文獻用例，可補。

1706 𦦊

日本心覺撰《多羅葉記》："舍羅步，可云舍羅破，舍羅者，箭；破者，[2]𦦊祥。"（T2707v84p0626a）本頁下注2："𦦊＝𦦊[イ]《甲》。"

按：佚名《翻梵語》："舍羅步，應云舍羅破，譯曰：舍者，箭；破，爨。"（T2130v54p1014c）南朝宋求那跋陀羅譯《雜阿含經》："如是我聞：一時佛住王舍城迦蘭陀竹園，時王舍城有外道出家，名[3]舍羅步。"（T0099v02p0250a）本頁下注3："~Sarabha。""舍羅步"出《雜阿含經》，爲"Sarabha"的對音，經中爲人名，此即《翻梵語》所本，心覺又抄自《翻梵語》。與《多羅葉記》"𦦊"對應之字《翻梵語》作"爨"，疑"𦦊"即"爨"字之訛。

自　部

1707 皇

北宋智圓述《維摩經略疏垂裕記》：“‘不務速説’者，務，皇侃疏云：‘向慕也。’”（T1779v38p0812b）

按：“皇”即“皇”字之訛。“皇侃”爲南朝梁經學家。

1708 𦣻

日本淨嚴撰《悉曇三密鈔》：“[illegible]，日囉（胎。上則日月之日）、打囉（大日疏）、馹囉（不空）、𦣻（切身）囉（慈氏）。”（T2710v84p0753）

按：此條爲梵文“𑖕𑖿𑖨（jra）”的對音字。“𑖕𑖿𑖨（jra）”是二合音，故常用二字對應。“𦣻囉”是梵文“𑖕𑖿𑖨（jra）”在《慈氏》（即唐善無畏譯《慈氏菩薩略修愈誐念誦法》）中的譯音字，“𦣻”爲由“自”和“左”構成的切身字。《悉曇三密鈔》：“[illegible]，社、若、惹、闍、結、搓、𦣻（切身。慈氏）、座（法華）、日（“嚩日囉”之“日”是）、入（“入嚩囉”之“入”是）、什（“什皤囉”之“什”是）、折（“跋折羅”之“折”是。大日疏）。”（T2710v84p0742c）“𦣻”是“𑖕（ja）”的譯音字，“𦣻”即“𦣻”字之訛，“自”旁訛作“白”旁也，二字讀音亦相合。《慈氏菩薩略修愈誐念誦法》：“次説三昧耶真言曰：[illegible]，鄔鉡（二合）䟴[12]躭囉（二合）耽履三莽也。”（T1141v20p0591b）本頁下注12：“耽＝𦣻《甲》《乙》，下同。”又：“下把五股䟴[38]耽囉（二合）周旋生火。”（T1141v20p0595c）本頁下注38：“耽＝𦣻《甲》《丙》，下同。”“𦣻”亦皆切身字，“躭”“耽”皆“𦣻”字之訛。

1709 𦤀

日本淨嚴撰《悉曇三密鈔》：“[illegible]，逝（《消災軌》）、際（《無量壽軌》）、誓（《佛頂》）、𦤀（切身。《慈氏》）。”（T2710v84p0743a）

按："䏼"是梵文"ज (je)"的譯音字，"䏼"即"䏼"之異寫，"䏼"是由"自"和"曳"構成的切身字。唐善無畏譯《慈氏菩薩略修愈誐念誦法》："真言曰：納莽糝滿多巂馱（引）腩（一）遏[2]䠫單耽耶（二）薩囉䛸（二合）薩怛䛸（二合，引）捨也弩蘖多（三）薩䛸（二合，引）賀（四）。"（T1141v20p0594a）本頁下注2："䠫＝䏼《甲》《乙》《丙》《丁》。"正文中之"䠫"，《甲》《乙》《丙》《丁》諸本皆作"䏼"，此即《悉曇三密鈔》"切身。《慈氏》"所本。字當以"䏼"爲正，唐不空譯《無量壽如來觀行供養儀軌》："無量壽如來根本陀羅尼曰：……阿（上）蜜㗚（二合）多悉第（九）阿蜜㗚（二合）多帝際（自曳反。十）阿蜜㗚（二合）多尾訖燐（二合）帝（十一）。"（T0930v19p0071b）其中"帝際"之梵語讀音是"teje"，義爲威光，"際"爲"je"的對音。而自注"際"讀音爲"自曳反"，可證《悉曇三密鈔》所引《慈氏》之"䏼"亦讀"自曳反"，"䏼"即從自從曳之切身字。此段真言亦見日本靜然撰《行林抄》，其文曰："阿密㗚（二合）多悉第（九）阿密㗚（二合）多帝際（十。自曳反）阿密㗚（二合）多尾訖燐（二合，引。羅簡反）帝（十一）。"（T2409v76p0037c）"際"亦注"自曳反"。"䠫"爲"䏼"之訛，"自"旁訛作"身"旁。

又，《無量壽如來觀行供養儀軌》："唵阿蜜㗚（二合）多帝[38]䁆賀囉吽。"（T0930v19p0072b）本頁下注38："䁆＝際《三》《甲》《乙》《丙》。""䁆"與"際"爲版本異文，"䁆"即"䏼"字之訛，"自"旁訛作"目"旁。

1710 㿰

南朝宋曇摩蜜多譯《觀虛空藏菩薩經》："經趣佛道，跋陀和菩薩、羅隣那竭菩薩，憍目㿰菩薩、那羅達菩薩、須深彌菩薩、摩訶須薩和菩薩、因坻達菩薩、和倫調菩薩，是八菩薩，從般舟中出。"（T0409v13p0679b）

按：佚名《佛説佛名經》："南無羅隣竭菩薩、南無憍目兜菩薩、南無邊陀羅菩薩。"（T0441v14p0218c）與"㿰"對應之字作"兜"，"㿰"即"兜"字之訛書寫變異。《可洪音義》卷六《大灌頂經》第一卷："㿰嘻，上都侯反。"（v59p749b）又卷十四《正法念處經》第六十九卷："㿰羅，上當侯反。"（v59p1074b）亦皆"兜"字之訛書寫變異。唐慧琳撰《一切經音義》卷三十七《金色孔雀王經》："兜婆，上音登樓反。真言句也。《經》文從自從皃作'㿰'，或作'兜'，並非，不成字。"（T2128v54p0554c）"㿰"與"㿰"形小異。

1711 䏲

唐窺基撰《妙法蓮華經玄贊》："'牆壁隤落'者，隤音杜回反，牆墜下也。

《切韻》作‘塊’。泰山基［其］隤，《玉篇》作‘隤’，落駮也。《切韻》作‘穨’，暴風也；作‘頽’，秃也。若牗饋，舍破也。《説文》亦作‘穨’，從秃，貴聲。《經》亦爲‘塊’。此二皆古文。”（T1723v34p0746a）

按：“饋”即“牘”字之訛。《玉篇・片部》：“牘，徒回切。牗牘。”《廣韻・灰韻》杜回切：“牘，牗牘，屋破狀。”字皆作“牘”。後秦鳩摩羅什譯《妙法蓮華經》：“堂閣朽故，牆壁[2]隤落，柱根腐敗，梁棟傾危。”（T0262v09p0012b）本頁下注2：“隤＝穨《博》。”此即窺基之所釋對象，今《大正藏》作“隤”“穨”。《説文・阜部》：“隤，下隊也。”乃崩墜之義，經中正用此義。《説文・秃部》：“穨，秃貌。”在崩墜的意義上，“穨”爲借字。“頽”乃“穨”之俗字。文獻中“穨”或作暴風之義。今宋本《玉篇》“隤”訓“壞墜”，窺基引作“落駮”，未見所出。

又，文中兩“塊”字，疑皆當爲“墤”字之誤。《廣韻・灰韻》杜回切：“隤，下墜也。墤，上同。”“墤”爲“隤”之異構字。

鄭賢章《漢文佛典疑難俗字彙釋與研究》亦有考證（p225、345），可參看。

血　部

1712 衂

唐圓照撰《貞元新定釋教目録》：“沙門安清，字世高，安息國王正后之太子也。幼懷淳孝，敬養竭誠。惻隱之仁，爰及蠢類。其動言立行，若踐規矩焉。加以志業聰明，剋意好學，外國典籍，莫不該貫。七曜五行之象，風角雲物之占，推步盈縮，悉窮其變。兼洞曉醫術，妙善鍼衂，覩色知病，投藥必濟。”（T2157v55p0778a）

按：“衂”即“衇”字之訛，“衇”又“𧖴”字之籀文。《説文・𠂢部》：“𧖴，血理分衺行體者。从𠂢，从血。脈，𧖴或从肉。衇，籀文。”典籍多作“脈”，或寫作“脉”。唐張參《五經文字・𠂢部》：“脈、脉，上《説文》，下經典相承。”“衇”或作“衂”者，乃由“𠂢”旁之異寫與“瓜”形近，故“衇”訛作“衂”。“鍼脉”於文意正合。

唐智昇撰《開元釋教録》：“沙門安清，字世高，安息國王正后之太子也。幼懷淳孝，敬養竭誠。惻隱之仁，爰及蠢類。其動言立行，若踐規矩焉。加以志業聰敏，剋意好學，外國典籍，莫不該貫。七曜五行之象，風角雲物之占，推步盈縮，悉窮其變。兼洞曉醫術，妙善鍼[2]豚，覩色知病，投藥必濟。”（T2154v55p0481a）本頁下注2：“豚＝脉《三》。”“豚”與“脉”爲版本異文，“豚”爲“衇”之俗字（見《龍龕手鏡・血部》p538）。南朝梁僧祐撰《出三藏記集》：“安清，字世高，安息國王政后之太子也。幼懷淳孝，敬養竭誠。惻隱之仁，爰及蠢類。其動言立行，若蹊規矩焉。加以志業聰敏，刻意好學，外國典籍，莫不該貫。七曜五行之象，風角雲物之占，推步盈縮，悉窮其變。兼洞曉醫術，妙善鍼衇，覩色知病，投藥必濟。”(T2145v55p0095a) 字作“衇”，亦“脈”之俗字（見《龍龕手鏡·血部》p538）。

舟 部

1713 舥

佚名《摩尼教下部讚》：“唲哩訶吽儞弗哆喝思嚨（十一）咊吽哩弗哆喝思嚨（十二）呼咊無娑矣弗哆喝思嚨（十三）弗咾以弗哆喝思嚨（十四）弭咽哩麼儞弗哆喝思嚨（十五）舥呼咊喝思嚨（十六）阿雲舥嚩詵喝思嚨（十七）阿拂哩殞喝思嚨（十八）薩哆（舌中）噑詵喝思嚨（十九）雲舥囉吽于而嘞喝思嚨（二十）。”(T2140v54p1274b)

按：“舥”即“那”之異寫字，清邢澍《金石文字辨異·歌韻》：“《唐隆闡法師碑》：‘並人檀舥。’案：舥即那。”“那”見於《說文》，小篆作“𨙻”，楷書寫作“𨚗”“郍”“㑚”等形。“㑚”又變作“𦨴”（見《可洪音義》v59p875a），左旁之“冉”似“舟”，右旁之“⻏”變作“巳”，“舥”即“𦨴”形的進一步書寫變異。《摩尼教下部讚》：“一者明尊舥羅延佛作。”(T2140v54p1274a) 又：“九者直意盧舍舥。”(T2140v54p1274b) 其中“舥羅延佛”即“那羅延佛”，“盧舍舥”即“盧舍那”，佛經習見，不備舉。

1714 航

南朝宋求那跋陀羅譯《雜阿含經》：“故說是呪術章句，所謂：塢躭婆隸 躭婆隸 [6]航陸 波婆躭陸 棕渧 肅棕渧 抧跋渧 文那移 三摩移 檀諦 尼羅枳施 婆羅拘悶塢隸 塢娛隸悉波呵。”(T0099v02p0061b) 本頁下注6：“航=躭《三》。”

按：“航”與“躭”爲版本異文，“航”蓋即“躭”之訛，“身”旁訛“舟”旁，“冘”旁寫作“冗”旁也。“躭”又“耽”之異體。西晉法炬譯《羅云忍辱經》：“世無所怙，唯忍可恃。忍爲安宅，災怪不生；忍爲神鎧，衆兵不加；忍爲大[7]舟，可以渡難；忍爲良藥，能濟衆命。”(T0500v14p0770a) 本頁下注7：“舟=身《宮》。”“身”爲“舟”字之訛，可比勘。

佛經中“䑡”又爲“航”之異寫字。鄭賢章《漢文佛典疑難俗字彙釋與研究》已有考證（p347）。《龍龕·舟部》：“䑴、䒊，二俗；䑡，通；航，正。户郎反。方舟也。”（p130）《可洪音義》卷四《大方廣佛華嚴經》第一卷：“䑡深，上户郎反。”（v59p659a）唐實叉難陀譯《大方廣佛華嚴經》：“逾海越漠，獻賝之禮備焉；架險航深，重譯之辭罄矣。”（T0279v10p0001a）唐慧琳撰《一切經音義》：“架險航深，何剛反。架謂置物在高懸虚之上也。《説文》曰：‘航，方舟也。’言遠國來者莫不登度險也。”（T2128v54p0434a）“䑡”又誤作“躿”，《可洪音義》卷二十六《大慈恩寺法師傳》第八卷：“舟躿，胡郎反。船也。正作‘航’。悮。”（v60p437b）此“舟”旁訛作“身”旁之例，亦可作爲“身”旁可訛作“舟”之旁證。

1715 艠

唐不空譯《法華曼荼羅威儀形色法經》：“東南聖不動尊：髻上八葉蓮，頂髻垂左肩。一目而諦觀，面門水波相。大忿怒白牙，左定掘羂索。金剛寶瓔珞，一切寶嚴飾。威怒身大鬘，住七寶艠右。”（T1001v19p0605c）

按：佛經習見“七寶蓋”，唐菩提流志譯《大寶積經》：“復次金剛摧。菩薩夢中得如來蓋者，此菩薩最後地，處處見地，解魔業雜業，求利養疾趣向。若見草葉蓋，此菩薩是初地。若見竹蓋，此菩薩是二地。若見樺皮蓋者，此菩薩是三地。若見大蓋者，此菩薩是四地。若見鐵疊蓋者，此菩薩是五地。若見銅蓋者，此菩薩是六地。若見金蓋者，此菩薩是七地。若見七寶蓋者，此菩薩是八地。若見鈴網蓋垂下者，此菩薩是九地。”（T0310v11p0084b）唐慧琳撰《一切經音義》：“七寶，一金，二銀，三瑠璃，四頗梨，五車渠，六赤真珠，七瑪瑙也。”（T2128v54p0464a）“七寶蓋”即飾有金、銀、瑠璃、頗梨、車渠、赤真珠、瑪瑙等七種珍寶的傘蓋。字本作“蓋”。在傘蓋的意義上，“蓋”又分化作“幪”，迦旃延子造、五百羅漢釋，北涼浮陀跋摩、道泰譯《阿毘曇毘婆沙論》：“爾時比丘語阿難言：大德嚴淨此房，除去瓦石糞掃之等，懸繒幡[7]幪，散種種華，燒上妙香，敷細軟臥具，安置好枕。”（T1546v28p0166c）本頁下注7：“幪＝蓋《三》《宫》。”“幪”即爲傘蓋義造的專字。《漢語大字典》：“幪，gài《字彙補·巾部》：“幪，古代切，音蓋。義闕。”（二 p868a）以“幪”爲義未詳之字，當補釋之。字又作“𢅤”，《可洪音義》卷一《摩訶般若抄經》第二卷：“華𢅤，音盖。又烏盖反，非。”（v59p579a）東晋曇摩蜱、竺佛念譯《摩訶般若鈔經》：“繒綵華蓋幢幡以是供養。”（T0226v08p0514b）《可洪音義》卷十八《阿毗曇毗婆沙》第二十五卷：“幡𢅤，音盖。又烏盖反，悮。”（v60p102a）疑“艠”即“𢅤”字之訛。

衣 部

1716 𧘝

日本光宗撰《溪嵐拾葉集》："萬法悉法界，曾非能接所接也，不受而受𧘝納受，自他安住祕密藏，深可思之。"（T2410v76p0513a）

按："𧘝"即"哀"字之訛。"哀納受"爲佛經習見，如北宋施護譯《佛説大堅固婆羅門緣起經》："最初奉獻我專心，惟願梵王哀納受。"（T0008v01p0211a）清工布查布譯《藥師七佛供養儀軌如意王經》："今特獻此功德水，伏願怡然哀納受。"（T0927v19p0051b）又日本覺超撰《三密抄料簡》："法界即是諸妙供，供養自他四法身。三世常恒普供養，不受而受哀納受（曰：此偈高野和尚後令復命，上船之日留大唐山師追所馳送云云）。"（T2399v75p0641b）"哀"爲哀愍之義。

1717 袦

隋法經等撰《衆經目録》："《阿那邠[6]邸化七子經》一卷。"（T2146v55p0129b）本頁下注6："邸=袦《宋》《元》，祁《明》。"

按："袦""祁"與"邸"爲版本異文，"袦"爲"祁"字之訛，俗書"衤""礻"二旁常相混。"祁"與"邸"蓋同一梵文的不同譯音字。《阿那邠邸化七子經》爲東漢安息國三藏安世高所譯。"阿那邠邸"爲佛經中常見人名，爲舍衛國人，漢譯爲孤獨，習稱孤獨長者。此人名異譯形式頗多，如：阿那邠邸、阿難邠邸、阿那邠抵、阿那邠坻、阿難邠坻、阿那邠低、阿難邠低、阿那邠堤、阿那邠祁、阿難邠祁、阿那邠持、阿那邠池、阿那邠遲、阿難邠祇、阿難邠祈等，與"邸"對應的字或作"抵""坻""低""堤""祁""持""池""遲""祇""祈"等。又或作阿那邠邱、阿那邠𨙸、阿那邠郄、阿那邠𨚗、阿難邠坛，"邱""𨙸""郄""𨚗"皆"邸"之書寫變異，"坛"爲"坻"之書寫變異。

1718 ⿰礻叉

元德煇重編《勅修百丈清規》："齋後漿洗衣服，不得⿰礻叉祖，不得傾瓶湯泡衣。"（T2025v48p1145c）

按："⿰礻叉"即"衩"字之訛。《中華字海》："⿰礻叉，衩的訛字。字見《直音篇》。"（p1141a）今查《直音篇》無此字。衩袒，謂不拘禮儀只穿便服，或袒衣露體。"衩袒"義於文意正合。

1719 ⿰礻王

西晉竺法護譯《佛説阿惟越致遮經》："慇懃修學如來之法，精進不懈則不自[10]枉。"（T0266v09p0213c）本頁下注10："枉＝⿰礻王《知》。"

按："⿰礻王"與"枉"爲版本異文，"⿰礻王"即"枉"字之訛。俗書"木"旁與"礻"相近，"礻""衤"二旁又常相混，因訛"枉"或訛作"⿰礻王"。"不自枉"於文意正合。日本圓珍撰《佛説觀普賢菩薩行法經記》："輞，無[20]枉反。"（T2194v56p0237c）本頁下注20："枉＝⿰礻王《甲》《乙》。""枉"訛作"⿰礻王"。《可洪音義》卷二十八《辯正論》第五卷："⿰礻王費，上於往反。"（v60p511b）"枉"訛作"⿰礻王"。皆可比勘。

1720 ⿰衤廾

龍樹造、後秦筏提摩多譯《釋摩訶衍論》："云何爲十最？一者超過最，遠離二乘地故；二者出離最，永離三界域故；三者對治最，頓斷四住地故；四者厭患最，已過五蘊聚落故；五者離愛最，永別六道岐故；六者威德最，勝退七惡軍故；七者兵衆最，皆盡八邪林故；八者智慧劍最，決斷九結[5]絆故；九者解脱最，斷除十纏繩故；十者勇猛最，摧伏九十六種諸外道故。是名爲十最，於契經中十種第一。"（T1668v32p0595b）本頁下注5："絆＝⿰衤廾《石》，枓《高》。"

按："⿰衤廾"與"枓""絆"爲版本異文，三字皆"科"字之訛。日本賴寶撰《釋摩訶衍論勘注》："一、九結科事。《法宗原》（光法師撰）云：九結者：一愛結，二恚結，三慢結，四無明結，五見結，六取結，七疑結，八嫉結，九慳結……《智度論》云：結名九結，謂貪、瞋、疑、慢、無明，此五鈍使以爲五結；身見、邪見、邊見，此三見以爲見結。戒取、見取以爲取結……私云：是俱舍等所明九結也，今加'科'字也。《鈔》所覽本'九結絆也'，但彼師以'科'字爲正也。”（T2290v69p0633b）賴寶所見作“九結科”，或本作“九結絆”，以“九結科”爲是。日本珍海撰《三論玄疏文義要》：“虚宗非無契，而契之者，無心（般若也），故聖人以無心之妙惠，契彼無相之虚宗，内外（實相及觀照也）窮得一之原，盡重玄之妙。理無不統，教無不攝。如空之含萬像，海之納百川。波若盛明斯意，論[13]科最大，豈虚搆哉。”（T2299v70p0203c）本頁下注 13：“科＝⿰衤羊《甲》。”“⿰衤羊”乃“科”字之訛，疑“九結絆”之“絆”亦“科”字之訛。

日本空海撰《大日經開題》：“十最大：一超過最，遠離二乘地故；二出離最，離三界城故；三對治最，頓斷四住地故；四厭患最，過五蘊聚落故；五離愛最，永别六道岐故；六威德最，退七惡軍故；七兵衆最，皆盡八邪林故；八智慧劍最，決斷九結科故；九解脱最，斷除十纏繩故；十勇猛最，摧伏九十六種外道故。”（T2211v58p0010c）與“⿰衤升”對應之字作“科”。又日本觀靜撰《孔雀經音義》引略同，亦作“九結科”。（T2244v61p0757c）皆可證“⿰衤升”爲“科”字之訛。

“九結”佛經多見。東漢安世高譯《長阿含十報法經》：“第四九法當拔九結。何等爲九？愛欲爲一結，瞋恚爲二結，憍慢爲三結，癡爲四結，邪見爲五結，疑爲六結，貪爲七結，嫉爲八結，慳爲九結。”（T0013v01p0239a）南朝宋求那跋陀羅譯《雜阿含經》：“閻浮車問舍利弗：‘所謂結者，云何爲結？’舍利弗言：‘結者九結，謂愛結、恚結、慢結、無明結、見結、他取結、疑結、嫉結、慳結。’”（T0099v02p0127a）五百大阿羅漢造、唐玄奘譯《阿毘達磨大毘婆沙論》：“有三結，謂有身見結、戒禁取結、疑結。問：‘此三結以何爲自性？’答：‘以二十一事爲自性，謂有身見結三界見苦所斷有三事，戒禁取結三界見苦道所斷有六事，疑結三界見苦集滅道所斷有十二事，此二十一事是三結自性。我物相分自體本性，已説自性，所以今當説。’問：‘何故名結？結是何義？’答：‘繫縛義是結義，合苦義是結義，雜毒義是結義。此中繫縛義是結義者，謂結即是繫。云何知然？如契經説：“尊者執大藏往尊者舍利子所，問言：大德爲眼結色，色結眼耶？乃至意法爲問亦爾。舍利子言：眼不結色，色不結眼。此中欲貪説名能結，乃至意法亦復如是。如黑白牛同一鞅繫，若有問言：爲黑繫白，白繫黑耶？應正答言：黑不繫白，白不繫黑。此中有鞅説名能繫。”由此故知結即是繫。合苦義是結義者，謂欲界結令欲界有情與欲界苦合非樂，色界結令色界有情與色界苦合非樂，無色界結令無色界有情與無色界苦合非樂。雜毒義是結義者，謂勝妙生及有漏定，如無量解脱勝處遍處等，以雜煩惱故，聖者厭離如雜毒食。’”（T1545v27p0237c）“結”本取“繫縛”之義。“結”又作“結科”者，“科”乃品類之義。

唐法藏述《華嚴經探玄記》：“論同前地，[1]科爲三分。”（T1733v35p0343a）本頁下注 1：“科＝⿰衤斗《聖》。”“⿰衤斗”亦“科”字之訛，“禾”旁訛作“衤”旁。隸書“升”作“升”“升”等形（見清顧藹吉《隸辨》），“斗”作“斗”“斗”等形（見《隸辨》），顧藹吉在“斗”下注曰：“《金石文字記》云：升音陞，斗音㪷，昔人以其文易混，故改斗爲斗，俗作斗。”由於兩字形近易混，“斗”旁字亦或訛作“升”旁，故“科”字可訛作“⿰禾升”（見清邢澍《金石文字辨異·歌韻》“科”字條引《唐孟法師碑》）。毘舍佉造、唐義淨譯《根本説一切有部毘奈耶頌》：“言我今方了，戒[6]科咸在斯。”（T1459v24p0643c）本頁下注 6：

"科＝秎《聖》。""秎"亦"科"字之訛。參 1489"秎"字條。

1721 衺

唐慧沼述《成唯識論了義燈》："問：'若約種位，現受與種，何非受俱？若約當起，識及名色，六識未起，何有樂捨？'答：'疏云：此生支位寬，故與樂捨俱。謂從中有至本有中，未衺變來皆生支故，約此生支位中識名色等，非據刹那名識支位得與受俱。'"（T1832v43p0784c）

按："衺"即"衰"字之訛。清鐵珊《增廣字學舉隅・卷二・正訛》已溝通"衺""衰"二字。日本湛慧撰《成唯識論述記集成編》："問：'若約種位，現受與種，何非愛俱？若約當起，識及名色，六識未起，何有樂捨？'答：'疏云：此生支位寬，故與樂捨俱。謂從中有至本有中，未衰變來皆生支故，約此生支位中識名色等，非據刹那名識支位得與受俱。'"（T2266v67p0759b）字作"衰"。"衰變"於文意正合。

1722 袠

唐圓照撰《貞元新定釋教目録》："《般舟三昧經》二卷，光和二年十月八日出，見《經後記》，《高僧傳》第［等］二經同時啓[19]夾，故出曰［日］同也。舊録云：《大般舟三昧經》或一卷，第二出與《大集賢護經》等同本。"（T2157v55p0779c）本頁下注 19："夾＝袠《乙》。"

按："袠"與"夾"爲版本異文，"袠"即"袟"字之訛。唐智昇撰《開元釋教録》："《般舟三昧經》二卷，光和二年十月八日出，《見經後記》。《高僧傳》等二經同時啓[9]夾，故出日同也。舊録云：《大般舟三昧經》或一卷，第二出與《大集賢護經》等同本。"（T2154v55p0482b）本頁下注 9："夾＝袟《三》。"與"袠"對應之字作"袟"。北魏瞿曇般若流支譯《奮迅王問經》："沙門曇林、瞿曇流支，興和四年歲次壬戌，月建在申，朔次乙丑甲午之日，啓夾創筆，凡有一萬八千三百四十一字。"（T0421v13p0935b）唐智昇撰《續古今譯經圖紀》："往者麟德元年玄奘法師於玉華寺翻《大般若》竟，諸德慇懃請翻《寶積》。固請不已，遂啓夾譯之。"（T2152v55p0371b）"夾"爲"梵夾"之省，這裏指梵文佛經，"啓夾"本指打開梵文佛經（開始），如"啓夾譯之"，又用作開始翻譯之義，如"同時啓夾"。"袟"爲"帙"之異構字，本指古代竹帛書籍的套子，後來也指綫裝書的函套，"啓袟（帙）"書面意思是打開書的函套，亦喻指開始讀書寫作，與"啓夾"義近。但是在開始翻譯佛經的意義上，還是用"啓夾"更確切。唐道宣撰《續高僧傳》："法輪重轉學侶雲隨，開帙剖文皆傳義旨。"（T2060v50p0511b）

“開帙”與“啓袠（帙）”義近。

考諸字形，“失”或寫作“失”，“央”或寫作“央”，二字異寫形近，故或混誤。世親造、金剛仙釋、北魏菩提流支譯《金剛仙論》：“何故此中已明者？是任放辨才，前後隨意明也。然諸佛菩薩得自在陀羅尼故，説則當理，前後隨意，超越説法，而文義俱順，不[8]失次第，亦不相違皆［背］。”（T1512v25p0813a）本頁下注8：“失=央《甲》。”日本觀靜撰《孔雀經音義》：“若墮聲聞地，及辟支佛地，是名菩薩死，亦名一切[13]央，雖墮於地獄，不應生怖。”（T2244v61p0761c）本頁下注13：“央=失《甲》《乙》。”龍樹造、後秦鳩摩羅什譯《十住毘婆沙論》：“若墮聲聞地，及辟支佛地，是名菩薩死，亦名一切失，雖墮於地獄，不應生怖畏。”（T1521v26p0093a）“央”皆“失”字之訛。西晋竺法護譯《正法華經》：“如是世尊，我等無[3]失，無數菩薩，如［而］來集會”（T0263v09p0113a）本頁下注3：“失=央《明》。”《嘉興藏》作“央”。日本安然撰《大日經供養持誦不同》：“十六[11]央具梨，過此是其量。”（T2394v75p0307c）本頁下注11：“央=失《乙》。”“失”又“央”字之訛。《可洪音義》卷八《佛説孛經》：“殃罪，上於良反，正作殃。”（v59p822a）“殃”爲“殃”字之訛。故“袠”或訛作“⿴衣央”。

1723 ⿴衣罒

南宋志磐撰《佛祖統紀》：“召句曲山道士朱自英詣闕，賜號觀妙先生。初，真宗以儲嗣久虚，命朱自英奏章升神帝闕。見三茅真君乘寶輦而下，問：‘何所來？’答曰：‘臣爲大宋祈嗣。’茅君頷之。以其章進太上。勅曰：‘茅盈憂國愛民，宜爲宋嗣。’明年，仁宗生。（句曲洞天，在潤州句容縣。三茅君治此山，長茅盈，二弟固、⿴衣罒。詳見《通塞志》一卷。）”（T2035v49p0416b–c）

按：“⿴衣罒”即“衷”字之訛，“衷”字部件“中”訛作“罒”。文中的“三茅君”即三茅真君，指漢代修道成仙的茅氏三兄弟，長曰茅盈、次曰茅固、三曰茅衷，是道教茅山派的祖師。文中之“二弟固、⿴衣罒”意謂茅盈的兩個弟弟茅固和茅衷，字本當作“衷”，訛作“⿴衣罒”。《佛祖統紀》：“有茅盈者視濛爲高祖父，入常山學道。二弟固、衷，仕漢爲二千石。”（T2035v49p0334c）又：“茅盈得道，治江南句曲山，二弟固、衷從兄亦成真。老君遣使拜盈爲司命真君，固爲定録君，衷爲保命君，世號三茅君。”（T2035v49p0459b）同書中亦皆作“衷”，可知“⿴衣罒”爲偶然之誤刻。

1724 袠

唐圓照撰《貞元新定釋教目録》：“伏惟皇帝陛下：天生聖德，雅尚無爲；遊心聖謨，日仄忘僊。鼓鐘宸極，[20]寰海。梵經斯至，文教知歸。”（T2157v55p0896b）本頁下注 20：“寰=聲滿褁《聖》。”

按：“褁”與“寰”爲版本異文，“褁”爲“寰”字之訛。據聖本，“寰”字前有“聲滿”二字，本當作“鼓鐘宸極，聲滿寰海”，“寰海”爲全國之義，“聲滿寰海”謂鼓鐘之聲遍布全國。

1725 䄻

日本光宗撰《溪嵐拾葉集》：“鎖印（以左右手頭指算，八指反叉入於掌中，右壓左，兩腕指去五寸許，真言曰）：唵呼盧〻〻戰馱利　磨橙䄻莎訶。”（T2410v76p0869b）

按：“䄻”即“衹”字之訛。日本天倫楓隱撰《諸回向清規》：“唵呼盧呼盧戰馱利摩橙衹莎訶。”（T2578v81p0665c）日本榮然撰《師口》：“真言曰：唵戶盧戶盧戰馱利摩登衹。”（T2501v78p0829c）日本淳祐撰《要尊道場觀》：“《陀羅尼集經》真言（印如前）：唵（一）呼嚧呼嚧（二）戰馱（去音）利（三）摩登衹（四）莎訶。”（T2468v78p0041c）日本實運撰《諸尊要抄》：“寶山印：唵戶盧戶盧戰拏利摩登衹 स्वा（莎呵）。”（T2484v78p0290a）與“䄻”對應之字皆作“衹”。蓋俗書偏旁“衤”與“衤”、“民”與“氏”常相混，故訛“衹”爲“䄻”。唐道宣撰《廣弘明集》：“周孔尚忠孝，立行肇君親。老[26]氏貴裁欲，存生由外身。”（T2103v52p0360b）本頁下注 26：“氏=民《宋》。”“老氏”指老子，宋本之“民”即“氏”字之訛。日本淨嚴撰《悉曇三密鈔》：“गि，儗（胎）、近、疑、擬、宜、耆、衹、蟻（大流）、岐、趌（羂索經）、𩓞（切身。慈氏軌）、祁、其。”（T2710v84p0742a）“衹”爲“गि（gi）”之譯音字。

1726 䄺

東晉佛陀跋陀羅、法顯譯《摩訶僧衹律》：“拜教誡比丘尼人。拜一月羯磨、[8]䄺羯磨、癡羯磨、發露羯磨、覆鉢羯磨。”（T1425v22p0443b）本頁下注 8：“䄺=栴《三》《宮》。”

按：《嘉興藏》作“栴”。“䄺”與“栴”爲版本異文，“䄺”“栴”皆“旃”字之訛。三國吴支謙譯《撰集百緣經》：“時有長者，見彼比丘威儀庠序，心生信敬，即入舍内，取一張氎，施彼比丘。還詣塚間，值彼賊人，見是比丘，持氎來至，便從索取。比丘即與。明日更來，復從索[31]䄺，次復持與。”（T0200v04p0216c）本頁下注 31：“䄺=氈《三》《聖》。”“䄺”與“氈”爲版本異文，“䄺”亦“旃”字之訛，“旃”爲“氈”之借字。《玉篇·毛部》：“氈，之延切。毛爲席。”文獻或用“旃”，乃“氈”之同音借用字。《大正藏》“旃”用作“氈”習見。

東晉佛陀跋陀羅、法顯譯《摩訶僧祇律》：“枕者，劫貝枕、毛毳枕、[3]氈枕、迦尸枕。”（T1425v22p0342a）本頁下注 3：“氈＝㮭《三》《宮》。”又：“有罪得無罪者，作小房大房[22]氈一切，乃至三諫，是名緣有罪得無罪，緣有罪至有罪者。”（T1425v22p0430c）本頁下注 22：“氈＝㫋《宋》《元》，㮭《明》，秔《宮》。”失譯《薩婆多毘尼毘婆沙》：“長床相接，但異席、異褥、異氈，令中間空絶，[16]氈褥各異，得坐。”（T1440v23p0524c）本頁下注 16：“氈＝㫋《聖》。”“㮭”“㫋”“㫋”“秔”皆“旃”字之訛。參 1396“𣄚”字條。

1727 袼

新羅慧超記《遊方記抄·往五天竺國傳》：“袈裟一千領，[26]褊衫一千對。”（T2089v51p0989b）本頁下注 26：“褊＝袼《甲》。”

按：“袼”與“褊”爲版本異文，“袼”即“褊”字之訛。袈裟、褊衫、覆肩皆爲佛者之服。“褊衫”佛經習見，乃開脊接領，斜披在左肩上，類似袈裟的一種僧尼服裝。日本道元撰《永平清規》：“鋤地種菜之時，不著裙褊衫，不著袈裟直裰，只著白布衫、中衣而已。”（T2584v82p0336a）

1728 袠

隋吉藏撰《法華義疏》：“佛馱毘吉利袠帝（此云覺，已越度）。”（T1721v34p0630a）

按“袠”即“袠”字之訛。後秦鳩摩羅什譯《妙法蓮華經》作：“佛馱毘吉利袠帝。”（T0262v09p0058b）與“袠”對應之字作“袠”。日本淨嚴撰《悉曇三密鈔》：“[illegible]毘[illegible]吉利[illegible]袠[illegible]帝、[illegible]涅[illegible]瞿[illegible]沙[illegible]禰、[illegible]涅[illegible]伽[illegible]陀[illegible]尼（右三《法華經》。”（T2710v84p0760b）“袠”爲梵文“[illegible]（ḍi）”的譯音字。“袠”或寫作“袠”，“袠”又訛作“袠”（見《可洪音義》v60p341a），“袠”即“袠”類形體之進一步錯訛。《可洪音義》卷十一《大莊嚴論經》第一卷：“巾袠，陳一反。”（v59p959a）“袠”亦“袠”字之訛，“袠”與“袠”形近。

1729 䘾

唐僧詳撰《法華傳記》：“常山衡唐精舍中，有數十蝙蝠遊化。沙門止宿寺中，誦《法華經》，蝙蝠愛樂法音在壁中，壁頓裫落，一時命終。僧見其死，呪願：汝既聞《法華》，必生天上。"（T2068v51p0091b）

按："裫"即"褫"字之訛。"褫落"爲脱落、掉下之義，佛經中常用。如唐慧祥撰《古清涼傳》："時從者彌加驚異焉，既重登臺，乃將香花及錢投之太花池内，復東南，向大孚寺。其東堂外壁，半餘褫落。"（T2098v51p1099b）後秦鳩摩羅什譯《妙法蓮華經》等亦有"泥塗褫落"之語，其語境與此《法華傳記》相近。又唐慧琳撰《一切經音義》卷四《大般若波羅蜜多經》："褫落，上池里反。《考聲》云：'褫亦落也。'敚音土捋反。《説文》：'褫，奪衣也。'《經》文作'埽'，不成字也。"（T2128v54p0330a）是慧琳所見經文"褫"字作"埽"。"褫"字又寫作"袆"（見唐張參《五經文字·衣部》）、"袆"（見《龍龕手鑑·衣部》）。其右旁皆即"虒"之書寫變異，與"希"形體相近，故"褫"字可訛作"裫"。參0228"埽"字條。

1730 袠

日本安澄撰《中論疏記》："所言帙者，《玉篇》作'[6]袠'字，除曬反。《蒼頡篇》：'袠，纏也。'《説文》亦'帙'字也，在《巾部》也。有本作'帙'字。《説文》：'書衣也。'亦作'帙'字。《玉篇》亦作'帣'字，居瑗反，囊也。三解爲一帣也。"（T2255v65p0232c）本頁下注6："袠=袋《甲》。"

按："袠"與"袋"爲版本異文，二字皆"袠"字之訛。《説文·巾部》："帙，書衣也。从巾，失聲。袠，帙或从衣。"《玉篇·衣部》："袠，除失切。亦作'帙'。"此即安澄所本，與"袠"對應之字作"袠"。唐慧琳撰《一切經音義》："袠軸，上陳栗反。《蒼頡篇》云：'袠猶纏也。'《考聲》云：'裹也。'《文字典説》云：'袠，書衣也。'《説文》從衣失聲。"（T2128v54p0824c）慧琳引《蒼頡篇》"袠猶纏也"，安澄引《蒼頡篇》"袠，纏也"，兩者相合，"袠"對應"袠"字。元沙囉巴譯《藥師琉璃光王七佛本願功德經念誦儀軌》："我於當來末法之時，若復有人於此經典受持讀誦，或復爲他演説開示，若自書寫，若教人書，恭敬尊重，而以種種花香塗香，末香燒香，華鬘纓絡，幡蓋伎樂，而爲供養。令諸淨信男子女人，得聞七佛名號，乃至睡中亦以佛名令其覺悟。復以上妙五色繒綵而裹袠之，灑掃淨處，安高座上。"（T0925v19p0039b）日本靜然撰《行林抄》："若於此經以五色繒綵而裹袠之，灑掃淨處，置高座上。"（T2409v76p0023c）清工布查布譯《藥師七佛供養儀軌如意王經》："以五花繒綵而裹帙之，供於淨處。"（T0927v19p0058c）"袠""帙"與"裹"連用，當即纏繞之義。《漢語大詞典》和《漢語大字典》"袠""帙"兩字皆未收此義，當補。

又，《玉篇·巾部》："帣，居瑗切，囊也。"與安澄所引合。《説文·巾部》："帣，囊也。今鹽官三斛爲一帣。""三解爲一帣"，本出《説文》，"解"乃"斛"字之訛。"帣"與"袠"非同字。

唐慧苑撰《新譯大方廣佛花嚴經音義》：“庶使披文了義，弗竢疇咨，紐字知音，無勞負⿱龹衣。”（T2128v54p0433b）“負⿱龹衣”同“負帙”，疑“⿱龹衣”即“袠”字之訛。

1731 ⿰衤坐

日本照遠撰《資行鈔》：“又如《賢愚經》説，昔有國王欲造塔，有臣訮王，令減層級而出塔上自施鐘鈴。後得爲人出家，身形⿰衤坐小（即鉢壺也），聲相清美，人皆樂聞。此乃施鐘鈴所感，豈非是聲是報得耶?”（T2248v62p0540b）

按：“⿰衤坐”爲“矬”字之訛。北魏慧覺譯《賢愚經》：“時祇洹中有一比丘，形極[7]痤陋，音聲異妙。”（T0202v04p0424b）本頁下注7：“痤=矬《三》。”《賢愚經》作“痤”“矬”，“⿰衤坐”即“矬”字之訛，“矢”旁訛作“衤”旁也。

1732 ⿱罒衣

唐窺基撰《瑜伽師地論略纂》：“以文攝義名，攝義句字母者，謂三十三字十四音。十四音者，謂⿱罒衣阿噫伊鄔烏仡侣紇間呂盧醫愛汙奥闇惡。”（T1829v43p0018b）

按：唐遁倫集撰《瑜伽論記》：“攝義句者，如以伽他攝散義句。字母者，謂三十三字十四音。十四音者，謂哀阿噎伊鄔烏紇侶紇間呂盧翳愛汙奥闇惡。不取後二故成十四。”（T1828v42p0331a）唐智廣撰《悉曇字記》：“𑖀，短阿字（上聲短呼，音近惡引）。”（T2132v54p1187c）日本淨嚴撰《悉曇三密鈔》：“𑖀，短阿字（上聲短呼，音近惡$_{引}$）……⿰木⿴衣可（阿可反。全真）。”（T2710v84p0731c）日本安然撰《悉曇藏》：“𑖀，⿴衣可（阿可反）。”（T2702v84p0407c）“⿴衣可”“⿰木⿴衣可”“哀”“⿱罒衣”皆“𑖀（a）”之譯音字。“⿴衣可”與“⿰木⿴衣可”音同，爲同一梵文的不同譯音字。“⿱罒衣”爲“⿴衣可”之書寫變異，“哀”爲“⿴衣可”字之訛。

1733 ⿴衣扌

日本玄昭撰《悉曇略記》：“𑖜（以本鄉陀字音呼之，但加齒。下字亦然，加齒音），[39]□（那我反）。”（T2704v84p0472a）本頁下注39：“□=⿴衣扌《丙》，那《丁》。”

按：“⿴衣扌”與“那”爲版本異文，該字底本脱，注音“那我反”，據文意，該字爲“𑖟（da）”的譯音字。根據文中給出的條件，“⿱扌袲”即“橠”字之訛。日本淨嚴撰《悉曇三密鈔》：“𑖟，陀字（大下反，輕音。餘國有音陀可反。字記）……⿰扌袲（那可反。全真。今考‘⿰扌袲’恐‘袲’字，袲奴可反）。”（T2710v84p0737a）《悉曇三密鈔》收“𑖟（da）”的譯音字“⿰扌袲”，“⿰扌袲”與“⿱扌袲”形近。淨嚴以爲“⿰扌袲”即“袲”字，與形體不合，“⿰扌袲”與“⿱扌袲”皆當爲“橠”字之訛。參1085“⿰扌袲”字條。

1734 ⿱埶衣

日本玄昭撰《悉曇略記》：“𑖀（短上。阿以下初字皆短上），⿱埶衣（阿可反）。”（T2704v84p0471a）

按：根據文意，“⿱埶衣”爲“𑖀（a）”之譯音字，參考字形，“⿱埶衣”即“褻”字之訛。日本淨嚴撰《悉曇三密鈔》：“𑖀，短阿字（上聲短呼，音近惡引）……褻（阿可反。全真）。”（T2710v84p0731c）“𑖀（a）”的譯音字作“褻”。唐菩提流志譯《大寶積經》：“以褻（阿可反）字印印一切法。”（T0310v11p0140b）唐慧琳撰《一切經音義》：“褻，阿可反。”（T2128v54p0470a）“褻”讀“阿可反”，音皆相合。

1735 ⿰衤茵

唐道世撰《法苑珠林》：“是時舍主即出奉迎，敷置[15]茵褥，請入就坐。耶舍見其家内有二餓鬼，裸形黑瘦，飢虚羸乏。”（T2122v53p0865c）本頁下注15：“茵=⿰衤茵《明》。”

按：“⿰衤茵”與“茵”爲版本異文，“⿰衤茵”即“茵”字之訛，因受後字“褥”的影響而加“衤”旁。《説文·艸部》：“茵，車重席也。从艸，因聲。鞇，司馬相如説茵从革。”唐慧琳撰《一切經音義》：“茵褥，上音因，下如欲反。鄭玄注《禮記》云：‘茵亦褥也。’顧野王云：‘虎皮褥也。’或作‘鞇’字，亦通。”（T2128v54p0378a）“茵褥”於文意正合。《集韻·諄韻》伊真切：“茵、鞇、筃，《説文》：‘車重席。司馬相如説茵从革。’或作‘筃’，通作‘裀’‘絪’。”四庫本《法苑珠林》與“⿰衤茵”對應之字作“裀”。《集韻》謂“茵”與“裀”通，蓋由《廣雅》“複襂衫謂之裀”，以《廣雅》之義爲本義，以“裀褥”之“裀”爲借字。我們把兩個“裀”看作同形字。

1736 裩

日本拔隊得勝語《鹽山拔隊和尚語録》：“且道那箇是一乘妙門，諸佛衆生驀脚踐履，無影樹下合同船，箇箇無裩長者子，當人於斯終省悟。”（T2558v80p0575c）

按：“裩”即“幝”之異體“裩”字之訛。北宋重顯頌古、克勤評唱《佛果圓悟禪師碧巖録》：“鉢裏飯桶裏水（露也，撒沙撒土作什麽，潄口三年始得），多口阿師難下嘴（縮却舌頭，識法者懼，爲什麽却恁麽舉）。北斗南星位不殊（喚東作西作什麽，坐立儼然，長者長法身，短者短法身），白浪滔天平地起（脚下深數丈，賓主互换，驀然在爾頭上，爾又作麽生，打）。擬不擬（蒼天蒼天咄），止不止（説什麽，更添怨苦），箇箇無裩長者子（郎當不少，傍觀者哂）。”（T2003v48p0185b）與“裩”對應之字作“裩”。“裩”乃“幝”的異構字。《説文·巾部》：“幝，幒也。从巾，軍聲。褌，幝或从衣。”段玉裁注：“按今之套褲，古之絝也。今之滿襠褲，古之褌也。自其渾合近身言曰幝，自其兩襱孔穴言曰幒。”《集韻·魂韻》公渾切：“幝、褌、帍、裩，《説文》：‘幝，幒也。’或作褌、帍、裩。”明張自烈《正字通·巾部》：“裩，俗褌字。”“裩”或作“裩”者，“昆”旁訛作“昆”旁也。參1626“蜫”字條。

1737 裰

唐菩提流志譯《不空羂索神變真言經》：“復一稱䛏字，一以杖[9]裰拄米哆羅心上七下，又以杖裰打喉上七下。米哆羅自吐舌出，持刀割取，便變成劍，當佩身者，獲得一切劍仙三昧耶，壽命萬歲，一十八千劍仙爲伴。”（T1092v20p0295c）本頁下注9：“裰＝殺カ《乙》。”

按：注文之“裰”，正文作“裰”，又與“殺”爲版本異文，“裰”“裰”皆“摋”字之訛。《玉篇·手部》：“摋，蘇割切。側手擊曰摋。”參1405“裰”字條。

1738 褓

日本瑩山紹瑾撰《瑩山清規》：“維那取籌，至淨浴籌處淨籌。謂上浴香湯，下浴淨水。偈畢，兩手巾人左右取手巾，五人相並退步，至席端問訊。先香湯人進近槌邊問訊，去㭘子。以香水浴槌柄，又問訊，覆㭘子。此時淨水香湯人次第進主人前，維那立槌邊，問訊，去㭘子，左肩籌。待大衆説偈洗手了，白槌一下。”（T2589v82p0432b）

按：“㭘”即“袱”字之訛。日本道元撰《永平清規》：“次蓋槌之袱子訖，又問訊（今案吉祥）。”（T2584v82p0329a）又：“下鉢之法：擧身安詳，起立定，轉身右迴向掛搭單，合掌低頭。略問訊訖，取鉢，左手提鉢，右手解鉤，兩手托鉢，不得太高太低。……次當此時，聖僧侍者供養聖僧飯。行者擎飯盤，侍者合掌先飯而步。侍者供養聖僧飯後，於當面堦下問訊訖，却槌砧之複袱子。”（T2584v82p0326c）“袱子”即用來覆蓋用的布塊，與文意合。日本卍山道白語《東林語録》：“書一卷而爲標軸，包以袱子，并添好雪居士所持十八顆念珠一串而賜之。”（T2598v82p0602c）此處的“袱子”指包裹。

日本道元撰《正法眼藏》：“牓ハ箱ニ[12]複袱子ヲシキテ。”（T2582v82p0263c）本頁下注 12：“複袱子＝複㭘子《乙》《丙》《丁》，袱子《庚》。”“㭘”與“袱”爲版本異文，“㭘”亦“袱”字之訛。

1739 䙙

元念常集《佛祖歷代通載》：“上堂僧問：‘拈䙙竪拂，不當宗乘，和尚如何指示？’師竪起拂子，其僧抱頭而出。”（T2036v49p0650b）

按：“䙙”爲“槌”字之訛。明語風圓信、郭凝之編《金陵清涼院文益禪師語録》：“擧僧問雪峯：‘拈槌竪拂，不當宗乘，未審和尚如何？’雪峯竪起拂子，僧乃抱頭出去。”（T1991v47p0593b）北宋道原纂《景德傳燈録》：“僧問：‘拈搥竪拂，不當宗乘，和尚如何？’師竪起拂子，其僧自把頭出。”（T2076v51p0328a）所敘事與《佛祖歷代通載》略同，而字作“槌”或“搥”。“䙙”當即“槌”字之訛，“木”旁訛作“衤”旁也。“搥”亦“槌”字之訛，“木”旁訛作“扌”旁也。

1740 襃

唐義淨譯《佛説大孔雀呪王經》：“南謨莫訶　摩瑜利襃　仳地（亭夜反）囉愼若（而襃反）。”（T0985v19p0461b）

按：“襃”即“裔”字之訛。“裔”字或寫作“𧝋”（見清邢澍《金石文字辨異·霽韻》“裔”字條引《北魏司馬元興墓志銘》），“𧝋”又寫作“襃”。經文“而襃反”爲“若”字切下字，與“裔”字讀音合。日本明覺撰《悉曇要訣》：“ञ愼若（而制反）。”（T2706v84p0504b）“若”切下字又用“制”字。《嘉興藏》作“⿴衣冋”，“⿴衣冋”亦“裔”字之書寫變異。参 2331“裛”字條。

1741 ⿴衣冋

唐道世撰《諸經要集》：“般若波羅蜜華呪曰：那末柯盧履（民旨反）般若波羅蜜多[2]裔莎呵。”（T2123v54p0035a）本頁下注 2：“裔 = ⿴衣冋《宮》。”

按：“⿴衣冋”與“裔”爲版本異文，“⿴衣冋”即“裔”字之訛。南朝梁僧伽婆羅譯《文殊師利問經》：“般若波羅蜜花呪曰：那末柯盧履（民旨反）波若波羅蜜多裛莎訶。”（T0468v14p0508b）與“裔”對應之字作“裛”，“裛”爲“裔”字之變。林光明《新編大藏全咒》卷五《文殊師利問經》“般若波羅蜜花呪”中“裛”的梵文羅馬轉寫作“ye”（v5p68）。日本淨嚴撰《悉曇三密鈔》：“𑖧，曳、拽、裔（法花）。”（T2710v84p0746a）“裔”爲“𑖧（ye）”之譯音字。

1742 禕

唐道宣撰《廣弘明集》：“昔有問道士顧歡，歡答：《靈寶妙經》天文大字，出於自然，本非《法華》，乃是羅什妄與僧[32]肇改我《道經》爲《法華》也。”（T2103v52p0151c）本頁下注 32：“肇 = 禕《宮》。”

按：四庫本作“肇”。“禕”與“肇”爲版本異文，“禕”即“褘”字之訛。僧肇是東晉時期著名的佛教學者，京兆（今陕西長安市）人，師從鳩摩羅什。隋吉藏撰《百論疏》：“肇公是京兆郡人，家貧，常以傭書爲業，因是歷觀經史。每讀老子、莊周之書，喟然歎曰：美則美矣，然期神冥累之方猶未盡矣。末見《古維摩經》，觀喜頂戴，謂親友曰：吾知所歸極矣。羅什至京師，因從請業。著《不真空》等四論，著注淨名及諸經論序。什歎曰：秦人解空第一者，僧肇其人也。”（T1827v42p0232a）根據歷史事實與文獻資料，字本作“肇”無疑。字或作“禕”者，乃“肇”字之誤。《草書韻會》“肇”字或寫作“[illegible]”，“禕”蓋此類形體轉録之誤。唐法琳撰《辨正論》卷八：“以問道士顧歡，歡答言：《靈寶妙經》天文大字，出於自然，本非改《法花》爲之，乃是羅什姦妄，與弟子僧禕改我道家《靈寶》以爲《法華》，非改《法華》爲《靈寶》也。”（T2110v52p0544c）唐慧琳撰《一切經音義》卷八十六《辯正論》第八卷：“僧禕，於宜反。《毛詩傳》云：‘禕。美也。’人名也。”（T2128v54p0863b）字皆作“禕”。南朝梁僧祐撰《弘明集》：“《三破論》云：佛，舊經本云浮屠，羅什改爲佛徒，知其源惡故也。所以詺爲浮屠，胡人凶惡故，老子云化其始不欲傷其形，故髡其頭，名爲浮屠，況屠割也。至僧禕後改爲佛圖。本舊經云：喪門喪門，由死滅之門。云其法無生之教，名曰喪門。至羅什又改爲桑門，僧禕又改爲沙門。”（T2102v52p0050c）四庫本作

“僧禕”。此“僧禕”或“僧禕”亦當爲“僧肇”之誤。

隋費長房撰《歷代三寶紀》:“三藏法師將律藏至廣州，臨上舶反還去，以律藏付弟子僧伽跋陀羅。羅以永明六年共沙門僧猗於廣州竹林寺譯出此《善見毘婆沙》。”（T2034v49p0095c）南朝梁僧祐撰《出三藏記集》:“《善見毘婆沙律》十八卷（或云《毘婆沙律》，齊永明七年出），右一部，凡十八卷。齊武帝時沙門釋僧猗於廣州竹林寺請外國法師僧伽跋陀羅譯出。”（T2145v55p0013b）又:“齊永明十年歲次實沈三月十日，禪林比丘尼淨秀聞僧伽跋陀羅法師於廣州共僧禕法師譯出梵本《善見毘婆沙律》一部十八卷。”（T2145v55p0082a）諸佛經書目，《善見毘婆沙律》的譯者“僧猗”與“僧禕”互見，實爲一人，“猗”“禕”音同，義皆有美義，唯用字不同。此僧禕爲南齊人，與僧肇時代不同。

1743 𧝑

日本最澄撰《法華長講會式》:“薩摩十三郡，新島八幡神，一切神鬼靈。大隅六箇郡，一切神鬼靈。多𧝑四箇郡，壹岐一箇郡，對馬兩箇郡。三島一切神，乃至鬼靈等。”（T2363v74p0250c）

按:“𧝑”即“𧝓”字之訛。“執”旁字寫作“執”旁，文獻多見。“多𧝓”爲日本古島國名，又作“多禰”，《續日本紀》有詳細的記載。屬於西海道（日本令制國時期的一級行政區劃，是奈良時代日本全國所分的五畿七道之一，由於1869年建立北海道，之後又稱“五畿八道”），多禰國（702–824年）大抵相當於現在鹿兒島縣的大隅群島。元托克托等修《宋史・日本國傳》:“又有壹伎、對馬、多𧝓凡三島，各統二郡。”字亦作“多𧝓”。

1744 𧞍

三國魏曇諦譯《羯磨》:“大德僧聽:比丘某甲此住處命過，所有衣鉢坐具針筒盛衣[26]𧞍器，現前僧應分，若僧時到僧忍聽，僧今與比丘某甲看病人。白如是。”（T1433v22p1058c）本頁下注26:“𧞍=貯《三》《宮》。”

按:“𧞍”與“貯”爲版本異文，“𧞍”爲“褚”之異構字。《玉篇・衣部》:“褚，裝衣也。”《急就篇》:“襜褕袷複褶袴褌。”唐顔師古注:“褚之以綿曰複。”三國魏康僧鎧譯《曇無德律部雜羯磨》（T1432v22p1046c）引同《羯磨》作“𧞍”。佚名《宗四分比丘隨門要略行儀》:“大德僧聽:比丘某甲此住處命過（若餘處應云住處），所有衣鉢坐具針筒盛衣𧞍器（若於六物中闕者，隨現有者稱之），現前僧應分，若僧時到僧忍聽，僧今與比丘某甲看病人。白如是。”（T2791v85p0655c）引作“𧞍”。《中華字海》:“𧞍，同褚。字見《字彙補》。”（p1151a）

“褚”爲“褚”字之書寫變異。《羯磨》作“褚”者，蓋“褚”字更換聲旁之異構字。

唐道宣集《四分律删補隨機羯磨》：“大德僧聽：某甲比丘命過所有（三衣鉢坐具鍼筩盛衣貯器，隨當時有者牒入），此現前僧應分，若僧時到僧忍聽，僧今與某甲看病比丘。白如是。”（T1808v40p0506a）所引同《羯磨》之宋、元、明、宫本作“貯”。唐懷素集《僧羯磨》（T1809v40p0520b）、《尼羯磨》（T1810v40p0547c）等亦引作“貯”。據文意，作“貯”者當爲正字，作“褚（褚）”者當爲同音借字。

1745 褏

唐義淨撰《南海寄歸内法傳》：“東方即有地婆羯羅蜜呾囉，南褏有呾他揭多揭娑。”（T2125v54p0229c）

按：“褏”即“裔”字之訛。“裔”字寫作“褏”，已見秦公《碑别字新編·十三畫·裔字》引《富平伯于纂墓》。日本安然撰《悉曇藏》：“東方則有地婆羯囉密咀囉，南裔有咀他揭多揭婆。”（T2702v84p0377a）所引作“南裔”。唐慧琳撰《一切經音義》：“南裔，下延曀反。孔注《尚書》云：‘裔，末也。’杜注《左傳》云：‘遠也。’《廣雅》云：‘裔，表也。’《説文》：‘裔，衣裾也。從衣從冏聲。’冏音女滑反。”（T2128v54p0894b）字作“裔”，與文意合。參 2331“褏”字條。

1746 褻

馬鳴造、後秦鳩摩羅什譯《大莊嚴論經》：“爾時彼人身所生瘡，尋即壞破，甚爲臭穢。是時，彼人父母兄弟皆來瞻視，即與冷藥療治其病，病更增劇。復命良醫而重診之，云：‘須牛頭栴檀用塗身體，爾乃可愈。’時彼父母即以貴價買牛頭栴檀用塗子身，遂增無除。爾時彼人涕泣驚懼，白父母言：‘徒作勤苦，然子此病從心而起，非是身患。’父告子言：‘云何心病？’子即用偈以答父言：‘鄙[2]褻成可耻，不宜向父説。然今病所困，是以離慚愧。盗取尊塔花，持用與姪女。已作斯惡事，後還得悔心。’”（T0201v04p0327a）本頁下注 2：“褻 = 褻《宋》《元》，褻《明》。”

按：正文“褻”注文作“褻”，“褻”與“褻”“褻”“褻”爲異文。《説文·衣部》：“褻，私服。从衣，埶聲。《詩》曰：‘是褻袢也。’”“褻”之本義指親身的内衣或日常便服之類的不莊重的衣服，可引申指不莊重的事情。“鄙褻”文獻習見，乃鄙陋輕慢之義。《龍龕·衣部》：“褻，俗；褻，正。私列反。衷衣也。”

“褻”爲“褻”改换聲旁的異構字，可以分析爲從衣，蓺聲。“褻”爲“褻”之訛，“埶”旁常訛作“執”旁也。馬鳴造、北涼曇無讖譯《佛所行讚》：“於阿羅呵所，而生[10]褻慢言。”（T0192v04p0029b）本頁下注10：“褻＝媟《三》。”“褻”亦“褻”之訛。

“䙝”則是“褻”異構字之書寫變異。《廣韻·薛韻》私列切：“褻，裹衣。”小韻代表字爲“薛”。蓋因“褻”所從之聲旁“埶”與該字之讀音不相切合，故改换同音字“薛”作聲旁而造從衣薛聲的形聲字，書寫變異作“䙝”，此亦“𠂤”旁寫作“阝”旁之例。《可洪音義》卷二十一《佛所行讚經》第一卷：“䙝隱陋，上思列反。”（v60p181c）馬鳴造、北涼曇無讖譯《佛所行讚》：“慢形[14]媟隱陋，忘其慚愧情。”（T0192v04p0007b）本頁下注14：“媟＝褻《宋》。”“䙝”亦“褻”之異體。

1747 襊

清工布查布譯解《佛説造像量度經解》：“元世祖混一海宇之初，爾波羅國匠人阿尼哥，善爲西域梵像，從帝師巴思八來，奉勅修明堂針炙［灸］，以工巧稱。……按本傳，世祖初，命取明堂針炙［灸］銅像，示之於阿尼哥曰：‘此安撫王襊使宋時所進，歲久闕壞，無能修完者，汝能新之乎？’對曰：‘請試之。’”（T1419v21p0939b）

按：《欽定續通志·藝術傳·元·阿爾尼格》：“又問：‘汝何所能？’曰：‘臣以心爲師，頗知畫塑鑄金之藝。’帝命取明堂針灸銅像示之，曰：‘此安撫王檝使宋時所得，歲久闕壞，汝能新之乎？’曰：‘臣雖未嘗爲此，請試之。’像成，關鬲脈絡皆備。金工歎其天巧，莫不悅服。”《畿輔通志·京師》：“按院内有明堂針灸銅人，金時安撫王檝使宋時所進，歲久缺壞。元至元二年，尼波羅國人阿尼哥修之，關鬲脈絡皆備。”與“襊”對應的字作“檝”，“襊”即“檝”字之訛，“檝”又“楫”的異構字，文中用作人名。

1748 複

日本無隱道費撰《心學典論》：“其理重玄複妙，吾輩之儔由爲之曝腮于龍門，而況乎外學之所能知哉。”（T2602v82p0673c）

按：“複”即“複”之異構字。“復”本從“复”聲，“複”即“複”改换聲旁之異構字。文中“重玄”與“複妙”對文，“複”與“重”義近，“複”有重複義，“其理重玄複妙”謂佛學的道理極爲深刻。

1749 䙁

優波底沙造、南朝梁僧伽婆羅譯《解脱道論》："鉢袈裟一處[4]幞受持不亂者，以所有方便，此身願莫生亂受持。遠分别者，稱其身力，以日作分别受持，於此久遠過期當起。"（T1648v32p0461b）本頁下注4："幞＝䙁《三》《宫》。"

按："䙁"與"幞"爲版本異文，"䙁"爲"樸"的異寫字，"幞"爲"幞"字之訛，"樸"與"幞"爲異構字。《説文·巾部》："幞，帊也。"《集韻·燭韻》房玉切："幞，帊也。又幞頭，亦頭巾，樸，上同。""幞"之本義爲用以覆蓋或包裹衣物的布塊，"樸"爲"幞"改换形旁的異構字。"樸"或作"䙁"者，文獻中"菐"旁寫作"業"旁者習見。"幞"作"幞"者，"巾"旁訛作"忄"旁也。

東晋法顯集《十誦比丘尼波羅提木叉戒本》："不[22]樸頭入白衣舍，應當學，不*樸頭白衣舍坐，應當學。"（T1437v23p0486c）本頁下注22："樸＝幞《三》《宫》*，䙁《聖》*。""䙁"亦"樸"之書寫變異。

羊　部

1750 羫

隋闍那崛多、笈多譯《添品妙法蓮華經》："爾時藥王菩薩白佛言：世尊，我今當與説法者陀羅尼呪以守護之，即説呪曰：怛（都割）姪（地夜）他（一）安涅（如帝。二）曼（莫安）涅（三）未泥（奴羝。四）磨（莫賀）磨泥（五）質羝（六）折（之熱）唎羫（七）攝迷（八）攝寐多鼻（九）奢（舒迦）安羫（十）目訖羫（十一）。"（T0264v09p0186c）

按："羫"即"羝"字之訛。隋闍那崛多譯《種種雜呪經》："《法華經》内呪六首第一藥王菩薩説：跢（丁可反。下同）姪（地也反。下同）他（一）安泥（奴帝反。下同。二）曼（莫干反。下同）泥（三）磨（莫我反。下同）泥（奴羝反。下同。四）磨磨泥（五）只羝（六）者唎羝（七）鑠（上）迷（八）鑠（上）弭多鼻（菩彌反。下同。九）羶（書安反。下同）羝（十）慕（上）迦（上）羝慕（上）迦（上）跢（十一）。"（T1337v21p0637c）與"羫"對應之字皆作"羝"。《龍龕·羊部》："羟，俗；羫，古；羝，或作；羝，正。都奚反。雄羊也。”“羁”與“羁”形近，即其形的進一步書寫變異。日本淨嚴撰《悉曇三密鈔》：“𑖝𑖸，帝、諦、摘、羝（羂索）。”（T2710v84p0744b）“羝”爲“𑖝𑖸（te）”的譯音字。

1751 羝

唐阿地瞿多譯《陀羅尼集經》：“金剛藏大身法印呪第九。左右二手總反叉，後四指在掌中，以二大指屈入掌中，露節背，二肘向下相拄，呪曰：……囊卑迭（十五）[27]羝登（大登反）揭羅鉗（十六）。”（T0901v18p0843c）本頁下注 27：“羝 = 羝《宋》。”

按：“羝”與“羝”爲版本異文，“羝”即“羝”改變聲旁的異構字，文中用作譯音字。

1752 羍

日本春屋妙葩語《知覺普明國師語録》：“州曰：‘喫粥了也未?’僧云：‘喫粥了。’州曰：‘洗鉢盂去。’師曰：‘者僧問打初方便，趙州與以本分草料，雖然説法不應機，總是非時語。爭奈黎羍藿飯，決非尊貴所珍。鳳髓龍肝，不是樵夫之食。’”（T2560v80p0636b）

按：“羍”即“羹”字之訛。“黎”爲“藜”字之音訛，“藜羹”指用藜菜做的羹，文獻習見。“羹”下本從“美”，因形近訛作“羊”。

1753 羍

南宋宗曉編《樂邦文類》：“蓮池鳧雛，天鳳羍翔，觀士槁坐，人音斷絶。”（T1969Av47p0185c）

按：據文意，“羍”即“翱”之訛。當是受下字“翔”影響偏旁同化而成。

1754 羱

北涼曇無讖譯《悲華經》：“爾時世尊復説章句：安禰　摩禰　摩禰　摩摩禰

遮隸至利帝隸履賒履多毘　[20]⿰羊⿰面毛帝目帝郁多履　三履尼三履三摩三履叉裔　阿叉裔　阿闍地[21]⿰面毛帝　賒蜜致　陀羅尼　阿跋伽婆婆　斯賴那婆提　賴魔　波提闍那婆提　彌留　婆提叉裔尼陀舍尼　路伽婆提波禰陀舍尼。”（T0157v03p0170a）本頁下注 20：“⿰羊⿰面毛＝羶《元》《明》。”注 21：“⿰面毛＝氈《元》《明》。”

按：“⿰羊⿰面毛”與“羶”爲版本異文，“⿰面毛”與“氈”爲版本異文。《嘉興藏》“⿰羊⿰面毛”“⿰面毛”皆作“羶”，音釋：“羶，市連切。”“⿰羊⿰面毛”爲“⿰羊氈”字之訛，“⿰羊氈”又“羶”之異構字。“⿰面毛”爲“氈”字之訛。“羶”“氈”爲同一梵文的譯音字。隋吉藏撰《法華義疏》：“安爾（《正法華》云：此云奇異）曼爾（此云所思）摩禰（此云意念）摩摩禰（此云無意）旨棨（此云永久）遮梨弟（此云所行奉修）賒咩（此云寂然）賒履多瑋（此云澹泊）羶帝（此云志默）目帝（此云解脱）目多履（此云濟度）沙履（此云平等）阿瑋沙履（此云無耶）桑履（此云安和）沙履（此云普平）叉裔（此云滅盡）阿叉裔（此云無盡）阿耆膩（此云莫脱）羶帝（此云玄默）賒履（此云澹然）陀羅尼（此云總持）。”（T1721v34p0630a）與“⿰羊⿰面毛”“⿰面毛”對應之字皆作“羶”。林光明《新編大藏全咒》卷一《悲華經》“分別四正勤法門”中“⿰羊⿰面毛”之梵文羅馬轉寫作“śān”（v1p42），“⿰面毛”之梵文羅馬轉寫作“śān”（v1p43）。日本淨嚴撰《悉曇三密鈔》：“𑖫𑖽羶𑖡帝、𑖀阿𑖭𑖽僧𑖑𑖰祇（已上《法花》）。”（T2710v84p0771a）又：“𑖫𑖽，睒、苫、羶（法花）、昇、勝（大悲心呪）、餉（歡喜天呪）、商（佛頂）、陝（千手）。”（T2710v84p0746c）“羶”爲“𑖫𑖽（śaṃ）”或“𑖫（śa）”後接“𑖡（na）”時的譯音字，“⿰羊⿰面毛”“⿰面毛”之讀音皆合。

考諸形體，《集韻·僊韻》尸連切：“羴、羶、⿰羊氈、膻，《説文》：‘羊臭也。’或作羶、⿰羊氈、膻。”“羶”或作“⿰羊氈”，“⿰羊氈”蓋爲從羊氈聲的形聲字。“⿰羊⿰面毛”即“⿰羊氈”之書寫變異。《龍龕·羊部》：“⿰羊⿰亶羊、⿰羊⿰面羊，二俗；羶，正。式連反。羊臭也。”“亶”旁寫作“⿱覀旦”，又省作“面”，可資比勘。《龍龕·毛部》：“⿰面毛、⿰毛面，之延、失然二反。”《新修玉篇·毛部》：“⿰面毛，之延、失延二切。褥也。”《五侯鯖字海·毛部》：“⿰毛面，音毡。毛毯也。”《字彙補》：“⿰毛面，之延切，音氊。義同。”“⿰面毛”“⿰毛面”皆同“氈”。“氈”亦可爲“𑖫𑖽（śaṃ）”的譯音字。

鄭賢章《〈新集藏經音義隨函録〉研究》亦有考證（p248），可參看。

米部

1755 ⿱米日

唐不空譯《深沙大將儀軌》：“若人患腫者，⿱米日夫加持一百八遍塗除愈。”

（T1291v21p0376c）

按："沓"爲"香"字之訛。唐不空譯《阿迦陀密一印千類千轉三使者成就經法》："若人患腫者，香末加持一百八遍塗除愈。"（X0190v02p0853a）《大正藏》的"沓夫"乃"香末"之訛。

1756 粁

毘舍佉造、唐義淨譯《根本説一切有部毘奈耶頌》："若人造寺宇，房門[1]料亂開。室相不齊行，此名牛臥淨。若有僧住處，苾芻久棄捨。"（T1459v24p0638a）本頁下注1："料=撩《三》《宮》，粁《聖》《聖乙》。"

按："粁"與"料""撩"爲版本異文，"粁"即"料"之異寫。《説文解字·斗部》："𣂜，量也，从斗，米在其中。"甲骨文"斗"作"𠁣"（《合集》p362），金文"升"作"𠂬"（𠂬友簋）兩字形近易混。漢隸"斗"或作"𠦃"，清顧藹吉《隸辨·嘯韻》"料"作"粁"。明章黼《重訂直音篇·米部》"料"之異體有从"升"作"粁"者。此處"料"借作"撩"，爲"撩亂"義。唐韋應物《答重陽》詩："坐使驚霜鬢，撩亂已如蓬。"佛經中"料亂"還有一些例子，毘舍佉造、唐義淨譯《根本説一切有部毘奈耶頌》："巡家行乞食，料亂有多門。"（T1459v24p0638b）隋智顗説《摩訶止觀》："雖復横竪前後，以八觸十功德五支察之，終不料亂。"（T1911v46p0119b）"料亂"皆同"撩亂"。

1757 粇

後秦鳩摩羅什譯《禪祕要法經》："滿中白蟲，如[2]粳米粒，蟲有四頭，蠢蠢相逐，更相唼食。肌肉骨髓，皆生諸蟲，一切五藏，蟲皆食盡，唯有厚皮，在其骨外。"（T0613v15p0247a）本頁下注2："粳=粇《聖》。"

按："粇"與"粳"爲版本異文，"粇"即"秔"之異寫，"秔"爲"粳"之異體。字本作"秔"，或作"稉""粳""粇"。《説文·禾部》："秔，稻屬。从禾，亢聲。稉，秔或從更聲。"段注："陸德明曰：'稉與粳皆俗秔字。'"《玉篇·米部》："粳，不粘稻。亦作秔。"《廣韻·庚韻》古行切："秔，秔稻。稉，同上。粳，俗。"唐顏師古撰《匡謬正俗》卷七："許氏《説文解字》曰：秫，稷；粇者，稻稌也。"佛經亦用"粇"字，四庫本唐道世撰《法苑珠林·劫量篇·小三災部·相生》："有穀名稗子，爲第一美食，如今粇粮以爲上饌。"音釋："粇，古行切。不粘稻也。"唐慧琳撰《一切經音義》："粇米，革衡反。《説文》：'秔，不黏稻也。從米，亢聲。'亦作'稉'，俗作'粳'，或作'秔'也。"（T2128v54p0463a）"粇"亦寫作"粇"，《龍龕手鏡·米部》"粇"正爲"粳"之俗體

(p304)。俗書“亢”或“亢”旁字常寫作“冗”或“冗”旁耳。

《集韻·唐韻》丘岡切:“糠、粇,《説文》:‘穀皮也。’古作康,或作糠、粇。”“粇”又爲“糠”之異體,與“粳”的異體字爲同形字。唐義淨譯《根本説一切有部毘奈耶》:“又齊安置小麥、大麥、油麻、小豆、粟米、[1]粳米。”(T1442v23p0714a) 本頁下注1:“粳＝糠《三》,粇《宮》。”宋、元、明本皆作“糠”,蓋即由“粇”轉寫之誤。

1758 𫂃

龍樹造、後秦筏提摩多譯《釋摩訶衍論》:“語則淨名朕呵,談則善吉朕吐。然而導言,住絶理于諷誦,止爽詞于默然。破其臺觀,莫弘大虚,滅其鏡玉,勿釋像跡。朕將無以于[25]𫂃月文請,于龜免［兔］翰借。輒申鄙製,爰題序云。”(T1668v32p0592b) 本頁下注25:“𫂃＝濫《石》《高》。”

按:“𫂃”與“濫”爲版本異文,“𫂃”蓋即“斷”字之訛,“斷”又用作“濫”。日本賴寶撰《釋摩訶衍論勘注》:“(文) 朕將無以于濫月文請,于龜兔翰借。私云:此文有二義:一云,文章之虚如水上濫月,翰墨空似龜毛兔角,然而輒申鄙製也爲言。一云,濫月者,清水所現之月影也;龜兔者,龜上文字兔毫好筆也,共美麗之貌也。意云,無水月之文章,無龜兔之好筆,然而輒製序文也爲言。”(T2290v69p0611c)“濫”有虚妄、浮華兩義,故賴寶“濫月”兩解,“濫”與文義合。日本宗性撰《俱舍論本義抄》:“染污心名散心,善心名聚心,故聚心、散心都無雜濫之義。而西方師以眠相應心名聚心,故於染污相應眠者,決定可有其雜濫。故以自義決定不雜濫,難他師雜[4]亂之義,諸師立破之常習也。但於有貪心、離貪心之雜[6]濫者,離貪心者,專以無雜[*]濫無漏心名離貪心之上,兼以治貪有漏心名離貪心,強不可有其痛。”(T2249v63p0661c) 本頁下注4:“亂＝濫《甲》。”注6:“濫＝亂《甲》[*]。”“雜濫”與“雜亂”義近,故“濫”“亂”或混用。隋智顗説、灌頂記《菩薩戒義疏》:“大士以化人爲任,令邪説[9]斷正,故犯重。”(T1811v40p0574b) 本頁下注9:“斷＝亂《甲》。”世友造、唐玄奘譯《阿毘達磨品類足論》:“有果法云何?謂有漏法,及世俗道所證結[2]斷。”(T1542v26p0715b) 本頁下注2:“斷＝亂《明》。”“斷”皆誤作“亂”,“亂”與“斷”亦相混誤。根據上述證據,疑“𫂃”爲“斷”之訛,“斷”又“濫”輾轉之誤。

1759 粇

唐惠詳撰《弘贊法華傳》:“貧女悲泣固留,因復停止。女賣髮之直,用之已盡,憂根［恨］通宵,莫知出處。忽以手摩頭,覺髮生如故,驚喜踊躍,即便更剪。復經七日，還長如前。凡經三剪，照以淹留既久，煩損殊深，執持衣鉢，決不肯住。女乃頂禮具陳云：師自有⿰米升。照等聞此，噎不得言。”（T2067v51p0039c）

按：“⿰米升”即“料”字之訛。《卍續藏》明了圓録《法華靈驗傳》：“女乃頂禮具陳云：師自有料。照等聞此，噎不得言。”（X1539v78p0013b）字作“料”。明章黼《重訂直音篇·米部》“料”之異體有从“升”作“⿰米升”者，與此形近。參1756“⿰米升”字條。

1760 ⿱⿰夕又米

唐道世撰《法苑珠林》：“《十種大乘論》一卷。右此一部，隋大興善寺沙門釋僧[41]璨撰。”（T2122v53p1022c）本頁下注41：“璨=粲《三》，⿱⿰夕又米《宮》。”

按：四庫本作“粲”。“⿱⿰夕又米”與“粲”“璨”爲版本異文，“⿱⿰夕又米”即“粲”字之訛。隋費長房撰《歷代三寶紀》：“《十種大乘論》一卷。右一部一卷，大興善寺沙門釋僧粲撰。”（T2034v49p0106a）字亦作“粲”。唐顏元孫《干禄字書·去聲》：“⿱⿰夕又米、粲，上俗下正。”《偏類碑别字·米部》“粲”字條引《周聖母寺四面象碑》作“粂”，皆已溝通“⿱⿰夕又米”與“粲”之關係。唐道宣撰《廣弘明集》：“沙門道[13]⿰王⿱⿰夕又米圖此雙樹之像置於許州。”（T2103v52p0214b）本頁下注13：“⿰王⿱⿰夕又米=璨《三》。”唐全真集《唐梵文字》：“[illegible]璀[illegible][10]⿰王祭。”（T2134v54p1217c）本頁下注10：“⿰王祭=璨《丙》。”“⿰王⿱⿰夕又米”“⿰王⿱⿰夕又木”“⿰王祭”皆“璨”字之訛，可比勘。

唐慧琳撰《一切經音義》卷四十三《大方便報恩經》第二卷：“蒨練⿱⿰夕又米爛，于見反。言也，彩鮮盛貌也。”（T2128v54p0596c）失譯《大方便佛報恩經》第二卷：“爾時世尊處在大衆，猶如日輪，光明赫弈，隱蔽衆星；喻如大龍，幡蘭椿輪，蒨練粲爛，覩之眼眩，思之意亂。”（T0156v03p0130b）“⿱⿰夕又米”亦“粲”字之訛。

1761 ⿰米吉

失譯《佛説護淨經》：“常生貧窮家，衣不覆形，食不充口，常[11]食糠飯，恒飢不足。佛語諸比丘，有如是者，受罪尤苦，無量無邊。”（T0748v17p0565a）本頁下注11：“食+（⿰米吉⿰禾羔）《宋》《宮》，（秸⿰禾羔）《元》，（籺糕）《明》。”

按：宋本、宮本“食”字後有“⿰米吉⿰禾羔”二字，元本“食”字後有“秸⿰禾羔”二字，明本“食”字後有“籺糕”二字。“常食糠飯”，《嘉興藏》作“常食籺糕糠餅”。唐慧琳撰《一切經音義》卷五十七卷《護淨經》：“秸稾，上艱八反，下高考反。孔注《尚書》：‘秸亦稾也。’《説文》：稾亦秆也。並從禾，吉、高皆聲而成矣。”（T2128v54p0689b）慧琳所見本作“秸稾”，釋作秸稈之義。《可洪音義》卷十四《護淨經》："粘稾：上古沃反。五穀皮也。正作'䅖''秸'二形。又古黠反。下古老反。禾稈也。"（v59p1099c）可洪所見本作"粘稾"，以爲"粘"的正字作"䅖""秸"，義爲"五穀皮"，音讀"古沃反""古黠反"兩音。"稾"讀"古老反"，義爲"禾稈"。《龍龕·禾部》："䅖，古沃反。禾皮也。又地名。又之若反。五穀皮也。""古黠反"當爲"秸"字讀音，"秸"爲"稭"的異體，與"稾"同義，義爲穀類的莖稈。可洪所訓，與慧琳所訓之義同。"粘"當爲"秸"字異體。唯又牽合"䅖"字，不妥。《可洪音義》卷十一《十住婆沙論》第十三卷："粘弟子，上音結。"（v59p957b）龍樹造、後秦鳩摩羅什譯《十住毘婆沙論》："求自利利他者，莫爲[2]秸弟子，莫爲大弟子，莫爲垢弟子，莫爲衰弟子，莫爲無益弟子。"（T1521v26p0116a）本頁下注 2："秸＝砓《三》《宮》。""粘"的異文亦爲"秸"。

字作"粘䅖""袺䅖""籺糕"者，"粘"爲"秸"字異體，"袺"爲"秸"字之訛。"䅖"，《説文·禾部》訓"禾皮也"，段注："禾皮者，禾稿之皮也"。據可洪所注，蓋將"秸䅖"誤解爲五穀皮所改。"籺糕"之"籺"爲"麧"之異構字。《説文·麥部》："麧，堅麥也。"徐鍇注："麥之磨不碎者，舂磨之久而堅老也。"其實，稻、粟、麥之類，皆有因生長不好，乾癟、堅硬，磨久而不破者，即所謂"麧"，一般和糠混在一起，正常情況下不食用，而用作牲口的飼料。《史記·陳丞相世家》："人或謂陳平曰：'貧何食而肥若是？'其嫂嫉平之不視家生産，曰：'亦食糠覈耳。'"裴駰集解："孟康曰：'麥糠中不破者也。'晋灼曰：'覈音紇，京師謂麄屑爲紇頭。'""覈"即"麧"之借字。孟康訓作"麥糠中不破者也"。考其實，"糠"與"麧"不同物。《説文·禾部》："穅，穀皮也。"段玉裁注："云穀者賅黍稷稻穀麥而言，穀猶粟也。今人謂脱於米者爲糠。""糠"爲米麥之外殼，"麧"爲不破之米麥。因"麧"常混在"糠"中，故古人常"糠""麧"連用，泛指粗劣的食物。《漢語大詞典》《漢語大字典》"麧"皆訓"麥糠里的粗屑"，釋義含混，且"麧"不限於麥，限定"麥糠"亦不妥。"麧"又作"籺""稅"，唐慧琳撰《一切經音義》："無稅，又作'麧'，同，痕入聲，一音胡結反。堅米也，謂米之堅鞕舂［擣］擣不破也。今閑中謂麥屑堅也爲麧頭，亦此也。江南呼爲麱子，音徒革反。"（T2128v54p0625a）"糕"爲食品名，古代文獻中未見"籺""糕"連用之例。事理上，"籺"爲不破之硬米麥，也不能用來做糕。故"籺糕"亦刻書者臆改。

《龍龕手鑑·米部》："粘、粘，古得反。"《康熙字典·備考·米部》："粘，《五音篇海》古得切。""粘"又"粘"之訛。《大字典》："粘，同'粘（䅖）'。《龍龕手鑑·米部》：'粘'，同'粘'。"（二 p3357a）又："粘，同'䅖'。《可洪音義》卷十四《護淨經》音義：'粘稾：上古沃反。五穀皮也。正作䅖、秸二形。'"（二 p3353b）"粘"釋作"同'䅖'"，誤。

鄧福禄、韓小荊《字典考正》（p329）、鄭賢章《〈新集藏經音義隨函録〉研究》（p318）亦有考證，可參看。

1762 粄

佚名《舍利弗問經》："爲諸比丘所説戒律，或開或閉，如爲忽起長者設供，斷諸比丘不聽朝食。如爲社人請，復聽食[3]飯粄魚肉。如爲頻富村人請，復不聽食飯，但食薄粥。如爲頻婆娑羅王請，復聽飽食飯食。如爲闡陀師利請，復聽多家數數食，皆不得飽。"（T1465v24p0900a）本頁下注 3："飯粄 = 麨飯糗《三》，麨飯粄《宫》。"

按：《可洪音義》卷十七《舍利弗問經》："飯𥺁，宜作'糗'，丘九反。上方作'餅'。又《川音》云：勘别本作'麨'，尺沼反。"（v60p52a）韓小荆《〈可洪音義〉研究·〈可洪音義〉異體字表》"粄"字腳注："就字形而言，'𥺁'與'粄'當爲一字之變，《龍龕·米部》：'粄，《西川經音》云：别本是麨字，香嚴音於句反。'諸家説法不同，未知誰是。此字正字待考，姑依郭迻置此。"（p797）宋刻《龍龕》作"粄"。金邢準撰《新修玉篇·米部》："粄，《西川經音》云：别本是麨字，香嚴於句切。"金韓道昭撰《五音類聚四聲篇·米部》："粄，《西川經音》云：别本是麨字，香嚴於句反。"《字彙補·米部》："粄，於句反，音飫。此字出釋典香嚴讀。"《康熙字典·備考·米部》："粄，《五音篇海》：《四［西］川經音》云：别本是麨字，香巖音於句切。"《漢語大字典》："粄，yù《龍龕手鑑·米部》：'粄，《西川經音》云，别本是麨字，香嚴音於句反。'《字彙補·米部》：'粄，此字出釋典，香嚴讀。'"（一 p3144a、二 p3351a）（第一版字形作"粄"）"粄"未釋義。根據文意，參考字形，"粄"當爲"糗"字之訛。《説文·米部》："糗，熬米麥也。"《廣雅·釋器》："糗，糒也。""糗"有乾糧義，與文意合。該字《龍龕》作"粄"，乃"糗"字之訛。後出字書韻書皆本《龍龕》，字形作"粄""粄""粄""粄""𥺁"，皆傳承過程中產生的形變。

佛經别本作"麨"，即"麨"之俗體。"麨"亦有乾糧義，文獻習見。佛經中"糗"與"麨"爲異文，乃同義替換。《玉篇·米部》："糗，丘九、尺沼二切。糗，糒也。"《集韻·小韻》齒紹切："麵、麨、糗，糗也。"金韓道昭撰《五音類聚四聲篇·米部》："糗，丘九、尺沼二切。糒也。"明楊慎撰《轉注古音略·小韻》："糗，麨同。《孟子》：'飯糗茹草。'""糗"下皆收"麨"字的讀音，《集韻》甚至把"糗"收作"麨"字重文，可以看作同義换讀音，反映了在當時的語文生活中兩字可以互换的事實。

香嚴讀於句反，當是讀爲"飫"字。"糗"或作"𥺁"，右旁所從與"飫"字右旁形近，故香嚴讀於句反，此乃由誤認字形所致之誤讀音。

1763 ⿰米井

東晋瞿曇僧伽提婆譯《中阿含經》：“後求財物已，分别作四分。一分作飲食，一分作田業，一分舉藏置，急時赴所須，[1]耕作商人給，一分出息利。”（T0026v01p0642a）本頁下注 1：“耕＝⿰米井《宋》，⿰禾井《元》《明》，⿰禾井《聖》。”

按：“⿰米井”與“耕”“⿰禾井”爲版本異文，《嘉興藏》作“拼”，音釋：“拼，伯耕切。與伻同，使也。”西晋支法度譯《佛説善生子經》：“若索以得財，當常作四分。一分供衣食，二爲本求利，藏一爲儲跱，厄時可救之，爲農商養牛，畜羊業有四。”（T0017v01p0254c）南朝宋求那跋陀羅譯《雜阿含經》：“得彼財物已，當應作四分。一分自食用，二分營生業，餘一分藏密，以擬於貧乏，營生之業者，田種行商賈，牧牛羊興息，邸舍以求利。”（T0099v02p0353b）據文意，當以“拼”字爲是。《爾雅・釋詁》：“俾、拼、抨，使也。”晋郭璞注：“皆謂使令。”《集韻・耕韻》悲萌切：“拼、抨、伻、迸、平、苹，《爾雅》：‘使也。’或作抨、伻、迸，古作平、苹。”“拼”字用使令義，與文意合。字或作“耕”“⿰米井”“⿰禾井”者，“⿰禾井”本爲“耕”之異構字，東晋佛陀耶舍、竺佛念譯《四分律》：“時去祇桓不遠，有居士[4]耕。有客比丘見語言：‘此是僧地，莫*耕。’彼答言：‘非僧地，我地耳。’比丘復語言：‘是僧地，汝莫*耕。’居士即放[5]犁去，作如是言：‘我自有地，而不得*耕也。’彼客比丘入祇桓，問舊比丘：‘有居士去此不遠耕，此是誰地？’答言：‘是彼居士地。’”（T1428v22p0977a）本頁下注 4：“耕＝⿰禾井《聖》*。”注 5：“犁＝耕牛《三》《宮》，⿰禾井牛《聖》。”唐道世撰《法苑珠林》：“⿰禾井香，《南方草物狀》曰：‘⿰禾井香莖生烏滸。’”（T2122v53p0573c）四庫本亦作“⿰禾井”。北宋唐慎微撰《證類本草・草部中品之上》：“耕香，味辛溫，無毒，主臭鬼氣調中，生烏滸國。《南方草木狀》曰：‘耕香，莖生細葉。’”唐慧琳撰《一切經音義》：“生莖，下幸⿰禾井反。”（T2128v54p0534c）“⿰禾井”皆“耕”之異體。用作使令義，當爲“拼”字之訛。《龍龕・禾部》：“⿰禾井，北萌反。”“北萌反”當爲使令義之音。字又作“⿰米井”“耕”，皆當涉“⿰禾井”字而誤。

《漢語大字典》：“⿰禾井，同‘⿰月禾’。棺頭。《字彙補・禾部》：‘⿰禾井，棺頭也……《廣韻》作“⿰月禾”。’”（二 p2789a）《廣雅・釋器》：“櫏、櫝、櫬、槥、柩，棺也。其當謂之⿰月禾。”清王念孫疏證：“當謂棺前後蔽也。車前後蔽謂之簹，義與棺當同。⿰月禾，通作和。《呂氏春秋・開春論》云：‘昔王季葬於渦山之尾，欒小齧其墓，見棺之前和。’”“⿰月禾”乃“和”之後出分化字。《玉篇・禾部》：“⿰禾冄，棺頭也。”“⿰禾井”蓋“⿰禾冄”字之訛。此“⿰禾井”與“耕”的異體之“⿰禾井”爲同形字，《大字典》失收“耕”的異體“⿰禾井”，當補。又《大字典》：“⿰禾冄，①棺頭。《玉篇・禾部》：‘⿰禾冄，棺頭也。’②同‘⿰月禾’。《字彙補・禾部》：‘⿰禾冄，《篇韻》與⿰月禾同。’”（二 p2777b）同一義項誤分爲兩個義項。《字彙補・禾部》：“⿰禾井，何戈切，音和。

棺頭也。又戶臥切，音賀。義同。見《戰國策》註。《廣韻》作‘䂀’。”“䄻”又“䄻”字之誤。

1764 糊

北宋道誠集《釋氏要覽》：“梵罰此有二法：一默擯，謂一切人不與來往言話等。二滅擯（滅即滅名也。《爾雅》云點，滅。如今句點糊滅名字也），律謂犯重罪心無慚愧，衆所不容不可共住，擧來僧中示罪驅出。”（T2127v54p0303a）

按：“糊”即“糊”字之訛。此文解釋“默擯”與“滅擯”兩種處罰。唐慧琳撰《一切經音義》：“滅擯，必刃反。司馬彪注《莊子》云：‘擯，棄也。’顧野王云：‘相與排擯也。’《古今正字》：‘從手賓聲也。’”（T2128v54p0734a）其中“擯”皆擯棄之義。“默擯”解釋作“一切人不與來往言話”，則“默”字的含義已明，不必再作進一步説明。作者着重解釋“滅”字，在解釋了“滅”即“滅名”之後，先引《爾雅》（《爾雅・釋器》：“滅謂之點。”晉郭璞注：“以筆滅字爲點。”此處爲略引），再用今俗以爲證據，“如今句點糊滅名字”即“就像今天用符號塗掉名字”之義。“糊”即“糊”字之訛，字内部件同化，故“糊”字中間的“古”寫作“月”。“糊”本義爲稠粥，引申有黏合之義。古代科舉考試中爲了防止舞弊把試卷的姓名糊上叫作糊名，這裏的糊名轉義爲把姓名從原有的名單中去掉。

1765 𥻂

唐不空譯《金剛頂瑜伽最勝祕密成佛隨求即得神變加持成就陀羅尼儀軌》：“灌頂真言曰：唵（引）母顊母顊（一切如來皆集會）母顊縛𥻂（流出智水）……多縛曰𥻂（二合）娑婆（二合）賀（等同如來遍法界身）。”（T1155v20p0648b）

按：“𥻂”即“隷”字之訛。“隷”或寫作“𥻂”（見《可洪音義》v60p465b），秦公《碑別字新編・十七畫》“隷”字下引《魏孝昌石窟寺碑》“𥻂”字（p400），與上揭字形近，可資比勘。文中用作譯音字。同上經：“灌頂印真言曰：唵（引）阿（上）密栗（二合）多嚩𠿒（諸佛集會流出智水摩頂護念成就）。”（T1155v20p0648b）“𠿒”即“𥻂”加“口”旁而字形微異者，乃譯音專字。日本淨嚴撰《悉曇三密鈔》：“ꀀ,𠼐、麗、歷、嚟（佛頂）。”（T2710v84p0746b）“𠿒”與“𠼐”同。

1766 粽

龍樹造、後秦鳩摩羅什譯《大智度論》："暫聞佛德發其宿識，心即開悟，故能發遣，譬如蓮花，生長具足，見日開敷。父母知女心淳熟，無不淨行，持[18]操不妄，不樂世樂，但求法利，知其心至，不可制止。"（T1509v25p0743c）本頁下注18："操=粽《聖》《石》。"

按："粽"與"操"爲版本異文，"粽"即"操"字之訛。唐慧琳撰《一切經音義》卷九十《高僧傳》第八卷："持操，下草到反。王注《楚辭》云：'操，至也。'顧野王云：'持志貞固曰操。'《考聲》：'立志不改也。從手喿聲。'"（T2128v54p0879a）"持操"即保持操守之義。宋真宗註《註四十二章經》："正見之人堅持操行不被衆邪誑惑。"（T1794v39p0521a）"持操"正"堅持操行"之義。

隋費長房撰《歷代三寶紀》："嘗坐井口澡瓶内空，弟子未來，無人汲水。三藏乃[27]操柳枝聊搗井口，密心誦呪，纔始數遍，泉遂涌上，平至井脣。三藏即以鉢盂酌用。傍僧見之，並歎稱聖。"（T2034v49p0086b）本頁下注27："操=摻《聖》。""摻"即"操"字之訛。西晋竺法護譯《佛説如來興顯經》："若此仁者，如來至真以無量慧，不可計明，悉入一切衆生江海心之所行，而普曉了群萌志[28]操。如來之慧，不可限量，靡不周達，不可窮極。"（T0291v10p0607c）本頁下注28："操=慘《聖》。""慘"亦"操"字之訛。"操"又寫作"㩭"（秦公《碑别字新編・十六畫》"操"字條引《唐張君夫人秦氏墓誌銘》）、"㩳"（同上，"操"字條引《魏元楨墓誌》）等形，"粽"之右旁與"㩳"之右旁形近，即其形之進一步形訛。

《漢語大詞典》"摻"字條："[shǎn《廣韻》所斬切，上豏，生。] ①執，操。《詩・鄭風・遵大路》：'遵大路兮，摻執子之袪兮。'《墨子・耕柱》：'今有燎者於此，一人奉水，將灌之；一人摻火，將益之。'唐韓愈《答張徹》詩：'塵袪又一摻，淚眥還雙熒。'宋梅堯臣《寄謝師直》詩：'怱怱摻行袂，汎汎如水萍。'清汪懋麟《題修來畫像》詩：'吾子啓事得休沐，偶過吴越摻蘭舟。'②操守。《隸釋・漢議郎元賓碑》：'君生也，即有殊摻。'"（v6p847b）《漢語大字典》"摻"字條："執持；握持。《廣雅・釋言》：'摻，操也。'……唐李白《感時留别延年延陵》：'摻袂何所道，援毫投此辭。'"（二 p2066b）上述諸例之"摻"皆"操"字之訛。清顧藹吉《隸辨・自序》："《隸辨》之作，竊爲解經作也。字不辨，則經不解，古文邈矣。漢人傳經，多用隸寫，變隸爲楷，益失本真。及唐開元易以俗字，名儒病其蕪累。余因收集漢碑，間得刋正經文……《鄭風》'摻執'，即爲'操執'。《豪韻》：'**摻**，《議郎元賓碑》：即有殊～。'按：《博雅》：'摻，操也。'《詩》：'摻執子之袪兮。'《釋文》音所覽切，《五經文字》云：'摻與攕同。'皆非也。以此碑及《博雅》證之，'摻'即'操'字，'操'變爲'**㩳**'，亦變爲'摻'，從'㕘'從'參'者，'參''㕘'本一字。"顧氏所言甚是。漢代隸書“喿”旁字與“參”旁字即相混誤，故漢代之後“喿”旁訛作“參”旁之字多見。如，“幧”或訛作“幓”，《集韻·宵韻》千遥切：“幧、幓、帑，帕頭也。或作幓、帑。”亦可比勘。

1767 䊳

日本中算撰《妙法蓮華經釋文》：“糞（方問反。薩峋云：穢物肥地也。《玉篇》作糞，棄除𢉅前穢惡草土也。又作糞、䊳矣。）”（T2189v56p0161b）

按：“䊳”即“糞”字之訛。《説文·華部》云：“糞，棄除也。从廾推華，糞采也。官溥説，似米而非米者，矢字。”篆文隸作“糞”（《龍龕手鏡·米部》）、“糞”（《廣韻·問韻》）、“糞”“糞”（《集韻·問韻》）、“糞”（明梅膺祚《字彙·釆部》）等形，皆爲“糞”之異體。此處經文云“糞”又作“䊳”，則“䊳”亦爲“糞”之異體。

1768 𥻘

唐僧詳撰《法華傳記》：“以齊建元三年，復訪奇搜祕。遠至嶺南，於廣州朝亭寺，遇中天竺沙門曇摩伽陀耶舍，手能𥻘書，口解齊言，欲傳此經，未知所授。表便慇懃致請，形俱至淹歷旬朔，僅得一本，仍還嶠北齎。”（T2068v51p0055a）

按：“𥻘”即“隸”字之訛。秦公《碑別字新編·十七畫》“隸”字條引《魏孝昌石窟寺碑》作“𥻘”。“𥻘”左下所从爲“矢”，清邢澍《金石文字辨異·霽韻》“隸”字條引《唐鹽池靈慶公神祠碑》作“𥻘”，左下所从亦爲“矢”。唐慧琳撰《一切經音義》：“僕隸……正體作‘隸’，從隶音弟，柰聲也。《經》文從入從米作‘𥻘’，謬也，俗字。”（T2128v54p0343c）已溝通“𥻘”與“隸”的關係。

1769 糘

五代省僜頌《泉州千佛新著諸祖師頌》：“第十二祖馬鳴菩薩尊者：尊者馬鳴，化花□成。魔宮霧卷，糘苑風清。我欲識佛，不識者朋。莫非玄解，動足塵生。”（T2861v85p1321b）

按：“糘”即“釋”字之訛。“釋”或訛作“釋”“粿”等形，“糘”即

“⿰米皋”形之進一步錯訛。“釆”旁訛作“米”旁，“睪”旁訛作“皋”旁皆習見。

1770 ⿰米舀

唐窺基撰《觀彌勒上生兜率天經贊》：“第五舍利之形也，舍利者，⿰米舀殼[穀]也。馱都者，體也。佛體大小如⿰米舀穀量，故以爲名。釋迦如來碎分舍利表分身十方處處導利。彌勒舍利全身且在兜率行一佛化故。不動搖者，表佛法身本無生滅動作事故。”（T1772v38p0292a）

按：“⿰米舀”即“稻”之異構字。從“米”從“禾”可通。此經文“⿰米舀穀”即“稻穀”。《卍續藏》之《彌勒上生經述贊》：“佛體大小如稻穀量，故以爲名。”（X0388v21p0817b）字作“稻”。唐慧琳撰《一切經音義》卷三十四：“《⿰米舀稈經》玄應撰。”（T2128v54p0534b）目録作“《稻稈經》”（T2128v54p0532a）。“⿰米舀”亦“稻”字異體。《可洪音義》卷四《大般涅槃經》第十四卷：“⿰米舀米，上音道。粳穀也。正作‘稻’也。”（v59p683b）已溝通“⿰米舀”與“稻”的關係。

1771 糵

唐菩提流志譯《不空羂索神變真言經》：“請召觀世音菩薩真言：……旃[13]糵揞旃糵揞（二十句）薄伽（上）畔（引。二十一句）。”（T1092v20p0330b）本頁下注13：“糵=蘗《宋》《元》。”

按：《嘉興藏》作“蘗”。“糵”與“蘗”爲版本異文，“糵”即“糵”字之書寫變異。“糵”與“蘗”音同，兩字爲同一梵文的譯音用字。《不空羂索神變真言經》：“旖蘗揞（蚩也反，下同音）薄伽（上）畔（十三）。”（T1092v20p0276b）與“糵”對應之字正作“蘗”。

1772 ⿰米复

日本淨嚴撰《悉曇三密鈔》：“初梵王相承者，劫初成時摩醯首羅即商羯羅初禪梵王與毘⿰米复劍和合生子，名婆藍摩（略云梵）。”（T2710v84p0720c）

按：日本安然撰《悉曇藏》：“抄常騰《法華論注》云：劫初成時摩醯首羅與毘⿰米复釼和合生子，名婆藍摩。”（T2702v84p0371a）日本濟暹撰《辨顯密二教論懸鏡抄》：“劫初成時摩醯首羅與毘紐和合生子，名波覽摩。”（T2434v77p0476a）與“毘⿰米复劍”對應之字作“毘⿰米复釼”，兩者皆“毘紐”的異譯形式。日本湛慧撰

《阿毘達磨俱舍論指要鈔》："又《大日經》一行《疏》第五云：毘瑟紐，舊譯謂之毘紐。"（T2250v63p0958a）唐慧琳撰《一切經音義》卷五十二《別譯阿含經》第十一卷："毘紐，女九反。正言毘瑟笯天，《經》文作'㐻'，非也。笯音奴故反。"（T2128v54p0657a）又卷七十一《阿毘達磨順正理論》第十三卷："毘瑟笯，奴故反。天名也。舊毗紐天，亦言毗搜紐天，訛也。"（T2128v54p0769a）又卷四十八《瑜伽師地論》第五十六卷："毘瑟笯天，奴故反。舊云毘搜紐，或言毘紉，皆訛也。此當幻惑義，是伐藪天別也，舊言婆藪天也，世主天，此梵天之異名。"（T2128v54p0631a）"毘紐"又譯作"毘瑟紐""毘瑟笯""毘搜紐"等，"糭"即"搜"字之訛。"搜"又寫作"拸"（見《偏類碑別字・手部》"搜"字條引《魏皇甫驎墓誌》）、"揑"（秦公《廣碑別字・十三畫》"搜"字條引《魏長平縣男元液墓誌》）等，右旁所從與"复"形近。

又，"毘糭劍"與"毘糭釖"之"劍"與"釖"皆"鈕"字之訛。唐不空譯《菩提場所説一字頂輪王經》："拏枳儞毘[17]紐天，與無量瘧鬼衆圍遶。"（T0950v19p0193b）本頁下注17："紐=鈕《三》《甲》。"又："自在毘[36]紐天，不伏人教令。"（T0950v19p0210c）本頁下注36："紐=鈕《三》《甲》。""紐"，或本作"鈕"。唐慧琳撰《一切經音義》卷三十五《菩提場所説一字頂輪王經》第一卷："毘鈕天，鈕音尼肘反。或從糸作紐，並通。字從金丑聲，從田，誤也。"（T2128v54p0541b）"鈕"與"紐"同音，佛經中用爲同一梵文的譯音字。唐義淨譯《根本説一切有部略毘奈耶雜事攝頌》："安門扇[7]釖孔，皮替處中窓。"（T1457v24p0521a）本頁下注7："釖=鈕《三》《宮》。""鈕"或訛作"釖"，"釖"又爲"劍"字異體，故"鈕"或錯誤轉寫作"劍"。唐義淨譯《根本説一切有部毘奈耶雜事》："苾芻即往入坎窟中，王聞聲已，即便睡覺。拔[6]劍走趁，問宮人曰：'鬼在何處?'答曰：'走入猪坎窟中。'時王聞已，行至窟所，執劍而問：'汝是何物?'答言：'大王，我是沙門。'"（T1451v24p0218c）本頁下注6："劍=鈕《宋》《元》《宮》。""鈕"又"劍"字之訛，可參證。

1773 糭

南朝宋佛陀什、竺道生譯《彌沙塞部和醯五分律》："即作[15]稴米、粟米、稗米、稌米、拘留米飯。明日食時白食已辦。佛與大衆俱就其坐，梵志手自下食，諸比丘不敢食。"（T1421v22p0151c）本頁下注15："稴=糭《宮》。"

按："糭"與"稴"爲版本異文，"糭"即"稴"之異構字之書寫變異。《説文・禾部》："稴，稴也。""稴"指一種不粘的黍類，去殼後的稴稱爲稴米。从禾與从米意同。《可洪音義》卷十五《十誦律》第五十二卷："粽米糜，上子細反。"（v59p1126a）後秦弗若多羅、羅什譯《十誦律》："見比丘非時噉酥，謂是噉稴米糜。"（T1435v23p0387c）"粽"亦同"稴"。

1774 粲

唐法藏撰《華嚴遊心法界記》："因即不因而果立，果即不果而因成，其猶世粲糙。糙無别糙，即聚粲爲糙，粲無别粲，即散糙爲粲，應準思之。"（T1877v45p0649a）

按："粲"即"糳"字書寫變異。考經文義，乃是將因果比作粉餌與精米。《玉篇·米部》："糙，粉餌。"即餅類食品。其聚者爲"糙"，散者則爲"糳"。"糳"是舂過的精米，"粲"字正即"糳"書寫變異而來。

1775 糁

日本中算撰《妙法蓮華經釋文》："沙履，十五。玄奘加云：三謎素，清聲。不空加云：糁銘（引）惹（自攞反）曳（平，引）。"（T2189v56p0170b）

按："糁"即"糝"之書寫變異。《説文·米部》："糂，以米和羹也。从米，甚聲。一曰粒也。糣，籀文糂，從朁。糝，古文糂，從參。""參"或寫作"尜"，如秦公《碑别字新編·十一畫》"參"字條引《周曹恪碑》作"尜"。"參"旁之字或寫作"尜"旁，如《碑别字新編·十四畫》"慘"字條引《隋謝岳墓誌》作"㥲"。唐不空譯《成就妙法蓮華經王瑜伽觀智儀軌》："阿（上）尾灑迷（十一）娑（上）麽[41]娑迷（十二）惹曳（十三）。"（T1000v19p0598c）本頁下注41："娑=糁《甲》。"又："三[63]迷誐誐那三*迷三三麽多。"（T1000v19p0595b）本頁下注63："迷=銘《甲》*。""糁"與"娑"爲同一梵文的譯音字。

1776 蘗

東晉佛陀跋陀羅、法顯譯《摩訶僧祇律》："石蜜酒者，十種和甜成動酢漬黄屑澱清。和者，石蜜蘗水和著器中。如是不得草滴髮滴入口，況復器飲，波夜提。餘九事如上説。"（T1425v22p0387b）

按："蘗"爲"糵"字之訛。又"糵"本義爲生芽的米，《説文·米部》作"糱"，云："牙米也。"段玉裁注："牙同芽。芽米者，生芽之米也。"引申爲酒麴義，《禮記·月令》："乃命大酋，秫稻必齊，麴糵必時。"《摩訶僧祇律》正文講釀酒事，則"蘗"字當爲"糵"無疑。"石蜜蘗水和著器中"謂石蜜、糵（酒麴）和水在容器中進行調和，與文意合。此段文字之前有"酒者，十種和甜成動酢漬黄屑㶿清。和者，飯屑麴屑水和著器中。”“飯屑麴屑水和著器中”謂飯屑、麴屑和水在容器中進行調和，“糵”與“麴”義同。

“糵”訛作“蘗”者，“糵”所從之“𠂤”因形近訛作“启”也。佛經中“薛”與“薜”常混誤。高麗一然撰《三國遺事》：“乾封元年丙寅六月，以龐同善、高臨、[4]薛仁貴、李謹行等爲後援。”（T2039v49p0972a）本頁下注4：“薛=薜《甲》。”又：“高宗聞之赫怒，命[6]薛邦興師將討之。”（T2039v49p1011b）本頁下注6：“薛=薜《甲》。”“薜”皆“薛”字之訛。西晋法炬、法立譯《大樓炭經》：“欲界人有十二種。何等爲十二：一者泥犁，二者禽獸，三者薜荔，四者世間人。”（T0023v01p0299a）東漢支婁迦讖譯《佛説無量清淨平等覺經》：“諸泥犁、禽獸、薜荔，考掠勤苦之處，見無量清淨佛光明至，皆休止不得復治。”（T0361v12p0282b）“薜”，《嘉興藏》作“薛”。“薜”皆“薛”字之訛。《大正藏》“薜荔”之“薛”訛作“薜”者多見。可資比勘。

唐慧琳撰《一切經音義》：“次飴，又作饌、飤二形，籀文作弇，同，弋之反。《説文》：‘米蘗煎也。’”（T2128v54p0761b）“蘗”亦“糵”字之訛。

1777 糳

北宋贊寧等撰《宋高僧傳》：“常食時至以不[3]糳之米與菜茹投小鼎中參煮而食，此外斷無重味。”（T2061v50p0871b）本頁下注3：“糳=醬《宋》《元》。”

按：“糳”與“醬”爲版本異文，“糳”即“鑿”字之訛。《説文・米部》：“糳，糲米一斛舂爲八斗曰糳。”“糳”之左上旁訛爲“齒”，形近故也。此處“不糳之米”即不舂之米。《宋高僧傳》：“長安中於京兆西市疏[4]鑿大坑，號曰海池焉。”（T2061v50p0872c）本頁下注4：“鑿=醬《宋》《元》。”“醬”爲“鑿”之異體，與“糳”通用。

艸　部

1778 芔

唐不空譯《無量壽如來觀行供養儀軌》：“左手持蓮花，右手作開敷葉勢，是[26]菩薩作是思惟，一切有情身中，具有此覺悟蓮花，清淨法界不染煩惱。”（T0930v19p0071a）本頁下注26：“菩薩=芔《甲》。”

按："艼"與"菩薩"爲版本異文，"艼"即"菩薩"二字省體合文。張涌泉《漢語俗字叢考》(修訂本)"艼"字條："'艼'即'𦬠'的隸變形……'艼'俗又用爲'菩薩'二字的合文，亦見《龍龕》'艼'字下注，敦煌寫卷中亦經見。"(p136) 認爲"艼"本爲"𦬠"隸變，又用作"菩薩"的合文。此本《龍龕》爲説。《龍龕·草部》："卉，莫朗反。草木冬生不死也。又音菩薩二字。"張文據《龍龕》考定"卉"讀"莫朗反"爲"𦬠"書寫變異，甚是，但以爲"艼"用作"菩薩"二字的合文則不確。"艼"爲"菩薩"二字的合文乃取"菩薩"二字的"艹"頭拼合而成，爲新造之字，與"𦬠"之異寫字僅爲同形，非用字關係。

日本善珠述《唯識義燈增明記》："若依《中邊[4]菩薩藏經》第七卷，有十善巧。"(T2261v65p0390a) 本頁下注4："菩薩＝花《乙》。"隋慧遠述《大乘義章》："見道已前調心離惡名之爲賢，見諦已上會正名聖，故仁王中地前[5]并名爲三賢。"(T1851v44p0788b) 本頁下注5："并＝菩薩イ《原》。"隋智顗述《觀心論亦名煎乳論》："龍樹[20]并造《中論》《釋摩訶衍論》，正意以不生等八不開論端。用一偈釋初不生，云諸法不自生，亦不從他生，不共不無因，是故説無生。"(T1920v46p0586a) 本頁下注20："并＝菩薩《甲》。"日本珍海撰《三論玄疏文義要》："此文甚分明，何強立二乘成佛義耶？答：'考論文，此偈於問中出之，是故不必與論宗相應矣。又此文説[16]并墮二乘地竟不作佛，此是退菩提心聲聞於五性家，亦是不定性而言決定不成佛者，豈爲了義？當知此偈不了義説，但爲令退位菩薩生恐怖心。莊嚴言詞，故作此頌。'"(T2299v70p0298a) 本頁下注16："并＝菩薩《甲》。"日本覺盛撰《菩薩戒通別二受鈔》："但勝鬘記[13]并宗要文既釋無惡不由貪嗔癡者，亦無不爲引好推惡等，知彼依造惡之源不共之基述稱根本。"(T2354v74p0054b) 本頁下注13："并＝菩薩《甲》。"唐法寶撰《俱舍論疏》："於是國王及諸僧衆，發使往請。[7]菩薩奉珠珍，論主受請爲釋本文。"(T1822v41p0458a) 本頁下注7："菩薩＝并《甲》《乙》。"日本覺鑁撰《野胎口決鈔》："勸請五大文別在之轉明妃者，虛空藏[10]菩薩轉明妃印言也。"(T2531v79p0080a) 本頁下注10："菩薩＝并《甲》。"日本良算抄《唯識論同學鈔》："四、《攝大乘論》(名《廣苞大義論》，本頌無著釋論天親[8]幷無性等造)。"(T2263v66p0054a) 本頁下注8："幷＝菩薩《乙》。"日本賴寶撰《釋摩訶衍論勘注》："《金光明經》第二云：一切如來有三種身。云何爲三？一者法身，二者應身，三者法身。(文) 又異譯本論云：唯是法身，第一義諦，凡夫所見是名化身，[2]菩薩所見名受用身。(文)。"(T2290v69p0780b) 本頁下注2："菩薩＝並《甲》。"日本賴瑜撰《祕鈔問答》："此印言儀軌[7]菩薩作法次第。"(T2536v79p0308b) 本頁下注7："菩薩＝並《甲》。"日本珍海撰《三論玄疏文義要》："無佛説[21]竝承習之。"(T2299v70p0292b) 本頁下注21："竝＝菩薩《甲》。""菩薩"或與"花""并""幷""並""竝"爲版本異文，"花""并""幷"爲"艼"之訛，"並""竝"則"艼"訛作"并"，又錯誤轉寫而成。

1779 艻

日本觀靜撰《孔雀經音義》："百歲，百，音已［巴］白反，數十之十也。歲，昔細反，星名。又相芮［芮］反，年也。芮［芮］，音而税反。百歲者，十歲曰幼；十五曰志學；二十曰弱冠；三十曰壯強，又云二毛；四十曰不惑；五十曰艻，又云知天命；六十曰老，又云時制，又云耳順；七十曰耆，又云鳩杖，又云呂望，又云從心；八十曰耆，又云耋；九十曰耄；百歲期順也。"（T2244v61p0769a）

按：根據上下文意，"艻"即"艾"字之訛。五十歲稱爲"艾"，文獻多見，如《荀子・致士》："耆艾而信，可以爲師。"楊倞注："五十曰艾，六十曰耆。"《龍龕手鑑・草部》（朝鮮本）："艾，五蓋切。歷也，老也，長養也。又草名，又姓。今增艾、苃，二，俗。""艻"與"艾""苃"形近。

1780 芮

北魏楊衒之撰《洛陽伽藍記》："正光元年[29]蠕蠕至都，久閭阿那舷來朝，執事者莫知所處。中書舍人常景議云：'咸寧中單于來朝。'"（T2092v51p1012b）本頁下注29："蠕蠕二字原本斷缺，《乙》《丙》二本作芮一字。"

按：據原注，"蠕蠕"原本斷缺，乙本、丙本與"蠕蠕"對應之字作"芮"，《大正藏》的"蠕蠕"乃新刻時所改。根據上述信息，參考字形，"芮"即"芮"字之訛。"蠕蠕"是古代我國北方民族的稱謂，又有柔然、芮芮、茹茹、蝚蠕等多種稱謂，《魏書・蠕蠕傳》："蠕蠕，東胡之苗裔也。……自號柔然，而役屬於國。後世祖以其無知，狀類於蟲，故改其號爲蠕蠕。"北宋王欽若等《册府元龜・外臣部》："蠕蠕，葢匈奴之別種也，《南史》謂之芮芮。"據此，乙、丙本之"芮"即"芮"字之訛，本當作"芮芮"，脱一"芮"字。南朝梁慧皎撰《高僧傳》："釋法瑗，姓辛，隴西人，辛毘之後。長兄源明仕僞魏爲大尚書，第二兄法愛亦爲沙門，解經論兼數術，爲芮芮國師。"（T2059v50p0376c）唐慧琳撰《一切經音義》卷九十一《續高僧傳》第二卷："芮芮國，爇鋭反。亦名茰國，北狄突屈中小國名。"（T2128v54p0883c）字皆作"芮"。

1781 苄

日本觀靜撰《孔雀經音義》："二十九葉婆儞，此云馬苄。"（T2244v61

p0767b)

按："苻"即"芹"字之訛。"馬苻"即"馬芹"，草藥。唐義淨譯《金光明最勝王經》："馬芹（葉婆儞）。"（T0665v16p0435a）正作"芹"字。"斤"字前兩筆與後兩筆分離即成"付"形。唐道宣撰《廣弘明集》："妙[29]行弗運。"（T2103v52p0264b）本頁下注29："行=斤《三》《宮》。""行"亦"斤"字之訛，可比勘。

1782 苟

日本心覺撰《多羅葉記》："私伽羅母比丘尼，此云山苟。"（T2707v84p0631b）

按：疑"苟"即"苟"字之訛。《説文·艸部》："苟，艸也。從艸，句聲。"凡"口"形多作"厶"，疑此處"匕"爲"厶"之訛誤，"苟"爲"苟"之訛。佚名《翻梵語》："私伽羅母比丘尼，譯曰山苟。"（T2130v54p1002c）正作"苟"字。南朝宋佛陀什、竺道生譯《彌沙塞部和醯五分律》："佛在舍衛城。爾時和伽羅母優婆夷信樂佛法，常供養沙門，爲人長雅。其後以信出家，少欲知足，多致供養。乞食持歸，見一比丘問言：'何故行此？'答言：'乞食。'又問：'能受我此食不？'答言：'能。'即便與之。復入一家乞食。彼比丘語餘比丘言：'和伽羅母比丘尼能得飲食，可從彼取。'"（T1421v22p0071c）此"和伽羅母比丘尼"之所出，"和伽羅母"爲比丘尼的名字。《翻梵語》之"私"乃"和"字之誤，《多羅葉記》"和"亦誤作"私"。

1783 莀

日本珍海撰《三論玄疏文義要》："案[7]莀二諦意者，若論假有擧體世諦，若作無觀擧體是真諦，如水中*莀以手出之，似世諦，案之令没是真諦也。若就正義，體非出没，用有出没，始是案*莀義成也。謂四重中，初節二諦也。鼠嘍者，蟲食粟實其皮存，外有世諦，內無真諦也。"（T2299v70p0235a）本頁下注7："莀=苽《甲》*。"

按："莀"與"苽"爲版本異文，"莀"即"苽"之訛。參下條及1800"菰"字條。新羅慧超記《遊方記抄（唐大和上東征傳）》："風至香聞五里之外，又有波羅捺樹，菓大如冬[13]瓜。"（T2089v51p0991b）本頁下注13："瓜=莀《甲》。""莀"亦"苽"字之訛。

1784 萂

日本中算撰《妙法蓮華經釋文》："果蓏，郎果反。麻杲云：'果蓏若蔓。齊人謂之天爪［瓜］，七月熟也。'慈恩云：'作爪［瓜］音讀。'《玉篇》：'果謂桃李之屬。蓏謂萂瓞（徒結反）之類。'張晏云：'有核曰果，無核曰蓏。'"（T2189v56p0165c）

按："萂"即"苽"字之訛，"苽"又爲"瓜"之累增字。宋本《玉篇·艸部》："蓏，力果切。草實。《説文》云：'在木曰果，在地曰蓏。'"與文中所引不同。考《周禮·天官·甸師》："共野果蓏之薦。"鄭玄注："果，桃李之屬；蓏，瓜瓞之屬。"此蓋所引《玉篇》之所本，字作"瓜"。《大正藏》"瓜"或作"苽"，佚名《翻梵語》："優留毘，譯曰木苽。"（T2130v54p1020a）唐慧沼撰《十一面神呪心經義疏》："優樓頻螺者，此云木[6]苽也。"（T1802v39p1009c）本頁下注6："苽＝萂《甲》。""苽"或寫作"萂"，亦與"萂"形近。

1785 苞

唐玄奘、辯機撰《大唐西域記》："外道於是誦其宗致三萬餘言，其義遠，其文約，[21]苞含名相，網羅視聽。沙門一聞究覽，辭義無謬，以數百言辯而釋之。"本頁下注21："苞＝包《三》《乙》，苞《甲》。"（T2087v51p0928b）

按："苞"與"苞""包"爲版本異文，根據文意，"苞"即"苞"字之訛，與"包"通用。"苞含"義同"包含"，"苞"爲"包"之借字。佛經中"名"指耳可聽者，"相"指眼可見者，"苞含名相"意謂外道之文包括了名和相兩方面的内容，故下文接"網羅視聽"，"視"對應"相"，"聽"對應"名"。

1786 蒭

唐禮言集《梵語雜名》："蒺藜，矯乞蒭（二合）囉，𑖎𑖎𑖿𑖬𑖲𑖨。"（T2135v54p1238a）

按："矯乞蒭（二合）囉"爲"𑖎𑖎𑖿𑖬𑖲𑖨"的譯音字，"乞蒭"爲梵文"𑖎𑖿𑖬𑖲（kṣu）"的譯音字。日本淨嚴撰《悉曇三密鈔》："𑖎𑖿𑖬𑖲，芻、乞芻（二合）。"（T2710v84p0747b）"𑖎𑖿𑖬𑖲"的譯音字作"芻"或"乞芻"，"蒭"即"蒭"之書寫變異，"蒭"爲"芻"之增旁異體字。"𑖎𑖿𑖬𑖲"的譯音字亦可作"乞蒭"。唐玄奘授、不空譯《唐梵翻對字音般若波羅蜜多心經》："斫乞蒭（眼）。"（T0256v08p0851c）《梵語雜名》："眼，斫乞芻，又泥怛嚕，又阿魯者迦，𑖓𑖎𑖿𑖬𑖲，𑖡𑖸𑖝𑖿𑖨，𑖩𑖺𑖓𑖡。"（T2135v54p1223b）又："眼睫，斫乞芻鉢怛羅，𑖓𑖎𑖿𑖬𑖲𑖢𑖝𑖿𑖨。"（T2135v54p1223b）"乞蒭""乞芻"皆"𑖎𑖿𑖬𑖲"的譯音字。唐義淨撰《梵語千字文》："𑖓𑖎𑖿𑖬𑖲，斫乞芻，眼。"（T2133Bv54p1213b）"𑖎𑖿𑖬𑖲"當即"𑖎𑖿𑖬𑖲"之訛。

又，唐怛多櫱多集《唐梵兩語雙對集》："蒺藜，矯乞[2]葛囉。"（T2136v54p1243a）本頁下注2："葛或蒭?"字作"葛"，注者疑"葛"當作"蒭"，所疑甚是，"葛"即"蒭"之誤字。

後秦弗若多羅、羅什譯《十誦律》："麻衣、白麻衣、赤麻衣、[31]芻麻衣、翅夷羅衣、憍施耶衣、劫貝衣。"（T1435v23p0084a）本頁下注31："芻＝荄《宮》《聖》《聖乙》。"東晉佛陀跋陀羅、法顯譯《摩訶僧祇律》："若長得欽婆羅衣、疊衣、[24]芻摩衣、拘舍耶衣、舍那衣麻衣。"（T1425v22p0414c）本頁下注24："芻＝荄《聖》。""芻"與"荄"爲版本異文，"荄"皆"蒭"字之訛。此蓋由"芻"寫作"㣻"，"多"亦或寫作"㣻"，兩者同形，刻書者把"蒭"之異寫"菷"錯誤轉寫作"荄"。又據《説文》"芰"的異體作"荄"，與"蒭"之訛字"荄"亦爲同形字。

1787 荊

日本淳祐集《悉曇集記》："第十五盎迦章：𑖒𑖿𑖎，盎迦（上）；𑖒𑖿𑖎𑖯，盎迦（平）；𑖒𑖿𑖎𑖰，應紀（上）；𑖒𑖿𑖎𑖱，應機；𑖒𑖿𑖎𑖲，蓊句（俱口反）；𑖒𑖿𑖎𑖳，蓊鉤（俱侯反）；𑖒𑖿𑖎𑖸，蘡（於項反）荊；𑖒𑖿𑖎𑖹，蘡介；𑖒𑖿𑖎𑖺，擁句；𑖒𑖿𑖎𑖻，擁憍（脚傲反）；𑖒𑖿𑖎𑖽，盎鑑；𑖒𑖿𑖎𑖾，盎迦（去）。已上一𑖎迦字上用𑖒𑖿盎字冠之，生字二字也。"（T2705v84p0488c）

按："荊"即"荆"字異體，《中華字海》："荊，同'荆'。字見魏《邑王［主］造像訟［頌］》"（p262c）已溝通"荊"與"荆"之異體關係。清邢澍《金石文字辨異·庚韻》"荆"字條："東魏《武定二年邑主造像頌》：'導流荊宛。'案，荆字本從刑，碑變從形，古刑、形二字亦通用。"《悉曇集記》中之"荊"爲對音字，唐智廣撰《悉曇字記》："第十五章：𑖒𑖿𑖎，盎迦（上）；𑖒𑖿𑖎𑖯，盎迦（平）；𑖒𑖿𑖎𑖰，應（上）紀；𑖒𑖿𑖎𑖱，應機；𑖒𑖿𑖎𑖲，蓊苟（俱口反）；𑖒𑖿𑖎𑖳，蓊鉤（俱候反）；𑖒𑖿𑖎𑖸，蘡（於項反）荆；𑖒𑖿𑖎𑖹，蘡介；𑖒𑖿𑖎𑖺，擁句；𑖒𑖿𑖎𑖻，擁憍（脚傲反）；𑖒𑖿𑖎𑖽，盎鑑；𑖒𑖿𑖎𑖾，盎迦（去。已上伽字上用𑖒𑖿盎字冠之，生十二字）。"（T2132v54p1189a）與"荊"對應之字正作"荆"。又，日本安然撰《悉曇藏》對應之字作"葪"（T2702v84p0401a）。"葪"爲"薊"之異寫。日本淨嚴撰《悉曇三密鈔》："𑖎𑖸，計、繼、繫、薊、髻、雞、稽、罽、荆（《字記》）。"（T2710v84p0741c）"荆"與"薊"皆"𑖎𑖸（ke）"之對音。日本中算撰《妙法蓮華經釋文》："荆，舉鄉反。《説文》云：'楚木也。'麻杲云：'棘也。'又作'荊'矣。"（T2189v56 p0162c）中算已溝通了“莌”與“荆”的關係。

1788 茝

唐僧詳撰《法華傳記》：“弘始三年三月，有樹連理生于廣庭，逍遥園葱變爲[4]茝，以爲美瑞，謂智人應入。”（T2068v51p0052a）本頁下注4：“茝 =薤《甲》。”

按：正文作“茝”，注文作“茝”，字形微異。此段文字亦見於其他佛經，南朝梁慧皎撰《高僧傳》：“逍遙園葱變爲茝。”（T2059v50p0332a）字作“茝”。佚名《神僧傳》：“逍遥園葱變爲茞。”（T2064v50p0958a）唐圓照撰《貞元新定釋教目録》：“逍遥一園葱變爲茝。”（T2157v55p0811b）字作“茝”。“茝”“茝”“茝”“茝”皆“茝”之異寫，“茞”則“茝”之訛。《楚辭·離騷》：“雜申椒與菌桂兮，豈維紉夫蕙茝。”王逸注：“蕙、茝皆香草。”“茝”爲香草，故古人以“葱變爲茝”爲美瑞。北魏崔鴻《十六國春秋·後秦録四·姚興上》：“弘始三年春三月，連理樹生於廟庭，逍遥園有葱變爲茝，咸以爲美瑞。”此即佛經諸文之所本。

甲本作“薤”者，此蓋後人據鄭玄之《易緯稽覽圖》注所改，四庫本漢鄭康成注《易緯稽覽圖》卷上：“噬嗑反則有口實之變，治道得則陰物變爲陽物。（葱變爲韭亦是。按《隋書·王劭傳》引此文，又引鄭康成注有此六字，原本脱，今補入。）”唐魏徵《隋書·王劭傳》：“《稽覧圖》又云：‘治道得則陰物變爲陽物。’鄭玄注云：‘葱變爲韭亦是。’”南宋鄭樵《通志·昆蟲草木略第一·蔬類》：“韭之性温，故謂之草鍾乳。《易稽覽圖》云：‘政道得則陰物變爲陽。’鄭元注謂若葱變爲韭是也，可知葱冷而韭温。然葷臭非養性所宜，多食亦昏神。”本作“葱變爲韭”，“薤”似“韭”，故佛經或用薤字。唐元康撰《肇論疏》：“《高僧傳》云：‘弘始三年三月，有樹連理生于廟庭，逍遙園葱變爲薤，以爲美瑞，謂至人應入國。’”（T1859v45p0176b）佚名《維摩疏釋前小序抄》：“弘始三年春，有樹連李生於廟庭，逍遙一園葱變爲薤，咸稱嘉瑞。”（T2775v85p0435c）唐道掖撰《淨名經關中釋抄》：“弘始三年春，有樹連理生於廟庭，逍遙一園葱變爲薤，咸稱嘉瑞。”（T2778v85p0510a）此皆爲附會《易緯》之説而改。

1789 菌

遼非濁集《三寶感應要略録》：“第五十一周高祖武帝大品感應（出《法苑珠》等文）：周高祖滅法，經藉從灰。以後年中，忽見空中如菌大者五六，飛上空中，極目不見。全爲一段，隨飄飄上下。朔宰立望，不側是何。久乃翻下，墮上士牆，視乃是《大品經》之第十三卷。人皆謂希奇感應，歸心者多矣。”（T20

84v51p0845a)

按：此段文字本唐道世撰《法苑珠林》，其文曰："周祖滅法，經籍從灰。以後年中，忽見空中如[12]囷大者有五六，飛上空中，極目不見。全爲一段，隨風飄飄上下。朝宰立望，不測是何。久乃翻下，墮上土牆，視乃是《大品經》之十三卷。"（T2122v53p0419b）本頁下注 12："囷＝菌《三》，困《宮》。"四庫本作"菌"。《三寶感應要略録》之"菌"，《法苑珠林》有"菌""囷""困"等異文，"菌"即"菌"之訛。《中華字海》："菌，'菌'的訛字。字見朝鮮本《龍龕》。"（p264b）已溝通"菌"與"菌"之關係。《龍龕手鏡·艸部》："菌，渠愍切，地菌也。又姓。"（p259）明梅膺祚《字彙·艸部》："菌，俗作菌。"《可洪音義》卷十七《根本薩婆多部律攝》第九卷："盖菌，巨殞、巨晚二反，正作'菌'。"（v60p67c）"菌"亦"菌"字之訛。

唐不空譯《菩提場所説一字頂輪王經》："不應食葱蒜，羅蔔及菌子。"（T0950v19p0223c）北宋契嵩編《傳法正宗記》："一朝其園木無故忽然生耳如菌，大於車輪。其美味可食，如此終年。唯資淨德與其子羅睺羅多所噉，餘家人輒欲取食，其菌即隱。然淨德疑之，謂其子曰：'此木之耳。'"（T2078v51p0727c）明語風圓信編《袁州仰山慧寂禪師語録》："大雄山下，採菌子來。"（T1990v47p0587b）"菌"亦皆"菌"字之訛。

1790 𦳊

日本中算撰《妙法蓮華經釋文》："屎，式視反。《玉篇》云：'～，糞也。'《説文》又作'𦳊''戻'也。"（T2189v56p0157c）

按："𦳊"即"屎"的異體"菌"字之訛，《説文解字·艸部》："菌，糞也。从艸，胃省。"《龍龕》作"𦳊"，乃"菌"字之訛，"𦳊"又"𦳊"之訛。《玉篇·尸部》："戻，施視切。糞也。與'矢'同，俗又作'屎'。""戻"不見於《説文》，《玉篇》録之，中算誤。

1791 莛

佚名《寺沙門玄奘上表記》："強弩在彀，鼷鼠不足動其機；鴻鐘匿音，纖莛無以發其響。"（T2119v52p0822b）

按："莛"即"莛"字之訛，"廴"旁訛作"辶"旁也。《説文·艸部》："莛，莖也。從艸，廷聲。"本義爲草莖。古代文獻中有"以莛撞鐘"的説法，如《漢書·東方朔傳》："語曰：'以筦闚天，以蠡測海，以莛撞鐘。'豈能通其條貫，考其文理，發其音聲哉！""以莛撞鐘"就是用草莖撞擊鐘，謂發不出聲響。"纖莛無以發其響”，謂纖細的草莖不能凴它使鐘發出聲響，其義正合。唐慧立本《大唐大慈恩寺三藏法師傳》：“強弩在彀，鼯鼠不足動其機；鴻鍾匿音，纖莛無以發其響。”（T2053v50p0268c）正作“莛”字。唐慧琳撰《一切經音義》卷二十四《方廣大莊嚴經》第七卷：“草莛，狄丁反。《説文》：‘莛，草莖也。從草，廷聲。’”（T2128v54p0462b）“莛”亦“莛”字之訛。唐道宣撰《續高僧傳》：“住於提婆鼻何囉，此云天遊也。天謂國王，遊謂僧處，其所王立，故名天遊。舊以寺代之，寺乃此土公院之名，所謂司也，[5]廷也。”（T2060v50p0435a）本頁下注5：“廷＝迂《宮》。”“迂”乃“廷”字之訛。

1792 葅

唐湛然述《法華文句記》：“[2]殽，葅也；膳，美食也，不知何事嘉祥及涉法師皆以殽爲肉？縱有一分字義通肉，何須置餘專用於肉，使後代少識者疑之。應云，非穀而食曰餚，若作肴者，噉也。《説文》曰：膳者，具食也。秖云從肉，作訓啖，誰即名爲啖肉？或云，是肉未制之前，斯言更謬。”（T1719v34p0202a）本頁下注2：“殽葅＝希［肴］葅《甲》。”

按：“希葅”與“殽葅”爲版本異文。文中辨析“殽”與“膳”兩字之義，謂“殽”之義爲葅，“膳”之義爲美食。“殽”之本義爲錯雜，《説文・殳部》：“殽，相雜錯也。从殳，肴聲。”文獻中或借爲“肴”，清段玉裁《説文解字注》“殽”字下注曰：“經典借爲肴字。”泛指菜肴，《詩・大雅・行葦》：“醓醢以薦，或燔或炙，嘉殽脾臄，或歌或咢。”漢鄭玄箋：“薦之禮，非葅則醓醢也。燔用肉，炙用肝，以脾函爲加，故謂之嘉。”古代字書、韻書中常以“葅”訓“肴”，《廣韻・肴韻》胡茅切：“肴，骨體也。又葅也。凡非穀而食曰肴。亦啖也。”北宋丁度等《附釋文互註禮部韻略・爻略》何交切：“肴，亦作餚。釋云：骨體也。葅也。凡非穀而食曰肴。孰肉有骨亦曰肴也。”明梅膺祚《字彙・肉部》：“肴，何交切，音爻。葅醢也。”“葅”即“菹”之異體，《集韻・魚部》臻魚切：“菹、蕰、䔬、葅、蒩、蘫、苴，《説文》：酢菜也。一曰麋鹿爲菹蘫。菹之稱，菜肉通。”《法華文句記》中之“葅”即“葅”之訛，甲本之“葅”即“菹”之訛，“氵”旁訛作“亻”旁，“且”旁訛作“旦”旁。

1793 芟

唐曇曠撰《大乘百法明門論開宗義記》：“有淨極微布眼精上，對境而住，如香芟花。梵語目此別名‘斫芻’。斫是行義，芻是空義。謂行於空照了色故。”（T2810v85p1060b）

按：《中華字海》："'荾'同'荽'。見朝鮮本《龍龕》。"（p265b）所釋可從，"荾"即"荽"之異體"荾"字之訛。《玉篇·艸部》："荾，音綏。胡荾，香菜。荽、芰，竝同上。"《廣韻·脂韻》息遺切："荾，胡荾，香菜。《博物志》曰：張騫西域得胡荾。石虎《鄴中記》曰：石勒改胡荾爲香荾。荽，上同。芰，亦同。葰，亦同。《説文》曰：薑屬，可以香口。"《龍龕手鏡·艸部》："荾、荾，二俗；荽、芰，二或作；荾，正。音雖。胡~，香菜也。"（p255）《龍龕》已溝通"荾"與"荽"之關係。文中之"香荾花"即"香荾（荽）花"，佛經中常用香荾（荽）花形容眼根。世親造、唐玄奘譯《阿毘達磨俱舍論》："云何眼等諸根極微安布差别？眼根極微，在眼星上，傍布而住，如香荾花，清澈映覆，令無分散。"（T1558v29p0012a）衆賢造、唐玄奘譯《阿毘達磨順正理論》："由眼極微，如香荾花，傍布而住，正現前事，見即分明。非正現前，見便不了。"（T1562v29p0368b）皆與《大乘百法明門論開宗義記》文意相切合。隋智顗説、灌頂記《菩薩戒義疏》："大蒜是葫荾，茖葱是薤，慈葱是葱，蘭葱是小蒜，興蕖是葍蒺。"（T1811v40p0575a）日本凝然述《梵網戒本疏日珠鈔》："大蒜是葫荾（音雖），茖葱是薤，慈葱是葱，蘭葱是小蒜，興渠是葍蒺。"（T2247v62p0180b）日本快道撰《阿毘達磨俱舍論法義》："香荾花者，應作'荾'，今作'荽'，非也。宜佳切，音雖，香菜也。《本草》二十六（五五右）云：'胡荽。釋名：香荽、胡菜、蒝荽。時珍曰：荽［荽］，許氏《説文》作"葰"，云"薑屬，可以香口。"莖柔細而根多鬚，綏綏然也。張騫使西域始得種歸，故名胡荽，今俗呼爲蒝荽。……立夏後開細花成簇，如芹菜，花淡紫色。'"（T2251v64p0066a）"荾"皆"荾"字之訛。

1794 䓃

日本了翁撰《灌頂私見聞》："是化他以本也，四點利用也。又一切草木初葉䓃時，赤色也。"（T2415v77p0186a）

按：據文意，"䓃"即"荑"字之訛。"荑"或指茅之嫩芽，如《詩·邶風·静女》："自牧歸荑，洵美且異。"毛傳："荑，茅之始生也。"或泛指草木萌生的葉芽，如《管子·度地》："草木荑，生可食。"《後漢書·方術傳下·徐登》："炳復次禁枯樹，樹即生荑。"李賢注："《易》曰'枯楊生荑'，王弼注云：'荑者，楊之秀也。'""初葉荑"即葉之初生者。

1795 萮

唐怛多蘖多集《唐梵兩語雙對集》："蒺藜，矯乞葛囉。萮杞，烏背娜迦。"

（T2136v54p1243a）

按：“蒳杞”同“枸杞”，唐禮言集《梵語雜名》：“枸杞，烏背娜麽，[illegible]。”（T2135v54p1238a）字作“枸杞”。唐不空譯《阿唎多羅陀羅尼阿嚕力經》：“閃彌木（以[1]苟紀代）如上，准用阿輸伐馱木（夜合代之）准上，乃至二十一日，遠離一切横災重病。”（T1039v20p0026a）本頁下注 1：“苟紀 = 狗杞《宋》《元》，枸杞《明》，猗紀《甲》。”“枸杞”有“苟紀”“狗杞”“猗杞”“猗紀”“蒳杞”等多種詞形，“蒳”即“猗”異寫，“猗”爲“狗”之異構字。唐義淨譯《金光明最勝王經》：“[9]猗杞根。”（T0665v16p0435a）本頁下注 9：“猗 = 苟《三》《宮》《西》。”“枸杞”之“枸”亦作“猗”。

又，日本心覺撰《多羅葉記》：“狗把，烏背娜麽迦。”（T2707v84p0603b）“把”即“杞”字之訛。

1796 蓰

南朝齊僧伽跋陀羅譯《善見律毘婆沙》：“鷄母[1]伏卵，隨時迴轉。伏者，以兩翅覆至欲生時。眼見光明，以嘴啄鷇，出已，鼓翅鳴喚。”（T1462v24p0700a）本頁下注 1：“伏卵 = 復鷇《宋》《元》，伏鷇《明》，蓰鷇《宮》。”

按：“蓰”與“伏”爲版本異文，“蓰”即“菢”字之訛，“扌”旁訛作“犭”旁也。《廣韻・号韻》薄報切：“菢，鳥伏卵也。”《集韻・号韻》博号切：“菢、勽，鳥伏卵。或从勹。”“菢”與“伏”同義，爲孵卵之義。訶梨跋摩造、後秦鳩摩羅什譯《成實論》：“以從因生果不須願故，猶如鳥雀要須抱卵，不以願故，禽從鷇出，又不以願故。”（T1646v32p0359c）唐慧琳撰《一切經音義》卷七十三《成實論》第十七卷：“抱卵，字體作‘菢’，又‘包’，同，蒲冒反。《通俗文》：雞伏卵北燕謂之菢，江東呼蓲。蓲音央富反，伏音輔又反。”（T2128v54p0780a）“菢”本作“抱”，《方言》第八：“北燕、朝鮮洌水之間謂伏雞曰抱。”“菢”即“抱”之分化字。

1797 菝

日本靜然撰《行林抄》：“真言曰：唵遜婆（去，引）顊遜婆（去，引）吽（短聲。後同）紇哩（二合）恨拏（二合）仡哩（二合）恨拏（二合）吽（二）仡哩（二合）疊拏（二合，引）跛野吽（三）阿（去，引）曩野斛（引。四）婆（去）誐鑁（五）縛曰羅（二合，引）吽（置短聲）菝吒（六）。”（T2409v76p0186c）

按：“菝”即“發”字之訛。文中“縛曰羅”之“曰”爲“日”之誤。“縛日羅”爲金剛的音譯，佛經多見。《大正藏》“日”常誤作“曰”。同上經：“真言曰：唵吉里[Siddham]縛曰羅吽發吒。”（T2409v76p0178b）日本寬助撰《别行》：“[Siddham]，唵遜婆儞遜婆吽縛曰羅吽發吒。”（T2476v78p0135a）“曰”皆當作“日”。真言中“縛曰羅吽發吒”，梵文原文作“[Siddham]”，讀作“vajrahūṃphaṭ”，“發吒”即“[Siddham]（phaṭ）”之對音。佛經中“發吒”或作“癹吒”“泮吒”“頗吒”，皆“[Siddham]（phaṭ）”之對音。其中“發”“癹”“泮”“頗”對“[Siddham]（pha）”音，“吒”對“[Siddham]（ṭ）”音。由於“吒”所對之音“[Siddham]（ṭ）”爲音節末之輔音，不成音節，所以佛經中常用“半音”之類用語注明。日本淨嚴撰《悉曇三密鈔》：“[Siddham]，頗、叵、破、怖、普、發、抪（普活切。蘇悉地經）、泮（佛頂）。”（T2710v84p0745a）收録“發”爲“[Siddham]（pha）”之譯音字。

唐顔元孫《干禄字書·入聲》：“𤼵、發，上俗下正。”“𤼵”爲“發”之書寫變異，“發”所從之“癶”寫作“业”，“殳”變作“攵”。“𤼵”又變作“𦽏”（見《可洪音義》v59p760b）。“菝”即“𦽏”之訛，“弓”訛作“方”也。

1798 菇

唐阿目佉譯《佛説不空羂索陀羅尼儀軌經》：“阿慕伽播菇（尸瞻反。不空羂索）曩㦬（名）纈哩（二合）娜焰（心）。”（T1098v20p0434c）

按：此段真言亦見於唐菩提流志譯《不空羂索神變真言經》，其文曰：“麽暮伽（上聲呼，下同音）播苫（七十五句）那麽紇（二合）唎娜焰（七十六句）。”（T1092v20p0230a）與“菇”對應之字爲“苫”，“菇”即“苫”改變聲旁之異構字。日本淨嚴撰《悉曇三密鈔》：“[Siddham]，睒、苫、羶（《法花》）、昇、勝（《大悲心呪》）、餉（《歡喜天呪》）、商（《佛頂》）、陝（《千手》）。”（T2710v84p0746c）“苫”爲“[Siddham]（śaṃ）”之對音字。

1799 蔢

後漢支曜譯《佛説成具光明定意經》：“諸來明士在會坐者率皆妙行，心清口淨，身服衆戒。三穢六患五蔽已索，衆煩熱惱雜垢[13]汥若疑網閉結。倒見之謬，不知之本，十二牽連，皆已絶棄，淨如月花。”（T0630v15p0451b）本頁下注13：“汥若=蔢若《宋》《宮》，薽若《元》《明》。”

按：“蔢”與“汥”爲版本異文，“蔢”即“渓”字之訛，“汥”爲“沃”字之訛。《説文·艸部》：“渓，溉灌也。从水，芺聲。”清段玉裁注：“自上澆下曰沃，故下文云：澆者，沃也。《周禮》《左傳》皆言沃盥是也。水沃則土肥，故云沃土。水沃則有光澤，故《毛傳》云：‘沃沃，壯佼也。’又云：‘沃，柔也。’

隸作‘沃’。”《集韻・沃韻》烏酷切：“渼、沃，《説文》：‘溉灌也。’或作沃。”“渼”爲“沃”之異體。“渼”又寫作“渓”，“𣶒”即“渓”之異寫，“夭”旁或寫作“叐”。唐玄應撰《一切經音義》（麗藏本）卷五《成具光明定意經》：“渓若，又作‘沃’，同，於縛反。《詩傳》云：‘沃若猶沃沃然也。’沃，柔也，濕也，亦從下溜出也。”（p71c）唐慧琳撰《一切經音義》卷三十四《成具光明定意經》：“渼若，又作‘沃’，同，於縛反。《詩傳》云：‘沃若猶沃沃然也。’沃，柔也，濕也，亦從下溜出也。”（T2128v54p0536a）玄應本作“渓”“沃”，慧琳作“渼”“沃”，“𣶒”即“渼”之異寫“渓”之訛，俗書“夭”旁或寫作“叐”也。《詩・衛風・氓》：“桑之未落，其葉沃若。”朱熹集傳：“沃若，潤澤貌。”“沃若”爲潤澤貌義。此義與《佛説成具光明定意經》之文意不合。“三穢六患五蔽已索，衆煩熱惱雜垢汳若疑網閉結”，“汳若”當與“衆煩、熱惱、雜垢、疑網”並列，亦當相類。元、明本與“汳若”對應的文字作“濩渃”。《嘉興藏》作“濩渃”，音釋：“濩，胡郭切；渃音洛。濩渃，污也。”《楚辭・九思・怨上》：“望江漢兮濩渃，心緊絭兮傷懷。”洪興祖補注：“濩，音穫；渃，音若。大水也。”《廣雅・釋詁》：“濩，污也。”“濩”訓“污”，即污穢之義，可備一説。

1800 菰

南宋法雲撰《法華經義記》：“優樓頻螺迦葉，此下三人皆是兄弟，領五百徒衆各在一處。迦葉猶是姓也，優樓頻螺者，是外國音，此間翻爲木蓏林。明此人昔領徒衆住在木[3]蓏林中，今因本住處爲名也。”（T1715v33p0578c）本頁下注 3：“蓏＝菰《甲》。”

按：“菰”與“蓏”爲版本異文，“菰”“蓏”皆“苽”字之訛。唐慧琳撰《一切經音義》：“優樓頻螺，此云木苽，自在木苽林中證得無學，故以名之。”（T2128v54p0475c）遼希麟集《續一切經音義》：“優樓頻螺，梵語訛略也，具正云鄔盧頻螺迦葉波。鄔盧頻螺，此云木瓜，爲胷前有瘙似木瓜果，因以爲名。迦葉波，此云飲光，即姓也。”（T2129v54p0972b）北宋子璿集《首楞嚴義疏注經》：“優樓頻螺，此云木苽林。”（T1799v39p0868b）“優樓頻螺”皆譯作“木苽（瓜）林”，作“蓏”者，爲“苽”誤。作“菰”者，爲“苽”書寫變異而形誤。唐慧沼撰《十一面神呪心經義疏》：“優樓頻螺者，此云木[6]苽也。”（T1802v39p1009c）本頁下注 6：“苽＝莀《甲》。”“苽”或寫作“莀”。日本珍海撰《三論玄疏文義要》：“案[7]苽二諦意者，若論假有擧體世諦，若作無觀擧體是真諦。如水中苽以手出之似世諦，案之令没是真諦也。若就正義，體非出没，用有出没，始是案苽義成也。”（T2299v70p0235a）本頁下注 7：“苽＝苽《甲》。”“苽”或寫作“苽”。“菰”與“莀”“苽”形近，“菰”“莀”“苽”皆“苽”字之訛。

又，此“苽”爲“瓜”之累增字。《説文・艸部》：“苽，雕胡，一名蔣。”《廣韻・模韻》古胡切：“苽，《説文》曰：‘雕苽，一名蔣也。’菰，上同。”此

“茋”爲“菰”之異體。兩者爲同形字。

1801 莿

日本快道撰《阿毘達磨俱舍論法義》：“果辣，《應音》云：《字苑》作‘莿’，同，盧葛切。《通俗文》：‘辛甚曰辣。江南言辣，中國言辛。’”（T2251v64p0247b）

按：世親造、唐玄奘譯《阿毘達磨俱舍論》：“貪故果少，瞋故果辣。”（T1558v29p0090c）此即《法義》所釋“果辣”之所本。日本英憲撰《俱舍論頌疏抄》：“貪故果少（欲減他物故），瞋故果辣（辛辣如瞋故）。”（T2254v64p0640c）釋“辣”爲辛辣之義。唐玄應撰《一切經音義》（麗藏本）卷二十四《阿毘達磨俱舍論》第十七卷：“果辢，《字苑》作‘蕀’，同，盧葛反。《通俗文》：‘辛甚曰辢。江南言辢，中國言辛。’”（p328b）唐慧琳撰《一切經音義》卷七十《阿毘達磨俱舍論》第十七卷：“果辢，《字苑》作‘蕀’，同，盧葛反。《通俗文》：‘辛甚曰辢。江南言辢，中國言辛也。’”（T2128v54p0766c）此即《法義》所引之原文，《法義》之“應音”即玄應《一切經音義》之簡稱。《玄應音義》麗藏本作“蕀”，宛委別藏本作“莿”，《慧琳音義》作“蕀”。唐慧琳撰《一切經音義》卷七十三《隨相論》：“三辢，《字苑》作‘蕀’，同，蘆葛反。《通俗文》：‘辛甚曰辢。江南言辢，中國言辛。’《論》文作‘剌’，乖戾也，‘剌’非字體。”（T2128v54p0778c）《音義》引《字苑》字作“蕀”“莿”“蕀”諸形，然“蕀”字“蕀”字與“辣”無涉。《可洪音義》卷六《解節經》：“辛辢，勒達反。”（v59 p739a）南朝陳真諦譯《佛説解節經》：“亦如摩梨遮，其味辛辣。”（T0677v16p0713b）“辢”即“辣”之異體。疑“蕀”“莿”“蕀”皆“辢”字之訛。南宋志磐撰《佛祖統紀》：“一名體會異。夫言葷辛，是爲二義（葷臭辛[1]辣），葷而非辛，如臭菜、阿魏是也；辛而非葷，芥、薑是也；是葷是辛，五辛是也。”（T2035v49p0323a）本頁下注1：“辣=菻《甲》。”“菻”當爲“辢”字之訛。“菻”又“蒜”字之訛。

1802 葋

日本明覺撰《悉曇要訣》：“五、注難字，[悉曇字]，緻，猪履反。[悉曇字]，砧，多簣反。𑖥𑖿𑖧，葋，女也反。𑖥𑖿𑖧，䶑，底夜反。𑖥𑖿𑖧，䩢，丁夜反。蟄，除入反。此等雖無別音，人難知，故注之歟？”（T2706v84p0511c）

按：“𑖥𑖿𑖧（bhya）”譯音字作“葋”，切音作“女也反”與音不合，“女”當爲“必”或“苾”字之訛。“葋”當爲切身字，“苾”爲切上字，“也”爲切下字，"苾""也"相切，與"bhya"音合。同上經："《大日疏》云：⿰苾也（[illegible]也）、⿰骨也（[illegible]），此等字內作爲上，外作爲下，依反音法反之即成其音。"（T2706v84p0511a）"⿰苾也"用法同。

1803 ⿱艹巷

日本覺超撰《東曼荼羅抄》："白傘佛頂，主室宅神，主⿱艹巷曲神。"（T2401v75p0753b）

按："⿱艹巷"即"巷"之訛，同上經："白傘佛頂，主室它［宅］神，主巷曲神。"（T2401v75p0750b）唐一行記《大毘盧遮那成佛經疏》："白傘佛頂，主室宅神，主巷曲神。"（T1796v39p0640a）與"⿱艹巷"對應之字皆作"巷"。"主巷曲神"即主里巷之神。"曲"有巷義，如《敦煌變文集·前漢劉家太子傳》："其時南陽郡太守，諸坊諸曲，出牓曉示；並及諸坊，各懸布鼓，擊之音響，以辯凡聖。""巷曲"爲同義複合詞，義爲里巷。唐義淨譯《根本説一切有部毘奈耶藥事》："街坊巷曲，人衆慶歎如來威德。諸餘外道，皆悉默然，低屈而住。是諸人衆，甚大歡喜。"（T1448v24p0020b）"巷曲"與"街坊"連用，"巷曲"即里巷之義。

1804 ⿱艹㓨

唐善無畏譯《蘇悉地羯羅供養法》："凡洗浴時，不應就於淤泥水中，或水有[29]㓨，或峻岸水，或狹渠淺水，旋渦忽［急］是流多蟲渾水，溉灌田水及坑中水，如是之水，並勿洗浴。"（T0894v18p0708b）本頁下注29："㓨=⿱艹㓨《甲》。"

按："⿱艹㓨"與"㓨"爲版本異文，"⿱艹㓨"即"莿"之異寫，"㓨"爲"刺"之異寫，"莿"爲"刺"之分化字，兩字通用。同上經："凡澡浴時，不應就於淤泥水中，或水有刺，或懸駛水，或狹渠淺水，旋渦急流多蟲渾水，溉灌田水及坑中水，如是之水，並勿澡浴。"（T0894v18p0695b）日本圓仁撰《蘇悉地羯羅經略疏》："凡洗浴時，不應就於淤泥水中，或水有刺，或英岸水中，或陜渠淺水，捉濁急流多蟲渾水，溉灌田水及坑中水，如是之水，竝勿洗浴。"（T2227v61p0414a）與"㓨""⿱艹㓨"對應之字皆作"刺"。南朝宋求那跋陀羅譯《雜阿含經》："或臥灰土中，或臥[23]棘刺上。"（T0099v02p0252c）本頁下注23："棘刺=蕀⿱艹㓨《聖》。"唐慧琳撰《一切經音義》："棘莿，上兢億反。郭註《爾雅》云：'顛棘，細葉有莿也。'《説文》：'似棘叢生。從竝二朿也。'下雌四反。郭註《爾雅》云：'莿，棘針。'《方言》：'凡草木刺人謂之莿。'《説文》：'木芒也。從艸，刺聲。'《經》本作'㓨'，誤也。"（T2128v54p0594a）皆可比勘。

1805 䖆

唐菩提流志譯《文殊師利寶藏陀羅尼經》:“若毘舍闍鬼所著者,當於[4]䖆麻樹下作法,其患即得除愈。”(T1185Bv20p0803b)本頁下注4:“䖆=蓖《宋》。”

按:“䖆”與“蓖”爲版本異文,“䖆”即“蓖”字之訛,“蓖”爲“萞”之異體。《説文·艸部》:“蓖,蒿也。從艸,𣬈聲。”“蓖”或寫作“蓖”,《玉篇·艸部》:“蓖,邊兮切。蓖麻。萞,同上。”《廣韻·齊韻》邊兮切:“蓖,蓖麻。萞,上同。”“蓖”訛作“䖆”,“月”旁訛作“目”旁也。唐智通譯《千眼千臂觀世音菩薩陀羅尼神呪經》:“若見天旱時,取烏麻子和[48]毘麻子脂作丸,呪一百八遍,擲著湫水中即得雨。”(T1057Bv20p0094c)本頁下注48:“毘=稗《宋》,䖆《元》。”佚名《陀羅尼雜集》:“此呪誦二十一遍,呪[4]稗麻油若胡麻油。若身體諸有痛處,呪油二十一遍,以塗痛處即得除差。”(T1336v21p0611a)本頁下注4:“稗=䖆《元》《明》。”唐慧琳撰《一切經音義》:“萞麻油,上閉迷反。《考聲》:‘萞麻,藥名也。子斑螌形,似狗蜱,故以爲名。’或作‘䖆’。《經》從豆作‘豍’,《説文》:‘豍,留豆也。’非經義也。”(T2128v54p0423b)又:“蓖麻子,上閉迷反。《考聲》云:‘䖆麻,草名也。’《文字典説》從草,正作‘萞’也。”(T2128v54p0565a)“䖆”亦皆“蓖”字之訛。

1806 蓖

龍樹集、北宋日稱譯《福蓋正行所集經》:“有蓖麻樹,其臭相雜,速當斫伐。”(T1671v32p0740a)

按:“蓖”即“萞”字之訛,“蓖麻”即“萞麻”。唐慧琳撰《一切經音義》:“萞麻,閉迷反。《考聲》云:‘草樹名也。其子似牛螕蝨,故以名焉。從草,毘聲。’今《經》文作‘𦳝’,或作‘蜱’,並非本字也。”(T2128v54p0396c)“囟”旁或寫作“田”旁,如“恖”寫作“思”,故“萞”寫作“蓖”。明章黼《重訂直音篇·艸部》:“蓖,音箆,蓖麻。萞、蓖並同上。”已溝通“蓖”與“萞”之關係。南朝宋慧嚴譯《大般涅槃經》:“聲髭者,如蓖麻子置盛熱中爆裂出聲。”(T0375v12p0633a)“蓖”亦“萞”字之訛。

1807 葰

日本玄叡集《大乘三論大義鈔》:“三階聿起,則使悕玄之流,[16]葰内玄室。

迴悟之賓，遂登嵩臺。”（T2296v70p0136b）本頁下注16：“蔱＝蔚《乙》。”

按：“蔱”與“蔚”爲版本異文，“蔱”即“蔚”字之訛。隋吉藏造《淨名玄論》：“所以託迹三根，本爲引物。下根悟淺，但詣初門；中人小深，漸階第二；上根徹理，蔚登玄室。”（T1780v38p0854b）東晋僧肇作《肇論》：“夫道恍惚窈冥，其中有精。若無聖人，誰與道遊。頃諸學徒，莫不躊躇道門。怏怏此旨，懷疑終日，莫之能正。幸遭高判，宗徒𢥞然。扣關之儔，蔚登玄室。真可謂法輪再轉於閻浮，道光重映於千載者矣。”（T1858v45p0157b）唐元康撰《肇論疏》：“‘扣關之儔，蔚登玄室’，扣謂擊打也，關謂玄門之關也。儔，類也。蔚者（慰音），《蒼頡》云：‘草木盛貌也。’言學競造玄門，若草木繁盛耳。”（T1859v45p0191b）唐慧琳撰《一切經音義》卷一百《肇論》下卷：“蔚登，上威颶反。《蒼頡篇》：‘蔚，草木盛也。’《周易》：‘其文蔚也。’顧野王云：‘文綵繁數也。’《文字典説》云：‘茂也。從草，尉聲也。’”（T2128v54p0928c）“蔚”有草木茂盛之義，“蔚登”之“蔚”有聚集之義，“蔚登”謂很多人（“扣關之儔”）像茂盛的草木一樣聚集在一起（爭相）進入。《大乘三論大義鈔》之“蔱内玄室”與《肇論》“蔚登玄室”同，謂希望求得玄理之人像茂盛的草木一樣聚集在一起（爭相）進入玄室。字作“蔱”，“蔱”即“蔚”字之訛。“蔚”或作“蔚”（見明梅膺祚《字彙·艸部》），“蔱”與“蔚”形近。

1808 菮

隋吉藏造《法華遊意》：“終而不泯，則歸途[14]扶蔬。”（T1722v34p0646a）本頁下注14：“扶＝菮《原》。”

按：“菮”與“扶”爲版本異文，“菮”即“𦬊”字之訛。“扶蔬”或作“扶疎”“扶疏”等，如後秦鳩摩羅什譯《小品般若波羅蜜經》：“終而不泯，則歸途扶疎。”（T0227v08p0536c）南朝梁僧祐撰《出三藏記集》：“終而不泯，則歸途扶疎。”（T2145v55p0054c）龍樹造、後秦鳩摩羅什譯《十二門論》：“十二門論者，蓋是實相之折中，道場之要軌也。十二門者，總衆枝之大數也。門者，開通無滯之稱也。論之者，欲以窮其源，盡其理也。若一理之不盡，則衆異紛然，有或趣之乖；一源之不窮，則衆塗扶疏，有殊致之迹。殊致之不夷，乖趣之不泯，大士之憂也。”（T1568v30p0159b）“扶疏（疎、蔬）”爲叠韻連綿詞，爲四散分佈之義，形容樹木則指枝葉之分披，形容道路則指路途之歧出。隋吉藏撰《十二門論疏》：“以不盡理，故有六道惑趣之乖。惑者，迷也；趣者，理也。謂迷一道故成六道。一原之不窮則衆途扶疎者，衆謂多也，途即道，以不窮原故有三乘異道，乃至五百部也。扶疎謂開廣增盛之義耳。”（T1825v42p0172a）解“衆途扶疎”之“扶疎”義，近之。日本澄禪撰《三論玄義檢幽集》：“十二者，總衆枝之大數也。門者，開通無滯之稱也。論這個欲以窮其源，盡其理也。若一理之不盡，則衆異紛然，有惑趣之乖；一源之不窮，則衆途扶蔬，有殊致之跡。殊致之乖不夷，乖趣之跡不泯，大士之憂也。”（T2300v70p0385c）字作“扶蔬”。唐道世撰《法苑珠林》：“忽見一處有閻浮樹，蓊欝[15]扶疏，人所樂見。”（T2122v53p0358c）本頁下注15：“扶疏=扶蔬《宋》《宮》。”字又作“萟蔬”。“扶”作“萟”者，“扶”與“蔬”連用，受其影響而誤加“艹”旁，此亦字形同化之例。

1809 葪

唐玄奘、辯機撰《大唐西域記》：“鎮杜迦果、烏曇跋羅果、茂遮果、那利葪羅果、般樣娑果，凡厥此類，難以備載，見珍人世者，略舉言焉。”（T2087v51p0878a）

按：“葪”即“薊”之異寫字“蔛”之訛。“葪”字，季羨林等《大唐西域記校注》本作“蔛”，校勘曰：“那利蔛羅果，原本蔛作葪，《古本》《大本》《一本》《宋本》《資福本》《明南本》及《隨函録》並作蔛。《慧琳音義》亦作蔛，云：‘音計。’今從改。《石本》《徑山本》《金陵本》作薊，《異本》作制，《或本》作葥。”（p212）“葪”與“蔛”“薊”“制”“葥”爲版本異文，“葪”即“蔛”字之訛，“蔛”又“薊”字之訛。季羨林等《大唐西域記校注》注釋曰：“那利蔛羅果：那利蔛羅，樹名，梵文 nārikela，本書卷十迦摩縷波國條作那羅雞羅，卷十一僧伽羅國條作那羅稽羅，即椰子樹。”（p213）“那利蔛羅”爲梵文譯音詞，“蔛”“雞”“稽”皆“ke”之對音。日本淨嚴撰《悉曇三密鈔》：“ক，計、繼、繫、薊、髻、雞、稽、罽、荆（字記）。”（T2710v84p0741c）“薊”“雞”“稽”皆“ক”之譯音字，“ক”正音“ke”。《大唐西域記》當以“薊”字爲正。唐顔元孫《干禄字書·去聲》：“蔛、薊，上通下正。”《玉篇·艸部》：“薊，古麗切。芙也。蔛，同上。俗。”“薊”字所從之“魚”寫作“角”即成“蔛”字。“蔛”字所從之“刀”寫作“力”即成“葪”字，俗書“刀”旁與“力”常混誤。

“葪”又爲“筋”之訛。《中華字海》：“葪，同‘筋’。見《敦煌俗字譜》。”（p276c）蓋“筋”或作“筯”（見《玉篇·竹部》《廣韻·欣韻》等），“筯”之“竹”旁寫作“艹”旁即成“葪”字。佛經亦有用例，如唐慧琳撰《一切經音義》：“筋脈，上謹殷反。《説文》云：肉之力也。從肉、竹，物之多筋者。從力，打［力］象筋也。《經》本從艸從角作‘葪’，非也。”（T2128v54p0596a）“薊”之訛字“葪”與“筋”之訛字“葪”爲同形字。

“蔛”或作“葥”，“葥”亦“薊”之訛字。唐道宣撰《集神州三寶感通録》：“豫章、成都、長安、隴西、[15]蔛北、嶺南，無處不至。”（T2106v52p0424b）本頁下注15：“蔛=蒯《宋》，薊《明》。”“蒯”即“薊”字之訛。“葥”乃“蒯”字之省。《大正藏》“葥”又爲“萠”字之訛，與“薊”字之訛者亦爲同形字。

1810 𦸛

唐宗密述《佛説盂蘭盆經疏》："第六惡習現前，初目連道滿，大目犍連始得六通。此人姓大目犍連，唐言[44]菉菽氏。彼國上古有仙，常食菉荳。尊者是彼之種族也，名尼拘律陀，即樹名也。"（T1792v39p0507c）本頁下注44："菉荳＝𦸛豆《甲》。"

按："𦸛"與"菉"爲版本異文，根據文意，參考字形，"𦸛"爲"菉"字之訛。東晋佛陀跋陀羅譯《達摩多羅禪經》："青黄赤白[1]綠，及與頗梨色。"（T0618v15p0318a）本頁下注1："綠＝緣《宮》。"唐金剛智譯《金剛頂經瑜伽修習毘盧遮那三摩地法》："唵砧二度相縈遶，不絶[24]綠光如繫甲。"（T0876v18p0329c）本頁下注24："綠＝緣《元》《明》《乙》《丙》。"勝友造、唐義淨譯《根本薩婆多部律攝》："若地甎石有[5]綠苔生蛇蓋菌等而損壞者，或竿笐、瓶衣生白醭而受用損動者，咸得惡作，令他拂淨者無犯。"（T1458v24p0577b）本頁下注5："綠＝緣《三》《宮》。""緣"皆"綠"字之訛，亦"录"旁訛作"彖"旁之例。

又，"菉荳"本作"綠豆"，"菉"當爲"綠"之分化字。

1811 䕩

日本良算抄《唯識論同學鈔》："説爲名分位，然未有句位，更添言[12]阿薩和縛，名爲眼有漏；説爲句位，故依分位，以立名等文非實詮言量。"（T2263v66p0136b）本頁下注12："阿薩和縛＝阿䕩和轉《乙》。"

按："䕩"與"薩"爲版本異文，"䕩"即"薩"字之訛。唐窺基撰《成唯識論述記》："説爲名分位，然未有句位，更添言阿薩和縛，名爲眼有漏。"（T1830v43p0287c）日本聞證撰《略述法相義》："説爲名分位，更添言阿薩和縛，名爲眼有漏。"（T2315v71p0133a）與"䕩"對應之字皆作"薩"。

1812 𦿧

佚名《摩尼教下部讚》："復是大聖膏腴地，被魔𦿧蒔五毒樹。"（T2140v54p1272a）

按："𦿧"即"𦿏"字之訛，"𦿏"又"栽"之分化字。《説文・木部》："栽，築牆長版也。從木，𢦏聲。"清段玉裁注："古築牆，先引繩營其廣輪方制之正。《詩》曰'俾立室家，其繩則直'是也。繩直則豎楨幹。題曰楨，植於兩頭之長杙也。旁曰榦，植於兩邊之長杙也。植之謂之栽，栽之言立也。而後横施版於兩邊榦内，以繩束榦，實土，用築築之。一版竣，則層絫而上。《詩》曰‘縮版以載，捄之仍仍，度之薨薨，築之登登’是也。然則栽者，合楨榦與版而言。許云築牆長版爲栽者，以版該楨榦也。《中庸》：‘故栽者培之。’鄭云：‘栽，猶殖也。今時人名艸木之殖曰栽，築牆立版亦曰栽。’鄭同許説。”據《説文》及段注，“栽”爲從木𢦏聲之形聲字，本義爲立板筑墻，引申爲種植之義。“蒔”亦種植之義。“栽”“蒔”連用，爲同義並列複合詞，亦種植之義。北魏賈思勰《齊民要術·栽樹》：“樹，大率種數既多，不可一一備舉，凡不見者，栽蒔之法，皆求之此條。”“栽蒔”即指種植樹木，與上引《摩尼教下部讚》用法同。字作“蕺”，即“莪”字之訛。北涼曇無讖譯《悲華經》：“勤求無上寂滅涅槃，乃至一念斷諸煩惱，是名令諸衆生初種涅槃之根[9]栽也。”（T0157v03p0207b）本頁下注9：“栽＝莪《宋》。”“栽”的異文又作“莪”。“根栽”正續《一切經音義》多見，如唐慧琳撰《一切經音義》：“根栽，宰猜反。鄭注《禮記》云：‘栽，植也。’案，栽，種也，種植草木曰栽。從木，從𢦏省聲。𢦏音灾。”（T2128v54p0349b）又：“根栽，則來反。謂木草植曰栽，謂木栓可栽種也。”（T2128v54p0627b）遼希麟集《續一切經音義》：“根栽，上古痕反。《切韻》云：‘根，柢也。’《爾雅》云：‘天根，互［氐］也。’郭注云：‘角元［亢］下繫於氐，若木之有根也。’下栽［裁］才反。《説文》：‘種也。從木𢦏省聲。’《律》文作‘栽’，俗字無據也。”（T2129v54p0970a）“根栽”即“栽蒔”之“栽”的引申，今稱“栽子”，指供移植的植物幼苗。在“栽蒔”“根栽”的意義上，“栽”或加“艹”旁、“木”旁，爲“栽”之分化字。

1813 葔

南朝齊僧伽跋陀羅譯《善見律毘婆沙》：“‘云何應知方便？’答曰：‘有六方便：一者自，二者教，三者擲，四者安，五者呪，六者神力。’問曰：‘云何爲自？’答曰：‘自殺。’‘云何教？’‘教餘人殺，如是汝殺。擲者，弓箭爲初隨種種方便令斷命。安者，[4]箛蔟埳及毒藥等，安置一處，觸之即死。’”（T1462v24p0751a）本頁下注4：“箛蔟＝安箛蔟《三》，安箛葔《宮》。”

按：“箛蔟”，《嘉興藏》作“箛篌”。“葔”與“蔟”“篌”“簇”爲版本異文，“葔”即“簇”字之訛。“箛”即“箛”字之訛，“箛蔟埳”即“箛簇坞”。唐慧琳撰《一切經音義》卷六十五《善見律》第十一卷：“箛簇，古胡反。以尖竹頭布地也。下楚角反。《東京賦》云：‘瑇瑁不簇。’薛綜曰：‘不叉簎取之也。’《廣雅［倉］》：胡餅家用簇。簇，刺。簎，音叉白反，矛屬也。”（T2128v54p0739c）作“箛簇”。“箛簇”乃用竹子削成的類似箭頭的鋭器。

就字形而言，《龍龕手鑑·草部》：“蓀，新藏作‘蔟’。”“蓀”即“蔟”字之訛。文獻中“蔟”與“簇”常相混誤。《可洪音義》卷二十一《佛本行讚》第一卷："䔌結，上倉木反。"（v60p186b）南宋釋寶雲譯《佛本行經》："澡瓶杖簇結，棄本諸威儀。"（T0193v04p0061c）《可洪音義》卷二十二《法句喻經》第四卷："非䔌，千木反。"（v60p248a）法救撰、三國吳維祇難譯《法句經》："非蔟結髮，名爲梵志。"（T0210v04p0572c）西晋法炬、法立譯《法句譬喻經》："非蔟結髮，名爲梵志。"（T0211v04p0605a）唐慧琳撰《一切經音義》："非蔟，青木反。蔟猶聚也。《周禮·蔟氏》：蔟，巢也。言梵志非如此也。"（T2128v54p0800b）"䔌"亦"蔟"字之訛，可比勘。

1814 䒷

唐道宣撰《廣弘明集》："有石帆之異狀，擬瀑布之飛泉。實逢巖而聚霧，乃觸石而成煙。既嵯峨而蔭映，亦嶢屼而[32]仟綿。既遠控於江海，兼近接於村田。"（T2103v52p0338c）本頁下注32："仟＝阡《三》，仟綿＝芊䒷《宮》。"

按："芊䒷"與"仟綿"爲版本異文，"芊""仟"異文又作"阡"。"仟綿"爲叠韻連綿詞，有"仟綿""阡綿""芊綿""千眠""仟眠""阡眠""芊眠"等多種詞形。作"芊眠"者，常形容草木蔓衍叢生繁茂之貌。如南朝齊謝朓《高松賦》："既芊眠於廣隰，亦迢遰於孤嶺。"也用來形容文采華美。如《文選·陸機〈文賦〉》："或藻思綺合，清麗芊眠。"李善注："芊眠，光色盛貌。"佛經亦有用例，如唐玄奘譯《大般若波羅蜜多經》："自性三種，麟無性以[6]阡眠；果德萬區，殷不德而輝煥。"（T0220v07p0921a）本頁下注6："阡＝芊《明》。"宮本之《廣弘明集》作"芊䒷"者，"䒷"即"眠"字之訛，"眠"字受"芊"影響而誤加"艹"旁，此亦字形同化之例。

1815 䕸

日本賴瑜撰《祕鈔問答》："諸供物呪（尊勝小呪）：蘇油三度，次燒供三度（飯歟），次五穀（粥三度），次五穀（三度），次沈香，次白檀，次乳木，次又沈香，次白檀，次安息，次丁子，次薰陸，次甘松，次霍香，次苓陵香，次乳反香，次又安息，次龍腦，次丁子，次荳[5]蔲（䕸），次白芥子，加持物料。"（T2536v79p0340a）本頁下注5："蔲＝䕸《甲》。"

按：正文"蔲"旁注"䕸"，注文"蔲"與"䕸"爲版本異文，兩字皆"蔻"字之訛。此段文字佛經多見，如日本元海記《厚造紙》："尊勝護摩供香藥次第（大作法古樣）：蘇油三度，次燒供三度，次五穀粥三度，次五穀三度，次沈香三度，次白檀，次乳木，次又沈香，又白檀，安息，次丁子，次薰陸，次甘松，次霍香，次苓陵香，次乳頭香，次又安息，次龍腦，次又丁子，次荳蔻，次白芥子。”（T2483v78p0270b）日本實運撰《玄祕抄》：“蘇油三度，次燒供三度，交五穀粥三度，次沈香，次白檀，次乳木，次又沈香，又白檀，次安息，次丁子，次薰陸，次甘松，次鶴香，次苓陵香，次乳頭香，次又安息，次龍腦，次又丁子，次荳蔻，次白芥子。加持物所。”（T2486v78p0398a）對應文字皆作“荳蔻”，“蔻”爲“蔻”之異寫字。日本觀靜撰《孔雀經音義》：“二十一、蘇泣迷羅，此云細豆[21]蔲，三角白色。”（T2244v61p0767b）本頁下注 21：“蔲 = 蔻《甲》。”“蔲”亦“蔻（蔻）”之異寫字。“蔛”“蕿”皆與“蔲”形近，皆“蔲”之進一步錯訛的結果。參 1830“蔲”字條。

又，日本興然撰《四卷》：“供養次第：蘇油三度，次燒供三度（飯也），次五穀粥三度，次五穀三度，次沈香，次白檀，次乳木，次又沈香，又白檀，次安息，次丁子，次薰陸，次甘松，次霍香，次苓陵香，次乳頭香，次又安息，次龍腦，次又丁子，次荳蔲，次白芥子，加持物處。”（T2500v78p0796c）字作“蔲”，亦當作“蔻”。

《漢語大字典》：“蔛，同‘蔛’。《康熙字典·艸部》：‘蔛，《直音》：“古祿切，音谷。蔛草，藥名。”’按：今本《直音篇》㱿下從米，不從禾。又《篇海類編·花木類·艸部》作‘蔛’，音義全同。”（二 p3537b）又：“蔛，gǔ《篇海類編》古祿切。藥草名。《篇海類編·花木類·艸部》：‘蔛，蔛草，藥。’”（二 p3529b）“蔛”“蔛”皆“蔻”之訛字，釋作藥草名，乃虛假義項。讀作古祿切，乃虛假音項。《龍龕·艸部》：“蔛，古木反。蔛，草藥名。”此即《直音篇》之“蔛”，《篇海類編》之“蔛”之所本。《直音篇》“蔛草藥名”當斷作“蔛，草藥名”。《篇海類編》原文作“蔛古祿切音谷蔛草藥”，當斷作“蔛，古祿切，音谷。蔛，草藥”。《龍龕》之“蔛”當本藏經，乃“蔻”之訛字。行均不知其訛，乃據形臆推其音，讀作古木反。釋作“草藥名”，乃“豆蔻”之義。《玉篇·艸部》：“蔻，呼候切。荳蔻，藥名。”《集韻·候韻》大透切：“荳，荳蔻，藥艸。”“豆蔻”乃草藥之名。

1816 莟

唐般若譯《大方廣佛華嚴經》：“衆寶蓮華，菡莟芬敷。”（T0293v10p0694a）

按：《嘉興藏》亦作“莟”。“莟”即“萏”字之訛。《玉篇·艸部》：“萏，徒敢切。菡萏。”唐慧琳撰《一切經音義》：“菡萏花，菡，胡感反。萏，徒感反。《説文》曰：‘芙渠花未發者爲菡萏，已發者爲芙蓉也。’《漢書音義》曰：‘菡萏，豐盛之貌也。’‘菡莟’二字，《玉篇》作‘莟藺’，《字書》作‘菡茵’，《説文》作‘菩莟’也。”（T2128v54p0450b）同一段文字“萏”“莟”錯出。“臽”旁寫作“舀”旁文獻習見。張涌泉《敦煌俗字研究》（第 2 版）亦有考證（p757）。

《可洪音義》卷四《大方廣佛華嚴經修慈分》：“𦵹莟，上含感反，下徒感反。正作‘菡萏’。”（v59p669b）唐提雲般若譯《大方廣佛花嚴經修慈分》：“菡萏開敷，周布其上。”（T0306v10p0959c）“㔯”爲“菡”字之訛，“萏”爲“萏”字異寫，下部所從之“臼”又寫作“臼”。

1817 菁

唐圓照撰《貞元新定釋教目録》：“右件戒壇院是不空和上在日捨衣鉢興建。當不空進具之日，亦有誠願許同修菁。”（T2157v55p0878a）

按：“菁”即“葺”字之訛。明章黼《重訂直音篇・艸部》：“葺，音緝。修補。萺，同上。”“萺”爲“葺”之異寫，“菁”即“萺”之訛。

1818 蕠

南朝宋僧伽跋摩譯《薩婆多部毘尼摩得勒伽》：“若比丘欲取劫貝衣，而取[7]芻麻衣，偷羅遮。”（T1441v23p0570b）本頁下注7：“芻麻＝蕠《聖》。”

按：“蕠”與“芻麻”爲版本異文，“蕠”即“蒭”字之訛。“芻麻衣”爲僧人所穿衣之一種。唐不空譯《蕤呬耶經》：“若作息災事者，應著茅草之衣。若作增益事者，應著芻麻之衣。若作降伏事者，應著青色衣及血濕衣。”（T0897v18p0770b）佚名《律戒本疏》：“芻麻即縛麻衣也。”（T2788v85p0623a）“芻麻衣”或作“蒭麻衣”，如唐菩提流志譯《一字佛頂輪王經》：“常坐茅草，心靜寂默，著[29]茅草衣，持誦課數作安隱法。”（T0951v19p0234c）本頁下注29：“茅草衣＝蒭麻衣《三》，苴麻衣《甲》。”本作“芻摩衣”，或“蒭摩衣”，唐慧琳撰《一切經音義》：“蒭摩，楚俱反。梵語也。《説文》：‘從艸，芻聲。’《經》本作‘芻’，俗字也。”（T2128v54p0429c）又：“蒭摩衣，上測俱反。梵語正言菆摩，菆音鄒，唐云麻衣也。”（T2128v54p0514c）又：“芻摩，上惻虞反。梵語。《經》作‘蒭’，俗字也。”（T2128v54p0605b）此詞爲梵語譯音詞，故前一音或作“芻”，或作“蒭”。佚名《翻梵語》：“芻摩繒綵，亦云讖磨，亦云蘇摩，譯曰芻摩者，麁布也。”（T2130v54p1051b）南宋法雲編《翻譯名義集》：“[18]芻摩，此云麻衣。《西域記》云：衣麻之類也。麻形細荆芥，葉青色。西域麻少，多用草羊毛。”（T2131v54p1172b）本頁下注18：“Kṣauma。”可知“芻”“蒭”“蘇”皆“ṣau”之對音。字或作“蕠”，即“蒭”之訛。或作“蒭”，如後秦弗若多羅、羅什譯《十誦律》：“褥被褥者，甘蔗滓貯褥、瓠莖貯褥、長瓜莖貯褥、毳貯褥、[13]芻摩貯褥、劫貝貯褥、文闍草貯褥、麻貯褥、水衣貯褥。被者，俱執被、[14]芻摩被、毳被、劫貝被。”（T1435v23p0077a）本頁下注13：“芻摩＝蒭摩《聖》。”注14：“芻摩被毳＝毳被芻摩《三》《宮》，蒭麻被毳《聖》。”“蒭”亦“蒭”之書寫變異。

1819 蕩

唐善無畏、一行譯《金剛頂經毘盧遮那百八尊法身契印》：“金剛雲：[illegible]，唵跋日囉素揵[6]蕩覔莎訶。”（T0877v18p0333a）本頁下注6：“蕩=蕩《乙》。”

按：“蕩”與“蕩”爲版本異文，“蕩”即“蕩”字之訛。“蕩”爲梵文“[illegible]（tva）”之譯音字。唐金剛智述、善無畏譯《念誦結護法普通諸部》：“密言曰：唵素犍蕩（引）覔。”（T0904v18p0903a）字亦作“蕩”。日本淨嚴撰《悉曇三密鈔》：“[illegible]，淡、曇、蕩（金軌）、彈（集經）、殿（金軌）、鄧（佛頂）、誕（隨求）。”（T2710v84p0744c）“蕩”又爲“[illegible]（dhaṃ）”之譯音字。

1820 蒱

南朝宋功德直、玄暢譯《無量門破魔陀羅尼經》：“婆婆（[27]蒱餓反）毘婆跋禰（二十九）阿僧衹（三十）陀迷（莫計反。三十一）毘富羅斯鞞（[*]蒱詣反。三十二）。”（T1014v19p0688c）本頁下注27：“蒱=蒲《三》[*]。”

按：“蒱”與“蒲”爲版本異文，“蒱”即“蒲”字之訛。文中“蒱”字兩見，分别爲“婆”和“鞞”字的反切上字。“婆”爲“嘙”字之書寫變異，《龍龕手鑑·口部》：“嘙、婆，二俗。音婆。在呪中。”《集韻·戈韻》蒲波切：“嫛、婆，《説文》：‘奢也。’一曰女老稱。或从波。”“嘙（婆）”音同“婆”，“婆”《集韻》音“蒲波切”，切上字作“蒲”。“鞞”，《廣韻·紙韻》并弭切：“鞞，刀鞞。又蒲迷、補茗二切。”該字又見於《無量門破魔陀羅尼經》的同一段真言中，文曰：“尼陸底（都矢反。七）斯鞞（蒲詣反。八）嘻（許耆反）隸（九）。”（T1014v19p0688c）其切上字亦作“蒲”。又秦公《碑别字新編·艸部》“蒲”字條下引《隋宮人何氏墓誌》作“蒱”，亦可比勘。

東晉竺佛念譯《出曜經》：“檀越報曰：‘如貧家中漿有數種，蒱桃、甘蔗、石蜜諸漿種種皆有，不審尊者上座爲須何漿？’”（T0212v04p0690c）東晉佛陀跋陀羅、法顯譯《摩訶僧衹律》：“佛告諸比丘：‘如過去世時有王名曰吉利，爲迦葉佛作精舍。一重二重乃至七重，彫文刻鏤，種種彩畫，唯除男女和合像。種種者，所謂長老比丘像、[1]葡萄蔓摩竭魚鵝像、死屍之像、山林像，如是比一切，是名五種畫。’”（T1425v22p0497a）本頁下注1：“葡萄=蒱桃《宋》《元》《宮》《聖》，蒲萄《明》。”大目乾連造、唐玄奘譯《阿毗達磨法蘊足論》：“言末沱者，謂[7]蒲[8]萄酒。”（T1537v26p0458a）本頁下注7：“蒲=蒱《宋》《元》《宮》，葡《明》。”注8：“萄=桃《宋》《元》。”唐道世撰《法苑珠林》：“味甘如[12]蒲[13]萄酒。”（T2122v53p0276c）本頁下注 12：“蒲＝葡《明》，蒱《宋》《元》《宮》。”注 13：“萄＝桃《宋》《元》。”“蒱”又“蒲”字之訛，佛經“葡萄”的“葡”用“蒲”習見。

1821 䔾

佚名《大方廣曼殊室利童真菩薩華嚴本教讚閻曼德迦忿怒王真言阿毘遮嚕迦儀軌品》：“白綵芥子油，五種尾杉藥。犬血及犬肉，三辛鹽芥子。螺粖酸思子，海鹽陀咄根。及俱捨得枳，[13]稗麻根麻灰。紅藍花根棘，與摩陀那根。蔥蒜波羅奢，區吒迦及韮。蘇羅并藥酒，如是藥等分，投於像前爐，燒滿一千八。寃家根裔殞。親族并朋友，護天及營從，種末皆殄除。”（T1216v21p0078c）本頁下注 13：“稗＝䔾《明》《甲》。”

按：“䔾”與“稗”爲版本異文，“䔾”即“蓖”字之訛，“蓖”爲“蓖”之異體。文中“稗麻根”即“蓖麻根”。北宋法賢譯《迦葉仙人説醫女人經》：“復次女人懷孕至第三月胎藏不安者，當用迦俱𪘲藥、叱囉迦俱𪘲藥及蓖麻根等諸藥，等分以水相和，研令極細，又入乳汁同煎令熟，後入乳糖及蜜，相和冷服。”（T1691v32p0787c）字作“蓖”。又唐慧琳撰《一切經音義》：“蓖麻子，上閉迷反。《考聲》云：‘䔾麻，草名也。’《文字典説》從草，正作‘蓖’也。”（T2128v54p0565a）溝通了“蓖”和“䔾”與“蓖”的關係，“䔾”亦“蓖”之訛字。字或作“稗”者，“稗”爲“蓖”之借字，佛經亦有用例，如唐智通譯《千眼千臂觀世音菩薩陀羅尼神呪經》（麗本）：“若見天旱時，取烏麻子和稗麻子脂，捻作丸，呪一百八遍，擲著湫水中，即得雨。”（T1057Av20p0088a）字即作“稗”。《千眼千臂觀世音菩薩陀羅尼神呪經》（明本）：“若見天旱時，取烏麻子和[48]毘麻子脂，作丸，呪一百八遍，擲著湫水中，即得雨。”（T1057Bv20p0094c）本頁下注 48：“毘＝稗《宋》，䔾《元》。”“稗”與“䔾”爲版本異文，皆可證“稗”爲“蓖”之借字。

1822 蒱

北宋道誠集《釋氏要覽》：“今寺院木魚者，蓋古人不可以木朴擊之故，創魚象也。又必取張華相魚之名，或取鯨魚一擊蒱勞爲之大鳴也。”（T2127v54p0304a）

按：“蒱”即“蒲”字之訛。“蒲”或寫作“蒱”（見清邢澍《金石文字辨異・虞韻》“蒲”字下引《南唐龍興寺鍾文》）、“蒱”（見秦公《碑別字新編・十四畫》“蒲”字下引《隋宮人何氏墓誌》）、“蒱”（見《碑別字新編・十四畫》

“蒲”字下引《魏吴郡王蕭正表墓誌》）等形，皆與“蒱”形體相近。《釋氏要覽》之“蒱勞”同“蒲牢”。高麗一然撰《三國遺事》：“前有旋遶比丘像千餘軀，下列紫金鐘三簴，皆有閣有蒲牢。鯨魚爲撞，有風而鐘鳴，則旋遶僧皆仆拜頭至地。隱隱有梵音，蓋關棙在乎鐘也。”（T2039v49p0991c）唐神清撰、北宋慧寶注《北山録》：“蒲牢響遖，仰雷霆而佐震（蒲牢，海獸也，鯨魚擊之，則聲震川谷。今於鐘上鑄之，以魚形杵擊之，取其聲也）。”（T2113v52p0610b）《文選·班固〈東都賦〉》：“於是發鯨魚，鏗華鐘。”李善注引薛綜：“海中有大魚曰鯨，海邊又有獸名蒲牢，蒲牢素畏鯨，鯨魚擊蒲牢，輒大鳴。凡鐘欲令聲大者，故作蒲牢於上，所以撞之者，爲鯨魚。”“蒲牢”爲海獸名。

1823 蒁

日本圓仁撰《蘇悉地羯羅經略疏》：“葰，或作荽、荾，竝皆雖音，香菜也。《玉呬經》云：‘其塗香者，用白檀香、沈水香、迦濕彌嘌香……胡蒁香、諸樹汁類香。如合香，法相和。隨所合香，皆置龍礅，應用雨水未墮地者而作塗香。’”（T2227v61p0423c）

按：上引文字明言引自《玉呬經》，所謂《玉呬經》即唐不空譯《蕤呬耶經》，其文與“胡蒁香”對應的文字作“胡[18]荽香”（T0897v18p0767b），本頁下注 18：“荽＝遂《甲》《乙》，麋本亦同。”“遂”與“荽”爲版本異文，“遂”“蒁”即“荽”之異體。胡荽是一種有香氣的菜，故或用來塗香。參 2085“遂”字條。

1824 蕩

日本觀靜撰《孔雀經音義》：“峯牙及世賢，峯牙或多蕩娑多[15]寂世賢，或波修跋陀羅。”（T2244v61p0780b）本頁下注 15：“寂＝羅《丁》。”

按：“蕩”即“蕩”字之訛。南朝梁僧伽婆羅譯《孔雀王呪經》：“苟多蕩娑多羅夜叉、婆修跋陀羅夜叉皆住婆莎底國。”（T0984v19p0450b）與“蕩”對應之字作“蕩”。

1825 蒿

日本光胤記《唯識論聞書》：“蒿笛之類（可見本疏）。”（T2264v66p0603c）

按：“蒿”即“籥”的異寫，隸楷“竹”旁或寫作“艸”旁。《說文·竹部》："籥，書僮竹笘也。從竹，龠聲。"《説文·龠部》："龠，樂之竹管，三孔以和眾聲也。從品、侖。侖，理也。"據《説文》，"籥"之本義爲"書僮竹笘"，"龠"之本義爲"樂之竹管"。清段玉裁"龠"字注曰："此與《竹部》'籥'異義。今經傳多用'籥'字，非也。"段説是，管樂之義文獻多用"籥"字，如《詩·邶風·簡兮》："左手執籥，右手秉翟。"孔穎達疏："籥雖吹器，舞時與羽并執，故得舞名。"《禮記·文王世子》："春夏學干戈，秋冬學羽籥，皆於東序。"孔穎達疏："籥，笛也。籥聲出於中，冬則萬物藏於中，云羽籥，籥舞，象文也。"皆用"籥"字。此蓋因"龠"常用作量器名，而加竹旁另造"籥"字記録管樂之義。《唯識論聞書》之"蘥"爲"笛之類"，與"籥"字義合。字形之"艸"旁爲"竹"之書寫變異，下部所從即"龠"之書寫變異，"龠"的異形有"龠"（《玉篇零卷》）、"龠"（清鐵珊《增廣字學舉隅》）等。

東晉佛陀耶舍、竺佛念譯《四分律》："彼比丘疑不敢捉衆僧戶鈎[1]鑰。"（T1428v22p0945a）本頁下注1："鑰＝蘥《聖乙》。"審文意，"鑰"爲鎖鑰義，"蘥"亦"籥"字之書寫變異，經中通作"鑰"。

1826 蒐

唐道世撰《法苑珠林》："前行得入一家，見門裏有一馬椈，中間懸一馬[17]兜，可容一斛。安呼林伯升，主人驚出，果姓林名伯升，謂是神人，厚相奉棱。既而弟子問：'何以知其姓字？'安曰：'兩木爲林，*兜容百升也。'"（T2122v53p0406c）本頁下注17："兜＝蒐《三》*。"

按："蒐"與"兜"爲版本異文，"蒐"即"篼"之異寫字。此段文字亦見於南朝梁僧祐撰《出三藏記集傳》（T2145v55p0108b）、南朝梁慧皎撰《高僧傳》（T2059v50p0352a），字正作"篼"。《説文·竹部》："篼，飲馬器也。"段注："食馬器也。""篼"本義是指用竹子（木片）編製而成的喂馬的器具。與《法苑珠林》文意正合。字作"蒐"者，秦公《廣碑别字·十七畫》"篼"字下引《唐范陽盧氏夫人墓誌》作"篼"，"蒐"與"篼"下部所從，皆"兜"之書寫變異。"竹"旁寫作"艹"旁隸楷習見，故"蒐"爲"篼"之異寫，書寫變異之跡亦可尋。參1690"篼"字條。

或本作"兜"者，《説文·兜部》："兜，兜鍪，首鎧也。從兜，從皃省。皃象人頭也。"本義是古作戰時所戴之頭盔。文獻中"兜"或與"篼"通用。

1827 萑

佚名《淨瑠璃淨土摽》："所謂十二神將形。第一，宮毘羅伊舍那方可畏大將。其色黄摽，駕虎。執戰荼劍，右手拳押左腰。或云作東北方。第二，伐折羅因達方金剛大將。其色青，眼赤，駕㲋。執三股伐折羅，左手屈風仰左。或云作東方。第三，迷企羅阿揭拏方護法大將。其色帶炎上青煙，駕龍。執鉾上炎旗，二手調之。或云作東南方。第四，安儞羅阿揭多方護比大將。其色帶炎上黄煙，駕蛇。執戰荼鉞，左手拳申風指火珠也。或云作南方。第五，安底羅閻魔羅方正法大將。其色赤放炎，雷眼火髮，駕兩翼馬。左執代月盧，右執鏡上炎也。或云作西南方。第六，珊底羅涅哩堅底方羅刹大將。其色黄赤，作羅刹像，駕羊。左執鏡，右執戰荼劍，或執代只哩也。或云作西方。第七，因達羅涅哩底方帝使大將。其色黄色，駕蕥。左執白拂，右執鈴，令瞻也。或云作西方北方。第八，跋伊羅傳嘗荼方狼龍大將。其色白錯，駕金翅鳥。左執如意珠，右執金剛鐸。或云作北方。第九，摩睺羅嚩庚方大將，或云折風大將。駕狗，狗形可畏，所謂天狗。左拳申風指輪，右屈風，其色如黑風。或云作上方。第十，真達羅縛庚方折水大將。駕猪。右執鉤，左屈地水，其色如黑水。或云作下方。第十一，招杜羅毘沙門方護世大將，又摩尼大將。駕鼠。右執如意珠，左執羂索。其色夏日黑雲色也。或云作西方。第十二，毘羯羅伊舍那方懃忿大將。駕牛，即水牛也。手執寶弓箭，其色黑青，但稍滅前色。或云关方。”（T0929v19p0067a-b）

按：此段文字亦見於日本靜然撰《行林抄》，文曰：“第七，因達羅濕哩底方帝使大將，其色黄，駕[7]獲，左執白拂，右執鈴。令瞻之。”（T2409v76p0022b）本頁下注 7：“獲=猴?”“蕥”與“獲”爲異文，校者疑爲“猴”字之訛。所疑甚是，“蕥”即“猴”字之訛，“獲”爲“蕥”之進一步錯訛。唐玄奘譯《藥師琉璃光如來本願功德經》：“爾時衆中有十二藥叉大將俱在會坐，所謂宫毘羅大將、伐折羅大將、迷企羅大將、安底羅大將、頞儞羅大將、珊底羅大將、因達羅大將、波夷羅大將、摩虎羅大將、真達羅大將、招杜羅大將、毘羯羅大將。”（T0450v14p0408a）此十二藥叉大將即十二神將之所本，本無駕獸之像。北涼曇無讖譯《大方等大集經》：“善男子，閻浮提外，南方海中有琉璃山，名之爲潮。高二十由旬，具種種寶。其山有窟，名種種色，是昔菩薩所住之處。縱廣一由旬，高六由旬。有一毒蛇，在中而住，修聲聞慈。復有一窟，名曰無死。縱廣高下亦復如是，亦是菩薩昔所住處。中有一馬，修聲聞慈。復有一窟，名曰善住。縱廣高下亦復如是，亦是菩薩昔所住處。中有一羊，修聲聞慈。其山樹神，名曰無勝。有羅刹女，名曰善行。各有五百眷屬圍遶。是二女人常共供養如是三獸。善男子，閻浮提外西方海中有頗梨山，高二十由旬。其山有窟，名曰上色。縱廣高下亦復如是，亦是菩薩昔所住處。有一獼猴，修聲聞慈。復有一窟，名曰誓願。縱廣高下亦復如是，亦是菩薩昔所住處。中有一雞，修聲聞慈。復有一窟，名曰法床。縱廣高下亦復如是，亦是菩薩昔所住處。中有一犬，修聲聞慈。中有火神。有羅刹女，名曰眼見。各有五百眷屬圍繞。是二女人常共供養是三鳥獸。善男子，閻浮提外北方海中有一銀山，名菩提月。高二十由旬。中有一窟，名曰金剛。縱廣高下亦復如是，亦是菩薩昔所住處。中有一猪，修聲聞慈。復有一窟，名香功德。縱廣高下亦復如是，亦是菩薩昔所住處。中有一鼠，修聲聞慈。復有一窟，名高功德縱。廣高下亦復如是，亦是菩薩本所住處。中有一牛，修聲聞慈。山有風神，名曰動風。有羅刹女，名曰天護。各有五百眷屬圍繞。是二女人常共供養如是三獸。善男子，閻浮提外東方海中有一金山，名功德相。高二十由旬。中有一窟，名曰明星。縱廣高下亦復如是，亦是菩薩昔所住處。有一師子，修聲聞慈。復有一窟，名曰淨道。縱廣高下亦復如是，亦是菩薩昔所住處。中有一兎，修聲聞慈。復有一窟，名曰喜樂。縱廣高下亦復如是，亦是菩薩昔所住處。中有一龍，修聲聞慈。山有水神，名曰水天。有羅刹女，名修慚愧。各有五百眷屬圍遶。是二女人常共供養如是三獸。是十二獸，晝夜常行閻浮提内。”（T0397v13p0167b－0168a）此經出現十二獸，與我國的十二生肖相合。佛家或將與我國十二生肖相合的閻浮提外東西南北四方的十二獸和十二藥叉大將牽合在一起，使十二獸成爲十二神將所駕之神獸。據此，因達羅神將所駕之獸正當作猴。

《大正藏》“獲”爲“猴”異文的例子很多，法救撰、三國吳維祇難譯《法句經》：“分布生熾盛，超躍貪果[30]猴。”（T0210v04p0570c）本頁下注30：“猴＝獲《三》《聖》。”東晉佛陀跋陀羅譯《摩訶僧祇律大比丘戒本》：“繫心不放逸，亦如[13]猴著鎖。”（T1426v22p0549b）本頁下注13：“猴＝獲《聖》。”南朝陳慧思説《大乘止觀法門》：“遠與無塵之智爲基，近與[30]猨猴之躁爲鎖。”（T1924v46p0655c）本頁下注30：“猴＝獲《甲》。”唐道世撰《法苑珠林》：“又覩一物，形如[2]猴，懸在樹欄。”（T2122v53p0527a）本頁下注2：“猴＝猿《三》，獲《宫》。”“猴”之異文“獲”皆“猴”字之訛。

《大正藏》“猴”又有以“猚”爲異文者，日本善珠撰《唯識義燈增明記》：“[25]獼猴池側，坐無所有定，聞象哮吼，[26]猨猴戲聲。”（T2261v65p0346b）本頁下注25：“獼猴池＝彌猚地《甲》，彌猴池。”注26：“猨猴＝後猚《甲》，後猴《乙》。”龍樹造、後秦鳩摩羅什譯《大智度論》：“心相輕疾，遠逝無形，難制難持，常是動相，如獼[18]猴子，又如掣電，亦如蛇舌。”（T1509v25p0400c）本頁下注18：“猴＝猚《聖》。”“猴”之異文“猚”亦“猴”之訛。

《大正藏》“侯”旁與“隹”旁字混訛的例子多見。龍樹造、後秦鳩摩羅什譯《十住毘婆沙論》：“於此法中及凡夫所種善根，及諸天龍、夜叉、乾闥婆、阿修羅、迦樓羅緊那羅摩[13]睺羅伽，得聞法已生諸善心。”（T1521v26p0046c）本頁下注13：“睺＝睢《宋》《元》。”東晉佛陀耶舍、竺佛念譯《四分律》：“於時羅睺羅母與羅[29]睺羅在高閣上，見佛來，語羅睺羅言：‘彼來者是汝父。’”（T1428v22p0809c）本頁下注29：“睺＝維《聖》。”西晉竺法護譯《持心梵天所問經》：“彌隸[7]睺樓。”（T0585v15p0033a）本頁下注7：“睺＝雉《宫》。”“睢”“維”“雉”皆“睺”字之訛。唐道世撰《法苑珠林》：“今[17]雒陽有韓馮城。其歌謠至今存焉。”（T2122v53p0484b）本頁下注17：“雒＝睺《宋》《宫》，睢《元》《明》。”“睺”即“雒”之訛，亦可比勘。

1828 蕎

東晉瞿曇僧伽提婆譯《中阿含經》：“一時佛遊舍衛國，在於東園鹿子母堂。

爾時世尊則於晡時從燕坐起，堂上來下，告尊者阿難：‘我今共汝，至阿夷羅婆提河浴。’尊者阿難白曰：‘唯。’然尊者阿難，執持戶[20]鑰，遍詣諸屋而彷徉。見諸比丘，便作是説：‘諸賢，可共詣梵志羅摩家。’諸比丘聞已，便共往詣梵志羅摩家。”（T0026v01p0775c）本頁下注20：“鑰=蘥《聖》。”

按：“蘥”與“鑰”爲版本異文，“蘥”即“籥”字之訛。《説文・門部》：“闟，關下牡也。”清段玉裁注：“《月令》曰：‘脩鍵閉，慎管籥。’注曰：‘鍵，牡。閉，牝也。管籥，搏鍵器也。’然則關下牡謂之鍵，亦謂之籥。籥，即闟之叚借字。析言之，則鍵與闟有二。渾言之，則一物也。……古無鎖鑰字，葢古祗用木爲，不用金鐵。”據《説文》及段注，鎖鑰字“闟”爲本字，“籥”爲借字，“鑰”爲後出本字。《中阿含經》聖本之“蘥”爲鎖鑰之義，當本用“籥”字而寫作“蘥”形。参1825“蘥”字條。

1829 藰

隋慧遠撰《維摩義記》：“初有兩行歎佛身業，中間六行歎佛口業，後之七行歎佛意業，就身業中大聖法王衆所歸者歎佛人高。淨心[1]藰佛靡不忻者，歎佛身妙。靡猶無也，以佛身妙淨心，*藰者無不忻慶，除邪謗人。”（T1776v38p0434a）本頁下注1：“藰=觀ヵ《原》*。”

按：“藰”與“觀”爲異文，“藰”蓋即“觀”字之訛。後秦鳩摩羅什譯《維摩詰所説經》：“大聖法王衆所歸，淨心觀佛靡不欣。”（T0475v14p0537c）東晋僧肇撰《注維摩詰經》：“大聖法王衆所歸，淨心觀佛靡不欣，各見世尊在其前。”（T1775v38p0333c）隋吉藏撰《維摩經義疏》：“大聖法王衆所歸，淨心觀佛靡不欣，各見世尊在其前。”（T1781v38p0926b）内容皆同，與“藰”對應之字皆作“觀”。

1830 蕟

日本觀靜撰《孔雀經音義》：“二十一、蘇泣迷羅，此云細豆[21]蕟，三角白色。”（T2244v61p0767b）本頁下注21：“蕟=蔻《甲》。”

按：“蕟”與“蔻”爲版本異文，“蔻”乃“蔻”字之書寫變異，“蕟”即“蔻”字之訛。唐義淨譯《金光明最勝王經》：“當取香藥三十二味，所謂菖蒲（跋者）、牛黄（瞿盧折娜）……細豆蔻（蘇泣迷羅）。”（T0665v16p0434c－0435a）與“蕟”對應之字亦作“蔻”。

1831 𦻇

日本最澄撰《山家學生式》："修池修溝，耕荒理崩，造橋造船，殖樹殖𦻇，蒔麻蒔草，穿井引水，利國利人，講經修心，不用農商。"（T2377v74p0624a）

按："𦻇"即"紵"之異構字。《説文・糸部》："紵，檾屬。細者爲絟，粗者爲紵。從糸，宁聲。"大徐音"直呂切"。"紵"之本義爲苧麻。"殖𦻇"即種植苧麻。苧麻爲草本植物，故字或加艸旁。此段文字亦見於日本光定撰《傳述一心戒文》，文曰："修池修溝，耕荒理崩，造橋造船，殖樹殖稗，殖麻殖草，穿井引水，利國利人，講經修心，不用農商。"（T2379v74p0651b）字作"稗"，與此文異。

1832 薄

後秦弗若多羅、羅什譯《十誦律》："佛言：'從今日聽著蘆[22]薄，若席應坐，若坐觸食具。'"（T1435v23p0459c）本頁下注22："薄=箔《三》《宮》。"

按："薄"與"箔"爲版本異文，"薄"即"薄"字之異體，蓋"薄"改換聲旁的異構字。乃由"薄"所從之"溥"與該字音不合，故改從"博"旁，文中通作"箔"。東晋佛陀跋陀羅、法顯譯《摩訶僧祇律》："若輕而薄者不聽擿，若厚而重者聽擿，擿已當浣，浣已應舒置[3]箔上。"（T1425v22p0526a）本頁下注3："箔=薄《三》《宮》。""薄"與"箔"爲版本異文，"薄"即"箔"之借字。

西晋聖堅譯《佛説羅摩伽經》："濟諸溺人，或作薩[17]薄，或作鮫人。"（T0294v10p0863c）本頁下注17："薄=薄《三》《宮》。""薄"與"薄"爲版本異文，"薄"亦"薄"之異體。

1833 蕨

日本皇慶撰《隨要記》："如是來去三處，觸物不斷，是名三蕨多護摩法也。復以神袋繫於右膊，復以塗香塗手按其胸上，隨意持誦而發遣去。自餘弟子皆如是作。"（T2407v75p0814a）

按："蕨"即"簸"字之訛。唐輸波迦羅譯《蘇悉地羯囉經》："如是來去三處，觸物不得斷絶，是名三簸多護摩法。"（T0893v18p0628b）與"蕨"對應之字作"簸"。"三簸多"爲梵文譯音詞，日本杲寶撰《大日經疏演奥鈔》："《悉地經》言'三簸多'，即'[illegible]'也。《瑜伽軌》云'三摩波多'，即'[illegible]'

也，竝究竟成就義也。”（T2216v59p0295c）“सप्त”讀“sapta”，“प्त”爲二合音，讀“pta”，“簸”爲“p”的對音，與“簸”之聲母相合。日本淨嚴撰《悉曇三密鈔》：“प，波、跛、簸（《法花》）、博（《胎軌》）、鉢（《佛頂》）、播。”（T2710v84p0745a）“簸”爲“प（pa）”的對音字，亦可互証。“簸”字“竹”旁寫作“艹”，下部訛作“欺”即成“蘷”字。南朝梁僧祐撰《弘明集》：“或有三盲摸象，得象耳者爭云象如[28]簸箕，得象鼻者爭云象如舂杵，雖獲象一方，終不全象之實。子説泥洹是死，真摸象之一盲矣。”（T2102v52p0051c）本頁下注28：“簸＝簌《明》。”“簸”或訛作“簌”，可資比勘。又，日本珍海撰《三論名教抄》：“蘷，布火反。揚也。”（T2306v70p0799a）“蘷”亦“簸”之訛字。

“簸”又訛作“蕀”。參1847“蕀”字條。

1834 蘽

日本靜然撰《行林抄》：“《使呪法經》云：阿伽木、白壇木、苦練木云云。又云：造像取虚桃及虚蘽，剋相好不得輕爾云云。”（T2409v76p0484c）

按：“蘽”即“棗”之異體，蓋因棗類屬植物，故加“艸”旁。《行林抄》此段文字抄自北魏菩提流支譯《大使咒法經》，其文曰：“又造像取唐桃及[20]唐棗，剋相好不得輕翫。”（T1268v21p0301b）本頁下注20：“唐＝靈《甲》。”字正作“棗”。

1835 蒟

唐慧立本《大唐大慈恩寺三藏法師傳》：“幸逢二儀交泰，四海無塵，遂得拂衣玄漠，振錫蔥嶺。不由味於[20]蒟醬，直路夷通；豈藉佩於杜衡，遥途近易。”（T2053v50p0262c）本頁下注20：“蒟＝蒟《三》《宮》。”

按：“蒟”與“蒟”爲版本異文，“蒟”即“蒟”字之訛。唐慧琳撰《一切經音義》：“蒟醬，俱雨反。《漢書》：‘南越食唐象蒟醬。’音義曰：‘木似穀樹，其桒如桑桒，作醬醋美，蜀人珍之。’或從木作‘枸’，《傳》從酉作‘蒟’，非也。”（T2128v54p0848a）慧琳所見本亦作“蒟”，而以“蒟”爲正，亦以“蒟”爲“蒟”字之訛。《説文·艸部》：“蒟，果也。从艸，竘聲。”清段玉裁注：“《史記》《漢書》有‘枸醬’，左思《蜀都賦》、常璩《華陽國志》作‘蒟’，《史記》亦或作‘蒟’。據劉逵、顧微、宋祁諸家説，即扶留藤也。葉可用食檳榔，實如桑葚而長，名蒟，可爲醬。《巴志》曰：‘樹有荔支，蔓有辛蒟。’然則此物縢生緣木，故作蒟，從艸；亦作枸，從木，要必一物也。許君《木部》有‘枸’字，云‘可爲醬’，於《艸部》又有‘蒟’字，葢不能定而兩存之。”則

"䓍"因可以做醬，故又稱作"䓍醬"。字或作"䤆"者，因與"醬"字連用，受其影響而改"立"爲"酉"，此亦字形同化之例。

1836 𧂇

新羅義湘撰《華嚴一乘法界圖》："此語欲入法性家要門，開陀羅尼藏，好[16]𧂇匙故。"（T1887Av45p0715b）本頁下注16："𧂇匙＝藏匙ヵ《甲》。"

按："𧂇匙"與"藏匙"爲版本異文，"𧂇"蓋"鑰"字之訛。參0973"匙"字條。蓋由刻書者不識"𧂇"爲"鑰"字之訛，誤爲"藏"字。

1837 䔖

唐窺基撰《瑜伽師地論略纂》："遏部曇者，此翻爲疱，猶如瘡疱，表裏如酪，未至肉位，如䔖豆瘡，故名疱也。"（T1829v43p0013b）

按："䔖"即"豌"字異構字之書寫變異。《廣雅·釋草》："豍豆、豌豆，豍豆也。"曹憲"豌"音"烏丸"。唐王燾撰《外臺秘要方》卷三："天行發瘡豌豆疱瘡方一十二首：……其瘡形如豌豆，亦名豌豆瘡。"醫書中"豌豆疱"習見。《可洪音義》卷十五《十誦律》第三十八卷："䔖豆，上烏官反。"（v59p1123c）後秦弗若多羅、羅什譯《十誦律》："佛在舍衛國，有病比丘，蘇油塗身，不洗痒悶，是事白佛。佛言：'應用澡豆洗。'優波離問佛：'用何物作澡豆？'佛言：'以大豆、小豆、摩沙豆、豌豆、迦提婆羅草、梨頻陀子作。'"（T1435v23p0275c）可洪所見本作"䔖"，《大正藏》作"豌"，"䔖"當爲從艸登聲字之異寫，"夗"旁寫作"死"俗書習見。"䔖"與"䔖"形近，即該形之進一步錯訛。

從艸登聲之字，蓋"登"加"艹"旁而成。《說文·豆部》："登，豆飴。从豆，夗聲。"大徐音"一丸切"。清段玉裁注："飴，米糱煎也。糱，芽米也。然則豆飴者，芽豆煎爲飴也。《黑部》黳下曰：'讀若飴登之登。'《方言》：'飴謂之餧，餹謂之餹。'郭注以豆屑襍餳也。餹即登字。"又云："按《篇》《韵》皆於月切，一丸非也。"清王筠《說文句讀》："'一丸切'，案：此音是誤以爲豌字也。《玉篇》《廣韻》皆於月切。"皆謂"登"之本義爲豆飴，本正音讀"於月切"，王筠謂"一丸切"爲"豌"字之讀音。《說文釋例》："《玉篇》又有'豌'字，似即'登'字而迻其部位，又加宀也。豌豆爲豆沙甘美，以豇豆作之者不及也。"又謂"豌"爲"登"之後出字。

1838 ⿱艹敞

日本湛慧撰《阿毘達磨俱舍論指要鈔》："'爲非法貪'（至）'映⿱艹敞其心'（文）。光解，相續謂身。頌疏，謂前後相續，故云爲非法貪相續增盛。"（T2250v63p0904a）

按：本書解釋的對象是世親造、唐玄奘譯《阿毘達磨俱舍論》，其文作："人爲非法貪染汚相續，不平等愛映蔽其心。"（T1558v29p0065c）與"⿱艹敞"對應之字是"蔽"，"⿱艹敞"即"蔽"字之訛。"映蔽"文獻常用，即遮蔽之義。此詞佛經亦常見，如唐菩提流志譯《大寶積經》："猛利貪欲，映蔽其心。"（T0310v11p0010b）彌勒説、唐玄奘譯《瑜伽師地論》："過患作意，惛沈睡眠，映蔽其心，令心極略。"（T1579v30p0436c）又："若住勇猛，增上精進，身疲心倦，映蔽其心，名勤勞倦心。"（T1579v30p0711a）"映蔽"皆遮蔽之義。

唐道宣撰《廣弘明集》："綺錢[33]敝西觀，緹幔卷南榮。"（T2103v52p0354b）本頁下注33："敝=敞《宋》《元》《宮》，蔽《明》。"南宋法雲編《翻譯名義集》："封畿顯[3]敝，國土華淨。"（T2131v54p1114b）本頁下注3："敝=敞《明》。"又："今經開[1]敝，如月處空。清淨顯露，不如昔教。"（T2131v54p1128a）本頁下注1："敝=敞《明》。"唐義淨譯《根本説一切有部毘奈耶》："言隨處者有四處：一、[1]敝處，二、舍處，三、田處，四、店處。[*]敝謂作瓦器等或剃髮處，舍謂居宅，田謂稻蔗等田，店謂賣貨處。"（T1442v23p0735a）本頁下注1："敝=敞《宋》《元》《宮》，廠《明》[*]。"第一例"敞"爲"敝"之訛，後三例"敝"爲"敞"之訛。秦公《廣碑别字·十六畫》"蔽"字下引《唐楊府君夫人烏氏墓誌》作"⿱艹敞"，與此正同。隸楷階段"敝"旁字常與"敞"旁字相混訛，故"蔽"或訛作"⿱艹敞"。

1839 ⿱艹稈

北宋延壽集《宗鏡録》："體同曰性，相似名種。故關中云：如稻自生稻，不生餘穀，此屬性也。萠⿱艹稈華粒，其類無差，此屬種也。"（T2016v48p0455a）

按："⿱艹稈"即"稈"字之訛。《説文·禾部》："稈，禾莖也。从禾，旱聲。"大徐音"古旱切"。《廣韻·旱韻》古旱切："稈，禾莖。秆，上同。"佛經中"稈"字多見，如北宋知禮述《金光明經玄義拾遺記》："稻稈事者，佛見枯株稻稈，即説十二因緣生滅，因名《稻稈經》。"（T1784v39p0027b）皆用作禾莖之義。文中"稻自生稻，不生餘穀"爲性之例，"萠稈華粒，其類無差"爲種之例，"萠稈華粒"，"萠"指萌芽，"稈"指莖稈，"華"指花，"粒"指種子，"稈"正用其本義。字作“⿰禾草”，與“萌”“華”連用，受其影響而誤加“艹”旁，此亦字形同化之例。《宗鏡録》此段文字或見於《大方廣佛華嚴經隋疏演義鈔》（T1736v36p0055b）、《華嚴五教章問答抄》（T2340v72p0683a）、《華嚴五教章匡真鈔》（T2344v73p0494a）等，字皆作“幹”。《廣韻·翰韻》古按切：“幹，莖幹。又强也。”“幹”爲“莖幹”，爲“榦”之後出分化字。《説文·木部》：“榦，築牆耑木也。”清段玉裁注：“榦，俗作幹。”“稈”與“榦”“幹”，文獻中在莖的意義上常通用，故佛經中“稈”或作“幹”。後秦佛陀耶舍、竺佛念譯《長阿含經》：“爾時人民多行非法，邪見顛倒，爲十惡業。以行惡故，天不降雨，百草枯死，五穀不成，但有莖[17]稈。”（T0001v01p0144b）本頁下注17：“稈＝幹《宋》。”《大正藏》中“稈”與“幹”爲異文的例子多見。

1840 ⿱艹鈔

北魏曇鸞註解《無量壽經優婆提舍願生偈註》：“‘寶性功德草，柔軟左右旋，觸者生勝樂，過迦旃隣陀。’此四句名莊嚴觸功德成就。……迦旃隣陀者，天竺柔軟草名也。觸之者能生樂受，故以爲喻。註者言：此間土石草木各有定體，譯者何緣目彼寶爲草耶？當以其葳（草得風貌。父蟲反）然蕤（草旋貌，一縈反）途（細草曰⿱艹鈔。亡小反），故以草目之耳。餘若參譯，當别有途。”（T1819v40p0829b）

按：《卍續藏》此字作“⿱艹⿰弓少”（X0752v71p0234）。“⿱艹鈔”當即“⿱艹⿰弓少”字之訛。《玉篇·艸部》：“⿱艹⿰弓少，彌紹切。草細。”《廣韻·小韻》亡沼切：“⿱艹⿰弓少，草細。”《集韻·小韻》弭沼切：“⿱艹⿰弓少，艸細莖者。”《無量壽經優婆提舍願生偈註》爲婆藪槃豆菩薩造、北魏菩提流支譯《無量壽經憂波提舍》之註釋書，此段文字注釋對象是“寶性功德草，柔軟左右旋，觸者生勝樂，過迦旃隣陀”四句，重點説解以迦旃隣陀草喻寶性的理解。

唐澄觀述《大方廣佛華嚴經隨疏演義鈔》：“説如是呪：啤枳咤咤羅啤枳盧訶隸摩訶盧訶隸訶囉遮囉多囉[2]莎訶。釋曰：此即翻護法文也。”（T1736v36p0653a）本頁下注2：“莎＝⿱艹鈔《甲》。”“⿱艹鈔”又與“莎”爲版本異文，“⿱艹鈔”又“莎”字之訛。唐慧琳撰《一切經音義》：“莎訶，梵語具足云娑嚩（二合）賀，唐云滿足義，周遍義，寂滅。今言莎訶者，訛略也。”（T2128v54p0369a）“莎訶”，佛經咒語習見。日本明覺撰《悉曇要訣》：“若[illegible]𑖭𑖿𑖪𑖯𑖮𑖯，可云洪莎訶。玄奘《不空羂索經》云：[illegible]𑖭𑖿𑖪𑖯𑖮𑖯闍耶顗莎訶（文）。”（T2706v84p0529a）“莎訶”即“𑖭𑖿𑖪𑖯𑖮𑖯（svāhā）”之譯音字。

1841 䕫

失譯《七佛八菩薩所説大陀羅尼神呪經》："十五觀世音菩薩願果……婆移阿賴振闍彌坻摩訶波臘脾屯豆䕫莎離。"（T1332v21p0542c）

按：佚名《陀羅尼雜集》："觀世音説隨心所願陀羅尼……婆移 阿賴衹 闍彌坻 摩訶波臘脾 屯豆脾莎離。"（T1336v21p0616a）與"䕫"對應之字爲"脾"。佛經中"脾"亦用作譯音字，唐義淨撰《梵語千字文》："[illegible]，脾攞，盤。"（T2133Bv54p1204a）又："[illegible]，脾拏，却。"（T2133Bv54p1204a）"脾"皆爲梵文"[illegible]（phe）"的對音字，與"脾"之讀音合。《七佛八菩薩所説大陀羅尼神呪經》作"䕫"者，蓋因與"莎"字連用，受"莎"字影響而誤加"艹"旁，此亦字形同化之例。

1842 蕐

南宋法雲編《翻譯名義集》："慈恩云：'爲常爲法，是攝是貫。'常則道軌百王，法乃德模萬[8]蕐，攝乃集斯妙義，貫乃御彼庸生。庶令同出苦津，終歸覺岸。"（T2131v54p1110b）本頁下注 8："蕐＝乘《明》。"

按："蕐"與"乘"爲版本異文，"蕐"即"葉"字之訛。日本信瑞纂《淨土三部經音義集》："慈恩云：'爲常爲法，是攝是貫。'常則道軌百王，法乃德模萬葉，攝乃集斯妙義，貫乃御彼庸生。庶令同出苦津，終歸覺岸。"（T2207v57p0384a）文與《翻譯名義集》同，與"蕐"對應之字作"葉"。"萬葉"佛經多見，唐彦琮撰《唐護法沙門法琳别傳》："上人之潤色，乃規模於萬葉。"（T2051v50p0198b）唐道宣撰《續高僧傳》："海殿龍宫之旨，古諜今書之量。莫不流甘露於萬葉，垂至道於百王。"（T2060v50p0637b）"萬葉"皆萬世之義，與文意合。佛經中又有"千葉"的説法，如唐窺基撰《妙法蓮華經玄贊》："《經》者'爲常爲法，是攝是貫'。常則道軌百王，法乃德摸千葉，攝則集斯妙理，貫又御彼庸生。庶令畢離苦津，終登覺岸。"（T1723v34p0651a）日本湛叡撰《華嚴演義鈔纂釋》："《玄贊》第一云：《經》者'爲常爲法，是攝是貫'。常則道軌百王，法乃德摸千葉，攝則集此妙法，貫又御彼生。鹿［庶］令畢離苦津，終登覺岸。"（T2205v57p0099c）日本圓仁撰《金剛頂大教王經疏》："今直釋《經》'爲常爲法'。常則道軌百王，法乃德模千葉。"（T2223v61p0009c）皆作"千葉"。唐窺基撰《大乘法苑義林章》："可謂義高千葉，理光萬代。"（T1861v45p0294a）日本善珠述《法苑義鏡》："故云可謂義高千葉等。言千葉者，千歲之異名也。"（T2317v71p0198b）"千葉"爲千歲之義。"萬葉""千葉"皆極言久遠，故可互作。“葉”或作“𦾔”者，“𦾔”即“葉”字之訛。佛經中“葉”或訛作“棄”，如唐實叉難陀譯《大方廣佛華嚴經》：“其[1]葉生時，令一切菩薩，生長淨戒頭陀功德少欲知足葉。”（T0279v10p0272b）本頁下注1：“葉=棄《聖》。”北宋法天譯《妙臂菩薩所問經》：“先用三菩提葉盛，後用四菩提[1]葉覆蓋安於座上。”（T0896v18p0753b）本頁下注1：“葉=棄《宮》。”可資比勘。

明本作“乘”者，“乘”亦“葉”字之訛。唐窺基撰《説無垢稱經疏》：“贊曰：結成利益，隨根[14]葉異，無不調伏。”（T1782v38p1080b）本頁下注14：“葉=乘《甲》。”佚名《翻梵語》：“阿耆婆外道，應云阿耆尼娑訶，譯曰大［火］[1]葉（《薄俱羅經》）。”（T2130v54p1016a）本頁下注1：“葉=乘《甲》。”日本心覺撰《多羅葉記》：“阿耆婆外道，可云阿耆尼娑訶，此云火葉。”（T2707v84p0619c）“乘”皆“葉”之異文，亦皆“葉”字之訛。

1843 𦼮

唐金剛智譯《吽迦陀野儀軌》：“又護摩用七種木：一金剛佉木，二佉多娑木，三毘鉢羅多木，四毘鉢羅藏木，五時草，六堅壽木，七常榮苝𦼮等也。用如是木，即成就護摩。……我木我行者並壇授清淨愛念佉多娑木，並葉降伏相時草，福德相苝𦼮阿多佉木，皆是大降伏想行者知一一是。”（T1251v21p0244c）

按：據文意，參考字形，“苝𦼮”即“苦練”之誤，“𦼮”即“練”之訛字。此段文字介紹“護摩木”，“護摩”爲梵語 homa 的音譯，本爲焚燒之義。密教有把供物投入火中進行火祭的祭祀法，亦稱護摩。“護摩木”即修護摩時投於火中作爲供物之木，所用木材種類頗多。佛經中多作“苦練木”，如唐輸波迦羅譯《蘇悉地羯囉經》：“諸事金剛應用天火所燒之木，或苦練木，或取燒屍殘火糟木，或用白檀，或紫檀木。隨取一木，作拔折羅，應施三股。護摩之時，及念誦時，常以左手而執持之。能成諸事，故號拔折羅。”（T0893v18p0607b）唐不空譯《蕤呬耶經》：“若作息災事者，應以蘇乳稻穀花、大麥蜜及乳粥茅草之牙，并棔那花注多樹葉及白檀香烏曇末羅樹木及菓，阿輸他木、苦練木、苦彌木果，波羅闍木及諸餘物，而作護摩。”（T0897v18p0770b）《吽迦陀野儀軌》作“苝𦼮”者，“苝”乃“苦”之偶誤；“𦼮”本當作“練”，因與“苝（苦）”字連用而加“艹”旁，“糸”又訛作“氵”即成“𦼮”字。“苦練木”即“楝”，字本用“練”，“楝”爲後出本字。南宋羅願《爾雅翼・釋木・楝》：“楝木高丈餘，葉密如槐而尖。三四月開花，紅紫色，芬香滿庭。其實如小鈴，至熟則黄，俗謂之苦楝子，亦曰金鈴子。可以練，故名楝。”元黄公紹原編、熊忠舉要《古今韻會舉要・霰韻》郎甸切：“楝，音練。通作練，《莊子》：‘非練實不食。’”

佛經中亦或用“楝”字，如唐解脱師子譯《都表如意摩尼轉輪聖王次第念誦祕密最要略法》：“降伏鬼神卒暴者，應可復燒禮嚕根。或燒苦楝或生木，麫和人血復作形。”（T1089v20p0220a）“楝”或訛作“棟”，如唐菩提流志譯《千手千眼觀世音菩薩姥陀羅尼身經》："若欲降伏惡人怨家者，當呪苦[20]練木二十一遍，乃持一呪一燒，滿一百八遍即得歸伏。"（T1058v20p0100c）本頁下注 20："練＝楝《明》。"明本之"楝"即"楝"字之訛。

1844 蓂

日本了尊撰《悉曇輪略圖抄》："季則在《旦文帝王世記》云：'帝堯陶唐氏有草生庭，十五日已前生一葉，十五日已後落一葉，名曰蓂莢。以赴旬朔。'（文）百詠云：蓂開二八時。注云：《瑞應圖》曰：'堯時蓂生庭，從朔至十五日，日生一葉，十六日，日一葉落也。'（文）"（T2709v84p0699b）

按："蓂"即"蓂"字之訛。元覺岸編《釋氏稽古略》："帝嚳子，摯之弟也。摯立，封堯爲陶侯，改封唐，故曰陶唐氏，伊祁姓也。堯既受摯禪，以火德。都平陽（今晉寧路冀州之域）。茅茨不剪，土階三尺蓂莢生于庭。蓂，草也，一日生一莢，至十五日成十五莢，十六日落一莢，至三十日落而盡（月小連落二莢），更生更落。"（T2037v49p0741c）與"蓂"對應之字作"蓂"。《説文・艸部》："蓂，析蓂，大薺也。從艸，冥聲。"《廣韻・青韻》莫經切："蓂，蓂莢，堯時生於庭，隨月凋榮。"《集韻・青韻》忙經切："蓂，蓂莢，堯時瑞草。"皆可參證。

1845 蒱

日本了尊撰《悉曇輪略圖抄》："迄我皇帝臨大寶之五載，有阿中府傳顯密教沙門法進，請西域三藏法天譯經於蒱津，州府官表進。上覽大悦，各賜紫衣。"（T2709v84p0682b）

按："蒱"即"蒲"字之訛。北宋贊寧等撰《宋高僧傳》："迨我皇帝臨大寶之五載，有河中府傳顯密教沙門法進，請西域三藏法天譯經于蒲津，州府官表進。上覽大悦，各賜紫衣。"（T2061v50p0725a）與"蒱"對應之字作"蒲"。蒲津爲古黄河津渡名，以東岸在蒲阪得名，蒲阪即今山西永濟西蒲州。"日本安然撰《大日經供養持誦不同》："種種漿飲者，西方漿法甚多，皆雜以香藥，美而愈疾，及[32]蒲桃等諸非時漿。"（T2394v75p0303c）本頁下注 32："蒲＝蒱《乙》。""蒱"與"蒲"爲版本異文，"蒱"亦"蒲"字之訛。《大正藏》"蒱"字凡 71 見。

1846 蒚

新羅元曉撰《法華宗要》："蓮花之喻有別有通。通者，此華必具華鬚臺實四種，合成殊爲美妙，喻於此經具四妙義，合成一經，故名妙法。别而言之，即有四義：……此花非直荷廣藕深，亦乃不著水滞，不染塵垢，喻於此經所説一乘法門廣大，道理甚深，離言絶慮之絶妙也。由是四義有同妙法故，寄是喻以立題名也。”（T1725v34p0874b）

按：“藕”即“藕”之訛。細推文意，此蓋以蓮花葉之廣，藕之深，比喻法門之廣大，道理之深邃。“藕”即“藕”字之訛，“示”與“耒”，“禺”與“禺”，形皆近似。

1847 蔢

佚名《翻梵語》：“鍮婆，應云私鍮蔢，譯曰塔也。”（T2130v54p1020a）

按：“鍮婆”與“私鍮蔢”皆塔的音譯。唐玄奘、辯機撰《大唐西域記》：“諸窣堵波，即舊所謂浮圖也。又曰鍮婆，又曰塔婆，又曰私鍮簸，又曰藪斗波，皆訛也。”（T2087v51p0872a）“私鍮蔢”同“私鍮簸”，“蔢”爲“簸”字之訛。季羡林等《大唐西域記校注》注釋：“窣堵波：梵文 stupa 的音譯，即佛塔。《西域記》此條云：‘諸窣堵波，即舊所謂浮圖也。又曰鍮婆，又曰塔婆，又曰私鍮簸，又曰藪斗波，皆訛也。’查塔婆由巴利文 thūpa 而來，蘇偷婆、窣堵波由梵文 stūpa 而來，都是譯音，玄奘根據梵文音，就認爲其他音譯‘皆訛也’。”（p104–105）據此，“私鍮簸”亦由梵文 stūpa 而來，“簸”爲“pa”的譯音。日本淨嚴撰《悉曇三密鈔》：“प，波、跛、簸（《法花》）、博（《胎軌》）、鉢（《佛頂》）、播。”（T2710v84p0745a）“प”正音“pa”。

隋智顗説《妙法蓮華經文句》：“鞞婆羅[13]跋[14]恕，此云天[15]主穴。”（T1718v34p0005c）本頁下注 13：“跋=蔢《甲》。”注 14：“恕=助《甲》。”注 15：“主穴=聖衆《甲》，聖穴《甲》。”“蔢”與“跋”爲版本異文，“蔢”亦“簸”字之訛。張涌泉《漢語俗字叢考》（修訂本）亦有考證（p151），可參看。

1848 薹

唐寶思惟譯《大方廣菩薩藏經中文殊師利根本一字陀羅尼經》：“諸善男子，若欲經過師子虎狼毒蛇怨賊一切險難之處，當須淨其身心，不得近諸女人，及喫一切五辛酒肉芸薹胡荽，於諸衆生起大悲想，至心誦呪。呪之四十九遍，而諸怨惡自然退散。”（T1181v20p0781a）

按：“薹”即“薹”之異寫。《玉篇·艸部》：“薹，音臺。蕓薹，菜名。”《廣韻·咍韻》徒哀切：“薹，蕓薹。”字本作“薹”，爲從艸臺聲之形聲字。“薹”字所從之“臺”或寫作“臺”，明梅膺祚《字彙·至部》：“臺，俗臺字。”

故“𦽽”亦可寫作“𦾹”。

唐慧琳撰《一切經音義》：“蒲𦾹，音臺。蒲生水中臺花也，花如柳絮也。”（T2128v54p0714b）“𦾹”亦“𦽽”之異寫。

1849 䩸

唐道宣緝《量處輕重儀》：“佛言：汝等癡人，避我所制，更作餘事。自今已去，一切白衣外道服不得畜著。嚴教若此，何敢陵之？故絶浮議。氈此有重輕，薄須條理。䩸厚過三衣，如上斷重，軟薄甚可裁縫，無論大小多少入輕，故律中老病比丘服氈僧伽梨。”（T1895v45p0845b）

按：審文意，“䩸厚”與“軟薄”相對爲文，“䩸”與“軟”相對，則“䩸”義爲硬。參之字形，則“䩸”爲“鞕”字之訛。唐道宣撰《四分律删繁補闕行事鈔》：“準此四分減量者入輕，必依量硬厚入重。”（T1804v40p0114c）北宋元照撰《四分律行事鈔資持記》：“準此者，即準毛氈校上薄軟；必依量者，謂縱不過量，而硬厚者亦入重收。”（T1805v40p0374a）又：“厚靷入重而薄堪可裁縫。”（T1805v40p0374a）上述三段文字討論的問題皆與《量處輕重儀》類同，與“䩸”對應之字或作“硬”，或作“靷”。唐顏元孫《干禄字書·去聲》：“硬、鞕，上通下正。”《玉篇·石部》：“硬，五更切。堅硬。亦作鞕。”“硬”與“鞕”爲異構字，義爲堅硬，與文意合。“鞕”或寫作“𩋾”，《龍龕手鏡·革部》：“𩋾，五更反。又渠敬反。堅牢也。與硬同。”或寫作“𩌏”，金韓孝彦、韓道昭《改併四聲篇海·革部》：“𩌏，五幸切。”“䩸”即“𩋾”“𩌏”之訛。

字或作“靷”者，唐慧琳撰《一切經音義》：“不鞕，額更反。《韻英》云：‘堅也。’俗作硬，或作靷，同也。”（T2128v54p0382b）又：“鞕靰，上五更反。《字書》：‘鞕，牢也。’《考聲》：‘堅也。’有作‘硬’，俗字也。《文字集略》從卯［印］作‘靷’。下靰字，准《經》義合是岡字，舊音義胡浪反，恐非，不成字也。諸字書並無此字，未詳所出，且存本文，以俟來哲。”（T2128v54p0406b）又：“堅鞕，額幸反。《廣雅》云：‘鞕，堅也。’《字書》云：‘牢也。從革，更聲。’《考聲》作‘硬’，同。《經》本從印作‘靷’，古正也。”（T2128v54p0430b）又：“皮鞕，下牙更反。《古今正字》正從革從更，堅牢也。《文字典説》義同。《考聲》又從石作‘硬’，今通用字也。《傳》文從卬作‘靷’，音昴，《字書》云：‘靷，鞮屬。’非本義，今不取也。”（T2128v54p0899b）上述説解中“靷”或云從印，或云從卯，或云從卬。今考，當以從印爲是，“靷”即“硬”“鞕”之異體，爲從革印聲的形聲字。“印”與“更”音近，“靷”即“鞕”改換聲旁的異體字。《大正藏》中“靷”與“硬”“鞕”爲異文的例子很多。如東晋瞿曇僧伽提婆譯《增壹阿含經》：“以手拳加之，亦無聲響，無堅[19]靷處。”（T0125v02p0761b）本頁下注19：“靷=鞕《三》。”隋闍那崛多譯《佛本行集經》：“彼心決定，如是剛[17]⿰革卬，若捨我等，入於空山閑靜林野。我心亦然，堅固不轉，如石無異，最牢最實。”（T0190v03p0741c）本頁下注 17：“⿰革卬 = 硬《三》，鞕《聖》。”“⿰革卬”即“硬”“鞕”之異體。

又，《説文·革部》：“⿰革卬，⿰革卬角，鞮屬。从革，卬聲。”大徐音“五岡切”。與上述“⿰革卬”爲同形字。

“⿰革卬”又訛作“⿰革卯”。如西晋竺法護譯《大哀經》：“一曰言無所著，二曰無剛[12]⿰革卯辭，三曰所言柔和，四曰無刺譏辭。”（T0398v13p0417c）本頁下注 12：“⿰革卯 = 硬《三》《宫》。”“⿰革卯”即“⿰革卬”之訛。

“⿰革卯”字亦需進一步討論。清吴任臣《字彙補·革部》：“蒲誥切。⿰革卯，音報。《巢氏病源》：‘欬脉浮直者生，沈⿰革卯者死，欬且羸瘦絡脉⿰革卯大者死。’又云：‘大便必⿰革卯。’又云：‘小腹腫大，⿰革卯如石。’本書並無音義。楊升菴以爲匹角、蒲教二切。俗云⿰革卯起，是其義也。”《康熙字典·革部》：“⿰革卯，《字彙補》音報。見《巢氏病源》。楊升菴以爲匹角、博教二切。俗云⿰革卯起，是其義也。”《漢語大字典》：“⿰革卯，bào《字彙補》蒲誥切。⿰革卯起，發硬。《字彙補·革部》：‘⿰革卯，楊升菴以爲匹角、博教二切。俗云⿰革卯起，是其義也。’隋巢元方《諸病源候論·諸注候》：‘七日之後，體肉變白駁，咽喉内吞如有物，兩脇裹⿰革卯時痛。’又硬節。隋巢元方《諸病源候論·四肢病諸候》：‘此由腎經虚，風毒之氣傷之，與血氣相擊，故痛而結⿰革卯不散。’又硬。隋巢元方《諸病源候論·石水候》：‘腎主水，腎虚則水氣妄行，不依經絡，停聚結在臍間，小腹腫大⿰革卯如石。’”（二 p4617a）《字彙補·革部》：“⿰革柳，音義未詳。見唐椿《原病集》釋音。疑即⿰革卯字之訛。”《康熙字典·備考·革部》：“⿰革柳，《字彙補》⿰革卯字之訛。”《大字典》：“⿰革柳，音義未詳。《字彙補·革部》：‘⿰革柳，見唐椿《原病集》釋音。疑即⿰革卯字之訛。’”（二 p4628b）今考上揭“⿰革卯”“⿰革柳”皆“⿰革卬”字之訛，因誤作“⿰革卯”而據“卯”旁誤讀其音。《字彙補》引楊慎之説，讀“⿰革卯”字之音爲“匹角”“蒲教”二切，釋其義爲“⿰革卯起”，乃據“⿰革卯”之右旁臆推之音，“⿰革卯起”乃“泡”字之義。文獻未見“⿰革卯”用爲“⿰革卯起”義者。

隋巢元方撰《巢氏諸病源候總論·解散病諸候·寒食散發候》：“或手足偏痛，諸節解、身體發癰瘡⿰革卯結，坐寢處久不自移從，暴熱偏併，聚在一處。或⿰革卯結核痛甚者，發如癰，覺便以冷水洗、冷石熨，微者食頃散也，劇者數日水不絶乃差。”又：“或肌皮⿰革卯如木石枯，不可得屈伸，坐食熱臥温作癖，久不下，五臟膈閉，血脉不周通故也。但下之，冷食飲酒自勞行即瘥。”又《傷寒病諸候下·傷寒百合候》：“其狀腹滿微喘，大便⿰革卯，三四日一大便，時復小溏者，病在中焦也，六十三日當愈。”又《時氣病諸候·熱病候》：“腹⿰革卯常喘而熱不退者死，多汗脉虚小者生，⿰革卯實者死。”《諸病源候論》“⿰革卯”字凡 40 例，皆“⿰革卬”字之訛，“⿰革卯（⿰革卬）”爲避隋文帝楊堅名諱“堅”字的改字。《字彙補》誤釋《諸病源候論》“⿰革卯”字音義，《康熙字典》《大字典》又承《字彙補》之誤。

1850 藹

佚名《十方千五百佛名經》："佛告舍利弗：若族性子族性女，其有聞此諸佛名號歡喜信樂諷誦禮敬之者，所得功德勝於一切佈施諸餘功德十萬億倍，諸佛國土隨意往生，不退轉成最正覺。若有誹謗懷疑不信者，當墮虛藹渥犁，六萬億歲中受無量罪。"（T0442v14p0316a）

按：佚名《翻梵語》："盧牓地獄，應云盧羅婆，譯曰可畏聲也。"（T2130v54p1033b）"虛藹渥犁"與"盧牓地獄"同，"虛"爲"盧"字之訛，"藹"爲"牓"字之訛，"渥"爲"泥"字之訛。西晉法炬、法立譯《大樓炭經》："佛告比丘：有大鐵圍山，更復有第二大鐵圍山，中間窈窈冥冥，其日月大尊神光明不能及照。其中有八大泥犁：一泥犁者，有十六部。第一大泥犁名想，第二大泥犁名黑耳，第三大泥犁名僧乾，第四大泥犁名[21]盧獦，第五大泥犁名噭嚾，第六大泥犁名燒炙，第七大泥犁名釜煮，第八大泥犁名阿鼻摩訶。"（T0023v01p0283b）本頁下注21："盧=樓《三》。"失譯《佛説菩薩本行經》："佛告王曰：墮於盧獦地獄之中，數千萬歲受衆苦痛，從地獄中出當墮餓鬼，晝夜飢渴身常火燃，百千萬歲初不曾聞水穀之名。"（T0155v03p0109c）與"牓"對應之字又作"獦"，"牓"與"獦"爲同一梵文的譯音用字。

1851 菒

日本寬信撰《傳受集》："殘箭并弓等外置之，又[18]菒弓七張，長二尺餘許。"（T2707v78p0234b）本頁下注18："菒=桒《甲》。"

按："菒"與"桒"爲版本異文，"菒"即"桑"字之訛，"桒"又"桑"字之加旁俗字。"桑弓"本指用桑木做的弓，也用來指硬弓，文獻多見。"桑"或作"菒"（見劉復、李家瑞編《宋元以來俗字譜・艸部》）。

1852 藉

佚名《寺沙門玄奘上表記》："又聞，龍門洄激，資源長而流遠。桂樹叢生，藉根深而芳藹。"（T2119v52p0824b）

按："藉"即"藉"字之訛。唐慧立本《大唐大慈恩寺三藏法師傳》："又聞，龍門洄激，資源長而流遠。桂樹叢生，藉根深而芳藹。"（T2053v50p0271c）

與“藉”對應之字作“藉”，與文意合。唐慧琳撰《一切經音義》卷七十七《釋門系録》：“藉已，上寂夜反，下音以。”（T2128v54p0810b）唐慧琳撰《一切經音義》卷九十二《續高僧傳》第九卷：“苫由，上攝占反。《玉篇》作‘寝’，顧野王云：‘葠，猶苫也，謂以草自藉也。’《禮記・器服傳》：‘寝葠枕由［甴］也。’《文字典説》云：‘葠，器［喪］蓿也。從草，侵聲。’與《傳》文‘苫’字義略同。‘葠’‘苫’皆同音。‘蓿’，情夜反。”（T2128v54p0889c）《集韻・沁韻》子鴆切：“葠、蘉，喪藉艸也。或作蘉。”“蓿”亦皆“藉”字之訛。

1853 蓿

唐玄奘、辯機撰《大唐西域記》：“我遺法中諸修行者，若比丘、比丘尼、鄔波索迦（唐言近事男，舊曰伊[40]蒱塞，又曰優波塞，又曰優婆塞，皆訛也）、鄔波斯迦（唐言近事女，舊曰優婆斯，又曰優婆夷，皆訛也），皆先濟渡，令離流轉。”（T2087v51p0919c）本頁下注 40：“撗塞＝蒲塞《三》《甲》《乙》，蓿寒《丙》。”

按：“蓿”與“蒱”“撗”“蒲”爲版本異文，“蓿”“蒱”“撗”皆“蒲”字之訛。參 0155“撗”字條。“蒲”或作“蒱”（見秦公《碑別字新編・十四畫》“蒲”字下引《魏蕭正表墓誌》），“蓿”即此類字形之進一步訛誤者。

1854 蔶

佚名《寺沙門玄奘上表記》：“今魄照初環，滿月之姿盛矣。蓂枝再長，如蓮之目蔶兮。所以紫殿慰懷，黔首胥悅，七衆歸怙，四門佇鑒，豈唯日索俊言，鶴駿待馭而已。”（T2119v52p0825a）

按：“蔶”即“蒨”字之訛。此文亦見於唐慧立本《大唐大慈恩寺三藏法師傳》，字作“蒨”（T2053v50p0272b）。本頁下注 25：“蒨＝倩《元》《明》《宫》。”“如蓮之目”本後秦鳩摩羅什譯《妙法蓮華經》，其文曰：“于時妙音菩薩，於彼國没，與八萬四千菩薩俱共發來。所經諸國，六種震動，皆悉雨於七寶蓮華，百千天樂不鼓自鳴。是菩薩，目如廣大青蓮華葉，正使和合百千萬月。”（T0262v09p0055c）後多以“蓮目”“青蓮目”或“青蓮”指佛眼。北周庾信《秦州天水郡麥積崖佛龕銘序》：“從容滿月，照耀青蓮。”倪璠注：“《維摩經》曰：‘目浄修廣如青蓮。’”“如蓮之目”亦指佛眼，“蒨”“倩”爲形容佛目之詞，當爲形容姿容美好之義，北宋梅堯臣《宛陵集・五倩篇》：“倩然五蛾眉，妙曲動金絃。”與此義近。此義當以“倩”字爲正，“蒨”與“倩”通用。《寺沙門玄奘上表記》作“蔶”者，即“蒨”字之訛。唐唐臨撰《冥報記》：“[42]倩君爲我持此。”（T2082v51 p0790c）本頁下注 42：“倩=債《知》。”“倩”訛作“債”，可資比勘。

1855 蕀

北魏吉迦夜、曇曜譯《付法藏因緣傳》：“向山一面見諸仙人，修大苦行，眠臥[6]棘上，翹足倒懸，五熱炙身，投巖起火，獼猴即時收其灰[*]棘，除棄糞土，牽足令舒，便於其前加趺而坐。”（T2058v50p0305b）本頁下注 6：“棘=蕀《宋》，[*]蕀《宮》。”

按：“蕀”與“蕀”“棘”爲版本異文，“蕀”即“蕀”字之訛，“蕀”又“棘”之異體。

1856 蒻

唐僧詳撰《法華傳記》：“釋慧超，姓汎氏，丹陽建元人。稟懷溫裕，立性懷仁，蒻齡厭俗，自出家後誦《法華經》。”（T2068v51p0064b）

按：根據文意，參考字形，“蒻”即“弱”書寫變異。《禮記・曲禮上》：“二十曰弱，冠。”孔穎達正義：“二十成人，初加冠，體猶未壯，故曰弱也。”“弱齡”即弱冠之齡，也泛指年紀小的。“弱齡厭俗”謂年齡很輕的時候就開始厭惡世俗生活。唐道宣撰《續高僧傳》：“釋慧超，姓汎氏，丹陽建元人。稟懷温裕，立性懷仁，弱齡厭俗，自出家後誦《法華經》。”（T2060v50p0687b）字正作“弱”。《法華傳記》字作“蒻”者，“弱”或寫作“𢏗”（見《偏類碑别字・弓部》“弱”字下引《唐處士張楚墓誌又唐岐山府果毅安節墓誌》）、“𦐇”（同上，《僞周衢州蕭使君男墓誌》）等形，“蒻”與“𦐇”形近，即其書寫變異。

唐窺基撰《般若波羅蜜多心經幽贊》：“若見有此施等麁相纏蓋輕微麁重薄蒻，應知定有菩提本性。”（T1710v33p0525b）隋吉藏撰《二諦義》：“方便有慧解，具二慧，故並觀。前六地非不並觀，但二慧一慧蒻，如兩輪一輪蒻，故未得好並。若七地二慧皆勝，二輪並強，故並也。”（T1854v45p0110a）唐慧琳撰《一切經音義》：“危脆，下詮歲反。《廣雅》：‘脆，蒻也。’《玉篇》：‘愞也。’《説文》：‘肉耎易斷也。從肉，從絶省聲也。’或作膬，從危作脆，非也。”（T2128v54p0327c）唐不空譯《寶悉地成佛陀羅尼經》：“時世尊即説馱都根本陀羅尼曰：…… 蒻吽鑁斛（七）吽（牛鳴音）吽（八）娑婆（二合）訶（九）。”（T0962v19p0336b）又：“即説呪曰：唵謨馱設利羅嚩日羅囉怛曩唵蒻吽鑁斛。”（T0962v19p0336c）上述諸例，“蒻”皆“弱”之書寫變異。《可洪音義》卷二十二《阿育王經》第四卷：“軟𦐇，而斫反。正作弱也。”（v60p237b）“𦐇”亦“弱”之異寫。鄭賢章《漢文佛典疑難俗字彙釋與研究》亦有考證（p367），可參看。

1857 䕋

佚名《龍樹五明論》：“富留婆 陀羅迦陀利迦 婆䕋牠留 薩菩波陀羅。”（T1420v21p0961b）

按：“䕋”即“蘮”的異寫字。參下條。

1858 䕋

唐輸波迦羅譯《蘇悉地羯囉經》：“於獻法中，見有薩嚩薄底迦食者，娑也裹迦食、陵祇裹迦食、䕋没梨耶食、底羅比瑟吒劍食。……於獻法中，見有阿毘遮嚕迦食者，應用赤粳米飯，或用句捺囉嚩子，或染作赤色飯，或油麻餅、娑布跛迦、䕋没梨也（二合）訖娑囉粥等，決能降魔，無懷疑也。”（T0893v18p0672b）

按：同上經：“於獻法中，見有薩嚩薄底迦食者，娑也里迦食、陵祇里迦食、蘮没梨耶食、底羅比瑟吒劍食。”（T0893v18p0611c）與“䕋”對應之字作“蘮”，“䕋”即“蘮”字之訛。《玉篇・艸部》：“蘮，丁敢切。金谷多蘮棘。”《集韻・鹽韻》之廉切：“蘮，木名。《山海經》：‘爾谷之山多蘮棘。’”“蘮”字《龍龕手鏡・草部》或作“䕋”（p260），“䕋”與“䕋”形近。文中用作譯音字。

1859 䪥

北魏楊衒之撰《洛陽伽藍記》：“陳留侯李崇謂人曰：‘高陽一日敵我千日。’崇爲尚書令，儀同三司，亦當［富］傾天下，僮僕千人。而性多儉恡，惡衣麁食，亦常無肉，止有韭[28]菹。崇客李元佑語人云：‘李令公一食十八種。’人問其故。元佑曰：‘二九一十八。’聞者大笑。世人即以爲譏罵。”（T2092v51p1013b）本頁下注 28：“菹＝䪥《乙》。”

按：“䪥”與“菹”爲版本異文，“䪥”即“䪢”字之訛。《説文・韭部》：“䪢，菜也。葉似韭。从韭，㲋聲。”清段玉裁注：“俗作䪢。”“䪥”與“䪢”形近。考諸文意，崇客李元佑之語爲戲謔李崇之辭，“一食十八種”取“二九一十八”之意，“九”爲“韭”之諧音，“二九”即兩種韭菜，作“韭䪢”與文意切合。“韭菹”爲以醯醬腌漬的韭菜，與“二韭”之意不合。或本作“韭菹”者，蓋不明“二九”諧“二韭”之音而誤改。

“止有韭菹”，周祖謨《洛陽伽藍記校釋》作“止有韭茹、韭菹”，注云：“原作‘止有韭菹’，《逸史》本‘止有韭薤’，並誤。今依《御覽》《廣記》及《類説》《大典》諸書改正。韭茹、韭菹皆以韭爲之。茹，菜也。菹，酢菜也。是以下文又‘二韭一十八’之語。”（中華書局，2013 年，p118）楊勇《洛陽伽藍記校箋》作“止有韭茹韭菹”，注曰：“各本皆脱‘韭茹’二字，今依《御覽》九七六、《廣記》《類説》六增。案下文‘二九一十八’意，亦當有此二字爲安。茹，枚乘《七發》李《注》：‘茹，菜之總名也。’菹，《周禮·天官·醢人》鄭《注》：‘七菹，韭、菁、茆、葵、芹、䈮、筍菹。凡醢醬所和，細切爲了齏，全物若牒爲菹。’《南齊書·庾杲之傳》：‘食鮭唯有韮葅、瀹韮、生韮、雜菜。或（任昉）戲之曰：誰謂庾郎貧，食常有二十七種。’”（中華書局，2006 年，p158）“二九一十八”周祖謨《洛陽伽藍記校釋》作“二韭一十八”，注曰：“‘韭’，原作‘九’，《津逮》本同。《太平廣記》引作‘韭’，《御覽》引則作‘九’。《大典》及《逸史》本均作‘韭’。案韭九同音，言‘二韭’正爲雙關語。字當作‘韭’。案《南齊書·庾杲之傳》云：‘食常有韭菹瀹韭。’任昉戲之曰：‘誰謂庾郎貧，食常有二十七種。’謂三種韭也。其事與此相類。”（同上，p118）皆可參看。

1860 蒦

唐波羅頗蜜多羅馬譯《寶星陀羅尼經》：“種種末香遍於道上，復雨金繩交絡真珠瓔珞摩尼珠瓔珞如意珠瓔珞，繽紛布[1]蒦於虛空中，隨風迴轉。其城内外有道上，悉以種種天莊嚴具而嚴飾之。”（T0402v13p0555a）本頁下注 1：“蒦＝護《三》《宫》。”

按：“蒦”與“護”爲版本異文，“蒦”“護”皆“濩”字之訛。《説文·水部》：“濩，雨流霤下皃。从水，蒦聲。”文獻中“布濩”常見，《廣韻·暮韻》胡誤切：“濩，布濩。”《集韻·莫韻》胡故切：“濩，布濩，散也。”“布濩”，散布義，“繽紛布濩”即繽紛散布之義。“蒦”爲“濩”左右結構寫作上下結構，“護”爲“濩”之“氵”旁訛作“言”旁。

東晋瞿曇僧伽提婆譯《增壹阿含經》：“尋復擧著大[34]鑊湯中，加以鐵叉而害其身。”（T0125v02p0748b）本頁下注 34：“鑊＝蒦《聖》。”“蒦”即“鑊”字之訛，乃受“湯”字影響而改“金”旁爲“氵”旁，此亦字形同化之例。東晋佛馱跋陀羅譯《大方廣佛華嚴經》：“或見利葉割截衆生，或見[2]鑊湯鬻治衆生。”（T0278v09p0782a）本頁下注 2：“鑊＝濩《宫》《聖》。”“濩”亦“鑊”字之訛，蓋“鑊”訛作“濩”，“濩”又寫作“蒦”。

1861 𧀸

佚名《大佛頂廣聚陀羅尼經》:“蘇味羅、安舍那、海水沫、雄黄、兩種黄、薑、牛黄、青蓮華、欝金花、荳𧀸子、石密,右上件藥等分細檮[擣]爲末,細羅羅之,和石密爲散,於赤銅器中盛,呪師著新淨衣,即將此至佛前,誦呪滿八千遍,即得成就。”(T0946v19p0162c)

按:“𧀸”即“蔻”之異寫字。“蔻”所從之“支”,或寫作“攵”“殳”等形,所從之“元”,或寫作“禾”“礻”等形。“𧀸”即“蔻”字所從之“支”寫作“殳”,“元”寫作“豆”而成。“元”寫作“豆”,當是受前字“荳”的影響,字形同化所致。

1862 𧛿

北宋延壽集《宗鏡録》:“努力自使三功作,殷勤肆力種衣糧。山河是家無盡藏,草木是人常滿倉,泥水是人常滿庫,藤蘿是人無底囊。多作功夫自成就,自行手脚熟嚴[3]𧛿。若欲往生安樂國,只是箇物是西方。”(T2016v48p0589b)本頁下注3:“𧛿=裝《元》《明》。”

按:“𧛿”與“裝”爲版本異文,“𧛿”即“裝”字之訛。《説文·衣部》:“裝,裹也。从衣,壯聲。”《後漢書·清河孝王慶傳》:“每朝謁陵廟,常夜分嚴裝,衣冠待明。”“嚴裝”意思是“裝束整齊”。“自行手脚熟嚴裝”與“多作功夫自成就”對應,合乎語境。“裝”或本作“𧛿”者,疑因與“若”連用受其影響而加“艹”旁,此亦字形同化之例。

1863 𧃏

唐道宣撰《廣弘明集》:“復有牛膝、雞腸、雀頭、燕草、甘菊、辛夷、苦參、酸棗、紫苑、赤箭、黄精、白槁、天門、地骨、肉芝、石腦,神農是甞,仙經是造。白兔服而通靈,鹿皮餌而得道。其果則有木瓜、木棗、楊桃、楊梅,朱橘冬茂,黄[37]蕌秋開。樝梨並壯,柹柰爭瑰。枳椇列植而爲藪,懸鉤觸草而徘徊。”(T2103v52p0339a)本頁下注37:“蕌=𧃏《三》《宫》。”

按:“𧃏”與“蕌”爲版本異文,“𧃏”即“蕌”之異體。《玉篇·艸部》:“蕌,甫禄切。草。”《廣韻·屋韻》方六切:“蕌,草名。”“蕌”之異體或作

“葍”，《龍龕手鑑・草部》：“葍、蕌，二俗；蕌，或作；葍，正。音福。草名也。”唐慧琳撰《一切經音義》：“黄葍，丕逼反。《考聲》：‘草名也。’《埤蒼》云：‘葍，蔓生，實可食也。’《古今正字》：‘從草畐，畐亦聲也。’”（T2128v54p0923a）“蕌”與“葍”形近，即其書寫變異，俗書“片”旁或寫作“爿”，故“葍”或寫作“蕌”。澤存堂本《廣韻・麥韻》博厄切：“𤗈，豆中小硬者。”余迺永校勘記：“鉅宋本、楝亭本、覆元泰定本作‘𤗈’，《集韻》同……又爿乃片字反寫，於偏旁爿多作牀、牆類字，故宜如鉅宋本之從片。”（余迺永《新校互註宋本廣韻》，上海辭書出版社，2000年，p459）“𤗈”或作“𤗈”，可資比勘。

1864 蓼

唐道宣撰《四分戒本疏》卷第三：“根莖種，以刀中破淨。節種者，亦以刀破，又摘卻牙自淨。心種者，謂羅勒蓼等柔㨐淨。子種者，十七種穀脱皮。”（T2787v85p0600b）

按：“蓼”即“蓼”之訛。“蓼”或寫作“蔘”，《龍龕手鏡・草部》：“蔘、蓼，音了。辛菜也。又音六。~莪也。”（p260）“蓼”與“蔘”形近，即其形訛也。東晋佛陀跋陀羅、法顯譯《摩訶僧祇律》：“根種者，薑根、藕根、芋根、蘿蔔根、葱根，如是等根種用火淨，若刀中析淨，是名根種。莖種者，尼拘律、祕鉢羅、優曇鉢羅、楊、柳，如是比莖種應火淨，若刀中析淨，是名莖種。節種者，竹、葦、甘蔗，如是等當火淨，若刀中析淨，若甲摘却芽目，是名節種。心種者，蘿蔔、蓼藍，如是比心生者，當火淨，若手揉修淨，是名心種。子種者，十七種穀如第二戒中説，當作火淨，若脱皮淨，是名子種。”（T1425v22p0339a）唐道宣撰《四分律刪繁補闕行事鈔》：“《僧祇》云：根種、莖種以刀中破淨，節種者以刀破叉摘却牙目淨，心種者蘿勒蓼等揉𢶒淨，子種者十七種穀脱皮淨。”（T1804v40p0077a）日本照遠撰《資行鈔》：“《僧祇》中‘揉修’云云，彼十四云：種子有五種，莖種、根種、心種、節種、子種。根種者，藕根、芋根、蘿蔔等，用火淨，若刀中折淨。莖種者，尼拘律、楊、柳等，應火淨，若刀中折淨。節種者，竹、葦、甘蔗等，當火淨，若刀中折淨，若甲摘却牙目。心種者，蘿勒、蓼等，當火淨，若手揉修淨。子種者，十七種穀，當作火淨，若脱皮淨。”（T2248v62p0740c）文字略有不同，但與“蓼”對應之字皆爲“蓼”，亦可證“蓼”即“蓼”之異寫字。

1865 薞

南朝梁僧祐撰《弘明集》：“夫陳俎豆於壘門，建旍旗於朝堂。衣狐裘以當薞

賓，被絺綌以御黄鍾，非不麗也，乖其處非其時也。”（T2102v52p0004c）

按：“蕤”即“蕤”之訛。《説文・艸部》：“蕤，艸木花垂貌。從艸，豩聲。”“蕤賓”，古樂十二律中之第七律。律分陰陽，奇數六爲陽律，名曰六律；偶數六爲陰律，名曰六吕。合稱律吕。蕤賓屬陽律。《周禮・春官・大司樂》：“乃奏蕤賓，歌函鐘，舞大夏，以祭山川。”《禮記・月令》：“（仲夏之月）其音徵，律中蕤賓。”鄭玄注：“蕤賓者應鐘之所生，三分益一，律長六寸八十一分寸之二十六，仲夏氣至，則蕤賓之律應。”“黄鐘”，我國古代音韻十二律中六種陽律的第一律。《周禮・春官・大司樂》：“乃奏黄鐘，歌大吕，舞雲門，以祀天神。”鄭玄注：“以黄鐘之鐘，大吕之聲爲均者，黄鐘陽聲之首，大吕爲之合。”“蕤賓”與“黄鐘”對應，合乎語境。“蕤”作“蕤”者，“蕤”或作“蕤”（見清邢澍《金石文字辨異・支韻》），“豕”旁訛作“麦”旁耳，“麦”旁轉寫作“麥”而稍訛即成“蕤”字。

東晉佛陀耶舍、竺佛念譯《四分律》：“爾時有病比丘，醫教服蕤羅。”（T1428v22p0867a）又：“今有八種漿，是古昔無欲仙人所飲，梨漿、閻浮漿、酸棗漿、甘蔗漿、蕤果漿、舍樓伽漿、婆樓師漿、蒲桃漿。”（T1428v22p0873c）唐道宣撰《四分律删繁補闕行事鈔》：“《四分》：八種漿，古昔無欲仙人所飲，梨、酸棗、甘蔗、蕤果、蒲萄、舍樓伽等漿也。”（T1804v40p0118b）北宋元照撰《四分律行事鈔資持記》：“《四分》無欲仙人，謂不多欲。梨、棗等即列八漿，文略二種，即閻浮漿、波樓師漿。蕤，儒佳［隹］反，其果味甘出北方。”（T1805v40p0378c）“蕤”亦皆“蕤”字之訛。參 1886“蕤”字條。

1866 蕀

日本淳祐集《悉曇集記》：“梁武既彈前兩處文。彼作蕀力基梨四字也。現是彼國方言難可分判。”（T2705v84p0484a）

按：“蕀”即“蕀”字之訛，“朿”旁寫作“束”俗書習見。日本安然撰《悉曇藏》：“梁武既彈前兩處文，彼作蕀力基梨四字也。現是彼國方言難可分判。”（T2702v84p0377c）與“蕀”對應之字正作“蕀”。日本圓珍撰《佛説觀普賢菩薩行法經記》：“講了，閉之以荆[42]棘等。若無講時，不開之。”（T2194v56p0227c）本頁下注 42：“棘 = 蕀《甲》《乙》。”日本圓仁撰《顯揚大戒論》：“善男子如三種田：一者渠流便易，無諸沙鹵瓦礫蕀刺，種一得百。二者雖無沙鹵瓦礫蕀刺，渠流險難收實減半。三者渠流險難多諸沙鹵瓦礫蕀刺，種一得一，爲藁草故。”（T2380v74p0667b）日本辨阿聖光撰《徹選擇本願念佛集》：“若善若不善多惡口業故，地生荆蕀。”（T2609v83p0032a）“蕀”亦皆“蕀”字之訛。

1867 蕿

日本惠運撰《惠運律師書目録》："《佛説[17]蕿麌梨童女經》一卷、《佛説[*]蕿麌梨童女經念誦儀軌》一卷，已上九卷爲一策子。"（T2168Bv55p1089b）本頁下注 17："蕿麌＝襄虞《甲》[*]。"

按："蕿麌"與"襄虞"爲版本異文，"蕿"即"蘘"之異寫字。此經名中之"蕿麌"二字，或作"蘘虞""穰麌""禳麌"等多種形式。"蘘虞梨"爲梵文"janguli"的音譯，又譯作"常求利""常瞿梨""穰麌梨""蘘俱梨"等，是消除蛇毒之神女，爲觀自在菩薩的化身。唐慧琳撰《一切經音義》："穰麌梨，上音攘，次愚矩反，下力知反。穰麌梨，梵語化身菩薩名也。能除一切毒，以大悲故演説此經也。"（T2128v54p0554b）日本成賢撰《薄雙紙》："香醉山上有寶樓閣，中有[illegible]字變成黑蛇，轉爲蘘麌梨童女。身緑色，狀如龍女。具足七頭，項有圓光，四臂。右一手持三戟叉，第二手執三五莖孔雀尾，左第一手把一黑蛇。"（T2495v78p0684a）可參看。

1868 蒴

日本靜然撰《行林抄》："納莽糝滿多蒴馱（引）喃遏毗單眩耶薩囉誐（二合）薩怛誐（二合，引）捨也弩蘖跢薩誐（二合，引）賀。"（T2409v76p0310a）

按："蒴"即"蕤"字之訛。參 1377"蕤"字條。

1869 蕻

唐道世撰《法苑珠林》："此寺中有思惟樹數十株枯死。域問永文：'樹死來幾時？'永文曰：'積年矣。'域即向樹呪，如呪永文法，樹尋華發[21]枎踈榮茂。"（T2122v53p0744b）本頁下注 21："枎踈＝芙蕻《宋》《宫》。"

按："芙蕻"與"枎踈"爲版本異文，四庫本作"扶疎"。此詞有"扶疏""扶疎""扶踈""枎疏""枎疎""枎踈""扶蔬"等諸多詞形，義爲枝叶繁茂分披貌。《法苑珠林》之宋、宫本作"芙蕻"，後字作"蕻"者，"蕻"當即"蔬"字異體。《法苑珠林》："靈塔壯麗，道樹扶[11]疏。歷劫不朽，神力焉如。"（T2122v53p0503b）本頁下注 11："疏＝蕻《宋》《宫》。""扶疏"又作"扶蕻"，"蕻"亦"蔬"之異體。唐道宣撰《續高僧傳》："少秉高操，慕安汰之風規，而弊衣[35]蔬食，終身不改。”（T2060v50p0473a）本頁下注 35：“蔬＝蔬《宋》《元》《宫》。”《法苑珠林》：“鑿山搆室接梁通水，繞寺華果[9]蔬菜充滿。”（T2122v53p0595a）本頁下注 9：“蔬＝蔬《宫》。”“蔬”又與“蔬”爲版本異文，此乃“蔬”爲“蔬”之異體的確證。

1870 蓃

日本信瑞纂《淨土三部經音義集》：“《唐韻》曰：‘蓃（音聰，和名之毛止），木細枝也。’”（T2207v57p0396a）

按：“蓃”即“葼”字之訛。揚雄《方言》卷二：“木細枝謂之杪，江淮陳楚之内謂之蔑，青齊兖冀之間謂之葼。”《説文・艸部》：“葼，青齊兖冀謂木細枝曰葼。”《廣韻・東韻》子紅切：“葼，木細枝也。”“蓃”與“葼”義合。就形體而言，“嵏”旁或寫作“嵕”旁，如“嵕”或作“嵏”，明梅膺祚《字彙・山部》：“嵏，俗嵕字。”故“葼”訛作“蓃”。

1871 蒬

南宋法雲撰《法華經義記》：“阿㝹樓馱者，亦是外國音。此間翻者，阿之言無，[2]蒬樓馱言貧，謂無貧比丘。此羅漢乃非多積財寶，但凡所至處衣服飲食觸事勝人。此人昔日五百世中，廣行佈施給救貧窮，今餘報未盡稱無貧。”（T1715v33p0579a）本頁下注 2：“蒬＝菟《甲》。”

按：文中前作“㝹”，後作“蒬”，異文又作“菟”。“阿㝹樓馱”佛經習見，“菟”“蒬”皆“㝹”字之訛。此處所釋爲釋迦牟尼佛弟子之名，本爲甘露飯王之子，釋迦牟尼佛之從弟。本名梵文作“अनिरुद्ध Aniruddha”，漢譯名很多，如，唐慧琳撰《一切經音義》：“阿泥律陁，梵語言阿那律，或云阿㝹樓馱，唐言无滅，又云如意。”（T2128v54p0522c）又：“阿泥律陀，舊言阿那律，或云阿㝹樓馱，亦言阿泥盧豆，皆一也，此云無滅，亦云如意。”（T2128v54p0769c）日本中算撰《妙法蓮華經釋文》：“阿（行瑫云：安葛反）㝹（《慈恩》云：女溝反。應作“䨲”字，兎子也。捷云：兎子。《經》文會字，少下作兎也）樓馱（唐佐反。《慈恩》云：正云阿泥律陁，唐云無滅，天台云無貧，亦云如意也）。”（T2189v56p0145b）唐窺基撰《妙法蓮華經玄贊》：“梵云阿泥律陀，此云無滅，佛之黨弟。云阿㝹樓馱，訛也。應作‘䨲’字，不知㝹字所出。”（T1723v34p0670c）漢譯之第二字作“泥”“那”“㝹”“䨲”等。“㝹”爲“䨲”字異體，《龍龕手鑑・雜部》：“㝹，正；䨲，今。奴矦反。兔子也。”“䨲”爲“䨲”之訛。《法華經義記》或作“蒬”，“蒬”即“㝹”之訛。甲本作“菟”者，亦“㝹”之訛。

佛經中“㲋”訛作“菟”之例頗多，《法華經知音》《佛説阿彌陀等佛根本祕密神咒經》《法華經科註》《法華經玄贊要籍》“阿㲋樓馱”皆作“阿菟樓馱”。

1872 ⿱艹豪

日本安然撰《悉曇藏》：“炮（音烏⿱艹豪反），炮，經中不用字義。取其究盡，以解大乘。比之盡，是十四字之盡，以譬大乘，是三乘之盡也。”（T2702v84p0445c）

按：“⿱艹豪”即“豪”之異體字。“豪”或作“⿱艹豪”（見清邢澍《金石文字辨異·豪韻》“豪”字下引《北齊太公呂望碑》）。“豪”本作“⿱高豕”，爲從豕高聲的形聲字。“豪”爲“⿱高豕”之省聲字。“⿱艹豪”當爲從豕蒿省聲之省聲字，只是“高”之省寫作“髙”之省。“⿱艹豪”即“⿱艹豪”之異寫字。文中用作“炮”字的反切下字。此炮字非一般用法的炮字，而是梵文元音字母“𑖍（au）”的對音字。北涼曇無讖譯《大般涅槃經》：“烏者，名煩惱義。煩惱者，名曰諸漏。如來永斷一切煩惱，是故名烏。炮者，謂大乘義，於十四音是究竟義，大乘經典亦復如是。於諸經論最爲究竟，是故名炮。”（T0374v12p0413b）文中之“炮”即梵文元音字母“𑖍（au）”的對音字。因爲漢語“炮”的讀音與“𑖍（au）”讀音並不完全相同，所以佛經中常用反切注音的方式注明梵文的實際讀音。不同文獻中，切下字或有不同，如唐慧琳撰《一切經音義》：“炮者，烏高反。”（T2128v54p0481b）切下字用“高”。《悉曇藏》：“𑖌，烏；𑖍，炮，上屋胡反，梵音以烏字上聲稍長引呼之。下烏孝反，梵音以奧字稍短作聲呼之。”（T2702v84p0412a）切下字用“孝”。日本淨嚴撰《悉曇三密鈔》：“𑖍，長奧字（依字長呼。《字記》。今考奧字去聲烏到切，古德多用𑖍字爲平聲，然《記》已註云“依字長呼”，則奧字應去呼必矣）。奧（去長引。《大日經》《金剛頂》《文殊問》《續刊定記》《大悉曇》《義淨》《全雅》《釋義》《大師》《宗叡》）。奧（阿告反。《全真》）。奧（引如美人礙口呼之。《寶月》）。奧（長。初是阿聲，後是本鄉于字聲。《慈覺》）。燠（《大莊嚴經》。今考燠去聲於到切）。炮（烏老切，奧短聲。《涅槃文字品》、玄應、慧遠、吉藏、慧均、梁武）。奧（去。《難陀》）。”（T2710v84p0732b）切下字用“老”。《悉曇藏》：“五、烏炮，上一孤反。烏豪反，或烏亮反。南北同作。應師作汚奧，上烏故反，奧音如常。炮，本音浦交反。”（T2702v84p0411b）切下字用“豪”。或用“豪”之異體字“⿱艹豪”，日本玄昭撰《悉曇略記》：“𑖍，長奧，初是阿聲，後是本響。平字聲。奧，阿告反。其中開合有異也。奧，長呼。炮，烏⿱艹豪反。”（T2704v84p0471b）《悉曇藏》：“𑖍，炮，音烏⿱艹豪反。”（T2702v84p0409c）皆用“⿱艹豪”字。

1873 蔱

日本賴瑜撰《大日經疏指心鈔》："《大日經疏指心鈔》卷之一。文永十一年於高野山丈六堂蔱坊草之，金剛資賴瑜，生年四十九歲。"（T2217v59p0585a）

按：此段文字爲《大日經疏指心鈔》第一卷寫作時間地點的記録。文永是日本的年號，文永十一年即公元1274年。高野山，日本地名，是日本佛教密宗真言宗的本山，爲著名的佛教聖地。丈六堂是佛堂名，爲供奉丈六佛的佛堂。"蔱坊"即高野山丈六堂的一個僧坊。僧坊即僧舍，是僧人居住的房間，也是僧人讀經寫作的地方。日本僧人寫作的佛典，常常在章末或書末記録寫作或抄寫的時間和地點。如日本重譽撰《祕宗教相鈔》："安元三年六月四日於法住寺北三昧堂僧坊書寫了，求法沙門乘遍之本。文治五年五月十九日於醍醐寺文作并立軸表紙了，金剛佛子成賢。"（T2441v77p0647c）此即記録於僧坊寫作之例。又，《大日經疏指心鈔》："《大日經疏指心鈔》卷第十六。去文永四年丁卯七月五日於高野山丈六堂北僧坊，傳法會談義之次，遂日馳筆畢。"（T2217v59p0802a）《大日經疏指心鈔》亦有於僧坊寫作的記録。"蔱坊"者，"蔱"即"蘔"之異寫，"蘔"又爲"蔽"之異體，《集韻·祭韻》必袂切："蔽、蓽、蘔，《説文》：'蔽，蔽小艸也。'一曰奄也。或作蓽。"文中爲破敗之義，"蔽坊"蓋指破舊的僧坊。字或作"弊"，日本湛叡撰《華嚴演義鈔纂釋》："正和三年甲寅五月三日於泉州久米多寺弊坊抄之。"（T2205v57p0275b）義同。

1874 蕩

唐道宣撰《廣弘明集》："《破魔露布文》：廣緣將軍流[18]蕩校尉都督六根諸軍事新除惡建善王臣心，賑惠將軍善散子都督廣濟諸軍事監軍臣施，繕性將軍剋欲界都督攝志諸軍事司馬臣戒。"（T2103v52p0346b）本頁下注18："蕩＝蕩《元》。"

按："蕩"與"蕩"爲版本異文，"蕩"即"蕩"字之訛。四庫本之明梅鼎祚《釋文紀·破魔露布文》字亦作"蕩"。

1875 蔘

南宋志磐撰《佛祖統紀》："建州崇安縣扣氷古佛名[8]蔘先，初見雪峰，攜皁[9]此一包，醬一罐以爲獻。峯曰：'包中何物？'曰：'皁此。''何處得來？''泥中。'‘泥深多少?'‘無丈數。'‘還更有麽?'‘轉深轉有。'"（T2035v49p0391b）本頁下注 8："蔘＝藻《甲》。"注 9："此＝茈《甲》。"

按："蔘"與"藻"爲版本異文，"蔘"即"藻"字之訛。佚名《神僧傳》："扣冰古佛：扣冰澡光古佛初參雪峯，峯曰：‘子異日必爲王者師。'後自鵝湖歸溫嶺結菴，繼居將軍巖，二虎侍側，神人獻地，爲瑞巖院，學者爭集。甞謂衆曰：‘古聖修行須憑苦節，吾今夏則衣楮，冬則扣冰而浴。'故世人號爲扣冰古佛。"（T2064v50p1011a）據此，字當作"澡"，"藻"爲借字，《大正藏》"澡浴"字"澡"或借"藻"字。唐玄奘譯《大般若波羅蜜多經》："光敷法潤，[5]藻汰心源。"（T0220v07p0427a）本頁下注 5："藻＝澡《三》。"南朝宋慧嚴譯《大般涅槃經》："我今欲洗，汝可取衣及以[14]澡豆。我既入水，一切飛鳥水陸之屬悉來觀我。"（T0375v12p0769b）本頁下注 14："澡＝藻《宋》。""藻"皆與"澡"通。"藻"或作"𦿆"（見《偏類碑別字·艸部》"藻"字下引《唐建陵縣令席泰墓誌》）、"𦿆"（見秦公《碑別字新編·二十畫》"藻"字下引《隋薛保興墓誌》），"蔘"即"𦿆""𦿆"轉寫而成。

1876 蕣

失譯《牟梨曼陀羅呪經》："用曷迦樹木（云欝勃）、毘醯唎勒木（云無）、阿彌屍㗚師木（云守宮槐木）、羅丁（丁[19]隣反）木（云蜀地有）、阿彌羅木、鎮頭迦木（云柿木）、篤迦木（云栗木）、鑠迦米木，及其自餘雜類木等。但是有刺樹木並得用之，能辟怨家，斷除賊故。但是有乳樹木並得用之，能發渴愛令親輔故。"（T1007v19p0665b）本頁下注 19："隣＝蕣《宋》《元》。"

按："蕣"與"隣"爲版本異文，疑"蕣"即"蘼"之異體。《集韻·真韻》離珍切："蘼，艸名，似竹，中實。通作粼。""蘼"與"隣"屬同一小韻，兩字同音。文中"隣"爲"丁"的反切下字，"蘼"與"隣"同音，亦可爲"丁"的切下字。"蕣"或即"蘼"改變聲旁的異構字。

1877 藉

南宋法雲編《翻譯名義集》："若約三界辨之，段食唯在欲界，以色無色無香味二塵，餘之三食遍通三界（中陰但有三食，亦有段食，如《雜心論》云：如人中陰還食人中所食香氣也。但現陰麁故多藉段食，中陰細故多藉三食耳）。"（T2131v54p1172c）

按："藉"當即"藉"字之訛。此段文字出自《翻譯名義集》的《齋法四食篇》。佛教所謂"四食"指三界一切衆生維持生命之所需，包括段食（或稱摶食等）、觸食、念食、識食四類。段食就是衆生維持自然生命的一般飲食，觸食、念食、識食則是維持自然生命的一般飲食之外有助於衆生維持生命延續的觸覺、意欲、認識等。文中的“現陰”指衆生死之前的生存階段，“中陰”指衆生死之後到往生輪回某一道爲止的一段時間。“現陰麁故多藉段食，中陰細故多藉三食”，大意是説，衆生在活著的時候主要憑藉段食，而在死後至輪回之前主要憑藉觸食、念食、識食等三食。據文意並參照形體，“藉”當即“藉”字之訛。隋慧遠撰《般涅槃經義記》：“現陰麁故肉眼能見，中陰細故唯天眼見，三約食分別。現陰麁故多藉揣食，中陰細故多藉三食。”（T1764v37p0842b）字正作“藉”。

1878 蕵

唐善無畏譯《阿吒薄倶元帥大將上佛陀羅尼經修行儀軌》：“世尊欲結界之時，清淨香湯沐浴，即著上妙衣服。不食五辛酒肉之屬，芸薹、[13]胡蕵、蘿葡及椿、葱不經口，潔齋清淨。”（T1239v21p0191b）本頁下注 13：“胡蕵＝葫蔞《甲》，葫蕵《乙》。”

按：“蕵”與“蔞”“蕵”爲版本異文，“蕵”即“荽”之異體。五百大阿羅漢造、唐玄奘譯《阿毘達磨大毘婆沙論》：“黑瞳子上傍布而住，對外色境如胡[1]荽花。”（T1545v27p0063a）本頁下注 1：“荽＝蕵《三》《宫》。”“蕵”與“荽”爲版本異文，“蕵”亦“荽”之異體，可資比勘。“蕵”從艸綏聲，即“荽”改换聲旁的異體字。“蕵”又“蕵”字之訛，“妥”旁訛作“妾”旁耳。《可洪音義》卷八《超日月三昧經》上卷：“緌恤，上音雖，正作‘綏’，綏，安也。”（v59p830c）西晋聶承遠譯《佛説超日明三昧經》：“若轉輪聖王，綏恤四天下。”（T0638v15p0533a）《嘉興藏》亦作“綏”。《可洪音義》卷四《如來興顯經》第一卷：“緌懷，上音雖，安也，正作‘綏’。又音接，非也。”（v59p673c）西晋竺法護譯《佛説如來興顯經》：“其大哀者，執師子吼，以能立此大慈大哀，分别衆生諸所念趣，住權方便，建立慈行，是爲綏懷如來興顯。”（T0291v10p0597c）《嘉興藏》亦作“綏”，音釋：“綏，息遺切。安也。”“緌”皆“綏”字之訛，可資比勘。參 2085“遳”字條。

字又作“蔞”，疑“蔞”爲“蕵”之進一步訛誤。“緌”所從之“妾”與“縷”所從之“婁”之草體形近，刻書者誤認“緌”旁爲“縷”的草書，故將“蕵”轉寫作“蔞”。

1879 蕉

南朝梁寶唱等集《經律異相》：“小兒言：‘我欲飯佛及僧。’居士聞之即生信心。又問：‘欲何處作？’答曰：‘欲往衹洹。’居士曰：‘但住我門器[12]蕉相助。’小兒白佛：‘願明日受我食。’”（T2121v53p0194b）本頁下注 12：“門器蕉＝間器樵《三》《宮》。”

按：“蕉”與“樵”爲版本異文，“蕉”即“樵”字異體之訛。段注《説文·木部》：“樵，散木也。从木，焦聲。”字或作“蕉”，《康熙字典·艸部》：“蕉，《集韻》同‘樵’。”北宋延壽集《宗鏡録》：“譬如微少火，[3]樵濕速令滅。”（T2016v48p0871c）本頁下注 3：“樵＝蕉《元》。”“蕉”當爲從木蕉聲的形聲字，本當作左木右蕉的左右結構字，寫作上艸下樵的上下結構字。《吕氏春秋·不屈》：“豎子操蕉火而鉅。新婦曰：‘蕉火大鉅。’”高誘注：“蕉，薪樵也。”“樵”或借“蕉”字，故或造從木蕉聲之字爲“樵”之異體。“蕉”又訛作“蕉”（見《集韻》），東晋佛馱跋陀羅譯《大方廣佛華嚴經》：“譬如微小火，[7]樵濕則能滅。”（T0278v09p0428c）本頁下注 7：“樵＝蕉《宮》。”唐法琳撰《辯正論》：“松風將鶴唳俱哀，春鳥共蕉歌並韻。”（T2110v52p0541a）字皆與《集韻》同。字又作“蕉”（見唐顔元孫《干禄字書·平聲》），“蕉”即“蕉”之異寫。

1880 蕿

唐道宣撰《廣弘明集》：“天和五年，歲次攝提五月庚寅，造鍾一口，冶昆吾之石，練若溪之銅，郢匠鴻爐，化兹神器。雖時屬[1]蕿賓，而調諧夷則，故《春秋外傳》曰：‘所以詠歌九則平民無二’。”（T2103v52p0330a）本頁下注 1：“蕿＝蕤《明》。”

按：“蕿”與“蕤”爲版本異文，“蕿”即“蕤”字之訛。“豕”旁寫作“麦”，“麦”錯誤轉寫作“麥”，“生”旁又訛作“壬”也。“蕤賓”爲古音律名，文獻習見。“蕿”字《大正藏》凡 11 見。參 1865“蕿”字條。

1881 蘣

佚名《佛説虚空藏菩薩神呪經》：“合掌歸向敬禮十方，禮已應説是呪：……阿賢禳（如何）阿唎娑（上）溯（明曾反，下同）共（翟栱反，下同）娑（上）溯共（音同上）戶噌底（都彌反，下）昆（上）蘣（父迷）伽（上）共（同上）提徒爾唎瑟知上蘱伽上共（同上）迦噌儞迦（同上）連唎夜覩磨阿奢（同上）夜娑（上）囉（上）皤跋陀（上）柘（上）阿（上）輸迦（上）伽（上）底娑（上）婆訶。”（T0406v13p0658c）

按：疑“蘣”爲“皡”之異體，此處用爲譯音字。

1882 蓏

唐寶思惟譯《大陀羅尼末法中一字心呪經》:"若欲求長命者,於十二月一日至十五日乞淨潔食誦呪,總滿三十滿遍。至月盡日二日已前不喫食,取黑牛乳一升。誦呪滿得一百八遍,須以香花供養於佛。其乳自服,即得長命。若十日内其酥酪蜜燒之,及[11]菰蓏草即得長命。"(T0956v19p0319b)本頁下注 11:"菰蓏=結縷《三》。"

按:"菰蓏"即"菰蓏"之訛,"瓜"旁訛作"爪"旁也。《嘉興藏》《卍正藏》皆作"結縷"。東晋佛陀耶舍、竺佛念譯《四分律》:"爾時婆伽婆在舍衛國祇樹給孤獨園,去比丘尼精舍不遠,有好[9]結縷草生。"(T1428v22p0739b)本頁下注 9:"結縷=茄蔞《三》《宫》。"《嘉興藏》作"茄蔞"。唐慧琳撰《一切經音義》卷五十九《四分律》第二十五卷:"結縷,《爾疋》:'傅[傅],横目。'孫炎云:'三輔曰結縷,今關西饒之,俗名苟屨草也。'《律》文作'茄蔞'。案:茄,《説文》加、歌二音,《爾雅》:'荷,芙蕖,其莖茄。'此則於義無施。'蔞'字未詳所出。一本作'茄蘆',音加,下力胡反。《爾疋》:'葭,蘆。'郭璞曰:'即葦。'必當誤耳。"(T2128v54p0702b)《漢書·司馬相如傳》:"布結縷。"顔師古注:"結縷,蔓生,著地之處皆生,細根如綫相結,故名結縷。今俗呼鼓箏草,兩幼童對銜之,手鼓中央則聲如箏也,因以名云。"《爾雅·釋草》:"傅,横目。"晋郭璞注:"一名結縷,俗謂之鼓箏草。"唐陸德明音義:"傅,音付。横目,如字,胡彭反,或音黄。……縷,本亦作'蔞',力主反。箏,側耕反。"宋邢昺疏:"傅,一名横目,草蔓延生。郭云一名結縷,俗謂之鼓箏草是也。"字當以"結縷"爲正,"縷"《爾雅》釋文作"蔞",蓋由"結縷"爲草名,而"縷"上加"艸"也。《四分律》之宋、元、明及宫本之"茄蔞",爲"結縷"之訛。

《大正藏》本《大陀羅尼末法中一字心呪經》之"菰蓏",宋、元、明本及《嘉興藏》《卍正藏》等諸本皆作"結縷"。字當以"結縷"爲正,"菰蓏"即"菰蓏"之異寫,與文意不合。疑刻經者不解"結縷"之義,據訛形而臆改作"菰蓏",寫作"菰蓏"。

1883 薫

日本長宴記《四十帖決》:"師曰:佉陀羅本[木]是薫木也云云,薫本[木]者,加志乃木也。"(T2408v75p0956c)

按:"薫"即"薑"字之書寫變異。唐阿地瞿多譯《陀羅尼集經》:"以佉陀囉木(唐云紫[2]薑木也)作橛四枚,各長八指,各加持其橛一百八遍。"(T0901 v18p0810a）本頁下注 2："薑＝橿《元》《明》《甲》。"唐寶思惟譯《大陀羅尼末法中一字心呪經》："若佉陀羅木（唐云橿木）作火，酪酥蜜相和燒於火中，呪一百八遍，一遍一燒，少少燒之，即得伏藏。"（T0956v19p0319b）字作"薑"，或作"橿"。"薫"即"薑"之異寫，在最下之末筆"一"常寫作"灬"。"橿"爲木質堅韌的樹木名，字當作"橿"，作"薑"爲借字。唐慧琳撰《一切經音義》卷三十九《不空羂索經》第七卷："紫橿木，上正紫字，中居央反。木名也，出英山。"（T2128v54p0562a）《山海經·西山經》："又西七十里曰英山，其上多杻橿。"字本皆作"橿"。參 0823"橿"字條。

1884 蕏

日本天桂傳尊語《報恩編》："《本草綱目·蔓草部》：'五味子釋名荎蕏。'恭曰：'五味子皮肉甘酸，核中辛苦，都有鹹味，是即具五味也。'……荎蕏草具五味與金剛杵表五智者，共是這心體之本有，其摧邪力用及治病功能者，又是這心用之自適。"（T2600v82p0635b）

按："蕏"即"藸"之異構字。《説文·艸部》："藸，荎藸也。從艸，豬聲。"《玉篇·艸部》："藸，致如切。草名，又五味子。""藸"本從艸豬聲的形聲字。《龍龕手鑑·豕部》："豬，俗，音猪。""豬"即"豬"改換形旁的異構字，故"藸"或改換聲旁作"蕏"。

1885 蕤

南朝梁僧祐撰《出三藏記集》："若乃闡經律，弘福施，淦蒼黎，敏蝡動，未常不慮積昏明，慈洽巨細，感靈瑞於顯微，通覺應於霄夢，固已[22]葳蕤民譽，昭哲神聽矣。"（T2145v55p0085b）本頁下注 22："葳蕤＝威蕤《宋》，威蕤《元》《明》。"

按：正文"蕤"在注中作"蕤"。明梅鼎祚《釋文紀·太宰竟陵文宣王子良法集録序》作"威蕤"。"蕤""蕤"與"蕤"爲版本異文，"蕤""蕤"即"蕤"字之訛。參 1880"蕤"字條。"蕤"或寫作"蕤"，《龍龕·草部》："蕤，俗；蕤，正。如隹反。葳蕤，藥名也。又草木花垂貌也。又蕤賓，五月律名也。""蕤"字所從之"豕"寫作"麦"也，"麦"轉寫作"麥"，"生"旁誤作"玉"，即成"蕤"字。"威蕤"有繁盛貌義，文中"威蕤民譽"與"昭哲神聽"相對。"威蕤""昭哲"皆當爲形容詞的使動用法，"威蕤"爲盛大之義。北魏菩提流支譯《深密解脱經》："以永熙二年，龍次星紀，月呂[4]甤賓，詔命三藏，於顯陽殿。"（T0675v16p0665a）本頁下注 4："甤＝蕤《宮》。"佚名《何耶揭唎婆像法》："取[23]後木，長八指截，燒火焰出。"（T1073v20p0171b）本頁下注 23："後＝蕤《原》，俊《甲》，蕤《乙》《丙》。"唐不空譯《聖賀野紇哩縛大威怒王立成大神驗供養念誦儀軌法品》："先取俊木，長八指截，燒火焰出。"（T1072Av20p0167c）唐阿地瞿多譯《陀羅尼集經》："先取甤木，長八指截，燒火焰出。"（T0901v18p0836c）唐慧琳撰《一切經音義》卷三十七《陀羅尼集》第六卷："蕤木，上乳隹反。案：蕤，藥名也。《經》從友作'𦱐'，俗字也。"（T2128v54p0552b）唐道宣集《四分律刪補隨機羯磨》："佛言：聽以梨、棗、蕤、蔗等汁作漿。"（T1808v40p0502b）唐惠英纂《大方廣佛華嚴經感應傳》："至其冬十一月中，於母墳所，舊種寒枯之莖，忽生花葉，芳蕤榮豔，五彩含英，斯蓋寫經之感也。"（T2074v51p0177a）唐道宣撰《廣弘明集》："鳥頡頏於瓊音，樹葳[26]蕤於妙葉。"（T2103v52p0242b）本頁下注 26："蕤＝蕤《宋》《宮》。""蕤""甤""𦱐""後""俊"亦皆"蕤"字之訛。

1886 蕤

東晉佛陀耶舍、竺佛念譯《四分律》："木酒者，梨汁酒、閻浮果酒、甘蔗酒、舍樓伽果酒、[13]蕤汁酒、蒲桃酒。"（T1428v22p0672b）本頁下注 13："蕤＝蕤《三》《宮》。"

按：《嘉興藏》作"甤"，音釋："甤，如隹切，與'蕤'同。葳蕤，藥名。""蕤"與"甤""蕤"爲版本異文，"蕤""甤"皆"蕤"字之訛。唐慧琳撰《一切經音義》卷五十九《四分律》第十六卷："蕤汁，汝誰反。《爾疋》：'棫［棫］，白桵［桵］。'郭璞曰：'小木叢生，有刺，實紫赤，可食。'《本草》作'蕤'，今桵［桵］核是也。字從生豕聲，棫［棫］音域。"（T2128v54p0701c）字正作"蕤"。唐慧琳撰《一切經音義》："鬢蕤，上相踰反，下蕤水反。"（T2128v54p0563c）又："蓮蘂，蕤捶反。《説文》云：'垂也。從草，從糸，從惢，惢亦聲也。'《經》作'蕊'，誤也。"（T2128v54p0565c）"蕤"亦皆"蕤"字之訛。

1887 蘭

日本安澄撰《中論疏記》："《辨正論》第五卷云：'九十五種之苗裔，富[4]蘭那等也。'第八卷天監三年四月十一日，梁武皇帝捨道詔文云：'大經中説道有九十六種，唯一佛道，是於正道，其餘九十五種，皆是外道。'"（T2255v65p0006c）本頁下注 4："蘭＝蘭《甲》。"

按："蘭"與"蘭"爲版本異文，"蘭"即"蘭"字之訛。唐法琳撰《辨正論》："九十五種之裔，富蘭那等是汝之師。"（T2110v52p0523b）與"蘭"對應之字亦作“蘭”。東晋僧肇撰《注維摩詰經》：“彼外道六師富蘭那迦葉。什曰：‘迦葉，母姓也；富蘭那，字也。其人起邪見，謂一切法無所有，如虚空不生滅也。’肇曰：‘姓迦葉，字富蘭那。其人起邪見，謂一切法斷滅性空，無君臣父子忠孝之道也。’”（T1775v38p0350c）唐慧琳撰《一切經音義》：“富蘭那，此云滿也。迦葉是姓，此云龜氏也。此計無因外道也。”（T2128v54p0475a）又：“掊剌拏，梵語。補厚反，下羅割反。外道六師中一人名也。舊言富蘭那，迦葉是姓，富蘭那是字，即執空見外道也。”（T2128v54p0641b）“富蘭那”“富蘭那迦葉”在佛經中習見。富蘭那迦葉，又譯爲棓剌拏、布剌拏、不蘭迦葉、不蘭那迦葉等。約與釋迦牟尼同時代的思想家，在後世佛教傳説中，他被認爲是六師外道之一。

1888 薫

佚名《陀羅尼雜集》：“皆是諸惡鬼，爲其作嬈害。我今説彼名，願佛聽我説，第一名彌酬迦，第二名彌伽王。……第十四名目佉曼荼，第十五名藍婆。此十五鬼神常遊行世間，爲嬰孩小兒而作於恐怖。我今當説，此諸鬼神恐怖形相，以此形相，令諸小兒皆生驚畏。彌酬迦者，其形如牛。彌加王者，形如師子。……目佉曼荼者，其形如[12]薫狐。藍婆者，其形如蛇。此十五鬼神著諸小兒，令其驚怖。”（T1336v21p0600b）本頁下注 12：“薫＝獯《元》《明》。”

按：“薫”與“獯”爲版本異文，“薫”爲“葷”之異寫，“葷”爲“薰”之異構字，“獯”爲“勲”之加旁字，“勲”又“勳”字異寫。唐道世撰《法苑珠林》：“目佉曼荼者，其形如薰狐。藍婆者，其形如蛇。”（T2122v53p0740c）字作“薰”。《康熙字典・艸部》：“葷，《篇海》同薰。”“葷”乃“薰”改换聲旁的異構字。“薫”爲“葷”之書寫變異。

北宋法天譯《佛説六道伽陀經》：“復有鐵烏鳥，獯狐諸惡獸。”（T0725v17p0453a）“薰狐”又作“獯狐”，《廣韻・文韻》許云切：“獯，北方胡名，夏曰獯鬻，周曰玁狁，漢曰匈奴。”“獯”又爲古代民族名用字，疑與“獯狐”之“獯”來源不同，“獯狐”之“獯”蓋由“薰”與“狐”連用而改作“犬”旁，此乃字形同化之例。“獯”則“獯”改“熏”旁爲“勳”旁的異寫字。

唐慧琳撰《一切經音義》：“鶗鶘，上勳運反，下戶辜反。《考聲》云：‘惡烏［鳥］名也。’案，則鵂鶹之屬。《經》本作‘薫狐’，非。”（T2128v54p0590c）遼希麟集《續一切經音義》：“獯狐，准《律》文合作‘鶗鶘’二字，上音勳，下音胡。《集訓》云：‘鶗鶘，鵂鶹，怪鳥也。形如土梟，晝伏夜出，好食虵鼠也。今作‘獯’，即獯鬻，匈奴别名也。作‘狐’，即鬼所乘獸也，《律》次下文云或作野狐頭是。”（T2129v54p0972a）字又作“鶗”“鶤”，“鶗”爲“鶤”字異寫。《集韻・焮韻》吁運切：“鶤，鶤鶘，妖鳥。”“鶤”乃爲“薰狐”所造之專字。

1889 蒣

唐不空譯《阿閦如來念誦供養法》："次掃地真言曰：唵訶囉訶囉（二）蒣（穰古反。引）孽囉（二合）訶囉拏（引）耶娑嚩（二合）訶（引）。"（T0921v19p0020a）

按：林光明《新編大藏全咒》卷十五《阿閦如來念誦供養法》"掃地真言"之"蒣"字對應的梵文轉寫作"jo"（v15p436）。唐慧琳集《建立曼荼羅及揀擇地法》："誦掃地真言曰：唵賀羅賀羅羅祖（鏃固反）仡羅（二合）賀羅拏（鼻音，引）野娑嚩（二合，引）賀（引）。"（T0911v18p0928c）字亦作"祖"。日本淨嚴撰《悉曇三密鈔》："ञ，儒、擾（烏瑟軌）、粗（佛頂）、祖（隨求）。"（T2710v84p0743a）"儒""祖"皆可爲"ञ（jo）"之譯音字。"蒣"即"儒"字之訛，乃由與"孽"字連用而誤加"艸"旁，此亦字形同化之例。

1890 蕢

唐道宣撰《續高僧傳》："齊王暕情深理定，每就諮欵［疑］，請至本第，從奉歸戒。鴻臚蘇[14]蕢，學高前古，擧朝冠蓋。"（T2060v50p0590b）本頁下注 14："蕢＝虁《宮》。"

按："蕢"與"虁"爲版本異文，"虁""蕢"皆"夔"字之書寫變異。《卍續藏》元曇噩撰《新修科分六學僧傳》："齊王暕情深定理，每從諮決。鴻臚蘇夔，稟宗玄訓。"（X1522v77p0187b）字作"夔"。蘇夔，字伯尼，武功（今陝西扶風）人，蘇威子，隋煬帝時任鴻臚少卿。經文中"齊王暕"爲隋煬帝楊廣次子楊暕，仁壽四年，被封爲齊王。清邢澍《金石文字辨異・支韻》"夔"字條引《唐李靖碑》作"蕢"，"蕢"與"蕢"形近。

1891 蘲

日本凝然述《梵網戒本疏日珠鈔》："後約餘七寶者，列名如疏。一者金，慈恩師云：'《説文》：金有五色，黄爲其長，久蘲不生，百練不輕。'"（T2247v62p0171b）

按：唐窺基撰《法蓮華經玄賛》："《説文》：金有五色，黄爲其長，久[2]蘲不生，百練不輕，徒［從］革不違。"（T1723v34p0685a）本頁下注 2："蘲＝埋《甲》。""蘲"與"埋"爲異文。《説文・金部》："金，五色金也。黄爲之長。久䓲不生衣，百鍊不輕，從革不違。”與“䕅”對應之字作“䓲”。《説文·艸部》：“䓲，瘞也。从艸，貍聲。”“䕅”同“䓲”“埋”，蓋“䓲”加“土”旁之訛，構件“里”訛作“艮”也。

1892 蕿

佚名《寺沙門玄奘上表記》：“於是刊書近閣，創禮容臺。鳳篆龜文，既藏蕿於東觀；銀鏞玉字，亦洗污於南宮。”（T2119v52p0818a）

按：“蕿”即“蕤”字之訛。《説文·艸部》：“蕤，艸木花垂貌。從艸，甤聲。”“蕤”或作“𦺳”（見清邢澍《金石文字辨異·支韻》）、“䔺”（《龍龕手鑑·草部》：“䔺，俗；蕤，正。如隹反。葳蕤，藥名也。又草木花垂貌也”）。“𦺳”“䔺”皆與“蕿”形近。“藏”當爲“葳”字之訛。“葳蕤”本指草木花盛貌，引申指文籍之繁盛。彌勒説、唐玄奘譯《瑜伽師地論·許敬宗〈後序〉》：“暨乎黄軒振武，玄頊疏功。帝道盛於唐虞，王業著於殷夏。葳蕤玉册，照耀金圖。茂範曾芬，詳諸歷選。”（T1579v30p0283a）隋灌頂纂《國清百録》：“神圖方永，祥基瑞國，雜沓葳蕤，煥乎斯之盛者也。”（T1934v46p0818c）皆繁盛之義。

唐歐陽詢《藝文類聚·雜文部·集序》（四庫本）：“鳳桐遐遠，清管遼亮，湘川寂寞，淚篠藏蕤北渚之句，尚傳仙靈之典不泯，況復文同積玉，韻比風飛，謹求散逸，貽厥于後。”明張溥《漢魏六朝百三家集》及明梅鼎祚《梁文紀》“藏”皆作“葳”。又，唐全真集《唐梵文字》：“[梵字]，[11]藏；[梵字]，蕤。”（T2134v54p1217c）本頁下注11：“藏＝葳《甲》《丙》。”《可洪音義》卷二十八《辯正論》第六卷：“蒧䔺，上於帰反，正作‘葳’也；下而誰反也。”（v60p512a）“藏”“蒧”亦皆“葳”之訛。

1893 蘠

北涼曇無讖譯《悲華經》：“念是助菩提法，成就護持故；意是助菩提法，成就分别諸法故；持是助菩提法，成就思議[8]寤醒故；念處即是助菩提法，分别身受心法成就故。”（T0157v03p0198c）本頁下注8：“寤醒＝蘠𧃽《宋》，覺悟《元》《明》，醒寤《聖》。”

按：“蘠”與“寤”“悟”爲版本異文，“蘠”即“寤”字之異體。《説文·㝱部》（段注本）：“寤，寐覺而有言曰寤。从㝱省，吾聲。一曰晝見而夜㝱也。𡪳，籀文寤。”“寤”“𡪳”之本義爲睡醒，兩字皆從㝱省吾聲，小篆之“寤”省略了構件“夢”，以聲旁“吾”佔據了其位置。籀文“𡪳”則省略了構件“夕”，以聲旁“吾”佔據了其位置。“𡪳”或寫作“蘠”，《周禮·春官·占夢》：“四曰寤夢。"漢鄭玄注："覺時道之而夢。"唐陸德明音義："寤，本又作'蘁'。五故反。""蘠"即"蘁"之變，將"捂"旁改造爲"悟"旁。

"醒悟"字本作"悟"，古書多作"寤"。《說文·心部》："悟，覺也。"段玉裁注："古書多用'寤'爲之。"《悲華經》正文即作"寤醒"，"寤醒"爲"醒寤"之倒言。《漢語大字典·艸部》："蘁，同'寤'。《國三老袁良碑》：'朕追蘁社稷之重。'"（二 p3555a）是"寤"可作"蘁"，而"蘠"則爲"悟"字受"蘁"影響而訛。"蘴"乃"醒"受上字"蘠"影響類化而成。

1894 蘗

唐不空譯《毘沙門儀軌》："毘室哩[7]薜室羅末拏野娑婆訶。"（T1249v21p0228a）本頁下注7："薜＝蘗[イ]《原》。"

按："蘗"與"薜"爲版本異文，"蘗"即"薜"之異體字。日本淨嚴撰《悉曇三密鈔》："𑖥，薜、佩（消災軌）、吠（同上）、鞞、陪、俻（佛頂）。"（T2710v84p0745c）"薜"爲譯音字，爲梵文"𑖥（bhai）"的對音字。"薜室羅末拏"佛經多見，爲北方天王名。遼希麟集《續一切經音義》："薜室羅末拏，上音蒲計反，下尼加反。梵語，舊云毘沙門是也，此云多聞，即北方天王名。"（T2129v54p0974a）可參看。

字或作"蘗"者，爲"薜"改換聲旁的異體字。《說文·手部》："擘，撝也。"清段玉裁注："《內則》曰：'塗皆乾擘之'，《喪大記》：'絞一幅不辟'，《內則》：'麕爲辟雞'，皆假辟爲擘也。"又《說文·糸部》"緝"字段注："《孟子》曰：'妻辟纑。'趙注曰：'緝績其麻曰辟。'按，'辟'與擘肌分理之'擘'同，謂始於析麻皮爲絲也。"是"辟"與"擘"同音，"蘗"爲"薜"換旁異構字。

唐不空譯《毘沙門儀軌》："心真言：唵[7]薜室囉末拏耶娑婆訶。"（T1249v21p0228a）本頁下注7："薜＝蘗《原》。"又："阿他渴嚧[37]薭室拏末拏寫摩訶羅闍寫。"（T1249v21p0227c）本頁下注37："薭＝蘗《原》。""蘗"亦皆"薜"之異體，"薜""薭"皆"薜"字之訛。

1895 蒪

唐普光述《俱舍論記》："[1]蒪伽，此云功德；梵，此云具。"（T1821v41p0187a）本頁下注1："蒪＝薄《甲》。"

按："蒪"與"薄"爲版本異文，"蒪"即"薄"字之訛。"薄伽梵"，佛經習見。唐慧琳撰《一切經音義》："婆伽婆，舊譯云有大功德至聖之名也。下［正］言薄伽梵，薄伽，此譯云德；梵，此言成就義，衆德成滿名薄伽梵。又此一名總攝衆德，餘即不爾，故諸經首皆置此名也。”（T2128v54p0358c）日本明覺撰《悉曇要訣》：“又《大日經注》云：‘若諸語與下字相連，亦可逐便以入聲呼之，如婆𑖥伽𑖐梵𑖪呼爲薄伽梵之類是。’”（T2706v84p0508b）“薄伽梵”即“𑖥𑖐𑖪”之譯音。日本淨嚴撰《悉曇三密鈔》：“𑖥，婆、㗶（全真）、浇、嘙、咣、佩（胎軌）、罰、薄（佛頂）。”（T2710v84p0745b）“婆”“薄”皆“𑖥（bha）”之譯音字。

1896 ⿱艹醒

北涼曇無讖譯《悲華經》：“念是助菩提法，成就護持故；意是助菩提法，成就分別諸法故；持是助菩提法，成就思議[8]寤醒故；念處即是助菩提法，分別身受心法成就故。”（T0157v03p0198c）本頁下注8：“寤醒＝⿱艹寤⿱艹醒《宋》，覺悟《元》《明》，醒寤《聖》。”

按：“⿱艹醒”與“醒”爲版本異文，“⿱艹醒”即“醒”受“⿱艹寤”字同化影響而造之字。參1893“⿱艹寤”字條。

1897 ⿰⿱艹黹犮

唐道宣撰《廣弘明集》：“竊以凡百在位，咸隆奉上之道。當其爲師，尚有不臣之義，況佛之垂法事越常規。剔髮同於毀傷，振錫異乎簪[20]⿰⿱艹黹犮。”（T2103v52p0289b）本頁下注20：“⿱艹黻＝⿰糹友《三》《宮》。”

按：正文作“⿰⿱艹黹犮”，注文作“⿱艹黻”，與“⿰糹友”爲版本異文，“⿰⿱艹黹犮”“⿱艹黻”皆“黻”字之訛，“⿰糹友”爲“紱”字之訛。《說文·黹部》：“黻，黑與青相次文。从黹，犮聲。”“黻”又作“⿰黹犬”（見《偏類碑别字》引《唐兗州瑕丘縣丞馬君夫人董氏墓誌》）；又作“⿱黹犮”（見同書引《唐李如願墓誌》）。“⿰⿱艹黹犮”與“⿱黹犮”形近，左右結構變爲上下結構，左上又變作艸旁耳。“簪黻”，文獻多作“簪紱”，“簪紱”指冠簪和纓帶，皆古代官吏的服飾，常用來指代官位。明居頂撰《續傳燈録》：“請于朝，乞謝簪紱爲僧，上從其請。”（T2077v51p0524a）唐慧琳撰《一切經音義》：“簪紱，側林反。《蒼頡篇》云：‘簪，笄也。男子以固冠，婦人爲首飾。’《說文》從竹，替［朁］聲。下分物反。《蒼頡篇》：‘紱，綬也。’《說文》從糸，犮聲。字書亦作‘⿰糹巿’。”（T2128v54p0872b）又：“簪紱，上戢森反。《韻集》云：‘簪，笄也。或作‘兂’，古作‘⿱⺮兓’。《集》作‘簪’。《說文》以爲俗字。下粉勿反。《蒼頡篇》：‘紱，綬也。’或作‘絨’。”（T2128v54p0921a）字皆作“紱”，“黻”蓋“紱”之借字。

1898 藚

日本光宗撰《溪嵐拾葉集》："智火真言曰：曩○藚。"（T2410v76p0563c）

按：唐善無畏譯《慈氏菩薩略修愈誐念誦法》："智火真言曰：𑖡𑖦𑖾𑖭𑖦𑖡𑖿𑖝𑖤𑖲𑖟𑖿𑖠𑖯𑖡𑖯𑖽𑖨𑖽納莽三滿多翳馱（引）腩（一）[25]嚂（二。一遍）。"（T1141v20p0590b-c）本頁下注25："嚂＝㘓《甲》《乙》《丁》。"此即《溪嵐拾葉集》之所本。"曩○藚"與"納莽三滿多翳馱（引）腩（一）嚂（二。一遍）"對應，"○"爲省略符號，"藚"與"嚂（㘓）"對應，皆"𑖨𑖽（raṃ）"的對音字，"藚"即"藍"之異體。唐不空譯《佛頂尊勝心破地獄轉業障出三界祕密陀羅尼》："佛言：阿字金剛部主肝，鑁字蓮華部主肺，[5]藚字寶部主心，唅字羯磨部主胃，欠字虛空部主脾。"（T0907v18p0915a）本頁下注5："藚＝藍《原》。""藚"與"藍"爲版本異文，爲同一梵文的譯音字，"藚"即"藍"改變聲旁的異構字。日本淨嚴撰《悉曇三密鈔》："𑖨𑖽，藍、嚂（二共日經）、㘓、蘭、磷、㖁、纜（大疏）、楞、㖫、林、朗（金軌）、哴（壽命經）。"（T2710v84p0746b）"藍""㘓""嚂"皆爲"𑖨𑖽（raṃ）"的譯音字，"藚"亦當可爲"𑖨𑖽（raṃ）"的譯音字。

1899 蘠

唐道世撰《法苑珠林》："而義旗初指，經途華陰，望祀靈壇，以求多祉。神祠之右，式搆伽藍，寔曰靈仙，妙同神製，金碧交映，[33]蘠藻相輝。"（T2122v53p1026b）本頁下注33："蘠＋（音甫）夾註《宋》《元》。"

按："蘠"即"黼"字之訛。《説文·黹部》："黼，白與黑相次文。从黹，甫聲。""黼"又作"黼"（見《龍龕手鑒·雜部》）；又作"䒀"（見秦公《碑別字新編》引《唐王郅妻崔氏墓誌》）。"蘠"即"䒀"之進一步形訛。唐法琳撰《辯正論》："而義旗初指，經彼華陰，望祀靈壇，以求多祉。其地乃萬國朝宗之路，六合交會之區。可以瞻仰儀形，栖遲禪誦。乃於神祠之右，式建伽藍，造靈仙寺一所，碑文李庶子百藥製，藻黼交映，金碧相暉。"（T2110v52p0511b）"蘠"字正作"黼"。唐慧琳撰《一切經音義》卷八十五《辯正論》第四卷："藻黼，上遭老反。《考聲》云：'水中草有文者。'《説文》從草，形聲字。下付武反。郭注《爾雅》云：'書衣文如斧形名黼黻。'形聲字。"（T2128v54p0858b）字亦作"黼"。"黼"爲古代禮服上的斧形花紋，"藻"之本義爲水草，又指古代官員衣服上所綉作爲標誌用的水藻圖案（見《尚書·益稷》本文及僞孔傳）。"黼藻"或指華美的雕刻或彩繪。文中"金碧交映，黼藻相輝"用來描寫伽藍雕梁畫棟之華美，"金碧"言其色彩，"黼藻"言其圖案，金黃與碧綠的顏色和華美的圖案交相輝映。“藻黼”與“黼藻”義同。

1900 ⿰⿱莫氺骨

佚名《宗叡僧正於唐國師所口受》：“貞觀十九年三月二十二日[10]傳。”（T1156Bv20p0651b）本頁下注 10：“傳+（大悲三昧耶真言是觀音明：納莽槮滿哆⿰⿱莫氺骨馱（引）腩（一）……）四十七字《甲》。”

按：“⿰⿱莫氺骨”字出現在甲本中。“⿰⿱莫氺骨”即“⿰慕骨”字之訛。日本淨嚴撰《悉曇三密鈔》：“𑖤𑖲，冐、勃、没、⿰慕骨（切身。慈氏）。”（T2710v84p0746c）唐善無畏譯《慈氏菩薩略修愈誐念誦法》：“𑖡𑖦𑖾𑖭𑖦𑖡𑖿𑖝𑖤𑖲𑖟𑖿𑖠𑖯𑖡𑖯𑖽，納莽三滿多⿰慕骨馱腩（一）覽（二。一遍）。”（T1141v20p0590a）“⿰慕骨”爲由“慕”爲切上字、“骨”爲切下字構成的切身字，爲“𑖤𑖲（vu）”的譯音字。“⿰慕骨”的左下爲“心”的變體“⺗”，因形近訛作“氺”即成“⿰⿱莫氺骨”字。參 1377“⿰慕骨”字條。

羽　部

1901 ⿰克羽

日本靜然撰《行林抄》：“不淨金剛印。右拳立大指，而押付頭指（云云），一説也。又説，母指開去頭指側，大指⿰克羽並，是佳（云云），而以拳面覆齊上，大指向上（云云）。”（T2409v76p0393c）

按：“⿰克羽”即“翹”字之訛。日本長宴記《四十帖決》：“不淨金剛印。右拳立大指。而押付頭指（云云），一説也。又説，母指開去頭指側，大指翹立，是佳（云云），而以拳面覆香上，大指向上（云云）。”（T2408v75p0886a）與“⿰克羽”對應之字正作“翹”，據文意當以“大指翹立”爲是。“翹”本從羽堯聲的形聲字。“翹”或寫作“翘”（見《龍龕》），“堯”旁的寫法與“克”相近，故或訛從“克”。唐不空譯《聖觀自在菩薩心真言瑜伽觀行儀軌》：“次結觀自在菩薩心印，以二手内相叉，[8]翹竪二大拇指，印相即成。”（T1031v20p0006a）本頁下注 8：“翹=剋《甲》。”“剋”亦“翹”之訛，“堯”旁訛作“克”旁，“羽”旁訛作“刂”旁也。唐法琳撰《辯正論》：“太祖以雄傑之深姿，包大君之雅量，[33]克平朔野，奄有中州。”（T2110v52p0506c）本頁下注 33：“克＝堯《明》。”唐圓照撰《貞元新定釋教目録》：“時玄奘法師當途翻譯，聲華騰蔚。無由[13]克彰，掩仰蕭條。”（T2157v55p0863b）本頁下注 13：“克＝堯《聖》。”“堯”皆“克”字之訛，可比勘。

1902 翳

龍樹造、後秦鳩摩羅什譯《大智度論》："若男子女人爲毒蛇所螫，以珠示之，毒即除滅。復次世尊，若男子女人眼痛膚[22]曀盲瞽，以珠示之，即時除愈。若有癩瘡惡腫，以珠著其身上，病即除愈。"（T1509v25p0477b）本頁下注 22："曀＝瞖《元》《明》，翳《石》。"

按："翳"與"曀""瞖"爲版本異文，"翳"即"瞖"字之訛。後秦鳩摩羅什譯《摩訶般若波羅蜜經》："若男子女人眼痛膚[16]瞖盲瞽，以寶近之，即時除愈。"（T0223v08p0291c）本頁下注 16："瞖＝翳《三》《宫》，曀《聖》。"宋、元、明及宫本正作"翳"，異文又作"瞖""曀"。佛經"膚翳"多見，日本杲寶撰《大日經疏演奧鈔》："《本草》第四云：空青，味甘酸，大寒無毒，主睛盲耳聾，明目，利九竅，通血脈，養精神，益肝氣，療目赤痛，去膚翳，止淚出，利水道，下乳汁，通關節，破堅積。"（T2216v59p0382b）日本信瑞纂《淨土三部經音義集》："《名醫别録》云：真珠，寒無毒，鎮心主聾，點目中，主膚[7]醫障膜。"（T2207v57p0397a）本頁下注 7："醫＝翳《甲》。"隋智顗説《釋禪波羅蜜次第法門》："佛日常在世，無目不見耳。賢聖月不没，障礙故不見。若能淨膚翳，當自得覩見。"（T1916v46p0509b）隋灌頂撰《大般涅槃經疏》："或加虚空爲空一顯色，如眼膚翳，第二眼病瞖，瞖諸菩薩眼有少翳，不得見色。"（T1767v38p0179a）馬鳴造、後秦鳩摩羅什譯《大莊嚴論經》："以洗王子眼，離障得明淨。尋即以淚洗，膚[1]翳得消除。"（T0201v04p0298a）本頁下注 1："翳＝瞖《三》。"東晋竺佛念譯《出曜經》："眼如牛眴，白黑分明，能使目中生膚晥瞖。"（T0212v04p0620c）南朝宋求那跋陀羅譯《大法鼓經》："今當爲汝更説譬喻，如四種衆生界隱覆譬喻，所謂膚[4]瞖覆眼，重雲隱月，如人穿井，瓶中燈焰。當知此四有佛藏因緣。一切衆生，悉有佛性，無量相好，莊嚴照明。以彼性故，一切衆生得般涅槃。如彼眼翳，是可治病。未遇良醫，其目常冥。既遇良醫，疾得見色。如是無量煩惱藏，翳障如來性，乃至未遇諸佛聲聞緣覺，計我非我我所爲我。若遇諸佛聲聞緣覺，乃知真我。如治病愈，其目開明。翳者謂諸煩惱，眼者謂如來性。"（T0270v09p0297b）本頁下注 4："瞖＝翳《宫》。"東晋法顯譯《佛説大般泥洹經》："善男子，我亦常説甚爲難見，譬如有人膚[3]翳覆眼，不見五色。就彼良醫，爲治其目[4]翳，便爲除少分膚肉，而以一物示之令見，彼視惑亂，謂二謂三，久久諦視，髣髴見之。"（T0376v12p0887a）本頁下注 3："翳＝瞖《元》《明》。"注 4："翳＝瞖《三》《宫》。"《嘉興藏》前一字作"瞖"，後一字作"醫"。音釋："瞖，於計切。瞖膜也。"

隋巢元方撰《巢氏諸病源候總論·目疾諸候》："目膚翳候。陰陽之氣皆上注於目，若風邪痰氣乘於腑臟，腑臟之氣虚實不調，故氣衝於目，久不散，變生膚翳。膚翳者，明眼睛上有物如蠅翅者即是。目膚翳覆瞳子候。此言肝臟不足，爲風熱之氣所干，故於目睛上生翳，翳久不散，漸漸長侵覆瞳子。”“膚翳”指眼睛表面長膜的一種疾病，“膚”的本義爲皮膚，可以引申出外膜義。“翳”之本義爲華蓋，引申有遮蓋義，又引申爲目疾引起的障膜。唐玄應撰《一切經音義》卷十八引《三蒼》：“翳，目病也。”“膚翳”爲同義並列複合詞。

“翳”乃“翳”字之訛。《龍龕·羽部》：“𦒦、𦒦、翳，三俗；翳，正。於計反。葆也，滅也，障也，隱也，奄也。”《可洪音義》卷五《悲華經》：“無翳，扵計反。障也。正作‘翳’。”（v59p718c）又卷十一《大莊嚴論經》：“雲翳，音翳。”（v59p961b）“翳”皆“翳”字之訛。

“瞖”爲“翳”之分化字。《玉篇·目部》：“瞖，眼疾也。”“瞖”爲“瞖”字之訛。“醫”亦“瞖”之訛。

“曀”爲“翳”之通用字，“曀”爲“曀”字之訛。

1903 𦑲

南宋志磐撰《佛祖統紀》：“平時少睡，夏月坐草莽中口誦《法華》，袒身施蚊。門人謂：‘師年高宜息苦行。’師曰：‘[1]𦑲飛之類，安得妙乘，所冀啖我血，聞我經，以此爲緣耳。’”（T2035v49p0229a）本頁下注 1：“𦑲＝翾《甲》。”

按：“𦑲”與“翾”爲版本異文，“𦑲”即“翾”字之訛。《説文·羽部》：“翾，小飛也。”唐慧琳撰《一切經音義》卷三十二《菩薩修行經》：“翾飛，上血緣反。《韻英》云：‘小飛蟲也。’《周書》：‘翾飛蝡動也。’《説文》：‘小飛也。從羽，睘聲。’”（T2128v54p0521c）《龍龕·羽部》（高麗本）：“𦒃，許緣反。小飛虫也。”唐道宣撰《淨心戒觀法》：“小果者，下至翾飛蠕動如小微塵，但動不能行故。”（T1893v45p0828b）唐慧琳撰《一切經音義》卷四十五《菩薩善戒經》：“蠉飛，上呼緣反。《聲類》：‘蟲飛皃。’《説文》：‘蟲行也。從虫，睘聲。’《經》作‘蜎’，義同。”（T2128v54p0608b）根據語境，“𦑲”爲“飛之類”，義與“翾”契合。“翾”或作“𦒃”（《龍龕》高麗本）、“𦑲”（見金韓孝彦、韓道昭《四聲篇海》明刊本）等形，“𦑲”與其形體相近。

1904 𦒆

唐義淨譯《根本説一切有部毘奈耶雜事》：“具相答曰：‘我從北方室利王處來，先是監園使者以舍利爲婦，年少容儀端正無比，恭勤智慧善解言詞。因暫出遊被鵄擒去，我爲此故憂箭中心，隨處追求[5]𦒆翩至此。我無儔匹願汝爲妻。’答曰：‘我不曾聞亦所未見，鸚鵡之鳥以舍利爲妻，但聞鸚鵡還將鸚鵡爲婦。’是時具相更以種種方便言詞，共相勸諭。”（T1451v24p0342b）本頁下注 5：“聯＝[羽聯]《宋》《宮》。”

按：“[羽聯]”與“聯”爲版本異文，“[羽聯]”即“聯”之訛。唐慧琳撰《一切經音義》：“聯翩，上輦然反。《聲類》：‘聯綿不絶也，續也。’《説文》：從耳連於頰，從絲。”（T2128v54p0724a）“聯翩”文獻習見。“聯”或作“[羽聯]”者，受下文“翩”字影響而偏旁同化，改從“羽”旁。鄭賢章《漢文佛典疑難俗字彙釋與研究》“[羽聯]”字條：“‘[羽聯]’，大型字典失收，乃‘聯’字之訛。構件‘耳’與‘羽’草寫近似。”（p369）考證“[羽聯]”字之訛，甚是。以爲“[羽聯]”爲草書之訛則非是。

1905 [車翕]

日本圓珍撰《智證大師請來目録》：“《維摩詰經演正疏》五卷，[25][車翕]。《維摩詰經演正疏鈔》三卷，[26][車翕]。”（T2173v55p1105b）本頁下注 25：“[車翕]＝輸《甲》。”注 26：“[車翕]－《甲》。”

按：“[車翕]”即“翰”字之俗字。清顧藹吉《隸辨·翰韻》：“[車翕]，《鄭烈碑》。”清畢沅《經典文字辨證書·羽部》：“翰，正。輪、[車翕]，並俗。”秦公《碑別字新編·十六畫》“翰”字條：“[車翕]，《魏張玄墓志》。”（p362）《中華字海》：“[車翕]，‘翰’的訛字。字見魏《張玄墓志》。”（p110b）均已溝通了“[車翕]”與“翰”的關係。

唐法全集《供養護世八天法》：“梵名歎如來十號功德：怛他誐姤（如來）、囉[車翕]（應供）、三藐三母馱（正遍知）。”（T1295v21p0382b）“囉[車翕]”同“羅漢”，爲“阿羅漢”之省。南宋法雲編《翻譯名義集》：“[18]阿羅訶，秦云應供。《大論》云：應受一切天地衆生供養。亦翻殺賊，又翻不生。《觀經疏》云：天竺三名相近，阿羅訶翻應供，阿羅漢翻無生，阿盧漢翻殺賊。”（T2131v54p1056c）本頁下注 18：“Arhat（Arhan）。”又：“[4]阿羅漢，《大論》云：阿羅名賊，漢名破，一切煩惱賊破。復次，阿羅漢一切漏盡故，應得一切世間諸天人供養。又阿名不，羅漢名生。彼世中更不生，是名阿羅漢。《法華疏》云：阿颰音跋，經云應真，瑞應云真人，悉是無生，釋羅漢也。或言無翻，名含三義，無明糠脱，後世田中，不受生死果報，故云不生。九十八使煩惱盡，故名殺賊。具智斷功德，堪爲人天福田，故言應供。含此三義，故存梵名。”（T2131v54p1061a）本頁下注 4：“Arhat（Arhan）。”日本淨嚴撰《悉曇三密鈔》：“[悉曇字]，阿囉訶（佛頂）、囉曷（無量壽軌）、囉訶（十一面軌）、阿囉罕（佛頂）。[悉曇字]，阿羅漢（法華）。”（T2710v84p0759c）“漢”爲“haṃ”的譯音字，亦可用“翰”字。

1906 𩙻

東晉佛陀耶舍、竺佛念譯《四分律》：“時提婆達多法像世尊，自襞疊僧伽梨爲四重，以右脇著地，猶如師子，不覺左脇著地，猶如野干偃臥[16]鼾眠。”（T1428v22p0910a）本頁下注 16：“鼾＝𩙻《聖》。”

按：“𩙻”與“鼾”爲版本異文。《嘉興藏》亦作“鼾”，音釋：“鼾，虛干切。臥息聲也。”所釋可從，字當以“鼾”字爲正。或本作“𩙻”者，“𩙻”即“翰”之書寫變異，文中爲“鼾”之借字。《可洪音義》卷一三《生經》：“鎧𩙻：上口海、口代二反，甲別名也。下胡岸反，正作‘[illegible]［翰］’，或作‘[illegible]’。”（v59p1059a）“翰”亦寫作“𩙻”。《中華字海》：“𩙻，同‘翰’。字見魏《高湛墓志》。”（p323c）已溝通“𩙻”與“翰”的關係。

糸　部

1907 紨

南宋法雲編《翻譯名義集》：“逋（博[8]孤）沙，或富樓沙，正言富盧沙。此云丈夫。《大戴禮》云：‘丈者，長也；夫者，扶也。言長制萬物，以道扶接也。’”（T2131v54p1082b）本頁下注 8：“〔博紨〕－《明》。”

按：“紨”與“孤”爲版本異文，“紨”當即“孤”刻寫之誤。“博孤”在此爲“逋”之反切。唐李通玄撰《華嚴經合論》：“晡，博孤切。”（X0223v04p0677a）唐湛然釋《妙法蓮華經玄義釋籤》：“餔，博孤切。歠也。”（L1409v116p0659a）“晡”“餔”與“逋”音同，切下字皆作“孤”，可比勘。

“紨”又“㓜”字之訛。參鄭賢章《漢文佛典疑難俗字彙釋與研究》“紨”字條（p370）。

1908 繞

唐道宣撰《廣弘明集》：“忽見雲氣圍[4]繞，大雨滂注，雷電震擊，百工奔走。

又見火列空中，布焰相屬。”（T2103v52p0203a）本頁下注 4：“繞=⿰糸尭《元》。”

按：“⿰糸尭”與“繞”爲版本異文，“⿰糸尭”即“繞”字之訛。“堯”或寫作“尭”（見唐顔元孫《干禄字書》），與“克”形近，故兩字或混誤。唐一行記《大毘盧遮那成佛經疏》：“本枝繁盛，[1]堯紹轉輪之業。”（T1796v39p0667a）本頁下注 1：“堯=克《甲》《乙》。”唐法琳撰《辯正論》：“太祖以雄傑之深姿，包大君之雅量，[33]克平朔野，奄有中州。大啓龍光，潜被日用。”（T2110v52p0506c）本頁下注 33：“克=堯《明》。”唐圓照撰《貞元新定釋教目録》：“時玄奘法師當途翻譯，聲華騰蔚。無由[13]克彰，掩仰蕭條。”（T2157v55p0863b）本頁下注 13：“克=堯《聖》。”“堯”皆“克”字之訛。南朝梁僧祐撰《弘明集》：“近代有好名道士，自云神術過人，[1]剋期輕舉，白日登天，曾未數丈，横墜於地。迫而察之，正大鳥之雙翼耳，真所謂不能奮飛者也。”（T2102v52p0053a）本頁下注 1：“剋=⿰堯刂《宋》《元》。”佚名《廻向文》：“榮名⿰堯刂［“⿰堯刂”敦煌 S. 1164 作‘[illegible]’，《大正藏》轉寫字形不確——引者按］昌。”（T2848v85p1299b）“⿰堯刂”皆“剋”字之訛，可資比勘。

1909 ⿱亠⿱口⿱冖糸

唐禮言集《梵語雜名》：“⿱亠⿱口⿱冖糸，沙訶茗捨，[illegible]。”（T2135v54p1238c）

按：“⿱亠⿱口⿱冖糸”即“索”字之訛。日本心覺撰《多羅葉記》：“索，[illegible]，娑訶茗捨。”（T2707v84p0623c）與“⿱亠⿱口⿱冖糸”對應之字作“索”。金韓孝彦、韓道昭《四聲篇海·糸部》引《川篇》：“⿱覀糸，生格切。徵也，散也，盡也。”（p36）《康熙字典·糸部》謂“⿱覀糸”爲“索”之訛。“⿱亠⿱口⿱冖糸”蓋爲“⿱覀糸”之訛。

1910 絻

隋闍那崛多譯《大方等大集經賢護分》：“譬如雪山諸山王，煒燁同於轉輪帝。亦如寶輦妙莊嚴，彼見諸佛衆相滿。又猶鵠王[1]絶明白，處空自在無礙遊。如是諸佛金色身，世尊真子如斯念。無垢三昧淨智燈，能破大冥諸黑闇。彼除一切衆物想，念諸佛智無礙光。”（T0416v13p0892a）本頁下注 1：“絶=絻《明》。”

按：《嘉興藏》亦作“絻”。“絻”與“絶”爲版本異文，“絻”即“絶”字之訛。南朝梁慧皎撰《高僧傳》：“俄而於寺開講《法華》及《十地》。法席之日，軒蓋盈衢，觀矚往還，肩隨踵接。跋摩神府自然，妙辯天[5]絶。或時假譯人而往復懸悟。”（T2059v50p0341a）本頁下注 5：“絶=逸《三》。”《嘉興藏》作“逸”。“絶”爲“逸”字之訛，可資比勘。唐智昇撰《開元釋教録》：“跋摩神府自然，妙辯天絶。”（T2154v55p0527a）唐圓照撰《貞元新定釋教目録》：“跋摩神府自然，妙辯天絶。”（T2157v55p0824a）字皆作“絶”，均誤。北魏瞿曇般若流支譯《正法念處經》：“又復珠寶第四功德。如是珠寶，具有八楞。彼一一楞，放種種色，青黃赤白，紫頗梨[2]色。”（T0721v17p0009a）本頁下注 2：“色＝免《宮》。”天親造、北魏毘目智仙譯《業成就論》：“染行善行無漏心行，如是相續無[3]色界生。”（T1608v31p0780a）本頁下注 3：“色＝免《明》。”“免”皆“色”字之訛，可比勘。

《説文・冃部》：“冕，大夫以上冠也。……絻，冕或从糸。”“絻”又爲“冕”之異構字，與“絶”之訛字同形。

1911 絲

南宋妙源編《虛堂和尚語録》：“煙水寒，扁舟小，華亭江上相尋討。負命底劈口一橈，點頭處狼藉不少。父子怯相酬，誰道翻身早。出黃蘆，入紅蓼。收拾絲綸，江天未曉。”（T2000v47p1031c）

按：“絲”即“絲”字之訛。唐顏元孫《干禄字書・平聲》：“絲、絲，上通下正。”明梅膺祚《字彙・糸部》：“絲，从二糸，左从糸右从系者誤。”“絲綸”在此指釣絲，唐無名氏《漁父》詞：“料理絲綸欲放船，江頭明月向人圓。”《大正藏》“絲”凡 18 見，皆“絲”字之訛。鄭賢章《漢文佛典疑難俗字彙釋與研究》“絲”字條（p372）亦有考證，可互參。

1912 緦

東晉佛陀跋陀羅譯《佛説觀佛三昧海經》第五卷：“佛告阿難：云何名五百億鐵機地獄？鐵機地獄者，有一鐵床縱廣正等四百由旬，上安諸[1]揌，*揌間皆有萬億鐵弩，鐵弩鏃頭百億鋒刃。……萬億鐵*揌關從下動，鐵*揌低昂，無量鐵弩同時皆張，一一鐵箭射罪人心。……佛告阿難：云何名鐵網地獄？鐵網地獄者，八十九重諸鐵羅網，一一網間百億鐵針，一一鐵針施五關*揌。……菙身下過，衆*揌皆動，無量諸針射入毛孔。”（T0643v15p0673a）本頁下注 1：“揌＝楒《宋》*，緦《元》《明》*。”

按：“緦”與“揌（揌）”“楒（楒）”爲版本異文，“緦”即“緦”字之訛。“緦”與“楒”爲異構字。《原本玉篇殘卷・糸部》：“緦，渠記反。《埤倉》曰：‘所以連鍤。’”《宋本玉篇・糸部》：“緦，連錘也。”《廣韻・志韻》渠記切：“緦，連針。”《宋本玉篇》之“錘”乃“鍤”字之訛。《説文・金部》：“鍤，郭衣鍼也。”“鍤”與“針”義近。文中“緦”“楒”“揌”皆指一種發射鍼的設備。

《廣雅・釋器》：“鍤、鉥、緦，鍼也。”清王念孫疏證：“《廣韻》：‘緦，連鍼也。'《靈樞經·九鍼論》云：'長鍼取法於綦鍼，長七寸。'綦與綛同。"《廣韻·志韻》渠記切："綛，連針。"唐歐陽詢《藝文類聚·人部十九·妬》："《妬記》曰：……諸葛元直妻劉氏大妬忌，恒與元直杖，不勝痛。纔得一兩，仍以手模[摸]，婦誤打指節腫。從此作制，每與杖輒令兩手名捉綛跗。元直遇見婦捉綛跗欲成衣，謂當與已杖，失色怖。婦曰：'不也，捉此自欲成衣耳。'乃欣然。"《御定淵鑑類函》引此文"名"作"各"。"綛"乃縫衣之針，"綛跗"蓋插針的板子類的東西，也就是放針的地方。

唐慧琳撰《一切經音義》卷四十三《觀佛三昧海經》第五卷："諸桾，字亦作'綛'。渠記反。所以連綴簪記之。"（T2128v54p0595b）又卷五十八《五分律》第二十九卷："作綛，渠記反。所以聯綴簪記之也。"（T2128v54p0698b）《可洪音義》卷八《觀佛三昧海經》第五卷："諸桾，音忌，趺也，謂機關轉發處。"（v59p848b）又："鋘桾，上音鐵，悞也。又二同音忌。"（v59p848b）字又作"桾""鋘"等，其義皆同。參 2196"鋘"字條。鄭賢章《龍龕手鏡研究》亦有考證（p217），可參看。

1913 索

唐道世撰《法苑珠林》："第一大般若呪云：……三摩涅囉薩那羯𡃤 怛姪他[24]索姪*索姪 悉姪悉姪 劍波劍波折羅折羅囉婆囉婆阿揭車阿揭車薄伽婆底磨毘藍𡁠。"（T2122v53p0739b）本頁下注 24："索＝掌《三》《宮》*。"

按："索"與"掌"爲版本異文。"索""掌"皆"孛"字之訛。草書"孛"與"索"形近，唐圓照撰《貞元新定釋教目録》："《孛經》一卷（或云《[19]孛經鈔》），一十八紙。"（T2157v55p1032c）本頁下注 19："孛＝索《甲》。""索"即"孛"字之訛。"索"乃"索"之書寫變異。"孛"訛作"索"，因又訛作"索"。清吴任臣《字彙補》載"索"字的異體作"索"，秦公《碑別字新編·十畫》"索"字條引《魏趙阿歡造象》作"索"，"索"與"索""索"形近。參 0689"掌"字條。

1914 網

東晋竺曇無蘭譯《五苦章句經》："世智辯聰，學世經典，信邪倒見，祠祀鬼妖。或屠殺[31]田獵，肆心放意，欺僞萬端，不信三尊。從是後身，還入地獄。"（T0741v17p0544b）本頁下注 31："田＝畋《三》《宮》，網《知》。"

按："網"與"田""畋"爲版本異文，"網"即"網"字之書寫變異。《集韻·養韻》文紡切"罔"或作"罒"，清吴任臣《字彙補·网部》"罔"或作

“罡”，可比勘。西晉竺法護譯《佛説海龍王經》：“一曰[25]綱獵禽獸，殘害群畜，殺生狂命，以爲飲食，是趣惡處。”（T0598v15p0151b）本頁下注25：“綱＝田《知》。”南朝梁寶唱等集《經律異相》：“一曰綱獵禽獸，殘害群畜，殺生枉命，以爲飲食。”（T2121v53p0256b）《五苦章句經》：“若入山澤，見飛鳥走獸聚食，終不驚怛，斷其食味。若見屠殺猪羊，[69]綱[70]獵，刑戮罪人，不得看視，當避捨之。”（T0741v17p0545b）本頁下注69：“綱＝田《三》《宫》。”注70：“獵＝獵+（魚鳥）《知》。”又：“或行屠綱獵，酒樂著情欲。”（T0741v17p0548a）“綱獵”佛經多見，其中之“綱”或與“田”爲異文。“綱獵”與“田（畋）獵”義近。“綱”本義爲捕捉鳥獸的用具，引申有用綱獵取之義，故可與“獵”組合成雙音詞，表用綱捕獵之義。

1915 緔

唐圓照撰《貞元新定釋教目録》：“秦姚氏都常安，亦云後秦。起姚萇謚爲照武皇帝，白雀元年甲申，至姚[16]泓兼謚，永和三年丁巳，凡經三主三十四年。沙門五人，所出經律論等，總九十四部。”（T2157v55p0808b）本頁下注16：“泓＝緔《聖》。”

按：“緔”與“泓”爲版本異文，“緔”即“泓”之訛。“姚泓”爲後秦最後一位君主。“弘”或作“弔”，清顧藹吉《隸辨·登韻》所引《孔龢碑》《史晨奏銘》《曹全碑》“弘”字皆作“弔”。唐顏元孫《干禄字書·平聲》以“弔”爲“弘”之俗字。《龍龕手鑑·水部》“泓”或作“洶”，亦從“弔”，“緔”爲“洶”之進一步錯訛，“氵”旁訛作“糸”，“弓”又訛作“矢”也。

1916 緇

西晉竺法護譯《佛五百弟子自説本起經》：“從獄得脱出，容色黑醜惡；癰疽疥身體，羸疲身意俱。捉瓦器乞丐，著棄死人衣。衣弊服麁穢，所住無安處。所欲往至詣，乞欲[15]係餬口。執杖見驅叱，爲人所嫉辱。如是五百世，在在所生處。”（T0199v04p0192c）本頁下注15：“係＝緇《聖》。”

按：“緇”與“係”爲版本異文，“緇”即“継”字之訛，“継”爲“繼”之俗體。《龍龕手鏡·糸部》：“継，俗；繼，正。”（p402）《玉篇·糸部》（元刊本）“継”亦爲“繼”之俗體。清邢澍《金石文字辨異·霽韻》“繼”字條引《唐香積寺淨業法師塔銘》作“緢”，當爲“継”之訛。此處聖本之“緇”與“緢”形近，亦當爲“継”之訛。“係”“繼”二字可通。失譯《大方便佛報恩經》：“望其生男，紹[11]係國位。”（T0156v03p0139c）本頁下注11：“係＝繼

《三》。”東晉竺佛念譯《出曜經》：“瓶沙王長年八歲，[9]係嗣王後，以法治化。”（T0212v04p0659b）本頁下注9：“係=繼《三》。”“係”皆“繼”之借字。

1917 緮

西晉竺法護譯《佛説鴦掘摩經》：“聞如是：一時佛遊舍衛國祇樹給孤獨園，與大比丘五百衆俱。舍衛城中有異梵志，博綜三經，無所疑滯。具暢五典，所問即對。精生講肆，莫不稟仰。國老諮諏，群儒宗焉。門徒濟濟，有五百人。上首弟子，名鴦掘摩（晋曰指鬘）。儀幹剛猛，力超壯士。手能接飛，走先奔馬。聰慧才辯，志性和雅。安詳敏達，一無疑礙。色像第一，師所嘉異。室主欽敬，候夫出處，往造指鬘，而謂之曰：‘觀爾顏彩，有堂堂之容。推步年齒，相覺不殊。寧可同歡，接所娱乎？’指鬘聞之，憧惶怖懼，毛衣起竪，跪而答曰：‘夫人比母，師則當父。猥垂斯教，儀不敢許。心所不甘，甚非法也。’師婦又曰：‘飢者與食，渴給水漿，有何非法？寒施温衣，熱惠清涼，有何非法？裸露復之，危厄救之，有何非法？’指鬘答曰：‘赴趣患急，寬濟窮頓，實無非法。夫人母也，師之所重。隨婬著色，慢犯非宜，如蛇[12]蝘體，服毒[13]褒。’”（T0118v02p0508c）本頁下注12：“蝘=繳《宋》，緮《元》《明》。”注13：“褒=喪身《三》。”

按：“緮”與“蝘”“繳”爲版本異文，“緮”即“偃”字之訛。唐慧琳撰《一切經音義》卷五十四《佛説鴦掘摩經》：“偃體，於獻反。孔注《論語》云：‘偃，仆也。’賈注《國語》云：‘偃，息也。’《廣雅》云：‘偃，仰也。’《説文》：‘從人，匽聲。’匽，音同上。《經》從糸作‘緮’，誤也。”（T2128v54p0666c）慧琳所見本字亦作“緮”，讀爲“偃”，其説可從。但所引書證“偃”訓仆，訓息，訓仰，於意皆不可通。今考“偃”有覆蓋義，“如蛇偃體”，言如蛇覆蓋於身體，即蛇爬到身上之義。異文作“繳”，“繳”有纏繞義，“如蛇繳體”，言如蛇纏體，意亦可通。東晉竺佛念譯《鼻奈耶》：“我不説婬如蛇毒蠚人（修妬路），寧爲蛇毒虺毒黑蟒毒所蠚，不與刹利種婆羅門種長者種婦女交會。”（T1464v24p0863a）“不説婬如蛇毒蠚人”所要表達的意思和上揭文中所要表達的意思相近，可參證。

字或作“蝘”者，“偃”與“蛇/虵”連用，受前字字形影響，誤從“虫”旁，此乃字形同化所致。《可洪音義》卷十三《佛説鴦掘摩經》：“虵緮，宜作‘蝘’。於蹇反。”（v59p1037b）可洪所見本亦作“緮”，讀作“蝘”，不可從。“虵蝘”不詞，文獻中未見“虵蝘”連用之例。鄭賢章《漢文佛典疑難俗字彙釋與研究》“緮”字條（p374）從可洪以“緮”爲“蝘”字之訛，亦誤。

1918 緆

南宋志磐撰《佛祖統紀》：“俄有梵僧至曰：‘我自天竺携佛指舍利，欲求吉

祥處奉安，非師不能護。’施之而去，既而瑞光屢發，祈禱頻應。（緆傑撰碑）”（T2035v49p0412b）

按：“緆”即“楊”之訛。“楊傑”爲北宋居士，字次公，自號無爲子。

1919 緭

天親造、北魏菩提流支譯《十地經論》：“命三藏法師北天竺菩提留支，魏云道希，中天竺勒那摩提，魏云寶意，及傳譯沙門北天竺伏陀扇多，并義學[24]緇儒一十餘人，在太極紫庭譯出斯論十有餘卷。”（T1522v26p0123b）本頁下注24：“緇＝緭《聖》。”

按：“緭”與“緇”爲版本異文，“緭”即“緇”字之訛。“緇儒”蓋指佛學專家。隋費長房撰《歷代三寶紀》：“此方緇儒十有九人。”（T2034v49p0102a）“緇儒”義同。秦公《碑别字新編·十四畫》“緇”字條引《齊高叡修佛寺碑》作“緭”。李琳華編《佛教難字字典·糸部》“緇”或作“緭”。“甾”字戰國古文有作“䳝”（貨系4083錢）者，或隸作“甾”（清顧藹吉《隸辨·咍韻》引《博士題字》），“胃”當爲“甾”之訛。“緭”與“緝”形近，下訛作“月”也。鄭賢章《漢文佛典疑難俗字彙釋與研究》“緭”字條（p374）亦有考證，可互參。

唐慧琳撰《一切經音義》：“綴緝，張衞反。下七立反。緝，續也。綴，連也。《説文》：綴合令著也。”（T2128v54p0623a）“緭”又爲“緝”字之訛。

1920 緺

東晉瞿曇僧伽提婆譯《中阿含經》：“觀此嚴飾形，珍寶瓔珞等。右磐縈其髮，紺黛畫眉目。此欺愚癡人，不誑度彼岸。以衆好綵色，莊嚴臭穢身。此欺愚癡人，不誑度彼岸。衆香遍塗體，雌黄黄其足。此欺愚癡人，不誑度彼岸。身服淨妙衣，莊嚴猶幻化。此欺愚癡人，不誑度彼岸。斷絶鹿[12]鞂緺，及破壞鹿門。我捨離餌去，誰樂於鹿縛。”（T0026v01p0625c）本頁下注12：“鞂＝衒《宋》，羂《元》《明》，鞂緺＝衒緺《聖》。”

按：“緺”與“繯”爲版本異文，“緺”即“繯”之省。《嘉興藏》作“羂緣”，音釋：“羂緣，羂，姑泫切，網也。緣，居兩切，索也。”北宋法護譯《佛説大乘菩薩藏正法經》：“譬如野鹿投繩網，當知彼爲自損害。魔索縛心害亦然，毁他生害亦如是。”（T0316v11p0788b）北涼曇無讖譯《大方等大集經》：“奇哉恩愛羂，乃至於有頂。如是廣大羂，皆因飲食生。凡夫二種因，愛繩係縛身。不能得逃避，猶如鹿著羂。”（T0397v13p0393b）皆佛經言鹿被網索繫縛之例。《説文·网部》：“䍐，网也。从网、繯，繯亦聲。”清桂馥《説文義證》：“网也者，

《聲類》：‘羂，以繩係取獸也。’”謂“以繩係取獸”爲“羂”之本義，清王筠《説文句讀》、清朱駿聲《説文通訓定聲》皆從之。《定聲》：“羂，字亦作‘罥’，作‘羂’。”“罥”“羂”爲“羂”之異體。唐慧琳撰《一切經音義》：“羂索，上涓兗反。《桂苑珠藂》云：‘以繩繞係取物謂之羂。’《説文》：‘冈也。從冈，絹聲。’或作‘罥’。”（T2128v54p0481a）《説文・糸部》：“纙，犓類也。”引申有繩索之義。“羂纙”義蓋謂係縛用的繩索。

“羂”又作“鞙”“衒”，“鞙”“衒”皆“羂”之借字。西晋法炬、法立譯《法句譬喻經》：“人衆往到象所，張[15]羂欲捕象。而此神象知諸人意，即便來前，而墮*羂中。”（T0211v04p0607a）本頁下注15：“羂=罥《宋》，罥《元》《明》，衒《聖》*。”“衒”爲“羂”之借字。東晋佛陀跋陀羅、法顯譯《摩訶僧祇律》：“[18]羂者，若比丘殺心，於畜生常行處、食處、飲水處施羂時，越毘尼心悔。觸彼身者，越毘尼罪。因是死者，波夜提。是名*羂弶者，若比丘殺心，於畜生常行處、食處、飲水處施弶時，越比尼心悔。觸彼身者，越毘尼罪。因是死者，波夜提。”（T1425v22p0378a）本頁下注18：“羂=鞙《三》《宫》*。”“鞙”爲“羂”之借字。

1921 緌

日本阿寂記《大日經供養次第法疏私記》：“故彼品云，内現意生八葉大蓮華王，抽莖敷蘂，綵[2]緌妙。其中如來一切世間最尊特身超越身語意地至於心地，逮得殊勝脱意之果。”（T2220v60p0759a）本頁下注2：“緌=絢端?”

按：注者疑“緌”爲“絢端”二字之誤合，其説可從。佛經中提到“大蓮華王”類似語句皆作“抽莖敷蕊，綵絢端妙”（T0848v18p0036c；T0850v18p0084b；T2214v58p0677c；T2220v60p0769c）。此處經文獨作“緌”，蓋將“絢端”誤合爲一字。

1922 縍

佚名《翻梵語》：“北周縍陀油，譯曰練子。”（T2130v54p1053a）

按：“縍”即“縵”字之訛。東晋佛陀跋陀羅、法顯譯《摩訶僧祇律》：“油者，胡麻油、蕪菁油、黄藍油、阿陀斯油、葟麻油、比樓油、比周縵陀油、迦蘭遮油、差羅油、阿提目多油、縵頭油、大麻油，及餘種種油，是名爲油。”（T1425v22p0244c）《嘉興藏》同。此即《翻梵語》之所本，與“縍”對應之字作“縵”。日本心覺撰《多羅葉記》：“比周縵陀油，此云棟子。”（T2707v84p0637b）字亦作“縵”。“棟”當爲“楝”字之訛。“比周縵陀油”即“苦練子油”，又作

“苦楝子油”。明張自烈《正字通·糸部》：“縻，俗縵字。”“縻”即“縻”之省。《翻梵語》：“鞞婆陵耆，應云鞞婆[6]槾耆，譯曰不好色也。”（T2130v54p1040b）本頁下注6：“槾=楞《甲》。”《多羅葉記》：“鞞婆陵耆，應云鞞婆楞耆，此云不好色。”（T2707v84p0635b）《翻梵語》：“[13]槾伽利，譯曰耕地。”（T2130v54p1047c）本頁下注13：“槾=楞《甲》。”《多羅葉記》：“楞伽利，此云耕地。”（T2707v84p0570c）“槾”皆“楞”字之訛，可資比勘。

1923 緝

東晉佛陀耶舍、竺佛念譯《四分律》：“時有病比丘，身患瘡，污衣臥具。佛言：‘聽畜覆身衣。’或有衣毛結[22]莸著瘡，或時患痛。佛言：‘聽取大價好衣覆身。’”（T1428v22p0862c）本頁下注22：“莸=緝《宋》《元》，緅《明》《宮》。”

按：《嘉興藏》作“緅”，音釋：“緅，子括切。結也。”“緝”與“莸”“緅”爲版本異文，“緝”即“緝”字之訛，“莸”即“毦”之書寫變異，“緝”與“毦”爲異構字，“緅”爲“緝”字之訛。唐慧琳撰《一切經音義》卷五十九《四分律》第四十一卷：“結莸，《字林》：‘而容反。毛罽也。’《律》文作‘緝’，《字書》亦‘鞲’字，音而用反。案，毳飾也。”（T2128v54p0703c）慧琳所見本作“緝”，讀作“毦”，《大正藏》本寫作“莸”。“毦”有“毛罽”義，與文意合。

字又作“緅”者，蓋“緝”字之訛。《玉篇·糸部》：“緅，結緅也。”《集韻·末韻》宗括切：“緅，結也。”“緅”乃結義，與文意不合。《嘉興藏》音釋：“緅，子括切。結也。”以“緅”之本義訓之，誤。

1924 緱

唐慧立本《大唐大慈恩寺三藏法師傳》：“起載誕於[26]緱氏，終西届于高昌。法師諱玄奘，俗姓陳，陳留人也。漢太丘長仲弓之後。曾祖欽，後魏上黨太守。祖康，以學優仕齊，任國子博士，食邑周南，子孫因家，又爲*緱氏人也。”（T2053v50p0221b）本頁下注26：“緱=緱《甲》*。”

按：“緱”與“緱”爲版本異文，“緱”即“緱”字之訛。“緱”，清顧藹吉《隸辨·侯韻》引《殽阬碑陰》作“緱”，其右所从與“隻”形近。“緱氏”，地名，即今河南省偃師市緱氏鎮，玄奘故里。唐圓照撰《貞元新定釋教目録》：“沙門釋玄奘，本名禕，俗姓陳氏，陳留人也。漢太丘長仲弓之後。曾祖欽，後魏上黨太守。祖康，北齊國子博士，食邑周南，子孫因官，又爲[12]緱氏人也。”（T2157v55p0857b）本頁下注12：“緱=維《聖》。”“緱”又訛作“維”，可資比勘。

南朝陳真諦譯《寶行王正論》："無自在棄物，[8]隻身入未來。"（T1656v32p0500b）本頁下注 8："隻=侯《三》。"唐窺基撰《觀彌勒上生兜率天經賛》："此《上生經》並《彌勒受決》及《一切智光經》等皆晋代安陽[2]隻譯。"（T1772v38p0278b）本頁下注 2："隻=侯《原》。"前一例"侯"爲"隻"字之訛，後一例"隻"爲"侯"字之訛。"侯"與"隻"或相混誤，故"緱"或訛作"緵"。

1925 緆

唐道世撰《法苑珠林》："玄奘法師德隆終古，聲高宇宙。涉歷諸國百有五十，翻譯經論千有五百，盡善盡美，可稱可賛。前後寶軸，幾向五千。法門弘闡，[27]緇門繁熾。道俗蒙益，焉可勝言。"（T2122v53p1019b）本頁下注 27："緇=緆《宫》。"

按："緆"與"緇"爲版本異文，"緆"即"緇"字之訛。"緇門"即佛門，佛經習見。唐段成式《酉陽雜俎續集·〈金剛經〉鳩異》："靈歸感悟，折節緇門。"清魏源《聖武記》卷五："剌麻即僧……其常服則緇衣，故曰緇門。""緇"或寫作"緇"（《可洪音義》v60p327a）、"緇"（《可洪音義》v60p298a）等形，因訛作"緆"。《可洪音義》卷二十九《弘明集》第八卷："緆弁，上側師反。黑繒也。正作'緇''緇'二形。"（v60p535a）唐道世撰《法苑珠林》："言戲出没，有逾符讖。形服改變，游陟不定，或[23]緇或素。"（T2122v53p0494c）本頁下注 23："緇=緆《宫》。""緆"亦"緇"之訛。

1926 綺

日本阿寂記《大日經供養次第法疏私記》："故疏云：此經聖者所祕故，不説明白次第也。又云：此經前後相成，倶爲一事，[6]綺互其文，是故行者甚須觀察乃可知也。"（T2220v60p0759c）本頁下注 6："綺=綺?"

按：注者疑"綺"同"綺"，所疑甚是，"綺"即"綺"改變聲旁的異構字。"綺互"佛經多見。唐窺基撰《妙法蓮華經玄賛》："世親説言，謂餘相續識差別故，令餘相續差別識生，彼此互爲增上緣故。由此經説，我所説法如手中葉，未所説法如林中葉。如末尼天鼓無思而作事故。此中二解，隨彼兩文，綺互解釋。"（T1723v34p0663c）北宋子璿録《起信論疏筆削記》："若唯取初義，則似真前妄後之失，亦有悟後再迷之過，亦同數論冥初生覺。若唯取後義，則似諸法不由迷真而成，但從本識建立，則有真妄別體之失，亦何異法相宗耶？今以後義免前過，以前義免後過，故互言也。以二義更互用之，隱顯相成，如綺之文，故云綺互。"（T1848v44p0357a）"綺互"指語言表達上的錯綜交互，與"互文"義近。

亦指行爲上的錯綜，與“綺紛”義近。北宋法護譯《佛説大乘菩薩藏正法經》：“又復法正知者，於彼貪行，心能正知。所謂虚假貪行，堅固貪行，微細貪行，廣大貪行，過去貪行，無邊觀察，現在貪行，隨緣入解。或復有情内貪而非外貪，或復外貪而非内貪，或復内貪亦外貪，或非内貪亦非外貪。或復色貪非聲貪，聲貪非色貪，色貪亦聲貪，色聲俱非貪，色貪非香貪，聲貪非香貪，香貪非味貪，味貪非觸貪，乃至綺互於色聲香味觸貪行等，如是非義利門入解。”（T0316v11p0873b）法稱造，北宋法護、日稱譯《大乘集菩薩學論》：“論曰：此由心所成辦修習戒定二種綺互增長。”（T1636v32p0098c）

1927 ⿰糹窓

唐不空譯《一字奇特佛頂經》：“師子蘗摩尼寶王娑羅樹彌覆，師子幢勝摩尼寶門，刹[6]窓妙莊嚴。”（T0953v19p0286a）本頁下注 6：“窓＝⿰糹窓《聖》。”

按：“⿰糹窓”與“窓”爲版本異文。《卍正藏》作“窻”。疑“⿰糹窓”即“窓”字之訛。隋闍那崛多譯《佛華嚴入如來德智不思議境界經》：“師子幢勝摩尼寶，以爲却敵。女牆寮窓，懸繒帛束，爲彼獨覺。”（T0303v10p0923c）語境近似，字亦作“窓”。隋闍那崛多譯《佛説月上女經》：“或有因看毘耶離城，觀其城上所有莊嚴，却敵樓櫓雀墮寮[3]窓勾欄藻梲諸雕飾事。”（T0480v14p0618b）本頁下注 3：“窓＝牕《明》。”《嘉興藏》作“牕”。遼希麟集《續一切經音義》：“窻牖，上楚江反。案：《説文》作‘牕’，在牆曰牖，在屋曰牕，從片，悤像交眼之形。《經》中或作‘⿰阝悤’‘窓’二形，皆謬。”（T2129v54p0948c）《可洪音義》卷十八《善現律毗婆沙》第十五卷：“⿰木悤四，楚江反。正作‘窻’‘⿰片忩’‘⿰片怱’三形。”（v60p81a）“窓”或作“窻”“牕”“⿰片忩”“⿰片怱”“⿰木悤”“⿰阝悤”等形，“⿰糹窓”蓋亦“牕”“⿰片忩”“⿰片怱”“⿰木悤”“⿰阝悤”一類形體所訛。

1928 ⿰糹書

唐善无畏譯《童子經念誦法》：“次説勸請十五鬼神呪曰：南摩三曼多勃馱喃（一）耽令令闍微枳履儞弭履訶娑難羅娑難特慉娑難⿰糹書莎呵。”（T1028Bv19p0743b）

按：“⿰糹書”即“縛”字之訛。“⿰糹書莎呵”處在咒語句尾，《大正藏》“縛莎呵”有兩例，日本寬助撰《別行》：“月光菩薩……真言曰：曩莫三曼多没馱南戰拏羅鉢羅婆野縛莎呵。”（T2476v78p0126c）日本永嚴撰《要尊法》：“月光菩薩……歸命戰拏羅鉢羅婆野縛莎呵。”（T2478v78p0194c）據《別行》之梵文，“縛莎呵”爲“（svāhā）”之譯音字，兩處經文"縛莎"字序顛倒，當爲"莎縛呵"。《童子經念誦法》之"繣莎呵"蓋亦爲"莎縛呵"之誤。《大正藏》未見"莎縛呵"，但"莎縛訶"多見。"莎縛訶"常用於咒語句尾，爲頂禮義，又作"娑縛訶""娑縛賀""莎嚩訶""娑嚩訶""娑嚩賀"等。

1929 緁

唐不可思議撰《大毘盧遮那經供養次第法疏》："自離過，離他過也。香者，戒也。華者，慧也。雲者，緵緁也。衆寶者，布施等四攝也。"（T1797v39p0799c）

按："緁"即"靆"之異體。唐窺基撰《妙法蓮華經玄贊》："七、靉靆垂布，如可承攬。有解靉者昧義，靆者黑色。愛逮音同。昧闇黑色，故名靉靆。又《廣雅》：靉靆猶翳薈。翳薈，雲興盛貌。《通俗文》：'雲覆日爲靆靉。'"（T1723v34p0784c）唐棲復集《法華經玄贊要集》："靉靆有三義：一昧暗義，二雲興盛皃，三雲覆日義。"（T0638v34p0786a）故又有從"黑"者作"黳黫"（T2128v54p0918c），從"日"者作"曖曃"（T2128v54p0557b）。此處作"緵緁"，從"糸"，因其雲盛引申有飄拂繚繞義故。唐劉禹錫《和汴州令狐相公到鎮改月偶書所懷二十二韻》："衣風飄靉靆，燭淚滴巉巖。"

1930 縶

僧伽羅剎造、東漢安世高譯《道地經》："箭已射已，生死索行，罪便牽往過世。親屬已還，收髮草[20]縶。若忼慨聲滿口不止，出悲語見愛念。"（T0607v15p0233a）本頁下注20："縶=潔《宮》。"

按："縶"與"潔"爲版本異文，"縶"即"絜"之分化字，字又作"潔"。《説文·糸部》："絜，麻一耑也。"清段玉裁注："一耑猶一束也。耑，頭也。束之必齊其首，故曰耑。《人部》'係'下云：'絜束也。'是知絜爲束也。束之必圍之，故引申之圍度曰絜。束之則不枇曼，故又引申爲潔淨。俗作'潔'，經典作'絜'。"又《人部》："係，絜束也。"清段玉裁注："絜者，麻一耑也。絜束者，圍而束之。"又《髟部》："髻，絜髮也。"清段玉裁注："'絜'，各本訛作'潔'。今依《玉篇》《韵會》正。絜，麻一耑也。引伸爲圍束之偁。絜髮指束髮也。"又《手部》："括，絜也。"清段玉裁注："絜者，麻一耑也。引申爲絜束之絜，凡物圍度之曰絜。賈子'度長絜大'是也。束之亦曰絜。""絜"有束義，"草絜"即以草束縛之義。《廣雅·釋詁三》："潔，束也。"清王念孫疏證："潔者，《衆經音義》卷十三引《埤倉》云：'潔，圍係也。'又引《通俗文》云：'束縛謂之潔。'

《莊子·人閒世》篇：'絜之百圍。'《文選·過秦論》注引司馬彪注云：'絜，匝也。'《漢書·陳勝傳》：'度長絜大。'顔師古注云：'絜謂圍束之也。'""㩮"訓束，乃"絜"加"手"旁之分化字，"纈"則"絜"加"糸"旁之分化字。

1931 繒

日本瑩山紹瑾語《傳光録》："經曰：佛姨母手自紡繒金氎袈裟持上佛。"（T2585v82p0347b）

按："繒"爲"緝"字之訛。北魏慧覺譯《賢愚經》："時佛姨母摩訶波闍波提，佛已出家，手自紡織，預作一端金色之氎，積心係想，唯俟於佛。"（T0202v04p0434a）此即《傳光録》所引經文之所從出，字作"紡織"。唐道世撰《法苑珠林》："如《賢愚經》云：時佛姨母摩訶波闍波提，佛已出家，手自紡織，預作一端金色之氎（織成大衣），奉上如來。"（T2122v53p0607c）所引亦作"紡織"。東晋佛陀耶舍、竺佛念譯《四分律》："爾時，婆伽婆在舍衛國祇樹給孤獨園，時六群比丘尼手自紡績。"（T1428v22p0753a）隋吉藏撰《彌勒經遊意》："大愛道比丘尼爲佛自手紡績，作一端金色縷之疊袈裟，繫心積想，以奉世尊。"（T1771v38p0263c）唐大覺撰《四分律行事鈔批》："案，《賢愚》云：時佛姨母波闍波提，佛出家，手自紡績，預作一端金色之氎，積心係想，唯悕見佛。"（X0736v42p0894b）唐慧琳撰《一切經音義》："芭蕉，上補加反，下子姚反。《字指》云：'蕉生交趾，葉如席，煑可紡績爲布，汁可以漚麻也。'"（T2128v54p0328a）明董斯張撰《廣博物志·珍寶》："玄菟北有山，山有花，人取紡績爲布。(《玄中記》)"又："其上有樹生火中，洲左近人剝取其皮，紡績作布，以爲手巾，與焦麻無異，而色微青黑。(《十洲記》)""紡績"與"紡織"義同。

唐慧琳撰《一切經音義》卷十三《大寶積經》第四十卷："紡績，上芳冈反。《考聲》云：'糾絲令緊曰紡。'下精亦反。《爾雅》：'績，結也，續也。'《説文》：'續也，絹［緝］也。'形聲字也。"（T2128v54p0384b）又卷三十三《轉女身經》："抽毳紡氎，毳，音椎芮反。毳者，鳥獸細茸毛也。鄭注《禮記》云：'毳者，毛之細縟也。'孔注《尚書》云：'耎毳，細毛也。'《説文》亦獸之細毛也。案：毳衣者，採鳥獸細耎五色毛紡績織成文罽，以爲上服，轉輪聖王服御衣也。紡，音芳冈反。杜注《左傳》云：'紡，緝爲纑也。'《古今正字》：'從糸，方聲也。'下音牒。氎者，西國木綿草花如柳絮，彼國土俗皆抽撚以紡成縷，織以爲布，名之爲氎。撚，音年典反。"（T2128v54p0531a）又卷五十八《僧祇律》第三十卷："紡績，古文作勣，同，子狄反。《字林》：'績，緝也。'"（T2128v54p0693a）"緝"與"績"同義，故"紡績"又作"紡緝"。《舊唐書·列女傳·楊三安妻李氏》："李晝則力田，夜則紡緝。""紡緝"即紡績之義。隸書"緝"或寫作"緝"，《龍龕》"茸"或寫作"胥"，"繒"當即"緝"聲旁改作"茸"之形訛。

1932 縌

後秦鳩摩羅什譯《妙法蓮華經》："其車高廣衆寶莊校，周匝欄楯四面懸鈴，又於其上張設幰蓋，亦以珍奇雜寶而嚴飾之。寶繩絞絡，垂諸華纓，重敷[14]綩綖，安置丹枕。"（T0262v09p0012c）本頁下注14："綩綖＝綩筵《宋》《元》，婉筵《明》，綖縌《宮》。"

按："縌"與"綖""筵"爲版本異文，"縌"即"筵"字之變。隋闍那崛多、笈多譯《添品妙法蓮華經》："寶繩交絡，垂諸華纓，重敷綩綖，安置丹枕。"（T0264v09p0145c）"綩綖"一詞佛經多見，前人訓釋亦多見。後秦佛陀耶舍、竺佛念譯《長阿含經》："彼諸大仙頗處高床、重褥、[14]綩綖、細軟，如汝師徒今所止不？答曰：'不也。'"（T0001v01p0087a）本頁下注14："綩綖＝菀筵。"又："八萬四千牀，皆以黄金白銀衆寶所成，氍氀、毾㲪、綩綖、細軟以布其上。"（T0001v01p0023b）又："金樓銀牀，銀樓金牀，綩[3]綖細軟，金縷織成，布其座上。"（T0001v01p0023a）本頁下注3："綖＝綖筵《元》《聖》。"《嘉興藏》作"綩綖"，音釋："綩綖，綩，於阮切；綖，延線切，坐褥也。"唐湛然述《法華文句記》："綩，繡衣也；綖者，天子覆冠衣，前後垂者是也。非此中意，此應作'筵'，即鋪席也。"（T1719v34p0268b）唐窺基撰《妙法蓮華經玄賛》："'重敷婉莚'者，敷，陳設也。有作'綩綖'，綩音《字林》一遠反。《玉篇》：'綩，紘也。'紘，冠也。今應作'婉'，婉，美文章。綖者，席褥，應作'莚'字。《切韻》：'綖者，冠上覆。'《玉篇》：'冠前後而垂者名綖。'今取文縟，華氈之類，綩綖以爲茵蓐，不知義何所從。故字應從'婉莚'。古有解言，靜慮爲綩綖，心常安處故。"（T1723v34p0751b）唐湛然述《止觀輔行傳弘決》："綩綖者，《埤蒼》云：'綩者，衣繡裳也。'綖者，席也，應作'莚'字。此綖字是天子覆冠曰綖，亦可通用。"（T1912v46p0387a）唐慧琳撰《一切經音義》卷四《大般若波羅蜜多經》第三百九十八卷："綩綖，上鴛遠反，下餘旃反。《經》言'綩綖'者，即珍妙綺錦，筵繡褥舞。筵，地衣之類也。"（T2128v54p0332a）又卷九《摩訶般若波羅蜜經》第三十九卷："綩綖，一遠反，下《三蒼》以旃反。相傳坐褥也。未詳何語也。"（T2128v54p0360c）又卷十一《大寶積經》第三卷："綩綖，於遠反，下以旃反。假借字也，若取字義，即乖經意。案，綩綖，地褥也，即舞筵也，俗呼爲地衣、毛錦是也。"（T2128v54p0375b）又卷十二《大寶積經》第十二卷："綩綖，上於遠反，下以旃反。並假借字，若依字義，與經甚乖，今並不取。《經》云'綩綖'者，乃珍妙華麗錦繡緜褥。褫，音池。氈花毯、舞筵之類也。字書並無此正字，借用也。"（T2128v54p0376c）前人或訓坐褥，或訓鋪席，或訓地衣，義皆近之。"綩綖"，本作"綩筵"，《説文・竹部》："筵，竹席也。"本指以竹篾、枝條和蒲葦等編製成的坐具，古代用來鋪地作坐墊。後來用布帛做的坐墊亦稱爲筵。"綩"從宛，宛聲字多有曲義，此取宛曲成章之義。"綩筵"乃帶有文繡的坐褥，慧琳釋作“珍妙華麗錦繡緜褥”，得之。“筵”或作“莛”者，“莛”乃“筵”字之訛，“竹”旁訛作“艸”旁也。“筵”又改作“綖”者，後之坐墊多以布帛爲材料，故改“竹”旁爲“糸”旁，前字的影響也是促成改旁的一個因素。“縺”則當是受“筵”“綖”兩字交互影響而成之字。鄭賢章《漢文佛典疑難俗字彙釋與研究》：“‘縺’，大型字典失收，即‘綖’的聲旁繁化俗字。”（p377）不確。

1933 緜

日本照遠撰《資行鈔》：“拾虱聽以器，若毳若緜弊物拾著中。若走出，筩盛蓋塞。以火焙、湯浸、爪掐令死。”（T2248v62p0829b）

按：“緜”即“綿”字之訛。唐道宣撰《四分律删繁補闕行事鈔》：“拾蝨聽以器，若毳若綿弊物拾著中。若走出，筩盛蓋塞，繫床脚裏。”（T1804v40p0148b）與“緜”對應之字作“綿”。“綿”又作“緜”，因訛作“緜”。

1934 纆

唐唐臨撰《冥報記》：“見其鉤鎖不關而自然相離，甚怪異，因關鎖之，用紙封[54]縓其鎖，書署封上。”（T2082v51p0794c）本頁下注 54：“縓＝纆《知》。”

按：“纆”與“縓”爲版本異文，“纆”“縓”皆爲“纏”字之訛。唐僧詳撰《法華傳記》：“見鎖不開而自然相離，甚怪異，因開鎖鎖之，用紙封纏其鎖，書署封上而去。”（T2068v51p0072c）與“纆”“縓”對應之字作“纏”。《龍龕·糸部》（高麗本）：“緾、纒，二今；纏，正。直連反。～縛也，束也，約也。”“纆”與“纒”形近，俗書“里”與“里”常相混互訛。《中華字海》：“纆，‘纏’的訛字。”（p1338b）已溝通“纆”與“纏”的關係。

“縓”亦“纏”字之訛。唐善無畏譯《尊勝佛頂脩瑜伽法儀軌》：“次應出罪懺悔者，自從無始，乃至今時，煩惱覆[5]源，久流生死，三種業障，造罪無邊。今日誠心發露懺悔，惟當廣懺悔，令使罪除。”（T0973v19p0371a）本頁下注 5：“源＝纏《甲》《乙》《丙》。”唐善無畏譯《慈氏菩薩略修愈誐念誦法》：“其出罪懺悔者云：自從無始已來，乃至今日，煩惱覆纏，又流浪生死，三種業障，造罪無邊。今日誠心發露懺悔，應當廣懺，令使罪滅。”（T1141v20p0592c）“纏”或訛作“源”，“糸”旁訛作“氵”，“廛”旁訛作“原”也。可資比勘。

1935 ⿰糹蜜

佚名《陀羅尼雜集》：“獲果利神增善陀羅尼：優牟尼　頗羅牟尼　究婆聞醯　究嘶跋粀　阿婆羅慕沙娑濘　比茶囉私⿰糹蜜坻　迦多迦跋梨利頻頭摩　濘娑囉其囉末坮羅末優欝垤鞴　阿奚咥鞴　薩婆蓑摩魯　那闍那濘　比提蛇摩鞴　阿眉囉移　阿婆咩　芻羅尼咩　⿰糹蜜提阿　三慕履　莎呵”（T1336v21p0634a）

按：疑“⿰糹蜜”爲“⿰糹密”的異構字，文中用作譯音字。《可洪音義》卷三《大方等大集經》第二十八：“⿰糹蜜坻，上音蜜，下音底。《日藏經》作‘寐履帝’，《上方經》作‘蜜堤’。”（v59p627b）又：“⿰糹蜜兜，上弥必反，下都侯反。《日藏經》作‘蜜駐’。”（v59p627b）《龍龕·系部》（朝鮮本）：“⿰糹蜜，俗字，正作⿱宓虫［蜜］。見舊經音義。”《龍龕·系部》（高麗本）：“⿰糹密、⿰糹蜜，上音密，下音蜜。皆俗字。見舊經音。”清吴任臣《字彙補·系部》：“⿰糹蜜，名日切。音密。見佛經音義。”日本淨嚴撰《悉曇三密鈔》：“𑖦𑖰，弭、密（二共金軌）、彌、履（法花）、泯（隨求）、咩（佛頂）。”（T2710v84p0745c）“密”爲“𑖦𑖰（mi）”的譯音字。

1936 ⿰糹遲

南朝齊僧伽跋陀羅譯《善見律毘婆沙》：“諸比丘悉隨如來入聚落乞食，留優陀夷守護住處。若汝欲與我者當與我，安陀會細[15]⿰糹遲故。法師曰：優陀夷於安陀會少有貪，但欲見比丘尼身故，是以乞安陀會。”（T1462v24p0774c）本頁下注15：“⿰糹遲=緻《三》《宮》。”

按：“⿰糹遲”與“緻”爲版本異文。唐慧琳撰《一切經音義》卷六十五《善見律》第十四卷：“細⿰糹遲，又作‘綴［緻］’，同，遲致反。案，緻，蜜［密］也。”（T2128v54p0740a）《玄應音義》（宛委别藏本）卷十六《善見律》第十四卷：“細⿰糹遲，又作‘緻’，同，遲致反。案，緻，密也。”（p511）《慧琳音義》亦作“⿰糹遲”，《玄應音義》作“⿰糹遲”。“⿰糹遲”即“⿰糹遟”異構之異寫，在細緻的意義上通作“緻”。《説文·糸部》：“緻，密也。从糸，致聲。”此大徐新修十九文之一，爲“致”的分化字，本義爲細密。《玉篇·糸部》：“⿰糹犀，音稚。刺⿰糹犀，針縫也。”《廣韻·至韻》直利切：“⿰糹犀，刺⿰糹犀，針縫也。”小韻代表字爲“緻”。《集韻·至韻》直利切：“⿰糹犀、⿰糹遲，紩也。或从遲。亦通作緻。”“⿰糹犀”“⿰糹遲”本義爲縫，與“緻”同音，或通作“緻”。《説文·辵部》“遟”爲“遲”之籀文，故“⿰糹遲”之異體可作從糸從遟之字，“⿰糹遲”即該字之異寫。“遲”或寫作“遅”，“犀”或寫作“屖”，“牛”皆寫作“午”，可資比勘。《龍龕·糸部》（高麗本）：“⿰糹遲，通；緻，正。直利反。密緻也。”亦在細密的意義上以“⿰糹遲”通“緻”。

1937 緖

佚名《翻梵語》："栴荼弗羅緖王，譯曰月城。弗伽羅娑羅王，譯曰人實。栴荼婆羅儲提王，譯曰栴荼婆羅者，月力；儲提者，心。"（T2130v54p1012a）

按："緖"即"儲"字之訛。日本心覺撰《多羅葉記》："栴荼弗羅儲王，此云月城。"（T2707v84p0638b）與"緖"對應之字作"儲"。

1938 纈

唐阿質達霰譯《大威力烏樞瑟摩明王經》："觧頗吒（四十六）[28]纈哩（二合。四十七）觧觧觧（四十八）。"（T1227v21p0154b）本頁下注 28："纈＝纈《三》《甲》。"

按："纈"與"纈"爲版本異文，"纈"即"纈"字之訛。日本安然記《金剛界大法對受記》："結設法云：若念觀自在菩薩三摩地，念誦者於蓮華中想纈哩字，其字光明由如蓮華放種種光，變成觀自在菩薩。"（T2391v75p0193a）日本光宗撰《溪嵐拾葉集》："種子事纈利字用之，依金界故也。"（T2410v76p0583c）日本淨嚴撰《悉曇三密鈔》："，紇、纈。"（T2710v84p0747b）"纈"爲"（hī）"之譯音字。《可洪音義》卷九《金剛頂瑜伽中略出念誦經》："纈哩，上戶結反，正作'纈'。"（v59p877b）"纈"亦"纈"字之訛。

1939 纙

日本義堂周信語、中圓等編《義堂和尚語録》："閱盡黄河衮濁流，三千歲月去悠悠。時來徹底澄無滓，快濯吾纙慰白頭。"（T2556v80p0536c）

按：根據語境，參考字形，"纙"即"纓"字之訛。"纓"有冠帶之義，爲文獻常用義。"濯纓"爲洗濯冠帶之義。《孟子·離婁上》："滄浪之水清兮，可以濯我纓。"後以"濯纓"比喻超脱世俗，操守高潔。"濯纓"一詞，佛經亦多見，唐道宣撰《續高僧傳》："尋拂衣世網，脱屣牽絲。滄浪濯纓，漢陰抱甕。"（T2060v50p0562a）北宋延一編《廣清涼傳》："世尊興出，乃授躍進之明，顯潛德於香林。因慶雲而西徂，復龍見於茲刹。法輪既轉，則玄音屢唱；對明淵極，輒暢法深言。道映開士，故諸佛美其稱；體絶塵俗，故濯纓者高其跡。"（T2099v51p1125a）北宋契嵩撰《鐔津文集》："有水泚泚，可以濯纓。既潔乃志，既清乃神。惟清惟潔，乃爲至適。”（T2115v52p0712c）“纓”或作“纙”者，“纓”與“濯”連用，受其影響偏旁發生同化，“女”訛作“隹”也。

1940 𦆡

北涼曇無讖譯《大般涅槃經》：“不畜寶藏，若金若銀，飲食厨庫，衣裳服飾；高廣大床，象牙金床，雜色[4]編織，悉不用坐。”（T0374v12p0433a）本頁下注4：“編＝𦆡《宮》。”

按：“𦆡”與“編”爲版本異文，“𦆡”即“編”改換聲旁的異構字。“編織”爲常用詞。失譯《别譯雜阿含經》：“或復坐卧於棘刺之上，或[3]邊椽坐卧。”（T0100v02p0452b）本頁下注3：“邊＝編《三》。”唐地婆訶羅譯《方廣大莊嚴經》：“或卧編椽棘刺灰糞瓦石板杵之上以求解脱。”（T0187v03p0581a）唐慧琳撰《一切經音義》卷二十四《方廣大莊嚴經》第七卷：“編椽，上必綿反。劉兆云：‘編，比連也。’《蒼頡篇》：‘編，織也。’《説文》説：‘簡次也。從糸，扁聲。’扁，音邊沔反。下直緣反。《考聲》：‘椓也。’《古今正字》：從木，彖聲。彖，音吐喚反。”（T2128v54p0462b）《大般涅槃經》：“常卧灰土棘刺編椽樹葉惡草牛糞之上。”（T0374v12p0462a）唐慧琳撰《一切經音義》卷第二十六《大般涅盤經》第十六卷：“編椽，上卑綿反。《玉篇》：‘識［織］也。’《聲類》云：‘以繩次物曰編。’謂取棘𠛱編椽而卧，是苦行外道也。”（T2128v54p0474c）“編椽而卧”是苦行方式之一，即把荆棘一類的東西像椽子一樣併排地編在一起，人坐卧其上。字當以“編”爲正，或作“邊”，爲同音借字。“邊”與“編”同音，故“編”又可作“𦆡”。

金韓孝彦、韓道昭《改併四聲篇海·糸部》（明萬曆己丑本）：“䌳，音邊。”《改併四聲篇海·糸部》（成化丁亥重刊本）：“**䌳**，音邊。”清吴任臣《字彙補·糸部》：“䌳，邦偏切。音邊。見《篇韻》。”《漢語大字典》：“䌳，biān《改併四聲篇海·糸部》引《搜真玉鏡》：‘䌳，音邊。’”（二 p3698b）《中華字海》：“𦆡，biān 音邊。義未詳。見《篇海》。”（p1341a）古今字書已收録“䌳”“𦆡”兩形，皆未詳其義。根據上文考證可知，“𦆡”爲“編”的異構字，“䌳”爲“𦆡”的書寫變異。

走　部

1941 𧺿

唐義淨譯《根本説一切有部毘奈耶》：“時彼長者旦入寺中，問苾芻曰：‘某甲苾芻今在何處?' 答曰：'已向王城。' 問曰：'取何路去?' 答言：'此路。' 時彼長者隨路急去，趁及苾芻。"（T1442v23p0780c）

按："趁"即"趁"字之訛。同上經："隨路急去，趁及苾芻。"（T1442v23p0976b）"趁及"與"趁及"同，"趁"取追及之義。唐慧琳撰《一切經音義》卷五十六《佛本行集經》第十二卷："趁而，丑刃反。謂趁逐也。《纂文》云：'關西以逐物爲趂也。'"（T2128v54p0679c）"趂"乃"趁"之俗書。"趁"當即"趁"之省。《根本說一切有部毘奈耶》："時諸苾芻於後尋趁，遂被賊劫，衣鉢損失。"（T1442v23p0780b）"趁"亦"趁"字之訛。

1942 趞

唐不空譯《聖迦柅忿怒金剛童子菩薩成就儀軌經》："若煖相見取塗足，即離地一[5]趞，日行千里。"（T1222v21p0108a）本頁下注5："趞＝磔《甲》，柝《甲》，尺《丁》。"

按：同上經："若煖相現取塗足，即離地一尺，日行千里。"（T1222v21p0123a）"趞"與"磔""柝""尺"爲版本異文，"趞"即"趚"異寫，字或作"趆"。《玉篇·走部》："趆，半步也。"與經義相契合。"趆"亦可理解爲"尺"的通假字。"斥"亦"尺"之借字。彌勒說、唐玄奘譯《瑜伽師地論》："如急捉持[7]斥鷃鳥者。"（T1579v30p0338c）本頁下注7："斥＝尺《三》《宮》。"東晉佛陀跋陀羅、法顯譯《摩訶僧祇律》："洗鉢應踞坐，若胡跪離地一[9]搩手。"（T1425v22p0506a）本頁下注9："搩＝磔《三》《宮》，卓《聖》。"日本靜然撰《行林抄》："中畫阿彌陀如來，長六[10]柝手。"（T2409v76p0182c）本頁下注10："柝＝磔?""磔""柝"皆通"搩"。"趆"，《龍龕手鏡·走部》作"趆"（p325），與"趞"近，乃是一字之變。

1943 趪

北周闍那耶舍譯《大方等大雲經請雨品第六十四》："我勅如是等一切龍王於閻浮提降注大雨莎呵　那祇那祇 摩訶那祇 瞿羅摩那賜那伽趪（喜梨反）梨陀移頭摩鳩隸 優伽羅路莼 波羅旃陀低致 毘數祇隸 阿尸毘莼 阿趪瞿隸 頡梨師那氷伽（上）隸旃遮隸 盧羅嗜趪避 摩訶頗那佉趪呿羅波施 勞陀羅波尸尼 頭沖避 婆羅婆羅 庇利庇利 富魯富魯 毘私呼（方不反）婁闍尼浮魯浮魯 摩訶蒲祇 摩尼陀隸 匹利匹利 副陋副陋 破羅破羅 婆利沙婆利沙 闍藍浮陀隸 睒浮睒浮 婆羅訶翅 那（上）吒（上）那吒株中脾忡忡忡忡脾 彌伽波羅脾 彌伽婆趪尼 荼呿荼呿荼呿 茶沈脾伽（上）那伽那 棄尸棄尸歌那歌那伽（上）那（上）伽那 摩（上）訶那 伽（上）

伽（上）那尼羅多羅粿波闍羅得歌利 摩訶那伽𧾷梨陀耶 瞿摩瞿摩瞿摩波耶 阿私鞮歌承伽利 浮承伽彌 毘歌吒 僧歌吒瞿隸 毘私 孚盧闍泥 毘嚾婆訶泥。”（T0992v19p0506a）

按：《嘉興藏》亦作“𧾷”。唐慧琳撰《一切經音義》卷八《大方等無相大雲請雨經》：“嘻梨，虛基反。《經》文作‘𧾷’，非也。”（T2128v54p0557a）《可洪音義》卷六《大方等大雲請雨經》：“𧾷梨，上喜梨反。經自切。”（v59p745c）林光明《新編大藏全咒》第一卷《大方等無相大雲請雨經》“降注大雨”中“𧾷梨”之梵文羅馬轉寫作“hri”（v1p499），“阿𧾷瞿隸”之“𧾷”作“hi”（v1p500），“盧羅嗜𧾷避”之“𧾷避”作“hve”（v1p500），“摩訶頗那佉𧾷”之“𧾷”作“re”（v1p500），“彌伽婆𧾷尼”之“𧾷”作“hi”（v1p502）。漢譯多用“嘻”。日本淨嚴撰《悉曇三密鈔》：“𑖮𑖰，呬。”（T2710v84p0747a）“呬”“嘻”“𧾷”蓋皆爲“𑖮𑖰（hi）”之譯音字。

1944 𧽄

日本聖德太子撰《維摩經義疏》：“隨其直心則能發行者，言心直故能發衆行。然則直心乃是萬行之始，夫此意明行之次漸微著相因也。隨其發行則得深心者，明衆行既積則其道心轉深也。隨其深心則意調伏者，明道心既深故能棄惡從善，意無麁[6]𧽄也。隨其調伏則如説行者，言心能調柔故則聞如説得行。”（T2186v56p0028c）本頁下注6：“𧽄＝鑛《甲》。”

按：“𧽄”與“鑛”爲版本異文，“𧽄”即“麺”字之訛，“麺”爲“麷”之異寫字，“麷”爲“獷”之通假字。《説文・犬部》：“獷，犬獷獷不可附也。”清段玉裁注：“引伸爲凡麤惡皃之偁。”“麤/麁獷”有粗魯義，文獻習見。西晋竺法護譯《佛説普曜經》：“此鏺樹國，種性豪強，事業無極，行衆無首，所習第一。菩薩應下降神彼國，或復報言，是亦不應。所以然者，其土凶逆，擧動虛妄，志性麁獷，剛強難化，形笑輕人，自大由己，不修事業，以是之故，不應生彼。”（T0186v03p0485c）“麁𧽄”與“麁獷”爲同一詞的不同書寫形式。《可洪音義》“麁獷”又作“麁穬”（v59p625a）、“麁鑛”（v59p651a）、“麁猵”（v59p654a）、“麁麺”（v59p1072b）等。“麁麺”對應的《大正藏》原文爲北魏瞿曇般若流支譯《正法念處經》第六十一卷：“若有悲心，是人則去涅槃不遠，悲心柔濡，無欺誑心，無麁獷心，能斷瞋心，悲潤心故。”（T0721v17p0360a）與“麁麺”對應之字作“麁獷”。“麺”爲“麷”之俗字。《龍龕・麥部》：“麺，或作。麷，正。古猛反。~麥也。”（p505）《廣韻・梗韻》古猛切：“獷，犬也。”（p317）“麷”與“獷”同小韻，爲“獷”之通假字。“𧽄”乃“麺”字之訛，“麦”旁訛作“走”也。《可洪音義》卷十《菩薩戒本》：“違𪋻，上于歸反，下于月反。正作‘違越’。”（v59p903a）《可洪音義》卷十六《四分律》第一卷：“𪋻度，上爲月反。正作越。”（v60p28a）“𪋻”皆“越”字之訛，“走”旁皆訛作“麦”旁。隋智顗説《四念處》："大經不令噉酒糟麥[18]麩。"（T1918v46p0577c）本頁下注 18："麩=越《甲》。"唐道掖集《淨名經集解關中疏》："如世間和[9]麩之麥，皆詣場鞭打，麩去麥全。修道亦然，佛性精粹，雜煩惱[*]麩，將修行者正見實相爲場，對治萬行爲鞭打，斷惑證真爲颺篩，如直心以虛假爲糠[*]麩，布施以慳貪爲糠[*]麩。"（T2777v85p0468a）本頁下注 9："麩=越《乙》《丙》[*]。""越"皆"麩"字之訛。南朝梁寶唱等集《經律異相》："到此兒所，分[23]越飯已，往視盲兒，以手摩頭，目便開明，折傷即愈。"（T2121v53p0196b）本頁下注 23："越=麨《元》《明》。""越"爲"麨"字之訛。北涼曇無讖譯《大般涅槃經》："善男子，如人病瘡，爲蘇麨塗，以衣裹之。爲出膿血，蘇[7]麨塗拊。爲瘡愈故，以藥坌之。爲惡風故，在深屋中。"（T0374v12p0498a）本頁下注 7："麨=赻《宋》。""赻"亦"麨"字之訛。"麦"與"走"旁混誤之例多見。

東晉瞿曇僧伽提婆譯《中阿含經》："若有男子女人不急性多惱，彼聞柔軟麤[3]麷強言，不大瞋恚，不憎嫉生憂，不廣生諍怒。彼受此業，作具足已，身壞命終，必昇善處，生於天中，來生人間，形體端正。"（T0026v01p0705b）本頁下注 3："麷=獷《明》。""麷"即"獷"之借字。

失譯《大方廣十輪經》："復於未來世，若有剎利旃陀羅，乃至婦女旃陀羅，以愚癡故，自謂爲智，多惡麁[5]獷，不畏後世。作諸殺生，乃至邪見，嫉妬慳貪，隨惡知識。"（T0410v13p0704b）本頁下注 5："獷=趪《聖》。""趪"亦"麷"字之訛。

赤　部

1945 赬

後秦弗若多羅、羅什譯《十誦律》："若生鐵鑛處，銅白鑞鉛錫鑛處，若雌黄[31]赭土白墡處，若生石處生黑石處，沙處鹽地，掘者不犯。"（T1435v23p0117c）本頁下注 31："赭=赬《宋》《宮》，赬《元》。"

按："赬"與"赬""赭"爲版本異文，"赬"即"赬"字之訛，"赬"又"赭"字之訛。"赭土"文獻習見，佛經亦多見。《可洪音義》卷二十九《廣弘明集》第十三卷："赬服，音者，赤也。正作'赬'。《辯正論》作'赭'。又丑貞反，悮。"（v60p561b）唐道宣撰《廣弘明集》："赭服偏衣用挫強梁之性，割毀形貌示爲剔劓之身。"（T2103v52p0185b）《可洪音義》之"赬"，《大正藏》作"赭"，"赬"即"赭"字之訛。"赬"與"赬"形近，即其形之訛。

"赬"又"赬"字之訛。《玉篇·頁部》："赬，丑盈切，赤也。本作'赬'

‘䋄’。”與“䊼”字之訛者爲同形關係。

車　部

1946 軑

唐道世撰《諸經要集》：“齊[9]軑屆寶城，共覩能仁德。”（T2123v54p0112b）本頁下注9：“軑 = 軒《三》。”

按：“軑”與“軒”爲版本異文，“軑”即“軑”字之訛。《楚辭・離騷》：“屯余車其千乘兮，齊玉軑而並馳。”“齊軑”即“齊軑”，語出《離騷》。唐道宣撰《廣弘明集》：“玉鑾徐動，金輪曉莊。紫虬翼軑，緑驥騰驤。”（T2103v52p0241c）又：“將奉瑤宮之軑，陪雲樓之軾。”（T2103v52p0341b）四庫本與“軑”對應之字皆作“翼軑”。“軑”亦“軑”字之訛。唐道世撰《法苑珠林》：“空有齊[9]軑，玄門洞微。”（T2122v53p0466b）本頁下注9：“軑 = 較《三》《宮》。”四庫本亦作“較”。“軑”“較”亦皆“軑”字之訛。

“軑”又“𨏖”字之省。唐慧琳撰《一切經音義》：“軾座，上升職反。《考聲》云：‘車前横木也。’《廣雅》云：‘軑謂之軾也。’《説文》：‘車前木也。從車，式聲。’”（T2128v54p0726b）《廣雅・釋器》：“𩊔謂之軾。”與“軑”對應之字作“𩊔”。《説文・糸部》：“絥，車絥也。从糸，伏聲。”清桂馥《義證》：“‘車絥也’者，或作‘鞴’，《釋名》：‘鞴，伏也，在前人所伏也。’《急就篇》：‘靭鞴靯轒鞍鑣鍚。’顔注：‘鞴，韋囊在車中人所憑伏也。今謂之隱囊。’又或作‘𩊔’，《廣雅》：‘𩊔謂之軾。’”“鞴”“𩊔”皆“絥”改换形旁的異構字，本義爲車軾上的飾物，引申亦有軾義。《玉篇・韋部》：“𩊔，皮祕切，又扶卜切。車軾也。”《玉篇・革部》：“鞴，皮祕、扶福二切。車鞴。亦作‘絥’‘𩊔’‘𨏖’。”字又作“𨏖”，亦上述諸字之異體，爲從車伏聲的形聲字。“軑”即“𨏖”字之省。

唐菩提流志譯《一字佛頂輪王經》：“檱（烏可反。下同）曩（輕音）嚩盧（引）枳禪姥[27]秋（盧没反。下同）馱（五）。”（T0951v19p0227c）本頁下注27：“秋 = 軑《三》《甲》。”“軑”又“秋”字之訛。參0849“秋”字條。

1947 軨

東晉瞿曇僧伽提婆譯《中阿含經》：“婆私吒，有時此大地滿其中水，彼大水上以風吹攪，結搆爲精，合聚和合，猶如熟酪，以[15]抨抨乳，結搆爲精，合聚和合。”（T0026v01p0674b）本頁下注 15：“抨抨＝軿 軿《聖》。”

按：“軿”與“抨”爲異文，“軿”即“軯”字之訛，“軯”爲“抨”的借字。唐慧琳撰《一切經音義》卷五十二《中阿含經》第三十九卷：“抨乳，普耕反，江南音也，抨，彈也。《經》文作‘軯’，音粃，車名，非此用也。”（T2128v54p0652b）慧琳所見本作“軯”，釋作“抨”。唐不空譯《一字奇特佛頂經》：“[20]抨乳取生酥，佛前廣供養。”（T0953v19p0293a）本頁下注 20：“抨＝絣《明》，泙《聖》《甲》。”北魏賈思勰《齊民要術・養羊》：“抨酥法：以夾榆木椀爲杷子抨酥……旦起，瀉酪著甕中炙，直至日西南角，起手抨之，令杷子常至甕底。”“抨乳”“抨酥”之“抨”義同，指從奶中提煉酥油時的攪拌拍打的動作，“軯”“絣”“泙”皆爲其借字。

1948 鲞

唐玄奘、辯機撰《大唐西域記》：“阿[18]鲞荼國。”（T2087v51p0932b）本頁下注 18：“鲞＝輿《甲》。”

按：“鲞”與“輿”爲版本異文，“鲞”即“軬”字之訛。同上經：“阿軬荼國，周二千四五百里，國大都城周二十餘里。”（T2087v51p0938b）季羨林等《大唐西域記校注》校勘：“阿軬荼，梵文作 Avaṇḍa。”（p946）“軬”爲“van”之譯音字，與音切合。“鲞”爲“軬”之刻誤。唐慧琳撰《一切經音義》：“軬荼國，上音飯。”（T2128v54p0809c）又：“阿軬荼，煩挽反。梵語，不求字義。”（T2128v54p0841c）字皆作“軬”。甲本作“輿”，疑亦“軬”字之訛。秦公《碑别字新編・十七畫》“輿”字條引《清李建生墓誌》作“轝”。疑刻手誤認“軬”爲“轝”而轉刻作“輿”。

1949 軙

日本安澄撰《中論疏記》：“疏宋代二師等者，言[3]軙城竺僧弼作丈六卽真論云等者。”（T2255v65p0048c）本頁下注 3：“軙＝彭《甲》。”

按：“軙”與“彭”爲版本異文，“軙”即“彭”字之訛。同上經：“而言彭城竺僧弼者，案，《高僧傳》第五卷云：釋僧弼本吴人，性度虛簡，儀止方直。少與龍光曇幹同遊長安，從習［什］受學，愛日借［惜］力，竭有深思，什加賞特深，使頒預參譯。後遊歷名邦，備瞻風化，時有請弼爲寺主，乃至止彭城寺。”（T2255v65p0048c）竺僧弼爲彭城寺主。隋吉藏撰《中觀論疏》：“宋代二師同兩部義，彭城竺僧弼作丈六卽真論云……”（T1824v42p0017c）亦作“彭”。“彭”

或寫作"㪇"（見《可洪音義》v60p418b），"㪇"之左旁訛作"車"，右旁訛作"皮"即成"皷"字。

1950 輢

日本觀靜撰《孔雀經音義》："佛坐其下成等正覺，因而謂之菩提樹焉。莖輢黄白，枝葉青翠，冬夏不凋，光鮮無變。"（T2244v61p0777a）

按："輢"爲"幹"字之訛。唐玄奘、辯機撰《大唐西域記》："佛坐其下成等正覺，因而謂之菩提樹焉。莖幹黄白，枝葉青翠，冬夏不凋，光鮮無變。"（T2087v51p0915c）與"輢"對應之字作"幹"。"幹"或作"軴"（見秦公《碑別字新編》"幹"字條引《魏高湛墓誌》p237），"輢"與"軴"形近。

1951 輩

唐澄觀述《大方廣佛華嚴經隨疏演義鈔》："《孝經》云：在醜不諍，則無兵畏。醜者，[2]背也，類也。"（T1736v36p0296a）本頁下注2："背＝輩《甲》。"

按："輩"與"背"爲版本異文，"輩"即"輩"字之訛。《孝經》："事親者，居上不驕，爲下不亂，在醜不爭。居上而驕則亡，爲下而亂則刑，在醜而爭則兵。"邢昺疏："此言居上位者不可爲驕溢之事，爲臣下者不可爲撓亂之事，在醜輩之中不可爲忿爭之事。"文中"醜"是"醜輩"義。高麗本《龍龕手鏡·車部》："輩輩：蒲昧反，比也。又北昧反，等輩，亦比類也。"（p84）"輩"與"輩"形近。又，底本作"背"，爲"輩"字之訛。

1952 輭

唐普光述《俱舍論記》："一、以無穢爲細，有穢爲麁。劫初食者，謂劫初時人食地味、地皮餅、林藤無變［便］穢故，食香稻以去方有便穢。二、少軟名細，多輭名麁。"（T1821v41p0181a）

按："輭"即"鞕"字之訛。唐慧琳撰《一切經音義》："堅鞕，吾更反。《考聲》：'堅也。'或作硬，俗用字也。"（T2128v54p0375b）"鞕"義爲堅，文中"多輭""少軟"相對應，指便穢的質地，"輭"亦堅硬義。字作"輭"，"革"旁訛作"車"旁也。

1953 輯

唐道宣撰《廣弘明集》："故得永平季年嘉瑞臻[24]輯，慶雲流潤，湛露凝甘，澤馬騰驤，神雀翔集，朱英吐含潁之秀，紫葩生連理之枝，可謂不世之奇徵，非常之嘉瑞者也。"（T2103v52p0168c）本頁下注 24："輯＝集《三》《宫》。"

按："輯"與"集"爲版本異文，"輯"即"輯"之異寫字，"輯""集"皆有聚合之義。北魏慧覺譯《賢愚經》："王德至重，萬善臻集。天雨七寶，遍諸國界。"（T0202v04p0440a）作"臻集"。"臻輯""臻集"皆聚合之義。清顧藹吉《隸辨·緝韻》："輯，魏《元丕碑》：'餘類未輯。'按：即輯字變咠爲胃。""輯"爲"輯"字之異寫，"咠"旁寫作"胃"旁也。

北魏月婆首那譯《勝天王般若波羅蜜經》："車書混同，華夷輯睦。"（T0231v08p0726a）"輯"亦同"輯"。"輯睦"爲和睦義，文獻習見。

1954 肈

元念常集《佛祖歷代通載》："論曰：自漢以來，天下一統，建安之後，鼎峙始分。袁曹競逐於中原，劉孫分鹿於江峽。五嶽塵擁，九牧雲屯。或二祀而啓帝圖，或三分而陳霸業。故使魏祖挾天子而令諸侯，劉宗馮劍閣而規雍[3]肈，孫氏英略高枕長江。"（T2036v49p0515b）本頁下注 3："肈＝輂《甲》。"

按："肈"與"輂"爲版本異文，"肈"即"輂"字之訛。唐道宣撰《大唐内典録》："故使魏祖挾天子而令諸侯，劉宗憑劍閣而規雍輂，孫氏英略高枕長江。"（T2149v55p0226b）字作"輂"。唐道宣撰《續高僧傳》："道尼，住本九江，尋宗諦旨。興講攝論，騰譽京師。開皇十年，下勅追入。既達雍輂，開悟弘多。"（T2060v50p0432a）謂僧人道尼，開皇十年被征召入京（長安、雍輂）。又："恒任益州僧主，住龍淵寺，又翻觀音偈佛語經。建德隳運，像教不弘，五眾一期，同斯俗服。武帝下勅追入京輂，重加爵禄，逼從儒禮。秉操鏗然，守死無懼。"（T2060v50p0433c）則"京輂"與"雍輂"同，代指長安。《文選·左思〈吴都賦〉》："都輂殷而四奥來暨。"劉逵注："輂，王者所乘，故京邑之地通曰輂焉。"蓋長安故屬雍州，故謂之"雍輂"。"劉宗憑劍閣而規雍輂"，謂劉氏蜀漢政權憑藉劍閣險要窺伺長安。"規"讀爲"窺"。

1955 轞

唐道世撰《法苑珠林》："又有婇女者，亦少得道知養形方，年二百七歲，視之如十五六。王奉事之於旋庭，爲立華屋紫閣，飾以金玉，乃令婇女乘[31]輶軒往問道於彭祖。"（T2122v53p0520c）本頁下注31："輶軒＝轞輧《三》，輜輧《宫》。"

按："轞輧"與"輜輧""輶軒"爲版本異文，根據文意，當以"輜輧"爲正，"轞"爲"輜"字之訛。四庫本之《法苑珠林》作"輜輧"，音釋："輜輧，輜，莊持切；輧，浦眠切。輜輧，婦人車有障蔽者。"即以"輜輧"爲正。

1956 輴

日本賴瑜記《金界發惠抄》："輪者攝持義，如世車輪攝持輴轂軸，即輪圓具足之義也。"（T2533v79p0105a）

按：考之字形，"輴"當即"輳"字之訛。《玉篇·車部》："輳，倉豆切。輻輳也。""輳"義爲車輪的輻條内端聚集于轂上，乃"湊"之分化字。文中"輴轂軸"爲"攝持"的賓語，作"輳"字文意不通。《淮南子·主術訓》："百官修同，羣臣輻輳。"漢高誘注："羣臣歸君，若輻之輳轂，故曰輻輳。"此乃"輳""轂"連用之例，"輳"當爲動詞。

日本道範記《行法肝葉鈔》："輪者攝持，如世車輪攝持輻轂輞，即輪圓具足義也。"（T2502v78p0882a）與"輴"對應之字作"輻"，"輻"字是。"輻"是連接車轂和車輞的直條，明張自烈《正字通·車部》："輻，謂輪中木之直指者，下有菑以指輞，上有爪以湊轂。"佛經中常用"輻轂輞"之間的關係説明道法，五百大阿羅漢造、唐玄奘譯《阿毘達磨大毘婆沙論》："有説：見道猶如輻轂輞法，故説爲輪。猶如車輪，轂最居中，輻依轂住，輞攝於輻。如是見道，苦集忍智如輻，滅忍滅智如轂，道忍道智如輞，遍緣道故。"（T1545v27p0912a）疑賴瑜不解"輻轂輞"之義，臆改"輻"爲"輳"，改"輞"爲"軸"，"輳"又誤作"輴"，乃至意不可通。

1957 輤

隋闍那崛多譯《佛本行集經》："又復大王可不聞，於往昔有王，名迦[1]輤婆，從父臂生。”（T0190v03p0690a）本頁下注 1：“ 輤 = 輜《三》。”

按：“輤”與“輜”爲版本異文，“輤”即“輜”字之訛。唐玄應撰《一切經音義》（麗藏本）卷十九《佛本行集經》第八卷：“迦輜，側飢反。王名迦輜婆，從人臂生，如頂生王等。”（p253c）唐慧琳撰《一切經音義》：“迦輜，側飢反。王名迦輜婆，從人臂生，如頂生王等。”（T2128v54p0678c）與“輤”對應之字作“輜”或“輜”。高麗本《龍龕手鏡·車部》：“輜、輜，二俗；輜，正。側持反。重車，又~輧車也。又楚持反。”（p80）“輤”與“輜”“輜”“輜”形近，皆爲“輜”書寫變異。參 1919“緇”字條。

1958 輙

失譯《別譯雜阿含經》：“吾以信爲種，諸善爲良田，精進爲調牛，智慧爲轅輙。”（T0100v02p0466b）

按：“輙”即“軛”字之訛，“軛”又“槅”之異構字。北涼曇無讖譯《大般涅槃經》：“是諸香木，載以寶車，是諸寶車，出種種光，青黄赤白，轅軛皆以七寶廁填。”（T0374v12p0366c）與“輙”對應之字作“軛”。《可洪音義》卷四《大般涅槃經》第一卷：“轅軛，上爲元反，下古厄反。”字又作“軛”。《説文·木部》：“槅，大車枙。”《釋名·釋車》：“槅，扼也，所以扼牛頸也。”字本作“槅”，義爲車軛。“轅槅”指車前駕牲口的直木和套在牲口脖子上的曲木，也借指車子。“軛”乃“槅”改換形旁所造之異構字。隋闍那崛多譯《佛本行集經》：“時彼地内所有作人赤體辛勤而事耕墾，以牛縻繫彼犁[12]輙端。”（T0190v03p0705c）本頁下注 12：“輙 = 槅《三》。”“輙”亦“軛”字之訛。鄭賢章《漢文佛典疑難俗字彙釋與研究》亦有考證（p381），可互參。

1959 轞

日本圓珍撰《佛説觀普賢菩薩行法經記》：“輞，無枉反。《字書》：輞，轞也。或爲惘字。轞，鉅居反。《考工記》：‘車轞三柯者三。’鄭玄曰：‘轞二丈七尺謂輞也，其俓［徑］九尺。鄭玄［衆］曰：謂車輮，所謂牙者也。’珍案：大具如車之轞是也。今或爲渠字或爲據字（云云）。”（T2194v56p0237c）

按：“轞”即“蘧”字之訛。《廣雅·釋器》：“輮，輞也。”《玉篇·車部》：“輞，亡往切。車輞。亦作惘。輮，巨於切。輞也。”“輮”與“輞”義同。《篆隸萬象名義·車部》：“輞［輞］，无往反，轞。轞，鋸鉅反。輞，鋸居反。”《木部》：“桐［惘］，無兩反，車轞，輞。”“輮”寫作“轞”，“轞”與“轞”

形近。高麗本《龍龕手鏡·車部》：“⿰車来，俗；⿰車豦，今；⿰車豦，正。音渠，車輞也。”（p79）四庫本《龍龕手鑑》“⿰車豦”作“⿰車虒”，亦可證“⿰車虒”爲“⿰車豦”之俗體。

《周禮·考工記·車人》：“渠三柯者三。”鄭玄注：“渠二丈七尺謂罔也，其徑九尺。鄭司農云：‘渠謂車輮，所謂牙。’”字本作“渠”，“⿰車豦”乃“渠”之後出字。

1960 ⿰車蒖

日本湛叡撰《華嚴演義鈔纂釋》：“抄，寶輅（文）。《龍龕》云：⿰車蒖，俗，於高反。輅，同；轆，正。音路，車也，古天子所乘之車曰轆。”（T2205v57p0365a）

按：此文引《龍龕》釋“寶輅”之“輅”。高麗本《龍龕手鑑·車部》：“⿰車英，俗，於亮反。輅，今；轆，正。音路，車轆也，古天子所乘之車曰轆。”湛叡引《龍龕》有誤。“⿰車英”與“輅”爲兩條，兩字無涉，湛叡欲釋“輅”字，不應引與之無涉之“⿰車英”字。“⿰車英”字行均注“於亮反”，未釋其義。根據行均提供的形體和讀音，“⿰車英”乃“鞅”的俗字，“⿰車蒖”即“⿰車英”刻寫之誤。

《漢語大字典》：“⿰車英，yàng《龍龕手鑑·車部》：‘⿰車英，俗，於亮反。’《字彙補·車部》：‘⿰車英，於尚切，音快。見《篇韻》。’”（二 p3788b）據《龍龕》收“⿰車英”字，未釋其義。

1961 ⿰車爾

日本覺超撰《胎藏三密抄》：“義云：阿⿰車爾⿰角爾（二合。不思議也）阿娜步（二合）多（奇特）。”（T2398v75p0577c）

按：“⿰車爾”即“軫”字之訛。唐一行記《大毘盧遮那成佛經疏》：“真言歸命如前：阿軫⿰角也（二合。不思議也）那步（二合）多（奇特也）。”（T1796v39p0717c）與“⿰車爾”對應之字作“軫”。日本杲寶撰《大日經疏演奧鈔》：“真言歸命等者，釋彼真言曰等也。𑖡𑖦𑖾○𑖭𑖀阿𑖓𑖰軨𑖡𑖿𑖝𑖿𑖧⿰角也（二合）𑖟𑖿𑖥𑖲那步𑖝多。”（T2216v59p0457a）字又作“軨”。日本心覺撰《多羅葉記》：“𑖦𑖓𑖰𑖡𑖿𑖝𑖿𑖧［“𑖦”爲“𑖀”之訛，“𑖡𑖿𑖝𑖿𑖧”爲“𑖡𑖿𑖝𑖿𑖧”之訛——引者按］，不思議。”（T2707v84p0608b）根據對音關係，“𑖀𑖓𑖰𑖡𑖿𑖝𑖿𑖧”羅馬字母轉寫作“acintya”，“軫”乃“cin”的譯音字，乃“𑖓𑖰（ci）”與“𑖡𑖿𑖝𑖿𑖧（ntya）”的首輔音“n”連讀之音。日本淨嚴撰《悉曇三密鈔》：“𑖓𑖰，支、斯、氏、呰、肢、施、尸、脂、旨、思、紙、只、紫、資、制（摩利支真言）、西（同上）、砥、咨、止、室、喞（隨求）、質（佛頂）、振、震（大疏）。”（T2710v84p0742b）《悉曇三密鈔》“𑖓𑖰（ci）”的譯音字收“振”“震”

兩字，“振”“震”兩字《廣韻》收“震韻”之“章刃切”小韻，“軫”字《廣韻》收“軫韻”之“章忍切”小韻，“軫”與“振”“震”兩字聲、韻皆同，只是聲調不同，故同可爲“𑖓（ci）”後接鼻輔音時的譯音字。“軫”所從之“㐱”旁或寫作“尓”旁，“尓”又爲“尒”之異寫，故“軫”又寫作“軨”。“尒”又與“爾”通用，“㐱”旁字寫作“尓”旁後或被錯誤轉寫作“爾”旁，故“軫”又寫作“轜”。明章黼《重訂直音篇·車部》：“軫，止忍切，車後橫木。……輪，亦同上，又轉也，跡也。”（p404）“輪”亦“軫”轉寫之誤。

唐慧琳撰《一切經音義》：“參差，上楚林反。顧野王云：‘參差，不齊等也。’《蒼頡篇》作‘叅’，叅亦差也。《古今正字》：‘從厽，㐱聲也。’《經》從小作‘叅’，俗字也。厽音壘，㐱音轜。”（T2128v54p0733c）遼希麟集《續一切經音義》：“車輅，上九魚反，下洛故反。戴札云：‘古之車也，蓋圓像天，二十八轑以像烈宿也，轜方像地，三十輻像日月。仰則觀於天，俯則察於地。’”（T2129v54p0957b）“轜”亦皆“軫”字之誤。

唐道宣撰《廣弘明集》：“夫天文曆象之祕奧，地理山川之卓詭，經脈孔穴之[5]診候，針藥符咒之方術，詩書有所不載，周孔未之明言，然考之吉凶而有徵矣，察其行用而多効矣。且又周孔未言之物，蠢蠢無窮；詩書不載之法，茫茫何限。信乎書不盡言，言不盡意。何得拘六經之局教，而背三乘之通旨哉。”（T2103v52p0189a）本頁下注5：“診＝譋《三》《宮》。”“譋”爲“診”字之訛。東晋佛馱跋陀羅譯《大方廣佛華嚴經》：“見普莊嚴園林，七寶垣牆，周匝圍遶，諸妙寶樹，行列莊嚴。一切華樹雨華如雲布散其地，香樹芬馨普熏十方，鬘樹垂鬘，寶樹雨寶，遍布莊嚴。衆寶衣樹彌覆一切，諸音樂樹出微妙音。以如是等諸[13]珍玩具而以莊嚴。”（T0278v09p0697c）本頁下注13：“珍＝彌《聖》。”西晋法炬譯《佛説優填王經》：“農夫捨常業，賈人爲[38]珍連。”（T0332v12p0071c）本頁下注38：“珍＝彌《宮》。”《嘉興藏》作“彌”，《大正藏》之《法苑珠林》作“珍”。“彌”皆“珍”字之訛。唐阿地瞿多譯《陀羅尼集經》：“除其光座，更作高大，亦[8]珍精好。”（T0901v18p0864b）本頁下注8：“珍＝彌《元》《明》《甲》《乙》。”《嘉興藏》作“彌”。唐善無畏譯《蘇悉地羯羅供養法》：“其護摩柴，謂烏曇末羅木、閼說他木、閼迦木、羅（引）闍閼迦木、莽囊伽木、阿輸迦木、密螺木、尼俱律木、庵没羅木、却地羅木、閃[9]珍木、鉢落叉木……”（T0894v18p0703b）本頁下注9：“珍＝彌《甲》。”“珍”皆“彌”字之訛。上揭諸例皆“㐱”旁與“爾”旁混誤之證，可資比勘。

又，《漢語大字典》：“譋，同‘診’。《字彙·言部》：‘譋，同診。’《鶡冠子·天則》：‘未見不得其譋而能除其疾也。’”（二p4292a）釋“譋”爲“診”，甚是，“譋”即“診”之異寫轉寫之誤。

參2294“彲”字條。

豆　部

1962 𧯷

唐一行撰《北斗七星護摩法》："普供養印。金剛合掌，二頭指[5]𧯷如寶形，並竪大指。"（T1310v21p0458a）本頁下注5："𧯷＝蹙《原》。"

按："𧯷"與"蹙"爲版本異文，"𧯷"即"蹙"字之訛。唐不空譯《無量壽如來觀行供養儀軌》："次結廣大不空摩尼供養印。二手金剛合掌，二頭指蹙如寶形，並竪二大指即成。"（T0930v19p0070b）唐慧琳撰《一切經音義》："蹙如寶形，酒育反。《考聲》云：'速也。急也。'《古今正字》：'窮也。迫也。從戚，足聲。'"（T2128v54p0548b）又："蹙其上節，并［子］育反。以二中指蹙上節如寶形。從戚從足。《經》文有從就從足作'蹵'，非也。"（T2128v54p0550b）皆釋"蹙"字之義，可參。參0882"㦸"字條。

酉　部

1963 𨟻

日本照遠撰《資行鈔》："《記》：'華屋媲（匹諸反。𨟻也）偶'（云云），對作屋故云偶，今對屋等是也。"（T2248v62p0830c）

按：北宋元照撰《四分律行事鈔資持記》："虛腹白衣則華屋媲（匹詣。配也）偶而已。"（T1805v40p0417a）此即《資行鈔》之所本。據此，"𨟻"即"配"字之訛。文中"媲"爲"媲"字之訛，"諸"爲"詣"字之訛。

1964 酤

北宋施護譯《佛說祕密三昧大教王經》："然後結金剛鉤印，其印以二手頭指頭節微屈如鉤成印。誦此請召大明曰：唵囉儞逐婆嚩日囉（二合，引）葛哩沙（二合）野（一句）鉢囉（二合）吠（引）舍野（二）滿馱野（三）嚩尸（引）[6]酤嚕（四）。”（T0883v18p0449a）本頁下注6：“酤＝酤《三》。”

按：“酤”與“酤”爲版本異文，“酤”即“酤”字之訛。北宋施護譯《佛說一切如來真實攝大乘現證三昧大教王經》：“爾時金剛鬘大魔主說自心明曰：唵（引）嚩日囉（二合）摩（引）羅誐拏鉢帝（引。一句）摩（引）羅（引）葛哩沙（二合）野（二）鉢囉（二合）吠（引）設野（引）吠（引）設野（三）滿馱野滿馱野（四）嚩尸（引）酤嚕摩（引）囉野吽（引）發吒（半音。五）。”（T0882v18p0390c）與“酤”對應之字作“酤”。林光明《新編大藏全咒》卷九《佛說一切如來真實攝大乘現證三昧大教王經》“敬禮奉獻金剛手菩薩足（金剛鬘大魔主說）”中“酤”的梵文羅馬轉寫作“ku”（v9p545），與讀音切合。字或作“酤”者，“古”旁訛作“吉”旁也。

1965 𨢿

唐般若力譯《迦樓羅及諸天密言經》：“用娑銘那迦（去）瑟多（唐云棘，有𨢿棗者是），長一肘，截充薪。”（T1278v21p0333c）

按：“𨢿”即“酸”字之訛。唐慧琳撰《一切經音義》：“欒棘，下矜力反。《毛詩傳》曰：‘棘，酸棗也。’”（T2128v54p0366a）“棘”爲酸棗，與文意合。

1966 𦐂

日本心覺撰《多羅葉記》：“阿𦐂比丘，此云質直。”（T2707v84p0619a）

按：佚名《翻梵語》：“阿酬比丘，應云利酬，譯曰質直。”（T2130v54p0997c）南朝宋佛陀什、竺道生譯《彌沙塞部和醯五分律》：“爾時拘舍彌有一長者，見法得果，常供給諸比丘。長者及姊各有一子，二人常共供養長老阿酬比丘。”（T1421v22p0183b）與“𦐂”對應之字皆作“酬”，“𦐂”即“酬”字之訛。日本仁海撰《小野六帖》：“欝[2]翊（市流反。比丘名）。”（T2473v78p0083a）本頁下注2：“翊＝詶《甲》。”東晉佛陀跋陀羅、法顯譯《摩訶僧祇律》：“欝詶者，佛般泥洹後，長老比丘，在迦維羅衛尼俱律樹釋氏精舍。”（T1425v22p0470b）“翊”爲“詶”字之訛，亦“州”旁訛作“羽”旁。西晉竺法護譯《佛說海龍王經》：“三千大千世界[16]州城郡國縣邑丘聚。”（T0598v15p0152a）本頁下注16：“州城＝羽撼《知》。”“羽撼”爲“州城”之訛。日本善珠撰《因明論疏明燈抄》：“鵬騫鷃翥遶冲天而別[9]羽者，此前之句一對者也。”（T2270v68p0390b）本頁下注9：“羽＝洲《甲》。”“洲”乃“羽”字之訛，“羽”訛作“州”，因又訛作“洲”，皆可比勘。

佚名《文殊師利耶曼德迦呪法》：“畫像了，首翻其功直，勿令畫人置怨。”（T1218v21p0094b）日本壽靈述《華嚴五教章指事》：“酬，時周反，傳云報也，有本云作‘翻’。”（T2337v72p0236c）“翻”亦皆“酬”字之訛。

1967 醅

元覺岸編《釋氏稽古略》：“觀人生之天性，抱妙氣而清靜。感物外以動欲，心攀緣而成眚。過常發於外塵，累必由於前境。懷貪心而不厭，縱内意而自騁。耳流連於絲竹，眼轉移於五色。香氣醅起，觸鼻發識。舌之受味，甘口噉食。身之受觸，以自安怡。細腰纖手，弱骨豐肌。附身芳潔，觸體如脂。狂心迷惑，倒懸自欺。”（T2037v49p0800c）

按：“醅”即“馞”字之訛。唐道宣撰《廣弘明集》：“至如香氣馞起，觸鼻發識。晼晚追隨，氤氲無極。蘭麝夾飛，如鳥二翼。若渴飲毒，如寒披棘。舌之了味，衆塵無有。大苦鹹酸，莫不甘口。噉食衆生，虐及飛走。唯日不足，長夜飲酒。悖亂明行，罔慮幽咎。”（T2103v52p0336b）與“醅”對應之字作“馞”。《玉篇·香部》：“馞，蒲骨切。大香也。”爲形容香氣盛貌之詞，故字從“香”。

1968 醋

日本凝然述《梵網戒本疏日珠鈔》：“疏：‘不得嘗酒等’者，《沙彌經疏》第二云：少歠知味好惡，名爲嘗酒也；以鼻就器而攬氣息，名爲嗅酒也；不濾汁，和糟而飲，名爲粥酒，亦曰煮粥；和麴釀之，經一兩宿取飲，名爲粥酒也；自飲惛亂，復以勸人，名爲以酒飲人也；諸藥相和醋之，名爲藥酒也。”（T2247v62p0175c）

按：“醋”即“醞”字之訛。《説文·酉部》：“醞，釀也。”“諸藥相和醞之，名爲藥酒也”，謂各種不同的藥調和在一起醞釀而成的酒稱作藥酒，作“醞”與文意合。唐普光述《俱舍論記》：“言窣羅酒，謂米、麥等如法蒸煮，和麴蘗汁，投諸藥物，醞釀具成，酒色香味，飲已惛醉，名窣羅酒。”（T1821v41p0229c）此亦言諸藥調和釀造藥酒，用“醞釀”。東晉法顯譯《佛説雜藏經》：“譬如[14]釀酒，線取淳味，糟無所直。”（T0745v17p0559b）本頁下注14：“釀=醞《三》《宫》。”“釀酒”亦可稱作“醞酒”。唐義淨譯《根本説一切有部毘奈耶雜事》：“爾時[2]嗢逝尼國人多疫死，喪輿相次，屍骸遍野。”（T1451v24p0305a）本頁下注2：“嗢=唱《聖乙》。”龍樹造、後秦筏提摩多譯《釋摩訶衍論》：“爾時文殊師利承佛神力，即説[9]嗢拕南頌曰……”（T1668v32p0642c）本頁下注 9：“嗢拕南＝唱咤南。”唐法寶撰《俱舍論疏》：“印度現有梵本流行，若言[15]唱陀南，此云集散。”（T1822v41p0468c）本頁下注 15：“唱＝嗢《甲》《乙》。”日本曇寂撰《金剛頂大教王經私記》：“住毘盧遮那佛心已，説此唱陀南曰：‘奇哉希有，我是普賢。堅固薩埵，自然出現。’”（T2225v61p0224a）唐玄奘、辯機撰《大唐西域記》：“上座部菩薩以[4]嗢呾羅頞沙荼月三十日夜降神母胎。”（T2087v51p0901a）本頁下注 4：“嗢呾＝唱《甲》。”“唱”皆“嗢”字之訛，可比勘。

1969 酧

日本審乘撰《華嚴五教章問答抄》：“《百緣經》第十云：‘給孤獨園有婆羅門，其妖産兒，容貌弊惡，飲母乳時，能使乳敗，唯以酧蜜塗指令乳，得濟軀命，因爲立命字曰黎軍支。’”（T2340v72p0761b）

按：“酧”即“酥”字之訛。三國吴支謙譯《撰集百緣經》：“佛在舍衛國祇樹給孤獨園。時彼城中有一婆羅門，其婦懷妊，足滿十月，産一男兒。容貌弊惡，身體臭穢。飲母乳時，能使乳壞。若雇餘者，亦皆敗壞。唯以[46]酥蜜塗指令舐，得濟軀命，因爲立字，號梨軍支。”（T0200v04p0251c）本頁下注 46：“酥＝蘇《聖》。”字本作“酥”，亦作“蘇”。字或作“酧”者，蓋刻書者誤以“酥”從“禾”得聲，故改換與“禾”同音的“和”作聲旁。

1970 䣓

日本賓運撰《祕藏金寶鈔》：“有口傳䣓師（勝賢曰：䣓師是醍醐勝覺也）往年悉地真言。”（T2485v78p0354a）

按：“醍醐勝覺”指日本醍醐寺座主勝覺，日人所撰佛學著作多見。日本勝賢記、守覺輯《祕鈔》：“以前作法雖傳之，未見本説。聖寶僧正村上御降誕之時行之，近又醍醐勝覺行之歟?”（T2489v78p0524c）“䣓”蓋“勝”字之訛，疑由“勝”與“醍醐”連用而誤改從“酉”。習用之後才有“䣓師”這樣的用法。

1971 醅

佚名《翻梵語》：“醅連然鉢底小河，應云熙連若婆底，譯曰有金。”（T2130v54p1045a）

按：唐玄奘、辯機撰《大唐西域記》："城西北三四里，渡阿恃多伐底河（唐言無勝，此世共稱耳。舊云阿利羅跋提河，訛也。典言謂之尸頼拏伐底河，譯曰有金河）。"（T2087v51p0903b）季羨林等《大唐西域記校注》："阿恃多伐底河：阿恃多伐底是梵文 Ajitavati 音譯，又作阿恃多跋利、阿爾（?）多𡁳底，略稱跋底河……此河又名希連河（梵文 Hiraṇyavatī，巴利文作 Hiraññavatī），别譯爲希連禪，醯連，熙連禪，熙連若婆底、醯連然鉢底、尸頼拏伐底，或義譯爲有金河、金河。"（p541）"醯"與"醯""熙""希""尸"皆爲梵文"hi"的譯音字。參考字形，疑"醯"即"醯"字之訛。

1972 醯

西晋竺法護譯《修行道地經》："其修行者，復更省察，已見内水，無有吾我，當觀外水，無有我耶？我依水乎？何謂外水？不在己者，根味、莖味、枝葉花實之味，[31]醍醐、麻油、酒漿、霧露，浴池、井泉、溝渠、澇水，江河、大海、地下諸水，是謂外水。"（T0606v15p0206c）本頁下注 31："醍醐＝醯醐《聖》，下同。"

按："醯"與"醍"爲版本異文，"醯"即"醍"改换聲旁的異構字。唐慧琳撰《一切經音義》卷二十八《正法花經》第八卷："䤵餬，徒奚反，下戶孤反。《通俗文》：'酪酥謂之䤵餬。'《經》文作'醯'，非也。"（T2128v54p0495b）西晋竺法護譯《正法華經》："綵幢幡、麻油燈、香油燈、醍醐燈。"（T0263v09p0116c）今本《大正藏》之《正法花經》作"醍"，慧琳所見本作"醯"，釋作"䤵"，"醯""醍""䤵"皆異構字。

1973 醶

南朝梁寶亮等集《大般涅槃經集解》："僧亮曰：上譬一生中有喜有不喜，此譬命終時也。牛譬經教，牧女譬行者，瓶譬人身，酪譬破戒，[13]酹譬持戒，城譬《涅槃經》，脚跌譬無常，瓶破譬命終。蘇已出外，漿不足惜，譬持戒人身利己出，餘不足顧，喻歡喜也。蘇在酪中，與瓶俱失，譬破戒人身利未出，與身俱喪，喻可愁惱也。"（T1763v37p0506c）本頁下注 13："酹＝醶《聖》。"

按："醶"與"酹"爲版本異文，"醶"即"漿"之分化字，"酹"則"醶"字之訛。北涼曇無讖譯《大般涅槃經》："善男子，譬如牧牛，有二女人，一持酪瓶，一持漿瓶，俱共至城而欲賣之。於路脚跌，二瓶俱破，一則歡喜，一則愁惱。持戒破戒亦復如是。持淨戒者心則歡喜，心歡喜故則便思惟。諸佛如來於涅槃中説有能持清淨戒者則得涅槃。我今修習如是淨戒亦應得之，以是因緣心則悦樂。”（T0374v12p0467b）《大般涅槃經》字本作“漿”，“漿”之“水”旁改作“酉”旁即成“醬”字，“酉”亦可作非酒類飲品義類字的形旁。字亦作“醬”，西晉竺法護譯《修行道地經》：“其修行者復，更省察，已見内水，無有吾我，當觀外水，無有我耶？我依水乎？何謂外水？不在己者，根味、莖味、枝葉花實之味，醍醐、麻油、酒[32]漿、霧露，浴池、井泉、溝渠、滂水，江河、大海、地下諸水，是謂外水。”（T0606v15p0206c）本頁下注 32：“漿＝醬《三》《宮》。”北涼沮渠京聲譯《治禪病祕要法》：“沸屎毒蛇，鐵丸鑊湯，刀林劍戟，百億棘刺，火河流銅，灰[11]漿膿血，是汝飲食。”（T0620v15p0336b）本頁下注 11：“漿＝醬《宮》。”唐義淨譯《根本説一切有部苾芻尼毘奈耶》：“若苾芻尼，知麨蜜糖油醋水[2]漿及醋乳酪餅果等有蟲而受用者，皆得墮罪。”（T1443v23p0982a）本頁下注 2：“漿＝醬《三》《宮》。”南朝齊僧伽跋陀羅譯《善見律毘婆沙》：“又日日獻賢聖蜜[5]漿，又獻塗香及闍提花。”（T1462v24p0680a）本頁下注 5：“漿＝醬《聖》。”“醬”皆“漿”的分化字。這個意義上的“醬”與指肉醬的“醬”爲同形字。

1974 醯

日本明覺撰《悉曇要訣》：“一、補盧沙（丈夫體），二、補盧杉，三、補盧崽拏，四、補盧沙耶，五、補盧沙頻，六、補盧殺沙，七、補盧鎩，第八加呼聲云醯補盧沙。”（T2706v84p0565b）

按：日本湛慧撰《成唯識論述記集成編》：“一、補盧沙（丈夫體），二、補盧衫，三、補盧崽拏，四、補盧沙耶，五、補盧頞，六、補盧教婆，七、補盧鎩，第八加呼聲云醯補盧沙。”（T2266v67p0013a）與“醯”對應之字作“醯”。日本安然撰《悉曇藏》：“一、補盧娑（丈夫體），二、補盧衫，三、補盧崽拏，四、補盧沙耶，五、補盧沙頞，六、補盧殺娑，七、補盧鎩，第八加呼聲云醯補盧娑。若云逝迷履底，是則女聲體。若云納逢去聲呼之索加，是則非男非女聲體。”（T2702v84p0385a）字亦作“醯”，爲梵文“（he）”的譯音字。日本淨嚴撰《悉曇三密鈔》：“，係、醯、繫、奚（隨求）。”（T2710v84p0747b）亦以“醯”爲“（he）”的譯音字，音皆相合。《悉曇要訣》當以“醯”字爲正，“醯”乃“醯”字之訛。

唐窺基撰《瑜伽師地論略纂》：“第三門中七例句者，即八轉聲。除第八呼，汎聲有三：一男，二女，三非男女。一一各有八：一體，二業，三具，四爲，五從，六屬，七依，八呼。今此即是。男聲中之一聲，詮目丈夫之七囀聲，如次配屬、體、業、具等。如樞要説。第八汎聲醢補盧沙，更無別義。”（T1829v43p0018c）與“醯”對應之字作“醢”，“醢”亦“醯”字之訛。《可洪音義》卷十三《賴吒和羅經》：“維醢，火兮反。”（v59p1036b）三國吴支謙譯《佛説賴吒和羅經》：“時國王名拘獵，與賴吒和羅少小親厚。王有一廬觀在城外，賴吒和羅飛往前入廬中。有樹名維醯勒，止坐其下。時王拘獵偶欲出到廬遊戲，勑廬監令豫掃除。廬監被勑，即行掃除，見賴吒和羅在維醯勒廬樹下坐。”（T0068v01p0870c）《可洪音義》之“醞”亦“醯”字之訛。

1975 醫

北宋元照撰《四分律行事鈔資持記》：“醫即酒滓，食麴能醉，於義難顯，故引多論決之。”（T1805v40p0322c）

按：“醫”即“澱”之分化字。《説文・水部》：“澱，滓滋也。从水，殿聲。”段注改釋義作“滓垽也”。“澱”之本義即沉澱下來的渣滓。亦可指酒渣，後秦弗若多羅、羅什譯《十誦律》：“若比丘飲穀酒，隨咽咽波逸提。若比丘飲木酒，隨咽咽波逸提。若比丘飲酢酒，隨咽咽波逸提。若飲甜酒，隨咽咽波逸提。若噉麴能醉者，隨咽咽波逸提。若噉酒糟，隨咽咽波逸提。若飲酒[42]澱，隨咽咽波逸提。若飲似酒色酒香酒味能令人醉者，隨咽咽波逸提。”（T1435v23p0121c）本頁下注 42：“澱＝醫《聖乙》。”“澱”或作“醫”，文中即用作酒渣之義。唐慧琳撰《一切經音義》卷五十八《十誦律》第十七卷：“酒澱，徒見反。《爾雅》：‘澱謂之垽。’郭注云：‘澱，滓也。’《律》文作‘醫’，非也。”（T2128v54p0694c）慧琳所見本作“醫”，釋作“澱”，以“醫”爲非，蓋謂此字不必造也。唐道宣撰《四分律刪繁補闕行事鈔》：“《十誦》：若飲似酒醋酒甜酒糟醫，若麴能醉人，咽咽墮。多論麴犯墮者，謂和酒麴乾持行者，若餘麴不犯。”（T1804v40p0085b）道宣所引《十誦律》亦作“醫”，蓋此字出自《十誦律》，未通行。

貝　部

1976 貶

唐玄奘譯《大乘大集地藏十輪經》：“七聖[2]財伏藏，無畏佛音聲。”（T0411v13p0727c）本頁下注 2：“財＝貶《三》。”

按：“貶”與“財”爲版本異文，“貶”即“財”字之訛。佛經中“七聖財”習見，唐窺基撰《妙法蓮華經玄贊》：“《顯揚論》云：七聖財者，謂信、戒、聞、捨、慧、慚、愧。”（T1723v34p0662b）

1977 賞

日本藏俊撰《因明大疏抄》："余不[10]賞不敏，輙申管見，未敢即爲允當。"（T2271v68p0604b）本頁下注 10："賞＝省ヵ，顯ヵ《原》。"

按："賞"與"省""顯"爲版本異文，"賞"即"省"字之訛，"目"旁訛作"貝"旁也。"不省"爲不明察之義，與文意合。

1978 貭

唐慧沼撰《金光明最勝王經疏》："一味界者，梵云阿羅婆，在脾胃間，飲食至此分爲二分：一佉羅界，即滓[1]質成大小便；二味界，即津味委資身分。"（T1788v39p0325b）本頁下注 1："質＝貭《原》。"

按："貭"與"質"爲版本異文，"貭"即"質"字之訛。日本明一集《金光明最勝王經註釋》："一味界者，梵云阿囉娑，在脾胃間，飲食至此分爲二分：一佉邏界，即滓質成大小便；二味界，即津味委資身分。二血。三肉。四膏。五骨。六髓。七腦界。"（T2197v56p0795b）與"貭"對應之字作"質"。北涼曇無讖譯《大方等大集經》："如法住者不求施果，又復發者求[10]覔受人，作者見來求者生慈愍心。"（T0397v13p0055c）本頁下注 10："覔＝質《宮》。""質"爲"覔"字之訛，亦可比勘。

1979 貮

龍樹造、後秦鳩摩羅什譯《大智度論》："四天王天乃至阿迦[10]尼吒天，皆亦擁護是菩薩不令有礙，是菩薩所有重罪現世輕受。"（T1509v25p0332c）本頁下注 10："尼＝貳《宋》《宮》，膩《元》《明》。尼吒＝貮咤《聖》。"

按："貮"與"貳""膩""尼"爲版本異文，"貮"即"貳"字之訛，"貳"與"膩""尼"爲同一梵文的不同譯音用字。北涼曇無讖譯《悲華經》："乃至阿迦[5]貳吒天。"（T0157v03p0204a）本頁下注 5："貳＝膩《三》。"字即作"貳"。參 1988"賦"字條。

1980 賗

元覺岸編《釋氏稽古略》：“自微子至厲公賗年不可考。”（T2037v49p0751a）

按：四庫本與“賗”對應之字作“鮒”，“賗”即“鮒”字之訛。《史記·宋微子世家》：“微子啟卒，立其弟衍，是爲微仲。微仲卒，子宋公稽立。宋公稽卒，子丁公申立。丁公申卒，子湣公共立。湣公共卒，弟煬公熙立。煬公即位，湣公子鮒祀弑煬公而自立，曰：‘我當立。’是爲厲公。”字即作“鮒”。

1981 賖

失譯《大方廣十輪經》：“賖彌（二十一）遮迦囉斯（二十二）。”（T0410v13p0685b）

按：“賖”即“賒”字之訛。唐慧琳撰《一切經音義》：“賖貰，始遮反，下時夜反。《説文》：‘貰，買也。貰，貸也。’《廣疋》：‘貰，賒也。’”（T2128v54p0790a）“賖”亦“賒”字之訛。參1984“賖”字條。

佚名《佛説地藏菩薩陀羅尼經》：“賝彌（二十一）遮迦囉斯（二十二）。”（T1159Bv20p0659b）與“賖”對應之字作“賝”，“賝”乃“賒”字之訛。日本安然撰《觀中院撰定事業灌頂具足支分》：“次誦此密語解所掩眼物，密語曰：唵跋折羅薩埵 薩嚩（無可反）焰帝提（田[9]賒反。爲汝親開目）。”（T2393v75p0293b）本頁下注9：“賒=賝《乙》。”“賝”亦“賒”字之訛。

1982 賝

日本仁海撰《小野六帖》：“梨邪（禮奚、余賝反）。”（T2473v78p0083a）

按：“賝”爲“邪”之切下字，根據音韻關係並參考字形，“賝”即“賒”字之訛。參上條。

1983 賝

隋吉藏撰《中觀論疏》：“眼見如此，欲令分明，故重説也。言異者現見語

總，眼見語别，又現見語賒，眼見語切，又現見攀境就心，眼見偏就於心，又現見簡因緣。”（T1824v42p0039b）

按：“賒”即“賖”“賒”之訛，“語賖/賒”與“語切”相對，“賖/賒”爲疏遠義，“切”爲貼近之義，與文意合。

失譯《大乘悲分陀利經》：“遮湊（叉書切）阿婆娑昵陀　梨賒禰闍那盧迦馱妬波羅婆娑帝　薩悏寅泥利耶浮磨帝迦蘭帝　娑婆娑婆婆磨薩憊波羅他匐叉 裔伽隷瞿迦嗏　婆陀禰盧迦㲍陀利舍那毘復。此是四神足解脱句。”（T0158v03p0240c）又：“遮湊（叉書反）阿婆娑昵　阿梨賖禰闍那盧迦妬妬波羅婆娑帝　薩悏寅坻利耶浮磨帝迦蘭帝娑娑婆婆　婆摩薩憊　波羅他匐叉襄伽隸　瞿迦嗏婆陀禰　盧迦㲍陀利舍那毘復。此是四神足解現句。”（T0158v03p0236b）與“賒”對應之字爲“賖”，“賒”亦“賖”字之訛，“佘”旁訛作“奈”旁也。

1984 賒

北魏曇曜譯《大吉義神呪經》：“南無諸佛衆生真濟於一切法得自在者，七佛真濟毘婆尸、尸棄、比[5]賒婆阜、訖囉迦孫陀、迦那迦牟尼、迦葉、釋師子，兩足之尊有大名稱，彌勒在兜率天上與大衆圍繞。”（T1335v21p0568a）本頁下注5：“賒＝賖《三》。”

按：“賒”與“賖”爲版本異文，“賒”即“賖”字之訛。失譯《六字大陀羅尼呪經》：“爾時婆伽婆告長老阿難言：汝來阿難，汝莫驚怖。阿難，汝當受持六字大陀羅尼呪，爲令四衆利益安隱安樂吉祥行故而説呪曰：斯（須何反）地（除隷反）梯（吐稽反）曇（徒紺反）安（於軻反）茶（徒嫁反）隷般茶（徒嫁反）隷葛羅馳（除寄反）稽由隷 薩帝　婆帝　耶賒婆帝　底闍婆帝　頻頭摩帝。”（T1046v20p0043c）佚名《陀羅尼雜集》：“爾時婆伽婆告長老阿難言：汝來阿難，汝莫驚怖。阿難，汝當受持六字大陀羅尼呪，爲令四衆利益安隱安樂吉祥行故而説呪曰：斯（須何反）地（除餘反）梯（吐稽反）曇（徒紺反）茶（徒嫁反）隷般茶（徒嫁反）隷葛囉馳（除奇反）稽由隷　薩帝　婆帝　耶[16]賖婆帝　底闍婆帝　頻頭摩帝。”（T1336v21p0623b）本頁下注16：“賖＝𨽿《三》。”與“賒”對應之字作“賖/賒”，異文作“𨽿”。林光明《新編大藏全咒》卷五《六字大陀羅尼呪經》“六字大陀羅尼呪”中“賒”的梵文羅馬轉寫作“śa”（v5p366）。根據對音關係，當以“賖/賒”字爲正，“賒”爲“賖”字之訛，“𨽿”當爲刻書者誤認“賒”爲“隸”字的異寫而轉寫作“𨽿”。

《可洪音義》卷七《陀羅尼集經》第四卷：“皤賒，上步何反，下尸遮反。”（v59p801b）唐阿地瞿多譯《陀羅尼集經》：“外院北面，從東頭先安摩訶稅多（唐云大白觀世音也），次摩訶室唎曳，次隨心觀世音，次一瑳三跋底伽羅，次阿牟伽皤賖（唐云不空羂索），次苾俱致，次毘摩羅末知。”（T0901v18p0815a）《可洪音義》卷二十七《法顯傳》：“摩賒，尸遮反。”（v60p444c）東晉法顯記《高僧法顯傳》："北二三里有尸[5]磨賖那。尸[*]磨賖那者，漢言棄死人墓田。"（T2085v51p0863a）本頁下注 5："磨＝摩《三》《宮》[*]。""賒"亦皆"賖/賒"字之訛。

"賖"或寫作"賒"（見《可洪音義》v59p590b），"賖"右下所從之"未"之首筆一横寫成兩點即成"賒"形。隋闍那崛多譯《發覺淨心經》："世尊，譬如有人渴欲飲水。若至泉池若陂若井，[7]未飲其水先擲糞穢置中。擲糞置已，還欲飲水，聞水臭穢，憎惡不飲，不説自汚因緣，反説彼過。"（T0327v12p0046b）本頁下注 7："未＝米《宋》。"南朝梁寶唱等集《經律異相》："往古世時，有閑居一象，生一子，墮地[13]未久，其母終亡。"（T2121v53p0247a）本頁下注 13："未＝米《宋》。"失譯《牟梨曼陀羅呪經》："又以豆黄[49]末和蒲桃甜漿作餅。"（T1007v19p0667c）本頁下注 49："末＝米《甲》。"前兩例"米"爲"未"字之訛，後一例"米"爲"末"字之訛，皆横上一横寫作兩點之例，可資比勘。

1985 賨

唐窺基撰《妙法蓮華經玄賛》："[2]商者，《説文》：'行賣也。'"（T1723v34p0773a）本頁下注 2："商＝賨《聖》。"

按："賨"與"商"爲版本異文，"賨"即"賫"字之訛，"賫"爲"商"之分化字。《説文·貝部》："賫，行賈也。从貝，商省聲。"此即窺基之所本，字本作"賫"。

1986 贎

日本安澄撰《中論疏記》："所言'帙'者，《玉篇》作'[6]衺'字，除贎反。《蒼頡篇》：'[*]衺，纏也。'《説文》亦'帙'字也，在《巾部》也，有本作'帙'字。《説文》：書衣也。亦'帙'字。《玉篇》亦作'帣'字，居瑗反，囊也。三解［斛］爲一帣也。"（T2255v65p0232c）本頁下注 6："衺＝袠《甲》[*]。"

按："贎"即"暱"字之訛。"袠"爲"袠"之書寫變異，"衺"又"袠"字之訛。"暱"爲"袠"之切下字，與讀音合。"暱"或作"贎"者，"日"旁訛作"貝"旁也。

1987 賰

唐般若譯《大乘理趣六波羅蜜多經》："爾時迦嚕拏王爲欲擁護國王大臣及受

持經者説迦嚕拏王理趣真言曰：……慕（上）𧷤（去）誐麽哩補（九）。”（T0261v08p0874a）

按：林光明《新編大藏全咒》卷九《大乘理趣六波羅蜜多經》“擁護真言（迦嚕拏王説）”中“𧷤”之梵文羅馬轉寫作“taṃ”（v9p179）。日本淨嚴撰《悉曇三密鈔》：“ꣳ，擔（日經）、淡、丹（日經）、單（寶篋印）、亶（法花）、耽（大疏）、膽（隨求）。”（T2710v84p0744b）“膽”爲“ꣳ（taṃ）”之譯音字，疑“𧷤”爲“膽”字之訛。唐道宣撰《續高僧傳》：“釋慧簡，不知何許人。梁初在道，戒業弘峻，殊奇[24]膽勇。”（T2060v50p0646b）本頁下注24：“膽＝贍《三》《宮》。”又：“時建業僧正，令嵩、貴二人對弘小論，神理疏暢，贍勇當時。”（T2060v50p0501c）又：“貞觀年中，召入參譯，綴文證義，倫次可崇。製翻經館序，控情置列，贍勇豐矣。”（T2060v50p0534c）又：“沙門靈裕，行解相高，內外通[27]贍，亦當時之難偶也。”（T2060v50p0549c）本頁下注27：“贍＝膽《宮》。”前三例“贍”皆“膽”字之訛，後一例“膽”爲“贍”字之訛，可證“月”旁與“貝”旁或混誤。

1988 賦

唐道掖集《淨名經集解關中疏》：“閻浮提人，亦登其階。上昇忉利，見彼諸天妙喜世界，成就如是無量功德。上至阿迦賦吒天，下至水際。以右手斷取如陶家輪，入此世界，猶持華鬘示一切衆。肇曰：嚴淨之土，福慶所集。人天之報，相殊未幾。故同路往返，有交遊之歡娛。又解：忉利，此云三十三也。阿迦賦吒，此云色究竟。”（T2777v85p0496c）

按：“賦”即“膩”字之訛。“阿迦膩吒天”，佛經習見。唐慧琳撰《一切經音義》：“阿迦膩吒天，膩音尼智反，梵語也。亦有作‘尼’者，訛言呼爲尼。”（T2128v54p0559b）遼希麟集《續一切經音義》：“阿迦膩吒，梵語也。具足應云阿迦尼瑟吒，此譯云色究竟也。言其色界十八天中此最終極也。又云無小餘天，互望亦大亦小，此之一天唯大無小，故以爲名。”（T2129v54p0938a）字皆作“膩”。“膩”訛作“賦”者，“月”旁訛作“貝”旁，“貳”左上誤加一橫所致。

1989 賿

唐法琳撰《辯正論》：“[20]覆蔽世俗，惑亂物心。”（T2110v52p0533b）本頁下注20：“覆蔽＝朦覆《宋》《元》，賿覆《明》。”

按：“賿覆”與“朦覆”“覆蔽”爲版本異文，“賿”即“朦”字之訛，“朦”又與“蒙”通。“覆蔽”義當以“蒙”字爲正，或用“朦”，“賿”則

“朦”字之訛，“月”旁訛作“貝”旁也。

1990 賻

唐善無畏譯《大毘盧遮那經廣大儀軌》：“滿意天子真言曰：（一）阿唵㗚賻恥弊（二）娑嚩（二合）賀。”（T0851v18p0104a）

按：“賻”即“聹”字之訛，“耳”旁訛作“貝”旁也。唐法全撰《大毘盧遮那成佛神變加持經蓮華胎藏悲生曼荼羅廣大成就儀軌供養方便會》：“滿意天子真言曰：曩莫三滿多没馱喃（引）阿唵㗚聹恥弊（二）娑嚩（二合）賀（引）。”（T0852v18p0121b）與“賻”對應之字作“聹”。日本淨嚴撰《悉曇三密鈔》：“ན，甯、泥、禰、寧、聹（胎軌）、顮（隨求）。”（T2710v84p0745a）“聹”即“ན（ne）”之譯音字。

1991 賸

東漢支婁迦讖譯《道行般若經》：“然在乎證者，莫不[4]賸其生無而惶肱［眩］。存乎邇者，莫不忿其蕩冥而誕誹。”（T0224v08p0425a）本頁下注4：“賸＝瞋《元》《明》。”

按：正文“賸”，注文作“瞋”，異文作“瞋”，“瞋”即“矉”之俗字，“賸”爲“矉”字之訛，“瞋”爲“瞋”字之訛。清嚴可均《全晉文》第一百五十八卷《道行般若多羅蜜經序》：“然存乎證者，莫不矉其生無而惶眩。存乎迹者，莫不忿其蕩冥而誕誹。”與“賸”對應之字作“矉”。《説文・目部》：“矉，恨張目也。从目，賓聲。《詩》曰：‘國步斯矉。’”《玉篇・目部》：“瞋，裨身切。恨張目。”本義爲“恨張目”，文中“矉”與下文的“忿”相對，當爲恨義。

見　部

1992 覘

南宋法雲編《翻譯名義集》：“彼國兵衆疑有異術，密遣使[11]覘（勅廉），但見君臣安然，共聽其所講經，明地神王護國之法。”（T2131v54p1068b）本頁下注11：“⿰古見勑廉=覘《明》《甲》。”

按：“⿰古見”與“覘”爲版本異文，“⿰古見”即“覘”字之訛，“占”旁訛作“古”旁也。“⿰古見”自注反切“勑廉”，與“覘”字讀音合。唐靖邁撰《古今譯經圖紀》：“彼國兵衆疑有異術，密遣使覘，但見君臣安然，共聽其所講大乘經，明地神王護國之法。”（T2151v55p0348b）與“⿰古見”對應之字正作“覘”。“覘”有窺視之義，與文意亦合。

1993 ⿱分見

日本曇寂撰《大日經住心品疏私記》：“瞿曇仙、末建拏、竭伽仙、嚩私仙、⿱分見竭羅私。”（T2219v60p0594b）

按：“⿱分見”即“瓫”字之訛。唐一行記《大毘盧遮那成佛經疏》：“瓫竭羅私（是身汗液義也。此仙不從胎生，從汗液而生，故得名也）。”（T1796v39p0744a）日本杲寶撰《大日經疏演奧鈔》：“迦葉者，《經》云迦攝（光云：以上鈔主依安然説而會異名，《軌》者，皆指《青龍軌》），《軌》云阿詣羅也。今文瓫竭羅私者，即迦葉梵名歟。”（T2216v59p0534a）與“⿱分見”對應之字皆作“瓫”。日本安然撰《大日經供養持誦不同》：“[12]瓫竭囉私（是身汗液義也。此仙不從胎生，從汗液而生，故得名也），私云：迦葉驕答摩（瞿曇），末建拏（亦云阿跌哩），竭伽（或云毘哩瞿），婆私（婆藪）倪剌婆（*瓫竭剌婆，亦云阿詣羅）。”（T2394v75p0350c）本頁下注12：“瓫=⿱分鳥《乙》*。”字又或用“⿱分鳥”。日本明覺撰《悉曇要訣》：“𑖀𑖐𑖨⿱分鳥誐羅，此云火，《義釋》直云阿伽羅。”（T2706v84 p0526a）又：“又⿱分鳥𑖀俱梨云指，然《梵漢雙對集》云‘[3]⿱分鳥戍梨’（二處有之），是[illegible]相濫也。”（T2706v84p0537b）本頁下注3：“⿱分鳥=盆《甲》。”“⿱分鳥”“盆”皆可爲“𑖀（a）”的譯音字。“瓫”爲“盆”的異構字，亦可爲“𑖀（a）”的譯音字。

“瓫”或寫作“⿱分几”（見《可洪音義》v60p228c）、“⿱分㐫”（見《可洪音義》v60p229c）等形，下所從之“瓦”或與“見”形近，故“瓫”或訛作“⿱分見”。

1994 ⿰亚見

唐道世撰《法苑珠林》：“明嘗行水傍祠，巫[9]覡自云，神見之皆奔走。”（T2122v53p0409a）本頁下注9：“覡=⿰亚見《宋》《元》《宮》。”

按：“⿰亚見”與“覡”爲版本異文，“巫覡”習見，“⿰亚見”即“覡”字之訛。“覡”或寫作“⿰巫見”（見《龍龕・見部》）、“⿰亚見”（見《可洪音義》v60p379a），“⿰亚見”與“⿰巫見”“⿰亚見”形近。

“巠”或寫作“巫”（見金韓孝彥、韓道昭《四聲篇海·土部》“巠”字條），“巫”或寫作“巫”（見《偏類碑別字·工部》“巫”字條引《魏廣陽王妃墓誌》），“巫”與“巠”異寫同形，故兩字作偏旁或混誤。

1995 䚂

日本皇慶撰《隨要記》：“又於字上想生火焰，夾取彼罪，誦此密語：唵跋折囉跋寧（執金剛也）密薩普吒耶（摧破）薩婆幡耶（一切惡趣也）漫陀那寧（繫縛）鉢囉慕乞沙耶（解脱）薩婆播波（一切罪障也）猲底弊（毘耶反。䚂中也）薩婆薩埵嚩（無可反）南（一切衆生也）薩婆怛他揭多跋折羅三摩曳（乎）味怛囉吒。”（T2407v75p0819c）

按：唐金剛智譯《金剛頂瑜伽中略出念誦經》：“又於字上想生火焰，夾取彼罪，誦此密語：唵　跋折囉　跛寧（執也）蜜薩普吒耶（摧破）薩婆婀播耶（一切惡趣也）漫陀那寧（繫縛也）鉢囉（二合）慕乞沙耶（解脱）薩婆播波（一切罪障也）揭底弊（毘耶反。趣中）薩婆薩埵縛（無可反）南（一切衆生）薩婆怛他揭多跋折囉三摩曳（平）吽怛囉（二合）吒。”（T0866v18p0250b）與“䚂”對應之字作“趣”，“䚂”即“趣”字之訛，“走”旁訛作“見”旁也。唐義淨撰《梵語千字文》：“𑖐𑖝𑖰，譏底，趣。”（T2133Bv54p1207a）“譏底”“揭底”皆“𑖐𑖝𑖰（gati）”的譯音字，“譏底”譯作“趣”與“揭底弊”譯作“趣中”亦相合。

1996 覫

唐道世撰《法苑珠林》：“隋蔣州大歸善寺釋慧偘，姓楊，晉陵曲阿人也。靈通幽顯，世莫識之，而[7]翹敬尊像，事同真佛，每見立像，不敢輒坐。”（T2122v53p0494a）本頁下注7：“翹＝覫《宮》。”

按：“覫”與“翹”爲版本異文，即“翹”字之訛。唐道宣撰《續高僧傳》：“釋慧偘，姓湯，晉陵典河人也。少受學於和闍梨，和靈通幽顯，世莫識其淺深，而翹敬尊像，事同真佛，每見立像，不敢前坐。”（T2060v50p0652b）佚名《神僧傳》：“釋慧偘，曲阿人也，住蔣州大歸善寺。靈通幽顯，世莫識之，而翹敬尊像，事同真佛，每見立像，不敢輒坐。”（T2064v50p0979b）與“覫”對應之字皆作“翹”。“翹敬”即崇敬義，“翹”有舉義，舉首仰望，深敬之貌也。

1997 𧢍

佚名《西方陀羅尼藏中金剛族阿蜜哩多軍吒利法》:“惡風雷雹[2]𧢍電霹靂惡星變怪一切疾病河海等難。”(T1212v21p0054a)本頁下注2:“𧢍=颯[カ]《原》。”

按:“𧢍”與“颯”爲版本異文,“𧢍”即“覢”字異寫,“颯”又“𧢍”字之訛。北宋楚圓集《汾陽無德禪師語録》:“驅雷風,擊覢電。”(T1992v47p0623a)唐菩提流志譯《佛説文殊師利法寶藏陀羅尼經》:“風雷閃電霹靂之患不相損害。”(T1185Av20p0793b)唐慧琳撰《一切經音義》卷四十二《大威德陀羅尼經》第十二卷:“覢電,又作‘睒’,同,式冉反。《説文》:‘暫見也。’《經》文作‘閃’,窺頭也。”(T2128v54p0583a)又卷五十六《佛本行集經》第十八卷:“覢電,又作‘睒’,同,式冉反。《説文》:‘蹔見也。’亦不定也。《經》文作‘閃’,閃,窺頭也。”(T2128v54p0680b)“覢”有忽然出現之義,古代文獻中今之“閃電”之“閃”或用此字。文中“𧢍電”與“霹靂”連用,“𧢍”即“覢”字之訛。

1998 覿

唐圓照撰《貞元新定釋教目録》:“前涼張氏都姑臧(新上餘録無年,依[10]覿鸞録多從晋年號)。”(T2157v55p0815c)本頁下注10:“覿=甄《乙》。”

按:“覿”與“甄”爲版本異文,“覿”即“甄”字之訛。唐智昇撰《開元釋教録》:“前涼張氏都姑臧(新上餘録無年,依甄鸞録多從晋年號)。”(T2154v55p0519a)與“覿”對應之字正作“甄”。

里 部

1999 曇

日本觀静撰《孔雀經音義》:“或惡冒送。冒,亡報反。從曰[冃]目。音曰

[冃]，音亡到反，從門，二音。《玉篇》云：‘《尚書》：“冒聞于上帝。”孔安國曰：“冒被四表，上聞于天也。”又覆也，象也。’《韻詮》曰：‘冒，犯也，覆也，貪也。’或作‘冐’。又云作‘覔’字，[23]曇音覔，突而進。又覔頓，凶號也。”(T2244v61p0773b）本頁下注 23：“曇＝里云《甲》。”

按：底本作“曇”，甲本作“里云”，文意皆不通。疑“曇音覔”乃“覔音曇”之誤，“曇”爲“墨”字之訛。《集韻・德韻》密北切：“覔，突前也。”小韻代表字爲“墨”。《史記・韓信盧綰列傳》“匈奴冒頓大圍信”唐司馬貞索隱：“冒，音墨，又音莫報反。”“覔音墨”，用“墨”給“覔”字注音，與文意相合。

2000 ⿰里弓

日本安然撰《悉曇藏》：“𑖀噁𑖁阿𑖂億𑖃伊𑖄侑𑖅憂𑖊哩𑖋[3]愛。”(T2702v84p0408c）本頁下注 3：“愛＝⿰里弓《原》。”

按：“⿰里弓”與“愛”爲版本異文，二字皆“𑖋（ai）”之譯音字，“⿰里弓”即“野”字之訛。參下兩條。

2001 ⿰里亏

日本淳祐集《悉曇集記》：“更取下魯留盧樓四音足爲十四，攝置中央，阿阿伊伊憂憂魯盧留樓哩⿰里亏等。”(T2705v84p0484b）

按：“⿰里亏”即“野”字之訛。日本安然撰《悉曇藏》：“𑖊哩𑖋⿰里亏（上烏奚反，梵音以哩字上聲稍長呼之。下烏禮反，梵音以愛字稍短作聲呼之）。”(T2702v84p0412a）“⿰里亏”爲“𑖋（ai）”之譯音字。

2002 ⿰里号

日本安然撰《悉曇藏》：“𑖕闍𑖢波𑖚荼𑖋⿰里号𑖝鐔。”(T2702v84p0410b）

按：同上經：“𑖊哩𑖋⿰里号此下六字無長短音。”(T2702v84p0409a）又：“𑖀噁𑖁阿𑖂億𑖃伊𑖄侑𑖅憂𑖊哩𑖋[3]愛。”(T2702v84p0408c）本頁下注 3：“愛＝⿰里弓《原》。”字又作“⿰里亏”。“⿰里弓”“⿰里亏”皆“𑖋（ai）”之譯音字。同經：“《大涅槃經・文字品》云：𑖀噁𑖁阿𑖂億𑖃伊𑖄郁𑖅優𑖊哩𑖋野𑖌烏𑖍炮。”(T2702v84p0407b）“𑖋（ai）”之譯音字作“野”，據形推之，“⿰里弓”“⿰里亏”皆

“野”字之訛。《可洪音義》卷六《入楞伽經》第八卷：“疥野犴，中羊者反。”（v59p741a）“野”乃“野”字異寫，“野”“野”與“野”形近。

2003 𨤿

北涼沮渠京聲譯《治禪病祕要法》：“大梵天王掌中有轉輪印，轉輪印中有白蓮花，白蓮華上有天童子，手擎乳[14]湩，從如意珠王出，以灌諸脈。乳漸漸下，至於心端。”（T0620v15p0333c）本頁下注 14：“湩＝𨤿《宮》。”

按：“𨤿”與“湩”爲版本異文，“𨤿”即“𪏠”字之訛。鄭賢章《漢文佛典疑難俗字彙釋與研究》：“《龍龕手鑑·孚部》‘湩’作‘𪏠’。‘𨤿’與‘𪏠’形體近似。”（p144）近之。《説文·水部》：“湩，乳汁也。从水，重聲。”《集韻·用韻》竹用切：“湩、䣊、𨤿，乳汁也。或从乳，亦省。”“䣊”乃“湩”之異構，爲從乳重聲的形聲字。《可洪音義》卷八《摩訶摩耶經》：“乳𪏠，都弄反。乳汁也。正作‘湩’也。又竹用、都捧二反。”（v59p822c）“𪏠”爲“䣊”之異寫，“𨤿”即“𪏠”字之訛。參 0692“𪏠”字條。

2004 𨤾

西晉竺法護譯《正法華經》：“荆棘[33]𨤾身。”（T0263v09p0081c）本頁下注 33：“𨤾＝𠟴《宋》《元》《宮》，𠢕《明》。”

按：“𨤾”與“𠟴”“𠢕”爲版本異文，“𨤾”即“𨤻”字之訛，文中通作“剺”，“𠟴”“𠢕”皆“剺”之書寫變異。《説文·刀部》：“剺，剥也，劃也。”文中當用劃義。唐玄應撰《一切經音義》（海山仙館本）卷七《正法華經》第三卷：“剺身：又作‘剺’，同，力咨反。《三蒼》云：‘剺，劃也。’《經》文作‘𨤻身’，非字體也。”玄應所見《正法華經》字作“𨤻”，釋作“剺”，“𨤻”通作“剺”。唐慧琳撰《一切經音義》（獅谷白蓮社本）卷二十八《正法花經》第三卷：“𠠊身，又作‘𠟴’，同，力咨反。《三蒼》：‘𠟴，劃也。’《經》文作‘𨤻身’，非字體也。”“剺”作“𠠊”“𠟴”。

2005 𨤽

唐慧沼述《成唯識論了義燈》：“此具如彼三處所説，於百年外在波吒𨤽子城雞園寺内，説此城由，具如《大唐西域傳》及真諦部執疏説。”（T1832v43p0659b）

按："⿱利里"爲"釐"字之訛。唐玄奘、辯機撰《大唐西域記》："自爾之後，因名波吒釐子城焉。"（T2087v51p0911a）與"⿱利里"對應之字作"釐"。日本照遠撰《資行鈔》："大天者，昔末土羅國有一商主，妻室生一男子，顏容端正，曰之大天。商主他國展轉貿易，久不還，其子長大，穢於母。後聞父還，恐怖，與母設計殺父，欲彰，故逃隱至波吒⿸厂⿱利里城。"（T2248v62p0860b）"釐"又作"⿸厂⿱利里"，"⿱利里"即"⿸厂⿱利里"之省變。參 2007 "⿸厂⿱利里"字條。

2006 ⿱秋里

唐不空譯《一切如來心祕密全身舍利寶篋印陀羅尼經》："若復有人慳貪業故生貧窮家，衣不隱身，食不續命。⿱秋里瘦衰蔽，人所惡賤。"（T1022Bv19p0714b）

按：疑"⿱秋里"即"黧"字之訛。唐張參《五經文字・火部》："黧，音黎。黑也。""黧瘦"即黑瘦之義。《集韻・支韻》："⿸疒黧，黧瘦也。"《太平廣記・神仙十八・劉法師》："唐貞觀中，華陰雲臺觀有劉法師者，鍊氣絶粒，迨二十年，每三元設齋，則見一人，衣縫掖，面黧瘦，來居末坐，齋畢而去。""黧瘦"皆黑瘦之義。《可洪音義》："⿱利里黑，上力夷反。正作'黧'。又音黎。"（v59p597a）"黧"又作"⿱利里"，"黑"旁訛作"里"旁。"⿱秋里"即"⿱利里"之進一步錯訛。

2007 ⿸厂⿱利里

日本照遠撰《資行鈔》："佛滅百有餘年，無憂王時，大天起乖諍。大天者，昔末土羅國有一商主，妻室生一男子，顏容端正，曰之大天。商主他國展轉貿易，久不還，其子長大，穢於母。後聞父還，恐怖，與母設計殺父，欲彰，故逃隱至波吒⿸厂⿱利里城……聞已求出家，不久通達三藏，善化道波吒⿸厂⿱利里城皆信仰，無憂王數恭敬供養，彼自稱羅漢。"（T2248v62p0860b）

按："⿸厂⿱利里"即"釐"的異構字。日本安澄撰《中論疏記》："昔末土羅國有一商主，少聘妻室，生一男子，顏容端正，字曰大天。持寶遠適他國，展轉貿易，經久不還。其子長大，染穢於母。後聞父還，心既怖懼，與母設計，遂殺其父。事漸彰露，便語其母，逃隱波吒釐城。"（T2255v65p0052b）"釐"在這裏爲譯音用字，"波吒釐城"又作"波吒梨城""波吒釐子城""波羅利子城"，摩揭陀國之故城。東晋瞿曇僧伽提婆譯《中阿含經》："一時佛般涅槃後不久，衆多上尊名德比丘，遊[7]波羅利子城住在雞園，是時第十居士八城。"（T0026v01p0802a）本頁下注 7："Pāṭaliputta。"唐玄奘、辯機撰《大唐西域記》："殑伽河南有故城，周七十餘里，荒蕪雖久，基址尚在。昔者，人壽無量歲時，號拘蘇摩補羅城（唐言香花宮城）。王宮多花，故以名焉。逮乎人壽數千歲，更名波吒釐子城（舊曰巴連弗邑，訛也)。”(T2087v51p0910c)季羨林等《大唐西域記校注》注釋：“波吒氂子城：波吒氂子，梵文作 Pāṭaliputra，波吒氂是 pāṭali 的譯音，putra 義云‘子’；音譯又作波羅利弗多羅……”(p623-624)據此，“波吒氂子”“波羅利子”皆梵漢合璧詞，“氂”“梨”“利”皆梵文“li”的譯音字。

“氂”或作“𨤲”者，《説文·里部》：“氂，家福也。从里，𠩺聲。”本爲從里𠩺聲的形聲字。然聲旁“𠩺”文獻不用，故將字的上部改從“𥝢”。“𥝢”乃“利”的書寫變異形式，此乃改造聲旁以提高聲旁表音透明度之字。

2008 ⿰里敫

唐道世撰《法苑珠林》：“竊聞，孝誠忠敬，高邁董[37]⿰里敫之賢；反慢尊親，罪過王寄之逆。是以木非親母，供則響溢千齡；凡非聖僧，敬則光逾萬代。理應傾心頂戴，獲福無邊。”(T2122v53p0654c)本頁下注 37：“⿰里敫 = ⿰黑敫《宮》。”

按：“⿰里敫”與“⿰黑敫”爲版本異文，“⿰里敫”即“⿰黑敫”字之訛，“黑”旁訛作“里”旁也。四庫本《法苑珠林》亦作“⿰黑敫”。《王仁昫刊謬補缺切韻一·檻韻》於檻反：“⿰黑敫，董⿰黑敫，出《孝子傳》。”“董⿰黑敫”，文獻多作“董黯”，唐智昇撰《開元釋教録》：“《父母恩重經》一卷(《經》引丁蘭、董黯、郭巨等，故知人造。三紙)。”(T2154v55p0673a)《永樂大典·卷一萬八百十四·六姥·母》：“殺讎祭母。《五典毓蒙格言》：後漢董黯，事親至孝。比舍王寄母曰：‘夫人家貧，有何供養而肥悦?’黯母曰：‘我子孝順，不爲非法，身心安樂，故肥耳。’黯母復問：‘夫人大富，美味充饒，何瘦如此?’寄母曰：‘我子不孝，每爲非法，使我懷憂，故如是。’寄聞之，遂入室曳黯母於牀下，毆辱之而去。黯既知，默然不言。母亡葬畢，乃斬寄頭祭母墳。自縛詣官。帝聞其異行，赦之。”

足　部

2009 跓

日本凝然述《五教章通路記》：“問曰：‘何故造此《中論》?’答曰：‘有人言萬物從大自在天生，有人言從韋[1]跓天生，有人言從和合生，有人言從時生，有人言從世性生，有人言從變生，有人言從自然生，有人言從微塵生。有如是等謬故，墮於無因邪因斷常等邪見。’”(T2339v72p0433a)本頁下注 1：“跓 =

紐[1]《原》。”

按：“跓”與“紐”爲版本異文。龍樹造、青目釋、後秦鳩摩羅什譯《中論》：“問曰：‘何故造此論?’答曰：‘有人言萬物從大自在天生，有言從韋紐天生，有言從和合生，有言從時生，有言從世性生，有言從變生，有言從自然生，有言從微塵生。有如是等謬故，墮於無因邪因斷常等邪見。’”（T1564v30p0001b）與“跓”對應之字作“紐”。“韋紐天”佛經習見，然“跓”與“紐”形不相近，疑“跓”爲“跎”或“陀”字之訛。隋吉藏撰《法華義疏》：“有人言：是韋陀天毘紐天也。”（T1721v34p0628c）“韋陀”與“韋紐”本不相同，佛經中或相混淆，故“韋紐天”又作“韋陀天”。“跎”與“陀”音同，在用作譯音詞時，“陀”亦可作“跎”。“跎”或訛作“跓”，“䨏”或訛作“霔”，参 2147“霔”字條。

2010 跍

宋集成等編《宏智禪師廣録》：“若有人問天童：‘作麼生是如來語?’向它道：‘阿囉跛跍曩。’”（T2001v48p0046b）

按：唐不空譯《曼殊室利童子菩薩五字瑜伽法》：“次五字真言有五種，𑖀𑖨𑖢𑖓𑖡，一曰阿囉跛左曩。”（T1176v20p0723b）與“跍”對應之字作“左”，爲“𑖓（ca）”的譯音字。“阿囉跛左曩”，或作“阿囉跛者曩”，佛經多見。日本淨嚴撰《悉曇三密鈔》：“𑖓，者、遮、左、戰（日經）、賛（立印）、旃、散、讃（隨求）、訕（造塔延命經）、作（胎軌）、斫、折、淅（胎）、拶（隨求）。”（T2710v84p0742b）“左”“者”皆“𑖓（ca）”的譯音字。“跍”當即“左”字之訛，由與“跛”字連用，受其影響而在“左”字基礎上加形旁“足”而成，此亦字形同化之例。

2011 踋

龍樹造、自在比丘釋、隋達磨笈多譯《菩提資糧論》：“隨所有物，若來求者即施，不違逆故，當得臂[4]髀膅圓相。”（T1660v32p0536a）本頁下注 4：“髀 = 踋《宋》《宮》。”

按：“踋”與“髀”爲版本異文，“踋”即“髀”的異構字。《廣韻・薺韻》傍禮切：“髀，髀股。髀，上同。”“髀”的異構字作“髀”，以“坒”爲聲旁。《玉篇・足部》：“䠋，古髀字。”“髀”的異構字作“䠋”，以“足”爲形旁。“踋”從足坒聲，爲“髀”之形旁聲旁皆不同的異構字。

唐慧琳撰《一切經音義》：“以柱髀，蒲米反，北人用此音。又必爾反，江南行此音。《釋名》：‘髀，卑也，在下稱也。’古文亦作‘䠋’，經文有作‘踋’

‘䏲’二體，並俗字，非正者也。”（T2128v54p0473a）“踺”亦“髀”之異構字。

2012 踣

日本安然撰《觀中院撰定事業灌頂具足支分》：“次上觀[7]唅字，形如仰半月。青黑有大力，能持十方國。故名大風輪，真言歸命唅。”（T2393v75p0278b）本頁下注7：“唅＝踣《乙》。”

按：“踣”與“唅”爲版本異文，“踣”即“唅”字之訛。日本靜然撰《行林抄》：“空輪上有𑖮唅字，色黑，成風輪，半月形。”（T2409v76p0070c）“唅”即“𑖮（haṃ）”之譯音字。日本淨嚴撰《悉曇三密鈔》：“𑖮，唅（日經）、頷、憾、悍、盰（佛頂）、䜗（虚覲切。羂索經）。”（T2710v84p0747b）收“唅”爲“𑖮（haṃ）”之譯音字。“𑖮”爲佛經中常見的種子字，漢譯皆作“唅”，“踣”字只此一見，蓋“唅”字刻寫之誤。

2013 踈

唐慧沼撰《金光明最勝王經疏》：“二釋名者，梵云佌踈黎沙，此云無染著。舊云銀主者，非也。所弘之法從最清淨法界平等所流，復由呪力能令離染無所住著，故云無染著。”（T1788v39p0296c）

按：“踈”爲“踈”字之訛，“踈”爲“疏”之異構字。日本願曉等集《金光明最勝王經玄樞》：“莊云：梵音佌踈梨沙，云無染著。而舊言銀主者，非也。”（T2196v56p0674b）日本心覺撰《多羅葉記》：“佌踈梨沙，此云無染著。古云銀主者，非也。”（T2707v84p0637b）日本明一集《金光明最勝王經註釋》：“二釋名者，梵云似［佌］疏黎沙，此云無染著。舊云銀主者，非也。所弘之法從最清淨法界平等所流，復由呪力能令離染無所住著，故云無染諸。”（T2197v56p0775a）與“踈”對應之字作“踈”或“疏”。《説文·𠫓部》：“疏，通也。从㐬，从疋，疋亦聲。”“束”與“疏”音近，遂以“束”替代“㐬”作“踈”，“踈”爲雙聲字，明張自烈《正字通·疋部》：“踈，同‘疏’。”“踈”中之“疋”訛作“足”則爲“踈”，《正字通·足部》：“踈，踈字之訛。”“束”再訛作“東”則爲“踈”。

2014 趸

東晋瞿曇僧伽提婆譯《中阿含經》：“諸賢，云何風界？諸賢，謂風界有二，有内風界，有外風界。諸賢，云何内風界？謂内身中在内所攝風，風性動，内之所受，此爲云何？謂上風、下風、腹風、行風、掣縮風、刀風、[1]躋風、非道風、節節行風、息出風、息入風，如是比此身中餘在内所攝風，風性動，内之所受，諸賢，是謂内風界。”（T0026v01p0466b）本頁下注1：“躋＝𨁚《宋》，𨃚《元》《明》。”

按：《嘉興藏》作“𨃚”，音釋：“𨃚，子六反。”“𨁚”與“躋”“𨃚”爲版本異文，“𨁚”爲“踧”改變構件佈局的異寫字，“踧”爲“蹙”之借字。“𨃚”爲“𨁚”字之訛。“蹙”有疾義，“蹙風”蓋即急疾之風。明章黼《重訂直音篇·足部》：“踧，音蹙，踧踖，又音狄。跦、踕，同上。”“踕”的聲符“尗”即“叔”之異寫，明張自烈《正字通·十部》：“尗，俗叔字。”“踕”爲“𨁚”之異寫。《可洪音義》卷十四《佛本行集經》第五十七卷：“𨂐面，上子六反。正作顣、蹙。”（v59p1087c）隋闍那崛多譯《佛本行集經》：“爾時難陀遂向世尊，顰眉蹙面，默然不言。”（T0190v03p0915b）“𨂐”亦“𨁚”之異寫，用作“蹙”的借字。

《嘉興藏》之“𨃚”，音釋“子六反”，根據讀音，“𨃚”乃“𨁚”字之訛。《漢語大字典》：“𨃚，yù《改併四聲篇海·足部》引《龍龕手鑑》：‘𨃚，子六切。(出)《中阿含（經）》。’《字彙補·足部》：‘𨃚，于六切，音欲。出釋藏。’”（二 p3982b）《大字典》未釋其義，讀音據《字彙補》注爲“yù”。《字彙補》“于六切”爲“子六切”之誤，“于”爲“子”之訛，吴任臣據訛誤的反切折合直音注爲“音欲”，《大字典》注音作“yù”，顯係沿吴任臣之誤。

《中阿含經》：“若有比丘分别身界，今我此身有内風界而受於生，此爲云何？謂上風、下風、脇風、掣縮風、蹴風、非道風、節節風、息出風、息入風，如斯之比，此身中餘在内，内所攝風，風性動内，於生所受，是謂比丘内風界也。”（T0026v01p0691a）字又作“蹴”。《廣韻·屋韻》子六切收有“蹙”“踧”“蹴”，三字同音，“蹴”亦“蹙”之借字。

2015 跅

日本白隱慧鶴語《槐安國語》：“學者密密參訣，一旦不合入得，則斬割生死業根，跅翻二空暗谷，洗除見地泥獄，拔却正證釘橛。”（T2574v81p0561a）

按：同上經：“轉會轉參，轉了轉擧，終洗除見泥糞穢，跅翻正位毒海。”（T2574v81p0559b）根據文意，“跅”當爲“掀”的異構字。“掀”常指使遮擋覆蓋的東西向上離開，也泛指使某物向上之義，這個行爲既可以由手來完成，也可以由腳來完成，故字本從“手”，又或從“足”。

2016 跲

唐法琳撰《辯正論》：“夫俯迹應凡，託質於危脆。跲機化物，同壽於百年。”

（T2110v52p0528b）

按："䠍"爲"蹈"字之訛，"舀"旁訛作"臽"旁也。唐道宣撰《廣弘明集》："夫俯迹應凡，託質於危脆。蹈機化物，同壽於百年。"（T2103v52p0179b）與"䠍"對應之字作"蹈"。"蹈機"指處於事物的迹象和表徵已顯露的時候，文獻習見。東晋佛陀耶舍、竺佛念譯《四分律》："彼塔四邊無籬障，牛羊踐䠍無閡。"（T1428v22p0957c）五百大阿羅漢造、唐玄奘譯《阿毘達磨大毘婆沙論》："獼猴歡喜，踊躍無量，舞䠍却行，墮坑而死。"（T1545v27p0515a）唐道宣撰《續高僧傳》："乃從應禪師，稟資心學。掩關兩載，情䠍諸門。"（T2060v50p0440c）"䠍"亦皆"蹈"字之訛。

2017 踕

佚名《摩尼教下部讃》："行步速踕疾逾風，四肢癱緩無是處。"（T2140v54p1277a）

按："踕"即"踕"字之訛，"踕"爲"捷"的分化字。《玉篇·足部》："踕，才協切。足疾也。"明章黼《重訂直音篇·足部》："踕，音捷，足疾。踕，同上，行急。""踕"寫作"踕"，"踕"與"踕"形近。文獻中常見"速捷"，爲"迅速敏捷"之義，《魏書·列傳·燕鳳》："軍無輜重樵爨之苦，輕行速捷，因敵取資。""踕"爲"捷"的分化字，指"行走迅速敏捷"。經文中"速踕"與"癱緩"相對，"踕"當取速義，與文意切合。

2018 踋

日本規庵祖圓語、慧真等編《南院國師語録》："只這木上座，背地裏聽得，踋跳出來道：'江湖不是無頭角，自是他家結網疎。'"（T2552v80p0294c）

按："踋"即"跨"的異構字。同上經："雖然如是（拈拄杖云）只者木獦狚，跨跳出來歡喜不徹何故（卓一下云）。"（T2552v80p0289a）與"踋"對應之字作"跨"。宋吴歸父《蛙》："斂藏鼓吹寂無言，跨跳何曾離草根。""跨"義爲"跳"，與文意合。"踋"即"跨"改變聲旁的異構字。

2019 䠀

唐菩提流志譯《不空羂索神變真言經》："爾時觀世音菩薩摩訶薩，即於佛前諦觀一切，説溥遍解脱心陀羅尼真言曰：……[7]⿰糹奓⿰糹奓⿰糹奓⿰糹奓（七十五句）。”（T1092v20p0332c、0334a）本頁下注 7：“⿰糹奓 = ⿰𧾷奓《三》《乙》。”

按：“⿰𧾷奓”與“⿰糹奓”爲版本異文，兩字爲同一梵文的不同譯音用字，“⿰𧾷奓”即“⿰糹奓”字之訛。林光明《新編大藏全咒》卷三《不空羂索神變真言經》“溥遍解脱心陀羅尼真言”中“⿰糹奓”的梵文羅馬轉寫作“ṭa”（v3p112）。日本淨嚴撰《悉曇三密鈔》：“𑖘，吒字（卓下反）……咤（平。《玄應音義》今考咤本作吒）……綺（陟賈反。全真。今考綺音庫，則非今音，恐當作⿰糹奓，側下切，音相似）。”（T2710v84p0736b）亦以“⿰糹奓”爲“𑖘（ṭa）”之譯音字，“𑖘（ṭa）”之譯音字又作“吒”“咤”等。

西晉竺法護譯《光讚經》：“一切諸法慧不可得，是[6]咤呵之門。”（T0222v08p0196a）本頁下注 6：“咤 = 跎《宋》《明》《宮》《聖》。”“跎”當爲“⿰𧾷宅”字之訛。唐慧琳撰《一切經音義》卷九《光讚般若經》第七卷：“咤之，竹家反。《經》中從足作⿰𧾷宅。”（T2128v54p0361b）慧琳所見本作“⿰𧾷宅”，釋作“咤”。《可洪音義》卷二十三《陀羅尼雜集》第六卷：“質⿰𧾷宅，陟加反。正作‘咤’。又《川音》作‘吒’。”（v60p289c）

唐慧琳撰《一切經音義》卷四十三《陀羅尼雜集》第六卷：“⿰𧾷宅輢利，居宜反。”（T2128v54p0592c）《可洪音義》卷二十五《一切經音義》第二十卷：“⿰𧾷宅輢，上宅加反，下居宜反。上又郭氏作知格也［反］，非也。又俗爲⿰𧾷宅蹋字，日［丑］加反，亦非也。應和尚不切‘⿰𧾷宅’字。”（v60p388a）《大正藏》本《陀羅尼雜集》：“郁輢利。”（T1336v21p0615c）與“⿰𧾷宅”對應之字作“郁”，未得其解。但是，可洪提供了一個重要信息，即“⿰𧾷宅”字“又俗爲⿰𧾷宅蹋字”，知“⿰𧾷宅”有踏義。南宋岳珂撰《金佗稡編·籲天辨誣·張憲辨》：“⿰𧾷宅踏兩軍之誣，以威脅董先而成之；比並建節之誣，以獄逼張憲而成之。環諸將而會議，而昌言曰：‘國家了不得也，官家又不修德。’此豈廣坐之言哉！既又謂先臣，指張憲而曰：‘似張家人，張太尉爾將一萬人去⿰𧾷宅踏了。’指董先而曰：‘似韓家人，董太尉不消得一萬人去⿰𧾷宅踏了。’嗚呼！蘊異謀者固如此乎？此狂者醉者之不爲也，而謂先臣爲之乎？万俟卨之奏，亦自知其無以欺人矣，故曰張憲理會得岳飛所説，只是欺負逐軍人馬不中用，又以比並之語爲指斥乘輿，⿰𧾷宅踏之語爲陵轢同列，則是語也。”文中多次用“⿰𧾷宅踏”一詞，“⿰𧾷宅踏”當即踩踏、踐踏之義。《漢語大字典》：“⿰𧾷宅，chā《龍龕手鑑·足部》：‘⿰𧾷宅，俗，知革反。’《字彙補·足部》：‘⿰𧾷宅，丑加切，音叉。見《金鏡》。’宋岳珂《金陀粹編·籲天辨誣》：‘⿰𧾷宅踏兩軍之誣，以威脅董先而成之。’”（二 p3950b）未詳“⿰𧾷宅”字之義，當補之。

2020 ⿰𧾷昷

唐善無畏、一行譯《大毘盧遮那成佛神變加持經》：“降伏魔真言曰：南麽三曼多勃馱喃（一）摩訶（引）沫囉嚩⿰口底（二）捺奢嚩路[16]嗢婆（二合）吠（平。

三）摩訶（引）昧怛㘑也（三合）毘庾（二合）嘔蘖（二合）㖿（四）莎訶（五）。”（T0848v18p0049c）本頁下注 16：“嘔＝蹈《宋》《宮》。”

按：“蹈”與“嘔”爲版本異文，“蹈”即“嘔”字之訛。日本杲寶撰《大日經疏演奥鈔》：“多嚹多利尼迦嚧拏嘔婆嚩。”（T2216v59p0459c）日本安然撰《悉曇藏》：“諸真言中或有嘔婆、嘔蘖等字，以本韻字加字母上，然而未見唯兩麽多合成一字。”（T2702v84p0405a）“嘔”爲“（u）”的譯音字，佛經習見。“蹈”蓋由與“路”字連用，受其影響而改換形旁，此亦字形同化之例。

2021 踑

佚名《陀羅尼雜集》：“多絰他 弗羆修弗羆 頭摩波梨呵離 阿利夜波羅泜 羶泜踑目泜 朱伽梨兜泜兜 莎呵。此呪常於晨朝清淨已，至心讀誦。”（T1336v21p0602b）

按：“踑”即“涅”字之訛。《可洪音義》卷二十三《陀羅尼雜集》第四卷：“踑目泜，上年結反。正作‘捏’‘埕’‘碮’三形也。上又郭作星、濕二音，並非也。又《江西經音》作仙頂反，亦非也。又《川音》云‘合腥悮書’，亦非也。”（v60p286b）可洪讀“踑”爲“年結反”，甚是。釋其正字爲“捏”“埕”“碮”，據“踑”字之形，其正字當作“涅”。失譯《金剛祕密善門陀羅尼呪經》：“多絰他 弗羆修弗羆 頭摩波梨呵離 阿利夜波羅泜 羶泜涅目泜 末伽梨［多］兜泜兜 莎呵。此呪常於晨朝清淨已，至心讀誦。”（T1138v20p0584b）與“踑”對應之字正作“涅”。《可洪音義》卷八《佛説金剛祕密善門陀羅尼呪經》：“踑目泜，上年結反，下丁禮反。《善法方便經》作‘涅目帝’。”（v59p815c）可洪亦讀“踑”爲“涅”。日本淨嚴撰《悉曇三密鈔》：“，顊、爾、尼、泥（入）、儞（入）、涅（入）、黏（切身。羂索）。”（T2710v84p0744c）“涅”爲“（ni）”之譯音字，佛經習見。

僧伽羅剎造、東漢安世高譯《道地經》：“三十二七日[18]脽脭肌生。”（T0607v15p0234b）本頁下注 18：“脽脭＝腶腥《三》，喉腥《宮》。”《可洪音義》卷二十一《道地經》：“脈腥肌，上實隹反，中奴結反，下居夷反。脽，坐處肉也；腥，腫也；肌，膚體也。正作‘脈腥’也。《川音》作‘脭肌’，並非也，悮。”（v60p209c）“脽脭”或作“腶腥”“脈腥”，正當作“脽脭肌”，“脽脭肌”指臀部鼓起來的那部分的肌肉。此經中寫以七天爲單位胎兒生長的過程，“三十二七日脽脭肌生”，謂第三十二個七天胎兒臀部的肌肉已經生長出來。《説文·肉部》：“脽，屍也。”“屍”即“臀”字。《廣韻·屑韻》奴結切：“脭，腫也。”經中之“脭”乃高起之義。

考諸字形，“腶”“脈”皆“脽”字之訛，“脭”“腥”皆“脭”字之訛。此可爲“踑”爲“涅”字之訛的證據。

此條韓小荆《〈可洪音義〉研究》亦有考證（p199），可互參。

2022 踮

日本靜然撰《行林抄》：“次讚（軌中八事中是其一也，今依可有抽而列之）：迦（上）莽攞慕佉（上。一）迦（上）莽攞盧（引）左曩（二合）迦（上）莽攞（引）薩曩（三）迦（上）莽攞訶薩踮（二合。四）。”（T2409v76p0309b）

按：日本勝賢記、守覺輯《祕鈔》：“次本尊讚：迦（上）莽攞慕佉（上。一）迦莽攞虜（引）左曩（二）迦（上）莽攞（引）薩曩（平。三）迦莽攞訶薩跢（二合。四）。”（T2489v78p0525c）與“踮”對應之字作“跢”，“踮”即“跢”之異構字之訛。日本淨嚴撰《悉曇三密鈔》：“𑖭𑖿𑖝，薩跢（二合）。”（T2710v84p0798a）“薩跢”爲二合音“𑖭𑖿𑖝（sta）”的譯音字，“跢”爲下字“𑖝（ta）”的譯音字。《悉曇三密鈔》：“𑖝𑖯，跢、黨（日經）。”（T2710v84p0744a）“跢”爲“𑖝𑖯（tā）”之譯音字。日本杲寶撰《大日經疏演奧鈔》：“‘薩跢也’者，𑖭𑖝𑖿𑖧也。”（T2216v59p0241b）日本曇寂撰《金剛頂大教王經私記》：“梵云𑖭𑖝𑖿𑖧（薩跢），此翻爲諦，（文）諦即真實義也。”（T2225v61p0137c）“𑖭𑖝𑖿𑖧（satya）”翻作“薩跢也”，或省作“薩跢”，二合音“𑖝𑖿𑖧（tya）”之上字“𑖝（ta）”，亦譯作“跢”。

失譯《佛説栴檀樹經》：“使者聞神言如此，便令人伐之。窮人住在樹邊，樹[17]跢地，枝摽殺窮人。”（T0805v17p0750c）本頁下注 17：“跢＝僤《三》《宮》。”唐慧琳撰《一切經音義》卷五十七卷《栴檀樹經》：“跢地，多箇反。江南俗音帶，謂倒地也。”（T2128v54p0689c）“跢”有倒地義。“跢”當有異體從足垂聲，“踮”即其字之訛。

2023 路

隋闍那崛多譯《五千五百佛名神呪除障滅罪經》：“南無蹙[5]路聖如來。”（T0443v14p0349b）本頁下注 5：“路＝蹋《三》。”

按：正文“踏”注文作“路”，“踏”乃“路”之誤刻。“路”與“蹋”爲版本異文，“路”即“踏”字之訛。同上經：“南無蹴蹋魔衆如來。”（T0443v14p0327c）與“路”對應之字作“蹋”。這兩個佛名在《房山石經》的《一切佛菩薩名集》中分别作“南无蹙踏聖佛”（p0348b）和“南无蹴蹋魔眾佛”（p0333a）。根據異文和字形，“路”當爲“踏”之訛。《可洪音義》卷十六《根本説一切有部毗奈耶苾蒭尼律》第十卷：“蹭道，徒盍反。踐也。堦隥人所止處也。正作‘蹋’‘踏’二形。《玉篇》作‘他合反’，非也。‘踏’字諸經律中並作‘蹋’字呼也。又他合反，非用。”（v60p3b）《大正藏》本之《根本説一切有部苾芻尼毘奈耶》作“踏”（T1443v23p0962c）。“蹭”亦“踏”字之訛。

2024 ⿰足貟

佚名《翻梵語》：“罽賓隸跋陀，應云罽賓羅跋陀羅，譯曰罽賓羅者，蒼；跋地［陀］羅者，[14]⿰足貟。”（T2130v54p1042c）本頁下注 14：“⿰足貟＝賢ヵ《甲》。”

按：“⿰足貟”與“賢”爲版本異文，“⿰足貟”即“賢”字之訛。《翻梵語》中有多處譯“跋陀羅”爲“賢”，如：“跋陀羅優婆夷，譯曰跋陀羅者，賢。《華嚴經》第四十八卷。”（T2130v54p1012c）又：“跋地羅帝，應云跋陀羅帝。譯曰跋陀羅者，賢；羅帝者，意亦云智。《中阿含》第四十一卷。”（T2130v54p0983c）“賢”上之“臣”移到左側後進而訛作“足”，“又”訛作“厶”，即爲“⿰足貟”。秦公《碑別字新編》“賢”下有“⿰足貝”（《宋鄒非熊九曜石題名》）、“⿰足⿱厶貝”（《魏元始和墓誌》p336），亦可比勘。

2025 ⿰足冓

日本高辨撰《四座講式》：“或由傍峻壁而臨深，[16]踏飛絙渡嶮，多有零落江山，都有不聞存没。”（T2731v84p0904b）本頁下注 16：“踏＝⿰足冓《甲》。”

按：“⿰足冓”與“踏”爲版本異文，“⿰足冓”即“蹀”之訛，“蹀”與“踏”義近。《集韻·帖韻》託協切：“蹀，蹈也。”“蹈”與“踏”義亦近。南朝梁慧皎撰《高僧傳》：“傍峻壁而臨深，躡飛絙而渡險。”（T2059v50p0345c）與“⿰足冓”“踏”對應之字又作“躡”，“躡”與“踏”“蹀”義亦相近。

唐道宣撰《續高僧傳》：“時又入洛，將度有緣。沙門慧光年立十二，在天門街井欄上，反[20]蹋蹀⿰金⿱左月，一連五百。衆人諠競異而觀之。”（T2060v50p0551b）本頁下注 20：“蹋＝踼《元》《明》。”唐慧琳撰《一切經音義》卷九十三《續高僧傳》第十六卷：“蹋踩磚，上談合反，次怗［恬］叶反。《傳》文作‘⿰足冓’，誤也。下惰和反。《字書》正從石作‘碢’，《傳》文從金作‘⿰金⿱左月’，俗字者也。”（T2128v54p0894c）《可洪音義》卷二十七《續高僧傳》第十四卷：“反蹋，徒盍反。⿰足⿱丗丰⿰金⿱左月，上音牒，下徒未［禾］反。小兒趯弄戲也。正作‘踩堶’也。今並呼爲迭堶也。”（v60p478c）《大正藏》本《續高僧傳》之“蹀”，慧琳所見本作“⿰足冓”，釋作“踩”；可洪所見本作“⿰足⿱丗丰”，以“踩”爲正，“⿰足冓”“⿰足⿱丗丰”“踩”亦皆“蹀”字之訛。

《可洪音義》卷二十五《新華嚴經音義》下卷：“⿰土冓女牆，上徒叶反。正作‘堞’也。”（v60p403c）又卷二十三《陀羅尼雜集》第六卷：“⿰月冓，徒協反。”（v60p289a）“⿰土冓”“⿰月冓”爲“堞”“牒”的書寫變異，亦可比勘。

西晋竺法護譯《佛説海龍王經》："其佛欲説經時，身放大光，普照佛界，其光明中則出億佛説[29]講法聲。"（T0598v15p0154c）本頁下注 29："講=諜《知》。"南朝梁僧祐撰《出三藏記集》："祐總集經藏，訪訊遐邇，躬往諮問，面質其事。宗年耆德峻，心直據明，故標[23]講爲録，以示後學焉。"（T2145v55p0067c-0068a）本頁下注 23："講=諜《三》。""諜"爲"講"字之訛。唐普光述《俱舍論記》："如言提婆達多將黑牛來，[14]搆取乳與親教飲，於中運動名業用。"（T1821v41p0108b）本頁下注 14："搆=揲《甲》《乙》。""揲"爲"搆"字之訛。皆"枼"旁與"冓"旁混誤之例，亦可比勘。

2026 蹝

日本心覺撰《多羅葉記》："蹝迦羅，晋言賢［堅］誓。《賢愚經》十。"（T2707v84p0594c）

按："蹝"即"蹝"之異寫字。同上經："蹝迦羅毘師子，經云賢［堅］誓。"（T2707v84p0594b）北魏慧覺譯《賢愚經》："有一師子，名號蹝迦羅毘（晋言堅誓）。"（T0202v04p0438b）與"蹝"對應之字作"蹝"。明如巹續集《緇門警訓》："濟緣引《賢愚經》云：'佛告阿難，古昔無量阿僧祇劫，此閻浮提於山林中有一師子，名蹝迦羅毘（秦言堅誓）。'"（T2023v48p1058a）引《賢愚經》亦作"蹝"。《多羅葉記》的"蹝"來源於《賢愚經》，則"蹝"當爲"蹝"之書寫變異。佚名《翻梵語》："蹝迦羅毘師子，經曰堅［堅］誓。《賢愚經》第十二之内。"（T2130v54p1032a）南朝梁寶唱等集《經律異相》："有一師子，名號蹝迦羅毘（梁言堅誓）。"（T2121v53p0116b）唐慧琳撰《一切經音義》："蹝迦羅毘，上音荼，《經》自釋云'堅誓'也。"（T2128v54p0817a）"蹝"同"蹝"。唐慧琳撰《一切經音義》卷七十四《賢愚經》第十六卷："荼迦，直加反。《經》文從足作'蹝'，非也。"（T2128v54p0790a）慧琳所見《賢愚經》作"蹝"，讀作"荼"。

2027 蹰

新羅慧超記《遊方記抄》："唐國僧道璿，隨船泛海，及于中路，忽遭暴風。波濤注日，陰曀迷天。計命忽若贅旒，去死猶其一分。舉船惶遽，不知所爲。乃端仰一心，入禪觀佛。少選之間，風定波息，衆咸嘆其奇異。以天平八年五月十八日，得到築紫大宰府。昔騰、蘭聿來，澄、什利往，停跡振旦之邦，未蹰日域之境。計遠論勞，彼有愧德。自非位超修成，行積永劫，其孰契於茲乎？同年八月八日，到於攝津國治下。"（T2089v51p0987b）

按：疑"蹰"爲"歷"的異構字。"騰蘭"指迦葉摩騰和竺法蘭，兩人爲東漢明帝時來華之天竺僧人，是最早傳入中國的佛教經典《四十二章經》的譯者。“澄什”是晋高僧佛圖澄、鳩摩羅什的并稱。“振旦”是古代印度對中國的稱呼，“日域”指日出之處，古代喻指極東之地，此處指古日本國，大藏經亦多見。上揭文中築紫、攝津國均爲日本古地名。“未蹋日域”，言前彼騰蘭澄什諸僧未至日本。則“未蹋”與“停跡”對應，當是“没有去過”之義。

2028 蹡

隋闍那崛多譯《種種雜呪經》：“《法華經》内呪六首，第一藥王菩薩説：……馱（上）囉（上）磨跛[23]嚾綺羝（三十二）。”（T1337v21p0637c）本頁下注23：“嚾＝蹡《三》。”

按：《嘉興藏》作“躏”。“蹡”與“躏”“嚾”爲版本異文，“蹡”“躏”皆“嚾”字之訛。後秦鳩摩羅什譯《妙法蓮華經》：“爾時藥王菩薩白佛言：‘世尊，我今當與説法者，陀羅尼呪以守護之。’即説呪曰：……達磨波利差（猜離反）帝（三十三）。”（T0262v09p0058b）與“馱（上）囉（上）磨跛嚾綺羝”對應的咒語文字作“達磨波利差（猜離反）帝”，與“嚾”對應的譯音字作“利”。林光明《新編大藏全咒》卷一《妙法蓮華經》“守護説法者呪（藥王菩薩説）”中“達磨波利差（猜離反）帝”之梵文羅馬轉寫作“dharmaparīkṣite”（v1p391-392），“利”轉寫作“rī”。日本淨嚴撰《悉曇三密鈔》：“ꡣ，哩、哰、唎、利、履、梨、律、陵、犁、理、離、詈。”（T2710v84p0746a）“離”“利”皆可爲“ꡣ（ri）”的譯音字。唐不空譯《成就妙法蓮華經王瑜伽觀智儀軌》：“即誦藥王菩薩等諸真言曰：……達磨跛哩乞史（二合）帝（三十一）。”（T1000v19p0599a）對應之字作“哩”，音皆相合。知“蹡”“嚾”“離”“哩”“利”皆爲“ꡣ（ri）”的譯音字。“蹡”“躏”只此一見，當由與“跛”字連用，受前字“跛”影響而改換形旁，此亦字形同化之例。

2029 踝

後漢支曜譯《佛説馬有八態譬人經》：“二態者，駕車跳[3]踝欲嚙人。”（T0115v02p0507a）本頁下注3：“踝＝踉《三》。”

按：“踝”與“踉”爲版本異文，“踝”即“踝”字之訛。宋本《集韻·陽韻》：“踝，跳踝，走也。”“踝”亦“踝”字之訛。“跳踝”是“騰躍跳動”的意思，也可以寫作“跳梁”“跳浪”“跳踉”等。

2030 蹋

失譯《三慧經》："其人瞋恚取虫[1]蹙踏自致疲極，虫益大不止，其人便止休。"（T0768v17p0704a）本頁下注1："蹙=蹠《宋》，蹴《元》《明》，蹙踏=蹠蹋《宮》。"

按："蹋"與"踏"爲版本異文，"蹋"即"蹋"字之訛。"蹙踏"義爲"踩踏"。《説文・足部》："蹋，踐也。""蹋"之本義爲踩踏。字或作"蹋"，"㬎"旁訛作"罚"旁也。《可洪音義》卷三《大乘大集地藏十輪經》第三卷："速蹋，徒盍反。踐也。"（v59p636c）"蹋"亦作"蹋"。又《可洪音義》卷二十九《廣弘明集》第六卷："獨榻，音塔。床也。"（v60p552a）"榻"即"榻"字之書寫變異，亦"㬎"旁寫作"罚"旁之例。

2031 踊

北涼曇無讖譯《大般涅槃經》："若菩薩摩訶薩持戒聞法惠施無厭，以是業緣得節踝[3]踊滿，身毛上靡。"（T0374v12p0535a）本頁下注3："踊=傭《三》《宮》。"

按："踊"與"傭"爲版本異文，"踊"即"傭"之異構字。南朝宋慧嚴譯《大般涅槃經》："若菩薩摩訶薩持戒聞法惠施無厭，以是業緣得節踝傭滿，身毛上靡。"（T0375v12p0780a）唐慧琳撰《一切經音義》："節踝傭滿，傭，音寵龍反，《爾雅》：'均也，齊等也。'《經》云：因持戒惠施故得此相也。"（T2128v54p0478a）又："傭滿，上寵龍反，《韻英》云：'傭，直也。'《考聲》云：'上下均也。'《説文》：'從人，庸聲也。'"（T2128v54p0379b）字又作"傭""傭"，皆指人或動物的身體均匀的樣子。後秦佛陀耶舍、竺佛念譯《長阿含經》："是時父王，慇懃再三，重問相師：'汝等更觀太子三十二相，斯名何等？'時諸相師即披太子衣，説三十二相：一者足安平，足下平滿蹈地安隱。……七者鹿膊［蹲］腸，上下傭直。"（T0001v01p0005b）"傭直"義爲均直，這裏指鹿的小腿長得又均衡又挺直的樣子，這種樣子是佛三十二相之一，三十二相乃佛不同凡俗的三十二種好相。因此，佛經中用"傭"來形容的相貌皆爲好貌。北宋天息災譯《分别善惡報應經》："一色相圓滿，二身體傭直。"（T0081v01p0899c）此用來形容整個軀體。南朝宋求那跋陀羅譯《央掘魔羅經》："住住大沙門，過膝傭長臂。"（T0120v02p0513b）此用來形容臂。唐玄奘譯《大般若波羅蜜多經》："世尊手足指圓纖長，傭直柔軟，節骨不現。"（T0220v06p0968a）此用來形容手足之指。隋闍那崛多譯《佛本行集經》："雙髀軟白洪端直，其狀猶若象鼻傭。"（T0190v03p0782a）此用來形容象鼻。唐道世撰《法苑珠林・輪王篇・七寶部》："自然象寶忽現在前，其毛純白，七處平住，力能飛行，其首雜色，六牙纖牖。”音釋：“牖，丑中切。圓直也。”此用來形容象牙。南朝宋求那跋陀羅譯《雜阿含經》：“譬如士夫持斧入山，求堅實材。見芭蕉樹，洪大牖直，即斷其根葉，剽剥其皮，乃至窮盡，都無堅實。”（T0099v02p0036b）此用來形容芭蕉樹幹。隋闍那崛多譯《佛本行集經》：“於其中路，見有一所，其地寬廣，皆悉平正。無有荆棘，沙礫瓦石，一切塵土，皆悉無有。生諸青草，其草繁茂，甚大牖直，可愛可樂。”（T0190v03p0879c）此例形容草莖。北宋施護譯《佛説頂生王因緣經》：“池中蓮花大若車輪，花莖復大如車之軛，葉妙而廣同牛王領，其藕牖圓如士夫髀。”（T0165v03p0403c）此用來形容藕。“牖”所形容的對象雖然有人有物，然皆用來形容渾圓由粗漸次變細之貌。唐慧琳撰《一切經音義》卷四《大般若波羅蜜多經》第三百八十一卷：“傭圓，癡龍反。《考聲》：‘上下均也，大也。’《韻英》：‘庸，直也。’《經》文有從肉作‘牖’，俗字也。《説文》：‘均直也。從人，庸聲也。’”（T2128v54p0329b）慧琳以爲“牖”爲“傭”之俗字，實則爲“傭”之分化字。又因“牖”常用來形容人或動物的身體或身體部位，故或從足造“蹱”字。

《可洪音義》卷二十《尊婆須蜜菩薩所集論》第五卷：“蹱脛，上丑容反。直也。下經引反。細也，急皃也。正作‘緊’‘脉’‘腪’三形也。《論》云：‘漸漸蹱脛’，故作鹿蹲腸是也。郭迻作古田反，非也。《川音》作‘脛’，音堅，亦非也。”（v60p155a）“蹱”亦“牖”之異構字。

2032 蹯

唐道掖撰《淨名經關中釋抄》：“色天踰蹯那，初四增半半，此上增倍倍，唯無雲減三。”（T2778v85p0513c）

按：“蹯”即“繕”字之訛。“踰繕那”是古印度的長度計量單位。唐玄奘、辯機撰《大唐西域記》：“夫數量之稱謂踰繕那（舊曰由旬，又曰踰闍那，又曰由延，皆訛略也）。踰繕那者，自古聖王一日軍行也，舊傳一踰繕那四十里矣，印度國俗乃三十里，聖教所載唯十六里。”（T2087v51p0875c）日本明覺撰《悉曇要訣》：“瑜繕那又云由旬，梵作𑖧𑖺𑖕𑖡形，古云由延。”（T2706v84p0532c）又：“𑖧𑖺𑖕𑖡，新云瑜繕那，古云由延者訛也。此等豈非古人實訛耶？答：翻梵語爲漢語之時，寔梵漢未融故，雖有其訛，直呼梵語何無其實耶？當知古譯亦可有由。”（T2706v84p0538a）梵文形式當以“𑖧𑖺𑖕𑖡（yojana）”爲正，“𑖧”當爲“𑖧𑖺”之刻誤。“踰繕那”“瑜繕那”皆梵文“𑖧𑖺𑖕𑖡（yojana）”的譯音形式，“繕”爲“𑖕（ja）”的譯音字。《大正藏》“踰蹯那”凡40見，“蹯”皆同“繕”，乃由“繕”與“踰”連用，受其影響而改“糸”旁爲“足”旁，此亦字形同化之例。鄭賢章《漢文佛典疑難俗字彙釋與研究》“蹯”字條（p396）亦有考證，可互參。

2033 𨅫

唐菩提流志譯《一字佛頂輪王經》："如來大慈印之四十七……則得一切極重罪垢速皆消滅印呪曰：……[7]囉乞灑囉乞灑摩（二合）。"（T0951v19p0245a）本頁下注7："囉＝𨅫《宋》《元》，𠽨《明》《甲》。"

按："𨅫"與"囉""𠽨"爲版本異文，三字皆同一梵文的譯音字。林光明《新編大藏全咒》卷六《一字佛頂輪王經》"如來大慈力咒"中"囉乞灑"對應的梵文羅馬轉寫作"rakṣa"（v6p288）。唐菩提流志譯《不空羂索神變真言經》："即説最勝明王真言曰：……[2]囉乞叉（上）皤縛覩（三十八）。"（T1092v20 p0272b－0273a）本頁下注2："囉＝咯《三》《乙》。"《可洪音義》卷七《不空羂索神變真言經》卷九："囉乞，上力角反。"（v59p782c）林光明《新編大藏全咒》卷二《不空羂索神變真言經》"最勝明王真言"中"囉乞叉"對應的梵文羅馬轉寫作"rakṣa"（v2p331）。《不空羂索神變真言經》："護弟子真言：唵旖暮伽（上。一）囉訖灑三（去）曼底娜（二）摩訶播勢（三）步嚕步嚕（四）莎（二合）縛訶（五）。"（T1092v20p0309a）《可洪音義》卷七《不空羂索神變真言經》卷十六："囉訖，上力冬［各］反。"（v59p785c）林光明《新編大藏全咒》卷三《不空羂索神變真言經》"護弟子真言"中"囉訖灑"對應的梵文羅馬轉寫作"rakṣa"（v3p13）。《不空羂索神變真言經》："護身真言：唵旖暮伽（上。一）[1]嚹訖灑抳（二）播捨歌塞（同上）羝（三）覩嚕覩嚕（四）莎（二合）縛訶（五）。"（T1092v20 p0309a）本頁下注1："嚹＝洛《三》《乙》。"《可洪音義》卷七《不空羂索神變真言經》卷十六："嚹訖，上力各反。"（v59p785c）林光明《新編大藏全咒》卷三《不空羂索神變真言經》"護身真言"中"嚹訖灑"對應的梵文羅馬轉寫作"rakṣa"（v3p13）。《不空羂索神變真言經》："説溥遍解脱心陀羅尼真言曰：……嚹乞灑皤縛覩（五十句）。"（T1092v20p0333b）《可洪音義》卷七《不空羂索神變真言經》第二十卷："𨅫乞，上郎各反。與嚹同也。悮。"（v59p786b）林光明《新編大藏全咒》卷三《不空羂索神變真言經》"溥遍解脱心陀羅尼真言"中"嚹訖灑"對應的梵文羅馬轉寫作"rakṣa"（v3p102）。上皆諸例中，"囉""𠽨""嚹"皆"ra"之譯音字。日本淨嚴撰《悉曇三密鈔》："𑖨𑖾，嚹（日經）。"（T2710v84p0746b）"嚹"爲"𑖨𑖾（raḥ）"的譯音字，讀音亦合。"絡"與"珞""洛""落"同音，故"囉""𠽨""嚹"又作"𨅫"，"𨅫"又"𠽨"字之訛。

2034 𨆂

南宋法雲編《翻譯名義集》作："或名鳧雁者，《爾雅》云：'鳧雁醜，其足

[8]蹼。’音卜。注云：‘脚指間有幕蹼屬相著。’”（T2131v54p1090a）本頁下注 8：“蹼＝蹼《明》。”

按：“蹼”與“蹼”爲版本異文，“蹼”即“蹼”字之訛。今所見《爾雅》字作“蹼”。文獻中“菐”旁常寫作“業”旁，故“蹼”或作“蹼”。

2035 蹝

三國吴支謙譯《佛説阿彌陀三耶三佛薩樓佛檀過度人道經》：“第五佛名樓波黎波蔡蹝，其國有六百億菩薩，皆當往生阿彌陀佛國，他方異國。……第七佛名維黎波羅潘蔡蹝，其國有十五菩薩，皆當往生阿彌陀佛國，他方異國。……第十一佛名和羅那惟于蔡蹝，其國有萬二千菩薩，皆當往生阿彌陀佛國，他方異國。”（T0362v12p0317a-b）

按：《嘉興藏》亦作“蹝”，音釋：“蹝，七曷切。”唐慧琳撰《一切經音義》卷十六《阿彌陀經》下卷：“蔡蹝，上音菜，下蒼粹反。此句梵語古譯不分明不切也。”（T2128v54p0405c）字又作“蹝”。“蹝”蓋“蹝”字異寫，“蹝”則“㩍”字異體，文中用作譯音字。《龍龕·手部》：“㩍，蒼葛反。足動草聲。”“蒼葛反”與“蒼粹反”音同。蓋由“㩍”有“足動草聲”之義，故字又改從“足”。《集韻·曷韻》七曷切：“㩍、磜，摩也。或从石。”“㩍”亦讀“七曷切”。又《集韻·曷韻》七曷切：“䕓，艸木動聲。”“䕓”與“㩍”義亦相近。

2036 蹪

佚名《陀羅尼雜集》第八卷：“爾時婆伽婆卽到旃陀梨女舍，告阿難言：汝當受此六字神呪王經，過去諸佛之所宣説，今我爲汝説之，一切諸邪皆當消滅。卽説呪曰：安（安音）荼梨（一）那荼梨（二）羅知（三）翅油（由呪反）梨（四）知闍跋帝（典支反。五）[4]蹪頭跋帝（六）檀頭梨（七）。”（T1336v21p0625a）本頁下注 4：“蹪＝賔《宋》《明》。”

按：“蹪”與“賔”爲版本異文，“蹪”即“臏”字之異體，“蹪”“賔”皆同一梵文的譯音字。唐慧琳撰《一切經音義》卷四十三《陀羅尼雜集》第八卷：“臏頭，脾身反。《經》文作‘蹪’，誤也。”（T2128v54p0593b）慧琳所見本作“蹪”，釋作“臏”，已溝通“蹪”與“臏”的關係。《陀羅尼雜集》：“臏頭（七）臏頭摩提（八）。”（T1336v21p0625c）與“蹪”對應之字正作“臏”。

唐慧琳撰《一切經音義》卷五十六《正法念經》第六十七卷：“頻伽，毘人反。《經》文作‘蹪’‘臏’二形，撿無所出也。”（T2128v54p0678a）“蹪”“臏”與“頻”亦同一梵文之譯音字。失譯《佛説六字神呪王經》：“卽時如來因見阿難恍惚，憐愍一切故，爲説此六字神呪王經，先佛所説我今亦説，卽説呪曰：安陀隸 槃陀隸 迦羅知 趐由知 帝闍波帝 頻頭波帝 陀頭隸。"（T1045Av20p0039c）失譯《六字神呪王經》："卽時如來因見阿難陀恍惚，及憐愍一切三世有情故，爲説此六字神呪王經，先佛所説我今亦説，卽説呪曰：安陀隸 鉢陀隸 迦羅胝 翅由隸 帝闍婆帝 頻頭婆帝 陀頭隸。"（T1045Bv20p0041c）與"蹞頭"對應處皆作"頻頭"。

2037 躤

唐窺基撰《妙法蓮華經玄贊》："頻蹙者，身不信相，若蹙眉作顰。今云頻者，數數蹙，亦併也，眉併一處。蹙音子六反，迫也，亦作躤。疑惑者心不信相，誹謗者語不信相。此中應言：若佛在世，若滅度後，其有誹謗，如斯經典，或復頻蹙，而懷疑惑，汝當聽説，此人罪報。文中倒也。"（T1723v34p0765b）

按：後秦鳩摩羅什譯《妙法蓮華經》："若人不信，毀謗此經，則斷一切，世間佛種。或復[5]顰蹙，而懷疑惑，汝當聽説，此人罪報。若佛在世，若滅度後，其有誹謗，如斯經典。"（T0262v09p0015b）本頁下注 5："顰 = 頻《宫》，嚬《博》。"此即窺基所訓"蹙"字之所從出。隋闍那崛多、笈多譯《添品妙法蓮華經》作"嚬蹙"。經中之"顰蹙"爲皺眉之義，乃疑惑時表現出的情態。"蹙"亦作"躤"，疑"躤"爲"矉"字之訛。"顰蹙"爲皺眉義，故"蹙"或加目旁。唐慧琳撰《一切經音義》卷一《大般若波羅蜜多經》第一卷："嚬蹙，上毘寅反，下酒育反。《文字集略》云：'嚬者，蹙眉也。'顧野王曰：'嚬蹙者，憂愁思慮不樂之貌也。'《考聲》云：'蹙頞，忸怩也。'《説文》：'涉水則嚬蹙。'古文作'顰'亦作'矉'，今從省略。下'蹙'字或作'蹙'，亦同。古文作'矉'，《經》文作'蹙'，非本字。訓爲窮也，迫也，罪也，急也，非經義也。"（T2128v54p0314a）唐玄奘譯《大般若波羅蜜多經》："容貌熙怡，先言接引。遠離[11]嚬蹙，辭韻清和。"（T0220v05p0001c）本頁下注 11："嚬 = 顰《明》"。"蹙"或作"矉"，可比勘。

2038 蹔

元沙囉巴譯《佛頂大白傘蓋陀羅尼經》："焰鬘白衣母，多羅蹔蹙相。"（T0976v19p0401c）

按："蹔"即"顰"字之訛。"顰蹙"爲文獻常見詞，佛經亦多見。唐慧琳撰《一切經音義》："顰蹙，上脾賓反，下晶菻反。顧野王：'顰蹙，憂思愁不樂之貌也。'《考聲》：'聚眉也。'《説文》：'從頻，卑聲。'《古今正字》：'蹙，促也。從足，戚聲。'"（T2128v54p0603a）"顰"本爲從頻卑聲之字，因與"蹙"連用，受其影響而改換形旁作"躄"，此亦字形同化之例。北宋施護譯《佛説佛母出生三法藏般若波羅蜜多經》："我於爾時歡喜瞻視，面目熙怡無顰蹙相。"（T0228v08p0658a）"顰蹙相"指憂愁不樂的面容。

2039 躄

唐圓照撰《貞元新定釋教目録》："有一沙門從其家乞，其父瞋怒令人毆之，父遂手脚[21]躄躄不能行止。"（T2157v55p0813b）本頁下注21："躄=攣《聖》。"

按："躄"與"攣"爲版本異文，"躄"即"攣"之異構字。唐道宣撰《續高僧傳》："以久繫獄，脚遂[33]躄急，不能及遠行。"（T2060v50p0644c）本頁下注33："躄=攣《三》《宫》。"又："有人[3]躄躄及痼疾者，積數十年，聞舍利初到，輿來禮懺。心既殷至，忽便差損，輕健而歸。"（T2060v50p0510a）本頁下注3："躄=攣《三》《宫》。"唐慧琳撰《一切經音義》卷九十二《續高僧傳》第十卷："癵躄，上劣員反。《聲類》云：'癵，病也。'顧野王云：'癵，謂身體枸曲也。'《考聲》云：'手足病也。'《文字典説》：'從疒，䜌聲。'《字書》從手作'攣'。或從廾作'羿'，音義並同。《傳》文從足作'躄'，俗，非字也。下井［并］僻反。《韻略》云：'躄，跛不能行也。'顧野王云：'謂足偏枯也。'《古今正字》義同。從足，辟聲。《説文》正從止作'壁'，音義並同也。"（T2128v54p0890b）慧琳所見本亦作"躄"，作"癵"。"癵""攣"義爲手足拘曲之病，故字或從"手"旁、"疒"旁，又造"躄"字，從"足"旁。《可洪音義》卷二十七《續高僧傳》第十一卷："𨆌𨆌，上呂圓反，下卑益反。手足屈曲病也。正作攣躄也。上俗下誤。"（v60p473b）字誤作"𨆌"。

《可洪音義》卷十三《佛説罪業報應教化地獄經》："𨇤躃，上呂員反，下補益反。𨇤躃，手足拘病也。正作攣躄也。"（v59p1053a）字又作"𨇤"。

邑　部

2040 玡

唐惠詳撰《弘贊法華傳》："釋寶通，不知氏族，高玡人。"（T2067v51p0033a）

按："玡"即"邛"字之訛。同上經："隋江都縣釋慧向（尼法潤附），隋高邙釋寶通，隋江陽永齊寺釋僧映，隋清信士陸淳。”（T2067v51p0031b）與“邛”對應之字作“邙”。《説文·邑部》：“邙，河南洛陽北亡山上邑。從邑，亡聲。”

2041 邷

唐智昇撰《開元釋教録》：“《須跋陀羅因緣論》二卷，周宇文氏天竺三藏[22]耶舍崛多等譯單本。”（T2154v55p0649c）本頁下注 22：“耶＝邷《明》。”

按：“邷”與“耶”爲版本異文，“邷”蓋即“耶”字之訛。唐明佺等撰《大周刊定衆經目録》：“《須跋陀羅因緣論》一部二卷，右周武帝代三藏法師耶舍崛多於四天王寺譯。出《長房録》。”（T2153v55p0435c）諸佛經目録皆作“耶”。

2042 郉

龍樹造、後秦鳩摩羅什譯《大智度論》：“復次如[26]刪若婆婆羅門，善知一切智人相，見菩薩食乳糜，知今日當成佛。”（T1509v25p0368b）本頁下注 26：“刪＝郉《聖》。”

按：“郉”與“刪”爲版本異文，“郉”即“刪”字之訛。同上經：“如阿私陀仙人觀其身相知今世成佛，珊若婆羅門見乳糜知今日成佛者。”（T1509v25p0350a）佚名《翻梵語》：“珊若婆，譯曰有想。（《大智論》）第四十卷。”（T2130v54p1019b）字或作“珊”。“刪”與“珊”爲同一梵文的譯音字，“郉”則“刪”字之訛，左旁爲“冊”旁之異寫，“阝”旁爲“刂”旁之訛。

東晉佛陀耶舍、竺佛念譯《四分律》：“時城中有刪若梵志，有二百五十弟子。”（T1428v22p0798c）《翻梵語》：“[5]刪若，譯曰想也。（《四分律》）第十二卷。”（T2130v54p0997b）本頁下注 5：“刪＝那《甲》。”日本心覺撰《多羅葉記》：“那若，此云想也。”（T2707v84p0597b）唐慧琳撰《一切經音義》卷七十一《阿毘達磨順正理論》第四十八卷：“珊若婆病，桑干反。此云癈風病，一發不起者。”（T2128v54p0771c）訶梨跋摩造、後秦鳩摩羅什譯《成實論》：“或[10]那若婆病，能破壞心，又老病死，亦能壞心。”（T1646v32p0269b）本頁下注 10：“那＝剛《三》《宮》。”“那”“剛”皆“刪”字之訛。

2043 郿

北涼曇無讖譯《大方等大集經》：“如是婆羅[12]郿那龍王。”（T0397v13p02

71c）本頁下注12："𨛬=那《三》。"

按："𨛬"與"那"爲版本異文，"𨛬"即"那"字之訛。"𨛬"後之"那"乃旁注誤入正文，本當作"婆羅那龍王"。

2044 秎

日本宗性撰《俱舍論本義抄》："學者及異生身中，即前二智，唯有通義，無餘三種（文）或（百四十）述[4]祁境、天耳、他心、宿住、死生智通相，云由此五種，皆依四靜慮。"（T2249v63p0463c）本頁下注4："祁=秎《甲》，神[カ]《乙》。"

按："秎"與"祁""神"爲版本異文，"秎""祁"皆"神"字之訛。同上經："以何知者?《論》中説三明之體，上述通六謂神境、天眼、天耳、他心、宿住、漏盡通，解脱道慧攝畢。"（T2249v63p0723a）字作"神"。佛經中"神境"習見。據文意，"神"字是，"秎""祁"皆"神"字之形訛。"神"訛作"祁"，"祁"又訛作"秎"。

《可洪音義》卷十二《中阿含經》第四十七卷："文秎，巨尸反。正作'祁'。"（v59p997a）《中阿含經》作"祁"。"秎"爲"祁"字之訛，與"神"之訛字爲同形字。此字鄭賢章《漢文佛典疑難俗字彙釋與研究》已有考證（p398），可參看。

2045 郄

唐圓照撰《貞元新定釋教目録》："《阿那邠郄化七子經》一卷，出《增一阿含》第四十九卷，異譯見《長房録》。"（T2157v55p0776c）

按："郄"即"邸"字之訛。隋法經等撰《衆經目録》："《阿那邠[6]邸化七子經》一卷。"（T2146v55p0129b）本頁下注6："邸=祁《宋》《元》，祁《明》。"唐道宣撰《大唐内典録》："《阿那邠邸化七子經》。"（T2149v55p0310a）唐道宣撰《續大唐内典録》："《阿那邠邸化七子經》，出《增一阿含》。"（T2150v55p0344b）唐智昇撰《開元釋教録》："《阿那邠邸化七子經》一卷，出《增一阿含》第四十九卷，異譯見《長房録》。"（T2154v55p0479c）隋費長房撰《歷代三寶紀》："《阿那邠[57]祁化七子經》一卷，出《增一阿含》。"（T2034v49p0050c）本頁下注57："郝=邸《元》《明》。"東晋瞿曇僧伽提婆譯《增壹阿含經》："聞如是：一時佛在舍衛國祇樹給孤獨園。爾時阿那邠祁長者有四兒，不事佛法聖衆，亦復不自歸命佛法聖衆。是時阿那邠長者告四兒曰：'汝等各各自歸佛法聖衆，長夜之中獲福無量。'"（T0125v02p0818b）東漢安世高譯《阿那邠邸化七子經》："聞如是：

一時婆伽婆在舍衛祇樹給孤獨園。爾時阿那邠邸有七子，無篤信於佛法衆，不歸命佛歸命法歸命比丘僧，亦不改殺生，亦不改不與取，亦不改他婬，亦不改妄語，亦不改飲酒。爾時阿那邠邸長者告彼七子言：‘汝等今可自歸命佛歸命法歸命比丘僧，亦莫殺生，莫不與取，莫他妻婬，莫妄語，莫飲酒，皆悉莫犯。’”（T0140v02p0862a）與“𨚗”對應之字或作“邸”“祁”“祁”“郝”，“𨚗”當即“邸”字之訛。“祁”與“邸”爲同一梵文的不同譯音字，“祁”“郝”皆“祁”字之訛。

2046 踸

日本照遠撰《資行鈔》：“鈔：縱心則非味起迷（云云），《簡正記》云：如菖蒲雖臭，周文王以爲美饍（出《呂氏春秋》）；瘡痂極穢，劉踸貪之（文）。”（T2248v62p0757b）

按：“踸”即“邕”字之訛。《卍續藏》後唐景霄撰《四分律行事鈔簡正記》：“瘡痂極穢，劉邕貪之。”（X0737v43p0430a）與“踸”對應之字作“邕”。唐李延壽撰《南史·劉穆之傳》：“邕性嗜食瘡痂，以爲味似鰒魚。嘗詣孟靈休，靈休先患灸瘡，痂落在牀，邕取食之。靈休大驚，痂未落者，悉褫取飴邕。”此即原典之所出，字本作“邕”。

2047 䣇

日本圓仁撰《蘇悉地羯羅經略疏》：“《經》‘凡曼荼羅’下至‘説爲最勝’。釋曰：二明曼荼羅地勢也。[3]郘字，羽求反，又作‘郵’，境上行書之舍也，過也，譯［驛］也，今取低義。”（T2227v61p0482a）本頁下注3：“郘＝䣇？”

按：唐輸波迦羅譯《蘇悉地羯囉經》：“凡曼茶［荼］羅地勢，皆北下卸，説爲吉祥。但曼荼羅地勢北下卸者，説爲最勝。”（T0893v18p0653a）又：“凡漫荼羅地勢，皆北下卸，説爲吉祥。但漫荼羅地勢北下卸者，説爲最勝。”（T0893v18p0690b）此即圓仁所釋《蘇悉地羯囉經》之原文。今本《大正藏》與圓仁所言之“郘”“郵”“䣇”對應之字作“卸”。又，《蘇悉地羯囉經》：“凡曼荼羅地勢，皆須地門而瀉，説爲吉祥。但曼荼羅地勢北瀉，説爲最勝。”（T0893v18p0623c）與“卸”對應之字作“瀉”。《玉篇·水部》：“瀉，傾也。”本指水往下急流，這裏形容曼荼羅道場之門的地勢，像傾瀉而下的水，自下而上，坡度陡急，字當以“瀉”爲正。《蘇悉地羯囉經》或用“卸”字，“卸”與“瀉”《廣韻》皆讀“司夜切”，兩字同音，故兩字通用。“郘”“䣇”當即“卸”字之訛。圓仁讀“羽求反”，又言“又作‘郵’”，乃誤認“卸”爲“郵”。

唐慧琳撰《一切經音義》卷八十四《集古今佛道論衡》第四卷："郵傳，又牛反。郭注《爾雅》云：'郵道路所經過也。'《孟子》云：'孔子德之流速於置郵而傳命也。'《説文》：'從邑，垂聲。'《論》文從缶作'⿰缶阝'，通。"（T2128v54p0854a）又卷八十三《大唐慈恩寺三藏法師玄奘傳》："郵駿，上有求反。鄭注《爾雅》：'郵道路過也。'鄭注《禮記》：'郵，表也。'《説文》：'境上行書舍也。從邑，垂聲。'《傳》從缶作'卸'，音星夜反，是卸馬鞍字，與本義乖。"（T2128v54p0842c）又卷九十一《續高僧傳》第三卷："郵馹，上音尤。《文字集略》云：境上舍也。待使館也。今之驛也。從垂，從邑。《傳》文作'卸'，非也。卸音星夜反，非此用也。"（T2128v54p0885b）《集韻·尤韻》于求切："郵、卸，《説文》：'境上行書舍。从邑、垂，垂邊也。'一曰事之過者爲郵。亦姓。一曰田間舍。或作卸。""⿰缶阝""卸"皆"郵"之書寫變異。清顧藹吉《隸辨》"郵"或寫作"郵""郵""郵"等形，因訛作"⿰缶阝""卸"，與讀"司夜切"的"卸"同形。圓仁不識"⿰缶阝"爲讀"司夜切"的"卸"字之訛，誤認爲"郵"字，讀其音爲"羽求反"，此乃不識字之誤。注者疑爲"郶"字，"卸"或寫作"卸"，"郵"或寫作"郶"，"郶"與二形皆近，注者蓋以爲"郵"字。

後秦鳩摩羅什譯《妙法蓮華經》："[30]郵樓哆（三十八）*郵樓哆憍舍略（來加反。三十九）。"（T0262v09p0058c）本頁下注30："郵+（音尤）夾註《元》《明》，郵=卸《博》*。"日本淨嚴撰《悉曇三密鈔》："□，魯、嚕、盧、樓（法花）、郵樓（二合。同上）、勒。"（T2710v84p0746a）又："又羅什譯《法華》陀羅尼中'□郵□樓□哆'（文）。"（T2710v84p0786a）唐慧立本《大唐大慈恩寺三藏法師傳》："並載以巨象，并諸[12]郵駿。"（T2053v50p0221a）本頁下注12："郵=卸《宋》《元》《甲》。"唐玄嶷撰《甄正論》："項羽之陷秦軍，白起之坑趙卒，身死杜[30]郵之下，支分烏江之上。"（T2112v52p0570b）本頁下注30："郵=卸《宋》。"唐神清撰、北宋慧寶注《北山録》："白起死杜卸（白起，秦將，善野戰，坑趙降卒四十萬，竟死於杜卸驛也）。"（T2113v52p0622c）唐慧琳撰《一切經音義》："騰羨，……傳音知戀反。謂傳處卸驛也。"（T2128v54p0789b）"卸"皆"郵"字之訛。《龍龕·卩部》："卸，司夜反。解卸也。又俗音尤。""俗音尤"乃"郵"字之音。

唐道宣撰《廣弘明集》："分別已來，每增慨憶，歎因月積，想逐時旋，每有西[2]卸，事同撫髀，相見之期，未知何日。"（T2103v52p0305a）本頁下注2："卸=郵《三》《宮》。"《可洪音義》卷三十《廣弘明集》第二十七卷："西卸，思夜反。又音尤。"（v60p586c）唐慧琳撰《一切經音義》卷九十九《廣弘明集》第二十七卷："西郵，有求反。《爾雅》：'郵，過也。'郭注《爾雅》云：'道路所經過也。'《廣雅》：'驛也。'《説文》：'從邑，垂聲。'《集》作'卸'，非也。"（T2128v54p0921c）"每有西卸"，"卸"或作"郵"，可洪首音"思夜反"，又音"尤"。慧琳所見本作"卸"，釋讀作"郵"。據文意，慧琳所讀是。"西郵"之"郵"本義爲驛站之義，"西郵"蓋指西部邊遠地區的驛站，文中指傳送文書的人，"每有西郵，事同撫髀"，謂每當看到驛站送信的人，都使我想起分別已久的朋友，令人感慨。"撫髀"同"撫髀"，字面義爲拍大腿，人情緒激動時常情不自禁地拍大腿，文獻中常常用來表達某種情緒，本文中表達感慨的情緒。字本當

“郵”，“卸”乃“郵”字之訛。可洪因字訛而誤讀其音義。

2048 郮

日本圓仁撰《蘇悉地羯羅經略疏》：“《經》‘凡曼荼羅’下至‘説爲最勝’。釋曰：二明曼荼羅地勢也。[3]郮字，羽求反，又作‘郵’，境上行書之舍也，過也，譯［驛］也，今取低義。”（T2227v61p0482a）本頁下注3：“郮＝卹？”

按：注者疑“郮”爲“卹”字之訛。唐輸波迦羅譯《蘇悉地羯囉經》：“凡曼荼［荼］羅地勢，皆北下卸，説爲吉祥。但曼荼羅地勢北下卸者，説爲最勝。”（T0893v18p0653a）此即圓仁所釋之原文。“郮”“卹”當即“卸”字之訛。圓仁讀“羽求反”，又言“又作‘郵’”，乃誤認“卸”爲“郵”。參上條。

2049 郗

隋費長房撰《歷代三寶紀》：“尚之對曰：‘中朝以遠，難復盡知。渡江以來，王道、周顗宰輔之冠蓋，王濛、謝尚人倫之羽儀，郗超、王謐等或號絶群，或稱獨步，略數十人，靡非英俊。清信之士，無乏於時。’”（T2034v49p0088c）

按：“郗”即“郄”“郤”字之訛，在“郄/郤超”這個人名的用法上，“郄/郤”又“郗”字之誤。《説文·邑部》：“郗，周邑也。在河内。”段玉裁注：“《左傳·隱十一年》：‘王與鄭人蘇忿生之田：溫、原、絺、樊、隰郕、欑茅、向、盟、州、陘、隤、懷。’杜曰：‘絺在野王縣西南。’按：郗者，本字；絺者，古文假借字也。”在地名的意義上，“郗”爲“絺”之分化字。明張自烈《正字通》：“郗，虚欺切，音希。《説文》：‘周邑也。在河内。’杜氏曰：‘河内野王縣西南絺城是。’又姓，郗與郄別。黄長睿曰：郗姓爲江左名族，讀如絺繡之絺，俗訛作郄，呼爲郄詵之郄非也。郄詵，晋大夫郤縠之後。郗鑒，漢御史大夫郗慮之後。姓源既異，音讀各殊。後世因俗書相亂，不復分郗、郄爲二姓。陸龜蒙號博古，其詩云‘一段清光染郗郎’，亦誤讀也。朕觀《王右軍帖》以郗爲郄，誤實自右軍始，退之所以貶王爲俗書也。《正韻·二支》闕郗。”辨“郗”“郄”之相亂甚詳。《隋書·禮儀志》：“乃建臺於東城，立四親廟，并妃郗氏而爲五廟。告祠之禮，並用太牢。”《隋書考證》：“監本‘郗’訛‘郄’，各本同。臣映斗按：《梁書》高祖皇后郗氏，齊建武中殂，高祖進位，梁公詔贈后爲梁公妃。又《姓譜》：‘郗，音希，郗鑒、郗超之姓從郗。’‘郄’當作‘郤’，郤詵之姓從郤。坊本多訛。”據《姓譜》“郗超”之姓當作“郗”，文獻或誤作“郄”。“郄”本“郤”字之異體。因“郄/郤”亦姓氏用字，兩字形音用皆近，故常相亂。唐道宣撰《廣弘明集》：“渡江已來，則王導、周顗、庾亮、王濛、謝尚、郗超、王坦、王恭、王謐、郭文舉、謝敷、戴逵、許詢及亡高祖兄弟、及王元琳昆季、范汪、孫綽、張玄、殷覬等，或宰輔之冠蓋，或人倫之羽儀。或置情天人之際，或抗迹煙霞之表，並稟志歸依，措心崇信。”（T2103v52p0100b）字作“郗”，然《晉書》郗超之傳之“郗”已誤作“郄”。唐彦琮撰《唐護法沙門法琳别傳》：“且王道、周顗宰輔之冠蓋，王濛、謝尚人倫之羽儀。次則郄超、王謐、劉璆、謝容等，並江左英彦。”（T2051v50p0203b）“郄”亦當作“郗”。“郄”或寫作“𨚫”（見《隸辨》引《學師宋恩等題名》），又訛作“郤”（見《龍龕·邑部》），“郤”亦當“𨚫”之訛。

2050 郫

唐道宣撰《續高僧傳》：“又於綿竹郫縣造三百尺大像，今並成就。”（T2060v50p0623a）

按：“郫”即“郫”之異寫字。《説文·邑部》：“郫，蜀縣也。”段注：“二《志》同。今四川成都府郫縣縣北故郫城是。”“卑”或寫作“畁”，與“郫”之左旁形近，故“郫”或寫作“郫”。南宋志磐撰《佛祖統紀》：“述曰：持師本傳謂在郫縣龍淵順寂，有臨終遺命。”（T2035v49p0420a）唐慧琳撰《一切經音義》：“郫，被悲反。《漢書》：蜀郡有郫縣。又音毘。”（T2128v54p0880b）“郫”皆同“郫”。

2051 鄮

明語風圓信、郭凝之編《金陵清涼院文益禪師語録》：“師諱文益，餘杭魯氏子。七歲，依新定智通院全偉禪師落髮。弱齡，稟具於越州開元寺，屬律匠希覺師，盛化於明州鄮山育王寺。”（T1991v47p0588a）

按：“鄮”即“鄮”字之訛。參 2054“鄮”字條。

2052 郻

北魏瞿曇般若流支譯《解脱戒經》：“不寬脚坐，應當學；不[12]郻（區消反）脚坐，應當學。”（T1460v24p0664b）本頁下注 12：“郻=蹻《三》，縣《聖》。”

按：“郻”與“蹻”“縣”爲版本異文，自注“區消反”，“郻”即“郻”字之訛，“郻”爲“蹻”之借字。《説文·邑部》：“郻，鉅鹿縣。从邑，梟聲。”大徐音“牽遙切”。《玉篇·邑部》：“郻，輕彫切。鉅鹿郡有郻縣。鄡，苦幺切。豫章郡有鄡陽縣。"《廣韻·蕭韻》苦幺切："鄡，鄡陽，縣名，在鄱陽。又姓，出何氏《姓苑》。鄡，縣名，在鉅鹿郡。""鄡"爲從邑梟聲的形聲字，與"鄡"當爲異構關係，《玉篇》《廣韻》皆分爲二字，不妥。"鄡"爲"鄡"字之訛，"郒"爲"鄡"之進一步形訛。"鄡"爲地名字，文中用爲舉足高之義，爲"蹻"之借字。唐玄應撰《一切經音義》(麗藏本)卷十六《解脱戒本》："蹻脚，丘消反。《説文》：'舉足行高也。'《漢書》：'蹻足。'文穎曰：'蹻猶翹也。'《三蒼解詁》云：'蹻，舉足也。'《史記》作'翹'，《戒》文作'郒'，口彫反，縣名也，郒非此義。"(p223c)玄應所見《解脱戒本》亦作"郒"，釋作"蹻"。

2053 鄹

南朝梁僧祐撰《弘明集》："夫三皇五帝三代五霸，姬旦孔丘删詩制禮，並聞史籍，孰覩之哉？釋氏震法鼓於鹿園，夫子揚德音於[26]鄒魯，皆耳眼所不得，俱信之於書契。"(T2102v52p0070b)本頁下注26："鄒＝鄹《三》《宫》。"

按："鄹"與"鄒"爲版本異文，"鄹"即"鄹"字之訛。唐道世撰《諸經要集》："所以釋氏震法鼓於鹿苑，夫子揚德音於[3]鄹魯，尚耳目所不聞，豈心識之能契也？"(T2123v54p0153a)本頁下注3："鄹＝陬《宋》《元》《宫》。"與"鄹"對應之字作"鄹""陬"。《説文·邑部》："郰，魯下邑，孔子之鄉。"清王筠《説文句讀》："《檀弓》《左傳》皆作'郰'，《論語》作'鄹'，《史記·孔子世家》作'陬'，移邑於左也。又借'鄒'。"孔子的家鄉名字本作"郰"，"鄹"爲"郰"之異構字，"陬"爲"郰"異寫字，"鄒"爲"郰"之借字。《説文·邑部》："鄒，魯縣，古邾國，帝顓頊之後所封。"清朱駿聲《説文通訓定聲》："與'郰'字别。或亦以'騶'、以'郰'爲之。""鄒"爲春秋時國名，後爲魯國縣名，與"郰"本不同字，文獻中或混用。"夫子揚德音於鄒魯"，"鄒魯"指古代鄒國和魯國，泛指鄒魯區域，當以"鄒"字爲正，"郰""鄹"皆爲借字。

2054 鄮

南朝梁慧皎撰《高僧傳》："頃之，進適會稽，禮拜[1]鄮塔。此塔亦是育王所造。"(T2059v50p0410a)本頁下注1："鄮＋(縣)《三》《宫》。"

按："鄮"即"鄮"字之訛。《説文·邑部》："鄮，會稽縣。从邑，貿聲。"段注："二《志》同。今浙江寧波府治鄞縣府治東三十里故鄮城是也。陸士龍曰：'秦始皇身在鄮縣三十餘日。'"唐道宣撰《律相感通傳》："又問：'楊州長干塔、鄮縣塔，是育王者非耶？'答曰：'是昔劉薩訶感靈。今往楊州，登越城，望見長干，有異氣。因標掘獲，如今傳所明。'”（T1898v45p0878c）與“鄧”對應之字作“鄭”。“鄭”或寫作“鄭”，“鄧”即“鄭”之進一步形訛。

2055 鄹

失譯《别譯雜阿含經》：“佛告諸比丘：善哉善哉！汝從往世所受象身，爲他截鼻截耳，或時截足，鐵鉤[14]鄹頭，及以斬項，所出之血無量無邊。又受牛馬騾驢駱駝猪雞犬豕種種禽獸，如受雞形，截其羽翼及其項足身所出血，是諸禽獸各被割截，所出之血不可計量。”（T0100v02p0485c）本頁下注 14：“鄹 = 斲《三》。”

按：“鄹”與“斲”爲版本異文，“鄹”即“斲”之異體“劚”字之訛。《説文·斤部》：“斲，斫也。从斤、㽞。斵，斲或从畫、从丮。”字本作“斲”，或寫作“斲”。“斲”改“斤”爲“刂”作“㓸”，“㓸”又寫作“劚”。“鄹”即“劚”字之訛，“刂”旁訛作“阝”旁也。北魏慧覺譯《賢愚經》：“象師即便作相告象：呑此鐵丸。若不呑者，當以鐵鉤斲裂汝腦。”（T0202v04p0372c）用“斲”字。

2056 鄨

唐圓照撰《貞元新定釋教目録》：“至總章元年四月八日，有勑改葬鄨川北原。”（T2157v55p0861b）

按：“鄨”即“鄨”字之訛。《説文·邑部》：“鄨，京兆杜陵鄉。从邑，樊聲。”段注：“《水經注·渭水篇》：‘沉水上承皇子陂於樊川。’其地即杜之樊鄉也。漢祖至櫟陽，以將軍樊噲灌廢丘最，賜邑於此鄉。按，樊鄉見《史》《漢》《樊噲傳》。《索隱》引《三秦記》曰：‘長安正南，山名秦嶺，谷名子午，一名樊川，一名御宿。樊鄉即樊川也。’宋敏求《長安志》曰：‘樊川在萬年縣南三十五里。’引《十道志》云：‘其地即杜陵之樊鄉。’凡言樊鄉，即許之鄨鄉也，在今西安府南三十里之樊川。”“鄨”即“樊”之後出分化字，因作地名而加“邑”旁。

2057 鄽

唐玄奘譯《大般若波羅蜜多經》：“中有五百街巷市鄽，度量相當，端嚴如

畫。”（T0220v06p1060c）

按：“鄽”即“鄽”字之訛“鄽”字之省。參下條。

2058 鄽

唐澄觀撰《大方廣佛華嚴經疏》：“後善男子婆須下教示所在。市者喧雜，北主於滅，自宅即畢意空寂。謂在欲行禪，處喧常寂故，在市鄽之北等。”（T1735v35p0939b）

按：“鄽”即“鄽”字之訛，構件“里”訛作“黑”耳。《玉篇・邑部》：“鄽，直連切。市鄽。俗作‘廛’。”唐慧琳撰《一切經音義》：“市鄽，徹連反。《集》從門作‘闤’，非也。”（T2128v54p0923a）此形《大正藏》習見。

身部

2059 䏧

日本明覺撰《悉曇要訣》：“善無畏《慈氏軌》云：毻噌左囊佛○鬅（[illegible]）馱（[illegible]）腩（[illegible]）○㦬（[illegible]也）廳（[illegible]也）㦬（[illegible]也）囉䟙（二合。[illegible]也）䟙（[illegible]也）䏧囉（二合。[illegible]）廞（[illegible]也）軩（[illegible]也）軲（[illegible]也）䠶（[illegible]也）餓（𑖕也）𑖕（䏧也）飷（[illegible]也）毻魯左囊佛鉢囉（二合）譔[illegible]歟。”（T2706v84p0511a）

按：“䏧”爲“𑖕（ja）”的譯音字，本爲由“自”和“也”構成的切身字，“自”旁訛作“身”旁而成“䏧”字。參下條。

2060 䠶

日本杲寶撰《大日經疏演奥鈔》：“《慈氏儀軌》（善無畏）下云：其所成物者衆多無數，不可具陳，今省略之。䟙䠶囉（二合）者，或金銀、熟銅、賓鐵、白檀木、紫檀木等五金鑄，或五股、四股、三股、二股、獨股等，臨時取本尊授記如上等物，如法加持念誦，三相具現卽得成執金剛菩薩，往慈氏宮得見本尊與摩

頂授記。”（T2216v59p0408a）

按：“⿰身左”即“⿰自左”字之訛。唐善無畏譯《慈氏菩薩略修愈誐念誦法》：“真言菩薩或現身，往知足天上見慈氏菩薩，其所成就物者衆多無數，不可具陳，今省略之。戱耽囉（二合）者，或金銀、熟銅、賔鐵、白檀木、紫檀木等五金鑄，或五股、四股、三股、二股、獨股等，臨事取本尊授記如上等物，如法加持念誦，三相具現卽得成執金剛菩薩，往慈氏宮得見本尊與摩頂授記。”（T1141v20p0598c）又：“次説三昧耶真言曰：[illegible]，鄔絣（二合）戱[12]躭囉（二合）耽履三莾也。”（T1141v20p0591b）本頁下注12：“耽＝⿰自左《甲》《乙》，下同。”字又作“躭”“耽”“⿰自左”，“躭/耽/⿰自左囉”對應的梵文是“[illegible]（jrā）”，“躭/耽/⿰自左”對應的梵文是“[illegible]（ja）”。根據對音關係，當以“⿰自左”爲正，“⿰自左”爲由“自”和“左”構成的切身字。日本淨嚴撰《悉曇三密鈔》：“[illegible]，社、若、惹、闍、結、搓、⿰白左（切身。慈氏）、座（法華）、日（“嚩日囉”之“日”是）、入（“入嚩囉”之“入”是）、什（“什皤囉”之“什”是）、折（“跋折羅”之“折”是。大日疏）。”（T2710v84p0742c）收録“[illegible]（ja）”的譯音字“⿰白左”。“⿰白左”乃“⿰自左”字之訛，“自”旁訛作“白”旁也。《大正藏》“⿰白左”字出現字數頗多，是一個通行度較高的訛字。“⿰自左”或作“⿰身左”者，“⿰身左”乃“⿰自左”字之訛，“自”旁訛作“身”旁也。參1708“⿰自左”字條。

2061 ⿰身匡

東晉佛陀耶舍、竺佛念譯《四分律》：“叉腰者，以手叉腰[20]⿰身匡肘……手叉腰*⿰身匡肘白衣舍妨比坐。”（T1428v22p0700b－c）本頁下注20：“⿰身匡＝匡《三》《宮》*。”

按：“⿰身匡”與“匡”爲版本異文，“⿰身匡”即“匡”字加旁字，字又作“⿰月匡”“⿰亻匡”“⿰足匡”等形。唐慧琳撰《一切經音義》卷五十九《四分律》第二十卷：“⿰月匡肘，區放反。横擧肘也。未詳字出，此應俗語。孔云：‘並坐不横肱是也。’《律》文或作‘⿰身隹’‘⿰亻匡’二形，並未詳。”（T2128v54p0702a）慧琳之“⿰身隹”當爲“⿰身匡”，所見之《律》文亦有作“⿰亻匡”者，釋作“⿰月匡”。《可洪音義》卷二十五《一切經音義》第十四卷：“作⿰身圭，丘狂反。曲也，戾也。正作‘軭’‘眶’‘⿰亻匡’三形。應和尚以‘⿰月匡’字替之，區放反。《篇》《韻》亦無‘⿰月匡’字耳。”（v60p373b）東晉佛陀跋陀羅、法顯譯《摩訶僧祇律》：“汝曲脊跛蹇眼瞎[12]⿰亻匡脚，搕頭鋸齒身不具足。”（T1425v22p0378b）本頁下注12：“⿰亻匡＝⿰足匡《元》《明》。”《可洪音義》卷十五《摩訶僧祇律》第十二卷：“⿰足王脚，上去王反。曲戾也。俗。”（v59p1106c）《摩訶僧祇律》：“時有婆羅門極醜陋僂脊[1]⿰亻匡脚。”（T1425v22p0381a）本頁下注1：“⿰亻匡＝⿰足匡《明》。”《可洪音義》卷十五《摩訶僧祇律》卷二十四：“⿰月王脚，上丘王反。”（v59p1110b）唐道宣述《四分律比丘含注戒本》：“不得叉腰，匡肘故也。……十三、不得叉腰，以匡肘故，妨比座比丘也。”

（T1806v40p0457a）北宋元照撰《四分律行事鈔資持記》："匡肘，謂兩肘有如匡器焉。"（T1805v40p0330b）失譯《牟梨曼陀羅呪經》："[21]匡其肘作可畏面。"（T1007v19p0662c）本頁下注 21："匡＝主《宋》，脏《元》《明》。"唐道世撰《諸經要集》："第二十，復有衆生，其形甚醜，身黑如漆，面目復青，鞠頰俱堆，皰面平鼻，兩眼黃赤，牙齒疏缺，口氣腥臭，矬短擁腫，大腹亞髋，脚復繚戾，僂脊[11]匡肋。"（T2123v54p0172a）本頁下注 11："匡＝脏《三》。"上述諸形，皆枉曲義，字本作"匡"，因形容人體之枉曲，故字或加"人""月""足""身"等旁。

《四分律》："時六群比丘[10]眶肘食，妨礙比坐。諸比丘白佛。佛言：不應[11]眶肘食，應斂肘食。"（T1428v22p0935b）本頁下注 10："眶＝匡《宮》。"注 11："眶＝匡《三》《宮》。""眶"又"脏"字之訛，"月"旁訛作"目"旁也。

2062 躿

唐善無畏譯《慈氏菩薩略修愈誐念誦法》："次觀本尊慈氏菩薩，住發生普遍大悲心三昧耶，真言曰：[illegible]，納莽糝滿多觳馱（引）喃（一）遏[2]躿單耽耶（二）。"（T1141v20p0594a）本頁下注 2："躿＝餽《甲》《乙》《丙》《丁》。"

按："躿"與"餽"爲版本異文，"躿"即"餽"字之訛，"自"旁訛作"身"旁也。"餽"爲"[illegible]（ji）"之譯音字，乃由"自"與"曳"構成的切身字。日本淨嚴撰《悉曇三密鈔》："[illegible]，逝（消災軌）、際（無量壽軌）、誓（佛頂）、餽（切身。慈氏）。"（T2710v84p0743a）"餽"爲"[illegible]（je）"之譯音字。唐不空譯《無量壽如來觀行供養儀軌》："阿蜜㗚（二合）多帝際（自曳反。十）。"（T0930v19p0071b）"際"與"餽"爲同一梵文的不同譯音字，"際"讀"自曳反"，乃"餽"爲切身字的又一有力證據。參 1709"餽"字條。

2063 軀

隋吉藏撰《法華義疏》："《智度論》云：謗法人非慳貪業故不生餓鬼中，愚癡謗故得闇鈍報，亦謗智慧經故得闇鈍報，憍慢心謗故得矬報，謗微妙法故得醜陋報，謗開方便門法故得癵躄報，謗正直經故得背[2]傴報。"（T1721v34p0542a）本頁下注 2："傴＝軀《聖》，軀《聖乙》。"

按："軀"與"傴""軀"爲版本異文，"軀"爲"軀"字之訛，"軀"又"傴"的異構字。馬鳴集、北宋日稱譯《六趣輪迴經》："戲弄於他人，當獲矬傴報。"（T0726v17p0457a）《説文·人部》："傴，僂也。从人區聲。"段注："《問衺注》曰：‘傴，背曲也。’《通俗文》：‘曲脊謂之傴僂。’引伸爲鞠窮、恭敬之意。又《莊子》：‘以下傴拊人之民。’借爲煦嫗字。《左傳》曰：‘一命而僂，再命而傴，三命而俯。’析言之，實無二義。”“傴”本義爲曲背之義。唐慧琳撰《一切經音義》：“背傴，《字林》：‘一父反。’《通俗文》：‘曲脊謂之傴僂。’《切韻》：‘傴，背曲不伸也。’《春秋鼎銘》云：‘一命而僂，再命而傴，三命而俯。’杜預云：‘俯恭於傴，傴恭於僂，身逾曲，恭益加敬也。’有作‘膒’，《字林》：‘一侯反。幽暗也。’有作‘瘟’，未詳所出。”（T2128v54p0488a）《集韻·噳韻》委羽切：“傴、痀、瘟，《説文》：‘僂也。’或作痀、瘟。”字又作“膒”“瘟”，“膒”“瘟”皆“傴”之異構字。曲背和人體相關，故字或從“肉”。曲背又或爲一種疾病，故字又或從“疒”旁。《玉篇·肉部》：“膒，於侯切。久脂也。”此與曲背義的“膒”爲同形字。

字又作“軀”者，蓋“膒”之“月”旁訛作“身”旁，“區”旁訛作“僉”旁耳。唐道宣撰《廣弘明集》：“竭茲愛海，濟稟識於三空；殄彼邪山，[10]驅肖形於八正。”（T2103v52p0261a）本頁下注10：“驅＝驗《宋》《宮》。”四庫本作“驅”。日本最澄撰《顯戒論》：“衆魔比丘，咸共憎嫉。誹謗揚惡，擯出[11]驗遣。”（T2376v74p0614b）本頁下注11：“驗＝驅《乙》。”“驗”皆“驅”字之訛。亦皆“區”旁訛作“僉”旁之例，可比勘。

鄭賢章《漢文佛典疑難俗字彙釋與研究》亦有考證（p400），可互參。

2064 軉

唐阿地瞿多譯《陀羅尼集經》：“然後次第下[9]擨施錢，隨力多少任意布施畢已，次作法事香華供養。”（T0901v18p0808a）本頁下注9：“擨＝䞋《宋》《明》《甲》《乙》，嚫《元》，軉《宮》。”

按：“軉”與“䞋”“擨”“嚫”爲版本異文，“軉”即“䞋”字之訛，“䞋”又爲“嚫”的異構字。同上經：“道場殘食持明師及受法人皆不得喫，若喫，持明師及受法人並失成就，其[37]擨施錢佛錢入作佛用，其般若錢入寫經用。”（T0901v18p0808b）本頁下注37：“擨＝䞋《宋》《明》《宮》《甲》《乙》，嚫《元》。”“嚫”爲譯音字，是梵文“達嚫”的省稱，義爲向僧尼施捨財物，根據字義，可以改換形旁作“䞋”。“軉”即“䞋”字之訛，“貝”旁訛作“身”旁也。

字或作“擨”者，“擨”蓋“襯”字之訛，“襯”或用作“嚫”“䞋”的借字。

辵　部

2065 迏

日本信瑞纂《淨土三部經音義集》："三塗，《經音義》曰：《賢劫經》'三塗'，又作'途''迏'。"（T2207v57p0426b）

按："迏"即"迏"字之訛，"迏"爲"途"的異構字。唐慧琳撰《一切經音義》卷三十四《賢劫經》第二卷："三塗，又作'途''迏'二形，同，達胡反。言三塗者，俗書春秋有三塗危險之處，借此爲名。塗猶道也，非謂塗炭之義。若依梵本則云阿波那伽低，此云惡趣，不名惡道，道是因義，由履而行，趣是果名，已到之處，故不名惡道也。"（T2128v54p0538b）"迏"爲"途"的換聲旁異構字。唐玄應撰《一切經音義》（海山仙館本）"迏"即作"迏"，"迏"爲"迏"之訛，"土"旁訛作"士"旁也。

2066 迅

唐慧琳撰《一切經音義》卷七十二《阿毘達磨顯宗論》第三十七卷："軌生，上歸委反。《穀梁傳》云：'軌，法則也。'《説文》：'車轍也。從車，九聲。'古文作'迅'，又作'衏'，《論》文作'軓'，俗字。"（T2128v54p0776b）

按："迅"即"边"字之訛，"边"又"軌"之異構字。《玉篇・辵部》："边，古鮪切。古文軌。"字本作"边"，乃從辵九聲的形聲字。"九"訛作"丸"即成"迅"。

2067 迈

唐法全撰《大毘盧遮那成佛神變加持經蓮華胎藏悲生曼荼羅廣大成就儀軌供養方便會》："如來頂相真言曰：……誐誐曩（引）難多娑[5]叵（二合）囉儜（二）。"（T0852v18p0111a）本頁下注5："叵＝迈《乙》。"

按："迈"與"叵"爲版本異文，"迈"即"叵"字之訛。唐善無畏、一行譯《大毘盧遮那成佛神變加持經》："如來頂相真言曰：……伽伽娜難多薩發（二合）囉儜（上。二）。"（T0848v18p0013a）與"叵"對應的譯音字是"發"。佚名《胎藏梵字真言》："如來頂相真言曰：……[Siddham]……"（T0854v18p0165a）與"娑叵（二合）"對應的梵文是"[Siddham]（spha）"。日本淨嚴撰《悉曇三密鈔》："[Siddham]，頗、叵、破、怖、普、發、抪（普活切。蘇悉地經）、泮（佛頂）。"（T2710v84p0745a）"叵""發"皆"[Siddham]（pha）"之譯音字。

"叵"或作"迊"者，"匚"旁或寫作"辶"旁，《可洪音義》卷二十二《四阿含暮抄》上卷："巧迊，自亮反。"（v60p241c）又卷二十六《大唐西域記》第三卷："㔟引迊，上戶圭反，下自亮反。"（v60p408c）"迊"皆"匠"字異寫，與此同例。

2068 迖

日本空海撰《大日經開題》："第一述經大意者，夫以團團性月映十界而不虧不盈，蔚蔚智蓮載四生以常開常鮮。爰如幻醉客眠昏於無明暗室，憂長夜叵曉；如夢貧商[31]跉迴于妄想寒里，傷暖春遲來。"（T2211v58p0004c）本頁下注31："跉＝迖《丙》。"

按："迖"與"跉"爲版本異文，"迖"即"跉"字之訛。蓋由"跉迴"連用，"跉"受"迴"字的影響而改"足"旁爲"辶"旁，此亦字形同化之例。"跉迴"蓋孤單徘徊之義。

2069 迦

隋闍那崛多譯《不空羂索呪經》："欲治一切鬼病恐怖之處，當取闍耶草（藉草根）、毘闍耶草（藥）、那句利（藥）、揵陀那句梨草（藥）、這憐尼草（藥）、阿婆耶波儞草（藥）、因陀羅波尼草（香附子）、多迦羅（香）、斫迦羅（香）、摩訶斫迦羅（香）、毘疏迦揵多（香）、蘇摩羅（是梔子）、蘇難陀（草）如是諸草，皆擣之作末，細羅之，取水和爲丸如大棗，呪一百八遍。或頭戴，或繫手而行，一切鬼病一切疫病不能爲害。"（T1093v20p0401c）

按：唐菩提流志譯《不空羂索呪心經》："若著鬼魅及有怖畏，應取社耶藥、費社耶藥、那矩梨藥、健陀那矩梨藥、婆剌尼藥、阿婆野波抳藥、因達羅波抳藥、乾陀鉢履槎瞿藥、多伽羅藥、斫訖羅藥、摩訶斫訖羅藥、毘瑟怒訖爛多藥、蘇摩羅時藥、蘇難陀等如是諸藥，擣篩水和爲丸，誦呪一百八遍。若置頭上，若繫兩臂、小兒項上，鬼魅怖畏皆自銷滅。"（T1095v20p0408c）"毘疏迦揵多"與"毘瑟怒訖爛多"同，"迦"對應之字作"怒"，"迦"蓋"怒"字之訛，"心"旁訛作“辶”旁耳。鄧福禄、韓小荆《字典考正》亦有考證（p165），可參看。

2070 逓

元覺岸編《釋氏稽古略》：“小胡魯密遣人逓報粘罕。”（T2037v49p0887b）

按：“逓”爲“遞”的異寫字。唐慧琳撰《一切經音義》卷一百《寶法義論》：“遞爲，上提禮反。《爾雅》云：‘遞，迭也。’《古今正字》：‘更易也。從辵，虒聲。’或作‘递’，古文也。虒音徙貲反。《論》文作‘逓’，俗用，不成字也。”（T2128v54p0930b）慧琳所見《寶法義論》之“逓”字，釋作“遞”。劉復、李家瑞編《宋元以來俗字譜·辵部》“遞”下引《古今雜劇》等作“逓”。皆已溝通“逓”與“遞”的關係。

2071 逵

日本長惠撰《魚山私鈔》：“若背此旨者，大師明神之御治罰逵犯之身。”（T2713v84p0842c）

按：“逵”爲“違”字之訛。高麗本《龍龕手鏡·辵部》：“逵，音違。”（p490）朝鮮本《龍龕》“逵”在“違”下。《中華字海》：“逵，同‘違’。見朝鮮本《龍龕》。”（p637c）已溝通“逵”與“違”的關係。

《可洪音義》卷九《佛説菩薩本行經》中卷：“不逵，于歸反。正作‘違’。”（v59p852c）失譯《佛説菩薩本行經》：“王問象言：‘何以不食?’象便作人語而白王言：‘我心愁憂，唯願大王當去我愁。’王復問言：‘有何等愁?’象答王言：‘我有父母，年老朽邁，不能行來，更無供養者。唯我供養，採取飲食。若我在此拘繫，無供養者，便當俱没，用爲悲愁。大王若有大慈，放我使去，供養父母，畢其年命，自當來還，供養大王，不違此誓。’王聞其言，愴然不樂。”（T0155v03p0121c）《可洪音義》卷三《大方廣佛花嚴經》第四十三卷：“不逵，音違。”（v59p656c）“逵”皆“違”字之訛。

日本仁海撰《小野六帖》：“復次若欲得令一切貴人供養者，當取麥。於十五日夜，月下呪之一百八遍。一切貴人即歡喜，競申供養。一本云取麥花。復次若欲得令貴人下歸伏者，當燒蘇摩花，身上帶之。即[3]違花。一切貴人見者伏而供養。”（T2473v78p0090a）本頁下注3：“違=麥《原》。”“違”與“麥”爲版本異文。據文意，當以“麥”字爲是。“違”與“麥”形不相近，乃由“麥”寫作“麦”，刻書者誤認作“違”之異寫而轉寫作“違”。日本寬助撰《別行》：“瑜伽者縱有違犯闕法等，矜愍不見過，亦不[6]違逼他。”（T2476v78p0136c）本頁下注6：“違=凌《甲》。”“違”又與“凌”爲版本異文。唐不空譯《金剛頂經一字頂輪王瑜伽一切時處念誦成佛儀軌》："瑜伽者縱有違犯闕法等，矜愍不見過，亦不凌逼他。"（T0957v19p0324b）與"違"對應之字作"凌"。據文意，當以"凌"字爲正。"違"與"凌"形不相近，蓋由"凌"或寫作"浃""湊"等形，刻書者誤認作"違"之異寫而轉寫作"違"。

張涌泉《敦煌俗字研究》（第2版）（p828）、曾良《敦煌文獻字義通釋》（p151）、鄭賢章《漢文佛典疑難俗字彙釋與研究》（p403）"逘"字條亦有考證，可互參。

2072 𨗨

唐地婆訶羅譯《方廣大莊嚴經》："放牧童豎常來覩見，戲以草[17]𨗨而刺我鼻，或刺我口或刺我耳，我於爾時身心不動。"（T0187v03p0581c）本頁下注17："𨗨＝莖《宋》。"

按："𨗨"與"莖"爲版本異文，"𨗨"即"莛"之異寫字，"莖"與"莛"同義。唐慧琳撰《一切經音義》卷二十四《方廣大莊嚴經》第七卷："草莛，狄丁反。《説文》：'莛，草莖也。從草，廷聲。'"（T2128v54p0462b）《説文》："莛，莖也。从艸，廷聲。"高麗本《龍龕手鏡·草部》："莛，徒丁反，草莖也。"（p258）《辵部》："𨗨、𨗨，二俗；𨗨，今；𨗨，正，徒丁反。草莖也。"（p488）"莛"中之"壬"寫作"手"，"廴"寫作"辶"，"艸"的位置再加以改變，即爲"𨗨"。鄭賢章《漢文佛典疑難俗字彙釋與研究》亦有考證（p360），可參看。

2073 𨒛

隋智顗説、灌頂記《觀音義疏》："如《阿含》中云：有大力鬼忽坐帝釋床，帝釋大瞋，鬼光明轉盛，釋[10]還發慈心，鬼光明滅即去。"（T1728v34p0927b）本頁下注10："還＝𨒛《甲》。"

按："𨒛"與"還"爲版本異文，"𨒛"即"還"字之訛。失譯《别譯雜阿含經》："如是我聞：一時佛在舍衛國祇樹給孤獨園。爾時世尊告諸比丘：昔所有一夜叉，形狀甚小，顔色鄙惡，身形又黑。人不喜見，坐帝釋座上。爾時三十三天，見是夜叉，坐於釋處，皆大瞋忿，種種毀罵。爾時夜叉，惡相漸滅，善色轉生，漸漸長大。諸天罵詈，瞋恚轉多，夜叉遂復，身形長大，顔色鮮盛。諸天相將至帝釋所，白帝釋言：'有一夜叉，極爲醜陋，身形甚小，坐帝釋處。我等諸天，盡共罵詈。而夜叉子，顔色轉好，身形漸大。'帝釋語言：'有是夜叉，得諸罵詈，形色轉好，名助人瞋。'爾時帝釋，還向坐所，偏袒右肩，手擎香爐，語夜叉言：‘大仙，我是帝釋，我是帝釋。’三自稱名，夜叉轉小，形色轉惡，於是消滅。帝釋還復帝釋坐，告諸天言：‘自今以往，莫生瞋恚。若有惡對，慎莫加瞋。’”（T0100v02p0385a）此即《觀音義疏》所述《阿含經》之原文，“釋還發慈心”之“還”乃返回之義，當以“還”字爲正，“逫”即“還”字之訛。劉復、李家瑞編《宋元以來俗字譜・辵部》“還”下引《古今雜劇》作“𨘢”，“逫”與“𨘢”形近。

2074 逈

婆素跋陀造、前秦鳩摩羅佛提譯《四阿鋡暮抄解》：“持三衣止最好利生，是世尊我持三衣，一一割截。持六衣劫貝四：𩭭（葛也。青搆反）、系布傍渠（麻布）、阿鞞駈（榜也）、萛麻（[14]逈布。庫打反），是輩六遇得便著割碎持。”（T1505v25p0003b）本頁下注14：“逈＝苟《宮》。”

按：“逈”與“苟”爲版本異文，“逈”爲“苘”的異構字，“苟”當爲“苘”之訛。《可洪音義》卷二十二《四阿含暮抄》上卷：“苘布，上苦穎、苦迥二反，《經》作庫打反。”（v60p242a）《廣韻・靜韻》去潁切：“檾，枲草。苘、蘔，並上同。”又《迥韻》口迥切：“檾，枲屬。苘，上同。”“苘”改聲符“冋”爲“迥”即爲“逈”。

2075 遮

高麗一然撰《三國遺事》：“又神即［印］祖師明朗新創金剛寺，設落成會，龍象畢集，唯師不赴。朗即焚香虔禱，小[2]遮公至。時方大雨，衣袴不濕，足不沾泥，謂明朗曰：‘辱召懃懃，故茲來矣。’”（T2039v49p1005a）本頁下注2：“小遮＝少焉ヵ《甲》。”

按：“小遮”與“少焉”爲版本異文，“小”即“少”字之訛，“遮”乃“選”字之訛。《吕氏春秋・音初》：“二女愛而争搏之，覆以玉筐。少選，發而視之，燕遺二卵。”高誘注：“少選，須臾。”“少選”即須臾、片刻之義，與文意合。“小遮公至”，即須臾公至之義。甲本作“少焉”，蓋臆改。鄭賢章《漢文佛典疑難俗字彙釋與研究》“遮”字條：“根據文意，疑作‘少焉’是。‘遮’疑即‘焉’字之俗。‘小遮’同‘少焉’，片刻、一會兒之義。”（p404）釋“遮”爲“焉”字，不可從。

又，《三國遺事》：“新羅俗每當仲春初八至十五日，都人士女，競遶興輪寺之殿塔爲福會。元聖王代，有郎君金現者，夜深獨遶不息。有一處女念佛隨遶，相感而目送之。遶畢，引入屏處通焉。女將還，現從之，女辭拒而強隨之。行至西山之麓，入一茅店。有老嫗問女曰：‘附率者何人?’女陳其情。嫗曰：‘雖好事，不如無也，然遂事不可諫也。且藏於密，恐汝弟兄之惡也。’把郎而匿之奥。[1]小邆，有三虎咆哮而至。”（T2039v49p1014a）本頁下注1：“小邆=少焉[ヵ]《甲》。”“小邆”，文意不通，“邆”亦“選”字之訛，蓋涉前文“邆”而誤。甲本作“少焉”，蓋亦臆改。

2076 迊

龍樹造、後秦鳩摩羅什譯《大智度論》：“此諸光明復至十方，遍照六道，作佛事已，還繞身七[4]匝。”（T1509v25p0307a）本頁下注4：“匝=迊《石》。”

按：“迊”與“匝”爲版本異文，“迊”即“匝”字之訛。“匝”或寫作“迊”（見唐顔元孫《干禄字書》），“迊”即“迊”之訛。唐慧琳撰《一切經音義》：“彌綸，綸，力脣反。《漢書拾遺》曰：彌綸猶纒裹也，言周[2]匝包羅耳也。”（T2128v54p0436b）本頁下注2：“匝=迊《甲》。”《大智度論》：“難陀婆難陀龍王兄弟以身圍繞七[19]匝。”（T1509v25p0752b）本頁下注19：“匝=迊《石》。”“迊”皆“匝”字之訛。

東晉佛陀跋陀羅、法顯譯《摩訶僧祇律》：“時典刑者，以伽毘羅花莊嚴罪人頭，反縛兩手，打鼓吹貝，周[42]匝唱令。”（T1425v22p0256c）本頁下注42：“匝=迎《宮》。”唐道宣撰《廣弘明集》：“仁風[45]匝宇道光遐照。”（T2103v52p0347c）本頁下注45：“匝=迎《宮》。”“迎”皆“迊”字之訛。

2077 迊

唐不空譯《蕤呬耶經》：“所有諸尊，一一奉施上妙新淨衣服。自餘諸尊各奉一[4]匹。或若不辨，各奉三部主尊，用兩[5]匹衣服。或若但以兩[*]匹衣服，置於箱中。”（T0897v18p0769a）本頁下注4：“匹=迊《甲》。”注5：“匹=返《甲》[*]。”

按：“迊”與“匹”爲版本異文，“迊”即“匹”字之訛。“返”亦“匹”字之訛。日本杲寶撰《大日經疏演奥鈔》：“《瞿醯經》中（奉請供養品）云：‘所有諸尊，一一奉施上妙新淨衣服。自餘諸尊各奉一匹。或若不辨，各奉三部主尊，用兩匹衣服。或若但以兩匹衣服，置於箱中。’”（T2216v59p0266b）與“迊”“返”對應之字皆作“匹”。又，唐道世撰《法苑珠林》：“鬼以一千錢一匹青絞縷袍與奴，囑云：‘此袍是市西門丁與許，君可自著，慎勿賣也。’”（T2122v53p0798a）《大正藏》“匹”用作計量衣服的量詞只有此三例，疑爲誤用。

“匹”或寫作“辶匹”（見唐顔元孫《干禄字書》），故又訛作“迊”“返”。唐菩提流志譯《大寶積經》：“是故妙智無倫[6]匹，我今悉得修供養。”（T0310v11 p0388b）本頁下注 6：“匹＝返《聖》。”唐道宣撰《廣弘明集》：“觀[13]匹夫之自愛，尚不反醫而違卜，況忠臣之愛君，如何勸殃而阻福乎？”（T2103v52p0188b）本頁下注 13：“匹＝返《宮》。”唐彦琮纂録《集沙門不應拜俗等事》：“昔妻死歌而鼓盆，身葬瀛而攙土。此亦[19]匹夫之節，豈槩明王之制乎？”（T2108v52p0453c）本頁下注 19：“匹＝返《宮》。”“返”亦皆“匹”字之訛。

“匹”又寫作“迗”（見《偏類碑别字·匚部》“匹”字引《唐袁氏故柳夫人墓誌》），因又訛作“迮”。西晉竺法護譯《文殊支利普超三昧經》：“爲無等倫無有疇[20]匹。”（T0627v15p0414b）本頁下注 20：“匹＝迮《聖》。”勝友造、唐義淨譯《根本薩婆多部律攝》：“男即是夫，女即是婦，足自相[18]匹，何異我乎？”（T1458v24p0582c）本頁下注 18：“匹＝迮《三》《宮》。”隋費長房撰《歷代三寶紀》：“庶政咸新，典章斯革。輕刑薄賦，減役省徭。二十進丁，兩床輸[11]匹。含齒戴髮，俱喜泰平。”（T2034v49p0107b）本頁下注 11：“匹＝迮《宮》。”“迮”皆“匹”字之訛。《法苑珠林》：“汝等且待，莫共相爭。聽彼牸虎，自選取誰，即爲[15]作偶。”（T2122v53p0356b）本頁下注 15：“作＝匹《宋》《明》，四《元》。”“匹”訛作“迮”，因又訛作“作”。“四”亦“匹”字之訛。《法苑珠林》：“俄有一物，長將一[3]匹，繞死［屍］而去。”（T2122v53p0617a）本頁下注 3：“匹＝迮《宋》《宮》，匝《元》《明》。”“匝”訛作“匹”，因又訛作“迮”。唐道宣撰《廣弘明集》：“仰日月之彌高，何丘陵之可[22]匹。”（T2103v52p0143b－c）本頁下注 22：“匹＝窄《三》《宮》。”四庫本之《廣弘明集》及《釋文紀》皆作“窄”。《廣弘明集》：“煩流捨智寶，榛路坦夷途。萬物竟何[13]匹，烈火樹紅芙。”（T2103v52p0312c）本頁下注 13：“匹＝窄《宮》。”“窄”亦“匹”字之訛。

“匹”之異寫與“近”形近，因又訛作“近”。《法苑珠林》：“自頃道業之隆盛無以[20]匹。”（T2122v53p0406c）本頁下注 20：“匹＝近《三》。”四庫本作“近”。“近”即“匹”字之訛。

“匹”之異寫又與“延”字形近，故“匹”與“延”或混誤。《法苑珠林》：“是時迦[6]匹那化作五百金翅鳥，極爲勇猛。”（T2122v53p0696b）本頁下注 6：“匹＝延《三》《宮》。”“延”乃“匹”字之訛。《廣弘明集》：“殿華紫紺，座[22]匹高廣。”（T2103v52p0236c）本頁下注 22：“匹＝延《三》。”“匹”乃“延”字之訛。唐明佺等撰《大周刊定衆經目録》：“《七佛父母姓字經》，一名《婦人無[5]匹請佛經》，一名《七佛姓字經》。”（T2153v55p0469a）本頁下注 5：“匹＝返《三》。”隋法經等撰《衆經目録》：“《七佛父母姓字經》一卷，一名《婦人無延請佛經》。”（T2146v55p0130b）失譯《七佛父母姓字經》：“聞如是：一時佛在舍衛國。國中有婦人，子字無延，因號無延母。佛將五百比丘到無延母家。”（T0004v01p0159a）“匹”“返”又皆“延”字之訛。

2078 逧

佚名《陀羅尼雜集》：“跋悉耽奚㘓[11]逧修波利男達 男陀[12]逧遮挓。”（T1336

v21p0604c）本頁下注 11：“迯 = 途《三》。”注 12：“迯 = 途《宋》。”

按：“迯”與“途”爲版本異文，“迯”即“途”字之訛。林光明《新編大藏全咒》卷十六《陀羅尼雜集》“摩尼跋陀天王陀羅尼”前一“迯”之梵文羅馬轉寫作“tu”，後一“迯”之梵文羅馬轉寫作“du”（v16p259），與“途”字音合。高麗本《龍龕手鏡·辵部》：“迯，俗；迏，古；途，今，音徒，道~也。”（p489）“迯”與“迯”形近。

2079 遬

佚名《翻梵語》：“維摩羅遬移，經曰離垢威也。（《等集衆德經》上卷）”（T2130v54p1025c）

按：“遬”即“嚏”字之訛。參 2082“遬”字條。

2080 遖

唐玄奘授、不空譯《唐梵翻對字音般若波羅蜜多心經》：“然則五天逌遖，十萬餘逞。”（T0256v08p0851a）

按：“遖”即“遞”字之訛。“逌遖”同“迢遞”。“迢遞”文獻習見，義爲遙遠貌，與文意合。高麗本《龍龕手鏡·辵部》“遞”或作“遆”“逓”“逆”“逆”等形（p491），其中“逆”“逆”與“遖”形近。

2081 過

日本凝然述《梵網戒本疏日珠鈔》：“經：‘鬭遘雨［兩］頭’者，天台云：‘過’字或作‘[1]過’字。”（T2247v62p0199b）本頁下注 1：“過 = 遇？”

按：注者疑“過”爲“遇”字之訛。隋智顗説、灌頂記《菩薩戒義疏》：“‘過’字或作‘遇’字。”（T1811v40p0576c）此即凝然所引“天台云”所本，與“過”對應之字正作“遇”，“過”當即“遇”字之訛。南朝宋求那跋陀羅譯《雜阿含經》：“甚難得[19]過，勝妙微細。”（T0099v02p0174c）本頁下注 19：“過 = 遇《聖》。”失譯《別譯雜阿含經》：“時彼河岸有祀火婆羅門。祀火之法，餘應施與諸婆羅門，於天欲曉，即持祀餘求婆羅門，欲以施之。[1]過值於佛。”（T0100v02p0409a）本頁下注 1：“過 = 遇《三》。”《雜阿含經》：“空[7]過則生憂，隣於地獄苦。”（T0099v02p0260b）本頁下注 7：“過 = 遇《宋》。”前兩例“過”皆“遇”

字之訛，後一例“遇”爲“過”字之訛。因“遇”或寫作“過”，其形與“過”形近，故“過”與“遇”相混誤。

2082 遆

日本心覺撰《多羅葉記》：“維摩羅羅遆移，經云離垢威也，是雜人部。”（T2707v84p0629b）

按：“遆”即“嚏”字之訛。佚名《翻梵語》：“維摩羅逮移，經曰離垢威也。（《等集衆德經》上卷）”（T2130v54p1025c）此即《多羅葉記》所本，與“遆”對應之字作“逮”。西晋竺法護譯《等集衆德三昧經》：“是時維耶離大城中有大力士，名維摩羅[26]嚏移（晋言離垢威）。”（T0381v12p0973c）本頁下注26：“嚏＝提《宋》《宫》，啑《元》《明》。”《等集衆德三昧經》作“嚏”，異文又作“提”“啑”。唐玄應撰《一切經音義》（麗藏本）卷七《等集衆德三昧經》上卷：“嚔移，都計反，亦言維摩羅移，晋言離垢大力士名也。”（p102a）《慧琳音義》與“嚔”對應之字作“嚏”（T2128v54p0508b）。據玄應之切音，字當以“嚏”爲正，“提”與“嚏”爲同一梵文的不同譯音字，“嚔”“嚏”“啑”皆“嚏”字之訛。字又作“逮”“遆”者，“逮”乃“嚏”字之訛，“嚏”奪“口”旁，右旁所從之“乚”又訛作“辶”即成“逮”形，“遆”又“逮”字之訛。《廣韻·霽韻》都計切：“嚏，鼻氣也。啑，俗。”已收“啑”爲“嚏”之俗字。

日本觀靜撰《孔雀經音義》：“藥叉，舊云夜叉，此云揵疾鬼，八部之名。又云無隨語，又云盈猛鬼神，藥，陽灼反。又云閱叉，又云能噉鬼，又云傷者。罽賓三藏云：夜叉此云威力，或云貴人，或云輕遆，正云藥叉。”（T2244v61p0765a）“遆”又“捷”字之訛。隋吉藏撰《法華義疏》：“夜叉惡鬼者……什師翻爲輕捷，又云貴人。”（T1721v34p0535b）唐良賁述《仁王護國般若波羅蜜多經疏》：“藥叉神者，此云勇健，亦云輕捷，飛騰虚空部攝地行諸羅刹也。”（T1709v33p0447c）與“遆”對應之字皆作“捷”。“捷”或作“㨗”（見《偏類碑别字·手部》“捷”字引《唐亡宫七品墓誌》p86），“遆”與“㨗”形近，蓋亦此類形體奪左旁而成。

2083 逪

龍樹造、後秦鳩摩羅什譯《大智度論》：“是時須跋陀明日到拘夷那竭國樹林中，見阿難經行，語阿難言：‘我聞汝師説新涅槃道，今日夜半當取滅度，我心有疑，請欲見佛，決我所疑。’阿難答言：‘世尊身極，汝若難問，勞擾世尊。’須跋陀如是重請至三，阿難答如初。佛[42]遥聞之，勑語阿難：‘聽須跋陀梵志來前自在難問，是吾末後共談最後得道弟子。’”（T1509v25p0080c）本頁下注42：“遙＝逜《聖》。”

按：“逜”即“遙”的異構字“遥”之訛字。《說文新附·辵部》：“遙，逍遙也，又遠也。从辵，䍃聲。”南宋毛晃增注、毛居正重增《增修互註禮部韻略·蕭韻》：“遥，餘招切。行也，遠也，逍遥也。古作‘遥’，亦作‘姚’。《荀子》：‘功盛姚遠矣。’亦作‘隃’。遥，《漢·郊祀志》：‘遥興輕舉。’”《漢書·郊祀志》：“遥興輕舉。”如淳曰：“遥，遠也。興，舉也。”顔師古曰：“遥，古‘遥’字也。”“遥”爲從辵䍃聲的形聲字，與“遥”爲異構關係。高麗本《龍龕手鏡·辵部》：“遡、還、遥、遥、遥、遥、遥，七俗；遥，今，余昭反。遠也，行也。”（p490）其中“遥”與“逜”形近。

2084 䢩

唐神清撰、北宋慧寶注《北山録》：“夫以䢩擊鍾（䢩，小竹也），不盡其響；以管窺天，不達其畔；以凡達聖，曷昭其奧？然不得不就䢩之力聽其和，循管之涯察其畔，竭凡之慮精其理。”（T2113v52p0618a）

按：“䢩”爲“筳”的異寫字，字本當作“莛”。《說文》：“莛，莖也。从艸，廷聲。”小徐：“臣鍇按：東方朔曰：‘以莛撞鐘。’莛，枝莖也。”《漢書·東方朔傳》：“語曰：‘以筦闚天，以蠡測海，以莛撞鐘。’豈能通其條貫，考其文理，發其音聲哉！”文穎注：“謂稾莛也。”六臣注《文選》作“筳”，李善注：“《說苑》：‘趙襄子謂子路曰：“吾嘗問孔子曰：先生事七十君，無明君乎？孔子不對，何謂賢邪？”子路曰：“建天下之鳴鐘，撞之以筳，豈能發其音聲哉？”’”張銑注：“管，竹管也。蠡，蚌蛤也。測，量也。筳，小木枝也。撞，擊也。言以竹管窺於天，以蚌蛤量其海，以木枝擊其鐘，其條貫文理聲音終不可通發矣。”今考，“筳”當即“莛”字之訛。《說文·竹部》：“筳，維絲筦也。”清段玉裁注：“《糸部》曰：‘維，箸絲於筟車也。’按：絡絲者，必以絲耑箸於筳。今江浙尚呼筳。”“筳”即紡車上用來把紡好了的綫繞上去的器具，一般用細棍形的竹條做成。今紡織機器上的錠子的“錠”音義當即來源於“筳”。“筳”又有細竹枝之義，與“莛”“梃”同源。“筳”與“莛”皆細小的棍形物，“以筳擊鍾”與“以莛擊鍾”，於義皆通。

2085 䢨

唐不空譯《蕤呬耶經》：“隱摩豆唎迦香，胡[18]荽香，諸樹汁類香。”（T0897v18p0767b）本頁下注18：“荽＝䢨《甲》《乙》，藥本亦同。”

按："�"與"荽"爲版本異文，"遙"即"荽"之異體。《玉篇·艸部》："荾，音綏。胡荾，香菜。荽、芠，竝同上。"後秦弗若多羅、羅什譯《十誦律》："時有白衣以蘆蔔葉、胡[35]荽葉、羅勒葉雜食與諸比丘。"（T1435v23p0091b）本頁下注35："荽=綵《聖》。"唐慧琳撰《一切經音義》卷五十八《十誦律》第十三卷："胡荾，又作'葰''荾''荽'三形，同，私佳反。《韻略》云：'胡荾，香菜也。'《律》文作'綏'，非也。"（T2128v54p0694b）"綵"爲"綏"字之訛。"荾"與"葰""荽"皆異構字，"綏"則爲借字。"桵"又作"棱"，"稜"又作"稑"，故"遙"可以看作從艸逶聲的形聲字，與"葰"等字爲異構關係。

又，《慧琳音義》"胡荾"當即"胡荽"之訛，"荾"訛作"菱"。南宋志磐撰《佛祖統紀》："《梵網》云：大蒜（天台疏云"葫菱"，《廣韻》作"胡荽"）、茖葱（薤也。音格。《廣韻》"山葱"）、慈葱（葱之正名）、蘭葱（小蒜）、興渠（葱蒺也。生熟皆臭，葉如蔓菁，其臭如蒜。《經音義》云："生于闐國。"應法師云："烏荼國人常食，即阿魏"）。"（T2035v49p0323a）唐義淨譯《根本説一切有部苾芻尼毘奈耶》："云何開種？謂蘭香芸菱橘柚等子，此等諸子，皆因開裂乃生，故名開種。"（T1443v23p0974b）法救造、唐玄奘譯《五事毘婆沙論》："眼根極微，布眼精上，對境而住，如香菱花。"（T1555v28p0991c）衆賢造、唐玄奘譯《阿毘達磨藏顯宗論》："眼根極微，居眼星上，對向自境，傍布而住，如香菱華，清徹膜覆，令無分散。"（T1563v29p0792c）日本宗禎撰《有宗七十五法記》："其眼根極微，在眼星上，傍布而住，如香菱花。或曰重累如丸，其體清徹，如頗胝迦，光明無隔。"（T2325v71p0895c）"菱"皆"荾"字之訛。参1793"荾"字條。

2086 逹

南朝梁寶唱等集《經律異相》第四十九卷："十八小王者：一迦延，典泥犁；二屈遵，典刀山；三沸[6]逹壽，典沸沙；四沸典［曲］，典沸屎……"（T2121v53p0259a）本頁下注6："逹=遾《宋》，逪《元》《明》，達《宮》。"

按："遾"與"逹""逪""達"爲版本異文，"遾""逹""逪"皆"達"字之訛。《可洪音義》卷二十三《經律異相》第四十九卷："沸逪，音達。"（v60p282b）可洪所見本作"逪"，釋作"達"。《龍龕·辵部》："逪，《隨函》音達。"與可洪相合。《可洪音義》"逪"多見，如：卷十《大智度論》第九十六卷："調逪，但怛反。正作'達'。"（v59p923a）卷十八《毗尼母經》："悉逪，徒割反。正作'達'。"（v60p82c）卷二十四《出三藏記》第二卷："陁逪，音達。長房録作陁達。"（v60p309c）南朝梁僧祐撰《出三藏記集》："《龍王兄弟陀逪誡王經》一卷（逪是達字）。"（T2145v55p0009a）"逪"皆同"達"字。"逪"亦見碑文，清顧藹吉《隸辨·曷韻》："逵，《高彪碑》：'敏~義理。'《隸釋》云：'逪即達字。'""逪"爲"達"之書寫變異，確定無疑。"遾""逹"皆"逪"進一步錯訛之形體。

唐道世撰《法苑珠林》："十八王者，即主領十八地獄：一迦延，典泥犁；二屈遵，典刀山；三沸進壽，典沸沙；四沸，典沸屎。"（T2122v53p0327b）唐道世撰《諸經要集》："十八王者，即主領十八地獄：一迦［延］，典泥犁；二屈遵，典刀山。三沸進壽，典沸沙。四沸［曲］，典沸屎。"（T2123v54p0170b）字皆作"進"，"進"亦"違"字之訛。

2087 𨖫

日本湛叡撰《華嚴演義鈔纂釋》："大音希聲（大音猶雷𨖫，待時而動，喻常愛氣希言也）……又雷𨖫者，《玉篇》云'𨗉'（《爾雅》云："疾雷爲𨗉。"《蒼頡篇》云："霹靂也。"）。"（T2205v57p0074c）

按："𨖫"即"霆"的異寫字。《玉篇·雨部》："霆，大泠、大丁二切。雷也，霹靂也。"《爾雅·釋天》："疾雷爲霆霓。"（阮元校勘記："霆下本無霓字。"）《可洪音義》卷二十九《廣弘明集》第四卷："雷𨖫，庭、鋌二音。"（v60p549b）又卷二十二《釋迦氏略譜》："𨖫擊，上特丁反。"（v60p258c）又卷二十九《廣弘明集》第十三卷："𨖫駭，上徒丁反。"（v60p559c）"𨖫""𨖫"亦皆"霆"字異寫。東京大學史料編纂所藏唐玄應撰《一切經音義·五分律》有"雷𨖫"。"霆"中之"壬"寫作"于""亐"，"廴"寫作"辶"，"雨"的位置再加以改變，即爲"𨖫""𨖫"。"𨗉"亦"霆"字之訛。"𨖫""𨖫"與訓作"恕"的"迂""𨖫"爲同形字。

2088 𨘴

北宋天息災譯《大方廣菩薩藏文殊師利根本儀軌經》："妙吉祥我今顯説無數之數，乃至唯佛如來智所知量，我今具説。數始之一，自一至十，乃至二十三十，次四十五十，次六十七十八十九十直至滿百。妙吉祥百數滿已，十十説之。十百爲千，十千爲摩庾多，十摩庾多爲一洛叉，十洛叉爲大洛叉，……捺囉𨘴爲[38]儞𨘴（切身）鉢多，儞𨘴鉢多爲輸婆，……如上是息災增益之處功德算數。"（T1191v20p0900c-0901b）本頁下注38："Nidhyasta。"

按：根據對音關係，"𨘴"即"dhya"的譯音字。自注"切身"，"𨘴"即由"達"和"也"構成的切身字。日本淨嚴撰《悉曇三密鈔》："ꡊ，地野（隨求）、𨘴（金軌）。"（T2710v84p0751a）"𨘴"亦當爲梵文"ꡊ（dhya）"的譯音字。

2089 邌

唐玄奘授、不空譯《唐梵翻對字音般若波羅蜜多心經》："至中天竺磨竭陀國那爛陀寺，旋遶經藏，次忽見前僧而相謂曰：'逮涉艱嶮，喜達此方，賴我昔在支那國所傳三世諸佛心要法門，由斯經歷，保爾行途，取經早邌，滿爾心願。我是觀音菩薩。'言訖冲空。"（T0256v08p0851a）

按："邌"即"還"字之訛。"取經早還"與文意合。秦公《碑别字新編》"還"字條收"逯"（見《齊宋敬業造象記》）、"還"（見《周强獨樂爲文帝造象記》）兩形，"邌"與"逯""還"形近，蓋即其形之進一步錯訛。

北宋元照撰《四分律行事鈔資持記》："形心攝靜曰安，要期在住曰居（此依疏解），隨時警勵曰策，三業[7]邌善曰修。"（T1805v40p0238c）本頁下注7："邌＝運《甲》。""邌"又與"運"爲版本異文，根據文意，"邌"亦"還"字之訛。"三業還善曰修"，謂身、口、意三惡業回歸於善叫做修。甲本作"運"，亦"還"字之訛。唐窺基撰《金剛般若論會釋》："論云：若有彼我見是見所攝，言若執有我見，[21]還是法執見攝。"（T1816v40p0781a）本頁下注21："還＝運《甲》。"唐道世撰《法苑珠林》："有頃，望見山頭有火光赫然。迴柁趣之，徑得[6]運浦，舉船安隱。"（T2122v53p0785a）本頁下注6："運＝還《三》《宫》。""運"亦"還"字之訛，可資比勘。

2090 遻

日本信瑞纂《淨土三部經音義集》："皆遵：《廣韻》曰：'遵，循也，率也，行也，習也。'古文作'遻'，同，將倫反。"（T2207v57p0385a）

按："遻"爲"遵"之古文訛字。《玉篇·辵部》："遵，子倫切，循也，率也，行也。遻，古文。"《玉篇》收"遵"之古文"遻"，"遻"與"遻"形近，即其形之訛。

2091 逳

唐景淨譯《景教三威蒙度讚》："《寧耶逳經》。"（T2143v54p1288c）

按："逳"即"頲"的異寫字。《説文·頁部》："頲，狹頭頲也。"《爾雅·釋詁》："頲，直也。"北魏瞿曇般若流支譯《正法念處經》："或身挺直，頻申不樂。"（T0721v17p0390c）唐慧琳撰《一切經音義》卷五十六《正法念經》第六十五卷："侹直，古文'逷'，同，他頂反。《通俗文》：'平直曰侹。'《經》文作'艇'，非也。未見所出。"（T2128v54p0678a）慧琳所見本作"艇"，釋作"侹"，又言"古文逷"，"侹"爲"侹"字異寫，"艇"爲"艇"字異寫，"逷"爲"頲"字之訛。失譯《佛説五王經》："身體[40]侹直。無所復知。"（T0523v14p0796c）本頁下注40："侹＝頲《宋》《宮》，挺《元》《明》。"唐玄應撰《一切經音義》（麗藏本）卷十三《五王經》："侹直，古文作'頲'，同，他頂反。平直曰侹。《經》文作'艇'，非也。"（p172c）與"侹""逷"對應之字正作"侹""頲"。"艇"當即"艇"字之訛。

2092 遡

隋智顗説、灌頂録《金光明經文句》："秖如十四日月，非十五日月，匡[15]郭未圓，光未頓足，闇未頓盡。"（T1785v39p0060b）本頁下注15："郭＝遡《甲》。"

按："遡"與"郭"爲版本異文，"遡"即"廓"字之訛，與"郭"通用。"匡郭"爲輪廓之義，文獻習見，字亦作"匡廓"。東漢魏伯陽撰《周易參同契·火記不虛作章》："金入於猛火，色不奪精光。自開闢以來，日月不虧，明金不失其重，日月形如常。金本從月生，朔旦受日符，金返歸其母，月晦日相包，隱藏其匡廓，沉淪於洞虛，金復其故性，威光鼎乃嬉。""匡廓"亦輪廓之義。

字或作"遡"者，蓋由"匡"或寫作"迋"，疑"廓"受其影響，增加形旁"辶"。日本圓珍撰《佛説觀普賢菩薩行法經記》："只如十四日月，非十五日月，迋廓未圓，光未頓足，闇未頓盡。"（T2194v56p0250a）字即"迋廓"。

鄭賢章《漢文佛典疑難俗字彙釋與研究》"遡"字條（p405）亦有考證，可互參。

2093 達

南朝梁寶唱等集《經律異相》第四十九卷："十八小王者：一迦延，典泥犁；二屈遵，典刀山；三沸[6]逹壽，典沸沙；四沸典［曲］，典沸屎……"（T2121v53p0259a）本頁下注6："逹＝達《宋》，逵《元》《明》，達《宮》。"

按："達"與"逹""逵""達"爲版本異文，"達""逹""逵"皆"達"字之訛。參2086"逹"字條。

2094 𨖼

日本護命撰《大乘法相研神章》："無甘[16]𨖼子則無種種石密［蜜］諸味，若無菩提心者亦無種種三寶諸味。"（T2309v71p0042a）本頁下注16："𨖼＝遮《乙》。"

按：正文"𨖼"，注作"𨖼"，形體微異，與"遮"爲版本異文。"𨖼"即"蔗"的異寫字，"蔗"爲"蔗"的異構字。唐智周撰《大乘入道次第》："又云：無苷蔗子則無種種石蜜諸味，若無菩提心者亦無種種三寶諸味。"（T1864v45p0453c）北涼曇無讖譯《大方等大集經》："舍利弗，無甘蔗子則無種種石蜜諸味，若無菩提心者亦無種種三寶諸味。"（T0397v13p0054c）高麗本《龍龕手鏡·辵部》："𨖼，之夜反，甘～也。"（p493）明梅膺祚《字彙·艸部》："𨖼，之夜切，音蔗，甘𨖼。今作'蔗'。""蔗"爲"蔗"改換聲旁的異構字，"𨖼"爲"蔗"之異寫字，"遮"爲"蔗"之借字。

2095 𨕰

龍樹造、後秦筏提摩多譯《釋摩訶衍論》："於是世尊卽誦呪言：怛咥哋 那羅尸 伽諸鄔帝𨕰嘍哆。"（T1668v32p0662c）

按："𨕰"爲譯音字，爲"遮"加"口"旁所造之字。與"𨘢"同例，參2097"𨘢"字條。同上經："遮[21]遮*遮*遮*遮*遮*遮*遮[22]遮。"（T1668v32p0659b）本頁下注21："遮＝𨕰《高》*。"注22："遮＝𨕰𨕰《高》。""𨕰"與"遮"爲版本異文，兩字爲同一梵文的譯音字。《卍續藏》唐法敏集《釋摩訶衍論疏》與"伽諸鄔帝𨕰嘍哆"相對的咒語作"伽諸鄔帝遮嘍哆"（X0771v45p0823c），與"𨕰"對應之字亦作"遮"。日本淨嚴撰《悉曇三密鈔》："च，者、遮、左、戰（日經）、賛（立印）、旃、散、讃（隨求）、詘（造塔延命經）、作（胎軌）、斫、折、淅（胎）、捗（隨求）。"（T2710v84p0742b）"遮"爲"च（ca）"之譯音字，"𨕰"亦當爲"च（ca）"之譯音字。

2096 䢻

失譯《大乘悲分陀利經》："彼一切大衆天龍乾䢻婆阿修羅世人，捨供養寶藏

如來，盡以供養於彼大悲，五體禮已合掌而住稱譽讚。”（T0158v03p0273c）

按：“闥”爲“闥”的異寫字。“乾闥婆”佛經習見，爲梵文 Gandharva 的譯音，亦譯作“健闥縛”“犍闥婆”等。唐慧琳撰《一切經音義》：“乾闥婆，此云食香，或云尋香，言此類尋逐食之香氣，往彼娛樂以求食也。舊云樂神者，非正翻也。”（T2128v54p0435b）又：“乾闥婆，新云健撻縛，此曰尋香，即音樂神也。”（T2128v54p0464c）與“闥”對應之字皆作“闥”。

日本淨嚴撰《悉曇三密鈔》：“𑖞，他、託、詑（羂索）、闥（尊勝）。”（T2710v84p0744b）又：“𑖠𑖾，鐸、溺、闥（佛頂）、沓。”（T2710v84p0744c）“闥”爲“𑖞（tha）”“𑖠𑖾（dhaḥ）”的譯音字。日本心覺撰《多羅葉記》：“𑖐𑖡𑖿𑖠𑖨𑖿𑖪尋香神。”（T2707v84p0613a）“闥”爲“𑖡𑖿𑖠（ndha）”之下字“𑖠（dha）”的譯音字，蓋由下一個梵字是“𑖨𑖿𑖪（rva）”，上字讀“r”，“闥”可以看作是“dhar”的譯音字。“闥”本爲從門達聲的形聲字，聲旁“達”的形旁移到“門”旁外即成“闥”字。此與“闊”又寫作“濶”同例。

《大乘悲分陀利經》：“世尊，是我所欲。我亦不欲此善根迴向阿耨多羅三藐三菩提，不求辟支佛乘，亦不求聲聞乘，亦不求人天王位，亦不求五欲供具生天之樂，又亦不求乾闥婆、阿修羅、夜叉、羅剎、龍迦樓羅，亦不求人中生，我不於如是等處善根迴向。”（T0158v03p0271a）“闥”亦寫作“闥”。

2097 邏

隋闍那崛多、笈多譯《添品妙法蓮華經》：“爾時藥王菩薩白佛言：世尊，我今當與說法者陀羅尼呪以守護之。即說呪曰：怛（都割）姪（地夜）他（一）……穩便（扶延）哆邏儞（奴棄）鼻瑟齧（都皆。二十四）頞（烏割）顛跢波唎秫（鼠出）啼（二十五）郁（於竹）究犁（二十六）目究犁（二十七）頞邏第（屠皆。二十八）鉢邏第（二十九）……曼怛邏憩夜羚（三十七）。”（T0264v09p0186c-0187a）

按：“邏”即“邏”之異寫字。唐不空譯《大樂金剛薩埵修行成就儀軌》：“次結金剛鬘印。印相作二金剛拳，於額前腦後繫鬘勢，徐徐從小指下散，如垂繒帶。真言曰：唵（一）嚩日囉（二合）摩[4]邏（引）避詵者（二）滿（三）鈐。”（T1119v20p0513a）本頁下注 4：“邏＝邏《甲》。”日本觀靜撰《孔雀經音義》：“食[8]延者，[9]擁[10]邏訶利惹。叙[11]速反，口液出。”（T2244v61p0785a）本頁下注 8：“延＝涎《乙》《丁》。”注 9：“擁＝擺《丁》。”注 10：“邏＝邏《乙》。”注 11：“速＝連《乙》《丁》。”《可洪音義》卷七《不空羂索咒經》：“邏叉，上郎个反。唐譯本作洛叉。”（v59p791a）《不空羂索咒經》：“何囉叉何囉叉莫摩姓去甲寫（九十）。”（T1093v20p0400c）《可洪音義》卷五《添品法華經》第七卷：“邏詆，上郎个反。”（v59p711c）又卷八《大佛名經》：“豆邏，洛个反。”（v59p840a）隋闍那崛多譯《五千五百佛名神呪除障滅罪經》：“豆邏豆邏（二十三）。”（T0443 v14p0329a）“邏”與“囉”“邏”爲版本異文，三字爲同一梵文的譯音字。“囉”爲“邏”加“口”旁而成的譯音專字，“邏”又“囉”的異寫字。日本淨嚴撰《悉曇三密鈔》：“𑖩，邏、攞、羅、砢、洛、臘。”（T2710v84 p0746b）“邏”爲“𑖩（la）”的譯音字，“囉”“邏”亦當爲“𑖩（la）”的譯音字。

谷　部

2098 𧮫

唐善無畏譯《慈氏菩薩略修愈誐念誦法》：“其四種念誦者，初夜爲除災念誦，每真言上下加‘薩䞤（二合）賀’二字。中夜爲降伏諸魔念誦，每真言初後加‘虎𤙖（二合）[17]蕿吒（半音）’三字。……”（T1141v20p0598b）本頁下注17：“蕿＝𧮫《甲》，發《丙》。”

按：“𧮫”與“蕿”“發”爲版本異文，“𧮫”當即“𤼵”字之訛。“𤼵”“發”“蕿”爲同一梵文的譯音字。日本靜然撰《行林抄》：“降伏諸魔念誦，每真言初後加虎𤙖（二合）發吒（二合）二字。”（T2409v76p0313a）日本光宗撰《溪嵐拾葉集》：“中夜爲降伏諸魔念誦，每真言初後加虎𤙖（二合）發吒許三字。”（T2410v76p0565c）唐善無畏譯《蘇悉地羯羅供養法》：“𑖌𑖼𑖪𑖰𑖭𑖿𑖣𑖲𑖨𑖟𑖿𑖨𑖎𑖿𑖬𑖪𑖕𑖿𑖨𑖢𑖽𑖕𑖨𑖮𑖳𑖽𑖣𑖘𑖿，唵微娑普羅（二合）那羅（二合）乞沙（二合）嚩日囉（二合）半若（而也反）囉𤙖泮吒（誦三遍）。”（T0894v18p0713c）“虎𤙖發吒”與“𤙖泮吒”皆梵文“𑖮𑖳𑖽𑖣𑖘𑖿（hūṃ phaṭū）”之對音，“發”“泮”皆“𑖣（pha）”之譯音字。日本淨嚴撰《悉曇三密鈔》：“𑖣，頗、叵、破、怖、普、發、𢶍（普活切。蘇悉地經）、泮（佛頂）。”（T2710v84p0745a）收録“發”“泮”爲“𑖣（pha）”之譯音字。唐不空譯《阿閦如來念誦供養法》：“金剛橛真言曰：唵枳里枳里嚩日囉（二合）嚩日哩（二合）部𠹁（二合）滿馱滿馱吽𤼵吒（半音）。”（T0921v19p0017a）與“發”“泮”對應之字又作“𤼵”，“𤼵”與“發”同音，故亦可爲“𑖣（pha）”之譯音字。“𧮫”即“𤼵”字之訛，“癶”訛作近“火”形，“殳”寫作“旻”也。

2099 豁

唐阿地瞿多譯《陀羅尼集經》：“滅除禮者萬生已來罪障，悉除[2]豁盡無餘。”

（T0901v18p0822a）本頁下注2：“豁＝豁《宋》。”

按：“豁”與“豁”爲版本異文，“豁”蓋“壑”字書寫變異，“壑”與“豁”二字之書寫變異形體相近，讀音亦近，故二字常混用。經中“除豁”與“滅除”義近，即免除、消除之義。《可洪音義》卷二十九《弘明集》第十三卷：“豁盡，上呼活反。”（v60p543a）南朝梁僧祐撰《弘明集》：“三世都寂，一心豁盡。”（T2102v52p0091a）《可洪音義》卷第三十《廣弘明集》第二十七卷：“豁然，上呼括反。”（v60p587a）“豁”“豁”亦皆“壑”字之書寫變異，正字當作“豁”。南朝梁僧祐撰《弘明集》：“是以至言雲富從而[12]豁以空焉。”（T2102v52p0011b）本頁下注12：“豁＝豁《三》《宫》。”四庫本作“豁”。参0902“豁”字條。

唐道宣撰《續高僧傳》：“巖[6]壑幽阻，攀緣登陟，志存正觀也。”（T2060v50p0559a）本頁下注6：“壑＝豁《三》《宫》。”“巖壑”，正字當作“壑”，“豁”乃“壑”字之訛。唐道宣撰《廣弘明集》：“寂遼虚[23]壑，皎潔澄清。”（T2103v52p0342a）本頁下注23：“壑＝豁《三》《宫》。”唐慧琳撰《一切經音義》卷一百《肇論》上卷：“虚豁，呼适反。《漢書》云：‘高祖意豁如也。’顧野王云：‘豁達，大量也。’《文字典説》：‘通谷也。從谷，害聲。’”（T2128v54p0928b）唐道宣撰《大唐内典録》：“求那跋陀嘉其雅操，[2]壑然授與。”（T2149v55p0274a）本頁下注2：“壑＝豁《三》。”“壑”又“豁”字之訛，此乃“壑”“豁”二字混用的確證。

豸部

2100 豸

唐菩提流志譯《不空羂索神變真言經》：“加持真言：唵旖暮伽（上）播捨韈馱（一）三（去）曼蜱（二）摩訶縒麽野（三）黏哩豸（途界反）姅怖（四）莎（二合）縛訶（五）。”（T1092v20p0310b）

按：“豸”即“豸”字異寫。同上經：“唵（一）黏（寧吉反。下同）履豸（途界反。二）姅（三）。”（T1092v20p0356a）“途界反”所切之字作“豸”。唐慧琳撰《一切經音義》：“猫兔，上莫包反。江外吴音以爲苗字，今不取。《字統》云：‘狩名也。’顧野王云：‘似虎而小，人家畜養，令捕鼠。’正體從‘[5]豸’，音雉；苗聲也。經從犬，省略也。”（T2128v54p0371c）本頁下注5：“豸＝豸《甲》。”“豸”亦“豸”之異寫字。

2101 豿

唐道宣撰《集神州三寶感通録》："雍州渭南縣南山倒[15]豺谷崖有懸石，文狀倒*豺，因以名焉。"（T2106v52p0409b）本頁下注15："豺=豿《明》*。"

按："豿"與"豺"爲版本異文，"豿""豺"皆"豹"字之訛。唐道世撰《法苑珠林》："唐雍州渭南縣南山倒豹谷崖有懸石，文狀倒豹，因以名焉。"（T2122v53p0572c）四庫本作"犳"。龍樹造、後秦鳩摩羅什譯《大智度論》："如鹿在圍，如鳥入網，如魚吞鉤，如[10]豺搏狗，如烏在鵰群，如蛇值野猪，如鼠在猫中。"（T1509v25p0185b）本頁下注10："豺=豹《宮》。"四庫本之《喻林》引作"豹"。"豹"乃"豺"字之訛，可比勘。

2102 豨

隋吉藏撰《法華義疏》："埿塗[6]陀落者，埿塗者四微也。……今謂四微亦無常，故稱陀落。又細無常如圮坼，麁無常如[11]褫落。褫者，頹褫；落者，墜落。"（T1721v34p0533a）本頁下注6："陀=豨《聖乙》。"注11："褫落褫者頹褫=豨者頹豨落也《聖乙》。"

按："豨"與"褫"爲版本異文，"豨"即"褫"字之訛。《可洪音義》卷五《妙法蓮華經》第一卷："䄍落，上直尒反。正作'陊''陁''䄍'三形。"（v59p702）後秦鳩摩羅什譯《妙法蓮華經》："牆壁圮坼，泥塗[11]褫落，覆苫亂墜，椽梠差脱。"（T0262v09p0013c）本頁下注11："褫=阤《元》《明》《宮》，墮《博》。"《可洪音義》之"䄍"，《大正藏》作"褫"，"䄍"即"褫"字之訛，"豨"即"䄍"進一步寫訛之形。參0228"埞"字條。

2103 貙

唐湛然述《止觀輔行傳弘決》："如《經律異相》中云：昔有國王，令人覓師子貙，如其不得，當斷汝命。懼王命故，處處求覓。得師子貙，送來上王。中道睡臥，六根六神各諍其功。目神言：'由我視故，知師子貙處。'耳神言：'由我聽故，知師子貙處。'足神言：'由我至故，能取是貙。'手神言：'由我捉持，得師子貙。'鼻神言：'由我嗅故，得師子貙。'諸神皆言，舌最無功。舌神不伏，倍索其功。有一羅漢因行遇見是人神諍，恐王錯殺，即隨貙者以至王所。貙者前至，王問𤙖者：‘爲是師子𤙖不耶?’答云：‘不真。’王令殺之。羅漢具爲大王説之，其免死。彼文本喻處衆之人各伐其功，則無德之人最爲尤害。”（T1912v46p0398b-c）

按：南朝梁寶唱等集《經律異相》字作“乳”（T2121v53p0092a-b），文繁不引。根據文意，參考字形，“𤙖”即“𤚩”字之訛。“𤚩”又“湩”字異體。《説文·水部》：“湩，乳汁也。从水，重聲。”《集韻·用韻》竹用切：“湩、𪏆、𤚩，乳汁也。或从乳，亦省。”字本作“湩”，爲從水重聲的形聲字，《集韻》所收之“𪏆”乃“湩”之異構，爲從乳重聲的形聲字，“𤚩”爲“𪏆”之省。《可洪音義》卷七《乳光佛經》：“乳𤚩，都弄反。乳汁也。正作‘湩’也。又竹用反。”（v59p773b）“𤚩”亦“湩”之異構字，爲從乳省童聲的形聲字。“𤙖”即“𤚩”字之訛，“孚”旁訛作“豸”旁也。唐湛然述《法華玄義釋籤》：“爾時犢母説偈云：此手捫摸我，一切快乃爾。取我兩乳𤙖，置於後餘者。”（T1717v33p0953a）《可洪音義》卷十三《修行本起經》下卷：“牛𤙖，都弄反。乳汁也。正作‘湩’，或作‘𤚩’。”（v59p1050a）字作“𤙖”。東漢竺大力、康孟詳譯《修行本起經》：“女言：‘獻食者其法云何?’梵志答言：‘當取五百牛乳，展轉相飲。至于一牛，㲉一牛[23]湩，持用作糜。’”（T0184v03p0470a）本頁下注 23：“湩=𤚩《三》。”“𤙖”“𤙖”亦“𤚩”“𤚩”之訛。

鄭賢章《漢文佛典疑難俗字彙釋與研究》（p408）、《〈新集藏經音義隨函録〉研究》（p402）“𤙖”字條均已有考證，可互參。參 0692“𤚩”字條。

角　部

2104 觝

隋慧遠撰《維摩義記》：“當佛在時，毘耶離城有婆羅門，邪見不信。家有乳牛，惡[7]觝蹹人，無敢近者。”（T1776v38p0459c）本頁下注 7：“觝=觸《原》。”

按：“觝”與“觸”爲版本異文，“觝”即“觗”字之訛，“觗”與“觸”同義。佚名《維摩經疏》卷第六：“毘耶離有梵志，名摩耶利，爲五百弟子作師。以慳吝故，常持羅網覆其舍宅及以庭中，不令飛鳥侵食米穀。邪見不信，家有乳牛，惡抵踏人，無敢近者。”（T2772v85p0398b）與“觝”對應之字作“抵”，“抵”與“觗”通。“觝”字從“之”，“之”旁即“氐”旁之訛。

2105 觝

南朝梁寶唱等集《經律異相》:“群牛志性調良,所至到處,擇軟美草食,選清涼水飲。時有一驢,便作是念,我亦効其飲食。即入群牛,前脚把地,觸嬈彼牛。效其鳴吼,而不能改其聲。自稱我亦是牛,牛角[32]觝殺,捨之而去(出《增一阿含》第二十卷)。”(T2121v53p0248c)本頁下注 32:“觝 = 觝《元》,觸《明》。”

按:“觝”與“觝”“觸”爲版本異文,“觝”即“觝”字之訛,“觝”與“觸”同義。

言　部

2106 訹

東晉竺佛念譯《鼻奈耶》:“爾時國界飢饉,乞求難得。時衆多比丘著衣持鉢入羅閱祇城乞食。乞食已,聞調達欲壞亂比丘僧,誘訹諸比丘與衣鉢戶鑰鍼筒革屣大鍵鐍小鍵鐍及什物。”(T1464v24p0869a)

按:“訹”即“訹”字之訛。《可洪音義》卷三《阿差末經》第七卷:“誘訹,下私律反。”(v59p645c)西晉竺法護譯《阿差末菩薩經》:“隨以方便而誘[11]訹之。”(T0403v13p0610b)本頁下注 11:“訹 = 恤《三》《宮》。”《可洪音義》卷二十五《一切經音義》第十六卷:“訹諑,桑走反。作‘哖’,見藏作‘唀’,同,余柳反。引也。”(v60p378b)唐慧琳撰《一切經音義》卷六十五《善見律》第十四卷:“誘訹,古文‘羑’‘誦’‘諑’三形,同,餘手反。《説文》:誘,道也,引也,教也,亦相勸也。訹,私律反。《説文》:‘訹,誘也。’《廣雅》:‘訹[訹],談[誘]也。’《律》文作‘唀’,非也。”(T2128v54p0740a)南朝齊僧伽跋陀羅譯《善見律毘婆沙》:“以華果[9]唀邺諸居士居士女。”(T1462v24p0770a)本頁下注 9:“唀邺 = 誘訹《三》《宮》。”“誘訹”文獻習見,乃誘惑之義。“木”與“朮”形近易混,故“訹”訛作“訹”。《阿差末菩薩經》之“訹”,《慧琳音義》之“訹”,亦皆“訹”之訛。

2107 諃

元念常集《佛祖歷代通載》:"論曰:《北史》史官蔣沈等記李君之事詳悉如此，豈非心懷佛德，盡已之誠，不敢欺諃後之來者歟?"(T2036v49p0559c)

按:"諃"即"誄"之訛。四庫本之《佛祖歷代通載》字作"誄","欺誄"即欺騙義。

2108 詈

佚名《大蕃沙洲釋門教法和尚洪詈修功德記》(T2862v85p1322c)

按:"詈"字出現在書名中,"詈"即"詈"字之訛,"詈"爲"辯"字之異體。文尾題作"《大蕃沙州釋門教法和尚洪辯修功德》",與"詈"對應之字正作"辯"。參下條及2111"詈"字條。

2109 詈

日本惠鎮撰《圓密宗二教名目》:"胎藏成都惟尚，汴州辨[3]弘，新羅惠日。"(T2373v74p0436c)本頁下注3:"弘=詈[1]《原》,傍注曰:詈,《玉》云:抉仲切，俗辨。"

按:綜合注文與正文的内容，疑注文有誤，注釋對象當爲"辨"字，而非"弘"字，因誤標注號而誤取被注字，旁注引《玉篇》言"詈"爲俗"辨"字，顯然標號應在"辨"字前。反切作"抉仲切",切上字"抉"爲"扶"字之訛，切下字"仲"爲"件"字之訛。《玉篇·言部》:"詈，扶件切。俗辯字。""詈"即"詈"字之訛,"詈"又"詈"字之訛,"詈"爲"辯"字之異體。"辨""辯"常混用，故"辨弘"之"辨"或有寫作"詈",因誤作"詈"。唐海雲記《兩部大法相承師資付法記》:"所傳金剛界法者，則有大興善寺傳灌頂教同學惠應阿闍梨惠則，成都府惟尚，汴淋[洲]辨弘，新羅國僧惠日。"(T2081v51p0784b)又:"阿闍梨又傳付成都府僧惟尚(又云惟明),汴州辨弘，新羅國僧惠日。"(T2081v51p0787a)皆作"辨弘"。"辨弘"乃僧人名。參2111"詈"字條。

2110 䛘

日本圓仁撰《入唐新求聖教目録》："《甘泉和尚語本并大䛘和尚傳心要旨》一卷。"（T2167v55p1084b）

按：日本永超集《東域傳燈目録》："《甘泉和尚語本并大誓和尚以心傳心要旨》一卷。"（T2183v55p1164b）與"䛘"對應之字作"誓"，"䛘""誓"皆"𧨣"字之訛。参下條。

2111 䛒

唐圓照撰《貞元新定釋教目録》："《寶積經》三卷（天和六年譯，沙門道䛒筆受）。"（T2157v55p0843b）

按：龍樹偈本、分别明釋論、唐波羅頗蜜多羅譯《般若燈論釋》："乃召義學沙門慧乘、慧朗、法常、曇藏、智首、慧明、道岳、僧[10]䛒、僧珍、智解、文順、法琳、靈佳、慧賾、慧淨等傳譯。"（T1566v30p0051a）本頁下注10："䛒＝䛒《宫》。"唐智昇撰《開元釋教録》："《寶積經》三卷（天和六年譯，沙門道[4]䛒筆受）。"（T2154v55p0545a）本頁下注4："䛒＝誓《元》。"隋費長房撰《歷代三寶紀》："《寶積經》三卷（天和六年譯，沙門道[17]辯筆受）。"（T2034v49p0100b）本頁下注17："辯＝瑟《元》，䛒《明》。"與"䛒"對應的字作"䛒""誓""瑟""䛒""辯"等。"䛒""䛒""誓""瑟""䛒"皆"𧨣"字之訛誤，"𧨣"又"辯"之俗字。《廣韻·獮韻》符蹇切："辯，别也，理也，慧也。《説文》：'治也。'𧨣，俗。"北宋宋祁撰《宋景文筆記·考古》（四庫本）："後魏北齊時里俗作僞字最多，如巧言爲辯，文子爲學之比。隋有柳䛒傳，又䛒［𧨣］之訛，以巩易巧矣。予見佛書以言辯字多作䛒，世人不復辨詰。"已溝通了"𧨣""䛒"與"辯"的關係，已明確指出了佛經中"辯字多作䛒"的事實。"䛒"即"𧨣"之訛，"䛒"即"䛒"之進一步書寫變異，佛經亦多見。四庫本之《隋書考證》："祕書監《柳𧨣集》五卷○監本𧨣訛誓。按，《康熙字典》𧨣即辟［辯］字，北齊所造也。""𧨣"又訛作"誓"。

遼希麟集《續一切經音義》卷一《大乘理趣六波羅蜜多經·序》："空䛒，下符仲反。《字書》云：'理也。'《考聲》云：'明也。'亦皮變反，《切韻》云：'訓也。'今案，空䛒二字，僧名也。"（T2129v54p0934c）唐般若譯《大乘理趣六波羅蜜多經》："時大德則有資聖寺道液、醴泉寺超悟、慈恩寺應真、莊嚴寺圓照、光宅寺道岸、西明寺圓照、章敬寺䛒空、西明寺良秀等法門領袖，人中龍象，證明正義，輝潤玄文。"（T0261v08p0865b）希麟之"䛒"，《大正藏》之《大乘理趣六波羅蜜多經》作“䛒”，兩字亦皆“䛒”字之訛。北宋贊寧等撰《宋高僧傳》：“釋智慧者，梵名般剌若也。……二十二年，再近番禺。風濤遽作，舶破人没，唯慧存焉。夜至五更，其風方止。所賫經論，莫知所之。及登海壖，其夾策已在岸矣，於白抄［沙］内大竹筩中得之，宛爲鬼物扶持而到。乃歎曰：此《大乘理趣》等經。……八年上表，舉慧翻傳，有勅令京城諸寺大德名業殊衆者同譯。得罽賓三藏般若開釋梵本，翰林待詔光宅寺沙門利言度語，西明寺沙門圓照筆受。資聖寺道液，西明寺良秀，莊嚴寺應真，醴泉寺超悟，道岸、辯空，並充證義。”（T2061v50p0716a–b）字正作“辯空”。《希麟音義》之“空䛒”乃“䛒空”二字誤倒。“䛒”，《大乘理趣六波羅蜜多經》本作“䛒”，乃“辯”字異體。希麟所見本誤作“䛒”，希麟釋其音爲“符仲反”，反切下字“仲”當爲“件”之形訛。《續一切經音義》：“辯捷，上皮件反，《切韻》引也，理也。《字書》：辯，惠也。《説文》從言、辡聲。”（T2129v54p0950b）《玉篇・言部》：“䛒，扶件切。俗辯字。”可比勘。“䛒”亦“䛒”字之訛。東晋竺曇無蘭譯《佛説寂志果經》：“有占相珠寶[5]牛馬居家刀刃。”（T0022v01p0274a）本頁下注5：“牛＝中《宋》。”龍樹造、後秦鳩摩羅什譯《大智度論》：“知[20]牛所行來去好惡道。”（T1509v25p0074a）本頁下注20：“牛＝中《聖》《石》。”“牛”皆訛作“中”，故“件”訛作“仲”。

2112 詤

唐窺基撰《妙法蓮華經玄賛》：“蓋聞：至覺權真，乘物機而[3]誕跡；靈樞擅妙，應群品以揚筌。”（T1723v34p0651a）本頁下注3：“誕＝詤《甲》。”

按：“詤”與“誕”爲版本異文，“詤”即“誕”字之訛。唐圓照撰《貞元新定釋教目録》：“大唐特進試鴻臚卿加開府儀同三司封肅國公贈司空謚大辯正大廣智不空三藏和上者，南天竺執師子國人也。法諱智藏，號不空金剛，不聞氏族故不書之。計當大唐神龍元年乙巳之歲而誕跡焉。”（T2157v55p0881a）日本觀靜撰《孔雀經音義》亦作“誕跡”（T2244v61p0759a）。唐道世撰《法苑珠林》：“竊聞法王法力，道濟無疆；大慈大悲，聲高有頂。隨根普雨，靉靆密雲。觸類等觀，朗同明鏡。是以金容誕迹，遂致恒星匿彩；月愛舒光，便使晨曦掩色。八音纔吐，則尼揵轍亂；七辯暫宣，則富那旗靡。”（T2122v53p0382b）日本空海撰《仁王經開題》：“蓋聞法身難議，妙出色形之表；真性牢識，眇隔心言之路。然猶無形示形，應化隨類而誕迹；離言設言，頓漸逗機而假名。”（T2200v56p0827a）“誕跡/迹”有誕生或出現之義，與文意合。“誕”或寫作“詤”（見清邢澍《金石文字辨異・旱韻》“誕”字條引《唐呂秀巖景教流行碑》），“詤”與“詤”形近，“詤”當即“誕”字之訛。

2113 諏

唐澄觀述《大方廣佛華嚴經隨疏演義鈔》："薩婆，一切也；嚕鷄，世間也；印拏徠，主也；驃訶，莊嚴也；柰耶，法門也；鉢攞叵婆，威德也；諏忙，名也；鉢里勿多，品也。"（T1736v36p0124a）

按：唐澄觀撰《大方廣佛華嚴經疏》："梵云薩婆嚕鷄印拏徠驃訶柰耶鉢攞叵婆娜忙鉢里勿多，此云一切世間主莊嚴法門威德名品。"（T1735v35p0526c）《大方廣佛華嚴經隨疏演義鈔》："若具梵云：嚕迦馱都（世界也）三慕達羅（海也）濕第奢（演説也）匿縛怛囊（觀察，亦云照曜）三牟陀（十方也）儉摩（合集也）娜妃（名也）鉢里勿多（品也）。若依迴文，總云觀察十方世界海演説合集名品。"（T1736v36p0192a）與"諏"對應之字皆作"娜"，"諏"蓋即"娜"字之訛，經中爲譯音字。

2114 諂

東晋竺曇無蘭譯《五苦章句經》："外似如法，内懷諛[6]諂。"（T0741v17p0545a）本頁下注6："諛諂=諭諂《知》。"

按："諂"與"諂"爲版本異文，"諂"即"諂"字之訛。《可洪音義》卷二《明度經》第四卷："諭諂，下丑染反。"（v59p585a）"諂"即"諂"字異寫。"諂"即"諂"之筆畫重組，"諂"之右上首筆撇和下面的竪筆組成"亻"，第二筆短撇和下面的"日"組成"白"，即成"諂"字。

又，唐金剛智譯《吽迦陀野儀軌》："真[9]諂：唵悪惹（二合）佉吽。"（T1251v21p0241b）本頁下注9："諂=言曰《原》。"根據文意，"諂"當即"言曰"二字之誤合。

2115 諽

唐宗密述《禪源諸詮集都序》："行於是圓通，次傍覽諸家，以廣聞見，然後[6]諽讀聖教，以印始終。"（T2015v48p0413a）本頁下注6："諽=捧《甲》。"

按："諽"與"捧"爲版本異文，"諽"即"捧"字之訛。新羅元曉撰《起信論疏》："余復想遇時根適至，喜此疏入手，而點頭肯受，便捧讀訂校。雖然天禀駑駘，不獲罄力，奚敢覃思。俯祈達人，幸爲政諸。"（T1844v44p0202a）隋吉藏撰《二諦義》："噫嘻，中世以隆，其學不傳，其書將泯。余屬日名寺藏中得此之錦本，欣戴捧讀，不堪雀躍。率加點挍授書林，于時歲次丁丑元禄十年臘月穀日殺青斯竟。"（T1854v45p0078a）日本子元祖元語《佛光國師語録》："焚香捧讀，如侍左右。"（T2549v80p0232a）"捧"皆表示恭敬之意。清工布查布譯解《佛説造像量度經解》："而資用力劣，則未可輕動。不過課誦大乘經典，諷持神明真言，以厭彼未萌之咎，及滅其人心之疑。或將大寶樓閣總持書寫於牆壁，亦能鎮災致福。"（T1419v21p0951a）"諷"亦"捧"字之訛，"捧"亦表敬意。

鄭賢章《漢文佛典疑難俗字彙釋與研究》"諷"字條釋"諷"爲"諷"字改換聲旁的異體字（p412），可互參。

2116 ⿰言空

日本湛慧撰《成唯識論述記集成編》："所爲事三者：一、布路厦邪，二、布路沙⿰言空，三、布路鎩韵。"（T2266v67p0022a）

按：唐慧立本《大唐大慈恩寺三藏法師傳》："所爲事三者：一、布路厦（沙詐反）耶，二、布路沙⿰言⿱穴之（鞞僣反），三、布路鎩韵（鞞約反）。"（T2053v50p0239b）與"⿰言空"對應之字作"⿰言⿱穴之"，"⿰言空"即"⿰言⿱穴之"字之訛。《龍龕·言部》："⿰言⿱穴之，新藏自切鞞僭反。"日本曇寂撰《大日經住心品疏私記》："次𑖢𑖲𑖨𑖲𑖬沙𑖥𑖿𑖧𑖽⿰言⿱穴之者，説二爲聲。⿰言⿱穴之，鞞僣切。"（T2219v60p0443c）"⿰言⿱穴之"即"𑖥𑖿𑖧𑖽（bhyaṃ）"之譯音字，根據對應關係，此字當爲從言窆聲的形聲字，但佛經中所見之例皆作"⿰言⿱穴之"，所從之"窆"皆脱"乏"上一撇。"⿰言空"即"⿰言⿱穴之"字之訛，"窆"旁訛作"空"。《大唐大慈恩寺三藏法師傳》："作具作者三者：一、布路鎩拏，二、布路[27]⿰言⿱穴之（音鞞僣反），三、布路鎩鞞，或言布鎩呬。"（T2053v50p0239b）本頁下注27："⿰言⿱穴之＝諚《甲》。""諚"亦"⿰言⿱穴之"之訛。

《龍龕·口部》："⿰口⿱穴之，方驗反。轉舌呼之。"明梅膺祚《字彙·口部》："⿰口⿱穴之，陂驗切，音窆。轉舌呼，又轉口。""⿰口⿱穴之"與"⿰言⿱穴之"乃同一梵文的譯音字，"⿰口⿱穴之"又"⿰口⿱穴之"之書寫變異。

2117 ⿰言⿱巫土

日本觀靜撰《孔雀經音義》："今雍州盩屋［盩厔］縣有樓觀者，即是尹真人之故宅。宅南有山阜，名老子陵，俗傳云是老君墓，何[73]誤之甚也。"（T2244v61p0802c）本頁下注73："誤＝⿰言⿱巫土《乙》《丁》。"

按："⿰言⿱巫土"與"誤"爲版本異文，"⿰言⿱巫土"即"誣"字之訛。"誤"爲錯誤義，

"誣"爲不實義,"誤之甚"與"誣之甚"文獻皆習見,義皆可通。"誣"或作"誙""誣"等形,"謰"即"誣"形之訛。

2118 諦

後秦曇摩耶舍譯《樂瓔珞莊嚴方便品經》:"我殺盜婬、妄語、兩舌、麁語、[10]綺語、貪瞋、邪見。"(T0566v14p0937b)本頁下注10:"綺=諦《聖》。"

按:"諦"與"綺"爲版本異文,"諦"即"諦"字異寫,"諦"又"綺"字之訛。唐慧琳撰《一切經音義》:"綺語,欺紀反。案:綺語,謂綺餝[飾]文詞,賛過其實也。"(T2128v54p0406b)"綺語"本指華美的言辭,佛經中指華麗不實的贊美之辭,爲十善戒中的四口業之一。《説文·糸部》:"綺,文繒也。"《釋名·釋綵帛》:"綺,攲也。其文攲邪,不順經緯之縱横也。""綺"之本義爲文繒,其文攲邪,色彩漂亮,引申有華美之義,可以指紋飾的華美,如綺井、綺窗、綺戶、綺船、綺榭等,"綺"爲目視可見花紋之華美;綺札、綺談、綺語等,"綺"指言辭的華美;綺思之"綺"則指文思之美妙。"綺"的這些不同的用法,就其概括詞義而言,皆可概括爲華美這一義項。在文獻中,不論是綺語,還是綺札、綺談,用"綺"修飾言語類意義的詞時,一般都寫作"綺"。佛經中"諦"字多見,一般只用在與"語"連用的語境。東晉瞿曇僧伽提婆譯《增壹阿含經》:"殺生、盜劫、淫泆、妄言、[21]綺語、惡口、兩舌、鬭亂彼此、嫉妬瞋恚、興起邪見,是謂十法。"(T0125v02p0780c)本頁下注21:"綺=諦《聖》。"隋闍那崛多譯《佛本行集經》:"心意不定狡猾[2]諦語。"(T0190v03p0916a)本頁下注2:"諦=綺《三》。"此"諦"可以看作"綺"與"語"連用受其同化影響產生之字,其他語境下"綺"字均寫作"綺"。日本信瑞纂《淨土三部經音義集》:"綺語,《經音義》云:《增壹阿含》,綺語,墟蟣反。不正也。又經文作'諦'。非體也。"(T2207v57p0411a)信瑞已溝通"諦"與"綺"的關係。佛經亦有"諦"單用的個别例子,佚名《律戒本疏》:"前五殘從婬生,作房二殘從盜生,二諦從忘[妄]語生,後四殘從殺生也。"(T2788v85p0619a)佚名《護身命經》:"願佛哀愍,悉賜五戒。佛告諸女,汝諦聽受持:一者守仁不殺,恩及群生;二者義護不盜,損己濟衆;三者貞潔不婬,行無沾污;四者言不詳諦,不犯口過;五者遠酒不飲,不犯衆怨。"(T2866v85p1326c)"諦"皆可以看作"諦語"之省。

《漢語大字典》:"諦,(一)jī《集韻》居宜切,平支見。語相戲。《集韻·支韻》:'諦,語相戲。'(二)qǐ《字彙》區里切。妄語。《字彙·言部》:'諦,妄語。'"(二p4245b)《龍龕·言部》:"諦,妄言也。"後出字書多從之,如,明陳藎謨《元音韻統》:"諦,妄語。"《篇海類編·言部》:"諦,堅溪切,音機。語相戲。又音起,妄語也。"《字彙·言部》:"堅溪切,音機。語相戲。又區里切,音起,妄語。"皆從《龍龕》,訓"諦"爲妄語。明張自烈《正字通·言部》:"諦,俗字。舊註音機,語相戲。又音起,妄語。並泥。"只有《正字通》提出了疑問。

“諬”無妄語之義也,《龍龕》蓋因佛經中“諬語”常與“妄語”出現在同一語境,故訓“諬”爲“妄言”。鄭賢章《龍龕手鏡研究》“諬”字條:“‘綺語’與‘妄言’意義相近。”(p168)亦不確。佛經中妄語與實語相對,指虚妄不實之語,諬語指華美不實之語,兩者皆爲口業(佛教所謂口業包括妄語、諬語、兩舌和惡口)。

2119 諮

南朝宋畺良耶舍譯《佛説觀藥王藥上二菩薩經》:“我於佛法海中欲少[3]諮問,唯願世尊爲我説之。”(T1161v20p0661a)本頁下注3:“諮=諮《宋》。”

按:“諮”與“諮”爲版本異文,“諮”即“諮”字之訛。“諮問”一詞文獻多見,乃請教之義,與文意合。

2120 讍

唐慧立本《大唐大慈恩寺三藏法師傳》:“所屬三者:一、布路鎩讍(子耶反),二、布路鎩諬,三、布路鎩誧(安咸反)。”(T2053v50p0239b)

按:日本明覺撰《悉曇要訣》:“《慈恩傳》丈夫第六轉云布路鎩讍(子耶反。文),[illegible]之(出千字文)同是之義,故俱爲第六轉歟?”(T2706v84p0566b)“讍”自注“子耶反”,疑爲“謎”之異體。《集韻·麻韻》咨邪切:“差、嗟、䐩、差,《説文》:‘咨也。一曰痛惜也。’或作嗟,古作䐩、差,亦書作謎。”同小韻:“罝,《説文》:‘兔网也。’”“謎”爲“差”調整構件佈局的異寫字,“罝”與“謎”音同,“讍”爲從言罝聲的形聲字,或爲“謎”之異體,文中用作譯音字。

2121 譵

唐金剛智譯《吽迦陀野儀軌》:“次作結法印。左右水火内方臥,左右地指未調合姣竪,左右風如柱立去,左右母指並放,安壇中。真言[11]譵:曩謨參漫多嚩娑囉(二合)難(一)詮陀娜繱吽(二合,引)。”(T1251v21p0241b)本頁下注11:“譵=曰[イ]《原》。”

按:“譵”與“曰”爲版本異文,“譵”即“䛭”字之訛。文中“䛭”與“曰”同義,常用“云”字,“䛭”蓋爲“云”之後出字。《龍龕·言部》:“䛭,音云。”當即本此。明章黼《重訂直音篇·言部》:“䢵,音云。訜䢵,語不定。

謡，同上。”文獻中未見“謡”同“詃”之用例，疑《直音篇》乃根據《龍龕》之字形與讀音臆推其義，“謡”本非“詃”之異體。

2122 諜

元念常集《佛祖歷代通載》：“壬午，後梁世宗巋改天保（字仁遠，[6]諜第三子，在位二十三年）。”（T2036v49p0555b）本頁下注6：“諜=察《甲》。”

按：“諜”與“察”爲版本異文，“諜”即“譥”字之訛。元覺岸編《釋氏稽古略》：“壬午，天嘉三年（詧卒，子巋立，受周命稱帝天保元年）。”（T2037v49p0803b）與“諜”對應之字作“詧”。“詧”指後梁皇帝蕭詧，《北史》有傳，《南史》作“蕭察”，故甲本作“察”。《集韻·屑韻》千結切：“譥、詧、嗏，正言也。或省，亦作‘嗏’。”“譥”乃“詧”之異體。

2123 譾

東晉竺佛念譯《鼻奈耶》：“時調達眠，首陀會天來下厭其身，甚欲得覺，竭力不能得。覺喘息麁惡，或時[28]寱語，手脚不住，捫摸四壁，作種種變，不能得覺。”（T1464v24p0869b）本頁下注28：“寱=囈《三》《宮》，譾《聖》。”

按：“譾”與“寱”“讛”爲版本異文，“寱”爲“寱”字之訛，“讛”爲“寱”之異構字，“譾”即“讛”字之訛。《説文·㾜部》：“寱，瞑言也。从㾜省，臬聲。”段注：“俗作‘囈’。”《龍龕·言部》：“䜲，俗；讛，正。余祭反。與‘囈’同。屏處語也。”“寱”或作“囈”“讛”，“囈”爲從口藝聲的形聲字，“讛”爲從言藝聲的形聲字。“讛”又省作“䜲”（見《可洪音義》v60p190c），“譾”即“䜲”之進一步簡省。

2124 讃

日本安然撰《悉曇藏》：“凡四聲字爲紐，或六字總歸一入：皇晃讃鑊禾禍和，傍旁綍薄婆菠破，光廣珖郭戈果過，荒恍侊霍吙火貨。”（T2702v84p0381c）

按：根據文意，“讃”與“皇”“晃”“鑊”分屬四聲，“讃”爲去聲字。疑“讃”爲“潢”字之訛，“氵”旁訛作“言”旁也。《廣韻·宕韻》乎曠切：“潢，《釋名》曰：‘染書也。’”“潢”爲匣紐宕韻，去聲字，與文中音韻地位合。

2125 譬

日本觀靜撰《孔雀經音義》:“憍閃彌，或鳩婆利。[29]閉，式譬、舒斂、矢鬮三反。”(T2244v61p0781c) 本頁下注 29:“閉式=閃或《甲》，閃式《乙》《丁》。”

按：據文意，“譬”爲“閃”的反切下字，當即“贍”字之訛。唐不空譯《佛母大孔雀明王經》:“無功用藥叉，憍閃彌羅住。”(T0982v19p0424b) 此即觀靜之所本。又:“無勞倦藥叉，住憍閃彌國。”(T0982v19p0424c)《孔雀經音義》:“憍閃彌國，正云憍賞彌，或云楬睒彌，中印度也。”(T2244v61p0782a) 南朝梁僧伽婆羅譯《孔雀王呪經》:“摩訶頗伽夜叉住鳩婆利國。”(T0984v19p0451a)“憍閃彌”又作“憍賞彌”“楬睒彌”。“閉”乃“閃”字之訛，“式譬、舒斂、矢鬮”皆“閃”字之切音。《廣韻·豔韻》舒贍切:“閃，《説文》曰:‘闚頭門中也。’又舒歛切。”“閃”《廣韻》有“舒贍切”一讀，“式贍”與“舒贍”音同。“贍”作“閃”的切下字，與讀音合。

2126 譲

唐良賁述《仁王護國般若波羅蜜多經疏》:“《經》: 波斯匿王等承佛神力廣作音樂。解曰：如來住定，不合[4]諠繁。波斯匿王及諸衆會承佛神力故作音樂，從此第二諸天作樂。”(T1709v33p0450b) 本頁下注 4:“諠=譲《甲》。”

按:“譲”與“諠”爲版本異文，“譲”即“諠”字之訛。北宋惟淨譯《佛説身毛喜豎經》:“又舍利子，云何同彼最上寂静？謂於曠野寂静之處，坐臥居止，遠離喧繁一切憒閙，棄置所應受用之具，獨處閑寂，隨所應住。”(T0757v17p0597c)“諠繁”與“喧繁”同，即喧閙雜亂之義。

又，《仁王護國般若波羅蜜多經疏》:“但爲次第顯五衰損極增盛故。何等爲五？一、壽衰損時極短故，二、資具衰損少光澤故，三、善品衰損欣惡行故，四、寂静衰損展轉相違成[11]諠諍故，五、自體衰損非出世間功德器故。”(T1709v33p0521b) 本頁下注 11:“諠諍=演淨《甲》。”“演淨”即“諠諍”之訛，“諠”之“言”旁訛作“氵”旁，“宣”旁訛作“寅”旁，即成“演”字。

2127 簪

日本貞慶撰《法華開示抄》:“《水抄》云：十寶山者，簪云：引《華嚴經》

有十山王，謂雪山王、高山王、鞞陀梨山王、神仙山王、由乾陀山王、馬耳山王、尼民陀羅山王、斫羯羅山王、都計末底山王、須彌慮山王。”（T2195v56p0452a）

按：“簭”即“謩”字之訛。同上經：“謩云：依未解脱者，且據顯相説，據定未解脱者，亦有不定業（云云）。”（T2195v56p0464a）字正作“謩”。此段文字引自《水抄》，《水抄》指晚唐鏡水寺沙門棲复撰《法華經玄藏要集》，此書通稱《鏡水抄》，《法華開示抄》中大量引用此書，簡稱爲《水抄》。查《卍續藏》本《鏡水抄》，與“簭”“謩”對應之字作“謨”。

2128 謡

隋智顗説、唐湛然略《維摩經略疏》：“今解淨名，表發罔像得珠，謡詬窮研將不失寶。”（T1778v38p0653c）

按：“謡詬”本作“喫詬”，出《莊子》。《莊子・天地》：“黄帝遊乎赤水之北，登乎崑崙之丘而南望，還歸，遺其玄珠，使知索之而不得，使離朱索之而不得，使喫詬索之而不得也。乃使象罔，象罔得之。黄帝曰：‘異哉！象罔乃可以得之乎？’”據文意，“知”“離朱”“喫詬”“象罔”皆虛構或傳説的人名，這裹莊子是用托名寓意的方法來表達自己的思想。知，晋郭象注“言用知不足以得真”，乃托名“知”寄寓智慧之義。離朱，《孟子》作“離婁”，爲古代傳説中視力特别好的人，乃托名“離婁”寄寓視力之義，暗含用目力不足以得真之意。象罔，一本作罔象，唐成玄英疏“罔象，無心之謂”，蓋托名“罔象”寄寓虛無之義，暗指離形去智之意。喫詬，前人訓釋或有不同，唐陸德明釋文引司馬彪“喫詬，多力也”，唐成玄英疏“喫詬，言辨也。離言不可以辨索”。或訓“多力”，或訓“言辨”。《集韻・卦韻》口賣切：“喫，喫詬，力諍。”字或作“諫詬”，《廣韻・禡韻》枯架切：“諫，諫詬，巧言才也。”《龍龕・言部》：“諫，通；諤，今。苦嫁反。諫詬，巧言才也。”“諫”乃“喫”的後出字。“謡”又“諫”改换聲旁之字。《集韻・卦韻》口賣切：“解，解垢，詭曲之辭。”“喫”與“解”同小韻，故“諫”又改换聲旁從“解”。

北宋李昉等編《文苑英華・賈餗〈百步穿楊葉賦〉》：“以小觀大，而有程克中之時，諫詬不能以施力；造微之處，離婁不得以争明。”注：“《莊子》作‘喫詬’。喫，口鮮切。多力也。”“諫詬”則用來寓指多力之人，乃從司馬彪注。

《漢語大字典》：“諫，qià《廣韻》枯駕切，去禡溪。〔諫詬〕善于花言巧語。《廣韻・禡韻》：‘諫，諫詬，巧言才也。’”（二 p4255a）據《廣韻》訓“諫詬”爲“善于花言巧語”，不妥。《大字典》：“喫，（二）kài《集韻》口賣切，去卦溪。月部。〔喫詬〕用力争辯。《集韻・卦韻》：‘喫，喫詬，力争。’又傳説中的古代言辯之人。《莊子・天地》：‘使知索之而不得，使離朱索之而不得，使喫詬索之而不得也。’成玄英：‘喫詬，言辯也。’”（二 p699b）將《莊子》司馬彪和成玄英的歧解分立爲兩個義項，亦不妥。引《集韻》之“力諍”誤作“力争”，當改正。

2129 讟

日本賴瑜撰《大日經疏指心鈔》："如有外道阿闍梨等者，智證大師疏抄云：外道阿闍梨黑月夜等可求本文，自餘小乘論等皆可求之。（文）又云：外道阿闍梨者，大唐有道士法師，俗[22]讟其處有聽者，世許法師禮，稱云南無不可思議功德。俗人嘲云：南無不可聽聞（偏徒等所見也云云）。"（T2217v59p0656c）本頁下注22："讟＝稱《甲》。"

按："讟"與"稱"爲版本異文，"讟"即"稱"字之訛。西晉竺法護譯《正法華經》："以故歎[10]稱，法供爲最。"（T0263v09p0100b）本頁下注10："稱＝講《三》《宫》。"又："而爲示現，嗟歎稱美。"（T0263v09p0072b）"歎稱"蓋即"嗟歎稱美"之義，"講"爲"稱"字之訛。又："數數諮[3]稱者，爾乃爲殊異。"（T0263v09p0105a）本頁下注3："稱＝講《三》《宫》。""稱"又"講"字之訛。《可洪音義》卷五《正法華經》第一卷："𧬈渲，上古項反，下羊闡反。下作演也。又音選，非。"（v59p704a）《大正藏》作"講演"。《可洪音義》卷二十四《出三藏紀》第三卷："諜集，上古項反。論也。正作'講'也。又徒叶反，悞。"（v60p310b）《大正藏》作"講集"。"𧬈"爲"講"之異寫，"諜"爲"講"字之訛，"讟"即兩形之雜糅。西晉竺法護譯《佛説海龍王經》："其光明中則出億佛説[29]講法聲……如來應時亦在虚空坐師子座，爲諸菩薩[*]講説經道。時諸十方無央數百千諸菩薩者，皆當來會聽受經法。"（T0598v15p0154c）本頁下注29："講＝諜《知》[*]。"南朝梁僧祐撰《出三藏記集》："宗年耆德峻，心直據明，故標[23]講爲録，以示後學焉。"（T2145v55p0068a）本頁下注23："講＝諜《三》。""諜"皆"講"字之訛。

2130 譚

西晉竺法護譯《佛五百弟子自説本起經》："[17]瞿曇大慈哀，聽我作沙門。"（T0199v04p0193c）本頁下注17："瞿曇＝但譚《聖》。"

按："但譚"與"瞿曇"爲版本異文，"但"爲"俱"字之訛，"譚"爲"譚"之書寫變異，"俱譚"與"瞿曇"爲同一梵文的不同譯音形式。南宋法雲編《翻譯名義集》："[8]瞿曇，或憍曇彌，或俱譚。"（T2131v54p1059c）本頁下注8："瞿曇Gautama。""俱譚"與"瞿曇""憍曇彌"皆"Gautama"的譯音，"譚"乃"tam"的譯音，與讀音合。

2131 讜

北宋延壽集《宗鏡録》:“全揀者，如上所説，但剋體直指。靈知即是心性，餘皆虛妄。故云非[8]識非心，非境非智，乃至非性非相，非佛非衆生，離四句絶百非也。”(T2016v48p0615c) 本頁下注 8:“識＝讜《元》，法《明》。”

按:“讜”與“識”爲版本異文，“讜”即“識”字之訛。同上經:“夫立教之本無出意言，以意詮量，從言開演。故基師云:至理澄寂，是非之論息言。般若幽玄，一異之情絶慮。息情慮故非識非心，絶言論故非聲非説。”(T2016v48p0617c) 字亦作“識”。

長　部

2132 镹

唐不空譯《法華曼荼羅威儀形色法經》:“右惠執三镹，右智滿願印。”(T1001v19p0605b)

按:同上經:“左定金剛鉤，右惠執三釰。”(T1001v19p0605b) 日本寬助撰《别行》:“右惠執三劍，右智滿願印。”(T2476v78p0166b) 與“镹”對應之字作“釰”和“劍”。《集韻·驗韻》居欠切:“劒、劍，《説文》:‘人所帶兵也。’或从刀。俗作‘釰’，非是。”“釰”即“劍”之異體。唐不空譯《金剛頂一切如來真實攝大乘現證大教王經》:“從一切如來心，纔出已，即彼婆伽梵持金剛爲衆多慧劍。出已，入世尊毘盧遮那佛心，聚爲一體，生金剛[5]釰形，住佛掌中，則從彼金剛劍形出一切世界微塵等如來身，一切如來智慧等。”(T0865v18p0211b) 本頁下注 5:“釰＝劍《三》《甲》。”東晋瞿曇僧伽提婆譯《中阿含經》:“我聞如是:一時佛遊拘樓瘦，在婆羅婆第一静室坐於草座。爾時世尊過夜平旦著衣持鉢，入[17]釰摩瑟曇次第乞食。”(T0026v01p0670b) 本頁下注 17:“Kammāssadhamma。釰＝劍《三》。”日本淨嚴撰《悉曇三密鈔》:“ᛢ，見、鑑（字記）、劍（胎軌）、建（佛頂）、檢（慈氏軌）、兢（千手軌）。”(T2710v84p0741c) 佛經中“釰”作“劍”之異體亦習見。“镹”乃“釰”字之訛，“金”旁訛作“镸”旁，“刃”旁訛作“又”旁也。

2133 ⿺乚長

日本宗性撰《俱舍論本義抄》："弘長二年（壬戌）極月五日（申時），於海住山十輪院抄之了去後七月二十二日始清書之……忽辭西郊清涼寺之朝露，早翫⿺乚長原海住山之夜月。"（T2249v63p0106a）

按：疑"⿺乚長"即"瓶"字之訛。據維基百科，海住山寺位於京都府木津川市，是一間屬于真言宗智山派的佛教寺廟。位於瓶原的三上山（海住山）的山中部。山號爲補陀洛山，供奉國寶十一面觀音，是佛塔古寺十八尊中的第三號。傳説聖武天皇爲了祈求盧舍那佛像（東大寺大佛像）的完成順利而建造了海住山寺。日本元海記《厚造紙》："前權大僧都元海（在判）[25]。"（T2483v78p0288b）本頁下注 25："甲本《奥書》曰：此無名鈔者是教法印澄辨揮毫也。去寶曆八年戊寅夏，於瓶原貞福寺傳受之，幸心一流善美盡即以予相承之本寫之。"日本實運撰《祕藏金寶鈔》："寶曆四（甲戌）八月二十七日以醍醐幸心院御本書寫了。伏見太子山住圭洞。翌年（乙亥）十月以瓶原性善師御本校合了。"（T2485v78p0375a）"瓶原"皆即其地。

2134 ⿰镸犬

佚名《金剛童子持念經》："塗香真言曰：唵迦抳矩嚕（二合，引）馱（一）薩嚩薩怛嚩（二合）婆（去）孕迦囉（二合）囉乞灑（二合）囉乞灑（二合。三）薩嚩彦⿰镸犬（引）額娑嚩（二合，引）賀（引）。"（T1224v21p0134b）

按："⿰镸犬"即"馱"字之訛。唐不空譯《聖迦柅忿怒金剛童子菩薩成就儀軌經》："次結獻塗香印。准前獨股杵印，二大指微屈，捻頭指下第一文，二大指相去二寸許即成。真言曰：能滿所闕儀軌。真言曰：[illegible]唵（引。一）迦抳矩嚕（二合，引）馱（二）薩嚩薩怛嚩（二合，引）婆（去）羯囉（三）囉乞灑（二合）囉乞灑（二合。四）薩嚩彦馱（引）額（五）娑嚩（二合，引）賀（引。六）。"（T1222v21p0105b）與"⿰镸犬"對應之字作"馱"，"馱（引）"爲"𑖠𑖯（dhā）"之譯音。日本淨嚴撰《悉曇三密鈔》："𑖠，陀、馱、娜、但、彈、檀、達、特。"（T2710v84p0744c）"馱/馱"即"𑖠（dha）"之譯音字。字作"馱"，與音合。"⿰镸犬"即"馱"字之訛。"馱"或寫作"馱"，"馱"所從之"馬"訛作"镸"即成"⿰镸犬"形。

2135 㽷

唐法全撰《大毘盧遮那成佛神變加持經蓮華胎藏悲生曼荼羅廣大成就儀軌供養方便會》："住於青蓮花，虎皮用漫㽷。"（T0852v18p0136c）

按："㽷"即"跨"字之訛，"跨"通"胯"。同上經："瓔珞釧嚴身，虎皮用[16]縵跨。"（T0852v18p0119b）本頁下注 16："縵＝漫《甲》《乙》。"唐法全集《大毘盧遮那成佛神變加持經蓮華胎藏菩提幢標幟普通真言藏廣大成就瑜伽》："瓔珞釧嚴身，虎皮用縵跨。"（T0853v18p0157c）日本靜然撰《行林抄》："虎皮用幔跨，忿怒極迅形。"（T2409v76p0406c）唐阿地瞿多譯《陀羅尼集經》："當右腋下掩皮結帶，更用虎皮縵其胯上。"（T0901v18p0838a）佚名《何耶揭唎婆像法》："當右腋下掩皮結帶，更用虎皮縵其跨上。"（T1073v20p0170c）與"㽷"對應之字作"跨""胯"，字本當作"胯"，《説文・肉部》："胯，股也。"段注："合兩股言曰胯。"《説文・足部》："跨，渡也。"段注："謂大其兩股閒以有所越也。""跨"與"胯"同源，故兩字或通用。"㽷"乃"跨"字之訛，"足"旁訛作"镸"旁也。"路"或作"𨱾"（見《龍龕》），可比勘。"漫""縵""幔"當爲周遍遮蓋之義，"漫/縵/幔胯/跨"即把胯環繞著遮蓋起來之義，把胯環繞著遮蓋起來的衣服就是裙。唐空基述《青色大金剛藥叉辟鬼魔法》："以髑髏爲頸瓔珞，以虎皮爲裙。"（T1221v21p0101a）可互參。

2136 㽸

日本濟暹撰《五相成身義問答抄》："問：'真言教法中不建立十信、三賢、十地義者，有何咎耶？'答：'有違佛説咎。'問：'其意云何？'答：'不空三藏《新譯仁王經》云："十方法界一切如來皆依此門而得成佛。若言越此得成佛者，是魔所説，非是佛説。是故汝等應如是知見。"（云云）既有此具明誠證文，而何背此明白經文，偏可依出生義㽸肆説哉？甚以似疎略説也。'"（T2474v78p0107b）

按："㽸"即"髣"字之訛。參 2139"肆"字條。

2137 㽹

日本杲寶撰《大日經疏演奧鈔》："《密鈔》八云：更問者，此絣參㽹三字憑

經合在於真言諸句之末，阿闍梨於句首説者，不知何耶，故令更問。”（T2216v59p0457a）

按：唐善無畏、一行譯《大毘盧遮那成佛神變加持經》：“此是如來持十力印，彼真言曰：南麽三曼多勃馱喃（一）捺奢麽浪伽（輕）達囉（二）鈝參髯（三）莎訶（四）。”（T0848v18p0026b）唐輸婆迦羅譯《攝大毘盧遮那成佛神變加持經入蓮華胎藏海會悲生曼荼攞廣大念誦儀軌供養方便會》：“如來持十力：（五二）曩莫三滿多没馱喃（一）捺奢麽浪伽達囉（二）吽參髯（三）娑嚩（二合）賀（引）。”（T0850v18p0072a）與“⿰镸角”對應之字皆作“髯”。林光明《新編大藏全咒》卷六《大毘盧遮那成佛神變加持經》“如來持十力印真言”字亦作“髯”，梵文羅馬轉寫作“jaṃ”（v6p156）。日本淨嚴撰《悉曇三密鈔》：“，壤、髯、染、漸（隨求）、穰（佛頂）。”（T2710v84p0743a）音皆相合。“⿰镸角”即“髯”字之訛，右上之“彡”訛作“𠂉”。

2138 ⿰镸角

唐惟謹述《大毘盧遮那經阿闍梨真實智品中阿闍梨住阿字觀門》：“又仰壤嚀曩莽，噞⿰镸角喃［喃］南鏤，嘘弱搦謨莫，凡五字隨三輪而轉，相入自然。”（T0863v18p0195a）

按：同上經：“仰攘拏曩莽，喁攘儜囊忙，噞⿰镸角喃南鏤，噓弱搦諾莫。”（T0863v18p0194c）“⿰镸角”即“（ñaṃ）”之譯音字。日本淨嚴撰《悉曇三密鈔》：“，髯。”（T2710v84p0743b）“（ñaṃ）”的譯音字作“髯”，“⿰镸角”即“髯”字之訛。“髯”或寫作“𩬈”（見《廣韻》）、“⿰镸冉”（見《集韻》）、“⿰镸冄”（見《可洪音義》v60p211c），“⿰镸角”與“⿰镸冄”形近，即此類形體之進一步錯訛。

2139 ⿰镸非

日本濟暹撰《五相成身義問答抄》：“問：‘真言教法中不建立十信、三賢、十地義者，有何咎耶？’答：‘有違佛説咎。’問：‘其意云何？’答：‘不空三藏《新譯仁王經》云：“十方法界一切如來皆依此門而得成佛。若言越此得成佛者，是魔所説，非是佛説。是故汝等應如是知見。”（云云）既有此具明誡證文，而何背此明白經文，偏可依出生義⿰镸方⿰镸非説哉？甚以似疎略説也。’”（T2474v78p0107b）

按：“⿰镸方⿰镸非”同“髣髴”，“⿰镸方”即“髣”字之訛，“⿰镸非”即“⿰镸弗”字之訛，“⿰镸弗”又“髴”字之省。唐慧琳撰《一切經音義》：“髣髴，芳往反，妃末反。謂相似也，見不審諦也。古文作‘昉眣’，《説文》‘仿佛’，並同用也。”（T2128v54p0469c）唐元康撰《肇論疏》：“髣髴謂近真而非真也。”（T1859v45p0196b）“𨲬髴説”即“髣髴説”，謂近似之説，近真而非真之説也。“髣”或寫作“𨲬”，“𨲬”即“𨲬”字之訛。

日本賴瑜撰《祕鈔問答》：“是又髴髩疑未散。”（T2536v79p0423c）日本賴瑜撰《薄草子口決》：“是又髣髴疑未散。”（T2535v79p0225c）“髴髩”本當作“髣髴”，“髩”爲“髴”字之訛，參2317“髩”字條。元竺僊梵仙語《竺僊和尚語録》：“瞻彼淇奥念君子，風前彷[3]徘聞鳴珂。”（T2554v80p0433b）本頁下注3：“徘=佛?”注者疑“徘”同“佛”，所疑甚是，“徘”即“佛”字之訛，與“徘徊”的“徘”爲同形字。“彷徘”與“彷佛”同。隋闍那崛多譯《大法炬陀羅尼經》：“諸[7]佛如來有如是等三十相現，餘有二相不顯現者，所謂馬陰藏及舌闊長相。”（T1340v21p0672b）本頁下注7：“佛=俳《明》。”“佛”之異文作“俳”，可比勘。

日本宗性撰《俱舍論本義抄》：“故以此等經文，爲六因證據事，甚以𨲬𨲭也。”（T2249v63p0200c）“𨲬𨲭”亦同“髣髴”。

2140 𨲠

佚名《翻梵語》：“遮羅周羅那羅，應云遮樓周羅那羅，譯曰遮樓者，光；周羅者，𨲠，亦云小也；那羅者，人。”（T2130v54p1021b）

按：“𨲠”即“髻”字之訛。同上經：“周羅，譯曰頂髻，亦云小也。”（T2130v54p0987b）隋闍那崛多譯《起世經》：“諸比丘，此千世界，猶如周羅（周羅者，隋言髻），名小千世界。”（T0024v01p0310b）隋達摩笈多譯《起世因本經》：“諸比丘，如此小千世界，猶如周羅（周羅者，隋言髻也。外國人頂上結少許長髮爲髻），名千世界。”（T0025v01p0365c）元德煇重編《勅修百丈清規》：“選日既定，則隔宿剃頭，頂心留髮（名曰周羅，梵語周羅，此云小結也）。”（T2025v48p1136c）後秦弗若多羅、羅什譯《十誦律》：“汝應學知留頂上周羅髮。”（T1435v23p0065a）與“𨲠”對應之字皆作“髻”。

2141 𨲬

隋吉藏撰《涅槃經遊意》：“斯乃希夷之境，太玄之鄉，而以有無題𨲬標其方域，而語神通者，不亦邈哉。”（T1768v38p0236a）

按：“𨲬”即“牓”字之訛。唐澄觀述《大方廣佛華嚴經隨疏演義鈔》：“斯乃希夷之境，太玄之鄉，而欲以有無題牓標其方域，而語其神道者，不亦邈哉。”

（T1736v36p0631a）北宋智圓述《涅槃玄義發源機要》："斯乃希夷之境，太玄之鄉，而欲以有無題牓標其方域，而語其神道者，不亦邈哉。"（T1766v38p0023c）隋灌頂撰《大般涅槃經玄義》："視聽之所不曁，四空之所昏昧，而欲以有無題牓標其方域者，不亦邈哉。"（T1765v38p0005a）與"𨲊"對應之字皆作"牓"。唐慧琳撰《一切經音義》："題牓，下博廣反。《埤蒼》云：'牓即題額也。'《古今正字》：'摽幟名也。從片，旁聲。'"（T2128v54p0878b）唐元康撰《肇論疏》："豈足以牓玄道而語聖心者乎？不得以有無邊見，題牓涅槃之道，語般若之心也。題謂名題，牓者牓示。言涅槃無名，不可如此而得耳。"（T1859v45p0195b）皆訓"牓"字之義。鄭賢章《漢文佛典疑難俗字彙釋與研究》亦有考證（p420），可參看。

2142 㯹

日本仁海撰《小野六帖》："[11]驃，頻妙反。"（T2473v78p0083a）本頁下注11："驃＝㯹《乙》。"

按："㯹"與"驃"爲版本異文，"㯹"即"驃"字之訛。

2143 𩬶

北涼曇無讖譯《大方等無想經》："復有梵天[4]𩬶髻梵等，無量梵俱放五色光。"（T0387v12p1080b）本頁下注4："𩬶＝螺《三》《宮》。"

按："𩬶"與"螺"爲版本異文，"𩬶"即"鬤"字之省，"鬤"又"螺"之分化字。西晉崔豹《古今注·魚虫》："童子結髮，亦爲螺髻，亦謂其形似螺殼。""螺髻"指螺殼形的髮髻。佛經中"螺髻"一詞習見。佚名《翻梵語》："闍袛羅，應云闍低羅，譯曰螺髻。"（T2130v54p1014c）《龍龕·髟部》："鬤，俗。落禾反。"《可洪音義》卷十八《阿毗曇毗婆沙》第二十一卷："鬤髻，上郎禾反，下古詣反。"（v60p101b）迦旃延子造、五百羅漢釋，北涼浮陀跋摩、道泰譯《阿毘曇毘婆沙論》："爾時帝釋自化其身，作婆羅門像，頂戴螺髻，身著麁衣。"（T1546v28p0133b）《可洪音義》卷十八《阿毗曇毗婆沙》第三十六卷："鬤髟，上洛禾反。"（v60p103b）《阿毘曇毘婆沙論》："仙人聞已，起如是欲愛，而現在前，令其[1]鬌髮即時落地。"（T1546v28p0238a）本頁下注1："鬌＝螺《三》，鬤《宮》。"《可洪音義》卷十四《佛本行集經》第十四卷："鬤髻，上落戈反。"（v59p1079a）隋闍那崛多譯《佛本行集經》："爾時作瓶天子，在於淨居宮殿之内，遙見淨飯大王如是憂愁不樂，見已忽然從彼天宮隱身而來，化作一梵婆羅門身，頭有螺髻，以鬘爲冠。"（T0190v03p0721b）《可洪音義》卷十四《佛本行集經》第二十四卷：“頻𩯷，郎禾反。俗。”（v59p1081b）《佛本行集經》：“爾時去彼聚落不遠，其中有一最大種姓婆羅門，名斯那耶那（隋言將兵將）。彼婆羅門從摩伽國頻頭王邊得一聚落，以爲封邑，其邑即與優婁頻[10]蠡聚落相近。”（T0190v03p0767b）本頁下注10：“蠡＝螺《聖》。”《可洪音義》卷十四《佛本行集經》第五十一卷：“頻蠡，洛禾反。𩯷髮，同上。”（v59p1086c）《佛本行集經》：“爾時復有一婆羅門，名曰提婆，并及其妻，長老頻蠡迦葉，合有五百螺髻梵志。”（T0190v03p0890b）《可洪音義》卷十五《摩訶僧祇律》第二十九卷：“𩯷髮，上洛禾反。正作螺。又洛追反，誤也。”（v59p1111b）東晋佛陀跋陀羅、法顯譯《摩訶僧祇律》：“時雞尼耶螺髻梵志聞世尊來，作種種粥：酥粥、胡麻粥、乳粥、酪粥、油粥、魚肉粥。”（T1425v22p0463b）上揭諸例“𩯷”“𩯷”皆與“螺”爲異文，皆可證“𩯷”爲“螺”之分化字，“𩯷”爲“𩯷”之省。

明梅膺祚《字彙·髟部》：“𩯷，郎何切，音騾。髪也。”明張自烈《正字通·髟部》：“𩯷，俗字。舊注髮稠，誤。”《康熙字典·髟部》：“𩯷，《篇海》音騾，髮稠也。”《漢語大字典》：“𩯷，luó《龍龕手鑑》洛禾反。①頭髮。《篇海類編·身體類·髟部》：‘𩯷，髪也。’②頭髮稠密。《康熙字典·髟部》：‘𩯷，《海篇》：“𩯷，髮稠。”’”（二 p4825b）諸字書“𩯷”字訓“髪”或“髮稠”無文獻根據，蓋臆推之辭。

鄭賢章《漢文佛典疑難俗字彙釋與研究》亦有考證（p420），可參看。

2144 𨲆

三國吴支謙譯《佛説太子瑞應本起經》：“七寶自至：一、金輪寶，二、神珠寶，三、紺馬寶朱髦𨲆，四、白象寶朱髦尾，五、玉女寶，六、賢鑒寶，七、聖導寶。”（T0185v03p0473b）

按：“𨲆”即“鬣”的訛字“𩯷”之省。鄭賢章《漢文佛典疑難俗字彙釋與研究》已有考證（p421）。金韓道昭《五音集韻·葉韻》良涉切：“鬛、𩯷，須鬛也。《説文》：‘毛髮鬛鬛。’”“鬛”爲“鬣”之異寫字。“𩯷”字《集韻》已收録爲“鬣”的重文，考其形體來源，當爲“鬣”字草書轉寫爲楷書之誤。“鬣”字草書字例少見，可以其他“巤”旁字草書證之。如“獵”，史游草書寫作“𤢿”，皇象寫作“𤢿”；“葛”，王羲之草書寫作“葛”，又作“葛”，“獵”字草書右旁所從與“葛”之草書或形近，人見“𤢿”字，以右旁所從爲“葛”，因轉寫爲楷書之“獦”。顔之推《顔氏家訓·書證》：“亂旁爲舌，揖下無耳，黿、鼉從龜，奮、奪從雚，席中加帶，惡上安西，鼓外設皮，鑿頭生毁，離則配禹，壑乃施豁，巫混經旁，皋分澤半，獵化爲獦，寵變成竈，業左益土，靈底著器，率字自有律音强改爲别，單字自有善音輒析成異，如此之類，不可不治。”知至晚南北朝時“獵”已誤作“獦”。唐慧琳撰《一切經音義》：“遊獵，下廉輙反。賈注《國語》：‘獵，取也。’《説文》：‘逐禽獸也。從犬，從鼠［巤］。’《傳》文作‘獦’，俗字也。巤亦音獵也。”（T2128v54p0786c）《廣韻・葉韻》良涉切：“㺀，戎姓。俗作田㺀字，非。”收“㺀”爲字頭，訓爲田獵之獵的俗字，而“獵”字下未收“㺀”字。《集韻・葉韻》力涉切：“擸、擖，《説文》：‘理持也。’或作擖。躐、蹹，踐也。或作蹹。”“擖”“蹹”爲“擸”“躐”之訛。《説文・手部》：“擖，刮也。”與同“擸”之“擖”爲同形字。《廣雅・釋詁》：“擖，折也。”曹憲“擖”音“公八”。王念孫疏證改“擖”作“擸”，注曰：“擸，音獵，舊本訛作‘擖’。擸之訛擖，猶臘之訛臈。擖，音公八反，《説文》：‘刮也，一曰撻也。’皆非摧折之義。《玉篇》擖字亦不訓爲折，曹憲不知擖爲擸之訛，遂誤音公八反。《廣韻》‘擖，刮聲也，又折也’，《集韻》《類篇》引《廣雅》‘擖，折也’，竝沿曹憲之誤。考《説文》：‘邋，搚也。’《公羊》注云：‘搚，折聲也。’搚與拉同，邋與擸同。拉、擸疊韻字也。《文選・吴都賦》：‘菈擸雷硠，崩巒弛岑。’李善注云：‘菈擸雷硠，崩弛之聲也。’五臣本‘菈’作‘拉’，吕延濟注云：‘拉擸，木摧傷之聲也。’竝與《公羊》注折聲之義同。又《洞簫賦》：‘擸若枚折。’李善注云‘擸，折聲也’，引《廣雅》‘擸，折也’，則唐時《廣雅》本尚有不誤者，今據以訂正。”《廣雅・釋詁》：“擖，搔也。”王念孫疏證：“擖者，《説文》：‘擖，刮也。’《玉篇》音公八、口八二切，《廣韻》同。刮與搔同義，故《説文》云：‘搔，括也。’刮、括古通用。案擖、擸二字，音義各别，擖音公八、口八二反，刮也，字從手葛聲。擸音臘，又音獵，《説文》‘理持也’，字從手巤聲。諸書中‘擸’字或作‘擖’者，皆俗書之誤，猶伏臘之‘臘’俗作‘臈’也。《廣雅》擖訓爲搔，當讀公八、口八二反，曹憲讀與臘同，失之。《集韻》《類篇》擸、擖二字竝音臘，即踵曹憲之誤。”王念孫已證“擖”爲“擸”之訛字，只是未説明致誤之由。《漢語大詞典》：“擖，jiā ②折，斬。晋張華《博物志》卷二：“其人還告鄉里，募數十人，執杖，擖山草，伐木，至山頂觀之。”（v6p858a）《漢語大字典》：“擖，（二）jiā ③折；斬斷。”（二 p2070a）皆未溝通“擖”與“擸”的關係，導致音、義不相切合。

《禮記・少儀》：“執箕膺擖。”漢鄭玄注：“擖，舌也。持箕將去糞者，以舌自鄉。”唐陸德明音義：“擖以涉反，舌也。徐音葉。”唐孔穎達正義：“‘執箕膺擖’者，膺，人之胷前；擖，箕之舌也。箕是去物之具，賤者執之，不可持嚮尊者，當持箕舌自嚮胷前。”《集韻・葉韻》益涉切：“擖，箕舌。”又弋涉切：“擖，箕舌。《禮》：‘執箕膺擖。’”“擖”訓箕舌蓋爲“𣀣”字之訛。《玉篇・木部》：“𣀣，力葉、弋涉二切，柶木端也。”《廣韻・葉韻》與涉切：“𣀣，柶端。又力葉切。”《説文・木部》：“柶，《禮》有柶。柶，匕也。”《儀禮・士冠禮》：“側尊一甒，醴在服北，有篚實，勺、觶、角柶。”漢鄭玄注：“柶，狀如匕，以角爲之者，欲滑也。”柶爲古代禮器。用角、木等材料製成，形狀如匙。明劉績《三禮圖》作形，釋云：“醴柶用角爲之，鉶柶用木爲之。《舊圖》云：‘柶長尺，𣀣博三寸。’𣀣音葉。”《儀禮・士冠禮》：“贊者洗于房中，側酌醴，加柶，覆之，面葉。”鄭玄注：‘面，前也；葉，柶大端。……古文葉爲擖。”《儀禮・士昏禮》：“贊者酌醴，加角柶，面葉，出于房。’鄭玄注：“古文葉作擖。”《儀禮・聘禮》：“降筵，北面，以柶兼諸觶，尚擸，坐啐醴。”元敖繼公撰《儀禮集説・聘禮第八》：

"'降筵，北面，以柶兼諸觶，尚擸，坐啐醴。'繼公謂，以柶兼諸觶，以右手執柶并執觶也。尚擸，以擸鄉上也。必以柶兼諸觶者，欲便於啐醴也。必尚擸者，欲便於建也。"清盛世佐撰《儀禮集編·聘禮第八之二》："'降筵，北面，以柶兼諸觶，尚擸，坐啐醴。'郝氏曰：'尚上同，擸葉通，柶端寬薄曰葉。'張氏曰：'擸音獵，又音拉，折也，又持也，於義並難通。案：冠禮、昏禮面葉，葉，柶大端也。古文葉作擖。擖，音葉，箕舌也，與匙頭相類，可以借用擸字，或擖字之訛。尚擸，即尚葉也。尚葉者，仰柶端向上也。'世佐案：以柶兼諸觶，并之左右也。既以右手之柶并之左，仍兩手奉觶，亦取不游手之義。尚擸者，倒執之，變於建也。凡執柶者，持其枋。'葉''擖''擸'三字音義皆同，張以擸爲訛，非。"清張爾岐撰《儀禮鄭註句讀·聘禮第八》："降筵，北面，以柶兼諸觶，尚擸，坐啐醴。"注："擸音獵，又音拉，折也，又持也，於義並難通。案：冠禮、昏禮面葉，葉，柶大端也。古文葉作擖。擖，音葉，箕舌也，與匙頭相類，可以借用擸字，或擖字之訛。尚擸，即尚葉也。尚葉者，仰柶端向上也。"清秦蕙田《五禮通考》："《儀禮·少牢饋食禮》上佐食羞兩鉶，皆有柶，尸扱以柶。……其制則先儒以爲枋長尺，𣚁博三寸。醴柶之𣚁淺，鉶柶之𣚁深，理或然也。柶之所用有多有寡，授柶之禮有面枋有面葉。公食大夫設柶鉶而柶扱上鉶，少牢羞二鉶，皆有柶，葢仁於賓者以同爲樂，仁於神者以異爲敬故也。冠禮，贊者既酌，面葉以授賓，賓面枋以授冠者，冠者面葉以扱祭。昏禮，贊者既酌，面葉以授主人，主人面枋以授賓，賓亦面葉以扱祭。聘禮，宰夫既酌，面枋以授公，公面枋以授賓，而授公不面葉。蓋冠之賓、昏之主人必訝受而公不訝受故也。"據此，柶由枋和𣚁兩部分組成，枋即柄，是用來把持的部位，𣚁則指勺頭，是用來盛東西的部分。"𣚁"又作"葉"，蓋由其形如葉得名。"𣚁"又訛作"擸""擖""揭"等形。因訛作"擸"，或釋其義爲持。《大字典》："𣚁，①勺柄。《廣韻·葉韻》：'𣚁，柶端。'《玉函山房輯佚書·梁氏三禮圖·柶》：'柶長尺，𣚁博三寸。'"（二p1411b）把"𣚁"訓作"勺柄"，亦誤。唐蕭嵩等撰《大唐開元禮·嘉禮·納后上·問名》："各以柶兼諸觶，上臘。"又《嘉禮·親王納妃·問名》："以柶兼諸觶，上獵。"又《嘉禮·三品以上婚·問名》："以柶兼諸觶，上躐。"唐杜佑纂《通典·禮八十二·開元禮纂類十七·嘉一·皇帝加元服問名》："各以柶兼諸觶，上躐。"宋歐陽修撰《唐書·禮樂志第八》："各以柶兼諸觶，上躐。"元馬端臨著《文獻通考·帝系考六·后妃·唐開元禮·皇帝納后儀·問名》："各以柶兼諸觶，上獵。""臘""獵""躐"皆"𣚁"字之訛。柶端寬薄曰葉，字或作𣚁，箕舌亦名𣚁，箕前端之形正寬而薄，以此得名。字或作"擖"，亦"𣚁"之訛。

"臘"，鄧文原草書寫作"𦛄"，米芾寫作"[illegible]"。《廣韻·盍韻》盧盍切："臘，臘蜡。䐊，俗。""䐊"亦"臘"之訛。《廣韻·盍韻》盧盍切："蠟，蜜蠟。蝲，俗。""蝲"亦"蠟"字之訛，文獻習見。《集韻·盍韻》力盍切："鑞、鍻，錫也。或作鍻。""皶、皻，皶皻，皮皃。或作皻。""𪗃、齸，嗤聲。或作齸。""䌐、𦄹，䌐颯，紛雜皃。或作𦄹。""鍻""皻""齸""𦄹"又"鑞""皶""𪗃""䌐"之訛。

"𩫮"爲"鬣"字之省，"髟"旁字常省作"镸"旁。東漢竺大力、康孟詳譯《修行本起經》:“七寶導從。何等爲七?一、金輪寶,二、神珠寶,三、玉女寶,四、典寶藏臣,五、典兵臣,六、紺馬寶珠髦𩭾,七、白象寶珠髦尾。……紺馬寶者,馬青紺色,髦𩭾貫珠。揾摩洗刷,珠則墮落,須臾之間,更生如故,其珠鮮潔,又踰於前。鳴聲于遠,聞一由旬。王時乘騎,案行天下,朝去暮還,亦不疲極。馬脚觸塵,皆成金沙。是故名爲紺馬寶也。”(T0184v03p0463a)字亦作“𩭾”。唐慧琳撰《一切經音義》卷七十七《釋迦譜》第一卷:“髦鬣,上音毛。《廣雅》云:‘髦,大也。’《説文》云:‘髮也。從髟,毛聲。’下廉輒反。杜注《左傳》云:‘鬣,須也。’顧野王云:‘鬣者,馬頂[項]上長毛也。’《説文》:‘㲃[髮]鬣也。從髟,鼠[巤]聲。’髟,音必遥反。鼠[巤],音同上。《譜》文作‘𩭾’,非也。”(T2128v54p0805c)南朝梁僧祐撰《釋迦譜》:“《修行本起》云:‘國中八萬四千長者生子悉男。八萬四千厩馬生駒,其一特異,毛色純白,髦鬣貫珠,故名爲蹇特。’”(T2040v50p0005b)“髦”“鬣”皆指馬項上之長毛。

2145 鍐

南朝梁寶唱等集《經律異相》:“師子王生,住深山大谷。方頰巨骨,身肉肥滿,頭大眼長,眉高而廣,口鼻淵方,齒齊而利,吐赤白舌,雙耳高上,脩脊細腰,其腹不現,六牙長尾,[24]髦髮光潤。”(T2121v53p0244c)本頁下注24:“髦髮=鍐髦。”

按:“鍐髦”與“髦髮”爲版本異文,“鍐”即“鬉”字之訛。北涼曇無讖譯《大般涅槃經》第十二卷:“其後不久次有馬寶,其色紺炎,髦尾金色。頂生見已,復作是念:我昔曾聞五通仙説,若轉輪王於十五日處在高樓沐浴受齋,若有馬寶其色紺艷髦尾金色而來應者,當知是王,即是聖王。”(T0374v12p0438b)唐慧琳撰《一切經音義》卷二十六《大般涅盤經》第十二卷:“髦尾,上莫高反。《説文》:‘髦,髮也。謂毛中之長髦也。’《經》文有作‘騣’,子公反,義亦通也。”(T2128v54p0473b)《説文新附·馬部》:“騣,馬鬣也。”《廣韻·豪韻》莫袍切:“髦,髦鬣也,髦俊也。”“鬉”“騣”“髦”皆有馬鬣之義。“鬉”或作“鍐”,“鍐”即“鍐”字之訛。“㚇”旁訛作“夋”旁,文獻習見。

北涼曇無讖譯《大方等無想經》:“譬如駿馬,[7]髦尾纖長。於十五日布薩之時,在大海中悲鳴三唱:誰欲度海?誰欲度海?若有諸人乘其背者,及捉*髦尾頸項首脚,悉得到於大海彼岸。”(T0387v12p1103c)本頁下注7:“髦=騣《元》《明》*。”又:“如馬[8]髦,或如人髮。”(T0397v13p0263c)本頁下注8:“髦=騣《三》《宫》。”唐道宣撰《續高僧傳》:“夜夢有人被於白服,乘於白馬,[9]騣尾拂地,而談授經旨,延手執馬[10]騣與之清論。覺後惟曰:此必馬鳴大士,授我義端。執*騣知其宗旨,語事則可知矣。”(T2060v50p0488a)本頁下注9:“騣=髦《宋》《宫》,鬉《元》。”注10:“騣=鬉《宋》《元》*,髦《宫》*。”“鬉”“騣”與

“髦”爲異文，乃同義互換。

唐菩提流志譯《大寶積經》第九卷：“有七寶：一曰金輪，二曰白象有六牙，三曰紺色馬朱髦尾，四曰明月神珠，五曰玉女妻，六曰主藏聖臣，七曰主兵大將軍。”（T0310v11p0049b）唐慧琳撰《一切經音義》卷十一《大寶積經》第九卷：“鬉尾，總東反。作‘鬃’。馬項上長毛也。《韻詮》：‘馬鼠［鬣］也。’力葉反。《經》文作‘髦’，非也。音毛。《詩傳》：‘髦，俊也。選也。’非經意。”（T2128v54p0375b）“朱髦尾”指朱紅色的鬃毛和尾巴，作“髦”與經意合。慧琳不知“髦”有鬣義，故以“髦”爲非，改作“鬉”字，“髦”字本通，不必改也。

雨　部

2146 霡

三國吴康僧會譯《六度集經》：“夫有輙滅，身爲僞幻，難保猶[17]卵，難養若狼，有眼覩焉，靡不寒慄。”（T0152v03p0017c）本頁下注17：“卵＝霡《宋》，窌《元》《明》。”

按：“霡”與“卵”“窌”爲版本異文。據文意，當以“卵”字爲是。蓋“卵”訛作“窌”，因又訛作“霡”。《龍龕手鑑·雨部》：“霡，俗，普孝反。”“霡”亦“窌”字之訛。

2147 霒

南宋紹隆編《圓悟佛果禪師語録》：“上堂云：釋迦慳彌勒當，八字打開無盡庫。拄杖子化爲龍，赫日光中吐雲霧，遍界霶霒注甘雨。卓拄杖下座。”（T1997v47p0745a）

按：“霒”即“霑”字之訛。《玉篇·雨部》：“霶，普郎切。霶霈，大雨皃。”隋李百藥《北齊書·宋世良傳》：“其夜甘雨霶霑。”“霶霑”亦大雨貌，爲“滂沱”之分化字。元竺僊梵仙語《竺僊和尚語録》：“山門有路人皆到，昨日霶霑今日晴。”（T2554v80p0357a）日本天倫楓隱撰《諸回向清規》：“乞回天怒，普覆上陰雲，沛三日之霶霑，濟萬民之渴。”（T2578v81p0640a）“霶霑”亦皆大雨貌之義。“霒”即“霑”之訛，“它”誤作“亡”也。

2148 霂

唐惠詳撰《弘賛法華傳》："諸僧又爲弘仁更讀一百遍。弘仁流汗霂霂，所患都愈，平復如常。信知福力誠不可量也。"（T2067v51p0041c）

按："霂"即"霢"字之訛。鄭賢章《漢文佛典疑難俗字彙釋與研究》已有考證（p424）。彌勒説、唐玄奘譯《瑜伽師地論》："於正熱時，身體舒泰，奮身乾語，霢霂流汗，熱渴纏逼，希遇清涼。"（T1579v30p0472a）南朝梁僧祐撰《弘明集》："貧道學業麁淺，弘慚簡札。上酬謬略，懼塵盛藻。追增悚愧，流汗霢霂。謹白。"（T2102v52p0071a）唐慧琳撰《一切經音義》："霢霂，音脉木。《爾雅》：'小雨謂之霢霂。'今流汗似之也。"（T2128v54p0629c）字皆作"霢"。"霢"與"霂"連用，受其影響，左下之"月"旁改作"氵"旁，此即字形同化之例。

2149 霂

唐道宣撰《廣弘明集》："曇隆道人有詩一首十一韻，今此拙作仍學康樂體江令公：'[3]霂霂時雨霽，清和孟夏肇。栖宿緑野中，登頓丹霞杪。'"（T2103v52p0357a）本頁下注3："霂＝霢《三》《宮》。"

按："霂"與"霢"爲版本異文，"霂"即"霢"字之訛，"霢"爲"霢"之書寫變異。唐慧琳撰《一切經音義》："霢霂，音脉木。《爾雅》：'小雨謂之霢霂。'今流汗似之也。"（T2128v54p0629c）"霢霂"有小雨義，與文意合。"霢"訛作"霂"者，"脉"所從之"月"旁訛作"日"旁，"永"旁訛作"未"旁也。西晉竺法護譯《生經》："爾時有一居士，厭世苦患，萬物非常，身之所有，財物如幻，寄居天地，猶如過客，無一可貪。唯道真正，[1]永可常存，因便出家，行作沙門。"（T0154v03p0099a）本頁下注1："永＝未《三》。"北涼曇無讖譯《大般涅槃經》："善男子，我於一時宣説，涅槃即是遠離煩惱，[10]永盡滅，無遺餘，猶如燈滅，更無法生，涅槃亦爾。"（T0374v12p0567c）本頁下注10："永＝未《宮》。""未"皆"永"字之訛，可資比勘。

2150 露

隋智顗説、灌頂記《觀音義疏》："若不得此兩法，即當墮落凡夫，爲火宅燒害，貧窮孤[17]露。"（T1728v34p0931b）本頁下注17："露＝露《甲》。"

按：“露”與“露”爲版本異文，“露”即“露”字之訛，“路”旁訛作“洛”旁也。“孤露”文獻習見，義爲孤單無所蔭庇，指喪父、喪母，或父母雙亡。三國魏嵇康《與山巨源絕交書》：“少加孤露，母兄見驕，不涉經學。”戴明揚校注引王棠《知新録》：“魏晋間人，以父亡爲孤露。”唐慧苑撰《新譯大方廣佛花嚴經音義》：“貧窮孤露，孤煢躶露，故云孤露。”（T2128v54p0443c）《可洪音義》卷十六《弥沙塞部和醢五分律》第二十四卷：“偏露，音路。正作‘露’。”（v60p26a）“露”亦“露”字之訛。

2151 霈

佚名《寺沙門玄奘上表記》：“雲雨之澤不棄黿鼇，而明詔霈臨不垂亮許。”（T2119v52p0826a）

按：鄭賢章《漢文佛典疑難俗字彙釋與研究》“霈”字條（p425），考“霈”同“霈”字，結論可從，“霈”即“霈”字之訛。“霈”本指大雨、及時雨，常用來比喻恩澤，“霈臨”當指皇帝的詔書像及時雨一樣下臨，作“霈”與文意合。唐不空譯《觀自在大悲成就瑜伽蓮華部念誦法門》：“即開其印，徐徐下之，即成呪曰：唵枳里枳里鼻勞達囉鉢囉訖嘌底摩訶骨嚧陀肥闍夜儞訖嘱多吽[12]沛畔陀畔陀莎嚩（二合，引）訶。”（T1030v20p0002b）本頁下注 12：“沛 = 浦《甲》。”“浦”爲“沛”字之訛，可資比勘。

2152 瞥

南朝梁僧祐撰《出三藏記集》：“《瞎[7]瞥經》一卷（抄）。”（T2145v55p0027c）本頁下注 7：“瞥 = 鼈《三》。”

按：“瞥”與“鼈”爲版本異文，“瞥”即“鼈”字之訛。隋法經等撰《衆經目録》：“《瞎鼈經》一卷（出第一卷）。”（T2146v55p0142c）唐智昇撰《開元釋教録》：“《瞎鼈經》。”（T2154v55p0490a）唐慧琳撰《一切經音義》卷八十《開元釋教録》第二卷：“瞎鼈，上許戛反，下鞭滅反。經名也。《録》作‘鱉’，俗字也。”（T2128v54p0825c）與“瞥”對應之字皆作“鼈”。

2153 賣

唐圓照撰《貞元新定釋教目録》：“《貞元新定釋教目録》卷第[27]三。”（T2157

v55p0792c）本頁下注 27：“聖本《奥書》曰：……上柱國邠國公臣賨文場同進百。”

按：唐般若譯《大方廣佛華嚴經》：“左神策軍護軍中尉兼左街功德使元從興元元從驃騎大將軍行左監門衛大將軍知内侍省事上柱國邠國公食邑三千戶臣竇文場等進。”（T0293v10p0849a）“賨”即“竇”字之訛。

2154 䨲

無著造、唐玄奘譯《顯揚聖教論》：“八緣者，一、積時貯畜，二、他所損害，三、受用[4]虧減……”（T1602v31p0548b）本頁下注 4：“虧＝䨲《聖》。”

按：“䨲”與“虧”爲版本異文，“䨲”即“虧”字之訛。清顧藹吉《隸辨·支韻》“虧”字條引《北海相景君銘》作“䨲”，與此形同。隸書“虍”旁或寫作“⿱丙”“⿱由”，故或訛作“雨”旁。參網絡版《異體字字典》張文彬考證。

2155 靄

唐道宣撰《廣弘明集》：“雲[22]藹巖峯，川壑如丘。”（T2103v52p0267b）本頁下注 22：“藹＝靄《三》《宮》。”

按：四庫本作“藹”。“靄”與“藹”爲版本異文，“靄”即“靄”字之訛。《説文新附·雨部》：“靄，雲貌。”“靄”又“藹”之分化字。《説文·言部》：“藹，臣盡力之美。从言，葛聲。《詩》曰：‘藹藹王多吉士。’”大徐“於害切”。小徐、段注篆皆作“譪”。《詩經·大雅·卷阿》：“藹藹王多吉士。”鄭箋：“主之朝多善士藹藹然。”《爾雅·釋訓》：“藹藹、萋萋，臣盡力也。”郭璞注：“梧桐茂，賢才衆，地極化，臣竭忠。”此蓋即許慎所本。然“譪”字形旁從言，義訓“臣盡力之美”，形義未能密合。清徐灝《説文注箋》：“《爾雅·釋訓》一篇多渾舉《詩》詞而釋之，如云：‘丁丁、嚶嚶，相切直也。’丁丁本伐木聲，嚶嚶本鳥鳴聲，而相切直乃釋《詩》之大旨，非以訓丁丁、嚶嚶也。‘晏晏、旦旦，悔爽忒也。’晏晏自屬言笑，旦旦自屬信誓，而悔爽忒亦釋《詩》之大旨，非以訓晏晏、旦旦也。‘藹藹、萋萋，臣盡力也’亦同此例，‘盡力’非‘藹’之本義。《廣雅》曰：‘藹藹，盛也。’又按，《艸部》有‘薳’字，从艸，渴聲，與此同體，而此从言葛聲，亦有可疑。”清朱駿聲《説文通訓定聲》：“藹，蕡也。从艸，謁聲。《爾雅·釋木》：‘蕡，藹。’注：‘樹實繁茂菴藹。’”“藹”从艸謁聲，本義爲茂盛貌，引申指雲盛貌，“靄”爲其分化字，故在文獻中可通用。

2156 ⿱雨屖

唐不空譯《法華曼荼羅威儀形色法經》：“身光⿱雨屖靂電，焰鬘靡不商。”（T1001v19p0605c）

按：據上下文義推斷，“⿱雨屖”即“霹”改換聲符所造之異構字。北宋天息災譯《大方廣菩薩藏文殊師利根本儀軌經》：“若地動時或兼霹靂電光白色者，亦大不祥。若無地動恒常霹靂電光白者，吉善。若地動時電光赤色有火及有黑煙者，王當崩喪。若地動時霹靂電光作黄色及黄赤雜間色者，有大災難。”（T1191v20p0886b）“霹靂”一詞文獻習見。

門　部

2157 閃

唐道世撰《法苑珠林》：“佛説除災患諸邪惱毒呪：……此[22]閦偒曼多羅耶坻悉摩。”（T2122v53p0741c）本頁下注22：“閦=閃《三》《宫》。”

按：四庫本之《法苑珠林》作“仳閗喫曼多羅耶抵悉摩”。“此”爲“仳”字之訛，“閃”與“閗”“閦”爲版本異文，“閃”“閗”皆“閦”字之訛。佚名《陀羅尼雜集》：“佛説除災患諸惱毒神呪：……[30]仳閦喫　曼多羅坻悉摩。”（T1336v21p0606b）本頁下注30：“仳閦喫=毘閳喫《宋》《元》，毘閦喁曼《明》。”林光明《新編大藏全咒》第十六卷《陀羅尼雜集》“佛説除災患諸惱毒神呪”中“仳閦喫”的梵文羅馬轉寫作“bikṣunāṃ”（v16p275），“閦”爲“kṣu”的譯音字，字與梵文讀音相合。日本淨嚴撰《悉曇三密鈔》：“𑖎𑖿𑖬𑖲，閦、蒭、乞芻（金軌）、崛芻（造塔延命經）、屈數（佛頂。上三種共二合）。”（T2710v84p0747b）“閦”又爲“𑖎𑖿𑖬𑖺（kṣo）”的譯音字。《可洪音義》卷三《大方廣十輪經》第一卷：“闟浮，上初六反。閦闟浮，上二同，初六反。正作‘闟’。”（v59p637b）失譯《大方廣十輪經》：“即説呪曰：閦浮（一）閦閦浮（二）阿含閦浮（三）。”（T0410v13p0685b）林光明《新編大藏全咒》第一卷《大方廣十輪經》“地藏菩薩説衆德究竟記莂呪術陀羅尼章句”中“閦”的梵文羅馬轉寫作“kṣo”（v1p220），亦以“閦”字爲正。《可洪音義》之“閦”與“閃”形近，皆“閦”字之變。

2158 閬

日本觀靜撰《孔雀經音義》："《灌頂經》云：'神名俱婆婁[13]閬叉，字如福輪，此神主護人背。'"（T2244v61p0774b）本頁下注 13："閬=閲《甲》。"

按："閬"與"閲"爲版本異文，"閬"即"閲"字之訛。東晋帛尸梨蜜多羅譯《佛説灌頂七萬二千神王護比丘呪經》："神名俱波婁閲叉，字如福輪，此神主護某背。"（T1331v21p0499c）此即觀靜所本，與"閬"對應之字作"閲"。"閲"或寫作"閲""閲"（見《龍龕·門部》），"閬"與"閲"形近。

2159 閡

龍樹造、後秦鳩摩羅什譯《大智度論》："於法性中不疑不閡而説法，無罣[14]無礙無遮，是則通達法性。"（T1509v25p0687c）本頁下注 14："無礙=礙《聖》，無閡《石》。"

按："閡"與"礙"爲版本異文，"閡"即"閡"字之訛。唐慧琳撰《一切經音義》："無礙，亦作'閡'，同，五代反。《經》作'旱'，俗字者也。"（T2128v54p0570b）又："無閡，昂蓋反。顧野王云：'閡，此［止］也，鉅也。'《説文》：'閉也。從門，亥聲。'亦作'礙'。"（T2128v54p0607c）"閡"與"礙"通用。

2160 閼

日本長宴記《四十帖決》："問：'何故翻名耶?'師曰：'瓶歟? 即甘露瓶水也。以此印除降毘那夜迦等也。又[16]閼伽名平等性智（云云），平等即南佛也，故義通。'"（T2408v75p0906b）本頁下注 16："閼=閼《乙》。"

按："閼"與"閼"爲版本異文，"閼"即"閼"字之訛。唐不空譯《金剛頂經一字頂輪王瑜伽一切時處念誦成佛儀軌》："獻閼伽香水，證平等性智。"（T0957v19p0323c）日本安然記《金剛界大法對受記》："次入平等性智，獻閼伽八供。"（T2391v75p0170b）日本覺超撰《金剛三密抄》："次入平等性智定，捧持閼伽衆香水。"（T2400v75p0682a）與"閼"對應之字皆作"閼"。參 2164"閼"字條。

2161 闏

日本觀靜撰《孔雀經音義》：“憍閃彌，或鳩婆利。閉［閃］，式謍、舒斂、矢[30]闏三反。”（T2244v61p0781c）本頁下注30：“闏＝關《甲》，冉《乙》《丁》。”

按：“闏”與“關”“冉”爲版本異文，“闏”即“闌”之異寫。“式謍”“舒斂”“矢闏”皆“閃”之反切。《廣韻·豔韻》舒贍切：“閃，《説文》曰：‘闚頭門中也。’又舒斂切。”《類篇·門部》：“閃，失冉切。《説文》：‘闚頭門中也。从人在門中。’又舒贍切，又式劒切。”“式謍”之“謍”當即“贍”字之訛，“式贍”與“舒贍”切音同。“舒斂”與“舒歛”“式劒”同。乙、丁本作“矢冉”，與《類篇》之“失冉”合。“矢闏”之“闏”爲“闌”異寫，《集韻·諫韻》所晏切：“柵、簓、闌、冊，編竹木爲落也。或从竹、从門，或省。”“闌”爲“柵”之異體。“闌”爲諫韻字，“閃”爲豔韻字，音本不同，“閃”或用“闌”爲切下字者，蓋由“m”尾消失而與“n”尾合流所致。

2162 閪

唐法寶撰《俱舍論疏》：“隨增謂諸隨眠於此法中隨住增長，即是隨轉增惛滯義，如有[10]潤田種子增長。”（T1822v41p0698b）本頁下注10：“潤＝閪《乙》。”

按：“閪”即“潤”字之訛。衆賢造、唐玄奘譯《阿毘達磨順正理論》：“言隨增者，謂諸隨眠於此法中隨住增長，即是隨縛增惛滯義，如衣有潤塵隨住中，如有潤田種子增長。”（T1562v29p0616b）衆賢造、唐玄奘譯《阿毘達磨藏顯宗論》（T1563v29p0898c）此段文字相同，皆作“潤田”。“潤田”即沃潤之田，指肥沃濕潤的田地。

四庫本之南宋樓鑰撰《攻媿集·奏議·論聽納》：“浸閏之閒啓人主厭言之心。”明陳耀文撰《天中記·崑崙山》：“有玉人，高五寸，玉色甚光閏，制作亦佳。”“潤”皆寫作“閏”，與“闊”或寫作“濶”近之，不同的是，“濶”是把“闊”在“門”裏的“氵”旁移到了“門”外，“閏”是把“潤”在“門”外的“氵”旁移到了“門”裏。“閪”則“閏”字之訛。

《龍龕·門部》：“閪、閠、閏，三俗；閏，正。如順反。散餘。”以“閪”爲“閏”之俗字，後代字書多從之。《漢語大字典》：“閪，同‘閏’。《龍龕手鑑·門部》：‘閪’，同‘閏’。”（二 p4378b）《大字典》以“閪”爲“閏”之異體。從漢字構形與書寫的規律看，無論把“閪”看作“閏”的異構字還是異寫字都不能得到合理的解釋。南宋法雲編《翻譯名義集》：“若閏七月者，取前月自恣。非前夏安居者，過[3]潤已數滿九十日自恣。”（T2131v54p1123b）本頁下注 3：“潤=閏《明》。”文獻中有“閏”誤作“潤”的例子，疑《龍龕》之“闊”亦“潤”字異寫，行均據誤用之例收到“閏”字條，“闊”非“閏”之異體。

2163 闇

龍樹造、後秦筏提摩多譯《釋摩訶衍論》：“今發始覺般若之日，照迷亂住相之[1]闇，始覺正智無分別性，迷亂住相有分別性。”（T1668v32p0618a）本頁下注 1：“闇=闇《石》。”

按：“闇”與“闇”爲版本異文，“闇”即“闇”字之訛，“音”旁訛作“青”旁也。日本湛慧撰《成唯識論述記集成編》：“（八十一左）以闇從明。（文）《演秘》云：疏以闇從明者，幽隱顯蔽名爲闇明。十處法處名爲明闇者，義可斷矣。《義蘊》云：以[16]暗從明者，第八名*暗。”（T2266v67p0338c）本頁下注 16：“暗=晴《甲》*。”又：“二者耳識爲一類，具四緣生，謂五緣中除明[2]暗亦聞聲故。”（T2266v67p0632a）本頁下注 2：“暗=晴《甲》。”又：“次破數論中云：若燈能自照，不更須別燈照者，瓶等亦應自照，不更須別燈來照。若燈體暗故，應照自體，而不須別燈照者，瓶亦應爾。瓶體有暗，則應自照自體，亦不勞別燈來照，瓶應自照故。是則瓶燈一種，俱應自照，並不由他，則瓶與燈復有何異？若燈不應照者，云何能照自體？若體無暗不須照者，復何勞照？若照自體者則有二失：一者體應有照故須照者，此則與瓶爲一，瓶有[7]晴故，既不能自照，燈亦有暗，云何能照？二者能所照一，既是一體，竟誰爲能所照耶？汝燈譬既不成證，量義亦壞。（文）”（T2266v67p0130b）本頁下注 7：“晴=暗《甲》。”“晴”皆“暗”之訛，亦皆“音”旁訛作“青”旁之例。

2164 閼

唐輸波迦羅譯《蘇悉地羯囉經》：“右邊置酪、俱蔞草、蘇蜜、胡麻，及餘所有護摩之物，皆置於右左。置[20]遏伽器、率蘇杓，當置於前隔蘇。”（T0893v18p0657b）本頁下注 20：“遏=閼《明》《甲》。”

按：“閼”與“遏”爲版本異文，“閼”即“閼”字之訛。同上經：“盛閼伽器，當用銀，或用熟銅，或以石作，或以土木，或取螺作，或用束底，或用荷葉以綴作器，或乳樹葉，如上所説閼伽器等。”（T0893v18p0614c）唐不空譯《大威怒烏芻澁麼儀軌經》：“捧左閼伽器，奉獻陳所求。”（T1225v21p0138c）“遏伽器”皆作“閼伽器”。唐慧琳撰《一切經音義》：“閼伽，梵語也，即是香水器也。或用金銀器也，或用螺盃盛香水也。”（T2128v54p0367c）又：“閼伽，上安葛反，

亦作‘遏’。梵語也，是盛香水杯器。”（T2128v54p0585a）

考諸字形，“閼”所從之“於”與“放”形近，故訛作“閬”。《大正藏》“於”“放”混誤之例甚夥。南朝宋求那跋陀羅譯《雜阿含經》：“如是我聞：一時佛住舍衛國祇樹給孤獨園。爾時世尊告諸比丘，過去世時有一鳥，名曰羅婆。爲鷹所捉，飛騰虚空。於空鳴喚言：‘我不自覺，忽遭此難。我坐捨離父母境界，而遊他處，故遭此難。如何今日爲他所困，不得自在？’鷹語羅婆：‘汝當何處自有境界，而得自在？’羅婆答言：‘我於田耕壠中，自有境界。足免諸難，是爲我家父母境界。’鷹於羅娑起憍慢言：‘放汝令去還耕壠中，能得脱以不？’[2]於是羅婆得脱鷹爪，還到耕壠大塊之下，安住止處。然後於塊上，欲與鷹鬪。鷹則大怒，彼是小鳥，敢與我鬪。瞋恚極盛，駿飛直搏。於是羅婆入於塊下。鷹鳥飛勢，臆衝堅塊，碎身即死。”（T0099v02p0173a）本頁下注 2：“於＝放《聖》。”聖本之“放”即“於”字之訛。隋闍那崛多譯《起世經》：“又何因緣名雜亂苑？諸比丘，此雜亂園，三十三天王，常以月八日十四日十五日[6]於其宫内一切綵女，入此園中。令與三十三天衆合雜嬉戲，不生障隔，恣其歡娛。受天五欲，具足功德，遊行受樂，是故諸天共稱此園爲雜亂苑。”（T0024v01p0342b）本頁下注 6：“於＝放《三》。”底本之“於”又“放”字之訛。皆可比勘。

唐金剛智譯《藥師如來觀行儀軌法》：“置閼伽器於尊像前。”（T0923v19p0025b）“閼”又訛作“閦”。

2165 闤

唐道宣撰《續高僧傳》：“從寺至山，十有餘里，人馬輻湊，事等市[7]闤。”（T2060v50p0582a）本頁下注 7：“闤＝鄽《明》。”

按：“闤”即“闤”字之訛。參下條。

2166 闤

唐道世撰《法苑珠林》：“衢巷市[16]闤並皆調直。”（T2122v53p0289b）本頁下注 16：“闤＝鄽《三》《宫》。”

按：“闤”與“鄽”爲版本異文，“闤”即“闤”字之訛。《玉篇・門部》：“闤，直連切。市門。”《廣韻・仙韻》直連切：“鄽，市鄽。闤，市門。”同小韻：“廛，居也。《説文》曰：‘二畮半也，一家之居也。’壥，上同。”《集韻・僊韻》澄延切：“廛、壥、𡋽、㢆、鄽，《説文》：‘一畝半，一家之居。’一曰廛，市物邸舍。或从土，亦作𡋽、㢆、鄽。闤，市門。”“闤”爲从門廛聲的形聲字，本義爲市門，在市鄽的意義上與“鄽”通用。唐道宣撰《續高僧傳》：“常坐之與山居，報傾便止。譏疑有涉，斂足不行。尼寺市[10]闤，由來不往。”（T2060v50p0511c）本頁下注10：“闤=鄽《三》《宮》。”唐道宣撰《廣弘明集》：“既遠控於江海，兼近接於村田。反闞城邑，傍眺市[33]闤。稱神州之鎮嶺，實天下之名川。”（T2103v52p0338c）本頁下注33：“闤=鄽《三》《宮》。”唐慧琳撰《一切經音義》卷九十九《廣弘明集》第二十九卷：“市鄽，徹連反。《集》從門作‘闤’，非也。”（T2128v54p0923a）“闤”與“闤”“鄽”爲異文，皆爲市鄽義。“闤”亦皆“闤”字之訛。

隹部

2167 隻

南朝陳真諦譯《金七十論》：“作是分別，我當先學何皮陀？爲學娑摩皮陀，爲學夜[4]隻皮陀及力皮陀耶？”（T2137v54p1253a）本頁下注4：“隻=集《三》。”

按：“隻”與“集”爲版本異文，“隻”爲“售”字異寫，“集”爲“售”字之訛。唐慧琳撰《一切經音義》卷七十六《金七十論》卷中：“夜售皮陀，售音讎呪反。梵語，論師名之也。”（T2128v54p0805b）慧琳所見本作“售”。佚名《翻梵語》：“韋陀，應云鞞陀，亦云比陀，亦云毘陀，亦云皮陀，譯曰智也。”（T2130v54p0985b）隋吉藏撰《百論疏》：“四皮陀者，一、荷力皮陀，明解脱法；二、冶受皮陀，明善道法；三、三摩皮陀，明欲塵法，謂一切婚嫁欲樂之事；四、阿闥皮陀，明呪術算數等法。本云皮陀，此間語訛故，云韋陀。”（T1827v42p0251a）日本珍海撰《三論名教抄》：“四皮陀者，一、荷力皮陀，明解脱法；二、冶受皮陀，明善道法；三、三摩皮陀，明欲塵法，謂一切婚嫁欲樂之事；四、阿闥皮陀，明咒術算數等法。本云皮陀，此間語訛故，云違陀。”（T2306v70p0831a）“冶受”與“夜售”爲同一梵文的不同譯音形式，亦可證當以“售”字爲正，“隻”爲“售”字異寫。唐顔元孫《干禄字書・去聲》：“隻、售，上俗下正。”唐慧琳撰《一切經音義》卷四《大般若波羅蜜多經》第三百九十八卷：“不售，時呪反。《考聲》：‘賣物了。’售，《古今正字》：‘售，行也。’顧野王云：‘賣物得售，人買持去曰售。’《經》文從厶作‘隻’，非也。《古今正字》從隹從口。”（T2128v54p0332a）已溝通“隻”與“售”的關係。張涌泉《敦煌俗字研究》（第2版）亦有考證（p380）。

“集”爲“隻”之進一步形訛。佚名《佛頂尊勝陀羅尼真言》：“若人市賣不[3]集，所求不稱意者，常結印誦念，每時二十一遍，安善住形像於密處供養，所求皆得稱遂。”（T0974Ev19p0395a）本頁下注3：“集=售《甲》。”東晉佛陀跋陀羅、法顯譯《摩訶僧祇律》："時有一比丘，晨起著入聚落衣入毘舍離，爲乞毛故。有一估客，手執戶鉤來向市肆開自店舍。遥見比丘疾行而來，沽客念言：是比丘來必爲乞毛故，晨朝至此，市賣未[29]售，誰能先乞是毛。便閉肆戶還自家去。"（T1425v22p0306c）本頁下注 29："售=集《宫》。""集"皆"售"字之訛。

又，日本阿寂記《妙印鈔》："初中，圍陀是梵王等者，又云波陀也，韋陀者四種明論者，《百論疏》上云：一、荷力波陀（明解脱法），二、治受波陀（明善道法），三、三摩波陀（明欲愛法婚嫁之事），四、阿闥波陀（明善術算數等法）。"（T2213v58p0123a）日本貞海撰《三論玄義鈔》："善解四韋陀者，古云：四韋陀者，亦云四毘陀，一、億爲韋陀，明事火懺悔法；二、邪受韋陀，明布施祀祠法；三、阿陀韋陀，明一切鬭戰法；四、三魔韋陀，明知異國鬭戰法。（文）古導云：荷力（解脱）、治受（善道）、三摩（欲愛）、阿圍（善術。文）。"（T2301v70p0522a）"治"皆"冶"字之訛。

《漢語大字典》："雔，同'售'。《龍龕手鑑·隹部》：'雔，賣物与曰雔，買物持去也。'《字彙補·隹部》：'雔，音義與售同。'"（二 p4403a）據《龍龕》收"雔"字。《龍龕手鑑·隹部》："售，古；雔，今；𨾴，正。時咒反。賣物与曰𨾴，買物持去也。"《龍龕》蓋本《慧琳音義》，"雔"或"𨾴"字轉録之訛。

2168 𨿠

唐智昇撰《開元釋教録略出》："《阿毘達磨大毘婆沙論》二百卷，唐三藏玄奘譯，自二十帙，計三千一百六十八紙。惻造次弗離節義廉退顛沛匪𨿠性静情逸心動神。"（T2155v55p0743b）

按："𨿠"即"虧"字之訛。漢文藏經一般用《千字文》編號排序。《開元釋教録略出》的體例，在經目著録後，用陰文標記所録佛經在藏經中《千字文》的序號。"惻造次弗離節義廉退顛沛匪𨿠性静情逸心動神"20 字，即《阿毘達磨大毘婆沙論》二十帙的編號。《千字文》原文作"（仁慈隱）惻，造次弗離。節義廉退，顛沛匪虧。性静情逸，心動神（疲）。"與"𨿠"對應之字作"虧"。

2169 䨮

隋闍那崛多譯《大方等大集經賢護分》："[10]觀察品第六之二。"（T0416v13p0881b）本頁下注 10："（賢護分）+觀《宋》《元》《宫》，〔䨮察……二〕－《聖》。"

按：考注文之意，篇題"觀察品第六之二"，宋、元、宫本在"觀"字前有"賢護分"三字，聖本則無篇題"觀察品第六之二"七個字。聖本之外的版本皆作“觀”，聖本脱漏了篇題，“驩”顯係偶然之誤刻。

阜　部

2170 臯

北宋契嵩編《傳法正宗記》：“復謂忍曰：‘我昔武德中甞遊廬臯，昇其絶頂，見此破頭山，其上有紫雲如蓋，下發白氣，横分六道。汝以爲何瑞？’”（T2078v51p0746a）

按：“臯”即“阜”字之訛。“廬阜”指廬山，文獻習見。唐慧琳撰《一切經音義》：“堆阜，下房僻反。陵也。《玉篇》：‘高平曰陵，大陵曰臯。大，肥也，厚也，長也，山庳而大者也。’”（T2128v54p0489a）《玉篇·阜部》：“阜，扶九切。大陸也，山無石也，盛也，肥也，厚也，長也。”《慧琳音義》“阜”或寫作“臯”。《龍龕手鑑·阜部》：“阜、阜、臯，房九反。陵阜也。”《龍龕》收録“臯”字，並溝通了與“阜”的關係。“阜”或作“臯”者，“阜”之“十”旁訛作“廾”也。北宋贊寧等撰《宋高僧傳》：“由是逼北[4]臯，踰東岡。”（T2061v50p0757b）本頁下注4：“臯=阜《宋》《元》。”“臯”亦“阜”字之訛。

2171 陊

元德煇重編《勅修百丈清規》：“出聲持誦，[5]陊喿稠人。背靠板頭，輕欺大衆。”（T2025v48p1145b）本頁下注5：“陊喿=吵噪《宮》。”

按：“陊喿”與“吵噪”爲版本異文，“陊”即“吵”字之訛。明如卺續集《緇門警訓》：“出聲持誦，噪吵稠人。背靠扳頭，輕欺大衆。”（T2023v48p1070b）與“陊”對應之字亦作“吵”。作“吵”與文意合，“陊”即“吵”字之訛，“口”旁訛作“阝”旁也。

2172 陋

日本瑩山紹瑾撰《瑩山清規》：“伏想斗筲陋器，螻蟻餘生。雖彎石鞏之弓，

遂莫的鹿；徒下玄沙之鉤，曾叵得魚。”（T2589v82p0448c）

按：“陋”即“陋”字之訛。《説文·阜部》：“陋，阸陝也。”“陋”之本義爲狹窄，引申有低小、粗劣之等義，文中用粗劣義。

2173 陁

北宋施護譯《佛説發菩提心破諸魔經》：“爾時世尊欲重宣此義，説[5]陁陀曰：……”（T0838v17p0899b）本頁下注 5：“陁＝伽《三》《宮》。”

按：“陁”與“伽”爲版本異文，“陁”即“伽”字之訛。唐玄奘、辯機撰《大唐西域記》：“舊曰伽［偈］，梵文略也。或曰偈他［陀］，梵音訛也。今從正音宜云伽他。伽他者，唐言頌，頌三十二言也。”（T2087v51p0882c-0883a）唐慧琳撰《一切經音義》：“偈，梵云伽陀，此云頌，美歌也。室盧迦，謂三十二字，四句一偈也。”（T2128v54p0483c）南宋法雲編《翻譯名義集》：“[24]伽陀，此云孤起。妙玄云：不重頌者名孤起，亦曰諷頌。《西域記》云：舊曰偈，梵本略也。或曰偈他，梵音訛也。今從正音宜云伽陀，唐言頌。”（T2131v54p1111c）本頁下注 24：“Gāthā。”諸經釋“伽陀”甚詳，“伽陀”即梵文“gāthā”的譯音字，後通行用“偈”字，指佛經中的唱頌詞。日本淨嚴撰《悉曇三密鈔》：“ग，蘗、竭、訖、乾、犍、健、虐（隨求）、伽、哦、誐、仰、嘘、疙（千手軌）。”（T2710v84p0742a）“伽”爲“ग（ga）”的譯音字。“伽陀”或作“陁陀”者，蓋由“伽”與“陀”連用，受其影響，字形發生同化，改“人”旁爲“阝”旁所致。鄭賢章《漢文佛典疑難俗字彙釋與研究》“陁”字條（p428）已考，此略加補證。

2174 阿

北魏菩提流支譯《佛説佛名經》：“捨妻子等布施貧乏，如不退菩薩及阿翅羅那王，須達拏及莊嚴王等。”（T0440v14p0166c）

按：佚名《佛説佛名經》：“捨妻子等布施貧乏，如不退菩薩及阿翅羅那王，須達拏及莊嚴王等。”（T0441v14p0270b）與“阿”對應之字作“阿”，“阿”即“阿”字之訛。

2175 陻

日本宗叡撰《新書寫請來法門等目録》：“《[2]降誕日内道場論衡》一卷。”

（T2174Av55p1111a）本頁下注 2："降＝陻《甲》。"

按："陻"與"降"爲版本異文，"陻"即"降"字之訛。日本圓仁撰《入唐新求聖教目録》："《皇帝降誕日内道場論衡》一卷。"（T2167v55p1084a）字亦作"降誕"，"降誕"即誕生之義。"降"或作"陻"，蓋由"降"與"誕"連用，受"誕"字的影響發生偏旁同化。

2176 陶

日本杲寶撰《開心抄》："但《請觀世音菩薩消伏毒害陀羅尼呪經》（居士竺難誓，晋雲喜譯）云：云何當得見觀世音菩薩及十方佛？若欲得見，端身正心，使心不動，心氣相續。以左手置右手上，擧舌向腭，令息調陶，使氣不麁不散，安祥徐數從一至十（云云）。"（T2450v77p0752b）

按：東晋難提譯《請觀世音菩薩消伏毒害陀羅尼呪經》："云何當得見觀世音菩薩及十方佛？若欲得見，端身正心，使心不動，心氣相續。以左手置右手上，擧舌向腭，令息調匀，使氣不麁不細，安祥徐數從一至十，成就息念。"（T1043v20p0036c）此即杲寶所本，與"陶"對應之字作"匀"。隋智顗説《天台智者大師禪門口訣》："然後閉目合口開齒，擧舌向齶，令息調均，一心諦觀。"（T1919v46p0581b）疑"陶"乃"均"字之訛。

2177 队

唐唐臨撰《冥報記》："時隨賜［煬］帝幸[48]涿郡。"（T2082v51p0789c）本頁下注 48："涿＝队《知》。"

按："队"與"涿"爲版本異文。佚名《神僧傳》："時隋煬帝幸涿郡。"（T2064v50p0984a）唐道世撰《法苑珠林》："時隋煬帝幸涿郡。"（T2122v53p0420c）與"队"對應之字皆作"涿"。"队"即"涿"字之訛，"氵"旁訛作"阝"旁，"豖"旁訛作"豕"旁也。"涿"或作"涿"（見《可洪音義》v60p473c），"啄"或作"啄"（見《可洪音義》v59p557c），皆"豖"旁訛作"豕"旁之例。

2178 陜

唐普光述《俱舍論記》："劫初時人，哀羅伐拏龍王、善住龍王、[19]琰摩王等，及餘一類俱不害者。”（T1821v41p0103b）本頁下注 19：“琰＝陜《乙》。”

按：佚名《阿闍梨大曼荼攞灌頂儀軌》：“金剛解脱真言：……紇哩（二合）捺[5]琰（引）迷（引）遏地瑟侘（二合。四）。”（T0862v18p0190c）本頁下注 5：“琰＝陜《甲》。”“陜”皆與“琰”爲版本異文，“陜”蓋“琰”字之訛。

2179 隲

三國吴康僧會譯《六度集經》：“母故[26]掘[27]蔭，其埳容人。二兒入中，以柴覆上。”（T0152v03p0009c）本頁下注 26：“掘＝握《宋》。”注 27：“蔭＝隲《三》。”

按：“隲”與“蔭”爲版本異文，“隲”即“蔭”字之訛。南朝梁寶唱等集《經律異相》：“母故[24]掘廕，[25]埳容人。二兒入中，以柴覆上。”（T2121v53p0165c）本頁下注 24：“掘廕＝握蒢《三》《宫》。”注 25：“埳＝臽《三》《宫》。”字又作“廕”“蒢”。根據文意，字當以“蔭”“廕”爲正，“隲”“蒢”皆“蔭”字之訛。“掘廕/蔭”即挖掘地窖，“廕”“蔭”皆地窨之義。北魏賈思勰《齊民要術・種桃柰》：“於屋下作廕坑，坑内近地鑿壁爲孔，插枝於孔中。”東漢王符《潛夫論・德化》：“故善者之養天民也，猶良工之爲麴豉也。起居以其時，温寒得其適，則一蔭之麴豉，盡美而多量。其遇拙工，則一蔭之麴豉，皆臭敗而棄捐。”“廕”“蔭”即地窨義。《説文・艸部》：“蔭，草陰地。从艸，陰聲。”段注：“引伸爲凡覆庇之義。”《玉篇・广部》：“廕，於禁切。庇廕。亦作蔭。”《説文・穴部》：“窨，地室也。”地窨義本字當作“窨”，“廕”“蔭”皆通“窨”，乃“窨”之同源通用字。

考諸字形，《可洪音義》卷六《六度集經》第二卷：“握蒢，上宜作‘窟’‘堀’，二同，苦骨反。下宜作‘窨’‘蔭’，二同，於禁反。窟窨，地室也。又上烏角反，下音除，並非義也。”（v59p764a）可洪所見《六度集經》作“蒢”，與《大正藏》之《經律異相》同，《大正藏》之《六度集經》之“隲”當即“蒢”字之訛，“蒢”則“蔭”字之訛。可洪已溝通了“蒢”與“蔭”“窨”之關係。後秦佛陀耶舍、竺佛念譯《長阿含經》：“能解衆結縛，斷[5]除無放逸。”（T0001v01p0008a）本頁下注 5：“除＝陰《三》。”唐般若譯《大方廣佛華嚴經》：“禮慶禳[2]除，靡不誠告。”（T0293v10p0714a）本頁下注 2：“除＝陰《明》。”《長阿含經》：“菩薩思惟，苦[11]陰滅時，生智、生眼、生覺、生明、生通、生慧、生證。”（T0001v01p0007c）本頁下注 11：“陰＝除《宋》《元》。”前二例“陰”皆“除”字之訛，後一例“除”爲“陰”字之訛。“陰”與“除”形近混誤，故“蔭”或訛作“蒢”，“隲”乃“蒢”之進一步訛誤。又，“握”乃“掘”字之訛。

鄭賢章《漢文佛典疑難俗字彙釋與研究》“隲”字條（p428）亦有考證，可互參。

2180 陣

唐神愷記《大黑天神法》："《大日經疏》云：摩訶迦羅，大黑天神，又云大闇夜天。以迦羅翻黑闇。仁王疏云：摩訶迦[60]羅神。"（T1287v21p0356b）本頁下注60："羅+（天，大暗夜天，又翻迦羅云云。切云：裾，舉魚反，衣後也。君衣，縣文反。裳，和名云臀，復陣反。……）《甲》。"

按："陣"即"渾"字之訛，"氵"旁訛作"阝"旁也。"復陣反"乃"臀"字的反切注音。"臀"字《廣韻》《集韻》皆在"徒渾切"小韻，可證"復"爲"徒"字之訛，"陣"即"渾"字之訛。同上經："切云：褰（舉莫反，衣後也），裙（欺文反，裳也），和名云臀（從軍反，訓云井左良比），亦云裙（音裙，訓云古呂毛乃須祖，亦云古呂毛乃惠利）。"（T1287v21p0357c）"從軍反"之"從"乃"徒"字之訛，"軍"亦"渾"字之訛。"君衣，縣文反"，"君衣"乃"裙"字之訛，"縣"乃"欺"字之訛。

失譯《牟梨曼陀羅呪經》："四椀盛胡麻油，四椀盛好酥，四椀盛果子石蜜（其顆[46]渾盛），四椀盛石蜜漿。"（T1007v19p0667c）本頁下注46："渾＝陣《甲》。""陣"亦"渾"字之訛。石蜜即甘蔗糖塊，括注"其顆渾盛"，蓋指甘蔗糖塊整個地盛在碗中，"渾"即整個之義。加注的目的蓋爲將"石蜜"和後之"石蜜漿"區別開來，謂前之"石蜜"指石蜜塊，後之"石蜜漿"乃由石蜜糖塊沖的糖水。前文有"石蜜顆"，"顆"之義與此同。

2181 隂

日本安澄撰《中論疏記》："所言犀角者，《玉篇》作'犀'字，先啼反。《説文》：'犀遲也。'獸名之犀，爲'犀'字，思雞反。形似牛，猪頭，士腹，卑脚，脚有三蹄，黑色。三角，一角在頂，一在鼻，在鼻者即食角也，小而[11]隂。好食棘也。"（T2255v65p0199c）本頁下注11："隂＝不橢《甲》。"

按："隂"即"隋"字之訛。唐慧琳撰《一切經音義》："犀牛，洗鷄反。《爾雅》：'犀似水牛，猪頭，大腹，卑脚，脚有三蹄，黑色。二角，一角在頂，一角在鼻者即名食角也，小而不墮。好食棘。'《説文》：'從牛從尾也。'"（T2128v54p0408b）《爾雅·釋獸》："犀，似豕。"晉郭璞注："形似水牛，豬頭，大腹，庳脚，脚有三蹄，黑色。三角，一在頂上，一在額上，一在鼻上，鼻上者即食角也，小而不橢。好食棘。亦有一角者。"此即《中論疏記》及《慧琳音義》描述"犀"之體態文字之所從出。"小而不橢"即"短而不橢圓"之義，謂犀牛鼻上的食角短而直，與今所見犀牛食角的形態相合，故字當以"橢"字爲正。文獻或用

“隋”字。《詩·豳風·破斧》：“既破我斧。”毛傳：“隋銎曰斧。”“隋”即通“橢”。《慧琳音義》作“墮”，亦通“橢”。

2182 隨

日本湛叡撰《華嚴演義鈔纂釋》：“抄：馮夷得之。（文）疏云：姓馮，名夷，弘晨花陰隨鄉提首里人也。服八石，得冰山。大川，黄河也。天帝錫馮夷爲河伯，故澂處盟律大川之中也。”（T2205v57p0346a）

按：“隨”即“潼”字之訛。《莊子·大宗師》：“馮夷得之，以遊大川。”唐成玄英疏：“姓馮名夷，弘農華陰潼鄉堤首里人也。服八石，得水仙。大川，黄河也。天帝錫馮夷爲河伯，故游處盟津大川之中也。”與“隨”對應之字作“潼”，“隨”乃“潼”字之訛，“氵”旁訛作“阝”旁也。

2183 隩

南朝宋求那跋陀羅譯《雜阿含經》：“欲愛、瞋恚、睡眠、掉悔、疑、惛悴、蹁躚、[7]贔屓、懶、亂想、不正憶、身濁、不直、不軟、不異。”（T0099v02p0049a）本頁下注7：“贔屓=隩欹《宋》。”

按：“隩欹”與“贔屓”爲版本異文。唐玄應撰《一切經音義》（麗藏本）卷第十一《雜阿含經》第七卷：“贔屓，古文‘奰患’二形，今作‘勳’，同，皮萛反。下今作‘呬’，同，羲萛反。《西京》云：‘巨鼇贔屓。’薛綜注云：‘作力怒也。’《説文》：‘壯大也。《詩》云：不醉而怒也。奰從三目從大，三目，益大也。’屓，《説文》亦臥息也。字從尸，從自聲。《經》文作‘嚊欹’，非也。”（p152b）玄應所見本作“嚊”。《可洪音義》卷十二《雜阿含經》第七卷：“嚊欹，上皮秘反。壯士作力也，亦壯大也。正作‘贔’‘膞’二形。”（v59p1007a）《廣韻·至韻》平祕切：“爨，怒也。又一曰迫也。奰，上同。見經典。省。膞，壯大。”可洪所見本作“嚊”，釋作“膞”，“膞”有壯大義。“隩”蓋“膞”字之訛。

2184 隫

日本仁海撰《小野六帖》：“今所傳略本四千偈，次第共成七卷，編爲一部。金匱不朽，光聖典於世間。隫章長授，祕寶乎心手。”（T2473v78p0096a）

按："隩"蓋即"瓊"字之訛。"瓊章"爲對詩文的美稱，文獻習見。唐王光庭《奉和聖製送張説巡邊》："瓊章九霄發，錫宴五衢通。"元念常集《佛祖歷代通載》："假瓊章而不朽。"（T2036v49p0578c）皆其用例。

2185 隔

世親造、金剛仙釋、北魏菩提流支譯《金剛仙論》："明若不碎世界，則有彼此之殊。既碎爲微塵，使無此彼之[14]隔。"（T1512v25p0870b）本頁下注 14："隔 = 隔《甲》。"

按："隔"與"隔"爲版本異文，"隔"即"隔"字之訛。文中"隔"爲界限義，謂物碎爲微塵之後，彼此之間就没有了界限。《説文・𨸏部》："隔，障也。"段注改釋義作"塞也"。《玉篇零卷》："隔，《説文》古文'𨽐'字也。隔，塞也。""𨽐"即"隔"字異寫，蓋"隔"小篆作"䃹"，楷定作"隔"（見《宋本玉篇》），"隔"之右上近"耳"，故由字内部件同化寫作"𨽐"或近似"𨽐"的形體。《可洪音義》卷十一《瑜伽師地論》第五十卷："𨽐扵，上古厄反。正作'隔'也。郭氏作垂、囁二音，非。"（v59p940c）又卷二《阿閦佛國經》上卷："上𨽐，古厄反。㫚~也。正作'膈''隔'二形也。郭氏音垂，又而涉反，並非。"（v59p609a）"隔"又"𨽐"字之訛，三"耳"訛作三"可"也。唐菩提流志譯《大使呪法經》："若欲除取蘇洗像即得[10]耳。"（T1268v21p0299a）本頁下注 10："耳 = 可《甲》。"南朝宋佛陀什、竺道生譯《彌沙塞部和醯五分律》："我忘一囊在水邊，故還覓[3]耳。"（T1421v22p0065a）本頁下注 3："耳 = 可《聖》。""可"皆"耳"之訛，可資比勘。

又，《龍龕・阜部》："𨽐，俗。而涉反。新經作'隔'字。""𨽐"又"𨽐"字異寫，此乃將重複符號引入文字結構之例。

2186 𨻶

世親造、金剛仙釋、北魏菩提流支譯《金剛仙論》："祇樹給孤獨園者，上雖云在舍婆提城，其處猶寬，是以第二指其別處也。祇者，外國音，其國太子名祇陀鳩摩羅。祇陀者，魏播［翻］云太子；鳩摩羅者，魏播［翻］云童子。樹者，此方之名也。此園先屬太子，須達長者後時以黄金布地，買得此園。廣集貧窮孤老，於中養濟。又復於中造立精舍，時人因名給孤獨園。雙擧兩主，並置胡[20]漢之名，故曰祇樹給孤獨園也。"（T1512v25p0801c）本頁下注 20："漢 = 𨻶《甲》。"

按："𨻶"與"漢"爲版本異文，"𨻶"即"漢"字之訛。審文意，"並置胡漢之名”即今所謂梵漢合璧詞，“胡”指梵語，“漢”指漢語。隋慧遠撰《觀無量壽經義疏》：“懺摩，胡語，此云悔過，胡漢並舉，故曰懺悔。”（T1749v37p0177c）隋慧遠撰《温室經義記》：“衆是漢名，僧是胡稱，胡漢并舉，故曰衆僧。”（T1793v39p0513a）皆“胡”“漢”對舉，可資比勘。

“漢”或作“隲”者，“氵”旁訛作“阝”旁，“莫”旁訛作“薫”旁也。《金剛仙論》：“餘經皆列名嘆德辨數在先，所以此經闕［闕］不列名不[24]嘆德者，亦以文略故也。”（T1512v25p0801c）本頁下注24：“嘆＝嚑《甲》。”亦“莫”旁訛作“薫”旁之例。

2187 隴

南朝梁寶唱等集《經律異相》：“摩訶盧即爲達[24]嚫。”（T2121v53p0090c）本頁下注24：“嚫＝隴《元》。”

按：“隴”與“嚫”爲版本異文，“隴”即“嚫”字之訛，“口”旁訛作“阝”旁也。“達嚫”佛經習見，乃施捨之義。

金　部

2188 銒

唐不空譯《一字奇特佛頂經》：“又法於賒摩賒那燒紫[36]銒和嚕地囉護摩一千八遍，彼即止息。”（T0953v19p0297c）本頁下注36：“銒＝針《聖》，礦《乙》。”

按：“銒”與“礦”“針”爲版本異文，“銒”即“鉚”字之訛，“鉚”又“礦”字異體，“針”爲“鉚”字之訛。北宋法天譯《佛説寶藏神大明曼拏羅儀軌經》：“一日三時用焰多煙少之火，使紫礦作護摩八千，能降伏大財主。”（T1283v21p0346c）此爲“紫礦”做護摩之證。《集韻・梗韻》古猛切：“磺、礦、鑛、鉚、矸、卝，《説文》：‘銅鐵樸石也。’或作礦、鑛、鉚、矸、卝。”“鉚”或作“銒”者，“卝”旁訛作“廾”旁也。

2189 鈝

日本心覺撰《多羅葉記》：“[50]鈝，薄羯多，[illegible]。”（T2707v84p0572b）本頁下注 50：“鈝＝飰《甲》。”

按：“鈝”與“飰”爲版本異文，“鈝”即“飰”字之訛，“食”旁訛作“金”旁也。“飰”又“飯”之異體。唐怛多蘖多集《唐梵兩語雙對集》：“飯，薄羯多。”（T2136v54p1242a）對應之字作“飯”。唐禮言集《梵語雜名》：“飲，薄羯多，[illegible]。……飲，播曩迦，[illegible]。”（T2135v54p1231b）前一個“飲”字亦當即“飯”字之訛。

2190 鉡

元念常集《佛祖歷代通載》：“《顯性録》四卷（釋金鉡）。”（T2036v49p0661c）

按：南宋志磐撰《佛祖統紀》：“《顯性録》四卷（釋金鞞）。”（T2035v49p0205a）與“鉡”對應之字作“鞞”，“鉡”當即“鞞”字之訛。

2191 鉚

失譯《薩婆多毘尼毘婆沙》：“又母懷妊時，夢見一人容儀端政，身著[19]鉀冑，手執大棒，入其身内。”（T1440v23p0528c）本頁下注 19：“鉀冑＝鉚鈾《聖》。”

按：“鉚鈾”與“鉀冑”爲版本異文，“鉚”當即“鉀”字之訛，“鉀”爲“甲”之分化字，“冑”爲“胄”字之訛，“鈾”爲“冑”字異體。“甲冑”文獻習見，“甲”或作“鉀”，“鉀”乃後加“金”旁的分化字。“鉀”或作“鉚”者，“甲”旁訛作“卬”旁也。唐不空譯《大樂金剛不空真實三昧耶經般若波羅蜜多理趣釋》：“其四隅置四種般若波羅蜜[9]印，外四隅安外四供養，四門安四種契印：東門畫劍，南門畫鑠底，西門鉢，北門梵甲。”（T1003v19p0613c）本頁下注 9：“印＝甲《甲》。”佚名《理趣釋重釋記》：“其四隅安四種般若波羅蜜甲，外四隅安外四供養，四門安四種契印：東門畫劍，南門鑠底，西門畫鉢，北門梵甲。”（T2240v61p0650b）“印”即“甲”字之訛。鄭賢章《漢文佛典疑難俗字彙釋與研究》亦有考證（p432），可參看。

2192 鋍

唐義淨撰《南海寄歸内法傳》："西方所持錫杖，頭上唯有一股鐵捲，可容三二寸，安其[24]鋍管，長四五指。"（T2125v54p0230b）本頁下注24："鋍＝錞《三》。"

按："鋍"與"錞"爲版本異文。《嘉興藏》作"錞"，音釋："錞，音隊。矛柄下銅鐏也。"字作"錞"與文意合，"鋍"即"錞"字之訛。

2193 鈱

日本覺成記、守覺輯《澤鈔》："怛涅他鄔鉼妹怛利妹怛利妹怛羅莽囊洗妹怛羅糝婆鈱妹怛嚕納婆鈱莽賀糝莽也薩誐賀。"（T2488v78p0449b）

按：日本淳祐撰《要尊道場觀》："怛濕他（六）鄔鉼（二合）妹怛唎［唎］（二合）妹怛羅（二合）莽囊洗怛羅（二合）糝婆（上）䫳（九）怛嚕（二合）納婆（二合，上）䫳（上）莽賀糝也薩誐（二合）賀。"（T2468v78p0062c）日本寬助撰《別行》："慈氏菩薩根本真言曰：……怛涅他（六）鄔鉼（二合）妹怛唎（二合）妹怛唎（二合。七）妹怛羅莽囊洗（八）妹怛羅（二合）糝婆（上）䫳（九）妹怛嚕（二合）納婆（二合，上）䫳（十）莽賀糝莽也薩誐（二合）賀（上）。"（T2476v78p0132b）與"鈱"對應之字皆作"䫳"，"鈱""䫳"爲同一梵文的譯音字。日本淨嚴撰《悉曇三密鈔》："𑖤𑖸，吠、鞞、費、䫳（切身。慈氏）、米。"（T2710v84p0745b）"䫳"爲"𑖤𑖸（be）"之譯音字，"鞞"亦"𑖤𑖸（be）"之譯音字，疑"鈱"乃與"鞞"同音的"鞞"字異體。日本仁海撰《小野六帖》："第六，[illegible]親執[10]鈱，爲説因緣擬開眼之體。"（T2473v78p0076c）本頁下注10："鈱＝鞞《甲》《乙》。""鈱"與"鞞"爲版本異文，"鞞"與文意合。

2194 鋌

南宋正覺頌古、元行秀評唱《萬松老人評唱天童覺和尚頌古從容庵録》："頌云：孤迴迴（不與萬法爲侶），圓陀陀（無缺無餘），眼力盡處高峩峩（斫額望不及）。月落潭空夜色重（盡十方界如一鋌墨），雲收山瘦秋容多（體露金風）。八卦位正（天地合其德），五行氣和（日月合其明），身先在裏見來麼（到即不點）。

南陽父子兮却似知有（且信一半），西竺佛祖兮無如奈何（千聖從來立下風）。”(T2004v48p0282b)

按：“鋌”即“鋋”字之訛。“鋋”有金屬塊義，引申爲量詞，用以計量塊狀物，主要用來計量金屬塊，亦可計量墨塊。明居頂撰《續傳燈録》：“江陵府護國慧本禪師。僧問：‘有物先天地，無形本寂寥，未審是甚麼物？’師曰：‘一鋋墨。’”(T2077v51p0584a)“一鋌墨”同“一鋋墨”，“鋌”即“鋋”字之訛。“廷”或寫作“迋”(見《可洪音義》v60p458b)，故“鋋”或寫作“鋌”。

2195 鋘

唐道世撰《法苑珠林》：“其[8]鏃鐵者，何冶所出？剛耶柔耶？”(T2122v53p0879b) 本頁下注 8：“鏃＝鋘《宋》《明》。”

按：“鋘”與“鏃”爲版本異文，“鋘”即“鏃”字之省。北涼曇無讖譯《大般涅槃經》：“其鏃鐵者，何冶所出？剛耶柔耶？”(T0374v12p0454c) 與“鋘”對應之字亦作“鏃”，與文意合。

2196 鋂

日本圓仁撰《顯揚大戒論》：“四者殺生之業，生鐵床地獄。有一鐵床，縱廣正等五十由旬，四方鐵鋂俱來射心。”(T2380v74p0737b)

按：“鋂”即“棖”之異構字。失譯《受十善戒經》：“四者殺生之業，生鐵床地獄。有一鐵床，縱廣正等五十由旬，四方鐵鋌俱來射心。”(T1486v24p1025a)《嘉興藏》與“鋌”對應之字作“鋂”。《可洪音義》卷十《受十善戒經》：“鐵鋂，音忌。”(v59p901b) 北宋法天譯《大方廣總持寶光明經》：“彼如是等愚癡衆生命終之後當墮黑暗地獄，其獄之中有大鐵輪刃如鋒鋌，常拂其頭，拂已還生。”(T0299v10p0893c)“鋂”與“棖”義爲連發的箭，“鋌”義爲刀鋒。審文意，當以“鋂”爲正。

2197 錍

元祥邁撰《辯僞録》：“玉液澆腸，使迷涎而蕩散；金錍刮瞙，令智眼以分明。”(T2116v52p0753a)

按：“錍”即“鎞”之異構字。隋智顗説、灌頂記《觀音玄義》：“譬如盲人，金鎞抉膜，灼然不謬。”（T1726v34p0883c）唐澄觀撰《大方廣佛華嚴經疏》：“佛以正法金鎞開其智眼，令明見三諦，故云清淨。”（T1735v35p0554a）隋灌頂撰《大般涅槃經疏》：“初以百盲通譬一切衆生。百是一數之圓，例如世姓甚多而言百姓。求解見性，譬如治目。造詣良醫者，根緣感佛。是時良醫，譬佛垂應。金鎞四解：一云：譬此經一指，三指譬昔三乘教。亦云金鎞譬佛方便慧一指，三指譬根緣悟道，除膜譬斷無明煩惱。二云：三指譬三慧。三云：初教一指，般若至法華二指，涅槃三指。四云：譬三忍信順無生。解三忍爲二：一云：十信信忍，三十心順忍，十地無生忍。又初地至三地是信忍，四地至六地是順忍，七地至十地是無生忍。……初文者，若尋合文金鎞譬涅槃教。三指譬佛性，即是三德三諦等也。”（T1767v38p0108c）元懷則述《淨土境觀要門》：“熟看金鎞指要，自見臧否。”（T1971v47p0291c）“金鎞”同“金錍”，乃古代治眼病的工具。形如箭頭，用來刮眼膜。佛經“金錍”習見。《説文·金部》：“錍，鈭錍也。”《廣韻·支韻》：“錍，鈭錍，斧也”。此種用法文獻未見，段注無説。文獻中用作箭鏃義。東晋瞿曇僧伽提婆譯《中阿含經》：“猶如有人，身被毒箭。因毒箭故，受極重苦。彼見［有］親族，憐念愍傷，爲求利義，饒益安隱，便求箭醫。然彼人者，方作是念：未可拔箭，我應先知，彼人如是姓如是名，如是生爲長短麤細，爲黑白不黑不白，爲刹利族梵志居士工師族，爲東方南方西方比［北］方耶？未可拔箭，我應先知，彼弓爲柘爲桑爲槻爲角耶？未可拔箭，我應先知，弓扎彼爲是牛筋爲麞鹿筋爲是絲耶？未可拔箭，我應先知，弓色爲黑爲白爲赤爲黄耶？未可拔箭，我應先知，弓弦爲筋爲絲爲紵爲麻耶？未可拔箭，我應先知，箭簳爲木爲竹耶？未可拔箭，我應先知，箭纏爲是牛筋爲麞鹿筋爲是絲耶？未可拔箭，我應先知，箭羽爲飄鷂毛爲鵰鷲毛爲鶤鷄毛爲鶴毛耶？未可拔箭，我應先知，箭鏑爲錍爲矛爲鈹刀耶？未可拔箭，我應先知，作箭鏑師如是姓如是名如是生，爲長短麤細，爲黑白不黑不白，爲東方西方南方北方耶？”（T0026v01p0804c－0805a）在“箭鏑爲錍爲矛爲鈹刀”的語境中，“錍”與“矛”“鈹刀”並列，乃箭鏑之一種。《方言》第九：“凡箭鏃……其廣長而薄鐮者，謂之錍。”乃一種有棱寬長而薄的箭鏃。推其詞源，乃本“匕”派生。據《説文》，“匕”之本義爲取食器，相當於今之飯匙，古代其形或作 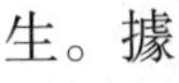　（引自《漢語大字典》）；“匕”又有匕首義，文獻習見，古代其形或作　（同上）；“匕”又有箭鏃義，《左傳·昭公二十六年》：“射之，中楯瓦，繇朐汰輈，匕入者三寸。”杜預注：“匕，矢鏃也。”箭鏃之形多樣，但其抽象形態與古代飯匙、匕首相似，三義之間當爲同狀異所關係。字亦作“鈚”。《玉篇·金部》：“鈚，箭也。”又作“鎞”，《廣韻·齊韻》：“鎞，鎞箭。”《集韻·齊韻》：“錍，《方言》：‘箭鏃廣長而薄鎌謂之錍。’或作鎞鈚鎞。”“鈚”“鎞”“錍”皆“匕”之後出字。

“錍”用爲治眼病的工具之義，亦以形似而得名。唐般若譯《大方廣佛華嚴經》：“菩提心者，猶如金錍，能除一切無明翳故。”（T0293v10p0825c）金錍除翳，是佛經中習見的比喻。在這個意義上，佛經亦用“篦”字，乃借字。

亦用“鎞”“錕”，参 2204“錕”字條。

2198 鉼

唐圓照撰《貞元新定釋教目録》：“《金鉼決口經》一卷。”（T2157v55p1017b）

按：“鉼”即“鉼”字之書寫變異，“鉼”又“鉮”之異構字。參上條。唐智昇撰《開元釋教録》：“《金鉮決口經》一卷。”（T2154v55p0673a）與“鉼”對應之字作“鉮”。

2199 鉮

宋仁岳撰《釋迦如來涅槃禮讚文》：“由是眉珠頓失，眼膜重增，不逢明鏡之醫，罔會金鉮之治。”（T1947v46p0965b）

按：“鉮”即“鉼”字之訛。參 2197“鉼”字條。

2200 鋘

唐道宣緝《量處輕重儀》：“針縷刀尺足可成衣，鉤鋘玦紐服常要具。”（T1895v45p0853b）

按：東晉佛陀耶舍、竺佛念譯《四分律》：“若作玦珇，若作匙，若作杓，若作鉤衣[5]鋘，若作眼藥篦。”（T1428v22p0694a）本頁下注 5：“鋘 = 刮《宫》。”“鉤鋘”同“鉤衣鋘”，唐慧琳撰《一切經音義》卷五十九《四分律》第十九卷：“衣鋘，音滑。横礙也。未詳字出。案：《通俗文》：‘堅鞕不消曰礣矿。’音莫八、胡八二反。今山東謂骨綰紐者爲礣矿子，蓋取此爲也。綰音烏板反。”（T2128v54p0702a）據慧琳，“鋘”字“音滑”，義爲“横礙”，疑爲横礙之物，即“骨綰紐”，蓋謂用骨頭製作的把衣服上的紐襻紐結住的東西。《集韻・黠韻》户八切：“䯦，䯣䯦，所以礙也。”同韻，莫八切：“䯣，䯣䯦，所以礙也。”“鋘”與“䯦”音義皆近，“鋘”即“䯦”之異體，蓋此物本骨製，後或有金屬製者，故字或從金作。

2201 鍘

日本曇寂撰《大日經住心品疏私記》：“淅唎耶（二合。行也）娜也（修行也）尾世鍘數（殊勝也），譯云修行殊勝行。”（T2219v60p0388c）

按：唐一行記《大毘盧遮那成佛經疏》：“淅唎耶（二合。行也）娜也（修行也）尾世[4]鍛數（殊勝也），譯云修行殊勝行。”（T1796v39p0619b）本頁下注 4：“鍛=鍛《乙》。”與“鍘”對應之字作“鍛”，“鍘”即“鍛”之異構字。“鍛”爲“鍛”字之訛。

2202 鋈

唐法琳撰《辯正論》：“豈如忉利不還，優填以玆鏤木。堅林晦影，阿輸於是鑄金。託妙相於丹青，寄靈儀於銑鋈。”（T2110v52p0530b）

按：唐道宣撰《廣弘明集》：“豈如忉利不還，優填以玆鏤木。堅林晦影，阿輸於是鑄金。託妙相於丹青，寄靈儀於銑鋈。”（T2103v52p0181b）唐慧琳撰《一切經音義》：“銑鋈，上先典反。《考聲》云：‘銑之美者也。’《爾雅》云：‘金絶好光澤謂之銑。’《古今正字》：‘從金，先聲。’下烏毒反。《考聲》《毛詩傳》並云：‘鋈，白金也。’《古今正字》：‘從金，沃聲。’”（T2128v54p0861b）與“鋈”對應之字作“鋈”，“鋈”即“鋈”字之訛。北涼沮渠京聲譯《佛説耶祇經》：“洋銅[10]沃其口中。”（T0542v14p0829b）本頁下注 10：“沃=泼《宮》。”唐菩提流志譯《不空羂索神變真言經》：“放種種光照[6]沃身心。”（T1092v20p0264b）本頁下注 6：“沃=泼《宋》。”“沃”皆寫作“泼”，故“鋈”或寫作“鋈”。

2203 鎶

唐不空譯《普遍光明清淨熾盛如意寶印心無能勝大明王大隨求陀羅尼經》：“鎶吃史（二合）三布囉抳（二十三）。”（T1153v20p0629a）

按：同上經：“鉤吃史（二合）三（去）布囉抳。”（T1153v20p0619a）與“鎶”對應之字作“鉤”。林光明《新編大藏全咒》卷十二《普遍光明燄鬘清淨熾盛如意寶印心無能勝大明王大隨求陀羅尼經》“普遍光明清淨熾盛如意寶印心無能勝大明王隨求大陀羅尼”，與“鉤”對應的梵文羅馬轉寫作“ku”（v12p443）。日本淨嚴撰《悉曇三密鈔》：“[illegible]，句、屨、寠、拘、瞿、區、物、俱、矦、苟、鳩、久、具、究、垢、溝、休、緱、吼、弓（大佛頂呪）、求（法花陀羅尼）、矩、鉤（二共大隨求）、軍（金剛界軌）。”（T2710v84p0741c）“鉤”亦“𑖎𑖲（ku）”之譯音字。根據形音關係，字作“鉤”與讀音合，“鍋”當即“鉤”字之訛。日本明詮撰《因明大疏裏書》：“言三者言許，言中所陳前[21]句後通者。周云：此即自性差别，皆是言中所陳，即此前陳後陳上意許者，總名差别，故言有法及法皆有自性。今者意取中所許欲立者，名爲差别，非是一切。問：‘何故不取前後，但取局通？’答：‘局通作法定故取，前後不定故不取（云云）。’”（T2274v69p0220c）本頁下注 21：“句=局《甲》。”“句”即“局”之訛，可比勘。

2204 ⿰金⿱罒比

日本覺鑁撰《野胎口決鈔》：“悲生眼，如印文。《御記》云：但從此不取，袈裟也（文）。《御口》云：右手向眼先當右目右方轉，次當左目印左方轉，明一遍印形表金⿰金⿱罒比也。”（T2531v79p0088a）

按：“⿰金⿱罒比”即“鎞”字之訛。“鎞”本爲箭鏃名，亦指古代治眼病的工具。形如箭頭，用來刮眼膜。《周書·張元傳》：“其夜，夢見一老公，以金鎞治其祖目。”隋灌頂撰《大般涅槃經玄義》：“若謂開示悟入，如以金[1]鎞抉其眼膜，二指三指，了了分明。”（T1765v38p0007a）本頁下注 1：“鎞抉=錕決《甲》。”“鎞”或訛作“錕”，“⿰金⿱罒比”與“錕”形近，亦“鎞”之訛。

唐善無畏、一行譯《大毘盧遮那成佛神變加持經》：“復次以智慧手爲拳，而舒火輪水輪，以虚空輪而在其下。頌曰：此名一切佛，世依悲生眼，想置於眼界，智者成佛眼。”（T0848v18p0025b）唐輸婆迦羅譯《攝大毘盧遮那成佛神變加持經入蓮華胎藏海會悲生曼荼攞廣大念誦儀軌供養方便會》：“慧拳舒水火，風地押空輪。此名一切佛，世依悲生眼。想置於眼界，智者成佛眼。真言曰（灌頂時此用開眼）……”（T0850v18p0070c）日本覺超撰《胎藏三密抄》：“悲生眼印（《攝軌》云：“灌頂時用此開眼。”）。”（T2398v75p0574c）“悲生眼”乃佛教手印名，一般用在灌頂時爲弟子開眼。唐法全集《大毘盧遮那成佛神變加持經蓮華胎藏菩提幢標幟普通真言藏廣大成就瑜伽》：“悲生眼真言曰（地風押空背，反手三飾眼，成金篦除暗膜印。先右次左眼，以此祕密方便，能淨眼根成就佛眼，得見如來深密境界也）。”（T0853v18p0147b）日本賴瑜記《胎藏入理鈔》：“悲生眼。印言俱出《青龍軌》（矣）。《軌》云：惠拳舒水火（押空），又下注云：地風押空背，反手云飾眼，成金箄除暗膜印。先左右眼（文。或本）右左（云云），此時不取袈裟角也。問：‘何故加持兩眼耶？’答：‘以此印加持兩眼故，成就五眼也。故《儀軌》云：“以此祕密方便，能淨眼根，成就佛眼，得見如來深密境界也。肉眼見一切色，天眼見一切衆生心，惠眼見一切衆生諸根境界，法眼見一切法如實相，佛眼見十力。”’”（T2534v79p0170a－b）釋“悲生眼印”之意旨甚詳。“鎞”又作“篦”“箄”，乃用借字。

日本信堅記《釋摩訶衍論私記》："擇學人之疑瞙有類金錕，斷含識之邪心無殊寶劔。"（T2289v69p0599a）遼道殹集《顯密圓通成佛心要集》："抉學人之疑膜有類金鎞，斷釋子之邪心無殊寶劍。"（T1955v46p1006c）"錕"亦"鎞"字之訛。

北涼曇無讖譯《大般涅槃經》："譬如真金，質雖遷變，色常不異，或時作釧、作[2]錕、作盤，然其黄色初無改易。衆生佛性亦復如是，質雖無常而色是常，以是故説色爲佛性。"（T0374v12p0556a）本頁下注 2："錕＝蛇《宋》《元》《宮》，釵《明》。""錕"又與"釵""蛇"爲版本異文，"錕"亦"鎞"字之訛，此"鎞"與"釵"同義，作"蛇"不詳。《玉篇・金部》："鎞，必兮切。鎞釵也。"《龍龕・金部》："鎞，邉夷反。釵鎞也。""鎞"皆訓"鎞釵"。元管主八譯《密跡力士大權神王經偈頌》："黄金打就眼耳鼻舌身，金性無變盆盤釵釧等，萬品千差本性甚分明，鎔金性定真空自在用。"（T1688v32p0780a）元普度編《廬山蓮宗寶鑑》："祖師云：瓶盤釵釧本是一金，名相不同至體無二。"（T1973v47p0348c）明居頂撰《續傳燈録》："上堂曰：鎔瓶盤釵釧作一金，攪酥酪醍醐成一味。"（T2077v51p0702a）日本子元祖元語《佛光國師語録》："尊宿著語富家開金銀鋪一般，一邊買進，一邊賣出。或輕或重，一切在他手頭。或打作釵，或打作釧，或打作鉗，或打作鐶，或打作瓶，或打作盞，或打作臺，或鋑作華，或打作金薄，百種變化随意做造。"（T2549v80p0184b）文中言"或時作釧、作鎞/釵"，與事理文意皆合。南朝宋慧嚴譯《大般涅槃經》："譬如真金，質雖遷變，色常不異，或時作釧、作[6]蛇、作盤，然其黄色初無改易。衆生佛性亦復如是，質雖無常而色是常，以是故説色爲佛性。"（T0375v12p0802b）本頁下注 6："蛇＝釵《元》《明》。"字亦或作"釵""蛇"。

鄭賢章《漢文佛典疑難俗字彙釋與研究》"錕"字條（p435）釋《大般涅槃經》"作錕、作盤"之"錕"爲"鎞"，甚是。然論證中將釵義之"鎞"與治療眼病工具之"鎞"混而爲一，欠妥。

2205 鍧

日本靜然撰《行林抄》："四、指德童子，形如夜叉，色如虚空，面有三目，著鉀鍧，左手持輪，右手三劍鋒。"（T2409v76p0363a）

按："鍧"即"胄"字之訛。"甲胄"文獻習見。字又作"鉀胄"，北魏吉迦夜、曇曜譯《雜寶藏經》："身著[22]鉀胄，手捉刀杖，夜至塚間。"（T0203v04p0493c）本頁下注 22："鉀＝甲《三》。"唐慧琳撰《一切經音義》："鉀胄，音甲，下池又反。從由從月［冃］，月［冃］音莫保反。"（T2128v54p0802c）"鉀"即"甲"之分化字。"鍧"可以理解爲"胄"之分化字，亦可理解爲"鉀胄"之"胄"受前字"鉀"之影響發生形旁同化而加"金"旁。"鍧"字只此一見，看作同化更合理。

2206 鑁

唐道世撰《法苑珠林》："佛説除災患諸邪惱毒呪：唖[20]鑁摩夜輪盧多咩　迦悉底　三摩夜婆伽[*]鑁　舍羅婆悉劍　鼻呵囉坻悉摩 拔多婆禰　阿那他比茶　達拖囉咩　多多羅婆伽[*]鑁。"（T2122v53p0741c）本頁下注 20："鑁 = 吼《三》《宮》[*]。"

按：四庫本作"吼"，"鑁"與"吼"爲版本異文，"鑁""吼"爲同一梵文的不同譯音字，"鑁"即"鋄"字之訛。北宋法賢譯《佛説最上根本大樂金剛不空三昧大教王經》："嚩日囉（二合）酤穌摩（引）欲馱（一句）薩哩嚩（二合）哥（引）摩（引）彌（引）娑（引）達野呼（引）婆誐鑁嚩日囉（二合）阿哥（引）舍誐哩婆（二合。三）。"（T0244v08p0811a）唐慧琳撰《一切經音義》卷四十《大力金剛經》："婆誐爻，中魚迦反，下亡犯反，梵語也。唐云世尊。或從金作'鑁'也。"（T2128v54p0572b）遼希麟集《續一切經音義》："薄伽梵，上傍各反。梵語，或云婆伽婆，亦云薄伽伴，正云婆誐鑁。婆，音蒲賀反。鑁，音亾范反。翻經沙門慧琳云：古譯爲世尊。謂世出世間咸尊重故。又十號之中第十號也。《大智度論》云：'如來尊號有無量名，略言六種：謂自在、熾盛、端嚴、名稱、吉祥、尊貴。今言薄伽梵，具此六義，故翻經者但存梵語也。'"（T2129v54p0935a）又："婆誐鑁，上去聲，下亾范反，《經》作'鑁'，俗梵語也。舊云婆伽婆，或云薄伽梵，亦云薄伽伴，皆訛。此翻爲世尊，六義總名。"（T2129v54p0966a）日本寬助撰《別行》："𑖥𑖐𑖪𑖽，婆誐嚩。"（T2476v78p0163c）唐不空譯《瑜伽集要焰口施食儀》："誦真言時，想於忍度上有一𑖪𑖽鑁字，流出般若甘露法水。……并忍度上有一月輪，上想𑖪𑖽鑁字，流出般若智甘露水。"（T1320v21p0478a）日本淨嚴撰《悉曇三密鈔》："𑖪𑖽，鑁（日經）、挽、奉（二共佛頂）、憎（胎軌）、罔（佛頂）、𨁈（慈氏）。"（T2710v84p0746c）"鑁""鑁""爻""嚩""吼"皆"𑖪𑖽（vaṃ）"的譯音字。"鑁""鑁"皆"鋄"字之訛。《廣韻·范韻》亡范切："鋄，馬首飾。《東京賦》云：'金鋄鏤錫。'""鋄"讀"亡范切"，與"𑖪𑖽（vaṃ）"的讀音合。"鋄"訛作"鑁""鑁"，文獻習見，"鑁"由"鑁"字進一步訛誤。參 2214"鑁"字條。

2207 鋋

唐不空譯《北方毘沙門天王隨軍護法真言》："從今已後，每日送一[15]鋋金與呪師，永無乏少。"（T1248v21p0226a）本頁下注 15："鋋 = 送金一鋋[イ]《原》，鎰[カ]《原》。"

按：“鉼”與“鋌”“鎰”爲版本異文，“鉼”即“鉼”之異構字。“鉼”之本義爲餅狀的金、銀、銅等金屬塊，引申指餅狀金屬塊的量詞。東晉佛陀跋陀羅、法顯譯《摩訶僧祇律》：“龍女即與八[5]鉼金。”（T1425v22p0489a）本頁下注 5：“鉼=餅《三》《宮》。”文中“鉼”用作餅狀金塊的量詞，與“鉼”音義皆同，“鉼”即“鉼”改換聲旁的異構字。字或作“鋌”和“鎰”，“鋌”和“鎰”亦皆金屬的量詞，故可換用。

2208 鍵

唐道宣撰《四分戒本疏》卷第三：“若五大色衣及不淨衣吉羅未熏鉢鍵鎔衣鉢不作淨畜者皆墮。”（T2787v85p0615c）

按：“鍵”即“鍵”字之訛，“廴”旁訛作“辶”旁耳。“鍵鎔”佛經習見。參 2212“鐬”字條。

2209 鋪

元子成撰、明西域比丘師子述註《折疑論》：“鎔冶兩儀，鑪鎚萬有（此喻造化爲大冶。《莊子》：“以天地爲大鑪，以造化爲大冶。”若鎔銷而鑄之。兩儀乃陰陽昇降之理，即一動一靜之法。亦如良工鑄物，必以鑪鋪鉗鎚作諸器皿，皆從方寸之間而發生。此喻法身邊事）。”（T2118v52p0798c）

按：“鋪”即“韛”字之訛。《玉篇・韋部》：“韛，皮拜切。韋橐也，可以吹火令熾。”《大正藏》“鑪韛”習見。“韛”爲古代鼓風吹火的皮囊，故形旁從“韋”。字又作“鋪”者，乃由“韛”與“鑪”連用，受其影響而誤改形旁爲“金”，此亦字形同化之例。

2210 鋼

龍樹造、後秦鳩摩羅什譯《大智度論》：“禪爲金[21]剛鎧，能遮煩惱箭。”（T1509v25p0180c）本頁下注 21：“剛=鋼《石》。”

按：“鋼”與“剛”爲版本異文，“鋼”即“剛”字之訛。“金剛”佛經習見。“金剛鎧”即用金剛製作的鎧甲。“剛”作“鋼”者，乃由“剛”與“鎧”連用而誤加“金”旁，此亦字形同化之例。

2211 鎞

北宋道原纂《景德傳燈録》："師曰：金鎞撥破腦頂，上灌醍醐。"（T2076v51p0338c）

按："鎞"即"鎞"字異寫。唐道宣撰《四分律删繁補闕行事鈔》："律不犯者，若銅、鐵、鉛、錫、鑞、竹、木、葦、舍羅草用作針筩，若以牙角作錫杖頭鏢䂎（子管反）、傘蓋子、斗頭鏢、纓蓋斗，若作曰［曲］鉤、刮舌刀、如意、玦鈕、匕、杓、鉤衣鍋、眼鎞、刮汗刀、擿齒物、挑耳鎞、禪鎮、熏鼻筩，一切不犯。"（T1804v40p0089b）唐道宣述《四分律比丘含注戒本》："若比丘作骨牙角針筒刳刮成者波逸提，若自作教他作成犯如上，比丘尼吉羅。不犯者，若鐵、銅、鉛、錫、白鑞，若竹、若木、若葦、若舍羅草用作針筒不犯。若作錫杖頭鏢䂎，若作傘蓋子及斗頭鏢，若纓蓋斗，若作鉤，若刮汗刀，若如意，若玦紐，若匕，若杓，若鉤衣鍋，若眼藥鎞，若刮舌刀、擿齒物、挑耳鎞、禪鎮、熏鼻筒，如是者並不犯。"（T1806v40p0455a）遼道㲀集《顯密圓通成佛心要集》："抉學人之疑膜有類金鎞，斷釋子之邪心無殊寶劍。"（T1955v46p1006c）北宋楚圓集《汾陽無德禪師語録》："師云：石虎既遭傷，金鎞須没羽。"（T1992v47p0606a）北宋延壽集《宗鏡録》："金鎞抉眼，一指二指三指分明。"（T2016v48p0783c）元念常集《佛祖歷代通載》："神宗熙寧三年，杭守祖無擇坐獄于檇李（擕［檇］音醉，地名，今嘉興），師以鑄鍾例被追辨。幸得釋寓止真如蘭若，擬金鎞設問答，述圓事理説發明祖意之妙。"（T2036v49p0675b）"鎞"皆同"鎞"。參 2204"鎞"字條。

2212 鎡

唐道宣緝《量處輕重儀》："二是隨鉢，謂次鉢小鉢鍵鎡（《鼻柰耶》云："小淺鐵鉢。"）并銅鍮盌盞（大小如前量也。及以七筯等總名俱夜羅器也）。"（T1895v45p0847b）

按："鎡"即"鎡"之異構字。《龍龕·金部》："鎡，俗。音兹。"唐釋貫休撰《禪月集》："至若布景陳器，凡軍遲、鍵鎡、震越、摩羅俱蘇摩、剌竭節、佉陁尼、憍奢耶之類，種種奇妙，絶非耳目間物。"東晉佛陀跋陀羅、法顯譯《摩訶僧祇律》："若鉢小鉢鍵[25]鎡銅盂中，如是比是名身相續。"（T1425v22p0311b）本頁下注 25："鎡＝鎡《三》《宫》《聖》。"失譯《薩婆多毘尼毘婆沙》："若不應量衣鉢，鍵[9]鎡、匙楮一切器物，衣紐乃至一尺一寸一縷，一鉢食中乃至一餅一果，皆突吉羅。"（T1440v23p0546b）本頁下注 9："鎡＝鎡《三》。"《摩訶僧祇律》：

“若鉢、若小鉢、若[17]鍵鎡、若飲食及餘小小物，盡得取無罪。”（T1425v22p0300b）本頁下注 17：“鍵鎡=揵茨《聖》。”南宋法雲編《翻譯名義集》：“鍵（音虔）鎔（音咨），《母論》譯爲淺鐵鉢。《經音疏》云：‘鉢中之小鉢，今呼爲鐼（音訓）子。’《十誦律》云：‘鉢半大鍵鎔小鍵鎔。’《四分律》云：‘鍵鎔入小鉢，小鉢入次鉢，次鉢入大鉢。’或作‘揵茨’‘建鎡’，並梵音輕重。”（T2131v54p1170a）明王世貞撰《弇州四部稿・説部・宛委餘編十八》：“犍鎔，淺鐵鉢也。”“鍵鎔”或作“鍵鎡”“鍵鏓”“犍鎔”“建鎡”“揵茨”“揵茨”等，義爲“淺鐵鉢”，乃譯音詞。“鎔”未見它用，當爲此譯音詞造的專字，“鏓”爲“鎔”改換聲旁的異構字。“揵”爲“建”字之訛。

2213 鎙

佚名《文殊師利耶曼德迦呪法》：“是小心呪亦同前鎙印，復令時别誦一千八十遍即得法成。”（T1218v21p0096c）

按：“鎙”即“鎙”字之異寫。同上經：“鎙印。准前互相陵印，唯竪二中指相著，是名鎙印。”（T1218v21p0097a）與“鎙”對應之字作“鎙”。“鎙”乃手印名。又：“又法取那咄根，一呪一燒，滿一千八遍，惡人顛誑。又取三辛，還同如上呪一千八遍，即令惡人身心熱惱，不知爲計。又取酸思子，同上呪一千八遍，即令前人身體戰寒，或兩日，或七日七夜，前人即當枯報。欲作火法，先作鎙印。”（T1218v21p0095a）又：“汝等諸天衆及所有鬼神等依止法界住者，欲作法時，先作鎙印護身，速成證驗。”（T1218v21p0095c）“鎙”皆同“鎙”。唐不空譯《聖閻曼德迦威怒王立成大神驗念誦法》：“結槊印，忿怒勵聲。”（T1214v21p0073b）唐慧琳撰《一切經音義》卷四十《聖閻曼德威怒王立成大神驗念誦法經》：“矟印，上雙捉反。《經》文作‘鎙’，非也。”（T2128v54p0571c）又卷三十五《蘇悉地羯囉經》：“槍矟，七羊反。或從矛作‘鎗’。《考聲》云：‘槍，長矛。’《蒼頡篇》云：‘兩頭鋭，上有刃，下有纂，兵仗也。’下霜捉反。《廣雅》：‘矟亦矛也。’從朔作‘鎙’，《經》文非也。”（T2128v54p0543b）“鎙”“槊”“矟”爲異構字，義爲長矛，“鎙”亦“鎙”之異寫。

2214 鍑

北宋法天譯《佛説金剛手菩薩降伏一切部多大教王經》：“辯才女天真言曰：唵（引）娑囉莎帝曳（二合，引）誐（引）野怛哩（二合）薩哩[2]鍑（二合）娑嚩（二合）賀（引）。”（T1129v20p0554a）本頁下注 2：“鍑=鋏《明》。”

按：“鍑”與“鋏”爲版本異文，“鍑”“鋏”皆“鋄”字之訛。林光明

《新編大藏全咒》卷十一《佛説金剛手菩薩降伏一切部多大教王經》“辯才女天真言”中“鋄”的梵文羅馬轉寫作“va”（v11p305）。日本淨嚴撰《悉曇三密鈔》：“，鍐（日經）、挽、奉（二共佛頂）、懵（胎軌）、罔（佛頂）、㵡（慈氏）。”（T2710v84p0746c）“鍐”爲“（vaṃ）”的譯音字，乃“鋄”字之訛。《廣韻·范韻》亡范切：“鋄，馬首飾。《東京賦》云：‘金鋄鏤錫。’”“鋄”讀“亡范切”，與“（vaṃ）”的讀音合。《龍龕·金部》：“錽，俗；鋄，今，亡范反。馬首飾也。”“鍐”與“鋄”形近，“鍐”即“鋄”字之訛，“鋑”又“鍐”字之訛。

唐不空譯《金剛頂瑜伽金剛薩埵五祕密修行念誦儀軌》：“唵嚩（入）惹囉（二合）母瑟置（二合）[37]鍐（無感反）。”（T1125v20p0536b）本頁下注37：“鍐無感反＝䶌《三》《甲》《乙》。”又：“三（去）每耶薩怛[41]鍐（無感反。三合）。”（T1125v20p0536b）本頁下注41：“鍐無感反＝梵《三》《甲》《乙》。”唐善無畏、一行譯《大毘盧遮那成佛神變加持經》：“作禮方便真言曰：唵（一）南麽薩婆怛他（引）蘖多（二）迦（引）耶嚩（引）吃質（二合）多（三）播娜鍐（無范反）娜難迦嚕弭（四）。”（T0848v18p0046a）唐慧琳撰《一切經音義》：“娑鍐，二合，下武敢反。”（T2128v54p0369b）遼希麟集《續一切經音義》：“薄誐鍐，上音傍各反，下亾范反，梵語也。”（T2129v54p0954c）唐義淨撰《梵語千字文》：“，嚕波鍐娑，端。”（T2133Bv54p1212c）又：“，暿鍐，是。”（T2133Bv54p1216a）日本安然記《胎藏界大法對受記》：“五支字，謂阿鍐囕哈欠是也。”（T2390v75p0057c）“鍐”皆“（vaṃ）”的譯音字。北宋法賢譯《佛説最上根本大樂金剛不空三昧大教王經》：“復以梵音而伸讚曰：底哩（二合）路哥悉底哩（三合）娑嚩悉底哩野（四合）屹哩野（三合。一句）悉底哩野（四合）播（引）野悉底哩野（四合，引）摩呬悉底哩（三合）馱（引。二句）作必都娑誐[5]鍐悉尅（三句）薩哩嚩（二合）悉提數豔爹舍（四句）。”（T0244v08p0797a）本頁下注5：“鍐＝鍐《三》。”字又作“鍐”，“鍐”亦“鋄”字之訛。《大正藏》“鍐”作“（vaṃ）”或“（maṃ）的譯音字習見。張涌泉《漢語俗字叢考》（修訂本）“鍐”字條：“此字當是‘鋄’的訛俗字。”（p709）已考定“鍐”爲“鋄”的訛字，《大正藏》“鍐”作“（vaṃ）”的譯音字，可以從讀音的方面提供佐證。

金韓道昭《五音集韻·東韻》子紅切：“鍐，馬冠也。《輿服志》：‘金鍐也。’蔡邕《獨斷》曰：‘金鍐，高廣各四寸，在鬉前，以鐵爲之，以金爲文。’今新增。”元黄公紹原編、熊忠舉要《古今韻會舉要·東韻》祖叢切：“鍐，馬冠。《後·輿服志》：‘金鍐。’蔡邕《獨斷》曰：‘金鍐，高廣各四寸，在鬉前。’通作‘㚇’。《晉·輿服志》：‘金㚇而方釳。’‘金㚇，以鐵爲之，以金爲文，旄大三寸，中央兩頭高如山形，貫中以翟尾，而結著之。’《後·馬融傳》：‘金㚇而把玉瓌。’（今增）古代韻書或收“鍐”字於“東韻”，讀“子紅切”，此乃據訛形臆推之音，不可從。《漢語大字典》：“鍐 zōng《五音集韻》子紅切。馬頭飾。《五音集韻·東韻》：‘鍐，馬冠也。《輿服志》金鍐也。蔡邕《獨斷》曰：“金鍐，高廣各四寸，在鬉前。以鐵爲之，以金爲文。”’”（二 p4560a）未能吸收學術界新的研究成果，不溝通“鏝”與“鋑”的關係，不妥。《大字典》：“鋺 wǎn《龍龕手鑑》亡範反。馬頭上的一種裝飾。《龍龕手鑑·金部》：‘鋺，馬首飾也。’”（二 p4561b）又：“鏝 wǎn《龍龕手鑑·金部》：‘鏝，亡敢反。呪中字。’”（二 p4563a）未溝通“鋺”“鏝”與“鋑”的關係，亦不妥。明方以智《通雅·卷三十三·器用》“以金銀鏤銅鐵曰鋑”條：“張衡賦‘金鋑（音減）銀鏤’，謂鐵質金文飾馬轡也。馬融《廣成頌》：‘金鋑銀鑲。’今俗以鞍轡什物曰鋑，銀事件細者曰絲鋑，片者曰片鋑。鋑，一作釤。《後漢·志》：‘金鏝方釳。’升菴以‘鏝’作‘鋑’。”明張自烈《正字通·金部》：“鏝，‘鋑’字之訛。”皆已溝通“鏝”與“鋑”的關係。

《大字典》：“鏤，同‘鏝’。唐杜甫《有事於南郊賦》：‘朱輪竟野而杳冥，金鏤成陰以結絡。’按：一本作‘鏝’。”（二 p4593b）“鏤”亦“鋑”字之訛，當溝通之。

2215 鏉

日本明覺撰《悉曇要訣》：“又明丈夫七轉云：一補盧沙（丈夫體），二補盧杉，三補盧崽拏，四補盧沙耶，五補盧沙頻，六補盧殺沙，七補盧鏉，第八加呼聲云醯補盧沙（文）。”（T2706v84p0565b）

按：彌勒説、唐玄奘譯《瑜伽師地論》：“又有七言論句，此即七例句，謂補盧沙、補盧衫、補盧崽拏、補盧沙耶、補盧沙頞、補盧殺娑、補盧鎩。”（T1579v30p0289c）唐澄觀述《大方廣佛華嚴經隨疏演義鈔》：“《瑜伽》等説有八轉者，疏文但擧其唐言之名，今兼顯梵音。西域國法，若欲尋讀内外典籍，要解聲論此八轉聲，方知文義分齊。一補盧沙，此是直指陳聲，如人斫樹指説其人，即今體聲。二補盧衫，是所作業聲，如所作斫樹，故云業也。三補盧崽拏，是能作具聲，如由斧斫，故云具也。四補盧沙耶，是所爲聲，如爲人斫，故云爲也。五補盧沙頞，是所從聲，如因人造舍等，故云從也，從即所因故。六補盧殺婆，是所屬聲，如奴屬主，故云屬也。七補盧鎩，是所於聲，如客依主，故云於也，於即依義。《瑜伽》第二名上七種爲七例句，以是起解大例故。唯有梵語聲論八轉，更加醯補盧沙，是呼召之聲，故云呼也。”（T1736v36p0396a）與“鏉”對應之字皆作“鎩”，“鏉”即“鎩”字之訛。日本安然撰《悉曇藏》：“彼論亦名七言論句，一、補盧娑，丈夫體；二、補盧衫；三、補盧崽拏；四、補盧沙耶；五、補盧沙頞；六、補盧殺娑；七、補盧鎩。第八加呼聲云醯補盧娑。若云逝迷履底，是則女聲體。若云納逢（去聲呼之）索加，是則非男非女聲體。然有別因但唯七轉，第八乃是汎爾呼聲，更無別詮（文）。”（T2702v84p0385b）“鎩”爲“（ṣi）”的譯音字。

又，唐慧琳撰《一切經音義》卷四十八《瑜伽師地論》第二卷：“補盧沙，舊言富婁沙，此云士夫，或云丈夫談體也。補盧衫，所作士也。補盧崽拏，所皆反，下女加反，及能作士也。補盧沙耶，所爲士也。補盧沙頞，都我反，士所從士也。補盧殺，所屬士也。補盧鍛，所戒反，所依士也。此聲明中七轉呼召聲也。”（T2128v54p0625b）“鍛”亦“鎩”字之訛。

2216 鑿

唐惠詳撰《弘贊法華傳》：“史崇，長安郊南人也。少屬道，早預黄巾，住玄都觀。後忽發心，誦《法華經》，日恒一遍。私立佛像，六時禮懺。每爲諸道所嫉，因兹返俗，彌精諷誦。後忽染患暴亡，時在盛夏，一無變壞，唯聞香氣。親里敬鑿龕，安堵側近，時時常聞妙香。”（T2067v51p0038c）

按：“鑿”即“鑿”字之訛。《龍龕·金部》：“鑿、鑿、鑿、鑿，四俗；鑿，正，音昨。鏨也。穿木器也。”“鑿”的俗體或作“鑿”，“鑿”與“鑿”字形微異，乃一字之書寫變異。《弘贊法華傳》：“釋僧徹，未詳何人，住降州南孤山陷泉寺。曾行遇癩者，徹引至山中，爲鑿穴給食，令誦《法華》。”（T2067v51p0037c）又：“在後，忽於夜中聞空中有人喚：‘陰明觀，陰明觀。’喚甚分明，觀起應諾。空中人又曰：‘汝起，我與汝金寶。寶在村南田東頭大黄連樹下，汝可往取。’明觀懷欣，即起呼其子，持火及鍬钁，共往田中。子見父將往，猶懷疑恨，曰：‘那得忽爾夜中取金，阿翁狂癲。’父固戾去，及至樹下掘鑿，了不見金。”（T2067v51p0038b）唐慧琳撰《一切經音義》：“木枋，音方。《字書》云：‘木名也。’今案，《律》文云‘以一木枋而械其足’，則今之以小方木鑿孔穿足於中梏罪人也。在手曰杻，在足曰械，亦謂之桎梏也。”（T2128v54p0724a）“鑿”皆“鑿”字之訛。

2217 鑢

日本静然撰《行林抄》：“曩謨（引）囉怛曩（二合）怛囉（二合）夜（引）野曩莫室戰（二合）拏（引）嚩日羅（二合）播（引）拏曳（二合）摩賀藥乞叉（二合）細曩（引）鉢跢曳唵遜婆（去）顊遜婆（去）吽（短）疙哩（二合）恨拏（二合）疙哩恨拏吽（短）疙哩（二合）恨拏（二合）播野吽阿（去，引）曩野解（引）婆誐鑢嚩日羅（二合）吽發吒。”（T2409v76p0365a）

按：“鑢”即“鑁”字之訛。唐善無畏譯《大毘盧遮那經廣大儀軌》：“唵（引。一）蘇吽婆儞蘇吽婆吽（二）仡哩（二合）訶拏（二合）仡哩（二合）訶拏（二合）吽（三）仡哩（二合）訶拏（二合）波耶吽（四）阿（引）那野斛（引）婆誐鑁嚩日羅（二合）吽泮吒（五）。”（T0851v18p0100c）日本永嚴撰

《要尊法》："唵蘇婆儞蘇婆吽蘖哩（二合）訶拏（二合）蘖哩（二合）訶拏吽蘖哩（二合）訶拏波耶吽阿（引）曩野斛（引）婆誐哤縛曰羅（二合）吽發吒。"（T2478v78p0204c）日本寬助撰《別行》："真言曰：[illegible]唵蘇婆儞蘇婆輅蘖哩（二合）訶拏（二合）蘖哩（二合）[illegible]訶拏（二合）吽蘖（二合）訶拏婆耶吽阿（引）曩野斛（引）[illegible]婆誐哤嚩曰羅（二合）吽發吒（半音呼）。"（T2476v78p0163c）唐慧琳撰《一切經音義》："婆誐叐，中魚迦反，下亡犯反。梵語也。唐云世尊。或從金作'鍐'也。"（T2128v54p0572b）與"鑢"對應之字作"鏤""鍐""叐""哤"，皆"[illegible]（vaṃ）"的譯音字。"鏤""鍐""鑢"皆"鋄"字之訛。參2206"鍐"字條。

2218 鏨

佚名《四部律並論要用抄》："多有銅瓶銅盆斧鏨燈，多有繩床木床臥蓐坐蓐枕，……彼分銅釟瓫銅斧鏨及諸種種重物。"（T2795v85p0707b）

按："鏨"即"鑿"字之訛。唐道宣集《四分律刪補隨機羯磨》："一切屬僧，若有園田果樹別房，及屬別房物，銅瓶銅盆斧鑿燈臺。"（T1808v40p0506a）北宋元照撰《四分律行事鈔資持記》："第一師初科十三章者：一是僧伽藍，二屬僧伽藍園田果樹，三多有別房，四屬別房物，五瓶盆斧鑿燈臺，六多諸重物（即成衣衆具等，如文所列），七繩床木床臥具坐褥，八伊梨延陀（此鹿王名，謂鹿皮類）、耄羅耄耄羅（此二皆獸名。儀云：狀如虎兕豹貘之類，皮厚毛軟可坐），九守伽藍人，十車輿，十一水瓶澡鑵錫杖扇，十二諸雜作器（竹木等作具），十三衣鉢等。"（T1805v40p0373b）日本照遠撰《資行鈔》："五瓶盆斧鑿燈臺（云云）。問：何瓶盆判重哉？鑿，在各反。"（T2248v62p0702c）與"鏨"對應之字皆作"鑿"。"斧鑿"指斧子和鑿子，文獻習見。

2219 鐵

南朝梁寶唱等集《經律異相》："三十地獄及獄主名字：一曰平潮王，典主阿鼻大泥犁；二曰晋平王，典治黑繩重獄；三曰荼都王，典治鐵臼獄。……"（T2121v53p0259a）

按："鐵"即"鐵"字之訛。後秦佛陀耶舍、竺佛念譯《長阿含經》："復次堆壓獄卒，取彼罪人，臥鐵臼中，以鐵杵擣，從足至頭，皮肉糜碎，膿血流出，苦痛辛酸，萬毒竝至。"（T0001v01p0123c）"鐵臼"爲地獄中刑具，佛經多見。《可洪音義》卷八《十住断結經》第七卷："剌鐵，居逆反。"（v59p827a）東晋竺佛念譯《最勝問菩薩十住除垢斷結經》："於彼忍界五鼎沸中，五剌[10]鐵中，五刀劍中。"（T0309v10p1018b）本頁下注 10："鐵+（戟）《三》《宫》。""鐵"當即"鐵"字之訛。宋、元、明、宫本"鐵"後又有"戟"字，乃旁注誤入正文者。正文當作"鐵"，乃"戟"之加旁字，該字罕用，故或以常用之"戟"旁注之。後人不明旁注之意，故"戟"或誤入正文。

《長阿含經》："彼諸大仙頗駕乘寶車，持[15]鐵導引，白蓋自覆，手執寶拂，著雜色寶屣，又著全白疊。如汝師徒今所服不？"（T0001v01p0087a）本頁下注 15："鐵=戟《三》。"南朝梁寶唱等集《經律異相》："昔有人行空澤中，見一黑象。人念：此象必來害我，我當殺之。象亦念言：人必殺我，我當厄之。人便捨去，象從後逐。前走數里，墮一深谷，谷絶無底。即於岸邊捉持樹根，其形如指，尋根而下，懸在岸邊。象於谷上以鼻撈之，欲及不及。下向見底，但是[2]舒鐵。復有兩鼠共囓樹根，又三黑蛇出頭欲囓，復有蚊虻來螫其眼。其人念曰：今日死矣。仰天求救，聲哀情至。天降甘露渧其口，始得一渧二鼠去，得二渧毒蛇捨之，得三渧黑象自還，得四渧蚊虻除，得五渧深谷自平，出在平地。天爲化導，將還天上。（出《譬喻經》第七卷）"（T2121v53p0234a）本頁下注 2："舒鐵=矛戟《三》《宫》。"《可洪音義》卷二十三《經律異相》第四十四卷："舒鐵，上莫求反，下居逆反。正作'矛戟'。"（v60p281a）又卷二十五《一切經音義》第十二卷："作鐵，音戟。"（v60p368b）"鐵"皆"戟"之加旁字。

2220 錛

北宋道誠集《釋氏要覽》："《四分律》云：鍵鎡入小鉢，小鉢入次鉢，次鉢入大鉢（此《律》言小鉢，即《十誦》大鍵鎡也，次鉢即半鉢也，准諸律四事可見也。今呼爲錛子，錛音訓，《切韻》云'鐵類也'，非器故）。"（T2127v54p0279a）

按：南宋法雲編《翻譯名義集》："鍵音虔，鎡音咨，《母論》譯爲淺鐵鉢，《經音疏》云：鉢中之小鉢，今呼爲錛（音訓）子。"（T2131v54p1170a）元德煇重編《勅修百丈清規》："先展鉢單，仰左手取鉢安單上，以兩手大拇指迸取錛子，從小次第展，不得敲磕作聲。"（T2025v48p1145a）與"錛"對應之字作"鐼"。《玉篇·金部》："鐼，扶分切。鐵也。又音訓。"《廣韻·文韻》符分切："鐼，飾也。《説文》曰：鐵類。讀若熏。又音訓。"又《問韻》許運切："鐼，鐵類。""錛"有"音訓"一讀。

2221 鎏

日本信瑞纂《淨土三部經音義集》："《爾雅》云：'黄金曰鎏。'（徒黨反。

和名古加禰。）”（T2207v57p0394a）

按：“鎏”即“璗”之異構字。《爾雅・釋器》：“黄金謂之璗。”字本作“璗”。《説文・玉部》：“璗，金之美者，與玉同色。从玉，湯聲。《禮記》曰：‘佩刀，諸侯璗琫而璆珌。’”“璗”之本義爲金之美者，因與玉同色而形旁從玉。“鎏”即“璗”之改换形旁的異體字，改作“金”旁形義更爲切合。

2222 鍽

佚名《寺沙門玄奘上表記》：“鳳篆龜文既藏蕤於東觀，銀鍽玉字亦洗污於南宫。”（T2119v52p0818a）

按：“鍽”即“鏤”之異構字。“鏤”有雕刻之義。後秦弗若多羅、羅什譯《十誦律》：“佛言：從今日聽噉餅。何等餅？若麺，若大小麥餅，若豆餅，[21]刻鏤餅，重華餅。有如是種種淨餅，一切聽噉。”（T1435v23p0193c）本頁下注21：“刻鏤=剋漏《三》《宫》。”日本杲寶撰《大日經疏演奥鈔》：“《十誦律》第二十六云：‘佛言：從今日聽噉餅。何等餅？若麫，若大小麥餅，若豆餅，剋漏餅，重華餅。有如是種種淨餅，一切聽噉。’（三十四左）此中剋漏餅，恐當間穴餅也。”（T2216v59p0258c）失譯《毘尼母經》：“爾時毘舍佉鹿母施僧六種物：一者[25]刻[26]漏好床，二者銅盔，三者燭竪，四者扇，五者掃箒，六者大銅器。”（T1463v24p0825c）本頁下注25：“刻=克《聖》。”注26：“漏=鏤《三》《宫》。”“刻鏤”或作“刻漏”“剋漏”，“剋”爲“刻”之借字，“漏”爲“鏤”之借字，“鍽”當即在“漏”字基礎上改换偏旁而成，該字可以看作“鏤”的異構字。

2223 錭

後秦曇摩耶舍、曇摩崛多譯《舍利弗阿毘曇論》：“何謂[21]錭鞕，若無有忍辱行，是名*錭鞕。”（T1548v28p0649c）本頁下注21：“錭鞕=剛硬。”

按：“錭”與“剛”爲版本異文，“錭”即“鋼”字之訛。《龍龕・金部》：“鋼，音岡。堅也，精也。”爲從金岡聲的形聲字。“岡”或寫作“岡”（見清顧藹吉《隸辨》）、“罡”（見清吴任臣《字彙補》）、“罡”（《可洪音義》v59p887c）、“罡”等形，“剛”或寫作“剛”（見南宋婁機《漢隸字源》）、“剄”（見清邢澍《金石文字辨異》）、“剄”“卧”（見《可洪音義》v59p677a）、“卧”（見《可洪音義》v60p93b）等形，“錭”即從金卧聲之字，“錭”爲“錭”字異寫。《可洪音義》卷二十一《出曜經》第十七卷：“純錭，古郎反。”（v59p199c）字亦作“錭”。在堅硬的意義上，“鋼”與“剛”通用。

2224 鑣

日本豐安撰《戒律傳來記》："原夫真理無言，因言明無説之説；法身無相，假相識無形之形。是以栖遑大千演無問之雅説，幽來塵劫現有體之妙相。自調御應機法雄利見，五衍之軌連軫俱興，十二之教分鑣并存焉。"（T2347v74p0001a）

按："鑣"即"鑣"字之訛，"麃"旁訛作"鹰"旁也。無著造、南朝陳真諦譯《攝大乘論》："雖並策分鑣，同瀾比泒［派］，而深淺競馳，照晦相雜。"（T1593v31p0112b）唐慧琳撰《一切經音義》卷四十九《攝大乘論序》："分鑣，表［表］驕反。《毛詩》：'輶軒鑾鑣。'《説文》云：'鑣，馬銜也。從金，麃聲。'麃音鮑交反。"（T2128v54p0637b）"分鑣"一詞文獻多見，即分道之義。

2225 鑰

隋闍那崛多譯《佛本行集經》："次第二重中院宮閤，亦開一門，其關鍵[6]鑰，皆安機發開閉之。"（T0190v03p0716b）本頁下注6："鑰＝鑰《聖》。"

按："鑰"與"鑰"爲版本異文，"鑰"即"鑰"之訛。文中"鑰"爲鎖鑰之義。《玉篇·金部》："鑰，餘灼切。關鑰也。""鑰"爲從金龠聲的形聲字。《可洪音義》卷十二《中阿含經》第三十卷："下鑰，以略反。正作'鑰'。"（v59p993b）"鑰"即"鑰"之異構之省，本當作從金龠聲的形聲字，"鑰"即"鑰"字之訛。

2226 鑴

唐一行記《大毗盧遮那成佛經疏》："礫石如不信正法堅執我分撥無因果等見，以難可雕[6]鑴相浸潤故，終不能生善苗，加功陶治，亦無所出。"（T1796v39p0617b）本頁下注6："鑴＝鐫《原》，鎸《原》，鐫《甲》《乙》。"

按："鑴"與"鐫""鎸"爲版本異文，"鑴"即"鐫"字之訛。

2227 鏃

唐圓照集《代宗朝贈司空大辨正廣智三藏和上表制集》："《恩賜文殊閣上梁赤錢[3]鏃餅等物謝表一首》。"（T2120v52p0839a）本頁下注3："鏃＝餻《丙》。"

按："鏃"與"餻"爲版本異文，"鏃"即"饎"字之訛。同上經："《恩賜文殊閣上梁蒸餅見錢等物謝表一首》：沙門不空言：其文殊閣先奉恩命，取今月十四日上梁，天澤曲臨，特賜千僧齋飯。上梁赤錢二百貫。蒸餅二千顆、胡餅二千枚、茶二百串、香列湯十甕、蘇蜜食十合槃、甘橘子十五箇、甘蔗四十莖。"（T2120v52p0843b）與"鏃"對應之字作"蒸"，"饎"爲"蒸"之分化字。唐慧琳撰《一切經音義》卷六十二《根本毘奈耶雜事律》第五卷："糕餅，上音高。《考聲》云：'糕，蒸米屑爲之。'《字統》云：'糕，餌也。'《韻詮》云：'合蒸日［曰］餌。餌，餅屬也。'《古今正字》：'從食，羔聲。'下并郢反。《釋名》云：'有餬餅、饎餅等，各隨形而名之也。'《説文》：'從食。并聲。'"（T2128v54p0719a）唐阿地瞿多譯《陀羅尼集經》："若麵裹物，[22]饎煮燒熟，歡喜團等，皆不得食。"（T0901v18p0786b）本頁下注22："饎＝蒸《三》《甲》，饎《乙》。""饎"皆"饎"字之訛，"鏃"乃"饎"之進一步寫訛。"食"旁訛作"金"旁也。

2228 鑒

唐金剛智譯《吽迦陀野儀軌》："次取杵加持油供具即股金鑒若淨木用。"（T1251v21p0249b）

按："鑒"字在《吽迦陀野儀軌》中多見，如："一處手下方合掌，一所手上方合掌，下方合掌持獨牯，上方合掌持金剛鑒。"（T1251v21p0235b）又："正手右持鍊鑒，左持索。"（T1251v21p0235c）又："右手刀，左手金鑒。"（T1251v21p0236b）又："彼根本護身之印。左方第二手捧寶塔，次手持鈷杵鈴，次手持金鑒，次手持箭與索。右第二手持寶鎌，次手持大刀，次手持弓，次獨鈷與鉾。"（T1251v21p0236b）又："以般若智心爲寶塔，以般若道理爲金剛鑒相。"（T1251v21p0241c）又："此八牙者，即八大曼荼羅表相。持獨牯左方上牙即妙因曼陀羅，次上右方牙法入曼陀羅，次持金鑒左方上牙即入相曼陀羅，次右方上牙入藏曼陀羅，次持獨牯左下牙此妙藏曼荼羅，次右下牙證入曼荼羅，次持鑒左下牙即圓法曼荼羅，次右下牙即此金剛曼陀羅也。"（T1251v21p0248b）"金剛輪"爲佛教術語，佛經習見，"鑒"乃爲"金剛輪"之"輪"所造的專字，此字只見於《吽迦陀野儀軌》，他經未見。

2229 鏉

唐金剛智譯《吽迦陀野儀軌》：“先以右手扠腰，其擧風指，以左手小指押其母指，鏉三指立安臍上。”（T1251v21p0238a）

按：審文意，“鏉三指”即其餘三指之義，“鏉”顯爲“餘”字之訛，疑爲偶誤。日本覺成記、守覺輯《澤鈔》：“月光菩薩（右手空風指相捻如持花之勢，餘三指立少開向外擧於上上）。”（T2488v78p0424c）字作“餘”，可比勘。

2230 鏁

龍樹造、後秦鳩摩羅什譯《大智度論》：“如人没在泥中，有人挽出，[14]鎖脚爲奴。”（T1509v25p0402b）本頁下注 14：“鎖＝鏁《聖》。”

按：“鏁”與“鎖”爲版本異文，“鏁”即“鎖”字之訛。隋智顗撰《法界次第初門》：“如没在泥中，有人挽出，鎖脚爲奴。”（T1925v46p0692a）字亦作“鎖”，作“鎖”與文意合。“鎖”或作“鏁”（見《玉篇》）。《可洪音義》卷二十三《經律異相》第四十六卷：“𨰃頸，上蘇果反，下居郢反。《智度論》作‘鐵鏁鏁項’也。”（v60p281b）南朝梁寶唱等集《經律異相》：“或有形如黑山，鐵鎖鎖頸，叩頭求哀，歸命獄卒。”（T2121v53p0240c）“𨰃”即“鏁”字之訛，“鏁”乃“𨰃”形之進一步形訛。參 0752“瑣”字條。

2231 鍩

日本徹翁義亨語、遠孫禪興編《徹翁和尚語録》：“師（拈拄杖）大包虛空，小入微塵，（卓一下）錮鍩著生鐵，彩鳳舞丹霄。”（T2567v81p0256a）

按：“鍩”即“鏴”字之訛。北宋楊岐方會述《楊岐方會和尚語録》：“上堂。有句無句如藤倚樹，文殊維摩撒手歸去。雲蓋與麽道，也是看錮鏴。更有後語，不得錯擧。下座。”（T1994Av47p0641c）南宋蘊聞輯《大慧普覺禪師語録》：“上堂。臘月十五天降雪，爲瑞爲祥無空闕。文殊露出廣長舌，普賢大士得一橛。如何是那一橛，看錮鏴著生鐵。”（T1998Av47p0818c）日本子元祖元語《佛光國師語録》：“錮鏴上豈可添鐵。”（T2549v80p0149a）日本春屋妙葩語《知覺普明國師語録》：“猶是生死岸頭事，何況眷錮鏴著生鐵，把方木逗圓孔。”（T2560v80 p0670a）日本夢窻疎石語《夢窓國師語録》："有凡有聖。所以釋迦如來二千年前曲垂方便，立期立限，鎔凡成聖。殊不知模子既不正，脱出來底七凹八凸。便見聲聞精勤，證得擇滅無爲，菩薩克期安居平等性智，都是錮鏴得底，未得脱體完全。"（T2555v80p0457a）"錮鏴"一詞《大正藏》多見，義爲用熔化的金屬堵塞金屬物品的漏洞。南宋董楷撰《周易傳義附録》："朱氏附録：革是更革之謂，到這裏須盡番轉更變一番，所謂上下與天地同流，豈曰小補之哉？小補之者，謂扶衰救弊，逐些補緝，如錮鏴家事相似。若是更革，則須徹底重新鑄造一番，非止補苴罅漏而已。"南宋朱鑑撰《文公易説》："革是更革之謂，到這裏須盡番轉更變一番，所謂上下與天地同流，豈曰小補之哉？小補之者，謂扶衰救弊，逐些補緝，如錮露家事相似。若是更革，則須徹底重新鑄造一番，非止補苴罅漏而已。"南宋吴自牧撰《夢粱録·諸色雜賣》："若欲唤錮路釘鉸修補鍋銚，桶桶上鞋，修幞頭帽子，……時時有盤街者，便可唤之。"南宋張邦基撰《墨莊漫録》："世傳宗室中昔有昏謬（俗呼爲撥撒太尉），一日，坐宫門，見釘鉸者，亟呼之，命僕取弊履，令工以革護其首。工笑曰：'非我技也。'公乃悮曰：'我謬也，誤呼汝矣，適欲唤一錮漏（俗呼骨路）者耳。'聞者大笑之。"該詞亦見於中土文獻，字或作"錮露""錮路""錮漏"。"鏴"乃"路"加"金"旁所造之字。《玉篇·金部》："鏴，力故切。"金韓道昭《五音集韻·暮韻》洛故切："鏴，錮鏴也。"《五音集韻》已釋其義。

佚名《篇海類編·珍寶類·金部》："鏴，金路，蓋周輅。"《康熙字典·金部》："鏴，《玉篇》力故切，音路。《篇海》金路。"《漢語大字典·金部》："鏴lù《玉篇》力故切。金路。金飾之車。《篇海類編·珍寶類·金部》：'鏴，金路，蓋周輅。'"（二 p4592a）《篇海類編》釋"鏴"爲"路車"之"路"，後代字書多從之。今考，文獻未見"鏴"用作"路車"之義，《篇海類編》蓋據《玉篇》收字，而臆推其義，不可從。後代字書未加考辨而承其誤，不可取。

2232 鑵

佚名《佛説佛名經》："馬頭羅刹語寶達菩薩曰：而此地獄乃有無量。若有比丘不淨靴鞋躡於方等大乘清淨香室，當墮鐵鏃鑵地獄。"（T0441v14p0301c）

按："鑵"字在《佛説佛名經》中凡7見，其字即"鏫""鑗"改换聲旁的異構字。西晉竺法護譯《佛説普曜經》："魔衆所住處，溝坑布[29]鏃[30]鏫。"（T0186v03p0518c）本頁下注29："鏃＝蒺《三》。"注30："鏫＝梨《宋》，藜《元》《明》。"唐實叉難陀譯《地藏菩薩本願經》："或有地獄純飛鏃鏫，或有地獄多攢火槍。"（T0412v13p0782b）東晉佛陀跋陀羅譯《佛説觀佛三昧海經》："足下[14]蒺蔾穿骨徹髓，如是憧惶經五百萬億歲。"（T0643v15p0670b）本頁下注14："蒺蔾＝蒺梨《宋》，鏃鏫《元》《明》。"唐僧詳撰《法華傳記》："又次到一城中，地有鐵鏃鑗翚如鋒鋩，遍布其地。"（T2068v51p0074b）與"鑵"對應之字或作

“鏫”“鑗”。《龍龕·金部》：“鏃，音疾。鉄鏃鏫也。”“鏃鏫/鑗”即“蒺藜/蔾”之分化字。《易·困》：“困于石，據于蒺蔾，入于其宫，不見其妻，凶。”唐孔穎達疏：“蒺蔾之草，有刺而不可踐也。”“蒺藜/蔾”本指一種果實帶刺的草，亦指用木或金屬製成的帶刺的障碍物，布在地面，以阻碍敵軍前進。因與蒺藜果實形狀相似，故名。《六韜·軍用》：“木蒺藜去地二尺五寸，百二十具，敗步騎，要窮寇，遮走北。……狭路微徑，張鐵蒺藜，芒高四寸，廣八尺，長六尺以上，千二百具，敗走騎。突暝來前促戰，白刃接，張地羅鋪兩鏃蒺藜，參連織女，芒間相去二尺，萬二千具。”文獻中“蒺藜”有不同的詞形。後在“蒺藜”等詞形的基礎上把“艸”旁改成“金”旁給鐵蒺藜之義造“鏃鏫/鑗”等專用字，“鑵”即“鏫”“鑗”改换聲旁的異構字。佛經中“鏃鑵/鏫/鑗”爲地獄中的刑具。

2233 鑹

失譯《毘尼母經》：“鐵杓、鐵[13]鐲[14]鑹、斤斧、五尺刀、戶鉤、針筒、刀子、剪刀、鐵杖、香爐、火爐、檠、傘蓋、蓋莖、香箭，如是等廣知。大銅盂、小銅盂、鐲[19]鑹、銅杖，如是等名數皆如鐵也。”（T1463v24p0815b）本頁下注13：“鐲=銼《聖》，而銼字下《聖本》有‘似禾反’三字夾注。”注14：“鑹=蠡《宫》，鑹+（力禾反）夾注《聖》。”注19：“鑹=蠡《宋》《元》《宫》，螺《明》。”

按：“鑹”與“蠡”“螺”爲版本異文，“鑹”即“鏍”字之訛。《説文·金部》：“銼，鍑也。从金，坐聲。”大徐音“昨禾切”。又：“鏍，銼鏍也。从金，羸聲。”大徐音“魯戈切”。《廣雅·釋器》：“鎢錥謂之銼鏍。”“銼鏍”爲小鍋之名。“鐵鐲鑹”當爲“鐵銼鏍”，“鐵銼鏍”指鐵製的小鍋。唐慧琳撰《一切經音義》：“鎢錥，鄔胡反，下融宿反。《埤蒼》：‘鎢錥，小釜也。’又玉鎢謂之銼鏍也。二字並從金，烏、育皆聲。《經》文作‘鋘’，非也。銼，音才戈反。鏍，音力戈反。軍行所用此，皆方言差别，蜀人名銼，倉臥反。”（T2128v54p0819b）“鏍”亦“鏍”字之訛。

字或作“蠡”“螺”者，佚名《四部律並論要用抄》：“凡鐵所作物應可分者，鐵鉤、鐵鐲蠡、斤釜、五尺刀子、鉤、針筒、刀剪、鐵杖、香爐、傘、傘蓋、莖、香筒，如是等廣知也。大銅釘、鐲蠡、銅狀，如是等名數皆如鐵也。”（T2795v85p0710b）作“鐲蠡”，“蠡”爲“蠡”之省。在海螺、螺號的意義上，“蠡”爲“螺”的借字，《廣韻·戈韻》“蠡”“螺”同音落戈切。疑字本作“銼鏍”，“銼”或訛作“鐲”，《周禮·地官·鼓人》：“以金鐲節鼓。”鄭玄注：“鐲，鉦也。形如小鍾，軍行鳴之，以爲鼓節。”“鐲”爲樂器名，故又讀“鏍”爲“蠡”“螺”，乃螺號之義，亦樂器名。然樂器“螺”無鐵製者，做此解文意不通，不可從。

2234 钁

北涼曇無讖譯《大般涅槃經》："凡人薄福，雖以钁斸加功困苦而不能得。"（T0374v12p0408b）

按："钁"即"钁"字之訛。北宋延壽集《宗鏡録》："凡人薄福，雖以钁斸加功困苦而不能得。"（T2016v48p0525c）與"钁"對應之字作"钁"。《説文·金部》："钁，大鉏也。从金，矍聲。"經中即用本義。字或作"钁"者，"瞿"旁訛作"瞍"旁也。北魏瞿曇般若流支譯《正法念處經》："閻魔羅人，手執刀杖，若利钁等，斫打斲之。"（T0721v17p0018a）隋智顗説《摩訶止觀》："利钁斲地，至金剛。"（T1911v46p067b）"钁"亦皆"钁"字之訛。

唐迦才撰《淨土論》："其人語曰：'我今少時即入地獄，在鑪[9]钁中，何用香爐？可將火來著我手中。"（T1963v47p0099b）本頁下注9："钁＝鑊《甲》。"唐崔致遠撰《唐大薦福寺故寺主翻經大德法藏和尚傳》："俾知心佛經，拔钁湯之苦。"（T2054v50p0284c）"钁"又皆"鑊"字之訛。

革　部

2235 鞑

佚名《翻梵語》："腹羅，譯曰勒鞑也。"（T2130v54p1052a）

按：南朝齊僧伽跋陀羅譯《善見律毘婆沙》："此戒佛在世制，是故無著革屣入佛塔，手捉革屣入佛塔，著腹羅入佛塔，手捉腹羅入佛塔。"（T1462v24p0787b）此即《翻梵語》所釋"腹羅"一詞的所從出。唐慧琳撰《一切經音義》卷六十五《善見律》第十六卷："腹羅，或作福羅，或云富羅，正言布羅，此云短靿靴也。"（T2128v54p0740b）南宋法雲編《翻譯名義集》："富羅，正言腹羅，譯云短靿靴。"（T2131v54p1108b）慧琳、法雲皆譯"腹羅"作"短靿靴"，疑《翻梵語》脱"短"字，"勒"爲"靿"字之訛，"鞑"爲"靴"字之訛。

2236 靰

西晋竺法護譯《寶女所問經》："有三十二事口辭清淨。何謂三十二？羞慚一，造德二，常懷恥愧三，等修於善四，不爲劣惡五，不索譏謗六，不爲卒暴七，教化諸天八，不興恐懼九，燒諸惡趣十，開演善歸一，賢聖所命二，恭奉明智三，其内清淨四，善修於外五，而受言教六，分別言辭七，[6]無靰鞠説八，口演柔軟九，言語殊特十，口暢香潔一，而隨教命二，無有欺詐三，無所熱惱四，造業可愛五，内無有失六，外亦無誤七，不爲罪業八，造衆祐地九，樂於佛道十，傳語至誠一，言輒獲利二，是爲三十二事也。"（T0399v13p0454a）本頁下注6："無靰鞠=言無誤《宋》，言無鞠《元》《明》。"

按：李維琦《佛經續釋詞》"靰"字條："靰，剛硬的剛。"（p158）釋"靰"爲"剛"，結論可從。唐慧琳撰《一切經音義》卷二十四《度世經》第五卷："剛靳，上古昂反，下居近反。剛，堅鞕也。靳，柔肕也。"（T2128v54p0460b）"剛"有堅硬義。唐菩提流志譯《大寶積經》："如來言辭出六十品，各異音聲。何謂六十？吉祥音、柔軟音、可樂音、悦意清淨音、離垢音、顯曜音、微妙音、明聽音、無亂音、無憒音、師父音、無剛鞕音、無麁獷音、善順音、安重音、身所吉和音、隨心時音、空悦音、與愛安想音、無惱熱音、方正音、識達音、親近音、意好音、歡悦音、和教音、曉了音、精勤音、忍和音、重了音、其響去穢音、應師子音、龍鳴音、雨好音、海雷龍王音、真陀羅伎音、哀鸞音、鷹暢音、鶴鳴音、耆域音、英鳥音、雷震音、不卒音、不暴音、普入響音、去非時音、無乏音、無怯音、悦豫音、通暢音、戒禁音、美甘音、進行音、廣普音、具足音、諸根無瑕音、不輕疾音、無住音、響普入衆會、青宜諸德音，密迹金剛力士謂寂意菩薩，是爲如來六十品音。"（T0310v11p0056a）唐澄觀述《大方廣佛華嚴經隨疏演義鈔》："爾時寂意菩薩復問金剛力士：如來有幾事祕要？答：有三種：一曰身密，二曰意密，三曰口密。口中説六十種音，廣讚如來無思無想無言之言竟，即云如來從口敷演，如一言詞，出六十品，各異音聲。何謂六十？釋曰：然經直列今加次第：一、吉祥音，二、柔軟音，三、可愛樂音，四、悦意清淨音，五、離垢音，六、顯曜音，七、微妙音，八、明德音，九、無亂音，十、無憒音，十一、師父音，十二、無剛硬音，十三、無麁獷音，十四、善順音，十五、安重音，十六、身所吉利音，十七、隨心隨時音，十八、如如悦意音，十九、天愛安想音，二十、無熱惱音，二十一、方正音，二十二、識達音，二十三、親近音，二十四、意好音，二十五、歡悦音，二十六、和雅音，二十七、曉了音，二十八、精勤音，二十九、和忍音，三十、重了音，三十一、其響去穢音，三十二、應師子音，三十三、龍鳴音，三十四、好雨音，三十五、海雷龍王音，三十六、真陀羅伎音，三十七、哀鸞音，三十八、鷹暢音，三十九、鶴鳴音，四十、耆域音，四十一、英鳥音，四十二、雷震音，四十三、不卒音，四十四、不暴音，四十五、普入響音，四十六、去非時音，四十七、無乏音，四十八、無怯音，四十九、悦豫音，五十、通暢音，五十一、戒禁音，五十二、甘美音，五十三、進行音，五十四、廣普音，五十五、具足音，五十六、諸根無班音，五十七、不輕疾音，五十八、無住音，五十九、響聲普入衆會音，六十、宣諸德音，密跡金剛力士謂寂意菩薩言，是爲如來六十梵音。”（T1736v36p0404c）“無剛鞕音”與“無剛硬音”同，“鞕”即“鞕”字之訛，“鞕”與“硬”同。“無䩕靷説”與“無剛硬音”結構相同，“䩕靷”同“剛鞕/鞕/硬”，“䩕”爲“剛”字之變，“靷”爲“鞕”之異構字。唐慧琳撰《一切經音義》卷十三《大寶積經》第三十七卷：“不鞕，額更反。《韻英》云：‘堅也。’俗作‘硬’，或作‘靷’，同也。”（T2128v54p0382b）“剛”因常與“鞕”“靷”連用，故又造“䩕”字。“䩕”形旁從“革”，與“鞕”“靷”從“革”同。聲旁從“亢”者，《廣韻·唐韻》古郎切：“亢，星名。一曰亢父縣。《説文》：‘人頸也。’”“剛，強也。”“亢”與“剛”皆收“岡”小韻，故“剛”之俗體或以“亢”爲聲旁。“掆”之或體作“抗”，“犅”之或體作“犺”，“甌”之或體作“瓬”，皆“岡”與“亢”聲旁互換之例。

西晉竺法護譯《佛説普門品經》：“又告溥首，何謂菩薩等遊細滑者。志有所存，緣起求之。身服華蒻加榮好色，珍寶異奇，其柔軟者，而不可得。已都斯緣，細滑靷䩕，無所適住，亦無所著，計丁細滑無益已。”（T0315v11p0771b）唐慧琳撰《一切經音義》卷十六《普門品經》：“鞕靰，上五更反。《字書》：‘鞕，牢也。’《考聲》：‘堅也。’有作‘硬’，俗字也。《文字集略》：從卯［卬］作‘靷’。下靰字，准《經》義合是‘岡’字，舊音義胡浪反，恐非，不成字也。諸字書並無此字，未詳所出，且存本文，以俟來哲。”（T2128v54p0406b）“靷䩕”“鞕靰”同“硬剛”，“靰”乃“䩕”之異寫，“䩕”亦“剛”字之變。慧琳不識“䩕”字，與“岡”字牽合，不妥。李維琦《佛經續釋詞》：“細滑當與柔軟相連屬，這裏卻説細滑靷䩕，大概同磨光的金屬，雖則細滑，卻甚剛硬。”（p158）解“細滑靷䩕”之義爲“雖則細滑，卻甚剛硬”，似不合經義。此段經文旨在解釋“菩薩等遊細滑”，上下文中還解釋了“等遊於色、等遊音聲、等遊臭香、等遊衆味、等遊心界、等遊女人、等遊男子、等遊僮女、等遊童子、等遊諸天、等遊諸龍、等遊諸鬼神、等遊揵沓和、等遊阿須倫、等遊迦樓羅、等遊真陀羅、等遊摩睺勒、等遊地獄、等遊餓鬼、等遊畜生、等遊貪婬、等遊瞋恚、等遊愚癡、等遊諸善、等遊衆德本、等遊諸有爲、等遊諸無爲”等，“等遊”乃以平等之心對待之義，如解“等遊於色”時説：“佛告溥首僮真，何謂菩薩等遊於色者。曉了解色如水之沫，而不可得，不可護持，無有堅固，則爲等意觀無有色，是謂菩薩等遊於色。”“等遊於色”即“爲等意觀無有色”，“等遊細滑”即爲等意觀無有細滑，因爲在佛家看來，一切皆爲虚幻，皆“不可得，不可護持”。由此看來，“細滑靷䩕，無所適住，亦無所著，計于細滑無益已”之義，乃謂無論是細膩光滑，還是堅強剛硬，都是“無所適住，亦無所著”的，因而也是不必執著於“細滑”還是“不細滑”。

《可洪音義》卷一《藏經音義隨函録前序》：“且如羯鞞之字作鶡鵯，鞕骯之文爲靷䩕，……並是率意所用者也。”（v59p546c-547a）又：“鞕骯，上五更反，下户朗反。鞕䩕，二同上。諸師音昂剛，非也。”（v59p547c）又卷三《寶女所問經》第一卷：“䩕説，胡朗反。剛強也。俗。”（v59p649b）又卷二《胞胎經》：“鞕䩕，上五孟反。堅牢也。正作‘鞕’也。下胡朗反。剛強也。正作‘行’‘䘕’二形。又五郎反。下又應和尚作胡浪反。”（v59p611a）又卷二《普門品經》：“鞕䩕，上五更反，下户朗反。”（v59p611b）可洪以“䘕”“行”爲“䩕”之正字，亦誤，知其亦不識“䩕”字。

《漢語大字典》：“䩕，hàng《龍龕手鑑》胡浪反。〔鞕䩕〕風名。唐玄應《一切經音義》卷十二引《生經》：‘鞕䩕，風名也。’”（二 p4614a）《大字典》收“䩕”字，但只解釋了“鞕䩕”的意義，未解釋“䩕”的意義，所釋存在諸多錯誤。首先，引文有誤。唐玄應撰《一切經音義》（麗藏本）卷十二《生經》第二卷：“鞕䩕，五更反，下胡浪反。風名也。‘䩕’字未詳所出也。”（p164a）“鞕䩕，風名也”乃玄應的訓釋，非《生經》的内容。西晉竺法護譯《生經》：“至於鞕䩕，與于殈危。若使爲變，命欲盡時，則有六痛。遭於苦毒，鞕䩕之惱，衆患普集，己所不欲，自然來至。”（T0154v03p0082c）《生經》之“鞕䩕”，玄應釋作風名，慧琳從之，然於文意不合。《可洪音義》卷十三《生經》第二卷：“靮䩕，下户朗反。剛強皃也，又直項皃也。正作‘行’‘䘕’二形。”（v59p1058b）可洪釋作“剛強皃”，近之。“鞕䩕”同“硬剛”，蓋指人臨死之時身體僵硬。李維琦解“鞕䩕之惱”爲“身體僵滯、動作不便的苦惱”，可從。

玄應釋“鞕䩕”爲風名，當本《佛説胞胎經》。西晉竺法護譯《佛説胞胎經》：“佛告阿難，第二十七日，在其胞裹於母腹藏，自然化風名鞕䩕，吹小兒體。在其左足，令生骨節，倚其右足，而吹成骨。四骨處膝，二骨在臏，三骨在項，十八骨在背，十八骨在脇，十三骨在掌，各有二十骨在左右足，四骨在時［肘］處，二骨在非［腓］處，二骨在肩，十八骨在頸，三骨在輪耳，三十二骨在口齒，四骨在頭。譬如阿難，機關木師，若畫師作木人，合諸關節，先治材木，合集令安，繩連關木，及作經押，以繩關連，因成形像，與人無異。如是阿難，罪福所化自然有風，吹成色貌，變爲骨節，因緣化成。在此二十七日中，於其腹中，應時在身，生二百微細骨，與肉雜合。”（T0317v11p0888b）《佛説胞胎經》作“鞕䩕”，言“自然化風名鞕䩕”。然此經中之“風”并非一般所謂風雨雷電之風，乃古代印度及佛教中“地水火風”之“風”。古印度及佛教認爲一切物體皆由“地水火風”組成，類似我國古代的“五行”。“地水火風”在構成萬物時，各有不同的性質和作用，“地”有堅固的性質，有一定硬度，作用是受持萬物；“水”有濕潤的性質，有一定濕度，作用是使物聚合不散；“火”有炎熱的性質，有一定溫度，作用是使物成熟；“風”有運動的性質，有一定動力，作用是使物成長。《佛説胞胎經》即用“地水火風”這四個要素解釋“胚胎”的生長過程。“地”指胚胎中具有堅實屬性的生理結構，如骨骼、肌肉之類；“水”指胚胎中具有濕潤屬性呈液態的生理部分，如血液之類；“火”指具有熱度屬性的溫度的生理功能，如胚胎的溫度；“風”指具有運動屬性的生理機制，如胚胎的氣機，這種氣機能促進胚胎的生長。“鞕䩕”是胚胎成長的第二十個七天“風（也就是促進胚胎成長的氣機）”的名稱，因爲它的作用是促進骨骼的成長，故稱爲“鞕䩕”，

“鞕𩋙”同“硬剛”，乃取堅硬之義。唐菩提流志譯《大寶積經》：“難陀，第二十七日，於母腹中有風名曰堅固。此風依胎左脚生指節二十骨，右脚亦生二十骨，足跟四骨，髆有二骨，膝有二骨，髀有二骨，腰髁有三骨，脊有十八骨，脇有二十四骨，復依左手生指節二十骨，復依右手亦生二十，腕有二骨，臂有四骨，胸有七骨，肩有七骨，項有四骨，頷有二骨，齒有三十二骨，髑髏四骨。難陀，譬如壞師或彼弟子，先用鞕木作其相狀，次以繩纏，後安諸泥，以成形像。此業風力安布諸骨，亦復如是。此中大骨數有二百，除餘小骨。”（T0310v11p0330a）與《佛説胞胎經》對應之處，《大寶積經》作“堅固”，言“有風名曰堅固”，亦取堅硬之義。玄應釋“鞕𩋙”爲風名，未得其確解，《大字典》承玄應之誤，當辨之。

2237 ⿰革未

唐怛多蘗多集《唐梵兩語雙對集》：“節，遏戍里囉⿰革未多。”（T2136v54p1241b）

按：“⿰革未”即“靺”字之訛。唐禮言集《梵語雜名》：“指節，遏戍（上）里鉢羅靺多，𑖀𑖽𑖐𑖲𑖩𑖰𑖢𑖪𑖝。”（T2135v54p1224a）日本心覺撰《多羅葉記》：“指節，𑖀𑖽𑖐𑖲𑖩𑖰𑖢𑖪𑖝，遏戍（上）里鉢羅靺多。”（T2707v84p0616c）與“⿰革未”對應之字皆作“靺”，“靺”乃“𑖪（va）”的譯音字。日本淨嚴撰《悉曇三密鈔》：“𑖪，嚩、婆……靺、拔、罰。”（T2710v84p0746b）“靺”作“𑖪（va）”的譯音字，與讀音切合。“未”與“末”形近，文獻常相混誤。

唐慧琳撰《一切經音義》：“跣韤，上先典反。《考聲》：‘露足也。’《説文》：‘以足親地也。從足，先聲。’下望發反。《説文》：‘足衣也。從韋，蔑聲。’或從革作‘韈’，亦作‘⿰革未’‘妹’也。”（T2128v54p0800b）又：“纔發，在來反。《考聲》云：‘纔，蹔也。’下蕃⿰革未反。《廣雅》：‘發，去也。’”（T2128v54p0407b）又：“卍字之形，今勘梵本卍字，乃是德者之相，元非字也。然經中上下據漢本總一十七字，同呼爲万。依梵文有二十八相，即八種相中四種相也，謂室利⿰革未瑳、難提迦物多、塞嚩悉底迦、本曩伽吒。又有鉢特忙、斫訖羅、拔折羅等三相，雖於華藏迴向二品中有以其可識無謬，故此不列在數。又有盎句奢相，此經總無，故亦不列。其一十七相，既非萬字，又非一色之相。今顯異同，謂第八卷有一室利⿰革未瑳相，第九卷有三相，初難提迦物多，次室利⿰革未瑳，後亦室利⿰革未瑳。第二十二有一相，謂塞縛悉底迦。第二十七有五相，初室利⿰革未瑳，次塞縛悉底迦，次難提迦物多，次室利⿰革未瑳，後難提迦物多。第四十八有三相，一塞縛悉底迦相，二室利⿰革未瑳，三室利⿰革未瑳。第五十七、五十八、六十三、六十五等中各有一室利⿰革未瑳相。若謹依梵本，總有二十八相，具顯如刊定記説也。”（T2128v54p0437b）“⿰革未”亦皆“靺”字之訛。南宋法雲編《翻譯名義集》：“梵云室利靺瑳，此云吉祥海雲，如來胸臆有大人相。”（T2131v54p1147a）“室利靺瑳”之“靺”亦“𑖪（va）”之譯音字。

2238 靰

隋費長房撰《歷代三寶紀》："癸亥，十九。佛初成道。《普曜經第六》云：菩薩明星出時寉然大悟。又云：十九出家，三十成道。功成志就，莫不大明，即此年。《十二遊經》云：佛從四月八日至七月十五日坐樹下以爲一年。甲子，二十。第二年，於鹿野苑中爲阿若拘隣等説法。《彌沙塞律》第二十一云：佛念欲爲欝[18]靰藍弗説法，天子白言，昨已命終。"（T2034v49p0024a）本頁下注 18："靰＝鞞《宫》。"

按："靰"與"鞞"爲異文。《彌沙塞律》即南朝宋佛陀什、竺道生譯《彌沙塞部和醯五分律》，卷十五："佛作是念：'甘露當開，誰應先聞？[4]欝頭藍弗聰明易悟，此人應先！'念已欲行，天於空中白言：'欝頭藍弗亡來七日。'佛言：'苦哉！彼爲長衰，甘露法鼓如何不聞？'"（T1421v22p0104a）本頁下注 4："Uddaka Rāmaputta."" 鬱靰藍弗"即"欝頭藍弗"。東晋瞿曇僧伽提婆譯《增壹阿含經》卷十四："爾時，世尊便作是念：'我今以得此甚深之法，難解、難了、難曉、難知，極微極妙，智所覺知，我今當先與誰説法？使解吾法者是誰？'爾時，世尊便作是念：'羅勒迦藍諸根純熟，應先得度，又且待我有法。'作此念已，虚空中有天白世尊曰：'羅勒迦藍死已七日。'是時，世尊復作念曰：'何其苦哉！不聞吾法，而取命終。設當聞吾法者，即得解脱。'是時，世尊復作是念：'我今先與誰説法，使得解脱？今欝頭藍弗先應得度，當與説之，聞吾法已，先得解脱。'世尊作是念，虚空中有天語言：'昨日夜半，以取命終。'是時，世尊便作是念：'欝頭藍弗何其苦哉！不聞吾法，而取命過。設得聞吾法者，即得解脱。'"（T0125v02p0618b）東漢曇果、康孟詳譯《中本起經》："世尊念曰：'吾本發心，誓爲群生梵釋請法，甘露當開，誰應先聞？昔吾出家，路由梵志阿蘭、迦蘭待吾有禮，二人應先。'念已欲行，天承聖旨，空中白言：'彼二人者亡來七日。'佛言：'苦哉阿蘭、迦蘭，甘露當開，汝何不聞？'佛復惟曰：'甘露當開，誰應次聞？欝頭藍弗，次應得聞。'方起欲行，天復白言：'此人者昨暮命終。'佛言：'彼人長衰，甘露當開，不得受聞，生死往來，何緣得息？五道輪轉，痛矣奈何！'"（T0196v04p0148a）唐道世撰《法苑珠林》："又《中本起經》云：世尊念言：'吾昔路由梵志阿蘭、迦蘭待吾有禮，應往度之。'天空中曰：'此二人已亡七日。'又念：'應度欝頭藍弗。'天復告云：'昨日命終。'"（T2122v53p0370c）皆作"欝頭藍弗"。南宋法雲《翻譯名義集》："[14]欝陀羅羅摩子，亦云欝頭藍弗。此云猛喜，又云極喜。"本頁下注 14："Rudraka Rāmaptra."［"Rudraka Rāmaptra"蓋"Udraka Rāmaputra"之誤——引者按］"Udraka Rāmaputra"爲梵文羅馬轉寫，"Uddaka Rāmaputta"爲巴利文轉寫，此人漢文佛典異名較多，以"欝頭藍弗"爲常見，又譯作"欝頭羅摩子"（見《佛所行讃》）、"優陀羅摩子"（見《經律異相》）、"優蹋藍弗"（見《增壹阿含經》）、"欝曇藍弗"（見《佛説普曜經》）、"欝多藍弗"

（見《名教抄》）等。“頭”“陀”“躢”“曇”“多”皆同一梵文的譯音字。

《歷代三寶紀》所載“鞙”字當爲“頭”之訛，疑“鞙”乃“頭”的草書轉寫之誤，“韗”蓋“鞙”之進一步訛誤。唐道世撰《諸經要集》：“第二十，復有衆生，其形甚醜，身黑如漆，面目復青，[9]鞫頰俱堆，皰面平鼻，兩眼黄赤，牙齒疏缺。”（T2123v54p0172a）本頁下注9：“鞫＝頭《元》《明》，鞠《宫》。”東漢安世高譯《佛説罪業應報教化地獄經》：“第二十，復有衆生，其形甚醜，身體黑如漆，兩目復青，頭頰俱堆，皰面平鼻，兩目黄赤，牙齒踈缺。”（T0724v17p0452a）唐道世撰《法苑珠林》：“第二十，復有衆生，其形甚醜，身黑如漆，兩目復青，鞠頰俱堆，皰面平鼻，兩眼黄赤，牙齒疏缺。”（T2122v53p0797b）“鞫”“鞠”亦皆“頭”字之訛，可比勘。

2239 韗

佚名《翻梵語》：“陀膩韗女，譯曰有物。”（T2130v54p1018b）

按：日本心覺撰《多羅葉記》：“陀膩[66]鞥女，此云有物。”（T2707v84p0593c）本頁下注66：“鞥＝韗《甲》。”與“韗”對應的字爲“鞥”，“鞥”又與“韗”爲異文，“韗”即“鞥”字之訛。北魏慧覺譯《賢愚經》：“夫人歡喜，即脱己身所著嚴飾瓔珞寶衣，送與陀膩鞥。王亦喜悦，脱身衣服，送與其夫，命令詣會。毘婆尸佛，廣爲大衆，説微妙法。時會大衆，得度者衆。佛告阿難，欲知爾時貧窮女人陀膩鞥者，今叔離比丘尼是。”（T0202v04p0383c）南朝梁寶唱等集《經律異相》：“時有女人，名[9]檀膩[10]鞥，極爲貧窮……夫人歡喜，即脱己身所著嚴飾瓔珞寶衣，送與陀膩鞥。王亦欣悦，脱身衣服，送與其夫，命令詣會。佛告阿難，欲知爾時貧窮女人陀膩鞥者，今叔離比丘尼是。”（T2121v53p0122b-c）本頁下注9：“檀＝陀《三》《宫》。”注10：“鞥＝伽《宫》。”唐慧琳撰《一切經音義》卷七十九《經律異相》第二十三卷：“檀膩鞥，中尼智反，下寄宜反。梵語，西國女人名也。或作羇，亦通。”（T2128v54p0817b）《賢愚經》：“時王國中，有婆羅門，名檀膩鞥，家理空貧，食不充口。”（T0202v04p0428b）字皆作“鞥”，“鞥”乃“羇”字之省，在此用作譯音字。字或作“韗”，“韗”即“鞥”字之訛，蓋由“鞥”之“奇”旁或寫作“竒”而誤。

2240 鞱

北宋道誠集《釋氏要覽》：“告曰：滅燈，衆若默方可滅（此慮衆僧收拾不辨），不得用口吹，當將筯攲燼折去之（攲音羈，言取物也。記作鞱，非也）。”（T2127v54p0299b）

按："覉"爲"羇"字之訛，"韂"爲"輢"字之訛。《説文·网部》："䍜，馬絡頭也。从网，从馽。馽，馬絆也。羈，馽或从革。"大徐"居宜切"。字或作"羇"，《玉篇·网部》："羈，居猗切。羈旅也，寄止也。又馬絡頭。䍜，《説文》同上。羇，居宜切。寄也。"《廣韻·支韻》居宜切："羈，馬絆也。又馬絡頭也。"同小韻："羇，寄也。"《集韻》居宜切："䍜、羈、覊、輢，《説文》：'馬絡頭也。从网，从馽，馽，馬絆也。'或从革，亦作覊、輢。羇、踦，旅寓也。或从足。"唐顔元孫《干禄字書·平聲》："覊、羇，上覊勒，下羇旅。"段注"䍜"字："今字作覊，俗作羇。""䍜""羈""覊""羇""輢"本皆異體關係，後記詞功能分化，"羇"主要用於羇旅義。"攲音覉"，"覉"爲直音字，字本當作"羇"，《可洪音義》卷十一《大乘莊嚴經論》第六卷："𦊰靽，上居宜反。"(v59p916b)"𦊰"即"羇"異寫。"羇"爲"羇"字之訛，"网"旁因形近而訛作"覀"旁也。《廣韻》"羇"與"攲"同小韻，讀音同，故"羇"可爲"攲"之直音字。"記作韂"，"韂"爲"輢"之訛，"輢"乃"羇"之省。

"羇"訛作"覉"，"輢"訛作"韂"者，皆由"奇"或寫作"竒"，"竒"與"音"形近，故刻書者或將從"竒"之字誤刻作從"音"。參1572"攲"字條。

2241 韗

僧伽羅刹造、東漢安世高譯《道地經》："如陶家作器，或時在拘，或從韗，或從行輪，或已行，或在幹流時。"（T0607v15p0235b）

按：《龍龕·革部》："韗，《江西隨函》：'古田反。窯人所用。在《道地經》。'"《康熙字典·革部》："韗，《篇海》：'古田切，音堅。窯人所用。出《道地經》。'""韗"與"韗"同。明張自烈《正字通·革部》："韗，'甄'字之訛。舊注：音堅。窯人所用。與甄義同，引《道地經》作'韗'，非。"此説可從，"韗"即"甄"字之訛。《説文解字·瓦部》："甄，匋也。"段注："匋者，作瓦器也。""甄"之本義爲製作陶器。亦可指製作陶器所用的轉輪，西晋潘尼《釋奠頌》："若金受範，若埴在甄。"《後漢書·郅惲傳》："甄陶品類。"李賢注："甄也者，陶人旋轉之輪也。"佛經中蓋用此義。

2242 韄

南朝梁寶唱等集《經律異相》："側有一兒播[1]韄躍戲。"（T2121v53p0050a）本頁下注1："韄＝韄《三》《宮》。"

按："韄"與"韄"爲版本異文，"韄""韄"皆"韄"字之異體。三國吴康僧會譯《六度集經》卷六："側有一兒，播韄踊戲。"（T0152v03p0037c）與

“鞉”“鞑”對應之字作“鼗”。《説文·革部》：“鞀，鞀遼也。……鼗，鞀或从鼓。”“鼗”爲“鞀”字異構字，本義爲鼓名，即長柄摇鼓，俗稱撥浪鼓。“鼗”或作“鼗”。“鞉”爲“鼗”之異體。“鼓”或作“鞁”（見《集韻》），蓋由鼓面的材料爲皮革，故字或改從“革”，“鞉”即從鞁兆聲的形聲字。“鞑”即“鼗”字之變異。“鼓”或作“皷”，字或從“皮”，與從“革”同意，“皷”字之左旁改作“革”即成“鞑”字。《可洪音義》卷六《六度集經》第六卷：“播鼗，徒刀反。著柄小鼓皷。”（v59p767b）“鞑”與“鼗”只是寫法微異。

頁　部

2243 弜

元念常集《佛祖歷代通載》：“帝舜有虞氏，姓姚，名重華，字都君，顓頊六代孫，龍[1]顔大口，目有重瞳，年二十以孝聞於天下，三十登庸南巡。”（T2036v49p0492a）本頁下注1：“顔＝弜《宋》《明》。”

按：“弜”與“顔”爲版本異文，“弜”即“顔”字之訛。北宋李昉等撰《太平御覽·皇王部·帝舜有虞氏》引《帝王世紀》：“舜，姚姓也。其先出自顓頊，顓頊生窮蟬。窮蟬有子曰敬康，生勾芒。勾芒有子曰橋牛，橋牛生瞽瞍，妻曰握登，見大虹，意感而生舜於姚墟，故姓姚。名重華，字都君，龍顔大口，黑色，身長六尺一寸。”字作“顔”。清顧藹吉《隸辨》“顔”字條引《韓勑碑》“顔”，南宋婁機《漢隸字源》“顔”字條引《廣漢屬國侯李翊碑》作“顔”，左旁與“弓”略近。

2244 頊

日本中算撰《妙法蓮華經釋文》：“頊，口没反。慈恩云：《三蒼》：‘頭禿無毛也。’《通俗文》：‘白禿曰～也。’或讀爲五鎔反，非～字音。應作‘髩’字，非正也。或云：～瘦者，皮肉乾枯之狀也。”（T2189v56p0159c）

按：“頊”即“頌”字之訛。後秦鳩摩羅什譯《妙法蓮華經》：“若狗野干，其影頌瘦。”（T0262v09p0015c）唐玄應撰《一切經音義》（麗藏本）卷六《妙法蓮花經》第二卷：“頌瘦，《説文》。口没反。《三蒼》云：‘頭禿無毛也。’《通俗文》：‘白禿曰頌。’《廣雅》：‘頌，髮禿也。’今讀口轄反，此非正音，但假借耳。”（p84a）唐慧琳撰《一切經音義》：“頌瘦，上《説文》。口没反。《三蒼》：‘頭禿無毛。’從頁，乞聲。《通俗文》《切韻》：‘白禿曰頌。’《廣雅》：‘頌、髻，禿也。’有云皮肉乾枯之狀，嗢頌之形。有讀爲口轄反，應作‘髻’，非正也。”（T2128v54p0487c）此即中算所本，“頃”即“頌”字之訛。

2245 䫘

日本圓仁撰《蘇悉地羯羅經略疏》：“《經》‘應獻花者’下至‘迦囉末花等’。……[13]䫘頏字，莫骨、於骨二反。”（T2227v61p0421c）本頁下注13：“䫘頏＝䫘《甲》，䫘顤《乙》。”

按：據注文，正文“䫘”當作“䫘”，“䫘”與“䫘”“䫘”“頏”“顤”爲版本異文，諸形皆同“頞”。唐輸波迦羅譯《蘇悉地羯囉經》：“應獻花者：忙攞底（丁異反）花、簸吒羅華、蓮花、瞻蔔迦花、龍蕊花、似母單花……勿勒㚢顐鉢羅花、迦宅嚂花、建折娜藍花、擯抳釰花、優鉢羅花、得蘗嚂花、捃難花、迦囉末柔等。”（T0893v18p0669a）此即圓仁所釋《蘇悉地羯囉經》原文，上揭諸字皆同“勿勒㚢顐鉢羅花”之“顐”字。唐菩提流志譯《一字佛頂輪王經》：“應以惹底花、顐鉢羅花、拘物頭花、蓮華、諭底（聽異反）迦花及餘種類香馞名花。持此花等，常以供養五頂輪王。”（T0951v19p0236b）唐慧琳撰《一切經音義》卷三十五《一字頂輪王經》第二卷：“顐鉢羅，上温骨反。梵語花名也。古譯云優鉢羅花。”（T2128v54p0540b）字亦作“顐”。唐慧琳撰《一切經音義》卷三十五《蘇悉地羯囉經》卷上：“頞鉢羅花，上温骨反，梵語已叙。”（T2128v54p0543a）字又作“頞”。《説文·頁部》：“頞，内頭水中也。从頁、𠬪，𠬪亦聲。”大徐音“烏没切”。《玉篇·頁部》：“頞，莫骨、烏骨二切。内頭水中也。”“頞”即“頞”的楷書形體，“顐”“頞”與“頞”形近，即其書寫變異。《蘇悉地羯羅經略疏》爲“䫘頏”兩字的注音與《玉篇》爲“頞”的注音相合，“䫘頏”當即“顐”字之訛。金韓孝彦、韓道昭《改併四聲篇海·頁部》：“頞，莫骨、烏骨二切。内頭水中也。”“頞”亦“頞”之異寫。《蘇悉地羯羅經略疏》之乙本的“䫘”即“頞”構件佈局不同的異寫字，甲本的“䫘”，底本的“䫘”，皆“䫘”字之訛。底本的“頏”，乙本的“顤”當爲“顐”或“頞”字之訛。

“頞鉢羅”又作“優鉢羅”“烏鉢羅”“殟鉢羅”“嗢鉢羅”等，南朝宋求那跋陀羅譯《雜阿含經》：“譬如[6]優鉢羅、鉢曇摩、拘牟頭、分陀利華香，爲即根香耶？爲香異根耶？爲莖葉鬚精麤香耶？爲香異精麤耶？爲等説不？”（T0099v02p0030b）本頁下注6：“優鉢羅～Uppala。”“頞”“優”“烏”“殟”“嗢”皆梵文“𑖄（u）”的譯音字。《集韻·没韻》烏没切：“頞，《説文》：‘内頭水中也。’”與“殟”“嗢”同一小韻，故均可爲梵文“𑖄（u）”的譯音字。

2246 䫉

日本圓仁撰《蘇悉地羯羅經略疏》:"《經》'應獻花者'下至'迦囉末花等'。……[13]敔䫉字，莫骨、於骨二反。"（T2227v61p0421c）本頁下注13:"敔䫉=敔《甲》，敔顋《乙》。"

按:"䫉"即"頞"字之訛。參上條。

2247 䫀

日本中算撰《妙法蓮華經釋文》:"無央，於良反。慈恩云:'央，盡也。梵云阿僧企耶，唐云~~數。或作殃，凶也。或作鞅，於兩反，䫀靼也。竝非此義矣。"（T2189v56p0165a）

按:"䫀"即"頸"字之訛。《説文·革部》:"鞅，頸靼也。"唐慧琳撰《一切經音義》:"無央，於良反。梵言阿僧企，此言無央數也。央，盡也。《經》文作'鞅'，於兩反。《説文》:'頸靼也。'鞅非此義。"（T2128v54p0359b）與"䫀"對應之字皆作"頸"。"央"有盡義，佛經"無央數"習見，義爲無盡數。經中"無央數"之"央"或作"殃""鞅"，皆借字。

2248 䫎

唐菩提流志譯《一字佛頂輪王經》:"娜莫縒曼彈（一）勃馱南（二）攘彈𠼪彈𠼪（三）䫎彈𠼪（四）跋日囉（五）暮訖使抳（六）窣𡁠訶（七）。"（T0951v19p0244a）

按:"䫎"即"頞"字之異寫。同上經:"應以惹底花、䫎鉢羅花、拘物頭花、蓮華、諭底（聽異反）迦花及餘種類香馞名花。持此花等，常以供養五頂輪王。"（T0951v19p0236b）唐慧琳撰《一切經音義》卷三十五《一字頂輪王經》第二卷:"䫎鉢羅，上溫骨反。梵語花名也。古譯云優鉢羅花。"（T2128v54p0540b）"䫎"皆"頞"字之異寫。參2245"敔"字條。

2249 頤

唐道世撰《諸經要集》:“即取鐵針，刺兒[14]顋上，後遂命終。”(T2123v54p0080c)本頁下注 14:“顋=頤《宮》。”

按:“頤”與“顋”爲版本異文,“頤”爲“顖”字之訛,“顖”又“顋”“囟”之異體。北魏慧覺譯《賢愚經》:“即取鐵針，刺兒囟上。”(T0202v04p0368b)道略集、後秦鳩摩羅什譯《衆經撰雜譬喻》:“大婦以針刺兒顋上。”(T0208v04p0540b)字即作“囟”“顋”。唐道世撰《法苑珠林》:“即取鐵針，刺兒顒上。”(T2122v53p0725a)四庫本亦作“顒”,“顒”乃“顋”字之訛。

鄭賢章《漢文佛典疑難俗字彙釋與研究》“頤”字條(p444)已有考證，可互參。

2250 頻

唐菩提流志譯《五佛頂三昧陀羅尼經》:“扇底迦法，以尼劬陀木、頻頭末羅木、阿説他木、天門冬草等，常燒火。”(T0952v19p0272c)

按:唐菩提流志譯《一字佛頂輪王經》:“若扇底迦法，以儞劬陀木、頞頭末羅木、攘説他木、天門冬草等，常然燒火。”(T0951v19p0237a)與“頻”對應之字作“頞”,“頻”即“頞”字之訛,“頞”又“頞”字之異寫。

2251 禎

失譯《那先比丘經》:“那先言:‘佛經説:合聚是諸材木用作車，因得車。人亦如是，合聚頭面目耳鼻口頸項肩臂骨肉手足肺肝心脾腎腸胃[17]顔色聲響喘息苦樂善惡，合爲一人。’王言:‘善哉善哉!’”(T1670v32p0696b)本頁下注 17:“顔=禎《聖》。”

按:“禎”與“顔”爲版本異文,“禎”即“顔”字之訛。“顔”又寫作“䫀”(見南宋婁機《漢隸字源·刪韻》“顔”字引《廣漢屬國侯李翊碑》),左旁與“衤”形體相近，因又訛作“禎”。

2252 ⿰尚頁

唐菩提流志譯《不空羂索神變真言經》："即説最勝明王真言曰：……嚗使誐拏[18]⿰⿱艹㡀頁（毘滅反）止跢柘囉拏（五）。"（T1092v20p0273b）本頁下注18："⿰⿱艹㡀頁=⿰尚頁《宋》，⿰㡀頁《元》《明》《乙》。"

按："⿰尚頁"與"⿰㡀頁""⿰⿱艹㡀頁"爲版本異文，"⿰尚頁""⿰⿱艹㡀頁"皆"⿰㡀頁"字之訛。自注"毘滅反"，與"⿰㡀頁"字讀音切合。《嘉興藏》作"⿰⿱丷㡀頁"，"⿰⿱丷㡀頁"亦"⿰㡀頁"字之訛。同上經："即説不空羂索心王母陀羅尼真言曰：……⿰㡀頁（毘滅反，彈舌呼之）旨彈柘囉拏（五十五句）。"（T1092v20p0230b）又："即説奮怒王真言曰：……⿰㡀頁（毘滅反）旨彈柘囉拏（四十二）。"（T1092v20p0275c）又："説溥遍解脱心陀羅尼真言曰：……⿰㡀頁（毘滅反）旨彈柘囉拏（十五句）。"（T1092v20p0333c）字亦皆作"⿰㡀頁"。字或作"⿰尚頁"者，俗書"㡀"旁或訛作"尚"旁。

2253 ⿸厂頁

日本圓仁撰《蘇悉地羯羅經略疏》："《經》'應獻花者'下至'迦囉末花等'。……[13]殁⿰夕頁字，莫骨、於骨二反。"（T2227v61p0421c）本頁下注13："殁⿰夕頁=殁《甲》，⿰耳殳⿸厂頁《乙》。"

按："⿸厂頁"即"⿰夕頁"字之訛。參2245"⿰耳殳"字條。

2254 ⿰冎頁

佚名《火吽軌別録》："上方施諸類鬼神真言曰：[illegible]，唵[40]顒伊顒伊曼娑儞步多南娑嚩（二合，引）訶（引）。"（T0914v18p0938c）本頁下注40："顒=⿰冎頁《乙》。"

按："⿰冎頁"與"顒"爲版本異文，"⿰冎頁"即"顒"字之訛。"顒"爲"𑖐𑖲（gu）"之譯音字，與讀音合。日本淨嚴撰《悉曇三密鈔》："𑖐𑖲，虞、麌（隨求）、愚（無量壽軌）、嵎（胎）、禺、窶（唯識疏）、求、瞿、君、獄、玉（佛頂）。"（T2710v84p0742a）收"愚""嵎""禺"爲"𑖐𑖲（gu）"的譯音字，"顒"與"愚""嵎""禺"同音。

2255 𩔗

唐道宣撰《續高僧傳》:“文章詞體頗預能流，草𩔗筆功名疏臺府。”(T2060v50p0441c)

按:“𩔗”即“隸”字之訛。“草隸”本指草書和隸書，經中指代書法。北宋元照撰《四分律行事鈔資持記》:“然往古高僧，亦多異學，或精草隸，或善篇章。”(T1805v40p0414a)“草隸”與“篇章”對言，亦當爲書法義。《漢語大詞典》未收此義，當補。

唐崔致遠撰《唐大薦福寺故寺主翻經大德法藏和尚傳》:“至咸亨元年(藏年二十八)，榮國夫人奄歸冥路，則天皇后廣樹福田度人，則擇上達僧捨宅，乃成太原寺。於是受顧託者連狀薦推，帝諾曰:俞。仍𩔗新刹。”(T2054v50p0281b)“𩔗”亦“隸”字之訛。

2256 頖

唐道宣撰《廣弘明集》:“《詠懷詩》(陳張君祖):……潁[25]敷凌霜蒨，葩熙三春盛。”(T2103v52p0359a)本頁下注25:“敷凌=頖陵《三》，敷陵《宮》。”

按:“頖”與“敷”爲版本異文，“頖”即“敷”字之訛。明曹學佺編《石倉歷代詩選·陳詩·張君祖〈詠懷三首〉》:“穎敷陵霜倩，葩熙三春盛。”與“頖”對應之字作“敷”。“穎”爲嫩芽義，“敷”爲茂盛生長義。南朝宋何承天《芳樹篇》:“翠穎陵冬秀，紅葩迎春開。”與此文意近。“敷”或作“頖”者，由“敷”受“穎”字的影響而改字，此亦字形同化之例。

2257 䫁

元念常集《佛祖歷代通載》:“周公爲武王請命曰:旦多才多藝，能事鬼神。夫何爲也?佛經所説生死之趣，非此䫁乎?”(T2036v49p0512b)

按:東漢王充撰《論衡·死僞篇》:“周武王有疾不豫，周公請命，設三壇同一墠，植璧秉圭，乃告於太王、王季、文王，史乃策祝，辭曰:‘予仁若考，多才多藝，能事鬼神。乃元孫某，不若旦多才多藝，不能事鬼神。’”此即周公爲武王請命事之所本。元覺岸編《釋氏稽古略》:“周公爲武王請命曰:且[旦]多才多藝，能事鬼神。夫何爲也?佛經所説生死之趣，非此類乎?”(T2037v49p0769c)

南朝梁僧祐撰《弘明集》:“周公爲武王請命曰：旦多才多藝，能事鬼神。夫何爲也？佛經所説生死之趣，非此類乎？”（T2102v52p0003c）與“⿰⿱米禾頁”對應之字皆作“類”，“⿰⿱米禾頁”即“類”字之訛。“類”字草書或寫作“[illegible]”“[illegible]”，疑“⿰⿱米禾頁”乃“類”字草書轉寫之誤。

2258 ⿰臽頁

馬鳴造、後秦鳩摩羅什譯《大莊嚴論經》:“頂骨類白珂，形色如藕根。服匡骨[17]⿰臽頁[18]頏，兩頰如深溝。”（T0201v04p0277c）本頁下注17：“⿰臽頁＝陷《三》《聖》。”注18：“頏＝⿰山頁《宋》《元》，頤《明》，頷《聖》。”

按：“⿰臽頁”與“陷”爲版本異文，“⿰臽頁”即“頷”字之訛。唐玄應撰《一切經音義》（麗藏本）卷十《大莊嚴經論》:“骨陷，《廣雅》:‘陷，坑也。陷，没也。’《經》文作‘頷’，非也。”（p132c）《可洪音義》卷二十五《一切經音義》第十卷：“作頷，苦咸、五陷二反。應和尚以‘陷’字替之，戶黯反。”（v60p364c）根據《可洪音義》提供的信息，與“⿰臽頁”對應之字原本作“頷”，玄應始改作“陷”字。《大莊嚴論經》:“眼陷頰骨現，枯竭而至死。”（T0201v04p0306b）“服匡骨⿰臽頁頏，兩頰如深溝”與“眼陷頰骨現”義近，“服”爲“眼”字之訛。“⿰臽頁頏”與“陷”義同，玄應改“頷”爲“陷”，蓋以“陷”有下陷之義，經文中指眼眶骨凹下，於義可通。《龍龕·頁部》:“頷，口感反。面窊也。”“頷”訓面窊，於義亦通，疑“頷”即“陷”之分化字。

2259 ⿰亲頁

失譯《那先比丘經》:“王復言：‘[5]顔色爲那先耶？’‘不爲那先。’”（T1670Av32p0696a）本頁下注5：“顔＝⿰亲頁《聖》。”

按：“⿰亲頁”與“顔”爲版本異文，“⿰亲頁”即“顔”字之訛。同經異本：“王復問：‘顔色爲那先耶？’那先言：‘不爲那先。’”（T1670Bv32p0706a）與“⿰亲頁”對應之字亦作“顔”。

2260 顗

唐智昇撰《開元釋教録》:“《能斷金剛般若波羅蜜多經》一卷（見《内典録》第四出，與姚秦羅什等出者同本，貞觀二十二年十月一日於坊州宜君縣玉華

宮弘法臺譯，直中書杜行顗筆受。)”（T2154v55p0555c）

按：“顗”即“顗”字之訛。杜行顗，唐人，譯佛經多部。“顗”作“顗”者，構件“山”訛作“止”也。草書“山”“止”形近，故相混誤。唐圓照撰《貞元新定釋教目録》：“《新無量壽經》二卷，宋永初二年於道場寺出，見僧祐《寶唱二録》第八譯，與世高、支讖、支謙、僧[13]顗等所出同本。”（T2157v55p0802c）本頁下注 13：“顗 = 鎧《乙》。”“顗”亦“顗”字之訛。

2261 顩

唐菩提流志譯《不空羂索神變真言經》：“被鬼殃失音，以藥和水點頂[15]囟上則差。若患於心痛，以藥和鹽湯飲服則得差。”（T1092v20p0284c）本頁下注 15：“囟 = 顩《明》《乙》。”

按：“顩”與“囟”爲版本異文，“顩”即“顖”字之訛，“顖”又“囟”之異體。唐慧琳撰《一切經音義》卷三十九《不空羂索經》第十一卷：“頂囟，音信。《説文》云：‘囟，頭會堖葢。象形也。’古文作‘脖’，今經本作‘顖’，是俗字也。”（T2128v54p0562c）慧琳所見本作“顖”。《説文・囟部》：“囟，頭會腦蓋也。”《玉篇・頁部》：“顖、顋，二同。息進切。頂門也。”“囟”“顖”“顋”爲異構字。

2262 纇

唐義淨譯《根本説一切有部苾芻尼毘奈耶》：“善揀擇者，謂除其結纇令精細故。”（T1443v23p0962a）

按：“纇”即“纇”字之訛。《説文・糸部》：“纇，絲節也。从糸，頪聲。”唐不空譯《一字奇特佛頂經》：“令童女合白緤縷作五色拼線，或用藕絲不斷續無結類者，或用野麻或用牧牛繩，應用拼地。”（T0953v19p0290a）唐慧琳撰《一切經音義》卷三十五《一字奇特佛頂經》：“結纇，雷罪反。《説文》：‘絲節也。從糸，頪聲也。’頪音同上。”（T2128v54p0539a）“纇”之本義爲絲之結節，與“結”義近，“結纇”連用乃同義並列結構。字作“類”者，乃“纇”之借字。《可洪音義》卷十六《根本説一切有部毘奈耶苾芻尼律》第十卷：“結纇，力對反。麄絲多節也。正作‘類’。”（v60p3b）可洪所見本作“纇”，亦“纇”字之訛。

2263 鷰

唐神清撰、北宋慧寶注《北山録》："《詩》曰：'惟其友之，是以似之。'(《詩·小雅·常常者華》之卒章也。意以其君子有此高尚之風，所得之友皆相似之與?《詩》少别，不以文害意也）是知梟鳳不相群（梟，不孝鳥也。食母而飛，冬令捕而磔之於路。字從木上鳥。鳳，瑞鳥也。雞頭，蛇頸，鷰頷，龜背，魚尾。五色，高六尺。其雌曰皇）。"（T2113v52p0588b）

按："鷰"即"燕"字之訛。《説文·鳥部》："鳳，神鳥也。天老曰：鳳之象也。鴻前麐後，蛇頸魚尾，鸛顙鴛思，龍文龜背，燕頷鷄喙。"與"鷰"對應之字作"燕"。字又作"鷰"，由與"頷"連用，受其影響而加"頁"旁，此乃字形同化之例。

唐道宣撰《廣弘明集》："簡狄呑燕卵而生偰。"（T2103v52p0163c）《可洪音義》卷二十九《廣弘明集》第十一卷："鷰卵，上伊見反。正作'鷰'。"（v60 p556c）"鷰"又"鷰"字之訛，"鳥"旁訛作"頁"旁也。

唐慧琳撰《一切經音義》："鶡鳳，下房諷反。……《廣雅》云：'鳳凰，鷄頭，鷰鴿，蛇頸，鴻身，魚尾，骿翼。'"（T2128v54p0331c）"鴿"爲"頷"字之訛，亦字形同化之例。

面　部

2264 靧

北宋贊寧等撰《宋高僧傳》："面垢不靧，靧之輒陰雨，吴人以爲占候。"（T2061v50p0841c）

按：佚名《神僧傳》："面垢不靧（音誨），靧之輒陰雨，吴人以爲占候。"（T2064v50p1003c）與"靧"對應之字爲"靧"，"靧"即"靧"字之訛。《玉篇·面部》："靧，音悔。洗面也。與頮同。""靧"與文義合。東晋佛陀耶舍、竺佛念譯《四分律》："大德，我前世時見他得利養，不生嫉妬心，故今日有大威力。今此波斯匿王宫中五百女人，皆是剎利種姓，而我於中尊[27]貴自在。"（T1428v22p0690c）本頁下注27："貴=責《宫》。"唐義淨譯《根本説一切有部毘奈耶》："時摩揭陀國影勝大王、憍薩羅國勝光大王、憍閃毘國明勝大王及廣嚴城栗姑毘等，并餘[5]貴族，咸齎信物，各遣使人，來就妙音，求紺容女。"（T1442v23p08

85a）本頁下注 5：“貴=責《明》。”“責”皆“貴”字之訛，可資比勘。

2265 醯

佚名《摩醯首羅大自在天王神通化生伎藝天女念誦法》：“即成誦請召明曰：曩謨（引）摩醯濕嚩（二合）羅（引）野（一）榲支摩冒（引）試佉野[3]噎醯（去，引）呬娑嚩（二合，引）賀（引）。”（T1280v21p0342a）本頁下注 3：“噎=醯《甲》。”

按：“醯”與“噎”爲版本異文，“醯”即“噎”字之訛。日本明覺撰《悉曇要訣》：“又十一面三卷《軌》云：𑖋[illegible]（文）噎醯曳（二合）呬也。”（T2706v84p0531a）“噎”可爲“𑖋（ai）”之譯音字，佛經中“噎”通常爲“𑖊（e）”之譯音字。

韭　部

2266 韰

日本無隱道費撰《心學典論序》：“嗚呼！彼韓愈、歐陽脩［修］何爲者哉？道不同不相爲謀與？儻好食馬肝與？何質韰而文肆，謗言之謷謷也？”（T2602v82p0673c）

按：“韰”即“韲”字之訛。《漢書·揚雄傳》：“素初貯厥麗服兮，何文肆而質韲？”應劭注：“韲，狹也。”此即“何質韰而文肆”之所從出，與“韰”對應之字作“韲”，“韰”與“韲”字形小異。

骨　部

2267 髂

日本聖德太子撰《法華義疏》：“第一現神力中凡有八種神力：一、現舌相廣長，二、放無量色光，三、現還攝謦咳，四、現共禪[1]䯇，五、現六種地動，六、令大衆見，七、現空中唱言，八、現瓔珞反成寶蓋。”（T2187v56p0125c）本頁下注1：“䯇＝指《甲》《乙》《丙》《丁》《戊》。”

按：“䯇”即“指”字異體。《法華義疏》所論經文見於後秦鳩摩羅什譯《妙法蓮華經》卷六《如來神力品第二十一》，經文作：“釋迦牟尼佛及寶樹下諸佛現神力時，滿百千歲，然後還攝舌相。一時謦欬、俱共彈指，是二音聲，遍至十方諸佛世界，地皆六種震動。其中眾生，天、龍、夜叉、乾闥婆、阿修羅、迦樓羅、緊那羅、摩睺羅伽、人非人等，以佛神力故，皆見此娑婆世界，無量無邊百千萬億眾寶樹下、師子座上諸佛；及見釋迦牟尼佛共多寶如來，在寶塔中、坐師子座；又見無量無邊百千萬億菩薩摩訶薩及諸四眾，恭敬圍繞釋迦牟尼佛。既見是已，皆大歡喜，得未曾有。即時諸天、於虛空中、高聲唱言：‘過此無量無邊百千萬億阿僧祇世界，有國名娑婆，是中有佛名釋迦牟尼，今爲諸菩薩摩訶薩說大乘經，名妙法蓮華，教菩薩法，佛所護念。汝等當深心隨喜，亦當禮拜供養釋迦牟尼佛。’彼諸眾生，聞虛空中聲已，合掌向娑婆世界作如是言：‘南無釋迦牟尼佛！南無釋迦牟尼佛！’以種種華、香、瓔珞、幡蓋，及諸嚴身之具、珍寶妙物，皆共遙散娑婆世界。所散諸物，從十方來，譬如雲集，變成寶帳，遍覆此間諸佛之上。”（T0262v09p0051c-0052a）“禪䯇”對應經文即作“彈指”。南宋法雲撰《法華經義記》：“第二正明神力凡有八種神力，而文成六段。第一先明長舌與放光合爲一段也。一時下是第二段又明兩種神力，即是謦咳與彈指二神力也。地動下是第三段明第五神力也，欲使六道衆生盡發動通經意。其中衆生下是第四段，此明第六神力，正明如來神力令大衆徹見十方也。即時諸天下是第五段，明第七神力也，明諸天唱告使衆生供養。所散諸物下是第六段，明第八神力，表所修諸善感當來佛果也。”（T1715v33p0675c-0676a）對應的文字亦作“彈指”。“彈指”佛經多見，唐不空譯《施諸餓鬼飲食及水法》：“請印，唯改一誦呪一彈指，以大指與中指頭相捻，彈指作聲即是。”（T1315v21p0467a）彈指是大指與中指相彈發聲之義。佛經中常用“彈指”表達時間短暫的意思。彈指又是印度的一種風俗，可以表達歡喜、讚歎、警告、許諾、覺悟、招喚、敬禮等意。隋吉藏撰《法華義疏》：“一時謦咳俱共彈指者，舊云謦咳表說二權二實暢悅佛心。《法華論》云：現謦咳聲說偈令聞故，聞已如實修行不放逸故。彈指者，表覺悟衆生，令修行者得覺悟故。”（T1721v34p0618b）此解彈指之義甚明。據文意，“禪䯇”本作“彈指”，“䯇”爲“指”之異體，“禪”乃“彈”字之訛。失譯《分別功德論》：“善覺到三十三天，見在善法講堂入滅盡定，彈指覺之曰：‘世尊涅槃已十四日。’”（T1507v25p0041a）《可洪音義》卷二十《分別功德論》第三卷：“禪指，上徒丹反。正作撣、彈二形。”（v60p177a）“禪”即“彈”字之訛。《法苑珠林》對應之字亦作“禪指”，“禪”亦“彈”字之訛。

北宋法賢譯《佛說瑜伽大教王經》：“復次以左手作拳安於臍輪，右手作[5]彈指，此是辯積菩薩印。”（T0890v18p0575b）本頁下注5：“彈＝禪《宮》。”日本靜然撰《行林抄》：“每座置一淨葉，先以淨瓶盛香水，寫少許置葉上獻，次塗香以[1]禪指獻，次花燒香。”（T2409v76p0498a）本頁下注1：“禪＝彈[カ]《原》。”失譯

《金剛頂瑜伽護摩儀軌》："十方天供養雜粥，所謂粳米、油麻、菉豆，相和煮盛一器中，每座置淨葉。先以淨瓶盛香水，寫少許置葉上獻，次塗香以[7]指彈獻。"（T0909v18p0924a）本頁下注7："指彈=彈指《甲》。""禪"皆爲"彈"字之訛。《行林抄》之"以彈指獻"乃以"以指彈獻"之誤倒，《金剛頂瑜伽護摩儀軌》不誤。日本濟暹撰《大日經住心品疏私記》："故有真如受熏之極唱，勝義無性之祕告。警一道於禪指，覺無爲於未極。"（T2215v58p0797b）日本寂室玄光語《永源寂室和尚語録》："幻真非真，夢境何境，一禪指頃，百年流景。"（T2564v81p0116a）日本宗峯妙超語《大燈國師語録》："異口同聲各置百千問難，也不消長老禪指一下。"（T2566v81p0236c）日本悟溪宗頓語《虎穴録》："六十年託身於浮世，恰如泡影。一禪指絶迹説囂塵，頓離妄情。所以了了然不可狀，昭昭乎莫能名。"（T2570v81p0336c）"禪"亦皆"彈"字之訛。

"禪指"又爲佛教手印的手指名，亦單稱爲"禪"。唐金剛智譯《佛説無量壽佛化身大忿迅俱摩羅金剛念誦瑜伽儀軌法》："燈印定爲拳，忍竪禪指捻。"（T1223v21p0131b）唐金剛智譯《金剛峯樓閣一切瑜伽瑜祇經》："復次金剛手，我今更説印。戒方忍願指，内相叉爲齒。檀慧曲如鉤，進力及禪智。猶如笑眼形，是名根本印。"（T0867v18p0269b）"戒""方""忍""願""檀""慧""進力""禪""智"皆手指名。

2268 髂

日本靜然撰《行林抄》："《一字軌》云：曩𝄐𝄐𝄐𝄐𝄐南阿鉢羅底賀多舍沙那南唵[1]儞髂儞卑偷（二合）娜誐（二合）覩瑟尼（二合）沙吽吽發。"（T2409v76p0064c）本頁下注1："儞髂儞=儞軆儞軆？"

按：唐不空譯《一字頂輪王念誦儀軌》："真言曰：曩謨三滿多没馱南阿鉢囉（二合）底賀多舍娑娜南唵（引）[47]儞軆儞[48]軆卑瑜（二合）娜誐都瑟尼（二合）沙吽吽發發娑嚩（二合）訶（引）。"（T0954Av19p0309b）本頁下注47："儞軆-《三》《甲》。"注48："軆-《乙》《丙》。"與"髂"對應之字作"軆"，"軆"爲切身字。"髂"與"軆"爲同一梵文的譯音字，疑本從"卑"從"夜"，"卑"旁訛作"骨"旁而成"髂"形。

2269 髓

唐義淨譯《根本説一切有部苾芻尼毘奈耶》："時有衆多苾芻尼，於阿氏羅河與諸俗女同爲洗浴，以指相指，看尼嬭房腰腹髓踹等，隨事讃説。"（T1443v23p1011a）

按：《可洪音義》卷十六《根本説一切有部毘奈耶苾芻尼律》第十九卷："髓踹，上他罪反。"（v60p5c）字亦作"髓"。"髓"即"骽""腿"之異體。唐菩提流志譯《大寶積經》："左右兩腿足，合有五十骨。"（T0310v11p0334c）唐慧琳撰《一切經音義》卷十四《大寶積經》第五十七卷："腿足，退餧反。俗字，非也。正體從骨作'骽'，《考聲》：'骽，髀也，股也。'《字書》：'髖也。'《古今正字》：從骨，妥聲。妥音與骽同，餧音奴會反。《説文》闕。"（T2128v54p0390b）《玉篇·肉部》："腿，他儡切。腿脛也。本作骽。"《廣韻·賄韻》吐猥切："骽，骽股也。腿，俗。""腿"爲"骽"的後出異體字，見於唐代佛經。據文意，"髓"即"骽""腿"的異構字。

2270 髓

唐彌陀山譯《無垢淨光大陀羅尼經》："以其呪力及至心故，於泥等塔中出妙香氣，所謂牛頭栴檀、赤白栴檀、龍髓、麝香、欝金香等，及天香氣。"（T1024v19p0719b）

按："髓"即"腦"之異體。"龍腦"文獻習見，本爲樹名，此樹所產之香料亦稱"龍腦"。唐慧琳撰《一切經音義》："案《西域記》云：'羯布羅香樹，松身異葉，花果亦别，初採既濕尚未有香，木乾之後，修理而折，其中有香，狀如雲母，色如氷雪，此謂龍腦香也。'"（T2128v54p0521a）所釋甚詳。清吴任臣《字彙補·骨部》："髓，與腦同。""髓"爲"腦"的異體，字從"骨"旁。"髓"字從"骨"，與此同例。

2271 髆

日本源信撰《往生要集》："爾時便有鐵觜大鳥，上彼頭上，或上其髆，探啄眼精而噉食之。"（T2682v84p0036c）

按："髆"即"髆"字之訛。彌勒説、唐玄奘譯《瑜伽師地論》："爾時便有鐵柴大烏，上彼頭上，或上其髆，探啄眼睛而噉食之。"（T1579v30p0296c）唐窺基撰《妙法蓮華經玄贊》："爾時便有鐵嘴大鳥上彼頭上，或上其髆，探啄眼精而噉食之。"（T1723v34p0767a）與"髆"對應之字皆作"髆"。《説文·骨部》："髆，肩甲也。""髆"即肩膀之義，與文意合。

考諸字形，"尃"與"專"形近，故從"尃"旁之字或與"專"旁相混，故"髆"或訛作"髆"。隋達摩笈多譯《佛説藥師如來本願經》："爾時衆中有菩薩摩訶薩名曰救脱，即從座起，偏露一髆，右膝著地。"（T0449v14p0403c）北齊那連提耶舍譯《月燈三昧經》："其臂髆如瞻波花鬘，臂復纖長如象王鼻。"

(T0639v15p0598b) 隋闍那崛多譯《善恭敬經》:"若行寺内恭敬師故，勿以袈裟覆於肩髆。"(T1495v24p1101c)"髆"皆"髆"字之訛。

香 部

2272 馣

三國吴支謙譯《撰集百緣經》:"佛以神力，令此香雲[37]靉靆，垂布遍王舍城。"(T0200v04p0215c) 本頁下注37:"靉靆=馤馣《聖》。"

按:"馤馣"與"靉靆"爲版本異文，"馤馣"即"靉靆"改變形旁的異構字。"靉靆"有雲盛貌之義。因文中形容"香雲"，故改從"香"旁。鄧福禄、韓小荆《字典考正》"馤"字條(p456)亦有考證，可互參。

鬼 部

2273 䰫

日本觀静撰《孔雀經音義》:"那羅延，或云毘[2]䰫。"(T2244v61p0792a) 本頁下注2:"䰫=蒐《甲》，菟《乙》。"

按:"䰫"與"蒐""菟"爲版本異文，三字皆"紐"字之訛。唐慧琳撰《一切經音義》卷六《大般若波羅蜜多經》第四百七十卷:"那羅延，梵語，欲界中天名也。一名毘紐天。欲求多力者，承事供養，若精誠祈禱，多獲神力也。"(T2128v54p0340a) 唐慧琳撰《一切經音義》:"毗紐，上婢彌反，下女久反。梵語，唐云那羅延，天之别名也。"(T2128v54p0607a) 唐慧琳撰《一切經音義》:"毘瑟笯，奴故反。天名也。舊毗紐天，亦言毗搜紐天，訛也。"(T2128v54p0769a) 南朝宋求那跋陀羅譯《雜阿含經》:"時有毘瘦紐天子容色絶妙。"(T0099v02p0358b) 日本淨嚴撰《悉曇三密鈔》:"ᨌ毘ᨍ瑟拏(或瑟紐)天，或云韋紐。"(T2710v84p0786b) 日本阿寂記《妙印鈔》:"毘紐天者，《疏》第五云:又次置微瑟紐，舊譯謂之毘紐，此是那羅延天也。"(T2213v58p0104b) 日本覺超撰《胎藏三密抄》:"那羅延天(亦名毘紐天)印。"(T2398v75p0615a) 與"䰫"對應之字作“紐”或“拏”。“紐”“拏”皆“[illegible]（nu）”的譯音字。

唐慧琳撰《一切經音義》卷二十《華嚴經》第十三卷：“摩㝹，奴侯反。正言摩奴末耶，此云意生身，言諸天等從意化生也。”（T2128v54p0432a）日本淨嚴撰《悉曇三密鈔》：“[illegible]，奴、弩、努、耨、免（二共法花）、拏。”（T2710v84p0744c）“㝹”與“奴”爲同一梵文的譯音字，“奴”與“拏”“紐”皆“[illegible]（nu）”的譯音字，“嵬”與“菟”“莵”亦皆“㝹”字之訛，亦皆“[illegible]（nu）”的譯音字。“㝹”或作“嵬”者，“兔”旁訛作“鬼”也。日本實運撰《祕藏金寶鈔》：“草纏羅菓（[35]菟糸子）。”（T2485v78p0373c）本頁下注35：“菟＝莵《原》。”唐伽梵達摩譯《千手千眼觀世音菩薩治病合藥經》：“若有人患大便孔癢名，取草纏羅菓，熱細末和糖，呪一百八遍，塗孔日三即差（草纏羅菓者，莵糸子是也）。”（T1059v20p0105a）“菟糸子”即“莵絲子”，“菟”即“莵”字之訛。日本心覺撰《多羅葉記》：“提婆摩[18]莵，此云天人。”（T2707v84p0593a）本頁下注18：“莵＝鬼《甲》。”佚名《翻梵語》：“提婆摩莵，譯曰天人。”（T2130v54p0990a）日本圓仁撰《金剛頂大教王經疏》：“或名舍多提婆摩莵舍喃，舍多，秦言教師；提婆，言天；魔莵舍喃，言人，是名天人教師。”（T2223v61p0025a）“鬼”亦“莵”字之訛。皆可比勘。

2274 魠

東晉帛尸梨蜜多羅譯《佛説灌頂七萬二千神王護比丘呪經》：“不知修福，殺衆生命，喚諸邪[26]魠魍魎鬼神，求覓福德，不能得也。”（T1331v21p0512c）本頁下注26：“魠＝妖《三》。”

按：正文“魠”注文作“魅”，與“妖”爲版本異文，“魠”即“妖”之分化字“魅”字之訛。唐般剌蜜帝譯《大佛頂如來密因修證了義諸菩薩萬行首楞嚴經》：“後還罪畢，受諸鬼形。若於本因，貪物爲罪，是人罪畢，遇物成形，名爲魠鬼；貪色爲罪，是人罪畢，遇風成形，名爲魠鬼；貪惑爲罪，是人罪畢，遇畜成形，名爲魅鬼；貪恨爲罪，是人罪畢，遇蟲成形，名蟲毒鬼；貪憶爲罪，是人罪畢，遇衰成形，名爲癘鬼；貪慠爲罪，是人罪畢，遇氣成形，名爲餓鬼；貪罔爲罪，是人罪畢，遇幽爲形，名爲魘鬼；貪明爲罪，是人罪畢，遇精爲形，名魍魎鬼；貪成爲罪，是人罪畢，遇明爲形，名役使鬼；貪黨爲罪，是人罪畢，遇人爲形，名傳送鬼。”（T0945v19p0145a）又：“風魠之鬼，風銷報盡，生於世間，多爲咎徵，一切異類。”（T0945v19p0145a）又：“其人見故，心生傾渴，邪見密興，種智銷滅，此名魠鬼。”（T0945v19p0149c）又：“口兼獨言，聽若[2]魠魅。”（T0945v19p0151a）本頁下注2：“魅＝妖《三》。”“魅”皆“妖”的分化字，“魠”又“魅”字之訛。“妖”本義爲艷麗，文獻中又用作妖魅義，“魅”即“妖”之“妖魅”義的分化字。《可洪音義》卷六《大灌頂經》第一卷：“[illegible]魅，上音妖。”（v59p749b）又卷九《菩薩萬形首楞嚴經》第八卷：“[illegible]鬼，上於憍反。又音跋，非。”（v59p869a）又卷六《大灌頂經》第六卷：“魕耶，上於憍反。……前作妖邪也。又音跃。”（v59p751a）又卷二十一《修行地道經》第一卷：“魕鬼，上於憍反。正作‘妖’。又音跋，非。”（v60p212b）又卷二十三《諸經要集》第十九卷：“魕魅，上於憍反。正作‘妖’‘祅’二形。又蒲末反，旱~也，非。”（v60p307a）“魕”“魕”亦皆“䰡”字之訛。

佛經中“䰡”又訛作“魃”。西晋竺法護譯《修行道地經》：“當爾之時，有大醉象，放逸犇走，入於御道。衆人相謂，今醉象來，踏蹴吾等，而令横死。此爲[2]魃魅，化作象形，多所危害，不避男女。身生瘡痍，其身𤺌溢。譬若大髀，毒氣下流。舌赤如血，其腹委地。口脣如垂，行步縱横。無所省録，人血塗體。獨遊無難，進退自在。猶若國王，遙視如山。暴鳴哮吼，譬如雷聲。而擎其鼻，瞋恚忿怒。”（T0606v15p0197a）本頁下注 2：“魃＝夭《宋》《元》《宮》，妖《明》。”失譯《佛説孝子經》：“自穢妻聚，惑志女，荒迷于欲，妖蠱姿態，其變萬端。薄智之夫，淺見之士，覩其如此，不覺微漸，遂迴志没身，從彼[65]魃魅邪巧之亂。或危親殺君，惛色情蕩，忿嫉怠慢，散心盲冥，等行鳥獸。自古世來，無不由之殺身滅宗。”（T0687v16p0780c）本頁下注 65：“魃魅＝妖媚《三》《宮》。”《佛説灌頂七萬二千神王護比丘呪經》：“凡夫塚塔有精靈者，皆是五穀之精[22]魃魅幻化，或横死之鬼無所附著依以爲靈，或是樹木山林之精，既無飲食往來人間，作諸變怪恐動於人。”（T1331v21p0513c）本頁下注 22：“魃＝妖《三》。”佚名《龍樹五明論》：“其家所有一切魃祥，自然磨滅。”（T1420v21p0963c）北宋子璿集《首楞嚴義疏注經》：“貪色爲罪，是人罪畢，遇風成形，名爲魃鬼，即前婬習爲因也。”（T1799v39p0939a）又：“風魃之鬼，風銷報盡，生於世間，多爲咎徵，一切異類。婬習爲因，報招風魃，旁爲畜生，受咎徵也。”（T1799v39p0939c）又：“其人見故，心生傾渴，邪見密興，種智銷滅，此名魃鬼。”（T1799v39p0953b）唐神清撰、北宋慧寶注《北山録》：“其有過於不信者，如拓跋（魏武燾）、宇文（周武）、崔皓（後魏）、傅弈（唐初）爲災孽魃彗焉。”（T2113v52p0632a）“魃”皆“䰡”字之訛。

2275 魕

唐道世撰《法苑珠林》：“婬婦之妖蠱喻彼[6]魃魅，靡不由之亡國危身，而愚夫尊之，萬言無一誠也，而射師信之，斯謂獵者愚矣。”（T2122v53p0693a）本頁下注 6：“魃＝魕《三》《宮》。”

按：四庫本作“魕”。“魕”與“魃”爲版本異文，“魕”“魃”皆“䰡”字之訛。三國吴康僧會譯《六度集經》：“婬婦之妖喻彼[26]魃魍。”（T0152v03p0013b）本頁下注 26：“魃魍＝魑魅《三》。”與“魃（魕）魅”對應之字作“魃魍”“魑魅”。《説文·鬼部》：“䰡，厲鬼也。从鬼，失聲。”本爲厲鬼之義，佛經中或與“魑”通用，唐道世撰《諸經要集》：“婬婦之妖蠱喻彼魑魅。”（T2123 v54p0152b）與“魃（魃）魅”對應之字亦作“魑魅”。明董斯張撰《廣博物志》：“婬婦之妖蠱喻彼魑魅，靡不由之亡國危身，而愚夫尊之，萬言無一誠也。”“魑”亦“魃”字之訛。僧伽羅刹造、東漢安世高譯《道地經》：“已生從血臭故，便聚爲邪鬼[36]魂、飛屍、各魑魃蠱鬽魖行。”（T0607v15p0234c）本頁下注36：“魂=魂《三》《宮》。”唐慧琳撰《一切經音義》卷七十五《道地經》：“邪鬼魅，恥利反。郭璞注《山海經》云：‘神魅者，魅魅也。’魅鬼，俗呼音丑栗反，聲轉訛也。《説文》：‘厲鬼也。’《經》文或作‘魅’，並通用也。魑魃，上音蜀，下音其，又音渠寄反。《精異記》曰：‘魑魃者，矬矮小鬼，虐厲鬼之類也。’鬽魖，上眉祕反，或從未作‘魅’。案，鬼其類甚多，或狐或貍，或種種異類，或鬼或神，皆能魅人。下音虛，虛秏鬼也。《異苑》曰：‘虛秏鬼所至之處，令人損失財物，庫藏空竭，名爲秏鬼。其形不一，怪物也。’”（T2128v54p0792b）據慧琳，“魂”乃“魅”字之訛。《説文·鬼部》：“魅，厲鬼也。”大徐音“丑利切”。“魂”“魅”“魅”皆“魅”字之訛。“魑魃”慧琳作“魑魃”，“魃”“魃”皆“魃”字之訛。

“魅”訛作“魃”，佛經多見。西晋竺法護譯《佛説普曜經》：“諸鬼神龍閱叉揵沓和[8]魃魅害鬼，其四天王神足勑鬼，奉擧馬足。”（T0186v03p0509a）本頁下注8：“魃=魑《三》。”失譯《無明羅刹集》：“如是惡鬼，[10]魑魅魍魎，充滿城中。”（T0720v16p0851b）本頁下注10：“魑=魃《三》《宮》。”日本聖德太子撰《法華義疏》：“處處皆有魃魅魍魎，總出五利使衆生。”（T2187v56p0092c）“魃”皆“魅”字之訛。

“魃”又“鬽”字之訛。日本中算撰《妙法蓮華經釋文》：“魅，美秘反。……《説文》：老物精也。亦作‘魃’矣。”（T2189v56p0158b）《説文·鬼部》：“鬽，老精物也。从鬼、彡。彡，鬼毛。魅，或从未聲。”唐曇曠撰《大乘起信論廣釋》卷第五：“鬼謂魑魃，性多虛誑。”（T2814v85p1168）西晋竺法護譯《正法華經》：“諸[24]魃湊滿，貪欲慢翰。”（T0263v09p0076c）本頁下注24：“魃=魅《三》《宮》。”三國吳康僧會譯《六度集經》：“王謂群臣曰：‘斯一身所更視聽，始今尚不自知，豈況異世，捨故受新？更乎衆艱[42]魃魅之拂、痱忤之困，而云欲知靈化所往，受身之土，豈不難哉？’”（T0152v03p0051c）本頁下注42：“魃魅=魑魅《三》。”

2276 魍

唐輸波迦羅譯《蘇婆呼童子請問經》：“謂工商農土，男女失昏，如是等事，無不稱心，魍魎所著，及患壯熱，孩子鬼魅所著。”（T0895v18p0739a）

按：“魍”即“魍”字之訛，“罔”旁訛作“図”也。

2277 魒

日本賴瑜撰《薄草子口決》：“魁魀魑𩲡𩴌𩳐魒，此謂北斗七星名也。”（T2535v79p0278c）

按：“魒”即“魒”字之訛。參 2280“魑”字條。

2278 ⿰魔斗

日本元海記《厚造紙》：“[悉曇文字]，曩謨三曼多縛曰［日］羅赦賛拏摩路灑拏訖叉⿰魔斗薩嚩怛瑟吒鉢羅南縛曰［日］羅婆播室多嚩拏也縛曰［日］羅佉尾難蘇頗吒也吽怛羅吒憾鋡。”（T2483v78p0279b）

按：“⿰魔斗”爲“𑖦𑖽（maṃ）”之譯音字，乃“⿸麻魅”字之訛。日本淨嚴撰《悉曇三密鈔》：“𑖦𑖽，鋡、瞞、曼、鏝、滿、縵、漫、懵、⿰鬼感（切身。慈氏）、芒、⿸麻魅（佛頂）、摩含（二合。略出經）。”（T2710v84p0745c）收“⿸麻魅”爲“𑖦𑖽（maṃ）”的譯音字。“⿰魔斗”蓋即“⿸麻魅”字之訛。參下條。

2279 ⿸麻魅

日本淨嚴撰《悉曇三密鈔》：“𑖦𑖽，鋡、瞞、曼、鏝、滿、縵、漫、懵、⿰鬼感（切身。慈氏）、芒、⿸麻魅（佛頂）、摩含（二合。略出經）。”（T2710v84p0746a）

按：唐不空譯《大佛頂如來放光悉怛多鉢怛囉陀羅尼》（黄檗版淨嚴等加筆本）：“曩謨塞訖哩（三合）跢嚩（二合，引）伊⿸麻魅。”（T0944Av19p0100b）又：“鉢納麽（二合）加⿸麻魅（二合）嚩日囉（二合）爾賀嚩（二合）者。”（T0944Av19p0100c）此即《悉曇三密鈔》所本。日本南忠撰《注大佛頂真言》：“曩謨塞訖哩（二合）跢嚩（二合）伊⿸麻魅（如是禮已）。”（T2234v61p0602c）又：“鉢納麽（二合）迦⿸麻魅（二合）嚩曰［日］羅（二合）爾賀嚩者（蓮花瓔相金剛相）。”（T2234v61p0603b）又：“祈願曰：㗚乞叉（二合）⿸麻魅乞叉（二合）魅（守護於我某甲及一切衆生）。”（T2234v61p0603c）字亦作“魅”。日本明覺撰《悉曇要訣》：“《金界》云：皷[悉曇文字]鋡𑖦𑖽。《大佛頂》云：⿰魔斗𑖦𑖽。……此等字内作爲上，外作爲下，依反音法反之即成其音。”（T2706v84p0511a）字又作“⿰魔斗”。“⿸麻魅”“⿰魔斗”皆“𑖦𑖽（maṃ）”之譯音字，爲切身字。

2280 魑

日本賴瑜撰《薄草子口決》："魁魀魑魱魓魋魒，此謂北斗七星名也。"(T2535v79p0278c)

按：北宋張君房撰《雲笈七籤·諸家氣法·王真人氣訣》："又存想七政，配合五臟，所謂肺魁、肝魈、心魋、脾魁、膽魓、左腎魋、右腎魒。"《玉篇·鬼部》："魁，口囘切。師也，又北斗名。""魀，巨希切。星名。""魋，呼官切。星名。""魁，胡硬切。鬼。""魓，音畢。""魋，音甫，星名。""魒，匹姚切。星。"清宮夢仁撰《讀書紀數略·人部·道家類》："北斗七星名曰魁魈魋魁魓魋魒。"《康熙字典·鬼部》："魈，《字彙補》：'昭削切，音勺。斗星名。'《元應録》：'每叩齒而念一星，星者，魁、魈、魋、魁、魓、魋、魒。'○按：'魁'即'魁'字之訛，'魈'即'杓'字之訛。"上揭文獻與"魑"對應之字皆作"魋"，"魑"當即"魋"字之訛。

2281 魘

僧伽羅剎造、東漢安世高譯《道地經》："已生從血臭故，便聚爲邪鬼魄、飛屍、各魘魃蠱魁魋行。"(T0607v15p0234c)

按：唐慧琳撰《一切經音義》卷七十五《道地經》："魘魃，上音蜀，下音其，又音渠寄反。《精異記》曰：'魘魃者，矬矮小鬼，虐厲鬼之類也。'"(T2128v54p0792b) 依《慧琳音義》，"魘"乃從鬼屬聲的形聲字，亦爲鬼名。

食　部

2282 飫

婆素跋陀造、前秦鳩摩羅佛提譯《四阿鋡暮抄解》："有鉞斧大如半月，彼各各起疾。此本逼迫我，我當還逼迫之，如刈竹葦藨（[11]鉞相破如此）。"(T1505v25p0013a) 本頁下注 11："鉞＝飫《明》。"

按：“飫”與“鉞”爲版本異文，“飫”即“鉞”字之訛。“鉞”或寫作“鉞”（見《可洪音義》v59p698a），“戉”旁或作“戊”旁。“鉞”所從之“金”旁訛作“食”旁即成“飫”字。東晉佛陀跋陀羅、法顯譯《摩訶僧祇律》：“王知其意，甚大歡喜。即問傍臣：‘誰能得此[8]金色鹿皮，我今須之持用作褥。’”（T1425v22p0230b）本頁下注8：“金＝食《聖》。”“食”即“金”字之訛，可比勘。

2283 餴

唐道宣撰《續高僧傳》：“而世或多事，妄行斷粒。練形以期羽化，服[28]餌以却重尸。”（T2060v50p0685b）本頁下注28：“餌＝餴《宮》。”

按：“服餌”文獻習見，“餴”當即“餌”字之訛。

2284 餓

日本湛慧撰《成唯識論述記集成編》：“《鈔釋》曰：西國方俗，尚屋小坊，皆是砌磚，表裹泥飾，冬時亦塞。當其舍項，開以一竅，於中索懸大鐵盤，其相如餓。密塞四孔，下燒盛火，令熱焰焰滿其室中。然得撥室掃塗淨潔，方延所供入其室中。”（T2266v67p0591b）

按：日本湛慧撰《阿毘達磨俱舍論指要鈔》：“《正理鈔》云：西國方俗，尚屋小房，皆是砌磚，表裹泥飾，冬時亦寒。當其舍頂，開以一竅，於中索繫大鐵盤，其相如餓。密塞四孔，下燒盛火，令熱焰焰滿其室中。然得撥室掃塗淨潔，方延所供入室中。”（T2250v63p0940b）字亦作“餓”。根據文意，“餓”即“鏊”字之訛，“鏊”爲“鏊”之異體。唐慧琳撰《一切經音義》：“在鏊，五号反。《韻略》云：‘鏊，作餅燒器也。’《尒雅》釜鼎之類是也。《説文》從金敖聲。”（T2128v54p0579b）唐澄觀撰《大方廣佛華嚴經疏》：“謂天爲圓穹，其形如鏊。”（T1735v35p0583a）“鏊”爲圓形鐵製作餅炊具，文中言“大鐵盤，其相如鏊”，作“鏊”與文意合。

考諸字形，“鏊”從金敖聲，“金”旁或訛作“食”旁，“敖”與“放”形近，故“鏊”訛作“餓”。《可洪音義》卷十六《四分律》第四十三卷：“餅饉，五告反。正作‘鏊’。”（v60p37b）字即從“食”。日本安然記《金剛界大法對受記》：“他皆[30]放此。”（T2391v75p0129c）本頁下注30：“放＝傲《乙》。”“傲”乃“倣”字之訛，可比勘。

2285 餸

唐輸波迦羅譯《蘇悉地羯囉經》：“又不應喫五辛慈葱蘿蔔油麻，及餘一切諸菜茹，米粉豆餅，并餸畢豆及油麻餅，并作團食，皆不應喫。”（T0893v18p0637b）

按：《可洪音義》卷九《蘇悉地羯羅經》上卷：“并餸，支陵反。”（v59p874c）字亦作“餸”。“餸”即“饝”字之訛，“饝”又“蒸”之分化字。《蘇悉地羯囉經》：“又不應喫苍蒜蘿菔油麻酒酢，及餘一切諸菜茹，米粉豆餅，并蒸畢豆及油麻餅，并作團食，皆不應喫。”（T0893v18p0666c）日本圓仁撰《蘇悉地羯羅經略疏》：“不應喫葱蒜蘿菔油麻酒酢，及餘一切諸菜茹，米粉豆餅，并蒸畢豆及油麻餅，并作團食，皆不應喫。”（T2227v61p0404b）字皆作“蒸”。“蒸”乃一種常見製作食品的方法，故字或加“食”旁作“饝”。

《蘇悉地羯囉經》：“苍蒜蘿蔔油麻并酢，及餘一切諸菜茹，米粉豆餅，并饉畢豆及油麻餅，并作團食，皆不應喫。”（T0893v18p0606c）“饉”亦“饝”字之訛。

2286 餙

唐玄奘授、不空譯《唐梵翻對字音般若波羅蜜多心經》：“三藏結束囊裝，漸離唐境。或途經厄難，或時有闕齋餙。憶而念之四十九遍，失路即化人指引，思食則輙現珍蔬。但有誠祈，皆獲戩祐。”（T0256v08p0851a）

按：“餙”即“饈”字之訛。“饈”或寫作“**饈**”（見《龍龕·食部》），“餙”與“**饈**”形近。“齋饈”義同“齋飯”，指佈施給僧尼的飯食，“饈”爲食品義。字本作“羞”，“饈”爲“羞”的分化字。

2287 餕

北宋道原纂《景德傳燈録》：“德山云：‘莫展炊巾，遮裏無餕飯。’師曰：‘縱有也無著處。’”（T2076v51p0295a）

按：“餕”即“餿”字之訛。《玉篇·食部》：“餿，色求切。飯壞也。餿，同上。”“餿”即放得時間久變質的飯，與文意合。南宋普濟集《五燈會元》：“又到德山，纔展坐具，山曰：‘莫展炊巾，這裏無殘羹餿飯。’師曰：‘縱有也無著處。'"《五燈會元》作"殘羹餿飯"，可比勘。

2288 ⿰飠烝

唐不空譯《大聖天歡喜雙身毘那夜迦法》："即取[9]⿰飠蒸餅五顆，蘿蔔根三顆，火燒熟。"（T1266v21p0297a）本頁下注9："⿰飠蒸=烝《明》，⿰飠烝《聖》，蒸《丁》。"

按："⿰飠烝"與"烝""蒸""⿰飠蒸"爲版本異文，"⿰飠烝"即"烝"之加旁字，與"⿰飠蒸"爲異構關係，"⿰飠蒸"又"蒸"之加旁字。

2289 ⿰飠麦

日本明覺撰《悉曇要訣》："《西域記》説南印度羯⿰飠麦（力甑反）伽國云：'言語輕捷，音詞質正，辭旨風則，頗與中印度異焉。'（文）"（T2706v84p0518b）

按：唐玄奘、辯機撰《大唐西域記》："羯⿰飠夌伽國，周五千餘里。國大都城周二十餘里。稼穡時播，花果具繁，林藪聯綿，動數百里。出青野象，隣國所奇。氣序暑熱，風俗躁暴，性多狷獷，志存信義。言語輕捷，音調質正，辭旨風則，頗與中印度異焉。"（T2087v51p0929a）與"⿰飠麦"對應之字作"⿰飠夌"，"⿰飠麦"即"⿰飠夌"字之訛。季羡林等《大唐西域記校注》注："羯⿰飠夌伽國：羯⿰飠夌伽，梵文Kaliṅga音譯，又譯迦陵伽。"（p819）字作"⿰飠夌"，與讀音合。日本淨嚴撰《悉曇三密鈔》："𑖝𑖿𑖨𑖱𑖽，怛陵（胎）。"（T2710v84p0753b）"陵"爲二合音"𑖝𑖿𑖨𑖱𑖽（trīṃ）"中"rīṃ"的譯音字。"⿰飠夌"或訛作"⿰飠麦"者，"夌"與"麦"形近，常相混誤，誤認"夌"旁爲"麦"旁，故"⿰飠夌"錯誤轉寫作"⿰飠麦"。

2290 ⿰飠堅

佚名《翻梵語》："騫荼陀婆，亦云⿰飠堅[4]茶陀婆，譯曰塞茶者，行；陀婆者，山。"（T2130v54p1023a）本頁下注4："茶=荼《甲》。"

按：東晉竺佛念譯《鼻奈耶》："時騫[32]茶陀婆比丘以左脚蹋調達。"（T1464v24p0869c）本頁下注32："茶=陀《三》《宮》，荼《聖》。"根據文意，"⿰飠堅"與"騫"爲同一梵文的不同譯音字。後秦佛陀耶舍、竺佛念譯《長阿含經》："時毘婆尸佛有二弟子，一名[21]騫茶，二名提舍。"（T0001v01p0002c）本頁下注21："騫茶=騫荼《三》～Khaṇḍa."　"騫"爲"Khaṇ"之譯音字，則"⿰飠堅"當爲"鏗"字之訛。"金"與"食"形近，"金"旁字或訛作"食"旁。東晉竺佛念譯《出曜經》："左面弟子名曰鏗荼陀婆，右面弟子名曰瞿婆離。"（T0212v04p0696b）《翻梵語》："鏗荼陀婆，譯曰行也。"（T2130v54p1026b）

日本心覺撰《多羅葉記》："[17]雞和多，應云枳跋多。譯云殺盜魚人。"（T2707v84p0612a）本頁下注 17："（騫陀陀驃，應云騫陀陀毘，譯云行香。乾陀羅，譯云樹皮。騫陀達多，譯云行與。鑑荼陀婆，此云行生。騫荼陀婆，亦云堅陀婆。騫陀者，行；陀婆者，山）+雞《甲》。"又："騫荼陀婆，亦云鍱荼陀婆，譯曰騫荼者，行；陀波者，山。"（T2707v84p0614b）"鑑"與"鏗"爲同一梵文的譯音字，"鍱"則"鏗"字之訛。

2291 饐

唐阿地瞿多譯《陀羅尼集經》："毘那夜迦食者，若麵裹物，[22]饝煮燒熟，歡喜團等，皆不得食。"（T0901v18p0786b）本頁下注 22："饝＝蒸《三》《甲》，饐《乙》。"

按："饐"與"饝""蒸"爲版本異文，"饐"即"饝"字之訛，"饝"又"蒸"之分化字，"蒸"與"烝"又有糾葛。"蒸""烝"皆見於《説文》，《説文·艸部》："蒸，折麻中榦。从艸，烝聲。"段注改"折"爲"析"。《火部》："烝，火气上行。从火，丞聲。"從形義關係分析，"烝"的本義就是用燃燒產生的上升的熱氣對東西加熱或把食物做熟，"蒸"的本義是用來燃燒的麻稈，兩字同源，故使用中常常通用，"蒸"也有加熱或做熟食物之義。就文字的使用而言，加熱或做熟食物之義很早就主要由"蒸"來承擔，"烝"則逐漸不再承擔此義。但是，"蒸"是個承擔了很多義項的字，故或在"蒸"的基礎上加"食"旁造"饝"字來承擔加熱或做熟食物之義。

"饝"或訛作"饐"者，"饝"字所從之"丞"與"亟"形近而訛從"亟"也。"烝"或寫作"烝"（《可洪音義》v60p354b），又寫作"烝"（《可洪音義》v59p1017a），"烝"之右旁與"亟"形近。龍樹造、後秦鳩摩羅什譯《十住毘婆沙論》："大悲諸菩薩，能[18]極爲希有。衆生死至時，無能救護者。"（T1521v26p0020c）本頁下注 18："極＝拯《三》《宮》。""極"爲"拯"字之訛，亦可比勘。

2292 饋

日本靜然撰《行林抄》："以輪齊有孔，可容饋撅。"（T2409v76p0250a）

按："饋"即"鐀"字之訛。佚名《聖無動尊安鎮家國等法》："輪齊有孔，可容鐀橛。"（T1203v21p0029b）與"饋撅"對應之字作"鐀橛"，即用鐀鉄做的橛字。日本良祐撰《三昧流口傳集》："鑌鐵橛事。鎭支度云：鑌鐵橛八枚，長八指一半。已上作獨股形，仍具楞。已下橛形可入輪臍四指。池決云：鑌鐵者，七度調鐵也。橛半已上八方獨古形，已下圓，可造可入輪穴樣也。"（T2411v77p0043b）介紹"鑌鐵橛"的形制甚詳。

"鑌"訛作"饋"者，蓋由"金"與"食"形近，"金"旁字或訛作"食"旁；"賓"或寫作"賔"，又寫作"賔"，"賞"與"賔"形近，"賓"與"賞"或混誤。南朝梁慧皎撰《高僧傳》："丹陽尹孟顗，見而善之，深加[9]賞接。"（T2059v50p0337a）本頁下注9："賞=賓《宋》《宮》。"南朝梁寶唱撰《比丘尼傳》："帝益相善，厚崇供施，内外親[40]賞。"（T2063v50p0946c）本頁下注40："賞=賓《三》。""賓"皆"賞"字之訛。

2293 䴏

東晋竺佛念譯《出曜經》："昔佛在摩竭國道場甘梨園北石室精舍中。時有一男子將從嚴駕隨大導師入海採寶，餘小賈人以類相從，飲食[6]䴏樂施諸貧窮沙門婆羅門，以得入海採致珍寶。還至平岸，共相娯樂，飲食歡*䴏日日不斷。"（T0212v04p0617b）本頁下注6："䴏=醼《三》*。"

按："䴏"與"醼"爲版本異文，"䴏"即"醼"之異構字，兩字皆"燕"之分化字。古代文獻常借"燕"表示宴飲之義。《詩·小雅·南有嘉魚》："君子有酒，嘉賓式燕以樂。"漢鄭玄箋："用酒與賢者燕飲而樂也。"高亨注："燕，通'宴'。"《廣韻·霰韻》："醼，醼飲。《周禮》云：'以饗燕之禮親四方之賔。'《詩》云：'《鹿鳴》燕羣臣嘉賔也。'古無酉，今通用。亦作宴。""醼"即在"燕"字基礎上加"酉"旁所造後出分化字，"䴏"則是在"燕"字基礎上加"食"旁所造後出分化字。"酉""食"皆與宴飲義相關。

北魏慧覺譯《賢愚經》："爾時國中有豪長者，財富無量，唯無子姓，每懷悒遲。禱祠神祇，求索一子，精誠款篤，婦便懷妊。日月滿足，生一男兒，其兒端正，世所希有。父母宗親，值時[16]䴏會，共相合集，詣大江邊，飲酒自娯。"（T0202v04p0385b）本頁下注16："䴏=燕《三》。""䴏"與"燕"爲版本異文，亦"燕"之分化字。鄭賢章《漢文佛典疑難俗字彙釋與研究》"䴏"字條："'䴏'乃'讌'字。"（p450）不妥。

2294 饗

西晋竺法護譯《修行道地經》："犯禁穢濁事，貪[44]饗而獨食。"（T0606v15p0186c）本頁下注44："饗=飻《宋》《元》，飻《明》《聖》，欲《宮》。"

按："䬾"與"飻""飺""欲"爲版本異文，"䬾"即"飻"字之訛。《説文·食部》："飻，貪也。从食，殄省聲。"段注改作"从食，㐱聲"。《玉篇·食部》："飻，貪食。《説文》作'飺'。飺，上同。""飻"爲"飺"之異體，文獻多用"飻"字。"貪飻"，文獻習見。

"飻"訛作"䬾"者，"㐱"旁或寫作"尓"旁，"尓"又爲"尒"之異寫，"尒"又與"爾"通用，故"㐱"旁字寫作"尓"旁後或被錯誤轉寫作"爾"旁。"歹"旁或寫作"弓"旁。《可洪音義》："饕飻，上他刀反，下他結反。貪財曰饕，貪食曰飻。"（v59p555c）"飻"寫作"飻"，右上作"尓"。又："饕飻嗜，上吐刀反，下天結反。"（v59p730a）"飻"又寫作"飻"，左上作"弓"。上部兩個構件同時發生書寫變異，使得原來的"殄"旁變成了"弥"旁。刻寫者不知"弥"爲"殄"之訛，而誤認爲"彌"的異體，則會把"飻"錯寫成"䬾"。

風　部

2295 颩

西晉安法欽譯《佛説道神足無極變化經》："如是恒迦羅，如是頻[1]颰，如是阿壽，如是阿僧祇。"（T0816v17p0816a）本頁下注1："颰=颩《明》。"

按："颩"與"颰"爲版本異文，"颩"即"颰"字之訛。隋闍那崛多譯《大威德陀羅尼經》："如是入矜迦羅數中。從矜迦羅數至頻婆羅，從頻婆羅數至阿逾多，從阿逾多數至那由多。"（T1341v21p0793a）隋闍那崛多譯《佛本行集經》："太子答言：凡入億中算計數者，汝等諦聽，我今説之。一百百千，是名拘致（隋數千萬），其百拘致名阿由多（隋數十億），百阿由多名那由他（隋數千億），百那由他名波羅由他（隋數十萬億），百波羅由他名𢄼迦羅（隋數千萬億），百𢄼迦羅名頻婆羅（隋數十兆），百頻婆羅名阿芻婆（隋數千兆）。"（T0190v03p0709c）後秦鳩摩羅什譯《妙法蓮華經》："復聞是《法華經》，八百千萬億那由他，[13]甄迦羅，[14]頻婆羅，[15]阿閦婆等偈。"（T0262v09p0053b）本頁下注13："Kaṅkara。"注14："Vimbara。"注15："Akṣobhya。"唐玄應撰《一切經音義》（宛委别藏本）卷六《妙法蓮華經》第七卷："甄迦羅，或云𢄼迦羅，此當千万億。百𢄼迦羅名頻婆羅，此當十兆。百頻婆羅名阿蒭婆，或名阿閦婆，此當千兆。"（p198）又卷二十一《大乘十輪經》第一卷："頻跋羅，蒲沫反，或作頻婆羅。《佛本行經》云：百恒迦羅名頻婆，此數當十兆。"（p661）"恒迦羅""𢄼迦羅""矜迦羅""甄迦羅"皆"Kaṅkara"的譯音；"頻颰""頻婆羅""頻跋羅"

皆“Vimbara”的譯音。日本淨嚴撰《悉曇三密鈔》：“𑖤，婆、麽、滿、畔、盤、韈。”（T2710v84p0745b）日本安然撰《悉曇藏》：“又如𑖤婆𑖟陀𑖤嚩𑖨囉菩薩，或云跋陀和菩薩。”（T2702v84p0367c）“婆”“跋”“颰”皆可爲“𑖤（ba）”的譯音字。又《悉曇三密鈔》：“𑖤，嚩、啝、啝、婆、嫛、藹（切身。慈氏）、䟦（切身。同軌）、末、沫、靺、拔、罰。”（T2710v84p0746b）“婆”“拔”同爲“𑖤（va）”的譯音字，亦可比勘。

佚名《翻梵語》：“頻婆，譯曰百万。”（T2130v54p1054c）日本心覺撰《多羅葉記》：“頻婆者，百萬也。”（T2707v84p0590b）疑所釋有誤。

2296 颰

唐智昇撰《開元釋教録》：“《三曼陀[9]颰陀羅菩薩經》一卷，見《長房録》。”（T2154v55p0500c）本頁下注9：“颰=颰《明》。”

按：“颰”與“颰”爲版本異文，“颰”即“颰”字之訛。隋費長房《歷代三寶紀》：“《三曼陀颰陀羅菩薩經》一卷。”（T2034v49p0114c）唐慧琳撰《一切經音義》卷二十八《薩曇分陀利經》：“三曼陀颰陀，曼，音末［末］盤反，《經》作‘慢’，誤也。颰，音盤沫反。梵語，唐云普賢是也。”（T2128v54p0496a）佚名《翻梵語》：“三曼陀颰陀羅菩薩，譯曰普賢。《三曼陀颰陀羅經》。”（T2130v54p0985a）與“颰”對應之字皆作“颰”。西晋聶道真譯《三曼陀[16]跋陀羅菩薩經》（T0483v14p0666c）本頁下注16：“跋=颰《三》《宮》，下同。”“跋”與“颰”爲同一梵文的不同譯音字。

“颰”或訛作“颰”者，“颰”又寫作“颰”（見《龍龕・風部》），“颰”與“颰”形近。

2297 颱

唐玄奘、辯機撰《大唐西域記》：“氣序微寒，風[14]飈勁烈。”（T2087v51p0937c）本頁下注14：“飈=颱《宮》。”

按：“颱”與“飈”爲版本異文，“颱”即“飈”字之訛。“風飈”文獻多見。唐慧琳撰《一切經音義》：“風飈，標遥反。郭注《尒雅》云：‘飈，暴風自下而上也。’《尸子》曰：‘暴風頹飆也。’《文字典説》：‘從風，猋聲。’”（T2128v54p0758c）“風飈”即暴風之義。“飈”或寫作“颷”（見《龍龕・風部》），所從之“猋”省作“炎”。“颱”蓋“颷”之進一步寫訛。

2298 颺

日本杲寶說、賢寶記《理趣釋祕要鈔》：“三六、相動：動、涌、震、擊、吼、爆。搖颺不安爲動，鱗瀧凹凸爲涌，隱隱有聲爲震，有所扣打爲擊，碎磕發響爲吼，出聲驚異爲爆。”（T2241v61p0666c）

按：唐圓測撰《仁王經疏》：“搖颺不安爲動，自下昇高爲起。”（T1708v33p0377c）隋吉藏撰《法華義疏》：“又六種動：一動，二起，三踊，四震，五覺，六吼也。搖颺不安爲動，鱗壟凹凸爲踊，自下昇高爲起，隱隱有聲爲震，碎磕發嚮爲吼，令衆生覺悟爲覺。”（T1721v34p0470b）與“颺”對應之字皆作“颺”，“颺”即“颺”字之訛。遼希麟集《續一切經音義》：“搖颺，上餘昭反，下餘亮反。《說文》：‘動也。’《爾雅》云：‘扶搖謂之猋［猋］也。’猋［猋］音必遙反。郭注云：‘暴風從下上也。’颺謂風飛颺物也。從風，昜［昜］聲。又音羊。”（T2129v54p0970b）《說文解字・風部》：“颺，風所飛揚也。”大徐“與章切”。作“颺”與文意合。“颺”訛作“颺”者，“昜”旁訛作“昌”旁也。

“颺”又“颮”字之訛。唐慧琳撰《一切經音義》：“鬱茂，憚颺反。案，鬱茂，草木盛皃也。《說文》亦水藂生也，或作蔚。從林，鬱省聲。鬱音同上。《經》作‘欝’，俗字。颺，音雲欝反也。”（T2128v54p0495c）“憚颺”爲“鬱”字之反切。又：“轟鬱，下惲颮反。《爾雅》云：‘鬱猶喜也。’郭注《方言》：‘壯，大皃也。’《說文》：‘木叢生者。從林，鬱省聲。’”（T2128v54p0411a）“鬱”字的反切作“惲颮”。“憚颺”即“惲颮”之訛，“憚”爲“惲”字之訛，“軍”旁訛作“單”旁；“颺”爲“颮”字之訛，“日”旁訛作“昌”旁也。

2299 飀

日本明覺撰《悉曇要訣》：“毘盧遮那之‘毘’字，或云𑖪毘，或云𑖪吠，或云𑖪飀。”（T2706v84p0531a）

按：“飀”爲“𑖪（vai）”之譯音字，蓋即“䫲”字之訛。唐慧沼撰《十一面神呪心經義疏》：“此中有三段，一種牒來衆，謂無量俱胝那由他百千持咒仙人也。俱胝者，億也；那由他者，[6]婉也。”（T1802v39p1008b）本頁下注6：“婉＝姟《甲》。”“婉”爲“姟”字之訛，可比勘。日本淨嚴撰《悉曇三密鈔》：“𑖪，吠、味、䫲（切身。慈氏）、廢、癈。”（T2710v84p0746c）“䫲”爲“𑖪（vai）”之譯音字。

2300 颾

唐空蕃述《青色大金剛藥叉辟鬼魔法》：“此傳屍病鬼，亦天魔羅難［雞］室陀鬼，《總持集經》言：其鬼病狀相似風颾，亦如狂人。”（T1221v21p0100a）

按：唐阿地瞿多譯《陀羅尼集經》卷十一：“若有人忽得天魔羅雞室陀鬼病，其狀似風[11]癲，或似狂人，或哭或笑，此是病狀經四十九日不療，其人必死。”（T0901v18p0884a–b）本頁下注 11：“癲=顛《三》《宮》《甲》。”“風颾”本當作“風顛”，“颾”即“顛”字之訛，受“風”之影響而訛作“颾”，此亦字形同化之例。

2301 颾

日本規庵祖圓語、慧真等編《南院國師語録》：“《題歡喜光院閣》三首：數椽新架竹間屋，燕雀頻頻賀落成。一枕分甘幽獨樂，蕭颾時作下灘聲。”（T2552v80p0306a）

按：“颾”即“颾”字之訛。參 1532“瘙”字條。《玉篇·風部》：“颼，所流切。颼颼，風聲。颾，同上。”《廣韻·豪韻》蘇遭切：“颾，風聲。”《集韻·豪韻》蘇遭切：“颾、颾，風聲。或从喿。”宋文素編《如淨和尚語録》：“霜風號肅殺，霜葉墮蕭颾。”（T2002Av48p0128b）“蕭颾”爲蕭條淒涼義，乃引申之義。北宋道原纂《景德傳燈録》：“秋庭肅肅風颾颾，寒星列空蟾魄高。”（T2076v51p0426a）“颾颾”爲形容風聲之詞。“颾”乃“騷”之分化字。五代齊己《小松》詩：“後夜蕭騷動，空階蟋蟀聽。”北宋歐陽修《呈元珍表臣》詩：“披條泫轉清晨露，響葉蕭騷半夜風。”宋集成等編《宏智禪師廣録》：“真味酣心倚瘦筇，蕭騷風嘯一蹊松，無人共語圓通境，笑看雲吞石耳峰。”（T2001v48p0089b）佛經“蕭騷”多見，皆形容風聲。《文選·張衡〈思玄賦〉》：“寒風凄其永至兮，拂穹岫之騷騷。”吕向注：“騷騷，風聲。”李善注：“騷騷，風勁貌。”唐吴融《風雨吟》：“風騷騷，雨涔涔，長洲苑外荒居深。”“騷騷”亦風聲之義。因“騷”用於形容風聲，故改形旁爲“風”。

2302 颾

北魏瞿曇般若流支譯《正法念處經》：“法行龍王不以黑雲冷風飄[3]颾。”

(T0721v17p0106a) 本頁下注3:“飅=鼓《三》《宫》。”

按:“飅”與“鼓”爲版本異文,“飅”即“鼓”字之訛。唐玄應撰《一切經音義》(麗藏本)卷十一《正法念經》第十六卷:“飃鼓,公戶反。鼓動也。案,凡動物皆謂之鼓。《經》文從風作‘飅’,非也。”(p141c)《可洪音義》卷二十五《一切經音義》第十一卷:“作飅,音古。大風也。”(v60p366a) 又卷十三《正法念處經》第十六卷:“飄颳,上疋遥反,下公五反。”(v59p1065a) 玄應所見《正法念處經》本文,可洪所見《一切經音義》作“飅”,可洪所見經文作“颳”,“颳”爲“飅”之異體。玄應釋其義爲鼓動,以“鼓”字爲正,以“飅”字爲非。可洪則釋其義爲大風。玄應所説是,“飄鼓”文獻習見,唐地婆訶羅譯《方廣大莊嚴經》:“又如空中雲,須臾而變滅。如風駛飄鼓,無時而暫停。”(T0187v03p0579c) 唐般若、牟尼室利譯《守護國界主陀羅尼經》:“得此最勝陀羅尼,遠離受生諸業果。如地生長諸善法,如水滌垢淨無餘,如火焚燒不擇薪,如風飄鼓無所住。如醫善知於法藥,除衆生病得安寧。”(T0997v19p0536b)“飄鼓”皆描述迅急之風飄蕩鼓動之義。北宋法護譯《佛説大乘菩薩藏正法經》:“佛言:舍利子,風災劫時,風吹擊此三千大千世界,須彌山王及諸山大海,吹皷高起,破壞流散,周遍一切,乃至無數百千由旬分量。地居諸天,亦悉飄鼓,流散周遍,塵尚不見,況山石等。所有夜摩天中諸宫殿等,飄鼓破壞,流散周遍,塵尚不見,何況宫殿。彼兜率天、化樂天、他化自在天、梵衆天、梵輔天、梵會天、大梵天、少光天、無量光天、光音天、少淨天、無量淨天、遍淨天,如是等天諸宫殿等,飄鼓破壞,流散周遍,塵尚不見,何況宫殿。舍利子,如是大風飄鼓吹擊。爾時,如來所有妙衣不能損動一毛端量,況復衣角。所以者何?以佛如來不思議神力、不思議緣、不思議所行、不思議大悲悉具足故。舍利子,當彼大風飄鼓之時,東西南北四維上下,周遍十方殑伽沙等,一切世界大風不止。是時如來舉以指端指大風輪,即時大風皆悉止息。”(T0316v11p0801a-b)《正法念處經》:“復次,比丘知業果報,遍觀一切地獄苦海,爲瀑水洄澓所没。大地獄人富蘭那末迦離,俱迦離提婆達多,如是等魚,爲大摩竭魚之所吞食。從活地獄,乃至阿鼻地獄,其獄廣大,沃焦深水,及餘地獄。大苦海中,提彌魚、提彌鯢羅魚、那迦羅魚、鳩毘羅魚、失收摩羅魚,龜鼈黿鼉,旋流洄澓。貪欲瞋恚,愚癡風力之所飄鼓,水浪濤波,洄澓相注。時如水沫,受大苦惱。”(T0721v17p0091b)“飄鼓”又指物體在疾風的吹擊之下飄蕩鼓動的狀態。可洪釋“飅”爲大風義,誤。《漢語大詞典》:“飄鼓,謂隨波飄流動蕩。唐柳宗元《招海賈文》:‘舟航軒昂兮,下上飄鼓;騰趠嶢嶍兮,萬里一覩。’”(v12p646b) 此只其一端耳。又前文有“洪濤鼓以風涌兮,浩滉蕩而無舟”的句子,文中當指舟船在風浪的吹擊拍打之下的漂流動蕩。《大詞典》的釋義亦未盡善。意義明確了,則可知“飄飅”之“飅”爲鼓動義,字本作“鼓”。字或作“飅”者,由“鼓”與“飄”連用發生形旁的同化而增加“風”旁。鄭賢章《〈新集藏經音義隨函録〉研究》亦有考證(p435),可參看。

2303 颾

唐圓照撰《貞元新定釋教目録》：“掩乎石扇，閉以金鎖。林松[5]簫瑟，峯碑岌峨。”（T2157v55p0877a）本頁下注 5：“簫瑟＝颾飋《聖》。”

按：“颾飋”與“簫瑟”爲版本異文，“颾”即“簫”之分化字。《晋書·志第十三·樂下·碣石篇》：“秋風蕭瑟，洪波涌起。”元一山一寧語《一山國師語録》：“三秋景殘，千林蕭瑟。回雁嗈嗈，吟蟲嘖嘖。”（T2553v80p0321c）“蕭瑟”爲形容風聲之詞。形容風聲，“簫瑟”爲“蕭瑟”之訛，“艹”旁訛作“竹”旁也。“蕭”訛作“簫”，又因形容風聲而加“風”旁即成“颾”字。

《玉篇·風部》：“颾，蘇彫切。北風也。”《廣韻·蕭韻》蘇彫切：“颾，涼風。”《集韻·蕭韻》先彫切：“颾、颵，涼風謂之颾。或作颵。”北宋李昉等編《文苑英華·遊覧二·歐陽詹〈出門賦〉》：“颾飋天寒，崢嶸歲晚。”“颾”字文獻多見。

首　部

2304 䭫

日本湛慧撰《成唯識論述記集成編》：“稽，古文爲‘䭫’，今別爲‘稽’。《白虎通》曰：䭫者，至也。首者，頭也。言下拜上頭至地。”（T2266v67p0051a）

按：“䭫”即“䭫”之異體字。《説文·首部》：“䭫，下首也。从首，旨聲。”本爲右形左聲，改作左形右聲。

2305 䕫

佚名《寺沙門玄奘上表記》：“然則䕫樂已篔，匪里曲之堪預。龍響既盡，何爝火之能明。”（T2119v52p0822b）

按：“䕫”即“夔”字之訛。唐慧立本《大唐大慈恩寺三藏法師傳》與“䕫”對應之字作“夔”。“夔樂”指廟堂雅樂，與“里曲”相對，與文意合。

2306 瞖

唐玄奘、辯機撰《大唐西域記》："城南四十餘里，至霤（[15]胥立反）蔽多伐剌祠城。"（T2087v51p0874b）本頁下注15："胥=蘇《元》《明》，瞖《甲》，胥《乙》。"

按："瞖"與"蘇""胥""胥"爲版本異文，皆"霤"的反切上字，"瞖"蓋"胥"字之訛。

韋　部

2307 㦾

南朝梁寶唱等集《經律異相》："則以新樟梓爲之柱梁，香湯沃地，栴檀蘇合欝金諸香和之爲泥，栴罽雜繒以爲座席。雕文刻鏤，衆寶爲好，㦾㦾晃晃，有踰殿堂。"（T2121v53p0055a）

按："㦾"即"煒"字。《龍龕·光部》："煒，于鬼反。煒光也。"《玉篇·日部》："暐，于鬼切。日光也。暐，同上。"《集韻·尾韻》羽鬼切："暐，光盛皃。""煒"與"暐"音義皆同，當爲異構字，在光亮的構意上"光"與"日"同意。西晉竺法護譯《阿差末菩薩經》："于時東方自然出現大金色光，其光照此寶淨道場，及曜三千大千世界，靡不周遍，大明[10]煒曄，皆蔽此土。"（T0403v13p0583b）本頁下注10："煒=暐《三》，耀《宮》。""煒"與"暐"爲異文。《説文·火部》："煒，盛赤也。从火，韋聲。《詩》曰：'彤管有煒。'"段注改作"盛朙皃也"，注曰："各本作'盛赤也'，今依玄應書正。《詩·靜女》：'彤管有煒。'《傳》曰：'煒，赤皃。'此毛就彤訓之，盛明之一耑也。"段注改字尚可斟酌，但其以爲"盛赤"爲文意訓釋，其概括詞義當爲"盛明貌"則可從之。若此，則"煒""暐"又皆"煒"之異構字。在光明的構意上，"光""日""火"同意。三國吳康僧會譯《六度集經》："沙門食竟，抛鉢虛空，光明[18]暐曄，飛行而退。"（T0152v03p0047b）本頁下注18："暐曄=煒燁《三》。"又："德盛福歸，衆病消滅。顔影[15]煒煒，踰彼桃華。"（T0152v03p0047a）本頁下注15："煒煒踰=煒煒踰《三》。""暐"與"煒"、"煒"與"煒"爲異文。張涌泉《漢語俗字叢考》（修訂本）亦有考證（p742），可參看。

2308 韎

日本大休宗林語《見桃録》："石女空中拍手，木人石上彈琴。如雲韶掩夷韎，只是不逢知音。(T2572v81p0420b)

按："韎"即"韎"字之訛。《玉篇·韋部》："韎，莫慨、莫拜二切。茅蒐染草也，又東夷樂。"《廣韻·怪韻》莫拜切："韎，東夷樂也。"《集韻·怪韻》暮拜切："韎，赤韋也。一曰北狄之樂。"《周禮·春官·鞮鞻氏》："鞮鞻氏掌四夷之樂與其聲歌。"鄭玄注："四夷之樂，東方曰韎，南方曰任，西方曰侏離，北方曰禁。""夷韎"連用，乃泛指夷狄之樂。唐玄奘、辯機撰《大唐西域記》："時戒日王巡方在竭[39]朱嗢祇邏國。"(T2087v51p0894c) 本頁下注39："朱=末《宋》《元》，未《明》。"又："羯朱嗢祇羅國，周二千餘里，土地泉濕，稼穡豐盛。"(T2087v51p0927a)"末""未"皆"朱"字之訛。南朝梁寶唱等集《經律異相》："佛言：'時鹿者，我身是；二子者，羅云[26]朱利母是也。'"(T2121v53p0250c) 本頁下注26："朱=末《三》《宮》。"西晉竺法護譯《佛説鹿母經》："佛語阿難：'昔吾所更勤苦如是。爾時鹿者，我身是；二子者，羅云及羅漢朱利母是。'"(T0182v03p0455a) 西晉聖堅譯《太子須大拏經》："時男兒耶利者，今現我子羅云是也；時女罽拏延者，今現羅漢末利母是。"(T0171v03p0424a)"末"亦"朱"字之訛。"朱"與"末"形近易混，故"韎"或訛作"韎"。

2309 韛

優波底沙造、南朝梁僧伽婆羅譯《解脱道論》："問云：'何增長相？何修？何相？何味？何處？何功德？云何取其相？'答：'增長相者，滿一切處，猶如[18]排囊滿中臭穢死屍，此謂膖脹。'"(T1648v32p0424c) 本頁下注18："排=韛《三》《宮》。"

按："韛"與"排"爲版本異文，"韛"即"韛"之異體。《玉篇·韋部》："韛，皮拜切。韋橐也，可以吹火令熾。"隋闍那崛多譯《大威德陀羅尼經》："譬如工匠，要以[9]鞴囊以風滿故吹出風氣。"(T1341v21p0834c) 本頁下注9："鞴=韛《三》。"唐慧琳撰《一切經音義》卷四十二《大威德陀羅尼經》第十九卷："鞴囊，《埤蒼》作'韛'，《東觀漢記》作'排'，王弼注書作'橐'，同，皮拜反。所以冶家用吹火令熾者也。"(T2128v54p0583b)"鞴囊"爲古代皮製的鼓風器，亦單用"鞴"。"鞴""韛""排""橐"皆記録同一詞的不同字。"韛"爲"韛"改變聲旁的異構字。

髟　部

2310 ⿱髟于

北宋才良編《法演禪師語録》："悼投子青禪師：寂住峰頭雲，灑落曹溪水。高張浮渡帆，直入大洋裹。運載既緣終，昨夜狂風起。⿱髟于角女子戴瓊花，八十翁翁穿繡履。"（T1995v47p0666c）

按："⿱髟于"即"⿱髟丫"字之訛，"⿱髟丫"又"丫"之分化字。宋集成等編《宏智禪師廣録》："丫角女子白頭絲。"（T2001v48p0007c）字或作"丫角"。《廣韻·麻韻》："丫，象物開之形。""丫"爲象形字，象分叉之形，"丫角"指丫形的髮髻。"⿱髟丫"爲在"丫"字基礎上加"髟"所造分化字，專指丫形髮髻之義。《法演禪師語録》："⿱髟于鬟女子畫娥眉，鸞鏡臺前語似癡。自説玉顔難比並，却來架上著羅衣。"（T1995v47p0657a）"⿱髟于"亦"⿱髟丫"字之訛。

2311 ⿱髟夭

明如巹續集《緇門警訓》："塵世匪堅，浮生不久。我光陰以謝，汝齒⿱髟夭漸高。"（T2023v48p1050a）

按："⿱髟夭"即"髮"字之訛。"齒髮"本爲牙齒和頭髮之義，文中爲年齡義。"髮"爲從髟犮聲的形聲字，"犮"旁訛作"夭"旁，文獻多見。

2312 ⿱髟丰

日本中算撰《妙法蓮華經釋文》："蓬，薄紅反。《説文》云：'蒿也。'孫愐云：'又蒲孔反。'行瑫云：作⿱髟丰，髮亂貌。作逢，非也。"（T2189v56p0158c）

按："⿱髟丰"即"髼"字之訛。後秦鳩摩羅什譯《妙法蓮華經》："頭髮[10]蓬亂，殘害凶險。"（T0262v09p0014a）本頁下注 10："蓬＝髼《元》《明》《宮》。"此即中算所本。"蓬"之異體作"莑"（見《説文》），本有飛蓬之義，引申有蓬鬆、散亂之義，常用來形容頭髮之散亂，因分化出"髼"字。《廣韻·東韻》薄紅切：

"鬔，鬔鬇，髮亂皃。"唐地婆訶羅譯《方廣大莊嚴經》："爾時菩薩見於宫内所有美女形相變壞，或有衣服墜落，醜露形體；或有頭髮[16]蓬亂，花冠毀裂。"(T0187v03p0573c）本頁下注16："蓬=鬔《元》《明》。"北涼曇無讖譯《大般涅槃經》："大王何故，身脱瓔珞，首髮[4]蓬亂，乃至如是。"（T0374v12p0475a）本頁下注4："蓬=鬔《三》。"佛經"鬔"字多見。考諸字形，"鬔"所從之聲旁"夆"訛作"斗"即成"髷"字。

2313 髺

南朝宋僧伽跋摩譯《薩婆多部毘尼摩得勒伽》："云何供養偷婆？伎樂香花，末香塗香燒香。禮拜爲塔故，比丘得[8]結鬘。"（T1441v23p0599a）本頁下注8："結=髻《聖》，髺鬠《知》。"

按："髺"與"結""髻"爲版本異文，"髻""髺"皆"結"字之訛。參2316"鬠"字條。

2314 髼

隋費長房撰《歷代三寶紀》："《對根起行雜録》三十二卷、《三階位別集録》三卷。右二部，合三十五卷。真寂寺沙門釋信行撰。行，魏州人，少而落[21]采，博綜群經。"（T2034v49p0105b）本頁下注21："采=髼《三》。"

按："髼"與"采"爲版本異文，"髼"即"髼"字之訛。唐道宣撰《大唐内典録》："行，魏人，少而落髼，博綜群經。"（T2149v55p0277c）與"髼"對應之字作"髼"。參下條。《歷代三寶紀》："孝武及安帝世，廬山沙門釋慧遠述製。遠，雁門人，姓賈氏。年二十一遇釋道安，以爲真吾師也。聽安講《般若經》，乃曰：'儒道九流皆糠粃耳。'便投簪落[13]髼，即以綱維大法特爲己任。"（T2034v49p0072b）本頁下注13："髼=采《宋》《宫》。""髼"亦"髼"字之訛。

2315 鬆

唐法藏集《華嚴經傳記》："求那跋陀羅，此云功德賢，中天竺人，以大乘學故，世號摩訶衍。本婆羅門種，初學五明諸論，天文書筭醫方呪術，靡不該博。後遇見阿毘曇雜心，尋讀驚悟，深崇佛法焉。則投簪落[2]飾，專精志學。"（T2073 v51p0158b）本頁下注 2："飾＝鬃イ《甲》。"

按："鬃"與"飾"爲版本異文，"鬃"即"鬏"字之訛。佚名《神僧傳》："求那跋陀羅，此云功德賢，中天竺人，以大乘學故，世號摩訶衍。本婆羅門種，幼學五明諸論。後遇見阿毘曇雜心，尋讀驚悟，乃深崇佛法。其家世事外道，禁絶沙門，乃捨家潛遁，遠求師範。即投簪落鬏（音采），專精志學。"（T2064v50p0964c）文字與《華嚴經傳記》略同，與"鬃"對應之字正作"鬏"。唐道宣撰《大唐内典録》："右十四部，合三十五卷，孝武及安帝世，廬山沙門釋慧遠述制。遠，鴈門人，姓賈氏。年二十一，遇釋道安，以爲真吾師也。聽安講《波若經》，乃曰：'儒道九流皆糠粃耳。'使投簪落鬏，即以綱維大法持爲己任。"（T2149v55p0248a）亦有"投簪落鬏"之説。《方言》卷四："絡頭謂之鬏帶。"晋郭璞注："鬏，亦結也。"《集韻·海韻》此宰切："鬏，髻謂之鬏。""鬏"即髮髻之義，"投簪落鬏"謂丢下固冠用的簪子，剔掉頭髮，指出家。這裏的"鬏"指頭髮，"落鬏"與落髮同義。佛經或言"投簪落髮"，元普度編《廬山蓮宗寶鑑》："聽講《般若經》，豁然大悟，嘆曰：'儒道九流皆糠粃耳。'與弟投簪落髮，常以大法爲己任。"（T1973v47p0320b）

"落鬏"或作"落彩"，"彩"通"鬏"。南朝梁慧皎撰《高僧傳》："即投簪落[3]彩，專精志學。"（T2059v50p0344a）本頁下注 3："彩＝鬏《三》《宫》。"南宋法雲編《翻譯名義集》："投簪落彩，專精志業。"（T2131v54p1070b）《四庫全書》不見"落彩"這一詞形，此或爲佛經文獻中的特殊用法。

"落鬏"又作"落飾"者，"落"爲除去之義，"落飾"謂除去凡俗的飾品，亦指出家。"投簪落鬏"和"投簪落飾"均可指出家，故"落飾"與"落鬏"可换用。佛經用"落飾"表出家習見。北宋贊寧等撰《宋高僧傳》："年纔十九，於開元寺禮無上大師，出家落飾。"（T2061v50p0781a）日本春屋妙葩語《知覺普明國師語録》："故長壽寺捐舘之刻，山僧承相公命，爲尊堂落飾授戒。"（T2560v80p0656c）日本卍山道白語《東林語録》："筑前州龜子氏之老父道英菴主，其爲人也，朴實而無巧僞，正直而有深信。其妻明智，落飾作尼，二子出家參禪。"（T2598v82p0597b）皆"落飾"之用例。

2316 鬍

南朝宋僧伽跋摩譯《薩婆多部毘尼摩得勒伽》："云何供養偷婆？伎樂香花，末香塗香燒香。禮拜爲塔故，比丘得[8]結鬘。"（T1441v23p0599a）本頁下注 8："結＝髻《聖》，鬏鬍《知》。"

按："鬏"與"結""髻"爲版本異文，"髻""鬏"皆"結"字之訛。"鬍"與"鬘"爲異文，"鬍"即"鬘"字之訛。"結鬘"佛經習見，"鬘"爲瓔絡之類的裝飾品，"結鬘"有兩種結構，一爲動賓結構，義爲編結花鬘；一爲偏正結構，義爲編結在一起的花鬘，"結"均爲編結之義。五百大阿羅漢造、唐玄奘譯

《阿毘達磨大毘婆沙論》:“復次如結鬘法故,如欲結鬘,先經其縷,然後結花。”(T1545v27p0237a)字本作“結鬘”。

“結”或作“髻”者,蓋“結”與“鬘”連用,受“鬘”字的影響而形旁發生同化,故改“糸”旁爲“髟”旁。北宋天息災譯《一切如來大祕密王未曾有最上微妙大曼拏羅經》:“次更與授五佛髻鬘灌頂。”(T0889v18p0547b)《薩婆多部毘尼摩得勒伽》:“如新出家比丘未知戒相,自手淨地拔生草,若經行處採花髻鬘,此善心犯戒。”(T1441v23p0567a)“髻鬘”之“髻”皆“結”字之訛。

在髮髻的意義上,“結”與“髻”爲母字與分化字的關係。後秦佛陀耶舍、竺佛念譯《長阿含經》:“時大梵王即化爲童子頭五角[4]髻,在大衆上虛空中立。”(T0001v01p0031a)本頁下注4:“髻=結《聖》。”《玉篇·髟部》:“髻,居濟切。髮結也。”《集韻·霽韻》:“紒、髻、結,束髮也。”金韓道昭《五音集韻·霽韻》:“髻、紒、結,綰髮。”此“髻”乃髮髻之義,爲“結”的分化字,與前一“髻”爲同形字。

知本之“髺”又“髻”字之訛。“髻”或寫作“髺”(見《集韻》),“髺”所從之“吉”因形近訛作“古”即成“髺”字。“髺”爲“鬘”字之訛。“鬘”或作“髺”(見《龍龕·髟部》),“髺”與“髺”形近,即其形之訛。又,唐慧琳撰《一切經音義》:“華髩,梵言摩羅,此譯云鬘,音案。西國結鬘師多用蘇摩那華行列結之,以爲條貫,無問男女貴賤,皆此莊嚴,或首或身,以爲飾好,則諸經中有華鬘、市天鬘、寶鬘等,同其事也。字體從髟,音所銜反,邊音,髩音彌然反。《經》文作‘髾’,非體也。”(T2128v54p0431a)“鬘”又作“髾”,形亦近。

2317 髺

日本賴瑜撰《祕鈔問答》:“是又髴髺疑未散。”(T2536v79p0423c)

按:日本賴瑜撰《薄草子口决》:“是又髣髴疑未散。”(T2535v79p0225c)“髣髴”,文獻習見,佛經偶見“髴髣”之例,南朝梁寶亮等集《大般涅槃經集解》:“亦應[4]髴髣知始。”(T1763v37p0549a)本頁下注4:“髴髣=髣髴《聖》《甲》。”“髴髣”蓋“髣髴”之誤倒。疑“髺”乃“髴”字之訛。日本湛慧撰《成唯識論述記集成編》:“爾時螺髻梵王語舍利[4]弗。”(T2266v67p0329b)本頁下注4:“弗=非《甲》。”“非”即“弗”字之訛。蓋本作“髣髴”,“髴”誤作“髺”,“髣”又誤作“髴”。南宋妙源編《虛堂和尚語録》:“依悕松屈曲,[1]髣髴石斕斑。”(T2000v47p0985c)本頁下注1:“髣=髴《甲》。”此即“髣髴”誤作“髴髴”之例。

佛經中“髣髴”又作“髣像”或“髣象”。訶梨跋摩造、後秦鳩摩羅什譯《成實論》:“爾時佛語諸比丘言:‘汝觀阿難,髣像是義。’”(T1646v32p0247c)唐慧立本《大唐大慈恩寺三藏法師傳》:“祇園之路髣像猶存,王城之基坡陀尚在。”（T2053v50p0254b）唐道宣撰《廣弘明集》：“至八日舍利入函，自旦及辰，函石現文，[14]髣像有菩薩光彩粉藻。”（T2103v52p0219b）本頁下注 14：“髣＋（髴）《三》。”四庫本《廣弘明集》及《釋文紀》皆作“髣髴像有菩薩光彩粉藻”，《日下舊聞考》所引作“彷佛象有菩薩光采紛藻”。《廣弘明集》：“今之請僧一會，既可髣像行之。乞丐受請二事不殊，若以今不復行乞，又復不請召，則行乞之法於此永墜。此法既墜，則僧非佛種；佛種既離，則三寶墜于地矣。”（T2103v52p0273b-c）又：“今欲修集一慧，髣像無向，五累礙也。”（T2103v52p0317b）又：“所以藉園籞之壯觀，將髣像於毘耶。”（T2103v52p0341a）唐道世撰《法苑珠林》：“夫謬之於空談，不如證之於事實。聞之於髣像，不如決之於耳目。”（T2122v53p0641a）日本東陽英朝語《少林無孔笛》：“直得千巖，髣像縑氏。”（T2571v81p0390b）“髣像”皆與“髣髴”義同。《漢語大詞典》：“髣像，猶仿佛。《魏書・劉昶傳》：‘使千載之後，我得髣像唐虞，卿等依稀元凱。’《藝文類聚》卷二七引南朝齊謝朓《和劉繪〈琵琶峽望積布磯詩〉》：‘惆悵懷昔踐，髣像得殊觀。’一本作‘彷佛’。”（v12p732b）收“髣像”作詞目。中土文獻“髣像”亦多見。北宋惟蓋竺編《明覺禪師語録》：“舉。僧問投子：‘依稀似半月，髣象若三星。乾坤收不得，師於何處明？’”（T1996v47p0691b）字又作“髣象”。文獻中又作“仿像”“仿象”“彷像”“彷象”等。

佛經中“髣”又爲“鬘”之誤。世親造、金剛仙釋、北魏菩提流支譯《金剛仙論》：“是以《寶[7]鬘論》中。”（T1512v25p0803b）本頁下注 7：“鬘＝髣《甲》。”日本善珠述《唯識義燈增明記》：“時五天竺有五大論師，喻如日出明道世間。名日出者，以似於日。亦名譬喻師，或爲此師造喻[17]鬘論奇事，名譬喻師。”（T2261v65p0332a）本頁下注 17：“鬘＝髣《甲》。”“髣”與“鬘”爲異文，“髣”皆“鬘”字之誤。唐窺基撰《説無垢稱經疏》：“西方取華，以繩之貫，爲髣嚴飾，持彼置手，相亦類之。”（T1782v38p1107c）唐慧琳撰《一切經音義》：“髏鬘，漏兜反，下麥班反。案《傳》文以髏骨爲髣，裝頭掛頸以爲節。”（T2128v54p0845c）日本圓仁撰《金剛頂大教王經疏》：“於其殿上，有五樓閣，懸雜繒綵，珠網華髣，交結莊飾。”（T2223v61p0027b）日本杲寶説、賢寶記《理趣釋祕要鈔》：“花髣、金剛衣、把刀如次爲東南西北四門毘那娜迦。”（T2241v61p0732b）日本凝然述《梵網戒本疏日珠鈔》：“若有長者造立佛寺，以諸花髣用供養佛。有比丘，見花貫中縷，不問輒取，犯偷蘭遮。若知不知亦如是犯。”（T2247v62p0085a）又：“若得食肉者，寫《鴦經》《大雲經》《指髣經》《楞伽經》等諸經。”（T2247v62p0177c）日本照遠撰《資行鈔》：“若約僧髣物，自本別物也。”（T2248v62p0569b）又：“記：今鈔且取花果結髣之義（云云），以糸連花故，云結髣也，此古義也。《戒疏》正義意僧髣物梵語得意故。問：今抄意彼園中花果等，舉對面之，梵語云僧髣物（見）爾者，何必今鈔（云云）取結髣之義哉？結髣之義不見故如何？答：既云花果等，故知結髣之義聞。”（T2248v62p0570a）日本光宗撰《溪嵐拾葉集》：“第十四首天帶事。《經》云：五色花鬘垂，天帶覆（云云）。或云：五色五部色五色界道，花髣佛莊嚴具也。髣，菩薩是也。天帶者，天衣也。”（T2410v76p0569c）日本教舜記《傳法灌頂私記》：“次事供如常，最後供閼伽，餘如前供。又水不滿垸，不散花髩如前供。”（T2499v78p0756c）“髩”皆“鬘”字之訛。

2318 髴

佚名《翻梵語》：“阿闍迦羅蛇，譯曰髴蛇。(《摩訶摩耶經》上卷)”（T2130v54p1033a）

按：南朝齊曇景譯《摩訶摩耶經》：“無常之法如阿闍迦羅陀［蛇］，若見人時兩頭纏繞。無常之法如風中幢，聚會之時而便傾倒。無常之法亦如黑月，漸就缺盡轉近昏冥。”（T0383v12p1007c）此即《翻梵語》“阿闍迦羅蛇”之所本。日本心覺撰《多羅葉記》：“阿闍迦羅蛇，此云髯蛇。”（T2707v84p0620b）“髴”蓋即“髯”字之訛。

馬 部

2319 馰

唐窺基撰《妙法蓮華經玄贊》：“《經》‘若作馲駝’至‘獲罪如是’，贊曰：此二頌駝驢果。此有四果：一負重，二杖捶，三念食，四無知。[10]駱音洛，亦爲[11]駝，有作駱，馬色也，非此義。駝、馳皆得。”（T1723v34p0769a）本頁下注10：“駱=馲《聖》，驝《甲》。”注11：“駝=馲《聖》，馰《甲》。”

按：“馰”與“馲”“駝”爲版本異文，“馰”即“駝”字之訛。後秦鳩摩羅什譯《妙法蓮華經》：“若作[10]馲駝，或生中驢，身常負重，加諸杖捶，但念水草，餘無所知，謗斯經故，獲罪如是。”（T0262v09p0015c）本頁下注10：“馲=駱《博》。”此即窺基所釋之對象。《玄贊》文字混亂不通。“駱音洛”之“駱”當解“馲駝”之“馲”，《廣韻》“馲”字收《鐸韻》盧各切“落”小韻，與“洛”同小韻，故曰“馲音洛”。“亦爲駝”之“駝”本當作“驝”，《廣韻》“馲”下云“驝，上同”，故曰“亦爲驝”。作“駝”文意不通。“有作駱，馬色也，非此義”，言“馲駝”之“馲”又有作“駱”者，“駱”之正義爲馬色，用作“駱駝”義時不是它本有的用法。“驝”涉下誤作“駝”，又誤作“馲”與“馰”。

唐玄應撰《一切經音義》（麗藏本）卷六《妙法蓮華經》第二卷：“馲駝，又作‘駝’。《字書》作‘驝’，又作‘槖’。《字林》：力各反。《山海經》音託。郭璞云：日行三百里，負千斤，知水泉所出也。性别水脈，以足掊地則泉出也。《經》文作‘駱’，馬色也，白馬黑鬣［鬣］曰駱，駱非今義。”（p84b）玄應據《字林》讀“馲”爲“力各反”，以“音託”爲又音。《玄應音義》“馲”字多見，皆注此音。《廣韻·鐸韻》盧各切：“馲，馲駝。又音託。驝，上同。”“馲駝”與“駱駝”同義，而“馲”與“駱”讀音不同，“馲”當讀同託，“駱”當讀同洛。古人字書、韻書或讀“馲”同“駱”，似今人所言之同義换讀，實則因“馲駝”與“駱駝”同義，而“駱駝”的使用頻率遠高於“馲駝”。如《大正藏》“駱駝”凡 283 見，“馲駝”凡 36 見，兩者用例比例懸殊，故用習見的“駱駝”讀“馲駝”的讀音。

《可洪音義》卷十四《佛本行集經》第二十六卷：“駱⿰馬毛，上郎各反，下達何反，正作‘馲駝’也。下又音託。或作‘駝’，音託。又二同音洛，非，宜取‘⿰犭乇駞’字。”（v59p1082a）又第二十八卷：“駱⿰馬毛，上音洛。下音陁，誤。”（v59p1082c）又：“⿰馬毛頭，上音陁，正作‘駝’‘駞’二形。又洛、託、磔三音，非也。”（v59p1082c）隋闍那崛多譯《佛本行集經》第二十六卷：“或作猪形，或驢騾形，象形馬形，[7]駱馳牛羊，羖羝犀兕［兕］，水牛狐兎，犛牛狟㹶，摩竭鯨鷁，師子虎狼，熊羆禽狛，獮猴豺豹，野干狸狗，諸如是等，種種形容，作大恐怖，作大可畏。”（T0190v03p0777a）本頁下注 7：“駱馳＝駱駝《三》《聖》。”又第二十八卷：“或有象面，或有馬頭，或駱駝首，牛及水牛，或驢或狗，或羊猪狼，師子虎豹，豺熊羆兕，犀牛水獺，犛牛獮猴，狐狸野干，猫兎麞鹿，如是等形，及諸鳥面，復有摩竭黿魚等首，或有蛇頭諸雜虫身，象頭馬身，馬頭象身，駝頭牛身。”（T0190v03p0786b）上揭《可洪音義》之“⿰馬毛”皆“駝”字之訛，“宜取‘⿰犭乇駞’”之“⿰犭乇”則“馲”之異寫字。言“駱⿰馬毛，上郎各反，下達何反，正作‘馲駝’”，亦讀“馲”爲“郎各反”。

2320 駭

佚名《翻梵語》：“阿耆多翅舍，亦云阿夷哆雞舍欽婆羅，譯曰阿耆多者，不勝；翅舍者，駭；欽婆羅者，覆。”（T2130v54p1014a）

按：“駭”即“髮”字之訛。“髮”或寫作“⿰镸犮”，又寫作“⿰镸攵”（見南宋婁機《漢隸字源》），“駭”即“⿰镸攵”類形體的進一步錯訛，“镸”旁訛作“馬”旁也。北涼曇無讖譯《大般涅槃經》：“如王所言，世無良醫治身心者。今有大師，名阿耆多翅舍欽婆羅，一切知見，觀金與土平等無二。”（T0374v12p0475c）此即《翻梵語》所本，本爲人名，所釋爲梵語人名的含義。唐慧琳撰《一切經音義》：“阿耆陀，此云無勝；翅舍云髮；欽婆羅云衣，此以人髮爲衣，五熱炙身也。”（T2128v54p0475a）遼希麟集《續一切經音義》：“阿耆陁翅舍欽婆羅，阿耆陁，此云無勝；翅舍欽婆羅，此衣名。此外道以人髮爲衣，五熱炙身也。”

（T2129v54p0952a）日本心覺撰《多羅葉記》："阿耆多翅舍，此云阿耆多者，不勝；翅舍者，髮也。"（T2707v84p0619b）《翻梵語》："翅舍佉橋曇比丘尼，譯曰翅舍佉者，多髮；橋者，曇姓也。"（T2130v54p1001b）又："君荼羅繫頭，應云荼羅翅舍，譯曰君荼羅者，捲；翅舍者，髮。"（T2130v54p1002a）"翅舍"皆譯作"髮"。

"駇"又"跋"字之訛。唐元康撰《肇論疏》："請大乘禪師一人者，佛馱[7]跋陀羅也。此人博學，善解《華嚴》，而以禪觀爲行。"（T1859v45p0185b）本頁下注 7："跋＝駇《聖》。"唐法藏述《華嚴經探玄記》："八、翻譯者，有東晋沙門支法領，從于闐國得此三萬六千偈經，并請得北天竺大乘三果菩薩禪師名佛馱跋陀羅，此云覺賢，俗姓釋迦氏，即甘露飯王之苗裔，曾往兜率天就彌勒問疑，以晋義熙十四年歲次鶉火三月十日，於揚州謝司空寺别造護淨法堂，於中譯出此經。"（T1733v35p0122c）"佛馱跋陀羅"，北天竺僧人，乃《大方廣佛華嚴經》的譯者。"跋"或作"駇"者，乃涉上"馱"字而訛，此亦字形同化之例。

唐不空譯《成就妙法蓮華經王瑜伽觀智儀軌》："真言曰：唵娑嚩（二合）婆嚩術（輸律反）[20]馱薩嚩達摩娑嚩（二合）婆嚩術度撼。"（T1000v19p0596b）本頁下注 20："馱＋（馱）《明》，馱＝駇引《甲》，馱引《乙》。""駇"又"馱"字之訛，蓋由"馱"或訛作"駄"，"犬"旁或訛作"夭"旁，"夭"旁又訛作"友（犮）"旁所致。

2321 駛

唐全真集《唐梵文字》："[illegible]聊[illegible]申[illegible]學[illegible]語[illegible]欲[illegible][17]駛[illegible]天[illegible]章。"（T2134v54p1220c）本頁下注 17："駛＝聘《甲》，躬《乙》，耽《丙》。"

按："駛"與"聘""耽""躬"爲版本異文，"駛""聘""耽""躬"即"騁"字之訛。日本心覺撰《多羅葉記》："騁，[illegible]，也捨。"（T2707v84p0606c）與"駛"對應之字作"騁"。"騁天章"言縱情抒寫好文章，與"申學語"相對，文意可通。"騁"或作"騗"（見唐顔元孫《干禄字書》），"騗"之右旁與"虫"形近，"駛"即"騗"類形體之訛。

"聘"亦"騁"字之訛，"馬"旁訛作"耳"旁也。唐法琳撰《辯正論》："鴻鵠將飛，便懷四海之志；驥騄方[5]騁，已有千里之心。"（T2110v52p0515b）本頁下注 5："騁＝聘《宋》《元》。"南宋志磐撰《佛祖統紀》："王固，字子堅。陳光大初爲侍中，進金紫光禄大夫。終身不茹葷，夜則坐禪，晝誦佛典。嘗[3]聘魏，因宴饗請停殺一羊，羊至固前，跪拜若謝。"（T2035v49p0200b）本頁下注 3："聘＝騁《甲》。"前一例"聘"爲"騁"字之訛，後一例"騁"爲"聘"字之訛。

"耽"亦"騁"字之訛，"馬"旁訛作"耳"旁，"甹"旁訛作"冘"旁也。

唐義淨撰《梵語千字文》："[illegible]，也捨，[1]耽。"（T2133Bv54p1209a）本頁下注1："耽一作騁《原》。""耽"亦"騁"字之訛。"躬"又"耽"類形體之進一步寫訛。"耳"旁與"身"旁混訛，文獻習見。

2322 騆

日本心覺撰《多羅葉記》："修造，[41][illegible]，喻[42]駟曩。"（T2707v84p0629b）本頁下注41："[illegible]=[illegible]《甲》。"注42："駟=騆《甲》。"

按："騆"即"駟"字之訛。唐禮言集《梵語雜名》："脩造，喻駬曩，[illegible]。"（T2135v54p1226b）與"騆""駟"對應之字作"駬"，對應梵文作"[illegible]（ji）"。日本淨嚴撰《悉曇三密鈔》："[illegible]，而、耳、餌、爾、時、似、市、詞、字（集經）、呰（隨求）、駟、誓（二共大疏）。"（T2710v84p0742c）據梵漢對音關係，"駟""駬"皆與"[illegible]（ji）"的讀音切合，兩字爲同一梵文的譯音字。日本安然集《諸阿闍梨真言密教部類總録》："《梵唐兩字毘盧遮那成佛神變加持經吉慶加陀讚》一本。仁。《大日經義釋》引《縛[11]駟羅阿毘庾經》及《略出經》同，用灌頂法。"（T2176v55p1129b）本頁下注11："駟=駬《甲》。""駟""駬"亦爲同一梵文的譯音字。

2323 騴

唐良賁述《仁王護國般若波羅蜜多經疏》："其月下旬，西戎北狄，蟻聚王畿，無勞強師，蕃醜[1]騴潰。"（T1709v33p0489a）本頁下注1："騴=駭《甲》。"

按："騴"與"駭"爲版本異文，"騴"即"駭"字之訛。南宋李燾撰《續資治通鑑長編·哲宗》："千兵伏發，賊駭潰，斬馘千。""駭潰"即四散逃奔之義。考諸字形，"駭"或寫作"[illegible]"（見《可洪音義》v60p14），右旁所從與"炎"形近。日本圓珍撰《佛説觀普賢菩薩行法經記》："已上天台妙樂大師傳法弟子[5]剡川法臺寺明曠闍梨菩薩戒疏云。"（T2194v56p0251c）本頁下注5："剡=刻《甲》《乙》。""刻"爲"剡"字之訛，亦"亥"旁與"炎"旁混誤之例。

2324 騲

北宋元照撰《四分律行事鈔資持記》："挽即牽也，輦謂小車，或用畜駕，或是人荷。牸牛、騲馬皆謂雌者之異名。"（T1805v40p0386c）

按：“䮝”即“騲”字之訛，“騲馬”即母馬。“騲”字宋本《玉篇》及《廣韻》已收録，佛經多見，乃“草”之分化字。“草”與“革”草書形近，故二字或混誤。東晉瞿曇僧伽提婆譯《增壹阿含經》：“或以[36]草著腹。”（T0125v02p0828c）本頁下注 36：“草＝革《元》《明》。”又：“或開其腹以草搭之。”（T0125v02p0675a）西晉竺法護譯《修行道地經》：“夢服皮[38]草弊壞之衣。”（T0606v15p0183c）本頁下注 38：“草＝革《元》《明》。”“革”皆“草”字之訛，故“騲”或訛作“䮝”。

2325 騇

日本賴寶撰《釋摩訶衍論勘注》：“呪曰：曩漠三孞䮸䯃騇䯄（云云）。”（T2290v69p0831b）

按：“騇”爲譯音字，疑同“馱”。参 2327“驗”字條。

2326 騇

唐窺基撰《妙法蓮華經玄賛》：“黮有二音，一徒感反，與‘禫’同，[4]騇黮色。又他感反，桑之葚之色也。若青黑色，作‘黤’，於檻反。”（T1723v34p0769a）本頁下注 4：“騇＝騇《聖》《甲》。”

按：“騇”與“騇”爲版本異文，兩字皆“黭”字之訛。後秦鳩摩羅什譯《妙法蓮華經》：“黧黮疥癩，人所觸嬈。”（T0262v09p0015c）此即窺基所釋“黮”字之所出。唐慧琳撰《一切經音義》卷二十七《妙法蓮花經》：“梨黮，上力脂反。《方言》：‘面色似凍梨。’《切韻》：‘梨，斑駁色。’有作‘黧’，《字林》：‘力奚反，黑黄也。’《通俗文》：‘班黑曰黧。’《玉篇》：‘老也。’有作‘黎’。下《説文》杜感反，與‘潭’同。《切韻》：‘黔黮色。’又脱感反，桑葚之色。葚，食朕反。有作於斬反，青黑色，借音耳，彼作‘黤’也。”（T2128v54p0487c）日本中算撰《妙法蓮華經釋文》：“黮，徒感反。慈恩云：全黑爲～。《切韻》：‘黭～也。’又他感反，桑葚之色也。有於斬反，借音耳，彼可作‘黤’，青黑色也。”（T2189v56p0159c）比勘文字，中算當本窺基，窺基之“騇”，中算作“黭”，可證“騇”乃“黭”字之訛。《慧琳音義》“黔黮色”之“黔”亦“黭”字之訛。“黭”作“騇”者，當是“黑”旁訛作“馬”旁所致。

字又作“騇”，當是“騇”之進一步形訛。“弇”或寫作“𢍃”，《可洪音義》卷二十九《廣弘明集》第十五卷：“西𢍃，於撿反。”（v60p565a）“黭”或寫作“黭”，《龍龕·黑部》：“黭，烏感反。黭黮。”“黭”又寫作“𨤲”與“𨤲”，《龍龕·里部》：“𨤲、𨤲，俗，烏感反。正作黭。黭黮。”可證“弇”

旁可訛作“奔”旁。

2327 ⿰馬典

唐金剛智譯《吽迦陀野儀軌》：“次取杵加持油供具即股金鑿，若淨木用呪曰：曩謨三⿱夕子 蹲 [illegible] ⿰馬典南（一）尾秫弟惹野（二）誐多野吽（三）素縛𡁠（引）。”（T1251v21p0249b）

按：“曩謨三⿱夕子 蹲 [illegible] ⿰馬典南”爲真言的所謂歸命部分，即梵文的“𑖡𑖦𑖾 𑖭𑖦𑖡𑖿𑖝 𑖤𑖲𑖟𑖿𑖠𑖯𑖡𑖯𑖽”，義爲歸命普遍諸佛。通常漢文佛典的真言都用音譯，此句的音譯形式多樣，其中一種形式是“曩謨三曼多没馱喃”，其中“馱”爲“𑖟𑖿𑖠𑖯（ddhā）”的譯音字。疑“⿰馬典”同“馱”，蓋爲譯音專字，字從“典”之所由則不得其解。

2328 騙

龍樹造、後秦鳩摩羅什譯《大智度論》：“[9]經云：‘何菩薩摩訶薩爲世間趣故發阿耨多羅三藐三菩提心？’”（T1509v25p0559b）本頁下注 9：“卷第七十二首《石》，（摩訶般若波羅蜜品第五十一之余卷第七十二騙知品大如品）+經《石》。”

按：同上經：“[11]大智度論釋趣一切智品第五十三。”（T1509v25p0560c）本頁下注 11：“（大智度論）－《明》，（大智……三）十四字＝（摩訶般若波羅蜜驗知品第五十二）十四字《聖》，（摩訶般若波羅蜜經品第五十二驗知品趣一切智）二十字《石》。”根據前後文的比對，“騙”蓋即“驗”字之訛。清顧藹吉《隸辨·豔韻》引《堯廟碑》“驗”作“騐”，形與“騙”近。

2329 ⿰馬臬

佚名《翻梵語》：“陀羅驃，應云陀藹[6]⿰馬臬，譯曰微也。”（T2130v54p0985b）本頁下注 6：“⿰馬臬＝驃《甲》。”

按：“⿰馬臬”與“驃”爲版本異文，“⿰馬臬”即“驃”字之訛。龍樹造、後秦鳩摩羅什譯《大智度論》：“汝衆入界中不攝，我陀羅驃中攝。”（T1509v25p0133b）此即《翻梵語》所本。日本明覺撰《悉曇要訣》：“𑖧字有喻音，故𑖥𑖿𑖧𑖺字云驃（毘愈反也）。”（T2706v84p0520b）“驃”爲“𑖥𑖿𑖧𑖺（bhyo）”的譯音字。“驃”或作“⿰馬臬”者，“票”旁訛作“臬”旁也。東晉佛陀跋陀羅、法顯譯《摩訶僧祇律》：“若有出家人，持戒心輕[31]躁，不能捨利養，猶如狼守齋。”（T1425v22p0259b）本頁下注 31："躁=票《宫》，漂《聖》。""票""漂"皆"躁"字之訛，可比勘。

日本心覺撰《多羅葉記》："阿羅驃，此云微。"（T2707v84p0618b）"阿"蓋"陀"字之訛。

2330 ⿰馬尉

北涼曇無讖譯《悲華經》："門陀多 安禰醯羅　婆波多[9]驃。"（T0157v03p0170a）本頁下注 9："驃=⿰馬尉《宋》，⿰馬對《元》《明》。"

按："⿰馬尉"與"⿰馬對""驃"爲版本異文，"⿰馬尉"即"驃"之異體"⿰馬對"字之訛。林光明《新編大藏全咒》卷一《悲華經》"分別守護三乘法門"中字作"驃"，梵文羅馬轉寫作"bya"（v1p410）。唐慧琳撰《一切經音義》："驃，梵語，本是二合字，應合書毘喻二字，合爲一聲仍引也。"（T2128v54p0369a）日本安然撰《悉曇藏》："𑖥𑖿𑖧𑖲，驃（毘庾反）。"（T2702v84p0417c）日本明覺撰《悉曇要訣》："𑖧字有喻音，故𑖥𑖿𑖧𑖺字云驃（毘愈反也）。"（T2706v84p0520b）上述例證可證"驃"可爲梵語譯音用字，可爲"𑖥𑖿𑖧𑖲（bhyu）"與"𑖥𑖿𑖧𑖺（bhyo）"的譯音字。日本淨嚴撰《悉曇三密鈔》："𑖥𑖿𑖧𑖲，瓢、嘌。𑖥𑖿𑖧𑖺，嘌（胎軌）、毘庾（同上）。"（T2710v84p0751b）"𑖥𑖿𑖧𑖲（bhyu）""𑖥𑖿𑖧𑖺（bhyo）"的譯音字亦可作"嘌"，"嘌"乃在"驃"的基礎上加"口"旁所造的譯音專字。

高　部

2331 裛

佚名《翻梵語》："闍帝叉[3]裛浮，應云闍帝叉夜，譯曰生滅地也。"（T2130v54p0992c）本頁下注 3："裛=夜[カ]《原》。"

按："裛"與"夜"爲版本異文，"裛"即"裔"字之訛。北涼曇無讖譯《悲華經》："闍帝叉⿴衣咅浮彌。"（T0157v03p0173b）日本心覺撰《多羅葉記》："闍帝⿴衣豆浮彌，此云生滅地。"（T2707v84p0625a）字作"⿴衣咅""⿴衣豆"，二字皆"裔"字書寫變異。林光明《新編大藏全咒》卷一《悲華經》"雜十二因緣解脱章句"作"⿴衣豆"，梵文羅馬轉寫作"ya"（v1p430）。日本淨嚴撰《悉曇三密鈔》："𑖧𑖸，曳、拽、裔（法花）。"（T2710v84p0746a）又："𑖧，也、夜、野、耶、蛇、藥。"（T2710v84p0746a）"裔"本"𑖧𑖸（ye）"之譯音字，"夜"本"𑖧（ya）"之譯音字，"裔"用作"य（ya）"的譯音字而與"夜"形成異文，蓋爲特例。

考諸字形，"裔"或寫作"𧙮"（見清顧藹吉《隸辨》）、"𧚃"（見清邢澍《金石文字辨異》）、"𧙥"（見《偏類碑別字》）等形，"𧙥"與"𧙬"形近，即其形變。

2332 𣪊

日本安然抄《胎藏金剛菩提心義略問答抄》："此法名爲金剛甲，能敵四[2]𣪊衆諸魔軍。"（T2397v75p0520a）本頁下注 2："𣪊－《甲》《乙》。"

按：唐般若譯《大乘本生心地觀經》："此法名爲金剛甲，能敵四衆諸魔軍。"（T0159v03p0328a）考諸文意，"𣪊"即"敵"之訛字而衍者。

麥　部

2333 𪋲

西晉竺法護譯《阿差末菩薩經》："若爲[10]勢位有忠羽翼行菩薩法，猶如王者之忠臣，有人來求，以自輔政即能與之。"（T0403v13p0589a）本頁下注 10："勢＝𪋲《宮》。"

按："𪋲"與"勢"爲版本異文，"𪋲"即"勢"字之訛。佛經"勢位"多見，同上經："若得勢位，不以自大，所以者何？心不動故。"（T0403v13p0591b）"勢位"皆權勢地位義。"勢"或寫作"𫧃"（見《可洪音義》v60p531c）、"𫧃"（見《可洪音義》v59p564b）等形，"𪋲"即此類形體之進一步寫訛。

2334 𪋳

日本安澄撰《中論疏記》："梁代之初，年十三出家。真諦三藏問其所懷，可爲吉藏，因遂名也。仍止興皇寺，堅守戒珠，威儀無缺。如如爲家，無貪爲榮。遂依朗法師受業，一聞將盡，再覽無遺，衆咸驚異。乃令覆述，具竭所聞，不漏一言。爰我聞芳聲，從茲發𪋳焉。"（T2255v65p0002c）

按：“麥”即“爽”字之訛。唐冥詳撰《大唐故三藏玄奘法師行狀》：“又學嚴法師攝論，受好逾劇。並一聞將盡，再覽之後，無復所遺，衆咸驚異。乃令昇座，覆述抑揚，剖暢備盡。師宗美問，芳聲從茲發爽。”（T2052v50p0214a）與“麥”對應之字作“爽”。“發爽”乃傳揚之義。日本湛慧撰《成唯識論述記集成編》：“如水土等有勝功能令[5]爽等種生牙莖等種多多果。”（T2266v67p0185a）本頁下注5：“爽=麥《甲》。”又：“種生於果，必定前後，以因果故，如[4]爽種等。”（T2266v67p0423b）本頁下注4：“爽=麥《甲》。”“爽”皆“麥”字之訛，可比勘。

2335 䴔

隋闍那崛多譯《佛本行集經》：“波旬，汝今被菩薩威自然退散，猶如一把碎末麥[14]䴔被大風吹。”（T0190v03p0789c）本頁下注14：“䴔=麨《三》。”

按：唐慧琳撰《一切經音義》卷五十六《佛本行集經》第二十九卷：“麥稍，公玄反。《說文》：‘麥莖也。’《廣雅》：‘積稾也。’《經》文作‘䴔’，非體也。”（T2128v54p0681c）慧琳所見本亦作“䴔”，釋作“稍”，“䴔”即“稍”之異體“䴅”之書寫變異。《可洪音義》卷十四《佛本行集經》第二十九卷：“麦䴔，吉［古］玄反。”（v59p1083a）又卷二十五《一切經音義》第十九卷：“作䴔，古玄反。萇筠曰：麥莖也。”（v60p386c）可洪作“䴔”，“䴔”亦“䴅”之異寫。張涌泉《敦煌俗字研究》（第2版）亦有考證（p667），可互參。

2336 麵

失譯《薩婆多毘尼毘婆沙》：“一切麥粟稻麻床，未作麨飯[19]麵，盡名似食。若變成麨飯[20]麵，盡名正食，別衆食。”（T1440v23p0549c）本頁下注19：“麵=餔《三》，麺《聖》。”注20：“麵=餔《三》《聖》。”

按：“麵”與“餔”“麺”爲版本異文，“麵”“餔”皆“糒”之異體。《說文·米部》：“糒，乾也。从米，葡聲。”段注改訓釋作“乾飯也”。《龍龕·麦部》：“麴、麴，二俗。平秘反。正作糒，糗也。”形旁或從“麦（麥）”，“麵”形旁從“麥”，同例。後秦弗若多羅、羅什譯《十誦律》：“若食麄飯麨[18]糒，不能益身。”（T1435v23p0184c）本頁下注18：“糒=麵《宋》《宮》《聖》。”“麵”亦同“糒”。

2337 麯

唐道宣撰《集古今佛道論衡》：“麴麯是味，清虛焉在。瞿脯斯甜，慈悲永

隔。”（T2104v52p0371a）

按：元念常集《佛祖歷代通載》：“麴⿰麥辟是味。”（T2036v49p0554a）唐道宣撰《廣弘明集》：“麴[7]糵是味，清虛焉在。”（T2103v52p0113a）本頁下注7：“糵＝⿰麥辟《宋》《元》《宮》。”“⿰麥辟”與“糵”爲版本異文，“⿰麥辟”即“糵”之異構字。《説文·米部》：“糱，牙米也。从米，辥聲。”字或寫作“糵”，唐張參《五經文字·米部》：“糵，魚列反。”又或換“米”旁爲“麥”旁造“⿱辥麥”字，明梅膺祚《字彙·麥部》：“⿱辥麥，同糵。”“⿰麥辟”與“⿱辥麥”唯左右結構與上下結構之異。

《可洪音義》卷二十七《續高僧傳》第二十三卷：“⿰麦匊⿱薛麦，魚竭反。”（v60p487b）唐道宣撰《續高僧傳》：“麴[26]糵是味，清虛焉在。”（T2060v50p0625c）本頁下注26：“糵＝⿱蘖米《三》《宮》。”《可洪音義》卷二十六《集古今佛道論衡》卷甲：“麴⿺麦薛，魚竭反。正作⿱薛麦。”（v60p417b）可洪作“⿱薛麦”“⿺麦薛”，形旁皆從“麦”，爲“麥”的俗體。聲旁從“薛”，爲“辥”的俗體，可參看。《續高僧傳》之“⿱蘖米”“糵”則爲“糵”字之訛。

⿰鹵古　部

2338 ⿰鹵古

日本淨嚴撰《悉曇三密鈔》：“𑖘𑖽，⿰鹵古、鴿（隨求）、吒暗（立印軌）。”（T2710v84p0743b）

按：“⿰鹵古”爲譯音字，字書未見。求諸字音，“𑖘𑖽”讀“ṭaṃ”。參考“⿰鹵古”之字形，“⿰鹵古”即“⿰鹵占”字之訛，“占”與“古”形近易訛。唐法全撰《大毗盧遮那成佛神變加持經蓮華胎藏悲生曼荼羅廣大成就儀軌供養方便會》：“劍欠儼儉噞占襜染瞻髯⿰鹵古㘕喃湛喃擔探喃淡喃啌吒嚩吰鑁闇嚂藍鑁睒衫參頜（其口邊字皆帶第一轉本音呼之）。”（T0852v18p0125a）亦作“⿰鹵古”字。又：“劍欠儼儉唅占擔染瞻髯⿰鹵古諂喃湛喃擔嚓喃淡南啶啶嚩吰鑁闇嚂嚂鑁睒衫參頜（皆口邊字，皆轉第一轉本音呼之）。”（T0852v18p0141c）與“⿰鹵古”對應之字正作“⿰鹵占”。唐惟謹述《大毗盧遮那經阿闍梨真實智品中阿闍梨住阿字觀門》：“[illegible]，吒吒⿰鹵占磔。”（T0863v18p0194a）“𑖘𑖽”之譯音字正作“⿰鹵占”。又，日本安然撰《悉曇藏》：“二加他麽多聲者，本韻[illegible]暗字元無仰月，以此五字或爲仰月，各加當句令載圓點，[illegible]劍[illegible]占[illegible]⿰鹵占[illegible]擔[illegible]吒等字類。”（T2702v84p0416c）日本明覺撰《悉曇要訣》：“又《胎藏軌》：[illegible]諂⿰鹵占（文）。《大日經》云：諂⿰鹵占（文）。”（T2706v84p0520c）《悉曇三密鈔》：“問：加他麽多聲者，其相如何？答：然公意謂本韻（麽多）中大空[illegible]暗字本無仰月，故以[illegible]仰等五字或爲仰月，各加當句上四字之首各戴圓點，所謂[悉曇]竟（[悉曇]字爲仰月）、[悉曇]占（[悉曇]字爲仰月）、[悉曇]𪘨（[悉曇]字爲仰月）、[悉曇]擔（[悉曇]字爲仰月）、[悉曇]𠯗（[悉曇]字爲仰月）等字類也。”（T2710v84p0783a）“𪘨”又爲“[悉曇]”的譯音字。“[悉曇]”與“[悉曇]”音同，只是書寫形式不同，前者爲摩多點的仰月形式，後者爲摩多點的空點形式。

鳥 部

2339 ⿰力鳥

失譯《佛説安宅神呪經》：“東方婆[1]⿰力鳥深山娑羅伽扠汝百鬼頸著枷，南方婆*⿰力鳥深山娑羅伽扠汝百鬼頸著枷，西方婆*⿰力鳥深山娑羅伽扠汝百鬼頸著枷，北方婆*⿰力鳥深山娑羅伽扠汝百鬼頸著枷。”（T1394v21p0912a）本頁下注1：“⿰力鳥＝鳩《三》*。”

按：“⿰力鳥”與“鳩”爲版本異文，“⿰力鳥”蓋即“鳩”字之訛。失譯《薩婆多毘尼毘婆沙》：“又云：佛十力中用一不用[3]九，故名退也。”（T1440v23p0504b）本頁下注3：“九＝力《元》。”訶梨跋摩造、後秦鳩摩羅什譯《成實論》：“阿羅漢有[6]九種。”（T1646v32p0246b）本頁下注6：“九＝力《宮》。”“力”皆“九”字之訛，可比勘。參2341“⿰子鳥”字條。

2340 ⿰亐鳥

隋智顗説《妙法蓮華經玄義》：“世人以蜘蛛挂則喜事來，⿰亐鳥鵲鳴則行人至。小尚有徵，大焉無瑞。以近表遠，亦應如是。”（T1716v33p0750a）

按：“⿰亐鳥”即“鳱”字之訛。東漢王充《論衡·實知》：“狌狌知往，鳱鵲知來，稟之天性，自然者也。”唐湛然述《法華玄義釋籤》：“鳱鵲鳴者，鳱鵲，小鵲也。《西京雜記》云：‘乾鵲鳴者則行人至。’亦可作‘䧔’，今時書本多作‘乾’字。”（T1717v33p0905a）字本作“鳱”。“干”訛作“于”“亐”，文獻多見。

2341 ⿰子鳥

南宋紹隆編《圓悟佛果禪師語録》：“方省懷禪師頌云：蜀魄連宵叫，鷞⿰子鳥長

夜啼。圓通門大敀，何事隔雲泥。”（T1997v47p0768a）

按：“䳙”即“鳩”字之訛。明居頂撰《續傳燈録》：“又曰：蜀魄連宵叫，鷄鳩終夜啼。圓通門大啓，何事隔雲泥。”（T2077v51p0501c）與“䳙”對應之字作“鳩”。《爾雅·釋鳥》：“鷄鳩，寇雉。”郭璞注：“鷄大如鴿，似雌雉，鼠脚無後指，岐尾。爲鳥憨急，羣飛，出北方沙漠地。”“鷄鳩”爲鳥名，與文意合。失譯《佛説安宅神呪經》：“東方婆[1]鳩深山娑羅伽扠汝百鬼頸著枷，南方婆*鳩深山娑羅伽扠汝百鬼頸著枷，西方婆*鳩深山娑羅伽扠汝百鬼頸著枷，北方婆*鳩深山娑羅伽扠汝百鬼頸著枷。”（T1394v21p0912a）本頁下注1：“鳩＝鳨《三》*。”宋紹雲記《五家正宗贊》：“蜀魄連宵叫，鷄鳭終夜啼。圓通門大敀，何事隔雲泥。”（X1554v78p0613b）南宋普濟集《五燈會元》：“蜀魄連宵叫，鷄鳭終夜啼。圓通門大敀，何事隔雲泥。”（X1565v80p0329a）明真哲説、傳我等編《古雪哲禪師語録》：“蜀魄連宵叫，鷄鳭終夜嗁。圜通門大啓，何事隔雲泥。”（JB208v28p0323b）日本子元祖元語《佛光國師語録》：“蜀魄連宵叫，鷄䲷終夜啼。圓通門大啓，何事隔雲泥。”（T2549v80p0131b）明通容集《五燈嚴統》：“蜀魄連宵叫，鷄鳴終夜啼。圓通門大敀，何事隔雲泥。”（X1568v81p0134c）“鳩”或訛作“鳨”“鳭”“䲷”“鳴”，構件“九”訛作“力”“刀”“刁”等形，“䳙”乃“䲷”之進一步寫訛，“刁”旁訛作“孑”旁也。

2342 䳊

日本照遠撰《資行鈔》：“遇緣不得與盡形藥頭一時受者：大棗、鼓漿、虎眼、䳊頭（䳊、鵶同字也）、所阻、羊腎，令秤，次第受取。”（T2248v62p0745b）

按：文中自注“䳊、鵶同字”，“鵶”“䳊”皆“鴟”字之訛。唐道宣撰《四分律删繁補闕行事鈔》：“若是時藥七日藥者（如大棗、采麥、豉醬、羊腎、虎眼、鵶頭、白蜜、沐油之類），遇緣不得與盡形藥頭一時受者，應加法言。”（T1804v40p0124a）此蓋照遠《資行鈔》所本，與“䳊”對應之字作“鵶”。唐王燾撰《外臺祕要方·風狂方九首》：“千金療風癲方：葶藶子（熬研）、鉛丹、栝樓、虎掌（各三分）、烏頭（三分，炮）、白术（一分）、鴟頭（一枚，炙）、鐵精、蕳茹（各一兩）、椒（汗）、大戟（炙）、甘遂、天雄（各二分，炮）。”北宋唐慎微編《證類本草·序例下》：“風眩：菊花（平）、飛廉（平）、羊躑躅（温）、虎掌（温微寒）、杜若（微温）、茯神（平）、茯苓（平）、白芷（温）、鴟頭（平）。”皆“鴟頭”入藥之證。

考諸字形，“鴟”或寫作“鵄”（見《龍龕·鳥部》），“䳊”與“鵄”形近，即其形之進一步形變。

2343 鴁

佚名《翻梵語》："遮迦恕，應云歌羅婆今，譯曰[7]鴁鴦。"（T2130v54p1032c）本頁下注7："鴁=鴛《甲》。"

按："鴁"與"鴛"爲版本異文，"鴁"即"鴛"之異體"鳿"字之訛。南宋法雲編《翻譯名義集》："[15]斫迦邏婆，此云鴛鴦，匹鳥也。止則相耦，飛則相雙。"（T2131v54p1090b）本頁下注15："Cakravāka。"唐禮言集《梵語雜名》："鴛鴦，折迦羅娑迦，च क र स्क。"（T2135v54p1237a）"च क र स्क"當轉寫作"cakaraska"，漢譯及轉寫之梵文略有不同，均譯爲"鴛鴦"。"鴛"或作"鳿"，"鳿"爲"鴛"改變聲旁的異構字（參鄭賢章《漢文佛典疑難俗字彙釋與研究》"鳿"字條，p455）。"鴁"即"鳿"字之訛。

2344 鴆

日本杲寶撰《大日經疏演奧鈔》："於竿頭上結絓鴆鵅鳩（師云：鵴乎）尾，極令端正。"（T2216v59p0262a）

按：唐不空譯《蕤呬耶經》："其幡竿者端直及長，各於八方去處不遠如法安置。東著白幡，東南紅幡，正南黑幡，西南烟色幡，西方赤色幡，西北方青色幡，正北黃色幡，東北赤白幡，如是八色隨方而置。於竿頭上結絓[1]鳩鵅鴟尾，極令端正。"（T0897v18p0767a）本頁下注1："絓鳩鵅=繼躭鵅《甲》，繼鴆鵅《乙》。"此蓋即杲寶所本，然《蕤呬耶經》本有異文。文中意謂於幡竿頭繫挂鳥尾，"結"有繫義，"絓"有挂義，作"結絓"與文意合。字或作"繼"者，"繼"乃"繫"之借字，與"結"義近。唐輸波迦羅譯《蘇悉地羯囉經》："常須右臂手常以真言索[40]繼帶，右手持珠索。"（T0893v18p0638c）本頁下注40："繼=繫《甲》。"南朝宋求那跋陀羅譯《雜阿含經》："譬如多力士夫，取羸劣人，以繩[17]繼頭，兩手急絞，極大苦痛。"（T0099v02p0029c）本頁下注17："繼=縛《三》。"隋毘尼多流支譯《佛説象頭精舍經》："復次天子，初發心者猶如初月，繼念修行如五日月乃至七日月，修行不退如十日月，與善同生如十四日月，如來智慧滿足無缺如十五日月，發心繼念修行不退與善同生亦復如是。復次天子，初發心人過聲聞地，第二發心過辟支佛地，第三發心過不定地，第四發心得於定地。復次天子，如'噁''啊'等音悉是一切字之根本，初發心者亦復如是，悉是一切善之根本。如學文字得少分智，繼念修行亦復如是，得少分智，猶如算師總計無量知其分齊。不退轉心亦復如是，知心不退，譬如有人明解經論。與善同生善心明了亦復如是。復次天子，初發心者繼念善因，第二發心繼念智慧，第三發心繼念禪定，第四發心繼念於果。”（T0466v14p0488a）“繼”皆“繫”之借字。

“絓”後三字，皆當作鳥名，《大日經疏演奥鈔》作“鴆鵲鳩”，《蕤呬耶經》底本作“鴆鵲鵄”，甲本作“躭鰆鵄”，乙本作“駝鵲鵄”。日本寬信撰《傳受集》：“於竿頭上結繼耽鶺鵲鴆尾。”（T2482v78p0245a）日本實運撰《諸尊要抄》：“於竿頭上結繼[29]鴆鵲鴟尾。”（T2484v78p0294c）本頁下注 29：“鴆鵲鴟＝駝鵲鴆イ《原》。”轉録文字，異文歧出。細審文意，竿頭上結絓鳥尾令端，蓋欲氣氛肅穆，三種鳥蓋皆爲凶鳥。結合文意，考諸字形，三字中，第一字當以“鴆”字爲正，“躭”即“鴆”改變左右偏旁位置的異寫字，“駝”爲“鴆”形近而致訛形。或疑當爲“鵷”，然“鵷”乃鳳凰一類的瑞鳥，非凶鳥之類，亦不當與“鵲”“鵄”爲伍。“躭”乃“躭”字之訛，“鳥”旁訛作“身”旁也。北宋施護譯《聖觀自在菩薩功德讚》：“彼有寶樹數甚多，低羅迦及瞻波等，有諸異[2]鳥止其上，常出清淨妙好音。”（T1053v20p0069a）本頁下注 2：“鳥＝身《元》。”“身”爲“鳥”字之訛。尸陀槃尼撰、前秦僧伽跋澄譯《鞞婆沙論》：“世尊及尊者舍利弗同遊一處，尊者阿難在佛後執拂拂佛。彼時有鳥爲鷹所逼，怖畏飛趣尊者舍利弗影中住，身戰如獨搖樹。彼鳥離舍利弗影，飛至佛影中，無恐畏。阿難見已，叉手白佛曰：‘甚奇，世尊。如此鳥在尊者舍利弗影中時，身戰如獨搖樹。離舍利弗影，至世尊影已，便無恐畏。’世尊告曰：‘如是阿難，如是阿難。舍利弗比丘雖離於殺，不極清淨，是故[2]鳥住影中，[3]身戰如獨搖樹。阿難，我於三阿僧祇劫離於殺，極具足清淨行，是故鳥住我影中而無恐怖。’”（T1547v28p0499a）本頁下注 2：“鳥＝身《元》《明》。”注 3：“身＝鳥《元》《明》。”前一處“身”爲“鳥”字之訛，後一處“鳥”爲“身”字之訛，皆可比勘。

中間一字當以“鵲”字爲是，“鵲”指烏鵲，佛經中烏鵲常與鵄梟爲伍，歸爲惡鳥。“鰆”蓋即“鵲”字之訛，“昔”旁訛作“者”旁，“鳥”旁訛作“馬”，《大正藏》多見。末一字當以“鵄”字爲正，“鳩”乃“鵄”字之訛。唐道世撰《法苑珠林》：“或有二足者如彼烏[16]鳩等。”（T2122v53p0317c）本頁下注 16：“鳩＝鵄《三》《宮》。”“鳩”亦“鵄”字之訛。

2345 鴧

日本信瑞纂《淨土三部經音義集》：“《經音義》云：‘隼’又作‘[17]鶽’，祝鳩也。’鄭玄注《周禮》曰：‘猛鳥鷹隼之屬。’”（T2207v57p0419a）本頁下注 17：“鶽＝鶉《甲》，鶽+（同思尹反。《詩》云：“鴧彼飛鶽。”箋云：“鶽，急疾之鳥也。”《説文》：“鶽，祝鳩也。”）二十四字《甲》《乙》。”

按：注文引《詩經》證“鶽”字。《詩經・小雅・采芑》：“鴥彼飛隼，其飛戾天。”此即信瑞所本，與“鴧”對應之字作“鴥”。“鴥”或作“鴪”，“鴧”即“鴪”字之訛。

2346 䳼

龍樹造、後秦鳩摩羅什譯《大智度論》："愚癡多故，受蚓蛾、蜣蜋、蟻螻、鵂[11]鷖、角鵄之屬，諸騃虫鳥。"（T1509v25p0175a）本頁下注11："鷖＝鶹《三》《宫》，䳼《石》。"

按：唐慧琳撰《一切經音義》卷四十六《大智度論》第十八卷："鵂鶩，許牛反。《爾雅》：'怪鴟。'舍人曰：'一名怪鳥，一名鵂鶹，南陽名鉤鵅［鵅］。'《字林》：'鴟鵂也。'"（T2128v54p0612c）慧琳所見本作"鵂鶩"，"鵂鷖"蓋"鵂鶩"之誤，"䳼"爲"鶩"字之省。"鵂鶩"乃"鵂鶹"的異稱，故異文又作"鶹"。元一行慧覺《大方廣佛華嚴經海印道場十重行願常徧禮懺儀》："愚癡多故，受蚓蛾、蜣蜋、螻蟻、鵂鶹、角鵄之屬，諸騃蟲鳥，罪報懺悔。"（X1470v74p0157c）唐道世撰《法苑珠林》："愚癡多故，受蚯蚓、蜣蜋、螻蟻、鵂鶩、角鵄之屬，諸騃蟲鳥。"（T2122v53p0318c）清徐昌治輯《醒世録》："又《智度論》云：愚癡多故，受蚯蚓、蜣蜋、螻蟻、鵂鶩、角鵄之屬。"（JB122v23p0090b）"鵂鶩"皆與"鵂鶹"同義。

"鵂鶩"又誤作"鵂鷖"者，《説文·鳥部》："鶩，舒鳧。从鳥，敄聲。"義爲家鴨，故常與"鷄"連用，西晋竺法護譯《正法華經》："牛畜賭㲋，鷄鶩羠羊。"（T0263v09p0081b）東晋竺曇無蘭譯《佛説寂志果經》："不畜鷄鶩狗犬猪豕。"（T0022v01p0273a）皆其用例。《説文·鳥部》："鷖，鳧屬。从鳥，殹聲。《詩》曰：'鳧鷖在梁。'"明張自烈《正字通·鳥部》："鷖，千［于］欺切，音衣。鷗也。蒼黑色，羣飛鳴，隨潮徃來，曰信鳧，知風起輒飛至岸，渡海者以爲候。""鷖"即"鷗"之異稱，故常與表野鴨義的"鳧"連用，《詩·大雅·鳧鷖》："鳧鷖在涇。"毛傳："鳧，水鳥也。鷖，鳧屬。"唐玄奘譯《大般若波羅蜜多經》："諸苑池中多有衆鳥，孔雀、鸚鵡、鳧鷖、鴻鴈、黄鵙、鶬鶊、青鵞、白鵠、春鶯、鵞鷺、鴛鴦、鵁鶄、翡翠、精衛、鵾鷄、鸕鶿、鶢鶋、鵾鳳、妙翅、鵜鶘、羯羅頻迦、命命鳥等。"（T0220v06p1060c）"鶩"與"鷖"皆鳧屬，故在鳧屬的意義上可換用。但"鵂鶩"與"鵂鶹"同，在這個意義上，"鵂鶩"不能替換作"鵂鷖"。《大智度論》底本之"鷖"乃誤用。

《大智度論》："受鵞鴨、孔雀、鴛鴦、鳩鴿、鷄[6]鷖、鸚鵡、百舌之屬。"（T1509v25p0175a）本頁下注6："鷖＝鳽《宋》《宫》，鶩《元》《明》，䳼《石》。""䳼"亦"鶩"字之省。唐慧琳撰《一切經音義》："鷄鶩，音木。《爾疋》：'野曰鳧，家曰鶩。'鶩即鴨也。《經》文作'雅'，非也。"（T2128v54p0494c）佛經"鷄鶩"多見。"鷄鷖"之"鷖"亦當爲涉"鶩"字而誤用。

2347 䴅

日本實運撰《諸尊要抄》："《呬經》説云：幡竿端直及各於八方去處不遠如法安置云云，東著白幡，東南紅幡，正南黑幡，西南烟色幡，西方赤幡，西北青幡，正北黄幡，東北赤白幡，如是八色隨方而置於竿頭上。於竿頭上結繼[29]鳺鵲嶋尾，極令端正。"（T2484v78p0294c）本頁下注 29："鳺鵲嶋=䴅鵲鳺[イ]《原》。"

按："䴅鵲鳺"與"鳺鵲嶋"爲版本異文，"䴅"即"鳺"字之訛。參 2344"䲵"字條。

2348 鴼

南朝梁諸大法師集撰《慈悲道場懺法》："爲人下使喜作妄語傳人惡者，死入地獄。烊銅灌口，拔出其舌，以牛耕之。罪畢得出，生鵂鴼中，人聞其聲，無不驚怖，皆言變怪，呪令其死。"（T1909v45p0932c）

按："鴼"即"鵅"字之訛。《爾雅·釋鳥》："鵅，鵋䳢。"晋郭璞注："今江東呼鵂鶹爲鵋䳢，亦謂之鵂鵅。"南朝宋求那跋陀羅譯《佛説罪福報應經》："好喜妄語，傳人惡事，死入地獄。洋銅灌口，拔出其舌，以牛犁之。出墮鴟梟鵂鵅鳥中，人聞其鳴，莫不驚怖，皆言變怪，呪令其死。"（T0747v17p0564a）與"鴼"對應之字作"鵅"。字或作"鴼"者，"名"與"各"形近，"各"旁訛作"名"旁耳。唐慧琳撰《一切經音義》："鵂鶹，許牛反，下力周反。《字書》：'鵂鶹，鉤鴼也。'《廣雅》：'鵂鶹，鳩鵄也。'亦恠鳥也。關西名訓侯，山東名訓狐。《纂文》云：'夜則拾人爪也。'"（T2128v54p0584a）又："鵂鵟，許牛反。《爾雅》：'怪鴟。'舍人曰：'一名怪鳥，一名鵂鶹，南陽名鉤鴼。'《字林》：'鴟鵂也。'"（T2128v54p0612c）又："鴟鵂，上齒之反。鄭箋《毛詩》云：'鴟，惡鳴之鳥也。'《古今正字》：'鳶屬也。從鳥，氐聲。'下朽尤反。《字書》云：'鵂鶹，�鳥也。一名鴼。夜飛晝伏。'《古今正字》：'恠鳥也。從鳥，伏［休］聲。'鴼音格也。"（T2128v54p0660c）又："鵂鶹，許牛反，下力周反。《爾疋》：'鴼，鵋欺。'郭璞曰：'今江東呼鵂鶹爲鉤鴼。'鴼音格。《廣疋》：'鵂鶹，鵋鵄也。'鵋音邈講反。亦云怪鳥，晝盲夜視，鳴爲怪也。關西名訓侯，山東名訓狐。《纂文》云：'夜則拾人爪甲也。'"（T2128v54p0763a）"鴼"亦皆"鵅"字之訛。

2349 鴕

唐玄奘、辯機撰《大唐西域記》："信度國周七千餘里，國大都城號毘苦婆補羅，周三十餘里。宜穀稼豐宿麥，出金銀鍮石，宜牛羊橐[3]駝騾畜之屬。橐駝卑小，唯有一峯。"（T2087v51p0937a）本頁下注 3："駝＝鴕《甲》。"

按："鴕"與"駝"爲版本異文，"鴕"即"駝"字之訛。"橐駝"爲常用詞，作"駝"是。唐慧琳撰《一切經音義》："侘傺，上摒加反，下勑例反。王注《楚辭》云：'[25]侘傺，失志貌也。'《古今正字》：亦失志悵立爲侘。並從人，[26]宅、祭皆聲。"（T2128v54p0843c）本頁下注 25："侘＝佗。"注 26："宅＝它《甲》。""侘"或誤作"佗"，"宅"或誤作"它"，皆"它""宅"混誤之例。

2350 鵙

南朝梁僧祐撰《弘明集》："夫淵默心口者，萬行之真德。而塵界衆生，率無慈愛。虓兇邪佞，符章競作。懸門帖戶，以誑愚俗。高賢有識，未之安也。造黃神越章，用持殺鬼。又制赤章，用持殺人。趣悅世情，不計殃罪。陰謀懷嫉，經有舊准。死入鐵鉗大獄，生出鵶[36]鵙瘖瘂。精骸惛朽，淪離永劫。"（T2102v52p0049b）本頁下注 36："鵙＝鵙《明》。"

按："鵙"與"鵙"爲版本異文，"鵙"即"鵙"字之訛。四庫本《弘明集》亦作"鵙"。

2351 鵂

日本靜然撰《行林抄》："樓閣中有草座，座上有ᖽ曩字，字變成梵篋，篋變成龍樹菩薩，作聲聞形像，著袈裟衣讚：穆訖耽穆訖底幡他鉢羅跛耽試乞曬野素拁野婆沙體耽乞曬怛嚩尾始瑟鵂窶拏刎曩謎僧健左婆鉢羅嚩跢。"（T2409v76p0332c）

按：唐善無畏譯《大毘盧遮那經廣大儀軌》："目訖耽（二合）目訖底（二合）播他（引）鉢囉（二合）跛耽（二合。一）試乞灑（二合）夜素弭也（二合）嚩娑體（二合）耽（二）乞灑（二合）怛嚩（二合）尾始瑟鴿（二合）虞拏鍐（三）曩謎僧（去）建左婆（去，引）嚩哆（都各反）。"（T0851v18p0097c）佚名《藥師儀軌一具》："穆訖躭（二合）穆訖底（二合）播（引）他

（引）鉢羅（二合）跛躭（二合，引）誐乞灑（二合）野索（引）弭野（二）嚩（引）沙體（二合）躭乞灑（二合）怛覽（二合）尾始瑟⿰亻鳥𩆬（上）拏𠛪（無本反。一）曩謎（引）僧（去）健左婆（引）嚩（上）跢（都各反。四僧）。”（T0924v19p0032c）與“⿰⿰亻臽鳥”對應之字作“鴿”“⿰亻鳥”，“⿰⿰亻臽鳥”“⿰亻鳥”皆“鴿”字之訛。日本淨嚴撰《悉曇三密鈔》：“等字諸梵文中多不呼阿音，謂瑟吒瑟恥瑟𪘨瑟鴿瑟捉等也。”（T2710v84p0774c）“瑟鴿”對應梵文作“（ṣṭaṃ）”。北宋法賢譯《佛説瑜伽大教王經》：“三昧真言曰：……訥瑟鴿（二合）昧帝哩（二合）尾囉（引）誐多（引。六）。”（T0890v18p0562b）林光明《新編大藏全咒》卷十《佛説瑜伽大教王經》“三昧真言”中“瑟鴿”的梵文羅馬轉寫作“ṣṭa”，後一音節“昧（mai）”開頭爲鼻音“m”（v10p454）。作“鴿”與音相合。“陷”或寫作“陥”（見《龍龕》），“欿”或寫作“⿰⿰亻臽欠”（見《可洪音義》v60p594c），故“鴿”或訛作“⿰⿰亻臽鳥”，“⿰亻鳥”又“⿰⿰亻臽欠”“⿰⿰亻臽鳥”類形體的進一步錯訛。

2352 ⿰伯鳥

日本賴瑜撰《薄草子口訣》：“勝根本真言曰：……薩縛納瑟⿰伯鳥（二合。十四）摩訶誐那鉢底（十五）。”（T2535v79p0260c）

按：唐不空譯《聖閻曼德迦威怒王立成大神驗念誦法》：“勝根本真言曰：……薩嚩訥瑟鴿（二合。十四）摩賀誐那鉢底（十五）。”（T1214v21p0073a）日本寬助撰《别行》：“勝根本真言曰：……薩嚩訥瑟⿰伯鳥（二合。十二）摩訶（引）誐拏鉢底（十三）。”（T2476v78p0165a）與“⿰伯鳥”對應之字作“鴿”，“瑟鴿”對應梵文作“（ṣṭa）”，後一音節“摩（ma）”開頭爲鼻音“m”，作“鴿”與音相合。“⿰伯鳥”即“鴿”之訛。參上條。

2353 鳺

元覺岸編《釋氏稽古略》：“《唐風》，晋也，七篇。《山有樞》《楊之水》《椒聊》《綢繆》《林杜》《恙裘》《鳺羽》。”（T2037v49p0756b）

按：文中所列爲《詩經·唐風》七首詩的篇名。根據文意，“鳺”即“鴇”字之訛。

又，“恙”爲“羔”字之訛。同上經：“《鄭風》，六篇。《將仲子》《叔于田》《大叔于田》《恙裘》《遵大路》《女曰雞鳴》。”（T2037v49p0757a）“恙”亦“羔”字之訛。

2354 鵯

婆藪盤豆造、南朝陳真諦譯《阿毘達磨俱舍釋論》:“復次曾聞[6]鴰所怖鳥。”(T1559v29p0291b) 本頁下注6:“鴰=鵯《宫》。”

按:“鵯”與“鴰”爲版本異文,“鵯”即“鴰”字之訛。隋闍那崛多譯《大威德陀羅尼經》:“然彼復有若烏若鷹若鴰,趁逐飛走。彼恐怖已,還求闇處,復觀諸處,大恐怖已,瞻烏群隊。如是如是。”(T1341v21p0823c) 字本作“鴰”。“鵯”即“鴰”形近之訛字,佛經中“𠈌”旁與“垂”旁字或混誤,可資比勘。隋闍那崛多譯《佛本行集經》:“時彼地内,所有作人,赤體辛勤,而事耕墾。以牛縻繫彼犁輻端,牛若行遲,時時[21]搖掣。日長天熱,喘𡁠汗流,人牛並皆困乏飢渴。”(T0190v03p0705c) 本頁下注21:“搖=捶《三》。”東晉佛陀跋陀羅、法顯譯《摩訶僧祇律》:“若有睡者,不得卒急喚起,不得擣脇。當併邊以杖拄前三[3]搖,復不覺者,若在左邊當拄右膝,若在右邊當拄左膝。覺已當起,取杖而行。”(T1425v22p0513a) 本頁下注3:“搖=捶《三》《宫》。”“捶”皆“搖”字之訛。唐窺基撰《説無垢稱經疏》:“有不知恩犯戒者等,當斷常賜衣服等物,或當[13]搖打。由是彼怖所爲治罰,便勤斷惡,勤修諸善。”(T1782v38p1034a) 本頁下注13:“搖=捶《甲》。”東晉瞿曇僧伽提婆譯《中阿含經》:“梵志,多聞聖弟子能忍飢渴寒熱,蚊虻蠅蚤,風日所逼,惡聲[9]捶杖亦能忍之。”(T0026v01p0658c) 本頁下注9:“捶=搖《聖》。”日本湛慧撰《成唯識論述記集成編》:“加以手足、塊石、刀杖,[24]捶打傷害損惱有情。”(T2266v67p0860c) 本頁下注24:“捶=搖《甲》。”唐慧琳撰《一切經音義》:“打撲,下普木反。顧野王云:‘撲,猶打[4]捶之也。’《廣雅》云:‘擊也。’《説文》:‘從手,菐聲。’”(T2128v54p0719c) 本頁下注4:“捶=搖《甲》。”“搖”皆“捶”字之訛。

2355 鴰

佚名《翻梵語》:“呾呾羅,譯曰鴰也。”(T2130v54p1032b)

按:北涼曇無讖譯《大般涅槃經》第二十三卷:“如因聲故名爲迦迦羅、名究究羅、[5]呾呾羅,如是等名是因緣名。”(T0374v12p0503b) 本頁下注5:“呾呾=咀咀《宋》《元》。”此即《翻梵語》之所本。南朝宋慧嚴譯《大般涅槃經》第二十一卷:“如因聲故名爲迦迦羅、名究究羅、呾呾羅,如是等名是因緣名。”(T0375v12p0747b) 唐慧琳撰《一切經音義》卷二十六《大般涅盤經》第二十三卷:“迦迦羅,居佉反。此云烏也。因聲立名也。究究羅,九求反。此鷄聲也。鳩鳩吒,此云鷄也。呾呾羅,多達反。雉聲也。已上三鳥,並因聲得名也。”

(T2128v54p0476c) 據《慧琳音義》,“咀咀”爲“呾呾”之訛,“呾呾羅”爲鷄名,乃擬音詞,由模擬鷄叫聲而得名。《翻梵語》“咀咀羅,譯曰䳱也”,“䳱”蓋“鷄”字之訛。《翻梵語》:“究究羅,譯曰雞也。”(T2130v54p1032b)“究究羅”亦譯作“雞”。“鷄”的草書黄庭堅寫作“𪇗”,“䳱”蓋此類形體楷化之誤。

2356 䴍

日本仁海撰《小野六帖》:“梁闇,文涼讀爲梁,闇讀爲[34]鷄(烏南反)。”(T2473v78p0100b)本頁下注34:“鷄=䴍《甲》。”

按:“䴍”與“鷄”爲版本異文。據上下文,“鷄”當與“闇”同音,讀“烏南反”,形音不和,必爲錯字。唐陸德明《經典釋文·禮記音義·喪服》:“諒闇,依注諒讀爲梁,闇讀爲鶕,音烏南反,下同。”此即仁海所本,“䴍”“鷄”皆“鶕”之訛字。

2357 䳱

東晋瞿曇僧伽提婆譯《中阿含經》:“我應先知箭羽爲[4]飄鷅毛,爲鵰鷲毛,爲鶡鷄毛,爲鶴毛耶。”(T0026v01p0805a)本頁下注4:“飄鷅=鷅䳱《三》,鷄䳱《聖》。”

按:“䳱”與“鷅”“䳱”爲版本異文,“䳱”即“䳱”之書寫變異。唐玄應撰《一切經音義》(麗藏本)卷十一《中阿含經》第六十卷:“鷄㲴,力經反。謂㲴羽也。《經》文作‘鷅鶹’,力吉反,下力周反。謂黄鳥也。又作‘䳱’,此並應誤也。”(p147c)唐慧琳撰《一切經音義》卷五十二《中阿含經》第六十卷:“鷄㲴,力經反。謂㲴羽也。《經》文作‘鷅鶹’,力吉反,下力周反。謂黄鳥也。又作‘䳱’,此並應誤也。”(T2128v54p0653a)玄應所見本作“鷅鶹”,“鶹”字或本作“䳱”。玄應認爲作“鷅鶹”或“鷅䳱”皆誤,改作“鷄㲴”。《可洪音義》卷十二《中阿含經》第六十卷:“鷅䳱,上力日反,下力由反,正作‘鷅鶹’,《經音義》作‘鷅鶹’。《尔雅》云:‘鳥少美長醜爲鶹鷅也。’應和尚以‘鷄翎’替之,非也。《經》意但是鳥名,不唯鷄㲴也。下又郭氏音陵,書無此字。上又音漂,鳥飛皃也,非義也。又或作‘鸅鴋’,上音宅,下音房。鴋,鸅鸆,鳥蒼色,常在澤中,俗呼爲護澤鳥,别本作‘鷅’也。”(v59p999a)又卷二十五《一切經音義》第十一卷:“作䳱,郭氏音陵。”(v60p367b)可洪以爲玄應改作“鷄翎”誤,因爲此處是鳥名,改作“鷄翎”與文意不合,可洪的這個觀點是正確的。字當以“鷅鶹”爲正,前一字或作“鷅”或作“飄”,兩字皆“鷅”字之訛。“栗”與“票”形近易混,文獻中亦常混誤。“飄”又“鷅”字之訛。

後一字或作“䳨”或作“䳅”，“䳨”即“䳨”之異寫，“䳅”又“䳨”字之訛。《龍龕·鳥部》：“䳨，俗。音陵。”清吴任臣《字彙補·鳥部》：“䳨，力盈切，音陵。鳥名。”《康熙字典·鳥部》：“䳨，《字彙補》：‘力盈切，音陵。鳥名。’”《龍龕》收“䳨”字未釋其義，《字彙補》泛訓“鳥名”，皆未得其解。疑“鶺䳨”乃“鶺鴒”之變。

2358 䳓

日本安然撰《大日經供養持誦不同》：“七母等眷屬謂烏鷲狐及婆栖鳥（似鵶鵄小，黄土色，觜亦黄，是鸊[18]類也。此鳥有祕身法）。此等竝在風輪中圍繞七母（凡閻摩王部類皆在風輪中也），若持華得此鳥，亦持七母真言也。”（T2394v75p0351c）本頁下注18：“類＝䳓《乙》。”

按：“䳓”與“類”爲版本異文，“䳓”即“類”字之訛。唐一行記《大毘盧遮那成佛經疏》：“七母等眷屬謂鷲狐及婆栖鳥（似鵶少，黄土色，觜亦黄，是鸊類也。此鳥有祕身法也）。此等並在風輪中圍遶七母等（凡閻王部類皆在風輪中也），若持花得此鳥等，亦持七母真言也。”（T1796v39p0744b）日本杲寶撰《大日經疏演奧鈔》：“‘七母等眷屬等’者，釋如是等皆在等六句也。‘謂鷲狐及婆栖鳥等’者，十四本云：謂烏鷲狐及ヌ婆ス栖鳥。……義釋鸊類也。”（T2216v59p0535a）與“䳓”對應之字皆作“類”，日本覺超撰《東曼荼羅抄》亦同。作“類”與文意合。字書及其它文獻皆未見“䳓”字，“䳓”蓋即“類”刻寫之偶誤。

2359 䳗

日本信瑞纂《淨土三部經音義集》：“《文選[67]䳗鳥賦》曰：‘萬物變化。’”（T2207v57p0433b）本頁下注67：“䳗＝鵩《乙》。”

按：“䳗”與“鵩”爲版本異文，據文意，“䳗”即“鵩”字之訛，“服”旁訛作“眠”旁也。東晉佛陀跋陀羅、法顯譯《摩訶僧祇律》：“若比丘尼不還戒，戒羸不出，便作俗人形[18]服而犯者，隨其犯得罪。”（T1425v22p0514c）本頁下注18：“服＝眠《宮》。”《嘉興藏》作“服”。唐道世撰《法苑珠林》：“《吴越春秋》云：季子入周，見章甫之[6]服，三代之樂，云：吴，蠻夷之國，豈有此乎？”（T2122v53p0345a）本頁下注6：“服＝眠《宮》。”“眠”皆“服”字之訛。隋灌頂撰《觀心論疏》：“四調五事者，謂調[11]服、調食、調身、調息、調心。一調眠者，然眠是眼食，過多則沈昏自弊。故《經》云：如人喜眠，眠則滋多。過少則失明，如阿那律是也。今調令得所，使坐念觀慧明淨。內合者，無明煩惱是眠，二乘斷盡煩惱。如調眠太過，凡夫未斷，如不調眠。菩薩不同二邊，故《經》云：不住調伏心，不住不調伏心。是菩薩調眠也。”（T1921v46p0607b）本頁下注 11：“服=眠《甲》。”“服”又“眠”字之訛。“服”“眠”混訛，故“鵩”或訛作“䳜”。

2360 䳷

唐輸波迦羅譯《蘇婆呼童子請問經》：“設若得睡，夢見大蟲師子虎狼猪狗所趁，駝驢猫兒及鬼野干，鷲鳥鷺鸞鳥及[11]䳷胡。”（T0895v18p0724c）本頁下注 11：“䳷=燻《三》。”

按：“䳷”與“燻”爲版本異文，“䳷”即“訓”之分化字。唐段成式《酉陽雜俎·羽篇》：“訓胡，惡鳥也。鳴則後竅應之。”北宋唐慎微編《證類本草·禽部》：“《爾雅》云：‘鵅，鵋欺。’注云：江東人呼謂之鉤鵅（音革）。北土有訓胡，二物相似，抑亦其類。訓胡，聲呼其名，兩目如猫兒大。”唐慧琳撰《一切經音義》：“鴟鵂，上齒詩反。《莊子》：‘鵄，嗜鼠鳥也。’《古今正字》：‘從鳥，氏聲。或作鵄。下杇尤反。’《文字典説》云：‘鵂鶹，怪鳥也。從鳥，休聲。’一名訓胡也。”（T2128v54p0819a）字亦作“訓狐”，文獻多見。佛經又作“薰胡”“熏狐”等。北魏瞿曇般若流支譯《毘耶娑問經》：“若施畜生有怖畏者，所謂[13]訓狐烏鹿等畜是大布施。”（T0354v12p0225c）本頁下注 13：“訓狐=熏胡《三》《宫》，薰胡《聖》。”唐慧琳撰《一切經音義》卷十七《毘耶娑問經》卷上：“訓狐，關西呼爲訓侯，山東謂之訓狐，即鳩鵄也，亦名鉤格。晝伏夜行，鳴有恠。《經》文作‘薰胡’，非體也。”（T2128v54p0412b）又卷十七《大集月藏分經》第三卷：“訓狐，下戶姑反。訓狐即鳩鵄也，一名鵂鶹。《經》文作‘勳胡’，非體也。”（T2128v54p0415b）日本曇寂撰《大日經住心品疏私記》：“鵂鶹心，是於暗夜得猛利心。凡祕密教相應爲要，於時有晝夜二時三時等之異。今云暗夜思念，背明向暗，違相應義，又捨明取暗，是遍執之心，以爲失也。惠琳此經音云：鵂鶹，上音休，下音留。案，鵂鶹者，即鸒侯，夜飛怪鳥也。亦名訓侯，或名訓狐。以所鳴之聲爲名也。多居土窟穴，晝伏夜出，捕鼠及鵪鶉、小鳥等爲食。毛羽蒼斑，大如鷹，眼圓睛赤，觜爪似鷹，與角鴟、荒鵶、土梟等同類而稍大也。”（T2219v60p0609c）字或作“䳷”者，其名或作“訓胡”，義爲鳥名，故在“訓”字的基礎上加“鳥”旁造新字。

2361 鵂

唐道宣撰《廣弘明集》：“鳥則杉雞繡質，木客錦章，戴勝吐綬，[11]鸐鵂毆香，壁鼁紫鱉，鸓鸕鴛鴦。”（T2103v52p0341a）本頁下注 11：“鸀鴦歐＝鸀鵒鷗《宋》《元》，鸀鶺鷗《明》，鸀鶺歐《宮》。”

按：“鴦”與“鶺”“鵒”爲版本異文，“鴦”爲“鵏”之異寫“鷘”字之訛，“鶺”“鵒”爲“鵏”之異寫“鵏”字之訛。“鸀鶺歐香”，《御定歷代賦彙·梁蕭子雲〈玄圃園講賦〉》作“鸀鵏鷗香”。唐慧琳撰《一切經音義》卷九十九《廣弘明集》第二十九卷：“獨鵏，上同禄反，下束［束］鍾反。《考聲》：‘鳥名也。’鄭注《禮記》云：‘求旦之鳥也。’《方言》：‘周魏宋楚之間謂之獨舂，或謂之定甲，一名鶡（音渴）鴠（音旦）。’郭注云：‘似雉，五色，冬無毛赤倮，晝夜鳴也。’《集》作‘鸀鷘’，俗撰字也。”（T2128v54p0923c）慧琳所見本作“鸀鷘”，改作“獨鵏”，謂“鸀鷘”爲“獨鵏”之俗字。考《方言》作“獨舂”。北宋李昉等撰《太平御覽·時序部·豐稔》：“《臨海異物志》曰：獨舂，鳥聲有似舂，其鳴聲多者五穀傷，鳴聲少者五穀熟。”明李時珍撰《本草綱目·禽二·寒號虫》：“釋名：鶡鴠、獨舂，屎名五靈脂。”亦皆作“獨舂”。“鸀”“鵏”乃“獨”“舂”加“鳥”旁所造之後出分化字。《廣韻·鍾韻》書容切：“鵏，鸀鵏，鳥名。”《集韻·鍾韻》書容切：“鵏，鸀鵏，鳥名，布穀也。通作‘舂’。”《龍龕·鳥部》：“鷘，或作；鵏，正。書容反。鸀鵏，鳥也。”又：“鸀，或作；鸀，正。音獨。~鷘，鳥也。”《集韻》以“鸀鵏”爲布穀鳥，未知所本，然後代字書、韻書多從之。《龍龕·鳥部》之“鸀鷘”即“獨舂”之後出字無疑，字正當作“鸀鷘”。《廣弘明集》諸本“鸀鴦”“鸀鵒”“鸀鶺”中之“鴦”“鵒”“鶺”皆“鷘”“鵏”之訛。《可洪音義》卷三十《廣弘明集》第二十九卷：“鸀鷘，上徒木反，下東容反。”（v60p594c）字作“鸀鷘”，“鷘”亦“鷘”字之訛。

2362 鴳

元念常集《佛祖歷代通載》：“九旬習定，有鳥類尺鴳，巢于衣褶中。”（T2036v49p0658a）

按：“鴳”即“鴳”“鷃”之異構字。《説文·鳥部》：“鴳，雇也。从鳥，安聲。”大徐音“烏諫切”。字本作“鴳”。唐慧琳撰《一切經音義》：“鴳鳥，又作‘鷃’，同，烏諫反。鴳，雀也，一名鳸，一名鴽鴳。《纂文》云：‘關中以鷃爲爛堆是也。’”（T2128v54p0676a）字又作“鷃”，“鷃”爲“鴳”改變聲旁的異構字。“鴳/鷃”又名“尺鴳/鷃”“斥鴳/鷃”“赤鴳/鷃”等。唐慧琳撰《一切經音義》：“尺鷃，又作‘鴳’，同，烏諫反。鴳，雀也，亦名鴽鷃，一名鳸。《纂》云：‘開内以鷃爲鷃爛堆也。’案，鷃長唯尺，即以名焉。一作‘斥’，小澤也。”（T2128v54p0627a）遼希麟集《續一切經音義》：“尺鷃，上或作‘赤’，同。下音晏。《爾雅》云：‘鳸，鷃。’郭注云：‘鷃，雀也。’或作‘鴳’。《考聲》云：‘小鳥也，地穴作巢者。從鳥，晏聲也。’鳸音戶。”（T2129v54p0977a）“尺鴳”

同“尺鴳/鷃”，“鴳”即“鴳”“鷃”改變聲旁的異構字。

2363 鷇

龍樹造、後秦鳩摩羅什譯《大智度論》：“菩薩智慧是一切諸佛法本，能令一切衆生離苦得樂。如迦陵毘伽鳥子，雖未出[15]㲉，其音勝於衆鳥，何況出*㲉。菩薩智慧亦如是，雖未出無明*㲉，勝一切聲聞辟支佛。”（T1509v25p0320c）本頁下注15：“㲉=鷇《三》*，鷇《宮》*。”

按：“鷇”與“鷇”“㲉”爲版本異文，“鷇”即“鷇”之書寫變異。《説文・鳥部》：“鷇，鳥子生哺者。从鳥，㱿聲。”義爲由母哺食的幼鳥。“鷇”或寫作“鷇”，“鷇”即“鷇”之進一步書寫變異。俗書“㱿”旁常寫作“殸”旁，如“彀”或寫作“彀”（見金韓孝彦、韓道昭《改併四聲篇海・弓部》），“穀”或寫作“槃”（見唐顏元孫《干禄字書・入聲》）等，可比勘。

“㲉”爲“㲉”之異寫。《玉篇・卵部》：“㲉，口木切。卵空也。”《廣韻・候韻》苦候切：“鷇，鳥子。亦作㲉。生而須哺曰鷇，自食曰鶵。”又《屋韻》空谷切：“㲉，卵也。”“㲉”字從卵，本義當爲鳥卵，亦指鳥卵之外殼，本與“鷇”義別。文獻中兩字或混用。《大智度論》言“出㲉”，“㲉”爲卵之外殼義，當以“㲉”字爲正，“㲉”爲“㲉”之異寫。宋、元、明本作“鷇”，爲“㲉”之通用字。唐慧琳撰《一切經音義》：“成㲉，又作殼，同，口角反。吴會間音哭。卵不堅皮也，凡物皮皆曰殼，尚在卵中謂之㲉，出㲉以後名之鷇。鷇，音冦［寇］。《尒疋》：‘生哺鷇。’郭璞日［曰］：‘謂須母飤。’音似也。”（T2128v54p0638c）慧琳分辨“㲉”“鷇”（“鷇”之異寫）分别，近之。

2364 鵨

唐怛多蘖多集《唐梵兩語雙對集》：“鵨，滯（引）理。”（T2136v54p1243a）

按：唐禮言集《梵語雜名》：“鸛，滯（引）矩，[illegible]。”（T2135v54p1237a）“鵨”即“鸛”字之訛。《可洪音義》卷十三《大樓炭經》第二卷：“爲鵨，古乱反。正作‘鸛’。”（v59p1029c）“鵨”與“鵨”形近。又卷十三《别譯阿含經》第六卷：“鵨雀，上古乱反。正作‘鸛’也。”（v59p1015b）“鸛”又寫作“鵨”，與“鵨”之異寫形近，“鵨”亦“鵨”字異寫，亦可互證。

東晉竺佛念譯《鼻奈耶》：“若欲入城，有諸瑞應，象鳴鼻面舉，馬亦皆鳴，牛吼，凫雁、鴛鴦、孔雀、鸚鵡、白鵠、千秋[5]鵨盡皆和鳴。”（T1464v24p0871a）本頁下注5：“鵨=鵨《三》《宮》，鵠《聖》。”又：“諸佛常法若欲入城，有諸瑞應，象鳴舉鼻，馬鳴牛吼，凫雁、鴛鴦、孔雀、鸚鵡、白鵠、千秋鵨盡皆和鳴。”

(T1464v24p0872a) 與“鵅”對應之字作“鶴”。《可洪音義》卷四《大般泥洹經》第五卷：“鴈鶴，上五諫反，下何各反。正作‘鶴’，亦作‘鸖’。”(v59p690c)“鶴”又寫作“鶴”，與“鵅”形近。

2365 鷃

東漢支婁迦讖譯《般舟三昧經》：“智慧無量心普解，佛天中天鶡[12]鴨音。”(T0418v13p0911a) 本頁下注12：“鴨＝鷃《知》。”

按：“鷃”與“鴨”爲版本異文，疑“鷃”即“鵯”字之訛。唐玄應撰《一切經音義》(麗藏本)卷五《般舟三昧經》中卷：“鶡鴨，胡葛反。似雉，鬪死不卻，故武人戴鶡冠以象之也。出煇諸之山。以其尾垂頭。亦出上黨。下古文‘鵯’，同，烏甲反。煇音魂。”(p66c) 唐慧琳撰《一切經音義》卷十九《般舟三昧經》中卷：“鶡鴨，胡葛反。似雉，鬪死乃止，故武士戴冠以象之也。《山海經》云：‘輝諸之山多鶡鷄，以其尾臿頭也。’亦出上黨郡。下音押，水鳥也。”(T2128v54p0425c) 玄應、慧琳所見本亦作“鴨”，“鶡”與“鴨”爲兩種不同的鳥。“鷃”與“鴨”形體差異大，“鷃”當非“鴨”之訛。西晋竺法護譯《佛説德光太子經》：“其園觀中有鸚鵡、鸕鷀、拘耆、孔雀、鴈鳥、鴛鴦、鳩那羅鳥、鶡鵯鳥諸耆域鳥，皆共悲鳴，有種種音聲，以樂德光太子，常作五百味供具。”(T0170v03p0414c) 又：“其地之音聲，爲出天伎樂，譬如天音響，佛語亦如是。真陀羅鶡鵯，拘耆及鴛鴦，鴈鶴及鸕鷀，鳩那羅問言。”(T0170v03p0416c) 唐慧琳撰《一切經音義》卷七十四《僧伽羅刹集》中卷：“鶡鵯，上寒葛反。郭注《山海經》云：‘鶡，似雉而大，青色，有毛角，鬪一死乃止。’《漢書音義》：‘鶡，一名蘇，以其尾爲武士帽也。’《古今正字》云：‘鶡鷄，出上黨。從鳥曷聲。’下俾彌反。郭注《爾雅》云：‘鴉烏也，小而多腹下白者，江東呼爲鵯烏也。’形聲字也。”(T2128v54p0790c) 疑知本之“鷃”乃“鵯”字之訛。《大正藏》“卑”與“累”皆或與“異”混誤，可比勘。

2366 鷀

唐道宣撰《廣弘明集》：“鳥則杉雞繡質，木客錦章，戴勝吐綬，[11]鸀鳿歐香，壁龜紫鱉，鴯鶊鴛鴦。”(T2103v52p0341a) 本頁下注11：“鸀鳿歐＝鸀鷀鷗《宋》《元》，鸀鵜鷗《明》，鸀鵜歐《宮》。”

按：“鳿”與“鵜”“鷀”爲版本異文，“鷀”爲“鶄”之異寫“鶄”字之訛。參2361“鳿”字條。

2367 鵴

日本中算撰《妙法蓮華經釋文》："梟，古堯反。《説文》云：'食父母不孝鳥也。'釋氏云：'立～，一名鵄～，又名鵂鶹。'祝尚丘云：'白曰［日］困不見，夜能拾蚤蝨。一名鵂鶹。小美長醜。'《詩》注云：'惡鳴鳥也。'栖復云：'夜後作聲現恠，知後不祥。'惠雲云：'即𪇰鵴鳥是也。有此鳥之處，人多不孝。若鵄～連聲呼之，即是人中恠鳥。名爲鵂鶹鳥，人皆惡聞其聲焉。'"（T2189v56p0156c）

按："𪇰鵴鳥"即"伯勞鳥"，"鵴"即"勞"加"鳥"旁之分化字。《詩經·豳風·七月》："七月鳴鵙。"毛傳："鵙，伯勞也。"《爾雅·釋鳥》："鵙，伯勞也。""伯勞"或作"博勞"，《禮記·月令》："小暑至，螳蜋生，鵙始鳴。"鄭玄注："鵙，博勞也。""𪇰鵴"同"博勞"，"𪇰"爲"博"加"鳥"旁所造字之訛，"鵴"即"勞"加"鳥"旁所造之字。

2368 鸂

佚名《西方陀羅尼藏中金剛族阿蜜哩多軍吒利法》："其林中若有鷹鷂者，老烏、鵄梟、[2]鸂獲、野鵲、角鵄、野狐，如是等諸禽獸住處即不中用。"（T1212v21p0053b）本頁下注2："鸂＝鸖《原》。"

按："鸂"與"鸖"爲版本異文，"鸂"即"鸖"字之訛。同上經："復次更説，若野干、鸖獲、棘針、沙塠惡處，作一切降怨法總得。若有大虫、師子、白象作吉祥法則好。"（T1212v21p0053c）"鸂獲"作"鸖獲"。唐不空譯《文殊師利菩薩根本大教王經金翅鳥王品》："若欲令人相憎，以鸖[2]鶘翅毛燒火。"（T1276v21p0329a）本頁下注2："鶘＝護《明》。"唐慧琳撰《一切經音義》卷三十六《陀羅尼毘柰耶經》："鸖鶘，上暉運反，下音胡。《考聲》云：'怪鳥也。'《今古正字》：'並形聲字也。'"（T2128v54p0545a）"鸖獲"即"鸖鶘"，爲一種怪鳥名，即今之貓頭鷹。參0859"獯"字條。

2369 𪇰

日本中算撰《妙法蓮華經釋文》："梟，古堯反。《説文》云：'食父母不孝鳥也。'釋氏云：'立～，一名鵄～，又名鵂鶹。'祝尚丘云：'白曰［日］困不見，夜能拾蚤蝨。一名鵂鶹。小美長醜。'《詩》注云：'惡鳴鳥也。'栖復云：'夜後作聲現恠，知後不祥。'惠雲云：'卽⿰慱鳥⿰勞鳥鳥是也。有此鳥之處，人多不孝。若鵶~連聲呼之，卽是人中恠鳥。名爲鵂鶹鳥，人皆惡聞其聲焉。'"（T2189v56p0156c）

按："⿰慱鳥"即"博"加"鳥"旁字之訛。《禮記·月令》："小暑至，螳蜋生，鵙始鳴。"鄭玄注："鵙，博勞也。"明李時珍撰《本草綱目·禽之三》："伯勞（宋嘉祐），釋名：伯鷯（夏小正註）、博勞（詩疏）、伯趙（左傳）、鵙（豳詩音狊）、鴂（孟子音決）。集解：時珍曰：伯勞卽鶪也，夏鳴冬止，乃月令候時之鳥。《本草》不著形狀，而後人無識之者。郭璞註《爾雅》云'鵙似鶷鶡而大'，服虔云'鶷鶡，音轄乾，白項鵶也'，張華註《禽經》云'伯勞形似鴝鵒，鴝鵒喙黄，伯勞喙黑'，許慎《説文》云'鴝鵒似鵙而有幘'，顔師古註《漢書》謂鴂爲子規，王逸註《楚詞》謂鴂爲巧婦，揚雄《方言》謂鵙爲鶡鵙，陳正敏《遯齋閒覽》謂鵙爲梟，李肇《國史補》謂鴂爲布穀，楊慎《丹鉛録》謂鵙爲駕犂，九説各異。""博勞"又稱作"伯勞""鵙"等，一説此鳥即"梟"，中算所引惠雲之説謂"（梟）卽⿰慱鳥⿰勞鳥鳥"。"⿰慱鳥⿰勞鳥"同"博勞"，乃"博勞"加"鳥"旁者。"博"或寫作"慱"，故"博"加"鳥"旁之字或寫作"⿰慱鳥"。隋闍那崛多譯《起世經》："阿耨達多池西有[1]薄叉河，從馬口出，與五百河俱流入西海。"（T0024v01p0313a）本頁下注1："薄＝博《宋》，慱《元》，博《明》。""慱"即"博"字之訛。

2370 鸋

唐彦琮撰《唐護法沙門法琳别傳》："燕蘇棄於荒野兮，蘩蘠見殖。鸋鴻鳴嘯於君林兮，鵷鸞戢翼。"（T2051v50p0211c）

按："鸋"即"鸋"字之訛。唐慧琳撰《一切經音義》："鸋鴂，上佞丁反，下鏚穴反。《廣雅》云：'鸋鴂、果羸、飛女匠，工雀也。'《方言》：'桑飛，自關而東謂之鸋鴂，俗名巧婦，小鳥也。'《説文》並從鳥，寧、夬皆聲也。"（T2128v54p0870a）"鸋"亦"鸋"字之訛。獅谷白蓮社本"鸋"作"鸋"，不誤。

2371 ⿰翠鳥

北涼法盛譯《佛説菩薩投身飴餓虎起塔因緣經》："爾時，父王爲太子去城不遠造立園觀。其園縱廣面八由旬，列種華果，奇禽異鳥，清淨嚴好。處處皆有流泉浴池，池中常有優鉢羅華、鉢頭摩華、拘物頭華、分陀利華及餘雜種赤白蓮華，孔雀、[38]鴻鶉、鵁鶄、鴛鴦遊戲其中。”（T0172v03p0424b）本頁下注 38：“鴻鶉＝鵞鶉《宋》，翡翠《元》《明》《聖》。”

按：“鵞鶉”與“翡翠”“鴻鶉”爲版本異文，“鵞鶉”即“翡翠”之分化字。西晉聖堅譯《太子須大拏經》：“流泉清池，美水甘果。鳧鴈鵁鶄，翡翠鴛鴦，異類甚衆。”（T0171v03p0421a）唐地婆訶羅譯《方廣大莊嚴經》：“諸寶池中，生摩利迦花、蘇曼那花、跋羅花、婆利師迦花、拘旦羅花、蘇建提花、天妙意花、優鉢羅花、波頭摩花、拘物頭花、芬陀利花、妙香花，如是等花，成大花帳，處處莊嚴。無量羽族，鸚鵡舍利，拘枳羅鳥，鵝鴈鴛鴦，孔雀翡翠，迦陵頻伽命命等鳥，雜類形色，出微妙音。”（T0187v03p0541a）所列池中之鳥皆有翡翠。唐慧琳撰《一切經音義》：“翡翠，上肥味反。《南洲志》曰：‘翡大於鷰，小於烏，赤色。洲民捕而食之，不知貴其毛羽也。’《考聲》：‘羽赤雄曰翡。’《説文》：‘赤羽雀也。從羽，非聲也。’下青遂反。《南洲記》曰：‘翠爲六翮，毛長寸餘，色青緑，出欝林山，青色，嶋曰翠。’《説文》：‘青雀也。從羽，卒聲。’”（T2128v54p0331b）“翡”“翠”本皆鳥名，“翡翠”亦鳥名，兩字單用或構成複合詞都有不少引申義，故或在“翡”的基礎上改“羽”爲“鳥”而造“鵞”字，在“翠”的基礎上加“鳥”旁造“鶉”字，兩字皆爲記録鳥名之詞所造的後出本字。兩字文獻皆不通行。

《可洪音義》卷十《佛説菩薩投身餓虎起塔因緣經》：“鵞鵫，上扶味反，下七醉反。”（v59p893a）“鵞鵫”亦同“翡翠”，“鵞”即“翡”加“鳥”旁的分化字，與“鵞”爲異體關係；“鵫”爲“鵿”之異寫，亦當爲“翠”的後出字，爲從鳥卒聲之字。《集韻·没韻》蘇骨切：“鵿、䳩，鶻鵿，鳥名。或从率。”“鶻鵿”之“鵿”與此不同。

2372 鸀

唐道宣撰《廣弘明集》：“鳥則杉雞繡質，木客錦章，戴勝吐綬，[11]鸀鵟毆香，壁龜紫鷩，鷫鸘鴛鴦。”（T2103v52p0341a）本頁下注 11：“鸀鵟毆＝鸀鶪鷗《宋》《元》，鸀鵲鷗《明》，鸀鵲歐《宮》。”

按：“鸀”與“鸀”“鸀”爲版本異文，“鸀”爲“鸀”字異寫，“鸀”“鸀”皆“獨”之分化字。唐慧琳撰《一切經音義》卷九十九《廣弘明集》第二十九卷：“獨鵥，上同禄反，下束［束］鍾反。《考聲》：‘鳥名也。’鄭注《禮記》云：‘求旦之鳥也。’《方言》：‘周魏宋楚之間謂之獨舂，或謂之定甲，一名鶡（音渴）鴠（音旦）。’郭注云：‘似雉，五色，冬無毛赤倮，晝夜鳴也。’《集》作‘鸀鵟’，俗撰字也。”（T2128v54p0923c）慧琳作“獨鵥”，《方言》作“獨舂”，“鸀”“鸀”爲“獨”之後出分化字，因“獨舂”爲鳥名，故字或加“鳥”旁。此乃寒號鳥，即鼯鼠。

魚　部

2373 䱑

北宋智圓述《維摩經略疏垂裕記》:“梁肅,字敬之,《過舊園賦序》云:余年八歲,當上元辛丑,盜入洛陽三河間,大塗炭。因竄身東下,旅於吴越,轉徙䱑阨之中者垂二十年。”(T1779v38p0711c)

按:“䱑”蓋即“艱”字之訛。“艱阨”或作“艱厄”,文獻習見。“轉徙䱑阨之中”,四庫本北宋李昉等編《文苑英華·哀傷二·梁肅〈過舊園賦(并序)〉》作“轉徙阨難之中”,“艱阨”與“阨難”義同。

2374 䲣

南朝陳真諦譯《決定藏論》:“想譬鮭[5]䲣,取異受故。”(T1584v30p1031c)本頁下注5:“䲣=鰷《宋》,魼《元》《明》,鮌《宮》。”

按:“䲣”與“鮌”“魼”“鰷”爲版本異文,“䲣”即“鰠”字之訛。唐慧琳撰《一切經音義》卷五十《決定藏論》下卷:“鮭鱢,下穌高反。《山海經》:‘鳥鼠同穴山多鱢魚,如鱣魚,動則其有大兵。’《古今正字》云:‘從魚,蚤聲也。’蚤音早。”(T2128v54p0642b)慧琳作“鱢”,並引《山海經》爲證。《山海經·西山經》:“又西二百二十里曰鳥鼠同穴之山,其上多白虎白玉,渭水出焉,而東流注于河。其中多鰠魚,其狀如鱣魚。動則其邑有大兵。”《山海經》與“鱢”對應之字作“鰠”,“鱢”亦“鰠”字之訛。《玉篇·魚部》:“鰠,先刀切。魚似鱣。”《集韻·爻韻》蘇遭切:“鰠,《山海經》:鳥鼠同穴之山有鰠魚,其狀如鱣。”《玉篇》《集韻》收録“鰠”字,皆本《山海經》。

字或作“䲣”者,“蚤”或寫作“备”,《可洪音義》卷十三《正法念處經》第十八卷:“备虱,上子老反。”(v59p1066a)故“蚤”旁字或寫作“备”旁。參0787“橃”字條。

鄭賢章《〈新集藏經音義隨函録〉研究》亦有考證(p444),可參看。

2375 鱉

東晋竺佛念譯《菩薩從兜術天降神母胎説廣普經》:"盲[14]龜浮木孔,時時猶可值。"(T0384v12p1047b)本頁下注14:"龜=鱉《知》。"

按:"鱉"與"龜"爲版本異文,"鱉"即"鱉"字之訛,"鱉"與"龜"同義。東晋竺曇無蘭譯《佛説泥犁經》:"佛言:人在三惡道難得脱,譬如周匝八萬四千里水中有一盲[3]龜,水上有一浮木有一孔,*龜從水中百歲一跳出頭,寧能值木孔中不?諸比丘言:百千萬歲尚恐不入也。所以者何?有時木在東*龜在西,有時木在西*龜出東,有時木在南*龜出北,有時木在北*龜出南,有時*龜適出頭,木爲風所吹在陸地。*龜百歲一出頭,尚有入孔中時。人在三惡道處,難得作人過於是*龜,何以故?三惡處人皆無所知識,亦無法令,亦不知善惡,亦不知父母,亦不知布施,更相噉食,強行食弱。如此曹人,身未曾離於屠剥膿血瘡,從苦入苦,從冥入冥,惡人所更如是。"(T0086v01p0909a)本頁下注3:"龜=鼈《三》*。"此經述盲龜入海中浮木孔事甚詳,底本作"龜",宋、元、明皆作"鼈"。"鼈"與"龜"義同,當爲同一梵文的不同翻譯。東晋竺曇無蘭譯《五苦章句經》:"譬如海盲[34]鱉,欲值浮木孔。"(T0741v17p0548b)本頁下注34:"鱉=龜《三》《宫》。"前秦曇摩難提譯《阿育王息壞目因緣經》:"如板浮海,盲[28]鱉投孔。"(T2045v50p0174c)本頁下注28:"鱉=鼈《三》《宫》。"亦或用"鱉"字,"鱉"爲"鼈"之異體。

考諸字形,"敝"或寫作"敉"(見《可洪音義》v59p696b),"弊"或寫作"弊"(見《可洪音義》v59p633c),"幣"或寫作"幣"(見《可洪音義》v59p764b),"鱉"上所從與"敉"形近。

2376 鰀

唐道世撰《法苑珠林》:"夏[15]鯀,天子之父。趙王如意,漢祖之子。而*鯀爲黄能,意爲蒼狗。"(T2122v53p0531b)本頁下注15:"鯀=鰀《宋》《宫》*,鮌《元》《明》*。"

按:"鰀"與"鮌""鯀"爲版本異文,"鰀"爲"鰥"之書寫變異。文中"夏鯀"之"鯀"爲夏禹之父名,文獻中禹父之名有"鮌""鮌""鯀""鰥"等多種形式。《説文·魚部》:"鮌,魚也。从魚,系聲。"徐鍇《説文繫傳》:"即禹父名也。"段注:"禹父之字古多作'骸',作'骸'。《禮記》及《釋文》作'鰥'。《廣韵》曰:'禹父鯀。'《尚書》本作'鯀'。按'鯀'乃'鮌'訛。"南宋戴侗《六書故·動物》："鮌，古本切。《説文》曰：'魚也'，亦作鯀。""鯀""骸""骴"皆"鯀"或"鮌"之訛。北宋賈昌朝《群經音辨·辨字同音異》："鰥，大魚也。古頑切。鰀，魚子也。古黿切。鰀，禹父也。音鮌。"亦謂禹父名"鰀"。

2377 䲋

南朝梁僧伽婆羅譯《孔雀王呪經》："摩柯羅墮闍夜叉（梁言[24]䲋魚）。"（T0984v19p0451b）本頁下注24："䲋=鬵《宋》《元》。"

按："䲋"與"鬵"爲版本異文，"鬵"爲"鱏"之書寫變異，"䲋"蓋爲"鱏"字之訛。《説文·魚部》："鱏，魚名。从魚，朁聲。"《龍龕·魚部》："鬵，俗；鱏，正。子心、鋤針二反。魚名也。""䲋"與"鬵"形近，蓋即其形訛。佛經有"替"訛作"賛"之例，《可洪音義》卷六《六度經》第一卷："不賛，他帝反。廢也，滅也。正作替。又音讃，悮。"（v59p763b）"賛"即"替"字之訛。

日本觀靜撰《孔雀經音義》："摩竭幢，或摩柯羅墮闍，或摩竭珊，梁言鯨魚。"（T2244v61p0783b）觀靜把"摩柯羅墮闍"與"摩竭幢"關聯起來，釋作鯨魚，疑有誤。《孔雀經音義》："摩竭龍王，或云鯨龍王，又云摩伽羅魚，此云極大魚，謂是鼇魚也。"（T2244v61p0790a）唐般若力譯《迦樓羅及諸天密言經》："迦樓羅莽羯囉印第五（唐云鯨魚印）。"（T1278v21p0331b）唐慧琳撰《一切經音義》卷二十《大方廣佛花嚴經》第五十八卷："摩伽羅魚，亦云摩竭魚，正言麼迦羅魚，此云鯨魚也。"（T2128v54p0433a）佚名《翻梵語》："魔迦羅，譯曰鯨魚。"（T2130v54p1028b）又："摩伽羅魚王，亦云摩竭，譯曰鯨魚。"（T2130v54p1032c）南宋法雲編《翻譯名義集》："[11]摩竭，或摩伽羅，此云鯨魚。雄曰鯨，雌曰鯢，大者長十餘里。"（T2131v54p1091b）本頁下注11："Makara。"根據上揭資料，鯨魚之梵文作"摩伽羅""麼迦羅""魔迦羅"等，或省作"摩竭"。"摩竭幢"乃畫有鯨魚的幢，非即鯨魚之義，與夜叉名之"摩柯羅墮闍"亦無關聯。

2378 鰗

北魏瞿曇般若流支譯《佛説一切法高王經》："世尊，無量衆生受用得力，謂勝衆生、陸地衆生、水中衆生，所謂魚、龜、摩伽羅魚、坻鰗宜羅、蝦蟇、鵝、鴨及魚師等。"（T0823v17p0854c）

按：唐慧琳撰《一切經音義》卷三十二《一切法高王經》："坻彌，都奚反。謂大身魚也。《經》文從魚作'鰗'，非正字也。"（T2128v54p0524c）《可洪音義》卷六《佛説一切法高王經》："坻鰗，上丁兮反，下莫卑反。"（v59p762c）

慧琳所見本作“鯩”，可洪亦作“鯩”。慧琳以“彌”爲正字。今考“鱺”爲“彌”之加旁字，“鯩”與“鱺”爲異構字。北涼曇無讖譯《大般涅槃經》第三十六卷：“善男子，如洹河中有七衆生：一者常没，二者暫出還没，三者出已則住，四者出已遍觀四方，五者遍觀已行，六者行已復住，七者水陸俱行。言常没者，所謂大魚，受大惡業，身重處深，是故常没。暫出還没者，如是大魚，受惡業故，身重處淺，暫見光明，因光故出，重故還没。出已住者，謂坻彌魚，身處淺水，樂見光明，故出已住。遍觀万［方］者，所謂鯌魚，爲求食，故遍觀四方，是故觀方。觀已行者，謂是鯌魚，遥見餘物，謂是可食，疾行趣之，故觀已行。行已復住者，是魚趣已，既得可食，即便停住，故行已復住。水陸俱行者，即是龜也。”（T0374v12p0574c）唐慧琳撰《一切經音義》卷二十六《大般涅盤經》第三十六卷：“坻彌魚，上音低。迷羅謂大身魚，其類有四，此最小者。《法炬經》中‘低迷宜羅’，即第三魚，皆次乎［互］相吞噉。”（T2128v54p0480a）隋闍那崛多譯《大法炬陀羅尼經》：“又如一切濕生之類，所謂魚、鼈、黿、虬、坻彌宜羅，此等皆是卵生所攝。”（T1340v21p0751c）南宋法雲編《翻譯名義集》：“坻彌，具云帝彌祇羅，此云大身魚。其類有四，此最小者。”（T2131v54p1091b）“坻彌”爲梵文譯音詞之簡稱，爲一種大魚之名，譯音用字多有不同，如佚名《翻梵語》：“縶民伽羅，應云低彌祇羅，譯曰天魚。”（T2130v54p1024b）佛經中亦常作“低彌”，唐不空譯《普遍光明清淨熾盛如意寶印心無能勝大明王大隨求陀羅尼經》：“於是長者身作商主，乘大船舶入海採寶，於大海中遇[11]低彌魚欲壞其船。”（T1153v20p0621b）本頁下注 11：“低彌魚 = timiṅgila。”據梵文羅馬轉寫形式，“彌”爲“mi”的譯音用字。“鱺”即在“彌”字基礎上加“魚”旁給作爲魚名義的詞造的專門用字，“鯩”則爲“鱺”的異構字。

宋本《龍龕·魚部》：“鯩，俗。音弥。”《龍龕》最早收録了“鯩”，但只釋其爲俗字，注明讀音，未釋其義。金韓孝彦、韓道昭《改併四聲篇海·魚部》引《龍龕》：“鯩，音弥。”（p301）佚名《篇海類編·魚部》：“鯩，音彌。”（p155）明章黼《重訂直音篇·魚部》：“鯩，音弥。”（p269）後出字書皆本《龍龕》，只注其音未釋其義。清吴任臣《字彙補·魚部》：“鯩，魚名。”《漢語大字典》：“鯩，《龍龕手鑑》音彌。魚名。《字彙補·魚部》：‘鯩，魚名。’”（二 p5013a）《字彙補》始釋其義爲魚名，《大字典》從之。疑《字彙補》據字形推其字義，蓋不知此字爲梵語譯音字，亦不知此魚爲何魚。“鯩”只是梵語譯音詞的一個音節，並不能單獨表示魚名，釋作魚名不妥。

四庫本《龍龕·魚部》：“鱺，俗。音彌。”把“鯩”轉寫作“鱺”，擅改古書字形，不妥。

麻　部

2379 ⿸麻木

唐道宣撰《廣弘明集》:“沐金流之淨水，遊道場之吉樹。食假獻[16]⿸麻木，座因施草。”（T2103v52p0114b）本頁下注16:“⿸麻木=糜《宋》《元》《宮》。”

按:“⿸麻木”與“糜”爲版本異文,“⿸麻木”即“糜”字之訛。此段文字亦見於《法苑珠林》《諸經要集》等，字皆作“糜”。文中之“糜”爲粥義。“獻糜”用佛祖初出道時接受牧女獻乳糜事。字作“⿸麻木”,“米”旁訛作“木”旁耳。

2380 ⿸麻公

日本長惠撰《魚山私鈔》:“金剛法:縛日羅達⿸麻公蘓薩怛［怛］縛羅他縛日羅鉢娜⿸麻公蘓輪馱迦路計濕縛羅蘓縛日羅乞叉縛日羅寧怛［怛］羅曩謨᪥都帝。”（T2713v84p0840a）

按:“⿸麻公”即“麼”字之訛。日本光宗撰《溪嵐拾葉集》:“縛日羅達摩素婆怛嚩囉他縛日羅跛納素輸馱迦路計濕嚩羅素縛日羅乞叉縛日羅寧怛羅曩莫素都帝。”（T2410v76p0646c）日本勝賢記、守覺輯《祕鈔》:“縛日羅達磨蘇薩怛縛囉他嚩日羅鉢娜麼蘇輸馱迦路計濕縛囉蘇嚩日羅乞叉嚩日囉寧怛囉曩謨娑都帝。”（T2489v78p0520b）又:“縛日羅達[23]摩蘇薩怛嚩羅他縛日羅鉢娜[24]摩蘇輸馱迦路計濕嚩羅蘇縛日羅乞叉縛日羅寧怛羅曩謨娑都帝。”（T2489v78p0526c）本頁下注23:“摩=磨《甲》。”注24:“摩=麼《甲》。”“⿸麻公”與“摩”“磨”爲同一梵文的譯音字,“⿸麻公”與“麼”“摩”“磨”對應,“⿸麻公”即“麼”字之訛,“么”訛作“公”旁也。

2381 ⿸麻月

唐窺基撰《妙法蓮華經玄贊》:“磨，音莫箇反。若莫波反，應作摩。摩，研也。鬼作魔，尼作麼，病作⿸麻月，都無磨作摩音。”（T1723v34p0790c）

按：“膺”即“磿”字之訛。唐慧琳撰《一切經音義》：“磨以，莫可反，研也。若莫波反，作摩，灼也。作麽，鬼作魔，偏平作磿，無平音。”（T2128v54p0489b）字作“膺”。北宋知禮述《金光明經文句記》：“[3]罥，繫也。”（T1786v39p0136b）本頁下注3：“罥＝骨《甲》。”唐湛然述《法華玄義釋籤》：“泫字（乎[3]絹反），混流也。”（T1717v33p0908b）本頁下注3：“絹＝骨《甲》。”“骨”皆“罥”字之訛。“罥”或作“冐”（見清吴任臣《字彙補》），與“膺”下部所從形近。

鹿　部

2382 麁

唐玄奘、辯機撰《大唐西域記》：“從此復還呾叉始羅國北界，渡信度河，南東行二百餘里，度大石門，昔摩訶薩埵王子於此投身飤餓烏[38]擇（音徒）。”（T2087v51p0885c）本頁下注38：“擇＝麁《宋》，菟《元》《明》。”

按：季羡林等《大唐西域記校注》“擇”改作“檡”，校勘記曰：“原本檡作擇，《石本》及《慈恩傳》作檡。《一本》《宋本》《元本》《明南本》《徑山本》作菟，《資福本》作麁。按《左氏・宣四年傳》‘楚人謂虎於菟。’《廣韻・模韻》麁字注云：‘烏麁，楚謂虎也。’菟與麁爲一字，並音徒。《漢書・敘傳》作‘於檡’。顔注云：‘於音烏。檡字或作菟，並音塗。’是菟、麁、檡三字通用，擇爲檡之形誤，今正。向達云：‘烏菟，虎也。唐人諱虎，故改作烏菟。’”（p317）所考可從。“擇”爲“檡”字之訛，“麁”爲“麁”字之訛，“虎”旁訛作“鹿”旁也。“菟”“檡”爲借字，“麁”則爲後出之本字。

2383 麞

日本惠運撰《惠運律師書目録》：“《佛説[17]蘘麞梨童女經》一卷。《佛説蘘麞梨童女經念誦儀軌》一卷。”（T2168Bv55p1089b）本頁下注17：“蘘麞＝襄虞《甲》。”

按：“麞”與“虞”爲版本異文，“麞”即“麌”字之訛。唐智昇撰《開元釋教録》：“《蘘麌梨童女經》一卷，二紙。”（T2154v55p0700a）唐圓照集《大唐貞元續開元釋教録》：“《蘘麌利童女經》一卷，四紙。”（T2156v55p0749a）佛經目録多著録作“蘘麌”。唐慧琳撰《一切經音義》卷三十七《蘘麌梨童女經》：“穰麌梨，上音攘，次愚矩反，下力知反。穰麌梨，梵語，化身菩薩名也。能除一切毒，以大悲故演説此經也。”（T2128v54p0554b）慧琳或作“穰麌”，爲梵文譯音字。“麌”又或用“虞”字，唐圓照集《代宗朝贈司空大辨正廣智三藏和上表制集》：“《蘘虞梨童女經》一卷。”（T2120v52p0839b）日本安然集《諸阿闍梨真言密教部類總録》：“《蘘虞梨童女經》一卷。……《佛説蘘虞梨童女經念誦儀軌》一卷。”（T2176v55p1128a）皆用“虞”。《廣韻·麌韻》虞矩切：“麌，牡鹿。又麌麌，羣聚皃。”又《虞韻》遇俱切：“虞，度也。《説文》曰：‘騶虞，仁獸，白虎黑文，尾長於身，不食生物。’”“麌”與“虞”聲韻皆同，唯聲調有異，故譯音可互换。

黑　部

2384 黵

唐金剛智譯《金剛頂瑜伽青頸大悲王觀自在念誦儀軌》：“想彼衆罪狀，植髮黵形。”（T1112v20p0491c）

按：唐金剛智譯《金剛頂經瑜伽觀自在王如來修行法》：“想彼衆罪狀，植髮裸黑形。”（T0932v19p0076a）唐不空譯《觀自在菩薩如意輪瑜伽》：“想彼衆罪狀，[22]植髮裸黑形。”（T1086v20p0207c）本頁下注22：“植=直《明》。”唐金剛智譯《觀自在如意輪菩薩瑜伽法要》：“想彼衆罪狀，植髮裸黑形。”（T1087v20p0212b）日本興然撰《四卷》：“想彼衆罪狀，槙髮裸黑形。”（T2500v78p0778a）日本覺超撰《金剛三密抄》：“想彼衆罪狀，頂髮裸黑形。”（T2400v75p0667b）唐不空譯《金剛頂經瑜伽文殊師利菩薩供養儀軌》：“自想無始諸罪業，衆多裸黑如鬼形。”（T1175v20p0718b）與“黵”對應之字皆作“裸黑”。“植髮裸黑形”，謂頭髮直立，身體裸露，膚色發黑，“植”當作“直”。唐金剛智譯《金剛頂瑜伽中略出念誦經》：“誦此密語時，想彼罪形，如鬼形狀，黑色髮竪。”（T0866v18p0250b）“直髮”與“髮竪”同義。前揭“槙髮”之“槙”，“頂髮”之“頂”皆“植”字之訛。唐慧琳撰《一切經音義》卷四十二《觀自在菩薩如意輪瑜歧法經》：“躶黑，亦作‘倮’，音華跨反，正音盧果反。顧野王云：‘倮，脱衣露袒也。’《説文》作‘裸’義同，從衣果聲。”（T2128v54p0585b）“裸黑”又作“躶黑”，“黵”即“躶黑”二字之誤合，“果”又訛作“里”旁也。

黍　部

2385 黐

龍樹造、後秦鳩摩羅什譯《十住毘婆沙論》："復有三相，械相、鎖相、[17]樆粘相。"（T1521v26p0058c）本頁下注 17："樆粘 = 黐黏《宮》。"

按："黐"與"樆"爲版本異文，"黐"即"黐"字之訛，"樆"爲"黐"之異構字。南朝宋慧嚴譯《大般涅槃經》："善男子，譬如雪山懸峻之處人與獼猴俱不能行，或復有處獼猴能行人不能行，或復有處人與獼猴二俱能行。善男子，人與獼猴能行處者，如諸獵師純以[3]黐膠置之案上，用捕獼猴。獼猴癡故，往手觸之。觸已粘手，欲脱手故，以脚蹋之，脚復隨著。欲脱脚故，以口齧之，口復粘著。如是五處悉無得脱。於是獵師以杖貫之，負還歸家。雪山嶮處，譬佛菩薩所得正道；獼猴者，譬諸凡夫；獵師者，喻魔波旬；[*]黐膠者，譬貪欲結。人與獼猴俱不行者，譬諸凡夫魔王波旬俱不能行。獼猴能行人不能行者，譬諸外道有智慧者，諸惡魔等，雖以五欲不能繫縛。人與獼猴俱能行者，一切凡夫及魔波旬，常處生死不能修行。凡夫之人五欲所縛，令魔波旬自在將去，如彼獵師[10]擒捕獼猴負之歸家。"（T0375v12p0761a）本頁下注 3："黐 = 㓟《宋》[*]，摛《聖》[*]。"注 10："擒 = 㓟《宋》，黐《元》《明》。""黐"與"黐""㓟""摛""擒"爲版本異文。《廣雅・釋詁四》："黐，黏也。"《玉篇・黍部》："黐，力支、丑知二切。黏也。"《廣韻・支韻》丑知切："黐，所以粘鳥。又呂支切。""黐"義爲粘，《廣韻》謂可以用來粘鳥，文中言用來粘獼猴，作"黐"與文意合。"黐"當爲從黍离聲的形聲字。

考諸字形，"黐"即"黐"字之訛，"禽"與"离"形近，故"离"旁字或訛作"禽"旁。

鼓　部

2386 鼙

唐不空譯《金剛頂勝初瑜伽普賢菩薩念誦法》："次當印其額，應想阿閦

[28]鞞。"（T1123v20p0528c）本頁下注 28："鞞＝韗《元》。"

按："鞞"與"韗"爲版本異文，"韗"即"鞞"字之訛。遼希麟集《續一切經音義》卷六《金剛頂勝初瑜伽普賢菩薩念誦法》："阿閦鞞，'閦'或作'閟'，同，初六反。'鞞'或作'鞞'，同，薄迷反。梵語也，古云阿插，皆非正音也。依梵本惡蒭毘夜，此云無動，卽東方無動如來也，毘夜二字，都合一聲呼也。"（T2129v54p0961c）與"韗"對應之字作"鞞"。字或作"韗"者，"卑"旁訛作"車"旁也。

2387 鼗

元念常集《佛祖歷代通載》："鼗鼓，持柄搖之，旁耳自擊。"（T2036v49p0492a）

按："鼗"即"鞉"字之訛。《周禮·春官·小師》："掌教鼓、鞉、柷、敔、塤、簫、管、弦、歌。"鄭玄注："鞉，如鼓而小，持其柄搖之，旁耳還自擊。"與"鼗"對應之字作"鞉"。

鼻部

2388 鼿

唐不空譯《底哩三昧耶不動尊威怒王使者念誦法》："次結虛空眼印。護自身及護本尊，其印虛心合掌，屈二頭指頭至中指第一節，二大指並竪即成。誦此明曰：曩摩悉底哩（二合）野娜嚩（二合）拏孽帝鼿薩嚩怛佗（引）孽多鼿唵誐誐曩者儞誐誐三摩薩嚩覩嚕（二合）誐多底娑囉三婆吠入嚩（二合）囉曩謨阿伽南娑嚩（二合，引）訶。"（T1200v21p0009c）

按：日本淨嚴撰《悉曇三密鈔》："𑖥𑖿𑖧𑖯，弊夜（佛頂）、毘也（金軌）、便（佛頂）、弊（日經）、毘夜（阿閦軌）。"（T2710v84p0751b）"鼿"與"弊夜""毘也"等同爲"𑖥𑖿𑖧𑖯（bhyā）"的譯音字，乃由"鼻"和"也"構成的切身字。

齒　部

2389 齣

唐玄奘、辯機撰《大唐西域記》:“王城西北大河南岸舊王伽藍内有釋迦菩薩弱齡[6]齠亂，長餘一寸。”（T2087v51p0875a）本頁下注 6:“齠亂 = 亂齒《三》《乙》，齣齒《甲》。”

按:“齣”與“亂”爲版本異文，“齣”“亂”皆“齔”字之變。季羡林等《大唐西域記校注》改“齠亂”作“亂齒”，校勘記曰:“原本‘亂齒’作‘齠亂’，今據《石本》《宋本》《明南本》《明北本》《徑山本》《酬本》及《方志》改。《中本》作‘齣齒’，字書無齣字，殆齔之訛字。”注釋曰:“亂齒：此指釋迦菩薩少年時所換的牙齒。”（p154-155）校勘、釋義皆可從。唐慧琳撰《一切經音義》卷九十四《續高僧傳》第二十卷:“齔齒，上初僅反。已見前釋。《傳》文從‘几’作‘齓’，非者也。”（T2128v54p0897a）唐道宣撰《續高僧傳》:“年登七十，忽然[8]亂齒新生。”（T2060v50p0594a）本頁下注 8:“亂 = 齡《宫》。”“齓”“齡”亦皆“齔”字之訛。

2390 齤

日本明覺撰《悉曇要訣》:“問:《陀羅尼集經》云:‘薩蒲跛突瑟齚。’（文）此‘齚’字，其音如何？答:‘突瑟齚弊’者，大底云‘[illegible]’也。‘齚’字可用對音。《法華》陀羅尼‘[illegible]’字，玄奘云:‘瑟齤’（二合。《玄應音義》作‘瑟齚’），掘多云:‘瑟齚’（都皆反）。‘[illegible]’字，玄奘云:‘媞’（除皆反），掘多云:‘齚’。（文）又‘[illegible]’字，玄奘云:‘齚’（或作‘齤’），掘多云:‘第’（徒皆反）。當知‘齤’‘齚’二字同音也，皆徒皆反也。又《一切經類音訣》云:‘齸（俗）、齚（俗通）、齤（亡［正］。卓皆反。噛也）。’（文）故知‘齤’字之别作也。問:《法華經譬喻品》偈‘齚齧死尸’之‘齚’字，萬人用齊音，所以慈恩云:‘傳在詣反’，玄應云:‘相承在計反’，何今違之？答:《仲算音義》引云:慈恩云:‘不知齚字所從，恐錯嚌爲云，或應作齤。’玄應云:‘相承在計反。或本作‘齤’，竹皆反。’曇椗［捷］云:‘字都無此形，今或作齤。’（文）玄應《一切經音義》第三云:‘齚齧（相承在計反。謂没齒也。《經》或作齤，竹皆反。《通俗文》:齧曰齚也）。’又第九卷云:‘齚（又作齤，同，竹皆反）。’

（文）《十一面呪》云：‘’，玄奘云：‘伊⿰齒來嚩⿰齒來’，（文）《法苑珠林》六十云：‘伊⿰齒齊嶓⿰齒齊。’（文）同字别作，故第二卷並《陀羅尼》衆本‘⿰齒齊’‘⿰齒來’互用歟？但相傳‘在計反’，意依‘嚌’字歟？或作外作歟？雖云相傳，不可必依信。”（T2706v84p0549c）

按：“⿰齒隶”即“⿰齒來”字之訛。日本中算撰《妙法蓮華經釋文》：“⿰齒齊，慈恩云：傳在詣反，齧齘筋骨名~。甞至齒作‘嚌’，小噬爲嚌。不知~字所從，恐錯爲~，應作‘⿰齒來’。齧挽曰⿰齒來，没齒爲⿰齒來。玄應云：~，相承在計反，或本作‘⿰齒來’，竹皆反。曇捷云：~字部無此形，今或作‘⿰齒來’。今案：字形有三。一、⿰齒齊，在詣反。經本多作此形。慈恩、曇捷竝云‘字書未見’，玄應云‘相承’，意顯無所出也。二、嚌，石詣反。甞至齒也。依慈恩意，亦可取‘嚌’字。故下文云：疑苦集軟法如嚌至齒也。三、⿰齒來，竹皆反。齧挽曰⿰齒來。慈恩云：應作‘⿰齒來’字。‘⿰齒齊’‘⿰齒來’相近，寫者錯也。玄應、曇捷竝云‘或本作“⿰齒來”’。若依多説，以‘⿰齒來’爲正，故《廣雅》云：‘⿰齒來，齧也。’正與經文同。然《新切韻》有‘⿰齒齊’字，後人所益加也。”（T2189v56p0158a）與“⿰齒隶”對應之字作“⿰齒來”。“⿰齒隶”之右旁與“來”形近，“⿰齒隶”即“⿰齒來”字之訛。

明覺此處主要目的是辨析“⿰齒齊”“⿰齒來”二字的關係。一是作譯音字時的關係，一是作“⿰齒齊齧”義時的關係。明覺以爲“瑟⿰齒齊”爲“（ṣṭe）”的譯音字，“⿰齒齊”乃“‘⿰齒來’字之别作”，結論可從。唐阿地瞿多譯《陀羅尼集經》：“薩蒲跛突瑟⿰齒齊（二合）蔽（六）。”（T0901v18p0870a）明覺將“瑟⿰齒齊”轉寫作“（ṣṭe）”，林光明《新編大藏全咒》第四卷《佛説陀羅尼集經》“摩利支天擁護咒”中“瑟⿰齒齊”的羅馬轉寫作“śṭi”（v4p280）。日本淨嚴撰《悉曇三密鈔》：“等字諸梵文中多不呼阿音，謂瑟吒瑟恥瑟⿰齒來瑟鴿瑟扼等也。但云鄔瑟扼，是呼阿第三轉也（或有呼上字點爲鄔也）。”（T2710v84p0774c）又：“薩跢（二合）⿰齒來（岸也）。”（T2710v84p0798a）又：“，⿰齒來（千手軌）。”（T2710v84p0743b）《悉曇三密鈔》“⿰齒來”皆“（ṭai）”的譯音字。唐一行記《大毘盧遮那成佛經疏》：“捺爾夜（二合。河也）薩跢（二合）⿰齒𠩺（岸也）。”（T1796v39p0667b）“⿰齒𠩺”爲“⿰齒來”字之訛。《廣雅·釋詁》：“⿰齒來，齧也。”曹憲音“丁皆”“多來”二切。《玉篇·齒部》：“⿰齒來，卓皆切。噍齧聲也。”《集韻·皆韻》椿皆切：“⿰齒來，《博雅》：‘⿰齒來、⿱殺齒，齧也。’”又《咍韻》當來切：“⿰齒來，《博雅》：‘齧也。’”音切與“（ṭai）”之音合。

北宋法護譯《佛説大乘菩薩藏正法經》：“時犬乃作惡聲惡眼，[7]⿰齒厓⿰齒來號吠。……由犬餓故。囓彼枯骨，如甘露味，妄生貪愛故。現如是惡聲惡眼，⿰齒厓⿰齒來號吠，恐彼人衆之所侵奪。”（T0316v11p0853c）本頁下注 7：“⿰齒厓⿰齒來＝睚睞《明》。”“⿰齒厓⿰齒來”蓋露齒咀嚼貌，文中用來描寫犬兇惡之貌。

2391 ⿰齒余

佚名《大佛頂如來放光悉怛多般怛羅大神力都攝一切呪王陀羅尼經大威德最

勝金輪三昧呪品》："大佛頂心中心呪：唵（一）跛折羅（二）跛羅跛羅（三）印地嘌（二合）耶（四）毘輪達儞（五）唅唅（六）嚕嚧遮隸（七）迦嚧遮⿰齒余（八）莎訶。"（T0947v19p0183a）

按：唐寶思惟譯《佛説隨求即得大自在陀羅尼神呪經》："佛心呪：唵（一）毘麼[1]嚹（二）闍耶伐底（丁以切。三）阿蜜嘌帝（四）唅唅唅唅（五）泮吒泮吒泮吒（六）莎呵（七）。心中心呪：唵（一）蘇嚕蘇嚕（二）跛囉跛囉三跛囉三跛囉（三）印涅唎耶（四）毘輪達儞（五）唅唅（六）嚕嚧遮*嚹（七）迦嚕遮隸莎呵（八）。"（T1154v20p0644b）本頁下注1："嚹=隸《宋》《元》*。"與"⿰齒余"對應之字作"隸"，"⿰齒余"即"隸"字之訛。日本淨嚴撰《悉曇三密鈔》："𑖩𑖸，嚹、麗、歷、嚟（佛頂）。"（T2710v84p0746b）"隸"可爲"𑖩𑖸（le）"的譯音字。"隸"或作"⿰木隶"（見《可洪音義》v59p584c），"齒"或作"⿱止㐫"（見秦公《廣碑別字·十五畫》"齒"字引《明處士于鎡配張氏墓誌》），故"隸"又訛作"⿰齒余"。

唐神愷記《大黑天神法》："其呪曰：唵密止密止舍婆[27]隸多羅羯帝娑婆訶。"（T1287v21p0355b）本頁下注27："隸=齡二合《甲》，齡一合《乙》。"又："唵密止密止舍婆[67]隸多羅羯帝訶娑婆訶（引）唵摩訶迦羅耶娑婆訶。"（T1287v21p0356c）本頁下注67："隸=齡亻《原》。"日本信瑞纂《淨土三部經音義集》："漢家靈龜負書，以出於玄滬之水；神鳥帶文，以飛於丹山之雲。文字之起，自然奇哉。矧至庖犧成八卦，蒼頡創六爻，政罷結繩，教興書契。自爾已來，三綱五常之世規，七覺八正之奧典，莫不記鳳尾施人庸。而[6]隸古品異，正俗作區。内外憲牒，覿詁訓識宏致焉；大小經論，瞻音義辨雅趣矣。"（T2207v57p0383a）本頁下注6："隸=齡《乙》。""齡"皆"隸"字之訛，可比勘。

2392 ⿰齒隶

日本靜然撰《行林抄》："次結白衣觀自在菩薩印。二手内相叉作拳，竪進力頭相跓令圓，禪智並竪。誦真言曰：曩謨（引）羅怛曩（二合）怛囉（二合）夜（引）野（一）……羯⿰齒隶（恭敬反，引）尾羯⿰齒隶（引）羯微羯⿰齒隶（十一）羯吒羯吒羯微羯⿰齒隶（十二）。"（T2409v76p0191b）

按：唐不空譯《金剛頂瑜伽千手千眼觀自在菩薩修行儀軌經》："次結白衣觀自在菩薩印。二手内相叉作拳，竪進力頭相拄令圓，禪智並竪。誦真言曰：曩謨囉怛曩（二合）怛囉（二合）夜（引）野（一）……[47]羯⿰齒來尾羯⿰齒來羯徵羯⿰齒來（十一）羯吒尾羯吒羯徵羯⿰齒來（十二）。"（T1056v20p0078c）本頁下注47："⿰齒來+（荼戒反，引）細註《甲》《乙》《丙》。"與"⿰齒隶"對應之字作"⿰齒來"，"⿰齒隶"即"⿰齒來"字之訛。"⿰齒來"用作譯音字佛經習見。隋闍那崛多、笈多譯《添品妙法蓮華經》："爾時毘沙門天王護世者白佛言：'世尊，我亦爲愍念衆生，擁護此法師故，説是陀羅尼。'即説呪曰：怛姪他（一）頞⿰齒來（都皆。二）捺（奴割）⿰齒來（三）

訥（奴骨）捺⿰齒來（四）案那厨（拏句。五）那稚（徒寄。六）捃（俱運）奈（奴箇）稚。"（T0264v09p0187a）唐不空譯《大集大虛空藏菩薩所問經》："爾時虛空藏菩薩摩訶薩即說明真言曰：怛儞也（二合）他阿鞅⿰齒來（知諧反）尾鞅⿰齒來。"（T0404v13p0642b）唐金剛智譯《金剛峯樓閣一切瑜伽瑜祇經》：" 嚩日哩（二合）塞怖（二合）⿰齒來（引）南謨（引）窣覩（二合）帝。"（T0867v18p0262c）唐善無畏譯《蘇悉地羯羅供養法》："[31] * 唵迦⿰齒來微迦⿰齒來迦吒微迦吒迦 * 槙迦⿰齒來婆伽嚩底微若（而也反）曳 莎 訶。"（T0894v18p0711c）本頁下注 31："=《甲》《乙》*。"日本淨嚴撰《悉曇三密鈔》："，⿰齒來（千手軌）。"（T2710v84p0743b）"⿰齒來"乃"（ṭai）"的譯音字。

2393 ⿰齒度

唐不空譯《聖賀野紇哩縛大威怒王立成大神驗供養念誦儀軌法品》："又法若患路陀瘡及諸毒蛇之所[19]⿰齒度者，或患健毘吒鷄瘡，此等諸瘡呪黃土塗滿一千遍，塗其瘡上即得除差，一切怖畏心念即除滅。"（T1072Av20p0168b）本頁下注 19："⿰齒度＝齩[カ]《原》。"

按："⿰齒度"與"齩"爲版本異文，"⿰齒度"即"齩"字之訛，"交"旁訛作"度"旁也。佚名《何耶揭唎婆像法》："又法若患路陀瘡（患此瘡者，悉皆死也），及諸毒蛇之所齩者（此蛇人見即死）或患健毘吒雞瘡，此等諸瘡呪黃土埿滿一千遍，塗其瘡上即得除差，一切怖畏心念即得除。"（T1073v20p0171b）字亦作"齩"。

2394 ⿰齒肯

日本鳳潭撰《華嚴五教章匡真鈔》："《義苑》云：'斷齶者，謂雲之騰貌，爲霑潤之根。'（文）復古云：'斷齶者，乃雲之相。'《探玄》第二云：'重（平聲）雲是斷齶義。'又（第五）：'重（上聲）雲是靉靆義。'第五又云：'菩薩是體，雲是相。以諸菩薩含法雨故，相斷齶故（經《相海品》云："有大人斷齶相。"《衆經音》云："牛斤反。《說文》：'齒肉也。''⿰齒肯'又作'腭'，二形同，五各切。齒內上下肉也。"準此。）'"（T2344v73p0472a）

按：東晉佛馱跋陀羅譯《大方廣佛華嚴經》卷三十二《如來相海品》："如來有大人斷齶相。"（T0278v09p0602c）唐玄應撰《一切經音義》（麗藏本）卷一《大方廣佛華嚴經》第三十四卷："斷齶，牛斤反。《說文》：'齒肉也。''齶'又作'腭''咢'二形，同，五各反。齒內上下肉也。'"（p5a）此即鳳潭括注內容之所本，與“䶩”對應之字作“齇”，“䶩”即“齇”字之訛。

2395 𪘲

南朝梁寶唱等集《經律異相》：“六者見三品象子，鼿觸[39]𪘲齧，搪突大象。踏踐好草，攪濁清水。大象患之，避逃而去。”（T2121v53p0079c）本頁下注39：“𪘲＝狼齦《宋》《宫》，齦《元》《明》。”

按：“𪘲”即“齦”字之訛。唐慧琳撰《一切經音義》卷七十八《經律異相》第十五卷：“𧊤觸，上賄隈反，讀與灰同。《埤蒼》：‘豕掘地也。’《字書》云：‘豕𧊤地也。’《古今正字》從虫豕聲。《經》文從鼻作‘鼿’，古字，未詳。齦齧，上坤穩反。《考聲》云：‘齦，齩也。’《説文》齦亦齧也。從齒，艮聲。《經》文作‘𪘲’，非也。下研結反。前已頻釋訓。”（T2128v54p0815c）慧琳所見本作“𪘲”，釋作“齦”，慧琳所釋可從。“𧊤觸齦齧”，“𧊤”是用鼻子掘地，“觸”是撞擊，“齦齧”是啃咬，皆描寫“象子”莽撞的動作。《説文・齒部》：“齦，齧也。”“齦”與“齧”同義。“𪘲”乃“齦”之異構字，“艮”旁換作“狠”旁也。“𪘲”乃“𪘲”字之訛，“狠”旁訛作“狼”旁也。

2396 齉

北魏菩提流支譯《勝思惟梵天所問經》：“多軼他（徒結反，長音也。自下不言長者，悉是短音。第一句）憂頭（重音。自下皆同，不言重者，悉是輕音）隸（里債反。自下皆同。第二句）頭頭隸（三）摩齋（賭皆反。自下皆同。重言）遮（正何反）[8]齋（四）摩衢（長音）遮隸（五）。”（T0587v15p0094b）本頁下注8：“齋＝齉《宋》《宫》*，齉《元》*，齉《明》*。”

按：“齉”與“齋”“齉”爲版本異文，“齉”“齉”皆“齋”字之訛，“齋”又“齋”字之訛。唐玄應撰《一切經音義》（麗藏本）卷七《勝思惟梵天所問經》第六卷：“摩齋，竹皆反。”（p102c）玄應所見本作“齋”。“齋”訛作“齉”，因又訛作“齉”。參2398“齉”字條。

2397 齇

唐道世撰《法苑珠林》：“又《摩訶迦葉經》云：佛告彌勒，當來末世後五百歲，自稱菩薩而行狗法。譬如有狗，前至他家，見後狗來，心生瞋恚，齇齴吠

之，内心起想，謂是我家。”（T2122v53p0949a）

按：四庫本亦作“齷齜”。“齷”即“崖”之分化字。《三國志・魏志・曹爽傳》：“於是收爽、羲、訓、晏、颺、謐、軌、勝、範、當等，皆伏誅，夷三族。”南朝宋裴松之注引三國魏魚豢《魏略》：“故于時謗書，謂‘臺中有三狗，二狗崖柴不可當，一狗憑默作疽囊。’三狗謂何（何晏）、鄧（鄧颺）、丁（丁謐）也。默者，爽小字也。其意言三狗皆欲嚙人，而謐尤甚也。”《敦煌變文集・大目乾連冥間救母變文》：“長蛇皎皎三曾黑，大鳥崖柴兩翅青。”“崖柴”皆形容張口欲咬人之狀。字本作“崖”，這裏用爲借字，“齷”即“崖”加“齒”旁所造之字。《集韻・佳韻》宜佳切：“啀、喍、犽，犬欲齧。或作喍、犽。”《太平御覽》卷九〇四引三國魏魚豢《魏略》：“故于時謗書，謂臺中三狗，喍喍不可當。”唐菩提流志譯《大寶積經》：“譬如有狗，前至他家，見後狗來，心生瞋嫉，喍喍吠之，内心起想，謂是我家。”（T0310v11p0504a）“喍”爲“崖”加“口”旁所造之字，“齷”與“喍”爲異構字。

2398 䶖

北魏菩提流支譯《勝思惟梵天所問經》：“多軼他（徒結反，長音也。自下不言長者，悉是短音。第一句）憂頭（重音。自下皆同，不言重者，悉是輕音）隸（里僨反。自下皆同。第二句）頭頭隸（三）摩齰（賭皆反。自下皆同。重言）遮（正何反）[8]齰（四）摩衢（長音）遮隸（五）。”（T0587v15p0094b）本頁下注 8：“齰＝䶖《宋》《宫》*，䶖《元》*，䶖《明》*。”

按：“䶖”與“齰”“䶖”爲版本異文，“䶖”即“齰”字之訛。《五侯鯖字海・齒部》：“齸，音志；齸，同上；齸，同上。”《龍龕・齒部》（宋刊本）：“齺、齺，二俗；齺，正，卓皆反。齧也。”“齸”“齸”“齸”“齺”皆“齰”字之訛，“齰”又“齺”字之訛。佛經中“齰”字多見。後秦鳩摩羅什譯《妙法蓮華經》：“齰齧死屍。”（T0262v09p0013c）唐玄應撰《一切經音義》（麗藏本）卷六《妙法蓮花經》第二卷：“齰齧，相承在計反。謂没齒也。《經》文或作‘齰’，竹皆反。《通俗文》：‘齒挽曰齰也。’”（p83b）唐慧琳撰《一切經音義》卷二十七《妙法蓮花經》：“齰齧，上相傳在詣反。謂没齒齩也。《切韻》：‘嘗至齒。’應作‘齰’。其齰又爲截音，齧斷筋骨也。不知‘齰’字所出。有本作‘齺’，亦作‘齰’，同，竹皆反。《通俗文》：‘齧挽曰齰。’恐錯爲齰。下五結反。噬齩也。少噬爲齧，没齒爲齺。又傷皮肉爲齧，少噬爲齰。唯陟皆反爲正，餘皆非也。”（T2128v54p0486c）龍樹造、後秦鳩摩羅什譯《大智度論》卷第十六：“見合會大地獄中，惡羅刹獄卒作種種形，牛馬猪羊麞鹿狐狗虎狼師子六駮大鳥鵰鷲鶉鳥作此種種諸鳥獸頭，而來吞噉咬嚙齰掣罪人。”（T1509v25p0176a）唐玄應撰《一切經音義》卷九《大智度論》第十八卷：“齰掣，又作‘齺’，同，竹皆反。《通俗文》：‘齧挽曰齰。’《廣疋》：‘齺，齧也。’”（p125b）唐慧琳撰《一切經音義》卷四十六《大智度論》第十八卷："齺掣，又作'齛'，同，竹皆反。《通俗文》：'齧挽曰齺。'《廣雅》：'齺，齧也。'"（T2128v54p0613a）北涼沮渠京聲譯《佛説佛大僧大經》："譬如餓狗，得路枯骨，齮[23]齺咬齧，傷口缺齒，適自傷毀，何益於己。"（T0541v14p0827b）本頁下注23："齺=嚌《三》《宫》。"唐玄應撰《一切經音義》卷十三《佛大僧大經》："齮齺，丘奇、丘倚二反。《蒼頡篇》：'齊人謂齧咋爲齮。'齮，齧也。許慎云：'側齧也。'下竹皆反。齧挽曰齺。"（p173a）玄應、慧琳認爲"齺"同"齛"。"齛"見《廣雅》，其義爲齧，與佛經"齺"的文意合。

佛經中"齺"又用作譯音字。林光明《新編大藏全咒》卷一《勝思惟梵天所問經》"擁護持法者咒"中"摩齺"之梵文羅馬轉寫作"mante"，"遮齺摩"之梵文羅馬轉寫作"catama"（v1p511）。唐慧琳撰《一切經音義》："摩齺，竹皆反。"（T2128v54p0508c）日本淨嚴撰《悉曇三密鈔》："ट，齛（千手軌）。"（T2710v84p0743b）又："टे，瑟齛。"（T2710v84p0774c）又："《大日疏》八云：ग薩跢（二合）ट齛（岸）也。"（T2710v84p0798a）"齛"皆"ट（ṭai）"之譯音字，"齺"又"齛"字之訛。

"齺"或作"䶩"者，疑"齊"旁訛作"衰"旁也。北魏瞿曇般若流支譯《正法念處經》："復有邪見，彼邪見人有如是心，於大[10]齋中，若殺丈夫，得稱意處，造作如是邪見惡業，身壞命終，墮於惡處。"（T0721v17p0059c）本頁下注10："齋=衰《三》。""衰"即"齋"字之訛，可比勘。字又作"䶩"者，"衰"寫作"衺"習見，故"衰"又訛作"襄"。唐法藏述《華嚴經探玄記》："二於年[5]衰將死。"（T1733v35p0325b）本頁下注5："衰=襄《甲》。"唐一行記《大毘盧遮那成佛經疏》："害是損傷義，亦是[9]衰秏義也。而此真言之性常恒無變，離諸*衰惱變秏之事無有時分劫數成壞之相。"（T1796v39p0776c）本頁下注9："衰=襄《乙》。"又："即知三業不善，皆是襄惱因緣。"（T1796v39p0595a）唐道宣撰《集古今佛道論衡》："立姓趙氏，其先伯益孫造父，有功於周穆王，封於趙城，遂因氏焉，趙[27]衰趙盾即其遠祖。"（T2104v52p0389b）本頁下注27："衰=襄《三》《宫》。"唐法琳撰《辯正論》："案《道德序》云：'老子修道，自隱以無名爲務。周[23]衰出關，二篇之教乃作。'"（T2110v52p0527c）本頁下注23："衰=襄《宋》。"唐一行述《梵天火羅九曜》："遍救世人之[11]襄厄。"（T1311v21p0462a）本頁下注11："襄=衰イ《原》。"日本常曉撰《常曉和尚請來目録》："又云：若國土[25]襄禍，雨澤不調，以此大元帥呪安四城門上，即得風雨順時。"（T2163v55p1070b）本頁下注25："襄=衰《甲》《乙》，襄禍=褰稠《丙》。"《梵天火羅九曜》："[21]襄年凡□，驅向遠方。"（T1311v21p0462a）本頁下注21："襄年凡=衰年厄月イ《原》。"日本靜然撰《行林抄》："經云（玄奘）：復次若知身中有諸障難，所求善事多不如心，襄禍時時無因而至。"（T2409v76p0209a）"襄"皆"衰"字之訛。唐道世撰《法苑珠林》："秦姚萇字景茂，赤亭羌也。父弋仲事石勒。石氏既滅，萇隨其兄衰與苻永固戰於三原。軍敗[30]衰死，萇乃降永固。"（T2122v53p0821c）本頁下注30："衰=襄《元》《明》。"又："又狂言曰：'殺陛下者臣兄[6]襄耳，非臣萇罪。'"（T2122v53p0822a）本頁下注6："襄=衰《宋》。"

唐道宣撰《集古今佛道論衡》："及往西平旦末，遼海[6]襄平。"（T2104v52p0382a）本頁下注6："襄=衰《三》《宮》。""衰"又"襄"字之訛。"衰"與"襄"常相混誤，可資比勘。

2399 ⿰齒需

唐圓照撰《貞元新定釋教目録》："《呪齒經》一卷（祐失譯，録更載一本，名與此同，題云異本。一云虫齒，二云⿰齒需）。"（T2157v55p0801a）

按：南朝梁僧祐撰《出三藏記集》："《呪齲齒》一卷（或云呪虫齒，或云呪齒），《呪齲齒》異本。"（T2145v55p0031c）隋費長房撰《歷代三寶紀》："《呪齲齒經》一卷（一云呪虫齒，一云呪齒）。"（T2034v49p0114b）唐智昇撰《開元釋教録》："《呪齒經》一卷（祐失譯，録更載一本，名與此同，題云異本。一云蟲齒，二云齲齒）。"（T2154v55p0504a）又："《呪齒經》一卷（更有一本，名與此同，云異出本。一云虫齒，二云齲齒）。"（T2154v55p0634a）《呪齒經》見於《出三藏記集》著録，亦見於《開元釋教録》等多種佛經目録書著録。比勘諸本文字，圓照當本智昇，與"⿰齒需"對應之字作"齲"，疑"⿰齒需"即"齲"字之訛。

2400 ⿰齒襄

日本明覺撰《悉曇要訣》："問：《陀羅尼集經》云：'薩蒱跋突瑟⿰齒齊。'（文）此'⿰齒齊'字，其音如何？答：'突瑟⿰齒齊弊'者，大底云'[illegible]'也。'⿰齒齊'字可用對音。《法華》陀羅尼'[illegible]'字，玄奘云：'瑟⿰齒來'（二合。《玄應音義》作'瑟⿰齒齊'），掘多云：'瑟⿰齒齊'（都皆反）。'[illegible]'字，玄奘云：'媞'（除皆反），掘多云：'⿰齒齊'。（文）又'[illegible]'字，玄奘云：'⿰齒齊'（或作'⿰齒來'），掘多云：'第'（徒皆反）。當知'⿰齒來''⿰齒齊'二字同音也，皆徒皆反也。又《一切經類音訣》云：'⿰齒襄（俗）、⿰齒齊（俗通）、⿰齒來（亡［正］。卓皆反。⿰口齒也）。'（文）故知'⿰齒來'字之别作也。"（T2706v84p0549c）

按：據文意，參考字形，"⿰齒襄"當即"⿰齒齊"字之訛。東晉瞿曇僧伽提婆譯《中阿含經》："復次，或有一人常行乞食，飯齊五升，限七家食。"（T0026v01p0561c）《可洪音義》卷十二《中阿含經》第二十一卷："飯[illegible]，下自西反。平也，等也。正作'齊'，俗作'斊'。"（v59p992a）"齊"或作"[illegible]"，可資比勘。

參考文獻

鄧福禄、韓小荆《字典考正》，湖北人民出版社，2007 年。
丁福保《佛學大辭典》，文物出版社，1984 年。
韓小荆《〈可洪音義〉研究——以文字爲中心》，巴蜀書社，2009 年。
漢語大詞典編輯委員會《漢語大詞典》，漢語大詞典出版社，1986—1994 年。
漢語大字典編輯委員會《漢語大字典》，四川辭書出版社、崇文書局，2010 年。
胡吉宣《玉篇校釋》，上海古籍出版社，1989 年。
黄征《敦煌俗字典》，上海教育出版社，2005 年。
季羡林等《大唐西域記校注》，中華書局，2000 年。
蔣禮鴻《敦煌變文字義通釋》，浙江大學出版社，2016 年。
冷玉龍《中華字海》，中國友誼出版公司，1994 年。
李琳華《佛教難字字典》，台灣常春樹書坊，1990 年。
李維琦《佛經續釋詞》，岳麓书社，1999 年。
林光明《新編大藏全咒》，台灣嘉豐出版社，2000 年。
林宏元《中國書法大字典》，光華出版社，1980 年。
劉復、李家瑞《宋元以來俗字譜》，文字改革出版社，1957 年。
羅氏原著、北川博邦編《偏類碑别字》，日本雄山閣出版株式會社，1975 年。
潘重規《敦煌俗字譜》，台灣石門圖書公司，1978 年。
秦公《碑别字新編》，文物出版社，1985 年。
秦公等《廣碑别字》，國際文化出版公司，1995 年。
王鳳陽《古辭辨》，中華書局，2011 年。
楊寶忠《疑難字考釋與研究》，中華書局，2005 年。
楊寶忠《疑難字續考》，中華書局，2011 年。
楊寶忠《疑難字三考》，中華書局，2018 年。
余廼永《新校互註宋本廣韻（定稿本）》，上海人民出版社，2008 年。
曾良《敦煌文獻字義通釋》，厦門大學出版社，2001 年。
曾良《俗字及古籍文字通例研究》，百花洲文藝出版社，2006 年。
曾良《敦煌佛經字詞與校勘研究》，厦門大學出版社，2010 年。
張涌泉《漢語俗字研究》，商務印書館，2010 年。
張涌泉《敦煌俗字研究》第 2 版，上海教育出版社，2015 年。
張涌泉《漢語俗字叢考》修訂本，中華書局，2020 年。
鄭賢章《龍龕手鏡研究》，湖南師範大學出版社，2004 年。
鄭賢章《〈新集藏經音義隨函録〉研究》，湖南師範大學出版社，2007 年。
鄭賢章《漢文佛典疑難俗字彙釋與研究》，巴蜀書社，2016 年。

参考文献